POCKET D
E

al-
maja
ni

dar al-majani

توطئة

لـمَّا عَزَمَتْ دار **المجاني** على وضع قاموس للجيب في اللغتين العربيَّة والإنكليزيّة يواكبُ في مفرداتِه العصرَ وتطوّراته، طَرَحَتْ على ذاتها هذا السؤال: «إلى أيٍّ من المعاجم نحنُ اليومَ أَحوَج؟». فكان أنِ اتّضح لديها أَنَّ **معاجم الجيب** هي أكثر المعاجمِ تداولاً بين السواد الأعظم من الناس لِيُسرٍ في اقتنائها وسهولةٍ في تداولها، ولِما تتضمَّنه مِن تعريفٍ مقتضبٍ للكلمة المطلوبة، في زمنٍ تميّزَ بالسرعة والتطوّر.

إلاَّ أنّ معظمَ هذه المعاجمِ قد اختيرت مفرداتُه او اجتُزأت من معاجم مطوّلة لم تكن موضوعةً ـ اصلاً ـ لتختصرَ، لِذا ارتأت دارُ المجاني عندما أقدمت على وضع معجمها هذا، أن يكون مختصرًا «منذ نشأتِه» وليس اختصارًا لقاموسٍ، ومعجمًا حديثًا يفي بحاجات الجميع طلاّبًا وأساتذةً ومثقَّفينَ، وانطلاقةً لسلسلةٍ من المعاجم تكونُ أعمَّ وأشْملَ في هذا المضمار.

وعلى الرغم من كونِ هذا المعجم قاموسًا للجيب، فهو يضمُّ بين دفّتيه أكثر من خمسةٍ وعشرين ألف كلمة اختارها مصنّفوها بدقَّةٍ ومهارةٍ معوِّلين على ما هو شائع ومتداول، معتمدين في ترجمتها على المعنى الأصلي للكلمة أولاً ثمَّ لِما يتفرَّع عن هذا المعنى ثانيًا، وفي اللغة العربيَّة على المعنى الأصيل للكلمة ثمَّ على المعرَّب فالدَّخيل، مُتْبعين كلَّ ذلك بالشواهد المؤيِّدة والأمثلة الموضِّحة دون إسهابٍ مملٍّ أو ايجاز مخلٍّ، إضافةً إلى تشكيلٍ تامٍّ للنصّ يُزيلُ اللَّبس والإعجام، ويحولُ دون لجوءِ الباحث إلى المعاجم العربية لتوضيحه واستدراكه. والله وليُّ التوفيق.

الناشر

الاصطلاحات

. النقطة تشير إلى الفصل بين المعاني المختلفة في المادة الواحدة: نِدَاءٌ. دَعْوَةٌ. مُخابَرَةٌ.

؛ الفاصلة وتحتها نقطة تشير إلى الفصل بين المترادفات ذات المعنى الواحد: يُغامِرُ؛ يُجازِفُ؛ يُخاطِرُ.

، الفاصلة تشير إلى الفصل بين الأمثلة المتعدِّدة الموضوعة بين هلالين: يمتلئُ (حَيَوِيَّةً، نَشاطًا).

( ) الهلالان يتضمّنان الأمثلة أو شرحًا للكلمة: يُؤَشِّرُ (على جَوازِ سَفَرٍ).

— الخط الدقيق ينوب عن المادة الأصلية باللغة الإنكليزية.

/ الخط المائل يُشير إلى الفصل بين صيغة الفعل المتعدّي أو اللازم: يَلْوي / يَلْتَوي.

// الخطّان المائلان دلالةً على انتقال الكلمة من أحد الأنواع الصرفيّة (فعل، اسم، حال، صفة) الى نوعٍ آخر: يُمْسِكُ بِـ. يَقْبِضُ عَلى // الإِمْساكُ بِـ. القَبْضُ عَلى.

Abbreviations

المختصرات

abbr.	abbreviation
adj.	adjective
adj. & n.	adjective and noun
adv.	adverb
aux.	auxiliary
cap.	capital
conj.	conjunction
indef. art.	indefinite article
int., interj.	interjection
irr.	irregular
n.	noun
n. & adj.	noun and adjective
n.pl.	noun plural
pers. pron.	personal pronoun
pl.	plural
poss. adj.	possessive adjective
poss. pron.	possessive pronoun
prep.	preposition
pron.	pronoun
pt. p.	past participle
rel. pron.	relative pronoun
sing.	singular
v.	verb
vi.	verb intransitive
vi.; t. or vi. & t.	verb intransitive and transitive
vt.	verb transitive
vt.; i. or vt. & i.	verb transitive and intransitive

A

A; a *n.* الحَرْفُ الأَوَّلُ مِنَ الأَبْجَدِيَّةِ الإِنْكليزِيَّةِ

a; an *indef. art.* أداةُ نَكِرَةٍ بِمَعْنى «واحِد»

aback *adv.* إلى خَلْفٍ؛ إلى الوَراءِ

be taken — يُفاجأُ؛ يؤْخَذُ على حينِ غِرَّةٍ

abacus *n.* (*pl.* **-ci** *or* **-cuses**) المِعْدادُ: أداةٌ لِلْعَدِّ وَالحِسابِ

abaft *adv.; prep.* في مؤَخَّرِ (السَفينَةِ) // وَراءَ؛ خَلْفَ

abandon *vt.; n.* يَتْرُكُ؛ يَهْجُرُ؛ يَتَخَلّى عَنْ. يَتنازَلُ عَنْ. يُسَلِّمُ إلى. يُقْلِعُ عَنْ // حَيَوِيَّةٌ؛ مَرَحٌ

abandoned *adj.* مَتْروكٌ؛ مَهْجورٌ. مَخْذولٌ. مُتَنازَلٌ عَنْهُ. مُنْحَرِفٌ؛ مُتَهَتِّكٌ

abandonment *n.* تَرْكٌ؛ هَجْرٌ. إهْمالٌ. تَهَتُّكٌ

abase *vt.* يُحَقِّرُ؛ يُذِلُّ؛ يُهينُ؛ يَحُطُّ (شَخْصًا)

abasement *n.* إذْلالٌ؛ تَحْقيرٌ؛ إهانَةٌ

abash *vt.* يُحَيِّرُ؛ يُرْبِكُ؛ يُذْهِلُ. يُخْجِلُ

abashed *adj.* مُحْتارٌ؛ مُرْتَبِكٌ؛ مَذْهولٌ. مَخْجولٌ

abate *vt.; i.* يُخَفِّضُ؛ يُقَلِّلُ. يُسَكِّنُ؛ يُهَدِّئُ. يُلْغي؛ يُبْطِلُ / يَضْعُفُ؛ يَخْمُدُ. يَنْقُصُ؛ يَقِلُّ؛ يَهْبُطُ

abatement *n.* تَخْفيضٌ؛ تَقْليلٌ. تَسْكينٌ؛ تَهْدِئَةٌ. إضْعافٌ؛ إخْمادٌ. إلْغاءٌ؛ إبْطالٌ

abattoir *n.* مَسْلَخٌ؛ مَجْزَرٌ (لِلمَواشي)

abbess *n.* رَئيسَةُ دَيْرٍ (لِلراهِباتِ)

abbey *n.* دَيْرٌ. كَنيسَةُ دَيْرٍ

abbot *n.* رَئيسُ دَيْرٍ (لِلرُهْبانِ)

abbreviate *vt.* يَخْتَصِرُ؛ يُوجِزُ. يَخْتَزِلُ

abbreviation *n.* إخْتِصارٌ؛ إيجازٌ. إخْتِزالٌ

abdicate *vt.; i.* يَتنازَلُ أو يَتَخَلّى عَنْ (عَرْشٍ)

abdication *n.* تَنازُلٌ عَنْ؛ إعْتِزالُ مَنْصِبٍ إخْتِيارًا

abdomen *n.* بَطْنٌ؛ جَوْفٌ

abduct *vt.* يَخْطِفُ. يُبْعِدُ عَنِ المِحْوَرِ الوَسَطِيِّ

abduction *n.* خَطْفٌ. إبْعادٌ عَنِ المِحْوَرِ الوَسَطِيِّ

abductor *n.* خاطِفٌ

abed *adv.* نائِمٌ؛ راقِدٌ؛ في السَريرِ

aberrance *n.* شُذوذٌ. ضَلالٌ؛ إنْحِرافٌ

aberrant *adj.* شاذٌّ. ضالٌّ؛ مُنْحَرِفٌ

aberration *n.* شُذوذٌ؛ إنْحِرافٌ. ضَلالٌ. خَلَلٌ عَقْلِيٌّ. خَطأٌ

abet *vt.* يُحَرِّضُ عَلى؛ يَدْفَعُ (إلى اقْتِرافِ جُرْمٍ)

abettor *n.* مُحَرِّضٌ عَلى أو شَريكٌ في (الإثْمِ)

abeyance *n.* تَأْخيرٌ؛ إرْجاءٌ. تَعْطيلٌ أو تَعْليقٌ مُؤَقَّتٌ

in — مُعَطَّلٌ أو مُعَلَّقٌ (مُؤَقَّتًا)

abhor *vt.* يَبْغُضُ؛ يَكْرَهُ؛ يَمْقُتُ

abhorrence *n.* بُغْضٌ شَديدٌ؛ كُرْهٌ؛ مَقْتٌ

abhorrent *adj.* مَكْروهٌ؛ مَمْقوتٌ؛ بَغيضٌ

abide *vt.; i.irr.* يَنْتَظِرُ. يَحْتَمِلُ. يُعاني؛ يُقاسي / يَبْقى؛ يَمْكُثُ. يُقيمُ

— by يَلْتَزِمُ أو يَتَقَيَّدُ بِـ

abiding *adj.* ثابِتٌ؛ دائِمٌ (إبْتِسامَةٌ، سَعادَةٌ)

ability *n.* قُدْرَةٌ؛ مَهارَةٌ

abject *adj.* خَسيسٌ؛ دَنيءٌ؛ ذَليلٌ. بائِسٌ

— poverty فَقْرٌ مُدْقِعٌ

abjection; abjectness *n.* دَناءَةٌ. بُؤْسٌ

abjure *vt.* يَجْحَدُ؛ يُنْكِرُ. يَتَخَلّى عَنْ

ablation *n.* إسْتِئْصالٌ (بِعَمَلِيَّةٍ جِراحِيَّةٍ)

ablaze *adj.* مُشْتَعِلٌ؛ مُتَّقِدٌ (حَماسًا). مُسْتَشيطٌ

able 8

able *adj.* قادِرٌ؛ ماهِرٌ؛ كَفْءٌ؛ حاذِقٌ
able-bodied *adj.* قَويُّ البِنْيَةِ؛ صُلْبُ العُوْد
ablution *n.* غَسْلٌ؛ وُضوءٌ. تَوَضُّؤٌ
ably *adv.* باقْتِدارٍ؛ بِبَراعَةٍ؛ بِمَهارَةٍ
abnegate *vt.* يُنْكِرُ (الذاتَ). يَتَخَلّى عَن
abnegation *n.* إنْكارُ الذات. تَخَلٍّ عَن
abnormal *adj.* غَيْرُ مُنْتَظِمٍ؛ شاذٌّ
abnormality *n.* خُروجٌ عَنِ القِياسِ؛ شُذوذٌ
aboard *adv.; prep.* على مَتْنِ (باخِرَةٍ، طائِرَةٍ)
abode *n.* مَقَرٌّ؛ مَسْكَنٌ. مُقامٌ
abolish *vt.* يُلْغي؛ يُبْطِلُ. يُزيلُ. يُوقِفُ (الحَرْبَ)
abolishment *n.* إلْغاءٌ؛ إبْطالٌ. إزالَةٌ
abolition *n.* see **abolishment**
A-bomb *n.* قُنْبُلَةٌ ذَرِّيَّةٌ
abominable *adj.* مَمْقوتٌ؛ بَغيضٌ. مُنْكَرٌ
abominate *vt.* يَمْقُتُ؛ يَكْرَهُ؛ يُبْغِضُ
aboriginal *adj.* أَصْليٌّ. مُتَعَلِّقٌ بِالسُّكّانِ الأَوَّلينَ
aborigine *n.* أَحَدُ السُّكّانِ الأَصْلِيّينَ
abort *vt.; i.* يُجْهِضُ (المَرْأَةَ). يُحْبِطُ (مُؤامَرَةً) / تُجْهِضُ (المَرْأَةُ). يَفْشَلُ (مَشْروعٌ)
abortion *n.* إجْهاضٌ. فَشَلُ (مَشْروعٍ). جَهيضٌ
abortive *adj.* مُجْهَضٌ. ناقِصُ النُّمُوِّ. عَقيمٌ
abound (with, in) *vi.* يَكْثُرُ؛ يَفِرُ؛ يَغْزُرُ. يَزْخَرُ
about *prep.; adv.* بِشَأْنِ؛ بِخُصوصِ. على مَقْرُبَةٍ. في المُتَناوَلِ. عَلى وَشْكِ أَنْ // حَوالى. بِجِوارِ. هُنا وَهُناكَ. حَوْلَ. بِالإتِّجاهِ المُعاكِسِ
above *prep.; adv.; adj.* فَوْقَ. أَكْثَرُ مِنْ. أَسْمى مِنْ // فَوْقَ. آنِفًا؛ قَبْلُ. أَعْلى // صَريحٌ. مُتَقَدِّمٌ
— all عَلى الأَخَصِّ
above board *adv.; adj.* بِصَراحَةٍ. جَهْرًا؛ عَلَنًا // صَريحٌ. عَلَنيٌّ

above-mentioned; above-named *adj.* المَذْكورُ أَعْلاهُ أو آنِفًا
abrade *vt.* يَكْشِطُ؛ يَجْلُفُ. يَتَأَكَّلُ؛ يَحُتُّ
abrasion *n.* كَشْطٌ؛ جَلْفٌ. تَأَكُّلٌ؛ حَتٌّ
abrasive *n.* مادَّةٌ كاشِطَةٌ
abreast *adv.* جَنْبًا إلى جَنْبٍ؛ بِموازاةٍ. مُتَمَشِّيًا مَعَ
abridge *vt.* يُوجِزُ؛ يَخْتَصِرُ. يُقَلِّصُ. يُخَفِّضُ
abridged *adj.* موجَزٌ؛ مُخْتَصَرٌ
abridgment *n.* إيجازٌ؛ إخْتِصارٌ. تَلْخيصٌ
abroad *adv.; adj.* في الخارِجِ. إلى مَدًى بَعيدٍ. في كُلِّ اتِّجاهٍ (خَبَرٌ) // مُخْطِئٌ
abrogate *vt.* يُبْطِلُ؛ يُلْغي
abrogation *n.* إبْطالٌ؛ إلْغاءٌ
abrupt *adj.* فُجائيٌّ. فَظٌّ أَوْ جافٍ (سُلوكٌ). غَيْرُ مُتَرابِطٍ. حادٌّ (مُنْحَدَرٌ)
abruptness *n.* فَظاظَةٌ. عَدَمُ تَرابُطٍ. شِدَّةُ الإنْحِدارِ
abscess *n.* خُراجٌ؛ دُمَّلٌ
abscond *vi.* يَفِرُّ (مِنْ وَجْهِ العَدالَةِ)؛ يَتَوارى
absconder *n.* هارِبٌ؛ فارٌّ. مُتَخَلِّفٌ عَنِ الحُضورِ
absence *n.* غِيابٌ؛ بُعْدٌ. سَهْوٌ. فِقْدانٌ
absent *adj.; vt.* غائِبٌ. مَفْقودٌ. ساهٍ // يَغيبُ؛ يَتَغَيَّبُ عَنْ
absentee *n.* الغائِبُ؛ المُتَغَيِّبُ (عَنِ العَمَلِ)
absenteeism *n.* تَغَيُّبٌ طَويلُ الأَمَدِ
absent-minded *adj.* ساهٍ؛ ذاهِلٌ؛ شارِدُ الذِهْنِ
absolute *adj.* كامِلٌ. مُطْلَقٌ. أَكيدٌ. نِهائيٌّ
absolutely *adv.* قَطْعًا. بِالتَأْكيدِ. بِشَكْلٍ قاطِعٍ
absolution *n.* حَلٌّ؛ إبْراءٌ. غُفْرانٌ
absolve *vt.* يَحُلُّ أو يَعْفو مِنْ (مَلامَةٍ، واجِبٍ). يُبَرِّئُ (مُتَّهَمًا). يَغْفِرُ (خَطيئَةً)
absorb *vt.* يَمْتَصُّ. يَسْتَغْرِقُ. يَسْتَرْعي (إنْتِباهَ).

يَسْتَوْعِبُ. يُهْمِدُ. يُدْمِجُ؛ يُلْحِقُ

absorbed *adj.* مُسْتَغْرِقٌ أو مُنْهَمِكٌ (في التَّفْكير)

absorbent *adj.; n.* ماصٌّ؛ مُمْتَصٌّ. مُخَفِّفٌ // مادَّةٌ قادِرَةٌ على الإمْتِصاص

absorbing *adj.* أخّاذٌ؛ مُمْتِعٌ جِدًّا؛ مُشَوِّقٌ

absorption *n.* إمْتِصاصٌ. إسْتِغْراقٌ. إسْتيعابٌ

abstain *vi.* يَمْتَنِعُ أوْ يُمْسِكُ عَنْ

abstemious *adj.* مُعْتَدِلٌ. قَنوعٌ

abstention *n.* إمْتِناعٌ أو إمْساكٌ عَنِ (التَّصْويت)

abstinence *n.* إمْتِناعٌ (عَنْ بَعْضِ المآكِلِ والمُسْكِرات). قِطاعَةٌ

abstract *adj.; n.; vt.* مُجَرَّدٌ؛ غَيْرُ مادِّيٍّ. نَظَرِيٌّ. مُبْهَمٌ. تَجْريديٌّ (لَوْحَةٌ) // مُلَخَّصٌ. فِكْرَةٌ أوْ لَوْحَةٌ تَجْريدِيَّةٌ // يُفَكِّرُ نَظَرِيًّا. يُلَخِّصُ. يُزيلُ

in the — في المُجَرَّدِ؛ مِنَ الوُجْهَةِ النَظَرِيَّةِ

abstracted *adj.* شارِدُ الفِكْرِ؛ ساهٍ

abstraction *n.* شُرودٌ. تَجْريدٌ. سَحْبٌ؛ إزالَةٌ

abstruse *adj.* عَسيرُ الفَهْمِ؛ مُبْهَمٌ؛ غامِضٌ

absurd *adj.* غَيْرُ مَعْقولٍ. مُضْحِكٌ؛ سَخيفٌ

absurdity *n.* لا مَعْقولِيَّةٌ؛ إسْتِحالَةٌ. سَخافَةٌ

abundance *n.* وَفْرَةٌ؛ غَزارَةٌ. سَعَةٌ؛ بُحْبوحَةٌ

abundant *adj.* وافِرٌ؛ غَزيرٌ؛ كَثيرٌ؛ جَمٌّ

abuse *vt.; n.* يُسيءُ الإسْتِعْمالَ. يُسيءُ المُعامَلَةَ. يَشْتُمُ؛ يُهينُ // سوءُ الإسْتِعْمالِ أوِ المُعامَلَةِ. شَتْمٌ

abusive *adj.* مُهينٌ؛ سَفيهٌ. مُسيءٌ. تَعَسُّفِيٌّ

abut *vi.* يُجاوِرُ؛ يُتاخِمُ (عَقارٌ). يَرْتَكِزُ أو يَسْتَنِدُ

abutment *n.* مُجاوَرَةٌ؛ مُتاخَمَةٌ. رَكيزَةٌ؛ دِعامَةٌ

abysmal *adj.* لا يُقاسُ (غَباءٌ). سَحيقٌ. سَيِّئٌ

abyss *n.* هاوِيَةٌ. غَوْرٌ سَحيقٌ. جَهَنَّمُ

Abyssinian *adj. & n.* حَبَشِيٌّ؛ أثْيوبِيٌّ

acacia *n.* أقاقيا؛ الشَجَرَةُ المِصْرِيَّةُ

academic(al) *adj.* أكاديميٌّ؛ جامِعِيٌّ. نَظَرِيٌّ (جَدَلٌ). تَقْليدِيٌّ (رَسّامٌ)

academicals *n.pl.* اللِباسُ الجامِعِيُّ

academician *n.* أكاديميٌّ: عُضْوٌ في مَجْمَعٍ عِلْمِيٍّ

academy *n.* مَجْمَعٌ عِلْمِيٌّ. مَعْهَدٌ تَخَصُّصِيٌّ

acanthus *n.* (*pl.* **-thuses** *or* **-thi**) شَوْكُ اليَهودِ؛ أقَنْثا؛ أقَنْثوسُ

accede *vi.* يَقْبَلُ بِـ؛ يوافِقُ عَلى. يَعْتَلي (مَنْصِبًا)

accelerate *vt.; i.* يُسَرِّعُ؛ يُعَجِّلُ؛ يَزيدُهُ دَفْعًا / يُسْرِعُ؛ يُعَجِّلُ؛ يَزْدادُ دَفْعًا

acceleration *n.* تَسْريعٌ. نِسْبَةُ ازْدِيادِ السُّرْعَةِ

accelerator *n.* مُسَرِّعٌ أوْ مُعَجِّلٌ (دَوّاسَةُ البَنْزين)

accent *n.; vt.* لَهْجَةٌ. نَبْرَةٌ. إشارَةٌ لَفْظِيَّةٌ عَلى مَقْطَعٍ مِنْ كَلِمَةٍ. تَوْكيدٌ عَلى (العِلْمِ) // يُشَدِّدُ اللَفْظَ. يُشَكِّلُ الكَلِمَةَ. يُؤَكِّدُ

accentuate *vt.* يُشَدِّدُ (عَلى أمْرٍ) أوْ يُؤَكِّدُ(ه)

accept *vt.; i.* يَقْبَلُ بِـ؛ يوافِقُ عَلى. يَتَسَلَّمُ (مَهامَّ). يَتَقَبَّلُ

acceptable *adj.* مُرْضٍ؛ مُناسِبٌ. مَقْبولٌ

acceptance *n.* قَبولٌ؛ مُوافَقَةٌ. تَرْحيبٌ؛ رِضًى

acceptation *n.* المَعْنى المَقْبولُ أوِ المُسَلَّمُ بِهِ

accepted *adj.* مَقْبولٌ؛ مُعْتَرَفٌ بِهِ؛ مُتَّبَعٌ

access *n.* المَدْخَلُ. الإقْتِرابُ؛ الدُخولُ. إذْنٌ بِـ (الدُخولِ، الإسْتِعْمالِ). نَوْبَةٌ (ألَمٍ، بُكاءٍ)

accessible *adj.* سَهْلُ (البُلوغِ، الدُخولِ)

— to مُعَرَّضٌ أو عُرْضَةٌ لِـ (التَلَوُّثِ)

accession *n.* إعْتِلاءُ (مَنْصِبٍ). زِيادَةٌ. إضافَةٌ

accessory *n.; adj.* قِطْعَةُ غِيارٍ. شَريكٌ في (إثْمٍ) // إضافِيٌّ؛ مُلْحَقٌ. ثانَوِيٌّ. مُشارِكٌ في

accident *n.* عارِضٌ. حادِثٌ. صُدْفَةٌ. مُصيبَةٌ

accidental *adj.* عَرَضيٌّ ؛ فُجائيٌّ . غَيْرُ جَوْهَرِيٍّ
acclaim *vt.* يَهْتِفُ ؛ يُهَلِّلُ . يُنادي بِـ (فُلانٍ زَعيمًا)
acclamation *n.* هُتافٌ ؛ تَهْليلٌ ؛ تَرْحيبٌ
by — بِأَكْثَرِيَّةٍ ساحِقَةٍ وَبِدونِ اقْتِراعٍ
acclimate *vt.; i.* see **acclimatize**
acclimatise; acclimatize *vt.; i.* يُؤَقْلِمُ أو يُبَلِّدُ (حَيَوانًا، نَباتًا) / يَتَأَقْلَمُ أو يَتَكَيَّفُ مَعَ (مُناخٍ ، بيئَةٍ)
acclivity *n.* مُرْتَقًى أو سَنَدُ (الجَبَلِ) ؛ طَلْعَةٌ
accolade *n.* إحْتِفاءٌ ؛ تَرْحيبٌ . جائِزَةٌ . عِناقٌ
accommodate *vt.* يُزَوِّدُ بِمَسْكَنٍ . يُقَدِّمُ خِدْمَةً . يُكَيِّفُ ؛ يُلائِمُ . يُوَفِّقُ بَيْنَ (أَبٍ وابْنِهِ)
accommodating *adj.* خَدومٌ ؛ مُتَكَرِّمٌ
accommodation *n.* تَكَيُّفٌ . تَسْوِيَةُ (خِلافٍ) . مَسْكَنٌ . مَيْلٌ لِلْمُساعَدَةِ . *pl.*: وَسائِلُ راحَةٍ
accompaniment *n.* مُرافَقَةٌ ؛ مُواكَبَةٌ . المُرْفَقُ
accompanist; accompanyist *n.* المُسايِرُ أو المُرافِقُ (في العَزْفِ أوِ الغِناءِ)
accompany *vt.* يُرافِقُ ؛ يَصْحَبُ . يُلْحِقُ ؛ يُكَمِّلُ
accomplice *n.* شَريكٌ في جَريمَةٍ
accomplish *vt.* يُنْجِزُ ؛ يُحَقِّقُ ؛ يُتَمِّمُ
accomplished *adj.* مُنْجَزٌ ؛ مُتَمَّمٌ . بارِعٌ ؛ ماهِرٌ
accomplishment *n.* إنْجازٌ . مَهارَةٌ ؛ مَوْهِبَةٌ
accord *vt.; i.; n.* يُوَفِّقُ بَيْنَ (خَصْمَيْنِ) . يَمْنَحُ ؛ يَهَبُ / يَتَطابَقُ ؛ يَتَناسَقُ ؛ يَتَرافَقُ // إتِّفاقٌ أو وِفاقٌ . مُوافَقَةٌ . تَناسُقُ (الأَلْوانِ، الأَنْغامِ)
of one's own — بِاخْتِيارِهِ ؛ مِنْ تِلْقاءِ نَفْسِهِ
with one — بِالإِجْماعِ ؛ بِاتِّفاقِ الآراءِ
accordance *n.* تَطابُقٌ ؛ تَوافُقٌ . مَنْحُ (الحُقوقِ)
in — with بِحَسَبِ ؛ طِبْقًا لِـ
accordant *adj.* مُتَطابِقٌ ؛ مُتَلائِمٌ ؛ مُتَناسِقٌ مَعْ
according *adj.* مُطابِقٌ ؛ مُنْسَجِمٌ
— as حَسْبَما
— to وِفْقًا لِـ ؛ تَبَعًا لِـ ؛ بِناءً عَلى
accordion *n.* أكورديون : مِعْزَفٌ يَدَوِيٌّ
accost *vt.* يُقارِبُ أو يَسْتَوْقِفُ (شَخْصًا)
account *n.; vt.; i.* بَيانٌ ؛ تَقْريرٌ . أَهَمِّيَّةٌ ؛ قيمَةٌ . تَخْمينٌ . حِسابٌ (مَصْرِفِيٌّ) . حِساباتُ شَرِكَةٍ // يَعْتَبِرُ . يَحْسِبُ أو يَعُدُّ (نَفْسَهُ فَقيرًا) / يُقَدِّمُ (بَيانًا) . يُعَلِّلُ
current — حِسابٌ جارٍ
on this — مِنْ هذا المُنْطَلَقِ ؛ عَلى هذا الأَساسِ
on no — أَبَدًا ؛ مُطْلَقًا
on — عَلى الحِسابِ ؛ بِالدَّيْنِ
on — of بِسَبَبِ ؛ مِنْ جَرّاءِ
of no — قَليلُ الأَهَمِّيَّةِ
take — of *or* into — يَأْخُذُ في الإعْتِبارِ
keep — يُمْسِكُ الدَّفاتِرَ
— for يُبَرِّرُ أو يُفَسِّرُ . يَتَحَمَّلُ مَسْؤولِيَّةً
accountable *adj.* مَسْؤولٌ . مُمْكِنٌ تَفْسيرُهُ
accountancy *n.* مِهْنَةُ المُحاسَبَةِ ؛ مَسْكُ الدَّفاتِرِ
accountant *n.* مُحاسِبٌ
accounting *n.* عِلْمُ المُحاسَبَةِ أوْ مَسْكِ الدَّفاتِرِ
accoutre; accouter *vt.* يُزَوِّدُ ؛ يُجَهِّزُ
accredit *vt.* يُصادِقُ عَلى . يُفَوِّضُ ؛ يَعْتَمِدُ مَبْعوثًا
accrete *vt.; i.* يُسَبِّبُ النُّمُوَّ المُتَوازِيَ (لِعِدَّةِ نَبَتاتٍ) / يَكْبُرُ بِفِعْلِ الزِّيادَةِ أوِ الإضافَةِ
accretion *n.* تَزايُدُ الحَجْمِ بِفِعْلِ النُّمُوِّ أو الإضافَةِ
accrual *n.* تَراكُمٌ ؛ تَكْديسٌ
accrue *vi.* يَتَزايَدُ بِفِعْلِ النُّمُوِّ أوِ الإضافَةِ . يَتَأَتّى
accumulate *vt.; i.* يَجْمَعُ ؛ يُجَمِّعُ ؛ يُكَدِّسُ (بَضائِعَ) / يَتَكَدَّسُ (بَضائِعُ) ؛ يَتَراكَمُ (أَدِلَّةٌ)
accumulation *n.* رَكْمٌ ؛ تَكْديسٌ . رُكامٌ ؛ كَوْمَةٌ
accumulator *n.* مِرْكَمٌ كَهْرَبائِيٌّ ؛ بَطّارِيَّةٌ

accuracy *n.* صِحَّةٌ أو دِقَّةٌ. إتْقانٌ؛ ضَبْطٌ
accurate *adj.* دَقيقٌ؛ صَحيحٌ؛ مُتْقَنٌ؛ مَضْبوطٌ
accurately *adv.* بِدِقَّةٍ؛ بإتْقانٍ
accursed; accurst *adj.* مَلْعونٌ. مَمْقوتٌ
accusation *n.* إتِّهامٌ؛ إدِّعاءٌ. تُهْمَةٌ
accusatorial; accusatory *adj.* إتِّهاميٌّ
accuse *vt.* يَتَّهِمُ؛ يَلومُ؛ يَشْكو؛ يَدَّعي عَلى
accuser *n.* شاكٍ؛ مُدَّعٍ؛ مُتَّهِمٌ
accused *adj. & n.* مُتَّهَمٌ؛ مُشْتَكًى أو مُدَّعًى عَلَيْهِ
accustom *vt.* يُعَوِّدُ (نَفْسَهُ عَلى البَرْدِ)
accustomed *adj.* مَأْلوفٌ. مُعْتادٌ عَلى
ace *n.; adj.* آسٌّ: واحِدٌ (في لُعَبِ الوَرَقِ، الدومينو) // بارِعٌ؛ ماهِرٌ
within an — of عَلى مَسافَةِ إصْبَعَيْنِ مِنْ
acerb *adj.* لاذِعٌ أو قارِصٌ (كَلامٌ). حامِضٌ
acerbate *vt.* يُغيظُ؛ يُحْنِقُ. يُحَمِّضُ؛ يُمَرْمِرُ
acerbity *n.* خُشونَةٌ؛ حِدَّةٌ. حُموضَةٌ؛ مَرارَةٌ
acetic *adj.* حَمْضيٌّ؛ خَلِّيٌّ
acetify *vt.; i.* يُخَلِّلُ / يَتَخَلَّلُ؛ يُصبِحُ خَلاًّ
ache *vi.; n.* يُؤْلِمُ؛ يوجِعُ. يَتَعَذَّبُ (ذِهْنيًّا) // أَلَمٌ
achieve *vt.* يُنْجِزُ. يُحَقِّقُ أو يُصيبُ (نَجاحًا)
achievement *n.* إنْجازٌ. مأْثُرَةٌ؛ عَمَلٌ باهِرٌ
aching *adj.* مُؤْلِمٌ؛ أليمٌ؛ موجِعٌ
achromatic *adj.* عَديمُ اللَّوْنِ؛ بِلا لَوْنٍ
acid *adj.; n.* حامِضٌ. حادُّ (الطَعْمِ) // حَمْضٌ
acidity *n.* حُموضَةٌ
acknowledge *vt.* يُقِرُّ أو يَعْتَرِفُ بِـ (أخْطائِهِ). يُخْطِرُ بالإسْتِلامِ. يُعَبِّرُ عَنْ تَقْديرِهِ أو شُكْرِهِ
acknowledged *adj.* مُعْتَرَفٌ بِهِ. مُسَلَّمٌ بِهِ
acme *n.* ذُرْوَةُ (المَجْدِ)؛ أَوْجُ (الكَمالِ)
acne *n.* حَبُّ الصِبا أوِ الشَبابِ؛ دُهْنِيَّةٌ

acolyte *n.* خادِمٌ؛ تابِعٌ. قَنْدَلَفْتٌ؛ شَمّاسٌ
acorn *n.* ثَمَرَةٌ أو جَوْزَةُ البَلّوطِ
acoustic (al) *adj.* سَمْعيٌّ (عَصَبٌ). صَوْتيٌّ
acoustics *n.pl.* عِلْمُ الصَوْتِيّاتِ؛ عِلْمُ الصَوْتِ
acquaint *vt.* يُطْلِعُ؛ يُعْلِمُ؛ يُخْبِرُ. يُعَرِّفُ عَلى
acquaintance *n.* أحَدُ المَعارِفِ. مَعْرِفَةٌ أو دِرايَةٌ
make the — of يَتَعَرَّفُ إلى (شَخْصٍ)
acquainted *adj.* عالِمٌ بِـ؛ مُطَّلِعٌ عَلى. مَعْروفٌ
acquiesce *vi.* يَقْبَلُ بِـ أو يوافِقُ عَلى. يُذْعِنُ
acquiescence *n.* موافَقَةٌ. إذْعانٌ
acquiescent *adj.* مُسَلِّمٌ بأَمْرِهِ؛ مُذْعِنٌ؛ خاضِعٌ
acquire *vt.* يَنالُ؛ يَفوزُ بِـ؛ يَكْسِبُ؛ يَحْصُلُ عَلى
acquired *adj.* مُكْتَسَبٌ (مَناعَةٌ، خِبْرَةٌ، مَهارَةٌ)
acquirement *n.* إكْتِسابٌ أو تَحْصيلُ (المَعْرِفَةِ)
acquisition *n.* إكْتِسابٌ؛ إقْتِناءٌ. مُقْتَنًى. مَكْسَبٌ
acquisitive *adj.* مَيّالٌ إلى الكَسْبِ؛ إكْتِسابيٌّ
acquit *vt.* يُبَرِّئُ (مُتَّهَمًا). يُعْفي مِنْ (مَسْؤوليَّةٍ). يُسَدِّدُ (دَيْنًا). يَتَصَرَّفُ (بِتَهْذيبٍ)
— oneself well يؤَدّي واجِبَهُ
acquittal *n.* تَبْرِئَةُ (مُتَّهَمٍ). إعْفاءٌ مِنْ (دَيْنٍ)
acquittance *n.* وَفاءٌ أو إعْفاءٌ مِنْ (دَيْنٍ). مُخالَصَةٌ
acre *n.* مَساحَةٌ تَبْلُغُ حوالي ٤٠٠٠ مِتْرٍ مُرَبَّعٍ
acres *n.pl.* أرْضٌ شاسِعَةٌ. كَمِّيَّةٌ كَبيرَةٌ
acrid *adj.* حادُّ (طَعْمٌ). لاذِعٌ؛ فَظٌّ
acridity *n.* حِدَّةٌ. لَذْعٌ؛ فَظاظَةٌ
acrimonious *adj.* جافٍ؛ فَظٌّ؛ لاذِعٌ (كَلامٌ)
acrimony *n.* مَرارَةٌ؛ حِدَّةٌ؛ جَفاءٌ؛ فَظاظَةٌ
acrobat *n.* بَهْلَوانٌ؛ أُلْعُبانٌ. شَخْصٌ مُتَقَلِّبٌ
acrobatic *n.* بَهْلَوانيٌّ؛ أُلْعُبانيٌّ
acrobatics *n.pl.* أَلْعابٌ بَهْلَوانِيَّةٌ. فَنُّ البَهْلَوانِ
across *prep. & adj.* عَبْرَ؛ مِن جِهَةٍ إلى أُخْرى.

في الجهةِ المُقابلَةِ

come — يَلْتَقي بِـ؛ يُصادِفُ

act *n.; vi.; t.* فِعْلٌ؛ عَمَلٌ. قانونٌ؛ مَرْسومٌ. فَصْلٌ (في مَسْرَحِيَّةٍ) // يَفْعَلُ؛ يَعْمَلُ / يُمَثِّلُ. يُقَدِّمُ

in the — مُتَلَبِّسًا (شوهِدَ)

in the — of doing it أَثْناءَ قيامِهِ بِالعَمَلِ

in the very — بِالجُرْمِ المَشْهودِ (قُبِضَ عَلَيْهِ)

— for يَنوبُ عَنْ

— on *or* upon يُعَدِّلُ في سُلوكِهِ. يُؤَثِّرُ عَلى

— out يومِئُ (فِكْرَةً، حَدَثًا قَديمًا)

— up يَتَصَرَّفُ بِطَريقَةٍ مُزْعِجَةٍ

acting *adj.; n.* نائِبٌ مُؤَقَّتٌ // فَنُّ أو مِهْنَةُ التَّمْثيلِ

action *n.* عَمَلٌ. نَشاطٌ. حَيَوِيَّةٌ. دَعْوى (أَمامَ المَحْكَمَةِ). حَبْكَةُ (الروايَةِ). قِتالٌ

activate *vt.* يُنَشِّطُ (الهَضْمَ)

active *adj.* نَشِطٌ؛ مُجْتَهِدٌ. فَعّالٌ؛ مُؤَثِّرٌ

activity *n.* نَشاطٌ. حَرَكَةٌ. فاعِلِيَّةُ (النارِ)

actor *n.* مُمَثِّلٌ (مَسْرَحِيٌّ، سينَمائِيٌّ)

actress *n.* مُمَثِّلَةٌ (مَسْرَحِيَّةٌ، سينَمائِيَّةٌ)

actual *adj.* واقِعِيٌّ. حَقيقِيٌّ. حالِيٌّ؛ راهِنٌ

actuality *n.* واقِعٌ؛ حَقيقَةٌ

actually *adv.* فِعْلاً. حالِيًّا. في الحَقيقَةِ

actuary *n.* حاسِبٌ؛ خَبيرُ حِساباتِ التَّأْمينِ

actuate *vt.* يُحَرِّكُ. يُحَرِّضُ؛ يَحُثُّ؛ يَدْفَعُ إلى

acuity *n.* حِدَّةٌ في (النَظَرِ)؛ حِذْقٌ. قُوَّةُ بَصَرٍ

acumen *n.* فِطْنَةٌ؛ قُوَّةُ (ذَكاءٍ، إِدْراكٍ)

acupuncture *n.* عِلاجٌ بِوَخْزِ الإبَرِ في الجِسْمِ

acute *adj.* ثاقِبُ الرُّؤْيَةِ. حادٌّ. حاسِمٌ؛ قاسٍ

acuteness *n.* ذَكاءٌ. حِدَّةٌ. قَساوَةٌ

adage *n.* مَثَلٌ سائِرٌ. قَوْلٌ مَأْثورٌ

adagio *n.* مَقْطَعٌ موسيقِيٌّ يُعْزَفُ بِبُطْءٍ

adamant *adj.; n.* حازِمٌ؛ صارِمٌ. صُلْبٌ؛ لا يُكْسَرُ // مادَّةٌ صُلْبَةٌ. حَجَرٌ أُسْطورِيٌّ يُشَبَّهُ بِالماسِ

adapt *vt.; i.* يُكَيِّفُ؛ يُؤَهِّلُ / يَتَكَيَّفُ. يَتَلاءَمُ

adaptability *n.* القُدْرَةُ على التَّكَيُّفِ؛ مُرونَةٌ

adaptable *adj.* قابِلٌ للتَّكَيُّفِ أو المُلاءَمَةِ

adaptation *n.* تَكَيُّفٌ؛ مُلاءَمَةٌ؛ تَوافُقٌ

adapter; adaptor *n.* مُكَيِّفٌ. جِهازُ وَصْلٍ

add *vt.* يَجْمَعُ. يَزيدُ؛ يُضيفُ. يَضُمُّ

addendum *n.* (*pl.* **-da**) إضافَةٌ؛ زِيادَةٌ. مُلْحَقٌ (لِصَحيفَةٍ)

adder *n.* أَفْعى؛ صِلٌّ

addict *vt.; n.* يُدْمِنُ أو يَعْتادُ (المُخَدِّرَ، الكُحولَ) // مُدْمِنٌ. مُغْرَمٌ بِـ (الموسيقى، الرياضَةِ)

addiction *n.* إِدْمانُ (الكُحولِ). شَغَفٌ؛ تَعَلُّقٌ

addition *n.* جَمْعٌ. إضافَةٌ. مَجْموعٌ. مُلْحَقٌ

in — كَذَلِكَ

in — to بِالإضافَةِ إلى

additional *adj.* إضافِيٌّ؛ مُلْحَقٌ بِـ

addle *vt.; adj.* يُشَوِّشُ؛ يُلَبِّكُ. يُفْسِدُ // فاسِدٌ

addled *adj.* مُشَوَّشٌ؛ مُلَبَّكٌ. فاسِدٌ (بَيْضٌ)

addle-headed *n.* مُشَوَّشُ (العَقْلِ)؛ مُلَبَّكٌ

address *n.; vt.* عُنْوانٌ. خِطابٌ. حِذْقٌ؛ لَباقَةٌ // يُعَنْوِنُ (رِسالَةً). يُخاطِبُ. يَعْكِفُ عَلى (المُطالَعَةِ)

addressee *n.* المُرْسَلُ إلَيْهِ

adduce *vt.* يُقَدِّمُ (دَليلاً). يُدْلي بِـ (إِعْتِذاراتٍ)

adept *adj.* بارِعٌ أو خَبيرٌ (بِالأَعْمالِ اليَدَوِيَّةِ)

adequacy *n.* مُلاءَمَةٌ؛ تَناسُبٌ

adequate *adj.* مُلائِمٌ؛ مُناسِبٌ؛ وافٍ بِالحاجَةِ

adhere *vi.* يَلْتَصِقُ بِـ. يَتَمَسَّكُ بِـ. يُناصِرُ. يُراعي

adherence *n.* إِلْتِزامٌ (بِمَشْروعٍ). تَمَسُّكٌ. مُناصَرَةٌ. مُراعاةُ (القَوانينِ)

adherent *n.* مؤازِرٌ؛ مُؤَيِّدٌ؛ مُناصِرٌ
adhesion *n.* اِلْتِصاقٌ. تَأْييدٌ. اِلْتِئامُ (جُرْحٍ)
adhesive *adj.; n.* لاصِقٌ؛ لَزِجٌ // مادَّةٌ لاصِقَةٌ
ad hoc *adj. & adv.* مِنْ أَجْلِ هٰذا؛ لِهٰذا الغَرَضِ. مُنْشَأٌ لِغَرَضٍ خاصٍّ
adieu *n.; int.* الوَداعُ // وَداعًا
bid someone — يُوَدِّعُ شَخْصًا
ad infinitum *adv.* إلى ما لا نِهايَةَ؛ إلى الأَبَدِ
ad interim *adv. & adj.* في الوَقْتِ الحاضِرِ. مؤَقَّتٌ (إجْراءٌ)
adipose *adj.; n.* دُهْنِيٌّ؛ شَحْمِيٌّ // دُهْنٌ؛ شَحْمٌ
adjacency *n.* قُرْبٌ؛ تَجاوُرٌ؛ تَلاصُقٌ؛ تَلامُسٌ
adjacent *adj.* قَريبٌ؛ مُجاوِرٌ؛ مُتاخِمٌ؛ مُلاصِقٌ
adjectival *adj.* وَصْفِيٌّ؛ نَعْتِيٌّ
adjective *n.; adj.* صِفَةٌ؛ نَعْتٌ // إضافِيٌّ؛ تابِعٌ
adjoin *vt.; i.* يُجاوِرُ. يَضُمُّ إلى؛ يُرْفِقُ بِـ / يَتَجاوَرُ؛ يَتَلاصَقُ؛ يَتَلامَسُ
adjourn *vt.; i.* يُؤَجِّلُ أو يُرْجِئُ (مُناقَشَةً) / يَتَأَجَّلُ أو يُرْفَعُ (إجْتِماعٌ). يَنْتَقِلُ إلى
adjournment *n.* تَأْجيلٌ أو إرْجاءُ (نِقاشٍ، دَعْوى)
adjudge *vt.* يُعْلِنُ رَسْمِيًّا. يَحْكُمُ عَلى (مُجْرِمٍ)
adjudicate *vt.* يُصْدِرُ حُكْمًا. يَحْكُمُ (مُباراةً)
adjudication *n.* حُكْمٌ؛ قَرارُ (مَحْكَمَةٍ)
adjudicator *n.* حَكَمٌ في (مُباراةٍ، خِلافٍ)
adjunct *n.; adj.* مُساعِدُ (أُسْتاذٍ). التابِعُ؛ المُلْحَقُ // إضافِيٌّ؛ ثانَوِيٌّ
adjure *vt.* يَسْتَحْلِفُ. يَتَوَسَّلُ إلى؛ يُناشِدُ
adjust *vt.* يُعَدِّلُ. يُنَظِّمُ؛ يُرَتِّبُ. يُكَيِّفُ
adjustable *adj.* قابِلٌ لِلتَّعْديلِ أوِ التَّنْظيمِ
adjustment *n.* تَعْديلٌ؛ تَكْييفٌ. أداةُ تَغْييرٍ
adjutant *n.* مُعاوِنٌ؛ مُساعِدُ ضابِطٍ

administer; administrate *vt.* يُديرُ (مؤَسَّسةً). يُحَقِّقُ (العَدْلَ)؛ يَقْضي بِالعَدْلِ. يُطَبِّقُ (قانونًا). يُعْطي (دَواءً). يُشْرِفُ عَلى
administration *n.* تَدْبيرُ شؤونِ (مُؤَسَّسَةٍ). الإدارَةُ. إدارَةٌ أو مَصْلَحَةُ (الإنْعاشِ). الحُكومَةُ
administrative *adj.* إدارِيٌّ. حُكومِيٌّ
administrator *n.* مُديرُ شَرِكَةٍ. قَيِّمٌ عَلى (تَرِكَةٍ)
admirable *n.* رائِعٌ أو مُدْهِشٌ؛ عَجيبٌ
admiral *n.* أَميرالٌ؛ قائِدُ أُسْطولٍ بَحْرِيٍّ
admiralty *n.* القِيادَةُ البَحْرِيَّةُ العُلْيا
admiration *n.* إعْجابٌ؛ إسْتِحْسانٌ. تَعَجُّبٌ
admire *vt.* يَنْظُرُ بِـ (إعْجابٍ، دَهْشَةٍ، إسْتِحْسانٍ)
admirer *n.* مُعْجَبٌ؛ عاشِقٌ؛ مُحِبٌّ
admissible *adj.* مَقْبولٌ؛ جائِزٌ؛ جَديرٌ بِالإهْتِمامِ
admission *n.* إذْنٌ بِـ (الدُخولِ). قَبولٌ (في مَنْصِبٍ). إعْتِرافٌ بِـ (إثْمٍ)
admit *vt.* يَعْتَرِفُ بِـ أو يُقِرُّ بِـ (إثْمٍ، خَطأٍ). يَسْمَحُ بِـ (الدُخولِ). يُفْسِحُ في المَجالِ. يُؤَدّي إلى
admittance *n.* حَقٌّ أو إذْنٌ بِالدُخولِ. إدْخالٌ
admixture *n.* مَزْجُ (الحَليبِ بِالشوكولا). مَزيجٌ
admonish *vt.* يُنَبِّهُ؛ يُحَذِّرُ. يُؤَنِّبُ؛ يُوَبِّخُ
admonition *n.* تَنْبيهٌ؛ تَحْذيرٌ. تَأْنيبٌ؛ تَوْبيخٌ
ado *n.* جَلَبَةٌ؛ ضَجَّةٌ؛ صَخَبٌ؛ إنْهِماكٌ
much — about nothing عَجيجًا وَلا طَحْنًا
adolescence *n.* يَفاعَةٌ؛ فُتُوَّةٌ؛ مُراهَقَةٌ
adolescent *adj. & n.* يافِعٌ؛ مُراهِقٌ. فَتًى
adopt *vt.* يَتَبَنّى (طِفْلاً). يَعْتَمِدُ (خِطَّةً). يوافِقُ عَلى
adopted *adj.* دَعِيٌّ؛ مُتَبَنّى (طِفْلٌ)
adoption *n.* تَبَنٍّ. إعْتِمادُ (طَريقَةٍ). إقْرارُ (قانونٍ)
adoptive *adj.* بِالتَّبَنّي (أَبٌ)

adorable *adj.* جَذّابٌ ؛ ساحِرٌ. خَليقٌ بالعِبادَةِ

adoration *n.* عِبادَةُ (اللهِ). هُيامٌ ؛ إعْجابٌ

adore *vt.* يَعْبُدُ. يَهيمُ بِـ ؛ يُحِبُّ بِشَغَفٍ

adorer *n.* عابِدٌ. مُحِبٌّ ؛ عاشِقٌ

adorn *vt.* يُزَيِّنُ ؛ يُزَخْرِفُ ؛ يُجَمِّلُ

adornment *n.* تَزْيينٌ ؛ زَخْرَفَةٌ. حِلْيَةٌ ؛ زينَةٌ

adrift *adj. & adv.* مُنْجَرِفٌ ؛ تَحْتَ رَحْمَةِ الرياحِ (مَرْكَبٌ). تائِهٌ ؛ بِدونِ هَدَفٍ

adroit *adj.* ماهِرٌ ؛ بارِعٌ. حاذِقٌ ؛ ذَكِيٌّ

adroitness *n.* مَهارَةٌ ؛ بَراعَةٌ. حِذْقٌ ؛ ذَكاءٌ

adulate *vt.* يُطْري بِتَمَلُّقٍ. يَتَزَلَّفُ إلى (العُظَماءِ)

adulation *n.* تَمَلُّقٌ ؛ تَزَلُّفٌ ؛ مُداهَنَةٌ

adulatory *adj.* مُتَمَلِّقٌ ؛ مُتَزَلِّفٌ

adult *adj. & n.* راشِدٌ ؛ بالِغٌ

adulterate *vt.* يُفْسِدُ أو يَغُشُّ (دَواءً، طَعامًا)

adulteration *n.* إفْسادٌ ؛ غِشٌّ

adulterer *n.* زانٍ ؛ فاسِقٌ

adulteress *n.* زانِيَةٌ ؛ فاسِقَةٌ ؛ عاهِرَةٌ

adultery *n.* الزِنا ؛ الفِسْقُ

adulthood *n.* حالَةُ البُلوغِ

advance *vt.; i.; n.* يُحَرِّكُ إلى الأمامِ. يَقْتَرِحُ. يُحَسِّنُ ؛ يُطَوِّرُ. يُسَبِّقُ. يُقْرِضُ. يَرْفَعُ (السِعْرَ) / يَتَقَدَّمُ. يَتَحَسَّنُ ؛ يَتَطَوَّرُ. يَرْتَفِعُ (السِعْرُ). يَتَرَقّى // تَقَدُّمٌ. تَحَسُّنٌ. تَسْليفٌ ؛ قَرْضٌ. إرْتِفاعُ (السِعْرِ)

— payment الدَفْعُ مُسَبَّقًا. دَفْعَةٌ مُعَجَّلَةٌ

in — سَلَفًا ؛ مُسَبَّقًا

advanced *adj.* مُتَطَوِّرٌ. مُتَقَدِّمٌ. سابِقٌ لِعَصْرِهِ

advance guard *n.* مُقَدَّمَةُ أو طَليعَةُ (الجَيْشِ)

advancement *n.* إرْتِقاءٌ. تَقَدُّمٌ. سُلْفَةٌ

advantage *n.* فائِدَةٌ ؛ مَنْفَعَةٌ. أفْضَلِيَّةٌ ؛ تَفَوُّقٌ

to one's — لِصالِحِهِ ؛ لِمَنْفَعَتِهِ

take — of يَسْتَفيدُ مِنْ

advantageous *adj.* نافِعٌ ؛ مُفيدٌ ؛ مُلائِمٌ ؛ مُؤاتٍ

advent *n.* قُدومٌ ؛ مَجيءٌ ؛ حُضورٌ ؛ وُصولٌ

adventitious *adj.* عَرَضِيٌّ ؛ طارِئٌ

adventure *n.; vt.* مُخاطَرَةٌ ؛ مُجازَفَةٌ. حادِثَةٌ (مُثيرَةٌ) // يُغامِرُ ؛ يُجازِفُ ؛ يُخاطِرُ

adventurer *n.* مُغامِرٌ ؛ مُجازِفٌ ؛ مِقْحامٌ

adventuress *n.* مُغامِرَةٌ ؛ مُجازِفَةٌ ؛ مِقْحامَةٌ

adventurous *adj.* جُزافِيٌّ ؛ خَطِرٌ. مِقْدامٌ

adverb *n.* ظَرْفُ (مَكانٍ، زَمانٍ) ؛ حالٌ

adverbial *adj.* ظَرْفِيٌّ ؛ حالِيٌّ

adversary *n.* عَدُوٌّ ؛ خَصْمٌ ؛ غَريمٌ

adverse *adj.* مُعادٍ ؛ مُناوِئٌ. مُعاكِسٌ ؛ مُضادٌّ

adversity *n.* شِدَّةٌ ؛ مِحْنَةٌ ؛ مُلِمَّةٌ ؛ بَلِيَّةٌ

advert *vi.* يُلَمِّحُ إلى ؛ يُشيرُ إلى

advertise *vt.* يُعْلِنُ عَن (عِطْرٍ جَديدٍ، وَظيفَةٍ)

advertisement *n.* إعْلانٌ في (صَحيفَةٍ، إذاعَةٍ)

classified —s إعْلاناتٌ قَصيرَةٌ مُبَوَّبَةٌ

advertiser *n.* مُعْلِنٌ : مَن يَنْشُرُ أو يُذيعُ الإعْلانَ

advertising *n.* الدِعايَةُ. إعْلاناتٌ

advice *n.* نَصيحَةٌ ؛ تَوْصِيَةٌ. إشْعارٌ (رَسْمِيٌّ)

take — يَسْتَشيرُ (طَبيبًا) ؛ يَسْتَرْشِدُ بِـ

advisability *n.* صَوابِيَّةٌ ؛ إسْتِحْسانٌ. مُلاءَمَةٌ

advisable *adj.* سَديدٌ ؛ مُسْتَحْسَنٌ. مُناسِبٌ

advise *vt.; i.* يَنْصَحُ. يُرْشِدُ. يُخْبِرُ ؛ يُبَلِّغُ / يَتَداوَلُ ؛ يَتَناقَشُ ؛ يَسْتَشيرُ

advisedly *adv.* عَمْدًا ؛ عَن قَصْدٍ. بِتَبَصُّرٍ ؛ بِرَوِيَّةٍ

adviser *or* **advisor** *n.* ناصِحٌ. مُرْشِدٌ (ثَقافِيٌّ)

advisory *adj.* إرْشادِيٌّ. إسْتِشارِيٌّ (مَجْلِسٌ)

advocacy *n.* تَأْييدٌ ناشِطٌ (لِقَضِيَّةٍ)

advocate *vt.; n.* يُؤَيِّدُ ؛ يَدْعَمُ. يُدافِعُ عَنْ //

مُحامٍ . مُؤَيِّدٌ أو مُناصِرٌ (لِقَضِيَّةٍ)

adz; adze *n.* قَدومُ (النَجّارِ)

aegis *n.* رِعايَةٌ ؛ حِمايَةٌ ؛ كَنَفٌ

under the — of تَحْتَ رِعايَةِ

aeon; eon *n.* دَهْرٌ ؛ زَمَنٌ طَويلٌ

aerate *vt.* يُهَوّي (لِلتَطْهيرِ). يُشَبِّعُ بالغازِ

aeration *n.* تَهوِيَةٌ (لِلتَطْهيرِ). تَشْبيعُ بالغازِ

aerial *adj.; n.* هَوائِيٌّ . جَوِّيٌّ . خَياليٌّ . عالٍ // أَنْتينًا : هَوائِيُّ (الراديو، التِلِفِزْيونِ)

aerie; aery; eyry; eyrie *n.* وَكْرُ (نَسْرٍ) . مَكانٌ عالٍ جِدًّا

aerodrome *n.* مَطارٌ

aerodynamics *n.pl.* عِلْمُ الحَرَكَةِ الهَوائِيَّةِ

aerolite; aerolith *n.* نَيْزَكٌ ؛ رُجُمٌ

aeronaut *n.* مَلاّحُ مَرْكَبَةٍ هَوائِيَّةٍ ؛ مُنْطادِيٌّ

aeronautics *n.pl.* عِلْمُ الطَيَرانِ

aeroplane *n.* طائِرَةٌ

aerospace *n.* المُحيطُ الهَوائِيُّ والفَضاءُ الخارِجِيُّ

aerostat *n.* مَرْكَبَةٌ هَوائِيَّةٌ ؛ مُنْطادٌ ؛ بالونٌ

aesthete; esthete *n.* مُتَذَوِّقٌ لِلجَمالِ

aesthetic(al) *adj.* جَمالِيٌّ (حِسٌّ)

aesthetics; esthetics *n.* فَلْسَفَةُ أو عِلْمُ الجَمالِ

aestival; estival *adj.* صَيْفِيٌّ

afar *adv.; n.* مِنْ مَسافَةٍ بَعيدَةٍ // مَسافَةٌ بَعيدَةٌ

affability *n.* بَشاشَةٌ ؛ وُدٌّ ؛ دَماثَةٌ ؛ لُطْفٌ

affable *adj.* بَشوشٌ ؛ وَدودٌ ؛ دَمِثٌ ؛ لَطيفٌ

affair *n.* مَسْأَلَةٌ ؛ قَضِيَّةٌ . حَدَثٌ . عَلاقَةٌ جِنْسِيَّةٌ

affect *vt.* يُؤَثِّرُ عَلى . يَنالُ مِنْ ؛ يُصيبُ . يَتَظاهَرُ بِـ . يَتَصَنَّعُ في (الكَلامِ) . يُقَلِّدُ

affectation *n.* تَصَنُّعٌ ؛ تَكَلُّفٌ . إدِّعاءٌ ؛ تَظاهُرٌ

affected *adj.* مُتَأَثِّرٌ جِدًّا بِـ . مُتَكَلِّفٌ . مُصْطَنَعٌ

affecting *adj.* مُؤَثِّرٌ (حَديثٌ، مَوْقِفٌ)

affection *n.* مَحَبَّةٌ ؛ مَوَدَّةٌ . مَرَضٌ . مَيْلٌ إلى

affectionate *adj.* مُحِبٌّ ؛ وَدودٌ . مُثيرٌ لِلْعَطْفِ

affiance *vt.; n.* يَخْطُبُ ؛ يَطْلُبُ لِلْزَواجِ // خِطْبَةٌ

affianced *adj.* خاطِبٌ ؛ مَخْطوبٌ

affidavit *n.* إعْلانٌ خَطِّيٌّ وُضِعَ بِناءً عَلى قَسَمٍ

affiliate *vt.; n.* يَضُمُّ إلى ؛ يُلْحِقُ بِـ ؛ يُشْرِكُ في // شَخْصٌ مُلْحَقٌ ؛ شَرِكَةٌ مُلْحَقَةٌ

affiliation *n.* إلْحاقٌ ؛ إشْراكٌ . إنْضِمامٌ ؛ إنْتِسابٌ

affinity *n.* مَيْلٌ إلى . تَشابُهٌ . قَرابَةٌ (روحِيَّةٌ)

affirm *vt.* يُثَبِّتُ ؛ يُؤَكِّدُ ؛ يَجْزِمُ . يُقِرُّ

affirmation *n.* تَثْبيتٌ ؛ تَأْكيدٌ ؛ جَزْمٌ . إقْرارٌ

affirmative *adj.* صَحيحٌ . إيجابِيٌّ ؛ تَأْكيدِيٌّ

affix *vt.; n.* يُلْصِقُ (إعْلانًا) . يُذَيِّلُ (تَوْقيعَهُ) // جُزْءٌ مُضافٌ إلى كَلِمَةٍ . مُلْحَقٌ

afflict *vt.* يُحْزِنُ ؛ يَغُمُّ . يُؤْلِمُ ؛ يُدْمي

afflicted *adj.* مَهْمومٌ ؛ مُكَدَّرٌ ؛ حَزينٌ

afflicting *adj.* مُحْزِنٌ ؛ مُغِمٌّ ؛ مُؤْلِمٌ (حَدَثٌ)

affliction *n.* أَلَمٌ ؛ غَمٌّ . نَكْبَةٌ ؛ مُصيبَةٌ

affluence *n.* وَفْرَةٌ ؛ بُحْبوحَةٌ . فَيْضٌ ؛ تَدَفُّقٌ

affluent *adj.; n.* ثَرِيٌّ ؛ غَنِيٌّ . وَفيرٌ ؛ مُتَدَفِّقٌ // رافِدُ (نَهْرٍ)

afflux *n.* جَرَيانٌ ؛ تَدَفُّقٌ

afford *vt.* يَقْدِرُ عَلى ؛ يَقْوى عَلى . يَمْنَحُ ؛ يَمُدُّ بِـ

afforestation *n.* تَحْريجُ الأَراضي

affranchise *vt.* يُعْتِقُ (عَبْدًا) . يُعْفي (مِن واجِبٍ)

affray *n.* شَغَبٌ أو شِجارٌ (في مَكانٍ عامٍّ)

affront *n.; vt.* إهانَةٌ أو إساءَةٌ (مُتَعَمَّدَةٌ) // يُهينُ

affusion *n.* عِمادَةٌ (بِصَبِّ الماءِ فَوْقَ الرَأْسِ)

afield *adv.* بَعيدًا عَنْ (مُحيطِهِ) . خارِجَ المَوْضوعِ . في أو إلى الحَقْلِ

afire *adv.* مُشْتَعِلاً ؛ مُضْطَرِمًا. مُهْتَمًّا
aflame *adv.* مُلْتَهِبًا ؛ مُتَّقِدًا. مُحْمَرٌّ (الوَجْه)
afloat *adj.* عائمٌ. عَلى مَتْنِ الباخِرَة. مُغَطّى بِالماءِ. مُنْجَرِفٌ. في التَداوُل
afoot *adv.* في التَداوُل. راجِلاً ؛ على الأقْدامِ
aforesaid *adj.* مُشارٌ إليه أو مَذْكورٌ سابِقًا
aforethought *adj.* مُتَعَمَّدٌ ؛ مُدَبَّرٌ ؛ مُصَمَّمٌ مُسَبَّقًا
afoul of *adv.* في حالَةٍ صَعْبَةٍ. في صِدامٍ مَعْ
afraid *adj.* خائِفٌ ؛ مُرْتَعِبٌ ؛ مُرْتَعِدٌ. آسِفٌ
I am — not لا أظُنُّ ؛ لا أعْتَقِدُ
afresh *adv.* مَرَّةً ثانِيَةً ؛ مُجَدَّدًا
African *adj. & n.* إفْريقِيٌّ. زِنْجِيٌّ
aft *adv.* نَحْوَ أو في مُؤَخَّرَةِ السَفينَةِ
after *prep.; adv.; adj.* بَعْدَ. عَقِبَ. في إثْرِ // عَلى غِرارِ. وِفْقًا لِـ // خَلْفِيٌّ
after effects *n.pl.* تَأْثيراتٌ أو نَتائِجُ (لاحِقَةٌ)
afterlife *n.* الحَياةُ بَعْدَ المَوْتِ. مَرْحَلَةُ الشَيْخوخَةِ
aftermath *n.* ذُيولُ أو نَتائِجُ (كارِثَةٍ، حَرْبٍ)
afternoon *n.* بَعْدَ الظُهْرِ
afterthought *n.* رأْيٌ أوْ جَوابٌ مُتَأَخِّرٌ. مُلْحَقٌ
afterward(s) *adv.* بَعْدَ ذَلِكَ ؛ مِنْ ثَمَّ ؛ لاحِقًا
afterword *n.* خاتِمَةٌ أو مُلْحَقٌ (لِكِتابٍ)
again *adv.* مَرَّةً ثانِيَةً. مُجَدَّدًا. كَذَلِكَ
— and — بِاسْتِمْرارٍ ؛ مَرَّةً بَعْدَ أُخْرى
never — مُطْلَقًا أو أبَدًا (بَعْدَ الآنِ)
against *prep.* ضِدَّ. قُبالَةَ ؛ تِجاهَ. بَدَلَ ؛ لِقاءَ
— the rule مُخالِفٌ (لِلقانونِ، لِلقاعِدَةِ)
agape *adj.* مُشَرَّعٌ ؛ فاغِرُ الفَمِ. مُنْدَهِشٌ
agate *n.* عَقيقٌ: حَجَرٌ يَمانِيٌّ
age *n.; vt.; i.* عُمْرٌ ؛ سِنٌّ. الشَيْخوخَةُ. عَصْرٌ ؛ حِقْبَةٌ. دَهْرٌ // يُعَتِّقُ (الخَمْرَ) / يَهْرَمُ ؛ يَشيخُ. يَنْضَجُ
of — راشِدٌ ؛ بالِغٌ
under — قاصِرٌ ؛ تَحْتَ السِنِّ
Middle Ages العُصورُ الوُسْطى
aged *adj.* مُتَقَدِّمٌ أو طاعِنٌ (في السِنِّ). في سِنِّ كَذا
middle- — مُتَوَسِّطُ العُمْرِ
ageless *adj.* دائِمُ الفُتُوَّةِ. أزَلِيٌّ ؛ سَرْمَدِيٌّ
agency *n.* وَكالَةُ (تَوْظيفٍ). تَوْكيلٌ. وَساطَةٌ
agenda *n.* جَدْوَلُ أعمالِ (لَجْنَةٍ، مَجْلِسٍ)
agent *n.* وَكيلٌ ؛ عَميلٌ ؛ مُمَثِّلٌ. مادَّةٌ مُحَرِّكَةٌ. وَسيلَةٌ
agglomerate *vt.; i.; adj.* يُكَتِّلُ ؛ يُجَمِّعُ ؛ يُكَوِّمُ ؛ يَرْكُمُ / يَتَكَتَّلُ ؛ يَتَجَمَّعُ ؛ يَتَكَوَّمُ ؛ يَتَراكَمُ // مُتَكَتِّلٌ ؛ مُتَراكِمٌ ؛ مُتَجَمِّعٌ
agglomeration *n.* تَكَتُّلٌ ؛ تَراكُمٌ ؛ تَجَمُّعٌ. كُتْلَةٌ
agglutinate *vt.; i.* يُغَرّي / يَتَغَرّى ؛ يَلْتَصِقُ
aggrandize; aggrandise *vt.* يُكَبِّرُ ؛ يُضَخِّمُ
aggravate *vt.* يَزيدُ (الحالَةَ) سوءًا. يُغيظُ
aggregate *adj.; n.; vt.; i.* جماعِيٌّ. إجْمالِيٌّ // مَجْموعٌ أو مُجْمَلُ (التلامِذَةِ) // يُجَمِّعُ ؛ يُكَتِّلُ / يَتَجَمَّعُ
aggression *n.* عُدوانٌ ؛ إعْتِداءٌ. نَشاطٌ مُعادٍ
aggressive *adj.* عِدائِيٌّ ؛ إسْتِفْزازِيٌّ
aggressor *n.* مُعْتَدٍ ؛ مُهاجِمٌ
aggrieve *vt.* يُحْزِنُ ؛ يُكَدِّرُ. يُؤْذي ؛ يُضِرُّ بِـ
aggrieved *adj.* مَحْزونٌ ؛ مُكَدَّرٌ
aghast *adj.* مَشْدوهٌ ؛ مَذْهولٌ. مَرْعوبٌ ؛ مَذْعورٌ
agile *adj.* نَشِطٌ ؛ رَشيقٌ. ثاقِبُ الفِكْرِ
agility *n.* رَشاقَةٌ ؛ خِفَّةُ الحَرَكَةِ. ذَكاءٌ
agitate *vt.; i.* يُقْلِقُ ؛ يُزْعِجُ. يُهَيِّجُ ؛ يَخُضُّ / يُثيرُ
agitation *n.* إثارَةٌ ؛ هَيَجانٌ. إضْطِرابٌ ؛ بَلْبَلَةٌ
agitator *n.* مُهَيِّجٌ ؛ مُشاغِبٌ ؛ مُثيرُ الفِتَنِ
aglow *adj.* مُتَأَجِّجٌ ؛ مُتَوَقِّدٌ ؛ مُتَوَهِّجٌ

ago *adv.* مُنْذُ؛ مِنْ مُدَّةٍ؛ قَبْلَ (يَوْمَيْن)
agog *adj.* مُتَشَوِّقٌ؛ نافِدُ الصَّبْرِ؛ مُسْتَعْجِلٌ
be all — يَتَهَوَّسُ؛ يَتَلَهَّفُ
agonize; agonise *vt.; i.* يُعَذِّبُ / يَتَعَذَّبُ؛ يَحْتَضِرُ. يُكافِحُ؛ يُجاهِدُ
agony *n.* عَذابٌ شَديدٌ. إحْتِضارٌ؛ نِزاعٌ
agrarian *adj.* أَرْضِيٌّ؛ حَقْلِيٌّ. زِراعِيٌّ
— reform إصْلاحٌ زِراعِيٌّ
agree *vi.; t.* يَتَّفِقُ مَعَ. يوافِقُ. يُسَوِّي. يَتجانَسُ؛ يَتطابَقُ / يَرْضى بِـ. يَتَّفِقُ. يَسْمَحُ. يَمْنَحُ. يُطابِقُ
agreeable *adj.* مُمْتِعٌ. مُرْضٍ. مُناسِبٌ. مُطابِقٌ. مُوافِقٌ (عَلى اقْتِراحٍ)
agreed *adj.* مُتَّفَقٌ عَلَيهِ (سِعْرٌ، شُروطٌ)
agreement *n.* إتِّفاقٌ. تَسْوِيَةٌ. إتِّفاقِيَّةٌ. تَجانُسٌ
agricultural *adj.* زِراعِيٌّ؛ مُخْتَصٌّ بِالزِراعَةِ
agriculture *n.* زِراعَةٌ. عِلْمُ الزِراعَةِ
agronomist *n.* خَبيرٌ في شؤونِ الفِلاحَةِ والتُرْبَةِ
agronomy *n.* عِلْمُ الفِلاحَةِ والتُرْبَةِ والمَحاصيلِ
aground *adv.* عَلى الأَرْضِ (سَفينَةٌ جانِحَةٌ)
ague *n.* حُمّى المَلارْيا. نَوْبَةٌ بَرْدِيَّةٌ
ahead *adv.* أمامَ. في المُقَدِّمَةِ. قَبْلَ. إلى الأمامِ
go — إلى الأمامِ! تَحَرَّكْ!
— of time قَبْلَ المَوْعِدِ
aid *vt.; n.* يُساعِدُ؛ يُعاضِدُ؛ يُعينُ. يُنْجِدُ // مُساعَدَةٌ؛ إغاثَةٌ؛ مَعونَةٌ. سَنَدٌ
in — of بِهَدَفِ؛ لِأَجْلِ
aide *n.* مُساعِدٌ؛ مُعاوِنٌ
aide-de-camp *n.* ضابِطٌ (مُرافِقٌ، مُعاوِنٌ)
AIDS *n.* الأَيْدْز: مَرَضٌ يَنْتُجُ عَن نَقْصٍ في المَناعَةِ
aigrette; aigret *n.* ريشَةٌ في القُبَّعَةِ أو حِلْيَةٌ
ail *vt.; i.* يُحْزِنُ؛ يُكْرِبُ. يُؤْلِمُ؛ يُضايِقُ / يَتَوَعَّكُ؛ يَعْتَلُّ؛ يَضْطَرِبُ
aileron *n.* جُنَيْحٌ لِلتَوازُنِ في مُؤَخَّرِ الطائِرَةِ
ailing *adj.* مُتَوَعِّكٌ (مِنْ مُدَّةٍ طَويلَةٍ)
ailment *n.* عِلَّةٌ أو وَعْكَةٌ خَفيفَةٌ مُزْمِنَةٌ
aim *vt.; i.; n.* يُسَدِّدُ إلى؛ يُصَوِّبُ نَحْوَ. يُوَجِّهُ (النَقْدَ) / يُزْمِعُ عَلى. يَطْمَحُ إلى؛ يَهْدُفُ إلى // تَسْديدٌ. هَدَفٌ. قَصْدٌ؛ غايَةٌ
aimless *adj.* عَلى غَيْرِ هُدًى. بِدونِ هَدَفٍ أو غايَةٍ
air *vt.; n.* يُهَوّي (غُرْفَةً). يُعْلِنُ؛ يَكْشِفُ // هَواءٌ. نَسيمٌ؛ ريحٌ. مَظْهَرٌ؛ هَيْئَةٌ؛ سيماءُ. لَحْنٌ؛ نَغْمَةٌ
by — بِالطائِرَةِ. جَوًّا
take the — يَخْرُجُ لِلنُزْهَةِ
walk *or* tread on — يَطيرُ فَرَحًا
air base *n.* قاعِدَةٌ جَوِّيَّةٌ (لِلطائِراتِ)
airborne *adj.* مَنْقولٌ جَوًّا؛ مُجَوْقَلٌ
air-conditioned *adj.* مُكَيَّفٌ؛ مُبَرَّدٌ
air-conditioning *n.* تَكْييفُ أو تَبْريدُ الهَواءِ
air cooling *n.* تَبْريدٌ هَوائِيٌّ (لِمُحَرِّكِ السَيّارَةِ)
air cover *n.* تَغْطِيَةٌ جَوِّيَّةٌ (لِمَعْرَكَةٍ جَوِّيَّةٍ)
aircraft *n.* مَرْكَبَةٌ هَوائِيَّةٌ (طائِرَةٌ، مُنْطادٌ)
aircraft carrier *n.* حامِلَةُ طائِراتٍ
aircrew *n.* طاقِمُ أو مَلاّحو الطائِرَةِ
airdrome *n.* مَطارٌ
air field *n.* ميناءٌ جَوِّيٌّ. أَرْضُ المَطارِ
air force *n.* السِلاحُ الجَوِّيُّ
air hostess *n.* المُضيفَةُ (عَلى الطائِرَةِ)
airing *n.* تَعْريضٌ لِلْهَواءِ. نُزْهَةٌ (في الهَواءِ الطَلْقِ)
air letter *n.* رِسالَةٌ تُنْقَلُ جَوًّا
airlift *n.* نَقْلٌ أو جِسْرٌ (جَوِّيٌّ) لِلرُكّابِ أو الجُنودِ
air line *n.* خَطٌّ جَوِّيٌّ. شَرِكَةُ خُطوطٍ جَوِّيَّةٍ
airliner *n.* طائِرَةُ رُكّابٍ كَبيرَةٌ

airmail *n.* البَريدُ الجَوّيُّ
airman *n.* مَلاّحٌ أو طَيّارٌ (خاصَّةً حَرْبيٌّ)
airplane *n.* طائِرَةٌ
air pocket *n.* فَجْوَةٌ أو جَيْبٌ أو مَطَبٌّ (هَوائيٌّ)
airport *n.* ميناءٌ جَوّيٌّ أو مَطارٌ (مَدَنيٌّ)
air pump *n.* مِنْفَخٌ لِلأُطُرِ أو مِضَخَّةٌ هَوائيَّةٌ
air raid *n.* غارَةٌ جَوِّيَّةٌ
airship *n.* مُنْطادٌ؛ سَفينَةٌ هَوائيَّةٌ
airsickness *n.* دُوارٌ (عِنْدَ السَفَرِ جَوًّا)
airspace *n.* المَجالُ الجَوّيُّ (لِلدَوْلَةِ)
airstrip *n.* مَدْرَجُ هُبوطِ الطائِراتِ وإقْلاعِها
airtight *adj.* مُحْكَمٌ (يَمْنَعُ تَسَرُّبَ الهَواءِ). صُلْبٌ
air-to-air *adj.* مِنَ الجَوِّ إلى الجَوِّ (صاروخٌ)
airway *n.* خَطٌّ جَوّيٌّ. شَرِكَةُ خُطوطٍ جَوِّيَّةٍ
airworthy *adj.* صالِحٌ لِلْطَيَرانِ
airy *adj.* مَليءٌ بِالهَواءِ النَقيِّ. فَسيحٌ. سَطْحيٌّ. خَياليٌّ. هَوائيٌّ. خَفيفٌ جِدًّا. مَرِحٌ. روحيٌّ
aisle *n.* مَمْشى (بَيْنَ المَقاعِدِ). جَناحٌ جانِبيٌّ
ajar *adj.* مَفْتوحٌ قَليلاً (بابٌ). مُتَنافِرٌ
akimbo *adj.* وَضْعُ اليَدَيْنِ عَلى الخاصِرَتَيْنِ
akin *adj.* قَريبٌ؛ مِنْ سُلالَةٍ. لَهُ خَصائِصُ مُتَشابِهَةٌ
alabaster *n.* مَرْمَرٌ؛ رُخامٌ
alacrity *n.* رَشاقَةٌ. خِفَّةٌ (الروحِ ، الحَرَكَةِ)
alarm *vt.; n.* يُرْعِبُ. يُقْلِقُ. يُنْذِرُ؛ يُنَبِّهُ // رُعْبٌ؛ ذُعْرٌ. إنْذارٌ (بِالخَطَرِ). قَلَقٌ. مُنْذِرٌ؛ مُنَبِّهٌ
alarm bell *n.* جَرَسُ التَنْبيهِ أوِ الإنْذارِ
alarm clock *n.* مُنَبِّهٌ. ساعَةُ التَنْبيهِ
alas! *interj.* واأَسَفاه؛ واحَسْرتاه؛ يا لَلأَسَفِ
Albanian *adj. & n.* أَلْبانيٌّ
albatross *n.* قَطْرَسٌ: طائِرٌ بَحْريٌّ كَبيرٌ
albeit *conj.* بِالرُغْمِ مِنْ؛ مَعَ أنَّ؛ وإنْ
albino *n. & adj.* أَبْرَصُ؛ أَمْهَقُ
album *n.* أَلْبوم: مُجَلَّدٌ (أُسْطُواناتٍ، صُوَرٍ، طَوابِعَ)
albumen; albumin *n.* بَياضُ البَيْضَةِ؛ الآحُ. زُلالٌ
albuminous *adj.* زُلاليٌّ؛ آحيٌّ
alchemic(al) *adj.* كيميائيٌّ؛ مُتَعَلِّقٌ بِالكيمياءِ القَديمَةِ
alchemist *n.* كيميائيُّ القُرونِ الوُسْطى (خُرافيٌّ)
alchemy *n.* الكيمْياءُ القَديمَةُ
alcohol *n.* كُحولٌ. مَشْروبٌ كُحوليٌّ
alcoholic *adj.; n.* كُحوليٌّ // مُدْمِنُ كُحولٍ
alcoholism *n.* إدْمانُ الكُحولِ
alcove *n.* كُوَّةُ حائِطٍ. مِظَلَّةٌ (في حَديقَةٍ)
alder *n.* شَجَرَةُ الحَوْرِ؛ مَغْثٌ
alderman *n.* (*pl.* **-men**) عُضْوُ المَجْلِسِ البَلَديِّ. العُمْدَةُ
ale *n.* جِعَةٌ مِنْ شَعيرٍ تُشْبِهُ البيرَةَ
alembic *n.* إنْبيقٌ أو مِقْطَرَةٌ قَديمَةٌ
alert *adj.; n.* يَقِظٌ؛ حَذِرٌ. حَيَويٌّ؛ رَشيقٌ // صَفّارَةُ إنْذارٍ. مُدَّةُ الإنْذارِ
  on the — في حالَةِ تَيَقُّظٍ
alfresco *adv.* في الهَواءِ الطَلْقِ
alga *n.* (*pl.* **-e** *or* **-s**) طُحْلُبٌ؛ أُشْنَةٌ
algebra *n.* عِلْمُ الجَبْرِ (قِسْمٌ مِنَ الرياضيّاتِ)
algebraic(al) *adj.* جَبْريٌّ. مُخْتَصٌّ بِعِلْمِ الجَبْرِ
Algerian *adj. & n.* جَزائِريٌّ
alias *adv.; n.* مُلَقَّبٌ بِـ // إسْمٌ مُسْتَعارٌ
alibi *n.* عُذْرٌ. مُبَرِّرٌ أو دَليلٌ يُثْبِتُ الوُجودَ في غَيْرِ مَكانِ الجَريمَةِ عِنْدَ وقوعِها
alien *n.; adj.* مُغْتَرِبٌ. أَجْنَبيٌّ. دَخيلٌ. مِنَ العالَمِ الآخَرِ // غَريبٌ. أجنَبيٌّ. غَيْرُ مأْلوفٍ. مُنَفِّرٌ

alienate *vt.* يُنَفِّرُ. يُغَرِّبُ. يُحَوِّلُ. يَنْقُلُ (مِلْكِيَّةً)
alienist *n.* طَبيبٌ نَفْسيٌّ يُسْتَعانُ بِهِ في المَحاكِمِ
alight *vi.; adj.* يَتَرَجَّلُ. يَهْبِطُ. يَسْتَقِرُّ عَلى // مُشْتَعِلٌ ؛ مُحْتَرِقٌ. مُضاءٌ ؛ مُشْعَلٌ
align; aline *vt.; i.* يَصُفُّ. يوازِنُ (إطاراتٍ) / يَنْضَمُّ أو يَنْحازُ إلى (سياسَةٍ). يَصْطَفُّ. يَتَوازَنُ
alike *adj.; adv.* مُشابِهٌ ؛ مُماثِلٌ. شَبيهٌ ؛ مَثيلٌ // بِالطَريقَةِ نَفْسِها. بِالمِثْلِ
aliment *n.* غِذاءٌ أو قوتٌ (الجِسْمِ ، الفِكْرِ)
alimentary *adj.* غِذائِيٌّ ؛ قوتِيٌّ. مُغَذٍّ
alimentation *n.* تَغْذِيَةٌ ؛ إطْعامٌ. إقْتِياتٌ
alimony *n.* نَفَقَةُ الزَوْجَةِ المُطَلَّقَةِ
alive *adj.* حَيٌّ ؛ عائِشٌ. نَشيطٌ ؛ حَرِكٌ
— with مَليءٌ بِـ ؛ يَعِجُّ بِـ
alkali *n.* قِلْيٌ. مِلْحُ القِلْيِ
alkaline *adj.* قِلَويٌّ. حاوٍ خَصائِصَ القِلْيِ
all *adj.; adv.; n.; pron.* كُلٌّ ؛ جَميعٌ // كُلِّيًّا // كُلٌّ // كُلُّ شَيْءٍ
— of you كُلُّكُمْ ؛ جَميعُكُمْ
for — that رُغْمَ ذَلِكَ
with — speed بِأَسْرَعِ ما يُمْكِنُ
— at once فَجْأَةً
— the better نِعْمَ الأَمْرِ
not at — أَبَدًا ؛ إطْلاقًا
above — خاصَّةً ؛ بِالأَخَصِّ
allay *vt.* يُخَفِّفُ أو يُلَطِّفُ مِنْ وَطْأَةِ (الأَلَمِ)
allegation *n.* إدِّعاءٌ. زَعْمٌ ؛ حُجَّةٌ
allege *vt.* يَدَّعي. يَزْعَمُ. يَتَذَرَّعُ
allegiance *n.* وَلاءٌ ؛ طاعَةٌ. إخْلاصٌ ؛ أَمانَةٌ
allegoric(al) *adj.* رَمْزِيٌّ ؛ مَجازِيٌّ. تَمْثيلِيٌّ
allegory *n.* رَمْزٌ (قَصيدَةٌ). كِنايَةٌ ؛ مَجازٌ ؛ إسْتِعارَةٌ

allegro *n.* لَحْنٌ موسيقِيٌّ سَريعُ الحَرَكَةِ
alleluia; hallelujah *interj.* هَلِّلُويا : سَبِّحوا الرَبَّ
allergic *adj.* مُخْتَصٌّ بِالحَساسِيَّةِ. نافِرٌ مِنْ
allergy *n.* حَساسِيَّةٌ. نُفورٌ (مِنَ الدَرْسِ)
alleviate *vt.* يُخَفِّفُ أو يُلَطِّفُ (الأَلَمَ ، الحُزْنَ)
alley *n.* زُقاقٌ ؛ طَريقٌ ضَيِّقٌ. مَمَرٌّ (في غابَةٍ)
blind — طَريقٌ مَسْدودٌ
All Fools' Day *n.* أَوَّلُ يَوْمٍ في نَيْسانَ. كِذْبَةُ نَيْسانَ
alliance *n.* حِلْفٌ ؛ إئْتِلافٌ. تَحالُفٌ. مُصاهَرَةٌ
allied *adj.* مُتَحالِفٌ ؛ مُتَّحِدٌ. قَريبٌ ؛ نَسيبٌ
— forces القُوّاتُ المُتَحالِفَةُ
alligator *n.* تِمْساحٌ كَبيرٌ (يَعيشُ في أميركا)
allocate *vt.* يُعَيِّنُ ؛ يُخَصِّصُ. يُوَزِّعُ ؛ يُقَسِّمُ
allocation *n.* تَعْيينٌ ؛ تَخْصيصٌ. حِصَّةٌ ؛ نَصيبٌ
allocution *n.* خِطابٌ رَسْمِيٌّ فيهِ تَبْليغٌ أو تَحْريضٌ
allot *vt.* يُوَزِّعُ (حِصَصًا). يُخَصِّصُ. يُحَدِّدُ
allotment *n.* تَخْصيصٌ ؛ رَصْدٌ. تَوزيعٌ. حِصَّةٌ
allow *vt.; i.* يَسْمَحُ ؛ يَتْرُكُ. يُفْرِدُ. يَأْذَنُ. يُقِرُّ. يَمْنَحُ // يَحْسِبُ ؛ يَأْخُذُ بِعَيْنِ الإعْتِبارِ. يَسْمَحُ بِـ
allowable *adj.* مَسْموحٌ. جائِزٌ. مَشْروعٌ. مَقْبولٌ
allowance *n.* إعانَةٌ مُنْتَظِمَةٌ. حَسْمٌ. حِصَّةٌ. قَبولٌ. سَماحٌ ؛ إجازَةٌ. إقْرارٌ
make — for يَأْخُذُ بِعَيْنِ الإعْتِبارِ
alloy *n.; vt.* مَزيجٌ أو خَليطٌ (مِنَ المَعادِنِ). أَشابَةٌ // يَخْلِطُ المَعادِنَ
all right *adv.; adj.* حَسَنٌ جِدًّا // بِخَيْرٍ ؛ سَليمٌ
allspice *n.* فِلْفِلٌ أو بَهارٌ حُلْوٌ
allude *vi.* يُشيرُ إلى ؛ يُلَمِّحُ. يُنَوِّهُ بِـ
allure *vt.; n.* يُغْري ؛ يَجْتَذِبُ. يَفْتِنُ // إغْراءٌ

allusion *n.* إشارةٌ. تَلْميحٌ. تَنْويهٌ
alluvial *adj.* طَمْيِيٌّ ؛ مُتَعَلِّقٌ بالطمي
alluvion *n.* فَيضانٌ. طَمْيٌ ؛ غَرينٌ
alluvium *n.* (*pl.* **-s/-via**) غَرينٌ ؛ طَمْيٌ
ally *n.; vt.; i.* حليفٌ. دَوْلَةٌ حليفَةٌ // يُوَحِّدُ. يُحالِفُ. يُصاهِرُ. يَضُمُّ / يَتَّحِدُ ؛ يَتحالَفُ. يَتصاهَرُ
almanac *n.* رُزْنامَةٌ. تَقْويمُ السَنَةِ
almighty *adj.* قادِرٌ على كُلِّ شَيْءٍ. كُلِّيُّ السُلْطَةِ
almond *n.* شَجَرَةُ اللَوْزِ. ثَمَرَةُ اللَوْزِ
burnt — مُلَبَّسُ اللوْزِ
almost *adv.* تَقْريبًا ؛ زُهاءَ
alms *n.* إحْسانٌ ؛ بِرٌّ ؛ صَدَقَةٌ ؛ هِبَةٌ
almshouse *n.* مأوى (الفُقَراءِ، العَجائِزِ)
aloe *n.* نَباتُ الصَبْرِ ؛ عودُ النَدِّ
aloft *adj.; adv.* مُرْتَفِعٌ. عالٍ. طائِرٌ // فَوْقَ. في مَكانٍ عالٍ. في العُلا
alone *adj.* وَحيدٌ ؛ مُنْفَرِدٌ. فَريدٌ (عالِمٌ)
leave me — دَعْني وَشَأْني
along *adv. & prep.* عَلى طولِ ؛ عَلى امْتِدادِ
all — دائِمًا. طَوالَ الطَريقِ
come — تَعالَ إلى هُنا ؛ تَقَدَّمْ
alongside *prep.; adv.* جَنْبًا إلى جَنْبٍ. بِالقُرْبِ // عَلى أو بِـ (جانِبِ)
aloof *adj.; adv.* مُتَعالٍ ؛ مُتَرَفِّعٌ ؛ مُتَحَفِّظٌ ؛ مُتَشامِخٌ // بَعيدًا
aloud *adv.* بِصَوْتٍ مَسْموعٍ أو عالٍ أو واضِحٍ
alp *n.* جَبَلٌ عالٍ أو شاهِقٌ
alpaca *n.* الألْبَكَةُ: حَيوانٌ شَبيهٌ بِالخَروفِ. نَسيجٌ صوفِيٌّ (مِنْ شَعَرِ الألْبَكَةِ)
alpha *n.* أوَّلُ حُروفِ الأبْجَدِيَّةِ اليونانِيَّةِ
alphabet *n.* الألِفْباءُ: الحُروفُ الأبْجَدِيَّةُ
alphabetic(al) *adj.* أبْجَدِيٌّ ؛ هِجائِيٌّ
alpine *adj.* ألْبِيٌّ: نِسْبَةً إلى الجِبالِ العالِيَةِ
alpinist *n.* مُتَسلِّقُ الجِبالِ العالِيَةِ
already *adv.* سابِقًا ؛ مِنْ قَبْلُ ؛ قَبلاً
also *adv.* أيْضًا ؛ كَذلِكَ ؛ بِالإضافَةِ
altar *n.* مَذْبَحٌ. مِحْرابٌ
lead to the — يَتزَوَّجُ
alter *vt.; i.* يُغَيِّرُ ؛ يُبَدِّلُ ؛ يُحَوِّلُ ؛ يُعَدِّلُ / يَتَغَيَّرُ ؛ يَتَبَدَّلُ ؛ يَتحَوَّلُ ؛ يَتعَدَّلُ
alteration *n.* تَغْييرٌ ؛ تَبْديلٌ ؛ تَحْويلٌ ؛ تَعْديلٌ
altercate *vi.* يَتناقَشُ أو يَتَجادَلُ بِحِدَّةٍ. يَتَشاجَرُ
altercation *n.* مُشادَّةٌ ؛ مُشاجَرَةٌ ؛ مُشاحَنَةٌ
alternate *vt.; i.; adj.; n.* يُناوِبُ ؛ يُبَدِّلُ / يَتَناوَبُ أو يَتعاقَبُ أو يَتَبَدَّلُ (دَوْرِيًّا) // مُتَناوِبٌ ؛ مُتَعاقِبٌ // بَديلٌ ؛ وَكيلٌ ؛ نائِبٌ
— rhymes قَوافٍ مُتَقاطِعَةٌ
alternately *adv.* بِالتَناوُبِ ؛ بِالتَعاقُبِ
alternating current *n.* تَيّارٌ مُتَناوِبٌ
alternation *n.* تَناوُبٌ أو تَعاقُبٌ أو تَبْديلٌ (دَوْرِيٌّ)
alternative *n.* خِيارٌ أو بَديلٌ (بَيْنَ أمْرَيْنِ)
alternator *n.* مُنَوِّبٌ أو مُحَوِّلٌ (لِلتَيّارِ)
although *conj.* بِالرُغْمِ مِنْ ؛ مَعْ إنَّ
altimeter *n.* مِقْياسُ الإرْتِفاعِ (فَوقَ سَطْحِ البَحْرِ)
altitude *n.* عُلُوٌّ ؛ إرْتِفاعٌ
alto *n.* أعْلى صَوْتٍ رِجّالِيٍّ في الغِناءِ. أخْفَضُ صَوْتٍ نِسائِيٍّ
altogether *adv.* سَوِيَّةً ؛ مَعًا. كُلِّيًّا. جُمْلَةً
altruism *n.* مَحَبَّةُ أو إيثارُ (مَنْفَعَةِ الغَيْرِ)
altruist *n.* مَنْ يُحِبُّ مَنْفَعَةَ الغَيْرِ ؛ مُؤْثِرٌ
altruistic *adj.* مُحِبٌّ أو مُؤْثِرٌ (لِمَنْفَعَةِ الغَيْرِ)
alum *n.* ألشَبُّ: مِلْحٌ مَعْدِنِيٌّ أبْيَضُ

aluminium *n.* ألومينيومُ (مَعْدِنٌ)
alumnus *n.* (*pl.* **-ni/-na**) تِلْميذٌ. خِرّيجُ (جامِعَةٍ)
always *adv.* دائمًا؛ باسْتِمْرارٍ؛ بدونِ اسْتِثْناءٍ
for — إلى الأبَدِ
am (I) *vb.* أكونُ (المُتَكَلِّمُ المُفْرَدُ)
A.M. *n.* (abbr. of **ante meridiem**) قَبْلَ الظُّهْرِ
amalgam *n.* لَغْمُ الزِئْبَقِ (بالرَصاصِ). مَزْجٌ. مَزيجٌ مِنَ الزِئْبَقِ ومِن مَعْدِنٍ آخَرَ
amalgamate *vt.; i.* يَمْزُجُ؛ يَدْمُجُ. يَلْغَمُ / يَمْتَزِجُ. يَلْتَغِمُ (الزِئْبَقُ بالرَصاصِ)
amalgamation *n.* إنْدِماجٌ؛ إمْتِزاجٌ. إلْغامٌ
amass *vt.* يَجْمَعُ؛ يُكَوِّمُ؛ يُكَدِّسُ؛ يَحْشُدُ
amateur *n.* هاوي (رياضَةٍ)؛ غيرُ مُحْتَرِفٍ
amateurism *n.* هِوايَةٌ؛ عَمَلٌ غَيْرُ احْتِرافيّ
amatory *adj.* غَراميٌّ؛ عِشْقيٌّ. مُغْرٍ؛ غَزَليٌّ
amaze *vt.* يُدْهِشُ؛ يُذْهِلُ؛ يَشْدَهُ؛ يُحَيِّرُ
be — d يَنْدَهِشُ؛ يَنْذَهِلُ
amazement *n.* دَهْشَةٌ؛ ذُهولٌ؛ شَدَهٌ. حَيْرَةٌ
amazing *adj.* مُدْهِشٌ؛ عَجيبٌ؛ مُذْهِلٌ؛ مُحَيِّرٌ
amazon *n.* إمْرأةٌ طَويلَةٌ مُسْتَرْجِلَةٌ. مُحارِبَةٌ
ambassador *n.* سَفيرٌ
ambassadress *n.* سَفيرَةٌ
amber *n.* عَنْبَرٌ. كَهْرَمانٌ
amber-coloured *adj.* عَنْبَريٌّ؛ كَهْرَمانيُّ اللَوْنِ
ambergris *n.* صَمْغُ العَنْبَرِ (يُسْتَعْمَلُ لِلْعُطورِ)
ambidextrous *adj.* يُجيدُ اسْتِعْمالَ أيٍّ من اليَدَينِ. بارِعٌ
ambience *n.* بيئَةٌ أو مُحيطٌ (عَيْشٍ)؛ جَوٌّ
ambient *adj.* نِسْبَةً إلى الجَوِّ أوِ البيئَةِ. مُحيطٌ بِـ
ambiguity *n.* غُموضٌ؛ لَبْسٌ. إزْدِواجيَّةُ (المَعْنى)
ambiguous *adj.* غامِضٌ؛ مُبْهَمٌ. إزْدِواجيٌّ
ambit *n.* مَدى؛ مَجالٌ. حُدودٌ؛ مُحيطٌ
ambition *n.* طُموحٌ. طَمَعٌ. حُبُّ الجاهِ
ambitious *adj.* طَموحٌ. طَمّاعٌ. تَوّاقٌ لِلْشُهْرَةِ
amble *vi.; n.* يَسيرُ الهُوَيْنا. يَخُبُّ // سَيْرٌ رَهْوٌ
ambrosia *n.* طَعامُ أو شَرابُ أو عِطْرُ الآلِهَةِ
ambulance *n.* نَقّالَةٌ أو سَيّارَةُ الإسْعافِ
ambulant *adj.* جَوّالٌ. مُتَنَقِّلٌ مِنْ مَكانٍ إلى آخَرَ
ambuscade *n.; vi.* كَمينٌ؛ مِرْصادٌ // يَكْمُنُ
lay an — for يَنْصُبُ كَمينًا لِـ
ambush *n.; vi.* كَمينٌ. هُجومٌ مُفاجِئٌ // يَكْمُنُ
ameliorate *vt.; i.* يُحَسِّنُ. يُعَدِّلُ لِلأحْسَنِ. يُطَوِّرُ / يَتَحَسَّنُ. يَتَطَوَّرُ
amelioration *n.* تَحْسينٌ. تَعْديلٌ. تَطْويرٌ
amen *interj.* آمينَ؛ إسْتَجِبْ؛ فَلْيَكُنْ كَذٰلِكَ
amenable *adj.* سَهْلُ الانْقيادِ أوِ التَعاوُنِ. مَسؤولٌ. قابِلٌ لِلإخْتِبارِ
amend *vt.* يُعَدِّلُ. يُحَسِّنُ. يُصْلِحُ. يُصَحِّحُ
amendment *n.* تَعْديلٌ. تَحْسينٌ. تَصْحيحٌ
amends *n.pl.* تَعْويضٌ عن (أضْرارٍ)
make — for يُعَوِّضُ عَنْ
amenity *n.* وَسيلَةُ راحَةٍ أو تَرْفيهٍ
amerce *vt.* يُغَرِّمُ؛ يُعاقِبُ
American *n. & adj.* أميركيٌّ
amethyst *n.* حَجَرُ الجَمَسْتِ. مَرْوٌ بَنَفْسَجيٌّ
amiability *n.* وُدٌّ. لُطْفٌ. ظَرْفٌ. أُنْسٌ
amiable *adj.* وَدودٌ. لَطيفٌ. ظَريفٌ. أنيسٌ
amicable *adj.* وُدّيٌّ؛ حُبّيٌّ (نَظْرَةٌ)
— settlement تَسْوِيَةٌ وُدِّيَّةٌ
amid; amidst *prep.* في الوَسْطِ؛ بَيْنَ؛ فيما بَيْنَ
amidships *adv.* في أو نَحْوَ وَسَطِ السَفينَةِ

amiss *adv.; adj.* بِطَريقَةٍ مَغْلوطَةٍ أو ناقِصَةٍ أو غَيْرِ لائِقَةٍ // خاطئ؛ مَغْلوطٌ؛ ناقِصٌ
take — يَنْزَعِجُ؛ يَسْتاءُ
amity *n.* صُحْبَةٌ؛ صَداقَةٌ. أُلْفَةٌ؛ مَوَدَّةٌ
ammeter *n.* مِقْياسُ قُوَّةِ التَّيارِ بِالأَمْبير
ammonia *n.* أَمونْيا: نُشادِرٌ أو غازُ النُشادِرِ
ammunition *n.* ذَخيرَةٌ حَرْبِيَّةٌ عَلى أنواعِها
amnesia *n.* فُقْدانُ الذاكِرَةِ (كُلِّيًّا أو جُزْئِيًّا)
amnesty *n.; vt.* عَفْوٌ أو صَفْحٌ (عامٌّ) // يَعْفو أو يَصْفَحُ عَن؛ يُسامِحُ
amoeba *n.* (*pl.* **-s/-e**) حُيَيْوينٌ كَثيرُ التَقَلُّبِ (شَكْلِيًّا)
among; amongst *prep.* بَيْنَ؛ في وَسَطِ. فيما بَيْنَ
— other things مِنْ جُمْلَةِ ما
amorous *adj.* مُغْرَمٌ؛ وَلْهانٌ. عاشِقٌ
amorphous *adj.* عَديمُ الشَكْلِ؛ مُفْتَقِرٌ إلى أيِّ شَكْلٍ. غَيْرُ مُتَبَلْوِرٍ
amortize *vt.* يَسْتَهْلِكُ الدَيْنَ (بالحَسْمِ)
amount *n.; vi.* مِقْدارٌ؛ كَمِّيَّةٌ. مَجْموعٌ. قيمَةٌ // يُساوي؛ يُعادِلُ؛ يَبْلُغُ
that —s to the same thing الأَمْرانِ سِيّانِ
amour *n.* غَرامٌ أو عُشْقٌ (غَيْرُ شَرْعِيٍّ)
amour-propre *n.* إِعْتِزازٌ بِالنَفْسِ. حِسُّ الكَرامَةِ
ampere *n.* أَمْبير: وَحْدَةُ شِدَّةِ التَّيارِ الكَهْرَبائِيِّ
amphibian *n.* حَيوانٌ بَرْمائِيٌّ. طائِرَةٌ بَرْمائِيَّةٌ
amphibious *adj.* بَرْمائِيٌّ؛ يَعيشُ في البَرِّ والبَحْرِ
amphitheater *n.* مَسْرَحٌ كَبيرٌ مُدَرَّجٌ
amphora *n.* جَرَّةٌ إغْريقِيَّةٌ أو رومانِيَّةٌ ذاتُ عُرْوَتَيْنِ
ample *adj.* وافِرٌ. فَسيحٌ. كَبيرٌ. رَحْبٌ
ampleness *n.* وَفْرَةٌ. فُسْحَةٌ. كِبَرٌ. رَحابَةٌ

amplification *n.* تَضْخيمٌ. تَكْبيرٌ. تَوْسيعٌ. مُبالَغَةٌ
amplifier *n.* مُكَبِّرٌ (الصَوْتِ). مُضَخِّمٌ؛ مُوَسِّعٌ
amplify *vt.; i.* يُضَخِّمُ. يُكَبِّرُ. يُوَسِّعُ. يُبالِغُ / يُسْهِبُ (في الشَرْحِ). يَسْتَفيضُ (في الخَطابَةِ)
amplitude *n.* ضَخامَةٌ؛ جَسامَةٌ. وَفْرَةٌ. إتِّساعٌ
ampoule; ampul *n.* أُنْبوبٌ (مَصْلٍ)؛ قارورَةٌ صَغيرَةٌ تَحْتَوي على مَحْلولٍ لِلْحَقْنِ
amputate *vt.* يَقْطَعُ؛ يَبْتُرُ (عُضْوًا مِنَ الجِسْمِ)
amputation *n.* قَطْعُ أو بَتْرُ (عُضْوٍ مِنَ الجِسْمِ)
amuck; amok *n.* حالَةٌ مِنَ الجُنونِ المؤْذي
amulet *n.* حِجابٌ أو تَعْويذَةٌ (ضِدَّ السِحْرِ)
amuse *vt.* يُمَتِّعُ؛ يُسَلّي؛ يُرَفِّهُ؛ يُلْهي
amusement *n.* سَلْوى؛ تَسْلِيَةٌ؛ لَهْوٌ؛ تَرْفيهٌ
amusement park *n.* حَديقَةٌ أو مَدينَةُ المَلاهي
amusing *adj.* مُسَلٍّ؛ مُلْهٍ؛ مُرَفِّهٌ؛ مُفْرِحٌ
an *indef. art.* أداةُ نَكِرَةٍ بِمَعْنى: واحِدٌ؛ واحِدَةٌ؛ أحَدٌ؛ إحْدى (تَسْبِقُ حُروفَ العِلَّةِ)
anachronism *n.* مُفارَقَةٌ في تاريخِ الأَحْداثِ
anaconda *n.* أَفْعى ضَخْمَةٌ مِنْ أميركا الجَنوبِيَّةِ
anaemia; anemia *n.* فَقْرُ الدَمِ. وَهَنٌ؛ إنْحِطاطٌ
anaemic; anemic *adj.* مُصابٌ بِفَقْرِ الدَمِ. واهٍ
anaesthesia *n.* تَخْديرٌ؛ تَبْنيجٌ
anaesthetic *adj. & n.* مُخَدِّرٌ؛ بَنْجٌ
anaesthetist *n.* طَبيبُ البَنْجِ
anaesthetize *vt.* يُخَدِّرُ؛ يُبَنِّجُ
anagram *n.* جِناسٌ تَصْحيفِيٌّ (إسْتِبْدالُ أَحْرُفِ الكَلِمَةِ لِتَشْكيلِ كَلِمَةٍ جَديدَةٍ)
anal *adj.* شَرْجِيٌّ؛ مُتَعَلِّقٌ بِبابِ البَدَنِ
anal canal *n.* القَناةُ الشَرْجِيَّةُ
analgesia *n.* عَدَمُ القُدْرَةِ عَلى الشُعورِ بِالأَلَمِ
analogy *n.* تَطابُقٌ؛ تَشابُهٌ. مُقارَنَةٌ؛ مُماثَلَةٌ

analysis *n.* (*pl.* **-ses**) تَجْزِئَةٌ أو تَحْليلٌ (لِمَعْرِفَةِ الخَصائِصِ). نَتيجَةُ التَحْليلِ. إعْرابُ

analyst *n.* إخْتِصاصيٌّ في التَحْليلِ

analytic(al) *adj.* مُخْتَصٌّ بالتَحْليلِ. تَحليليٌّ؛ تَفْصيليٌّ

analyze *vt.* يَفْحَصُ بِدِقَّةٍ. يُجَزِّئُ. يُحَلِّلُ. يُعْرِبُ

ananas *n.* أناناسُ: نَباتٌ عُشْبيٌّ مُثْمِرٌ

anarchism *n.* الفَوضَويَّةُ. عَقيدَةٌ تَدْعو إلى إلْغاءِ الحُكوماتِ

anarchist *n.* مَنْ يَدْعو إلى إلْغاءِ الحُكوماتِ وإلى تَعاوُنٍ إجْتِماعيٍّ إخْتِياريٍّ. ثائِرٌ؛ مُشاغِبٌ

anarchy *n.* فَوْضى؛ شَغَبٌ

anathema *n.* شَخْصٌ كَريهٌ. حِرمانٌ. لَعْنَةٌ

anathemize *vt.* يَحْرِمُ (كَنَسيًّا). يَلْعَنُ

anatomic(al) *adj.* مُتَعَلِّقٌ بِعِلْمِ التَشْريحِ

anatomist *n.* أخِصّائيٌّ في التَشْريحِ

anatomize *vt.* يُشَرِّحُ. يَفْحَصُ بِدِقَّةٍ مُتَناهِيَةٍ

anatomy *n.* عِلْمُ التَشْريحِ. تَشْريحٌ. تَحْليلٌ مُفَصَّلٌ. الجَسَدُ الإنْسانيُّ؛ الهَيْكَلُ العَظْميُّ

ancestor *n.* جَدٌّ؛ سَلَفٌ

ancestral *adj.* مَنْسوبٌ إلى الأجْدادِ أوِ الأسْلافِ

ancestry *n.* نَسَبٌ؛ سُلافَةٌ؛ سُلالَةٌ

anchor *n.*; *vt.* مِرْساةُ (السَفينَةِ). مُثَبِّتٌ. مَلاذٌ // يُرْسي (السَفينَةَ). يُرَسِّخُ؛ يُثَبِّتُ

cast — يُلْقي المِرْساةَ

weigh — يَرْفَعُ المِرْساةَ

anchorage *n.* إرْساءٌ. مَرْسًى. مَلاذٌ

anchorite *n.* ناسِكٌ؛ زاهِدٌ؛ مُتَعَبِّدٌ

anchovy *n.* أنْشوفَةٌ؛ بَلَمٌ (سَمَكٌ صَغيرٌ)

ancient *adj.*; *n.* قَديمٌ. غابِرٌ. مِنَ الماضي البَعيدِ // عُضْوٌ مِنَ العالَمِ القَديمِ المُتَمَدِّنِ (إغريقيٌّ)

anciently *adv.* قَديمًا؛ في الزَمَنِ الغابِرِ

ancients *n.pl.* الأسلافُ؛ الأقْدَمونَ؛ الأوَّلونَ

ancillary *adj.* & *n.* ثانَويٌّ. مُساعِدٌ. مُلْحَقٌ

and *conj.* وَ (واوُ العَطْفِ). بالإضافَةِ. ثُمَّ

— so on, — so forth وَهَكَذا؛ وهَلُمَّ جَرًّا

anecdote *n.* حِكايَةٌ أو رِوايَةٌ قَصيرَةٌ. نادِرَةٌ

anemia *n.* see **anaemia**

anemone *n.* شَقائِقُ النُعْمانِ؛ زَهْرَةُ الريحِ

aneroid *n.* مِقْياسُ ضَغْطِ الهَواءِ الخارِجيِّ

anesthesia *n.* see **anaesthesia**

anesthetic *n.* see **anaesthetic**

anesthetize *vt.* see **anaesthetize**

anew *adv.* مَرَّةً ثانِيَةً. مِنْ جَديدٍ

angel *n.* مَلاكٌ. رَسولٌ إلهيٌّ. مُمَوِّلٌ مَسْرَحيٌّ

angelic(al) *adj.* مَلائكيٌّ. شَبيهٌ بالمَلاكِ

anger *n.*; *vt.*; *i.* غَضَبٌ. غَيْظٌ. سُخْطٌ. إسْتياءٌ // يُغْضِبُ. يُغيظُ. يُسْخِطُ / يَغْضَبُ؛ يَغْتاظُ

angina *n.* الخُناقُ؛ إلْتِهابُ الحَلْقِ أوِ اللَوْزَتَيْنِ

angle *n.*; *vt.*; *i.* زاوِيَةٌ. رُكْنٌ. وُجْهَةُ نَظَرٍ // يُعَيِّرُ زاوِيَةً. يُحَرِّرُ (في زاوِيَةِ صَحيفَةٍ) / يَنْعَطِفُ بِحِدَّةٍ (طَريقٌ). يَصْطادُ (بالصِنّارَةِ)

Anglican *n.* & *adj.* أنْكليكانيٌّ

angling *n.* الصَيْدُ أو فَنُّ الصَيْدِ بالصِنّارَةِ

Anglophile *n.* مُحِبٌّ لِكُلِّ ما هُوَ إنْكليزيٌّ

Anglophobe *n.* المُبْغِضُ لِكُلِّ ما هُوَ إنْكليزيٌّ

Anglo-Saxon *adj.* مِنَ العِرْقِ الأنكلوسَكْسونيِّ

angrily *adv.* بِغَضَبٍ؛ باسْتِياءٍ

angry *adj.* غاضِبٌ؛ مُسْتاءٌ. نافِرٌ؛ مُعادٍ

anguish *n.* ألَمٌ أو عَذابٌ مُبَرِّحٌ. تَعاسَةٌ. غَمٌّ

angular *adj.* بارِزُ العِظامِ. فَظٌّ. ذو زَوايا. زاويُّ الشَكْلِ

anile *adj.* خرِفٌ. عجائزيٌّ. شبيهٌ بالمَرْأةِ العَجوزِ
aniline *n.* سائِلٌ زيتيٌّ سامٌّ وحادٌّ
anility *n.* خَرَفٌ
animadversion *n.* إنْتِقادٌ. لَوْمٌ. مُلاحَظةٌ دَقيقةٌ
animadvert *vi.* يَنْتَقِدُ أو يلومُ بعُنْفٍ
animal *n.; adj.* حيوانٌ؛ بهيمةٌ. شَخْصٌ وَحْشيٌّ // حيوانيٌّ. شَهْوانيٌّ؛ جَسَديٌّ؛ جِنْسيٌّ
animalism *n.* الحَيَوانيّةُ: نَزْعةٌ إلى إرْضاءِ الغَرائزِ الشَهْوانيَّةِ. عَقيدَةٌ تُعاكِسُ الروحَ الإنْسانيَّةَ
animality *n.* الخَصائِصُ الحَيَوانِيَّةُ في الإنْسانِ
animalize *vt.* يُصَيِّرُهُ وَحْشيًا أو شَهْوانيًا
animate *vt.; adj.* يُحْيي. يُنْعِشُ. يُفَرِّحُ. يُنَشِّطُ. يُشَجِّعُ. يُلْهِمُ. يَمُدُّ بالحَرَكَةِ // حَيٌّ
animated *adj.* حَيٌّ (كائِنٌ)؛ نَشيطٌ؛ حَرِكٌ
animated cartoon *n.* رُسومٌ مُتَحَرِّكَةٌ
animation *n.* حَيَويَّةٌ. نَشاطٌ. إحْياءٌ
animator *n.* فَنّانٌ يَصْنَعُ الرُسومَ المُتَحَرِّكَةَ. مُحَرِّكٌ
animosity *n.* نُفورٌ. عِداءٌ. كَراهِيَةٌ. حِقْدٌ
animus *n.* عِداءٌ أو حِقْدٌ. دافِعٌ. نِيَّةٌ؛ غَرَضٌ
anise *n.* يانسونٌ أو أنيسونٌ
aniseed *n.* حَبُّ اليانسونِ
ankle *n.* كاحِلٌ؛ كَعْبٌ
anklebone *n.* عَظْمُ الكاحِلِ
ankle deep *adv.* حَتّى الكاحِلِ
anklet *n.* خَلْخالٌ أو سِوارُ القَدَمِ
annalist *n.* مُؤَرِّخٌ؛ مُسَجِّلُ الأحْداثِ السَنويَّةِ
annals *n.pl.* تواريخُ الأحْداثِ السَنويَّةِ. حَوْلِيّاتٌ
anneal *vt.* يُقَوّي (شَيْئًا بالإحْماءِ، بالعَزيمَةِ)
annex; annexe *vt.; n.* يَضُمُّ (أرْضًا). يُضيفُ؛ يُلْحِقُ // مُلْحَقٌ (بناءٍ)؛ تَكْمِلَةٌ (لِتَقْريرٍ)
annexation *n.* ضَمٌّ أو إلْحاقُ (أراضٍ). مُلْحَقٌ
annihilate *vt.* يُدَمِّرُ. يُبيدُ. يُفْني. يَهْزِمُ
anniversary *n.* تاريخُ (وِلادَةٍ). تَذْكارٌ سَنويٌّ
Anno Domini; A.D. *n.* السَنَةُ المَسيحيَّةُ
annotate *vt.* يُضيفُ مُلاحَظاتٍ (تَفسيريَّةً)
annotation *n.* مُلاحَظَةٌ للتَفْسيرِ والشَرْحِ
announce *vt.; i.* يُعْلِنُ. يُصَرِّحُ. يُبَشِّرُ (بِقُدومٍ). يَكْشِفُ؛ يَتَنَبَّأُ / يُذيعُ أو يَنْشُرُ (في الإذاعَةِ)
announcement *n.* إعلانٌ. إعْلامٌ. بَلاغٌ
annoy *vt.; i.* يُزْعِجُ. يُكَدِّرُ. يُضايِقُ. يُضْجِرُ / يَنْزَعِجُ. يَتَكَدَّرُ. يَتَضايَقُ. يَتَضَجَّرُ. يَتَسَبَّبُ في إزْعاجٍ
annoyance *n.* ضيقٌ. إزْعاجٌ. كَدَرٌ. ضَجَرٌ
annoying *adj.* مُزْعِجٌ. مُكَدِّرٌ. مُضايِقٌ. مُضْجِرٌ
annual *adj.* سَنويٌّ. حَوْلِيَّةٌ (نَباتاتٌ)
annually *adv.* سَنويًّا. مَرَّةً كُلَّ سَنَةٍ
annuitant *n.* صاحِبُ مَعاشٍ او مُرَتَّبٍ سَنَويٍّ
annuity *n.* دَفْعَةٌ سَنَويَّةٌ؛ قِسْطٌ سَنَويٌّ
life — دَخْلٌ أو راتِبٌ لِمَدى الحَياةِ
annul *vt.* يُبْطِلُ (قانونًا)؛ يُلْغي. يَنْقُضُ. يَفْسَخُ
annular *adj.* دائِريٌّ. مُسْتَديرٌ. يُؤَلِّفُ حَلَقَةً
annulet *n.* حَلَقَةٌ صَغيرَةٌ. زَرَدَةٌ
annulment *n.* إبْطالٌ؛ إلْغاءٌ؛ نَقْضٌ؛ فَسْخٌ
Annunciation *n.* البِشارَةُ. عيدُ البِشارَةِ
annunciation *n.* تَبْشيرٌ. إعْلانٌ
anodyne *n.* عَقّارٌ لِتَخْفيفِ الألَمِ؛ مُسَكِّنٌ
anoint *vt.* يَمْسَحُ بِالزَيْتِ. يَدْهُنُ بِمَرْهَمٍ
anointed *adj.* مَمْسوحٌ بِالزَيْتِ المُقَدَّسِ
anomalous *adj.* شاذٌّ أو مُنْحَرِفٌ عَنِ (النِظامِ)
anomaly *n.* شُذوذٌ أوِ انْحِرافٌ عَنِ (النِظامِ)
anon *adv.* عَمّا قَريبٍ؛ حالاً (في الشِعْرِ)
anonym *n.* إسْمٌ مُسْتَعارٌ. شَخْصٌ مَجْهولٌ
anonymous *adj.* مَجْهولُ (الإسْمِ، الهُويَّةِ)

anopheles *n.* جُرْثومَةٌ أو بَعوضَةٌ تُسَبِّبُ المَلارْيا
another *adj. & pron.* آخَرُ؛ غَيْرٌ. ثانٍ؛ مُخْتَلِفٌ
one — بَعْضُهُمْ بَعْضًا
answer *n.; vt.; i.* جوابٌ؛ رَدٌّ. رَدَّةُ فِعْلٍ. حَلٌّ // يُجيبُ. يَحُلُّ. يُسَدِّدُ (دَيْنًا) / يَسْتَجيبُ لِمؤثِّرٍ ما. يَفي بالحاجَةِ
— the description يُطابِقُ الوَصْفَ
— back يُجيبُ بِقَسْوَةٍ. يُقاطِعُ بِفَظاظَةٍ
— for يَتَحَمَّلُ المَسْؤوليَّةَ عَنْ
answerable *adj.* مَسْؤولٌ عَنْ. قابِلٌ لِلرَّدِّ
ant *n.* نَمْلَةٌ
antagonism *n.* مُعارَضَةٌ أو مُخاصَمَةٌ أو عِداءٌ
antagonist *n.* عَدُوٌّ؛ خَصْمٌ؛ مُنافِسٌ؛ مُعارِضٌ
antagonize *vt.* يُعادي. يُنافِسُ. يُخاصِمُ
antarctic *adj.* مُخْتَصٌّ بالقُطْبِ الجَنوبيِّ
anteater *n.* آكِلُ النَمْلِ
antecede *vt.* يأتي قَبْلَهُ؛ يَسْبُقُ؛ يَتَقَدَّمُ
antecedent *n.* حادِثٌ (أو ظَرْفٌ) سابِقٌ
antechamber *n.* غُرْفَةٌ موصِلَةٌ إلى أُخْرى
antedate *vt.* يَسْبُقُ غَيْرَهُ زَمَنيًّا. يُؤَرِّخُ (مُسْتَنَدًا) بِتاريخٍ سابِقٍ
antediluvian *adj.* مُخْتَصٌّ بالعُصورِ التي سَبَقَتِ الطوفانَ. قَديمُ العَهْدِ؛ عَتيقٌ
antelope *n.* نَوْعٌ مِنَ الظِباءِ
ante meridiem *adj.* see **A.M.**
antenatal *adj.* خِلالَ الحَمْلِ. جَنينيٌّ
antenna *n.* (*pl.* **-nae/-nas**) أَنْتينًا: هَوائيٌّ. زُباني: قَرْنُ الحِسِّ عِنْدَ الحَشَراتِ
antenuptial *adj.* ما قَبْلَ الزَواجِ
anterior *adj.* أماميٌّ. سابِقٌ (العَهْدِ). مُتَقَدِّمٌ
anteroom *n.* غُرْفَةٌ لِلإنْتِظارِ
anthem *n.* النَشيدُ الوَطَنيُّ. تَرْنيمَةٌ دينيَّةٌ
ant hill *n.* بَيْتُ النَمْلِ
anthology *n.* مُخْتاراتٌ أَدَبيَّةٌ؛ شِعْريَّةٌ؛ فَنِّيَّةٌ
anthracite *n.* أَنْتراسيت: فَحْمٌ حَجَريٌّ صُلْبٌ
anthrax *n.* مَرَضُ الجَمْرَةِ يُصيبُ المَواشي
anthropoid *adj.; n.* شَبيهٌ بالإنْسانِ // قِرْدٌ شَبيهٌ بالإنْسانِ
anthropologist *n.* عالِمٌ في عِلْمِ الإنْسانِ
anthropology *n.* الأَنْتروبولوجيا: عِلْمُ الإنْسانِ
anti-aircraft *n.* مُضادٌّ لِلطائِراتِ
antibiotic *n.* عَقّارٌ لِمُحارَبَةِ البَكْتيريا (كالبِنِسِلّين)
antibody *n.* جِسْمٌ مُضادٌّ في الدَمِ يُحارِبُ الجَراثيمَ
Antichrist *n.* عَدوُّ المَسيحِ أوِ المَسيحُ الدَجّالُ
anti-Christian *n.* مُقاوِمٌ أو مُناهِضٌ لِلمَسيحيَّةِ
anticipate *vt.; i.* يَتوَقَّعُ. يُحْبِطُ. يَتَنَبَّأُ. يَسْتَبِقُ (الأمورَ). يُسَدِّدُ (مُسَبَّقًا) / يَذْكُرُ (أمْرًا) قَبْلَ حُدوثِهِ
anticipation *n.* تَوَقُّعٌ. إسْتِباقٌ. حَدْسٌ
anticolonial *n.* مُناهِضٌ أو مُكافِحٌ لِلإسْتِعْمارِ
antidote *n.* تِرْياقٌ. عَقّارٌ مُضادٌّ لِلتَسَمُّمِ
antifreeze *n.* سائِلٌ مُضادٌّ لِلتَّجَمُّدِ
antimissile *adj.* مُضادٌّ للصَواريخِ
antimony *n.* الأُثْمُدُ: حَجَرُ الكُحْلِ
antinomy *n.* قانونٌ (أوْ شَريعَةٌ) نَقيضٌ لِغَيْرِهِ. تَنازُعٌ؛ تَعارُضٌ بَيْنَ سُلْطَتَيْنِ
antipathetic(al) *adj.* مُنَفِّرٌ. فَظٌّ. مُثيرٌ لِلكَراهيَّةِ
antipathy *n.* نُفورٌ. شُعورٌ بالإشْمِئْزازِ أو بالعَداوَةِ
antiphony *n.* غِناءٌ مُتَناوِبٌ بَيْنَ جَوْقَتَيْنِ
antipodal *adj.* واقِعٌ في الجانِبِ المُقابِلِ مِنَ الكُرَةِ الأرْضيَّةِ
antipode *n.* مُضادٌّ لِـ؛ نَقيضٌ

antipodes *n.pl.* نُقْطَتانِ أو مِنْطَقَتانِ مُتَقابِلَتانِ جغْرافيًّا
antipollution *n.* مُضادٌّ أو مُقاوِمٌ لِلتَلَوُّثِ
antipope *n.* بابا مُزَيَّفٌ. مُناهِضٌ لِلْبابا
antiquary *n.* أخِصّائيٌّ بالأشْياءِ الأثَرِيَّةِ
antiquated *adj.* مِن طِرازٍ قَديمٍ. بَطُلَ اسْتِعْمالُهُ
antique *n.; adj.* كُلُّ ما هو قَديمٌ // قَديمٌ؛ عَتيقٌ
antiquity *n.* قِدَمٌ. كُلُّ ما يَمُتُّ إلى الأجْيالِ السالِفَةِ. العُصورُ القَديمَةُ
anti-Semitism *n.* مُناهِضٌ لِلصَهْيونيَّةِ (اليَهودِ). اللاساميَّةُ
antiseptic *n.* مُطَهِّرٌ؛ مُعَقِّمٌ؛ واقٍ من التَلَوُّثِ
antislavery *adj.* مُناهِضٌ لِلرِقِّ أو لِلإسْتِعْبادِ
antithesis *n.* (*pl.* **-ses**) النَقيضُ؛ مُعارِضٌ. تَبايُنٌ في (الآراءِ)
antithetic(al) *adj.* خاصٌّ بالتَناقُضِ. مُناقِضٌ
antitoxin *n.* جُسَيْمٌ أو مَصْلٌ لِمُحارَبَةِ التَسَمُّمِ
antler *n.* أحَدُ قَرْنَيِ الوَعْلِ
antonym *n.* كَلِمَةٌ مُعاكِسَةٌ (بِمَعْناها) لأُخْرى
anus *n.* شَرْجٌ. إسْتٌ. بابُ البَدَنِ
anvil *n.* سَنْدانٌ
  on the — قَيْدُ التَحْضيرِ أوِ الإنْجازِ
anxiety *n.* قَلَقٌ. إضْطِرابٌ. شَوْقٌ. تَلَهُّفٌ
anxious *adj.* قَلِقٌ. مُضْطَرِبٌ. تَوّاقٌ؛ مُتَلَهِّفٌ
any *adj. & pron.* أيُّ. كُلٌّ. غَيْرُ مُحَدَّدٍ // أبَدًا
  at — rate على كُلِّ حالٍ
  scarcely — قَليلٌ جِدًّا
anybody; anyone *pron.* أيُّ إنْسانٍ أو شَخْصٍ
anyhow; anyway *adv.* كَيْفَما كانَ. مَهْما يَكُنْ
anymore *adv.* مِنَ الآنِ فَصاعِدًا. بَعْدَ الآنِ
anyone *n.* see **anybody**
anything *pron. & n.* أيُّ شَيْءٍ
  not to say — أنْ لا يَتَفَوَّهَ بِكَلِمَةٍ
anyway *adv.* see **anyhow**
anywhere *adv.* في أيِّ مَكانٍ؛ حَيْثُما كانَ
  get — أنْ يَنْجَحَ
aorta *n.* (*pl.* **-tas/tae**) الشَرْيانُ أوِ الوَريدُ الأورْطيُّ؛ الأبْهَرُ
apace *adv.* بِسُرْعَةٍ؛ سَريعًا؛ عَلى عَجَلٍ
apart *adj. & adv.* مُفَكَّكٌ (قِطَعًا). بعيدًا عَنْ. بِمَعْزِلٍ عَنْ
  — from بالإضافَةِ الى
apartheid *n.* التَفْرِقَةُ أوِ التَمْييزُ العُنْصُريُّ
apartment *n.* شِقَّةٌ أو جَناحٌ (لِلسَكَنِ)
apathetic(al) *adj.* لا مُبالٍ. بَليدٌ أو خامِلُ الشُعورِ
apathy *n.* اللامُبالاةُ. بَلادَةٌ. عَدَمُ الشُعورِ
ape *n.; vt.* قِرْدٌ. مُقَلِّدٌ (بِالحَرَكاتِ) // يُقَلِّدُ
aperient *adj.* مُسْهِلٌ أو مُلَيِّنٌ (دَواءٌ)
aperitif *n.* مَشْروبٌ لِفَتْحِ الشَهيَّةِ. مُشَهٍّ
aperture *n.* شَقٌّ. ثُقْبٌ. فُتْحَةٌ. كُوَّةٌ
apex *n.* (*pl.* **-es** *or* **apices**) أوْجٌ؛ قِمَّةٌ؛ رَأْسٌ
aphasia *n.* فِقْدانُ القُدْرَةِ عَلى التَكَلُّمِ
aphorism *n.* حِكْمَةٌ؛ عِبْرَةٌ. مَثَلٌ. قَوْلٌ مَأْثورٌ
apiary *n.* مَعْسَلَةٌ؛ مَنْحَلَةٌ؛ خَلِيَّةُ النَحْلِ
apiece *adv.* لِكُلِّ فَرْدٍ. لِكُلِّ قِطْعَةٍ (سِعْرٌ)
apish *adj.* أحْمَقُ؛ مُغَفَّلٌ. شَبيهٌ بالقِرْدِ
aplomb *n.* إتِّزانٌ؛ إسْتِقامَةٌ. ثِقَةٌ بِالنَفْسِ
apocalypse *n.* رُؤْيا (تَنَبُّئِيَّةٌ). حَدَثٌ مُهِمٌّ
apocryphal *adj.* مَشْكوكٌ في شَرْعِيَّتِهِ. مُزَيَّفٌ
apogee *n.* أقْصى نُقْطَةٍ مِنَ الأرْضِ في مَدارِ القَمَرِ أو أيِّ كَوْكَبٍ. ذُرْوَةٌ؛ أوْجٌ

apologetic(al) *adj.* إعْتِذاريٌّ؛ تَبْريريٌّ. دِفاعيٌّ

apologist *n.* مُدافِعٌ (عَنِ الإصْلاحِ الزراعيّ)

apologize *vi.* يَعْتَذِرُ. يُدافِعُ شَفَهيًّا أو كِتابيًّا

apologue *n.* مَثَلٌ؛ خُرافَةٌ؛ أُسْطورَةٌ

apology *n.* إعْتِذارٌ شَفَهيٌّ أو كِتابيٌّ (عَنْ خَطأٍ)

apoplexy *n.* السَكْتَةُ الدِماغيَّةُ (مُسَبِّبَةُ لِلْفالِجِ)

apostasy *n.* جُحودٌ أو تَنَكُّرٌ لِـ (دينٍ، مُعْتَقَدٍ)

apostate *n. & adj.* جاحِدٌ أو مُرْتَدٌّ عَنْ (دينٍ)

apostle *n.* رَسولٌ؛ مُبَشِّرٌ. مؤازِرٌ لِـ (قَضيَّةٍ)

apostolic(al) *adj.* رَسوليٌّ (بَرَكَةٌ). بابَويٌّ

apostolic delegate *n.* القاصِدُ الرَسوليُّ

apostolic see *n.* الكُرْسيُّ الرَسوليُّ أوِ البابَويُّ

apostrophe *n.* عَلامَةُ حَذْفٍ أو مِلْكٍ

apothecary *n.* صَيْدَليٌّ مُرَخَّصٌ

apotheosis *n.* تَمْجيدٌ أو تَعْظيمٌ لِـ (مَصافِّ الآلِهَةِ)

appal *or* **appall** *vt.* يُرْعِبُ؛ يُذْعِرُ؛ يُرَوِّعُ

appalling *adj.* مُرْعِبٌ؛ مُذْعِرٌ؛ مُرَوِّعٌ؛ مُخيفٌ

appanage *n.* see **apanage**

apparatus *n.* جِهازٌ. عُدَّةٌ. أدَواتُ (الحُكْمِ)

apparel *n.* لِباسٌ أو كِساءٌ أو حُلَّةٌ (لِلزينَةِ)

apparent *adj.* واضِحٌ؛ ظاهِرٌ؛ جَليٌّ؛ بَيِّنٌ

heir — وارِثٌ مُحْتَمَلٌ

apparition *n.* ظُهورٌ. رُؤْيا. شَبَحٌ. طَيْفٌ

appeal *n.; vi.* إلْتِماسُ (العَوْنِ). جاذِبيَّةٌ. إسْتِئْنافٌ // يَلْتَمِسُ (الرَحْمَةَ). يَجْتَذِبُ. يَسْتَأْنِفُ

court of —s مَحْكَمَةُ الإسْتِئْنافِ

appear *vi.* يَظْهَرُ؛ يُنْشَرُ. يَمْثُلُ أمامَ. يَحْضُرُ

appearance *n.* ظُهورٌ. مَظْهَرٌ. تَظاهُرٌ. مُثولٌ أمامَ (مَحْكَمَةٍ). حُضورٌ

at first — لأوَّلِ وَهْلَةٍ؛ مِنْ أوَّلِ نَظْرَةٍ

قابِلٌ لِلتَهْدِئَةِ أوِ الإسْتِرْضاءِ

appease *vt.* يُسَكِّنُ أو يُلَطِّفُ. يُرْوي. يُشْبِعُ

appeasement *n.* إسْتِرْضاءٌ أو مُسايَرَةٌ

appellant *n.* مُسْتَأْنِفُ الدَعْوى. طالِبُ الإسْتِئْنافِ

appellate *adj.* إسْتِئْنافيٌّ؛ مُخْتَصٌّ بِدَعْوى الإسْتِئْنافِ أو لَهُ حَقُّ النَظَرِ فيها

appellation *n.* إسْمٌ. لَقَبٌ. تَسْمِيَةٌ. تَلْقيبٌ

appellee *n.* المُتَّهَمُ أوِ المُسْتَأنَفُ ضِدَّهُ

append *vt.* يُلْحِقُ. يُضيفُ. يُعَلِّقُ. يُذَيِّلُ

appendage *n.* دَورٌ ثانَويٌّ. مُضافٌ. ذَيْلٌ. إضافَةٌ

appendant *adj.* مَوْصولٌ. مُضافٌ. مُذَيَّلٌ. مُعَلَّقٌ

appendicitis *n.* إلْتِهابُ الزائِدَةِ الدوديَّةِ

appendix *n.* (*pl.* **-dixes** *or* **-dices**) مُلْحَقٌ (لِكِتابٍ). مُضافٌ. ذَيْلٌ. الزائِدَةُ الدوديَّةُ

appertain *vi.* يَخْتَصُّ بِـ؛ يَتَعَلَّقُ بِـ؛ يَنْتَسِبُ إلى

appetite *n.* شَهيَّةٌ؛ قابِليَّةٌ. شَهْوَةٌ. شَغَفٌ بِـ

appetizer *n.* مَشْروبٌ أو طَعامٌ لِزِيادَةِ الشَهيَّةِ

appetizing *adj.* مُثيرٌ لِلشَهيَّةِ. شَهيٌّ؛ لَذيذُ الطَعْمِ

applaud *vt.* يُصَفِّقُ أو يَهْتِفُ أو يُهَلِّلُ (إسْتِحْسانًا)

applause *n.* تَصْفيقٌ أو هُتافٌ أو تَهْليلٌ

apple *n.* تُفّاحَةٌ

— of the eye حَدَقَةُ أو بُؤْبُؤُ العَيْنِ

apple-pie *n.* فَطيرَةُ حَلْوى مَعَ التُفّاحِ

apple tree *n.* شَجَرَةُ تُفّاحٍ

appliance *n.* آلَةٌ أو جِهازٌ (كَهْرَبائيٌّ)

applicable *adj.* مُناسِبٌ. مُطابِقٌ. مُمْكِنُ التَطْبيقِ

applicant *n.* طالِبُ (وَظيفَةٍ). مُرَشَّحٌ

application *n.* تَطْبيقٌ. طَلَبُ (وَظيفَةٍ). تَرْكيزٌ (في العَمَلِ). إسْتِعْمالُ (مَرْهَمٍ)

on — عِنْدَ الطَلَبِ

make — to يَتَوَجَّهُ إلى؛ يَتَقَدَّمُ بِطَلَبٍ إلى

applied *adj.* تَطْبيقيٌّ. مُطَبَّقٌ عَلى

apply *vt.; i.* يَسْتَخْدِمُ؛ يَسْتَعْمِلُ. يُطَبِّقُ (القانونَ) / يَنْطَبِقُ على. يَتَوَجَّهُ إلى. يَجْتَهِدُ في
— the brake يَكْبَحُ أو يُفَرْمِلُ (سَيّارَةً)
— for a job يَتَقَدَّمُ بِطَلَبِ وَظيفَةٍ
— to يَلْتَمِسُ؛ يَلْجَأُ إلى
appoint *vt.* يُعَيِّنُ (مُديرًا). يُحَدِّدُ. يُجَهِّزُ
at the —ed hour في الوَقْتِ المُحَدَّدِ
appointee *n.* المُعَيَّنُ في (وَظيفَةٍ)
appointment *n.* مَوْعِدٌ. تَعْيينٌ. وَظيفَةٌ. جِهازٌ
apportion *vt.* يُقَسِّمُ أو يُوَزِّعُ أو يُخَصِّصُ
apposite *adj.* وافٍ (لِلغَرَضِ). مُناسِبٌ. صائِبٌ
appraisal *n.* تَخْمينٌ. تَقْديرٌ. تَثْمينٌ. تَقْييمٌ
appraise *vt.* يُخَمِّنُ. يُقَدِّرُ. يُثَمِّنُ. يُقَيِّمُ
appraiser *n.* مُخَمِّنٌ. مُقَدِّرٌ. مُثَمِّنٌ. مُقَيِّمٌ
appreciable *adj.* قابِلٌ لِلرُّؤْيَةِ أوِ القِياسِ أوِ المُلاحَظَةِ
appreciate *vt.; i.* يَشْعُرُ بالإمْتِنانِ. يُعيرُ الإهْتِمامَ الكافيَ. يُقَدِّرُهُ حَقَّ قَدْرِهِ / يَرْتَفِعُ (السِعْرُ)
appreciation *n.* شُكْرٌ. إمْتِنانٌ. تَقْديرٌ. إدْراكٌ لِميزَةِ فَنٍّ. رَفْعُ (السِعْرِ)
appreciative *adj.* شاعِرٌ بالإمْتِنانِ أو قادِرٌ عَلَيْهِ
apprehend *vt.; i.* يُلْقي القَبْضَ عَلى أو يَحْجِزُ. يُدْرِكُ. يَفْهَمُ. يَهابُ؛ يَخْشى / يَتَفَهَّمُ؛ يَسْتَوْعِبُ
apprehensible *adj.* قابِلٌ لِلفَهْمِ أوِ الإسْتيعابِ
apprehension *n.* خِشْيَةٌ. إعْتِقالٌ. إدْراكٌ. إستيعابٌ؛ فَهْمٌ
apprehensive *adj.* قَلِقٌ. سَريعُ الفَهْمِ
apprentice *n.* مُتَدَرِّبٌ أو مُتَدَرِّجٌ (في صَنْعَةٍ)
apprise *vt.* يَلْفِتُ الإنْتِباهَ. يُبَلِّغُ؛ يُخْبِرُ
approach *vt.; i.; n.* يَقْتَرِبُ؛ يَدْنو. يَعْرِضُ. يَسْتَعْرِضُ / يَقْتَرِبُ؛ يَدْنو // إقْتِرابٌ؛ دُنُوٌّ. تَقْريبٌ. مَدْخَلٌ أو مَنْفَذٌ. عَرْضٌ؛ مُفاتَحَةٌ. إسْتِعْراضٌ
approachable *adj.* سَهْلُ البُلوغِ. وَدودٌ
approbate *vt.* يُصادِقُ رَسْمِيًّا
approbation *n.* تَنْويهٌ؛ ثَناءٌ. مُصادَقَةٌ؛ مُوافَقَةٌ
on — شَرْطَ أنْ
appropriate *adj.; vt.* مُناسِبٌ. مُطابِقٌ // يَسْتَوْلي عَلى. يُخَصِّصُ (مالاً) لِغَرَضٍ مُعَيَّنٍ
appropriation *n.* إمْتِلاكٌ. مُخَصَّصاتٌ (مالِيَّةٌ)
approval *n.* مُوافَقَةٌ. مُصادَقَةٌ رَسْمِيَّةٌ. إسْتِحْسانٌ
on — شَرْطَ أنْ
approve *vt.* يَسْتَحْسِنُ؛ يُحَبِّذُ. يُصادِقُ عَلى
approved *adj.* مُصادَقٌ عَلَيْهِ. مُسْتَحْسَنٌ (مَوْقِفٌ)
approximate *adj.; vt.; i.* تَقْريبِيٌّ (حِسابٌ). غَيْرُ مَضْبوطٍ. شَبيهٌ. قَريبٌ // يُقارِبُ. يُناهِزُ. يُقَرِّبُ. يُدْني / يَدنو؛ يَقْتَرِبُ مِنْ
approximately *adv.* تَقْريبًا
approximation *n.* حِسابٌ تَقارُبِيٌّ. تَخْمينٌ
appulse *n.* تَقارُبٌ أو تَلاحُمٌ أو الْتِصاقٌ (كَوْكَبَيْنِ)
appurtenance *n.* تابِعٌ؛ دَوْرٌ ثانَوِيٌّ. قِطَعُ غِيارٍ؛ تَجْهيزاتٌ. إمْتِلاكٌ مُؤَقَّتٌ
appurtenant *adj.* مُتَعَلِّقٌ بِـ. مُلْحَقٌ. تابِعٌ
apricot *n.* مِشْمِشٌ
apricot tree *n.* شَجَرَةُ المِشْمِشِ
April *n.* شَهْرُ نَيْسانَ؛ أَبْريلُ
April fool *n.* ضَحِيَّةُ كِذْبَةِ أَوَّلِ نَيْسانَ
a priori *adj.* قَبْليٌّ؛ أَوَّليٌّ؛ بَديهِيٌّ؛ مُسَلَّمٌ بِهِ
apron *n.* ...، مِئْزَرٌ. مَدْرَجٌ لِلطائِراتِ
apropos *adj.; adv.* ...، مُوافِقٌ؛ في ...
— of *prep.* ...
apt *adj.* ...

an — pupil تِلْميذٌ ذَكيٌّ

aptitude *or* **aptness** *n.* أَهْلِيَّةٌ؛ كفاءَةٌ؛ ذَكاءٌ

aptitude test *n.* إمْتِحانُ الجَدارَةِ أوِ الكَفاءَةِ

aquamarine *n.* حَجَرُ الزَبَرْجَدِ

aquarelle *n.* أُسْلوبُ أو رَسْمٌ بِالأَلْوانِ المائِيَّةِ

aquarium *n.* (*pl.* **-s** *or* **-ia**) حَوْضٌ مائيٌّ لِلسَمَكِ والنَباتِ

aquatic *adj.* مائيٌّ. يَعيشُ أو يَنْمو في الماءِ

aquatics *n.pl.* رياضَةٌ أو أَلْعابٌ تَرْفيهِيَّةٌ في الماءِ

aqueduct *n.* قَناطِرُ ماءٍ. مَجْرًى مائيٌّ

aqueous *adj.* مائيٌّ. شَبيهٌ بالماءِ

aquiline *adj.* مَعْقوفٌ (أَنْفٌ). شَبيهٌ بِمِنْقارِ النَسْرِ

Arab *adj. & n.* عَرَبيٌّ

arabesque *n.* نَقْشٌ أو زَخْرَفَةٌ (عَرَبِيَّةٌ)

Arabian *adj. & n.* عَرَبيٌّ

Arabic *adj.; n.* عَرَبيٌّ // اللُغَةُ العَرَبِيَّةُ

Arabist *n.* أخِصّائيٌّ في التُراثِ العَرَبيِّ

arable *adj.* قابِلٌ لِلحِراثَةِ وَالزِراعَةِ

Arab League *n.* جامِعَةُ الدُوَلِ العَرَبِيَّةِ

arak; arrack *n.* العَرَقُ: مَشْروبٌ كُحوليٌّ

arbiter *n.* حَكَمٌ أو وَسيطٌ في (مُباراةٍ، نِزاعٍ)

arbitrage *n.* تِجارَةٌ سَريعَةٌ في النَقْدِ أوِ الأَسْهُمِ

arbitrament *n.* قَرارُ المُحَكَّمينَ في النِزاعِ

arbitrary *adj.* إسْتِبْداديٌّ؛ تَحَكُّميٌّ؛ إعْتِباطيٌّ

arbitrate *vt.; i.* يَفْصِلُ أو يَبِتُّ عَنْ طَريقِ التَحْكيمِ / يَفْصِلُ أو يَبِتُّ بِصِفَتِهِ حَكَمًا

arbitration *n.* تَحْكيمٌ. فَصْلُ (نِزاعٍ) بِالتَحْكيمِ

arbitrator *n.* حَكَمُ او فاصِلُ (النِزاعِ). الوَسيطُ

arbor; arbour *n.* عَريشٌ أو مِظَلَّةٌ شَجَرِيَّةٌ

arboreal *adj.* شَجَريٌّ. يَعيشُ في الشَجَرِ (حَيَوانٌ)

arc *n.* قَوْسٌ؛ جُزْءٌ مِنْ دائِرَةٍ؛ حَنِيَّةٌ

arcade *n.* قَنْطَرَةٌ (في البِناءِ). مَمَرٌّ مُقَنْطَرٌ

arch *n.; adj.; vt.* قَنْطَرَةٌ؛ قَوْسٌ؛ حَنِيَّةٌ؛ عَقْدٌ // رَئيسيٌّ. ماكِرٌ // يُقَوِّسُ. يُقَنْطِرُ

triumphal — قَوْسُ النَصْرِ

— rival مُنافِسٌ رَئيسيٌّ

archaeologist *n.* عالِمٌ في الآثارِ القَديمَةِ

archaeology *n.* عِلْمُ الآثارِ القَديمَةِ

archaic *adj.* قَديمٌ. مَهجورٌ (كَلِمَةٌ أو إصْطِلاحٌ)

archangel *n.* رَئيسُ المَلائِكَةِ

archbishop *n.* رَئيسُ الأساقِفَةِ أوِ المَطارِنَةِ

archdeacon *n.* رَئيسُ الشَمامِسَةِ

archduke *n.* رَئيسُ الدوقَةِ؛ أَرْشيدوقٌ

arched *adj.* مُقَوَّسٌ. بِشَكْلِ القَوْسِ أوِ القَنْطَرَةِ

archer *n.* نَبّالٌ. الماهِرُ بِالقَوْسِ والسَهْمِ

archery *n.* فَنٌّ أو رِياضَةُ القَوْسِ والسَهْمِ

archetype *n.* نَموذَجٌ (كامِلٌ، أَصْليٌّ)

archimandrite *n.* أَرْشيمَنْدريتْ: رَئيسُ دَيْرٍ

archipelago *n.* أَرْخَبيلٌ: مَجْموعَةُ جُزُرٍ

architect *n.* مُهَنْدِسٌ مِعْماريٌّ؛ مُهَنْدِسُ (بِناءٍ)

architectural *adj.* مِعْماريٌّ

architecture *n.* عِلْمُ أو فَنُّ أو هَنْدَسَةُ البِناءِ

archives *n.pl.* أَرْشيفٌ. دارُ السِجِلّاتِ أوِ المَحْفوظاتِ

arctic *adj.* مُتَعَلِّقٌ بِالقُطْبِ الشَماليِّ. جَليديٌّ

ardent *adj.* مُتَقِدٌ أو مُتَأَجِّجٌ (حُبٌّ). حَمِسٌ؛ مُتَلَهِّفٌ. بَرّاقٌ (عُيونٌ)

ardor; ardour *n.* تَوَقُّدٌ؛ تَأَجُّجٌ. حَماسٌ؛ تَلَهُّفٌ

arduous *adj.* صَعْبٌ. شاقٌّ. عَسيرٌ. مُتْعِبٌ

are *n.* وَحْدَةُ المِساحَةِ وهي تُساوي ١٠٠ م٢

area *n.* مُسَطَّحٌ (أَرْضٍ). مِساحَةٌ. جُزْءٌ مِنَ (السَماءِ). مِنْطَقَةٌ. مَدًى؛ مَجالٌ. حَقْلُ (دِراسَةٍ)

arena *n.* ساحَةٌ أو مَنَصَّةٌ أو مَيْدانٌ مُخَصَّصٌ لِلألْعابِ الرياضيَّةِ أو التَرْفيهيَّةِ
areola *n.* (*pl.* **-lae** *or* **-las**) هالَةٌ أو دائِرَةٌ مُلَوَّنَةٌ
argent *adj.* فِضِّيٌّ
argentine *adj.* مُخْتَصٌّ بالفِضَّةِ أو شَبيهٌ بِها
Argentinian *adj. & n.* أرْجَنْتينيٌّ
argil *n.* طينٌ وبالأخَصِّ طينٌ خَزَفيٌّ
argot *n.* لُغَةٌ سوقِيَّةٌ (خاصَّةٌ باللُصوصِ)
arguable *adj.* مَشْكوكٌ فيه. قابِلٌ لِلمُناقَشَةِ
argue *vi.; t.* يَتَشاجَرُ. يُرافِعُ ؛ يُدافِعُ / يُبَرْهِنُ. يُناقِشُ. يُقْنِعُ. يوحي بِـ
argument *n.* شِجارٌ. نِقاشٌ. مُلَخَّصُ (كِتابٍ)
for —'s sake على سَبيلِ المِثالِ
argumentation *n.* حِوارٌ أو نِقاشٌ مَنْهَجيٌّ
argumentative *adj.* مُثيرٌ لِلجَدَلِ ؛ خِلافيٌّ
aria *n.* مَقْطَعُ غِناءٍ مُنْفَرِدٌ (أوبرا)
arid *adj.* مُجْدِبٌ ؛ قاحِلٌ. جافٌّ (مَوْضوعٌ)
aridity *n.* جَدْبٌ ؛ جَفافٌ ؛ قُحولَةٌ
aright *adv.* بِطَريقَةٍ صَحيحَةٍ أو مُناسِبَةٍ أو قَويمَةٍ
arise *vi.irr.* يَبْرُزُ. يَنْشَأُ. يَنْهَضُ. يَظْهَرُ. يَتَصاعَدُ
aristocracy *n.* أرِسْتُقْراطِيَّةٌ ؛ حُكومَةُ أو فِئَةُ (الأشْرافِ). نُخْبَةٌ ؛ صَفْوَةٌ
aristocrat *n.* الأرِسْتُقْراطِيُّ
aristocratic *adj.* أرِسْتُقْراطِيٌّ
arithmetic *n.* حِسابٌ. عِلْمُ الحِسابِ
arithmetical *adj.* حِسابِيٌّ. عَدَدِيٌّ
arithmetician *n.* عالِمٌ في الحِسابِ
ark *n.* فُلْكٌ أو سَفينَةُ نوحٍ. مَلْجأٌ
out of the — قَديمٌ جِدًّا
arm *n.; vt.; i.* ذِراعٌ ؛ ساعِدٌ. إدارَةٌ (حُكومِيَّةٌ). سُلْطَةُ (القانونِ). سِلاحٌ حَرْبِيٌّ // يُسَلِّحُ. يُحَصِّنُ (ضِدَّ الرَشْحِ). يُقَوِّي / يَتَسَلَّحُ
with folded —s مَكْتوفُ الذِراعَيْنِ
with open —s بِتَرْحابٍ
armada *n.* أُسْطولٌ بَحْرِيٌّ أو جَوِّيٌّ كَبيرٌ
armament *n.* أسْلِحَةٌ. قُوَّةٌ عَسْكَرِيَّةٌ. تَسَلُّحٌ
—s race سِباقُ التَسَلُّحِ
armature *n.* هَيْكَلٌ ؛ سِقالَةٌ. دائِرَةٌ مُسْتَحَثَّةٌ
arm-band *n.* شَريطٌ رَمْزِيٌّ يُلَفُّ حَوْلَ الذِراعِ
armchair *n.* كُرْسِيٌّ مُريحٌ ذو ذِراعَيْنِ
armed *adj.* مُسَلَّحٌ. مُحَصَّنٌ أو مُهَيَّأٌ (للصِعابِ)
— forces القُوّاتُ المُسَلَّحَةُ
Armenian *adj.; n.* أرْمَنِيٌّ // اللُغَةُ الأرْمَنِيَّةُ
armful *n.* سَعَةُ ذِراعٍ أو الذِراعَيْنِ
arm-hole *n.* فَتْحَةُ ثَوْبٍ (لِلذِراعِ ، لِلكُمِّ)
armistice *n.* هُدْنَةٌ ؛ وَقْفُ القِتالِ مُؤَقَّتًا
armless *adj.* مُجَرَّدٌ أو أعْزَلُ مِنَ السِلاحِ
armlet *n.* لِسانٌ (بُحَيْرَةٍ). سِوارٌ (لِلذِراعِ)
armor *n.; vt.* دِرْعٌ (واقِيَةٌ). مُدَرَّعاتٌ // يُدَرِّعُ
armored; armoured *adj.* مُدَرَّعٌ ؛ مُصَفَّحٌ
armorer; armourer *n.* صانِعُ الدُروعِ أو الأسْلِحَةِ ؛ مُصَلِّحُها
armor-plate *n.* صَفائِحُ مُقَوّاةٌ لِلدُروعِ أو الدَبّاباتِ
armoury; armory *n.* مَخْزَنٌ أو مَصْنَعُ أسْلِحَةٍ
armpit *n.* إبْطٌ
armrest *n.* مِسْنَدٌ أو ذِراعُ المَقْعَدِ
arms *n.pl.* أسْلِحَةٌ. مآثِرُ عَسْكَرِيَّةٌ
in *or* under — مُسَلَّحٌ ومُسْتَعِدٌّ لِلمَعْرَكَةِ
army *n.* الجَيْشُ البَرِّيُّ. أَلْوِيَةُ الجَيْشِ. جَمْعٌ غَفيرٌ
aroma *n.* طيبٌ ؛ عِطْرٌ ؛ شَذا ؛ أريجٌ
aromatic *adj.* عِطْرِيٌّ. تابِلِيٌّ. ذَكِيُّ الرائِحَةِ
around *prep.; adv.* حَوْلَ. في مُحيطِ. في

art *n.* فَنٌّ. مهارَةٌ؛ إبْداعٌ. حَذاقَةٌ

artefact; artifact *n.* شَيْءٌ مَصْنوعٌ بِدقَّةٍ وَمَهارَةٍ

arterial *adj.* شَرْيانيٌّ؛ مُخْتَصٌّ بِالشَرايين

— road طَريقٌ رَئيسيٌّ

artery *n.* شَرْيانٌ. طَريقٌ رَئيسيٌّ

artesian well *n.* بِئْرٌ أَرْتُوازِيَّةٌ

artful *adj.* ماكِرٌ. ماهِرٌ في بُلوغِ المُرادِ

arthritis *n.* إلْتِهابُ المَفاصِلِ

artichoke *n.* أرْضي شَوْكي؛ خُرْشوفٌ

article *n.* صِنْفٌ؛ سِلْعَةٌ. مَقالَةٌ. بَنْدٌ

articulate *adj.; vt.* واضِحُ النُطْقِ. واضِحٌ؛ نَقيٌّ. ذو مَفاصِلَ // يَنْطِقُ أو يُعَبِّرُ بِوُضوحٍ وَتَرابُطٍ

articulation *n.* نُطْقٌ. فَصاحَةُ اللَفْظِ. مَفْصِلٌ

artifice *n.* مَكْرٌ؛ دَهاءٌ. مَهارَةٌ؛ حِذْقٌ

artificial *adj.* إصْطِناعيٌّ (زُهورٌ). مُصْطَنَعٌ

artillery *n.* مِدْفَعِيَّةٌ

artilleryman *n.* (*pl.* **-men**) مِدْفَعيٌّ

artisan *n.* صانِعٌ دِقّيٌّ. حِرَفيٌّ

artist *n.* فَنّانٌ (رَسْمٌ). مُصَمِّمٌ مُبْدِعٌ

artistic(al) *adj.* فَنّيٌّ. ذو ذَوْقٍ مُبْدِعٍ أو خَلّاقٍ

artless *adj.* خُلُوٌّ مِنَ (المَكْرِ). سَليمُ النِيَّةِ. بدونِ فَنٍّ؛ بِدونِ مَهارَةٍ

as *conj.; prep.; adv.* بَيْنَما. كَما. ما. بِما أَنَّ. مِثْلَما. عَلى سَبيلِ المِثالِ // بِصِفَةٍ؛ كَ // مَثَلاً

— big — كَبيرٌ بِمِقْدارِ

— far — بِقَدْرِ ما

— for *or* to فيما يَخْتَصُّ بِـ

— from *or* of إعْتِبارًا مِن

— if *or* through كَما لَوْ

— it is في مِثْلِ هذه الحالَةِ

— long — ما دامَ

أماكِنَ مُتَعَدِّدَةٍ. مِنْ مَكانٍ إلى آخَرَ. بِالقُرْبِ مِنْ. حوالى // حَوْلَ. في الجِوارِ. هُنا وهُناكَ. في مَكانٍ ما. في التَداوُلِ

— the clock على مَدارِ الساعَةِ

arouse *vt.; i.* يُثيرُ؛ يُنَشِّطُ. يوقِظُ / يَسْتَيْقِظُ

arraign *vt.* يُحْضِرُ لِلمُحاكَمَةِ (سَجينًا). يَتَّهِمُ

arraignment *n.* إحْضارٌ أمامَ المَحْكَمَةِ. إتِّهامٌ

arrange *vt.; i.* يُرَتِّبُ؛ يُنَسِّقُ. يُسَوِّي؛ يُصْلِحُ. يُدَبِّرُ. يُكَيِّفُ؛ يُؤَهِّلُ / يَتَدَبَّرُ. يَتَّفِقُ؛ يَتَصالَحُ

arrangement *n.* تَدْبيرٌ. تَرْتيبٌ؛ تَنْسيقٌ. تَحْضيرٌ. تَسْوِيَةٌ. تَكْييفٌ؛ تَأهيلٌ

arrant *adj.* هائِمٌ؛ مُتَشَرِّدٌ. مُكَمَّلٌ

array *n.; vt.* عَرْضٌ مُثيرٌ. تَنْظيمٌ. ثِيابٌ فاخِرَةٌ. تَجْهيزٌ (لِلْقُوّاتِ المُسَلَّحَةِ) // يَكْسو بِثِيابٍ فاخِرَةٍ. يُزَيِّنُ. يُرَتِّبُ (الصُفوفَ في الجَيْشِ)

arrears *n.pl.* دَيْنٌ أو مُسْتَحِقّاتٌ

arrest *vt.; n.* يَعْتَقِلُ؛ يَقْبِضُ عَلى. يَحُدُّ من نُمُوٍّ. يَأْسِرُ (الإنْتِباهَ) // إعْتِقالٌ؛ حَجْزٌ. تَوَقُّفُ (القَلْبِ)

under — مَوقوفٌ؛ مُحْتَجَزٌ

arresting *adj.* مُلْفِتٌ (للإنْتِباهِ)؛ مُدْهِشٌ (تَشابُهٌ)

arrival *n.* قُدومٌ. مَجيءٌ. بُلوغٌ. وُرودٌ

arrive *vi.* يَصِلُ؛ يَبْلُغُ. يَتَوَصَّلُ إلى. يَنْجَحُ

arrogance *n.* غُرورٌ. عَجْرَفَةٌ. تَكَبُّرٌ. غَطْرَسَةٌ

arrogant *adj.* مُغْتَرٌّ. مُتَعَجْرِفٌ. مُتَكَبِّرٌ. مُتَغَطْرِسٌ

arrogate *vt.* يَدَّعي أو يَنْتَحِلُ أو يَنْسُبُ أو يُخَصِّصُ بِطَريقَةٍ غَيْرِ مَشْروعَةٍ

arrogation *n.* إدِّعاءٌ أو إنْتِحالٌ غَيْرُ مَشْروعٍ

arrow *n.* سَهْمٌ. نُشّابٌ. نَبْلَةٌ

arsenal *n.* تَرْسانَةٌ: مَخْزَنٌ أو مَصْنَعٌ لِلأسْلِحَةِ

arsenic *n.* زِرْنيخٌ؛ سُمٌّ قَوِيٌّ

arson *n.* جَريمَةُ أو جِنايَةُ الحَرْقِ المُتَعَمَّدِ

— regards فيما يَخْتَصُّ بِـ
— such في حَدِّ ذاتِها
such — مِثْل
— well كَذَلِكَ ؛ بالإضافَةِ إلى
— yet حتّى الآنَ
asbestos *n.* حَجَرُ الفَتيل ؛ الحَريرُ الصَخْرِيُّ
ascend *vt.; i.* يَصْعَدُ . يَرْتَفِعُ . يَتَبَوَّأُ أَوْ يَعْتَلي (العَرْشَ) / يَرْتَقي ؛ يَتَسَلَّقُ
ascendancy; ascendency *n.* سَيْطَرَةٌ . سَطْوَةٌ
ascendant; ascendent *adj.; n.* صاعِدٌ . مُرْتَقٍ . مُهَيْمِنٌ . مُتَفَوِّقٌ // هَيْمَنَةٌ ؛ تَفَوُّقٌ . إرْتِقاءٌ
in the — يَتَزايَدُ نُفوذُهُ ، تَقْوى هَيْمَنَتُهُ
ascension *n.* إرْتِقاءٌ . صُعودٌ
Ascension, the *n.* عيدُ صُعودِ المَسيحِ
ascent *n.* صُعودٌ ؛ تَسَلُّقٌ . مُرْتَقًى ؛ مُنْحَدَرٌ
ascertain *vt.* يُحَدِّدُ نِهائيًّا . يَتَأَكَّدُ مِنْ ؛ يَتَحَقَّقُ مِنْ
ascetic *n.* زاهِدٌ ؛ ناسِكٌ ؛ صوفِيٌّ ؛ مُتَقَشِّفٌ
asceticism *n.* زُهْدٌ ؛ نُسْكٌ ؛ تَصَوُّفٌ ؛ تَقَشُّفٌ
ascribable *adj.* مَنْسوبٌ إلى ؛ مَعْزُوٌّ إلى
ascribe *vt.* يَنْسُبُ إلى ؛ يَعْزو إلى
aseptic *adj.* مُعَقَّمٌ ؛ مُطَهَّرٌ . خالٍ مِنَ الجَراثيمِ
asexual *adj.* لا جِنْسَ لَهُ ؛ لا تَزاوُجِيٌّ . خُنْثى
ash *n.* رَمادٌ . جُسَيْماتٌ حُمَمِيَّةٌ . شَجَرَةُ الدَرْدارِ
ashamed *adj.* خَجِلٌ ؛ خَجْلانُ ؛ مُسْتَحٍ
ash bin (*or* **pit**) *n.* مَنْفَضَةٌ ؛ صَحْنُ الرَمادِ
ashcan *n.* صُنْدوقُ النِفاياتِ
be — of يَخْجَلُ أو يَسْتَحي مِنْ
ashen *adj.* شاحِبُ اللَوْنِ . رَمادِيٌّ ؛ أَغْبَرُ
ashes *n.pl.* أَطْلالٌ ؛ أَخْرِبَةٌ . رُفاتُ (مَيْتٍ)
ashore *adv.* بِاتِّجاهِ الشاطِئِ . على اليابِسَةِ
ashtray *n.* مَنْفَضَةٌ ؛ صَحْنُ الرَمادِ
ashy *adj.* شاحِبُ اللَوْنِ . رَمادِيٌّ ؛ أَغْبَرُ
Asia *n.* آسْيا (القارَّةُ)
Asia Minor *n.* آسْيا الصُغْرى
Asian *or* **Asiatic** *adj. & n.* آسْيَوِيٌّ
aside *adv.* جانِبًا . على انْفِرادٍ ؛ عَلى حِدَةٍ
— from إضافَةً إلى . باسْتِثْناءِ
step — يُفْسِحُ الطَريقَ . يَتَنَحّى
asinine *adj.* أَحْمَقُ ؛ أَبْلَهُ
ask *vt.* يَسْأَلُ . يَسْتَفْسِرُ عَنْ ؛ يَسْتَعْلِمُ . يَدْعو إلى (حَفْلَةٍ) . يَتَطَلَّبُ (جُهْدًا)
— after يَسْتَفْسِرُ عَنْ صِحَّةِ (فُلانٍ)
— for يَطْلُبُ (مَعْلوماتٍ)
askance; askant *adv.* شَزْرًا . بِشَكٍّ
askew *adv.* مِنْ زاوِيَةٍ مُنْحَرِفَةٍ ؛ شَزْرًا
aslant *adv.; adj.* بِانْحِرافٍ ؛ شَزْرًا // مُنْحَرِفٌ
asleep *adj.* نائِمٌ ؛ راقِدٌ . خَدِرٌ (أَطْرافٌ)
asp *n.* حَيَّةٌ سامَّةٌ (قاتِلَةُ كِلْيوباتْرا)
asparagus *n.* هِلْيَوْنٌ
aspect *n.* مَرْأًى ؛ مَظْهَرٌ . عُنْصُرٌ مُمَيِّزٌ . وَجْهُ (مَسْأَلَةٍ) . مَنْظَرُ (وادٍ) . ناحِيَةٌ
asperity *n.* خُشونَةٌ (مِزاجٍ ، صَوْتٍ) . هَمٌّ ؛ كَرْبٌ
asperse *vt.* يَنِمُّ ؛ يَشي . يُشَهِّرُ بِـ ؛ يُعَيِّرُ
aspersion *n.* نَميمَةٌ ؛ وِشايَةٌ . تَشْهيرٌ ؛ تَعْييرٌ
asphalt *n.; vt.* أَسْفَلْتٌ : زِفْتٌ ؛ قيرٌ // يُغَطّي بالأَسْفَلْتِ . يُزَفِّتُ
asphyxia *n.* نَقْصٌ في الأُكْسيجينِ . إخْتِناقٌ
asphyxiate *vi.* يَخْتَنِقُ بِسَبَبِ نَقْصِ الأُكْسيجينِ
aspirant *n.* الطامِحُ إلى الشُهْرَةِ ؛ إلى مَنْصِبٍ رَفيعٍ
aspirate *vt.* يَتَنَفَّسُ بِصُعوبَةٍ . يَمُصُّ (هَواءً)
aspiration *n.* تَوْقٌ أو طُموحٌ . تَنَفُّسٌ . إمْتِصاصٌ
aspirator *n.* جِهازُ امْتِصاصٍ

aspire *vi.* يَطْمَحُ إلى ؛ يَبْتَغي ؛ يَصْبو إلى . يَرْتَفِعُ
aspirin *n.* أَسْبِرين : عَقّارٌ مُسَكِّنٌ للألَمِ
ass *n.* حِمارٌ . شَخْصٌ مَغْرورٌ
he is a silly — إنَّهُ لَغَبيٌّ
assail *vt.* يَنْقَضُّ عَلى . يَقْتَحِمُ . يَنْتَقِدُ بِشِدَّةٍ
assailant *n.* المُنْقَضُّ . المُقْتَحِمُ . المُنْتَقِدُ بِشِدَّةٍ
assassin *n.* قاتِلٌ أو مُغْتالٌ (شَخْصيَّةٍ سياسيَّةٍ)
assassinate *vt.* يَغْتالُ (شَخْصيَّةً بارِزَةً) . يُشَهِّرُ بِـ
assassination *n.* إغْتيالُ (شَخْصيَّةٍ بارِزَةٍ) . تَشْهيرٌ
assault *n.; vt.* إعْتِداءٌ . تَهَجُّمٌ . إيذاءٌ .
إغْتِصابٌ // يَعْتَدي عَلى . يَتَهَجَّمُ عَلى . يَغْتَصِبُ
indecent — إعْتِداءٌ على الأخْلاقِ
assay *vt.; n.* يُحَلِّلُ (مَعْدِنًا) . يُحاوِلُ . يَخْتَبِرُ .
يُخَمِّنُ // تَحْليلٌ . تَقْريرٌ عَنِ التَّحْليلِ . إخْتِبارٌ
assemble *vt.; i.* يَجْمَعُ ؛ يَضُمُّ . يُرَكِّبُ ؛ يُجَمِّعُ /
يَجْتَمِعُ ؛ يَنْضَمُّ . يَحْتَشِدُ
assembly *n.* مَجْلِسٌ ؛ جَمْعِيَّةٌ . تَجْميعُ (آلَةٍ)
— line سِلْسِلَةُ التَّرْكيبِ (في مَصْنَعٍ)
assent *n.; vi.* مُوافَقَةٌ ؛ قَبولٌ . إذْعانٌ . تَصْديقٌ //
يَقْبَلُ بِـ ؛ يُوافِقُ عَلى . يُذْعِنُ
assert *vt.* يُصِرُّ عَلى (حَقٍّ) . يَجْزِمُ . يَقْتَرِحُ
بِالْحاحٍ . يُبَرِّرُ (مَوْقِفًا)
assertion *n.* إصْرارٌ عَلى (حَقٍّ) . جَزْمٌ . تَبْريرٌ
assertive *adj.* جازِمٌ . مُصِرٌّ . عَقائِديٌّ . مِلْحاحٌ
assess *vt.* يُقَيِّمُ . يُخَمِّنُ . يُقَدِّرُ (لِلضَريبَةِ، الكُلْفَةِ) .
يَفْرِضُ (غَرامَةً)
assessment *n.* تَقْييمٌ . تَخْمينٌ . تَقْديرٌ (لِلضَريبَةِ)
assessor *n.* مُقَيِّمٌ . مُخَمِّنٌ (الضَرائِبِ) . خَبيرٌ
asset *n.* كُلُّ ما هو ذو قيمَةٍ أو مَنْفَعَةٍ
assets *n.pl.* مُمْتَلَكاتٌ مَنْقولَةٌ أو غَيْرُ مَنْقولَةٍ
— and liabilities أُصولٌ وخُصومٌ
personal — أمْوالٌ مَنْقولَةٌ
real — أمْوالٌ عَقارِيَّةٌ أو عَيْنِيَّةٌ ؛ أمْوالٌ غَيْرُ مَنْقولَةٍ
assiduity *n.* مُثابَرَةٌ ؛ إجْتِهادٌ دَؤوبٌ
assiduous *adj.* كَدودٌ ؛ مُثابِرٌ . دَؤوبٌ (عَمَلٌ)
assign *vt.* يَخْتارُ أو يُعَيِّنُ (لِمُهِمَّةٍ) . يُخَصِّصُ .
يُفْرِدُ . يَنْسُبُ إلى . يَنْقُلُ (مِلْكيَّةً)
assignation *n.* تَعْيينُ مَوْعِدِ اللِقاءِ الغَراميِّ .
مُذَكَّرَةُ حُضورٍ . تَخَلٍّ عَن
assignee *n.* مُسْتَلِمُ (حَقٍّ، مَنْفَعَةٍ، مِلْكيَّةٍ)
assignment *n.* مُهِمَّةٌ . مَنْصِبٌ . تَوكيلٌ . نَقْلُ
(حَقٍّ، مِلْكيَّةٍ) . تَخَلٍّ عَن
assimilate *vt.; i.* يَسْتَوْعِبُ (مَعْلوماتٍ) . يُمَثِّلُ
(الطَعامَ) / يَتِمُّ تَمَثُّلُهُ . يَنْصَهِرُ ؛ يَنْدَمِجُ
assimilation *n.* إسْتيعابٌ ؛ تَمَثُّلٌ . صَهْرٌ ؛ إدْماجٌ
assist *vt.* يُؤازِرُ . يُساعِدُ . يُعينُ
assistance *n.* مُساعَدَةٌ ؛ مُؤازَرَةٌ ؛ إعانَةٌ
assistant *n.* مُساعِدٌ ؛ مُعاوِنٌ ؛ مُؤازِرٌ
associate *vt.; i.; n.* يُشْرِكُ . يَرْبِطُ (ذِهْنِيًّا) . يَرْتَبِطُ
بِـ . يَتَعاضَدُ مَع / يَتَشارَكُ . يَتَصاحَبُ // شَريكٌ ؛
زَميلٌ . رَفيقٌ . مُلازِمٌ لِـ
association *n.* جَمْعِيَّةٌ . مُشارَكَةٌ . زَمالَةٌ . تَرابُطُ
(أفْكارٍ) . شِرْكٌ (بِاللهِ)
assonance *n.* سَجْعٌ ؛ تَجانُسُ القافِيَةِ أو تَوازُنُها
assort *vt.; i.* يُنَسِّقُ . يُصَنِّفُ . يُمَوِّنُ . يَجْمَعُ /
يَتَطابَقُ . يَتَلاءَمُ
assorted *adj.* مُشَكَّلٌ . مُتَنَوِّعٌ . مُصَنَّفٌ . مُطابِقٌ
assortment *n.* تَنويعٌ . تَشْكيلَةٌ . تَصْنيفٌ . تَطْبيقٌ
assuage *vt.* يُخَفِّفُ أو يُسَكِّنُ (ألَمًا) . يُشْبِعُ
(رَغْبَةً) . يُهَدِّئُ
assume *vt.* يَقْبَلُ . يَفْتَرِضُ . يَتَوَلّى (مَهامَّ) .
يَتَظاهَرُ . يَتَبَنّى . يَغْتَصِبُ (سُلْطَةً)

assumed *adj.* مُزَيَّفٌ. مَزْعومٌ. مُفْتَرَضٌ. مُغْتَصَبٌ
assuming *adj.; conj.* مُدَّعٍ // لو (افْتَرَضْنا)
assumption *n.* إفْتِراضٌ. إسْتيلاءٌ. غَطْرَسَةٌ
assurance *n.* ضَمانَةٌ. عَهْدٌ بـِ. يَقينٌ. جُرْأَةٌ
assure *vt.* يُطَمْئِنُ؛ يُقْنِعُ. يَضْمَنُ. يُؤَكِّدُ
assured *adj.* مُؤَكَّدٌ؛ مَضْمونٌ
Assyrian *adj.; n.* أشوريٌّ // اللُغَةُ الأشوريَّةُ
asterisk *n.* نَجْمَةٌ في نَصّ (تُرْشِدُ إلى مُلاحَظَةٍ)
astern *adv.* عِنْدَ أو نَحْوَ مُؤَخَّرَةِ الباخِرَةِ
go — يَتَقَهْقَرُ؛ يَتَراجَعُ
asteroid *n.* كُوَيْكِبٌ (يَدورُ حَوْلَ الشَمْسِ)
asthma *n.* الرَبْوُ؛ ضيقُ النَفَسِ
asthmatic *adj.* مُصابٌ بالرَبْوِ أو بِضيقِ التَنَفُّسِ
astigmatism; astigma *n.* تَحَدُّبُ النَظَرِ
astir *adj.* واعٍ؛ مُسْتَيْقِظٌ. مُتَحَرِّكٌ. في حَرَكَةٍ
astonish *vt.* يُذْهِلُ؛ يُدْهِشُ
astonishing *n.* مُدْهِشٌ؛ مُذْهِلٌ
astonishment *n.* ذُهولٌ؛ إنْدِهاشٌ
astound *vt.* يُذْهِلُ؛ يُدْهِشُ. يُرْبِكُ؛ يُحَيِّرُ
astray *adj.* تائِهٌ؛ شارِدٌ. ضالٌّ
astride *adj.* مُفَرْشَخٌ أو مُنْفَرِجُ الساقَيْنِ
astringent *adj.* قاسٍ؛ فَظٌّ. مُنَشِّطٌ. قابِضٌ
astrolabe *n.* الأسْطُرْلابُ: آلَةٌ فَلَكيَّةٌ
astrologer *n.* مُنَجِّمٌ؛ نَجّامٌ
astrology *n.* عِلْمُ التَنْجيمِ
astronaut *n.* مَلاّحٌ جَوِّيٌّ. رائِدُ فَضاءٍ
astronomer *n.* فَلَكيٌّ. عالِمُ الفَلَكِ
astronomic(al) *adj.* هائِلٌ. مُخْتَصٌّ بالفَلَكِ
astronomy *n.* عِلْمُ الكَوْنِ أو الفَلَكِ
astute *adj.* حاذِقٌ؛ أريبٌ. فَطِنٌ. بَعيدُ النَظَرِ
astuteness *n.* حِذْقٌ. فِراسَةٌ. فِطْنَةٌ. ذَكاءٌ

asunder *adv. & adj.* مُقَطَّعٌ (إرَبًا). مَفْصولٌ
asylum *n.* مَصَحٌّ. مَأْوى (لِلعَجَزَةِ). مَلْجأٌ
political — اللُجوءُ السياسيُّ
at *prep.* في. بِاتِّجاهِ. عِنْدَ. في حالَةِ. خِلالَ
not — all أبَدًا؛ قَطُّ؛ عَلى الإطْلاقِ
— ease مُسْتَرْخٍ
— first أوَّلاً
— hand في مُتَناوَلِ اليَدِ
— large هارِبٌ؛ طَليقٌ؛ جَوّالٌ
— last أخيرًا؛ في النِهايَةِ؛ في الخِتامِ
— least على الأقَلِّ
— once فَوْرًا؛ في الحالِ
atheism *n.* إلْحادٌ. إنْكارُ وُجودِ اللهِ
atheist *n.* مُلْحِدٌ. كافِرٌ
atheistic(al) *adj.* إلْحاديٌّ. ناكِرٌ لِوُجودِ اللهِ
athirst *adj.* مُتَشَوِّقٌ إلى؛ تَوّاقٌ إلى؛ مُتَلَهِّفٌ إلى
athlete *n.* رياضيٌّ مُدَرَّبٌ عَلى ألْعابِ القِوَى
athletic *adj.* رياضيٌّ. قَويٌّ. مُخْتَصٌّ بالرياضَةِ
athletics *n.pl.* ألْعابُ القِوى
athwart *adv.; prep.* بالعَرْضِ. من جِهَةٍ إلى أُخْرى // عَبْرَ. ضِدَّ
Atlantic *n.; adj.* المُحيطُ الأطْلَنْطيُّ أوِ الأطْلَسيُّ // مُتَعَلِّقٌ بالمُحيطِ الأطْلَسيِّ
atlas *n.* الأطْلَسُ: مَجْموعُ خَرائِطَ جُغْرافيَّةٍ
atmosphere *n.* الفَضاءُ؛ الهَواءُ. المُناخُ؛ الجَوُّ
atmospheric(al) *adj.* فَضائيٌّ. مُناخيٌّ؛ جَوِّيٌّ
— pressure الضَغْطُ الجَوِّيُّ
atmospherics *n.pl.* عَوامِلُ جَوِّيَّةٌ. تَشْويشٌ
atom *n.* ذَرَّةٌ. جُزْءٌ صَغيرٌ جِدًّا
atomic *adj.* ذَرِّيٌّ. صَغيرٌ جِدًّا
atomize *vt.* يَسْحَنُ أو يَهْرُسُ. يَفْصِلُ إلى ذَرّاتٍ

atomizer *n.* رشّاشَةٌ (عِطْرٍ، مُبيداتٍ)
atone *vt.; i.* يُكَفِّرُ عَنْ (إثْمٍ)
atonement *n.* تَعْويضٌ؛ تَكْفيرٌ
atop *adv.* على أو في القِمَّةِ. فَوقَ
atrocious *adj.* شِرّيرٌ؛ شَرِسٌ. شَنيعٌ. مُريعٌ
atrocity *n.* شَراسَةٌ. شَناعَةٌ. قَساوَةٌ. فَظاعَةٌ
atrophy *n.* هُزالٌ أو عَدَمُ النُمُوِّ. إنْحِلالٌ
attach *vt.; i.* يَرْبِطُ. يَشْتَرِكُ. يَنْسُبُ إلى. يُلْحِقُ (شَرْطًا). يُعَيِّنُ. يَعْتَقِلُ / يَلْتَصِقُ؛ يَنْتَسِبُ. يَرْتَبِطُ
attachable *adj.* قابِلٌ لِلرَبْطِ
attaché *n.* مُلْحَقٌ في سِفارَةٍ
attached *adj.* مولَعٌ بِـ؛ مُغْرَمٌ بِـ؛ كَلِفٌ بِـ. مُتَعَلِّقٌ؛ مَحْجوزٌ (مُتَزَوِّجٌ). مُرْفَقٌ (مُسْتَنَدٌ)
attachment *n.* رَبْطٌ. رِباطٌ؛ وِثاقٌ. وُدٌّ. مُلْحَقٌ لِـ (آلَةٍ). إحْتِجازٌ (شَرْعِيٌّ)؛ مُصادَرَةٌ
attack *vt.; i.; n.* يُهاجِمُ. يُشَهِّرُ. يَنْكَبُّ على (عَمَلٍ). يُفْسِدُ (مَعْدِنًا). يُحاوِلُ (إغْتِصابَ) / يَأْخُذُ المُبادَرَةَ (في الرياضَةِ) // هُجومٌ. تَشْهيرٌ. مُبادَرَةٌ (في رياضَةٍ). شُروعٌ (في العَمَلِ). نَوْبَةٌ (قَلْبِيَّةٌ)
attain *vt.* يُنْجِزُ (عَمَلاً). يَبْلُغُ؛ يُدْرِكُ
attainable *adj.* مُمْكِنٌ إنْجازُهُ أو بُلوغُهُ أو إدْراكُهُ
attainment *n.* إنْجازٌ أو تَحْقيقُ (مَفْخَرَةٍ). بُلوغٌ. تَحْصيلٌ عالٍ. المُكْتَسَبُ
attaint *vt.* يُجَرِّدُ. يُدينُ. يُخْزي
attempt *vt.; n.* يُجَرِّبُ؛ يُحاوِلُ (التَغَلُّبَ، التَسَلُّقَ، إنْجازَ) // مُحاوَلَةُ (إحْرازٍ، قَتْلٍ). جُهْدٌ
attend *vt.; i.* يَحْضُرُ (مُؤْتَمَرًا). يُرافِقُ (صَديقَةً) / يَرْعى. يُعالِجُ. يَهْتَمُّ. يُصْغي. يَنْشَأُ. يَعْتَني. يَخْدُمُ
attendance *n.* خِدْمَةٌ. حُضورٌ. الحاضِرونَ. إسْعافُ (المَرْضى). إصْغاءٌ
attendant *n.* مُرافِقٌ؛ مُساعِدٌ. خادِمٌ. حاضِرٌ

attention *n.* إنْتِباهٌ. إهْتِمامٌ؛ رِعايَةٌ. مُجامَلَةٌ
draw — to يَلْفِتُ الإنْتِباهَ إلى
pay — to يُعيرُ إهْتِمامَهُ إلى
attentive *adj.* مُنْتَبِهٌ؛ مُصْغٍ. مُهْتَمٌّ لِـ (رَغَباتِهِ)
attenuate *vt.; i.* يُضْعِفُ؛ يُحَجِّمُ؛ يُهْزِلُ. يَمُدُّ / يَضْعُفُ؛ يَهْزُلُ. يَمْتَدُّ
attest *vt.; i.* يُثْبِتُ صِحَّةَ (الوَثيقَةِ). يُبَيِّنُ. يُعْطي دَليلاً على / يَشْهَدُ على (حادِثَةٍ)
attestation *n.* إثْباتٌ. تَبْيانٌ. شَهادَةٌ. مُصادَقَةٌ
attic *n.* عِلِّيَّةٌ. تَتْخيتَةٌ أو تَسْقيفَةُ (البَيْتِ)
attire *vt.; n.* يُلْبِسُ أو يَكْسو بِـ (ثِيابٍ فاخِرَةٍ) // كِساءٌ أو لِبْسٌ (فاخِرٌ)
attitude *n.* مَوقِفٌ. وَقْفَةٌ. وَضْعٌ. إتِّجاهٌ
attorney *n.* وَكيلٌ أو مُفَوَّضٌ (دَعاوى)؛ مُحامٍ
power of — تَفْويضٌ؛ تَوْكيلٌ
attorney general *n.* المُدَّعي أو النائِبُ العامُّ
attract *vt.; i.* يَلْفِتُ الإنْتِباهَ. يَجْذِبُ. يَجْلُبُ. يَخْلُبُ؛ يَسْحَرُ. يُبْهِجُ / يَجْتَذِبُ
attraction *n.* جَذْبٌ. إغْراءٌ. تَشْويقٌ. الجاذِبِيَّةُ. عَرْضٌ؛ نُمْرَةٌ (في مَلْهًى)
attractive *adj.* جَذّابٌ. مُشَوِّقٌ. مُغْرٍ. جاذِبٌ
attribute *vt.; n.* يَنْسُبُ إلى؛ يَعْزو إلى؛ يُرْجِعُ إلى // خاصِّيَّةٌ؛ صِفَةٌ؛ ميزَةٌ
attrition *n.* تَآكُلٌ؛ تَحاتٌّ. إنْهاكٌ؛ إسْتِنْزافٌ
attune *vt.* يَضْبُطُ. يُكَيِّفُ. يُدَوْزِنُ (الأوْتارَ)
aubergine *n.* باذِنْجانٌ
auburn *adj.* أسْمَرُ نُحاسِيٌّ؛ خَمْرِيُّ (اللَوْنِ)
au courant *adj.* مُطَّلِعٌ على أو مُلِمٌّ بِـ
auction *n.; vt.* بَيْعٌ بِالمَزادِ العَلَنِيِّ. مُزايَدَةٌ // يَبيعُ بِالمَزادِ العَلَنِيِّ
auctioneer *n.; vt.* المُنادي أو الدَّلاّلُ في المَزادِ

under the —s of تَحْتَ رِعايَةِ
auspicious *adj.* مُلائِمٌ ؛ مُؤاتٍ. مُبَشِّرٌ بالنَجاحِ
austere *adj.* صارِمٌ. رَزينٌ. مُتَقَشِّفٌ. بَسيطٌ
austerity *n.* صَرامَةٌ. جِدِّيَّةٌ ؛ رَزانَةٌ. تَقَشُّفٌ
— budget ميزانِيَّةٌ تَقَشُّفِيَّةٌ
Australian *adj.* & *n.* أُسْتراليٌّ
Austrian *adj.* & *n.* نَمْساوِيٌّ
authentic *adj.* أَصْلِيٌّ. شَرْعِيٌّ. حَقيقِيٌّ. مَوْثوقٌ
authenticate *vt.* يُصادِقُ عَلى ؛ يُثْبِتُ صِحَّةَ. يُعْطيهِ تَفْويضًا أوِ الصِّفَةَ الشَّرْعِيَّةَ
authenticity *n.* صِحَّةٌ. مُصادَقَةٌ. إِثْباتٌ. تَفْويضٌ
author *n.* مُؤَلِّفٌ. كاتِبٌ. مُصَمِّمٌ ؛ خالِقٌ
authoritarian *adj.* إِسْتِبْدادِيٌّ أو دِكْتاتورِيٌّ
authoritative *adj.* مُعْتَرَفٌ أو مُسَلَّمٌ (بِصِحَّتِهِ). مُسَيْطِرٌ أو مُهَيْمِنٌ (شَرْعِيًّا) ؛ سُلْطَوِيٌّ
authorities *n.pl.* السُّلُطاتُ أوِ الدَّوائِرُ (المُخْتَصَّةُ)
authority *n.* سُلْطَةٌ. حَقٌّ. السُّلْطَةُ الشَّرْعِيَّةُ. إِجازَةٌ. قُوَّةُ نُفوذٍ. مَرْجِعٌ. شَهادَةٌ. قانونٌ ؛ مَرْسومٌ
authorization; authorisation *n.* مَنْحُ السُّلْطَةِ. تَرْخيصٌ أو إِجازَةٌ أو تَفْويضٌ (رَسْمِيٌّ)
authorize; authorise *vt.* يَمْنَحُ سُلْطَةً. يُرَخِّصُ أو يُجيزُ أو يُفَوِّضُ (رَسْمِيًّا)
authorship *n.* أَصْلُ المؤَلَّفِ. مِهْنَةُ التَّأْليفِ
autobiography *n.* سيرَةٌ ذاتِيَّةٌ لِحَياةِ المُؤَلِّفِ
autocar *n.* سَيّارَةٌ كَبيرَةٌ لِلرُّكّابِ
autocracy *n.* حُكومَةٌ أو حُكْمُ الفَرْدِ (المُطْلَقُ)
autocrat *n.* حاكِمٌ مُطْلَقُ الصَّلاحِيّاتِ. المُسْتَبِدُّ
autocratic(al) *adj.* إِسْتِبْدادِيٌّ أو مُطْلَقٌ (حُكْمٌ)
autograph *n.* تَوْقيعٌ أو خَطُّ (شَخْصٍ مَشْهورٍ). مَخْطوطَةٌ (كِتابٍ، مُسْتَنَدٍ)
automatic *adj.* آلِيٌّ ؛ أوتوماتيكِيٌّ ؛ مُتَحَرِّكٌ بِذاتِهِ

العَلَنِيِّ // يَبيعُ بِطَريقَةِ المَزادِ العَلَنِيِّ
audacious *adj.* جَريءٌ ؛ مُتَهَوِّرٌ ؛ مِقْدامٌ. وَقِحٌ
audacity *n.* جُرْأَةٌ ؛ تَهَوُّرٌ. قِحَةٌ ؛ غَطْرَسَةٌ
audible *adj.* مَسْموعٌ. واضِحٌ أو عالٍ (صَوْتٌ)
audience *n.* المُشاهِدونَ. المُسْتَمِعونَ. المُعْجَبونَ ؛ الأَنْصارُ. مُقابَلَةٌ رَسْمِيَّةٌ
audio-visual *adj.* سَمْعِيٌّ بَصَرِيٌّ (طُرُقٌ تَعْليمِيَّةٌ)
audit *n.; vt.* فَحْصٌ أَوْ تَدْقيقٌ (في الحِساباتِ التِّجارِيَّةِ) // يُدَقِّقُ أو يَفْحَصُ (الحِساباتِ التِّجارِيَّةَ)
audition *n.* إِمْتِحانٌ لِمَعْرِفَةِ أَهْلِيَّةِ فَنّانٍ. قُوَّةُ السَّمْعِ
auditor *n.* خَبيرٌ في تَدْقيقِ الحِساباتِ. المُسْتَمِعُ
auditorium *n.* قاعَةٌ كَبيرَةٌ (لِلْحَفَلاتِ)
auger *n.* بَريمَةٌ ؛ بِزالٌ (آلَةٌ لِنَقْرِ الخَشَبِ، الأَرْضِ)
aught *n.* صِفْرٌ ؛ لا شَيْءَ
augment *vt.; i.* يَزيدُ (عَدَدًا، كَمِّيَّةً، قُوَّةً) / يَزْدادُ
augmentation *n.* زِيادَةٌ ؛ عِلاوَةٌ. الزِيادَةُ ؛ العِلاوَةُ
augur *n.; vt.; i.* مُتَكَهِّنٌ ؛ عَرّافٌ ؛ مُتَنَبِّئٌ (بالغَيْبِ) // يَتَنَبَّأُ بِـ ؛ يَتَكَهَّنُ بِـ
augury *n.* فَنُّ العِرافَةِ. بَشيرٌ ؛ نَذيرٌ
August *n.; adj.* آبُ ؛ أوغُسْطُسُ (شَهْرٌ شَمْسِيٌّ) // مُحْتَرَمٌ. مَهيبٌ. عَريقٌ. مَرْموقٌ
auk *n.* البِطْريقُ : طائِرٌ مِنَ البِحارِ الشَّمالِيَّةِ
aunt *n.* العَمَّةُ أوِ الخالَةُ ؛ زَوْجَةُ العَمِّ أوِ الخالِ
aura *n.* صِفَةٌ مُمَيَّزَةٌ. رائِحَةٌ ؛ عَبيرٌ
aural *adj.* مُخْتَصٌّ بِحاسَّةِ السَّمْعِ
aureole; aureola *n.* هالَةٌ (حَوْلَ رأْسِ قِدّيسٍ)
au revoir *int.* إِلى اللِّقاءِ
auricle *n.* الأُذُنُ الخارِجِيَّةُ. أُذَيْنُ القَلْبِ
auricular *adj.* أُذُنِيٌّ ؛ سَمْعِيٌّ. سِرِّيٌّ
aurora *n.* ظاهِرَةٌ جَوِّيَّةٌ (الشَّفَقُ). الفَجْرُ (شِعْرِيًّا)
auspice *n.* رِعايَةٌ ؛ حِمايَةٌ

automation *n.* عَمَلٌ آليٌّ ؛ ذاتيَّةُ الحَرَكَةِ
automaton *n.* (*pl.* **-mata**) جِهازٌ أو إنسانٌ أوتوماتيكيٌّ ؛ مَذْووتٌ
automobile *n.* سَيّارَةٌ ؛ أوتوموبيلٌ
autonomous *adj.* ذاتيٌّ . مُسْتَقِلٌّ . حُرُّ المَصيرِ
autonomy *n.* حُكْمٌ ذاتيٌّ . إسْتِقلالٌ . حُرِّيَّةُ المَصيرِ
autopsy *n.* تَشْريحُ جُثَّةٍ
autumn *n.* فَصْلُ الخَريفِ . خَريفُ الحَياةِ
auxiliary *adj.* ثانَويٌّ . مُلْحَقٌ . مُساعِدٌ (فِعْلٌ) مُعاوِنٌ . إضافيٌّ . إحْتياطيٌّ
avail *vt.*; *i.*; *n.* يَنْفَعُ ؛ يُفيدُ ؛ يُرْبِحُ ؛ يُساعِدُ // مَنْفَعَةٌ ؛ فائِدَةٌ
— oneself of يَسْتَفيدُ مِنْ
of no — بِلا فائِدَةٍ
available *adj.* مُمْكِنُ الحُصولُ عَليهِ أوِ الإفادَةُ مِنْهُ . في مُتَناوَلِ اليَدِ
avalanche *n.* جُرافٌ أو انْهِيارُ كُتَلٍ ثَلْجيَّةٍ
avarice *n.* جَشَعٌ . طَمَعٌ . شَراهَةُ المالِ
avaricious *adj.* جَشِعٌ . طَمّاعٌ
avenge *vt.* يَثْأَرُ مِنْ . يَنْتَقِمُ مِنْ . يَقْتَصُّ (العِقابَ)
avenue *n.* جادَّةٌ أو طَريقٌ عَريضَةٌ مُشَجَّرَةٌ
aver *vt.* يَجْزِمُ . يُؤَكِّدُ . يُثْبِتُ ؛ يُبَرْهِنُ
average *n.*; *vt.* المُعَدَّلُ . المُتَوَسِّطُ . الحَدُّ الأوْسَطُ أوِ المُتَوَسِّطُ // يُحَدِّدُ المُعَدَّلَ . يُعادِلُ . يُقَسِّمُ بِالتَّساوي
averment *n.* تأكيدٌ ؛ جَزْمٌ
averse *adj.* مُضادٌّ . مُعاكِسٌ . نافِرٌ . مُنافٍ
aversion *n.* نُفورٌ . كَراهيَةٌ . إشْمِئزازٌ . شَيْءٌ مُنَفِّرٌ
avert *vt.* يُحَوِّلُ (نَظَرَهُ) . يَتَجَنَّبُ . يُقْصي . يَمْنَعُ
aviary *n.* قَفَصٌ كَبيرٌ أو حَظيرَةٌ لِلطُّيورِ
aviate *vi.* يَطيرُ (بِطائِرَةٍ)
aviation *n.* الطَّيَرانُ . المِلاحَةُ الجَوِّيَّةُ
aviator *n.* طَيّارٌ . مَلاّحٌ جَوِّيٌّ
avid *adj.* مولَعٌ بِـ ؛ مُتَحَمِّسٌ . جَشِعٌ ؛ تَوّاقٌ إلى
avidity *n.* نَهَمٌ ؛ جَشَعٌ . حَماسٌ ؛ وَلَعٌ
avocado *n.* أفوكاتو (شَجَرٌ مُثْمِرٌ) . ثَمَرَةُ الأفوكاتو
avocation *n.* هِوايَةٌ
avoid *vt.* يَتَجَنَّبُ . يَتَحاشى . يَمْتَنِعُ عَن . يَمْنَعُ
avoidable *adj.* مُمْكِنٌ تَفاديهِ أو تَحاشيهِ أو مَنْعُهُ
avoidance *n.* إجْتِنابٌ ؛ تَحاشٍ . مَنْعٌ
avoirdupois *n.* نِظامُ أوزانٍ لِلتِّجارَةِ (إنْكِليزيٌّ)
avouch *vt.* يُؤَكِّدُ . يَضْمَنُ . يُقِرُّ
avow *vt.* يُصَرِّحُ . يُثْبِتُ . يُجاهِرُ
avowal *n.* تَصْريحٌ . إثْباتٌ . مُجاهَرَةٌ
await *vt.* يَنْتَظِرُ . يَتَوَقَّعُ . يَتَحَضَّرُ
awake *vt.*; *i. irr.* يوقِظُ . يُحَرِّكُ (المَشاعِرَ) / يَسْتَيْقِظُ ؛ يَسْتَفيقُ . يَعي ؛ يُدْرِكُ
awaken *vt.*; *adj.* يُحَرِّكُ (المَشاعِرَ ، الذِّكْرَياتِ) // مُسْتَيْقِظٌ . نَشِطٌ ؛ يَقِظٌ
awakening *n.* إسْتيقاظٌ . تَيَقُّظٌ
award *vt.*; *n.* يَمْنَحُ جائِزَةً . يُقِرُّ بِموجَبِ الحُكْمِ القَضائيِّ ؛ يَقْضي (بِشَيْءٍ) لِشَخْصٍ // قَرارُ الوَسيطِ . مُكافَأَةٌ
aware *adj.* عارِفٌ ؛ عالِمٌ بِـ . مُطَّلِعٌ على التَّطَوُّراتِ
away *adv.*; *adj.* في مَكانٍ بَعيدٍ . بَعيدًا عَن . جانِبًا // غائِبٌ . بَعيدٌ
— with you! إرْحَلْ عَنّي ! إلَيْكَ عَنّي
right — حالاً ؛ تَوًّا
awe *n.*; *vt.* إحْتِرامٌ . مَهابَةٌ // يوحي بِالإحْتِرامِ
aweary *adj.* مُرْهَقٌ ؛ مُتْعَبٌ
awe-inspiring *adj.* مُثيرٌ لِلإحْتِرامِ والخَوْفِ
awestruck; awestricken *adj.* مَذْهولٌ . خائِفٌ

awful *adj.* شَنيعٌ . بَشِعٌ . قَذِرٌ. كَريهٌ
awhile *adv.* لِفَتْرَةٍ وَجيزَةٍ. إلى حين
awkward *adj.* سَمِجٌ . أخْرَقُ. عَديمُ المَهارَةِ أوِ الدِّرايَةِ. شاقٌّ. مُعَقَّدٌ. مُحْرِجٌ. صَعْبُ المُعاشَرَةِ. صَعْبُ الإسْتِعْمالِ. فَظٌّ. أنانيٌّ. خَطيرٌ
awl *n.* مِخْرَزٌ لِثَقْبِ الخَشَبِ أوِ الجِلْدِ
awning *n.* مِظَلَّةٌ أو خَيْمَةٌ أو تَسْقيفَةٌ (دُكّانٍ)
awry *adv.; adj.* بانْحِرافٍ // مُنْحَرِفٌ
ax; axe *n.* فَأْسٌ. بَلْطَةٌ
axial *adj.* مِحْوَريٌّ
axiom *n.* عَقيدَةٌ. قاعِدَةٌ. مَبْدَأٌ. قانونٌ
axiomatic *adj.* عَقائِديٌّ. مَبْدَئيٌّ. قانونيٌّ
axis *n.* (*pl.* **axes**) مِحْوَرٌ. قُطْبٌ. مَدارٌ. حِلْفٌ
axle *n.* مِرْوَدٌ أو مِحْوَرُ العَجَلاتِ
ay(e) *adv.; n.* نَعَم؛ أجَل // جَوابٌ مُؤَيِّدٌ
azalea *n.* الأزالِيَةُ؛ الصَحْراوِيَّةُ (نَباتٌ)
azimuth *n.* السَمْتُ
azure *n.; adj.* اللازَوَرْدُ؛ الأزْرَقُ السَماويُّ // أزْرَقُ سَماويٌّ (لَوْنٌ)

B

B; b *n.* الحَرْفُ الثاني مِنَ الأَبْجَدِيَّةِ الإنكليزيَّةِ
baa *vi.; n.* ثَغا أو مَأْمَأَ (غَنَمٌ) // ثُغاءٌ
babble *vt.; i.; n.* / يُتَمْتِمُ. يُفْشي (سِرًّا). يُبَقْبِقُ. يَهْذي. يَخِرُّ. يُثَرْثِرُ // بَقْبَقَةٌ. هَذَيانٌ. ثَرْثَرَةٌ. خَريرٌ
babbler *n.* ثَرْثارٌ. بَقْباقٌ. مِهْذارٌ
babe *n.* طِفْلٌ رَضيعٌ. شَخْصٌ ساذَجٌ
baboon *n.* قُرْدوحٌ: قِرْدٌ إفْريقيٌّ
baby *n.* طِفْلٌ رَضيعٌ. طِفْلُ (حَيوانٍ)
babyhood *n.* طُفولَةٌ. سِنُّ الطُفولَةِ
babyish *adj.* طُفوليٌّ؛ طِفْليٌّ؛ صِبْيانيٌّ (أَلْعابٌ)
Babylonian *n. & adj.* بابِليٌّ
babytooth *n.* ضِرْسُ الحَليبِ عِنْدَ الطِّفْلِ
baccalaureate *n.* شَهادَةُ البكالوريا
bachelor *n.* أَعْزَبُ. حامِلُ شَهادَةِ البَكالوريوس
back *n.; vt.; adj.; adv.* الظَّهْرُ. الخَلْفُ. مُؤَخَّرُ (المَسْرَحِ). قَفا (السَّجّادَةِ) // يَدْفَعُ إلى الوَراءِ. يَدْعَمُ؛ يُسانِدُ. يُراهِنُ (عَلى حِصانٍ). يُصادِقُ عَلى // خَلْفيٌّ (طَريقٌ). قَديمٌ. مُتَأَخِّرٌ // في المُؤَخَّرَةِ. في المَكانِ الأَساسيِّ. في الماضي. في الحِفْظِ
behind one's — دونَ عِلْمِهِ أو مَعْرِفَتِهِ
see the — of يَتَخَلَّصُ مِنْ
— and forth ذَهابًا وإيابًا
backache *n.* أَلَمُ أو وَجَعُ الظَّهْرِ
backbite *vt.* يَنِمُّ أو يَشي عَنْ غائِبٍ
backbone *n.* العَمودُ الفِقَريُّ. صَلابَةٌ
backdoor *n.* بابٌ خَلْفيٌّ أو جانِبيٌّ في بِنايَةٍ
back down *vi.* يَتَراجَعُ عَنْ مَوْقِفٍ سابِقٍ
backer *n.* مُمَوِّلٌ. مُؤَيِّدٌ. مُراهِنٌ (في مُباراةٍ)
backfire *vi.* يُفَرْقِعُ. يَرْتَدُّ أو يَفْشَلُ (مَشْروعٌ)
backgammon *n.* لُعْبَةُ الطّاوِلَةِ أو النَّرْدِ
back garden *n.* حَديقَةٌ خَلْفَ المَنْزِلِ (لِلْخُضارِ)
background *n.* خَلْفيَّةٌ (مَشْهَدٍ). الوَضْعُ العامُّ
backing *n.* تَأْييدٌ. سَنَدٌ. التَغْطِيَةُ الذَّهَبيَّةُ
back room *n.* مَكانٌ خَفِيٌّ. غُرْفَةٌ خَلْفيَّةٌ
backseat *n.* المَقْعَدُ الخَلْفيُّ (لِلسَّيّارَةِ)
backstage *adv.* خَلْفَ المَسْرَحِ؛ في الكَواليسِ
backstairs *n.* دَرَجٌ ثانٍ (لِلخَدَمِ)؛ دَرَجُ الخَدَمِ
back up *vt.* يُؤَيِّدُ. يُناصِرُ؛ يُعاضِدُ
backward *adj.* مُتَأَخِّرٌ (جِسْمانيًّا، عَقْليًّا). مُوَجَّهٌ إلى الوَراءِ. مُتَعَلِّقٌ بِالماضي. رَجْعيٌّ
backward(s) *adv.* إلى الخَلْفِ؛ إلى الوَراءِ. بِاتِّجاهٍ مُعاكِسٍ. في الماضي
backyard *n.* ساحَةٌ أو فِناءٌ خَلْفَ المَنْزِلِ
bacon *n.* لَحْمُ خِنْزيرٍ مُجَفَّفٌ وَمُمَلَّحٌ وَمُدَخَّنٌ
bacteria *n.* (*pl.* of **bacterium**) بَكْتيريا؛ جَراثيمُ
bacteriologic(al) *adj.* جُرْثوميٌّ
bacteriology *n.* عِلْمُ الجَراثيمِ
bad *adj.* سَيِّئٌ؛ رَديءٌ. غَيْرُ ماهِرٍ. مُؤْذٍ. فاسِدٌ
feel — يَشْعُرُ بِأَنَّهُ مَريضٌ
feel — about يَأْسَفُ؛ يَحْزَنُ
from — to worse يَتَحَوَّلُ مِنْ سَيِّئٍ إلى أَسْوَأَ
badge *n.* رَمْزٌ؛ شارَةٌ. عَلامَةٌ؛ ميزَةٌ
badger *n.; vt.* غُرَيْرٌ // يُزْعِجُ (باسْتِمْرارٍ)
badly *adv.* عَلى نَحْوٍ رَديءٍ. بِصورَةٍ مُلِحَّةٍ
badness *n.* سوءٌ. رَداءَةٌ. شَرٌّ. أَذيَّةٌ. خَطَأٌ

baffle *vt.* يُحَيِّرُ. يُفْشِلُ. يُعَرْقِلُ. يَضْبِطُ
bag *n.; vt.; i.* كيسٌ. حَقيبةُ يَدٍ // يُكَيِّسُ. يَنْفُخُ. يَأسِرُ أو يَقْتُلُ (طَريدَةً). يَسْرِقُ / يَنْتَفِخُ. يَتَدَلَّى
game — كيسُ أو جِرابُ (الصَيّادِ، الرّاعي)
with — and baggage حامِلاً كُلَّ ما يَمْلِكُ
bagatelle *n.* شَيْءٌ تافِهٌ
bagful *n.* سَعَةُ أو مِلْءُ كيسٍ أو جِرابٍ
baggage *n.* أَمْتِعَةٌ. عَفْشٌ. حَوائِجُ (السَّفَرِ)
baggy *adj.* مُتَدَلٍّ (ثِيابٌ). مُنْتَفِخٌ؛ مُفَضْفَضٌ
bagpipe(s) *n.* مِزْمارُ القِرْبَةِ
bagpiper *n.* النّافِخُ بِمِزْمارِ القِرْبَةِ
bail *n.; vt.* كَفالَةٌ ماليَّةٌ. كَفيلٌ // يَكْفُلُ
be released on — يُطْلَقُ سَراحُهُ بِكَفالَةٍ
bailiff *n.* مَأْمورُ التَّنْفيذِ. وَكيلُ (أَمْلاكٍ)
bait *n.; vt.* طُعْمٌ. إغْواءٌ؛ إغْراءٌ؛ تَجْرِبَةٌ // يُعَلِّقُ الطُّعْمَ (بِالصِّنّارَةِ). يُعَذِّبُ؛ يُضايِقُ. يُغْوي؛ يُجَرِّبُ
swallow the — يَقَعُ في الفَخِّ
bake *vt.; i.* يَخْبِزُ. يَطْبُخُ. يُحَمِّصُ. يُقَسّي (بِالحَرارَةِ) / يَنْخَبِزُ. يَتَحَمَّصُ. يَتَقَسّى. يَيْبَسُ
baker *n.* خَبّازٌ؛ فَرّانٌ. فُرْنٌ نَقّالٌ
bakery; bakehouse *n.* مَخْبَزٌ؛ فُرْنٌ
baking *n.* خَبْزُ (الكَعْكِ، الخُبْزِ)
balance *n.; vt.* ميزانٌ. تَوازُنٌ. تَجانُسٌ. رَصيدٌ. رَقّاصُ الساعَةِ // يَزِنُ. يُوازِنُ. يُطابِقُ. يُجانِسُ
in the — في حالَةٍ مُتَأَرْجِحَةٍ
on — بَعْدَ أَخْذِ العَوامِلِ كافَّةً بِعَيْنِ الإعْتِبارِ
strike a — يَصِلُ إلى حَلٍّ وَسَطٍ
balanced *adj.* مُتَوازِنٌ أو مُتَعادِلٌ (ميزانِيَّةٌ، حِمْيَةٌ)
balance of payments *n.* ميزانُ المَدْفوعاتِ
balance of power *n.* ميزانُ القِوى
balance of trade *n.* الميزانُ التِّجارِيُّ
balance sheet *n.* ميزانِيَّةٌ؛ مُوازَنَةٌ
balcony *n.* بَلْكونٌ. شُرْفَةٌ (مَنْزِلٍ، مَسْرَحٍ)
bald *adj.* أَقْرَعُ؛ أَصْلَعُ. بَسيطٌ. فَظٌّ
baldness *n.* صَلَعٌ. بَساطَةٌ. فَظاظَةٌ
baldric *n.* حِمالَةٌ؛ حِزامُ الكَتِفِ
bale *n.; vt.* بالَةٌ (قُطْنٍ)؛ رِزْمَةٌ؛ حُزْمَةٌ // يَصُرُّ؛ يَحْزِمُ؛ يُرَزِّمُ؛ يَلُفُّ
baleful *adj.* مُؤْذٍ؛ مُهَدِّدٌ. مَشْؤومٌ (ظَرْفٌ)
balk; baulk *vi.; t.; n.* يَحْرُنُ (حِصانٌ). يَرْتَدُّ؛ يَتَراجَعُ / يُفْشِلُ؛ يُحْبِطُ. يُعَرْقِلُ. يَتَحاشى // عارِضَةٌ؛ رافِدَةٌ (لِلسَّقْفِ). عَقَبَةٌ؛ عائِقٌ؛ مانِعٌ
ball *n.* طابَةٌ. كُرَةُ (ثَلْجٍ). كُرَةُ مِدْفَعٍ. حَدَقَةُ (العَيْنِ). حَفْلَةٌ راقِصَةٌ
ballad *n.* أُغْنِيَةٌ شِعْرِيَّةٌ شَعْبِيَّةٌ
ballast *n.* ثِقْلٌ أو صابورَةٌ. سَطْحٌ سُفْلِيٌّ
ballerina *n.* بَلّيرينا: راقِصَةُ الباليه
ballet *n.* الباليه: رَقْصَةٌ كلاسيكِيَّةٌ مُعَبِّرَةٌ
ballistic *adj.* مُخْتَصٌّ بِالقَذائِفِ الذّاتِيَّةِ الدَّفْعِ
ballistic missile *n.* صاروخٌ ذاتِيُّ الدَّفْعِ
balloon *n.* بالونٌ. مُنْطادٌ
ballot *n.; vi.* إقْتِراعٌ؛ تَصْويتٌ // يَقْتَرِعُ؛ يُصَوِّتُ
ballot box *n.* صُنْدوقُ الإقْتِراعِ
ballot paper *n.* وَرَقَةُ التَّصْويتِ
ballroom *n.* قاعَةُ الرَّقْصِ
balm *n.* بَلْسَمٌ أو مَرْهَمٌ. مُسَكِّنٌ
balmy *adj.* لَطيفٌ. شافٍ. عِطْرِيٌّ. مُسَكِّنٌ
balsam *n.* بَلْسَمٌ أو مَرْهَمٌ (لِلشِّفاءِ، لِلْعِلاجِ)
balustrade *n.* دَرابْزينٌ (دَرَجٍ)
bamboo *n.; adj.* خَيْزُرانٌ // خَيْزُرانِيٌّ (كُرْسِيٌّ)
bamboozle *vt.* يَخْدَعُ؛ يَغُشُّ. يُضَلِّلُ. يُرْبِكُ
ban *vt.; n.* يَمْنَعُ. يُحَرِّمُ. يَحْجِزُ؛ يوقِفُ // مَنْعٌ.

حِرْمانٌ. حَجْزٌ؛ إيقافٌ

banal *adj.* عاديٌّ. تافِهٌ. سَخيفٌ. مُبْتَذَلٌ

banality *n.* تَفاهَةٌ. سَخافَةٌ. إبْتِذالٌ

banana *n.* ثَمَرَةُ أو شَجَرَةُ المَوْزِ

band *n.; vt.; i.* عِصابَةٌ؛ مَجْموعَةٌ. فِرْقَةٌ موسيقيَّةٌ. رَبْطَةٌ. شَريطٌ. قَلَمٌ (في النَّسيجِ) // يَرْبِطُ؛ يوثِقُ. يُوَحِّدُ؛ يَجْمَعُ / يَتَّحِدُ

wedding — خاتَمُ الزَّواجِ

bandage *n.; vt.* رِباطٌ. ضِمادَةٌ // يَعْصِبُ بِضِمادَةٍ

bandbox *n.* عُلْبَةُ قُبَّعاتٍ

bandit *n.* (*pl.* **-dits** *or* **-ditti**) لِصٌّ. شَقِيٌّ. قاطِعُ طَريقٍ

bandmaster *n.* قائِدُ فِرْقَةٍ موسيقيَّةٍ

bandsman *n.* عازِفٌ في فِرْقَةٍ موسيقيَّةٍ

bandy *vt.; adj.* يَتَبادَلُ (اللَّكَماتِ). يُثَرْثِرُ // مُعْوَجّتانِ أو مُتَقَوِّسَتانِ (ساقانِ)

bane *n.* مُجْلِبُ التَّعاسَةِ. كارِثَةٌ؛ بَلِيَّةٌ. سُمٌّ قاتِلٌ

baneful *adj.* سامٌّ؛ مُميتٌ

bang *n.; vt.* دَوِيٌّ. صَدْمَةٌ. صَفْقٌ. فَرْقَعَةٌ // يَضْرِبُ أَوْ يَلْكُمُ أَوْ يَصْدِمُ (بِعُنْفٍ)

with a — بِتَعَجُّبٍ

— a door يَصْفِقُ البابَ

bangle *n.* خَلْخالٌ أو سِوارٌ (لِلذِّراعِ، لِلْقَدَمِ)

banish *vt.* يَنْفي. يُبْعِدُ. يُقْصي. يَطْرُدُ

banishment *n.* نَفْيٌ. إبْعادٌ. إقْصاءٌ. طَرْدٌ

banjo *n.* البانْجو: آلَةٌ موسيقيَّةٌ

bank *n.; vt.* بَنْكٌ؛ مَصْرِفٌ. تَلَّةٌ أو كَوْمَةُ تُرابٍ. مُنْحَدَرٌ. ضِفَّةُ (نَهْرٍ). رَصيفٌ // يودِعُ (مالاً) في مَصْرِفٍ. يُكَوِّمُ. يُحيطُ أو يُسَوِّرُ بِضِفَّةٍ

bank account *n.* حِسابٌ مَصْرِفيٌّ

banker *n.* صاحِبُ أو شَريكُ أو مُديرُ مَصْرِفٍ

banking *n.* أعْمالٌ مَصْرِفيَّةٌ

bank note *n.* وَرَقَةٌ مَصْرِفيَّةٌ؛ أوْراقٌ نَقْديَّةٌ

bankrupt *n.* شَخْصٌ مُفْلِسٌ (مادِّيًّا، روحيًّا)

bankruptcy *n.* إفْلاسٌ. تَفْليسَةٌ

banner *n.* عَلَمٌ. رايَةٌ. لَوْحَةٌ أو إشارَةٌ

banquet *n.* وَليمَةٌ. إحْتِفالٌ. مأدُبَةٌ فاخِرَةٌ

banter *vt.; i.; n.* يُمازِحُ. يُداعِبُ / يَمْزَحُ // مُداعَبَةٌ. مُزاحٌ. مُضايَقَةٌ خَفيفَةٌ

baptism *n.* عِمادَةٌ. مَعْموديَّةٌ. تَنْصيرٌ

Baptist *n.* مَعْمَدانيٌّ. عُضْوٌ في الكَنيسَةِ المَعْمَدانيَّةِ

baptize; baptise *vt.* يُعَمِّدُ. يُنَصِّرُ

bar *n.; vt.* قَضيبٌ. لَوْحُ (صابونٍ). عَقَبَةٌ؛ عائِقٌ. حانَةٌ. قَفَصُ الإتِّهامِ // يُقْفِلُ بِقَضيبٍ. يَسُدُّ (المَنافِذَ). يَمْنَعُ. يُقْصي؛ يُبْعِدُ

behind —s في السِّجْنِ

— none بِدونِ اسْتِثْناءٍ

barb *n.* سِنانُ (حَرْبَةٍ). شَوْكَةٌ. سُخْرِيَّةٌ

barbarian *n.* مُتَوَحِّشٌ؛ هَمَجيٌّ. غَيْرُ مُتَمَدِّنٍ

barbaric *adj.* مُخْتَصٌّ بالهَمَجيّينَ. وَحْشيٌّ. فَظٌّ

barbarism *n.* تَوَحُّشٌ. رَجْعيَّةٌ. خُشونَةٌ. جَهالَةٌ

barbarity *n.* هَمَجيَّةٌ. قَساوَةٌ. خُشونَةٌ. وَحْشيَّةٌ

barbarous *adj.* غَيْرُ مُتَمَدِّنٍ. جاهِلٌ. شِرّيرٌ

barbecue *n.* وَليمَةُ مَشاوٍ (خارِجَ المَنْزِلِ). مِشْواةٌ. خَروفٌ أو خِنْزيرٌ مَشْويٌّ بِكامِلِهِ

barbed *adj.* مُسَنَّنٌ؛ شائِكٌ. لاذِعٌ (كَلامٌ)

— wire سِلْكٌ شائِكٌ

barber *n.* حَلّاقٌ أو مُزَيِّنٌ رِجاليٌّ

bard *n.* شاعِرٌ

bare *adj.; vt.* عُرْيانٌ. مَكْشوفٌ؛ مُعَرّى. مُجَرَّدٌ // يُعَرّي؛ يَكْشِفُ. يُجَرِّدُ

bareback(ed) *adj. & adv.* بِدونِ سَرْجٍ

barefaced *adj.* فاضِحٌ ؛ صَريحٌ . مَكْشوفُ الوَجْهِ
barefoot(ed) *adj. & adv.* حافٍ ؛ غَيْرُ مُنْتَعِلٍ
barehanded *adv. & adj.* أَعْزَلُ . عاري اليَدَيْنِ
bareheaded *adj. & adv.* مَكْشوفُ الرَأْسِ
barely *adv.* بِالْكادِ . بِالجُهْدِ . تَقْرِيبًا
bareness *n.* عُرْيٌ . تَعْرِيَةٌ . تَجْرِيدٌ
bargain *n.; vi.* صَفْقَةٌ ؛ مُساوَمَةٌ . سِلْعَةٌ رَخيصَةٌ // يُساوِمُ . يَصِلُ إلى اتِّفاقٍ
into the — بالإضافَةِ إلى
barge *n.; vi.* قارِبٌ لِلنَّقْلِ النَهْرِيِّ . مَرْكَبٌ كَبيرٌ لِلتَّنَزُّهِ // يَصْطَدِمُ . يَتَدَخَّلُ (في حَديثٍ) بدونِ إسْتِئْذانٍ
baritone *n.* باريتون : ثاني أَخْفَضِ صَوْتٍ رِجّاليٍّ
bark *n.; vt.; i.* نُباحٌ ؛ عُواءٌ . قِشْرَةُ (شَجَرَةٍ) . قِشْرُ الدَّبْغِ // يُكَشِّطُ . يَقْحَطُ . يَدْبُغُ / يَنْبَحُ . يَصْرُخُ
barkeeper *n.* صاحِبُ مَحَلٍّ لِبَيْعِ الخَمْرِ
barley *n.* شَعيرٌ ؛ حَبُّ الشَّعيرِ
barmaid *n.* ساقِيَةٌ أو خادِمَةُ حانَةٍ
barman *n.* ساقٍ أو خادِمُ حانَةٍ
barn *n.* هُرْيٌ ؛ مَخْزَنٌ لِلحُبوبِ والغِلالِ
barnacle *n.* سَمَكٌ يَلْتَصِقُ بِالصُّخورِ
barometer *n.* بارومتر : مِقْياسُ الضَّغْطِ الجَوِّيِّ
baron *n.* بارون : لَقَبُ الأَشْرافِ . قُطْبُ (أعمالٍ)
baroness *n.* بارونَةٌ ؛ زَوْجَةُ البارونِ
barracks *n.pl.* ثُكْنَةٌ ؛ مَسْكَنُ الجُنودِ
barracuda *n.* سَمَكٌ كَبيرٌ يُعْرَفُ بِالبَرَّكودا
barrage *n.* قَصْفٌ مِدْفَعِيٌّ . وابِلٌ مِن . سَدٌّ
barred *adj.* مُخَطَّطٌ ؛ مُسَطَّرٌ ؛ مُقَلَّمٌ
barrel *n.; vt.* بِرْميلٌ . ماسورَةُ أو أُنْبوبُ البُنْدُقِيَّةِ // يُعَبِّئُ بِرْميلاً
barren *adj.* عاقِرٌ . قاحِلٌ . عَقيمٌ . ماحِلُ (إنْتاجٌ)
barricade *n.; vt.* مِتْراسٌ . حاجِزٌ أو سَدٌّ (مانِعٌ) // يَبْني مِتْراسًا . يُعَرْقِلُ . يَسُدُّ
barrier *n.* عَرْقَلَةٌ . حاجِزٌ . سَدٌّ
barring *or* **bar** *prep.* بِاسْتِثْناءِ
barrister *n.* مُحامٍ يُرافِعُ في المَحاكِمِ العُلْيا
barrow *n.* عَرَبَةُ يَدٍ لِنَقْلِ السِلَعِ
barter *n.; vi.* مُقايَضَةٌ أو مُبادَلَةٌ (سِلَعٍ) // يُقايِضُ ؛ يُبادِلُ . يُساوِمُ (لِلْمُقايَضَةِ)
basalt *n.* البازَلْت : حَجَرٌ بُرْكانِيٌّ أَسْوَدُ
base *n.; vt.; adj.* قَعْرٌ . أساسٌ ؛ قاعِدَةٌ . مَرْكَزٌ // يَسْتَنِدُ إلى . يُرَكِّزُ // دَنِيءٌ ؛ حَقيرٌ . بَخْسٌ . مُزَيَّفٌ
baseball *n.* كُرَةُ القاعِدَةِ : لُعْبَةٌ أميركِيَّةٌ
baseless *adj.* لا أساسَ لَهُ . لا أَصْلَ لَهُ
basement *n.* طابِقٌ بِناءٍ تَحْتَ الأَرْضِ . أساسٌ
bash *vt.; i.; n.* يَسْحَقُ . يَسْحَنُ . يَبْعَجُ / يَصْطَدِمُ بِـ . يَرْتَطِمُ بِـ . يَنْبَعِجُ // لَطْمَةٌ قَوِيَّةٌ . بَعْجَةٌ
bashful *adj.* خَجولٌ . حَيِيٌّ . مُتَواضِعٌ
basic *adj.* أساسِيٌّ . قاعِدِيٌّ . بِدائِيٌّ ؛ بَسيطٌ
basilica *n.* كَنيسَةٌ رَئيسِيَّةٌ
basin *n.* طَسْتٌ . حَوْضٌ . مِغْسَلَةٌ . تَجْويفٌ
basis *n.* (*pl.* **-ses**) أساسٌ . قاعِدَةٌ . رَكيزَةٌ . مَبْدأٌ
bask *vi.* يَسْتَدفِئُ . يَتَشَمَّسُ . يَرْتَعُ (مُطْمَئِنًّا)
basket *n.* سَلَّةٌ ؛ قُفَّةٌ
basketball *n.* لُعْبَةُ كُرَةِ السَّلَّةِ
bas-relief *n.* نَقْشٌ قَليلُ البُروزِ
bass *n.* أَخْفَضُ صَوْتٍ رِجّالِيٍّ
bassinet *n.* مَهْدٌ (صَفْصافِيٌّ ، خَشَبِيٌّ) مُتَأَرْجِحٌ
bastard *n.; adj.* نَغْلٌ ؛ إبْنُ زِنى ؛ إبْنُ حَرامٍ // سافِلٌ ؛ دَنِيءٌ . مُزَيَّفٌ ؛ مُقَلَّدٌ
baste *vt.* يُسَرِّجُ (ثَوْبًا) . يُبَلِّلُ اللَّحْمَ بِالسَّمْنِ عِنْدَ الطَّبْخِ . يَدْرُسُ (الحِنْطَةَ)
bastion *n.* مَعْقِلٌ أو حِصْنٌ (الحُرِّيَّةِ)

bat *n.; vt.* مِضْرَبُ (كُرَةٍ). عَصا مَتينَةٌ. وَطْواطٌ؛ خُفَّاشٌ // يَضْرِبُ بِمِضْرَبٍ

off one's own — مِنْ تِلْقاءِ نَفْسِهِ

batch *n.* كَوْمَةٌ؛ دُفْعَةٌ. عَجْنَةٌ. مِقْدارٌ

bate; abate *vt.* يُخَفِّضُ؛ يُقَلِّلُ. يُبْطِلُ

bath *n.* مِغْطَسٌ. إغْتِسالٌ. حَمّامٌ. اسْتِحْمامٌ

bathe *vi.; t.; n.* يَسْبَحُ. يَسْتَحِمُّ / يَغْسِلُ؛ يُطَهِّرُ. يَغْمِسُ؛ يُبَلِّلُ // إغْتِسالٌ؛ إسْتِحْمامٌ

bathing *n.* إسْتِحْمامٌ. إغْتِسالٌ. سِباحَةٌ

bathing suit *n.* لِباسُ الإسْتِحمامِ أوِ السِّباحَةِ

bathroom *n.* غُرْفَةٌ أو حُجْرَةُ الحَمّامِ

bathtub *n.* بانيو: مِغْطَسٌ أو حَوْضُ الحَمّامِ

baton *n.* عَصا (رَئيسِ الجَوْقَةِ). هِراوَةٌ (شُرْطِيٌّ)

batsman *n.* ضارِبُ الكُرَةِ

battalion *n.* كَتيبَةٌ؛ طابورٌ؛ فَوْجٌ

batten *n.; vt.* عارِضَةُ خَشَبٍ // يُثَبِّتُ بِعَوارِضَ

batter *vt.; n.* يَضْرِبُ أو يَدُكُّ بِاسْتِمْرارٍ. يُؤْذي أو يُهَشِّمُ (بِضَرَباتٍ). يَنْتَقِدُ أو يُهاجِمُ (بِشِدَّةٍ) // عَجينَةٌ لِلْقَلْيِ. خَفيقٌ؛ مَخيضٌ

battered *adj.* مُهَدَّمٌ. مُهَشَّمٌ. مَدْكوكٌ. مُحَطَّمٌ

battering ram *n.* عارِضَةٌ لِتَحْطيمِ الأسْوارِ

battery *n.* بَطّارِيَّةٌ؛ حاشِدَةٌ. إعْتِداءٌ بِالضَّرْبِ

battle *n.; vi.; t.* مَعْرَكَةٌ. كِفاحٌ // يُقاتِلُ. يُكافِحُ

battle-axe *n.* بَلْطَةٌ أو فَأْسٌ كَبيرٌ (لِلْقِتالِ)

battledress *n.* بِزَّةٌ أو ثِيابُ الجُنْدِيِّ

battlefield; battleground *n.* مَيْدانُ المَعْرَكَةِ

battlements *n.pl.* سورٌ مُجَوَّفٌ تُطْلَقُ مِنْهُ النّارُ

battleship *n.* بارِجَةٌ؛ سَفينَةٌ حَرْبِيَّةٌ كَبيرَةٌ

bauble *n.* لُعْبَةٌ أو حِلْيَةٌ بَخْسَةُ الثَّمَنِ

baulk *vi.; t.; n.* see **balk**

bawdy *adj.* فاجِرٌ أو فاحِشٌ في (اللُّغَةِ، الكِتابَةِ)

bawl *vi.; n.* يَصْرُخُ أو يَزْعَقُ // صَيْحَةٌ؛ زَعْقَةٌ

bay *n.; vt.* خَليجٌ. فَجْوَةٌ في جِدارٍ. مَخْزَنُ (حُبوبٍ). عُواءٌ؛ نُباحٌ. شَجَرَةُ غارٍ // يَعْوي؛ يَنْبَحُ

at — في وَضْعٍ مَيْؤوسٍ مِنْهُ

bayonet *n.; vt.* حَرْبَةٌ // يَطْعَنُ بِالحَرْبَةِ

bay window *n.* نافِذَةٌ بارِزَةٌ (كَخَلْوَةِ غُرْفَةٍ)

bazaar; bazar *n.* مَعْرِضٌ أو سوقٌ (خَيْرِيٌّ)

bazooka *n.* مِدْفَعٌ حَمّالٌ ضِدَّ الدُّروعِ

be *vi. irr.* يَكونُ. يَصيرُ. يَعيشُ. يوجَدُ. يَزورُ. يَحْدُثُ. يَقَعُ

— that as it may مَهْما يَكُنْ مِنْ أمْرٍ

beach *n.; vt.* شاطِئٌ أو ساحِلٌ رَمْلِيٌّ // يَجْنَحُ أو يَسْحَبُ (مَرْكَبًا) إلى الشّاطِئِ

beacon *n.; vt.* إشارَةٌ؛ مَنارَةٌ // يُرْشِدُ. يُنْذِرُ

bead *n.* خَرَزَةٌ. نُقْطَةٌ. فُقّاعَةٌ. قَمْحَةُ (بُنْدُقِيَّةٍ)

beadle *n.* قَنْدَلَفْتُ أو شَمّاسُ الكَنيسَةِ

beagle *n.* كِلابٌ مُدَرَّبَةٌ عَلى صَيْدِ الأرانِبِ

beak *n.* مِنْسَرٌ. مِنْقارٌ (طَيْرٍ، دَلْوٍ)

beaker *n.* كوبٌ أو كَأْسٌ (خاصٌّ بِالمُخْتَبَراتِ)

beam *n.; vt.; i.* لَوْحٌ (خَشَبٍ، بَلاطٍ). شُعاعُ (نورٍ). عَمودُ المِحْوَرِ (في مِحْراثٍ، ميزانٍ) // يَشِعُّ. يَتَلأْلأُ. يَبُثُّ (بَرْنامَجًا) / يَبْتَسِمُ (إشْراقًا، رِضًى)

bean *n.* لوبِياءُ. فولٌ. فاصوليا

bear *n.; vt.; i. irr.* دُبٌّ. مُضارِبٌ (في السّوقِ المالِيَّةِ) // يَحْمِلُ. يَرْفَعُ. يَنْقُلُ. يُضْمِرُ. يُنْجِبُ. يُعْطي (ثَمَرًا) / يُعاني. يَتَضَمَّنُ. يَقَعُ في (الجَنوبِ)

— a hand يُساعِدُ

— down يَهْزِمُ (الخَصْمَ)

— on / upon يَتَّجِهُ بِسُرْعَةٍ نَحْوَ

— out يُصَدِّقُ عَلى. يُؤَكِّدُ. يَدْعَمُ (أقْوالاً)

— up (against) يُواجِهُ؛ يَصْمُدُ في وَجْهِ

— with somebody يُعامِلُهُ بِصَبْرٍ وَيَتَساهَلُ مَعَهُ
bring to — يُطَبِّقُ
bearable *adj.* مُمْكِنٌ احْتِمالُهُ ؛ مُمْكِنٌ مُعاناتُهُ
beard *n.* لِحْيَةٌ. ذَقْنٌ. سِنانُ (سَهْمٍ)
bearded *adj.* مُلْتَحٍ ؛ ذو لِحْيَةٍ. بِذَقْنٍ
beardless *adj.* أَمْرَدُ؛ بدونِ لِحْيَةٍ. غَيْرُ راشِدٍ
bearer *n.* حَمّالٌ. حامِلُ صَكٍّ أو فاتورَةٍ
a cheque payable to — شيكٌ يُدْفَعُ لِحامِلِهِ
bearing *n.* سَنَدٌ؛ دِعامَةٌ. عَلاقَةٌ. سُلوكٌ؛ تَصَرُّفٌ. إنْجابٌ؛ إثْمارٌ. غَلَّةٌ؛ مَحْصولٌ. صِلَةٌ. تأْثيرٌ
take one's —s يَتَّجِهُ؛ يُحَدِّدُ مَكانَهُ (مَرْكَبٌ)
beast *n.* حَيَوانٌ. وَحْشٌ. شَخْصٌ قَذِرٌ
beastly *adj.* غَيْرُ مُمْتِعٍ. مُزْعِجٌ. قَذِرٌ. رَديءٌ
beat *vi.; t. irr.; n.* يَضْرِبُ بِاسْتِمْرارٍ. يُرَفْرِفُ. يَنْبِضُ / يَجْلِدُ. يَخْفُقُ (طَعامًا). يَطْرُقُ (حَديدًا). يَنْقُرُ (دُفًّا). يَهْزِمُ. يَدْفَعُ // ضَرْبَةٌ. دَقَّةُ (السّاعَةِ). خَطُّ سَيْرٍ. ميزانٌ (ثُنائيٌّ، رُباعيٌّ)
— about the bush يَدورُ حَوْلَ المَوْضوعِ
— a retreat يَنْسَحِبُ بِسُرْعَةٍ
— it! إرْحَلْ عَنّي
— the record يُحَطِّمُ الرَّقْمَ القِياسيَّ
beaten *adj.* مَغْلوبٌ. مُحَيَّرٌ. مُرَقْرَقٌ. مُمَهَّدٌ
beatific *adj.* مُبْتَهِجٌ. مُسْعِدٌ
beatify *vt.* يُبْهِجُ؛ يُسْعِدُ. يُطَوِّبُ (قِدّيسًا)
beating *n.* ضَرْبٌ أو جَلْدٌ. نَكْسَةٌ. إنْكِسارٌ. خَفَقانٌ
beatitude *n.* يُمْنٌ؛ غِبْطَةٌ. غِبْطَةُ (البَطْرِيَرْكِ)
beau *n.* (*pl.* **beaux** *or* **beaus**) عاشِقٌ أو حَبيبٌ أو مُرافِقُ (امْرأةٍ). غَنْدورٌ. مُتَأَنِّقٌ
beautiful *adj.* جَميلٌ. مُمْتِعٌ. مُفْرِحٌ
beautify *vt.; i.* يُجَمِّلُ. يُزَيِّنُ / يَتَجَمَّلُ. يَتَزَيَّنُ
beauty *n.* جَمالٌ. فِتْنَةٌ. جاذِبِيَّةٌ. فاتِنَةٌ
beauty parlor *n.* مَعْهَدُ أو صالونٌ لِلتَّجْميلِ
beaver *n.* القُنْدُسُ : كَلْبُ الماءِ
becalmed *adj.* مُتَوَقِّفٌ بِسَبَبِ انْعِدامِ الرّيحِ
because *conj.* بِسَبَبِ. لأَنَّهُ. حَيْثُ أَنَّ
beck *n.* إيماءَةٌ؛ إشارَةٌ. جَدْوَلٌ؛ ساقِيَةٌ
at (someone's) — and call رَهْنُ إشارَتِهِ
beckon *vi.* يَدْعو بِإيماءَةٍ أو بِإشارَةٍ. يُغْوي؛ يُغْري
becloud *vt.* يَحْجُبُ. يَطْمِسُ
become *vt.; i. irr.* يَليقُ بِـ. يُناسِبُ. يُلائِمُ / يُصْبِحُ. يَحْدُثُ لِـ. يَتَطَوَّرُ إلى
becoming *adj.* مُلائِمٌ. مُناسِبٌ. لائِقٌ
bed *n.* سَريرٌ. فِراشٌ. مَضْجَعٌ. مَجْرى (نَهْرٍ). قاعِدَةٌ. طَبَقَةٌ. مَغْرَسَةٌ (لِلْخُضارِ)
a — of roses وَضْعٌ مُريحٌ
a — of nails وَضْعٌ شاقٌّ
take to one's — يُلازِمُ الفِراشَ بِسَبَبِ المَرَضِ
bed and board *n.* مَنامَةٌ وأَكْلٌ (في فُنْدُقٍ)
bedaub *vt.* يُلَطِّخُ كُلِّيًّا (بِالأقْذارِ)
bedazzle *vt.* يَبْهُرُ. يَفْتِنُ؛ يَسْحَرُ؛ يَخْلُبُ
bedbug *n.* بَقَّةٌ
bedchamber *n.* see **bedroom**
bedclothes *n.pl.* أَغْطِيَةُ السَّريرِ
bedding *n.* فِراشُ السَّريرِ. قَشٌّ (لِنَوْمِ الحَيَواناتِ). أساسُ (البَلاطِ)
bedeck *vt.* يُغَطّي بِالزّينَةِ. يُزَيِّنُ. يُزَخْرِفُ
bedevil *vt.* يُفْسِدُ. يُرْبِكُ. يُعَذِّبُ
bedfellow *n.* شَريكٌ أو حَليفُ المَضْجَعِ
bedlam *n.* صَخَبٌ. جَلَبَةٌ. هَرْجٌ. مَأْوًى لِلْمَجانينِ
bedouin; beduin *n. & adj.* بَدَوِيٌّ
bedraggle *vt.* يُلَطِّخُ بِالوَحَلِ (الثِّيابَ)
bedridden *adj.* طَريحُ الفِراشِ (بِسَبَبِ وَعْكَةٍ)

bedroom *or* **bedchamber** *n.* غُرْفَةُ النَّوْمِ
bedside *n.* مَكانٌ إلى جانِبِ سَريرِ المَريضِ
bedspread *n.* غِطاءٌ على فِراشِ سَريرٍ
bedstead *n.* هَيْكَلُ السَّريرِ (بما فيه الرَّقّاصُ)
bedtime *n.* مَوْعِدُ النَّوْمِ
bee *n.* نَحْلَةٌ
busy — شَخْصٌ نَشِطٌ
beech *n.* شَجَرَةُ أو خَشَبُ الزّانِ
beef *n.* (*pl.* -s *or* -ves) لَحْمُ العِجْلِ أوِ البَقَرِ
beefsteak *n.* بِفتيك: شَريحَةُ لَحْمِ البَقَرِ
beefy *adj.* بَدينٌ. مُكْتَنِزُ اللَحْمِ
beehive *n.* خَلِيَّةُ النَحْلِ ؛ قَفيرٌ
beekeeper *n.* مُرَبّي النَحْلِ
beeline *n.* أَقْصَرُ طَريقٍ بَيْنَ نُقْطَتَيْنِ. خَطٌّ مُباشَرٌ
beer *n.* البيرَةُ؛ الجِعَةُ
beet *n.* الشَّمَنْدَرُ؛ البَنْجَرُ
beetle *n.* خُنْفُسَةٌ. مِدَقَّةٌ؛ مِطْرَقَةٌ
befall *vi. irr.* يَحْدُثُ. يَعودُ إلى (مُلْكِيَّةُ الأَرْضِ)
befit *vt.* يُلائِمُ. يُناسِبُ. يَليقُ بِـ
befitting *adj.* مُلائِمٌ. مُناسِبٌ. لائِقٌ بِـ
befog *vt.* يُغَشّي بِالضَبابِ
befool *vt.* يَسْخَرُ مِنْ. يَجْعَلُهُ أُضْحوكَةً
before *conj.; prep.; adv.* قَبْلَ (مَوْعِدٍ) // قَبْلَ. أمامَ. بِحَضْرَةِ // آنِفًا. سابِقًا. أمامَ. سَلَفًا
beforehand *adj.* مُسْبَقٌ. مُتَقَدِّمٌ. مُتَوَقَّعٌ
befoul *vt.* يُوَسِّخُ. يُفْسِدُ. يُدَنِّسُ. يُلَطِّخُ
befriend *vt.* يُصاحِبُ؛ يُزامِلُ. يُساعِدُ. يُفَضِّلُ
beg *vt.* يَرْجو. يَلْتَمِسُ. يَسْتَعْطِفُ. يَسْتَجْدي
beget *vt. irr.* يُنْجِبُ (مَولودًا). يَخْلُقُ. يُؤَسِّسُ
beggar *n.; vt.* مُسْتَعْطٍ. مُتَسَوِّلٌ // يُفْقِرُ
beggarly *adj.* في غايَةِ الفَقْرِ. ذَليلٌ. حَقيرٌ
beggary *n.* فاقَةٌ. عَوَزٌ شَديدٌ. بُؤْسٌ
begging *n.* شِحاذَةٌ. تَسَوُّلٌ. إسْتِعْطاءٌ
begin *vt.; i. irr.* يَبْدَأُ (الأَشْغالَ). يَشْرَعُ في ؛ يُباشِرُ / يَبْدَأُ (مَشْهَدٌ)
to — with أَوَّلاً ؛ في الدَّرَجَةِ الأولى
— afresh يَبْدَأُ ثانِيَةً
beginner *n.* مُبْتَدِئٌ. تِلْميذٌ
beginning *n.* بِدايَةٌ. نُقْطَةُ البِدايَةِ. مَنْشَأٌ. مَصْدَرٌ
begone *vi.* إنْصَرِفْ؛ أُغْرُبْ (عَنْ وَجْهي)
begrime *vt.* يُوَسِّخُ بِالسُخامِ
begrudge *vt.* يَحْسِدُ
beguile *vt.* يَسْحَرُ؛ يَفْتِنُ. يَخْدَعُ؛ يَغُشُّ
behalf *n.* فائِدَةٌ. مَصْلَحَةٌ. جِهَةٌ. إعْتِبارٌ
on — of نِيابَةً عَنْ
behave *vi.* يَتَصَرَّفُ. يَسْلُكُ (سُلوكًا سَيِّئًا)
well- —d عاقِلٌ (طِفْلٌ)
behavior; behaviour *n.* سُلوكٌ. تَصَرُّفٌ
behead *vt.* يَبْتُرُ الرَّأْسَ. يَضْرِبُ العُنُقَ
behest *n.* أَمْرٌ جازِمٌ. طَلَبٌ جادٌّ
behind *prep.; adv.; adj.* وَراءَ. خَلْفَ. ظَهْرٌ // مِنَ الوَراءِ. في المُؤَخَّرَةِ // مُتَأَخِّرٌ. خَلْفِيٌّ
behindhand *adj. & adv.* مُتَخَلِّفٌ؛ مُتَأَخِّرٌ
behold *vt. irr.; int.* يَنْظُرُ إلى ؛ يُشاهِدُ // أُنْظُرْ!
beholden *adj.* مَدينٌ لِـ
behoof *n.* مَنْفَعَةٌ؛ مَصْلَحَةٌ؛ فائِدَةٌ
behoove; behove *vt.; i.* يَنْبَغي
beige *n.; adj.* لَوْنُ الصّوفِ الطَّبيعِيِّ. أَسْمَرُ فاتِحٌ
being *n.* وُجودٌ. الذّاتُ. شَخْصٌ. كائِنٌ
for the time — في الوَقْتِ الحاضِرِ
belated *adj.* مُتَأَخِّرٌ أو مُتَأَخِّرٌ جِدًّا (تَمَنِّياتٌ)
belch *vt.; i.* يَتَجَشَّأُ. يَقْذِفُ بِقُوَّةٍ. يَشْتُمُ بِشِدَّةٍ

beleaguer *vt.* يُضايِقُ باسْتِمرارٍ. يُحاصِرُ؛ يُطَوِّقُ
belfry *n.* قُبَّةُ الأَجْراسِ. بُرْجٌ
Belgian *adj. & n.* بَلْجيكيٌّ
belie *vt.* يُناقِضُ. يُكَذِّبُ. يُحَرِّفُ. يُخَيِّبُ
belief *n.* مَبْدَأٌ. إعْتِقادٌ. إيمانٌ. ثِقَةٌ
believable *adj.* قابِلٌ لِلتَّصْديقِ. يُؤْمَنُ بِهِ
believe *vt.; i.* يَظُنُّ. يُصَدِّقُ. يَحْسَبُ؛ يَخالُ / يَعْتَقِدُ بِـ (وُجودِ، صِحَّةِ). يُؤْمِنُ بِـ
make — يَتَظاهَرُ بِـ
belittle *vt.* يُقَلِّلُ مِنْ أَهَمِّيَّةٍ. يَسْتَخِفُّ. يُقَزِّمُ
bell *n.* جَرَسٌ؛ ناقوسٌ. صَوْتُ الجَرَسِ
sound as a — في حالَةٍ مُمْتازَةٍ
belle *n.* إِمْرأَةٌ أو فَتاةٌ حَسْناءُ. فاتِنَةٌ
bellicose *adj.* مُحِبٌّ لِلْمُشاجَرَةِ. عِدائيٌّ
belligerency *n.* حالَةُ الحَرْبِ أو العِداءِ
belligerent *adj.; n.* مُعادٍ. مُحارِبٌ. مُشْتَرِكٌ في الحَرْبِ // بَلَدٌ مُعادٍ. شَخْصٌ مُحارِبٌ
bellow *vi.; n.* يَخورُ. يَصْرُخُ؛ يُزَمْجِرُ // خُوارٌ
bellows *n.pl.* مِنْفَخٌ. كيرُ الحَدّادِ
belly *n.; vt.; i.* كَرِشٌ؛ بَطْنٌ // يَنْفُخُ / يَنْتَفِخُ
bellyache *n.* مَغْصٌ؛ أَلَمٌ في المَعِدَةِ
bellyful *n.* قَدْرَ ما يَشْتَهي
belong *vi.* يَخْتَصُّ بِـ (مُلْكٌ). يَخُصُّ؛ يَنْتَمي. يُصَنَّفُ. يَتَلاءَمُ مَعَ (إجْتِماعيًّا)
belonging *n.* عِلاقَةٌ أو قَرابَةٌ (مَتينَةٌ، مَضْمونَةٌ)
belongings *n.pl.* مُمْتَلَكاتٌ. أَمْتِعَةٌ. خَصائِصُ
beloved *adj. & n.* مَعْشوقٌ؛ مَحْبوبٌ؛ عَزيزٌ
below *prep.; adv.* أَدْنى مِنْ. تَحْتَ. أَقَلُّ مِنْ. غَيْرُ جَديرٍ بِـ // في أَسْفَلَ. في مَوْضِعٍ لاحِقٍ
belt *n.; vt.* حِزامٌ؛ رِباطٌ. شَريطٌ. سَيْرٌ أو قِشاطٌ (مُحَرِّكٍ). مِنْطَقَةٌ // يوثِقُ بِحِزامٍ. يَجْلِدُ بِحِزامٍ
tighten one's — يَقْتَصِدُ؛ يَتَقَشَّفُ
bemire *vt.* يُلَطِّخُ بِالوَحْلِ
bemoan *vi.* يَنوحُ عَلى. يَتَحَسَّرُ عَلى. يَنْدُبُ
bemock *vt.* يَهْزَأُ بِـ؛ يَسْخَرُ مِن
bemuse *vt.* يُرْبِكُ؛ يُحَيِّرُ؛ يُشَوِّشُ
bemused *adj.* مُسْتَغْرِقٌ في التَّفْكيرِ أو التَّأَمُّلِ
bench *n.* مَقْعَدٌ أو طاوِلَةُ عَمَلٍ (خَشَبيٌّ). القُضاةُ (في مَحْكَمَةٍ). مِنَصَّةٌ (لِعَرْضِ الكِلابِ)
bend *vt.; i. irr.* يَلْوي. يَحْني. يُوَجِّهُ (النَّظَرَ). يُرَكِّزُ (التَّفْكيرَ) / يَلْتَوي. يَنْعَطِفُ. يَنْحَني. يَخْضَعُ
— the rules يَتَجاهَلُ القَوانينَ
beneath *prep.; adv.* تَحْتَ. دونَ (المَطْلوبِ) // أَدْنى. في أَسْفَلِ
benediction *n.* بَرَكَةُ (الكاهِنِ). مُبارَكَةٌ
benefaction *n.* عَمَلُ خَيْرٍ. إِحْسانٌ. هِبَةٌ. مَعْروفٌ
benefactor *n.* عامِلُ خَيْرٍ؛ نَصيرٌ. مُحْسِنٌ
benefice *n.* مَنْصِبٌ أو رَيْعٌ أو دَخْلٌ كَنَسيٌّ
beneficence *n.* عَمَلُ الخَيْرِ. لُطْفٌ. إِحْسانٌ
beneficent *adj.* مُحْسِنٌ؛ جَوادٌ؛ كَريمٌ؛ ذو فَضْلٍ
beneficial *adj.* مُفيدٌ؛ نافِعٌ
beneficiary *n.* مُسْتَفيدٌ مِنْ؛ مُنْتَفِعٌ مِنْ
benefit *n.; vt.; i.* مَنْفَعَةٌ؛ فائِدَةٌ. إعانَةٌ (بَطالَةٍ) // يُفيدُ؛ يَنْفَعُ / يَكْسِبُ؛ يَرْبَحُ
benevolence *n.* مَيْلٌ إلى عَمَلِ البِرِّ والإِحْسانِ. عَطْفٌ. فَضْلٌ؛ صَدَقَةٌ
benevolent *adj.* رَؤوفٌ. خَيِّرٌ. عَطوفٌ. مُحْسِنٌ
benighted *adj.* جاهِلٌ؛ يَنْقُصُهُ العِلْمُ. مُعْتِمٌ
benign *adj.* لَطيفٌ. مُلائِمٌ. حَميدٌ. غَيْرُ خَبيثٍ
benignant *adj.* عَطوفٌ؛ طَيِّبٌ؛ رَقيقُ القَلْبِ
bent *adj.; n.* مُلْتَوٍ. مُعْوَجٌّ. مُصَمِّمٌ عَلى. عازِمٌ عَلى // مَيْلٌ (إلى الكَذِبِ)؛ نَزْعَةٌ (إلى الخَيْرِ)

benumb *vt.* يُنَمِّلُ. يُعَجِّزُ. يُخَدِّرُ (الإحْساسَ)
benzine *n.* بنْزينٌ. بِتْرولٌ
bequeath *vt.* يورِثُ (بوَصيَّةٍ). يُخَلِّفُ إلى الذرِّيَّةِ
bequest *n.* إرْثٌ؛ تَرِكَةٌ. هِبَةٌ (بوَصيَّةٍ)
berate *vt.* يُوَبِّخُ؛ يُعَنِّفُ
bereave *vt.irr.* يُثْكِلُ (بِفُقْدانِ عَزيزٍ). يَحْرِمُ
bereft *adj.* مَحرومٌ مِنْ. فاقِدٌ (عَزيزٍ، أَمَلٍ)
beret *n.* قُبَّعَةٌ أو طاقيَّةٌ مُسْتَديرَةٌ
berry *n.* ثِمارٌ صَغيرةٌ (كالتّوتِ، كالعُلَّيْقِ)
berth *n.; vt.* مَضْجَعٌ في (باخِرَةٍ). مَرْسى. وَظيفَةٌ على (سَفينَةٍ) // يُرْسي. يُزَوِّدُ بِمَضْجَعٍ في (سَفينَةٍ)
beseech *vt. irr.* يَرْجو؛ يَتَوَسَّلُ. يَتَضَرَّعُ
beset *vt. irr.* يُرْهِقُ؛ يُضايِقُ. يُهاجِمُ (مُعَسْكَرًا)
beside *prep.* بِجانِبِ. بالمُقارَنَةِ مَعْ. بَعيدًا عَن
— oneself مَغْمورٌ بِـ (الحُزْنِ)
besides *prep.; adv.* بالإضافَةِ إلى؛ عِلاوَةً على // كَذلِكَ؛ أَيْضًا
besiege *vt.* يُحاصِرُ. يُحيطُ بِـ. يَنْهالُ (بالأَسْئِلَةِ)
besmear (with) *vt.* يُلَوِّثُ. يُلَطِّخُ (سُمْعَتَهُ)
besmirch *vt.* يُوَسِّخُ. يُشَوِّهُ (سُمْعَتَهُ)
bespatter *vt.* يَرُشُّ (بالوَحَلِ). يَفْتَري عَلى
bespeak *vt.* يَحْجِزُ مُسَبَّقًا (طاوِلَةً في مَطْعَمٍ). يَطْلُبُ مُقَدَّمًا. يُشيرُ إلى؛ يَنِمُّ عَنْ
best *adj. & n.* الأحْسَنُ؛ الأفْضَلُ؛ الأنْسَبُ
the — part of مُعْظَمُ
at — في أَفْضَلِ الظُّروفِ
make the — of يَسْتَفيدُ إلى أَقْصى الحُدودِ مِنْ
bestial *adj.* وَحْشيٌّ. شَهْوانيٌّ. شَرِسُ (الطِّباعِ)
bestir *vt.* يُنَشِّطُ. يَتَحَرَّكُ. يَتَهَيَّجُ. يُحَرِّضُ
bestow *vt.* يَمْنَحُ أو يَهِبُ (جائِزَةً). يُنْعِمُ عَلى
bestowal *n.* مَنْحٌ؛ هِبَةٌ؛ إهْداءٌ؛ إنْعامٌ
bestrew *vt.* يَنْشُرُ أو يَفْرِدُ (عَلى سَطْحٍ)
bestride *vt.* يُفَرْشِخُ. يَمْتَدُّ عَبْرَ. يَجْتازُ؛ يَتَخَطّى
bestseller *n.* كِتابٌ أو فيلْمٌ رائِجٌ (شَهيرٌ)
bet *n.; vi. irr.* مُراهَنَةٌ. رِهانٌ. قيمَةُ رِهانٍ // يُراهِنُ عَلى (مِئَةِ دولارٍ)
you — طَبْعًا؛ بالتّأكيدِ
betake *vt. irr.* يَذْهَبُ؛ يَلْجَأُ إلى. يَجْتَهِدُ في
bethink *vt. irr.* يَنْتَبِهُ لِـ. يَتَذَكَّرُ. يَتَأَمَّلُ
betide *vi.; t.* يَحْدُثُ؛ يَقَعُ لِـ / يُصيبُ
betoken *vt.* يَعْني؛ يَرْمُزُ إلى. يُنْذِرُ بِـ
betray *vt.* يَخونُ؛ يَغْدُرُ بِـ. يَخْدَعُ؛ يُضَلِّلُ. يَدُلُّ عَلى؛ يَكْشِفُ
betrayal *n.* غَدْرٌ. خِيانَةٌ. غِشٌّ. خِداعٌ
betrayer *n.* غادِرٌ؛ خائِنٌ. غَشّاشٌ. خَدّاعٌ
betroth *vt.* يَخْطُبُ (فَتاةً)
betrothal *n.* خُطوبَةٌ؛ عَهْدٌ بالزَّواجِ
better *adj.; adv.; n.; vt.* أَفْضَلُ؛ أَحْسَنُ؛ أَجْوَدُ؛ أَمْيَزُ // عَلى نَحْوٍ أَفْضَلَ. أَكْثَرُ // الأفْضَلُ أوِ الأحْسَنُ (بَيْنَ أَمْرَيْنِ) // يُحَسِّنُ؛ يُطَوِّرُ. يَتَفَوَّقُ عَلى
— off في وَضْعٍ أَفْضَلَ (مادِّيًّا)
the — part of جُزْءٌ كَبيرٌ مِن
had — مِنَ الحِكْمَةِ أَنْ
think — of يُعيدُ النَّظَرَ في سُلوكِهِ
for — for worse في مُخْتَلَفِ الأحْوالِ
get the — of يَغْلِبُ؛ يَتَفَوَّقُ عَلى
betterment *n.* تَحْسينٌ؛ إصْلاحٌ. تَحَسُّنٌ؛ تَطَوُّرٌ
between *prep.; adv.* بَيْنَ. سَوِيَّةً. فيما بَيْنَ // بَيْنَ؛ وَسْطَ
bevel *n.; adj.; vi.; t.* زاوِيَةٌ غَيْرُ قائِمَةٍ // مَشْطوبٌ أو مَشْدوفٌ (شَفْرَةٌ) // يَميلُ أو يَنْحَرِفُ (حائِطٌ، طَريقٌ) / يُميلُ. يَشْطُبُ (مِرْآةً)

beverage *n.* أيُ مَشْروبٍ ما عدا الماءِ
bevy *n.* سِرْبُ (أيائل). جَمْعُ مِن (الفَتَياتِ)
bewail *vi.* يَنوحُ عَلى ؛ يَنْدُبُ ؛ يَتَحَسَّرُ عَلى
beware *vi.; t.* يَحْتَرِس. يَحْذَرُ
— of حَذارِ! إنْتَبِهْ! إحْتَرِسْ!
bewilder *vt.* يُحَيِّرُ ؛ يُرْبِكُ ؛ يُلَبِّكُ ؛ يُشَوِّشُ
bewitch *vt.* يَسْحَرُ ؛ يَفْتِنُ ؛ يُذْهِلُ ؛ يَشْدَهُ
beyond *prep.; adv.; n.* ما وَراءَ ؛ خَلْفَ. خارِجَ نِطاقِ. بَعيدٌ عَن // أبْعَدَ // المَجْهولُ ؛ العالَمُ الآخَرُ
— his capacity فَوْقَ طاقَتِهِ
— his control بَعيدٌ عَن سَيْطَرَتِهِ
— oneself مُحْتَدٌّ ؛ حَنِقٌ ؛ مُغتاظٌ
bias *n.* إنْحيازٌ ؛ مُحاباةٌ. إنْحِرافٌ ؛ إنْحِدارٌ
biased *adj.* مُحابٍ ؛ مُنْحازٌ. مُنْحَرِفٌ ؛ مائِلٌ
bib *n.* مِرْيَلَةٌ أو صَدْرِيَّةُ (طِفْلٍ)
Bible *n.* الكِتابُ المُقَدَّسُ
biblical *adj.* مُخْتَصٌّ بالكِتابِ المُقَدَّسِ ؛ كِتابيٌّ
bibliography *n.* مَراجِعُ بَحْثٍ. بَيانٌ بِمُؤَلَّفاتٍ
bicentenary *adj.* عُمْرُهُ ٢٠٠ سَنَةٍ. يَحْدُثُ أو يَدومُ ٢٠٠ سَنَةٍ
biceps *n.* عَضَلَةٌ ذاتُ رَأْسَيْنِ (في الذِّراعِ)
bicker *vi.; n.* يَتَشاحَنُ ؛ يَتَشاجَرُ // مُشاجَرَةٌ
bickering *n.* مُشاحَنَةٌ عَلى أُمورٍ تافِهَةٍ
bicycle *n.; vi.* دَرّاجَةٌ هَوائِيَّةٌ بِدولابَيْنِ // يَرْكَبُ دَرّاجَةً هَوائِيَّةً
bid *vt.; i. irr.; n.* يُزايِدُ. يُوَدِّعُ. يَأْمُرُ. يَدْعو / يَتَراهَنُ. يَأْتَمِرُ. يُحاوِلُ السَّيْطَرَةَ ؛ يُحاوِلُ الإسْتيلاءَ عَلى السُّلْطَةِ // مُزايَدَةٌ. مُناقَصَةٌ. قيمَةُ المُناقَصَةِ. سِعْرُ السِّلْعَةِ. مُحاوَلَةُ الإسْتيلاءِ عَلى السُّلْطَةِ
bidder *n.* المُزايِدُ. الآمِرُ
bidding *n.* مُناقَصَةٌ. مُزايَدَةٌ

bide *vi.; t.* يَصْبِرُ ؛ يَنْتَظِرُ ؛ يَثْبُتُ ؛ يَبْقى / يَحْتَمِلُ
— one's time يَنْتَظِرُ بِصَبْرٍ الفُرْصَةَ المُؤاتِيَةَ
biennial *adj.* يَحْدُثُ كُلَّ سَنَتَيْنِ. يَدومُ سَنَتَيْنِ
bier *n.* مِنَصَّةٌ يوضَعُ عَلَيها النَّعْشُ
big *adj.* ضَخْمٌ. ثَقيلٌ. عالٍ. قَوِيٌّ. مُهِمٌّ ؛ نافِذٌ. كَبيرٌ. كَريمٌ. مَليءٌ بِـ
too — for one's boots مَغْرورٌ
— on مُتَحَمِّسٌ لِـ
bigamist *n.* مُتَزَوِّجٌ بِامْرَأَتَيْنِ
bigamy *n.* زَواجٌ بِامْرَأَتَيْنِ
bight *n.* عُقْدَةٌ في حَبْلٍ. خَليجٌ صَغيرٌ
bigot *n.* مُسْتَبِدُّ الرَّأْيِ. مُتَعَصِّبٌ. رَفْضِيٌّ
bigotry *n.* تَعَصُّبٌ أو رَفْضِيَّةٌ. عُنْصُرِيَّةٌ
bigwig *n.* شَخْصٌ مُهِمٌّ أو ذو نُفوذٍ
bike *n.* دَرّاجَةٌ هَوائِيَّةٌ
bikini *n.* بيكيني : لِباسُ بَحْرٍ نِسائِيٌّ
bilateral *adj.* ذو وَجْهَيْنِ ؛ ذو جانِبَيْنِ. ثُنائِيٌّ
bile *n.* صَفْراءُ (ما يُفْرِزُهُ الكَبِدُ)
bilge *n.* قَعْرُ السَّفينَةِ. هُراءٌ ؛ سَخافَةٌ
biliary *adj.* خاصٌّ بِالصَّفْراءِ (إفْرازُ الكَبِدِ)
bilingual *adj. & n.* ثُنائِيُّ اللُّغَةِ
bill *n.; vt.* فاتورَةٌ. كِمْبيالَةٌ. لائِحَةٌ ؛ بَرْنامَجٌ. مَشْروعُ قانونٍ. مُلْصَقٌ إعْلانِيٌّ. مِنْقارُ (طَيْرٍ) // يُعَرِّفُ عَلى (سِلْعَةٍ) بِواسِطَةِ المُلْصَقاتِ
fill the — مُرْضٍ لِلغايَةِ
— of fare لائِحَةُ طَعامٍ
— of health شَهادَةٌ صِحِّيَّةٌ
— of lading بوليصَةُ شَحْنٍ (بِضاعَةٍ)
post no —s مَمْنوعٌ وَضْعُ المُلْصَقاتِ
billet *n.; vt.* مَكانٌ يَنْزِلُ فيهِ الجُنودُ. حَجْزُ غُرْفَةٍ لِجُنْدِيٍّ. مَكانُ مَضْجَعٍ عَلى الباخِرَةِ. وَظيفَةٌ. حَطَبٌ

(لِلْوَقودِ) // يَحْجُزُ بَيْتًا لِجُنْديٍّ

billhook *n.* مِشْذَبٌ لِلأَشْجارِ

billiard *n.* لُعْبَةُ البِلْيارْدِ

billion *n.* بِلْيونٌ: أَلْفُ مَلْيونٍ؛ مَلْيونُ مَلْيونٍ

billow *n.; vi.* لُجَّةُ بَحْرٍ كَبيرَةٌ. كُتْلَةُ أو مَوْجُ (دُخانٍ. أَصْواتٍ) // يَتَلاطَمُ

billposter *or* **billsticker** *n.* مُلْصِقُ الإِعْلاناتِ

billy goat *n.* التَّيْسُ: ذَكَرُ الماعِزِ

bimonthly *adj.; n.* مَرَّةً كُلَّ شَهْرَينِ // مَجَلَّةٌ تَصْدُرُ مَرَّةً كُلَّ شَهْرَيْنِ

bin *n.* مُسْتَوْعَبٌ أو صُنْدوقُ المُؤَنِ

binary *adj.* مُثَنًّى؛ مُزْدَوِجٌ؛ ذو عُنْصُرَيْنِ

bind *vt. irr.* يُوثِقُ. يَرْبُطُ (الشَّعَرَ). يُلْزِمُ. يُقَيِّدُ. يُضَمِّدُ (جُرْحًا). يُجَلِّدُ (كِتابًا)

be bound to مُجْبَرٌ عَلى؛ مُلْزَمٌ بِـ

binder *n.* مِلَفٌّ. رِباطٌ. مُجَلِّدُ الكُتُبِ

binding *n.; adj.* قُماشٌ لِلتَّجْليدِ // مُلْزِمٌ

binge *n.* تَمادٍ في الأَكْلِ والشُّرْبِ

binoculars *n.pl.* مِجْهَرٌ كَبيرٌ ذو عَيْنَيْنِ

biochemist *n.* إِخْتِصاصيٌّ في الكيمياءِ الحَيَوِيَّةِ

biochemistry *n.* الكيمياءُ الحَيَوِيَّةُ

biographer *n.* مُتَرْجِمُ سيرَةِ أو حَياةِ إِنْسانٍ

biography *n.* تَرْجَمَةُ سيرَةِ أو حَياةِ إِنْسانٍ

biologic(al) *adj.* بَيولوجِيٌّ: مُخْتَصٌّ بِعِلْمِ الكائِناتِ الحَيَّةِ

biological warfare *n.* الحَرْبُ الجُرْثومِيَّةُ

biologist *n.* عالِمُ الكائِناتِ الحَيَّةِ

biology *n.* بَيولوجْيا: عِلْمُ الكائِناتِ الحَيَّةِ

bionics *n.pl.* دِراسَةُ الوَظائِفِ الكيميائِيَّةِ أو الحَيَوِيَّةِ. فَنُّ تَرْكيبِ أَعْضاءٍ إِصْطِناعِيَّةٍ

biopsy *n.* فَحْصٌ مِجْهَرِيٌّ لِخَلايا الإِنْسانِ

bipartite *adj.* مُؤَلَّفٌ مِنْ قِسْمَيْنِ أو جُزأَيْنِ

biped *n.* حَيَوانٌ بِرِجْلَيْنِ

biplane *n.* طائِرَةٌ قَديمَةٌ بِسَطْحَيْنِ

bipod *n.* مِنَصَّةٌ أو رَكيزَةٌ بِسَنَدَيْنِ

birch *n.* شَجَرَةُ البَتولا أو القُضْبانِ

bird *n.* عُصْفورٌ؛ طَيْرٌ؛ طائِرٌ

a — in the hand شَيْءٌ نِهائِيٌّ أو أَكيدٌ

kill two —s with one stone يُحَقِّقُ إِنْجازَيْنِ في وَقْتٍ واحِدٍ

bird cage *n.* قَفَصُ عُصْفورٍ

birdlime *n.* مادَّةٌ دَبِقَةٌ لِصَيْدِ العَصافيرِ

bird of passage *n.* طائِرٌ مُهاجِرٌ. شَخْصٌ مُتَرَحِّلٌ

bird of prey *n.* طائِرٌ مِنَ الجَوارِحِ (كالنَّسْرِ)

bird's-eye view *n.* مَنْظَرٌ مَأْخوذٌ مِنَ الجَوِّ

bird's nest *n.* عُشُّ عُصْفورٍ

birth *n.* وِلادَةٌ. مَوْلِدٌ. أَصْلٌ؛ نَسَبٌ

birth certificate *n.* شَهادَةُ ميلادٍ

birth control *n.* تَحْديدُ النَّسْلِ

birthday *n.* تاريخُ الوِلادَةِ

birthplace *n.* مَكانُ الوِلادَةِ

birthrate *n.* نِسْبَةُ المَواليدِ

birthright *n.* حَقُّ البِكْرِيَّةِ أو البُكورِيَّةِ

bis *adv.* مَرَّتَيْنِ. إِعادَةٌ؛ تَكْرارٌ

biscuit *n.* بَسْكَويتٌ: كَعْكٌ عَلى أَنْواعِهِ

bisect *vt.* يَشْطُرُ أو يُقَسِّمُ إِلى قِسْمَيْنِ (مُتَساوِيَيْنِ)

bishop *n.* أُسْقُفٌ؛ مِطْرانٌ

bishopric *n.* أُسْقُفِيَّةٌ؛ أَبْرَشِيَّةٌ؛ مِطْرانِيَّةٌ

bison *n.* البيزون: جاموسٌ بَرِّيٌّ أَميركِيٌّ

bisque *n.* حَساءٌ دَسِمٌ

bistro *n.* حانَةٌ أو مَقْهًى أو مَطْعَمٌ صَغيرٌ

bit *n.* قِطْعَةٌ. قَليلٌ مِنَ (الماءِ). شَكيمَةُ (الرَّسَنِ).

عائِقٌ ؛ مِكْبَحٌ . أداةٌ لِلْقَطْعِ أَوِ الثَّقْبِ

a — نَوعًا ما؛ إلى حَدٍّ ما

a — of مِقْدارٌ كَبيرٌ مِن

— by — تَدْريجيًّا

every — (as) إلى حَدٍّ سواءٍ

not a — of it أبَدًا. قَطُّ

bitch *n.* أُنْثى الكَلْبِ. إمْرأةٌ رَديئَةٌ. وَضْعٌ صَعْبٌ

bite *vt.; i. irr.; n.* يَعَضُّ؛ يَنْهَشُ. يَقْطَعُ. يَلْسَعُ. يأكُلُ (الصَّدأُ الحَديدَ). يُمْسِكُ / يَعَضُّ (كَلْبٌ). يَلْسَعُ (بَرْغَشَةٌ) // عَضَّةٌ؛ لَسْعَةٌ. جُرْحٌ؛ كَدْمَةٌ. ثَقْبٌ (في خَشَبٍ). لُقْمَةٌ. وَجْبَةٌ خَفيفَةٌ

— the dust يَسْقُطُ مَيْتًا. يَرْفُضُ

biting *adj.* قارِصٌ (بَرْدٌ). جارِحٌ؛ لاذِعٌ (كَلامٌ)

bitter *adj.* مُرٌّ. قاسٍ (ضَرْبَةٌ). لاذِعٌ (كَلامٌ). قارِصٌ (بَرْدٌ). لَدودٌ (عَدوٌّ)

bittern *n.* الواقُ (طائِرٌ)

bitumen *n.* حُمَرٌ أو زِفْتٌ (لِلسُّقوفِ)

bivouac *n.* مُخَيَّمٌ مُؤَقَّتٌ في العَراءِ

biweekly *adv.* مَرَّةً كُلَّ أُسْبوعَيْنِ (مَجَلَّةٌ)

bizarre *adj.* غَريبٌ؛ غَيْرُ مألوفٍ؛ غَيْرُ عاديٍّ

blab *vt.; i.* يَكْشِفُ (سِرًّا) بِالثَّرْثَرَةِ / يَهْذُرُ

blabber *n.* ثَرْثارٌ؛ كَثيرُ الكَلامِ

black *adj.; n.; vt.* أَسْوَدُ. مُظْلِمٌ. كَئيبٌ. غاضِبٌ // اللَّوْنُ الأَسْوَدُ. صِباغٌ أَسْوَدُ. ثَوْبُ حِدادٍ // يُسَوِّدُ. يَمْسَحُ الحِذاءَ بالأَسْوَدِ

in the — لَهُ رَصيدٌ؛ غَيْرُ مَدْيونٍ

black art *n.* شَعْوَذَةٌ؛ سِحْرٌ

blackball *n.* نَقْضٌ؛ إقْتِراعٌ سَلْبِيٌّ

blackberry *n.* توتٌ أَسْوَدُ. ثَمَرُ العُلَّيْقِ

blackbird *n.* شُحْرورٌ: طائِرٌ أَسْوَدُ مُغَرِّدٌ

blackboard *n.* لَوْحٌ أَسْوَدُ (لِلكِتابَةِ)

blacken *vt.; i.* يُسَوِّدُ. يَصْبُغُ الحِذاءَ بالأَسْوَدِ. يُشَوِّهُ (السُّمْعَةَ) // يَسْوَدُّ

blackguard *n.* اللَّئيمُ. البَذيءُ اللِّسانِ

blacking *n.* دِهانٌ أو طِلاءٌ أَسْوَدُ

blackleg *n.* مُتَمَنِّعٌ عَنْ إضْرابٍ مُعْلَنٍ. مَرَضٌ يُصيبُ الماشِيَةَ. مُقامِرٌ غَشّاشٌ

blacklist *n.* اللاّئِحَةُ أو القائِمَةُ السَّوداءُ

blackmail *n.; vt.* إبْتِزازٌ؛ إخْتِلاسُ المالِ بالتَّهْديدِ // يَبْتَزُّ؛ يَخْتَلِسُ المالَ بالتَّهْديدِ

black market *n.* سوقٌ سَوْداءُ

blackness *n.* عَتْمَةٌ؛ ظُلْمَةٌ؛ سَوادٌ

blackout *n.* تَعْتيمٌ (عِنْدَ الغارَةِ). فِقْدانُ الوَعْيِ. إنْقِطاعُ التَّيارِ أوِ الإتِّصالِ أوِ البَثِّ

blacksmith *n.* الحَدّادُ. العامِلُ بالحِدادَةِ

bladder *n.* المَثانَةُ. كيسٌ يُمْلأُ هَواءً

blade *n.* شَفْرَةٌ أو نَصْلُ سِكّينٍ. وَرَقَةُ عُشْبٍ

blain *n.* بَثْرَةٌ أو لَطْخَةٌ أو نَدْبَةٌ (عَلى الجِلْدِ)

blame *vt.; n.* يَلومُ؛ يَعْذُلُ. يُحَمِّلُ المَسْؤوليَّةَ // لَوْمٌ؛ عَذْلٌ. مَسْؤوليَّةٌ. تَوْبيخٌ

blameless *adj.* بَريءٌ. غَيْرُ مُلامٍ. لا غُبارَ عَلَيهِ

blanch *vt.; i.* يُبَيِّضُ أو يُقَصِّرُ الثِّيابَ / يَشْحُبُ

bland *adj.* عاديٌّ؛ غَيْرُ مُمَيَّزٍ. لَطيفٌ (طَقْسٌ)

blandish *vt.* يَتَزَلَّفُ؛ يُداهِنُ؛ يَتَمَلَّقُ؛ يُداجي

blank *adj.; n.* أَبْيَضُ؛ خالٍ مِنَ الكِتابَةِ. فارِغٌ. خالٍ مِنَ التَّعْبيرِ (نَظْرَةٌ). مُرْتَبِكٌ. مُطْلَقٌ (رَفْضٌ) // فَراغٌ. بَياضٌ (عَلى وَرَقَةٍ). إرْباكٌ

draw a — لا يَحْصُلُ عَلى أيِّ نَتيجَةٍ مِن

blank cheque *n.* شيكٌ عَلى بَياضٍ. صَلاحيَّةٌ مُطْلَقَةٌ

blanket *n.* حِرامٌ؛ بَطّانِيَّةٌ. غِطاءٌ مِنْ (دُخانٍ)

blare *vi.; t.; n.* يُدَوّي / يُجاهِرُ عالِيًا // دَوِيٌّ

مُوافَقَةٌ. حَدَثٌ مُفْرِحٌ

blight *n.; vt.* مَرَضٌ يُصيبُ المَزْروعاتِ. عائِقٌ. فَسادٌ؛ تَلَفٌ // يُصيبُ بآفَةٍ. يُحْبِطُ. يُفْسِدُ

blind *adj.; vt.; n.* أَعْمى. مُظْلِمٌ. مَسْدودٌ (طَريقٌ) // يُعْمي. يُعْمي البَصيرَةَ. يَحْجُبُ // سِتارٌ؛ عاكِسُ نورٍ. حِجابٌ؛ قِناعٌ

turn a — eye (to) يَتَجاهَلُ عَمْدًا

blindfold *vt.* يَعْصِبُ العَيْنَيْنِ

blindman's buff *n.* لُعْبَةُ الغُمَيْضَةِ

blindness *n.* عَمًى. عَمى البَصيرَةِ؛ غَباوَةٌ

blind spot *n.* بُقْعَةٌ عَمْياءُ في شَبَكَةِ العَيْنِ

blink *vt.; i.; n.* يَرْمُشُ. يُكَفْكِفُ. يُذْهِلُ / يَرِفُّ (بالجَفْنِ). يَنْظُرُ بِشِقِّ العَينِ. يَتَلأْلأُ. يَتَغاضى عَنْ // رَمْشٌ أو طَرْفُ العَيْنَيْنِ. نَظْرَةٌ؛ لَمْحَةٌ؛ طَرْفَةٌ

blinker *n.* ضَوْءٌ وَمْضِيٌّ لإرْسالِ الإشاراتِ

bliss *n.* نَعيمٌ؛ غِبْطَةٌ. سَعادَةٌ أَبَدِيَّةٌ

blissful *adj.* سَعيدٌ؛ فَرِحٌ

blister *n.* دُمَّلٌ؛ بَثْرَةٌ؛ نَفْطَةٌ؛ عَرْفَةٌ

blithe *adj.* طافِحٌ (بالسَّعادَةِ). طائِشٌ. مُهْمِلٌ

blithesome *adj.* مَغْبوطٌ أو مَرِحٌ (أَدَبِيًّا)

blitz *n.* قَصْفٌ جَوِّيٌّ عَنيفٌ ومُتَواصِلٌ

blizzard *n.* عاصِفَةٌ هَوجاءُ مَصْحوبَةٌ بالثُّلوجِ

bloat *vt.; i.* يَنْفُخُ (خَدَّيْهِ)؛ يُوَرِّمُ / يَنْتَفِخُ

bloc *n.* كُتْلَةٌ أو جَبْهَةٌ (أَحْزابٍ، بُلْدانٍ)

block *n.; vt.* لَوحٌ (خَشَبٍ، حَجَرٍ). خَشَبَةُ (الجَزّارِ). مُكَعَّبٌ (في لُعْبَةٍ للأَطْفالِ). شَخْصٌ بَليدُ الذِّهْنِ. مُجَمَّعٌ (بناياتٍ، مَكاتِبَ). قالَبٌ. عَرْقَلَةٌ. دَفْتَرٌ (مُلاحَظاتٍ) // يُشَكِّلُ (لَوْحًا). يُقَولِبُ. يُعَرْقِلُ. يَسُدُّ (طَريقًا). يُحَظِّرُ (التَّعامُلَ بالنَّقْدِ). يُخَدِّرُ (عُضْوًا)

blockade *n.; vt.* حِصارٌ بَحْرِيٌّ. مَنْعُ الدُّخولِ أو التَّقَدُّمِ // يُحاصِرُ

عالٍ

blarney *n.; vt.* تَمَلُّقٌ // يَتَمَلَّقُ

blaspheme *vt.; i.* يَكْفُرُ (بالنِّعْمَةِ)؛ يُجَدِّفُ عَلى اللهِ أو بالأَشْياءِ المُقَدَّسَةِ / يَشْتُمُ؛ يَلْعَنُ؛ يُجَدِّفُ

blasphemy *n.* كُفْرٌ؛ جُحْدٌ؛ تَجْديفٌ (بالكَلامِ)

blast *n.; vt.* إنْفِجارٌ. ريحٌ صاعِقَةٌ. صَوْتٌ حادٌّ // يُدَمِّرُ. يُفَجِّرُ. يُفْسِدُ (الخِطَطَ). يُذْبِلُ. يَنْتَقِدُ بِشِدَّةٍ

at full — إلى أقصى حَدٍّ

blast furnace *n.* أَتونُ الصَّهْرِ؛ مِصْهَرُ حَديدٍ

blatant *adj.* فاضِحٌ (كَذِبٌ). فَظٌّ. صاخِبٌ

blaze *n.; vi.; t.* نارٌ مُلْتَهِبَةٌ. نورٌ ساطِعٌ. تَفَجُّرُ (عاطِفَةٍ). بَريقٌ. عَلامَةٌ بَيْضاءُ في وَجْهِ الجَوادِ // يَشْتَعِلُ؛ يَلْتَهِبُ. يَسْطَعُ. يَثورُ (غَضَبًا) / يَنْشُرُ خَبَرًا

blazer *n.* جاكيت خَفيفَةٌ مُقَلَّمَةٌ رِياضِيَّةٌ

blazon *n.* شارَةٌ أو شِعارُ النَّبالَةِ أو الإمْتِيازِ

bleach *vt.* يُبَيِّضُ (بالتَّعْريضِ لِلشَّمْسِ)

bleachers *n.pl.* مُدَرَّجٌ مَكْشوفٌ

bleak *adj.* قاحِلٌ. بارِدٌ. كَئيبٌ

bleary *adj.* أَعْمَشُ. غَيْرُ واضِحٍ. مُنْهَكٌ

bleat *vi.; n.* يَثْغو (الغَنَمُ). يَنْتَحِبُ // ثُغاءٌ

bleed *vt.; i. irr.* يَسْتَنْزِفُ دَمَ (خَروفٍ). يَخْتَلِسُ (مالاً). يُفْرِغُ مِنَ (السّائِلِ) / يَنْزِفُ. يَتَحَلَّبُ أو يَنْضَحُ

one's heart —s يَقْطُرُ قَلْبُهُ دَمًا

bleeding *n.* نَزْفُ الدَمِ ؛ نَزيفٌ

blemish *n.; vt.* خَلَلٌ؛ نَقْصٌ. عِلَّةٌ. بُقْعَةٌ // يُلَطِّخُ. يُفْسِدُ (الكَمالَ). يُعيبُ

blend *vt.; i. irr.; n.* يَمْزُجُ؛ يَخْلِطُ / يَنْسَجِمُ. يَنْصَهِرُ أو يَتآلَفُ (الأَلْوانُ) // مَزيجٌ؛ خَليطٌ. مَزْجٌ

bless *vt. irr.* يُبارِكُ. يُسَبِّحُ؛ يُمَجِّدُ. يَعْبُدُ. يَمْنَحُ (السَّعادَةَ). يَحْمي؛ يَصونُ

blessing *n.* تَبْريكُ (الماءِ). صَلاةُ شُكْرٍ. بَرَكَةٌ؛

blockhead *n.* شَخْصٌ بَليدُ الذِّهْنِ أو مُغَفَّلٌ

blond; blonde *adj. & n.* أَشْقَرُ

blood *n.* دَمٌ. قَرابَةٌ. أَصْلٌ. مِزاجٌ

in one's — طَبيعيٌّ أو مَوْروثٌ (ميزَةٌ)

in cold — بِوَحْشِيَّةٍ. بِبُرودَةِ أَعْصابٍ

blood bank *n.* بَنْكُ الدَّمِ

blood feud *n.* عِداءٌ دَمَويٌّ (بَيْنَ عائِلاتٍ)

blood group *or* **blood type** *n.* فِئَةُ الدَمِ

bloodhound *n.* كَلْبٌ بوليسيٌّ لِلمُطارَدَةِ

bloodletting *n.* فَصْدُ الدَمِ

blood pressure *n.* ضَغْطُ الدَّمِ

bloodshed *n.* إراقَةُ أو سَفْكُ الدِّماءِ

bloodshot *adj.* مُلْتَهِبٌ (بَياضُ العَيْنِ)

bloodsucker *n.* مَصّاصُ الدِّماءِ. مُبْتَزٌّ؛ مُخْتَلِسٌ

bloodthirsty *adj.* مُجْرِمٌ؛ سَفّاحٌ

blood vessel *n.* وَريدٌ؛ عِرْقٌ؛ شِرْيانٌ

bloody *adj.* مُضَرَّجٌ بِالدَمِ. دَمَويٌّ. وَحْشيٌّ

bloom *n.; vi.* زَهْرَةٌ. رَيْعانُ (الشَّبابِ). تَوَرُّدُ الوَجْنَتَيْنِ // يُزْهِرُ. يَنْمو. يَفيضُ حَيَوِيَّةً

blooming *n.* إزْهِرارُ الأَشْجارِ المُثْمِرَةِ

blossom *n.; vi.* زَهْرَةٌ. فَتْرَةُ الإزْهارِ // يُزْهِرُ. يَنْمو

blot *n.; vi.; t.* بُقْعَةُ (طِلاءٍ). لَطْخَةٌ. وَصْمَةُ (عارٍ) // يَتَفَشّى. يَمْتَصُّ (الحِبْرَ) / يُعيبُ. يُنَشِّفُ (الحِبْرَ). يُخْفي. يَمْحي. يُظْلِمُ. يُبيدُ

blotch *n.; vt.* لَطْخَةٌ أو بُقْعَةُ (حِبْرٍ) // يُبَقِّعُ أو يُوَسِّخُ (بِالحِبْرِ)

blotchy *adj.* مُوَسَّخٌ أو مُلَطَّخٌ (بالحِبْرِ)

blotter *n.* دَفْتَرٌ يَحْتَوي وَرَقًا نَشّافًا

blotting paper *n.* وَرَقُ النَّشّافِ

blouse *n.* بلوزَةٌ: قَميصٌ نِصْفيٌّ (لِلنِّساءِ)

blow *vi.; t. irr.; n.* يَهُبُّ. يَمْلأُ بِالهَواءِ. يَلْهَثُ. يَصْفِرُ. يَنْفَجِرُ. يُزْهِرُ (الشَّجَرُ) / يَنْفُخُ (النّارَ). يَنْفُخُ في (البوقِ). يُفَجِّرُ. يَمْخُطُ // هَبَّةُ (ريحٍ). نَفْخٌ. إزْهِرارٌ. ضَرْبَةٌ. نَكْسَةٌ

— in *or* into يَدْخُلُ أو يَصِلُ فَجْأَةً

come to —s يَتَعارَكُ؛ يَتَقاتَلُ

blower *n.* مِرْوَحَةٌ. مِكْبَسٌ؛ ضاغِطٌ

blubber *vi.; n.* يَنْتَحِبُ؛ يَجْهَشُ بِالبُكاءِ // نَحيبٌ مُتَواصِلٌ. شَحْمُ الحوتِ

bludgeon *n.* هِراوَةٌ

blue *n. & adj.* أَزْرَقُ

out of the — بِشَكْلٍ فُجائيٍّ

into the — في المَجْهولِ

bluff *vt.; n.* يُضَلِّلُ؛ يُمَوِّهُ؛ يَخْدَعُ؛ يَبْلُفُ // تَضْليلٌ؛ تَمْويهٌ. خِدْعَةٌ. بْلُفٌ

bluish; blueish *adj.* ضارِبٌ إلى الزُّرْقَةِ

blunder *n.; vi.* خَطأٌ فاحِشٌ. مُلاحَظَةٌ فَظَّةٌ // يَرْتَكِبُ خَطأً جَسيمًا. يُعْطي مُلاحَظَةً فَظَّةً

blunderbuss *n.* طَبَنْجَةٌ: سِلاحٌ فَرْديٌّ قَديمٌ

blunt *adj.; vt.* مَثْلومٌ أو غَيْرُ حادٍّ (سِكّينٌ). فَظٌّ أو غَليظُ (السُّلوكِ). صَريحٌ. بَسيطٌ // يُثَلِّمُ

blur *vt.; i.; n.* يُغَشّي (العَيْنَ). يُلَوِّثُ؛ يُلَطِّخُ / يُصْبِحُ ضَبابيًّا أو غَيرَ واضِحٍ // شَيْءٌ مُبْهَمٌ. لَطْخَةٌ

blurt *vt.* يَهْذُرُ. يَنْطِقُ بِلا تَبَصُّرٍ

blush *vi.; n.* يَحْمَرُّ (خَجَلاً، حَياءً). يَتَوَرَّدُ // إحْمِرارُ (الوَجْنَتَيْنِ). تَوَرُّدُ (الإجّاصَةِ)

at first — لِلوَهْلَةِ الأولى

bluster *vi.; t.; n.* يُفاخِرُ. يُضايِقُ. يُلْزِمُ / يَتَبَجَّحُ؛ يَضِجُّ. تَعْصِفُ (الرّيحُ) // تَبَجُّحٌ. تَهْديداتٌ (فارِغَةٌ). إعْصارٌ

boa *n.* بُواءٌ: ثُعْبانٌ مَلَكيٌّ. شالُ (امْرأةٍ)

boar *n.* خِنْزيرٌ ذَكَرٌ (غَيْرُ مَخْصيٍّ)

wild — خِنْزِيرٌ بَرِّيٌّ

board *n.; vt.; i.* لَوْحٌ. لافِتَةٌ. طاوِلَةٌ. مَجْلِسُ (الأُمَناءِ). رُقْعَةُ الشِطْرَنْج. جانِبُ السَفينَةِ // يَرْكَبُ (سَفينَةً). يُخَشِّبُ (أَرْضِيَّةً). يُطْعِمُ (طِفْلاً) / يَحْصُلُ عَلى المَأْكَلِ وَالمَسْكَنِ بِأَجْرٍ

— and lodging المَأْكَلُ والمَسْكَنُ

full — كامِلُ وَجْباتِ الطَّعامِ

go by the — يُخْفِقُ تَمامًا. يُهْمَلُ

on — عَلى مَتْنِ (سفينَةٍ، طائِرَةٍ)

boarder *n.* تِلْميذٌ داخِلِيٌّ. نَزيلٌ بِأُجْرَةٍ

boarding *n.* أَرْضِيَّةٌ خَشَبِيَّةٌ. رُكوبُ (طائِرَةٍ)

boarding house *n.* نُزُلٌ أو فُنْدُقٌ لِلعائِلاتِ

boarding school *n.* مَدْرَسَةٌ داخِلِيَّةٌ

boast *vt.; i.; n.* يَفْشُرُ؛ يَتَبَجَّحُ؛ يَتَباهى؛ يَدَّعي / يُفاخِرُ بِـ. يَعْتَزُّ بِـ // مُفاخَرَةٌ؛ إعْتِزازٌ. تَبَجُّحٌ

boastful *adj.* نَزّاعٌ إلى المُفاخَرَةِ أوِ المُباهاةِ

boat *n.; vt.; i.* مَرْكَبٌ؛ زَوْرَقٌ؛ سَفينَةٌ صَغيرَةٌ // يَنْقُلُ بِالمَرْكَبِ / يَرْكَبُ قارِبًا

in the same — يُواجِهُ المَخاطِرَ نَفْسَها

boatman *n.* نوتِيٌّ؛ بَحّارٌ

boatswain *or* **bosun** *n.* مَسْؤولُ الصِّيانَةِ في سَفينَةٍ

bob *vi.; t.; n.* يَهْتَزُّ. يَنْحَني. يَظْهَرُ فَجْأَةً. يَخْتَفي فَجْأَةً / يُقَصِّرُ (ذَيْلَ حَيَوانٍ). يَهُزُّ أو يُهَزْهِزُ (شَجَرَةً). يَقْرَعُ // هَزَّةُ (رَأْسٍ). إنْحِناءَةٌ. قَصَّةُ شَعْرٍ قَصيرَةٌ ومُسْتَديرَةٌ. ثَقّالَةُ (ساعَةٍ). ضَرْبَةٌ خَفيفَةٌ

bobbin *n.* مَكّوكٌ. بَكَرَةٌ. مِكَبٌّ

bode *vi.* يُنْذِرُ (بِالشَّرِّ). يُبَشِّرُ (بِالخَيْرِ)

bodice *n.* صَدْرِيَّةُ فُسْتانٍ. مِشَدٌّ

bodiless *adj.* لاجَسَدِيٌّ؛ لامادِّيٌّ

bodily *adj.* جِسْمانِيٌّ؛ جَسَدِيٌّ؛ مادِّيٌّ

bodkin *n.* مِخْرَزُ القُماشِ. دَبّوسُ شَعْرٍ

body *n.* جِسْمٌ. جُثَّةٌ. الجُزْءُ الأَساسِيُّ. هَيْكَلُ (السَيّارَةِ). مُعْظَمُ الجَيْشِ. مَجْموعَةُ طُلّابٍ

bodyguard *n.* حَرَسٌ لِحِمايَةِ شَخْصِيَّةٍ بارِزَةٍ

bodywork *n.* الهَيكَلُ الخارِجِيُّ لِلسَّيّارَةِ

boffin *n.* عالِمٌ في البُحوثِ العَسْكَرِيَّةِ

bog *n.* مُسْتَنْقَعٌ موحِلٌ. عائِقٌ (أَمامَ التَقَدُّمِ)

bogey; bogy *n.* روحٌ شِرّيرَةٌ. شَيْءٌ مُزْعِجٌ

bogeyman *n.* شَخْصِيَّةٌ لِتَهْويلِ الأَطْفالِ

boggle *vi.* يَتَعَجَّبُ. يَرْتَبِكُ. يَرْتَعِبُ. يَتَرَدَّدُ

boggy *adj.* مُسْتَنْقَعِيٌّ؛ موحِلٌ

bogie; bogy *n.* عَرَبَةُ قِطارٍ حَديدِيٍّ مَكْشوفَةٌ

bogus *adj.* مُزَيَّفٌ (لَوْحَةٌ)؛ مُقَلَّدٌ (عُمْلَةٌ)

boil *vi.; t.; n.* يَغْلي. يَهْتاجُ. يَغْتاظُ / يَغْلي (الماءَ). يَسْلُقُ (البَيْضَ) // غَلَيانٌ؛ فَورانٌ. دُمَّلٌ

boiler *n.* غَلّايَةٌ؛ مِرْجَلٌ

boiling *adj. & adv.* حارٌّ جِدًّا (نَهارٌ)

boisterous *adj.* مُضِجٌّ؛ صاخِبٌ. عاصِفٌ

bold *adj.* باسِلٌ. جَريءٌ (خِطَّةٌ). وَقِحٌ (نَظْرَةٌ). ناتِئٌ (نَحْتٌ). وَعِرٌ (صَخْرَةٌ). خَلّاقٌ (فِكْرٌ)

bole *n.* جِذْعُ شَجَرَةٍ. طينٌ أَحْمَرُ

bolero *n.* رَقْصَةٌ إسْبانِيَّةٌ أو موسيقاها. سِتْرَةٌ قَصيرَةٌ حَتّى الخَصْرِ

Bolivian *adj. & n.* بوليفِيٌّ

Bolshevik *n.* شُيوعِيٌّ روسِيٌّ. ثائِرٌ؛ مُتَطَرِّفٌ

bolster *vt.; n.* يُؤَيِّدُ. يُقَوّي (المَعْنَوِيّاتِ). يَسْنُدُ (بِمِخَدَّةٍ). يُبَطِّنُ (ثَوْبًا) // مِسْنَدٌ طَويلٌ. بِطانَةُ (ثَوْبٍ)

bolt *n.; vt.; i.* مِزْلاجٌ. لِسانُ قُفْلٍ. مِخْرَزَةٌ. بَرْقٌ. حَرَكَةٌ مُفاجِئَةٌ. حَدَثٌ مُفاجِئٌ. سَهْمٌ. لَفَّةٌ // يُقْفِلُ. يَلْتَهِمُ (الطَّعامَ). يَلُفُّ (القُماشَ). يَنْخُلُ (طَحينًا) / يَثِبُ عَنْ (كُرْسِيٍّ). يَجْمَحُ (الحِصانُ)

bomb *n.; vt.* قُنْبُلَةٌ. مُتَفَجِّرَةٌ. فَشَلٌ ذَريعٌ // يَقْصِفُ (مَدينَةً). يَنْدَفِعُ بِسُرْعَةٍ
like a — بِسُرْعَةٍ أو بِنَجاحٍ هائِلٍ
bombard *vt.* يَقْصِفُ (مَدينَةً). يوسِعُهُ ضَرْبًا
bombast *n.* لُغَةٌ رَنّانَةٌ أو طَنّانَةٌ
bombastic(al) *adj.* رَنّانَةٌ أو طَنّانَةٌ (لُغَةٌ)
bomber *n.* طائِرَةٌ حَرْبيَّةٌ قاذِفَةٌ لِلقَنابِلِ
bombshell *n.* قُنْبُلَةٌ. مُفاجَأَةٌ غَيرُ سارَّةٍ
bona fide *adj.* أَصْلِيَّةٌ (مَخْطوطَةٌ). عَنْ حُسْنِ نِيَّةٍ
bonanza *n.* نِعْمَةٌ. مَنْجَمُ ذَهَبٍ مُزْدَهِرٌ
bonbon *n.* حَلْوى؛ سَكاكِرُ؛ «مُلَبَّسٌ» عَلى أَنْواعِهِ
bond *n.; vt.* وِثاقٌ. رَوابِطُ (صَداقَةٍ). قَيْدٌ. واجِبٌ. تَعَهُّدٌ؛ إِرْتِباطٌ. سَنَدُ (خَزينَةٍ) // يوثِقُ؛ يوصِلُ. يودِعُ في مُسْتَوْدَعِ جُمْرُكٍ (بَضائِعَ). يَرْهَنُ
in —s مُكَبَّلٌ؛ موثَقٌ بِالأَغْلالِ
bondage *n.* رِقٌّ؛ عُبوديَّةٌ. إِسْتِعْبادٌ؛ إِسْتِرْقاقٌ
bondholder *n.* حامِلُ السَّنَدِ
bond(s)man *n.* ضامِنٌ؛ كَفيلٌ. عَبْدٌ؛ رَقيقٌ
bone *n.; vt.* عَظْمٌ. حَسَكَةٌ. عاجُ (الأَسْنانِ) // يُجَرِّدُ مِنَ العَظْمِ أَوِ الحَسَكِ
bonfire *n.* شُعْلَةٌ كَبيرَةٌ في الخَلاءِ
bonnet *n.* قَلَنْسُوَةٌ. غِطاءُ (السَّيّارَةِ الأَماميُّ)
bonny *adj.* مَرِحٌ. جَميلٌ (بَيْتٌ). سَمينٌ (طِفْلٌ)
bonus *n.* مِنْحَةٌ أو عِلاوَةٌ أو مُكافَأَةٌ إِضافيَّةٌ
bony; boney *adj.* عَظْميٌّ. كَثيرُ العِظامِ. نَحيلٌ
booby *n.* مُغَفَّلٌ؛ غَبيٌّ. اللاعِبُ الخاسِرُ
boodle *n.* رَشْوَةٌ
book *n.; vt.* كِتابٌ. مُجَلَّدٌ. سِجِلٌّ. دَليلٌ. مَخْطوطَةُ (مَسْرَحيَّةٍ) // يَحْجُزُ (تَذْكِرَةً، مَقْعَدًا). يُسَجِّلُ
an open — سَهْلُ الفَهْمِ
a closed — صَعْبُ الفَهْمِ
close the —s يُرَصِّدُ الحِسابَ
—ed جَميعُ المَقاعِدِ أَوِ المَواعيدِ مَحْجوزَةٌ
bookbinder *n.* مُجَلِّدُ الكُتُبِ
bookcase *n.* خِزانَةُ الكُتُبِ
bookish *adj.* مولَعٌ بِالمُطالَعَةِ. عِلْميٌّ؛ نَظَريٌّ
bookkeeper *n.* ماسِكُ دَفاتِرِ الحِسابِ
bookkeeping *n.* مَسْكُ الدَّفاتِرِ الحِسابيَّةِ لِشَرِكَةٍ
booklet *n.* كُتَيِّبٌ أو نَشْرَةٌ أو كُرّاسَةٌ لِلدِّعايَةِ
bookseller *n.* بائِعُ الكُتُبِ؛ صاحِبُ مَكْتَبَةٍ
bookshelf *n.* رَفُّ كُتُبٍ
bookshop *or* **bookstore** *n.* مَخْزَنٌ لِبَيْعِ الكُتُبِ
bookstall *n.* كِشْكٌ لِبَيْعِ الكُتُبِ
boom *vi.; n.* يُدَوّي أو يَهْدُرُ (رَعْدٌ، إِنْفِجارٌ). يَزْدَهِرُ (تِجارَةٌ) // دَويٌّ؛ هَديرٌ. إِزْدِهارٌ
boon *n.; adj.* يُمْنٌ. نِعْمَةٌ. فائِدَةٌ كَبيرَةٌ // حَميمٌ أو خاصٌّ أو عَزيزٌ (صَديقٌ)
boor *n.* شَخْصٌ فَظٌّ أو جامِدُ الشُّعورِ
boorish *adj.* فَظٌّ؛ جامِدُ الشُّعورِ. جِلْفٌ
boost *n.; vt.* تَشْجيعٌ؛ رَفْعُ المَعْنَويّاتِ. دَفْعٌ إِلى أَعْلى. زِيادَةٌ (في الرّاتِبِ) // يُشَجِّعُ؛ يَرْفَعُ المَعْنَويّاتِ. يَدْفَعُ إِلى أَعْلى. يَزيدُ (المَبيعاتِ)
booster *n.* المُشَجِّعُ؛ المُساعِدُ؛ المُقَوّي
boot *n.* حِذاءٌ عالٍ؛ جَزْمَةٌ. صُنْدوقُ السَّيّارَةِ. رَفْسَةٌ؛ رَكْلَةٌ
lick the —s of يَتَذَلَّلُ لِـ؛ يَتَمَلَّقُ
too big for one's —s مَغْرورٌ
booth *n.* مِنَصَّةُ عَرْضٍ (في سوقٍ). كِشْكٌ
bootleg *n.* مُهَرِّبٌ أو تاجِرُ سِلَعٍ مَحْظورَةٍ
bootless *adj.* باطِلٌ؛ غَيْرُ نافِعٍ
booty *n.* غَنائِمُ
booze *n.* مَشْروبٌ كُحوليٌّ. حَفْلَةُ سُكْرٍ

bop *n.* موسيقى جازٍ مِنَ الأَرْبَعينات

borax *n.* بَوْرَقٌ؛ مِلْحُ الصّاغَةِ

border *n.; vt.; i.* حافَّةٌ. حُدودٌ. طَرَفٌ؛ كَنارٌ // يُزَيِّنُ بِكَنارٍ / يُجاوِرُ. يَحُدُّ. يَقْتَرِبُ مِنْ. يُتاخِمُ

borderland *n.* تُخْمٌ. مِنْطَقَةُ حُدودٍ

borderline *n.* الحَدُّ الفاصِلُ. نُقْطَةُ تَماسٍّ

bore *vt.; n.* يَثْقُبُ. يَحْفِرُ. يُضايِقُ. يُنْهِكُ // حُفْرَةٌ. نَفَقٌ. قُطْرُ (الحُفْرَةِ). جَوْفُ (الماسورَةِ). شَخْصٌ أو شَيْءٌ مُمِلٌّ أو مُزْعِجٌ

boredom *n.* ضَجَرٌ؛ مَلَلٌ؛ سَأَمٌ

borrow *vt.* يَسْتَعيرُ؛ يَقْتَرِضُ. يَقْتَبِسُ (أَفْكارًا)

bosh *n.* رأْيٌ أو كَلامٌ فارِغٌ. هُراءٌ

bosom *n.; vt.* صَدْرُ (المَرأةِ، الثَّوْبِ). قَلْبُ أو حامي (العائِلَةِ). عَزيزٌ؛ حَميمٌ // يَضُمُّ أو يَحْمِلُ في صَدْرِهِ. يُعانِقُ

boss *n.; vt.* الرَّئيسُ. المُديرُ. المَسْؤولُ. المُناظِرُ // يُديرُ. يُناظِرُ. يُسَيْطِرُ؛ يُهَيْمِنُ

botanic(al) *adj.* مُخْتَصٌّ بِعِلْمِ النَّباتِ

botanist *n.* عالِمٌ في دِراسَةِ النَّباتِ

botany *n.* عِلْمُ النَّباتِ (مِنْ كُلِّ جَوانِبِهِ)

botch *vt.* يُفْسِدُ (مِنْ قِلَّةِ المَهارَةِ). يُرَمِّمُ أو يُرَقِّعُ بِطَريقَةٍ سَيِّئَةٍ

both *adj. & pron.; conj.* كِلا؛ هذا وذاكَ // مَعًا؛ سَوِيَّةً؛ على حَدٍّ سَواءٍ

bother *vt.; i.; n.* يُضايِقُ. يُؤْلِمُ. يُقْلِقُ. يُرْعِبُ / يَهْتَمُّ بِـ. يَعْتَني بِـ. يُجْهِدُ نَفْسَهُ // قَلَقٌ؛ إرْباكٌ. شَخْصٌ (أو شَيْءٌ) مُزْعِجٌ أو مُقْلِقٌ. إزْعاجٌ. عِراكٌ

bottle *n.; vt.* قِنّينَةٌ؛ زُجاجَةٌ // يُعَبِّئُ القِنّينَةَ

bottom *n.* أَسْفَلُ؛ قَعْرٌ. أَدْنى مَرْتَبَةٍ. كَفَلٌ

at — في الواقِعِ

bottomless *adj.* لا قَعْرَ لَهُ. عَميقٌ جِدًّا

boudoir *n.* خِدْرُ المَرْأَةِ أو مَقْصورَتُها أو مَخْدَعُها

bough *n.* غُصْنٌ أو فَرْعُ شَجَرَةٍ

boulder *n.* جُلْمودٌ؛ صَخْرٌ

boulevard *n.* جادَّةٌ عَريضَةٌ مُشَجَّرَةٌ

bounce *vi.; t.; n.* يَرْتَدُّ (كالطّابَةِ). يَثِبُ باضْطِرابٍ (مِنْ كُرْسيٍّ). يَقْفِزُ (فَجْأَةً) / يَجْعَلُ الطّابَةَ تَرْتَدُّ // قَفْزَةٌ. إرْتِدادٌ. حَيَوِيَّةٌ. صَلابَةٌ

bouncer *n.* المُدَّعي؛ المُتَبَجِّحُ

bound *adj.; vi.; t.; n.* مُقَيَّدٌ. مَحْصورٌ. مَحْتومٌ. مُجْبَرٌ على. مُجَلَّدٌ. مُوَجَّهٌ نَحْوَ // يَتَقَدَّمُ (قَفْزًا). يَرْتَدُّ. يُشَكِّلُ (تَماسًّا) / يَحُدُّ مِن. يَضَعُ قُيودًا على // وَثْبَةٌ الى الأمامِ

boundary *n.* حُدودٌ. تُخومٌ. تَماسٌّ

bounden *adj.* إلْزاميٌّ. مُلْزَمٌ. ضَروريٌّ

boundless *adj.* لا حَدَّ لَهُ (طاقَةٌ)

bounteous *adj.* جَوادٌ؛ وافِرٌ

bountiful *adj.* كَثيرٌ؛ وافِرٌ. كَريمٌ؛ سَخيٌّ

bounty *n.* كَرَمٌ. هِبَةٌ سَخِيَّةٌ. مِنْحَةٌ. مُكافَأَةٌ

bouquet *n.* باقَةُ زُهورٍ. رائِحَةُ النَّبيذِ. مَدْحٌ

bourgeois *n.* شَخْصٌ مِنَ الطَّبَقَةِ الوُسْطى

bourgeoisie *n.* البورجْوازِيَّةُ. نِظامُ الرَأْسُمالِيَّةِ

bout *n.* نَوبَةُ (سُكْرٍ). مُباراةٌ (في المُلاكَمَةِ)

bovine *adj.* مُخْتَصٌّ بالماشِيَةِ. شَخْصٌ بَليدٌ

bow *vi.; t.; n.* يَنْحَني. يَلْتَوي. يُذْعِنُ؛ يُطيعُ / يَحْني. يَلْوي. يُواكِبُ (باحْتِرامٍ). يُخْضِعُ؛ يُذِلُّ // إنْحِناءَةُ (احْتِرامٍ). قَوسٌ. شَريطٌ لِلزّينَةِ. قَوسُ (قُزَحٍ). حاجِبُ (العَيْنِ). مُقَدَّمَةُ السَّفينَةِ

bowels *n.pl.* الأَمْعاءُ. الأَحْشاءُ. جَوْفٌ؛ باطِنٌ

bower *n.* مِظَلَّةٌ شَجَرِيَّةٌ. كوخٌ ريفِيٌّ

bowl *n.; vi.* طاسَةٌ؛ كاسَةٌ. جَوْفُ (المِلْعَقَةِ). كُرَةٌ خَشَبِيَّةٌ // يَتَدَحْرَجُ. يَنْسابُ بِسُرْعَةٍ وسُهولَةٍ. يَلْعَبُ

البولنْغ

bowlegged *adj.* مُقوَّسُ السّاقَين

bowling *n.* ألْبولنْغ : لُعْبَةٌ بالكُراتِ الخَشَبيَّةِ

bowman *n.* نَبّالٌ. مُجذِّفٌ أماميٌّ

bow tie *n.* رَبْطَةُ عُنُقٍ بِشَكْلِ فَراشَةٍ

box *n.; vt.* صُنْدوقٌ. عُلْبَةٌ. مَقْصورَةٌ (في مَسْرَحٍ أو مَحْكَمَةٍ). كُشْكٌ. لَكْمَةٌ // يَضَعُ في صُنْدوقٍ؛ يُعَلِّبُ. يَلْكُمُ؛ يُلاكِمُ

boxer *n.* المُلاكِمُ. نَوْعٌ من الكِلابِ

boxing *n.* المُلاكَمَةُ. الصَنْدَقَةُ

box office *n.* شُبّاكُ بَيعِ التَّذاكِرِ

boy *n.* وَلَدٌ؛ غُلامٌ؛ فَتًى. خادِمٌ

boycott *n.; vt.* مُقاطَعَةٌ أو حَظْرٌ // يُقاطِعُ

boyfriend *n.* رَفيقٌ حَميمٌ (لِفَتاةٍ، لامْرأةٍ)

boyhood *n.* مَرْحَلَةُ الصِّبا

boyish *adj.* صِبْيانيٌّ (الهَيْئَةِ، السُّلوكِ، المِزاجِ)

boy scout *n.* الكَشّافُ

brace *n.; vt.* أداةُ ثَقْبٍ. مِشَدٌّ. رِباطٌ. سَنَدٌ. دِعامَةٌ. عَلامَةُ حَصْرٍ { }. زَوْجٌ (طَيْرٍ) // يُقَوّي؛ يوثِقُ؛ يَسْنُدُ؛ يَشُدُّ

braces *n.pl.* حَمّالَةُ البَنْطَلونِ

bracelet *n.* سِوارٌ (لِلمِعْصَمِ، لِلذِّراعِ) لِلزّينَةِ

bracket *n.; vt.* دِعامَةٌ (حائِطٍ، رَفٍّ). أداةُ حَصْرٍ [ ]. فِئَةٌ أو جَماعَةٌ (مِنَ النّاسِ) // يُدَعِّمُ؛ يُثَبِّتُ. يَضَعُ بين هِلالَيْنِ. يُصَنِّفُ

brackish *adj.* قَليلُ المِلْحِ (ماءٌ)

brag *vi.* يُفَشِّرُ؛ يَتَبَجَّحُ؛ يَتَباهى؛ يَتَفاخَرُ

braggart *n.* فَشّارٌ؛ مُتَبَجِّحٌ؛ مُتَباهٍ؛ مُتَفاخِرٌ

braid *vt.; n.* يَضْفِرُ؛ يَجْدِلُ. يَلُفُّ الشَّعَرَ بِعُصابَةٍ. يُزَيِّنُ (الثَّوبَ) بِكَنارٍ // ضَفيرَةٌ أو جَديلَةٌ (شَعَرٍ)

braille *n.* أَبْجَدِيَّةٌ نافِرَةٌ لِلعُميانِ

brain *n.* دِماغٌ؛ مُخٌّ. حِذْقٌ. ذَكاءٌ

brainless *adj.* مُغَفَّلٌ؛ غَبيٌّ؛ بِلا عَقْلٍ

brainy *adj.* ذَكيٌّ؛ فَطِنٌ. ماهِرٌ. حاذِقٌ

braise *vt.* يَطْبُخُ أو يُدَمِّسُ (طَعامًا) بِبُطْءٍ

brake *n.; vt.* مِكْبَحُ (السَّيّارَةِ). آلَةٌ لِلهَرْسِ. دَغَلٌ؛ سَرْخَسٌ // يَضْغَطُ على الفَرامِلِ. يَهْرُسُ

bramble *n.* عَوْسَجٌ؛ عُلَّيْقٌ. وَرْدٌ بَرِّيٌّ

bran *n.* نُخالَةٌ

branch *n.; vi.* غُصْنٌ (شَجَرَةٍ). فَرْعٌ (قَرْنٍ، شَرِكَةٍ). حَقْلٌ (دِراسَةٍ) // يَتَفَرَّعُ أو يَتَشَعَّبُ (شَجَرَةٌ، طَريقٌ)

brand *n.; vt.* صِنْفٌ (سِلْعَةٍ). مارْكَةٌ أو عَلامَةٌ مُمَيِّزَةٌ. وَصْمَةٌ (عارٍ). جُذْوَةٌ. مِيْسَمٌ. سِمَةٌ // يَسِمُ بِالنّارِ. يُصَنِّفُ (بِعَلامَةٍ). يُرَسِّخُ (في الذِّهْنِ). يوصِمُ (بِالخِيانَةِ)

brandish *vt.* يُلَوِّحُ بِـ (سَيْفٍ، عَلَمٍ)

brand-new *adj.* جَديدٌ؛ قَشيبٌ؛ غَيْرُ مُسْتَعْمَلٍ

brandy *n.* براندي: نَوْعٌ مِنَ النَّبيذِ

brash *adj.* صاخِبٌ. مُتَهَوِّرٌ. صَفيقٌ. حُطامٌ

brass *n.* نُحاسٌ أَصْفَرُ. آنِيَةٌ نُحاسِيَّةٌ. مَجْموعَةُ آلاتِ النَّفْخِ الموسيقِيَّةِ. وَقاحَةٌ

brassiere *n.* صُدَيْرِيَّةٌ أو حَمّالَةُ الثَّدْيَيْنِ

brat *n.* وَلَدٌ (شَكِسٌ، قَذِرٌ)

bravado *n.* تَعَنْتُرٌ؛ تَظاهُرٌ بِالشَّجاعَةِ

brave *adj.; vt.* شُجاعٌ؛ جَسورٌ. بَديعٌ (مَنْظَرٌ) // يَتَجَرَّأُ. يَتَحَدّى؛ يُواجِهُ بِعَزْمٍ

bravery *n.* شَجاعَةٌ. جُرْأَةٌ؛ بَسالَةٌ؛ تَحَدٍّ

bravo *interj.* مَرْحى! (هُتافُ اسْتِحْسانٍ)

brawl *n.; vi.* عِراكٌ صاخِبٌ؛ مُشاحَنَةٌ صاخِبَةٌ // يَتَعارَكُ أو يَتَشاجَرُ بِصَخَبٍ

brawn *n.* عَضَلٌ مَفْتولٌ. قُوَّةٌ بَدَنِيَّةٌ

— through يَخْتَرِقُ. يَصِلُ إلى هَدَفِهِ بَعْدَ عَناءٍ
— up يَتفرَّقُ. يَتلاشى. يَنْفَضُّ (إجْتِماعٌ)
— of day بُزوغُ الفَجْرِ
breakable *adj.* سَهْلُ الكَسْرِ؛ سَريعُ الإنْكِسارِ
breakage *n.* تَكْسيرٌ. كَمِّيَّةُ الكَسْرِ. تَعْويضٌ عَنِ الأضْرارِ
breakdown *n.* عُطْلٌ (مُحَرِّكٍ). إنْهيارٌ (مَشْروعٍ)
breaker *n.* كَسّارَةٌ. لُجَّةٌ تَتَكَسَّرُ على الشّاطِئِ
breakfast *n.* فُطورٌ. وَجْبَةُ الفُطورِ
breakwater *n.* سَدٌّ لِحِمايَةِ مَرْفَإٍ مِنَ الأمْواجِ
breast *n.; vt.* صَدْرٌ. نَهْدٌ؛ ثَدْيٌ // يواجِهُ بِبَسالَةٍ. يُقاوِمُ بِصَدْرِهِ. يُصارِعُ
breast feeding *n.* رِضاعَةٌ (مِنَ الثَّدْيِ)
breastplate *n.* دِرْعُ (الصَّدْرِ). طَوْقُ السَّرْجِ
breath *n.* نَفَسٌ. تَنَفُّسٌ. نَسْمَةُ هَواءٍ. إسْتِراحَةٌ. فَتْرَةٌ قَصيرَةٌ. هَمْسَةٌ. حَيَوِيَّةٌ
catch one's — يَلْتَقِطُ أنْفاسَهُ
breathe *vi.; t.* يَتَنَفَّسُ. يَعيشُ. يَلْتَقِطُ أنْفاسَهُ / يَنْفُثُ (النّارَ). يَبْعَثُ (الثِّقَةَ في النَّفْسِ). يَهْمِسُ
— one's last يَلْفِظُ أنْفاسَهُ الأخيرَةَ
breathless *adj.* لاهِثٌ؛ مَقْطوعُ أو مَحْبوسُ الأنْفاسِ
breech *n.* مَقْعَدَةُ (الحَيَوانِ). مُؤَخَّرَةُ مُسَدَّسٍ
breeches *n.pl.* سِرْوالٌ لِرُكوبِ الخَيْلِ أو لِلتَّسَلُّقِ
breed *vt.; i. irr.; n.* يُنْجِبُ. يُرَبّي. يُزاوِجُ / يَنْمو. يَتزاوَجُ. يَتكاثَرُ؛ يَتزايَدُ // نَسْلٌ. صِنْفٌ
breeze *n.; vi.* نَسيمٌ // يُنَسِّمُ. يَسيرُ بِرَشاقَةٍ
breezy *adj.* مُنْعِشٌ؛ لَطيفٌ. مَرِحٌ. ناعِمٌ (حَديثٌ)
brethren *n.pl.* أُخْوَةٌ (في الدّينِ أوِ المُجْتَمَعِ)
breviary *n.* كُرّاسُ الكاهِنِ لِلصَّلَواتِ اليَوْمِيَّةِ
brevity *n.* ايجازٌ في التَّعْبيرِ. أَمَدٌ قَصيرٌ

brawny *adj.* مَفْتولُ العَضَلاتِ. قَوِيُّ البُنْيَةِ
bray *vi.; t.; n.* يَنْهَقُ (الحِمارُ) / يُحَبِّرُ (الطِّباعَةَ). يَطْحَنُ (بالهاوَنِ) // نَهيقُ (الحِمارِ). صَخَبٌ (كالنَّهيقِ)
brazen *adj.; vt.* صَفيقٌ. نُحاسيٌّ. لَهُ صَوْتُ البوقِ // يُواجِهُ وَيَتَغَلَّبُ بِصَفاقَةٍ
brazen-faced *adj.* وَقِحٌ؛ صَفيقٌ؛ قَليلُ الحَياءِ
brazier *n.* صانِعُ النُّحاسِ. كانونٌ؛ مَجْمَرَةٌ
Brazilian *adj. & n.* بَرازيليٌّ
breach *n.; vt.* شَقٌّ؛ كَسْرٌ؛ شَرْخٌ. تَعَدٍّ على (الحُقوقِ). نَكْثُ (الوَعْدِ). إنْفِصامُ (عَلاقَةٍ). تَكَسُّرُ (الأمْواجِ) // يَخْرُقُ (سَدًّا، قانونًا). يَنْكُثُ (وَعْدًا)
bread *n.* خُبْزٌ؛ عَيْشٌ. غِذاءٌ؛ طَعامٌ
bread crumb *n.* فُتاتُ خُبْزٍ
breadth *n.* عَرْضٌ. مِقياسُ الإتِّساعِ. مَدى؛ حَجْمٌ؛ مَساحَةٌ. حُرِّيَّةُ التَّعْبيرِ
bread winner *n.* كاسِبُ العَيْشِ؛ مُعيلُ العائِلَةِ
break *vt.; i. irr.; n.* يَكْسِرُ. يُخَرِّبُ. يَشُقُّ. يَقْطَعُ (رِحْلَةً). يُشَتِّتُ؛ يُفَرِّقُ. يُخِلُّ بِـ (الوَعْدِ). يَقْطَعُ العَلاقَةَ بِـ. يَكْشِفُ (مَعْلوماتٍ سِرِّيَّةً). يَقْمَعُ (إضْرابًا). يَخْرُقُ. يُحَطِّمُ (الرَّقْمَ القِياسيَّ). يُخَفِّفُ (ضَرْبَةً). يَفُكُّ (الرُّموزَ). يُفْلِسُ. يَقْطَعُ التَّيّارَ الكَهْرَبائيَّ / يَنْكَسِرُ. يَخْرَبُ. يَنْشَقُّ. يَتَوَقَّفُ. يَنْكَشِفُ (السِّرُّ). يَفِرُّ مِنَ (السِّجْنِ). يَبْزُغُ (الفَجْرُ). يَنْفَجِرُ (ضاحِكًا). يَتَحَطَّمُ (المَوْجُ). يَهْبِطُ (السِعْرُ) // كَسْرٌ. شَقٌّ. إسْتِراحَةٌ. إنْقِطاعُ (العَلاقاتِ الوِدِّيَّةِ). تَوَقُّفٌ فُجائيٌّ. إنْهيارُ أسْعارِ البورْصَةِ. إنْقِطاعُ التَّيّارِ الكَهْرَبائيِّ
— away يُغادِرُ بِسُرْعَةٍ؛ يَهْرُبُ
— down يَتَعَطَّلُ. يَسْتَسْلِمُ لِـ (الحُزْنِ). يَنْهارُ
— off يَقْطَعُ (حَبْلاً). يَضَعُ حَدًّا لِـ
— out يَنْشَأُ فَجْأَةً

brew *vt.* يُخَمِّرُ. يَغْلي (الشّاي). يَحيكُ (مؤامَرَةً)
brewery *n.* مَعْمَلُ البيرَةِ أو الجعَةِ
bribe *vt.; n.* يَرْشو؛ يُبَرْطِلُ // رَشْوَةٌ؛ بَرْطيلٌ
bribery *n.* إرْتِشاءٌ. إعْطاءُ رَشْوَةٍ
brick *n.* قِرْميدٌ؛ آجُرٌّ؛ قالِبُ طوبٍ
bridal *adj.* مُخْتَصٌّ بالعَروسِ أو بالزِفافِ
bride *n.* العَروسُ؛ العَروسَةُ
bridegroom *n.* العَريسُ؛ العَروسُ
bridesmaid *n.* شَبينَةُ أو إشْبينَةُ العَروسِ
bridge *n.; vt.* جِسْرٌ؛ قَنْطَرَةٌ. قَصَبَةُ الأَنْفِ. البريدج: لُعْبَةُ وَرَقٍ // يَمُدُّ جِسْرًا (فَوْقَ نَهْرٍ، مِنَ التَّفاهُمِ)
bridle *n.; vt.* لِجامٌ // يُلْجِمُ (الحِصانَ). يَكْبَحُ
brief *adj.; n.; vt.* قَصيرٌ. جافٌّ. مُقْتَضَبٌ (كَلامٌ) // مُلَخَّصٌ؛ موجَزٌ. مِلَفُّ دَعْوى // يوجِزُ. يُلَخِّصُ. يُوَكِّلُ مُحامِيًا
in — باخْتِصارٍ؛ بإيجازٍ
brier; briar *n.* عَوْسَجٌ؛ عُلَّيْقٌ
brig *n.* سَفينَةٌ شِراعِيَّةٌ ذاتُ صارِيَيْنِ
brigade *n.* لِواءٌ (مُشاةٍ). فِرْقَةٌ خاصَّةٌ
brigadier *n.* البريغادير: قائدُ لِواءٍ
brigand *n.* عُضْوُ عِصابَةِ سَرِقَةٍ. لِصٌّ
brigantine *n.* سَفينَةٌ ذاتُ شِراعَيْنِ
bright *adj.* ذَكِيٌّ. لامِعٌ. زاهٍ (لَوْنٌ). مُشْرِقٌ (مُسْتَقْبَلٌ). بَشوشٌ. مَجيدٌ. بَرّاقٌ. واضِحٌ. صافٍ
brighten *vt.; i.* يُلَمِّعُ. يُبْهِجُ؛ يُنْعِشُ؛ يُفْرِحُ / يَسْطَعُ؛ يُشْرِقُ
brilliance; -cy *n.* تَأَلُّقٌ. مَوْهِبَةٌ فَريدَةٌ. أُبَّهَةٌ
brilliant *adj.* مُشْرِقٌ. زاهٍ (لَوْنٌ). باهِرٌ (نَجاحٌ). فَخْمٌ. مُفْرِطُ (ذَكاءٌ)
brim *n.* حافَّةٌ؛ شَفيرٌ؛ طَرَفٌ؛ شَفَةٌ
brimful(l) *adj.* مَمْلوءٌ حَتّى الشَّفَةِ
brimstone *n.* كِبْريتٌ
brindled *adj.* مُقَلَّمٌ أو مُرَقَّطٌ (حَيَوانٌ)
brine *n.* ماءٌ مُمَلَّحٌ. البَحْرُ أو مِياهُهُ
bring *vt. irr.* يَجْلُبُ؛ يَأْتي بِـ. يَتَسَبَّبُ بِـ. يُعيدُ إلى (الذاكِرَةِ). يَضَعُ في (مأزِقٍ). يَحْمِلُ عَلى. يَرْفَعُ (دَعْوى)
— about يَتَسَبَّبُ بِـ؛ يُحْدِثُ
— down يُسْقِطُ؛ يُخَفِّضُ
— forth يُنْتِجُ؛ يُنْجِبُ
— forward يَطْرَحُ أو يُقَدِّمُ أو يَعْرِضُ (لِلمُناقَشَةِ)
— in يُغِلُّ. يُصْدِرُ أو يَرُدُّ (حُكْمًا)
— off يُحَقِّقُ هَدَفًا بَعْدَ عَناءٍ
— out يَنْشُرُ (كِتابًا). يَكْشِفُ؛ يُظْهِرُ
— up يُرَبّي؛ يُعَوِّدُ. يُثيرُ مَوْضوعًا
brink *n.* حافَّةٌ؛ شَفيرٌ. ذُرْوَةٌ؛ قِمَّةٌ
briny *adj.* مُمَلَّحٌ. كَماءِ البَحْرِ مُلوحَةً
brisk *adj.; vi.* رَشيقٌ. نَشِطٌ (تِجارَةٌ). مُنْعِشٌ // يُنْعِشُ. يُنَشِّطُ
bristle *n.; vi.* وَبَرٌ مُنْتَصِبٌ (كَشَعَرِ الخِنْزيرِ) // يَنْتَصِبُ (شَعَرٌ). يَغْتاظُ. يَكْتَظُّ بِالنَّشاطِ (عَمَلٌ)
bristly *adj.* خَشِنٌ وقاسٍ (شَعَرٌ)
Britannic *adj.* بَريطانِيٌّ
British *adj. & n.* بَريطانِيٌّ // اللُّغَةُ البَريطانِيَّةُ
brittle *adj.* سَهْلُ الانْكِسارِ؛ قَصِمٌ. فَظٌّ. خَشِنٌ
broach *vt.; n.* يَطْرَحُ. يَثْقُبُ. يَشُكُّ بِسيخِ الشَّيْءِ // مِثْقَبٌ؛ مِبْزَلٌ. سيخُ شَكٍّ. دَبّوسٌ أو مِشْبَكٌ
broad *adj.* عَريضٌ. واسِعٌ. عامٌّ. واضِحٌ؛ جَلِيٌّ. صَريحٌ. مُبْتَذَلٌ (نُكْتَةٌ). مُفْرِطٌ (ضِحْكَةٌ)
broadcast *vt. irr.; n.* يَبُثُّ (بَرامِجَ). يُذيعُ (أَخْبارًا). يَنْشُرُ // إرْسالٌ أو بَرْنامَجٌ (إذاعِيٌّ،

تِلِفِزيونيٌّ). نَثْرُ (بُذور)

broadcaster *n.* مُذيعٌ (في الإذاعةِ والتِّلِفِزيونِ)

broadcasting *n.* بَثٌّ أو إرْسالٌ (إذاعيٌّ، تِلِفِزيونيٌّ)

broadcloth *n.* جوخٌ أو قُماشٌ عَلى أنْواعِهِ

broaden *vt.* يُوَسِّعُ ؛ يُعَرِّضُ

broad-minded *adj.* واسِعُ الصَّدْرِ؛ مُتَسامِحٌ. مُتَحَرِّرٌ

broadside *n.* طولُ جانِبِ السَّفينَةِ أو المِدْفَعِيَّةُ المَنْصوبَةُ عليها. هُجومٌ نَقْديٌّ مُهينٌ

brocade *n.* ديباجٌ. حَريرٌ مُقَصَّبٌ بِخَيْطٍ

brochure *n.* كُرّاسَةٌ أو كُتَيِّبٌ

brogue *n.* لَهْجَةٌ. حِذاءٌ غَليظٌ مُزَخْرَفٌ بِثُقوبٍ

broil *vt.* يَشْوي ؛ يُحَمِّرُ

broiler *n.* مَوْقِدٌ لِشَوْي (الدَّجاجِ ، اللَّحْمِ)

broke *adj.* مُفْلِسٌ. لا دَراهِمَ مَعَهُ

broken *adj.* مَكْسورٌ. مُحَطَّمٌ. مُتَقَطِّعٌ. مُعَطَّلٌ. مُنْتَهَكٌ (عَقْدٌ). مُنْسَحِقٌ. مُرَوَّضٌ (حِصانٌ). مُنْهَكٌ. مُفْلِسٌ

broker *n.* عَميلٌ أو وَسيطٌ. سِمْسارٌ

brokerage *n.* سَمْسَرَةٌ. عُمولَةٌ

bronchia *n.pl.* الشُّعَيْباتُ أو القَصَباتُ الرِّئَوِيَّةُ

bronchitis *n.* نَزْلَةٌ صَدْرِيَّةٌ. إلتِهابٌ شُعَبِيٌّ

bronze *n.* بُرونْزٌ: مَزيجٌ مِنَ النُّحاسِ والقَصْديرِ

brooch *n.* دَبّوسٌ أو مِشْبَكٌ لِلزِّينَةِ

brood *n.; vi.* فِراخُ حُضْنَةٍ واحِدَةٍ. نَسْلٌ // تَحْضُنُ الدَّجاجَةُ بَيْضَها. يَتَأَمَّلُ ؛ يُفَكِّرُ مَلِيًّا

brook *n.; vt.* جَدْوَلٌ؛ ساقِيَةٌ // يَحْتَمِلُ ؛ يُعاني

broom *n.; vt.* مِكْنَسَةٌ؛ مِقَشَّةٌ. الرَّتَمُ (نَباتٌ) // يَكْنُسُ ؛ يُنَظِّفُ بِمِكْنَسَةٍ

broth *n.* شُورْبَةٌ؛ حَساءٌ. مَرَقَةٌ

brothel *n.* ماخورٌ. بَيْتُ الدَّعارَةِ أو البِغاءِ

brother *n.* أَخٌ ؛ شَقيقٌ. زَميلٌ ؛ رَفيقٌ. راهِبٌ

brotherhood *n.* أُخُوَّةٌ. أَخَوِيَّةٌ. إخاءٌ (بَشَرِيٌّ)

brother-in-law *n.* أَخُ الزَّوْجَةِ أو الزَّوْجِ. صِهْرٌ

brotherly *adj.* أَخَوِيٌّ (حُبٌّ، قُبْلَةٌ، تَحِيَّةٌ)

brow *n.* الجَبْهَةُ. حاجِبُ العَينِ. قِمَّةُ (مَنْجَم)

browbeat *vt.* يُرْعِبُ؛ يُرْهِبُ؛ يُعَنِّفُ (خادِمَةً)

brown *n.; adj.* اللَّوْنُ البُنِّيُّ أو الأَسْمَرُ // بُنِّيٌّ. أَسْمَرُ (خُبْزٌ)

brownie *n.* جِنِّيٌّ صَغيرٌ (وِدِّيٌّ)

browse *vt.; i.; n.* يَتَصَفَّحُ (كِتابًا) / تَرْعى (الماشِيَةُ) // عُشْبٌ أو كَلأٌ (غِذاءُ الماشِيَةِ)

bruise *vt.; n.* يَرُضُّ. يَسْحَقُ // رَضَّةٌ؛ كَدْمَةٌ

brunette *n. & adj.* سَمْراءُ

brunt *n.* قُوَّةٌ أو حِدَّةُ (الصَّدْمَةِ، اللَّطْمَةِ)

brush *n.; vt.* فُرْشاةٌ. تَمْشيطٌ. إحْتِكاكٌ. مُناوَشَةٌ. ذَيْلُ (الثَّعْلَبِ)؛ مُحَوِّلُ (تَيّارٍ) // يُفَرْشي. يَلْمِسُ

brushwood *n.* أَغْصانٌ مَقْطوعَةٌ أو مَكْسورَةٌ

brusque *adj.* فَظٌّ أو غَليظٌ (كَلامٌ)

brut *adj.* خالٍ مِنَ السُّكَّرِ (نَبيذٌ)

brutal *adj.* شَرِسٌ ؛ فَظٌّ؛ قاسٍ ؛ وَحْشِيٌّ

brutality *n.* وَحْشِيَّةٌ؛ فَظاظَةٌ؛ قَساوَةٌ؛ شَراسَةٌ

brute *n.; adj.* بَهيمَةٌ؛ وَحْشٌ. شَخْصٌ مُتَوَحِّشٌ // خَشِنٌ؛ قاسٍ. مُتَوَحِّشٌ؛ هَمَجِيٌّ

brutish *adj.* حَيَوانِيٌّ ؛ وَحْشِيٌّ. خَشِنٌ. أَبْلَهُ

bubble *n.; vt.; i.* فُقاعَةٌ؛ نُفاخَةٌ؛ حَبَبٌ. وَهْمٌ // يَطْفَحُ (سُرورًا)؛ يَسْتَشيطُ (غَضَبًا) / يَفورُ (شَمْبانيا)

buccaneer *n.* قُرْصانٌ

buck *n.* ذَكَرُ الماعِزِ، الأَرْنَبِ، إلخ. شَخْصٌ قَوِيُّ البِنْيَةِ

bucket *n.* دَلْوٌ؛ سَطْلٌ

buckle *n.; vt.* إبْزِيمٌ ؛ بُكْلَةٌ ؛ بَعْجَةٌ. نُتوءٌ // يَعْقِدُ أو يَرْبُطُ بِبُكْلَةٍ. يَلْوي
buckler *n.* تُرْسٌ ؛ دِرْعٌ. وِقايَةٌ ؛ دِفاعٌ
buckram *n.* قُماشٌ سَميكٌ (لِلتَّبْطينِ، للتَّجْليدِ)
buckwheat *n.* حِنْطَةٌ سَوداءُ
bucolic *adj.* ريفيٌّ ؛ مُخْتَصٌّ بالرّيفِ وبِسُكّانِهِ
bud *n.; vi.; t.* بُرْعُمٌ // يُزْهِرُ (النَباتُ). يَبْدأُ في النُّموِّ / يُطَعِّمُ بِالبُرْعُمِ
Buddhism *n.* الدِّيانَةُ البوذيَّةُ
Buddhist *n. & adj.* بوذيٌّ
buddy *n.* رَفيقٌ ؛ زَميلٌ (في السِلاحِ)
budge *vi.; t.* يَتَزَحْزَحُ. يَتَبَدَّلُ (رَأْيٌ) / يُزَحْزِحُ
budget *n.* مُوازَنَةٌ (دَولةٍ). ميزانيَّةٌ (عائِلَةٍ)
buff *n.; vt.* جِلْدُ (الجاموسِ). لَونٌ أَصْفَرُ داكِنٌ. قُماشٌ للتَّلْميعِ // يُلَمِّعُ ؛ يَصْقُلُ
buffalo *n.* جاموسٌ
buffer *n.* مِهْمادٌ ؛ مُخْمِدٌ ؛ عازِلٌ
buffet *n.; vt.; i.* مِنْضَدَةٌ (تُقَدَّمُ عَلَيْها المُرَطِّباتُ). مَقْصَفٌ. صَفْعَةٌ. لَطْمَةٌ // يَصْفَعُ ؛ يَلْطِمُ / يَتَقاتَلُ ؛ يَتَعارَكُ
buffoon *n.* مُهَرِّجٌ ؛ بُهلولٌ. شَخْصٌ مُغَفَّلٌ
bug *n.; vt.* بَقَّةٌ. جُرْثومَةٌ // يُزْعِجُ ؛ يُضايِقُ
buggy *n.* عَرَبَةٌ خَفيفَةٌ يَجُرُّها حِصانٌ
bugle *n.; vi.* بوقٌ ؛ نَفيرٌ. خَرَزَةٌ // يَنْفُخُ بِالبوقِ
build *vt. irr.; n.* يَبْني ؛ يُشَيِّدُ. يُؤَسِّسُ ؛ يُنْشِئُ // بُنْيَةٌ ؛ شَكْلٌ
builder *n.* بَنّاءٌ ؛ مُتَعَهِّدُ بِناءٍ
building *n.* بِناءٌ ؛ عِمارَةٌ
bulb *n.* بَصَلَةٌ (نَباتٍ). لَمْبَةٌ (الضَّوْءِ)
bulge *n.; vi.; t.* وَرَمٌ. إنْتِفاخٌ. زِيادَةٌ طارِئَةٌ في عَدَدِ السُّكّانِ // يَنْتَفِخُ. يَنْتَأُ / يَنْفُخُ. يُنتِئُ
bulk *n.* حَجْمٌ. الجُزْءُ الأَساسيُّ. جِسْمٌ كَبيرٌ. حُمولَةُ سَفينَةٍ
in — بالجُمْلَةِ
bulkhead *n.* فاصِلٌ أو قاطِعٌ عَلى ظَهْرِ سَفينَةٍ
bulky *adj.* ضَخْمٌ ؛ هائِلٌ ؛ جَسيمٌ
bull *n.* ثَوْرٌ. شَخْصٌ قَويٌّ. مُضارِبٌ (في البورْصَةِ)
bulldozer *n.* جَرّافَةٌ
bullet *n.* رَصاصَةٌ
bulletin *n.* بَلاغٌ. نَشْرَةٌ إخْبارِيَّةٌ. مَنْشورٌ
bulletin board *n.* لَوْحَةُ مَنْشوراتٍ
bulletproof *adj.* ضِدَّ الرَّصاصِ
bullfight *n.* مُصارَعَةُ الثّيرانِ
bullfinch *n.* الدَّغْناشُ: شُحْرورٌ أوروبيٌّ
bullheaded *adj.* عَنيدٌ كالثَّوْرِ. غَبيٌّ
bullion *n.* سَبيكَةُ ذَهَبٍ أو فِضَّةٍ
bullock *n.* ثَوْرٌ مَخْصيٌّ ؛ عِجْلٌ
bull's eye *n.* نُقْطَةُ أو مَرْكَزُ الهَدَفِ
bully *n.; vt.* شَخْصٌ يَضْطَهِدُ أو يُرْعِبُ الأَضْعَفَ مِنْهُ // يَضْطَهِدُ أو يُرْعِبُ مَنْ هو أَضْعَفَ مِنْهُ
bulrush *n.* البَرْديُّ: نَباتٌ قَصَبيٌّ
bulwark *n.* سورٌ ؛ مِتْراسٌ. سَدٌّ. دِرْعٌ
bump *vi.; t.; n.* يَصْطَدِمُ بِـ ؛ يَرْتَطِمُ بِـ / يَصْدِمُ (رَأْسَهُ). يُزيحُ // صَدْمَةٌ. نتوءٌ ؛ حَدَبَةٌ
bumper *n.* واقِيَةُ صَدَماتٍ. كوبٌ مَلآنُ
bumpkin *n.* ريفيٌّ جِلْفٌ وَخَشِنٌ
bun *n.* كَعْكٌ فيه حَلْوى. شَعْرٌ مَلْفوفٌ كالكَعْكَةِ
bunch *n.* رِزْمَةٌ. عُنْقودُ (عِنَبٍ). مَجموعَةٌ ؛ جَماعَةٌ
bundle *n.* رِزْمَةٌ. بالَةٌ. رِبْطَةٌ. صُرَّةٌ
bung *n.* سِدادَةٌ أو صِمامُ بِرميل
bungalow *n.* بَيتٌ ذو طابِقٍ واحِدٍ
bungle *vt* يُعَطِّلُ مِنْ قِلَّةِ المَهارَةِ

bunion *n.* وَرَمٌ في مِفْصَلِ الإبْهامِ
bunk *n.* سريرٌ قلاّبٌ في الحائِطِ
bunker *n.* مُسْتَوْدَعُ الفَحْمِ . مَلْجَأٌ مُحصَّنٌ
bunting *n.* نَسيجٌ خَشِنٌ للأَعْلامِ . راياتٌ
buoy *n.; vt.; i.* عَوّامَةٌ؛ طافِيَةٌ // يُنْقِذُ مِنَ الغَرَقِ. يُشَجِّعُ / يَطوفُ على صَفْحَةِ الماءِ؛ يَعومُ
buoyancy *n.* قُدْرَةٌ على العَوْمِ . إبْتِهاجٌ
buoyant *adj.* قادِرٌ على العَوْمِ . مَرِحٌ
burble *vi.* يُغَرْغِرُ. يَتَكَلَّمُ بِتَهَيُّجٍ . تَهْتاجُ (ريحٌ)
burden *n.; vt.* حِمْلٌ . عِبْءٌ (المَسْؤوليَّةِ). حُمولَةُ (سَفينَةٍ) // يُحَمِّلُ . يُثْقِلُ أو يُنْهِكُ (بالهُمومِ)
burdensome *adj.* ثَقيلُ الحَمْلِ . شاقٌّ. مُتْعِبٌ
bureau *n.* (*pl.* **-s** *or* **-x**) خِزانَةٌ. مَكْتَبٌ. وِكالَةٌ. دائِرَةٌ حُكوميَّةٌ
bureaucracy *n.* بيروقراطيَّةٌ: نِظامٌ إداريٌّ روتينيٌّ
burgess *n.* مواطِنٌ. نائِبٌ
burglar *n.* سارِقُ بيوتٍ؛ لِصُّ منازِلَ
burglary *n.* سَرِقَةُ (مَنْزِلٍ)؛ سَطْوٌ
burgle *vt.* يَسْرِقُ (مَنْزِلاً)؛ يَسْطو
burgomaster *n.* عُمْدَةٌ أو مُحافِظُ المَدينَةِ
burial *n.* دَفْنُ المَيْتِ. جِنازَةٌ
burlap *n.* الخَيْشُ: نَسيجٌ خَشِنٌ
burlesque *n.* فَنٌّ دراماتيكيٌّ ساخِرٌ بالكاريكاتورِ
burliness *n.* جَسامَةُ (الجِسْمِ). قُوَّةٌ
burly *adj.* جَسيمُ (الجِسْمِ). قَويٌّ
burn *vt.; i. irr.; n.* يُحْرِقُ. يُشْعِلُ (شَمْعَةً). يَكْوي / يَحْتَرِقُ. يَشْتَعِلُ. يَلْتَهِبُ (غَضَبًا) // حَرْقٌ
burner *n.* شُعْلَةٌ أو مَضْرَمُ (مِصْباحٍ). مِحْراقٌ
burning *adj.* مُلْتَهِبٌ؛ مُتَأَجِّجٌ . مُلِحٌّ ؛ حاسِمٌ
burnish *vt.* يُلَمِّعُ ؛ يَصْقُلُ
burr *n.* غِلافُ ثَمَرَةٍ شائِكٌ
burrow *n.* جُحْرٌ
bursar *n.* أمينُ الصُّنْدوقِ (في مَدْرَسَةٍ، جامِعَةٍ)
bursary *n.* إعانَةٌ ماليَّةٌ (عَنْ رُسومِ الدِّراسَةِ)
burst *vt.; i. irr.; n.* يُفَجِّرُ. يُسَبِّبُ شَقًّا (في وَريدٍ) / يَتَفَجَّرُ. يَقْتَحِمُ (غُرْفَةً). يَمْتَلِئُ (لِنُقْطَةِ الإنْفِجارِ). يَنْفَجِرُ (ضاحِكًا) // إنْفِجارٌ. كَسْرٌ. قَطْعُ (العِلاقاتِ). شَقٌّ. تَفَجُّرُ (هُتافٍ). دَويُّ (الرَّصاصِ)
bury *vt.* يَدْفِنُ. يَطْمُرُ. يُخْفي. يَغْرِزُ
bus *n.* حافِلَةٌ ؛ باصٌ
  miss the — يُفَوِّتُ على نَفْسِهِ فُرْصَةً. يَتَأَخَّرُ
bush *n.* دَغَلٌ ؛ حَرَجَةٌ صَغيرَةٌ. الرِّيفُ
  beat about the — يَدورُ حَوْلَ المَوْضوعِ
bushy *adj.* كَثيرُ الدَغَلِ . كَثيفٌ ؛ مُتَلَبِّدٌ
busily *adv.* بِنَشاطٍ ؛ بِهِمَّةٍ
business *n.* مِهْنَةٌ ؛ عَمَلٌ ؛ نَشاطٌ. مؤَسَّسَةٌ (تِجاريَّةٌ، صِناعيَّةٌ). حَرَكَةُ البَيْعِ . شَأْنٌ
  mean — يَكونُ جادًّا ؛ حازِمًا
  mind one's own — يَهْتَمُّ بِشؤونِهِ الخاصَّةِ
businesslike *adj.* عَمَليٌّ ؛ مَنْهَجيٌّ. جِدّيٌّ ؛ حازِمٌ
businessman *n.* رَجُلُ أعْمالٍ
bust *n.; vt.; adj.* صَدْرُ (امْرأَةٍ). تِمْثالٌ نِصْفيٌّ. إعْتِقالٌ. إفْلاسٌ // يَكْسِرُ. يُسَبِّبُ الإفْلاسَ لِـ. يَعْتَقِلُ (سارِقًا). يَضْرِبُ // مَكْسورٌ؛ مُهَشَّمٌ. مُفْلِسٌ
bustle *vi.; n.* يَسْتَعْجِلُ ؛ يَتَحَرَّكُ بانْهِماكٍ // ضَجيجٌ ؛ ضَوْضاءُ. نَشاطٌ صاخِبٌ
busy *adj.; vt.* مُنْهَمِكٌ. مَليءٌ بِالنَّشاطِ. مَشْغولٌ. مُعَقَّدٌ. فُضوليٌّ // يُشْغِلُ ؛ يُعْطي أعمالاً كَثيرةً
busybody *n.* شَخْصٌ فُضوليٌّ
but *conj.; prep.; adv.* لَكِنْ. سِوى. فَقَطْ. دونَ أَنْ. ما عَدا؛ بِاسْتِثْناءِ // ما عدا ؛ بِاسْتِثْناءِ // مُجَرَّدُ؛ لَيْسَ إلاّ

— for لَوْلا
all — تَقْريبًا
butcher *n.; vt.* لَحّامٌ؛ قَصّابٌ. سَفّاحٌ. مُخَرِّبٌ // يَذْبَحُ الحَيَوانَ لِبَيْعِ لَحْمِهِ. يَسْفِكُ الدِّماءَ. يُخَرِّبُ
butchery *n.* مِهْنَةُ اللَّحّامِ. سَفْكُ دِماءٍ. مَسْلَخٌ
butler *n.* رَئيسُ الخَدَمِ في مَنْزِلٍ
butt *n.; vt.; i.* عَقِبُ (البُنْدُقيَّةِ، السيجارَةِ). مَهْزَلَةٌ (شَخْصٌ). نَطْحٌ. بِرْميلٌ // يَنْطَحُ / يَنْتَأُ. يَتَدَخَّلُ (في الحَديثِ)
butter *n.* زُبْدَةٌ. سَمْنٌ
buttercup *n.* زَهْرَةُ المَراعي (صَفْراءُ اللَّوْنِ)
butterfly *n.* فَراشَةٌ. شَخْصٌ مُتَقَلِّبٌ
buttery *adj.; n.* زُبْديٌّ. مُتَمَلِّقٌ // حُجْرَةُ المُؤَنِ
buttock *n.* أَلْيَةٌ؛ أَحَدُ الرِدْفَينِ. عَجُزٌ
button *n.; vt.* زِرٌّ // يُزَرِّرُ (ثَوْبًا، سُتْرَتَهُ)
buttonhole *n.* عُرْوَةٌ
buttress *n.; vt.* كَتِفٌ أو دِعامَةُ الحائِطِ. رَكيزَةٌ // يَدْعَمُ (الحائِطَ). يؤازِرُ؛ يُعاضِدُ
buxom *adj.* بَدينَةٌ أو جَذّابَةٌ. كَبيرَةُ الثَّدْيَيْنِ
buy *vt. irr.* يَشْتَري. يَرْشو أو يُبَرْطِلُ (شاهِدًا)
— up يَشْتَري كُلَّ أو مُعْظَمَ الإنْتاجِ
buyer *n.* شارٍ؛ مُشْتَرٍ
buying *n.* شِراءٌ؛ إبْتياعٌ

buzz *n.; vi.* أَزيزٌ؛ طَنينٌ؛ دَنْدَنَةٌ. إشاعَةٌ. مُكالَمَةٌ هاتِفيَّةٌ // يَئِزُّ؛ يَطِنُّ؛ يُدَنْدِنُ (الذُّبابُ)
buzzard *n.* طائِرٌ جارِحٌ نَهاريٌّ (كالبازِ)
buzzer *n.* جِهازٌ يوَلِّدُ أزيزًا وَطَنْطَنَةً
buzz off *vi.* يَنْصَرِفُ؛ يَرْحَلُ؛ يَبْتَعِدُ
by *prep.; adv.* مِنْ قِبَلِ. مِنْ عَمَلِ. مِنْ خِلالِ. بِجانِبِ. قَبْلَ. باسْمِ. خِلالَ (النَّهارِ) // على مَقْرُبَةٍ. جانِبًا. بِالقُرْبِ مِنْ
— far بِكَثيرٍ
— heart عَنْ ظَهْرِ قَلْبٍ؛ غَيْبًا
— no means إطْلاقًا؛ بَتاتًا
bye bye *interj.* وَداعًا! الوَداعُ!
by-election *n.* إنْتِخاباتٌ فَرْعِيَّةٌ (لِمَقْعَدٍ شاغِرٍ)
bygone *adj.* ماضٍ؛ غابِرٌ؛ سابِقٌ
bylaw *or* **byelaw** *n.* القانونُ الداخِليُّ
bypass *n.; vt.* طَريقٌ ثانَويَّةٌ (لِتَفادي الإزْدِحامِ) // يَتَفادى مُشْكِلَةً. يَتَجاوَزُ القانونَ
by-product *n.* مُنْتَجٌ ثانَويٌّ. مَفْعولٌ جانِبيٌّ
byre *n.* زَريبَةٌ أو إسْطَبْلٌ (لِلْبَقَرِ)
bystander *n.* مُشاهِدٌ؛ مُتَفَرِّجٌ؛ مُراقِبٌ
bystreet *n.* شارِعٌ فَرْعِيٌّ
byway *or* **byroad** *n.* طَريقٌ ثانَويٌّ أو فَرْعِيٌّ
byword *n.* قَوْلٌ مَأْثورٌ
bywork *n.* عَمَلٌ جانِبيٌّ

C

C; c *n.* الحَرْفُ الثّالِثُ مِنَ الأَبْجَدِيَّةِ الإِنْكِليزِيَّةِ
cab *n.* سَيّارَةُ أَوْ عَرَبَةُ أُجْرَةٍ
cabal *n.; vi.* عُصْبَةٌ سِرِّيَّةٌ. مؤامَرَةٌ // يَتآمَرُ
cabaret *n.* مَلْهًى. بَرْنامَجُ غِناءٍ أو رَقْصٍ
cabbage *n.* كُرُنْبٌ أو كَرَنْبٌ؛ مَلْفوفٌ
cabin *n.* كُوخٌ. قَمْرَةُ المَرْكَبِ؛ حُجْرَةٌ في الطائِرَةِ
cabin boy *n.* بَحّارٌ فَتِيٌّ (يَخْدُمُ في السَّفينَةِ)
cabinet *n.* خِزانَةٌ. حُجْرَةٌ صَغيرَةٌ. مَجْلِسُ الوزَراءِ
cabinet-maker *n.* نَجّارُ الأَثاثِ الفاخِرِ
cable *n.; vt.; i.* سِلْكٌ. حَبْلٌ غَليظٌ. قَلْسٌ. بَرْقِيَّةٌ // يُبْرِقُ
cablegram *n.* بَرْقِيَّةٌ سِلْكِيَّةٌ
caboose *n.* مَطْبَخُ السَّفينَةِ
cabriolet *n.* عَرَبَةُ خَيْلٍ. سَيّارَةٌ ذاتُ غِطاءٍ يُطْوى
cacao *n.* شَجَرَةُ الكاكاو. ثَمَرُ الكاكاو
cache *n.; vt.* مَخْزَنٌ سِرِّيٌّ لِـ (المؤنِ، الأَسْلِحَةِ) // يُخْفي؛ يُخَبِّئُ
cachet *n.* خَتْمٌ. طابَعٌ (شَخْصِيٌّ)؛ ميزَةٌ
cackle *n.; vi.* قَوْقُ (الدَّجاجَةِ). ثَرْثَرَةٌ. ضَحِكٌ صاخِبٌ // تَقوقُ أو تُقَوْقِئُ. يُثَرْثِرُ أو يُقَرْقِرُ
cactus *n.* (*pl.* **-es** *or* **cacti**) صَبّارٌ. صُبَّيْرٌ
cad *n.* نَذْلٌ؛ وَغْدٌ؛ سافِلٌ
cadaver *n.* جُثَّةٌ؛ جيفَةٌ
cadaverous *adj.* جيفِيٌّ؛ يُذَكِّرُ بالمَوْتِ. هَزيلٌ
caddy *n.* عُلْبَةٌ صَغيرَةٌ لِـ (الشايِ)
cadence *or* **cadency** *n.* إيقاعٌ. وَزْنٌ (شِعْرِيٌّ). تَغَيُّرٌ في طَبَقَةِ الصَّوْتِ
cadge *vt. & i.* يَسْتَعْطي؛ يَتَسَوَّلُ؛ يَسْأَلُ مالاً
cadger *n.* مُتَسَوِّلٌ
cadre *n.* إطارٌ. مَلاكٌ (إدارِيٌّ)
Caesar *n.* قَيْصَرٌ؛ مَلِكٌ رومانِيٌّ
Caesarean *n.* قَيْصَرِيَّةٌ؛ شَقُّ البَطْنِ لاسْتِخْراجِ المَوْلودِ
café *n.* مَقْهًى
cafeteria *n.* مَطْعَمٌ لِلْخِدْمَةِ الذّاتِيَّةِ
caffeine *n.* كافيين: مادَّةٌ مُنَبِّهَةٌ في البُنِّ
cage *n.; vt.* قَفَصٌ. مُعَسْكَرٌ // يَضَعُ في قَفَصٍ
caisson *n.* صُنْدوقُ أَوْ عَرَبَةُ ذَخيرَةٍ. حُجْرَةٌ عازِلَةٌ تُسْتَخْدَمُ في البِناءِ تَحْتَ الماءِ
cajole *vt.* يُمالِقُ؛ يُداهِنُ؛ يُصانِعُ
cake *n.; vt.; i.* قالَبُ حَلْوى. قِطْعَةُ (صابونٍ، ثَلْجٍ) // يُغَلِّفُ بِقِشْرَةٍ صُلْبَةٍ / يَتَصَلَّبُ؛ يَتَجَمَّدُ
(sell) like hot —s (يُباعُ) بِسُرْعَةٍ وَبِكَثْرَةٍ
calabash *n.* قَرْعٌ؛ يَقْطينٌ
calamitous *adj.* مُفْجِعٌ (حادِثٌ)؛ مُهْلِكٌ (مَرَضٌ)
calamity *n.* فاجِعَةٌ؛ كارِثَةٌ؛ نَكْبَةٌ؛ مُصيبَةٌ
calcify *vt.; i.* يُكَلِّسُ؛ يُحَوِّلُ إلى كِلْسٍ / يَتَكَلَّسُ
calcium *n.* الكَلْسيوم
calculate *vt.; i.* يَحْسُبُ؛ يَعُدُّ. يَزِنُ (كَلامَهُ). يَضْبُطُ (نَفَقاتِهِ) / يُقَدِّرُ. يَعْتَمِدُ على
calculation *n.* حِسابٌ؛ إحْصاءٌ. تَقْديرٌ (خاطِئٌ)
calculator *n.* آلَةٌ حاسِبَةٌ
calculus *n.* (*pl.* **-li** *or* **-luses**) حَصاةٌ (في الكُلْيَةِ أو المَثانَةِ). حِسابُ التَّفاضُلِ وَالتَّكامُلِ
caldron *n.* see **cauldron**
calendar *n.; vt.* روزْنامَةٌ؛ تَقْويمٌ. لائِحَةٌ

(بالمَواعيدِ) // يُسَجِّلُ ؛ يُدَوِّنُ

calender *n.; vt.* مِصْقَلَةُ القُماشِ // يَصْقُلُ ؛ يُمَلِّسُ

calf *n.* (*pl.* **calves**) عِجْلٌ . بَطَّةُ السّاقِ

kill the fatted — يَذْبَحُ العِجْلَ المُسَمَّنَ

calibrate *vt.* يُعايِرُ : يَقيسُ قُطْرَ (قَناةٍ بُنْدُقِيَّةٍ) . يُدَرِّجُ : يُقَسِّمُ إلى دَرَجاتٍ (مِسْطَرَةً)

calibre; caliber *n.* قُطْرُ (أُنْبوبٍ ، رَصاصَةٍ) . عِيارُ (سِلاحٍ ناريٍّ) . وَزْنٌ ؛ مَنْزِلَةٌ ؛ مَقْدِرَةٌ

calico *n.* شيتٌ : نَسيجٌ مِنْ قُطْنٍ خامٍ

calif *or* **caliph** *n.* خَليفَةُ المُسْلِمينَ

califate *or* **caliphate** *n.* الخِلافَةُ الإسْلامِيَّةُ

caliper *or* **calliper** *n.; vt.* المِسْماكُ : أداةٌ لِقِياسِ سَماكَةِ الشَّيْءِ // يَقيسُ بِالمِسْماكِ

calk *n.; vt.* ناتِئَةٌ مَعْدِنِيَّةٌ ؛ مانِعَةُ الإنْزِلاقِ (لِنَعْلِ الفَرَسِ) // يُجَلْفِطُ : يَسُدُّ شُقوقَ السَّفينَةِ . يُزَوِّدُ بِمانِعَةٍ لِلإنْزِلاقِ

call *n.; vt.; i.* نِداءٌ . صَرْخَةٌ . صَفّارَةُ (الباخِرَةِ) . صَوْتُ طَيْرٍ أوْ حَيَوانٍ . دَعْوَةٌ . إسْتِدْعاءٌ (إلى المُحاكَمَةِ) . دَعْوَةٌ إلى تَسْديدِ دَيْنٍ . مُخابَرَةٌ هاتِفِيَّةٌ . زِيارَةٌ قَصيرَةٌ // يُنادي . يَدْعو إلى (اجْتِماعٍ ، إضْرابٍ) . يَسْتَدْعي (الشُّرْطَةَ) . يُسَمّي . يَنْعَتُ . يوقِظُ . يَتَلْفِنُ لِـ / يَصْرُخُ . يَذْهَبُ إلى ؛ يَزورُ . يوشِكُ أنْ يَبْلُغَ (المَرْفَأَ) . يُصَوِّتُ الطائِرُ أوِ الحَيَوانُ

the — of duty نِداءُ الواجِبِ

within — بالإمْكانِ الوصولُ إلَيْهِ

on — قابِلٌ لِلإسْتِرْدادِ عِنْدَ الطَّلَبِ (قَرْضٌ) . بالإمْكانِ اسْتِدْعاؤُهُ (طَبيبٌ)

— in يُطالِبُ بِتَسْديدِ دَيْنٍ . يَسْحَبُ مِنَ التَّداوُلِ

— off يُلْغي ؛ يُؤَجِّلُ (مُباراةً) . يوقِفُ

— out يَصْرُخُ . يَسْتَدْعي . يَدْعو إلى إضْرابٍ

— to mind يَتَذَكَّرُ

— up يَدْعو لِخِدْمَةِ العَلَمِ . يُعيدُ إلى الذّاكِرَةِ . يوقِظُ . يَتَلْفِنُ لِـ

— at يَمُرُّ بِـ ؛ يَتَوَقَّفُ عِنْدَ

— for يَتَطَلَّبُ ؛ يَقْتَضي ؛ يَسْتَلْزِمُ

— on يَزورُ

— upon يَلْجَأُ إلى ؛ يَسْتَنْجِدُ بِـ ؛ يَسْتَعينُ بِـ

call box *n.* غُرْفَةُ هاتِفٍ لِلعُمومِ

callboy *n.* خادِمٌ في فُنْدُقٍ أوْ عَلى المَسْرَحِ

caller *n.; adj.* زائِرٌ // طازَجٌ (سَمَكٌ)

calligraphy *n.* فَنُّ الخَطِّ ؛ النَّسْخُ الجَميلُ

calling *n.* دَعْوَةٌ (إلى الكَهَنوتِ) ؛ مَيْلٌ (إلى الفَنِّ) . حِرْفَةٌ ؛ مِهْنَةٌ

calliper *n.; vt.* see **caliper**

callous *adj.* عَديمُ الشُّعورِ ؛ قَليلُ الإحْساسِ ؛ لا يَتَأَثَّرُ . جاسِئٌ ؛ صُلْبٌ (جِلْدٌ)

callousness *n.* فُقْدانُ الشُّعورِ ؛ قَساوَةٌ . تَصَلُّبٌ

callow *adj.* غِرٌّ : لا خِبْرَةَ لَهُ ؛ غَيْرُ ناضِجٍ

call-up *n.* الدَّعْوَةُ لِلخِدْمَةِ العَسْكَرِيَّةِ

calm *adj.; n.; vt.; n.* هادِئٌ ؛ ساكِنٌ . رَصينٌ // هُدوءٌ ؛ سُكونٌ // يُهَدِّئُ ؛ يُسَكِّنُ / يَهْدَأُ ؛ يَسْكُنُ

calmness *n.* هُدوءٌ ؛ سُكونٌ . رَصانَةٌ

caloric *adj.* حَرارِيٌّ ؛ سُعْرِيٌّ

calorie; calory *n.* وَحْدَةٌ حَرارِيَّةٌ

calorimeter *n.* المِسْعَرُ ؛ عَدّادُ الحَرارَةِ

calumniate *vt.* يَفْتَري عَلى

calumnious *adj.* إفْتِرائِيٌّ

calumny *n.* إفْتِراءٌ

Calvary *n.* الجُلْجُلَةُ : حَيْثُ صُلِبَ المَسيحُ . دَرْبُ الصَّليبِ . مِحْنَةٌ ؛ بَلْوى

calve *vi.* تَلِدُ (البَقَرَةُ) عِجْلاً

calyx *n.* (*pl.* **-es** *or* **calyces**) كأْسُ الزَّهْرَةِ؛ كِمٌّ
cam *n.* حَدَبَةٌ
camber *n.* احْديدابُ (طَريق)
cambric *n.* قُماشٌ قُطْنيٌّ أوْ كَتّانيٌّ رَقيقٌ
camel *n.* جَمَلٌ؛ إبْلٌ؛ بَعيرٌ
camellia *n.* الكاميليا: شُجَيْرَةٌ وَزَهْرَةٌ
camera *n.* آلَةُ تَصْويرٍ ضَوْئيّ
movie — آلَةُ تَصْويرٍ سينمائيّ
cameraman *n.* مُصَوِّرٌ سينمائيٌّ أوْ تِلِفِرْيونيٌّ
camion *n.* شاحِنَةٌ
camomile; chamomile *n.* نَبْتَةُ البابونَج
camouflage *n.*; *vt.* تَمْويهُ أوْ تَعْمِيَةُ (المُدَرَّعاتِ). تَنَكُّرٌ // يُمَوِّهُ. يُضَلِّلُ؛ يَخْدَعُ
camp *n.*; *vi.* مُعَسْكَرٌ. مُخَيَّمٌ. حِزْبٌ؛ مَجْموعَةٌ عَقائِديَّةٌ // يُخَيِّمُ. يُعَسْكِرُ
campaign *n.*; *vi.* حَمْلَةٌ (عَسْكَرِيَّةٌ، إنْتِخابِيَّةٌ، دِعائِيَّةٌ) // يَقومُ بِحَمْلَةٍ؛ يَشْتَرِكُ في حَمْلَةٍ
camphor *n.* كافورٌ: مادَّةٌ عِطْرِيَّةٌ
campus *n.* (*pl.* **-es**) حَرَمُ جامِعَةٍ أو مَدْرَسَةٍ أو كُلِّيَّةٍ
can *n.*; *vt.*; *aux. v.* إناءٌ أوْ وِعاءٌ مَعْدِنيٌّ (لِحِفْظِ السَّوائِلِ والأطْعِمَةِ) // يُعَلِّبُ (أطْعِمَةً، سَوائِلَ) // يَسْتَطيعُ؛ يَقْدِرُ عَلى؛ يُمْكِنُهُ أنْ
— of worms مُشْكِلَةٌ مُعَقَّدَةٌ
Canadian *n. & adj.* كَنَديٌّ
canal *n.* مَجْرى. قَناةُ (السُّوَيْسِ، رَيٍّ)
canalize *vt.* يَحْفِرُ قَناةً. يُوَجِّهُ (الجُهودَ)
canary *n.* نُغَرٌ؛ كَناريٌّ (طائِرٌ مُغَرِّدٌ أصْفَرُ الرّيشِ)
cancel *vt.* يُلْغي. يَشْطُبُ؛ يَمْحو. يَفْسَخُ (عَقْدًا)
cancellation *n.* إلْغاءٌ. فَسْخٌ أوْ إبْطالُ (عَقْدٍ)
cancer *n.* مَرَضُ السَّرَطانِ. *cap.* بُرْجُ السَّرَطانِ
candelabrum *n.* (*pl.* **-bra**) شَمْعَدانٌ مُشَعَّبٌ
candid *adj.* صادِقٌ؛ صَريحٌ. غَيْرُ مُتَحَيِّزٍ
candidacy; candidature *n.* تَرْشيحٌ
candidate *n.* مُرَشَّحٌ لِـ (انْتِخاباتٍ، مَنْصِبٍ)
candied *adj.* مُلَبَّسٌ؛ مَكْسُوٌّ بِالسُّكَّرِ
candle *n.* شَمْعَةٌ
candlestick; candleholder *n.* شَمْعَدانٌ
cando(u)r *n.* صَراحَةٌ؛ صِدْقٌ. تَجَرُّدٌ
candy *n.* حَلْوى؛ سَكاكِرُ
cane *n.* قَصَبَةٌ. عَصا؛ قَضيبٌ (خَيْزُرانٍ)
— sugar قَصَبُ السُّكَّرِ
canella *n.* قِرْفَةٌ
canine *adj.*; *n.* كَلْبيٌّ. نابيٌّ // كَلْبٌ. نابٌ
canister *n.* عُلْبَةٌ مَعْدِنِيَّةٌ صَغيرَةٌ
canker *n.*; *vt.* قَرْحَةٌ (تُصيبُ الفَمَ). داءٌ يُصيبُ خَشَبَ الأشْجارِ. آفَةٌ // يُقَرِّحُ. يُفْسِدُ. يَقْضِمُ
canned *adj.* مُعَلَّبٌ (فاكِهَةٌ). مُسَجَّلٌ (موسيقى)
cannery *n.* مَصْنَعٌ لِتَعْليبِ المَأْكولاتِ
cannibal *n.* آكِلُ لُحومِ البَشَرِ
cannibalism *n.* أكْلُ لُحومِ البَشَرِ
cannon *n.* مِدْفَعٌ
cannonade *n.* قَصْفٌ مُتَواصِلٌ بِالمَدافِعِ
cannonball *n.* كُرَةُ المِدْفَعِ؛ قَذيفَةٌ
canoe *n.* زَوْرَقٌ؛ قارِبٌ (طَويلٌ خَفيفٌ)
canon *n.* كاهِنٌ قانونيٌّ. قانونٌ كَنَسيٌّ. كُتُبٌ مُنْزَلَةٌ
canonize *vt.* يُقَدِّسُ: يُعْلِنُ قَداسَةَ شَخْصٍ
canopy *n.* قُبَّةٌ؛ ظُلَّةٌ؛ غِطاءٌ
cant *n.*; *vi.*; *t.* نِفاقٌ؛ رِياءٌ. تَكَلُّفٌ؛ تَصَنُّعٌ. زاوِيَةٌ خارِجِيَّةٌ (لِبِناءٍ). إنْحِدارٌ // يَتَكَلَّمُ بِتَصَنُّعٍ. يَميلُ؛ يَنْحَدِرُ / يُميلُ. يَقْلِبُ بِحَرَكَةٍ مُفاجِئَةٍ (قارِبًا)
cantankerous *adj.* مُشاكِسٌ؛ شَرِسٌ؛ مُعانِدٌ
canteen *n.* مَطْعَمٌ تابِعٌ لِـ (مَصْنَعٍ، مَدْرَسَةٍ). مَطَرَةٌ

canter *n.; vi.* خَبَبُ الفَرَس // يَخُبُّ؛ يَعْدو بِبُطْءٍ بِسُهولَةٍ
at a —
canticle *n.* تَرْتيلَةٌ؛ تَرْنيمَةٌ؛ أُنْشودَةٌ؛ نَشيدٌ
canto *n.* (*pl.* **-s**) نَغَمٌ أَوْ نَشيدٌ. جُزْءٌ مِنْ قَصيدَةٍ
canton *n.* مُقاطَعَةٌ؛ إِقْليمٌ؛ قَضاءٌ
cantonment *n.* مُعَسْكَرٌ كَبيرٌ لِلتَّدْريبِ
canvas *n.* نَسيجٌ مَتينٌ (مِنَ القُنَّبِ أَوِ القُطْنِ لِصُنْعِ الخِيامِ والأَشْرِعَةِ). قُماشَةٌ مُعَدَّةٌ لِلرَّسْمِ الزَّيْتِيِّ. لَوْحَةٌ زَيْتِيَّةٌ. خَيْمَةٌ. أَشْرِعَةُ السَّفينَةِ
under — (يَعيشونَ) في الخِيامِ. مَنْشورَةُ الأَشْرِعَةِ (سَفينَةٌ)
canvass *n.; vt.* إِلْتِماسُ (الآراءِ، أَصْواتِ النّاخِبينَ). فَحْصٌ دَقيقٌ. فَرْزُ الأَصْواتِ // يَسْتَميلُ النّاخِبينَ. يَلْتَمِسُ (أَصْواتَ النّاخِبينَ، الإِعْلاناتِ). يَسْتَقْصي مَشاعِرَ وآراءَ النّاخِبينَ قَبْلَ الإِنْتِخاباتِ
canvasser *n.* مَأْمورُ انْتِخابٍ؛ المَسْؤولُ عَنْ فَرْزِ الأَصْواتِ
canyon *n.* وادٍ ضَيِّقٌ وَعَميقٌ
caoutchouc *n.* المَطّاطُ
cap *n.; vt.* غِطاءٌ لِلرَّأْسِ؛ قُبَّعَةٌ. كَبْسولَةُ (سِلاحٍ ناريٍّ). سِدادَةُ (القِنّينَةِ) // يُغَطّي. يَفوقُ. يُتَوِّجُ
— and gown اللِّباسُ الجامِعِيُّ
— in hand بِتَواضُعٍ
capability *n.* قُدْرَةٌ؛ جَدارَةٌ؛ أَهْلِيَّةٌ
capable *adj.* قادِرٌ عَلى؛ قابِلٌ لِـ. أَهْلٌ لِـ. كُفْءٌ
capacious *adj.* واسِعٌ؛ فَسيحٌ؛ رَحْبٌ
capacity *n.* القُدْرَةُ على الإِسْتيعابِ؛ سَعَةٌ. القُدْرَةُ عَلى الفَهْمِ أَوِ التَّعَلُّمِ. صِفَةٌ؛ وَظيفَةٌ. أَهْلِيَّةٌ قانونِيَّةٌ. كَمِّيَّةُ الإِسْتيعابِ القُصْوى. طاقَةُ الإِنْتاجِ القُصْوى
filled to — مَليءٌ تَمامًا؛ إِلى أَقْصى حَدٍّ
cap-à-pie *adv.* مِنْ قِمَّةِ الرَّأْسِ إِلى أَخْمَصِ القَدَمِ

cape *n.* رَأْسٌ: أَرْضٌ داخِلَةٌ في البَحْرِ (الرَّجاءُ الصّالِحُ، هورْن). مِشْلَحٌ؛ عَباءَةٌ
caper *n.; vi.* قَفْزَةٌ؛ رَقْصَةٌ. زَهْرَةُ الكَبَرِ (تُكْبَسُ في الخَلِّ وتُؤْكَلُ) // يَقْفِزُ؛ يَرْقُصُ مَرَحًا
capillary *adj.; n.* شَعْرِيٌّ؛ رَفيعٌ (أُنْبوبٌ)؛ دَقيقٌ // عِرْقٌ شَعْرِيٌّ. ثَقْبٌ صَغيرٌ أَوْ مَمَرٌّ ضَيِّقٌ
capital *n.; adj.* رَأْسُ مالٍ. عاصِمَةٌ. حَرْفٌ كَبيرٌ؛ حَرْفُ اسْتِهْلالٍ. تاجُ العَمودِ // يَسْتَوْجِبُ الإِعْدامَ (عَمَلٌ سَيِّئٌ). رَئيسِيٌّ؛ أَساسِيٌّ. مُمْتازٌ (فِكْرَةٌ)؛ فاخِرٌ (عَشاءٌ)
capitalism *n.* الرَأْسُمالِيَّةُ
capitalist *n.* رَأْسُمالِيٌّ. ثَرِيٌّ؛ مُتَمَوِّلٌ
capitalize *vt.* يُحَوِّلُ إِلى رَأْسِ مالٍ. يُضيفُ إِلى رَأْسِ المالِ. يَكْتُبُ أَوْ يَطْبَعُ بِأَحْرُفٍ كَبيرَةٍ
— on *vi.* يَسْتَفيدُ مِنْ (أَخْطاءِ الغَيْرِ)
capitally *adv.* بِشَكْلٍ مُمْتازٍ أَوْ رائِعٍ
capitulate *vi.* يَسْتَسْلِمُ بِشُروطٍ خاصَّةٍ
capitulation *n.* إِسْتِسْلامٌ. وَثيقَةُ اسْتِسْلامٍ
capon *n.* فَرْخٌ أَوْ ديكٌ مَخْصِيٌّ لِلأَكْلِ
caprice *n.* تَقَلُّبٌ مُفاجِئٌ في (الرَّأْيِ). نَزْوَةٌ
capricious *adj.* مُتَقَلِّبٌ. نَزْوِيٌّ
Capricorn *n.* بُرْجُ الجَدْيِ
capsize *vi.; t.* يَنْقَلِبُ (القارِبُ) / يَقْلِبُ
capstan *n.* رَحَوِيَّةٌ؛ أَداةٌ لِرَفْعِ الأَثْقالِ أَوِ المَراسي
capsule *n.; adj.* كَبْسولَةٌ؛ سِدادَةُ قِنّينَةٍ. بِرْشامَةٌ. غِلافُ البِزْرِ النَّباتِيِّ (الذُّرَةُ) // مُخْتَصَرٌ إِلى حَدٍّ كَبيرٍ
captain *n.* قُبْطانٌ. رُبّانُ السَّفينَةِ. نَقيبٌ (رُتْبَةٌ عَسْكَرِيَّةٌ). قائِدُ فَريقٍ رِياضِيٍّ
caption *n.; vt.* عُنْوانُ (فَصْلٍ، مَقالٍ). شَرْحٌ أَوْ تَفْسيرٌ (لِصورَةٍ) // يُعَنْوِنُ
captious *adj.* عَيّابٌ. مُماحِكٌ

captivate *vt.* يأسِرُ؛ يَسْتَهْوي؛ يَفْتِنُ؛ يَخْلِبُ

captive *adj. & n.* أسيرٌ. مُتَيَّمٌ

captivity *n.* أَسْرٌ. إعْتِقالٌ. مُدَّةُ الأَسْرِ

capture *vt.; n.* يَقْبِضُ على (مُجْرِمٍ). يَسْتَوْلي على // الإِسْتيلاءُ على. القَبْضُ على. أسيرٌ

car *n.* سَيّارَةٌ. عَرَبَةٌ. حافِلَةُ قِطارٍ. سَلَّةُ المُنْطادِ

carafe *n.* الغَرّافَةُ: إبْريقٌ زُجاجيٌّ لِلْماءِ أوِ الخَمْرِ

carapace *n.* دِرْعٌ يُغَطّي ظَهْرَ السُّلَحْفاةِ والسَّرَطانِ

carat *n.* قيراطٌ: وَحْدَةُ وَزْنٍ لِلذَّهَبِ وَاللُّؤْلُؤِ

caravan *n.* قافِلَةٌ. عَرَبَةُ سَكَنٍ؛ مَنْزِلٌ مَقْطورٌ

caravanserai; caravansary *n.* خانٌ لِلْقَوافِلِ

caraway *n.* كَرَوْيا أوْ كَرَوْياءُ

carbine *n.* بُنْدُقِيَّةٌ أوتوماتيكيَّةٌ خَفيفَةٌ

carbon *n.* فَحْمٌ

carbon paper *n.* وَرَقُ الكَرْبونِ؛ وَرَقُ نَسْخٍ

carbuncle *n.* جَمْرَةٌ. دُمَّلٌ. عَقيقٌ أَحْمَرُ

carburet(t)or *n.* مُكَرْبِنٌ أوْ مُفَحِّمٌ (السَّيّارَةِ)

carcase; carcass *n.* جُثَّةُ حَيَوانٍ. هَيْكَلٌ عَظْميٌّ. هَيْكَلٌ (دولابٍ، بناءٍ)

card *n.; vt.* مِمْشَطُ (الصّوفِ، القُطْنِ). لائِحَةُ طَعامٍ. بِطاقَةُ (هُوِيَّةٍ، زِيارَةٍ). وَرَقَةُ لَعِبٍ // يُمَشِّطُ

cardboard *n.* كَرْتونٌ؛ وَرَقٌ مُقَوّى

cardiac *adj.; n.* مُتَعَلِّقٌ بالقَلْبِ أوْ بِفَمِ المَعِدَةِ // مُصابٌ بِمَرَضِ القَلْبِ

cardigan *n.* صُدْرِيَّةٌ مِنَ الصّوفِ المَحْبوكِ

cardinal *adj.; n.* رَئيسيٌّ (فَضيلَةٌ) // كَرْدينالٌ: أعْلى رُتْبَةٍ كَهْنوتِيَّةٍ بَعْدَ بابا روما

card index *n.* مَجْموعَةُ بِطاقاتٍ أوْ فِيَشٍ مُصَنَّفَةٍ

cardsharp *or* **cardsharper** *n.* مُقامِرٌ غَشّاشٌ

card-table *n.* طاوِلَةٌ لِلَعِبِ الوَرَقِ

care *n.; vi.; t.* عِنايَةٌ؛ إهْتِمامٌ. رِعايَةٌ؛ إشْرافٌ. قَلَقٌ. حَذَرٌ // يَهْتَمُّ بِـ؛ يُبالي بِـ. يَعْتَني بِـ (المَرْضى) / يوافِقُ عَلى (الجُلوسِ). يَرْغَبُ في

— of (c/o) بواسِطَةِ

career *n.; vi.* مِهْنَةٌ؛ حِرْفَةٌ؛ سِلْكٌ (دِبْلوماسيٌّ). تَحَرُّكٌ سَريعٌ إلى الأمامِ // يَرْكُضُ بِسُرْعَةٍ

in full — بأقْصى سُرْعَةٍ

carefree *adj.* غَيْرُ مُهْتَمٍّ بِـ؛ غَيْرُ مُبالٍ بِـ. مَرِحٌ

careful *adj.* حَذِرٌ. دَقيقٌ (في عَمَلِهِ)

careless *adj.* مُهْمِلٌ؛ مُتَهاوِنٌ. غَيْرُ مُهْتَمٍّ بِـ؛ غَيْرُ مُبالٍ بِـ. طائِشٌ (عَمَلٌ)

caress *n.; vt.* مُلامَسَةٌ؛ مُلاطَفَةٌ؛ مُداعَبَةٌ // يُلامِسُ؛ يُلاطِفُ؛ يُداعِبُ

caretaker *n.* وَكيلٌ؛ حارِسٌ

— government حُكومَةٌ مؤَقَّتَةٌ (إنْتِقاليَّةٌ)

cargo *n.* شِحْنَةٌ؛ حُمولَةٌ

cargo boat *n.* سَفينَةُ شَحْنٍ

caribou *n.* الرَّنَّةُ: أَيِّلٌ في شِمالِ أميركا

caricature *n.; vt.* رَسْمٌ هَزْليٌّ وساخِرٌ // يَرْسُمُ صورَةً كاريكاتوريَّةً

caricaturist *n.* رَسّامٌ كاريكاتوريٌّ

caries *n.* نَخْرٌ؛ تَسَوُّسُ (الأَسْنانِ، العِظامِ)

carious *adj.* نَخِرٌ؛ مُسَوَّسٌ (سِنٌّ)

carmine *n.; adj.* قِرْمِزٌ (لَوْنٌ أحْمَرُ) // قِرْمِزيٌّ

carnage *n.* مَجْزَرَةٌ؛ مَذْبَحَةٌ

carnal *adj.* جَسَديٌّ؛ حِسّيٌّ. جِنْسيٌّ؛ شَهْوانيٌّ

carnation *n.* قَرَنْفُلٌ. لَوْنٌ أحْمَرُ زَهْريٌّ

carnival *n.* عيدُ المَرْفَعِ عِنْدَ النَّصارى. كَرْنَفالٌ: مِهْرَجانٌ تَنَكُّريٌّ

carnivore *n.* حَيَوانٌ مِنْ أكَلَةِ اللُّحومِ. نَباتٌ مِنْ أكَلَةِ الحَشَراتِ

carnivorous *adj.* لاحِمٌ: يَقْتاتُ باللُّحومِ

carob *n.* خَرّوبَةٌ؛ خُرْنوبَةٌ
carol *n.; vi.* تَرْنيمَةٌ؛ تَرْتيلَةٌ // يُرَتِّلُ؛ يُرَنِّمُ
carousal *n.* حَفْلُ سُكْرٍ ولَهْوٍ
carouse *vi.* يُفْرِطُ في شُرْبِ الخَمْرَةِ واللَّهْوِ
carp *n.* (*pl.* **-s** *or* **carp**); *vi.* شَبّوطٌ: سَمَكٌ نَهْرِيٌّ // يَنْتَقِدُ؛ يُماحِكُ
car-park *n.* مَوْقِفٌ للسَّيّاراتِ
carpenter *n.; vi.* نَجّارٌ // يَعْمَلُ بالنِّجارَةِ
carpentry *n.* النِّجارَةُ: حِرْفَةُ النَّجّارِ
carpet *n.; vt.* سَجّادَةٌ؛ بِساطٌ // يَفْرِشُ بالسَّجّادِ
carpet sweeper *n.* مِكْنَسَةٌ كَهْرَبائِيَّةٌ
carriage *n.* حافِلَةٌ لِنَقْلِ الرُّكّابِ بِواسِطَةِ سِكَكِ الحَديدِ. هَيْئَةٌ؛ مَظْهَرٌ. مِشْيَةٌ. مَرْكَبَةٌ
carriageway *n.* طَريقٌ ذاتُ اتِّجاهٍ واحِدٍ
carrier *n.* رَسولٌ. حَمّالٌ. ناقِلُ (مَرَضٍ)
  aircraft — حامِلَةُ الطّائِراتِ
  — pigeon حَمامُ الزّاجِلِ أوِ الرَّسائِلِ
carrion *n.* جيفَةٌ. لَحْمٌ عَفِنٌ وَنَتِنٌ
carrion crow *n.* الزّاغُ: غُرابٌ جيفِيٌّ
carrot *n.* جَزَرَةٌ. جَزَرٌ. ما يُعْطى كَطُعْمٍ أو حافِزٍ
carry *vt.* يَحْمِلُ. يَنْقُلُ. يَرْفَعُ (شَكْوى). يَحْتَوي عَلى. يؤدّي إلى. يُقِرُّ (قانونًا)
  — away *or* off يَنْتَزِعُ (العَصا من يَدِ المُعْتَدي)
  — on يُتابِعُ؛ يُواصِلُ
  — out يُنَفِّذُ (مَشْروعًا)
  — over يؤَجِّلُ
  — through يُنْجِزُ أو يُتَمِّمُ (مُهِمَّةً)
carsick *adj.* مَنْ يَدوخُ مِنْ رُكوبِ السَّيّارَةِ
cart *n.; vt.* عَرَبَةُ نَقْلٍ // يَنْقُلُ بِعَرَبَةِ النَّقْلِ
  in the — في مَوْقِفٍ حَرِجٍ
cartage *n.* النَّقْلُ أو أُجْرَةُ النَّقْلِ بِالعَرَبَةِ

carte blanche *n.* تَفْويضٌ مُطْلَقٌ
cartel *n.* إتِّفاقٌ أو تَحالُفُ مُنْتِجينَ
cartilage *n.* غُضْروفٌ
carton *n.; vt.* وَرَقٌ مُقَوّى (كَرْتونٌ). عُلْبَةٌ مِنَ الكَرْتونِ // يُحَمِّلُ البِضاعَةَ في صَناديقَ مِنَ الكَرْتونِ
cartoon *n.* رَسْمٌ هَزْلِيٌّ ساخِرٌ. رُسومٌ مُتَحَرِّكَةٌ
cartridge *n.* خَرْطوشَةٌ (بُنْدُقِيَّةٍ، قَلَمِ حِبْرٍ)
cartwright *n.* صانِعُ عَرَباتٍ
carve *vt.* يَنْحُتُ (رُخامًا). يَحْفِرُ (كِتابَةً)؛ يَنْقُشُ (مَعْدِنًا). يُقَطِّعُ أوْ يُقَسِّمُ (دَجاجَةً)
carving *n.* نَحْتٌ؛ نَقْشٌ
cascade *n.; vi.* شَلاّلٌ // يَسْقُطُ كالشَّلاّلِ
case *n.; vt.* حالَةٌ. مَوْضوعُ بَحْثٍ وَمُناقَشَةٍ. قَضِيَّةٌ؛ دَعْوى. مَريضٌ؛ جَريحٌ. صُنْدوقٌ. غِمْدُ (سِلاحٍ أبْيَضَ). عُلْبَةُ المَصاغِ // يَضَعُ في صُنْدوقٍ؛ يُغَلِّفُ
  in any — مَهْما يَكُنْ مِنْ أمْرٍ
  in — of فيما لَوْ
casemate *n.* مَعْقِلٌ؛ مَنَعَةٌ؛ مُنْشَأَةٌ مُحَصَّنَةٌ
casement *n.* إطارُ نافِذَةٍ
casern *or* **caserne** *n.* ثُكْنَةٌ
cash *n.; vt.* نَقْدٌ؛ أوْراقٌ مالِيَّةٌ // يَقْبِضُ أوْ يُحَصِّلُ
  — down الدَّفْعُ فَوْرًا
  — on delivery الدَّفْعُ عِنْدَ التَسْليمِ
  pay — يَدْفَعُ نَقْدًا
  sell for — يَبيعُ نَقْدًا
  — in on يَسْتَفيدُ مِن
cash book *n.* دَفْتَرُ الصُّنْدوقِ
cashier *n.; vt.* أمينُ الصُّنْدوقِ // يَعْزِلُ أو يُجَرِّدُ مِنَ الرُّتْبَةِ (ضابِطًا). يُنَحّي مِنْ مَنْصِبٍ
cashmere *n.* كَشْميرُ: قُماشٌ مِنَ الصّوفِ النّاعِمِ
cash register *n.* صُنْدوقٌ مُسَجِّلٌ (لِلْمَقْبوضاتِ)

casing *n.* غِطاءٌ؛ غِلافٌ واقٍ
casino *n.* مَكانٌ عامٌّ لِلْقِمار
cask *n.* بِرْميلٌ خَشَبيٌّ لِلْكُحول
casket *n.* عُلْبَةُ المَصاغ
cassation *n.* نَقْضُ حُكْمٍ قَضائيٍّ
court of — مَحْكَمَةُ النَّقْضِ أوِ التَّمْييز
casserole *n.* إناءٌ خَزَفيٌّ لِلطَّبْخ
cassock *n.* الغَفّارَةُ: ثَوْبٌ طَويلٌ أَسْوَدُ يَرْتَديهِ الكَهَنَةُ
cast *vt.; i.irr.; n.* يَرْمي. يَطْرُدُ أو يُبْعِدُ (فِكْرَةً). يَتَجَرَّدُ مِنْ؛ يَنْزِعُ. يُظْهِرُ (شُكوكًا). يُوَجِّهُ (إنْتِباهَهُ). يوَجِّهُ الأدْوارَ (في مَسْرَحيَّةٍ). يَصُبُّ؛ يَسْبِكُ. يَتَنَبَّأُ / يَرْتَمي؛ يَنْطَرِحُ. يَلْتَوي. يَجْمَعُ. يَتَقَيَّأُ // رَمْيٌ. رَمْيَةٌ. تَوْزيعُ الأدْوارِ (في مَسْرَحيَّةٍ). تِمْثالٌ؛ قالَبٌ. شَكْلٌ؛ مَظْهَرٌ. نَوْعٌ؛ صِنْفٌ. تَنَبُّؤٌ. مَسْحَةٌ؛ أثَرٌ
— a glance at يُلْقي نَظْرَةً عَلى
— aside يَضَعُ جانِبًا
— down يُثَبِّطُ عَزيمَةَ (فُلانٍ)
— off يَرْفُضُ (عَرْضًا)
castanets *n.pl.* صَنّاجاتٌ
castaway *adj.; n.* مَطْروحٌ وَمَنْبوذٌ // النّاجي بَعْدَ غَرَقِ السَّفينَةِ. مَنْبوذٌ
caste *n.* طَبَقَةٌ ذاتُ امْتِيازاتٍ
caster *n.* مِذَرَّةٌ. دولابٌ صَغيرٌ مُرْتَكِزٌ عَلى مِحْوَرٍ
castigate *vt.* يُعاقِبُ؛ يُؤَنِّبُ وَيَنْتَقِدُ بِقَسْوَةٍ
casting *n.* سَبْكٌ. إخْتيارُ المُمَثِّلينَ (لِمَسْرَحيَّةٍ)
cast iron *n.* حَديدُ الزَّهْرِ؛ حَديدٌ مَسْبوكٌ
castle *n.* قَلْعَةٌ. قَصْرٌ. رُخٌّ (في لُعْبَةِ الشِّطْرَنْجِ)
—s in the air *or* in Spain قُصورٌ في الهَواءِ
cast-off *adj. & n.* مَنْبوذٌ؛ مُهْمَلٌ
castor *n.* قُنْدُسٌ؛ سَمّورٌ. فَرْوُ القُنْدُسِ. قُبَّعَةٌ مِنْ فَرْوِ القُنْدُسِ
castor oil *n.* زَيْتُ الخِرْوَعِ
castrate *vt.* يَخْصي. يَحْرِمُهُ مِنَ (النَّشاطِ، الرُّجولَةِ). يَحْذِفُ أقْسامًا مِنْ (كِتابٍ، رِوايَةٍ)
casual *adj.* طارِئٌ؛ فُجائيٌّ. غَيْرُ مُبالٍ. مُتَقَطِّعٌ
casually *adv.* عَرَضًا؛ بِالصُّدْفَةِ
casualty *n.* حادِثٌ؛ عارِضٌ. ضَحيَّةُ (عُدْوانٍ). شَخْصٌ مُصابٌ
cat *n.* هِرٌّ؛ قِطٌّ. حَبْلٌ غَليظٌ
cataclysm *n.* كارِثَةٌ أرْضيَّةٌ. تَغَيُّرٌ مُفاجِئٌ
catacombs *n.pl.* دَياميسُ؛ سَراديبُ المَوْتى
catafalque *n.* مِنَصَّةُ نَعْشٍ
catalog(ue) *n.; vt.* فِهْرِسٌ. قائِمَةٌ. جَدْوَلٌ. بَيانٌ مُصَوَّرٌ // يُفَهْرِسُ؛ يُقَيِّدُ. يُحَضِّرُ جَداوِلَ
catapult *n.* مِرْجامٌ. مَنْجَنيقٌ
cataract *n.* شَلّالٌ؛ مَسْقَطُ مِياهٍ. ماءٌ زَرْقاءُ تُغَشّي عَدَسَةَ العَيْنِ جُزْئيًّا
catarrh *n.* نَزْلَةٌ صَدْريَّةٌ. زُكامٌ
catastrophe *n.* فاجِعَةٌ؛ كارِثَةٌ؛ نازِلَةٌ
catcall *n.* صَرْخَةٌ أو صَفْرَةُ اسْتِهْجانٍ عالِيَةٌ
catch *vt.; i.irr.; n.* يُمْسِكُ. يَقْبِضُ عَلى. يُفاجِئُ. يُصيبُ. يَلْحَقُ بِـ. يَأْسِرُ (النَّظَرَ). يَفْهَمُ. يَسْمَعُ / يَشْتَعِلُ. يَتَعَلَّقُ بِـ؛ يَتَشَبَّثُ بِـ // الإمْساكُ بِـ؛ القَبْضُ عَلى. كَسْبٌ مُفاجِئٌ. ماسِكَةٌ؛ كَلّابَةٌ (لِلْمَسْكِ). سِنُّ (قُفْلٍ). مَكيدَةٌ. غَنيمَةٌ
— a cold يُصابُ بِالزُّكامِ
— on يَنْجَحُ (شَعْبيًّا). يَسْتَوْعِبُ
— up يَلْحَقُ بِـ
catching *adj.* مُعْدٍ. جَذّابٌ؛ أخّاذٌ؛ آسِرٌ
catch phrase *n.* عِبارَةٌ مَشْهورَةٌ
catchup *n.* see **ketchup**
catechism *n.* التَّعْليمُ الدينيُّ المَسيحيُّ. كِتابٌ

التَّعْليم المَسيحيّ

catechize *vt.* يَسْتَجْوِبُ. يُعَلِّمُ بأُسْلوبِ السؤالِ والجَوابِ

categoric(al) *adj.* قَطْعيٌّ؛ حَتْميٌّ. باتٌّ؛ قاطِعٌ

category *n.* فِئَةٌ؛ صِنْفٌ. طَبَقَةٌ. مَقولَةٌ

cater *vi.* يُزَوِّدُ بالطَّعامِ والخَدَماتِ. يُلَبّي (حاجَةً)

caterpillar *n.* يُسْروعٌ: دودَةُ الفَراشَةِ. جَرّارٌ

catfish *n.* السِلَّورُ (سَمَكٌ)

cathartic *n.* دَواءٌ أو عَقّارٌ مُسْهِلٌ

cathedral *n.* كاتِدْرائِيَّةٌ: كَنيسَةُ الكُرْسيِّ الأُسْقُفيِّ

cathode *n.* القُطْبُ السالِبُ

catholic *n. & adj.* كَونيٌّ؛ عامٌّ // *cap.* كاثوليكيٌّ

catkin *n.* إزْهِرارٌ سُنْبُليُّ الشَّكْلِ؛ نَوْرَةٌ

cattish *or* **catty** *adj.* لاذِعٌ؛ خَبيثٌ

cattle *n.pl.* الماشِيَةُ

cauldron *or* **caldron** *n.* قِدْرٌ؛ دَسْتٌ

cauliflower *n.* قُنَّبيطٌ؛ قَرْنَبيطٌ

causal *adj.* سَبَبيٌّ؛ عِلّيٌّ

cause *n.; vt.* سَبَبٌ؛ عِلَّةٌ. دافِعٌ؛ مُبَرِّرٌ. قَضيَّةٌ // يُسَبِّبُ أو يُحْدِثُ (اضْطِراباتٍ)

make common — with يَتعاوَنُ مَعَ (شَخْصٍ) لِتَحْقيقِ هَدَفٍ مُشْتَرَكٍ

causerie *n.* مُحادَثَةٌ؛ حَديثٌ غَيْرُ رَسْميٍّ

causeway *n.* مِعْبَرٌ مُمَهَّدٌ فَوْقَ الماءِ أو فَوْقَ مُسْتَنْقَعٍ. مَمَرٌّ مُعَبَّدٌ

caustic *adj.; n.* كاوٍ (مادَّةٌ كيماويَّةٌ). لاذِعٌ (كَلامٌ) // مادَّةٌ كاوِيَةٌ

cauterize *vt.* يَكْوي (جُرْحًا)

caution *n.; vt.* حَذَرٌ؛ إحْتِرازٌ. تَحْذيرٌ؛ تَنْبيهٌ // يُحَذِّرُ؛ يُنَبِّهُ

cautious *adj.* حَذِرٌ؛ مُحْتَرِزٌ

cavalcade *n.* مَوْكِبُ خَيّالَةٍ وعَرَباتٍ

cavalier *adj.; n.* فَظٌّ. مُتَعَجْرِفٌ // فارِسٌ؛ خَيّالٌ. سَيِّدٌ نَبيلٌ (يُرافِقُ سَيِّدَةً إلى حَفْلٍ)

cavalry *n.* خَيّالَةٌ؛ فُرْسانٌ

cave *n.; vt.; i.* كَهْفٌ؛ مَغارَةٌ // يُجَوِّفُ (حَجَرًا)؛ يَحْفِرُ (نَفَقًا) / يَنْهارُ (سَقْفٌ)

— in يَنْهارُ أو يَتَقَوَّضُ (بِناءٌ)

cavern *n.* كَهْفٌ كَبيرٌ؛ مَغارَةٌ واسِعَةٌ

cavernous *adj.* يُشْبِهُ الكَهْفَ. مَساميٌّ. مَليءٌ بالمَغاوِرِ (جَبَلٌ)

caviare *or* **caviar** *n.* ألكافْيار: بَيْضُ سَمَكٍ؛ بَطارِخُ

cavil *vt.; n.* يُماحِكُ. يُثيرُ اعْتِراضاتٍ تافِهَةً // إعْتِراضٌ تافِهٌ ومُعيبٌ

cavity *n.* جَوْفٌ. فَجْوَةٌ في سِنٍّ مُسَوَّسَةٍ. تَجْويفٌ

cavort *vi.* يَطْفِرُ ويَرْقُصُ فَرَحًا

caw *vi.; n.* يَنْعَبُ (الغُرابُ)؛ يَنْعَقُ // نَعيبٌ؛ نَعيقٌ

cease *vt.* يوقِفُ أو يَقْطَعُ (العَمَلَ)

cease-fire *n.* وَقْفٌ لإطْلاقِ النّارِ؛ هُدْنَةٌ

ceaseless *adj.* دائِمٌ؛ مُتَواصِلٌ؛ غَيْرُ مُنْقَطِعٍ

cedar *n.* أرْزٌ. خَشَبُ الأَرْزِ

cede *vt.* يَتَخلّى عَنْ (أرْضٍ، حُقوقٍ)

ceiling *n.* سَقْفٌ. حَدٌّ أقْصى للإرْتِفاعِ

celebrate *vt.* يُكَرِّمُ. يَحْتَفِلُ بِـ (حَدَثٍ مُهِمٍّ، عيدِ ميلادٍ). يُقيمُ قُدّاسًا إحْتِفاليًّا

celebrated *adj.* شَهيرٌ؛ مَشْهورٌ؛ ذائِعُ الصّيتِ

celebration *n.* إحْتِفالٌ بِـ. إقامَةُ قُدّاسٍ إحْتِفاليٍّ

celebrity *n.* شُهْرَةٌ. شَخْصيَّةٌ مَشْهورَةٌ

celerity *n.* سُرْعَةٌ؛ إسْتِعْجالٌ؛ إسْراعٌ

celery *n.* الكَرَفْسُ (بَقْلٌ)

celestial *adj.* سَماويٌّ. فَلَكيٌّ. إلَهيٌّ. روحيٌّ

celibacy *n.* عُزْبَةٌ ؛ عُزوبَةٌ ؛ إمْتِناعٌ عَنِ الزَّواجِ

celibate *adj.* & *n.* أعْزَبُ ؛ عازِبٌ ؛ غَيْرُ مُتَزَوِّجٍ

cell *n.* غُرْفَةٌ صَغيرَةٌ ؛ زِنْزانَةٌ ؛ حُجْرَةٌ. خَلِيَّةٌ. بَطّارِيَّةٌ

cellar *n.* مَخْزَنُ المَؤونَةِ. قَبْوُ الخَمْرِ

cello *n.* كَمانٌ كَبيرٌ

cellophane *n.* وَرَقٌ شَفّافٌ عازِلٌ (لِلتَّغْليفِ)

cellular *adj.* مَسامِّيٌّ ؛ مُخْتَصٌّ بِالخَلايا

cellulose *n.* السِّلّولوز: قِوامُ الخَشَبِ في النَباتِ

Celsius *n.; adj.* مِحرٌّ مِئَويٌّ // مِئَويٌّ

cement *n.; vt.* أَسْمَنْتٌ. لِصاقٌ // يَكْسو بِالأَسْمَنْتِ. يَلْصَقُ. يُوَطِّدُ (السِّلْمَ). يُدَعِّمُ ؛ يُقَوّي

cement mixer *n.* خَلاّطَةُ أو جَبّالَةُ الأَسْمَنْتِ

cemetery *n.* مَقْبَرَةٌ ؛ مَدْفَنٌ ؛ تُرْبَةٌ ؛ جَبّانَةٌ

cenotaph *n.* نُصْبٌ ؛ ضَريحٌ تَذْكارِيٌّ

censer *n.* مِبْخَرَةٌ ؛ مِجْمَرَةُ البَخورِ

censor *n.; vt.* مُراقِبُ (صُحُفٍ، أفْلامٍ) ؛ رَقيبٌ // يُراقِبُ أو يُخْضِعُ لِلرَّقابَةِ (فيلْمًا)

censorious *adj.* ناقِدٌ ؛ عَيّابٌ

censorship *n.* مُراقَبَةُ (الصُّحُفِ، الأفْلامِ) ؛ رَقابَةٌ

censure *n.; vt.* نَقْدٌ شَديدٌ ؛ إسْتِنْكارٌ // يَنْتَقِدُ بِقَسْوَةٍ ؛ يُدينُ وَيَسْتَنْكِرُ

census *n.* (*pl.* **-es**) إحْصاءٌ رَسْمِيٌّ لِلسُّكّانِ

cent *n.* جُزْءٌ مِنْ مِئَةٍ مِنَ الدولارِ

ten per — عَشْرَةٌ بِالمِئَةِ

centaur *n.* القَنْطورُ: كائِنٌ خُرافِيٌّ نِصْفُهُ الأَعْلى إنْسانٌ وَنِصْفُهُ الأَسْفَلُ فَرَسٌ

centenarian *n.* & *adj.* مِئَويٌّ ؛ لَهُ مِئَةُ سَنَةٍ مِنَ العُمْرِ

centenary; centennial *adj.; n.* مِئَويٌّ: يَحْدُثُ مَرَّةً كُلَّ قَرْنٍ // ذِكْرى أوِ احْتِفالٌ مِئَويٌّ

center *or* **centre** *n.; vt.; i.* نُقْطَةُ الدّائِرَةِ. وَسَطٌ. قَلْبُ (مَدينَةٍ). مَرْكَزٌ (صِناعِيٌّ). مِحْوَرُ (اهْتِمامٍ) // يَضَعُ في الوَسَطِ. يُرَكِّزُ (أفْكارَهُ) / يَتَرَكَّزُ ؛ يَتَمَحْوَرُ حَوْلَ. يَتَوَسَّطُ

centigrade *adj.* مِئَويٌّ (ميزانُ حَرارَةٍ)

centigram *n.* جُزْءٌ مِنْ مِئَةٍ مِنَ الغرامِ

centiliter *n.* جُزْءٌ مِنْ مِئَةٍ مِنَ اللّيترِ

centimeter *n.* جُزْءٌ مِنْ مِئَةٍ مِنَ المِتْرِ

centipede *n.* الحَريشُ: أُمُّ أرْبَعٍ وَأرْبَعينَ

central *adj.* مَرْكَزِيٌّ (مَصْرِفٌ، إدارَةٌ، تَدْفِئَةٌ)

centralize *vt.; i.* يُرَكِّزُ ؛ يَجْمَعُ ؛ يَحْصُرُ (السُّلْطَةَ). يوَحِّدُ في مَرْكَزٍ / يَتَمَرْكَزُ

centric(al) *adj.* مَرْكَزِيٌّ ؛ مِحْوَرِيٌّ

centrifugal *adj.* نابِذٌ: مُنْطَلِقٌ مِنَ المَرْكَزِ (قُوَّةٌ)

centripetal *adj.* جابِذٌ: جاذِبٌ نَحْوَ المَرْكَزِ (قُوَّةٌ)

centurion *n.* قائِدُ مِئَةِ جُنْدِيٍّ

century *n.* قَرْنٌ. مَجْموعَةٌ مُؤَلَّفَةٌ مِنْ مِئَةٍ

ceramic *adj.; n.* خَزَفِيٌّ ؛ فَخّارِيٌّ // إناءٌ خَزَفِيٌّ

ceramics *n.pl.* الخِزافَةُ: فَنُّ صِناعَةِ الخَزَفِ

cereal *n.* نَباتٌ حَبِّيٌّ. طَعامٌ مِنَ الحُبوبِ

cerebellum *n.* (*pl.* **-s** *or* **-bella**) مُخَيْخٌ

cerebral *adj.* مُخِّيٌّ ؛ دِماغِيٌّ. عَقْلِيٌّ ؛ فِكْرِيٌّ

cerebrum *n.* (*pl.* **-brums** *or* **-bra**) المُخُّ

cerement *n.* الكَفَنُ: ثَوْبُ المَيْتِ عِنْدَ الدَّفْنِ

ceremonial *adj.* إحْتِفالِيٌّ ؛ شَعائِرِيٌّ ؛ طَقْسِيٌّ

ceremonious *adj.* مُتَكَلِّفٌ ؛ مُبالِغٌ في المُجامَلَةِ

ceremony *n.* إحْتِفالٌ (بِعيدِ النَّصْرِ). رُتْبَةٌ (المَعْموديَّةِ) ؛ طَقْسٌ دينِيٌّ. تَشْريفاتٌ

without — دونَ كُلْفَةٍ ؛ بِبَساطَةٍ

cerise *n.* لَوْنٌ أَحْمَرُ كَرَزِيٌّ

certain *adj.* واثِقٌ ؛ مُتَأَكِّدٌ. مُحَدَّدٌ (تاريخٌ). صائِبٌ (رَأْيٌ). مُؤَكَّدٌ. بَعْضُ. ما

make — of يَتأَكَّدُ مِن ؛ يَتَحَقَّقُ مِن
for — بِالتَّأكيدِ؛ بِدونِ أيِّ شَكٍّ
certainly *adv.* بِكُلِّ تأكيدٍ ؛ يَقينًا
certainty *n.* تَأَكُّدٌ ؛ يَقينٌ. أمْرٌ مُؤَكَّدٌ أو مُحَتَّمٌ
certificate *n.; vt.* شَهادَةٌ. شَهادَةٌ مَدْرَسيَّةٌ. وَثيقَةٌ (وِلادَةٍ، زَواجٍ ، وَفاةٍ) // يُفَوِّضُ أو يُثْبِتُ بِوَثيقَةٍ رَسْميَّةٍ
certified *adj.* مُوَقَّعٌ ومُثْبَتٌ؛ مُصَدَّقٌ
certify *vt.* يُؤَكِّدُ خَطِّيًا. يَشْهَدُ. يُثْبِتُ (صِحَّةَ كَذا). يُوَقِّعُ سَنَدًا لِتَثْبيتِ صِحَّتِهِ. يَضْمَنُ. يُصَدِّقُ (شيئًا)
certitude *n.* تَأَكُّدٌ. عِلْمٌ ؛ يَقينٌ. ثِقَةٌ
cervical *adj.* عُنُقيٌّ ؛ يَخْتَصُّ بِعُنُقِ الرَّحِمِ
cervix *n.* (*pl.* **cervices** *or* **-es**) عُنُقُ الرَحِمِ
cessation *n.* تَوَقُّفٌ ؛ إنْقِطاعٌ
cession *n.* تَخَلٍّ عَنْ (مِلْكيَّةٍ). تَنازُلٌ عَنْ (حُقوقٍ)
cesspit; cesspool *n.* بالوعَةٌ. مَكانٌ فاسِدٌ
chafe *vi.; t.; n.* يَبْلى بِالحَكِّ. يَتَأَلَّمُ بِسَبَبِ الفَرْكِ / يُثيرُ؛ يُحْنِقُ؛ يُغْضِبُ. يُسَبِّبُ احْتِكاكًا. يَفْرُكُ. يُبْلي بِالإحْتِكاكِ المُسْتَمِرِّ // بِلًى ناتِجٌ عَنِ الحَكِّ
chafer *n.* جُعَلٌ: ضَرْبٌ مِنَ الخَنافِسِ
chaff *n.; vt.* قِشْرُ الحِنْطَةِ. نُفايَةٌ. مَزْحٌ ؛ تَنْكيتٌ // يُمازِحُ ؛ يُنَكِّتُ
chaffinch *n.* بِرْقِشٌ أو شُرْشورٌ: عُصْفورٌ مُغَرِّدٌ
chagrin *n.; vt.* غَمٌّ ؛ كُرْبَةٌ ؛ كَدَرٌ // يُغِمُّ ؛ يُكَدِّرُ
chain *n.; vt.* سِلْسِلَةٌ ؛ زِنْجيرٌ. قَيْدٌ ؛ غُلٌّ // يُقَيِّدُ؛ يُكَبِّلُ ؛ يوثِقُ بِالأغْلالِ
chair *n.; vt.* كُرْسيٌّ. مَرْكَزُ نُفوذٍ (في مَجْلِسِ إدارَةٍ). كُرْسيُّ تَعْليمٍ ؛ أُسْتاذيَّةٌ (في جامِعَةٍ) // يَرْأَسُ
be in the — *or* take the — يَرْئَسُ (اجْتِماعًا)
chairman *n.* رَئيسُ (مَجْلِسِ إدارَةٍ، لَجْنَةٍ)
chalet *n.* شاليه: مَسْكِنٌ خَشَبيٌّ جَبَليٌّ سويسريٌّ

chalice *n.* كأْسٌ. كأْسُ النَّبيذِ المُقَدَّسِ
chalk *n.; vt.* طَبْشورَةٌ. حَجَرٌ كِلْسيٌّ. قَلَمٌ (للرَّسْمِ) // يَرْسُمُ بِالطَّبْشورَةِ
by a long — بِكَثيرٍ؛ إلى حَدٍّ بَعيدٍ
chalkpit *n.* مَقْلَعُ طَباشيرَ
challenge *n.; vt.* تَحَدٍّ. إسْتِفْزازٌ. إعْتِراضٌ. تَيَقُّظٌ // يَتَحَدَّى. يَعْتَرِضُ عَلى. يُحَرِّكُ ؛ يُنَشِّطُ
chamber *n.* غُرْفَةٌ ؛ حُجْرَةٌ. قاعَةُ (اجْتِماعاتٍ) ؛ صالَةُ (اسْتِقْبالٍ). غُرْفَةٌ (تِجاريَّةٌ). مَجْلِسُ (النُّوابِ). جَوْفُ (مِدْفَعٍ)
chamberlain *n.* أمينُ (مَلِكٍ). حاجِبُ (البابا)
chambermaid *n.* خادِمَةٌ أو وَصيفَةٌ
chamber music *n.* موسيقى الحُجْرَةِ
chameleon *n.* حِرْباءُ. شَخْصٌ مُتَقَلِّبٌ كالحِرْباءِ
chamfer *n.; vt.* حافَّةٌ مَشْطوبَةٌ // يَحْفِرُ تَلَمًا. يَشْطُبُ حافَّةً
chamois *n.* (*pl.* **-ois** *or* **-oix**) ظَبْيُ الجِبالِ
champ *vt.; i.; n.* يَمْضُغُ بِصَوْتٍ طاحِنٍ (الحِصانُ) / يَقْضِمُ شَيْئًا بِعَصَبيَّةٍ وَتَوَتُّرٍ // بَطَلٌ
champagne *n.* شَمْبانْيا: نَبيذٌ أَبْيَضُ
champignon *n.* فُطْرٌ
champion *n.; vt.* بَطَلٌ. مُدافِعٌ عَنْ شَخْصيَّةٍ أو قَضيَّةٍ // يُدافِعُ عَنْ. يُسانِدُ
championship *n.* البُطولَةُ. مُبارَياتٌ لِتَحْديدِ بَطَلِ الدَّوْرَةِ. نُصْرَةٌ أو دِفاعٌ عَنْ (قَضيَّةٍ، عَقيدَةٍ، شَخْصٍ)
chance *adj.; n.; vt.; i.* عَرَضيٌّ ؛ تَصادُفيٌّ // حَظٌّ. مُصادَفَةٌ. فُرْصَةٌ ؛ مُناسَبَةٌ. مُخاطَرَةٌ. إحْتِمالٌ // يُجازِفُ ؛ يُخاطِرُ ؛ يُغامِرُ / يَحْدُثُ مُصادَفَةً ؛ يُصادِفُ
by — بِالصُّدْفَةِ
chancel *n.* مَعْبَدٌ ؛ هَيْكَلٌ ؛ مَذْبَحٌ
chancellery *or* **chancellory** *n.* مُسْتَشاريَّةٌ :

مُرافِقَةٌ أو رَقيبَةُ سُلوكٍ (فَتاةٍ) // يُرافِقُ (لِلْحِمايَةِ)

chapfallen *adj.* مُكْتَئِبٌ. مُحَطَّمٌ. حَزينٌ

chaplain *n.* قَسٌّ؛ مُرْشِدٌ روحِيٌّ مُلْحَقٌ بِمؤَسَّسَةٍ

chaplet *n.* إكْليلُ زَهْرٍ. سُبْحَةٌ (الصَّلاةِ)

chapter *n.* فَصْلٌ (مِنْ كِتابٍ). مَجْمَعُ رُهْبانٍ. حِقْبَةٌ (تاريخيَّةٌ). فَرْعٌ لِـ (مؤَسَّسَةٍ، نادٍ)

char *vt.; i.* يُفَحِّمُ؛ يُحَوِّلُ إلى فَحْمٍ. يَحْرُقُ جُزْئيًّا حتّى يَأْخُذَ لَوْنَ السَّوادِ / يَتَفَحَّمُ. يُنَظِّفُ المَكاتِبَ أوِ المَنازِلَ (لِقاءَ أجْرٍ يَوْميٍّ أو بالسّاعَةِ)

character *n.* طَبْعٌ؛ خُلُقٌ؛ طَبيعَةٌ. ميزَةٌ. شَخْصِيَّةٌ فَذَّةٌ. سُمْعَةٌ. شَخْصِيَّةٌ أو دَوْرٌ (في مَسْرَحِيَّةٍ). حَرْفٌ

characteristic *n.; adj.* سِمَةٌ مُمَيِّزَةٌ // مُمَيِّزٌ

characterize *vt.* يَصِفُ؛ يُمَيِّزُ

charade *n.* حادِثَةٌ أو فَصْلٌ مِنْ تَمْثيلِيَّةٍ تَحْزيرِيَّةٍ. حَزّورَةٌ؛ أُحْجِيَّةٌ

charcoal *n.* الفَحْمُ. قَلَمٌ فَحْميٌّ لِلرَّسْمِ. رَسْمٌ فَحْميٌّ

charge *vt.; n.* يَطْلُبُ ثَمَنًا. يَتَّهِمُ (فُلانًا). يُكَلِّفُ. يَهْجُمُ عَلى. يُحَمِّلُ (سَفينَةً). يُلَقِّمُ (سِلاحًا ناريًّا). يَشْحَنُ (بَطّاريَّةً). يَأْمُرُ // سِعْرٌ. رَسْمٌ (جُمْرُكيٌّ). تُهْمَةٌ. هُجومٌ. عُهْدَةٌ. حَشْوَةٌ (بُنْدُقِيَّةٍ). حُمولَةٌ (شاحِنَةٍ). حِمْلٌ. مَسْؤوليَّةٌ

in — المَسْؤولُ

in — of مَسْؤولٌ عَن

free of — مَجّانًا

take — of يُعْنى بِـ؛ يَتَكَفَّلُ بِـ

chargeable *adj.* خاضِعٌ لِرَسْمٍ أو لِضَريبَةٍ. مَسْؤولٌ؛ تُلْقى تَبِعَتُهُ على

charger *n.* مُلْقِمٌ (مِدْفَعيٌّ). جَوادٌ لِلمَعارِكِ. جِهازٌ لِشَحْنِ البَطّاريّاتِ. صَحْنٌ كَبيرٌ

charily *adv.* باحْتِرازٍ؛ بِحَذَرٍ. باقْتِصادٍ

رِئاسَةُ حُكومَةٍ. مَنْصِبُ أو مَبْنى أو ديوانُ الْمُسْتَشارِ. مَبْنى سَفارَةٍ أوْ قُنْصُلِيَّةٍ

chancellor *n.* رَئيسُ (حُكومَةٍ، جامِعَةٍ، مَحْكَمَةٍ). عَميدٌ. مُسْتَشارٌ. السِّكْرتيرُ الأوَّلُ في السَّفارَةِ

chancery *n.* أحَدُ أقْسامِ المَحْكَمَةِ العُلْيا

chancy *adj.* غَيْرُ أكيدٍ؛ فيهِ مُخاطَرَةٌ

chandelier *n.* ثُرَيّا

chandler *n.* شَمّاعٌ: صانِعُ أو بائِعُ الشُّموعِ

change *n.; vt.; i.* تَغْييرٌ؛ تَبْديلٌ. تَغَيُّرٌ؛ تَبَدُّلٌ. مُقايَضَةٌ. بَديلٌ. صِرافَةٌ. تَحَوُّلٌ. وَجْهُ القَمَرِ // يُغَيِّرُ؛ يُبَدِّلُ. يَسْتَبْدِلُ (إسْمَهُ). يُحَوِّلُ. يُقايِضُ (مَكانَهُ). يَصْرِفُ (العُمْلَةَ) / يَتَغَيَّرُ؛ يَتَبَدَّلُ. يَتَجَدَّدُ (القَمَرُ)

— of heart تَغْييرٌ جَذْريٌّ في (الرَّأْيِ، التَّفْكيرِ)

— of life سِنُّ اليَأْسِ

— hands تَنْتَقِلُ المِلْكِيَّةُ مِنْ شَخْصٍ إلى آخَرَ

changeable *adj.* مُتَغَيِّرٌ؛ مُتَبَدِّلٌ؛ مُتَقَلِّبٌ (طَقْسٌ)

changeless *adj.* ثابِتٌ؛ لا يَتَغَيَّرُ

changer *n.* صَرّافٌ

channel *n.; vt.* قَناةٌ (رَيٍّ، تَلْفَزَةٍ). مَجْرى نَهْرٍ. مَضيقٌ. إتِّجاهٌ (في الفِكْرِ). وَسيلَةٌ (اتِّصالٍ) // يَحْفِرُ (قَناةً). يُرْسِلُ. يُوَجِّهُ نَحْوَ قَناةٍ

chant *n.; vi.; t.* غِناءٌ؛ تَرْنيمٌ. تَرْتيلٌ. نَشيدٌ // يُرَنِّمُ. يَشْدو. يُرَتِّلُ / يَتَرَنَّمُ بِـ؛ يَتَغَنّى بِـ

chaos *n.* خَواءٌ؛ عَماءٌ (قَبْلَ التَّكْوينِ). بَلْبَلَةٌ؛ إخْتِلاطٌ؛ فَوْضى

chaotic *adj.* مُخْتَلِطٌ؛ مُشَوَّشٌ؛ زاخِرٌ بالفَوْضى

chap *n.; vt.; i.* تَشَقُّقٌ أو تَفَلُّعٌ (في اليَدَيْنِ). فَتًى؛ غُلامٌ. فَكّانِ؛ خَدّانِ // يُشَقِّقُ أو يُفَلِّعُ (البَرْدُ اليَدَيْنِ) / يَتَشَقَّقُ أو يَتَفَلَّعُ (الجِلْدُ)

chapel *n.* كَنيسَةٌ صَغيرَةٌ. كَنيسَةٌ خاصَّةٌ

chaperon *or* **chaperone** *n.; vt.* وَصيفَةٌ؛

chariot *n.* عَرَبَةُ (نَقْلٍ) تَجُرُّها الخَيْلُ
charitable *adj.* مُحْسِنٌ ؛ مُتَصَدِّقٌ. عَطوفٌ
charity *n.* مَحَبَّةُ (الغَيْرِ) ؛ عَطْفٌ. حَسَنَةٌ ؛ إحْسانٌ ؛ صَدَقَةٌ. مؤَسَّسَةٌ خَيْرِيَّةٌ
charlatan *n.* دَجّالٌ ؛ مُشَعْوِذٌ (يَنْتَحِلُ صِفَةَ الطَّبيبِ)
charm *n.; vt.; i.* جاذِبِيَّةٌ ؛ سِحْرٌ. مَفاتِنُ أو مَحاسِنُ (امْرَأَةٍ). حِلْيَةٌ توضَعُ على سِوارٍ. طِلَّسْمٌ ؛ تَعْويذَةٌ // يَفْتِنُ ؛ يَسْحَرُ ؛ يَخْلُبُ / يُمارِسُ السِّحْرَ
like a — عَلى أَتَمِّ وَجْهٍ ؛ بِنَجاحٍ
charming *adj.* فاتِنٌ ؛ مُبْهِجٌ ؛ خَلاّبٌ (مَنْظَرٌ)
charnel *adj.* مُرَوِّعٌ ؛ مُرْعِبٌ. مُميتٌ
chart *n.; vt.* خَريطَةٌ مِلاحِيَّةٌ. رَسْمٌ بَيانِيٌّ // يَرْسُمُ خَريطَةَ (مَدينَةٍ)
charter *n.; vt.* وَثيقَةٌ ؛ سَنَدٌ. إمْتِيازٌ. شِرْعَةٌ ؛ دُسْتورٌ. تَأْجيرُ (طائِرَةٍ) // يؤَجِّرُ (طائِرَةً). يَمْنَحُ امتيازًا
on — مؤَجَّرٌ
chary *adj.* حَريصٌ ؛ دَقيقٌ. مُقْتَصِدٌ. خَجولٌ
chase *vt.; n.* يَصْطادُ. يُطارِدُ ؛ يَتَعَقَّبُ. يَطْرُدُ. يَنْقُشُ (مَعْدِنًا) // مُطارَدَةٌ. طَريدَةٌ
chasm *n.* هُوَّةٌ. ثُغْرَةٌ ؛ إنْقِطاعٌ في الإسْتِمْرارِيَّةِ. فَرْقٌ شاسِعٌ في (المَصالِحِ ، الشُّعورِ)
chassis *n.* هَيْكَلُ سَيّارَةٍ. حاضِنُ جِهازِ الرّاديو والتِّلِفِزيونِ. جِهازُ الهُبوطِ في الطّائِرَةِ
chaste *adj.* طاهِرٌ ؛ عَفيفٌ. مُحْتَشِمٌ. بَسيطٌ
chasten *vt.* يُخْضِعُ. يُعاقِبُ. يُهَذِّبُ أو يُصْلِحُ (بالعِقابِ). يُلَطِّفُ ؛ يَكْبَحُ. يُبَسِّطُ (الأُسْلوبَ)
chastise *vt.* يُعاقِبُ أو يُقاصِصُ (بالضَّرْبِ). يُؤَنِّبُ
chastity *n.* عِفَّةٌ ؛ عَفافٌ. طَهارَةٌ
chasuble *n.* بَدْلَةُ الكاهِنِ (أثْناءَ القُدّاسِ)
chat *n.; vi.* حَديثٌ ؛ ثَرْثَرَةٌ. الأَبْلَقُ : أبو بُلَيْقٍ // يَتَحادَثُ مَعَ ؛ يُثَرْثِرُ مَعَ

château *n.* (*pl.* **-x** *or* **-s**) قَصْرٌ ريفِيٌّ (في فَرَنْسا)
chattel *n.* مِلْكٌ مَنْقولٌ
chatter *vi.; n.* يُثَرْثِرُ. يُزَقْزِقُ (العُصْفورُ). تَصْطَكُّ (الأَسْنانُ) // ثَرْثَرَةٌ. زَقْزَقَةُ (العُصْفورِ). إصْطِكاكٌ
chatty *adj.* ثَرْثارٌ ؛ مِهْذارٌ
chauffeur *n.* سائِقُ سَيّارَةٍ ؛ سَوّاقٌ
cheap *adj.* رَخيصٌ ؛ غَيْرُ مُكْلِفٍ. رَديءٌ (فَرْشٌ). حَقيرٌ ؛ دَنِيءٌ
cheapen *vt.; i.* يَحُطُّ مِنْ (سُمْعَةٍ، قَدْرٍ). يُخَفِّضُ الثَّمَنَ / يَرْخُصُ الثَّمَنُ
cheat *vt.; n.* يَخْدَعُ ؛ يُضَلِّلُ. يَغُشُّ (في اللَّعِبِ). يَخونُ (زَوْجَتَهُ) // خَدّاعٌ ؛ غَشّاشٌ. خِداعٌ ؛ غِشٌّ
check *vt.* يوقِفُ. يَكْبِتُ (غَيْظَهُ) ؛ يَكْبَحُ (أَهْواءَهُ). يُعيقُ. يَصُدُّ ؛ يَرُدُّ. يُدَقِّقُ في ؛ يُراجِعُ (حِسابًا). يُقَيِّدُ (أَمْتِعَةً) // تَوْقيفٌ. كَبْتٌ ؛ كَبْحٌ. تَدْقيقٌ في (لائِحَةِ الأَدْوِيَةِ). رُقْعَةٌ مُرَبَّعاتٌ. إيصالٌ
— in يُسَجِّلُ حُضورَهُ إلى (الفُنْدُقِ، العَمَلِ)
— out يُغادِرُ (الفُنْدُقَ) بَعْدَ تَسْديدِ الحِسابِ
— up يُحَقِّقُ في (صِحَّةِ وَقائِعَ)
in — تَحْتَ السَّيْطَرَةِ ؛ مَضْبوطٌ
checker *n.; vt.* رُقْعَةُ الدّاما // يُلَوِّنُ. يُنَوِّعُ
checkerboard *n.* رُقْعَةُ الدّاما
checkers *n.pl.* لُعْبَةُ الدّاما
checking *n.* مُراقَبَةٌ ؛ تَدْقيقٌ ؛ ضَبْطٌ ؛ قَمْعٌ
check mate *n.; vt.* إماتَةُ المَلِكِ ؛ شاه مات. هَزيمَةٌ نَكْراءُ // يُميتُ المَلِكَ (في الشَّطْرَنْجِ). يَقْهَرُ
cheek *n.; vt.* خَدٌّ ؛ وَجْنَةٌ. وَقاحَةٌ ؛ قِلَّةُ حَياءٍ // يُقَلِّلُ مِن احْتِرامِ (فُلانٍ)
— by jowl جَنْبًا إلى جَنْبٍ
cheekbone *n.* عَظْمُ الوَجْنَةِ أوِ الخَدِّ
cheeky *adj.* وَقِحٌ ؛ قَليلُ الحَياءِ

cheep *n.; vi.* صُئِيُّ (الطَّيْرِ) // يَصِيءُ (الطَّيْرُ)
cheer *n.; vt.; i.* // بَهْجَةٌ؛ فَرْحَةٌ. تَصْفِيقٌ؛ هُتافٌ // يُبْهِجُ؛ يُفْرِحُ. يُشَجِّعُ؛ يُقَوِّي. يُصَفِّقُ لِـ؛ يَهْتِفُ لِـ / يَبْتَهِجُ بِـ؛ يُسَرُّ بِـ؛ يَفْرَحُ بِـ (النَّجاحِ)
C—s! نَخْبَكَ! في صِحَّتِكَ!
cheerful *adj.* مَسْرورٌ؛ فَرِحٌ. زاهٍ؛ مُشْرِقٌ
cheerless *adj.* كَئيبٌ؛ حَزينٌ؛ مُتَشائِمٌ
cheery *adj.* فَرِحٌ؛ مَسْرورٌ. زاهٍ؛ مُشْرِقٌ
cheese *n.* جُبْنٌ؛ جُبْنَةٌ
chef *n.* طاهٍ؛ رَئيسُ الطُّهاةِ (في مَطْعَمٍ)
chef-d'œuvre *n.* (*pl.* **chefs d'œuvre**) تُحْفَةٌ؛ عَمَلٌ رائِعٌ (فَنِّيٌّ، أَدَبِيٌّ)
chemical *adj.* كيميائِيٌّ
chemicals *n.pl.* مَوادُّ كيميائِيَّةٌ
chemise *n.* قَميصٌ فَضْفاضٌ (لِلنِّساءِ)
chemist *n.* كيميائِيٌّ؛ عالِمٌ كيميائِيٌّ. صَيْدَلِيٌّ
—'s shop صَيْدَلِيَّةٌ
chemistry *n.* كيمياءُ؛ عِلْمُ الكيمياءِ
cheque; check *n.* شيكٌ؛ حَوالَةٌ مالِيَّةٌ
traveller's — شيكُ سِياحَةٍ أو سَفَرٍ
chequebook; checkbook *n.* دَفْتَرُ الشّيكاتِ
chequer *vt.* see **checker**
cherish *vt.* يُعِزُّ؛ يَعْتَني بِحَنانٍ. يَتَعَلَّقُ بِـ. يُعَلِّلُ النَّفْسَ (بِالآمالِ). يُغَذّي (فِكْرَةً)
cherry *n.* شَجَرَةُ الكَرَزِ. ثَمَرُ الكَرَزِ
cherub *n.* (*pl.* **-im** *or* **-s**) مَلاكٌ صَغيرٌ مُجَنَّحٌ. طِفْلٌ جَميلٌ بَريءٌ. *pl.* الكَروبِيّونَ أَوِ الكَرُبيم
chess *n.* لُعْبَةُ الشِّطْرَنْجِ
chessboard *n.* رُقْعَةٌ لِلَعِبِ الشِّطْرَنْجِ
chessman *n.* بَيْدَقٌ: أَصْغَرُ أَحْجارِ الشِّطْرَنْجِ
chest *n.* صَدْرٌ. صُنْدوقٌ كَبيرٌ. خَزّانٌ

chestnut *adj.; n.* // كَسْتَنائِيٌّ؛ بِلَوْنِ الكَسْتَناءِ // الكَسْتَناءُ (شَجَرَةٌ، ثَمَرٌ). فَرَسٌ أَشْقَرُ وأَصْهَبُ. خَشَبُ الكَسْتَناءِ. لَوْنٌ بُنِّيٌّ مُحْمَرٌّ
chevalier *n.* عُضْوٌ في جَوْقَةِ الشَّرَفِ. حامِلُ وِسامٍ مِنْ رُتْبَةِ فارِسٍ
chew *vt.* يَمْضَغُ (عِلْكًا)؛ يَلوكُ (طَعامًا)
chewing gum *n.* عِلْكٌ؛ عِلْكَةٌ
chic *n.; adj.* أَناقَةٌ (في المَلْبَسِ) // أَنيقٌ
chicanery *n.* خِداعٌ كَلامِيٌّ؛ مُماحَكَةٌ. حيلَةٌ
chick *n.* كُتْكوتٌ؛ صوصٌ؛ فَرْخُ دَجاجٍ. فَتاةٌ جَذّابَةٌ
chicken *n.* فَرّوجٌ؛ دَجاجَةٌ. شَخْصٌ جَبانٌ
chicken-hearted *adj.* هَلوعٌ؛ هَيّابٌ؛ جَبانٌ
chicken pox *n.* جُدَرِيُّ الماءِ؛ الجُدَيْرِيُّ
chickpea *n.* حِمَّصٌ
chicory *n.* هِنْدِباءُ
chide *vt.; i.irr.* يُؤَنِّبُ؛ يُوَبِّخُ. يَحُثُّ عَلى العَمَلِ
chief *adj.; n.* رَئيسِيٌّ؛ أَساسِيٌّ. الأَوَّلُ؛ الأَهَمُّ. الأَعْلى // رَئيسٌ؛ زَعيمٌ؛ قائِدٌ
in — بِصورَةٍ خاصَّةٍ
chiefly *adv.* خُصوصًا؛ بِالأَخَصِّ؛ بِالأَكْثَرِ
chief of staff *n.* رَئيسُ الأَرْكانِ
chieftain *n.* رَئيسُ عَشيرَةٍ أو جَماعَةٍ
chiffon *n.* قُماشٌ حَريرِيٌّ شَفّافٌ
chiffonier; chiffonnier *n.* خِزانَةٌ عالِيَةٌ بِجَواريرَ
chilblain *n.* شَرَثٌ؛ إِلْتِهابٌ في الأَصابِعِ مِنَ البَرْدِ
child *n.* (*pl.* **children**) وَلَدٌ. طِفْلٌ. إِبْنٌ؛ نَجْلٌ
with — حامِلٌ؛ حُبْلى
child-bearing *n.* الحَمْلُ؛ الحَبَلُ
childbed *n.* وِلادَةٌ؛ نِفاسٌ
childbirth *n.* وِلادَةٌ؛ مَخاضٌ
childhood *n.* طُفولَةٌ؛ صِغَرٌ؛ حَداثَةٌ؛ صِبا

childish *adj.* صَبْيانِيٌّ ؛ طِفْلِيٌّ. تافِهٌ ؛ سَخيفٌ

childishness *n.* تَصَرُّفٌ صَبْيانِيٌّ. سَخافَةٌ

chill *adj.; n.; vt.* بارِدٌ. فاتِرٌ (إِسْتِقْبالٌ) // بَرْدٌ ؛ قَرٌّ. قُشَعْريرَةٌ // يُبَرِّدُ. يُثَبِّطُ عَزيمَةَ (فُلانٍ)

chilli *n.* فِلْفِلٌ

chilly *adj.* بارِدٌ (طَقْسٌ). فاتِرٌ (إِسْتِقْبالٌ)

chime *n.; vt.; i.* جَرَسٌ. صَوْتُ الجَرَسِ. أَصواتٌ مُتَناغِمَةٌ (كَضَحِكِ الأَولادِ). وِفاقٌ ؛ وِئامٌ // يَقْرَعُ جَرَسًا على نَحْوٍ موسيقِيٍّ. يُعْلِنُ (عَنِ الوَقْتِ) بِقَرْعِ الأَجْراسِ / يَنْسَجِمُ. يَتَكَلَّمُ بِنَغْمَةٍ موسيقِيَّةٍ

chimera *or* **chimaera** *n.* وَحْشٌ خُرافِيٌّ. وَهْمٌ ؛ أَضْغاثُ أَحْلامٍ

chimney *n.* مَدْخَنَةٌ. مُسْتَوْقَدٌ

chimpanzee *n.* شِمْبانْزي : قِرْدٌ شَبيهٌ بِالإِنْسانِ

chin *n.* ذَقْنٌ

china *n.* خَزَفٌ صينِيٌّ. أَوانٍ صينِيَّةٌ

Chinese *n. & adj.* صينِيٌّ

chink *n.; vt.; i.* شَقٌّ ؛ صَدْعٌ. رَنينٌ ؛ طَنينٌ // يُشَقِّقُ ؛ يُصَدِّعُ. يُرَنِّنُ ؛ يُطَنِّنُ / يَتَشَقَّقُ ؛ يَتَصَدَّعُ. يَرِنُّ ؛ يَطِنُّ

chintz *n.* قُماشٌ قُطْنِيٌّ عَلَيه رُسومٌ

chip *n.; vt.; i.* قِطْعَةٌ (مِنْ شَيْءٍ) رَقيقَةٌ. فيشَةٌ (في القِمارِ). رُقاقَةُ البطاطا (مَقْلِيَّةٌ). رُقاقاتٌ (الخَشَبِ أَوِ القَشِّ) لِصُنْعِ القُبَّعاتِ والسِّلالِ // يُقَطِّعُ ؛ يُكَسِّرُ (إلى قِطَعٍ صَغيرَةٍ) / يَتَشَظَّى ؛ يَتَكَسَّرُ ؛ يَتَقَطَّعُ

chiromancy *n.* عِرافَةٌ : قِراءَةُ خُطوطِ الكَفِّ

chiropodist *n.* إِخْتِصاصِيٌّ في عِلاجِ القَدَمِ

chirp; chirrup *n.; vi.; t.* زَقْزَقَةُ (الطَّيْرِ، الحَشَراتِ) // يُزَقْزِقُ. يَتَكَلَّمُ بِحَيَوِيَّةٍ / يُبْهِجُ ؛ يُشَجِّعُ

chirpy *adj.* جَذِلٌ ؛ مُبْتَهِجٌ ؛ فَرِحٌ

chirrup *n.; vt.* see **chirp**

chisel *n.; vt.* إِزْميلٌ ؛ مِنْقاشٌ ؛ مِنْحَتٌ ؛ مِقَصٌّ // يَنْقُشُ ؛ يَنْحُتُ (مَعْدِنًا، خَشَبًا، حَجَرًا). يَخْدَعُ

chiselled *adj.* مَنْحوتٌ أَو مَنْقوشٌ بِدِقَّةٍ

chit *n.* وَسْلٌ. مُذَكِّرَةٌ. وَلَدٌ وَقِحٌ

chitchat *n.; vi.* هَذْرٌ ؛ ثَرْثَرَةٌ. نَميمَةٌ // يَهْذُرُ ؛ يُثَرْثِرُ بِنَميمَةٍ

chivalrous *adj.* فُروسِيٌّ. شَهْمٌ ؛ نَبيلٌ ؛ مُهَذَّبٌ

chivalry *n.* فُروسِيَّةٌ. نُبْلٌ في التَّصَرُّفِ. جَمْعِيَّةٌ (فُرْسانٍ، نُبَلاءَ)

chive *n.* ثومٌ مُعَمَّرٌ : بَقْلَةٌ زِراعِيَّةٌ

chlorinate *vt.* يُطَهِّرُ بِالكْلورِ (مادَّةٌ غازِيَّةٌ)

chlorine; chlorin *n.* كلورٌ : غازٌ أَصْفَرُ لِلتَّطْهيرِ

chloroform *n.; vt.* كلوروفورْمٌ : مُرَكَّبُ الكْلورِ المُبَنِّجِ // يُخَدِّرُ أَو يُبَنِّجُ بِالكْلوروفورْمِ

chlorophyll *n.* يَخْضورٌ : مادَّةٌ خَضْراءُ في النَّباتِ

choc-ice *n.* بوظَةٌ مَكْسُوَّةٌ بِالشّوكولاتا

chock-full *adj.* مَلْآنٌ تَمامًا

chocolate *n.* شوكولاتا. شَرابٌ أَو حَلْوى من الشّوكولاتا. لَوْنٌ بُنِّيٌّ داكِنٌ

choice *n.; adj.* إِخْتِيارٌ. خِيارٌ. حَقُّ الإِخْتِيارِ. تَشْكيلَةٌ. نُخْبَةٌ // مُمْتازٌ

choir *n.* خورُسٌ : جَوْقَةُ مُرَتِّلينَ في الكَنيسَةِ. مَكانٌ في الكَنيسَةِ خاصٌّ بِالكَهَنَةِ والمُرَتِّلينَ. جَوْقَةُ آلاتٍ موسيقِيَّةٍ مِنْ صِنْفٍ واحِدٍ

choke *vt.; i.; n.* يَخْنُقُ. يَسُدُّ (قَناةً). يُعَطِّلُ (نُمُوَّ النَّباتِ). يَكْبِتُ (المَشاعِرَ). يُعْمِلُ شَرّاقَةَ السَّيّارَةِ / يَخْتَنِقُ. يَتَوَتَّرُ ويُسيءُ الأَداءَ (في الرِّياضَةِ) // خَنْقُ (الصَّوْتِ). شَرّاقَةٌ. إِنْسِدادٌ

cholera *n.* مَرَضُ الكوليرا (هَواءٌ أَصْفَرُ)

choleric *adj.* سَيِّئُ الطَّبْعِ ؛ سَريعُ الغَضَبِ

choose *vt.irr.* يَخْتارُ أَو يَنْتَقي (أَصْدِقاءَهُ)

chop *vt.; i.; n.* يَقْطَعُ (شَجَرَةً). يُقَطِّعُ إرْبًا إرْبًا. يَفْرُمُ أو يُهَرِّمُ. يُقايِضُ بـ؛ يُبادِلُ بـ / يَتَحَرَّكُ بِسُرْعَةٍ. يُطَبْطِبُ (مَوْجٌ). يُغَيِّرُ اتِّجاهَهُ // ضَرْبَةٌ قاطِعَةٌ. شَريحَةُ لَحْمٍ. قِطْعَةٌ. طابَعٌ رَسْميٌّ

— and change يُغَيِّرُ اتِّجاهَهُ فَجْأَةً

chopper *n.* ساطورٌ؛ فَأْسٌ. طائِرَةٌ عَموديَّةٌ

choppy *adj.* مُتَشَقِّقٌ. مَفرومٌ. مُطَبْطِبٌ؛ مُتَلاطِمُ الأَمْواجِ (بَحْرٌ)

choral *adj.* جَوْقيٌّ (غِناءٌ، موسيقى)

chorale *or* **choral** *n.* تَرْنيمَةٌ؛ تَرْتيلَةٌ. جَوْقَةُ مُغَنّينَ أو مُرَتِّلينَ

chord *n.* وَتَرٌ. إئْتِلافٌ موسيقيٌّ

chore *n.* عَمَلٌ يَوْميٌّ بَسيطٌ (في البَيْتِ)

choreographer *n.* مُصَمِّمُ رَقْصٍ

choreography *n.* تَصْميمُ أو فَنُّ الرَّقْصِ؛ فَنُّ وَضْعِ رَقَصاتِ الباليه

chorister *n.* مُغَنٍّ أو مُرَتِّلٌ في جَوْقَةٍ

chorus *n.* جَوْقَةٌ (تَمْثيلٍ، غِناءٍ). مَقْطوعَةٌ موسيقيَّةٌ جَوْقيَّةٌ. لازِمَةٌ أوْ رَدَّةٌ (أُغْنِيَةٍ)

in — مَعًا؛ بِصَوْتٍ واحِدٍ

chosen *adj.* مُنْتَخَبٌ؛ مُخْتارٌ. مُصْطَفى

christen *vt.* يُعَمِّدُ (مَوْلودًا). يُسَمّي في المَعْموديَّةِ

Christendom *n.* المَسيحيّونَ؛ العالَمُ المَسيحيُّ

Christian *n. & adj.* مَسيحيٌّ

Christianity *n.* المَسيحيَّةُ

Christmas *n.* عيدُ الميلادِ؛ عيدُ ميلادِ المَسيحِ

Christmas box *n.* هَدِيَّةُ أوْ عيديَّةُ الميلادِ

Christmastide *n.* مَوْسِمُ الميلادِ

chromatic *adj.* لَوْنيٌّ؛ خاصٌّ بالأَلْوانِ

chrome; chromium *n.* الكْروم (مَعْدِنٌ)

chronic *adj.* مُزْمِنٌ؛ مُتَأَصِّلٌ. مُسْتَمِرٌّ؛ مُتَواصِلٌ

chronicle *n.; vt.* حَوْلِيَّةٌ: مَسْرَدٌ زَمَنيٌّ للأَحْداثِ // يُؤَرِّخُ. يَعْرِضُ الأَحْداثَ (زَمَنيًّا)

chronological *adj.* زَمَنيٌّ؛ مُتَسَلْسِلٌ؛ مُرَتَّبٌ زَمَنيًّا (أَحْداثٌ، تاريخٌ)

chronology *n.* عِلْمُ تأْريخِ الأَزْمانِ والأَحْداثِ التّاريخيَّةِ. تَرْتيبٌ أوْ تَسَلْسُلٌ زَمَنيٌّ

chronometer *n.* ساعَةُ دِقَّةٍ؛ ساعَةُ السِّباقِ

chrysalis *n.* (*pl.* **-lises**) خادِرَةٌ؛ نَغَفَةٌ

chrysanthemum *n.* أُقْحُوانٌ

chub *n.* الطَّحّانُ: سَمَكٌ نَهْريٌّ

chubby *adj.* مُمْتَلِئُ الخَدَّيْنِ. سَمينٌ (وَلَدٌ)

chuck *vi.; t.; n.* يَقيقُ (الدَّجاجُ) / يَقْذِفُ. يُرَبِّتُ بِلُطْفٍ (تَحْتَ الذَّقْنِ). يَتَخَلّى عَنْ (عَمَلٍ، صَديقٍ) // قَذْفٌ. رَبْتَةٌ لَطيفَةٌ. شَريحَةُ لَحْمِ البَقَرِ بَيْنَ الرَّقَبَةِ والكَتِفِ. قَوْقٌ (الدَّجاجِ). صَرْفٌ مِنَ العَمَلِ

chuckle *vi.; n.* يَضْحَكُ خَفيفًا أو سِرًّا // ضَحِكٌ خافِتٌ وَمَكْتومٌ

chum *n.; vi.* صَديقٌ حَميمٌ. طُعْمٌ مِنَ السَّمَكِ أوِ اللَّحْمِ // يُصادِقُ؛ يُصاحِبُ

chummy *adj.* حَميمٌ (صَديقٌ)؛ وَدودٌ

chump *n.* مُغَفَّلٌ. حَطَبَةٌ غَليظَةٌ. قِطْعَةُ لَحْمٍ غَليظَةٌ

chunk *n.* قِطْعَةٌ غَليظَةٌ. كُتْلَةٌ كَبيرَةٌ

church *n.* كَنيسَةٌ. رِجالُ الدّينِ. المَسيحيّونَ قاطِبَةً

churchwarden *n.* وَكيلُ الكَنيسَةِ للشُّؤونِ المَدَنيَّةِ

churchyard *n.* مَدْفِنٌ حَوْلَ الكَنيسَةِ

churl *n.* رَجُلٌ فَظٌّ أو قَليلُ التَّهْذيبِ

churn *n.; vt.* وِعاءٌ كَبيرٌ للحَليبِ. آلَةٌ لِصُنْعِ الزُّبْدَةِ // يُحَرِّكُ الحَليبَ لِصُنْعِ الزُّبْدَةِ

chute *n.* قَناةٌ مائِلَةٌ لإسْقاطِ (مِياهٍ، طُرودٍ). مِزْلَقَةٌ إلى بِرْكَةِ سِباحَةٍ. شَلاّلٌ أو نَهْرٌ مُتَدَفِّقٌ

cicatrise *or* **cicatrize** *vt.; i.* يَلأَمُ (جُرْحًا) /

يَلْتَئِمُ أو يَنْدَمِلُ (الجُرْحُ). يُشْفى

cicatrix *n.* (*pl.* **-trices**) نَدْبَةٌ؛ أَثَرُ الجُرْحِ بَعْدَ الشِّفاءِ

cider *n.* خَمْرُ عَصيرِ التُّفّاحِ

cigar *n.* سيجارٌ أو سيكارٌ

cigarette *n.* لُفافَةُ تَبْغٍ ؛ سيكارَةٌ

cigarette end *n.* عَقِبُ السِّيكارَةِ

cigarette holder *n.* «بِزٌّ» سيكارَةٍ؛ فَمُ سيكارَةٍ

cigarillo *n.* سيكارٌ صَغيرٌ

cinder *n.* رَمادٌ. جُذْوَةٌ؛ جَمْرَةٌ

cineaste *n.* مُخْرِجٌ؛ مُنْتِجٌ؛ مُصَوِّرٌ (سينَمائِيٌّ)

cine camera *n.* آلَةُ تَصْويرٍ سينَمائِيَّةٍ

cinema *n.* صالَةُ السِّينَما؛ الأَفْلامُ السِّينَمائِيَّةُ

cinemascope *n.* سينَما الشّاشَةِ العَريضَةِ

cinnamon *n.* قِرْفَةٌ. لَوْنُ القِرْفَةِ

cipher *or* **cypher** *n.; vt. & i.* كِتابَةٌ رَمْزِيَّةٌ. رِسالَةٌ سِرِّيَّةٌ. صِفْرٌ. أَحَدُ الأَرْقامِ العَرَبِيَّةِ // يَكْتُبُ بِالرُّموزِ. يَحْسُبُ (مَسافَةً)

circa *prep.* بِتاريخٍ تَقْريبِيٍّ؛ حَوالى (تاريخ)

circle *n.; vt.; i.* دائِرَةٌ؛ حَلْقَةٌ. تَجَمُّعٌ؛ تَكَتُّلٌ. دَوْرَةٌ // يُحيطُ (مَرْجًا بِأَسْلاكٍ شائِكَةٍ) / يَدورُ حَوْلَ

vicious — حَلْقَةٌ مُفْرَغَةٌ

circlet *n.* حَلْقَةٌ لِلزّينَةِ توضَعُ عَلى الرَّأْسِ

circuit *n.* دَوْرَةُ (الفَلَكِ). دارَةٌ أَوْ دَوْرَةٌ (كَهْرَبائِيَّةٌ). جَوْلَةٌ دَوْرِيَّةٌ (لِقاضٍ). سِلْسِلَةٌ (مَسارِحَ، مَطاعِمَ)

circuitous *adj.* غَيْرُ مُباشِرٍ أو غَيْرُ مُسْتَقيمٍ

circular *adj.; n.* دائِرِيٌّ. غَيْرُ مُباشِرٍ. غَيْرُ ناجِعٍ (جِدالٌ). تَعْميمِيٌّ (بَلاغاتٌ) // مَنْشورٌ تَعْميمِيٌّ

circularize *or* **circularise** *vt.* يُوَزِّعُ مَنْشوراتٍ. يُعَمِّمُ نَشَراتٍ

circulate *vt.; i.* يُشيعُ أَوْ يَنْشُرُ (خَبَرًا). يُوَزِّعُ / يَسْري (دَمٌ). يَدورُ (الأَرْضُ حَوْلَ الشَّمْسِ)

circulation *n.* الدَّوْرَةُ الدَّمَوِيَّةُ. دَوَرانٌ. إِنْتِشارٌ. جَرَيانٌ. تَوْزيعٌ

circumcise *vt.* يَخْتِنُ (طِفْلاً)؛ يُطَهِّرُ

circumcision *n.* خِتانُ (طِفْلٍ)؛ تَطْهيرٌ

circumference *n.* مُحيطُ دائِرَةٍ

circumflex *n.; adj.* عَلامَةٌ (ˆ) توضَعُ فَوْقَ حَرْفٍ لِلتَّثْبيتِ أَوْ لِمَدِّ الصَّوْتِ // مُلْتَوِيَةٌ (شَرايينُ)

circumlocution *n.* تَعْبيرٌ مُلْتَوٍ؛ دَوَرانٌ وَمُوارَبَةٌ

circumscribe *vt.* يَحْصُرُ ضِمْنَ حُدودٍ. يُحَدِّدُ. يُحيطُ بِدائِرَةٍ

circumspect *adj.* حَذِرٌ. حَكيمٌ. مُتَحَفِّظٌ

circumstance *n.* ظَرْفٌ. حالَةٌ. مُناسَبَةٌ؛ حَدَثٌ

in easy —s بِحالَةِ يُسْرٍ

in straitened —s بِحالَةِ ضيقٍ

under the —s في الأَوْضاعِ الرّاهِنَةِ

circumstancial *adj.* ظَرْفِيٌّ. مُفَصَّلٌ. عَرَضِيٌّ

circumvent *vt.* يَتَحاشى. يَتَفَوَّقُ (دَهاءً، ذَكاءً). يُطَوِّقُ؛ يُحاصِرُ

circus *n.* سيرْكٌ: مَيْدانُ البَهْلَوانِيّاتِ؛ مَدينَةُ المَلاهي. مَلْعَبٌ شَعْبِيٌّ (عِنْدَ الرّومانِ). مُسْتَديرَةٌ

cistern *n.* حَوْضٌ؛ خَزّانُ ماءٍ. صِهْريجٌ

citadel *n.* قَلْعَةٌ؛ مَعْقِلٌ؛ حِصْنٌ

citation *n.* إِسْتِشْهادٌ. شاهِدٌ (في أُطْروحَةٍ). تَنْويهٌ (بِالعَمَلِ الجَيِّدِ). تَكْليفٌ بِالحُضورِ (أَمامَ مَحْكَمَةٍ)

cite *vi.* يَسْتَشْهِدُ بِـ (مَقْطَعٍ مِنْ كِتابٍ). يُنَوِّهُ. يَسْتَدْعي لِلْمُثولِ أَمامَ القَضاءِ. يُعَدِّدُ (مَزايا فُلانٍ)

citizen *n.* مُواطِنٌ. مُقيمٌ (في مَدينَةٍ). مَدَنِيٌّ

citizenship *n.* الوَضْعُ الشَّرْعِيُّ لِلْمُواطِنِ. المُواطِنِيَّةُ. الجِنْسِيَّةُ. الرَّعَوِيَّةُ

citron *n.* أُتْرُجَّةٌ؛ كَبّادَةٌ

مَدينَةٌ. سُكّانُ مَدينَةٍ **city** *n.*

دارُ بَلَدِيَّةٍ **city hall** *n.*

أَلزَّبادُ (قِطٌّ). طيبُ أو فَرْوُ الزَّبادِ **civet** *n.*

وَطَنِيٌّ (حُقوقٌ). مَدَنِيٌّ (واجِباتٌ)؛ بَلَدِيٌّ **civic** *adj.*

مَدَنِيٌّ (زَواجٌ). مُهَذَّبٌ؛ لَطيفٌ **civil** *adj.*

الدِّفاعُ المَدَنِيُّ **civil defence** *n.*

مَدَنِيٌّ: يَعْمَلُ في الحَقْلِ المَدَنِيِّ **civilian** *n.*

تَهْذيبٌ؛ كِياسَةٌ؛ تَأَدُّبٌ **civility** *n.*

حَضارَةٌ. الشُّعوبُ المُتَحَضِّرَةُ. تَمَدُّنٌ **civilization; civilisation** *n.*

يُمَدِّنُ. يُثَقِّفُ ويُنَوِّرُ **civilize; civilise** *vt.*

مُتَمَدِّنٌ. لَطيفٌ **civilized** *adj.*

القانونُ المَدَنِيُّ **civil law** *n.*

الحُقوقُ المَدَنِيَّةُ **civil rights** *n.pl.*

الحَرْبُ الأَهْلِيَّةُ **civil war** *n.*

المُواطِنِيَّةُ الحَقَّةُ (تُسْتَعْمَلُ نادِرًا) **civism** *n.*

مُرْتَدٍ. مَكْسُوٌّ (مَعْدِنًا) // يُلَبِّسُ مَعْدِنًا (لِلْحِمايَةِ) **clad** *adj.; vt.*

يُطالِبُ بِـ. يؤَكِّدُ. يَسْتَلْزِمُ. يودي بِـ // مُطالَبَةٌ بِـ. تَأْكيدٌ عَلى. حَقٌّ؛ حُجَّةٌ **claim** *vi.; n.*

مُطالِبٌ بِـ (إِرْثٍ) **claimant** *n.*

بَصيرَةٌ؛ بُعْدُ النَّظَرِ. حِذْقٌ **clairvoyance** *n.*

البَطْلينوسُ. شَخْصٌ قَليلُ الكَلامِ // يَجْمَعُ البَطْلينوسَ (الصَّدَفَ) **clam** *n.; vi.*

يَصْمُتُ؛ يَمْتَنِعُ عَنِ الكَلامِ **— up**

يَتَسَلَّقُ (باليَدَيْنِ والرِّجْلَيْنِ) // التَّسَلُّقُ (باليَدَيْنِ والرِّجْلَيْنِ) **clamber** *vi.; n.*

دَبِقٌ؛ لَزِجٌ. رَطْبٌ (الطَّقْسُ) **clammy** *adj.*

ضَجيجٌ؛ جَلَبَةٌ // يَضِجُّ **clamo(u)r** *n.; vi.*

صاخِبٌ. صَيّاحٌ أو صَرّاخٌ **clamo(u)rous** *adj.*

مِلْزَمٌ. كُلّابٌ // يُثَبِّتُ بِمِلْزَمٍ. يَفْرِضُ؛ يُلْزِمُ بِـ **clamp** *n.; vt.*

عَشيرَةٌ. تَكَتُّلٌ. جَماعَةٌ؛ زُمْرَةٌ **clan** *n.*

سِرِّيٌّ؛ خَفِيٌّ **clandestine** *adj.*

يَرِنُّ؛ يَدُقُّ (المَعْدِنُ) / يَجْعَلُ (المَعْدِنَ) يَرِنُّ // رَنينٌ. صَوْتٌ خَشِنٌ لِبَعْضِ الطُّيورِ **clang** *vi.; t.; n.*

ضَجَّةٌ مُتَواصِلَةٌ **clangor** *n.*

عَشائِرِيٌّ. تَكَتُّلِيٌّ **clannish** *adj.*

أَحَدُ أَفْرادِ عَشيرَةٍ أَوْ تَكَتُّلٍ **clansman** *n.*

تَصْفيقٌ باليَدَيْنِ. دَوِيٌّ (الرَّعْدِ). ضَرْبَةٌ خَفيفَةٌ // يَصْفِقُ (البابَ). يُصَفِّقُ لِـ (مُمَثِّلٍ). يُرَبِّتُ (عَلى كَتِفِهِ) / يُصَفِّقُ (بِيَدَيْهِ، بِجَناحَيْهِ) **clap** *n.; vt.; i.*

مُصَفِّقٌ. مِدَقَّةُ جَرَسٍ. رَقّاصُ الطّاحونِ **clapper** *n.*

نَبيذٌ أَحْمَرُ. لَوْنٌ أُرْجُوانِيٌّ **claret** *n.*

يُوَضِّحُ؛ يُفَسِّرُ. يُصَفّي (سائِلاً) **clarify** *vi.*

يَراعَةٌ؛ مِزْمارٌ؛ شَبّابَةٌ **clarinet** *n.*

بوقٌ. صَوْتُ البوقِ **clarion** *n.*

وُضوحٌ (في التَّعْبيرِ). شَفافِيَّةٌ (الماءِ) **clarity** *n.*

يَصْدِمُ / يَصْطَدِمُ. يَتَعارَضُ مَعَ. يَتَنازَعُ. يَتَزامَنُ // تَصادُمٌ. ضَجَّةٌ. تَنازُعٌ **clash** *vt.; i.; n.*

مِلْقَطٌ؛ رِباطٌ. إِمْساكٌ؛ عِناقٌ // يُمْسِكُ بِقُوَّةٍ. يَلْقُطُ؛ يَرْبِطُ **clasp** *n.; vt.*

سِكّينُ أَوْ مُدْيَةُ (جَيْبٍ) **clasp knife** *n.*

طَبَقَةٌ؛ فِئَةٌ. صَفٌّ (في مَدْرَسَةٍ). دَرَجَةٌ. فَصيلَةٌ // يُصَنِّفُ **class** *n.; vt.*

نَموذَجِيٌّ أو مِثالِيٌّ (كِتابٌ). نَهْجِيٌّ (مَسْرَحٌ). تَقْليدِيٌّ (زِيٌّ). مُمْتازٌ // كاتِبٌ أو فَنّانٌ نَموذَجِيٌّ. عَمَلٌ أَدَبِيٌّ أو فَنِّيٌّ نَموذَجِيٌّ **classic** *adj.; n.*

أَدَبٌ أَصيلٌ (الإِغْريقِيُّ، الرّومانِيُّ) **classics** *n.*

تَبْويبٌ. تَصْنيفٌ **classification** *n.*

مُبَوَّبٌ. مُصَنَّفٌ في خانَةِ المَعْلوماتِ السِّرِّيَّةِ **classified** *adj.*

classify *vt.* يُبَوِّبُ. يُصَنِّفُ في خانَةِ المَعْلوماتِ السِّرِّيَّةِ
clatter *vi.; t.; n.* يُطَقْطِقُ ؛ يُقَعْقِعُ. يُثَرْثِرُ / يَجْعَلُهُ يَضِجُّ أوْ يُقَعْقِعُ // قَوْقَعَةٌ. جَلَبَةٌ ؛ ثَرْثَرَةٌ عالِيَةٌ
clause *n.* جُمْلَةٌ. بَنْدٌ (عَقْدٍ، وَصِيَّةٍ)
clavier *n.* مَلامِسُ مِعْزَفٍ أو أُرْغُنٍ
claw *n.; vt.* مِخْلَبٌ ؛ ظُفْرٌ. مِلْقَطُ السَّرَطانِ // يَخْدِشُ ؛ يَشُقُّ (طَريقًا)
clay *n.; vt.* طينٌ ؛ صَلْصالٌ // يُطَيِّنُ
clayish *adj.* طينيٌّ ؛ صَلْصاليٌّ
clean *adj.; vt.* نَظيفٌ ؛ نَقيٌّ. مُسْتَقيمٌ ؛ مُحْتَرَمٌ. طاهِرٌ ؛ غَيْرُ مُعْتَلٍّ // يُنَظِّفُ ؛ يُنَقّي
cleaner *n.* مُنَظِّفٌ
cleaning *n.* تَنْظيفٌ ؛ تَنْقِيَةٌ
cleanliness *n.* نَظافَةٌ ؛ نَقاوَةٌ. إسْتِقامَةٌ
cleanse *vt.* يُنَظِّفُ. يُطَهِّرُ (قَلْبَهُ)
clear *adj.; vt.; i.* مُضيءٌ. صافٍ. شَفّافٌ. نَقيٌّ. واضِحٌ. بَديهيٌّ. سالِكٌ (مَمَرٌّ). بَريءٌ // يُنَقّي. يُصَفّي. يُفْرِغُ (غُرْفَةً). يُزيلُ العوائِقَ. يَرْبَحُ (مالاً). يُسَدِّدُ (دَيْنًا) / يَصْفو (الطَّقْسُ)
— **up** يوضِحُ أو يُجْلي (مَسْأَلَةً)
— **away** يُنَظِّفُ المائِدَةَ بَعْدَ الأَكْلِ
— **off** يَنْصَرِفُ ؛ يَرْحَلُ
— **out** يَنْسَحِبُ
clearance *n.* رَفْعُ الرَّدْمِ. فُسْحَةٌ. تَخْليصٌ جُمْرُكيٌّ. جَمْعُ (الرَّسائِلِ). تَصْفِيَةُ (بَضائِعَ)
clearing *n.* فَجْوَةٌ (في غابَةٍ)
clearly *adv.* بِوضوحٍ ؛ بِجَلاءٍ
clearness *n.* وضوحٌ ؛ جَلاءٌ
cleavage *n.* صَدْعٌ ؛ إنْقِسامٌ. شَقٌّ
cleave *vt.; i.irr.* / يَصْدَعُ. يَشُقُّ. يَخْتَرِقُ. يَجْتازُ يَنْفَصِلُ. يَنْشَقُّ. يُخْتَرَقُ. يَلْتَصِقُ بِـ. يَتَعَلَّقُ بِـ
clef *n.* عَلامَةٌ موسيقِيَّةٌ (مِفْتاحٌ)
cleft *n.; adj.* شَقٌّ ؛ صَدْعٌ. بَعْجَةٌ (في الذَّقْنِ) // مُصَدَّعٌ ؛ مَشْقوقٌ
clemency *n.* رَحْمَةٌ ؛ رَأفَةٌ. إعْتِدالُ (طَقْسٍ)
clement *adj.* رَحومٌ ؛ رَؤوفٌ. مُعْتَدِلٌ (طَقْسٌ)
clench *vt.* يُطْبِقُ بِشِدَّةٍ. يُمْسِكُ بِقُوَّةٍ
clergy *n.* إكْليروسٌ: رِجالُ الدّينِ
clergyman; cleric *n.* كاهِنٌ ؛ قَسٌّ
clerical *adj.* كَهْنوتيٌّ. يَتَعَلَّقُ بِالكُتّابِ أوِ الموَظَّفينَ
clerk *n.* كاتِبٌ ؛ موَظَّفٌ. رَجُلُ دينٍ
clever *adj.* حاذِقٌ. ماهِرٌ. ذَكيٌّ. بارِعٌ
cleverness *n.* حِذْقٌ. مَهارَةٌ. ذَكاءٌ. بَراعَةٌ
cliché *n.* كليشيه: كَلِمَةٌ أو عِبارَةٌ مُبْتَذَلَةٌ
click *n.; vi.* طَقْطَقَةٌ. لَقّاطَةٌ ؛ لِسانُ تَوقيفٍ // يُطَقْطِقُ. يُتَكْتِكُ
client *n.* زَبونٌ. مَن يَأْخُذُ إعاشَةً. مُوالٍ. مُوَكِّلٌ
clientele *n.* الزَّبائِنُ. العُمَلاءُ
cliff *n.* الجُرْفُ. مُنْحَدَرٌ صَخْريٌّ عِنْدَ الشّاطئ
climate *n.* مُناخٌ. الإتِّجاهُ السّائِدُ (سياسيًّا)
climax *n.* أَوْجٌ. الذُّرْوَةُ. تَدَرُّجٌ (تَصاعُديٌّ)
climb *vt.; i.; n.* / يَصْعَدُ (دَرَجًا). يَتَسَلَّقُ (جَبَلاً) يَرْتَفِعُ (حَرارَةٌ). يَرْتَقي (موَظَّفٌ) // صُعودٌ. إرْتِقاءٌ
— **down** يَنْزِلُ. يَتَراجَعُ عَنْ (مَوْقِفِهِ، رَأْيِهِ)
clime *n.* إقْليمٌ أو مُناخٌ
clinch *vt.; n.* يُبَرْشِمُ (بِمِسْمارٍ مَعْكوفٍ). يَحْسِمُ (جِدالاً، صَفْقَةً) // مِسْمارٌ رَأْسُهُ مُثَنّى
cling *vi.irr.* يَتَشَبَّثُ بِـ ؛ يَتَمَسَّكُ بِـ ؛ يَتَعَلَّقُ بِـ
clinic *n.* عِيادَةٌ ؛ مُسْتَوْصَفٌ خاصٌّ ؛ مُسْتَشْفًى
clinical *adj.* سَريريٌّ ؛ مُتَعَلِّقٌ بِالسَّريرِيّاتِ (دُروسٌ). مَوْضوعيٌّ ؛ غَيْرُ مُتَحَيِّزٍ (حُكْمٌ)

clink *n.; vt.; i.* رَنينٌ ؛ طَنينٌ ؛ خَشْخَشَةٌ . قافيَةٌ . سِجْنٌ // يُخَشْخِشُ ؛ يُصَلْصِلُ ؛ يَدُقُّ (جَرَسًا) / يَرِنُّ ؛ يَطِنُّ . يَتوافَقُ بالقافيَةِ

clip *vt.; n.* يَقُصُّ ؛ يَجُزُّ . يُقَصِّرُ . يَخْتَصِرُ (كَلِمَةً) // قَصٌّ ؛ جَزٌّ . مَقْطَعٌ قَصيرٌ (مِن فيلْمٍ) . كَلِمَةٌ مُخْتَصَرَةٌ . مِلْقَطُ (وَرَقٍ) . مِشْبَكٌ (مِن الماسِ)

clippers; clips *n.* مِقَصُّ (الأظافِرِ) . قَصّاصَةٌ

clipping *n.* قُصاصَةُ صَحيفَةٍ (لِمَقالٍ أو إعْلانٍ)

clique *n.* زُمْرَةٌ أو طُغْمَةٌ مِنَ (الأصْدِقاءِ أو الشُّرَكاءِ)

cloak *n.; vt.* مِعْطَفٌ ؛ عَباءَةٌ . غِطاءٌ ؛ سِتارٌ // يُغَطّي بِمِعْطَفٍ أو غَيْرِهِ . يُخْفي (أهْدافَهُ) . يَكْتُمُ

clock *n.* ساعَةٌ كَبيرَةٌ ؛ ساعَةُ حائِطٍ

around *or* round the — لَيْلَ نَهارٍ

clockwise *adv. & adj.* باتِّجاهِ عَقارِبِ السّاعَةِ

clockwork *n.* آليَّةُ أو تَرْكيبُ السّاعَةِ

like — بانْتِظامٍ وَدِقَّةٍ مُتَناهِيَيْنِ

clod *n.* كُتْلَةُ تُرابٍ . مُغَفَّلٌ ؛ غَبِيٌّ

clog *vt.; i.; n.* يَسُدُّ (مَجْرًى) . يَعوقُ . يُرْبِكُ / يَنْسَدُّ (وِعاءٌ دَمَوِيٌّ) // قَبْقابٌ . عائِقٌ

cloister *n.* رِواقُ دَيْرٍ . دَيْرٌ

close *vt.; i.; n.; adj.; adv.* يُغْلِقُ ؛ يُقْفِلُ . يُنْهي (خِلافًا) . يَرُصُّ / يَنْتَهي . يَتَقارَبُ // إغْلاقٌ . نِهايَةُ أو آخِرُ (القِصَّةِ) ؛ خاتِمَةٌ . أرْضٌ مُسَيَّجَةٌ // قَريبٌ . مُتَراصٌّ (صُفوفٌ) . مُتَكافِئٌ (مُباراةٌ) . دَقيقٌ (دِراسَةٌ) . مُغْلَقٌ . ثَقيلٌ (جَوٌّ) . كَتومٌ . بَخيلٌ // عَنْ كَثَبٍ . قَريبًا مِن ؛ عَلى مَقْرُبَةٍ مِن . بإحْكامٍ

— by قَريبٌ جِدًّا

— to بالقُرْبِ مِن

close-fisted *adj.* بَخيلٌ

close-lipped *or* **close-mouthed** *adj.* كَتومٌ ؛ قَليلُ الكَلامِ

closely *adv.* بإحْكامٍ . بانْتِباهٍ . بِبُخْلٍ

closeness *n.* مَقْرُبَةٌ . دِقَّةٌ . ثِقَلٌ . مَوَدَّةٌ

closet *n.; vt.* خِزانَةٌ . حُجْرَةٌ صَغيرَةٌ . مَغْسَلَةٌ // يَحْبِسُ أو يَعْزِلُ في حُجْرَةٍ صَغيرَةٍ . يَخْلو بِـ

closure *n.* إغْلاقٌ ؛ إقْفالٌ . نِهايَةٌ . سِدادَةٌ

clot *n.; vi.* خُثارَةٌ ؛ جُلْطَةُ (دَمٍ) // يَتَخَثَّرُ ؛ يَتَجَمَّدُ

cloth *n.* قُماشٌ ؛ نَسيجٌ

clothe *vt.irr.* يُلْبِسُ . يُغَطّي ؛ يَكْسو

clothes *n.pl.* ثِيابٌ ؛ ألْبِسَةٌ

clothing *n.* مَلابِسُ ؛ ثِيابٌ . غِطاءٌ ؛ كِساءٌ

cloud *n.; vt.; i.* غَيْمَةٌ . سَحابَةُ (دُخانٍ) . لَطْخَةٌ // يُعَتِّمُ . يُغَطّي بالغُيومِ . يُكَدِّرُ / يَكْفَهِرُّ

in the —s بَعيدٌ عَنِ الواقِعِ

under a — مَوْضِعُ شَكٍّ

cloudburst *n.* وابِلٌ مِنَ المَطَرِ الغَزيرِ

cloudless *adj.* صافٍ أو بِدونِ غُيومٍ (سَماءٌ)

cloudy *adj.* غائِمٌ . عَكِرٌ (سائِلٌ) . مُعْتِمٌ

clout *n.; vt.* خِرْقَةُ مَسْحٍ . صَفْعَةٌ ؛ لَطْمَةٌ // يَصْفَعُ . يُرَقِّعُ (ثِيابًا قَديمَةً)

clove *n.* بُرْعُمُ قَرَنْفُلٍ . فَصُّ ثومٍ

cloven *adj.* مَشْقوقٌ ؛ مُنْقَسِمٌ

clover *n.* نَبْتَةُ النَّفَلِ

in — في حالَةِ يُسْرٍ وَبُحْبوحَةٍ

clown *n.* مُهَرِّجٌ ؛ هَزّالٌ . فَظٌّ ؛ غَليظٌ

clownish *adj.* أخْرَقُ

cloy *vt.* يُضْني ؛ يُنْهِكُ

club *n.; vt.; i.* هِراوَةٌ . مِضْرَبُ (كُرَةٍ) . نادٍ . مُنْتَدًى . سِباتيٌّ (في وَرَقِ اللَّعِبِ) // يَضْرِبُ بالهِراوَةِ / يَتَجَمَّعُ . يَتَضامَنُ

clubfoot *n.* رِجْلٌ حَنْفاءُ ؛ قَدَمٌ مُعْوَجَّةٌ

clubhouse *n.* نادٍ (رِياضيٌّ)

cluck *n.; vi.* قَوْقُ الدَّجاجَةِ ؛ نَقيقُ الدَّجاجَةِ // يُقَلِّدُ قَوْقَ الدَّجاجَةِ للمُناداةِ أو التَّعْبيرِ

clue *n.* دَليلٌ ؛ عَلامَةٌ ؛ إشارَةٌ ؛ مِفْتاحٌ

clump *n.; vi.* مَجْموعَةُ (أشْجارٍ) ؛ كُتْلَةٌ . مِشْيَةٌ ثَقيلَةٌ // يَمْشي بِثِقَلٍ . يَتَكَتَّلُ ؛ يَتَجَمَّعُ

clumsiness *n.* قِلَّةُ مَهارَةٍ ؛ خَرَقٌ

clumsy *adj.* أخْرَقُ . قَليلُ المَهارَةِ . سَيِّئُ الصُّنْعِ

cluster *n.; vi.* مَجْموعَةٌ . رِزْمَةٌ . باقَةُ (زُهورٍ) // يَتَجَمَّعُ ؛ يَتَكَوَّمُ

clutch *vt.; n.* يَقْبِضُ عَلى . يُمْسِكُ بِقُوَّةٍ // دوبرياج: واصِلٌ . مِقْبَضٌ . ضَغْطَةٌ ؛ قَبْضَةٌ . بَيْضُ حُضْنَةٍ

clutter *n.; vi.; t.* بَعْثَرَةٌ . لَغَطٌ . فَوْضى // يَتَحَرَّكُ بِجَلَبَةٍ . يُثَرْثِرُ / يَنْثُرُ أو يُكَوِّمُ بِدونِ تَرْتيبٍ

coach *n.; vt.* سَيّارَةُ نَقْلٍ كَبيرَةٌ . عَرَبَةُ (خَيلٍ) . حافِلَةُ (قِطارٍ) . مُدَرِّبٌ رياضيٌّ // يُدَرِّبُ . يَنْقُلُ في عَرَبَةٍ

coagulate *vi.; t.* يَتَخَثَّرُ أو يَتَجَمَّدُ (الدَّمُ) / يُخَثِّرُ أو يُجَمِّدُ (الدَّمَ)

coagulation *n.* تَخَثُّرُ أو تَجَمُّدُ (الدَّمِ)

coal *n.; vt.; i.* فَحْمُ الحَطَبِ . فَحْمٌ حَجَرِيٌّ // يُفَحِّمُ ؛ يُحَوِّلُ إلى فَحْمٍ / يَتَزَوَّدُ بِالفَحْمِ

coalesce *vi.* يَتَّحِدُ ؛ يَنْدَمِجُ ؛ يَتَكَتَّلُ . يَأْتَلِفُ

coalition *n.* إئْتِلافُ (جَماعاتٍ، أحْزابٍ) . إنْدِماجٌ

coal mine *n.* مَنْجَمُ فَحْمٍ حَجَرِيٍّ

coarse *adj.* خَشِنٌ . مُبْتَذَلٌ . فَظٌّ . سَيِّئُ (النَّوْعِيَّةِ) . غَيْرُ مَصْقولٍ (مَعْدِنٌ)

coarseness *n.* خُشونَةٌ . إبْتِذالٌ . فَظاظَةٌ

coast *n.; vt.; i.* ساحِلٌ ؛ شاطِئٌ . إنْحِدارٌ // يَنْحَدِرُ أوْ يَسيرُ بِقُوَّةِ الجاذِبِيَّةِ / يَتَقَدَّمُ بِسُهولَةٍ . يُبْحِرُ بِمُحاذاةِ السّاحِلِ

coastal *adj.* ساحِلِيٌّ (مِلاحَةٌ، دِفاعٌ) ؛ شاطِئِيٌّ

coaster *n.* سَفينَةٌ ساحِلِيَّةٌ

coast guard *n.* خَفَرُ السَّواحِلِ

coat *n.; vt.* مِعْطَفٌ ؛ سُتْرَةٌ . قِشْرَةٌ أو طَبَقَةٌ (طِلاءٍ، ثَلْجٍ) . فَرْوَةٌ // يُغَطّي ؛ يُلَبِّسُ ؛ يَكْسو ؛ يَطْلي

coat hanger *n.* حَمّالَةُ مَلابِسَ

coating *n.* غِطاءٌ . دَهْنَةٌ . تَلْبيسٌ

coax *vt.* يَسْتَميلُ . يُلاطِفُ بِتَمَلُّقٍ . يُدَبِّرُ بِحُنْكَةٍ

cob *n.* ذَكَرُ البَجَعِ . عِرْناسُ (ذُرَةٍ) . فَرَسٌ قَصيرٌ مُمْتَلِئُ الجِسْمِ

cobalt *n.* الكوبالْت: مَعْدِنٌ فِضِّيُّ البَياضِ

cobble; cobblestone *n.; vt.* حَصاةٌ كَبيرَةٌ // يَرْصُفُ (الشّارِعَ) بِالحَصى . يَرْتُقُ (حِذاءً)

cobbler *n.* إسْكافٌ . شَرابٌ مُحَلًّى ومُثَلَّجٌ

cobra *n.* كوبْرا: الصِّلُّ ؛ حَيَّةُ النَّظّارَةِ

cobweb *n.* نَسيجُ العَنْكَبوتِ . فَخٌّ

cocaine *n.* كوكايينٌ (مُخَدِّرٌ)

cock *n.; vt.; i.* ديكٌ . ديكُ البُنْدُقِيَّةِ . ذَكَرُ الطائِرِ . كَومَةُ (قَشٍّ) // يَصْلي (البُنْدُقِيَّةَ) . يَنْصِبُ . يُكَوِّمُ (قَشًّا) / يَنْتَصِبُ . يَتَبَخْتَرُ

cockade *n.* ريشَةٌ أو شَريطٌ عَلى قُبَّعَةٍ جُنْدِيٍّ

cockcrow *n.* صِياحُ الدّيكِ . الفَجْرُ

cocked hat *n.* قُبَّعَةٌ مَرْدودَةٌ

cockerel *n.* ديكٌ صَغيرٌ (أقَلُّ مِنْ سَنَةٍ)

cockeyed *adj.* أحْوَلُ . مُلْتَوٍ . شاذٌّ . سَكْرانُ

cockfight *n.* صِراعُ الديَكَةِ

cockpit *n.* مَقْصورَةُ (الطَّيّارِ) . حَلْبَةٌ لِمُصارَعَةِ الدُّيوكِ

cockroach *n.* الصُّرْصورُ ؛ بِنْتُ وَرْدانَ

cockscomb *or* **coxcomb** *n.* عُرْفُ الدّيكِ . غَنْدورٌ مَغْرورٌ

cocksure *adj.* مُتَغَطْرِسٌ ؛ مُسْرِفٌ بالثِّقَةِ
cocktail *n.* خَليطُ مَشْروباتٍ. حَفْلَةُ مَشْروباتٍ
cocky *adj.* مُتَعَجْرِفٌ ؛ مَغْرورٌ بِنَفْسِهِ جِدًّا
coco *n.* شَجَرَةُ أو ثَمَرَةُ جَوْزِ الهِنْدِ
cocoa *n.* الكاكاو ؛ بودْرَةُ أو مَشْروبُ الكاكاو
coconut *or* **cocoanut** *n.* جَوزَةُ الهِنْدِ
cocoon *n.* فَيْلَجَةٌ ؛ شَرْنَقَةُ الحَريرِ. غِطاءٌ دافِئٌ
cod; codfish *n.* سَمَكُ القُدِّ ؛ مورَةٌ ؛ غادُسٌ
coddle *vt.* يُعامِلُ بِتَسامُحٍ وَدَلالٍ وَتَساهُلٍ
code *n.*: *vt.* شيفْرَةٌ : رُموزٌ سِرِّيَّةٌ. دُسْتورٌ ؛ شَريعَةٌ. أُصولٌ ؛ قَواعِدُ // يُتَرْجِمُ أو يَنْقُلُ أو يُنَظِّمُ بالرُّموزِ
codicil *n.* مُلْحَقُ وَصِيَّةٍ
codify *vt.* يُدَوِّنُ القَوانينَ والقَواعِدَ ويُنَسِّقُها
cod-liver oil *n.* زَيْتُ كَبِدِ سَمَكِ القُدِّ
coeducation *n.* تَعْليمٌ مُخْتَلَطٌ (ذُكورٌ وإناثٌ)
co-efficient *n.* عامِلٌ أو عَدَدٌ ثابِتٌ
coerce *vt.* يَفْرِضُ أمْرًا بِالقُوَّةِ. يُجْبِرُ ؛ يُلْزِمُ
coercion *n.* إكْراهٌ ؛ فَرْضٌ ؛ إجْبارٌ. قَمْعٌ
coeval *adj.* مُعاصِرٌ
coexist *vi.* يَتَعايَشُ ؛ يَتَواجَدُ مَعَ
coexistence *n.* التَعايُشُ ؛ التَّواجُدُ مَعًا
coffee *n.* قَهْوَةٌ ؛ بُنٌّ
coffee bean *n.* حَبَّةُ بُنٍّ
coffee house *n.* مَقْهًى
coffee mill *n.* مِطْحَنَةُ بُنٍّ
coffeepot *n.* إبْريقُ القَهْوَةِ ؛ رَكْوَةٌ
coffer *n.* خَزْنَةٌ ؛ صُنْدوقٌ حَديدِيٌّ
coffin *n.* تابوتٌ ؛ نَعْشٌ
cog *n.* سِنُّ دولابٍ مُسَنَّنٍ
cogency *n.* قُوَّةُ إقْناعٍ
cogent *adj.* مُقْنِعٌ ؛ قَوِيُّ الحُجَّةِ
cogged *adj.* مُسَنَّنٌ (دولابٌ)
cogitate *vt.*: *i.* يُفَكِّرُ في / يَتَأَمَّلُ ؛ يُفَكِّرُ
cogitation *n.* تَفْكيرٌ ؛ تَأَمُّلٌ
cognate *adj.* مِنْ سُلالَةٍ واحِدَةٍ. مُماثِلٌ ؛ مُشابِهٌ
cognizance; cognisance *n.* مَعْرِفَةٌ ؛ عِلْمٌ ؛ إطِّلاعٌ عَلى (خَبَرٍ)
cogwheel *n.* دولابٌ مُسَنَّنٌ
cohabit *vi.* يُساكِنُ ؛ يَعيشُ مَع (دونَ زَواجٍ)
cohere *vi.* يَتَمَسَّكُ بِـ. يَلْتَحِمُ. يَتَّحِدُ
coherence *n.* إتِّحادٌ أو تَلاحُمٌ مَنْطِقِيٌّ
coherent *adj.* مُلْتَحِمٌ ؛ مُتَماسِكٌ
cohesion *n.* تَلاحُمٌ ؛ إتِّحادٌ ؛ تَماسُكٌ
cohesive *adj.* مُلْصِقٌ ؛ مُوَحِّدٌ
cohort *n.* فِرْقَةُ خَيّالَةٍ. زُمْرَةٌ ؛ جَماعَةٌ
coil *n.*: *vt.*: *i.* لَفَّةُ شَعَرٍ. إلْتِفافُ (ثُعْبانٍ). وَشيعَةٌ أو مِلَفٌّ (كَهْرَبائِيٌّ) // يَلُفُّ (خَيْطًا) / يَلْتَفُّ (ثُعْبانٌ)
coin *n.*: *vt.* قِطْعَةُ نَقْدٍ (مَعْدِنِيَّةٌ). حَجَرُ الزاوِيَةِ // يَسُكُّ (نَقْدًا). يَبْتَكِرُ (كَلِمَةً)
coinage *n.* سَكُّ (نَقْدٍ). النَقْدُ المَسْكوكُ. إبْتِكارُ (كَلِمةٍ). الكَلِمَةُ المُبْتَكَرَةُ
coincide *vi.* يَحْصُلُ في الوَقْتِ ذاتِهِ. يَتَطابَقُ. يَتَوافَقُ (آراءٌ)
coincidence *n.* صِدْفَةٌ. تَطابُقٌ. تَوافُقُ (آراءٍ)
coincident (al) *adj.* مُتَطابِقٌ ؛ مُتَوافِقٌ
coition *or* **coitus** *n.* جِماعٌ (للإنْسانِ). نَزَوانٌ
coke *n.* كوكٌ ؛ فَحْمُ الكوكِ
colander *n.* مِصْفاةٌ
cold *adj.*; *n.* بارِدٌ ؛ قارِسٌ (طَقْسٌ). خالٍ مِنَ العاطِفَةِ. مَوْضوعِيٌّ. مَيِّتٌ. مُثَبِّطٌ للعَزيمَةِ // بَرْدٌ ؛ قَرٌّ. زُكامٌ ؛ رَشْحٌ
in — blood عَمْدًا وَدونَ رَحْمَةٍ

catch a — يَتَرَشَّحُ ؛ يُصيبُهُ الزُكامُ

cold-hearted *adj.* عَديمُ الشَفَقَةِ ؛ قاسٍ

cole *n.* كُرُنْبٌ

colic *n.* مَغْصٌ

collaborate *vi.* يَشْتَرِكُ في (مَشْروعٍ). يَتعاوَنُ مَعَ (العَدوِّ)

collaboration *n.* مُساعَدَةٌ. تَعاونٌ مَعَ العَدوِّ

collaborator *n.* مُعاونٌ ؛ مُساعِدٌ. مُتَعاوِنٌ مَعَ العَدوِّ

collapse *vi.; n.* يَنْهارُ (بِناءٌ)؛ يَسْقُطُ. يَخُرُّ (رَجُلٌ). يُخْفِقُ // إنْهيارٌ. قُصورٌ

collar *n.; vt.* عِقْدٌ. طَوْقٌ (كَلْبٍ). قَبَّةٌ (قَميصٍ). ياقَةٌ (مِعْطَفٍ) // يَأْخُذُ بِالخِناقِ. يُمْسِكُ بِقَسْوَةٍ

collarbone *n.* تَرْقُوَةٌ

collate *vt.* يُقابِلُ؛ يُقارِنُ بَيْنَ (نُصوصٍ). يُراجِعُ أو يَتَفَحَّصُ (كِتابًا)

collateral *n.; adj.* تأْمينٌ أو ضَمانٌ إحْتياطيٌّ. قَريبٌ جانِبيٌّ (مِنَ الحَواشي) // ذو قَرابَةٍ جانِبيَّةٍ. إحْتياطيٌّ. ثانَويٌّ. موازٍ لِـ

collation *n.* وَجْبَةُ طَعامٍ خَفيفَةٌ

colleague *n.* زَميلٌ

collect *vt.; i.; n.* يَجْمَعُ؛ يَلُمُّ. يُحَصِّلُ؛ يَجْبي (الضَرائِبَ). يَأْتي بِـ / يَرْجِعُ إلى صَوابِهِ. يَسْتَرِدُّ مالَهُ. يَتراكَمُ؛ يَتَكَدَّسُ // صَلاةٌ قَصيرَةٌ. جَمْعُ تَبَرُّعاتٍ

collected *adj.* هادئٌ؛ رَزينٌ. مَجْموعٌ (وثائقُ)

collection *n.* مَجْموعَةُ (كُتُبٍ). تَجْميعُ (مَوادَّ). جَمْعُ (تَبَرُّعاتٍ). جَمْعُ (الرَسائِلِ)

collective *adj.* جَماعيٌّ (قِيادَةٌ)

collector *n.* الجابي؛ مُحَصِّلُ الضَرائِبِ. هادي مَجْموعاتٍ. جامِعُ تَبَرُّعاتٍ أوْ صَدَقاتٍ

college *n.* كُلِّيَّةٌ (في جامِعَةٍ). مَدْرَسَةٌ (للموسيقى). هَيْئَةٌ (إنْتِخابيَّةٌ). مَجْمَعُ (كَرادِلَةٍ)

collegian *n.* طالِبٌ في كُلِّيَّةٍ أوْ مَدْرَسَةٍ

collide *vi.* يَصْطَدِمُ بِـ. يَخْتَلِفُ في الرَّأْيِ

collier *n.* عامِلٌ في مَنْجَمٍ. ناقِلَةُ فَحْمٍ

colliery *n.* مَنْجَمُ فَحْمٍ حَجَريٍّ

collision *n.* إصْطِدامٌ. إخْتِلافٌ في الرَّأْيِ

collocate *vt.* يُنَظِّمُ؛ يَرْصُفُ

colloquial *adj.* عامِّيٌّ أوْ دارِجٌ أوْ مَحْكيٌّ (لُغَةٌ)

colloquy *n.* مُحادَثَةٌ؛ مُحاوَرَةٌ؛ نَدْوَةٌ

collusion *n.* تَواطُؤٌ (لِغاياتٍ إحْتياليَّةٍ)

collusive *adj.* تآمُريٌّ

colon *n.* القولونُ: الجُزْءُ السُّفْليُّ مِنَ المَعْي الغَليظِ. نُقْطَتانِ (:)

colonel *n.* عَقيدٌ (في الجَيْشِ أوِ الشُّرْطَةِ)

colonial *adj.* خاصٌّ بِالمُسْتَعْمَراتِ (نِظامٌ)

colonist *n.* مُسْتَوْطِنٌ. مُسْتَعْمِرٌ

colonization *n.* إسْتِعْمارٌ (إقْتِصاديٌّ، سياسيٌّ)

colonize; colonise *vt.* يَسْتَوْطِنُ. يَسْتَعْمِرُ

colony *n.* جالِيَةٌ. مُسْتَعْمَرَةٌ. نازِحونَ؛ مُهاجِرونَ

color *or* **colour** *n.; vt.; i.* لَوْنٌ. صِباغٌ. لَوْنُ البَشَرَةِ. إحْمِرارٌ. حُجَّةٌ؛ ذَريعَةٌ. عَلَمٌ؛ رايَةٌ // يُلَوِّنُ. يُمَوِّهُ؛ يُحَرِّفُ / يَتَلَوَّنُ. يَحْمَرُّ. يَخْجَلُ؛ يَرْتَبِكُ

off — شاحِبُ اللَّوْنِ؛ مَريضٌ

with the —s في خِدْمَةِ العَلَمِ

color-blind *adj.* مُصابٌ بِالعَمَى اللَّوْنيِّ

colored *adj.* مُلَوَّنٌ (زِنْجيٌّ). مُشَوَّهٌ (نَصٌّ)

colorful *adj.* مُتَعَدِّدُ الألْوانِ. نَضِرٌ؛ زاهٍ

colorless *adj.* بِدونِ لَوْنٍ. غَيْرُ مُمْتِعٍ (حَديثٌ)

colossal *adj.* ضَخْمٌ (تِمْثالٌ). عِمْلاقٌ (شُرْطيٌّ)

colossus *n.* (*pl.* **-lossi** *or* **-es**) عِمْلاقٌ؛ جَبّارٌ. تِمْثالٌ ضَخْمٌ

colt *n.* مُهْرٌ. مُبْتَدِئٌ (لاعِبٌ). مُسَدَّسٌ
column *n.* عَمودٌ. نُصْبٌ تَذْكاريٌّ. صَفٌّ مِنَ (النّاسِ). رَتَلٌ (مُشاةٍ). خانَةٌ (في صَحيفَةٍ)
coma *n.* غَيْبوبَةٌ أَوْ سُباتٌ عَميقٌ
comb *n.; vt.* مِشْطٌ (شَعَرٍ). عُرْفٌ (ديكٍ). قُرْصُ (عَسَلٍ) // يُمَشِّطُ (الشَّعَرَ، الصّوفَ)
combat *n.; vt.; i.* قِتالٌ؛ مُكافَحَةٌ. مُبارَزَةٌ // يُقاتِلُ؛ يَتَحَدّى / يُكافِحُ؛ يُقاوِمُ
combatant *n.* مُحارِبٌ؛ مُكافِحٌ؛ مُشاجِرٌ
combination *n.* ضَمٌّ. إتِّحادٌ. حِلْفٌ؛ إئْتِلافٌ. الأَرْقامُ السِرِّيَّةُ لِخَزْنَةٍ حَديدِيَّةٍ
combine *vt.; i.; n.* يَضُمُّ. يَمْزُجُ؛ يُوَحِّدُ / يَنْضَمُّ. يَمْتَزِجُ. يَتَكَتَّلُ // تَكَتُّلٌ إحْتِكاريٌّ. إئْتِلافُ (أَحْزابٍ). آلَةٌ زِراعِيَّةٌ لِلْحَصادِ والدِّراسَةِ
combustible *adj.* قابِلٌ للإحْتِراقِ
combustion *n.* إِشْتِعالٌ. إحْتِراقٌ كيميائيٌّ
come *vi.irr.* يَجيءُ؛ يَأْتي. يَصِلُ إلى. يَظْهَرُ. يَحْدُثُ. يَتَأَتّى. يَخْطُرُ بِالبالِ. يُصْبِحُ؛ يَصيرُ
How —? كَيْفَ حَصَلَ ذَلِكَ؟
— across يُصادِفُ
— back يَعودُ؛ يَرْجِعُ
— down يَنْزِلُ؛ يَهْبُطُ
— for يَأْتي بَحْثًا عَنْ
— forward يَتَطَوَّعُ. يُقَدِّمُ نَفْسَهُ
— in! أُدْخُلْ!
— off يَهْوي عَنْ. يَنْفَصِلُ عَنْ
— on! هَيّا بِنا!
— out يُعْلِنُ
— up يَصْعَدُ. يُثارُ (مَوْضوعٌ)
comedian *n.* مُمَثِّلٌ هَزْليٌّ
comedy *n.* مَسْرَحِيَّةٌ هَزْلِيَّةٌ. النَّوْعُ الهَزْليُّ
comely *adj.* جَذّابٌ؛ حَسَنُ المَظْهَرِ
comer *n.* آتٍ؛ قادِمٌ؛ مُقْبِلٌ؛ وافِدٌ
comet *n.* مُذَنَّبٌ (نَجْمٌ)
comfort *n.; vt.* راحَةٌ؛ هَناءٌ. تَعْزِيَةٌ؛ مؤاساةٌ // يُعَزّي؛ يؤاسي. يُسَلّي. يُريحُ
take — يَتَعَزّى؛ يَتَسَلّى
comfortable *adj.* مُريحٌ. مُرْتاحٌ. مُسْتَرْخٍ
comforter *n.* مُعَزٍّ. بَطّانِيَّةٌ؛ حِرامٌ. مَصّاصَةٌ
comic(al) *adj.* مُضْحِكٌ؛ مُسَلٍّ. هَزْليٌّ (مَسْرَحٌ)
coming *n.* قُدومٌ. وُصولٌ. إقْتِرابٌ
comity *n.* مُجامَلَةٌ؛ كِياسَةٌ؛ تَأَدُّبٌ؛ تَهْذيبٌ
comma *n.* فاصِلَةٌ
inverted —s هِلالانِ مُزْدَوِجانِ؛ عَلاماتُ الإقْتِباسِ (« »)
command *n.; vt.* أَمْرٌ. قِيادَةٌ. سُلْطَةٌ. سَيْطَرَةٌ. تَضَلُّعٌ (في اللُّغَةِ) // يَرْأَسُ. يَأْمُرُ. يُسَيْطِرُ. يُتْقِنُ (لُغَةً). يَفْرِضُ (الاحْتِرامَ). يُشْرِفُ عَلى (مَكانٍ)
commandant *n.* حاكِمٌ أو آمِرُ (مَوْقِعٍ)؛ قائِدٌ
commandeer *vt.* يُصادِرُ للإسْتِعمالِ العَسْكَريِّ
commander *n.* قائِدُ (سَرِيَّةٍ، عَمَلِيَّةٍ). الرَّئيسُ
commanding *adj.* آمِرٌ. مُسَيْطِرٌ. مُشْرِفٌ عَلى. مَهيبٌ. لَهُ وَقْعٌ
commandment *n.* وَصِيَّةُ (اللهِ، الكَنيسَةِ). أَمْرٌ
commando *n.* مُفْرَزَةُ مَغاويرَ بَرْمائِيَّةٌ. فِدائيٌّ
commemorate *vt.* يُحْيي أَوْ يَحْتَفي بِذِكْرى
commence *vt.* يَبْدأُ؛ يَشْرَعُ في؛ يَسْتَهِلُّ؛ يُباشِرُ
commencement *n.* بِدايَةٌ؛ مَطْلَعٌ أو مُسْتَهَلٌّ
commend *vt.* يَعْهَدُ إلى. يُثْني عَلى (أَعْمالٍ). يُشيدُ بِـ (فُلانٍ). يوصي بِـ
commendable *adj.* جَديرٌ بِالثَّناءِ. حَميدٌ
commensurate *adj.* مُتَعادِلٌ؛ مُتَكافِئٌ مَع

comment *n.; vt.* // مُلاحَظَةٌ ؛ نَقْدٌ. شَرْحٌ ؛ تَفْسيرٌ // يُعَلِّقُ على (قَصيدَةٍ). يَشْرَحُ ؛ يُفَسِّرُ

commentary *n.* شَرْحٌ ؛ تَفْسيرٌ. تَعْليقٌ على

commentator *n.* مُعَلِّقٌ على. شارِحُ (نُصوصٍ)

commerce *n.* تِجارَةٌ. مُخالَطَةٌ ؛ مُعاشَرَةٌ

commercial *adj.; n.* تِجاريٌّ (مُؤَسَّسَةٌ، مُديرٌ، إعْلانٌ) // إعْلانٌ في الإذاعَةِ أوِ التِّلِفِزْيونِ

commingle *vt.; i.* يَمْزُجُ ؛ يَخْلِطُ ؛ يَدْمُجُ / يَمْتَزِجُ ؛ يَخْتَلِطُ. يَنْدَمِجُ

commiserate *vt.; i.* يَرْثي / يُؤاسي

commissariat *n.* مُفَوَّضِيَّةٌ. وِزارَةُ التَّموينِ. مُؤَنٌ

commission *n.; vi.* مَأْمورِيَّةٌ. مَهَمَّةٌ. تَوْكيلٌ. شَهادَةُ (تَرْقِيَةٍ). لَجْنَةُ (تَحْقيقٍ). عُمولَةٌ. إرْتِكابُ (جَريمَةٍ). جُرْمٌ ؛ ذَنْبٌ // يُكَلِّفُ أوْ يُفَوِّضُ رَسْمِيًّا (بِمَهَمَّةٍ). يُجَهِّزُ لِلْعَمَلِ (باخِرَةً، مَصْنَعًا)

commissioner *n.* مُفَوَّضُ (حُكومَةٍ، شُرْطَةٍ)

commit *vt.* يَعْهَدُ إلى بِـ. يَسْجُنُ. يُشْرِكُ أو يَزُجُّ (قُوّاتٍ في مَعْرَكَةٍ). يَرْتَكِبُ أوْ يَقْتَرِفُ (جُرْمًا)

— to memory يَحْفَظُ غَيْبًا. يَسْتَظْهِرُ

— suicide يَنْتَحِرُ

commitment *n.* تَعَهُّدٌ ؛ إلْتِزامٌ. إحالَةُ (مَرْسومٍ) إلى. أَمْرٌ قَضائيٌّ. إقْتِرافُ (إثْمٍ)

committee *n.* لَجْنَةُ (تَحْقيقٍ، خُبَراءَ)

commode *n.* خِزانَةٌ ذاتُ أَدْراجٍ. مِنْضَدَةٌ

commodious *adj.* رَحْبٌ ؛ فَسيحٌ ؛ مُريحٌ

commodity *n.* سِلْعَةٌ أوْ مادَّةٌ (غِذائِيَّةٌ، أَوَّلِيَّةٌ)

commodore *n.* عَميدٌ (بَحْرِيٌّ، لِنادي يُخوتٍ)

common *adj.; n.* مُشْتَرَكٌ (مِلْكِيَّةٌ). عُمومِيٌّ. عادِيٌّ. سائِدٌ (رَأْيٌ). شائِعٌ (مَرَضٌ). سوقِيٌّ (عِباراتٌ) // أَرْضٌ مُشاعَةٌ. ساحَةٌ عامَّةٌ. أُناسٌ عادِيّونَ

in — مُشْتَرَكٌ

commoner *n.* شَخْصٌ مِنْ عامَّةِ الشَّعْبِ

commonly *adv.* عادَةً

common place *adj.; n.* مَأْلوفٌ ؛ إعْتِياديٌّ. مُبْتَذَلٌ (رِوايَةٌ) // فِكْرَةٌ مُبْتَذَلَةٌ ؛ تَفاهَةٌ ؛ سَخافَةٌ

common sense *n.* رَأْيٌ صائِبٌ ؛ إحْساسٌ سَليمٌ

commotion *n.* شَغَبٌ ؛ إضْطِراباتٌ. فَوْضى ؛ فِتْنَةٌ

communal *adj.* مُخْتَصٌّ بِعامَّةِ الشَّعْبِ ؛ إشْتِراكِيٌّ. مُشاعٌ

commune *vi.; n.* يَتَحادَثُ بِوُدٍّ. يَتَأَثَّرُ (روحِيًّا) // جَماعَةٌ. بَلَدِيَّةٌ (تَقْسيمٌ إداريٌّ). سُكّانُ (البَلَدِيَّةِ). مَجْلِسٌ بَلَدِيٌّ

communicate *vt.; i.* يَنْقُلُ (الحَرارَةَ، خَبَرًا). يَتَبادَلُ (الآراءَ) / يَتَعاطَفُ مَعَ. يَتَّصِلُ (غُرْفَةٌ بِأُخْرى). يَتَناوَلُ القُرْبانَ

communication *n.* نَقْلُ (المَعْرِفَةِ). تَبادُلُ (الآراءِ). إتِّصالٌ (هاتِفِيٌّ)

communicative *adj.* مُنْفَتِحٌ. مُصارِحٌ بِأَفْكارِهِ

communion *n.* تَبادُلُ (آراءٍ). مُشارَكَةٌ. تَقَرُّبٌ (روحِيٌّ). طائِفَةٌ دينِيَّةٌ. رَمْزُ القُرْبانِ المُقَدَّسِ

communiqué *n.* بَيانٌ أوْ بَلاغٌ رَسْمِيٌّ

communism *n.* الشُّيوعِيَّةُ ؛ نِظامٌ إشْتِراكِيٌّ

communist *n.* شُيوعِيٌّ. عُضْوٌ في الحِزْبِ الشُّيوعِيِّ

community *n.* طائِفَةٌ ؛ جَماعَةٌ. أُسْرَةٌ (دَوْلِيَّةٌ). مُشارَكَةٌ في (المِلْكِيَّةِ). المُجْتَمَعُ

commutate *vt.* يُبَدِّلُ أوْ يُعاكِسُ أوْ يُحَوِّلُ التَّيّارَ

commutator *n.* مُبَدِّلٌ أو عاكِسُ التَّيّارِ ؛ مُحَوِّلٌ

commute *vt.; i.* يُبَدِّلُ ؛ يُغَيِّرُ. يُخَفِّضُ (حُكْمًا) / يَتَنَقَّلُ. يَسْتَبْدِلُ (شَيْئًا)

compact *adj.; vt.; n.* مُتَراصٌّ ؛ كَثيفٌ. موجَزٌ. مُحْكَمٌ // يَرُصُّ ؛ يُكَثِّفُ // عُلْبَةُ الزّينَةِ. عَقْدٌ ؛ ميثاقٌ

companion *n.; vt.* رَفيقٌ. نِدٌّ (مُجَلَّدٌ). دَليلُ (كِتابٌ). وَصيفَةٌ // يُرافِقُ ؛ يُصاحِبُ

companionship *n.* رِفْقَةٌ ؛ صُحْبَةٌ ؛ عِشْرَةٌ ؛ زَمالَةٌ

company *n.* جَمْعٌ. رِفْقَةٌ. ضَيْفٌ. شَرِكَةٌ. طاقَمُ سَفينَةٍ. فِرْقَةُ تَمْثيلٍ

keep — يُرافِقُ. يُجالِسُ

part — يَنْفَصِلُ عَنْ (شَريكٍ)

comparable *adj.* قابِلٌ لِلمُقارَنَةِ والمُقابَلَةِ ؛ مُشابِهٌ ؛ مُعادِلٌ ؛ نَظيرٌ

comparative *adj.* مُقارِنٌ. تَشْبيهيٌّ. نِسْبيٌّ

compare *vt.; i.* يُقارِنُ ؛ يُقابِلُ ؛ يُشَبِّهُ / يُشابِهُ ؛ يُماثِلُ. يُضاهي

comparison *n.* مُقارَنَةٌ ؛ تَشْبيهٌ ؛ تَنْظيرٌ

compartment *n.* قِسْمٌ مِن (مَكانٍ). خانَةٌ في (دُرْجٍ). مَقْصورَةُ (قِطارٍ). خَزْنَةٌ صَغيرَةٌ

compass *n.; vt.* بوصَلَةٌ ؛ إِبْرَةُ المَلاّحينَ. بيكارٌ. إطارٌ ؛ مَدًى // يُحيطُ ؛ يُحاصِرُ. يُنْجِزُ. يَسْتَوْعِبُ

compassion *n.* رأْفَةٌ ؛ رَحْمَةٌ ؛ حُنُوٌّ ؛ شَفَقَةٌ

compassionate *adj.* رَؤوفٌ ؛ رَحومٌ ؛ شَفوقٌ

compatible *adj.* مُنْسَجِمٌ. مُوافِقٌ. مُطابِقٌ ؛ مُلائِمٌ

compatriot *n.* مُواطِنٌ ؛ إِبْنُ بَلَدٍ واحِدٍ

compeer *n.* رَفيقٌ. نِدٌّ

compel *vt.* يُجْبِرُ ؛ يُرْغِمُ. يُخْضِعُ. يَنْتَزِعُ

compensate *vt.; i.* يُعَوِّضُ عَن ؛ يُكافِئُ. يُعادِلُ (نَقْصًا) ؛ يُوازِنُ / يَسْتَعيضُ عَن بِـ. يَسْتَرِدُّ

compensation *n.* تَعْويضٌ ؛ مُكافأَةٌ. تَعادُلٌ في النَّقْصِ. تَكافُؤٌ

compete *vi.* يَتَنافَسُ ؛ يَتَبارى ؛ يَتَزاحَمُ ؛ يَتَسابَقُ

competence *n.* أَهْلِيَّةٌ ؛ كَفاءَةٌ. إِخْتِصاصُ أو صَلاحِيَّةُ (مَحْكَمَةٍ). يُسْرٌ ؛ رَخاءٌ

competent *adj.* جَديرٌ ؛ كُفُؤٌ ؛ مُؤَهَّلٌ. مُخْتَصٌّ (سُلْطَةٌ). كافٍ (إِلْمامٌ)

competition *n.* مُضارَبَةٌ ؛ مُنافَسَةٌ ؛ مُسابَقَةٌ ؛ مُباراةٌ

competitive *adj.* تَزاحُميٌّ ؛ تَنافُسيٌّ

competitor *n.* مُضارِبٌ ؛ مُنافِسٌ. مُتَبارٍ

compile *vt.* يَجْمَعُ (لائِحَةً، لِكِتابٍ، لِهِوايَةٍ)

complacence; -cy *n.* إِرْتياحٌ ؛ سُرورٌ ؛ رِضًى

complacent *adj.* مَسْرورٌ. راضٍ عَنْ نَفْسِهِ

complain *vi.* يَشْتَكي ؛ يَتَذَمَّرُ. يَشْكو مِن (عِلَّةٍ)

complaint *n.* تَشَكٍّ ؛ تَذَمُّرٌ. شَكْوى. تَوَعُّكٌ

lodge a — يَرْفَعُ شَكْوى

complaisance *n.* مُجامَلَةٌ ؛ مُلاطَفَةٌ ؛ مُسايَرَةٌ

complaisant *adj.* مُجامِلٌ ؛ مُلاطِفٌ ؛ مُهَذَّبٌ

complement *n.; vt.* مُتَمِّمٌ. تَتِمَّةٌ. كامِلُ (مَبْلَغٍ). مُضافٌ // يُتَمِّمُ ؛ يُكَمِّلُ. يُضيفُ

complementary *adj.* مُكَمِّلٌ ؛ مُتَمِّمٌ

complete *adj.; vt.* كامِلٌ. ناجِزٌ. تامٌّ // يُكْمِلُ. يُتَمِّمُ. يُنْجِزُ (مَشْروعًا)

completely *adv.* تَمامًا ؛ كُلِّيَّةً

completion *n.* إِكْمالٌ ؛ إِتْمامٌ. إِنْجازٌ

complex *adj.; n.* مُرَكَّبٌ. مُتَشَعِّبٌ. مُعَقَّدٌ // مُجَمَّعٌ (سِياحيٌّ). عُقْدَةٌ نَفْسِيَّةٌ

complexion *n.* بَشَرَةٌ ؛ سَحْنَةٌ. طابَعٌ. مَظْهَرٌ

complexity *n.* تَشَعُّبٌ ؛ تَعَقُّدٌ. صُعوبَةٌ ؛ تَعْقيدٌ

compliance; -cy *n.* مُوافَقَةٌ. إِطاعَةٌ ؛ إِذْعانٌ

in — with وِفْقًا لِـ ؛ بِموجَبِ

complicate *vt.* يُعَقِّدُ (مَسْأَلَةً). يُلَبِّكُ (الأُمورَ)

complicated *adj.* مُعَقَّدٌ (مَسْأَلَةٌ). صَعْبٌ

complication *n.* تَعْقيدٌ. تَعَقُّدٌ. مُضاعَفاتٌ

complicity *n.* إِشْتِراكٌ في الإِثْمِ أَوِ الجَريمَةِ

compliment *n.; vt.* مَدْحٌ ؛ إِمْتِداحٌ ؛ ثَناءٌ ؛ تَقْريظٌ // يُثْني عَلى ؛ يَمْدَحُ

complimentary *adj.* مُطْرٍ ؛ مُجامِلٌ . مَجّانِيٌّ
comply *vi.* يَتَقَيَّدُ بِـ أوْ يَخْضَعُ لِـ (القَوانين)
component *n.; adj.* عُنْصُرٌ ؛ عامِلٌ // مُرَكَّبٌ أوْ مُكَوِّنٌ (أجْزاءَ جِسْمٍ)
comport *vi.; t.* يَنْسَجِمُ ؛ يَتوافَقُ / يَتَصَرَّفُ
compose *vt.* يُرَكِّبُ (دَواءً) . يُؤَلِّفُ (كِتابًا) . يَنْظِمُ (قَصيدَةً) . يَحُلُّ (مُشْكِلَةً) . يُهَدِّئُ
composed *adj.* هادِئٌ ؛ ساكِنٌ ؛ رَزينٌ
composer *n.* مُؤَلِّفٌ موسيقِيٌّ . مُنَضِّدٌ
composite *adj.; n.* مُرَكَّبٌ ؛ مُؤَلَّفٌ مِنْ عَناصِرَ مُخْتَلِفَةٍ // مَعْدِنٌ مُرَكَّبٌ (الأسْمِنْتُ) . خَليطٌ
composition *n.* تَرْكيبٌ ؛ مَزيجٌ . قِطْعَةٌ موسيقِيَّةٌ . تَأْليفٌ في (الفَنِّ ، الأدَبِ) . إنْشاءٌ (مَدْرَسِيٌّ) . تَنْضيدٌ
compositor *n.* مُنَضِّدٌ أوْ صَفّافُ (حُروفِ الطِّباعَةِ)
compost *n.* سَمادُ المَزْرَعَةِ ؛ سَمادٌ خَليطٌ
composure *n.* سَكينَةٌ ؛ هُدوءُ البالِ ؛ رَزانَةٌ
compound *n.; adj.; vt.; i.* مادَّةٌ مُرَكَّبَةٌ . مَزيجٌ ؛ خَليطٌ . مَوْقِعٌ سَكَنِيٌّ // مُرَكَّبٌ أو مُؤَلَّفٌ (مِنْ عَناصِرَ مُخْتَلِفَةٍ) // يُرَكِّبُ (دَواءً) . يَمْزُجُ ؛ يَخْلِطُ / يَتوافَقُ مَعَ (خَصْمٍ) . يُسَوّي (مَسْأَلَةً)
comprehend *vt.* يُدْرِكُ ؛ يَفْهَمُ . يَشْمُلُ ؛ يَتَضَمَّنُ
comprehensible *adj.* قابِلٌ لِلإدْراكِ أو لِلْفَهْمِ
comprehension *n.* فَهْمٌ ؛ إدْراكٌ . شُمولِيَّةٌ
comprehensive *adj.* شامِلٌ ؛ جامِعٌ . حَسَنُ التَّفَهُّمِ ؛ فَهيمٌ
compress *n.; vt.* كِمادَةٌ ؛ ضِمادَةٌ . آلَةٌ لِكَبْسِ القُطْنِ // يَضْغَطُ ؛ يَكْبِسُ ؛ يَشُدُّ على
compressed *adj.* مَضْغوطٌ (هَواءٌ) . مَكْبوسٌ
compressible *adj.* مُنْضَغِطٌ (غازٌ)
compression *n.* ضَغْطٌ ؛ كَبْسٌ ؛ عَصْرٌ . إنْضِغاطٌ
compressor *n.* ضاغِطُ (الغازِ) . مِكْبَسٌ
comprise *vt.* يَحْتَوي ؛ يَتَضَمَّنُ . يَشْمُلُ الكُلَّ
compromise *n.; vt.; i.* تَسْوِيَةٌ ؛ تَراضٍ . إساءَةٌ إلى سُمْعَةٍ // يُسَوّي نِزاعًا . يُعَرِّضُ لِلْخَطَرِ . يُشَوِّهُ سُمْعَةً / يَتَصالَحُ ؛ يَتَراضى
comptroller *n.* مُراقِبُ (النَّفَقاتِ)
compulsion *n.* إجْبارٌ . إلْزامٌ . إخْضاعٌ . إنْتِزاعٌ
compulsive *adj.* مُلْزِمٌ ؛ مُجْبِرٌ ؛ مُكْرِهٌ
compulsory *adj.* إجْبارِيٌّ ؛ إلْزامِيٌّ . مُوجِبٌ
compunction *n.* نَدَمٌ ؛ تَأْنيبُ أو وَخْزُ الضَّميرِ
computation *n.* حِسابٌ . تَقْديرٌ ؛ تَخْمينٌ
compute *vt.* يَحْسُبُ ؛ يُقَدِّرُ (بالآلَةِ الحاسِبَةِ)
computer *n.* كومبيوتر : حاسِبٌ أوْ عَقْلٌ إلِكْتْرونِيٌّ
computerize *or* **computerise** *vt.* يُبَرْمِجُ في الكومبيوتِرِ
comrade *n.* رَفيقٌ ؛ صاحِبٌ ؛ زَميلٌ
concave *adj.* مَعْكوفٌ إلى الداخِلِ ؛ مُقَعَّرٌ
conceal *vt.* يُخْفي ؛ يُخَبِّئُ . يَكْتُمُ (شُعورَهُ)
concealment *n.* إخْفاءٌ . مَخْبَأٌ . كِتْمانُ (سِرٍّ)
concede *vt.; i.* يَعْتَرِفُ أوْ يُقِرُّ (بِصِحَّةِ أوْ بِنَتيجَةٍ) / يَتَنازَلُ عَنْ أوْ يَرْضى بِـ (حَقٍّ)
conceit *n.* زَهْوٌ ؛ غُرورٌ ؛ إعْتِدادٌ بِالنَّفْسِ
conceited *adj.* مَزْهُوٌّ ؛ مَغْرورٌ ؛ مُعْتَدٌّ بِنَفْسِهِ
conceivable *adj.* قابِلٌ لِلإدْراكِ أوِ التَّصَوُّرِ . مُمْكِنٌ
conceive *vt.; i.* يَتَصَوَّرُ . يَتَخَيَّلُ . يُصَمِّمُ في فِكْرِهِ / يَتَخَيَّلُ . يَتَصَوَّرُ . تَحْبَلُ (إمْرَأةٌ)
concentrate *vt.; i.* يُرَكِّزُ (عَلى أمْرٍ) ؛ يُكَثِّفُ ؛ يَحْصُرُ / يُرَكِّزُ (جُهودَهُ) ؛ يُجَمِّعُ . يَحْتَشِدُ
concentration *n.* تَرْكيزٌ
concentration camp *n.* مُعَسْكَرُ اعْتِقالٍ . مُعْتَقَلٌ
concetric *adj.* مُتَراكِزٌ

concept *n.* تَصَوُّرٌ؛ مَعْنًى مُجَرَّدٌ
conception *n.* تَصَوُّرٌ. مَفْهومٌ لِـ. حَبَلٌ. إِبْتِكارٌ
concern *n.; vt.* إِهْتِمامٌ. مَصْلَحَةٌ. قَلَقٌ. شَأْنٌ أو أَهَمِّيَّةٌ (أَخْبارٍ). شَرِكَةٌ تِجارِيَّةٌ // يَتَعَلَّقُ بِـ. يَهْتَمُّ بِـ
concerned *adj.* قَلِقٌ. مَعْنِيٌّ بِـ
concerning *prep.* بِخُصوص ؛ فيما يَخْتَصُّ بِـ
concert *vt.; i.; n.* يَتَوافَقُ عَلى / يَتَشاوَرُ؛ يَتَداوَلُ // حَفْلَةٌ موسيقِيَّةٌ. تَوافُقٌ
concerted *adj.* مُدَبَّرٌ؛ مُتَّفَقٌ عَلَيْهِ
concession *n.* تَنازُلٌ. إِمْتِيازٌ. تَوْكيلٌ. إِلْتِزامٌ
concessionary *n.* صاحِبُ امْتِيازٍ. مُلْتَزِمٌ. وَكيلٌ
conch *n.* مَحارَةٌ: صَدَفَةٌ مُقَعَّرَةٌ
conciliate *vt.* يُصالِحُ. يَسْتَرْضي. يَسْتَميلُ
conciliation *n.* مُصالَحَةٌ. إِسْتِرْضاءٌ. تَوْفيقٌ
conciliator *n.* المُصْلِحُ ؛ المُوَفِّقُ
conciliatory *adj.* تَوْفيقِيٌّ؛ صُلْحِيٌّ. إِسْتِرْضائِيٌّ
concise *adj.* موجَزٌ؛ مُقْتَضَبٌ (كَلامٌ)؛ مُخْتَصَرٌ
conclave *n.* إِجْتِماعٌ سِرِّيٌّ (لِلإِنْتِخابِ)
conclude *vt.; i.* يُنْجِزُ؛ يُتَمِّمُ. يَعْقِدُ (إِتِّفاقًا) / يَسْتَنْتِجُ؛ يَسْتَخْلِصُ (نَتيجَةً)
concluding *adj.* خِتامِيٌّ؛ نِهائِيٌّ
conclusion *n.* نِهايَةٌ؛ خِتامٌ. خُلاصَةٌ. نَتيجَةٌ. قَرارٌ نِهائِيٌّ. حُكْمٌ. عَقْدٌ
conclusive *adj.* قاطِعٌ أو دامِغٌ (حُجَّةٌ، بُرْهانٌ)
concoct *vt.* يَمْزُجُ (الطَّعامَ). يَخْتَلِقُ (عُذْرًا)
concoction *n.* مَزْجُ (طَعامٍ). تَلْفيقٌ؛ كَذِبٌ
concord *n.* وِئامٌ؛ وِفاقٌ. إِئْتِلافٌ (موسيقِيٌّ)
concordance *n.* فِهْرِسٌ أَبْجَدِيٌّ. إِتِّفاقٌ
concordant *adj.* مُتَّفِقٌ. مُنْسَجِمٌ؛ مُتَناغِمٌ
concordat *n.* إِتِّفاقٌ؛ مُعاهَدَةٌ؛ ميثاقٌ
concourse *n.* إِلْتِقاءٌ. حَشْدٌ؛ جَمْعٌ. ساحَةٌ
concrete *adj.; n.; vt.; i.* مُحَدَّدٌ. واقِعِيٌّ. مَلْموسٌ؛ مادِّيٌّ. صُلْبٌ // خَرَسانَةٌ؛ باطونٌ // يَبْني بِالباطونِ (حائِطًا) / يَتَجَمَّدُ
concubinage *n.* إِسْتِسْرارٌ؛ مُساكَنَةٌ مِنْ غَيْرِ زَواجٍ
concubine *n.* سُرِّيَّةٌ؛ خَليلَةٌ؛ حَظِيَّةٌ؛ مَحْظِيَّةٌ
concupiscence *n.* شَهْوَةٌ. مَيْلٌ قَوِيٌّ (لِلجِنْسِ)
concur *vi.* يَتَّفِقُ؛ يَتَعاوَنُ. يَتَزامَنُ
concurrence *n.* إِتِّفاقٌ؛ تَعاوُنٌ. تَزامُنٌ
concurrent *adj.* مُتَعاوِنٌ. مُتَزامِنٌ. مُتَوارِدٌ. مُتَلاقٍ؛ مُتَجانِسٌ؛ مُتَوافِقٌ
concussion *n.* إِرْتِجاجٌ مُخِّيٌّ. إِهْتِزازٌ
condemn *vt.* يَسْتَنْكِرُ. يَحْكُمُ عَلى. يَدينُ؛ يَعيبُ
condemnation *n.* إِسْتِنْكارٌ. عُقوبَةٌ. إِدانَةٌ
condemned *adj.* مَحْكومٌ عَلَيْهِ
condensation *n.* تَكْثيفُ (غازٍ). إِخْتِصارٌ؛ إيجازٌ. تَسْييلُ (بُخارِ الماءِ)
condense *vt.* يُكَثِّفُ (غازًا). يَخْتَصِرُ؛ يوجِزُ. يُسَيِّلُ (بُخارَ الماءِ)
condensed *adj.* مُكَثَّفٌ. مُخْتَصَرٌ؛ موجَزٌ
condescend *vi.* يَتَنازَلُ لِـ
condiment *n.* تابِلٌ (كَالبَهارِ والمِلْحِ والفِلْفِلِ)
condition *n.; vt.* حالَةٌ؛ وَضْعٌ. شَرْطٌ. ظَرْفٌ // يُكَيِّفُ. يُعَوِّدُ؛ يُمَرِّسُ. يَشْتَرِطُ
in no — to في حالَةٍ لا تَسْمَحُ لَهُ بِـ
on (*or* upon) — that شَرْطَ أَنْ
conditional *adj.* شَرْطِيٌّ؛ مَشْروطٌ؛ مَرْهونٌ بِـ
conditioned *adj.* مَشْروطٌ. مُكَيَّفٌ (صالَةٌ)
condole *vt.* يُعَزّي؛ يُؤاسي
condolence *or* **condolement** *n.* تَعْزِيَةٌ؛ مُؤاساةٌ؛ مُشارَكَةٌ في الحُزْنِ
condone *vt.* يَغْفِرُ (ذَنْبًا)؛ يَصْفَحُ عَن؛ يُسامِحُ

condor *n.* كُنْدورٌ: نَسْرٌ أميركيٌّ كَبيرٌ
conduce *vi.* يُؤَدِّي إلى ؛ يُساهِمُ في ؛ يُفْضي إلى
conduct *n.*; *vt.* سُلوكٌ. إدارَةُ (مَشْروعٍ). إرْشادٌ // يُديرُ (مَشْروعًا). يَقودُ (جَوْقَةً)
conductive *adj.* مُوَصِّلٌ ؛ تَوْصيليٌّ
conductor *n.* قاطِعُ التَّذاكِرِ (في سَيّاراتِ النَّقْلِ). قائِدُ (أورْكِسْترا). مُرْشِدٌ ؛ دَليلٌ
lightning — واقِيَةُ صَواعِقَ
conduit *n.* قَناةُ (ماءٍ). أُنْبوبُ (غازٍ)
cone *n.* مَخْروطٌ. كوزُ (الصَّنَوْبَرِ)
ice-cream — قَرْنُ بوظَةٍ
confection *n.* مَزْجٌ ؛ خَلْطٌ. حَلْوى
confectioner *n.* سَكاكِرِيٌّ ؛ بائِعُ السَّكاكِرِ
confectionery *n.* سُكَّرِيّاتٌ. مَصْنَعُ سَكاكِرَ
confederacy *n.* تَحالُفٌ ؛ إتِّحادُ دُوَلٍ
confederate *n.*; *adj.*; *vi.* دَوْلَةٌ ضِمْنَ اتِّحادِ دُوَلٍ. شَريكٌ في (مُؤامَرَةٍ) // حَليفٌ في (اتِّحادٍ، جامِعَةِ دُوَلٍ) // يَتَحالَفُ. يُصْبِحُ عُضْوًا في اتِّحادٍ
confederation *n.* إتِّحادٌ أو جامِعَةُ دُوَلٍ
confer *vt.*; *i.* يَمْنَحُ أو يَهِبُ (وِسامًا) / يَتَشاوَرُ مَعَ أو يَتَداوَلُ مَعَ (مُحاميهِ)
conference *n.* مُؤْتَمَرٌ (سِياسيٌّ، عِلْميٌّ)
summit — مُؤْتَمَرُ قِمَّةٍ
confess *vt.*; *i.* يَعْتَرِفُ بِـ ؛ يُقِرُّ بِـ / يَعْتَرِفُ بِخَطاياهُ
confession *n.* إعْتِرافٌ بِـ ؛ إقْرارٌ بِـ. مَذْهَبٌ ؛ مُعْتَقَدٌ (دينيٌّ)
confessional *n* كُرْسيُّ الإعْتِرافِ
confessor *n.* مُعَرِّفٌ. مُجاهِرٌ بِإيمانِهِ. مُعْتَرِفٌ
confidant *n.* نَجِيٌّ ؛ كاتِمٌ أو أَمينُ سِرٍّ
confide *vt.*; *i.* يَأْتَمِنُ بِأَسْرارِهِ. يَعْهَدُ إلى / يَثِقُ بِـ ؛ يَرْكُنُ إلى ؛ يُسِرُّ إلى
confidence *n.* ثِقَةٌ. ثِقَةٌ بِالنَّفْسِ. سِرٌّ
confident *adj.* واثِقٌ. واثِقٌ مِنْ نَفْسِهِ. جَريءٌ
confidential *adj.* سِرِّيٌّ ؛ خاصٌّ. مَوْثوقٌ بِهِ
confine *n.pl.*; *vt.* حُدودٌ ؛ تُخومٌ. حَدٌّ ؛ فاصِلٌ // يَحْبِسُ ؛ يَحْجِزُ
confined *adj.* مَحْجوزٌ ؛ مَحْبوسٌ. نَفْساءُ (إمْرَأَةٌ)
confinement *n.* سَجْنٌ ؛ تَوْقيفٌ ؛ حَجْزٌ. وِلادَةٌ
confirm *vt.* يُؤَكِّدُ ؛ يُثَبِّتُ. يُعَزِّزُ. يُصادِقُ عَلى. يَمْنَحُ سِرَّ التَّثْبيتِ
confirmation *n.* تَأْكيدٌ. تَثْبيتٌ. مُصادَقَةٌ عَلى
confirmed *adj.* مُتَأَصِّلٌ (عادَةٌ). مُزْمِنٌ. مُثَبَّتٌ
confiscate *vt.*; *adj.* يُصادِرُ أو يَحْجِزُ (بَضائِعَ، أَمْوالاً) // مُصادَرٌ ؛ مَحْجوزٌ
confiscation *n.* مُصادَرَةٌ ؛ حَجْزٌ
conflagration *n.* حَريقٌ أو اشْتِعالٌ هائِلٌ ومُدَمِّرٌ
conflict *n.*; *vi.* نِزاعٌ. خِلافٌ. صِراعٌ. تَناقُضٌ // يَتَخاصَمُ ؛ يَتَصادَمُ. يَتَعارَضُ ؛ يَتَناقَضُ
conflicting *adj.* مُتَضارِبٌ. مُضادٌّ. مُتَعارِضٌ ؛ مُتَناقِضٌ ؛ مُتَنافٍ مَعَ
confluence *vt.* مُلْتَقى نَهْرَيْنِ. تَجَمُّعٌ ؛ تَجَمْهُرٌ
confluent *adj.* مُتَلاقٍ ؛ مُنْدَمِجٌ
conform *vt.*; *i.* يُطابِقُ بَيْنَ أو يُوَفِّقُ بَيْنَ (سُلوكِهِ وأَقْوالِهِ) / يَتَقَيَّدُ بِـ ؛ يَلْتَزِمُ بِـ. يَتَكَيَّفُ ؛ يَنْسَجِمُ
conformity *or* **conformance** *n.* مُطابَقَةٌ ؛ تَوافُقٌ. تَقَيُّدٌ ؛ إلْتِزامٌ
in — with طِبْقًا لِـ ؛ وِفْقًا لِـ
confound *vt.* يُحَيِّرُ ؛ يُرْبِكُ. يَخْلِطُ بَيْنَ. يَدْحَضُ (حُجَّةً). يَقْهَرُ (خَصْمًا)
— it! لَعْنَةُ اللهِ
confounded *adj.* مُرْبَكٌ ؛ مُحَيَّرٌ ؛ مُحْرَجٌ
confront *vt.* يُواجِهُ (أَمْرًا). يُجابِهُ (عَدوًّا) ؛

يَتَصَدَّى. يُقابِلُ. يُقارِنُ

confrontation *n.* مُقابَلَةٌ. مُواجَهَةٌ. مُجابَهَةٌ

confuse *vt.* يُرْبِكُ؛ يُحَيِّرُ. يَخْلِطُ بَيْنَ. يُحْرِجُ

confused *adj.* مُحَيَّرٌ؛ مُرْتَبِكٌ؛ مُحْرَجٌ

confusing *adj.* مُحَيِّرٌ؛ مُرْبِكٌ؛ مُحْرِجٌ

confusion *n.* حَيْرَةٌ؛ إِرْباكٌ؛ غُموضٌ؛ حَرَجٌ. فَوْضى؛ بَلْبَلَةٌ

confutation *n.* دَحْضٌ؛ نَقْضٌ

confute *vt.* يَدْحَضُ؛ يَنْقُضُ

congeal *vt.; i.* يُجَمِّدُ؛ يُثَلِّجُ. يُخَثِّرُ. يُحَجِّرُ / يَتَجَمَّدُ. يَتَخَثَّرُ. يَتَحَجَّرُ. يَتَشَكَّلُ

congenial *adj.* مُمْتِعٌ؛ مُسِرٌّ. مُتَوافِقٌ؛ مُنْسَجِمٌ

congenital *adj.* خِلْقِيٌّ (تَشَوُّهٌ)؛ مَوْجودٌ مُنْذُ الوِلادَةِ (عَمًى)

conger *n.* ثُعْبانُ البَحْرِ. أَنْقَليسٌ بَحْرِيٌّ

congest *vt.; i.* يَزْحَمُ. يَسُدُّ / يَكْتَظُّ؛ يَزْدَحِمُ. يَنْسَدُّ. يَحْتَقِنُ

congested *adj.* مُكْتَظٌّ؛ مُزْدَحِمٌ. مُنْسَدٌّ. مُحْتَقِنٌ

congestion *n.* إِكْتِظاظٌ؛ إِزْدِحامٌ. إِنْسِدادٌ

conglomerate *vt.; i.; n.* يُكَتِّلُ (حَصًى)؛ يَرْكُمُ (رِمالاً) / يَتَكَتَّلُ (حَصًى)؛ يَتَراكَمُ (رَمْلٌ) // كُتْلَةٌ مُخْتَلِطَةٌ. شَرِكَةٌ كُبْرى تَضُمُّ مَجْموعَةَ شَرِكاتٍ مُتَنَوِّعَةٍ

congratulate *vt.* يُهَنِّئُ؛ يُقَدِّمُ التَّهانِيَ

congratulation *n.* تَهْنِئَةٌ؛ تَقْديمُ التَّهاني

congregate *vt.; i.; adj.* يُجَمِّعُ؛ يَحْشُدُ؛ يُجَمْهِرُ / يَتَجَمَّعُ؛ يَحْتَشِدُ؛ يَتَجَمْهَرُ // مُتَجَمِّعٌ؛ مُحْتَشِدٌ؛ مُتَجَمْهِرٌ

congregation *n.* جُمْهورُ المُصَلِّينَ. تَجَمْهُرٌ. جَمْعٌ. المُؤْمِنونَ. رَهْبانِيَّةٌ؛ أَبْرَشِيَّةٌ

congress *n.* مُؤْتَمَرٌ. كونْغِرِسٌ: مَجْلِسٌ تَشْريعِيٌّ

congressman *n.* عُضْوٌ في الكونْغِرِسِ الأَميرِكِيِّ

congruence; -cy *n.* تَوافُقٌ؛ تَطابُقٌ؛ إِنْسِجامٌ

congruent *adj.* مُتَوافِقٌ. مُتَطابِقٌ؛ مُنْسَجِمٌ

congruity *n.* تَوافُقٌ؛ مُطابَقَةٌ؛ مُلاءَمَةٌ؛ إِنْسِجامٌ

congruous *adj.* مُوافِقٌ؛ مُناسِبٌ؛ مُلائِمٌ؛ مُنْسَجِمٌ

conic(al) *adj.* مَخْروطِيٌّ. مَخْروطِيُّ الشَّكْلِ

coniferous *adj.* صَنَوْبَرِيٌّ؛ تَنّوبِيٌّ

conjectural *adj.* حَدْسِيٌّ؛ تَخْمينِيٌّ؛ ظَنِّيٌّ

conjecture *n.; vt.* حَدْسِيَّةٌ؛ تَخْمينٌ؛ تَكَهُّنٌ؛ ظَنٌّ // يُقَدِّرُ؛ يُخَمِّنُ. يَتَكَهَّنُ بِـ (حَدَثٍ)

conjoin *vt.; i.* يوصِلُ؛ يَضُمُّ؛ يُشْرِكُ؛ يُوَحِّدُ / يَنْضَمُّ؛ يَشْتَرِكُ؛ يَتَوَحَّدُ

conjoint *adj.* مُتَّحِدٌ؛ مُشْتَرَكٌ

conjugal *adj.* زَوْجِيٌّ؛ مُتَعَلِّقٌ بِالزَّواجِ

conjugate *vt.* يُصَرِّفُ فِعْلاً. يَقْرِنُ؛ يَجْمَعُ

conjugation *n.* تَصْريفُ الأَفْعالِ. إِقْتِرانٌ؛ جَمْعٌ

conjunction *n.* إِنْضِمامٌ؛ إِتِّحادٌ. تَزامُنُ (الأَحْداثِ). حَرْفُ عَطْفٍ

conjuncture *n.* إِرْتِباطُ (أَحْداثٍ). شِدَّةٌ

conjuration *n.* سِحْرٌ؛ رُقْيَةٌ؛ تَعْويذٌ؛ تَعْزيمٌ

conjure *vt.; i.* يَتَوَسَّلُ إِلى؛ يَسْتَحْلِفُ؛ يُناشِدُ / يُمارِسُ السِّحْرَ. يَسْتَحْضِرُ الأَرْواحَ

conjurer *n.* ساحِرٌ؛ مُشَعْوِذٌ؛ لاعِبُ خِفَّةٍ

connect *vt.; i.* يَرْبِطُ؛ يوثِقُ. يَصِلُ هاتِفِيًّا / يَتَلاقى (قِطارانِ). يَضْرِبُ بِقُوَّةٍ

connected *adj.* مَوْصولٌ؛ مَرْبوطٌ. مُتَرابِطٌ

connexion *or* **connection** *n.* وَصْلٌ؛ رَبْطٌ. رابِطٌ. تَرابُطُ (أَفْكارٍ). *pl.* عَلاقاتٌ (مَعَ ذَوي النُّفوذِ). أَقارِبُ دَمٍ أَوْ مُصاهَرَةٍ

in — with بِخُصوصِ؛ فيما يَخْتَصُّ بِـ

connivance *n.* مُؤامَرَةٌ. تَواطُؤٌ؛ تَغاضٍ عَنْ

connive *vi.* يَتَآمَرُ. يَتَواطَأُ؛ يَتَغاضى عَنِ (الإِثْمِ)

connoisseur *n.* خبيرٌ أو عارفٌ في (الفنّ، النَّبيذ)

connubial *adj.* زوجيٌّ (مُتَعَلِّقٌ بالزَّواج)

conquer *vt.; i.* يَهْزِمُ. يتَغَلَّبُ على (الصِّعابِ). يَسْتَولي عَلى. يَنْتزِعُ (العَطْفَ) / يَنْتَصِرُ على

conqueror *n.* المُنْتَصِرُ؛ الفاتِحُ؛ المُظَفَّرُ

conquest *n.* فَتْحٌ. إنْتِصارٌ. الأرْضُ المُحْتَلَّةُ. إنْتِزاعُ (لِعَطْفٍ، لِحُبٍّ)

conscience *n.* ضَميرٌ؛ ذِمَّةٌ. إدْراكٌ؛ وَعْيٌ

conscientious *adj.* كادٌّ؛ مُجْتَهِدٌ. حَيُّ الضَّميرِ؛ ذو ذِمَّةٍ. مُتْقَنٌ (عَمَلٌ)

— objector مُعارِضٌ للخِدْمَةِ العَسْكَرِيَّةِ

conscious *adj.* واعٍ؛ مُدْرِكٌ

consciousness *n.* وَعْيٌ؛ إدْراكٌ. مَعْرِفَةٌ؛ دِرايَةٌ

conscript *n.; vt.* مُجَنَّدٌ (إجْبارًا) // يُجَنِّدُ (إلزاميًّا)

conscription *n.* تَجْنيدٌ إجْباريٌّ. خِدْمَةٌ إلْزامِيَّةٌ

consecrate *vt.* يُقَدِّسُ؛ يُكَرِّسُ (هَيْكَلاً). يَنْذُرُ (حَياتَهُ لله). يَرْسُمُ (أُسْقُفًا)

consecration *n.* تَقْديسٌ؛ تَكْريسٌ. سِيامَةٌ

consecutive *adj.* مُتَتالٍ؛ مُتَتابِعٌ؛ مُتَعاقِبٌ

consensus *n.* إجْماعٌ؛ تَوافُقٌ؛ قَبولٌ. رِضًى

consent *vi.; n.* يُوافِقُ عَلى. يَأْذَنُ. يَسْمَحُ. يَرْضى بِـ // موافَقَةٌ. إذْنٌ. إنْسِجامُ (الرَّأْيِ)

consequence *n.* نَتيجَةٌ. عاقِبَةٌ؛ تَبِعَةٌ. أهَمِّيَّةٌ

in — نَتيجَةً لِذلِكَ

consequent *adj.* ناتِجٌ مِنْ؛ ناجِمٌ عَنْ؛ ناشِئٌ عَن

consequential *adj.* مُهِمٌّ. مُعْجَبٌ بِنَفْسِهِ. ناتِجٌ مِن. تَبَعِيٌّ

consequently *adv.* بِناءً عَلَيْهِ؛ بِالتّالي

conservation *n.* مُحافَظَةٌ عَلى أو حِفاظٌ عَلى (البيئَةِ). حِفْظٌ

conservative *adj. & n.* مُحافِظٌ. تَقْليديٌّ

conservatory *n.* دَفيئَةٌ أو بَيْتٌ زُجاجيٌّ (للنَّباتات). مَعْهَدٌ موسيقيٌّ

conserve *vt.; n.* يَحْفَظُ مِنَ (الصَّدأِ)؛ يَصونُ. يَحْفَظُ بالسُّكَّرِ (فاكِهَةً) // فاكِهَةٌ مَطْبوخَةٌ ومُسَكَّرَةٌ

consider *vt.* يُفَكِّرُ في؛ يَتَأَمَّلُ في. يَعْتَبِرُ. يَدْرُسُ؛ يَبْحَثُ. يَحْتَرِمُ؛ يُقَدِّرُ

considerable *adj.* كَبيرٌ (حَجْمٌ). كَثيرٌ أو جَمٌّ (كَمِّيَّةٌ). مَرْموقٌ. جَسيمٌ (خسائِرُ). باهِظٌ (نَفَقاتٌ)

considerate *adj.* لَطيفٌ؛ مُتَوَدِّدٌ؛ حَسَنُ الإلْتِفاتِ

consideration *n.* إهْتِمامٌ. تَفْكيرٌ. إحْتِرامٌ؛ إكْرامٌ. بَحْثٌ. رَأْيٌ. أجْرٌ

take into — يَأْخُذُ بِعَيْنِ الإعْتِبارِ

under — قَيْدَ الدَّرْسِ

considering *prep.* نَظَرًا إلى؛ بِناءً عَلى

consign *vt.* يُسَلِّمُ؛ يودِعُ. يُرْسِلُ (بِضاعَةً)

consignee *n.* المُرْسَلُ إلَيْهِ؛ المُسْتَلِمُ

consignment *n.* تَسْليمٌ؛ إيداعٌ. إرْسالُ (بِضاعَةٍ). السِلَعُ المُرْسَلَةُ

consist *vi.* يَتأَلَّفُ مِن. يَكْمُنُ في (وُجودٌ). يَنْسَجِمُ

consistency; -ce *n.* تَوافُقٌ مَعَ. إنْسِجامٌ. صَلابَةٌ. تَماسُكٌ وَثَباتٌ. إسْتِقامَةٌ. دَرَجَةُ الكَثافَةِ

consistent *adj.* ثابِتُ (الرَّأْيِ، النُّموِّ). مُطابِقٌ

consolation *n.* تَعْزِيَةٌ. مؤاساةٌ. مَصْدَرُ عَزاءٍ

consolatory *adj.* مُعَزٍّ؛ مُؤاسٍ

console *vt.; n.* يُعَزّي؛ يؤاسي؛ يُفَرِّجُ عَن // دِعامَةٌ؛ رَكيزَةٌ. طاوِلَةُ تِلِفِزْيونٍ

consolidate *vt.; i.* يوَحِّدُ؛ يَدْمُجُ. يُمَتِّنُ؛ يُوَطِّدُ؛ يُدَعِّمُ؛ يُثَبِّتُ / يَنْدَمِجُ. يَتَقَوّى؛ يَتَعَزَّزُ؛ يَتَدَعَّمُ

consolidation *n.* تَوْحيدٌ؛ دَمْجٌ. تَقْوِيَةٌ. تَوْطيدٌ؛ تَدْعيمٌ. إتِّحادٌ

consonance; -cy *n.* تَوافُقُ أَوْ تَناغُمُ (أَصْواتٍ). إنْسِجامٌ؛ إئْتِلافٌ

consonant *adj.; n.* مُتَّفِقٌ مَعَ. مُنْسَجِمٌ. مُتَناغِمٌ (أَصْواتٌ) // حَرْفٌ صامِتٌ أو ساكِنٌ

consort *vi.; n.* يُعاشِرُ؛ يُخالِطُ. يَتَوافَقُ مَعَ؛ يَنْسَجِمُ مَعَ // شَريكٌ؛ قَرينٌ. سَفينَةُ حِمايَةٍ

conspicuous *adj.* واضِحٌ. جَلِيٌّ. بارِزٌ؛ لامِعٌ

conspiracy *n.* مؤامَرَةٌ. مَكيدَةٌ

conspirator *n.* مُتآمِرٌ. مُتَواطِئٌ

conspire *vt.* يَتآمَرُ. يَتَعاوَنُ أو يَتَواطَأُ (لِلشَّرِّ)

constable *n.* شُرْطِيٌّ. مَسْؤولٌ عَنْ أو مُديرُ (قَصْرٍ)

constancy *n.* ثَباتٌ في (الرَّأْيِ، الشُّعورِ). إنْتِظامٌ

constant *adj.; n.* ثابِتٌ (رَأْيٌ). دائِمٌ؛ مُتَواصِلٌ // شَيْءٌ ثابِتٌ (سُرْعَةُ الضَّوْءِ)

constellation *n.* مَجْموعَةُ نُجومٍ ؛ كَوْكَبَةٌ

consternation *n.* هَلَعٌ ؛ ذُعْرٌ؛ ذُهولٌ

constipate *vt.* يُسَبِّبُ الإمْساكَ؛ يَقْبِضُ الأمْعاءَ

constipation *n.* إمْساكٌ؛ قَبْضُ الأمْعاءِ

constituency *n.* دائِرَةٌ إنْتِخابِيَّةٌ. جَماعَةُ النّاخِبينَ

constituent *adj.; n.* مُرَكِّبٌ؛ مُشَكِّلٌ. تَأْسيسِيٌّ ؛ لَهُ سُلْطَةٌ تَأْسيسِيَّةٌ // عُنْصُرٌ مُكَوِّنٌ. ناخِبٌ. مُوَكِّلٌ

constitute *vt.* يُشَكِّلُ؛ يؤَلِّفُ. يُعَيِّنُ. يُنْشِئُ

constitution *n.* تَشْكيلٌ؛ تَأْليفٌ. دُسْتورٌ. بُنْيَةٌ؛ هَيْكَلِيَّةٌ. مِزاجٌ؛ طَبْعٌ

constitutional *adj.* دُسْتورِيٌّ؛ شَرْعِيٌّ. تَكْوينِيٌّ ؛ خِلْقِيٌّ

constrain *vt.* يُلْزِمُ؛ يُرْغِمُ؛ يُقَيِّدُ؛ يَحْجِزُ. يَكْبَحُ. يُخْضِعُ

constraint *n.* إلْزامٌ؛ قَسْرٌ. تَقْييدٌ؛ حَجْزٌ. كَبْحٌ

constrict *vt.* يُقَلِّصُ؛ يُضَيِّقُ. يَكْبَحُ. يَحُدُّ

constriction *n.* ضيقٌ. تَقْليصٌ. كَبْحٌ

construct *vt.* يَبْني (مَنْزِلاً). يُقيمُ (جِسْرًا). يُرَكِّبُ (جُمْلَةً). يَرْسُمُ (مُثَلَّثًا)

construction *n.* بِناءٌ. تَشْييدٌ. صِناعَةُ البِناءِ. تَفْسيرُ (قانونٍ). تَرْكيبُ (جُمْلَةٍ). رَسْمُ (مُثَلَّثٍ)

constructive *adj.* بَنّاءٌ (نَقْدٌ). خَلاّقٌ (عَقْلٌ). ضِمْنِيٌّ؛ تَمْهيدِيٌّ؛ إسْتِدلالِيٌّ (إسْتِنْتاجٌ)

construe *vt.* يُفَسِّرُ. يَسْتَنْتِجُ. يُتَرْجِمُ حَرْفِيًّا. يُرَكِّبُ (كَلِماتٍ). يُحَلِّلُ (مَعْنى نَصٍّ أو تَعْبيرٍ)

consul *n.* قُنْصُلٌ؛ وَكيلُ دَوْلَةٍ

consular *adj.* قُنْصُلِيٌّ؛ مُخْتَصٌّ بِأَعْمالِ القُنْصُلِيَّةِ

consulate *n.* قُنْصُلِيَّةٌ؛ مَرْكَزُ عَمَلِ القُنْصُلِ

consult *vt.; i.* يَسْتَشيرُ (صَديقًا). يُراجِعُ؛ يَرْجِعُ إلى (خَريطَةٍ) / يَتَداوَلُ؛ يَتَشاوَرُ؛ يَتَذاكَرُ؛ يَتَناقَشُ

consultant *n.* خَبيرٌ؛ مُسْتَشارٌ. طَبيبٌ مُسْتَشارٌ

consultation *n.* إسْتِشارَةٌ؛ مُشاوَرَةٌ. مُراجَعَةٌ؛ رُجوعٌ إلى

consultative *adj.* إسْتِشارِيٌّ (لَجْنَةٌ)

consume *vt.* يَسْتَهْلِكُ. تَلْتَهِمُ (النّارُ). يُبَدِّدُ (الوَقْتَ). يَسْتَنْفِدُ. يَسْتَحْوِذُ عَلى

consumer *n.* مُسْتَهْلِكٌ

— goods مَوادُّ إسْتِهْلاكِيَّةٌ

consummate *vt.; adj.* يُتِمُّ (دُروسَهُ)؛ يُنْجِزُ (مَشْروعًا) // بارِعٌ أو كامِلٌ (فَنّانٌ)

consummation *n.* إتْمامٌ. مُنْتَهى أو غايَةُ (الفَرَحِ)

consumption *n.* إسْتِهْلاكٌ؛ مَقْطوعِيَّةٌ. تَلَفُ الأَنْسِجَةِ؛ سِلٌّ

consumptive *adj.* إسْتِهْلاكِيٌّ؛ مُتْلِفٌ (عَمَلٌ، مَرَضٌ). مُصابٌ بِالسِلِّ. سِلِّيٌّ

contact *n.; vt.* لَمْسٌ؛ مُلامَسَةٌ. إتِّصالٌ؛ صِلَةٌ // يَلْمُسُ. يَتَّصِلُ بِـ

contagion *n.* عَدْوى. مَرَضٌ مُعْدٍ أو سارٍ

contagious *adj.* مُعْدٍ أو سارٍ (مَرَضٌ ، ضِحْكٌ)
contain *vt.* يَحْتوي . يَكْبَحُ (أَهْواءَهُ) . يَتَضَمَّنُ . يوقِفُ (زَحْفَ العَدوِّ) . يُعادِلُ . يَسْتَوْعِبُ ؛ يَتَّسِعُ لِـ
container *n.* وِعاءٌ . مُسْتَوْعَبٌ (للشَّحْنِ)
contaminate *vt.* يُلَوِّثُ . يُلَطِّخُ . يُفْسِدُ
contamination *n.* تَلْويثٌ . تَلَوُّثٌ . إفْسادٌ
contemn *vt.* يَحْتَقِرُ ؛ يَزْدَري
contemplate *vt.; i.* يَتَأَمَّلُ . يَنْظُرُ أو يُفَكِّرُ (مَلِيًّا) / يَتَأَمَّلُ (روحيًّا) . يَعْتَزِمُ
contemplation *n.* تَأَمُّلٌ . تَأَمُّلٌ روحيٌّ . إعْتِزامٌ
contemporaneous *adj.* مُعاصِرٌ لِـ ؛ مُتَزامِنٌ مَعَ
contemporary *adj.* مُعاصِرٌ (أَدَبٌ) . حاضِرٌ ؛ حاليٌّ . مُعاصِرٌ لِـ (فُلانٍ)
contempt *n.* إزْدِراءٌ ؛ إحْتِقارٌ
contemptible *adj.* مُحْتَقَرٌ ؛ دَنيءٌ ؛ حَقيرٌ
contemptuous *adj.* مُحْتَقِرٌ ؛ مُزْدَرٍ ؛ مُسْتَخِفٌّ
contend *vi.; t.* يُناضِلُ ؛ يُنازِعُ . يَتَناقَشُ / يُناقِشُ . يُدافِعُ عَنْ (رَأْيٍ)
contender *n.* مُناضِلٌ ؛ مُنازِعٌ . مُناقِشٌ . مُدافِعٌ
content *adj.; n.; vt.* راضٍ بِـ ؛ قانِعٌ بِـ // مُحْتَوى أو مَضْمونٌ (صُنْدوقٍ ، كِتابٍ) . رِضًى ؛ إرْتِياحٌ . سَعَةٌ // يُرْضي (تاجِرٌ زَبائِنَهُ)
  be — with يَكْتَفي بِـ
  table of —s فِهْرِسٌ : قائِمَةٌ بِالمُحْتَوَياتِ
contented *adj.* راضٍ ؛ مَسْرورٌ
contention *n.* نِزاعٌ ؛ مُنافَسَةٌ . نِقاشٌ ؛ جِدالٌ
  bone of — مَوْضوعُ خِلافٍ
contentious *adj.* مُشاجِرٌ ؛ مُشاكِسٌ . مُثيرٌ للجَدَلِ
contentment *n.* رِضًى ؛ إرْتِياحٌ . قَناعَةٌ ؛ إكْتِفاءٌ
contest *n.; vt.; i.* مُسابَقَةٌ ؛ مُباراةٌ . مُنافَسَةٌ ؛ مُزاحَمَةٌ // يُنازِعُ (في قانونيَّةِ قَرارٍ) ؛ يَشُكُّ في (صِدْقِ فُلانٍ) . يُعارِضُ / يَتَنافَسُ ؛ يَتَنازَعُ . يُناضِلُ
contestant *n.* مُتَبارٍ ؛ مُتَسابِقٌ . مُنافِسٌ ؛ مُزاحِمٌ . مُعارِضٌ
context *n.* نَصٌّ ؛ سِياقُ الكَلامِ . إطارٌ
contiguity *n.* مُجاوَرَةٌ ؛ تَلامُسٌ ؛ تُخومٌ ؛ تَماسٌّ
contiguous *adj.* مُلاصِقٌ ؛ مُجاوِرٌ ؛ مُتَماسٌّ
continence *n.* كَبْحُ الشَّهْوَةِ ؛ عِفَّةٌ ؛ طَهارَةٌ
continent *n.* قارَّةٌ
continental *adj.* قارِّيٌّ . أوروبيٌّ
contingency *n.* حَدَثٌ مُحْتَمَلٌ . حالَةٌ طارِئَةٌ
contingent *adj.; n.* مُحْتَمَلٌ ؛ مُمْكِنٌ . طارِئٌ ؛ عارِضٌ // فِرْقَةٌ عَسْكَرِيَّةٌ . حادِثٌ عَرَضيٌّ
continual *adj.* مُتَلاحِقٌ . مُسْتَمِرٌّ ؛ مُتَواصِلٌ
continually *adv.* باسْتِمْرارٍ ؛ بِتَواصُلٍ
continuance *n.* مُواصَلَةٌ ؛ إسْتِمْرارِيَّةٌ ؛ دَوامٌ . إرْجاءُ دَعْوى
continuation *n.* تَكْمِلَةٌ . إسْتِئْنافٌ . إسْتِمْرارٌ
continue *vt.; i.* يُواصِلُ (سَفَرَهُ) . يَدومُ . يَسْتَأْنِفُ / يَسْتَمِرُّ . يُطيلُ (جَلْسَةً) . يَمُدُّ . يُرْجِئُ دَعْوى
continued *adj.* دائِمٌ ؛ مُتَواصِلٌ . مُسْتَأْنَفٌ
continuity *n.* الإتِّصالِيَّةُ ؛ الإسْتِمْرارِيَّةُ . دَوامٌ . تَسَلْسُلٌ
continuous *adj.* دائِمٌ ؛ مُتَواصِلٌ ؛ مُسْتَمِرٌّ . مُتَتابِعٌ
contort *vt.* يَلْوي ؛ يَفْتِلُ . يُحَرِّفُ (المَعْنى)
contorted *adj.* مُلْتَوٍ أو مَفْتولٌ (ذِراعٌ)
contour *n.* مُحيطٌ أو نِطاقٌ (غابَةٍ ، مَدينَةٍ)
contra *prefix* ضِدٌّ ؛ عَكْسٌ
contraband *n.; adj.* مُهَرَّباتٌ . تَهْريبٌ (الأَسْلِحَةِ) // مَحْظورٌ اسْتيرادُها أو تَصْديرُها
contraception *n.* مَنْعُ الحَمْلِ
contraceptive *adj. & n.* مانِعٌ للحَمْلِ

contract *vt.; i.; n.* يُقَلِّصُ. يَعْقِدُ (اتِّفاقًا). يَخْتَصِرُ. يُعْدى (بِمَرَضٍ). يُجَعِّدُ (وَجْهًا)؛ يُقَطِّبُ (حاجِبَيْهِ). يَخْطُبُ (لِلزَّواجِ) / يَتَقَلَّصُ؛ يَنْكَمِشُ. يَتَعاقَدُ. يَلْتَئِمُ // عَقْدُ (زَواجٍ). ميثاقٌ. إتِّفاقِيَّةٌ

contractible *adj.* قابِلٌ لِلطَّيِّ أو لِلتَّقْليصِ

contraction *n.* تَقَلُّصٌ. تَشَنُّجٌ. تَقْصيرٌ؛ إيجازٌ

contractor *n.* مُتَعاقِدٌ؛ مُلْتَزِمٌ (البِناءِ)؛ مُتَعَهِّدُ (الجَيْشِ). ما يَتَقَلَّصُ (عَضَلَةٌ)

contradict *vt.* يُناقِضُ؛ يُخالِفُ. يَدْحَضُ (شَهادَةً). يَنْفي؛ يُنْكِرُ

contradiction *n.* تَناقُضٌ. دَحْضٌ. نَفْيٌ. مُعاكَسَةٌ

contradictory *adj.* مُناقِضٌ؛ مُعارِضٌ. نَقيضٌ. مُخالِفٌ؛ مُعاكِسٌ

contralto *n.* الرَّنّانُ (أَوْطَأُ صَوْتٍ نِسائِيٍّ)

contrariety *n.* إخْتِلافٌ؛ مُغايَرَةٌ؛ تَعارُضٌ؛ تَناقُضٌ. مُعاكَسَةٌ

contrary *adj.; n.* مُعاكِسٌ أو مُضادٌّ (هَواءٌ). مُغايِرَةٌ؛ مُتَناقِضَةٌ (آراءٌ) // عَكْسٌ؛ نَقيضٌ

on the — بِعَكْسِ ذٰلِكَ؛ بِخِلافِ ذٰلِكَ

contrast *n.; vi.; t.* تَمْييزٌ؛ تَغايُرٌ؛ تَبايُنٌ // يَتَضادُّ؛ يَتَبايَنُ؛ يُنافي / يُغايِرُ؛ يُعارِضُ؛ يُقابِلُ

contravene *vt.* يُخالِفُ أو يَنْتَهِكُ. يُناقِضُ

contravention *n.* مُخالَفَةٌ أو انْتِهاكٌ. مُناقَضَةٌ

contribute *vt.; i.* يُساهِمُ؛ يَهَبُ. يَتَبَرَّعُ. يُراسِلُ (صَحيفَةً) / يُسْهِمُ أو يَشْتَرِكُ (في إنْجاحِ مَشْروعٍ)

contribution *n.* إسْهامٌ. مُساهَمَةٌ. هِبَةٌ؛ تَبَرُّعٌ. مَقالَةٌ في صَحيفَةٍ أو مَجَلَّةٍ

contributor *n.* مُساهِمٌ. مُتَبَرِّعٌ. مُحَرِّرُ مَقالَةٍ

contrite *adj.* نادِمٌ؛ نَدْمانُ. تائِبٌ (خاطِئٌ)

contrition; contriteness *n.* نَدَمٌ؛ نَدامَةٌ؛ تَوْبَةٌ

contrivance *n.* إخْتِراعٌ. إبْتِداعٌ؛ إبْتِكارٌ. خُدْعَةٌ

contrive *vt.; i.* يَبْتَدِعُ أو يَبْتَكِرُ (طَريقَةً جَديدَةً) / يُدَبِّرُ مُؤامَرَةً؛ يَتآمَرُ (قَوْمٌ)

control *n.; vt.* سَيْطَرَةٌ. مُراقَبَةٌ؛ ضَبْطٌ. جِهازُ لِقِيادَةِ (طائِرَةٍ). نُقْطَةُ تَفْتيشٍ. تَوْجيهٌ // يُديرُ؛ يُسَيْطِرُ عَلى. يَلْجُمُ؛ يَضْبُطُ. يَتَحَكَّمُ بِـ. يُدَقِّقُ في؛ يُراجِعُ

controller *n.* مُراقِبٌ؛ مُفَتِّشٌ. مُدَقِّقٌ؛ مُراجِعٌ. جِهازُ مُراقَبَةٍ

controversial *adj.* جَدَلِيٌّ (نَقْدٌ). مُثيرٌ لِلْجَدَلِ

controversy *n.* مُناظَرَةٌ؛ جِدالٌ؛ مُجادَلَةٌ؛ نِزاعٌ

controvert *vt.* يَدْحَضُ؛ يَنْقُضُ. يُنْكِرُ. يُجادِلُ

contumacious *adj.* مُعانِدٌ؛ مُتَمَرِّدٌ؛ عاصٍ

contumacy *n.* تَمَرُّدٌ؛ عِنادٌ؛ عِصْيانٌ

contuse *vt.* يَرُضُّ (الجِسْمَ)؛ يَكْدِمُ

contusion *n.* رَضٌّ؛ رَضَّةٌ؛ كَدْمَةٌ

convalesce *vi.* يَنْقَهُ؛ يَتَماثَلُ لِلشِّفاءِ

convalescence *n.* نَقاهَةٌ؛ إبْلالٌ؛ تَماثُلٌ لِلشِّفاءِ

convalescent *adj. & n.* ناقِهٌ. مُتَماثِلٌ لِلشِّفاءِ

convene *vt.; i.* يَجْمَعُ. يَدْعو إلى (الإجْتِماعِ، المُثولِ أمامَ المَحْكَمَةِ) / يَلْتَئِمُ. يَجْتَمِعُ

convenience *n.* مُلاءَمَةٌ؛ سُهولَةٌ. ظَرْفٌ مُؤاتٍ

at your — في الوَقْتِ الذي يُناسِبُكَ

at your earliest — في أَسْرَعِ وَقْتٍ مُمْكِنٍ

convenient *adj.* مُلائِمٌ؛ مُناسِبٌ. سَهْلُ الإسْتِعْمالِ

convent *n.* دَيْرٌ. رَهْبَنَةٌ

convention *n.* مُؤْتَمَرٌ. مُعاهَدَةٌ. إتِّفاقٌ. عُرْفٌ؛ تَقْليدٌ. آدابٌ؛ قَواعِدُ اللِّياقَةِ

conventional *adj.* تَقْليدِيٌّ. عُرْفِيٌّ. إتِّفاقِيٌّ

converge *vi.* يَتَّجِهُ إلى نُقْطَةٍ واحِدَةٍ (طُرُقٌ). يَتَقارَبُ أو يَتَوارَدُ (أَفْكارٌ)

convergence *n.* إقْبالٌ أو إتِّجاهٌ إلى نُقْطَةٍ واحِدَةٍ.

تَقارُبٌ ؛ تَوارُدٌ

convergent *adj.* مُقْبِلٌ أو مُتَّجِهٌ إلى نُقْطَةٍ واحِدَةٍ. مُتَقارِبٌ ؛ مُتَوارِدٌ

conversant *adj.* مُتَضَلِّعٌ . مُطَّلِعٌ ؛ مُلِمٌّ ؛ خَبيرٌ

conversation *n.* حَديثٌ . مُحادَثَةٌ ؛ مُداوَلَةٌ

converse *vi.; adj.; n.* يَتَحادَثُ ؛ يَتَخاطَبُ . يَتَحادَثُ روحيًّا // مَعْكوسٌ ؛ مَقْلوبٌ . مُعاكِسٌ ؛ مُضادٌّ // ضِدٌّ ؛ عَكْسٌ ؛ نَقيضٌ ؛ خِلافٌ . مُحادَثَةٌ

conversion *n.* تَحَوُّلٌ ؛ تَغْييرٌ . إهْتِداءٌ (وَثَنِيٌّ)

convert *vt.; n.* يُحَوِّلُ ؛ يُغَيِّرُ . يَهْدي (وَثَنِيّينَ) // مُهْتَدٍ (مُلْحِدٌ) ؛ مُرْتَدٌّ

convertible *adj.; n.* قابِلٌ للتَّحْويلِ أو للصَّرْفِ // سَيّارَةٌ مَكْشوفَةٌ

convex *adj.* مُحَدَّبٌ

convexity; convexness *n.* تَحَدُّبٌ ؛ إحْديدابٌ

convey *vt.* يَنْقُلُ (بَضائِعَ) . يُبْلِغُ (رِسالَةً) . يوصِلُ إلى ؛ يُفْضي إلى

conveyance *n.* نَقْلُ (بَضائِعَ) . إبْلاغُ (رِسالَةٍ) . وَسيلَةُ نَقْلٍ . تَحْويلُ (مِلْكِيَّةٍ)

conveyor belt *n.* سِلْسِلَةُ التَّرْكيبِ

convict *vt.; n.* يَدينُ ؛ يُجَرِّمُ . يَحْكُمُ عَلى // مُدانٌ ؛ مَحْكومٌ عَلَيْهِ بِعُقوبَةٍ

conviction *n.* إقْتِناعٌ ؛ قَناعَةٌ . إعْتِقادٌ ؛ يَقينٌ . إقناعٌ . إدانَةٌ ؛ تَجْريمٌ

convince *vt.* يُقْنِعُ بِـ

convinced *adj.* مُقْتَنِعٌ

convivial *adj.* أَلوفٌ ؛ مَرِحٌ ؛ بَشوشٌ ؛ بَهيجٌ

convocation *n.* دَعْوَةٌ إلى اجْتِماعٍ . مَجْمَعٌ كَنَسِيٌّ

convoke *vt.* يَدْعو إلى الإجْتِماعِ ؛ يَسْتَدْعي

convoy *n.; vt.* قافِلَةٌ مِنَ السُّفُنِ أو السَّيّاراتِ . مواكَبَةٌ // يُواكِبُ أو يُرافِقُ (قافِلَةً) للحِراسَةِ

convulse *vt.; i.* يَهُزُّ بِعُنْفٍ . يُشَنِّجُ (العَضَلَ) / يَهْتَزُّ أو يَنْفَعِلُ بِشِدَّةٍ (بالضَّحِكِ)

convulsion *n.* تَشَنُّجُ (عَضَلاتٍ) . إنْتِفاضَةٌ (إجْتِماعِيَّةٌ) . نَوبَةُ ضَحِكٍ

convulsive *adj.* مُشَنِّجٌ . مُثيرٌ لِلإنْفِعالِ

cony *or* **coney** *n.* أَرْنَبٌ . فَرْوٌ مِنْ جِلْدِ الأَرْنَبِ

coo *vi.* يَهْدِلُ (الحَمامُ) . يَتَناغى (مُحِبّانِ)

cooing *n.* هَديلٌ أو سَجْعٌ أو هَدْهَدَةُ (الحَمامِ)

cook *n.; vt. & i.* طاهٍ ؛ طَبّاخٌ // يَطْهو ؛ يَطْبُخُ

cooker *n.* مِطْبَخٌ ؛ فُرْنُ طَبْخٍ

cookery *n.* فَنُّ الطَّبْخِ

cookie *or* **cooky** *n.* كَعْكَةٌ صَغيرَةٌ مُحَلاّةٌ

cooking *n.* طَهْوٌ ؛ طَبْخٌ

cool *adj.; n.; vt.* مُعْتَدِلُ البُرودَةِ (طَقْسٌ) . هادِئٌ . فاتِرٌ (إسْتِقْبالٌ) // بُرودَةُ (المَساءِ) ؛ طَراوَةُ (الهَواءِ) . هُدوءٌ ؛ رَصانَةٌ // يُبَرِّدُ ؛ يُرَطِّبُ . يُسَكِّنُ ؛ يُهَدِّئُ

— down يَسْتَكينُ ؛ يَهْدَأُ

— it إهْدَأْ

cooler *n.* مُبَرِّدٌ ؛ جِهازُ تَبْريدٍ

cooling *adj.* مُنْعِشٌ ؛ مُرَطِّبٌ

coop *n.; vt.* خُمٌّ (دَجاجٍ) . حَبْسٌ (زِنْزانَةٌ) . سَلَّةٌ شَبَكٍ لِصَيْدِ السَّمَكِ // يَحْبِسُ في سِجْنٍ ضَيِّقٍ

cooper *n.* صانِعُ بَراميلَ ؛ مُصْلِحُ البَراميلِ

cooperate *vi.* يَتَعاوَنُ ؛ يَتَعاضَدُ

cooperation *n.* تَعاوُنٌ ؛ تَعاضُدٌ . مُعاوَنَةٌ ؛ مؤازَرَةٌ

cooperative *adj.; n.* مُتَعاوِنٌ . تَعاوُنِيٌّ (جَمْعِيَّةٌ) // تَعاونِيَّةٌ (زِراعِيَّةٌ)

co-opt *vt.* يَخْتارُ (أَعْضاءُ لَجْنَةٍ عُضْوًا جَديدًا)

coordinate *vt.; i.; adj.; n.* يُنَسِّقُ ؛ يُرَتِّبُ ؛ يُنَظِّمُ / يَتَناسَقُ ؛ يَتَعاوَنُ ؛ يَتَضافَرُ // مُتَساوٍ في (الرُّتْبَةِ) . مُخْتَصٌّ بِالتَّعاوُنِ // النَّظيرُ ؛ المُماثِلُ في

coordination *n.* تَنْسيقٌ أو تَناسُقٌ في (العَمَلِ)
coot *n.* الغُرَّةُ: دَجاجَةُ الماءِ
cop *n.; vt.* شُرْطيٌّ. كُبَّةُ الغَزْلِ. قِمَّةُ (جَبَلٍ). قُنْبُرَةُ (الطّاووسِ) // يَقْبِضُ عَلى. يَسْرِقُ
copartner *n.* شَريكٌ (في التِّجارَةِ)
cope *n.; vt.; i.* تاجُ (حائِطٍ). غَفّارَةٌ: ثَوْبٌ كَهْنوتيٌّ للإحْتِفالاتِ // يُتَوِّجُ (حائِطًا). يُلْبِسُ (فُلانًا) غَفّارَةً / يُناضِلُ ضِدَّ (العُنْصُرِيَّةِ). يَتَدَبَّرُ الأَمْرَ
copier *or* **copyist** *n.* نَسّاخٌ. آلَةُ نَسْخٍ
copious *adj.* غَزيرٌ؛ وَفيرٌ. فَيّاضٌ (في الكَلامِ)
copper *adj.; n.; vt.* نُحاسيٌّ (شَعَرٌ) // نُحاسٌ. عُمْلَةٌ نُحاسيَّةٌ. قِدْرٌ نُحاسيٌّ. شُرْطيٌّ // يُنَحِّسُ (مَعْدِنًا)؛ يُلَبِّسُ بالنُّحاسِ
coppersmith *n.* نَحّاسٌ: صانِعُ القُدورِ النُّحاسيَّةِ
coppice *or* **copse** *n.* دَغَلٌ؛ غَيْضَةٌ؛ خِيسٌ؛ أَيْكَةٌ
copra *n.* لُبابُ جَوْزِ الهِنْدِ المُجَفَّفُ
copulate *vi.* يَتَزاوَجُ؛ يَتَسافَدُ
copulation *n.* تَزاوُجٌ؛ تَسافُدٌ؛ إتِّصالٌ جِنْسيٌّ
copy *n.; vt.* صورَةٌ؛ نُسْخَةٌ. مَوْضوعُ مَقالٍ. أَصْلٌ؛ مَخْطوطٌ // يَنْسَخُ. يُقَلِّدُ (أُسْلوبًا)
rough — مُسَوَّدَةٌ
copybook *n.* دَفْتَرُ الخَطِّ
copying *n.* نَسْخٌ. تَقْليدٌ
copyist *n.* ناسِخٌ. مُقَلِّدٌ
copyright *n.* حَقُّ النَّشْرِ؛ مِلْكيَّةٌ أَدَبيَّةٌ
coquet *vi.* يَعْبَثُ. يَتَغَنَّجُ
coquetry *n.* غُنْجٌ أو دَلالٌ أو عَبَثُ (امْرَأَةٍ)
coquette *n.* فَتاةٌ مِغْناجٌ أو كَثيرَةُ الدَّلالِ
coral *n.; adj.* مَرْجانٌ // مَرْجانيُّ (اللَّوْنِ)
cord *n.; vt.* حَبْلٌ؛ مَرَسَةٌ. شَريطٌ؛ حِزامٌ. وِثاقٌ؛ عُرى // يَحْزِمُ أو يَرْبُطُ (بِحَبْلٍ، بِمَرَسَةٍ)
cordage *n.* حِبالُ سَفينَةٍ
cordial *adj.* حارٌّ (تَرْحيبٌ)؛ قَلْبيٌّ. مُنَشِّطٌ
cordiality *n.* مَوَدَّةٌ؛ تَرْحابٌ؛ إخْلاصٌ
cordially *adv.* بِتَرْحابٍ؛ بِمَوَدَّةٍ؛ بِحَرارَةٍ
cordon *n.; vt.* نِطاقٌ (مِنَ الشُّرْطَةِ). وِشاحٌ (مِن رُتْبَةٍ ما) // يُطَوِّقُ أو يُحاصِرُ (الشُّرْطَةُ مَنْزِلاً)
core *n.; vt.* نَواةٌ. قَلْبُ أو لُبُّ (ثَمَرَةٍ). جَوْهَرُ (المَوْضوعِ). جَوْفُ (قالَبٍ) // يَنْزِعُ (لُبَّ التُّفّاحَةِ)؛ يُقَوِّرُ؛ يُجَوِّفُ (قالَبًا)
co-respondent *n.* شَريكٌ في الزِّنا؛ مُدَّعى عَلَيْهِ ثانٍ (في دَعوى طَلاقٍ)
coriander *n.* كُزْبَرَةٌ
cork *n.; vt.* فِلّينٌ. سِدادَةُ فِلّينٍ // يَسُدُّ بِالفِلّينِ. يَكْبَحُ (مَشاعِرَهُ)
corkscrew *n.* بَريمَةٌ لِنَزْعِ سِدادَةِ الفِلّينِ
— staircase سُلَّمٌ لَوْلَبيٌّ
corm *n.* بَصَلَةٌ أو بُصَيْلَةٌ
cormorant *n.* غاقٌ؛ غُرابُ البَحْرِ
corn *n.; vt.* نَباتٌ حَبّيٌّ (حِنْطَةٌ). حَبَّةُ (قَمْحٍ). ذُرَةٌ صَفْراءُ. مِسْمارٌ في الرِّجْلِ // يُمَلِّحُ. يَعْلِفُ
cornbread *n.* خُبْزُ الذُّرَةِ
cornea *n.* قَرْنيَّةُ (العَيْنِ)
corned beef *n.* لَحْمُ بَقَرٍ مُمَلَّحٌ وَمُعَلَّبٌ
corner *n.; vt.; i.* زاوِيَةٌ. رُكْنٌ. مَوْقِفٌ حَرِجٌ. مَكانٌ ناءٍ. إحْتِكارُ (سِلْعَةٍ). خَلْوَةٌ // يُضَيِّقُ الخِناقَ عَلى؛ يَحْصُرُ في زاوِيَةٍ / يَنْعَطِفُ (إلى اليَمينِ)
(just) round the — عَلى مَقْرُبَةٍ مِن
turn the — يَتَجاوَزُ المَرْحَلَةَ الحَرِجَةَ
cornerstone *n.* حَجَرُ الزّاوِيَةِ
cornet *n.* بوقٌ. قِمْعٌ أو قَرْنٌ (بوظَةٍ)
cornfield *n.* حَقْلُ ذُرَةٍ

cornflakes *n.pl.* رُقاقاتُ ذُرَةٍ
cornflour *n.* طَحِينُ أو نَشاءُ الذُّرَةِ
cornflower *n.* تُرُنْجانٌ (نَباتٌ بَرّيٌّ مُزْهِرٌ)
cornice *n.* طَنَفٌ؛ إفْرِيزٌ
corniche *n.* كورنيشٌ: طَرِيقٌ أو جادَّةٌ (شاطئيٌّ)
corn poppy *n.* الخَشْخاشُ المَنْثورُ (شَقائِقُ النُّعْمانِ في الشَرْقِ الأوْسَطِ)
cornstarch *n.* see **cornflour**
corolla *n.* تُوَيْجُ الزَّهْرَةِ
corollary *n.* لازِمَةٌ. نَتِيجَةٌ طَبِيعيَّةٌ
corona *n.* (*pl.* **-s** *or* **-e**) هالَةٌ. إكْلِيلٌ. تاجُ زَهْرَةٍ
coronary *adj.* تاجيٌّ (شَرْيانٌ)
coronation *n.* تَتْوِيجُ (مَلِكٍ). حَفْلَةُ تَتْوِيجٍ
coroner *n.* ضابِطٌ أوْ مَأْمورُ مَباحِثَ (لِلْجِناياتِ)
coronet *n.* تُوَيْجٌ مُذَهَّبٌ (لِلأُمَراءِ أو لِلنِّساءِ)
corporal *adj.*; *n.* مادّيٌّ. جَسَديٌّ؛ بَدَنيٌّ؛ جِسْمانيٌّ // عَرِيفٌ
corporate *adj.* مُتَّحِدٌ؛ مُشْتَرَكٌ
corporation *n.* شَرِكَةٌ. إتِّحادٌ. نِقابَةٌ. فِرْقَةٌ
corporeal *adj.* جَسَديٌّ. مادّيٌّ. حِسّيٌّ؛ مَلْموسٌ
corps *n.* (*pl.* **corps**) كَتِيبَةٌ؛ قِطْعَةٌ عَسْكَرِيَّةٌ. وَحْدَةٌ؛ تَشْكِيلَةٌ؛ سِلْكٌ (دِبْلوماسيٌّ)
corpse *n.* جُثَّةٌ؛ جُثْمانٌ
corpulence *n.* ضَخامَةُ أو امْتِلاءُ الجِسْمِ
corpulent *adj.* ضَخْمُ أو مُمْتَلِئُ الجِسْمِ
corpus *n.* جَسَدٌ. جُثَّةٌ
corpuscle *n.* جُسَيْمٌ. كُرَيَّةُ دَمٍ (حَمْراءُ، بَيْضاءُ)
corral *n.* حَظِيرَةٌ أو زَرِيبَةٌ (لِلْحَيَواناتِ)
correct *adj.*; *vt.* صَحِيحٌ؛ مَضْبوطٌ. سَليمٌ (سُلوكٌ) // يُصَحِّحُ. يُقَوِّمُ. يُنَقِّحُ. يُصْلِحُ
correction *n.* تَصْحِيحٌ. تَقْوِيمٌ. تَنْقِيحٌ. إصْلاحٌ
house of — إصْلاحيَّةٌ
correlate *vt.*; *i.* يَرْبِطُ بِعَلاقَةٍ / يَرْتَبِطُ بِعَلاقَةٍ
correlation *n.* إرْتِباطٌ أو صِلَةٌ. عَلاقَةٌ مُتَبادَلَةٌ
correlative *adj.* مُتَرابِطٌ بِعَلاقَةٍ (مُكَمِّلَةٍ، مُتَبادَلَةٍ)
correspond *vi.* يَتَطابَقُ؛ يَتَوافَقُ. يُراسِلُ؛ يُكاتِبُ
correspondence *n.* تَطابُقٌ؛ تَوافُقٌ. مُراسَلَةٌ
correspondent *n.*; *adj.* مُكاتِبٌ؛ مُتَراسِلٌ مَعَهُ. مُراسِلُ (جَرِيدَةٍ) // مُشابِهٌ؛ مُماثِلٌ؛ مُطابِقٌ
corridor *n.* رِواقٌ؛ مَمْشًى. مَمَرٌّ (جُغْرافيٌّ)
corrigible *adj.* قابِلٌ لِلتَّصْحِيحِ أوِ التَّأْدِيبِ
corroborate *vt.* يُؤَيِّدُ؛ يُثَبِّتُ؛ يُؤَكِّدُ؛ يُعَزِّزُ
corrode *vt.*; *i.* يَأْكُلُ؛ يَحُتُّ. يُتْلِفُ تَدْرِيجيًّا / يَتآكَلُ؛ يَتَحاتُّ؛ يَتَقَرَّضُ
corrosion *n.* تَأَكُّلٌ؛ تَحاتٌّ. تَلَفٌ بَطِيءٌ
corrosive *adj.* & *n.* أكّالٌ؛ حاتٌّ. لاذِعٌ
corrugate *vt.*; *i.*; *adj.* يُغَضِّنُ أو يُجَعِّدُ (وَجْهًا) / يَتَغَضَّنُ أو يَتَجَعَّدُ // مُتَغَضِّنٌ أو مُتَجَعِّدٌ
corrupt *vt.*; *i.*; *adj.* يُفْسِدُ. يُلَوِّثُ. يُعَفِّنُ. يُحَوِّرُ؛ يُشَوِّهُ. يَرْشو / يَفْسُدُ // فاسِدٌ. فاسِقٌ. عَفِنٌ. مُلَوَّثٌ. مُحَرَّفٌ (نَصٌّ)
corruptible *adj.* قابِلٌ لِلْفَسادِ أوِ الرَّشْوَةِ
corruption *n.* فَسادٌ؛ إفْسادٌ. فِسْقٌ. عَفَنٌ. تَحْرِيفُ (نَصٍّ). رَشْوَةٌ
corsage *n.* زَهْرَةٌ تُعَلَّقُ على صَدْرِ المَرْأَةِ. صَدْرُ ثَوْبٍ نِسائيٍّ
corsair *n.* قُرْصانٌ. سَفِينَةُ إغارَةٍ خاصَّةٌ
corset *n.* مِشَدٌّ
cortege *n.* مَوْكِبٌ (جَنائِزيٌّ). مَعِيَّةٌ؛ حاشِيَةٌ
cortex *n.* (*pl.* **-tices** *or* **-texes**) لِحاءُ الدِّماغِ
cortical *adj.* لِحائيٌّ؛ قِشْريٌّ
cortisone *n.* كورتيزونٌ: حاثَّةُ قِشْرَةِ الكُظْرِ

corvette *n.* سَفينَةٌ حَرْبِيَّةٌ مُواكِبَةٌ

cosmetic *n.; adj.* مُسْتَحْضَرٌ لِتَجْميلِ (الوَجْهِ) // تَجْميليٌّ (مَرْهَمٌ)

cosmic *adj.* كَوْنيٌّ. فَضائيٌّ (أَشِعَّةٌ، غُبارٌ)

cosmology *n.* عِلْمُ الكَوْنِ

cosmonaut *n.* رائِدُ الفَضاءِ؛ مَلاّحُ الفَضاءِ

cosmopolitan *n.; adj.* مواطِنٌ عالَميٌّ // يَتَوافَقُ مَعَ حَياةِ جَميعِ البُلْدانِ. جامِعٌ لأَجْناسٍ مُخْتَلِفَةٍ

cosmos *n.* كَوْنٌ. فضاءٌ

cost *n.; vi.irr.* ثَمَنٌ؛ قيمَةٌ. أُجْرَةٌ. *pl.* تَكاليفُ. مَصاريفُ الدَعْوى // يُكَلِّفُ؛ يُساوي

at any — *or* at all —s مَهْما كَلَّفَ الأَمْرُ

at the — of على حِسابِ (صِحَّتِهِ)

— of living تَكاليفُ أو نَفَقاتُ المَعيشَةِ

— what it may مَهْما كَلَّفَ الأَمْرُ

coster *or* **costermonger** *n.* بائِعُ خُضَرٍ أو فَواكِهَ مُتَجَوِّلٌ

costly *adj.* غالٍ؛ نَفيسٌ. مُكْلِفٌ. فَخْمٌ

costume *n.* زِيٌّ (وَطَنيٌّ)؛ بَدْلَةٌ (صَيْدٍ). لِباسُ مَسْرَحٍ؛ لِباسٌ تَنَكُّريٌّ

costum(i)er *n.* خَيّاطٌ أو بائِعُ المَلابِسِ

cosy *or* **cozy** *adj.; n.* دافِئٌ؛ مُريحٌ. حَميمٌ؛ وِدّيٌّ // غِطاءُ إبْريقِ الشّايِ

cot *n.* سَريرُ طِفْلٍ. سَريرٌ نَقّالٌ. كوخٌ صَغيرٌ. حَظيرَةٌ

coterie *n.* زُمْرَةٌ؛ طُغْمَةٌ؛ جَماعَةٌ

cottage *n.* بَيْتٌ صَغيرٌ في الرّيفِ. كوخٌ

cotter *n.* وَتَدٌ؛ خابورٌ (خَشَبيٌّ)

cotton *n.* قُطْنٌ. خَيْطٌ أو نَسيجٌ قُطْنيٌّ

cotton mill *n.* مَصْنَعُ غَزْلِ القُطْنِ

cotton plant *n.* شَجَرَةُ القُطْنِ

cotton reel *n.* بَكَرَةُ خَيْطِ القُطْنِ

cotton wool *n.* قُطْنٌ مَنْدوفٌ وَمُطَهَّرٌ

couch *n.; vt.; i.* أَريكَةٌ. سَريرٌ. طِلاءٌ أَوَّليٌّ // يُرَقِّدُ؛ يُنَوِّمُ. يَكْتُبُ؛ يُحَرِّرُ. يُطَرِّزُ / يَنامُ؛ يَرْقُدُ. يَخْتَبِئُ؛ يَخْتَفي

cougar *n.* كُوجَرٌ: حَيَوانٌ يُشْبِهُ الأَسَدَ

cough *n.; vi.* سُعالٌ // يَسْعُلُ؛ يَؤُحُّ

coughing *n.* سُعالٌ

council *n.* إجْتِماعٌ (طارِئٌ). مَجْلِسُ (الطَّلَبَةِ). مَجْمَعٌ (مَسْكونيٌّ). هَيْئَةٌ إسْتِشارِيَّةٌ

council(l)or *n.* عُضْوُ مَجْلِسٍ (إسْتِشاريٍّ)

counsel *n.; vt.* نَصيحَةٌ؛ إرْشادٌ. مُشاوَرَةٌ. مُرْشِدٌ. مُحامٍ. سِياسَةٌ؛ خُطَّةٌ // يَنْصَحُ؛ يُرْشِدُ. يوصي بِـ

counsel(l)or *n.* مُسْتَشارٌ. مُرْشِدٌ. مُحامٍ

count *n.; vt.* عَدٌّ؛ إحْصاءٌ؛ تَعْدادٌ. مَجْموعٌ. كُونْتٌ (لَقَبُ شَرَفٍ) // يَعُدُّ؛ يُحْصي؛ يَحْسُبُ. يَأْخُذُ بِعَيْنِ الإعْتِبارِ

— on *or* upon يَتَّكِلُ عَلى؛ يَعْتَمِدُ عَلى

countdown *n.* العَدُّ العَكْسيُّ؛ عَدٌّ مَعْكوسٌ

countenance *n.; vt.* سيماءٌ؛ مَظْهَرٌ. دَعْمٌ؛ تَشْجيعٌ // يُؤازِرُ؛ يُشَجِّعُ. يَحْتَمِلُ؛ يُطيقُ

counter *n.; adv.; vt.* طاوِلَةُ الدَّفْعِ. طاوِلَةُ الشُّرْبِ (في حانَةٍ). عَدّادٌ. فيشَةٌ // ضِدَّ؛ عَكْسَ // يُعارِضُ أو يَصُدُّ (خَصْمًا)

counteract *vt.* يُعَرْقِلُ أو يُعاكِسُ (مَشْروعًا)

counteraction *n.* مُعارَضَةٌ؛ مُقاوَمَةٌ

counterattack *n.; vt.* هُجومٌ مُعاكِسٌ أو مُضادٌّ // يَشُنُّ هُجومًا مُعاكِسًا أو مُضادًّا

counterbalance *n.; vt.* موازَنَةٌ؛ مُعادَلَةٌ // يوازِنُ؛ يُعادِلُ

countercheck *n.; vt.* كَبْحٌ أو عَرْقَلَةٌ (مُعاكِسَةٌ). تَدْقيقٌ ثانٍ // يُعارِضُ بِعَمَلٍ مُعاكِسٍ. يُعَرْقِلُ أو

يَتحكَّمُ ثانيَةً. يُعيدُ التَّدْقيقَ

counterfeit *adj.; n.; vt.* مُزَوَّرٌ؛ مُقَلَّدٌ. زائِفٌ؛ كاذِبٌ // تَزْويرٌ؛ تَقْليدٌ. خِداعٌ؛ غِشٌّ // يُزَوِّرُ. يُقَلِّدُ. يَتظاهَرُ بـ (الغَضَبِ)

counterfoil *n.* أرومَةُ شيكٍ؛ كَعْبُ مُسْتَنَدٍ

countermand *vt.; n.* يُبْطِلُ أو يَنْقُضُ (أمْرًا) // أمْرٌ مُعاكِسٌ (لأمْرٍ سابِقٍ)

countermeasure *n.* إجْراءٌ مُعاكِسٌ

counteroffensive *n.* هُجومٌ مُعاكِسٌ

counterpane *n.* لِحافٌ؛ غِطاءُ السَّريرِ

counterpart *n.* نَظيرٌ. القِسْمُ المُكَمِّلُ. نُسْخَةٌ

counterproposal *n.* إقْتِراحٌ بَديلٌ

counterrevolution *n.* ثَوْرَةٌ مُعاكِسَةٌ

countersign *vt.; n.* يوَقِّعُ مَعَ آخَرَ // كَلِمَةُ السِرِّ؛ كَلِمَةُ المُرورِ

countess *n.* كونْتيسَّةٌ: زَوْجَةُ كُونْتٍ

counting *n.* تَعْدادٌ؛ إحْصاءٌ. فَرْزُ (الأصْواتِ)

countless *adj.* لا يُعَدُّ؛ لا يُحْصى

countrified *or* **countryfied** *adj.* ريفِيٌّ؛ قَرَوِيٌّ

country *n.* بَلَدٌ. قُطْرٌ. ريفٌ. وَطَنٌ. شَعْبٌ؛ أُمَّةٌ

across — عَبْرَ الحُقولِ

in open — في أرْضٍ مَكْشوفَةٍ

countryman *n.* قَرَوِيٌّ؛ ساكِنُ الأرْيافِ. إبْنُ البَلَدِ

countryside *n.* مِنْطَقَةٌ ريفِيَّةٌ. أهْلُ الرّيفِ

county *n.* إقْليمٌ؛ مُقاطَعَةٌ

— council مَجْلِسٌ بَلَدِيٌّ إقْليمِيٌّ

coup *n.* (*pl.* **coups**) عَمَلِيَّةٌ مُوَفَّقَةٌ. إنْقِلابٌ

couple *n.; vt.; i.* الزَوْجانِ. زَوْجٌ؛ إثْنانِ // يوصِلُ؛ يَقْرِنُ. يَجْمَعُ بَيْنَ (عَمَلَيْنِ). يُزَوِّجُ / يُسافِدُ

couplet *n.* بَيْتانِ مِنَ الشِّعْرِ مُتَكامِلا المَعْنى

coupling *n.* رِباطٌ. تَشْبيكٌ. تَسافُدٌ. قَرْنٌ؛ وَصْلٌ

coupon *n.* كوبون: قَسيمَةٌ؛ فَضْلَةُ قُماشٍ

courage *n.* شَجاعَةٌ؛ جُرْأَةٌ؛ إقْدامٌ؛ بَسالَةٌ

courageous *adj.* شُجاعٌ؛ جَريءٌ؛ مِقْدامٌ؛ باسِلٌ

courier *n.* رَسولٌ؛ ناقِلُ بَريدٍ. مُتَعَهِّدُ السَفَرِيّاتِ أو دَليلُ السُّيّاحِ

course *n.; vt.; i.* سَيْرٌ. إتِّجاهٌ. مَجْرى. مَلْعَبٌ. مُدَّةٌ. نَهْجٌ؛ مَسْلَكٌ. دَرْسٌ // يَجْتازُ أو يَعْبُرُ (نَهْرًا). يَصْطادُ. يُطارِدُ / يَعْدو؛ يَجْري. يَتَّجِهُ (غَرْبًا)

in — of قَيْدُ أو في مَرْحَلَةِ (البِناءِ)

in due — في الوَقْتِ المُناسِبِ

of — طَبْعًا؛ بالتَّأكيدِ

courser *n.* حِصانُ السِّباقِ. كَلْبُ صَيْدٍ

court *n.; vt.* ساحَةٌ؛ فِناءٌ؛ باحَةٌ؛ حَوْشٌ. بَلاطُ (مَلِكٍ). مَحْكَمَةٌ. مَلْعَبٌ // يَتَوَدَّدُ إلى؛ يُغازِلُ. يَتَزَلَّفُ إلى؛ يَتَمَلَّقُ. يَسْعى إلى (الشُّهْرَةِ)

go to — يُقيمُ دَعْوى عَلى فُلانٍ

pay — to someone يُثْني عَلى؛ يَتَوَدَّدُ إلى

courteous *adj.* مُتَأدِّبٌ؛ مُهَذَّبٌ

courtesan *or* **courtezan** *n.* خَليلَةٌ؛ مَحْظِيَّةٌ

courtesy *n.* أدَبٌ؛ تَهْذيبٌ؛ تَأدُّبٌ؛ مُجامَلَةٌ

courthouse *n.* سَرايُ أو دارُ القَضاءِ

courtier *n.* أحَدُ رِجالِ البَلاطِ. مُتَمَلِّقٌ؛ مُسْتَعْطِفٌ

courtly *adj.* لَبِقٌ؛ مُهَذَّبٌ. جَديرٌ بِبَلاطِ المَلِكِ

court-martial *n.* (*pl.* **courts-martial**); *vt.* مَحْكَمَةٌ عَسْكَرِيَّةٌ // يُحاكِمُ عَسْكَرِيًّا

courtship *n.* تَوَدُّدٌ. فَتْرَةُ المُغازَلَةِ. إسْتِعْطافٌ

courtyard *n.* ساحَةٌ. فِناءُ (دارٍ)

cousin *n.* إبْنُ أوِ ابْنَةُ العَمِّ أوِ الخالِ

couth *adj.* ظَريفٌ؛ مُهَذَّبٌ؛ مَصْقولٌ

cove *n.* جونٌ. خَليجٌ صَغيرٌ. كَهْفٌ. مَخْبأٌ صَغيرٌ

covenant *n.: vi.* إتِّفاقٌ؛ ميثاقٌ. عَقْدٌ. تَعَهُّدٌ // يَتعَهَّدُ بـ؛ يُوافِقُ على ميثاقٍ

cover *vt.: n.* يُغَطِّي؛ يَسْتُرُ؛ يَحْجُبُ. يُلْبِسُ. يَكْسو. يَحْمي. يَعْقِدُ تأْمينًا (ضِدَّ الحَريقِ). يُغَطِّي (حَدَثًا) // غِطاءٌ؛ سِتارٌ؛ حِجابٌ. بَطّانِيَّةٌ؛ حِرامٌ. ضَمانَةٌ. تَغْطِيَةٌ. غِلافٌ. مَلْجَأٌ

take — يَحْتَمي؛ يَخْتَبِئُ

under — بِحِمايَةِ. تَحْتَ سِتارِ. تَحْتَ جُنْحِ

coverage *n.* كَمِّيَّةُ أو مَدى تَغْطِيَةِ عُمْلَةٍ. تَغْطِيَةٌ صَحَفِيَّةٌ (لِلأَحْداثِ). التَّأْمينُ. تَغْطِيَةُ فِئَةٍ مِنَ المُشاهِدينَ أوِ المُسْتَمِعينَ

cover girl *n.* فَتاةُ الغِلافِ (مَجَلَّةٍ)

covering *n.* غِطاءٌ. غِلافٌ. تَغْطِيَةٌ. حِمايَةٌ

coverlet *n.* بَطّانِيَّةٌ. غِطاءُ السَّريرِ

covert *adj.: n.* خَفِيٌّ. سِرِّيٌّ // مَأْوًى؛ مَخْبَأٌ

covertly *adv.* خِفْيَةً؛ خِلْسَةً؛ بالسِّرِّ

covet *vt.* يَطْمَعُ بـ. يَحْسُدُ. يَشْتَهي ما لِلْغَيْرِ

covetous *adj.* طَمّاعٌ. حَسودٌ. مُشْتَهٍ ما لِلْغَيْرِ

covey *n.* (*pl.* **-s**) سِرْبُ حِجْلانٍ أو قَطا

cow *n.; vt.* بَقَرَةٌ. أُنْثى الحوتِ أوِ الفيلِ // يُخَوِّفُ أو يُهَوِّلُ أو يُرْعِبُ (بالتَّهْديدِ)

coward *adj.* جَبانٌ؛ رِعْديدٌ؛ كَثيرُ الخَوْفِ

cowardice *or* **cowardliness** *n.* جَبانَةٌ؛ جُبْنٌ

cowboy *n.* راعي بَقَرٍ (على صَهْوَةِ جَوادٍ)

cower *vi.* يَلْبُدُ أو يَنْكَمِشُ أو يَتَذَلَّلُ (مِنَ الخَوْفِ)

cowhide *n.* جِلْدُ البَقَرِ

cowl *n.* قَلَنْسُوَةٌ. غِطاءُ داخونٍ

cowlick *n.* خُصْلَةُ شَعَرٍ فَوْقَ الجَبينِ

cowling *n.* غِطاءٌ مَعْدِنِيٌّ لِمُحَرِّكِ الطّائِرَةِ

co-worker *n.* زَميلٌ في العَمَلِ؛ شَريكٌ

cowpox *n.* جُدَرِيُّ البَقَرِ

cowshed *n.* حَظيرَةُ أو إسْطَبْلُ بَقَرٍ

cowslip *n.* زَهْرَةُ الرَّبيعِ

coxcomb *n.* المَغْرورُ؛ المُتَباهي (بِنَفْسِهِ)

coxswain *or* **cox** *n.* مُوَجِّهُ دَفَّةِ زَوْرَقِ السِّباقِ

coy *adj.* مُتَظاهِرٌ بالإحْتِشامِ. خَجولٌ. مُتَواضِعٌ

coyote *n.* قَيُّوطٌ: ذِئْبُ البَراري في أميركا

cozen *vt.: i.* يَغُشُّ؛ يَخْدَعُ؛ يَحْتالُ

cozy *adj.* دافِئٌ. مُريحٌ. حَذِرٌ

crab *n.* سَرَطانٌ. رافِعَةٌ آلِيَّةٌ. شَخْصٌ شَرِسٌ

crabbed *adj.* شَرِسٌ؛ فَظٌّ. غَيْرُ مَقْروءٍ (خَطٌّ)

crab tree *n.* شَجَرَةُ تُفّاحٍ بَرِّيٍّ

crack *vt.: i.: n.: adj.* يَشُقُّ؛ يَصْدَعُ. يَكْسِرُ (جَوْزَةً). يُفَقِّعُ (سَوْطًا). يَضْرِبُ بِقُوَّةٍ. يَنْزِعُ (سِدادَةً). يُفْلِتُ (حَماقَةً) / يَتَشَقَّقُ؛ يَتَصَدَّعُ. يُفْقِعُ (سَوْطٌ). يَغْلُظُ (صَوْتٌ). يَفْشَلُ. يَرْضَخُ؛ يُذْعِنُ // دَوِيٌّ. شَقٌّ؛ صَدْعٌ. طَقَّةٌ. عِلَّةٌ جِسْمانِيَّةٌ أو عَقْلِيَّةٌ. فَقْعُ (سَوْطٍ). غِلَظُ صَوْتِ (وَلَدٍ). هُزْءٌ. مُتَفَوِّقٌ // بارِعٌ أو ماهِرٌ

— of dawn بُزوغُ الفَجْرِ

— of doom نِهايَةُ العالَمِ

crackbrained *adj.* مُخْتَلُّ العَقْلِ؛ مَعْتوهٌ؛ مَجْنونٌ

cracked *adj.* مَشْقوقٌ؛ مَصْدوعٌ. مُخْتَلُّ العَقْلِ

cracker *n.* مُفَرْقِعَةٌ. مُتَبَجِّحٌ؛ صَلِفٌ. بِسْكَويتٌ

nut —s كَسّارَةُ الجَوْزِ أوِ البُنْدُقِ

crackle *vt.: i.: n.* يُفَرْقِعُ. يُزَيِّنُ الزُّجاجَ بِشَبَكَةِ صُدوعٍ / يَتَفَرْقَعُ. يَمْتَلِئُ (حَيَوِيَّةً، نَشاطًا) // فَرْقَعَةٌ. صُدوعٌ في الزُّجاجِ (لِلزَّخْرَفَةِ)

cracknel *n.* بِسْكَويتٌ قَصِمٌ. قِطَعٌ مُحَمَّصَةٌ مِنْ شَحْمِ الخِنْزيرِ

cradle *n.; vt.* مَهْدٌ؛ سَريرُ طِفْلٍ. مَهْدُ (الحَضارَةِ). عَرَبَةُ نَقْلٍ. سِقالَةُ (البِناءِ) // يَهُزُّ

crave vt. يطْلُبُ بِتَوسُّل ؛ يَتَمَنّى
craven adj. & n. جَبانٌ ؛ رِعْديدٌ
craving n. رَغْبَةٌ جامِحَةٌ
crawl vi.; n. يدِبُّ ؛ يَزْحَفُ. يَسيرُ بِبُطْءٍ. يَتَذَلَّلُ. يَعِجُّ بِـ. يَسْبَحُ بِسُرْعَةٍ // زَحْفٌ ؛ دَبيبٌ. سِباحَةٌ سَريعَةٌ
crawling adj. زاحِفٌ. عاجٌّ بِـ ؛ مُزْدَحِمٌ
crayfish n. سَرَطانٌ نَهْرِيٌّ
crayon n.; vt. قَلَمُ (فَحْمٍ). رَسْمٌ بِالقَلَمِ // يَرْسُمُ بِقَلَمٍ ؛ يَكْتُبُ بِقَلَمٍ
craze vt.; i.; n. يُجَنِّنُ. يُجَزِّعُ / يُجَنُّ. يُصابُ بِالجُنونِ // بِدْعَةٌ أو هَوَسٌ عابِرٌ. وَلَعٌ مُبالَغٌ فيهِ. جُنونٌ
crazy adj. مَجْنونٌ. مُضْحِكٌ. غَريبٌ. مَهْووسٌ. مُصَدَّعٌ (رَصيفٌ)
creak vi.; n. يَصِرُّ. يَصْرِفُ. يُطَقْطِقُ (سَيّارَةٌ) // صَريرٌ. صَريفٌ. طَقْطَقَةٌ
cream n.; vi.; t. قِشْدَةٌ. مُسْتَحْضَرٌ لِلتَّجْميلِ. صَفْوَةُ (الشَّيْءِ) // يَصْنَعُ القِشْدَةَ. يُزْبِدُ / يَقْشِدُ (الحَليبَ). يَضَعُ القِشْدَةَ على الوَجْهِ. يُزيلُ (صَفْوَةَ). يَطْبُخُ بِالزُّبْدَةِ
creamery n. مَلْبَنَةٌ ؛ مَقْشَدَةٌ. مَحَلُّ أَلْبانٍ
creamy adj. قِشْدِيٌّ ؛ كَثيرُ القِشْدَةِ ؛ دَسِمٌ
crease n.; vt.; i. طَيَّةٌ ؛ جَعْدَةٌ ؛ غَضَنٌ ؛ ثَنْيَةٌ // يَثْني. يُغَضِّنُ ؛ يُجَعِّدُ / يَتَثَنّى ؛ يَتَغَضَّنُ ؛ يَتَجَعَّدُ
create vt.; i. يَخْلُقُ. يُعَيِّنُ. يُسَبِّبُ. يُمَثِّلُ / يَخْتَرِعُ ؛ يَشْتَغِلُ بِأَعْمالٍ فَنِّيَّةٍ أو مُبْدِعَةٍ
creation n. خَلْقٌ. الخَليقَةُ. مَخْلوقٌ. تَكْوينٌ
creative adj. خَلّاقٌ. مُبْدِعٌ. مُكَوِّنٌ. مُبْتَكِرٌ
creator n. الخالِقُ. مُكَوِّنٌ. خالِقٌ .cap
creature n. مَخْلوقٌ ؛ كائِنٌ حَيٌّ. إِنْسانٌ. دُمْيَةٌ
crèche n. مَغارَةُ الميلادِ. دارُ حِضانَةٍ
credence n. تَصْديقٌ ؛ موافَقَةٌ. تَوْصِيَةٌ ؛ إِعْتِمادٌ

(مَهْدًا) ؛ يُهَدْهِدُ (طِفْلاً)
craft n. صَنْعَةٌ ؛ حِرْفَةٌ. دَهاءٌ. سَفينَةٌ
craftsman n. حِرَفِيٌّ
crafty adj. داهِيَةٌ ؛ مَكّارٌ ؛ مُحْتالٌ ؛ خَدّاعٌ
crag n. صَخْرَةٌ شَديدَةُ الإنْحِدارِ
craggy adj. شَديدُ الإنْحِدارِ (هَضْبَةٌ)
cram vt. يَحْشُرُ. يَحْشو. يُتْخِمُ. يُعِدُّ (تِلْميذًا)
cramp n.; vt. تَشَنُّجٌ (عَضَلٍ). pl. مَغَصٌ حادٌّ. كُلّابٌ ؛ مِلْزَمٌ // يُصيبُ بِتَشَنُّجٍ. يوثِقُ بِمِلْزَمٍ. يُعَرْقِلُ ؛ يُعيقُ
crane n.; vt. رافِعَةٌ ؛ وِنْشٌ. كُرْكِيٌّ (طائِرٌ) // يَرْفَعُ بِالرّافِعَةِ. يَشْرَئِبُّ (العُنُقُ)
cranial adj. جُمْجُمِيٌّ ؛ قِحْفِيٌّ ؛ مُخْتَصٌّ بِالجُمْجُمَةِ
cranium n. (pl. -niums or -nia) جُمْجُمَةٌ ؛ قِحْفٌ. غِلافُ المُخِّ
crank n. ذِراعُ تَدْويرٍ. مِرْفَقٌ (ساعِدٍ). شَخْصٌ غَريبُ الأَطْوارِ
crankshaft n. عَمودُ المِرْفَقِ
cranky adj. غَريبُ الأَطْوارِ ؛ شاذُّ الطِباعِ
cranny n. شَقٌّ ؛ صَدْعٌ
crape or crepe n. حَريرٌ رَقيقٌ
crash vt.; i.; n. يُحَطِّمُ ؛ يُكَسِّرُ / يَهْبِطُ إِضْطِرارِيًّا وبِعُنْفٍ (طائِرَةٌ). يَصْطَدِمُ. يَتَحَطَّمُ ؛ يَتَكَسَّرُ بِدَوِيٍّ. يُفْلِسُ ؛ يَنْهارُ. يَتَصادَمُ (سَيّارَتانِ) // تَحَطُّمٌ ؛ تَهَشُّمٌ. دَوِيُّ (الرَّعْدِ). إِصْطِدامٌ. هُبوطٌ إِضْطِرارِيٌّ وعَنيفٌ (طائِرَةٌ). إِنْهيارٌ (مالِيٌّ). نَسيجٌ خَشِنٌ
crash helmet n. خوذَةٌ لِلْوِقايَةِ مِنَ الصَّدْمِ
crass adj. غَبِيٌّ ؛ فَظٌّ ؛ مُغَفَّلٌ
crate n. سَلٌّ ؛ قَفَصٌ
crater n. فوَّهَةُ البُرْكانِ. حُفْرَةُ قُنْبُلَةٍ أو لُغْمٍ

credentials *n.pl.* كِتابُ أو أوْراقُ اعْتِمادٍ (سَفير)

credible *adj.* جَديرٌ بِالثِّقَةِ؛ قابِلٌ لِلتَّصْديقِ

credit *n.; vt.* تَقْديرٌ؛ تَنْويهٌ. عامِلٌ إيجابِيٌّ. موجِبُ الثِّقَةِ. تَأْثيرٌ. سُمْعَةٌ طَيِّبَةٌ. إعْتِمادٌ. رَصيدٌ دائِنٌ. تَسْليفٌ // يَعْزو؛ يَنْسُبُ إلى. يَعْتَقِدُ بِـ؛ يَثِقُ بِـ. يُقَيِّدُ (مَبْلَغًا) لِحِسابِ فُلانٍ

letter of — كِتابُ أو رِسالَةُ اعْتِمادٍ

on — *or* — sale البَيْعُ بِالتَّقْسيطِ

creditable *adj.* جَديرٌ بِالتَّقْديرِ أوِ التَّصْديقِ

creditor *n.* دائِنٌ؛ مُسَلِّفٌ

credo *n.* بَيانٌ رَسْمِيٌّ بِالآراءِ أوِ المَبادِئِ. عَقيدَةٌ. *cap.* قانونُ الإيمانِ المَسيحِيِّ

credulity *n.* سَلامَةُ نِيَّةٍ؛ سَذاجَةٌ؛ سُرْعَةُ التَّصْديقِ

credulous *adj.* سَليمُ النِّيَّةِ؛ ساذَجٌ؛ سَريعُ التَّصْديقِ

creed *n.* عَقيدَةٌ. *cap.* قانونُ الإيمانِ

creek *n.* جونٌ؛ خَليجٌ صَغيرٌ. ساقِيَةٌ

creel *n.* سَلَّةُ صَيّادِ السَّمَكِ (يَضَعُ فيها السَّمَكَ)

creep *vi.irr.; n.* يَزْحَفُ. يَنْسَلُّ. يَتَذَلَّلُ. يَنْمَلُ (الجِلْدُ). يَمْشي بِبُطْءٍ // شَخْصٌ حَقيرٌ

creeper *n.* زاحِفَةٌ. نَباتٌ مُعَرِّشٌ (مُتَسَلِّقٌ)

creepy *adj.* مُنْمِلٌ بِفِعْلِ إحْساسٍ بِالخَوْفِ أوِ الإشْمِئْزازِ أوِ النُّفورِ. زاحِفٌ

cremate *vt.* يُرَمِّدُ؛ يَحْرُقُ جُثَّةَ مَيْتٍ

creosote *n.* سائِلٌ زَيْتِيٌّ مُطَهِّرٌ؛ خُلاصَةُ القَطْرانِ

crêpe; crepe *n.* see **crape**

crepuscular *adj.* شَفَقِيٌّ؛ غَسَقِيٌّ

crepuscule *n.* الشَّفَقُ؛ الغَسَقُ

crescent *n.* هِلالٌ. شِعارُ الإسْلامِ

cress *n.* رَشادٌ؛ جِرْجيرٌ (نَباتٌ)

crest *n.* عُرْفٌ (ديكٍ). قِمَّةٌ (جَبَلٍ). تاجٌ. شِعارٌ

crestfallen *adj.* حَزينٌ؛ ذَليلٌ؛ مُطَأْطِئُ الرَّأْسِ

crevasse *n.* صَدْعٌ أو فَلْعٌ كَبيرٌ في الجَليدِ

crevice *n.* شَقٌّ ضَيِّقٌ؛ صَدْعٌ؛ فَجْوَةٌ

crew *n.* طاقِمُ (سَفينَةٍ). عِصابَةٌ؛ زُمْرَةٌ

crib *n.; vt.; i.* مِذْوَدٌ. سَريرُ طِفْلٍ. مِعْلَفٌ. خَزّانُ الحُبوبِ. إخْتِلاسُ (آراءٍ). كوخٌ. سَلَّةٌ شَبَكٍ // يَحْبِسُ. يَسْرِقُ (أفْكارَ غَيْرِهِ) / يَغُشُّ أو يَنْقُلُ (في الإمْتِحانِ). يَتَذَمَّرُ

crick *n.; vt.* تَشَنُّجٌ مُؤْلِمٌ في العُنُقِ أوِ الظَّهْرِ // يُسَبِّبُ تَشَنُّجًا في العُنُقِ أوِ الظَّهْرِ

cricket *n.* صَرّارُ اللَّيْلِ. لُعْبَةُ الكريكِت

that's not — لَيْسَ هذا بِالعَدْلِ

crier *n.* مُنادٍ. بائِعٌ مُتَجَوِّلٌ. آذِنٌ. مُباشِرُ مَحْكَمَةٍ

crime *n.* جَريمَةٌ؛ جِنايَةٌ

criminal *n.; adj.* مُجْرِمٌ؛ جانٍ // جِنائِيٌّ (قانونٌ). إجْرامِيٌّ (عَمَلٌ)

criminology *n.* عِلْمُ الإجْرامِ

crimp *vt.* يُغَضِّنُ. يَطْوي. يُجَعِّدُ. يُمَوِّجُ

crimson *n.; adj.; vt.; i.* قِرْمِزٌ. لَوْنٌ قِرْمِزِيٌّ // قِرْمِزِيٌّ // يَصْبُغُ بِاللَّوْنِ القِرْمِزِيِّ / يُصْبِحُ قِرْمِزِيًّا

cringe *vi.; n.* يَتَقَبَّضُ أو يُجْفِلُ (خَوْفًا). يَتَذَلَّلُ // تَقَبُّضٌ؛ إجْفالٌ. تَذَلُّلٌ؛ خُنوعٌ

crinkle *vt.; i.; n.* يُجَعِّدُ؛ يُعَرِّجُ؛ يَثْني. يُخَشْخِشُ / يَتَجَعَّدُ؛ يَتَعَرَّجُ. يَنْثَني. يُخَشْخِشُ // جَعْدَةٌ. تَعَرُّجٌ. ثَنْيَةٌ. خَشْخَشَةٌ

cripple *n.; vt.* كَسيحٌ؛ أعْرَجُ؛ مُقْعَدٌ؛ عاجِزٌ // يُكَرْسِحُ؛ يُقْعِدُ؛ يُعْجِزُ

crisis *n.* (*pl.* **crises**) أزْمَةٌ؛ مِحْنَةٌ. ضيقٌ (مالِيٌّ)

crisp *adj.; vt.; i.* قَصِمٌ؛ هَشٌّ. مُنَشِّطٌ (نَسيمٌ). واضِحٌ (تَفْكيرٌ). مُتَجَعِّدٌ (شَعْرٌ) // يُجَعِّدُ أو يُمَوِّجُ (نَسيجًا) / يَتَجَعَّدُ؛ يَتَمَوَّجُ

crispness *n.* هَشاشَةٌ. وُضوحُ (أُسْلوبٍ). تَجَعُّدٌ

crisscross *vt.; i.; adj.; n.* يُحَرِّكُ (عَرَضًا). يُعَلِّمُ بِخُطوطٍ مُتَقاطِعَةٍ / يَتَحَرَّكُ (عَرَضًا). يَتَأَلَّفُ مِنْ خُطوطٍ مُتَقاطِعَةٍ // مُتَشابِكٌ أو مُتَقاطِعٌ (خُطوطٌ) // رَسْمٌ مِنْ خُطوطٍ مُتَشابِكَةٍ أو مُتَقاطِعَةٍ

criterion *n.* (*pl.* **-ria** *or* **-s**) مِعيارٌ؛ مِقْدارٌ. قِسْطاسٌ. نَموذَجٌ

critic *n.* ناقِدٌ (أَدَبيٌّ، فَنِّيٌّ). مُنْتَقِدٌ

critical *adj.* إِنْتِقاديٌّ. تَحْليليٌّ. حاسِمٌ. خَطيرٌ

criticism *n.* نَقْدٌ (فَنِّيٌّ، أَدَبيٌّ). إِنْتِقادٌ

criticize *or* **criticise** *n.* يَنْتَقِدُ. يُقَيِّمُ؛ يُحَلِّلُ

critique *n.* نَقْدٌ أو تَعْليقٌ أو بَحْثٌ (فَنِّيٌّ)

croak *n.; vi.* نَقيقُ (الضِفْدَعِ). نَعيقُ (الغُرابِ). تَمْتَمَةٌ؛ دَمْدَمَةٌ // يَنِقُّ (ضِفْدَعٌ). يَتَذَمَّرُ. يَتَشاءَمُ

crochet *vt.; n.* يَحيكُ أو يُطَرِّزُ بِالصِّنارَةِ // حِياكَةٌ أو تَطْريزٌ بِالصِّنارَةِ

crock *n.* إِبْريقٌ أو جَرَّةٌ (مِنْ فَخّارٍ)

old — شَخْصٌ عاجِزٌ. شَيْءٌ بالٍ. جَوادٌ عَجوزٌ

crockery *n.* آنِيَةُ طَعامٍ أو مائِدَةٍ

crocodile *n.* تِمْساحٌ. جِلْدُ تِمْساحٍ

— tears دُموعُ الرِياءِ أو النِفاقِ

crocus *n.* (*pl.* **-es**) الزَعْفَرانُ. لَوْنُ الزَعْفَرانِ

croft *n.* حَديقَةٌ مُسَيَّجَةٌ تابِعَةٌ لِلْمَنْزِلِ

crofter *n.* مالِكٌ أو مُسْتَأْجِرُ مَزْرَعَةٍ صَغيرَةٍ

crone *n.* عَجوزٌ تُشْبِهُ الجِنِّيَّةَ. دَرْدَبيسٌ

crony *n.* رَفيقٌ؛ زَميلٌ؛ خِلٌّ؛ صَديقٌ

crook *n.; vt.; i.* شَيْءٌ مُقَوَّسٌ أو مَعْقوفٌ. عَصا؛ صَوْلَجانٌ. نَصّابٌ؛ مُحْتالٌ // يَلْوي؛ يَحْني (الرَّأْسَ) / يَلْتَوي؛ يَنْحَني (الظَّهْرُ)

by hook or by — مَهْما كَلَّفَ الأَمْرُ

crooked *adj.* مُنْحَنٍ. مُلْتَوٍ؛ أَعْوَجُ. مُتَعَرِّجٌ. قَليلُ النَزاهَةِ؛ غَشّاشٌ

croon *vi.* يُدَنْدِنُ أو يُرَنِّمُ بِصَوْتٍ ناعِمٍ

crop *n.; vt.* مَحْصولٌ؛ غَلَّةٌ؛ حَصادٌ. حَوْصَلَةُ الطُيورِ. قَصَّةُ شَعْرٍ قَصيرَةٌ // يَجُزُّ (العُشْبَ). يَقْطِفُ؛ يَحْصُدُ. يَرْعى (العُشْبَ)

cropper *n.* حَصّادٌ؛ زَرّاعٌ. آلَةُ حَصْدٍ

croquet *n.* الكروكيت: لُعْبَةٌ بِكُراتٍ خَشَبِيَّةٍ

crosier *or* **crozier** *n.* صَوْلَجانُ الأُسْقُفِ

cross *n.; vt.; i.; adj.* صَليبٌ. مَزيجٌ. صُعوبَةٌ؛ مُعاناةٌ. تَهْجينُ (أَجْناسٍ) // يَعْبُرُ (الطَّريقَ). يَشْطُبُ. يَشْبِكُ. يُسَطِّرُ (شيكًا). يُهَجِّنُ. يُعاكِسُ / يَتَقاطَعُ (قِطاراتٍ). يَتَشابَكُ (خُطوطٌ هاتِفِيَّةٌ) // غَضْبانُ؛ مُتَكَدِّرٌ. بِالعَرْضِ؛ عَرْضًا. مُتَبادَلٌ. مُعاكِسٌ

— one's mind يَخْطُرُ عَلى البالِ

— the path of (someone) يَلْتَقي (فُلانًا)

crossbar *n.* قَضيبٌ أو حاجِزٌ أو خَطٌّ أُفُقيٌّ

crossbow *n.* قَوسٌ قَذوفٌ

crossbreed *n.; vt.* هَجينٌ. خَليطٌ في التَّزاوُجِ (حَيَواناتٌ) // يُهَجِّنُ. يُزاوِجُ جِنْسَيْنِ مُخْتَلِفَيْنِ

cross-check *vt.* يُحَقِّقُ في (تَقْريرٍ) مَعَ تَضارُبِ الآراءِ وَالمَراجِعِ

cross-country *adj. & adv.; n.* عَبْرَ الحُقولِ // سِباقُ الضّاحِيَةِ

crosscurrent *n.* مَجْرى أَحْداثٍ مُعاكِسٌ

cross-examine *vt.* يَسْتَجْوِبُ أو يَسْتَنْطِقُ شاهِدًا. يُحَقِّقُ بِدِقَّةٍ (مَعَ الشاهِدِ)

cross-eyed *adj.* أَحْوَلُ (العَيْنَيْنِ)

crossing *n.* تَقاطُعُ (طُرُقٍ). مَمَرٌّ. تَهْجينٌ. رِحْلَةٌ

cross-legged *adj.* جالِسٌ القُرْفُصاءَ أو رِجْلاً عَلى الأُخْرى؛ مُرَبَّعٌ

crossly *adv.* بِفَظاظَةٍ؛ بِنَزَقٍ

crossness *n.* رَداءَةُ الخُلُقِ أوِ المِزاجِ . فَظاظَةٌ

crossroads *n.* مُلْتَقى أو مُفْتَرَقُ طُرُقٍ

cross-section *n.* مَقْطَعٌ عَرْضيٌّ

crossword puzzle *n.* لُعْبَةُ الكَلِماتِ المُتَقاطِعَةِ

crotch *n.* مَفْرَقُ الأغْصانِ . مُلْتَقى السّاقَيْنِ (في البَنْطلونِ) . زاوِيَةُ مُلْتَقى شُعْبَتَيْنِ . عَصا (مَعْقوفَةٌ)

crotchet *n.* نوتَةٌ موسيقيَّةٌ . عَقْفَةٌ أو كُلاّبٌ (صَغيرانِ) . فِكْرَةٌ بَذيئَةٌ

crotchety *adj.* فَظٌّ . شَكِسٌ . كَثيرُ العُقَدِ

crouch *vi.; t.* يَرْبِضُ (حَيوانٌ) . يَقْبَعُ (فَزَعًا) / يَنْحَني تَذَلُّلاً أو رُعْبًا

croup *n.* الخُناقُ . رِدْفٌ أو مُؤَخَّرَةُ (الدابَّةِ)

croupier *n.* كروبييه : مُديرُ طاوِلَةِ القِمارِ

crow *n.; vi.irr.* طَيْرُ الزّاغِ . صِياحُ (الديكِ) // يَصيحُ (كالدّيكِ) . يَتَبَجَّحُ . يَصْرُخُ فَرَحًا (كالأطْفالِ)

crowbar *n.* مُخْلٌ ؛ عَتَلَةٌ ؛ رافِعَةٌ

crowd *n.; vt.; i.* حَشْدٌ . جُمْهورٌ . عامَّةُ الشَّعْبِ ؛ مَجْموعَةٌ أو عَدَدٌ كَبيرٌ مِنَ (الأشْخاصِ ، الأشْياءِ) // يَزْحَمُ . يَحْشو . يُلِحُّ بإصْرارٍ / يَحْتَشِدُ أو يَتَجَمْهَرُ

crowded *adj.* مُزْدَحِمٌ ؛ مُكْتَظٌّ

crown *n.; vt.* تاجٌ . إكْليلُ (النَّصْرِ) . مَلَكيَّةٌ . جَزاءٌ . لَقَبٌ . عِمْلَةٌ إنكليزيَّةٌ . قِمَّةٌ . ذُرْوَةُ (النَّجاحِ) // يُتَوِّجُ (مَلِكًا) . يَضَعُ إكْليلاً . يُكافِئُ . يَمْنَحُ (جائِزَةً ، لَقَبًا) . يُلَبِّسُ (ضِرْسًا)

crown prince *n.* وَلِيُّ العَهْدِ ؛ وَريثُ المُلْكِ

crozier *n.* see **crosier**

crucial *adj.* حاسِمٌ ؛ حَرِجٌ ؛ خَطيرٌ ؛ مُهِمٌّ

crucible *n.* بُوتَقَةُ فُرْنٍ . إمْتِحانٌ عَسيرٌ

crucifix *n.* الصَّليبُ . صورَةُ المَسيحِ عَلى الصَّليبِ

crucifixion *n.* قَتْلٌ عَلى الصَّليبِ . *cap.* صَلْبُ المَسيحِ

cruciform *adj.* صَليبيُّ الشَّكْلِ

crucify *vt.* يَصْلِبُ . يَقْضي عَلى (طُموحاتِهِ) . يُعَذِّبُ

crude *adj.; n.* مُبْتَذَلٌ (نُكْتَةٌ) . خامٌ (نِفْطٌ) . غَيْرُ مُصَنَّفٍ (مَعْلوماتٌ) . مُجَرَّدٌ (وَقائِعُ) // مادَّةٌ خامٌ ؛ نِفْطٌ خامٌ

crudeness *or* **crudity** *n.* فَظاظَةٌ ؛ إبْتِذالٌ

cruel *adj.* شِرّيرٌ ؛ ظالِمٌ . أليمٌ (حادِثٌ)

cruelty *n.* قَساوَةٌ ؛ وَحْشيَّةٌ ؛ ظُلْمٌ ؛ صَرامَةٌ

cruet *n.* إناءٌ للتَّوابِلِ أو لِلماءِ المُقَدَّسِ

cruise *vi.; n.* يَجولُ في البَحْرِ . يُطارِدُ سُفُنًا // رِحْلَةٌ سِياحيَّةٌ (في البَحْرِ)

cruiser *n.* طَرّادٌ . سَفينَةٌ سِياحيَّةٌ

crumb *n.; vt.* فُتاتُ (خُبْزٍ) . لُبُّ الخُبْزِ . مِقْدارٌ ضَئيلٌ // يُفَتِّتُ (خُبْزًا)

crumble *vt.; i.* يُفَتِّتُ . يَسْحَقُ (فِلْفِلاً) / يَتَفَتَّتُ . يَنْهارُ (عَزيمَةٌ)

crump *vi.; n.* يُدَوّي ؛ يَنْفَجِرُ // دَويٌّ . صَوْتُ انْفِجارٍ . جَرْشٌ

crumple *vi.; t.; n.* يَنْهارُ . يَتَجَعَّدُ . يَنْكَمِشُ ؛ يَتَقَلَّصُ / يُسَبِّبُ الإنْهيارَ . يُجَعِّدُ // جَعْدَةٌ ؛ غَضَنٌ ؛ طَيَّةٌ ؛ ثَنْيَةٌ

crunch *vt.; i.; n.* يَقْضِمُ أو يَمْضَغُ (جَرْشًا) . يَصِرُّ / يَنْجَرِشُ (طَعامٌ) . يَنْسَحِقُ // جَرْشٌ ؛ قَرْقَشَةٌ . صَرْصَرَةُ (الأسْنانِ)

crupper *n.* حِياصَةٌ : سَيْرٌ يُشَدُّ بِهِ السَّرْجُ . رِدْفٌ أو مؤَخَّرُ حِصانٍ

crusade *n.* حَمْلَةٌ صَليبيَّةٌ . حَمْلَةٌ (ضِدَّ الفَسادِ)

crusader *n.* صَليبيٌّ . مُشارِكٌ في حَمْلَةٍ (مِنْ أجْلِ قَضيَّةٍ)

cruse *n.* إبْريقٌ . كأسٌ (لِلزَّيْتِ)

crush *vt.; i.; n.* يَسْحَقُ؛ يَسْحَنُ. يَهْرُسُ (تُفّاحًا). يَسْحَقُ (تَمرُّدًا). يُذِلُّ؛ يُحقِّرُ / يَحْتَشِدُ. يَنْكَسِرُ. يَتحطَّمُ // حَشْدٌ. سَحْقٌ. عَصيرٌ. إفْتِتانٌ

crushing *adj.; n.* ساحِقٌ (هُجومٌ). صاعِقٌ (نَبأٌ) // هَرْسٌ؛ طَحْنٌ؛ سَحْقٌ؛ جَرْشٌ

crust *n.; vt.; i.* قِشْرةُ (الخُبْزِ، الجَليدِ، الكُرَةِ الأرْضيَّةِ). غِلافٌ // يُغطِّي (بِقِشْرَةٍ). يُكَوِّنُ (قِشْرَةً) / يَكْتَسي (بِقِشْرَةٍ). يَتَحَوَّلُ إلى (قِشْرَةٍ)

crustacean *n.* القِشْريّاتُ: حَيواناتٌ قِشْريَّةٌ

crutch *n.; vt.* عُكّازٌ (لِلْعَجَزَةِ). رَكيزَةٌ؛ دِعامَةٌ // يَسْنُدُ (بِعُكّازٍ). يَدْعَمُ

crux *n.* (*pl.* **-es** *or* **cruces**) جَوْهَرُ أو صُلْبُ (المَوْضوعِ). أزْمَةٌ

cry *n.; vt.; i.* صُراخٌ. بُكاءٌ. صَوْتُ (طائِرٍ) // يُعَبِّرُ عَن (مَخاوِفِهِ). يُنادي عَلى بِضاعَتِهِ. يُعْلِنُ / يَبْكي. يَصْرُخُ. يُصَوِّتُ (طائِرٌ)

a far — مَسافَةٌ بَعيدَةٌ

— for the moon يَطْلُبُ شَيئًا مُسْتَحيلاً

— up يَمْدَحُ؛ يُقَرِّظُ؛ يُفَخِّمُ

crying *n.; adj.* صُراخٌ. بُكاءٌ. مُناداةٌ // شَنيعٌ. مؤْسِفٌ؛ يُرْثى لَهُ

crypt *n.* سِرْدابٌ أو مَدْفَنٌ (تَحْتَ كَنيسَةٍ)

cryptic(al) *adj.* سِرِّيٌّ؛ خَفِيٌّ. غامِضُ المَعْنى

crystal *n.; adj.* بِلَّوْرٌ. آنِيَةٌ بِلَّوْرِيَّةٌ // بِلَّوْرِيٌّ. شَفّافٌ أو رَقْراقٌ (ماءٌ)

crystalline *adj.* بِلَّوْرِيٌّ. صافٍ؛ مُتَبَلْوِرٌ

crystallize *or* **crystallise** *vt.; i.* يُبَلْوِرُ. يَكْسو بالسُّكَّرِ (فاكِهَةً) / يَتَبَلْوَرُ. يَتَجَمَّدُ

cub *n.* صَغيرُ بَعْضِ الحَيَواناتِ. شَخْصٌ فَتِيٌّ أو قَليلُ الخِبْرَةِ

cube *n.* مُكَعَّبٌ. شَكْلٌ أو عَدَدٌ تَكْعيبِيٌّ

cubic *adj.* تَكْعيبِيٌّ. مُكَعَّبٌ (عُلْبَةٌ)

cubism *n.* مَدْرَسَةُ الرَّسْمِ التَّكْعيبِيِّ (بيكاسّو)

cubist *n.* رَسّامٌ تَكْعيبِيٌّ

cubit *n.* مِقْياسُ طولٍ قَديمٌ (يَسْتَنِدُ إلى الذِّراعِ)

cuckoo *n.* طائِرُ الوَقْواقِ. شَخْصٌ مُخْتَلٌّ

cucumber *n.* خِيارٌ

cud *n.* الطَّعامُ المُجْتَرُّ

chew the — يَجْتَرُّ. يُفَكِّرُ في (مَشْروعٍ)

cuddle *vt.; i.; n.* يَضُمُّ أو يُعانِقُ بِحَرارَةٍ / يَتَعانَقُ (بِحَرارَةٍ). يَقْبَعُ (لِلدِّفْءِ) // عِناقٌ طَويلٌ

cudgel *n.; vt.* هِراوَةٌ غَليظَةٌ // يَضْرِبُ بِالهِراوَةِ

cue *n.* عَلامَةٌ؛ إشارَةٌ. دَوْرٌ؛ مَهَمَّةٌ. عَصا البِلْيارْدو

on — في الوَقْتِ المُناسِبِ

cuff *vt.; n.* يَصْفَعُ؛ يَلْطِمُ // زَنْدُ قَميصٍ. صَفْعَةٌ؛ لَطْمَةٌ. *pl.* أغْلالٌ

cuirass *n.* دِرْعُ (فارِسٍ). تُرْسُ (حَيَوانٍ)

cuisine *n.* فَنُّ الطَّبْخِ. طَعامٌ

culinary *adj.* مُخْتَصٌّ بِالمَطْبَخِ والطَّهْوِ

cull *vt.* يَخْتارُ؛ يَنْتَقي. يَقْطِفُ (ثِمارًا)

cullender *n.* مِصْفاةٌ

culminate *vi.* يَنْتَهي بِهِ الأمْرُ إلى. يَبْلُغُ الذُّرْوَةَ

culmination *n.* ذُرْوَةٌ؛ قِمَّةٌ

culpable *adj.* مُذْنِبٌ؛ مُتَّهَمٌ؛ مُلامٌ

culprit *n.* مُتَّهَمٌ؛ مُذْنِبٌ؛ مُرْتَكِبُ الإثْمِ

cult *n.* عِبادَةٌ. تَعَلُّقٌ بِـ. موضَةٌ شَعْبِيَّةٌ

cultivate *vt.* يَفْلَحُ (أرْضًا). يُنَمّي (عِلاقَةً). يُثَقِّفُ

cultivation *n.* فِلاحَةُ (أرْضٍ). تَثْقيفٌ. تَهْذيبٌ

cultural *adj.* ثَقافِيٌّ. حَضارِيٌّ

culture *n.* ثَقافَةٌ. حَضارَةٌ. زِراعَةٌ. زَرْعٌ

culvert *n.* قَناةٌ أو مَجْرورٌ تَحْتَ جِسْرٍ أو طَريقٍ

cumber *vt.; n.* يُعَرْقِلُ؛ يُعيقُ؛ يُؤَخِّرُ // عَرْقَلَةٌ؛

عَقَبَةٌ. حِمْلٌ؛ عِبءٌ

cumbersome *adj.* مُضايِقٌ؛ مُلَبِّكٌ. شاقٌّ

cumin *or* **cummin** *n.* كَمّونٌ. بِزْرُ الكَمّونِ

cumulate *vt.; i.* يُكَدِّسُ (بَضائِعَ). يَجْمَعُ؛ يُوَحِّدُ / يَتَكَدَّسُ؛ يَتَجَمَّعُ

cumulative *adj.* مُجَمَّعٌ. مُتَراكِمٌ. تَصاعُديٌّ

cuneiform *adj.; n.* إسْفينيٌّ. مِسْماريٌّ // حُروفٌ مِسْمارِيَّةٌ

cunning *adj.; n.* مُحْتالٌ. ماكِرٌ. ماهِرٌ؛ بارِعٌ // إحْتيالٌ؛ مَكْرٌ. مَهارَةٌ؛ بَراعَةٌ

cup *n.* قَدَحٌ؛ فِنْجانٌ. كَأْسٌ. قَدَرٌ

cupbearer *n.* ساقٍ

cupboard *n.* خِزانَةٌ

cupidity *n.* جَشَعٌ؛ طَمَعٌ؛ حُبُّ المالِ

cupola *n.* قُبَّةٌ

cur *n.* كَلْبٌ شِرّيرٌ. شَخْصٌ حَقيرٌ

curate *n.* كاهِنٌ مُعاوِنٌ في رَعِيَّةٍ

curative *adj.* شافٍ (عِلاجٌ)

curator *n.* حافِظٌ أو مُديرٌ مَسْؤولٌ عَنْ مُتْحَفٍ

curb *n.; vt.* رادِعٌ؛ وازِعٌ. حافَّةُ بِئْرٍ. شَكيمَةٌ؛ لِجامٌ // يُلْجِمُ (الحِصانَ). يَرْدَعُ؛ يَكْبَحُ

curd *n.; vt.* لَبَنٌ رائِبٌ أو مُخَثَّرٌ // يُرَوِّبُ أو يُخَثِّرُ

curdle *vt.; i.* يُرَوِّبُ أو يُخَثِّرُ (لَبَنًا) / يَروبُ أو يَتَخَثَّرُ (اللَّبَنُ)

— someone's blood يُخيفُ؛ يُرْعِبُ

cure *n.; vt.* شِفاءٌ. عِلاجٌ. تَقْديدُ (لَحْمٍ). مُعالَجَةٌ. عَمَلُ راعي الكَنيسَةِ // يَشْفي. يُعالِجُ. يُقَدِّدُ

curfew *n.* مَنْعُ التَّجَوُّلِ

curio *n.* تُحْفَةٌ. شَيْءٌ نادِرٌ ومُدْهِشٌ

curiosity *n.* فُضولٌ. رَغْبَةٌ شَديدَةٌ في الإسْتِطْلاعِ. غَرابَةٌ. تُحْفَةٌ نادِرَةٌ. فَرادَةٌ

curious *adj.* فُضوليٌّ. مولَعٌ بِالإسْتِطلاعِ. غَريبٌ. فَريدٌ؛ طَريفٌ

curl *n.; vt.; i.* قَصَبَةُ (شَعرٍ). شَكْلٌ لَوْلَبيٌّ // يُقَصِّبُ (شَعرَهُ). يَلْوي؛ يُلَوْلِبُ / يَتَجَعَّدُ أو يَتَفَتَّلُ (شَعرٌ). يَتَكَوَّرُ (قُنْفُذٌ). يَتَطَوَّقُ (حَيَّةٌ)

curled *or* **curly** *adj.* مُتَجَعِّدٌ أو مُتَمَوِّجٌ. مُتَكَوِّرٌ

curlew *n.* كَرَوانٌ: طائِرٌ مُغَرِّدٌ

curmudgeon *n.* بَخيلٌ. فَظٌّ. دَنيءٌ

currant *n.* زَبيبٌ. عِنَبٌ مُجَفَّفٌ

currency *n.* نَقْدٌ. عُمْلَةٌ. إنْتِشارٌ. تَداوُلٌ. رَواجٌ

current *adj.; n.* حاضِرٌ؛ راهِنٌ. سائِدٌ. مُتَداوَلٌ // مَجْرى ماءٍ أو هَواءٍ. تَيّارٌ (كَهْرَبائيٌّ)

curriculum *n.* (*pl.* **-s** *or* **-la**) جَدْوَلٌ دِراسيٌّ

curriculum vitae *n.* بَيانُ السّيرَةِ

curry *vt.; n.* يُنَفِّضُ. يَصْقُلُ (جِلْدًا). يَسوسُ. يَطْهو بِالكَري // الكَري: بَهارٌ هِنْديٌّ. طَبْخٌ بِالكَري

currycomb *n.* مِشْطٌ خاصٌّ بِالأحْصِنَةِ

curse *n.; vt.; i.* لَعْنَةٌ (مِنَ اللهِ). مُصيبَةٌ؛ بَلِيَّةٌ // يَلْعَنُ. يَشْتُمُ / يُجَدِّفُ. يَشْتُمُ

cursed *or* **curst** *adj.* مَلْعونٌ. يَسْتَحِقُّ اللَّعْنَةَ. بَغيضٌ؛ شَنيعٌ

cursory *adj.* سَريعٌ؛ مُسْتَعْجَلٌ

curt *adj.* جافٌّ أوْ قَصيرٌ (جَوابٌ). مُقْتَضَبٌ

curtail *vt.* يَقْطَعُ. يَخْتَصِرُ. يَضَعُ حَدًّا لِـ

curtain *n.; vt.* سِتارٌ (نافِذَةٍ). حِجابٌ مِنَ (السِّرِّيَّةِ) // يَحْجُبُ. يُزَوِّدُ بِسِتارٍ

curtsy *or* **curtsey** *n.; vi.* إنْحِناءَةُ احْتِرامٍ (تُؤَدّيها النِّساءُ) // يَنْحَني إحْتِرامًا

curve *n.; vt.; i.* خَطٌّ مُنْحَنٍ. مُنْعَطَفُ (طَريقٍ). إنْحِناءٌ؛ تَقَوُّسٌ // يَحْني (الظَّهْرَ). يَلْوي (قَضيبًا) / يَنْحَني؛ يَلْتَوي؛ يَنْعَطِفُ

curvet *vi.; n.* يَقْفِزُ؛ يُنَطْنِطُ // قَفْزَةٌ (بالأَرْجُلِ الأَرْبَعَةِ)؛ نَطْنَطَةٌ

cushion *n.; vt.* وِسادَةٌ؛ مِخَدَّةٌ. حافَّةُ البِلْيارْدو // يَكْسو بالوَسائِدِ. يُخَفِّفُ (ضَرْبَةً)

custard *n.* حَلْوى أو صَلْصَةٌ مِنَ الحَليبِ والبَيْضِ

custodian *n.* قَيِّمٌ عَلى (مُتْحَفٍ). حارِسُ (سَجينٍ)

custody *n.* حِفْظٌ؛ حِمايَةٌ؛ رِعايَةٌ. إعْتِقالٌ

custom *n.* عادَةٌ. تَقْليدٌ. عُرْفٌ. الزِّبانَةُ: التَرَدُّدُ بانْتِظامٍ عَلى (مَقْهًى، مَتْجَرٍ)

customary *adj.* إعْتِياديٌّ؛ مَأْلوفٌ. عُرْفِيٌّ؛ تَقْليديٌّ

customer *n.* زَبونٌ (مَتْجَرٍ، مَطْعَمٍ)

customs *n.pl.* الرُسومُ الجُمْرُكِيَّةُ. دائِرَةُ الجَمارِكِ

cut *vt.; i.irr.; adj.; n.* يَجْرَحُ (يَدَهُ). يَقْطَعُ (غُصْنًا). يَشُقُّ (حَطَبًا). يَقُصُّ (الشَعَرَ). يَجُزُّ؛ يَحْصُدُ. يُقَلِّمُ (أَظافِرَهُ). يَحْفِرُ (نَفَقًا). يَحْذِفُ (مَقْطَعًا مِنْ مَخْطوطٍ) / يَنْجَرِحُ. يَنْقَطِعُ. يَنْشَقُّ. يَنْعَطِفُ // مُقَطَّعٌ. مُفَصَّلٌ. مُخَفَّضٌ (سِعْرٌ) // قَطْعٌ. جُرْحٌ. شَقٌّ. قِطْعَةُ (لَحْمٍ). حَذْفٌ. تَخْفيضُ (أَسْعارٍ). قَصَّةُ (شَعَرٍ). تَفْصيلُ (ثَوْبٍ). كَلامٌ جارِحٌ

— down يَقْطَعُ. يَقْتُلُ

— out يُزيلُ. يُفَصِّلُ (ثَوْبًا)

— short يَخْتَصِرُ. يُقاطِعُ (خَطيبًا)

— up يُقَطِّعُ إرْبًا إرْبًا. يُؤْذي

— across *or* through يَمُرُّ عَبْرَ؛ يَجْتازُ

a — above أَفْضَلُ مِنْ

power — إنْقِطاعٌ في التَيّارِ الكَهْرَبائيِّ

short — طَريقٌ مُخْتَصَرٌ

cutback *n.* تَخْفيضٌ؛ إنْقاصٌ

cute *adj.* جَذّابٌ. ذَكِيٌّ؛ حَذِقٌ

cuticle *n.* لَحْمٌ مَيْتٌ (قُرْبَ الظُّفْرِ). غِلافُ الجِلْدِ

cutlery *n.* أَدواتُ الأَكْلِ (كالشُّوَكِ والسَّكاكينِ)

cutlet *n.* شَريحَةُ لَحْمٍ (مِنْ ضِلْعِ الحَيَوانِ)

cutter *n.* أَداةٌ لِلقَطْعِ. مُفَصِّلُ (الثِّيابِ). مَرْكَبٌ شِراعِيٌّ

cutthroat *n.* قاتِلٌ؛ سَفّاحٌ. ظالِمٌ

cutting *adj.; n.* قاطِعٌ؛ حادٌّ. لاذِعٌ؛ جارِحٌ // شَقُّ (وَرَمٍ). قِطْعَةُ (خَشَبٍ). فَسْلٌ (مِنَ النَّباتِ). قُصاصَةُ (وَرَقٍ). حُفْرَةٌ

cycle *n.; vt.; i.* دَوْرَةٌ أو مَرْحَلَةٌ (إقْتِصادِيَّةٌ، أَحْداثٌ). حِقْبَةٌ طَويلَةٌ. مَجْموعَةُ قَصائِدَ (لِواقِعَةٍ). دَرّاجَةٌ // يُطَوِّرُ في (دَوْرَةٍ، نِظامٍ) / يَرْكَبُ دَرّاجَةً هَوائِيَّةً. يَمُرُّ في دَوْرَةٍ أو مَراحِلَ

cyclic *adj.* دائِرٌ أو مارٌّ في مَراحِلَ أو دَوْراتٍ

cyclist *n.* راكِبُ دَرّاجَةٍ (هَوائِيَّةٍ، نارِيَّةٍ)

cyclone *n.* إعْصارٌ؛ عاصِفَةٌ دَوّارَةٌ

cygnet *n.* صَغيرُ التَّمِّ أو الإوَزِّ العِراقِيِّ

cylinder *n.* أُسْطُوانَةُ (مُحَرِّكٍ، مِطْبَعَةٍ، قَذائِفَ)

cymbal *n.* الصَّنْجُ (آلَةٌ موسيقِيَّةٌ)

cynic *n.*; **cynical** *adj.* مُتَشائِمٌ. قَليلُ الثِّقَةِ بالآخَرينَ. ساخِرٌ

cynicism *n.* تَشاؤُمٌ. قِلَّةُ ثِقَةٍ بالنّاسِ. سُخْرِيَّةٌ

cynosure *n.* نُقْطَةُ الجاذِبِيَّةِ. دَليلٌ. مُرْشِدٌ

cypher *n.* see **cipher**

cypress *n.* شَجَرَةُ أو خَشَبُ السَّرْوِ

cyst *n.* كيسٌ أو وَرَمٌ (غَيْرُ طَبيعِيٍّ)

czar *n.* see **tsar**

D

D; d *n.* الحَرْفُ الرّابِعُ مِنَ الأَبْجَدِيَّةِ الإنْكليزِيَّةِ

dab *n.; vt.* رَبْتَةٌ؛ ضَرْبَةٌ لَطيفَةٌ. لِيمَنْدَةٌ: نَوْعٌ مِنَ السَمَكِ المُفَلْطَحِ . بارِعٌ؛ خَبيرٌ. رَشاشٌ أوْ لَطْخَةٌ (حِبْرٍ، وَحَلٍ) // يُرَبِّتُ؛ يَضْرِبُ بِرِفْقٍ. يَرُشُّ بِضَرَباتٍ خاطِفَةٍ بالماءِ أوِ الدِّهانِ

dabble *vt.; i.* يَرُشُّ. يُبَلِّلُ / يَتَخَبَّطُ (في الماءِ). يَشْتَغِلُ بِتَقَطُّعٍ أوْ بِعَدَمِ جِدِّيَّةٍ

dace *n.* (*pl.* **dace**) الدّاسُ: سَمَكٌ نَهْرِيٌّ صَغيرٌ

dad; daddy *n.* بابا. أَبٌ؛ والِدٌ (في لُغَةِ الأطْفالِ)

dado *n.* الجُزْءُ السُّفْلِيُّ المُنَمْنَمُ مِنَ الجِدارِ الداخِلِيِّ

daffodil *n.* زَهْرَةُ النَّرْجِسِ البَرِّيِّ

daft *adj.* مُغَفَّلٌ؛ أحْمَقُ. سَخيفٌ. مَجْنونٌ

dagger *n.* خَنْجَرٌ

look —s يَنْظُرُ بِعِدائِيَّةٍ إلى

dahlia *n.* زَهْرَةُ الدَهْلِيَةِ أوِ الأضالِيَةِ

daily *adj.; n.; adv.* يَوْمِيٌّ (عَمَلٌ) // صَحيفَةٌ يَوْمِيَّةٌ. خادِمَةٌ // يَوْمِيًّا؛ كُلَّ يَوْمٍ

dainty *adj.; n.* فاخِرٌ. أنيقٌ (إناءٌ). لَذيذٌ؛ شَهِيٌّ (طَعامٌ). مُتَطَلِّبٌ؛ صَعْبٌ؛ عَسيرٌ // قِطْعَةُ حَلْوى لَذيذَةٌ؛ طَعامٌ لَذيذٌ

dairy *n.* مَعْمَلُ أو مَتْجَرُ ألْبانٍ؛ صِناعَةُ الألْبانِ

dais *n.* (*pl.* **-es**) مِنَصَّةٌ (في قاعَةِ صَفٍّ)؛ مِنْبَرٌ

daisy *n.; adj.* زَهْرُ اللُؤْلُؤِ؛ زَهْرَةُ الأُقْحُوانِ // مُمْتازٌ؛ مِنَ الطِرازِ الأوَّلِ

dale *n.* وادٍ صَغيرٌ

dalliance *n.* عَبَثٌ. تَوانٍ؛ تَلَكُّؤٌ. مُزاحٌ؛ مُداعَبَةٌ

dally *vi.* يَعْبَثُ. يَتَوانى؛ يَتَلَكَّأُ. يَمْزَحُ. يُداعِبُ

dam *n.; vt.* سَدٌّ لِلمياهِ؛ خَزّانٌ. أُمٌّ (لِلْحَيَوانِ وَبِالأخَصِّ الماشِيَةِ) // يُقيمُ سَدًّا. يَكْبَحُ؛ يَضْبُطُ

damage *n.; vt.* أذًى؛ ضَرَرٌ. *pl.* تَعْويضاتٌ // يُضِرُّ؛ يُلْحِقُ ضَرَرًا بِـ؛ يُؤْذي

damask *n.* دِمَقْسٌ: نَسيجٌ مُشَجَّرٌ

damask rose *n.* الوَرْدُ الدِّمَشْقِيُّ

dame *n.* سَيِّدَةٌ؛ إمْرَأَةٌ ذاتُ مَقامٍ رَفيعٍ

damn *vt.; n.; adj.* يَحْكُمُ (اللهُ) بالهَلاكِ عَلى. يَدينُ. يَلْعَنُ. يَعيبُ // شَيْءٌ تافِهٌ // مَلْعونٌ. مَكْروهٌ

not give a — غَيْرُ مُبالٍ بِـ

damned *adj.* لَعينٌ. مَمْقوتٌ. مُسْتَحِقٌّ الهَلاكَ

damp *adj.; vt.* رَطْبٌ. كَئيبٌ؛ مُحَطَّمٌ // يُرَطِّبُ. يُثَبِّطُ أو يُبَرِّدُ الهِمَّةَ. يُسَبِّبُ الكَآبَةَ

dampen *vt.* يُسَبِّبُ الكَآبَةَ. يُثَبِّطُ العَزْمَ

damper *n.* ما أو مَنْ يُبَرِّدُ الهِمَّةَ؛ مُثَبِّطٌ. مِطْفَأَةٌ

damsel *n.* فَتاةٌ؛ آنِسَةٌ

damson *n.* ثَمَرَةُ الخَوْخِ

dance *n.; vi.; t.* رَقْصٌ. حَفْلٌ راقِصٌ. فَنُّ الرَقْصِ // يَرْقُصُ / يُؤَدّي رَقْصَةً مُعَيَّنَةً

dancer *n.* الراقِصُ. الراقِصَةُ

dandelion *n.* الهِنْدَباءُ البَرِّيَّةُ (نَبْتَةٌ)

dandle *vt.* يُدَلِّلُ (طِفْلاً)

dandruff *n.* قِشْرَةُ الرَّأْسِ

dandy *n.* غَنْدورٌ؛ شابٌّ مُتَأَنِّقٌ

danger *n.* خَطَرٌ

in — of عُرْضَةٌ لِـ

dangerous *adj.* خَطِرٌ (مَرَضٌ، أفْعى)

dangle *vi.; t.* يَتَدَلّى. يَتَمايَلُ / يُدَلّي؛ يُعَلِّقُ

Danish *adj. & n.* دانِمَرْكِيٌّ

dank *adj.* رَطْبٌ وَبارِدٌ (قَبْوٌ، كَهْفٌ)
dapper *adj.* أنيقٌ. صَغيرٌ وَرَشيقٌ
dapple *vt.; adj.* يُرَقِّطُ؛ يُنَقِّطُ بِألوانٍ مُخْتَلِفَةٍ // مُرَقَّطٌ؛ مُنَقَّطٌ بِألْوانٍ مُخْتَلِفَةٍ
dare *vt.; i.irr.; n.* يَتَحَدّى. يَخوضُ (الأخْطارَ) / يَتجرَّأُ؛ يَتجاسَرُ // تَحَدٍّ. جُرْأَةٌ؛ جَسارَةٌ
I — say! مِنَ المُحْتَمَلِ؛ على الأرْجَحِ
daredevil *n. & adj.* مُتَهوِّرٌ؛ جريءٌ
daring *adj.; n.* جَريءٌ؛ مِقْدامٌ // جُرْأةٌ؛ إقْدامٌ
dark *adj.; n.* مُظْلِمٌ. أسْمَرُ. شِرّيرٌ (هَدَفٌ). غامِضٌ؛ خَفيٌّ. كَئيبٌ // ظَلامٌ. لَيْلٌ. جَهْلٌ. غُموضٌ
darken *vt.; i.* يُظْلِمُ (الغَيْمُ النَّهارَ). يُسَمِّرُ. يُحْزِنُ؛ يُغْضِبُ / يَكْفَهِرُّ. يَسْوَدُّ (السَّماءُ). يَكْتَئِبُ
darkness *n.* ظُلْمَةٌ. سُمْرَةُ (البَشَرَةِ). غُموضٌ
darling *n. & adj.* عَزيزٌ؛ حَبيبٌ
darn *n.; vt. & i.* رَتْقٌ؛ رَتْيٌ. مَوْضِعٌ مَرْتوقٌ // يَرْفأُ؛ يَرْتُقُ
dart *n.; vt.; i.* وَثْبَةٌ مُباغِتَةٌ. سَهْمٌ صَغيرٌ. إبْرَةٌ؛ حُمَةٌ // يَرْمي أو يَرْشُقُ بِـ / يَنْدَفِعُ كالسَّهْمِ
dash *n.; vt.; i.* وَثْبَةٌ مُباغِتَةٌ. صَوْتُ تَلاطُمِ (الأمْواجِ). ضَرْبَةٌ عَنيفَةٌ. كَمِّيَّةٌ ضَئيلَةٌ. خَطُّ وَصْلٍ (بَيْنَ كَلِمَتَيْنِ) // يَقْذِفُ بِعُنْفٍ. يُحَطِّمُ. يَمْزُجُ. يُحْبِطُ (الأمَلَ) / يَهُبُّ للنَّجْدَةِ؛ يَنْدَفِعُ. يَتَحَطَّمُ
dashboard *n.* لَوْحَةُ قِيادَةِ (الطائِرَةِ أو السَّيّارَةِ)
dashing *adj.* مُنْدَفِعٌ؛ مَليءٌ بِالحَياةِ. أنيقٌ؛ مُلْفِتٌ
dastard *n.* جَبانٌ؛ خَسيسٌ
data *n.* (*pl.* of **datum**) مُعْطَياتٌ؛ مَعْلوماتٌ
date *n.; vt.; i.* تاريخٌ. مَوْعِدٌ. زَمَنٌ. بَلَحٌ؛ تَمْرٌ // يُؤَرِّخُ (رِسالَةً). يُحَدِّدُ تاريخَ (حَدَثٍ) / يَرْقى تاريخُهُ إلى. يَتَجاوَزُهُ الزَّمَنُ
out of — عَتيقٌ؛ بالٍ؛ تَجاوَزَهُ الزَمَنُ
to — حَتّى الآنَ
up to — مُواكِبٌ لِلْمُسْتَجِدّاتِ
dateless *adj.* بِدونِ تاريخٍ. غَيْرُ مَحْدودٍ
date palm *n.* شَجَرَةُ النَّخيلِ
datum *n.* (*sing.* of **data**)
daub *vt.; n.* يُلَوِّثُ؛ يُلَطِّخُ (بِالدِّهانِ أو الطّينِ). يَرْسُمُ بِلا إتْقانٍ (لَوْحَةً زَيْتِيَّةً) // خَرْبَشَةٌ. لَوْحَةٌ زَيْتِيَّةٌ غَيْرُ مُتْقَنَةٍ. قِشْرَةٌ (كِلْسِيَّةٌ)
daughter *n.* إبْنَةٌ
daughter-in-law *n.* الكَنَّةُ: زَوْجَةُ الإبْنِ
daunt *vt.* يُهَوِّلُ على؛ يُرْعِبُ. يُثَبِّطُ العَزيمَةَ
dauntless *n.* شُجاعٌ؛ باسِلٌ؛ مِقْدامٌ (جُنْديٌّ)
davit *n.* مِرْفاعٌ: أحَدُ الذِراعَيْنِ عَلى جانِبِ السَّفينَةِ لِخَفْضِ المُعَدّاتِ أو رَفْعِها
dawdle *vi.* يَتَباطَأُ؛ يَتَلَكَّأُ. يَلْهو بِوَقْتِهِ
dawn *vi.; n.* يَبْزُغُ (فَجْرٌ). يَظْهَرُ أوْ يَلوحُ (نَجْمٌ في الأُفُقِ) // الفَجْرُ. البَدْءُ
— on *or* upon يَتَّضِحُ
day *n.* نَهارٌ. يَوْمٌ
at the present — في أيّامِنا هَذِهِ
the — after اليَوْمُ التّالي
the — before الأمْسُ؛ اليَوْمُ السّابِقُ
today اليَوْمَ
every dog has his — لا بُدَّ لِلحَظِّ أنْ يَبْتَسِمَ
call it a — يَتَوَقَّفُ أوْ يَصْرِفُ النَّظَرَ عَنْ
— after — بِلا تَوَقُّفٍ؛ بِلا انْقِطاعٍ
— by — تَدْريجيًّا؛ شَيْئًا فَشَيْئًا
daybook *n.* دَفْتَرُ اليَوْمِيّاتِ
dayboy *n.* تِلْميذٌ خارِجيٌّ
daybreak *n.* الفَجْرُ
daydream *n.* حُلْمُ اليَقْظَةِ

111 debit

daylight *n.* ضَوْءُ النَّهارِ

daze *vt.; n.* يَبْهُرُ؛ يُذْهِلُ // ذُهولٌ؛ دَهْشَةٌ

dazzle *vt.* يَبْهُرُ أوْ يَخْطَفُ (البَصَرَ)

deacon *n.* شَمّاسُ (الكَنيسَةِ)

dead *adj.; n.* مَيْتٌ. بِلا حَراكٍ. غَيْرُ مُبالٍ. ضَعيفٌ. فاسِدٌ. بِلا لَمَعانٍ. جامِدٌ // ذُرْوَةٌ. المَيْتُ

— drunk سَكْرانُ طافِحٌ

— loss خَسارَةٌ تامَّةٌ

— march لَحْنُ سَيْرٍ مَأْتَميٌّ؛ لَحْنٌ جَنائِزيٌّ

— stop تَوَقُّفٌ فُجائيٌّ

— weight حِمْلٌ ساكِنٌ (غَيْرُ قابِلٍ لِلتَّغْييرِ)

for a — certainty قَطْعًا؛ بِالتَّأْكيدِ

the — of winter ذُرْوَةُ الشِّتاءِ

dead-beat *adj.* مَنْهوكٌ

deaden *vt.* يُهْمِدُ أوْ يُخْمِدُ (صَوْتًا). يُكِلُّ أوْ يُضْعِفُ

dead-end *n.* طَريقٌ مَسْدودٌ

deadline *n.* المَوْعِدُ الأخيرُ؛ حَدُّ الأَمَدِ

deadlock *n.* مَأْزِقٌ حَرِجٌ؛ وَرْطَةٌ؛ مُشْكِلَةٌ مُسْتَعْصِيَةٌ

deadly *adj.* قاتِلٌ؛ مُميتٌ. مُضْجِرٌ؛ مُمِلٌّ

deaf *adj.* أَطْرَشُ؛ أَصَمُّ. غَيْرُ مُبالٍ

deafen *vt.* يُصِمُّ؛ يُفْقِدُ السَّمْعَ (ضَجَّةٌ)

deaf-mute *n.* أَصَمُّ أَبْكَمُ

deafness *n.* صَمَمٌ؛ طَرَشٌ

deal *n.; vt.; i.irr.* صَفْقَةٌ؛ عَمَلِيَّةٌ (تِجارِيَّةٌ). مُعامَلَةٌ. تَوْزيعٌ. خَشَبٌ أَبْيَضُ // يُوَزِّعُ. يُوَجِّهُ ضَرْبَةً / يُعالِجُ (مُشْكِلَةً). يَتَناوَلُ بِالبَحْثِ. يَتَّجِرُ بِـ

— with يَتَعامَلُ مَعَ

great *or* good — كَمِّيَّةٌ كَبيرَةٌ

dealer *n.* تاجِرٌ. مُوَزِّعُ (وَرَقِ اللَّعِبِ)

dealing *n.* تَعامُلٌ. تَصَرُّفٌ؛ سُلوكٌ. *pl.* صَفَقاتٌ أوْ عَلاقاتٌ تِجارِيَّةٌ

dean *n.* عَميدُ (كُلِّيَّةٍ، السِّلْكِ الدِّبْلوماسيِّ)

dear *adj.; n.* عَزيزٌ. ثَمينٌ؛ غالٍ. جَميلٌ // عَزيزٌ؛ حَبيبٌ

— to his heart عَزيزٌ عَلى قَلْبِهِ

Oh —!; — me! تُلْفَظُ تَعْبيرًا عَنِ الدَّهْشَةِ أوِ الفَزَعِ (يا إِلٰهي!)

dearly *adv.* بِحَنانٍ؛ بِرِقَّةٍ

dearth *n.* قَحْطٌ؛ جَدْبٌ. نَقْصٌ (في الأفْكارِ)

death *n.* مَوْتٌ؛ وَفاةٌ. نِهايَةٌ. جَريمَةٌ

at —'s door عَلى مَشارِفِ المَوْتِ

put to — يَقْتُلُ

death duty *n.* ضَريبَةُ الإرْثِ

deathly *adj.* مُميتٌ. شَبيهٌ بِالمَوْتِ

death rate *n.* مُعَدَّلُ الوَفَيَاتِ

death rattle *n.* حَشْرَجَةُ المَوْتِ

death throes *n.* إحْتِضارٌ؛ نِزاعٌ

debacle *n.* نَكْبَةٌ. إنْهيارٌ. هَزيمَةٌ

debar *vt.* يُقْصي؛ يُبْعِدُ؛ يَحْرِمُ؛ يَمْنَعُ مِن

debase *vt.* يُخَفِّضُ؛ يَحُطُّ. يُنْغِلُ؛ يُفْسِدُ. يَغُشُّ (دَواءً)؛ يُزَيِّفُ (عُمْلَةً)

debatable *adj.* قابِلٌ لِلْمُناقَشَةِ. مَوْضِعُ نِزاعٍ

debate *n.; vt.; i.* نِقاشٌ؛ مُناقَشَةٌ. جِدالٌ؛ مُجادَلَةٌ // يُجادِلُ. يُناقِشُ في (شُروطِ اتِّفاقٍ) / يَتَفاوَضُ. يَتَداوَلُ؛ يَتَشاوَرُ (القُضاةُ). يُنازِعُ

debauch *n.; vt.* خَلاعَةٌ؛ تَهَتُّكٌ؛ إنْغِماسٌ في المَلَذّاتِ // يُفْسِدُ؛ يُحَرِّضُ عَلى الخَلاعَةِ. يُغْوي

debilitate *vt.* يُضْعِفُ؛ يُوهِنُ

debility *n.* ضُعْفٌ؛ وَهَنٌ؛ هُزالٌ

debit *vt.; n.* يُقَيِّدُ عَلى حِسابِ فُلانٍ؛ يُقَيِّدُ عَلى فُلانٍ في حِسابِهِ (مَبْلَغًا) // المَطْلوبُ مِنْهُ؛ المَدْيونِيَّةُ. الجانِبُ المَدينُ

debonair *adj.* مَرِحٌ (رَجُلٌ). أنيقٌ (إمْرَأةٌ)
debouch *vi.* يَنْفُذُ إلى (شارعٍ إلى جادَّةٍ)؛ يَصِبُّ في (قَناةٍ في النَّهرِ)
debris *or* **débris** *n.* حُطامٌ؛ أنْقاضٌ؛ رَدْمٌ
debt *n.* دَيْنٌ؛ ذِمَّةٌ. واجِبٌ
debtor *n.* مَدينٌ؛ مَدْيونٌ
debut *n.* بِدايَةٌ: الظُّهورُ الأوَّلُ أمامَ الجُمْهورِ لِـ (مُمَثِّلٍ، موسيقارٍ)
debutante *n.* مُبْتَدِئَةٌ: فَتاةٌ تَظْهَرُ لِلمَرَّةِ الأولى في حَفْلِ تَعارُفٍ
decade *n.* عَقْدٌ: عَشْرُ سَنواتٍ مُتَتالِيَةٍ
decadence *n.* إنْحِطاطٌ (أخْلاقِيٌّ)؛ إنْحِلالٌ
decadent *adj.* مُنْحَطٌّ (أخْلاقِيًّا)؛ مُتَفَسِّخٌ
decamp *vi.* يَطْوي المُخَيَّمَ؛ يَرْتَحِلُ (جَيْشٌ). يَذْهَبُ فَجْأَةً. يَهْرُبُ؛ يَفِرُّ
decant *vt.* يُصَفِّي (شَرابًا). يَسْكُبُ؛ يَصُبُّ
decanter *n.* غَرّافَةٌ؛ قِنّينَةٌ (مِنْ بِلَّورٍ لِلْخَمْرِ)
decapitate *vt.* يَقْطَعُ رَأْسًا؛ يَضْرِبُ عُنُقًا
decay *n.; vi.* تَفَسُّخٌ؛ إنْحِلالٌ (ثِمارٍ). تَعَفُّنٌ. تَسَوُّسُ (الأسْنانِ) // يَضْعُفُ؛ يَنْحَطُّ؛ يَضْمَحِلُّ؛ يَتَلاشى تَدْريجيًّا. يَذْبُلُ (نَباتٌ)؛ يَذْوي. يَتَسَوَّسُ
decease *n.; vi.* وَفاةٌ؛ مَوْتٌ // يَموتُ؛ يَتَوَفّى
deceased *adj.; n.* مُتَوَفّى؛ مَيْتٌ // الفَقيدُ؛ المَيْتُ
deceit *n.* خِداعٌ؛ غِشٌّ؛ إحْتِيالٌ؛ دَهاءٌ
deceitful *adj.* خَدّاعٌ (مَظْهَرٌ)؛ مُضَلِّلٌ (خِطابٌ)
deceive *vt.* يَخْدَعُ؛ يُضَلِّلُ. يُخَيِّبُ (الآمالَ)
decelerate *vt.; i.* يُبَطِّئُ أو يُخَفِّفُ (سَيْرَهُ، النَّزيفَ) / يَتَباطَأُ (نَبَضاتُ قَلْبٍ)؛ يُخَفِّفُ السُّرْعَةَ
December *n.* كانونُ الأوَّلُ؛ ديسَمْبِر (شَهْرٌ شَمْسِيٌّ)

decency *n.* حِشْمَةٌ. آدابُ السُّلوكِ؛ لِياقَةٌ
decennial *adj.* عَشْرِيٌّ؛ مُدَّتُهُ عَشْرُ سَنَواتٍ (وَظيفَةٌ). يَقَعُ كُلَّ عَشْرِ سَنَواتٍ
decent *adj.* مُهَذَّبٌ أوْ مُحْتَرَمٌ (عائِلَةٌ). مُناسِبٌ أوْ مُلائِمٌ (أجْرٌ). نَظيفٌ (سُلوكٌ). مُحْتَشِمٌ (ثَوْبٌ)
decentralization *n.* لا مَرْكَزِيَّةُ (السُّلْطَةِ، الصِّناعَةِ). تَفْريقٌ أوْ تَوْزيعٌ (صِناعاتٍ، سُكّانٍ)
decentralize *vt.* يُلْغي أوْ يُبْطِلُ مَرْكَزِيَّةَ (سُلْطَةٍ). يُوَزِّعُ؛ يُفَرِّقُ (صِناعاتٍ، سُكّانًا)
deception *n.* خِداعٌ؛ غِشٌّ (في الإنْتِخاباتِ)
deceptive *adj.* خَدّاعٌ (مَظْهَرٌ)؛ مُضَلِّلٌ (خِطابٌ)
decide *vt.* يُقَرِّرُ؛ يُصَمِّمُ أوْ يُزْمِعُ عَلى (البَقاءِ). يَحْكُمُ بِـ؛ يَفْصِلُ في (خِلافٍ)
decided *adj.* ثابِتٌ أوْ راسِخٌ. عازِمٌ أوْ مُصَمِّمٌ عَلى
decimal *adj.; n.* عُشْرِيٌّ // كَسْرٌ عُشْرِيٌّ
decimate *vt.* يُهْلِكُ أو يَفْتِكُ بِعَدَدٍ كَبيرٍ
decipher *vt.* يُوَضِّحُ أو يَسْتَجْلي (مَعْنًى غامِضًا). يَحُلُّ رُموزَ (نَصٍّ)
decision *n.* قَرارٌ؛ حُكْمٌ. عَزْمٌ؛ تَصْميمٌ. ثَباتٌ
decisive *adj.* فاصِلٌ (حُكْمٌ)؛ قاطِعٌ (حُجَّةٌ)
deck *n.; vt.* سَطْحُ سَفينَةٍ. مَكانٌ لِلْوُقوفِ (في باص) // يُزَيِّنُ؛ يُزَخْرِفُ. يُزَوِّدُ (المَرْكَبَ) بِظَهْرٍ
clear the —s يَسْتَعِدُّ لِلقِيامِ بِعَمَلٍ ما
deck chair *n.* كُرْسِيٌّ طَويلٌ قابِلٌ لِلطَّيِّ
declaim *vt. & i.* يَتَحَدَّثُ بِصَوْتٍ عالٍ وَبَلاغَةٍ. يُلْقي قَصيدَةً بِبَلاغَةٍ
— against يَحْتَجُّ عَلانِيَةً وَبِصَوْتٍ عالٍ
declamation *n.* خِطابٌ مُفَخَّمٌ أوِ انْفِعالِيٌّ
declamatory *adj.* مُفَخَّمٌ (نَبْرَةٌ)
declaration *n.* تَصْريحٌ؛ إفادَةٌ (شاهِدٍ)؛ بَيانٌ؛ تَبْليغٌ (عَنْ وِلادَةٍ)؛ إعْلانُ (مَبادِئَ)

decrepit *adj.* هَرِمٌ؛ عاجِزٌ. خَرِبٌ؛ مُتْلَفٌ

decry *vt.* يُنَدِّدُ بِـ؛ يَنْتَقِصُ؛ يُعَيِّبُ (فُلانًا)

dedicate *vt.* يُكَرِّسُ (وَقْتَهُ لِلدَّرْسِ). يُهدي (كِتابًا إلى فُلانٍ). يُخَصِّصُ (مَذْبَحًا لِقِدّيسٍ)

dedication *n.* تَكْريسٌ. إهْداءٌ؛ تَقْدِمَةٌ. تَخْصيصٌ

deduce *vt.* يَسْتَنْبِطُ؛ يَسْتَخْلِصُ (نَتائِجَ)؛ يَسْتَنْتِجُ

deduct *vt.* يَقْتَطِعُ؛ يَحْسِمُ؛ يَخْصِمُ (نَفَقاتٍ)

deduction *n.* إقْتِطاعُ (مَبالِغَ)؛ حَسْمٌ؛ خَصْمٌ. إسْتِنْتاجٌ؛ إسْتِنْباطٌ

deed *n.* عَمَلٌ. مَأْثُرَةٌ. سَنَدٌ؛ صَكٌّ

deem *vt.* يَعْتَبِرُ أوْ يَعُدُّ (فُلانًا مُقَصِّرًا)

deep *adj.; n.* عَميقٌ (بِرْكَةٌ، مُناقَشَةٌ). شَديدٌ؛ مُتَناهٍ (سَعادَةٌ). قاتِمٌ؛ غامِقٌ (لَوْنٌ). مُنْخَفِضٌ (صَوْتٌ). غامِضٌ // مَكانٌ عَميقٌ. ذُرْوَةُ (الشِّتاءِ)

— down في الحَقيقَةِ

go off the — end يَسْتَشيطُ غَضَبًا

in — water عالِقٌ في مَأْزِقٍ

the — المُحيطُ (في لُغَةِ الشِّعْرِ)

deepen *vt.; i.* يُعَمِّقُ (قَناةً) / يَعْمُقُ

deep-freeze *n.* ثَلاّجَةٌ؛ بَرّادٌ (بِحَرارَةٍ مُنْخَفِضَةٍ)

deep-rooted *adj.* مُتَأَصِّلٌ (وَطَنِيَّةٌ)

deep-seated *adj.* راسِخٌ (خَوْفٌ)

deer *n.* أيِّلٌ: حَيَوانٌ لَبونٌ

deface *vt.* يُشَوِّهُ؛ يُفْسِدُ

defalcation *n.* إخْتِلاسُ الأمانَةِ

defamation *n.* قَدْحٌ؛ ذَمٌّ؛ تَشْهيرٌ؛ فَضْحٌ

defame *vt.* يَقْدَحُ في؛ يَذُمُّ؛ يُشَهِّرُ؛ يَفْضَحُ

default *n.* تَخَلُّفٌ عَنِ الحُضورِ (أمامَ المَحْكَمَةِ). تَغَيُّبٌ. نَقْصٌ؛ فُقْدانٌ

defeat *n.; vt.* هَزيمَةٌ. إبْطالُ (عَقْدٍ) // يَغْلِبُ؛ يَهْزِمُ. يُبْطِلُ (عَقْدًا)

declare *vt.; i.* يُعْلِنُ (الحَرْبَ). يُصَرِّحُ بِـ. يَكْشِفُ عَنْ (نَواياهُ). يُظْهِرُ. يُؤَكِّدُ. يوضِحُ / يُدْلي بِرَأْيِهِ (في مَسْأَلَةٍ). يُعْلِنُ تَأْييدَهُ لِـ (مُرَشَّحٍ)

declared *adj.* مُعْلَنٌ؛ مُصَرَّحٌ بِهِ

declension *n.* تَصْريفُ الأسْماءِ. إنْحِدارٌ

declination *n.* إنْحِرافٌ. إنْحِطاطٌ. رَفْضٌ رَسْمِيٌّ

decline *vt.; i.; n.* يَرْفُضُ (دَعْوَةً). يَحْني (الرَّأْسَ) / يَضِلُّ. يَتَضاءَلُ (الطَّلَبُ). يَنْحَطُّ؛ يَسوءُ (صِحَّةٌ). يَنْحَدِرُ // إنْحِطاطٌ؛ تَضاؤُلُ (قِوًى). إنْحِدارٌ

decode *vt.* يَحُلُّ أوْ يَفُكُّ رُموزَ (رِسالَةٍ)

decompose *vt.; i.* يَحُلُّ (مادَّةً). يُفْسِدُ اللَّحْمَ / يَتَفَسَّخُ؛ يَتَحَلَّلُ. يَفْسُدُ

decomposition *n.* تَفَسُّخٌ؛ تَحَلُّلُ (جُثَّةٍ). فَسادٌ

decompress *vt.* يُخَفِّضُ الضَّغْطَ. يُزيلُ الضَّغْطَ

decompression *n.* تَخْفيضُ أو إزالَةُ الضَّغْطِ

decontaminate *vt.* يُطَهِّرُ (غُرْفَةً، جُرْحًا)

decontrol *vt.; n.* يُزيلُ الرَّقابَةَ الرَّسْمِيَّةَ عَنْ. يُحَرِّرُ (الأسْعارَ) // تَحْريرٌ؛ رَفْعُ الرَّقابَةِ عَنْ

decorate *vt.* يُنَمِّقُ؛ يُزَوِّقُ (شِقَّةَ سَكَنٍ)؛ يُزَخْرِفُ. يُزَيِّنُ. يُقَلِّدُ وِسامًا

decoration *n.* تَنْميقٌ؛ تَزْويقٌ؛ زَخْرَفَةٌ. وِسامٌ

decorator *n.* مُزَوِّقٌ؛ مُزَخْرِفٌ

decorous *adj.* لائِقٌ؛ حَسَنُ التَصَرُّفِ

decorum *n.* لِياقَةٌ. *pl.* آدابُ السُّلوكِ؛ أُصولٌ

decoy *vt.; n.* يَخْدَعُ؛ يُغْوي؛ يوقِعُ في الشَّرَكِ // فَخٌّ؛ شَرَكٌ؛ مِصْيَدَةٌ. خُدْعَةٌ

decrease *n.; vt.; i.* نَقْصٌ أوِ انْخِفاضُ (مَنْسوبِ النَّهْرِ). الكَمِّيَّةُ النّاقِصَةُ // يُقَلِّلُ أوْ يُخَفِّضُ (ثَمَنَ السِّلْعَةِ) / يَنْقُصُ أوْ يَقِلُّ (ماءُ النَّهْرِ)

decree *n.; vt.* مَرْسومٌ؛ قَرارٌ. حُكْمٌ (بِالطَّلاقِ) // يُصْدِرُ مَرْسومًا؛ يُقَرِّرُ. يَحْكُمُ بِـ

defeatism *n.* إنْهِزامِيَّةٌ
defect *n.* عَيْبٌ؛ نَقْصٌ؛ خَلَلٌ؛ قُصورٌ
defection *n.* إرْتِدادٌ؛ تَخَلٍّ عَنْ (حِزْبٍ، مَبادِئَ)
defective *adj.* ناقِصٌ أوْ مَعيبٌ (قانونٌ). مُتَخَلِّفٌ
defence *n.* دِفاعٌ عَن؛ حِمايَةٌ؛ ذَوْدٌ عَنْ (حِياضِ الوَطَنِ). الدِّفاعُ (أمامَ القَضاءِ)
defend *vt.* يَحْمي (الصِّناعَةَ الوَطَنِيَّةَ)؛ يَذودُ عَنْ (حِياضِ الوَطَنِ). يُدافِعُ عَنْ (مُتَّهَمٍ)
defendant *n.* مُدَّعًى عَلَيْهِ؛ مُتَّهَمٌ
defense *n.* see **defence**
defensible *adj.* مُمْكِنُ الدِّفاعُ عَنْهُ (مَوْقِعٌ، رَأْيٌ)
defensive *adj.; n.* دِفاعِيٌّ // دِفاعٌ (مُنَظَّمٌ)
  on the — في حالَةِ الدِّفاعِ
defer *vt.* يُؤَجِّلُ. يُرْجِئُ. يُذْعِنُ لِـ (أوامِرِ فُلانٍ)؛ يَمْتَثِلُ لِـ؛ يَنْزِلُ عِنْدَ (رَأْيِ أو رَغْبَةِ فُلانٍ)
deference *n.* إحْتِرامٌ؛ إعْتِبارٌ. إذْعانٌ؛ إمْتِثالٌ
deferment; deferral *n.* تَأْجيلٌ؛ إرْجاءٌ (سَفَرٍ)
defiance *n.* تَحَدٍّ. مُقاوَمَةُ (الإسْتِبْدادِ)
defiant *adj.* يَمْتازُ بِالجُرْأَةِ أوِ التَّحَدّي (مَوْقِفٌ)
deficiency *n.* نَقْصٌ في (المَخْزونِ)
deficient *adj.* غَيْرُ كافٍ؛ ناقِصٌ (مَوارِدُ)
deficit *n.* عَجْزٌ (في ميزانِيَّةٍ)
defile *n.; vt.; i.* مَمَرٌّ ضَيِّقٌ. مَوْكِبُ (جُنودٍ). تَلَوُّثٌ // يُلَوِّثُ؛ يُلَطِّخُ (ثِيابَهُ). يُدَنِّسُ (عِرْضَهُ). يُشَوِّهُ (سُمْعَتَهُ) / يَتَتابَعُ (الجُنْدُ)؛ يَسيرون أرْتالاً
define *vt.* يُحَدِّدُ (مَعْنى كَلِمَةٍ). يَصِفُ
definite *adj.* مُحَدَّدٌ؛ مُعَيَّنٌ؛ واضِحٌ. مُؤَكَّدٌ
definitely *adv.* قَطْعًا؛ حَتْمًا. بِصورَةٍ واضِحَةٍ
definition *n.* تَحْديدٌ؛ تَعْريفٌ. وَصْفٌ
definitive *adj.* حاسِمٌ (قَرارٌ). مُحَدَّدٌ
deflate *vt.* يُفْرِغُ مِنَ الهَواءِ أوِ الغازِ (إطارًا). يُخَفِّضُ (الأسْعارَ)
deflation *n.* إفْراغٌ مِنَ الهَواءِ أوِ الغازِ. إنْكِماشٌ (نَقْصُ تَداولِ النَّقْدِ)
deflect *vt.; i.* يُغَيِّرُ الإتِّجاهَ / يَحيدُ عَن؛ يَنْحَرِفُ
deflection *n.* إنْحِرافُ (قَذيفَةٍ، شُعاعٍ ضَوْئِيٍّ)
deforest *vt.* يُزيلُ أشْجارَ (أرْضٍ)
deforestation *n.* إزالَةُ أشْجارِ (أرْضٍ)
deform *vt.* يُشَوِّهُ (وَجْهًا، تِمْثالاً)
deformation *n.* تَشْويهٌ
deformed *adj.* مُشَوَّهٌ. مُنْحَرِفٌ (أخْلاقِيًّا)
deformity *n.* تَشَوُّهٌ. خَلَلٌ (عَقْلِيٌّ أوْ أخْلاقِيٌّ)
defraud *vt.* يَغُشُّ (الجُمْرُكَ). يَخْدَعُ (دائِنيهِ)
defray *vt.* يَدْفَعُ؛ يَتَحَمَّلُ نَفَقاتِ (فُلانٍ)
deft *adj.* ماهِرٌ؛ حاذِقٌ؛ بارِعٌ؛ رَشيقٌ
defunct *n.* مُتَوَفًّى؛ مَيْتٌ. مُعَطَّلٌ؛ غَيْرُ صالِحٍ
defy *vt.* يَتَحَدّى. يَدْعو إلى المُبارَزَةِ (فُلانًا)
degeneracy *n.* تَنَكُّسٌ؛ تَدَنُّؤُ (جَسَدٍ). إنْحِطاطٌ؛ إنْحِلالُ (أخْلاقٍ)
degenerate *adj. & n.; vi.* مُتَدَنِّئٌ (جَسَدٌ). مُنْحَطٌّ (أخْلاقٌ) // يَتَنَكَّسُ أوْ يَتَدَنَّأُ (إنْسانٌ، حَيَوانٌ)
degeneration *n.* see **degeneracy**
degradation *n.* تَجْريدٌ مِنَ الرُّتْبَةِ (ضابِطٌ). إنْحِطاطٌ؛ تَدَهْوُرٌ. تَأَكُّلٌ؛ تَحاتٌّ
degrade *vt.* يُجَرِّدُ مِنَ الرُّتْبَةِ (ضابِطًا). يَحُطُّ مِنْ شَأْنِ أحَدِهِم
degree *n.* دَرَجَةٌ. مَرْتَبَةٌ؛ مَقامٌ. نَوْعِيَّةٌ
  university — شَهادَةٌ جامِعِيَّةٌ
  by —s شَيْئًا فَشَيْئًا
deify *vt.* يُؤَلِّهُ
deign *vt. & i.* يَتَكَرَّمُ بِـ؛ يَتَنازَلُ؛ يَتَلَطَّفُ
deity *n.* إلَهٌ. أُلوهِيَّةٌ

deject *vt.* يُنْهِكُ ؛ يُحَطِّمُ . يُثَبِّطُ عَزيمَةَ (فُلانٍ)
dejected *adj.* مَنْهوكٌ ؛ مُحَطَّمٌ . كَئيبٌ ؛ حَزينٌ
dejection *n.* إنْحِطاطٌ ؛ كآبَةٌ . بِرازٌ
delay *n.; vt.; i.* تَأْجيلٌ . تَأْخيرٌ . فَتْرَةٌ فاصِلَةٌ // يُؤَجِّلُ ؛ يُرْجِئُ / يَتَأَخَّرُ
delectation *n.* بَهْجَةٌ ؛ سُرورٌ
delegate *n.; vt.* موفَدٌ ؛ مَنْدوبٌ (إلى مؤْتَمَرٍ) // يوفِدُ ؛ يَنْتَدِبُ ؛ يُفَوِّضُ (سُلْطَتَهُ)
delegation *n.* تَوْكيلٌ ؛ تَفْويضٌ . وَفْدٌ
delete *vt.* يَمْحو ؛ يَشْطُبُ
deletion *n.* شَطْبُ (كَلِمَةٍ) ؛ مَحْوٌ . ما تَمَّ شَطْبُهُ
deliberate *adj.; vi.* مُتَعَمَّدٌ (إهانَةٌ) . مُصَمَّمٌ عَلَيْهِ (مَشْروعٌ) . هادِئٌ ؛ مُتَرَوٍّ // يُمْعِنُ النَظَرَ في (عَمَلٍ) . يَتَداوَلُ ؛ يَتَشاوَرُ . يُفَكِّرُ أَوْ يَتَفَكَّرُ (قَبْلَ القِيامِ بِعَمَلٍ)
deliberation *n.* تَداوُلٌ ؛ تَشاوُرٌ . تَفَكُّرٌ ؛ تَأَنٍّ
delicacy *n.* رِقَّةٌ ؛ نُعومَةٌ . دِقَّةٌ ؛ حَراجَةٌ . لَباقَةُ (الحَديثِ) . رَهافَةُ (الذَّوْقِ) . طَعامٌ فاخِرٌ
delicate *adj.* لَطيفٌ (لَمْسَةُ عازِفٍ) . مُرْهَفُ (شُعورٌ) . دَقيقٌ . فاخِرٌ (طَعامٌ) . ضَعيفُ البِنْيَةِ ؛ نَحيلٌ
delicious *adj.* لَذيذٌ (طَعامٌ) . مُفْرِحٌ (نُكْتَةٌ)
delight *n.; vt.; i.* بَهْجَةٌ ؛ لَذَّةٌ ؛ مُتْعَةٌ ؛ سُرورٌ . مَصْدَرُ ابْتِهاجٍ أَوْ سُرورٍ (الموسيقى) // يُفْرِحُ (خَمْرُ القَلْبَ) ؛ يُبْهِجُ ؛ يُغْبِطُ / يَغْتَبِطُ ؛ يَبْتَهِجُ
delighted *adj.* مُبْتَهِجٌ ؛ مُغْتَبِطٌ
delightful *adj.* مُبْهِجٌ (مَكانٌ) . جَذّابٌ (شَخْصٌ)
delineate *vt.* يَرْسُمُ خُطوطًا كُبْرى . يَصِفُ
delinquency *n.* إجْرامٌ ؛ جُنوحٌ . تَقْصيرٌ ؛ إهْمالٌ . جُنْحَةٌ ؛ ذَنْبٌ
juvenile — جُنوحُ الأَحْداثِ
delinquent *n.* مُرْتَكِبُ جُنْحَةٍ ؛ مُذْنِبٌ . مُقَصِّرٌ
delirious *adj.* هَذَيانِيٌّ (أَفْكارٌ) . جُنونِيٌّ (فَرَحٌ)

delirium *n.* هَذَيانٌ . نَشْوَةٌ
deliver *vt.* يُعْتِقُ ؛ يُنْقِذُ . يُسَلِّمُ (رِسالَةً أَوْ بِضاعَةً) . يُلْقي (خِطابًا) . تَلِدُ (امْرَأَةٌ)
— oneself of يَسْتَفيضُ بِالحَديثِ
deliverance *n.* إعْتاقٌ ؛ تَخْليصٌ . إلْقاءُ (خِطابٍ)
deliverer *n.* مُحَرِّرُ (شَعْبٍ) ؛ مُنْقِذٌ ؛ مُخَلِّصٌ
delivery *n.* تَحْريرٌ ؛ إنْقاذٌ . تَسْليمُ (رِسالَةٍ ، بِضاعَةٍ) . إلْقاءُ (خِطابٍ) . وِلادَةٌ
payment on — الدَّفْعُ عِنْدَ التَّسْليمِ
dell *n.* وَهْدَةٌ ؛ عَقيقٌ ؛ وادٍ صَغيرٌ
delta *n.* رابِعُ الحُروفِ اليونانِيَّةِ . أَرْضٌ مُثَلَّثَةُ الشَّكْلِ
delude *vt.* يَخْدَعُ ؛ يُضَلِّلُ ؛ يَغُشُّ (عُمَلاءَهُ)
deluge *n.; vt.* طوفانٌ . سَيْلٌ أَوْ فَيْضٌ (مِنَ الإحْتِجاجاتِ) // يَفيضُ عَلى ؛ يُغْرِقُ ؛ يَغْمُرُ
delusion *n.* وَهْمٌ . ضَلالٌ
delve *vt. & i.* يوغِلُ في ؛ يَسْبُرُ ؛ يَتَقَصّى . يَنْقُبُ (أَرْضًا) ؛ يَحْفِرُ (بِئْرًا)
demagogue *n.* غَوْغائِيٌّ ؛ دَهْمائِيٌّ ؛ خَطيبٌ شَعْبِيٌّ
demand *n.; vt.* طَلَبٌ أَوِ الْتِماسُ (وَظيفَةٍ) . مَطْلَبٌ . مُطالَبَةٌ . إدِّعاءُ (مُلْكِيَّةٍ) // يَطْلُبُ ؛ يَلْتَمِسُ . يُطالِبُ بِـ . يَتَطَلَّبُ
in — مَطْلوبٌ ؛ شَعْبِيٌّ
on — عِنْدَ الطَّلَبِ
supply & — العَرْضُ وَالطَّلَبُ
demarcate *vt.* يُحَدِّدُ ؛ يَضَعُ حُدودَ (أَرْضٍ)
demarcation *n.* حَدٌّ . تَحْديدُ (أَرْضٍ)
line of — خَطُّ التَّحْديدِ ؛ حَدٌّ فاصِلٌ
demean *vt.* يَتَصَرَّفُ (كَرَجُلٍ شَريفٍ) ؛ يَسْلُكُ (سُلوكًا سَيِّئًا) . يَتَواضَعُ ؛ يَتَذَلَّلُ ؛ يَحُطُّ مِنْ نَفْسِهِ
demeanor *n.* تَصَرُّفٌ ؛ سُلوكٌ
demented *adj.* مَعْتوهٌ ؛ مَجْنونٌ ؛ مُخْتَلُّ العَقْلِ

demerit *n.* خَطأٌ؛ تَقْصيرٌ. عَدَمُ الإسْتِحْقاقِ
demi *prep.* نِصْفُ
demigod *n.* نِصْفُ إلهٍ
demilitarize *vt.* يُجَرِّدُ مِنَ التَسلُّحِ
demise *n.; vt.* مَوْتٌ؛ وَفاةٌ // تَبَدُّدُ (الآمالِ). يُؤَجِّرُ. يوصي بِثَرْوَتِهِ لِـ
— of the crown إنْتِقالُ السُّلْطَةِ
demister *n.* جِهازٌ مُضادٌّ لِلْبُخارِ (في السَيّارَةِ)
demobilization *n.* تَسْريحٌ جُنْديٌّ
demobilize *vt.* يُسَرِّحُ جُنْديًّا
democracy *n.* ديمُقْراطِيَّةٌ: نِظامُ حُكْمِ الشَّعْبِ
democrat *n.* ديمُقْراطِيٌّ: نَصيرُ حُكْمِ الشَّعْبِ
democratic *adj.* ديمُقْراطِيٌّ (نِظامٌ). شَعْبِيٌّ (لُغَةٌ)
demolish *vt.* يَهْدِمُ (بَيْتًا). يُقَوِّضُ (مَذْهَبًا)
demolition *n.* هَدْمٌ (بِنايَةٍ). تَدْميرُ (غَوّاصَةٍ)
demon *n.* شَيْطانٌ؛ عِفْريتٌ. بارِعٌ (في التَزَلُّجِ)
demonstrate *vt.; i.* يُبَرْهِنُ؛ يُثْبِتُ / يَتَظاهَرُ
demonstration *n.* بَرْهَنَةٌ (نَظَرِيَّةٍ رِياضِيَّةٍ)؛ إثْباتُ (حَقيقَةٍ). مُظاهَرَةٌ أوْ تَظاهُرَةٌ (شَعْبِيَّةٌ)
demonstrative *adj.* مُقْنِعٌ؛ قاطِعٌ. إثْباتِيٌّ؛ بُرْهانِيٌّ. طَلِقٌ؛ مُنْفَتِحٌ
demoralize *vt.* يُفْسِدُ أخْلاقَ (الشَّعْبِ). يُضْعِفُ مَعْنَوِيّاتِ (جَيْشٍ)
demote *vt.* يُخَفِّضُ رُتْبَةَ (مُوَظَّفٍ، ضابِطٍ)
demur *n.; vt.* تَرَدُّدٌ؛ حَيْرَةٌ. إعْتِراضٌ؛ مُعارَضَةٌ // يَتَرَدَّدُ؛ يَتَحَيَّرُ. يَعْتَرِضُ عَلى
demure *adj.* رَصينٌ؛ رَزينٌ. مُتَصَنِّعٌ في تَواضُعِهِ
den *n.* مَغارَةٌ؛ كَهْفٌ؛ عَرينٌ (لِلأسَدِ)؛ وَكْرُ (لُصوصٍ). كوخٌ؛ مَسْكِنٌ حَقيرٌ
denationalize *vt.* يُجَرِّدُ مِنَ الجِنْسِيَّةِ. يُلْغي التَأْميمَ (عَنِ الصِناعَةِ)
denial *n.* إنْكارُ (وُجودِ اللهِ). رَفْضٌ
denigrate *vt.* يُسيءُ إلى سُمْعَةٍ؛ يَحُطُّ مِنْ قَدْرٍ
denizen *n.* مُقيمٌ. قاطِنٌ في بَلَدٍ أجْنَبِيٍّ
denominate *vt.* يُسَمّي (شَخْصًا، شَيْئًا)؛ يُلَقِّبُ
denomination *n.* تَسْمِيَةٌ؛ تَلْقيبٌ. طائِفَةٌ؛ ديانَةٌ (كاثوليكِيَّةٌ). فِئَةٌ نَقْدِيَّةٌ
denominational *adj.* دينِيٌّ؛ طائِفِيٌّ؛ مَذْهَبِيٌّ
denominator *n.* مَخْرَجٌ؛ مَقامُ الكَسْرِ (حِسابٌ)
denote *vt.* يَدُلُّ عَلى؛ يُشيرُ إلى. يَعْني
denounce *vt.* يُنَدِّدُ بِـ. يُبَلِّغُ عَنْ. يَنْقُضُ
dense *adj.* كَثيفٌ. مُتَراصٌّ. غَبِيٌّ؛ أبْلَهُ
density *n.* ثِقَلٌ نَوْعِيٌّ. كَثافَةُ (دُخانٍ). غَباوَةٌ
dent *n.; vt.; i.* تَجْويفٌ؛ ثَلْمٌ؛ ثُغْرَةٌ (في الحائِطِ) // يُجَوِّفُ؛ يَبْعَجُ (قُبَّعَةً). يُحَدِّبُ / يَنْبَعِجُ
dental *adj.* خاصٌّ بِالأسْنانِ
— surgeon جَرّاحُ أسْنانٍ
dentifrice *n.* مَعْجونُ أسْنانٍ
dentist *n.* طَبيبُ أسْنانٍ
dentistry *n.* طِبُّ الأسْنانِ
dentitio *n.* الإسْنانُ؛ ظُهورُ الأسْنانِ
denture *n.* طَقْمُ أسْنانٍ إصْطِناعِيَّةٍ
denude *vt.* يُعَرّي (شَجَرَةً)؛ يُجَرِّدُ (عَظْمًا)
denunciate *vt.* see **denounce**
denunciation *n.* شَجْبٌ. إبْلاغٌ عَنْ. نَقْضٌ
deny *vt.* يَنْفي (واقِعَةً)؛ يُنْكِرُ (تَوْقيعَهُ، عائِلَتَهُ). يُحْجِمُ عَنْ (مُساعَدَةِ فُلانٍ). يَجْحَدُ (اللهَ)
depart *vi.* يُغادِرُ؛ يَرْحَلُ عَنْ؛ يَنْصَرِفُ. يَحيدُ عَنْ؛ يَنْحَرِفُ (رَصاصَةٌ). يُقْلِعُ عَنِ (التَدْخينِ)
— this life يَموتُ
departed *adj.* مَيْتٌ؛ مُتَوَفّى. زائِلٌ؛ مُتَلاشٍ
the — *n.* المُتَوَفّى. *pl.* المَوْتى

department *n.* دائِرَةُ (التّاريخ). مَصْلَحَةُ (حِمايَةِ المُسْتَهْلِكِ). مُحافَظَةٌ ؛ مُقاطَعَةٌ
— store مَخْزَنٌ كَبيرٌ
State Department وِزارَةُ الخارِجيَّةِ (في أميركا)
departure *n.* رَحيلٌ. إبْتِعادٌ (عَنِ السِّياسَةِ). إنْحِرافٌ (في التَّصَرُّفاتِ). مَوْتٌ
depend *vi.* يَتَوقَّفُ عَلى. يَعْتَمِدُ عَلى
dependable *adj.* جَديرٌ بِالثِّقَةِ. أَمينٌ (صَديقٌ)
dependence *n.* تابِعيَّةٌ. إعْتِمادٌ ؛ إتِّكالٌ عَلى
dependency *n.* بَلَدٌ تابِعٌ ؛ وِلايَةٌ مُلْحَقَةٌ
dependent *adj.* خاضِعٌ لِـ ؛ تابِعٌ لِـ. عَلى عاتِقِ فُلانٍ ؛ عالَةٌ عَلى فُلانٍ
depict *vt.* يَرْسُمُ (شَخْصًا). يَصِفُ (مَشْهَدًا)
deplete *vt.* يَسْتَنْفِدُ ؛ يَسْتَهْلِكُ ؛ يَسْتَنْزِفُ. يُفْرِغُ
deplorable *adj.* مؤْسِفٌ ؛ يُرْثى لَهُ. سَيِّئٌ (سُلوكٌ)
deplore *vt.* يَرْثي لِـ ؛ يَحْزَنُ عَلى. يَسْتَهْجِنُ
deploy *vt.; i.* يَنْشُرُ (جُنْدًا) / يَنْتَشِرُ (جَيْشٌ)
deponent *n.* المُحَلَّفُ. الشاهِدُ
depopulate *vt.; i.* يُخْلي مِنَ السُّكّانِ (بَلَدًا) / يَخْلو مِنَ السُّكّانِ (بَلَدٌ)
deport *vt.* يَنْفي أَوْ يُبْعِدُ. يَطْرُدُ أَوْ يُرَحِّلُ
— oneself يَتَصَرَّفُ (بِحِكْمَةٍ وَرَوِيَّةٍ)
deportment *n.* تَصَرُّفٌ أَوْ سُلوكٌ (حَميدٌ)
depose *vt.; i.* يُقيلُ أَوْ يَعْزِلُ (وَزيرًا) / يُدْلي بِشَهادَتِهِ ؛ يَشْهَدُ
deposit *n.; vt.* وَديعَةٌ. دَفْعَةٌ. رَهْنٌ ؛ كَفالَةٌ ؛ عُربونٌ. راسِبٌ (مَعْدِنيٌّ) // يودِعُ (شيئًا لِحِسابِهِ). يَدْفَعُ (مَبْلَغًا). يُرَسِّبُ (ثُفْلاً)
depositary *n.* المودَعُ لَدَيْهِ ؛ حافِظُ الوَديعَةِ
deposition *n.* إفادَةٌ ؛ شَهادَةٌ. إيداعٌ. عَزْلُ (مَلِكٍ)
depositor *n.* مودِعٌ
depository *n.* مُسْتَوْدَعٌ ؛ مَخْزَنٌ
depot *n.* مُسْتَوْدَعٌ. مَرْكَزٌ لِتَدْريبِ المُجَنَّدينَ. مَحَطَّةٌ لِلسِّكَكِ الحَديدِيَّةِ
deprave *vt.* يُفْسِدُ (الأَخْلاقَ). يَرْشو (شاهِدًا)
depraved *adj.* فاسِدٌ ؛ مُنْحَطٌّ
depravity *n.* فَسادٌ ؛ إنْحِطاطٌ
deprecate *vt.* يَسْتَنْكِرُ ؛ يَسْتَهْجِنُ. يَسْتَخِفُّ بِـ
deprecative *or* **deprecatory** *adj.* مُعارِضٌ ؛ مُسْتَنْكِرٌ. إعْتِذاريٌّ
depreciate *vt.; i.* يُنَقِّصُ قيمَةَ (شَيْءٍ). يُقَلِّلُ مِن قيمَةِ (فُلانٍ) / تَنْقُصُ (قيمَتُهُ)
depreciation *n.* تَنْقيصٌ مِنْ قيمَةِ (شَيْءٍ). تَقْليلٌ مِنْ قَدْرِ (فُلانٍ) ؛ إنْتِقاصٌ
depredation *n.* سَلْبٌ
depress *vt.* يُرْهِقُ ؛ يُثْقِلُ. يُثَبِّطُ عَزيمَةَ (فُلانٍ) ؛ يُحْزِنُ. يُخَفِّضُ
depressed *adj.* خائِرُ القِوى ؛ مَنْهوكٌ. مُنْخَفِضٌ
depression *n.* هُبوطٌ ؛ إنْخِفاضٌ. إكْتِئابٌ. وَهْنٌ ؛ إنْحِطاطٌ. مُنْخَفَضٌ
economic — رُكودٌ ؛ كَسادٌ إقْتِصاديٌّ
deprivation *n.* حِرْمانٌ أَوْ فِقْدانُ (الحُقوقِ المَدَنِيَّةِ)
deprive *vt.* يَحْرِمُ ؛ يَمْنَعُ مِنْ. يَنْزَعُ اليَدَ
depth *n.* عُمْقُ (بِئْرٍ) ؛ غَوْرُ (بَحْرٍ). أَوْجُ (الصَّيْفِ). حِدَّةُ أَوْ عُمْقُ (شُعورٍ)
out of one's — خارِجٌ عَنْ نِطاقِ قُدُراتِهِ
in — بِدِقَّةٍ تامَّةٍ
depth charge *n.* قُنْبُلَةٌ مائِيَّةٌ ضِدَّ الغَوّاصاتِ
deputation *n.* إنْتِدابُ أَو إيفادُ (شَخْصٍ). وَفْدٌ
depute *vt.* يَنْتَدِبُ ؛ يوفِدُ
deputize *vi.* يَنوبُ عَنْ أَوْ يَحِلُّ مَحَلَّ (زَميلِهِ)
deputy *n.* مَنْدوبٌ ؛ موفَدٌ. نائِبٌ. مُساعِدُ (مُديرٍ)

derail *vi.* يَخْرُجُ عَنِ السِّكَّةِ (قاطِرَةٌ)
derange *vt.* يُغَيِّرُ تَرْتيبَ (كُتُبٍ). يُعَطِّلُ (آلَةً). يُفْقِدُ فُلانًا عَقْلَهُ. يُرْبِكُ
derangement *n.* تَغْييرُ تَرْتيبِ (أَوْراقٍ). تَعَطُّلُ (الهاتِفِ). فَوْضى؛ بَلْبَلَةٌ. إخْتِلالٌ عَقْليٌّ
derelict *adj.* مَتْروكٌ أَوْ مُهْمَلٌ (بَيْتٌ، حَقْلٌ)
deride *vt.* يَسْخَرُ مِنْ؛ يَهْزَأُ مِنْ
derision *n.* سُخْرِيَّةٌ؛ إسْتِهْزاءٌ؛ تَهَكُّمٌ
derisive *adj.* ساخِرٌ؛ إسْتِهْزائِيٌّ؛ تَهَكُّمِيٌّ (لَهْجَةٌ)
derivation *n.* إشْتِقاقٌ. أَصْلٌ أَوْ مَصْدَرُ (كَلِمَةٍ)
derivative *n.* كَلِمَةٌ مُشْتَقَّةٌ. مادَّةٌ مُشْتَقَّةٌ
derive *vt.; i.* يَشْتَقُّ. يَسْتَنْتِجُ / يَتَأَتّى عَنْ؛ يَنْتِجُ مِنْ
derogate *vi.* يَحُطُّ مِنْ قَدْرِ (فُلانٍ). يَتَدَنّى
derogatory *adj.* مُحَقِّرٌ؛ مُحِطٌّ (مِنْ شَأْنِ فُلانٍ)
derrick *n.* رافِعَةٌ؛ مِرْفاعٌ
dervish *n.* دَرْويشٌ
descant *n.; vi.* لَحْنٌ مُسايِرٌ // يُطيلُ؛ يُسْهِبُ
descend *vi.* يَنْزِلُ. يَسْقُطُ. يَنْحَدِرُ. يَنْحَطُّ
  be —ed from يَنْحَدِرُ أَوْ يَتَحَدَّرُ مِنْ (عائِلَةٍ)
  — on/ upon يَنْقَضُّ أَوْ يُقْبِلُ فَجْأَةً على (فُلانٍ)
descendant *or* **descendent** *n.* نازِلٌ. مُنْحَدِرٌ أَوْ مُتَحَدِّرٌ مِنْ (عائِلَةٍ)
descent *n.* نُزولٌ. هُبوطٌ. سُقوطٌ. مُنْحَدَرٌ. أَصْلٌ؛ نَسَبٌ؛ سُلالَةٌ؛ ذُرِّيَّةٌ
describe *vt.* يَصِفُ (بَلَدًا). يَرْسُمُ (دائِرَةً)
description *n.* وَصْفٌ. رَسْمٌ. صِنْفٌ؛ نَوْعٌ
descriptive *adj.* وَصْفِيٌّ (شِعْرٌ). تَصْويرِيٌّ
descry *vt.* يَكْتَشِفُ؛ يُدْرِكُ. يُبْصِرُ؛ يَلْمَحُ
desecrate *vt.* يُدَنِّسُ؛ يَنْتَهِكُ حُرْمَةَ (قَبْرٍ)
desecration *n.* تَدْنيسٌ؛ إنْتِهاكُ حُرْمَةِ (قَبْرٍ)
desert *n.; adj.; vt.; i.* صَحْراءُ؛ بادِيَةٌ. مُعْتَزَلٌ. *pl.* إسْتِحْقاقٌ // مُقْفِرٌ؛ غَيْرُ مَأْهولٍ (جَزيرَةٌ). مُنْعَزِلٌ (قَرْيَةٌ). قاحِلٌ (أَرْضٌ) // يَهْجُرُ (بَيْتَهُ). يَتْرُكُ (صَديقَهُ) / يَفِرُّ (مِنَ الخِدْمَةِ العَسْكَرِيَّةِ)
deserted *adj.* مَهْجورٌ؛ خاوٍ (بَيْتٌ)
deserter *n.* فارٌّ (مِنَ الجُنْدِيَّةِ)
desertion *n.* هَجْرٌ؛ تَرْكٌ. فِرارٌ
deserve *vt.* يَسْتَحِقُّ (جائِزَةً)؛ يَسْتَأْهِلُ؛ يَسْتَوْجِبُ
deserving *adj.* مُسْتَحِقٌّ التَّقْديرَ أَوْ جَديرٌ بِهِ
desiccate *vt.* يُزيلُ الماءَ؛ يُجَفِّفُ (خُضَرًا)
desiccated *adj.* مُجَفَّفٌ (جَوْزُ الهِنْدِ)
design *n.; vt.* مُخَطَّطٌ؛ تَصْميمٌ. مَقْصِدٌ؛ هَدَفٌ. رَسْمٌ. نَموذَجٌ // يَعْتَزِمُ؛ يَنْوي (عَمَلَ شَيْءٍ). يَرْسُمُ. يُخَطِّطُ؛ يُصَمِّمُ
  by — عَنْ قَصْدٍ؛ عَمْدًا
designate *vt.; adj.* يُعَيِّنُ (خَلَفًا). يُسَمّي؛ يُلَقِّبُ. يُشيرُ إلى // مُعَيَّنٌ (وَزيرٌ)
designation *n.* تَعْيينُ (خَلَفٍ). تَسْمِيَةٌ
designer *n.* مُصَمِّمٌ؛ مُبْدِعٌ؛ مُبْتَكِرٌ
designing *adj.; n.* مُخادِعٌ؛ دَسّاسٌ // التَّصْميمُ
desirable *adj.* مَرْغوبٌ فيهِ. مُثيرٌ لِلرَّغْبَةِ أَوِ الشَّهْوَةِ
desire *n.; vt.* رَغْبَةٌ (في النَّجاحِ)؛ تَوْقٌ (إلى المَعْرِفَةِ). إلْتِماسٌ؛ طَلَبٌ. شَهْوَةٌ // يَرْغَبُ في؛ يَتوقُ إلى؛ يَطْلُبُ (العُلى). يَشْتَهي (إمْرَأَةَ القَريبِ)
desirous *adj.* تَوّاقٌ إلى؛ راغِبٌ في
desist *vi.* يَتَوَقَّفُ عَنْ؛ يَكُفُّ عَنْ؛ يَمْتَنِعُ عَنْ
desk *n.* مَكْتَبٌ؛ مِقْرَأٌ. مِنْبَرُ (واعِظٍ)
  information — مَكْتَبُ الإسْتِعْلاماتِ
desolate *adj.* مُقْفِرٌ؛ مَهْجورٌ. مُتَوَحِّدٌ. مُدَمَّرٌ
desolation *n.* أَسًى؛ حُزْنٌ. دَمارٌ؛ خَرابٌ
despair *n.; vi.* يَأْسٌ؛ قُنوطٌ. كَآبَةٌ؛ غَمٌّ // يَقْطَعُ الأَمَلَ. يَيْأَسُ

desperado *n.* يائِسٌ ؛ قانِطٌ . طائِشٌ ؛ مُتَهَوِّرٌ
desperate *adj.* يائِسٌ . مُتَهَوِّرٌ . هائِجٌ . عَنيفٌ
desperation *n.* يَأْسٌ ؛ قُنوطٌ . غَيْظٌ شَديدٌ
despicable *adj.* دَنيءٌ ؛ حَقيرٌ . يَسْتَحِقُّ الإِزْدِراءَ
despise *vt.* يَحْتَقِرُ (الأَغْبياءَ) . يَزْدَري (المالَ)
despite *n.; prep.* إِحْتِقارٌ ؛ إِزْدِراءٌ // بِالرُّغْمِ مِنْ
despoil *vt.* يَسْلُبُ ؛ يَنْهَبُ
despond *vi.* يَقْطَعُ الأَمَلَ ؛ يَيْأَسُ
despondency *n.* خَوَرٌ . يَأْسٌ ؛ قُنوطٌ
despondent *adj.* خائِرُ القِوى ؛ مَنْهوكٌ . مُحَطَّمٌ
despot *n.* مُسْتَبِدٌّ ؛ طاغِيَةٌ ؛ حاكِمٌ مُطْلَقٌ
despotic *adj.* إِسْتِبْداديٌّ (حُكْمٌ) ؛ مُسْتَبِدٌّ (سَيِّدٌ)
despotism *n.* حُكْمٌ مُطْلَقٌ . إِسْتِبْدادٌ ؛ طُغيانٌ
dessert *n.* تَحْلِيَةٌ ؛ حَلْوى أَوْ فاكِهَةٌ
destination *n.* غايَةٌ . مَكانٌ مَقْصودٌ ؛ وُجْهَةٌ
destine *vt.* يُخَصِّصُ (مالَهُ لِشِراءِ بَيْتٍ)
destiny *n.* قَدَرٌ . مَصيرٌ ؛ نَصيبٌ ؛ قِسْمَةٌ
destitute *adj.* خالٍ مِنَ (الشَّجَرِ) ؛ مَحْرومٌ مِنَ (المَواهِبِ) . مُعْوِزٌ ؛ مُحْتاجٌ
destitution *n.* عَوَزٌ ؛ فاقَةٌ . نَقْصٌ
destroy *vt.* يُدَمِّرُ ؛ يُتْلِفُ . يَقْضي عَلى . يَهْزِمُ
destroyer *n.* مُدَمِّرَةٌ : سَفينَةٌ حَرْبِيَّةٌ سَريعَةٌ
destruction *n.* تَدْميرُ (مَدينَةٍ) . إِتْلافُ (نَباتاتٍ)
destructive *adj.* مُدَمِّرٌ ؛ هَدّامٌ . مُهْلِكٌ
desuetude *n.* بُطْلانٌ
desultory *adj.* مُتَقَطِّعٌ ؛ غَيْرُ مُتَرابِطٍ (إِنْشاءٌ) . غَيْرُ مُنْتَظِمٍ . طارِئٌ ؛ عَرَضِيٌّ (لِقاءٌ)
detach *vt.* يَحُلُّ ؛ يَفُكُّ . يَفْصِلُ ؛ يَعْزِلُ
detachable *adj.* قابِلٌ لِلتَّفْكيكِ ؛ قابِلٌ لِلاقْتِطاعِ
detached *adj.* مَفْكوكٌ ؛ مَفْصولٌ . لا مُبالٍ . مُتَجَرِّدٌ ؛ غَيْرُ مُتَحَيِّزٍ
detachment *n.* لا مُبالاةٌ . فَصْلٌ . مُفْرَزَةٌ
detail *n.; vt.* تَفْصيلٌ . جُزْءٌ . نُقْطَةٌ ثانَوِيَّةٌ // يَرْوي بِالتَّفْصيلِ (حِكايَةً) ؛ يُعَدِّدُ (مَحاسِنَ نَصٍّ) . يَخْتارُ (مِغْوارًا) لِمَهَمَّةٍ مُحَدَّدَةٍ
detailed *adj.* مُفَصَّلٌ
detain *vt.* يَمْنَعُ مِنْ ؛ يَعوقُ . يَحْتَجِزُ . يَحْتَفِظُ بِـ
detect *vt.* يُلاحِظُ (سُخْرِيَّةً في كَلامِهِ) . يَكْتَشِفُ
detection *n.* كَشْفٌ أَوِ اكْتِشافُ (جَريمَةٍ ، لُغْمٍ)
detective *n.* مُخْبِرٌ ؛ تَحَرٍّ ؛ شُرْطِيٌّ سِرِّيٌّ
a — story رِوايَةٌ بوليسِيَّةٌ
detention *n.* حَجْزُ (مالِ الغَيْرِ) . سَجْنٌ أَوْ تَوْقيفُ (شَخْصٍ) . حَجْزٌ (في المَدْرَسَةِ)
deter *vt.* يَثْني عَنْ ؛ يَصْرِفُ عَنْ . يَمْنَعُ ؛ يَعوقُ
detergent *n.* مُنَظِّفٌ ؛ مُطَهِّرٌ
deteriorate *vi.* يَتْلَفُ (سِلَعٌ) . يَتَدَهْوَرُ (الصِّحَّةُ)
deterioration *n.* تَلَفٌ ؛ فَسادٌ . تَرَدٍّ ؛ تَدَهْوُرٌ
determination *n.* إِتِّخاذُ قَرارٍ . تَحْديدُ (النَّوْعِيَّةِ) . عَزْمٌ ؛ تَصْميمٌ . حُكْمٌ (قَضائِيٌّ)
determine *vt.; i.* يَحْكُمُ بِـ أَوْ يَبُتُّ في (خِلافٍ) . يُحَدِّدُ أَوْ يُعَيِّنُ (أَسْبابَ حادِثٍ) . يُقَرِّرُ (عَدَمَ الزَّواجِ) / يُقَرِّرُ ؛ يُصَمِّمُ عَلى ؛ يَعْزِمُ عَلى ؛ يُزْمِعُ عَلى
determined *adj.* عازِمٌ عَلى ؛ مُصَمِّمٌ عَلى ؛ مُتَشَبِّثٌ ؛ حازِمٌ
deterrent *adj. & n.* مانِعٌ أَوْ رادِعٌ (إِجْراءٌ)
detest *vt.* يَكْرَهُ ؛ يَبْغُضُ ؛ يَمْقُتُ (النَّميمَةَ)
detestable *adj.* مَمْقوتٌ (طَبْعٌ) ؛ مَكْروهٌ (الشِّرّيرُ)
detestation *n.* كُرْهٌ ؛ بُغْضٌ ؛ مَقْتٌ
dethrone *vt.* يَخْلَعُ عَنِ العَرْشِ
detonate *vt.; i.* يُفَجِّرُ / يَنْفَجِرُ
detonation *n.* تَفَجُّرُ (قُنْبُلَةٍ ، لُغْمٍ) ؛ إِنْفِجارٌ
detonator *n.* مُفَجِّرٌ ؛ صاعِقٌ ؛ شَعيلَةُ الإِنْفِجارِ

detour *n.* إنْحِرافٌ؛ تَحَوُّلٌ (عَنِ الطَّريقِ الرَّئيسيَّةِ)
detract *vt.; i.* يُلْهي عَنْ؛ يُحَوِّلُ عَنْ. يَحُطُّ مِنْ قَدْرِهِ / يُقَلِّلُ أَوْ يَنْتَقِصُ مِن (جَمالِها)
detriment *n.* ضَرَرٌ؛ إجْحافٌ؛ خَسارَةٌ؛ أَذِيَّةٌ
detrimental *adj.* ضارٌّ؛ مُؤْذٍ؛ مُسيءٌ إلى
detritus *n.* حُتاتٌ
deuce *n.* إثْنانِ (في وَرَقِ اللَّعِبِ أوِ النَّرْدِ). التَّعادُلُ (في كُرَةِ المَضْرِبِ). شَيْطانٌ. حَظٌّ سَيِّئٌ
devaluation *n.* إنْقاصُ قيمَةِ النَّقْدِ
devalue *or* **devaluate** *vt.* يُنَقِّصُ قيمَةَ (النَّقْدِ)
devastate *vt.* يُخَرِّبُ؛ يُدَمِّرُ؛ يُتْلِفُ؛ يَفْتِكُ بِـ
devastation *n.* تَخْريبٌ؛ تَدْميرٌ؛ إتْلافٌ
develop *vt.; i.* يُنَمّي أَوْ يُطَوِّرُ (الجِسْمَ). يَتَوَسَّعُ في أَوْ يَشْرَحُ (فِكْرَتَهُ). يُحَمِّضُ أَوْ يُظَهِّرُ (صورَةً) / يَنْمو؛ يَتَرَعْرَعُ
development *n.* نُمُوٌّ أَوْ تَطَوُّرُ (الجِسْمِ). تَنْمِيَةٌ (إقْتِصادِيَّةٌ). تَوْسيعٌ (في مَوْضوعٍ). تَظْهيرُ (صورَةٍ)
deviate *vi.* يَخْتَلِفُ عَنْ. يَحيدُ عَنْ أَوْ يَتَحَوَّلُ عَنْ. يَنْحَرِفُ (عَنْ مَبادِئِهِ)
deviation *n.* إخْتِلافٌ. حَيْدٌ. إنْحِرافٌ
device *n.* جِهازٌ. حيلَةٌ؛ خُدْعَةٌ. شِعارٌ
leave (someone) to his own —s يَتْرُكُ (فُلانًا) يَفْعَلُ ما يَشاءُ
devil *n.; vt.* شَيْطانٌ؛ إبليسُ. شَيْءٌ صَعْبٌ أَوْ مُزْعِجٌ. آلَةٌ ميكانيكيَّةٌ // يَشْوي وَيُفَلْفِلُ. يُزْعِجُ
dare — جَسورٌ
— -may-care طائِشٌ
give the — his due يُقِرُّ بِمَوْهِبَةِ الخَصْمِ
play the — with يَتَسَبَّبُ بِإزْعاجٍ كَبيرٍ
devilish *adj.* شَيْطانيٌّ (حيلَةٌ)؛ جَهَنَّميٌّ (إخْتِراعٌ)
devilment *or* **deviltry** *n.* شَيْطَنَةٌ؛ عَفْرَتَةٌ
devious *adj.* غَيْرُ مُسْتَقيمٍ (طَريقٌ). مُخادِعٌ. شارِدٌ؛ هائِمٌ
devise *vt.* يَخْتَرِعُ. يُدَبِّرُ أَوْ يَحوكُ (مُؤامَرَةً). يورِثُ
devitalize *vt.* يُزيلُ الحَيَوِيَّةَ مِنْ. يُضْعِفُ (الإقْتِصادَ)؛ يُنْهِكُ؛ يوهِنُ
devoid *adj.* خالٍ مِن؛ مُجَرَّدٌ مِن
devolve *vt.; i.* يَنْقُلُ (مَسْؤوليّاتٍ، سُلْطَةً) إلى / يَنْتَقِلُ قانونيًّا إلى (عَقارٌ)؛ يَعْتَمِدُ عَلى
devote *vt.* يَجودُ بِـ؛ يُكَرِّسُ لِـ؛ يُخَصِّصُ لِـ
devoted *adj.* مُتَفانٍ؛ مُخْلِصٌ؛ مُكَرِّسٌ نَفْسَهُ
devotee *n.* تَقِيٌّ؛ وَرِعٌ. شَغِفٌ؛ مُولَعٌ (بِالموسيقى)
devotion *n.* تَقْوى؛ وَرَعٌ. تَفانٍ؛ إخْلاصٌ
devour *vt.* يَنْهَشُ؛ يَفْتَرِسُ؛ يَلْتَهِمُ (الطَّعامَ)
devout *adj.* تَقِيٌّ؛ وَرِعٌ. صادِقٌ (إعْتِرافٌ)
dew *n.* نَدًى؛ طَلٌّ. نَضارَةُ (الشَّبابِ)
dewdrop *n.* قَطْرَةُ نَدى
dewlap *n.* غَبَبٌ أَو غَبْغَبٌ: لَحْمٌ يَتَدَلّى تَحْتَ الحَنَكِ في البَقَرِ والدّيكَةِ وَسِواها
dewy *adj.* نَدِيٌّ؛ مُغَطًّى بِالنَّدى
dexterity *n.* حِذْقٌ؛ بَراعَةٌ؛ مَهارَةٌ؛ خِفَّةٌ
dexterous *adj.* ماهِرٌ (رامٍ)؛ حاذِقٌ (في عَمَلٍ)
diabetes *n.* الدّاءُ السُّكَّرِيُّ؛ مَرَضُ السُّكَّرِ
diabetic *adj.; n.* سُكَّرِيٌّ // مُصابٌ بِالدّاءِ السُّكَّرِيِّ
diabolic(al) *adj.* شَيْطانِيٌّ؛ جَهَنَّمِيٌّ. شاقٌّ
diadem *n.* تاجٌ؛ إكْليلٌ
diagnose *vt.* يُشَخِّصُ (مَرَضًا)
diagnosis *n.* (*pl.* **-noses**) تَشْخيصُ (مَرَضٍ)
diagnostic *adj.* تَشْخيصِيٌّ
diagonal *adj.; n.* مائِلٌ؛ مُنْحَرِفٌ // خَطٌّ قُطْرِيٌّ؛ قُطْرُ (المُرَبَّعِ، المُسْتَطيلِ، المُضَلَّعِ)

diagram *n.* رَسْمٌ بَيانيٌّ. تَخْطيطٌ؛ تَصْميمٌ
diagrammatic *adj.* تَخْطيطيٌّ أَوْ بيانيٌّ (رَسْمٌ)
dial *n.; vt.* وَجْهُ أَوْ ميناءُ (ساعَةٍ). مِرْقَمُ أَوْ قُرْصُ (الهاتِفِ، المِضْغَطِ) // يَطْلُبُ رَقْمًا على الهاتِفِ
sun-— ساعَةٌ شَمْسيَّةٌ؛ مِزْوَلَةٌ
dialect *n.* لَهْجَةٌ مَحَلِّيَّةٌ؛ لُغَةٌ مَحْكيَّةٌ خاصَّةٌ بِمِنْطَقَةٍ أو جَماعَةٍ مُعَيَّنَةٍ
dialectic *n.* الجَدَلُ. المَنْطِقُ
dialog(ue) *n.* حِوارٌ (بَيْنَ مُتَخاطِبَيْن). مُحادَثَةٌ
diameter *n.* قُطْرُ (دائِرَةٍ أَوْ أَيِّ شَكْلٍ هَنْدَسيٍّ آخَرَ)
diamond *n.* أَلْماسٌ. دِيناريٌّ (في وَرَقِ اللَّعِبِ). المُعَيَّنُ (في الهَنْدَسَةِ)
diapason *n.* مِعْيارُ النَغَمِ
diaper *n.* فوطَةٌ صِحِّيَّةٌ؛ حِفاضٌ (لِلطِفْلِ)؛ قِطْعَةُ بَياضٍ مُزَرْكَشَةٌ
diaphragm *n.* الحِجابُ الحاجِزُ. غِشاءٌ
diarrhoea *or* **diarrhea** *n.* إسْهالٌ
diary *n.* يَوْمِيّاتٌ؛ مُفَكِّرَةٌ
diatribe *n.* نَقْدٌ أَوْ طَعْنٌ لاذِعٌ
dice *n.* (*pl.* of **die** *or* **dice**); *vi.; t.* زَهْرُ النَّرْدِ // يَلْعَبُ بالنَّرْدِ / يُقَطِّعُ بِشَكْلِ مُكَعَّباتٍ
dicker *n.; vi.; t.* مُساوَمَةٌ // يُساوِمُ
dicky *or* **dickey** *n.; adj.* صَدْرُ قَميصٍ مُسْتَعارٌ // في حالٍ سَيِّئَةٍ
dictate *vt.; i.; n.* يُمْلي عَلى (أَمينَةِ سِرِّهِ رِسالَةً). يُمْلي (شُروطَهُ) / يُمارِسُ السُّلْطَةَ؛ يَأْمُرُ // إمْلاءٌ. أَمْرٌ. حُكْمٌ (في عِلْمِ الأَخْلاقِ)
dictation *n.* إمْلاءٌ أَوِ اسْتِكْتابُ (الرَّسائِلِ). أَمْرٌ
dictator *n.* طاغِيَةٌ؛ حاكِمٌ مُسْتَبِدٌّ أَوْ مُطْلَقٌ
dictatorial *adj.* إسْتِبْداديٌّ (حُكْمٌ)
dictatorship *n.* حُكْمٌ أَوْ نِظامٌ إسْتِبْداديٌّ أَوْ مُطْلَقٌ

diction *n.* إلْقاءٌ (في النَّثْرِ)؛ إنْشادٌ. أُسْلوبٌ
dictionary *n.* قاموسٌ؛ مُعْجَمٌ
dictum *n.* (*pl.* **-s** *or* **-ta**) حِكْمَةٌ؛ قَوْلٌ مَأْثورٌ. بَيانٌ رَسْميٌّ. حُكْمٌ. قَرارٌ
didactic *adj.* تَعْليميٌّ (مُؤَلَّفٌ). تَوْجيهيٌّ (عِظَةٌ)
diddle *vt.* يَخْدَعُ؛ يَغُشُّ؛ يَحْتالُ عَلى
die *n.* (*pl.* **dies** *or* **dice**); *vi.* سِكَّةٌ: أَداةٌ فولاذيَّةٌ لِسَكِّ النُقودِ. زَهْرُ النَّرْدِ. حَظٌّ // يَموتُ. يَنْطَفِئُ؛ يَسْكُنُ؛ يَهْدَأُ
— down يَسْكُنُ؛ يَهْدَأُ
— off يَذْبُلُ (أَزْهارٌ)
— out يَنْطَفِئُ. يَنْقَرِضُ
never say — لا تَسْتَسْلِمْ أَبَدًا
die-hard *n.* غَيْرُ مُتَساهِلٍ؛ عَنيدٌ
diet *n.; vt.; i.* حِمْيَةٌ؛ نِظامُ التَّغْذِيَةِ. مَجْلِسٌ تَشْريعيٌّ // يُخْضِعُ (مَريضًا) لِلْحِمْيَةِ / يَتَّبِعُ (حِمْيَةً)
dietetics *n.* عِلْمُ الحِمْيَةِ أَوِ التَغْذِيَةِ
differ *vi.* يَخْتَلِفُ عَنْ. يَخْتَلِفُ مَعَ. يَتَخاصَمُ مَعَ
difference *n.* فَرْقٌ؛ إخْتِلافٌ. خِلافٌ؛ نِزاعٌ
split the — يَتَصالَحُ؛ يَتَراضى
different *adj.* مُخْتَلِفٌ (مَعانٍ). غَيْرُ عاديٍّ
differential *adj.; n.* تَخالُفيٌّ // التِرْسُ التَفاضُليُّ
differentiate *vt.* يُمَيِّزُ. يُفَرِّقُ أَوْ يُمَيِّزُ بَيْنَ
difficult *adj.* صَعْبٌ؛ مُتْعِبٌ. عَسِرُ (طَبْعٌ). صَعْبُ الإرْضاءِ
difficulty *n.* صُعوبَةٌ. وَرْطَةٌ. ضيقٌ؛ ضائِقَةٌ
diffidence *n.* عَدَمُ الثِّقَةِ بالنَّفْسِ. خَجَلٌ
diffident *adj.* عَديمُ الثِّقَةِ بِنَفْسِهِ. خَجولٌ
diffuse *adj.; vt.* مُنْتَشِرٌ؛ شائِعٌ. مُسْهَبٌ؛ مَحْشُوٌّ (إنْشاءٌ) // يُريقُ (سائِلاً). يَنْشُرُ (المَعْرِفَةَ). يُذيعُ
diffusion *n.* نَشْرٌ. إسْهابٌ

dig *vt.; i.irr.; n.* يَحْفِرُ؛ يَحْرِثُ؛ يَنْكِشُ / يَتَعَمَّقُ في. يَسْتَمْتِعُ بـ. يُشايِعُ // ضَرْبَةٌ (بالمِرْفَق)؛ رَكْلَةٌ. مَوْقِعٌ نَقَّبَهُ عُلَماءُ الآثارِ. *pl.* غُرَفٌ مُسْتَأْجَرَةٌ

digest *vt.; i.; n.* يَهْضِمُ (الطَعامَ). يَسْتَوْعِبُ / يَنْهَضِمُ (الطَعامُ) // موجَزٌ؛ مُلَخَّصٌ

digestion *n.* هَضْمٌ

digestive *adj.* مُساعِدٌ أو مُسَهِّلٌ لِلْهَضْمِ. هَضْمِيٌّ

digger *n.* نَقّابٌ؛ عامِلٌ في مَنْجَمٍ. آلَةٌ لِلحَفْرِ

digging *n.* تَنْقيبٌ؛ حَفْرٌ. *pl.* مَنْجَمٌ

digit *n.* الأَرْقامُ مِن صِفْرٍ إلى تِسْعَةَ. إصْبَعٌ

dignified *adj.* رَزينٌ (مَظْهَرٌ)؛ لائِقٌ؛ وَقورٌ

dignify *vt.* يُكَرِّمُ (عالِمًا). يُرَفِّعُ (إلى). يُشَرِّفُ

dignitary *n.* صاحِبُ رُتْبَةٍ أو مَقامٍ

dignity *n.* مَقامٌ. رَزانَةٌ. وَقارٌ. شَرَفٌ

digress *vi.* يَشِطُّ؛ يَخْرُجُ. يَنْحَرِفُ أو يَبْتَعِدُ (عَنِ المَوْضوعِ)

digression *n.* إسْتِطْرادٌ. إنْحِرافٌ أو ابْتِعادٌ

dike *or* **dyke** *n.* سَدٌّ (لأَمْواجِ البَحْرِ). قَناةٌ

dilapidated *adj.* خَرِبٌ (صِحَّةٌ، أعْمالٌ). مُتَهَدِّمٌ

dilapidation *n.* خَرابٌ. إتْلافٌ. تَبْديدٌ

dilate *vt.; i.* يُمَدِّدُ (مَعْدِنًا، غازًا). يُوَسِّعُ (بُؤْبُؤًا). يَتَحَدَّثُ مَلِيًّا / يَتَمَدَّدُ. يَتَوَسَّعُ (بُؤْبُؤُ العَيْنِ)

dilatory *adj.* مُعيقٌ؛ مُبْطِئٌ

dilemma *n.* إحْراجٌ. وَضْعٌ حَرِجٌ. مأزِقٌ

diligence *n.* إجْتِهادٌ؛ جِدٌّ

diligent *adj.* مُجْتَهِدٌ؛ مُجِدٌّ

dilute *vt.; adj.* يُخَفِّفُ (كُحولاً). يُضْعِفُ // مُخَفَّفٌ (كُحولٌ)

dilution *n.* تَخْفيفٌ. تَذْويبٌ. مَحْلولٌ مُخَفَّفٌ

dim *adj.; vt.; i.* مُظْلِمٌ؛ مُعْتِمٌ. ضَعيفٌ (نَظَرٌ) // يُعَتِّمُ (لَوْنًا). يُظْلِمُ (الغَيْمُ النَّهارَ) / يُصْبِحُ مُعْتِمًا

dimension *n.* بُعْدٌ. قِياسٌ. حَجْمٌ. سَعَةٌ

diminish *vt.; i.* يَنْقُصُ. يُخَفِّضُ (سِعْرًا). يُقَلِّلُ مِنْ (قيمَةٍ) / يَنْقُصُ؛ يَقِلُّ

diminution *n.* نُقْصانٌ. تَخْفيضٌ. تَناقُصٌ

diminutive *n.; adj.* تَصْغيرُ (إسْمٍ) // صَغيرٌ جِدًّا (عُلْبَةٌ). تَصْغيرِيٌّ

dimness *n.* ظُلْمَةٌ؛ تَعْتيمٌ. ضَعْفُ (نَظَرٍ)

dimple *n.; vi.* غَمّازَةٌ؛ نونَةٌ (في الذَّقْنِ)؛ فَحْصَةٌ // يُشَكِّلُ غَمّازَةً

din *n.; vt.; i.* ضَوْضاءُ؛ جَلَبَةٌ؛ صَخَبٌ؛ قَعْقَعَةُ (سِلاحٍ) // يُصِمُّ (بالضَجَّةِ) / يُحْدِثُ جَلَبَةً

dine *vi.* يَتَعَشّى؛ يَتَناوَلُ طَعامَ المَساءِ

diner *n.* مُتَعَشٍّ. حافِلَةُ الطَعامِ (في قِطارٍ)

dinghy *n.* زَوْرَقٌ أوْ قارِبٌ صَغيرٌ

dinginess *n.* إتِّساخٌ. قَذارَةٌ. لَوْنٌ كَدِرٌ

dingy *adj.* كامِدٌ؛ لا رَوْنَقَ فيهِ. وَسِخٌ

dining car *n.* عَرَبَةُ الطَّعامِ (في قِطارٍ)

dining room *n.* غُرْفَةُ أو حُجْرَةُ الطَعامِ

dinner *n.* الغَداءُ؛ وَجْبَةُ الطَّعامِ الرَّئيسِيَّةُ

dinner jacket *n.* لِباسٌ رَسْمِيٌّ (للرِّجالِ)

dinosaur *n.* ديناصورٌ (حَيَوانٌ مُنْقَرِضٌ)

dint *n.* قُوَّةٌ؛ شِدَّةٌ

by — of بِفَضْلِ؛ بِواسِطَةِ

diocese *n.* أَبْرَشِيَّةٌ؛ أُسْقُفِيَّةٌ

dioxide *n.* ثاني أُكْسيد

dip *vt.; i.; n.* يُغَطِّسُ؛ يَغْمِسُ في / يَغوصُ؛ يَغْطِسُ. يَنْغَمِرُ (في الماءِ) // غَطْسٌ؛ غَوْصٌ. مُنْحَدَرٌ. إحْناءُ العَلَمِ ثُمَّ رَفْعُهُ

— into يَكِبُّ أو يَنْكَبُّ على؛ يَنْغَمِسُ في

diphtheria *n.* مَرَضُ الخُناقِ

diphthong *n.* إدْغامٌ. مُصَوِّتٌ مُزْدَوِجٌ

diploma *n.* (*pl.* **-mas** *or* **-mata**) دِبْلومٌ؛ شَهادَةٌ (دِراسيَّةٌ)
diplomacy *n.* دِبْلوماسيَّةٌ؛ عِلْمٌ يَتناوَلُ العَلاقاتِ الخارجيَّةَ. لِياقَةٌ؛ مَهارَةٌ
diplomat (ist) *n.* مُمَثِّلُ دَوْلَةٍ؛ دِبْلوماسيٌّ
diplomatic *adj.* دِبْلوماسيٌّ (عَلاقاتٌ). لَبِقٌ
dipper *n.* مِغْرَفَةٌ
dip-stick *n.* مِقياسٌ مُدَرَّجٌ
dire *adj.* رَهيبٌ. شَديدٌ؛ قاسٍ. مُلِحٌّ؛ ماسٌّ
direct *adj.; vt.* مُباشَرٌ. مُسْتَقيمٌ. صَريحٌ؛ واضِحٌ // يُديرُ (مَشْروعًا). يُرْشِدُ إلى. يَدُلُّ. يُرْسِلُ (رِسالَةً). يُخْرِجُ (مَسْرحيَّةً). يُوَجِّهُ (مُلاحَظَةً). يَأْمُرُ
direction *n.* إدارَةٌ. تَوْجيهٌ. *pl.* تَعْليماتٌ. أوامِرُ. وُجْهَةٌ؛ إتِّجاهٌ. عُنْوانُ (رِسالَةٍ)
directly *adv.* مُباشَرَةً. حالاً
director *n.* مُديرٌ. مُخْرِجُ (فيلْمٍ)
directorate *n.* مَجْلِسُ إدارةِ (شَرِكَةٍ)
directory *n.* دَليلُ (الهاتِفِ). قائِمَةٌ بأَسْماءِ أشْخاصٍ أو شَرِكاتٍ
direful *adj.* رَهيبٌ؛ مُريعٌ
dirge *n.* تَرْنيمَةٌ جَنائِزيَّةٌ
dirigible *n.* مُنْطادٌ مُسَيَّرٌ
dirk *n.; vt.* خِنْجَرٌ // يَطْعَنُ بِخِنْجَرٍ
dirt *n.* وَسَخٌ؛ قَذارَةٌ. وَحَلٌ. قُمامَةٌ
dirty *adj.; vt.; i.* وَسِخٌ؛ قَذِرٌ. بَذيءٌ؛ دَنيءٌ؛ سافِلٌ // يُوَسِّخُ. يُلَطِّخُ بالوَحَلِ. يُلَوِّثُ / يَتَّسِخُ
disability *n.* ضُعْفٌ. عَجْزٌ؛ عاهَةٌ. عَدَمُ الأَهْليَّةِ
disable *vt.* يُفْقِدُ الأَهْليَّةَ (القانونيَّةَ). يَتَسَبَّبُ في إعاقَةِ أَحَدِهِم
disabled *adj.* عاجِزٌ عَنِ الخِدْمَةِ (جُنديٌّ). مُعاقٌ
disabuse *vt.* يُثيبُ (عَنِ الخَطأ)

disadvantage *n.* أذًى؛ ضَرَرٌ. سَيِّئَةٌ. خَسارَةٌ
disadvantageous *adj.* غَيْرُ مُلائِمٍ (ظَرْفٌ). ضارٌّ
disaffected *adj.* ساخِطٌ؛ مُسْتاءٌ
disagree *vi.* يَتعارَضُ مَعَ. يَتَبايَنُ (آراءٌ)
— with somebody لا يُلائِمُهُ (مُناخٌ)
disagreeable *adj.* مُكَدِّرٌ (نَبَأٌ). مُزْعِجٌ (شُعورٌ). كَريهٌ (رائِحَةٌ). سَيِّئٌ (مُناخٌ). سَيِّئُ الطَّبْعِ (شَخْصٌ)
disagreement *n.* إخْتِلافٌ. نِزاعٌ؛ خِلافٌ
disallow *vt.* يَرْفُضُ المُصادَقَةَ عَلى؛ يَمْنَعُ؛ لا يُجيزُ؛ يَحْظُرُ
disappear *vi.* يَخْتَفي؛ يَغيبُ؛ يَتوارى. يَزولُ
disappearance *n.* غِيابٌ؛ تَوارٍ؛ إخْتِفاءٌ. زَوالٌ
disappoint *vt.* يُخَيِّبُ (الأَمَلَ)؛ يَخْذُلُ
disappointing *adj.* مُخَيِّبٌ (للأَمَلِ)
disappointment *n.* خَيْبَةُ (أَمَلٍ)
disapprobation *n.* إسْتِنْكارٌ؛ إسْتِهْجانٌ. مُعارَضَةٌ
disapproval *n.* إسْتِنْكارٌ؛ رَفْضٌ
disapprove *vt.* يَرْفُضُ المُصادَقَةَ عَلى؛ يُعارِضُ
— of *vi.* يَسْتَنْكِرُ (مَشْروعًا)؛ يَعيبُ؛ يَسْتَهْجِنُ
disarm *vt.* يَنْزَعُ السِّلاحَ؛ يُجَرِّدُ مِنَ السِّلاحِ. يُسَكِّنُ؛ يُهَدِّئُ
disarmament *n.* تَجْريدٌ أو نَزْعُ السِّلاحِ
disarrange *vt.* يُغَيِّرُ تَرْتيبَ. يُفْسِدُ (النِّظامَ)
disarray *vi.; n.* يُحْدِثُ اضْطِرابًا أو فَوْضى. يُرْبِكُ // إضْطِرابٌ؛ فَوْضى. إرْباكٌ
disaster *n.* كارِثَةٌ؛ فاجِعَةٌ؛ نَكْبَةٌ؛ بَلِيَّةٌ
disastrous *adj.* مُفْجِعٌ؛ وَخيمٌ
disavow *vt.* يَرْجِعُ عَنْ (رَأْيٍ). يُنْكِرُ. يَتَنَصَّلُ أو يَتَبَرَّأُ مِن
disband *vt.; i.* يُسَرِّحُ (الجُنْدَ). يَصْرِفُ؛ يَطْرُدُ. يُفَرِّقُ؛ يُشَتِّتُ (الجَيْشَ) / يَتَشَتَّتُ؛ يَتَفَرَّقُ (الجَيْشُ)

disbelief *n.* تَشَكُّكٌ. عَدَمُ تَصْديقٍ. قِلَّةُ إيمانٍ
disbelieve *vt.* يُشَكِّكُ. يُقَلِّلُ إيمانَهُ
disburse *vt.* يُنْفِقُ (مالاً). يُوَزِّعُ
disc *n.* see **disk**
discard *vt.; n.* يُنَحّي. يُبْعِدُ؛ يُقْصي. يَرْمي وَرَقَتَهُ (في لَعِبِ الوَرَقِ) // مُبْعَدٌ؛ مُنَحّى (شَخْصٌ أو شَيْءٌ)
discern *vt.* يُبْصِرُ؛ يُلاحِظُ. يُمَيِّزُ؛ يَكْشِفُ
discerning *adj.* سَديدٌ. واعٍ ؛ مُتَيَقِّظٌ؛ فَطِنٌ
discernment *n.* تَمْييزٌ؛ بَصيرَةٌ؛ إدْراكٌ
discharge *n.; vt.; i.* تَفْريغُ (سَفينَةٍ). إطْلاقُ (مُسَدَّسٍ). إبْراءُ ذِمَّةٍ. مُخالَصَةٌ؛ وَصْلٌ. تَسْريحُ (جُنْدِيٍّ). إخْلاءُ سَبيلِ (سَجين). تَأْدِيَةُ (واجِبٍ). إعادَةُ الإعْتِبارِ (إلى مُفْلِسٍ). إفْرازُ (جُرْحٍ) // يُفَرِّغُ (حُمولَةً). يُخْلي سَبيلَ (سَجين). يَصْرِفُ (مِنَ الخِدْمَةِ). يُفْرِزُ (قَيْحًا). يُطْلِقُ (النارَ، سَهْمًا). يُسَدِّدُ (دَيْنًا). يُؤَدّي (واجِبًا) / يَصِبُّ (النَهْرُ). يَقيحُ (جُرْحٌ)
disciple *n.* تِلْميذٌ
disciplinary *adj.* تَأْديبيٌّ (عُقوبَةٌ). إنْضِباطيٌّ
discipline *n.; vt.* نِظامٌ. إنْضِباطٌ. مادَّةٌ تَعْليميَّةٌ. عِقابٌ // يُؤَدِّبُ
disclaim *vt.* يُنْكِرُ؛ يَنْفي. يَتَخَلّى عَنْ (مُطالَبَةٍ)
disclose *vt.* يَكْشِفُ؛ يُفْشي (سِرًّا). يُطْلِعُ (عَلى مَعْلومَةٍ)
disclosure *n.* كَشْفُ (مَعْلوماتٍ). إفْشاءُ (سِرٍّ)
discolor *vt.; i.* يُزيلُ اللَّوْنَ أو يُفْسِدُهُ / يَبوخُ؛ يَحولُ أو يَتَغَيَّرُ لَوْنُهُ
discomfit *vt.* يُحْبِطُ. يُرْبِكُ
discomfiture *n.* هَزيمَةٌ. خَيْبَةٌ. إرْتِباكٌ
discomfort *n.* إنْعِدامُ أسْبابِ الراحَةِ. إزْعاجٌ؛ مُضايَقَةٌ. إنْزِعاجٌ
discompose *vt.* يُكَدِّرُ؛ يُزْعِجُ. يُعَكِّرُ صَفْوَ
discomposure *n.* إضْطِرابٌ؛ قَلَقٌ
disconcert *vt.* يُكَدِّرُ. يُرْبِكُ. يُبَلْبِلُ
disconnect *vt.* يَفْصِلُ؛ يَقْطَعُ اتِّصالاً
disconnected *adj.* مَفْصولٌ؛ غَيْرُ مَوْصولٍ. غَيْرُ مُتَرابِطٍ (خِطابٌ)
disconsolate *adj.* لا عَزاءَ لَهُ. مَفْجوعٌ
discontent *n.* إسْتِياءٌ؛ تَكَدُّرٌ؛ سُخْطٌ؛ زَعَلٌ
discontented *adj.* مُستاءٌ؛ مُتَكَدِّرٌ؛ ساخِطٌ
discontinuance *n.* قَطْعٌ؛ إنْقِطاعٌ
discontinue *vt.; i.* يَقْطَعُ (الزِياراتِ)؛ يوقِفُ (عَمَلاً) / يَكُفُّ عَنْ؛ يَتَوَقَّفُ عَن
discontinuous *adj.* مُتَقَطِّعٌ
discord *n.* شِقاقٌ؛ خِلافٌ. نَشازٌ؛ تَنافُرُ النَغَماتِ
discordant *adj.* غَيْرُ مُتَناسِقٍ. غَيْرُ مُتَطابِقٍ (آراءٌ). مُتَنافِرٌ
discount *n.; vt.* خَصْمٌ؛ حَسْمٌ؛ تَخْفيضٌ؛ تَنْزيلٌ // يَحْسِمُ؛ يُسْقِطُ (جانِبًا مِنَ الأخْبارِ)
at a — بِالسِّعْرِ المُخَفَّضِ
discourage *vt.* يُخْمِدُ الهِمَّةَ؛ يُثَبِّطُ العَزيمَةَ. يَصْرِفُ عَن
discourse *n.; vi.* حَديثٌ. خِطابٌ؛ خُطْبَةٌ // يَتَحَدَّثُ. يُسْهِبُ في الكَلامِ ؛ يُفيضُ في (الحَديثِ). يُلْقي مُحاضَرَةً
discourteous *adj.* غَيْرُ مُهَذَّبٍ. غَيْرُ لائِقٍ
discourtesy *n.* قِلَّةُ أدَبٍ أو تَهْذيبٍ. قَوْلٌ أو فِعْلٌ مُنافٍ للأَدَبِ
discover *vt.* يَكْتَشِفُ. يَكْشِفُ. يَعْرِفُ
discovery *n.* إكْتِشافٌ
discredit *n.; vt.* فَقْدُ الثِّقَةِ؛ الحَطُّ مِنَ النُفوذِ أوِ السُّمْعَةِ. نَزْعُ الثِقَةِ. شَكٌّ؛ إنْكارٌ // يُكَذِّبُ. يَحُطُّ مِنَ الشَأْنِ أوِ القَدْرِ. يَنْزِعُ الثِقَةَ

discreditable *adj.* مُخْزٍ ؛ مُخْجِلٌ ؛ شائِنٌ
discreet *adj.* حَذِرٌ ؛ فَطِنٌ . رَزينٌ . كَتومٌ
discrepancy *n.* تَبايُنٌ ؛ تَفاوُتٌ ؛ إخْتِلافٌ
discretion *n.* حَذَرٌ ؛ فِطْنَةٌ ؛ تَحَفُّظٌ . رَزانَةٌ ؛ بَصيرَةٌ
discrete *adj.* مُمَيَّزٌ ؛ قائِمٌ بِذاتِهِ
discriminate *vt.* يُمَيِّزُ بَيْنَ ؛ يُفَرِّقُ (في المُعامَلَةِ)
discriminating *adj.* تَمْييزِيٌّ ؛ مُمَيِّزٌ ؛ مُفَرِّقٌ
discrimination *n.* تَمْييزٌ ؛ تَفْرِقَةٌ ؛ مُحاباةٌ
discursive *adj.* إسْتِطْرادِيٌّ
discuss *vt.* يُناقِشُ . يَبْحَثُ في (أمْرٍ)
discussion *n.* بَحْثٌ . مُناقَشَةٌ ؛ نِقاشٌ . جِدالٌ ؛ مُجادَلَةٌ . مُحاضَرَةٌ
disdain *n.; vt.* إزْدِراءٌ ؛ إحْتِقارٌ ؛ إسْتِخْفافٌ // يَزْدَري ؛ يَحْتَقِرُ . يَسْتَخِفُّ بِـ (خَصْمٍ)
disdainful *adj.* مُزْدَرٍ ؛ مُحْتَقِرٌ ؛ مُسْتَخِفٌّ
disease *n.* مَرَضٌ ؛ داءٌ ؛ سُقْمٌ . آفَةٌ
diseased *adj.* مَريضٌ ؛ سَقيمٌ ؛ عَليلٌ
disembark *vt.; i.* يُنْزِلُ (الرُّكّابَ) مِنَ السَفينَةِ / يُغادِرُ السَفينَةَ
disembarkation *n.* إنْزالٌ . نُزولٌ مِنْ مَرْكَبٍ
disembodied *adj.* روحِيٌّ صِرْفٌ
disembody *vt.* يُحَرِّرُ (الروحَ) مِنَ الجَسَدِ
disembowel *vt.* يَنْزِعُ الأحْشاءَ
disenchant *vt.* يُحَرِّرُ مِنَ السِحْرِ
disengage *vt.; i.* يَفْصِلُ . يَسْحَبُ (الجُنْدَ مِنَ المَعْرَكَةِ) / يَتَخَلَّصُ مِنْ (قُيودٍ)
disengaged *adj.* طَليقٌ . حُرٌّ
disentangle *vt.; i.* يَحُلُّ ؛ يُخَلِّصُ ؛ يُسَوّي (سوءَ تَفاهُمٍ) / يَتَخَلَّصُ مِنَ العُقَدِ ؛ يَنْحَلُّ
disesteem *vt.; n.* يَزْدَري ؛ يَحْتَقِرُ // إزْدِراءٌ
disfavo(u)r *n.; vt.* فُقْدانُ الحُظْوَةِ أوِ التَّقْديرِ . كُرْهٌ // يَنْظُرُ بِكُرْهٍ إلى ؛ يَسْخَطُ عَلى
disfigure *vt.* يُشَوِّهُ ؛ يُبَشِّعُ ؛ يُقَبِّحُ (وَجْهًا)
disfranchisement *n.* التَجْريدُ مِنْ حَقِّ التَصْويتِ
disgorge *vt.* يَسْتَفْرِغُ ؛ يَتَقَيَّأُ . يُفَرِّغُ
disgrace *n.; vt.* فَقْدُ الحُظْوَةِ . عارٌ ؛ خِزْيٌ ؛ إهانَةٌ // يَشينُ ؛ يُلْحِقُ العارَ بِـ
disgraceful *adj.* شائِنٌ ؛ مُخْزٍ ؛ عائِبٌ ؛ مُخْجِلٌ
disgruntled *adj.* مُسْتاءٌ ؛ مُتَكَدِّرٌ . مُتَبَرِّمٌ
disguise *n.; vt.* تَنَكُّرٌ ؛ تَقَنُّعٌ ؛ تَخَفٍّ . لِباسُ التَنَكُّرِ // يُقَنِّعُ (أحَدَهُم) . يُخْفي (شُعورًا)
disgust *n.; vt.* إشْمِئْزازٌ مِن ؛ قَرَفٌ . نُفورٌ . مَلَلٌ // يُثيرُ الإشْمِئْزازَ ؛ يُقَزِّزُ ؛ يُنَفِّرُ
disgusted *adj.* مُشْمَئِزٌّ ؛ مُتَقَزِّزٌ
disgusting *adj.* مُقْرِفٌ ؛ كَريهٌ . مُثيرٌ لِلإشْمِئْزازِ
dish *n.; vt.* صَحْفَةٌ ؛ طَبَقٌ . صَحْنٌ ؛ مَأْكَلٌ ؛ الطَعامُ الذي يُقَدَّمُ عَلى المائِدَةِ . شَخْصٌ جَذّابٌ // يُقَدِّمُ (طَعامًا) . يَضَعُ (الطَعامَ) في الطَبَقِ . يُثيرُ
dish-cloth *n.* مِمْسَحَةٌ ؛ خِرْقَةُ (صُحونٍ)
dishearten *vt.* يُثَبِّطُ العَزيمَةَ ؛ يُبَرِّدُ الهِمَّةَ
dishevel *vt.* يُشَعِّثُ (الشَّعَرَ)
dishonest *adj.* قَليلُ النَّزاهَةِ أوِ الإسْتِقامَةِ
dishono(u)r *n.; vt.* عارٌ ؛ خِزْيٌ // يُهينُ ؛ يَحْتَقِرُ ؛ يَشينُ ؛ يُلْحِقُ العارَ بِـ ؛ يَحُطُّ مِنْ قَدْرِ
—ed check شيكٌ غَيْرُ مَدْفوعٍ
dishonorable *adj.* شائِنٌ ؛ مُخْزٍ ؛ عائِبٌ
disillusion *vt.; n.* يُحَرِّرُ مِنَ الأوْهامِ ؛ يُزيلُ الأوْهامَ // زَوالُ وَهْمٍ ؛ خَيْبَةُ أمَلٍ
disinclination *n.* نُفورٌ ؛ كُرْهٌ لِـ
disinclined *adj.* غَيْرُ راغِبٍ في
disinfect *vt.* يُطَهِّرُ (غُرْفَةً ، جُرْحًا)
disinfectant *n.* مُطَهِّرٌ ؛ مُبيدٌ لِلجَراثيمِ

disingenuous *adj.* غَيْرُ صادِقٍ؛ غَيْرُ صَريحٍ . سَيِّئُ النِّيَّة
disinherit *vt.* يَحْرِمُ مِنَ الإِرْثِ
disintegrate *vt.; i.* يُفَتِّتُ (الجَليدَ). يُفَكِّكُ (فَريقًا) / يَتَفَتَّتُ (صَخْرٌ). يَتَفَكَّكُ (نِظامُ دِفاعٍ)
disinter *vt.* يَنْبُشُ؛ يَسْتَخْرِجُ بالتَّنْقيبِ. يُخْرِجُ مِنَ القَبْرِ (جُثَّةً)
disinterested *adj.* حِياديٌّ. مُتَجَرِّدٌ؛ نَزيهٌ (رَجُلٌ). مُجَرَّدٌ (رأيٌ)
disjoin *vt.* يَفْسَخُ. يَفْصِلُ
disk *or* **disc** *n.* قُرْصٌ. أُسْطُوانَةٌ
dislike *vt.; n.* يَكْرَهُ // كَراهِيَةٌ؛ إِشْمِئْزازٌ
dislocate *vt.* يُفَكِّكُ (آلَةً). يَخْلَعُ (ذِراعًا)
dislodge *vt.* يُخْرِجُ (مُسْتَأْجِرًا)؛ يَطْرُدُ
disloyal *adv.* غَدّارٌ؛ مُخادِعٌ؛ ماكِرٌ؛ غَيْرُ مُخْلِصٍ
dismal *adj.* قاتِمٌ؛ كَئيبٌ؛ حَزينٌ
dismantle *vt.* يُعَرّي؛ يُجَرِّدُ مِنَ الثِيابِ. يُفَكِّكُ
dismay *n.; vt.* ذُعْرٌ؛ رُعْبٌ؛ هَلَعٌ // يُفْزِعُ؛ يُرْعِبُ؛ يُرْهِبُ؛ يُرَوِّعُ
dismember *vt.* يُقَطِّعُ الأَوْصالَ
dismiss *vt.* يَصْرِفُ (خادِمًا). يُسَرِّحُ (عامِلاً). يَأْذَنُ بالإِنْصِرافِ. يَرُدُّ (دَعْوى). يُبْعِدُ (الخَوْفَ)
dismissal *n.* فَصْلٌ؛ صَرْفٌ. إِنْصِرافٌ
dismount *vt.; i.* يُسْقِطُ عَنِ الفَرَسِ (خَيّالاً)؛ يُنْزِلُ عَنْ / يَنْزِلُ عَنْ (حِصانٍ، دَرّاجَةٍ)
disobedience *n.* عِصْيانٌ (وَلَدٍ). مُخالَفَةُ (الأوامِرِ)
disobedient *adj.* عاصٍ ؛ غَيْرُ طائِعٍ (وَلَدٌ)
disobey *vt.* يَعْصي (مُعَلِّمَهُ)؛ يَخْرُجُ عَنْ طاعَةِ...
disorder *n.; vt.* عَدَمُ تَرْتيبٍ. قِلَّةُ نِظامٍ. إِضْطِرابٌ. تَوَعُّكٌ صِحِّيٌّ // يُغَيِّرُ التَّرْتيبَ. يُكَدِّرُ (فُلانًا). يُبَلْبِلُ (الأَفْكارَ)
disorderly *adj.* غَيْرُ مُرَتَّبٍ. مُضْطَرِبٌ. مُخِلٌّ بالنِّظامِ العامِّ
disorganization *n.* إِفْسادُ أو إِخْتِلالُ النِظامِ
disorganize *vt.* يُفْسِدُ الإِنْتِظامَ. يُفْسِدُ؛ يُعَطِّلُ
disown *vt.* يُنْكِرُ؛ يَتَنَصَّلُ مِنْ؛ يَتَبَرَّأُ مِن
disparage *vt.* يَحُطُّ أو يُقَلِّلُ مِنْ (قيمَةٍ، اعْتِبارٍ). يُحَقِّرُ؛ يَذُمُّ
disparity *n.* تَفاوتٌ؛ تَبايُنٌ
dispassionate *adj.* رَزينٌ. مُتَجَرِّدٌ. نَزيهٌ
dispatch *or* **despatch** *vt.; n.* يُنْجِزُ بِسُرْعَةٍ (عَمَلاً). يَتَعَجَّلُ. يُرْسِلُ (بَرْقِيَّةً). يَقْتُلُ؛ يُعْدِمُ (المُتَّهَمَ) // خَبَرٌ مُسْتَعْجَلٌ. إِرْسالُ (طَرْدٍ). سُرْعَةٌ
dispel *vt.* يُبَدِّدُ (الغُيومَ). يُزيلُ (الشُكوكَ)
dispensary *n.* مُسْتَوْصَفٌ. صَيْدَلِيَّةُ (المُسْتَشْفى)
dispensation *n.* تَوْزيعٌ. هِبَةٌ؛ صَنيعٌ. إِجازَةٌ. إِعْفاءٌ. نِظامٌ دينيٌّ
dispense *vt.* يُوَزِّعُ ؛ يُفَرِّقُ (الهِباتِ). يُعْفي (مِنَ الصَوْمِ). يُعْطي (دَواءً)
— with يَسْتَغْني عَن
dispenser *n.* مُوَزِّعٌ. صَيْدَليٌّ
dispersal *n.* بَعْثَرَةُ (أوراقٍ). تَشَتُّتُ (حَشْدٍ)
disperse *vt.; i.* يُبَعْثِرُ (أَوْراقًا). يُشَتِّتُ (حَشْدًا). يُبَدِّدُ. يُفَرِّحُ الضَوْءَ / يَتَفَرَّقُ؛ يَتَشَتَّتُ (حَشْدٌ)
dispersion *n.* تَفَرُّحُ (الضَوْءِ)
dispirited *adj.* فاقِدُ الشَجاعَةِ. مُحَطَّمٌ؛ مُثَبَّطُ العَزيمَةِ
displace *vt.* يُزيحُ؛ يُغَيِّرُ مَوْضِعَ. يُقيلُ (مُوَظَّفًا)
displacement *n.* إِسْتِبْدالُ شَيْءٍ بآخَرَ. نَقْلُ (مُوَظَّفٍ). كَمِّيَّةُ الماءِ التي يُزيحُها جِسْمٌ ما
display *n.; vt.* عَرْضٌ. مَعْرِضٌ (فَنّيٌّ) // يَعْرِضُ (لَوْحاتٍ). يُظْهِرُ (غَضَبًا)

displease *vt.* يُضايِقُ. يُكَدِّرُ؛ يُغْضِبُ
displeasing *adj.* مُكَدِّرٌ. مُزْعِجٌ. غَيْرُ مُسْتَحَبٍّ
displeasure *n.* تَكْديرٌ. إنْزِعاجٌ. غَضَبٌ
disport *vi.* يَتَسَلّى؛ يُرَفِّهُ عَنْ نَفْسِهِ
disposal *n.* تَرْتيبُ (كُتُبٍ). تَصَرُّفٌ بِـ. تَخَلُّصٌ مِن. بَيْعٌ
at one's — بِـ أو تَحْتَ تَصَرُّفِهِ (شَيْءٌ أو شَخْصٌ)
dispose *vt.; i.* يُرَتِّبُ؛ يُنَظِّمُ (أشياءَ). يَبيعُ. يُعِدُّ / يَتَصَرَّفُ بِـ (مالٍ). يَتَخَلَّصُ مِنْ (شَيْءٍ)
man proposes, God —s الإنْسانُ بِالتَّفْكيرِ وَاللهُ بِالتَّدْبيرِ
be well —d (towards) يَتَّخِذُ مَوْقِفًا وُدِّيًا مِن
disposed *adj.* مَيّالٌ إلى. مَطْبوعٌ عَلى
disposition *n.* تَرْتيبُ أو تَنْظيمُ (كُتُبٍ). طَبْعٌ. مَيْلٌ. سَنَدُ تَمْليكٍ
dispossess *vt.* يَرْفَعُ الحِيازَةَ؛ يَنْزِعُ اليَدَ
dispraise *vt.* يَذُمُّ؛ يَقْدَحُ؛ يَهْجو
disproof *n.* دَحْضٌ. حُجَّةٌ دامِغَةٌ
disproportion *n.* تَفاوُتٌ؛ عَدَمُ تَناسُبٍ
disproportionate *adj.* غَيْرُ مُتَناسِبٍ؛ مُتَفاوِتٌ
disprove *vt.* يَدْحَضُ (رَأْيًا)؛ يَنْقُضُ (حِجَّةً)
dispute *n.; vt.; i.* خِلافٌ؛ نِزاعٌ. جَدَلٌ // يُنازِعُ. يَعْتَرِضُ عَلى. يُناقِشُ. يُدافِعُ عَن / يَتَجادَلُ
beyond — دونَ مُنازِعٍ؛ بِلا جِدالٍ
disqualification *n.* فُقْدانُ الأَهْلِيَّةِ؛ تَجْريدٌ مِنَ الأَهْلِيَّةِ
disqualify *vt.* يُفْقِدُ الأَهْلِيَّةَ أوِ القُدْرَةَ أوِ الكَفاءَةَ
disquiet *n.; vt.* قَلَقٌ؛ هَلَعٌ // يُقْلِقُ؛ يُسَبِّبُ الهَلَعَ
disquietude *n.* قَلَقٌ. حالَةُ قَلَقٍ
disregard *n.; vt.* عَدَمُ اكْتِراثٍ؛ لا مُبالاةٌ؛ إهْمالٌ // يُهْمِلُ؛ يَتَجاهَلُ؛ لا يُقيمُ اعْتِبارًا لِـ
disrepair *n.* خَرابُ (بَيْتٍ)
in — يَحْتاجُ إلى تَرْميمٍ (مَنْزِلٌ)
disreputable *adj.* سَيِّئُ السُّمْعَةِ. مُثيرٌ لِلشُّبْهَةِ. شائِنٌ (شَيْءٌ)
disrepute *n.* فُقْدانُ الثِّقَةِ أوِ السُّمْعَةِ
disrespect *n.* قِلَّةُ أو عَدَمُ احْتِرامٍ
disrespectful *adj.* قَليلُ أو عَديمُ الإحْتِرامِ (وَلَدٌ)
disrobe *vt.; i.* يُعَرّي / يَخْلَعُ أو يَنْزَعُ ثِيابَهُ
disrupt *vt.* يُمَزِّقُ. يُكَسِّرُ. يَقْطَعُ. يُحَطِّمُ
disruption *n.* تَمْزيقٌ. تَكْسيرٌ. تَصَدُّعٌ
dissatisfaction *n.* إسْتِياءٌ؛ عَدَمُ رِضى
dissatisfied *adj.* مُسْتاءٌ؛ غَيْرُ راضٍ
dissatisfy *vt.* يُثيرُ الإسْتِياءَ
dissect *vt.* يُشَرِّحُ (جُثَّةً). يَفْحَصُ بِدِقَّةٍ (نَظَرِيَّةً)
dissemble *vt.; i.* يُخْفي (أَمْرًا). يَكْتُمُ. يُخَبِّئُ (مَشاعِرَهُ) / يَتَظاهَرُ بِـ. يَتَخَفّى
disseminate *vt.* يَنْشُرُ؛ يُرَوِّجُ (أفكارًا، عَقائِدَ)
dissension *n.* شِقاقٌ؛ نِزاعٌ؛ خِلافٌ
dissent *n.; vi.* إخْتِلافٌ أو تَبايُنٌ في الرَّأْيِ. إنْشِقاقٌ // يَخْتَلِفُ (رَأْيٌ عَنْ آخَرَ). يَنْشَقُّ أو يَنْفَصِلُ
dissenter *n.* مُنْشَقٌّ؛ مُنْفَصِلٌ (عَنِ الكَنيسَةِ)
dissertation *n.* مَقالَةٌ. أُطْروحَةٌ. خُطْبَةٌ
disservice *n.* فِعْلٌ مُؤْذٍ. خِدْمَةٌ سَيِّئَةٌ؛ إساءَةٌ عَنْ غَيْرِ قَصْدٍ
dissever *vt.* يَفْصِلُ عَنْ. يُقَسِّمُ
dissimilar *adj.* غَيْرُ مُتَشابِهٍ؛ مُتَبايِنٌ؛ مُخْتَلِفٌ عَن
dissimilarity *n.* تَبايُنٌ؛ إخْتِلافٌ
dissimulate *vt.* يُخْفي؛ يَسْتُرُ. يَكْتُمُ. يُخَبِّئُ
dissimulation *n.* خِداعٌ. رِياءٌ
dissipate *vt.; i.* يُبَذِّرُ؛ يُبَدِّدُ (مالاً). يُزيلُ (شَكًّا) / يَتَبَدَّدُ أو يَنْقَشِعُ (غَيْمٌ). يَزولُ (قَلَقٌ)

dissipated *adj.* فاسِقٌ ؛ فاسِدُ (حَياةٌ)
dissociate *vt.* يُفَكِّكُ (ذَرّاتٍ). يَفْصِلُ ؛ يُفَرِّقُ
dissoluble *adj.* قابِلٌ للحَلِّ أوِ الذَوَبانِ
dissolute *adj.* مُنْحَلُّ الأَخْلاقِ ؛ مُتَهَتِّكٌ. فاسِدٌ
dissolution *n.* فَسْخُ (عَقْدٍ، زَواجٍ). حَلُّ بَرْلَمانٍ
dissolve *vt.; i.* يَحُلُّ. يُذَوِّبُ ؛ يُذيبُ. يُفَرِّقُ. يَنْهي ؛ يُلْغي ؛ يُبْطِلُ (زَواجًا) / يَنْحَلُّ. يَذوبُ (مِلْحٌ)
dissonance *n.* تَنافُرُ أَصْواتٍ. نَشازُ نَغَماتٍ
dissonant *adj.* مُتَنافِرٌ ؛ غَيْرُ مُنْسَجِمٍ
dissuade *vt.* يَثْني عَن ؛ يُقْنِعُ بِالعُدولِ عَن
distaff *n.* مِغْزَلٌ
on the — side مِن جِهَةِ الأُمِّ (أَقْرِباءُ)
distance *n.* مَسافَةٌ ؛ بُعْدٌ. مُدَّةٌ ؛ زَمَنٌ. تَحَفُّظٌ
keep one's — لا يَرْفَعُ الكُلْفَةَ ؛ لا يَتَخَطّى الرَسْمِيّاتِ ؛ يَبْقى عَلى تَحَفُّظِهِ
distant *adj.* بَعيدٌ. مُتَحَفِّظٌ
distaste *n.* قَرَفٌ ؛ كَراهِيَةٌ ؛ نُفورٌ
distasteful *adj.* مُزْعِجٌ ؛ بَغيضٌ
distemper *n.; vt.* لَوْنٌ مائِيٌّ. لَوْحَةٌ مائِيَّةٌ. مِزاجٌ مُعَكَّرٌ. مَرَضٌ يُصيبُ الكِلابَ // يُلَوِّنُ بِأَلْوانٍ مائِيَّةٍ. يُخِلُّ (بِالنِّظامِ)
distend *vt.; i.* يُمَدِّدُ (مَعْدِنًا). يَنْفُخُ. يُضَخِّمُ / يَتَمَدَّدُ ؛ يَنْتَفِخُ
distension *n.* نَفْخٌ ؛ إِنْتِفاخٌ. تَمَدُّدٌ
distil(l) *vt.; i.* يَسْتَقْطِرُ ؛ يُقَطِّرُ (نَبيذًا). يُقْطِرُ (الزَهْرُ الرَحيقَ) / يَتَقَطَّرُ
distillation *n.* تَقْطيرٌ ؛ تَقَطُّرٌ
distillery *n.* مَقْطَرَةٌ ؛ مَعْمَلُ تَقْطيرٍ
distinct *adj.* مُتَمَيِّزٌ. ظاهِرٌ (أَثَرٌ). واضِحٌ ؛ جَلِيٌّ
distinction *n.* تَمْييزٌ. تَقْديرٌ. عَلامَةٌ فارِقَةٌ. مَنْزِلَةٌ
distinctive *adj.* مُمَيِّزٌ (لِباسٌ عَسْكَرِيٌّ)

distinguish *vt.* يُمَيِّزُ. يُفَرِّقُ بَيْنَ (تَوْأَمَيْنِ)
distinguished *adj.* بارِزٌ ؛ وَجيهٌ. مُتَأَنِّقٌ
— man رَجُلٌ شَهيرٌ لامِعٌ
distort *vt.* يُشَوِّهُ ؛ يُحَرِّفُ (الوَقائِعَ)
distortion *n.* تَشْويهٌ ؛ تَحْريفٌ. تَشَوُّهٌ
distract *vt.* يُلْهي عَنْ (عَمَلٍ). يُعَذِّبُ ؛ يُضايِقُ
distracted *adj.* خارِجٌ عَنْ طَوْرِهِ. مُتَحَيِّرٌ ؛ مُنْذَهِلٌ
distraction *n.* إِلْهاءٌ. تَلَهٍّ. إِضْطِرابٌ. مَشْغَلَةٌ
drive to — يُخْرِجُهُ عَنْ طَوْرِهِ
distraint *n.* حَجْزُ (أَمْوالٍ، مُمْتَلَكاتٍ)
distraught *adj.* مَذْهولٌ. مُضْطَرِبٌ
distress *n.; vt.* شِدَّةٌ ؛ ضيقٌ. بُؤْسٌ. عَوَزٌ // يُحْزِنُ ؛ يَغُمُّ ؛ يُؤْلِمُ (خَبَرٌ)
distressed *adj.* مَحْزونٌ ؛ مَغْمومٌ. بائِسٌ. فَقيرٌ
distribute *vt.* يُوَزِّعُ (جَوائِزَ)
distribution *n.* تَفْريقٌ. تَوْزيعُ (جَوائِزَ). تَرْتيبٌ ؛ تَقْسيمُ (مَسْكَنٍ)
district *n.* مِنْطَقَةٌ. دائِرَةٌ. قَضاءٌ. قِطاعٌ
distrust *n.; vt.* حَذَرٌ. إِرْتِيابٌ ؛ سوءُ ظَنٍّ ؛ عَدَمُ ثِقَةٍ // يَحْتَرِسُ مِنْ أو يَرْتابُ بِـ (شَيْءٍ)
distrustful *adj.* حَذِرٌ. مُرْتابٌ ؛ سَيِّئُ الظَنِّ
disturb *vt.* يُقْلِقُ (الراحَةَ). يُزْعِجُ. يُكَدِّرُ (فُلانًا). يُبَعْثِرُ (أَوْراقًا) ؛ يُفْسِدُ تَرْتيبًا
disturbance *n.* إِقْلاقٌ. إِنْزِعاجٌ. إِضْطِرابٌ. ضَوْضاءُ. فَوْضى
disunion *n.* شِقاقٌ. إِنْفِصالٌ
disunity *vt.; i.; n.* يَفْصِلُ / يَنْفَصِلُ عَن // خِلافٌ. إِنْقِسامٌ. تَصَدُّعٌ
disuse *n.* قِدَمٌ ؛ إِهْمالٌ
ditch *n.; vt.* حُفْرَةٌ ؛ قَناةٌ // يَحْفِرُ أو يُنَظِّفُ أو يُرَمِّمُ قَناةً. يُزَوِّدُ بِقَنَواتٍ. يَتَخَلّى عَنْ ؛ يَهْجُرُ (صَديقَتَهُ)

dither *n.; vi.* هَيجانٌ؛ إضْطِرابٌ // يَرْتَجِفُ؛ يَرْتَعِشُ. يَتَرَدَّدُ
ditto *adv.* كَما سَبَقَ؛ كَما تَقَدَّمَ
ditty *n.* أُغْنِيَةٌ قَصيرَةٌ بَسيطَةٌ
diurnal *adj.* يوميٌّ (عَمَلٌ). نَهاريٌّ (حَيَوانٌ)
divan *n.* ديوانٌ. أَريكَةٌ؛ مَقْعَدٌ
dive *vi.irr.; n.* يَغْطِسُ (سابحٌ). يَغوصُ. تَنْقَضُّ (طائِرَةٌ) // غَطْسٌ. غَوْصٌ. مَلْهًى لَيْليٌّ
diver *n.* غاطِسٌ؛ غَطّاسٌ؛ غَوّاصٌ
diverge *vi.* تَتَبايَنُ؛ تَتَباعَدُ؛ تَخْتَلِفُ (آراءٌ). يَنْحَرِفُ؛ يَبْتَعِدُ عَن
divergence *n.* إنْفِراجٌ. تَشَعُّبٌ. إنْحِرافٌ
divergent *adj.* مُتَباعِدٌ؛ مُتَبايِنٌ (آراءٌ)
diverse *adj.* مُتَعَدِّدُ الوُجوهِ. مُتَفاوِتٌ. مُتَنَوِّعٌ
diversify *vt.* يُنَوِّعُ؛ يَجْعَلُهُ أَلْوانًا مُخْتَلِفَةً
diversion *n.* تَسْلِيَةٌ. تَغْييرُ أو تَغَيُّرُ اتِّجاهِ (مَجْرى ماءٍ). هُجومٌ مُضَلِّلٌ
diversity *n.* تَنَوُّعٌ. إخْتِلافُ (الأَذْواقِ)
divert *vt.* يُسَلِّي؛ يُرَفِّهُ عَن. يُلْهِي. يَصْرِفُ عَنْ. يُحَوِّلُ الإتِّجاهَ. يُحَوِّلُ الإنْتِباهَ
divest *vt.* يُجَرِّدُ مِنَ (السُّلْطَةِ). يَنْزِعُ (الثيابَ عَن). يَتَخَلَّصُ مِن (فِكْرَةٍ مُسَيْطِرَةٍ)
divide *vt.* يُقَسِّمُ؛ يَقْسِمُ. يُفَرِّقُ؛ يُوَزِّعُ (حِصَصًا، أَرْباحًا). يُسَبِّبُ خِلافًا؛ يُؤَدِّي إلى الشِّقاقِ
dividend *n.* مَقْسومٌ. حِصَّةُ (مُساهِمٍ)
dividers *n.pl.* نَوْعٌ مِنَ البيكارِ
divination *n.* العِرافَةُ؛ التَّنَبُّؤُ بالغَيْبِ
divine *adj.; vt.* إلَهِيٌّ (جَمالٌ). رائِعٌ. لاهوتيٌّ // يَحْدُسُ (أَمْرًا)؛ يَتَوَقَّعُ؛ يُحِسُّ مُسَبَّقًا؛ يَتَنَبَّأُ بِـ
diviner *n.* العَرّافُ؛ المُتَنَبِّئُ
diving *n.* تَغْطيسٌ. غَطْسٌ؛ غَوْصٌ

diving-board *n.* مَقْفَزُ غَطْسٍ
divinity *n.* أُلوهِيَّةٌ؛ أُلوهَةٌ. لاهوتٌ
divisible *adj.* قابِلٌ لِلقِسْمَةِ أَوِ الإنْقِسامِ (عَدَدٌ)
division *n.* تَقْسيمٌ. قِسْمَةٌ. إنْقِسامٌ. خِلافٌ
divisor *n.* قاسِمٌ؛ مَقْسومٌ عَلَيْهِ
divorce *n.; vt.; i.* تَطْليقٌ؛ طَلاقٌ. تَفْريقٌ. إنْفِصالٌ // يَفْصِلُ. يُطَلِّقُ / يَنْفَصِلُ عَن (زَوْجِهِ)
divorcee *n.* مُطَلَّقٌ
divulge *vt.* يُفْشي (سِرًّا)؛ يُذيعُ (أَسْماءَ مَشْبوهينَ)
dizziness *n.* دُوارٌ؛ دَوْخَةٌ
dizzy *adj.* دائِخٌ (شَخْصٌ). مُدَوِّخٌ (إرْتِفاعٌ)
do *vt.; i.irr.; n.* (*pl.* **dos** *or* **do's**) يَفْعَلُ؛ يَعْمَلُ. يَقومُ بِـ؛ يُتِمُّ؛ يُنْهي (عَمَلَهُ). يَطْهو. يَخْدَعُ / يَتَصَرَّفُ. يُناسِبُ؛ يُلائِمُ. يَكْفي. يُنْجِزُ // سَهْرَةٌ؛ إحْتِفالٌ. خِداعٌ. *pl.* أوامِرُ. عاداتٌ
  done! إتَّفَقْنا
  done to a turn ناضِجٌ كِفايَةً
  well done أَحْسَنْتَ
  how do you —? كَيْفَ الحالُ (أَوِ الصِحَّةُ)؟
  — without يَسْتَغْني عَن
docile *adj.* طَيِّعٌ؛ مُذْعِنٌ. سَهْلُ الإنْقِيادِ
docility *n.* طاعَةٌ؛ إنْقِيادٌ؛ خُضوعٌ؛ إذْعانٌ
dock *vt.; i.; n.* يَبْتُرُ (ذَيْلاً). يُقَرْطِمُ (رِبْحًا). يُدْخِلُ الحَوْضَ / يَدْخُلُ حَوْضَ السُفُنِ (مَرْكَبٌ) // رَصيفٌ (في المَرْفَإِ). حَوْضُ السُفُنِ. قَفَصُ المُتَّهَمينَ
docket *n.; vt.* بِطاقَةٌ أو لَصيقَةٌ (على زُجاجَةٍ). مُلَخَّصٌ بِمُحْتَوَياتِ رِسالَةٍ أو مُسْتَنَدٍ // يَضَعُ بِطاقَةً أو لَصيقَةً (على زُجاجَةٍ). يُسَجِّلُ
doctor *n.; vt.* طَبيبٌ. دُكتورٌ (في الآدابِ)؛ حائِزٌ إجازَةَ دُكْتوراه // يُعالِجُ أو يُداوي (مَريضًا). يَتَلاعَبُ بِـ (الحِساباتِ). يَغُشُّ (النَبيذَ)

doctrinaire *adj.* نظريٌّ ؛ غيْرُ عمليٍّ ؛ يُؤكِّدُ مِنْ غيْرِ دليل
doctrinal *adj.* مذْهبيٌّ ؛ تعْليميٌّ ؛ إعْتِقاديٌّ
doctrine *n.* مذْهبٌ ؛ تعْليمٌ ؛ مُعْتَقَدٌ
document *n.; vt.* مُسْتَنَدٌ ؛ وثيقَةٌ // يُزوِّدُ بالوثائِقِ
documentary *adj.; n.* ثُبوتيٌّ (مُسْتَنَدٌ). أصْليٌّ (وثيقَةٌ). وثائقيٌّ (فيلمٌ) // فيلْمٌ وثائقيٌّ
documentation *n.* تعْزيزٌ أو تأْييدٌ بالمُسْتَنَداتِ أوِ الوثائِقِ. جمْعُ المُسْتَنَداتِ أوِ الوثائِقِ
dodge *vt.; i.; n.* يتَجنَّبُ (خطَرًا) ؛ يتَفادى / ينْسَلُ ؛ ينْسحِبُ (مِنْ بابٍ سِرّيٍّ). يحْتالُ ؛ يُراوِغُ // خِدْعَةٌ ؛ حيلَةٌ. مُراوَغَةٌ
dodger *n.* مُحْتالٌ ؛ ماكِرٌ ؛ داهيَةٌ
doe *n.* أنْثى الأيِّلِ أوِ الأرْنَبِ
doer *n.* فاعِلٌ ؛ شَخْصٌ يقْرِنُ القَوْلَ بالفِعْلِ
doff *vt.* يخْلَعُ ؛ ينْزِعُ (مِعْطَفَهُ، قُبَّعَتَهُ)
dog *n.; vt.* كَلْبٌ. شَخْصٌ دنيءٌ // يقْتَفي أو يتَعقَّبُ آثارَ (فلانٍ)
lucky — يا لَكَ مِنْ مَحْظوظٍ
dog days *n.pl.* قَيْظٌ ؛ حَرُّ الصَيْفِ
dogfish *n.* كَلْبُ البَحْرِ (سَمَكٌ)
dogged *adj.* مُتَعَنِّتٌ ؛ مُتَشَبِّثٌ برأْيِهِ ؛ عَنيدٌ
doggerel *n.* شِعْرٌ هَزْليٌّ رَديءٌ
dogma *n.* (*pl.* **-s** *or* **-ta**) عَقيدَةٌ. مَبْدأٌ
dogmatic *adj.* عَقائِديٌّ (دُروسٌ)
dogmatism *n.* حَزْميَّةٌ
dogmatize *vi.; t.* يَجْزِمُ (بِكَلامِهِ) ؛ يؤكِّدُ
doily *n.* فوطَةُ مائِدَةٍ (توضَعُ تَحْتَ الصَحْنِ)
doing *n.* فِعْلٌ ؛ إنْجازٌ
dole *n.; vt.* حَسَنَةٌ ؛ صَدَقَةٌ ؛ زَكاةٌ ؛ إعانَةٌ // يَتَصدَّقُ ؛ يُعْطي بِشُحٍّ
doleful *adj.* حَزينٌ ؛ شاكٍ. كَئيبٌ ؛ موحِشٌ
doll *n.; vt.* لُعْبَةٌ ؛ دُمْيَةٌ // يُهَنْدِمُ
— oneself يَتَهَنْدَمُ (فتاةٌ)
dollar *n.* دولارٌ: وَحْدَةُ النَقْدِ الأساسيَّةِ في عَدَدٍ مِنَ البُلْدانِ (كالوِلاياتِ المُتَّحِدَةِ وكَنَدا. . .)
dolourous *adj.* حَزينٌ ؛ كَئيبٌ. مُحْزِنٌ
dolphin *n.* دُخَسٌ ؛ دُلْفينٌ: حَيَوانٌ بَحْريٌّ
dolt *n.* أخْرَقُ ؛ أحْمَقُ
domain *n.* مُلْكٌ (عامٌّ). مَيْدانٌ ؛ حَقْلٌ ؛ مِضْمارٌ
dome *n.* قُبَّةٌ
domestic *adj.; n.* أهْليٌّ. داجِنٌ. عائليٌّ // خادِمٌ
domesticate *vt.* يُدَجِّنُ (حَيَوانًا). يَجْعَلُهُ يأْلَفُ الأعْمالَ المَنْزِليَّةَ ويُتْقِنُها
domicile *n.* مَنْزِلٌ ؛ مَسْكَنٌ ؛ مَحَلُّ الإقامَةِ ؛ دارٌ
dominance *n.* هَيْمَنَةٌ ؛ سَيْطَرَةٌ
dominant *adj.* سائِدٌ (لُغَةٌ). غالِبٌ. مُسَيْطِرٌ
dominate *vt.; i.* يُسَيْطِرُ على ؛ يَتَسلَّطُ على. يَسودُ. يُشْرِفُ على. يَتَحَكَّمُ في (شَعْبٍ). يَتَغَلَّبُ على
domination *n.* سَيْطَرَةُ (حِزْبٍ). تَسَلُّطٌ. نُفوذٌ
domineer *vi.* يُسَيْطِرُ على ؛ يَتَسَلَّطُ على. يَحْكُمُ باسْتِبْدادٍ
dominie *n.* مُعَلِّمُ (مَدْرَسَةٍ)
dominion *n.* سَيْطَرَةٌ ؛ سُلْطانٌ. أراضٍ خاضِعَةٌ لِسَيْطَرَةِ دَوْلَةٍ ذاتِ سِيادَةٍ
domino *n.* دومينو (لُعْبَةٌ). أحْجارُ لُعْبَةِ الدومينو. زِيٌّ تَنَكُّريٌّ
don *n.; vt.* لَقَبٌ إسْبانيٌّ (بِمَعْنى سَيِّد). أُسْتاذٌ جامِعيٌّ // يَلْبَسُ ؛ يَرْتَدي (ثَوْبًا)
donate *vt.* يَهَبُ ؛ يُعْطي هِبَةً. يَتَبَرَّعُ
donation *n.* هِبَةٌ. تَبَرُّعٌ
donkey *n.* حِمارٌ

donor *n.* واهِبٌ

doodle *vi.; n.* يُخَرْبِشُ // رَسْمٌ عابِثٌ؛ خَرْبَشَةٌ

doom *vt.; n.* يَحْكُمُ عَلى. يُدينُ // حُكْمٌ. مَصيرٌ مَشْؤومٌ. هَلاكٌ

doomsday *n.* يَوْمُ الدِّينِ أوِ الدَّيْنونَةِ

door *n.* بابٌ

folding —s أَبْوابٌ ذاتُ دَرْفَتَيْنِ

next — بِالقُرْبِ؛ في البَيْتِ المُجاوِرِ

behind closed —s ضِمْنَ أَبْوابٍ مُغْلَقَةٍ

door-bell *n.* جَرَسُ (الباب)

door-keeper *n.* بَوّابٌ. حارِسٌ

door-man *n.* بَوّابٌ

door-step *n.* عَتَبَةُ الباب

door-way *n.* مَدْخَلٌ؛ بابٌ

dope *n.; vt.* مُخَدِّرٌ. زَيْتٌ ثَقيلٌ // يُخَدِّرُ

dormancy *n.* سُكونٌ. هُجوعٌ. سُبوتٌ

dormant *adj.* راقِدٌ. راكِدٌ. ساكِنٌ. مُسْبِتٌ

dormer window *n.* كُوَّةٌ؛ مَنْوَرٌ

dormitory *n.* مَنامَةٌ؛ مَهْجَعٌ (في مَدْرَسَةٍ داخِلِيَّةٍ)

dormouse *n.* (*pl.* **dormice**) حَيَوانٌ يَسْتَكِنُّ في فَصْلِ الشِّتاءِ (كالزُّغْبَةِ والسِّنْجابِ)

dose *n.; vt.* جُرْعَةٌ. مِقْدارٌ // يُحَدِّدُ جُرْعَةَ (دَواءٍ). يُعايِرُ (دَواءً)

dossier *n.* مِلَفٌّ. إضْبارَةُ (مُوَظَّفٍ)

dot *n.; vt.* نُقْطَةٌ // يَضَعُ نُقْطَةً. يُنَقِّطُ

— one's/ the i's and cross one's/ the t's يَضَعُ النِّقاطَ عَلى الحُروفِ؛ يوضِحُ

dotage *n.* هَذَيانُ (الشُّيوخِ)؛ خَرَفٌ

dotard *n.* إنْسانٌ خَرِفٌ

dote *vi.* يُظْهِرُ وَلَعَهُ بِـ أو مَحَبَّتَهُ لِـ. يَشْغَفُ بِـ

double *adj.; vt.; i.* ضِعْفٌ (ثَمَنِ. مُزْدَوِجٌ (بابٌ). مُضاعَفٌ. ثُنائِيٌّ // يُضاعِفُ (رِبْحَهُ). يُكَرِّرُ. يَقْبِضُ (جُمْعَ كَفِّهِ) / يَتَضاعَفُ (ضَرائِبُ). يَخْدَعُ

— back يَعودُ أَدْراجَهُ

double bed *n.* سَريرٌ مُزْدَوِجٌ

double-breasted *adj.* لِباسٌ ذو صَدْرٍ مُزْدَوِجٍ

double-cross *vt.* يَخْدَعُ؛ يَغُشُّ

double-dealing *n.* رِياءٌ؛ نِفاقٌ؛ مُخادَعَةٌ

double-decker *n.* سَفينَةٌ أو سَيّارَةُ نَقْلٍ ذاتُ طَبَقَةٍ عُلْوِيَّةٍ

double-room *n.* غُرْفَةٌ لِشَخْصَيْنِ

doubt *n.; vt.; i.* إرْتِيابٌ؛ شَكٌّ. تَرَدُّدٌ // يَشُكُّ في (أَمْرٍ) / يَشُكُّ؛ يَرْتابُ

beyond a — دونَ أَيِّ شَكٍّ

doubtful *adj.* مَشْكوكٌ فيهِ (نَتيجَةٌ). غامِضٌ

doubtless *adv.* عَلى الأَرْجَحِ

dough *n.* عَجينٌ (لِلخُبْزِ). مالٌ

dough-nut *n.* نَوْعٌ مِنَ الكَعْكِ المَقْلِيِّ

doughty *adj.* عَجينِيٌّ. رَخْوٌ

dour *adj.* قاسٍ. مُتَصَلِّبٌ

douse; dowse *vt.* يَغْمِسُ في الماءِ. يُطْفِئُ

dove *n.* يَمامَةٌ؛ حَمامَةٌ

dove-cot(e) *n.* بُرْجُ الحَمامِ

dovetail *n.; vt.* تَعْشيقَةٌ // يُعَشِّقُ

dowager *n.* سَيِّدَةٌ مُسِنَّةٌ مِنَ الطَبَقَةِ الرَفيعَةِ

dowdy *adj.* رَثٌّ وَقَديمٌ (لِباسٌ). مُهْمَلَةُ اللِّباسِ

dowel *n.* مِسْمارٌ مُزْدَوِجٌ؛ وَتَدٌ

dower *n.* إرْثُ الأَرْمَلَةِ مِنْ زَوْجِها. البائِنَةُ

down *n.; prep.* زَغَبُ (الطَّيْرِ). تَلَّةٌ // تَحْتُ؛ في الأَسْفَلِ؛ دونَ

go — يَنْزِلُ

downcast *adj.* خائِرُ القِوى؛ مَنْهوكٌ. مُكْتَئِبٌ؛

حَزينٌ. مُوَجَّهٌ إلى الأسْفَلِ (نَظَرٌ)

downfall *n.* سُقوطُ (المَطَرِ). إنْهيارٌ؛ إفْلاسٌ

downhill *adj.* مائِلٌ. مُنْحَدِرٌ

go — يَسوءُ (الصِحَّةُ)

downpour *n.* وابِلٌ (مِنَ المَطَرِ)

downright *adj.* مُباشَرٌ؛ صَريحٌ. مَحْضٌ

downstairs *adv.* تَحْتُ؛ في الطابِقِ السُفْليِّ

downtrodden *adj.* مُضْطَهَدٌ (شَخْصٌ)

downward *adj.* نازِلٌ؛ مِنْ أعْلى إلى أسْفَل

downwards *adv.* في الإتِّجاهِ النّازِلِ

downy *adj.* زَغِبٌ؛ خَمْليٌّ

dowry *n.* دوطَةٌ

doze *vi.; n.* يُهَوِّمُ؛ يَغْفو // غَفْوَةٌ قَصيرَةٌ

dozen *n.* إثْنا عَشَرَ؛ دَزّينَةٌ (مَناديلَ)

drab *adj. & n.* رَماديٌّ أو أسْمَرُ كامِدٌ. لا رَوْنَقَ فيهِ

draft *vt.; n.* يَرْسُمُ؛ يَخُطُّ (مُسَوَّدَةً). يَفْصِلُ // رَسْمٌ تَمْهيديٌّ. مُسَوَّدَةٌ. كِمْبيالَةٌ. مُفْرَزَةُ (جُنْدٍ). جُرْعَةُ (مَشْروبٍ). تَيّارُ هواءٍ

draftsman *n.* رَسّامٌ؛ مُخَطِّطٌ

drag *vt.; i.* يَجُرُّ؛ يَسْحَبُ. يَجْرُفُ (مَمَرًّا مائيًّا). يُطَوِّلُ / يُجَرْجِرُ نَفْسَهُ

— away from يُبْعِدُ

— out يَنْتَزِعُ (اعْتِرافًا)

draggle *vt.* يُجَرْجِرُ في الوَحَلِ

dragnet *n.* شَبَكَةُ صَيْدٍ

dragoman *n.* (*pl.* **-s**) تُرْجُمانٌ

dragon *n.* تِنّينٌ

dragon-fly *n.* حَشَرَةُ اليَعْسوبِ

dragoon *n.; vt.* جُنْديٌّ خَيّالٌ // يُجْبِرُ (بِوَسائِلَ عَسْكَرِيَّةٍ). يُزْعِجُ بِاسْتِمرارٍ

drain *vt.; i.; n.* يُصَرِّفُ (المِياهَ). يُجَفِّفُ (حَقْلاً). يَضَعُ فَتيلاً (في جُرْحٍ). يُفْرِغُ (كَأْسًا) / يَسيلُ. يَجِفُّ // خَنْدَقٌ؛ مَجْرى. عِبْءٌ

drainage *or* **draining** *n.* تَصْريفُ (مِياهِ سَطْحٍ). تَجْفيفُ (مُسْتَنْقَعٍ)

drake *n.* ذَكَرُ البَطِّ

dram *n.* الدِرْهَمُ (وِحْدَةُ وَزْنٍ)

drama *n.* مَأْساةٌ. عَمَلٌ مَسْرَحيٌّ

dramatic(al) *adj.* مَأْسَويٌّ. مَسْرَحيٌّ. مُؤَثِّرٌ

dramatist *n.* مُؤَلِّفٌ مَسْرَحيٌّ

dramatize *vt.* يُجَسِّمُ؛ يُضَخِّمُ (حادِثًا طَفيفًا)

drape *vt.; n.* يُغَطّي؛ يُلَبِّسُ (تِمْثالاً). يُزَيِّنُ (بِالأعْلامِ) // سِتارُ (نافِذَةٍ)

draper *n.* صانِعُ أو تاجِرُ الجوخِ

drapery *n.* جوخٌ. مَصْنَعُ جوخٍ. صِناعَةُ الجوخِ

drastic *adj.* حازِمٌ؛ حاسِمٌ. عَنيفٌ (شَخْصٌ)

draught *vt.; n.* see **draft**

draw *vt.; i.irr.; n.* يَسْحَبُ. يَجُرُّ. يَرْسُمُ. يَتَقاضى (أجْرًا). يُقْنِعُ. يَقْتَلِعُ (سِنًّا). يَسْتَقي (ماءً). يَلْفِتُ (الإنْتِباهَ إلى) / يَمْتَصُّ؛ يَسْحَبُ. يَسُلُّ؛ يَشْهَرُ. يَتَعادَلُ (في مُباراةٍ). يَجْتَذِبُ (المُشاهِدينَ). يَدْنو تَدْريجيًّا مِن // قُرْعَةٌ. إجْتِذابُ (جُمْهورٍ). تَعادُلٌ

— lots for يَخْتارُ بِالقُرْعَةِ

— out تَطولُ (الأيّامُ)

drawback *n.* خَطَأٌ في حِسابٍ. ضَرَرٌ. مُضايَقَةٌ. عائِقٌ. رَدُّ الرُسومِ (عِنْدَ إعادَةِ تَصْديرِ السِلَعِ)

drawbridge *n.* جِسْرٌ مُتَحَرِّكٌ

drawer *n.* ساحِبُ (شيكٍ). دُرْجٌ. رَسّامٌ

chest of —s خِزانَةٌ ذاتُ أدْراجٍ

drawing *n.* سَحْبٌ. رَسْمٌ تَخْطيطيٌّ

drawing board *n.* لَوْحَةٌ لِلرَّسْمِ

drawl *vi.; n.* يَتَكَلَّمُ بِصَوْتٍ بَطيءٍ // صَوْتٌ بَطيءٌ

dray *n.* شاحِنَةٌ أو عَجَلَةُ نَقْلٍ

dread *adj.; n.; vt.; i.* مُخيفٌ؛ رَهيبٌ؛ مُريعٌ. مَهيبٌ // رُعْبٌ؛ خَوْفٌ // يَخافُ؛ يَهابُ؛ يَفْزَعُ مِن

dreadful *adj.* مُخيفٌ؛ مُرَوِّعٌ (حادِثٌ)؛ رَهيبٌ

dream *n.; vt.; i.irr.* حُلْمٌ؛ مَنامٌ // يَحْلُمُ؛ يَرى في مَنامِهِ. يَتَخَيَّلُ. يَتَصَوَّرُ. يَسْبَحُ في الخَيالِ. يَسْتَسْلِمُ لِلأَوْهامِ

day — حُلْمُ يَقَظَةٍ

dreamer *n.* حالِمٌ. شَخْصٌ يَسْتَسْلِمُ لِلأَوْهامِ

dreamy *adj.* حالِمٌ. وَهْميٌّ (مَشْروعٌ)

drear *or* **dreary** *adj.* حَزينٌ. كَئيبٌ (طَقْسٌ)

dredge *vt.; n.* يَرُشُّ؛ يَذُرُّ (مِلْحًا). يَصْطادُ المَحارَ بِالشِباكِ // شَبَكَةٌ لالْتِقاطِ المَحارِ

dredger *n.* مِرَشَّةٌ؛ مِذَرَّةٌ. سَفينَةٌ مُجَهَّزَةٌ بِشِباكٍ لالْتِقاطِ المَحارِ

dregs *n.pl.* ثُفْلٌ. راسِبُ (الزَيْتِ)

drench *vt.* يَغْمِسُ؛ يَغُطُّ في. يَبِلُّ (مَنْديلاً)

dress *vt.; i.; n.* يُلْبِسُ؛ يَكْسو. يُزَيِّنُ. يُضَمِّدُ. يُعِدُّ (طَعامًا). يُراصِفُ (جُنودًا) / يَلْبَسُ ثِيابَهُ. يَكْتَسي. يَتَراصَفُ // لِباسٌ؛ ثِيابٌ. هِنْدامٌ. بِزَّةٌ

evening — ثِيابُ السَّهْرَةِ

dresser *n.* مُلْبِسٌ؛ مُساعِدٌ عَلى ارْتِداءِ المَلابِسِ. مُساعِدُ جَرّاحٍ. خِزانَةُ الأَواني وَالأَطْباقِ

dressing *n.* تَزَيُّنٌ؛ إرْتِداءُ المَلابِسِ؛ تَضْميدُ جُرْحٍ. ضِمادٌ. تَتْبيلٌ. سَمادٌ

dressing case *n.* حَقيبَةُ تَبَرُّجٍ

dressing gown *n.* مِبْذَلٌ

dressing room *n.* حُجْرَةُ تَغْييرِ المَلابِسِ

dressing table *n.* مِنْضَدَةُ الزّينَةِ

dressmaker *n.* خَيّاطَةٌ نِسائِيَّةٌ

dressy *adj.* أَنيقٌ (شَخْصٌ، لِباسٌ)

dribble *vt.; i.* يُقَطِّرُ / يَتَسَلَّلُ بِالكُرَةِ. يَقْطُرُ؛ يَتَقَطَّرُ. يَسيلُ لُعابُهُ

drier *n.* see **dryer**

drift *n.; vt.; i.* كَوْمَةٌ (مِنَ الثَلْجِ، مِنَ الأَوراقِ اليابِسَةِ). جِسْمٌ عائِمٌ. إنْسياقٌ (سَفينَةٍ). إنْدِفاعُ التَيّارِ. مَيْلٌ؛ إتِّجاهٌ. مَرمى // يُبَدِّدُ (الغُيومَ). يَدْفَعُ. يُكَوِّمُ / يَنْجَرِفُ. يَنْتَقِلُ مِنْ مَكانٍ إلى آخَرَ

drifter *n.* سَفينَةُ صَيْدٍ. سَفينَةٌ لإزالَةِ الأَلْغامِ

drill *n.; vt.; i.* مِثْقَبٌ. تَلَمٌ. تَدْريبٌ. نَسيجٌ قُطْنيٌّ ثَقيلٌ // يَثْقُبُ. يُدَرِّبُ. يَبْذُرُ الحَبَّ / يَتَدَرَّبُ

drilling *n.* ثَقْبٌ. تَدْريبٌ (عَسْكَريٌّ)

drink *n.; vt.; i.irr.* مَشْروبٌ. شَرابٌ // يَشْرَبُ (الماءَ، نَخْبًا). يَتَشَرَّبُ؛ يَمْتَصُّ

drinker *n.* شارِبٌ؛ شِرّيبٌ؛ سِكّيرٌ

drinking *n.* عادَةُ شُرْبِ الكُحولِ. إدْمانٌ

drinking fountain *n.* نَبْعُ ماءٍ

drip *vt.; i.; n.* يُقَطِّرُ (ماءً) / يَتَقَطَّرُ (ماءٌ) // تَقَطُّرٌ. شَخْصٌ أَحْمَقُ

drive *vt.; i.irr.; n.* يَدْفَعُ (المَوْجُ سَفينَةً). يَحُثُّ عَلى. يُشَغِّلُ (آلَةً). يُوَجِّهُ (حَيوانَ الجَرِّ). يَحْمِلُ (إلى المَصَبِّ). يَقودُ (سَيّارَةً). يَدُقُّ (مِسْمارًا). يَجُرُّ. يَقْذِفُ (الكُرَةَ) / يَقودُ السَيّارَةَ. يَنْدَفِعُ // نُزْهَةٌ أو جَوْلَةٌ بِالسَيّارَةِ. طَريقٌ خاصَّةٌ. نَشاطٌ وَحَيَوِيَّةٌ. وَسيلَةُ التَدْويرِ

— at يَقْصِدُ؛ يَعْني

— away يُبَدِّدُ

— away at (one's work) — يَجِدُّ في (عَمَلِهِ)

— in يُدْخِلُ

— out يُخْرِجُ

— up يَصِلُ (بِالسَيّارَةِ)

drivel *n.; vi.* تَوافِهُ؛ هُراءٌ. كَلامٌ سَخيفٌ // يَتَكَلَّمُ بِطَريقَةٍ صِبيانِيَّةٍ. يَتَفَوَّهُ بِالسَّخافاتِ

driver *n.* حوذيٌّ ؛ سائِقُ (عَرَبَةٍ أو سَيّارَةٍ)
driving *n.* قِيادَةُ (سَيّارَةٍ). حَفْرُ (نَفَقٍ)
driving test *n.* إمْتِحانٌ لإجازَةِ سَوْقٍ
drizzle *vi.; n.* تَرُذُّ السَماءُ // رَذاذٌ ؛ مَطَرٌ خَفيفٌ
droll *adj. & n.* ظَريفٌ ؛ مُضْحِكٌ
drollery *n.* دُعابَةٌ ؛ مُزاحٌ
dromedary *n.* جَمَلٌ (وحيدُ السَّنامِ)
drone *n.; vi.* اليَعْسوبُ (ذَكَرُ النَّحْلِ). تَنْبَلٌ ؛ خامِلٌ. دَنْدَنَةُ (النَحْلِ). خُطابٌ أو خَطيبٌ مُمِلٌّ // يَطِنُّ ؛ يَدِنُّ أو يُدَنْدِنُ. يَتَكَلَّمُ بِصَوْتٍ رَتيبٍ ناعِسٍ
droning *adj.; n.* مُطَنْطِنٌ ؛ مُدَنْدِنٌ (نَحْلٌ). مُمِلٌّ // طَنينٌ أو دَنْدَنَةُ (النَحْلِ)
droop *vt.; i.* يَجْعَلُهُ يَتَدَلّى. يُخْفِضُ (الرَأْسَ، الوَجْهَ، العَيْنَيْنِ) / يَتَدَلّى. يَنْحَني
drop *n.; vt.; i.* قَطْرَةٌ. كَمِّيَّةٌ ضَئيلَةٌ. سَقْطَةٌ. جَوْهَرٌ مُتَدَلٍّ // يُسْقِطُ. يَرْمي. يَغْفُلُ عَن. يوصِلُ (شَخْصًا). يُضَيِّعُ (مالاً). يَتَخَلّى عَنْ / يَقْطُرُ. يَسْقُطُ (دَرَجاتُ الحَرارَةِ)
— behind يَبْقى في المُؤَخَّرَةِ
— in يَمُرُّ بِـ. يَقومُ بِزيارَةٍ غَيْرِ مُتَوَقَّعَةٍ
— out يَنْسَحِبُ (مِن مُباراةٍ)
dropsy *n.* الإسْتِسْقاءُ (مَرَضٌ)
dross *n.* حُثالَةٌ. وَحَلٌ. نُفايَةٌ
drought *n.* جَفافٌ ؛ قَحْطٌ
drove *n.* قَطيعُ (مَواشٍ). حَشْدٌ مُتَنَقِّلٌ
drover *n.* سائِقُ الماشِيَةِ ؛ بَقّارٌ. تاجِرُ مَواشٍ
drown *vt.; i.* يُغْرِقُ. يَغْمُرُ (بالماءِ). يَخْنُقُ (صَوْتًا) / يَغْرَقُ
drowse *vt.; i.; n.* يُنَعِّسُ / يَنْعَسُ ؛ يَتَكاسَلُ // نُعاسٌ
drowsy *adj.* نَعْسانُ. ساكِنٌ. مُنَوِّمٌ

drub *vt.* يَخْبِطُ ؛ يَضْرِبُ بِشِدَّةٍ
drudge *n.; vi.* كادٌّ ؛ كادِحٌ // يَكْدَحُ
drudgery *n.* عَمَلٌ شاقٌّ وَمُمِلٌّ
drug *n.; vt.* عَقّارٌ ؛ دَواءٌ. مُخَدِّرٌ // يُخَدِّرُ. يُكْثِرُ مِنْ إعْطاءِ الأدْوِيَةِ أوِ العَقاقيرِ
drug addict *n.* مُدْمِنُ مُخَدِّراتٍ
druggist *n.* صَيْدَليٌّ. عَطّارٌ
drugstore *n.* صَيْدَلِيَّةٌ. مَحَلٌّ لِبَيْعِ أدَواتِ التَجْميلِ وَالطَعامِ إلخ.
drum *n.; vt.; i.* طَبْلٌ. طَبْلَةُ الأُذُنِ // يَقْرَعُ الطَبْلَ
— out يُجَرِّدُ مِنَ الرُتْبَةِ
drummer *n.* طَبّالٌ أو ضارِبُ الطَبْلِ
drunk *adj.* سَكْرانُ ؛ ثَمِلٌ ؛ مَخْمورٌ
drunkard *n.* سِكّيرٌ
drunkenness *n.* سُكْرٌ ؛ ثَمَلٌ
dry *adj.; vt.; i.* جافٌّ. قاحِلٌ. عَطِشٌ. مُمِلٌّ. جامِدٌ ؛ غَيْرُ سائِلٍ (طَعامٌ). لا زُبْدَةَ فيهِ (خُبْزٌ). واقِعِيٌّ. مَوْضوعِيٌّ // يُجَفِّفُ. يُيَبِّسُ / يَجِفُّ
— up يُنَشِّفُ ؛ يَنْضُبُ ؛ يَنْقَطِعُ. يُسْكِتُ
dry-dock *n.* حَوْضٌ جافٌّ (لإصْلاحِ السُفُنِ)
dryer *or* **drier** *n.* مُجَفِّفُ (زَيْتٍ ؛ الشَعَرِ)
dryness *n.* جَفافٌ أو قُحولَةُ (أرْضٍ)
dry-shod *adj.; adv.* عَلى اليَبَسِ. مِنْ غَيْرِ أنْ يُبَلِّلَ قَدَمَيْهِ
dual *adj.* مُزْدَوِجٌ ؛ ثُنائِيٌّ
dub *vt.* يُعطي لَقَبَ (فارِسٍ). يَسْتَبْدِلُ أو يُضيفُ أصْواتًا جَديدَةً إلى شَريطٍ (سينَمائِيٍّ) مُسَجَّلٍ
dubiety *or* **dubiousness** *n.* شَكٌّ ؛ حَيْرَةٌ ؛ تَرَدُّدٌ. مَسْأَلَةٌ تُثيرُ الشَكَّ
dubious *adj.* غَيْرُ مُؤَكَّدٍ. مُتَرَدِّدٌ ؛ شَكّاكٌ. مُثيرٌ لِلشَكِّ ؛ مُريبٌ (طَبْعٌ)

duchess *n.* دوقَةٌ (زَوْجَةُ الدّوقِ)

duchy *n.* دوقِيَّةٌ (إقْطاعَةُ دوقٍ)

duck *n.* (*pl.* **-s**); *vt.*; *i.* بَطٌّ؛ بَطَّةٌ. الحَبيبُ. إجْتِنابٌ. غَطْسٌ سَريعٌ. نَسيجٌ قُطْنِيٌّ مَتينٌ // يَغْمِسُ في الماءِ. يَحْني بِسُرْعَةٍ (رَأْسَهُ) / يَغْطِسُ. يَتَفادى؛ يَجْتَنِبُ (ضَرْبَةً). يَنْحَني

ducking *n.* تَغْطيسٌ أو غَطْسٌ (في الماءِ)

duckling *n.* فَرْخُ بَطٍّ

duct *n.* قَناةُ (ماءٍ). مَجْرى. أُنْبوبٌ مَعْدِنِيٌّ

ductile *adj.* لَدِنٌ؛ قابِلٌ لِلتَّشْكيلِ. سَهْلُ الإنْقيادِ

dudgeon *n.* غَضَبٌ

in high — في سَوْرَةِ غَضَبٍ

due *adj.*; *n.* مُسْتَحَقٌّ؛ مُتَوَجِّبٌ (مَبْلَغٌ). لائِقٌ؛ صَحيحٌ. مُتَوَقَّعٌ حُضورُهُ (قِطارٌ) // المُتَوَجِّبُ. *pl.* ضَريبَةٌ؛ رَسْمٌ

in — course في الوَقْتِ المُلائِمِ

— to ناجِمٌ عَن؛ يُعْزى إلى

duel *n.* مُبارَزَةٌ

duellist *n.* مُبارِزٌ

duenna *n.* مُرَبِّيَةٌ. وَصيفَةٌ مُصاحِبَةٌ

duet *n.* لَحْنٌ ثُنائِيٌّ (يُؤَدّيهِ مُغَنِّيانِ)

duke *n.* دوقٌ

dukedom *n.* إقْطاعَةُ دوقٍ. مَنْصِبُ دوقٍ

dull *adj.*; *vt.*; *i.* غَبِيٌّ؛ أَبْلَهُ؛ مَعْتوهٌ. حَزينٌ؛ كَئيبٌ. باهِتٌ؛ مُعْتِمٌ. مُمِلٌّ. غائِمٌ. غَيْرُ حادٍّ (سِكّينٌ، أَلَمٌ). ثَقيلُ (سَمْعٍ) // يَجْعَلُهُ غَبِيًّا. يُعَتِّمُ (لَوْنًا). يُسَكِّنُ الأَلَمَ / يُصْبِحُ غَيْرَ حادٍّ (سِكّينٌ). يَبْلَهُ (شَخْصٌ). يَكِلُّ (عَزيمَةٌ). يَخْمُدُ

dullard *n.* أَبْلَهُ؛ أَخْرَقُ؛ بَليدُ الذِهْنِ (شَخْصٌ)

duly *adv.* في حينِهِ؛ كَما يَجِبُ؛ عِنْدَ الضَرورَةِ

dumb *adj.* أَبْكَمُ. صامِتٌ (لِفَتْرَةٍ مُحَدَّدَةٍ). أَبْلَهُ

dumbbell *n.* ثَقّالَةٌ؛ مُمَرِّنَةُ عَضَلاتٍ

dumbfound *vt.* يُرْبِكُ؛ يُذْهِلُ؛ يَصْعَقُ

dumb show *n.* تَمْثيلٌ إيمائِيٌّ

dummy *n.* دُمْيَةٌ. تِمْثالٌ لِعَرْضِ المَلابِسِ. الأَبْكَمُ

dump *vt.*; *n.* يُلْقي (حِمْلاً). يُفْرِغُ (النِفاياتِ). يَبيعُ كَمِّيّاتٍ كَبيرَةً مِنَ البِضاعَةِ بِثَمَنٍ بَخْسٍ // مَقْلَبُ النِفاياتِ. مُسْتَوْدَعُ ذَخيرَةٍ. مَكانٌ مُهْمَلٌ وَقَذِرٌ

dumpling *n.* عَجينٌ مَطْبوخٌ

dun *adj.*; *n.*; *vt.* أَسْمَرُ قاتِمٌ. كُمَيْتٌ؛ أَسْمَرُ مُحْمَرٌّ // فَرَسٌ كُمَيْتٌ. دائِنٌ مُزْعِجٌ. مُطالَبَةٌ بِالدَفْعِ // يُضايِقُ؛ يُزْعِجُ. يُطالِبُ بِدَفْعِ الدَيْنِ

dunce *n.* أَبْلَهُ. بَليدُ الذِهْنِ (تِلْميذٌ)

dune *n.* تَلَّةُ رَمْلٍ

dung *n.* بَعْرٌ؛ بِرازٌ. رَوْثٌ. زِبْلٌ (تُسَمَّدُ بِهِ الأَرْضُ)

dungcart *n.* طُنْبُرُ الزِّبْلِ

dungeon *n.* زِنْزانَةٌ. حَبْسٌ (يَقَعُ تَحْتَ الأَرْضِ)

dunghill *n.* كَوْمَةُ زِبْلٍ

duodenal *adj.* خاصٌّ بِالمِعى الإثْني عَشَرِيِّ

duodenum *n.* (*pl.* **-na** *or* **-nums**) المِعى الإثْنا عَشَرِيُّ

dupe *n.*; *vt.* مَخْدوعٌ؛ مَغْشوشٌ // يَخْدَعُ؛ يَغُشُّ؛ يَغُرُّ (فُلانًا)

duplex *adj.* مُزْدَوِجٌ؛ مُضاعَفٌ

duplicate *adj.*; *n.*; *vt.* مُضاعَفٌ. مُطابِقٌ // نُسْخَةٌ مُطابِقَةٌ أو طِبْقَ الأَصْلِ // يُضاعِفُ. يَنْسَخُ

duplicity *n.* رِياءٌ؛ نِفاقٌ. سوءُ نِيَّةٍ

durability *or* **durableness** *n.* صَلابَةٌ. ثَباتٌ

durable *adj.* ثابِتٌ. مَتينٌ (حِذاءٌ)

durance *n.* حَبْسٌ أو سَجْنٌ طَويلُ المُدَّةِ

duration *n.* مُدَّةُ (العَقْدِ)

during *prep.* طَوالَ. خِلالَ؛ أَثْناءَ

dusk *n.* شَفَقٌ ؛ غَسَقٌ . عَتْمَةٌ

dusky *adj.* قاتِمٌ ؛ مُعْتِمٌ. أَسْمَرُ قاتِمٌ

dust *n.; vt.* غُبارٌ. رَمادٌ. مَسْحوقٌ. تُرابُ (الأَجْدادِ) ؛ رُفاتٌ. شَيْءٌ قَليلُ الأَهَمِّيَّةِ. إضْطِرابٌ. قُمامَةٌ

يُنَفِّضُ أو يُزيلُ الغُبارَ. يُغَطّي بِمَسحوقِ (السُكَّرِ)؛ يَرُشُّ

saw —

dust-bin *n.* صُنْدوقُ القُمامَةِ

dust-cart *n.* طُنْبُرٌ تُفَرَّغُ فيهِ القُمامَةُ

duster *n.* مِمْسَحَةٌ ؛ خِرْقَةٌ (لِمَسْحِ الغُبارِ)

dustman *n.* زَبّالٌ

dusty *adj.* مُغَبَّرٌ (نَوافِذُ). مُعَفَّرٌ بِالتُرابِ. أَغْبَرُ

Dutch *adj. & n.* هولَنْديٌّ

duteous *or* **dutiful** *adj.* مُطيعٌ (شَخْصٌ)

duty *n.* واجِبٌ. خِدْمَةٌ (عَسْكَرِيَّةٌ). *pl.* رُسومٌ جُمْرُكِيَّةٌ

on — في الخِدْمَةِ

dwarf *adj. & n.* (*pl.* **-s** *or* **dwarves**); *vt.* قَزَمٌ // يوقِفُ النُمُوَّ. يُصَغِّرُ

dwell *vi.irr.* يَمْكُثُ ؛ يُقيمُ ؛ يَسْكُنُ. يَبْقى

— on يُسْهِبُ في (الكَلامِ عَلى)

dwelling *n.* مَسْكَنٌ ؛ مَحَلُّ إقامَةٍ

dwindle *vi.* يَصْغُرُ

dye *vt.; i.; n.* يَصْبُغُ ؛ يُلَوِّنُ / يَتَلَوَّنُ // صِبْغٌ. لَوْنٌ

dyer *n.* صَبّاغٌ ؛ صابِغٌ

dye-works *n.pl.* مَصْبَغَةٌ

dying *adj.* مُنازِعٌ ؛ مُحْتَضِرٌ. تائِقٌ

dyke *n.* see **dike**

dynamic(al) *adj.* حَرَكِيٌّ ؛ ديناميٌّ (فِكْرَةٌ)

dynamics *n.pl.* عِلْمُ القِوى المُحَرِّكَةِ

dynamite *n.; vt.* نَسّافٌ ؛ ديناميتٌ (مادَّةٌ شَديدَةُ الإنْفِجارِ) // يَنْسِفُ بِالديناميتِ

dynamo *n.* (*pl.* **-s**) مُوَلِّدٌ

dynasty *n.* سُلالَةٌ حاكِمَةٌ. سُلالَةُ مَشاهيرَ عائِلَةٍ

dysentery *n.* مَرَضُ الزُحارِ: إلْتِهابُ الأَمْعاءِ الغَليظَةِ

dyslexia *n.* عُسْرُ القِراءَةِ

dyspepsia *n.* تُخْمَةٌ ؛ عُسْرُ أوِ اخْتِلالُ الهَضْمِ

dyspeptic *adj. & n.* مُتْخَمٌ ؛ مُصابٌ بِسوءِ الهَضْمِ

E

E; e *n.* الحَرْفُ الخامِسُ مِنَ الأَبْجَدِيَّةِ الإنْكليزِيَّةِ

each *adj.; pron.* كلُّ واحِدٍ (مِن اثْنَيْنِ أو أكْثَرَ) // كُلُّ واحِدٍ؛ كُلُّ فَرْدٍ

— other بَعْضُهُمْ بَعْضًا

eager *adj.* مُتَشَوِّقٌ؛ مُتَلَهِّفٌ

eagerness *n.* تَوْقٌ؛ تَلَهُّفٌ

eagle *n.* نَسْرٌ

eaglet *n.* فَرْخُ النَسْرِ؛ نُسَيْرٌ

ear *n.* أُذُنٌ؛ حاسَّةُ السَمْعِ. سُنْبُلَةُ (قَمْحٍ، شَعيرٍ)

give — to / lend an — يُعيرُ انْتِباهَهُ إلى

turn a deaf — يُحَوِّلُ انْتِباهَهُ عَن

earache *n.* أَلَمُ الأُذُنِ

eardrum *n.* طَبْلَةُ الأُذُنِ

earl *n.* لَقَبُ شَرَفٍ إنْكليزِيٌّ

early *adj. & adv.* باكِرًا؛ في وَقْتٍ مُبَكِّرٍ. بِدائِيٌّ. قَديمٌ

as — as possible في أَقْرَبِ وَقْتٍ مُمْكِنٍ

— to bed — to rise نَمْ باكِرًا وَاسْتَيْقِظْ باكِرًا

earmark *vt.; n.* يَخْتارُ شَيْئًا لِغَرَضٍ مُعَيَّنٍ. يَسِمُ أُذُنَ الحَيَوانِ لِتَثْبيتِ المِلْكِيَّةِ // عَلامَةٌ مُمَيِّزَةٌ

earn *vt.* يَكْسِبُ؛ يَحْظى بِـ. يَسْتَحِقُّ؛ يَسْتَأْهِلُ

earnest *adj.; n.* رَصينٌ؛ رَزينٌ. صادِقٌ. جِدِّيٌّ // ضَمانَةٌ. عُرْبونٌ

earnings *n.pl.* كَسْبٌ؛ دَخْلٌ؛ إيرادٌ

earphone *n.* سَمّاعَةٌ (لِلأُذُنِ)

earring *n.* حَلْقَةُ أو خُرْصُ (أُذُنٍ)؛ قُرْطٌ

earth *n.; vt.* الكُرَةُ الأَرْضِيَّةُ. العالَمُ. تُرابٌ // يَدْفِنُ؛ يَطْمُرُ (جُذورَ النَّبْتَةِ)

earthen *adj.* طينِيٌّ؛ مَصْنوعٌ مِنَ التُّرابِ

earthenware *n.* أوانٍ خَزَفِيَّةٌ (فَخّارِيَّةٌ)

earthly *adj.* دُنْيَوِيٌّ؛ يَخْتَصُّ بِالعالَمِ. مادِّيٌّ

earthquake *n.* هَزَّةٌ أَرْضِيَّةٌ؛ زَلْزالٌ

earthwork *n.* مِتْراسٌ تُرابِيٌّ

earthworm *n.* دودَةُ الأَرْضِ

earthy *adj.* تُرابِيٌّ؛ أَرْضِيٌّ. فَظٌّ؛ غَليظٌ

earwig *n.* حَشَرَةٌ تُعْرَفُ بِأبو مِقَصّ

ease *n.; vt.* راحَةٌ. سُهولَةٌ. طُمَأْنينَةٌ. يُسْرٌ // يُريحُ؛ يُخَفِّفُ (عَن). يُسَكِّنُ؛ يُطَمْئِنُ

at — مُسْتَرْخٍ؛ مُرْتاحٌ

ill at — مُتَوَتِّرٌ؛ قَلِقٌ

easel *n.* حامِلُ أو مِسْنَدُ لَوْحَةِ رَسّامٍ

easily *adv.* بِسُهولَةٍ. دونَ شَكٍّ

east *adj.; n.* شَرْقِيٌّ // شَرْقٌ. مَشْرِقٌ؛ بِلادُ الشَّرْقِ

Easter *n.* عيدُ الفِصْحِ؛ عيدُ القِيامَةِ

easterly *adj.* شَرْقِيٌّ؛ مِنَ الشَّرْقِ

eastern *adj.* شَرْقِيٌّ؛ بِاتِّجاهِ الشَّرْقِ

eastward *adj.* نَحْوَ الشَّرْقِ؛ يَقَعُ أو مُوَجَّهٌ شَرْقًا

eastwards *adv.* شَرْقًا؛ نَحْوَ الشَّرْقِ

easy *adj.* سَهْلٌ؛ هَيِّنٌ. مَرِنٌ (قانونٌ)

take it — هَوِّنْ عَلَيْكَ

easy chair *n.* كُرْسِيٌّ مُريحٌ

easy-going *adj.* سَلِسٌ؛ مُتَساهِلٌ

eat *vt.irr.* يَأْكُلُ. يَنْخُرُ (الخَشَبَ). يَقْرِضُ

— one's words يَتَراجَعُ عَنْ كَلامِهِ

— out of (someone's) hand يُطيعُ (فُلانًا) إطاعَةً تامَّةً

eatable *adj.* صالحٌ لِلأَكْلِ
eatables *n.pl.* طَعامٌ ؛ أَكْلٌ
eating *n.* أَكْلٌ ؛ طَعامٌ
eaves *n.pl.* رَفارِفُ السَّطْحِ أَوِ التَّخْشيبَةِ
eavesdrop *vi.* يَتَنَصَّتُ (سِرًّا) ؛ يَسْتَرِقُ السَّمْعَ
eavesdropper *n.* المُتَنَصِّتُ أَوِ المُسْتَرِقُ السَّمْعَ
ebb *vi.; n.* يَنْحَسِرُ (الماءُ). يَضْعُفُ ؛ يَهْزُلُ // جَزْرٌ ؛ إِنْحِسارُ الماءِ. إِنْحِطاطٌ
ebony *n.; adj.* شَجَرَةُ أَو خَشَبُ الأَبْنوسِ // أَسْوَدُ (بِلَوْنِ الأَبْنوسِ)
ebullience;-cy *n.* غَلَيانٌ. حَماسَةٌ شَديدَةٌ. هَيَجانٌ
ebullient *adj.* مُفْرِطُ الحَيَوِيَّةِ وَالحَماسَةِ. فائِرٌ
ebullition *n.* غَلَيانٌ. فَوْرَةُ هَيَجانٍ
eccentric *adj.* غَريبُ الأَطْوارِ. بَعيدٌ عَنِ المِحْوَرِ. مُخْتَلِفُ المَرْكَزِ
eccentricity *n.* غَرابَةُ أَطْوارٍ ؛ شُذوذٌ
ecclesiastic *n.; adj.* كاهِنٌ ؛ رَجُلُ دينٍ // كَهْنوتِيٌّ ؛ إِكْليرِكِيٌّ
ecclesiastical *adj.* إِكْليرِكِيٌّ ؛ كَنَسِيٌّ
echo *n.; vi.; t.* صدًى. تَرْديدٌ. إِنْعِكاسٌ // يُصْدي ؛ يَعْكِسُ الصَّوْتَ / يُرَدِّدُ. يُقَلِّدُ
eclipse *n.; vt.* كُسوفُ الشَّمْسِ. خُسوفُ (القَمَرِ) // يَكْسِفُ. يَحْجُبُ. يَتَفَوَّقُ عَلى
ecliptic *n.; adj.* فَلَكُ البُروجِ // كُسوفِيٌّ ؛ خُسوفِيٌّ
economic *adj.* إِقْتِصادِيٌّ ؛ يَخْتَصُّ بِالإِقْتِصادِ. مُرْبِحٌ (صَفْقَةٌ)
economical *adj.* إِقْتِصادِيٌّ. مُقْتَصِدٌ
economics *n.* عِلْمُ الإِقْتِصادِ
economist *n.* عالِمٌ بِالإِقْتِصادِ ؛ إِخْتِصاصِيٌّ في الإِقْتِصادِ ؛ إِقْتِصادِيٌّ
economize *or* **economise** *vt.; i.* يَقْتَصِدُ ؛ يَدَّخِرُ ؛ يوَفِّرُ
economy *n.* إِقْتِصادٌ. تَوْفيرٌ ؛ تَدْبيرٌ
ecstasy *n.* نَشْوَةٌ عارِمَةٌ. إِفْتِتانٌ
eczema *n.* قُوباءُ ؛ إِكْزيما : إِلْتِهابٌ جِلْدِيٌّ
eddy *n.; vi.* دُوّامَةٌ هَوائِيَّةٌ أَو مائِيَّةٌ. إِنْحِرافٌ أَو خَلَلٌ (في مَجْرى الحَياةِ) // يُدَوِّمُ ؛ يَتَحَرَّكُ عَكْسَ التَّيّارِ
edge *n.; vt.* حافَّةٌ ؛ طَرَفٌ. حَرْفٌ (السِّكّينِ). حَدُّ (غابَةٍ) // يَسُنُّ ؛ يَشْحَذُ. يُزَوِّدُ بِحَدٍّ
have the — on / over يَتَفَوَّقُ قَليلاً عَلى
on — مُتَوَتِّرٌ ؛ مُنْفَعِلٌ
— away يَبْتَعِدُ تَدْريجِيًّا
edgeways *or* **edgewise** *adv.* جانِبِيًّا ؛ بِطَريقَةٍ جانِبِيَّةٍ
edging *n.* الكَنارُ : حاشِيَةُ الثَّوْبِ. حافَّةُ الحَديقَةِ
edible *adj.* صالِحٌ لِلأَكْلِ
edict *n.* مَرْسومٌ أَو قانونٌ صادِرٌ عَنْ سُلْطَةٍ عُليا
edification *n.* تَنْويرٌ وَإِرْشادٌ أَخْلاقِيٌّ وَروحِيٌّ
edifice *n.* بِناءٌ ضَخْمٌ. صَرْحٌ
edify *vi.* يُثَقِّفُ وَيُعَلِّمُ الأَخْلاقَ وَالفِكْرَ
edit *vt.* يُنَقِّحُ نَصًّا لِلنَّشْرِ ؛ يُحَرِّرُ
edition *n.* طَبْعَةٌ (مِنْ كِتابٍ أَو مَجَلَّةٍ)
editor *n.* رَئيسُ تَحْريرٍ (صَحيفَةٍ). مُحَرِّرٌ
editorial *n.; adj.* إِفْتِتاحِيَّةٌ أَو مَقالٌ إِفْتِتاحِيٌّ (في مَجَلَّةٍ) // يَخْتَصُّ بِقِسْمِ التَّحْريرِ أَوِ المُحَرِّرينَ
educate *vt.* يُعَلِّمُ ؛ يُدَرِّسُ. يُثَقِّفُ. يُرَبّي (الأَوْلادَ). يُدَرِّبُ ؛ يُمَرِّنُ
educated *adj.* مُثَقَّفٌ. مُتَعَلِّمٌ. مُهَذَّبٌ
education *n.* تَرْبِيَةٌ (النّاشِئَةِ). ثَقافَةٌ. تَعْليمٌ
educator *n.* مُعَلِّمٌ ؛ مُرَبٍّ. مُثَقِّفٌ

eel *n.* أنْكَليسٌ : ثُعْبانٌ بَحْرِيٌّ
eerie; eery *adj.* مُخيفٌ ؛ مُرْعِبٌ (مَكانٌ، حالَةٌ)
efface *vt.* يَمْحو ؛ يُزيلُ
— oneself يَنْزَوي ؛ يُقَلِّلُ مِنْ قَدْرِ ذاتِهِ
effect *n.; vt.* نَتيجَةٌ ؛ أثَرٌ. تَأْثيرٌ // يُنْجِزُ ؛ يُتَمِّمُ
carry into — يُنَفِّذُ ؛ يُنْجِزُ
come in *or* into — يُصْبِحُ ساريَ المَفْعولِ
in — في الحَقيقَةِ ؛ في الواقِعِ
take — يُصْبِحُ نافِذًا ؛ يُعْمَلُ بِهِ
to no — بدونِ فائِدَةٍ ؛ عَبَثًا
effective *adj.* ناجِعٌ. نافِذٌ. مؤَثِّرٌ. حَقيقيٌّ ؛ فِعْليٌّ
effects *n.pl.* أمْتِعَةٌ ؛ أمْلاكٌ
effectual *adj.* فَعّالٌ (تَدابيرُ، دَواءٌ). فِعْليٌّ
effeminacy *n.* مُيوعَةٌ ؛ تَخَنُّثٌ
effeminate *adj.* مُخَنَّثٌ. يَفْتَقِرُ إلى الثَّباتِ (نَصٌّ). مُتَخَنِّثٌ (رَجُلٌ)
effervesce *vi.* يَفورُ. يَجيشُ
effervescence *n.* فَوَرانٌ. جَيَشانٌ. حَيَوِيَّةٌ فائِقَةٌ
effervescent *adj.* فائِرٌ ؛ جَيّاشٌ. مُفْعَمٌ بِالحَيَوِيَّةِ
effete *adj.* مَنْهوكٌ. عَقيمٌ. عاجِزٌ
efficacious *adj.* فَعّالٌ ؛ ناجِعٌ
efficacy *n.* فَعالِيَّةٌ ؛ قُوَّةٌ في التَّأْثيرِ
efficiency *n.* مَقْدِرَةٌ ؛ فَعّالِيَّةٌ. كِفايَةٌ
efficient *adj.* قَديرٌ ؛ كَفوءٌ
effigy *n.* صورَةٌ نُصْبِيَّةٌ (لِشَخْصٍ ما). دُمْيَةٌ (تُمَثِّلُ شَخْصًا ما)
effloresce *vi.* يُزَهِّرُ ؛ يَزْهَرُ
efflorescence *n.* إزْهارٌ ؛ إزْهِرارٌ. طَفْحٌ جِلْديٌّ
efflorescent *adj.* مُزْهِرٌ
effluvium *n.* (*pl.* **-via** *or* **-viums**) رائِحَةٌ كَريهَةٌ (مِنْ مادَّةٍ نَتِنَةٍ)
efflux *n.* تَدَفُّقٌ (غازٍ، سائِلٍ). الدَفْقُ
effort *n.* جُهْدٌ. مَسْعًى. إجْتِهادٌ
effrontery *n.* وَقاحَةٌ ؛ صَفاقَةٌ
effulgence *n.* إشْراقٌ ؛ تَأَلُّقٌ
effulgent *adj.* لامِعٌ ؛ ساطِعٌ ؛ مُشْرِقٌ ؛ مُتَأَلِّقٌ
effusion *n.* إفاضَةٌ (في الكَلامِ). إراقَةٌ ؛ تَدَفُّقٌ
egg *n.; vt.* بَيْضَةٌ. بُوَيْضَةٌ // يُحَرِّضُ عَلى
boiled —s بَيْضٌ بِرِشْت أو نِمْبِرِشْتٌ
fried —s بَيْضٌ مَقْليٌّ
hard boiled —s بَيْضٌ مَسْلوقٌ
new-laid —s بَيْضٌ طازَجٌ
egg cup *n.* كَأْسُ البَيْضَةِ النِمْبِرِشْتِ
eggplant *n.* باذِنْجانٌ
eggshell *n.* قِشْرَةُ البَيْضَةِ
eglantine *n.* زَهْرَةُ النِّسْرينِ
egoism *n.* أنانِيَّةٌ ؛ حُبُّ الذّاتِ
egoist *n.* أنانيٌّ ؛ مُحِبُّ الذّاتِ. مَغْرورٌ
egotism *n.* تَبَجُّحٌ ؛ مَدْحُ النَّفْسِ
egotist *n.* مَغْرورٌ بِنَفْسِهِ ؛ مُتَبَجِّحٌ
egregious *adj.* فاضِحٌ (كِذْبَةٌ)
egress *n.* مَخْرَجٌ ؛ مَنْفَذٌ. خُروجٌ ؛ ظُهورٌ
eider *or* **eiderduck** *n.* عَيْدَرٌ : بَطٌّ ناعِمُ الزَّغَبِ
eiderdown *n.* زَغَبٌ ؛ ريشٌ. لِحافُ زَغَبٍ
eight *adj.* ثَمانِيَةٌ ؛ ثَمانٍ
eighteen *adj.* ثَمانِيَةَ عَشَرَ ؛ ثَماني عَشْرَةَ
eighteenth *adj.; n.* ثامِنَ عَشَرَ // جُزْءٌ من ١٨
eighth *adj. & n.* ثامِنٌ
eightieth *adj. & n.* الثَّمانونَ
eighty *n.* ثَمانونَ
either *adj. & pron.; conj.; adv.* أحَدُ الإثْنَيْنِ ؛ إمّا. كلٌّ مِن // إمّا // أيضًا

ejaculate *vt.* يُطْلِقُ (صَرْخَةً)؛ يَصْرُخُ؛ يَهْتِفُ. يَقْذِفُ المَنِيَّ
ejaculation *n.* صَرْخَةٌ؛ هُتافٌ. قَذْفُ المَنِيِّ
eject *vt.* يَقْذِفُ (لَهَبًا). يَطْرُدُ (مُوَظَّفًا)
ejection *n.* قَذْفٌ. طَرْدٌ. إقْصاءُ (قاضٍ)
ejection seat *n.* مَقْعَدٌ قَذْفِيٌّ (في طائِرَةٍ)
eke *vt.* يَزيدُ؛ يوَسِّعُ؛ يَمُدُّ
— out a living يؤَمِّنُ معيشَتَهُ بِصُعوبَةٍ
elaborate *adj.; vt.; i.* مُتْقَنٌ. مُعَقَّدٌ. مُفَصَّلٌ // يُتْقِنُ. يُفَصِّلُ / يُسْهِبُ؛ يُضيفُ (مَعْلوماتٍ)
elaboration *n.* إتْقانٌ. إسْهابٌ في (التَّفاصيلِ)
elapse *vi.* يَمْضي؛ يَمُرُّ؛ يَنْقَضي (وَقْتٌ)
elastic *adj.; n.* مَطّاطٌ؛ مَرِنٌ؛ لَدْنٌ (فولاذٌ) // شَريطٌ مَطّاطِيٌّ
elasticity *n.* مُرونَةُ (جِسْمٍ)؛ لَدانَةُ (شَفْرَةٍ)
elate *vt.* يَحْفِزُ؛ يَمْلأُ حَيَوِيَّةً أو نَشْوَةً أو تَفاؤلاً
elation *n.* مَرَحٌ؛ نَشْوَةٌ؛ حَيَوِيَّةٌ؛ فَخْرٌ
elbow *n.; vt.* مِرْفَقٌ. كوعٌ // يَدْفَعُ بِالمِرْفَقِ
at one's — قَريبٌ؛ بِمُتَناوَلِ اليَدِ
elder *adj.; n.* أكْبَرُ سِنًّا أو مَقامًا // نَبْتَةُ البَيْلَسانِ. أكْبَرُ سِنًّا أو مَقامًا
elderly *adj.* مُسِنٌّ؛ هَرِمٌ
eldest *adj.* بِكْرٌ؛ الأكْبَرُ سِنًّا
elect *adj.; vt.* مُنْتَخَبٌ. مُخْتارٌ أو مُنْتَقى (مُجْتَمَعٌ) // يَنْتَخِبُ. يَخْتارُ (المَوْتَ بَدَلَ الإسْتِسْلامِ)
election *n.* إنْتِخابٌ. إخْتِيارُ (مَحَلِّ إقامَةٍ)
electioneer *n.; vi.* مَنْ يَلْتَمِسُ أصْواتَ المُقْتَرِعينَ // يَلْتَمِسُ أصْواتًا (لِلإنْتِخاباتِ)
elective *adj.* إخْتِيارِيٌّ. إنْتِخابِيٌّ. لَهُ الحَقُّ في الإقْتِراعِ
elector *n.* ناخِبٌ؛ مُنْتَخِبٌ. مُقْتَرِعٌ
electorate *n.* النّاخِبونَ؛ المُقْتَرِعونَ. هَيْئَةُ المُنْتَخِبينَ
electric(al) *adj.* كَهْرَبائِيٌّ (تَيّارٌ، مِكْواةٌ)
— shock صَدْمَةٌ كَهْرَبائِيَّةٌ
electrician *n.* مُشْتَغِلٌ بِالكَهْرَباءِ؛ كَهْرَبائِيٌّ
electricity *n.* كَهْرَباءُ
electrify *vt.* يُكَهْرِبُ. يُزَوِّدُ بِالطّاقَةِ الكَهْرَبائِيَّةِ. يُهَيِّجُ؛ يُثيرُ (الجُمْهورَ)
electrocute *vt.* يُعْدِمُ بِالكَهْرَباءِ. يَصْعَقُ بِالكَهْرَباءِ
electrode *n.* قُطْبٌ كَهْرَبائِيٌّ؛ مَنْفَذٌ كَهْرَبائِيٌّ
electrolyze *vt.* يُحَلِّلُ بِالكَهْرَباءِ
electron *n.* إلِكْترونٌ؛ كُهَيْرِبٌ
electronic *adj.* إلِكْترونِيٌّ؛ كُهَيْرِبِيٌّ؛ كَهْرَبِيٌّ
electronics *n.* عِلْمُ الإلِكْترونِ
electro-plate *n.; vt.* فِضِّيّاتٌ مُلَبَّسَةٌ بِالكَهْرَباءِ // يُلَبِّسُ أو يَطْلي (مَعْدِنًا) بِالكَهْرَباءِ
elegance; -cy *n.* أناقَةٌ؛ رَشاقَةٌ
elegant *adj.* أنيقٌ؛ رَشيقٌ. لَبِقٌ
elegiac *adj.; n.pl.* رِثائِيٌّ // شِعْرٌ رِثائِيٌّ
elegy *n.* مَرْثاةٌ شِعْرِيَّةٌ؛ قَصيدَةُ رِثاءٍ
element *n.* عُنْصُرٌ. جُزْءٌ. مُرَكَّبٌ. مادَّةٌ. *pl.* عَوامِلُ (الطَّبيعَةِ). مِقْدارٌ ضَئيلٌ. *pl.* مُقَوِّماتٌ
elemental *adj.* أساسِيٌّ (حاجَةٌ). بِدائِيٌّ (عِبادَةٌ). عُنْصُرِيٌّ (تَحْليلٌ كيميائِيٌّ)
elementary *adj.* سَهْلٌ؛ بَسيطٌ. أوَّلِيٌّ (مَبادِئُ)
elephant *n.* فيلٌ
elephantine *adj.* فيلِيٌّ. ضَخْمٌ؛ هائِلٌ (كالفيلِ)
elevate *vt.* يَرْفَعُ. يُرَقّي. يُنْعِشُ
elevation *n.* رَفْعٌ. إرْتِفاعٌ؛ عُلُوٌّ. مُرْتَفَعٌ
elevator *n.* آلَةٌ رافِعَةٌ. مِصْعَدٌ. هُرْيٌ (بَيْتٌ كَبيرٌ يُجْمَعُ فيهِ القَمْحُ)

eleven *n.* أَحَدَ عَشَرَ

eleventh *adj. & n.* الحادي عَشَرَ

elf *n.* إِلْفٌ؛ قَزَمٌ. وَلَدُ عِفْريتٍ

elicit *vt.* يُثيرُ؛ يُسَبِّبُ. يَكْشِفُ؛ يُوَضِّحُ. يَسْتَخْلِصُ؛ يَسْتَنْتِجُ

elide *vt.* يَحْذِفُ حَرْفًا (لِتَحْسينِ اللَّفْظِ)؛ يُرَخِّمُ

eligible *adj.* مُؤَهَّلٌ أو مُناسِبٌ (لِمَنْصِبِ مُديرٍ)؛ يَتَمَتَّعُ بالأهليَّةِ المَطْلوبَةِ

climinate *vt.* يُزيلُ؛ يُلْغي؛ يَحْذِفُ

elimination *n.* إقْصاءٌ؛ حَذْفٌ

elision *n.* حَذْفُ حَرْفٍ (مِنْ كَلِمَةٍ)؛ تَرْخيمٌ

elite *n.* النُّخْبَةُ. صَفْوَةُ (المُجْتَمَعِ)

elixir *n.* إكْسيرٌ، شَرابُ الحَياةِ

elk *n.* أَلْكَةٌ؛ عَلَنْدٌ: أَيِّلُ الشَّمالِ

ell *n.* ذِراعٌ: حَوالي ٤٥ إِنْشًا. إمْتِدادٌ لِبناءٍ

ellipse *n.* قَطْعٌ ناقِصٌ. قَطْعٌ إهْليلِجيٌّ

elliptic(al) *adj.* إهْليلِجيٌّ؛ بَيْضيُّ الشَّكْلِ

elm *n.* بوقيصا؛ شَجَرَةُ البَقِّ؛ دَرْدارٌ

elocution *n.* فَنُّ الإلْقاءِ. طَريقَةُ النُّطْقِ

elongate *vt.; i.* يُطَوِّلُ (مِعْطَفًا)؛ يُطيلُ؛ يَمُدُّ / يَطولُ؛ يَمْتَدُّ

elope *vi.* تَفِرُّ سِرًّا (إمْرَأَةٌ مَعَ عَشيقِها)

eloquence *n.* فَصاحَةٌ؛ بَلاغَةٌ

eloquent *adj.* فَصيحٌ؛ بَليغٌ. مُعَبِّرٌ

else *adv.; adj.* وإلاّ؛ أَوْ // آخَرُ. غَيْرَ

anywhere — في أَيِّ مَكانٍ آخَرَ

elsewhere *adv.* في مكانٍ آخَرَ

elucidate *vt.* يُوَضِّحُ؛ يُفَسِّرُ؛ يُبَيِّنُ

elude *vt.* يُفْلِتُ مِنَ الأَسْرِ. يَتَهَرَّبُ مِنْ (واجِبٍ)

elusion *n.* إفْلاتٌ. تَهَرُّبٌ. تَمَلُّصٌ

elusive *adj.* يَصْعُبُ القَبْضُ عَلَيْهِ (لِصٌّ). تَمَلُّصيٌّ؛ مُحَيِّرٌ (جَوابٌ)

emaciate *vt.; i.* يُنْحِفُ؛ يُنْحِلُ / يَنْحُفُ؛ يَهْزُلُ

emaciated *adj.* هَزيلٌ؛ نَحيلٌ؛ نَحيفٌ

emanate *vi.; t.* يَنْطَلِقُ مِنْ مَصْدَرٍ مُعَيَّنٍ / يُطْلِقُ؛ يَبْعَثُ؛ يُرْسِلُ

emancipate *vt.* يُعْتِقُ (عَبْدًا). يُحَرِّرُ (مِنْ قُيودٍ)

emasculate *vt.* يَخْصي. يُنْهِكُ؛ يُضْني

embalm *vt.* يُحَنِّطُ (جُثَّةً). يُعَطِّرُ؛ يُطَيِّبُ

embalmer *n.* مُحَنِّطٌ

embank *vt.* يَحْصُرُ بِسَدٍّ (مَجْرى ماءٍ)

embankment *n.* سَدٌّ لِحَصْرِ (مَجْرى ماءٍ)

embargo *n.* حَظْرٌ بَحْريٌّ؛ حَجْرُ سُفُنٍ؛ إحْتِجازُ السُّفُنِ. مَنْعُ تَصْديرِ (الأَسْلِحَةِ، البَضائِعِ)

embark *vt.; i.* يُحَمِّلُ سَفينَةً (بَضائِعَ) / يَرْكَبُ سَفينَةً. يُباشِرُ (أَمْرًا)

embarkation *n.* رُكوبُ سَفينَةٍ. تَحْميلُ (بَضائِعَ)

embarrass *vt.* يُرْبِكُ؛ يُحْرِجُ. يَعوقُ الحَرَكَةَ

embarrassment *n.* إرْباكٌ؛ إحْراجٌ. مَأْزِقٌ ماليٌّ

embassy *n.* سَفارَةٌ. أَعْضاءُ السَّفارَةِ. مَهَمَّةُ السَّفيرِ

embed *vt.; i.* يُرَصْرِصُ. يَطْمُرُ / يَنْطَمِرُ

embellish *vt.* يُجَمِّلُ؛ يُزَيِّنُ. يُزَخْرِفُ (قِصَّةً)

embellishment *n.* تَجْميلٌ؛ تَزْيينٌ؛ زَخْرَفَةٌ

ember *n.* جَمْرَةٌ؛ جُذْوَةٌ

embezzle *vt.* يَخْتَلِسُ؛ يَتَمَلَّكُ مالَ الغَيْرِ

embitter *vt.* يُغيظُ. يَزيدُ سوءًا (مُشْكِلَةً)

emblazon *vt.* يُزَيِّنُ بِشِعاراتٍ. يُمَجِّدُ؛ يُقَرِّظُ

emblem *n.* رَمْزٌ؛ شِعارٌ

embody *vt.* يُجَسِّدُ. يُمَثِّلُ أو يَعْكِسُ (إرادَةً صُلْبَةً). يَشْمَلُ؛ يَحْتَوي

embolden *vt.* يُشَجِّعُ؛ يُجَرِّئُ

embosom *vt.* يَحْضُنُ؛ يُعانِقُ

emboss *vt.* يُحَدِّبُ (آنيةً فِضِّيَّةً)؛ يُزَيِّنُ بِنَقْشٍ بارِزٍ
embrace *n.; vi.; t.* عِناقٌ؛ مُعانَقَةٌ // يَتَضَمَّنُ / يُعانِقُ (شَخْصًا). يَعْتَنِقُ (دينًا). يَتَقَبَّلُ
embrocation *n.* مَرْهَمٌ؛ دَلوكٌ. دَلْكٌ بِمَرْهَمٍ
embroider *vt.* يُطَرِّزُ؛ يُزَخْرِفُ. يُنَمِّقُ (قِصَّةً)
embroidery *n.* تَطْريزٌ؛ زَخْرَفَةٌ. تَنْميقُ (قِصَّةٍ)
embryo *n.* جَنينٌ. نَواةُ (فِكْرَةٍ، نَظَرِيَّةٍ)
embryology *n.* عِلْمُ الأَجِنَّةِ
emend *vt.* يُحَسِّنُ؛ يُصْلِحُ. يُنَقِّحُ (مَخْطوطًا)
emerald *n.* زُمُرُّدٌ (حَجَرٌ كَريمٌ)
emerge *vi.* يَطْفو؛ يَبْرُزُ. يَبْدو لِلْعَيانِ
emergence *n.* طَفْوٌ؛ بُروزٌ. ظُهورٌ لِلْعَيانِ
emergency *n.* طارِئٌ؛ ظَرْفٌ مُفاجِئٌ وَمُلِحٌّ
— powers سُلُطاتٌ إِسْتِثْنائِيَّةٌ
state of — حالَةُ الطَوارِئِ (بِسَبَبِ الشَّغَبِ)
emergent *adj.* طارِئٌ. مُلِحٌّ
emery *n.* سُنْباذَجٌ؛ صَنْفَرَةٌ
— paper وَرَقُ الزُّجاجِ
emetic *n. & adj.* مُقَيِّئٌ (دَواءٌ)
emigrant *n.* مُهاجِرٌ؛ مُغْتَرِبٌ؛ نازِحٌ
emigrate *vi.* يُهاجِرُ؛ يَغْتَرِبُ؛ يَنْزَحُ
emigration *n.* هِجْرَةٌ؛ إِغْتِرابٌ؛ نُزوحٌ
eminence *n.* رِفْعَةٌ؛ رُتْبَةٌ سامِيَةٌ. مُرْتَفَعٌ
eminent *adj.* لامِعٌ. سامٍ. بارِزٌ. ناتِئٌ
emir *n.* أَميرٌ. حاكِمٌ أَوْ قائِدٌ (عِنْدَ المُسْلِمينَ)
emissary *n.* رَسولٌ؛ مَبْعوثٌ لِمَهَمَّةٍ سِرِّيَّةٍ؛ موفَدٌ سِرِّيٌّ
emission *n.* إِطْلاقُ (طاقَةٍ). إِصْدارٌ. بَثٌّ
emit *vt.* يُطْلِقُ. يُصْدِرُ. يَبْعَثُ. يَبِثُّ
emolument *n.* دَخْلٌ؛ راتِبٌ؛ بَدَلُ أَتْعابٍ
emotion *n.* إِنْفِعالٌ؛ تَأَثُّرٌ
emotional *adj.* كَثيرُ التَأَثُّرِ وَالإِنْفِعالِ؛ عاطِفِيٌّ
emperor *n.* إِمْبَراطورٌ
emphasis *n.* (*pl.* **-ases**) تَوْكيدٌ أَوْ تَشْديدٌ عَلى (مَوْضوعٍ، لَفْظَةٍ). تَفْخيمُ حَرْفٍ
emphasize *vt.* يُؤَكِّدُ أَوْ يُشَدِّدُ عَلى (مَوْضوعٍ). يُفَخِّمُ حَرْفًا
emphatic(al) *adj.* تَأْكيدِيٌّ؛ مُشَدَّدٌ. بارِزٌ؛ هامٌّ
empire *n.* إِمْبَراطورِيَّةٌ
empiric(al) *adj.* إِخْتِبارِيٌّ أَوْ تَجْريبِيٌّ (أُسْلوبٌ)
employ *vt.* يَسْتَخْدِمُ؛ يوَظِّفُ. يَسْتَعْمِلُ (الوَقْتَ)
employee *n.* أَجيرٌ؛ مُسْتَخْدَمٌ؛ موَظَّفٌ
employer *n.* مُسْتَخْدِمٌ؛ رَبُّ العَمَلِ
employment *n.* إِسْتِخْدامٌ؛ تَوْظيفٌ. شُغْلٌ؛ وَظيفَةٌ
emporium *n.* (*pl.* **-s** *or* **-ria**) مَتْجَرٌ كَبيرٌ
empower *vt.* يُفَوِّضُ؛ يُخَوِّلُ. يَمْنَحُ سُلْطَةً
empress *n.* إِمْبَراطورَةٌ؛ زَوْجَةُ الإِمْبَراطورِ
emptiness *n.* فَراغٌ؛ خُلُوٌّ
empty *adj.; vt.; i.* فارِغٌ. خالٍ. عَقيمٌ (تَهْديداتٌ). غَيْرُ مَسْكونٍ // يُفْرِغُ (بِرْميلاً). يُخْلي (مَسْكِنًا) / يَخْلو؛ يَفْرَغُ (مَسْكَنٌ)
empty-handed *adj.* فارِغُ اليَدَيْنِ. خائِبٌ
empty-headed *adj.* جاهِلٌ. طائِشٌ
emu *n.* طائِرٌ كالنَّعامَةِ مَوْطِنُهُ أُسْتراليا
emulate *vt.* يُجاري؛ يُنافِسُ. يُقَلِّدُ بِحَماسَةٍ
emulation *n.* مُنافَسَةٌ؛ مُجاراةٌ. تَقْليدُ (كاتِبٍ)
emulous *adj.* تَنافُسِيٌّ
emulsion *n.* مُسْتَحْلَبُ التَّصْويرِ الضَّوْئِيِّ
enable *vt.* يُمَكِّنُ؛ يَجْعَلُهُ قادِرًا عَلى. يُسَهِّلُ
enact *vt.* يَسُنُّ أَوْ يُشَرِّعُ (القَوانينَ، المَراسيمَ)
enactment *n.* سَنُّ (القَوانينِ). قانونٌ؛ مَرْسومٌ

enamel *n.; vt.* مينا: طِلاءٌ زُجاجيٌ لَمَّاعٌ // يُزَيِّنُ أوْ يُزَخْرِفُ بالمينا
enamelled *adj.* مُزَيَّنٌ أوْ مُزَخْرَفٌ بالمينا
enamo(u)red *adj.* مُغْرَمٌ بـ (فَتاةٍ). مولَعٌ بـ
encage *vt.* يَسْجُنُ في قَفَص
encamp *vi.; t.* يُخَيِّمُ؛ يُقيمُ في مُخَيَّم / يُقيمُ مُخَيَّمًا
encampment *n.* مُخَيَّمٌ؛ مُعَسْكَرٌ. تَخْييمٌ
encase *vt.* يَضَعُ في عُلْبَةٍ أوْ صُنْدوقٍ؛ يُصَنْدِقُ
enchain *vt.* يُسَلْسِلُ؛ يُكَبِّلُ. يَسْتَأْثِرُ بـ (الإنْتِباهِ)
enchant *vt.* يَخْلُبُ (القَلْبَ)؛ يَفْتِنُ. يَسْحَرُ
encircle *vt.* يَضَعُ دائِرَةً حَوْلَ؛ يُطَوِّقُ
enclose *vt.* يُسَيِّجُ؛ يُحاصِرُ. يُرْفِقُ. يَحْتَوي عَلى
enclosed *adj.* مُسَيَّجٌ؛ مُحاصَرٌ. مُرْفَقٌ (مُسْتَنَداتٌ)
enclosure *n.* تَسْييجٌ. أرْضٌ مُسَيَّجَةٌ. سِياجٌ. مُسْتَنَدٌ (مُرْفَقٌ برِسالَةٍ)
encompass *vt.* يُحاصِرُ؛ يُحيطُ. يَحْوي عَلى؛ يَشْمَلُ
encore *n. & int.; vt.* مَرَّةً ثانِيَةً؛ أيْضًا // يَسْتَعيدُ مَرَّةً ثانِيَةً؛ يُكَرِّرُ (دَوْرًا)
encounter *n.; vt.* تَلاقٍ (مُصادَفَةً). مُواجَهَةٌ؛ تَصادُمٌ // يُصادِفُ. يُنازِلُ. يواجِهُ (مَصاعِبَ)
encourage *vt.* يُشَجِّعُ؛ يُحَمِّسُ. يَحُثُّ؛ يَحُضُّ
encroach *vt.* يَتَعَدّى عَلى (أمْلاكِ الغَيْرِ). يَتَجاوَزُ الحَدَّ
encrust *or* **incrust** *vt.* يُغَطّي بِقِشْرَةٍ. يُرَصِّعُ
encumber *vt.* يُعَرْقِلُ؛ يُرْبِكُ. يُرْهِقُ (بالدُّيونِ)
encumbrance *n.* عَرْقَلَةٌ؛ إرْباكٌ. رَهْنٌ عَقارِيٌّ
encyclopedia *n.* مَوْسوعَةٌ؛ مَعْلَمَةٌ؛ دائِرَةُ مَعارِفَ
encyclopedic *adj.* مَوْسوعِيٌّ أوْ مَعْلَمِيٌّ (قاموسٌ)
end *n.; vt.; i.* // نِهايَةٌ؛ خِتامٌ. حَدٌّ. هَدَفٌ. مَوْتٌ // يُنْجِزُ؛ يُتِمُّ. يُميتُ. يَتَفَوَّقُ عَلى / يَتِمُّ؛ يَنْتَهي
at a loose — بِدونِ غايَةٍ أوْ عَمَلٍ
at an — مُرْهَقٌ؛ مَنْهوكٌ
in the — في النِّهايَةِ
make both —s meet يَصْرِفُ بِقَدَرِ المَدْخولِ
on — بِاسْتِمْرارٍ؛ بِصورَةٍ مُتَواصِلَةٍ
— it all يَنْتَحِرُ؛ يَضَعُ حَدًّا لِحَياتِهِ
endanger *vt.* يُهَدِّدُ السَّلامَةَ؛ يُعَرِّضُ لِلْخَطَرِ
endear *vt.* يُحَبِّبُ؛ يؤَهِّلُ لِلمَحَبَّةِ والإحْتِرامِ
endeavo(u)r *n.; vi.* // مُحاوَلَةٌ؛ جُهْدٌ؛ مَسْعًى // يُحاوِلُ؛ يَجْهَدُ؛ يَسْعى
ending *n.* نِهايَةٌ؛ آخِرُ (الكَلِمَةِ، الكِتابَةِ)
endless *adj.* لا نِهايَةَ لَهُ؛ دونَ انْقِطاعٍ
endorse *vt.* يُجَيِّرُ أوْ يُظَهِّرُ (شيكًا). يوافِقُ عَلى
endow *vt.* يُخَصِّصُ دَخْلاً (لِمُسْتَشْفًى). يُزَوِّدُ (مَصْنَعًا بِمُعَدّاتٍ جَديدَةٍ). يَهَبُ
endowment *n.* دَخْلٌ مُخَصَّصٌ. تَزْويدٌ. هِبَةٌ
endue *or* **indue** *vt.* يَمْنَحُ صِفاتٍ خاصَّةً. يُلْبِسُ
endurable *adj.* مُحْتَمَلٌ؛ يُطاقُ؛ يُمْكِنُ احْتِمالُهُ
endurance *n.* جَلَدٌ؛ صَبْرٌ؛ إحْتِمالٌ
endure *vt.* يُقاسي؛ يُعاني؛ يُكابِدُ؛ يَحْتَمِلُ
enemy *n.* عَدُوٌّ؛ خَصْمٌ؛ غَريمٌ
energetic *adj.* نَشيطٌ؛ هُمامٌ. مُتَعَلِّقٌ بالطّاقَةِ
energy *n.* نَشاطٌ. مَقْدِرَةٌ. طاقَةٌ. عَزْمٌ
enervate *vt.* يُضْعِفُ أوْ يُسْقِمُ (جَسَديًّا، عَقْلِيًّا)
enfeeble *vt.* يُضْعِفُ؛ يوهِنُ
enfold *vt.* يَلُفُّ. يُغَطّي. يُعانِقُ. يَطْوي
enforce *vt.* يُلْزِمُ. يَفْرِضُ. يُدَعِّمُ؛ يُعَزِّزُ
enfranchise *vt.* يَمْنَحُ حَقَّ الإقْتِراعِ. يُحَرِّرُ
engage *vt.; i.* يَسْتَخْدِمُ؛ يَرْتَهِنُ؛ يَسْتَحْوِذُ (إنْتِباهَ، عَطْفَ). يَخْطُبُ (فَتاةً) / يَشْتَرِكُ في (مُبارَياتٍ)؛

يَشْتَبِكُ (في القِتال). يُزاوِلُ ؛ يَتعاطى (السِّياسَةَ)
engaged *adj.* مُنْهمِكٌ. مَخطوبٌ. مَشْغولٌ
engagement *n.* خُطوبَةٌ. إلتِزامٌ ؛ تَعَهُّدٌ. إشْتِباكٌ
engaging *adj.* جَذّابٌ ؛ مُحَبَّبٌ ؛ مُشَوِّقٌ
engender *vt.* يُسَبِّبُ ؛ يُوَلِّدُ (المَشاكِلَ)
engine *n.* مُحَرِّكٌ (سَيّارَةٍ) ؛ قاطِرَةٌ ؛ آلَةٌ
engineer *n.; vt.* مُهَنْدِسٌ. مُدَبِّرُ (خِطَّةٍ) // يُهَنْدِسُ. يُدَبِّرُ. يُخَطِّطُ
engineering *n.* عِلْمُ الهَنْدَسَةِ
English *adj. & n.* إنْكليزيٌّ // اللُّغَةُ الإنْكليزيَّةُ
engraft *or* **ingraft** *vt.* يُطَعِّمُ (شَجَرَةً). يُرَسِّخُ
engrave *vt.* يَحْفِرُ ؛ يَنْقُشُ
engraving *n.* فَنُّ الحَفْرِ وَالنَّقْشِ
engross *vt.* يَشْغَلُ (التَّفْكيرَ). يَنْسَخُ بِخَطٍّ مَقْروءٍ
—ed in مُسْتَغْرِقٌ في ؛ مَأْخوذٌ بِـ
engulf *vt.* يَغْمُرُ ؛ يَطْمُرُ ؛ يَبْتَلِعُ ؛ يَغوصُ
enhance *vt.* يُحَسِّنُ ؛ يَزيدُهُ (ميزَةً أو جَمالاً)
enigma *n.* لُغْزٌ ؛ أُحْجِيَّةٌ
enigmatic *adj.* مُلْغِزٌ ؛ مُعَمًّى ؛ مُبْهَمٌ ؛ غامِضٌ
enjoin *vt.* يَأْمُرُ ؛ يَفْرِضُ ؛ يُلْزِمُ (قَضائِيًّا)
enjoy *vt.* يَنْعَمُ بِـ ؛ يَسْتَمْتِعُ بِـ. يَتَمَتَّعُ بِـ ؛ يَحْظى بِـ
— oneself يَتَسَلّى ؛ يَسْتَمْتِعُ بِوَقْتِهِ
enjoyable *adj.* مُمْتِعٌ ؛ مُسَلٍّ
enjoyment *n.* إسْتِمْتاعٌ ؛ تَنَعُّمٌ. مُتْعَةٌ ؛ لَذَّةٌ
enkindle *vt.* يُضْرِمُ ؛ يُشْعِلُ ؛ يُهَيِّجُ ؛ يُؤَجِّجُ
enlarge *vt.* يُكَبِّرُ ؛ يُوَسِّعُ ؛ يُسْهِبُ في (التَفاصيلِ)
enlighten *vt.* يُنَوِّرُ ؛ يُرْشِدُ
enlightenment *n.* تَنْويرٌ ؛ إرْشادٌ
enlist *vt.; i.* يُجَنِّدُ. يَسْتَخْدِمُ (لِمَشْروعٍ ، لِقَضِيَّةٍ) / يَتَجَنَّدُ ؛ يَتَطَوَّعُ (في الجَيْشِ)
enlisted *adj.* مُجَنَّدٌ ؛ مُتَطَوِّعٌ
enlistment *n.* تَجْنيدٌ ؛ تَطْويعٌ. تَطَوُّعٌ
enliven *vt.* يُنَشِّطُ ؛ يُنْعِشُ. يُفَرِّحُ ؛ يُبْهِجُ
enmity *n.* عَداوَةٌ ؛ كَراهِيَةٌ ؛ خُصومَةٌ
ennoble *vt.* يُشَرِّفُ ؛ يُعَظِّمُ ؛ يُمَجِّدُ ؛ يُرَقّي
enormity *n.* صِفَةٌ نَكْراءُ ؛ شَناعَةٌ. ضَخامَةٌ
enormous *adj.* ضَخْمٌ ؛ جَسيمٌ. مُفْرِطٌ. مُنْكَرٌ
enough *adj. & adv.* كافٍ ؛ وافٍ. كِفايَةٌ
that's —! كَفى
enquire *vt.; i.* see **inquire**
enrage *vt.* يُغيظُ ؛ يُحْنِقُ ؛ يُغْضِبُ ؛ يُسْخِطُ
enrapture *vt.* يُفْعِمُ بِالبَهْجَةِ وَالسُّرورِ ؛ يَفْتِنُ
enrich *vt.* يُغْني. يُضْفي عَلى (رَوْنَقًا، مَزِيَّةً)
enrol *or* **enroll** *vt.; i.* يُسَجِّلُ ؛ يُدْرِجُ عَلى لائِحَةٍ / يَنْتَسِبُ إلى (حِزْبٍ)
ensconce *vt.* يَسْتَرْخي جالِسًا ؛ يَسْتَكينُ. يَسْتُرُ ؛ يُخَبِّئُ
ensemble *n.* مَجْموعٌ. طاقِمُ (ثِيابٍ)
enshrine *or* **inshrine** *vt.* يَضَعُ في مَكانٍ مُقَدَّسٍ. يُقَدِّسُ
enshroud *vt.* يُغَطّي أو يَسْتُرُ كالكَفَنِ
ensign *n.* رايَةٌ ؛ عَلَمٌ. مُلازِمٌ بَحْرِيٌّ. عَلامَةٌ ؛ شارَةٌ
enslave *vt.* يَسْتَعْبِدُ ؛ يُخْضِعُ وَيُذِلُّ
ensnare *vt.* يُوقِعُ في شَرَكٍ أو فَخٍّ. يُغْوي
ensue *vi.* يَتْبَعُ ؛ يَلي ؛ يَنْتِجُ مِنْ ؛ يَنْجُمُ عَن
ensure *vt.* يَضْمَنُ ؛ يُؤَمِّنُ. يَحْمي ؛ يَصونُ
entail *vt.* يَسْتَوْجِبُ ؛ يَسْتَلْزِمُ ؛ يَفْرِضُ ؛ يَقْتَضي
entangle *vt.* يُعَقِّدُ ؛ يُشَرْبِكُ ؛ يُرْبِكُ
entente *n.* حِلْفٌ ؛ إئْتِلافٌ ؛ إتِّفاقٌ ؛ رابِطَةٌ
enter *vt.; i.* يُدَوِّنُ ؛ يُسَجِّلُ / يَدْخُلُ ؛ يَخْتَرِقُ. يَشْتَرِكُ في (حَديثٍ، إتِّفاقٍ، عِلاقَةٍ)
enterprise *n.* مَشْروعٌ. جُرْأَةٌ ؛ إقْدامٌ. مؤَسَّسَةٌ

enterprising *adj.* جَريءٌ؛ مِقْدامٌ؛ مُغامِرٌ
entertain *vt.* يُرَفِّهُ. يَسْتَضيفُ. يُضْمِرُ
entertaining *adj.* مُسَلٍّ؛ مُلْهٍ؛ مُمْتِعٌ
entertainment *n.* تَسْلِيَةٌ؛ تَرْفيهٌ. ضِيافَةٌ
enthral *or* **enthrall** *vt.* يَخْلُبُ؛ يَسْحَرُ؛ يَفْتِنُ
enthrone *vt.* يُجْلِسُ عَلى العَرْشِ. يُعَظِّمُ
enthuse *vt.; i.* يُثيرُ الحَماسَةَ وَالحَمِيَّةَ / يَتَحَمَّسُ
enthusiasm *n.* حَماسَةٌ؛ حَمِيَّةٌ
enthusiast *n.* المُتَحَمِّسُ
enthusiastic *adj.* مُفْعَمٌ بِالحَماسَةِ وَالحَمِيَّةِ
entice *vt.* يُغْري؛ يَسْتَميلُ؛ يَجْذِبُ. يَحُضُّ على
entire *adj.* كامِلٌ؛ تامٌّ؛ غَيْرُ مَنْقوصٍ
entirely *adv.* تَمامًا؛ كُلِّيًّا
entirety *n.* كامِلٌ؛ كُلٌّ؛ كافَّةٌ؛ جَميعٌ
entitle *vt.* يُعْطي حَقًّا. يُعَنْوِنُ. يَمْنَحُ (رُتْبَةً، لَقَبًا)
entity *n.* كِيانٌ مُسْتَقِلٌّ؛ وُجودٌ؛ جَوْهَرٌ؛ كُنْهٌ
entomb *vt.* يُكَفِّنُ؛ يَدْفِنُ
entomology *n.* عِلْمُ الحَشَراتِ
entourage *n.* حاشِيَةٌ (مَلِكٍ). مُحيطٌ؛ بيئَةٌ
entr'acte *n.* فَتْرَةُ اسْتِراحَةٍ (بَيْنَ فُصولِ مَسْرَحِيَّةٍ)
entrails *n.pl.* أَحْشاءٌ؛ أَمْعاءٌ؛ جَوْفٌ
entrance *n.; vt.* دُخولٌ. مَدْخَلٌ؛ بَوّابَةٌ // يُبْهِجُ؛ يَفْتِنُ؛ يُثيرُ إعْجابَ (المُسْتَمِعينَ)
— fee رَسْمُ الدُّخولِ
entrancing *adj.* أَخّاذٌ؛ مُبْهِجٌ؛ مُثيرٌ لِلإعْجابِ
entrant *n.* الداخِلُ. المُشْتَرِكُ في مُباراةٍ
entrap *vt.* يُوقِعُ في فَخٍّ. يَقودُ إلى مَأْزِقٍ
entreat *or* **intreat** *vt.* يَتَوَسَّلُ؛ يُناشِدُ؛ يَلِجُّ بِتَضَرُّعٍ
entreaty *n.* اِلْتِماسٌ؛ تَضَرُّعٌ؛ مُناشَدَةٌ
entrench *vt.* يُحَصِّنُ؛ يَحْفِرُ الخَنادِقَ. يُثَبِّتُ
entrepot *n.* مَخْزَنٌ
entrepreneur *n.* مُلْتَزِمٌ؛ مُقاوِلٌ؛ وَسيطٌ تِجارِيٌّ
entrust *or* **intrust** *vt.* يُوَكِّلُ (قَضِيَّةً). يَأْتَمِنُ
entry *n.* دُخولٌ. مَدْخَلٌ. تَدْوينٌ أو تَقْييدٌ (إسْمٍ في سِجِلٍّ). مُتَبارٍ
entwine *vt.* يَضْفِرُ؛ يُجَدِّلُ؛ يَحْبُكُ
enumerate *vt.* يُعَدِّدُ؛ يُحْصي؛ يَضَعُ قائِمَةً
enunciate *vt.* يَتَكَلَّمُ بِوُضوحٍ؛ يُصَرِّحُ بِدِقَّةٍ؛ يُعْلِنُ
envelop *vt.* يُغَلِّفُ؛ يَحْجُبُ؛ يُحاصِرُ؛ يُطَوِّقُ
envelope *n.* غِلافٌ؛ ظَرْفٌ؛ غِطاءٌ
envenom *vt.* يُسَمِّمُ (العَلاقاتِ). يُغيظُ؛ يُسْخِطُ
enviable *adj.* مُثيرٌ لِلحَسَدِ
environment *n.* بيئَةٌ؛ مُحيطٌ؛ إحاطَةٌ
environs *n.pl.* ضَواحٍ؛ أَطْرافٌ؛ الجِوارُ
envisage *vt.* يَتَصَوَّرُ؛ يَتَخَيَّلُ
envoy *n.* مَبْعوثٌ؛ مُوفَدٌ؛ مَنْدوبٌ
envy *n.; vt.* حَسَدٌ؛ غَيْرَةٌ؛ إشْتِهاءُ ما لِلغَيْرِ // يَحْسِدُ؛ يَشْتَهي ما لِلغَيْرِ
enzyme *n.* إنْزيمٌ؛ خَميرَةٌ
epaulet(te) *n.* كَتِفِيَّةٌ: شارَةٌ عَلى الكَتِفِ
ephemeral *adj.* مُؤَقَّتٌ؛ عابِرٌ؛ سَريعُ الزَّوالِ
epic *adj.; n.* مَلْحَمِيٌّ؛ بُطولِيٌّ // مَلْحَمَةٌ شِعْرِيَّةٌ. مآثِرُ بُطولِيَّةٌ
epicure *n.* مُتَذَوِّقٌ لِلأَكْلِ. شَهْوانِيٌّ
epidemic *adj.; n.* وَبائِيٌّ أو وافِدٌ (مَرَضٌ) // وَباءٌ (التَّعَصُّبِ). تَفَشّي (الإنْتِحاراتِ)
epidermis *n.* بَشَرَةٌ؛ أَدَمَةٌ
epigram *n.* مُلاحَظَةٌ لاذِعَةٌ. قَصيدَةُ تَهَكُّمٍ
epilepsy *n.* صَرْعٌ
epileptic *adj. & n.* مَصْروعٌ؛ مُصابٌ بِالصَّرْعِ
epilogue *n.* خاتِمَةُ (قِصَّةٍ، قَصيدَةٍ)

episcopacy *n.* أُسْقُفِيَّةٌ . هَيْئَةُ الأساقِفَةِ
episcopal *adj.* أُسْقُفِيٌّ
episode *n.* حادِثٌ ، حَدَثٌ . حَلَقَةٌ (في رِوايَةٍ)
epistle *n.* رِسالَةٌ شِعْرِيَّةٌ . رِسالَةٌ (في الإنْجيلِ)
epitaph *n.* كِتابَةٌ عَلى قَبْرٍ أو ضَريحٍ ؛ شاهِدَةُ قَبْرٍ
epithet *n.* كُنْيَةٌ ؛ نَعْتٌ
epitome *n.* موجَزٌ أو مُلَخَّصُ كِتابٍ . تَجْسيدٌ لِـ
epitomize *vt.* يُلَخِّصُ ؛ يوجِزُ . يُجَسِّدُ ؛ يُمَثِّلُ
epoch *n.* عَهْدٌ أو عَصْرٌ يَبْدَأُ مِنْ حَدَثٍ مُمَيَّزٍ
equability *n.* إطِّرادٌ . رَصانَةٌ ؛ إتِّزانٌ
equable *adj.* هادِئٌ ؛ مُعْتَدِلٌ . مُسْتَقِرٌّ ؛ غَيْرُ مُتَقَلِّبٍ
equal *adj.; n.; vt.; i.* مُتَساوٍ . مُتَوازٍ . مُتَعادِلٌ // نِدٌّ ؛ نَظيرٌ // يُوازي . يُساوي . يُعادِلُ . يُماثِلُ / يُصْبِحُ مُتَساوِيًا أو مُماثِلاً لِـ
equality *n.* المُساواةُ ؛ التَّعادُلُ ؛ التَكافُؤُ
equalize *vt.* يُساوي ؛ يُعادِلُ
equally *adv.* بِالتَساوي ؛ عَلى قَدَمِ المُساواةِ
equanimity *n.* هُدوءٌ ؛ رَصانَةٌ ؛ إتِّزانٌ
equation *n.* مُعادَلَةٌ (حِسابِيَّةٌ ، كيميائِيَّةٌ)
equator *n.* خَطُّ الإسْتِواءِ . خَطُّ الإعْتِدالِ
equatorial *adj.* إسْتِوائِيٌّ ؛ يَتَعَلَّقُ بِخَطِّ الإسْتِواءِ
equestrian *adj.; n.* فُروسِيٌّ // فارِسٌ ؛ خَيّالٌ
equilateral *adj.* مُتَساوي الأضْلاعِ
equilibrium *n.* (*pl.* **-s** *or* **-ria**) تَوازُنٌ ، إتِّزانٌ
equinox *n.* إعْتِدالُ أو اسْتِواءُ اللَّيْلِ وَالنَّهارِ
equip *vt.* يُزَوِّدُ ؛ يُجَهِّزُ . يُهَيِّئُ . يَكْسو
equipment *n.* مُعَدّاتٌ ؛ أدَواتٌ . تَجْهيزاتٌ . عَتادٌ
equitable *adj.* عادِلٌ ؛ مُنْصِفٌ ؛ غَيْرُ مُنْحازٍ
equity *n.* عَدالَةٌ ؛ إنْصافٌ . أسْهُمٌ عادِيَّةٌ ذاتُ فَوائِدَ غَيْرُ مُحَدَّدَةٍ
equivalent *adj.* مُساوٍ . مُطابِقٌ لِلمَعْنى وَالتَّأْثيرِ
equivocal *adj.* غامِضٌ ؛ مُلْتَبِسٌ ؛ مُبْهَمٌ . مُريبٌ
equivocate *vi.* يَسْتَعْمِلُ لُغَةً غامِضَةً وَمُلْتَبِسَةً
era *n.* عَهْدٌ أو عَصْرٌ يَبْدَأُ مِنْ حَدَثٍ مُمَيَّزٍ
eradicate *vt.* يُبيدُ ؛ يَمْحو . يَقْتَلِعُ ؛ يَسْتَأْصِلُ
erase *vt.* يَمْحو ؛ يَشْطُبُ . يُزيلُ كُلَّ المَعالِمِ
eraser *n.* مِمْحاةٌ ؛ مَسّاحَةٌ
erasure *n.* المَحْوُ . مَكانُ الكِتابَةِ المَمْحُوَّةِ . الكِتابَةُ المَمْحُوَّةُ
ere *conj. & prep.* قَبْلَ (تُسْتَعْمَلُ في الشِّعْرِ)
erect *adj.; vt.* مُسْتَقيمٌ . مُنْتَصِبٌ // يَنْصُبُ ؛ يُشَيِّدُ . يُؤَسِّسُ ؛ يُنْشِئُ
erection *n.* إنْتِصابٌ . تَشْييدٌ
eremite *n.* الناسِكُ . الزاهِدُ
erode *vt.* يَحُتُّ ؛ يَقْرِضُ . يُتْلِفُ ؛ يُفْسِدُ
erosion *n.* تَحاتٌّ ؛ تآكُلٌ . إتْلافٌ ؛ إفْسادٌ
erosive *adj.* أكّالٌ ؛ حاتٌّ
erotic *adj.* مُثيرٌ لِلأحاسيسِ الجِنْسِيَّةِ (صوَرٌ)
err *vi.* يَضِلُّ . يَرْتَكِبُ خَطيئَةً . يَغْلَطُ
errand *n.* مَأمورِيَّةٌ ؛ مَهَمَّةٌ
errand boy *n.* غُلامُ المَهَمّاتِ (في مَتْجَرٍ)
errant *adj.* شارِدٌ ؛ تائِهٌ ؛ مُتَسَكِّعٌ
errata *n.pl.* تَصْويبُ أخْطاءٍ مَطْبَعِيَّةٍ
erratic *adj.* غَيْرُ مُنْتَظِمٍ (تَصَرُّفٌ) . ضالٌّ ؛ تائِهٌ
erroneous *adj.* مَغْلوطٌ . مُخْطِئٌ . غَيْرُ صَحيحٍ
error *n.* غَلَطٌ ؛ خَطَأٌ . ضَلالٌ
eruct *vi.; t.* يَتَجَشَّأُ / يَقْذِفُ (ـهُ بالشَتائِمِ)
erudite *adj.* واسِعُ الثَّقافَةِ . عَلاّمَةٌ
erudition *n.* ثَقافَةٌ واسِعَةٌ . تَبَحُّرٌ في المَعْرِفَةِ
erupt *vi.* يَثورُ (بُرْكانٌ) . يَنْبَثِقُ (سِنٌّ) . يَتَفَشّى (مَرَضٌ) . تَنْشُبُ (حَرْبٌ)
eruption *n.* إنْدِفاعُ (دَمٍ) . طَفْحٌ جِلْدِيٌّ . ثَورانٌ

بُرْكانيٌّ. نُشوبُ حَرْبٍ. تَفَشّي مَرَضٍ

escalade *n.; vt.* تَسَلُّقُ (حائِطٍ) بِواسِطَةِ السَّلالِمِ // يَتَسَلَّقُ (حائِطًا) بِواسِطَةِ السَّلالِمِ

escalate *vi.* يَتَصاعَدُ (حَرْبٌ)؛ يَتَزايَدُ (أَسْعارٌ)

escalator *n.* دَرَجٌ مُتَحَرِّكٌ (كَهْرَبائيٌّ)

escapade *n.* مُغامَرَةٌ مُثيرَةٌ. هُروبٌ؛ إِنْفِلاتٌ

escape *n.; vt.; i.* هُروبٌ؛ فِرارٌ. تَسَرُّبُ (غازٍ) // يَنْجو مِنْ؛ يُفْلِتُ مِنْ. يَتَجَنَّبُ؛ يَتَفادى / يَهْرُبُ؛ يَفِرُّ. يَرْشَحُ؛ يَتَسَرَّبُ

eschew *vt.* يَتَحاشى؛ يَتَجَنَّبُ؛ يَنْأى عَن؛ يُحاذِرُ

escort *vt.; n.* يُرافِقُ (سَيِّدَةً). يُواكِبُ (لِلحِمايَةِ) // مُرافِقُ (سَيِّدَةٍ). مُواكَبَةٌ (لِلْحِراسَةِ)؛ خَفَرٌ

escutcheon *n.* دِرْعٌ مَنْقوشٌ عَلَيْهِ شِعارٌ

Eskimo *n.* الأسكيمو (شَعْبٌ يَسْكُنُ أعالي الشَمال)

esoteric *adj.* باطِنيٌّ. خاصٌّ. سِرّيٌّ

especial *adj.* خاصٌّ؛ خُصوصيٌّ. مُمَيَّزٌ

especially *adv.* خاصَّةً؛ لا سِيَّما

Esperanto *n.* الإِسْبِرَنْتو (لُغَةٌ عالَميَّةٌ)

espionage *n.* تَجَسُّسٌ؛ جاسوسيَّةٌ

esplanade *n.* ساحَةٌ أو مَيْدانٌ (لِلتَّنَزُّهِ)؛ مُتَنَزَّهٌ

espousal *n.* حَفلَةُ زَواجٍ . إعْتِناقُ مَذْهَبٍ

espouse *vt.* يَعْتَنِقُ أو يُؤَيِّدُ عَقيدَةً أو قَضيَّةً

espy *vt.* يَلْمَحُ (مِنْ بَعيدٍ). يَكْتَشِفُ

Esquire *n.* شَهْمٌ (لَقَبُ شَرَفٍ)

essay *n.; vt.* إِنْشاءٌ أَدَبيٌّ. مُحاوَلَةٌ. إِخْتِبارٌ // يُحاوِلُ؛ يُجَرِّبُ. يَفْحَصُ؛ يَخْتَبِرُ

essence *n.* الجَوْهَرُ؛ كُنْهٌ. العُنْصُرُ الأساسيُّ

essential *adj.* حَيَويٌّ؛ ضَروريٌّ. أَساسيٌّ؛ جَوْهَريٌّ

essentially *adv.* أَساسيًّا؛ جَوْهَريًّا

establish *vt.* يُنْشِئُ. يُثْبِتُ؛ يُؤَكِّدُ. يَشْتَرِعُ

establishment *n.* إِثْباتٌ؛ تَأْكيدٌ. مؤَسَّسَةٌ؛ شَرِكَةٌ

estate *n.* مِلْكيَّةٌ. حالَةٌ؛ مَنْزِلَةٌ. طَبَقَةٌ إِجْتِماعيَّةٌ

esteem *n.; vt.* إِحْتِرامٌ؛ إِعْتِبارٌ؛ تَقْديرٌ // يَحْتَرِمُ؛ يُقَدِّرُ. يَعْتَبِرُ (أَنَّ المُهْلَةَ غَيْرُ كافيَةٍ)

estimable *adj.* جَديرٌ بِالإِحْتِرامِ

estimate *n.; vt.* تَقْديرٌ. تَثْمينٌ. تَخْمينٌ // يُقَدِّرُ. يُثَمِّنُ. يُخَمِّنُ

estimation *n.* تَقْديرٌ. إِعْتِبارٌ

estrange *vt.* يُعادي أو يُخاصِمُ (صَديقًا). يُبْعِدُ

estuary *n.* مَصَبُّ نَهْرٍ

etch *vt.* يَحْفِرُ (بِماءِ الفِضَّةِ)؛ يَنْقُشُ

etching *n.* حَفْرٌ أو نَقْشٌ بِحَمْضٍ

eternal *adj.* أَبَديٌّ؛ خالِدٌ؛ سَرْمَديٌّ؛ أَزَليٌّ

eternity *n.* الأَبَديَّةُ؛ الخُلودُ؛ الأَزَلُ؛ اللاَّنِهايَةُ

ether *n.* أَثيرٌ: سائِلٌ سَريعُ الإِشْتِعالِ

ethereal *adj.* أَثيريٌّ (نَظْرَةٌ). عَلَويٌّ (حُبٌّ)

ethic(al) *adj.* أَخْلاقيٌّ (تَعاليمُ)

ethics *n.pl.* عِلْمُ الأَخْلاقِ

Ethiopian *adj. & n.* حَبَشيٌّ؛ أَثيوبيٌّ

ethnology *n.* عِلْمُ الأَعْراقِ البَشَريَّةِ

etiquette *n.* آدابُ السُلوكِ؛ لِياقَةٌ

etymology *n.* عِلْمُ الإِشْتِقاقِ: دِراسَةُ أَصْلِ الكَلِماتِ وَتَطَوُّرِها

Eucharist *n.* سِرُّ القُرْبانِ

eulogize *vt.* يَمْدَحُ؛ يُثْني عَلى؛ يُطْري؛ يُشيدُ بِـ

eulogy *n.* تَأْبينٌ. مَدْحٌ؛ ثَناءٌ

eunuch *n.* خَصيٌّ؛ مَخْصيٌّ

euphemism *n.* تَلْطيفُ (كَلِماتٍ)؛ تَلْميحٌ

euphony *n.* تَناغُمُ أَلفاظٍ. صَوْتٌ عَذْبٌ

euphoria *n.* إِغْتِباطٌ؛ نَشْوَةٌ

Europe *n.* أوروبا؛ قارَّةُ أوروبا
European *adj. & n.* أوروبيٌّ
evacuate *vt.; i.* يُخْلي؛ يَنْسَحِبُ؛ يَجلو عَنْ. يُفْرِغُ
evacuation *n.* جَلاءٌ؛ إنْسِحابٌ؛ إخلاءٌ
evade *vt.* يَتَهرَّبُ مِنْ (عِقابٍ). يَتَحايَلُ على (القانونِ)
evaluate *vt.* يُسَعِّرُ. يُقَيِّمُ. يُقَدِّرُ. يُخَمِّنُ
evaluation *n.* تَقْييمٌ؛ تَقْديرٌ؛ تَخْمينٌ
evanescent *adj.* زائِلٌ؛ مُتَلاشٍ (شُعورٌ)
evangelical *adj.* إنْجيليٌّ؛ بُروتِسْتانْتيٌّ
evangelist *n.* مُبَشِّرٌ بِالإنْجيلِ
evaporate *vt.; i.* يُبَخِّرُ أو يُصَعِّدُ (سائِلاً) / يَتَبَخَّرُ؛ يَتَصَعَّدُ. يَتَبَدَّدُ (شُكوكٌ)
evaporation *n.* تَبَخُّرٌ؛ تَصَعُّدٌ. تَبْخيرٌ؛ تَصْعيدٌ
evasion *n.* تَهَرُّبٌ. تَجَنُّبٌ. تَحايُلٌ؛ مُراوَغَةٌ
evasive *adj.* مُتَحايِلٌ؛ مُراوِغٌ؛ مُتَمَلِّصٌ
eve *n.* عَشيَّةٌ (عيدٍ، مَوْتِ فُلانٍ)
even *adj.; adv.; vt.* مُسْتوٍ (سَطْحٌ). مُنْتَظِمٌ (تَنَفُّسٌ). هادئٌ (طَبْعٌ). مُتَعادِلٌ (قِوًى). مُتَساوٍ (كَمِّيّاتٌ). عادِلٌ (تَوْزيعٌ) // حَتّى. بالرُّغْمِ مِنْ // يُساوي بَيْنَ. يُسَوّي أو يُمَهِّدُ (أرْضًا)
even-handed *adj.* عادِلٌ؛ مُتَجَرِّدٌ؛ غَيْرُ مُنْحازٍ
evening *n.* مَساءٌ؛ عَشيَّةٌ
evenness *n.* مُساواةٌ. تَساوٍ. إنْتِظامٌ. هُدوءٌ
event *n.* حادِثٌ؛ حادِثَةٌ. نَتيجَةٌ
  at all —s مَهْما كانتِ الظُروفُ
  in the — of في حالِ؛ فيما لَوْ
even-tempered *adj.* هادِئٌ؛ ساكِنٌ
eventful *adj.* حافِلٌ أو مُضْطَرِبٌ؛ كَثيرُ الحَوادِثِ
eventide *n.* المَساءُ (عِنْدَ الشُعَراءِ)
eventual *adj.* مُحْتَمَلٌ أو مُمْكِنٌ. مُنْتَظَرٌ؛ لاحِقٌ
eventually *adv.* في آخِرِ المَطافِ؛ في النِهايَةِ
ever *adv.* في أيِّ وَقْتٍ. عَلى كُلٍّ. دائمًا. كَيْفَما
evergreen *adj.* دائِمُ الإخْضِرارِ
everlasting *adj.; n.* لا نِهائيٌّ. دائِمٌ. أزَليٌّ؛ أبَديٌّ // الأبَديَّةُ؛ الأزَلُ
evermore *adv.* دائِمًا؛ أبَدًا؛ عَلى الدَوامِ
every *adj.* كُلُّ (رَجُلٍ، سَنَةٍ، مَرَّةٍ)
  — now and then مِن حينٍ إلى آخَرَ
everybody *pron.* see **everyone**
everyday *adj.* يَوْميٌّ (زيارَةٌ)
everyone *pron.* كُلُّ واحِدٍ
everything *pron.* كُلُّ شَيْءٍ
everywhere *adv.* في كُلِّ مَكانٍ
evict *vt.* يَطْرُدُ شَرْعًا (مُسْتَأْجِرًا)؛ يُجْبِرُهُ عَلى الإخْلاءِ. يَسْتَعيدُ شَرْعًا (مِلْكيَّةً)
eviction *n.* طَرْدٌ أو اسْتِعادَةٌ (شَرْعًا)
evidence *n.* شَهادَةٌ. إثْباتٌ. دَليلٌ؛ بَيِّنَةٌ
evident *adj.* جَليٌّ؛ ظاهِرٌ؛ بَيِّنٌ. بَدَهيٌّ
evidently *adv.* مِنَ الواضِحِ؛ مِنَ الجَليِّ
evil *adj.; n.* شِرّيرٌ. مُؤْذٍ. رَديءٌ. سَيِّئٌ // شَرٌّ؛ أذًى؛ سوءٌ
evildoer *n.* شِرّيرٌ؛ شَقيٌّ
evil eye *n.* نَظْرَةٌ مُسَبِّبَةٌ لِلأذى؛ عَيْنٌ تُصيبُ بِالأذى
evil-speaking *n.* نَميمَةٌ
evince *vt.* يُظْهِرُ (سُرورَهُ)؛ يُعْرِبُ عَنْ (سُخْطِهِ)
evoke *vt.* يَسْتَعيدُ (ذِكْرى). يُحْدِثُ؛ يُسَبِّبُ. يَسْتَحْضِرُ (الأرْواحَ)
evolution *n.* إرْتِقاءٌ أو تَطَوُّرٌ تَدْريجيٌّ
evolutionary *adj.* تَطَوُّريٌّ؛ إرْتِقائيٌّ
evolve *vi.; t.* يَرْتَقي؛ يَتَطَوَّرُ / يُصْدِرُ (حَرارَةً،

غازًا، بُخارًا الخ . .). يُطوِّرُ

ewe *n.* نَعْجَةٌ؛ شاةٌ

ewer *n.* إبْريقٌ كَبيرٌ. جَرَّةٌ

exact *vt.; adj.* يُلْزِمُ؛ يُجْبِرُ على (أداءَ الدَّيْنِ). يوجِبُ (الطّاعَةَ) // دَقيقٌ؛ صَحيحٌ. مُعَيَّنٌ؛ مُحَدَّدٌ

exacting *adj.* قاسٍ؛ صارِمٌ (أُسْتاذٌ). يَتَطَلَّبُ صُنْعُهُ دِقَّةً وَبَراعَةً

exaction *n.* إبْتِزازٌ؛ إخْتِلاسٌ

exactitude *or* **exactness** *n.* دِقَّةٌ؛ صِحَّةٌ

exactly *adv.* بِدِقَّةٍ؛ تَمامًا؛ بالضَّبْطِ

exaggerate *vt.* يُبالِغُ؛ يُفْرِطُ؛ يُغالي

exaggeration *n.* مُبالَغَةٌ؛ إفْراطٌ؛ مُغالاةٌ

exalt *vt.* يَمْلأُهُ نَشْوَةً. يُرَقّي. يُمَجِّدُ. يُثيرُ

exaltation *n.* تَرْقِيَةٌ وَتَمْجيدٌ. شُعورٌ بالنَّشْوَةِ

examination *n.* فَحْصٌ؛ إمْتِحانٌ. تَحْقيقٌ. إسْتِجْوابٌ

pass an — يَنْجَحُ في امْتِحانٍ

sit for an — يَخْضَعُ لامْتِحانٍ

examine *vt.* يَفْحَصُ (طَلَباتٍ). يَمْتَحِنُ. يَسْتَجْوِبُ

example *n.* مِثالٌ. قُدْوَةٌ. عِبْرَةٌ. نَموذَجٌ

for — مَثَلاً؛ مِثالٌ على ذَلِكَ

exasperate *vt.* يُغيظُ؛ يُحْنِقُ؛ يُسْخِطُ. يُفاقِمُ

excavate *vt.* يَحْفِرُ. يُنَقِّبُ عَنِ (الآثارِ). يُجَوِّفُ

exceed *vt.* يَتَفَوَّقُ عَلى. يَتَجاوَزُ. يَزيدُ (عَدَدًا)

exceeding *adj.* كَبيرٌ جِدًّا. فائِضٌ. مُفْرِطٌ

excel *vt.; i.* يَتَفَوَّقُ عَلى (رِفاقِهِ) / يَتَمَيَّزُ أو يَبْرَعُ

excellence *n.* جودَةٌ؛ سُمُوٌّ. تَفَوُّقٌ؛ بَراعَةٌ. ميزَةٌ

excellency *n.* سَعادَةٌ؛ مَعالي؛ دَوْلَةٌ؛ فَخامَةٌ

excellent *adj.* مُمْتازٌ؛ فاخِرٌ. بارِعٌ؛ مُتَفَوِّقٌ

excelsior *n.* نُشارَةٌ؛ نُجارَةٌ (لِحَشْوِ الصَّناديقِ)

except *prep.; vt.* ما عَدا؛ ما خَلا؛ باسْتِثْناءِ؛ لَولا // يُغْفِلُ؛ يَتْرُكُ. يَسْتَثْني؛ يَسْتَبْعِدُ

exception *n.* إغْفالٌ. إسْتِثْناءٌ. شُذوذٌ (عَنِ القاعِدَةِ). المُسْتَثْنى. إعْتِراضٌ

exceptionable *adj.* مُثيرٌ للإعْتِراضِ

exceptional *adj.* إسْتِثْنائِيٌّ. خارِقٌ؛ فَذٌّ

excerpt *n.* مَقْطَعٌ أو مُقْتَطَفٌ (مِنْ خِطابٍ)

excess *n.; adj.* إسْرافٌ؛ إفْراطٌ. زِيادَةٌ (في الوَزْنِ) // فائِضٌ أو زائِدٌ (وَزْنٌ)

excessive *adj* مُفْرِطٌ؛ زائِدٌ؛ مُتَجاوِزٌ الحَدَّ

exchange *n.; vt.* تَبادُلُ (رَسائِلَ). مُقايَضَةٌ. صِرافَةٌ // يَتَبادَلُ. يُقايِضُ بِـ. يَصْرِفُ (العُمْلَةَ)

bill of — كَمْبيالَةٌ؛ سَنَدٌ

rate of — سِعْرُ القَطْعِ أوِ الصَّرْفِ

stock — بورْصَةٌ؛ سوقٌ ماليَّةٌ

exchequer *n.* الدّائِرَةُ في خِزانَةِ الدَّوْلَةِ الْمُخْتَصَّةُ بالنَّقْدِ. وِزارَةُ الماليَّةِ

excisable *adj.* خاضِعٌ لِلضَّريبَةِ أوِ الرُّسومِ

excise *n.; vt.* ضَريبَةٌ؛ رَسْمٌ // يَحْذِفُ. يَسْتَأْصِلُ

exciseman *n.* جابي الضَّرائِبِ

excision *n.* حَذْفُ (جُمْلَةٍ). إسْتِئْصالُ (المَرارَةِ)

excitable *adj.* سَريعُ التَّأَثُّرِ وَالْهَيَجانِ

excite *vt.* يُثيرُ. يُحَرِّضُ. يُهَيِّجُ

excited *adj.* مُثارٌ؛ مُهْتاجٌ

excitement *n.* إثارَةٌ. إضْطِرابٌ. هَيَجانٌ

exciting *adj.* مُثيرٌ لِلعَواطِفِ. أخّاذٌ

exclaim *vi.* يَهْتِفُ (فَرَحًا، فَزَعًا، تَعَجُّبًا)

exclamation *n.* هُتافٌ (مِنَ التَّعَجُّبِ)

exclude *vt.* يَسْتَثْني. يَسْتَبْعِدُ. يَمْنَعُ مِنَ الدُّخولِ

excluding *prep.* ما عَدا؛ باسْتِثْناءِ؛ سِوى

exclusion *n.* إسْتِثْناءٌ. إسْتِبْعادٌ. إقْصاءٌ. مَنْعٌ

exclusive *adj.* حَصْرِيٌّ (وَكيلٌ). خاصٌّ

(بِشَخْصٍ). وَحيدٌ (مَوزِّعٌ)

ex-communicate *vt.* يَحْرِمُ (كَنَسِيًّا)

excrement *n.* غائِطٌ؛ بِرازٌ

excrescence *n.* زائِدَةٌ فِطْرِيَّةٌ؛ بَرْزَةٌ

excrete *vt.* يُفْرِزُ مِنَ الجِسْمِ (ماءً، عَرَقًا)

excruciate *vt.* يُعَذِّبُ (فِكْرِيًّا). يُؤْلِمُ (كَثيرًا)

excruciating *adj.* مؤْلِمٌ وموجِعٌ لِلغايَةِ

exculpate *vt.* يُبَرِّئُ ساحَةَ مُتَّهَمٍ؛ يَنفي تُهْمَةً

excursion *n.* نُزْهَةٌ؛ فُسْحَةٌ؛ رِحْلَةٌ. إِسْتِطْرادٌ

excursive *adj.* مُنْحَرِفٌ (عَنْ مَوْضوعِ البَحْثِ)

excusable *adj.* قابِلٌ لِلتَّبْريرِ؛ مُمْكِنٌ مُسامَحَتُهُ أَوِ التَغاضي عَنْهُ

excuse *n.*; *vt.* إِعْتِذارٌ. عُذْرٌ؛ مُبَرِّرٌ؛ حُجَّةٌ // يَعْذِرُ؛ يُسامِحُ. يُبَرِّرُ. يُعْفي

— me! مِنْ فَضْلِكَ. عُذْرًا!

execrable *adj.* شَنيعٌ؛ كَريهٌ؛ بَغيضٌ. مَلْعونٌ

execrate *vt.* يَشْمَئِزُّ مِن؛ يَبْغُضُ؛ يَكْرَهُ. يَلْعَنُ

execute *vt.* يُعْدِمُ. يُنَفِّذُ. يُنْجِزُ. يَعْزِفُ

execution *n.* إِعْدامٌ. تَنْفيذٌ. إِنْجازٌ. عَزْفٌ؛ أداءٌ

executioner *n.* الجَلاَّدُ؛ مُنَفِّذُ حُكْمِ الإِعْدامِ. قاتِلٌ مَأْجورٌ

executive *adj.*; *n.* تَنْفيذِيٌّ // السُّلْطَةُ التَّنْفيذِيَّةُ

executor *n.* مُنَفِّذُ الوَصِيَّةِ

exegesis *n.* تَفْسيرٌ؛ تَأْويلٌ؛ شَرْحٌ

exemplar *n.* نَموذَجٌ؛ مِثالٌ

exemplary *adj.* مِثالِيٌّ؛ قُدْوَةٌ. عِبْرَةٌ (عِقابٌ)

exemplify *vt.* يوضِحُ بِأَمْثِلَةٍ. يُسْتَخْدَمُ كَنَموذَجٍ

exempt *vt.*; *adj.* يُعْفي مِنْ (ضَريبَةٍ، واجِبٍ، مَسْؤولِيَّةٍ) // مُعْفًى مِنْ (ضَريبَةٍ، واجِبٍ، مَسْؤولِيَّةٍ)

exemption *n.* إِعْفاءٌ مِنْ (ضَريبَةٍ، واجِبٍ)

exercise *n.*; *vt.*; *i.* تَمْرينٌ؛ تَدْريبٌ. مُمارَسَةٌ (ضُغوطٍ) // يَسْتَعْمِلُ (اللُّيونَةَ). يُمَرِّنُ (صَوْتَهُ). يُمارِسُ أو يَسْتَخْدِمُ (نُفوذَهُ) / يَتَمَرَّنُ؛ يَتَدَرَّبُ

exercise book *n.* دَفْتَرُ التَّمارينِ

exert *vt.* يَبْذُلُ (جُهْدًا). يُمارِسُ (ضُغوطًا)

exertion *n.* بَذْلُ (جُهْدٍ). جُهْدٌ؛ مَجْهودٌ

exhalation *n.* زَفيرٌ. فَوْحٌ. تَبَخُّرٌ

exhale *vt.* يَنْفُثُ أو يَبْعَثُ أو يُخْرِجُ (دُخانًا)

exhaust *vt.*; *n.* يُنْهِكُ. يَسْتَنْزِفُ. يَسْتَنْفِدُ. يُفْرِغُ // دُخانُ المُحَرِّكِ

exhausted *adj.* خائِرُ القِوى. مُسْتَنْزَفٌ. خالٍ

exhaustion *n.* إِعْياءٌ شَديدٌ. إِسْتِنْفادُ (المَوارِدِ)

exhaustive *adj.* مُنْهِكٌ. شامِلٌ (في البَحْثِ)

exhaust pipe *n.* أُنْبوبٌ لِتَصْريفِ دُخانِ المُحَرِّكِ

exhibit *vt.*; *n.* يَعْرِضُ (لَوْحاتٍ). يُظْهِرُ (سُخْطَهُ) // غَرَضٌ مَعْروضٌ

exhibition *n.* مَعْرِضٌ. عَرْضٌ. مِنْحَةٌ (جامِعِيَّةٌ)

exhilarate *vt.* يُنْعِشُ وَيُبْهِجُ؛ يَسُرُّ؛ يُفْرِحُ

exhilaration *n.* إِنْتِعاشٌ وَابْتِهاجٌ؛ سُرورٌ

exhort *vt.* يَحُثُّ عَلى؛ يَحُضُّ. يَعِظُ؛ يُرْشِدُ

exhortation *n.* حَثٌّ؛ حَضٌّ. وَعْظٌ؛ إِرْشادٌ

exhume *vt.* يَنْبُشُ (جُثَّةً). يَبوحُ بِـ؛ يَكْشِفُ عَن

exigency; -ce *n.* ضَرورَةٌ؛ تَطَلُّبٌ

exigent *adj.* مُلِحٌّ؛ مُتَطَلِّبٌ

exile *n.*; *vt.* النَّفْيُ. الشَّخْصُ المَنْفِيُّ // يُبْعِدُ أو يَنْفي (بِمَرْسومٍ رَسْمِيٍّ)

exist *vi.* يَكونُ؛ يوجَدُ؛ يَعيشُ؛ يَحْيا

existence *n.* وُجودٌ. حَياةٌ. كُلُّ شَيْءٍ حَيٍّ

existent *adj.* حَيٌّ؛ مَوْجودٌ؛ كائِنٌ

exit *n.*; *vi.* مَخْرَجٌ. خُروجٌ // يَخْرُجُ مِن. يُغادِرُ

— visa سِمَةُ أو تَأْشيرَةُ خُروجٍ

exodus *n.* هُجْرَةٌ؛ رَحيلٌ. نُزوحٌ جَماعِيٌّ

exonerate *vt.* يُبَرِّئُ. يُعْفي مِن (مَسْؤوليَّةٍ، واجِبٍ)
exorbitant *adj.* باهِظٌ أو فاحِشٌ (أسْعارٌ، مَطالِبُ)
exorcise *or* exorcize *vt.* يُعَزِّمُ
exorcism *n.* تَعْزيمٌ؛ تَعْويذٌ
exotic *adj.* أجْنَبيٌّ؛ دَخيلٌ. غَريبٌ (جَمالٌ)
expand *vt.; i.* يوسِّعُ؛ يُكَبِّرُ. يَبْسُطُ؛ يَمُدُّ / يَتَوَسَّعُ. يتَمَدَّدُ (غازٌ). يَمْتَدُّ؛ يَنْتَشِرُ. يَنمو؛ يَزْدَهِرُ
expanse *n.* إمْتِدادٌ؛ إتِّساعٌ. إنْتِشارُ (الثَّقافَةِ)
expansion *n.* تَمَدُّدُ (الغازاتِ). تَوَسُّعٌ. إنْتِشارٌ
expansive *adj.* قابِلٌ لِلتَمَدُّدِ. فَسيحٌ
expatiate *vi.* يُسْهِبُ في الكَلامِ. يَتَوَسَّعُ في المَوْضوعِ
expatriate *vt.; n.* يُغَرِّبُ؛ يَنْفي؛ يُبْعِدُ عَنِ الوَطَنِ // مُغْتَرِبٌ؛ مَنْفيٌّ؛ مُواطِنٌ في غَيْرِ بَلَدِهِ
expect *vt.* يَتَوَقَّعُ. يَأمَلُ في. يَطْلُبُ
expectancy *n.* تَوَقُّعٌ؛ تَرَقُّبٌ
expectant *adj.* إنْتِظاريٌّ أو تَرَقُّبيٌّ (مَوْقِفٌ). حامِلٌ (إمْرَأةٌ)
expectation *n.* تَوَقُّعٌ؛ تَرَقُّبٌ. أمَلٌ؛ رَجاءٌ
expedience; cy *n.* مُلاءَمَةٌ؛ مُناسَبَةٌ. إنْتِهازِيَّةٌ؛ نَفْعِيَّةٌ
expedient *adj.* مُناسِبٌ؛ مُلائِمٌ. إنْتِهازيٌّ؛ نَفْعيٌّ
expedite *vt.* يُعَجِّلُ؛ يُصَرِّفُ؛ يُنْهي بِسُرْعَةٍ
expedition *n.* حَمْلَةٌ (بونابَرْت إلى مِصْرَ)؛ رِحْلَةٌ. سُرْعَةُ (التَصَرُّفِ)
expeditious *adj.* سَريعٌ أو عاجِلٌ (جَوابٌ)
expel *vt.* يَطْرُدُ (تِلْميذًا). يُبْعِدُ (أجْنَبيًّا)
expend *vt.* يُنْفِقُ (مالاً). يَسْتَهْلِكُ (فَحْمًا)
expenditure *n.* إنْفاقٌ؛ صَرْفٌ. إسْتِهْلاكٌ. نَفَقَةٌ
expense *n.* إنْفاقٌ؛ صَرْفٌ. نَفَقَةٌ؛ كُلْفَةٌ
at his — عَلى نَفَقَتِهِ
at any — مَهْما كَلَّفَ الأمْرُ
expensive *adj.* غالٍ (أدَواتٌ)؛ مُكَلِّفٌ (رِحْلَةٌ)
experience *n.; vt.* خِبْرَةٌ. تَجْرِبَةٌ. إخْتِبارٌ. تَأثيرٌ // يَخْتَبِرُ؛ يُجَرِّبُ. يَتَأثَّرُ بِـ
experienced *adj.* صاحِبُ خِبْرَةٍ؛ ذو خِبْرَةٍ
experiment *n.; vi.* تَجْرِبَةٌ. إخْتِبارٌ. بَحْثٌ // يُجَرِّبُ. يَخْتَبِرُ
experimental *adj.* تَجْريبيٌّ. إخْتِباريٌّ
expert *adj.; n.* بارِعٌ؛ حاذِقٌ // خَبيرٌ. أخِصّائيٌّ
expiate *vt.* يُكَفِّرُ عَن (خَطيئَةٍ، ذَنْبٍ)
expiation *n.* تَكْفيرٌ عَن (خَطيئَةٍ، ذَنْبٍ)
expiration *or* expiry *n.* إنْقِضاءُ أجَلِ (عَقْدِ إيجارٍ). زَفيرٌ. مَوْتٌ
expire *vi.* يَنْقَضي (عَقْدٌ). يَزْفِرُ. يَموتُ
explain *vt.* يَشْرَحُ؛ يُفَسِّرُ. يُعَلِّلُ؛ يُبَرِّرُ
explanation *n.* شَرْحٌ؛ تَفْسيرٌ. تَعْليلٌ؛ تَبْريرٌ
explanatory *adj.* صالِحٌ لِلشَّرْحِ وَالتَّفْسيرِ وَالتَّبْريرِ
explicable *adj.* قابِلٌ لِلشَرْحِ أوِ التَفْسيرِ
explicit *adj.* صَريحٌ؛ واضِحٌ؛ بِدونِ تَحَفُّظٍ
explode *vt.; i.* يُفَجِّرُ. يُدَمِّرُ. يَدْحَضُ (نَظَرِيَّةً) / يَنْفَجِرُ (لُغْمٌ). يَنْفَجِرُ غَضَبًا
exploit *n.; vt.* مأثَرَةٌ؛ مَفْخَرَةٌ // يَسْتَغِلُّ. يَسْتَثْمِرُ
exploitation *n.* إسْتِغْلالٌ. إسْتِثْمارٌ
exploration *n.* إسْتِكْشافٌ. تَنْقيبٌ
explore *vt.* يَسْتَكْشِفُ. يَتَحَرَّى. يَفْحَصُ بِدِقَّةٍ
explorer *n.* رائِدٌ؛ مُسْتَكْشِفٌ. رَحّالَةٌ
explosion *n.* إنْفِجارُ (قُنْبُلَةٍ، لُغمٍ)
explosive *adj.; n.* مُتَفَجِّرٌ (وَضْعٌ). قابِلٌ لِلإنْفِجارِ // مُتَفَجِّرَةٌ
exponent *n.* داعِيَةٌ (سَلامٍ). شارِحٌ (نَصٍّ)
export *n.; vt.* تَصْديرٌ (بِضائِعَ). بَضائِعُ مُصَدَّرَةٌ //

يُصَدِّرُ (بضائِعَ، أفكارًا)

an — licence رُخْصَةُ تَصْدير

exportation *n.* تَصْديرٌ. سِلْعَةٌ مُصَدَّرَةٌ

exporter *n.* مُصَدِّرٌ

expose *vt.* يَعْرِضُ (لَوحاتٍ). يَكْشِفُ (الحَقائِقَ). يُعَرِّضُ لِـ (حَياتَهُ للخَطَرِ)

exposition *n.* شَرْحٌ. عَرْضٌ. مَعْرِضٌ

expositor *n.* الشارِحُ؛ المُفَسِّرُ؛ المُوَضِّحُ

expostulate *vi.* يُوَبِّخُ؛ يُؤَنِّبُ؛ يَلومُ

exposure *n.* عَرْضٌ (بِضاعَةٍ). تَعْريضُ (الجِسْمِ لِلشَّمْسِ). ظُهورٌ (عَلى المَسْرَحِ)

die of — يَموتُ مِنَ البَرْدِ

expound *vt.* يَشْرَحُ أو يُفَسِّرُ (نَظَرِيَّةً، مَبْدأً)

ex-president *n.* الرَّئيسُ السابِقُ

express *adj.; n.; vt.* واضِحٌ؛ صَريحٌ. سَريعٌ؛ عاجِلٌ // قِطارٌ سَريعٌ. بَريدٌ سَريعٌ // يُعَبِّرُ عَن؛ يُفْصِحُ عَن. يُظْهِرُ (قَلَقَهُ). يُرْسِلُ بِالبَريدِ السَريعِ. يَعْصِرُ (فاكِهَةً)

by — delivery بِالبَريدِ السَريعِ

expression *n.* تَعْبيرٌ عَن؛ إفْصاحٌ عَن. إظْهارُ (سُرورٍ). مَلامِحُ (وَجْهٍ)

expressive *adj.* مُعَبِّرٌ (حَرَكَةٌ)؛ ذو مَغْزًى

expropriate *vt.* يُصادِرُ. يَنْزَعُ المِلْكِيَّةَ

expropriation *n.* مُصادَرَةُ المِلكيَّةِ. إسْتِمْلاكٌ

expulsion *n.* طَرْدٌ. إخْراجٌ. فَصْلٌ. تَجْريدٌ

expunge *vt.* يَمْحو؛ يَشْطُبُ. يَطْمِسُ؛ يُزيلُ

expurgate *vt.* يُنَقِّحُ (نَصًّا، كِتابًا)

exquisite *adj.* رائِعٌ (عَمَلٌ). مَلائِكيٌّ (وَجْهٌ). بارِزٌ (إنْتِصارٌ). مُرْهَفٌ (ذَوْقٌ)

ex-serviceman *n.* مُحارِبٌ قَديمٌ

extant *adj.* مَوْجودٌ؛ كائِنٌ؛ حَيٌّ

extempore *adj.* مُرْتَجَلٌ؛ بِدونِ تَخْطيطٍ أو تَحْضيرٍ

extemporise *vt.* يَرْتَجِلُ (خِطابًا). يُحَضِّرُ أمْرًا بِلا اسْتِعْدادٍ

extend *vt.; i.* يَمُدُّ. يَبْسُطُ (نُفوذَهُ). يوَسِّعُ (مَبْنًى). يَمُدُّ (يَدَهُ). يُمَدِّدُ (جَلْسَةً) / يَنْتَشِرُ. يَمْتَدُّ. يَطولُ؛ يَدومُ

— a welcome يُرَحِّبُ بِـ

— an invitation to يوَجِّهُ دَعْوَةً إلى

extension *n.* مَدٌّ؛ بَسْطٌ. إتِّساعٌ؛ إنْتِشارٌ. مَدًى. تَمْديدُ (إجازَةٍ). خَطٌّ هاتِفيٌّ مُتَفَرِّعٌ. إمْتِدادُ (لِبناءٍ)

extensive *adj.* واسِعٌ؛ مُمْتَدٌّ؛ فَسيحٌ؛ رَحْبٌ

extent *n.* مَدًى؛ مِقْدارٌ. دَرَجَةٌ؛ حَدٌّ

to the — of لِغايَةِ؛ حَتّى

extenuate *vt.* يُلَطِّفُ وَيُقَلِّلُ مِنْ خُطورَةِ (الجُرْمِ، الخَطَأِ). يَسْتَخِفُّ بِأمْرٍ ما

exterior *adj.; n.* خارِجيٌّ. ظاهِرِيٌّ (سُلوكٌ) // الخارِجُ. الظاهِرُ

exterminate *vt.* يُفْني. يُبيدُ. يُزيلُ. يُهْلِكُ

extermination *n.* إبادَةٌ. إفْناءٌ. هَلاكٌ جَماعيٌّ

external *adj.* خارِجيٌّ (مَظْهَرٌ، عَلاقاتٌ، عِلاجٌ)

extinct *adj.* مُنْقَرِضٌ. مُطْفَأٌ. خامِدٌ. مُلْغًى

extinction *n.* إخْمادٌ. إنْطِفاءٌ. إنْقِراضٌ

extinguish *vt.* يُطْفِئُ. يُخْمِدُ. يُبيدُ

extinguisher *n.* مِطْفَأَةٌ (لِلْحَريقِ)

extirpate *vt.* يَقْتَلِعُ؛ يَجْتَثُّ. يَسْتَأْصِلُ (المَرارَةَ)

extol(l) *vt.* يُعَظِّمُ؛ يُمَجِّدُ؛ يُقَرِّظُ؛ يُشيدُ بِـ

extort *vt.* يَبْتَزُّ؛ يَخْتَلِسُ. يَنْتَزِعُ (وَعْدًا)

extortion *n.* إبْتِزازٌ؛ إخْتِلاسٌ. إنْتِزاعُ (تَوْقيعٍ)

extortionate *adj.* باهِظٌ؛ فاحِشٌ. إبْتِزازيٌّ

extra *adj.; adv.; n.* زائِدٌ؛ إضافيٌّ. مُمْتازٌ؛ فاخِرٌ // عَلى نَحْوٍ اسْتِثْنائيٍّ أو مُمْتازٍ // عِلاوَةٌ؛ زِيادَةٌ. مُلْحَقُ (جَريدَةٍ). مُمَثِّلٌ صامِتٌ

exude *vt.; i.* يَنْفَحُ بالثُّقَةِ / يَنْضَحُ ؛ يَرْشَحُ
exult *vi.* يَطيرُ فَرَحًا. يَبْتَهِجُ (مِنَ الإنْتِصارِ)
exultant *adj.* فَرِحٌ ؛ جَذِلٌ. مُبْتَهِجٌ (مِنَ الإنْتِصارِ)
exultation *n.* نَشْوَةٌ ؛ جَذَلٌ. إبْتِهاجٌ (مِنَ الإنْتِصارِ)
eye *n.; vt.* عَيْنٌ. بَصَرٌ. نَظْرَةٌ. ثَقْبٌ // يُحَدِّقُ إلى
all —s شَديدُ التَّنَبُّهِ
blind in one — أعْوَرُ
have —s for مُهْتَمٌّ بِـ
in the twinkling of an — بِلَمْحَةِ بَصَرٍ
keep an — on يُراقِبُ
shut one's —s to *or* turn a blind — to
يَتَجاهَلُ ؛ يَغُضُّ الطَّرْفَ عَن
eyeball *n.* مُقْلَةُ العَيْنِ
eyebrow *n.* حاجِبُ (العَيْنِ)
eyedropper *n.* قَطّارَةٌ لِلْعَيْنِ
eyeglass *n.* نَظّارَةٌ أحادِيَّةٌ. *pl.* نَظّاراتٌ
eye-hole *n.* حَجاجُ العَيْنِ. عُرْوَةٌ
eyelash *n.* هُدْبُ الجَفْنِ
eyeless *adj.* ضَريرٌ ؛ أعْمى
eyelid *n.* جَفْنُ العَيْنِ
eyesight *n.* نَظَرٌ ؛ بَصَرٌ
eyesore *n.* قَذًى في العَيْنِ. مَنْظَرٌ مُؤْذٍ لِلنَّظَرِ
eyetooth *n.* نابٌ
eyewitness *n.* شاهِدُ عِيانٍ
eyrie *or* **eyry** *n.* see **aerie**

— charge مَبْلَغٌ إضافِيٌّ
— strong قَوِيٌّ جِدًّا
extract *vt.; n.* يَقْتَلِعُ. يَسْتَأْصِلُ. يَقْتَبِسُ.
يَسْتَنْتِجُ. يَسْتَخْرِجُ // مُقْتَطَفٌ ؛ مُقْتَبَسٌ. مُسْتَخْرَجٌ
extraction *n.* إسْتِئْصالٌ. إقْتِلاعٌ. قَلْعُ (أسْنانٍ).
خُلاصَةٌ
extradite *vt.* يُسَلِّمُ المُتَّهَمَ إلى حُكومَتِهِ
extraneous *adj.* غَيْرُ أساسِيٍّ. غَيْرُ مُلائِمٍ. دَخيلٌ
extraordinary *adj.* غَيْرُ عادِيٍّ. غَيْرُ مَأْلوفٍ.
خارِقٌ ؛ فائِقٌ ؛ رائِعٌ ؛ مُدْهِشٌ. فوقَ العادَةِ
extravagance *n.* إسْرافٌ. تَبْذيرٌ. بَذَخٌ. تَطَرُّفٌ
extravagant *adj.* مُحِبٌّ لِلتَّباهي. باهِظُ الثَّمَنِ.
مُبَذِّرٌ. مُبالَغٌ فيهِ
extreme *adj.; n.* شَديدٌ (بَرْدٌ). مُتَطَرِّفٌ (مَوْقِفٌ).
صارِمٌ (إجْراءٌ). أقْصى (حَدٍّ) // طَرَفُ (قَضيبٍ)
extremely *adv.* إلى أقْصى حَدٍّ
extremist *n.* مُتَطَرِّفٌ ؛ مُتَهَوِّرٌ
extremity *n.* طَرَفُ (الطاوِلَةِ) ؛ أقْصى (الشّارِعِ).
مُنْتَهى (الحِقْدِ)
extricate *vt.* يُخَلِّصُ (فُلانًا مِنْ هُمومِهِ)
exuberance *n.* إفْراطٌ في النَّشاطِ. فَيْضُ
(عَواطِفَ). غَزارَةٌ ؛ وَفْرَةٌ
exuberant *adj.* مُفْرِطُ الحَيَوِيَّةِ. فائِضٌ (إطْراءٍ).
وافِرُ النُّمُوِّ
exudation *n.* تَحَلُّبٌ ؛ نَضْحٌ ؛ رَشْحٌ

F

F; f *n.* الحَرْفُ السّادِسُ مِنَ الأبْجَدِيَّةِ الإنْكليزيَّةِ
fable *n.* قِصَّةُ حَيَوانٍ (أخْلاقيَّةٌ). خُرافَةٌ؛ أُسْطورَةٌ
fabric *n.* قُماشٌ. نَسيجٌ. بُنْيَةٌ. طَريقَةُ بِناءٍ
fabricate *vt.* يَشيدُ. يَبْتَكِرُ أو يَخْتَرِعُ (حِكايَةً). يُزَوِّرُ أو يُلَفِّقُ
fabrication *n.* تَشْييدٌ. إبْتِكارُ (حِكايَةٍ). تَلْفيقٌ
fabulous *adj.* هائِلٌ؛ طائِلٌ. خُرافيٌّ؛ أُسْطوريٌّ
façade *n.* واجِهَةُ (بِناءٍ). مَظْهَرٌ خَدّاعٌ
face *n.; vt.; i.* وَجْهٌ. هَيْئَةٌ؛ مَظْهَرٌ. واجِهَةُ (بِناءٍ). سَطْحُ (الأرْضِ) // يواجِهُ. يُلَبِّسُ أو يُغَطّي (حائِطًا بِالخَشَبِ) / يُطِلُّ أو يُشْرِفُ عَلى. يُجابِهُ؛ يُقاوِمُ
— to — وَجْهًا لِوَجْهٍ
in the — of بِالرُّغْمِ مِن
faceless *adj.* لا هُوِيَّةَ لَهُ. مَجْهولٌ
facelift *n.* جِراحَةٌ تَجْميلِيَّةٌ لِلوَجْهِ
facet *n.* وُجَيْهُ (الماسَةِ). وَجْهٌ. مَظْهَرٌ
facetious *adj.* مَرِحٌ. ظَريفٌ. مُسَلٍّ. مُضْحِكٌ
facial *adj.* وَجْهيٌّ (عَصَبٌ)؛ خاصٌّ بِالوَجْهِ
facile *adj.* سَهْلٌ؛ هَيِّنٌ؛ بَسيطٌ. سَطْحيٌّ
facilitate *vt.* يُسَهِّلُ؛ يُيَسِّرُ. يُهَوِّنُ. يُبَسِّطُ
facility *n.* سُهولَةٌ؛ يُسْرٌ؛ تَبْسيطٌ. تَسْهيلٌ. بَراعَةٌ. *pl.* تَسْهيلاتٌ
facing *n.* تَخْريجُ (ثَوْبٍ). طِلاءٌ؛ تَلْبيسٌ
facsimile *n.* صورَةٌ أو نُسْخَةٌ طِبْقَ الأصْلِ
fact *n.* واقِعٌ؛ واقِعَةٌ. حَقيقَةٌ
as a matter of—; in —; in point of — في الحَقيقَةِ؛ في الواقِعِ
faction *n.* عُصْبَةٌ؛ زُمْرَةٌ. صِراعٌ أو شِقاقٌ
factious *adj.* حِزْبيٌّ. مُشاغِبٌ
factitious *adj.* إصْطِناعيٌّ؛ مُصْطَنَعٌ
factor *n.* عامِلٌ؛ عُنْصُرٌ. وَكيلٌ؛ عَميلٌ؛ مُعْتَمَدٌ تِجاريٌّ. المَضْروبُ والمَضْروبُ فيهِ
factory *n.* مَصْنَعٌ؛ مَعْمَلٌ؛ فَبْرَكَةٌ
factual *adj.* واقِعيٌّ؛ حَقيقيٌّ
facultative *adj.* إخْتياريٌّ؛ غَيْرُ إجْباريٍّ
faculty *n.* مَلَكَةُ (التَّفْكيرِ). مَقْدِرَةٌ عَلى. كُلِّيَّةٌ
fad *n.* بِدْعَةٌ أو جُنونٌ في (الزِّيِّ، الموسيقى)؛ وَلَعٌ أو اهْتِمامٌ شَديدٌ (إنَّما مُؤَقَّتٌ) بِـ
fade *vi.* يَخْبو أو يبوخُ (لَمَعانٌ، حَيَوِيَّةٌ). يَذْوي. يَتَلاشى. يَخِفُّ (قُوَّةٌ)
fag *vt.; i.; n.* يُنْهِكُ / يُجْهِدُ نَفْسَهُ (في إنْجازِ عَمَلٍ ما) // عَمَلٌ مُنْهِكٌ وَمُمِلٌّ
fag end *n.* عَقِبُ (سيجارَةٍ)
faggot *n.* حُزْمَةُ حَطَبٍ؛ رَبْطَةُ عيدانٍ
fail *vi.; t.* يَفْشَلُ؛ يُخْفِقُ. يَتَعَطَّلُ؛ يَتَوَقَّفُ عَنِ العَمَلِ. يَضْعُفُ. يُفَلِّسُ / يُخَيِّبُ. يُهْمِلُ. يُسْقِطُ
without — *n.* بِكُلِّ تَأْكيدٍ؛ حَتْمًا
failing *n.* خَلَلٌ؛ عَيْبٌ؛ شائِبَةٌ. نُقْطَةُ ضُعْفٍ
failure *n.* إخْفاقٌ. فَشَلٌ. عُطْلٌ. قُصورٌ
he is a — إنَّهُ رَجُلٌ فاشِلٌ
fain *adv.* بِسُرورٍ
faint *adj.; vi.; n.* خافِتٌ (صَوْتٌ). ضَعيفٌ (إطْراءٌ). مُصابٌ بِدُوارٍ. خَجولٌ // يُغْمى عَلَيْهِ. تَخْبو (الأصْواتُ) // إغْماءٌ؛ غَشَيانٌ
faint-hearted *adj.* جَبانٌ؛ رِعْديدٌ
fair *adj.; n.* عادِلٌ. فاتِحٌ. جَميلٌ. نَقيٌّ؛ صافٍ

مؤاتٍ؛ مُلائِمٌ. لَطيفٌ. سالِكٌ (طَريقٌ). واضِحٌ (خطٌّ). أشْقَرُ؛ أبْيَضُ (بَشَرَةٌ) // مَعْرِضٌ؛ سوقٌ

fairness *n.* عَدالَةٌ؛ إنْصافٌ. جَمالٌ. صَفاءٌ

fairy *n.* جِنّيَّةٌ؛ حورِيَّةٌ ساحِرَةٌ

fairy tale *n.* قِصَّةٌ أو حِكايَةٌ عَنِ الجِنّيّاتِ

fait accompli *n.* أمْرٌ واقِعٌ أو نافِذٌ

faith *n.* إيمانٌ. مُعْتَقَدٌ؛ مَذْهَبٌ. وَلاءٌ

bad — سوءُ نِيَّةٍ

good — حُسْنُ نِيَّةٍ

faithful *adj.* وَفِيٌّ؛ مُخْلِصٌ. صادِقٌ

faithfulness *n.* إخْلاصٌ؛ وَفاءٌ

faithless *adj.* كافِرٌ؛ مُلْحِدٌ. خَبيثٌ. غادِرٌ

fake *n. & adj.; vt.* مُزَيَّفٌ. غَشّاشٌ. زائِفٌ // يَغُشُّ؛ يُزَيِّفُ. يَرْتَجِلُ (الموسيقى)

falcon *n.* صَقْرٌ؛ بازٌ

fall *vi.irr.; n.* يَسْقُطُ؛ يَقَعُ؛ يَهْوي. يَهْبِطُ أو يَنْخَفِضُ (الأسْعارُ). يَنْهارُ. يَرْتَكِبُ خَطيئَةً. يَخْرُجُ (كَلِمَةٌ مِنْ فَمِهِ) // سُقوطٌ. إنْخِفاضُ (الأسْعارِ). إنْهيارُ (بِناءٍ). الخَريفُ. شَلاّلٌ. مُنْحَدَرٌ. خَطيئَةٌ

— away يَتْرُكُ؛ يَتَخَلّى عَن. يَخْتَفي؛ يَزولُ

— back يَتَراجَعُ؛ يَتَقَهْقَرُ

— behind يَتَخَلَّفُ عَن

— for يُغْرَمُ بِـ

— in يَنْهارُ؛ يَتَقَوَّضُ. يَتَراصَفُ (جُنودٌ)

— off يَتَضاءَلُ؛ يَنْقُصُ

— out يَتَشاجَرُ. يَحْدُثُ

— through يَفْشَلُ؛ يُخْفِقُ

— to يَبْدَأُ؛ يُباشِرُ

fallacious *adj.* مُضَلِّلٌ. مُغالِطٌ. مُخادِعٌ

fallacy *n.* مُغالَطَةٌ. ضَلالٌ. فَسادٌ. غَوايَةٌ

fallen *adj.* ساقِطٌ. مُتَهَدِّمٌ. صَريعٌ

fallible *adj.* قابِلٌ أو عُرْضَةٌ لِلْخَطَإِ أوِ الضَّلالِ

fall-out *n.* تَساقُطٌ (إشْعاعِيٌّ)

fallow *adj. & n.* في حالَةِ سُباتٍ (أرْضٌ)

false *adj.* مَغْلوطٌ. غَيْرُ مُنْتَظِمَةٍ (بِدايَةٌ). مُخْتَلَقٌ أو مُزَيَّفٌ (خَبَرٌ). مُسْتَعارَةٌ (أسْنانٌ). ماكِرٌ (صَديقٌ). مُغْرِضَةٌ (إشاعَةٌ). باطِلٌ (جِدالٌ)

falsehood *n.* ضَلالٌ؛ زورٌ؛ كَذِبٌ؛ نِفاقٌ

false step *n.* زَلَّةٌ؛ غَلْطَةٌ؛ عَثْرَةٌ

falsify *vt.* يُحَرِّفُ (نَصًّا). يُزَيِّفُ. يَدْحَضُ

falter *vi.; n.* يَتَرَدَّدُ. يَتَعَثَّرُ. يَتَلَعْثَمُ؛ يُلَجْلِجُ // تَرَدُّدٌ. تَعَثُّرٌ. تَلَعْثُمٌ؛ تَلَجْلُجٌ

fame *n.* شُهْرَةٌ؛ مَجْدٌ؛ صيتٌ؛ سُمْعَةٌ

famed *adj.* مَشْهورٌ. شَهيرٌ. ذائِعُ الصّيتِ

familial *adj.* عائِليٌّ؛ يَتَعَلَّقُ بالعائِلَةِ

familiar *adj.; n.* مَألوفٌ (صَوْتٌ). شائِعٌ (عُذْرٌ). مُلِمٌّ بِـ. وَدودٌ. حَميمٌ // إلْفٌ؛ صَديقٌ مُقَرَّبٌ؛ عَشيرٌ

familiarise *vt.* يُعَوِّدُ؛ يَجْعَلُهُ مَألوفًا

familiarity *n.* مَعْرِفَةٌ؛ إلْمامٌ. أُلْفَةٌ؛ مَوَدَّةٌ

family *n.* عائِلَةٌ؛ أُسْرَةٌ

famine *n.* مَجاعَةٌ؛ جوعٌ

famish *vt.; i.* يُجَوِّعُ / يَجوعُ

famished *adj.* جائِعٌ؛ جَوْعانُ

famous *adj.* شَهيرٌ؛ مَشْهورٌ؛ ذائِعُ الصّيتِ

fan *n.; vt.* مِرْوَحَةٌ. مِذْراةٌ. هاوٍ؛ مُعْجَبٌ بِـ // يُرَوِّحُ (عَلَيْهِ بِمِرْوَحَةٍ). يَنْفُخُ (النّارَ). يُثيرُ؛ يُلْهِبُ

fanatic(al) *adj.; n.* تَعَصُّبِيٌّ. مُتَعَصِّبٌ (دينيًّا) // مُتَعَصِّبٌ أو مُتَحَمِّسٌ (لِلدّينِ)

fanaticism *n.* تَعَصُّبٌ أو تَحَمُّسٌ (دينِيٌّ)

fancier *n.* هاوي أو غاوي (موسيقى كلاسيكيَّةٍ)

fanciful *adj.* خَياليٌّ؛ وَهْميٌّ. غَريبٌ (رِوايَةٌ)

fancy *adj.; n.; vt.* مُزَرْكَشٌ (لِباسٌ). مُعَقَّدٌ

(رَقْصَةٌ). خياليٌّ ؛ وَهْميٌّ // نَزْوَةٌ ؛ هَوًى. صورَةٌ ذِهْنِيَّةٌ. ذَوْقٌ (في الأَلْبِسَةِ) // يَتَصَوَّرُ ؛ يَتَخَيَّلُ. يَظُنُّ ؛ يَعْتَقِدُ. يَرْغَبُ في ؛ يَشْتَهي

take a — to — يَسْتَلْطِفُ ؛ يَهْوى

fancy dress *n.* — لِباسٌ تَنَكُّرِيٌّ

fanfare *n.* — أَلحانٌ جَوْقِيَّةٌ ؛ أَلحانٌ بوقِيَّةٌ

fang *n.* — نابٌ ؛ مِخْلَبٌ. جَذْرُ السِّنِّ

fantasize *or* **fantasise** *vt.* — يُهَلْوِسُ

fantastic *adj.* — خَياليٌّ ؛ وَهْميٌّ. غَيْرُ واقِعِيٍّ. خارِقٌ

fantasy *n.* — نَزْوَةٌ ؛ وَهْمٌ. خَيالٌ بِلا حُدودٍ. تَصَوُّرٌ باطِلٌ. هَلْوَسَةٌ

far *adv.* — بَعيدٌ ؛ قاصٍ. كَثيرًا ؛ إلى حَدٍّ كَبيرٍ

as — as — حَتّى ؛ لِغايَةِ

— and away — بِفارِقٍ شاسِعٍ

— and wide — في كُلِّ مَكانٍ

go too — — يَتَعَدّى الحُدودَ

so — — حَتّى الآنَ ؛ إلى الآنَ

faraway; far-off *adj.* — بَعيدٌ ؛ ناءٍ (مَكانٌ). حالِمٌ

farce *n.* — كوميديا ساخِرَةٌ ؛ مَسْرَحِيَّةٌ هَزْلِيَّةٌ

farcical *adj.* — هَزْليٌّ ؛ ساخِرٌ ؛ مُضْحِكٌ ؛ سَخيفٌ

fare *n.; vi.* — أُجْرَةُ أو كُلْفَةُ (السَّفَرِ، النَّقْلِ). راكِبٌ ؛ مُسافِرٌ. لائِحَةُ طَعامٍ // يَنْجَحُ. يَأْكُلُ. يُسافِرُ

farewell *n.; int.* — وَداعٌ ؛ تَوْديعٌ // وَداعًا

far-fetched *adj.* — بَعيدُ الإحْتِمالِ. مُتَكَلِّفٌ

farm *n.; vt.; i.* — مَزْرَعَةٌ ؛ عِزْبَةٌ // يَزْرَعُ ؛ يَفْلَحُ. يُرَبّي الماشِيَةَ / يَعْمَلُ بِالزِّراعَةِ

farmer *n.* — مُزارِعٌ

farming *n.* — فَنُّ الزِراعَةِ

farmyard *n.* — فَناءُ أو حَوْشُ المَزْرَعَةِ

far-off *adj.* see **faraway**

far-reaching *adj.* — ذو أَهَمِّيَّةٍ كُبْرى ؛ بَعيدُ الأَثَرِ

far-sighted *adj.* — بَعيدُ النَظَرِ ؛ حَكيمٌ

farther *adj.* — أَبْعَدُ ؛ أَقْصى. إضافيٌّ

farthest *adj.* — الأَبْعَدُ ؛ الأَقْصى

fascinate *vt.* — يَبْهُرُ ؛ يَفْتِنُ ؛ يَسْحَرُ. يَسْلُبُ اللُّبَّ

fascinating *adj.* — فاتِنٌ ؛ ساحِرٌ. أَخّاذٌ. خَلّابٌ

fascination *n.* — إفْتِتانٌ. سِحْرٌ

Fascism *n.* — الفاشِيَّةُ أوِ الفاشِسْتِيَّةُ : عَقيدَةٌ دِكْتاتورِيَّةٌ

fascist *adj. & n.* — فاشيٌّ ؛ مُناصِرٌ لِلفاشِيَّةِ

fashion *n.; vt.* — موضَةٌ ؛ طِرازٌ. نَهْجٌ ؛ أُسْلوبٌ // يُعْطي شَكْلاً لِـ (قِطْعَةِ رُخامٍ)

after *or* in a — — نَوْعًا ما ؛ إلى حَدٍّ ما

in — — عَلى الموضَةِ. شائِعٌ ؛ رائِجٌ

of — — ذو مَكانَةٍ إجْتِماعِيَّةٍ عالِيَةٍ

fashionable *adj.* — دارِجٌ. رائِجٌ ؛ شائِعٌ

fast *adj.; vi.; n.* — سَريعٌ. خاطِفٌ (زِيارَةٌ). مُنْحَلُّ الأَخْلاقِ. ثابِتٌ ؛ مَتينٌ. مُقْفَلٌ (بابٌ). مُخْلِصٌ ؛ وَفِيٌّ. عَميقٌ (نَوْمٌ) // يَصومُ. يَمْتَنِعُ عَنِ الأَكْلِ // صَوْمٌ ؛ إمْتِناعٌ عَنِ الأَكْلِ

fasten *vt.; i.* — يوثِقُ. يَرْبِطُ. يُقْفِلُ. يَحْبِسُ. يُحَدِّقُ (الطَّرْفَ) / يُمْسِكُ بِقُوَّةٍ

fastener *or* **fastening** *n.* — وِثاقٌ. رِباطٌ. قِفْلٌ

fastidious *adj.* — صَعْبُ الإرْضاءِ. نَيِّقٌ

fastness *n.* — حِصْنٌ ؛ قَلْعَةٌ. سُرْعَةٌ ؛ رَشاقَةٌ

fat *n.; adj.* — دُهْنٌ ؛ دَسَمٌ. بَدانَةٌ ؛ سِمَنٌ. صَفْوَةٌ (الخِطابِ) // دَسِمٌ. سَمينٌ. مُرْبِحٌ. خَصْبٌ

fatal *adj.* — مُهْلِكٌ ؛ مُميتٌ. مَشْؤومٌ. مَصيريٌّ. مُقَدَّرٌ ؛ مَحْتومٌ

fatalism *n.* — إعْتِقادٌ فَلْسَفيٌّ بِالقَضاءِ وَالقَدَرِ

fatality *n.* — هَلاكٌ. مَوْتٌ. قَضاءٌ وَقَدَرٌ

fate *n.* — القَدَرُ. قِسْمَةٌ. حَتْمِيَّةٌ. مَصيرٌ مَشْؤومٌ

fated *adj.* — مُقَدَّرٌ. مُحَتَّمٌ ؛ حَتْميٌّ

fateful *adj.* خطيرٌ. مَحْتومٌ. مُهْلِكٌ. مَشْؤومٌ
fathead *n.* أحْمَقُ؛ أبْلَهُ؛ بَليدُ (العَقْلِ)
father *n.* أبٌ؛ والِدٌ
fatherhood *n.* أُبوَّةٌ
father-in-law *n.* والِدُ الزَّوْجَةِ أوِ الزَّوْجِ
fatherland *n.* مَسْقَطُ رَأْسٍ ؛ وَطَنٌ
fatherless *adj.* يَتيمُ الأبِ. مَجْهولُ الوالِدِ
fatherly *adj.* أبَويٌّ (عاطِفَةٌ، سُلْطَةٌ)
fathom *n.; vt.* وَحْدَةٌ لِقِياسِ عُمْقِ المياه = ٦ أقْدام // يَسْبُرُ (عُمْقًا). يَحُلُّ (لُغْزًا)
fathomless *adj.* لا يُدْرَكُ كُنْهُهُ (سِرٌّ)
fatigue *n.; vt.* تَعَبٌ؛ إجْهادٌ. مَشَقَّةٌ؛ عَناءٌ // يُتْعِبُ؛ يُنْهِكُ؛ يُضْني؛ يُجْهِدُ
fatten *vt.* يُسَمِّنُ (حَيَوانًا). يُسَمِّدُ (أرْضًا)
fatty *adj.* دَسِمٌ؛ مُدْهِنٌ. دَسَميٌّ؛ دُهْنيٌّ
fatuous *adj.* أبْلَهُ؛ مُغَفَّلٌ؛ أخْرَقُ. سَخيفٌ
fault *n.* خَطَأٌ. ذَنْبٌ. عَيْبٌ؛ شائِبَةٌ
faultless *adj.* لا عَيْبَ فيهِ؛ لا غُبارَ عَلَيهِ
faulty *adj.* خاطِئٌ؛ مَغْلوطٌ. مَعيبٌ؛ ناقِصٌ
favour *or* **favor** *n.* فَضْلٌ؛ مَعْروفٌ. عَطْفٌ؛ رِعايَةٌ. حُظْوَةٌ؛ تَقْديرٌ. نِعْمَةٌ؛ مِنَّةٌ // يَعْطِفُ عَلى. يؤَيِّدُ. يُفَضِّلُ. يُسَهِّلُ
  find — with يَجِدُ حُظْوَةً لَدى فُلانٍ
  in — of لِصالِحِ ؛ لِفائِدَةِ
favourable *or* **favorable** *adj.* مُؤاتٍ؛ مُلائِمٌ. مُشَجِّعٌ؛ مؤَيِّدٌ
favourite *or* **favorite** *n.; adj.* مُفَضَّلٌ؛ مَحْظيٌّ // مُفَضَّلٌ (كِتابٌ، لُعْبَةٌ)
favouritism *n.* مُحاباةٌ؛ مَحْسوبيَّةٌ
fawn *n.; vi.* وَلَدُ الظَّبْيَةِ أوِ الأيِّلِ // يَتَمَلَّقُ؛ يُداهِنُ؛ يَتَزَلَّفُ
fawning *n.; adj.* تَمَلُّقٌ؛ مُداهَنَةٌ؛ تَزَلُّفٌ // مُتَمَلِّقٌ؛ مُداهِنٌ. مُتَزَلِّفٌ
fear *n.* خَوْفٌ؛ رُعْبٌ؛ وَجَلٌ. قَلَقٌ
  for — of خَوْفًا مِنْ أنْ؛ خَشْيَةَ أنْ
fearful *adj.* خائِفٌ؛ مُرْتَعِبٌ. مُخيفٌ؛ مُرْعِبٌ
fearless *adj.* شُجاعٌ؛ جَسورٌ؛ مِقْدامٌ؛ جَريءٌ
feasible *adj.* مُمْكِنٌ. مُحْتَمَلٌ. عَمَليٌّ. مُلائِمٌ
feast *n.; vt.; i.* وَليمَةٌ. عيدٌ. مُتْعَةٌ (لِلنّاظِرِ) // يولِمُ. يُعَيِّدُ. يُمَتِّعُ (النَّظَرَ) / يَسْتَمْتِعُ. يُسَرُّ بِـ
feat *n.* مَفْخَرَةٌ. مَأْثَرَةٌ. عَمَلٌ بُطوليٌّ
feather *n.; vt.* ريشَةٌ (طائِرٍ) // يَكْسو بِالرِّيشِ
  birds of a — flock together إنَّ الطُّيورَ عَلى أشْكالِها تَقَعُ
  — one's nest يَثْرى؛ يَغْتَني
feathery *adj.* ريشيٌّ. مَكْسُوٌّ بِالرِّيشِ
feature *n.* جُزْءٌ مُمَيَّزٌ (في كِتابٍ، في مبنى). *pl.* قَسَماتٌ أو مَلامِحُ وَجْهٍ
February *n.* شُباطُ؛ فَبْرايِرُ (شَهْرٌ شَمسيٌّ)
feckless *adj.* عاجِزٌ. غَيْرُ ناجِعٍ . لا مَسْؤولٌ
fecundity *n.* خُصوبَةٌ؛ إثْمارٌ. سَعَةُ (خَيالٍ)
federal *adj.* فِدراليٌّ ؛ إتِّحاديٌّ
federate *vt.; i.* يوَحِّدُ أو يَضُمُّ في اتِّحادٍ دُوَليٍّ / يَتَوَحَّدُ أو يَنْضَمُّ في اتِّحادٍ
federation *n.* فِدراليَّةٌ : دَوْلَةٌ إتِّحاديَّةٌ
fee *n.* أجْرَةٌ (طَبيبٍ). رَسْمُ (الدُّخولِ إلى مَسْرَحٍ)
  school —s الأقْساطُ المَدْرَسيَّةُ
feeble *adj.* ضَعيفٌ؛ واهِنٌ
feeble-minded *adj.* غَبيٌّ ؛ أبْلَهُ
feed *n.; vt.; i.irr.* إطْعامٌ. رَعْيُ (المَواشي). طَعامٌ. عَلَفٌ // يُطْعِمُ. يُغَذّي / يَأْكُلُ. يَرْعى
  be fed up (with) يَضيقُ ذَرْعًا بِـ

feedback *n.* تَغْذِيَةٌ مُرْتَدَّةٌ
feeding bottle *n.* رَضّاعَةٌ؛ زُجاجَةُ الرِضاعَةِ
feel *vt.; i.irr.* يَشْعُرُ بِـ أو يُحِسُّ بِـ (البَرْدِ، الأَلَمِ). يَلْمُسُ (بِإِصْبَعِهِ) / يَتَأَثَّرُ؛ يَتَعاطَفُ مَع
— one's way يَتَلَمَّسُ طَريقَهُ
— like يَرْغَبُ في؛ يَميلُ إلى
feeler *n.* قَرْنُ اسْتِشْعارٍ (لدى بَعْضِ الحَيَواناتِ)
feeling *n.; adj.* شُعورٌ؛ إِحْساسٌ. تَأَثُّرٌ؛ إِنْفِعالٌ. عَطْفٌ؛ حُنوٌّ // حَسّاسٌ؛ عاطِفِيٌّ
feet *n.pl.* of **foot**
feign *vt.* يَتَظاهَرُ. يَتَصَنَّعُ. يَخْتَلِقُ
feigned *adj.* مُتَصَنَّعٌ. مُخْتَلَقٌ. مُقَلَّدٌ. زائِفٌ
feint *n.; vt.* مُناوَرَةٌ أو خِدْعَةٌ عَسْكَرِيَّةٌ. إِحْتِيالٌ // يُناوِرُ. يَخْدَعُ؛ يَمْكُرُ بِـ
felicitate *vt.* يُهَنِّئُ
felicitation *n.* تَهْنِئَةٌ
felicity *n.* هَناءٌ؛ غِبْطَةٌ؛ نَعيمٌ؛ سَعادَةٌ
feline *adj.* سِنَّوْرِيٌّ. ماكِرٌ؛ غادِرٌ
fell *vt.; n.; adj.* يَقْطَعُ (شَجَرَةً). يُجَنْدِلُ؛ يَصْرَعُ // جِلْدُ حَيَوانٍ // قاسٍ. رَهيبٌ. فادِحٌ
fellow *n.* رَفيقٌ. زَميلٌ. فَتًى. فَرْدٌ؛ شَخْصٌ
fellow feeling *n.* عَطْفٌ مُتَبادَلٌ
fellowship *n.* زَمالَةٌ. رِفْقَةٌ. جَمْعِيَّةٌ؛ نادٍ
felon *n.* مُجْرِمٌ؛ جانٍ. شِرّيرٌ؛ مؤذٍ
felony *n.* جَريمَةٌ؛ جِنايَةٌ؛ جُرْمٌ
felt *n.* لِبْدٌ؛ لُبادٌ
female *adj.; n.* نِسائِيٌّ (صَوْتٌ)؛ أُنْثَوِيٌّ (لَطافَةٌ) // أُنْثى الحَيَوانِ أو النَّباتِ
feminine *adj.* أُنْثَوِيٌّ؛ نِسائِيٌّ. مُؤَنَّثٌ
feminism *n.* الحَرَكَةُ النِّسائِيَّةُ
fen *n.* مُسْتَنْقَعٌ؛ سَبْخَةٌ
fence *n.; vt.; i.* سِياجٌ؛ سورٌ. حاجِزٌ؛ سَدٌّ // يُسَيِّجُ (بُسْتانًا)؛ يُحيطُ بِسِياجٍ / يُقاتِلُ بالسَّيْفِ. يُراوِغُ
fencing *n.* مُبارَزَةٌ بالسَّيْفِ. سِياجٌ؛ سورٌ
fend *vt.; i.* يَصُدُّ أو يُبْعِدُ (الضَّرَباتِ) / يَتَوَقّى. يَدْرأُ. يُعيلُ (نَفْسَهُ)
fender *n.* إِطارٌ مَعْدِنِيٌّ لاحْتِواءِ النّارِ في المَوْقِدِ. واقِيَةٌ مِنَ الصَدْماتِ (مُثَبَّتَةٌ في مُقَدَّمِ قِطارٍ)
ferment *n.; vt.; i.* خَميرَةٌ. شَغَبٌ؛ هَيَجانٌ // يُخَمِّرُ. يُهَيِّجُ؛ يُثيرُ الشَغَبَ / يَخْتَمِرُ. يَتَهَيَّجُ
fermentation *n.* إِخْتِمارٌ؛ تَخْميرٌ. إِهْتِياجٌ
fern *n.* سَرْخَسٌ؛ خِنْشارٌ
ferocious *adj.* شَرِسٌ؛ مُتَوَحِّشٌ؛ كاسِرٌ؛ مُفْتَرِسٌ
ferocity *n.* تَوَحُّشٌ؛ شَراسَةٌ؛ ضَراوَةٌ
ferret *n.; vt.; i.* إِبْنُ مِقْرَضٍ (صَيّادُ الأَرانِبِ) // يَصْطادُ بِواسِطَةِ ابْنِ مِقْرَضٍ. يُخْرِجُ (لِصًّا مِنْ مَخْبَأِهِ). يَكْتَشِفُ (مَرَضًا) / يُفَتِّشُ؛ يُنَقِّبُ
ferrous *adj.* حَديدِيٌّ
ferry *vt.; n.* يَنْقُلُ بالمِعْبَرَةِ (الرُّكّابَ، البَضائِعَ) // نَقْلُ (الرُّكّابِ والبَضائِعِ) بالمِعْبَرَةِ. مِعْبَرَةٌ
ferry boat *n.* مِعْبَرَةٌ؛ مَرْكَبُ عُبورٍ؛ مُعَدِّيَةٌ
fertile *adj.* خَصْبٌ. كَثيرُ الإِنْتاجِ (كاتِبٌ)
fertility *n.* خِصْبٌ؛ خُصوبَةٌ. كَثْرَةُ إِنْتاجٍ
fertilize *or* **fertilise** *vt.* يُسَمِّدُ. يُخْصِبُ. يُلَقِّحُ
fertilizer *or* **fertiliser** *n.* مُخْصِبٌ. سَمادٌ
ferule *n.* مِقْرَعَةٌ
fervent; fervid *adj.* مُتَحَمِّسٌ؛ غَيورٌ. مُتَوَهِّجٌ
fervour *or* **fervor** *n.* حَماسَةٌ؛ غَيْرَةٌ؛ حَمِيَّةٌ
fester *vi.; n.* يَتَقَيَّحُ. يَفْسُدُ. يَتَكاسَلُ // قُرْحَةٌ. دُمَّلٌ مُتَقَيِّحٌ
festival *n.* مِهْرَجانٌ. عيدٌ. إِحْتِفالٌ
festive *adj.* إِحْتِفالِيٌّ. مُفْرِحٌ. بَهيجٌ

festivity *n.* إبْتِهاجٌ. إحْتِفالٌ. مِهْرَجانٌ

festoon *n.; vt.* // ضَفيرَةٌ أو جَديلَةٌ أو حَبْلُ (زَهْرٍ) // يُزَيِّنُ بِضَفائِرَ أو بِحِبالِ زَهْرٍ

fetch *vt.; n.* // يَلْتَمِسُ (عَوْنًا). يَأْتي بِـ. يَجْذِبُ // حيلَةٌ؛ خُدْعَةٌ

fête *n.; vt.* حَفْلَةٌ تَرْفيهِيَّةٌ. عيدٌ // يُعَيِّدُ؛ يَحْتَفِلُ بِـ

fetid *adj.* نَتِنٌ؛ مُنْتِنٌ؛ خَبيثُ الرّائِحَةِ

fetlock *or* **fetterlock** *n.* ثُنَّةٌ (شَعَراتٌ خَلْفِيَّةٌ فَوْقَ حافِرِ الفَرَسِ)

fetter *vt.; n.* // يُكَبِّلُ بِالسَّلاسِلِ؛ يُغَلِّلُ. يَحْجِزُ // *pl.* سَلاسِلُ. قَيْدٌ. غُلٌّ

fettle *vt.; n.* يُرَتِّبُ؛ يَضَعُ اللَّمَساتِ الأخيرَةَ عَلى // وَضْعٌ أو حالَةٌ (صِحِّيَّةٌ، نَفْسِيَّةٌ)

in fine — مُنْشَرِحٌ؛ سَعيدٌ

fetus *n.* الجَنينُ

feud *n.; vi.* نِزاعٌ قَبَلِيٌّ. عِداءٌ. ثَأْرٌ // يَتَنازَعُ. يَتَعادى. يَثْأَرُ

feudal *adj.* إقْطاعِيٌّ. عِدائِيٌّ

feudalism *n.* نِظامُ الإقْطاعِيَّةِ

fever *n.* حُمَّى؛ سُخونَةٌ. إنْفِعالٌ حادٌّ

feverish *adj.* مَحْمومٌ؛ مَحْرورٌ. شَديدُ الإنْفِعالِ

few *adj.* قَليلٌ مِن. بَعْضُ. بِضْعُ (ساعاتٍ)

fez *n.* (*pl.* **fezzes** *or* **fezes**) طَرْبوشٌ

fiancé *n.* خَطيبٌ؛ خاطِبٌ

fiancée *n.* خَطيبَةٌ

fiasco *n.* (*pl.* **-es** *or* **-s**) فَشَلٌ مُذِلٌّ. إخْفاقٌ ذَريعٌ

fiat *n.* أَمْرٌ؛ إجازَةٌ

fib *n.; vi.* أُكْذوبَةٌ. كِذْبَةٌ (بَيْضاءُ) // يَكْذِبُ؛ يُلَفِّقُ

fibber *n.* كاذِبٌ. كَذّابٌ

fibre *or* **fiber** *n.* ليفٌ. ماهِيَّةٌ أو كُنْهُ (شَيْءٍ)

moral — قُوَّةٌ شَخْصِيَّةٌ

fibrous *adj.* ليفِيٌّ؛ ذو أَلْيافٍ

fickle *adj.* مُتَقَلِّبُ (مِزاجٍ). هَوائِيٌّ؛ مُذَبْذَبٌ

fiction *n.* رِوايَةٌ خَيالِيَّةٌ أو مُخْتَلَقَةٌ. خُرافَةٌ

fictional *adj.* قَصَصِيٌّ؛ خُرافِيٌّ؛ خَيالِيٌّ

fictitious *adj.* خَيالِيٌّ؛ وَهْمِيٌّ. مُصْطَنَعٌ؛ مُزَيَّفٌ

fiddle *n.; int.; vi.* // كَمانٌ؛ كَمَنْجَةٌ // هُراءٌ // يَعْزِفُ عَلى الكَمانِ. يَتَحامَقُ. يَنالُ بِالحيلَةِ. يَتَلاعَبُ بِدَفاتِرِ الحِسابِ

fit as a — بِصِحَّةٍ مُمْتازَةٍ

play second — يَقومُ بِدَوْرٍ ثانَوِيٍّ. يَخْضَعُ لِـ

fidelity *n.* إخْلاصٌ. أَمانَةٌ (زَوْجِيَّةٌ). صِدْقٌ

fidget *n.; vi.; t.* // قَلَقٌ؛ تَمَلْمُلٌ؛ تَبَرُّمٌ. مُتَبَرِّمٌ // يَتَمَلْمَلُ. يَتَحَرَّكُ بِعَصَبِيَّةٍ / يُسَبِّبُ التَمَلْمُلَ أوِ الإضْطِرابَ أوِ العَصَبِيَّةَ. يُحَرِّكُ (شَيْئًا) بِعَصَبِيَّةٍ

fidgety *adj.* قَلِقٌ؛ مُضْطَرِبٌ؛ مُتَبَرِّمٌ

field *n.* حَقْلٌ. مَرْعًى. مَلْعَبٌ. ساحَةٌ. مَجالٌ

in the — في ساحَةِ المَعْرَكَةِ

leave the — يَنْسَحِبُ مِنْ (مُباراةٍ)

field day *n.* يَوْمُ مُناوَراتٍ. يَوْمٌ حافِلٌ

field marshal *n.* مارِشالٌ؛ مُشيرٌ

fiend *n.* شَيْطانٌ؛ إبْليسُ. شِرّيرٌ. عِفْريتٌ

fiendish *adj.* شَيْطانِيٌّ. شِرّيرٌ. مُعَقَّدٌ لِلغايَةِ

fierce *adj.* شَرِسٌ؛ مُتَوَحِّشٌ. عَنيفٌ. قَوِيٌّ (حِقْدٌ)

fieriness *n.* حِدَّةُ (طَبْعٍ). إنْفِعالٌ؛ حَماسٌ

fiery *adj.* حادُّ الطَّبْعِ. مُنْدَفِعٌ؛ مُتَحَمِّسٌ. مُتَّقِدٌ

fife *n.* مِزْمارٌ؛ نايٌ

fifteen *n.* خَمْسَةَ عَشَرَ؛ خَمْسَ عَشْرَةَ

fifteenth *adj.* الخامِسَ عَشَرَ

fifth *adj. & n.* خامِسٌ (في صَفِّهِ، في المُباراةِ)

fifth column *n.* الطّابورُ الخامِسُ

fifth wheel *n.* الدّولابُ الخامِسُ الإحْتِياطِيُّ

fill *vt.; i.; n.* يَملأُ (بِرْميلاً). يَسُدُّ (ثَقْبًا). يُشْبِعُ (رَغَباتِهِ). يَشْغَلُ (وَظيفَةً). يَتْبَعُ (تَعْليماتِ الطَّبيبِ) / يَمْتَلِئُ. يَنْتَفِخُ // مِلْءٌ؛ كِفايَةٌ
— a tooth يُرَصِّصُ سِنًّا
eat to one's — يَأْكُلُ قَدْرَ ما يُريدُ
fillet *n.* شَريحَةُ لَحْمِ بَقَرٍ طَرِيَّةٌ. شَبَكَةٌ لِلشَّعرِ
filling *n.* ما يُرْدَمُ بِهِ (حُفْرَةٌ). تَعْبِئَةٌ. حَشْوَةُ الضِرْسِ
filling station *n.* مَحَطَّةُ وَقودٍ
fillip *n.* مُحَرِّكٌ؛ مُثيرٌ
filly *n.* مُهْرَةٌ؛ فِلْوَةٌ. فَتاةٌ
film *n.; vt.* غِشاءٌ أو طَبَقَةٌ رَقيقَةٌ. شَريطٌ سينَمائِيٌّ. شَريطٌ لِلتَّصْويرِ الضَّوْئِيِّ // يُصَوِّرُ بِالكاميرا. يُصَوِّرُ شَريطًا سينَمائِيًّا. يُغَشّي بِطَبَقَةٍ رَقيقَةٍ
film script *n.* سيناريو: نَصٌّ أو حِوارٌ سينَمائِيٌّ
film star *n.* نَجْمٌ سينَمائِيٌّ
filmy *adj.* رَقيقٌ؛ شَفّافٌ. غائِمٌ
filter *n.; vt.; i.* مِصْفاةٌ؛ مِرْشَحَةٌ // يُصَفّي. يُزيلُ الأَوْساخَ (بِالمِصْفاةِ) / يَرْشَحُ. يَتَقَطَّرُ. تَتَسَرَّبُ (أَخْبارٌ)
filter tip *n.* مِرْشَحُ سيجارَةٍ
filth *n.* قَذارَةٌ؛ وَساخَةٌ. سَفالَةٌ؛ فُحْشٌ
filthy *adj.* قَذِرٌ؛ وَسِخٌ؛ سافِلٌ؛ بَذيءٌ
fin *n.* زِعْنِفَةٌ (حَيَواناتٍ بَحْرِيَّةٍ)
final *adj.; n.* نِهائِيٌّ؛ خِتامِيٌّ. حاسِمٌ؛ قَطْعِيٌّ // نِهايَةٌ؛ خاتِمَةٌ. مُباراةٌ نِهائِيَّةٌ
finally *adv.* أَخيرًا؛ في الخِتامِ. بَتاتًا
finance *n.; vt.* النَّقْدُ. الشَّأْنُ المالِيُّ. تَمْويلٌ. *pl.* مالِيَّةُ (شَخْصٍ) // يُمَوِّلُ؛ يَحْصُلُ عَلى (النَّقْدِ)
financial *adj.* مالِيٌّ (نِظامٌ، إعْتِباراتٌ، مَتاعِبُ)
financier *n.* رَجُلُ مالٍ؛ رَأْسُمالِيٌّ؛ مُمَوِّلٌ
finch *n.* شُرْشورٌ؛ بِرْقِشٌ (طائِرٌ مُغَرِّدٌ)

لِلسَّيّارَةِ
fiftieth *adj. & n.* الخَمْسونَ // جُزْءٌ مِنْ خَمْسينَ
fifty *adj. & n.* خَمْسونَ (سَنَةً)
fifty-fifty *adj.* مُناصَفَةً؛ بِالتَّساوي
fig *n.* تينَةٌ. ثَمَرَةُ التّينِ
not to care a — for لا يُبالي بِـ
fight *vt.; i.irr.; n.* يُحارِبُ. يُقاتِلُ. يُلاكِمُ. يَخوضُ (مَعْرَكَةً). يَحْصُلُ عَلى مُبْتَغاهُ بِالنِّضالِ. يُقاوِمُ / يَتَحارَبُ. يَتَقاتَلُ. يُناضِلُ أو يُكافِحُ // قِتالٌ. مَعْرَكَةٌ. مُقاوَمَةٌ. مُباراةٌ (في المُلاكَمَةِ)
fighter *n.* مُقاتِلٌ؛ مُحارِبٌ. طائِرَةٌ مُقاتِلَةٌ
fighting *n.* مُحارَبَةٌ؛ مُقاوَمَةٌ. نِضالٌ؛ كِفاحٌ
figment *n.* بِدْعَةٌ أو ابْتِكارٌ مِنَ الخَيالِ. خُرافَةٌ
figurative *adj.* مَجازِيٌّ؛ إسْتِعارِيٌّ. شَكْلِيٌّ
figure *n.; vt.; i.* رَقْمٌ؛ عَدَدٌ. مَبْلَغٌ. حِسابٌ. شَكْلٌ؛ مَظْهَرٌ. شَخْصِيَّةٌ بارِزَةٌ. صورَةٌ؛ رَسْمٌ // يَحْسُبُ (مَسافَةً). يَتَأَمَّلُ في. يُصَوِّرُ؛ يَرْسُمُ. يَتَخَيَّلُ / يُذْكَرُ أو يَرِدُ (إسْمُهُ في القائِمَةِ)
cut a (fine) — يَظْهَرُ بِمَظْهَرٍ لائِقٍ
a round — رَقْمٌ كامِلٌ بِلا كُسورٍ
— of speech مَجازٌ؛ إسْتِعارَةٌ
figure-head *n.* شَخْصٌ صُوَرِيٌّ
filament *n.* خُوَيْطٌ. سِلْكٌ حَرارِيٌّ. فَتيلٌ
filbert *n.* شَجَرَةُ أو ثَمَرَةُ البُنْدُقِ
filch *vt.* يَسْرِقُ أو يَنْشُلُ بِكَمِّيّاتٍ صَغيرَةٍ
file *n.; vt.; i.* مَلَفٌّ؛ إضْبارَةٌ. خِزانَةُ إضْباراتٍ. صَفٌّ؛ رَتَلٌ. مِبْرَدٌ // يَضَعُ في مَلَفٍّ. يُدَوِّنُ في سِجِلٍّ. يَرْفَعُ دَعْوى. يَبْرُدُ (الحَديدَ) / يَمْشي بِالصَّفِّ
filial *adj.* بَنَوِيٌّ؛ مُخْتَصٌّ بِالبَنينِ
filing *n.* بَرْدُ (الحَديدِ). تَرْتيبُ الأَوْراقِ في المَلَفّاتِ. *pl.* بُرادَةُ الحَديدِ

find *vt.; i.irr.; n.* يَجِدُ ؛ يَعْثُرُ عَلى . يُدْرِكُ (أَنَّ المُشْكِلَةَ مُعَقَّدَةٌ) / يُصْدِرُ حُكْمًا // لُقْيَةٌ

fine *adj.; n.; vt.* رائِعٌ (خِطابٌ) . بارِعٌ (موسيقيٌّ) . صَحْوٌ (طَقْسٌ) . جَيِّدٌ (صِحَّةٌ) . دَقيقٌ (صِناعَةٌ) . خالِصٌ (ذَهَبٌ) . ثاقِبٌ (نَظْرَةٌ) . جَميلٌ (مَنْظَرٌ) // غَرامَةٌ مالِيَّةٌ ؛ جَزاءٌ // يُغَرِّمُ

fine arts *n.pl.* الفُنونُ الجَميلَةُ (كالرَّسْمِ وَالنَّحْتِ)

fineness *n.* دِقَّةٌ ؛ رِقَّةٌ . نَقاوَةٌ ؛ صَفاءٌ

finery *n.* مَلابِسُ أَنيقَةٌ وحُلًى نَفيسَةٌ

finesse *n.* دِقَّةٌ ؛ نُعومَةٌ ؛ رَشاقَةٌ ؛ ظَرْفٌ . حِدَّةٌ (ذَكاءٍ) . رَهافَةٌ (سَمْعٍ)

finger *n.; vt.* إِصْبَعٌ . إِصْبَعُ (قُفّازٍ) . مِقْدارُ إِصْبَعٍ // يَلْمُسُ أَو يُحَرِّكُ بِأَصابِعِهِ (وَرْدَةً)

fingernail *n.* ظِفْرُ يَدٍ

fingerprint *n.* بَصْمَةُ أَصابِعِ اليَدِ

finical *adj.* نَكِدٌ ؛ نَيِّقٌ . دَقيقٌ فَوْقَ اللُّزومِ

finis *n.* نِهايَةٌ ؛ خاتِمَةٌ

finish *vt.; i.; n.* يُنْهي . يُنْجِزُ . يَصْقُلُ . يُجْهِزُ عَلى . يَسْتَنْفِدُ / يَنْتَهي // خِتامٌ . إِنْهِزامٌ (في مَعْرَكَةٍ) . صَقْلٌ . ظَرافَةٌ إِجْتِماعِيَّةٌ . إِتْمامٌ ؛ إِنْجازٌ

finished *adj.* كامِلٌ ؛ ناجِزٌ

finishing line *n.* خَطُّ الوصولِ (في سِباقٍ)

finishing touches *n.pl.* اللَّمَساتُ الأَخيرَةُ

finite *adj.* مَحْدودٌ ؛ مُتَناهٍ ؛ لَهُ نِهايَةٌ

fir *n.* شَجَرَةُ التَّنوبِ

fir cone *n.* كوزُ التَّنوبِ

fire *n.; vt.; i.* نارٌ . حَريقٌ . تَوَقُّدٌ ؛ تَأَجُّجٌ . نَشاطٌ ؛ حَماسٌ . إِنْفِعالٌ // يُشْعِلُ . يُلْهِبُ (المَشاعِرَ) . يُطْلِقُ النّارَ . يَفْصِلُ (مُسْتَخْدَمًا) / يَشْتَعِلُ ؛ يَلْتَهِبُ . يَتَوَقَّدُ ؛ يَتَأَجَّجُ . تَلْتَهِبُ (المَشاعِرُ)

catch — يَشْتَعِلُ

hang — يؤَخِّرُ إِطْلاقَ النّارِ

on — مُشْتَعِلٌ ؛ مُلْتَهِبٌ

open — يَبْدَأُ بِإِطْلاقِ النّارِ

set — to *or* set on — يُشْعِلُ ؛ يُضْرِمُ

fire alarm *n.* إِنْذارٌ بِوُجودِ حَريقٍ

firearm *n.* سِلاحٌ ناريٌّ

fire brigade *n.* إِطْفائِيَّةٌ . فِرْقَةٌ لإِخْمادِ الحَرائِقِ

firecracker *n.* مُفَرْقَعَةٌ نارِيَّةٌ

fire engine *n.* سَيّارَةُ الإِطْفاءِ

fire escape *n.* سُلَّمُ النَّجاةِ (خاصٌّ بِالإِطْفائِيَّةِ)

fire-extinguisher *n.* مِطْفَأَةٌ يَدَوِيَّةٌ لإِخْمادِ الحَرائِقِ

fire fighter *n.* رَجُلُ الإِطْفاءِ

firefly *n.* حُباحِبٌ ؛ الذُّبابُ المُنيرُ

fireguard *n.* حاجِزٌ لِلْوِقايَةِ مِنَ النّارِ

fireman *n.* إِطْفائيٌّ . مَنْ يَعْتَني بِالنّارِ (عَلى قِطارٍ)

fireplace *n.* مَوْقِدٌ ؛ مُصْطَلى ؛ مِدْفَأَةٌ

fireproof *adj.* ضِدَّ الحَريقِ ؛ لا يُؤَثِّرُ فيهِ الحَريقُ

fireside *n.* المَوْقِدُ . البَيْتُ ؛ حَياةٌ عائِلِيَّةٌ

fire station *n.* مَرْكَزُ الإِطْفائِيَّةِ

fireworks *n.pl.* أَلْعابٌ أَو أَسْهُمٌ نارِيَّةٌ

firing *n.* شَيُّ خَزَفٍ . إِشْعالُ النّارِ . إِطْلاقُ النّارِ . وَقودٌ ؛ مَحْروقاتٌ

firm *adj.; n.* صُلْبٌ . راسِخٌ ؛ ثابِتٌ . حازِمٌ // مؤَسَّسَةٌ تِجارِيَّةٌ

firmament *n.* الفَلَكُ ؛ السَّماءُ ؛ القُبَّةُ الزَّرْقاءُ

firmness *n.* صَلابَةٌ . رُسوخٌ ؛ ثَباتٌ . حَزْمٌ

first *adj.; n.; adv.* أَوَّلُ (القادِمينَ) // بِدايَةٌ // أَوَّلاً ؛ قَبْلَ كُلِّ شَيْءٍ

first aid *n.* الإِسْعافاتُ الأَوَّلِيَّةُ

first-born *adj. & n.* بِكْرٌ ؛ أَوَّلُ مَوْلودٍ

first class *adj.; n.* مِنَ الدَّرَجَةِ الأولى . مِنَ الصَّنْفِ الأَوَّل // الدَّرَجَةُ الأولى (في طائِرَةٍ أو باخِرَةٍ)
first-hand *adj.* جَديدٌ (خَبَرٌ). غَيْرُ مُسْتَعْمَل
first-rate *adj.* مِنَ النُّخَبِ الأَوَّل ؛ مُمْتازٌ (نَبيذٌ)
firth *or* **frith** *n.* مَصَبُّ نَهْرٍ
fiscal *adj.* ضَريبيٌّ (نظامٌ)؛ ماليٌّ
fish *n.* (*pl.* **fish** *or* **-es**); *vt. & i.* سَمَكٌ // يَصيدُ أو يَصْطادُ (سَمَكًا)
drink like a — يُفْرِطُ في شُرْبِ الخَمْرَةِ
like a — out of water خارِجَ مَكانِهِ المَأْلوفِ
fish bone *n.* حَسَكَةُ أو عَظْمُ (سَمَكَةٍ)
fisherman *n.* صَيّادُ سَمَكٍ
fishery *n.* مَصادُ سَمَكٍ . مَسْمَكَةٌ
fish hook *n.* صِنّارَةٌ لِصَيْدِ السَّمَكِ
fishing *n.* صَيْدُ سَمَكٍ
fishing rod *n.* قَصَبَةُ صَيْدٍ
fishmonger *n.* بائِعُ السَّمَكِ
fishy *adj.* كَثيرُ السَّمَكِ . مَشْبوهٌ (أَعْمالٌ)
fission *n.* تَشَقُّقٌ ؛ إنْشِقاقٌ . إنْشِطارٌ نَوَويٌّ
fissure *n.* شَقٌّ ؛ صَدْعٌ . تَشَقُّقُ (الجِلْدِ)
fist *n.* قَبْضَةُ أو جَمْعُ اليَدِ
fisted *adj.* بَخيلٌ ؛ ضَنينٌ ؛ مُقَتِّرٌ
fistful *adj.* حَفْنَةٌ أو سَعَةُ قَبْضَةِ اليَدِ
fisticuffs *n.pl.* عِراكٌ بِقَبَضاتِ اليَدِ
fit *adj.; n.; vt.; i.* مُناسِبٌ. مؤَهَّلٌ . بِصِحَّةٍ جَيِّدَةٍ. جَديرٌ ؛ خَليقٌ // نَوْبَةُ (صَرْعٍ). سَوْرَةُ (غَضَبٍ) // يُناسِبُ ؛ يُلائِمُ . يُجَهِّزُ . يؤَهِّلُ / يَتَناسَبُ مَع ؛ يَتَلاءَمُ مَع
by —s and starts بِتَقَطُّعٍ
fitful *adj.* مُتَقَطِّعٌ ؛ مُضْطَرِبٌ (نَوْمٌ)
fitness *n.* لِياقَةٌ ؛ كَفاءَةٌ . مُطابَقَةٌ ؛ موافَقَةٌ
physical — لِياقَةٌ بَدَنِيَّةٌ
fitting *adj.; n.* مُناسِبٌ. مُلائِمٌ // قِطْعَةُ غِيارٍ. تَجْرِبَةُ (ثَوْبٍ). *pl.* لَوازِمُ. تَجْهيزاتٌ
five *n.* خَمْسَةٌ (صِبْيانٍ)
fivefold *adj.* خَمْسَةُ أَضْعافٍ
fix *vt.; i.; n.* يُثَبِّتُ. يُعَلِّقُ (مِرآةً). يُحَدِّدُ (تاريخًا). يُحَدِّقُ (نَظَرَهُ). يُزَوِّدُ. يُسَرِّحُ (الشَّعَرَ). يُحَضِّرُ (طَعامًا). يُجَمِّدُ (سائِلاً) / يَتَثَبَّتُ. يَتَرَسَّخُ // حَيْرَةٌ؛ مَأْزِقٌ. تَحْديدُ موقِعِ سَفينَةٍ. بَرْطيلٌ
fixation *n.* تَثْبيتٌ. هاجِسٌ ؛ تَعَلُّقٌ مَرَضيٌّ بِأَحَدِهِم. تَجْميدُ (سائِلٍ)
fixed *adj.* مُثَبَّتٌ (عَلى الحائِطِ). مُحَدَّدٌ (سِعْرٌ). شاخِصٌ (عُيونٌ)
fixture *n.* *pl.* تَجْهيزاتٌ مَنْزِلِيَّةٌ ثابِتَةٌ. ما يُثَبَّتُ
fizz *vi.* يَفورُ؛ يُزْبِدُ
fizzy *adj.* مُرْغٍ ؛ فَوّارٌ؛ مُزْبِدٌ (أَصْواتٌ)
flabby *adj.* مُتَراخٍ ؛ مُتَرَهِّلٌ ؛ مائِعٌ
flaccid *adj.* مُتَرَهِّلٌ؛ رَخْوٌ؛ لَدِنٌ
flag *n.; vt.; i.* رايَةٌ؛ عَلَمٌ. بَلاطٌ (لِلأَرْصِفَةِ). عُشْبَةُ البِرَكِ // يُزَيِّنُ بِالأَعْلامِ . يُشيرُ لِلسَّيّارَةِ بِالوُقوفِ. يَبْعَثُ (رَسائِلَ) بِالإشاراتِ. يُبَلِّطُ (رَصيفًا) / يَسْتَرْخي ؛ يَذْبُلُ ؛ يَضْعُفُ
flagday *n.* يَوْمُ جَمْعِ التَبَرُّعاتِ
flagellate *vt.* يَجْلِدُ؛ يَضْرِبُ بِالسَوْطِ
flagellation *n.* جَلْدٌ؛ ضَرْبٌ بِالسَوْطِ
flag officer *n.* أَميرالٌ؛ قائِدُ أُسْطولٍ
flagon *n.* قارورَةٌ؛ إبْريقٌ كَبيرٌ؛ قُمْقُمٌ
flagrancy *n.* فُحْشٌ. فَظاعَةٌ. ظُلْمٌ. شَناعَةٌ
flagrant *adj.* فاضِحٌ. فاحِشٌ. صارِخٌ. فَظيعٌ
flagship *n.* سَفينَةُ قائِدِ الأُسْطولِ أَوِ الأَميرالِ
flail *n.; vt.* مِدْرَسٌ أو مِدَقَّةٌ يَدَوِيَّةٌ لِلحِنْطَةِ //

يَضْرِبُ الحِنْطَةَ بِمِدْرَسٍ أو مِدَقَّةٍ

flair *n.* مَوْهِبَةٌ. بَصيرَةٌ. فِطْنَةٌ

flake *n.; vt.; i.* قِشْرَةٌ؛ رُقاقَةٌ. نُدْفَةٌ (ثَلْجٍ) // يُغَطِّي بالنُّدَفِ / يَتَساقَطُ بِشَكْلِ نُدَفٍ. يَتَقَلَّفُ

flamboyant *adj.* بَرّاقٌ؛ وَهّاجٌ. زاهٍ؛ مُبَهْرَجٌ

flame *n.; vt.; i.* لَهَبٌ. شُعْلَةٌ. تَوَقُّدٌ؛ وَهَجٌ // يُشْعِلُ؛ يُضْرِمُ. يُلْهِبُ؛ يوقِدُ / يَشْتَعِلُ؛ يَلْتَهِبُ. يَثورُ؛ يَغْضَبُ

an old — حُبٌّ قَديمٌ

flaming *adj.* مُشْتَعِلٌ؛ مُلْتَهِبٌ. مُتَّقِدٌ؛ مُتَوَهِّجٌ

flamingo *n.* طائِرُ النُّحامِ

flange *n.; vt.* ثَنْيَةٌ (ياقَةٍ، جَيْبٍ). شَفَةٌ؛ حافَّةٌ // يُزَوِّدُ (بِشَفيرٍ، بِحافَّةٍ)

flank *n.; vi.* خاصِرَةٌ. جانِبٌ. جَناحُ (جَيْشٍ) // يُجانِبُ. يُدَعِّمُ جَناحَ الجَيْشِ أو يُطَوِّقُهُ

flannel *n.* قَميصُ صوفٍ

flap *vt.; i.; n.* يَجْعَلُهُ يُرَفْرِفُ أو يَخْفُقُ. يَصْفَعُ. يَقْذِفُ / يُرَفْرِفُ؛ يُصَفِّقُ (بِجَناحَيهِ). يَضْطَرِبُ // رَفْرَفَةٌ. ثَنْيَةُ (جَيبٍ)؛ لِسانُ (مُغَلَّفٍ). صَفْعَةٌ. إضْطِرابٌ؛ هَلَعٌ

flare *vi.; t.; n.* يَشْتَعِلُ؛ يَلْتَهِبُ. يَتَّسِعُ / يُوَسِّعُ // شُعْلَةٌ؛ لَهَبٌ. فُتْحَةٌ مُتَّسِعَةٌ

flare-up *n.* إنْدِلاعُ (حَريقٍ). إنْفِجارٌ

flash *n.; adj.; vt.; i.* وَمْضَةٌ؛ بَريقٌ. شُعْلَةٌ. لَمْعَةُ (ذَكاءٍ). لَحْظَةُ (وَقْتٍ). عَرْضٌ (تَفاخُرِيٌّ). خاطِفٌ (خَبَرٌ). موجَزٌ (إخبارِيٌّ) // مُتَباهٍ. مُبْتَذَلٌ. زائِفٌ. مُخْتَصٌّ بِعالَمِ الأَوْغادِ // يومِضُ. يُشْعِلُ (نارًا). يُبْرِقُ (رِسالَةً). يُضيءُ (أَضْواءَ السَّيّارَةِ). يَعْرِضُ (مُتَباهِيًا) / يَبْرُقُ. يَنْدَلِعُ (حَريقٌ). يَمُرُّ (كالبَرْقِ). يَلْتَمِعُ (بِذِهْنِهِ). يَبْرُزُ فَجْأَةً

flashback *n.* إعادَةٌ لِحادِثٍ أو مَشْهَدٍ سابِقٍ

flasher *n.* رَفّافٌ: ضَوْءٌ مُتَقَطِّعٌ في سَيّارَةٍ

flashlight *n.* مِصْباحُ جَيْبٍ. ضَوْءٌ كاشِفٌ

flashy *adj.* زاهٍ؛ بَرّاقٌ. رَخيصٌ؛ مُبْتَذَلٌ

flask *n.* قارورَةٌ؛ قِنّينَةٌ؛ أُنْبوبٌ؛ حُنْجورٌ

flat *adj.; n.* مُسَطَّحٌ؛ مُنْبَسِطٌ. مُمَدَّدٌ. مُفْرَغٌ مِنَ الهَواءِ (دولابٌ). قاطِعٌ (إثْباتٌ). رَتيبٌ (صَوْتٌ). فاسِدٌ. ضَعيفٌ (تِجارَةٌ). كاسِدٌ // شِقَّةٌ؛ مَسْكَنٌ

flatfoot *n.* (*pl.* **-feet**) قَدَمٌ مَسْحاءُ

flatten *vt.; i.* يُسَطِّحُ؛ يُمَهِّدُ. يُنْهِكُ؛ يُحَطِّمُ / يَنْبَسِطُ؛ يَتَسَطَّحُ

flatter *vt.; i.* يُداهِنُ أو يُطْري (بِتَمَلُّقٍ). يَلْعَبُ عَلى غُرورِ شَخْصٍ. يَزيدُ مِنْ (جاذِبِيَّةٍ). يَتَبَجَّحُ / يَتَمَلَّقُ. يُداهِنُ. يَتَزَلَّفُ

flatterer *n.* مُداهِنٌ؛ مُمالِقٌ. مُطْرٍ

flattery *n.* إطْراءٌ؛ مُداهَنَةٌ. مُمالَقَةٌ. مَديحٌ

flatulent *adj.* مُنْتَفِخُ البَطْنِ. غازِيٌّ (مَغْصٌ)

flaunt *vt.; i.* يَعْرِضُ بِتَباهٍ / يَزْدَهي؛ يَرِفُّ (مُتَبَخْتِرًا). يَتَباهى؛ يَتَبَجَّحُ. يَتَطاوَسُ. يَتَبَخْتَرُ

flavour *n.; vt.* مَذاقٌ؛ طَعْمٌ؛ نَكْهَةٌ // يُتَبِّلُ (سَلَطَةً)؛ يُطَيِّبُ (طَعامًا)

flavouring *n.* تابِلٌ

flaw *n.; vi.; t.* نَقْصٌ؛ عَيْبٌ؛ خَلَلٌ. شَرْخٌ // يَعيبُ / يُخِلُّ؛ يَشُقُّ

flawless *adj.* كامِلٌ؛ سَليمٌ؛ بِلا عَيْبٍ أو نَقْصٍ

flax *n.* قِنَّبٌ؛ كَتّانٌ. خُيوطُ الكَتّانِ

flaxen *adj.* كَتّانِيٌّ؛ يُشْبِهُ الكَتّانَ. أَشْقَرُ (لَوْنٌ)

flay *vt.* يَسْلَخُ أو يَكْشِطُ (الجِلْدَ). يُهاجِمُ بِنَقْدٍ قاسٍ. يَخْتَلِسُ؛ يَسْلُبُ

flea *n.* بُرْغوثٌ

flea market *n.* سوقٌ في الخَلاءِ لِلسِّلَعِ المُسْتَعْمَلَةِ

fleck *n.; vt.* نُقْطَةٌ ؛ بُقْعَةٌ ؛ رُقْطَةٌ ؛ غَبْرَةٌ // يُنَقِّطُ ؛ يُبَقِّعُ ؛ يُرَقِّطُ

fledge *vt.; i.* يُعْنى بِصِغارِ الطَّيْرِ لِتَقْوى. يَكْسو أو يُزَيِّنُ (بِالرِّيش) / يَتَرَيَّشُ (صِغارُ الطَّيْرِ)

fledgling *n.* فَرْخُ الطَّائِرِ. غِرٌّ ؛ قَليلُ الخِبْرَةِ

flee *vi.irr.* يَهْرُبُ ؛ يَفِرُّ. يَرْكُضُ مُسْرِعًا

fleece *n.; vt.* صوفُ الخروفِ. جِزَّةٌ مِنْ صوفٍ // يَجُزُّ الصّوفَ. يَحْتالُ على ؛ يَخْتَلِسُ

fleet *n.; adj.* أُسْطولٌ (بَحْرِيٌّ، جَوِّيٌّ) // سَريعٌ ؛ رَشيقٌ. عابِرٌ ؛ زائِلٌ

flesh *n.* لَحْمٌ. لُبُّ (ثَمَرَةٍ). جَسَدٌ

in the — بِلَحْمِهِ وَشَحْمِهِ

put on — يَسْمَنُ

fleshy *adj.* لَحْمِيٌّ. سَمينٌ. لُبِّيٌّ (ثَمَرَةٌ)

flex *n.; vt.* سِلْكٌ كَهْرَبائِيٌّ مُغَلَّفٌ // يَثْني ؛ يَلْوي

flexibility *n.* لُيونَةُ (غُصْنٍ). مُرونَةُ (طَبْعٍ)

flexible *adj.* لَيِّنٌ ؛ قابِلٌ لِلالْتِواءِ. مَرِنٌ

flick *vt.; n.* يَنْقُفُ. يَنْزَعُ (بِالأصابِعِ). يَنْقُرُ. يَنْتَزِعُ بِخِفَّةٍ // نَقْرٌ أو نَقْفٌ بِـ. نُقْطَةٌ ؛ بُقَيْعَةٌ

flicker *vi.; t.; n.* يَتَلأْلأُ. يَتَرَجْرَجُ / يُسَبِّبُ الإرْتِجاجَ أوِ الإهْتِزازَ // رَجْرَجَةٌ ؛ خَفْقُ (ضَوْءٍ)

flight *n.* طَيَرانٌ. رِحْلَةٌ في الجَوِّ. سِرْبُ (حِجالٍ). وَثْبَةٌ ؛ قَفْزَةٌ. سُلَّمٌ بَيْنَ طابِقَيْنِ. هُروبٌ (مِنَ الخَطَرِ)

flighty *adj.* مُسْتَهْتِرٌ ؛ طائِشٌ. مُتَقَلِّبٌ ؛ مِزاجِيٌّ

flimsy *adj.* رَكيكٌ. خَفيفٌ ومُهَلْهَلٌ. واهٍ

flinch *vi.* يَرْتَدُّ أو يَجْفُلُ. يَبْتَعِدُ ؛ يُحْجِمُ

fling *vt.irr.; n.* يَرْشُقُ (حَجَرًا). يَزُجُّ (بِفُلانٍ في السِّجْنِ). يَجِدُّ في (العَمَلِ). يَطْرَحُ جانِبًا // رَشْقٌ. تَصَرُّفٌ شاذٌّ. تَجْرِبَةٌ

flint *n.* حَجَرُ الصَّوّانِ ؛ حَجَرُ قَدّاحَةٍ

flinty *adj.* صَوّانِيٌّ. صُلْبٌ أو مَتينٌ كالصَّوّانِ

flip *vt.; i.; n.* يَقْذِفُ أو يَرْشُقُ (بِالأصابِعِ). يَنْقُفُ / يَنْقَذِفُ. يَرْتَجُّ. يَنْقُرُ (بِالأصابِعِ) // رَشْقَةٌ ؛ نَقْفَةٌ ؛ نَقْرَةٌ. هَزَّةٌ

flippant *adj.* طائِشٌ ؛ مُسْتَهْتِرٌ. وَقِحٌ ؛ سَفيهٌ

flipper *n.* زِعْنِفَةُ (حَيَواناتٍ بَحْرِيَّةٍ)

flirt *vi.; t.; n.* يُغازِلُ ؛ يَسْتَخِفُّ بِـ. يُداعِبُ. يَسيرُ مُتَرَنِّحًا / يَقومُ بِحَرَكَةٍ مُفاجِئَةٍ. يَرْشُقُ // المُغازِلُ

flit *vi.* يَرِفُّ أو يَمُرُّ (بِسُرْعَةٍ). يَخْطُرُ لَحْظَةً في البالِ. يَتَمَلَّصُ سَريعًا

float *vi.; t.; n.* يَعومُ. يَسْبَحُ. يَشْرُدُ. يَتَدَلّى / يُعَوِّمُ (سَفينَةً). يُطْلِقُ ؛ يُنْشِئُ // عَوّامَةٌ. طَوْفٌ ؛ عامَةٌ

flock *n.; vi.* قَطيعٌ. حَشْدٌ. رَعِيَّةٌ (كاهِنٍ). خُصْلَةُ (صوفٍ). حَشْوَةٌ // يَحْتَشِدُ. يَتَوافَدُ (جَماعاتٍ)

floe *n.* كُتْلَةُ جَليدٍ عائِمَةٌ في البَحْرِ

flog *vt.; i.* يَجْلِدُ / يُرَفْرِفُ (شِراعٌ). يَتَقَدَّمُ

flood *n.; vt.; i.* فَيَضانٌ. سَيْلٌ أو فَيْضٌ (مِنَ الكَلامِ) // يَفيضُ عَلى ؛ يَغْمُرُ / يَتَدَفَّقُ. يَفيضُ

floodlight *n.* مِنْوارٌ ؛ مِشْعاعٌ ؛ ضَوْءٌ كاشِفٌ

floor *n.; vt.* أَرْضُ البَيْتِ. دورٌ ؛ طابِقٌ. قَعْرُ البَحْرِ. حَقُّ الكَلامِ. قاعَةُ البورصَةِ. الأَرْضُ // يُبَلِّطُ (أَرْضًا). يَطْرَحُهُ أَرْضًا (بِالمُلاكَمَةِ). يَهْزِمُ. يُرْبِكُ

flop *vi.; n.* يَتَساقَطُ (عَلى كُرْسِيٍّ). يَفْشَلُ (مَشْروعٌ) // سُقوطٌ ؛ إسْتِرْخاءٌ. فَشَلٌ ذَريعٌ

he is a — إنَّهُ شَخْصٌ فاشِلٌ

floral *adj.* زَهْرِيٌّ ؛ خاصٌّ بِالزَّهْرِ

florid *adj.* مُتَوَرِّدٌ. مُزَخْرَفٌ. مُزْدانٌ بِالزُّهورِ

florist *n.* زارِعُ أَزْهارٍ. بائِعُ أَزْهارٍ

floss *n.* مُشاقَةُ حَريرٍ مَحْلولٍ. خَيْطٌ حَريرِيٌّ لِلتَّطْريزِ

flossy *adj.* مُشاقِيٌّ ؛ حَريرِيٌّ

flotation *n.* تَعويمٌ. تَأْسيسٌ. عَوْمٌ. طَفْوٌ

flotilla *n.* أُسْطولٌ صَغيرٌ

flounce *vi.; n.* يَنْتَفِضُ. يَتَخَبَّطُ // إنْتِفاضٌ. زَخْرَفَةُ هُدْبِ الثَّوْبِ

flounder *vi.; n.* يَسيرُ (مُتَثاقِلاً). يُسيءُ (التَّصَرُّفَ). يَتَرَدَّدُ. يَتَلَعْثَمُ // سَيْرٌ (مُتَثاقِلٌ). سوءُ التَّصَرُّفِ. سَمَكٌ عَريضٌ مُسَطَّحٌ

flour *n.; vt.* طَحينٌ؛ دَقيقٌ // يَطْحَنُ (القَمْحَ)

flourish *vi.; t.; n.* يَزْدَهِرُ. يَنْمو (نَباتٌ). يَتَباهى / يُلَوِّحُ بِـ (سَيْفٍ). يُزَخْرِفُ (قِصَّةً) // تَلْويحٌ. أُبَّهَةٌ. زَخْرَفَةٌ في الكِتابَةِ. لَحْنٌ جَوْقِيٌّ

flout *vt.; i.* يُحَقِّرُ؛ يَزْدَري؛ يُسَخِّرُ؛ يَهينُ / يَحْتَقِرُ؛ يَسْخَرُ. يَتَهَكَّمُ؛ يَسْتَهْزِئُ

flow *vi.; t.; n.* يَجْري. يَسيلُ. يَتَدَفَّقُ. يَنْسابُ. يَتَدَلّى. يَسيلُ بِغَزارَةٍ. يَحيضُ. يَرْتَفِعُ (المَدُّ) / يَطْمُرُ؛ يَغْمُرُ. يَفيضُ // جَرَيانٌ. سَيَلانٌ. إرْتِفاعُ (المَدِّ). دَفْقٌ؛ فَيْضٌ. حَيْضٌ

flower *n.; vi.* زَهْرٌ؛ نَوْرٌ. رَيْعانُ (الشَّبابِ). نُخْبَةُ (النَّشْءِ) // يُزْهِرُ (الخَوْخُ). يَنْمو؛ يَنْضَجُ

flowerbed *n.* بُقْعَةُ أَرْضٍ مَزْروعَةٌ بِالزُّهورِ

flowered *adj.* مُزْهِرٌ. مُزْدانٌ بِالزُّهورِ (مائِدَةٌ)

flowerpot *n.* إناءُ زَرْعٍ

flowery *adj.* مُزْهِرٌ. مُزَيَّنٌ بِالزُّهورِ (قاعَةٌ)

flu *n.* أَنْفُلُوَنْزا؛ نَزْلَةٌ وافِدَةٌ

fluctuate *vt.; i.* يَقْلِبُ. يُغَيِّرُ. يُمَوِّجُ / يَتَقَلَّبُ. يَتَغَيَّرُ. يَتَمَوَّجُ

flue *n.* أُنْبوبُ (مَدْخَنَةٍ). زَغَبٌ؛ وَبَرٌ

fluency *n.* طَلاقَةُ (اللِّسانِ، الحَديثِ)؛ سَلاسَةٌ

fluent *adj.* طَليقُ اللِّسانِ. سَلِسٌ. رَشيقٌ. مُنْسابٌ

fluently *adv.* بِطَلاقَةٍ. بِسَلاسَةٍ. بِرَشاقَةٍ. بِانْسِيابٍ

fluff *n.* زَغَبٌ؛ وَبَرٌ. شَيْءٌ تافِهٌ

fluid *n.; adj.* سائِلٌ. مائِعٌ // قابِلٌ لِلسُّيولَةِ. سَهْلُ التَّغْييرِ. ناعِمُ (الشَّكْلِ، الحَرَكَةِ)

fluidity *n.* سُيولَةٌ؛ مُيوعَةٌ

fluke *n.* شُعْبَةُ المِرْساةِ. شَوكَةُ الحَرْبَةِ (رُمْحٌ بَحْرِيٌّ). حَظٌّ مُفاجِئٌ. المُثَقَّبَةُ (نَوْعٌ مِنَ الديدانِ)

flunky *or* **flunkey** *n.* خادِمٌ؛ تابِعٌ

fluorescence *n.* نورٌ (لاصِفٌ، مُشِعٌّ). إسْتِشْعاعٌ

fluorescent *adj.* لاصِفٌ؛ مُسْتَشْعٌ

flurry *n.; vt.; i.* هَيَجانٌ؛ إضْطِرابٌ. عَصْفَةٌ؛ هَبَّةٌ // يُرْبِكُ؛ يُحَيِّرُ / يَرْتَبِكُ؛ يَحْتارُ

flush *vt.; i.; n.* يُخْجِلُ. يَغْمُرُ. يُوَرِّدُ. يُدْفِقُ. يُبْهِجُ / يَخْجَلُ. يَتَوَرَّدُ. يَتَدَفَّقُ. يَبْتَهِجُ // تَوَرُّدُ (وَجْنَةٍ). دَفْقٌ. إبْتِهاجٌ. نُضوجٌ مُبْكِرٌ. إحْمِرارُ الوَجْهِ

fluster *vt.; i.; n.* يُرْبِكُ؛ يُقْلِقُ؛ يُهَيِّجُ / يَرْتَبِكُ؛ يَقْلَقُ؛ يَضْطَرِبُ // إرْتِباكٌ؛ قَلَقٌ؛ إضْطِرابٌ

flute *n.* نايٌ؛ مِزْمارٌ. أُخْدودٌ (في عَمودٍ)

flutter *vi.; t.; n.* يُلَوِّحُ. يَرِفُّ. يَخْفُقُ / يُقْلِقُ. يَجْعَلُهُ يُرَفْرِفُ // رَفْرَفَةٌ. تَهَيُّجٌ؛ إنْفِعالٌ. حَرَكَةٌ

fluvial *adj.* نَهْرِيٌّ (رَواسِبُ)

flux *n.* سَيْلٌ؛ دَفْقٌ. تَغَيُّرٌ مُطَّرِدٌ. مادَّةٌ مُسَيِّلَةٌ لِلمَعادِنِ

fly *n.; vt.; i.irr.* ذُبابَةٌ. ثَنْيَةٌ. بابُ الخَيْمَةِ. طَرَفُ الرّايَةِ // يَنْقُلُ (جَوًّا) / يَطيرُ. يُحَلِّقُ. يَتَنَقَّلُ (جَوًّا). يَهْجُمُ. يَمُرُّ بِسُرْعَةٍ. يُهاجِمُ. يَنْفَجِرُ (غَيْظًا). يَتَبَذَّرُ

flyer *or* **flier** *n.* طَيّارٌ

flying *adj.* سَريعٌ؛ خاطِفٌ. مُتَدَلٍّ (شَعْرٌ)

flying boat *n.* طائِرَةٌ مائِيَّةٌ

flying buttress *n.* زافِرَةٌ؛ كَتِفٌ؛ عَقْدٌ سانِدٌ

fly paper *n.* وَرَقٌ دَبِقٌ لالْتِقاطِ الذُّبابِ

fly-past *n.* عَرْضٌ جَوِّيٌّ (إحْتِفالِيٌّ)

foal *n.* مُهْرٌ؛ فِلْوُ الفَرَسِ

foam *n.; vi.* زَبَدٌ. رَغْوَةٌ. لُعابٌ // يُزْبِدُ. يُرْغي. يَثورُ غَضَبًا

foamy *adj.* مُزْبِدٌ. مُرْغٍ. مُغَطًّى بِالزَّبَدِ

fob *n.* سِلْسِلَةُ ساعَةٍ. جَيْبُ ساعَةٍ

focal *adj.* بُؤْرِيٌّ. مُخْتَصٌّ بِمَرْكَزِ الأَشِعَّةِ

focus *n.* (*pl.* **-es** *or* **foci**); *vt.* مَرْكَزُ (أَشِعَّةٍ، داءٍ). بُؤْرَةُ (عَدَسَةٍ) // يَضْبُطُ (جِهازًا). يُرَكِّزُ (إِنْتِباهَهُ)

fodder *n.* عَلَفٌ

foe *n.* عَدُوٌّ

foetus *n.* see **fetus**

fog *n.* ضَبابٌ. حَيْرَةٌ؛ إِرْتِباكٌ

fog-bound *adj.* مُتَوَقِّفٌ عَنِ العَمَلِ بِسَبَبِ الضَّبابِ. مُغَلَّفٌ بِالضَّبابِ

foggy *adj.* ضَبابِيٌّ (طَقْسٌ). مُرْتَبِكٌ؛ مُتَكَدِّرٌ

fogy *or* **fogey** *adj.* شَخْصٌ نَكِدٌ

foible *n.* نُقْطَةُ ضَعْفٍ

foil *vt.*; *n.* يُحْبِطُ؛ يُفْشِلُ // رُقاقاتٌ مَعْدِنِيَّةٌ. هَزيمَةٌ. تَبايُنٌ. سَيْفُ المُبارَزَةِ

foist *vt.* يَدُسُّ

fold *vt.*; *n.* يَطْوي (وَرَقَةً). يَضُمُّ (الطائِرُ جَناحَيْهِ). يُغَلِّفُ؛ يَلُفُّ // طَيَّةٌ. ثَنْيَةٌ. حَظيرَةٌ؛ زَريبَةٌ

— one's arms يُكَتِّفُ يَدَيْهِ

three — ثَلاثَةُ أَضْعافٍ

folder *n.* مِلَفٌّ؛ إِضْبارَةٌ. نَشْرَةٌ مَطْوِيَّةٌ

folding *adj.* يُطْوى (مَقْعَدٌ)

foliage *n.* أَوْراقُ نَبْتَةٍ أَو شَجَرَةٍ

folio *n.* وَرَقَةٌ (مِن كِتابٍ). وَرَقَةٌ مُرَقَّمَةٌ

folk *n.* أُناسٌ (مِنَ الرِّيفِ)؛ قَوْمٌ (بُسَطاءُ)

folk dance *n.* رَقْصَةٌ تُراثِيَّةٌ

folklore *n.* فولْكلورٌ: التُّراثُ الأَدَبِيُّ والفَنِّيُّ الشَّعْبِيُّ غَيْرُ المَكْتوبِ؛ عِلْمُ الأَوابِدِ

folk song *n.* أُغْنِيَةٌ شَعْبِيَّةٌ تُراثِيَّةٌ

follicle *n.* حُوَيْصِلَةٌ. تَجْويفٌ صَغيرٌ. جِرابٌ

follow *vt.*; *i.* يَلْحَقُ بِـ. يُرافِقُ. يَتْبَعُ. يُراعي؛ يَتَقَيَّدُ بِـ. يُراقِبُ عَنْ كَثَبٍ / يَلي؛ يَتْبَعُ

as —s كَالآتي؛ كَما يَلي

follower *n.* تِلْميذُ (فَيْلَسوفٍ). مُناصِرٌ لِـ؛ مؤَيِّدٌ لِـ. مُطارِدٌ؛ مُلاحِقٌ

following *adj.*; *n.* تالٍ؛ آتٍ؛ لاحِقٌ // مَجْموعَةٌ مِنَ المؤَيِّدينَ أَوِ الأَنْصارِ

folly *n.* حَماقَةٌ؛ طَيْشٌ؛ جُنونٌ؛ جَهْلٌ

foment *vt.* يُحَرِّضُ؛ يُثيرُ؛ يُهَيِّجُ؛ يَحُضُّ عَلى؛ يُغْري عَلى. يُكَمِّدُ (عُضْوًا)

fond *adj.* شَغِفٌ بِـ؛ مولَعٌ بِـ. رَقيقٌ؛ حَنونٌ

fondle *vt.* يُرَبِّتُ أَو يَلْمُسُ بِحُنُوٍّ. يُدَلِّلُ

font *n.* جُرْنُ المَعْمودِيَّةِ. عَيْنٌ؛ يَنْبوعٌ

food *n.* قوتٌ؛ طَعامٌ؛ غِذاءٌ

foodstuffs *n.pl.* مَأْكولاتٌ؛ أَطْعِمَةٌ؛ مَوادُّ غِذائِيَّةٌ

fool *n.*; *vt.*; *i.* مُغَفَّلٌ؛ غَبِيٌّ؛ أَحْمَقُ؛ أَبْلَهُ // يَخْدَعُ؛ يَغُشُّ. يَسْخَرُ مِنْ / يَتَحامَقُ. يَمْزَحُ

make a — of يَهْزَأُ بِـ؛ يَسْخَرُ مِنْ

make a — of oneself يَتَصَرَّفُ بِحَماقَةٍ

foolery *n.* حَماقَةٌ؛ غَباوَةٌ؛ بَلاهَةٌ؛ سَذاجَةٌ

foolhardy *adj.* مُغامِرٌ؛ مُتَهَوِّرٌ؛ مُجازِفٌ؛ مِقْحامٌ

foolish *adj.* أَحْمَقُ؛ غَبِيٌّ؛ مُغَفَّلٌ؛ أَبْلَهُ

foolscap *n.* وَرَقَةٌ (فولسكاب) كَبيرَةٌ

foot *n.* قَدَمٌ. قائِمَةٌ (طائِرٍ). مِقْياسٌ لِلطولِ = ١٢ إِنْشًا. رِجْلُ (كُرْسِيٍّ). قاعِدَةُ (عَمودٍ). أَسْفَلُ (صَفْحَةٍ). سِلاحُ المُشاةِ. خَطْوٌ

on — سَيْرًا أَو جَرْيًا

set on — يُباشِرُ أَو يَبْدَأُ (مَشْروعًا)

football *n.* لُعْبَةُ كُرَةِ القَدَمِ

footfall *n.* صَوْتُ وَقْعِ الأَقْدامِ

foothold *n.* مُرْتَكَزٌ أَو نُقْطَةُ ارْتِكازٍ لِلقَدَمِ

footing *n.* أَساسٌ. عَلاقَةٌ. نُقْطَةُ ارْتِكازِ القَدَمِ

on an equal — عَلى قَدَمِ المُساواةِ
footlights *n.pl.* أَضْواءٌ سُفْلِيَّةٌ في مُقَدَّمِ المَسْرَحِ
footman *n.* خادِمٌ يَرْتَدي بِزَّةً
footmark *n.* أَثَرُ أو طَبْعَةُ القَدَمِ
footnote *n.* حاشِيَةٌ أو مُلاحَظَةٌ. تَعْليقٌ إضافِيٌّ
footpath *n.* مَمَرٌّ ضَيِّقٌ لِلمُشاةِ فَقَط
footprint *n.* أَثَرُ أو عَلامَةُ مَوْقِعِ القَدَمِ
foot soldier *n.* جُنْدِيٌّ أو عَسْكَرِيٌّ مِنَ المُشاةِ
footsore *adj.* مُتَقَرِّحُ القَدَمَيْنِ
footstep *n.* خَطْوَةٌ. أَثَرُ خَطْوَةٍ
follow in someone's —s يَحْذو حَذْوَهُ
footstool *n.* مِسْنَدٌ أو كُرْسِيٌّ مُنْخَفِضٌ لِلْقَدَمَيْنِ
fop *n.* شَخْصٌ مولَعٌ بِالتَّأَنُّقِ
foppery *n.* تَأَنُّقٌ ؛ غَنْدَرَةٌ ؛ حَذْلَقَةٌ
foppish *adj.* مُتَأَنِّقٌ ؛ مُتَحَذْلِقٌ ؛ مُغَنْدَرٌ ؛ مَغْرورٌ
for *prep.* لِـ. لأَجْلِ. نَحْوَ. لِمُدَّةِ. لِصالِحِ. في سَبيلِ. لِقاءَ. بَدَلاً مِن. بِخُصوصِ. عَلى. بِالنِّسْبَةِ إلى. بِالرُّغْمِ مِنْ. مُقابِلَ. تَعْويضًا عَنْ. بِسَبَبِ
but — لَوْلا
feel — يَشْفَقُ عَلى
act — يَنوبُ عَن
forage *n.; vt.; i.* عَلَفٌ ؛ كَلأٌ. البَحْثُ عَنِ الطَّعامِ. غارَةٌ ؛ غَزْوَةٌ. إخْتِراقٌ // يُعْلِفُ. يَجِدُ بَعْدَ البَحْثِ. يُمَوِّنُ / يَغْزو ؛ يُغيرُ
foray *n.; vi.* غَزْوَةٌ ؛ غارَةٌ ؛ إخْتِراقٌ. مُحاوَلَةٌ أولى. مَشْروعٌ جَديدٌ // يُغيرُ عَلى ؛ يَغْزو أو يَنْهَبُ
forbear *vi.irr.; n.* يَكُفُّ عَنْ ؛ يَمْتَنِعُ عَنْ ؛ يُمْسِكُ عَنْ // سَلَفٌ
forbearance *n.* الإمْتِناعُ عَنْ. رَباطَةُ جَأْشٍ ؛ صَبْرٌ. إيقافُ أو تَأْجيلُ حُكْمٍ بِتَسْديدِ الدَّيْنِ
forbid *vt.irr.* يَمْنَعُ ؛ يُحَظِّرُ ؛ يُحَرِّمُ ؛ يَنْهى

God — لا سَمَحَ اللهُ
forbiddance *n.* مَنْعٌ ؛ حَظْرٌ ؛ نَهْيٌ ؛ حِرْمانٌ
forbidden *adj.* مَمْنوعٌ ؛ مَحْظورٌ
forbidding *adj.* عِدائِيٌّ ؛ غَيْرُ وِدِّيٍّ. خَطِرٌ ؛ مَشْؤومٌ
force *n.; vt.* قُوَّةٌ. مَتانَةٌ ؛ شِدَّةٌ. عُنْفٌ. *pl.* جَيْشٌ // يُجْبِرُ ؛ يُرْغِمُ. يَنْتَزِعُ (اعتِرافًا). يَخْلَعُ ؛ يَكْسِرُ. يَفْرِضُ (إرادَتَهُ)
in — ساري المَفْعولِ
by — بِالقُوَّةِ ؛ عَنْوَةً
— down يُرْغِمُ طائِرَةً عَلى الهُبوطِ
forced *adj.* إجْبارِيٌّ. مُصْطَنَعٌ. إضْطِرارِيٌّ
forceful *adj.* قَوِيٌّ. مُقْنِعٌ ؛ مُؤَثِّرٌ
forceps *n.* مِلْقَطٌ أو كُلاَّبُ (الجَرّاحِ)
forcible *adj.* شَديدُ البَأْسِ. مُقْنِعٌ (حُجَّةٌ). قَهْرِيٌّ ؛ قَسْرِيٌّ
ford *n.; vt.* مَخاضَةُ نَهْرٍ // يَقْطَعُ أو يَخوضُ النَّهْرَ
fore *adj.; n.* أَمامِيٌّ // الجُزْءُ الأَمامِيُّ ؛ مُقَدَّمَةٌ
— and aft مُمْتَدٌّ مِنْ مُقَدَّمَةِ سَفينَةٍ إلى مُؤَخَّرَتِها
forearm *n.; vt.* السّاعِدُ ؛ الزَّنْدُ // يَسْتَعِدُّ أو يَتَسَلَّحُ لِلْقِتالِ
forebear or **forbear** *n.* سَلَفٌ ؛ مِنَ الجُدودِ
forebode *vt.* يُنْذِرُ بِـ. يَتَوَقَّعُ (عاقِبَةً وَخيمَةً)
foreboding *n.* الخَوْفُ مِنْ شَرٍّ وَشيكٍ. نَذيرُ شُؤْمٍ
forecast *vt.irr.; n.* يَتَنَبَّأُ بِـ ؛ يَتَكَهَّنُ بِـ // تَنَبُّؤٌ (بِالطَّقْسِ) ؛ تَكَهُّنٌ (بِالنَّجاحِ)
foreclose *vt.* يَمْنَعُ الرّاهِنَ مِنْ فَكِّ الرَّهْنِ. يَحْجِزُ. يُعَرْقِلُ
forecourt *n.* السّاحَةُ أو الفِناءُ الأَمامِيُّ
foredoom *vt.* يَقْضي عَلى الشَّيْءِ مُسْبَقًا
forefather *n.* جَدٌّ ؛ سَلَفٌ (عادَةً ذَكَرٌ)

forefinger *n.* السَّبَّابَةُ
forefoot *n.* إحْدى قائِمَتَيْ الحَيَوانِ الأماميَّتَيْنِ
forego *vi.irr.* يَسْتَبِقُ في المَكانِ والزَّمانِ
foregoing *adj.* السّابِقُ ؛ الآنِفُ الذِّكْرِ
foregone *adj.* ماضٍ
foregone conclusion *n.* نَتيجَةٌ أو نِهايَةٌ مَحْتومَةٌ
foreground *n.* صَدْرُ أو القِسْمُ الأماميُّ مِنَ (الصّورَةِ، المَنْظَرِ). مَرْكَزٌ مَرْموقٌ
forehead *n.* الجَبْهَةُ ؛ الجَبينُ
foreign *adj.* أَجْنَبيٌّ. خارِجيٌّ. غَريبٌ ؛ غَيْرُ مَأْلوفٍ
— minister وَزيرُ الخارِجيَّةِ
foreigner *n.* أَجْنَبيٌّ. غَريبٌ
foreland *n.* رَأْسٌ أو لِسانٌ يابِسَةٍ داخِلَ البَحْرِ
foreleg *n.* إحْدى قائِمَتَيْ الحَيَوانِ الأماميَّتَيْنِ
forelock *n.* خُصْلَةُ شَعَرٍ فَوْقَ الجَبينِ. ناصيَةُ الحِصانِ
foreman *n.* ناظِرُ أو رَئيسُ العُمّالِ
foremast *n.* صاري مُقَدَّمِ السَّفينَةِ
foremost *adj. & adv.* أَوَّلُ ؛ في المُقَدَّمَةِ ؛ في الطَّليعَةِ ؛ قَبْلَ كُلِّ شَيْءٍ
forename *n.* الإسْمُ الأَوَّلُ ؛ الإسْمُ الشَّخْصيُّ
forenoon *n.* قَبْلَ الظُّهْرِ
forensic *adj.* شَرْعيٌّ ؛ قَضائيٌّ
forensic medicine *n.* الطِبُّ الشَّرْعيُّ
foreordain *vt.* يُقَدِّرُ (النَّتائِجَ)
forerun *vt.* يَسْبُقُ ؛ يَتَقَدَّمُ
forerunner *n.* سَلَفٌ ؛ مُتَقَدِّمٌ ؛ مُمَهِّدُ السَّبيلِ
foresee *vt.irr.* يَتَنَبَّأُ بِـ ؛ يَتَوَقَّعُ أو يَتَرَقَّبُ (نَتيجَةً)
foreseeable *adj.* مُمْكِنُ التَّنَبُّؤُ بِهِ ؛ مُتَوَقَّعٌ ؛ مُنْتَظَرٌ
in the — future في المُسْتَقْبَلِ المَنْظورِ
foreshadow *vt.* يُلْمِعُ إلى. يُنْذِرُ بِـ (مُسَبَّقًا)
foreshore *n.* الشاطئُ بَيْنَ حُدودَي المَدِّ والجَزْرِ
foresight *n.* تَبَصُّرٌ ؛ بَصيرَةٌ ؛ بُعْدُ نَظَرٍ
forest *n.; vt.* غابَةٌ ؛ حَرَجَةٌ // يُحَرِّجُ
forestall *vt.* يُؤَخِّرُ أو يوقِفُ أو يَحْتاطُ (مُسَبَّقًا). يَتَوَقَّعُ. يُبادِرُ
forestry *n.* عِلْمُ زِراعَةِ الأَحْراجِ والعِنايَةِ بِها
foretaste *n.* شُعورٌ سابِقٌ (بِالفَوْزِ)
foretell *vt.irr.* يَتَكَهَّنُ بِـ ؛ يَتَنَبَّأُ بِـ ؛ يَتَوَقَّعُ (النَّصْرَ)
forethought *n.* بُعْدُ نَظَرٍ ؛ تَبَصُّرٌ. تَدَبُّرُ العَواقِبِ
forever *adv.* إلى الأَبَدِ
forewarn *vt.* يُحَذِّرُ أو يُنْذِرُ مُسَبَّقًا
foreword *n.* تَمهيدٌ ؛ مُقَدِّمَةُ (كِتابٍ)
forfeit *n.; vt.; adj.* غَرامَةٌ ؛ جَزاءٌ. مُصادَرَةٌ ؛ حَجْزٌ // يَخْسَرُ (سُمْعَتَهُ). يُصادِرُ ؛ يَحْجُزُ // مُصادَرٌ
forfeiture *n.* شَيْءٌ مُصادَرٌ. مُصادَرَةٌ. خَسارَةٌ
forgather *or* **foregather** *vi.* يَجْتَمِعُ ؛ يَتَجَمَّعُ
forge *n.; vt.* مَصْنَعُ حَديدٍ. مَصْهَرُ (حَديدٍ) // يَصْهَرُ أو يَسْبُكُ (حَديدًا). يُزَوِّرُ
forger *n.* مُزَوِّرُ (مُسْتَنَداتٍ). مُقَلِّدُ (لَوْحاتٍ)
forgery *n.* تَزْويرٌ ؛ تَزْييفٌ. شَيْءٌ مُزَوَّرٌ
forget *vt. & i.irr.* يَنْسى. يَغْفُلُ. يُهْمِلُ
forgetful *adj.* سَريعُ النِّسْيانِ. مُهْمِلٌ. غافِلٌ
forget-me-not *n.* أُذْنُ الفَأْرِ : نَبْتَةٌ مُزْهِرَةٌ
forgive *vt.irr.* يُسامِحُ ؛ يَغْفِرُ لِـ. يُعْفي مِنْ (دَيْنٍ)
forgiveness *n.* تَسامُحٌ ؛ غُفْرانٌ ؛ صَفْحٌ ؛ عَفْوٌ
forgo *or* **forego** *vt.irr.* يَتَنازَلُ عَنْ ؛ يَسْتَغْني عَنْ
fork *n.; vt.; i.* شَوْكَةٌ (لِلأَكْلِ ، لِلذَّرِّ). مِذْراةٌ. تَفَرُّعٌ أو تَشَعُّبُ (طُرُقٍ) // يَذُرُّ أو يَحْفِرُ (بِالمِذْراةِ). يُكَيِّفُ كَالشَّوْكَةِ. يُفَرِّعُ ؛ يُشَعِّبُ / يَتَفَرَّعُ ؛ يَتَشَعَّبُ
forlorn *adj.* تَعيسٌ ؛ بائِسٌ. مَحْرومٌ. وَحيدٌ. مَهْجورٌ ؛ مَتْروكٌ ؛ مُهْمَلٌ

forlorn hope *n.* مَشْروعٌ يائِسٌ. رَجاءٌ ضَعيفٌ

forlornness *n.* تَعاسَةٌ؛ بُؤْسٌ. حِرْمانٌ. يَأْسٌ

form *n.; vt.; i.* شَكْلٌ. هَيْئَةٌ. صيغَةٌ. إسْتِمارَةٌ. لِياقَةٌ. أُسْلوبٌ. قالِبٌ. تَرتيبٌ. كَيْفِيَّةٌ. أُنموذَجٌ. وِجارٌ. عُرْفٌ. تَقْليدٌ // يُشَكِّلُ. يُكَوِّنُ. يُكَيِّفُ. يُؤَلِّفُ. يُطَوِّرُ. يُدَرِّبُ. يُؤَسِّسُ. يَبْني / يَتَشَكَّلُ. يَتَكَوَّنُ. يَتَكَيَّفُ. يَنْشَأُ

formal *adj.* رَسْميٌّ (حَفْلَةٌ، لِباسٌ). شَكْليٌّ. أُصوليٌّ. نَحَويٌّ (لُغَةٌ). مِنْهَجيٌّ

formality *n.* *pl.* رَسْمِيّاتٌ. عُرْفٌ. تَقْليدٌ. إجْراءٌ. مُعامَلَةٌ

formation *n.* تَشْكيلٌ. تَكْوينٌ. تَنْسيقٌ. تَشْكيلَةٌ (طائِراتٍ). صَوْغٌ. تَهْيِئَةٌ

formative *adj.* تَشْكيليٌّ. تَنْظيميٌّ. تَطويريٌّ

former *adj.* سابِقٌ. قَديمٌ. الأَوَّلُ مِن اثْنَيْنِ

formerly *adv.* سابِقًا؛ في وَقْتٍ سابِقٍ. فيما مَضى

formidable *adj.* هائِلٌ. رَهيبٌ. مُخيفٌ. مَهيبٌ

formless *adj.* لا شَكْلَ ولا هَيْئَةَ لَهُ

formula *n.* (*pl.* **-s** *or* **-e**) صيغَةٌ (قانونِيَّةٌ). وَصْفَةٌ

formulate *vt.* يَصوغُ (رَدًّا). يَخْتَرِعُ؛ يَبْتَكِرُ

fornication *n.* زِنًى. فِسْقٌ. فُحْشٌ. فُجورٌ

forsake *vt.irr.* يَهْجُرُ. يَخْذُلُ. يَنْبِذُ. يَتَخَلّى عَنْ

forsaken *adj.* مَهْجورٌ؛ مَتْروكٌ. مَخْذولٌ؛ مَنْبوذٌ

forswear *vt.irr.* يَجْحَدُ أو يَرْفُضُ أو يُنْكِرُ (بِقَسَمٍ). يَحْلِفُ زورًا

fort *n.* حِصْنٌ؛ قَلْعَةٌ؛ مَعْقِلٌ

forte *n.; adj.; adv.* ميزَةُ التَفَوُّقِ (عَلى الغَيْرِ)؛ إمْتِيازٌ // شَديدٌ. قَويٌّ. عالٍ (صَوْتٌ) // بِشِدَّةٍ. بِقُوَّةٍ

forth *adv.* إلى الأمامِ. في الخارِجِ. بَعيدًا عَنْ

and so — وَهَلُمَّ جَرًّا

forthcoming *adj.* قادِمٌ؛ مُقْبِلٌ. وَشيكُ الظُّهورِ

forthright *adj.* صَريحٌ؛ مُباشَرٌ

forthwith *adv.* فَوْرًا؛ حالاً

fortieth *adj.* الأَرْبَعونَ. جُزْءٌ مِنْ أَرْبَعينَ

fortification *n.* تَحْصينٌ؛ تَعْزيزٌ. حِصْنٌ؛ قَلْعَةٌ

fortify *vt.* يُحَصِّنُ؛ يُقَوّي. يُعَزِّزُ؛ يُثَبِّتُ

fortifying *adj.* مُقَوٍّ؛ مُعَزِّزٌ. مُعَزٍّ؛ مُشَجِّعٌ

fortitude *n.* قُوَّةٌ؛ ثَباتٌ؛ عَزْمٌ؛ شَجاعَةٌ

fortnight *n.* أُسْبوعانِ؛ ١٤ يَوْمًا

fortnightly *adj.; adv.* نِصْفُ شَهْريٍّ (مَجَلَّةٌ) // مَرَّةً كُلَّ أُسْبوعَيْنِ

fortress *n.* قَلْعَةٌ كَبيرَةٌ. مَصْدَرُ أمانٍ أو تَأْييدٍ

fortuitous *adj.* عَرَضيٌّ؛ طارِئٌ؛ إتِّفاقيٌّ؛ فُجائيٌّ

fortunate *adj.* مَحْظوظٌ؛ مُوَفَّقٌ

fortunately *adv.* لِحُسْنِ الحَظِّ

fortune *n.* ثَرْوَةٌ. حَظٌّ. قَدَرٌ؛ نَصيبٌ

by good — لِحُسْنِ الحَظِّ

fortune hunter *n.* صَيّادُ الفُرَصِ؛ طالِبُ الإثْراءِ

fortune teller *n.* عَرّافٌ؛ كاشِفُ البَخْتِ

forty *n.* أَرْبَعونَ

forum *n.* (*pl.* **-s** *or* **-ra**) مَيْدانٌ أو نَدْوَةٌ عامَّةٌ

forward *adj.; n.; vt.* إلى الأمامِ. في الأمامِ. مُتَقَدِّمٌ // المُهاجِمُ (في كُرَةِ القَدَمِ) // يُرْسِلُ. يَتَقَدَّمُ. يُساعِدُ؛ يُعَزِّزُ

forwards *adv.* في المُقَدِّمَةِ. في الواجِهَةِ

fossil *n.* مُخَلَّفاتٌ نَباتِيَّةٌ أو حَيَوانِيَّةٌ مُتَحَجِّرَةٌ. شَخْصٌ مُتَخَلِّفٌ أو مُتَحَجِّرُ العَقْلِيَّةِ

foster *vt.* يُطَوِّرُ؛ يُعَزِّزُ. يُرَبّي (طِفْلاً)

foster brother *n.* أَخُ الرِضاعِ

foster child *n.* رَبيبٌ

foster sister *n.* أُخْتُ الرِضاعِ

foul *adj.; n.; vt.; i.* بَغيضٌ. نَتِنٌ. قَذِرٌ. فاسِدٌ.

شِرّيرٌ. بَذيءٌ (كَلامٌ). رَديءٌ (طَقْسٌ) // مُخالَفَةٌ // يُلَطِّخُ ؛ يُلَوِّثُ. يَشْبِكُ (الخُيوطَ). يُلْحِقُ العارَ بِـ. يَسُدُّ / يَتَلَطَّخُ. يَتَلَوَّثُ. يَتَشابَكُ. يَنْسَدُّ

by fair means or — بالرِضى أو بالقُوَّةِ

foulness *n.* قَذارَةٌ. إبْتِذالٌ. فَسادٌ. فُجورٌ

foul play *n.* خيانَةٌ. جَريمَةُ قَتْلٍ

found *vt.* يُنْشِئُ؛ يؤَسِّسُ. يَسْبُكُ؛ يَصْهَرُ

foundation *n.* أساسُ (بِناءٍ، عَمَلٍ). رَكيزَةٌ؛ قاعِدَةٌ. ميثاقُ (مؤسَّسَةٍ). جَمْعِيَّةٌ للمُساعَداتِ الماليَّةِ

foundation stone *n.* حَجَرُ الأساسِ (في بِناءٍ)

founder *n.; vi.; t.* مؤَسِّسُ (شَرِكَةٍ). سَبّاكُ (مَعْدِنٍ) // يَغْرَقُ (سَفينَةٌ). يَفْشَلُ (مَشْروعٌ). يَغوصُ. يَنْهارُ. يَقَعُ أو يَعْرُجُ (حِصانٌ) / يُغْرِقُ (سَفينَةً)

foundered *adj.* غارِقٌ. فاشِلٌ. مُنْهارٌ. غائِصٌ

foundling *n.* لَقيطٌ: طِفْلٌ تَخَلّى عَنْهُ أَهْلُهُ

foundry *n.* مَعْمَلٌ لِسَبْكِ المَعادِنِ

fount *n.* نَبْعٌ. مَصْدَرٌ؛ مَنْشَأٌ

fountain *n.* نافورَةٌ؛ فِسْقِيَّةٌ. يَنْبوعٌ. مَصْدَرٌ رَئيسيٌّ

fountainhead *n.* نَبْعٌ ؛ مَنْبَعٌ. مَصْدَرٌ رَئيسيٌّ

fountain pen *n.* قَلَمُ حِبْرٍ

four *adj. & n.* أَرْبَعَةٌ ؛ أَرْبَعٌ

fourfold *adj.* يوازي أَرْبَعَةَ أَضْعافٍ

fourteen *adj. & n.* أَرْبَعَةَ عَشَرَ

fourteenth *adj. & n.* رابِعَ عَشَرَ

fourth *adj.* رابِعٌ

fourthly *adv.* رابِعًا

fowl *n.* دَجاجَةٌ. طَيْرٌ

fox *n.* ثَعْلَبٌ. شَخْصٌ ماكِرٌ (كالثَّعْلَبِ)

foxglove *n.* زَهْرُ الكَشاتْبين؛ كَفُّ الثَّعْلَبِ

foxy *adj.* يُشْبِهُ الثَّعْلَبَ؛ ماكِرٌ. أَصْهَبُ

fracas *n.* مُشاجَرَةٌ؛ شِجارٌ

fraction *n.; vt.* جُزْءٌ. كَسْرٌ. كُسورٌ (في الحِسابِ) // يُجَزِّئُ أو يُقَسِّمُ إلى (قِطَعٍ ، كُسورٍ)

fractious *adj.* مُضايِقٌ. مُزْعِجٌ. مُعانِدٌ. فَوْضَويٌّ

fracture *n.; vt.* كَسْرٌ (في العِظامِ). تَكْسيرٌ؛ تَقْطيعٌ // يَقْطَعُ. يَكْسِرُ (العَظْمَ). يَشُجُّ

fragile *adj.* قَصِمٌ؛ سَهْلُ الإنْكِسارِ. هَزيلٌ. ناعِمٌ. خَفيفٌ

fragility *n.* سُهولَةُ الإنْكِسارِ. نَحافَةٌ. نُعومَةٌ

fragment *n.* قِطْعَةٌ. جُزْءٌ. كِسْرَةٌ. شَظِيَّةٌ

fragrance *or* **fragrancy** *n.* عِطْرٌ؛ شَذا؛ أَريجٌ

fragrant *adj.* عِطْرِيٌّ؛ ذو رائِحَةٍ ذَكِيَّةٍ

frail *adj.; n.* هَزيلٌ. سَريعُ الإنْكِسارِ // سَلَّةٌ

frailty *n.* ضُعْفٌ؛ وَهَنٌ. سُرْعَةُ كَسْرٍ

frame *n.; vt.* هَيْكَلٌ. إطارٌ. نِظامُ (الحُكْمِ). بُنْيَةُ (الإنْسانِ). الحالَةُ (النَّفْسِيَّةُ). آلَةُ (للنَّسيجِ). قالِبٌ // يُرَكِّبُ. يُؤَلِّفُ (جَوابًا). يَضَعُ في إطارٍ. يُتَمْتِمُ

framework *n.* هَيْكَلُ (بِناءٍ)؛ بِنْيَةُ (سَفينَةٍ)

franc *n.* فَرَنْكٌ (عُمْلَةٌ)

franchise *n.* حَقُّ الإقْتِراعِ. إعْفاءٌ (مِنَ الرَسْمِ الجُمْرُكيِّ). حَقٌّ إسْتِثْنائيٌّ

frank *adj.* صَريحٌ. شَريفٌ. مُخْلِصٌ. صادِقٌ

frankincense *n.* لُبانٌ. بَخورٌ

frankly *adv.* بِمُجاهَرَةٍ؛ بِصَراحَةٍ. حَقًّا

frankness *n.* صَراحَةٌ. شَرَفٌ. إخْلاصٌ. صِدْقٌ

frantic *adj.* جائِشٌ ؛ جامِحٌ. مَجْنونٌ؛ مَسْعورٌ

fraternal *adj.* أَخَويٌّ. مُخْتَصٌّ بِأَخَوِيَّةٍ. تَوْأَميٌّ

fraternity *n.* أَخَوِيَّةٌ. أُخُوَّةٌ. زَمالَةٌ؛ مَعْشَرٌ

fraternize *vi.* يَتَزامَلُ ؛ يَتَصادَقُ ؛ يُؤاخي

fraud *n.* غِشٌّ ؛ تَزْويرٌ؛ تَدْليسٌ. مُنافِقٌ

fraudulent *adj.* سَيِّئُ النِّيَّةِ. إحْتِياليٌّ ؛ خِداعيٌّ

fraught *adj.* مَليءٌ بِـ؛ مَحْفوفٌ بِـ؛ مَشْحونٌ بِـ

fray *n.; vt.; i.* شِجارٌ صاخِبٌ. عِراكٌ // يُخيفُ؛ يُرْعِبُ. يُنَسِّلُ. يُوَتِّرُ. يَحُكُّ؛ يَبْري / يَتَعارَكُ. يُخِلُّ بالأَمْنِ. يَهْتَرِئُ. يَتَوَتَّرُ. يَحْتَكُّ

freak *n.* شَخْصٌ أو حَيَوانٌ مُشَوَّهٌ أو غَيْرُ طَبيعيٍّ. شَيْءٌ أو حادِثٌ غَريبٌ. نَزْوَةٌ. شَخْصٌ ذو نَزَواتٍ أو غَريبُ الأَطْوارِ في المَلْبَسِ والتَّصَرُّفِ

freakish *or* **freaky** *adj.* غَريبُ الأَطْوارِ. مُفْعَمٌ بِالنَّزَواتِ. مُتَقَلِّبٌ (طَقْسٌ)

freckle *n.; vi.* نَمَشٌ أو كَلَفٌ أو بُقْعَةٌ على الجِلْدِ // يَمْتَلِئُ الجِلْدُ بِالنَّمَشِ أو الكَلَفِ

free *adj.; adv.; vt.* حُرٌّ، غَيْرُ مُقَيَّدٍ؛ طَليقٌ. مُسْتَقِلٌّ (بَلَدٌ). مُعْفًى مِنْ. مَجّانيٌّ. سَلِسٌ؛ مَرِنٌ. مُتَيَسِّرٌ // بِحُرِّيَّةٍ. مَجّانًا // يُحَرِّرُ؛ يُعْتِقُ؛ يُخَلّي

— and easy بدونِ تَكْليفٍ

freebooter *n.* سارِقٌ؛ ناهِبٌ. طائِشٌ؛ مُسْتَهْتِرٌ

freedman *n.* شَخْصٌ مُعْتَقٌ أو مُحَرَّرٌ

freedom *n.* حُرِّيَّةٌ. تَحْريرٌ. تَحَرُّرٌ. حُرِّيَّةُ التَّنَقُّلِ. إِسْتِقْلالٌ؛ حُكْمٌ ذاتيٌّ. صَراحَةٌ (الحَديثِ). جُرْأَةٌ

free hand *n.* حُرِّيَّةُ التَّصَرُّفِ

freehanded *adj.* كَريمٌ؛ سَخيٌّ؛ جَوادٌ

freehold *n.* إِسْتِئْجارُ أَرْضٍ مُطْلَقٌ؛ إِمْتِلاكٌ مُطْلَقٌ

Freemason *n.* ماسونيٌّ؛ بَنّاءٌ حُرٌّ

Freemasonry *n.* ماسونيَّةٌ؛ بَنّاؤونَ أَحْرارٌ

free speech *n.* حُرِّيَّةُ التَّعْبيرِ

freestone *n.* حَجَرٌ (رَمْليٌّ) يَسْهُلُ التَّكَيُّفُ بِهِ

free trade *n.* التَّبادُلُ التِّجاريُّ الحُرُّ

free will *n.* فَلْسَفَةُ الإِرادَةِ الحُرَّةِ

freeze *vt.; i.irr.; n.* يُجَمِّدُ؛ يُجَلِّدُ؛ يُثَلِّجُ (الطَّعامَ). يُرَفِّعُ. يُجَمِّدُ (القُروضَ). يُحَظِّرُ (صِناعَةً). يُخَدِّرُ / يَتَجَمَّدُ؛ يَتَجَلَّدُ؛ يَتَثَلَّجُ. يَجْمُدُ مِنَ (الخَوْفِ). يَتَرَفَّعُ. يَتَخَدَّرُ. يَموتُ (مِنَ البَرْدِ) // تَثْليجٌ؛ تَجْليدٌ. تَجْميدُ (الأَسْعارِ). صَقيعٌ

freezer *n.* جِهازُ التَّجْميدِ؛ بَرّادٌ؛ ثَلّاجَةٌ

free zone *n.* مِنْطَقَةٌ حُرَّةٌ

freight *n.* الشَّحْنُ. رُسومُ الشَّحْنِ

freighter *n.* طائِرَةٌ أو سَفينَةُ شَحْنٍ. الشّاحِنُ

French *adj. & n.* فَرَنْسيٌّ // اللُّغَةُ الفَرَنْسيَّةُ

frenzied *adj.* مَسْعورٌ؛ مَجْنونٌ

frenzy *n.* جُنونٌ؛ سُعْرٌ. ثَورانٌ؛ جَيَشانٌ

frequence *n.* تَكْرارٌ؛ تَوالٍ. تَرَدُّدٌ

frequency *n.* تَكْرارٌ؛ تَوالٍ. ذَبْذَبَةٌ. الحُضورُ

frequent *adj.; vt.* مُتَكَرِّرٌ؛ مُتَوالٍ. دائِمٌ؛ مَأْلوفٌ // يَتَرَدَّدُ على أو يَزورُ باسْتِمْرارٍ

frequently *adv.* غالِبًا؛ تَكْرارًا

fresco *n.* رَسْمٌ جِداريٌّ مائيٌّ

fresh *adj.* طازَجٌ. حَديثٌ (مَجَلَّةٌ). أَصْليٌّ (نَظْرَةٌ). الأَخيرُ (تَطَوُّرٌ). إِضافيٌّ (إِمداداتٌ). ناضِرٌ (فاكِهَةٌ). حُلْوٌ (ماءٌ). مُنْعِشٌ. بارِدٌ (نَسيمٌ). نَشِطٌ. زاهٍ (لَوْنٌ). صِحّيٌّ (بَشَرَةٌ). جَديدٌ. قَليلُ الخِبْرَةِ. مُبْتَذَلٌ؛ جَريءٌ

freshen *vt.; i.* يُنْعِشُ / يَنْضُرُ؛ يُصْبِحُ نَضِرًا. يَحْلو (ماءٌ). يَنْتَعِشُ. تَشْتَدُّ (الرّيحُ)

freshman *or* **fresher** *n.* جامِعيٌّ مُبْتَدِئٌ

freshwater *n.* مِياهٌ حُلْوَةٌ. بَحّارٌ مُبْتَدِئٌ

fret *vt.; i.; n.* يُكَدِّرُ. يَبْري. يُقْلِقُ. يَحُتُّ. يُهَيِّجُ (الماءَ) / يَتَكَدَّرُ. يَسْتَهْلِكُ. يَقْلَقُ. يَتَحاتُّ. يَتَحَفَّرُ. يَتَهَيَّجُ (ماءٌ) // قَلَقٌ؛ إِضْطِرابٌ. تآكُلٌ؛ تَحاتٌّ

fretful *adj.* نَكِدٌ؛ شَكِسٌ. قَلِقٌ؛ مُضْطَرِبٌ

friable *adj.* قابِلٌ للإِنْكِسارِ أو للتَّفَتُّتِ

friar *n.* راهِبٌ؛ أَخٌ في الرَّهْبَنَةِ

friary *n.* دَيْرٌ. رَهْبانيَّةٌ

friction *n.* إِحْتِكاكٌ (قِطَعِ مَكَنَةٍ). خِلافٌ

Friday *n.* يَوْمُ الجُمْعَةِ

Good — الجُمُعَةُ العَظيمَةُ
fried *adj.* مَقْلِيٌّ (بَطاطا، طَعامٌ)
friend *n.* صَديقٌ. زَميلٌ. حَليفٌ. مُناصِرٌ
friendless *adj.* لا صَديقَ لَهُ (عَجوزٌ)
friendly *adj.* وَدودٌ؛ عَطوفٌ. لَطيفٌ (إبْتِسامَةٌ)
friendship *n.* صَداقَةٌ؛ مَوَدَّةٌ
frieze *n.* إفْريزٌ (حائِطٍ، قِطْعَةِ أثاثٍ)
frigate *n.* فِرْغاطَةٌ؛ بارِجَةٌ حَرْبِيَّةٌ
fright *n.* رُعْبٌ؛ ذُعْرٌ؛ خَوْفٌ شَديدٌ
frighten *vt.* يُرْعِبُ؛ يُخيفُ؛ يُفْزِعُ
frightful *adj.* مُرْعِبٌ؛ مُخيفٌ؛ مُفْزِعٌ؛ مُريعٌ
frigid *n.* جامِدُ (العَواطِفِ). بارِدٌ (إمْرأةٌ). قارِسٌ
frigidity *n.* بَلادَةٌ (في الإحْساسِ). بُرودَةٌ (جِنْسِيَّةٌ)
frill *n.; vt.* كَشْكَشٌ (لِمَلابِسِ النِّساءِ والأطْفالِ) // يُكَشْكِشُ (فُسْتانًا)
without —s بدونِ تَكَلُّفٍ
fringe *n.; vt.* شُرّابَةٌ. مُحيطٌ؛ حافَةٌ خارِجِيَّةٌ. شَيْءٌ غَيْرُ رَسْمِيٍّ. شَيْءٌ إضافِيٌّ // يُهَدِّبُ؛ يُزَرْكِشُ
fringe benefits *n.* عَلاواتٌ عَلى الرّاتِبِ
frippery *n.* زينَةٌ مُبَهْرَجَةٌ
frisk *vi.; t.* يَنْطَنِطُ (عُصْفورٌ) / يُحَرِّكُ (كَلْبٌ ذَنَبَهُ)
frisky *adj.* مَرِحٌ؛ خَفيفُ الرّوحِ؛ لَعوبٌ
fritter *vt.; n.* يُبَدِّدُ (مالَهُ). يُقَسِّمُ؛ يُجَزِّئُ // قِطْعَةٌ صَغيرَةٌ. فَطيرَةٌ مَقْلِيَّةٌ
frivolity *n.* سَخافَةٌ. تَفاهَةٌ. إسْتِهْتارٌ
frivolous *adj.* سَخيفٌ. تافِهٌ. مُسْتَهْتِرٌ
frizz *or* **frizzle** *vt.; i.; n.* يُجَعِّدُ (الشَّعَرَ) / يَتَجَعَّدُ؛ يَتَقَرَّدُ // شَعَرٌ مُجَعَّدٌ
frizzy *or* **frizzly** *adj.* مُجَعَّدٌ (شَعَرٌ)
frock *n.* فُسْتانٌ. عَباءَةٌ. جُبَّةُ (الرّاهِبِ)
frock coat *n.* سُتْرَةٌ رِجالِيَّةٌ لِلمَراسِمِ
frog *n.* ضِفْدَعٌ
frolic *n.* حَفْلَةٌ تَرْفيهِيَّةٌ مَرِحَةٌ. إنْشِراحٌ؛ تَسْلِيَةٌ
frolicsome *adj.* مَرِحٌ؛ لَعوبٌ. مُسَلٍّ؛ تَرْفيهِيٌّ
from *prep.* مِنْ (مَكانٍ ما). مِنْ أو مُنْذُ (مُدَّةٍ). بِسَبَبِ. مِنْ لَدُنِ
frond *n.* وَرَقَةٌ؛ سَعَفَةُ (نَخْلٍ)
front *n.; adj.; vt.* مُقَدَّمُ (الرأسِ). واجِهَةُ (بَيْتٍ). جَبْهَةُ قِتالٍ // أمامِيٌّ // يُجابِهُ. يُطِلُّ عَلى
frontage *n.* واجِهَةُ (بِناءٍ). وُجْهَةُ (تِمْثالٍ)
frontal *adj.* أمامِيٌّ؛ مُتَقَدِّمٌ. جَبينِيٌّ (عَضَلَةٌ)
front door *n.* المَدْخَلُ الرَّئيسِيُّ
frontier *n.* حَدٌّ. *pl.* تُخومٌ؛ حُدودُ (دَوْلَةٍ)
frontispiece *n.* واجِهَةُ (بِناءٍ). رَسْمٌ مُواجِهٌ لِعُنْوانِ كِتابٍ
frost *n.; vt.; i.* جَليدٌ. صَقيعٌ // يُغَطّي بِالجَليدِ. يُغَطّي بِالسُّكَّرِ. يُغَشّي (زُجاجًا) / يَتَجَمَّدُ؛ يَتَثَلَّجُ
frost bite *n.* تَجَمُّدُ (الرِّجْلَيْنِ) مِنَ البَرْدِ
frosty *adj.* مُجَلَّدٌ أو صَقِعٌ. مَكْسُوٌّ بِالجَليدِ. فاتِرٌ
froth *n.; vi.* رَغْوَةٌ؛ زَبَدٌ. تُفاهَةُ (حَديثٍ) // يُزْبِدُ
frothy *adj.* زَبَدِيٌّ. رَغْوِيٌّ. تافِهُ (حَديثٌ)
frown *vi.; n.* يُقَطِّبُ الجَبينَ. يَعْبِسُ. يَشْمَئِزُّ مِنْ // تَقْطيبُ الجَبينِ. عُبوسٌ. إشْمِئْزازٌ
frowzy *or* **frowsy** *adj.* رَثُّ المَظْهَرِ. كَريهُ الرّائِحَةِ
frozen *adj.* مُتَجَلِّدٌ؛ مُتَجَمِّدٌ. ثَلْجِيٌّ. مُجَمَّدٌ
fructify *vt.; i.* يُخْصِبُ؛ يُخَصِّبُ / يُثْمِرُ. يُغِلُّ
frugal *adj.* مُقَتِّرٌ. مُقْتَصِدٌ. زَهيدُ (الثَّمَنِ)
frugality *n.* تَقْتيرٌ. إقْتِصادٌ. زُهْدٌ
fruit *n.* فاكِهَةٌ. ثَمَرَةٌ. نَتيجَةُ (جُهْدٍ)
fruitful *adj.* مُثْمِرٌ؛ مُنْتِجٌ؛ خَصيبٌ؛ مُفيدٌ

173 furrow

fruition *n.* تَحْقيقُ (مَشْروع). إثْمارٌ؛ إخْصابٌ

fruitless *adj.* عَقيمٌ. باطِلٌ. لا فائِدَةَ مِنْهُ

frustrate *vt.* يُحْبِطُ؛ يُفْشِلُ. يُنْهِكُ؛ يُضْني

fry *vt.; i.; n.* يَقْلي (سَمَكًا) / يَنْقَلي (سَمَكٌ) // طَعامٌ مَقْليٌّ. *pl.* سَمَكٌ صَغيرٌ

frying pan *n.* مِقْلاةٌ

fuchsia *n.* نَبْتَةُ الفوشيا. لَوْنٌ وَرْديٌّ

fuddle *vt.; i.* يُرْبِكُ. يُسْكِرُ / يَثْمَلُ

fudge *n.* حَلْوى. سَفْسَفَةٌ؛ كَلامٌ فارِغٌ

fuel *n.; vt.* وَقودٌ؛ مَحْروقاتٌ. غِذاءُ (الرّوحِ) // يوقِدُ. يَمُدُّ بالوَقودِ

fuel oil *n.* فيولٌ؛ مازوتٌ

fugitive *adj. & n.* فارٌّ. لاجِئٌ. زائِلٌ

fulcrum *n.* (*pl.* **-s** *or* **-cra**) مِحْوَرُ (عَتَلَةٍ). نُقْطَةُ ارْتِكازٍ. سَنَدٌ

fulfil *or* **fulfill** *vt.* يُنْجِزُ؛ يُتَمِّمُ. يُنَفِّذُ (أَمْرًا). يَتَقَيَّدُ (بـ). يُرْضي (الرَّغَباتِ). يُكْمِلُ (مُدَّةَ الأَسْرِ)

full *adj.; adv.; n.* مَلآنُ. مُفْعَمٌ بـ (الحَيَوِيَّةِ). شَبْعانُ. مُمْتَلِئُ (وَجْنَتانِ). كامِلٌ. فَضْفاضٌ // تَمامًا؛ كُلِّيًّا. مُباشَرَةً. للغايَةِ // مُنْتَهى أو غايَةُ (الفَرَحِ)

— of oneself مَغْرورٌ؛ مُعْجَبٌ بِنَفْسِهِ

fullback *n.* لاعِبُ دِفاعٍ (في كُرَةِ القَدَمِ)

fullblown *adj.* كامِلُ النُّموِّ. مُتَفَتِّحٌ (زَهْرٌ). مُشْرِقٌ

full moon *n.* بَدْرٌ؛ قَمَرٌ كامِلٌ

full stop *or* **full point** *n.* نُقْطَةُ (.) للوَقْفِ

full-time *adj.* دَوامٌ كامِلٌ (عَمَلٌ)

fully *adv.* كُلِّيًّا. بِوَفْرَةٍ. عَلى الأَقَلِّ

fulminate *vi.* يَنْفَجِرُ. يَسْتَشيطُ غَيْظًا

fulsome *adj.* مُفْرِطٌ أو مُغالًى فيهِ (مَدْحٌ)

fumble *vi.* يَتَحَسَّسُ (بَحْثًا). يَتَعَثَّرُ (في الكَلامِ)

fume *vi.; t.; n.* يَسْتَشيطُ غَضَبًا. يَتَبَخَّرُ (كيميائيًّا) / يُبَخِّرُ. يُعالِجُ (بالبُخارِ) // دُخانٌ أو بُخارٌ أو غازٌ (سامٌّ). رائِحَةٌ حادَّةٌ. هِياجٌ؛ غَضَبٌ

fumigate *vi.* يُعالِجُ أو يُطَهِّرُ بالدُّخانِ أو بالبُخارِ

fun *n.* لَهْوٌ؛ تَرْفيهٌ؛ تَسْلِيَةٌ؛ مَرَحٌ

make — of يَسْخَرُ مِنْ؛ يَهْزَأُ بِـ

function *n.; vi.* وَظيفَةٌ؛ عَمَلٌ. حَفْلَةٌ رَسْمِيَّةٌ // يَعْمَلُ (مُحَرِّكٌ)؛ يَشْتَغِلُ (تِلِفِزيونٌ)

functional *adj.* وَظيفيٌّ. عَمَليٌّ

functionary *n.* مُوَظَّفٌ حُكوميٌّ

fund *n.; vt.* رَأْسمالٌ. ذَخيرَةٌ (مِنَ الحِكْمَةِ) // يُمَوِّلُ. يَضَعُ في صُنْدوقِ التَّوْفيرِ. يَسْتَثْمِرُ

fundamental *adj.* أساسيٌّ؛ أَصْليٌّ؛ جَوْهَريٌّ

funeral *n.* دَفْنٌ؛ جِنازَةٌ؛ مَأْتَمٌ

funereal *adj.* جَنائِزيٌّ؛ مَأْتَميٌّ. قاتِمٌ؛ مُحْزِنٌ

fungus *n.* (*pl.* **fungi**) فِطْرٌ. وَرَمٌ أو تَوَرُّمٌ

funk *n.* خَوْفٌ؛ قَلَقٌ

funnel *n.* قِمْعٌ. مِدْخَنَةُ (باخِرَةٍ). أُنْبوبٌ

funny *adj.* مُضْحِكٌ؛ هَزْليٌّ. غَريبٌ (فِكْرَةٌ)

fur *n.* فَرْوَةُ (حَيَوانٍ). كِساءٌ مِنْ فَرْوٍ

furbish *vt.* يَصْقُلُ؛ يُلَمِّعُ. يُجَدِّدُ؛ يُحَسِّنُ

furious *adj.* حَنِقٌ؛ ثائِرٌ. ضارٍ؛ عَنيفٌ

furl *vt.* يَلُفُّ أو يَطْوي (مِظَلَّةً، رايَةً)

furlong *n.* وَحْدَةٌ لِلطّولِ تُساوي ٢٠١ م

furlough *n.* مَأْذونِيَّةٌ. تَسْريحٌ مُؤَقَّتٌ للعُمّالِ

furnace *n.* فُرْنٌ؛ كورٌ؛ أَتونٌ. مَوْقِدٌ

furnish *vt.* يُجَهِّزُ (بَيْتًا). يُزَوِّدُ بما يَلْزَمُ. يَمُدُّ بِـ

furnishing *n.* تَزْويدٌ؛ إمْدادٌ. *pl.* تَجْهيزاتٌ

furniture *n.* أَثاثُ (مَنْزِلٍ). أَجْهِزَةُ (مَصْنَعٍ)

furore *n.* هِياجٌ (حَماسيٌّ)

furrier *n.* فَرّاءٌ؛ تاجِرُ فِراءٍ

furrow *n.; vt.; i.* تَلَمٌ؛ أُخْدودٌ. تَجْعيدٌ (في

الجَبين) // يُثَلِّمُ أو يُخَدِّدُ (أرْضًا) / يَتَجَعَّدُ (وَجْهٌ)

furry *adj.* مَكْسوٌّ بالفَرْوِ. مُبَطَّنٌ بِالفَرْوِ

further *adv.; adj.; vi.* بالإضافَةِ إلى. إلى دَرَجَةٍ أكْبَرَ. في وَقْتٍ لاحِقٍ. إلى مَكانٍ أبْعَدَ // إضافيٌّ (مَعْلوماتٌ). لاحِقٌ (أبْحاثٌ) // يُنَمّي ؛ يُطَوِّرُ

furtherance *n.* تَنْمِيَةٌ ؛ تَطْويرٌ. تَحَسُّنٌ ؛ تَقَدُّمٌ

furthermore *adv.* فَضْلاً عَنْ ذلِكَ ؛ وبَعْدُ

furthermost *adj.* الأبْعَدُ ؛ الأقْصى

furthest *adv.; adj.* إلى أقْصى حَدٍّ // الأبْعَدُ ؛ الأقْصى

furtive *adj.* خَفِيٌّ (حَرَكَةٌ) ؛ مُخْتَلَسٌ (نَظْرَةٌ)

fury *n.* غَيْظٌ ؛ حَنَقٌ ؛ غَضَبٌ شَديدٌ

fuse *or* **fuze** *n.; vt.; i.* صِمامَةُ قَذيفَةٍ. قابِسٌ كَهْرَبائيٌّ // يُذيبُ ؛ يَصْهَرُ. يَدْمُجُ (شَرِكَتَيْنِ) / يَذوبُ ؛ يَنْصَهِرُ. يَنْدَمِجُ (حِزْبانِ)

fuselage *n.* بَدَنُ أو قَفَصُ طائِرَةٍ

fusible *adj.* قابِلٌ للصَّهْرِ

fusilier *n.* جُنْديٌّ مِنَ المُشاةِ بِسِلاحٍ خَفيفٍ

fusillade *n.* رَشَقاتُ رَصاصٍ . فَوْرَةٌ مِنَ الإنْتِقادِ

fusion *n.* إنْصِهارٌ. ذَوَبانٌ ؛ إنْحِلالٌ. إنْدِماجٌ

fuss *n.; vi.* جَلَبَةٌ. شَكْوى. إحْتِفاءٌ. شِجارٌ // يَقْلَقُ. يَهْتَمُّ بِصَغائِرِ الأُمورِ. يُفْرِطُ في إظْهارِ (المَوَدَّةِ)

fussy *adj.* مُفْرِطٌ في (صَغائِرِ الأُمورِ). دَقيقٌ جِدًّا

fusty *adj.* زَنِخُ الرّائِحَةِ. رَجْعِيُّ المَوْقِفِ

futile *adj.* غَيْرُ مُجْدٍ (جُهودٌ). تافِهٌ (حَديثٌ)

futility *n.* بُطْلانٌ ؛ عَدَمُ جَدْوى. تَفاهَةٌ

future *n.; adj.* المُسْتَقْبَلُ. مُسْتَقْبَلُ (مَدْرَسَةٍ) // مُقْبِلٌ ؛ قادِمٌ ؛ آتٍ

in — في المُسْتَقْبَلِ ؛ بَعْدَ اليَوْمِ

future life *n.* الحَياةُ بَعْدَ المَماتِ

fuzz *n.* كُتْلَةُ شَعَرٍ مُجَعَّدٍ. زَغَبٌ. غَشاوَةٌ

fuzzy *adj.* مُجَعَّدٌ. مُغَشّى ؛ مُشَوَّهٌ. مُبْهَمٌ. مُتَمَوِّجٌ

G

G; g *n.* الحَرْفُ السابعُ مِنَ الأَبْجديَّةِ الإنْكليزيَّةِ

gab *n.; vi.* ثَرْثَرَةٌ؛ هَذَرٌ. طَلاقَةُ اللِّسانِ // يُثَرْثِرُ؛ يَهْذِرُ

have the gift of the — كان طَلِقَ اللِّسانِ

gabardine *n.* غَبَرْدين: قُماشٌ

gabble *vi.; n.* يُتَمْتِمُ. تَقوقُ // تَمْتَمَةٌ. قَوْقٌ

gable *n.* جَملونٌ: سَقْفٌ هَرَميٌّ

gadfly *n.* النُّعَرَةُ أَوْ ذُبابَةُ الخَيْلِ والماشيَةِ

gadget *n.* أداةٌ؛ جُزْءٌ مِنْ آلَةٍ

gaff *n.* عارِضَةٌ يُمَدَّدُ عَلَيْها رأْسُ الشراعِ. رُمْحٌ لِطَعْنِ الأَسْماكِ

gaffe *n.; vt.* هَفْوَةٌ؛ غَلْطَةٌ؛ زَلَّةٌ (فِي السُلوكِ) // يَخْدَعُ؛ يَتلاعَبُ بِـ (بقَصْدِ الخِداعِ)

gag *n.; vt.* كِمامَةٌ. خُدْعَةٌ // يَكُمُّ. يُسْكِتُ

gage *n.* رَمْزٌ للتَحَدّي. رَهْنٌ؛ ضَمانٌ. بُرْقوقٌ؛ خَوْخٌ

gaiety *or* **gayety** *n.* إبْتِهاجٌ؛ مَرَحٌ؛ جَذَلٌ؛ سُرورٌ

gaily *or* **gayly** *adv.* بِأبْتِهاجٍ؛ بِمَرَحٍ؛ بِسُرورٍ

gain *n.; vt.; i.* كَسْبٌ؛ رِبْحٌ. تَقَدُّمٌ // يَكْسِبُ؛ يَرْبَحُ؛ يَنالُ. يَتَقَدَّمُ. يَفوزُ / يَزْدادُ

gainful *adj.* مُرْبِحٌ؛ مُكْسِبٌ

gainsay *vt. irr.* يُنْكِرُ. يُخالِفُ؛ يُناقِضُ

gait *n.* مِشْيَةٌ. طَريقَةٌ فِي العَدْوِ

gaiter *n.* طِماقٌ؛ وِقاءٌ يُلبَسُ فَوْقَ الحِذاءِ

gala *n.* مِهْرَجانٌ؛ إحْتِفالٌ؛ حَفْلَةٌ

galaxy *n.* مَجَرَّةٌ. كَوْكَبَةٌ مِنْ أَشْخاصٍ لامِعينَ

gale *n.* عاصِفَةٌ؛ ريحٌ هَوْجاءُ. نَوْءٌ

gall *n.* قَرْحٌ جِلْديٌّ. مِرَّةٌ؛ صَفراءُ. حِقْدٌ. عَفْصٌ

gallant *adj.; n.; vt.* ظَريفٌ. أنيقٌ. شُجاعٌ. شَهْمٌ؛ نَبيلٌ // شابٌ أَنيقٌ // يُغازِلُ؛ يَتَوَدَّدُ إلى النِساءِ

gallantry *n.* كِياسَةٌ. تَوَدُّدٌ. بَسالَةٌ

gall bladder *n.* المَرارَةُ؛ الحُوَيْصِلَةُ الصَفْراويَّةُ

galleon *n.* سَفينَةٌ شِراعيَّةٌ ضَخْمَةٌ

gallery *n.* رِواقٌ. شُرْفَةٌ. مِنَصَّةٌ. قاعَةُ عَرْضٍ

galley *n.* سَفينَةٌ شِراعيَّةٌ كَبيرَةٌ. مَطْبَخُ سَفينَةٍ. لَوْحَةٌ لِحَمْلِ أَحْرُفِ الطِباعَةِ

galley slave *n.* كادِحٌ. رَقيقٌ مُجذِّفٌ عَلَى سَفينَةٍ

Gallic *adj.* غاليٌّ أو فَرَنْسيٌّ

galling *adj.* مُزْعِجٌ؛ مُثيرٌ لِلسُخْطِ

gallivant *vi.* يَتَسَكَّعُ؛ يَتَجَوَّلُ

gallon *n.* غالونٌ؛ مِكْيالٌ للسَوائِلِ

gallop *n.; vi.* عَدْوُ الفَرَسِ // يَعْدو بِالفَرَسِ. يَعْدو بِسُرْعَةٍ

gallows *n.pl.* مِشْنَقَةٌ. حِمالَةُ السِرْوالِ

galvanize *vt.* يَطْلي بالزِنْكِ. يُكَهْرِبُ بِتَيّارٍ كَلْفانيٍّ

gamble *vi.; n.* يُقامِرُ. يُغامِرُ // مُقامَرَةٌ. مُغامَرَةٌ

gambler *n.* مُقامِرٌ؛ مُراهِنٌ؛ مُضارِبٌ. مُغامِرٌ

gambling *n.* مُقامَرَةٌ؛ مُراهَنَةٌ؛ مُضارَبَةٌ. مُغامَرَةٌ

gambol *n.; vi.* قَفْزَةٌ. مَرَحٌ // يَثِبُ؛ يَقْفِزُ؛ يَطْفِرُ

game *n.* لَهْوٌ؛ لَعِبٌ. الصَيْدُ. لَحْمُ الطَرائِدِ

game bag *n.* كيسُ الطَرائِدِ؛ خَريطَةُ الصَيّادِ

game-keeper *n.* حامي الطَرائِدِ

gamester *n.* المُقامِرُ

gammon *n.* فَخْذُ خِنْزيرٍ مُدَخَّنٌ. هُراءٌ

gamut *n.* سُلَّمُ النَغَمِ. سِلْسِلَةٌ كامِلَةٌ

gander *n.; vi.* ذَكَرُ الإوَزِّ. المُغَفَّلُ. نَظْرَةٌ // يَتَسَكَّعُ

gang *n.* عِدَّةٌ. عِصابَةٌ. مَجْموعَةٌ؛ طاقَمٌ
ganger *n.* ناظِرُ العُمّالِ
gangrene *n.* الغَنْغَرينا؛ الآكِلَةُ
gangster *n.* قاطِعُ طَريقٍ. عُضْوٌ في عِصابَةٍ
gangway *n.* مَجازٌ؛ مَمَرٌّ؛ مَمْشًى؛ مَعْبَرٌ خَشَبِيٌّ
gaol *n.* سِجْنٌ؛ حَبْسٌ. أَسْرٌ
gap *n.* ثُغْرَةٌ؛ فَجْوَةٌ؛ فُرْجَةٌ
gape *vi.; n.* يَتَثاءَبُ. يَفْغُرُ فاهُ // تَثاؤُبٌ. ثُغْرَةٌ
garage *n.* مَرْأَبٌ؛ كاراجٌ
garb *n.* زِيٌّ؛ لِباسٌ
garbage *n.* نِفاياتٌ. كَلامٌ تافِهٌ
garble *vt.* يُحَرِّفُ؛ يُشَوِّهُ؛ يُشَوِّشُ
garden *n.; vi.* حَديقَةٌ، جُنَيْنَةٌ؛ بُسْتانٌ؛ جَنَّةٌ // يَعْتَني بِالحَديقَةِ
gardener *n.* البُسْتانِيُّ؛ الجَنائِنِيُّ
gardenia *n.* الغَرْدينِيا: شَجَرٌ ذو زَهْرٍ أَرِجٍ
gargle *n.; vi.* الغَرْغَرَةُ // يُغَرْغِرُ (الماءَ في الفَمِ)
gargoyle *n.* ميزابٌ؛ مِزْرابٌ. فُوَهَةُ أُنْبوبٍ. قَناةٌ
garish *adj.* مُبَهْرَجٌ؛ مُزَخْرَفٌ؛ مُتَوَهِّجٌ
garland *n.; vt.* إِكْليلٌ. حَلَقَةٌ // يُكَلِّلُ
garlic *n.* ثُومٌ
garment *n.* ثَوْبٌ؛ كِساءٌ؛ رِداءٌ
garner *n.; vt.* الهُرْيُ (ج. أَهْراءٌ)؛ مَخْزَنٌ لِلحُبوبِ // يَدَّخِرُ؛ يَجْمَعُ؛ يُكَدِّسُ
garnet *n.* عَقيقٌ أَحْمَرُ. وِنْشٌ (لِتَحْميلِ السُّفُنِ)
garnish *n.; vt.* زُخْرُفٌ؛ زينَةٌ // يُزَخْرِفُ؛ يُزَيِّنُ
garret *n.* عِلِّيَّةٌ
garrison *n.* مَوْقِعٌ عَسْكَرِيٌّ. حامِيَةٌ عَسْكَرِيَّةٌ
garrotte *n.* الإِعْدامُ خَنْقًا بِطَوْقٍ حَديدِيٍّ. الخَنْقُ بِدافِعِ السَّرِقَةِ
garrulity *n.* ثَرْثَرَةٌ؛ هَذَرٌ
garrulous *adj.* ثَرْثارٌ؛ مِهْذارٌ
garter *n.* رِباطُ الجَوارِبِ
gas *n.; vt.* غازٌ؛ غازٌ خانِقٌ // يُسَمِّمُ بِالغازِ
gas-cooker *n.* سَخّانَةٌ على الغازِ؛ طَبّاخٌ عَلى الغازِ
gaseous *adj.* غازِيٌّ. واهٍ. مُهَلْهَلٌ
gash *n.* جُرْحٌ بَليغٌ. أَثَرُ الجُرْحِ
gas mask *n.* كِمامَةٌ ضِدَّ الغازِ
gasoline *n.* الغازولين؛ البِنْزينُ
gasp *n.; vi.* لُهاثٌ. تَوْقٌ // يَلْهَثُ. يَتوقُ إِلى
gasping *adj.* لاهِثٌ. مُتَلَهِّفٌ؛ تَوّاقٌ
gastric *adj.* مَعِدِيٌّ؛ خاصٌّ بِالمَعِدَةِ
gastronomy *n.* فَنٌّ أَوْ عِلْمُ تَذَوُّقِ الطَعامِ
gate *n.* بابٌ؛ مَدْخَلٌ. بَوّابَةٌ خارِجِيَّةٌ
gatekeeper *n.* البَوّابُ؛ الحارِسُ
gate post *n.* دِعامَةُ البَوّابَةِ أَوِ المَدْخَلِ
gateway *n.* مَدْخَلٌ. إِطارٌ أَوْ قَوْسُ البَوّابَةِ
gather *vt.; n.* يَجْمَعُ. يَحْصُدُ؛ يَجْني. يَجْبي. يَلُمُّ. يَضُمُّ. يَسْتَنْتِجُ. يَسْتَقْطِبُ // طَيَّةٌ في ثَوْبٍ. تَجَمُّعٌ
gathering *n.* تَجْميعٌ؛ حَشْدٌ. جَنْيٌ. خُراجٌ
gaudiness *n.* بَهْرَجَةٌ. زَخْرَفَةٌ خالِيَةٌ مِنَ الذَوْقِ
gaudy *adj.* مُبَهْرَجٌ. مُزَخْرَفٌ بِدونِ ذَوْقٍ
gauge *vt.; n.* يَقيسُ؛ يَكيلُ // سَعَةٌ؛ مِعْيارٌ؛ قِياسٌ
gaunt *adj.* هَزيلٌ؛ نَحيلٌ. كَئيبٌ. كالِحٌ
gauntlet *n.* قُفّازٌ يَقي اليَدَيْنِ (مِنَ الجُروحِ)
gauze *n.* شاشٌ. نَسيجٌ شَبَكِيٌّ مِنْ مَعْدِنٍ أَوْ لَدائِنَ
gawk *n.* مُغَفَّلٌ؛ أَخْرَقُ
gawky *adj.* أَخْرَقُ؛ غَيْرُ لَبِقٍ
gay *adj.* مَرِحٌ؛ مُبْتَهِجٌ؛ مَسْرورٌ؛ جَذِلٌ
gayety *n. or* **gaiety** بَهْجَةٌ؛ مَرَحٌ؛ سُرورٌ
gayly *adv. or* **gaily** بِبَهْجَةٍ، بِمَرَحٍ، بِسُرورٍ

gaze *vi.; n.* يُحَدِّقُ ؛ يُحَمْلِقُ // نَظْرَةُ تَفَرُّسٍ
gazelle *n.* غَزالٌ ؛ ظَبْيٌ
gazette *n.* جَريدَةٌ. صَحيفَةٌ دَوْرِيَّةٌ رَسْمِيَّةٌ
gazetteer *n.* صِحافِيٌّ. مُعْجَمٌ جُغْرافِيٌّ
gear *n.* عُدَّةٌ. دُولابٌ مُسَنَّنٌ. سَرْجٌ. مَلابِسُ
gear-box *n.* عُلْبَةُ السُّرْعَةِ ؛ التُّروسُ
geese *n.* (*pl.* of **goose**) الإِوَزُّ. المُغَفَّلُ ؛ الساذَجُ
gelatine *n.* جيلاتينٌ ؛ هُلامٌ
gelatinous *adj.* هُلامِيٌّ ؛ لَزِجٌ ؛ دَبِقٌ
geld *vt.* يَخْصي
gelding *n.* حِصانٌ مَخْصِيٌّ
gem *n.* حَجَرٌ كَريمٌ ؛ جَوْهَرَةٌ
gendarme *n.* شُرْطِيٌّ
gender *n.* الجِنْسُ (مِنْ حَيْثُ التَذْكيرِ والتأْنيثِ)
genealogical *adj.* سُلالِيٌّ. نَسَبِيٌّ
genealogist *n.* إِخْتِصاصِيٌّ بِعِلْمِ الأَنْسابِ
genealogy *n.* سُلالَةٌ ؛ نَسَبٌ. عِلْمُ الأَنْسابِ
general *n.; adj.* لِواءٌ ؛ قائِدٌ ؛ جِنِرالٌ. مَفْهومٌ ؛ مَبْدأٌ عامٌّ // عامٌّ ؛ شامِلٌ
in — عُمومًا ؛ بِوَجْهٍ عامٍّ
generalize *vt.* يُعَمِّمُ (طَريقَةً أَوْ أَحكامًا)
generally *adv.* عُمومًا ؛ بِوَجْهٍ عامٍّ ؛ إِجْمالاً
generate *vt.* يُوَلِّدُ ؛ يُحْدِثُ ؛ يُنْتِجُ
generation *n.* جيلٌ ؛ ذُرِّيَّةٌ. نَسْلٌ. نُشوءٌ. تَوْليدٌ
generator *n.* مُوَلِّدٌ. مِرْجَلٌ
generic (al) *adj.* عامٌّ. جِنْسِيٌّ
generosity *n.* كَرَمُ أَخْلاقٍ ؛ جُودٌ ؛ سَخاءٌ. وَفْرَةٌ
generous *adj.* كَريمٌ ؛ سَخِيٌّ. شَهْمٌ ؛ نَبيلٌ. وافِرٌ
generously *adv.* بِكَرَمٍ ؛ بِسَخاءٍ. بِشَهامَةٍ ؛ بِنُبْلٍ
genesis *n.* أَصْلٌ ؛ نُشوءٌ ؛ تَكَوُّنٌ
genetics *n.pl.* عِلْمُ الوِراثَةِ

genial *adj.* لَطيفٌ. مُعْتَدِلٌ. مُحْيٍ. كَريمٌ
genie *n.* جِنِّيٌّ ؛ عِفْريتٌ
genitive *n.* حالَةُ المُضافِ إِلَيْهِ. حالَةُ الجَرِّ
genius *n.* عَبْقَرِيٌّ ؛ نابِغَةٌ. سَجِيَّةٌ ؛ نَزْعَةٌ. مَيْلٌ. جِنِّيٌّ ؛ عِفْريتٌ. الروحُ الحارِسَةُ
genre *n.* نَوْعٌ
genteel *adj.* أَنيقٌ. لَطيفٌ ؛ مُهَذَّبٌ
gentility *n.* كِياسَةٌ ؛ ظَرافَةٌ ؛ دَماثَةٌ
gentle *adj.* لَطيفٌ ؛ دَمِثُ الأَخْلاقِ ؛ وَديعٌ. نَبيلُ المَحْتِدِ. سَهْلُ الإِنْقِيادِ. كَريمٌ
gentleman *n.* رَجُلٌ رَفيعُ التَهْذيبِ. سَيِّدٌ
gentleness *n.* رِقَّةٌ ؛ دَماثَةٌ ؛ لُطْفٌ. نُبْلٌ
gently *adv.* بِلُطْفٍ ؛ بِتَهْذيبٍ. بِرِفْقٍ ؛ بِرِقَّةٍ
genuine *adj.* أَصْلِيٌّ ؛ خالِصٌ ؛ حَقيقِيٌّ
genuinely *adv.* بِأَصالَةٍ ؛ بِدُونِ زَيْفٍ
genuineness *n.* أَصالَةٌ ؛ عَدَمُ زَيْفٍ
genus *n.* (*pl.* **genera**) جِنْسٌ. نَوْعٌ ؛ طَبَقَةٌ
geographer *n.* جُغْرافِيٌّ ؛ عالِمُ جُغْرافيا
geographical *adj.* جُغْرافِيٌّ (خَريطَةٌ، مَوْقِعٌ)
geography *n.* الجُغْرافِيَةُ ؛ عِلْمُ الجُغْرافيا
geology *n.* الجيولوجيا ؛ عِلْمُ طَبَقاتِ الأَرْضِ
geometry *n.* عِلْمُ الهَنْدَسَةِ. رِسالَةٌ في الهَنْدَسَةِ
geranium *n.* نَباتُ إِبْرَةِ الراعي ؛ غُرْنوقِيٌّ
germ *n.* جُرْثومَةٌ. بِذْرَةٌ. أَصْلٌ
German *adj. & n.* أَلْمانِيٌّ ؛ جِرمانِيٌّ
germinate *vi.* يَنْبُتُ ؛ يُفَرِّخُ ؛ يَنْشَأُ
gesticulate *vi.* يُومِئُ ؛ يُشيرُ
gesticulation *n.* الإِيماءُ ؛ الإِشارَةُ ؛ التَشْبيرُ
gesture *n.; vi.* حَرَكَةٌ ؛ إِيماءَةٌ // يُومِئُ ؛ يُشيرُ
get *vt.; i. irr.* يَأْخُذُ ؛ يَنالُ. يَسْتَلِمُ. يَحْصُلُ. يَمْتَلِكُ. يَصِلُ إِلى. يُقْنِعُ. يُحْضِرُ. يُجْبِرُ / يَنْصَرِفُ.

يَصِلُ
— after يَعِظُ ؛ يؤَنِّبُ . يَتَهَجَّمُ على
— ahead يَنْجَحُ ؛ يُفْلِحُ
— at يُدْرِكُ ؛ يَبْلُغُ
— away with يُفْلِتُ مِنَ العِقابِ
— going يَنْطَلِقُ
— into يَدْخُلُ إلى
— on يَتَقَدَّمُ ؛ يَنْجَحُ
— over يَجْتازُ . يَتَغَلَّبُ على
— somewhere يَنْجَحُ
— together يَجْمَعُ . يَتَجَمَّعُ . يَلْتَئِمُ
— up يَنْهَضُ . يَنْتَصِبُ

gewgaw *n.* حِلْيَةٌ رَخيصَةٌ . شَيْءٌ تافِهٌ
geyser *n.* مِرْجَلٌ ؛ فَوّارَةُ ماءٍ حارٍّ
Ghanaian *adj. & n.* غانيٌّ
ghastliness *n.* شُحوبٌ ؛ إصْفِرارٌ . مَظْهَرٌ مُرَوِّعٌ
ghastly *adj.* شاحِبٌ كَالْمَوْتى ؛ مُمْتَقِعٌ . مُرَوِّعٌ
ghetto *n.* حَيُّ اليَهودِ أوِ الأَقَلِّيّاتِ
ghost *n.* روحٌ ؛ شَبَحٌ ؛ طَيْفٌ ؛ ظِلٌّ
ghostly *adj.* رُوحِيٌّ ؛ طَيْفِيٌّ ؛ شَبَحِيٌّ
ghoul *n.* الغولُ : كائِنٌ خُرافِيٌّ مُخيفٌ
giant *n.; adj.* مارِدٌ ؛ عِمْلاقٌ // جَبّارٌ ؛ ضَخْمٌ
gibber *vi.* يُبَرْبِرُ ؛ يَهْذُرُ ؛ يُثَرْثِرُ
gibberish *n.* بَرْبَرَةٌ ؛ هَذَرٌ ؛ كَلامٌ غامِضٌ
gibbet *n.* مَشْنَقَةٌ . شَنْقٌ ؛ عُقوبَةُ الإعْدامِ
gibe *vt.; i.; n.* يَهْزَأُ بِـ // تَهَكُّمٌ ؛ سُخْرِيَّةٌ
giblets *n.pl.* قَلْبُ أوْ كَبِدُ أوْ حَوْصَلَةُ الطائِرِ
giddily *adv.* بِطَيْشٍ ؛ بِاسْتِهْتارٍ
giddiness *n.* طَيْشٌ ؛ إسْتِهْتارٌ . دُوارٌ
giddy *adj.* طائِشٌ ؛ مُسْتَهْتِرٌ . مُصابٌ بِدُوارٍ
gift *n.* هِبَةٌ ؛ مِنْحَةٌ ؛ هَدِيَّةٌ ؛ إنْعامٌ . مَوْهِبَةٌ
gifted *adj.* مَوْهوبٌ ؛ ذو مَوْهِبَةٍ
gigantic *adj.* هائِلٌ ؛ عِمْلاقٌ ؛ فارِعٌ (قِوامٌ)
giggle *vi.; n.* يُقَهْقِهُ // قَهْقَهَةٌ
gild *vt. irr.* يَطْلي بِالذَهَبِ . يُمَوِّهُ . يُزَخْرِفُ ؛ يُجَمِّلُ
gill *n.* خَيْشومُ السَمَكِ . مِكْيالٌ للسَوائِلِ
gillyflower *n.* المَنْثورُ (زَهْرٌ) . خَيْرِيٌّ
gilt *adj.; n.* مُذَهَّبٌ // الطَلاءُ بالذَهَبِ
gilt-edged *adj.* مِنَ النَوْعِ المُمْتازِ
gimcrack *n.* البَهْرَجُ : حِلْيَةٌ رَخيصَةٌ
gimlet *n.* مِثْقابٌ ؛ مِخْرَزٌ ؛ بَريمَةٌ
gin *n.; vt.* شَرَكٌ ؛ فَخٌّ . رافِعَةٌ . الجِنُّ : مُسْكِرٌ قَوِيٌّ // يوقِعُ في شَرَكٍ . يَجُزُّ
ginger *n.* زَنْجَبيلٌ . نَشاطٌ ؛ حَيَوِيَّةٌ
gingerly *adv.* بِلُطْفٍ . بِحَذَرٍ شَديدٍ
gipsy *or* **gypsy** *n.* الغَجَرِيُّ ؛ النَوَرِيُّ ؛ البوهيمِيُّ
giraffe *n.* زَرافَةٌ
gird *vt. irr.* يُطَوِّقُ . يُثَبِّتُ . يُزَوِّدُ بِـ . يَهْزَأُ بِـ
girder *n.* عارِضَةٌ (خَشَبِيَّةٌ أوْ مَعْدِنِيَّةٌ) . رافِدَةٌ
girdle *n.; vt* مِشَدٌّ (للمَرْأَةِ) . حِزامٌ ؛ زُنّارٌ // يُطَوِّقُ بِحِزامٍ ؛ يُحيطُ بِـ
girl *n.* بِنْتٌ ؛ إبْنَةٌ ؛ فَتاةٌ
girlish *adj.* أُنْثَوِيٌّ ؛ بَناتِيٌّ
girl scout *n.* الكَشّافَةُ المُرْشِدَةُ
girth *n.* حِزامُ (السَرْجِ) . مُحيطُ الخَصْرِ . حَجْمٌ
gist *n.* جَوْهَرُ (المَوْضوعِ) ؛ لُبٌّ ؛ زُبْدَةٌ ؛ فَحْوى
give *vt.; i. irr.* يَمْنَحُ ؛ يُعْطي . يُناوِلُ . يُقَدِّمُ . يوضِحُ
— away يَهَبُ . يُزَوِّجُ
— back يُعيدُ . يُرْجِعُ
— birth to تَلِدُ (المَرْأَةُ)

— ear يُصْغي ؛ يُنْصِتُ
— in يُقَوِّمُ. يَرْضَخُ
— off يُصْدِرُ. يُخْرِجُ. يَتَوَقَّفُ
— rise to يَبْعَثُ على ؛ يُسَبِّبُ
— thanks يَشْكُرُ
— one's word يَتَعَهَّدُ. يَعِدُ
given *adj.* مُعْطًى ؛ مَوْهُوبٌ. محدَّدٌ
giver *n.* المُعْطي ؛ الواهِبُ؛ المانِحُ
gizzard *n.* القانِصَةُ؛ مَعِدَةُ الطَيْرِ. أَحْشاءُ
glacial *adj.* شَديدُ البُرودَةِ. جَليديٌّ. رابِطُ الجَأْشِ
glacier *n.* نَهْرٌ جَليديٌّ ؛ مَثْلَجَةٌ
glad *adj.* مُبْتَهِجٌ ؛ مَسْرورٌ؛ زاهٍ
gladden *vt.* يُبْهِجُ ؛ يَسُرُّ
glade *n.* فُرْجَةٌ أَوْ فُسْحَةٌ في غابَةٍ
gladiator *n.* مُصارِعٌ ؛ مُقاتِلٌ ؛ مُجالِدٌ
gladly *adv.* بِكُلِّ سُرورٍ؛ بِبَهْجَةٍ؛ بِكُلِّ طيبَةِ خاطِرٍ
glamorous *adj.* ساحِرٌ؛ فاتِنٌ ؛ خَلاّبٌ
glamour *n.* فِتْنَةٌ ؛ سِحْرٌ. رُقِيٌّ
glance *n.; vt.; i.* لَمْحَةٌ؛ نَظْرَةٌ عَجْلى ؛ وَمْضَةٌ // يَلْمَحُ ؛ يُلْقي نَظْرَةً عَجْلى / يَبْرُقُ؛ يُومِضُ
gland *n.* غُدَّةٌ
glare *n.; vi.* وَهَجٌ ؛ إنْبِهارٌ. حَمْلَقَةٌ (بِغَضَبٍ) // يُحَمْلِقُ. يَسْطَعُ. يُبْهِرُ
glaring *adj.* ساطِعٌ ؛ زاهٍ؛ مُبَهْرِجٌ. غاضِبٌ
glass *n.* زُجاجٌ. كَأْسٌ ؛ قَدَحٌ. مِرْآةٌ. نَظّاراتٌ
glass ware *n.* أَوانٍ زُجاجِيَّةٌ
glassy *adj.* زُجاجِيٌّ. شَفّافٌ
glaze *vt.* يُزَجِّجُ ؛ يَضَعُ للشَّيْءِ زُجاجاً. يَصْقُلُ
glazier *n.* الزَجّاجُ. مُرَكِّبُ الزُجاجِ
glazing *n.* تَرْكيبُ الزُجاجِ

gleam *n.; vi.* وَميضٌ ؛ لَمَعانٌ // يومِضُ
gleaming *adj.* ساطِعٌ ؛ لامِعٌ ؛ وامِضٌ
glean *vt.* يَلْتَقِطُ ؛ يَلُمُّ ؛ يَجْمَعُ
gleaner *n.* اللاقِطُ ؛ الجامِعُ
glebe *n.* أَرْضٌ زِراعيَّةٌ. تُرْبَةٌ
glee *n.* مَرَحٌ ؛ طَرَبٌ ؛ لَهْوٌ
gleeful *adj.* مَرِحٌ ؛ طَرِبٌ ؛ جَذْلانُ ؛ لاهٍ
glen *n.* وادٍ صغيرٌ. مَضيقٌ جَبَليٌّ. وَهْدَةٌ
glib *adj.* زَلِقٌ ؛ أَمْلَسُ. عَفَوِيٌّ. سَلِسٌ. مُتَمَلِّقٌ
glibly *adv.* بِعَفَوِيَّةٍ ؛ بِدونِ تَكَلُّفٍ ؛ بارْتِجالٍ
glide *vi.; n.* يَنْزَلِقُ ؛ يَتَزَحْلَقُ // إنْزِلاقٌ
glider *n.* طائِرَةٌ شِراعيَّةٌ (دونَ مُحَرِّكٍ)
glimmer *n.; vi.* وَميضٌ ؛ بَصيصٌ // يومِضُ
glimpse *n.* لَمْحَةٌ ؛ نَظْرَةٌ خاطِفَةٌ
glint *vi.; n.* يومِضُ // وَمْضَةٌ
glisten (glister, glitter) *vi.; n.* يَتَأَلَّقُ ؛ يَتَلأْلأُ ؛ يَلْتَمِعُ // تَأَلُّقٌ. إلْتِماعٌ. تَلأْلُؤٌ
gloaming *n.* الغَسَقُ
gloat *vi.* يَسْتَمْتِعُ. يَتَأَمَّلُ بِرِضى ؛ يُحَدِّقُ بإِعْجابٍ
global *adj.* عالَمِيٌّ. شامِلٌ ؛ إجْماليٌّ. كُرَوِيٌّ
globe *n.* الكُرَةُ الأَرْضيَّةُ. كُرَةٌ
globule *n.* الكُرَيَّةُ (حَمْراءُ أَوْ بَيْضاءُ)
gloom (gloominess) *n.* ظُلْمَةٌ. عُبوسٌ ؛ كآبَةٌ
gloomily *adv.* بِكآبَةٍ ؛ بِغَمٍّ ؛ بِعُبوسٍ . بِتَشاؤُمٍ
gloomy *adj.* مُظْلِمٌ. عابِسٌ ؛ كئيبٌ؛ مُتَشائِمٌ
glorify *vt.* يُمَجِّدُ؛ يُعَظِّمُ ؛ يُبَجِّلُ
glorious *adj.* مُنْتَصِرٌ. بَهِيٌّ ؛ مُتَأَلِّقٌ. مَجيدٌ
glory *n.; vi.* مَجْدٌ؛ شُهْرَةٌ. هالَةٌ. مَفْخَرَةٌ. تَأَلُّقٌ // يُفاخِرُ؛ يُباهي. يَبْتَهِجُ ؛ يَتَهَلَّلُ
gloss *n.; vt.* لَمَعانٌ؛ بَريقٌ. تَمْويهٌ. تَعْليقٌ // يُلَمِّعُ. يُفَسِّرُ؛ يُعَلِّقُ. يُمَوِّهُ

glossary *n.* شَرْحٌ ؛ تَفْسِيرٌ. جَدْوَلُ مُصْطَلَحاتٍ
glossiness *n.* صِقالٌ ؛ لَمَعانٌ
glossy *adj.* صَقيلٌ ؛ لامِعٌ. مُمَوَّهٌ. حَسَنُ المَظْهَرِ
glove *n.* قُفّازٌ (لِباسُ الكَفِّ)
glover *n.* صانِعُ القَفافيزِ أَوْ بائِعُها
glow *vi.; n.* يَتَوَهَّجُ ؛ يَتَوَقَّدُ. يَحْتَدِمُ. يَتَوَرَّدُ // تَوَهُّجٌ. إِحْتِدامٌ. حَرارَةٌ. تَوَرُّدٌ
glowing *adj.* مُتَوَهِّجٌ. مُتَوَقِّدٌ. مُحْتَدِمٌ
glow-worm *n.* الحُباحِبُ ؛ سِراجُ اللَّيْلِ
glue *n.; vt.* غِراءٌ ؛ دِبْقٌ // يُغَرّي. يُلْصِقُ
glum *adj.* كَئيبٌ ؛ عابِسٌ ؛ كالِحُ الوَجْهِ
glut *vt.; n.* يُتْخِمُ // إِتْخامٌ. وَفْرَةٌ ؛ فَيْضٌ
glutinous *adj.* دَبِقٌ ؛ لَزِجٌ
glutton *n.* النَّهِمُ ؛ الشَّرِهُ. اللَّقّامُ (حَيَوانٌ ثَدْيِيٌّ نَهِمٌ)
gluttonous *adj.* نَهِمٌ ؛ شَرِهٌ ؛ بَطِينٌ
gluttony *n.* نَهَمٌ ؛ شَراهَةٌ ؛ بِطْنَةٌ
glycerine *n.* الغليسرين: مادَّةٌ كيميائِيَّةٌ لَزِجَةٌ
gnarl *n.* عِقْدَةٌ في شَجَرَةٍ
gnarled *adj.* مُعَقَّدٌ. نَكِدُ المِزاجِ
gnash *vt.* يَصُرُّ بِأَسْنانِهِ
gnashing *n.* صَريرُ الأَسْنانِ
gnat *n.* بَعوضَةٌ
gnaw *vt.* يَقْرِضُ ؛ يَقْضِمُ. يَنْخُرُ ؛ يَحُتُّ
gnawing *n.; adj.* القَضْمُ // قاضِمَةٌ (حيواناتٌ)
gneiss *n.* صَخْرٌ صَوّانِيٌّ
gnome *n.* قَوْلٌ مَأْثورٌ ؛ مَثَلٌ سائِرٌ. قَزَمٌ خُرافِيٌّ
go *vi. irr.* يَذْهَبُ ؛ يَمْضي ؛ يَرْحَلُ ؛ يُسافِرُ. يَنْقَضي
goad *n.; vt.* مِهْمازٌ // يَنْخَسُ بِمِهْمازٍ
goal *n.* هَدَفٌ ؛ أَرَبٌ. مَرْمًى. إِصابَةٌ (هَدَفٌ)
goal-keeper *n.* حارِسُ المَرْمى (كُرَةُ القَدَمِ)
goat *n.* مِعْزاةٌ ؛ عَنْزَةٌ

gobble *vt.* يَلْتَهِمُ ؛ يَزْدَرِدُ. يَخْطِفُ
goblet *n.* قَدَحٌ ؛ كَأْسٌ ؛ طاسٌ
goblin *n.* عِفْريتٌ ؛ جِنِّيٌّ ؛ غُولٌ
God *n.* الرَّبُّ ؛ الإِلٰهُ ؛ اللهُ
god *n.* رَبٌّ ؛ إِلٰهٌ ؛ مَعْبودٌ
godchild *n.* إِبْنٌ أَوْ إِبْنَةٌ بِالمَعْمودِيَّةِ
goddaughter *n.* إِبْنَةٌ بِالمَعْمودِيَّةِ
goddess *n.* إِلٰهَةٌ ؛ مَعْبودَةٌ. إِمْرَأَةٌ فاتِنَةٌ
godfather *n.* العَرّابُ ؛ أَبٌ في العِمادِ
godless *adj.* مُلْحِدٌ ؛ كافِرٌ
godliness *n.* تَقْوى ؛ وَرَعٌ ؛ صَلاحٌ
godly *adj.* تَقِيٌّ ؛ وَرِعٌ. إِلٰهِيٌّ
godmother *n.* العَرّابَةُ ؛ أُمٌّ في العِمادِ
godsend *n.* صُدْفَةٌ ؛ مُصادَفَةٌ سَعيدَةٌ. لُقْيَةٌ
godson *n.* إِبْنٌ بِالمَعْمودِيَّةِ
goggle *vi.* يُحَمْلِقُ ؛ يُحَدِّقُ بِإِمْعانٍ
goggle-eyed *adj.* جاحِظُ العَيْنَيْنِ
goggles *n.pl.* نَظّاراتٌ واقِيَةٌ
going *n.* ذَهابٌ. إِنْطِلاقٌ. سَيْرٌ
goiter *n.* تَضَخُّمُ الغُدَّةِ الدَّرَقِيَّةِ (طب)
gold *n.; adj.* ذَهَبٌ (مَعْدِنٌ) // ذَهَبِيٌّ
golden *adj.* ذَهَبِيٌّ. أَشْقَرُ. لامِعٌ. مُمْتازٌ
goldfinch *n.* حَسّونٌ (طائِرٌ مُغَرِّدٌ)
goldfish *n.* سَمَكٌ صَغيرٌ ذَهَبِيُّ اللَّوْنِ
goldsmith *n.* الصائِغُ
golf *n.* لُعْبَةُ الغولْفِ
golf course *n.* مَلْعَبٌ أَوْ حَقْلُ لُعْبَةِ الغولْفِ
gondola *n.* الغُنْدولُ: زَوْرَقُ البُنْدُقِيَّةِ (إيطاليا)
gondolier *n.* نوتِيُّ زَوْرَقِ الغُنْدولِ
gone *adj.* ماضٍ. مَيْتٌ ؛ هالِكٌ. مُرْهَقٌ ؛ واهِنٌ
gong *n.* جَرَسُ بابٍ أَوْ ساعَةِ حائِطٍ

gonorrhoea *n.* مَرَضُ التَّعْقيبَةِ
good *adj.; n.* حَسَنٌ؛ جَيِّدٌ؛ صالِحٌ. صَحيحٌ؛ سَليمٌ. فاضِلٌ؛ نَبيلٌ. كريمٌ؛ خَيِّرٌ؛ نافِعٌ // خَيرٌ؛ فائِدَةٌ. *pl.*: سِلَعٌ؛ بَضائِعُ. الأَخْيارُ
in — time في الوَقْتِ المُناسِبِ
— news أَخْبارٌ سارَّةٌ. بُشْرى
good-bye *int.* وَداعًا؛ أَسْتَوْدِعُكُمُ اللهَ؛ إلى اللِقاءِ
good-for-nothing *adj.* عَديمُ الفائِدَةِ؛ تافِهٌ
Good-Friday *n.* الجُمْعَةُ الحَزينَةُ (العَظيمَةُ)
good-humored *adj.* بَهيجٌ؛ طَلْقُ المُحَيّا؛ وُدِّيٌّ
good-natured *adj.* عَطوفٌ؛ رَقيقُ القَلْبِ؛ طَيِّبٌ
goodness *n.* طيبَةٌ؛ جودَةٌ؛ صَلاحٌ. كِياسَةٌ
goodwill *n.* وِدادٌ. إرْتِياحٌ. حَماسَةٌ. الإسْمُ التِجارِيُّ
goose *n.* (*pl.* **geese**) الإوَزُّ. الساذِجُ. مِكْواةٌ
gooseberry *n.* الكِشْمِشَةُ؛ الريباسُ؛ عِنَبُ الثَعْلَبِ
gooseberry bush *n.* الكِشْمِشُ؛ نَبْتَةُ الريباسِ
gooseflesh *n.* القُشَعْريرَةُ مِنْ بَرْدٍ أَوْ خَوْفٍ
gore *vt.; n.* يَنْطَحُ // دَمٌ أَوْ دَمٌ مُتَخَثِّرٌ. قِطْعَةُ أَرْضٍ أَوْ قُماشٍ مُثَلَّثَةٌ
gorge *n.; vi.; t.* حَلْقٌ. مَمَرٌّ ضَيِّقٌ // يَلْتَهِمُ؛ يَأْكُلُ بِنَهَمٍ / يُتْخِمُ
gorgeous *adj.* بَهِيُّ الطَلْعَةِ؛ فائِقُ الجَمالِ؛ رائِعٌ
gorilla *n.* الغوريلا
gorse *n.* الوَزّالُ؛ الجَوْلَقُ؛ الرَتَمُ (نَباتٌ)
gory *adj.* دامٍ؛ مُلَطَّخٌ بِالدَمِ. مُثيرٌ
gosling *n.* فَرْخُ الإوَزِّ. الغِرُّ؛ الأَحْمَقُ
gospel *n.* الإنْجيلُ. البِشارَةُ
gossamer *n.* لُعابُ الشَمْسِ
gossip *n.; vi.* ثَرْثَرَةٌ // يَنْشُرُ الإشاعاتِ. يُثَرْثِرُ
Goth *n.* القوطِيُّ. الفَظُّ الأَخْلاقِ؛ الهَمَجِيُّ
Gothic *adj.* قوطِيٌّ؛ خاصٌّ بِالقوطِيّينَ
gouge *n.; vt.* إزْميلٌ مُقَعَّرٌ. إبْتِزازٌ (مالٍ) // يَحْفِرُ بِإزْميلٍ مُقَعَّرٍ. يَقْتَلِعُ العَيْنَ بِالأَصابِعِ. يَبْتَزُّ
gourd *n.* قَرْعٌ؛ يَقْطينٌ (نَباتٌ)
gout *n.* داءُ المَفاصِلِ: النِقْرِسُ. قَطْرَةٌ أَوْ لَطْخَةُ دَمٍ
gouty *adj.* مُصابٌ بِداءِ المَفاصِلِ
govern *vt.* يَحْكُمُ. يُسَيْطِرُ. يُقَرِّرُ؛ يُحَدِّدُ
governess *n.* الحاضِنَةُ. الحاكِمَةُ. زَوْجَةُ الحاكِمِ
government *n.* حُكومَةٌ. حُكْمٌ. نِظامٌ
governor *n.* الحاكِمُ. المُديرُ
gown *n.* العَباءَةُ؛ البُرْدُ. قَميصُ النَوْمِ. الرِداءُ
grab *vt.* يَنْتَزِعُ؛ يَخْتَطِفُ. يَقْبِضُ عَلى؛ يُمْسِكُ بِـ
grace *n.* نِعْمَةٌ. صَلاةُ الحَمْدِ. فَضْلٌ؛ مِنَّةٌ؛ رَحْمَةٌ؛ عَفْوٌ. إمْتِيازٌ. مِهْلَةٌ. جَمالٌ؛ تَناسُقٌ؛ رَشاقَةٌ. فَضيلَةٌ
graceful *adj.* أَنيقٌ؛ رَشيقٌ. جَميلٌ؛ فاتِنٌ. لَبِقٌ
gracefully *adv.* بِرَشاقَةٍ؛ بِلَباقَةٍ؛ بِأَناقَةٍ
gracefulness *n.* أَناقَةٌ؛ رَشاقَةٌ. نِعْمَةٌ
graceless *adj.* فاسِدٌ. سَمِجٌ
gracious *adj.* رَؤوفٌ؛ رَحومٌ. كَريمٌ. لَطيفٌ؛ لَبِقٌ
graciously *adv.* بِتَهْذيبٍ؛ بِلَباقَةٍ؛ بِلُطْفٍ
graciousness *n.* طيبَةٌ. رَحْمَةٌ. فِتْنَةٌ. لَباقَةٌ
grade *n.; vt.* مَنْزِلَةٌ؛ دَرَجَةٌ. صَفٌّ مَدْرَسِيٌّ. رُتْبَةٌ عَسْكَرِيَّةٌ. عَلامَةٌ مَدْرَسِيَّةٌ. دَرَجَةُ انحِدارٍ // يُصَنِّفُ؛ يُبَوِّبُ. يُدَرِّجُ؛ يَضْبِطُ
gradient *n.* دَرَجَةُ الإنْحِدارِ. مُنْحَدَرٌ
grading *n.* تَصْنيفٌ؛ تَبْويبٌ؛ تَدْريجٌ. ضَبْطٌ
gradual *adj.* تَدْريجِيٌّ؛ تَدَرُّجِيٌّ؛ مُدَرَّجٌ
gradually *adv.* تَدْريجِيًّا؛ دَرَجَةً دَرَجَةً
graduate *n.; vt.; i.* مُتَخَرِّجٌ مِنْ جامِعَةٍ // يُخَرِّجُ. يُدَرِّجُ / يَتَخَرَّجُ مِنْ جامِعَةٍ. يَتَغَيَّرُ تَدْريجِيًّا
graduation *n.* تَخْريجٌ؛ تَخَرُّجٌ. تَدْريجٌ؛ تَدَرُّجٌ

graft *vt.; n.* يُطَعِّمُ النَباتَ. يَلْحُمُ // تَطْعيمٌ
grafting *n.* تَطْعيمُ النَباتِ
grain *n.* حُبوبٌ؛ ذُرَةٌ؛ قَمْحٌ. أَلْيافُ الخَشَبِ. طَبْعٌ؛ مِزاجٌ. ذَرَّةٌ
gram; gramme *n.* غرامٌ (وَحْدَةُ وَزْنٍ)
grammar *n.* عِلْمُ الصَرْفِ وَالنَحْوِ
grammatical *adj.* نَحْوِيٌّ؛ صَرْفِيٌّ
gramophone *n.* الحاكي؛ الفونوغراف
granary *n.* هُرْيٌ (ج. أَهْراءٌ)
grand *adj.* كَبيرٌ. كُلِّيٌّ. جَليلٌ؛ مَهيبٌ. رائعٌ
grandchild *n.* (*pl.* **-dren**) حَفيدٌ. حَفيدَةٌ
granddaughter *n.* حَفيدَةٌ
grandee *n.* نَبيلٌ إسْبانِيٌّ أَوْ بُرْتُغالِيٌّ
grandeur *n.* عَظَمَةٌ؛ فَخامَةٌ؛ جَلالٌ
grandfather *n.* جَدٌّ؛ سَلَفٌ
grandiloquence *n.* التَفْخيمُ؛ طَنّانِيَّةُ الكَلامِ
grandiloquent *adj.* مُفَخِّمٌ. مُفَخَّمٌ؛ طَنّانٌ
grandly *adv.* بِعَظَمَةٍ؛ بِجَلالٍ؛ بِأُبَّهَةٍ
grandmother *n.* جَدَّةٌ؛ أُمُّ الأَبِ أَوِ الأُمِّ
grandson *n.* حَفيدٌ
grandstand *n.* مُدَرَّجٌ مَسْقوفٌ لِلْمُشاهِدينَ
grange *n.* بَيْتٌ ريفِيٌّ مُلْحَقٌ بِمَزْرَعَةٍ. جَمْعِيَّةٌ زِراعِيَّةٌ
granite *n.* الغَرانيتُ؛ الصَوّانُ؛ الأَعْبَلُ
grant *vt.; n.* يُخَوِّلُ. يَمْنَحُ؛ يَهَبُ. يُوافِقُ عَلى // هِبَةٌ؛ مِنْحَةٌ. إمْتِيازٌ
take for —ed يُسَلِّمُ جَدَلاً
granulate *vt.; i.* يُحَبِّبُ؛ يُبَرْغِلُ؛ يُحَثِّرُ / يَتَحَبَّبُ؛ يَتَبَرْغَلُ
granule *n.* الحُبَيْبَةُ؛ الحَثَرُ
grape *n.* عِنَبٌ؛ كَرْمَةٌ
grapefruit *n.* اللَيْمونُ الهِنْدِيُّ؛ لَيْمونُ الجَنَّةِ

graph *n.; vt.* رَسْمٌ بَيانِيٌّ // يُمَثِّلُ بِرَسْمٍ بَيانِيٍّ
graphic *adj.* مُعَبِّرٌ. مَرْسومٌ. مَنْقوشٌ. بَيانِيٌّ
graphite *n.* غْرافيت: كَرْبونٌ أَسْوَدُ؛ رَصاصُ أَقْلامٍ
graph paper *n.* وَرَقٌ بَيانِيٌّ لِلرَسْمِ
grapnel *n.* مِرْساةٌ؛ كُلاّبٌ؛ خُطّافٌ
grapple *n.; vt.; i.* كُلاّبٌ؛ مِرْساةٌ. تَماسُكٌ بِالأَيْدي // يُمْسِكُ بِـ؛ يَتَشَبَّثُ بِـ. يُصارِعُ / يَتَصارَعُ
grasp *vt.; n.* يُمْسِكُ بِـ؛ يَقْبِضُ عَلى. يَفْهَمُ؛ يُدْرِكُ // مُتَناوَلٌ. مِقْبَضٌ؛ مَسْكَةٌ. حِيازَةٌ
grasping *adj.* جَشِعٌ؛ طَمّاعٌ؛ بَخيلٌ
grass *n.* عُشْبٌ؛ كَلأٌ؛ مَرْعًى
grasshopper *n.* جُنْدُبٌ؛ قَبوطٌ
grassy *adj.* مُعْشَوْشِبٌ؛ خَصِبٌ؛ أَخْضَرُ
grate *n.; vt.* قُضْبانٌ مُتَصالِبَةٌ. مَوْقِدٌ // يَحُكُّ. يَكْشِطُ. يَصُرُّ أَسْنانَهُ
grateful *adj.* مُعْتَرِفٌ بِالجَميلِ. مُسْتَحَبٌّ
grater *n.* مِبْشَرَةٌ؛ مِكْشَطٌ
gratification *n.* مُكافَأَةٌ. إرْضاءٌ؛ مَسَرَّةٌ. إشْباعٌ
gratify *vt.* يُكافِئُ. يُرْضي؛ يَسُرُّ. يُشْبِعُ
gratifying *adj.* مُرْضٍ. سارٌّ. مُشْبِعٌ
grating *adj.; n.* حاكٌّ؛ حافٌّ. مُثيرٌ // شَعْرِيَّةٌ حَديدِيَّةٌ أَوْ خَشَبِيَّةٌ
gratis *adv.* مَجّانًا؛ دونَ مُقابِلٍ؛ بِلا بَدَلٍ
gratitude *n.* إمْتِنانٌ؛ عِرْفانٌ بِالجَميلِ أَوْ بِالفَضْلِ
gratuitous *adj.* مَجّانِيٌّ. بِلا مُسَوِّغٍ أَوْ مُبَرِّرٍ
gratuity *n.* عَطِيَّةٌ؛ إعاشَةٌ؛ بَخْشيشٌ
grave *n.; adj.; vt. irr.* قَبْرٌ؛ لَحْدٌ // خَطيرٌ. جَسيمٌ. وَقورٌ. قاتِمٌ // يَحْفِرُ؛ يَنْحَتُ؛ يَنْقُشُ
gravel *n.; vt.* حَصًى؛ حَصَبٌ // يَفْرُشُ بِالحَصَى. يُرْبِكُ. يُغيظُ؛ يُثيرُ

gravely *adv.* بِوَقارٍ؛ بِرَزانَةٍ
graven *adj.* مَحْفورٌ؛ مَنْقوشٌ. مُوَقَّرٌ
graver *n.* النَّحّاتُ؛ النَّقّاشُ. الحَفّارُ. إِزْميلٌ
gravity *n.* جاذِبيَّةُ الأَرْضِ. الثِّقْلُ النَّوْعيُّ. وَقارٌ؛ رَزانَةٌ. خُطورَةٌ. جَسامَةٌ
gravy *n.* عُصارَةُ أَوْ صَلْصَةُ اللَّحْمِ
gray *or* **grey** *adj.; n.* رَماديٌّ. أَشْيَبُ. كَئيبٌ // اللَّوْنُ الرَّماديُّ
graze *vi.; t.; n.* تَرْعى (الماشيَةُ) / يَكْشِطُ الجِلْدَ // كَشْطٌ (لِلْجِلْدِ). رِعايَةُ الماشيَةِ
grease *n.; vt.* شَحْمٌ؛ زَيْتٌ // يُشَحِّمُ؛ يُزَيِّتُ
greasiness *n.* الدُّهْنيَّةُ
greasy *adj.* مُشَحَّمٌ. زَيْتيُّ المَلْمَسِ. زَلِقٌ. دُهْنيٌّ
great *adj.* عَظيمٌ؛ كَبيرٌ. شَهيرٌ. نَبيلٌ. رائِعٌ. ضَخْمٌ
great-coat *n.* مِعْطَفٌ؛ كَبوتٌ
great-grandparents *n.pl.* والِدو الأَجْدادِ
greatly *adv.* كَثيرًا؛ جِدًّا. بِعَظَمَةٍ؛ بِنُبْلٍ
greatness *n.* عَظَمَةٌ؛ رِفْعَةٌ؛ نُبْلٌ. رَوْعَةٌ
Grecian *adj.* يونانيٌّ؛ إِغْريقيٌّ؛ هيلينيٌّ
greed; greediness *n.* جَشَعٌ؛ طَمَعٌ. شَراهَةٌ
greedy *adj.* جَشِعٌ؛ طَمّاعٌ. شَرِهٌ
Greek *n.; adj.* اليونانيُّ. اللُّغَةُ اليونانيَّةُ // يونانيٌّ
green *adj.; n.* أَخْضَرُ؛ غَضٌّ؛ نَضِرٌ. ساذَجٌ // اللَّوْنُ الأَخْضَرُ. خُضَرٌ. مَرْجٌ (أَخْضَرُ)
greenfinch *n.* عُصْفورٌ خُضَيْريٌّ
greengage *n.* بُرْقوقٌ أَوْ خَوْخٌ ضارِبٌ إِلى الخُضْرَةِ
greengrocer *n.* خُضاريٌّ؛ بائِعُ الخُضَرِ أَوِ الفاكِهَةِ
greenhorn *n.* الغِرُّ؛ القَليلُ الخِبْرَةِ
greenhouse *n.* بَيْتٌ مِنَ الزُّجاجِ لِلزِّراعَةِ؛ دَفيئَةٌ
greenish *adj.* مُخْضَوْضِرٌ؛ ضارِبٌ إِلى الخُضْرَةِ

greet *vt.* يُحَيّي؛ يُرَحِّبُ بِـ؛ يَسْتَقْبِلُ
greeting *n.* تَرْحيبٌ؛ تَحيَّةٌ. تَمَنّياتٌ
gregarious *adj.* إِجْتِماعيٌّ
grenade *n.* الرُّمّانَةُ. قُنْبُلَةٌ يَدَويَّةٌ
grenadier *n.* رامي القُنْبُلَةِ اليَدَويَّةِ
grey *adj.* see **gray**
greyhound *n.* كَلْبٌ سَلوقيٌّ لِلصَّيْدِ
grid; gridiron *n.* مِشْواةٌ. شَبَكَةُ قُضْبانٍ مُتَصالِبَةٍ
grief *n.* أَلَمٌ. حُزْنٌ. غَمٌّ؛ أَسًى. نازِلَةٌ
grievance *n.* ضَيْمٌ. شَكْوى؛ هَمٌّ
grieve *vt.; i.* يُحْزِنُ؛ يُحَمِّلُ الأَسى لِغَيْرِهِ / يَغْتَمُّ
grievous *adj.* مُحْزِنٌ. مُؤْلِمٌ. باهِظٌ. قاسٍ. مُرْهِقٌ. خَطيرٌ
grill *vt.; n.* يَشْوي. يَسْتَجْوِبُ // مِشْواةٌ. لَحْمٌ مَشْويٌّ
grim *adj.* شَرِسٌ؛ ضارٍ. مُتَجَهِّمٌ؛ كالِحٌ. مُرَوِّعٌ
grimace *n.* تَحْريكُ قَسَماتِ الوَجْهِ تَهْريجًا
grime *n.* سُخامٌ؛ وَسَخٌ؛ أَقْذارٌ
grimly *adv.* بِشَراسَةٍ؛ بِضَراوَةٍ
grimness *n.* شَراسَةٌ؛ ضَراوَةٌ. تَقْطيبٌ؛ عُبوسٌ
grimy *adj.* وَسِخٌ؛ قَذِرٌ؛ مُلَوَّثٌ
grin *n.; vi.* إِبْتِسامَةٌ عَريضَةٌ. تَكْشيرَةٌ // يَبْتَسِمُ
grind *vt. irr.* يَسْحَقُ؛ يَطْحَنُ؛ يَبْرُشُ. يَشْحَذُ؛ يَصْقُلُ. يَصِرُّ بِأَسْنانِهِ. يَظْلِمُ؛ يَضْطَهِدُ
grinder *n.* ضِرْسٌ؛ أَسْنانٌ؛ طاحِنَةٌ. الطّاحِنُ؛ الساحِقُ؛ البارِشُ؛ الشاحِذُ. مِطْحَنَةٌ
grindstone *n.* حَجَرُ الشَّحْذِ؛ مَجْلَخٌ
grip *n.; vt.* سَيْطَرَةٌ. مَسْكَةٌ؛ قَبْضَةٌ // يُمْسِكُ بِإِحْكامٍ؛ يَقْبِضُ. يَسْتَحْوِذُ عَلى
gripe *n.; vt.* سَيْطَرَةٌ. قَبْضَةٌ. شَكْوًى. مَغْصٌ // يُمْسِكُ بِإِحكامٍ. يوجِعُ. يُضايِقُ. يَتَذَمَّرُ

grisly *adj.* رَهيبٌ؛ مُرَوِّعٌ. مُتَجَهِّمٌ
grist *n.* حِنْطَةٌ للطَحْنِ. رِبْحٌ؛ مَرْدودٌ
gristle *n.* غُضْروفٌ
grit *n.* بُرْغُلٌ. رَمْلٌ خَشِنٌ. ثَباتٌ؛ عَزْمٌ
gritty *adj.* خَشِنٌ. رَمْليٌّ. حازِمٌ. شُجاعٌ
grizzled *or* **grizzly** *adj.* رَماديٌّ. أَشْيَبُ
groan *n.; vi.* أَنينٌ؛ تَأَوُّهٌ // يَئِنُّ؛ يَتأَوَّهُ
grocer *n.* البَقّالُ؛ السَمّانُ
grocery *n.* البَقالَةُ. دُكّانُ أَوْ مَخْزَنُ البَقّالِ
groin *n.* أَصْلُ الفَخْذِ. مُلْتَقى عَقْدَيْنِ (قَناطِرُ)
groom *n.; vt.* عَريسٌ. سائسُ الخَيْلِ // يُعِدُّ؛ يُهَيِّئُ. يَسوسُ الخَيْلَ
groove *n.; vt.* أُخْدودٌ؛ ثَلْمٌ. عَمَلٌ رَتيبٌ // يَحْفِرُ ثَلْمًا أَوْ أُخْدودًا
grope *vi.* يَتَلَمَّسُ طَريقَهُ
gross *adj.; n.* إجْماليٌّ؛ غَيْرُ صافٍ. فادِحٌ؛ جَسيمٌ. فَظٌّ // المَجْموعُ الإجماليُّ غَيرُ الصافي. ١٢ دَزّينَةً
grotesque *adj.* خَياليٌّ؛ غَريبٌ؛ مُتَنافِرٌ
grotto *n.* مَغارَةٌ؛ غارٌ؛ كَهْفٌ
grouch *n.; vi.* عارِضُ ضيقٍ // يَنْتابُهُ النَكَدُ
ground *adj. pt. pp.* of **grind;** *n.; vt.; i.* مَسْحوقٌ؛ مَسْبوكٌ // سَطْحُ الأَرْضِ. قاعٌ. تُرابٌ. خَلْفيَّةُ الصورَةِ. دافِعٌ؛ سَبَبٌ. أَساسٌ // يَضَعُ على الأَرْضِ. يُؤَرِّضُ
ground floor *n.* الطابِقُ الأَرْضيُّ (مِنْ مَبْنًى)
groundless *adj.* لا مُبَرِّرَ أَوْ أَساسَ لَهُ
group *n.; vt.; i.* جَماعَةٌ؛ مُفْرَزَةٌ؛ مَجموعَةٌ؛ رَهْطٌ؛ زُمْرَةٌ // يَضُمُّ. يُصَنِّفُ. يَجْمَعُ / يَتَجَمَّعُ
grouse *n.* الطَّيْهوجُ: طائِرٌ يُشْبِهُ الدَجاجَ
grove *n.* بُسْتانٌ؛ حَديقَةٌ؛ أَيْكَةٌ. كَرْمٌ
grovel *vi.* يَحْبو؛ يَدِبُّ. يُعَفِّرُ وَجْهَهُ بالتُرابِ
grovelling *adj.* زاحِفٌ؛ وَضيعٌ؛ خَسيسٌ
grow *vi.; t.irr.* يَنْمو؛ يَنْبُتُ؛ يَزْدادُ؛ يَزْرَعُ. يُرَبّي
growing *adj.; n.* نامٍ؛ نابِتٌ؛ ناشِئٌ // نُمُوٌّ. زِراعَةٌ. نُشوءٌ. إنْتاجٌ. بُروزٌ
growl *vi.; n.* يَهِرُّ (الكَلْبُ) // هَريرٌ
grown-up *adj.; n.* بالِغٌ؛ راشِدٌ // البالِغُ؛ الراشِدُ
growth *n.* نُمُوٌّ؛ إزْديادٌ؛ نُشوءٌ. حَصادٌ. تَقَدُّمٌ. خُراجٌ
grub *n.; vi.; t.* يَرَقَةٌ دُودِيَّةٌ؛ دودَةٌ بَيْضاءُ // يَنْبُشُ الأَرْضَ؛ يَحْفِرُ؛ يَعْزِقُ. يُقَعِّرُ؛ يُجَوِّفُ؛ يَنْقُرُ
grubby *adj.* مُبْتَلًى بالدُوَيْداتِ واليَرَقاتِ. قَذِرٌ
grudge *vt.; n.* يَحْقِدُ. يَتَذَمَّرُ. يَحْسُدُ // ضَغينَةٌ
gruel *n.* عُقوبَةٌ؛ قِصاصٌ. عَصيدَةٌ. بُرْغُلٌ ناعِمٌ
gruesome *adj.* شَنيعٌ؛ مُخيفٌ؛ رَهيبٌ
gruff *adj.* فَظٌّ؛ أَجَشُّ
grumble *vi.; n.* يَهِرُّ. يَتَذَمَّرُ // هَريرٌ. تَذَمُّرٌ
grunt *vi.; n.* يَقْبَعُ؛ يَنْخُرُ (الخِنْزيرُ). يُدَمْدِمُ // دَمْدَمَةٌ. نَخيرٌ؛ قُباعٌ
guarantee *n.; vt.* ضَمانَةٌ؛ كَفالَةٌ. الضامِنُ؛ الكَفيلُ // يَضْمَنُ؛ يَكْفُلُ
guard *n.; vt.* حَرَسٌ؛ حِمايَةٌ؛ دِفاعٌ. حارِسٌ // يَحْرُسُ؛ يَصونُ؛ يَحْمي؛ يُدافِعُ عَنْ
on one's — مُتَيَقِّظٌ؛ حَذِرٌ
guarded *adj.* مَحْميٌّ؛ مَحْروسٌ. حَذِرٌ؛ فَطِنٌ
guardian *n.* حارِسٌ. وَليُّ أَمْرٍ؛ وَصيٌّ
guess *vt.; i.; n.* يَحْزِرُ؛ يُخَمِّنُ؛ يَحْسَبُ؛ يَتَكَهَّنُ؛ يَظُنُّ // حَزْرٌ؛ تَخْمينٌ؛ ظَنٌّ؛ تَكَهُّنٌ
guest *n.* ضَيْفٌ؛ نَزيلٌ
guffaw *n.; vi.* قَهْقَهَةٌ // يُقَهْقِهُ

guidance *n.* هِدايَةٌ ؛ إرْشادٌ ؛ تَوْجيهٌ ؛ هَدْيٌ
guide *n.; vt.* الدليلُ ؛ المُرْشِدُ ؛ المُوَجِّهُ ؛ الهادي // يُرْشِدُ ؛ يُهْدي ؛ يَقودُ ؛ يَسوسُ ؛ يُوَجِّهُ
guide book *n.* الدَليلُ
guild *n.* تَعاوُنِيَّةٌ . نِقابَةٌ
guile *n.* مَكْرٌ ؛ خِداعٌ ؛ رِياءٌ ؛ نِفاقٌ
guileless *n.* ساذَجٌ . صَريحٌ
guillotine *n.; vt.* مِقْصَلَةٌ . مِقطَعُ وَرَقٍ // يُعْدِمُ بِمِقْصَلَةٍ
guilt *n.* شُعورٌ بالذَنْبِ . إثْمٌ ؛ مَعْصِيَةٌ
guiltless *adj.* بَريءٌ . عَديمُ الخِبْرَةِ
guilty *adj.* مُذْنِبٌ ؛ مُجْرِمٌ ؛ جانٍ . إجْراميٌّ
guinea *n.* جُنَيْهٌ إسْتَرْلينيٌّ
guinea fowl *or* **hen** *n.* الدَجاجُ الحَبَشيُّ
guinea pig *n.* خِنْزيرٌ هِنْديٌّ . خِنْزيرٌ غينيٌّ
guise *n.* هَيْئَةٌ ؛ مَظْهَرٌ ؛ زِيٌّ
guitar *n.* قيثارَةٌ ؛ غيتارٌ
gulf *n.* خَليجٌ ؛ جُونٌ . هاوِيَةٌ . دَوَّامَةٌ
gull *n.; vt.* طَيْرُ النَوْرَسِ . الساذَجُ // يَخْدَعُ
gullet *n.* المَريءُ . الحُنْجُرَةُ
gullible *adj.* ساذَجٌ ؛ سَهْلُ الإنْخِداعِ
gully *n.* أُخْدودٌ . مَجْرى ماءٍ ؛ مَسيلُ ماءٍ
gulp *vt.; n.* يَزْدَرِدُ ؛ يَتَجَرَّعُ // إزْدِرادٌ ؛ جَرْعَةٌ
gum *n.* لِثَةٌ . صَمْغٌ . عِلْكَةٌ
gummous; gummy *adj.* صَمْغِيٌّ ؛ دَبِقٌ
gumption *n.* رُوحُ المُبادَرَةِ . نَباهَةٌ ؛ ذَكاءٌ
gum tree *n.* نَبْتَةُ الصَمْغِ
gun *n.* بُنْدُقِيَّةٌ . مُسَدَّسٌ . مِدْفَعٌ
gunboat *n.* سَفينَةٌ مُزَوَّدَةٌ بِمِدْفَعٍ
gunlock *n.* زَنْدُ البُنْدُقِيَةِ
gunner *n.* المِدْفَعِيُّ ؛ الرامي ؛ الذي يُقَدِّمُ القَذائِفَ
gunnery *n.* القَذْفُ المِدْفَعِيُّ . عِلْمُ المِدْفَعِيَّةِ
gunpowder *n.* بارودُ المِدْفَعِ
gunshot *n.* طَلَقٌ ناريٌّ . مَدى المِدْفَعِ أو البُنْدُقِيَةِ
gunwale *n.* الحافَّةُ العُلْيا مِن جانِبِ المَرْكَبِ
gurgle *vi.; n.* يُقَرْقِرُ (الماءُ) // قَرْقَرَةٌ
gush *n.; vi.* تَدَفُّقٌ // يَتَفَجَّرُ ؛ يَتَدَفَّقُ (السائِلُ)
gusher *n.* المُتَفَجِّرُ
gust *n.* هَبَّةُ ريحٍ قَوِيَّةٍ . ثَوْرَةٌ عاطِفِيَّةٌ
gut *n.; vt.* أَحْشاءٌ ؛ أَمْعاءٌ . بَطْنٌ . وَتَرٌ . شَجاعَةٌ . مَمَرٌّ ضَيِّقٌ // يُخْرِجُ الأَحْشاءَ . يُفْرِغُ . يُتْلِفُ
gutter *n.* مِيزابٌ ؛ مِزْرابٌ . قَناةٌ . ثُلْمٌ . بالوعَةٌ
guttural *adj.* حَلْقِيٌّ ؛ بُلْعوميٌّ ؛ حُنْجُريٌّ
guy *n.; vt.* شَخْصٌ . فَتًى . فَزَّاعَةٌ . حَبْلٌ . دَليلٌ . دِعامَةٌ // يَسْخَرُ مِنْ . يُثَبِّتُ
guzzle *vt.; i.* يُسْرِفُ في الشرابِ . يَأْكُلُ بِنَهَمٍ
gym *or* **gymnasium** *n.* الجِمْنازيوم . قاعَةٌ لألْعابِ القِوى . حُجْرَةٌ للألْعابِ الرياضِيَّةِ
gymnast *n.* الجُمبازيُّ . رِياضيٌّ مُحْتَرِفٌ
gymnastic *adj.* رِياضيٌّ ؛ جُمْبازيٌّ
gypsum *n.* جَفْصينٌ ؛ جِصٌّ ؛ جِبْسٌ
gypsy (gipsy) *n.* الغَجَرِيَّةُ . لُغَةُ الغَجَرِ
gyrate *vi.* يَدورُ حَوْلَ مِحْوَرٍ أَوْ نُقْطَةٍ
gyration *n.* الدَوَرانُ حَوْلَ مِحْوَرٍ أَوْ نُقْطَةٍ
gyroscope *n.* الجيروسكوب : أداةٌ تُسْتَخْدَمُ لِحِفْظِ تَوازُنِ الطائِرَةِ أو الباخِرَةِ
gyve *n.; vt.* قَيْدٌ ؛ صَفَدٌ // يُغِلُّ ؛ يُصَفِّدُ . يُخادِعُ

H

H; h *n.* الحَرْفُ الثّامِنُ مِنَ الأَبْجَدِيَّةِ الإنْكليزيَّة
haberdasher *n.* بائِعُ لَوازِمِ الثِّيابِ
habit *n.; vt.* رِداءٌ. عادَةٌ؛ عُرْفٌ // يَكْسو؛ يُلْبِسُ
habitable *adj.* صالِحٌ لِلسَّكَنِ
habitant *n.* المُقيمُ؛ الساكِنُ
habitation *n.* سَكَنٌ؛ سُكْنَى. مَسْكَنٌ
habitual *adj.* مَأْلوفٌ؛ عادِيٌّ؛ إعْتِيادِيٌّ
habitually *adv.* عادَةً؛ إعْتِيادِيًّا
habituate *vt.* يُعَوِّدُ؛ يُدَرِّبُ على
hack *vt.; i.; n.* يَقْطَعُ؛ يَفْرُمُ. يُقَطِّعُ إرْبًا إرْبًا / يَسْعُلُ سُعالاً قَصيرًا جافًّا // أَحَّةٌ. حِصانُ أُجْرَةٍ. كاتِبٌ مَأْجورٌ
hackle *n.* ريشٌ طَويلٌ على عُنُقِ بَعْضِ الطُّيورِ
hackney *n.* عَرَبَةٌ أَوْ سَيّارَةُ أُجْرَةٍ؛ حِصانُ رُكوبٍ
hackneyed *adj.* مُبْتَذَلٌ
haddock *n.* سَمَكٌ مِنْ فَصيلَةِ القُدِّ؛ الحَدوقُ
Hades *n.* مَثْوى الأَمْواتِ عِنْدَ الإغْريقِ. الجَحيمُ
haemoglobin *n.* خِضابُ الدَّمِ؛ الهيموغْلوبينُ
haemorrhage *n.* نَزيفٌ؛ إدْماءٌ. رُعافٌ
haft *n.* مَقْبِضٌ؛ مَسْكَةٌ؛ قَبْضَةٌ. نِصابٌ
hag *n.* عِفْريتَةٌ؛ ساحِرَةٌ؛ جِنِّيَّةٌ شِرّيرَةٌ
haggard *adj.* جَموحٌ؛ شَرِسٌ. مَنْهوكٌ؛ مُضْنًى
haggle *vi.* يُتاجِرُ؛ يُساوِمُ؛ يُماحِكُ
hail *n.; int.; vi.; t.* بَرَدٌ. نِداءٌ؛ تَحِيَّةٌ // مَرْحَبًا // يَتَساقَطُ البَرَدُ / يُنادي. يُرَحِّبُ. يُحَيّي
hailstone *n.* حَبَّةُ بَرَدٍ؛ البَرَدَةُ
hailstorm *n.* عاصِفَةُ بَرَدٍ؛ ريحٌ مَصْحوبَةٌ بِالبَرَدِ
hair *n.* شَعْرَةٌ؛ شَعْرٌ؛ وَبَرٌ
hairbrush *n.* فُرْشاةُ الشَّعْرِ
haircut *n.* الحِلاقَةُ؛ قَصُّ الشَّعَرِ
hairdresser *n.* مُزَيِّنٌ (لِشَعَرِ النِساءِ)؛ حَلاّقٌ
hairless *adj.* أَصْلَعُ؛ أَجْرَدُ؛ أَمْرَدُ
hairnet *n.* شَبَكَةٌ لِلشَّعَرِ
hairpin *n.* دَبّوسُ شَعَرٍ
hairy *adj.* أَشْعَرُ؛ كَثيرُ الشَّعَرِ
Haitian *n. & adj.* هايْتِيٌّ
hake *n.* سَمَكٌ مِنْ جِنْسِ القُدِّ؛ النازِليُّ
halberd *n.* المِطْرَدُ: سِلاحٌ مُؤَلَّفٌ مِنْ رُمْحٍ وَفَأْسٍ
halcyon *n.* هادِئٌ؛ وادِعٌ
hale *adj.* سَليمٌ؛ صَحيحٌ؛ مُعافًى
half *adj.; n.* (*pl.* **-ves**) نِصْفِيٌّ. جُزْئِيٌّ // نِصْفٌ. جُزْءٌ؛ شَطْرٌ
half-back *n.* الظَّهيرُ المُساعِدُ (كُرَةُ القَدَمِ)
half-baked *adj.* نِصْفُ مَخبوزٍ
half-brother *n.* أَخٌ غَيْرُ شَقيقٍ
half-caste *n.* هَجينٌ؛ خِلاسِيٌّ؛ مُوَلَّدٌ
half-fare *n.* نِصْفُ تَعْرِفَةٍ. مَقْعَدٌ بِنِصْفِ ثَمَنٍ
half-holiday *n.* نِصْفُ عُطْلَةٍ
half-moon *n.* هِلالٌ
half-pay *n.* نِصْفُ أُجْرَةٍ أَوْ راتِبٍ
half-time *n.* فاصِلٌ نِصْفِيٌّ في مُباراةِ كُرَةِ القَدَمِ
half-way *adv.* في الوَسَطِ؛ في المُنْتَصَفِ. جُزْئِيًّا
half-witted *adj.* أَحْمَقُ؛ أَبْلَهُ؛ مَعْتوهٌ
half-year *n.* نِصْفُ سَنَةٍ. نِصْفُ سَنَةٍ دِراسِيَّةٍ
halibut *n.* الهَلْبوطُ: سَمَكٌ بَحْرِيٌّ مُفَلْطَحٌ
hall *n.* قَصْرٌ. بَهْوٌ. قاعَةُ اجْتِماعٍ كَبيرَةٌ؛ رَدْهَةٌ.

رواقٌ. غُرْفَةُ جُلوس. غُرْفَةُ طَعام. مَلْهًى
hallmark *n.* دَمْغَةُ المَصُوغاتِ أَوِ السِلَعِ ؛ سِمَةٌ
hallo *int.* هالُو: هُتافٌ للتَحيَّةِ أَوِ التَشْجيع
hallow *vt.* يُقَدِّسُ ؛ يُكَرِّسُ ؛ يُبَجِّلُ
hallucinate *vt.* يُسَبِّبُ الهَلْوَسَةَ. يُدْهِشُ
hallucination *n.* هَلْوَسَةٌ ؛ هَذَيانٌ ؛ وَهْمٌ
hallway *n.* مَدْخَلٌ. رواقٌ ؛ مَمَرٌّ. بَهْوٌ
halo *n.* هالَةٌ ؛ دارَةٌ ؛ إكْليلٌ. هالَةُ القَداسَةِ
halt *n.; vt.; i.; adj.* تَوَقُّفٌ. مَحَطَّةٌ ؛ مَوْقِفٌ // يُوقِفُ / يَتَوَقَّفُ. يَتَعَثَّرُ // أَعْرَجُ ؛ مُتَعَثِّرٌ
halter *n.; vt.* لِجامٌ. حَبْلُ المَشْنَقَةِ // يَشْنُقُ
halve *vt.* يَقْسِمُ إلى نِصْفَيْنِ. يَقْتَسِمُ بالتَساوي
ham *n.* مأْبِضٌ. فَخْذُ الخِنْزيرِ مُمَلَّحٌ ومُدَخَّنٌ
hamlet *n.* قَرْيَةٌ صَغيرَةٌ
hammer *n.; vi.; t.* مِطْرَقَةٌ ؛ زَنْدُ البُنْدُقيَّةِ // يَطْرُقُ ؛ يَدُقُّ بالمِطْرَقَةِ / يُطَرِّقُ
hammock *n.* أُرْجوحَةٌ مِنْ شَبَكٍ
hamper *n.; vt.* سَلَّةٌ. عائِقٌ ؛ عَقَبَةٌ // يُعَرْقِلُ ؛ يُعيقُ ؛ يَكْبَحُ. يُشَوِّشُ. يُقَيِّدُ
hand *n.; vt.* يَدٌ. قَبْضَةٌ. سُلْطَةٌ. إشْرافٌ. جِهَةٌ. حِيازَةٌ. مَهارَةٌ. عَقْرَبُ الساعَةِ. عَوْنٌ. لاعِبُ الوَرَقِ. الأَوْراقُ في يَدِ اللاّعِبِ. البارِعُ في عَمَلِهِ // يُساعِدُ بواسِطَةِ اليَدِ. يُعينُ. يُناوِلُ ؛ يُسَلِّمُ
at — عَلى مَقْرُبَةٍ ؛ في المُتَناوَلِ
from — to — مِنْ شَخْصٍ إلى آخَرَ
from — to mouth عيشَةُ الكَفافِ
— s up! إرْفَعْ يَدَيْكَ ؛ إسْتَسْلِمْ
out of — مُنْجَزٌ. حالاً. حاضِرٌ
shake — s صافَحَهُ
wash one's — -s of يَتَبَرَّأُ مِنْ. . .
handbag *n.* حَقيبَةُ يَدٍ لِلسَفَرِ أَوْ لِلسَيِّداتِ
handball *n.* كُرَةُ اليَدِ
handbook *n.* دَليلٌ ؛ كُتَيِّبٌ
handcart *n.* عَرَبَةُ يَدٍ
handcuff *n.; vt.* قَيْدٌ ؛ غُلٌّ // يُقَيِّدُ ؛ يُكَبِّلُ
handful *n.* حَفْنَةٌ ؛ قَبْضَةٌ. مِقْدارٌ ضَئيلٌ
handicap *n.; vt.* عائِقٌ ؛ عَقَبَةٌ // يَعوقُ
handicraft *n.* حِرْفَةٌ أَوْ صَنْعَةٌ يَدَويَّةٌ. بَراعَةٌ يَدَويَّةٌ
handiwork *n* عَمَلٌ يَدَويٌّ ؛ صِناعَةٌ يَدَويَّةٌ
handkerchief *n.* مِنْديلٌ ؛ مَحْرَمَةٌ ؛ وِشاحٌ
handle *n.; vt.* مِقْبَضٌ ؛ مَسْكَةٌ. إسْمٌ ؛ لَقَبٌ // يُمْسِكُ. يُوَجِّهُ ؛ يَقودُ. يُعالِجُ
handle-bar *n.* مِقْوَدُ الدَرّاجَةِ
handling *n.* تَدْبيرٌ ؛ مُعالَجَةٌ ؛ مُعامَلَةٌ
handmade *adj.* يَدَويٌّ ؛ مَصْنوعٌ باليَدِ
handmaid *n.* وَصيفَةٌ. خادِمَةٌ
handshake *n.* مُصافَحَةٌ
handsome *adj.* وَسيمٌ ؛ مَليحٌ. كَريمٌ
handwriting *n.* خَطٌّ ؛ كِتابَةٌ. مَخْطوطَةٌ
handy *adj.* في مُتَناوَلِ اليَدِ ؛ قَريبٌ. بارِعُ اليَدَيْنِ
hang *vt.; i. irr.* يُعَلِّقُ. يَشْنُقُ. يُنَكِّسُ / يَتَدَلّى
hangar *n.* حَظيرَةٌ ؛ مِرْآبٌ
hanger-on *n.* العالَةُ ؛ الطُفَيْليُّ
hanging *adj.; n.* مُعَلَّقٌ ؛ مُتَدَلٍّ // شَنْقٌ. سِتارَةٌ. سَجّادَةٌ تُعَلَّقُ عَلى الجِدارِ
hangman *n.* (*pl.*-**men**) الجَلاّدُ ؛ الشانِقُ
hank *n.* شِلَّةٌ ؛ لَفيفَةٌ ؛ كُبَّةٌ. حَلَقَةٌ لِلشِراعِ
hanker *vi.* يَتوقُ (تَوْقًا شَديدًا) ؛ يَتَشَوَّقُ
haphazard *adj.; n.; adv.* إتِّفاقيٌّ ؛ عَرَضيٌّ // مُصادَفَةٌ ؛ إتِّفاقٌ // عَرَضيًّا
hapless *adj.* قَليلُ الحَظِّ
haply *adv.* مُصادَفَةً ؛ إتِّفاقًا. لَعَلَّ

happen *vi.* يَحْدُثُ ؛ يَقَعُ. يُصادِفُ
happening *n.* حُدوثٌ. حادِثَةٌ
happily *adv.* لِحُسْنِ الحَظِّ. بِسَعادَةٍ. بِلَباقَةٍ
happiness *n.* سَعادَةٌ ؛ هناءَةٌ. لَباقَةٌ
happy *adj.* سَعيدٌ ؛ مَحْظوظٌ ؛ مُؤاتٍ. لَبِقٌ
harass *vt.* يُرْهِقُ ؛ يُنْهِكُ ؛ يُضايِقُ
harbinger *n.* البَشيرُ ؛ النَذيرُ. الرائِدُ
harbor *n.; vt.; i.* مَرْفَأٌ ؛ ميناءٌ. مَلاذٌ ؛ مَلْجَأٌ // يُؤْوي. يُخْفي. يُضْمِرُ / يَلْجَأُ ؛ يأوي إلى
harbourage *n.* مَلْجَأٌ. ميناءٌ. مَرْسًى
hard *adj.; adv.* صُلْبٌ ؛ قاسٍ. شَديدٌ. صَعْبٌ ؛ عَسيرٌ // بِكَدٍّ ؛ بِعُنْفٍ. بِإمْعانٍ. بِأسًى ؛ بِإحْكامٍ
harden *vt.; i.* يُقَسّي ؛ يُحَجِّرُ. يُمَرِّسُ / يَخْشَوْشِنُ ؛ يَقْسو. يَتَعَوَّدُ على المَشاقِّ
hardhearted *adj.* قاسي القَلْبِ
hardihood *n.* بَسالَةٌ. جُرْأَةٌ. قُوَّةٌ ؛ عَزْمٌ
hardily *adv.* بِقَساوَةٍ ؛ بِصَلابَةٍ. بالكادِ
hardiness *n.* شَجاعَةٌ ؛ جُرْأَةٌ. قُدْرَةُ الإحْتِمالِ
hardly *adv.* بِصُعوبَةٍ ؛ بِجُهْدٍ. بالكادِ ؛ قَليلاً ما
hardness *n.* صَلابَةٌ ؛ قَسْوَةٌ. صُعوبَةٌ ؛ عُسْرٌ ؛ شِدَّةٌ
hardship *n.* مَشَقَّةٌ. ضيقٌ ؛ جَوْرٌ ؛ حِرْمانٌ
hardware *n.* المُعَدّاتُ ؛ الخُرْدَواتُ
hardy *adj.* جَريءٌ ؛ شُجاعٌ ؛ جَسورٌ
hare *n.* أَرْنَبٌ بَرِّيَّةٌ
hare-brained *adj.* طائِشٌ ؛ أَرْعَنُ. مُغَفَّلٌ
hare-lip *n.* عُلْمَةٌ ؛ الشَفَةُ الأَرْنَبِيَّةُ ؛ الشَفَةُ الشَرْماءُ
harem *n.* الحَريمُ. مَكانُ الحَريمِ
hark *vi.* يُصْغي. يَسْتَجيبُ
harlequin *n.* المُهَرِّجُ ؛ المُضْحِكُ
harlot *n.* مومِسٌ ؛ عاهِرَةٌ
harm *n.; vt.* أَذًى ؛ ضَرَرٌ // يُؤْذي. يُسيءُ إلى
harmful *adj.* ضارٌّ ؛ مُؤْذٍ
harmless *adj.* غَيْرُ مُؤْذٍ
harmonic *adj.; n.* إيقاعِيٌّ // نَغَمٌ إيقاعِيٌّ
harmonious *adj.* مُتَآلِفٌ ؛ مُتَناغِمٌ ؛ مُتَناسِقٌ
harmonize *vt.; i.* يُوَفِّقُ بَيْنَ. يَعْزِفُ بِإيقاعٍ / يَتَوافَقُ ؛ يَنْسَجِمُ ؛ يَتَناغَمُ
harmony *n.* إنْسِجامٌ. عِلْمُ الإيقاعِ. تَناسُقٌ
harness *n.; vt.* طَقْمُ الفَرَسِ // يُطَقِّمُ الفَرَسَ. يُسَخِّرُ (القِوى)
harp *n.; vi.* قيثارٌ // يَعْزِفُ عَلى القيثارِ
harpist *n.* العازِفُ عَلى القيثارِ
harpoon *n.; vt.* الحَرْبونُ: رُمْحٌ لِصَيْدِ الحيتانِ // يَطْعَنُ بِرُمْحٍ لِصَيْدِ الحيتانِ وَغَيْرِها
harpsichord *n.* آلَةٌ موسيقيَّةٌ قَديمَةٌ تُشْبِهُ القيثارَ
harridan *n.* عَجوزٌ شَكِسَةٌ ؛ إمْرَأَةٌ شَرِسَةٌ
harrow *n.; vt.* مُشْطٌ أَوْ مِسْلَفَةٌ (لِتَسْوِيَةِ الأَرْضِ وَتَمْهيدِها) // يُمَهِّدُ الأَرْضَ وَيُسَوِّيها. يُعَذِّبُ
harry *vt.* يَغْزو. يَسْلُبُ ؛ يَنْهَبُ. يُضايِقُ. يُنْهِكُ
harsh *adj.* خَشِنٌ. أَجَشُّ (الصَوْتِ). قاسٍ
hart *n.* ذَكَرُ الأَيِّلِ
harvest *n.; vt.* حِصادٌ ؛ غَلَّةٌ ؛ مَحْصولٌ // يَحْصُدُ ؛ يَجْني (الغَلَّةَ)
harvester *n.* آلَةُ الحِصادِ. الحَصّادُ
hash *n.; vt.* لَحْمٌ مَفْرومٌ // يَفْرُمُ ؛ يَهْرِمُ
hasp *n.* مِشْبَكٌ (لِبابٍ أَوْ لِصُنْدوقٍ)
hassock *n.* وِسادَةٌ ؛ مَسْنَدٌ (لِلرُّكْبَةِ)
haste *n.; vi.* عَجَلَةٌ ؛ سُرْعَةٌ. تَهَوُّرٌ // يُسْرِعُ
hasten *vt.* يَسْتَعْجِلُ الشَيْءَ ؛ يَحُثُّ عَلى السُرْعَةِ
hastily *adv.* بِعَجَلَةٍ ؛ بِسُرْعَةٍ. بِتَهَوُّرٍ
hastiness *n.* سُرْعَةٌ ؛ عَجَلَةٌ. تَهَوُّرٌ
hasty *adj.* سَريعٌ. مُسْتَعْجِلٌ. مُتَلَهِّفٌ. فاقِدُ الصَبْرِ

hat *n.* قُبَّعَةٌ
hatch *n.; vt.; i.* تَفَقُّسُ البَيْض . بابٌ أَرْضيٌّ // يُفَقِّسُ البَيْضَ / يَتَفَقَّسُ البَيْضُ. تُفَرِّخُ الدَجاجَةُ البَيْضَ
hatchet *n.* فَأْسٌ صَغيرَةٌ. بَلْطَةٌ صَغيرَةٌ
hate *vt.; n.* يَكْرَهُ؛ يُبْغِضُ // كُرْهٌ؛ بُغْضٌ
hateful *adj.* بَغيضٌ؛ مَكْروهٌ
hatred *n.* بُغْضٌ؛ ضَغينَةٌ؛ كُرْهٌ
hat stand *n.* مِشْجَبُ القُبَّعاتِ
hatter *n.* بائِعُ أَوْ صانِعُ القُبَّعاتِ
haughtily *adv.* بِغَطْرَسَةٍ؛ بِعَجْرَفَةٍ
haughtiness *n.* غَطْرَسَةٌ؛ عَجْرَفَةٌ
haughty *adj.* مُتَغَطْرِسٌ؛ مُتَعَجْرِفٌ
haul *n.; vt.* غَنيمَةٌ؛ صَيْدٌ. سَحْبٌ؛ جَذْبٌ. نَقْلٌ // يَجذِبُ؛ يَسْحَبُ. يَنْقُلُ. يَسُوقُ
haulage *n.* النَقْلُ بالعَرَباتِ. رَسْمُ النَقْلِ
haunch *n.* وَرْكٌ. فَخْذُ الحَيَوانِ. كَشْحُ السفينَةِ
haunt *n.; vt* شَبَحٌ. مَثْوًى؛ مَأْوًى // تَنْتابُ مَحَلاً (الأَشْباحُ). يُكْثِرُ التَرَدُّدَ على
have *vt. and aux. irr.* يَمْلِكُ؛ يَقْتَني. يَحوزُ. يَحْصُلُ عَلى. يَنْتَبِهُ إلى. يَعْتَبِرُ. يُمْسِكُ. يُسَبِّبُ. يَشْتَهي. تَلِدُ. يَتأَلَّمُ. يَشْتَرِكُ بِأَمْرٍ
— done! كَفى!
— in يَتَضَمَّنُ؛ يَشْتَمِلُ عَلى
— nothing for it لا خِيارَ لَهُ
— it back يُعادُ إلَيْهِ. يَسْتَعيدُ
haven *n.* مَلاذٌ؛ مَأْوًى. مَرْفَأٌ
haversack *n.* جِرابُ المَؤونَةِ
havoc *n.* خَرابٌ؛ دَمارٌ. فَوْضى
hawk *n.; vt.* صَقْرٌ؛ بازٌ // يَصْطادُ مُسْتَعينًا بالصَقْرِ. يَتَجَوَّلُ لِلْبَيْعِ
hawker *n.* مُدَرِّبُ الصُقورِ. البائِعُ المُتَجَوِّلُ
hawser *n.* قَلْسٌ؛ حَبْلٌ غليظٌ
hawthorn *n.* الزُعْرورُ البَرِّيُّ
hay *n.* قَشٌّ؛ تِبْنٌ
haycock *n.* كَوْمَةُ قَشٍّ
hay fever *n.* حُمَّى القَشِّ أَوِ الهَشيمِ؛ الرَبْوُ
hay-making *n.* التَبانَةُ؛ صِناعَةُ التِبْنِ
hayrick; haystack *n.* كومَةُ تِبْنٍ أَوْ قَشٍّ
hazard *n.; vt.* مُخاطَرَةٌ؛ مُجازَفَةٌ. مُصادَفَةٌ // يُخاطِرُ؛ يُجازِفُ. يُصادِفُ
hazardous *adj.* مُنْطَوٍ عَلى مُخاطَرَةٍ
haze *n.* ضَبابٌ رَقيقٌ؛ سَديمٌ
hazel *n.* البُنْدُقُ. لَوْنُ البُنْدُقِ
hazelnut *n.* ثَمَرَةُ أَوْ نَواةُ البُنْدُقِ
hazy *adj.* ضَبابِيٌّ. غامِضٌ. غائِمٌ
H-bomb *n.* القُنْبُلَةُ الهيدْروجينِيَّةُ
he *pron.* هُوَ: ضَميرُ المُفْرَدِ المُذَكَّرِ الغائِبِ
head *adj.; n.; vt.* رَئيسيٌّ؛ أَماميٌّ. رَأْسيٌّ // رَأْسٌ. عَقْلٌ. رَئيسٌ. حَياةٌ // يَتَرَأَّسُ؛ يَتَزَعَّمُ. يُواجِهُ. يَتَقَدَّمُ؛ يَتَفَوَّقُ عَلى. يَتَصَدَّرُ
over his — أَعْلى مِنْ مُسْتَواهُ العَقْلِيِّ
— for يَتَوَجَّهُ إلى
headache *n.* صُداعٌ؛ أَلَمُ الرَأْسِ. وَرْطَةٌ؛ مَأْزِقٌ
head-dress *n.* غِطاءُ الرَأْسِ
heading *n.* عُنْوانٌ؛ تَرْويسَةٌ
headland *n.* الرَأْسُ. رَأْسٌ عالٍ
head-light *n.* المِصْباحُ الأَماميُّ (سَيّارَةٍ. قِطارٍ)
headline *n.* عُنْوانُ المَقالِ؛ الرَأْسِيَّةُ
headlong *adv.; adj.* بِتَهَوُّرٍ؛ بِطَيْشٍ // مُتَهَوِّرٌ؛ طائِشٌ
headmaster *n.* مُديرُ المَدْرَسَةِ أَوْ رَئيسُها
headmistress *n.* مُديرَةُ المَدْرَسَةِ أَوْ رَئيسَتُها

headphone *n.* سَمَّاعَةُ الرَأْسِ
headquarters *n.pl.* المَرْكَزُ الرَئيسيُّ. مَرْكَزُ القِيادَةِ
headsman *n.* الجلاَّدُ
headstone *n.* الشاهِدُ؛ حَجَرُ الضَريحِ
headstrong *adj.* عَنيدٌ. جامِحٌ
headway *n.* تَقَدُّمٌ؛ حَرَكَةٌ إلى الأَمامِ
head wind *n.* ريحٌ مُعاكِسَةٌ
heady *adj.* مُسْكِرٌ. ذَكيٌّ. مُتَهَوِّرٌ؛ مُنْدَفِعٌ. عَنيدٌ
heal *vt.; i.* يُعالِجُ. يُبْرِئُ / يُشْفى؛ يَنْدَمِلُ؛ يَلْتَئِمُ
healing *adj.; n.* شافٍ؛ مُعالِجٌ // شِفاءٌ؛ نَقاهَةٌ
health *n.* صِحَّةٌ. عافيَةٌ
healthful *adj.* صِحّيٌّ. مُتَمَتِّعٌ بالصحَّةِ
healthy *adj.* مُعافًى. صِحّيٌّ؛ سَليمٌ
heap *n.; vt.* كَومَةٌ؛ رُكامٌ. كَمِّيَةٌ كَبيرَةٌ // يُكَوِّمُ
hear *vt.; i. irr.* يَسْمَعُ / يَسْتَمِعُ؛ يُصْغي
hearing *n.* سَمْعٌ؛ حاسَّةُ السَمْعِ. الإسْتِماعُ إلى الشُهودِ. مَدَى السَمْعِ أَوِ الصَوْتِ
hearken *vi.* يُصْغي؛ يَسْتَمِعُ
hearsay *n.* إشاعَةٌ؛ أَقْوالُ الناسِ
hearse *n.* عَرَبَةُ المَوْتى
heart *n.* قَلْبٌ. مُهْجَةٌ. حَنانٌ. إرادَةٌ. مَيْلٌ. جُرْأَةٌ. غيرَةٌ. قَلَقٌ. سَريرَةٌ. لُبٌّ. عَزْمٌ
  get *or* learn by — يَحْفَظُ غَيْبًا؛ يَسْتَظْهِرُ
  take — يَتَشَجَّعُ؛ يَتَشَدَّدُ
  take to — يَتأَثَّرُ بِشِدَّةٍ
  — to — بِصَراحَةٍ وصِدْقٍ
heartache *n.* حُزْنٌ؛ غَمٌّ
heart attack *n.* نَوْبَةٌ قَلْبِيَّةٌ
heartbeat *n.* نَبْضَةُ قَلْبٍ
heartbreak *n.* حَسْرَةٌ؛ أَسًى شَديدٌ
heartbreaking *adj.* مُؤْسِفٌ؛ مُفْجِعٌ؛ مُؤْلِمٌ
heartbroken *adj.* مُنْسَحِقُ القَلْبِ؛ مَفْجوعٌ
heartburn *n.* حَرْقَةٌ في المَعِدَةِ
heart disease *n.* مَرَضُ القَلْبِ
hearten *vt.* يُشَجِّعُ؛ يُشَدِّدُ العَزْمَ
heart failure *n.* تَوَقُّفُ القَلْبِ عَنِ الخَفَقانِ
heartfelt *adj.* مُخْلِصٌ؛ صادِرٌ عَنِ القَلْبِ
hearth *n.* مَوْقِدٌ؛ مِدْفَأَةٌ. بَيْتٌ؛ مَأْوًى
heartily *adv.* قَلْبيًّا. بِإِخْلاصٍ. بِحَماسَةٍ. تَمامًا
heartiness *n.* وُدٌّ. حَماسٌ. قُوَّةٌ؛ شِدَّةٌ
heartless *adj.* عَديمُ الشَفَقَةِ. جَبانٌ
heartsick *adj.* مَحْزونُ الفُؤادِ. قانِطٌ
hearty *adj.* وُدّيٌّ. مُعافًى. وافٍ. قَويٌّ
heat *n.; vt.; i.* حَرارَةٌ؛ تَوَقُّدٌ. حَرٌّ. حِدَّةٌ. إنْفِعالٌ // يُسَخِّنُ. يُثيرُ / يَسْخَنُ. يَغْضَبُ
heated *adj.* ساخِنٌ؛ حامٍ؛ حارٌّ. غاضِبٌ؛ ثائِرٌ
heath *n.* أَرْضٌ بورٌ. مَرْجٌ. الخَلَنْجُ (نَباتٌ)
heathen *n. & adj.* وَثَنيٌّ. هَمَجيٌّ
heathenism *n.* الوَثَنِيَّةُ. عِبادَةُ الأَوْثانِ
heather *n.* الخَلَنْجُ (نَباتٌ)
heating *n.* تَسْخينٌ؛ تَدْفِئَةٌ؛ تَوَقُّدٌ
heave *n.; vt.;i. irr.* رَفْعٌ؛ سَحْبٌ. جَيَشانٌ؛ غَثَيانٌ. تَنَهُّدَةٌ // يَرْفَعُ. يَرْمي / يَتَنَهَّدُ. يَلْهَثُ. يَتَقَيَّأُ
heaven *n.* السَماءُ؛ الجَنَّةُ؛ الفِرْدَوْسُ؛ النَعيمُ
heavenly *adj.* سَماوِيٌّ؛ مُقَدَّسٌ؛ إلَهِيٌّ. مُفْرِحٌ
heaviness *n.* ثِقْلٌ؛ وَزْنٌ. تَجَهُّمٌ
heavy *adj.* ثَقيلٌ. باهِظٌ. شَديدٌ. عَميقٌ. كَثيفٌ. مُغِمٌّ؛ مَكْمودُ (قَلْبٌ). مُتَلَبِّدٌ
heavyweight *n.* مُصارِعٌ مِنَ الوَزْنِ الثَقيلِ
Hebrew *adj. & n.* يَهوديٌّ؛ عِبْريٌّ؛ عِبْرانيٌّ // العِبْرانِيَّةُ؛ اللُغَةُ العِبْرِيَّةُ

hecatomb *n.* مَجْزَرَةٌ. مَذْبَحَةٌ

heckle *vt.* يَنْهَكُ. يُضايِقُ بِأَسْئِلَتِهِ الكَثيرَةِ

hectic *adj.* مَحْمومٌ؛ مُضْطَرِبٌ؛ مَهْلوسٌ

hectogram *n.* الهكتوغْرام؛ مِئَةُ غْرام

hedge *n.; vt.; i.* سِياجٌ؛ حاجِزٌ. حَدٌّ // يُطَوِّقُ؛ يُسَيِّجُ. يَقي / يَتَمَلَّصُ

heed *n.; vt.; i.* إهْتِمامٌ؛ إنْتِباهٌ؛ إلْتِفاتٌ؛ اعْتِناءٌ // يُبالي بِـ / يَلْتَفِتُ إلى؛ يَتَنَبَّهُ لِـ

heedful *adj.* مُنْتَبِهٌ؛ حذِرٌ؛ مُتَيَقِّظٌ

heedless *adj.* مُهْمِلٌ؛ طائِشٌ؛ غافِلٌ

heel *n.; vt.; i.* كَعْبُ الحِذاءِ؛ عَقِبُ القَدَمِ // يَجْعَلُ لَهُ كَعْبًا. يُميلُ / يَميلُ؛ يَجْنَحُ (المَرْكَبُ)

hefty *adj.* مَتينٌ؛ قَوِيٌّ. جَبّارٌ؛ ضَخْمٌ

heifer *n.* بَقَرَةٌ صَغيرَةٌ؛ عِجْلَةٌ

height *n.* إرْتِفاعٌ؛ قِمَّةٌ؛ أَوْجٌ. قامَةٌ. أَرْضٌ مُرْتَفِعَةٌ

heighten *vt.; i.* يَرْفَعُ؛ يُعْلي. يَزيدُ؛ يُقَوّي / يَزْدادُ. يَشْتَدُّ

heinous *adj.* شَنيعٌ؛ شائِنٌ

heir *n.; vt.* وارِثٌ. وَريثٌ // يَرِثُ

heiress *n.* وَريثَةٌ

heirloom *n.* مَتاعٌ يَنْتَقِلُ إلى الوَريثِ

helicopter *n.* الهليكوبتر؛ الطائِرَةُ العَمودِيَّةُ؛ الحَوّامَةُ

helium *n.* الهِلْيوم: غازٌ خَفيفٌ عَديمُ اللونِ

hell *n.* جَهَنَّمُ؛ الجَحيمُ

Hellenic *adj.* إغْريقِيٌّ. يونانِيٌّ

hellish *adj.* جَهَنَّمِيٌّ؛ شَيْطانِيٌّ

hello *int.* هالو: هُتافٌ لِلتَّرْحيبِ أَوْ إلقاءِ التَحِيَّةِ

helm *n.* خوذَةٌ. مِقْبَضُ دَفَّةِ السَفينَةِ أَوِ الدَفَّةُ بِكامِلِها. إدارَةٌ؛ تَوْجيهٌ؛ رِئاسَةٌ

helmet *n.* خوذَةٌ

helmsman *n.* نوتِيٌّ؛ بَحّارٌ. مُديرُ الدَفَّةِ

helot *n.* القِنُّ؛ العَبْدُ

help *n.; vt.; i.* مُساعَدَةٌ؛ عَوْنٌ. المُساعِدُ؛ العامِلُ. العِلاجُ // يُساعِدُ؛ يُعاوِنُ. يُداوي / يَخْدُمُ

— yourself! تَفَضَّلْ

helpful *adj.* مُساعِدٌ. مُفيدٌ؛ نافِعٌ

helpless *adj.* يائِسٌ. عاجِزٌ؛ ضَعيفٌ

helpmate *n.* الرَفيقُ المُساعِدُ

helter-skelter *adv.* شَذَرَ مَذَرَ؛ بِفَوْضى

helve *n.* قَبْضَةٌ؛ مَسْكَةٌ؛ نِصابٌ

hem *n.; vt.* حاشِيَةٌ // يَجْعَلُ لِلثَوْبِ حاشِيَةً

hemisphere *n.* نِصْفُ الكُرَةِ الأَرْضِيَّةِ. عالَمٌ

hemlock *n.* الشَوْكَران: نَباتٌ شَرابُهُ سامٌّ

hemorrhage *n.* إدْماءٌ؛ نَزيفٌ. رُعافٌ

hemorrhoids *n.pl.* البَواسيرُ

hemp *n.* قِنَّبٌ: نَباتٌ تُصْنَعُ مِنْهُ الحِبالُ

hen *n.* دَجاجَةٌ. أُنْثى الطَيْرِ والسَمَكِ

hence *adv.* إذَنْ؛ مِنْ ثَمَّ؛ لِهَذا السَبَبِ؛ مِنْ هُنا

henceforth *adv.* مِنَ الآنَ فَصاعِدًا؛ مُسْتَقْبَلاً

henchman *n.* خادِمٌ؛ أَجيرٌ. خَيّالٌ. مؤيِّدٌ؛ مُناصِرٌ

henna *n.* حِنّاءٌ

hen-pecked *adj.* مُسَيْطِرَةٌ؛ مُهَيْمِنَةٌ (زَوْجَةٌ)

her *pers. pron.* ضَميرٌ (مُتَّصِلٌ) خاصٌّ بِالمُفْرَدَةِ الغائِبَةِ؛ خاصَّتُها؛ «ـها»

herald *n.; vt.* الرَسولُ؛ الرائِدُ؛ البَشيرُ؛ النَذيرُ. الحَكَمُ. المُذيعُ // يُعْلِنُ؛ يُذيعُ

heraldry *n.* عِلْمُ شِعاراتِ النَبالَةِ. رَمْزٌ. أُبَّهَةٌ. شِعارُ النَسَبِ

herb *n.* عُشْبٌ؛ كَلأٌ. عُشْبَةٌ طِبِّيَّةٌ أَوْ عِطْرِيَّةٌ

herbaceous *adj.* عُشْبِيٌّ؛ شَبيهٌ بِالعُشْبِ

herbage *n.* عُشْبٌ؛ كَلأٌ؛ مَرْعًى

herbalist *n.* إخْتِصاصيٌ بالأعْشابِ
Hercules *n.* هِرَقْل: بَطَلٌ مِنَ الميثولوجيا الإغريقيَّةِ
herd *n.; vt.; i.* قَطيعٌ؛ سِرْبٌ؛ جماعةٌ؛ جَمْهَرَةٌ // يَسوقُ؛ يَرْعى القِطْعانَ / يأْتَلِفُ في جَماعَةٍ
herdsman *n.* راعٍ؛ بَقّارٌ
here *adv.* هُنا؛ هَهُنا؛ الآنَ؛ في الوَضْعِ الحاضِرِ
hereafter *adv.; n.* بَعْدُ؛ في ما بَعْدُ // المُسْتَقْبَلُ
hereby *adv.* بموجَبِ هَذا. . . ؛ بِهذِهِ الواسِطَةِ
hereditary *adj.* وِراثيٌ. مَوْروثٌ
heredity *n.* الوِراثَةُ. مَجْموعُ الصِفاتِ المَوْروثَةِ
herein *adv.* هُنا؛ في هَذا المَوْضِعِ
hereof *adv.* لِكَذا. عَنْ كَذا
heresy *n.* هَرْطَقَةٌ؛ بِدْعَةٌ (في الدين)
heretic *n.* الهَرْطوقيُّ؛ المُنْشَقُّ عَنْ عَقيدَةٍ ما
heretical *adj.* هَرْطوقيٌّ؛ بِدْعيٌّ؛ مُنْشَقٌّ
heretofore *adv.* حَتّى الآنَ؛ لِغايَةِ تاريخِهِ
hereunder *adv.* أدْناهُ؛ في ما يلي
hereupon *adv.* بَعْدَ هَذا مُباشَرَةً؛ عِنْدَ هَذا
herewith *adv.* طَيَّهُ؛ مُرْفَقًا. بِهَذِهِ الطَريقَةِ
heritable *adj.* وِراثيٌّ
heritage *n.* إرْثٌ؛ ميراثٌ؛ تَرِكَةٌ
hermetic *adj.* مُحْكَمُ السَدِّ. سِحْريٌّ
hermit *n.* ناسِكٌ؛ مُتَصَوِّفٌ
hermitage *n.* صَوْمَعَةٌ
hernia *n.* فَتْقٌ
hero *n.* بَطَلٌ؛ مُحارِبٌ. شَخْصِيَّةٌ رَئيسيَّةٌ في رِوايَةٍ
heroic (al) *adj.* بُطوليٌّ. نَبيلٌ. ضَخْمٌ
heroin *n.* الهيرويين: مُخَدِّرٌ
heroine *n.* بَطَلَةٌ؛ مُحارِبَةٌ
heroism *n.* البُطولَةُ
heron *n.* مالِكُ الحَزينِ؛ البَلَشونُ؛ أبو مَغازِلَ
herring *n.* سَمَكٌ مِنْ جِنْسِ السَرْدينِ؛ الرَنْكَةُ
hers *pron.* خاصَّتُها؛ لَها؛ (ضَميرٌ لِلْغائِبَةِ المُفرَدَة)
herself *pron.* نَفْسُها؛ ذاتُها. وَحْدُها
hesitance *n.* تَرَدُّدٌ؛ حَيْرَةٌ
hesitant *adj.* مُتَرَدِّدٌ؛ مُتَحَيِّرٌ
hesitate *vi.* يَتَحَيَّرُ؛ يَتَرَدَّدُ؛ يَتَلَكَّأُ
hesitation *n.* تَرَدُّدٌ؛ تَحَيُّرٌ
heterodox *adj.* إبْتِداعيٌّ؛ هَرْطوقيٌّ
heterogeneous *adj.* مُتَغايِرٌ؛ مُتَعارِضٌ؛ مُتَبايِنٌ
hew *vt. irr.* يَقْطَعُ بِفأْسٍ. يَشُقُّ. يَنْحَتُ. يَنْقُرُ
hexagon *n.* المُسَدَّسُ؛ مُسَدَّسُ الزَوايا وَالأَضْلاعِ
heyday *n.* أَوْجٌ؛ ذُرْوَةٌ
hiatus *n.* إلْتِقاءُ حَرْفَيْنِ صَوتيَّيْنِ. ثُغْرَةٌ؛ فَجْوَةٌ
hibernate *vi.* يُمْضي فَصْلَ الشِتاءِ نائِمًا؛ يُسْبِتُ
hibernation *n.* الإسْباتُ؛ نَوْمُ فَصْلِ الشتاءِ
hiccough; hiccup *n.; vi.* حازوقَةٌ؛ فُواقٌ // «يُحَوْزِقُ»؛ يُصابُ بِالحازوقَةِ
hidden *adj.* مُخَبَّأٌ؛ مَسْتورٌ؛ مُتوارٍ. مَكتومٌ؛ سِرِّيٌّ
hide *n.; vt.; i. irr.* جِلْدُ الحَيَوانِ // يُخَبِّئُ؛ يُخْفي؛ يَكْتُمُ؛ يَحْجُبُ. يَجْلِدُ / يَتَوارى؛ يَحْتَجِبُ
hidebound *n.* مُتَزَمِّتٌ. ضَيِّقُ العَقْلِ
hideous *adj.* شائِنٌ؛ شَنيعٌ؛ بَشِعٌ
hiding *n.* الضَرْبُ. الجَلْدُ. مَخْبَأٌ. إخْتِباءٌ
hie *vi.; t.* يُعَجِّلُ؛ يَسْتَعْجِلُ
hierarchy *n.* التَراتُبِيَّةُ
high *adv.; adj.* إلى دَرَجَةٍ عالِيَةٍ. إلى ٱرْتِفاعٍ // كَبيرٌ // عالٍ؛ مُرْتَفِعٌ. سامٍ. شَديدٌ. غالٍ (سِعْرٌ)
— and low في كُلِّ مَكانٍ
highborn *adj.* كَريمُ المَحْتِدِ. نَبيلٌ
highbrow *adj.; n.* مُثَقَّفٌ // الواسِعُ الإطِّلاعِ
high-flown *adj.* رَفيعٌ؛ طَنّانٌ. مُدَّعٍ

high-handed *adj.* مُسْتَبِدٌّ ؛ ظالِمٌ
highland *adj.; n.* نَجْدِيٌّ ؛ جَبَلِيٌّ // هَضْبَةٌ
highlander *n.* ساكِنُ النِجادِ أو الجِبالِ
high life *n.* بَذْخٌ ؛ تَرَفٌ
highness *n.* سُمُوٌّ ؛ جَلالَةٌ ؛ مَعالي . إرْتِفاعٌ
high-pitched *adj.* حادٌّ . مُرْتَفِعٌ ؛ عالٍ
high school *n.* مَدْرَسَةٌ ثانَوِيَّةٌ
high sea *n.* عُرْضُ البَحْرِ
high-sounding *adj.* طَنّانٌ
high-spirited *adj.* شُجاعٌ ؛ مِقْدامٌ ؛ جَريءٌ
high treason *n.* خِيانَةٌ عُظْمى
highway *n.* طَريقٌ عامٌّ
highwayman *n.* مِنْ قُطّاعِ الطُرُقِ ؛ قاطِعُ طَريقٍ
hike *n.; vi.* نُزْهَةٌ طَويلَةٌ سَيْرًا عَلى الأَقْدامِ // يَقومُ بِنُزْهَةٍ طَويلَةٍ سَيْرًا
hilarious *adj.* مَرِحٌ ؛ مَسْرورٌ ؛ جَذْلانُ
hilarity *n.* مَرَحٌ ؛ صَخَبٌ ؛ جَذَلٌ
hill *n.* تَلَّةٌ ؛ هَضَبَةٌ ؛ جَبَلٌ صَغيرٌ ؛ رابِيَةٌ
hillock *n.* رابِيَةٌ ؛ أَكَمَةٌ ؛ تَلَّةٌ ؛ هَضَبَةٌ صَغيرَةٌ
hilt *n.* مِقْبَضُ السَيْفِ أو الخَنْجَرِ
him *pron.* ضَميرُ النَصْبِ وَالجَرِّ لِلْمُفْرَدِ الغائِبِ (ـهُ)
himself *pron.* نَفْسُهُ ؛ ذاتُهُ . وَحْدَهُ
hind *n.; adj.* أُنْثى الأَيِّلِ . العامِلُ // خَلْفِيٌّ
hinder *vt.; adj.* يَمْنَعُ ؛ يُعيقُ ؛ يُؤَخِّرُ // الأَخيرُ
hindmost *adj.* الأَخيرُ ؛ الآخِرُ
hindrance *n.* مَنْعٌ ؛ إعاقَةٌ ؛ تأْخيرٌ
Hindu *adj.; n.* هِنْدوسِيٌّ // الهِنْدِيُّ ؛ الهِنْدوسِيُّ
hinge *n.* مِفْصَلَةُ البابِ أو الشُبّاكِ ؛ بِرغِيُّ المِفْصَلَةِ
hint *n.; vi.* تَلْميحٌ // يُلَمِّحُ ؛ يُشيرُ
hip *n.* وَرْكٌ ؛ رِدْفٌ

hippopotamus *n.* فَرَسُ النَهْرِ ؛ جاموسُ البَحْرِ
hire *n.; vt.* أَجْرٌ ؛ راتِبٌ // يَسْتَخْدِمُ . يَسْتَأْجِرُ . يُؤَجِّرُ . يَرْشو
hireling *n.* الأَجيرُ ؛ المَأْجورُ ؛ المُرْتَزِقُ
hire-purchase *n.* الشِراءُ أو البَيْعُ بِالتَقْسيطِ
hirsute *adj.* قاسي الشَعْرِ ؛ أَهْلَبُ ؛ مُجَعَّدٌ
his *pers. pron.* ضَميرٌ (مُتَّصِلٌ) خاصٌّ بِالمُفْرَدِ الغائِبِ ؛ خاصَّتُهُ ؛ «ـهُ»
hiss *vi.; t.; n.* يُهَسْهِسُ . يَئِزُّ / يَسْتَهْجِنُ // أَزيزٌ
historian *n.* مُؤَرِّخٌ ؛ عالِمٌ بِالتاريخِ
historic (al) *adj.* تاريخِيٌّ ؛ هامٌّ
history *n.* التاريخُ . قِصَّةٌ . عِلْمُ التاريخِ
hit *vt. irr.; n.* يَضْرِبُ . يَصْدِمُ . يَرتَطِمُ بِـ . يُصيبُ . يُلائِمُ // ضَرْبَةٌ ؛ إرْتِطامٌ
hitch *vi.; t.; n.* يَتَشابَكُ ؛ يَتَداخَلُ / يَرْبُطُ ؛ يَعْقِدُ ؛ يَشُدُّ // عُقْدَةٌ ؛ أُنْشوطَةٌ . عَرْقَلَةٌ ؛ عَقَبَةٌ
hither *adv.; adj.* إلى هُنا // قَريبٌ
hitherto *adv.* حَتّى الآنَ ؛ حَتّى اليَومَ . إلى هُنا
hive *n.; vt.; i.* قَفيرٌ ؛ خَلِيَّةُ نَحْلٍ // يَدَّخِرُ / يَحْتَشِدُ
hives *n.pl.* جُدَرِيُّ الماءِ . جُدَرِيُّ الدَجاجِ
hoar *adj.* رَمادِيٌّ . أَشْيَبُ
hoard *n.; vt.* مُؤونَةٌ ؛ ذَخيرَةٌ // يَدَّخِرُ . يَخْزُنُ
hoariness *n.* شَيْبٌ . قِدَمٌ . عُفونَةٌ
hoarse *adj.* أَجَشُّ (الصَوْتِ) ؛ أَبَحُّ
hoary *adj.* أَشْيَبُ ؛ مائِلٌ إلى البَياضِ . قَديمٌ
hoax *n.; vt.* خُدْعَةٌ . أُضْحوكَةٌ // يَسْخَرُ
hobble *vi.; t.; n.* يَعْرُجُ / يُقَيِّدُ ؛ يَعوقُ // عَرَجٌ قَيْدٌ
hobby *n.* هِوايَةٌ ؛ تَسْلِيَةٌ . فَرَسٌ سَريعٌ
hobby-horse *n.* حِصانٌ خَشَبِيٌّ

hobgoblin *n.* بُعْبُع ؛ غولُ
hobnail *n.* مِسْمارُ نَعْلٍ
hobo *n.* المُتَسَكِّعُ ؛ المُتَشَرِّدُ ؛ المُتَجَوِّلُ
hock *n.* نَوْعٌ مِنَ الخَمْرِ. عُرْقوبُ (الحَيَوانِ)
hockey *n.* لُعْبَةُ الهوكي
hoe *n.; vt.; i.* مِعْزَقَةٌ ؛ مِجْرَفَةٌ // يَعْزِقُ الأَرْضَ
hog *n.* خِنْزيرٌ. النَّهِمُ. القَذِرُ
hogshead *n.* بِرْميلٌ كَبيرٌ. مِقْياسٌ لِلسَّعَةِ
hoist *vt.; n.* يَرفَعُ العَلَمَ // الرافِعَةُ. إرْتِفاعُ العَلَمِ
hold *n.; vt.; i. irr.* إمْساكٌ ؛ إحْتِجازٌ. مَعْقِلٌ ؛ حِصْنٌ ؛ سِجْنٌ // يُمْسِكُ ؛ يَقْبِضُ عَلى ؛ يُوقِفُ ؛ يَحْجُزُ ؛ يُبْقي ؛ يَحْتَفِظُ بِـ. يَحْتَوي عَلى / يَسْتَمِرُّ. يَبْقى
— in يَكْبَحُ جِماحَ نَفْسِهِ
— on يُثابِرُ عَلى ؛ يَسْتَمِرُّ
— over يؤَخِّرُ ؛ يؤَجِّلُ
hold-all *n.* جِرابٌ ؛ حَقيبَةُ سَفَرٍ قُماشيَّةٌ
holdback *n.* عائِقٌ. إعاقَةٌ
holder *n.* المالِكُ. الحامِلَةُ ؛ المِمْسَكُ (أداةٌ لِلحَمْلِ). حامِلُ السَنَدِ أوِ الشيكِ
holding *n.* إمْتِلاكٌ ؛ إمْساكٌ بِالشَيْءِ. أرْضٌ مُلْكٌ
hold-up *n.* إعاقَةٌ ؛ تأْخيرٌ. سَلْبٌ بِقوَّةِ السِلاحِ
hole *n.; vt.* ثَقْبٌ ؛ حُفْرَةٌ ؛ جُحْرٌ ؛ وِجارٌ. مَأْزِقٌ ؛ وَرْطَةٌ // يَثْقُبُ. يَضَعُ في ثَقْبٍ. يَخْرِقُ
holiday *n.* يَوْمُ عُطْلَةٍ. عيدٌ دينيٌّ
holiness *n.* قَداسَةٌ ؛ طَهارَةٌ
hollow *adj.; vt.; i.; n.* مُجَوَّفٌ ؛ أجْوَفُ ؛ فارِغٌ. كاذِبٌ // يُجَوِّفُ ؛ يُفْرِغُ / يَتَجَوَّفُ // تَجْويفٌ
holly *n.* البَهْشيَّةُ : نَباتٌ ذو وَرَقٍ صَقيلٍ شائِكٍ
hollyhock *n.* الخِطْميُّ الوَرْديُّ (نَباتٌ)
holocaust *n.* مُحْرَقَةٌ
holster *n.* بَيْتُ المُسَدَّسِ
holy *adj.* مُقَدَّسٌ. تَقيٌّ ؛ وَرِعٌ. دينيٌّ. مُبارَكٌ
homage *n.* وَلاءٌ. إجْلالٌ ؛ تَقْديرٌ. مُبايَعَةٌ
home *n.; adv.* مَنْزِلٌ ؛ دارٌ. مَوْطِنٌ ؛ وَطَنٌ. مَلْجأٌ // في البَيْتِ. في الوَطَنِ
at — بِراحَةٍ تامَّةٍ
be at — مُتَضَلِّعٌ مِنَ المَوْضوعِ
homeland *n.* الوَطَنُ ؛ أرْضُ الوَطَنِ
homeless *adj.* مُشَرَّدٌ. لا أهْلَ لَهُ
homely *adj.* بَسيطٌ ؛ ساذَجٌ. بِدائيٌّ. بَشِعٌ ؛ قَبيحٌ
homemade *adj.* بَيْتيٌّ أوْ وَطَنيُّ الصُّنْعِ
home rule *n.* الحُكْمُ الذاتيُّ
home-sick *adj.* مُشْتاقٌ إلى الوَطَنِ أوِ الأُسْرَةِ
home-sickness *n.* حَنينٌ إلى الوَطَنِ أوِ الأُسْرَةِ
homestead *n.* بَيْتُ الأُسْرَةِ وَما حَوْلَهُ مِنْ أرْضٍ
homework *n.* الفَرْضُ المَنْزِليُّ (لِلتِلْميذِ)
homicide *n.* القاتِلُ. القَتْلُ
homily *n.* عِظَةٌ. مُحاضَرَةٌ
homogeneous *adj.* مُتَجانِسٌ ؛ مُتَلائِمٌ
homonym *n.* لَفْظَةٌ مُتَجانِسَةُ الحُروفِ
homosexual *adj.; n.* لوطيٌّ // اللوطيُّ
Honduran *adj. & n.* هُنْدوراسيٌّ
hone *n.; vt.* حَجَرُ الجَلْخِ أوِ الشَحْذِ // يَشْحَذُ
honest *adj.* صادِقٌ ؛ شَريفٌ. أصْليٌّ
honesty *n.* أمانَةٌ ؛ إخْلاصٌ ؛ إسْتِقامَةٌ
honey *n.* عَسَلٌ ؛ شَهْدٌ. الحَبيبُ ؛ العَزيزُ. مَلاكٌ
honeybee *n.* نَحْلَةٌ عَسّالَةٌ
honeycomb *n.* قُرْصُ العَسَلِ
honeymoon *n.* شَهْرُ العَسَلِ
honeysuckle *n.* صَرِيمَةُ الجَدْيِ (نَباتٌ)
honor *n.; vt.* سُمْعَةٌ حَسَنَةٌ. شَرَفٌ. إحْتِرامٌ.

وِسامٌ // يُشرِّفُ ؛ يُجِلُّ ؛ يَحْتَرِمُ ؛ يُكَرِّمُ . يُنَفِّذُ
honorable *adj.* جَديرٌ بالإحْتِرام ؛ مُحْتَرَمٌ ؛ شَريفٌ
honorary *adj.* فَخْريٌّ ؛ شَرَفيٌّ . تَذْكاريٌّ
hood *n.* غِطاءُ أَوْ كَبّوتُ السَّيّارَةِ ؛ غِطاءُ الرَّأْسِ والعُنُقِ ؛ غِطاءُ مُحَرِّكِ السَّيّارَةِ المَعْدِنيُّ
hoodwink *vt.* يَعْصِبُ العَيْنَيْنِ . يَخْدَعُ
hoof *n.* حافِرُ (الحِصانِ) . ظِلْفُ (البَقَرَة) . خُفٌّ
hook *n.; vt.* كُلاّبٌ ؛ خُطّافٌ . مِنْجَلٌ . صِنّارَةٌ . شَرَكٌ // يُمْسِكُ بِكُلاّبٍ ؛ يَعْقِفُ ؛ يَصيدُ بِصِنّارَةٍ
hooked *adj.* مَعْقوفٌ ؛ ذو كُلاّبٍ
hoop *n.; vt.* طَوْقٌ ؛ طارَةٌ ؛ خاتَمٌ // يُطَوِّقُ ؛ يُحيطُ
hoot *vi.; n.* يَصيحُ . يَنْعَبُ البومُ . يُطْلِقُ بوقَ السَّيّارَةِ . تَهْدِرُ (السَّيّارَةُ) // نَعيبٌ . صِياحُ اسْتِهْجانٍ
hop *n.; vi.* وَثْبَةٌ ؛ رَقْصٌ . حَشيشَةُ الدّينارِ // يَثِبُ ؛ يَقْفِزُ (خاصَّةً عَلى رِجْلٍ واحِدَةٍ)
hope *n.; vt.; i.* أَمَلٌ ؛ رَجاءٌ // يَأْمَلُ ؛ يَرْجو
hopeful *adj.* مُفْعَمٌ بالأَمَلِ ؛ واعِدٌ . مُشَجِّعٌ
hopeless *adj.* يائِسٌ . عُضالٌ . مُسْتَحيلٌ ؛ مُتَعَذِّرٌ
hopper *n.* القادوسُ ؛ قِمْعُ الطّاحونِ . الواثِبُ
horizon *n.* الأُفُقُ . أُفُقُ المَرْءِ العَقْليُّ
horizontal *adj.* أُفُقيٌّ
hormone *n.* الهُرْمونُ ؛ تَوْرٌ ؛ حاثَّةٌ
horn *n.* بوقٌ . نَفيرٌ . قَرْنُ (الحَيَوانِ)
horned *adj.* ذو قَرْنٍ . أَقْعَفُ
hornet *n.* زُنْبورٌ ؛ دَبّورٌ
horny *adj.* قَرْنيٌّ . صُلْبٌ كالقَرْنِ
horoscope *n.* خَريطَةُ البُروجِ . كَشْفُ الطَّوالِعِ
horrible *adj.* مُرَوِّعٌ ؛ رَهيبٌ ؛ مُخيفٌ
horrid *adj.* مُرَوِّعٌ . كَريهٌ ؛ بَغيضٌ
horrify *vt.* يُرَوِّعُ ؛ يُرْهِبُ ؛ يُرْعِبُ
horror *n.* رُعْبٌ ؛ هَوْلٌ . الشَّيْءُ المُرْعِبُ

hors d'œuvre *n.* مُشَهٍّ ؛ مُقَبِّلٌ (طَعامٌ)
horse *n.* حِصانٌ ؛ فَرَسٌ . فارِسٌ ؛ خَيّالٌ
horseback *n.* صَهْوَةُ الجَوادِ ؛ ظَهْرُ الحِصانِ
horse dealer *n.* تاجِرُ الخُيولِ
horse doctor *n.* طَبيبُ الخُيولِ (بَيْطَريٌّ)
horsefly *n.* النُّعَرَةُ ؛ ذُبابَةٌ تَلْسَعُ الخَيْلَ
horseman *n.* الفارِسُ ؛ الخَيّالُ . سائِسُ الخَيْلِ
horsemanship *n.* الفُروسِيَّةُ ؛ رُكوبُ الخَيْلِ
horse-play *n.* مُزاحٌ خَشِنٌ أَوْ سَمِجٌ
horsepower *n.* قُوَّةُ حِصانٍ : وَحْدَةٌ قِياسِيَّةٌ
horseshoe *n.* الحَذْوَةُ ؛ نَعْلَةُ الفَرَسِ
horsewhip *n.; vt.* سَوْطٌ ؛ كِرْباجٌ // يَضْرِبُ بالسَّوْطِ
horticulture *n.* البَسْتَنَةُ . فَنُّ زِراعَةِ الجَنائِنِ
hose *n.* خُرْطومُ مِياهٍ لِلرَّيِّ . جَوْرَبٌ . بَنْطَلونٌ ضَيِّقٌ
hosiery *n.* جَوْرَبٌ . مَلابِسُ مَحْبوكَةٌ
hospice *n.* مَأْوًى . نُزُلٌ
hospitable *adj.* مِضْيافٌ ؛ كَريمٌ
hospital *n.* مَأْوًى ؛ مَلْجَأٌ خَيْريٌّ . مُسْتَشْفًى
hospitality *n.* حُسْنُ الضِّيافَةِ أَوِ الوِفادَةِ
host *n.* المُضيفُ . جَيْشٌ . جَمْهَرَةٌ ؛ حَشْدٌ
hostage *n.* رَهينَةٌ ؛ شَخْصٌ مُحْتَجَزٌ
hostel *n.* نُزُلٌ ؛ فُنْدُقٌ . بَيْتٌ لِلشَّبابِ
hostess *n.* المُضيفَةُ
hostile *adj.* عِدائيٌّ ؛ غَيْرُ وُدّيٍّ ؛ مُعادٍ
hostility *n.* عَمَلٌ عِدائيٌّ ؛ عُدْوانٌ . خُصومَةٌ
hostler *n.* سائِسُ الخَيْلِ
hot *adj.* حارٌّ ؛ حامٍ . عَنيفٌ . حادٌّ . حِرّيفٌ . مُتَشَوِّقٌ
hotbed *n.* مَسْكَبَةٌ مُدَفَّأَةٌ لإِنْتاجِ الخُضارِ
hot-blooded *adj.* سَريعُ الإهْتِياجِ أَوِ الغَضَبِ

hotel *n.* فُنْدُقٌ ؛ أوتيلُ
hot-headed *adj.* مُتَهَوِّرٌ ؛ حادُّ الطِباعِ . عَجولٌ
hot-house *n.* الوَأْمُ ؛ بَيْتٌ زُجاجيٌّ دَفيءٌ
hound *n.; vt.* كَلْبُ صَيْدٍ // يَتَعَقَّبُ ؛ يُطارِدُ
hour *n.* ساعَةٌ ؛ سِتّونَ دَقيقَةً . التَوقيتُ . حِصَّةُ تَعْليم
hourglass *n.* الساعَةُ الرَّمْلِيَّةُ
hourly *adv.; adj.* في كُلِّ ساعَةٍ ؛ بِاسْتِمْرارٍ // مُتَواصِلٌ ؛ دائمٌ
house *n.; vt.; i.* مَسْكِنٌ ؛ بَيْتٌ ؛ دارٌ . أُسْرَةٌ ؛ عائلةٌ . فُنْدُقٌ ؛ مَطْعَمٌ ؛ حانَةٌ . مَجْلِسُ تَشْريعٍ . مَسْرَحٌ . مُشاهِدو المَسْرَحِيَّةِ // يُؤْوي ؛ يُسْكِنُ / يُقيمُ ؛ يَسْكُنُ
on the — مَجّانًا . تَقْدِمَةً مِنَ المُؤَسَّسَةِ
house agent *n.* سِمْسارُ المَنازِلِ (وَكيلٌ)
house-breaker *n.* لِصُّ المَنازِلِ
household *n.; adj.* أُسْرَةٌ ؛ أَهْلُ البَيْتِ . البَيْتُ // مَنْزِليٌّ . مأْلوفٌ ؛ عاديٌّ
householder *n.* رَبُّ البَيْتِ ؛ رَأْسُ الأُسْرَةِ
housekeeper *n.* مُدَبِّرَةُ المَنْزِلِ . حارِسُ البِنايَةِ
housemaid *n.* خادِمَةٌ ؛ جارِيَةٌ
housewife *n.* رَبَّةُ المَنْزِلِ . عُلْبَةُ الخِياطَةِ
housework *n.* أَعْمالُ المَنْزِلِ
hovel *n.* خَيْمَةٌ . كوخٌ . زَريبَةٌ
hover *vi.* يُرَفْرِفُ ؛ يَحومُ . يَتَرَدَّدُ
how *adv.* كَيْفَ؟ لِماذا؟ كَمْ؟ بِكَمْ؟ بِأَيَّةِ طَريقَةٍ؟
however *conj.; adv.* مَعَ ذَلِكَ . مِنْ ناحِيَةٍ ثانِيَةٍ . وَلَكِنْ // كَيْفَما ؛ مَهْما . ومَعْ أَنَّ
howitzer *n.* مِدْفَعٌ خَفيفٌ قَذّافٌ
howl *n.; vi.* عُواءٌ ؛ نُباحٌ // يَعْوي ؛ يَنْبَحُ . يُوَلْوِلُ
howler *n.* النابِحُ . المُوَلْوِلُ
hub *n.* مِحْوَرُ العَجَلَةِ : الصُرَّةُ ؛ القَبُّ
hubbub *n.* صَخَبٌ ؛ هَرْجٌ ومَرْجٌ ؛ ضَجيجٌ
hub cap *n.* طاسَةُ الدولابِ أَوْ زينَةُ السَيّارَةِ
huddle *vt.; i.; n.* يَجْمَعُ أَوْ يَرْكُمُ بِعَجَلَةٍ / يَجْتَمِعُ ؛ يَحْتَشِدُ . يَرْبِضُ // تَجَمُّعٌ ؛ حَشْدٌ
hue *n.* لَوْنٌ . تَدَرُّجُ اللَونِ
huff *n.* نَوْبَةُ غَضَبٍ ؛ السُخْطُ ؛ الحَنَقُ
huffy *adj.* حانِقٌ . ساخِطٌ
hug *vt.; n.* يُعانِقُ . يُهَنِّئُ // عِناقٌ . تَهنِئَةٌ
huge *adj.* كبيرٌ ؛ ضَخْمٌ ؛ هائِلٌ
hulk *n.* هَيْكَلُ سَفينَةٍ . سَفينَةٌ . سِجْنٌ . شَيْءٌ ضَخْمٌ
hulking *adj.* ضَخْمٌ ؛ ثَقيلٌ وَبَطيءٌ
hull *n.; vt.* بَدَنُ السَفينَةِ . قِشْرَةٌ ؛ غِطاءٌ ؛ غِلافٌ // يُقَشِّرُ ؛ يَثْقُبُ (بَدَنَ السَفينَةِ)
hum *vt.; i.; n.* يُهَمْهِمُ ؛ يُدَنْدِنُ ؛ يَطِنُّ // هَمْهَمَةٌ ؛ دَنْدَنَةٌ ؛ طَنينٌ
human *adj.; n.* إنْسانيٌّ ؛ بَشَريٌّ // الآدَميُّ ؛ الإنْسانيُّ
human being *n.* اِبْنُ آدَمَ ؛ إنْسانٌ مَخْلوقٌ
humane *adj.* إنْسانيٌّ . شَفوقٌ ؛ عَطوفٌ
humanist *n.* المُحِبُّ لِلخَيْرِ العامِّ . الخَيِّرُ
humanity *n.* الإنْسانيَّةُ . الشَفَقَةُ ؛ الحُنُوُّ . البَشَريَّةُ . الطَبيعَةُ البَشَريَّةُ . الجِنْسُ البَشَريُّ
humankind *n.* الجِنْسُ البَشَريُّ . البَشَرُ
humble *adj.; vt.* مُتَواضِعٌ . ذَليلٌ // يُحَقِّرُ ؛ يُذِلُّ
humbly *adv.* بِتَواضُعٍ . بِذُلٍّ ؛ بِحَقارَةٍ
humbug *n.; vt.* دَجّالٌ . إحْتِيالٌ . هُراءٌ // يَخْدَعُ
humdrum *adj.* رَتيبٌ ؛ مُمِلٌّ ؛ مُضْجِرٌ
humid *adj.* رَطْبٌ ؛ مُبَلَّلٌ
humidify *vt.* يُرَطِّبُ
humidity *n.* رُطوبَةٌ ؛ تَبَلُّلٌ
humiliate *vt.* يُهينُ ؛ يُذِلُّ ؛ يُخْزي

humiliating *adj.* مُهينٌ ؛ مُعيبٌ ؛ مُخزٍ ؛ مُذِلٌّ
humiliation *n.* هَوانٌ ؛ ذُلٌّ ؛ خِزْيٌ
humility *n.* تَواضُعٌ ؛ إتِّضاعٌ
humming *n.* هَمْهَمَةٌ ؛ طَنينٌ ؛ دَنْدَنَةٌ
humming-bird *n.* الطَنّانُ ؛ طائِرٌ طَنّانٌ
hummock *n.* تَلٌّ ؛ رابيَةٌ
humor *n.* مِزاجٌ. دُعابَةٌ ؛ فُكاهةٌ
humorist *n.* الظَريفُ ؛ الفُكاهيُّ
humorous *adj.* ظَريفٌ ؛ فَكِهٌ ؛ هَزْليٌّ
hump *n.* حَدَبَةٌ ؛ سَنامٌ. أَكَمَةٌ ؛ تَلٌّ
humpback *n.* الأَحْدَبُ
humpbacked *adj.* مُحْدَوْدِبٌ ؛ مُحَدَّبٌ
humus *n.* دُبالٌ (تُرابٌ مِنَ النباتِ المُتَحلِّلِ)
hunch *n.; vi.; t.* حَدَبَةٌ ؛ سَنامٌ. حِسٌّ داخِليٌّ // يَنْدَفِعُ إلى الأمامِ. يَنْحني / يُحَدِّبُ. يَدْفَعُ إلى الأمامِ
hunchback *n.* الأَحْدَبُ ؛ ذو الحَدَبَةِ
hundred *n.* مِئَةٌ ؛ مَنْزِلَةُ المِئاتِ
hundredfold *adv.* مِئَةَ ضِعْفٍ
hundredth *n.; adj.* جُزْءٌ مِن مِئَةٍ // المِئَةُ
hundredweight *n.* وَحْدَةُ وزنٍ (تُساوي ١٠٠ ليبرَةٍ في أميركا و١١٢ لِيْبْرَةً في إنكلترا)
Hungarian *adj. & n.* هنْغاريٌّ ؛ مَجَريٌّ
hunger *n.; vt.; i.* جوعٌ. تَوْقٌ // يُجَوِّعُ / يَجوعُ
hungry *adj.* جائِعٌ ؛ تَوّاقٌ
hunk *n.* قِطْعَةٌ ضَخْمَةٌ (مِنْ جُبْنٍ أَوْ حَلْوى)
hunt *vt.; i.; n.* يَصْطادُ. يُطارِدُ // الصَيْدُ ؛ المُطارَدَةُ
hunter *n.* الصيّادُ. كَلْبٌ أَوْ حِصانٌ للصَيْدِ
hunting *n.* صَيْدٌ ؛ مُطارَدَةٌ
huntress *n.* الصَيّادَةُ ؛ الصائِدَةُ
huntsman *n.* صَيّادٌ مَعْ كِلابِ صَيْدٍ

hurdle *n.* حاجِزٌ (لِسِباقِ الخَيْلِ) ؛ عَقَبَةٌ ؛ سياجٌ
hurl *vi.; t.; n.* يَنْدَفِعُ ؛ يَنْطَلِقُ بِقُوَّةٍ / يَقْذِفُ ؛ يَرْشُقُ // دَفْعٌ. قَذْفٌ ؛ رَشْقٌ
hurly-burly *n.* ضَجيجٌ ؛ جَلَبَةٌ ؛ هَرْجٌ وَمَرْجٌ
hurrah (hurray) *n.* هُتافٌ ؛ صَرْخَةُ تَشْجيعٍ
hurricane *n.* إعْصارٌ ؛ عاصِفَةٌ هَوْجاءُ ؛ زَوْبَعَةٌ
hurried *adj.* سَريعٌ ؛ مُسْتَعْجِلٌ
hurry *vt.; i.; n.* يَسْتَعْجِلُ / يُسْرِعُ // سُرْعَةٌ ؛ عَجَلَةٌ
hurt *vt.; i. irr.; n.* يُؤْذي ؛ يَضُرُّ ؛ يُؤْلِمُ ؛ يُسيءُ إلى. يَجْرَحُ // أذًى ؛ ضَرَرٌ. ضَرْبَةٌ ؛ طَعْنَةٌ. إساءَةٌ
hurtful *adj.* مُؤْذٍ ؛ ضارٌّ. مُوجِعٌ ؛ مُؤْلِمٌ
hurtle *vt.; i.* يَقْذِفُ بِعُنْفٍ / يَنْدَفِعُ بِسُرْعَةٍ
husband *n.; vt.* زَوْجٌ ؛ بَعْلٌ // يُزَوِّجُ. يُوفِّرُ
husbandman *n.* المُزارِعُ
husbandry *n.* إقْتِصادٌ في النَفَقاتِ. زِراعَةٌ
hush *n.; int.; vt.; i.* سُكوتٌ ؛ هُدوءٌ // صَهْ! أُسْكُتْ // يُهَدِّئُ ؛ يُخْمِدُ ؛ يَطْمُسُ / يَهْدأُ. يَسْكُنُ
husk *n.; vt.* قِشْرَةٌ. قَرْنٌ بِسِلّى // يَقْشُرُ
husky *adj.* كَثيرُ القِشْرِ. قَويٌّ ؛ أَجَشُّ الصَوْتِ
hussar *n.* جُنْديٌّ مِنَ الخَيّالَةِ
hussy *n.* إمْرَأَةٌ فاجِرَةٌ ؛ فَتاةٌ وَقِحَةٌ
hustle *vt.; i.* يُزاحِمُ / يُعَجِّلُ ؛ يُسْرِعُ
hut *n.* كوخٌ ؛ سَقيفَةٌ ؛ عِرْزالٌ
hutch *n.* صُنْدوقٌ ؛ قَفَصٌ ؛ زَريبَةٌ. كوخٌ
hyacinth *n.* الصَفيرُ (ياقوتٌ أَزْرَقُ) ؛ حَجَرٌ كَريمٌ. الياقوتيَّةُ (زَهْرَةٌ مِنَ الزَنْبقيّاتِ)
hybrid *adj.; n.* هَجينٌ ؛ نَغْلٌ // الهَجينُ
hydra *n.* أُفْعوانٌ خُرافيٌّ لَهُ سَبْعَةُ رُؤوسٍ
hydrangea *n.* الأُرْطَنْسيا (زَهْرَةٌ)
hydrant *n.* حَنَفيَّةٌ ؛ صُنْبورٌ ؛ خُرْطومُ ماءٍ

hydraulic *adj.* مُدارٌ بواسِطةِ الماءِ. هَيْدروليكيٌّ
hydrochloric *adj.* حامِضُ الكُلورِ
hydrogen *n.* الهَيْدروجين (غازٌ خَفيفٌ)
hydrology *n.* عِلْمُ المائيّاتِ
hydrometer *n.* المِسْيَلُ: مِقْياسُ الكثافَةِ النَّوْعيَّةِ للسوائِلِ
hydrophobia *n.* رُهابُ الماءِ. داءُ الكَلْبِ
hyena *n.* الضَبْعُ
hygiene *n.* عِلْمُ الصِحَّةِ
hygienic *adj.* صِحّيٌّ؛ لَهُ عَلاقَةٌ بِعِلْمِ الصِحَّةِ
hymeneal *adj.* زَواجيٌّ
hymn *n.* تَرْتيلَةٌ؛ تَرْنيمَةٌ
hymn book *n.* كِتابُ التَراتيلِ
hyperbola *n.* القَطْعُ الزائِدُ (هن)
hyperbole *n.* غُلُوٌّ؛ إغْراقٌ (عِلْمُ البَلاغَةِ)
hyphen *n.* الواصِلَةُ: خَطٌّ يَجْمَعُ بَيْنَ كَلِمَتَيْنِ مُرَكَّبَتَيْنِ (-)
hypnosis *n.* التَنْويمُ المَغْنَطيسيُّ
hypnotic *adj. & n.* مُنَوِّمٌ
hypnotism *n.* التَنْويمُ المَغْنَطيسيُّ؛ النَوْمُ المَغْنَطيسيُّ
hypnotist *n.* المُنَوِّمُ المَغْنَطيسيُّ
hypnotize *vt.* يُنَوِّمُ مَغْنَطيسيًّا
hypochondria *n.* وَسْواسُ المَرَضِ. مَرَضٌ مَوْهومٌ
hypochondriac *n.* المُوَسْوَسُ عَلى صِحَّتِهِ
hypocrisy *n.* الرِياءُ؛ النِفاقُ؛ التَظاهُرُ بالفَضيلَةِ
hypocrite *n.; adj.* المُرائيُّ؛ المُنافِقُ // مُنافِقٌ
hypocritical *adj.* رِيائيٌّ؛ نِفاقيٌّ؛ كاذِبٌ؛ زائِفٌ
hypothecate *vt.* يَرْهَنُ (عَقارًا)
hypothesis *n.* (*pl.* **hypotheses**) الفَرْضيَّةُ
hyssop *n.* الزوفى: نَباتٌ مِنْ فَصيلَةِ الصَعْتَرِ
hysteria *n.* الهِسْتيريا: إضْطِرابٌ عَصَبيٌّ؛ الهَرَعُ
hysterical *adj.* هِسْتيريٌّ؛ هَرَعيٌّ
hysterics *n.pl.* نَوْبَةٌ هِسْتيريَّةٌ

I

I; i *n.* الحَرْفُ التاسِعُ مِنَ الأَبْجَدِيَّةِ الإِنْكِليزِيَّةِ

I *pron.* أنا ؛ ضَميرٌ لِلْمُفْرَدِ المُتَكَلِّمِ

iamb; iambus *n.* وَزْنٌ شِعْرِيٌّ

ibex *n.* الوَعِلُ ؛ تَيْسُ الجَبَلِ

ibis *n.* أبو مِنْجَل ؛ الحارِسُ (طائِرٌ مائِيٌّ)

ice *n.; vt.; i.* جَليدٌ ؛ ثَلْجٌ . حَلْوى مُثَلَّجَةٌ // يُجَلِّدُ ؛ يُبَرِّدُ / يُصْبِحُ بارِدًا ؛ يَكْتَسي بِالثَّلْجِ أَوِ الجَليدِ

ice axe *n.* فَأْسٌ أَوْ مِعْوَلٌ يُسْتَعْمَلُ لِكَسْرِ الجَليدِ

iceberg *n.* الجَبَلُ الجَليدِيُّ ؛ جَبَلُ ثَلْجٍ عائِمٌ

ice-bound *adj.* مُحاطٌ أَوْ مُحاصَرٌ بِالجَليدِ

ice-box *n.* ثَلاّجَةٌ ؛ بَرّادٌ

ice-breaker *n.* كاسِحَةُ الجَليدِ

ice-cream *n.* مُثَلَّجاتٌ ؛ بوظَةٌ (جيلاتي)

iced *adj.* مُثَلَّجٌ ؛ مُبَرَّدٌ

ice-floe *n.* طَبَقَةٌ أَوْ رُقاقَةٌ مِنَ الجَليدِ العائِمِ

Icelander *n.* المُواطِنُ الإِيسْلَنْدِيُّ

Icelandic *adj. & n.* إيسْلَنْدِيٌّ

iceman *n.* الثلاّجُ ؛ بائِعُ الثَّلْجِ

ice pack *n.* جَليدٌ مُتَكَسِّرٌ عائِمٌ في البِحارِ

ice storm *n.* عاصِفَةٌ ثَلْجِيَّةٌ

icicle *n.* جَليدٌ مُتَدَلٍّ

icing *n.* التَّجْليدُ ؛ التَّجْميدُ . كِسْوَةُ السُّكَّرِ المُنَعَّمِ

icon *n.* أَيْقونَةٌ . تِمْثالٌ ؛ مَعْبودٌ (مُكَرَّمٌ)

icy *adj.* جَليدِيٌّ ؛ مَكْسُوٌّ بِالجَليدِ ؛ بارِدٌ جِدًّا

idea *n.* فِكْرَةٌ . صورَةٌ ؛ مِثالٌ ؛ مَثَلٌ أَعْلى . غايَةٌ

ideal *n.; adj.* مَثَلٌ أَعْلى // مِثالِيٌّ . ذِهْنِيٌّ ؛ تَصَوُّرِيٌّ

idealism *n.* المِثالِيَّةُ ؛ المَذْهَبُ المِثالِيُّ

Idealist *n. & adj.* مِثالِيٌّ

idealistic *adj.* مِثالِيٌّ

idealize *vt.* يَجْعَلُهُ مِثالِيًّا

identical *adj.* نَفْسُهُ . مُماثِلٌ ؛ مُتَطابِقٌ ؛ مُتَشابِهٌ

identification *n.* مُماثَلَةٌ . تَطابُقٌ . تَثْبيتُ الهُوِيَّةِ

identify *vt.; i.* يُعَيِّنُ النَّوْعَ . يُحَقِّقُ الهُوِيَّةَ / يَتَماثَلُ ؛ يَتَطابَقُ

identity *n.* هُوِيَّةٌ ؛ ذاتِيَّةٌ . وَحْدَةٌ ؛ تَماثُلٌ ؛ تَطابُقٌ

ideologic (al) *adj.* إيديولوجِيٌّ

ideology *n.* الإيديولوجِيَّةُ : مَذْهَبٌ

idiocy *n.* بَلاهَةٌ ؛ حَماقَةٌ ؛ عُتْهٌ

idiom *n.* مُصْطَلَحٌ ؛ عِبارَةٌ . لَهْجَةٌ . لُغَةٌ

idiomatic *adj.* إِصْطِلاحِيٌّ ؛ خاصٌّ بِلُغَةٍ (تَعْبيرٌ)

idiot *n.* الأَبْلَهُ ؛ الأَحْمَقُ ؛ المَعْتوهُ

idiotic (al) *adj.* أَبْلَهُ ؛ مَعْتوهٌ ؛ أَحْمَقُ

idle *adj.; vi.* كَسولٌ . عاطِلٌ عَنِ العَمَلِ . تافِهٌ // يَتَبَطَّلُ . يُعَطِّلُ . يَتَكاسَلُ

idleness *n.* تَعْطيلٌ . كَسَلٌ . عَدَمُ جَدْوَى

idler *n.* العاطِلُ عَنِ العَمَلِ . الكَسولُ

idol *n.* وَثَنٌ ؛ صَنَمٌ ؛ إِلٰهٌ زائِفٌ . مَعْبودٌ

idolater (idolatress) *n.* عابِدُ أَوْ عابِدَةُ الأَوْثانِ ؛ الوَثَنِيُّ . الذي يُحِبُّ حُبًّا أَعْمى

idolatrous *adj.* وَثَنِيٌّ . مُحِبٌّ حُبًّا أَعْمى

idolatry *n.* عِبادَةُ الأَوْثانِ ؛ الوَثَنِيَّةُ . الحُبُّ الأَعْمى

idolize *vt.* يُؤَلِّهُ ؛ يَعْبُدُ الأَوْثانَ . يُحِبُّ بِإِفْراطٍ

idyll *or* **idyl** *n.* القَصيدَةُ الريفِيَّةُ

if *conj.* إذا ؛ إِنْ ؛ ما إذا ؛ لَوْ ؛ لَيْتَ ؛ لَوْ أَنَّهُ

and —! وَإِنْ كانَ

igloo *n.* كوخٌ ثَلْجيٌّ (الأسْكيمو)
igneous *adj.* ناريٌّ ؛ حُمَميٌّ ؛ بُرْكانيٌّ
ignite *vt.; i.* يُشْعِلُ ؛ يُلْهِبُ / يَشْتَعِلُ ؛ يَلْتَهِبُ
ignition *n.* إقْتِداحٌ ؛ إشعالٌ ؛ إدارَةُ السَّيارَةِ بالمِفْتاحِ
ignoble *adj.* وَضيعٌ ؛ سافِلٌ ؛ حَقيرٌ
ignominious *adj.* شائِنٌ ؛ حَقيرٌ ؛ مُخْزٍ ؛ مُخْجِلٌ
ignominy *n.* خِزْيٌ ؛ عارٌ ؛ حَقارَةٌ ؛ شَناعَةٌ
ignoramus *n.* الجَهولُ ؛ الجاهِلُ ؛ الأُمّيُّ
ignorance *n.* جَهْلٌ ؛ جهالَةٌ
ignore *vt.* يَتجاهَلُ ؛ يُهْمِلُ ؛ لا يَعْبأُ ؛ يَتَغاضى
ill *adj.; adv.; n.* سَيِّئٌ . مَريضٌ ؛ خَبيثٌ . رَديءٌ ؛ فَظٌّ // بِسوءٍ ؛ بِفَظاظَةٍ // مَرَضٌ . سوءٌ
ill-bred *adj.* سَيِّئُ التَّنْشِئَةِ ؛ غَيْرُ مُهَذَّبٍ
illegal *adj.* غَيْرُ قانونيّ ؛ غَيْرُ شَرْعِيّ (عَقْدٌ)
illegible *adj.* غَيْرُ مَفْهومٍ ؛ غَيْرُ مَقْروءٍ (خَطٌّ)
illegitimacy *n.* النُّغولَةُ . اللاّشَرْعيَّةُ
illegitimate *adj.* نَغِلٌ . غَيْرُ شَرْعِيّ ؛ شاذٌّ
ill-fated *adj.* مَنْحوسٌ ؛ سَيِّئُ الحَظِّ
ill-favored *adj.* قَبيحٌ . سَمِجٌ
illiberal *adj.* ضَيِّقُ العَقْلِ . بَخيلٌ . جاهِلٌ
illicit *adj.* مَحْظورٌ ؛ غَيْرُ مُباحٍ ؛ غَيْرُ مَشْروعٍ
illimitable *adj.* لامُتناهٍ ؛ لا حَدَّ لَهُ
ill-informed *adj.* مُطَّلِعٌ بِصورَةٍ مَغْلوطَةٍ
illiteracy *n.* الجَهْلُ ؛ الأُمّيَّةُ
illiterate *adj. & n.* جاهِلٌ ؛ أُمّيٌّ
ill-mannered *adj.* جِلْفٌ ؛ فَظُّ الأَخْلاقِ
ill-natured *adj.* مُشاكِسٌ ؛ سَيِّئُ الطَّبْعِ
illness *n.* مَرَضٌ ؛ سُقْمٌ ؛ إعْتِلالٌ
illogical *adj.* غَيْرُ مَعْقولٍ ؛ مُخالِفٌ لِلْمَنْطِقِ
ill-starred *adj.* مَنْحوسٌ . سَيِّئُ الحَظِّ
ill-tempered *adj.* عَصَبيٌّ ؛ مِزاجيٌّ
ill-treat *vt.* يُعامِلُ مُعامَلَةً سَيِّئَةً
illuminate *vt.* يُضيءُ ؛ يُنيرُ . يُنَوِّرُ . يُزَيِّنُ
illumination *n.* إضاءَةٌ ؛ إنارَةٌ ؛ إسْطاعٌ . تَزْيينٌ
ill-usage *n.* إجْحافٌ . مُعامَلَةٌ سَيِّئَةٌ
ill-use *vt.* يُسيءُ أَوْ يُغْلِظُ المُعامَلَةَ
illusion *n.* خِداعٌ ؛ تَضْليلٌ . وَهْمٌ ؛ تَوَهُّمٌ
illustrate *vt.* يُوَضِّحُ ؛ يُفَسِّرُ . يُزَيِّنُ ؛ يُجَمِّلُ
illustration *n.* تَوْضيحٌ ؛ تَفْسيرٌ . تَزْيينٌ ؛ تَجْميلٌ . صورَةٌ تَوْضيحيَّةٌ (للزَّخْرَفَةِ)
illustrative *adj.* تَوْضيحيٌّ ؛ تَفْسيريٌّ . تَزْيينيٌّ
illustrious *adj.* شَهيرٌ ؛ لامِعٌ ؛ مَعْروفٌ
I'm, I am [BE] أنا أكونُ
image *n.* صورَةٌ . أيْقونَةٌ . صَنَمٌ . رَمْزٌ ؛ مِثالٌ . مَفْهومٌ
imagery *n.* تَصَوُّرٌ . اللُّغَةُ المجازيَّةُ . تماثيلُ
imaginable *adj.* مُمْكِنٌ تَخَيُّلُهُ أَوْ تَصَوُّرُهُ
imaginary *adj.* خياليٌّ ؛ وَهْميٌّ ؛ غيرُ واقِعيٍّ
imagination *n.* تَخَيُّلٌ ؛ وَهْمٌ . خَيالٌ ؛ مُخَيِّلَةٌ
imagine *vt.; i.* يَتَخَيَّلُ ؛ يَتَصَوَّرُ ؛ يَعْتَقِدُ ؛ يَظُنُّ
imbecile *adj.; n.* أَبْلَهُ ؛ مَعْتوهٌ // الأَبْلَهُ
imbecility *n.* بَلاهَةٌ ؛ عَتاهَةٌ ؛ حَماقَةٌ ؛ غَباوَةٌ
imbibe *vt.; i.* يَمْتَصُّ ؛ يَتَشَرَّبُ / يَشْرَبُ نَخْبَهُ
imbue *vt.* يَصْبُغُ . يُشْرِبُ (فِكْرَةً أَوْ عاطِفَةً)
imitate *vt.* يُقَلِّدُ ؛ يُحاكي . يُزَيِّفُ . يَقْتَدي
imitation *n.* تَقْليدٌ ؛ مُحاكاةٌ . تَزْييفٌ ؛ تَزْويرٌ
imitative *adj.* مُقَلِّدٌ ؛ زائفٌ . تَقْليديٌّ
immaculate *adj.* طاهِرٌ ؛ نَقيٌّ ؛ ناصِعٌ ؛ بلا دَنَسٍ
immaterial *adj.* غَيْرُ مادّيٍّ ؛ روحيٌّ
immature *adj.* غَيْرُ ناضِجٍ . سَقْطٌ
immeasurable *adj.* لا حَدَّ لَهُ ؛ لا يُقاسُ
immediate *adj.* مُباشِرٌ ؛ داهِمٌ ؛ فَوْرِيٌّ ؛ آنيٌّ

his — family	أقاربُهُ الأدْنونَ
the — question	المَسْأَلَةُ الحاليَّةُ
immediately *adv.*	مُباشَرَةً؛ تَوًّا؛ فَوْرًا؛ حالاً
immedicable *adj.*	عُضالٌ (مَرَضٌ)
immemorial *adj.*	بالِغُ القِدَمِ. مِنَ الأَزَلِ
immense *adj.*	شاسِعٌ. هائِلٌ. عَظيمٌ. لا مَحْدودٌ
immensity *n.*	ضَخامَةٌ؛ إتِّساعٌ؛ إمْتِدادٌ؛ لا نِهايَةٌ
immerse *vt.*	يَغْمُرُ؛ يُغَطِّسُ. يُعَمِّدُ
immersion *n.*	غَمْسٌ؛ تَغْطيسٌ. تَعميدٌ
immigrant *adj.; n.*	مُهاجِرٌ؛ مُتَوَطِّنٌ // المُهاجِرُ
immigrate *vi.*	يَتَغَرَّبُ؛ يُهاجِرُ. يَتَوَطَّنُ
immigration *n.*	رَحيلٌ؛ سَفَرٌ؛ هِجرةٌ. تَوَطُّنٌ
imminence *n.*	قُرْبُ أَوْ وَشاكَةُ الحُدوثِ
imminent *adj.*	وَشيكٌ؛ داهِمٌ؛ مُحْدِقٌ
immobile *adj.*	ثابِتٌ؛ عَديمُ الحَرَكَةِ
immobilize *vt.*	يُجَمِّدُ؛ يُثَبِّتُ؛ يَشُلُّ حَرَكَتَهُ
immoderate *adj.*	مُفْرِطٌ؛ غَيْرُ مُعْتَدِلٍ
immodest *adj.*	غَيْرُ مُحْتَشِمٍ. مُدَّعٍ؛ وَقِحٌ
immolate *vt.*	يُضَحّي؛ يُقَدِّمُ ذَبيحَةً
immoral *adj.*	فاسِقٌ؛ خَليعٌ؛ لا أَخْلاقِيٌّ
immorality *n.*	خَلاعَةٌ؛ فِسْقٌ؛ فُجورٌ؛ لا أَخْلاقٌ
immortal *adj.*	خالِدٌ (مَجْدٌ)؛ باقٍ (ذِكْرٌ)
immortality *n.*	خُلودٌ؛ بَقاءٌ. شُهْرَةٌ أَزَلِيَّةٌ
immortalize *vt.*	يُخَلِّدُ (ذِكْرًا، روائِعَ)
immovable *adj.; n.*	راسِخٌ // مُلْكٌ غَيْرُ مَنْقولٍ
immutable *adj.*	ثابِتٌ؛ غَيْرُ قابِلٍ لِلتَغَيُّرِ
imp *n.*	عِفْريتٌ صَغيرٌ؛ وَلَدٌ مُؤْذٍ
impact *n.; vt.*	وَقْعٌ؛ وَطْأَةٌ؛ تَأْثيرٌ. تَصادُمٌ // يَرُصُّ
impair *vt.*	يُفْسِدُ؛ يُتْلِفُ. يُضْعِفُ
impale *vt.*	يُخَوْزِقُ
impalpable *adj.*	غَيْرُ مَحْسوسٍ باللَّمْسِ (غُبارٌ)
impart *vt.*	يُفْشي؛ يُفْصِحُ عن. يَمْنَحُ. يَنْقُلُ
impartial *adj.*	نَزيهٌ؛ مُتَجَرِّدٌ؛ غَيْرُ مُتَحَيِّزٍ (قاضٍ)
impartiality *n.*	تَجَرُّدٌ؛ عَدَمُ مُحاباةٍ. إسْتِقامَةٌ
impassable *adj.*	غَيْرُ سالِكٍ؛ غَيْرُ نافِذٍ (دَرْبٌ)
impasse *n.*	طَريقٌ مَسْدودٌ. وَرْطَةٌ؛ مأْزِقٌ
impassible *adj.*	بارِدُ الأَعصابِ؛ لا مُبالٍ
impassioned *adj.*	مُتَلَهِّفٌ؛ مُتَّقِدُ العاطِفَةِ
impassive *adj.*	هادِئٌ. جامِدٌ. لا مُبالٍ
impatience *n.*	نَفادُ الصَبْرِ؛ فُروغُ الصَبْرِ
impatient *adj.*	بَرِمٌ؛ نافِدُ الصَبْرِ؛ ضَيِّقُ الصَدْرِ
impeach *vt.*	يَتَّهِمُ. يُجَرِّحُ
impeccable *adj.*	مَعْصومٌ؛ مُنَزَّهٌ؛ خِلْوٌ مِنَ الأَخْطاءِ
impede *vt.*	يَعوقُ؛ يَعْتَرِضُ السَبيلَ؛ يَصُدُّ
impediment *n.*	إعاقَةٌ؛ إعْتِراضٌ. مانِعٌ شَرْعِيٌّ
impel *vt.*	يُجْبِرُ؛ يُكْرِهُ. يُسَيِّرُ
impend *vi.*	يَتَوَعَّدُ؛ يُهَدِّدُ. يوشِكُ أَنْ يَحْدُثَ
impending *adj.*	مُتَوَعِّدٌ. وَشيكُ الحُدوثِ
impenetrable *adj.*	لا يُخْرَقُ؛ لا يُنْفَذُ. غامِضٌ؛ لا يُفْقَهُ. مُمْتَنِعُ الشُعورِ
impenitent *adj.*	سادِرٌ؛ غَيْرُ نادِمٍ؛ غَيْرُ تائِبٍ
imperative *adj.; n.*	بِصيغَةِ الأَمْرِ. إلْزامِيٌّ؛ مُلِحٌّ. أَساسِيٌّ // صيغَةُ الأَمْرِ. أَمْرٌ؛ طَلَبٌ؛ إلْزامٌ
imperceptible *adj.*	لا يُدْرَكُ؛ ضَئيلٌ جِدًّا
imperfect *adj.; n.*	ناقِصٌ؛ غَيْرُ تامٍّ؛ غَيْرُ كامِلٍ // صيغَةُ الماضي الناقِصِ. فِعْلٌ ماضٍ ناقِصٍ
imperfection *n.*	نَقْصٌ؛ عَيْبٌ؛ شائِبَةٌ
imperial *adj.*	قَيْصَرِيٌّ؛ إمْبَراطورِيٌّ. فَخيمٌ
imperialism *n.*	الإمبرياليَّةُ؛ الإسْتِعْمارُ. الحُكْمُ الإمبراطوريُّ
imperil *vt.*	يُعَرِّضُ لِلْخَطَرِ. يوقِعُ في تَهْلُكَةٍ
imperious *adj.*	مُتَغَطْرِسٌ؛ مُسْتَبِدٌّ. مَهيبٌ. مُلِحٌّ

imperishable *adj.*	غَيْرُ فانٍ ؛ باقٍ ؛ خالدٌ
impersonal *adj.*	مَوْضوعِيٌّ ؛ غَيْرُ شَخْصِيٍّ
impersonate *vt.*	يَتَلَبَّسُ أَوْ يُمَثِّلُ شَخْصِيَّةَ غَيْرِهِ
impertinent *adj.*	خارجٌ عن الموضوع . وَقِحٌ
imperturbable *adj.*	هادئٌ ؛ ثابِتُ الجَنَانِ
impervious *adj.*	مَنيعٌ ؛ مُغْلَقٌ . لا يَنْفُذُهُ الماءُ
impetuosity *n.*	عُنْفٌ . إِنْدِفاعٌ . سَوْرَةٌ (غَضَب)
impetuous *adj.*	مُتَهَوِّرٌ ؛ طائِشٌ ؛ مُنْدَفِعٌ . عَنيفٌ
impetus *n.*	الإِنْدِفاعُ ؛ الزَّخْمُ ؛ قُوَّةُ الدَّفْعِ
impiety *n.*	كُفْرٌ . عُقوقٌ
impinge *vi.*	يَصْطدِمُ بـ . يَقَعُ على
impious *adj.*	أَثيمٌ ؛ كافِرٌ ؛ غَيْرُ وَرِعٍ . عاقٌّ
impish *adj.*	شَيْطانِيٌّ ؛ عِفْريتيٌّ ؛ مُؤْذٍ . خَبيثٌ
implacable *adj.*	حَقودٌ . مُتَصَلِّبٌ ؛ عَنيدٌ
implant *vt.*	يَغْرِسُ ؛ يَزْرَعُ . يُرَسِّخُ ؛ يَغْرِزُ
implement *n.; vt.*	أَداةٌ ؛ آلَةٌ . وَسيلَةٌ // يُنَفِّذُ
implicate *vt.*	يُشْرِكُ ؛ يُوَرِّطُ . يُضَمِّنُ
implication *n.*	إِشْراكٌ ؛ تَوْريطٌ ؛ تَوَرُّطٌ . تَضْمينٌ
implicit *adj.*	مُطْلَقٌ ؛ تامٌّ . مُضْمَرٌ ؛ ضِمْنِيٌّ
implied *adj.*	ضِمْنِيٌّ ؛ مَفْهومٌ ضِمْنًا
implore *vt.*	يَلْتَمِسُ ؛ يُناشِدُ ؛ يَتَوَسَّلُ إلى ؛ يَتَضَرَّعُ
imply *vt.*	يَشْتَمِلُ ؛ يَتَضَمَّنُ ؛ يَدُلُّ على
impolite *adj.*	فَظٌّ ؛ وَقِحٌ ؛ غَيْرُ مُهَذَّبٍ
impolitic *adj.*	أَحْمَقُ . غَيْرُ لَبِقٍ
import *n.; vt.*	إِسْتيرادٌ . سِلْعَةٌ مُسْتَوْرَدَةٌ . أَهَمِّيَّةٌ // يَسْتَوْرِدُ . يُهِمُّ ؛ يُفيدُ ؛ يَعْني
importance *n.*	أَهَمِّيَّةٌ ؛ شَأْنٌ ؛ تَأْثيرٌ
important *adj.*	هامٌّ ؛ ذو شَأْنٍ . خَطيرٌ
importation *n.*	الإِسْتيرادُ . المُسْتَوْرَدُ
importunate *adj.*	مُلِحٌّ . مُزْعِجٌ ؛ مُضايِقٌ
importune *vt.; i.*	يُلِحُّ ؛ يُزْعِجُ ؛ يُضايِقُ
importunity *n.*	مُضايَقَةٌ ؛ إِزْعاجٌ . لَجاجَةٌ
impose *vt.; i.*	يَفْرِضُ . يَتَطَفَّلُ / يَسْتَغِلُّ
imposing *adj.*	جَليلٌ ؛ مَهيبٌ ؛ وَقورٌ
imposition *n.*	ضَريبَةٌ ؛ عِبْءٌ ثَقيلٌ . إِحْتيالٌ
impossibility *n.*	إِسْتِحالَةٌ ؛ تَعَذُّرٌ ؛ عَدَمُ قُدْرَةٍ . الشَّيْءُ المُسْتَحيلُ ؛ المُحالُ
impossible *adj.*	مُسْتَحيلٌ ؛ مُتَعَذِّرٌ ؛ مُحالٌ
impost *n.*	ضَريبَةٌ ؛ جِزْيَةٌ . رَسْمٌ
impostor *n.*	الدَّجّالُ ؛ الأَفّاكُ ؛ المُحْتالُ ؛ المُدَّعي
imposture *n.*	دَجَلٌ ؛ خِداعٌ ؛ إِنْتِحالٌ ؛ مَكْرٌ
impotence *n.*	العُنَّةُ ؛ العَجْزُ الجِنْسِيُّ
impotent *adj.*	ضَعيفٌ . عاجِزٌ جِنْسِيًّا ؛ عَقيمٌ
impound *vt.*	يَسْجُنُ ؛ يَحْجُزُ ؛ يَزْرُبُ . يُصادِرُ
impoverish *vt.*	يُفْقِرُ . يُنْهِكُ
impracticable *adj.*	غَيْرُ عَمَلِيٍّ . غَيْرُ سالِكٍ
impractical *adj.*	غَيْرُ مُمْكِنِ التَّنْفيذِ
imprecate *vt.; i.*	يَلْعَنُ ؛ يَدْعو عَلَيْهِ
imprecation *n.*	لَعْنَةٌ ؛ دُعاءٌ على
impregnable *adj.*	مَنيعٌ ؛ ثابِتٌ . قابِلٌ لِلتَّلْقيحِ
impregnate *vt.*	يُلَقِّحُ ؛ يُخْصِبُ . يُشَرِّبُ (بالماءِ)
impresario *n.*	مُديرُ أَعْمالٍ فَنّانٍ
impress *vt.; n.*	يَدْمَغُ ؛ يَطْبَعُ ؛ يَبْصِمُ . يُفْهِمُ . يَخْتَرِقُ // بَصْمَةٌ ؛ دَمْغَةٌ . شِعارٌ
impression *n.*	إِنْطِباعٌ . فِكْرَةٌ ؛ عِبارَةٌ . خَتْمٌ ؛ دَمْغٌ ؛ بَصْمٌ
impressive *adj.*	مُؤَثِّرٌ ؛ مُثيرٌ لِلْعاطِفَةِ (إِعْجابٍ)
imprint *vt.; n.*	يَخْتِمُ ؛ يَطْبَعُ ؛ يَبْصِمُ // دَمْغَةٌ
imprison *vt.*	يَسْجُنُ ؛ يَأْسِرُ ؛ يَحْبِسُ ؛ يَحْتَجِزُ
improbability *n.*	عَدَمُ الإِحْتِمالِ ؛ إِسْتِبْعادُ أَمْرٍ
improbable *adj.*	غَيْرُ مُحْتَمَلِ الوُقوعِ
impromptu *adj.; adv.*	مُرْتَجَلٌ // إِرْتِجالاً

improper *adj.* بَذيءٌ . خاطِئٌ . مُسْتَهْجَنٌ
impropriety *n.* عَدَمُ مُناسَبَةٍ . قِلَّةُ احْتِشام ؛ بَذاءَةٌ
improve *vt.; i.* يُحَسِّنُ ؛ يُجَمِّلُ / يَتَحَسَّنُ
improvement *n.* تَحْسينٌ . إتْقانٌ ؛ إجادَةٌ
improvidence *n.* تَفْريطٌ . عَدَمُ احْتِياطٍ
improvident *adj.* مُسْرِفٌ ؛ مُبَذِّرٌ . عَديمُ البَصيرَةِ
improvisation *n.* إرْتِجالٌ ؛ إبْتِداهٌ . شَيْءٌ مُرْتَجَلٌ
improvise *vt.; i.* يَرْتَجِلُ ؛ يَبْتَدِهُ
imprudence *n.* حَماقَةٌ ؛ طَيْشٌ ؛ تَهَوُّرٌ
imprudent *adj.* أَحْمَقُ ؛ مُتَغافِلٌ . مُجازِفٌ
impudence *n.* وَقاحَةٌ ؛ صَفاقَةٌ ؛ قِلَّةُ حَياءٍ . تَبَجُّحٌ
impudent *adj.* وَقِحٌ ؛ صَفيقٌ ؛ قَليلُ الحَياءِ
impugn *vt.* يُفَنِّدُ . يُشَكِّكُ ؛ يُكَذِّبُ ؛ يَطْعَنُ بِـ
impulse; impulsion *n.* نَزْوَةٌ . زَخْمٌ . حافِزٌ
impulsive *adj.* دافِعٌ . مُتَهَوِّرٌ . نَزِقٌ
impunity *n.* إعْفاءٌ مِنْ عُقوبَةٍ . حَصانَةٌ
impure *adj.* قَذِرٌ ؛ مُلَوَّثٌ ؛ نَجِسٌ ؛ مَغْشوشٌ
impurity *n.* قَذارَةٌ ؛ نَجاسَةٌ . لَحْنٌ (في اللُّغَةِ)
impute *vt.* يَتَّهِمُ ؛ يَنْسُبُ ؛ يَعْزو
in *prep.; adv.; adj.; n.* في . بِـ // أثْناءَ . داخِلَ . بَيْنَما // داخِليٌّ ؛ باطِنيٌّ // الداخِلُ ؛ الباطِنُ
  Come —! أُدْخُلْ
  day —, day out يَوْمًا بَعْدَ يَوْمٍ
  — his time في حَياتِهِ
  Is he —? هَلْ هُوَ في الداخِلِ ؟
  the —s أصْحابُ السُّلْطَةِ
inability *n.* عَجْزٌ ؛ قُصورٌ ؛ عَدَمُ قُدْرَةٍ
inaccessible *adj.* صَعْبُ المَنالِ ؛ مُتَعَذِّرٌ بُلوغُهُ
inaccuracy *n.* عَدَمُ دِقَّةٍ ؛ عَدَمُ صِحَّةٍ . خَطَأٌ
inaccurate *adj.* غَيْرُ دَقيقٍ ؛ خاطِئٌ ؛ بِهِ عِلَّةٌ
inaction *n.* كَسَلٌ ؛ تَراخٍ ؛ هُمودٌ ؛ جُمودٌ
inactive *adj.* خامِلٌ ؛ غَيْرُ فَعّالٍ ؛ هامِدٌ ؛ جامِدٌ
inactivity *n.* سُكونٌ ؛ خُمولٌ ؛ لا نَشاطٌ ؛ لا فَعالِيَّةٌ
inadequate *adj.* غَيْرُ مُلائِمٍ . غيرُ وافٍ
inadmissible *adj.* غَيْرُ مَقْبولٍ
inadvertence *n.* إهْمالٌ ؛ سَهْوٌ ؛ غَفْلَةٌ
inadvertent *adj.* مُهْمِلٌ ؛ غافِلٌ ؛ غَيْرُ مُتَعَمَّدٍ
inadvisable *adj.* غَيْرُ مُسْتَصْوَبٍ
inalienable *adj.* غَيْرُ قابِلٍ لِلتَصَرُّفِ
inalterable *adj.* غَيْرُ قابِلٍ لِلتَبَدُّلِ
inane *adj.* تافِهٌ . فارِغٌ . مأفونٌ
inanimate *adj.* مَواتٌ . بَليدٌ . فاقِدُ الوَعْيِ
inanition *n.* فَراغٌ . جوعٌ ؛ خَوًى . خَوَرٌ
inanity *n.* بُطْلٌ ؛ فَراغٌ ؛ تَفاهَةٌ . شَيْءٌ تافِهٌ
inapplicable *adj.* غَيرُ قابِلٍ لِلتَطْبيقِ ؛ غَيْرُ مُلائِمٍ
inappreciable *adj.* دَقيقٌ ؛ لا يُمْكِنُ تَقْديرُهُ
inappropriate *adj.* غَيْرُ مُلائِمٍ ؛ غَيْرُ مُناسِبٍ
inapt *adj.* غَيْرُ بارِعٍ . غَيْرُ مُلائِمٍ . غَيْرُ أَهْلٍ
inaptitude *n.* عَدَمُ أَهْلِيَّةٍ
inarticulate *adj.* لا مَفْصِليٌّ . عَيِيٌّ . غَيرُ مَلفوظٍ بِوُضوحٍ
inartistic *adj.* غَيْرُ فَنّيٍّ
inasmuch as *adv.* بِسَبَبِ ؛ لِأَنَّ ؛ نَظَرًا لِأَنَّ . . .
inattention *n.* غَفْلَةٌ ؛ سَهْوٌ ؛ قِلَّةُ انْتِباهٍ ؛ إهْمالٌ
inattentive *adj.* غافِلٌ ؛ غَيْرُ مُنْتَبِهٍ ؛ ساهٍ ؛ مُهْمِلٌ
inaudible *adj.* غَيْرُ مَسْموعٍ ؛ خافِتُ (صَوْتٌ)
inaugural *adj.* إفْتِتاحيٌّ ؛ تَدْشينيٌّ (خِطابٌ)
inaugurate *vt.* يُدَشِّنُ . يُقَلِّدُهُ السُّلْطَةَ رَسْميًّا
inauguration *n.* إفْتِتاحٌ ؛ تَدْشينٌ . تَقْليدٌ
inauspicious *adj.* مَنْحوسٌ ؛ مَشْؤومٌ
inborn; inbred *adj.* فِطْريٌّ ؛ طَبيعيٌّ . مَوْروثٌ
incalculable *adj.* لا يُعَدُّ ؛ لا يُحْصى . لا يُمْكِنُ

التَنبُّؤُ بِه. مُتَقَلِّبٌ

incandescence *n.* تَوَهُّجٌ ؛ وَهْجٌ

incandescent *adj.* مُتَوَهِّجٌ ؛ مُتَوَقِّدٌ ؛ مُتَأَجِّجٌ

incantation *n.* تَعْوِيذٌ ؛ رُقْيَةٌ

incapable *adj.* عاجِزٌ ؛ غَيْرُ قادِرٍ. غَيْرُ كُفْءٍ

incapacitate *vt.* يُضْعِفُ ؛ يُعْجِزُ ؛ يُفْقِدُهُ الأَهْلِيَّةَ

incarcerate *vt.* يَسْجُنُ ؛ يَعْتَقِلُ. يَحْجُزُ ؛ يَحْصُرُ

incarnate *adj.; vt.* مُجَسَّدٌ ؛ مُجَسَّمٌ // يُجَسِّدُ

incarnation *n.* تَجْسِيدٌ

incautious *adj.* قَلِيلُ الحَذَرِ ؛ مُهْمِلٌ ؛ غافِلٌ

incendiary *adj.; n.* فاعِلُ الحَرِيقِ ؛ حارِقٌ مُتَعَمِّدٌ. مُثِيرٌ لِلشَّغَبِ // مُحْرِقٌ. مُهَيِّجٌ ؛ مُثِيرٌ (لِلفِتْنَةِ)

incense *n.; vt.* بَخُورٌ ؛ رائِحَةٌ زَكِيَّةٌ. تَمَلُّقٌ ؛ إِطْراءٌ // يُبَخِّرُ ؛ يَحْرُقُ البَخُورَ. يُحْنِقُ

incentive *adj.; n.* باعِثٌ ؛ مُثِيرٌ ؛ مُحَرِّكٌ ؛ حافِزٌ // الدافِعُ ؛ المُحَرِّكُ ؛ الباعِثُ ؛ الحافِزُ

inception *n.* إِبْتِداءٌ ؛ إِسْتِهْلالٌ

incertitude *n.* شَكٌّ ؛ حَيْرَةٌ ؛ عَدَمُ يَقِينٍ

incessant *adj.* غَيْرُ مُنْقَطِعٍ ؛ مُتَواصِلٌ ؛ مُسْتَمِرٌّ

inch *n.* بُوصَةٌ ؛ إِنْشٌ ؛ قِياسٌ يُساوِي ٢,٥٤ سم

incidence *n.* مَجالُ الحُدُوثِ أَوِ الإِنْتِشارِ

incident *n.; adj.* حادِثٌ ؛ عارِضٌ // عَرَضِيٌّ

incidental *adj.* عَرَضِيٌّ ؛ طارِئٌ. ثانَوِيٌّ

incinerate *vt.* يُرَمِّدُ ؛ يُصَيِّرُهُ رَماداً

incipient *adj.* أَوَّلِيٌّ ؛ إِبْتِدائِيٌّ

incise *vt.* يَحُزُّ. يَشُقُّ. يَنْحَتُ ؛ يَنْقُشُ

incised *adj.* مُحَزَّزٌ. مَنْحُوتٌ ؛ مَنْقُوشٌ

incision *n.* نَقْشٌ. شَقٌّ. حَزٌّ ؛ جُرْحٌ. مَضاءٌ

incisive *adj.* قاطِعٌ ؛ حادٌّ

incisor *n.* القاطِعَةُ (سِنٌّ)

incite *vt.* يُحَرِّضُ ؛ يَحُثُّ ؛ يَحُضُّ

incivility *n.* فَظاظَةٌ ؛ قِلَّةُ تَهْذِيبٍ ؛ سَفاهَةٌ

inclement *adj.* عاصِفٌ. صارِمٌ ؛ عَدِيمُ الرَّحْمَةِ

inclination *n.* مَيْلٌ ؛ إِنْحِناءَةٌ. رَغْبَةٌ. مُنْحَدَرٌ

incline *vi.; t.; n.* يَنْحَنِي ؛ يَجْنَحُ ؛ يَمِيلُ / يَحْنِي ؛ يُمِيلُ إِلى ؛ يُحَدِّرُ // مُنْحَدَرٌ ؛ مَيْلَةٌ

inclined *adj.* مَيّالٌ ؛ مائِلٌ ؛ مُنْحَدِرٌ

include *vt.* يَتَضَمَّنُ ؛ يَشْتَمِلُ عَلى ؛ يَحْتَوِي عَلى

included *adj.* مَشْمُولٌ

including *prep.* بِما فِيهِ

inclusion *n.* تَضْمِينٌ. إِشْتِمالٌ

inclusive *adj.* شامِلٌ ؛ تَضْمِينِيٌّ ؛ ضِمْنِيٌّ

inclusively *adv.* بِما فِيهِ ؛ ضِمْناً

incognito *adj.; adv.* مُتَخَفٍّ ؛ مُتَنَكِّرٌ // خِفْيَةً

incoherence *n.* تَنافُرٌ. تَفَكُّكٌ. هَذَرٌ

incoherent *adj.* مُتَنافِرٌ. مُتَفَكِّكٌ

incombustible *adj.* غَيْرُ قابِلٍ لِلإِحْتِراقِ

income *n.* دَخْلٌ ؛ مَدْخُولٌ ؛ إِيرادٌ

income tax *n.* ضَرِيبَةُ الدَّخْلِ

incoming *adj.* آتٍ ؛ وافِدٌ ؛ داخِلٌ

incommode *vt.* يُزْعِجُ ؛ يُضايِقُ

incomparable *adj.* لا يُضاهَى. لا يُقارَنُ

incompatible *adj.* مُتَنافِرٌ ؛ مُتَعارِضٌ

incompetence *n.* عَجْزٌ. لا أَهْلِيَّةٌ ؛ عَدَمُ صَلاحِيَّةٍ

incompetent *adj.* غَيْرُ كُفُوءٍ. غَيْرُ صالِحٍ

incomplete *adj.* ناقِصٌ ؛ غَيْرُ تامٍّ ؛ غَيْرُ كامِلٍ

incomprehensible *adj.* مُبْهَمٌ ؛ لا يُسْبَرُ غَوْرُهُ

incompressible *adj.* لا يَنْضَغِطُ ؛ غَيْرُ ضَغُوطٍ

inconceivable *adj.* لا يُصَدَّقُ ؛ فائِقُ التَّصَوُّرِ

inconclusive *adj.* غَيْرُ حاسِمٍ

incongruity *n.* تَنافُرٌ ؛ تَعارُضٌ ؛ تَضارُبٌ

incongruous *adj.* مُتَنافِرٌ ؛ مُتَضارِبٌ ؛ مُتَناقِضٌ مَعَ

inconsequent *adj.* غَيْرُ مَنْطِقيٍّ. غَيْرُ مُتَرابِطٍ
inconsiderable *adj.* طَفيفٌ؛ تافِهٌ
inconsiderate *adj.* طائِشٌ؛ أَهْوَجُ
inconsistency *n.* تَنافُرٌ؛ تَناقُضٌ. تَقَلُّبٌ
inconsistent *adj.* مُتَنافِرٌ؛ مُتَضارِبٌ. مُتَقَلِّبٌ
inconspicuous *adj.* غَيْرُ واضِحٍ ؛ غَيْرُ جَلِيٍّ
inconstancy *n.* تَقَلُّبٌ؛ تَحَوُّلٌ؛ عَدَمُ ثَباتٍ
inconstant *adj.* مُتَقَلِّبٌ؛ مُتَغَيِّرٌ؛ مُتَبَدِّلٌ
incontestable *adj.* لا نِزاعَ فيهِ؛ مُقَرَّرٌ
incontinent *adj.* مُتَطَرِّفٌ. مُنْقادٌ لِلشَّهْوَةِ
incontrovertible *adj.* لا جِدالَ فيهِ؛ لا نِزاعَ فيهِ
inconvenience *n.; vt.* عَدَمُ المُلاءَمَةِ. إِزْعاجٌ. عائِقٌ؛ عَقَبَةٌ // يُضايِقُ؛ يُزْعِجُ
inconvenient *adj.* غَيْرُ مُلائِمٍ. مُزْعِجٌ؛ مُضايِقٌ
inconvertible *adj.* لا يُحَوَّلُ
incorporate *vt.; i.* يَدْمُجُ. يُنْشِئُ نِقابَةً أَوْ شَرِكَةً. يُجَسِّدُ / يَنْدَمِجُ؛ يَمْتَزِجُ
incorporated *adj.* مُجَمَّعٌ؛ مُوَحَّدٌ
incorporation *n.* دَمْجٌ؛ إِدْماجٌ. إِدْراجٌ
incorporeal *adj.* لا مادِّيٌّ؛ مَعْنَوِيٌّ؛ روحانِيٌّ
incorrect *adj.* غَيْرُ صَحيحٍ ؛ خاطِئٌ. مَشوبٌ
incorrigible *adj.* فاسِدٌ. يَسْتَحيلُ إِصْلاحُهُ
incorruptible *adj.* لا يَفْسُدُ. غَيْرُ قابِلٍ لِلرَّشْوَةِ
increase *vt.; i.; n.* يَزيدُ. يُنَمّي / يَتَزايَدُ؛ يَزْدادُ؛ يَنمو؛ يَتَكاثَرُ // إِزْدِيادٌ؛ نُمُوٌّ؛ تَكاثُرٌ
increasingly *adv.* بِتَزايُدٍ؛ بِتَكاثُرٍ؛ بِنُمُوٍّ
incredible *adj.* لا يُصَدَّقُ؛ غَيْرُ مَعْقولٍ
incredulity *n.* الشَّكُّ؛ الرَّيْبُ؛ عَدَمُ التَّصْديقِ
incredulous *adj.* مُشَكِّكٌ؛ مَفْطورٌ عَلى الرَّيْبِ
increment *n.* زِيادَةٌ؛ إِضافَةٌ. تَزايُدٌ؛ نُمُوٌّ
incriminate *vt.* يُجَرِّمُ؛ يَتَّهِمُ بِذَنْبٍ

incubate *vt.* يَحْضُنُ؛ يَحْتَضِنُ؛ يَرْخُمُ (البَيْضَ)
incubation *n.* إِحْتِضانُ البَيْضِ ؛ رَخْمٌ
incubator *n.* المِحْضَنُ: جِهازُ تَفْقيسِ البَيْضِ
incubus *n.* كابوسٌ؛ ضاغوطٌ
inculcate *vt.* يَطْبَعُ أَوْ يُرَسِّخُ في الذِّهْنِ
incumbent *adj.* إِلْزامِيٌّ؛ إِجْبارِيٌّ. مُسْتَنِدٌ
incumber *vt.* يُثْقِلُ. يُرْبِكُ
incur *vt.* يُسْتَهْدَفُ. يَتَعَرَّضُ لِـ. يُسَبِّبُ (خَسارَةً)
incurable *adj.* غَيْرُ قابِلٍ لِلشِّفاءِ؛ عُضالٌ (مَرَضٌ)
incurious *adj.* لا مُبالٍ ؛ عَديمُ الإِكْتِراثِ
incursion *n.* غَزْوَةٌ؛ غارَةٌ؛ عُدْوانٌ؛ هَجْمَةٌ
indebted *adj.* مَدينٌ (بِمالٍ أَوْ غَيْرِهِ)
indebtedness *n.* دَيْنٌ. إِلْتِزامٌ
indecency *n.* قِلَّةُ احْتِشامٍ ؛ عَدَمُ لِياقَةٍ
indecent *adj.* بَذيءٌ؛ غَيْرُ لائِقٍ؛ قَليلُ الإِحْتِشامِ
indecision *n.* حَيْرَةٌ؛ تَرَدُّدٌ؛ إِرْتِباكٌ
indecisive *adj.* مُتَحَيِّرٌ؛ حائِرٌ؛ مُتَرَدِّدٌ. غَيْرُ حاسِمٍ
indecorous *adj.* غَيْرُ مُحْتَشِمٍ ؛ مُنافٍ لِلأَدَبِ
indeed *adv.; int.* صَحيحٌ ؛ في الحَقيقَةِ؛ في الواقِعِ ؛ بِالفِعْلِ // عَجَبًا! صَحيحٌ؟ حَقًّا؟ غَريبٌ!
indefatigable *adj.* لا يَعْرِفُ التَّعَبَ. لا يَتْعَبُ
indefeasible *adj.* لا يُلْغى ؛ لا يُبْطَلُ
indefensible *adj.* مُتَعَذِّرٌ الدِّفاعُ عَنْهُ أَوْ تَبْريرُهُ
indefinable *adj.* غَيْرُ مُمْكِنٍ تَعْريفُهُ أَوْ تَحْديدُهُ
indefinite *adj.* غامِضٌ ؛ غَيْرُ مُحَدَّدٍ؛ غَيْرُ دَقيقٍ
indelible *adj.* لا يُمْحى ؛ لا يَزولُ
indelicacy *n.* قِلَّةُ احْتِشامٍ ؛ فَظاظَةٌ. عَمَلٌ فَظٌّ
indelicate *adj.* فَظٌّ ؛ خَشِنٌ ؛ غَيْرُ لَبِقٍ
indemnify *vt.* يُعَوِّضُ. يُؤَمِّنُ (ضِدَّ خَطَرٍ)
indemnity *n.* تَعْويضٌ. تَأْمينٌ. وِقايَةٌ؛ أَمانٌ
indent *vt.; i.; n.* يُثَلِّمُ؛ يُسَنِّنُ؛ يَفُلُّ. يَكْتُبُ تارِكًا

مَسافَةً في أَوَّلِ السَطْرِ. يَسْتَخْدِمُ بِصَكٍّ شَرْعِيٍّ / يَنْبعج // عَقْدُ اسْتِخْدام

indentation *n.* ثُلْمَةٌ. فَراغٌ في أَوَّلِ الفَقَرَةِ

indenture *n.; vt.* وَثِيقَةُ إِثْباتٍ. عَقْدُ اسْتِخدامٍ // يُلْزِمُ بِموجَبِ عَقْدٍ

independence *n.* إِسْتِقلالٌ؛ حُرِّيَّةٌ

independent *adj.; n.* مُسْتَقِلٌّ (بَلَدٌ)؛ حُرٌّ // المُسْتَقِلُّ

indescribable *adj.* لا يوصَفُ؛ يَفوقُ الوَصْفَ

indestructible *adj.* غَيْرُ قابِلٍ لِلْهَدْمِ أَوِ الإِتْلافِ

indeterminate *adj.* مُبْهَمٌ؛ غَيْرُ مُحَدَّدٍ

index *n.; vt.* مَسْرَدٌ؛ فِهْرِسٌ. مُؤَشِّرٌ؛ دَليلٌ؛ عَلامَةٌ؛ دَلالَةٌ. رَمْزٌ. السَبَّابَةُ (إِصْبَعٌ) // يُفَهْرِسُ

Indian *adj. & n.* هِنْديٌّ // الهِنْديُّ الأَميركِيُّ

India rubber *n.* المَطّاطُ؛ الصَّمْغُ الهِنْديُّ

indicate *vt.* يُشيرُ إلى؛ يَدُلُّ عَلى. يُظْهِرُ؛ يُبَيِّنُ

indication *n.* إِشارَةٌ؛ دَلالَةٌ؛ عَلامَةٌ. إِظْهارٌ؛ تَبْيينٌ

indicative *adj.* دالٌّ. دَلالِيٌّ (صِيغَةُ الفِعْلِ)

indicator *n.* المُؤَشِّرُ. المِقْياسُ. عَقْرَبُ الساعَةِ

indict *vt.* يَشْتَكي على؛ يَتَّهِمُ؛ يُقاضي بِتُهْمَةٍ ما

indifference *n.* لا مُبالاةٌ؛ عَدَمُ التَحَيُّزِ

indifferent *adj.* سِيّانٌ. حِياديٌّ؛ غَيْرُ مُبالٍ

indigence *n.* فَقْرٌ؛ عَوَزٌ؛ فاقَةٌ؛ حاجَةٌ

indigenous *adj.* بَلَديٌّ؛ أَهْليٌّ. وَطَنيٌّ

indigent *adj.* فَقيرٌ؛ مُعْوِزٌ؛ مُحْتاجٌ

indigestible *adj.* عَسِرُ الهَضْمِ؛ مُتْخِمٌ (طَعامٌ)

indigestion *n.* عُسْرُ أَوْ سُوءُ الهَضْمِ

indignant *adj.* ساخِطٌ؛ ناقِمٌ؛ مُغْتاظٌ

indignation *n.* سُخْطٌ؛ نَقْمَةٌ؛ غَيْظٌ

indignity *n.* إِهانَةٌ؛ مُعامَلَةٌ مُهينَةٌ

indigo *n.; adj.* النيلَةُ // أَزْرَقُ نيليٌّ

indirect *adj.* غَيْرُ مُباشِرٍ؛ غَيْرُ مُسْتَقيمٍ. مُراوِغٌ

indirectly *adv.* بِطَريقَةٍ غَيْرِ مُباشَرَةٍ. بِمُراوَغَةٍ

indiscreet *adj.* طائِشٌ؛ أَحْمَقُ؛ غَيْرُ حَكيمٍ

indiscretion *n.* طَيْشٌ؛ حَماقَةٌ؛ عَدَمُ رَزانَةٍ

indiscriminate *adj.* مُخْتَلِطٌ. بِدونِ تَمْييزٍ

indispensable *adj.* لازِمٌ؛ مُحَتَّمٌ؛ لا غِنًى عَنْهُ

indispose *vt.* يُوعِكُ. يُنَفِّرُ

indisposed *adj.* مُتَوَعِّكٌ؛ نافِرٌ مِنْ

indisposition *n.* نُفورٌ. تَوَعُّكٌ؛ إِنْحِرافُ الصِحَّةِ

indisputable *adj.* لا خِلافَ عَلَيْهِ؛ مُسَلَّمٌ بِهِ

indissoluble *adj.* غَيْرُ قابِلٍ لِلذَوَبانِ. لا يَنْحَلُّ

indistinct *adj.* غامِضٌ؛ غَيْرُ مُتَمَيِّزٍ

indite *vt.* يَنْظِمُ (الشِعْرَ). يَكْتُبُ

individual *adj.; n.* فَرْديٌّ؛ شَخْصيٌّ؛ خاصٌّ. مُسْتَقِلٌّ // فَرْدٌ؛ شَخْصٌ

individuality *n.* الشَخْصِيَّةُ؛ الفَرْدِيَّةُ

individualize *vt.* يُفْرِدُ؛ يُعَيِّنُ؛ يُمَيِّزُ

individually *adv.* عَلى انْفِرادٍ. كُلٌّ بِمُفْرَدِهِ

indivisible *adj.* لا يَتجزَّأُ؛ لا يَنْقَسِمُ

indoctrinate *vt.* يُعَلِّمُ (مَبادِئَ حِزْبٍ). يُنَظِّرُ

indolence *n.* خُمولٌ؛ تَراخٍ؛ كَسَلٌ

indolent *adj.* مُتراخٍ؛ كَسولٌ؛ خَمولٌ

indomitable *adj.* لا يُقْهَرُ؛ لا يُغْلَبُ

Indonesian *adj. & n.* إِنْدونيسيٌّ

indoor *adj.* داخِليٌّ. بَيْتيٌّ؛ عائليٌّ

indoors *adv.* داخِلاً؛ في البَيْتِ

indubitable *adj.* ثابِتٌ. غَيْرُ قابِلٍ لِلشَكِّ

induce *vt.* يُغْري؛ يَسْتَميلُ؛ يُقْنِعُ. يَحُثُّ. يُسَبِّبُ

inducement *n.* إِقْناعٌ؛ إِغْراءٌ؛ إِسْتِمالَةٌ. حَثٌّ

induct *vt.* يُنَصِّبُ؛ يُقَلِّدُ رَسْمِيًّا

induction *n.* تَقْليدُ (مَنْصِبٍ). الإِسْتِدْلالُ.

الإسْتِقْراءُ. الإسْتِنْتاجُ. الحَثُّ (في الكَهْرَباءِ)

inductive *adj.* إسْتِنْتاجيٌّ. مُحَرِّضٌ. حَثِّيٌّ

indulge *vt.; i.* يَنْغَمِسُ في. يُطْلِقُ العَنانَ لِـ. يُنْعِمُ عَلى. يُجاري / يُشْبِعُ رَغَباتِهِ

indulgence *n.* الإنْغِماسُ. الغُفْرانُ. التسامُحُ

indulgent *adj.* مُتَساهِلٌ؛ مُتَسامِحٌ؛ حَليمٌ

industrial *adj.* صِناعيٌّ (مُنْتَجاتٌ)

industrialist *n.* الصِناعيُّ؛ صاحِبُ المَصْنَعِ

industrialization *n.* التَصْنيعُ

industrialize *vt.* يُصَنِّعُ. يُنشئُ صِناعَةً

industrious *adj.* كادٌّ؛ مُجْتَهِدٌ؛ كادِحٌ؛ مُجِدٌّ

industry *n.* الصِناعَةُ. صِناعَةٌ. كَدٌّ

inebriate *vt.; n.* يُسْكِرُ. يُخْبِلُ؛ يُذْهِلُ // السكّيرُ

inebriation *n.* سُكْرٌ. خَبَلٌ. ذُهولٌ

inedible *adj.* لا يُؤْكَلُ؛ غَيْرُ صالِحٍ لِلأَكْلِ

inedited *adj.* غَيْرُ مَطْبوعٍ؛ غَيْرُ مَنْشورٍ

ineffable *adj.* لا يوصَفُ؛ يَفوقُ الوَصْفَ

ineffective *adj.* باطِلٌ؛ عَقيمٌ؛ عاجِزٌ؛ غَيْرُ مُؤَثِّرٍ

ineffectual *adj.* عَقيمٌ؛ عاجِزٌ عَنْ؛ غَيْرُ فَعّالٍ

inefficiency *n.* لا فَعاليَّةٌ؛ لا كَفاءَةٌ

inefficient *adj.* غَيْرُ فَعّالٍ؛ غَيْرُ كَفوءٍ

inelegant *adj.* غَيْرُ أَنيقٍ. خَشِنٌ

ineligible *adj.* غَيْرُ مُؤَهَّلٍ لِلإنْتِخابِ؛ غَيْرُ جَديرٍ

inept *adj.* غَيْرُ مُلائِمٍ. أَحْمَقُ؛ سَخيفٌ

inequality *n.* عَدَمُ التَساوي؛ تَبايُنٌ. ظُلْمٌ. تَحَيُّزٌ

inequitable *adj.* مُجْحِفٌ؛ ظالِمٌ

inert *adj.* هامِدٌ؛ خامِلٌ؛ جامِدٌ. غَيْرُ فَعّالٍ

inertia *n.* كَسَلٌ؛ خُمولٌ. قُصورٌ ذاتيٌّ

inestimable *adj.* لا يُقَدَّرُ بِثَمَنٍ؛ نَفيسٌ جِدًّا

inevitable *adj.* مَحْتومٌ؛ لا يُمْكِنُ تَجَنُّبُهُ

inexact *adj.* غَيْرُ مَضْبوطٍ؛ غَيْرُ صَحيحٍ

inexcusable *adj.* لا يُمْكِنُ غُفْرانُهُ. لا يُبَرَّرُ

inexhaustible *adj.* لا يَنْفَذُ. لا يَنْضُبُ

inexorable *adj.* عَنيدٌ؛ مُتَصَلِّبٌ. لا يَرْحَمُ

inexpedient *adj.* غَيْرُ موافِقٍ. غَيْرُ مُسْتَحْسَنٍ

inexpensive *adj.* رَخيصُ السِعْرِ؛ مَعْقولُ الثَّمَنِ

inexperience *n.* عَدَمُ أَوْ قِلَّةُ الخِبْرَةِ. الغَرارَةُ

inexperienced *adj.* غِرٌّ؛ قَليلُ التَجْرِبَةِ أو الخِبْرَةِ

inexplicable *adj.* مُتَعَذِّرٌ تَفْسيرُهُ؛ لا يُعَلَّلُ

inexpressible *adj.* مُتَعَذِّرٌ وَصْفُهُ. غَيْرُ مُعَبِّرٍ

inextinguishable *adj.* لا يُطْفَأُ؛ لا يُخْمَدُ

inextricable *adj.* مُعَقَّدٌ؛ غَيْرُ مُمْكِنٍ تَخْليصُهُ

infallible *adj.* مَعْصومٌ. ناجِعٌ. مُؤَكَّدُ النَجاحِ

infamous *adj.* شائِنٌ؛ سَيِّئُ السُمْعَةِ؛ مُخْزٍ

infamy *n.* خِزْيٌ؛ عارٌ. عَمَلٌ شائِنٌ

infancy *n.* الطُفولَةُ. بِدايَةٌ؛ مُسْتَهَلٌّ

infant *adj.; n.* طِفْليٌّ // الطِفْلُ. القاصِرُ

infantile *adj.* طُفوليٌّ؛ صِبْيانيٌّ. ناشئٌ

infantile paralysis *n.* شَلَلُ الأَطْفالِ

infantry *n.* المُشاةُ (الجَيْشُ)؛ كَتيبَةُ المُشاةِ

infantryman *n.* جُنْديٌّ مِنَ المُشاةِ

infant-school *n.* مَدْرَسَةٌ لِلأَطْفالِ

infatuate *vt.* يَفْتِنُ؛ يُتَيِّمُ؛ يَخْبُلُ

infatuation *n.* إفْتِتانٌ؛ خَبَلٌ؛ هيامٌ

infect *vt.* يُلَوِّثُ؛ يُعْدي؛ يُفْسِدُ

infection *n.* تَلَوُّثٌ؛ إفْسادٌ. عَدْوى

infectious *adj.* مُعْدٍ؛ مُلَوِّثٌ؛ مُفْسِدٌ؛ مُنْتِنٌ

infer *vt.; i.* يُلَمِّحُ. يَسْتَدِلُّ؛ يَسْتَنْتِجُ؛ يَحْدُسُ

inference *n.* الإسْتِدْلالُ؛ الإسْتِنْتاجُ

inferior *adj.; n.* أَسْفَلُ؛ سُفْليٌّ. أَدْنى مَقامًا؛ وَضيعٌ // المَرْؤوسُ

inferiority *n.* الوَضاعَةُ؛ الدونيَّةُ؛ التَخَلُّفُ

infernal *adj.* جهنّميٌ ؛ شَيْطانيٌّ ؛ لَعينٌ
inferno *n.* الجَحيمُ ؛ جهنَّمُ
infertile *adj.* قاحِلٌ ؛ مُجْدِبٌ
infest *vt.* يُقْلِقُ. يَغْزو ؛ يُغيرُ
infidel *adj.; n.* كافِرٌ ؛ جاحِدٌ // الكافِرُ ؛ المُلْحِدُ
infidelity *n.* كُفْرٌ ؛ جُحودٌ. خيانَةٌ
infiltrate *vt.; i.* يُرَشِّحُ / يَتسلَّلُ ؛ يتسرَّبُ ؛ يَرْتَشِحُ
infinite *adj.; n.* مُطْلَقٌ ؛ غَيْرُ مَحْدودٍ ؛ لا مُتناهٍ. ضَخْمٌ. لا يَنْضبُ. لا نِهايَةَ لَهُ ؛ أَبَديٌّ // اللانِهايَةُ
infinitely *adv.* إطْلاقًا ؛ بِدونِ حُدودٍ ؛ بِلاَ نِهايَةٍ
infinitesimal *adj.* مُتناهٍ في الصِّغَرِ
infinitive *adj.; n.* مَصْدَريٌّ // صيغَةُ المَصْدَرِ
infinity *n.* اللاّمَحْدوديَّةُ ؛ اللاّنِهايَةُ
infirm *adj.* عاجِزٌ ؛ واهِنٌ. غَيْرُ مُسْتَقِرٍّ ؛ مُتَرَدِّدٌ
infirmary *n.* مُسْتَوْصَفٌ. مُسْتَشْفًى
infirmity *n.* عَجْزٌ ؛ وَهْنٌ. مَرَضٌ. نَقيصَةٌ ؛ عَيْبٌ
inflame *vt.; i.* يُشْعِلُ ؛ يُضْرِمُ ؛ يُلْهِبُ ؛ يُؤَجِّجُ ؛ يُذْكي ؛ يُغْضِبُ / يَشْتَعِلُ ؛ يَلْتَهِبُ. يَغْضَبُ
inflammable *adj.* قابِلٌ لِلإلْتِهابِ. سَريعُ الغَضَبِ
inflammation *n.* إلْتِهابٌ. تأجيجٌ ؛ إشْتِعالٌ
inflammatory *adj.* إلْتِهابيٌّ. شَغَبيٌّ ؛ فَوْضَويٌّ
inflate *vt.; i.* يَنْفُخُ / يَنْتَفِخُ. يَزْهو. يَتَضَخَّمُ
inflated *adj.* مَنْفوخٌ. مَزْهُوٌّ. مَغْرورٌ. مُضَخَّمٌ
inflation *n.* تَضَخُّمٌ ؛ إنْتِفاخٌ. إدِّعاءٌ فارِغٌ ؛ غُرورٌ
inflect *vt.* يَثْني ؛ يَلْوي ؛ يَعْطِفُ. يُصَرِّفُ فِعْلاً
inflection *n.* ثَنْيٌ ؛ طَيٌّ ؛ إلْتِواءٌ. عِلْمُ الصَّرْفِ
inflexible *adj.* صُلْبٌ ؛ لا يَنْثَني ؛ جامِدٌ
inflict *vt.* يُوَجِّهُ ؛ يُسَدِّدُ. يُغَرِّمُ. يَبْتَلي. يُصيبُ
infliction *n.* ضَرْبَةٌ. عُقوبَةٌ. بَلاءٌ. تَسْديدُ ضَرْبَةٍ

inflorescence *n.* الإزْهِرارُ ؛ تَنْويرُ الإزْهِرارِ
influence *vt.; n.* يُؤَثِّرُ في ؛ يَحْمِلُ عَلى // نُفوذٌ ؛ سُلْطَةٌ ؛ تأثيرٌ ؛ سَطْوَةٌ
influential *adj.* ذو سُلْطَةٍ ؛ صاحِبُ نُفوذٍ ؛ مُؤَثِّرٌ
influenza *n.* الإنْفلُونْزا (مَرَضٌ) ؛ النَّزْلَةُ الوافِدَةُ
influx *n.* تَدَفُّقٌ ؛ فَيْضٌ. مَصَبُّ النَهْرِ
infold *vt.; i.* يَلُفُّ. يَضُمُّ / يَلْتَفُّ
inform *vt.; i.* يُعْلِمُ ؛ يُخْبِرُ. يُفيدُ / يَشي بِـ
informal *adj.* غَيْرُ فَصيحٍ ؛ عامّيٌّ. غَيْرُ رَسْميٍّ
informant *n.* الراوِيَةُ ؛ المُخْبِرُ ؛ المُراسِلُ
information *n.* مَعْلوماتٌ. إخْبارٌ ؛ إعْلامٌ. عِلْمٌ ؛ إطِّلاعٌ ؛ مَعْرِفَةٌ
informative *adj.* مَليءٌ بِالمَعْلوماتِ ؛ مُثَقِّفٌ
informer *n.* المُخْبِرُ ؛ الواشي. المُبَلِّغُ
infraction *n.* خَرْقٌ أَوْ مُخالَفَةٌ (لِلْقانونِ). نَقْضٌ
infra-red *adj.; n.* دونَ الأَحْمَرِ // الأَشِعَّةُ دونَ الحَمْراءِ
infrequency *n.* النُدْرَةُ ؛ قِلَّةُ الحُدوثِ
infrequent *adj.* نادِرٌ. غَيْرُ نِظاميٍّ. غَيْرُ مُواظِبٍ
infringe *vt.; i.* يَخْرُقُ ؛ يُخالِفُ / يَنْتَهِكُ
infringement *n.* إنْتِهاكٌ ؛ تَعَدٍّ ؛ خَرْقٌ ؛ مُخالَفَةٌ
infuriate *vt.* يُغيظُ ؛ يُحْنِقُ ؛ يُسْخِطُ
infuse *vt.* يَغْرِسُ في. يَنْفُخُ في. يَنْقَعُ. يُفْرِغُ
infusion *n.* غَرْسٌ. صَبٌّ ؛ سَكْبٌ. نَقْعٌ. نَقيعٌ
ingenious *adj.* بارِعٌ ؛ حاذِقٌ ؛ ماهِرٌ ؛ مُبْدِعٌ
ingenuity *n.* إبْداعٌ ؛ بَراعَةٌ ؛ مَهارَةٌ
ingenuous *adj.* صَريحٌ. مُخْلِصٌ. بَريءٌ. ساذِجٌ
ingenuousness *n.* صَراحَةٌ. إخْلاصٌ. بَراءَةٌ
inglorious *adj.* مَغْمورٌ ؛ غَيْرُ مَشْهورٍ. شائِنٌ ؛ مُخْزٍ
ingoing *adj.; n.* داخِلٌ // الداخِلُ
ingot *n.* سَبيكَةٌ ؛ قالَبٌ (لِصَبِّ المَعادِنِ)

ingrained *adj.* مُتَأَصِّلٌ ؛ راسِخٌ
ingrate *n.* العاقُّ ؛ ناكِرُ الجَميلِ
ingratiate *vt.* يَفوزُ بالحُظْوَةِ. يَتَوَدَّدُ
ingratitude *n.* نُكْرانُ الجَميلِ ؛ العُقوقُ ؛ الجُحودُ
ingredient *n.* مُحْتَوًى ؛ مُقَوِّمٌ ؛ مُكَوِّنٌ
ingress *n.* وُلوجٌ ؛ دُخولٌ. عُبورٌ. مَدْخَلٌ
ingrowing *adj.* نامٍ نَحْوَ الداخِلِ أَوْ في اللَّحْمِ
inhabit *vt.; i.* يَقْطُنُ ؛ يَسْكُنُ ؛ يُقيمُ في
inhabitable *adj.* قابِلٌ للسَّكَنِ ؛ يُسْكَنُ
inhabitant *n.* الساكِنُ ؛ القاطِنُ ؛ المُقيمُ في
inhabited *adj.* مَأْهولٌ ؛ آهِلٌ ؛ مَسْكونٌ
inhalation *n.* شَهيقٌ ؛ إسْتِنْشاقٌ ؛ تَنَشُّمٌ
inhale *vt.* يَسْتَنْشِقُ ؛ يَشْهَقُ
inharmonious *adj.* مُتنافِرٌ (موسيقى)
inharmony *n.* تنافُرٌ
inherent *adj.* مُتَأَصِّلٌ ؛ فِطْرِيٌّ ؛ مُلازِمٌ ؛ مُلْتَصِقٌ
inheritance *n.* إرْثٌ ؛ ميراثٌ ؛ وِراثَةٌ ؛ تَرِكَةٌ
inheritance tax *n.* ضَريبَةُ الإرْثِ
inhibit *vt.* يَكْبَحُ ؛ يَمْنَعُ ؛ يَكْبِتُ ؛ يُثَبِّطُ
inhibition *n.* كَبْحٌ ؛ مَنْعٌ ؛ كَبْتٌ ؛ تَثْبيطٌ
inhospitable *adj.* غَيْرُ مِضْيافٍ. غَيْرُ مِقْرًى
inhuman *adj.* غَيْرُ إنْسانِيٍّ ؛ هَمَجِيٌّ ؛ قاسٍ
inhumanity *n.* عَدَمُ إنْسانِيَّةٍ ؛ وَحْشِيَّةٌ ؛ قَساوَةٌ
inimical *adj.* مُعادٍ ؛ غَيْرُ وِدِّيٍّ. مُؤْذٍ
inimitable *adj.* فَذٌّ ؛ فَريدٌ ؛ لا يُضاهى ؛ لا يُقَلَّدُ
iniquitous *adj.* ظالِمٌ ؛ جائِرٌ. شِرِّيرٌ ؛ خَبيثٌ
iniquity *n.* جَوْرٌ ؛ ظُلْمٌ ؛ شَرٌّ. إثْمٌ ؛ خَطيئَةٌ
initial *adj.; n.; vt.* أَوَّلِيٌّ ؛ إبْتِدائِيٌّ ؛ أَوَّلٌ // الحَرْفُ الأَوَّلُ مِنْ إسْمٍ // يُوَقِّعُ بِالأَحْرُفِ الأُولى
initiate *vt.* يَسْتَهِلُّ ؛ يَبْدَأُ. يُدْخِلُ في جَمْعِيَّةٍ
initiation *n.* إسْتِهْلالٌ. تَلْقينٌ ؛ تَدْريبٌ. إطِّلاعٌ
initiative *n.; adj.* مُبادَهَةٌ بِـ ؛ مُبادَرَةٌ // تَمْهيدِيٌّ
inject *vt.* يَحْقُنُ ؛ يَزْرُقُ. يُدْخِلُ ؛ يُولِجُ
injection *n.* حَقْنٌ ؛ زَرْقٌ. إدْخالٌ ؛ إيلاجٌ
injudicious *adj.* طائِشٌ ؛ أَحْمَقُ ؛ غَيْرُ حَكيمٍ
injunction *n.* أَمْرٌ ؛ تَنْبيهٌ. وَصِيَّةٌ ؛ نَصيحَةٌ
injure *vt.* يَظْلِمُ ؛ يَجْرَحُ (الكِبْرياءَ) ؛ يُلَطِّخُ
injurious *adj.* مُؤْذٍ ؛ ضارٌّ ؛ جائِرٌ
injury *n.* ظُلْمٌ. ضَرَرٌ ؛ إصابَةٌ ؛ أَذًى ؛ خَسارَةٌ
injustice *n.* إجْحافٌ ؛ ظُلْمٌ ؛ جَوْرٌ
ink *n.; vt.* حِبْرٌ ؛ مِدادٌ // يُلَطِّخُ بالحِبْرِ
inkling *n.* تَلْميحٌ ؛ إشارَةٌ. فِكْرَةٌ غامِضَةٌ
inkstand *n.* مِحْبَرَةٌ. قَلَمٌ وَمِحْبَرَةٌ
ink-well *n.* مِحْبَرَةٌ ؛ دَواةٌ
inlaid *adj.* مُطَعَّمٌ ؛ مُرَصَّعٌ ؛ مُنَزَّلٌ
inland *adj.; n.* وَطَنِيٌّ ؛ داخِلِيٌّ // داخِلِيَّةُ البِلادِ
inlay *n.; vt. irr.* تَطْعيمٌ ؛ تَرْصيعٌ. حَشْوَةُ ضِرْسٍ // يُرَصِّعُ ؛ يُطَعِّمُ. يُجَزِّعُ
inlet *n.* جُونٌ ؛ خَليجٌ صَغيرٌ. مَدْخَلٌ
inmate *n.* شَريكُ المَسْكَنِ. النَّزيلُ (في سِجْنٍ)
inmost *adj.* الأَوْغَلُ ؛ الأَعْمَقُ. الأَخَصُّ
inn *n.* خانٌ ؛ نُزُلٌ ؛ فُنْدُقٌ. حانَةٌ
innate *adj.* مُتَأَصِّلٌ ؛ مُلازِمٌ. فِطْرِيٌّ ؛ ذاتِيٌّ
innavigable *adj.* غَيْرُ صالِحٍ لِلْمِلاحَةِ أَوِ الإبْحارِ
inner *adj.* داخِلِيٌّ ؛ باطِنِيٌّ ؛ غَيْرُ ظاهِرِيٍّ
innermost *adj.* الأَوْغَلُ ؛ الأَعْمَقُ
inning *n.* نَوْبَةٌ ؛ دَوْرٌ (في اللَّعِبِ)
innkeeper *n.* صاحِبُ الحانَةِ أَوِ النُّزُلِ أَوِ الفُنْدُقِ
innocence *n.* طَهارَةٌ ؛ بَراءَةٌ. سَذاجَةٌ
innocent *adj.* طاهِرٌ ؛ بَريءٌ. ساذَجٌ
innocuous *adj.* حَميدٌ ؛ مَشْكورٌ. غَيْرُ ضارٍّ
innovate *vt.; i.* يَبْتَكِرُ ؛ يَبْتَدِعُ ؛ يَخْتَرِعُ / يُجَدِّدُ

innovation *n.* تَجْديدٌ. إبْتِكارٌ؛ إبْتِداعٌ
innuendo *n.* تَلْميحٌ ؛ إشارَةٌ. غَمْزٌ مِنْ قَناةِ شَخْصٍ
innumerable *adj.* لا يُعَدُّ؛ لا يُحْصى ؛ غَفيرٌ
inoculate *vt.* يُلَقِّحُ ؛ يُطَعِّمُ
inoculation *n.* تَلْقيحٌ ؛ تَطْعيمٌ. لَقاحٌ ؛ طُعْمٌ
inoffensive *adj.* مُسالِمٌ؛ غَيْرُ مُؤْذٍ. غَيْرُ ضارٍّ
inoperative *adj.* غَيْرُ عامِلٍ ؛ مُعَطَّلٌ
inopportune *adj.* في غَيْرِ مَحَلِّهِ. غَيْرُ مُلائِمٍ
inordinate *adj.* جامِحٌ ؛ مُتَطَرِّفٌ؛ غَيْرُ مَكْبوحٍ
inorganic *adj.* لا عُضْوِيٌّ
inquest *n.* إسْتِنْطاقٌ؛ إسْتِجْوابٌ؛ تَحْقيقٌ (قضائيٌّ)
inquietude *n.* قَلَقٌ؛ هَلَعٌ؛ إضْطِرابٌ
inquire *vt.* يَسْتَعْلِمُ؛ يَبْحَثُ؛ يُحَقِّقُ
inquiry *n.* إسْتِعْلامٌ؛ تَحْقيقٌ؛ تَفَحُّصٌ
inquisition *n.* إسْتِعْلامٌ؛ بَحْثٌ؛ تَحْقيقٌ
inquisitive *adj.* فُضوليٌّ ؛ مُحِبٌّ لِلْبَحْثِ والتَحْقيقِ
inquisitor *n.* المُحَقِّقُ؛ المُفَتِّشُ. الفُضوليُّ
inroad *n.* غارَةٌ؛ غَزْوَةٌ. إعْتِداءٌ؛ إنْتِهاكٌ
inrush *n.* تَدَفُّقٌ. هَجْمَةٌ؛ غَزْوَةٌ
insane *adj.* مَخْبولٌ؛ مَجْنونٌ. جُنونِيٌّ
insanitary *adj.* غَيْرُ صِحِّيٍّ
insanity *n.* خَبَلٌ؛ جُنونٌ؛ إنْحِرافُ العَقْلِ
insatiable *adj.* نَهِمٌ؛ لا يَشْبَعُ
insatiate *adj.* نَهِمٌ؛ لا يَشْبَعُ
inscribe *vt.* يَكْتُبُ؛ يَطْبَعُ. يَحْفِرُ. يُهْدي (كِتابًا)
inscription *n.* كِتابَةٌ؛ طَبْعٌ. حَفْرٌ. إهْداءٌ
inscrutable *adj.* غامِضٌ؛ مُبْهَمٌ؛ فيهِ لَغْزٌ
insect *n.* حَشَرَةٌ؛ هامَةٌ
insecticidal *adj.* مُبيدٌ لِلْحَشَراتِ
insecticide *n.* مادَّةٌ مُبيدَةٌ لِلْحَشَراتِ
insecure *adj.* غَيْرُ آمِنٍ؛ غَيْرُ مُطْمَئِنٍّ
insecurity *n.* تَعَرُّضٌ لِلْخَطَرِ؛ عَدَمُ الأَمانِ
insensate *adj.* عَديمُ أَوْ فاقِدُ الحِسِّ
insensible *adj.* غافِلٌ. فاقِدُ الوَعْيِ. عَديمُ الحِسِّ
insensitive *adj.* غَيْرُ حَسّاسٍ؛ عَديمُ التأثُّرِ
inseparable *adj.* لا يَنْفَصِلُ؛ مُتَلازِمٌ
insert *vt.* يُقْحِمُ؛ يُدْخِلُ؛ يولِجُ. يُدْرِجُ
insertion *n.* إقْحامٌ؛ إدْخالٌ؛ إيلاجٌ. إدْراجٌ
inshore *adj.; adv.* قُرْبَ الشاطِئِ // نَحْوَ الشاطِئِ
inside *n.; adj.; adv.; prep.* داخِلٌ. بَطْنٌ. أَحْشاءٌ // داخِلِيٌّ // في الداخِلِ؛ داخِلاً // داخِلَ؛ في
insidious *adj.* مُخاتِلٌ؛ ماكِرٌ؛ غادِرٌ. مُغْرٍ
insight *n.* التَبَصُّرُ؛ البَصيرَةُ
insignia *n.* الشِعارُ؛ الشارَةُ؛ العَلامَةُ المُمَيِّزَةُ
insignificance *n.* تَفاهَةٌ؛ حَقارَةٌ. عَدَمُ الأَهَمِّيَّةِ
insignificant *adj.* تافِهٌ؛ حَقيرٌ؛ غَيْرُ هامٍّ
insincere *adj.* غَيْرُ مُخْلِصٍ ؛ مُنافِقٌ؛ مُراءٍ
insincerity *n.* عَدَمُ الإخْلاصِ ؛ النِفاقُ؛ الرِياءُ
insinuate *vt.; i.* يُلَمِّحُ. يَدُسُّ. يَتَوَدَّدُ؛ يَتَزَلَّفُ / يومِئُ. يُشيرُ تَلْميحًا
insinuation *n.* تَلْميحٌ ؛ غَمْزٌ؛ تَعْريضٌ
insipid *adj.* خالٍ مِنَ النَكْهَةِ؛ غَيْرُ مُشَوِّقٍ
insist *vi.; t.* يُلِحُّ ؛ يُصِرُّ؛ يُشَدِّدُ على
insistence *n.* إصْرارٌ؛ إلْحاحٌ
insistent *adj.* مِلْحاحٌ. مُصِرٌّ
in so far *adv.* على قَدْرِ. ما دامَ
insole *n.* النَعْلُ الداخِليُّ (حِذاءٌ)
insolence *n.* إهانَةٌ. عَجْرَفَةٌ؛ غَطْرَسَةٌ. وَقاحَةٌ
insolent *adj.* مُتَعَجْرِفٌ؛ مُتَغَطْرِسٌ. وَقِحٌ

insoluble *adj.* غَيْرُ قابِلٍ لِلذَوَبانِ. لا يُحَلُّ
insolvable *adj.* لا يُحَلُّ. لا يُمْكِنُ تَصْفيَتُهُ
insolvency *n.* إفْلاسٌ؛ عَجْزٌ عَنِ الدَفْعِ؛ إعْسارٌ
insolvent *adj.* مُفْلِسٌ؛ عاجِزٌ عَنِ الدَفْعِ. مُعْوِزٌ
insomnia *n.* أَرَقٌ؛ سُهْدٌ
insomuch *adv.* حَتّى أَنَّهُ...؛ إلى دَرَجَةٍ أَنَّهُ...
inspect *vt.* يَفْحَصُ؛ يُعايِنُ. يَتَفَقَّدُ؛ يُفَتِّشُ
inspection *n.* مُعايَنَةٌ. تَفَقُّدٌ؛ تَفْتيشٌ
inspector *n.* المُفَتِّشُ؛ المُراقِبُ؛ ضابِطُ الشُرْطَةِ
inspiration *n.* شَهيقٌ. إلهامٌ؛ وَحْيٌ
inspire *vt.; i.* يُلْهِمُ؛ يُوحي. يَنْفُخُ. يُثيرُ / يَشْهَقُ
inspirit *vt.* يُنَشِّطُ؛ يُحيي؛ يُنْعِشُ
instable *adj.* غَيْرُ ثابِتٍ؛ مُقَلْقَلٌ
install *vt.* يَضَعُ؛ يُرَكِّبُ. يُنَصِّبُ؛ يُعَيِّنُ
installation *n.* تَرْكيبٌ؛ تَجْهيزٌ. تَعْيينٌ؛ تَنْصيبٌ
installment *n.* قِسْطٌ. تَرْكيبٌ. تَعْيينٌ؛ تَنْصيبٌ
installment plan *n.* الدَفْعُ أَوِ الشِراءُ بِالتَقْسيطِ
instance *n.; vt.* مَثَلٌ؛ شاهِدٌ. إقْتِراحٌ. إلْتِماسٌ // يَضْرِبُ مَثَلاً؛ يَسْتَشْهِدُ بِمَثَلٍ
instant *n.; adj.* هُنَيْهَةٌ؛ لَحْظَةٌ. الشَهْرُ الحالِيُّ // فَوْرِيٌّ. مُلِحٌّ. حاضِرٌ. آنِيٌّ
instantaneous *adj.* فَوْرِيٌّ؛ لَحْظِيٌّ
instantly *adv.* عَلى الفَوْرِ؛ بِإلْحاحٍ؛ تَوًّا
instead *adv.* بَدَلاً مِنْ؛ عِوَضًا عَنْ
instep *n.* مُشْطُ القَدَمِ
instigate *vt.* يُحَرِّضُ؛ يُثيرُ؛ يَحُثُّ
instigation *n.* تَحْريضٌ؛ إثارَةٌ؛ حَثٌّ؛ إيعازٌ
instill *vt.* يُقَطِّرُ. يَغْرِسُ؛ يَطْبَعُ في النَفْسِ
instinct *n.; adj.* غَريزَةٌ؛ سَليقَةٌ؛ فِطْرَةٌ // مُشْبَعٌ
instinctive *adj.* غَريزِيٌّ. عَفَوِيٌّ (حَرَكَةٌ)
institute *n.; vt.* مَعْهَدٌ. جَمْعِيَّةٌ. مؤَسَّسَةٌ. مَبْدَأٌ // يُؤَسِّسُ؛ يُنْشِئُ؛ يُقيمُ؛ يُعَيِّنُ
institution *n.* إنشاءٌ. تَأْسيسٌ. مَعْهَدٌ. مُؤَسَّسَةٌ
instruct *vt.* يُعَلِّمُ؛ يُرْشِدُ. يُعْطي تَعْليماتٍ؛ يَأْمُرُ
instruction *n.* تَعْليماتٌ. دَرْسٌ؛ تَدْريسٌ. أَمْرٌ
instructive *adj.* مُثَقِّفٌ؛ مُنَوِّرٌ؛ مُفيدٌ
instructor *n.* المُعَلِّمُ؛ المُدَرِّسُ؛ المُدَرِّبُ
instrument *n.* آلَةٌ؛ أَداةٌ؛ وَسيلَةٌ. صَكٌّ؛ سَنَدٌ
instrumental *adj.* آلاتِيٌّ. واسِطِيٌّ. مُساعِدٌ
insubordinate *adj. & n.* عاصٍ؛ مُتَمَرِّدٌ
insubordination *n.* عِصْيانٌ؛ تَمَرُّدٌ
insubstantial *adj.* واهٍ. وَهْمِيٌّ؛ خَيالِيٌّ
insufferable *adj.* لا يُطاقُ؛ لا يُحْتَمَلُ
insufficiency *n.* قُصورٌ؛ عَدَمُ كِفايَةٍ؛ نَقْصٌ
insufficient *adj.* ناقِصٌ؛ غَيْرُ كافٍ
insular *adj.* جَزيرِيٌّ. مَعْزولٌ. ضَيِّقٌ
insulate *vt.* يَعْزِلُ (الصَوْتَ أَوِ الحَرارَةَ أَوِ الكَهْرَباءَ)
insulation *n.* العَزْلُ
insulator *n.* العازِلُ؛ عازِلٌ كَهْرَبائِيٌّ
insulin *n.* الأَنسولينُ: دَواءٌ لِمَرَضِ السُكَّرِيِّ
insult *vt.; n.* يُهينُ؛ يُحَقِّرُ؛ يَشْتُمُ // إهانَةٌ؛ تَحْقيرٌ
insuperable *adj.* لا يُقْهَرُ؛ لا يُذَلَّلُ
insupportable *adj.* لا يُطاقُ؛ لا يُحْتَمَلُ (أَلَمٌ)
insurance *n.* تَأْمينٌ؛ ضَمانٌ
insure *vt.* يُؤَمِّنُ. يَكْفَلُ؛ يَضْمَنُ
insurgent *adj. & n.* عاصٍ؛ مُتَمَرِّدٌ؛ ثائِرٌ
insurmountable *adj.* لا يُقْهَرُ؛ لا يُرْتَقى
insurrection *n.* عِصْيانٌ مُسَلَّحٌ؛ تَمَرُّدٌ؛ ثَوْرَةٌ
intact *adj.* سَليمٌ. بِكْرٌ. غَيْرُ مُصابٍ بِأَذًى
intake *n.* المَأْخوذُ. مَسْرَبٌ (أُنْبوبٍ)
intangible *adj.* لا يُلْمَسُ (غازٌ). دَقيقٌ
integer *n.* عَدَدٌ صَحيحٌ؛ كُلٌّ تامٌّ

integral *adj.; n.* غَيْرُ كَسْرِيٍّ ؛ كامِلٌ ؛ تامٌّ ؛ مُتكامِلٌ ؛ صَحيحٌ // التكامُلُ ؛ الكُلُّ

integrate *vt.* يَدْمُجُ ؛ يُوَحِّدُ ؛ يَلأَمُ

integration *n.* تَكْميلٌ. دَمْجٌ ؛ تَوْحيدٌ

integrity *n.* سَلامَةٌ. كَمالٌ. تمامٌ. نَزاهَةٌ

integument *n.* غِطاءٌ. قِشْرَةٌ. غِلافٌ

intellect *n.* الأَلْمَعيُّ. الفِكْرُ ؛ العَقْلُ. الذَكاءُ

intellectual *adj.; n.* عَقْلانيٌّ ؛ فِكْريٌّ // المُفَكِّرُ

intelligence *n.* نَباهَةٌ ؛ ذَكاءٌ. إِدْراكٌ. إِسْتِخْبارٌ

intelligent *adj.* ذَكيٌّ ؛ عاقِلٌ ؛ نَبيهٌ ؛ مُتَوَقِّدُ الذِهْنِ

intelligible *adj.* مَفْهومٌ ؛ واضِحٌ ؛ جَليٌّ

intemperance *n.* إِفْراطٌ ؛ إِسْرافٌ ؛ إِدْمانٌ

intemperate *adj.* مُفْرِطٌ ؛ مُسْرِفٌ. مُدْمِنٌ ؛ شَرِهٌ

intend *vt.; i.* يَنْوي ؛ يَعْتَزِمُ ؛ يُريدُ ؛ يَقْصِدُ

intended *adj.* مَقْصودٌ ؛ مُرادٌ. مُتَعَمَّدٌ. مُنْتَظَرٌ

intense *adj.* شَديدٌ ؛ حادٌّ (بَرْدٌ). كَثيفٌ ؛ قَويٌّ

intenseness; intensity *n.* كَثافَةٌ ؛ حِدَّةٌ ؛ شِدَّةٌ ؛ قُوَّةٌ

intensify *vt.; i.* يُكَثِّفُ. يُعَزِّزُ / يَشْتَدُّ

intensity *n.* شِدَّةٌ. كَثافَةٌ. حِدَّةٌ

intensive *adj.* مُكَثَّفٌ ؛ شَديدٌ ؛ مُرَكَّزٌ

intent *adj.; n.* مُرَكَّزٌ. مُنْصَرِفٌ إلى // قَصْدٌ ؛ نِيَّةٌ. غَرَضٌ ؛ هَدَفٌ. مَعْنًى ؛ فَحْوًى

intention *n.* قَصْدٌ ؛ نِيَّةٌ ؛ غَرَضٌ. تَصْميمٌ ؛ عَزْمٌ

intentional *adj.* مَقْصودٌ ؛ مُتَعَمَّدٌ

intentionally *adv.* بِتَعَمُّدٍ ؛ عَنْ قَصْدٍ ؛ عَمْدًا

inter *vt.* يَدْفِنُ ؛ يَقْبُرُ ؛ يُواري

interaction *n.* تَفاعُلٌ

intercede *vi.* يَتَوَسَّطُ لِـ. يَتَشَفَّعُ ؛ يَلْتَمِسُ الرَحْمَةَ

intercept *vt.* يُمانِعُ. يَعْتَرِضُ. يَحْصُرُ

intercession *n.* شَفاعَةٌ ؛ وَساطَةٌ

interchange *vt.; n.* يَتَبادَلُ ؛ يُواضِعُ // تَبادُلٌ

intercontinental *adj.* بَيْنَ قارّاتٍ

intercourse *n.* إِتِّصالٌ ؛ تَعامُلٌ. عَلاقاتٌ. مُعاشَرَةٌ

interdict *vt.; n.* يَمْنَعُ ؛ يَحْرِمُ ؛ يَنْهى // تَحْريمٌ

interest *vt.; n.* يُثيرُ الإِهْتِمامَ ؛ يُرَغِّبُ ؛ يُشَوِّقُ // خَيْرٌ ؛ صَلاحٌ. فائِدَةٌ. عِنايَةٌ. تَشْويقٌ. أَهَمِّيَّةٌ

interested *adj.* راغِبٌ ؛ مُهْتَمٌّ. نَفْعيٌّ

interesting *adj.* مُمْتِعٌ ؛ مُشَوِّقٌ ؛ مُثيرٌ للإِهْتِمامِ

interfere *vi.* يَتَداخَلُ ؛ يَتَعارَضُ ؛ يَتَصادَمُ

interference *n.* تَداخُلٌ ؛ تَدَخُّلٌ. عَقَبَةٌ ؛ عائِقٌ

interfuse *vt.* يَتَخَلَّلُ. يَمْزُجُ

interim *adj.; n.* مُؤَقَّتٌ // فَتْرَةٌ ؛ فاصِلٌ. إِنابَةٌ

interior *adj.; n.* داخِليٌّ. باطِنيٌّ // الداخِلُ. الباطِنُ. الداخِلِيَّةُ

Ministry of the — وِزارَةُ الداخِلِيَّةِ

interject *vt.* يُقْحِمُ ؛ يَزُجُّ

interjection *n.* التَعَجُّبُ. صيغَةُ التَعَجُّبِ

interlace *vt.; i.* يُوَشّي. يَضْفِرُ / يَتَشابَكُ

interlock *vi.; t.* يَتَلاحَمُ / يُلاحِمُ ؛ يُشابِكُ

interlocution *n.* مُحادَثَةٌ ؛ حِوارٌ ؛ تَكالُمٌ

interlope *vi.* يَتَطَفَّلُ ؛ يَتَدَخَّلُ

interlude *n.* فاصِلٌ موسيقيٌّ. فَتْرَةٌ فاصِلَةٌ

intermarriage *n.* التَزاوُجُ

intermeddle *vi.* يَتَطَفَّلُ ؛ يَتَدَخَّلُ

intermediate *adj.* مُتَوَسِّطٌ ؛ أَوْسَطُ

interment *n.* دَفْنٌ. جَنازَةٌ. لَحْدٌ

interminable *adj.* لا مُتَناهٍ. مُطَوَّلٌ. لا آخِرَ لَهُ

intermingle *vt.; i.* يُمازِجُ ؛ يُخالِطُ / يَتَمازَجُ

intermission *n.* تَوَقُّفٌ. تَقَطُّعٌ (نَبْضٍ)

intermittent *adj.* مُتَقَطِّعٌ (عَمَلٌ)

intermix *vt.; i.* see **intermingle**

intern *vt.; n.* يَعْتَقِلُ ؛ يَحْجِزُ // الطَبيبُ المُقيمُ . السَجينُ ؛ المُعْتَقَلُ ؛ المُحْتَجَزُ

internal *adj.* داخِليٌّ ؛ باطِنيٌّ ؛ ذاتيٌّ . وَطَنيٌّ

international *adj.* دُوَليٌّ ؛ أُمَميٌّ

internationalize *vt.* يُدَوِّلُ

internecine *adj.* مُميتٌ ؛ ضَروسٌ (حَرْبٌ)

internee *n.* مُعْتَقَلٌ ؛ أَسيرُ حَرْبٍ ؛ مَحْجوزٌ عَلَيْهِ

internment *n.* إِعْتِقالُ (جُنْديٍّ) . حَجْزُ (مَعْتوهٍ)

interphone *n.* هاتِفٌ أَوْ تِلِفونٌ داخِليٌّ

interplanetary *adj.* حاصِلٌ بَيْنَ الكواكِبِ

interpolate *vt.* يُحَرِّفُ . يَدُسُّ . يَسْتَوْفي

interpose *vt.; i.* يَفْصِلُ ؛ يُدْخِلُ بَيْنَ . يَعْتَرِضُ / يَتَوَسَّطُ . يُقاطِعُ الحَديثَ

interpret *vt.; i.* يُفَسِّرُ . يُتَرْجِمُ فَوْرِيًّا . يُؤَوِّلُ . يُمَثِّلُ (دَوْرًا) / يُتَرْجِمُ تَرْجَمَةً فَوْرِيَّةً

interpretation *n.* تَرْجَمَةٌ فَوْرِيَّةٌ ؛ تَفْسيرٌ . تَأْويلٌ

interrogate *vt.* يَسْتَجوِبُ ؛ يَسْتَنْطِقُ ؛ يَسْتَفْسِرُ

interrogation *n.* إِسْتِجْوابٌ ؛ إِسْتِنْطاقٌ ؛ إِسْتِفْهامٌ

— point *n.* عَلامَةُ الإِسْتِفْهامِ

interrogative *adj.; n.* إِسْتِفْهاميٌّ // أَداةُ اسْتِفْهامٍ

interrupt *vt.; i.* يَعْتَرِضُ ؛ يُعيقُ / يُقاطِعُ

interruption *n.* مُقاطَعَةٌ ؛ إِعْتِراضٌ ؛ تَقاطُعٌ

intersect *vt.; i.* يَشْطُرُ ؛ يَقْطَعُ / يَتَقاطَعُ ؛ يَتَشابَكُ

intersection *n.* تَقاطُعٌ . نُقْطَةُ التَقاطُعِ

intersperse *vt.* يُفَرِّقُ ؛ يَنْثُرُ . يُرَصِّعُ ؛ يُوَشّي

interstellar *adj.* بَيْنَ النُجومِ أَوِ الكواكِبِ

interstice *n.* فُرْجَةٌ ؛ فَجْوَةٌ ؛ صَدْعٌ . فَتْرَةٌ فاصِلَةٌ

intertwine *vt.; i.* يَضْفِرُ ؛ يَجْدُلُ / يَنْضَفِرُ

interurban *adj.* بَيْنَ البُلْدانِ أَوِ المُدُنِ

interval *n.* الفاصِلَةُ . فَتْرَةٌ فاصِلَةٌ ؛ فُسْحَةٌ ؛ فُرْجَةٌ

intervene *vi.* يَتَدَخَّلُ . يَتَخَلَّلُ . يَطْرَأُ . يَعْتَرِضُ

intervention *n.* تَدَخُّلٌ . تَوَسُّطٌ

interview *n.; vt.* مُقابَلَةٌ ؛ مُواجَهَةٌ ؛ حَديثٌ (صُحُفيٌّ) // يُجْري مُقابَلَةً أَوْ حَديثًا صُحُفيًّا مَعْ

interweave *vt.; i.* يَحْبِكُ ؛ يَضْفِرُ / يَتَناسَجُ ؛ يَتَمازَجُ

intestate *adj.* غَيْرُ مُوصٍ ؛ غَيْرُ مُوَرِّثٍ بِوَصِيَّةٍ

intestine *adj.; n.* داخِليٌّ // المِعَى ؛ المَصارينُ

intimacy *n.* أُلْفَةٌ ؛ مَوَدَّةٌ ؛ صَداقَةٌ حَميمَةٌ

intimate *vt.; adj.; n.* يُلَمِّحُ إِلى . يُعْلِنُ // حَميمٌ . وَثيقٌ . خُصوصيٌّ // صَديقٌ حَميمٌ

intimation *n.* تَبْليغٌ ؛ إِعْلانٌ ؛ تَلْميحٌ . رَأْيٌ ؛ مَشورَةٌ

intimidate *vt.* يُخَوِّفُ ؛ يُرْعِبُ ؛ يُهَوِّلُ عَلى ؛ يُكْرِهُ

into *prep.* في ؛ إِلى ؛ نَحْوَ

walk — the wind يَسيرُ ضِدَّ الريحِ

intolerable *adj.* لا يُحْتَمَلُ ؛ لا يُطاقُ (أَلَمٌ ، حَرٌّ)

intolerance *n.* عَدَمُ احْتِمالٍ . تَعَصُّبٌ

intolerant *adj.* قَليلُ الإِحْتِمالِ . مُتَعَصِّبٌ

intonation *n.* تَرْنيمٌ ؛ تَجْويدٌ ؛ تَرْتيلٌ

intone *vt.; i.* يُرَنِّمُ ؛ يُرَتِّلُ ؛ يُنَغِّمُ / يَتَرَنَّمُ

intoxicant *n.; adj.* شَرابٌ مُسْكِرٌ // مُسْكِرٌ

intoxicate *vt.* يُسَمِّمُ . يُسْكِرُ

intoxicated *adj.* سَكْرانُ . مُسَمَّمٌ

intoxication *n.* سُكْرٌ . تَسَمُّمٌ (بالكُحولِ)

intractability *n.* عِنادٌ ؛ صُعوبَةُ مِراسٍ ؛ جُموحٌ

intractable *adj.* عَنيدٌ ؛ شَكِسُ (طَبْعٍ)

intramuscular *adj.* داخِلَ العَضَلَةِ

intransigent *adj.* عَنيدٌ ؛ مُتَصَلِّبٌ ؛ غَيْرُ مُتَساهِلٍ

intransitive *adj.* لازِمٌ ؛ غَيْرُ مُتَعَدٍّ (فِعْلٌ)

intrepid *adj.* جَريءٌ ؛ جَسورٌ ؛ باسِلٌ ؛ مِقْدامٌ

intricacy *n.* تَعْقيدٌ
intricate *adj.* مُعقَّدٌ ؛ صَعْبٌ حَلُّهُ
intrigue *n.; vt.; i.* خِداعٌ ؛ مَكيدَةٌ ؛ دَسيسَةٌ . عُقْدَةٌ // يَخْدَعُ ؛ يَكيدُ ؛ يَدُسُّ . يَأْسِرُ / يَتآمَرُ
intrinsic (al) *adj.* جَوْهَريٌّ ؛ حَقيقيٌّ ؛ فِعْليٌّ
introduce *vt.* يُقَدِّمُ شَخْصًا ؛ يُصَدِّرُ . يُدْخِلُ
introduction *n.* مُقَدَّمَةٌ . تَقْديمٌ ؛ تَعْريفٌ . إدْخالٌ
introductory *adj.* تَمْهيديٌّ ؛ إسْتِهْلاليٌّ ؛ تَقْديميٌّ
introspection *n.* تأَمُّلٌ باطِنيٌّ ؛ الإسْتِبْطانُ
introvert *n.* المُنْطوي ؛ المُنْكَمِشُ على ذاتِهِ
intrude *vi.; t.* يَتَطَفَّلُ ؛ يَدْخُلُ عَنْوَةً / يُقْحِمُ
intrusion *n.* تَدَخُّلٌ ؛ تَطَفُّلٌ . إقْتِحامٌ
intuition *n.* حَدْسٌ ؛ بَديهَةٌ ؛ بَداهَةٌ
intuitive *adj.* حَدْسيٌّ ؛ بَديهيٌّ
inundate *vt.* يَغْمُرُ ؛ يُغْرِقُ . يَفيضُ
inundation *n.* غَمْرٌ ؛ إغْراقٌ ؛ فَيَضانٌ ؛ طُوفانٌ
inure *vt.* يُعَوِّدُ ؛ يُمَرِّسُ ؛ يُمَرِّنُ
invade *vt.* يَغْزو ؛ يَجْتاحُ . يَنْتَهِكُ
invalid *adj.; n.; vt.* عاجِزٌ ؛ مُعاقٌ ؛ مَريضٌ // المَريضُ ؛ العاجِزُ ؛ المُعاقُ ؛ المُقْعَدُ // يُمْرِضُ
invalidate *vt.* يُوهِنُ ؛ يُضْعِفُ . يُبْطِلُ ؛ يُلْغي
invaluable *adj.* نَفيسٌ ؛ غالٍ ؛ لا يُقَدَّرُ بِثَمَنٍ
invariable *adj.* ثابِتٌ ؛ لا يَتَبَدَّلُ
invasion *n.* غَزْوٌ ؛ إجْتِياحٌ ؛ إكْتِساحٌ . إنْتِهاكٌ
invective *n.* قَدْحٌ ؛ ذَمٌّ ؛ طَعْنٌ ؛ شَتْمٌ
inveigh *vi.* يُهاجِمُ بِعُنْفٍ ؛ يُنَدِّدُ بِـ ؛ يُشَنِّعُ
inveigle *vt.* يُغْوي ؛ يُغْري ؛ يُغَرِّرُ
invent *vt.* يَخْتَرِعُ ؛ يَبْتَكِرُ . يُلَفِّقُ ؛ يَخْتَلِقُ (عُذْرًا)
invention *n.* إخْتِراعٌ ؛ إسْتِنْباطٌ ؛ إكْتِشافٌ ؛ تَلْفيقٌ
inventive *adj.* خَلّاقٌ ؛ إبداعيٌّ
inventor *n.* مُخْتَرِعٌ ؛ مُبْتَكِرٌ ؛ مُكْتَشِفٌ ؛ مُبْدِعٌ

inventory *n.; vt.* لائِحَةُ الجَرْدِ // يَجْرُدُ
inverse *adj.* مَعْكوسٌ ؛ عَكْسيٌّ ؛ مَقْلوبٌ
inversely *adv.* عَكْسِيًّا ؛ بِصورَةٍ عَكْسِيَّةٍ
inversion *n.* عَكْسٌ . تَعاكُسٌ . إنْقِلابٌ
invert *vt.* يَقْلِبُ ؛ يَعْكِسُ (الأدْوارَ)
invertebrate *adj.; n.* لا فَقاريٌّ // حَيوانٌ لا فَقاريٌّ
inverted commas *n.pl.* علامَتا الإقْتِباسِ « »
invest *vt.; i.* يُقَلِّدُ ؛ يُنَصِّبُ . يَسْتَثْمِرُ ؛ يُوَظِّفُ (مالاً) . يُحْدِقُ بِـ ؛ يُحاصِرُ . يُنْفِقُ / يُوَظِّفُ (مالاً)
investigate *vt.* يُحَقِّقُ ؛ يَسْتَقْصي ؛ يَبْحَثُ
investigation *n.* تَحْقيقٌ ؛ إسْتِقْصاءٌ ؛ بَحْثٌ
investigator *n.* مُحَقِّقٌ ؛ مُسْتَقْصٍ ؛ باحِثٌ ؛ مُنَقِّبٌ
investment *n.* تَوْظيفُ المالِ ؛ الإسْتِثْمارُ . تَطْويقٌ ؛ حِصارٌ . تَنْصيبٌ ؛ تَقْليدٌ
inveterate *adj.* مُتأَصِّلٌ ؛ مُتَمَكِّنٌ . عَنيدٌ . مُسْتَمِرٌّ
invidious *adj.* حَسودٌ . مُؤْذٍ . مُثيرٌ للإسْتِياءِ
invigorate *vt.* يُقَوّي ؛ يُنْعِشُ ؛ يُنَشِّطُ ؛ يُشَدِّدُ
invincible *adj.* لا يُغْلَبُ ؛ لا يُقْهَرُ . كَؤودٌ
inviolable *adj.* حَرامٌ ؛ مَنيعٌ ؛ مَصونٌ ؛ لا يُنْتَهَكُ
inviolate *adj.* غَيْرُ مُنْتَهَكٍ ؛ طاهِرٌ ؛ صافٍ ؛ سَليمٌ
invisible *adj.* خَفيٌّ ؛ غَيْرُ مَنْظورٍ (طَيْفٌ)
invitation *n.* دَعْوَةٌ . إلْتِماسٌ . إغْراءٌ
invite *vt.* يَدْعو إلى . يُشَجِّعُ ؛ يُغْري . يُرَحِّبُ بِـ
inviting *adj.* جَذّابٌ ؛ مُغْرٍ ؛ مُشَوِّقٌ
in vitro في أُنْبوبٍ إخْتِباريٍّ
invocation *n.* إسْتِغاثَةٌ ؛ دُعاءٌ . رُقْيَةٌ ؛ تَعْزيمَةٌ
invoice *n.; vt.* فاتورَةُ الحِسابِ // يُفَوْتِرُ
invoke *vt.* يَتَوَسَّلُ ؛ يُناشِدُ ؛ يَتَضَرَّعُ . يَسْتَشْهِدُ بِـ
involuntary *adj.* إكْراهيٌّ ؛ إلْزاميٌّ ؛ لا إراديٌّ
involve *vt.* يُوَرِّطُ . يَشْمُلُ ؛ يَتَضَمَّنُ . يَسْتَلْزِمُ

involved *adj.* مُتورِّطٌ في . مُلْتَبِسٌ ؛ مُعَقَّدٌ
invulnerable *adj.* مَنيعٌ ؛ حَصينٌ . دامِغٌ
inward *adj.; adv.* داخِليٌّ . روحيٌّ . عَقْليٌّ . جَوْهَريٌّ ؛ باطِنيٌّ // نَحْوَ الداخِلِ ؛ إلى الباطِنِ
inwardly *adv.* عَقْليًّا . روحيًّا . داخِليًّا ؛ سِرًّا
iodine *or* **iodin** *n.* اليُودُ (عُنْصُرٌ كيميائيٌّ)
ion *n.* الإيونُ ؛ ذَرَّةٌ ذاتُ شُحْنَةٍ كَهْرَبائِيَّةٍ
ionic *adj.* إيونيٌّ (تَفَكُّكٌ) . إيونيٌّ (فَنٌّ)
ionosphere *n.* طَبَقَةُ الإيوناتِ التي تُغَلِّفُ الأَرْضَ
iota *n.* ذَرَّةٌ ؛ مِقْدارٌ ضَئيلٌ جِدًّا
Iranian *adj. & n.* إيرانيٌّ // اللُغَةُ الإيرانِيَّةُ
Iraqi *adj. & n.* عِراقيٌّ // اللُغَةُ العِراقِيَّةُ
irascible *adj.* غَضوبٌ ؛ سَريعُ الإنْفِعالِ ؛ نَزِقٌ
irate *adj.* غاضِبٌ ؛ سَريعُ الغَضَبِ
ire *n.* غَضَبٌ ؛ غَيْظٌ ؛ حَنَقٌ
iridescent *adj.* مُتَلَوِّنٌ بِأَلْوانِ قَوْسِ القُزَحِ ؛ مُتَقَزِّحٌ
iris *n.* سَوْسَنٌ . قَوْسُ قُزَحٍ . الحَدَقَةُ . قُزَحِيَّةُ العَيْنِ
Irish *adj. & n.* إيرلَنْديٌّ // اللُغَةُ الإيرلَنْدِيَّةُ
irk *vt.* يُضايِقُ ؛ يُضْجِرُ ؛ يُبْرِمُ
irksome *adj.* مُضايِقٌ ؛ مُضْجِرٌ ؛ مُزْعِجٌ
iron *adj.; n.; vt.* حَديديٌّ . صُلْبٌ // حَديدٌ . قَيْدٌ . مِكْواةٌ // يَكْوي . يُقَيِّدُ بِالأَصفادِ
ironic (al) *adj.* سُخْريٌّ ؛ تَهَكُّميٌّ ؛ ساخِرٌ
ironing *n.* الكَيُّ أَوِ الكَوْيُ
ironing board *n.* لَوْحُ الكَوْيِ ؛ طاوِلَةُ الكَوْيِ
ironmonger *n.* تاجِرُ الحَديدِ والمَعادِنِ
iron ore *n.* حَديدٌ خامٌ
irony *n.* سُخْرِيَّةٌ ؛ تَهَكُّمٌ ؛ إسْتِهْزاءٌ
irradiate *vt.; i.* يُعالِجُ بِالطاقَةِ المُشِعَّةِ ؛ يُنيرُ ؛ يُشِعُّ ؛ يُشْرِقُ ؛ يُفيضُ / يَشِعُّ

irrational *adj.* غَيْرُ مَنْطِقيٍّ ؛ لا عَقْلانيٌّ
irreclaimable *adj.* مُتَعَذِّرٌ إصْلاحُهُ أَوْ إسْتِعادَتُهُ
irreconcilable *adj.* مُتَناقِضٌ . لا يُسالِمُ
irrecoverable *adj.* لا يُجْبى . مُتَعَذِّرٌ إصْلاحُهُ
irredeemable *adj.* لا يُمْكِنُ إصْلاحُهُ أَوْ تَعْويضُهُ
irreformable *adj.* غَيْرُ قابِلٍ للإِصْلاحِ
irrefutable *adj.* لا يَقْبَلُ الجَدَلَ ؛ لا يُدْحَضُ
irregular *adj.* غَيْرُ قِياسيٍّ ؛ غَيْرُ نِظاميٍّ ؛ شاذٌّ
irregularity *n.* لا قِياسِيَّةٌ ؛ شُذوذٌ . شَيْءٌ شاذٌّ
irrelevant *adj.* غَيْرُ مُتَّصِلٍ بِالمَوْضوعِ ؛ نابٍ
irreligious *adj.* زِنْديقٌ ؛ مارِقٌ ؛ مُجَدِّفٌ ؛ مُلْحِدٌ
irremediable *adj.* عُضالٌ ؛ غَيْرُ قابِلٍ لِلعِلاجِ
irremovable *adj.* مُتَعَذِّرٌ نَقْلُهُ أَوْ إزالَتُهُ
irreparable *adj.* لا سَبيلَ إلى إصْلاحِهِ أَوْ تَرْميمِهِ
irreplaceable *adj.* لا يُسْتَبْدَلُ أَوْ يُعَوَّضُ
irrepressible *adj.* لا يُضْبَطُ ؛ لا يُكْظَمُ ؛ لا يُكْبَحُ
irreproachable *adj.* لا عَيْبَ فيهِ ؛ كامِلٌ
irresistible *adj.* لا يُقاوَمُ ؛ لا يُواجَهُ (بُرْهانٌ)
irresolute *adj.* مُتَرَدِّدٌ ؛ مُتَحَيِّرٌ (طَبْعٌ ، شَخْصٌ)
irresolution; irresoluteness *n.* تَرَدُّدٌ ؛ حَيْرَةٌ
irrespective *adj.* بِغَضِّ النَظَرِ عَنْ
irresponsibility *n.* لا مَسْؤولِيَّةٌ
irresponsible *adj.* غَيْرُ مَسؤولٍ ؛ لا تَبِعَةَ عَلَيْهِ
irretrievable *adj.* مُتَعَذِّرٌ اسْتِرْجاعُهُ أَوِ اسْتِرْدادُهُ
irreverence *n.* عَدَمُ تَوْقيرٍ ؛ قِلَّةُ احْتِرامٍ
irreverent *adj.* غَيْرُ مُوَقِّرٍ ؛ سَفيهٌ
irreversible *adj.* لا يُعْكَسُ . لا يُبْطَلُ
irrevocable *adj.* مُتَعَذِّرٌ تَغْييرُهُ ؛ لا يُلْغى . نِهائيٌّ
irrigate *vt.* يَرْوي ؛ يَسْقي . يَغْسِلُ
irrigation *n.* رِيٌّ ؛ سَقْيٌ . غَسْلٌ
irritability *n.* نَزَقٌ ؛ حِدَّةُ الطَبْعِ ؛ سُرْعَةُ الإنْفِعالِ

irritable *adj.* نَزِقٌ؛ سَرِيعُ الغَضَبِ (شَخْصٌ)
irritant *adj.; n.* مُهَيِّجٌ؛ مُلْهِبٌ // المُثِيرُ
irritate *vt.* يُثِيرُ؛ يُغْضِبُ؛ يُسْخِطُ؛ يُغِيظُ
irritated *adj.* مُلْتَهِبٌ؛ مُثارٌ
irritation *n.* إثارَةٌ؛ غَضَبٌ؛ سُخْطٌ؛ غَيْظٌ
irruption *n.* إقْتِحامٌ؛ غارَةٌ. غَزْوٌ
is الغائِبُ المُفْرَدُ مِنْ فِعْلِ **be**
as — على حالَتِهِ؛ دونَ تَغْيِيرٍ
isinglass *n.* هُلامُ السَمَكِ. المَيْكَةُ (مَعْدِنٌ)
Islam *n.* الإسْلامُ. الدِينُ الإسْلامِيُّ
Islamic *adj.* إسْلامِيٌّ؛ خاصٌّ بالإسْلامِ
island *n.* جَزِيرَةٌ
islander *n.* أحَدُ سُكّانِ الجُزُرِ
isle *n.* جَزِيرَةٌ
islet *n.* جَزِيرَةٌ صَغِيرَةٌ
isobar *n.* خَطُّ تَساوِي الضَغْطِ الجَوِّيِّ
isolate *vt.* يَعْزِلُ؛ يُفْرِدُ؛ يَفْصِلُ
isolated *adj.* مَعْزولٌ؛ مَفْصولٌ؛ مُفْرَدٌ
isolation *n.* إنْعِزالٌ؛ عُزْلَةٌ. فَصْلٌ
isolationism *n.* الإنْعِزالِيَّةُ
isolationist *n.* الإنْعِزالِيُّ
isosceles *adj.* مُتَساوِي الضِلْعَيْنِ (مُثَلَّثٌ)
isotope *n.* النَظِيرُ: عُنْصُرٌ مُشِعٌّ
issue *n.; vi.; t.* صدورٌ. إنْبِعاثٌ. خُروجٌ. نَتِيجَةٌ. نَشْرَةٌ. نَسْلٌ. رَيْعٌ. نُقْطَةُ خِلافٍ // يَنْبَعِثُ. يَتَدَفَّقُ. يَنْشأُ. يَنْقَضِي / يُصْدِرُ. يُوَزِّعُ
at — في مَوْضِعِ النِزاعِ أوِ الخِلافِ
We are at — على خِلافٍ
without — بِدونِ ذُرِّيَّةٍ أوْ عَقِبٍ
isthmian *adj.* بَرْزَخِيٌّ
isthmus *n.* بَرْزَخٌ
it *pron.* ضَمِيرُ الغائِبِ المُفْرَدِ (لِغَيْرِ العاقِلِ أوْ لِلطِفْلِ)؛ هُوَ؛ هِيَ
keep at — يَظَلُّ مُثابِرًا عَلى
Italian *adj. & n.* إيطالِيٌّ // اللُغَةُ الإيطالِيَّةُ
italic *adj.; n.* مُتَعَلِّقٌ بالحَرْفِ المائِلِ؛ مُتَعَلِّقٌ بإيطالِيا القَدِيمَةِ // حَرْفٌ طِباعِيٌّ مائِلٌ
italicize *vt.* يَطْبَعُ بالحَرْفِ المائِلِ (نَصًّا)
itch *n.; vi.; t.* حِكَّةٌ؛ أُكالٌ. تَلَهُّفٌ // يَسْتَحِكُّ الجِلْدَ. يَتَلَهَّفُ / يُغضِبُ
item *n.* بَنْدٌ؛ مادَّةٌ؛ مَوْضوعٌ. نَبَأٌ قَصِيرٌ؛ نُبْذَةٌ
itinerant *adj.; n.* مُتَجَوِّلٌ؛ مُتَنَقِّلٌ // المُتَطَوِّفُ
itinerary *n.* جَدْوَلُ الرِحْلَةِ. دَلِيلُ السائِحِ
its *poss. adj.* لَهُ؛ لَها (الصِيغَةُ المِلْكِيَّةُ مِنْ **it**)
itself *pron.* نَفْسُهُ؛ نَفْسُها؛ ذاتُهُ؛ ذاتُها
ivied *adj.* مُغَشًّى باللَبْلابِ
ivory *adj.; n.* عاجِيٌّ؛ مَصْنوعٌ مِنْ عاجٍ. عاجِيُّ اللَوْنِ // عاجٌ؛ نابُ الفِيلِ. لَوْنُ العاجِ. سِنٌّ؛ ضِرْسٌ
ivory tower *n.* بُرْجٌ عاجِيٌّ. عالَمُ الأحْلامِ
ivy *n.* اللَبْلابُ؛ العَشَقَةُ: نَباتٌ مُعْتَرِشٌ

J

J; j *n.* الحَرْفُ العاشِرُ مِنَ الأَبْجَدِيَّةِ الإِنْكليزِيَّةِ
jab *vt.; i.; n.* يَخِزُ. يَلْكُمُ // وَخْزٌ. لَكْمَةٌ
jabber *vi.; t.; n.* يُبَرْبِرُ؛ يُثَرْثِرُ // بَرْبَرَةٌ؛ ثَرْثَرَةٌ
jack *n.; vt.* آلَةٌ رافِعَةٌ. شَخْصٌ. رايَةٌ صَغيرَةٌ. نوتِيٌّ. الشابُّ (في وَرَقِ اللَعِبِ). كُرَةٌ صَغيرَةٌ بَيْضاءُ // يَرْفَعُ بِعِفْريتٍ (سَيّارَةً). يُوقِفُ
jackal *n.* إبْنُ آوى
jackass *n.* حِمارٌ. الغَبِيُّ؛ المُغَفَّلُ
jackdaw *n.* غُرابُ الزَرْعِ
jacket *n.* سِتْرَةٌ. غِلافٌ مِنْ وَرَقٍ
jackknife *n.* مِدْيَةُ جَيْبٍ
jack-tar *n.* البَحّارُ؛ النوتِيُّ
jade *n.; vt.* فَرَسٌ هَزيلٌ. إمْرأَةٌ رَديئَةُ الأَخْلاقِ. يَشْمٌ (حَجَرٌ كَريمٌ) // يُجْهِدُ؛ يُضْني
jag *n.* رَأْسٌ ناتِئٌ (صَخْرٌ)
jagged; jaggy *adj.* خَشِنٌ؛ مُثَلَّمٌ؛ مَفْلولٌ
jaguar *n.* نَمِرٌ مُرَقَّطٌ؛ اليَغْوَرُ
jail *n.; vt.* سِجْنٌ؛ حَبْسٌ // يَسْجُنُ
jailbird *n.* السَجينُ المُزْمِنُ
jailer *n.* السَجّانُ؛ حارِسُ الحَبْسِ
jam *vt.; i.; n.* يُعَرْقِلُ. يَعْتَرِضُ. يَسُدُّ (مَمَرًّا). يَكْبَحُ (سَيّارَةً). يَشُدُّ بِأَسافينَ / يَتَوَقَّفُ (مُحَرِّكٌ). يَتَعَطَّلُ (مُسَدَّسٌ) // زُحامٌ. حَشْدٌ. مُرَبّى. إنْسِدادٌ
Jamaican *adj. & n.* جامايكِيٌّ
jamb *n.* قَوائِمُ البابِ أَوِ النافِذَةِ
jamboree *n.* مِهْرَجانٌ (لِلكَشّافَةِ)
jangle *vt.; i.; n.* يُثيرُ / يَتَجادَلُ؛ يَتَماحَكُ؛ يَتَنازَعُ (في الكَلامِ) // مُشاجَرَةٌ. مُصاخَبَةٌ
janitor *n.* الحاجِبُ؛ البَوّابُ
January *n.* كانونُ الثاني؛ يَنايِرُ (شَهْرٌ شَمْسِيٌّ)
japan *n.* اللَكُّ: نوعٌ مِنَ الطِلاءِ اللَمّاعِ
Japanese *adj. & n.* يابانِيٌّ // اللُغَةُ اليابانِيَّةُ
jar *vi.; t.; n.* يَصْرِفُ (أَسْنانَهُ). يَرْتَجُّ. يُزْعِجُ / يَهُزُّ. يَرُجُّ // إرْتِجاجٌ. صَريرٌ. جَرَّةٌ
jargon *n.* جَعْجَعَةٌ؛ كَلامٌ مُبْهَمٌ؛ رَطانَةٌ
jarring *adj.* غَيْرُ مُنْسَجِمٍ؛ مُتَنافِرٌ؛ ناشِزٌ
jasmine *n.* ياسَمينٌ. لَوْنٌ أَصْفَرُ فاتِحٌ
jasper *n.* اليَشْبُ (حَجَرٌ كَريمٌ)
jaundice *n.* اليَرَقانُ. شُعورٌ بالإشْمِئْزازِ
jaunt *n.* رِحْلَةٌ لِلْمُتْعَةِ
jauntily *adv.* بِخِفَّةٍ. بِمُتْعَةٍ. بِمَرَحٍ. بِأَناقَةٍ
jaunty *adj.* مَرِحٌ؛ طَروبٌ. أَنيقٌ
javelin *n.* رُمْحٌ؛ الجَريدَةُ (رُمْحٌ طَويلٌ)
jaw *n.* فَكٌّ؛ حَنَكٌ
jawbone *n.* عَظْمُ الفَكِّ
jay *n.* الزِرْيابُ؛ القيقُ؛ أَبو زُرَيْقٍ
jazz *n.* موسيقى الجازِ. حَيَوِيَّةٌ. بَهْجَةٌ
jealous *adj.* غَيورٌ؛ حَسودٌ. يَقِظٌ؛ حَذِرٌ
jealousy *n.* غَيْرَةٌ؛ حَسَدٌ. حِرْصٌ. حَذَرٌ
jean *n.* قُماشٌ قُطْنِيٌّ مَتينٌ
jeep *n.* الجيبُ (سَيّارَةٌ)
jeer *n.; vt.; i.* مُلاحَظَةٌ ساخِرَةٌ // يَهْزَأُ مِنْ
jejune *adj.* تافِهٌ. غَثٌّ
jelly *n.* هُلامٌ. حَلْوى مُجَمَّدَةٌ
jellyfish *n.* قِنْديلُ البَحْرِ؛ السَمَكُ الهُلامِيُّ
jeopardy *n.* الخَطَرُ؛ المَهْلَكَةُ

jerk *vt.; i.; n.* يَرُجُّ ؛ يَهُزُّ بِعُنْفٍ ؛ يَنْخَعُ / يَنْتَخِعُ // رَجَّةٌ ؛ هَزَّةٌ. رَعْشَةٌ

jerkin *n.* سُتْرَةٌ طَويلَةٌ دونَ كُمَّيْن

jersey *n.* قَميصٌ صوفيٌّ ؛ نَسيجٌ قُطْنيٌّ أَوْ صوفيٌّ

jessamine *n.* الياسَمين

jest *n.; vi.; t.* دُعابَةٌ ؛ مُزاحٌ ؛ نُكْتَةٌ ؛ مُلاحَظَةٌ ساخِرَةٌ // يَمْزَحُ ؛ يُنَكِّتُ ؛ يَسْخَرُ / يَهْزَأُ بِـ

jester *n.* المُهَرِّجُ. المَزّاحُ

jesting *adj.* مُضْحِكٌ ؛ مُداعِبٌ ؛ مازِحٌ

Jesuit *n.* اليَسوعيُّ (راهِبٌ)

Jesus يَسوعُ ؛ المَسيحُ

jet *n.; vt.; i.* السَبَجُ. الأُنْبوبُ ؛ النافورَةُ ؛ الخُرْطومُ. دَفْقٌ ؛ فَيْضٌ ؛ إنْبِثاقٌ. مِنْفَثٌ // يَنْفُثُ ؛ يَدْفِقُ / يَتَفَجَّرُ ؛ يَتَدَفَّقُ

jet airplane *n.* طائِرَةٌ نَفّاثَةٌ

jet engine *n.* مُحَرِّكٌ نَفّاثٌ

jet-propelled *adj.* نَفّاثيٌّ (دَفْعٌ)

jetty *n.* رَصيفُ الميناءِ ؛ حاجِزُ ماءٍ

Jew *n.* اليَهوديُّ ؛ أَحَدُ اليَهودِ

jewel *n.; vt.* جَوْهَرَةٌ ؛ دُرَّةٌ // يُرَصِّعُ بالجَواهِرِ

jeweler *n.* الجَوْهَريُّ. صانِعُ أَوْ تاجِرُ الجَواهِرِ

jewelry *n.* حُليٌّ ؛ مُجَوْهَراتٌ ؛ جَواهِرُ

Jewess *n.* اليَهوديَّةُ ؛ فَتاةٌ أَوِ امْرَأَةٌ يَهوديَّةٌ

Jewish *adj.* يَهوديٌّ ؛ عِبْريٌّ ؛ عِبْرانيٌّ

jib *n.; vi.* شِراعُ السارِيَةِ. ذِراعُ الوِنْشِ // يَحْرُنُ ؛ يَأْبى المَسيرَ. يَنحَرِفُ

jiff; jiffy *n.* لَحْظَةٌ ؛ هُنَيْهَةٌ

jig *n.; vt.; i.* رَقْصَةٌ سَريعَةٌ // يُهَزْهِزُ / يَتَهَزْهَزُ

jilt *n.; vt.* إمْرَأَةٌ ناكِثَةُ العَهْدِ // تَنْبِذُ (المَرْأَةُ) زَوْجًا

jingle *n.; vi.* جَلْجَلَةٌ ؛ صَلْصَلَةٌ. قَرْعُ الأَجْراسِ // يَقْرَعُ الجَرَسَ. يُجَلْجِلُ ؛ يُصَلْصِلُ

jingo *n.* الوَطَنيُّ المُتَطَرِّفُ أَوِ المُتَعَصِّبُ

jinx *n.* الجالِبُ للحَظِّ السيِّئِ أَوِ النَحْسِ

jitters *n.pl.* جَزَعٌ. نَرْفَزَةٌ

job *n.; vi.; t.* عَمَلٌ ؛ وَظيفَةٌ ؛ مَهَمَّةٌ. وَضْعٌ ؛ حالَةٌ. مَسْأَلَةٌ // يَشْتَغِلُ ؛ يَتَوَظَّفُ / يَخْدَعُ. يُضارِبُ. يُحَقِّقُ كَسْبًا

out of a — بَطّالٌ ؛ عاطِلٌ عَنِ العَمَلِ

jobber *n.* سِمْسارٌ ؛ وَسيطٌ ؛ تاجِرُ جُمْلَةٍ

jockey *n.* الجوكيُّ ؛ فارِسُ سِباقٍ. سائِقٌ. عامِلٌ

jocose *adj.* مَرِحٌ ؛ فُكاهيٌّ

jocular *adj.* كَثيرُ المُزاحِ ؛ مازِحٌ

jocularity *n.* مُزاحٌ. مَزْحَةٌ ؛ دُعابَةٌ

jocund *adj.* مَرِحٌ ؛ جَذْلانُ ؛ مُنْشَرِحٌ

jog *vt.; i.; n.* يَهُزُّ ؛ يُنَبِّهُ ؛ يُثيرُ / يَهْتَزُّ ؛ يَتَذَبْذَبُ. يَمْشي الهُوَيْنا // هَزَّةٌ. عَدْوٌ وَئيدٌ. نُتوءٌ

join *vt.; i.* يَصِلُ ؛ يَرْبُطُ ؛ يَضُمُّ. يُزَوِّجُ. يَلْتَحِقُ / يَتَّصِلُ. يَتحالَفُ. يَتَجاوَرُ

— up يَلْتَحِقُ بالخِدْمَةِ العَسْكَريَّةِ

joiner *n.* نَجّارٌ

joinery *n.* النِجارَةُ. مَصْنوعاتُ النَجّارِ

joint *vt.; i.; adj.; n.* يُوَصِّلُ ؛ يَقْرِنُ. يَضُمُّ. يُمَفْصِلُ. يُقَطِّعُ / يَتَّصِلُ // مُتَّصِلٌ. مُشْتَرَكٌ // مَفْصِلٌ. عُقْدَةٌ. قِطْعَةُ لَحْمٍ

out of — مُضْطَرِبٌ. مُتَخَلِّعٌ ؛ مُنْفَكٌّ

jointed *adj.* مَوْصولٌ ؛ مَرْبوطٌ. مُمَفْصَلٌ

jointly *adv.* بالإشْتِراكِ مَعْ ؛ بالتَضامُنِ مَعْ ؛ مَعًا

joint stock *n.* رَأْسُ مالٍ مُشْتَرَكٌ ؛ حِصَصٌ

joist *n.* رافِدَةٌ أَوْ عارِضَةٌ لِدَعْمِ سَقْفِ الحُجْرَةِ

joke *n.; vi.; t.* سُخْريَّةٌ. دُعابَةٌ ؛ مُزاحٌ ؛ هَزْلٌ // يَمْزَحُ ؛ يَهزِلُ / يُداعِبُ ؛ يُمازِحُ

joker *n.* الجُوكَرُ (في وَرَقِ اللَعِبِ). الكَثيرُ

المُزاح . فَتًى ؛ شَخْص

joking *n.* مُزاحٌ ؛ هَزْلٌ ؛ دُعابَةٌ

jollity *n.* إبْتِهاجٌ صاخِبٌ ؛ حَفْلَةُ ابْتِهاجٍ صاخِبَةٌ

jolly *adj.* مُبْتَهِجٌ ؛ مَرِحٌ . رائِعٌ ؛ مُمْتازٌ

jolt *vt.; i.; n.* يَنْخَعُ . يُضايِقُ ؛ يُزْعِجُ ؛ يُرْبِكُ / يَنْخَضُّ ؛ يَرْتَجُّ // نَخْعَةٌ ؛ صَدْمَةٌ ؛ رَجَّةٌ ؛ خَضَّةٌ

jonquil *n.* النَرْجِسُ الأَسَليُّ (نَباتٌ)

Jordanian *adj. & n.* أُرْدُنيٌّ

jostle *vt.; i.* يَصْدِمُ ؛ يُحَرِّكُ / يَحْتَكُّ ؛ يَصْطَدِمُ

jot *n.; vt.* ذَرَّةٌ ؛ مِثْقالُ ذَرَّةٍ // يُدَوِّنُ بإيجازٍ

jotting *n.* تَدْوينٌ مُخْتَصَرٌ . مُذَكَّرَةٌ موجَزَةٌ

journal *n.* جَريدَةٌ . مَجَلَّةٌ . دَفْتَرُ اليَوْمِيَّةِ . يَوْمِيّاتٌ

journalism *n.* الصِحافَةُ . عِلْمُ الصِحافَةِ

journalist *n.* الصِحافيُّ . كاتِبُ المُذَكَّراتِ اليَوْمِيَّةِ

journalistic *adj.* صُحُفيٌّ ؛ خاصٌّ بالصِحافَةِ

journey *n.; vi.* رِحْلَةٌ ؛ سَفَرٌ // يَقومُ بِرِحْلَةٍ

journeyman *n.* عامِلٌ مُياوِمٌ . عامِلٌ بارِعٌ

joust *n.; vi.* مُقارَعَةٌ ؛ مُبارَزَةٌ فُروسِيَّةٌ . صِراعٌ // يُقارِعُ بالسَيْفِ . يُطاعِنُ بِالرُمْحِ . يُصارِعُ

jovial *adj.* مَرِحٌ ؛ جَذْلانُ ؛ باشٌّ

joviality *n.* مَرَحٌ ؛ جَذَلٌ ؛ بَشاشَةٌ

jowl *n.* الفَكُّ الأَسْفَلُ . الخَدُّ

joy *n.; vi.* سُرورٌ ؛ إبْتِهاجٌ // يَبْتَهِجُ

joyful *adj.* مُبْتَهِجٌ ؛ فَرِحٌ . سارٌّ

joyfulness *n.* إبْتِهاجٌ ؛ فَرَحٌ ؛ سُرورٌ . جَذَلٌ

joyous *adj.* مُبْتَهِجٌ . مُفْرِحٌ ؛ سارٌّ (خَبَرٌ)

jubilant *adj.* مُغْتَبِطٌ ؛ مُتَهَلِّلٌ ؛ شَديدُ الإبْتِهاجِ

jubilation *n.* إغْتِباطٌ ؛ تَهَلُّلٌ ؛ إبْتِهاجٌ

jubilee *n.* اليوبيلُ . تَهَلُّلٌ ؛ إبْتِهاجٌ

Judaism *n.* اليَهوديَّةُ ؛ دينُ اليَهودِ

judge *vi.; t.; n.* يُكَوِّنُ رَأْيًا . يَقْضي / يَحْكُمُ . يُحاكِمُ // قاضٍ . حَكَمٌ . خَبيرٌ

judgment *n.* قَضاءٌ ؛ حُكْمٌ . قَرارٌ . رَأْيٌ

Judgment Day *n.* يَوْمُ الدَيْنونَةِ

judicable *adj.* يُحاكَمُ ؛ قابِلٌ لِلْمُحاكَمَةِ

judicative *adj.* أَهْلٌ لِلْمُقاضاةِ

judicature *n.* القَضاءُ . حُكْمُ القَضاءِ . القُضاةُ

judicial *adj.* قَضائيٌّ (تَحْقيقٌ) . حَصيفٌ (رأْيٌ)

judiciary *adj.; n.* قَضائيٌّ // القَضاءُ . السُلْطَةُ القَضائيَّةُ

judicious *adj.* حَكيمٌ ؛ حَصيفٌ ؛ صائِبٌ (رَأْيٌ)

judo *n.* الجودو (ضَرْبٌ مِنَ المُصارَعَةِ اليابانيَّةِ)

jug *n.; vt.* إبْريقٌ ؛ إناءٌ . سِجْنٌ // يَسْجُنُ

juggle *vi.; t.; n.* يُشَعْوِذُ ؛ يَتَلاعَبُ بِـ / يَخْدَعُ // شَعْوَذَةٌ ؛ خِداعٌ ؛ حيلَةٌ ؛ تَلاعُبٌ

juggler *n.* المُشَعْوِذُ ؛ المُحْتالُ ؛ المُتَلاعِبُ بِـ

jugular *adj.; n.* وِداجيٌّ // الوِداجُ (عِرْقٌ في العُنُقِ)

juice *n.* عَصيرٌ ؛ عُصارَةٌ . جَوْهَرُ الشَيْءِ

juicy *adj.* رَيّانٌ ؛ كَثيرُ العُصارَةِ . مُثْمِرٌ

jujube *n.* عُنّابٌ . قُرْصٌ صَمْغيٌّ مُحَلًّى

jukebox *n.* فونوغرافٌ آليٌّ يَعْمَلُ بِوَضْعِ قِطْعَةٍ نَقْديَّةٍ

July *n.* تَمّوزٌ ؛ يوليو (شَهْرٌ شَمْسيٌّ)

jumble *vi.; t.; n.* يَخْتَلِطُ / يَخْلِطُ // إخْتِلاطٌ

jump *vi.; t.; n.* يَثِبُ ؛ يَقْفِزُ / يَقْفِزُ فَوْقَ . يَتَخَطّى . يَنْسى // قَفْزٌ . وَثْبَةٌ . إرْتِقاءٌ . مُجازَفَةٌ

jumper *n.* الواثِبُ ؛ القافِزُ . كَنْزَةٌ ؛ قَميصٌ

jumpy *adj.* وَثّابٌ . عَصَبيٌّ . مُتَقَلِّبٌ

junction *n.* صِلَةٌ ؛ رِباطٌ ؛ إتِّصالٌ . مُلْتَقى طُرُقٍ

juncture *n.* وَصْلٌ ؛ رِباطٌ . دَرْزَةٌ . ظَرْفٌ ؛ فَتْرَةٌ

June *n.* حُزَيْرانُ ؛ يونيو (شَهْرٌ شَمْسيٌّ)

jungle *n.* دَغَلٌ ؛ أَجَمَةٌ ؛ غابٌ

junior *adj.; n.* أَصْغَرُ ؛ أَحْدَثُ عَهْدًا // الأَدْنى ؛ الأَصْغَرُ ؛ الأَحْدَثُ سِنًّا

a — partner شَريكٌ ثانَويٌّ

junior college *n.* كُلِّيَّةٌ أَوْ مَعْهَدُ الراشِدينَ

juniper *n.* العَرْعَرُ (شَجَرٌ مِنْ فَصيلَةِ الصَّنَوْبَريّاتِ)

junk *n.* مَرْكَبٌ شِراعِيٌّ صينِيٌّ. الخُرْدَةُ ؛ النِفاياتُ

junket *n.* لَبَنٌ ؛ جُبْنَةٌ. نَوْعٌ مِنَ الحَلْوى. وَليمَةٌ

junta *n.* مَجْلِسٌ سِياسِيٌّ حاكِمٌ

junto *n.* طُغْمَةٌ أَو زُمْرَةٌ

Jupiter *n.* جوبيتر: أَبو الآلِهَةِ. المُشْتَري

juridical *adj.* قَضائِيٌّ. قانونِيٌّ ؛ حُقوقِيٌّ

jurisdiction *n.* السُلْطَةُ القَضائِيَّةُ ؛ القَضاءُ

jurisprudence *n.* القانونُ ؛ أَحْكامُ القَضاءِ. الفِقْهُ

jurist *n.* القانونِيُّ ؛ رَجُلُ القانونِ. الحُقوقِيُّ. الفَقيهُ

juror *n.* المُحَلَّفُ ؛ الحَكَمُ

jury *n.* هَيْئَةُ المُحَلَّفينَ

just *adj.; adv.* صَحيحٌ ؛ صائِبٌ ؛ مَضْبوطٌ. مُنْصِفٌ ؛ مُسْتَقيمٌ ؛ عادِلٌ // تَمامًا ؛ عَلى وَجْهِ الضَبْطِ. مُنْذُ لَحَظاتٍ. مُباشَرَةً. فَقَط

— anger غَضَبٌ في مَحَلِّهِ

Do — as you like إِفْعَلْ ما تُريدُهُ

— a moment لَحْظَةً فَقَط

— as he was leaving في اللَحْظَةِ التي غادَرَ فيها تَمامًا

— in time جاءَ في الوَقْتِ المُناسِبِ

justice *n.* عَدالَةٌ ؛ إِنْصافٌ ؛ إِسْتِقامَةٌ. حَقٌّ. قاضٍ

justifiable *adj.* مُمْكِنٌ تَبْريرُهُ أَوْ تَسْويغُهُ

justification *n.* تَبْريرٌ ؛ تَسْويغٌ. مُبَرِّرٌ ؛ عُذْرٌ

justificatory *adj.* تَبْريرِيٌّ. مُبَرِّرٌ

justify *vt.* يُبَرِّرُ ؛ يُسَوِّغُ. يُبَرِّئُ

justly *adv.* بالضَبْطِ ؛ بالتَمامِ

jut *vi.; t.; n.* يَنْتَأُ ؛ يَبْرُزُ / يُنْتِئُ // نُتوءٌ ؛ بُروزٌ

jute *n.* قِنَّبٌ هِنْدِيٌّ ؛ أَلْيافٌ لِصُنْعِ الخَيْشِ

juvenile *adj.; n.* يافِعٌ ؛ صِبْيانِيٌّ ؛ فَتِيٌّ ؛ شَبابِيٌّ // الصَبِيُّ ؛ اليافِعُ ؛ الفَتى

juvenility *n.* الحَداثَةُ ؛ الفُتُوَّةُ ؛ الصِبا

juxtapose *vt.* يُحاذي ؛ يُقارِبُ ؛ يَضَعُ إِلى جانِبِ

juxtaposition *n.* وَضْعُ شَيْءٍ بِجانِبِ آخَرَ ؛ مُقارَبَةٌ

— him company يَصْحَبُهُ؛ يُرافِقُهُ
— off يَنْحازُ؛ يَنْزَوي. يُبْعِدُ
— silence يَلْتَزِمُ الصَمْتَ
— time يَصِلُ في الوَقْتِ المُناسِبِ
— touch يَبْقى عَلى عَلاقَةٍ مَعَ
— out يَمْنَعُ مِنَ الدُخولِ

keeper *n.* الحافِظُ؛ الحامي. القَيِّمُ. السَجّانُ

keeping *n.* حِفْظٌ؛ صَوْنٌ. تَعَهُّدٌ. إعالَةٌ؛ مَعيشَةٌ. إدِّخارٌ. إنْسِجامٌ. عِنايَةٌ. قوتٌ

keepsake *n.* التَذْكارُ؛ شَيْءٌ يُحْتَفَظُ بِهِ للذِكْرى

keg *n.* بِرْميلٌ صَغيرٌ (سَعَتُهُ ٣٠ غالونًا)

kemp *n.* بَطَلٌ؛ مُحارِبٌ مِغْوارٌ

ken *n.; vt.; i.* مَنْظَرٌ؛ مَشْهَدٌ. مَدى الإدْراكِ أَوِ المَعْرِفَةِ. مَدى البَصَرِ // يَعْلَمُ. يَفْهَمُ. يُمَيِّزُ

kennel *n.* وِجارٌ. مَرْبى الكِلابِ. قَناةٌ

kept *adj.* مَحْفوظٌ؛ مُصانٌ؛ مَحْمِيٌّ

kerb *n.* حاجِزٌ حَجَرِيٌّ (عِنْدَ حافَّةِ الطَريقِ)

kerchief *n.* حِجابُ (المَرْأَةِ). مِنْديلٌ. مَحْرَمَةٌ

kerf *n.* ثَلْمٌ؛ فَرْضٌ؛ حَزَّةٌ

kernel *n.* النَواةُ؛ اللُبُّ؛ بِزْرَةُ الفاكِهَةِ. الجَوْهَرُ

kerosene *n.* الكيروسينُ؛ الكازُ؛ زَيْتٌ للإنارَةِ

kettle *n.* غَلاّيَةٌ (بِخاصَّةٍ للشاي)

kettledrum *n.* طَبْلَةٌ؛ نَقّارِيَّةٌ

key *n.; adj.; vt.* مِفْتاحُ (بابٍ؛ الرُموزِ). مَقامٌ (مو). لَحْنٌ مُمَيِّزٌ // أساسِيٌّ // يُقْفِلُ. يُعَدِّلُ (مَقامًا)؛ يُدَوْزِنُ

keyboard *n.* لَوْحَةُ مَفاتيحِ (أَرْغُنٍ، جِهازِ كُمْبيوتِرٍ)

keyhole *n.* ثَقْبُ المِفْتاحِ

keynote *n.* الأَساسُ (مو). الفِكْرَةُ الأَساسِيَّةُ

keystone *n.* حَجَرُ العَقْدِ. المُرْتَكَزُ

khaki *n.* الكاكِيُّ (قُماشٌ). بَذْلَةٌ عَسْكَرِيَّةٌ كاكِيَّةٌ

K

K; k *n.* الحَرْفُ الحادي عَشَرَ مِنَ الأَبْجَدِيَّةِ الإنْكليزِيَّةِ

Kabyle *n.* القَبيلِيُّ

kaiser *n.* قَيْصَرٌ؛ إمْبراطورٌ

kale (kail) *n.* كَرْنَبٌ. لِفْتٌ

kaleidoscope *n.* المِشْكالُ (آلَةٌ هَنْدَسِيَّةٌ)

kalif *n.* خَليفَةٌ

kangaroo *n.* الكَنْغَرُ أَوِ القَنْقَرُ (حَيَوانٌ ذو جِرابٍ)

karate *n.* الكاراتيه: ضَرْبٌ مِنْ فُنونِ المُقاتَلَةِ عِنْدَ اليابانِيّينَ

kat *n.* القاتُ: نَباتٌ مُخَدِّرٌ

keel *n.; vt.; i.* بَدَنُ السَفينَةِ. وَتَدٌ. قاعِدَةُ المَرْكَبِ // يَقْلِبُ. يُميلُ / يَنْقَلِبُ

keen *adj.* ماضٍ؛ حادٌّ. شَديدُ (وَلَعٍ). نافِذُ (ذَكاءٍ). تائِقٌ. لاذِعٌ. شَرِسٌ؛ عَنيفٌ

keep *vt.; i.irr.; n.* يَحْفَظُ؛ يَصونُ. يَحْمي؛ يَقي مِن. يُحافِظُ عَلى. يَحْتَفِظُ بِـ. يَهْتَمُّ بِـ. يَقومُ بِأَوَدِ (أُسْرَةٍ). يَضْبِطُ. يُمْسِكُ. يُرَبّي (الحَيَواناتِ) / يَمْكُثُ؛ يَلْبَثُ بِـ (مَكانٍ). يُتابِعُ؛ يُكْمِلُ. يَدَّخِرُ // بُرْجٌ؛ قَلْعَةٌ. مَعيشَةٌ. إحْتِفاظٌ

— your hands off! كُفَّ يَدَيْكَ عَنّي!
— at it يُثابِرُ أَوْ يُواظِبُ عَلى العَمَلِ
— away يُبْعِدُ؛ يَصُدُّ. يَتَباعَدُ
— back يَرْجِعُ؛ يَتَراجَعُ. يُعيقُ
— doing يَسْتَمِرُّ في عَمَلٍ
— down يُخْضِعُ؛ يَقْهَرُ

khan *n.* خانٌ؛ فُنْدُقٌ. الخانُ (أميرٌ)

kick *vt.; i.; n.* يَرْفِسُ. يُصيبُ (الهَدَفَ). يَتَحَرَّرُ (مِنَ الإدْمانِ) / يَرْفِسُ؛ يَلْبِطُ. يُقاوِمُ. يَعْتَرِضُ. يَجولُ. يَتَراجَعُ // رَفْسَةٌ؛ لَبْطَةٌ. إرْتِدادٌ. إعْتِراضٌ. مُقاوَمَةٌ. حُبورٌ

kickshaw *n.* طَعامٌ طَيِّبٌ. شَيْءٌ تافِهٌ

kid *adj.; n.; vt.; i.* مَصْنوعٌ مِنْ جِلْدِ الجَدْيِ // الجَدْيُ. طِفْلٌ؛ وَلَدٌ // يَخْدَعُ. يَسْخَرُ مِنْ / يَمْزَحُ. تَلِدُ (المِعْزاةُ) جَدْيًا

kidnap *vt.* يَخْطِفُ (طِفْلاً طَمَعًا في فِدْيَةٍ)

kidnapper *n.* خَطّافٌ (مِنْ أَجْلِ فِدْيَةٍ)

kidney *n.* كُلْيَةٌ. مِزاجٌ. ضَرْبٌ؛ نَوْعٌ

kidney bean *n.* فاصولياء؛ لوبياء

kill *vt.* يَقْتُلُ؛ يَذْبَحُ؛ يَقْضي عَلى. يُسَكِّنُ (الأَلَمَ)

— time يُضَيِّعُ الوَقْتَ بالتَسْلِيَةِ

killer *n.* القاتِلُ؛ السَفّاحُ؛ السَفّاكُ

kiln *n.* أَتونٌ؛ تَنُّورٌ

kilocycle *n.* الكيلوسيكْلُ؛ أَلْفُ دَوْرَةٍ

kilogram *n.* الكيلوغْرامُ؛ أَلْفُ غِرامٍ

kiloliter *n.* الكيلولِتْرُ؛ أَلْفُ لِتْرٍ

kilometer *n.* الكيلومِتْرُ؛ أَلْفُ مِتْرٍ

kilowatt *n.* الكيلو واطُ؛ أَلْفُ واطٍ (شَمْعَةٍ كَهْرَبائيَّةٍ)

kin *n.* أَنْسِباءُ المَرْءِ. القَريبُ؛ النَسيبُ. العَشيرَةُ

kind *adj.; n.* لَطيفٌ. كَريمٌ. حَنونٌ. وَدودٌ // نَوْعٌ؛ صِنْفٌ. طَبيعَةٌ؛ صِفَةٌ أَساسيَّةٌ

kindergarten *n.* رَوْضَةُ أَطْفالٍ

kindhearted *adj.* شَفوقٌ؛ رَؤومٌ؛ رَقيقُ القَلْبِ

kindle *vt.; i.* يُضْرِمُ النارَ. يُثيرُ؛ يُهَيِّجُ. يُضيءُ / يَضْطَرِمُ؛ يَتَّقِدُ؛ يَتَوَهَّجُ. تَلِدُ (الأرانِبُ)

kindless *adj.* فَظٌّ؛ قاسٍ؛ جافُّ الطَبْعِ

kindliness *n.* عَطْفٌ؛ رِقَّةُ القَلْبِ؛ حَنانٌ. شَفَقَةٌ

kindly *adj.; adv.* مُلائِمٌ؛ مُؤاتٍ. عَطوفٌ؛ رَقيقُ القَلْبِ. كَريمٌ // لُطْفًا. مِنْ صَميمِ القَلْبِ. بارْتِياحٍ. بِعَطْفٍ. بِكَرَمٍ

kindness *n.* عَطْفٌ؛ رِقَّةُ القَلْبِ؛ حَنانٌ. مِنَّةٌ

kindred *adj.; n.* شَقيقٌ. نَسيبٌ. مِنْ أَصْلٍ واحِدٍ // أُسْرَةٌ. عَشيرَةٌ. شَعْبٌ. أَنْسِباءُ

kinetic *adj.* حَرَكيٌّ

— energy الطاقَةُ الحَرَكيَّةُ

kinetics *n.pl.* عِلْمُ الحَرَكَةِ

king *n.* مَلِكٌ؛ عاهِلٌ. الشاهُ (في الشِطْرَنْجِ)

kingdom *n.* مَمْلَكَةٌ. عالَمٌ؛ دُنْيا

kingfisher *n.* القاوُنْدُ: طائِرٌ يَعيشُ قُرْبَ الأَنْهارِ

kingly *adj.* مَلَكيٌّ؛ لائِقٌ بالمَلِكِ. جَليلٌ. فَخيمٌ

kink *n.* عُقْدَةٌ؛ إلْتِواءُ (حَبْلٍ). نَزْوَةٌ

kinsfolk *n.pl.* أَهْلٌ؛ أَقْرِباءُ؛ أَنْسِباءُ

kinship *n.* قَرابَةٌ

kinsman *n.* القَريبُ؛ النَسيبُ

kiosk *n.* كِشْكٌ؛ جَوْسَقٌ

kiss *n.; vt.; i.* قُبْلَةٌ؛ لَثْمَةٌ // يُقَبِّلُ؛ يَلْثِمُ / يَتَبادَلانِ القُبَلَ

kit *n.* صُنْدوقُ العُدَّةِ. العُدَّةُ. كَمَنْجَةٌ صَغيرَةٌ

kitchen *n.* مَطْبَخٌ. الطُهاةُ. عُمّالُ المَطْبَخِ

kitchen garden *n.* بُسْتانٌ لِزِراعَةِ الخُضَرِ

kitchen utensils *n.pl.* آنِيَةُ المَطْبَخِ؛ أَدَواتُ المَطْبَخِ

kite *n.* طائِرَةٌ مِنْ وَرَقٍ. الحِدَأَةُ (طائِرٌ جارِحٌ)

kith *n.* أَصْدِقاءُ. أَنْسِباءُ

kitten *n.* هِرَّةٌ صَغيرَةٌ؛ هُرَيْرَةٌ

knack *n.* خُدْعَةٌ؛ حيلَةٌ. بَراعَةٌ. لَباقَةٌ

knapsack *n.* حَقيبَةٌ للظَهْرِ

knave n. الشابُّ (في وَرَقِ اللَّعِب). المُخادِعُ. الوَغْدُ.

knavery n. خِداعٌ؛ إحْتِيالٌ؛ مَكْرٌ. لُؤْمٌ

knavish adj. مُخادِعٌ؛ ماكِرٌ. لَئيمٌ

knead vt. يَجْبُلُ (الطينَ)؛ يَعْجُنُ. يُدَلِّكُ (الجِسْمَ)

knee n. الرُّكْبَةُ. رُكْبَةُ السِّرْوالِ

kneecap n. الرَّضَفَةُ؛ عَظْمُ الرُّكْبَةِ المُتَحَرِّكُ

kneel vi. irr. يَرْكَعُ؛ يَسْجُدُ؛ يَجْثو

knell n. دَقَّةٌ أَوْ قَرْعَةُ الحُزْنِ (الجَرَسِ)

knife n. (pl. **knives**); vt. سِكِّينٌ؛ مِدْيَةٌ؛ نَصْلٌ // يَطْعَنُ بِسِكِّينٍ أَوْ مِدْيَةٍ

knife-grinder n. مُجَلِّخٌ؛ شاحِذُ (السَّكاكين)

knight n. الفارِسُ (نَبيلٌ يُرْفَعُ الى رُتْبَةِ فارِسٍ). الفَرَسُ (في الشِّطْرَنْج)

knighthood n. الفُروسِيَّةُ؛ الشَّهامَةُ (عِنْدَ الفُرْسان)

knightly adj. فُروسِيٌّ؛ فُرْسانِيٌّ

knit vt. irr. يَحْبُكُ (بِصِنارَةٍ). يُقَطِّبُ حاجِبَيْهِ. يُشابِكُ

knitting n. حَبْكٌ؛ عَقْدٌ؛ رَبْطٌ

knob n. زِرٌّ. عُقْدَةُ (الشَّجَرَةِ). قَبْضَةٌ. كُتْلَةٌ

knock vt.; i.; n. يَطْرُقُ؛ يَقْرَعُ. يُنَدِّدُ. يَصْدِمُ / يَصْطَدِمُ. يُقَرْقِعُ (مُحَرِّكٌ) // قَرْعَةٌ. صَدْمَةٌ

knocker n. القارِعُ. مِقْرَعَةُ الباب

knockout n. الضَّرْبَةُ القاضِيَةُ

knoll n. هَضْبَةٌ صَغيرَةٌ

knot n.; vt.; i. عُقْدَةٌ؛ أُنْشوطَةٌ. مُشْكِلَةٌ. رِباطٌ. زُمْرَةٌ // يَعْقِدُ؛ يُحْكِمُ الوِثاقَ / يَتَعَقَّدُ

knotty adj. مُعَقَّدٌ؛ صَعْبٌ

know vt. irr. يَعْرِفُ؛ يَعْلَمُ؛ يُدْرِكُ

knowing adj.; n. عارِفٌ؛ مُطَّلِعٌ. فَطِنٌ؛ حاذِقٌ // مَعْرِفَةٌ؛ دِرايَةٌ

knowledge n. مَعْرِفَةٌ؛ عِلْمٌ. دِرايَةٌ. إدْراكٌ

knuckle n.; vi. مَفْصِلٌ. عَظْمُ الرُّسْغِ // يَخْضَعُ

Koran n. القُرْآنُ الكَريمُ

Korean adj. & n. كوريٌّ

Kurd n. & adj. كُرْديٌّ

kyte n. بَطْنٌ؛ مَعِدَةٌ؛ كَرْشٌ

L

L; l *n.* الحَرْفُ الثاني عَشَرَ مِنَ الأَبْجَديَّةِ الإنْكليزيَّةِ

la *n.* لا ؛ المَقامُ السادِسُ مِنَ السُلَّمِ الموسيقيِّ

label *n.; vt.* علامَةٌ. رُقْعَةٌ. لَصيقَةٌ // يَضَعُ رُقْعَةً على ؛ يُلْصِقُ على

labial *adj.* شَفَويٌّ ؛ شَفَهيٌّ (حَرْفٌ)

labor *n.; vt.; i.* عَمَلٌ ؛ جَهْدٌ ؛ عَناءٌ. مَخاضٌ // يُرْهِقُ / يَعْمَلُ. يَكْدَحُ ؛ يَجْهَدُ

laboratory *n.* مُخْتَبَرٌ ؛ مَخْبَرٌ

laborer *n.* العامِلُ ؛ الكادِحُ ؛ الشَغّيلُ

labor-exchange *n.* مَكْتَبُ التَوْظيفِ أَوِ التَشْغيلِ

laborious *adj.* كادِحٌ ؛ مُجِدٌّ ؛ مُثابِرٌ. شاقٌّ

labor union *n.* نِقابَةٌ أَوِ اتِّحادُ العُمّالِ

labyrinth *n.* مُشْكِلَةٌ ؛ وَرْطَةٌ. مَتاهَةٌ ؛ مَضَلَّةٌ

lac *n.* اللَّكُّ (صَمْغٌ)

lace *n.; vt.* شَريطٌ ؛ رِباطٌ. تَخْريمٌ // يَشُدُّ بِرِباطٍ

lacerate *vt.* يُمَزِّقُ (ثيابًا). يَجْرَحُ. يُؤْذي

lachrymal *adj.* دَمْعيٌّ

lack *n.; vt.; i.* فُقْدانٌ ؛ نَقْصٌ ؛ إفْتِقارٌ ؛ إحْتِياجٌ // يُعْوِزُهُ ؛ يَنْقُصُهُ / يَفْتَقِرُ إلى ؛ يَحْتاجُ إلى

lackey *n.* الخادِمُ. التابِعُ الخانِعُ

lackluster *adj.* كَمِدٌ ؛ باهِتُ (لَوْنٌ)

laconic *adj.* مُوجَزٌ (أُسْلوبٌ) ؛ مُقْتَضَبٌ (جَوابٌ)

lacquer *n.* اللَّكُّ: طِلاءٌ لَمّاعٌ

lacteal *adj.* لَبَنيٌّ

lacuna *n.* ثُغْرَةٌ ؛ فُتْحَةٌ

lacy *adj.* شَبَكيٌّ ؛ تَخْريميٌّ

lad *n.* صَبيٌّ ؛ غُلامٌ. رَجُلٌ

ladder *n.* سُلَّمٌ ؛ مِرْقاةٌ. نَسْلُ (الجَوْرَبِ)

lade *vt. irr.* يُثْقِلُ ؛ يُرْهِقُ ؛ يُحَمِّلُ

laden *adj.* مُحَمَّلٌ ؛ مُرْهَقٌ ؛ مُثْقَلٌ

lading *n.* إرْهاقٌ. شَحْنٌ. شِحْنَةٌ

bill of — بوليصَةُ شَحْنٍ

ladle *vt.; n.* يَغْرِفُ // مِغْرَفَةٌ ؛ كَبْشَةٌ

lady *n.* سَيِّدَةٌ ؛ إمْرَأَةٌ. زَوْجَةٌ

lady-bird *n.* خُنْفُساءُ صَغيرَةٌ مُرَقَّطَةٌ

ladylove *n.* الحَبيبَةُ ؛ المَعْشوقَةُ

lag *vi.; n.* يَتَوانى ؛ يَتَلَكَّأُ ؛ يَتَخَلَّفُ // فُتورٌ. تَباطُؤٌ

lager *n.* جِعَةٌ ؛ بيرَةٌ مُعَتَّقَةٌ

laggard *n.* مُتَلَكِّئٌ. بَطيءٌ ؛ مُتَقاعِسٌ

lagoon *n.* اللاغونُ: بُحَيْرَةٌ ضَحْلَةٌ

lair *n.* وِجارٌ ؛ عَرينٌ. مَلْجَأٌ ؛ مَخْبَأٌ. وَكْرٌ. جُحْرٌ

laity *n.* جُمْهورُ المُؤْمِنينَ ؛ سَوادُ الناسِ ؛ العامَّةُ

lake *n.* بُحَيْرَةٌ. صِباغٌ أَحْمَرُ قُرْمُزيٌّ

lamb *n.; vi.* حَمَلٌ ؛ يَعْمورٌ // تَلِدُ حَمَلاً

lambent *adj.* لامِعٌ

lame *adj.; vt.* أَعْرَجُ. مُقْعَدٌ ؛ كَسيحٌ. ضَعيفٌ ؛ واهٍ // يَجْعَلُهُ أَعْرَجَ. يُقْعِدُ. يُضْعِفُ

lament *vt.; i.; n.* يَنْدُبُ ؛ يَنوحُ ؛ يَرْثي / يُعْوِلُ ؛ يَتَفَجَّعُ ؛ يَنْتَحِبُ // عَويلٌ ؛ نُواحٌ. مَرْثاةٌ

lamentable *adj.* يُرْثى لَهُ ؛ مُؤْسِفٌ. فاشِلٌ

lamentation *n.* مَناحَةٌ ؛ عَويلٌ ؛ نُواحٌ ؛ تَفَجُّعٌ

lamented *adj.* مَأْسوفٌ عَلَيْهِ ؛ مَرْحومٌ

lamina *n.* صَفيحَةٌ رَقيقَةٌ

laminate *vt.; n.* يُصَفِّحُ مَعْدِنًا. يُرَقِّقُ // مُصَفَّحٌ

lamp *n.* مِصْباحٌ. مِصْباحٌ كَهْرَبائيٌّ

lampoon *n.; vt.* هِجاءٌ. سُخْرِيَةٌ // يَهْجو. يَذُمُّ

lance *n.; vt.* حَرْبَةٌ؛ رُمْحٌ. مِشْرَطٌ؛ مِبْضَعٌ // يَطْعَنُ بالرُمْحِ. يَبْضَعُ. يَرْشُقُ؛ يَقْذِفُ
lance corporal *n.* وَكيلُ أوْ عَريفٌ في البَحْرِيَّةِ
lancer *n.* الرَمّاحُ؛ حامِلُ الرُمْحِ
lancet *n.* مِبْضَعٌ؛ مِفْصَدٌ؛ مِبْزَغٌ
land *n.; vt.; i.* اليابِسَةُ؛ أرْضٌ. عالَمٌ؛ دُنْيا. عَقارٌ // يُنْزِلُ أوْ يُهْبِطُ (الطائِرَةَ) / تَهْبُطُ (الطائِرَةُ). يَتَرَجَّلُ. تَرْسو (السَفينَةُ)
landed *adj.* عَقارِيٌّ؛ مَلاّكٌ
land-holder *n.* صاحِبُ الأرْضِ أوِ العَقارِ
landing *n.* إنْزالٌ؛ هُبوطٌ. رَسْوٌ. ميناءٌ
landing field *n.* مَهْبِطٌ؛ مَدْرَجٌ
landlady *n.* مالِكَةُ الأرْضِ؛ صاحِبَةُ الفُنْدُقِ
landlord *n.* مالِكُ الأرْضِ؛ صاحِبُ الفُنْدُقِ
landmark *n.* المَعْلَمُ؛ عَلامَةُ الحُدودِ. حَدَثٌ
landowner *n.* مالِكُ الأرْضِ؛ صاحِبُ الأرْضِ
landscape *n.* صورَةٌ أوْ مَنْظَرٌ ريفِيٌّ
land tax *n.* الضَريبَةُ العَقارِيَّةُ؛ ضَريبَةُ الأمْلاكِ
landward *adv.; adj.* نَحْوَ البَرِّ
lane *n.* زُقاقٌ؛ شارِعٌ ضَيِّقٌ؛ مَمَرٌّ
language *n.* لُغَةٌ. أُسْلوبٌ
languid *adj.* واهِنٌ. بَطيءٌ. مُضْنًى. كَسولٌ
languish *vi.* يَضْعُفُ؛ يَهْزُلُ؛ يَذْبُلُ. يَشْتاقُ إلى
languor *n.* وَهَنٌ؛ تَراخٍ؛ كَسَلٌ. ذُبولٌ
lank *adj.* هَزيلٌ؛ ضَئيلٌ. مُسْتَرسِلٌ (الشَعَرُ)
lanky *adj.* طَويلٌ وهَزيلٌ (الفَتى)
lantern *n.* قِنْديلٌ؛ فانوسٌ. مَنارَةٌ. بُرْجٌ صَغيرٌ
Laotian *adj. & n.* لاوُسِيٌّ
lap *n.; vt.; i.* حِضْنٌ؛ كَنَفٌ. حُجْرٌ. مَهْدٌ. ثَنْيَةٌ؛ طَيَّةٌ // يَطْوي؛ يَلُفُّ؛ يَثْني. يَحْتَضِنُ. يَصْقُلُ جَيِّدًا. يُراكِبُ. يَلْعَقُ الطَعامَ؛ يَلْحَسُ / يَتَراكَبُ

lapel *n.* طَيَّةُ قَبَّةِ السُتْرَةِ
lappet *n.* طَيَّةٌ؛ ثَنْيَةٌ
lapse *n.* بُرْهَةٌ؛ مُرورُ الزَمَنِ. زَلَّةٌ؛ إنْحِرافٌ. هُبوطٌ
lapwing *n.* طائِرٌ مائِيٌّ
larceny *n.* سَرِقَةٌ؛ لُصوصِيَّةٌ؛ إخْتِلاسٌ
larch *n.* أرْزِيَّةٌ (شَجَرَةٌ مِنْ فَصيلَةِ الصَنَوْبَرِيّاتِ)
lard *n.; vt.* دُهْنُ أوْ شَحْمُ الخِنْزيرِ // يُشَحِّمُ
larder *n.* مَكانٌ لِحِفْظِ اللُحومِ
large *adj.* واسِعٌ؛ فَسيحٌ؛ عَريضٌ. كَبيرٌ؛ ضَخْمٌ
at — إطْلاقًا. عُمومًا. طَليقٌ
in — بِمِقْدارٍ كَبيرٍ. عَلى نِطاقٍ واسِعٍ
largeness *n.* ضَخامَةٌ. إتِّساعٌ. عَرْضٌ
largess(e) *n.* جودٌ؛ سَخاءٌ. هِبَةٌ. سَماحَةٌ
lark *n.* قُبَّرَةٌ (طَيْرٌ). مُزاحٌ؛ لَهْوٌ؛ مَرَحٌ
larkspur *n.* العائِقُ: نَباتٌ جَميلُ الزَهْرِ
larva *n.* (*pl.* **larvae**) يَرَقَةٌ (دودَةٌ صَغيرَةٌ)
laryngitis *n.* إلْتِهابُ الحَنْجَرَةِ
larynx *n.* (*pl.* **larynges**) الحَنْجَرَةُ
lascivious *adj.* فاسِقٌ؛ داعِرٌ؛ خَليعٌ؛ ماجِنٌ
lash *n.; vt.; i.* هُدْبٌ. مِهْمازٌ. ضَرْبَةُ سَوْطٍ. جَلْدَةٌ. سَوْطٌ // يَرْمي فَجأةً. يُثَبِّتُ بِحَبْلٍ. يَهجو / يَجْلِدُ. يَضْرِبُ بِالسَوْطِ. يَنْدَفِعُ
lass *n.* فَتاةٌ. حَبيبَةٌ؛ مَعْشوقَةٌ
lassitude *n.* إعْياءٌ؛ تَعَبٌ؛ تَراخٍ؛ كَسَلٌ
last *adj.; adv.; n.; vi.* آخِرٌ؛ أخيرٌ. تالٍ // آخِرًا؛ خِتامًا. المَرَّةُ الأخيرَةُ // قالَبُ الحِذاءِ. النِهايَةُ؛ الخِتامُ // يَدومُ؛ يَبْقى؛ يَسْتَمِرُّ
at — في الخِتامِ. وَأخيرًا
— minute في الدَقيقَةِ الأخيرَةِ
lasting *adj.* باقٍ؛ دائِمٌ؛ ثابِتٌ؛ مُسْتَمِرٌّ
lastly *adv.* أخيرًا؛ في الخِتامِ

latch *n.; vt.* مِزْلاجٌ // يُثَبِّتُ بِمِزْلاجٍ
latchet *n.* رِباطُ أَوْ شَريطُ الحِذاءِ
latchkey *n.* مِفْتاحُ المِزْلاجِ
late *adj.; adv.* مُبْطِئٌ. مُتأَخِّرٌ (عَنِ المَوْعِدِ). ماضٍ. قَريبُ العَهْدِ. المُتوفَّى (حديثًا) // مُتأخِّرًا. بَعْدَ فَواتِ الأَوانِ. مُنْذُ عَهْدٍ قَريبٍ
before it is too — قَبْلَ فَواتِ الأَوانِ
of — مؤخَّرًا؛ حَديثًا؛ مُنْذُ عَهْدٍ قَريبٍ
lately *adv.* مُؤَخَّرًا؛ مُنْذُ عَهْدٍ قَريبٍ
latent *adj.* كامِنٌ. مُسْتَتِرٌ (إسْتِياءٌ)
later *adj.; adv.* لاحِقٌ؛ آتٍ // في ما بَعْدُ
lateral *adj.* جانِبِيٌّ (طَريقٌ)
latest *adj.* أخيرٌ
latex *n.* حَليبُ الشَجَرِ
lath *n.* لَوْحٌ خَشَبِيٌّ
lathe *n.* مِخْرَطَةٌ (لِلْخَشَبِ والمَعادِنِ)
lather *n.; vi.; t.* رَغْوَةُ الصابونِ؛ زَبَدٌ. إهْتِياجٌ عَصَبِيٌّ // يُرْغي؛ يُزْبِدُ / يَكْسو بالزَبَدِ. يَجْلِدُ
Latin *adj. & n.* لاتينِيٌّ // اللُغَةُ اللاتينِيَّةُ
latitude *n.* خَطُّ العَرْضِ. مَدًى. حُرِّيَّةُ التَصَرُّفِ
latter *adj.* ثانٍ؛ أخيرٌ؛ خِتامِيٌّ
latterly *adv.* مؤخَّرًا؛ حَديثًا؛ مُنْذُ عَهْدٍ قَريبٍ
lattice *n.* شَعْرِيَّةٌ؛ شَبَكِيَّةٌ؛ نافِذَةٌ ذاتُ شَبَكٍ
laud *vt.* يُسَبِّحُ؛ يُمَجِّدُ؛ يُقيمُ الصَلاةَ
laudable *adj.* جَديرٌ بالثَناءِ والتَسْبيحِ
laugh *n.; vi.* ضَحِكٌ؛ نُكْتَةٌ؛ سُخْرِيَّةٌ // يَضْحَكُ؛ يَسْخَرُ مِنْ؛ يَهْزَأُ بِـ
laughable *adj.* مُضْحِكٌ؛ مُثيرٌ للضَحِكِ أوِ الهُزْءِ
laughing-stock *n.* الأُضْحوكَةُ؛ مَسْخَرَةٌ
laughter *n.* ضَحِكٌ
launch *vt.; i.; n.* يُطْلِقُ (صاروخًا)؛ يَقْذِفُ بِقُوَّةٍ؛ يَطْرَحُ (سِلْعَةً). يَسْتَهِلُّ؛ يَبْدَأُ / يَنْطَلِقُ. يَنْدَفِعُ // اللَنْشُ: زَوْرَقٌ بُخارِيٌّ
launder *vt.* يَغْسِلُ المَلابِسَ وَيَكْويها
launderette *n.* غَسّالَةٌ آلِيَّةٌ
laundress *n.* الغَسّالَةُ. إمْرَأَةٌ تَغْسِلُ المَلابِسَ
laundry *n.* مَصْبَغَةٌ؛ مَغْسِلٌ. مَلابِسُ للغَسْلِ والكَيِّ
laundryman *n.* المَصْبَغِيُّ. الغَسّالُ
laureate *adj.* مُكَلَّلٌ بالغارِ (بَطَلٌ، قائِدٌ)
laurel *n.* الغارُ. إكْليلُ غارٍ
lava *n.* الحُمَمُ؛ مَقْذوفاتُ البَراكينِ
lavatory *n.* مَغْسَلَةٌ؛ مِرْحاضٌ
lave *vt.; i.* يَغْسِلُ / يَغْتَسِلُ
lavender *n.* الخُزامى؛ خِيرِيُّ البَرِّ (نَباتٌ)
lavish *adj.; vt.* مُسْرِفٌ؛ مُبَذِّرٌ؛ سَخِيٌّ. وافِرٌ // يُبَدِّدُ؛ يُنْفِقُ بِغَيْرِ حِسابٍ. يَجودُ بِـ
law *n.* الفِقْهُ. الحُقوقُ. القَضاءُ. القانونُ؛ الشَريعَةُ
go to — يُقيمُ دَعْوًى (في المَحْكَمَةِ)
law-abiding *n.* مُحْتَرِمٌ لِلْقانونِ
law-breaker *n.* المُنْتَهِكُ أوِ المُناقِضُ لِلْقانونِ
lawful *adj.* شَرْعِيٌّ؛ قانونِيٌّ
lawless *adj.* بِلا شَرْعِيَّةٍ. مُخالِفٌ لِلْقانونِ
law-maker *n.* المُشْتَرِعُ (لِلْقَوانينِ)
lawn *n.* مَرْجَةٌ مُخْضَرَّةٌ. قُماشٌ شَفّافٌ؛ شاشٌ
lawn mower *n.* جَزّازَةُ العُشْبِ (آلَةٌ)
lawsuit *n.* قَضِيَّةٌ؛ دَعْوى قَضائِيَّةٌ
lawyer *n.* المُحامي؛ المُمارِسُ للمُحاماةِ
lax *adj.* رَخْوٌ. لَيِّنٌ. مُصابٌ بإسْهالٍ
laxative *adj.; n.* مُسْهِلٌ؛ مُلَيِّنٌ // مُصابٌ بإسْهالٍ
laxity; laxness *n.* لِينٌ؛ إرْتِخاءٌ؛ إنْحِلالٌ

lay *adj.; n.; vt.; i. irr.* عَلْمانيٌّ // أُنْشودَةٌ. قَصيدَةٌ // يَضَعُ. يُلْقي. تَبيضُ. يُسَكِّنُ. يَبْسُطُ. يَفْرِضُ. يُراهِنُ. يُرَتِّبُ. يَصُفُّ / يَلْزَمُ عَمَلَهُ
— in يُمْسِكُ؛ يَقْبِضُ عَلى
— out يَعْرِضُ. يُنَظِّمُ. يُحاوِلُ
— up يَدَّخِرُ. يَلْزَمُ سَريرَهُ
layer *n.* طَبَقَةٌ. الدَجاجَةُ البَيّاضَةُ
layette *n.* جِهازُ الوَليدِ وَحَوائِجُهُ
layman *n.* (*pl.* **laymen**) العَلْمانيُّ
layoff *n.* صَرْفُ أَوْ تَسْريحُ العُمّالِ مُؤَقَّتًا
layout *n.* تَصْميمٌ؛ تَخْطيطٌ. النَسَقُ الطِباعيُّ
lazar *n.* المَجْذومُ؛ الأَبْرَصُ
laze *vi.* يَتَكاسَلُ؛ يَتَوانى
lazy *adj.* كَسولٌ؛ بَطيءٌ؛ مُتَوانٍ
lea *n.* مَرْعًى؛ مَرْجَةٌ
leach *vt.* يُصَوِّلُ. يُصَفّي
lead *n.; vt.; i. irr.* رَصاصٌ. طَليعَةٌ. مُبادَرَةٌ. قِيادَةٌ // يُرَصِّصُ. يَقودُ؛ يُرْشِدُ. يَحْيا / يَسْبِقُ. يُؤَدّي إلى
— off يَبْدأُ؛ يَشْرَعُ
— astray يُضِلُّهُ؛ يَغْويهِ
— away يَسْتَصْحِبُهُ؛ يَذْهَبُ بِهِ
leaden *adj.* رَصاصيٌّ. مُغِمٌّ. ثَقيلٌ
leader *n.* زَعيمٌ؛ قائِدٌ. هادٍ؛ مُرْشِدٌ. مُديرٌ
leadership *n.* زَعامَةٌ؛ قِيادَةٌ؛ إِدارَةٌ
leading *adj.* مُؤَدٍّ. هادٍ. أَماميٌّ؛ في الطَليعَةِ
leaf *n.* (*pl.* **leaves**)*; vi.; t.* وَرَقَةٌ. مِصْراعُ البابِ // يُورِقُ (الشَجَرُ) / يَتَصَفَّحُ (الكِتابَ)
leaflet *n.* كُرّاسٌ. وُرَيْقَةٌ
leafy *adj.* مُورِقٌ؛ ذو أَوْراقٍ
league *n.; vi.* الفَرْسَخُ (بين ٢,٤ و٤,٦ أَمْيالٍ). عُصْبَةُ أُمَمٍ؛ تَحالُفٌ. طَبَقَةٌ؛ فِئَةٌ // يَتَحالَفُ
leak *n.; vi.* شَقٌّ؛ خَرْقٌ؛ ثَقْبٌ؛ إِرْتِشاحٌ؛ تَسَرُّبٌ // يَرْشَحُ (السَقْفُ)؛ يَتَسَرَّبُ (السائِلُ)
leakage *n.* إِرْتِشاحٌ؛ تَسَرُّبٌ
leaky *adj.* راشِحٌ. غَيْرُ كاتِمٍ لِلسِرِّ
lean *adj.; vt.; i. irr.* هَزيلٌ؛ نَحيلٌ. عَقيمٌ. قاحِلٌ // يُسْنِدُ / يَسْتَنِدُ إلى؛ يَتَّكِئُ. يَميلُ
leaning *adj.; n.* مائِلٌ // نَزْعَةٌ؛ مَيْلٌ
leap *n.; vi. irr.* وَثْبَةٌ؛ قَفْزَةٌ // يَقْفِزُ؛ يَثِبُ
leap year *n.* سَنَةٌ كَبيسَةٌ (٣٦٦ يومًا)
learn *vt.; i. irr.* يَكْتَشِفُ؛ يَعْلَمُ. يَتَعَلَّمُ؛ يَدْرُسُ
learned *adj.* مُتَعَلِّمٌ؛ مُثَقَّفٌ
learner *n.* المُتَعَلِّمُ؛ التِلْميذُ؛ الطالِبُ المُبْتَدِئُ
learning *n.* تَعَلُّمٌ؛ مَعْرِفَةٌ
lease *n.; vt.* عَقْدُ الإِيجارِ // يُؤَجِّرُ؛ يَسْتَأْجِرُ
leasehold *adj.; n.* مُسْتَأْجَرٌ // أَرْضٌ مُسْتَأْجَرَةٌ
leash *n.; vt.* مِقْوَدٌ؛ رَسَنٌ // يَقودُ بِرَسَنٍ؛ يَكْبَحُ
least *adj.; n.; adv.* الأَدْنى؛ الأَصْغَرُ؛ الأَقَلُّ // الشَيْءُ الأَقَلُّ أَوِ الأَصْغَرُ // أَصْغَرُ أَوْ أَقَلُّ ما يَكونُ
the — expensive الأَرْخَصُ ثَمَنًا
at — على أَقَلِّ تَقْديرٍ
leather *adj.; n.* جِلْديٌّ // جِلْدٌ مَدْبوغٌ
leave *n.; vt.; i. irr.* إِذْنٌ؛ إِجازَةٌ. إِنْصِرافٌ // يُوَرِّثُ بِوَصيَّةٍ؛ يُخَلِّفُ أَثَرًا. يَتْرُكُ؛ يُغادِرُ. يَهْجُرُ. يَتَخَلّى عَن / يُسافِرُ. يُورِقُ (الشَجَرُ)
leaven *n.; vt.* خَميرَةٌ // يُضيفُ خَميرَةً
leavings *n. pl.* رَواسِبُ؛ بَقايا؛ فَضَلاتٌ
Lebanese *adj. & n.* لُبْنانيٌّ
lecherous *adj.* فاسِقٌ؛ داعِرٌ
lecture *n.; vt.; i.* مُحاضَرَةٌ. تَوْبيخٌ رَسْميٌّ // يُوَبِّخُ رَسْميًّا / يُحاضِرُ

lecturer *n.* المُحاضِرُ؛ المُدَرِّسُ المُحاضِرُ
lecture room *n.* قاعَةُ أَوْ غُرْفَةُ المُحاضَراتِ
ledge *n.* رَفٌّ؛ إِفْريزٌ. عِرْقٌ مَعْدِنِيٌّ
ledger *n.* الدَفْتَرُ الأُسْتاذُ
lee *adj.; n.* مَحْجوبٌ عَنِ الريحِ // مَلاذٌ؛ حِمًى
leech *n.* عَلَقَةٌ
leek *n.* الكُرّاثُ (بَقْلٌ)
leer *n.; vi.* نَظْرَةٌ خَبيثَةٌ // يَنْظُرُ شَزْرًا
lees *n.pl.* ثُفْلٌ؛ عُكارَةٌ؛ رَواسِبُ
leeward *adj.; adv.* باتِّجاهِ الريحِ
left *adj.; n.* يَساريٌّ؛ يَسارٌ // أَيْسَرُ؛ يُسْرى
left-handed *adj.* أَعْسَرُ؛ أَيْسَرُ
leftist *n.* اليَساريُّ (نائِبٌ، عُضْوٌ)
leg *n.; vi.* رِجْلٌ؛ ساقٌ؛ قائِمَةٌ // يَجْري
legacy *n.* ميراثٌ بِوَصِيَّةٍ. تُراثٌ
legal *adj.* قانونيٌّ؛ شَرْعيٌّ؛ حُقوقيٌّ
legality *n.* الشَرْعيَّةُ؛ القانونيَّةُ
legalize *vt.* يُبيحُ؛ يُحَلِّلُ؛ يُجيزُ
legate *n.* موفَدٌ؛ مُنْتَدَبٌ
legatee *n.* الوَريثُ (بِوَصِيَّةٍ)
legation *n.* إِنْتِدابٌ. بَعْثَةٌ؛ وَفْدٌ. مُفَوَّضيَّةٌ
legator *n.* المُورِثُ بِوَصِيَّةٍ
legend *n.* أُسْطورَةٌ؛ خُرافَةٌ. تَعْليقٌ تَحْتَ صورَةٍ
legendary *adj.* أُسْطوريٌّ؛ خُرافيٌّ
legerdemain *n.* شَعْوَذَةٌ. خِفَّةُ اليَدِ
legging *n.* الطِّماقُ؛ كِساءٌ لِلساقِ
legible *adj.* مَقْروءٌ؛ واضِحٌ
legion *n.* فَيْلَقٌ؛ جَيْشٌ. رابِطَةُ المُحارِبينَ. حَشْدٌ
legionary *adj.; n.* فَيْلَقيٌّ // عُضْوُ جَوْقَةِ الشَرَفِ
legislate *vt.* يُشْتَرِعُ؛ يَسُنُّ القَوانينَ
legislation *n.* التَشْريعُ. شَريعَةٌ؛ قانونٌ
legislative *adj.* قانونيٌّ؛ تَشْريعيٌّ
legislator *n.* مُشْتَرِعٌ. عُضْوُ مَجْلِسٍ تَشْريعيٍّ
legislature *n.* السُلْطَةُ أَوِ الهَيْئَةُ التَشْريعيَّةُ
legitimacy *n.* مَشْروعيَّةٌ؛ شَرْعيَّةٌ (سُلْطَةٌ)
legitimate *adj.* شَرْعيٌّ. حَقيقيٌّ. مَنْطِقيٌّ
leguminous *adj.* سِنْفيٌّ؛ قَرْنيٌّ (نَباتٌ)
leisure *n.* وَقْتُ الفَراغِ؛ راحَةٌ؛ فَراغٌ
lemon *n.* لَيْمونٌ؛ لَيْمونٌ حامِضٌ. شَجَرَةُ اللَيْمونِ
lemonade *n.* الليموناضَةُ
lemon tree *n.* شَجَرَةُ اللَيْمونِ الحامِضِ
lend *vt.irr.* يُقْرِضُ. يُزَوِّدُ بِـ. يُلائِمُ؛ يُعاوِنُ
lender *n.* المُعيرُ؛ المُقْرِضُ
length *n.* طولٌ. مُدَّةٌ. مَسافَةٌ. إِمْتِدادٌ. حَدٌّ
lengthen *vt.; i.* يُطَوِّلُ؛ يَمُدُّ / يَطولُ؛ يَمْتَدُّ
lengthways; lengthwise *adv.* بالطولِ؛ طولاً
lengthy *adj.* طَويلٌ؛ فارِعُ الطولِ
leniency *n.* رِقَّةٌ؛ لينٌ؛ رِفْقٌ؛ تَساهُلٌ
lenient *adj.* رَفيقٌ؛ لَيِّنٌ؛ مُتَساهِلٌ
lenity *n.* رِفْقٌ؛ لينٌ؛ لُطْفٌ؛ تَساهُلٌ
lens *n.* (*pl.* **lenses**) عَدَسَةٌ. عَدَسَةُ العَيْنِ
Lent *n.* الصَوْمُ الكَبيرُ
lentil *n.* عَدَسٌ؛ نَباتُ العَدَسِ
leonine *adj.* أَسَديٌّ؛ كالأَسَدِ
leopard *n.* نَمِرٌ؛ نِمْرٌ
leper *n.* الأَبْرَصُ؛ المَجْذومُ. المَنْبوذُ
leprosy *n.* الجُذامُ؛ البَرَصُ
leprous *adj.* أَبْرَصُ؛ مَجْذومٌ
lesion *n.* ضَرَرٌ؛ أَذًى. آفَةٌ
less *adj.; adv.; n.* أَقَلُّ؛ أَدْنى؛ أَصْغَرُ؛ أَضْأَلُ // بِدَرَجَةٍ أَقَلَّ // شَيْءٌ أَقَلُّ أَهَمِّيَّةً

lessee *n.* المُؤَجَّرُ لَهُ ؛ المُسْتَأْجِرُ
lessen *vt.; i.* يُقَلِّلُ ؛ يُنْقِصُ ؛ يُخَفِّضُ / يَقِلُّ
lesser *adj.* أَقَلُّ ؛ أَصْغَرُ ؛ أَهْوَنُ
lesson *n.* أُمْثُولَةٌ ؛ دَرْسٌ ؛ عِبْرَةٌ. فَصْلٌ. تَوْبِيخٌ
lessor *n.* المُؤَجِّرُ
lest *conj.* خَشْيَةَ أَنْ ؛ مَخافَةَ أَنْ
let *vt.; i. irr.; n.* يَتْرُكُ. يُؤَجِّرُ // تأْجِيرٌ. عائِقٌ
he — me go تَرَكَني أَذْهَبُ
—'s go لِنَذْهَبْ
— him come دَعْهُ يَأْتي
— down يُسْدِلُ. يُخَيِّبُ الظَّنَّ
— in يُدْخِلُ
— off يُفْرِجُ ؛ يُخْلي سَبيلَ
— up يَنْقُصُ ؛ يَتَوَقَّفُ
lethal *adj.* مُهْلِكٌ ؛ مُميتٌ
lethargy *n.* سُباتٌ ؛ نُعاسٌ. كَسَلٌ ؛ بَلادَةٌ
letter *n.* حَرْفٌ. رِسالَةٌ. أَدَبٌ. مَعْرِفَةٌ. ثَقافَةٌ
letter box *n.* صُنْدوقُ البَريدِ
letter-card *n.* بِطاقَةٌ بَريدِيَّةٌ
lettered *adj.* مُتَعَلِّمٌ ؛ مُثَقَّفٌ. مَكْتوبٌ
lettuce *n.* خَسٌّ (خُضارٌ)
let-up *n.* نُقْصانٌ ؛ فُتورٌ ؛ إِنْقِطاعٌ
Levant, the *n.* الشَّرْقُ ؛ المَشْرِقُ
Levantine *adj.; n.* شَرْقِيٌّ // المَشْرِقِيُّ
levee *n.* إِسْتِقْبالٌ. رَصيفُ الميناءِ
level *adj.; n.; vt.* أُفُقِيٌّ ؛ مُنْبَسِطٌ ؛ مُسْتَوٍ. ثابِتٌ // سَهْلٌ ؛ سَطْحٌ ؛ مَرْتَبَةٌ. مُسْتَوى. شاقولٌ أُفُقِيٌّ // يُسَوّي ؛ يُمَهِّدُ. يُوَجِّهُ
lever *n.* رافِعَةٌ ؛ مُخْلٌ ؛ عَتَلَةٌ
levity *n.* عَبَثٌ ؛ خِفَّةٌ ؛ طَيْشٌ. تَقَلُّبٌ
levy *n.; vt.* جِبايَةُ الضَرائِبِ. التَجْنيدُ // يَفْرِضُ أَوْ يَجْبي الضَرائِبَ. يُصادِرُ. يُجَنِّدُ
lewd *adj.* فاسِقٌ ؛ داعِرٌ ؛ مُثيرٌ للشَهْوَةِ
lexical *adj.* مُعْجَمِيٌّ
lexicographer *n.* المُعْجَمِيُّ : واضِعُ المُعْجَمِ
lexicography *n.* تَأْليفُ أَوْ وَضْعُ المَعاجِمِ
lexicon *n.* مُعْجَمٌ ؛ قاموسٌ ؛ مَجْموعُ مُفْرَداتٍ
liability *n.* دَيْنٌ. إِحْتِمالُ حُدوثٍ. عائِقٌ. مَسْؤوليَّةٌ
liable *adj.* عُرْضَةٌ لِـ ؛ مَسْؤولٌ قانونيًّا
liar *n.* الكَذّابُ ؛ الأَفّاكُ ؛ الكَذوبُ
libel *n.; vt.* ذَمٌّ ؛ طَعْنٌ ؛ تَشْهيرٌ // يَذُمُّ ؛ يُشَهِّرُ
liberal *adj.; n.* تَحَرُّرِيٌّ. مُتَسامِحٌ. كَريمٌ. كَبيرٌ // المُتَسامِحُ ؛ المُتَساهِلُ. المُتَحَرِّرُ
liberalism *n.* التَحَرُّرِيَّةُ ؛ النِّظامُ الحُرُّ
liberality *n.* تَسامُحٌ. تَحَرُّرٌ. سَخاءٌ ؛ كَرَمٌ
liberate *vt.* يُحَرِّرُ ؛ يُطْلِقُ ؛ يُعْتِقُ ؛ يُفْرِجُ عَنْ
liberation *n.* تَحْريرٌ ؛ إِفْراجٌ ؛ إِطْلاقٌ. تَحَرُّرٌ
liberator *n.* المُحَرِّرُ ؛ المُعْتِقُ
Liberian *adj. & n.* لَيْبيرِيٌّ
libertine *n.; adj.* الفاسِقُ ؛ الفاجِرُ // خَليعٌ
liberty *n.* حُرِّيَّةٌ. خِيارٌ. إِذْنٌ. إِمْتِيازٌ
librarian *n.* أَمينُ المَكْتَبَةِ ؛ قَيِّمُ المَكْتَبَةِ
library *n.* مَكْتَبَةٌ ؛ دارُ كُتُبٍ
Libyan *adj. & n.* ليبِيٌّ
lice *n.* (*pl.* of **louse**) قَمْلٌ (حَشَراتٌ مُضِرَّةٌ)
license *n.; vt.* تَرْخيصٌ ؛ إِذْنٌ. حُرِّيَّةُ العَمَلِ. فُجورٌ // يَمْنَحُ رُخْصَةً ؛ يُجيزُ
licensee *n.* صاحِبُ الرُّخْصَةِ أَوِ الإِجازَةِ
licentiate *n.* مُجازٌ (في الحُقوقِ)
licentious *adj.* خَليعٌ ؛ فاسِقٌ. مُتَحَرِّرٌ
lichen *n.* الأُشْنَةُ (نَباتٌ). الحَزازُ
lick *vt.; n.* يَلْعَقُ ؛ يَلْحَسُ. يَجْلِدُ. يَنْتَصِرُ //

لَعْقَةٌ؛ لَحْسَةٌ. مِقْدارٌ صَغيرٌ

licking *n.* لَعْقٌ؛ لَحْسٌ. هَزيمَةٌ. جَلْدٌ

licorice *n.* السّوسُ (نَباتٌ)؛ عِرْقُ السوسِ

lid *n.* غِطاءُ (لِصُنْدوقٍ). جَفْنُ العَيْنِ

lie *n.; vi. irr.* إسْتِلْقاءٌ؛ أُكْذوبَةٌ؛ كَذِبٌ. وَضْعٌ // يَتَمَدَّدُ؛ يَضْطَجِعُ. يَتَّجِهُ. يَمْتَدُّ. يَقَعُ. يَكْذِبُ. يُرْهِقُ

lien *n.* حَجْزٌ (قانونيٌّ)

lieu *n.* مَكانٌ؛ بَدَلٌ؛ عِوَضٌ

lieutenant *n.* مُلازِمٌ أَوَّلُ؛ القائِمُ مَقامَ

life *n.* حَياةٌ؛ رِزْقٌ. حَيَوِيَّةٌ. روحٌ. شَخْصٌ. سيرَةٌ

for — مَدى العُمْرِ

life belt *n.* حِزامُ النَجاةِ؛ حِزامُ الأَمانِ

life boat *n.* قارِبُ النَجاةِ

life buoy *n.* طافِيَةٌ للنَجاةِ

lifeguard *n.* حَرَسٌ. عامِلُ الإنْقاذِ. سَبّاحٌ مُحْتَرِفٌ

life insurance *n.* التَأْمينُ عَلى الحَياةِ

lifeless *adj.* مَيْتٌ. فاقِدُ الوَعْيِ. تَعوزُهُ الحَيَوِيَّةُ

lifelike *adj.* حَيٌّ؛ نابِضٌ بالحَياةِ

lifelong *adj.* عَلى مَدى الحَياةِ

lifesaver *n.* المُنْقِذُ مِنَ الغَرَقِ

life-size *adj.* بِالحَجْمِ الطَبيعيِّ؛ بِحَجْمِ الأَصْلِ

lifetime *n.* العُمْرُ؛ حَياةُ الإِنْسانِ

lift *n.; vt.; i.* حُمولَةٌ. رَفْعٌ. رافِعَةٌ. مِصْعَدٌ. سَرِقَةٌ. عَوْنٌ // يَرْفَعُ. يُرَقّي. يُبْطِلُ. يَسْرِقُ / يَرْتَفِعُ

lift man *n.* عامِلُ المِصْعَدِ؛ ناطورُ المِصْعَدِ

ligament *n.* رِباطٌ (مَفْصِليٌّ)

ligature *n.* رِباطٌ. ضِمادَةٌ

light *adj.; n.; vt.; i.irr.* مُنيرٌ؛ مُضيءٌ. خَفيفٌ. رَشيقٌ. لَطيفٌ. ضَئيلٌ؛ زَهيدٌ؛ قَليلٌ. فاتِحُ (لَوْنٌ). خَليعٌ // ضَوْءٌ؛ نورٌ. نارٌ. مَنارَةٌ. مِصْباحٌ (كَهْرَبائيٌّ). مَنْوَرٌ. إدْراكٌ. تَوْضيحٌ // يُنيرُ؛ يُضيءُ؛ يُشْعِلُ. يُشْرِقُ / يَتَهَلَّلُ. يَشْتَعِلُ

lighten *vt.; i.* يُضيءُ؛ يُنيرُ. يُخَفِّفُ؛ يُلَطِّفُ / يُومِضُ؛ يَزْدادُ إشْراقًا؛ يَسْطَعُ. يَبْتَهِجُ

lighter *n.* وَلاّعَةٌ. الصَنْدَلُ: مَرْكَبٌ مُسَطَّحُ القاعِ

light-hearted *adj.* خالٍ مِنَ الهُمومِ. جَذِلٌ

lighthouse *n.* مَنارَةٌ (لِهِدايَةِ المَلاّحينَ)

lightless *adj.* مُعْتِمٌ؛ مُظْلِمٌ

lightly *adv.* بِرِفْقٍ. قَليلاً. بِسُهولَةٍ؛ بِيُسْرٍ. بِرَشاقَةٍ

lightness *n.* رَشاقَةٌ. خِفَّةٌ. طَيْشٌ. مَرَحٌ. رِقَّةٌ

lightning *n.* بَرْقٌ. حَظٌّ سَعيدٌ مُفاجِئٌ

lightning rod *n.* واقِيَةٌ أَوْ مانِعَةُ الصَواعِقِ

lights *n. pl.* الرِئَتانِ؛ رِئَتا حَيَوانٍ مَذْبوحٍ

lightship *n.* مَنارَةٌ عائِمَةٌ

like *adj.; adv.; prep.; conj.; n.; vt.* مُماثِلٌ // عَلى الشَكْلِ ذاتِهِ // مِثْلُ؛ شَبيهٌ بِـ // مِثْلَما. كَما // المَثيلُ؛ النَظيرُ // يُريدُ. يُحِبُّ؛ يَوَدُّ؛ يَرْغَبُ في؛ يَميلُ إلى. يَسْتَمْتِعُ بِـ

likelihood *n.* إحْتِمالٌ؛ أَرْجَحِيَّةٌ

likely *adj.; adv.* مُحْتَمَلٌ؛ مُرَجَّحٌ. واعِدٌ. جَذّابٌ. فاتِنٌ // عَلى الأَرْجَحِ

liken *vt.* يُشَبِّهُ

likeness *n.* شَبَهٌ. مَظْهَرٌ؛ شَكْلٌ. صورَةٌ

likewise *adv.* بِطَريقَةٍ مُماثِلَةٍ؛ أَيضًا. فَوْقَ ذَلِكَ

liking *n.* مَيْلٌ؛ وُلوعٌ

lilac *n.* اللَيْلَكُ: زَهْرٌ عَطِرٌ. لَوْنٌ أُرْجوانيٌّ فاتِحٌ

lily *n.* الزَنْبَقُ؛ السَوْسَنُ؛ زَنْبَقُ الماءِ

limb *n.* الأَطْرافُ. فَرْعٌ. إمْتِدادٌ. غُصْنُ شَجَرَةٍ

limber *adj.; vt.; i.; n.* سَهْلُ الإنْثِناءِ. لَدِنٌ؛ لَيِّنٌ. رَشيقٌ // يُلَدِّنُ؛ يُرَشِّقُ / يُصْبِحُ لَدِنًا أَوْ رَشيقًا // الجُزْءُ الأَماميُّ مِنْ عَرَبَةِ مِدْفَعٍ أَوْ ذَخيرَةٍ

lime *n.* جيرٌ؛ كِلْسٌ. دِبْقٌ. لَيْمونٌ حامِضٌ

limelight *n.* أَنْوارُ للمَسْرَحِ . بَريقُ الشُّهْرَةِ
limestone *n.* حَجَرُ الكِلْسِ ؛ حَجَرُ الجيرِ
limit *n.; vt.* تَخْمٌ ؛ حَدٌّ . نِهايَةٌ . قَيْدٌ . المَدى الأَقْصى // يُحَدِّدُ ؛ يُعَيِّنُ ؛ يُقَيِّدُ . يَحْصُرُ
limitation *n.* تَحْديدٌ . عَجْزٌ ؛ قُصورٌ . حَدٌّ . قَيْدٌ
limited *adj.* مَحْدودٌ ؛ مَحْصورٌ . مُقَيَّدٌ بِدُسْتورٍ
limitless *adj.* لا حَدَّ لَهُ ؛ غَيْرُ مَحْصورٍ
limp *adj.; vi.; n.* رَخْوٌ ؛ لَيِّنٌ . مُتَرَهِّلٌ . مُنْهَكٌ ؛ ضَعيفٌ // يَعْرُجُ ؛ يَتَرَنَّحُ // عَرَجٌ
limpet *n.* البَطْلينوسُ : حَيَوانٌ رَخَوِيٌّ
limpid *adj.* شَفّافٌ . واضِحٌ . رائِقٌ ؛ صافٍ
linden *n.* الزَّيْزَفونُ . خَشَبُ الزَّيْزَفونِ
line *vt.; i.; n.* يُسَطِّرُ . يَصُفُّ . يُبَطِّنُ / يَصْطَفُّ // خَطٌّ . سَطْرٌ . خَيْطٌ . سِلْكٌ . حَبْلٌ . صِنّارَةٌ . أُنْبوبٌ . وِفاقٌ . شَطْرٌ (مِنَ الشِّعْرِ) . مَنْهَجٌ . سُلالَةٌ
lineage *n.* نَسَبٌ . ذُرِّيَّةٌ ؛ نَسْلٌ . سُلالَةٌ
lineal *adj.* مُؤَلَّفٌ مِنْ خُطوطٍ . وِراثِيٌّ ؛ سُلالِيٌّ
lineaments *n. pl.* مَلامِحُ ؛ قَسَماتُ (الوَجْهِ)
linear *adj.* خَطِّيٌّ . طُولِيٌّ . تَخْطيطِيٌّ
linen *n.; adj.* كَتّانٌ . بَياضاتٌ // كَتّانِيٌّ (صِناعَةً)
liner *n.* الراسِمُ . المُسَطِّرُ . المُبَطِّنُ . بِطانَةٌ . باخِرَةٌ أَوْ طائِرَةٌ تَعْمَلُ عَلى خَطِّ مُواصَلاتٍ مُنْتَظِمٍ
linger *vi.* يَتَوانى ؛ يَتَرَدَّدُ . يَتَسَكَّعُ . يَتَرَيَّثُ . يَتَخَلَّفُ
lingerie *n.* بَياضاتٌ . مَلابِسُ النِّساءِ الداخِلِيَّةُ
linguist *n.* المُتَكَلِّمُ لُغاتٍ مُتَعَدِّدَةٍ . اللُّغَوِيُّ
linguistic *adj.* لُغَوِيٌّ ؛ أَلْسُنِيٌّ (دِراساتٌ)
liniment *n.* مَرْهَمٌ
lining *n.* بِطانَةُ الثَّوْبِ . تَبْطينٌ
link *n.; vt.; i.* وَصْلَةٌ . حَلَقَةٌ . رِباطٌ ؛ صِلَةٌ // يَرْبُطُ ؛ يوصِلُ . يُزاوِجُ / يَرْتَبِطُ
links *n. pl.* مَلْعَبُ الغولفِ ؛ تِلالٌ (رَمْلِيَّةٌ)
linnet *n.* التُّفّاحِيُّ : طائِرٌ مُغَرِّدٌ
linoleum *n.* مُشَمَّعُ أَرْضِيَّةٍ
linotype *n.* طِباعَةٌ فِي سُطورٍ مَسْبوكَةٍ ؛ اللينوتيبُ
linseed *n.* بِزْرُ الكَتّانِ
lint *n.* ضِمادَةٌ مِنْ كَتّانٍ ؛ نُسالَةٌ
lintel *n.* عَتَبَةُ البابِ العُلْيا ؛ ساكِفٌ
lion *n.* الأَسَدُ ؛ اللَّيْثُ . بُرْجُ الأَسَدِ
lioness *n.* اللَّبُؤَةُ ؛ أُنْثى الأَسَدِ
lion-hearted *adj.* مِقْدامٌ ؛ جَريءٌ (كالأَسَدِ)
lip *n.; adj.* شَفَةٌ . طَرَفٌ ؛ حافَّةٌ // شَفَوِيٌّ
lipstick *n.* أَحْمَرُ الشِّفاهِ
liquefaction *n.* تَسْييلٌ ؛ تَمْييعٌ . ذَوَبانٌ
liquefy *vt.; i.* يُسَيِّلُ ؛ يُمَيِّعُ / يَتَمَيَّعُ ؛ يَسيلُ
liqueur *n.* مُسْكِرٌ مُعَطَّرٌ
liquid *adj. & n.* سائِلٌ ؛ مائِعٌ
liquidate *vt.* يُسَيِّلُ . يُحَوِّلُ إلى نَقْدٍ . يُصَفّي (حِسابًا) . يُسَدِّدُ (دَيْنًا) . يَقْتُلُ ؛ يَتَخَلَّصُ مِن
liquidation *n.* تَصْفِيَةٌ . حَلٌّ . تَحْويلٌ إلى نَقْدٍ
liquidity *n.* سُيولَةٌ ؛ مَيْعٌ ؛ مُيوعَةٌ
liquidize *vt.* يُسَيِّلُ ؛ يُذَوِّبُ ؛ يُمَيِّعُ
liquor *n.* مادَّةٌ سائِلَةٌ . شَرابٌ كُحولِيٌّ
lisp *vt.; i.; n.* يَلْثَغُ ؛ يَتَكَلَّمُ بِتَلَعْثُمٍ // لَثْغَةٌ
lissom(e) *adj.* رَشيقٌ . لَدِنٌ . مَرِنٌ
list *n.; vt.; i.* قائِمَةٌ ؛ لائِحَةٌ ؛ جَدْوَلٌ . كَشْفٌ . بَيانٌ // يُعَدِّدُ ؛ يُقَيِّدُ في لائِحَةٍ / يَوَدُّ . يُرْضي . يُصْغي
listen *vi.* يُصْغي ؛ يُنْصِتُ
listener *n.* المُصْغي ؛ السامِعُ
listless *adj.* كَسولٌ ؛ مُتَوانٍ ؛ فاتِرُ الهِمَّةِ
lists *n. pl.* مَيْدانٌ ؛ حَلْبَةٌ ؛ ساحَةٌ (لِمُصارَعَةِ الثّيرانِ)
litany *n.* الإِبْتِهالُ ؛ صَلاةُ الكاهِنِ ؛ الطِّلْبَةُ
liter; litre *n.* لِتْرٌ

literal *adj.* حَرْفيٌّ. بَسيطٌ. مَوْضوعيٌّ
literary *adj.* أدبيٌّ. واسِعُ الإطِّلاعِ. أديبٌ
literate *adj. & n.* مُتَعَلِّمٌ
literature *n.* الأَدَبُ؛ صِناعَةُ الأَدَبِ
lithe *adj.* لَدِنٌ؛ رَشيقٌ؛ مَرِنٌ
lithograph *n.* الطِباعَةُ الحَجَرِيَّةُ
lithography *n.* الطِباعَةُ أوِ الطَبْعُ الحَجَريُّ
Lithuanian *adj. & n.* ليتُوانيٌّ
litigant *n.* المُتَقاضي؛ الخَصْمُ في دَعْوى
litigate *vi.; t.* يَرْفَعُ دَعْوى أمامَ القَضاءِ / يُقاضي
litigation *n.* المُقاضاةُ؛ الدَعْوى
litre *n.* الليترُ؛ مِكْيالٌ بِحَجْمِ كيلوغرامٍ مِنَ الماءِ
litter *n.; vt.; i.* مِحَفَّةٌ. حَمّالَةٌ. رُكامٌ مُبَعْثَرٌ. إخْتِلاطٌ // يُبَعْثِرُ / تَلِدُ بَطْنًا (أُنْثى الحَيَوانِ)
little *adj.; n.; adv.* صَغيرٌ. قَليلٌ. واهِنٌ؛ ضَعيفٌ. ضَئيلٌ. قَصيرٌ. يَسيرٌ // مِقْدارٌ ضَئيلٌ. فَتْرَةٌ قَصيرَةٌ. مَسافَةٌ يَسيرَةٌ // قَليلاً؛ البَتَّةَ؛ عَلى الإطلاقِ
by — شَيْئًا فَشَيْئًا؛ تَدْريجيًّا
liturgy *n.* طَقْسٌ دينيٌّ؛ ليتُرْجِيَّةٌ
live *vi.; adj.* يَحْيا؛ يَعيشُ. يَسْكُنُ؛ يَقْطُنُ. يَقْتاتُ. يَخْلُدُ // حَيٌّ. نَشيطٌ. مُتَوَهِّجٌ. زاهٍ. جَديدٌ
livelihood *n.* الرِزْقُ؛ وَسائِلُ العَيْشِ
livelong *adj.* كُلٌّ؛ طولَ. بِكامِلِهِ. بِتَمامِهِ
lively *adj.* مُنْعِشٌ. نَشيطٌ. زاهٍ. قَويٌّ. باهِرٌ
liven *vt.; i.* يُفْعِمُ بِالحَياةِ
liver *n.* الكَبِدُ. القاطِنُ؛ المُقيمُ
livery *n.* إسْطَبْلاتٌ لِقاءَ أجْرٍ. البِزَّةُ (للخَدَمِ)
lives *n.* (*pl.* of **life**)
livestock *n.* دَواجِنُ؛ مَواشٍ؛ دَوابُّ
livid *adj.* أدْكَنُ؛ شاحِبٌ؛ مُمْتَقِعٌ. مُزْرَقٌّ (وَجْهٌ)
living *adj.; n.* حَيٌّ. فَعّالٌ؛ قَويٌّ؛ مُتَّقِدٌ؛ مُفْعَمٌ بِالحَياةِ // رِزْقٌ. حَياةٌ
living room *n.* غُرْفَةُ الجُلوسِ
lizard *n.* السِقّايَةُ؛ العَظاءَةُ؛ السِحْلِيَّةُ
llama *n.* اللامَةُ (حَيَوانٌ)
lo! *int.* أُنْظُرْ!؛ عَجَبًا!
load *n.; vt.* حُمولَةٌ. عِبْءٌ. حَشْوَةُ (سِلاحٍ ناريٍّ) // يُحَمِّلُ. يُرْهِقُ. يَحْشو (البُنْدُقِيَّةَ)
loaf *n.* (*pl.* **loaves**)*; vi.* رَغيفٌ. قالَبُ سُكَّرٍ // يَتَسَكَّعُ
loafer *n.* المُتَسَكِّعُ؛ العاطِلُ عَنِ العَمَلِ
loam *n.* تُرْبَةٌ خِصْبَةٌ. طينٌ مِنْ رَمْلٍ وَقَشٍّ
loan *n.; vt.* قَرْضٌ. إعارَةٌ // يُقْرِضُ؛ يُعيرُ
loath *adj.* مُشْمَئِزٌّ؛ نافِرٌ مِنْ؛ كارِهٌ
loathe *vt.* يَكْرَهُ؛ يَشْمَئِزُّ مِنْ
loathsome *adj.* كَريهٌ؛ تَعافُهُ النَفْسُ
lobby *n.; vt.; i.* رَدْهَةٌ؛ رِواقٌ // يُؤَثِّرُ
lobe *n.* شَحْمَةُ الأُذُنِ. فَلْقَةٌ
lobster *n.* الكَرْكَنْدُ؛ جَرادُ البَحْرِ؛ سَرَطانٌ بَحْريٌّ
local *adj.* مَحَلّيٌّ (إنْتاجٌ)؛ مَوْضِعيٌّ
locality *n.* مَوْقِعٌ؛ مَرْكَزٌ؛ مَوْضِعٌ؛ ناحِيَةٌ
localize *vt.; i.* يُعَيِّنُ / يَتَمَرْكَزُ؛ يَتَمَوْضَعُ
locate *vt.* يُعَيِّنُ؛ يُحَدِّدُ (مَوْقِعًا). يَسْتَوْطِنُ
location *n.* مَوْقِعٌ؛ مَرْكَزٌ. تَحْديدُ مَوْضِعٍ
lock *n.; vt.; i.* قُفْلٌ؛ غالٌ. رافِعُ السُفُنِ في قَناةٍ. شَعَرُ الرَأْسِ. خُصْلَةُ شَعَرٍ؛ خُصْلَةُ صوفٍ. مِكْبَحٌ // يُقْفِلُ؛ يُغْلِقُ. يَحْبِسُ / يَنْغَلِقُ. يَتَماسَكُ
locker *n.* خِزانَةٌ أوْ صُنْدوقٌ يُقْفَلُ
locket *n.* قِلادَةٌ (للعُنُقِ)
lock-jaw *n.* الكُزازُ: مَرَضُ التيتَنوسِ
lockout *n.* إضْرابُ أصْحابِ المَصانِعِ
locksmith *n.* القَفّالُ؛ صانِعُ الأَقْفالِ أوْ مُصْلِحُها

lockup *n.* حَبْسٌ (لِلْمَوْقوفينَ مؤَقَّتًا)
locomotion *n.* تَحَرُّكٌ ؛ تَنَقُّلٌ. سَفَرٌ
locomotive *adj.; n.* سَيّارٌ // القِطارُ ؛ القاطِرَةُ
locust *n.* قَبوطٌ ؛ جَرادٌ. شَجَرَةُ الخُرْنوبِ أوْ خَشَبُها
locution *n.* تَعْبيرٌ ؛ عِبارَةٌ (مَثَلِيَّةٌ)
lode *n.* عِرْقٌ مَعْدِنِيٌّ (في الصَّخْرِ)
lodge *n.; vt.; i.* بَيْتٌ صَيْفِيٌّ مؤَقَّتٌ. مَحْفَلٌ. كوخٌ // يُؤْوي. يُودِعُ. يَغْرِسُ / يَقْطُنُ ؛ يَسْكُنُ
lodger *n.* النَزيلُ ؛ المُسْتَأْجِرُ
lodging *n.* مَنْزِلٌ ؛ مَسْكِنٌ. مُسْتَوْدَعٌ. إقامَةٌ ؛ سُكْنى
lodging house *n.* النُزُلُ ؛ الفُنْدُقُ
lodgment *n.* إيواءٌ ؛ إسْكانٌ. إقامَةٌ ؛ سُكْنى
loft *n.* عِلِّيَّةٌ. مَخْزَنٌ للتِبْنِ
loftiness *n.* غَطْرَسَةٌ ؛ تَكَبُّرٌ ؛ رِفْعَةٌ ؛ شُموخٌ
lofty *adj.* شامِخٌ ؛ مُتَغَطْرِسٌ ؛ مُتَكَبِّرٌ. رَفيعٌ. نَبيلٌ
log *n.; vt.* جِذْعُ حَطَبٍ. سِجِلُّ الطائِرَةِ // يُقَطِّعُ الحَطَبَ
logarithm *n.* اللوغارِتْمُ ؛ الخوارِزْمِيّاتُ
logbook *n.* سِجِلٌّ للطائِرَةِ أوْ للسَفينَةِ
loggerhead *n.* الأَبْلَهُ ؛ المُغَفَّلُ. رَأْسٌ ضَخْمٌ
logic *n.* عِلْمُ المَنْطِقِ ؛ مَنْطِقُ (الأُمورِ)
logical *adj.* مَنْطِقِيٌّ ؛ مَعْقولٌ
loin *n.* خاصِرَةٌ. حَقْوٌ. *pl.*: عَوْرَةٌ. الكُلى
loiter *vt.; i.* يَتَوانى ؛ يَتَأَخَّرُ ؛ يَتَلَكَّأُ ؛ يَتَسَكَّعُ
loiterer *n.* المُتَواني ؛ المُتَلَكِّئُ ؛ المُتَسَكِّعُ
loll *vt.; i.* يُدَلّي / يَتَدَلّى. يَتَراخى ؛ يَتَكاسَلُ
Londoner *n.* أَحَدُ سُكّانِ لَنْدَنَ
lone *adj.* مُنْعَزِلٌ ؛ مُتَوَحِّدٌ. عازِبٌ
loneliness *n.* إنْعِزالٌ ؛ عُزْلَةٌ ؛ وَحْدَةٌ ؛ وَحْشَةٌ
lonely *adj.* موحِشٌ ؛ مُنْعَزِلٌ ؛ مَهْجورٌ. مُتَوَحِّدٌ
long *vi.; adj.; n.; adv.* يَتوقُ إلى ؛ يَشْتاقُ // طَويلٌ // فَتْرَةٌ طَويلَةٌ // طَويلاً ؛ مُنْذُ عَهْدٍ بَعيدٍ ؛ طِوالَ
before — في عَهْدٍ قَريبٍ
-- before مُنْذُ زَمَنٍ بَعيدٍ
longevity *n.* طولُ عُمْرٍ
longing *n.* تَوْقٌ ؛ حَنينٌ ؛ شَوْقٌ
longitude *n.* خَطُّ الطولِ
long-sighted *adj.* بَعيدُ النَظَرِ ؛ حَكيمٌ
look *vi.; t.; n.* يَنْظُرُ. يَظْهَرُ ؛ يَبْدو. يُطِلُّ / يَتَطَلَّعُ إلى. يُراقِبُ // نَظَرٌ ؛ نَظْرَةٌ. هَيْئَةٌ
he —s well يَبْدو بِصِحَّةٍ جَيِّدَةٍ
— out إحْذَرْ! تَنَبَّهْ!
— about يَنْظُرُ حَوْلَهُ
— after يَعْتَني بِـ ؛ يَهْتَمُّ بِـ
— black يَغْضَبُ ؛ يَغْتاظُ
looker-on *n.* المُشاهِدُ ؛ المُتَفَرِّجُ
looking glass *n.* مِرْآةٌ
look-out *n.* الرَقيبُ. حَذَرٌ ؛ سَهَرٌ. مَشْهَدٌ
loom *n.; vi.; t.* نَوْلٌ ؛ المَظْهَرُ غَيْرُ الواضِحِ // يَلوحُ / يَنْسُجُ عَلى نَوْلٍ
loony; looney *adj.* مَعْتوهٌ ؛ أَبْلَهُ
loop *n.* حَلَقَةٌ ؛ عُرْوَةٌ. عُقْدَةٌ ؛ أُنْشوطَةٌ
loop-hole *n.* كُوَّةٌ. مَهْرَبٌ. غُموضٌ
loose *adj.; n.; vt.* غَيْرُ مُحْكَمٍ ؛ فَضْفاضٌ. طَليقٌ. مَفْكوكٌ // مُنْحَلُّ الأَخْلاقِ ؛ خَليعٌ ؛ مُتَهَتِّكٌ // يُحَرِّرُ. يَحُلُّ ؛ يَفُكُّ ؛ يُرْخي. يُطْلِقُ
loosen *vt.; i.* يُرْخي ؛ يَحُلُّ ؛ يَفُكُّ. يُحَرِّرُ ؛ يُطْلِقُ / يَرْتَخي ؛ يَنْحَلُّ ؛ يَلينُ
looseness *n.* إرْتِخاءٌ ؛ إنْحِلالٌ. تَحَرُّرٌ
loot *n.; vt.; i.* غَنيمَةٌ ؛ نَهْبٌ // يَنْهَبُ ؛ يَغْنَمُ
looter *n.* الغانِمُ ؛ السالِبُ ؛ الناهِبُ
lop *vt.* يُشَذِّبُ ؛ يُهَذِّبُ ؛ يُقَلِّمُ

lopsided *adj.* مائِلٌ إلى جانبٍ؛ غَيْرُ مُتوازِنٍ
loquacious *adj.* ثَرْثارٌ؛ مِهْذارٌ
lord *n.; vi.* سَيِّدٌ؛ مَوْلى. لورْدٌ: لَقَبٌ بَريطانيٌّ. مالِكُ الأَرْضِ. زَوْجٌ // يَسْتَبِدُّ؛ يَطْغى
lordly *adj.* لورديٌّ. جَليلٌ. فَخْمٌ
lore *n.* مَعْرِفَةٌ مُكْتَسَبَةٌ. مُعْتَقَدٌ تَقْليديٌّ
lorgnette *n.* مِنْظارٌ صَغيرٌ (لِلْمَسْرَحِ)
lorn *adj.* مَخْذولٌ؛ مَتروكٌ (حَبيبٌ)
lorry *n.* شاحِنَةٌ؛ عَرَبَةٌ كَبيرَةٌ
lose *vt.; i. irr.* يَفْقِدُ؛ يَخْسَرُ؛ يَتيهُ / يُخْفِقُ. يَنْهَزِمُ
loser *n.* الخاسِرُ؛ الفاقِدُ
loss *n.* خَسارَةٌ؛ فُقْدانٌ؛ نَقْصٌ
lost *adj.* ضالٌّ؛ تائِهٌ. يائِسٌ. مَفْقودٌ. خاسِرٌ
lot *n.* قُرْعَةٌ؛ حِصَّةٌ؛ قِسْمَةٌ؛ نَصيبٌ؛ حَظٌّ
lotion *n.* غَسْلٌ. مُسْتَحْضَرٌ طِبِّيٌّ أَوْ لِلْتَجْميلِ
lottery *n.* يانَصيبٌ؛ حَظٌّ
lotus *n.* اللوطُسُ؛ عَرائِسُ النيلِ
loud *adj.* عالٍ؛ مُرْتَفِعٌ؛ صاخِبٌ؛ صارِخٌ (صَوْتٌ)
loud-speaker *n.* مُكَبِّرٌ أو مُضَخِّمُ الصَوْتِ
lounge *vi.; n.* يَتَكاسَلُ؛ يَتَسَكَّعُ // إضاعَةُ الوَقْتِ. غُرْفَةُ الجُلوسِ. الرَدْهَةُ. أَريكَةٌ
lounger *n.* المُتَكاسِلُ؛ المُتَسَكِّعُ
louse *n.* (*pl.* **lice**) قَمْلَةٌ (حَشَرَةٌ مُضِرَّةٌ)
lousy *adj.* قَمِلٌ؛ مُقَمَّلٌ. قَذِرٌ؛ حَقيرٌ
lout *n.* الأَخْرَقُ؛ المُغَفَّلُ. الجِلْفُ
loutish *adj.* جِلْفٌ؛ غَليظٌ
lovable *adj.* مَحْبوبٌ؛ جَديرٌ بالحُبِّ
love *vt.; i.; n.* يُحِبُّ؛ يَعْشَقُ؛ يولَعُ؛ يُشْغَفُ بِـ // حُبٌّ؛ مَوَدَّةٌ؛ وُلوعٌ؛ شَغَفٌ؛ غَرامٌ. المَحْبوبُ
love affair *n.* قِصَّةُ حُبٍّ. صِلَةٌ غَراميَّةٌ
love letter *n.* رِسالَةُ غَرامٍ

loveliness *n.* تَحَبُّبٌ. بَهْجَةٌ. جَمالٌ. مُتْعَةٌ. فِتْنَةٌ
lovely *adj.* جَميلٌ؛ فاتِنٌ. مُحَبَّبٌ. بَهيجٌ؛ مُمْتِعٌ
lover *n.* العاشِقُ؛ المُحِبُّ. الخَليلُ. الصَديقُ
lovesick *adj.* مُلْتاعٌ؛ مُوَلَّهٌ (مِنَ الحُبِّ)؛ مُتَيَّمٌ
loving *adj.* مُحِبٌّ. رَقيقٌ. وَدودٌ
low *adj.; n.; adv.; vi.* مُنْخَفِضٌ؛ واطِئٌ. دَنيءٌ؛ حَقيرٌ // عَجيجٌ؛ خُوارٌ // على نَحْوٍ وَضيعٍ أَوْ رَخيصٍ أَوْ مُنْخَفِضٍ // تَخورُ (البَقَرَةُ)
lowbrow *adj.* ضَئيلُ الثَقافَةِ
lower *adj.; vt.* أَدْنى // يُنْزِلُ. يُذِلُّ
lower class *n.* العامَّةُ؛ الطَبَقَةُ الدُنْيا
lowland *n.* أَرْضٌ واطِئَةٌ؛ بِلادٌ مُنْخَفِضَةٌ
lowliness *n.* تَواضُعٌ. وَداعَةٌ. ضِعَةٌ
lowly *adj.* وَضيعٌ. مُنْخَفِضٌ. وَديعٌ. مُبْتَذَلٌ
loyal *adj.* مُوالٍ؛ وَفيٌّ؛ مُخْلِصٌ. أَمينٌ
loyalty *n.* وَلاءٌ؛ وَفاءٌ؛ إخْلاصٌ. أَمانَةٌ
lozenge *n.* المُعَيَّنُ (شَكْلٌ هَنْدَسيٌّ). حَبَّةُ دَواءٍ
lubber *n.* شَخْصٌ أَخْرَقُ. مَلاّحٌ غَيْرُ بارِعٍ
lubricant *n.* مُزَيِّتٌ؛ مُشَحِّمٌ؛ مُزَلِّقٌ
lubricate *vt.* يُزَيِّتُ؛ يُشَحِّمُ؛ يُزَلِّقُ (مُحَرِّكًا)
lubricator *n.* أَداةُ التَشْحيمِ أَوِ التَزْييتِ
lucent *adj.* مُتَأَلِّقٌ؛ مُشْرِقٌ. صافٍ
lucid *adj.* مُشْرِقٌ؛ نَيِّرٌ؛ صافٍ؛ رائِقٌ. واضِحٌ
lucidity: lucidness *n.* إشْراقٌ؛ وُضوحٌ. إدْراكٌ
lucifer *n.* *cap.* إبْليسُ؛ الشَيْطانُ. عودُ ثِقابٍ
luck *n.* حَظٌّ؛ حُسْنُ الطالِعِ. نَجاحٌ؛ تَوْفيقٌ
luckily *adv.* لِحُسْنِ الحَظِّ؛ لِحُسْنِ الطالِعِ
lucky *adj.* مَحْظوظٌ؛ مَيْمونٌ. مُؤاتٍ
lucrative *adj.* مُرْبِحٌ؛ مُكْسِبٌ (عَمَلٌ)
lucre *n.* رِبْحٌ؛ كَسْبٌ. مالٌ؛ دَراهِمُ
ludicrous *adj.* مُضْحِكٌ؛ جَديرٌ بالسُخْرِيَّةِ

lug *vt.* يَجُرُّ؛ يَسْحَبُ
luggage *n.* أَمْتِعَةٌ؛ حَقائِبُ السَفَرِ
lugubrious *adj.* حَزينٌ؛ كَئيبٌ
lukewarm *adj.* عَديمُ الإكْتِراثِ؛ فاتِرٌ
lull *vt.; n.* يُهَدْهِدُ. يُهَدِّئُ // هُدوءٌ؛ خُمودٌ
lullaby *n.* أُغْنِيَةٌ لِلطِفْلِ كَيْ يَنامَ
lumbago *n.* القُطانُ؛ أَلَمُ الصُلْبِ؛ العِناجُ
lumber *n.; vt.; i.* أثاثٌ فائِضٌ يُخْزَنُ جانِبًا. أَلْواحُ خَشَبٍ // يَمْلأُ بِدونِ تَرْتيبٍ / يَتَحَرَّكُ بِتَثاقُلٍ
luminary *n.* نَجْمٌ. كَوْكَبٌ
luminosity *n.* إضاءَةٌ؛ ضِياءٌ؛ نورانِيَّةٌ؛ سُطوعٌ
luminous *adj.* مُضيءٌ؛ نَيِّرٌ. مُسْتَنيرٌ؛ ذَكِيٌّ
lump *n.; vt.* كُتْلَةٌ؛ قِطْعَةٌ // يُكَوِّمُ؛ يُكَتِّلُ
lumpish *adj.* بَليدٌ؛ كَسولٌ؛ ثَقيلٌ. مُكَتَّلٌ. مُمِلٌّ
lumpy *adj.* مُكَتَّلٌ؛ كَثيرُ الكُتَلِ
lunacy *n.* جُنونٌ؛ حَماقَةٌ
lunar *adj.* قَمَرِيٌّ (شَهْرٌ)؛ هِلالِيٌّ. فِضِّيٌّ
lunatic *adj.; n.* مَجْنونٌ؛ مَجْذوبٌ. مُتَقَلِّبٌ // المَجْنونُ؛ المَجْذوبُ؛ الغَريبُ الأَطْوارِ
lunch *n.; vi.; t.* وَجْبَةٌ خَفيفَةٌ؛ الغَداءُ // يَتَناوَلُ الغَداءَ / يُقَدِّمُ الغَداءَ
lung *n.* رِئَةٌ
lunge *n.; vt.; i.* طَعْنَةٌ. إنْدِفاعٌ // يَطْعَنُ / يَنْدَفِعُ
lupin(e) *n.* التُرْمُسُ
lurch *n.; vi.; t.* تَمايُلٌ؛ تَرَنُّحٌ. هَزيمَةٌ مُنْكَرَةٌ // يَتَمايَلُ؛ يَتَرَنَّحُ / يَغُشُّ؛ يَخْدَعُ
lure *n.; vt.* إغْراءٌ؛ إغْواءٌ. شَرَكٌ // يُغْري؛ يُغْوي
lurid *adj.* مُمْتَقِعٌ. شاحِبٌ. مُتَوَهِّجٌ. رَهيبٌ. مُثيرٌ
lurk *vi.* يَكْمُنُ؛ يَتَرَصَّدُ. يَنْدَسُّ. يَتَخَلَّفُ. يَتَوارى
luscious *adj.* حُلْوُ المَذاقِ. زَكِيُّ الرائِحَةِ. مُغْوٍ
lush *adj.* مَوْفورٌ؛ وافِرٌ. مورِقٌ؛ خِصْبٌ
lust *n.; vi.* رَغْبَةٌ؛ شَبَقٌ؛ شَهْوَةٌ؛ تَلَهُّفٌ // يَتوقُ؛ يَتَحَرَّقُ إلى؛ يَرْغَبُ في
luster *n.* لَمَعانٌ؛ بَريقٌ. رَوْنَقٌ؛ بَهاءٌ. مَجْدٌ
lustful *adj.* شَبِقٌ؛ شَهْوانِيٌّ (رَجُلٌ)
lustrous *adj.* صَقيلٌ؛ لَمّاعٌ. شَهيرٌ؛ لامِعٌ
lusty *adj.* شَهْوانِيٌّ. قَوِيٌّ. مُفْعَمٌ بِالحَيَوِيَّةِ
lute *n.* عُودٌ؛ مِزْهَرٌ. طينٌ؛ مِلاطٌ
luxuriant *adj.* مُتْرَفٌ. مُنَمَّقٌ. خِصْبٌ
luxurious *adj.* مُتْرَفٌ؛ مُولَعٌ بِالتَرَفِ
luxury *n.* تَرَفٌ؛ رَفاهِيَةٌ. إسْرافٌ؛ تَبْذيرٌ
lyceum *n.* قاعَةُ المُحاضَراتِ أَوِ المُناظَراتِ
lying *adj.; n.* كاذِبٌ // الكاذِبُ؛ الكَذوبُ
lymph *n.* سائِلٌ يَتَأَلَّفُ مِنْ بِلازما الدَمِ والكُرَيّاتِ البيضِ. لَقاحٌ
lynch *vt.* يُعْدِمُ أَوْ يُعاقِبُ بِلا قانونٍ (عُرْفِيًّا)
lynx *n.* الوَشَقُ (حَيَوانٌ يُشْبِهُ الهِرَّ)
lyre *n.* قيثارَةٌ؛ كَنّارَةٌ؛ رَبابَةٌ
lyric *adj.; n.* قيثارِيٌّ؛ غِنائِيٌّ // شِعْرٌ غِنائِيٌّ
lyrical *adj.* غِنائِيٌّ. عاطِفِيٌّ. حَماسِيٌّ
lyricism *n.* الغِنائِيَّةُ (في الشِعْرِ)
lyricist *n.* الشاعِرُ الغِنائِيُّ
lyrist *n.* عازِفُ القيثارَةِ أَوِ الرَبابَةِ

M

M; m *n.* الحَرْفُ الثالِثَ عَشَرَ مِنَ الأَبْجَدِيَّةِ الإِنْكليزِيَّةِ

macabre *adj.* مُخيفٌ ؛ مُرْعِبٌ (مَشْهَدٌ)

macadam *n.* طَريقٌ مُعَبَّدٌ. تَعْبيدُ الطَريقِ

macadamize *vt.* يُعَبِّدُ (شارِعًا)

macaroni *n.* المَعْكَرونَةُ

macaroon *n.* المَعْكَرونُ (حَلْوَى)

mace *n.* صَوْلَجانٌ. قَضيبٌ شائِكٌ ضِدَّ الدُروعِ

Macedonian *adj. & n.* مَقْدونيٌّ

macerate *vt.* يَنْقَعُ

machination *n.* دَسيسَةٌ ؛ مَكيدَةٌ

machine *n.* ماكينَةٌ ؛ آلَةٌ. سَيّارَةٌ ؛ عَرَبَةٌ

machine gun *n.* الرَشّاشُ ؛ مِدْفَعٌ آليٌّ صَغيرٌ

machinery *n.* الآلاتُ والماكيناتُ

machinist *n.* مُسَيِّرُ الآلَةِ. الميكانيكيُّ

mackerel *n.* الإِسْقُمْريُّ : سَمَكٌ بَحْريٌّ كَبيرٌ

mackintosh *n.* مِعْطَفٌ واقٍ مِنَ المَطَرِ

mad *adj.* أَحْمَقُ. مَجْنونٌ. كَلِبٌ ؛ هائِجٌ. مَفْتونٌ

madam *n.* سَيِّدَةٌ ؛ رَبَّةُ بَيْتٍ

madcap *adj. & n.* طائِشٌ ؛ مُتَهَوِّرٌ

madden *vi.; t.* يُجَنُّ / يُجَنِّنُ. يُثيرُ ؛ يُغْضِبُ

made *adj.* مَصْنوعٌ ؛ صِناعيٌّ. مُخْتَلَقٌ ؛ مُلَفَّقٌ

Madeira *n.* الماديرا (خَمْرٌ)

mademoiselle *n.* آنِسَةٌ

madhouse *n.* مُسْتَشْفى المَجانينِ

madly *adv.* بِحُمْقٍ ؛ بِخَبَلٍ ؛ بِجُنونٍ

madman *n.* (*pl.* **-men**) المَجْنونُ ؛ المُخَبَّلُ

madness *n.* حَماقَةٌ ؛ جُنونٌ ؛ هَيَجانٌ

Madonna مَرْيَمُ العَذْراءُ. سَيِّدَةٌ

madrigal *n.* قَصيدَةٌ غَزَلِيَّةٌ (لِلْغِناءِ)

maelstrom *n.* إِعْصارٌ. إِضْطِرابٌ شَديدٌ

maestro *n.* مُديرُ الجَوْقَةِ. موسيقيٌّ لامِعٌ

magazine *n.* مُسْتَوْدَعٌ ؛ مَخْزَنٌ. مَجَلَّةٌ

magenta *adj.; n.* لَوْنٌ أَحْمَرُ أُرْجُوانِيٌّ

maggot *n.* يَرَقَةٌ ؛ دُوَيْدَةٌ. نَزْوَةٌ

magic *adj.; n.* سِحْريٌّ ؛ فاتِنٌ // سِحْرٌ ؛ شَعْوَذَةٌ

magical *adj.* سِحْريٌّ ؛ فاتِنٌ ؛ ساحِرٌ (مَنْظَرٌ)

magician *n.* الساحِرُ ؛ المُشَعْوِذُ

magisterial *adj.* قَضائيٌّ. أَمْريٌّ. جَليلٌ ؛ رَزينٌ

magistrate *n.* الحاكِمُ ؛ القاضي

magnanimity *n.* شَهامَةٌ ؛ عَمَلٌ شَهْمٌ

magnanimous *adj.* شَهْمٌ ؛ سَمْحٌ ؛ رَحْبُ الصَدْرِ

magnate *n.* القُطْبُ ؛ شَخْصٌ ذو مَكانَةٍ

magnesia *n.* المَغْنيزيا (شَرْبَةٌ مُسَهِّلٌ)

magnesium *n.* مادَّةُ المَغْنيزيوم

magnet *n.* مَغْنَطيسٌ. شَخْصٌ جَذّابٌ

magnetic *adj.* مَغْنَطيسيٌّ. ساحِرٌ ؛ فاتِنٌ

magnetism *n.* المَغْنَطيسِيَّةُ. سِحْرٌ ؛ فِتْنَةٌ

magnetize *vt.* يُمَغْنِطُ. يَسْحَرُ ؛ يَجْذِبُ ؛ يَفْتِنُ

magneto *n.* المَغْنيطُ ؛ مِشْعَلُ الشَرَرِ في المُحَرِّكِ

magnificence *n.* رَوْعَةٌ ؛ مَهابَةٌ ؛ فَخامَةٌ ؛ عَظَمَةٌ

magnificent *adj.* رائِعٌ ؛ مَهيبٌ ؛ فَخْمٌ ؛ عَظيمٌ

magnify *vt.* يُسَبِّحُ ؛ يُمَجِّدُ. يُكَبِّرُ (بالعَدَسَةِ)

magnitude *n.* شَأْنٌ ؛ أَهَمِّيَّةٌ. كِبَرٌ ؛ قَدْرٌ

magnolia *n.* المَغْنولِيا : نَباتٌ جَميلُ الوَرَقِ والزَهْرِ

magpie *n.* العَقْعَقُ : غُرابٌ طَويلُ الذَيْلِ. ثَرْثارٌ

maharaja *n.* مَهراجا ؛ أميرٌ (في الهِنْدِ)
mahogany *n.* خَشَبٌ صُلْبٌ. شَجرَةُ الماهوغاني
maid *n.* الخادِمَةُ. العَذْراءُ ؛ البِكْرُ
maiden *adj.; n.* عُذْرِيٌّ ؛ بَتوليٌّ ؛ طاهِرٌ.
عانِسٌ // البِكْرُ ؛ العَذْراءُ. المِقْصَلَةُ
maidenhood *n.* بَكارَةٌ ؛ بُتولَةٌ ؛ عُذْرَةٌ
maidenly *adj.* خاصٌّ بِعَذْراءَ. عُذْرِيٌّ. لَطيفٌ
maiden name *n.* إسْمُ أُسْرَةِ المَرْأةِ قَبْلَ زَواجِها
maid of honor *n.* الإشْبينَةُ. وَصيفَةُ الشَرَفِ
maidservant *n.* الخادِمَةُ. الجارِيَةُ
mail *n.; vt.* البَريدُ ؛ الرسائِلُ. الدِرْعُ ؛ الزَرَدِيَّةُ //
يُرْسِلُ بالبَريدِ. يُدَرِّعُ
mailbag *n.* كيسُ ساعي البَريدِ ؛ حَقيبَةُ البَريدِ
mailman *n.* ساعي البَريدِ
maim *vt.* يَبْتُرُ. يُشَوِّهُ. يُقْعِدُ. يُعَطِّلُ
main *adj.; n.* رَئيسيٌّ ؛ أساسيٌّ. بارِزٌ // القُوَّةُ
البَدَنِيَّةُ. البَرُّ الرئيسيُّ. عُرْضُ البَحْرِ. الشِراعُ الرَئيسيُّ
main deck *n.* سَطْحٌ أَوْ ظَهْرُ المَرْكَبِ
mainland *n.* البَرُّ الرئيسيُّ أوِ الأَعْظَمُ
mainly *adv.* في الدَرَجَةِ الأُولى ؛ في الأكْثَرِ
mainmast *n.* الصاري الرَئيسيُّ
mainsail *n.* الشِراعُ الرئيسيُّ
mainspring *n.* الزُنْبُرُكُ الكَبيرُ (في ساعَةٍ)
maintain *vt.* يَصُونُ. يُعيلُ. يُدافِعُ عَن. يُثْبِتُ
maintenance *n.* صِيانَةٌ ؛ مُحافَظَةٌ عَلى. دِفاعٌ عَنْ
maize *n.* الذُرَةُ
majestic *adj.* مَهيبٌ ؛ جَليلٌ. فَخْمٌ ؛ عَظيمٌ
majesty *n.* جَلالَةٌ ؛ سُلْطانٌ. فَخامَةٌ ؛ عَظَمَةٌ
major *adj.; n.; vi.* بارِزٌ ؛ هامٌّ. راشِدٌ. أَسْمى ؛
أَرْفَعُ // الرائِدُ (عَسْكَرِيٌّ). البالِغُ ؛ الراشِدُ. الأَسْمى ؛
الأَرْفَعُ // يَتَخَصَّصُ في

major general *n.* لِواءٌ (عَسْكَرِيٌّ)
majority *n.* سِنُّ الرُشْدِ. الأَكْثَرِيَّةُ ؛ الأَغْلَبِيَّةُ
make *vt.; i.irr.; n.* يَعْمَلُ ؛ يَصْنَعُ. يُنْشِئُ.
يَبْني ؛ يُشَيِّدُ. يَضَعُ. يُحْدِثُ ؛ يَخْلُقُ. يُسَبِّبُ / يُفْضي
إلى ؛ يَؤُولُ // طِرازٌ. صُنْعٌ. طَبيعَةٌ. خُلُقٌ. بُنْيَةٌ.
إنْتاجٌ
— a fortune — يَكْسِبُ ثَرْوَةً
— a mistake — يُخطِئُ ؛ يَغْلَطُ
— a promise — يَعِدُ
— good — يَفي بِـ (وَعْدِهِ)
— his decision — يُقَرِّرُ
— of — يَفِرُّ ؛ يَهْرُبُ
— sure — يَتَحَقَّقُ ؛ يَجْزِمُ
— up — يُجَمِّلُ (الوَجْهَ). يَخْتَرِعُ. يَتَخَيَّلُ
— up his mind — يُصَمِّمُ
maker *n.* الصانِعُ. مُوَقِّعُ السَنَدِ
Maker, the *n.* اللهُ
makeshift *n.* بَديلٌ مُؤَقَّتٌ
make-up *n.* تَرْكيبٌ ؛ بُنْيَةٌ. ماكياجٌ. إمْتِحانُ إكْمالٍ
making *n.* صُنْعٌ. إنْتاجٌ. عَمَلٌ. إنْشاءٌ. بُنْيانٌ
maladroit *adj.* أَخْرَقُ ؛ غَيْرُ حاذِقٍ
malady *n.* مَرَضٌ ؛ داءٌ ؛ عِلَّةٌ ؛ سُقْمٌ
malaria *n.* المَلاريا ؛ البُرَداءُ (مَرَضٌ)
Malaysian *adj. & n.* ماليزيٌّ
malcontent *adj.; n.* ساخِطٌ ؛ ناقِمٌ // الساخِطُ ؛
الناقِمُ. المُتَبَرِّمُ. سَخَطٌ ؛ نَقْمَةٌ
male *adj.; n.* مُذَكَّرٌ ؛ ذَكَرِيٌّ // الذَكَرُ
malediction *n.* لَعْنَةٌ. تَشْويهٌ للسُمْعَةِ. قَذْفٌ
malefactor *n.* الشِرّيرُ ؛ المُجْرِمُ ؛ الشَقيُّ
malevolence *n.* حِقْدٌ ؛ ضَغينَةٌ ؛ غِلٌّ
malevolent *adj.* حاقِدٌ ؛ سَيِّئُ النِيَّةِ

malfeasance *n.* إرْتِكابُ عَمَلٍ ضارٍّ
malice *n.* حِقْدٌ؛ مَكْرٌ؛ خُبْثٌ
malicious *adj.* حَقودٌ؛ ماكِرٌ؛ خَبيثٌ
malign *adj.; vt.* مُؤْذٍ؛ ضارٌّ؛ خَبيثٌ // يَقْذِفُ؛ يَفْتَري عَلى
malignant *adj.* مُؤْذٍ؛ ضارٌّ؛ حَقودٌ. مُهْلِكٌ
malignity *n.* طَبيعَةٌ شِرّيرَةٌ؛ خُبْثٌ. عَداوَةٌ شَديدَةٌ
malinger *vi.* يَتَمارَضُ
mall *n.* مُنْتَزَهٌ لِلْمُشاةِ. مِدَقَّةٌ؛ مِطْرَقَةٌ خَشَبِيَّةٌ
mallard *n.* بَطَّةٌ بَرِّيَّةٌ
malleable *adj.* قابِلٌ لِلتَّطْريقِ؛ طَيِّعٌ
mallet *n.* مِطْرَقَةٌ خَشَبِيَّةٌ. مِضْرَبُ الكُرَةِ
mallow *n.* الخُبّازى (نَباتٌ)
malnutrition *n.* سوءُ التَّغْذِيَةِ
malpractice *n.* سوءُ التَّصَرُّفِ؛ تَقْصيرٌ
malt *n.; vt.* نَقْعُ البيرَةِ؛ شَعيرٌ مَنْقوعٌ وَمُخْتَمِرٌ // يَصْنَعُ البيرَةَ؛ يُخَمِّرُ
Maltese *adj. & n.* مالْطِيٌّ
maltreat *vt.* يُعامِلُ بِخُشونَةٍ؛ يُسيءُ المُعامَلَةَ
maltreatment *n.* سوءُ أَوْ قَساوَةُ المُعامَلَةِ
mammal *n.* الثَّدْيِيُّ؛ حَيَوانٌ مِنَ الثَّدْيِيّاتِ
mammoth *n.* الماموثُ (فيلٌ مُنْقَرِضٌ)
man *n.* (*pl.* **men**); *vt.* إِنْسانٌ؛ رَجُلٌ. زَوْجٌ. شَخْصٌ. فَرْدٌ // يُزَوِّدُ بِالجُنْدِ. يُحَصِّنُ
  as a — مِنْ وِجْهَةٍ إِنْسانِيَّةٍ
  to a — كافَّةً
manacle *vt.; n.* يَغُلُّ؛ يُقَيِّدُ // غُلٌّ؛ قَيْدٌ
manage *vt.; i.* يُديرُ؛ يُدَبِّرُ. يُرَوِّضُ. يَتَدَبَّرُ الأَمْرَ. يَسوسُ / يَنْجَحُ في تَحْقيقِ غايَتِهِ
manageable *adj.* طَيِّعٌ؛ سَهْلُ الإِنْقِيادِ
management *n.* إِدارَةٌ؛ تَدْبيرٌ. هَيْئَةُ الإِدارَةِ
manager *n.* مُديرٌ؛ قَيِّمٌ؛ مُدَبِّرٌ؛ مُنَظِّمٌ
mandarin *n.* موَظَّفٌ كَبيرٌ في إِمْبَراطورِيَّةِ الصّينِ. المَنْدَرينُ؛ اليوسُفِيُّ: شَجَرٌ مِنْ فَصيلَةِ البُرْتُقالِ
mandate *n.* أَمْرٌ رَسْمِيٌّ. تَفْويضٌ. إِنْتِدابٌ
mandatory *adj. & n.* إِنْتِدابِيٌّ. إِلْزامِيٌّ؛ إِجْبارِيٌّ
mandible *n.* الفَكُّ الأَسْفَلُ؛ الحَنَكُ
mandolin *n.* المَنْدولينُ (آلَةٌ موسيقِيَّةٌ)
mane *n.* العُرْفُ؛ شَعْرُ عُنُقِ الفَرَسِ
maneuver *n.* see **manœuvre**
manful *n.* باسِلٌ؛ ثابِتُ الجَنانِ
manganese *n.* المَنْغَنيزُ (عُنْصُرٌ فِلِزِّيٌّ)
mange *n.* الجَرَبُ؛ الحُكاكُ (مَرَضٌ)؛ حِكَّةٌ
manger *n.* المِذْوَدُ؛ مَعْلَفُ الدّابَّةِ
mangle *vt.; n.* يَكْوي المَلابِسَ. يُشَوِّهُ. يُفْسِدُ؛ يُتْلِفُ // مِكْواةٌ؛ آلَةٌ لِكَيِّ المَلابِسِ
mango *n.* المَنْجا؛ فاكِهَةُ المَنْجا (إِسْتِوائِيَّةٌ)
mangy *adj.* جَرِبٌ؛ أَجْرَبُ. رَثٌّ؛ بالٍ. حَقيرٌ
manhandle *vt.* يُحَرِّكُ بِاليَدِ. يُعامِلُ بِخُشونَةٍ
manhole *n.* فُتْحَةٌ لِدُخولِ رَجُلٍ
manhood *n.* سِنُّ الرُّجولَةِ. الرِّجالُ. النّاسوتُ؛ الطَّبيعَةُ الإِنْسانِيَّةُ. الشَّجاعَةُ
mania *n.* المَسُّ. هَوَسٌ؛ وُلوعٌ شَديدٌ
maniac *adj. & n.* أَهْوَسُ؛ مَمْسوسٌ؛ مَجْنونٌ
manicure *n.; vt.* العِنايَةُ بِاليَدَيْنِ وَبِأَظافِرِ اليَدَيْنِ // يُقَلِّمُ الأَظافِرَ وَيَصْبُغُها. يُشَذِّبُ
manicurist *n.* مُقَلِّمٌ أَوْ مُقَلِّمَةُ الأَظافِرِ
manifest *vt.; adj.; n.* يُظْهِرُ؛ يُبْدي. يَجْلو. يُبَرْهِنُ؛ يُثْبِتُ // ظاهِرٌ؛ جَلِيٌّ؛ واضِحٌ // مَظْهَرٌ. بَيانٌ. لائِحَةُ الرُّكّابِ. قائِمَةُ الشَّحْنِ
manifestation *n.* تَظاهُرٌ. إِبْداءٌ. تَجَلٍّ؛ ظُهورٌ
manifesto *n.* بَيانٌ رَسْمِيٌّ (بِالأَهْدافِ)

manifold *adj.; vt.* مُتَعَدِّدُ (الأَجْزاءِ أَوِ العَناصِرِ)؛ مُتَشَعِّبٌ، مُخْتَلِفٌ، مُتَنَوِّعٌ // يَنْسَخُ نُسَخًا عَديدَةً

manikin *n.* تِمْثالٌ لِعَرْضِ المَلابِسِ. قَزَمٌ

manipulate *vt.* يُعالِجُ بِبَراعَةٍ؛ يَتَلاعَبُ بِـ؛ يُناوِرُ

mankind *n.* الجِنْسُ البَشَرِيُّ. الرِجالُ

manlike *adj.* خاصٌّ بِالرَجُلِ؛ شَبيهٌ بِالرَجُلِ

manliness *n.* رُجولَةٌ. قُوَّةٌ. شَجاعَةٌ؛ عَزْمٌ

manly *adj.* شَريفٌ. شُجاعٌ؛ جَرِيءٌ (كَرَجُلٍ)

manna *n.* المَنُّ؛ غِذاءٌ سَماوِيٌّ أَوْ روحِيٌّ

mannequin *n.* عارِضَةُ أَزْياءٍ؛ تِمْثالٌ لِعَرْضِ المَلابِسِ

manner *n.* عادَةٌ. أُسْلوبٌ؛ طَريقَةٌ. تَصَرُّفٌ

mannerly *adj.* دَمِثٌ؛ مُهَذَّبٌ

manning *n.* تَسْليحٌ؛ تَزْويدٌ (بِالسِلاحِ). مُعَدّاتٌ

mannish *adj.* مُسْتَرْجِلَةٌ (إِمْرَأَةٌ). رِجالِيٌّ

manoeuvre; maneuvre *n.; vt.; i.* مُناوَرَةٌ عَسْكَرِيَّةٌ. لَباقَةٌ. دَهاءٌ // يُناوِرُ. يَخْدَعُ

manor *n.* إِقْطاعَةٌ. إِقْليمٌ. مَزْرَعَةٌ

man-power *n.* الجُهْدُ البَشَرِيُّ؛ القِوى العامِلَةُ

manse *n.* مَنْزِلُ القَسِّ

mansion *n.* قَصْرٌ. شِقَّةٌ فَخْمَةٌ. مَبْنًى ضَخْمٌ

manslaughter *n.* القَتْلُ غَيْرُ المُتَعَمَّدِ

mantel; mantelpiece *n.* الرَفُّ فَوْقَ المَوْقِدِ

mantilla *n.* عَباءَةٌ. وِشاحٌ؛ طَرْحَةٌ

mantis *n.* السُرعوفَةُ؛ فَرَسُ النَبِيِّ

mantle *n.; vt.* عَباءَةٌ. غِطاءٌ؛ حِجابٌ. مِعْطَفٌ // يُغَطّي؛ يَحْجُبُ؛ يَسْتُرُ

manual *adj.; n.* يَدَوِيٌّ // كُتَيِّبٌ؛ دَليلٌ؛ موجَزٌ

manufactory *n.* مَعْمَلٌ؛ مَصْنَعٌ؛ فَبْرَكَةٌ

manufacture *n.; vt.* سِلْعَةٌ. صِناعَةٌ. إِنْتاجٌ // يَصْنَعُ. يَخْتَلِقُ (عُذْرًا)

manufacturer *n.* صاحِبُ المَصْنَعِ أَوِ المَعْمَلِ

manure *n.; vt.* سَمادٌ // يُسَمِّدُ

manuscript *adj.; n.* مَخْطوطٌ بِاليَدِ // المَخْطوطَةُ

many *adj.; n.* كَثيرٌ؛ مُتَعَدِّدٌ؛ جَمٌّ؛ غَفيرٌ // عَدَدٌ كَبيرٌ. السَوادُ الأَعْظَمُ مِنَ الناسِ

How — كَم؟

— a time عِدَّةُ مَرّاتٍ

many-colored *adj.* مُتَعَدِّدُ الأَلْوانِ

many-sided *adj.* مُتَعَدِّدُ الجَوانِبِ

map *n.; vt.* خَريطَةٌ؛ مُصَوَّرٌ جُغْرافِيٌّ // يَرْسُمُ خَريطَةً. يُنَظِّمُ

maple *n.* نَباتُ القَيْقَبِ. خَشَبُ القَيْقَبِ

mar *vt.* يُفْسِدُ؛ يُشَوِّهُ؛ يُشينُ

marathon *n.* سِباقُ الماراتونِ؛ سِباقٌ طَويلٌ

marauder *n.* السَلّابُ؛ النَهّابُ؛ اللِّصُّ

marauding *n.* السَلْبُ؛ النَهْبُ

marble *adj.; n.* رُخامِيٌّ. مَصْنوعٌ مِنَ الرُخامِ // رُخامٌ؛ مَرْمَرٌ. «الكِلَّةُ». لَعِبُ (الكِلَّةِ)

marcel *n.* تَمَوُّجُ الشَّعَرِ؛ تَجْعيدَةٌ

March *n.* آذارُ؛ مارْسُ (شَهْرٌ شَمْسِيٌّ)

march *n.; vi.; t.* مَسيرَةٌ. زَحْفٌ. خَطْوٌ. لَحْنٌ عَسْكَرِيٌّ. حَدٌّ؛ تَخْمٌ. تَقَدُّمٌ // يَزْحَفُ. يَخْطو؛ يَسيرُ. يُتاخِمُ / يَجْتازُ

marchioness *n.* المَرْكيزَةُ؛ زَوْجَةُ المَرْكيزِ

mare *n.* الفَرَسُ؛ أُنْثى الحِصانِ

margarine *n.* المَرْغَرينُ: سَمْنٌ نَباتِيٌّ إِصْطِناعِيٌّ

margin *n.; vt.* هامِشٌ؛ حافَّةٌ. حَدُّ الرِّبْحِ. تَأْمينٌ مالِيٌّ. غِطاءُ الصَفْقَةِ // يُهَمِّشُ؛ يُزَوِّدُ بِحافَّةٍ

marginal *adj.* هامِشِيٌّ (تَعْليقٌ)

marigold *n.* الآذَرْيونُ؛ نَباتُ القَطيفَةِ

marine *adj.; n.* بَحْريٌّ ؛ مِلاحيٌّ // الرامي البَحْريُّ. الأُسْطولُ التِجاريُّ. المِلاحَةُ التجاريَّةُ
mariner *n.* المَلاحيُّ ؛ البَحْريُّ ؛ النوتيُّ
maritime *adj.* بَحْريٌّ ؛ مِلاحيٌّ ؛ مُجاوِرٌ للبَحْرِ
mark *n.; vt.* عَلامَةٌ ؛ إشارَةٌ ؛ رَمْزٌ. هَدَفٌ ؛ غايَةٌ. سِمَةٌ ؛ دَمْغَةٌ ؛ عَلامَةٌ تِجاريَّةٌ. المارْكُ (عِمْلَةٌ أَلْمانيَّةٌ). شُهْرَةٌ. دَليلٌ // يُعَيِّنُ الحُدودَ. يَسِمُ ؛ يُعَلِّمُ. يُسَجِّلُ
marked *adj.* مَوْسومٌ. مَلْحوظٌ. مَشْهورٌ. مَشْبوهٌ
market *n.; vi.; t.* سوقٌ. مَتْجَرٌ للبَيْعِ بالمُفَرَّقِ // يَتَّجِرُ / يَعْرِضُ للبَيْعِ. يَبيعُ ؛ يُسَوِّقُ
marketable *adj.* صالِحٌ لِلتَسْويقِ
marketing *n.* تَسْويقُ البِضاعَةِ ؛ التِجارَةُ
marketplace *n.* ساحَةُ السوقِ العامَّةُ
marking *n.* وَسْمٌ ؛ إعْلامٌ. عَلامَةٌ
marking ink *n.* حِبْرُ الوَسْمِ
marksman *n.* (*pl.* **-men**) الرامي البارِعُ
marl *n.* المارْلُ: طينٌ يُسْتَعْمَلُ سَمادًا
marmalade *n.* مُرَبّى فيهِ قِطَعٌ مِنَ الفاكِهَةِ
marmoset *n.* الهَبّالُ ؛ القِشَّةُ (قِرْدٌ أميركيٌّ صَغيرٌ)
marmot *n.* المَرْموطُ (حَيوانٌ مِنَ القَوارِضِ)
maroon *n.; vt.* عَبْدٌ أَوْ شَخْصٌ مِنْ ذُرِّيَّتِهِ. لَوْنٌ أَحْمَرُ داكِنٌ // يَعْزِلُ شَخْصًا على جَزيرَةٍ نائيَةٍ
marquee *n.* سُرادِقٌ ؛ فُسْطاطٌ
marquess; marquis *n.* المَرْكيزُ (نَبيلٌ)
marquetry *n.* تَطْعيمُ الخَشَبِ. خَشَبٌ مُطَعَّمٌ
marquise *n.* المَرْكيزَةُ ؛ زَوْجَةُ المَرْكيزِ
marriage *n.* زَواجٌ ؛ قِرانٌ. عُرْسٌ
married *adj.* مُتَزَوِّجٌ. مُتَعَلِّقٌ بالزَواجِ. مُتَّحِدٌ
marrow *n.* مُخُّ العَظْمِ. لُبُّ الشَّيْءِ أَوْ جَوْهَرُهُ
marry *vt.; i.* يُزَوِّجُ / يَقْتَرِنُ ؛ يَتَزَوَّجُ مِنْ. يَتَّحِدُ
marsh *n.* مُسْتَنْقَعٌ ؛ سَبْخَةٌ
marshal *n.; vt.* المارِشالُ ؛ المُشيرُ. الشَريفُ ؛ العُمْدَةُ // يُرَتِّبُ ؛ يَصُفُّ ؛ يُنَظِّمُ. يُعَبِّئُ الجَيْشَ. يُرْشِدُ
marshmallow *n.* الخِطْميُّ (نَباتٌ)
marshy *adj.* سَبِخٌ ؛ مُسْتَنْقَعيٌّ
mart *n.* سوقٌ. مَخْزَنٌ ؛ عَنْبَرٌ
marten *n.* حَيوانُ الدَلَقِ. فَرْوُ الدَلَقِ
martial *adj.* حَرْبيٌّ ؛ عَسْكَريٌّ (مَظْهَرٌ). شُجاعٌ
martial law *n.* القانونُ العُرْفيُّ
martin *n.* الخُطّافُ (طائِرٌ كالسُنونو)
martyr *n.; vt.* الشَهيدُ // يُعَذِّبُ. يَقْتُلُهُ شَهيدًا
martyrdom *n.* الإسْتِشْهادُ. أَلَمٌ مُبَرِّحٌ
martyrize *vt.; i.* يَجْعَلُهُ شَهيدًا / يُسْتَشْهَدُ
marvel *n.; vi.* أُعْجوبَةٌ // يَعْجَبُ ؛ يَنْدَهِشُ
marvellous *adj.* عَجيبٌ ؛ مُدْهِشٌ. باهِرٌ (نَجاحٌ)
Marxist *adj. & n.* مارْكْسيٌّ
marzipan *n.* المَرْزَبانيَّةُ ؛ اللَوْزيَّةُ (حَلْوى)
mascot *n.* جالِبُ الحَظِّ ؛ جالِبُ السَعْدِ
masculine *adj.* ذُكوريٌّ ؛ رِجّاليٌّ ؛ مُذَكَّرٌ
mash *n.; vt.* مَعْجونٌ. مَزيجٌ. حِنْطَةٌ تُنْقَعُ لِصُنْعِ الجِعَةِ // يَهْرُسُ ؛ يَنْقَعُ. يُغازِلُ
mask *n.; vi.; t.* قِناعٌ. شَخْصٌ مُقَنَّعٌ. كِمامَةٌ // يَتَقَنَّعُ ؛ يَتَنَكَّرُ / يُخْفي. يُقَنِّعُ. يُغَطّي
masked *adj.* مُتَنَكِّرٌ. تَنَكُّريٌّ
mason *n.* البَنّاءُ. البَنّاءُ الحُرُّ. الماسونيُّ
Masonic *adj.* ماسونيٌّ ؛ ذو عَلاقَةٍ بالماسونيَّةِ
masonry *n.* مَبْنًى. صِناعَةُ البِناءِ
Masonry *n.* الماسونيَّةُ
masquerade *n.; vi.* حَفْلَةٌ تَنَكُّريَّةٌ. لِباسٌ تَنَكُّريٌّ // يَتَنَكَّرُ. يَشْتَرِكُ في حَفْلَةٍ تَنَكُّريَّةٍ
mass *n.; vt.; i.* كُتْلَةٌ ؛ مِقْدارٌ. ضَخامَةٌ. جُمْهورٌ. قُدّاسٌ // يُكَتِّلُ / يَتَكَتَّلُ ؛ يَتَجَمْهَرُ

in the — إجْمالاً؛ عَلى العُموم

massacre *n.; vt.* مَذْبَحَةٌ؛ مَجْزَرَةٌ // يَذْبَحُ؛ يَقْتُلُ

massive *adj.* ضَخْمٌ؛ كَبيرٌ؛ ثَقيلٌ. غَزيرٌ. خَطيرٌ

mass meeting *n.* إجْتِماعٌ جَماهيريٌّ

mass production *n.* إنْتاجٌ واسِعُ النِطاقِ

mast *n.* صاري المَرْكَبِ؛ السارِيَةُ. ثَمَرُ البَلّوطِ

master *n.; vt.* مُدَرِّسٌ؛ مُعَلِّمٌ. مَوْلى؛ سَيِّدٌ؛ رَبُّ العَمَلِ // يُسَيْطِرُ عَلى؛ يُخْضِعُ؛ يَقْهَرُ. يُتْقِنُ

masterful *adj.* مُسَيْطِرٌ؛ مُسْتَبِدٌّ. بارِعٌ

master key *n.* المِفْتاحُ العُموميُّ

masterly *adj.* أُسْتاذيٌّ؛ دالٌّ عَلى بَراعَةٍ

master-mind *n.* العَقْلُ المُوَجِّهُ؛ الرَأْسُ المُدَبِّرُ

masterpiece *n.* التُحْفَةُ؛ الرائِعَةُ؛ الطُرْفَةُ

master-stroke *n.* ضَرْبَةُ مُعَلِّمٍ

mastery *n.* سِيادَةٌ؛ سَيْطَرَةٌ؛ تَفَوُّقٌ. بَراعَةٌ

masticate *vt.* يَمْضَغُ؛ يَعْلُكُ. يَعْجُنُ

mastication *n.* مَضْغٌ؛ عَلْكٌ. عَجْنٌ

mastiff *n.* الدِرْواسُ: كَلْبٌ ضَخْمٌ لِلْحِراسَةِ

mastitis *n.* إلْتِهابُ الثَدْيِ

masturbation *n.* الإسْتِمْناءُ باليَدِ. الإلْطافُ

mat *n.: adj.; vt.* حَصيرَةٌ. مِمْسَحَةٌ للأَرْجُلِ // كامِدٌ // يُزَوِّدُ بِحَصيرَةٍ أَوْ مِمْسَحَةٍ. يَضْفِرُ؛ يَجْدُلُ

matador *n.* مُصارِعُ الثيرانِ

match *n.; vt.; i.* نِدٌّ؛ مَثيلٌ. مُباراةٌ. عودُ ثِقابٍ. فَتيلٌ // يُباري؛ يُضارِعُ. يُلائِمُ. يُضاهي / يَتَلاءَمُ

match-box *n.* عُلْبَةُ كِبْريتٍ

matchless *adj.* مُنْقَطِعُ النَظيرِ؛ لا يُضاهى

mate *n.; vt.; i.* الرَفيقُ. الزَوْجُ. المُساعِدُ. الأَليفُ. وَكيلُ الرُبّانِ. إماتَةُ الشاهِ (شِطْرَنْجٌ) // يُزَوِّجُ؛ يُميتُ الشاهَ (في الشِطْرَنْجِ) / يَتَزاوَجُ

material *adj.; n.* مادِّيٌّ. جَسَديٌّ. أساسيٌّ. دُنْيَويٌّ // مادَّةٌ. أَدَواتٌ؛ لَوازِمُ

materialism *n.* مَذْهَبُ المادِّيَّةِ

materialist *n.* المادِّيُّ؛ مُعْتَنِقُ المَذْهَبِ المادِّيِّ

materialize *vt.; i.* يَجْعَلُهُ مادِّيًّا؛ يُجَسِّدُ / يَتَجَسَّدُ؛ يَتَحَقَّقُ. يَبْرُزُ فَجْأَةً

maternal *adj.* أُموميٌّ؛ خاصٌّ بالأُمِّ

maternity *n.* أُمومَةٌ. عَطْفٌ. مُسْتَشْفى تَوْليدٍ

mathematical *adj.* رِياضيٌّ

mathematician *n.* عالِمُ رِياضِيّاتٍ

mathematics *n.* الرِياضِيّاتُ؛ عِلْمُ الرِياضِيّاتِ

matinee *n.* حَفْلَةٌ صَباحِيَّةٌ

matins *n.pl.* صَلاةُ الفَجْرِ أَوْ صَلاةُ الصُبْحِ

matricide *n.* قَتْلُ الأُمِّ (بِيَدِ ابْنِها أَوِ ابْنَتِها)

matriculate *vt.; i.* يُسَجِّلُ؛ يَقْبَلُ / يَتَسَجَّلُ

matriculation *n.* قُبولٌ. إمْتِحانُ القُبولِ

matrimonial *adj.* زَوْجيٌّ؛ مُتَعَلِّقٌ بالزَواجِ

matrimony *n.* زَواجٌ. ضَرْبٌ مِنْ لَعِبِ الوَرَقِ

matrix *n.* الرَّحِمُ. قالَبٌ

matron *n.* إمْرَأَةٌ مَهيبَةٌ؛ القَيِّمَةُ

matted *adj.* مُتَلَبِّدٌ

matter *n.; vi.* مَسْأَلَةٌ؛ أَمْرٌ؛ شَأْنٌ؛ قَضِيَّةٌ. مادَّةٌ. قَيْحٌ // يَهُمُّ. يُقَيِّحُ

no —! لا بَأْسَ! لا عَلَيْكَ

matter-of-fact *adj.* واقِعيٌّ؛ عَمَليٌّ

as a — في الحَقيقَةِ؛ في الواقِعِ

matting *n.* أَلْيافٌ لِصُنْعِ الحُصُرِ. حَصيرَةٌ

mattock *n.* مِعْوَلٌ

mattress *n.* فِراشٌ. [illegible]

mature *adj.; vt.; i.* ناضِجٌ. مَدْروسٌ. مُسْتَحَقُّ الأَداءِ // يُنْضِجُ / يَنْضَجُ. يَسْتَحِقُّ الأداءَ

maturity *n.* نُضْجٌ؛ رُشْدٌ؛ إدْراكٌ. إسْتِحْقاقُ دَيْنٍ

maudlin *adj.* كَثيرُ البُكاءِ ؛ سَخيُّ الدَمْعِ

maul *n.; vt.* مِدَقَّةٌ ؛ مِطْرَقَةٌ خَشَبِيَّةٌ // يَدُقُّ ؛ يَضْرِبُ ؛ يَهْرُسُ. يُعامِلُ بِخُشونَةٍ

maunder *vi.* يَهْذِرُ. يَتَذَمَّرُ. يَتَسَكَّعُ

Mauritanian *adj.; n.* موريتانيٌّ // الموريتانيُّ. اللُغَةُ الموريتانيَّةُ

mausoleum *n.* ضَريحٌ ؛ قَبْرٌ ضَخْمٌ فَخْمٌ

mauve *adj.* خُبّازيٌّ ؛ بَنَفْسَجيٌّ زاهٍ

maw *n.* مَعِدَةٌ ؛ حَوْصَلَةُ الطائِرِ

mawkish *adj.* عاطِفيٌّ على نَحْوٍ صِبْيانيٍّ

maxim *n.* حَقيقَةٌ عامَّةٌ. مَثَلٌ سائِرٌ. مَبْدَأٌ ؛ قاعِدَةٌ

maximum *n.* (*pl.* **maxima**); *adj.* الحَدُّ الأَقْصى ؛ النِهايَةُ الكُبْرى // أَعْلى ؛ عُلْيا

May *n.* أَيّارُ ؛ مايو ؛ نَوّارُ (شَهْرٌ شَمْسيٌّ)

may *v. aux. irr.* يَجوزُ ؛ يُمْكِنُ. لَعَلَّ ؛ رُبَّما. يَسْتَطيعُ. يَجِبُ. يُسْمَحُ

maybe *adv.* رُبَّما

may-blossom *n.* زُعْرورٌ ؛ زُعْرورٌ بَرّيٌّ

May Day *n.* عيدُ أَوَّلِ أَيّارَ ؛ عيدُ العُمّالِ

mayor *n.* المُحافِظُ. المُخْتارُ. رَئيسُ البَلَدِيَّةِ

maze *n.* حيرَةٌ ؛ ذُهولٌ. مَتاهَةٌ

mazy *adj.* مُحَيِّرٌ ؛ مُذْهِلٌ

me *pron.* ي ؛ ضَميرُ المُتَكَلِّمِ (في النَصْبِ والجَرِّ)

mead *n.* شَرابٌ مُخَمَّرٌ مِنْ عَسَلٍ وَخَميرَةٍ

meadow *n.* مَرْجٌ ؛ مَرْعًى ؛ سَهْلٌ أَخْضَرُ

meager *adj.* نَحيلٌ. هَزيلٌ ؛ ضَئيلٌ

meal *n.* وَقْعَةُ أَكْلٍ. دَقيقُ الذُرَةِ أَوِ القَمْحِ

mealtime *n.* وَقْتُ الأَكْلِ

mean *adj.; n.; vt.; i.irr.* وَضيعٌ ؛ حَقيرٌ ؛ دَنيءٌ. وَسَطٌ ؛ مُتَوَسِّطٌ // الوَسَطُ ؛ المُتَوَسِّطُ // يَقْصِدُ ؛ يَعْني ؛ يُريدُ ؛ يَنْوي ؛ يُضْمِرُ / تَعْني ؛ تُفيدُ (الكَلِمَةُ)

by all —s بِأَيِّ ثَمَنٍ كانَ

by —s of بِواسِطَةِ كَذا

meander *n.; vi.* تَلَوٍّ ؛ تَعَرُّجٌ. تَسَكُّعٌ // يَتَلَوّى ؛ يَتَعَرَّجُ. يَتَسَكَّعُ

meaning *n.* مَغْزًى ؛ مَعْنًى ؛ مَدْلولٌ ؛ قَصْدٌ ؛ غَرَضٌ

meaningless *adj.* خالٍ مِنَ المَعْنى أَوِ المَغْزى

meanly *adv.* بِحَقارَةٍ ؛ بِدَناءَةٍ. بِبُخْلٍ

meanness *n.* حَقارَةٌ ؛ دَناءَةٌ ؛ خِسَّةٌ. بُخْلٌ

means *n.pl.* مَوارِدُ مالِيَّةٌ. غِنًى. طُرُقٌ ؛ وَسائِلُ

meantime *or* **meanwhile** *adv.; n.* في غُضونِ ذَلِكَ ؛ في الوَقْتِ الحاضِرِ ؛ في الوَقْتِ نَفْسِهِ // الوَقْتُ (الواقِعُ بَيْنَ فَتْرَتَيْنِ)

measles *n.* الحَصْبَةُ (مَرَضٌ)

measurable *adj.* قابِلٌ لِلقِياسِ ؛ يُمْكِنُ قِياسُهُ

measure *n.; vt.* مِقْياسٌ ؛ مِقْدارٌ ؛ دَرَجَةٌ ؛ مِكْيالٌ ؛ مِعْيارٌ. حَدٌّ. حَجْمٌ ؛ سَعَةٌ // يَقيسُ ؛ يَكيلُ. يَضْبُطُ ؛ يُنَظِّمُ

measureless *adj.* لا يُقاسُ. لا حَدَّ لَهُ

measurement *n.* قِياسٌ. حَجْمٌ. نِظامُ مَقاييسَ

meat *n.* طَعامٌ. وَجْبَةُ الطَعامِ الرَئيسيَّةُ. لَحْمٌ

meat-safe *n.* نَمْلِيَّةٌ ؛ خِزانَةُ الأَطْعِمَةِ ؛ غُرْفَةُ المُؤَنِ

meaty *adj.* لَحِمٌ ؛ كَثيرُ اللَحْمِ. قَويٌّ ؛ مُغَذٍّ

mechanic *n.* الميكانيكيُّ ؛ الآليُّ

mechanical *adj.* آليٌّ. ميكانيكيٌّ

mechanically *adv.* آلِيًّا ؛ ميكانيكيًّا

mechanics *n.* الميكانيكا ؛ عِلْمُ الحِيَلِ. التِقْنِيَّةُ

mechanism *n.* التِقْنِيَّةُ. الآلاتُ الميكانيكيَّةُ ؛ الآلِيَّةُ

mechanize *vt.* يُمَكْنِنُ ؛ يَجْعَلُهُ ميكانيكيًّا

medal *n.* وِسامٌ ؛ مِدالِيَّةٌ

medallion *n.* قِلادَةٌ. رَسْمٌ نافِرٌ

meddle *vi.* يَتَطَفَّلُ ؛ يَتَدَخَّلُ في ما لا يَعْنيهِ

meddlesome; meddling *adj.* فُضوليٌّ ؛ مُتَطَفِّلٌ

mediaeval *adj.* خاصٌّ بالقُرونِ الوُسْطى

medial *adj.* مُتَوَسِّطٌ ؛ وَسَطيٌّ ؛ عاديٌّ

median *n.; adj.* المُتَوَسِّطُ // مُتَوَسِّطٌ (خَطٌّ)

mediate *vi.* يَتَوَسَّطُ ؛ يُسَوّي الخِلافاتِ

mediation *n.* التَوَسُّطُ ؛ الوَساطَةُ (لِتَسْوِيَةِ الخِلافِ)

mediator *n.* الوَسيطُ ؛ المُوَفِّقُ ؛ المُصْلِحُ

medical *adj.* طِبِّيٌّ . مُكَرَّسٌ لِلمُعالَجَةِ الطِبِّيَّةِ

medicament *n.* دَواءٌ ؛ عِلاجٌ ؛ عَقّارٌ

medicate *vt.* يَمْزُجُ بِدَواءٍ

medicinal *adj.* شِفائيٌّ ؛ عِلاجيٌّ ؛ طِبِّيٌّ

medicine *n.* الطِبُّ ؛ عِلْمُ الطِبِّ . عِلاجٌ ؛ دَواءٌ

medicine chest *n.* صُنْدوقُ الأَدْوِيَةِ

medicine man *n.* العَرّافُ ؛ الطَبيبُ الدَجّالُ

mediocre *adj.* ضَعيفٌ . دُوْنَ الوَسَطِ ؛ عاديٌّ

mediocrity *n.* وَضاعَةٌ ؛ ضُعْفٌ ؛ مَقْدِرَةٌ مُعْتَدِلَةٌ

meditate *vt.; i.* يُفَكِّرُ مَلِيًّا ؛ يَعْتَزِمُ / يَتَأَمَّلُ

meditation *n.* تَأَمُّلٌ ؛ تَفْكيرٌ عَميقٌ

Mediterranean Sea *n.* البَحْرُ الأَبْيَضُ المُتَوَسِّطُ

medium *adj.; n.* (*pl.* **media; mediums**)
مُتَوَسِّطٌ ؛ شَيْءٌ مُتَوَسِّطٌ أَوْ مُعْتَدِلٌ . إعْتِدالٌ . واسِطَةٌ ؛ سَبيلٌ . أَداةٌ . وَسيطٌ . بيئَةٌ ؛ وَسَطٌ

medlar *n.* المَشْمَلَةُ (شَجَرٌ مِنْ فَصيلَةِ الوَرْدِ)

medley *n.* الخَليطُ ؛ المَزيجُ . اللَحْنُ الخَليطُ

medulla *n.* نُخاعُ العَظْمِ ؛ الغِمْدُ النُخاعيُّ

meed *n.* مُكافَأَةٌ ؛ أَجْرٌ ؛ جَزاءٌ

meek *adj.* حَليمٌ . خَنوعٌ . مُعْتَدِلٌ

meet *vt.; i.irr.; adj.; n.* يَلْتَقي بِـ ؛ يُقابِلُ . يواجِهُ . يُقاوِمُ . يُقاتِلُ . يُوافِقُ . يَسْتَقْبِلُ / يَتَلاقى . يَجْتَمِعُ . يَتَّحِدُ // مُناسِبٌ ؛ مُلائِمٌ // إجْتِماعٌ

meeting *n.* إجْتِماعٌ ؛ لِقاءٌ ؛ جَلْسَةٌ ؛ حَفْلَةٌ ؛ مُلْتَقًى

megaphone *n.* بوقٌ . مُضَخِّمُ صَوْتٍ

megaton *n.* الميغاطُنُّ ؛ مَلْيونُ طُنٍّ

melancholic *adj.* سَوْداويٌّ (مِزاجٌ) ؛ كَئيبٌ

melancholy *adj.; n.* سَوْداويٌّ ؛ كَئيبٌ ؛ مُنْقَبِضٌ // سُوَيْداءُ ؛ سَوْداءُ ؛ إنْقِباضٌ ؛ كَآبَةٌ

mellow *adj.; vt.* يانِعٌ . مُعَتَّقٌ . طَرِيٌّ ؛ لَيِّنٌ ؛ رَخيمٌ // يَجْعَلُهُ يانِعًا ؛ يُنْضِجُ . يَفْرُشُ . يُحَلّي

melodious *adj.* لَحْنيٌّ . رَخيمٌ ؛ شَجِيٌّ

melodrama *n.* ميلودراما ؛ مَشْجاةٌ . أَحْداثٌ مُثيرَةٌ

melody *n.* لَحْنٌ ؛ نَغَمٌ . إتِّساقُ الأَصْواتِ

melon *n.* شَمّامٌ ؛ بِطّيخٌ أَصْفَرُ . كِرْشٌ

melt *vi.; t. irr.* يَذوبُ . يَتَلاشى / يَصْهَرُ . يُبَدِّدُ

member *n.* عُضْوٌ . طَرَفٌ . أَحَدُ أَفْرادِ العائِلَةِ

membership *n.* عُضْوِيَّةٌ . مَجْموعُ الأَعْضاءِ

membrane *n.* غِشاءٌ (حَيَوانيٌّ أَوْ نَباتيٌّ)

memento *n.* تَذْكِرَةٌ ؛ شَيْءٌ يُذَكِّرُ أَوْ يُحَذِّرُ

memoir *n.* مُذَكِّراتٌ . سيرَةٌ ؛ تَرْجَمَةُ حَياةٍ

memorable *adj.* جَديرٌ بالذِكْرِ ؛ مَأْثورٌ ؛ تاريخيٌّ

memorandum *n.* مُذَكِّرَةٌ ؛ مُفَكِّرَةٌ

memorial *adj.; n.* تَذْكاريٌّ ؛ مُتَعَلِّقٌ بالذاكِرَةِ // نُصْبٌ تَذْكاريٌّ . مُذَكِّرَةٌ

memorize *vt.* يَسْتَظْهِرُ ؛ يَحْفَظُ غَيْبًا ؛ يَسْتَذْكِرُ

memory *n.* ذاكِرَةٌ . ذِكْرى . نِطاقُ الذاكِرَةِ

in — of إحْياءً لِذِكْرى (قائِدٍ ، فَنّانٍ)

men *n.* (*pl.* of **man**)

menace *n.; vt.; i.* وَعيدٌ ؛ تَهْديدٌ ؛ إنْذارٌ . خَطَرٌ // يُهَدِّدُ ؛ يُعَرِّضُ لِلخَطَرِ / يَتَوَعَّدُ ؛ يَتَهَدَّدُ

menagerie *n.* مَجْموعَةُ حَيَواناتٍ نادِرَةٌ

mend *vt.; i.* يُصْلِحُ ؛ يَرْتُقُ ؛ يَشْفي / يَتَحَسَّنُ

mendacious *adj.* كَذوبٌ ؛ كَثيرُ الكَذِبِ ؛ كاذِبٌ

mendacity *n.* الكَذِبُ. الكِذْبَةُ
mendicant *adj. & n.* مُتَسَوِّلٌ؛ مُسْتَجْدٍ
menial *adj.; n.* حَقيرٌ؛ وَضيعٌ؛ عُبُوديّ // خادِمٌ
meningitis *n.* إلْتِهابُ السَحايا (مَرَضٌ)
menopause *n.* إنْقِطاعُ الحَيْض؛ سِنُّ اليأسِ
menses *n.pl.* الحَيْضُ؛ الطَمْثُ
mensuration *n.* القِياسُ؛ القَيْسُ
mental *adj.* عَقْليٌّ؛ ذِهْنيٌّ؛ فِكْريٌّ
mentality *n.* عَقْلِيَّةٌ؛ ذِهْنِيَّةٌ. عَقْلٌ. ذَكاءٌ
mention *n.; vt.* ذِكْرٌ؛ إشارَةٌ عابِرَةٌ؛ تَنْويهٌ بِـ // يُشيرُ إلى؛ يَذْكُرُ؛ يُنَوِّهُ
mentor *n.* الناصِحُ؛ المُرْشِدُ
menu *n.* لائِحَةُ الطَعامِ؛ أنْواعُ الطَعامِ
mercantile *adj.* تِجاريٌّ
mercenary *adj.; n.* مُرْتَزِقٌ؛ مُسْتَأْجَرٌ. جَشِعٌ // المُرْتَزِقُ؛ الجُنديُّ المأجورُ. الجَشِعُ
merchandise *n.* بَضائِعُ؛ سِلَعٌ. تِجارَةٌ
merchant *adj.; n.* تِجاريٌّ // تاجِرٌ
merchant ship *n.* سَفينَةٌ تِجارِيَّةٌ
merciful *adj.* رَحيمٌ؛ شَفوقٌ؛ رَؤوفٌ
merciless *adj.* قاسي القَلْبِ؛ عَديمُ الرَحْمَةِ
mercurial *adj.* مُتَقَلِّبٌ؛ زِئْبَقيُّ المِزاجِ. فَصيحٌ
mercury *n.* زِئْبَقٌ. عُطارِدُ. رَسولُ الآلِهَةِ
mercy *n.* شَفَقَةٌ؛ رَحْمَةٌ؛ رَأْفَةٌ. نِعْمَةٌ؛ بَرَكَةٌ
mere *n.; adj.* بِرْكَةٌ. حَدٌّ؛ تَخْمٌ // مُجَرَّدٌ
merely *adv.* فَحَسْبُ؛ لَيْسَ غَيْرَ
meretricious *adj.* خادِعٌ. مُبَهْرَجٌ. مومِسيٌّ
merge *vt.; i.* يَدْمُجُ. يَمْتَصُّ / يَنْدَمِجُ؛ يَخْتَلِطُ
merger *n.* الإنْدِماجُ؛ الإخْتِلاطُ
meridian *adj.; n.* هاجِريٌّ؛ زَواليٌّ؛ ظُهْريٌّ // الهاجِرَةُ؛ مُنْتَصَفُ النَهارِ. خَطُّ الزَوالِ
merino *n.* صوفٌ ناعِمٌ (يُشْبِهُ الكَشْميرَ)
merit *n.; vt.; i.* جَدارَةٌ؛ إسْتِحْقاقٌ؛ أهْلِيَّةٌ. فَضيلَةٌ؛ ميزَةٌ // يَسْتَحِقُّ؛ يَسْتأهِلُ
meritorious *adj.* أهْلٌ لِلتَقْديرِ؛ يَسْتَحِقُّ المُكافَأةَ
mermaid *n.* حوريَّةُ البَحْرِ
merrily *adv.* بِفَرَحٍ؛ بِسُرورٍ. بِمَرَحٍ؛ بِجَذَلٍ
merriment *n.* مَرَحٌ؛ جَذَلٌ. مِهْرَجانٌ
merry *adj.* مَرِحٌ؛ بَهيجٌ. ناشِطٌ؛ رَشيقٌ
merry-go-round *n.* حِصانٌ خَشَبيٌّ؛ مَيْدانُ خَيْلٍ
merry-making *n.* لَهْوٌ صاخِبٌ؛ مَرَحٌ؛ هَرْجٌ
mesh *n.; vt.; i.* عَيْنُ الشَبَكَةِ. شَبَكَةٌ. تَعْشيقٌ (التُروسُ) // يَصْطادُ بِشَبَكَةٍ / يَتَشابَكُ. يَتَناشَبُ
mesmerism *n.* المَسْمَرِيَّةُ؛ التَنْويمُ المَغْنَطيسيُّ
mesmerize *vt.* يُنَوِّمُ مَغْنَطيسيًّا. يَفْتِنُ؛ يَسْحَرُ
mess *n.; vt.; i.* فَوْضى. مَأْزِقٌ؛ وَرْطَةٌ. قَذارَةٌ. طَعامٌ. رِفاقُ الطَعامِ. مائِدَةٌ مُشْتَرَكَةٌ. قُدّاسٌ // يُوَسِّخُ. يُفْسِدُ. يَجْعَلُهُ عَديمَ التَرْتيبِ. يُزَوِّدُ بالطَعامِ / يَتناوَلُ الطَعامَ
message *n.* رِسالَةٌ؛ بَلاغٌ
messenger *n.* رَسولٌ؛ ساعٍ؛ مَبْعوثٌ
Messiah *n.* المَسيحُ؛ المُخَلِّصُ
messy *adj.* فَوْضَويٌّ؛ غَيْرُ مُرَتَّبٍ. قَذِرٌ؛ مُخْتَلَطٌ
metabolism *n.* الأَيْضُ؛ الإسْتِقْلابُ
metal *n.* مَعْدِنٌ. قُضْبانُ سِكَّةِ الحَديدِ
metallic *adj.* مَعْدِنيٌّ. صُلْبٌ
metallurgy *n.* تَعْدينٌ؛ صِناعَةُ المَعادِنِ
metamorphose *vt.* يُحَوِّلُ؛ يَمْسَخُ
metamorphosis *n.* المَسْخُ؛ التَحَوُّلُ؛ الإسْتِحالَةُ
metaphor *n.* المَجازُ؛ الإسْتِعارَةُ (البَلاغَةُ)
metaphysical *adj.* تَجْريديٌّ؛ ما وَرائيٌّ. خارِقٌ
metaphysics *n.* ما وَراءَ الطَبيعَةِ؛ فَلْسَفَةُ الوُجودِ

mete *vt.; n.* يُوَزِّعُ حِصَصًا. يُعَيِّنُ // حَدٌّ
meteor *n.* شِهابٌ؛ نَيْزَكٌ. ظاهِرَةٌ فَلَكِيَّةٌ
meteorite *n.* حَجَرٌ أَوْ شِهابٌ نَيْزَكِيٌّ
meteorology *n.* عِلْمُ الأَرْصادِ الجَوِّيَّةِ
meter *or* **meter** *n.* المِتْرُ؛ وَحْدَةُ طُولٍ (١٠٠ سم). عَدّادٌ؛ جِهازُ قِياسٍ. بَحْرٌ؛ وَزْنٌ
method *n.* طَريقَةٌ؛ مَنْهَجٌ. نِظامٌ
methodical *adj.* مَنْهَجِيٌّ (تَفْكيرٌ)؛ نِظامِيٌّ
meticulous *adj.* مُوَسْوِسٌ. شَديدُ التَدْقيقِ
metric(al) *adj.* مِتْرِيٌّ (نِظامٌ)
metropolis *n.* العاصِمَةُ؛ الحاضِرَةُ. مَدينَةٌ أُسْقُفِيَّةٌ
metropolitan *adj.* حاضِرِيٌّ؛ عاصِمِيٌّ. مِطْرانِيٌّ
mettle *n.* مِزاجٌ؛ طَبْعٌ. نَشاطٌ. جَلَدٌ. حَماسَةٌ
mew *n.; vt.; i.* صَوْتُ الهِرِّ؛ المُواءُ. قَفَصٌ. طَريقٌ غَيْرُ نافِذٍ. شارِعٌ ضَيِّقٌ // يَحْجُزُ؛ يَحْبِسُ / يَموءُ؛ يُصَوِّتُ (الهِرُّ)
Mexican *adj. & n.* مَكْسيكِيٌّ
mica *n.* مادَّةٌ شِبْهُ زُجاجِيَّةٍ
mice *n.pl.* of **mouse**
microbe *n.* الجُرْثومُ؛ الميكروبُ؛ الحُيَيُّ
micrometer *n.* الميكرومِتْر: مِقْياسٌ دَقيقٌ
microphone *n.* المِذْياعُ؛ الميكروفونُ
microscope *n.* المِجْهَرُ؛ الميكروسكوبُ
microscopic *adj.* مِجْهَرِيٌّ؛ دَقيقٌ جِدًّا
mid *adj.; prep.* أَوْسَطُ؛ مُنْتَصَفُ // بَيْنَ؛ وَسَطَ
mid-air *n.* في الهَواءِ الطَلْقِ؛ بَيْنَ الأَرْضِ والسَماءِ
midday *adj.; n.* ظُهْرِيٌّ // الظُهْرُ؛ الهاجِرَةُ
middle *adj.; n.* أَوْسَطُ؛ مُتَوَسِّطٌ // وَسَطٌ. خَصْرٌ
middle-aged *adj.* كَهْلٌ؛ في خَريفِ العُمْرِ
Middle Ages *n.pl.* القُرونُ الوُسْطى
middle class *n.* الطَبَقَةُ الوُسْطى
Middle East *n.* الشَّرْقُ الأَوْسَطُ
middle-man *n.* (*pl.* **-men**) الوَسيطُ؛ السِمْسارُ
middling *adj.* مُعْتَدِلٌ؛ مُتَوَسِّطٌ؛ عادِيٌّ
midge *n.* ذُبابَةٌ صَغيرَةٌ
midget *n.* قَزَمٌ (رَجُلٌ)
midland *adj.* داخِلِيٌّ؛ أَوْسَطِيٌّ
midmost *adj.* الأَقْرَبُ إِلى الوَسَطِ
midnight *n.* نِصْفُ أَوْ مُنْتَصَفُ اللَيْلِ
midshipman *n.* (*pl.* **-men**) ضابِطُ صَفٍّ بَحْرِيٍّ
midships *adv.* في أَوْ نَحْوَ وَسَطِ السَفينَةِ
midst *n.; prep.* وَسَطٌ؛ غَمْرَةٌ // وَسَطَ
midstream *n.* وَسَطُ التَيّارِ
midsummer *n.* مُنْتَصَفُ الصَيْفِ
midway *adj.; adv.* في مُنْتَصَفِ الطَريقِ // واقِعٌ في الوَسَطِ
midwife *n.* (*pl.* **midwives**) القابِلَةُ؛ المُوَلِّدَةُ
midwifery *n.* القِبالَةُ؛ مِهْنَةُ التَوْليدِ
midwinter *n.* مُنْتَصَفُ الشِتاءِ
midyear *n.* مُنْتَصَفُ السَنَةِ
mien *n.* سيماءُ؛ طَلْعَةٌ؛ سِحْنَةٌ. مَظْهَرٌ
might *v. aux. past* of **may**; *n.* قُوَّةٌ؛ قُدْرَةٌ. مِقْدارٌ كَبيرٌ
mightily *adv.* بِقُوَّةٍ. كَثيرًا. إِلى حَدٍّ بَعيدٍ
mightiness *n.* قُدْرَةٌ. جَبَروتٌ
mighty *adj.; adv.* قَديرٌ؛ جَبّارٌ؛ عَظيمٌ. رائِعٌ. ضَخْمٌ // جِدًّا؛ إِلى حَدٍّ بَعيدٍ
migraine *n.* الشَقيقَةُ؛ صُداعُ نِصْفِ الرَأْسِ
migrant *n. & adj.* مُهاجِرٌ
migrate *vi.* يُهاجِرُ؛ يَنْزَحُ؛ يَرْتَحِلُ
migration *n.* هِجْرَةٌ؛ نُزوحٌ؛ إِرْتِحالٌ

migratory *adj.* مُرْتَحِلٌ ؛ مُهاجِرٌ. مُتَعَلِّقٌ بالهِجْرَةِ

milch *adj.* حَلوبٌ ؛ دارَّةٌ (بَقَرَةٌ)

mild *adj.* لَطيفٌ. مُعْتَدِلٌ. بارِدٌ. غَيْرُ حادٍّ

mildew *n.; vt.; i.* العَفَنُ الفِطْرِيُّ // يُعَفِّنُ / يَتَعَفَّنُ

mile *n.* الميلُ ؛ وَحْدَةُ طولٍ (١٦٠٩ أمْتارٍ)

mileage *n.* المَسافَةُ بالأمْيالِ. الرَّسْمُ الميليّ

milestone *n.* مَعْلَمٌ. حَدَثٌ هامٌّ

militant *adj. & n.* مُقاتِلٌ ؛ مُناضِلٌ ؛ مُحارِبٌ

military *adj.; n.* عَسْكَرِيٌّ ؛ حَرْبِيٌّ // الجَيْشُ

militate *vi.* يَعْمَلُ (ضِدَّ أوْ مَعْ). يُؤَثِّرُ

militia *n.* الميليشيا ؛ جُزْءٌ مِنَ القُوّاتِ المُسَلَّحَةِ

milk *n.; vt.* حليبٌ ؛ لَبَنٌ // يَحْلُبُ. يَبْتَزُّ

milkman *n.* (*pl.* **-men**) الحَلاّبُ ؛ اللَّبّانُ

milky *adj.* لَبَنِيٌّ ؛ لابِنٌ ؛ حَلوبٌ. أنيسٌ ؛ وَديعٌ

mill *n.; vt.* طاحونَةٌ. مَصْنَعٌ. آلَةٌ لسَكِّ النُقودِ. مِعْصَرَةٌ // يَطْحَنُ. يَسُكُّ (العِمْلَةَ). يَخْفُقُ

millenary *adj.* أَلْفِيٌّ. ذو أَلْفِ سَنَةٍ

millennium *n.* أَلْفُ عامٍ ؛ الذِكْرى الأَلْفِيَّةُ

miller *n.* الطَحّانُ

millet *n.* الدُخْنُ ؛ الجاوَرْسُ ؛ الثُمامُ

millimeter *n.* المِلّيمِتْرُ ؛ جُزْءٌ مِنْ أَلْفٍ مِنَ المِتْرِ

milliner *n.* صانِعُ أَوْ بائِعُ القُبَّعاتِ (النِسائِيَّةِ)

millinery *n.* قُبَّعاتٌ نِسائِيَّةٌ ؛ صِناعَتُها

million *n.* مَلْيونٌ ؛ أَلْفُ أَلْفٍ

millionaire *n.* مَلْيونيرٌ ؛ صاحِبُ مَلايينَ

millstone *n.* حَجَرُ الرَّحى أوِ الطاحونِ. عِبْءٌ ثَقيلٌ

mime *n.; vt.* المُمَثِّلُ بالإيماءِ ؛ المُقَلِّدُ ؛ المُهَرِّجُ. التَمْثيلُ بالحَرَكاتِ // يُقَلِّدُ ؛ يُحاكي. يَسْخَرُ

mimic *adj.; n.; vt.* إيمائِيٌّ ؛ صُوَرِيٌّ ؛ كاذِبٌ ؛ مُقَلِّدٌ // المُقَلِّدُ // يُقَلِّدُ ؛ يُحاكي. يَسْخَرُ مِنْ

mimicry *n.* فَنُّ التَمْثيلِ الإيمائيّ

mimosa *n.* نَباتُ السَّنْطِ ؛ الميموزا

minaret *n.* مِئْذَنَةٌ

mince *vt.; i.; n.* يَفْرُمُ. يَلْفِظُ بِتَصَنُّعٍ / يَتَبَخْتَرُ // لَحْمٌ مَفْرومٌ

mincemeat *n.* خَليطٌ مَفْرومٌ مِنْ زَبيبٍ وتُفّاحٍ

mince pie *n.* فَطيرَةٌ مَحْشُوَّةٌ (بِخَليطٍ مَفْرومٍ)

mind *n.; vt.* عَقْلٌ. نِيَّةٌ ؛ رَغْبَةٌ. رَأْيٌ. مِزاجٌ ؛ طَبْعٌ // يُذَكِّرُ. يَتَذَكَّرُ. يَقْلَقُ ؛ يَهْتَمُّ. يُلاحِظُ. يُطيعُ. يَنْتَبِهُ إلى. يَنْكَبُّ عَلى. يَتَبَصَّرُ

I don't — لا أُبالي ؛ لا أَكْتَرِثُ

never — لا عَلَيْكَ ؛ لا بَأْسَ

minded *adj.* ذو عَقْلٍ. مَيّالٌ ؛ نَزّاعٌ إلى

mindful *adj.* مُتَنَبِّهٌ ؛ يَقِظٌ ؛ واعٍ

mindless *adj.* غَبِيٌّ ؛ غَيْرُ ذَكِيٍّ. غافِلٌ عَنْ

mine *poss.pron.; n.; vi.; t.* مُلْكي ؛ خاصَّتي ؛ لي // مَنْجَمٌ. لُغْمٌ. كَنْزٌ // يَحْفِرُ مَنْجَمًا / يَلْغَمُ ؛ يُقَوِّضُ

minelayer *n.* زارِعُ الأَلْغامِ. سَفينَةٌ لِزَرْعِ الأَلْغامِ

miner *n.* عامِلُ المَنْجَمِ. زارِعُ الأَلْغامِ

mineral *adj.; n.* مَعْدِنِيٌّ // مَعْدِنٌ. الجَمادُ

mineralogy *n.* العِدانَةُ ؛ عِلْمُ المعادِنِ

mingle *vt.; i.* يَمْزُجُ ؛ يَخْلِطُ / يَمْتَزِجُ ؛ يَخْتَلِطُ

miniature *adj. & n.* مُصَغَّرٌ ؛ مُنَمْنَمٌ

minim *n.* البَيْضاءُ (نِصْفُ نَغْمَةٍ). القَطْرَةُ. النُقْطَةُ

minimize *vt.* يُخَفِّضُ إلى الحَدِّ الأدْنى

minimum *n.* (*pl.* **minima**) الحَدُّ الأدْنى

mining *adj.; n.* مَنْجَمِيٌّ ؛ تَعْدينِيٌّ // التَعْدينُ ؛ إسْتِخْراجُ المَعادِنِ. زَرْعُ الأَلْغامِ

minion *n.* المَرْؤوسُ. المَحْبوبُ ؛ المَعْبودُ

minister *n.; vi.* وَزيرٌ. وَكيلٌ. كاهِنٌ ؛ قَسٌّ.

سَفيرٌ // يُسْعِفُ؛ يُعينُ. يَخْدُمُ

ministerial *adj.* وِزاريٌّ. إجْرائيٌّ؛ كَهْنوتيٌّ

ministration *n.* خِدْمَةٌ؛ إسْعافٌ. خِدْمَةٌ كَهْنوتِيَّةٌ

ministry *n.* كَهْنوتٌ. وِزارَةٌ. مَبْنى الوِزارَةِ

mink *n.* المِنْكُ: حَيوانٌ ثَمينُ الفَرْوِ. فَرْوُ المِنْكِ

minor *adj.; n.* ثانَويٌّ. قاصِرٌ. غَيْرُ خَطيرٍ // القاصِرُ؛ مَنْ لَمْ يَبْلُغْ سِنَّ الرُّشْدِ

minority *n.* القُصورُ؛ سِنٌّ ما قَبْلَ الرُّشْدِ. الأَقَلِّيَّةُ

minster *n.* كَنيسَةُ دَيْرٍ. كاتِدْرائِيَّةٌ

minstrel *n.* المُغَنّي؛ الشاعِرُ. الموسيقيُّ

mint *n.; vt.* النَّعْناعُ. دارُ سَكِّ النُّقودِ. مِقْدارٌ وافِرٌ // يَخْتَرِعُ. يَنْحَتُ

mintage *n.* النُّقودُ؛ العِمْلَةُ. سَكُّ النُّقودِ

minus *prep.; n.* ناقِصٌ؛ بِدونِ // كَمِّيَّةٌ سَلْبِيَّةٌ. نَقْصٌ. عَيْبٌ؛ شائِبَةٌ

— sign (the) *adj.* عَلامَةُ الطَّرْحِ (-)

minute *adj.; n.* دَقيقٌ؛ صَغيرٌ جِدًّا. تافِهٌ. مُدَقِّقٌ // الدَّقيقَةُ: جُزْءٌ مِنْ ٦٠ مِنَ الساعَةِ أَوِ الدَّرَجَةِ. لَحْظَةٌ. مُسَوَّدَةٌ. مَحْضَرُ جَلْسَةٍ أَوِ اجْتِماعٍ

minute-book *n.* دَفْتَرُ مَحاضِرِ الجَلْساتِ

minute hand *n.* عَقْرَبُ الدَّقائِقِ في الساعَةِ

minutely *adv.* إلى قِطَعٍ صَغيرَةٍ جِدًّا

minx *n.* فَتاةٌ وَقِحَةٌ

miracle *n.* أُعْجوبَةٌ. مُعْجِزَةٌ (فَنِّيَّةٌ)

miraculous *adj.* مُعْجِزيٌّ؛ عَجائِبِيٌّ. خارِقٌ

mirage *n.* سَرابٌ؛ آلٌ؛ خَيْدَعٌ

mire *n.; vt.; i.* مُسْتَنْقَعٌ؛ وَحْلٌ؛ حَمْأَةٌ // يُلَطِّخُ بِالوَحْلِ / يَتَوَحَّلُ

mirror *n.; vt.* مِرْآةٌ // يَعْكِسُ بِالمِرْآةِ

mirth *n.* مَرَحٌ؛ طَرَبٌ

mirthful *adj.* مَرِحٌ؛ طَروبٌ؛ باعِثٌ عَلى المَرَحِ

misadventure *n.* بَلِيَّةٌ؛ مُصيبَةٌ طَفيفَةٌ

misanthrope *n.* مُبْغِضُ الجِنْسِ البَشَريِّ

misapply *vt.* يُسيءُ التَّطْبيقَ أَوِ الإسْتِعْمالَ

misapprehend *vt.* يُسيءُ الفَهْمَ

misapprehension *n.* سوءُ الفَهْمِ أَوِ التَفاهُمِ

misbehave *vi.* يُسيءُ التَصَرُّفَ أَوِ السُّلوكَ

misbehavior *n.* سوءُ السُلوكِ أَوِ التَصَرُّفِ

misbelief *n.* إعْتِقادٌ خاطِئٌ

miscalculate *vt.* يُخْطِئُ في الحِسابِ أَوِ التَّقْديرِ

miscall *vt.* يُخْطِئُ في التَّسْمِيَةِ

miscarriage *n.* إخْفاقٌ؛ إجْهاضٌ. سوءُ إدارَةٍ

miscarry *vi.* يُخْفِقُ. تُجْهِضُ (الحامِلُ)

miscellaneous *adj.* مُتَنَوِّعٌ؛ شَتيتٌ

miscellany *n.* (*pl.* **miscellanies**) المَزيجُ. المَجْموعُ. المُنَوَّعاتُ

mischance *n.* سوءُ الطالِعِ؛ سوءُ الحَظِّ. البَلِيَّةُ

mischief *n.* أَذًى؛ مَصْدَرُ الضَرَرِ. شَخْصٌ مُؤْذٍ

mischief-maker *n.* فَوْضَويٌّ. مُسَبِّبُ الأَذى

mischievous *adj.* مُؤْذٍ. عابِثٌ؛ لَعوبٌ

misconceive *vt.; i.* يُخْطِئُ في الفَهْمِ أَوِ الحُكْمِ

misconception *n.* سوءُ الفَهْمِ

misconduct *n.* سوءُ السُلوكِ. سوءُ الإدارَةِ

misconstruction *n.* سوءُ الفَهْمِ أَوِ التَفْسيرِ

misconstrue *vt.* يُسيءُ الفَهْمَ أَوِ التَفْسيرَ

miscount *vt.; i.* يُخْطِئُ العَدَّ أَوِ الحِسابَ

miscreant *n.* كافِرٌ. وَغْدٌ؛ لَئيمٌ

misdeal *vt. irr.; n.* يُخْطِئُ في التَوْزيعِ // سوءُ أَوْ خَطَأٌ في التَوْزيعِ

misdeed *n.* إثْمٌ؛ جُرْمٌ؛ عَمَلٌ شِرّيرٌ

misdemeanor *n.* الجُنْحَةُ. العَمَلُ الشِرّيرُ

misdirect *vt.* يُخْطِئُ في العَنْوَنَةِ أَوِ التَوْجيهِ

misdoing *n.* خطأٌ ؛ سوءُ تَصَرُّفٍ
miser *n.* البَخيلُ ؛ المُقَتِّرُ ؛ الشَحيحُ
miserable *adj.* بائِسٌ ؛ تَعيسٌ . حَقيرٌ . ضَئيلٌ
miserly *adj.* بُخْلِيٌّ ؛ تَقْتيرِيٌّ . بَخيلٌ
misery *n.* بُؤْسٌ ؛ تَعاسَةٌ ؛ شَقاءٌ . أَلَمٌ
misfire *vi.* يَكْبو ؛ يَخْتَلُّ (إطْلاقُ النارِ) . يُخْفِقُ
misfortune *n.* سوءُ الحَظِّ . مِحْنَةٌ ؛ بَلِيَّةٌ
misgiving *n.* هاجِسٌ . رِيبَةٌ ؛ شَكٌّ ؛ ظَنٌّ
misgovern *vt.* يُسيءُ الحُكْمَ أَوِ الإدارَةَ أَوِ السياسَةَ
misguide *vt.* يُضَلِّلُ
mishap *n.* حَظٌّ عاثِرٌ . حادِثٌ مُؤْسِفٌ
misinform *vt.* يُعْطي مَعْلوماتٍ مُضَلِّلَةً
misinterpret *vt.* يُسيءُ الفَهْمَ أَوِ التَفْسيرَ
misjudge *vt.; i.* يُخْطِئُ في الحُكْمِ عَلى
mislay *vt. irr.* يُضَيِّعُ الشَيْءَ
mislead *vt. irr.* يُضِلُّ ؛ يُضَلِّلُ ؛ يَخْدَعُ
mismanage *vt.* يُسيءُ الإدارَةَ أَوِ التَدْبيرَ
misname *vt.* يُخْطِئُ في التَسْمِيَةِ
misnomer *n.* خَطَأٌ في التَسْمِيَةِ . إسْمٌ مَغْلوطٌ
misogyny *n.* كُرْهُ النِساءِ
misplace *vt.* يَضَعُ الشَيْءَ في غَيْرِ مَوْضِعِهِ
misprint *n.* خَطَأٌ مَطْبَعِيٌّ
mispronounce *vt.* يُخْطِئُ أَوْ يُسيءُ اللَفْظَ
misquote *vt.* يُخْطِئُ في الإسْتِشْهادِ أَوِ التَنْويهِ
misread *vt. irr.* يُخْطِئُ في القِراءَةِ ؛ يُسيءُ الفَهْمَ
misrepresent *vt.* يُسيءُ تَمْثيلَ (الشَخْصِ أَوِ الحُكومَةِ) . يُحَرِّفُ ؛ يُشَوِّهُ الحَقائِقَ
misrule *n.; vt.* سوءُ الحُكْمِ . إضْطِرابٌ ؛ فَوْضى // يُسيءُ الحُكْمَ
miss *n.; vt.; i.* آنِسَةٌ ؛ فَتاةٌ . مَلِكَةُ جَمالٍ . عَدَمُ الإصابَةِ ؛ إخْفاقٌ . كَبْوٌ . فُقْدانُ الشَيْءِ // يُخْطِئُ . يَفْقِدُ . يَحْذِفُ . يُغْفِلُ ؛ يَتَجَنَّبُ / يُخْفِقُ . يَخْتَلُّ . يَكْبو . يَفوتُهُ
missal *n.* كِتابُ القَداديسِ خِلالَ السَنَةِ
misshape *vt.* يُشَوِّهُ ؛ يُغَيِّرُ الشَكْلَ
missile *n.* قَذيفَةٌ ؛ صاروخٌ
missing *adj.* مَفْقودٌ ؛ ضائِعٌ
mission *n.* إرْساليَّةٌ . مَقَرُّ الإرْساليَّةِ . مَهَمَّةٌ ؛ بَعْثَةٌ . رِسالَةٌ . سَفارَةٌ ؛ مُفَوَّضِيَّةٌ
missionary *adj.; n.* تَبْشيرِيٌّ ؛ إرْساليٌّ (عَمَلٌ) // المُبَشِّرُ ؛ المُرْسَلُ
missive *n.* رِسالَةٌ خَطِّيَّةٌ
misspell *vt. irr.* يُخْطِئُ في التَهْجِئَةِ
misspend *vt. irr.* يُبَدِّدُ (المالَ ، الوَقْتَ)
misstate *vt.* يُحَرِّفُ ؛ يُشَوِّهُ (الحَقائِقَ)
mist *n.; vt.; i.* ضَبابٌ رَقيقٌ ؛ السَديمُ . غِشاوَةٌ // يُغَشّي ؛ يُصْبِحُ غَيْرَ واضِحٍ / تُمْطِرُ رَذاذًا
mistake *vt. irr.; n.* يُخْطِئُ ؛ يُسيءُ الفَهْمَ ؛ يُكَوِّنُ رَأْيًا خاطِئًا // خَطَأٌ ؛ غَلَطٌ ؛ غَلْطَةٌ
mistaken *adj.* مُخْطِئٌ ؛ مُسيءٌ للفَهْمِ
mister *n.* سَيِّدٌ
mistletoe *n.* الدِبْقُ ؛ الهَدالُ (نَباتٌ طُفَيْليٌّ)
mistreat *vt.* يُسيءُ المُعامَلَةَ
mistress *n.* سَيِّدَةٌ . رَبَّةُ مَنْزِلٍ . مُعَلِّمَةٌ . خَليلَةٌ
mistrial *n.* دَعْوى باطِلَةٌ
mistrust *n.; vt.* إرْتيابٌ ؛ سوءُ ظَنٍّ // يَرْتابُ
mistrustful *adj.* عَديمُ الثِقَةِ ؛ مُرْتابٌ ؛ حَذِرٌ
misty *adj.* سَديميٌّ ؛ ضَبابيٌّ . غامِضٌ ؛ غَيْرُ جَلِيٍّ
misunderstand *vt. irr.* يُسيءُ الفَهْمَ
misunderstanding *n.* سوءُ الفَهْمِ أَوِ التَفاهُمِ
misusage *n.* مُعامَلَةٌ جائِرَةٌ . سوءُ اسْتِعْمالٍ
misuse *n.; vt.* سوءُ اسْتِعْمالٍ ؛ إسْتِعْمالٌ خاطِئٌ //

يُسيءُ الإسْتِعْمالَ. يُسيءُ المُعامَلَةَ

mite *n.* سوسٌ؛ عُثٌّ. قِطْعَةٌ نَقْدِيَّةٌ صَغيرَةٌ؛ فَلْسٌ

miter *n.* تاجُ الأُسْقُفِ

mitigate *vt.* يُسَكِّنُ؛ يُلَطِّفُ؛ يُخَفِّفُ الألَمَ

mitten *n.* قُفّازٌ لليَدِ والرُسْغِ (بلا أصابعَ)

mix *vt.; i.* يَمْزُجُ؛ يَخْلِطُ. يُشَوِّشُ الذِهْنَ / يُخالِطُ. يَمْتَزِجُ؛ يَخْتَلِطُ. يَتَوَرَّطُ

mixed *adj.* مُخْتَلِطٌ. مُتَنَوِّعٌ. مُشَوَّشُ الذِهْنِ

mixture *n.* مَزيجٌ؛ خَلطٌ. إمْتِزاجٌ

mix-up *n.* تَشَوُّشٌ. مَزيجٌ. خِلافٌ؛ شِجارٌ

moan *n.; vi.* عَويلٌ؛ أنينٌ // يُعْوِلُ؛ يَئِنُّ

moat *n.* خَنْدَقٌ مائيٌّ (حَوْلَ الحِصْنِ)

mob *n.; vt.* الجَماهيرُ؛ سَوادُ الناسِ. الرُعاعُ. الغَوْغاءُ // يَتَجَمْهَرُ ويُهاجِمُ؛ يَحْتَشِدُ ويُقْلِقُ الراحَةَ

mobile *adj.* مُتَحَرِّكٌ؛ مُتَقَلِّبٌ؛ مُتَنَقِّلٌ؛ مُتَرَحِّلٌ

mobilization *n.* التَعْبِئَةُ؛ الحُشودُ. التَحْريكُ

mobilize *vt.* يُعَبِّئُ؛ يَحْشُدُ (الجُيوشَ). يُحَرِّكُ

mock *vi.; t.; adj.* يَتَهَكَّمُ عَلى / يَهْزَأُ بِـ. يَخْدَعُ. يُحْبِطُ. يَتَحَدّى // كاذِبٌ؛ زائِفٌ

mocker *n.* المُتَهَكِّمُ؛ المُسْتَهْزِئُ؛ الساخِرُ

mockery *n.* سُخْرِيَّةٌ؛ إسْتِهْزاءٌ. زَيْفٌ؛ تَقْليدٌ

mode *n.* زِيٌّ. أُسْلوبٌ. شَكْلٌ. صيغَةٌ. طريقَةٌ

model *n.; vt.* طِرازٌ؛ نَموذَجٌ. مُخَطَّطٌ. نُسْخَةٌ. صورَةٌ؛ مِثالٌ. عارِضَةُ أزْياءٍ. الموديلُ // يُخَطِّطُ. يُشَكِّلُ. يَصوغُ. يَقْتَدي بِـ. يَعْرِضُ

moderate *adj.; vt.; i.* مُعْتَدِلٌ. هادِئٌ؛ لَطيفٌ. مَعْقولُ السِعْرِ // يُهَدِّئُ؛ يُلَطِّفُ / يَلينُ. يَهْدأُ

moderator *n.* مُهَدِّئٌ. مُعَدِّلٌ؛ مُلَطِّفٌ

modern *adj. & n.* حَديثٌ؛ عَصْريٌّ؛ جَديدٌ

modernize *vt.* يُعَصْرِنُ؛ يُحَدِّثُ (مؤَسَّسَةً). يُجَدِّدُ

modest *adj.* مُتَواضِعٌ؛ خَجولٌ؛ مُحْتَشِمٌ. مُعْتَدِلٌ

modesty *n.* تَواضُعٌ. حَياءٌ؛ إحْتِشامٌ. إعْتِدالٌ

modicum *n.* القَليلُ؛ اليَسيرُ

modification *n.* تَحْويرٌ؛ تَعْديلٌ. تَنْقيحٌ. تَكَيُّفٌ

modify *vt.* يُعَدِّلُ؛ يُنَقِّحُ. يُحَوِّلُ؛ يُحَوِّرُ؛ يُبَدِّلُ

modulate *vt.* يُلَطِّفُ. يُرَتِّلُ. يُعَدِّلُ طَبَقَةَ الصَوْتِ

modulation *n.* التَضْمينُ؛ التَعْديلُ. التَنْغيمُ

mohair *n.* الموهيرُ: نَسيجٌ مِن وَبَرِ الماعِزِ الناعِمِ

Mohammedan *adj.; n.* إسْلاميٌّ // المُسْلِمُ

moist *adj.* رَطْبٌ؛ نَديٌّ؛ مُخْضَلٌّ

moisten *vt.; i.* يُرَطِّبُ؛ يُنَدّي / يَخْضَلُّ

moisture; moistness *n.* رُطوبَةٌ؛ نَداوَةٌ

molar *n.; adj.* ضِرْسٌ // طاحِنٌ

molasses *n.pl.* دِبْسُ السُكَّرِ

mole *n.* خُلْدٌ. خالٌ؛ شامَةٌ. سَدٌّ؛ حاجِزٌ للأمْواجِ

molecular *adj.* جُزَيْئيٌّ. فَرْديٌّ

molecule *n.* الجُزَيْءُ. مِثْقالُ ذَرَّةٍ

molest *vt.* يُزْعِجُ؛ يُضايِقُ. يَتَحَرَّشُ بِـ

mollify *vt.* يُلَطِّفُ؛ يُهَدِّئُ؛ يُسَكِّنُ (الرَوْعَ)

mollusc *n.* الرَخْويُّ (مِنَ الحَيواناتِ)

mollycoddle *vt.* يُرَفِّهُ؛ يُدَلِّلُ

molt *vt.* يَتَحَسَّرُ؛ يُسْقِطُ ريشَهُ (الطائِرُ)

molten *adj.* مَصْهورٌ؛ مُذابٌ. مَسْبوكٌ. مُتَوَهِّجٌ

moment *n.* لَحْظَةٌ؛ آوِنَةٌ. أهَمِّيَّةٌ. مَرْحَلَةٌ

momentary *adj.* خاطِفٌ؛ سَريعٌ؛ وَجيزٌ جِدًّا

momentous *adj.* خَطيرٌ؛ هامٌّ جِدًّا

momentum *n.* الزَخْمُ؛ القُوَّةُ الدافِعَةُ

monarch *n.* مَلِكٌ؛ عاهِلٌ. فَراشَةٌ ضَخْمَةٌ

monarchy *n.* المَلَكيَّةُ. دَوْلَةٌ مَلَكيَّةٌ

monastery *n.* دَيْرٌ

monastic *adj.* دَيْريٌّ؛ رُهْبانيٌّ

monasticism *n.* الرَهْبانيَّةُ؛ النِظامُ الرُهْبانيُّ

Monday *n.* يَوْمُ الإِثْنَيْنِ ؛ نَهارُ الإِثْنَيْنِ
monetary *adj.* ماليٌّ ؛ مُتَعَلِّقٌ بالعُمْلَةِ
money *n.* عُمْلَةٌ ؛ نُقودٌ ؛ مالٌ . ثَرْوَةٌ
money-box *n.* الحَصّالَةُ . صُنْدوقُ التَبَرُّعاتِ
money-changer *n.* الصَرّافُ ؛ الصَيْرَفيُّ
moneyed *adj.* ثَريٌّ ؛ غَنيٌّ . ماليٌّ
money-lender *n.* المُرابي ؛ مُسَلِّفُ النُقودِ
money-market *n.* البورصَةُ . أَسْعارُ العُمُلاتِ
money order *n.* حَوالَةٌ ماليَّةٌ . حَوالَةٌ بَريديَّةٌ
monger *n.* تاجِرٌ . بائعٌ
Mongolian *adj. & n.* مُغوليٌّ ؛ مَنْغوليٌّ
mongolian *adj.* مُصابٌ بالمُغُليَّةِ (بَلاهَةٌ خِلْقيَّةٌ)
mongoose *n.* النِّمْسُ (حَيَوانٌ)
mongrel *adj. & n.* خِلاسيٌّ ؛ هَجينٌ
monition *n.* تَنْبيهٌ ؛ تَحْذيرٌ ؛ إِنْذارٌ
monitor *n.* المُرْشِدُ . المُحَذِّرُ ؛ المُنْذِرُ . العَريفُ
monk *n.* راهِبٌ ؛ ناسِكٌ
monkey *n.; vi.* القِرْدُ ؛ السَعْدانُ // يَعْبَثُ بِـ
monkey wrench *n.* مِفْتاحٌ إِنْكليزيٌّ (أَداةٌ)
monocle *n.* المونوكل : نَظّارَةٌ ذاتُ عَدَسَةٍ واحِدَةٍ
monogamy *n.* زَواجٌ أُحاديٌّ
monogram *n.* الأَحْرُفُ الأُولى مِنَ الإِسْمِ
monograph *n.* مُصَنَّفٌ ؛ دِراسَةٌ
monologue *n.* المونولوجُ . مُخاطَبَةٌ ذاتيَّةٌ
monoplane *n.* طائِرَةٌ أُحاديَّةُ السَطْحِ
monopolist *n.* المُحْتَكِرُ
monopolize *vt.* يَحْتَكِرُ ؛ يَسْتأْثِرُ بِـ
monopoly *n.* إِحْتِكارٌ . سِلْعَةٌ مُحْتَكَرَةٌ . المُحْتَكِرُ
monosyllable *n.* أُحاديُّ المَقْطَعِ (كَلِمَةٌ)
monotheism *n.* التَوْحيدُ
monotonous *adj.* رَتيبٌ ؛ مُمِلٌّ

monotony *n.* الرَتابَةُ
Monotype *n.* المونوتيب : مُنَضِّدَةُ حُروفٍ مُنْفَصِلَةٍ
monsoon *n.* ريحٌ مَوْسِميَّةٌ
monster *n.* المِسْخُ ؛ الوَحْشُ ؛ الهولَةُ
monstrous *adj.* هوليٌّ . هائِلٌ . رَهيبٌ
month *n.* الشَهْرُ (ثَلاثونَ يَوْمًا)
monthly *adv.; n.; adj.* شَهْريًّا ؛ مَرَّةً كُلَّ شَهْرٍ // مَجَلَّةٌ شَهْريَّةٌ . فَتْرَةُ الطَمْثِ ؛ العادَةُ الشَهْريَّةُ // شَهْريٌّ
monument *n.* أَثَرٌ أَوْ نُصُبٌ تَذْكاريٌّ . مَعْلَمٌ
monumental *adj.* تَذْكاريٌّ . ضَخْمٌ . هامٌّ
mood *n.* مِزاجٌ . طَبْعٌ ؛ خُلُقٌ . صيغَةُ الفِعْلِ
moody *adj.* مُتَقَلِّبُ المِزاجِ . كئيبٌ . نَكِدٌ
moon *n.; vi.* القَمَرُ ؛ جِرْمٌ سَماويٌّ . ضَوْءُ القَمَرِ // يُضَيِّعُ وَقْتَهُ ؛ يَحْلُمُ
moonbeam *n.* شُعاعٌ أَوْ ضَوْءُ القَمَرِ
moonlight *n.* نورٌ أَوْ ضَوْءُ القَمَرِ
moonlit *adj.* مُقْمِرٌ
moonshine *n.* ضَوْءُ القَمَرِ . هُراءٌ ؛ كَلامٌ فارِغٌ
moonstrike *n.* هُبوطٌ عَلى سَطْحِ القَمَرِ
moonstruck *adj.* مَمْسوسٌ . شارِدُ الذِهْنِ . شاذٌّ
Moor *n.* المَغْربيُّ . المُسْلِمُ
moor *n.; vt.; i.* مُسْتَنْقَعٌ ؛ أَرْضٌ سَبِخَةٌ // يوثِقُ ؛ يَرْبُطُ ؛ يُرْسي السَفينَةَ / تَرْسو
moor hen *n.* دَجاجَةُ الماءِ
mooring *n.* إِرساءٌ . مَرْسًى . سِلْسِلَةٌ ؛ حَبْلٌ
moorings *n.pl.* وَسيلَةُ أَمانٍ
moorland *n.* أَرْضٌ سَبِخَةٌ ؛ مُسْتَنْقَعٌ
moose *n.* المُوظ : حَيَوانٌ شَبيهٌ بالوَعْلِ (أَميركيٌّ)
moot *vt.; adj.* يُناقِشُ ؛ يُجادِلُ // مَوْضِعُ نِقاشٍ
mop *n.; vt.* مِمْسَحَةٌ ؛ مِكْنَسَةٌ // يُنَظِّفُ ؛ يَمْسَحُ
mope *vi.* يَتَسَكَّعُ . يُضَيِّعُ الوَقْتَ سُدًى . يَكْتَئِبُ

moral *adj.; n.* أَخْلاقِيٌّ ؛ مَناقِبِيٌّ . إفْتِراضِيٌّ . أَدَبِيٌّ . مَعْنَوِيٌّ // عِلْمُ الأَخْلاقِ . مَغْزى القِصَّةِ
morale *n.* مَعْنَوِيّاتٌ . أَخْلاقٌ . آدابٌ
morality *n.* الأَخْلاقِيَّةُ ؛ الفَضيلَةُ . دَرْسٌ أَخْلاقِيٌّ
moralize *vi.* يُصْلِحُ أَوْ يُهَذِّبُ أَخْلاقِيًّا
morass *n.* مُسْتَنْقَعٌ . شَرَكٌ . عائِقٌ . إرْتِباكٌ
morbid *adj.* مَرَضِيٌّ ؛ ناشِئٌ عَنْ مَرَضٍ . رَهيبٌ
mordant *adj.* لاذِعٌ . جارِحٌ . أَكّالٌ
more *adj.; adv.* أَكْثَرُ ؛ إضافِيٌّ . إلى حَدٍّ أَبْعَدَ // مَرَّةً أُخْرى ؛ بِدَرَجَةٍ أَكْبَرَ
moreover *adv.* فَضْلاً أَوْ عِلاوَةً عَلى ذَلِكَ
morgue *n.* مَعْرِضُ جُثَثِ المَجْهولينَ
moribund *adj.* هاجِعٌ . مُحْتَضَرٌ
morn *n.* الضُّحى ؛ الصَّباحُ ؛ الفَجْرُ
morning *adj.; n.* صَباحِيٌّ ؛ فَجْرِيٌّ // الصَّباحُ
Moroccan *adj. & n.* مَغْرِبِيٌّ ؛ مَرّاكِشِيٌّ
morocco leather *n.* جِلْدُ الماعِزِ المَدْبوغِ
moron *n.* الأَبْلَهُ ؛ الغَبِيُّ ؛ المُغَفَّلُ
morose *adj.* نَكِدُ المِزاجِ . كَئيبُ (وَجْهٌ)
morphia; morphine *n.* المورفينُ (مادَّةٌ مُخَدِّرَةٌ)
morrow *n.* الصَّباحُ ؛ الغَدُ
morsel *n.* قِطْعَةٌ ؛ لُقْمَةٌ ؛ كِسْرَةٌ . طَبَقٌ شَهِيٌّ
mortal *adj.; n.* قاتِلٌ ؛ مُهْلِكٌ ؛ مُميتٌ (جُرْحٌ) // إنْسانٌ ؛ كائِنٌ أَوْ مَخْلوقٌ بَشَرِيٌّ
mortality *n.* الفَناءُ ؛ المَوْتُ الجَماعِيُّ
mortar *n.* هاوُنٌ ؛ مِدْفَعُ الهاوُنِ . مِلاطٌ
mortgage *n.; vt.* رَهْنٌ . صَكُّ الرَّهْنِ // يَرْهَنُ
mortgagee *n.* المُرْتَهِنُ
mortgagor; mortgager *n.* الراهِنُ
mortician *n.* حَفّارُ القُبورِ ؛ دافِنُ المَوْتى
mortify *vt.; i.* يُميتُ الجَسَدَ . يُخْزي . يَجْرَحُ المَشاعِرَ / يُصابُ بِالمُواتِ أَوِ الأُكالِ أَوِ الغَنْغَرينَةِ
mortise *n.; vt.* النَّقْرُ ؛ الحَفْرُ // يَحْفِرُ ؛ يَنْقُرُ
mortuary *adj.; n.* دَفْنِيٌّ // مُسْتَوْدَعُ الجُثَثِ
mosaic *adj.; n.* فُسَيْفِسائِيٌّ // الفُسَيْفِساءُ
Moslem *adj. & n.* مُسْلِمٌ
mosque *n.* الجامِعُ ؛ المَسْجِدُ
mosquito *n.* بَرْغَشٌ ؛ بَعوضٌ
mosquito net *n.* ناموسِيَّةٌ ؛ كِلَّةٌ
moss *n.* أُشْنَةٌ ؛ طُحْلُبٌ . مُسْتَنْقَعٌ
moss-grown; mossy *adj.* مَكْسُوٌّ بِالطُّحْلُبِ
most *adj.; adv.; n.* مُعْظَمُ ؛ أَقْصى ؛ أَكْثَرُ // إلى أَبْعَدِ حَدٍّ ؛ تَقْريبًا // الأَكْثَرِيَّةُ ؛ مُعْظَمُ الناسِ
at — بِالأَكْثَرِ . عَلى أَبْعَدِ تَقْديرٍ
do his — لَمْ يَأْلُ جُهْدًا
mostly *adv.* في الأَغْلَبِ ؛ في المَقامِ الأَوَّلِ
mote *n.* الذَّرَّةُ مِنَ الغُبارِ ؛ الهَباءَةُ
motel *n.* الموتيلُ : فُنْدُقٌ عَلى الطَّريقِ الرَّئيسِيِّ
motet *n.* تَرْتيلَةٌ جَماعِيَّةٌ
moth *n.* عُثٌّ . فَراشَةٌ ؛ بَشّارَةٌ
mother *adj.; n.* أُمِّيٌّ ؛ أُمومِيٌّ . قَوْمِيٌّ // أُمٌّ ؛ والِدَةٌ . رَئيسَةُ الدَّيْرِ
mother country *n.* الوَطَنُ الأُمُّ
motherhood *n.* الأُمومَةُ
mother-in-law *n.* الحَماةُ . زَوْجَةُ الأَبِ
motherland *n.* الوَطَنُ ؛ الوَطَنُ الأُمُّ
motherless *adj.* يَتيمُ الأُمِّ
motherly *adj.* أُمومِيٌّ . رَؤومٌ ؛ حَنونٌ ؛ عَطوفٌ
mother-of-pearl *n.* عِرْقُ اللُّؤْلُؤِ ؛ أُمُّ اللآلِئِ
mother tongue *n.* اللُّغَةُ القَوْمِيَّةُ
motif *n.* المَوْضوعُ ؛ الفِكْرَةُ
motion *n.; vt.; i.* حَرَكَةٌ . إقْتِراحٌ . إسْتِدْعاءٌ .

حافِزٌ. أداةٌ. بِرازٌ؛ تَغَوُّطٌ // يُشيرُ؛ يومِئُ إلى

motionless *adj.* ساكِنٌ؛ غَيْرُ مُتَحَرِّكٍ

motion picture *n.* فِيلْمٌ سينمائِيٌّ

motivate *vt.* يَحُثُّ؛ يُحَرِّضُ؛ يُسَبِّبُ

motive *adj.; n.* حافِزٌ؛ دافِعٌ؛ باعِثٌ. حَرَكِيٌّ // الباعِثُ؛ الحافِزُ؛ المُحَرِّكُ

motley *adj.* مُتَعَدِّدُ الأَلْوانِ. مُتَنافِرٌ

motor *n.; adj.; vi.; t.* قُوَّةٌ مُحَرِّكَةٌ. المُحَرِّكُ؛ «الموتور». سَيّارَةٌ // باعِثٌ على الحَرَكَةِ // يَقودُ سَيّارَةً / يَنْقُلُ بِسَيّارَةٍ

motor-boat *n.* زَوْرَقٌ مُزَوَّدٌ بِمُحَرِّكٍ

motor car *n.* السَّيّارَةُ؛ الأوتوموبيلُ

motor-cycle *n.* الدَّرّاجَةُ البُخارِيَّةُ أَوِ النارِيَّةُ

motorist *n.* سائِقُ السَّيّارَةِ أَوْ راكِبُها

mottle *vt.* يُرَقِّشُ؛ يُزَرْكِشُ؛ يُرَقِّطُ؛ يُبَقِّعُ

motto *n.* (*pl.* **mottoes**) شِعارٌ. وسيلَةٌ

mould *or* **mold** *n.; vi.; t.* تُرابٌ؛ ثَرى ناعِمٌ خِصْبٌ. قَبْرٌ. سَطْحُ الأَرْضِ. قالَبٌ. شَكْلٌ. طِرازٌ. عَفَنٌ // يَتَعَفَّنُ / يَصوغُ؛ يُشَكِّلُ؛ يُقَوْلِبُ

moulder *vi.* يَتَحَوَّلُ إلى غُبارٍ؛ يَبْلى

moult *or* **molt** *vi.* يَطْرَحُ الشَّعَرَ أَوِ الريشَ دَوْرِيًّا

mound *n.* رُكامٌ. مِتْراسٌ؛ إسْتِحْكامٌ. رابِيَةٌ

mount *n.; vt.; i.* جَبَلٌ. إسْتِحْكامٌ. رُكوبُ الخَيْلِ // يَمْتَطي؛ يَعْتَلي / يَرْتَفِعُ؛ يَزْدادُ؛ يَرْتَقي

mountain *adj.; n.* جَبَلِيٌّ // جَبَلٌ. كُتْلَةٌ ضَخْمَةٌ

mountaineer *n.* الجَبَلِيُّ. مُتَسَلِّقُ الجِبالِ

mountainous *adj.* جَبَلِيٌّ. ضَخْمٌ

mountebank *n.* المُشَعْوِذُ؛ الدَّجّالُ

mounted *adj.* فارِسٌ. مُرَكَّبٌ أَوْ مُثَبَّتٌ

mourn *vt.; i.* يَنْدُبُ؛ يَتَفَجَّعُ على. يَهْدِلُ؛ يَنوحُ

mourner *n.* المُتَفَجِّعُ؛ لابِسُ ثِيابِ الحِدادِ

mournful *adj.* حَزينٌ. مُحْزِنٌ؛ حِداديٌّ

mourning *adj.; n.* مُتَفَجِّعٌ // الحِدادُ. ثَوْبُ الحِدادِ

mouse *n.* (*pl.* **mice**) فَأْرَةٌ. إمْرَأَةٌ. الخَجولُ

mouse-trap *n.* فَخٌّ؛ شَرَكٌ؛ مَصْيَدَةٌ (لِلْفِئْرانِ)

moustache *n.* الشارِبُ؛ شَعَرُ الشَّفَةِ العُلْيا

mouth *n.* (*pl.* **mouths**); *vt.; i.* فَمٌ. مَدْخَلٌ. فَتْحَةٌ // يَتَكَلَّمُ. يَتَشَدَّقُ

mouthful *n.* مِلْءُ الفَمِ. لُقْمَةٌ

mouthpiece *n.* شَيْءٌ يوضَعُ في الفَمِ. الناطِقُ بِلِسانِ. المُتَرْجِمُ

movable *adj.; n.pl.* قابِلٌ لِلتَّحْريكِ. مَنْقولٌ // المَنْقولاتُ

move *vi.; t.; n.* يَتَحَرَّكُ. يَنْتَقِلُ. تَدورُ (الآلَةُ). يَسْتَدْعي. يُباشِرُ / يُحَرِّكُ. يَنْقُلُ. يَنْصَحُ. يُغْري. يُؤَثِّرُ في. يُهَيِّجُ. يَقْتَرِحُ // حَرَكَةٌ. خُطْوَةٌ. إجْراءٌ

movement *n.* حَرَكَةٌ. مُناوَرَةٌ. نَشاطٌ. بِرازٌ؛ تَغَوُّطٌ

mover *n.* المُحَرِّكُ؛ الناقِلُ. قُوَّةُ التَّحَرُّكِ

movie *n.* فِيلْمٌ؛ شَريطٌ سينَمائِيٌّ

moving *adj.; n.* مُتَحَرِّكٌ؛ مُثيرٌ لِلْمَشاعِرِ // حَرَكَةٌ

mow *vt. irr.; n.* يَجُزُّ؛ يَحْصُدُ // مَخْزَنُ التِّبْنِ

mower *n.* الجَزّازَةُ؛ الحَصّادَةُ؛ آلَةُ جَزِّ العُشْبِ

Mr. سَيِّدٌ (مِسْتِرْ)

Mrs. سَيِّدَةٌ (مِسِزْ)

much *adv.; adj.; n.* بِكَثيرٍ؛ إلى حَدٍّ بَعيدٍ؛ كَثيرًا // كَثيرٌ؛ جَمٌّ // كَمِّيَّةٌ كَبيرَةٌ؛ مِقْدارٌ وافِرٌ

muck *n.; vt.* سَمادٌ حَيَوانِيٌّ. وَحَلٌ؛ قَذارَةٌ // يُسَمِّدُ. يُلَوِّثُ

mucous *adj.* مُخاطِيٌّ

mucus *n.* مُخاطٌ؛ مادَّةٌ مُخاطِيَّةٌ

mud *n.* وَحَلٌ؛ طينٌ

muddle *vt.; i.; n.* يُعَكِّرُ. يَمْزُجُ. يَخْفُقُ. يُشَوِّشُ // إخْتِلاطٌ؛ «لَخْبَطَةٌ»؛ تَشَوُّشٌ
muddy *adj.* موحِلٌ؛ عَكِرٌ؛ قَذِرٌ
mudguard *n.* الواقي مِنَ الوَحَلِ؛ الرَفْرَفُ
muff *n.; vt.* فَرْوَةُ اليَدَيْنِ. أداءٌ غَيْرُ بارِعٍ // يَعْمَلُ بِغَيْرِ براعَةٍ. يَخْلِطُ؛ يَمْزُجُ
muffle *vt.; n.* يَعْصِبُ. يَكْتُمُ الصَوْتَ؛ يَكْبِتُ // كَبْتٌ؛ كَظْمٌ
muffler *n.* لِفاعٌ. كاتِمٌ للصَوْتِ
mug *n.* كوزٌ؛ إبْريقٌ. الوَجْهُ؛ الفَمُ
muggy *adj.* رَطْبٌ. حارٌّ
mulberry *n.* توتٌ. شَجَرَةُ التوتِ
mulch *n.; vt.* نُشارَةٌ أوْ تِبنٌ يُفْرَشُ تَحْتَ الأَشْجارِ // يَفْرُشُ بالقَشِّ. يُسَمِّدُ
mulct *n.; vt.* غَرامَةٌ // يُغَرِّمُ
mule *n.* بَغْلٌ. شَخْصٌ عَنيدٌ
mulish *adj.* بَغْليٌّ؛ عَنيدٌ
mull *vt.* يُفَكِّرُ مَلِيًّا. يَجْتَرُّ. يَسْحَنُ
muller *n.* المِسْحَنَةُ (مِدَقَّةٌ)
mullet *n.* البُوريُّ (سَمَكٌ)
multicolored *adj.* كثيرُ أوْ مُتَعَدِّدُ الأَلْوانِ
multifarious *adj.* مُتَنَوِّعٌ؛ مُتَعَدِّدُ الأَنْواعِ
multiform *adj.* مُتَعَدِّدُ الأَشْكالِ
multi-millionaire *n.* مَلْيونيرٌ كَبيرٌ
multiple *adj. & n.* مُتَعَدِّدٌ؛ مُضاعَفٌ؛ مُرَكَّبٌ
multiplication *n.* مُضاعَفَةٌ. الضَرْبُ (حِسابٌ)
multiplicity *n.* التَعَدُّديَّةُ. عَدَدٌ وافِرٌ
multiplier *n.* المَضْروبُ فيهِ (حِسابٌ)
multiply *vt.; i.* يُضاعِفُ؛ يَزيدُ؛ يَضْرِبُ (عَدَدًا بآخَرَ) / يَتَكاثَرُ؛ يَتَناسَلُ. يَزْدادُ؛ يَتَضاعَفُ
multitude *n.* الحَشْدُ؛ الجَماهيرُ. الوَفْرَةُ؛ التَعَدُّدُ
multitudinous *adj.* مُزْدَحِمٌ؛ حاشِدٌ؛ وافِرٌ
mum *adj.; int.* صامِتٌ // صَهْ! أُسْكُتْ!
mumble *vi.; t.* يُغَمْغِمُ؛ يُتَمْتِمُ / يَمْضَغُ بِعُسْرٍ
mummer *n.* المُمَثِّلُ الصامِتُ؛ المُهَرِّجُ الصامِتُ
mummify *vt.; i.* يُحَنِّطُ. يُجَفِّفُ / يَتَحَنَّطُ
mummy *n.; vt.* مُومياءُ // يُحَنِّطُ
mumps *n.* «أبو كُعَيْبٍ»؛ إلْتِهابُ الغُدَّةِ النُكافِيَّةِ
munch *vt.; i.* يَمْضَغُ بِصَوْتٍ طاحِنٍ؛ يَقْضِمُ
mundane *adj.* دُنْيَويٌّ؛ أرْضِيٌّ
municipal *adj.* بَلَديٌّ؛ خاصٌّ بالبَلَدِيَّةِ. مَحَلِّيٌّ
municipality *n.* البَلَدِيَّةُ؛ المَجْلِسُ البَلَديُّ
munificence *n.* كَرَمٌ؛ جودٌ؛ سَخاءٌ
munificent *adj.* كَريمٌ؛ سَخِيٌّ؛ مِعْطاءٌ
munitions *n.pl.* ذَخائِرُ؛ أعْتِدَةٌ حَرْبِيَّةٌ
mural *adj.; n.* جِداريٌّ // رَسْمٌ جِداريٌّ
murder *n.; vt.; i.* القَتْلُ؛ الإغْتيالُ؛ القَضاءُ عَلى / يَغْتالُ؛ يَقْتُلُ؛ يَقْضي عَلى / يَرْتَكِبُ جَريمَةً
murderer *n.* القاتِلُ؛ مُرْتَكِبُ الجَريمَةِ
murderess *n.* القاتِلَةُ؛ مُرْتَكِبَةُ جَريمَةِ قَتْلٍ
murdering; murderous *adj.* قاتِلٌ؛ مُهْلِكٌ
murk *n.* ظُلْمَةٌ؛ ضَبابٌ؛ عَتْمَةٌ
murky *adj.* مُظْلِمٌ؛ كَثيرُ الضَبابِ؛ مُكْفَهِرٌّ
murmur *n.; vi.* دَمْدَمَةٌ. طَنينٌ. حَفيفٌ. خَريرٌ // يُدَمْدِمُ؛ يَهْمِسُ. يَتَذَمَّرُ. يَخُرُّ
murrain *n.* طاعونُ الماشِيَةِ (مَرَضٌ)
muscle *n.* عَضَلَةٌ. قُوَّةُ العَضَلاتِ
muscular *adj.* عَضَليٌّ؛ كَثيرُ العَضَلاتِ قَوِيُّها
muse *n.; vi.* عَروسَةُ الشِعْرِ؛ مَصْدَرُ إلهامٍ. تَأَمُّلٌ؛ القَريحَةُ؛ الشاعِرِيَّةُ // يَتَأَمَّلُ؛ يَسْتَغْرِقُ في التَفْكيرِ
museum *n.* مُتْحَفٌ. مَعْرِضٌ
mush *n.* ذُرَةٌ مَسْلوقَةٌ

mushroom *n.* الفُطْرُ ؛ شيْءٌ كَالفُطْرِ
music *n.* موسيقى ؛ فَنُّ الموسيقى . اللَحْنُ
musical *adj.* موسيقيٌّ ؛ مولَعٌ بالموسيقى
musician *n.* الموسيقيُّ ؛ مؤَلِّفٌ أوْ عازِفٌ مُحْتَرِفٌ
music stand *n.* حامِلُ النوتَةِ الموسيقيَّةِ
musing *n.* تَأَمُّلٌ ؛ إسْتِغْراقٌ في التَفْكيرِ
musk *n.* المِسْكُ . نَباتُ المِسْكِ . عَبيرُ المِسْكِ
musket *n.* بُنْدُقِيَّةٌ قديمَةٌ
musky *adj.* مُمَسَّكٌ ؛ مُطَيَّبٌ بالمِسْكِ
Muslim *n. & adj.* المُسْلِمُ ؛ المُحَمَّديُّ
muslin *n.* الموسلينُ ؛ نَسيجٌ قِطْنيٌّ رَقيقٌ
mussel *n.* بَلَحُ البَحْرِ ؛ مَحارٌ (مِنَ الرَخْوِيّاتِ)
mussy *adj.* فَوْضَويٌّ ؛ غَيْرُ مُرَتَّبٍ
must *v. aux.; n.* يَجِبُ ؛ يَلْزَمُ . فِعْلٌ مُساعِدٌ يُفيدُ الوُجوبَ // الخَمْرُ قَبْلَ تَخَمُّرِهِ . مِسْكٌ
mustard *n.* الخَرْدَلُ . غازُ الخَرْدَلِ
muster *n.; vt.; i.* عَيِّنَةٌ . تَفَقُّدٌ . كَشْفٌ . إجْتِماعٌ // يُجَنِّدُ . يَتفَقَّدُ / يَجْتَمِعُ . يَحْتَشِدُ
musty *adj.* عَفِنٌ . عَتيقٌ ؛ بالٍ . مُبْتَذَلٌ
mutability *n.* التَبَدُّلِيَّةُ ؛ التَحَوُّلِيَّةُ ؛ اللاإسْتِقْرارِيَّةُ
mutable *adj.* مُتَحَوِّلٌ ؛ مُتَبَدِّلٌ
mutation *n.* تَبَدُّلٌ ؛ تَحَوُّلٌ ؛ تَغَيُّرٌ هامٌّ
mute *adj.; n.; vt.; i.* أخْرَسُ ؛ أبْكَمُ ؛ صامِتٌ . مُخَفِّفُ الصَوْتِ // الأخْرَسُ . الصامِتُ // يُخفِتُ الصَوْتَ / يَسْلَحُ (الطائِرُ)
mutilate *vt.* يَقْطَعُ ؛ يَبْتُرُ ؛ يَجْدَعُ . يُفْسِدُ
mutineer *n.* المُتَمَرِّدُ ؛ الثائِرُ ؛ العاصي
mutinous *adj.* مُتَمَرِّدٌ ؛ ثائِرٌ ؛ عاصٍ
mutiny *n.; vi.* فِتْنَةٌ ؛ تَمَرُّدٌ // يَتَمَرَّدُ
mutter *vt.; i.; n.* يُدَمْدِمُ ؛ يُغَمْغِمُ // غَمْغَمَةٌ
mutton *n.* لَحْمُ الضَأْنِ
mutual *adj.* مُتَبادَلٌ ؛ مُشْتَرَكٌ ؛ تَعاوُنِيٌّ
muzzle *n.; vt.* الخَطْمُ ؛ أنْفُ الحَيَوانِ وَفَكّاهُ النَاتِئانِ . فُوَّهَةُ البُنْدُقِيَّةِ أوِ المِدْفَعِ // يُكَمِّمُ ؛ يَكْبِتُ
muzzy *adj.* مُشَوَّشُ الذِهْنِ . ثَمِلٌ . مُنْقَبِضُ الصَدْرِ
my *poss. adj.* لي ؛ خاصّتي ؛ ضَميرُ المُتَكَلِّمِ المُضافِ إلَيْهِ (ي)
myope *n.* الحَسيرُ ؛ القَصيرُ البَصَرِ
myopia *n.* قِصَرُ البَصَرِ أوِ النَظَرِ
myopic *adj.* حَسيرٌ ؛ قَصيرُ النَظَرِ أوِ البَصَرِ
myriad *adj.* وافِرٌ ؛ لا يُعَدُّ وَلا يُحْصى
myrmidon *n.* التابِعُ المُطيعُ
myrrh *n.* المُرُّ (شَجَرٌ) . صَمْغُ المُرِّ
myrtle *n.* الآسُ ؛ الرَيْحانُ (نَباتٌ عِطْرِيٌّ)
myself *pron.* أنا ؛ نَفْسي ؛ بِنَفْسي
mysterious *adj.* خَفِيٌّ ؛ غامِضٌ ؛ مُكْتَنَفٌ بالألغازِ
mystery *n.* سِرٌّ ؛ لَغْزٌ ؛ أُحْجِيَّةٌ . غُموضٌ
mystic *adj. & n.* سِرّيٌّ ؛ صوفيٌّ ؛ باطِنيٌّ ؛ خَفيٌّ
mystical *adj.* رَمْزِيٌّ . صوفيٌّ . خَفيٌّ . غامِضٌ
mysticism *n.* التَصَوُّفُ ؛ الباطِنِيَّةُ ؛ تَأَمُّلٌ لاعَقْلانيٌّ
mystification *n.* إرْباكٌ . تَدْجيلٌ . خِداعٌ . حَيْرَةٌ
mystify *vt.* يُرْبِكُ . يُحَيِّرُ . يَخْدَعُ ؛ يُدَجِّلُ
mystique *n.* سِرّيٌّ ؛ رَمْزيٌّ . صوفيٌّ ؛ مُتَصَوِّفٌ
myth *n.* أُسْطورَةٌ ؛ خُرافَةٌ
mythical *adj.* أُسْطوريٌّ ؛ خُرافيٌّ . خَياليٌّ ؛ مُلَفَّقٌ
mythologic *adj.* ميثولوجيٌّ ؛ خُرافيٌّ
mythologist *n.* عالِمُ ميثولوجيا
mythology *n.* الميثولوجيا ؛ عِلْمُ الأساطيرِ

N

N; n *n.* الحَرْفُ الرابعَ عَشَرَ مِنَ الأَبْجَدِيَّةِ الإِنْكِليزيَّةِ

nab *vt.* يَعْتَقِلُ؛ يأسِرُ

nag *n.; vi.; t.* فَرَسٌ (هَرِمٌ أَوْ ضَعيفٌ) // يَتَذَمَّرُ؛ يَتَمَلْمَلُ باسْتِمْرارٍ / يُزْعِجُ. يُضايِقُ

nail *n.; vt.* ظُفْرٌ؛ بُرْثُنٌ. مِسْمارٌ // يُسَمِّرُ

nail brush *n.* فُرْشاةُ الأَظافِرِ

naïve; naive *adj.* ساذَجٌ. مُغَفَّلٌ

naïvety; naivety *n.* سَذاجَةٌ؛ بَساطَةٌ

naked *adj.* عارٍ. غَيْرُ مُمَوَّهٍ. صَريحٌ. واضِحٌ

nakedness *n.* عُرْيٌ. تَجَرُّدٌ. وُضوحٌ. صَراحَةٌ

name *n.; vt.* إسْمٌ؛ لَقَبٌ؛ نَعْتٌ. سُمْعَةٌ؛ صيتٌ // يُسَمّي؛ يُعَيِّنُ (شَخْصًا). يُحَدِّدُ (سِعْرًا)

in the — of باسمِ...

nameless *adj.* غَيْرُ مَشْهورٍ. مَجْهولٌ. لا يوصَفُ

namely *adv.* أَعْني؛ عَنَيْتُ؛ أَيْ

namesake *n.* السَمِيُّ؛ شَخْصٌ سُمِّيَ عَلى إسْمِ شَخْصٍ آخَرَ

nanny *n.* مُرَبِّيَةُ الأَطْفالِ؛ الحاضِنَةُ

nap *n.; vi.* قَيْلولَةٌ. الزِئْبِرُ؛ الزَغَبُ // يَقيلُ

nape *n.* مُؤَخَّرُ العُنُقِ؛ قَفا العُنُقِ. رَقَبَةٌ

naphtha *n.* النِّفْطُ؛ زَيْتُ النِّفْطِ

naphthalene *n.* نَفْتالينُ

napkin *n.* فوطَةٌ. مِنْديلُ المائِدَةِ. حِفاضُ الطِفْلِ

narcissus *n.* (*pl.* **-es** *or* **-cissi**) النَرْجِسُ

narcotic *adj.; n.* مُخَدِّرٌ // المُخَدِّرُ. المُسَكِّنُ

narrate *vt.* يَقُصُّ؛ يَرْوي؛ يَسْرُدُ

narration *n.* قِصَّةٌ؛ حِكايَةٌ. رِوايَةُ القِصَصِ

narrative *adj.; n.* قَصَصِيٌّ؛ رِوائِيٌّ // قِصَّةٌ

narrator *n.* القاصُّ؛ الراوي؛ الراوِيَةُ

narrow *adj.; n.; vt.; i.* ضَيِّقٌ. هَزيلٌ. مَحْدودٌ. بَخيلٌ. دَقيقٌ // مَمَرٌّ ضَيِّقٌ. مَضيقٌ؛ بوغازٌ // يُضَيِّقُ. يُحَدِّدُ / يَضيقُ؛ يَتَقَلَّصُ

narrowly *adv.* بِقُوَّةٍ؛ بِعَزْمٍ. بِدِقَّةٍ

narrow-minded *adj.* مُتَعَصِّبٌ. مَحْدودُ التَفْكيرِ

nasal *adj.* أَنْفِيٌّ؛ يُلْفَظُ مِنَ الأَنْفِ. حادٌّ؛ ثاقِبٌ

nascent *adj.* ناشِئٌ؛ وَليدٌ. حَديثٌ

nasturtium *n.* السَلْبِيَّةُ (زَهْرَةٌ)

nasty *adj.* شِرّيرٌ. مُقْرِفٌ. بَغيضٌ. بَذيءٌ. قَذِرٌ

natal *adj.* مَوْلِدِيٌّ. وِلادِيٌّ؛ ميلادِيٌّ

nation *n.* أُمَّةٌ؛ شَعْبٌ؛ قَوْمٌ. دَوْلَةٌ. وَطَنٌ

national *adj.* قَوْمِيٌّ. وَطَنِيٌّ

nationalism *n.* القَوْمِيَّةُ؛ الوَعْيُ القَوْمِيُّ

nationality *n.* الجِنْسِيَّةُ؛ التابِعِيَّةُ. القَوْمِيَّةُ

nationalization *n.* تَأْميمٌ. تَجْنيسٌ

nationalize *vt.* يُؤَمِّمُ. يُجَنِّسُ

native *adj.; n.* فِطْرِيٌّ. وَطَنِيٌّ. أَهْلِيٌّ. قَوْمِيٌّ. طَبيعِيٌّ // أَحَدُ مَواليدِ أَوْ سُكّانِ مَدينَةٍ أَوْ بَلَدٍ

Nativity *n.* ميلادُ المَسيحِ. عيدُ الميلادِ

nativity *n.* وِلادَةٌ؛ مَوْلِدٌ. نَجْمٌ؛ طالِعٌ. أَصْلٌ

natty *adj.* أَنيقٌ

natural *adj.* فِطْرِيٌّ. طَبيعِيٌّ. خِلْقِيٌّ

naturalism *n.* الطَبيعِيَّةُ؛ المَذْهَبُ الطَبيعِيُّ

naturalist *n.* الطَبيعِيُّ؛ المُنادي بالمَذْهَبِ الطَبيعِيِّ

naturalize *vt.* يُجَنِّسُ؛ يَمْنَحُ الجِنْسِيَّةَ

naturally *adv.* طَبْعًا؛ بالطَبْعِ. تِلْقائِيًّا. خِلْقَةً

nature *n.* الطَبيعَةُ؛ الكَوْنُ. ضَرْبٌ؛ نَوْعٌ. مِزاجٌ
naught *n.* لا شَيْءَ. عَدَمٌ. صِفْرٌ
naughty *adj.* شِرّيرٌ. فاحِشٌ؛ داعِرٌ. سَيِّئُ السُلوكِ
nausea *n.* غَثَيانٌ. دوارُ البَحْرِ. إشْمِئْزازٌ
nauseate *vi.; t.* يَغْثي / يُصيبُ بِالغَثَيانِ
nauseous *adj.* مُغْثٍ؛ مُقَزِّزٌ؛ مُقْرِفٌ
nautical *adj.* بَحْرِيٌّ. مِلاحيٌّ
naval *adj.* بَحْرِيٌّ
nave *n.* مِحْوَرُ الدولابِ. قَبُّ العَجَلَةِ. صَحْنُ الكَنيسَةِ
navel *n.* السُرَّةُ. الوَسَطُ
navigable *adj.* صالِحٌ لِلمِلاحَةِ. قابِلٌ للإنْقيادِ
navigate *vi.; t.* يُبْحِرُ. يَقودُ (طائِرَةً) / يَجْتازُ
navigation *n.* مِلاحَةٌ؛ إبْحارٌ؛ رُكوبُ البَحْرِ
navigator *n.* مَلاّحٌ؛ بَحّارٌ
navvy *n.* رَدّامٌ. عامِلٌ غَيْرُ بارِعٍ
navy *n.* سِلاحُ البَحْرِيَّةِ؛ الأُسْطولُ
navy blue *adj. & n.* كُحْليٌّ؛ أَزْرَقُ داكِنٌ
nay *adv.; n.* لا؛ كَلاّ. بَلْ // رَفْضٌ
Nazi *n. & adj.* نازيٌّ
neap tide *n.* جَزْرٌ يَحْدُثُ في الرُبْعِ الأَوَّلِ والثالِثِ مِنَ القَمَرِ
near *adj.; adv.; prep.; vi.; t.* قَريبٌ. وَثيقٌ. حَميمٌ. الأَقْرَبُ. بَخيلٌ // تَقْريبًا. عَلى نَحْوٍ وَثيقٍ أَوْ حَميمٍ // قُرْبَ؛ بِالقُرْبِ؛ عَلى مَقْرُبَةٍ // يَدْنو / يَقْتَرِبُ مِنْ
nearby *adj. & adv.* قَريبٌ؛ مُجاوِرٌ
nearly *adv.* تَقْريبًا. عَلى نَحْوٍ وَثيقٍ
nearsighted *adj.* قَصيرُ البَصَرِ
neat *adj.* أَنيقٌ. مُحْكَمٌ. نَظيفٌ؛ مُرَتَّبٌ. صافٍ
nebula *n.* سَديمٌ. غَمامَةٌ (عَلى القَرْنِيَّةِ)
nebulous *adj.* غائِمٌ؛ ضَبابيٌّ. غامِضٌ. سَديميٌّ
necessaries *n.pl.* الضَروريّاتُ؛ المُلِحّاتُ
necessarily *adv.* ضَرورَةً؛ بِالضَرورَةِ
necessary *adj.* ضَروريٌّ
necessitate *vt.* يُوجِبُ؛ يُحَتِّمُ؛ يَسْتَلْزِمُ
necessitous *adj.* مُحْتاجٌ؛ مُعْوِزٌ؛ فَقيرٌ. عاجِلٌ
necessity *n.* ضَرورَةٌ؛ إضْطِرارٌ. عَوَزٌ؛ فَقْرٌ. حاجَةٌ
neck *n.* عُنُقٌ؛ رَقَبَةٌ. مَضيقٌ؛ بوغازٌ
neckerchief *n.* مِنْديلٌ؛ لِفاعُ الرَقَبَةِ
necklace *n.* عِقْدٌ؛ قِلادَةٌ
necktie *n.* رَبْطَةُ العُنُقِ
necromancy *n.* عِرافَةٌ. إسْتِحْضارُ الأَرْواحِ
necropolis *n.* مَدينَةُ المَوْتى؛ مَقْبَرَةٌ كَبيرَةٌ
nectar *n.* شَرابُ الآلِهَةِ. الرَحيقُ (سائِلٌ نَباتيٌّ حُلْوٌ)
need *n.; vt.* حاجَةٌ. شِدَّةٌ. عَوَزٌ؛ فاقَةٌ // يَحْتاجُ إلى؛ يَضْطَرُّ إلى؛ يَعوزُ. يَفْتَقِرُ إلى
needful *adj.; n.* ضَروريٌّ // الضَروريُّ
needle *n.* إبْرَةٌ؛ صِنّارَةٌ. المِحْقَنُ. إبْرَةٌ مَغْنَطيسيَّةٌ
needless *adj.* مِنْ غَيرِ الضَروريِّ. غَيْرُ ضَروريٍّ
needlework *n.* شُغْلُ الإبْرَةِ؛ التَطْريزُ
needy *adj.* فَقيرٌ؛ مُعْوِزٌ؛ مُحْتاجٌ
ne'er *adv.* see **never**
nefarious *adj.* شائِنٌ؛ شَنيعٌ. خَبيثٌ
negation *n.* سَلْبيَّةٌ. إنْكارٌ. رَفْضٌ. عَدَمٌ. نَقيضٌ
negative *adj.; n.; vt.* سَلْبيٌّ. هَدّامٌ // سَلْبيَّةٌ. رَفْضٌ. الصورَةُ السَلْبيَّةُ // يَرْفُضُ. يَنْقُضُ
negatively *adv.* سَلْبيًّا
neglect *n.; vt.* إهْمالٌ. إسْتِخْفافٌ // يُهْمِلُ
neglectful *adj.* مُهْمِلٌ؛ مُتَهاوِنٌ؛ مُسْتَخِفٌّ
negligence *n.* إهْمالٌ؛ تَهاوُنٌ؛ إسْتِخْفافٌ
negligent *adj.* مُهْمِلٌ؛ مُتَهاوِنٌ. لا مُبالٍ

negligible *adj.* تافهٌ. جديرٌ بالإهْمالِ

negotiable *adj.* صالحٌ للتفاوُضِ فيهِ أوِ التداوُلِ

negotiate *vt.; i.* يُفاوِضُ. يُحَوِّلُ (شيكًا) / يَتَفاوَضُ؛ يُفاوِضُ

negotiation *n.* مُفاوَضَةٌ. تَحْويلُ (سَنَدٍ)

negotiator *n.* المُفاوِضُ

Negress *n.* الزِنْجيَّةُ؛ إمْرَأَةٌ زِنْجيَّةٌ

Negro *n.* الزِنْجيُّ؛ رَجُلٌ زِنْجيٌّ

neigh *n.; vi.* صَهيلُ الحِصانِ // يَصْهَلُ (الفَرَسُ)

neighbo(u)r *n.; adj.* جارٌ // مُجاوِرٌ

neighbo(u)rhood *n.* الجِوارُ. صِلَةُ التَجاوُرِ. الجيرانُ

neighbo(u)ring *adj.* مُجاوِرٌ؛ مُتاخِمٌ؛ مُلاصِقٌ

neither *adj.; pron.; conj.; adv.* وَلا واحِدٌ مِنْ // لا هَذا وَلا ذاكَ // لا . . . وَلا // أَيْضًا؛ فَوْقَ ذَلِكَ

Neolithic *adj.* خاصٌّ بالعَصْرِ الحَجَرِيِّ الحَديثِ

neon *n.* غازُ النيونِ. مِصْباحٌ نيونيٌّ

Nepalese *adj. & n.* نيباليٌّ // اللُغَةُ النيباليَّةُ

nephew *n.* إبْنُ الأَخِ ؛ إبْنُ الأُخْتِ

nephritis *n.* إلْتِهابُ الكِلْيَةِ

nepotism *n.* مُحاباةُ أوْ مَحْسوبيَّةُ الأهْلِ

nerve *n.; vt.* عَصَبٌ. وَتَرٌ. جَلَدٌ؛ قُوَّةٌ. جَسارَةٌ؛ جُرْأَةٌ // يُقَوّي؛ يُثَبِّتُ؛ يُشَجِّعُ

nerve cell *n.* الخَليَّةُ العَصَبيَّةُ

nervous *adj.* عَصَبيُّ المِزاجِ. قَلِقٌ. عَصَبيٌّ

nervous system *n.* الجِهازُ العَصَبيُّ

nest *n.; vi.; t.* عُشٌّ؛ وَكْرٌ. مَأْوى؛ مُسْتَراحٌ. المُتَرَدِّدونَ عَلى وَكْرٍ // يَبْني عُشًّا. يَتَداخَلُ / يَضَعُ في عُشٍّ

nestle *vt.;i.* يُؤْوي. يَحْضُنُ / يَسْتَكِنُّ

nestling *n.* صَغيرُ الطَيْرِ؛ الفَرْخُ

net *adj.; n.; vt.* صافٍ (رِبْحٌ). نِهائيٌّ (نَتيجَةٌ) // شَبَكَةٌ. شَرَكٌ؛ أُحْبولَةٌ // يُغَطّي أوْ يَصيدُ بِشَبَكَةٍ. يوقِعُ في شَرَكٍ. يَكْسِبُ رِبْحًا صافيًا

nether *adj.* سُفْليٌّ؛ واقِعٌ تَحْتَ الأَرْضِ

nettle *n.; vt.* القُرّاصُ (نَباتٌ ذو وَبَرٍ قارِصٍ) // يَلْدَغُ؛ يَلْسَعُ. يُغْضِبُ؛ يَغيظُ

network *n.* شَبَكَةٌ. شَبَكَةُ مَحَطّاتٍ

neuralgia *n.* النورالجيا؛ الأَلَمُ العَصَبيُّ

neuritis *n.* إلْتِهابُ العَصَبِ

neurosis *n. (pl. -ses)* العُصابُ؛ إضْطِرابٌ عَصَبيٌّ وَظيفيٌّ

neurotic *adj. & n.* عُصابيٌّ

neuter *adj. & n.* لازِمٌ (فِعْلٌ). لَيْسَ بالمُذَكَّرِ وَلا بالمُؤَنَّثِ. حياديٌّ؛ مُحايِدٌ. لا أعْضاءَ تَناسُليَّةَ لَهُ

neutral *adj. & n.* مُحايِدٌ؛ حياديٌّ

neutrality *n.* الحِيادُ. سِياسَةُ الحِيادِ

neutralize *vt.* يُحايِدُ؛ يُعادِلُ (حامِضًا). يُحَيِّدُ. يُبْطِلُ (مَفْعولاً)

neutron *n.* النيوتْرونُ؛ القِسْمُ المُحايِدُ مِنَ الذَرَّةِ

never *adv.* أَبَدًا؛ مُطْلَقًا

nevermore *adv.* أَبَدًا بَعْدَ اليَوْمِ

nevertheless *conj.* مَعْ ذَلِكَ؛ بالرُغْمِ مِنْ ذَلِكَ

new *adj.* جَديدٌ؛ مُسْتَجَدٌّ. حَديثٌ. عَصْريٌّ. غَريبٌ. طازَجٌ. غَيْرُ مَأْلوفٍ؛ طَريفٌ

make — يُجَدِّدُ

new-born *adj.* مَوْلودٌ حَديثًا؛ مَوْلودٌ جَديدًا

new-comer *n.* الوافِدُ؛ القادِمُ حَديثًا. المُبْتَدِئُ

newel *n.* عَمودُ الدَرابْزينِ

newly *adv.* حَديثًا؛ مُؤَخَّرًا؛ مُنْذُ حينٍ

news *n.* نَبَأٌ؛ خَبَرٌ. أَنْباءٌ؛ أَخْبارٌ

news-agent *n.* بائِعُ الصُحُفِ والمَجلّاتِ
newscast *n.* نَشْرَةُ أوْ إذاعَةُ الأخْبارِ
newsconference *n.* مُؤْتَمرٌ صُحُفيٌّ
newspaper *n.* صَحيفَةٌ؛ جَريدَةٌ
newsstand *n.* بَسْطَةٌ أوْ كُشْكُ الصُحُفِ
newt *n.* سَمَنْدَرُ أوْ سَمَنْدَلُ الماءِ؛ زَحّافَةٌ مائيَّةٌ
next *adj.; adv.; prep.* تالٍ؛ تابعٌ // ثُمَّ؛ بَعْدَ ذلِكَ مُباشَرَةً // أقْرَبُ إلى
nib *n.* مِنْقارٌ. سِنٌّ؛ طَرَفٌ مُدَبَّبٌ. ريشَةُ الكِتابَةِ
nibble *vt.; n.* يَقْضِمُ بِرِفْقٍ؛ يَأْكُلُ على مَهْلٍ. يَعيبُ؛ يَنْتَقِدُ // قَضْمٌ مُتأَنٍّ. مِقْدارٌ صَغيرٌ
nice *adj.* لَطيفٌ. وُدّيٌّ. مَليحٌ. قَريبٌ إلى القَلْبِ
nicety *n.* (*pl.* **niceties**) نُقْطَةٌ دَقيقَةٌ. إحْكامٌ. صِحَّةٌ. سِمَةٌ أنيقَةٌ
niche *n.* مِحْرابٌ. كُوَّةٌ. مِشْكاةٌ
nick *n.; vt.* شَقٌّ؛ حَزٌّ؛ ثَلْمٌ. اللَحْظَةُ الحاسِمَةُ // يُفَرِّضُ؛ يَحُزُّ. يَنْكَأُ (الجُرْحَ)
nickel *n.* النيكل (مَعْدِنٌ)
nickname *n.; vt.* كُنْيَةٌ؛ لَقَبٌ // يُكَنّي؛ يُلَقِّبُ
nicotine *n.* النيكوتينُ (مادَّةٌ سامَّةٌ في التَبْغِ)
niece *n.* إبْنَةُ الأخِ أوِ الأُخْتِ
nifty *adj.* رائِعٌ؛ مُمْتازٌ. أنيقٌ. ماهِرٌ
Nigerian *adj. & n.* نَيْجيريٌّ // اللُغَةُ النَيْجيريَّةُ
niggard *adj.; n.* شَديدُ البُخْلِ؛ شَحيحٌ // البَخيلُ؛ الشَحيحُ
niggardly *adj.; adv.* بَخيلٌ // بِبُخْلٍ؛ بِشُحٍّ
nigger *n.* الزِنْجيُّ
niggle *vi.* يُفَرِّضُ؛ يَقْضِمُ. يَتأَنَّقُ. يُدَقِّقُ. يَنْتَقِدُ
nigh *adv.; adj.* قَريبًا. تَقْريبًا // قَريبٌ
night *n.* لَيْلٌ. ظَلامٌ. الغُروبُ. هُبوطُ اللَيْلِ
nightcap *n.* قَلَنْسُوَةٌ
nightclub *n.* مَلْهًى أوْ نادٍ لَيْليٌّ
nightdress *n.* ثِيابُ النَوْمِ
nightfall *n.* هُبوطُ اللَيْلِ؛ الغَسَقُ؛ الغُروبُ
nightingale *n.* الهَزارُ؛ العَنْدَليبُ
night-light *n.* سِراجُ الليلِ
nightly *adj.; adv.* لَيْليٌّ // كُلَّ لَيْلَةٍ؛ لَيْلاً
nightmare *n.* الكابوسُ؛ حُلْمٌ مُرَوِّعٌ. ذُعْرٌ عَظيمٌ
nightshirt *n.* قَميصُ النَوْمِ
night-time *n.* اللَيْلُ. وَقْتُ الظَلامِ
night-watch *n.* العَسَسُ؛ الحارِسُ اللَيْليُّ
nihilism *n.* العَدَميَّةُ. نَفْيُ كُلِّ شَيْءٍ
nil *n.* لا شَيْءَ؛ صِفْرٌ
nimble *adj.* رَشيقٌ. نَبيهٌ؛ ذَكيٌّ؛ فَطِنٌ
nimbus *n.* (*pl.* **-es** *or* **-bi**) دُجُنَّةٌ. غَيْمَةٌ مُمْطِرَةٌ
nine *adj. & n.* تِسْعَةٌ؛ تِسْعٌ. التاسِعُ
ninefold *adj.* أكْبَرُ بِتِسْعَةِ أضْعافٍ؛ تُساعيٌّ
ninepins *n.pl.* لُعْبَةُ القَناني الخَشَبيَّةِ التِسْعِ
nineteen *adj. & n.* تِسْعَةَ عَشَرَ؛ تِسْعَ عَشْرَةَ
nineteenth *n.; adj.* التاسِعَ عَشَرَ. جُزْءٌ مِنْ ١٩ // التاسِعَ عَشَرَ (مِنْ كَذا)
ninetieth *adj.; n.* التِسْعونَ // جُزْءٌ مِنْ تِسْعينَ؛ التِسْعونَ مِنْ كَذا
ninety *adj. & n.* تِسْعونَ؛ بالِغٌ عَدَدُهُ تِسْعينَ
ninny *n.* المُغَفَّلُ؛ الساذَجُ
ninth *adj.; n.* التاسِعُ؛ تُسْعيٌّ (بالِغٌ جُزْءًا مِنْ تِسْعَةٍ) // التُسْعُ؛ جُزْءًا مِنْ تِسْعَةٍ
nip *n.; vt.* قَرْصَةٌ. عَضَّةٌ. مِقْدارٌ ضَئيلٌ. رَشْفَةٌ // يَقْرُصُ. يَعَضُّ. يَقْطَعُ. يَكْبَحُ. يَقْرِضُ
nipper *n.* القَرّاضَةُ؛ الكَمّاشَةُ. الكُلّابُ. الغُلامُ
nipple *n.* حَلَمَةُ الثَدْيِ. حَلَمَةُ زُجاجَةِ الإرْضاعِ
nippy *adj.* قارِسٌ (البَرْدُ). لاذِعٌ (كَلامٌ). قارِصٌ

nit *n.* القَمْلَةُ الصَغيرَةُ. بَيْضَةُ القَمْلَةِ
nitrate *n.* النِتْراتُ (مِلْحُ حامِضِ النِتْريكِ)
nitre; niter *n.* نِتْراتُ البوتاسيوم. نِتْراتُ الصوديوم
nitric *adj.* نِتْريكٌ
nitrogen *n.* النِتْروجينُ؛ غازُ النِتْروجين
nitwit *n.* أَحْمَقُ؛ مُغَفَّلٌ
no *adj.; n.; adv.* قَليلٌ أَوْ قَصيرٌ جِدًّا؛ لَيْسَ كَذٰلِكَ // رَفْضٌ. قَرارٌ أَوْ صَوْتٌ سَلْبِيٌّ // لا؛ كلاّ؛ البَتَّةَ
nob *n.* الرَأْسُ. شَخْصٌ رَفيعُ المُسْتَوى
nobility *n.* فَخامَةٌ. نُبْلٌ. شَهامَةٌ. النُبَلاءُ
noble *adj.; n.* نَبيلٌ؛ كَريمُ النَسَبِ. بارِزٌ. رَفيعٌ. فَخْمٌ // النَبيلُ؛ الشَريفُ
nobleman *n.* (*pl.* -men) النَبيلُ؛ الشَريفُ
nobody *pron.; n.* لا أَحَدَ // النَكِرَةُ
nocturnal *adj.* لَيْليٌّ. ناشِطٌ في اللَيْلِ
nod *n.; vi.* إيماءَةٌ. تَمايُلٌ. إنْحِناءُ الرَأْسِ عِنْدَ النُعاسِ // يومِئُ بِرَأْسِهِ. يَحْني رَأْسَهُ. يَزِلُّ. يُخْطِئُ
node *n.* عُجْرَةٌ؛ عُقْدَةٌ
noise *n.; vt.; i.* ضَجيجٌ؛ ضَوْضاءُ؛ جَلَبَةٌ // يُشيعُ / يُحْدِثُ ضَجَّةً. يَتَكَلَّمُ بِصَوْتٍ عالٍ
noiseless *adj.* صامِتٌ؛ بِدونِ صَوْتٍ
noisily *adv.* بِضَجَّةٍ؛ بِضَوْضاءٍ؛ بِجَلَبَةٍ
noisome *adj.* مُؤْذٍ؛ ضارٌّ. كَريهُ الرائِحَةِ
noisy *adj.* ضاجٌّ؛ مُحْدِثُ ضَجَّةً. مَليءٌ بالضَجيجِ
nomad *n. & adj.* البَدَويُّ. الهائِمُ عَلى وَجْهِهِ
nomenclature *n.* المُصْطَلَحاتُ (العِلْمِيَّةُ)
nominal *adj.* إسْمِيٌّ. بالإسْمِ فَقَطْ
nominate *vt.* يُسَمّي. يُعَيِّنُ؛ يُنَصِّبُ. يُرَشِّحُ
nomination *n.* تَسْمِيَةٌ. تَعْيينٌ؛ تَرْشيحٌ
nominative *adj.; n.* دالٌّ عَلى حالَةِ الرَفْعِ. مُعَيَّنٌ أَوْ مُرَشَّحٌ لِمَنْصِبٍ. إسْميٌّ // حالَةُ الرَفْعِ
nominee *n.* المُعَيَّنُ أَوِ المُرَشَّحُ لِمَنْصِبٍ ما
nonage *n.* سِنُّ القُصورِ
nonagenarian *adj.; n.* تِسْعونيٌّ // التِسْعونيُّ
non-aggression *n.* عَدَمُ تَعَدٍّ أَوِ اعْتِداءٍ
non-alcoholic *adj.* لا كُحوليٌّ؛ لا يَحْتَوي كُحولاً
non-attendance *n.* الإفْتِقارُ إلى العِنايَةِ الطِبِّيَّةِ
nonchalance *n.* لا مُبالاةٌ. رَباطَةُ جَأْشٍ
nonchalant *adj.* مائِعٌ؛ مُسْتَهْتِرٌ؛ لا مُبالٍ
non-combatant *n.; adj.* المَدَنيُّ. غَيْرُ العَسْكَريِّ // غَيْرُ مُقاتِلٍ. لامُحارِبٌ. مَدَنيٌّ
non-commissioned *adj.* غَيْرُ مُكَلَّفٍ؛ غَيْرُ مُفَوَّضٍ. غَيْرُ مُرَخَّصٍ
non-committal *adj.* مُلْتَبِسٌ. غَيْرُ مُلْزِمٍ
nonconformist *adj. & n.* مُنْشَقٌّ؛ مُسْتَقِلٌّ
nondescript *adj. & n.* غَريبٌ. صَعْبُ الوَصْفِ
none *adj. & pron.; adv.* لا شَيْءَ. لا أَحَدَ // البَتَّةَ؛ مُطْلَقًا؛ بِأَيَّةِ حالٍ
nonentity *n.* العَدَمُ؛ اللاوُجودُ. شَيْءٌ غَيْرُ مَوْجودٍ
non-existent *adj.* غَيْرُ مَوْجودٍ
non-intervention *n.* عَدَمُ التَدَخُّلِ
non-metal *n.* اللافِلِزُّ
non-observance *n.* عَدَمُ المُلاحَظَةِ
nonpareil *adj. & n.* فَريدٌ؛ لا مَثيلَ لَهُ
nonpartisan *adj.* لا حِزْبِيٌّ
non-payment *n.* عَدَمُ الدَفْعِ
nonplus *vt.* يُدْهِشُ؛ يُحَيِّرُ
non-resident *adj.* غَيْرُ قاطِنٍ
non-sectarian *adj.* لا طائِفِيٌّ
nonsense *n.* هُراءٌ؛ تُفاهَةٌ. سَفاسِفُ. عَمَلٌ أَحْمَقُ

non-skid *adj.* غَيْرُ مُنْزَلِقٍ ؛ مُقاوِمٌ للإنْزِلاقِ
non-stop *adj. & adv.* مَوْصولٌ؛ بِدونِ تَوَقُّفٍ
noodle *n.* المُغَفَّلُ؛ الساذِجُ. الرَّأسُ. مَعْكَرونَةٌ
nook *n.* زاوِيَةٌ؛ رُكْنٌ. مَكانٌ مُنْعَزِلٌ
noon *n.* الظُهْرُ؛ الظَهيرَةُ. أَوْجٌ؛ قِمَّةٌ
noonday *n.* الظُهْرُ؛ مُنْتَصَفُ النهارِ
noose *n.* أُنْشوطَةٌ. شَرَكٌ؛ أُحْبولٌ
nor *conj.* وَلا
noria *n.* ناعورَةٌ؛ سانِيَةٌ
norm *n.* مِعْيارٌ. قاعِدَةُ سُلوكٍ. حِكْمَةٌ؛ قَوْلٌ مأثورٌ
normal *adj.* سَوِيٌّ؛ عادِيٌّ. سَليمُ العَقْلِ. طَبيعِيٌّ
normally *adv.* عادَةً؛ طَبيعِيًّا
north *adj.; n.; adv.* شَماليٌّ // الشَمالُ. البُلْدانُ الشَماليَّةُ // شَمالاً
north-east *n.* الشَمالُ الشَرْقِيُّ
norther *n.* الريحُ الشَماليَّةُ
northerly *adj.; adv.* شَماليٌّ // شَماليًّا؛ نَحْوَ الشَمالِ
northern *adj.* شَماليٌّ
Northerner *n.* الشَماليُّ؛ أَحَدُ أَبْناءِ الشَمالِ
north-west *n.* الشَمالُ الغَرْبِيُّ
Norwegian *adj. & n.* نَروجِيٌّ // اللُغَةُ النَروجِيَّةُ
nose *n.; vt.; i.* أَنْفٌ. حاسَّةُ الشَمِّ // يَكْتَشِفُ بِالشَمِّ / يَشُمُّ. يَتَطَفَّلُ
nose-bag *n.* المِخْلاةُ
nose-dive *vi.* يَنْقَضُّ رَأْسِيًّا. يَهْبُطُ بِعُنْفٍ
nosegay *n.* باقَةُ زَهْرٍ صغيرَةٌ
nostalgia *n.* التَوْقُ أَوِ الحَنينُ إلى الوَطَنِ
nostril *n.* المَنْخَرُ؛ ثَقْبُ الأَنْفِ
not *adv.* لَمْ؛ لا؛ لَنْ. لَيْسَ
notability *n.* وَجاهَةٌ؛ شُهْرَةٌ. الوَجيهُ

notable *adj.; n.* فَذٌّ؛ وَجيهٌ. جَديرٌ بِالذِكْرِ. بارِزٌ // الوَجيهُ؛ الفَذُّ
notary *n.* الكاتِبُ العَدْلُ؛ المُوَثِّقُ العامُّ
notation *n.* مُلاحَظَةٌ. تَدْوينٌ. مَجْموعَةُ رُموزٍ
notch *n.; vt.* ثَلْمٌ؛ فَلٌّ. حَزَّةٌ. شَجَّةٌ. دَرَجَةٌ // يَثْلِمُ؛ يَفُلُّ. يَكْسِبُ؛ يُحْرِزُ
note *n.; vt.* نَغْمَةٌ موسيقيَّةٌ. مُذَكِّرَةٌ؛ مُفَكِّرَةٌ. وَرَقَةٌ نَقْدِيَّةٌ. نِداءٌ. صَوْتٌ. تَغْريدٌ. سَجْعٌ. شُهْرَةٌ. إمْتيازٌ // يَنْتَبِهُ إلى؛ يُلاحِظُ. يُدَوِّنُ. يُشيرُ. يُظْهِرُ
notebook *n.* مُفَكِّرَةٌ؛ مُذَكِّرَةٌ. دَفْتَرُ مُلاحَظاتٍ
noted *adj.* مَعْروفٌ؛ ذائِعُ الصيتِ
notepaper *n.* وَرَقُ الرَسائِلِ
noteworthy *adj.* جَديرٌ بالإنْتِباهِ؛ لافِتٌ
nothing *n.; pron.; adv.* عَدَمٌ. صِفْرٌ. شَيْءٌ غَيْرُ مَوْجودٍ // لا شَيْءَ // البَتَّةَ؛ عَلى الإطْلاقِ
notice *n.; vt.* مُلاحَظَةٌ. إشْعارٌ؛ إعْلامٌ. بَيانٌ؛ بَلاغٌ // يُنْذِرُ؛ يُشْعِرُ؛ يُعْلِمُ. يُشيرُ إلى. يُعَلِّقُ عَلى
noticeable *adj.* لافِتٌ للنَظَرِ. جَديرٌ بِالإهْتِمامِ
notice-board *n.* لَوْحَةُ الإعْلاناتِ
notification *n.* إعْلامٌ؛ إشْعارٌ؛ إنْذارٌ. بَيانٌ؛ بَلاغٌ
notify *vt.* يُعْلِمُ؛ يُشْعِرُ؛ يُنْذِرُ؛ يُبْلِغُ؛ يُخْطِرُ
notion *n.* إنْطِباعٌ؛ مَفْهومٌ (شَخْصِيٌّ). فِكْرَةٌ. نَزْوَةٌ؛ حَماقَةٌ. نِيَّةٌ
notoriety *n.* سوءُ السُمْعَةِ والشُهْرَةِ
notorious *adj.* سَيِّئُ السُمْعَةِ
notwithstanding *prep.; adv.* عَلى الرُغْمِ مِنْ؛ رُغْمًا عَنْ // وَمَعْ ذَلِكَ
noun *n.* الإسْمُ (في عِلْمِ الصَرْفِ)
nourish *vt.* يُغَذّي؛ يُقيتُ. يُرَبّي
nourishing *adj.* مُغَذٍّ؛ مُقيتٌ
nourishment *n.* غِذاءٌ؛ طَعامٌ. تَغْذِيَةٌ

novel *adj.; n.* جَديدٌ. غَريبٌ. غَيْرُ مَأْلوفٍ // رِوايَةٌ؛ قِصَّةٌ طويلَةٌ
novelette *n.* قِصَّةٌ قَصيرَةٌ
novelist *n.* الرِوائيُّ؛ مُؤَلِّفُ الرِوايات
novelty *n.* الجِدَّةُ. شَيْءٌ جَديدٌ أَوْ غَيْرُ مَأْلوفٍ
November *n.* تِشْرينُ الثاني؛ نوفمبر (شَهْرٌ شَمْسيٌّ)
novice *n.* المُبْتَدِئُ. الراهِبُ قَبْلَ التَثْبيتِ
novitiate *n.* مُدَّةُ التَرَهُّبِ
now *adv.; conj.* الآنَ؛ تَوًّا؛ حالاً // إذْ
just — في هَذِهِ اللَحْظَةِ
— and then أحيانًا
— or never الآنَ وإلاّ فَلا
nowadays *adv.* في هٰذِهِ الأيّامِ؛ في الوَقْتِ الحاضِرِ؛ حاليًّا
nowhere *adv.* لَيْسَ في أيِّ مَكانٍ. إلى لا مَكانٍ
nowise *adv.* البَتَّةَ؛ مُطْلَقًا؛ بِأيَّةِ حالٍ
noxious *adj.* بَغيضٌ. هَدّامٌ. مُفْسِدٌ (أخْلاقيًّا). مُؤْذٍ؛ ضارٌّ (بالصِحَّةِ)
nozzle *n.* فوهَةٌ. فَمُ الخُرْطومِ. الأنْفُ
nuance *n.* فارِقٌ؛ فاصِلٌ (دَقيقٌ)
nuclear *adj.* نَوَويٌّ
nucleus *n.* (*pl.* **-clei**) نَواةٌ. قَلْبٌ. مَرْكَزٌ. رَأْسُ المُذَنَّبِ
nude *adj.; n.* عارٍ؛ عُرْيانٌ. ناقِصٌ // شَخْصٌ عارٍ. عُرْيٌ
nudge *n.; vt.* وَكْزَةٌ // يَدْفَعُ بِرِفْقٍ. يَكِزُ
nudism *n.* عُرْيانيَّةٌ؛ مَذْهَبُ العُرْيِ
nudist *n.* مُمارِسُ العُرْيِ؛ مُنادٍ بالعُرْيانيَّةِ
nugget *n.* كُتْلَةٌ صُلْبَةٌ. قِطْعَةٌ مِنْ مَعْدِنٍ نَفيسٍ
nuisance *n.* أذًى؛ إزْعاجٌ
null *adj.* تافِهٌ؛ عَديمُ القيمَةِ. باطِلٌ؛ لاغٍ
nullify *vt.* يُبْطِلُ؛ يُلْغي. يُحْبِطُ
nullity *n.* بُطْلانٌ. شَيْءٌ باطِلٌ أَوْ مُعْدَمُ الأثَرِ (قانونًا)
numb *adj.; vt.* فاقِدُ الحِسِّ. لا مُبالٍ. خَدِرٌ // يُخْدِرُ؛ يُفْقِدُ الحِسَّ
number *n.; vt.* عَدَدٌ؛ رَقْمٌ. الكَمِّيَّةُ. جَماعَةٌ؛ مَجْموعَةٌ // يَعُدُّ؛ يُحْصي. يُرَقِّمُ. يَعْتَبِرُ. يَحْسُبُ
without — لا يُعَدُّ
His days are — ed حانَ أَجَلُهُ
numberless *adj.* لا يُحْصى؛ مُتَعَذِّرٌ عَدُّهُ
number-plate *n.* لَوْحَةٌ تَحْمِلُ رَقْمَ السَيّارَةِ
numbness *n.* فُقْدانُ الحِسِّ. لا مُبالاةٌ
numeral *adj.; n.* عَدَديٌّ؛ رَقْميٌّ // عَدَدٌ؛ رَقْمٌ
numeration *n.* عَدٌّ؛ تَعْدادٌ
numerator *n.* بَسْطٌ. المُحْصي
numerical *adj.* عَدَديٌّ
numerous *adj.* عَديدٌ؛ كَثيرٌ؛ وافِرٌ
numerously *adv.* بِكَثْرَةٍ؛ بِوَفْرَةٍ
numskull *n.* الأحْمَقُ؛ المُغَفَّلُ
nun *n.* راهِبَةٌ
nuncio *n.* سَفيرٌ بابَويٌّ
nunnery *n.* دَيْرٌ للراهِباتِ. رَهْبَنَةٌ
nuptial *adj.* زَواجيٌّ؛ زِفافيٌّ؛ عُرْسيٌّ
nuptials *n.pl.* زَواجٌ؛ زِفافٌ
nurse *n.; vt.* المُرَبِّيَةُ. المُرْضِعَةُ. المُمَرِّضَةُ؛ المُمَرِّضُ // يُرْضِعُ. يُرَبّي. يُنْشِئُ. يَتَعَهَّدُ؛ يَرْعى
nurse-maid *n.* الحاضِنَةُ؛ مُرَبِّيَةُ الأطْفالِ
nursery *n.* بَيْتُ الحَضانَةِ. حُجْرَةُ نَوْمِ الطِفْلِ
nursery school *n.* مَدْرَسَةُ الحَضانَةِ
nursing home *n.* دارُ الصِحَّةِ. العِيادَةُ
nursling *n.* رَضيعٌ. غَرْسَةٌ

nurture *n.; vt.* تَهْذيبٌ؛ تَرْبيَةٌ. طَعامٌ // يُغَذّي. يُرَبّي. يَحْضُنُ. يَرْعى

nut *n.* جَوْزَةٌ؛ بُنْدُقَةٌ. مُشْكِلَةٌ. حَزَقَةٌ

what a — he is! ما أَخَفَّ عَقْلَهُ

nut-brown *adj.* بِلَوْنِ البُنْدُقِ

nut-cracker *n.* كَسّارَةُ الجَوْزِ أَوِ البُنْدُقِ

nutmeg *n.* جَوْزَةُ الطيبِ. شَجَرَةُ جَوْزِ الطيبِ

nutrient *adj.* مُغَذٍّ

nutriment *n.* قوتٌ؛ غِذاءٌ

nutrition *n.* تَغْذيَةٌ. غِذاءٌ

nutritious *adj.* مُغَذٍّ

nutshell *n.* غِلافُ الجَوْزَةِ

nut tree *n.* شَجَرَةُ الجَوْزِ أَوِ البُنْدُقِ

nutty *adj.* كَثيرُ الجَوْزِ. مُخْتَلُّ العَقْلِ

nuzzle *vi.; t.* يَسْتَكِنُّ. يُمَرِّغُ أَنْفَهُ / يَحُكُّ بِخَطْمِهِ

nylon *n.* النَّيْلونُ: مادَّةٌ لَدِنَةٌ صُنْعيَّةٌ مَتينَةٌ

nymph *n.* حوريَّةٌ. إِلٰهَةُ الماءِ أَوِ الغابِ. فَتاةٌ. الحَوْراءُ (حَشَرَةٌ في طَوْرٍ إِنْتِقاليٍّ)

O

O; o *n.* الحَرْفُ الخامِسَ عَشَرَ مِنَ الأَبْجَدِيَّةِ الإنْكليزيَّةِ. صِفْرٌ

oaf *n.* الأَبْلَهُ؛ الأَخْرَقُ؛ الساذِجُ

oak *n.* البَلّوطُ؛ السِّنْديانُ

oaken *adj.* بَلّوطيٌّ؛ سِنْديانيٌّ

oar *n.* مِجْذافٌ. المُجَذِّفُ

oarlock *or* **rowlock** *n.* مِسْنَدُ المِجْذافِ

oarsman *n.* (*pl.* **-men**) المُجَذِّفُ

oasis *n.* (*pl.* **oases**) الواحَةُ؛ الخَميلَةُ

oat(s) *n.* الشوفانُ؛ الهُرْطُمانُ

oatcake *n.* فَطيرَةُ الشوفانِ

oath *n.* يَمينٌ؛ قَسَمٌ. تَجْديفٌ

oatmeal *n.* دَقيقُ أَوْ طَحينُ الشوفانِ

obduracy *n.* عِنادٌ. قَسْوَةٌ. إسْتِرْسالٌ في الإثْمِ

obdurate *adj.* عَنيدٌ. مُسْتَرْسِلٌ في الإثْمِ. قاسٍ

obedience *n.* طاعَةٌ؛ إمْتِثالٌ. إذْعانٌ

obedient *adj.* مُطيعٌ؛ مُمْتَثِلٌ. مُذْعِنٌ؛ مُنْقادٌ

obeisance *n.* إجْلالٌ؛ إحْتِرامٌ. إنْحِناءَةُ احْتِرامٍ

obelisk *n.* المِسَلَّةُ؛ نُصْبٌ عَموديٌّ

obese *adj.* بَدينٌ؛ سَمينٌ

obesity *n.* بَدانَةٌ؛ سِمْنَةٌ؛ بَطانَةٌ

obey *vt.; i.* يُطيعُ؛ يَمْتَثِلُ؛ يُذْعِنُ لِـ

obfuscate *vt.* يُقَتِّمُ؛ يُعَتِّمُ. يُشَوِّشُ؛ يُرْبِكُ

obituary *n.* النَعْيُ (مُرْفَقًا بِنُبْذَةٍ عَنِ الفَقيدِ)

object *n.; vt.; i.* شَيْءٌ. هَدَفٌ. باعِثٌ. المَفْعولُ بِهِ // يَعْتَرِضُ عَلى؛ يُعارِضُ في. يُجابِهُ

objection *n.* إعْتِراضٌ. رَفْضٌ. مُعارَضَةٌ

objectionable *adj.* كَريهٌ؛ بَغيضٌ. مَرْفوضٌ

objective *adj.; n.* مُدْرَكٌ بِالحَواسِ. مَوْضوعيٌّ. غَيْرُ مُتَحَيِّزٍ. مَفْعوليٌّ؛ مَجْروريٌّ // هَدَفٌ؛ غَرَضٌ

objectively *adv.* مَوْضوعِيًّا

oblation *n.* قُرْبانٌ. تَقْدِمَةٌ ضَحِيَّةٍ

obligate *vt.* يُلْزِمُ؛ يَفْرِضُ؛ يوجِبُ

obligation *n.* تَعَهُّدٌ. إلْتِزامٌ. صَكٌّ؛ سَنَدٌ. واجِبٌ. فَضْلٌ

obligatory *adj.* إلْزاميٌّ؛ إجْباريٌّ. موجِبٌ

oblige *vt.* يُجْبِرُ؛ يُكْرِهُ. يُسْدي مَعْروفًا

obliging *adj.* لَطيفٌ. كَريمٌ. مِفْضالٌ

oblique *adj.* مائِلٌ؛ مُنْحَرِفٌ. مُلْتَوٍ (شَخْصٌ)

obliquity *n.* مَيَلانٌ؛ إنْحِرافٌ. عَدَمُ اسْتِقامَةٍ

obliterate *vt.* يَطْمِسُ؛ يُزيلُ؛ يَمْحو؛ يُلْغي

oblivion *n.* نِسْيانٌ؛ سُلْوانٌ. عَفْوٌ

oblivious *adj.* غافِلٌ عَنْ؛ كَثيرُ النِسْيانِ. غَيْرُ واعٍ

oblong *adj. & n.* مُسْتَطيلٌ

obloquy *n.* ذَمٌّ؛ هِجاءٌ. عارٌ؛ خِزْيٌ

obnoxious *adj.* بَغيضٌ؛ ذَميمٌ

oboe *n.* مِزْمارٌ

obscene *adj.* خَلاعيٌّ؛ فاحِشٌ؛ داعِرٌ. قَذِرٌ

obscenity *n.* دَعارَةٌ؛ بَذاءَةٌ؛ فُحْشٌ. قَذارَةٌ

obscure *adj.; vt.* مُظْلِمٌ؛ غامِضٌ. مُبْهَمٌ. عَويصٌ // يُقَتِّمُ؛ يَجْعَلُهُ مُبْهَمًا. يُخْفي

obscurity *n.* إبْهامٌ. دُجْنَةٌ؛ عَتْمَةٌ. ظُلْمَةٌ

obsequies *n.pl.* جِنازَةٌ؛ مَأْتَمٌ

obsequious *adj.* مُتَذَلِّلٌ؛ خَنوعٌ

observable *adj.* يُلْحَظُ؛ يُرْصَدُ؛ يُمكِنُ رُؤْيَتُهُ

observance *n.* تَقَيُّدٌ بِـ. مُلاحَظَةٌ. عادَةٌ؛ طَقْسٌ

observant *adj.* يَقِظٌ. سَريعُ المُلاحَظَةِ
observation *n.* مُلاحَظَةٌ. رَصْدٌ. إنْتِباهٌ
observatory *n.* مَرْصَدٌ؛ مَرْقَبٌ. نُقْطَةُ مُراقَبَةٍ
observe *vt.* يُلاحِظُ. يُراقِبُ. يَرى. يُطيعُ
observer *n.* المُراقِبُ؛ الراصِدُ
obsess *vt.* يُقْلِقُ. تَنْتابُهُ الهَواجِسُ
obsession *n.* الهاجِسُ. الإسْتِحْواذُ؛ التَسَلُّطُ
obsolescent *adj.* مَهْجورٌ. بَطَلَ اسْتِعْمالُهُ
obsolete *adj.* مُهْمَلٌ؛ مَهْجورٌ. عَتيقُ الزيّ. أثَريٌّ
obstacle *n.* عائِقٌ؛ عَقَبَةٌ؛ حائِلٌ؛ مانِعٌ
obstetrics *n.pl.* عِلْمُ القِبالَةِ؛ مِهْنَةُ التَوْليدِ
obstinacy *n.* عِنادٌ. إسْتِعْصاءٌ (على المُعالَجَةِ)
obstinate *adj.* عَنيدٌ. عُضالٌ؛ مُسْتَعْصٍ (مَرَضٌ)
obstruct *vt.* يَعوقُ؛ يَحْجُبُ. يَسُدُّ
obstruction *n.* سَدٌّ. إعاقَةٌ. إنْسِدادٌ. عائِقٌ
obtain *vt.; i.* يُحْرِزُ؛ يَحْصُلُ عَلى / يَسودُ
obtainable *adj.* مُمْكِنٌ إحْرازُهُ أوِ الحُصولُ عَلَيْهِ
obtrude *vt.; i.* يُخْرِجُ؛ يُقْحِمُ. يُدْلي بِرَأْيِهِ / يَتَطَفَّلُ
obtrusion *n.* إقْحامٌ. تَطَفُّلٌ
obtrusive *adj.* ناتِئٌ. مُتَطَفِّلٌ؛ فُضوليٌّ
obtuse *adj.* بَليدٌ. أبْلَهُ. مُنْفَرِجَةٌ (زاوِيَةٌ). كَليلٌ
obverse *n.; adj.* وَجْهُ العُمْلَةِ // مُقابِلٌ
obviate *vt.* يَتَحاشَى؛ يَتَفادى؛ يَتَجَنَّبُ
obvious *adj.* واضِحٌ؛ جَليٌّ؛ بَيِّنٌ
obviously *adv.* بِوُضوحٍ؛ بِجَلاءٍ
occasion *n.; vt.* مُناسَبَةٌ. فُرْصَةٌ. سَبَبٌ. إحْتِفالٌ. ضَرورَةٌ // يُحْدِثُ. يُسَبِّبُ
occasional *adj.* عَرَضيٌّ. إتِّفاقيٌّ. مُناسَبيٌّ
occasionally *adv.* أحْيانًا؛ بَيْنَ الفَيْنَةِ والفَيْنَةِ
Occident *n.* الغَرْبُ. نِصْفُ الكُرَةِ الغَرْبيُّ
Occidental *adj. & n.* غَرْبيٌّ
occult *adj.* سِرّيٌّ. غامِضٌ. خَفيٌّ؛ مُسْتَتِرٌ
occupancy *n.* إحْتِلالٌ. وَضْعُ يَدٍ
occupant *n.* واضِعُ اليَدِ. الشاغِلُ. الساكِنُ
occupation *n.* مِهْنَةٌ؛ صَنْعَةٌ. شُغْلٌ. إحْتِلالٌ
occupied *adj.* مَشْغولٌ. مُحْتَلٌّ (بَلَدٌ)
occupier *n.* الشاغِلُ. المُحْتَلُّ
occupy *vt.* يَشْغَلُ. يَحْتَلُّ. يَسْتَغْرِقُ (زَمانًا)
occur *vi.* يَحْدُثُ. يوجَدُ. يَظْهَرُ. يَخْطُرُ في البالِ
occurrence *n.* حُدوثٌ. بُروزٌ. مُصادَفَةٌ. حادِثَةٌ
ocean *n.* مُحيطٌ؛ أوقيانوسٌ
oceanic *adj.* مُحيطيٌّ؛ أوقيانوسيٌّ. واسِعٌ
ocher; ochre *n.* نُقودٌ ذَهَبيَّةٌ. المَغْرَةُ
o'clock *adv.* وِفْقًا للساعَةِ. حَسَبَ الساعَةِ
octagon *n.* المُثَمَّنُ؛ مُثَمَّنُ الزَوايا والأضْلاعِ
octagonal *adj.* ثُمانيُّ الأضْلاعِ والزَوايا
octavo *n.* قَطْعُ الثُمْنِ
October *n.* تِشْرينُ الأوَّلُ؛ أكْتوبر (شَهْرٌ شَمْسيٌّ)
octopus *n.* (*pl.* **-es**) الأُخْطُبوطُ؛ الأُخْبوطُ
ocular *adj.* عَيْنيٌّ؛ ذو عَلاقَةٍ بالعَيْنِ
oculist *n.* طَبيبُ العُيونِ
odd *adj.* مُفْرَدٌ. غَيْرُ شَفْعيٍّ. زائِدٌ. شاذٌّ. عَرَضيٌّ
oddity *n.* غَرابَةٌ. شُذوذٌ
odd-looking *adj.* غَريبُ الأطْوارِ
odds *n.pl.* أفْضَليَّةٌ. خِلافٌ؛ نِزاعٌ. فَرْقٌ. تَحَيُّزٌ
by all — كَثيرًا جِدًّا
ode *n.* قَصيدَةٌ غِنائيَّةٌ. نَشيدٌ
odious *adj.* كَريهٌ؛ بَغيضٌ؛ قَبيحٌ
odium *n.* خِزْيٌ؛ عارٌ. بُغْضٌ؛ كُرْهٌ. وَصْمَةُ عارٍ
odor; odour *n.* رائِحَةٌ. نَكْهَةٌ. سُمْعَةٌ
odorous *adj.* ذو رائِحَةٍ. أرِجٌ؛ عَطِرٌ

o'er; over *adv. & prep.* فَوْقَ
of *prep.* مِنْ؛ بِسَبَبِ. عَنْ. بِشَأْنِ. بِخُصوصِ
off *adv.; adj.; prep.* بَعيدًا. جانِبًا // مُعَطَّلٌ. مُلغًى. مُخْطِئٌ. مَخْبولٌ. ضَئيلٌ // عَنْ. مِنْ. على حِسابِ
— the point خارِجٌ عَنِ المَوْضوعِ
— and on بَيْنَ حينٍ وآخَرَ
take — يُغادِرُ مُسْرِعًا
offal *n.* فَضَلاتٌ؛ نُفاياتٌ
offence *n.* هُجومٌ. إساءَةٌ؛ إهانَةٌ. إزْعاجٌ. إثْمٌ
offend *vt.; i.* يُضايِقُ؛ يَغيظُ. يُؤْذي / يَأْثَمُ؛ يُذْنِبُ
offender *n.* المُزْعِجُ. المُؤْذي. المُذْنِبُ
offensive *adj.; n.* عُدْوانيٌّ؛ هُجوميٌّ. مُزْعِجٌ. مُهينٌ // هُجومٌ؛ عُدْوانٌ
offer *vt.; i.; n.* يُقَدِّمُ (قُرْبانًا). يَقْتَرِحُ. يُبْدي اسْتِعْدادًا / يُقَدِّمُ (أُضْحيَةً). يَطْلُبُ لِلزَواجِ. يَعْرِضُ // عَرْضٌ. طَلَبُ اليَدِ للزَواجِ. مُحاوَلَةٌ؛ سَعْيٌ
offering *n.* عَرْضٌ. تَقْديمٌ. إعانَةٌ. مِنْحَةٌ دِراسيَّةٌ
off-hand *adv.; adj.* إرْتِجالاً // مُرْتَجَلٌ. خَشِنٌ
off-handed *adj.* مُرْتَجَلٌ
office *n.* وَظيفَةٌ. مَكْتَبٌ. مَنْصِبٌ. قُدّاسٌ إحْتِفاليٌّ
office boy *n.* صَبيٌّ أوْ فَرّاشُ المَكْتَبِ
officer *n.; vt.* شُرْطيٌّ. مُوَظَّفٌ. ضابِطٌ // يَأْمُرُ
official *adj.; n.* رَسْميٌّ. قانونيٌّ // المُوَظَّفُ
officially *adv.* رَسْميًّا؛ بِصورَةٍ رَسْميَّةٍ
officiate *vt.; i.* يُقَدِّسُ. يَتَوَلّى مَهَمَّةَ الحَكَمِ / يَقومُ بِوَظيفَةٍ
officious *adj.* غَيْرُ رَسْميّ. فُضوليٌّ
offing *n.* المُسْتَقْبَلُ القَريبُ. عُرْضُ البَحْرِ
offset *vt.; n.* يُوازِنُ؛ يُعادِلُ. يَتكافَأُ مَعْ // طِباعَةُ الأوفْسِت
offshoot *n.* فَرْعٌ مِنْ نَبْتَةٍ أوْ سِلْسِلَةِ جِبالٍ
offshore *adj.* بَعيدًا مِنَ الشاطِئِ
offspring *n.* ذُرِّيَّةٌ؛ نَسْلٌ. نِتاجٌ
often *adv.* غالِبًا؛ كَثيرًا ما؛ في أغْلَبِ الأحْيانِ
ogle *vt.; n.* يَرْمُقُ بِنَظَراتٍ غَراميَّةٍ // نَظْرَةٌ غَراميَّةٌ
ogre *n.* غولٌ؛ عِمْلاقٌ بَشِعٌ رَهيبٌ
oh! *int.* أوه. يا (أداةٌ لِلنِداءِ). صِفْرٌ
oil *n.; vt.* زَيْتٌ. نَفْطٌ؛ بِتْرولٌ // يُشَحِّمُ؛ يُزَيِّتُ
oilcan *n.* مِزْيَتَةٌ
oilcloth *n.* المُشَمَّعُ. قُماشٌ مُزَيَّتٌ (لِلمَوائِدِ)
oiler *n.* see **oilcan**
oil field *n.* حَقْلَ الزَيْتِ؛ حَقْلُ النَفْطِ
oil lamp *n.* قِنْديلُ زَيْتٍ أوْ نَفْطٍ
oil-man *n.* الزَيّاتُ؛ بائِعُ الزَيْتِ
oil painting *n.* الرَسْمُ بالزَيْتِ. صورَةٌ زَيْتيَّةٌ
oilskin *n.* المُشَمَّعُ. مِعْطَفٌ واقٍ مِنَ المَطَرِ
oil stove *n.* مَوْقِدٌ يَعْمَلُ بالنَفْطِ أوِ الزَيْتِ
oil tanker *n.* ناقِلَةُ نَفْطٍ؛ ناقِلَةُ زَيْتٍ
oil well *n.* بِئْرُ زَيْتٍ؛ بِئْرُ نَفْطٍ
oily *adj.* زَيْتيٌّ. مُتَمَلِّقٌ؛ مُداهِنٌ
ointment *n.* مَرْهَمٌ
OK *or* **okay** *adj.; adv.; vt.* موافِقٌ؛ حَسَنٌ // حَسَنًا // يُؤَيِّدُ؛ يُوافِقُ؛ يَسْتَحْسِنُ
okra *n.* الباميَةُ (نَباتٌ)
old *adj.* قَديمٌ؛ عَتيقٌ. سابِقٌ. عَجوزٌ. خَبيرٌ. بالٍ
olden *adj.* قَديمٌ؛ سالِفٌ؛ غابِرٌ
old-fashioned *adj.* قَديمُ الطِرازِ. مُحافِظٌ
old maid *n.* العانِسُ. شَخْصٌ عَصَبيُّ المِزاجِ
oleander *n.* الدِفْلى (نَبْتَةٌ سامَّةٌ عَطِرَةُ الزَهْرِ)
oligarchy *n.* حُكْمُ القِلَّةِ
olive *n.* زَيْتونٌ. شَجَرُ الزَيْتونِ. اللَوْنُ الزَيْتونيُّ

Olympian; Olympic *adj.* أولمْبيٌّ
omega *n.* آخِرُ حُروفِ اللُّغَةِ اليونانيَّةِ. نِهايَةٌ
omelet(te) *n.* عُجَّةُ البَيْضِ
omen *n.* بَشيرٌ؛ فَأْلٌ. نَذيرٌ بِنَحْسٍ
ominous *adj.* مَشْؤومٌ؛ مَنْحوسٌ
omission *n.* حَذْفٌ؛ إسْقاطٌ؛ إغْفالٌ. شَيْءٌ مُهْمَلٌ
omit *vt.* يَحْذِفُ؛ يُسْقِطُ؛ يُغْفِلُ. يُهْمِلُ
omnibus *n.* الأومْنيبوسُ
omnipotence *n.* القُدْرَةُ الكُلِّيَّةُ. قُوَّةٌ كُلِّيَّةُ القُدْرَةِ
omnipotent *adj.* كُلِّيُّ القُدْرَةِ؛ جَبّارٌ (إلَهٌ)
omnipresent *adj.* كُلِّيُّ الوجودِ
omniscient *adj.* كُلِّيُّ العِلْمِ
omnivorous *adj.* قارِتٌ؛ آكِلٌ لِكُلِّ شَيْءٍ
on *prep.; adv.; adj.* على؛ فَوْقَ. بِـ. عِنْدَ؛ حالَ. إثْرَ // عَلى. قُدُمًا؛ إلى الأمامِ // بادِئٌ. جارٍ
  it's not — ! غَيْرُ وارِدٍ
  — and off مِنْ وَقْتٍ إلى آخَرَ
  — and — باسْتِمْرارٍ
once *adv.; adj.; n.; conj.* مَرَّةً؛ ذاتَ مَرَّةٍ. يَوْمًا. في ما مَضى // سابِقٌ // مَرَّةٌ // إذا ما؛ ما إنْ
  at — حالاً؛ فَوْرًا
  — and for all لِلْمَرَّةِ الأخيرَةِ
oncoming *adj.; n.* مُقْدِمٌ؛ مُقْتَرِبٌ // إقْتِرابٌ
one *adj.; n.; pron.* واحِدٌ؛ واحِدَةٌ. ذاتَ. وَحيدٌ؛ أوْحَدُ // شَخْصٌ أوْ شَيْءٌ واحِدٌ. الرَّقْمُ واحِدٌ // أحَدُ
oneness *n.* فَرْدِيَّةٌ؛ أحَدِيَّةٌ
onerous *adj.* مُرْهِقٌ؛ شاقٌّ؛ مُتْعِبٌ؛ مُضْنٍ
oneself *pron.* نَفْسُهُ؛ نَفْسُ المَرْءِ أوْ حالَتُهُ السَّوِيَّةُ
one-sided *adj.* ذو جانِبٍ واحِدٍ. مُتَحَيِّزٌ
one-way *adj.* وَحيدُ الإتِّجاهِ

onion *n.* البَصَلُ. بَصَلَةٌ
onlooker *n.* المُشاهِدُ؛ المُتَفَرِّجُ
only *adj.; adv.; conj.* الأفْضَلُ. الوَحيدُ // فَقَطْ. فَحَسْبُ. في النِّهايَةِ // إلاّ أنَّ. لَوْلا أنْ
onrush *n.* إنْدِفاعٌ؛ تَدَفُّقٌ
onset *n.* هُجومٌ. بِدايَةٌ؛ مُسْتَهَلٌّ
onslaught *n.* إنْقِضاضٌ؛ هُجومٌ صاعِقٌ
onus *n.* عِبْءٌ؛ مَسْؤُولِيَّةٌ؛ تَبِعَةٌ
onward *adj.; adv.* مُوَجَّهٌ إلى الأمامِ // إلى الأمامِ
onyx *n.* العَقيقُ اليَمانيُّ
ooze *n.; vi.; t.* راسِبٌ مِنْ طينٍ. مُسْتَنْقَعٌ. سَبْخَةٌ. التَحَلُّبُ // يَتَحَلَّبُ؛ يَنِزُّ؛ يَرْشَحُ / يَتَصَبَّبُ
opal *n.* الأوبالُ؛ حَجَرٌ كَريمٌ تَتَغَيَّرُ ألْوانُهُ
opaque *adj.* غَيْرُ شَفّافٍ. مُبْهَمٌ. عَويصٌ. غَبِيٌّ
open *vt.; i.; adj.* يَفْتَحُ. يَكْشِفُ. يُنَوِّرُ. يَبْدأُ؛ يَسْتَهِلُّ / يَنْفَتِحُ. يَنْكَشِفُ. يَتَّسِعُ // مَفْتوحٌ. صَريحٌ. مَكْشوفٌ. عامٌّ. كَريمٌ. مُنْفَتِحٌ. مُوَسَّعٌ
open air *n.* الخَلاءُ؛ الهَواءُ الطَّلْقُ
opener *n.* الفاتِحُ. فَتّاحَةُ (العُلَبِ)
open-handed *adj.* كَريمٌ؛ سَخِيٌّ؛ مِعْطاءٌ
opening *adj.; n.* مُسْتَهِلٌّ. فاتِحٌ. مُبْتَدِئٌ // إفْتِتاحٌ. بِدايَةٌ. فُتْحَةٌ. فُرْصَةٌ مُلائِمَةٌ
open-minded *adj.* مُنْفَتِحُ العَقْلِ
open-mouthed *adj.* فاغِرُ الفَمِ. مَشْدوهٌ
opera *n.* المُغَنّاةُ؛ الأوبِرا. دارُ الأوبِرا
opera house *n.* دارُ الأوبِرا. مَسْرَحٌ
operate *vt.; i.* يُجْري عَمَلِيَّةً جِراحِيَّةً. يُشَغِّلُ. يُديرُ / يُؤَثِّرُ. يُحْدِثُ. يَعْمَلُ
operation *n.* عَمَلِيَّةٌ. فَعّالِيَّةٌ؛ قُوَّةٌ. عَمَلِيَّةٌ جِراحِيَّةٌ
operative *adj.; n.* فَعّالٌ. نافِذُ المَفْعولِ.

جِراحيٌّ // العامِلُ. شُرْطيٌّ سِرّيٌّ
operator *n.* العامِلُ الميكانيكيُّ. الجَرّاحُ. المُشَعْوِذُ
operetta *n.* أوبريت؛ أوبرا خَفيفَةٌ
opiate *adj.; n.* أفْيونيٌّ. مُخَدِّرٌ // المُخَدِّرُ. المُنَوِّمُ
opinion *n.* رَأْيٌ. إعْتِقادٌ. وُجْهَةُ نَظَرٍ
opinionated *adj.* عَنيدٌ؛ مُتَشَبِّثٌ بِرَأْيِهِ
opium *n.* الأفْيونُ (مُخَدِّرٌ)
opossum *n.* حَيَوانٌ أميركيٌّ مِنْ ذَواتِ الجِراب
opponent *n.* الخَصْمُ. المُناوِئُ
opportune *adj.* مُلائِمٌ. مُؤاتٍ. في وَقْتِهِ
opportunism *n.* إنْتِهازيَّةٌ؛ إنْتِهازٌ
opportunist *adj. & n.* إنْتِهازيٌّ
opportunity *n.* مُناسَبَةٌ؛ فُرْصَةٌ؛ نُهْزَةٌ
oppose *vt.* يُعارِضُ؛ يُقاوِمُ. يُقابِلُ؛ يُقارِنُ
opposite *adj.; n.; adv.* مُواجِهٌ؛ مُقابِلٌ. مُتَعارِضٌ. مُعاكِسٌ // الضِدُّ. النَقيضُ // أمامَ؛ تِجاهَ
opposition *n.* المُعارَضَةُ. المُقابَلَةُ. مُقاوَمَةٌ
oppress *vt.* يَضْطَهِدُ؛ يَظْلِمُ. يُحْزِنُ
oppression *n.* جَوْرٌ. إضْطِهادٌ؛ ظُلْمٌ. غَمٌّ
oppressive *adj.* ظالِمٌ؛ جائِرٌ؛ عَسْفيٌّ؛ جَوْريٌّ
opprobrious *adj.* مُحَقِّرٌ (كَلامٌ). مُخْزٍ. حَقيرٌ
opprobrium *n.* عَمَلٌ مُخْزٍ. إزْدِراءٌ. خِزْيٌ؛ عارٌ
opt *vi.* يَخْتارُ. يُؤْثِرُ
optic (al) *adj.* بَصَريٌّ. عَيْنيٌّ
optician *n.* نَظّاراتيٌّ؛ بائِعُ الأدَواتِ البَصَريَّةِ
optics *n.* عِلْمُ البَصَرِيّاتِ
optimism *n.* التَفاؤُلُ
optimist *n.* المُتَفائِلُ؛ المُتَيَمِّنُ
optimistic *adj.* مُتَفائِلٌ. تَفاؤُليٌّ
option *n.* إخْتِيارٌ. حَقٌّ أوْ حُرِّيَّةُ الإخْتِيارِ
optional *adj.* إخْتياريٌّ؛ غَيْرُ إلْزاميٍّ
opulence *n.* ثَرْوَةٌ؛ غِنًى. وَفْرَةٌ؛ غَزارَةٌ
opulent *adj.* مَيْسورٌ؛ غَنيٌّ. وافِرٌ؛ غَزيرٌ
or *conj.* أوْ؛ أمْ. إمّا. وَإلاّ
oracle *n.* وَحْيٌ. مَهْبِطُ الوَحْيِ. وَسيطُ الوَحْيِ
oracular *adj.* وَحْييٌّ. نُبوئيٌّ. حَكيمٌ. مُبْهَمٌ
oral *adj.* شَفَهيٌّ. لَفْظيٌّ. يُعْطى عَنْ طَريقِ الفَمِ
orange *n.* البُرْتُقالُ. اللَوْنُ البُرْتُقاليُّ
orangeade *n.* شَرابٌ أوْ عَصيرُ البُرْتُقالِ
orang-outan; orangutan *n.* إنْسانُ الغابِ
oration *n.* خُطْبَةٌ. خِطابٌ رَسْميٌّ
orator *n.* الخَطيبُ
oratory *n.* فَنُّ الخَطابَةِ. خُطْبَةٌ
orb *n.* جِرْمٌ سَماويٌّ. عَيْنٌ. كُرَةٌ. فَلَكٌ. دائِرَةٌ
orbit *n.* مَحْجِرُ العَيْنِ. مَدارٌ؛ فَلَكٌ
orbital *adj.* مَداريٌّ؛ فَلَكيٌّ
orchard *n.* بُسْتانُ فاكِهَةٍ. أشْجارُ البُسْتانِ
orchestra *n.* فِرْقَةٌ موسيقيَّةٌ
orchid *n.* السَحْلَبيَّةُ (نَبْتَةٌ)
ordain *vt.; i.* يَسيمُ كاهِنًا. يُعَيِّنُ. يُقيمُ / يَقْضي. يُصْدِرُ أمْرًا
ordeal *n.* مِحْنَةٌ. المُحاكَمَةُ بالتَعْذيبِ
order *n.; vt.; i.* أمْرٌ. أخَويَّةٌ. رَهْبَنَةٌ. طَبَقَةٌ. رُتْبَةٌ. نَوْعٌ. حالَةٌ. تَرْتيبٌ. نِظامٌ. طَلَبٌ تِجاريٌّ // يَأْمُرُ. يُرَتِّبُ. يُقَدِّرُ / يُنَظِّمُ. يُصْدِرُ أمْرًا
they are in one — هُمْ عَلى سِياقٍ واحِدٍ
orderly *adj.; n.* مُنَظَّمٌ؛ مُرَتَّبٌ. خاضِعٌ لِنِظامٍ // الحاجِبُ؛ الوَصيفُ. المُمَرِّضُ
ordinal *adj.; n.* تَرْتيبيٌّ // العَدَدُ التَرْتيبيُّ
ordinance *n.* أمْرٌ. قَضاءٌ؛ قَدَرٌ. تَقْديرٌ إلٰهيٌّ
ordinarily *adv.* عادَةً

ordinary *adj.* إعْتياديٌّ ؛ مألوفٌ. دونَ المُتَوَسِّطِ
ordination *n.* رِسامَةُ الكاهِنِ. سِيامَةُ الكاهِنِ
ordnance *n.* المِدْفعيَّةُ. المُعَدّاتُ الحَرْبيَّةُ
ordure *n.* قَذارَةٌ. غائِطٌ
ore *n.* رِكازٌ؛ مَعْدِنٌ خامٌ. مَعْدِنٌ غيرُ خالِصٍ
organ *n.* عُضْوٌ. الأُرْغُنُ (آلَةٌ موسيقيَّةٌ). أداةٌ
organic *adj.* عُضْويٌّ. أساسيٌّ. مُتَناسِقُ الأجْزاءِ
organism *n.* الكائِنُ الحَيُّ. نِظامٌ
organist *n.* العازِفُ على الأُرْغُنِ
organization *n.* مُنَظَّمَةٌ. تَنْظيمٌ. هَيْئَةُ الإدارَةِ
organize *vt.* يُنَظِّمُ. يُؤَسِّسُ؛ يُنْشِئُ
organizer *n.* المُنَظِّمُ؛ المُؤَسِّسُ
orgy *n.* قَصْفٌ؛ لَهْوٌ. إنْغِماسٌ مُفْرِطٌ
oriel *n.* نافِذَةٌ بارِزَةٌ
Orient *n.* الشَرْقُ. المَشْرِقُ. لُؤْلُؤَةٌ
Oriental *adj.; n.* شَرْقيٌّ. مَشْرِقيٌّ. مُتَأَلِّقٌ. قَيِّمٌ // الشَرْقيُّ؛ أحَدُ أَبْناءِ الشَرْقِ
orientalist *n.* مُسْتَشْرِقٌ
orientation *n.* تَوْجيهٌ؛ إرْشادٌ
orifice *n.* فَتْحَةٌ؛ ثَقْبٌ. فوهَةٌ
origin *n.* أصْلٌ؛ مَصْدَرٌ؛ مَنْشَأٌ. نُشوءٌ؛ إبْتِداءٌ
original *adj.; n.* أصْليٌّ. جَديدٌ؛ مُبْتَكَرٌ. مُبْدِعٌ // الأصْلُ. النُسْخَةُ الأصْليَّةُ. شَخْصٌ مُبْدِعٌ
originality *n.* أصالَةٌ. إبْداعٌ. جِدَّةٌ؛ طَرافَةٌ
originally *adv.* في الأصْلِ. في الأساسِ
originate *vt.; i.* يُبْدِئُ؛ يُنْشِئُ / يَبْدَأُ؛ يَنْشَأُ
originator *n.* المُبْتَدِئُ؛ الطَليعيُّ
oriole *n.* الصُفاريَّةُ (طائِرٌ مِنَ الجَواثِمِ)
orison *n.* صَلاةٌ
ornament *n.; vt.* زينَةٌ. زَخْرَفَةٌ. تَزْيينٌ. حِلْيَةٌ // يُزَيِّنُ؛ يُزَخْرِفُ
ornamental *adj.* زينيٌّ؛ زُخْرُفيٌّ
ornate *adj.* مُنَمَّقٌ؛ مُزَخْرَفٌ
ornithology *n.* عِلْمُ الطيورِ؛ طَيْريّاتٌ
orphan *adj.; n.; vt.* يَتيمٌ // اليَتيمُ // يُيَتِّمُ
orphanage *n.* دارُ الأيْتامِ؛ مَيْتَمٌ. يُتْمٌ
orthodox *adj.* أرْثوذُكْسيٌّ. مُسْتَقيمُ الرأيِ
orthodoxy *n.* الأرْثوذُكْسيَّةُ. مُعْتَقَدٌ قَويمٌ
orthography *n.* عِلْمُ الإمْلاءِ. ضَبْطُ التَهْجِئَةِ
orthop(a)edist *n.* المُجَبِّرُ؛ مُقَوِّمُ الأَعْضاءِ
orthop(a)edy *n.* التَجْبيرُ؛ تَقْويمُ الأَعْضاءِ
oscillate *vi.* يَتَذَبْذَبُ. يَتَقَلَّبُ. يَتَرَجَّحُ
osier *n.* صَفْصافٌ تُصْنَعُ مِنْ أغْصانِهِ السِلالُ
osprey *n.* عُقابٌ تَأْكُلُ السَمَكَ
ossicle *n.* عُظَيْمَةٌ صَغيرَةٌ
ossify *vi.; t.* يَتَحَوَّلُ إلى عَظْمٍ. يَتَحَجَّرُ (عاطِفيًّا) / يُحَوِّلُ غُضْروفًا إلى عَظْمٍ. يُحَجِّرُ
ostensible *adj.* جَليٌّ. ظاهِريٌّ؛ بَيِّنٌ
ostentation *n.* تَفاخُرٌ؛ مُباهاةٌ
ostentatious *adj.* مُتَفاخِرٌ؛ مُتَباهٍ
ostracize *vt.* يَنْبِذُ (مِنَ المُجْتَمَعِ)؛ يُبْعِدُ
ostrich *n.* النَعامَةُ
other *adj.; adv.; pron.* آخَرُ. سابِقٌ. خالٍ // سِوى؛ إلاّ // غَيْرُ
the — day ذلكَ اليَوْمَ
otherwise *adv.* بِطَريقَةٍ أُخْرى. خِلافَ ذَلِكَ
otter *n.* ثَعْلَبُ الماءِ
Ottoman *adj. & n.* عُثْمانيٌّ
ought *v. aux.* يَجِبُ؛ يَنْبَغي. يُتَوَقَّعُ؛ يُحْتَمَلُ
ounce *n.* وَحْدَةُ وَزْنٍ تُساوي حَوالى ٣١,١ غِرامًا. النَمِرُ الأَبْيَضُ
our *poss. adj.* «نا»؛ مِلْكُنا؛ خاصَّتُنا

ours *pron.* مِلْكُنا؛ خاصَّتُنا
ourselves *pron.pl.* أنْفُسُنا. نَحْنُ
oust *vt.* يَطْرُدُ؛ يُخْرِجُ. يَحُلُّ مَحَلَّ
out *adv.; adj.; vt.* خارِجًا؛ إلى الخارِجِ. إلى النِهايَةِ // خارِجِيٌّ. بَعيدٌ. مُخْطِئٌ // يَظْهَرُ. يَطْلَعُ
— and — مُحْكَمٌ؛ تامٌّ
— of hand حالاً؛ سَريعًا
— here هُنا
— there هُناكَ
— of the way غَيْرُ مَطْروقٍ
— -of- door في الهَواءِ الطَلْقِ
outbid *vt.irr.* يَعْرِضُ سِعْرًا أعْلى مِنْ غَيْرِهِ
outbreak *n.* نُشوبُ (حَرْبٍ). تَفَشّي (مَرَضٍ). ثَوْرَةٌ. إنْفِجارٌ
outbuilding *n.* بِناءٌ إضافِيٌّ
outburst *n.* ثَورانٌ؛ هَيَجانٌ. جَيَشانٌ (عاطِفِيٌّ)
outcast *adj.; n.* مَنْبوذٌ // المَنْبوذُ. المُتَشَرِّدُ
outclass *vt.* يَفوقُ؛ يَبُذُّ
outcome *n.* حَصيلَةٌ. نَتيجَةٌ
outcry *n.* صَيْحَةٌ عالِيَةٌ. إحْتِجاجٌ عَنيفٌ. مَزادٌ عَلَنِيٌّ
outdistance *vt.* يَسْبِقُ؛ يَفوقُ
outdo *vt.irr.* يَهْزِمُ؛ يَتَغَلَّبُ عَلى
outdoor *adj.* خَلَوِيٌّ؛ في الهَواءِ الطَلْقِ. خارِجِيٌّ
outdoors *adv.* إلى الهَواءِ الطَلْقِ؛ في الخارِجِ
outer *adj.* خارِجِيٌّ. مَوْضوعِيٌّ
outermost *adj.* الأقْصى؛ الأبْعَدُ؛ الأكْثَرُ بُعْدًا
outfit *n.; vt.* تَجْهيزٌ؛ تَزْويدٌ. عُدَّةٌ // يُجَهِّزُ
outflank *vt.* يَلْتَفُّ حَوْلَ. يَتَفادى
outflow *n.* تَدَفُّقٌ؛ فَيْضٌ
outgo *n.* نَفَقَةٌ؛ خَرْجٌ
outgoing *adj.* مُنْصَرِفٌ؛ راحِلٌ. مُسْتَعْفٍ. وِدِّيٌّ

outgrow *vt.irr.* يَفوقُ سِواهُ في النُمُوِّ
outgrowth *n.* نُمُوٌّ. نَتيجَةٌ؛ ثَمَرَةٌ
outhouse *n.* مِرْحاضٌ خارِجِيٌّ. المَبْنى المُلْحَقُ
outing *n.* نُزْهَةٌ؛ رِحْلَةٌ
outlandish *adj.* غَريبٌ. أجْنَبِيٌّ. هَمَجِيٌّ
outlast *vt.* يَصْمُدُ. يَفوقُ قُدْرَةً عَلى الإسْتِمْرارِ
outlaw *n.; vt.* الخارِجُ عَلى القانونِ؛ طَريدُ العَدالَةِ // يُحَرِّمُ. يُبْطِلُ
outlay *n.* إنْفاقٌ؛ نَفَقَةٌ
outlet *n.* مَخْرَجٌ؛ مَنْفَذٌ. مُتَنَفَّسٌ
outline *n.; vt.* حَدٌّ؛ لَمْحَةٌ. شَكْلٌ. موجَزٌ // يَرْسُمُ. يَخْتَصِرُ؛ يوجِزُ
outlive *vt.* يَعيشُ أوْ يُعَمِّرُ أكْثَرَ مِنْ
outlook *n.* مَنْظَرٌ مُشْرِفٌ. وُجْهَةُ نَظَرٍ. إرْتِقابٌ
outlying *adj.* ناءٍ؛ قَصِيٌّ؛ بَعيدٌ عَنِ المَرْكَزِ
outmaneuver *vt.* يَفوقُهُ في المُناوَرَةِ
outmatch *vt.* يَبْرَعُ؛ يَفوقُ
outmoded *adj.* قَديمُ العَهْدِ. مَهْجورٌ
outnumber *vt.* يَفوقُ عَدَدًا
out-of-date *adj.* قَديمُ الزِيِّ. تَجاوَزَهُ الزَمَنُ
outpost *n.* مَرْكَزُ الحُدودِ. مَخْفَرٌ أمامِيٌّ
outpouring *n.* إنْهِمارٌ؛ تَدَفُّقٌ؛ دَفْقٌ
output *n.* نِتاجٌ؛ مَحْصولٌ
outrage *n.; vt.* إعْتِداءٌ. إنْتِهاكٌ. إساءَةٌ. غَضَبٌ // يَعْتَدي عَلى. يُغْضِبُ. يُهينُ. يَزْدَري بِـ
outrageous *adj.* مُهينٌ. شائِنٌ. فاضِحٌ
outright *adv.* كُلِّيَّةً. حالاً؛ فَوْرًا. بِغَيْرِ تَحَفُّظٍ
outrun *vt.irr.* يَسْبُقُ. يَتَجاوَزُ؛ يَتَخَطّى. يُفْرِطُ
outset *n.* بَدْءٌ. بِدايَةٌ؛ مُسْتَهَلٌّ
outshine *vt.irr.* يَفوقُ بَريقًا. يَكْسِفُ. يَبُزُّ
outside *adj.; n.; adv.; prep.* خارِجِيٌّ.

أقصى . ضَئيلٌ // الخارجُ . مَظْهَرٌ خارجيٌّ . الحَدُّ الأقصى // خارِجًا . مِنْ أوْ في الخارِجِ . خارِجَ كذا // غَيْرَ ؛ سِوى

at the — على أبْعَدِ تَقْديرٍ

outsider *n.* اللاَّمُنْتَمي . الدَخيلُ . الغَريبُ

outsize *adj.* كَبيرٌ إلى حَدٍّ غَيْرِ مألوفٍ

outskirts *n.pl.* ضَواحي (مَدينَةٍ)

outspoken *adj.* صَريحٌ . مُتَكَلِّمٌ أوْ مَقولٌ بِصَراحَةٍ

outspread *vt.; adj.* مُمْتَدٌّ // يَمُدُّ ؛ يَبْسُطُ

outstanding *adj.* غَيْرُ مَدْفوعٍ . بارِزٌ . ناتِئٌ

outstretch *vt.* يَمُدُّ . يَمْتَدُّ

outstrip *vt.* يَسْبُقُ . يَبُزُّ . يَتَقَدَّمُ غَيْرَهُ في السِباقِ

outward *adj.; adv.* خارِجِيٌّ . مادّيٌّ . ظاهِرِيٌّ // نَحْوَ الخارِجِ . إلى الخارِجِ

outwardly *adv.* خارِجيًا . نَحْوَ الخارِجِ . ظاهِرِيًا

outwear *vt.* يَدومُ أوْ يَبْقى أكْثَرَ مِنْ

outweigh *vt.* يَرْجَحُ . يَفوقُ وَزْنًا أوْ أهمّيَّةً

outwit *vt.* يَفوقُ حيلَةً أوْ ذَكاءً ؛ يَخْدَعُ

outworks *n.pl.* مَتاريسُ ؛ تَحْصيناتٌ

outworn *adj.* رَثٌّ ؛ بالٍ

oval *adj. & n.* بَيْضيٌّ . إهليلَجِيٌّ

ovary *n.* المَبيضُ

ovation *n.* إحْتِفاءٌ . تَرْحيبٌ . هُتافٌ حَماسِيٌّ

oven *n.* فُرْنٌ ؛ تَنورٌ

over *prep.; adv.* عَلى . بِواسِطَةِ . طِوالَ ؛ خِلالَ . بِسَبَبِ // فَوْقَ . إلى الجانِبِ الآخَرِ . مَرَّةً ثانيةً

all — في كُلِّ مَكانٍ

-- and — تَكْرارًا ؛ مِرارًا عَديدَةً

overact *vt.* يُبالِغُ في التَمْثيلِ

overall *adj.; n.* إجْماليٌّ // بَنْطلونٌ فَضْفاضٌ ذو حِمالَتَيْنِ . وِزْرَةٌ

overawe *vt.* يُرْهِبُ ؛ يُهَوِّلُ عَلى

overbalance *vt.* يُفْقِدُ التوازُنَ . يَرْجَحُ

overbearing *adj.* مُسْتَبِدٌّ . مُتَغَطْرِسٌ

overboard *adv.* مِنْ فَوْقِ جانِبِ المَرْكَبِ إلى البَحْرِ . إلى أقْصى حُدودِ الحَماسَةِ

overburden *vt.* يُثْقِلُ الكاهِلَ . يُحَمِّلُ فَوْقَ الطاقَةِ

overcast *adj.* مُظْلِمٌ . مُلَبَّدٌ بالغُيومِ

overcharge *vt.; n.* يُحَمِّلُ فَوْقَ الطاقَةِ . يُبْهِظُ // عِبْءٌ ثَقيلٌ . ثَمَنٌ فاحِشٌ . شِحْنَةٌ مُفْرِطَةٌ

overcloud *vt.; i.* يُلَبِّدُ بالغُيومِ / يَكْفَهِرُّ

overcoat *n.* مِعْطَفٌ

overcome *vt.; i.irr.* يَقْهَرُ ؛ يَهْزِمُ . يَتَغَلَّبُ عَلى // يَنْتَصِرُ ؛ يَفوزُ

overcrowd *vt.* يَمْلأُ بالناسِ

overdo *vt.irr.* يُبالِغُ . يُفْرِطُ في . يُرْهِقُ

overdose *n.* جُرْعَةٌ مُفْرِطَةٌ

overdraft *n.* سَحْبُ مَبْلَغٍ زائِدٍ عَنِ الرَصيدِ

overdraw *vt.irr.* يَسْحَبُ عَلى المَكْشوفِ . يُبالِغُ

overdue *adj.* مُتأخِّرُ الوَفاءِ . فاتَ مَوْعِدُ اسْتِحْقاقِهِ

overestimate *vt.* يُغالي أو يُبالِغُ في التَقْديرِ

overflow *vt.; i.; n.* يُغْرِقُ ؛ يَغْمُرُ / يَفيضُ ؛ يَطْفَحُ // فَيَضانٌ . فائِضٌ . مَنْفَذٌ لِلْمياهِ

overgrown *adj.* مُفْرِطٌ في النُموِّ

overgrowth *n.* إسْتِرْسالٌ في النُموِّ

overhang *n.; vt. irr.* الجُزْءُ المُتَدَلّي أوِ الناتِئُ // يَتَدَلّى . يُهَدِّدُ ؛ يَتَوَعَّدُ

overhaul *vt.; n.* يَفْحَصُ بِعِنايَةٍ . يُصْلِحُ . يُدْرِكُ // فَحْصٌ دَقيقٌ

overhead *adv.; adj.; n.* فَوْقَ ؛ فَوْقَ الرَأْسِ . في السَماءِ // فَوْقِيٌّ . عَلَوِيٌّ . قائِمٌ فَوْقَ الرأْسِ // سَقْفٌ

overhear *vt.irr.* يَسْتَمِعُ. يَسْتَرِقُ السَمْعَ
overheat *vt.* يُحَمّي أكْثَرَ مِنَ اللُزوم
overland *adj.; adv.* بَرّيٌّ // بَرًّا؛ بِطَريقِ البَرّ
overlap *vt.; i.; n.* يَتَخَطّى / يَتراكَبُ // تَداخُلٌ؛ تَراكُبٌ؛ تَشابُكٌ
overlay *vt.irr.* يُغَشّي. يُرَصِّعُ. يُمَوِّهُ
overload *vt.* يُفْرِطُ في الشَحْنِ
overlook *vt.* يُطِلُّ. يَفْحَصُ. يَتَغاضى. يَغْفُلُ عَنْ
overlord *n.* آمِرٌ؛ سَيِّدٌ أعْلى
overmaster *vt.* يَتَغَلَّبُ عَلى؛ يَقْهَرُ؛ يَسْطو
overmatch *vt.* يَفوقُهُ؛ يَبْرَعُ
overmuch *adj.; n.; adv.* مُفْرِطٌ // إفْراطٌ. زِيادَةٌ // بِإفْراطٍ. أكْثَرُ مِمّا يَنْبَغي
overnight *adv.* طَوالَ اللَيْلِ. حَتّى الصَباحِ
overpower *vt.* يَغْلِبُ؛ يَقْهَرُ؛ يُخْضِعُ
overproduction *n.* إفْراطٌ في الإنْتاجِ
overrate *vt.* يُبالِغُ في التَقْديرِ
overreach *vt.; i.* يَتَخَطّى. يَخْدَعُ / يُبالِغُ؛ يُدْرِكُ
override *vt.irr.* يُهَيْمِنُ. يُبْطِلُ. يُنْهِكُ (بِالرُكوبِ)
overrule *vt.* يَنْقُضُ. يُهَيْمِنُ عَلى. يُلْغي
overrun *vt.irr.* يَجْتاحُ. يَسْحَقُ. يَتَجاوَزُ. يَغْمُرُ
oversea(s) *adj.; adv.* خارِجيٌّ // ما وَراءَ البِحارِ
oversee *vt.irr.* يُراقِبُ؛ يُشْرِفُ عَلى. يَفْحَصُ
overseer *n.* المُراقِبُ. الناظِرُ. مُلاحِظُ العُمّالِ
overshadow *vt.* يُلْقي ظِلاً عَلى
overshoes *n.* حِذاءٌ يُلْبَسُ فَوْقَ الحِذاءِ
overshoot *vt.irr.* يُجاوِزُ الهَدَفَ. يَتَطَرَّفُ. يَزيدُ عَلى. يَبُزُّ في الرِمايَةِ
oversight *n.* مُراقَبَةٌ؛ إشْرافٌ. غَفْلَةٌ. نِسْيانٌ
oversize *adj.* أكْبَرُ حَجْمًا مِنَ المُعْتادِ
oversleep *vi.irr.* يَسْتَغْرِقُ في النَوْمِ
overstate *vt.* يُبالِغُ أوْ يُغالي في
overstatement *n.* مُبالَغَةٌ؛ غُلُوٌّ
overstep *vt.* يَتَخَطّى (حدودًا). يَتَجاوَزُ (سُلْطَةً)
overstrain *vt.; n.* يُرْهِقُ؛ يُجْهِدُ // إرْهاقٌ
overt *adj.* عَلَنيٌّ. صَريحٌ
overtake *vt.irr.* يُدْرِكُ. يَتَجاوَزُ. يُباغِتُ
overtax *vt.* يُرْهِقُ بِالضَرائِبِ. يُجْهِدُ
overthrow *vt.irr.; n.* يُسْقِطُ. يُطيحُ بِـ. يُخَرِّبُ // إسْقاطٌ. سُقوطٌ. تَدْميرٌ
overtime *n.; adj.; adv.* عَمَلٌ إضافيٌّ. أجْرَةُ هَذا العَمَلِ // إضافيٌّ // إضافيًّا
overtop *vt.* يَعْلو؛ يَفوقُ
overture *n.* عَرْضٌ. مُفاتَحَةٌ. الإسْتِهْلالُ (مو)
overturn *vt.; i.* يَقْلِبُ. يُسْقِطُ / يَنْقَلِبُ
overweening *adj.* مُتَعَجْرِفٌ. مُبالَغٌ فيهِ
overweigh *vt.* يَرْجَحُهُ وَزْنًا. يُثْقِلُ عَلَيْهِ
overweight *n.* وَزْنٌ زائِدٌ. حِمْلٌ ثَقيلٌ
overwhelm *vt.* يَغْمُرُ؛ يُغْرِقُ. يَسْحَقُ. يُرْبِكُ
overwhelming *adj.* غامِرٌ. ساحِقٌ (إنْتِصارٌ)
overwork *vt.; i.; n.* يُجْهِدُ؛ يُرْهِقُ بِالعَمَلِ؛ يُنْهِكُ / يُجْهِدُ نَفْسَهُ // عَمَلٌ شاقٌّ. عَمَلٌ إضافيٌّ
overwrought *adj.* مُرْهَقٌ. مُتَوَتِّرُ الأعْصابِ. مُبَهْرَجٌ
ovoid *adj.* بَيْضيُّ الشَكْلِ. بَيْضَويٌّ
ovule *n.* بُيَيْضَةٌ؛ بُوَيْضَةٌ؛ بُذَيْرَةٌ
owe *vt.; i.* يُكِنُّ؛ يُضْمِرُ. يَدينُ (بِشَيْءٍ)
owing *adj.* غَيْرُ مُسَدَّدٍ. مُسْتَحِقُّ الدَفْعِ. مَطْلوبٌ
owl *n.* بومَةٌ
owlet *n.* بومَةٌ صَغيرَةٌ. فَرْخُ البومِ
own *adj.; vt.; i.* خاصَّتُهُ؛ مِلْكُهُ // يَحوزُ؛ يَمْلِكُ / يُقِرُّ؛ يَعْتَرِفُ

ox *n.* (*pl.* **oxen**) ثَوْرٌ

oxidation *n.* أكْسَدَةٌ. تأكْسُدٌ

oxide *n.* أكْسيدٌ

oxidizable *adj.* يُؤكْسَدُ. قابِلٌ للصَدأ

oxidize *vt.; i.* يُؤكْسِدُ. يَكْسو بِالصَدَأ / يَتَأكْسَدُ. يَصْدَأُ

oxygen *n.* الأُكْسِجينُ (غَازٌ)

oxygenate *vt.* يُؤكْسِجُ . يَمْزُجُ بالأُكْسِجينِ

oxygenated *adj.* مُؤكْسَجٌ

oyster *n.* المَحارَةُ (رَخْوِيَّةٌ بَحْرِيَّةٌ)

ozone *n.* الأُوزونُ (شَكْلٌ مِنْ أشْكالِ الأُكْسِجينِ)

P

P; p *n.* الحَرْفُ السادِسَ عَشَرَ مِنَ الأَبْجَدِيَّةِ الإنْكليزِيَّة

pabulum *n.* غِذاءٌ؛ قوتٌ

pace *n.; vi.; t.* نِسْبَةُ التَقَدُّمِ. خُطْوَةٌ. طَريقَةُ الخَطْوِ //يَمْشي الهُوَيْنا. يَتَقَدَّمُ. يَخُبُّ (الفَرَسُ) / يَقيسُ بِالخَطْوِ. يَسيرُ بانْتِظامٍ. يَمْشي ذَهابًا وإيابًا

pacific *adj.* هادِئٌ. مُسالِمٌ. سِلْمِيٌّ

Pacific Ocean, the *n.* المُحيطُ الهادِئُ

pacifism *n.* مُعارَضَةُ الحَرْبِ. اللاَّعُنْفُ. السِلْمُ

pacifist *n.* المُحِبُّ للسِلْمِ. اللاعُنْفِيُّ

pacify *vt.* يُهَدِّئُ. يُطَيِّبُ الخاطِرَ

pack *n.; vt.; i.* صُرَّةٌ. حُزْمَةٌ. رِزْمَةٌ. عُلْبَةٌ. كَوْمَةٌ. زُمْرَةٌ // يَصِرُّ. يَحزِمُ. يُعَلِّبُ. يَرْزُمُ. يَمْلأُ / يَجْتَمِعُ؛ يَحْتَشِدُ. يَتَراكَمُ. يَرْتَحِلُ

package *n.* صُرَّةٌ. رِزْمَةٌ. طَرْدٌ بَريديٌّ

packer *n.* الرازِمُ؛ الحَزّامُ. الحَمّالُ؛ العَتّالُ

packet *n.* رِزْمَةٌ صَغيرَةٌ. طَرْدٌ. مَرْكَبٌ صَغيرٌ

packing *n.* رَزْمٌ؛ تَعْبِئَةٌ. مَوادُّ لِلْحَزْمِ

pact *n.* ميثاقٌ. مُعاهَدَةٌ (دُوَلِيَّةٌ). إتِّفاقٌ

pad *n.; vt.; i.* أداةٌ لِتَحْبيرِ الأَخْتامِ. قَدَمُ الحَيَوانِ. إضْمامَةُ وَرَقٍ. دِثارٌ. وِسادَةٌ // يَحْشو. يُبَطِّنُ. يُطيلُ بِالحَشْوِ (مَقالاً) / يَمْشي. يَرْتَحِلُ (سَيْرًا على القَدَمَيْنِ)

padding *n.* الحَشْوَةُ. التَبْطينُ

paddle *n.; vt.; i.* مِجْذافٌ. أداةٌ لِتَحْريكِ السَوائِلِ // يَدْفَعُ بِالمِجْذافِ. يَمْزُجُ / يُجَذِّفُ. يَدْرُجُ

paddock *n.* المُسْتَرادُ (مَرْجٌ لِتَرْويضِ الخَيْلِ)

padlock *n.; vt.* قُفْلٌ // يُقَفِّلُ

paean *n.* أُنْشودَةُ الشُكْرِ. تَسْبيحَةٌ. نَشيدٌ

pagan *adj. & n.* وَثَنِيٌّ

paganism *n.* الوَثَنِيَّةُ. الدينُ الوَثَنِيُّ

page *n.; vt.* صَفْحَةٌ (مِنْ كِتابٍ). غُلامٌ. خادِمٌ. وَصيفٌ // يُرَقِّمُ (صَفَحاتِ كِتابٍ)

pageant *n.* مِهْرَجانٌ. مَوْكِبٌ. جَمْهَرَةٌ (أولادٍ)

pageantry *n.* المِهْرَجاناتُ. المَواكِبُ. الأُبَّهَةُ

pagoda *n.* هَيْكَلٌ مُتَعَدِّدُ الطَبَقاتِ (هِنْدِيٌّ). مَعْبَدٌ

paid *adj.* مَدْفوعٌ؛ مُسَدَّدٌ (دَيْنٌ)

pail *n.* دَلْوٌ؛ سَطْلٌ

pailful *n.* مِلْءُ دَلْوٍ أَوْ سَطْلٍ

pain *n.; vt. pl.* أَلَمٌ؛ وَجَعٌ. أَسًى؛ غَمٌّ. عُقوبَةٌ. آلامُ المَخاضِ // يُؤْلِمُ؛ يوجِعُ. يُزْعِجُ. يُثيرُ. يُكَدِّرُ

for his — إكْرامًا لَهُ. جَزاءً لَهُ

painful *adj.* مُؤْلِمٌ؛ موجِعٌ. مُحْزِنٌ

painless *adj.* غَيْرُ مُؤْلِمٍ. لا يَعْرِفُ الوَجَعَ

paint *n.; vt.; i.* دِهانٌ؛ طِلاءٌ. رَسْمٌ. تَصْويرٌ // يَدْهُنُ. يَطْلي. يَرْسُمُ. يُلَوِّنُ. يُصَوِّرُ / يَتَبَرَّجُ

painter *n.* الرَسّامُ. الدَهّانُ. القَلْسُ

painting *n.* تَصْويرٌ زَيْتِيٌّ. دَهْنٌ. لَوْحَةٌ

pair *n.; vt.; i.* زَوْجٌ. خَطيبانِ؛ حَبيبانِ // يُزَوِّجُ. يَقْرِنُ. يُزاوِجُ / يَزْدَوِجُ. يَقْتَرِنُ

pajamas *n.* مَنامَةٌ؛ بيجامَةٌ. ثَوْبُ السَاقِ

Pakistani *adj. & n.* باكِسْتانِيٌّ

pal *n.* صَديقٌ؛ رَفيقٌ

palace *n.* قَصْرٌ؛ بَلاطٌ. مَبْنًى ضَخْمٌ

palanquin *n.* مِحَفَّةٌ (تُحْمَلُ عَلى الأَكْتافِ)

palatable *adj.* لَذيذُ المَذاقِ. سائِغٌ

palatal *adj.* حَنَكِيٌّ (حَرْفٌ)

palate *n.* الحَنَكُ. حاسَّةُ الذَوْقِ
palatial *adj.* قَصْريٌّ؛ بَلاطيٌّ. فَخْمٌ
palaver *n.; vt.; i.* مُناقَشَةٌ؛ مُحاوَرَةٌ؛ حَديثٌ. لَغْوٌ. تَمَلُّقٌ // يَتَمَلَّقُ / يُثَرْثِرُ. يُحادِثُ؛ يُحاوِرُ
pale *adj.; n.; vi.; t.* شاحِبٌ. باهِتٌ. واهِنٌ // حُدودٌ. وَتَدٌ. سورٌ. حَظيرَةٌ // يَشْحُبُ؛ يَمْتَقِعُ. يَصْفَرُّ / يُسَيِّجُ. يُبْهِتُ؛ يُشْحِبُ
Palestinian *adj. & n.* فِلَسْطينيٌّ
palette *n.* المَلْوَنُ؛ لَوْحَةُ أَلْوانِ الرَسّامِ
paling *n.* سِياجٌ. وَتَدُ السِياجِ
palisade *n.; vt.* سِياجٌ مِنْ أَوْتادٍ خَشَبيَّةٍ // يُسَيِّجُ بِأَوْتادٍ خَشَبيَّةٍ
pall *n.; vi.* غِطاءُ النَعْشِ. طَيْلَسانُ الأُسْقُفِ // يَضْعُفُ. يَهِنُ. يُصْبِحُ مُمِلاً
pallet *n.* فِراشٌ مِنْ قَشٍّ. شاكوشُ الساعَةِ
palliate *vt.* يُلَطِّفُ؛ يُسَكِّنُ
palliative *adj. & n.* مُلَطِّفٌ؛ مُسَكِّنٌ؛ مُخَفِّفٌ
pallid *adj.* شاحِبٌ. مُصْفَرٌّ
pallor *n.* شُحوبٌ؛ إمْتِقاعٌ
palm *n.; vt.* راحَةُ اليَدِ. راحَةُ المِجْذافِ. نَخْلَةٌ. رَمْزُ النَصْرِ (سَعَفَةٌ) // يُخْفي في راحَةِ اليَدِ. يَخْدَعُ
palmetto *n.* نُخَيْلَةٌ
palmist *n.* قارِئُ الكَفِّ
palmistry *n.* قِراءَةُ الكَفِّ. قِراءَةُ خُطوطِ الكَفِّ
palmy *adj.* مُزْدَهِرٌ. ناجِحٌ. كَثيرُ النَخيلِ
palpable *adj.* مَلْموسٌ. مَحْسوسٌ. واضِحٌ
palpitate *vi.* يَرْتَجِفُ. يَنْبِضُ بِسُرْعَةٍ
palpitation *n.* الوَجيبُ؛ خَفَقانُ القَلْبِ بِسُرْعَةٍ
palsy *n.; vt.* الشَلَلُ. الشَلَلُ الدِماغيُّ // يَشُلُّ
palter *vi.* يُساوِمُ؛ يُراوِغُ
paltry *adj.* خَسيسٌ. حَقيرٌ. تافِهٌ

pamper *vt.* يُدَلِّلُ (طِفْلاً). يُشْبِعُ (رَغْبَةً)
pamphlet *n.* كُرّاسَةٌ. كُتَيِّبٌ. مَقالَةٌ
pamphleteer *n.* مُؤَلِّفُ الكَراريسِ والكُتَيِّباتِ
pan *n.* مِقْلاةٌ. كَفَّةُ الميزانِ
panacea *n.* دَواءٌ لِجَميعِ الأَمْراضِ
Panamanian *adj. & n.* پانامِيٌّ
pancake *n.* فَطيرَةٌ مُحَلاّةٌ
pancreas *n.* البَنْكِرياسُ؛ لَوْزَةُ المَعِدَةِ
pander *n.; vi.* القَوّادُ // يَعْمَلُ قَوّادًا
pane *n.* لَوْحٌ زُجاجيٌّ
panegyric *n.; adj.* مَدْحٌ؛ إطْراءٌ // مادِحٌ؛ مُطْرٍ
panel *n.; vt.* قائِمَةُ أَسْماءِ مُحَلَّفينَ. لَوْحٌ. لَوْحَةٌ // يُزَوِّدُ أَوْ يُزَيِّنُ بِأَلْواحٍ
panelling *n.* تَلْبيسٌ مِنْ أَلْواحٍ خَشَبيَّةٍ مُتَّصِلَةٍ
pang *n.* أَلَمٌ مُفاجِئٌ. وَخْزٌ. غُصَّةٌ
panic *adj.; n.; vi.* مَسْعورٌ. مَذْعورٌ // رُعْبٌ. ذُعْرٌ. هَلَعٌ. إضْطِرابٌ // يَرْتَعِبُ. يُصابُ بِالذُعْرِ
panicky *adj.* مَذْعورٌ؛ مُرْتَعِبٌ
pannier *n.* سَلَّةٌ. تَنورَةٌ فَوْقيَّةٌ. قُفَّةٌ
panoply *n.* دِرْعٌ كامِلَةٌ. بِزَّةٌ رَسْميَّةٌ. أُبَّهَةٌ
panorama *n.* پانوراما؛ مَنْظَرٌ شامِلٌ. مَشْهَدٌ دائِمُ التَغَيُّرِ. نَظْرَةٌ شامِلَةٌ (إلى مَوْضوعٍ)
panoramic *adj.* پانوراميٌّ. شامِلُ الرُؤْيَةِ
pansy *n.* بَنَفْسَجُ الثالوثِ
pant *n.; vi.* لُهاثٌ. نَبْضٌ. خَفْقٌ // يَلْهَثُ. يَتَلَهَّفُ. يَخْفُقُ. يَنْبِضُ
pantheism *n.* مَذْهَبُ وَحْدَةِ الوُجودِ
pantheist *n.* القائِلُ بِوَحْدَةِ الوُجودِ
panther *n.* العُسْبُرُ؛ النِمْرُ
pantomime *n.* فَنُّ التَمْثيلِ الإيمائيِّ
pantry *n.* حُجْرَةُ المُؤَنِ

pants *n.pl.* بَنْطَلونٌ. سِرْوالٌ تَحْتِيٌّ رِجّاليٌّ قَصيرٌ

pap *n.* طَعامٌ لَيِّنٌ. رِعايَةٌ سياسيَّةٌ. حَلَمَةُ الثَّدْيِ

Papacy *n.* البابَويَّةُ. حُكومَةٌ باباويَّةٌ

papal *adj.* بابَويٌّ (تاجٌ)

paper *adj.; n.; vt.* وَرَقيٌّ. إِسْميٌّ. مَكْتوبٌ عَلى الوَرَقِ // وَرَقٌ. وَثيقَةٌ. مَقالَةٌ؛ بَحْثٌ. صَحيفَةٌ // يُغَلِّفُ بالوَرَقِ. يُوَرِّقُ (جِدارًا)

paper clip *n.* مِشْبَكٌ للوَرَقِ

paperhanger *n.* مُوَرِّقُ الجُدْرانِ (بالوَرَقِ)

paper-knife *n.* قَطّاعَةُ الوَرَقِ

papermaker *n.* صانِعُ الوَرَقِ

paper mill *n.* مَصْنَعُ الوَرَقِ

paper trade *n.* تِجارَةُ الوَرَقِ

papilla *n.* حُلَيْمَةٌ

papyrus *n.* (*pl.* **papyri**) البَرْديُّ. وَرَقُ البَرْديِّ

par *n.* القيمَةُ الإِسْميَّةُ. تَكافُؤٌ. مُعَدَّلٌ

parable *n.* حِكايَةٌ ذاتُ مَغْزًى أَخْلاقيٍّ

parabola *n.* القَطْعُ المُكافِئُ (عِلْمُ الجَبْرِ)

parachute *n.; vt.; i.* مِظَلَّةُ الهُبوطِ؛ الباراشوتُ // يُنْزِلُ بالمِظَلَّةِ / يَهْبُطُ بالمِظَلَّةِ

parachutist *n.* المِظَلِّيُّ

parade *n.; vt.; i.* عَرْضٌ. إِسْتِعْراضٌ عَسْكَريٌّ. مَوْكِبٌ // يَسْتَعْرِضُ (الجُنْدَ). يَعْرِضُ (بِتَباهٍ) / يَتَنَزَّهُ. يَصْطَفُّ الجُنْدُ للإِسْتِعْراضِ

paradise *n.* الجَنَّةُ؛ الفِرْدَوْسُ

paradox *n.* تَناقُضٌ ظاهِريٌّ. التَناقُضُ

paraffin *n.* البارافينُ: شَمْعٌ يُسْتَخْرَجُ مِنَ النَّفْطِ

paragon *n.* مِثالٌ؛ نَموذَجٌ. ماسَةٌ كامِلَةٌ

paragraph *n.; vt.* الفِقْرَةُ // يُقَسِّمُ إلى فِقْراتٍ

Paraguayan *n. & adj.* باراغويٌّ

parallel *adj.; n.; vt.* مُتَوازٍ؛ مُوازٍ. مُتَماثِلٌ. مُتَطابِقٌ // خَطٌّ أَوْ سَطْحٌ موازٍ. النَّظيرُ. شَبَهٌ. تَوازٍ // يُشابِهُ؛ يُضارِعُ. يُطابِقُ. يُوازي

parallelogram *n.* مُتَوازي الأَضْلاعِ

paralysis *n.* (*pl.* **-yses**) شَلَلٌ. عَجْزٌ. رُكودٌ

paralytic *adj.; n.* شَلَليٌّ. مَشْلولٌ // الأَشَلُّ؛ المَشْلولُ

paralyze *vt.* يُشِلُّ. يَشُدُّهُ؛ يَصْعَقُ

paramount *adj.; n.* أَسْمى؛ أَعْلى؛ أَعْظَمُ // حاكِمٌ أَعْلى. صاحِبُ سُلْطَةٍ عُلْيا

paramour *n.* خَليلٌ؛ عَشيقٌ. خَليلَةٌ

paranoia *n.* ذُهانٌ هَذَيانيٌّ. جُنونُ العَظَمَةِ

parapet *n.* مِتْراسٌ. حاجِزُ السَّقْفِ أَوِ الجِسْرِ

paraphrase *n.; vt.* شَرْحٌ؛ تَأْويلٌ. صِياغَةٌ جَديدَةٌ لِنَصٍّ // يَشْرَحُ؛ يُؤَوِّلُ. يُعيدُ سَبْكَ نَصٍّ

parasite *n.* الطُّفَيْليُّ. العالَةُ (عَلى الغَيْرِ)

parasol *n.* مِظَلَّةٌ للوِقايَةِ مِنَ الشَّمْسِ

paratyphoid *n.* الباراتيفوئيد: حُمّى مِعَويَّةٌ

parboil *vt.* يَسْلُقُ؛ يَغْلي. يُلَوِّحُ

parcel *n.; vt.* طَرْدٌ. رِزْمَةٌ. عُلْبَةٌ. قِسْمٌ. قِطْعَةٌ // يَرْزُمُ. يَلُفُّ. يُقَسِّمُ. يُوَزِّعُ

parch *vt.; i.* يُحَمِّصُ؛ يُجَفِّفُ / يَجِفُّ. يَحْتَرِقُ

parchment *n.* رَقٌّ. مَخْطوطَةٌ رَقِّيَّةٌ. شَهادَةٌ جامِعيَّةٌ

pardon *n.; vt.* عَفْوٌ؛ مَغْفِرَةٌ. غُفْرانٌ؛ صَفْحٌ // يَغْفِرُ لِـ؛ يَصْفَحُ عَنْ؛ يَعْفو عَنْ؛ يُسامِحُ

I beg your — أَسْتَميحُ عَفْوَكَ! مَعْذِرَةً

pardonable *adj.* مُمْكِنُ الصَّفْحِ عَنْهُ؛ يُغْتَفَرُ

pare *vt.* يَكْشِطُ. يَقْشُرُ. يُقَلِّمُ. يُخَفِّضُ (كِلْفَةً)

parent *n.* أَبٌ أَوْ أُمٌّ. أَصْلٌ؛ مَصْدَرٌ. سَبَبٌ

parentage *n.* نَسَبٌ. أَصْلٌ. سُلالَةٌ. أُبُوَّةٌ

parental *adj.* والِديٌّ. أَبَويٌّ

parenthesis *n.* (*pl.* **-eses**) هِلالٌ أَوْ هِلالانِ ().

فَتْرَةٌ فاصِلَةٌ. عِبارَةٌ مُعْتَرِضَةٌ

parenthetic(al) *adj.* مَحْصورٌ بين هِلالَيْن. ثانويٌّ

pariah *n.* المَنْبوذُ. شَخْصٌ مَنْبوذٌ

paring *n.* كَشْطٌ. تَشْذيبٌ؛ تَقْليمٌ. بَرْيٌ. قُشارَةٌ

parish *n.* أَبْرَشِيَّةٌ. دائِرَةُ كَنيسَةٍ. أَبْناءُ الأَبْرَشِيَّةِ

Parisian *adj. & n.* باريسيٌّ

parity *n.* مُساواةٌ؛ تَكافُؤٌ. تَماثُلٌ. شَبَهٌ

park *n.; vt.; i.* مُتَنَزَّهٌ؛ حَديقَةٌ عامَّةٌ. مَوْقِفُ للسَيّاراتِ // يُوقِفُ السَيّارَةَ في مَوْقِفٍ

parking *n.* مَوْقِفٌ للسَيّاراتِ

parlance *n.* حَديثٌ. مُحادَثَةٌ رَسْمِيَّةٌ. لُغَةٌ

parley *n.; vi.* مُفاوَضَةٌ؛ مُحادَثَةٌ. مُؤْتَمَرٌ عَسْكَرِيٌّ // يُفاوِضُ (العَدوَّ). يَتَداوَلُ مَعْ غَيْرِهِ

parliament *n.* البَرْلَمانُ. مَجْلِسُ الأُمَّةِ

parliamentary *adj.* بَرْلَمانيٌّ؛ نِيابيٌّ

parlo(u)r *n.* الرَدْهَةُ. قاعَةُ الإسْتِقْبالِ. دارٌ

parochial *adj.* أَبْرَشيٌّ؛ خاصٌّ بِأَبْرَشِيَّةٍ. مَحْدودٌ

parole *n.* عَهْدٌ شَفَويٌّ. وَعْدُ شَرَفٍ. كَلِمَةُ السِرِّ

paroxysm *n.* نَوْبَةٌ. إشْتِدادُ المَرَضِ؛ البُحْرانُ

parquet *n.; vt.* أَرْضِيَّةٌ مَفْروشَةٌ بالخَشَبِ // يَفْرُشُ الأَرْضِيَّةَ بالخَشَبِ

parricide *n.* قَتْلُ الأَبِ أَوِ الأُمِّ

parrot *n.; adj.* بَبَّغاءُ // بَبَّغائيٌّ

parry *vt.; n.* يَتَفادى؛ يَتَحاشى // تَجَنُّبٌ

parse *vt.* يُعْرِبُ (الجُمْلَةَ نَحوِيًّا)

parsimonious *adj.* شَديدُ البُخْلِ أَوِ الشُحِّ

parsimony *n.* بُخْلٌ شَديدٌ. إقْتِصادٌ

parsley *n.* البَقْدونِسُ

parsnip *n.* الجَزَرُ الأَبْيَضُ

parson *n.* كاهِنٌ. قَسٌّ بروتِسْتانتيٌّ

parsonage *n.* بَيْتُ الكاهِنِ أَوِ القَسِّ

part *n.; vt.; i.* جُزْءٌ؛ قِسْمٌ. قِطْعَةُ غِيارٍ. حِصَّةٌ. دَوْرٌ. مُشارَكَةٌ. مَوْهِبَةٌ؛ كَفاءَةٌ. فَرْقٌ. مَفْرِقُ الشَعَرِ // يُقَسِّمُ. يُوَزِّعُ. يَفْصِلُ. يَفْرِقُ (الشَعَرَ) / يَفْتَرِقُ؛ يَنْفَصِلُ عَنْ. يَنْصَرِفُ؛ يَرْحَلُ. يَموتُ

for my — في ما يَتَعَلَّقُ بي

for the most — على الأَغْلَبِ؛ عُمومًا

— with يَتَخَلّى؛ يَفْتَرِقُ عَنْ

take his — يَنْحازُ إلَيْهِ

take — in يُشارِكُ في؛ يُساهِمُ

partake *vt.; i.irr.* يُقاسِمُ؛ يُشاطِرُ. يُشارِكُ في

partial *adj.* مُتَحَيِّزٌ؛ مُغْرِضٌ. جُزْئيٌّ (طَرَشٌ)

partiality *n.* تَحَيُّزٌ؛ مُراعاةٌ؛ مَحْسوبِيَّةٌ

partially *adv.* جُزْئِيًّا

participant *adj. & n.* مُشارِكٌ؛ مُقاسِمٌ

participate *vt.; i.* يُشارِكُ؛ يُقاسِمُ / يَشْتَرِكُ

participation *n.* إشْتِراكٌ؛ مُساهَمَةٌ. مُشاطَرَةٌ

participle *n.* إسْمُ الفاعِلِ. إسْمُ المَفْعولِ

particle *n.* جُسَيْمٌ. ذَرَّةٌ. حَرْفٌ. البِرْشانَةُ

particular *adj.; n.* إسْتِثْنائيٌّ. خُصوصيٌّ. دَقيقٌ. أَنيقٌ. هامٌّ. مُسْتَقِلٌّ // بَنْدٌ. واقِعَةٌ مُفْرَدَةٌ. نُقْطَةٌ

particularity *n.* الخُصوصِيَّةُ. تَفْصيلٌ. تَدْقيقٌ

particularize *vt.; i.* يُخَصِّصُ؛ يُعَيِّنُ. يُفَصِّلُ

particularly *adv.* بِوُضوحٍ. خاصَّةً. بِتَفْصيلٍ

parting *adj.; n.* مُنْصَرِمٌ. مُحْتَضِرٌ. فاصِلٌ. وَداعيٌّ // إنْصِرافٌ؛ رَحيلٌ. فَرْقٌ. حاجِزٌ. مُفْتَرَقٌ

partisan *n.; adj.* المُشايِعُ. النَصيرُ. الحَرْبَةُ // مُشايِعٌ؛ مُناصِرٌ؛ مُوالٍ

partition *n.; vt.* تَقْسيمٌ. تَوْزيعٌ. حاجِزٌ. قِسْمٌ // يُقَسِّمُ؛ يُجَزِّئُ. يَفْصِلُ بِحاجِزٍ

partitive *adj.* مُجَزِّئٌ. تَبْعيضيٌّ؛ دالٌّ عَلى جُزْءٍ

partly *adv.* جُزْئِيًّا؛ إلى حَدٍّ ما
partner *n.; vt.* الشَريكُ. الرَفيقُ. الزَوْجُ. المُراقِصُ // يُشارِكُ. يُساهِمُ
partnership *n.* مُشارَكَةٌ. شَرِكَةٌ
partridge *n.* الحَجَلُ (طائِرٌ)
part-time *adj. & adv.* جُزْئِيٌّ
party *n.; adj.* فَريقٌ. حِزْبٌ. حَفْلَةُ أُنْسٍ // حِزْبِيٌّ
party wall *n.* جِدارٌ مُشْتَرَكٌ
pasha *n.* باشا (لَقَبٌ تُركيٌّ قَديمٌ)
pass *vt.; i.; n.* يَتجاوَزُ؛ يَتخَطّى. يَشُقُّ طَريقَهُ. يُعْطي رَأْيًا. يَنْتَقِلُ إلى. يَفوقُ. يُغْفِلُ. يَعْبُرُ. يُنْفِقُ. يُدْخِلُ / يَمُرُّ. يَرْحَلُ. يَموتُ. يَنْقَضي. يَحْدُثُ. يَنْتَقِلُ إلى // طَريقٌ؛ مَجازٌ. مُرورٌ. حالَةٌ. إجازَةٌ
— away يَموتُ؛ يَقْضي
— his word يُعْطي وَعْدًا
— out يُغْمى عَلَيْهِ
— water يَبُوِّلُ
passable *adj.* سالِكٌ. يُعْبَرُ؛ مُتَوَسِّطُ الجودَةِ
passage *n.* مُرورٌ. مَمَرٌّ. فِقْرَةٌ. حَقُّ المُرورِ
passbook *n.* دَفْتَرُ حِسابٍ جارٍ
passenger *n.* المُسافِرُ؛ الراكِبُ. عابِرُ السَبيلِ
passer-by *n.* المارُّ. عابِرُ السَبيلِ
passing *adj.; adv.; n.* مارٌّ؛ عابِرٌ. زائِلٌ. جارٍ. عَرَضِيٌّ // جِدًّا. بإفْراطٍ // مَوْتٌ. رَحيلٌ. مُرورٌ
passion *n.* هِوايَةٌ. غَضَبٌ. حُبٌّ. شَغَفٌ. إنْفِعالٌ
passionate *adj.* نَزِقٌ؛ غَضوبٌ. شَهْوانِيٌّ
passion-flower *n.* زَهْرَةُ الآلامِ
Passion Week *n.* أُسْبوعُ الآلامِ (يَسْبِقُ الفِصْحَ)
passive *adj.; n.* إنْفِعالِيٌّ. كَسولٌ. غَيْرُ فَعّالٍ. هامِدٌ. سَلْبِيٌّ // فِعْلٌ مَجْهولٌ. صيغَةُ المَجْهولِ
passkey *n.* مِفْتاحٌ عُموميٌّ يَفْتَحُ عِدَّةَ أَقْفالٍ
Passover *n.* عيدُ الفِصْحِ عِنْدَ اليَهودِ
passport *n.* جَوازُ سَفَرٍ. إجازَةُ مُرورٍ
password *n.* كَلِمَةُ السِرِّ. كَلِمَةُ التَعارُفِ
past *adj.; prep.; n.* مُنْصَرِمٌ. ماضٍ. سابِقٌ // إلى أَبْعَدَ. بَعْدَ. فَوْقَ // الماضي. صيغَةُ الماضي
paste *n.; vt.* عَجينَةٌ. مَعْكَرونَةٌ. مَعْجونَةٌ. غِراءٌ // يُلْصِقُ. يَكْسو بِمَعْجونَةٍ
pastel *n.* المِرْقَمُ. قَلَمٌ مُلَوَّنٌ. لَوْنٌ فاتِحٌ
pasteurize *vt.* يُبَسْتِرُ؛ يُعَقِّمُ (الحَليبَ)
pastime *n.* تَسْلِيَةٌ؛ سَلْوى
pastor *n.* القَسُّ؛ راعي الأَبْرَشِيَّةِ
pastoral *adj.; n.* رَعَوِيٌّ. ريفِيٌّ. بَريءٌ؛ بَسيطٌ // الأَثَرُ الرَعَوِيُّ (أَدَبٌ). الرِسالَةُ الرَعَوِيَّةُ
pastry *n.* مُعَجَّناتٌ. عَجائِنُ غِذائِيَّةٌ. فَطيرَةٌ
pasture *n.; vt.; i.* مَرْعًى. كَلأٌ؛ عُشْبٌ. رَعْيُ الماشِيَةِ // يَرْعى (الماشِيَةَ) / تَرْعى (الماشِيَةُ)
pasty *adj.; n.* عَجينِيٌّ. شاحِبٌ // فَطيرَةٌ بِلَحْمٍ
pat *n.; adv.; adj.; vt.; i.* قِطْعَةٌ مُسْتَديرَةٌ مِنَ الزُبْدَةِ. ضَرْبَةٌ خَفيفَةٌ. رَبْتَةٌ. نَقْرَةٌ إيقاعِيَّةٌ // في الوَقْتِ المُناسِبِ // مُلائِمٌ؛ مُناسِبٌ // يُرَبِّتُ / يَمْشي بِإيقاعٍ
patch *n.; vt.* رُقْعَةٌ. اللَصوقُ التَجْميلِيُّ. قِطْعَةٌ صَغيرَةٌ // يُرَقِّعُ. يُسَوّي. يُرَمِّمُ؛ يُصْلِحُ
patchwork *n.* خَليطٌ؛ مَزيجٌ. فُسَيْفِساءُ
patchy *adj.* مُرَقَّعٌ؛ مُؤَلَّفٌ مِنْ رُقَعٍ
pate *n.* رَأْسٌ. قِمَّةُ الرَأْسِ. عَقْلٌ
patent *adj.; n.; vt.* مُرَخَّصٌ بِهِ؛ مُسَجَّلٌ. مَفْتوحٌ. واضِحٌ // بَراءَةُ الإخْتِراعِ. الإمْتِيازُ. رُخْصَةٌ حُكومِيَّةٌ // يَمْنَحُ بَراءَةً. يُسَجِّلُ اخْتِراعًا
patentee *n.* صاحِبُ البَراءَةِ أَوِ الإمْتِيازِ
paternal *adj.* أَبَوِيٌّ. مَوْروثٌ مِنَ الأَبِ أَوْ عَنْهُ

paternity *n.* أُبُوَّةٌ. أَصْلٌ. مَنْشَأٌ
path *n.* مَمَرٌّ؛ طَرِيقٌ؛ سَبِيلٌ؛ مَجازٌ
pathetic *adj.* مُحْزِنٌ؛ مُشْجٍ. حَزِينٌ
pathless *adj.* غَيْرُ مَطْروقٍ (دَرْبٌ)
pathologist *n.* الأَخِصّائِيُّ في عِلْمِ الأَمْراضِ
pathology *n.* عِلْمُ الأَمْراضِ
pathos *n.* شَفَقَةٌ. رِثاءٌ. عُنْصُرٌ مُثيرٌ لِلْعاطِفَةِ
pathway *n.* طَريقٌ؛ سَبيلٌ؛ مَمَرٌّ؛ دَرْبٌ ضَيِّقٌ
patience *n.* صَبْرٌ؛ حِلْمٌ؛ طولُ أَناةٍ
patient *adj.; n.* صَبورٌ؛ حَليمٌ؛ طَويلُ الأَناةِ // المَريضُ. الزَبونُ
patio *n.* صَحْنُ الدارِ؛ رِواقٌ؛ فِناءٌ
patois *n.* لَهْجَةٌ عامِّيَّةٌ
patriarch *n.* بَطْرِيَرْكٌ. شَيْخٌ جَليلٌ. أَبٌ. مُؤَسِّسٌ
patriarchate *n.* البَطْرِيَرْكِيَّةُ
patrician *n. & adj.* شَريفٌ؛ نَبيلٌ
patrimony *n.* إِرْثٌ؛ ميراثٌ. تُراثُ الأُمَّةِ
patriot *n.* الوَطَنِيُّ؛ المُحِبُّ لِوَطَنِهِ
patriotic *adj.* وَطَنِيٌّ (شُعورٌ)
patriotism *n.* الوَطَنِيَّةُ؛ حُبُّ الوَطَنِ
patrol *n.; vt.; i.* دَوْرِيَّةٌ؛ عَسَسٌ. خَفْرٌ؛ خَفيرٌ // يَخْفِرُ؛ يَعُسُّ
patron *n.* الراعي. النَصيرُ. الزَبونُ. قِدِّيسٌ شَفيعٌ
patronage *n.* مُناصَرَةٌ. رِعايَةٌ. شَفاعَةٌ. إِحْسانٌ
patroness *n.* الراعِيَةُ؛ الحامِيَةُ. النَصيرَةُ؛ الظَهيرَةُ
patronize *vt.* يُناصِرُ. يَرْعى. يَتَفَضَّلُ على
patter *vi.; n.* يُرَبِّتُ بِسُرْعَةٍ وَبِتَكْرارٍ. يُثَرْثِرُ // ثَرْثَرَةٌ. غَمْغَمَةٌ
pattern *n.; vt.* مِثالٌ؛ نَموذَجٌ. قالَبٌ. رَسْمٌ؛ مُخَطَّطٌ // يَمْتَثِلُ بِـ؛ يَحْتَذي
patty *n.* فَطيرَةٌ. قُرْصٌ

paunch *n.* بَطْنٌ. كِرْشٌ ضَخْمٌ. مَعِدَةٌ
pauper *n.* الشَديدُ الفَقْرِ. العالَةُ. الفَقيرُ
pauperism *n.* فَقْرٌ شَديدٌ. إِمْلاقٌ
pause *n.; vi.* تَوَقُّفٌ. تَرَدُّدٌ. فاصِلَةٌ // يَتَوَقَّفُ. يَتَرَدَّدُ. يَتَأَنّى
pave *vt.* يُعَبِّدُ. يُبَلِّطُ. يُمَهِّدُ السَبيلَ
pavement *n.* الرَصيفُ. حِجارَةُ الرَصْفِ
pavilion *n.* فُسْطاطٌ. خَيْمَةٌ كَبيرَةٌ. مَقْصورَةٌ
paving *n.* تَبْليطٌ؛ رَصْفٌ. تَعْبيدٌ
paw *n.; vt.; i.* كَفُّ الحَيَوانِ أَوْ قَدَمُهُ // يَضْرِبُ بِبَراثِنِهِ. يَنْبُشُ الأَرْضَ بِكَفِّهِ. يَلْبِطُ
pawn *n.; vt.* بَيْدَقُ الشِطْرَنْجِ. الرَهْنُ. الضَمانُ. ذَريعَةٌ // يَرْهَنُ
pawnbroker *n.* مُقْرِضُ المالِ لِقاءَ رَهْنٍ
pay *n.; vt.; i.irr.* دَفْعٌ. أَجْرٌ؛ راتِبٌ. جَزاءٌ // يَدْفَعُ. يُؤَدّي؛ يَفي. يَغُلُّ. يَرُدُّ / يُكْسِبُ؛ يُرْبِحُ
— a compliment يُطْري؛ يُثْني
— attention يُعيرُ الإِنْتِباهَ (إلى)
— back يُسَدِّدُ (دَيْنًا)؛ يَفي
— him out يَنْتَقِمُ مِنْهُ. يُجازيهِ
payable *adj.* واجِبُ الدَفْعِ أَوِ الأَداءِ. مُرْبِحٌ
payday *n.* يَوْمُ الدَفْعِ أَوِ الإِسْتِحْقاقِ
payee *n.* المَدْفوعُ لَهُ. المُسْتَفيدُ مِنَ السَنَدِ
payer *n.* الدافِعُ. المَسْحوبُ عَلَيْهِ
paymaster *n.* صارِفُ الرَواتِبِ والأُجورِ
payment *n.* دَفْعٌ. دَفْعَةٌ. أَداءٌ؛ وَفاءٌ
pea *n.* البِسِلّى أَوِ البَزيلاّ. شَيْءٌ صَغيرٌ كَحَبَّةِ البِسِلّى
peace *n.* سَلامٌ. طُمَأْنينَةٌ. وِئامٌ. مُعاهَدَةُ صُلْحٍ
peaceable *adj.* مُسالِمٌ. سِلْمِيٌّ
peaceful *adj.* مُسالِمٌ. هادِئٌ. سِلْمِيٌّ
peacemaker *n.* المُصْلِحُ. صانِعُ السَلامِ

peach *n.* الدّرّاقُ. لَوْنٌ ضارِبٌ إلى الصُفْرَةِ
peacock *n.* الطاووسُ
pea-hen *n.* أُنْثى الطاووس
peak *n.* قِمَّةٌ. جَبَلٌ. ذُرْوَةٌ. أَوْجٌ. حافَّةٌ ناتِئَةٌ
peal *n.; vi.* مَجموعَةُ أَجْراسٍ. جَلْجَلَةٌ. قَصْفٌ // يُدَوّي
peanut *n.* فولٌ سودانيٌّ. حَبَّةُ فولٍ. شَخْصٌ تافِهٌ
pear *n.* الإجّاصُ؛ الكُمَّثْرى
pearl *n.; vt.; i.* لُؤْلُؤَةٌ. دُرٌّ؛ جُمانَةٌ // يُرَصِّعُ باللُّؤْلُؤِ. يُبَرْغِلُ / يَصيدُ اللُّؤْلُؤَ
peasant *n.* الفَلاّحُ. القَرَويُّ. الريفيُّ
peasantry *n.* الفَلاّحونَ. وَضْعُ الفَلاّحينَ
peat *n.* الخُثُّ (تُرابٌ عُضْويٌّ)
pebble *n.* حَصاةٌ. البِلَّوْرُ الصَخْريُّ
peccable *adj.* قابِلٌ للإثْمِ؛ غَيْرُ مَعْصومٍ
peccadillo *n.* زَلَّةٌ؛ هَفْوَةٌ. عَثْرَةٌ
peck *n.; vt.* مِكْيالُ العَليقِ. نَقْدَةُ الطائِرِ. نُقْرَةٌ. ثَقْبٌ. مِقْدارٌ كَبيرٌ // يَنْقُدُ (الطائِرُ). يَثْقُبُ. يَلْتَقِطُ
pectoral *adj.; n.* صَدْريٌّ. نافِعٌ لِلْصَدْرِ // صُدْرَةٌ
peculate *vt.* يَخْتَلِسُ؛ يَسْرِقُ أَمْوالاً
peculiar *adj.* غَريبُ الأَطْوارِ. شَخْصيٌّ؛ مُخْتَصٌّ بـ
peculiarity *n.* الغَرابَةُ. الخُصوصيَّةُ. ميزَةٌ
pecuniary *adj.* ماليٌّ؛ نَقْديٌّ
pedagogic(al) *adj.* تَرْبَويٌّ (طَريقَةٌ)
pedagogue *n.* المُدَرِّسُ؛ المُعَلِّمُ. المُرَبّي
pedal *n.; vi.* دَوّاسَةٌ؛ دَعْسَةٌ؛ مِدْوَسٌ // يَسْتَعْمِلُ دَوّاسَةً. يَرْكَبُ دَرّاجَةً
pedant *n.* المَغْرورُ. المُتَحَذْلِقُ؛ مُدَّعي المَعْرِفَةِ
peddle *vt.; i.* يُوَزِّعُ / يَتَجَوَّلُ لِبَيْعِ بِضاعَتِهِ
peddler *or* **pedlar** *n.* البائِعُ المُتَجَوِّلُ

pedestal *n.* قاعِدَةُ التِمْثالِ أَوِ العَمودِ. أساسٌ
pedestrian *adj. & n.* ماشٍ؛ راجِلٌ
pedigree *n.* نَسَبٌ. أَصْلٌ؛ تاريخٌ. أصالَةٌ
pediment *n.* مُثَلَّثٌ فَوْقَ المَدْخَلِ
pedlar *n.* see **peddler**
pedometer *n.* عَدّادُ الخُطى. مِقْياسُ مَسافَةِ السَيْرِ
peek *vi.; n.* يَخْتَلِسُ النَظَرَ // نَظْرَةٌ مُخْتَلَسَةٌ
peel *n.; vt.; i.* قِشْرَةُ الثَمَرَةِ. المِخْبازُ // يُقَشِّرُ. يَسْلُخُ / يَتَقَشَّرُ. يَتَجَرَّدُ. يَخْلَعُ ثِيابَهُ
peep *n.; vi.* نَظْرَةٌ خاطِفَةٌ. صَوْتٌ واهِنٌ. إنْبِثاقٌ // يَخْتَلِسُ النَظَرَ. يَزْقو؛ يَصيءُ. يَبْزُغُ
peep-hole *n.* ثَقْبُ البابِ. ثَقْبٌ لاخْتِلاسِ النَظَرِ
peer *vi.; n.* يُحَدِّقُ. يَلوحُ؛ يَبْدو للعَيانِ // النَظيرُ؛ النِدُّ. النَبيلُ؛ الشَريفُ. الأميرُ
peerage *n.* طَبَقَةُ النُبَلاءِ. رُتْبَةُ النَبيلِ؛ نَبالَةٌ
peeress *n.* النَبيلَةُ. زَوْجَةُ النَبيلِ
peerless *adj.* فَريدٌ. مُنْقَطِعُ النَظيرِ. لا يُضارَعُ
peevish *adj.* عَنيدٌ. شَكِسٌ. نَكِدٌ. بَرِمٌ
peg *n.; vt.; i.* وَتَدٌ. رَمْيَةٌ. مَلْقَطُ غَسيلٍ. ذَريعَةٌ. دَرَجَةٌ // يُوَتِّدُ. يَشْبُكُ الثِيابَ. يُصَنِّفُ. يُسَدِّدُ / يَجِدُّ
pejorative *adj.* إزْدِرائيٌّ. مُنْتَقِصٌ مِنَ القَدْرِ
pelagic *adj.* أوقْيانوسيٌّ. في عُرْضِ البَحْرِ
pelf *n.* ثَرْوَةٌ؛ مالٌ؛ غِنًى (غَيْرُ مَشْروعٍ)
pelican *n.* البَجَعُ (طائِرٌ مائيٌّ كَبيرٌ)
pellet *n.* حَبَّةُ دَواءٍ. قُنْبُلَةٌ. رَصاصَةٌ. خُرْدُقَةٌ. كُرَيَّةٌ
pellicle *n.* قِشْرَةٌ رَقيقَةٌ. غِشاءٌ
pell-mell *adv.* شَذَرَ مَذَرَ. بِفَوْضى. باخْتِلاطٍ
pellucid *adj.* شَفّافٌ. صافٍ. سَهْلُ الفَهْمِ
pelt *vi., t.; n.* يَضْرِبُ بِغَيْرِ انْقِطاعٍ / يَقْذِفُ. يَرْجُمُ // جِلْدُ الحَيَوانِ غَيْرُ مَدْبوغٍ. ضَرْبَةٌ
pelvis *n.* (*pl.* **-vises** *or* **-ves**) تَجْويفُ الحَوْضِ

pen *n.; vt.* ريشةُ الكِتابةِ. قَلَمُ حِبْرٍ. حَظيرةٌ. زَريبَةٌ. الكاتِبُ. سِجْنٌ // يَزْرُبُ. يَحْبِسُ. يَكْتُبُ. يُدَبِّجُ

penal *adj.* جِنائيٌّ. جَزائيٌّ. يَسْتَوْجِبُ العُقوبَةَ

penal code *n.* قانونُ الجَزاءِ أو العُقوباتِ

penalize *vt.* يُعاقِبُ. يَعوقُ

penalty *n.* جَزاءٌ؛ عِقابٌ؛ قِصاصٌ. غَرامةٌ. حَدٌّ

penance *n.* الكَفّارَةُ. عُقوبَةٌ يُنْزِلُها الخاطِئُ بِنَفْسِهِ

pence *n.* (*pl.* of **penny**)

pencil *n.; vt.* قَلَمُ رَصاصٍ. ريشَةُ الرَسّامِ. حُزْمَةٌ // يَرْسُمُ. يَخُطُّ؛ يَكْتُبُ

pendant *n.* قِلادَةٌ. قُرْطٌ. ثُرَيّا. شَيءٌ مُتَدَلٍّ

pendent *adj.* مُتَدَلٍّ. ناتِئٌ. مُعَلَّقٌ

pending *adj.; prep.* مُعَلَّقٌ؛ قَيْدُ النَظَرِ. مُتَدَلٍّ. وَشيكٌ // رَيْثَما. خِلالَ. أثْناءَ. في انْتِظارِ

pendulous *adj.* مُتَهَدِّلٌ. مُتَدَلٍّ

pendulum *n.* رَقّاصُ الساعَةِ

penetrable *adj.* قابِلٌ للإخْتِراقِ؛ يُخْتَرَقُ

penetrate *vt.; i.* يَخْتَرِقُ. يَنْفُذُ إلى. يُدْرِكُ؛ يَفْهَمُ. يَكْتَشِفُ / يَتَغَلْغَلُ في. يَتَداخَلُ

penetrating *adj.* نافِذٌ. ثاقِبٌ. ذَكيٌّ. حادٌّ

penguin *n.* البِطْريقُ (طائِرٌ مائيٌّ)

pen-holder *n.* مَسْكَةُ الريشَةِ. مِقْبَضُ القَلَمِ

penicillin *n.* البِنِسِلينُ: عَقّارٌ مُضادٌّ للجَراثيمِ

peninsula *n.* شِبْهُ جَزيرَةٍ

penitence *n.* تَوْبَةٌ؛ نَدَمٌ؛ تَكْفيرٌ

penitent *adj. & n.* نادِمٌ؛ تائِبٌ

penitentiary *adj.; n.* مُتَعَلِّقٌ بالسِجْنِ. إصْلاحيٌّ // سِجْنٌ. إصْلاحيَّةٌ

penknife *n.* سِكّينٌ أوْ مِطْواةٌ

penman *n.* خَطّاطٌ. كاتِبٌ؛ مؤَلِّفٌ

penmanship *n.* الخَطُّ. فَنُّ الخَطِّ

pennant *n.* عَلَمٌ مُثَلَّثُ الشَكْلِ. شُعْلَةٌ

pennon *n.* عَلَمٌ. رايَةُ (فارِسٍ)

penny *n.* (*pl.* **pence; pennies**) قِطْعَةٌ نَقْدِيَّةٌ صَغيرَةٌ. البِنْسُ = ١/١٠٠ من الجُنَيْهِ الإنْكليزيِّ

pension *n.; vt.* مَعاشُ تَقاعُدٍ. مِنْحَةٌ حُكوميَّةٌ. فُنْدُقٌ عائليٌّ // يُحيلُ عَلى التَقاعُدِ. يُعْطي مَعاشَ تَقاعُدٍ

pensioner *n.* المُتَقاعِدُ؛ المُحالُ عَلى التَقاعُدِ

pensive *adj.* مُسْتَغْرِقٌ في التَفْكيرِ. كَئيبٌ. حالِمٌ

pent *adj.* مُغْلَقٌ. حَبيسٌ. مَكْبوتٌ. مَكْظومٌ

pentagon *n.* المُخَمَّسُ. البِنْتاغونُ

pentagonal *adj.* خُماسيٌّ. مُخَمَّسُ الشَكْلِ

penthouse *n.* سَقيفَةٌ. بِناءٌ إضافيٌّ؛ لَحيقَةٌ

penurious *adj.* فَقيرٌ؛ قاحِلٌ. بَخيلٌ

penury *n.* فَقْرٌ مُدْقِعٌ. نُدْرَةٌ؛ قِلَّةٌ

people *n.; vt.* الشَعْبُ. الناسُ. الأهالي. أنْسِباءُ؛ أقارِبُ. أبْناءُ // يُؤَهِّلُ؛ يُعَمِّرُ (قَرْيَةً)

peopled *adj.* آهِلٌ؛ مأهولٌ (مَكانٌ)

pepper *n.; vt.* فُلْفُلٌ // يُتَبِّلُ بالفُلْفُلِ

peppercorn *n.* حَبُّ الفُلْفُلِ

peppermint *n.* الفُلْفُليُّ. روحُ النَعْنَعِ (نَباتٌ)

peppery *adj.* فُلْفُليٌّ؛ كَثيرُ الفُلْفُلِ. لاذِعٌ؛ قارِصٌ

per *prep.* بِـ. بواسِطَةِ. لِكُلِّ. في. وِفْقَ

peradventure *adv.; n.* رُبَّما؛ لَعَلَّ // شَكٌّ

perambulate *vt.; i.* يَجْتازُ / يَطوفُ؛ يَتَجَوَّلُ

perambulator *n.* المُتَجَوِّلُ. العابِرُ. عَرَبَةُ أطْفالٍ

perceive *vt.* يَرى. يُلاحِظُ. يَعي؛ يَفْهَمُ

percent *adv.; n.* بالمِئَةِ // جُزْءٌ مِنْ مِئَةٍ

percentage *n.* نِسْبَةٌ مِئَوِيَّةٌ. حِصَّةٌ. رِبْحٌ

perceptibility *n.* الإدْراكُ الحِسّيُّ أوِ العَقْليُّ

perceptible *adj.* مُمْكِنٌ إدْراكُهُ حِسّيًا أوْ عَقْليًا
perception *n.* الإدْراكُ الحِسّيُّ . نَفاذُ البَصيرةِ
perceptive *adj.* حادُّ المُلاحَظَةِ . مُدْرِكٌ . مُمَيِّزٌ
perch *n.; vi.* مَجْثَمُ الطَيْرِ . كُرْسيٌّ . مَقْعَدُ الحوذيِّ // يَجْثُمُ ؛ يَحُطُّ (الطَيْرُ) . يَجْلِسُ
perchance *adv.* رُبَّما ؛ عَسى . بالمُصادَفَةِ
percolate *vt.; i.* يُقَطِّرُ / يَنْفُذُ إلى . يَتَرَشَّحُ ؛ يَتَقَطَّرُ
percolator *n.* المُرَشِّحُ ؛ المُقَطِّرُ . مِصْفاةُ القَهْوَةِ
percussion *n.* طَرْقٌ ؛ قَرْعٌ ؛ نَقْرٌ . قَدْحٌ
percussion cap *n.* كَبْسولَةُ القَدْحِ في البُنْدُقِيَّةِ
perdition *n.* هَلاكٌ ؛ خَرابٌ . هَلاكُ النَفْسِ
peregrinate *vi.; t.* يَرْحَلُ . يَمْشي / يَجْتازُ . يَقْطَعُ
peregrination *n.* إرْتِحالٌ . تَجْوالٌ . رِحْلَةٌ
peremptory *adj.* نِهائيٌّ . باتٌّ . قاطِعٌ
perennial *adj.; n.* حَوليٌّ . مُعَمِّرٌ . دائِمٌ . مُتَواتِرٌ // نَبْتَةٌ مُعَمِّرَةٌ
perfect *adj.; vt.; n.* كامِلٌ ؛ مِثاليٌّ . تامٌّ . كُلّيٌّ . مُطْلَقٌ . خالِصٌ . صِرْفٌ . ناجِزٌ // يُحَسِّنُ . يُهَذِّبُ . يُنْجِزُ . يُتَمِّمُ // صيغَةُ الفِعْلِ التامِّ . فِعْلٌ تامٌّ
perfection *n.* كَمالٌ . قَداسَةٌ . تَحْسينٌ ؛ تَهْذيبٌ
perfectly *adv.* تَمامًا . بِكُلِّ تأْكيدٍ . بِكَمالٍ
perfidious *adj.* خائِنٌ ؛ غادِرٌ (بِطَبْعِهِ)
perforate *vt.; i.* يَثْقُبُ ؛ يُخَرِّمُ / يَخْتَرِقُ
perforation *n.* تَثْقيبٌ . تَخَرُّمٌ . تَخْريمٌ
perforce *adv.* بِحُكْمِ الظُروفِ . قَسْرًا ؛ إضْطِرارًا
perform *vt.; i.* يَقومُ بِـ . يَفي . يُنْجِزُ . يُمَثِّلُ / يَعْزِفُ . يَعْمَلُ
performance *n.* أداءٌ . إنْجازٌ . تَمْثيلٌ . مَسْرَحِيَّةٌ . فَعّالِيَّةٌ . كَفاءَةٌ . سُلوكٌ
performer *n.* المُمَثِّلُ (ـلَةُ) . الفَنّانُ . العازِفُ

perfume *n.; vt.* عَبيرٌ ؛ شَذا . عِطْرٌ // يُعَطِّرُ
perfumery *n.* صِناعَةُ العُطورِ . عُطورٌ . المَعْطَرَةُ
perfunctory *adj.* روتينيٌّ . آليٌّ . غَيْرُ مُبالٍ
perhaps *adv.* رُبَّما . لَعَلَّ . عَسى . قَدْ يَكونُ
peril *n.; vt.* خَطَرٌ // يُعَرِّضُ لِلْخَطَرِ
perilous *adj.* خَطِرٌ . مَحْفوفٌ بالمَخاطِرِ
perimeter *n.* مُحيطٌ . الحُدودُ الخارِجِيَّةُ
period *n.* النُقْطَةُ . نِهايَةٌ ؛ خاتِمَةٌ . دَوْرٌ . دَوْرَةٌ . عَهْدٌ ؛ عَصْرٌ . دَوْرُ الطَمْثِ . حِصَّةٌ دِراسِيَّةٌ
periodic *adj.* دَوْريٌّ . مُنَمَّقٌ
periodical *adj.; n.* دَوْريٌّ . نَوْبيٌّ // مَجَلَّةٌ
periodically *adv.* دَوْريًّا ؛ عَلى نَحْوٍ دَوْريٍّ
peripatetic *adj.* مَشّائيٌّ ؛ أرِسْطوطاليسيٌّ . سَيّارٌ
periphery *n.* المُحيطُ . السَطْحُ الخارِجيُّ
periscope *n.* البَريسكوبُ ؛ مِنْظارُ الأُفُقِ
perish *vi.* يَهْلِكُ ؛ يَفْنى ؛ يَموتُ . يَفْسُدُ
perishable *adj.* هالِكٌ . فانٍ . قابِلٌ لِلفَسادِ
periwig *n.* شَعْرٌ مُسْتَعارٌ
periwinkle *n.* العِناقِيَّةُ (نَبْتَةٌ) . مَحارٌ صَغيرٌ
perjure *vt.* يَحْلِفُ يَمينًا كاذِبَةً . يَحْنَثُ بِقَسَمِهِ
perjury *n.* حَلْفٌ كاذِبٌ . حِنْثٌ (في اليَمينِ)
perk *vi.; n.* يَتَطَوَّسُ ؛ يَتَزَيَّنُ . يَمْشي رافِعًا رَأْسَهُ . يَنْشَطُ // عِلاوَةٌ . مِنْحَةٌ . بَقْشيشٌ
perky *adj.* مَغْرورٌ ؛ مُتَغَطْرِسٌ . مَرِحٌ . أنيقٌ
permanency; permanence *n.* دَوامٌ ؛ إسْتِمْرارٌ
permanent *adj.* دائِمٌ ؛ مُسْتَمِرٌّ ؛ باقٍ ؛ ثابِتٌ
permeable *adj.* مُنْفِذٌ ؛ نَفيذٌ . قابِلٌ للإخْتِراقِ
permeate *vt.; i.* يَنْفُذُ في ؛ يَخْتَرِقُ . يَتَخَلَّلُ
permissible *adj.* جائِزٌ . مُباحٌ . مَسْموحٌ بِهِ
permission *n.* إذْنٌ ؛ رُخْصَةٌ . الإجازَةُ
permissive *adj.* مُرَخِّصٌ . جائِزٌ ؛ مُباحٌ . إخْتِياريٌّ

permit *vi.; t.; n.* يَسْمَحُ / يُرَخِّصُ. يُجيزُ // إجازَةٌ؛ رُخْصَةٌ؛ إذْنٌ
permutation *n.* تَغْييرٌ أساسيٌّ. تَبْديلٌ؛ تَعْديلٌ
pernicious *adj.* ضارٌّ؛ مُؤْذٍ. مُفْسِدٌ. مُميتٌ
peroration *n.* خاتِمَةُ الخُطْبَةِ. خُطْبَةٌ مُنَمَّقَةٌ
perpendicular *adj.* عَموديٌّ. مُتَعامِدٌ. رَأْسيٌّ
perpetrate *vt.* يَرْتَكِبُ؛ يَقْتَرِفُ (جَريمَةً)
perpetual *adj.* أَبَديٌّ؛ سَرْمَديٌّ. دائِمٌ. ثابِتٌ
perpetually *adv.* بِاسْتِمْرارٍ. إلى الأبَدِ. دَوْمًا
perpetuate *vt.* يُؤَبِّدُ؛ يُسَرْمِدُ. يُديمُ. يُخَلِّدُ
perpetuity *n.* أبَديَّةٌ؛ سَرْمَديَّةٌ. إسْتِمْراريَّةٌ. خُلودٌ
perplex *vt.* يُرْبِكُ؛ يُحَيِّرُ. يُعَقِّدُ
perplexed *adj.* مُتَرَدِّدٌ؛ مُرْتَبِكٌ؛ مُتَحَيِّرٌ. مُعَقَّدٌ
perplexity *n.* تَعْقيدٌ. حيرَةٌ؛ إرْتِباكٌ؛ تَرَدُّدٌ
perquisite *n.* عِلاوَةٌ؛ أجْرٌ إضافيٌّ. مِنْحَةٌ
persecute *vt.* يَضْطَهِدُ. يُضايِقُ. يُرْهِقُ
persecution *n.* تَعْذيبٌ؛ إضْطِهادٌ. مُضايَقَةٌ
perseverance *n.* مُثابَرَةٌ؛ مُواظَبَةٌ؛ دَأْبٌ. ثَباتٌ
persevere *vi.* يُثابِرُ؛ يُواظِبُ؛ يَدْأَبُ
Persian *adj. & n.* فارِسيٌّ؛ إيرانيٌّ // اللُّغَةُ الفارِسيَّةُ
persist *vi.* يَسْتَمِرُّ؛ يَدومُ. يُثابِرُ؛ يُواظِبُ
persistence *n.* مُثابَرَةٌ؛ إصْرارٌ. إسْتِمْرارٌ. ثَباتٌ
persistent *adj.* مُثابِرٌ؛ مواظِبٌ. مُتَواصِلٌ. دائِمٌ
person *n.* شَخْصٌ. إنْسانٌ. أُقْنومٌ. النَفْسُ؛ الذاتُ
personable *adj.* وَسيمٌ؛ فاتِنٌ؛ جَذّابٌ
personage *n.* شَخْصيَّةٌ بارِزَةٌ. شَخْصٌ؛ فَرْدٌ
personal *adj.* شَخْصيٌّ؛ ذاتيٌّ. جِسْمانيٌّ
personality *n.* الشَخْصيَّةُ. الذاتيَّةُ. شَخْصيَّةٌ بارِزَةٌ
personally *adv.* شَخْصيًا. بالذاتِ
personalty *n.* مُلْكيَّةٌ خاصَّةٌ
personate *vt.* يُشَخِّصُ. يُمَثِّلُ. يُجَسِّدُ
personify *vt.* يُشَخِّصُ. يُجَسِّدُ
personnel *n.* المِلاكُ. دائِرَةُ المُوَظَّفينَ. المُوَظَّفونَ
perspective *adj.; n.* مَنْظوريٌّ. نَظَريٌّ؛ بَصَريٌّ // رَسْمٌ مَنْظوريٌّ. المَنْظوريَّةُ. نَظْرَةٌ
perspicacious *adj.* حادُّ الذِهْنِ؛ ثاقِبُ الفِكْرِ
perspicacity *n.* حِدَّةُ الذِهْنِ؛ نُفوذُ البَصَرِ
perspicuity *n.* وُضوحٌ. حِدَّةُ الذِهْنِ
perspicuous *adj.* واضِحٌ. سَهْلٌ
perspiration *n.* تَعَرُّقٌ؛ تَرَشُّحُ العَرَقِ مِنَ الجِسْمِ
perspire *vi.* يَتَعَرَّقُ؛ يُفْرِزُ عَرَقًا
persuade *vt.* يُقْنِعُ. يَحُثُّ
persuasion *n.* إقْناعٌ. حَثٌّ. رَأْيٌ؛ مُعْتَقَدٌ
persuasive *adj.* مُقْنِعٌ
pert *adj.* سَليطٌ؛ وَقِحٌ. أنيقٌ. مُفْعَمٌ بِالحَيَويَّةِ
pertain *vi.* يَتَعَلَّقُ بِـ. يَخُصُّ. يُلائِمُ
pertinacious *adj.* عَنيدٌ. مُلِحٌّ. مُتَواصِلٌ؛ مُسْتَمِرٌّ
pertinacity *n.* عِنادٌ؛ إلْحاحٌ. إسْتِمْرارٌ؛ تَواصُلٌ
pertinence *n.* تَعَلُّقٌ بِالمَوْضوعِ
pertinent *adj.* مُتَعَلِّقٌ بِالمَوْضوعِ. مُلائِمٌ
perturb *vt.* يُقْلِقُ. يُشَوِّشُ. يُخِلُّ (بِنِظامٍ)
peruke *n.* شَعَرٌ مُسْتَعارٌ
perusal *n.* دِراسَةٌ؛ تَمَعُّنٌ في. قِراءَةٌ بِإمْعانٍ
peruse *vt.* يَدْرُسُ؛ يَتَمَعَّنُ في. يَقْرَأُ بانْتِباهٍ
pervade *vt.* يَنْتَشِرُ؛ يَعُمُّ. يَتَخَلَّلُ
perverse *adj.* مُنْحَرِفٌ؛ ضالٌّ. فاسِدٌ. عَنيدٌ
perversion *n.* إضْلالٌ. إنْحِرافٌ. ضَلالٌ
perversity *n.* فَسادٌ؛ سوءُ خُلُقٍ. إنْحِرافٌ
pervert *vt.; n.* يُضِلُّ. يُحَرِّفُ. يُسيءُ الإسْتِعْمالَ // المارِقُ. المُنْحَرِفُ
pessimism *n.* التَشاؤُمُ؛ التَطَيُّرُ

pessimist *n.* المُتَشائِمُ؛ المُتَطَيِّرُ
pessimistic *adj.* مُتَشائِمٌ. مُتَطَيِّرٌ
pest *n.* وَباءٌ؛ طاعونٌ. حَشَرَةٌ مُؤْذِيَةٌ. شَخْصٌ بَغيضٌ
pester *vt.* يُزْعِجُ؛ يُضايِقُ
pesthouse *n.* مُسْتَشْفى الأمْراضِ المُعْدِيَةِ
pestiferous *adj.* وَبائِيٌّ؛ خَبيثٌ (طاعونٌ)
pestilence *n.* وَباءٌ؛ طاعونٌ
pestilent *adj.* مُهْلِكٌ. مُعْدٍ. مُثيرٌ. خَطِرٌ
pestilential *adj.* وَبائِيٌّ؛ مُهْلِكٌ. ضارٌّ. مُزْعِجٌ
pestle *n.* مِدَقَّةٌ. يَدُ الهاوَنِ
pet *adj.; vt.; n.* مُدَلَّلٌ. مُفَضَّلٌ. تَحَبُّبِيٌّ // يُدَلِّلُ. يُلاطِفُ // الحَيَوانُ المُدَلَّلُ. المَحْبوبُ. حَنَقٌ
petal *n.* القُعالَةُ؛ التُوَيْجِيَّةُ
petition *n.; vt.; i.* إسْتِدْعاءٌ؛ عَريضَةٌ. مَطْلَبٌ. إلْتِماسٌ // يَتَوَسَّلُ / يُقَدِّمُ عَريضَةً
petrel *n.* طائِرُ النَوْءِ
petrifaction *n.* تَحَجُّرٌ. تَحْويلٌ إلى حَجَرٍ. تَحْجيرٌ
petrify *vt.; i.* يُحَجِّرُ. يُميتُ. يَشُلُّ / يَتَحَجَّرُ
petrol *n.* الغازولينُ؛ البِنْزينُ؛ البِتْرولُ
petroleum *n.* النَفْطُ؛ البِتْرولُ
petticoat *n.* تَنورَةٌ داخِلِيَّةٌ. إمْرَأَةٌ؛ فَتاةٌ
pettiness *n.* تَفاهَةٌ؛ حَقارَةٌ
pettish *adj.* حَرِدٌ؛ سَريعُ الغَضَبِ
petty *adj.* صَغيرٌ؛ ثانَوِيٌّ. تافِهٌ. حَقيرٌ
petulance *n.* نَزَقٌ. وَقاحَةٌ؛ فَظاظَةٌ. نَكَدٌ
petulant *adj.* وَقِحٌ؛ فَظٌّ. نَكِدٌ؛ شَكِسٌ
pew *n.* مَقْصورَةٌ أوْ مَقْعَدٌ في الكَنيسَةِ (خَشَبِيٌّ)
pewter *n.* قَصْديرٌ. أوانٍ من قَصْديرٍ
phalanx *n.* (*pl.* **phalanges**) كَتيبَةٌ. جَماعَةٌ
phantasm *n.* خَيالٌ؛ طَيْفٌ. صورَةٌ وَهْمِيَّةٌ
phantom *n.* شَبَحٌ. وَهْمٌ؛ سَرابٌ. طَيْفٌ؛ خَيالٌ
Pharaoh *n.* الفِرْعَوْنُ. الطاغِيَةُ
pharisaical *adj.* رِيائِيٌّ؛ فَرِّيسِيٌّ؛ نِفاقِيٌّ
Pharisee *n.* الفَرِّيسِيُّ. المُرائِيُّ؛ المُتَظاهِرُ بالتَقْوى
pharmaceutical *adj.* صَيْدَلِيٌّ
pharmaceutics *n.* الصَيْدَلَةُ
pharmacist *n.* الصَيْدَلِيُّ
pharmacy *n.* صَيْدَلِيَّةٌ؛ مَخْزَنُ أدْوِيَةٍ. الصَيْدَلَةُ
pharyngeal *adj.* بُلْعُمِيٌّ؛ بُلْعومِيٌّ
pharynx *n.* (*pl.* **-xes** *or* **-ges**) بُلْعُمٌ؛ بُلْعومٌ
phase *n.* وَجْهٌ مِنْ أوْجُهِ القَمَرِ. مَظْهَرٌ. طَوْرٌ
in — with مُتَوافِقٌ مَع. مُتَعاوِنٌ مَع
pheasant *n.* التَدْرُجُ (طائِرٌ شَبيهٌ بالحَجَلِ)
phenomenal *adj.* إسْتِثْنائِيٌّ. مُدْرَكٌ بِالحَواسِّ
phenomenon *n.* (*pl.* **phenomena**) ظاهِرَةٌ
phial *n.* قارورَةٌ؛ قِنِّينَةٌ؛ زُجاجَةٌ
philander *vi.* يُغازِلُ (النِساءَ)
philanthropic *adj.* خَيِّرٌ. إنْسانِيٌّ. مُحِبٌّ للبَشَرِ
philanthropist *n.* الخَيِّرُ. الإنْسانِيُّ
philanthropy *n.* الإنْسانِيَّةُ. حُبُّ البَشَرِ
philatelist *n.* الطَوابِعِيُّ؛ جامِعُ الطَوابِعِ البَريدِيَّةِ
philharmonic *adj.* مُحِبٌّ للموسيقى
philologist *n.* العالِمُ بِفِقْهِ اللُغَةِ
philology *n.* فِقْهُ اللُغَةِ
philosopher *n.* الفَيْلَسوفُ. الحَكيمُ
philosophical *adj.* فَلْسَفِيٌّ. حَكيمٌ
philosophize *vi.; t.* يَتَفَلْسَفُ / يُفَلْسِفُ
philosophy *n.* الفَلْسَفَةُ. حُبُّ الحِكْمَةِ
philter *n.* شَرابُ المَحَبَّةِ. الشَرابُ السِحْرِيُّ
phlegm *n.* بَلْغَمٌ. بُرودَةٌ. لامُبالاةٌ. رَباطَةُ جَأْشٍ
phlegmatic *adj.* بَلْغَمِيٌّ. بارِدٌ. لامُبالٍ

phobia 284

phobia *n.* الرُهابُ؛ هَلَعٌ مَرَضيٌّ
Phoenician *adj. & n.* فينيقيٌّ
phoenix *n.* الفينيقُ؛ العَنْقاءُ (طائِرٌ وَهْميٌّ)
phone *n.; vi.; t.* التِلِفونُ؛ الهاتِفُ // يُتَلْفِنُ
phonetic *adj.* صَوْتيٌّ؛ لَفْظيٌّ
phonetics *n.* عِلْمُ الأصْواتِ
phoney *or* **phony** *adj.; n.* زائِفٌ // الدَجّالُ
phonograph *n.* الفونوغرافُ؛ الحاكي
phosphate *n.* الفوسفاتُ؛ المِلْحُ الفوسفوريُّ
phosphor *n.* الفوسفورُ. مادَّةٌ مُضيئَةٌ
phosphorescence *n.* وَميضٌ فوسْفوريٌّ
phosphorescent *adj.* مُتَفَسْفِرٌ؛ وامِضٌ
phosphoric *adj.* فوسفوريٌّ
phosphorus *n.* الفوسفورُ
photo *n.* see **photograph**
photocopy *n.* نُسْخَةٌ مُصَوَّرَةٌ
photogenic *adj.* ضَوْئيٌّ. نَيِّرٌ. صالِحٌ للتَصْويرِ (مِنَ الناحيَةِ الجَماليَّةِ)
photograph *or* **photo** *n.; vt.; i.* صورَةٌ فوتوغرافيَّةٌ // يُصَوِّرُ فوتوغْرافيًّا / يَتَصَوَّرُ فوتوغرافيًّا
photographer *n.* المُصَوِّرُ الفوتوغْرافيُّ
photographic *adj.* ضَوْئيٌّ. فوتوغرافيٌّ
photography *n.* التَصْويرُ الفوتوغرافيُّ
photogravure *n.* النَقْشُ أوِ الحَفْرُ التَصْويريُّ
photoplay *n.* شَريطٌ أوْ فيلْمٌ سينَمائيٌّ
photostat *n.* جِهازٌ للنَسْخِ بالتَصْويرِ الفوتوغرافيِّ
phrase *n.; vt.* عِبارَةٌ. أُسْلوبٌ. مَقْطَعٌ موسيقيٌّ // يُعَبِّرُ بِكَلِماتٍ. يُقَسِّمُ إلى عِباراتٍ موسيقيَّةٍ
is a — حِكْمَةٌ؛ قَوْلٌ مَأثورٌ
phraseology *n.* تَرْكيبُ الجُمَلِ. أُسْلوبٌ مُمَيَّزٌ
phrenology *n.* فِراسَةُ الدِماغِ

physic *n.; vt.* دَواءٌ مُسَهِّلٌ وَمُطَهِّرٌ // يُداوي
physical *adj.* مادّيٌّ. طَبيعيٌّ. فيزْيائيٌّ. بَدَنيٌّ
physician *n.* الطَبيبُ
physicist *n.* الفيزيائيُّ؛ العالِمُ بالطَبيعيّاتِ
physics *n.* الفيزياءُ؛ الطَبيعيّاتُ؛ عِلْمُ الطَبيعَةِ
physiognomy *n.* عِلْمُ الفِراسَةِ. مَلامِحُ الوَجْهِ
physiological *adj.* وَظائفيٌّ؛ فيزيولوجيٌّ
physiology *n.* عِلْمُ وَظائِفِ أعْضاءِ الجِسْمِ
physiotherapy *n.* المُعالَجَةُ بالتَدْليكِ والتَمارينِ
physique *n.* بُنْيَةُ الجِسْمِ
pianist *n.* عازِفُ البيانو
piano *n.* بيانو (آلَةٌ موسيقيَّةٌ)
piaster *n.* قِرْشٌ؛ غِرْشٌ
pick *n.; vt.* صَفْوَةٌ؛ نُخْبَةٌ. مِعْوَلٌ. ريشَةُ العودِ // يَثْقُبُ. يَقْطِفُ؛ يَجْني. يَخْتارُ. يَسْرِقُ؛ يَنْشُلُ. يَلْتَقِطُ الحَبَّ (الطائِرُ). يَنْتِفُ الريشَ
pickaxe *n.* مِعْوَلٌ مُسْتَدَقُّ الرأسِ
picket *n.; vt.* وَتَدٌ؛ خازوقٌ. خَفيرٌ // يُوَتِّدُ. يَضَعُ خَفيرًا. يَعْقُلُ إلى وَتَدٍ
pickings *n.pl.* فُتاتٌ؛ نُتَفٌ
pickle *n.; vt.* مُخَلَّلٌ. وَرْطَةٌ // يُخَلِّلُ
pickpocket *n.* النَشّالُ؛ السَرّاقُ
pick-up *n.* إلتِقاطٌ. شاحِنَةٌ صَغيرَةٌ. لاقِطُ الصَوْتِ
picnic *n.; vi.* نُزْهَةٌ. مُتْعَةٌ // يَتَنَزَّهُ
pictorial *adj.* مُصَوَّرٌ. تَصْويريٌّ
picture *n.; vt.* صورَةٌ. وَصْفٌ دَقيقٌ. مَشْهَدٌ. نَسْخَةٌ // يُصَوِّرُ؛ يَرْسُمُ. يَتَصَوَّرُ؛ يَتَخَيَّلُ. يَصِفُ
picturesque *adj.* فاتِنٌ؛ رائِعٌ. مُخْتَصٌّ بالرَسْمِ
pie *n.* فَطيرَةٌ. حَلْوى. العَقْعَقُ (غُرابٌ)
piebald *adj.* مُلَوَّنٌ. أرْقَطُ. مَزيجٌ. غَيْرُ مُتَجانِسٍ
piece *n.; vt.* قِطْعَةٌ؛ جُزْءٌ. نَموذَجٌ؛ عَيِّنَةٌ. قِطْعَةٌ

أَدَبِيَّةٌ // يُرَقِّعُ؛ يُصْلِحُ؛ يَلْأَمُ
piecemeal *adv.* شَيْئًا فَشَيْئًا. تَدْريجيًّا. بِأَجْزاءٍ
piecework *n.* العَمَلُ بِالقِطْعَةِ
pied *adj.* أَرْقَطُ؛ أَبْقَعُ. مُتَعَدِّدُ الأَلْوانِ
pier *n.* عَمودٌ. رَكيزَةٌ. دِعامَةُ جِسْرٍ. رَصيفٌ بَحْريٌّ
pierce *vt.; i.* يَطْعَنُ؛ يَخِزُ. يَثْقُبُ. يَخْتَرِقُ. يُدْرِكُ
piercing *adj.* ثاقِبٌ؛ نافِذٌ؛ حادٌّ
piety *n.* تَقْوى؛ وَرَعٌ. طاعَةُ الوالِدَيْنِ
piffle *n.* كَلامٌ فارِغٌ؛ هُراءٌ
pig *n.* خِنْزيرٌ. لَحْمُ خِنْزيرٍ. جِلْدُ خِنْزيرٍ
pigeon *adj.; n.* خَجولٌ // حَمامَةٌ. السّاذَجُ
pigeonhole *n.* بَيْتُ الحَمامِ. طاقَةٌ في خِزانَةٍ
piggery *n.* زَريبَةُ الخَنازيرِ
pig iron *n.* الحَديدُ الخامُ الخارِجُ مِنَ الصَهْرِ
pigment *n.* الصِباغُ. الخِضابُ
pigmentary *adj.* صِباغيٌّ
pigmy *n.* see **pygmy**
pigsty *n.* زَريبَةٌ أو حَظيرَةُ الخَنازيرِ
pigtail *n.* ذَيْلُ الخِنْزيرِ. ضَفيرَةٌ في مُؤَخَّرَةِ الرَأْسِ
pike *n.* الكَراكيُّ: سَمَكٌ نَهْريٌّ. رُمْحٌ. مِنْخَسٌ
pikeman *n.* الحَرّابُ؛ الرامِحُ
pile *n.; vt.; i.* كَومَةٌ؛ رُكامٌ. رَكيزَةٌ. ثَرْوَةٌ. بَطّارِيَّةٌ. مُحْرَقَةٌ // يَدْعَمُ. يُكَدِّسُ / يَتَراكَمُ؛ يَتَجَمَّعُ
piles *n.pl.* البَواسيرُ
pilfer *vt.; i.* يَسْرِقُ؛ يَخْتَلِسُ (شَيْئًا فَشَيْئًا)
pilgrim *n.* الحاجُّ. الرَحّالَةُ. السائِحُ
pilgrimage *n.* الحَجُّ. الرِحْلَةُ
pill *n.* حَبَّةُ دَواءٍ
pillage *n.; vt.* سَلْبٌ؛ نَهْبٌ // يَسْلُبُ؛ يَنْهَبُ
pillar *n.; vt.* عَمودٌ؛ دِعامَةٌ. نُصُبٌ // يَدْعَمُ
pillbox *n.* عُلْبَةٌ صَغيرَةٌ لِحُبوبِ الدَواءِ
pillion *n.* سَرْجٌ إِضافيٌّ صَغيرٌ. وِسادَةٌ
pillory *n.; vt.* آلَةٌ خَشَبِيَّةٌ لِلتَعْذيبِ أَوِ التَشْهيرِ // يُعَذِّبُ. يُشَهِّرُ بِـ
pillow *n.; vt.* وِسادَةٌ؛ مِخَدَّةٌ // يُوَسِّدُ
pilot *n.; vt.* القائِدُ. الرُبّانُ. المُرْشِدُ؛ الدَليلُ // يُرْشِدُ. يَقودُ طائِرَةً أَوْ سَفينَةً
pimento; pimiento *n.* فُلَيْفِلَةٌ؛ فُلْفُلٌ حُلْوٌ
pimple *n.* بَثْرَةٌ؛ نَفْطَةٌ. دُمَّلٌ
pin *n.; vt.* دَبّوسٌ. مِسْمارٌ. وَتَدٌ. خابورٌ // يَشْبُكُ بِدَبّوسٍ. يُثَبِّتُ. يُعَلِّقُ الآمالَ على
pinafore *n.* مِئْزَرٌ؛ مَرْيولٌ (للأَطْفالِ)
pince-nez *n.* نَظّارَتانِ تَعْلَقانِ عَلى قَصَبَةِ الأَنْفِ
pincers *n.pl.* كَمّاشَةٌ. كُلّابٌ
pinch *n.; vt.; i.* مَأْزِقٌ. قَبْضَةٌ. قَرْصٌ. سَرِقَةٌ. إِعْتِقالٌ // يَقْرُصُ. يَعْصِرُ. يُقَتِّرُ. يَخْتَلِسُ؛ يَسْرِقُ. يَعْتَقِلُ / يَضيقُ. يَبْخُلُ
pin-cushion *n.* وِسادَةُ الدَبابيسِ
pine *n.; vi.* صَنَوْبَرٌ. خَشَبُ الصَنَوْبَرِ. أَناناسٌ // يَنْحُلُ؛ يَهْزُلُ. يَتوقُ إلى. يَشْتاقُ
pineapple *n.* الأَناناسُ. قُنْبُلَةٌ يَدَوِيَّةٌ
pinfold *n.; vt.* حَظيرَةٌ؛ زَريبَةٌ // يُزَرِّبُ
ping-pong *n.* كُرَةُ الطاوِلَةِ
pinion *n.; vt.* جَناحُ الطائِرِ. ريشَةٌ // يوثِقُ؛ يُكَبِّلُ
pink *n.; adj.; vt.* القَرَنْفُلُ. اللَوْنُ القَرَنْفُليُّ. الصَفْوَةُ؛ النُخْبَةُ. أَوْجٌ // قَرَنْفُليُّ اللَوْنِ. غاضِبٌ // يُخَرِّمُ. يُزَيِّنُ. يُسَنِّنُ. يَطْعَنُ. يُصَلْصِلُ
pinnace *n.* مَرْكَبٌ شِراعيٌّ صَغيرٌ. قارِبٌ
pinnacle *n.* بُرْجٌ. قُبَّةٌ مُسْتَدَقَّةٌ. أَوْجٌ. ذُرْوَةٌ
pinnate *adj.* ريشيُّ الشَكْلِ
pin-point *vt.* يُحَدِّدُ؛ يُعَيِّنُ. يُبْرِزُ
pint *n.* كَيْلٌ لِلسَوائِلِ (نِصْفُ ليترٍ تقريبًا)

pioneer *n.; vt.; i.* الرائِدُ؛ مُمَهِّدُ الطريقِ // يرودُ
pious *adj.* تَقيٌّ؛ وَرِعٌ. دينيٌّ
pip *n.; vi.* خانوقُ الدَجاجِ. بَذْرَةٌ // يَفْقِسُ
pipe *n.; vi.; t.* مِزْمارٌ. غَلْيونٌ. أُنْبوبٌ؛ ماسورَةٌ // يَعْزُفُ عَلى المِزْمارِ / يَنْقُلُ بالأنابيبِ
pipe-line *n.* خَطُّ الأنابيبِ (لِنَقْلِ النِفْطِ)
pipkin *n.* قِدْرٌ صَغيرَةٌ
pippin *n.* تُفّاحٌ. بِزْرَةٌ
piquancy *n.* طَعْمٌ حادٌّ. حِدَّةٌ
piquant *adj.* قارِصٌ؛ حادٌّ. مُثيرٌ. فاتِنٌ
pique *n.; vt.* إسْتِياءٌ؛ غَضَبٌ // يَمْتَعِضُ. يُثيرُ
piquet *n.* لُعْبَةُ وَرَقٍ
piracy *n.* قَرْصَنَةٌ. سَرِقَةٌ أَدَبِيَّةٌ. تَزْويرٌ. تَقْليدٌ
pirate *n.; vt.; i.* القُرصانُ. مُنْتَحِلُ المُؤَلَّفاتِ الأَدَبِيَّةِ // يَتَقَرْصَنُ. يَنْتَحِلُ مُؤَلَّفاتِ أَوِ اخْتِراعاتِ غَيْرِهِ
piratical *adj.* قُرْصانيٌّ. قَرْصَنيٌّ
piss *vi.; n.* يَبَوِّلُ // بَوْلٌ؛ تَبْويلٌ
pistachio *n.* شَجَرَةُ الفُسْتُقِ. فُسْتُقَةٌ
pistil *n.* مِدَقَّةٌ؛ وَزيمٌ (نَباتٌ)
pistol *n.* مُسَدَّسٌ
piston *n.* الكَبّاسُ؛ أُسْطُوانَةٌ (المُحَرِّكِ)؛ مِكْبَسٌ
piston ring *n.* حَلْقَةُ الكَبّاسِ أَوِ الأُسْطُوانَةِ
piston rod *n.* ذِراعُ الكَبّاسِ أَوِ الأُسْطُوانَةِ
pit *n.; vt.* حُفْرَةٌ. جَهَنَّمُ. فَمٌ. قَبْرٌ. نَواةُ الثَمَرَةِ. نَدْبَةٌ // يُحَرِّضُ؛ يُثيرُ. يُغْري. يَحْفِرُ
pitch *vt.; i.; n.* يَنْصِبُ (خَيْمَةً). يُلْقي؛ يَقْذِفُ. يُعَيِّنُ مَقامَ الصَوْتِ. يُزَفِّتُ / يَغوصُ. يُعَسْكِرُ. يَميلُ؛ يَنْحَدِرُ // زِفْتٌ؛ قارٌ. مُنْحَدَرٌ. مُسْتَوى الإنْحِدارِ. دَرَكٌ. مَقامُ الصَوْتِ. إرْتِفاعٌ. إعْلانٌ
pitch-dark *adj.* فاحِمٌ؛ حالِكٌ؛ دامِسٌ
pitcher *n.* إبْريقٌ. الرامي
pitchfork *n.; vt.* مِذْراةٌ // يُذَرّي (الحِنْطَةَ)
piteous *adj.* جَديرٌ بالشَفَقَةِ. يُرْثى لَهُ. تافِهٌ
pitfall *n.* شَرَكٌ؛ فَخٌّ
pith *n.* لُبُّ الثَمَرَةِ. لُبابٌ. زُبْدَةٌ. جَوْهَرٌ. شَأْنٌ
pithy *adj.* لُبّيٌّ. قَويٌّ. لَيِّنٌ. ناعِمٌ. بَليغٌ
pitiable *adj.* جَديرٌ بالشَفَقَةِ. تافِهٌ. حَقيرٌ
pitiful *adj.* جَديرٌ بالشَفَقَةِ. حَقيرٌ. هَزيلٌ
pitiless *adj.* عَديمُ الرَحْمَةِ؛ قاسٍ
pitman *n.* (*pl.* **-men**) عامِلُ مَنْجَمٍ
pittance *n.* عِلاوَةٌ صَغيرَةٌ. أَجْرٌ زَهيدٌ
pituitary *adj.* نُخاميٌّ
pituitary body *n.* الغُدَّةُ النُخامِيَّةُ
pity *n.; vt.* شَفَقَةٌ؛ رَحْمَةٌ. رِثاءٌ. أَسَفٌ // يُشْفِقُ عَلى؛ يَرْثي لِـ؛ يَرحَمُ
pivot *n.; vi.* مِحْوَرٌ؛ مَدارٌ // يَدورُ عَلى مِحْوَرٍ
pizza *n.* فَطيرَةٌ إيطالِيَّةٌ
placard *n.; vt.* إعْلانٌ. خِزانَةٌ // يُعْلِنُ عَنْ. يُعَلِّقُ إعْلانًا
placate *vt.* يُهَدِّئُ رَوْعَهُ. يَسْتَرْضي
place *n.; vt.* مَكانٌ؛ مَوْضِعٌ. مَدينَةٌ؛ قَرْيَةٌ. مَيْدانٌ // يَضَعُ. يُصَنِّفُ. يُقَدِّرُ. يُقَيِّمُ. يُعَيِّنُ
at his — عِنْدَهُ؛ لَدُنَهُ
out of — غَيْرُ مُناسِبٍ؛ في غَيْرِ مَحَلِّهِ
take — يَحْدُثُ؛ يَقَعُ؛ يَجْري
— an order يُوصي عَلى طَلَبِيَّةٍ
know his — يَقِفُ عِنْدَ حَدِّهِ
placid *adj.* هادِئٌ؛ رائِقٌ. رابِطُ الجَأْشِ
plagiarize *vt.* يَنْتَحِلُ آراءَ غَيْرِهِ
plague *n.; vt.* كارِثَةٌ؛ مُصيبَةٌ. مَرَضٌ وَبائيٌّ // يُزْعِجُ. يُغيظُ. يُعَذِّبُ
plaice *n.* سَمَكٌ مُفَلْطَحٌ

plaid *n.* نسيجٌ مُتصالِبُ النَقْش

plain *adj.; n.; adv.* واضِحٌ ؛ جليٌّ. صَريحٌ. مُخْلِصٌ. صادِقٌ. بَسيطٌ. مُسْتَوٍ ؛ مُنْبَسِطٌ. أمْلَسُ. مَحْضٌ // سَهْلٌ ؛ أرْضٌ مُنْبَسِطَةٌ // بِوُضوحٍ. بِصَراحَةٍ

plain-spoken *adj.* صَريحٌ ؛ مُجاهِرٌ

plaint *n.* تَفَجُّعٌ. شَكْوى ؛ إحْتِجاجٌ. دَعْوى

plaintiff *n.* المُدَّعي ؛ مُقَدِّمُ الدَعوى. سائِلٌ

plaintive *adj.* حَزينٌ ؛ كَئيبٌ (موسيقى)

plait *n.; vt.* طَيَّةٌ ؛ ثَنْيَةٌ. ضَفيرَةٌ ؛ جَديلَةٌ // يَطْوي ؛ يُثَنّي. يَضْفِرُ ؛ يُجَدِّلُ

plan *n.; vt.* تَصْميمٌ. خَريطَةٌ. خُطَّةٌ. هَدَفٌ ؛ غايَةٌ // يُخَطِّطُ. يَرْسُمُ خَريطَةً. يَنْوي. يُنَظِّمُ

plane *n.; vt.* طائِرَةٌ. فَأْرَةُ النَجّارِ. سَطْحٌ مُسْتَوٍ // يُسَوّي. يَقْشِطُ. يَطيرُ. يُسافِرُ بالطائِرَةِ

plane; plane tree *n.* الدُلْبُ (شَجَرٌ)

planet *n.* جِرْمٌ سَماوِيٌّ. كَوْكَبٌ سَيّارٌ. نَجْمٌ

planetary *adj.* كَوْكَبِيٌّ. سَيّارٌ. ضَخْمٌ. أرْضِيٌّ

plank *n.; vt.* لَوْحٌ خَشَبِيٌّ // يَفْرُشُ بِألْواحٍ خَشَبِيَّةٍ

planning *n.* التَخْطيطُ

plant *n.; vt.* نَبْتَةٌ ؛ شُجَيْرَةٌ ؛ غَرْسَةٌ. مَصْنَعٌ. خِدْعَةٌ // يَغْرِسُ ؛ يَزْرَعُ. يُعَمِّرُ. يُرَسِّخُ. يَطْمُرُ

plantain *n.* لِسانُ الحَمَلِ ؛ آذانُ الجَدْيِ (نَباتٌ)

plantation *n.* زَرْعٌ. مَزْرَعَةٌ. مُسْتَعْمَرَةٌ

planter *n.* الزارِعُ ؛ الفَلاّحُ. الأصيصُ

plaque *n.* دَبّوسٌ للزينَةِ. صَفيحَةٌ

plasma *n.* البلازما ؛ مَصْلُ الدَم ؛ الهَيُولى

plaster *n.; vt.; i.* جِصٌّ. لَزْقَةٌ. مُسَكِّنٌ للألَمِ // يَضَعُ لَزْقَةً. يُلْصِقُ. يُجَصِّصُ

plastic *adj.; n.* طَيِّعٌ ؛ مِطْواعٌ. تَشْكيلِيٌّ. لَدائِنِيٌّ // العَجائِنُ ؛ اللَدائِنُ ؛ البلاستيك

plasticity *n.* اللُدونَةُ ؛ اللَدانَةُ ؛ المُرونَةُ

plate *n.; vt.* طَبَقٌ ؛ صَحْنٌ. صَفيحَةٌ. لَوْحَةٌ // يُغَشّي. يُصَفِّحُ. يَطْلي. يُمَوِّهُ. يَصْقُلُ

plateau *n.* النَجْدُ ؛ الهَضَبَةُ ؛ السَهْلُ المُرْتَفِعُ

plated *adj.* مُصَفَّحٌ. مَطْلِيٌّ ؛ مُمَوَّهٌ

platform *n.* مِنَصَّةٌ ؛ مِنْبَرٌ. رَصيفٌ. خِطَّةٌ ؛ بَرْنامَجٌ

plating *n.* تَصْفيحٌ. طَلْيٌ ؛ تَمْويهٌ. طِلاءٌ مَعْدِنِيٌّ

platinum *n.* البلاتينُ : مَعْدِنٌ نَفيسٌ أبْيَضُ

platitude *n.* تَفاهَةٌ ؛ إبْتِذالٌ

platoon *n.* فَصيلَةٌ ؛ شَرْذِمَةٌ. عُصْبَةٌ

platter *n.* طَبَقٌ كَبيرٌ. أُسْطُوانَةٌ

plaudit *n.* تَصْفيقٌ للإسْتِحْسانِ. مُوافَقَةٌ حَماسِيَّةٌ

plausible *adj.* مَقْبولٌ ؛ مَعْقولٌ. جَديرٌ بالتَصْديقِ

play *n.; vi.; t.* لَعِبٌ ؛ لَهْوٌ. مُزاحٌ. هَزْلٌ. مُقامَرَةٌ. مَسْرَحِيَّةٌ. تَمْثيلٌ. مُعامَلَةٌ // يَلْعَبُ ؛ يَلْهو. يَعْبَثُ. يَمْزَحُ. يَعْزِفُ. يُمَثِّلُ. يُقامِرُ. يَتَظاهَرُ بِـ. يَتَصَرَّفُ / يُجْري

in — في وَضْعٍ مُطابِقٍ لِقَواعِدِ اللَعِبِ

out of — في وَضْعٍ مُنافٍ لِقَواعِدِ اللَعِبِ

— back يُعيدُ الصورَةَ أوِ الصَوْتَ

— sick يَتَمارَضُ

player *n.* اللاعِبُ. المُمَثِّلُ. الموسيقِيُّ. المُقامِرُ

playful *adj.* لَعوبٌ ؛ مازِحٌ ؛ هازِلٌ

playground *n.* مَلْعَبٌ

playhouse *n.* مَسْرَحٌ

playing card *n.* وَرَقَةُ اللَعِبِ

playmate *n.* رَفيقُ اللَعِبِ

plaything *n.* دُمْيَةٌ ؛ لُعْبَةٌ. أُلْعوبَةٌ

playtime *n.* وَقْتُ اللَعِبِ ؛ وَقْتُ التَسْلِيَةِ

playwright *n.* الكاتِبُ المَسْرَحِيُّ

plaza *n.* ساحَةٌ أو مَيْدانٌ عامٌّ

plea *n.* دِفاعٌ فَرْعِيٌّ. إلْتِماسٌ. ذَريعَةٌ ؛ حُجَّةٌ

plead *vt.; i.* يُبَرِّرُ / يُرافِعُ. يَلْتَمِسُ. يُدافِعُ
pleading *n.* مُرافَعَةٌ؛ دِفاعٌ. مُناشَدَةٌ
pleasant *adj.* سارٌّ؛ مُرْضٍ. لَطيفٌ. صافٍ
pleasantry *n.* مُزاحٌ؛ هَزْلٌ. مَزْحَةٌ
please *vt.; i.* يَسُرُّ؛ يُرْضي. يُحِبُّ؛ يَشاءُ
if you — أَرْجوكَ؛ مِنْ فَضْلِكَ
pleasing *adj.* سارٌّ؛ مُرْضٍ. ظَريفٌ
pleasurable *adj.* سارٌّ؛ مُرْضٍ؛ مُبْهِجٌ
pleasure *n.* سُرورٌ؛ إِبْتِهاجٌ. مُتْعَةٌ. مَشيئَةٌ؛ رَغْبَةٌ
pleasure ground *n.* حَديقَةٌ عامَّةٌ. حَديقَةٌ لِلنُّزْهَةِ
pleat *n.; vt.* طَيَّةٌ؛ ثَنْيَةٌ // يَطْوي؛ يَثْني
plebeian *n.; adj.* العامِّيُّ؛ أَحَدُ العامَّةِ // عامِّيٌّ. عادِيٌّ. خَشِنٌ؛ جِلْفٌ
plebiscite *n.* إِسْتِفْتاءٌ شَعْبِيٌّ (عامٌّ)
plebs *n.* (*pl.* **plebes**) عامَّةُ الناسِ
plectrum *n.* (*pl.* **-tra** *or* **-trums**) مِضْرَبُ أَوْ ريشَةُ العازِفِ
pledge *n.; vt.* ضَمانٌ. رَهْنٌ. عُرْبونٌ. نَخْبٌ. عَهْدٌ // يَرْهَنُ. يَشْرَبُ نَخْبَ. يَتَعَهَّدُ بِـ
plenary *adj.* كامِلٌ؛ تامٌّ؛ مُطْلَقٌ؛ غَيْرُ مَشْروطٍ
plenipotentiary *adj.; n.* مُفَوَّضٌ؛ مُطْلَقُ الصَلاحِيَّةِ // مَبْعوثٌ سِياسِيٌّ مُطْلَقُ الصَلاحِيَّةِ
plenitude *n.* تَمامٌ؛ كَمالٌ. وَفْرَةٌ
plenteous; plentiful *adj.* مُثْمِرٌ. وافِرٌ. جَمٌّ
plenty *n.* وَفْرَةٌ؛ كَثْرَةٌ. سَعَةٌ
pleurisy *n.* ذاتُ الجَنْبِ (مَرَضٌ)
plexus *n.* ضَفيرَةٌ أَوْ عُقْدَةُ أَعْصابٍ
pliability *n.* مُرونَةٌ؛ لينٌ؛ لُدونَةٌ
pliable *adj.* مِطْواعٌ. مَرِنٌ. سَمْحٌ. لَيِّنُ العَريكَةِ
pliant *adj.* مَرِنٌ. مِطْواعٌ. مُلائِمٌ. مُتَكَيِّفٌ
pliers *n.pl.* كَمّاشَةٌ صَغيرَةٌ؛ زَرَدِيَّةٌ

plight *n.; vt.* عَهْدٌ. وَعْدٌ. خِطْبَةٌ. وَرْطَةٌ؛ مَأْزِقٌ // يَخْطُبُ فَتاةً. يَأْخُذُ على نَفْسِهِ وَعْدًا
plinth *n.* قاعِدَةُ التِمْثالِ؛ وَطيدَةٌ
plod *vi.* يَتَثاقَلُ (في سَيْرِهِ)؛ يَتَهادى. يَكْدَحُ
plot *n.; vt.; i.* مَكيدَةٌ؛ مُؤامَرَةٌ. قِطْعَةُ أَرْضٍ. خَريطَةٌ // يَرْسُمُ خَريطَةً / يُدَبِّرُ مَكيدَةً. يَتآمَرُ
plough *n.; vt.; i.* مِحْراثٌ. جَرّافَةٌ // يَحْرُثُ الأَرْضَ. يَجْرُفُ الثَلْجَ. يَقْتَلِعُ / تَنْحَرِثُ الأَرْضُ
ploughshare *n.* سِكَّةُ المِحْراثِ
plover *n.* السَقْساقُ؛ الزَقْزاقُ (طائِرٌ)
plow *n.* see **plough**
pluck *vt.; n.* يَقْلَعُ. يَقْطِفُ؛ يَجْني. يَسْلُبُ. يَهْدِمُ // شَجاعَةٌ. إِقْدامٌ. شَدٌّ. مِعْلاقُ الحَيَوانِ
plucky *adj.* شُجاعٌ؛ جَريءٌ؛ مِقْدامٌ
plug *n.; vt.; i.* سِدادَةٌ. طَلَقٌ نارِيٌّ. شَيْءٌ دونٌ. القابِسُ // يَسُدُّ / يُواظِبُ على عَمَلِهِ. يُوَصِّلُ بِالقابِسِ
plum *n.* خَوْخٌ؛ بَرْقوقٌ
plumage *n.* ريشُ الطائِرِ
plumb *adj.; adv.; vt.; n.* عَمودِيٌّ. تامٌّ؛ كامِلٌ // مُباشَرَةً. تَمامًا. حالاً // يُلَحِّمُ بِالرَصاصِ. يَسْبُرُ الغَوْرَ // رَصاصٌ. الفادِنُ. الشاقولُ
plumber *n.* السَمْكَرِيُّ؛ الرَصّاصُ
plumbing *n.* عَمَلُ السَمْكَرِيِّ. أَنابيبُ المِياهِ
plumb line *n.* خَطٌّ عَمودِيٌّ
plume *n.; vt.* ريشَةُ الطائِرِ // يُزَيِّنُ بِالريشِ
plummet *n.* الرَصاصَةُ في طَرَفِ خَيْطِ الشاقولِ
plump *adj.; adv.; n.; vi.; t.* مُباشِرٌ. صَريحٌ. سَمينٌ // مُباشَرَةً. دَفْعَةً واحِدَةً // سَقْطَةٌ // يَسْقُطُ / يُسْقِطُ أَوْ يوقِعُ فَجْأَةً
plunder *vt.; n.* يَسْلُبُ؛ يَنْهَبُ؛ يَسْرِقُ // سَلْبٌ؛ نَهْبٌ؛ سَرِقَةٌ. غَنيمَةٌ

plunge *vt.; i.; n.* يَغْمُرُ؛ يُغْمِدُ؛ يُغَطِّسُ / يَغوصُ. يَنْغَمِسُ؛ يَنْغَمِرُ. يُراهِنُ؛ يُقامِرُ. يُضارِبُ // غَطْسَةٌ. إنْدِفاعٌ. مُقامَرَةٌ

plunger *n.* الغاطِسُ. المُجازِفُ. كَبّاسُ الآلَةِ

plural *adj.; n.* جَمْعيٌّ؛ مُتَعَلِّقٌ بِصيغَةِ الجَمْعِ // الجَمْعُ. صيغَةُ الجَمْعِ

plurality *n.* الأَكْثَرِيَّةُ؛ الأَغْلَبِيَّةُ؛ مُعْظَمُ. تَعَدُّدُ

plus *prep.; adj.; n.; adv.* زائِدُ (+) // إيجابيٌّ. زائِدٌ. أكْبَرُ. أكْثَرُ. مُوجَبٌ // شَيْءٌ إضافيٌّ. عَدَدٌ إيجابيٌّ // وأيضًا

plush *n.* نسيجٌ ذو زِئْبَرٍ

plutocracy *n.* البلوتوقْراطِيَّةُ: حُكومَةُ الأثْرياءِ

plutonium *n.* البلوتونيومُ (مَعْدِنٌ إشْعاعيٌّ)

pluvial *adj.* غَزيرُ المَطَرِ

ply *vi.; t.; n.* يَكُدُّ. يُناضِلُ / يُجَدِّلُ. يَعْمَلُ بِـ // طَيَّةٌ؛ ثَنْيَةٌ. مَيْلٌ؛ نَزْعَةٌ

plywood *n.* المُعاكَسُ (خَشَبٌ مِنْ عِدَّةِ طَبَقاتٍ)

pneumatic *adj.* هَوائيٌّ. غازيٌّ

pneumonia *n.* ذاتُ الرِئَةِ (مَرَضٌ)

poach *vt.; i.* يَسْلُقُ البَيْضَةَ في الماءِ المَغْليِّ. يَنْتَهِكُ الحُرْمَةَ. يَسْرِقُ الصَيْدَ / يَلينُ. يُصْبِحُ موحِلاً

pock *n.* بَثْرَةٌ؛ نَفْطَةٌ

pocket *n.; vt.* جَيْبٌ. مِحْفَظَةٌ. جِرابٌ (في الحَيَوانِ)// يَضَعُ في الجَيْبِ. يَقْبَلُ. يَكْبُتُ. يُحاصِرُ

pocket-book *n.* كِتابُ الجَيْبِ. مِحْفَظَةُ السَيِّداتِ

pocket-knife *n.* المِطْواةُ (سِكّينُ الجَيْبِ)

pocket money *n.* مَصْروفُ الجَيْبِ

pockmark *n.* نُقْرَةٌ؛ نَدَبَةٌ (في الوَجْهِ)

pod *n.* قَرْنٌ؛ غِلافُ الحَبَّةِ. جَيْبٌ. قَطيعٌ؛ سِرْبٌ

podgy *adj.* قَصيرٌ وَبَدينٌ

poem *n.* قَصيدَةٌ. شَيْءٌ جَميلٌ

poet *n.* الشاعِرُ؛ ناظِمُ الشِعْرِ

poetess *n.* الشاعِرَةُ؛ ناظِمَةُ الشِعْرِ

poetic (al) *adj.* شِعْريٌّ. خَياليٌّ؛ واسِعُ الخَيالِ

poetry *n.* الشِعْرُ. القَصائِدُ. الإحْساسُ الشِعْريُّ

poignancy *n.* حِدَّةٌ؛ لَذْعٌ

poignant *adj.* حادٌّ؛ لاذِعٌ. صائِبٌ. مؤَثِّرٌ

point *n.; vt.; i.* نُقْطَةٌ. ميزَةٌ. عَلامَةٌ. غَرَضٌ؛ غايَةٌ. مَوْضِعٌ. حافَةٌ. مَرْحَلَةٌ. رَأْسٌ. طَرَفٌ // يُحَدِّدُ؛ يُرَوِّسُ. يُسَدِّدُ. يُمَلِّطُ. يُنَقِّطُ / يَدُلُّ؛ يُوَجِّهُ. يَمْتَدُّ؛ يَتَّجِهُ. يَتَدَرَّبُ

make a — يُبْدي مُلاحَظَةً

make one's — يُفْهِمُ

get the — يَفْهَمُ؛ يَفْقَهُ؛ يُدْرِكُ

come to the — يَعودُ إلى المَوْضوعِ

there's no — هَذا لا يُجْدي نَفْعًا

point-blank *adv.* عَنْ كَثَبٍ. بِصَراحَةٍ

pointed *adj.* مُسْتَدَقُّ الرَأْسِ. حادٌّ. ثاقِبٌ. بارِزٌ

pointer *n.* كَلْبُ صَيْدٍ. إبْرَةُ الميزانِ. المُؤَشِّرَةُ

pointless *adj.* فارِغٌ؛ لا مَعْنى لَهُ. تافِهٌ

poise *n.; vt.; i.* إتِّزانٌ. تَوازُنٌ. رَباطَةُ جَأْشٍ // يُوازِنُ. يَحْفَظُ تَوازُنَهُ / يَتَوازَنُ

poison *n.; vt.* سُمٌّ. شَيْءٌ مُهْلِكٌ // يُسَمِّمُ

poisoner *n.* المُسَمِّمُ

poisonous *adj.* سامٌّ. خَطِرٌ؛ مُؤْذٍ

poke *n.; vt.; i.* كيسٌ. جَيْبٌ. لَكْمَةٌ // يُحَرِّكُ الجَمْرَ. يَثْقُبُ. يَدُسُّ. يُقْحِمُ / يُنَبِّشُ. يَتَسَكَّعُ. يَنْتَأُ

poker *n.* المِسْعَرُ. لُعْبَةُ مَيْسِرٍ (البوكِر)

poky *adj.* ضَيِّقٌ. بَليدٌ؛ بَطيءٌ. غَيْرُ أنيقٍ

polar *adj.* قُطْبيٌّ. مُرْشِدٌ. مُتَناقِضٌ

Pole *n.* البولَنْديُّ أوِ البولونيُّ (المُواطِنُ)

pole *n.* عَمودٌ. سارِيَةٌ. القُطْبُ (الشَماليُّ أوِ

الجَنوبيُّ). أحَدُ قُطْبَيِ المَغْناطيس
polecat *n.* فَأْرُ الخَيْلِ . ظَرِبانٌ
polemic (al) *adj.* جَدَليٌّ (نَقْدٌ)
polemics *n.pl.* حَرْبٌ كَلاميَّةٌ. مُناظَرَةٌ. جَدَلٌ
pole-star *n.* النَجْمُ القُطْبيُّ. الهادي
police *n.; vt.* الشُرْطَةُ؛ البوليس. دائِرَةُ الشُرْطَةِ // يُحافِظُ على النِظامِ . يَضْبُطُ الأمْنَ
policeman *n.* (*pl.* **-men**) الشُرْطيُّ
police station *n.* مَخْفَرُ الشُرْطَةِ
policy *n.* سياسَةٌ. دَهاءٌ سياسيٌّ. سَنَدُ تأْمين
poliomyelitis; polio *n.* شَلَلُ الأطْفالِ
Polish *adj. & n.* پولَنْديٌّ // اللُغَةُ البولَنْديَّةُ
polish *vt.; i.; n.* يَجْلو؛ يَصْقُلُ؛ يُلَمِّعُ. يُهَذِّبُ / يَنْصَقِلُ. يَتَهَذَّبُ // الصَقْلُ. تَهْذيبٌ. مادَّةٌ مُلَمِّعَةٌ
polite *adj.* مُهَذَّبٌ. لَطيفٌ؛ كَيِّسٌ
politeness *n.* تَهْذيبٌ. لُطْفٌ؛ كِياسَةٌ
politic *adj.* سياسيٌّ. ماكِرٌ؛ داهِيَةٌ. حَكيمٌ. لَبِقٌ
political *adj.* سياسيٌّ
politician *n.* السياسيُّ؛ رَجُلُ السياسَةِ
politics *n.* عِلْمُ السياسَةِ. المُناوَراتُ السياسيَّةُ
polity *n.* حُكومَةٌ. دَوْلَةٌ. مُنَظَّمَةٌ (سياسيَّةٌ)
poll *n.; vt.* القَذالُ. الرَأْسُ. لائِحَةُ الناخِبينَ. إقْتِراعٌ. إسْتِفْتاءٌ. صَناديقُ الإقْتِراعِ // يَسْتَفْتي. يَجُزُّ الشَعْرَ أوِ الصوفَ. يَقْطَعُ أعْلى الشَجَرَةِ. يُسَجِّلُ أصْواتَ المُقْتَرِعينَ. يَقْتَرِعُ
pollen *n.* غُبارُ الطَلْعِ؛ لَقاحٌ
pollination *n.* تَلْقيحُ (النَباتِ)
polling *n.* إقْتِراعٌ؛ تَصْويتٌ
pollute *vt.* يُلَوِّثُ (الماءَ). يُدَنِّسُ؛ يُنَجِّسُ
pollution *n.* تَلَوُّثٌ؛ تَلْويثٌ. تَدْنيسٌ؛ تَنْجيسٌ
polo *n.* البولو (لُعْبَةٌ رياضيَّةٌ). كُرَةُ الماءِ

poltroon *n.* جَبانٌ؛ رِعْديدٌ
polyandry *n.* تَعَدُّدُ أزْواجِ (امْرأَةٍ)
polygamy *n.* تَعَدُّدُ الزَوْجاتِ
polyglot *adj.* مُتَعَدِّدُ اللُغاتِ (مُعْجَمٌ)
polygon *n.* المُضَلَّعُ؛ مُتَعَدِّدُ الأضْلاعِ والزَوايا
polypus *n.* (*pl.* **-pi**) حَيَوانٌ بَحْريٌّ لافِقاريٌّ. سَليلَةٌ مُخاطيَّةٌ
polysyllabic *adj.* مُتَعَدِّدُ المَقاطِعِ (كَلِمَةٌ)
polytechnic *adj.* مُتَعَدِّدُ الفُنونِ والعُلومِ
polytheism *n.* الشِّرْكُ. تَعَدُّدُ الآلِهَةِ
polytheist *n.* المُشْرِكُ: المؤْمِنُ بِأكْثَرَ مِنْ إلَهٍ
pomade *n.* مَرْهَمٌ؛ دِهانٌ
pomegranate *n.* الرُمّانُ. شَجَرَةُ الرُمّانِ
pommel *vt.; n.* يَضْرِبُ. يَلْكُمُ // قَرَبوسُ السَرْجِ . العُجْرَةُ في مِقْبَضِ السَيْفِ
pomp *n.* أُبَّهَةٌ. مَوْكِبٌ عَظيمٌ. خُيَلاءُ
pompon *n.* طُرَّةٌ؛ شُرّابَةٌ
pompous *adj.* مُتَّسِمٌ بالأُبَّهَةِ. مَغْرورٌ. طَنّانٌ
pond *n.* بِرْكَةٌ. حَوْضٌ
ponder *vt.; i.* يَتَأَمَّلُ؛ يُفَكِّرُ مَلِيًّا
ponderable *adj.* قابِلٌ لِلْوَزْنِ. ذو ثِقْلٍ
ponderous *adj.* ثَقيلٌ. أخْرَقُ. مُمِلٌّ
pone *n.* خُبْزٌ (مِنْ دَقيقِ الذُرَةِ)
poniard *n.; vt.* خَنْجَرٌ؛ مُدْيَةٌ // يَطْعَنُ بِخَنْجَرٍ
pontiff *n.* الحَبْرُ. كَبيرُ الكَهَنَةِ. الأُسْقُفُ. البابا
pontifical *adj. & n.* حَبْريٌّ؛ بابَويٌّ
pontificate *n.* مَنْصِبُ الحَبْرِ أوِ الأُسْقُفِ أوِ البابا
pontoon *n.* عَوّامَةٌ؛ طَوْفٌ
pony *n.* فَرَسٌ قَزْمٌ؛ فَرَسٌ مُسَلِّكٌ
poodle *n.* البودِلُ: كَلْبٌ ذَكيٌّ كَثيفُ الشَعْرِ
pool *n.; vt.* بِرْكَةٌ. بِرْكَةٌ موحِلَةٌ. حَوْضٌ. ضَرْبٌ

مِنْ لَعِبِ البلياردِ. رِهانٌ مُشْتَرَكٌ. إتِّفاقٌ بَيْنَ مَجْموعَةِ شَرِكاتٍ // يُسْهِمُ في صُنْدوقٍ مُشْتَرَكٍ

poop *n.* مُؤَخَّرَةُ السَفينَةِ

poor *adj.* فَقيرٌ. مِسْكينٌ. حَقيرٌ. نَحيلٌ. مُجْدِبٌ. سَقيمٌ. قَليلُ البَراعَةِ

poor-box *n.* صُنْدوقُ الصَدَقاتِ

poor-house *n.* بَيْتُ البِرِّ. مَأْوى الفُقَراءِ

poorness *n.* فَقْرٌ. هُزالٌ. جَدْبٌ. قِلَّةٌ

pop *n.; vt.; i.; adj.* فَرْقَعَةٌ؛ إنْفِجارٌ. طَلْقٌ نارِيٌّ. شَرابٌ غازِيٌّ. أُغْنِيَةٌ شَعْبِيَّةٌ // يَضْرِبُ بِقُوَّةٍ. يُطْلِقُ النارَ عَلى. يَدْفَعُ / يُفَرْقِعُ؛ يَنْفَجِرُ. تَجْحَظُ (العَيْنُ) // شَعْبِيٌّ

popcorn *n.* البوشارُ: ذُرَةٌ مَشْوِيَّةٌ مُشَقَّقَةٌ

pope *n.* البابا؛ رَأْسُ الكَنيسَةِ الكاثوليكِيَّةِ

popery *n.* البابَوِيَّةُ؛ الكَثْلَكَةُ

popish *adj.* كاثوليكِيٌّ

poplar *n.* الحَوْرُ. خَشَبُ الحَوْرِ

poplin *n.* البوبلينُ: قُماشٌ قُطْنِيٌّ لِلقُمْصانِ

poppy *n.* الخَشْخاشُ (نَباتٌ مُخَدِّرٌ)

populace *n.* العامَّةُ؛ الجَماهيرُ

popular *adj.* شَعْبِيٌّ. رائِجٌ. رَخيصٌ

popularity *n.* الشَعْبِيَّةُ. الرَواجُ

popularize *vt.* يُشيعُ في الشَعْبِ. يُعَمِّمُ. يَشْهَرُ

populate *vt.* يَقْطُنُ؛ يَسْكُنُ. يُؤْهِلُ

population *n.* السُكّانُ؛ عَدَدُ السُكّانِ. التَأْهيلُ

populous *adj.* كَثيفُ السُكّانِ. مُزْدَحِمٌ

porcelain *n.* الخَزَفُ الصينِيُّ

porch *n.* رِواقٌ. شُرْفَةٌ

porcupine *n.* الشَيْهَمُ؛ القُنْفُذُ

pore *n.; vi.* السُمُّ (ج. المَسامُّ)؛ ثَقْبٌ دَقيقٌ // يُحَدِّقُ. يَتَأَمَّلُ. يَقْرَأُ كَثيرًا

pork *n.* لَحْمُ الخِنْزيرِ

pornography *n.* الأَدَبُ الإباحِيُّ. صُوَرٌ داعِرَةٌ

porous *adj.* مَسامِّيٌّ؛ ذو مَسامَّ. تَنْفُذُ إلَيْهِ السَوائِلُ

porphyry *n.* الحَجَرُ أَوِ الرُخامُ السُمّاقِيُّ

porpoise *n.* الدُلْفينُ؛ خِنْزيرُ البَحْرِ

porridge *n.* عَصيدَةٌ؛ حَساءُ الحُبوبِ

porringer *n.* كوبٌ أَوْ قَصْعَةٌ (لإِطْعامِ الأَطْفالِ)

port *n.* مَرْفَأٌ؛ ميناءٌ. بَوّابَةٌ. كُوَّةٌ. البورتو (خَمْرٌ). الجانِبُ الأَيْسَرُ مِنْ سَفينَةٍ أَوْ طائِرَةٍ

portable *adj.* قابِلٌ لِلحَمْلِ

portage *n.* حَمْلٌ؛ نَقْلٌ

portal *n.* مَدْخَلٌ كَبيرٌ. رِتاجٌ. بَوّابَةٌ

portcullis *n.* شَعْرِيَّةُ الحِصْنِ

portend *vt.* يَتَنَبَّأُ؛ يُبَشِّرُ بِـ

portent *n.* نَذيرٌ؛ بَشيرٌ. أُعْجوبَةٌ

portentous *adj.* مُنْذِرٌ؛ مُبَشِّرٌ. عَجيبٌ؛ رائِعٌ

porter *n.* البَوّابُ. الحَمّالُ؛ العَتّالُ

porterage *n.* العِتالَةُ. أُجْرَةُ الحَمّالِ

portfolio *n.* حَقيبَةٌ لِلأَوْراقِ. وِزارَةٌ

port-hole *n.* كُوَّةٌ (في سَفينَةٍ). فَتْحَةُ الرَمْيِ

portico *n.* رِواقٌ ذو أَعْمِدَةٍ

portiere *n.* سِتارَةٌ؛ سِجْفٌ (مُخْمَلِيٌّ)

portion *n.; vt.* حِصَّةٌ؛ قِسْمَةٌ؛ نَصيبٌ. بائِنَةٌ. مَهْرٌ. جُزْءٌ // يُقَسِّمُ؛ يُوَزِّعُ. يُعْطي حِصَّةً

portly *adj.* مَهيبٌ؛ جَليلٌ. بَدينٌ

portmanteau *n.* (*pl.* -s *or* -x) حَقيبَةُ السَفَرِ

portrait *n.* صورَةُ الوَجْهِ. تِمْثالٌ. وَصْفٌ

portray *vt.* يُصَوِّرُ. يَصِفُ. يُمَثِّلُ

Portuguese *adj. & n.* بُرْتُغالِيٌّ // اللُغَةُ البُرْتُغالِيَّةُ

pose *vt.; i.; n.* يَسْتَوْضِعُ (الرَسّامُ شَخْصًا).

يَطْرَحُ / يَتظاهَرُ بِـ. يَجْلِسُ إلى الرَّسّامِ // وَضْعُ مُتَكَلَّفٌ. وِضْعَةٌ (أمامَ الرَّسّامِ)

poser *n.* أُحْجِيَّةٌ ؛ سؤالٌ مُحَيِّرٌ

position *n.* مَرْكَزٌ ؛ مَوْقِعٌ ؛ مَوْضِعٌ. تَرْتيبٌ ؛ تَنْظيمٌ. وَضْعٌ. حالَةٌ. مَوْقِفٌ. عَمَلٌ ؛ وَظيفَةٌ

positive *adj. & n.* إيجابيٌّ. وَضْعيٌّ. قاطِعٌ. تامٌّ ؛ مَحْضٌ. ثابِتٌ ؛ أكيدٌ. موجَبٌ. مُباشِرٌ. حَقيقيٌّ

posse *n.* حَشْدٌ ؛ جَماعَةٌ

possess *vt.* يَمْتَلِكُ ؛ يَحوزُ ؛ يَقْتَني. يَعْرِفُ

possessed *adj.* مَمْسوسٌ. حائِزٌ (مَهارَةً). رابِطُ الجأشِ

possession *n.* إمْتِلاكٌ ؛ حِيازَةٌ. ضَبْطُ النَّفْسِ

possessive *adj.* مِلْكيٌّ. تَمَلُّكيٌّ ؛ نَزّاعٌ إلى التَمَلُّكِ. صيغَةُ المِلْكِ

possessor *n.* المالِكُ ؛ المُقْتَني. الحائِزُ

possibility *n.* إمْكانيَّةٌ ؛ إمْكانٌ ؛ إسْتِطاعَةٌ

possible *adj.* مُمْكِنٌ ؛ مُسْتَطاعٌ. جائِزٌ ؛ مُحْتَمَلٌ

possibly *adv.* رُبَّما. مَهْما حَدَثَ ؛ بِأَيَّةِ حالٍ

post *n.; vt.* مَرْكَزٌ ؛ مَوْقِعٌ. مَنْصِبٌ ؛ وَظيفَةٌ. مَهَمَّةٌ. البَريدُ. مَكْتَبُ البَريدِ. عَمودٌ. دِعامَةُ البابِ // يُلْصِقُ إعْلانًا ؛ يُعْلِنُ. يُذيعُ. يَضَعُ حارِسًا في مَوْقِعٍ. يُرْسِلُ بِالبَريدِ ؛ يُبْرِدُ. يُعْلِمُ

postage *n.* طَوابِعُ بَريديَّةٌ. أُجْرَةُ البَريدِ

postage stamp *n.* طابَعٌ بَريديٌّ

postal *adj.* بَريديٌّ

postbox *n.* عُلْبَةٌ أوْ صُندوقُ البَريدِ

postcard *n.* بِطاقَةٌ بَريديَّةٌ

postdate *vt.* يُؤَخِّرُ التاريخَ

poster *n.* مُلْصِقُ الإعْلاناتِ. إعْلانٌ

posterior *adj.* خَلْفيٌّ. تالٍ ؛ لاحِقٌ

posterity *n.* الذُرِّيَّةُ. الأجْيالُ القادِمَةُ

postern *adj.; n.* خَلْفيٌّ ؛ جانِبيٌّ // بابٌ خَلْفيٌّ

post-free *adj.* مُعْفًى مِنْ رَسْمِ البَريدِ

post-haste *adv.* بِأَقْصى سُرْعَةٍ

postilion *n.* حوذيٌّ يَمْتَطي أحَدَ الجِيادِ

postman *n.* (*pl.* **-men**) ساعي البَريدِ

postmark *n.* خاتَمُ البَريدِ. خَتْمُ البَريدِ

postmaster *n.* مُديرُ مَكْتَبِ البَريدِ

post meridiem *adv.* (abbr. **p.m.**) بَعْدَ الظُهْرِ

post-mortem *adv.; n.* واقِعٌ بَعْدَ الوَفاةِ. تالٍ لِلْحادِثَةِ // فَحْصُ الجُثَّةِ بَعْدَ الوَفاةِ

post office *n.* مَكْتَبُ البَريدِ. إدارَةُ البَريدِ

postpaid *adj.* رَسْمُ البَريدِ مَدْفوعٌ مُسَبَّقًا

postpone *vt.* يُؤَجِّلُ ؛ يُرْجِئُ ؛ يُؤَخِّرُ

postscript *n.* (abbr. **PS**) حاشِيَةٌ. ذَيْلٌ ؛ مُلْحَقٌ

postulate *vt.; n.* يُطالِبُ بِـ. يَدَّعي لِنَفْسِهِ. يُسَلِّمُ بِـ // إفْتِراضٌ. مُسَلَّمَةٌ

posture *n.* وَضْعٌ ؛ حالَةٌ. وِقْفَةٌ. مِزاجٌ

post-war *adj.* خاصٌّ بِفَتْرَةِ ما بَعْدَ الحَرْبِ

posy *n.* باقَةُ زَهْرٍ. شِعارٌ

pot *n.; vt.* قِدْرٌ. مِلْءُ قِدْرٍ. بَطْنٌ ضَخْمٌ. شَرابٌ مُسْكِرٌ. خَرابٌ. سَلَّةٌ. مَبْلَغٌ كَبيرٌ مِنَ المالِ // يَضَعُ أوْ يَطْبُخُ في قِدْرٍ. يَزْرَعُ في أصيصٍ

potable *adj.* صالِحٌ لِلشُّرْبِ

potash *n.* بوتاسٌ ؛ أُشْنانٌ

potassium *n.* البوتاسيومُ (مَعْدِنٌ)

potation *n.* إدْمانُ (الخَمْرِ). جَرْعَةٌ

potato *n.* (*pl.* **potatoes**) البَطاطا

potency; potence *n.* فَعّاليَّةٌ. قُوَّةٌ. سُلْطَةٌ ؛ نُفوذٌ

potent *adj.* فَعّالٌ. قَويٌّ. فَحْلٌ. مُقْنِعٌ

potentate *n.* العاهِلُ ؛ المَلِكُ ؛ الحاكِمُ

potential *adj.; n.* إحْتِماليٌّ. كُمونيٌّ (طاقَةٌ).

مَوْجودٌ بالقُوَّةِ // إمْكانيَّةٌ. إحْتِمالٌ. إمْكانٌ. الجُهْدُ
pother *n.* ضَجَّةٌ. إهْتياجٌ. قَلَقٌ. دُخانٌ خانِقٌ
pot-hole *n.* الأُخْدودُ؛ الحُفْرَةُ؛ الفَجْوَةُ
pothook *n.* كُلاّبُ القِدْرِ (عَلى شَكْلِ S)
potion *n.* جُرْعَةٌ (مِنْ دَواءٍ أَوْ سُمٍّ)
potpourri *n.* خليطٌ (للتَطْييب)
pottage *n.* حَساءٌ مُرَكَّزٌ؛ ثَريدَةٌ
potter *n.* الخَزّافُ؛ الفاخوريُّ
pottery *n.* صِناعَةُ الفخّارِ. الآنِيَةُ الفخّاريَّةُ. مَصْنَعُ الفَخّارِ
pouch *n.* كيسٌ؛ حَقيبَةٌ؛ مِحْفَظَةٌ. جَيْبٌ. جِرابٌ
poultice *n.; vt.* كِمادَةٌ؛ لَزْقَةٌ // يُكَمِّدُ؛ يُلَبِّخُ
poultry *n.* الطُيورُ الداجِنَةُ
pounce *vi.; n.* يَنْقَضُّ على // إنْقِضاضٌ
pound *n.; vt.; i.* رَطْلٌ إنْكليزيٌّ. جُنَيْهٌ. زَريبَةٌ // يَسْحَقُ؛ يَدُقُّ / يَقْرَعُ؛ يَرِنُّ. يَتَثاقَلُ (في مِشْيَتِهِ)
pour *vt.; i.; n.* يَصُبُّ؛ يَسْكُبُ. يُغْدِقُ / يَنْصَبُّ؛ يَنْهَمِرُ. يَهْطِلُ. يَتَدَفَّقُ // وابِلٌ مِنَ المَطَرِ
pout *vi.; n.* يَتَجَهَّمُ؛ يُقَطِّبُ // غَضَبٌ؛ تَجَهُّمٌ
poverty *n.* فَقْرٌ؛ عَوَزٌ. قِلَّةٌ. هُزالٌ. جَدْبٌ
powder *n.; vt.* مَسْحوقٌ. بارودٌ // يَسْحَنُ؛ يَسْحَقُ. يَرُشُّ الذُرورَ
power *n.* قُوَّةٌ. سُلْطَةٌ؛ نُفوذٌ. طاقَةٌ. شِدَّةٌ
powerboat *n.* زَوْرَقٌ آليٌّ
power-driven *adj.* يُدارُ آليًّا
powerful *adj.* قَويٌّ؛ جَبّارٌ. ضَخْمٌ
powerless *adj.* ضَعيفٌ؛ واهِنٌ؛ عاجِزٌ
power station *n.* مَحَطَّةُ تَوْليدِ الطاقَةِ الكَهْرَبائيَّةِ
pox *n.* الجُدَريُّ. السِفْلِسُ
practicability *n.* العَمَليَّةُ؛ الإجْرائيَّةُ
practicable *adj.* سالِكٌ. مُمْكِنٌ عَمَلُهُ

practical *adj.* عَمَليٌّ؛ إجْرائيٌّ
practice *n.; vt.; i.* التَطْبيقُ. عادَةٌ؛ عُرْفٌ. تَمَرُّسٌ. مِهْنَةُ الطَبيبِ أَوِ المُحامي // يُدَرِّبُ عَلى. يَتَعَوَّدُ. يُمارِسُ؛ يُزاوِلُ؛ يَتعاطى / يَتَدَرَّبُ عَلى
practised *adj.* خَبيرٌ؛ بارِعٌ؛ واسِعُ التَجْرِبَةِ
practitioner *n.* صاحِبُ مِهْنَةٍ (الطَبيبُ مَثَلاً)
pragmatic(al) *adj.* ناشِطٌ. فُضوليٌّ. مَغْرورٌ. واقِعيٌّ. ذَرائِعيٌّ
pragmatism *n.* الذَرائِعيَّةُ. الإسْتِشْرافُ
prairie *n.* مَرْجٌ. نَجْدٌ
praise *n.; vt.* إطْراءٌ. تَمْجيدٌ؛ تَسْبيحٌ // يُطْري؛ يُثْني عَلى. يُمَجِّدُ؛ يُسَبِّحُ
praiseworthy *adj.* جَديرٌ بِالثَناءِ
prance *vt.; i.; n.* يُطْفِرُ الفَرَسَ؛ يَجْعَلُهُ يَثِبُ عَلى قائِمَتَيْهِ الخَلْفِيَّتَيْنِ / يَطْفِرُ. يَتَبَخْتَرُ // وَثْبَةٌ. تَبَخْتُرٌ
prank *n.* مَزْحَةٌ
prate *vi.; n.* يُثَرْثِرُ. يَهْذِرُ // ثَرْثَرَةٌ؛ هَذَرٌ
prattle *vi.; n.* يُثَرْثِرُ؛ يَهْذِرُ // ثَرْثَرَةٌ. هَذَرٌ
prawn *n.* القُرَيْدِسُ. بَرْغوثُ البَحْرِ
pray *vt.; i.* يَتَوَسَّلُ؛ يَتَضَرَّعُ / يُصَلّي
prayer *n.* صَلاةٌ. تَوَسُّلٌ؛ تَضَرُّعٌ. المُصَلّي
preach *vt.; i.* يُبَشِّرُ / يَعِظُ
preacher *n.* الواعِظُ. المُبَشِّرُ. الكاهِنُ
preaching *n.* الوَعْظُ. التَبْشيرُ. العِظَةُ الدينيَّةُ
preamble *n.* تَمْهيدٌ؛ مُقَدِّمَةٌ؛ إسْتِهْلالٌ
prearrange *vt.* يُرَتِّبُ مُقَدَّمًا
precarious *adj.* مَشْكوكٌ فيهِ. مُتَقَلْقِلٌ
precaution *n.* حَيْطَةٌ؛ إحْتِراسٌ؛ حَذَرٌ. وِقايَةٌ
precautionary *adj.* وِقائيٌّ؛ إحْتِراسيٌّ
precede *vt.; i.* يَفوقُ. يَسْبِقُ؛ يَتَقَدَّمُ
precedence *n.* الأَسْبَقيَّةُ. حَقُّ التَصَدُّرِ أَوِ التَقَدُّمِ

precedent; preceding *adj.* مُتَقَدِّمٌ ؛ سابِقٌ
precedent *n.* السابِقَةُ. حادِثَةٌ سابِقَةٌ مُماثِلَةٌ
precept *n.* مَبْدَأٌ ؛ قاعِدَةُ سلوكٍ. وَصِيَّةٌ. أَمْرٌ
preceptor *n.* المُعَلِّمُ ؛ المُدَرِّسُ
precinct *n.* فِناءٌ. حَدٌّ ؛ تَخْمٌ. دائِرَةٌ إِنْتِخابِيَّةٌ
precious *adj.* فاخِرٌ. كَرِيمٌ ؛ نَفِيسٌ. غالٍ. عَزِيزٌ
precipice *n.* هاوِيَةٌ. شَفِيرٌ
precipitate *adj.; n.; vt.; i.* عاجِلٌ. مُنْدَفِعٌ ؛ مُتَهَوِّرٌ // المُتَرَسِّبُ. نَتِيجَةٌ ؛ ثَمَرَةُ عَمَلٍ // يَدْفَعُ. يُرَسِّبُ. يُكَثِّفُ. يُعَجِّلُ / يَنْدَفِعُ ؛ يَتَهَوَّرُ. يَتَرَسَّبُ
precipitation *n.* عَجَلَةٌ ؛ إِنْدِفاعٌ. مَطَرٌ. نَدًى. ثَلْجٌ. تَرْسِيبٌ. المُتَرَسِّبُ
precipitous *adj.* مُتَهَوِّرٌ ؛ مُنْدَفِعٌ. شَدِيدُ الإِنْحِدارِ
precise *adj.* دَقِيقٌ. مُحَدَّدٌ بِإِحْكامٍ. صَحِيحٌ
precisely *adv.* بِدِقَّةٍ. تَمامًا. عَلَى وَجْهِ التَحْدِيدِ
precision *n.* دِقَّةٌ ؛ ضَبْطٌ ؛ إِحْكامٌ
preclude *vt.* يَعوقُ ؛ يَمْنَعُ ؛ يَحولُ دونَ
preclusion *n.* مَنْعٌ ؛ حُؤولٌ ؛ حَيْلولَةٌ
precocious *adj.* ناشِئٌ قَبْلَ الأَوانِ. مُبَكِّرُ النُضْجِ
precociousness *n.* نُضْجٌ مُبَكِّرٌ
preconceive *vt.* يُكَوِّنُ فِكْرَةً سَلَفًا
preconceived *adj.* مُكَوَّنٌ سَلَفًا. سابِقُ التَصَوُّرِ
preconception *n.* فِكْرَةٌ مُكَوَّنَةٌ سَلَفًا
preconcerted *adj.* مُتَّفَقٌ عَلَيْهِ سَلَفًا
precursor *n.* البَشِيرُ ؛ النَذِيرُ
predatory *adj.* جارِحٌ. مُفْتَرِسٌ. ضارٍ. نَهّابٌ
predecease *vt.* يَموتُ قَبْلَ شَخْصٍ آخَرَ
predecessor *n.* سَلَفٌ. جَدٌّ
predestinate; predestine *vt.* يَقْضِي. يُقَدِّرُ
predestination *n.* القَضاءُ والقَدَرُ. التَحْتِيمُ
predetermine *vt.* يُحَتِّمُ ؛ يُقَدِّرُ. يُقَرِّرُ سَلَفًا
predicament *n.* فِئَةٌ ؛ طَبَقَةٌ. حالَةٌ. وَرْطَةٌ
predicate *n.; vt.* المُسْنَدُ. الخَبَرُ // يَنْسِبُ إلى
predict *vt.* يَتَنَبَّأُ ؛ يَتَكَهَّنُ بِـ
prediction *n.* تَكَهُّنٌ ؛ تَنَبُّؤٌ. نُبوءَةٌ
predilection *n.* مَيْلٌ. وَلَعٌ. نُزوعٌ. إِيثارٌ
predispose *vt.* يُعَرِّضُ. يَجْعَلُ الشَيْءَ مَيّالاً إلى
predisposition *n.* إِسْتِعْدادٌ ؛ قابِلِيَّةٌ. نُزوعٌ ؛ مَيْلٌ
predominance *n.* هَيْمَنَةٌ ؛ سَيْطَرَةٌ. غَلَبَةٌ ؛ تَفَوُّقٌ
predominant *adj.* مُهَيْمِنٌ ؛ مُسَيْطِرٌ. سائِدٌ
predominate *vt.; i.* يُهَيْمِنُ / يَسودُ. يَتَفَوَّقُ
pre-eminence *n.* تَفَوُّقٌ. بُروزٌ ؛ رِفْعَةٌ ؛ شَأْنٌ
pre-eminent *adj.* مُتَفَوِّقٌ ؛ رَفِيعُ الشَأْنِ
preempt *vt.* يَسْتَوْلِي بِحَقِّ الشُفْعَةِ (عَلى أَرْضٍ)
preen *vi.; t.* يَتَأَنَّقُ. يُهَنْدِمُ نَفْسَهُ / يَعْتَزُّ
pre-exist *vi.; t.* يَحْيا حَياةً سابِقَةً / يَسْبُقُ في الوجودِ
pre-existence *n.* وُجودٌ سابِقٌ
prefabricate *vt.* يَصْنَعُ مُسَبَّقًا
preface *n.; vt.* مُقَدِّمَةٌ ؛ فاتِحَةٌ ؛ إِسْتِهْلالٌ // يَسْتَهِلُّ. يُصَدِّرُ بِمُقَدِّمَةٍ
prefect *n.* الحاكِمُ. الوالي ؛ العامِلُ. مُديرُ الشُرْطَةِ. التِلْميذُ المُفَوَّضُ
prefer *vt.* يُفَضِّلُ ؛ يُؤْثِرُ. يُرَقِّي. يُقَدِّمُ (شَكْوى)
preferable *adj.* أَوْلى ؛ خَيْرٌ. أَفْضَلُ
preferably *adv.* بِتَفْضيلٍ ؛ بِإِيثارٍ
preference *n.* تَفْضيلٌ ؛ أَفْضَلِيَّةٌ. خِيارٌ. الأَوْلَوِيَّةُ
preferential *adj.* مُمَيَّزٌ ؛ مُفَضَّلٌ. تَمْييزِيٌّ
preferment *n.* حَقُّ الأَوْلَوِيَّةِ. تَقْديمٌ. تَرْقِيَةٌ
prefigure *vt.* يَتَصَوَّرُ مُسَبَّقًا (تَصْميمًا)
prefix *n.* البادِئَةُ. لَقَبٌ تَصْديرِيٌّ
pregnancy *n.* حَمْلٌ ؛ حَبَلٌ. خِصْبٌ

pregnant *adj.* حامِلٌ؛ حُبْلى. مُثْقَلٌ؛ مُفْعَمٌ بِـ
prehensile *adj.* أخّاذٌ؛ مُعَدٌّ للإمْساكِ بِـ
prehistoric *adj.* مُتَعَلِّقٌ بِفَتْرَةِ ما قَبْلَ التاريخ
prehistory *n.* ما قَبْلَ التاريخ
prejudge *vt.* يَحْكُمُ أوْ يَقْضي مُسَبَّقًا
prejudice *vt.; n.* يُجْحِفُ. يُؤْذي. يُلْحِقُ ضَرَرًا // إجْحافٌ؛ ضَرَرٌ؛ أذًى. تَحامُلٌ؛ تَحَيُّزٌ
prejudicial *adj.* ضارٌّ؛ مُؤْذٍ؛ مُجْحِفٌ
prelate *n.* أسْقُفٌ؛ مِطْرانٌ
preliminary *adj.; n.* تَمْهيديٌّ // إمْتِحانٌ أوْ إجْراءٌ تَمْهيديٌّ
prelude *n.* مُقَدِّمَةٌ؛ إسْتِهْلالٌ
premature *adj.* مَخْدوجٌ. مُبْتَسَرٌ؛ سابِقٌ لأوانِهِ
premeditate *vt.* يَتَعَمَّدُ. يُصَمِّمُ عَلى
premeditation *n.* تَعَمُّدٌ؛ تَصْميمٌ مُسَبَّقٌ
premier *n.; adj.* رَئيسُ الوُزَراءِ // أوَّلُ. أسْبَقُ
premiere *n.* عَرْضٌ أوَّلُ (لِمَسْرَحِيَّةٍ)
premise *n.* المُقَدَّمَةُ المَنْطِقيَّةُ (الكُبْرى أوِ الصُغْرى)
premises *n.pl.* المَبْنى والأراضي التابِعَةُ لَهُ
premium *n.* مُكافَأةٌ. قِسْطُ التأمينِ. عِلاوَةٌ
premonition *n.* تَحْذيرٌ سابِقٌ. هاجِسٌ
premonitory *adj.* إنْذاريٌّ؛ مُحَذِّرٌ
prenatal *adj.* حاصِلٌ قَبْلَ الوِلادَةِ
preoccupied *adj.* مَشْغولُ البالِ. غَيْرُ شاغِرٍ
preoccupy *vt.* يَشْغَلُ البالَ أوِ الفِكْرَ
preordain *vt.* يَقْضي أوْ يُقَدِّرُ؛ يُحَتِّمُ
prepaid *adj.; adv.* مَدْفوعٌ سَلَفًا. مَدْفوعٌ سابِقًا // مَجّانًا (بِدونِ رُسومِ المَرْفَإِ). خالِصُ الأُجْرَةِ
preparation *n.* إسْتِعْدادٌ. تَحْضيرٌ؛ إعْدادٌ؛ تَجْهيزٌ. مُسْتَحْضَرٌ طِبّيٌّ
preparatory *adj.* إعْداديٌّ؛ تَمْهيديٌّ
prepare *vt.; i.* يُحَضِّرُ. يُجَهِّزُ / يَسْتَعِدُّ
prepared *adj.* مُحَضَّرٌ؛ مُهَيَّأٌ. مُسْتَعِدٌّ
prepay *vt.irr.* يَدْفَعُ مُسَبَّقًا؛ يَدْفَعُ مُقَدَّمًا
preponderate *vi.* يَتَفَوَّقُ؛ يَسودُ
preposition *n.* حَرْفُ جَرٍّ؛ أداةُ جَرٍّ
prepossess *vt.* يَسْتَحْوِذُ عَلى عَقْلِهِ؛ يَسْتَهْوي
prepossessing *adj.* مُتَحَيِّزٌ سَلَفًا. خَلّابٌ
prepossession *n.* إسْتِحْواذٌ. مُحاباةٌ
preposterous *adj.* مُنافٍ لِلطَّبيعَةِ أوِ العَقْلِ
prerequisite *n.* طَلَبٌ مُسَبَّقٌ؛ شَرْطٌ أساسيٌّ
prerogative *n.* إمْتِيازٌ. ميزَةٌ
presbytery *n.* بَيْتُ كاهِنِ الرَعِيَّةِ. جُزْءٌ مِنَ الكَنيسَةِ
prescience *n.* البَصيرَةُ. عِلْمُ الغَيْبِ
prescribe *vi.; t.* يَأمُرُ؛ يوجِبُ. يَصِفُ دَواءً / يوصي؛ يَنْصَحُ. يوعِزُ
prescription *n.* وَصْفَةٌ طِبِّيَّةٌ. دَواءٌ مَوْصوفٌ. أمْرٌ
presence *n.* حُضورٌ. وُجودٌ. طَلْعَةٌ؛ سيماءُ
present *adj.; n.; vt.* مَوْجودٌ. مُضارِعٌ (فِعْلٌ). حاليٌّ // هَدِيَّةٌ. الفِعْلُ المُضارِعُ. اليَوْمَ؛ الآنَ // يُهْدي. يُقَدِّمُ. يَمْنَحُ. يُظْهِرُ؛ يُمَثِّلُ. يُصَوِّبُ
presentable *adj.* حَسَنُ الطَلْعَةِ. لائِقٌ
presentation *n.* إهْداءٌ. تَقْديمٌ. عَرْضٌ
presentiment *n.* الشُعورُ المُسَبَّقُ. الحَدْسُ
presently *adv.* الآنَ. تَوًّا. عَمّا قَريبٍ
present participle *n.* إسْمُ الفاعِلِ
present tense *n.* الفِعْلُ الحاضِرُ
preservable *adj.* قابِلٌ لِلصِيانَةِ أوِ الحِفْظِ
preservation *n.* وِقايَةٌ؛ حِفْظٌ؛ صِيانَةٌ
preservative *adj. & n.* واقٍ؛ حافِظٌ؛ صائِنٌ
preserve *n.; vt.* المَحْفوظاتُ أوِ المُعَلَّباتُ. مِنْطَقَةٌ مَحْظورَةٌ // يَحْفَظُ؛ يَصونُ. يُعَلِّبُ. يُحافِظُ

عَلى. يُبْقي

preside *vi.* يَترَأَسُ ؛ يَرْئِسُ. يُوَجِّهُ

presidency *n.* الرِئاسَةُ ؛ رِئاسَةُ الجُمْهوريَّةِ. تَوْجيهُ

president *n.* رَئيسُ الجُمْهوريَّةِ. رَئيسٌ

presidential *adj.* رِئاسيٌّ

press *vt.; i.; n.* يُؤدّي الخِدْمَةَ العَسْكَريَّةَ. يَضْغَطُ. يَعْصِرُ. يَكْبِسُ. يُضايِقُ ؛ يُزْعِجُ. يُكْرِهُ. يُلِحُّ. يَحُثُّ / يَحْتَشِدُ ؛ يَزْدَحِمُ. يَتَطَلَّبُ سُرْعَةً // عَصْرٌ ؛ ضَغْطٌ ؛ كَبْسٌ. حَشْدٌ ؛ إزدِحامٌ. مِعْصَرَةٌ. مِطْبَعَةٌ. الصِحافَةُ. إضْطِرارٌ. عَجَلَةٌ

press agency *n.* وِكالَةُ دِعايَةٍ أوْ إعْلانٍ

press clipping *n.* القُصاصَةُ ؛ قُصاصَةُ جَريدَةٍ

press conference *n.* مؤْتَمَرٌ صُحُفيٌّ

pressing *adj.; n.* مُلِحٌّ ؛ عاجِلٌ // عَصْرٌ

pressure *n.* ضَغْطٌ. وَطْأَةٌ. ثِقْلٌ. ضَغْطٌ جَوّيٌّ

pressure gauge *n.* مِقْياسُ الضَغْطِ

prestige *n.* إعْتِبارٌ ؛ هَيْبَةٌ. مَقامٌ. نُفوذٌ

presumable *adj.* مُفْتَرَضٌ ؛ مُحْتَمَلٌ ؛ مُرَجَّحٌ

presume *vt.; i.* يَفْتَرِضُ. يَتَجَرَّأُ عَلى. يُسَلِّمُ بِـ

presuming *adj.* مُتَجَرِّئٌ ؛ وَقِحٌ. مُعْتَدٌّ

presumption *n.* وَقاحَةٌ. إفْتِراضٌ. إسْتِدْلالٌ

presumptive *adj.* قائمٌ عَلى قَرينَةٍ ؛ إفْتِراضيٌّ

presumptuous *adj.* مُتَجَرِّئٌ. مُدَّعٍ. وَقِحٌ

presumptuousness *n.* وَقاحَةٌ. إدِّعاءٌ. إعْتِدادٌ

presuppose *vt.* يَفْتَرِضُ سَلَفًا. يَسْتَلْزِمُ

pretend *vi.; t.* يُطالِبُ بِشَيْءٍ لَيْسَ لَهُ / يَتَجَرَّأُ عَلى. يَتَظاهَرُ بِـ. يَدَّعي ؛ يَزْعَمُ

pretended *adj.* زائِفٌ ؛ كاذِبٌ ؛ مَزْعومٌ

pretense *n.* إدِّعاءٌ. زَعْمٌ. ذَريعَةٌ ؛ حُجَّةٌ. تَظاهُرٌ بِـ

pretension *n.* ذَريعَةٌ. زَعْمٌ. إدِّعاءٌ. غُرورٌ

pretentious *adj.* طَموحٌ. مُدَّعٍ ؛ مَغْرورٌ. طَنّانٌ

preternatural *adj.* خارِقٌ لِلطَبيعَةِ. شاذٌّ

pretext *n.* حُجَّةٌ ؛ ذَريعَةٌ ؛ عُذْرٌ

pretty *adj.; adv.* جَميلٌ ؛ وَسيمٌ ؛ مَليحٌ. ظَريفٌ. حَسَنٌ // إلى حَدٍّ ما

prevail *vi.* يَسودُ ؛ يَعُمُّ. يَفوزُ ؛ يَنْتَصِرُ. يَسْتَمِرُّ

prevailing *adj.* سائِدٌ ؛ مُسَيْطِرٌ. عامٌّ. مُنْتَشِرٌ

prevalence *n.* سَيْطَرَةٌ ؛ غَلَبَةٌ. تَفَشٍّ ؛ إنْتِشارٌ

prevalent *adj.* سائِدٌ ؛ مُسَيْطِرٌ ؛ غالِبٌ. مُتَفَشٍّ

prevaricate *vi.* يُراوِغُ ؛ يُوارِبُ

prevent *vt.* يَمْنَعُ ؛ يَحولُ دونَ. يَعوقُ

preventative *adj.* وِقائيٌّ ؛ إحْتِرازيٌّ

prevention *n.* وِقايَةٌ. مَنْعٌ. إعاقَةٌ

preventive *adj.; n.* وِقائيٌّ // عِلاجٌ وِقائيٌّ

preview *n.* نَظْرَةٌ عامَّةٌ تَمْهيديَّةٌ. عَرْضٌ مُسْبَقٌ

previous *adj.* سالِفٌ ؛ سابِقٌ ؛ ماضٍ ؛ مُتَقَدِّمٌ

previously *adv.* سابِقًا ؛ قَبْلاً. مِنْ قَبْلُ

prevision *n.* تَبَصُّرٌ ؛ تَخْمينٌ. حِسٌّ باطِنيٌّ

prey *n.; vi.* فَريسَةٌ. غَنيمَةٌ. ضَحيَّةٌ // يَفْتَرِسُ

price *n.; vt.* سِعْرٌ ؛ ثَمَنٌ. قيمَةٌ // يُسَعِّرُ

priceless *adj.* لا يُقَدَّرُ بِثَمَنٍ. غالٍ

price list *n.* قائِمَةٌ أوْ لائِحَةُ الأسْعارِ

prick *n.; vt.* ثَقْبٌ. وَخْزَةٌ. ألَمٌ حادٌّ. أداةٌ مُسْتَدِقَّةٌ // يَثْقُبُ. يَخِزُ. يَنْخَسُ

prickle *n.; vt.* وَخْزٌ. شَوْكَةٌ // يَخِزُ. يَنْخُسُ

prickly *adj.* شائِكٌ. واخِزٌ. لاسِعٌ. مُضايِقٌ

pride *n.; vt.* كِبْرِياءُ ؛ إعْتِدادٌ بالنَفْسِ. غُرورٌ. إحْتِقارٌ. رَيْعانٌ. مَفْخَرَةٌ. تيهٌ // يَعْتَزُّ ؛ يَفْتَخِرُ ؛ يَتَباهى

priest *n.* كاهِنٌ ؛ قَسٌّ

priestess *n.* كاهِنَةٌ ؛ قِسّيسَةٌ

priesthood *n.* الكَهَنوتُ. جَماعَةُ الكَهَنَةِ

priestly *adj.* كَهَنوتيٌّ ؛ قُسوسيٌّ

prig *n.* المُتَزَمِّتُ؛ المُتَصَلِّفُ
prim *adj.* أنيقٌ. مُتَكَلِّفٌ. مُتَزَمِّتٌ
primacy *n.* الأَوْلَويَّةُ. مَنْصِبُ كَبيرِ الأساقِفَةِ
primal *adj.* أساسيٌّ؛ رَئيسيٌّ. أَوَّليٌّ؛ بِدائيٌّ
primarily *adv.* في المَقامِ الأَوَّلِ. أَوَّلاً
primary *adj.* إبْتِدائيٌّ. رَئيسيٌّ. بِدائيٌّ. أَوَّلُ
primate *n.* كَبيرُ الأساقِفَةِ. زَعيمٌ. حَيَوانٌ رَئيسٌ
prime *adj.; n.; vt.* أَصْليٌّ. أَوَّليٌّ. رَئيسيٌّ // عَدَدٌ أَوَّليٌّ. فاتِحَةٌ. رَيْعانٌ. شَبابٌ // يُهَيِّئُ. يَمْلأُ. يَشْحَنُ. يُلَقِّنُ. يَضَعُ اللَوْنَ الأَوَّلَ
prime cost *n.* الكُلْفَةُ الأساسيَّةُ
prime minister *n.* رَئيسُ الوُزَراءِ أوِ الحُكومَةِ
primer *n.* الكِتابُ الأَوَّلُ. الكِتابُ التَمْهيديُّ. فَتيلٌ
primeval *adj.* بِدائيٌّ
primitive *adj.* بِدائيٌّ؛ فِطْريٌّ. قَديمٌ. ساذِجٌ
primly *adv.* بِتَكَلُّفٍ. بِتَزَمُّتٍ
primogeniture *n.* البُكورَةُ. حَقُّ البُكورَةِ
primordial *adj.* بِدائيٌّ. أَصْليٌّ. أساسيٌّ. أَوَّليٌّ
primrose *n.* زَهْرَةُ الرَبيعِ؛ كَعْبُ الثَلْجِ (نَباتٌ)
prince *n.* أَميرٌ. سَيِّدٌ (عَظيمٌ)
princely *adj.; adv.* أَميريٌّ. سَخيٌّ. فَخْمٌ // بِأُبَّهَةٍ؛ بِجَلالٍ. بِفَخامَةٍ
princess *n.* الأَميرَةُ. بِنْتُ المَلِكِ
principal *adj.; n.* رَئيسيٌّ // الرَئيسُ. المُديرُ
principality *n.* مُديريَّةٌ. وِلايَةٌ؛ إمارَةٌ
principally *adv.* قَبْلَ كُلِّ شَيْءٍ. عَلى الأَخَصِّ
principle *n.* مَبْدَأٌ. قاعِدَةٌ. أَصْلٌ؛ مَصْدَرٌ. إسْتِقامَةٌ
principled *adj.* ذو مَبادِئَ
prink *vt.; i.* يُزَيِّنُ / يَتَزَيَّنُ؛ يَتَهَنْدَمُ
print *vt.; n.* يَطْبَعُ. يَبْصِمُ؛ يَسِمُ // طَبْعَةٌ. سِمَةٌ؛ بَصْمَةٌ. مَطْبوعَةٌ. قُماشٌ مُطَبَّعٌ. حَرْفُ طِباعَةٍ

printer *n.* عامِلُ المَطْبَعَةِ أو صاحِبُها. الطابِعَةُ
printing *n.* الطِباعَةُ. طَبْعَةٌ (مِنْ كِتابٍ)
prior *adj.; adv.; n.* سابِقٌ // قَبْلَ؛ سابِقًا // رَئيسُ دَيْرٍ لِلرُهْبانِ
prioress *n.* رَئيسَةُ دَيْرٍ لِلْراهِباتِ
priority *n.* الأَوْلَويَّةُ؛ الأَفْضَليَّةُ. الأَسْبَقيَّةُ
priory *n.* دَيْرٌ لِلرُهْبانِ أوِ الراهِباتِ
prise *n.; adj.; vt.* see **prize**
prism *n.* مَوْشورٌ؛ مَنْشورٌ (شَكْلٌ)
prismatic (al) *adj.* مَوْشوريٌّ؛ مَنْشوريٌّ
prison *n.; vt.* سِجْنٌ؛ حَبْسٌ // يَسْجُنُ
prisoner *n.* السَجينُ؛ الأَسيرُ
pristine *adj.* بِدائيٌّ. أَصْليٌّ. قَديمٌ. نَقيٌّ
privacy *n.* عُزْلَةٌ. سِرِّيَّةٌ. خُصوصيَّةٌ
private *adj.; n.* خُصوصيٌّ. مُنْعَزِلٌ. سِرِّيٌّ // جُنْديٌّ؛ نَفَرٌ؛ عَسْكَريٌّ
privately *adv.* سِرًّا؛ بِصورَةٍ شَخْصيَّةٍ
privation *n.* حِرْمانٌ. فُقْدانٌ. فاقَةٌ؛ عَوَزٌ
privilege *n.; vt.* إمْتيازٌ // يَمْنَحُ إمْتيازًا
privileged *adj.* ذو امْتيازٍ. موسِرٌ؛ ثَريٌّ
privy *adj.* شَخْصيٌّ؛ خُصوصيٌّ. سِرِّيٌّ؛ مَحْجوبٌ
prize *n.; vt.* جائِزَةٌ. غَنيمَةٌ // يُثَمِّنُ. يُجِلُّ
prize-giving *n.* تَوْزيعُ الجَوائِزِ
prize-winner *n.* الفائِزُ بِجائِزَةٍ
pro *prep.* مَعْ. إلى جانِبِ...
probability *n.* الإحْتِمالُ؛ الأَرْجَحيَّةُ. أَمْرٌ مُحْتَمَلٌ
probable *adj.* مُحْتَمَلٌ؛ مُرَجَّحٌ؛ إحْتِماليٌّ
probably *adv.* رُبَّما؛ عَلى الأَرْجَحِ
probate *n.* إثْباتُ الوَصيَّةِ
probation *n.* إثْباتٌ. إخْتِبارٌ. تَعْليقُ العُقوبَةِ
probationary *adj.* خاضِعٌ لِلتَجْرِبَةِ. مُعَلَّقٌ

probationer *n.* الخاضِعُ للتَجْرِبَةِ أوِ الإخْتِبارِ. المُعَلَّقُ العُقوبَةِ
probe *n.; vt.* مِسْبارٌ؛ مِجَسٌّ. سَبْرٌ؛ جَسٌّ // يَسْبُرُ؛ يَجُسُّ
probity *n.* إسْتِقامَةٌ. أمانَةٌ
problem *n.* مَسْألَةٌ. مُشْكِلَةٌ. مُعْضِلَةٌ
problematic (al) *adj.* صَعْبٌ حَلُّهُ. مَشْكوكٌ فيهِ
proboscis *n.* (*pl.* **proboscés**) خُرطومُ الفيلِ
procedure *n.* إجْراءٌ. نَهْجٌ. نِظامُ التَشْريفاتِ
proceed *vi.* يَنْبَثِقُ؛ يَنْبُعُ؛ يَنْشَأُ (عَنْ). يُتابِعُ؛ يُواصِلُ. يَتَقَدَّمُ. يُقاضي؛ يَرْفَعُ دَعْوى
proceeding *n.* إجراءٌ. سَيْرٌ. مُلاحَقَةٌ. عَمَلٌ؛ صَفْقَةٌ. إنْبِثاقٌ. نُشوءٌ. أحْداثٌ. مَحْضَرُ جَلْسَةٍ
proceeds *n.pl.* رِبْحٌ. دَخْلٌ. عائِداتٌ
process *n.; vt.* تَقَدُّمٌ. عَمَلِيَّةٌ. دَعْوى. الزائِدَةُ. مُذَكِّرَةُ حُضورٍ // يُقيمُ الدَعْوى. يُعالِجُ؛ يُعامِلُ
procession *n.* مَوْكِبٌ. زِياحٌ. تَقَدُّمٌ. إنْبِثاقٌ
proclaim *vt.* يُنادي بِـ. يُصَرِّحُ؛ يُعْلِنُ. يُظْهِرُ
proclamation *n.* تَصْريحٌ؛ إعْلانٌ. بَلاغٌ؛ بَيانٌ
proclivity *n.* مَيْلٌ؛ نَزْعَةٌ
procrastinate *vt.; i.* يُؤَجِّلُ؛ يُرْجِئُ / يُسَوِّفُ
procreate *vt.* يُنْسِلُ؛ يُنْجِبُ. يُنْتِجُ
procreation *n.* إنْجابٌ. إنْتاجٌ
procreative *adj.* مُنْسِلٌ؛ مُنْجِبٌ. مُنْتِجٌ
proctor *n.* المُراقِبُ؛ المُناظِرُ
procurable *adj.* سَهْلُ المَنالِ
procuration *n.* تَوْكيلٌ؛ تَفْويضٌ
procurator *n.* وَكيلُ أعْمالِ الغَيْرِ
procure *vt.* يُدَبِّرُ؛ يَحْصُلُ عَلى. يُسَبِّبُ؛ يُحْدِثُ
prod *vt.; n.* يَنْخَسُ. يَحُثُّ // مِنْخَسٌ. حَثٌّ
prodigal *adj.; n.* مُبَذِّرٌ؛ مُسْرِفٌ. سَخِيٌّ. خِصْبٌ // شَخْصٌ مُبَذِّرٌ
prodigality *n.* تَبْذيرٌ؛ إسْرافٌ. خِصْبٌ
prodigious *adj.* هائِلٌ؛ مُذْهِلٌ. إسْتِثْنائِيٌّ
prodigy *n.* أُعْجوبَةٌ؛ مُعْجِزَةٌ. طِفْلٌ عَبْقَرِيٌّ
produce *n.; vt.* نِتاجٌ؛ مَحْصولٌ؛ غَلَّةٌ // يُنْتِجُ. يَصْنَعُ. يُسَبِّبُ. يَمُدُّ. يُحْدِثُ
producer *n.* المُنْتِجُ؛ المُصَنِّعُ. المُبرِزُ. المُخْرِجُ
product *n.* نِتاجٌ؛ غَلَّةٌ؛ مَحْصولٌ. حاصِلُ الضَرْبِ
production *n.* إخْراجٌ. إنْتاجٌ. أثَرٌ أدَبِيٌّ
productive *adj.* مُنْتِجٌ. مُخْصِبٌ. مُسَبِّبٌ
productivity *n.* الإنْتاجِيَّةُ
profane *adj.; vt.* تَجْديفِيٌّ؛ تَدْنيسِيٌّ. نَجِسٌ. دُنْيَوِيٌّ // يُدَنِّسُ؛ يَنْتَهِكُ حُرْمَةَ المُقَدَّساتِ
profanity *n.* دَنَسٌ. نَجاسَةٌ. التَدْنيسُ؛ التَجْديفُ
profess *vi.; t.* يَعْتَرِفُ؛ يُقِرُّ بِـ / يُعْلِنُ؛ يُصَرِّحُ. يَدَّعي
professed *adj.* مُعْلَنٌ. مُعْتَرَفٌ بِهِ. خَبيرٌ
profession *n.* مِهْنَةٌ؛ حِرْفَةٌ. مُجاهَرَةٌ بالإيمانِ
professional *adj.; n.* إحْتِرافِيٌّ. مِهَنِيٌّ؛ حِرَفِيٌّ // المُحْتَرِفُ؛ صاحِبُ مِهْنَةٍ
professor *n.* الأُسْتاذُ. المُعْتَرِفُ؛ المُعْلِنُ
professorial *adj.* أُسْتاذِيٌّ؛ خاصٌّ بالأُسْتاذِ
professorship *n.* الأُسْتاذِيَّةُ (مَنْصِبٌ)
proffer *n.; vt.* عَرْضٌ // يَعْرِضُ عَلى. يُقَدِّمُ
proficiency *n.* بَراعَةٌ؛ حِذْقٌ. تَقَدُّمٌ
proficient *adj.* بارِعٌ؛ حاذِقٌ؛ ماهِرٌ. خَبيرٌ
profile *n.* الصورَةُ الجانِبِيَّةُ
profit *n.; vt.; i.* رِبْحٌ؛ كَسْبٌ. نَفْعٌ؛ فائِدَةٌ // يَنْفَعُ؛ يُفيدُ / يَنْتَفِعُ؛ يَسْتَفيدُ
profitable *adj.* مُرْبِحٌ؛ مُكْسِبٌ. مُفيدٌ
profiteer *n.; vi.* المُسْتَغِلُّ // يَسْتَغِلُّ؛ يَسْتَفيدُ

profligate *adj. & n.* مُتَهَتِّكٌ. مُبَذِّرٌ؛ مُسْرِفٌ
pro forma *adj.* شَكْلِيٌّ
profound *adj.* عَميقٌ. عَويصٌ. صَعْبُ الفَهْمِ
profundity *n.* عُمْقُ التَفْكيرِ. شَيْءٌ عَميقٌ
profuse *adj.* مُسْرِفٌ. وافِرٌ؛ غَزيرٌ. مُسْهِبٌ
profuseness; profusion *n.* إِسْرافٌ. غَزارَةٌ
progenitor *n.* الجَدُّ الأَعْلى؛ السَلَفُ
progeny *n.* أَوْلادٌ؛ ذُرِّيَّةٌ؛ نَسْلٌ
prognostic *adj.; n.* نَذيرِيٌّ. تَكَهُّنِيٌّ // نَذيرٌ. تَكَهُّنٌ. تَنَبُّؤٌ. فَأْلٌ عَنِ المُسْتَقْبَلِ
prognosticate *vt.* يُنْذِرُ. يَتَكَهَّنُ بِـ. يَتَنَبَّأُ
program *n.* بَرْنامَجٌ. مِنْهاجٌ. بَيانٌ
progress *n.; vi.* تَقَدُّمٌ. إِرتِقاءٌ // يَتَقَدَّمُ. يَرْتَقي
progression *n.* تَقَدُّمٌ. تَوالٍ. تَعاقُبٌ
progressive *adj.* تَقَدُّمِيٌّ. مُتَوالٍ. مُتَدَرِّجٌ
prohibit *vt.* يُحَرِّمُ؛ يُحَظِّرُ؛ يَمْنَعُ؛ يَنْهى
prohibition *n.* تَحْريمٌ؛ حَظْرٌ؛ مَنْعٌ؛ نَهْيٌ
prohibitive; prohibitory *adj.* مُحَرِّمٌ؛ مانِعٌ
project *n.; vt.; i.* مَشْروعٌ. خُطَّةٌ // يَخْتَطُّ. يَقْذِفُ. يَتَخَيَّلُ / يَنْتَأُ؛ يَبْرُزُ
projectile *n.* قَذيفَةٌ. دافِعٌ؛ قاذِفٌ
projection *n.* قَذْفٌ. رَمْيٌ إلى الأمامِ. إِسْقاطٌ. بُروزٌ. عَرْضُ الصُوَرِ
projector *n.* أداةٌ لِعَرْضِ الصُوَرِ. خَطُّ الإِسْقاطِ
proletarian *n.* أَحَدُ أَفْرادِ طَبَقَةِ العُمّالِ
proletariat *n.* طَبَقَةُ العُمّالِ أَوِ الكادِحينَ
prolific *adj.* مُثْمِرٌ. كَثيرُ النَسْلِ. خَصيبٌ. مُنْتِجٌ
prolix *adj.* مُسْهَبٌ؛ مُطْنَبٌ
prolixity; prolixness *n.* إِسْهابٌ؛ إِطْنابٌ
prologue *n.* تَمْهيدٌ (لِروايَةٍ)؛ تَوْطِئَةٌ؛ مُقَدِّمَةٌ
prolong *vt.* يُطيلُ؛ يَمُدُّ

prolongation *n.* إِطالَةٌ؛ مَدٌّ؛ تَمْديدٌ
promenade *n.; vi.* نُزْهَةٌ؛ مُتَنَزَّهٌ // يَتَنَزَّهُ
prominent *adj.* ناتِئٌ؛ بارِزٌ. شَهيرٌ
promiscuous *adj.* مُخْتَلِطٌ؛ مُشَوَّشٌ
promise *n.; vt.; i.* وَعْدٌ؛ عَهْدٌ // يُعاهِدُ. يَعِدُ. يَتَعَهَّدُ بِـ / يَدُلُّ عَلى. يُبَشِّرُ بِـ
Land of P — أَرْضُ الميعادِ
promising *adj.* واعِدٌ. مَرْجُوٌّ. مُبَشِّرٌ بِخَيْرٍ جَمٍّ
promissory *adj.* وَعْدِيٌّ؛ تَعَهُّدِيٌّ
promontory *n.* أَنْفُ الجَبَلِ داخِلٌ في البَحْرِ
promote *vt.* يُرَقّي؛ يُرَفِّعُ. يُعَزِّزُ. يُؤَسِّسُ
promotion *n.* تَرْقِيَةٌ؛ تَرفيعٌ؛ تَرَقٍّ. تَعْزيزٌ
prompt *vt.; adj.* يَحُثُّ؛ يَحُضُّ. يُلَقِّنُ // يَقِظٌ. حازِمٌ. فَوْرِيٌّ؛ عاجِلٌ
prompter *n.* الحاثُّ؛ الحاضُّ. المُلَقِّنُ
promptitude *n.* يَقَظَةٌ. حَزْمٌ. تَأَهُّبٌ
promptly *adv.* بِحَزْمٍ. فَوْرًا. مِنْ دونِ إِبطاءٍ
promptness *n.* see **promptitude**
promulgate *vt.* يُصْدِرُ (قانونًا). يُعْلِنُ؛ يُذيعُ
promulgation *n.* إِعْلانٌ؛ إِذاعَةٌ؛ نَشْرٌ
prone *adj.* مَيّالٌ إلى. عُرْضَةٌ لِـ. مُنْكَبٌّ
prong *n.* شَوْكَةُ طَعامٍ. سِنُّ الشَوْكَةِ
pronoun *n.* ضَميرٌ (عِلْمُ اللُغَةِ)
pronounce *vt.* يَلْفِظُ. يُعْلِنُ. تُصْدِرُ حُكْمًا
pronounced *adj.* واضِحٌ؛ قاطِعٌ؛ ظاهِرٌ
pronunciation *n.* اللَفْظُ أَوْ طَريقَةُ التَلَفُّظِ
proof *adj.; n.* كَتيمٌ؛ مَنيعٌ؛ واقٍ. بُرْهانِيٌّ. قِياسِيٌّ // بُرْهانٌ؛ دَليلٌ؛ إِثْباتٌ. إِخْتِبارٌ. بَيِّنَةٌ
proofless *adj.* بدونِ بُرْهانٍ أَوْ دَليلٍ
proofread *vt.* يُصَحِّحُ النُصوصَ الطِباعِيَّةَ
prop *n.; vt.* دِعامَةٌ؛ سَنَدٌ // يَدْعَمُ؛ يَسْنُدُ. يُقَوّي

propaganda *n.* الدِعايَةُ
propagate *vt.; i.* يَمُدُّ. يَنْشُرُ؛ يَبُثُّ؛ يُذيعُ. يَنْقُلُ / يَتوالَدُ؛ يَتكاثَرُ. يَزيدُ؛ يَمْتَدُّ
propagation *n.* تَوالُدٌ، تَكاثُرٌ. نَشْرٌ؛ بَثٌّ. إتِّساعٌ
propel *vt.* يَدْفَعُ؛ يُسَيِّرُ. يَحُثُّ
propeller *n.* مِرْوَحَةُ (الطائِرَةِ). الدافِعُ؛ المُسَيِّرُ
propensity *n.* دَفْعٌ؛ تَسْييرٌ. حَثٌّ
proper *adj.* مُناسِبٌ. خاصٌّ. مُمْتازٌ. صَحيحٌ
properly *adv.* كَما يَنْبَغي. عَلى نَحْوٍ لائِقٍ
proper noun *n.* إسْمُ عَلَمٍ
property *n.* عَقارٌ. مِلْكِيَّةٌ. خاصِّيَّةٌ. صِفَةٌ مُمَيِّزَةٌ
prophecy *n.* نُبوءَةٌ. وَحْيٌ إلٰهِيٌّ
prophesy *vt.; i.* يَتَنَبَّأُ بِـ / يَعِظُ؛ يُبَشِّرُ
prophet *n.* نَبِيٌّ؛ رَسولٌ
prophetic (al) *adj.* نَبَوِيٌّ. تَنَبُّؤِيٌّ؛ تَكَهُّنِيٌّ
prophylactic *adj.* وِقائِيٌّ (تَدْبيرٌ)
propinquity *n.* قَرابَةٌ؛ نَسَبٌ
propitiate *vt.* يَسْتَرْضي؛ يَسْتَعْطِفُ
propitiatory *adj. & n.* إسْتِرْضائِيٌّ؛ إسْتِعْطافِيٌّ
propitious *adj.* سَمْحٌ. صَفوحٌ. مُلائِمٌ؛ مُؤاتٍ
proponent *n.* المُقْتَرِحُ. المُناصِرُ
proportion *n.; vt.* نِسْبَةٌ. تَناسُبٌ. حِصَّةٌ. حَجْمٌ. دَرَجَةٌ // يُناسِبُ. يُعادِلُ مَع. يُوَزِّعُ الحِصَصَ
proportional *adj.* مُتَناسِبٌ؛ مُتَناسِقٌ
proportionally *adv.* نِسْبِيًّا. تَناسُبِيًّا
proportionate *adj.* مُتَناسِبٌ؛ مُتَناسِقٌ
proposal *n.* إقْتِراحٌ؛ عَرْضٌ. طَلَبُ اليَدِ لِلْزَواجِ
propose *vt.; i.* يَقْتَرِحُ (تَسْوِيَةً) / يَعْتَزِمُ؛ يَنْوي؛ يَقْصِدُ. يَطْلُبُ اليَدَ لِلزواجِ
proposition *n.* إقْتِراحٌ؛ عَرْضٌ. قَضِيَّةٌ. مَسْأَلَةٌ
propound *vt.* يُقَدِّمُ؛ يَقْتَرِحُ (عَرْضًا)
proprietor *n.* المالِكُ؛ صاحِبُ المِلْكِ
proprietress *n.* المالِكَةُ. صاحِبَةُ المِلْكِ
propriety *n.* مُوافَقَةٌ؛ مُلاءَمَةٌ. لِياقَةٌ. أَدَبٌ
propulsion *n.* دَفْعٌ. تَسْييرٌ. المُسَيِّرُ
prorogation *n.* تَأْجيلٌ. تَعْطيلٌ. تَمْديدٌ
prorogue *vt.* يُؤَجِّلُ؛ يُرْجِئُ. يُمَدِّدُ
prosaic *adj.* نَثْرِيٌّ؛ غَيْرُ شِعْرِيٍّ. عادِيٌّ؛ مُبْتَذَلٌ
proscribe *vt.* يُحَرِّمُ. يَنْفي؛ يُبْعِدُ عَنِ الوَطَنِ
proscription *n.* تَحْريمٌ. إبْعادٌ. نَبْذٌ
prose *n.* النَثْرُ. الإبْتِذالُ
prosecute *vt.; i.* يُحاكِمُ؛ يُقاضي. يُواصِلُ
prosecution *n.* مُقاضاةٌ؛ مُحاكَمَةٌ. مُواصَلَةٌ
prosecutor *n.* المُدَّعي العامُّ؛ النائِبُ العامُّ
proselyte *n.* مُهْتَدٍ جَديدٌ. مُتَشَيِّعٌ لِـ (مَذْهَبٍ)
prosily *adv.* بِابْتِذالٍ
prosody *n.* عِلْمُ العَروضِ؛ نَظْمُ الشِعْرِ
prospect *n.; vi.* تَوَقُّعٌ. مَشْهَدٌ. مُطَلٌّ. إمْكانِيَّةٌ. زَبونٌ مُحْتَمَلٌ // يَرودُ؛ يُنَقِّبُ (عَنِ الذَهَبِ)
prospective *adj.* مُتَوَقَّعٌ؛ مُحْتَمَلٌ؛ مُسْتَقْبَلِيٌّ
prospector *n.* الرائِدُ أَوِ المُنَقِّبُ (عَنِ النِفْطِ)
prospectus *n.* نَشْرَةٌ تَمْهيدِيَّةٌ. إعْلانٌ مَطْبوعٌ
prosper *vt.; i.* يُنْجِحُ / يَزْدَهِرُ؛ يَزْهو. يَنْجَحُ
prosperity *n.* نَجاحٌ؛ إزْدِهارٌ. رَخاءٌ إقْتِصادِيٌّ
prosperous *adj.* مُزْدَهِرٌ؛ ناجِحٌ. مُلائِمٌ؛ مُؤاتٍ
prostitute *n.; vt.* عاهِرَةٌ؛ مومِسٌ // يُعَهِّرُ
prostitution *n.* بَغاءٌ؛ عَهْرٌ؛ فُجورٌ
prostrate *vt.; adj.* يَسْجُدُ. يُكِبُّ. يَغْلِبُ. يُنْهِكُ. يَقْهَرُ // مُنْبَطِحٌ؛ مُتَمَدِّدٌ. ساجِدٌ. مَغْلوبٌ
protect *vt.* يَحْمي؛ يَصونُ؛ يَحْفَظُ؛ يَقي
protection *n.* حِمايَةٌ؛ وِقايَةٌ؛ صَوْنٌ. الحامي
protective *adj.* حِمائِيٌّ. وِقائِيٌّ. واقٍ

protector *n.* الحامي ؛ المُدافِعُ. واقٍ
protectorate *n.* الحِمايَةُ ؛ المُحافَظَةُ. المَحْمِيَّةُ
protein *n.* البروتينُ : مادَّةٌ آحيَّةٌ
protest *n.; vt.; i.* إحْتِجاجٌ ؛ إعْتِراضٌ ؛ شَكْوى // يَحْتَجُّ ؛ يَعْتَرِضُ ؛ يُعارِضُ. يُعْلِنُ ؛ يُؤَكِّدُ. يَتَمَسَّكُ بِـ
Protestant *adj. & n.* البروتِسْتانتيُّ
Protestantism *n.* البروتِسْتانتيَّةُ
protestation *n.* إحْتِجاجٌ ؛ إعْتِراضٌ. إعْلانٌ
protocol *n.* سِجِلٌّ ؛ دَفْتَرٌ. صَحائِفُ تَمْهيدِيَّةٌ. نِظامُ التَشْريفاتِ. إتِّفاقيَّةٌ دُوَليَّةٌ. مُلْحَقُ مُعاهَدَةٍ
proton *n.* الأَوَّلُ ؛ البروتونُ (الجُزْءُ الموجَبُ مِنَ الذَرَّةِ)
protoplasm *n.* الجِبْلَةُ ؛ الهَيولى
prototype *n.* النموذَجُ الأصْليُّ أوِ الأوَّليُّ ؛ المِثالُ
protract *vt.* يُؤَخِّرُ ؛ يُرْجِئُ. يُطيلُ. يُخَطِّطُ
protraction *n.* إطالَةٌ ؛ مَدٌّ. إمْتِدادٌ. تَخْطيطٌ
protractor *n.* المِنْقَلَةُ : أداةٌ لِقياسِ الزَوايا
protrude *vt.; i.* يُنْتِئُ ؛ يُبْرِزُ / يَنْتَأُ ؛ يَبْرُزُ
protrusion *n.* نُتوءٌ ؛ بُروزٌ. شَيْءٌ ناتِئٌ
protuberance *n.* نُتوءٌ ؛ بُروزٌ. حَدَبَةٌ
proud *adj.* مُتَكَبِّرٌ ؛ مُتَغَطْرِسٌ. أبيٌّ. فَخورٌ. فَخْمٌ
proudly *adv.* بِفَخْرٍ ؛ بِكِبْرِياءٍ. بِإباءٍ
provable *adj.* قابِلٌ لِلإثْباتِ
prove *vt.; i.irr.* يُبَرْهِنُ ؛ يُثْبِتُ. يَخْتَبِرُ ؛ يُجَرِّبُ
proved *adj.* مُبَرْهَنٌ ؛ مُثْبَتٌ. مُعْتَرَفٌ بِهِ
provender *n.* عَلَفٌ ؛ جَفيفٌ. طَعامٌ
proverb *n.* مَثَلٌ سائِرٌ. قَوْلٌ مَأثورٌ. حِكْمَةٌ
proverbial *adj.* مَثَليٌّ. مَشْهورٌ
provide *vt.; i.* يُزَوِّدُ ؛ يُجَهِّزُ. يَحْتاطُ. يَشْتَرِطُ
provided *conj.* شَريطَةَ أنْ ؛ شَرْطَ أنْ
Providence *n.* العِنايَةُ الإلٰهيَّةُ. اللهُ
providence *n.* تَدْبيرٌ. إقْتِصادٌ. حيطَةٌ
provident *adj.* بَعيدُ النَظَرِ. حَكيمٌ. مُقْتَصِدٌ
providential *adj.* مِن تَدْبيرِ العِنايَةِ الإلٰهيَّةِ. سَعيدٌ. مُناسِبٌ
province *n.* مُقاطَعَةٌ ؛ إقْليمٌ. عالَمٌ ؛ دُنْيا. وَظيفَةٌ
provincial *adj.; n.* إقْليميٌّ ؛ قَرَويٌّ ؛ ريفيٌّ. مَحَلّيٌّ. بَسيطٌ. ضَيِّقُ التَفْكيرِ // أسْقُفُ الأبْرَشيَّةِ
provision *n.; vt.* إحْتياطٌ. مُؤَنٌ. شَرْطٌ. تَوْفيرٌ // يُزَوِّدُ بِالمُؤَنِ
provisional *adj.* مُؤَقَّتٌ. شَرْطيٌّ. تَمْهيديٌّ
proviso *n.* قَيْدٌ ؛ شَرْطٌ. فِقْرَةٌ شَرْطيَّةٌ في عَقْدٍ
provisory *adj.* شَرْطيٌّ. مُؤَقَّتٌ
provocation *n.* إسْتِفْزازٌ ؛ إثارَةٌ. إغْضابٌ
provocative *adj.* إسْتِفْزازيٌّ ؛ مُغْضِبٌ. مُحَرِّضٌ
provoke *vt.* يَسْتَفِزُّ ؛ يُثيرُ. يُغْضِبُ ؛ يُغيظُ. يُحْدِثُ
provost *n.* رَئيسُ كُلِّيَّةٍ. رَئيسُ البَلَديَّةِ. السَجّانُ
prow *n.* مُقَدَّمُ السَفينَةِ. الجُؤْجُؤُ
prowess *n.* شَجاعَةٌ ؛ بَسالَةٌ. بَراعَةٌ
prowl *n.; vi.* جَوَسانٌ ؛ إجْتِياسٌ // يَجوسُ ؛ يَطوفُ
proximate *adj.* قَريبٌ ؛ دانٍ. مُباشَرٌ. وَشيكٌ
proximity *n.* قُرْبٌ. جِوارٌ. قَرابَةٌ
proximo *adv. & adj.* خِلالَ الشَهْرِ التالي
proxy *n.* وَكيلٌ. وِكالَةٌ. تَفْويضٌ ؛ تَوْكيلٌ
prude *n.* المُتَحَشِّمُ. مُتَصَنِّعُ الحَياءِ
prudence *n.* تَعَقُّلٌ ؛ حَصافَةٌ. إقْتِصادٌ. إحْتِراسٌ
prudent *adj.* مُتَعَقِّلٌ ؛ حَصيفٌ. مُتَبَصِّرٌ. مُحْتَرِسٌ
prudish *adj.* مُفْرِطٌ في الإحْتِشامِ
prune *n.; vt.* بَرْقوقٌ ؛ خَوْخٌ // يُقَلِّمُ ؛ يُشَذِّبُ (الشَجَرَةَ). يُهَذِّبُ (مَقالاً)
prurience; pruriency *n.* تَلَهُّفٌ ؛ تَحَرُّقٌ. شَبَقٌ
prurient *adj.* مُتَلَهِّفٌ ؛ مُتَحَرِّقٌ على. شَبِقٌ

Prussian *adj. & n.* پروسيٌّ // اللغَةُ البروسيَّةُ
prussic *adj.* سامٌّ
pry *vi.; t.; n.* يُحَدِّقُ. يَتَفَحَّصُ. يَسْتَطْلِعُ / يَرفعُ أَوْ يُحرِّكُ بِمُخْلٍ // تَحْديقٌ. مُخْلٌ. المُحَدِّقُ
prying *adj.* فُضوليٌّ ؛ مُتَطَفِّلٌ
psalm *n.* مَزْمورٌ. تَرْنيمةٌ مُقَدَّسَةٌ
psalmist *n.* ناظِمُ المَزامير أو الأناشيدِ الدينيَّةِ
psalmody *n.* تَرتيلُ المَزاميرِ. مَجْموعَةُ المَزاميرِ
Psalter *n.* سِفْرُ المَزاميرِ. كِتابُ المَزاميرِ
pseudonym *n.* إسْمُ الكاتِبِ المُسْتَعارِ
psychiatric *adj.* مُتَعلِّقٌ بالطِبِّ النَفْسانيِّ
psychiatrist *n.* الطَبيبُ النَفْسانيُّ
psychiatry *n.* الطِبُّ النَفْسانيُّ
psychic(al) *adj.* نَفْسيٌّ. عَقْليٌّ
psycho-analysis *n.* التَحْليلُ النَفْسيُّ
psycho-analyst *n.* المُحَلِّلُ النَفْسيُّ
psychological *adj.* سَيْكولوجيٌّ. نَفْسيٌّ. نَفسانيٌّ
psychologist *n.* العالِمُ النَفْسيُّ
psychology *n.* عِلْمُ النَفْسِ
psychopathy *n.* المَرَضُ النَفْسانيُّ أو العَقْليُّ
pub *n.* حانَةٌ
puberty *n.* البُلوغُ. سِنُّ البُلوغِ
pubescent *adj.* بالِغٌ ؛ مُدْرِكٌ. زَغِبٌ
public *adj.; n.* عَلَنيٌّ. عامٌّ. عُموميٌّ ؛ شَعْبيٌّ. حُكوميٌّ. وَطَنيٌّ // الجُمْهورُ. الشَعْبُ
in — عَلَنًا ؛ جِهارًا ؛ عَلى المَلإ
publican *n.* جابي الضَرائِبِ. صاحِبُ حانَةٍ
publication *n.* مَنْشورٌ ؛ إعلانٌ. نَشْرٌ. إذاعَةٌ
public-house *n.* حانَةٌ ؛ خَمّارَةٌ. فُنْدُقٌ
publicity *n.* إعلانٌ. دِعايَةٌ. شُيوعٌ. شُهْرَةٌ
publicly *adv.* عَلانيَةً ؛ جِهارًا ؛ عَلى المَلإ
publish *vt.* يَنْشُرُ ؛ يُصْدِرُ. يُذيعُ ؛ يُعْلِنُ
publisher *n.* الناشِرُ. صاحِبُ مُؤَسَّسَةٍ صُحُفيَّةٍ
puck *n.* روحٌ شِرّيرَةٌ. عِفْريتٌ. قُرْصُ لُعْبَةِ الهوكي
pucker *vt.; i.; n.* يُغَضِّنُ ؛ يُجَعِّدُ / يَتَغَضَّنُ ؛ يَتَجَعَّدُ // غَضَنٌ ؛ تَجَعُّدٌ. ثَنْيَةٌ
pudding *n.* بودِنغ (حَلْوى) سُجُقٌ
puddle *n.; vt.* بِرْكَةٌ صَغيرَةٌ موحِلَةٌ // يوحِلُ
puerile *adj.* صِبْيانيٌّ. أَرْعَنُ
puff *n.; vt.; i.* نَفْخَةٌ ؛ هَبَّةٌ ؛ نَفَسٌ مِنْ دُخانٍ. فَطيرَةٌ مُنْتَفِخَةٌ. إنْتِفاخٌ طَفيفٌ. لِحافٌ // يَنْفُخُ. يُدَخِّنُ / يَنْتَفِخُ. يَنْفُثُ الدُخانَ. يَلْهَثُ
pug *n.* البَجُّ (كَلْبٌ صَغيرٌ). أنْفٌ أَفْطَسُ
pugilism *n.* المُلاكَمَةُ
pugilist *n.* المُلاكِمُ المُحْتَرِفُ
pugnacious *adj.* مُشاكِسٌ ؛ مُحِبٌّ لِلْخِصامِ
puke *vi.* يَتَقَيَّأُ
pull *vt.; i.; n.* يَقْتَلِعُ. يَجُرُّ ؛ يَجْذِبُ. يَسْحَبُ. يَكْبَحُ. يَرْتَكِبُ (سَرِقَةً). يُمَزِّقُ. يَضْرِبُ (كُرَةً نَحْوَ اليَسارِ) / يَتَحَمَّسُ. يَنْطَلِقُ // جَرٌّ ؛ جَذْبٌ. إنْتِزاعٌ. أَفْضَلِيَّةٌ. جاذِبِيَّةٌ
pullet *n.* فَرْخَةٌ ؛ دَجاجَةٌ صَغيرَةٌ
pulley *n.* بَكَرَةٌ (لِرَفْعِ الأَثْقالِ)
pullover *n.* كَنْزَةٌ صوفيَّةٌ
pulmonary *adj.* رِئَويٌّ
pulp *n.; vt.* لُبٌّ. مَعْدِنٌ خامٌ. عَجينَةٌ وَرَقيَّةٌ // يُحَوِّلُ إلى لُبٍّ. يَنْتَزِعُ اللُبَّ
pulpit *n.* مِنْبَرُ الوَعْظِ. الوَعْظُ
pulsate *vi.* يَنْبِضُ ؛ يَخْفِقُ. يَتَذَبْذَبُ
pulsatory *adj.* نابِضٌ ؛ خافِقٌ
pulse *n.* نَبْضَةٌ ؛ خَفْقَةٌ. نَزْعَةٌ. حَيَوِيَّةٌ. ذَبْذَبَةٌ
pulverize *vt.; i.* يَسْحَقُ ؛ يَسْحَنُ / يَنْسَحِقُ

303 purvey

pumice *n.* النَسْفَةُ؛ الخُفّانُ: زُجاجٌ بُرْكانيٌّ خَفيفٌ

pump *n.; vt.; i.* مِضَخَّةٌ. القَلْبُ. الخُفُّ // يَضُخُّ؛ يَسْحَبُ. يَنْتَزِعُ / يَدْفُقُ بِتَقَطُّعٍ

pumpkin *n.* اليَقْطينُ؛ القَرْعُ

pun *n.; vi.* تَوْرِيَةٌ؛ تَلاعُبٌ لَفْظِيٌّ // يَتَلاعَبُ بِالأَلْفاظِ؛ يُجَنِّسُ (في الكَلامِ)

punch *n.; vt.* مِثْقَبٌ. خَرْمٌ؛ ثَقْبٌ. لَكْمَةٌ. البَنْشُ: شَرابٌ مُسْكِرٌ. تَخْريمٌ // يَنْخَسُ؛ يَثْقُبُ. يَلْكُمُ

puncheon *n.* مِثْقَبٌ. بِرْميلٌ ضَخْمٌ. دَمْغَةٌ

punctilious *adj.* دَقيقٌ في اتِّباعِ الأوامِرِ. حَريصٌ عَلى الشَكْلِيّاتِ

punctual *adj.* شَبيهٌ بِالنُقْطَةِ. دَقيقٌ. مُفَصَّلٌ

punctually *adv.* بِدِقَّةٍ. بِحِرْصٍ. بِعَجَلَةٍ

punctuate *vt.* يُرَقِّمُ؛ يَضَعُ عَلاماتِ الوَقْفِ

punctuation *n.* التَرْقيمُ؛ عَلاماتُ الوَقْفِ

puncture *n.; vt.* ثَقْبٌ؛ خَرْقٌ. إنْخِفاضٌ ضَئيلٌ // يَثْقُبُ؛ يَخْرُقُ

pungent *adj.* حِرِّيفٌ؛ حادٌّ. لاذِعٌ. مُسْتَدِقٌّ

punish *vt.* يُعاقِبُ؛ يُقاصِصُ. يَقْسو عَلى. يُؤْذي

punishment *n.* عِقابٌ؛ قِصاصٌ. مُعامَلَةٌ قاسِيَةٌ

punitive *adj.* عِقابِيٌّ؛ قِصاصِيٌّ. تَأْديبِيٌّ

punk *n.* تَفاهَةٌ. خَشَبُ الصوفانِ

puny *adj.* ضَعيفٌ. سَقيمٌ. ضَئيلٌ؛ زَهيدٌ

pupil *n.* تِلْميذٌ. بُؤْبُؤُ العَيْنِ

puppet *n.* لُعْبَةٌ أوْ دُمْيَةٌ مُتَحَرِّكَةٌ؛ عَروسٌ

puppy *n.* جَرْوٌ. المَغْرورُ. الأحْمَقُ

purblind *adj.* قَصيرُ البَصَرِ؛ أعْمى جُزْئِيًّا

purchase *n.; vt.* شِراءٌ. صَفْقَةٌ. مُخْلٌ // يَشْتَري؛ يَبْتاعُ. يَسْتَميلُ. يَجُرُّ

pure *adj.* طاهِرٌ؛ نَقِيٌّ. صِرْفٌ. صافٍ. قُحٌّ

purely *adv.* بِنَقاوَةٍ؛ بِصَفاءٍ. تَمامًا. لِمُجَرَّدِ؛ لِمَحْضِ

purgative *adj. & n.* مُسْهِلٌ. مُطَهِّرٌ

purgatorial *adj.* مَطْهَرِيٌّ. أعْرافِيٌّ

purgatory *n.* المَطْهَرُ. الأعْرافُ

purge *vt.; n.* يُطَهِّرُ؛ يُنَظِّفُ. يُكَفِّرُ عَنْ. يُسْهِلُ البَطْنَ // تَطْهيرٌ؛ تَنْظيفٌ. تَسْهيلُ البَطْنِ

purify *vt.; i.* يُطَهِّرُ؛ يُنَقّي / يَطْهُرُ؛ يَنْظُفُ

puritan *adj. & n.* طُهْرِيٌّ. مُتَطَهِّرٌ. مُتَزَمِّتٌ

purity *n.* طَهارَةٌ؛ بَراءَةٌ. نَقاءٌ. صِحَّةٌ. صَفاءٌ

purl *vt.; i.; n.* يُطَرِّزُ بِخُيوطٍ ذَهَبِيَّةٍ أوْ فِضِّيَّةٍ. يَحْبُكُ بِغُرُزاتٍ مَعْكوسَةٍ / يَخُرُّ (الجَدْوَلُ). يَدورُ // خَيْطُ تَطْريزٍ ذَهَبِيٌّ أوْ فِضِّيٌّ. تَطْريزٌ. خَريرٌ. جَدْوَلٌ ذو خَريرٍ

purloin *vt.; i.* يَسْرِقُ؛ يَخْتَلِسُ

purple *adj.; n.* أُرْجُوانِيٌّ. مُنَمَّقٌ. لاذِعٌ. مَلَكِيٌّ // الأُرْجُوانُ. لَوْنُ الأُرْجُوانِ. سُلْطَةٌ. مَقامٌ

purport *n.; vt.* فَحْوًى؛ مَعْنًى؛ مَفادٌ. خُلاصَةُ القَوْلِ // يوهِمُ. يَدَّعي؛ يَزْعُمُ

purpose *n.; vt.* غايَةٌ؛ قَصْدٌ؛ غَرَضٌ؛ مَرْمًى. عَزْمٌ. نَتيجَةٌ. أثَرٌ // يَنْوي؛ يَعْتَزِمُ؛ يُصَمِّمُ عَلى

purposely *adv.* قَصْدًا؛ عَمْدًا

purr *vi.; n.* يُخَرْخِرُ (الهِرُّ) // الخَرْخَرَةُ

purse *n.; vt.* كيسُ النُقودِ. مالٌ. جائِزَةٌ مالِيَّةٌ // يَضَعُ (المالَ) في كيسٍ. يُغَضِّنُ؛ يَزُمُّ

purser *n.* المُحاسِبُ؛ أمينُ الصُنْدوقِ

pursuance *n.* مُلاحَقَةٌ؛ مُطارَدَةٌ. مُواصَلَةٌ

pursuant *adj.* وِفْقًا لِـ؛ طِبْقًا لِـ

pursue *vt.* يُطارِدُ؛ يُلاحِقُ؛ يَتَعَقَّبُ. يَتَّبِعُ

pursuit *n.* مُطارَدَةٌ؛ مُلاحَقَةٌ. حِرْفَةٌ؛ مِهْنَةٌ

purvey *vt.* يُمَوِّنُ؛ يُزَوِّدُ بِالمُؤَنِ

purveyor *n.* مُتَعَهِّدُ المُؤَنِ
pus *n.* قَيْحٌ ؛ صَديدٌ
push *vt.; i.; n.* يَدْفَعُ ؛ يَضْغَطُ. يَشُقُّ. يَحُثُّ. يُوَسِّعُ / يُكافِحُ ؛ يُناضِلُ. يَبْتَعِدُ عَنِ الشاطِئِ // دَفْعٌ ؛ ضَغْطٌ. قُوَّةٌ ؛ إقْدامٌ. نُفوذٌ. حافِزٌ
pushing *adj.* دافِعٌ ؛ ضاغِطٌ. مِقْدامٌ ؛ طَموحٌ
pusillanimous *adj.* جَبانٌ
puss *n.* هِرَّةٌ. أَرْنَبٌ بَرِّيٌّ
put *vt.; i.irr.* يَضَعُ. يُقْحِمُ. يُتَرْجِمُ. يَفْرِضُ / يَذْهَبُ ؛ يَرْحَلُ. تُبْحِرُ (السَفينَةُ)
— about يَنْعَطِفُ. يُرْكِضُهُ
— across يُطْلِعُ ؛ يُفهِمُ ؛ يُعْلِمُ
— away يُرَتِّبُ. يَطْرَحُ جانِبًا
— back يُعيدُهُ إلى مَكانِهِ. يؤَجِّلُ
— by يَدَّخِرُ ؛ يَقْتَصِدُ (مالاً)
— down يَضَعُ. يُلْقي. يُدَوِّنُ
— forward يُقَدِّمُ. يَعْرِضُ (فِكْرَةً)
— in يُقَدِّمُ (إعْتِراضًا، شَكْوَى)
— off يُؤَجِّلُ ؛ يُؤَخِّرُ
— on يَرْتَدي. يُشْعِلُ (ضَوْءًا)
— out يَضَعُ خارِجًا. يُطْفِئُ. يُزْعِجُ
— up يَرْفَعُ. يَضَعُ إعْلانًا. يُعَلِّقُ. يَبْني
putrefaction *n.* تَعَفُّنٌ ؛ فَسادٌ. إنْحِلالٌ
putrefy *vt.; i.* يُعَفِّنُ ؛ يُفْسِدُ / يَتَعَفَّنُ ؛ يَفْسُدُ
putrid *adj.* عَفِنٌ ؛ فاسِدٌ
putridity *n.* تَعَفُّنٌ ؛ فَسادٌ. عَفَنٌ
putty *n.; vt.* المَعْجونُ // يُمَعْجِنُ
puzzle *n.; vt.* لُغْزٌ ؛ أُحْجِيَّةٌ. إرْتِباكٌ ؛ حَيْرَةٌ // يُرْبِكُ ؛ يُحَيِّرُ
pygmy *n.* قَزَمٌ
pyjamas *n.* مَلابِسُ النَوْمِ. بيجامَةٌ ؛ مَنامَةٌ
pylon *n.* بُرْجُ الأسْلاكِ. بَوَّابَةٌ ضَخْمَةٌ. بُرْجُ الإرْشادِ
pyramid *n.* هَرَمٌ. شَكْلٌ هَرَمِيٌّ
pyramidal *adj.* هَرَمِيٌّ ؛ هَرَمِيُّ الشَكْلِ
pyre *n.* المَحْرَقَةُ
pyrotechnic(al) *adj.* خاصٌّ بالألْعابِ النارِيَّةِ
pyrotechnics *n.* صُنْعُ أَوْ عَرْضُ الألْعابِ النارِيَّةِ
python *n.* ثُعْبانٌ كَبيرٌ ؛ الأَصَلَةُ
pyx *n.* حُقُّ القُرْبانِ المُقَدَّسِ. حُقُّ العُمْلَةِ

Q

Q; q *n.* الحَرْفُ السابِعَ عَشَرَ مِنَ الأَبْجَدِيَّةِ الإِنْكِليزِيَّةِ

quack *adj.; n.; vi.* دَجّالٌ؛ مُشَعْوِذٌ // الدَجّالُ؛ المُشَعْوِذُ. صَوْتُ البَطِّ // يَصيحُ؛ يُبَطْبِطُ (البَطُّ) يُدَجِّلُ؛ يُشَعْوِذُ

quackery *n.* تَدْجيلٌ؛ شَعْوَذَةٌ

quadrangle *n.* رُباعِيُّ الزَوايا والأَضْلاعِ

quadrangular *adj.* مُرَبَّعُ الزَوايا

quadrant *n.* رُبْعُ دائِرَةٍ: ٩٠ دَرَجَةً

quadrate *adj. & n.* مُرَبَّعٌ. شِبْهُ مُرَبَّعٍ

quadratic *adj.* تَرْبيعِيٌّ

quadrilateral *adj.* رُباعِيُّ الأَضْلاعِ

quadruped *n.* حَيَوانٌ مِنْ ذَواتِ الأَرْبَعِ

quadruple *adj.; vt.; i.* رُباعِيٌّ. بالِغٌ أَرْبَعَةَ أَضْعافٍ // يُضاعِفُ أَرْبَعَ مَرّاتٍ / يَتَضاعَفُ أَرْبَعَ مَرّاتٍ

quaff *vt.; i.* يَعُبُّ؛ يَشْرَبُ بِجُرْعاتٍ

quagmire *n.* مُسْتَنْقَعٌ؛ أَرْضٌ سَبِخَةٌ

quail *vi.; n.* يَذْبُلُ. يَجْبُنُ // السَلْوى؛ السُمانى (مُفْرَدُها سُماناةٌ)

quaint *adj.* طَريفٌ. جَذّابٌ. غَريبٌ

quaintly *adv.* بِطَرافَةٍ. بِغَرابَةٍ. بِشُذوذٍ. خُصوصًا

quake *vi.; n.* يَهْتَزُّ؛ يَتَزَلْزَلُ. يَرْتَجِفُ؛ يَرْتَعِدُ // هَزَّةٌ؛ زِلْزالٌ. رَجْفَةٌ؛ رِعْدَةٌ

quaking *adj.* مُهْتَزٌّ؛ مُرْتَعِدٌ

qualification *n.* كَفاءَةٌ؛ أَهْلِيَّةٌ

qualified *adj.* مُؤَهَّلٌ؛ كُفْؤٌ

qualify *vt.; i.* يُقَيِّدُ. يُحَدِّدُ. يُعَدِّلُ. يُؤَهِّلُ. يُفَوِّضُ / يَتَكَشَّفُ عَنْ أَهْلِيَّةٍ. يَكْتَسِبُ (القُوَّةَ)

qualitative *adj.* نَوْعِيٌّ. وَصْفِيٌّ

quality *n.* نَوْعِيَّةٌ. خاصَّةٌ. طَبيعَةٌ. مِزاجٌ. خُلُقٌ. وَصْفٌ. كَيْفِيَّةٌ. مَنْزِلَةٌ

qualm *n.* غَثَيانٌ مُفاجِئٌ. إِرْتِيابٌ. وَخْزُ ضَميرٍ

quandary *n.* مَأْزِقٌ؛ وَرْطَةٌ

quantitative *adj.* كَمِّيٌّ؛ مِقْدارِيٌّ

quantity *n.* كَمِّيَّةٌ؛ مِقْدارٌ. عَدَدٌ

quarantine *n.; vi.; t.* حَجْرٌ صِحِّيٌّ (أَرْبَعونَ يَوْمًا). مَحْجَرٌ صِحِّيٌّ. عُزْلَةٌ إِلزامِيَّةٌ // يُقيمُ أَوْ يُعْلِنُ الحَجْرَ الصِحِّيَّ / يَحْجُرُ صِحِّيًّا

quarrel *n.; vi.* نِزاعٌ؛ شِجارٌ // يَخْتَلِفُ مَعْ. يَتَنازَعُ؛ يَتَشاجَرُ

quarrelsome *adj.* مُشاكِسٌ؛ مُحِبٌّ لِلنِزاعاتِ

quarry *n.; vt.* طَريدَةٌ؛ فَريسَةٌ. مَقْلَعُ الحِجارَةِ // يَقْتَلِعُ الحِجارَةَ مِنَ المَقْلَعِ

quart *n.* رُبْعُ غالونٍ (وَحْدَةُ قِياسٍ)

quarter *n.; vt.* الرُبْعُ. فَصْلٌ. إِتِّجاهٌ. شَخْصٌ؛ جَماعَةٌ. حَيٌّ. رَحْمَةٌ. مَأْوًى // يُقَسِّمُ إِلى أَرْبَعَةِ أَجْزاءٍ. يُؤْوي

quarter-deck *n.* سَطْحُ مُؤَخَّرِ المَرْكَبِ

quarterly *adj.; adv.; n.* فَصْلِيٌّ. يَحْدُثُ مَرَّةً كُلَّ ثَلاثَةِ أَشْهُرٍ // فَصْلِيًّا // مَجَلَّةٌ فَصْلِيَّةٌ

quartermaster *n.* أَمينُ الإِمْداداتِ في الجَيْشِ

quartet *n.* مَجْموعَةٌ مِنْ أَرْبَعَةٍ. الرُباعِيَّةُ

quartz *n.* المَرْوُ؛ الصَوّانُ

quash *vt.* يُبْطِلُ؛ يُلْغي. يَسْحَقُ؛ يَقْمَعُ

quasi *adv.* ظاهِرِيًّا. إِلى دَرَجَةٍ ما. تَقْريبًا؛ شِبْهَ

quatrain *n.* الرُباعِيَّةُ: مَقْطوعَةٌ شِعْرِيَّةٌ رُباعِيَّةٌ

الأبياتِ

quaver *n.; vi.* تَهَدُّجٌ. ذاتُ السِنِّ (نَغْمَةٌ موسيقيَّةٌ) // يَرْتَعِشُ؛ يَتَهَدَّجُ

quavering *adj.* مُتَهَدِّجٌ؛ مُرْتَعِشٌ

quay *n.* رَصيفُ الميناءِ

quayage *n.* رَسْمُ الرَصيفِ. أرْصِفَةُ المَوانِئِ

queasy *adj.* مُصابٌ بالغَثَيانِ

queen *n.* مَلِكَةٌ. مَلِكَةُ جَمالٍ. المَلِكَةُ (في الشِطْرَنْجِ والوَرَقِ)

queen bee *n.* مَلِكَةُ النَحْلِ

queen like; queenly *adv.* مَلَكِيٌّ. فَخْمٌ

queen-mother *n.* المَلِكَةُ الوالِدَةُ

queer *adj.* غَريبٌ. شاذٌّ. تافِهٌ. زائِفٌ. مُريبٌ

queerly *adv.* بِغَرابَةٍ. بِشُذوذٍ. بِتَفاهَةٍ. بِرَيْبٍ

queerness *n.* غَرابَةٌ. شُذوذٌ. تَفاهَةٌ. زَيْفٌ. رَيْبٌ

quell *vt.* يَقْمَعُ. يُلَطِّفُ؛ يُهَدِّئُ (المَشاعِرَ)

quench *vt.* يُطْفِئُ. يَتَغَلَّبُ على. يَقْمَعُ. يُخْمِدُ. يَنْقَعُ. يَكْبُتُ

querulous *adj.* كَثيرُ الشَكْوى. بَرِمٌ؛ نَكِدٌ

querulousness *n.* كَثْرَةُ الشَكْوى. التَبَرُّمُ

query *n.; vt.* سُؤالٌ. شَكٌّ. عَلامَةُ اسْتِفْهامٍ // يَسْتَفْهِمُ. يَتَساءَلُ. يَشُكُّ في

quest *n.* تَحْقيقٌ. بَحْثٌ

question *n.; vt.; i.* سُؤالٌ. قَضِيَّةٌ. جَدَلٌ. إسْتِفْهامٌ. إسْتِجْوابٌ // يَسْتَفْهِمُ. يَسْتَجْوِبُ. يَسْأَلُ. يَرْتابُ في؛ يَشُكُّ في

beyond — دونَ أيِّ شَكٍّ

out of the — خارِجَ المَوْضوعِ. مُحالٌ

questionable *adj.* مَوْضِعُ شَكٍّ؛ مَشْكوكٌ فيهِ

questionnaire *n.* الإسْتِفْتاءُ. أسْئِلَةٌ للإطِّلاعِ

queue *n.; vi.* رَتَلٌ؛ صَفٌّ؛ طابورٌ. ضَفيرَةٌ // يَصْطَفُّ في رَتَلٍ

quibble *n.; vi.* مُراوَغَةٌ؛ مُوارَبَةٌ؛ مُماحَكَةٌ // يُراوِغُ؛ يُوارِبُ؛ يُماحِكُ

quick *adj.; adv.; n.* سَريعٌ. نَزِقٌ. رَشيقٌ. لاذِعٌ // بِسُرْعَةٍ // الصَميمُ؛ الجَوْهَرُ

Be —! أسْرِعْ!

quicken *vt.; i.* يُسَرِّعُ. يُحْيي. يُثيرُ؛ يُنَشِّطُ / يُسْرِعُ؛ يُعَجِّلُ

quicklime *n.* جيرٌ؛ كِلْسٌ

quickly *adv.* بِسُرْعَةٍ؛ بِعَجَلَةٍ. عاجِلاً؛ قَريبًا

quickness *n.* سُرْعَةٌ؛ عَجَلَةٌ. ذَكاءٌ؛ رَشاقَةٌ

quicksand *n.* الرِمالُ المُتَحَرِّكَةُ

quickset *adj.; n.* مَصْنوعٌ مِنَ الزُعْرورِ البَرِّيِّ // الزُعْرورُ البَرِّيُّ. سِياجٌ مِنَ الزُعْرورِ

quicksilver *n.* زِئْبَقٌ

quicksilvered *adj.* زِئْبَقِيٌّ

quick-tempered *adj.* سَريعُ الغَضَبِ. حادُّ الطَبْعِ

quick-witted *adj.* حادُّ الذَكاءِ. حادُّ الذِهْنِ

quid *n.* مُضْغَةٌ. جُنَيْهٌ

quidnunc *n.* الفُضوليُّ. المُحِبُّ للقيلِ والقالِ

quiescence *n.* هُمودٌ؛ سُكونٌ؛ هُدوءٌ

quiescent *adj.* هامِدٌ؛ ساكِنٌ؛ هادِئٌ

quiet *adj.; adv.; n.; vt.; i.* هادِئٌ؛ ساكِنٌ. صامِتٌ. مُطْمَئِنُّ البالِ. وادِعٌ // بِهُدوءٍ. بِصَمْتٍ // هُدوءٌ؛ سُكونٌ // يُهَدِّئُ؛ يُسَكِّنُ؛ يُسْكِتُ / يَهْدَأُ؛ يَسْكُنُ. يَسْكُتُ

Be —! إهْدَأْ! أُسْكُتْ!

quietly *adv.* بِهُدوءٍ؛ بِسُكونٍ

quietude *n.* هُدوءٌ؛ سُكونٌ. طُمَأْنينَةٌ

quietus *n.* سُكونٌ؛ خُمودٌ. الراحَةُ. المَوْتُ.

I — understand فهمتُ جيِّدًا
you're — right أنتَ مُصيبٌ تمامًا
quits *adj.* مُتخالِصانِ (في لُعْبَةِ قِمارٍ)
quittance *n.* مُخالَصَةٌ؛ إبراءٌ. صَكُّ المُخالَصَةِ
quiver *n.; vi.* إرْتجافٌ؛ إرْتعاشٌ. كِنانَةٌ؛ جُعْبَةٌ // يَرْتَجِفُ؛ يَرْتَعِشُ؛ يَهْتَزُّ
quivering *n.* إرْتجافٌ؛ إرْتعاشٌ
quixotic *adj.* وَهْميٌّ؛ غَيْرُ عَمَليّ
quiz *n.; vt.* إمْتِحانٌ قَصيرٌ. شَخْصٌ غَريبُ الأطْوارِ // يَمْتَحِنُ. يَسْخَرُ مِنْ. يَنْظُرُ بِفُضولٍ
quizzical *adj.* غَريبٌ. هَزْليٌّ. مازِحٌ. فُضوليٌّ
quodlibet *n.* بُعْدُ النَظَرِ. حِذْقٌ. تَهَكُّمٌ؛ سُخْرِيَّةٌ
quoin *n.* حَجَرُ الزاوِيَةِ. أداةُ تَثْبيتِ الأحْرُفِ
quoit *n.* حَلَقَةُ الرَمْيِ
quondam *adj.* سابِقٌ
quorum *n.* النِصابُ. نُخْبَةٌ
quota *n.* كوتا؛ نَصيبٌ؛ حِصَّةٌ نِسْبِيَّةٌ
quotable *adj.* جَديرٌ بِأنْ يُقْتَبَسَ
quotation *n.* الإقْتِباسُ؛ الإسْتِشْهادُ بِـ. التَسْعيرُ
quote *vt.; n.* يَقْتَبِسُ؛ يَسْتَشْهِدُ بِـ // إقْتِباسٌ. إسْتِشْهادٌ. عَلامَةُ اقْتِباسٍ
in —s ضِمْنَ عَلامَتَي الإقْتِباسِ
quotidian *adj.* يَوْميٌّ. مُبْتَذَلٌ؛ عاديٌّ
quotient *n.* خارِجُ القِسْمَةِ. الحاصِلُ. حِصَّةٌ
Quran *n.* القُرْآنُ الكَريمُ

الضَرْبَةُ القاضِيَةُ. تَسْديدُ الدَيْنِ
quill *n.; vt.* ريشَةُ الطائِرِ أوْ أنْبوبَتُها القَرْنِيَّةُ الجَوْفاءُ. اليَراعَةُ. الوَشيعَةُ // يَلُفُّ الخَيْطَ. يُغَضِّنُ
quilling *n.* ثَنْيَةٌ. لَفَّةٌ
quilt *n.; vt.* لِحافٌ // يَحْشو اللِحافَ ثُمَّ يَخيطُهُ
quince *n.* السَفَرْجَلُ (شَجَرٌ وَثَمَرٌ)
quinine *n.* الكينا: مادَّةٌ شَديدَةُ المَرارَةِ
quinquennial *adj.* مُؤَلَّفٌ مِنْ خَمْسِ سَنَواتٍ. يَحْدُثُ كُلَّ خَمْسِ سَنَواتٍ
quinquina *n.* كَنْكينا: شَجَرَةٌ قِشْرُها يُهَدِّئُ الحَرارَةَ
quinsy *n.* إلْتِهابُ اللَوْزَتَيْنِ
quintal *n.* القِنْطارُ (١٠٠ كيلوغرام)
quintessence *n.* جَوْهَرٌ؛ خُلاصَةٌ. مِثالٌ؛ عُنْوانٌ
quintet *n.* الخُماسِيَّةُ. مَجْموعَةٌ مِنْ خَمْسَةٍ
quintuple *adj.; vt.* خُماسيٌّ. خَمْسَةُ أضْعافٍ // يُضاعِفُ خَمْسَ مَرّاتٍ
quintuplets (quins) *n.pl.* خَمْسَةُ تَوائِمَ. أحَدُ خَمْسَةِ تَوائِمَ
quip *n.; vt.* نُكْتَةٌ؛ مَزْحَةٌ. مُراوَغَةٌ؛ مُوارَبَةٌ // يُنَكِّتُ. يَسْخَرُ؛ يَهْزَأُ
quire *n.* رُزْمَةُ وَرَقٍ (٢٤ أوْ ٢٥ وَرَقَةً)
quirk *n.* إلْتِواءٌ؛ إنْعِطافٌ. صِفَةٌ مُمَيِّزَةٌ؛ خاصِّيَّةٌ. مُراوَغَةٌ
quit *vt. irr.; adj.* يُفارِقُ. يَهْجُرُ. يَتْرُكُ وَظيفَتَهُ. يُحَرِّرُ. يَتَصَرَّفُ // بَريءُ الذِمَّةِ. خالِصٌ مِنْ دَيْنٍ
quite *adv.* تَمامًا. فِعْلاً. حَقًّا. إلى حَدٍّ بَعيدٍ

R

R; r *n.* الحَرْفُ الثامِنَ عَشَرَ مِنَ الأَبْجَدِيَّةِ الإِنْكليزيَّة
rabbet *n.* الفَرْزَةُ في الخَشَبِ
rabbi *n.* الرَّبّانُ ؛ الحاخامُ ؛ الحَبْرُ اليَهوديُّ
rabbit *n.* الأَرْنَبُ
rabble *n.* رَعاعٌ ؛ سَفِلَةٌ ؛ أَوْباشٌ
rabid *adj.* عَنيفٌ ؛ ضارٍ. مَسْعورٌ. مُتَطَرِّفٌ
rabies *n.* الكَلَبُ ؛ داءُ الكَلَبِ
raccoon *n.* الراكونُ : حَيَوانٌ ثَدْيِيٌّ
race *n.; vi.; t.* سِباقٌ ؛ مُسابَقَةٌ ؛ مُباراةٌ. سُلالَةٌ ؛ عِرْقٌ // يُسابِقُ. يَعْدو بِأَقْصى سُرْعَةٍ / يَتَسابَقُ. يُرَكِّضُ. يُسَرِّعُ
race-course *n.* مِضْمارٌ ؛ حَلْبَةُ سِباقِ الخَيْلِ
race-horse *n.* فَرَسُ الرِهانِ ؛ جَوادُ السِباقِ
raceme *n.* عُنْقودٌ. شِمْراخٌ (مِنَ الزَهْرِ)
racer *n.* المُتَسابِقُ. أَفْعى أَميرِكِيَّةٌ
race-track *n.* حَلْبَةُ السِباقِ
racial *adj.* عِرْقِيٌّ ؛ عُنْصُرِيٌّ. سُلالِيٌّ
racing *adj.* مُتَسابِقٌ ؛ راكِضٌ
racing-car *n.* سَيّارَةُ سِباقٍ
racism *n.* العِرْقِيَّةُ. السُلالِيَّةُ
rack *n.; vt.* مَعْلَفٌ لِلدَوابِ. دَمارٌ. أَداةُ تَعْذيبٍ // يُعَذِّبُ. يُؤْلِمُ. يُجْهِدُ. يُصَفّي (الخَمْرَ)
racket *n.* المِضْرَبُ. جَلَبَةٌ. عَرْبَدَةٌ. خِدْعَةٌ
racketeer *n.* مُبْتَزُّ الأَموالِ (بِالتَهْديدِ)
racy *adj.* طَيِّبُ النَكْهَةِ ؛ نَشيطٌ. لاذِعٌ. مَكْشوفٌ
radar *n.* الرادارُ : جِهازٌ إِلِكْترونِيٌّ لِكَشْفِ الأَهْدافِ
radial *adj.* شُعاعِيٌّ. نِصْفُ قُطْرِيٍّ (سِلْكٌ)
radiance; radiancy *n.* إِشْعاعٌ. تَأَلُّقٌ ؛ بَهاءٌ
radiant *adj.* مُشِعٌّ ؛ مُتَوَهِّجٌ. إِشْعاعِيٌّ. مُشْرِقٌ
radiate *vt.; i.* يُطْلِقُ أَشِعَّةً / يُشِعُّ. يَتَأَلَّقُ
radiation *n.* الإِشْعاعُ. الطاقَةُ المُشِعَّةُ. شُعاعٌ
radiator *n.* المُشِعُّ ؛ المِشْعاعُ. المِبْرادُ
radical *adj.; n.* جَذْرِيٌّ. جَوْهَرِيٌّ. فِطْرِيٌّ. مُتَطَرِّفٌ // جَذْرٌ. أَصْلٌ. أَساسٌ
radicalism *n.* الراديكالِيَّةُ (مَذْهَبُ المُتَطَرِّفينَ)
radio *n.* راديو : جِهازُ اسْتِقْبالٍ لاسِلْكِيٌّ ؛ مِذْياعٌ
radioactive *adj.* إِشْعاعِيٌّ
radioactivity *n.* إِشْعاعِيَّةٌ. نَشاطٌ إِشْعاعِيٌّ
radio control *n.* التَحَكُّمُ اللاسِلْكِيُّ
radiogram *n.* بَرْقِيَّةٌ لاسِلْكِيَّةٌ. صورَةٌ بِالأَشِعَّةِ
radiography *n.* التَصْويرُ بِالأَشِعَّةِ
radiolocation *n.* تَعْيينُ المَوْقِعِ بِالرادارِ
radiotelegraphy *n.* الإِبْراقُ اللاسِلْكِيُّ
radiotelephone *n.* الهاتِفُ اللاسِلْكِيُّ
radiotherapy *n.* المُعالَجَةُ الإِشْعاعِيَّةُ
radish *n.* فُجْلٌ
radium *n.* الراديومُ : مَعْدِنٌ إِشْعاعِيٌّ
radius *n.* الشُعاعُ ؛ نِصْفُ قُطْرِ الدائِرَةِ
radix *n.* الأَساسُ. الأَصْلُ. الجِذْرُ
raffle *n.* البَيْعُ اليانَصيبِيُّ. سَقَطُ المَتاعِ
raft *n.* الرَمَثُ ؛ الطَوْفُ. مَجْموعَةٌ كَبيرَةٌ
rafter *n.* الرافِدَةُ ؛ العارِضَةُ الخَشَبِيَّةُ
rag *n.; vt.* خِرْقَةٌ. أَسْمالٌ. رايَةٌ. شِراعٌ. سِتارَةٌ. جَريدَةٌ. قَصْفٌ. مَزْحَةٌ. قِطْعَةٌ ؛ كِسْرَةٌ. شَخْصٌ تافِهٌ // يُوَبِّخُ ؛ يَلومُ. يُكابِدُ ؛ يُغيظُ. يَتَلَهّى
rage *n.; vi.* غَضَبٌ. غَيْظٌ. رَغْبَةٌ عارِمَةٌ.

حَماسَةٌ // يَغْتاظُ. يَحْتَدِمُ. يَتَفَشّى (المَرَضُ)

ragged *adj.* رَثُّ المَلابِسِ. مُسَنَّنٌ. خَشِنٌ. مُمَزَّقٌ

ragout *n.* يَخْنَةٌ (لَحْمٍ، خُضارٍ)

rag-time *n.* موسيقى زِنْجِيَّةٌ أميركِيَّةٌ

raid *n.; vt.* غارَةٌ؛ هُجومٌ صاعِقٌ // يُغيرُ على

rail *n.; vt.; i.* السِكَّةُ الحَديدِيَّةُ. حاجِزٌ. التِفْلِقُ

(طَيْرٌ) // يُسَيِّجُ / يَلومُ. يَشْجُبُ. يَسْخَرُ مِنْ

railing *n.* دَرابَزونٌ. لَوْمٌ. شَكْوى. إحْتِجاجٌ

raillery *n.* مُزاحٌ

railway *n.* سِكَّةٌ حَديدِيَّةٌ

raiment *n.* مَلابِسُ؛ ثِيابٌ؛ كِسْوَةٌ

rain *n.; vt.; i.* مَطَرٌ؛ غَيْثٌ // يُغْدِقُ. يَصُبُّ /

تُمْطِرُ (السَماءُ). يَنْهَمِرُ (المَطَرُ)

rainbow *n.* قَوْسُ قُزَحٍ. تَشْكيلَةٌ كَبيرَةٌ

raincoat *n.* مِعْطَفٌ واقٍ مِنَ المَطَرِ

raindrop *n.* قَطْرَةُ مَطَرٍ

rainfall *n.* هُطولُ المَطَرِ. مُعَدَّلُ سُقوطِ المَطَرِ

rain gauge *n.* مِغْياثٌ؛ مِقْياسُ المَطَرِ

rainy *adj.* ماطِرٌ؛ مُمْطِرٌ؛ مَطيرٌ

raise *n.; vt.* إرْتِفاعٌ. زِيادَةٌ // يَرْفَعُ. يُنْهِضُ. يُثيرُ.

يُشَيِّدُ. يُرَقّي. يُقَوّي. يُنْعِشُ. يُنْشِئُ. يَزيدُ (الإيجارَ)

raisin *n.* زَبيبٌ

rake *n.; vt.* مِدَمَّةٌ؛ مُشْطُ البُسْتانِيِّ. شَخْصٌ

خَليعٌ // يُسَوّي الأرْضَ بِالمُشْطِ. يُنَقِّبُ

rake -off *n.* عُمولَةٌ غَيْرُ شَرْعِيَّةٍ

rakish *adj.* خَليعٌ؛ فاسِقٌ. أنيقُ المَظْهَرِ

rally *vt.; i.; n.* يَسْتَجْمِعُ القِوى. يُمازِحُ. يَسْخَرُ

مِنْ / يَلْتَئِمُ. يَنْشَطُ // إسْتِجْماعُ القِوى. إجْتِماعٌ

حاشِدٌ. سِباقُ سَيّاراتٍ

ram *n.; vt.* كَبْشٌ؛ خَروفٌ. مَنْجَنيقٌ. بُرْجُ

الحَمَلِ // يَنْطَحُ. يَفْرِضُ بِالقُوَّةِ. يَحْشُرُ. يَحْشو

ramble *n.; vi.* تَجْوالٌ. نُزْهَةٌ // يَهيمُ؛ يَتَجَوَّلُ

ramification *n.* تَفَرُّعٌ؛ تَشَعُّبٌ. نَتيجَةٌ؛ عاقِبَةٌ

ramify *vt.; i.* يُفَرِّعُ / يَتَفَرَّعُ؛ يَتَشَعَّبُ

ramp *n.* مُنْحَدَرٌ. إهْتِياجٌ. تَسَلُّقٌ. إلْتِواءٌ

rampage *n.* هِياجٌ؛ إضْطِرابٌ شَديدٌ

rampant *adj.* مُتَفَشٍّ. هائِجٌ. عَنيفٌ. مُنْحَرِفٌ

rampart *n.* مِتْراسٌ؛ إسْتِحْكامٌ. سورٌ واقٍ

ramrod *n.* مِدَكُّ البُنْدُقِيَّةِ

ramshackle *adj.* مُتَداعٍ ؛ عَلى وَشْكِ السُقوطِ

ranch *n.* مَزْرَعَةُ مَواشٍ

rancid *adj.* فاسِدٌ. كَريهُ الرائِحَةِ؛ زَنِخٌ

rancor *n.* حِقْدٌ؛ ضَغينَةٌ

rancorous *adj.* حَقودٌ؛ ذو ضَغينَةٍ

random *adj.; n.* عَشْوائِيٌّ؛ جُزافِيٌّ // العَشْوائِيَّةُ

range *n.; vt.; i.* المَدى؛ المَجالُ. صَفٌّ؛ خَطٌّ.

سِلْسِلَةُ جِبالٍ. طَبَقَةٌ. صِنْفٌ. رُتْبَةٌ. مَوْقِدٌ. مَرْعًى //

يُصَنِّفُ؛ يَصُفُّ؛ يُنَسِّقُ. يَتَجَوَّلُ

range finder *n.* مِقْياسُ المَسافَةِ

ranger *n.* المُنَسِّقُ. الجَوّالُ. حارِسُ الغابَةِ

rangy *adj.* جَوّالٌ. رَحْبٌ؛ فَسيحٌ

rank *n.; vt.; i.; adj.* صَفٌّ. نِظامٌ؛ تَرْتيبٌ.

مَرْتَبَةٌ. جاهٌ // يَصُفُّ؛ يُرَتِّبُ. يُصَنِّفُ / يَصْطَفُّ //

تامٌّ؛ مُطْلَقٌ. عَفِنٌ؛ فاسِدٌ

rankle *vi.* يَفورُ ويُلْهِبُ. يَعْتَلِجُ (في القَلْبِ)

ransack *vt.* يَنْهَبُ. يُنَقِّبُ في

ransom *n.; vt.* فِدْيَةٌ. إفْتِداءٌ // يَفْتَدي

rant *n.; vi.* حَديثٌ صاخِبٌ // يَتَبَجَّحُ. يُعَنِّفُ

rap *n.; vt.* طَرْقَةٌ؛ دَقَّةٌ // يَدُقُّ؛ يَطْرُقُ على

rapacious *adj.* سَلاّبٌ. جَشِعٌ؛ طَمّاعٌ. ضارٍ

rapacity *n.* جَشَعٌ؛ حِرْصٌ؛ تَكالُبٌ

rape *n.; vt.* سَلْبٌ. إغْتِصابٌ. اللِفْتُ (نَباتٌ) //

يَنْهَبُ؛ يَسْلُبُ. يَغْتَصِبُ (فَتاةً)

rapid *adj.; n.* سَريعٌ // مُنْحَدَرُ النَهْرِ

rapidity; rapidness *n.* سُرْعَةٌ

rapidly *adv.* بِسُرْعَةٍ

rapier *n.* المِغْوَلُ؛ سَيْفٌ دَقيقٌ ذو حَدَّيْنِ

rapine *n.* سَلْبٌ؛ نَهْبٌ

rapt *adj.* طَرِبٌ؛ جَذِلٌ؛ مُنْتَشٍ

rapture *n.* طَرَبٌ؛ جَذَلٌ؛ نَشْوَةٌ

rapturous *adj.* طَرِبٌ؛ جَذِلٌ؛ مُنْتَشٍ

rare *adj.* نادِرٌ. قَليلُ الكَثافَةِ. غَيْرُ ناضِجٍ (لَحْمٌ)

rarefy *vt.; i.* يُنَقّي الهَواءَ. يُقَلِّلُ الكَثافَةَ / يُصْبِحُ أَقَلَّ كَثافَةً

rarely *adv.* نادِرًا. قَلَّما. إلى أَقْصى حَدٍّ

rareness; rarity *n.* نُدْرَةٌ. نَقاءٌ. قِلَّةُ كَثافَةٍ

rascal *n. & adj.* وَغْدٌ؛ نَذْلٌ. وَضيعٌ. مُؤْذٍ

rascality *n.* نَذالَةٌ

rash *adj.; n.* مُتَهَوِّرٌ؛ طائِشٌ // طَفْحٌ جِلْدِيٌّ. سِلْسِلَةٌ مُتَلاحِقَةٌ

rasp *n.; vt.* مِقْشَطَةٌ. مِبْرَدٌ خَشِنٌ. مِبْشَرَةٌ // يَبْرُدُ. يَبْشُرُ. يَقْشُطُ. يُزْعِجُ؛ يُثيرُ

raspberry *n.* توتُ العُلَّيْقِ. إيماءَةُ اعْتِراضٍ

raspberry bush *n.* شَجَرَةُ توتِ العُلَّيْقِ

rat *n.* فَأْرٌ؛ جُرَذٌ

rate *n.; vt.; i.* مُعَدَّلٌ؛ نِسْبَةٌ. سِعْرٌ؛ قيمَةٌ. فِئَةٌ؛ دَرَجَةٌ. رَسْمٌ؛ ضَريبَةٌ. حالَةٌ // يُسَعِّرُ؛ يُثَمِّنُ؛ يُقَدِّرُ. يُخْضِعُ لِرَسْمٍ أَوْ لِضَريبَةٍ. يَعْتَبِرُ / يُعْتَبَرُ

rateable *adj.* خاضِعٌ لِلْضَريبَةِ

rather *adv.* عَلى الأَصَحِّ ؛ بِالأَحْرى. من غَيْرِ رَيْبٍ. مُفَضِّلاً ذٰلِكَ عَلى

ratification *n.* إِقْرارٌ؛ تَصْديقٌ عَلى؛ إِجازَةٌ

ratify *vt.* يُصَدِّقُ عَلى؛ يُقِرُّ؛ يُجيزُ

ratio *n.* نِسْبَةٌ؛ مُعَدَّلٌ؛ دَرَجَةٌ

ration *n.; vt.* حِصَّةٌ. طَعامٌ. مُؤَنٌ // يُوَزِّعُ الحِصَصَ. يُزَوِّدُ بِالمُؤَنِ

rational *adj.* عاقِلٌ. مَنْطِقِيٌّ. عَقْلِيٌّ. عَقْلانِيٌّ

rationalism *n.* المَذْهَبُ العَقْلِيُّ؛ العَقْلانِيَّةُ

rationalist *n.* العَقْلانِيُّ

rationalize *vt.; i.* يُعَقْلِنُ / يُسَوِّغُ؛ يُبَرِّرُ

rationally *adv.* عَقْلانِيًّا؛ مَنْطِقِيًّا

rattan *n.* أَسَلُ الهِنْدِ

ratten *vt.* يُهَوِّلُ عَلى؛ يُخيفُ. يُخَرِّبُ

rattle *vt.; i.; n.* يُخَشْخِشُ؛ يُقَعْقِعُ. يُثَرْثِرُ. يوقِظُ // خَشْخَشَةٌ؛ قَعْقَعَةٌ. ثَرْثَرَةٌ. صَليلٌ. جَلَبَةٌ. حَشْرَجَةٌ. الجُلْجُلُ

rattlesnake *n.* ذاتُ الأَجْراسِ (أَفْعى)

rat-trap *n.* مَصْيَدَةُ فِئْرانٍ

raucous *adj.* أَجَشُّ؛ خَشِنٌ

ravage *n.; vt.* خَرابٌ؛ تَلَفٌ. نَهْبٌ؛ تَخْريبٌ // يَنْهَبُ. يُخَرِّبُ؛ يُتْلِفُ

rave *vi.* يَهْتاجُ. يَهْذي. يَتَكَلَّمُ بِحَماسَةٍ

ravel *vt.* يَنْسُلُ (النَسيجَ). يُرْبِكُ؛ يُشَوِّشُ

raven *n.; vt.* غُرابٌ أَسْوَدُ // يَلْتَهِمُ؛ يَفْتَرِسُ

ravening *adj.* شَرِهٌ. شَرِسٌ

ravenous *adj.* ضارٍ. نَهِمٌ. شَديدُ الجوعِ

ravine *n.* الوَهْدُ؛ المَسيلُ

ravish *vt.* يَخْتَطِفُ؛ يَسْلُبُ. يَفْتِنُ. يَغْتَصِبُ

raw *adj.* نَيْءٌ. خامٌ. صِرْفٌ. عارٍ. غِرٌّ. رَطْبٌ

raw-boned *adj.* نَحيلٌ؛ مَهْزولٌ

rawhide *n.* جِلْدٌ طَبيعِيٌّ. سَوْطٌ

raw material *n.* مادَّةٌ خامٌ. خامَةٌ

ray *n.; vi.; t.* شُعاعٌ. نورٌ. بَصيصٌ. الشِفْنينُ البَحْرِيُّ // يُشِعُّ؛ يَتَشَعْشَعُ

rayless *adj.* لاشُعاعيٌّ. مُظْلِمٌ

rayon *n.* الرايونُ: نَسيجٌ يُصْنَعُ مِنَ السيلولوزِ

raze *or* **rase** *vt.* يَدُكُّ (البِناءَ). يَحْلِقُ. يَمْحو

razor *n.* موسى الحِلاقةِ. ماكينَةُ الحِلاقةِ

re- بادِئَةٌ مَعْناها: ثانِيَةً؛ يُعيدُ

reach *n.; vt.; i.* بَسْطٌ؛ مَدٌّ. وُسْعٌ؛ فَهْمٌ؛ إسْتِطاعَةٌ // يَصِلُ إلى. يَبْسُطُ؛ يَمُدُّ. يَنالُ / يَتَوَسَّعُ

react *vi.* يَتفاعَلُ. يَسْتَجيبُ لِمُؤَثِّرٍ. يُقاوِمُ

reaction *n.* تَفاعُلٌ. رَدُّ فِعْلٍ. رَجْعِيَّةٌ. مُقاوَمَةٌ

reactionary *adj. & n.* رَجْعِيٌّ

reactor *n.* المُفاعِلُ. رادُّ الفِعْلِ. المُتَفاعِلُ

read *vt.; i. irr.* يَقْرَأُ. يُطالِعُ. يُؤَوِّلُ. يُشيرُ إلى

readable *adj.* مَقْروءٌ. مُمْكِنٌ قِراءَتُهُ

reader *n.* القارِئُ. مُراجِعُ المَطْبوعاتِ ومُصَحِّحُها. كِتابُ القِراءَةِ

readily *adv.* حالاً. بِسُرْعَةٍ. بِسُرورٍ

reading *n.* قِراءَةٌ. إطِّلاعٌ. النَصُّ المَقْروءُ

reading book *n.* كِتابُ القِراءَةِ

readjust *vt.* يُصْلِحُ؛ يُسَوّي. يُصَحِّحُ. يَضْبُطُ

ready *adj.* مُسْتَعِدٌّ؛ مُتَأَهِّبٌ؛ جاهِزٌ. حاضِرٌ

ready-made *adj.* جاهِزٌ (لِباسٌ). مُبْتَذَلٌ

ready-witted *adj.* حاضِرُ البَديهَةِ؛ سَريعُ الخاطِرِ

reaffirm *vt.* يُؤَكِّدُ أَوْ يُثْبِتُ ثانِيَةً

real *adj.* حَقيقيٌّ؛ واقِعيٌّ. أَصْليٌّ. صادِقٌ

real estate *n.* عَقارٌ؛ أَمْوالٌ عَقارِيَّةٌ

realism *n.* الواقِعِيَّةُ: مَذْهَبٌ فَلْسَفيٌّ

realist *n. & adj.* واقِعيٌّ

reality *n.* حَقيقَةٌ. واقِعٌ

realization *n.* تَحْقيقٌ. إدْراكٌ؛ فَهْمٌ

realize *vt.* يُحَقِّقُ. يُدْرِكُ؛ يَفْهَمُ

really *adv.* حَقًّا. في الواقِعِ. مِنْ غَيْرِ رَيْبٍ

realm *n.* مَمْلَكَةٌ. عالَمٌ. دُنْيا. حَقْلٌ

realtor *n.* الوَسيطُ العَقاريُّ

realty *n.* العَقارُ؛ المِلْكُ أَوِ المالُ الثابِتُ

ream *n.* ماعونُ وَرَقٍ. مِقْدارٌ كَبيرٌ

reamer *n.* المِفْغَرَةُ: أداةٌ لِتَوْسيعِ الثُقوبِ

reap *vt.; i.* يَحْصِدُ. يَجْني؛ يَقْطِفُ. يَكْسِبُ

reaper *n.* الحاصِدُ. الجاني. الحَصّادَةُ

reappear *vi.* يَظْهَرُ مِنْ جَديدٍ

rear *adj.; n.; vt.* خَلْفِيٌّ // مُؤَخَّرَةٌ. كَفَلٌ؛ عَجُزٌ // يَبْني؛ يُشَيِّدُ. يُقيمُ. يُنْشِئُ؛ يُرَبّي

rear admiral *n.* العَميدُ البَحْريُّ

re-arm *vt.; i.* يُسَلِّحُ ثانِيَةً / يَتَسَلَّحُ ثانِيَةً

re-armament *n.* إعادَةُ التَسَلُّحِ أَوِ التَسْليحِ

rearmost *adj.* الأَخيرُ

rearward *adj.; n.; adv.* خَلْفيٌّ // مُؤَخَّرَةٌ // إلى الوَراءِ؛ إلى الخَلْفِ .pl

reason *n.; vi.; t.* سَبَبٌ؛ مُبَرِّرٌ. تَفْسيرٌ. صَوابٌ؛ رُشْدٌ // يُحاجُّ؛ يُجادِلُ. يُفَكِّرُ / يُقْنِعُ. يَسْتَنْبِطُ

lose his — يَفْقِدُ صَوابَهُ

reasonable *adj.* مَعْقولٌ. مُعْتَدِلٌ. عاقِلٌ. مُفَكِّرٌ

reasoning *n.* التَفْكيرُ. الإسْتِنْتاجُ

reassemble *vt.; i.* يَجْمَعُ ثانِيَةً / يَتَجَمَّعُ ثانِيَةً

reassert *vt.* يُؤَكِّدُ مِنْ جَديدٍ

reassume *vt.* يَفْتَرِضُ مِنْ جَديدٍ. يَتَوَلّى ثانِيَةً

reassure *vt.* يُجَدِّدُ التَأْمينَ

rebate *n.; vt.* حَسْمٌ؛ تَنْزيلٌ؛ تَخْفيضٌ // يَحْسِمُ

rebel *n. & adj.; vi.* ثائِرٌ. مُتَمَرِّدٌ. عاصٍ // يَثورُ. يَتَمَرَّدُ. يُعْلِنُ العِصْيانَ

rebellion *n.* ثَوْرَةٌ؛ عِصْيانٌ؛ تَمَرُّدٌ

rebellious *adj.* ثائِرٌ. مُتَمَرِّدٌ. عاصٍ

rebirth *n.* وِلادَةٌ جَديدَةٌ. تَقَمُّصٌ. إنْبِعاثٌ

reborn *adj.* مَوْلودٌ ثانيَةً ؛ مُتَجَدِّدٌ. مُنْبَعِثٌ
rebound *n.; vi.* إرْتِدادٌ. صَدًى // يَرْتَدُّ
rebuff *vt.; n.* يَصُدُّ ؛ يَرُدُّ. يَرْفُضُ // صَدٌّ ؛ رَدٌّ
rebuild *vt. irr.* يُجَدِّدُ البِناءَ. يُعيدُ التَّشْييدَ
rebuke *n.; vt.* تَوْبيخٌ ؛ تَعْنيفٌ // يُوَبِّخُ ؛ يُعَنِّفُ
rebus *n.* أُحْجِيَةٌ رَمْزِيَّةٌ
rebut *vt.* يَدْحَضُ ؛ يُفَنِّدُ. يَدْفَعُ بالحُجَّةِ
recalcitrant *adj.* مُتَمَرِّدٌ ؛ حَرونٌ ؛ شَموسٌ
recall *n.; vt.* إسْتِدْعاءٌ. إسْتِرْدادٌ. تَذْكيرٌ. إلغاءٌ // يَتَذَكَّرُ. يَسْتَرِدُّ. يَسْتَدْعي (شَخْصًا). يُلغي (قرارًا)
recant *vt.; i.* يُنْكِرُ. يَسْتَرِدُّ. يَسْحَبُ / يَرْتَدُّ (عَلَنًا)
recapitulate *vt.; i.* يُلَخِّصُ ؛ يُعيدُ باخْتِصارٍ
recapitulation *n.* خُلاصَةٌ ؛ إعادَةٌ مُخْتَصَرَةٌ
recapture *n.; vt.* إسْتِرْدادٌ. إسْتيلاءٌ. مُصادَرَةٌ // يَسْتَوْلي عَلى. يُصادِرُ. يَسْتَرِدُّ
recast *vt. irr.* يُعيدُ صَبَّ (جَرَس). يَصوغُ ثانيَةً
recede *vi.* يَتَراجَعُ ؛ يَتَقَهْقَرُ. يَتَقَلَّصُ
receipt *n.; vt.* إسْتِلامٌ. إيصالٌ // يُعْطي إيصالاً
receive *vt.* يَسْتَلِمُ ؛ يَتَسَلَّمُ. يَتَلَقَّى. يَسْتَقْبِلُ
receiver *n.* المُسْتَلِمُ. جِهازُ راديو مُسْتَقْبِلٌ. السَّمّاعَةُ. جِهازُ التِقاطٍ
recent *adj.* حَديثٌ ؛ جَديدٌ ؛ قَريبُ العَهْدِ
recently *adj.* حَديثًا. مُؤَخَّرًا
receptacle *n.* وِعاءٌ ؛ إناءٌ
reception *n.* إسْتِلامٌ ؛ تَلَقٍّ. إسْتِقْبالٌ. جِهازٌ لاقِطٌ
receptionist *n.* المُرَحِّبُ. مُوَظَّفُ الإسْتِقْبالِ
receptive *adj.* مُنْفَتِحٌ. تَقَبُّلِيٌّ
recess *n.* تَثَلُّمٌ. مُعْتَزَلٌ. فُرْصَةٌ ؛ عُطْلَةٌ. تَراجُعٌ
recession *n.* إنْحِسارٌ ؛ تَراجُعٌ ؛ إنْسِحابٌ. إسْتِعادَةٌ
recessive *adj.* مُتَقَهْقِرٌ ؛ مُرْتَدٌّ ؛ مُنْسَحِبٌ
recipe *n.* وَصْفَةٌ طِبِّيَّةٌ. طَريقَةُ إجْراءٍ
recipient *n.* المُتَسَلِّمُ ؛ المُتَلَقّي ؛ المُتَقَبِّلُ ؛ الآخِذُ
reciprocal *adj.* عَكْسِيٌّ. مُتَبادَلٌ. مُتَداوَلٌ
reciprocate *vt.; i.* يَتَبادَلُ. يَرُدُّ / يَتَرَدَّدُ. يَتَراوَحُ
reciprocation; reciprocity *n.* تَبادُلٌ ؛ مُقابَلَةٌ
recital *n.* تِلاوَةٌ ؛ سَرْدٌ. رِوايَةٌ. حَفْلَةٌ موسيقِيَّةٌ
recitation *n.* تِلاوَةٌ ؛ إلْقاءٌ. التَّسْميعُ
recitative *n.* سَرْدِيٌّ ؛ قَصَصِيٌّ
recite *vt.; i.* يَتْلو. يَرْوي ؛ يَقُصُّ ؛ يَسْرُدُ. يُسَمِّعُ
reck *vi.; t.* يُبالي بِـ / يَهْتَمُّ
reckless *adj.* أَهْوَجُ ؛ طائِشٌ ؛ مُتَهَوِّرٌ. مُهْمِلٌ
reckon *vt.; i.* يُقَدِّرُ. يَظُنُّ ؛ يَعْتَقِدُ / يَعْتَمِدُ عَلى
reclaim *vt.* يَسْتَصْلِحُ (أَرْضًا). يَسْتَرِدُّ. يُرَوِّضُ
recline *vi.; t.* يَتَّكِئُ. يَسْتَلْقي ؛ يَضْطَجِعُ / يَحْني
recluse *adj.; n.* مُتَوَحِّدٌ // المُتَوَحِّدُ ؛ الناسِكُ
recognition *n.* تَعَرُّفٌ ؛ تَمْييزٌ. إدْراكٌ. تَقْديرٌ. إعْتِرافٌ. إقْرارٌ. تَصْديقٌ
recognizable *adj.* مُمْكِنٌ إدْراكُهُ أَوْ مَعْرِفَتُهُ
recognize *vt.* يُدْرِكُ. يُمَيِّزُ. يَتَعَرَّفُ. يُسَلِّمُ بِـ ؛ يَعْتَرِفُ بِـ ؛ يُقِرُّ بِـ (أَخْطائِهِ)
recoil *vi.; n.* يَرْتَدُّ. يَتَراجَعُ. يَنْقَلِبُ عَلى // إرْتِدادٌ. تَراجُعٌ
recollect *vt.; i.* يَذْكُرُ. يَتَذَكَّرُ. يَسْتَحْضِرُ
recollection *n.* ذِكْرى. تَذَكُّرٌ. ذاكِرَةٌ
recommend *vt.* يُزَكّي. يُقَدِّمُ بِتَوْصِيَةٍ. يَشْفَعُ بِـ
recommendation *n.* شَفاعَةٌ. تَزْكِيَةٌ. تَوْصِيَةٌ. حَسَنَةٌ ؛ فَضيلَةٌ
recompense *n.; vt.* جائِزَةٌ ؛ جَزاءٌ ؛ مُكافَأَةٌ. تَعْويضٌ // يُكافِئُ ؛ يُجازي. يُعَوِّضُ عَلى
reconcilable *adj.* قابِلٌ لِلتَّوْفيقِ أَوِ التَّسْوِيَةِ
reconcile *vt.* يُصْلِحُ بَيْنَ. يُسَوّي خِلافًا. يَسْتَميلُ
reconciliation *n.* إصْلاحُ ذاتِ البَيْنِ. الإسْتِمالَةُ

recondite *adj.* عَميقٌ ؛ عَويصٌ ؛ مُبْهَمٌ
recondition *vt.* يُجَدِّدُ ؛ يُرَمِّمُ ؛ يُصْلِحُ
reconnaissance *n.* إسْتِطْلاعٌ ؛ إسْتِكْشافٌ. رِيادَةٌ
reconnoiter *vt.; i.* يَسْتَطْلِعُ ؛ يَسْتَكْشِفُ. يَرودُ
reconsider *vt.; i.* يُعيدُ النَظَرَ في (مَسْأَلَةٍ)
reconstitute *vt.* يُشَكِّلُ ثانِيَةً. يُرَمِّمُ
reconstruct *vt.* يُعيدُ البِناءَ. يُنَظِّمُ مِنْ جَديدٍ
reconstruction *n.* إعادَةُ البِناءِ
record *n.; vt.* تَدْوينٌ ؛ تَسْجيلٌ. مَحْضَرٌ. سِجِلٌّ. رَقْمٌ قِياسِيٌّ. أُسْطُوانَةٌ // يُسَجِّلُ ؛ يُدَوِّنُ ؛ يُحَرِّرُ
recorder *n.* المُسَجِّلُ ؛ المُدَوِّنُ. المُسَجِّلَةُ
recording *n.* تَسْجيلٌ. أُسْطُوانَةٌ
recount *vt.; n.* يُكَرِّرُ العَدَّ. يَرْوي // تَكْرارُ العَدِّ
recoup *vt.; i.* يَسْتَرِدُّ ؛ يَسْتَعيدُ / يُعَوِّضُ عَنْ
recourse *n.* مَلْجَأٌ ؛ مَلاذٌ. سَبيلٌ. إسْتِعانَةٌ
recover *vt.; i.* يَسْتَرِدُّ ؛ يَسْتَعيدُ / يَشْفى
recovery *n.* إسْتِعادَةٌ ؛ إسْتِرْدادٌ. إبْلالٌ ؛ شِفاءٌ
recreant *adj. & n.* نَذْلٌ. جَبانٌ. خائِنٌ
recreate *vt.* يُنْعِشُ. يُرَوِّحُ عَنِ النَفْسِ
re-create *vt.* يَخْلُقُ مِنْ جَديدٍ. يَبْعَثُ
recreation *n.* إسْتِجْمامٌ. وَسيلَةُ اسْتِجْمامٍ
recrimination *n.* إتِّهامٌ مُضادٌّ. إحْتِجاجٌ
recruit *vt.; i.; n.* يُطَوِّعُ ؛ يُجَنِّدُ. يُعافي. يُقَوّي / يَشْفى ؛ يَتَعافى // مُجَنَّدٌ جَديدٌ
recruiting; recruitment *n.* تَجْنيدٌ ؛ تَطْويعٌ
rectangle *n.* المُسْتَطيلُ
rectangular *adj.* مُسْتَطيلُ الشَكْلِ. قائِمُ الزَوايا
rectifiable *adj.* مُمْكِنٌ تَصْحيحُهُ أوْ تَعْديلُهُ
rectification *n.* تَصْحيحٌ ؛ تَقْويمٌ. تَكْريرٌ
rectify *vt.* يُصَحِّحُ ؛ يُعالِجُ. يُعَدِّلُ ؛ يُنَقِّحُ
rectitude *n.* نَزاهَةٌ ؛ إسْتِقامَةٌ. صِحَّةُ الرَأْيِ

rector *n.* المُوَجِّهُ ؛ القائِدُ. كاهِنٌ. رَئيسُ جامِعَةٍ
rectory *n.* مَنْصِبُ القِسّيسِ. مَنْزِلُ القِسّيسِ
rectum *n.* (*pl.* -s *or* ta) المِعى المُسْتَقيمُ
recumbent *adj.* مُسْتَلْقٍ. ساكِنٌ. مُتَّكِئٌ
recuperate *vt.; i.* يَسْتَرِدُّ ؛ يَسْتَعيدُ / يَتَعافى
recuperation *n.* إسْتِرْدادٌ ؛ إسْتِعادَةٌ. مُعافاةٌ
recur *vi.* يَتَكَرَّرُ. يَحْدُثُ ثانِيَةً
recurrence *n.* تَكْرارٌ. عَوْدَةٌ. إلْتِجاءٌ
recurrent; recurring *adj.* مُتَواتِرٌ. مُتَكَرِّرٌ
red *adj.; n.* أَحْمَرُ. وَرْدِيٌّ. مُتَوَهِّجٌ. شُيوعِيٌّ // صِباغٌ أَحْمَرُ. الشُيوعِيُّ
redbreast *n.* أبو الحِنّ : طائِرٌ أَحْمَرُ الصَدْرِ
redcap *n.* الشُرْطِيُّ
Red Cross *n.* الصَليبُ الأَحْمَرُ : مُؤَسَّسَةٌ دُوَلِيَّةٌ
redden *vt.; i.* يُحَمِّرُ / يَحْمَرُّ (الوَجْهُ)
reddish *adj.* ضارِبٌ إلى الحُمْرَةِ ؛ مُحْمَرٌّ
redeem *vt.* يَسْتَرِدُّ ؛ يَسْتَرْجِعُ. يَفْتَدي. يُعْتِقُ. يُرَمِّمُ. يَفُكُّ الرَهْنَ. يُنْجِزُ (الوَعْدَ)
redeemable *adj.* مُمْكِنٌ اسْتِرْدادُهُ أوِ افْتِداؤُهُ. قابِلٌ للإسْتِهْلاكِ
redeemer *n.* المُسْتَرِدُّ. المُفْتَدي. المُخَلِّصُ
redemption *n.* فِداءٌ ؛ إفْتِداءٌ. إنْقاذٌ ؛ تَحْريرٌ. إسْتِرْدادٌ. تَرْميمٌ. فَكُّ الرَهْنِ. تَسْديدٌ
red-hot *adj.* مُتَوَهِّجٌ بِالحَرارَةِ. مُلْتَهِبٌ. جَديدٌ
redness *n.* إحْمِرارٌ. تَوَرُّدٌ. تَوَهُّجٌ
redolence *n.* عَبيرٌ ؛ فَوْحٌ ؛ عِطْرٌ
redolent *adj.* أَرِجٌ ؛ عَطِرٌ ؛ عابِقٌ
redouble *vt.; i.* يُضاعِفُ. يُكَرِّرُ / يَتَضاعَفُ
redoubt *n.* مِتْراسٌ. مَعْقِلٌ ؛ حِصْنٌ
redoubtable *adj.* مُرَوِّعٌ. مَهيبٌ ؛ رَهيبٌ
redound *vi.* يُعَزِّزُ. يُضافُ إلى. يَرْتَدُّ إلى

redress *vt.; n.* يُصْلِحُ؛ يُقَوِّمُ. يُعَوِّضُ. يُنْصِفُ. يَثْأَرُ لِـ // إصْلاحٌ. تَعْوِيضٌ. إنْصافٌ. خَلاصٌ. سَبيلُ

red tape *n.* الشَريطُ الأحْمَرُ. الروتينُ الحُكوميُّ

reduce *vt.* يُنْقِصُ؛ يُقَلِّلُ. يوجِزُ. يُحَوِّلُ. يُخْضِعُ. يُكْرِهُ. يُضْعِفُ. يُخَفِّفُ. يَخْتَزِلُ. يَسْحَقُ

reduction *n.* تَخْفيضٌ. تَحْويلٌ. إيجازٌ. إنْخِفاضٌ

redundancy *n.* وَفْرَةٌ؛ غَزارَةٌ. إسْهابٌ؛ إطْنابٌ

redundant *adj.* فائِضٌ؛ وافِرٌ؛ غَزيرٌ. مُسْهَبٌ

re-echo *vt.; n.* يُرْجِعُ الصَدى // رَجْعُ الصَدى

reed *n.* قَصَبٌ. سَهْمٌ. مِزْمارٌ. قَصَبَةٌ

reed pipe *n.* مِزْمارٌ؛ زَمّارَةٌ

reedy *adj.* كَثيرُ القَصَبِ. قَصَبيٌّ. نَحيلٌ. مِزْماريٌّ

reef *n.; vt.* سِلْسِلَةُ صُخورٍ بَحْرِيَّةٍ. ثَنِيَّةُ الشِراعِ. عِرْقٌ مَعْدِنيٌّ // يَثْني الشِراعَ. يُخْفِضُ الساريَةَ

reef knot *n.* العُقْدَةُ الشِراعيَّةُ

reek *n.; vi.; t.* دُخانٌ؛ بُخارٌ. رائِحَةٌ قَوِيَّةٌ أوْ كَريهَةٌ. بَخَرَةٌ // يَفوحُ. يَعْبَقُ بِـ (رائِحَةٍ قَوِيَّةٍ أو كَريهَةٍ) / يُدَخِّنُ

reel *n.; vt.; i.* بَكَرَةٌ؛ مِكَبٌّ. رَقْصَةٌ اسْكُتْلَنديَّةٌ // يَلُفُّ عَلى بَكَرَةٍ. يَسْحَبُ / يُصابُ بِدُوارٍ. يَضْطَرِبُ. يَتَرَنَّحُ. يَدورُ

re-elect *vt.* يَنْتَخِبُ مِنْ جَديدٍ. يُجَدِّدُ الإنْتِخابَ

re-engage *vt.* يَتَعَهَّدُ مِن جَديدٍ. يُجَدِّدُ التَطَوُّعَ

re-enter *vi.; t.* يَدْخُلُ ثانِيَةً / يُقْحِمُ ثانِيَةً

re-examine *vt.* يَفْحَصُ أوْ يَمْتَحِنُ مِنْ جَديدٍ

refection *n.* إشْباعٌ؛ إرْواءٌ. طَعامٌ؛ وَجْبَةٌ

refectory *n.* غُرْفَةُ الطَعامِ

refer *vt.; i.* يُحيلُ / يَتَّصِلُ بِـ. يَنْطَبِقُ عَلى. يُشيرُ إلى. يَرْجِعُ إلى

referee *n.; vt.; i.* حَكَمٌ؛ مُحَقِّقٌ // يَحْكُمُ بَيْنَ

reference *n.* مُراجَعَةٌ. صِلَةٌ؛ عَلاقَةٌ. إشارَةٌ؛ إلْماعٌ؛ إسْنادٌ. إحالَةٌ. مَرْجِعٌ

referendum *n.* (*pl.* **-dums** *or* **-da**) إسْتِفْتاءٌ عامٌّ. رُجوعٌ إلى الشَعْبِ

refill *vt.; i.; n.* يَمْلأُ ثانِيَةً / يَمْتَلِئُ ثانِيَةً // عُبُوَّةٌ جَديدَةٌ. قِطْعَةُ غِيارٍ

refine *vt.* يُكَرِّرُ؛ يُنَقّي. يُهَذِّبُ. يُشَذِّبُ؛ يُنَقِّحُ

refined *adj.* مُكَرَّرٌ؛ مُنَقّى. مُهَذَّبٌ؛ مَصْقولٌ

refinement *n.* تَكْريرٌ؛ تَنْقِيَةٌ. تَهْذيبٌ. رِقَّةٌ

refinery *n.* مِصْفاةٌ؛ مَعْمَلُ تَكْريرٍ

refit *vt.; n.* يُجَهِّزُ ثانِيَةً. يُجَدِّدُ // تَجْهيزٌ. إصْلاحٌ

reflect *vt.; i.* يَعْكِسُ. يُظْهِرُ / يَنْعَكِسُ

reflected *adj.* مَعْكوسٌ

reflection *n.* see **reflexion**

reflective *adj.* عاكِسٌ. إنْعِكاسيٌّ. تَأَمُّليٌّ

reflex *n.; adj.* ضَوْءٌ مُنْعَكِسٌ. نُسْخَةٌ طِبْقَ الأصْلِ // مُنْعَكِسٌ. مُلْتَوٍ. مُنْحَنٍ

reflexion *or* **reflection** n. إنْعِكاسٌ. تَفْكيرٌ

reflexive *adj.* عاكِسٌ. إنْعِكاسيٌّ. تَأَمُّليٌّ. مُرْتَدٌّ

reforest *vt.* يُحَرِّجُ ثانِيَةً (الأرْضَ)

reform *n.; vt.; i.* إصْلاحٌ // يُصْلِحُ / يَتَحَسَّنُ

re-form *vt.; i.* يُعيدُ التَشْكيلَ / يَتَجَمَّعُ مِنْ جَديدٍ

reformation *n.* إصْلاحٌ

reformatory *adj. & n.* إصْلاحيٌّ

reformer *n.* المُصْلِحُ

refract *vt.* يَكْسِرُ (الشُعاعَ). يُحَدِّدُ مَدى الإنْكِسارِ

refraction *n.* إنْكِسارُ الضَوْءِ. الإنْحِرافُ

refractive *adj.* إنْكِساريٌّ. كاسِرٌ (لِلضَوْءِ)

refractory *adj.* عَنيدٌ. مَنيعٌ. شَموسٌ

refrain *vi.; n.* يُمْسِكُ عَنْ. يُحْجِمُ عَنْ // اللازِمَةُ؛ الرَدَّةُ (في أُغْنِيَةٍ)

refresh *vt.* يُنْعِشُ. يُجَدِّدُ. يُطَرّي. يُنَبِّهُ. يُرَطِّبُ

refreshment *n.* الإنْتِعاشُ. المُرَطِّبُ؛ المُنْعِشُ
refrigerate *vt.* يُبَرِّدُ؛ يُثَلِّجُ
refrigerator *n.* بَرّادٌ. ثَلاّجَةٌ
refuge *n.* مَلاذٌ؛ مَأْوًى؛ مَلْجَأٌ
refugee *n.* اللاجِئُ؛ اللائِذُ
refulgence *n.* تَأَلُّقٌ؛ لَمَعانٌ؛ بَريقٌ
refulgent *adj.* مُتَأَلِّقٌ؛ لامِعٌ؛ بَرّاقٌ
refund *vt.; n.* يُعيدُ المالَ // إعادَةُ المالِ. المَبْلَغُ المُعادُ
refusal *n.* رَدٌّ؛ رَفْضٌ. حَقُّ الشُّفْعَةِ
refuse *n.; vt.; i.* نُفايَةٌ؛ حُثالَةٌ // يَرْفُضُ؛ يَأْبى. يَحْرِمُ. يَمْنَعُ مِنْ
refutable *adj.* قابِلٌ لِلنَّقْضِ
refutation *n.* دَحْضٌ؛ تَفْنيدٌ؛ نَقْضٌ
refute *vt.* يَدْحَضُ؛ يُفَنِّدُ؛ يَنْقُضُ
regain *vt.* يَسْتَرِدُّ؛ يَسْتَعيدُ. يَعودُ إلى
regal *adj.* مَلَكِيٌّ. فَخْمٌ
regale *vt.; i.* يُمَتِّعُ؛ يُبْهِجُ / يَسْتَمْتِعُ
regard *n.; vt.* نُقْطَةٌ؛ ناحِيَةٌ. نَظْرَةٌ. إحْتِرامٌ. تَحِيّاتٌ. إنْتِباهٌ. مُلاحَظَةٌ // يَنْظُرُ إلى. يَعْتَبِرُ. يَحْتَرِمُ
regarding *prep.* في ما يَتَّصِلُ بِـ. في ما يَتَعَلَّقُ بِـ
regardless *adj.* لا مُبالٍ؛ غافِلٌ. مُهْمِلٌ
regatta *n.* سِباقُ زَوارِقٍ
regency *n.* الوِصايَةُ عَلى العَرْشِ. مَجْلِسُ الوِصايَةِ. مُدَّةُ الوِصايَةِ
regenerate *adj.; vt.; i.* مَخْلوقٌ مِنْ جَديدٍ. مُجَدَّدٌ // يُجَدِّدُ. يَبْعَثُ / يَهْتَدي
regeneration *n.* تَجْديدٌ؛ إنْبِعاثٌ روحِيٌّ؛ إحياءٌ
regent *n.* الحاكِمُ. الوَصِيُّ عَلى العَرْشِ
regicide *n.* قاتِلُ المَلِكِ. قَتْلُ المَلِكِ
régime *n.* حِمْيَةٌ. النِظامُ؛ طَريقَةُ الحُكْمِ
regimen *n.* حِمْيَةٌ. حُكومَةٌ. حُكْمٌ. نِظامٌ سائِدٌ
regiment *n.* فَوْجٌ؛ سَرِيَّةٌ؛ كَتيبَةٌ
regimental *adj.* فَوْجِيٌّ؛ مُتَعَلِّقٌ بالسَرِيَّةِ
regimentation *n.* الإنْضِواءُ في فَوْجٍ أوْ كَتيبَةٍ
region *n.* إقْليمٌ؛ مِنْطَقَةٌ. حَقْلٌ
regional *adj.* إقْليمِيٌّ. مَحَلِّيٌّ. قُطْرِيٌّ
register *n.; vt.; i.* سِجِلٌّ؛ جَدْوَلٌ؛ لائِحَةٌ. خانَةٌ. مُسَجِّلٌ // يُدَوِّنُ؛ يُسَجِّلُ؛ يُدْرِجُ في قَيْدٍ / يَتَسَجَّلُ
registered *n.* مُسَجَّلٌ؛ مُدَوَّنٌ. مَضْمونٌ
registrar *n.* المُسَجِّلُ. أمينُ السِجِلِّ
registration *n.* تَسْجيلٌ. وَثيقَةُ التَسْجيلِ
registry *n.* تَسْجيلٌ. مَكْتَبُ التَسْجيلِ. السِجِلُّ
regress *n.; vi.* نُكوصٌ؛ إرْتِدادٌ // يَرْتَدُّ
regression *n.* نُكوصٌ؛ إرْتِدادٌ
regret *n.; vt.* أَسَفٌ؛ نَدَمٌ. إعْتِذارٌ مُهَذَّبٌ // يَأْسَفُ؛ يَنْدَمُ عَلى
regretful *adj.* آسِفٌ؛ نادِمٌ. مُتَحَسِّرٌ
regular *adj.* نِظامِيٌّ؛ إعْتِيادِيٌّ؛ مَأْلوفٌ. مُنْتَظِمٌ. دائِمٌ. مُواظِبٌ. قِياسِيٌّ. تامٌّ. صَريحٌ
regularity *n.* الإنْتِظامُ. القِياسِيَّةُ. الإطِّرادُ
regularly *adv.* عَلى نَحْوٍ نِظامِيٍّ؛ بِاطِّرادٍ
regulate *vt.* يُنَظِّمُ. يَضْبُطُ؛ يُعَدِّلُ
regulation *adj.; n.* عادِيٌّ؛ مَأْلوفٌ. نِظامِيٌّ // ضَبْطٌ؛ تَنْظيمٌ. قانونٌ. إنْتِظامٌ
regulator *n.* المُنَظِّمُ. أداةٌ مُنَظِّمَةٌ
rehabilitate *vt.* يُصْلِحُ. يَرُدُّ الإعْتِبارَ. يُعيدُ التَأْهيلَ
rehearsal *n.* إعادَةٌ؛ تَكْرارٌ. تَمْرينٌ. تَجْرِبَةٌ
rehearse *vt.* يُكَرِّرُ؛ يُعيدُ. يُدَرِّبُ عَلى أداءِ دَوْرٍ
rehouse *vt.* يُعيدُ الإسْكانَ

reign *n.; vi.* عَهْدٌ ؛ حُكْمٌ ؛ سُلْطانٌ ؛ سُلْطَةٌ . مُدَّةُ الحُكْم // يَتَوَلّى المُلْكَ . يَمْلِكُ . يَسودُ

reimburse *vt.* يُعيدُ مالاً . يُعَوِّضُ . يُسَدِّدُ دَيْنًا

reimbursement *n.* سَدادُ دَيْنٍ . تَعْويضٌ

rein *n.; vt.; i.* العِنانُ ؛ سَيْرُ اللِجامِ ؛ الرَسَنُ . كَبْحٌ // يَكْبَحُ . يُوَجِّهُ

give — to يُرْخي العِنانَ لِـ

— in يَكْبَحُ (جِماحَهُ)

reincarnation *n.* تَناسُخٌ ؛ تَقَمُّصٌ . تَجَسُّدٌ

reindeer *n.* الرَنَّةُ : نَوْعٌ مِنَ الأيائِلِ

reinforce *vt.* يُعَزِّزُ ؛ يُقَوّي ؛ يُدَعِّمُ

reinforcement *n.* تَعْزيزٌ ؛ تَقْوِيَةٌ ؛ تَدْعيمٌ

reinstall *vt.* يُنَصِّبُ مِنْ جَديدٍ . يُعيدُ التَجْهيزَ

reinstate *vt.* يُرْجِعُ . يُعيدُ إلى وَضْعٍ سابِقٍ

reintroduce *vt.* يُدْرِجُ مِنْ جَديدٍ . يُقَدِّمُ مَرَّةً ثانِيَةً

reinvest *vt.* يُوَظِّفُ المالَ ثانِيَةً . يُوَظِّفُ الأَرْباحَ

reiterate *vt.* يُكَرِّرُ (قَوْلاً)

reject *vt.* يَرْفُضُ ؛ يَأْبى . يَنْبِذُ . يَتَقَيَّأُ

rejection *n.* رَفْضٌ . نَبْذٌ . إباءٌ

rejoice *vt.; i.* يُبْهِجُ ؛ يُفْرِحُ / يَبْتَهِجُ

rejoicing *n.* إِبْتِهاجٌ ؛ فَرَحٌ . مَرَحٌ

rejoin *vt.; i.* يَنْضَمُّ ثانِيَةً إلى . يُجيبُ / يَرُدُّ

rejoinder *n.* رَدُّ المُدَّعى عَلَيْهِ الثاني . جَوابٌ

rejuvenate *vt.* يُعيدُ الشَبابَ إلى . يُجَدِّدُ

rekindle *vt.; i.* يُضْرِمُ مِنْ جَديدٍ / يَضْطَرِمُ

relapse *n.; vi.* نَكْسَةٌ ؛ إِنْتِكاسٌ . إِرْتِدادٌ // يَعودُ إلى وَضْعٍ سابِقٍ . يَنْتَكِسُ . يَغْرَقُ

relate *vt.; i.* يَرْوي ؛ يَقُصُّ / يَتَّصِلُ بِـ ؛ يَخُصُّ

related *adj.* مَرْوِيٌّ ؛ مَسْرودٌ . نَسيبٌ ؛ ذو قَرابَةٍ

relation *n.* رِوايَةٌ ؛ سَرْدٌ . عَلاقَةٌ ؛ رابِطَةٌ . القَريبُ ؛ النَسيبُ . قَرابَةٌ ؛ نَسَبٌ

relationship *n.* صِلَةٌ ؛ عَلاقَةٌ . قَرابَةٌ ؛ نَسَبٌ

relative *adj.; n.* مَوْصولٌ . مُتَّصِلٌ بِـ . نِسْبِيٌّ . مُتَناسِبٌ // الإسْمُ المَوْصولُ . القَريبُ ؛ النَسيبُ

relatively *adv.* نِسْبِيًّا . بالنِسْبَةِ إلى

relativity *n.* النِسْبِيَّةُ : نَظَرِيَّةُ أينشتاين

relax *vt.; i.* يُرْخي . يُخَفِّفُ ؛ يُلَطِّفُ . يوهِنُ / يَتَراخى . يَسْتَرْخي

relaxation *n.* إِسْتِرْخاءٌ . تَراخٍ . تَسْلِيَةٌ

relay *vt.irr.; n.* يُرَحِّلُ . يُزَوِّدُ بِأَبْدالٍ // الأَبْدالُ

release *vt.; n.* يُطْلِقُ ؛ يُعْتِقُ ؛ يُحَرِّرُ . يَتَخَلّى عَنْ // إطْلاقٌ ؛ إعْتاقٌ ؛ تَحْريرٌ . إعْفاءٌ . تَخَلٍّ عَنْ

relegate *vt.* يَنْفي ؛ يُبْعِدُ عَنِ البِلادِ . يُحيلُ

relent *vi.* يَرِقُّ . يَلينُ

relentless *adj.* قاسٍ ؛ عَديمُ الشَفَقَةِ

relevance *n.* مَوْضوعِيَّةٌ ؛ وَثاقَةُ الصِلَةِ بِالمَوْضوعِ

relevant *adj.* مُناسِبٌ . وَثيقُ الصِلَةِ بِالمَوْضوعِ

reliability *n.* كَوْنُ الشَيْءِ جَديرًا بِالثِقَةِ

reliable *adj.* مَوْضوعُ ثِقَةٍ . يُعَوَّلُ عَلَيْهِ

reliance *n.* تَعْويلٌ ؛ إعْتِمادٌ . ثِقَةٌ . إتِّكالٌ

reliant *adj.* واثِقٌ ؛ مُتَّكِلٌ (عَلى نَفْسِهِ)

relic *n.* الذَخيرَةُ : أَثَرٌ مُقَدَّسٌ . تَذْكارٌ . رُفاتٌ

relief *n.* فَرَجٌ . إِرْتِياحٌ . إسْعافٌ ؛ إعانَةٌ . نَجْدَةٌ حَرْبِيَّةٌ . نَقْشٌ بارِزٌ . تَضاريسُ

relieve *vt.* يُفَرِّجُ عَنْ . يُريحُ . يُخَلِّصُ . يُلَطِّفُ . يُخَفِّفُ . يُسْعِفُ . يُبْرِزُ

religion *n.* عِبادَةٌ ؛ دينٌ . مُعْتَقَدٌ . تَقْوى . تَرَهُّبٌ

religious *adj.; n.* دينِيٌّ . تَقِيٌّ // راهِبَةٌ أو راهِبٌ

relinquish *vt.* يَتَخَلّى عَنْ . يَهْجُرُ . يُقْلِعُ عَنْ

relish *n.; vt.* نَكْهَةٌ . مِقْدارٌ ضَئيلٌ . إِسْتِمْتاعٌ . تابِلٌ // يَسْتَمْتِعُ بِـ . يَسْتَطيبُ ؛ يَسْتَسيغُ

relive *vt.* يَحْيا الشَيْءَ ثانِيَةً (في الخَيالِ)

reluctance *n.* مُعارَضَةٌ. كُرْهٌ؛ نُفورٌ. مُمانَعَةٌ
reluctant *adj.* كارِهٌ لِـ. مُمانِعٌ؛ مُعارِضٌ
reluctantly *adv.* عَلى مَضَضٍ. بِكَرْهٍ
rely *vi.* يَعْتَمِدُ عَلى؛ يَتَّكِلُ عَلى. يَثِقُ بِـ
remain *vi.* يَبْقى؛ يَمْكُثُ. يَظَلُّ
remainder *n.* الباقي. البَقِيَّةُ
remains *n.pl.* بَقايا. خَرائِبُ. فَضَلاتٌ
remand *vt.* يُعيدُ الدَعْوى. يَأْمُرُ بِالسَجْنِ
remark *n.; vt.; i.* مُلاحَظَةٌ؛ تَعْليقٌ // يُلاحِظُ / يُقَدِّمُ مُلاحَظَةً أَوْ تَعْليقًا
remarkable *adj.* لافِتٌ. رائِعٌ. إِسْتِثْنائِيٌّ
remarry *vi.* يَتَزَوَّجُ ثانِيَةً
remediable *adj.* قابِلٌ لِلْعِلاجِ أَوِ المُداواةِ
remedial *adj.* عِلاجِيٌّ. شافٍ
remedy *n.; vt.* عِلاجٌ؛ دَواءٌ. مُعالَجَةٌ // يُعالِجُ؛ يُداوي
remember *vt.* يَذْكُرُ؛ يَتَذَكَّرُ. يُكافِئُ
remembrance *n.* ذِكْرى؛ تَذْكارٌ. إِحْياءُ ذِكْرى
remind *vt.* يُذَكِّرُ؛ يُنَبِّهُ
reminder *n.* المُذَكِّرُ. رِسالَةٌ تَذْكيرِيَّةٌ
reminiscence *n.* ذِكْرى ماضِيَةٌ. *pl.* ذِكْرَياتٌ
reminiscent *adj.* حافِلٌ بِالذِكْرَياتِ. مُذَكِّرٌ بِـ
remiss *adj.* مُهْمِلٌ. كَسولٌ. لَيِّنٌ. رَخْوٌ
remission *n.* غُفْرانٌ؛ عَفْوٌ؛ صَفْحٌ. تَخْفيفٌ. إِبْراءٌ. إِسْقاطٌ (عُقوبَةٍ)
remit *vt.; i.* يَغْفِرُ؛ يَصْفَحُ عَنْ. يُلْغي. يُخَفِّفُ. يُرْجِعُ؛ يُعيدُ. يُؤَجِّلُ؛ يُرْجِئُ. يُحَوِّلُ (مَبْلَغًا). يُحيلُ (دَعْوى) / يَسْكُنُ؛ يَهْدَأُ. يَخِفُّ (المَرَضُ)
remittance *n.* حَوالَةٌ. تَحْويلُ النَقْدِ بِالبَريدِ
remnant *n.* بَقِيَّةٌ. فَضْلَةٌ. نُفايَةٌ
remonstrance *n.* إِحْتِجاجٌ؛ إِعْتِراضٌ

remonstrant *adj. & n.* مُعْتَرِضٌ؛ مُسْتَنْكِرٌ
remonstrate *vi.; t.* يَحْتَجُّ؛ يَعْتَرِضُ عَلى
remorse *n.* نَدَمٌ؛ نَدامَةٌ
remorseful *adj.* مُتَّسِمٌ بِالنَدَمِ
remorseless *adj.* عَديمُ الرَحْمَةِ. قاسٍ. وَحْشِيٌّ
remote *adj.* بَعيدٌ؛ ناءٍ. مُنْعَزِلٌ. ضَئيلٌ؛ قَليلٌ
remount *vt.; i.* يَرْكَبُ مِنْ جَديدٍ. يَمْتَطي ثانِيَةً
removable *adj.* قابِلٌ لِلنَقْلِ. مُمْكِنٌ إِزالَتُهُ
removal *n.* نَقْلٌ؛ إِنْتِقالٌ. إِزالَةٌ. صَرْفٌ مِنَ الخِدْمَةِ
remove *n.; vt.; i.* إِزالَةٌ. نَقْلٌ. إِنْتِقالٌ. مَسافَةٌ. بُعْدٌ // يُزيلُ. يَنْقُلُ. يَنْزِعُ / يَنْتَقِلُ. يُغَيِّرُ سَكَنَهُ
removed *adj.* بَعيدٌ؛ ناءٍ
remunerate *vt.* يُكافِئُ؛ يُعَوِّضُ
remuneration *n.* مُكافَأَةٌ؛ تَعْويضٌ
remunerative *adj.* مُكافِئٌ؛ مُعَوِّضٌ. مُرْبِحٌ
renaissance *n.* إِنْبِعاثٌ. نَهْضَةٌ
rend *vt.irr.* يُمَزِّقُ. يَشُقُّ. يَقْلَعُ
render *vt.* يَرُدُّ. يُصَيِّرُ. يُعالِجُ. يُتَرْجِمُ. يُذيبُ
renegade *n.* المُرْتَدُّ. الخارِجُ (عَلى حِزْبٍ)
renew *vt.* يُجَدِّدُ. يُكَرِّرُ. يَسْتَأْنِفُ
renewal *n.* تَجْديدٌ. شَيْءٌ مُجَدَّدٌ
renominate *vt.* يُرَشِّحُ ثانِيَةً
renounce *vt.; i.* يُنْكِرُ. يَعْتَزِلُ. يَتَنَسَّكُ. يَتَبَرَّأُ
renovate *vt.* يُحْيي. يُجَدِّدُ. يُصْلِحُ
renovation *n.* إِحْياءٌ. تَجْديدٌ. إِصْلاحٌ
renovator *n.* المُجَدِّدُ. المُصْلِحُ
renown *n.* شُهْرَةٌ؛ صيتٌ
renowned *adj.* شَهيرٌ؛ مَشْهورٌ؛ مَعْروفٌ
rent *n.; vt.; i.* بَدَلُ الإِيجارِ. رَيْعٌ. شِقٌّ؛ صَدْعٌ؛ مِزْقٌ. إِنْشِقاقٌ؛ إِنْقِسامٌ // يَسْتَأْجِرُ؛ يُؤَجِّرُ
rental *n.* مِلْكٌ مُؤَجَّرٌ. أُجْرَةٌ. تَأْجيرٌ

renunciation *n.* تَخَلٍّ عَنْ حَقٍّ. نُكْرانُ لِلذاتِ
reoccupation *n.* إحْتِلالٌ ثانٍ. الإشْغالُ مَرَّةً أُخْرى
reopen *vt.; i.* يَفْتَحُ ثانِيَةً. يَسْتَأْنِفُ
reorganization *n.* إعادَةُ تَنْظيمٍ
repaint *vt.* يَدْهُنُ مِنْ جَديدٍ. يَطْلي ثانِيَةً
repair *vt.; i.; n.* يُصْلِحُ ؛ يُرَمِّمُ. يُجَدِّدُ / يَذْهَبُ. يَتَجَمَّعُ (لِعَمَلٍ مُشْتَرَكٍ) // إصْلاحٌ ؛ تَرْميمٌ. تَجْديدٌ. مَلاذٌ ؛ مَثْوى
reparable *or* **repairable** *adj.* قابِلٌ لِلإصْلاحِ
reparation *n.* إصْلاحٌ ؛ تَرْميمٌ. تَعْويضٌ
repartee *n.* جَوابٌ سَريعٌ. بَراعَةُ الإجابَةِ
repast *n.* طَعامٌ. وَجْبَةٌ ؛ وَقْعَةٌ
repay *vt.irr.* يَفي (دَيْنًا). يُجازي ؛ يُكافِئُ. يُعَوِّضُ عَنْ. يَرُدُّ (الزِيارَةَ)
repeal *vt.; n.* يَسْحَبُ. يُلْغي ؛ يُبْطِلُ // سَحْبٌ. إلْغاءٌ ؛ إبْطالٌ
repeat *vt.; n.* يُكَرِّرُ ؛ يُعيدُ. يُرَدِّدُ // تَكْرارٌ
repeated *adj.* مُكَرَّرٌ ؛ مُعادٌ
repeatedly *adv.* تَكْرارًا ؛ مَرَّةٍ بَعْدَ مَرَّةٍ
repel *vt.* يَرُدُّ ؛ يَصُدُّ. يُقاوِمُ. يُثَبِّطُ. يُنَفِّرُ
repellent *adj.* مُنَفِّرٌ ؛ صادٌّ. بَغيضٌ ؛ كَريهٌ
repent *vt.; i.* يَتوبُ ؛ يَنْدَمُ. يَتَأَسَّفُ ؛ يَتَحَسَّرُ
repentance *n.* تَوْبَةٌ ؛ نَدَمٌ. أَسَفٌ
repentant *adj.* تائِبٌ ؛ نادِمٌ. آسِفٌ
repercussion *n.* إرْتِدادٌ. تَرْجيعٌ. صَدًى
repertory *n.* ذَخيرَةٌ. مُسْتَوْدَعٌ
repetition *n.* تَكْرارٌ ؛ إعادَةٌ. تَسْميعٌ ؛ إلْقاءٌ
repine *vi.* يَشْكو ؛ يَتَذَمَّرُ ؛ يَتَبَرَّمُ
replace *vt.* يُعيدُ ؛ يُرْجِعُ. يَحُلُّ مَحَلَّ
replay *n.; vi.; t.* اللَعِبُ مِنْ جَديدٍ. إعادَةُ العَزْفِ أَوِ التَمْثيلِ // يَلْهو ثانِيَةً. يُعيدُ العَزْفَ أَوِ التَمْثيلَ
replenish *vt.; i.* يَمْلأُ ثانِيَةً. يَسْتَكْمِلُ / يَمْتَلِئُ
replete *adj.* مُفْعَمٌ. مُتْخَمٌ. بَدينٌ
repletion *n.* تُخْمَةٌ. إمْتِلاءٌ. إكْتِظاظٌ. إشْباعٌ
reply *n.; vt.; i.* جَوابٌ // يُجيبُ ؛ يَرُدُّ. يُرْجِعُ
report *vt.; i.; n.* يَرْوي. يَصِفُ. يَنْقُلُ. يُقَدِّمُ تَقْريرًا / يَحْضُرُ بِنَفْسِهِ // خَبَرٌ. إشاعَةٌ. تَقْريرٌ
reportage *n.* تَحْقيقٌ ؛ إسْتِطْلاعٌ (صُحُفِيٌّ)
reporter *n.* المُخْبِرُ. المُقَرِّرُ. المُراسِلُ الصُحُفِيُّ
repose *vt.; i.; n.* يَضَعُ. يُريحُ / يَضْطَجِعُ ؛ يَرْقُدُ. يَسْتَكِنُّ. يَتَّكِئُ. يَسْتَريحُ // نَوْمٌ ؛ رُقادٌ. راحَةٌ أَبَدِيَّةٌ. سُكونٌ ؛ هُدوءٌ
repository *n.* مَخْزَنٌ ؛ مُسْتَوْدَعٌ. مَذْبَحٌ
repossess *vt.* يَسْتَرْجِعُ ؛ يَسْتَرِدُّ
reprehend *vt.* يُؤَنِّبُ ؛ يُوَبِّخُ. يَشْجُبُ
reprehensible *adj.* مُسْتَحِقٌّ التَوْبيخَ أَوِ الشَجْبَ
reprehension *n.* تَأْنيبٌ ؛ تَوْبيخٌ. شَجْبٌ
represent *vt.* يُمَثِّلُ. يَزْعَمُ. يوضِحُ ؛ يَشْرَحُ
representation *n.* تَمْثيلٌ. صورَةٌ. تِمْثالٌ. مَزاعِمُ. بَيانٌ. إحْتِجاجٌ ؛ شَكْوى
representative *adj.; n.* تَمْثيلِيٌّ. نِيابِيٌّ. نَموذَجِيٌّ // المَنْدوبُ. النائِبُ. المُمَثِّلُ. الوَكيلُ
repress *vt.* يَكْبَحُ. يَكْبِتُ. يَكْظِمُ
repression *n.* كَبْحٌ ؛ كَبْتٌ. كَظْمٌ. قَمْعٌ. إخْضاعٌ
reprieve *n.; vt.* إرْجاءُ تَنْفيذِ حُكْمٍ // يُرْجِئُ
reprimand *n.; vt.* تَأْنيبٌ ؛ تَوْبيخٌ // يُؤَنِّبُ
reprint *n.; vt.* طَبْعَةٌ ثانِيَةٌ // يُعيدُ طَبْعَ (كِتابٍ)
reprisal *n.* إنْتِقامٌ. ثَأْرٌ. إسْتِرْدادٌ
reproach *n.; vt.* لَوْمٌ ؛ تَوْبيخٌ ؛ تَأْنيبٌ. خِزْيٌ ؛ عارٌ // يَلومُ ؛ يُوَبِّخُ ؛ يُؤَنِّبُ. يُخْزي
reprobate *vt.; n.* يَشْجُبُ ؛ يَسْتَنْكِرُ. يَرْفُضُ // شَخْصٌ فاسِدٌ أَو شِرّيرٌ

reprobation *n.* شَجْبٌ؛ إسْتِنْكارٌ. رَفْضٌ
reproduce *vt.; i.* يُوَلِّدُ؛ يَسْتَخْرِجُ / يُوجَدُ مِنْ جَديدٍ. يَتَناسَلُ
reproduction *n.* تَناسُلٌ؛ تَوالُدٌ؛ تَكاثُرٌ. إنْتاجٌ. نُسْخَةٌ طِبْقَ الأَصْلِ
reproductive *adj.* مُوَلِّدٌ؛ مُنْتِجٌ. تَناسُلِيٌّ
reproof *n.* تَوْبيخٌ؛ تَأْنيبٌ
reprove *vt.* يُوَبِّخُ؛ يُؤَنِّبُ. يَسْتَنْكِرُ
reptant *adj.* مُعْتَرِشٌ. زاحِفٌ
reptile *n.; adj.* الزاحِفُ؛ حَيَوانٌ زاحِفٌ // زاحِفٌ. مُتَذَلِّلٌ؛ خَسيسٌ؛ حَقيرٌ
republic *n.* جُمْهورِيَّةٌ؛ دَوْلَةٌ جُمْهورِيَّةٌ
republican *adj. & n.* جُمْهورِيٌّ
republish *vt.* يُعيدُ النَّشْرَ (لِكِتابٍ)
repudiate *vt.* يُطَلِّقُ زَوْجَتَهُ. يَتَبَرَّأُ مِنْ. يَجْحَدُ
repudiation *n.* التَّطْليقُ. التَّبَرُّؤُ مِنْ. النَّبْذُ
repugnance *n.* تَناقُضٌ؛ تَعارُضٌ. مَقْتٌ؛ تَنافُرٌ
repugnant *adj.* بَغيضٌ؛ كَريهٌ. مُعارِضٌ لِـ
repulse *vt.; n.* يَرُدُّ؛ يَصُدُّ. يُخَيِّبُ // رَدٌّ؛ صَدٌّ. رَفْضٌ. خَيْبَةٌ
repulsion *n.* رَدٌّ. مَقْتٌ. رَفْضٌ. نُفورٌ
repulsive *adj.* بَغيضٌ. مُنَفِّرٌ (تَصَرُّفٌ)
repurchase *vt.* يَشْتَري مِنْ جَديدٍ. يَبْتاعُ ثانِيَةً
reputable *adj.* حَسَنُ السُّمْعَةِ. مُحْتَرَمٌ. شَريفٌ
reputation *n.* شُهْرَةٌ. سُمْعَةٌ؛ صيتٌ. مَكانَةٌ
repute *vt.; n.* يُعْتَبَرُ. يُعَدُّ // سُمْعَةٌ حَسَنَةٌ
request *vt.; n.* يَطْلُبُ؛ يَسْأَلُ. يَرْجو؛ يَلْتَمِسُ // سُؤالٌ؛ طَلَبٌ؛ مَطْلَبٌ. إلْتِماسٌ
requiem *n.* قُدّاسٌ لِراحَةِ نَفْسِ المَيْتِ. جَنّازٌ
require *vt.* يَطْلُبُ؛ يَأْمُرُ. يَتَطَلَّبُ. يَقْتَضي
requirement *n.* حاجَةٌ؛ مَطْلَبٌ
requisite *adj.; n.pl.* أَساسِيٌّ. ضَرورِيٌّ // مُسْتَلْزَماتٌ؛ ضَرورِيّاتٌ
requisition *n.; vt.* طَلَبٌ خَطِّيٌّ. إسْتِدْعاءٌ. مُصادَرَةٌ. تَكْليفٌ رَسْمِيٌّ // يَسْتَدْعي؛ يَطْلُبُ. يُصادِرُ
requital *n.* جَزاءٌ. مُكافَأَةٌ. إنْتِقامٌ. عِوَضٌ
requite *vt.* يَرُدُّ بِالمِثْلِ. يَثْأَرُ لِـ. يُجازي
rescind *vt.* يُلْغي؛ يُبْطِلُ. يَنْقُضُ. يَنْسَخُ
rescript *n.* مَرْسومٌ (حُكومِيٌّ). قَرارٌ (وِزارِيٌّ)
rescue *n.; vt.* إنْقاذٌ؛ تَخْليصٌ // يُخَلِّصُ؛ يُنْقِذُ. يُحَرِّرُ. يَسْتَرِدُّ بِالقُوَّةِ
research *vi.; n.* يَبْحَثُ؛ يَسْتَقْصي. يَقومُ بِبَحْثٍ عِلْمِيٍّ // بَحْثٌ عِلْمِيٌّ. تَفْتيشٌ؛ إسْتِقْصاءٌ
resemblance *n.* شَبَهٌ؛ تَشابُهٌ. صورَةٌ
resemble *vt.* يُشْبِهُ؛ يُشابِهُ (شَخْصًا)
resent *vt.* يَمْتَعِضُ؛ يَسْتاءُ. يَغْتاظُ
resentful *adj.* مُمْتَعِضٌ؛ مُسْتاءٌ
resentment *n.* إمْتِعاضٌ؛ إسْتِياءٌ؛ غَيْظٌ
reservation *n.* حَجْزٌ. نِيَّةٌ. تَحَفُّظٌ. إحْتِياطٌ
reserve *n.; vt.* إدِّخارٌ. إحْتِياطِيٌّ. تَكَتُّمٌ. بَديلٌ // يُوَفِّرُ؛ يَدَّخِرُ. يَحْجِزُ. يُرْجِئُ؛ يُؤَجِّلُ. يَحْفَظُ
reserved *adj.* مَحْجوزٌ (مَكانٌ). مُدَّخَرٌ. مُتَحَفِّظٌ
reservist *n.* رَديفٌ. جُنْدِيٌّ إحْتِياطِيٌّ
reservoir *n.* خَزّانٌ؛ صِهْريجٌ. مُسْتَوْدَعٌ
reset *vt.irr.* يُعيدُ تَنْضيدَ (نَصٍّ)
resettle *vt.; i.* يُوَطِّنُ ثانِيَةً / يَسْتَوْطِنُ ثانِيَةً
reshape *vt.* يُقَوْلِبُ ثانِيَةً. يَصوغُ مِنْ جَديدٍ
reside *vi.* يَقْطُنُ؛ يُقيمُ؛ يَسْكُنُ. يَكْمُنُ
residence *n.* إقامَةٌ؛ سُكْنى. مَقَرٌّ. مَسْكِنٌ
resident *adj.; n.* مُقيمٌ. كامِنٌ. مُتَوَطِّنٌ // المُقيمُ؛ النَّزيلُ. طَبيبٌ مُقيمٌ
residential *adj.* سَكَنِيٌّ (حَيٌّ). داخِلِيٌّ

residual *adj.* مُتَبَقٍ. مُخَلَّفُ فُضالَةً
residuary *adj.* فُضالِيٌّ. شَبيهٌ بِالْفُضالَةِ. رَدِّيٌّ
residue *n.* الفَضْلَةُ ؛ البَقِيَّةُ. ثُفْلٌ
resign *vi.: t.* يَسْتَعْفي ؛ يَسْتَقيلُ. يُذْعِنُ. يُخْلِدُ إلى / يَتخَلّى عَنْ
resignation *n.* إسْتِقالَةٌ. إذْعانٌ. تَخَلٍ عَنْ
resilience; -cy *n.* الرُجوعِيَّةُ. المُرونَةُ
resilient *adj.* مَرِنٌ (مَعْدِنٌ ؛ مَوْقِفٌ)
resin *n.* راتينَجٌ (مادَّةٌ صَمْغِيَّةٌ)
resist *vt.; i.* يُقاوِمُ. يَصْمُدُ ؛ يَثْبُتُ
resistance *n.* المُقاوَمَةُ ؛ الصُمودُ
resistant *adj. & n.* مُقاوِمٌ ؛ صامِدٌ
resole *vt.* يُجَدِّدُ نَعْلَ الحِذاءِ
resolute *adj.* مُصَمِّمٌ ؛ عازِمٌ عَلى
resolution *n.* فَسْخٌ. حَلٌّ. قَرارٌ. تَصْميمٌ. ثَباتٌ
resolve *n.: vt.* قَرارٌ. تَصْميمٌ ؛ عَزْمٌ // يَنْوي ؛ يَعْتَزِمُ ؛ يُقَرِّرُ. يَحُلُّ. يُعالِجُ
resolved *adj.* مُصَمِّمٌ ؛ عازِمٌ. مُوَطَّدُ العَزْمِ
resonance *n.* رَنينٌ ؛ طَنينٌ (جَرَسٍ)
resonant *adj.* مِرْنانٌ. مُرَدِّدٌ لِلصَدى. طَنّانٌ
resort *n.; vi.* مَلاذٌ ؛ مُلْتَجَأٌ. مَكانُ اجْتِماعٍ // يَتَرَدَّدُ عَلى. يَلْجَأُ إلى. يَرْتادُ
resound *vi.* يُدَوّي ؛ يَضِجُّ بِـ. يَشْتَهِرُ
resource *n.* مَوْرِدٌ. ثَرْوَةٌ. مَلاذٌ. دَهاءٌ
a man of — واسِعُ الحيلَةِ
resourceful *adj.* داهِيَةٌ. واسِعُ الحيلَةِ
respect *n.: vt.* صِلَةٌ. إحْتِرامٌ. مُحاباةٌ. نُقْطَةٌ // يَعْتَبِرُ ؛ يَحْتَرِمُ ؛ يُجِلُّ. يَتَعَلَّقُ بِـ ؛ يَتَّصِلُ بِـ
respectability *n.* المُحْتَرَمِيَّةُ ؛ جَدارَةٌ بِالإحْتِرامِ
respectable *adj.* مُحْتَرَمٌ ؛ جَديرٌ بِالإحْتِرامِ. مُهَذَّبٌ (سَيِّدٌ)
respectful *adj.* دالٌّ عَلى الإحْتِرامِ. مُتَّسِمٌ بِالجَلالِ
respecting *prep.* في ما يَتَعَلَّقُ بِـ. نَظَرًا لِـ
respective *adj.* شَخْصِيٌّ. خُصوصِيٌّ. خاصٌّ بِكُلٍّ واحِدٍ عَلى انْفِرادٍ
respectively *adv.* بِالتَعاقُبِ ؛ عَلى التَوالي
respiration *n.* تَنَفُّسٌ
respirator *n.* الكَمّامَةُ
respiratory *adj.* تَنَفُّسِيٌّ (جِهازٌ)
respire *vt.: i.* يَتَنَشَّقُ. يَتَنَفَّسُ
respite *n.* إرْجاءٌ ؛ تَأْجيلٌ ؛ إمْهالٌ
resplendence; -cy *n.* إشْراقٌ ؛ تَأَلُّقٌ ؛ لَمَعانٌ
resplendent *adj.* مُشْرِقٌ ؛ مُتَأَلِّقٌ ؛ لامِعٌ
respond *vi.: t.* يَسْتَجيبُ. يُجيبُ ؛ يَرُدُّ عَلى
response *n.* إسْتِجابَةٌ. إجابَةٌ ؛ رَدٌّ
responsibility *n.* مَسْؤُولِيَّةٌ ؛ تَبِعَةٌ ؛ مَلْزومِيَّةٌ
responsible *adj.* مَسْؤُولٌ. مُلْزَمٌ
responsive *adj.* مُسْتَجيبٌ. مُجيبٌ. حَسّاسٌ
rest *n.; vi.* إسْتِراحَةٌ. رُقادٌ. سُكونٌ. طُمَأْنينَةٌ. بَقِيَّةٌ. مُتَّكَأٌ. سَكْنَةٌ موسيقِيَّةٌ // يَسْتَريحُ. يَهْدَأُ. يَتَّكِئُ. يَرْقُدُ ؛ يَهْجَعُ
restart *vt.; i.* يَبْدَأُ مِنْ جَديدٍ / يَسْتَأْنِفُ
restaurant *n.* مَطْعَمٌ
restful *adj.* مُريحٌ. هادِئٌ. مُطْمَئِنٌّ. مُسْتَرْخٍ
resting *adj.* هاجِعٌ. مُسْتَريحٌ. مُتَّكِئٌ
resting place *n.* مُنْتَجَعٌ. إسْتِراحَةٌ
restitution *n.* الإرْتِدادُ. التَعْويضُ. الإعادَةُ
restive *adj.* حَرونٌ ؛ شَموسٌ. ضَجِرٌ ؛ مُتَمَلْمِلٌ
restless *adj.* قَلِقٌ ؛ أرِقٌ. مُتَمَلْمِلٌ. مُسْتاءٌ
restock *vt.* يُعيدُ التَجْهيزَ. يُعيدُ التَأهيلَ
restoration *n.* إعادَةٌ ؛ إسْتِرْجاعٌ. إحْياءٌ. تَجْديدٌ.

الشيءُ المُجَدَّدُ. تَعْويض
restorative *adj. & n.* مُعيدٌ؛ مُحْيٍ ؛ مُجَدِّدٌ. شافٍ. مُنَشِّطٌ
restore *vt.* يُعيدُ؛ يُرْجِعُ. يُحْيي. يُجَدِّدُ. يَشْفي
restrain *vt.* يَكْبَحُ ؛ يَكْبِتُ. يُقَيِّدُ. يَعْتَقِلُ
restraint *n.* كَبْحٌ ؛ كَبْتٌ. تَقْييدٌ. قَيْدٌ
restrict *vt.* يُقَيِّدُ؛ يَحُدُّ. يَحْصُرُ؛ يَقْصُرُ عَلى
restriction *n.* تَقْييدٌ؛ حَصْرٌ. قَيْدٌ
result *n.; vi.* نَتيجَةٌ. ثَمَرَةٌ. مَآلٌ // يَنْشَأُ عَنْ. يُؤَدّي إلى. يَؤُولُ إلى
resultant *adj.; n.* ناتِجٌ مِن؛ ناشِئٌ عَنْ؛ ناجِمٌ عَن // نَتيجَةُ (امْتِحانٍ). قُوَّةٌ مُحَصَّلَةٌ
resume *vt.* يَسْتَأْنِفُ. يُلَخِّصُ؛ يُوجِزُ. يَسْتَرِدُّ
resumption *n.* إسْتِئْنافٌ. إسْتِرْدادٌ. إسْتِعادَةٌ
resurrect *vt.* يَبْعَثُ. يُحْيي. يُخْرِجُ مِنَ القَبْرِ
resurrection *n.* إنْبِعاثٌ. قِيامَةٌ. بَعْثٌ
resuscitate *vt.; i.* يَبْعَثُ (مَيْتًا)؛ يُحْيي. يُنْعِشُ / يَنْتَعِشُ. يَنْبَعِثُ
retail *adj.; n.; vt.* بِالمُفَرَّقِ؛ بِالتَّجْزِئَةِ // بَيْعٌ بِالمُفَرَّقِ. تَجْزِئَةٌ؛ مُفَرَّقٌ // يَبيعُ بِالمُفَرَّقِ. يَرْوي؛ يَسْرُدُ
retain *vt.* يَحْتَفِظُ بِـ. يَحْتَجِزُ. يَقْتَطِعُ. يَتَذَكَّرُ
retainer *n.* المُحْتَفِظُ بِـ. المُحْتَجِزُ. تَوْكيلُ مُحامٍ
retaliate *vi.* يُقابِلُ الأذى بِالمِثْلِ. يَثْأَرُ
retaliation *n.* مُقابَلَةُ الأذى بِالمِثْلِ. ثَأْرٌ
retard *vt.* يَعوقُ؛ يُؤَخِّرُ. يُرْجِئُ. يُثَبِّطُ
retch *vt.; i.* يَتَقَيَّأُ / يُحاوِلُ التَّقَيُّؤَ
retention *n.* إحْتِفاظٌ؛ إسْتِبْقاءٌ؛ إحْتِجازٌ
retentive *adj.* مُحْتَفِظٌ؛ مُحْتَجِزٌ. إحْتِفاظِيٌّ
reticence *n.* تَكَتُّمٌ. تَحَفُّظٌ. قِلَّةُ الكَلامِ
reticent *adj.* صَموتٌ. كَتومٌ. مُتَحَفِّظٌ

reticulate *adj.* شَبَكِيُّ الشَّكْلِ. ذو عُروقٍ
retina *n.* (*pl.* **-s** *or* **-e**) شَبَكِيَّةُ العَيْنِ
retinue *n.* الحاشِيَةُ؛ أَتْباعُ المَلِكِ
retire *vi.; t.* يَتَقاعَدُ. يَتَراجَعُ. يَنْسَحِبُ. يَعْتَزِلُ / يَسْحَبُ. يُحيلُ عَلى التَّقاعُدِ
retired *adj.* مُتَقاعِدٌ. مُنْعَزِلٌ. هادِئٌ
retirement *n.* تَقاعُدٌ. إنْعِزالٌ. مُنْعَزَلٌ
retiring *adj.* مُنْكَفِئٌ؛ مُتَراجِعٌ. خَجولٌ
retort *n.; vi.* رَدٌّ حاسِمٌ. المُعْوَجَّةُ (إناءٌ) // يَرُدُّ الكَيْلَ. يُجيبُ بِسُرْعَةٍ
retouch *vt.* يُهَذِّبُ؛ يُنَقِّحُ (نَصًّا)؛ يُنَمِّقُ
retrace *vt.* يُعيدُ الرَّسْمَ
retract *vt.; i.* يَكْمِشُ؛ يَسْحَبُ (عَرْضًا)
retraction *n.* سَحْبٌ. تَقَلُّصُ (عَضَلٍ)
retreat *n.; vi.* إنْسِحابٌ؛ تَقَهْقُرٌ. إعْتِزالٌ. رِياضَةٌ روحِيَّةٌ // يَنْسَحِبُ؛ يَتَراجَعُ؛ يَتَقَهْقَرُ. يَعْتَزِلُ
retrench *vt.; i.* يُنْقِصُ؛ يُخَفِّفُ. يُزيلُ / يَقْتَصِدُ
retribution *n.* جَزاءٌ؛ مُكافَأَةٌ. تَكْفيرٌ
retrieve *vt.* يَسْتَرِدُّ. يَكْتَشِفُ الطَّريدَةَ (الكَلْبُ). يُنْقِذُ. يُجَدِّدُ
retroaction *n.* المَفْعولُ الرَّجْعِيُّ. رَدُّ فِعْلٍ
retroactive *adj.* ذو مَفْعولٍ رَجْعِيٍّ
retrograde *adj.; vi.* تَقَهْقُرِيٌّ. عَكْسِيٌّ. إنْتِكاسِيٌّ // يَتَقَهْقَرُ؛ يَعودُ أدْراجَهُ
retrogression *n.* تَراجُعٌ؛ تَقَهْقُرٌ. تَرَدٍّ
retrospect *n.* إسْتِعادَةُ الماضي
retrospective *adj.* إسْتِعادِيٌّ. رَجْعِيٌّ
retroversion *n.* إنْكِفاءٌ؛ إرْتِدادٌ
return *vi.; t.; n.* يَعودُ؛ يَرْجِعُ / يُعيدُ؛ يُرْجِعُ // عَوْدَةٌ. تَقْريرٌ رَسْمِيٌّ. إنْعِطافٌ. *pl.* عائِداتٌ
reunion *n.* ضَمٌّ؛ إعادَةُ تَوْحيدٍ. إجْتِماعُ الشَّمْلِ

تلاحُمٌ. إجتِماعٌ (عائليٌّ)

reunite *vt.; i.* يُوَحِّدُ ثانيةً. يَجْمَعُ الشَّمْلَ / يَتَّحِدُ ثانيةً؛ يَجْتَمِعُ

rev *n.; vt.* دَوْرَةُ المُحَرِّكِ // يَزيدُ عَدَدَ دَوْراتِ المُحَرِّكِ

revalue *vt.* يُعيدُ التَّقْييمَ أوِ التَّخْمينَ

reveal *vt.* يُظْهِرُ. يَبوحُ بِـ. يُلْهِمُ. يوحي إلى

reveille *n.* بوقُ التَّنْبيهِ (لإيقاظِ الجُنودِ)

revel *n.; vi.* قَصْفٌ؛ عَرْبَدَةٌ؛ مَرَحٌ صاخِبٌ // يُعَرْبِدُ؛ يَمْرَحُ بِصَخَبٍ

revelation *n.* وَحْيٌ؛ إلْهامٌ. بَوْحٌ؛ إفْشاءٌ

revelry *n.* عَرْبَدَةٌ؛ مَرَحٌ صاخِبٌ

revenge *n.; vt.* ثأرٌ؛ إنْتِقامٌ // يَثْأرُ؛ يَنْتَقِمُ

revengeful *adj.* نَقومٌ. حَقودٌ

revenue *n.* إيرادٌ؛ غَلَّةٌ؛ رَيْعٌ؛ دَخْلٌ

reverberate *vt.; i.* يُرَجِّعُ الصَدى. يَعْكِسُ النورَ / يَتَرَدَّدُ (الصَّوْتُ). يَرْتَدُّ. يَنْعَكِسُ

reverberation *n.* تَرْجيعٌ؛ صَدًى. إنْعِكاسٌ

revere *vt.* يُوَقِّرُ؛ يُبَجِّلُ؛ يُكَرِّمُ (شَيْخًا)

reverence *n.* تَوْقيرٌ؛ تَبْجيلٌ. مَهابَةٌ. إجْلالٌ

reverend *adj.* مُوَقَّرٌ؛ مُبَجَّلٌ؛ مُحْتَرَمٌ

reverent *adj.* مُوَقَّرٌ؛ مُبَجَّلٌ. تَبْجيليٌّ

reverie *n.* حُلْمُ اليَقَظَةِ. الإسْتِغْراقُ في التَفْكيرِ

revers *n.* طَيَّةٌ؛ ثَنْيَةٌ (لِباسٍ)

reversal *n.* عَكْسٌ. إنْعِكاسٌ. نَقْضٌ. إبْطالٌ

reverse *adj.; n.; vt.* عَكْسيٌّ. مُضادٌّ. مَقْلوبٌ. إرْتِداديٌّ // الضِدُّ. هَزيمَةٌ. القَفا؛ الظَهْرُ. العاكِسَةُ // يَعْكِسُ. يَنْقُضُ. يُبْطِلُ

reversible *adj.* قابِلٌ لِلْعَكْسِ. ذو وَجْهَيْنِ

reversion *n.* عُقْبى عَقارِيَّةٌ. عَوْدَةٌ إلى الأَصْلِ. عَكْسٌ؛ إرْجاعٌ. إرْتِدادٌ

revert *vi.* يَعودُ؛ يَرْجِعُ. يَرْتَدُّ

revetment *n.* ساتِرٌ أو حاجِزٌ مِنْ أكْياسِ الرَمْلِ

review *n.; vt.; i.* إسْتِعْراضٌ. مُعايَنَةٌ. إعادَةُ نَظَرٍ. نَقْدٌ. مَجَلَّةٌ نَقْدِيَّةٌ. مُراجَعَةُ دَرْسٍ // يُدَقِّقُ؛ يُعيدُ النَظَرَ. يَسْتَعْرِضُ / يُراجِعُ الدُروسَ

revile *vt.* يَسُبُّ؛ يَشْتُمُ؛ يَلْعَنُ

revise *vt.* يُعَدِّلُ؛ يُغَيِّرُ. يُنَقِّحُ؛ يُهَذِّبُ

revision *n.* تَعْديلٌ؛ تَنْقيحٌ. طَبْعَةٌ مُنَقَّحَةٌ

revival *n.* إحْياءٌ. إنْبِعاثٌ. نَهْضَةٌ

revive *vt.; i.* يُحْيي. يُنْعِشُ؛ يُنَشِّطُ / يَعودُ إلى الوَعْيِ. يَنْشَطُ؛ يَنْتَعِشُ

revocation *n.* إلْغاءٌ؛ إبْطالٌ؛ نَقْضٌ

revoke *vt.* يَسْحَبُ؛ يُلْغي؛ يُبْطِلُ

revolt *n.; vi.* ثَوْرَةٌ. عِصْيانٌ؛ تَمَرُّدٌ // يَثورُ عَلى؛ يَتَمَرَّدُ عَلى. يَشْمَئِزُّ

revolting *adj.* ثائِرٌ. مُثيرٌ للإشْمِئْزازِ

revolution *n.* ثَوْرَةٌ. دَورانٌ. دَوْرَةٌ

revolutionary *adj. & n.* ثائِرٌ؛ ثَوْريٌّ. مُتَطَرِّفٌ

revolve *vt.; i.* يُفَكِّرُ مَلِيًّا / يَدورُ. يَتَعاقَبُ

revolver *n.* مُسَدَّسٌ؛ غَدّارَةٌ

revue *n.* عَمَلٌ مَسْرَحيٌّ ساخِرٌ؛ إسْتِعْراضٌ

revulsion *n.* سَحْبٌ؛ جَذْبٌ. إشْمِئْزازٌ

reward *vt.; n.* يُكافِئُ؛ يُجازي // مُكافَأَةٌ؛ جَزاءٌ

rewrite *vt.irr.* يَكْتُبُ ثانِيَةً. يُنَقِّحُ. يُجَدِّدُ

rhapsody *n.* تَعْبيرٌ حَماسيٌّ. مُنْتَقَياتٌ موسيقِيَّةٌ

rheostat *n.* أداةٌ لِضَبْطِ التَيّارِ الكَهْرَبائيِّ

rhetoric *n.* عِلْمُ البَلاغَةِ والبَيانِ. فَنُّ الخِطابَةِ

rhetoric(al) *adj.* بَيانيٌّ؛ بَلاغيٌّ. مُتَكَلِّفٌ

rheum *n.* إرْتِشاحٌ؛ زُكامٌ

rheumatic *adj.* روماتِزْميٌّ

rheumatism *n.* داءُ المَفاصِلِ؛ الروماتِزْمُ؛ الرَّثْيَةُ

rhinoceros *n.* (*pl.* **-es**) الكَرْكَدَنُّ؛ وَحيدُ القَرْنِ
Rhodesian *adj. & n.* روديسيٌّ
rhododendron *n.* الوَرْديَّةُ (نَباتٌ)
rhombus *n.* (*pl.* **-buses** *or* **-bi**) المُعَيَّنُ
rhubarb *n.* الراوَنْدُ (نَباتٌ)
rhyme *n.; vi.; t.* سَجْعٌ؛ تَقْفِيَةٌ. قَصيدَةٌ مُقَفّاةٌ. إيقاعٌ // يُقَفّي. يُسَجِّعُ. يَتَناغَمُ؛ يَتَطابَقُ؛ يَتَساجَعُ / يَنْظِمُ الشِعْرَ المُقَفّى
rhythm *n.* الإيقاعُ. الوَزْنُ الشِعْريُّ. التَناغُمُ
rhythmic(al) *adj.* إيقاعيٌّ. مَوْزونٌ. مُتَناغِمٌ
rib *n.* ضِلْعٌ. رافِدَةٌ؛ دِعامَةٌ
ribald *adj.* بَذيءٌ؛ سَفيهٌ
ribaldry *n.* بَذاءَةٌ؛ سَفاهَةٌ
ribbon *n.* شَريطٌ. زِمامٌ. خِرْقَةٌ. ضِمادَةٌ
rice *n.* الأَرُزُّ
rich *adj.* غَنيٌّ؛ ثَريٌّ. نَفيسٌ. وَفيرٌ؛ وافِرٌ. دَسِمٌ. خِصْبٌ. حافِلٌ
riches *n.pl.* ثَرْوَةٌ
rick *n.* كُومَةٌ؛ كَدْسَةٌ
rickets *n.pl.* كُساحُ الأَطْفالِ (مَرَضٌ)
rickety *adj.* مُصابٌ بِالكُساحِ. كَسيحٌ. واهِنٌ
ricochet *n.; vi.* قَفْزَةٌ بَعْدَ مَسِّ السَطْحِ // تَرْتَدُّ؛ تَنْبو (القَذيفَةُ)
rid *vt.irr.* يُحَرِّرُ. يَتَخَلَّصُ مِنْ
riddle *n.; vt.* أُحْجِيَّةٌ؛ لُغْزٌ. غِرْبالٌ واسِعُ الثُقوبِ // يَحُلُّ. يُحَيِّرُ. يُغَرْبِلُ. يُفْسِدُ؛ يُشَوِّهُ
ride *vi.irr.; n.* يَرْكَبُ؛ يَمْتَطي. يُبْحِرُ. يَطْفو. تَرْسو (السَفينَةُ) // رُكوبٌ. رِحْلَةٌ
— **down** يَقْهَرُ (عَدُوًّا)
rider *n.* الراكِبُ؛ المُمْتَطي. الجوكي (في السِباقِ). مُلْحَقٌ (بِوَثيقَةٍ)؛ ذَيْلٌ

ridge *n.* حَرْفٌ. قِمَّةٌ. سِلْسِلَةُ جِبالٍ. مَتْنُ الحَيَوانِ. القِرْميدِ
ridicule *n.; vt.* هُزْءٌ؛ سُخْرِيَّةٌ // يَسْخَرُ مِنْ
ridiculous *adj.* سَخيفٌ. مُضْحِكٌ؛ مُثيرٌ لِلسُخْرِيَّةِ
riding *n.* رُكوبٌ. دائِرَةٌ إِنْتِخابِيَّةٌ أَوْ إِدارِيَّةٌ
rife *adj.* وافِرٌ. ذائِعٌ؛ سائِدٌ. حافِلٌ بِـ. سَريعٌ
riff-raff *n.* الأَوْباشُ؛ الرُعاعُ. النُفايَةُ
rifle *vt.; n.* يَسْلُبُ؛ يَنْهَبُ. يَقْذِفُ بِقُوَّةٍ // بُنْدُقِيَّةٌ طَويلَةٌ. رَشيشٌ. رُماةٌ. حَمَلَةُ البَنادِقِ
rift *n.* صَدْعٌ؛ شَقٌّ. نُقْطَةُ ضُعْفٍ
rig *n.; vt.* مَلابِسُ. أَجْهِزَةٌ. آلاتٌ. أَعْتِدَةٌ // يَكْسو. يُجَهِّزُ بِالعُدَّةِ. يُعِدُّ. يُنْشِئُ
rigging *n.* حِبالُ الأَشْرِعَةِ. عُدَّةٌ؛ تَجْهيزاتٌ
right *adj.; adv.; n.; vt.; i.* أَيْمَنُ؛ يُمْنى. قائِمَةٌ (زاوِيَةٌ). صَحيحٌ. قَويمٌ. مُنْصِفٌ. حَقيقِيٌّ. مُصيبٌ. مُعافى. سَليمٌ // تَمامًا. مُباشَرَةً. تَوًّا. فَوْرًا. جِدًّا // عَدْلٌ؛ إِنْصافٌ. اليَدُ اليُمْنى. حَقٌّ. صَوابٌ // يُصَحِّحُ؛ يُعَدِّلُ. يُقَوِّمُ. يُنْصِفُ / يَسْتَقيمُ
by — حَقًّا
righteous *adj.* صالِحٌ. قَويمٌ. مُبَرَّرٌ أَخْلاقِيًّا
rightful *adj.* عادِلٌ. شَرْعِيٌّ. مُلائِمٌ
right-handed *adj.* أَيْمَنُ
rightly *adv.* بِعَدْلٍ؛ بِحَقٍّ. عَلى نَحْوٍ مُلائِمٍ
rights *n.pl.* حُقوقٌ (مُؤَلِّفٍ)
rigid *adj.* صُلْبٌ. صارِمٌ. قاسٍ
rigidity *n.* صَلابَةٌ. صَرامَةٌ. قَساوَةٌ
rigmarole *n.* هُراءٌ. إِجْراءٌ مُعَقَّدٌ
rigo(u)r *n.* صَرامَةٌ. قَسْوَةٌ. شِدَّةٌ. قُشَعْريرَةٌ
rigorous *adj.* صارِمٌ. قاسٍ. قارِسٌ (بَرْدٌ)
rile *vt.* يُكَدِّرُ. يُغْضِبُ؛ يُثيرُ
rill *n.* جَدْوَلٌ. غَديرٌ

rim *n.* حافَّةٌ. إطارٌ
rime *n.* الصَقيعُ. القِشْرَةُ
rind *n.* لِحاءٌ. قِشْرَةٌ
ring *n.; vt.; i.irr.* حَلقَةٌ. خاتَمٌ. طَوْقٌ. دائِرَةٌ. مُلاكَمَةٌ. رَنينٌ. قَرْعُ الجَرَسِ. مُخابَرَةٌ هاتِفيَّةٌ. طابَعٌ // يُطَوِّقُ. يَقْرَعُ الجَرَسَ. يَدْعو. يَتَّصِلُ بِـ / يَرِنُّ الجَرَسُ. يُدَوِّي
ringleader *n.* زَعيمُ فِتْنَةٍ؛ قائِدُ ثَوْرَةٍ
ringlet *n.* حَلَقَةٌ صَغيرَةٌ. عِقْصَةُ شَعْرٍ
rink *n.* حَلْبَةٌ مِنْ جَليدٍ (لِلتَزَلُّجِ)
rinse *vt.* يَغْمِسُ في الماءِ. يَشْطُفُ. يَغْسِلُ بِرِفْقٍ
riot *n.; vi.* شَغَبٌ. إخْلالٌ بِالأَمْنِ. عَرْبَدَةٌ // يُشاغِبُ؛ يُخِلُّ بِالأَمْنِ. يُعَرْبِدُ
riotous *adj.* مُشاغِبٌ. شَغَبيٌّ. وافِرٌ
rip *vt.; n.* يَشُقُّ؛ يُمَزِّقُ؛ يَشْرُطُ // شَقٌّ؛ مِزْقٌ. الخَليعُ؛ المُتَهَتِّكُ
ripe *adj.* يانِعٌ؛ ناضِجٌ. مُلائِمٌ؛ مُؤاتٍ. مُعَتَّقٌ
ripen *vi.; t.* يَنْضَجُ / يُنْضِجُ. يُعَتِّقُ (الخَمْرَ)
ripple *vi.; t.; n.* يَتَمَوَّجُ. يَخُرُّ (الماءُ) / يُمَوِّجُ // تَمَوُّجٌ؛ تَرَقْرُقٌ. خَريرُ الماءِ
rise *vi.irr.; n.* يَنْهَضُ. يَسْتَيْقِظُ. يُشْرِقُ. يَرْتَفِعُ. يَرْتَقي. يَثورُ. يَبْرُزُ. يُبْعَثُ حَيًّا // نُهوضٌ؛ قِيامٌ. شُروقٌ. صُعودٌ. إرْتِقاءٌ. إزْدِيادٌ. أَصْلٌ. رَدُّ فِعْلٍ غاضِبٍ
rising *adj.; n.* ناهِضٌ. طالِعٌ؛ صاعِدٌ. واعِدٌ // نُهوضٌ. ثَوْرَةٌ. بَثْرَةٌ. خُراجٌ. صُعودٌ
risk *vt.; n.* يُجازِفُ بِـ؛ يُخاطِرُ. يُعَرِّضُ لِلْخَطَرِ // مُجازَفَةٌ؛ مُخاطَرَةٌ. خَطَرٌ
risky *adj.* مَحْفوفٌ بِالمَخاطِرِ. عُرْضَةٌ لِلْخَطَرِ
rite *n.* طَقْسٌ دينيٌّ؛ شَعيرَةٌ. مَذْهَبٌ
ritual *adj.; n.* طَقْسيٌّ؛ شَعائِريٌّ // كِتابُ الطُقوسِ
rival *adj. & n.; vt.; i.* مُنافِسٌ؛ مُنازِعٌ. نِدٌّ // يُنافِسُ؛ يُزاحِمُ؛ يُنازِعُ. يُباري / يَتَنافَسُ. يَتَبارى
rivalry *n.* تَنافُسٌ؛ مُنافَسَةٌ. مُزاحَمَةٌ
rive *vt.; i.irr.* يُمَزِّقُ؛ يَشُقُّ / يَتَمَزَّقُ؛ يَنْشَقُّ
river *n.* نَهْرٌ
riverside *n.* ضِفَّةُ النَهْرِ
rivet *n.; vt.* بِرْشامٌ. مِسْمارُ بِرْشامٍ // يُبَرْشِمُ؛ يُثَبِّتُ بِبِرْشامٍ. يُثَبِّتُ بِإِحْكامٍ
rivulet *n.* جَدْوَلٌ؛ نَهْرٌ صَغيرٌ؛ غَديرٌ
roach *n.* سَمَكٌ نَهْريٌّ. صُرْصورٌ
road *n.* طَريقٌ؛ دَرْبٌ؛ سَبيلٌ. شارِعٌ
road-mender *n.* مُرَمِّمُ الطُرُقاتِ
roadside *n.* جانِبُ الطَريقِ. حافَّةُ الطَريقِ
roadstead *n.* مَرْسى. مَوْضِعٌ عَلى الشاطِئِ لِلرُسُوِّ
roadway *n.* الطَريقُ. عُرْضُ الطَريقِ
roam *vt.; i.* يَطوفُ؛ يَجولُ؛ يَدورُ
roan *adj.* أَغْبَرُ (فَرَسٌ)
roar *vi.; n.* يَزْأَرُ؛ يَهْدِرُ. يُقَهْقِهُ. يَصْخَبُ // زَئيرٌ؛ هَديرٌ. قَهْقَهَةٌ. جَلَبَةٌ
roast *vt.; i.; adj.* يَشْوي. يُحَمِّصُ. يَهْزَأُ بِـ / يَتَحَمَّصُ // مَشْويٌّ؛ مُحَمَّصٌ
roaster *n.* الشَوّاءُ. المِشْواةُ. المِحْمَصَةُ
rob *vt.* يَسْلُبُ؛ يَسْرِقُ (مالاً)
robbery *n.* سَرِقَةٌ؛ سَلْبٌ؛ لُصوصيَّةٌ
robe *n.; vt.* ثَوْبٌ؛ رِداءٌ. حُلَّةٌ. غِطاءٌ // يَكْسو؛ يُلْبِسُ
robin; -redbreast *n.* أبو الحِنِّ (طائِرٌ)
robot *n.* إنْسانٌ آليٌّ؛ الرَبوطُ
robust *adj.* قَويٌّ. غَليظٌ. عَنيفٌ. شاقٌّ
rock *n.; vi.; t.* صَخْرٌ. أَساسٌ. دِعامَةٌ. مَلاذٌ.

هاوِيَةٌ. مالٌ؛ نُقودٌ. ماسٌ. إهْتِزازٌ // يَهْتَزُّ. يَتَأَرْجَحُ / يُقْلِقُ. يُؤَرْجِحُ

rocket *n.; vi.* سَهْمٌ نارِيٌّ. صاروخٌ. الجِرْجيرُ (نَباتٌ) // يَنْطَلِقُ كالصاروخِ

rocking chair *n.* الكُرْسيُّ الهَزّازُ

rock salt *n.* مِلْحُ الصُخورِ

rocky *adj.* صَخْرِيٌّ. مُتَحَجِّرٌ. مُتَهَزْهِزٌ. فاحِشٌ

rod *n.* قَضيبٌ؛ عصا. قَصَبَةُ الصَيْدِ. مِقْياسٌ لِلْطولِ (يُساوي ٥,٠٢٩ مترًا). مُسَدَّسٌ

rodent *n.* القارِضُ (حَيَوانٌ ثَدْيِيٌّ)

rodeo *n.* عَرْضُ بَراعَةٍ بَيْنَ رُعاةِ البَقَرِ

roe *n.* (*pl.* **roes**) البَطْرَخُ. اليَحْمورُ. أُنْثى اليَحْمورِ

roebuck *n.* اليَحْمورُ (الذَكَرُ)

rogue *n.* الوَغْدُ؛ المُحْتالُ. الشِرّيرُ. المُتَشَرِّدُ

roguish *adj.* مُحْتالٌ. خَبيثٌ. لَئيمٌ. مُتَشَرِّدٌ

roister *vi.* يُعَرْبِدُ؛ يَصْخَبُ

role; rôle *n.* دَوْرٌ. وَظيفَةٌ

roll *n.; vt.; i.* لَفَّةٌ. كَشْفٌ؛ بَيانٌ. مَخْطوطَةٌ. قُرْصٌ. تَدَحْرُجٌ. قَرْعٌ. قَصْفُ الرَعْدِ. تَرَنُّحٌ؛ تَمايُلٌ // يُدَحْرِجُ. يَلُفُّ؛ يَطْوي / يَتَدَحْرَجُ. يَنْقَضي؛ يَنْصَرِمُ. يَتَرَنَّحُ. يَقْصِفُ (الرَعْدُ)

roll call *n.* المُناداةُ بِالأَسْماءِ. النِداءُ

roller *n.* لَفَّةٌ؛ بَكَرَةٌ. أُسْطُوانَةٌ. مَوْجَةٌ. مِحْدَلَةٌ

roller skate *n.* مِزْلَجَةٌ ذاتُ عَجَلاتٍ

rollick *vi.; n.* يَمْرَحُ؛ يَلْهو // مَرَحٌ؛ لَهْوٌ

rolling pin *n.* شَوْبَكٌ. مِرْقاقُ العَجينِ

Roman *adj. & n.* رومانِيٌّ. لاتينِيٌّ. كاثوليكِيٌّ

romance *n.; vi.* الرومانْسُ؛ قِصَّةُ غَرامٍ عَنيفٍ // يُبالِغُ. يُفَكِّرُ بِرومانتيكيَّةٍ

Romanesque *adj.* فَنُّ العِمارَةِ في أَوائِلِ القُرونِ الوُسْطى

romantic *adj.* رومانتيكِيٌّ. رومانْسِيٌّ. خَيالِيٌّ. إبْداعِيٌّ

romanticism *n.* الرومانْتيكيَّةُ: حَرَكَةٌ أَدَبِيَّةٌ اتَّسَمَتْ بِالخَيالِ وَالعاطِفَةِ. الإبْداعيَّةُ

romanticist *n.* الرومانْتيكِيُّ

romp *n.; vi.* صَخَبٌ؛ مَرَحٌ. فَتاةٌ لَعوبٌ // يَمْرَحُ؛ يَصْخَبُ؛ يَلْهو

rompers *n.pl.* ثَوْبٌ خارِجِيٌّ فَضْفاضٌ لِلأَطْفالِ

roof *n.; vt.* سَقْفٌ. قِمَّةٌ؛ ذُرْوَةٌ. سَطْحٌ // يَسْقُفُ. يُظَلِّلُ. يَأْوي

roofless *adj.* دونَ سَقْفٍ. شَريدٌ

roof-rack *n.* صالَةُ عَرْضٍ

rook *n.; vt.* المُخادِعُ. غُدافٌ. الرُخُّ (شِطْرَنْجٌ) // يَخْدَعُ، يَحْتالُ عَلى

rookie *n.* المُجَنَّدُ الجَديدُ

room *n.; vi.; t.* غُرْفَةٌ؛ حُجْرَةٌ. مَجالٌ. مُتَّسَعٌ. حَيِّزٌ // يَقْطُنُ؛ يَسْكُنُ / يُؤْوي؛ يُسْكِنُ

roominess *n.* إتِّساعٌ؛ رَحابَةٌ

roommate *n.* رَفيقٌ أَو زَميلُ الغُرْفَةِ

roomy *adj.* رَحْبٌ؛ فَسيحٌ؛ واسِعٌ

roost *n.; vi.* مَجْثَمُ الطائِرِ. مَسْكَنٌ؛ مَأْوى // يَجْثُمُ. يَبيتُ

rooster *n.* ديكٌ. شَخْصٌ مَغْرورٌ

root *n.; vt.* جِذْرٌ؛ أَصْلٌ؛ مَصْدَرٌ. أَساسٌ؛ قاعِدَةٌ // يُجَذِّرُ؛ يُرَسِّخُ؛ يُؤَصِّلُ

rope *n.; vt.; i.* حَبْلٌ. المَوْتُ شَنْقًا // يُقَيِّدُ بِحَبْلٍ / يَنْفَتِلُ؛ يَتَّخِذُ شَكْلَ حَبْلٍ

rope-walker *n.* بَهْلَوانٌ يَسيرُ عَلى الحِبالِ

ropiness *n.* لَزاجَةٌ؛ تَدْبيقٌ

ropy *adj.* لَزِجٌ؛ دَبِقٌ. نَحيلٌ

rosary *n.* سُبْحَةٌ. مَسْبَحَةُ صَلَواتٍ. حَديقَةُ وَرْدٍ
rose *n.* وَرْدَةٌ. اللَوْنُ الوَرْدِيُّ
roseate *adj.* وَرْدِيٌّ. مُتَفائِلٌ
rose-bed *n.* حَوْضُ الوَرْدِ. مَسْكَبَةُ الوُرودِ
rosemary *n.* إكْليلُ الجَبَلِ ؛ حَصى البانِ (نَباتٌ)
rosette *n.* حِلْيَةٌ وَرْدِيَّةُ الشَّكْلِ. شارَةٌ. وِسامٌ. زِرٌّ
rose window *n.* نافِذَةٌ مُسْتَديرَةٌ مُخَرَّمَةٌ
rosin *n.* راتينَجُ القَلْفونِيَّةِ. صَمْغُ البُطْمِ
rosiness *n.* تَوَرُّدٌ. إشْراقٌ. تَفاؤُلٌ
rostrum *n.* (*pl.* **-trums** *or* **-tra**) مِنْبَرُ خِطابَةٍ. مِنْقارٌ
rosy *adj.* وَرْدِيٌّ ؛ مُتَوَرِّدٌ. مُشْرِقٌ. مُتَفائِلٌ
rot *n.*; *vt.*; *i.* تَعَفُّنٌ ؛ فَسادٌ. هُراءٌ // يُفْسِدُ / يَتَعَفَّنُ. يَفْسُدُ. يَبْلى
rota *n.* قائِمَةٌ. جَدْوَلُ الخِدْمَةِ
rotary *adj.* دَوّارٌ ؛ دائِرٌ عَلى مِحْوَرٍ. دَوَرانِيٌّ
rotate *vi.*; *t.* يَدورُ عَلى مِحْوَرٍ. يَتَناوَبُ ؛ يَتَعاقَبُ / يُناوِبُ. يُديرُ عَلى مِحْوَرٍ
rotation *n.* دَوَرانٌ. تَعاقُبٌ. مُناوَبَةٌ. تَدْويرٌ
rote (by—) *n.* إسْتِظْهارٌ. دونَ فَهْمٍ. روتينٌ
rotten *adj.* نَتِنٌ ؛ فاسِدٌ. حَقيرٌ. مُرْهَقٌ
rotund *adj.* مُسْتَديرٌ. مُمْتَلِئُ الجِسْمِ. طَنّانٌ
rouble *or* **ruble** *n.* الروبِلُ: وَحْدَةُ النَّقْدِ في روسيا
rouge *n.* أحْمَرُ الشِّفاهِ (مُسْتَحْضَرٌ تَجْميلِيٌّ)
rough *adj.*; *adv.*; *n.* خَشِنٌ. قاسٍ. هائِجٌ (بَحْرٌ). فَظٌّ. وَعْرٌ // بِخُشونَةٍ // أرْضٌ وَعِرَةٌ. شَخْصٌ فَظٌّ أوْ جِلْفٌ. رَسْمٌ أوَّلِيٌّ. خُطوطٌ عَريضَةٌ
  a — copy نُسْخَةٌ مُسَوَّدَةٌ
roughen *vt.* يُخَشِّنُ
roughly *adv.* تَقْريبًا. بِخُشونَةٍ. بِفَظاظَةٍ

roulette *n.* لُعْبَةُ الروليت (قِمارٌ)
round *adj.*: *adv.*: *prep.*: *n.*: *vt.*: *i.* مُسْتَديرٌ. كُرَوِيٌّ. تامٌّ. صَريحٌ. مُمْتَلِئٌ // تَقْريبًا. دائِرِيًّا. مِنْ شَخْصٍ إلى آخَرَ // طَوالَ // دائِرَةٌ ؛ حَلْقَةٌ. دَوْرَةٌ. طَلْقَةٌ. مَدى // يَدورُ. يُدَوِّرُ. يُتِمُّ. يَصْقُلُ / يَسْتَديرُ ؛ يَتَدَوَّرُ
roundabout *adj.*: *n.* مُلْتَوٍ ؛ غَيْرُ مُباشِرٍ // طَريقٌ مُلْتَوٍ. لُعْبَةُ خَيْلٍ خَشَبِيَّةٌ
rounded *adj.* مُدَوَّرٌ. كامِلٌ
roundelay *n.* أغْنِيَةٌ أوْ قَصيدَةٌ ذاتُ لازِمَةٍ
roundly *adv.* تَمامًا. عَلى نَحْوٍ مُسْتَديرٍ. بِرَشاقَةٍ
round trip *n.* رِحْلَةٌ ذَهابًا وَإيابًا
round-up *n.* جَمْعُ شَمْلٍ أوْ شَتاتٍ. موجَزٌ
roup *n.* خانوقٌ ؛ بُحَّةٌ في الصَّوْتِ
rouse *vt.*; *i.* يوقِظُ. يُحَرِّضُ ؛ يُثيرُ / يَسْتَيْقِظُ
rout *n.*; *vt.* هَزيمَةٌ مُنْكَرَةٌ. شَغَبٌ. حَشْدٌ. حَفْلَةٌ // يوقِظُ. يَهْزِمُ
route *n.*; *vt.* طَريقٌ. مَسْلَكٌ. إتِّجاهٌ // يُوَجِّهُ. يُرْسِلُ. يُسَيِّرُ
routine *n.* الروتينُ ؛ الوَتيرَةُ الواحِدَةُ. كَلامٌ مُعادٌ
rove *vi.*; *t.* يَطوفُ ؛ يَجولُ ؛ يَدورُ
rover *n.* الطَّوّافُ ؛ الجَوّالُ. القُرْصانُ
row *n.*; *vi.*; *t.* تَجْذيفٌ. صَفٌّ. طَريقٌ ؛ شارِعٌ. شِجارٌ // يُجَذِّفُ. يَتَشاجَرُ / يُوَبِّخُ
rowdy *adj.* & *n.* فَظٌّ ؛ مُشاكِسٌ ؛ مُحِبٌّ لِلْخِصامِ
rowing *n.* تَجْذيفٌ
rowlock *n.* مِسْنَدُ المِجْذافِ. بَيْتُ المِجْذافِ
royal *adj.* مَلَكِيٌّ. فَخْمٌ. ضَخْمٌ. مُمْتازٌ. هَيِّنٌ
royalist *n.* & *adj.* مَلَكِيٌّ
royalty *n.* المَلَكِيَّةُ. النُّبْلُ. ضَريبَةٌ. الجُعالَةُ
rub *vi.*; *t.*; *n.* يَمْحو ؛ يُزيلُ. يَفْرُكُ. يَحُكُّ /

يَنْمَحي // مَحْوٌ. حَكٌّ. فَرْكٌ. مُشْكِلَةٌ. عَقَبَةٌ

rubber *n.* مِمْحاةٌ. مَطّاطٌ

rubber-stamp *n.; vt.* خَتْمٌ مَطّاطِيٌّ؛ خَتْمٌ كاوتشوكٍ. المُقَلِّدُ. موافقةٌ روتينيّةٌ // يَخْتِمُ بِخَتْمِ كاوتْشوكٍ. يوافِقُ مِنْ دونِ تَفْكيرٍ

rubbish *n.* نُفايَةٌ. هُراءٌ

rubbish bin *n.* سَلَّةُ النُّفاياتِ أوِ المُهْمَلاتِ

rubble *n.* الدَبْشُ؛ حِجارَةٌ غَيْرُ مَصْقولَةٍ

rubric *n.* قاعِدَةٌ. سُنَّةٌ. عادَةٌ. عُنْوانٌ أحْمَرُ

ruby *adj.; n.* ياقوتِيُّ اللَوْنِ // ياقوتٌ

ruck *n.* حَشْدٌ. مَجْموعَةٌ. ثَنْيَةٌ

ruction *n.* إضْطِرابٌ؛ هِياجٌ. شِجارٌ

rudder *n.* الدَفَّةُ. المُوَجِّهُ؛ الهادي؛ الضابِطُ

ruddy *adj.* مُتَوَرِّدُ اللَوْنِ. مُحْمَرٌّ

rude *adj.* فَظٌّ؛ جِلْفٌ. بِدائِيٌّ. غَيْرُ مُهَذَّبٍ. خَشِنٌ. جَيِّدٌ. قَوِيٌّ. عَنيفٌ

rudiment *n.* مَبادِئُ؛ أُصولٌ. بَداءَةٌ

rudimentary *adj.* إبْتِدائِيٌّ؛ أوَّلِيٌّ. مُتَخَلِّفٌ

rue *vi.; t.; n.* يَأْسَفُ؛ يَنْدَمُ // نَدَمٌ؛ أسَفٌ

rueful *adj.* حَزينٌ؛ كَئيبٌ.

ruff *n.* قَبَّةٌ مُكَشْكَشَةٌ. طَوْقُ ريشٍ حَوْلَ عُنُقِ الطائِرِ

ruffian *n.* شَخْصٌ وَحْشِيٌّ

ruffle *n.; vt.* كَشْكَشٌ. تَغَضُّنٌ؛ تَجَعُّدٌ. إضْطِرابٌ // يُزْعِجُ؛ يُكَدِّرُ. يُغَضِّنُ؛ يُجَعِّدُ. يُكَشْكِشُ

rug *n.* سَجّادَةٌ؛ بِساطٌ. بَطّانِيَّةٌ. دِثارٌ

Rugby *n.* الرُكْبي (ضَرْبٌ مِنْ كُرَةِ القَدَمِ)

rugged *adj.* وَعْرٌ. عاصِفٌ. مُتَجَعِّدٌ. صارِمٌ. كالِحٌ. فَظٌّ. جِلْفٌ. قَوِيُّ البُنْيَةِ

ruin *n.; vt.* خَرابٌ. فَقْرٌ. *pl.* بَقايا؛ خَرائِبُ. تَدْميرٌ //يُهَدِّمُ. يُخَرِّبُ؛ يُدَمِّرُ. يُفْقِرُ

ruined *adj.* مُخَرَّبٌ؛ مُتَهَدِّمٌ. مُفْلِسٌ

ruinous *adj.* خَرِبٌ؛ مُتَهَدِّمٌ. هَدّامٌ

rule *n.; vi.; t.* قانونٌ؛ دُسْتورٌ. قاعِدَةٌ. حُكْمٌ. سُلْطَةٌ. عَهْدٌ. مِسْطَرَةٌ // يُسَيْطِرُ؛ يَسودُ / يُوَجِّهُ؛ يُهْدي. يَحْكُمُ. يُسَطِّرُ بالمِسْطَرَةِ

as a — غالِبًا؛ عادَةً

ruler *n.* الحاكِمُ. المِسْطَرَةُ

ruling *adj.; n.* حاكِمٌ؛ سائِدٌ // حُكْمٌ؛ سَيْطَرَةٌ. تَسْطيرٌ بِمِسْطَرَةٍ

rum *adj.; n.* غَريبٌ؛ عَجيبٌ // شَرابٌ مُسْكِرٌ

Rumanian *adj. & n.* رومانِيٌّ // اللُغَةُ الرومانِيَّةُ

rumba *n.* الرومبا: رَقْصَةٌ كوبِيَّةٌ

rumble *vi.* يُدَمْدِمُ؛ يُقَعْقِعُ. يُلَعْلِعُ الرَصاصُ

ruminant *adj. & n.* مُجْتَرٌّ (حَيَوانٌ)

ruminate *vi.* يَتَأَمَّلُ؛ يُفَكِّرُ في. يَجْتَرُّ

rummage *vt.; i.; n.* يَبْحَثُ؛ يُنَقِّبُ. يُفَتِّشُ // بَحْثٌ؛ تَنْقيبٌ. تَفْتيشٌ دَقيقٌ

rumo(u)r *n.; vt.* إشاعَةٌ // يُشيعُ؛ يُطْلِقُ إشاعَةً

rump *n.* كَفَلٌ؛ رِدْفٌ. بَقِيَّةٌ

rumple *vt.; i.; n.* يُجَعِّدُ؛ يُغَضِّنُ. يُشَعِّثُ / يَتَجَعَّدُ (شَعْرٌ) // جَعْدَةٌ؛ غَضَنٌ

rumpus *n.* شِجارٌ. جَلَبَةٌ؛ ضَوْضاءُ؛ ضَجيجٌ

run *vt.irr.; n.* يَجْري؛ يَرْكُضُ؛ يَعْدو. يَفِرُّ. يَطوفُ. يُعَجِّلُ. يَلْجَأُ. يَسيرُ. يَسيلُ. يَنْحَلُّ. يَمْتَدُّ // عَدْوٌ؛ رَكْضٌ؛ جَرْيٌ. فِرارٌ. تَطْوافٌ. عَجَلَةٌ. لُجوءٌ. سَيْرٌ. سَيْلٌ. إنْحِلالٌ. إمْتِدادٌ

— a risk يُعَرِّضُ نَفْسَهُ لِلْخَطَرِ

— about يَرْكُضُ هُنا وهُناكَ

— away يَفِرُّ؛ يُولّي الأدْبارَ

— down يَتَعَطَّلُ

— off يَلوذُ بالفِرارِ

— out يَنْقَضي. يَنْفُدُ. يَسيلُ

صَخَبٌ. الأَسَلُ (نَباتٌ) // يَنْدَفِعُ / يَدْفَعُ بِقُوَّةٍ. يَحْمِلُ بِسُرْعَةٍ

rusk *n.* ضَرْبٌ مِنَ البَسْكويتِ

russet *adj.; n.* خَمْرِيُّ اللَّوْنِ // اللَّوْنُ الخَمْرِيُّ

Russian *adj. & n.* روسِيٌّ // اللُّغَةُ الروسيَّةُ

rust *n.; vi.* صَدَأٌ // يَصْدَأُ

rustic *adj. & n.* ريفِيٌّ. أَخْرَقُ. بَسيطٌ؛ ساذِجٌ

rusticate *vi.; t.* يُقيمُ في الريفِ / يَجْعَلُهُ ريفِيًّا. يَطْرُدُ مِنَ الجامِعَةِ مؤَقَّتًا

rustle *vi.; n.* يُحْدِثُ حَفيفًا. يَنْدَفِعُ بِعَزْمٍ. يَسْرِقُ الماشِيَةَ // حَفيفٌ؛ خَشْخَشَةٌ

rustling *adj.; n.* مُرْتَجِفٌ؛ مُرْتَعِدٌ. مُخَشْخِشٌ؛ حافٌّ // حَفيفٌ؛ خَشْخَشَةٌ. سَرِقَةُ الماشِيَةِ

rusty *adj.* صَدِئٌ. بِلَوْنِ الصَدَإِ. أَجَشُّ. نَكِدٌ. فَظٌّ

rut *n.; vt.* أَثَرُ الدولابِ. طَريقٌ. مَجْرى. أُخْدودٌ // يَحْفِرُ. يُخَدِّدُ

ruthless *adj.* قاسٍ؛ مُتَحَجِّرُ القَلْبِ. لا يَرْحَمُ

rye *n.* الجاودارُ (نَباتٌ). سَيِّدٌ غَجَرِيٌّ

rye grass *n.* الزُّوانُ (نَباتٌ عُشْبِيٌّ)

— up يُكَدِّسُ

runaway *adj.; n.* هارِبٌ. حاسِمٌ (نَصْرٌ)؛ سَريعٌ // هُروبٌ. الهارِبُ. الإِنْطِلاقُ بِسُرْعَةٍ

rung *n.* دَرَجَةُ السُلَّمِ. رافِدَةُ الكُرْسِيِّ

runner *n.* العَدّاءُ. الرَسولُ. ساقٌ جارِيَةٌ

running *adj.; n.* جارٍ؛ راكِضٌ. تالٍ // عَدْوٌ؛ رَكْضٌ؛ سِباقٌ. إدارَةٌ

runny *adj.* راشِحٌ

runt *n.* القَزَمُ

runway *n.* مَدْرَجٌ لِهُبوطِ الطائِراتِ وَإِقْلاعِها. مَسْلَكٌ تَشُقُّهُ الحَيَواناتُ. مَجْرى

rupee *n.* الروبِيَّةُ: وَحْدَةُ النَقْدِ في الهِنْدِ والباكِسْتانِ

rupture *n.; vt.; i.* قَطْعُ العَلاقاتِ. فَتْقٌ. تَمْزيقٌ. تَمَزُّقٌ // يُفَجِّرُ. يَقْطَعُ العَلاقاتِ / يُصابُ بِفَتْقٍ. يَتَمَزَّقُ

ruptured *adj.* مُمَزَّقٌ. مُنْفَجِرٌ

rural *adj.* ريفِيٌّ؛ قَرَوِيٌّ (سَكَنٌ)

ruse *n.* خُدْعَةٌ؛ حيلَةٌ؛ دَهاءٌ؛ مَكْرٌ

rush *n.; vi.; t.* إِزْدِحامٌ. إِنْدِفاعٌ. عَجَلَةٌ.

S

S; s *n.* الحَرْفُ التاسِعَ عَشَرَ مِنَ الأَبْجَدِيَّةِ الإنكليزيَّة

Sabbath *n.* يَوْمُ السَبْتِ (عِنْدَ اليَهود)

sabbatic(al) *adj.* سَبْتيٌّ ؛ خاصٌّ بِيَوْمِ السَبْتِ

saber *n.: vt.* سَيْفٌ قاطِعٌ ؛ حُسامٌ // يَطْعَنُ بالسَيْف

sable *adj.: n.* أَسْوَدُ؛ قاتِمٌ جِدًّا // اللَوْنُ الأَسْوَدُ. السَمّورُ. فَرْوُ السَمّور

sabot *n.* قَبْقابٌ ؛ حِذاءٌ خَشَبيٌّ

sabotage *n.: vt.* تَخْريبٌ؛ تَدْميرٌ // يُخَرِّبُ

sac *n.* كيسٌ. جَيْبٌ

saccharin *n.* سُكَّرينُ (مُرَكَّبٌ مُتَبَلِّرٌ حُلْوٌ)

saccharine *adj.* سُكَّريٌّ. عَذْبٌ

sacerdotal *adj.* كَهْنوتيٌّ

sack *n.: vt.* كيسٌ. مِلْءُ كيس. صَرْفٌ مِنَ الوَظيفَةِ // يَضَعُ في كيس. يَنْهَبُ؛ يَسْلُبُ

sackcloth *n.* المِسْحُ: قُماشٌ مِنْ وَبَرِ الإِبِل

sacking *n.* خَيْشٌ

Sacrament *n.* القُرْبانُ المُقَدَّسُ. سِرٌّ مُقَدَّسٌ

sacred *adj.* مُقَدَّسٌ. دينيٌّ

sacrifice *vt.: i.: n.* يُضَحّي. يُقَدِّمُ القَرابينَ // تَقْدِمَةٌ؛ ذَبيحَةٌ. تَضْحِيَةٌ

sacrificial *adj.* قُرْبانيٌّ

sacrilege *n.* إِنْتِهاكُ الحُرُماتِ؛ التَدْنيسُ

sad *adj.* حَزينٌ؛ كَئيبٌ. داكِنٌ؛ مُتَجَهِّمٌ

sadden *vt.: i.* يُحْزِنُ / يَحْزَنُ؛ يَكْتَئِبُ

saddle *n.: vt.: i.* السَرْجُ؛ الرَحْلُ // يُسْرِجُ الفَرَسَ / يَمْتَطي جَوادًا مُسْرَجًا

sadism *n.* الساديَّةُ. الإِبْتِهاجُ بِالقَسْوَةِ

sadistic *adj.* ساديٌّ؛ خاصٌّ بِالتَعْذيبِ

sadness *n.* حُزْنٌ؛ كَآبَةٌ

safe *adj.: n.* سالِمٌ. مَأْمونٌ // خِزانَةٌ (مِنَ الفولاذِ)

safe-conduct *n.* جَوازُ المُرورِ

safeguard *n.: vt.* وِقايَةٌ. حَرَسٌ. جَوازُ مُرورٍ // يَحْمي؛ يَقي؛ يَصونُ

safe-keeping *n.* صَوْنٌ؛ وِقايَةٌ؛ حِمايَةٌ

safety *n.: adj.* سَلامَةٌ؛ أَمانٌ // وِقائيٌّ؛ إِحْتِرازيٌّ

safety catch *n.* فُرْضَةُ التَوْقيفِ

safety match *n.* ثِقابُ الأَمانِ

safety valve *n.* صِمامُ الأَمانِ

saffron *n.* الزَعْفَرانُ (نَباتٌ). لَوْنُ الزَعْفَرانِ

sag *vi.* يَرْتَخي؛ يَتَدَلّى. يَنْخَفِضُ

sagacious *adj.* عاقِلٌ. ذَكيٌّ

sagaciousness; sagacity *n.* ذَكاءٌ؛ حَصافَةٌ

sage *adj.: n.* حَكيمٌ؛ عاقِلٌ // الحَكيمُ؛ العاقِلُ. القَصْعينُ (نَباتٌ)

sagging *adj.: n.* مُنْحَنٍ. مُتَدَلٍّ // إِنْخِفاضٌ

sago *n.* لُبُّ نَخْلِ الهِنْدِ. دَقيقُ النَخْلِ

sail *n.: vi.* شِراعٌ. مَرْكَبٌ شِراعيٌّ // يُسافِرُ بِمَرْكَبٍ شِراعيٍّ. يُديرُ السَفينَةَ

sailable *adj.* صالِحٌ لِلمِلاحَةِ

sail-cloth *n.* قُماشُ الأَشْرِعَةِ

sailing *adj.: n.* مُبْحِرٌ // إِبْحارٌ

sailor *n.* بَحّارٌ؛ مَلاّحٌ؛ نوتيٌّ

saint *n.* قِدّيسٌ. وَليٌّ. مَلاكٌ

saintly *adj.* طاهِرٌ. وَرِعٌ (كاهِنٌ)

sake *n.* قَصْدٌ؛ غَرَضٌ. سَبيلٌ؛ مَصْلَحَةٌ

sal *n.* مِلْحٌ

salaam *n.* سَلامٌ ؛ تَحيَّةٌ . السَّلامُ عَلَيْكَ
salad *n.* سَلَطَةٌ . خُضْرَةٌ (خَسٌّ)
salamander *n.* أداةٌ لِلطَهْوِ . فُرْنٌ للمَطْبَخِ . نَقّالٌ . السَّمَنْدَرُ (دُوَيْبَةٌ) . السَّمَنْدَلُ (طائِرٌ)
salary *n.* راتِبٌ
sale *n.* بَيْعٌ . طَلَبٌ . سوقٌ . بَيْعٌ بأسْعارٍ مُخَفَّضَةٍ
salesman *n.* (*pl.* **-men**) البائِعُ
salient *adj.*; *n.* بارِزٌ ؛ ناتِئٌ . مَلْحوظٌ . نَفّاثٌ // زاوِيَةٌ بارِزَةٌ . نُتوءٌ (في حِصْنٍ)
salify *vt.* يُمَلِّحُ
saline *adj.* مالِحٌ . مِلْحِيٌّ
saliva *n.* ريقٌ ؛ لُعابٌ ؛ رُضابٌ
salivate *vt.* يُحْدِثُ مِقْدارًا مِنَ اللُعابِ في
sallow *n.*; *adj.* الصَفْصافُ // باهِتٌ ؛ شاحِبٌ
sally *n.*; *vi.* هَجْمَةٌ . إنْفِجارٌ . رِحْلَةٌ . نُكْتَةٌ // يَتَنَزَّهُ . يَهْجُمُ على
salmon *n.* السَّلْمونُ ؛ سَمَكُ سُلَيْمانَ
saloon *n.* بَهْوٌ . صالونٌ . حانَةٌ
salt *n.*; *vt.*; *adj.* مِلْحٌ // يُمَلِّحُ // مالِحٌ . حادٌّ
salt-cellar *n.* المَمْلَحَةُ
salt mine *n.* مَنْجَمُ المِلْحِ
saltpeter *or* **saltpetre** *n.* المِلْحُ الصَخْرِيُّ
salty *adj.* مالِحٌ . مُمَلَّحٌ
salubrious *adj.* صِحِّيٌّ ؛ مُفيدٌ لِلْصِحَّةِ
salubrity *n.* المَنْفَعَةُ الصِحِّيَّةُ
salutary *adj.* صِحِّيٌّ . مُفيدٌ
salutation *n.* سَلامٌ ؛ تَحيَّةٌ . إسْتِهْلالٌ
salute *vt.*; *n.* يُحَيّي ؛ يُسَلِّمُ على . يُرَحِّبُ بِـ // تَحيَّةٌ ؛ سَلامٌ . تَرْحيبٌ
Salvadorean *adj.* & *n.* سَلْفادورِيٌّ
salvage *n.*; *vt.* إنْقاذٌ . المُمْتَلَكاتُ المُنْقَذَةُ // يُنْقِذُ
salvation *n.* نَجاةٌ ؛ خَلاصٌ . إنْقاذٌ . تَخْليصٌ
salve *n.*; *vt.* مَرْهَمٌ . مُلَطِّفٌ // يُهَدِّئُ ؛ يُسَكِّنُ
salver *n.* طَبَقٌ ؛ صينِيَّةٌ
salvo *n.* إشْتِراطٌ . دُفْعَةٌ مِدْفَعِيَّةٌ . تَحِيَّةٌ
Samaritan *adj.* & *n.* سامِرِيٌّ
same *adj.* نَفْسُهُ ؛ عَيْنُهُ
sameness *n.* شَبَهٌ ؛ تَماثُلٌ . رَتابَةٌ
sample *n.*; *vt.* عَيِّنَةٌ ؛ مَسْطَرَةٌ // يَأْخُذُ عَيِّنَةً . يَخْتَبِرُ
sanatorium *n.* (*pl.* **-toria**) مَصَحٌّ
sanctify *vt.* يُقَدِّسُ ؛ يُكَرِّسُ . يُطَهِّرُ مِنَ الخَطيئَةِ
sanctimonious *adj.* مُنافِقٌ ؛ مُتَظاهِرٌ بالتَقْوى
sanction *n.*; *vt.* مَرْسومٌ ؛ قانونٌ . عُقوبَةٌ إقْتِصادِيَّةٌ . نَصٌّ جَزائِيٌّ . إقْرارٌ // يُصَدِّقُ على . يُجيزُ
sanctity *n.* قَداسَةٌ ؛ طَهارَةٌ . حُرْمَةٌ . وَرَعٌ
sanctuary *n.* حَرَمٌ ؛ مَقْدِسٌ . مَلاذٌ
sanctum *n.* (*pl.* **-tums** *or* **-ta**) حَرَمٌ ؛ مَقْدِسٌ . مُعْتَزَلٌ
sand *n.*; *vt.* رَمْلٌ . شاطِئٌ رَمْلِيٌّ // يَمْلأُ بِالرَمْلِ . يُغَطّي بِالرَمْلِ
sandal *n.* خُفٌّ ؛ صَنْدَلٌ
sandbag *n.* كيسُ رَمْلٍ
sandglass *n.* الساعَةُ الرَمْلِيَّةُ
sandpaper *n.*; *vt.* وَرَقُ الزُجاجِ // يَحُكُّ بِوَرَقِ الزُجاجِ (الخَشَبَ)
sand pit *n.* مَنْجَمُ الرَمْلِ . مِحْفَرُ الرَمْلِ
sandstone *n.* الحَجَرُ الرَمْلِيُّ
sandstorm *n.* زَوْبَعَةٌ أو عاصِفَةٌ رَمْلِيَّةٌ
sandwich *n.* شَطيرَةٌ ؛ سَنْدَويتْش
sandy *adj.* رَمْلِيٌّ . مُرْمِلٌ . رَمْلِيُّ اللَوْنِ
sane *adj.* سَليمُ العَقْلِ . عاقِلٌ
sanguinary *adj.* سَفّاحٌ ؛ دَمَوِيٌّ (طاغِيَةٌ)

sanguine *adj.* دَمويٌّ (سَيلانٌ). أَحْمرُ قانٍ
sanitary *adj.* صِحّيٌّ. نَظيفٌ
sanitation *n.* تَعْزيزُ الصِحَّةِ العامَّةِ
sanity *n.* سَلامَةُ العَقْلِ
Sanskrit *n.* السَنْسكْريتيَّةُ (لُغَةُ الهِنْدِ القَديمَةِ)
Santa Claus *n.* «بابا نُويْل»؛ مُوَزِّعُ الهَدايا لَيْلَةَ الميلادِ؛ القِدّيسُ نِقولا
sap *n.: vt.* النُسْغُ؛ ماءُ النَباتِ. حَيَويَّةٌ // يُضْعِفُ. يُقَوِّضُ. يُوهِنُ
sapience *n.* حِكْمَةٌ؛ تَعَقُّلٌ
sapient *adj.* حَكيمٌ؛ مُتَعَقِّلٌ
sapling *n.* شُجَيْرَةٌ. شابٌّ
saponify *vt.: i.* يُصَبِّنُ؛ يُحَوِّلُ إلى صابونٍ / يَتَصَبَّنُ (الدُهْنُ)
sapphire *n.* ياقوتٌ أَزْرَقُ
sappy *adj.* كَثيرُ النُسْغِ (نَباتٌ). رَيّانُ
Saracen *adj. & n.* عَرَبيٌّ. مَغْرِبيٌّ. مُسْلِمٌ
sarcasm *n.* سُخْرِيَّةٌ؛ تَهَكُّمٌ؛ ازْدِراءٌ
sarcastic *adj.* سُخْرِيٌّ؛ تَهَكُّميٌّ (أُسْلوبٌ)
sarcophagus *n.* (*pl.* **-gi** *or*- **guses**) الناووسُ
sardine *n.* السَرْدينُ (نَوْعٌ مِنَ السَمَكِ)
Sardinian *adj. & n.* سَرْدينيٌّ // لُغَةٌ سَرْدينيَّةٌ
sardonic *adj.* تَهَكُّميٌّ؛ ساخِرٌ
sash *n.* وِشاحٌ. حِزامٌ. إطارٌ
sashwindow *n.* نافِذَةٌ مِفْصَليَّةٌ
Satan *n.* الشَيْطانُ؛ إبْليسُ
satanic(al) *adj.* شَيْطانيٌّ؛ إبْليسيٌّ (روحٌ)
satchel *n.* حَقيبَةٌ مَدْرَسيَّةٌ
sate *vt.* يَروي (الغَليلَ). يُشْبِعُ (رَغْبَةً)
satellite *n.* قَمَرٌ؛ تابِعٌ. قَمَرٌ إصْطِناعيٌّ. دَوْلَةٌ تابِعَةٌ
satiate; sate *vt.* يُشْبِعُ؛ يُتْخِمُ
satiety *n.* شِبَعٌ؛ تُخْمَةٌ
satin *n.: adj.* الأَطْلَسُ؛ الساتانُ؛ نَسيجٌ ناعِمٌ حَريريٌّ // ساتانيٌّ. ناعِمٌ؛ صَقيلٌ
satire *n.: vt.* ذَمٌّ؛ هِجاءٌ. مَقْطوعَةٌ هِجائيَّةٌ // يَهْجو؛ يَذُمُّ؛ يَقْدَحُ بـ (حاكِمٍ)
satiric(al) *adj.* هِجائيٌّ. هَجّاءٌ
satirize *vt.* يَهْجو؛ يَذُمُّ
satisfaction *n.* إقْتِناعٌ؛ إرْضاءٌ. إشْباعٌ. إرْتِياحٌ
satisfactory *adj.* مُرْضٍ (جوابٌ، عَمَلٌ)
satisfy *vt.: i.* يُرْضي؛ يَسُرُّ. يُقْنِعُ. يُشْبِعُ
saturate *vt.* يُتْخِمُ. يُشَبِّعُ (السائِلَ)
saturation *n.* إتْخامٌ؛ إشْباعٌ. تُخْمَةٌ. تَشَبُّعٌ
Saturday *n.* يَوْمُ السَبْتِ
Saturn *n.* زُحَلُ (كَوْكَبٌ)
saturnine *adj.* مَريرٌ. كَئيبٌ. ساخِرٌ. رَصاصيٌّ
satyr *n.* الشَبِقُ. فَراشَةٌ
sauce *n.: vt.* المَرَقُ. الوَقاحَةُ // يُنَكِّهُ. يَتَواقَحُ
sauce boat *n.* قِدْرُ المَرَقِ
saucepan *n.* قِدْرٌ لِلْمَرَقِ
saucer *n.* صَحْنٌ صَغيرٌ. صَحْنُ الفِنْجانِ
saucy *adj.* وَقِحٌ؛ سَفيهٌ
saunter *vi.; n.* يَتَهادى؛ يَسيرُ عَلى مَهْلٍ // السَيْرُ عَلى مَهْلٍ
sausage *n.* سُجُقٌ؛ نَقانِقُ
savage *adj.; n.; vt.* مُتَوَحِّشٌ. فَظٌّ. هَمَجيٌّ؛ غَيْرُ مُتَمَدِّنٍ. بِدائيٌّ // الجِلْفُ؛ الفَظُّ // يُهاجِمُ بِعُنْفٍ
savageness; savagery *n.* هَمَجيَّةٌ. فَظاظَةٌ
savant *n.* العالِمُ؛ العَلاّمَةُ (في الفيزْياءِ)
save *vt.; i.; prep.; n.* يُخَلِّصُ؛ يُنَجّي؛ يُنْقِذُ / يَقْتَصِدُ // ما عَدا؛ بِاسْتِثْناءِ؛ إلاّ // ضَرْبَةٌ تَحولُ دونَ تَسْجيلِ هَدَفٍ (كُرَةُ القَدَمِ)

saving *adj.; n.* مُقْتَصِدٌ. مُنْقِذٌ // تَوفيرٌ؛ إقْتِصادٌ. *pl.* مُدَّخَراتٌ
savio(u)r *n.* المُنْقِذُ؛ المُخَلِّصُ
savo(u)r *n.; vt.* مَذاقٌ؛ طَعْمٌ. نَكْهَةٌ // يَذوقُ. يُنَكِّهُ. يَتَذَوَّقُ. يَسْتَمْتِعُ بِـ
savo(u)ry *adj.; n.* لَذيذُ الطَعْمِ. فاتِحٌ لِلشَهِيَّةِ // صَعْتَرٌ؛ مُقَبِّلٌ
saw *n.; vt.irr.* مِنْشارٌ. قَوْلٌ مَأثورٌ؛ مَثَلٌ // يَنْشُرُ
sawdust *n.* النُشارَةُ
sawmill *n.* المَنْشَرَةُ. مَعْمَلُ النُشارَةِ
sawyer *n.* ناشِرُ الخَشَبِ
Saxon *adj. & n.* سَكْسونِيٌّ // لُغَةُ السَكْسونِ
saxophone *n.* السَكْسِيَّةُ (آلَةٌ موسيقِيَّةٌ)
say *vt.; i.irr.; n.* يَقولُ؛ يَزْعُمُ. يَتَكَلَّمُ. يَلْفِظُ // قَوْلٌ. رَأْيٌ. صَوْتٌ. حَقُّ الكَلامِ
saying *n.* قَوْلٌ. مَثَلٌ؛ كَلامٌ مَأْثورٌ
scab *n.* جَرَبُ الماشِيَةِ. قِشْرَةُ الجُرْحِ
scabbard *n.* غِمْدُ الخَنْجَرِ؛ قِرابُ السَيْفِ
scabby *adj.* أَجْرَبُ. وَضيعٌ؛ حَقيرٌ
scaffold *n.* سِقالَةٌ. مِنَصَّةٌ؛ مَسْرَحٌ
scaffolding *n.* سِقالاتٌ
scald *n.; vt.* حُرْقٌ (مِنْ ماءٍ حارٍّ) // يَسْلُقُ
scale *n.; vi.; t.* ميزانٌ. حَرْشَفَةُ السَمَكِ. السُلَّمُ الموسيقِيُّ. مُدَرَّجٌ. المِقْياسُ (في الخَريطَةِ) // يَزِنُ بِميزانٍ / يَتَسَلَّقُ
scale-maker *n.* صانِعُ المَوازينِ
scalene *adj.* غَيْرُ مُتَوازي الأَضْلاعِ
scalepan *n.* كِفَّةُ الميزانِ
scallop *n.; vt.* تَخْريمٌ. مَحارٌ مِرْوَحِيُّ الشَكْلِ // يُخَرِّمُ. يَجْمَعُ المَحارَ
scalp *n.; vt.* فَرْوَةُ الرَأْسِ // يَسْلُخُ فَرْوَةَ الرَأْسِ

scalpel *n.* مِشْرَطٌ؛ مِبْضَعٌ
scamp *n.; vt.* الوَغْدُ // يَعْمَلُ بِإِهْمالٍ وَسُرْعَةٍ
scamper *vi.; n.* يَعْدو. يَفِرُّ // عَدْوٌ. فِرارٌ
scan *vt.* يَقْطَعُ بَيْتًا مِنَ الشِعْرِ. يَمْسَحُ. يَبْحَثُ بِواسِطَةِ الرادارِ. يَفْحَصُ بِدِقَّةٍ. يُلْقي نَظْرَةً سَريعَةً
scandal *n.* فَضيحَةٌ. عارٌ؛ خِزْيٌ. إفْتِراءٌ
scandalize *vt.* يَصْدِمُ. يُرَوِّعُ. يَفْضَحُ
scandalous *adj.* شائِنٌ؛ مُخْزٍ. إفْتِرائِيٌّ
Scandinavian *adj. & n.* سكانديناوِيٌّ
scanner *n.* جِهازٌ ماسِحٌ. أَداةٌ فاحِصَةٌ
scanning *n.* مَسْحٌ. فَحْصٌ دَقيقٌ
scant *adj.; vt.* مُقْتَصِدٌ. ناقِصٌ. ضَئيلٌ. قَليلُ الحَظِّ // يُقَلِّلُ؛ يُنَقِّصُ
scantling *n.* عَيِّنَةٌ. قِطْعَةُ خَشَبٍ
scanty *adj.* ضَئيلٌ؛ هَزيلٌ. غَيْرُ كافٍ
scapegoat *n.* كَبْشُ المَحْرَقَةِ
scapegrace *n.* الوَغْدُ؛ النَذْلُ
scapement *n.* العادِمُ
scapula *n.* (*pl.* **-e** *or* **-s**) العَظْمُ الكَتِفِيُّ
scar *n.; vt.* النَدَبُ؛ أَثَرُ الجُرْحِ // يُنْدِبُ
scarab; scarabaeus *n.* الجُعَلُ: خُنْفُسَةٌ سَوْداءُ
scaramouch(e) *n.* المُتَباهي. النَذْلُ. المُهَرِّجُ
scarce *adj.* نادِرٌ؛ قَليلٌ؛ عَزيزٌ
scarcely *adv.* نادِرًا. بِصُعوبَةٍ؛ بِشِقِّ النَفْسِ
scarcity *n.* نَدْرَةٌ؛ قِلَّةٌ
scare *n.; vt.* فَزَعٌ؛ ذُعْرٌ عامٌّ // يُفْزِعُ؛ يُرَوِّعُ
scarecrow *n.* الفَزّاعَةُ
scarf *n.* (*pl.* **scarfs** *or* **scarves**) وِشاحٌ
scarify *vt.* يَخْدِشُ. يَعْزِقُ. يَشُقُّ. يَنْتَقِدُ
scarlet *adj.; n.* قِرْمِزِيٌّ. داعِرٌ؛ فاسِقٌ // اللَوْنُ القِرْمِزِيُّ. قُماشٌ قِرْمِزِيٌّ

scathe *n.; vt.* أذى؛ ضَرَرٌ // يُؤْذي. يَنْتَقِدُ
scathing *adj.* لاذِعٌ؛ قاسٍ جِدًّا
scatter *vt.; i.* يُبَعْثِرُ. يُفَرِّقُ. يُبَدِّدُ / يَتَفَرَّقُ
scavenge *vt.* يُكَنِّسُ؛ يُنَظِّفُ. يَكْسَحُ
scavenger *n.* الزَبّالُ. الكاسِحَةُ. حَيَوانٌ يَقْتاتُ بالقُمامَةِ أو البَقايا المَطْروحَةِ
scenario *n.* مُخَطَّطُ مَسْرَحِيَّةٍ. نَصٌّ سينَمائيٌّ
scene *n.* مَشْهَدٌ. مَنْظَرٌ. مَسْرَحٌ. مُشاحَنَةٌ
scenery *n.* مَشْهَدٌ؛ مَنْظَرٌ. جِهازُ المَسْرَحِ؛ ديكورٌ
scent *n.; vt.* عِطْرٌ. أريجٌ. حاسَّةُ الشَمِّ. أثَرُ طَريدَةٍ // يُعَطِّرُ. يَشُمُّ. يَسْتَشْعِرُ
sceptic *or* **skeptic** *n.* الشاكُّ؛ الشُكوكيُّ
sceptical *adj.* شُكوكيٌّ؛ مَيّالٌ إلى الشَكِّ
scepticism *n.* الشُكوكيَّةُ. نُزوعٌ إلى الشَكِّ
sceptre *or* **scepter** *n.* صَوْلَجانٌ. سُلْطَةٌ
schedule *n.; vt.* جَدْوَلٌ. بَيانٌ. بَرْنامَجٌ // يُعَيِّنُ مَوْعِدًا. يُدْرِجُ في جَدْوَلٍ
scheme *n.; vt.; i.* مُخَطَّطٌ. مَشْروعٌ. خُطَّةٌ. مَكيدَةٌ. نِظامٌ // يُخَطِّطُ؛ يَرْسُمُ خُطَّةً / يُدَبِّرُ مَكيدَةً
scheming *adj.; n.* مُخَطِّطٌ. مُدَبِّرٌ // تَدْبيرٌ
schism *n.* إنْقِسامٌ؛ إنْفِصالٌ. إخْتِلافٌ. إنْشِقاقٌ
schismatic *adj.; n.* إنْفِصاليٌّ. إنْشِقاقيٌّ // المُنْشَقُّ؛ مُحْدِثُ الإنْشِقاقِ
schizophrenia *n.* إنْفِصامُ الشَخْصيَّةِ
schizophrenic *adj. & n.* مُصابٌ بالإنْفِصامِ
scholar *n.* تِلْميذٌ؛ طالِبٌ
scholarly *adj.* عالِميٌّ. مُثَقَّفٌ؛ واسِعُ المَعْرِفَةِ
scholarship *n.* مِنْحَةٌ تَعْليميَّةٌ أوْ دِراسيَّةٌ
scholastic *adj.; n.* مَدْرَسيٌّ. مُتَعَلِّقٌ بالمَدارِسِ // فَيْلَسوفٌ أوْ لاهوتيٌّ مُتَمَسِّكٌ بِتَعاليمَ تَقْليديَّةٍ. طالِبٌ لاهوتيٌّ

school *n.; vt.* مَدْرَسَةٌ؛ كُلِّيَّةٌ. طائِفَةُ أسْماكٍ // يُعَلِّمُ؛ يُدَرِّبُ. يُعَوِّدُ؛ يُرَوِّضُ
schooling *n.* تَعْليمٌ. نَفَقَةُ التَعْليمِ. تَدْريبٌ
schoolmaster *n.* المُدَرِّسُ؛ الناظِرُ
schoolmistress *n.* المُدَرِّسَةُ؛ الناظِرَةُ
schooner *n.* مَرْكَبٌ شِراعيٌّ بِصاريَيْنِ أوْ أكْثَرَ
sciatic *adj.* وَرِكيٌّ. ذو عَلاقَةٍ بِأَلَمِ النَسا
science *n.* عِلْمٌ. مَعْرِفَةٌ. بَراعَةٌ
science fiction *n.* الآثارُ العِلْميَّةُ المُسْتَقْبَليَّةُ
scientific *adj.* عِلْميٌّ (بَحْثٌ)
scientist *n.* العالِمُ (الطَبيعيُّ)
scimitar *n.* سَيْفٌ عَريضٌ وَمَعْقوفٌ
scintillant *adj.* وامِضٌ. مُتَأَلِّقٌ. ذو شَرَرٍ
scintillate *vi.* يُطْلِقُ شَرَرًا. يُومِضُ. يَتَأَلَّقُ
scion *n.* طُعْمٌ؛ مَطْعومٌ. سَليلُ (أسْرَةٍ عَريقَةٍ)
scissors *n.pl.* مِقَصٌّ. مِقْراضٌ
sclerosis *n.* تَصَلُّبُ الأنْسِجَةِ
scoff *n.; vt.; i.* هُزْءٌ؛ سُخْرِيَّةٌ // يَهْزَأُ؛ يَسْخَرُ
scold *vt.; i.; n.* يُوَبِّخُ؛ يُعَنِّفُ // امْرَأَةٌ سَليطَةٌ
scolding *adj.; n.* مُعَنِّفٌ؛ مُوَبِّخٌ // تَوْبيخٌ
sconce *n.* حامِلَةُ المِصْباحِ. مِتْراسٌ. جُمْجُمَةٌ
scone *n.* كَعْكَةٌ مُسَطَّحَةٌ
scoop *n.; vt.* مِغْرَفَةٌ. مِلْعَقَةُ السَمّانِ. فَجْوَةٌ. نَبَأٌ مُثيرٌ. سَبْقٌ صِحافيٌّ // يَغْرِفُ. يُجَوِّفُ. يَسْبُقُ إلى إذاعَةِ النَبَأِ
scooter *n.* دَرّاجَةٌ ناريَّةٌ خَفيفَةٌ. دَرّاجَةُ الرِجْلِ
scope *n.* مَدًى. مَجالٌ. هَدَفٌ. شاشَةُ الرادارِ
scorch *vt.* يَحْرُقُ. يَسْفَعُ. يَلْذَعُ
score *n.; vt.; i.* عِشْرونَ. جُرْحٌ. حِسابٌ. دَيْنٌ. سَبَبٌ؛ دافِعٌ. مَجْموعُ النِقاطِ المُسَجَّلَةِ. قِطْعَةٌ موسيقيَّةٌ // يُسَجِّلُ. يُعَنِّفُ. يُرَتِّبُ / يَفوزُ؛ يَنْجَحُ

scoring *n.* تَسْجيلُ الإصاباتِ. وَضْعُ الموسيقى

scorn *vt.; n.* يَزْدَري؛ يَحْتَقِرُ. يَسْخَرُ مِن // إزْدِراءٌ؛ إحْتِقارٌ. سُخْرِيَّةٌ؛ هُزْءٌ

scornful *adj.* مُحْتَقِرٌ؛ مُزْدَرٍ. هازِئٌ

Scorpio *n.* العَقْرَبُ؛ بُرْجُ العَقْرَبِ

scot *n.* ضَريبَةٌ. *cap.* إسْكُتْلَنْديٌّ

Scotch; Scots; Scottish *n.pl. & adj.* إسْكُتْلَنْديٌّ // إسْكُتْلَنْديّونَ

scotch *n.; vt.* خَدْشٌ. سانِدَةٌ تَمْنَعُ الإنْزِلاقَ // يَخْدِشُ. يَسْحَقُ. يَمْنَعُ مِنَ الإنْزِلاقِ

scot-free *adj.* سالِمٌ. مُعْفًى مِنَ الضَريبَةِ

scoundrel *n.* وَغْدٌ؛ نَذْلٌ

scour *vt.; n.* يَصْقُلُ. يُنَظِّفُ. يُطَهِّرُ // تَنْظيفٌ

scourge *n.; vt.* سَوْطٌ. بَلاءٌ؛ كارِثَةٌ // يَجْلِدُ. يُعاقِبُ؛ يُعَذِّبُ

scout *n.; vt.; i.* الكَشّافُ. الرائِدُ؛ المُسْتَطْلِعُ. الحارِسُ // يَسْتَكْشِفُ. يَسْتَطْلِعُ. يَبْحَثُ / يُلاحِظُ

scow *n.* قارِبٌ مُسَطَّحُ القَعْرِ

scowl *vi.; n.* يَعْبِسُ؛ يُقَطِّبُ // عُبوسٌ؛ تَقْطيبٌ

scraggy *adj.* وَعْرٌ؛ خَشِنٌ. ضامِرٌ

scramble *vt.; i.; n.* يَمْزُجُ البَيْضَ. يَخْلِطُ / يَتَسَلَّقُ. يَزْحَفُ // تَسَلُّقٌ. زَحْفٌ. تَدافُعٌ. تَزاحُمٌ

scrap *n.; vt.; i.* فُتاتُ الطَعامِ. قُصاصَةٌ. فَضْلَةٌ. نُفايَةٌ // يَكْسِرُ. يَفُتُّ / يَهْجُرُ. يَتَشاجَرُ مَعْ

scrape *vt.; i.; n.* يَحُكُّ؛ يَحُتُّ. يَكْشِطُ. يَحْفِرُ / يَصِرُّ // كَشْطٌ. حَكٌّ؛ حَتٌّ. صَريرٌ. وَرْطَةٌ. شِجارٌ

scraper *n.* الكاشِطُ. مِحَكَّةُ الأحْذِيَةِ

scraping *n.* كَشْطٌ. حَكٌّ؛ حَتٌّ

scrap iron *n.* خُرْدَةُ حَديدٍ

scratch *n.; vt.; i.* خَدْشٌ؛ جُرْحٌ طَفيفٌ. نُقْطَةُ الإنْطِلاقِ // يَحُكُّ. يَخْدِشُ. يَشْطُبُ / يَصِرُّ صَريرًا

scratcher *n.* مِحَكٌّ

scrawl *n.; vt.; i.* خَرْبَشَةٌ // يُخَرْبِشُ

scrawny *adj.* مَهْزولٌ. أعْجَفُ

scream *vi.; n.* يَصْرُخُ؛ يَزْعَقُ // صَرْخَةٌ؛ صَيْحَةٌ

screech *n.; vi.* صَرْخَةُ ذُعْرٍ. صَيْحَةُ أَلَمٍ // يَصْرُخُ ذُعْرًا. يَصيحُ أَلَمًا

screen *n.; vt.* شاشَةٌ. حاجِزٌ. حِجابٌ. غِرْبالٌ؛ مُنْخُلٌ // يَحْجُبُ؛ يَسْتُرُ. يَصونُ؛ يَقي. يُغَرْبِلُ

screw *n.; adj.; vt.; i.* لَوْلَبٌ؛ بُرْغيٌّ. فَتْلَةٌ. أداةٌ مُلَوْلَبَةٌ. رَفّاصٌ. نابِضٌ. بَخيلٌ. سَجّانٌ // لَوْلَبيٌّ // يُلَوْلِبُ. يَلْوي / يَتَلَوّى

screw bolt *n.* مِسْمارٌ مُلَوْلَبٌ

screw-driver *n.* مِفَكُّ البَراغيِّ

screw nail *n.* مِسْمارٌ مُلَوْلَبٌ

screw nut *n.* حَزْقَةٌ

screw-wrench *n.* مِفْتاحٌ إنكليزيٌّ

scribble *n.; vt.; i.* خَرْبَشَةٌ // يُخَرْبِشُ

scribe *n.; vt.* الكاتِبُ؛ الناسِخُ. المُؤَلِّفُ // يَكْتُبُ؛ يَنْسَخُ. يَخْدِشُ

scrimmage *n.* مُناوَشَةٌ. مَعْرَكَةٌ صَغيرَةٌ. شِجارٌ

scrip *n.* حَقيبَةٌ صَغيرَةٌ. شَهادَةٌ. سَنَدٌ؛ صَكٌّ

script *n.* نَصٌّ مَكْتوبٌ. مُسْتَنَدٌ أصْليٌّ. كِتابَةٌ؛ خَطٌّ. ألِفْباءُ. حَرْفٌ مَطْبَعيٌّ. مَخْطوطَةٌ مَسْرَحيَّةٌ

Scripture *n.* الكِتابُ المُقَدَّسُ

script-writer *n.* كاتِبُ السيناريو

scroll *n.* لَفيفَةٌ مِنَ الرَقِّ. كِتابَةٌ. جَدْوَلٌ

scrounge *vt.; i.* يَخْتَلِسُ. يَسْتَجْدي. يَبْحَثُ عَنْ

scrub *n.; vt.* فَرْكٌ. شَجَرٌ مُنْخَفِضٌ. شَخْصٌ ضَئيلُ الجِسْمِ // يَحُكُّ؛ يَفْرُكُ؛ يُنَظِّفُ

scruff *n.* مُؤَخَّرَةُ العُنُقِ

scruple *n.; vi.* شَكٌّ. وَسْواسٌ. حَيْرَةٌ // يَرْتابُ.

يَحتارُ. يَتَرَدَّدُ

scrupulous *adj.* كَثيرُ الشُكوكِ. مُوَسْوَسٌ. مُدَقِّقٌ

scrutinize *vt.* يَتَفَحَّصُ. يُدَقِّقُ

scrutiny *n.* تَفَحُّصٌ. تَدْقيقٌ. إمْعانُ النَظَرِ

scud *n.; vi.* إنْطِلاقٌ. إنْدِفاعٌ. سَحابٌ رَقيقٌ // يَعْدو؛ يَنْطَلِقُ. يَنْدَفِعُ

scuffle *n.; vi.* شِجارٌ // يَتَعارَكُ. يَنْطَلِقُ مُسْرِعًا

scull *n.; vi.* مِجْذافٌ خَلْفِيٌّ // يُجَذِّفُ

scullery *n.* حُجْرَةُ غَسْلِ الصُحونِ

sculptor *n.* النَحّاتُ؛ المَثّالُ

sculpture *n.; vt.* فَنُّ النَحْتِ // يَنْحُتُ تِمْثالاً

scum *n.; vi.* زَبَدٌ. نُفايَةٌ. حُثالَةُ المُجْتَمَعِ // يُزْبِدُ

scupper *n.; vt.* بالوعَةُ السَفينَةِ // يُغْرِقُ السَفينَةَ

scurf *n.* قِشْرَةُ الرَأْسِ

scurrilous *adj.* سَفيهٌ. بَذيءٌ

scurry *n.; vi.* عَدْوٌ؛ جَرْيٌ // يَعْدو؛ يَجْري

scurvy *adj.; n.* وَضيعٌ؛ حَقيرٌ // داءُ الحَفَرِ

scut *n.* ذَنَبٌ قَصيرٌ. شَخْصٌ حَقيرٌ

scutcheon *n.* see **escutcheon**

scuttle *n.; vt.; i.* قُفَّةٌ. دَلْوٌ (لِلْفَحْمِ). عَدْوٌ. كُوَّةٌ // يَخْرِقُ السَفينَةَ / يَعْدو؛ يَجْري

scythe *n.; vt.* مِنْجَلٌ // يَحْصُدُ

sea *n.* بَحْرٌ. أوقيانوسٌ

at — في عُرْضِ البَحْرِ. في رِحْلَةٍ بَحْرِيَّةٍ. مَشْدوهٌ

seaboard *n.* ساحِلٌ؛ شاطِئٌ

sea-borne *adj.* بَحْرِيٌّ. مَنْقولٌ بَحْرًا

sea calf *n.* عِجْلُ البَحْرِ

sea cow *n.* بَقَرَةُ البَحْرِ

sea dog *n.* كَلْبُ البَحْرِ

seafarer *n.* المَلاّحُ. المُسافِرُ بَحْرًا

seafaring *n.; adj.* السَفَرُ بِالبَحْرِ. المِلاحَةُ // بَحْرِيٌّ. مُسافِرٌ بَحْرًا

sea-going *adj.* مُسافِرٌ بَحْرًا

sea gull *n.* النَوْرَسُ؛ زُمَّجُ الماءِ؛ طَيْرُ البَحْرِ

sea horse *n.* فَرَسُ البَحْرِ

sea kale *n.* الكُرُنْبُ أوِ المَلْفوفُ البَحْرِيُّ

seal *n.; vt.* خَتْمٌ. ضَمانٌ. عَهْدٌ. الفُقْمَةُ؛ عِجْلُ البَحْرِ. جِلْدُ الفُقْمَةِ. سِدادٌ مُحْكَمٌ // يَخْتِمُ. يُصَدِّقُ عَلى. يُحْكِمُ الإغْلاقَ. يَمْنَعُ التَسَرُّبَ. يُقَرِّرُ نِهائيًّا

sea level *n.* سَطْحُ البَحْرِ. مُسْتَوى البَحْرِ

sealing *n.* خَتْمٌ. إحْكامٌ

sealing wax *n.* الخِتامُ؛ شَمْعٌ أحْمَرُ لِلْخَتْمِ

sea lion *n.* أسَدُ البَحْرِ

seam *n.; vt.; i.* دَرْزٌ؛ لَفْقٌ. دَرْزَةٌ. عِرْقٌ. جَعْدَةٌ // يَدْرُزُ. يُجَعِّدُ؛ يُغَضِّنُ. يُنَدِّبُ / يَتَشَقَّقُ

seaman *n.* (*pl.* **-men**) نوتِيٌّ؛ مَلاّحٌ

seamanship *n.* فَنُّ المِلاحَةِ

seamstress *or* **sempstress** *n.* خَيّاطَةٌ

sea nymph *n.* دودَةٌ بَحْرِيَّةٌ

seaplane *n.* الطائِرَةُ المائِيَّةُ

seaport *n.* مَرْفَأٌ؛ ميناءٌ

sear *or* **seer** *adj.; vi.; t.* ذابِلٌ // يَذْبُلُ / يُذْبِلُ. يَلْفَحُ. يُحَجِّرُ

search *vt.; i.; n.* يُفَتِّشُ. يَسْتَكْشِفُ / يَبْحَثُ عَنْ // بَحْثٌ؛ تَفْتيشٌ؛ تَقَصٍّ

searching *adj.* دَقيقٌ. ثاقِبٌ. قارِسٌ (بَرْدٌ)

searchlight *n.* نورٌ كَشّافٌ. مِصْباحٌ كَهْرَبائِيٌّ

search party *n.* فِرْقَةُ إنْقاذٍ

sea-shell *n.* صَدَفَةٌ بَحْرِيَّةٌ

seashore *n.* شاطِئُ البَحْرِ

sea-sick *adj.* مُصابٌ بِدُوارِ البَحْرِ

sea-sickness *n.* دُوارُ البَحْرِ

seaside *n.* الساحِلُ ؛ شاطِئُ البَحْرِ
season *n.; vt.; i.* فَصْلٌ. مَوْسِمٌ. أوانٌ. فَتْرَةٌ // يُتَبِّلُ الطعامَ. يُجَفِّفُ. يُؤَقْلِمُ / يَجِفُّ
seasonable *adj.* مُلائِمٌ ؛ في أوانِهِ
seasonal *adj.* مَوْسِميٌّ ؛ فَصْليٌّ
seasoning *n.* التابِلُ. تَجْفيفُ (الخَشَبِ)
seat *n.; vt.* مَقْعَدٌ. كَفَلٌ. الجِلْسَةُ. حاضِرَةٌ. مَقَرٌّ // يُجْلِسُ. يُرَكِّزُ. يُنَصِّبُ. يُزَوِّدُ بِمَقاعِدَ
seaward *adj.; adv.* نَحْوَ البَحْرِ
seaweed *n.* العُشْبُ البَحْريُّ ؛ الطُحْلُبُ
seaworthy *adj.* صالِحٌ لِلإبْحارِ
sebaceous *adj.* دُهْنيٌّ
secede *vi.* يَنْسَحِبُ مِنْ (حِزْبٍ، بَلَدٍ)
secession *n.* إنْسِحابٌ ؛ إنْفِصالٌ
seclude *vt.* يَفْصِلُ ؛ يَعْزِلُ. يَحْجُبُ
secluded *adj.* مُنْعَزِلٌ. مُتَوَحِّدٌ
seclusion *n.* عَزْلٌ. مَكانٌ مُوْحِشٌ
second *adj.; n.; vt.* ثانٍ ؛ إضافيٌّ. جَديدٌ // المَرْتَبَةُ الثانِيَةُ. الثاني. الثانِيَةُ (١/٦٠ مِنَ الدَقيقَةِ). لَحْظَةٌ // يُعاوِنُ ؛ يُساعِدُ
secondary *adj.* ثانَويٌّ (سَبَبٌ)
second-hand *adj.* مُسْتَعْمَلٌ (سَيّارَةٌ). ثانَويٌّ
secondly *adv.* ثانِيًا
second-rate *adj.* مِنَ الدَرَجَةِ الثانِيَةِ
secrecy *n.* سِرِّيَّةٌ ؛ تَكَتُّمٌ
secret *adj.; n.* سِرِّيٌّ. مُتَكَتِّمٌ // سِرٌّ ؛ كِتْمانٌ
secretarial *adj.* مُتَعَلِّقٌ بِأمانَةِ السِرِّ
secretariat *n.* أمانَةُ السِرِّ
secretary *n.* أمينُ السِرِّ ؛ سِكْرِتيرٌ. وَزيرٌ
secretaryship *n.* أمانَةُ السِرِّ
secrete *vt.* يُفْرِزُ. يُخْفي. يَكْتُمُ
secretion *n.* إفْرازٌ (لُعابيٌّ). إخْفاءٌ
secretive *adj.* إفْرازيٌّ. مُتَكَتِّمٌ
secretly *adv.* سِرًّا ؛ في الخَفاءِ ؛ خِفْيَةً
sect *n.* طائِفَةٌ. شيعَةٌ. نِحْلَةٌ. فِرْقَةٌ
sectarian *adj. & n.* طائِفيٌّ. مُتَعَصِّبٌ
section *n.* مَقْطَعٌ. قِسْمٌ. إقْليمٌ. دائِرَةٌ. شُعْبَةٌ
sectional *adj.* مَقْطَعيٌّ. إقْليميٌّ. مَحَلّيٌّ
sectionalism *n.* الإقْليمِيَّةُ
sector *n.* قِطاعُ الدائِرَةِ. القِطاعُ. قِسْمٌ
secular *adj.* دُنْيَويٌّ. مَدَنيٌّ ؛ غَيْرُ دينيٍّ
secularize *vt.* يُعَلْمِنُ. يَجْعَلُهُ دُنْيَويًّا
secure *adj.; vt.* مُطْمَئِنٌّ. آمِنٌ. مَأمونٌ. أكيدٌ // يَضْمَنُ ؛ يَكْفُلُ. يَصونُ. يَعْتَقِلُ. يُثَبِّتُ
security *n.* أمْنٌ. سَلامٌ. طُمَأنينَةٌ. ضَمانٌ
sedan *n.* سَيّارَةٌ مُقْفَلَةٌ واسِعَةٌ
sedate *adj.; vt.* رَصينٌ ؛ رَزينٌ // يُسَكِّنُ الآلامَ
sedative *adj. & n.* مُسَكِّنٌ (دَواءٌ)
sedentary *adj.* مُقيمٌ. كَسولٌ ؛ كَثيرُ الجُلوسِ
sedge *n.* السُعادى (نَباتٌ)
sediment *n.* الثُفْلُ. الرُسابَةُ
sedimentary *adj.* رُسوبيٌّ (صُخورٌ)
sedimentation *n.* تَرَسُّبٌ ؛ رُسوبٌ
sedition *n.* تَحْريضٌ (عَلى التَمَرُّدِ)
seditious *adj.* تَحْريضيٌّ ؛ ثَوْريٌّ
seduce *vt.* يُغْوي (فَتاةً). يُغْري ؛ يَسْتَهْوي
seducer *n.* فاتِنٌ ؛ مُغْوٍ. مُضَلِّلٌ
seduction *n.* إغْواءٌ. إغْراءٌ. تَضْليلٌ
sedulous *adj.* مُواظِبٌ ؛ مُثابِرٌ
see *vt.irr.; n.* يَرى ؛ يُبْصِرُ. يُشاهِدُ. يُدْرِكُ. يُراقِبُ. يَفْهَمُ. يَتَيَقَّنُ. يَسْتَقْبِلُ. يُرافِقُ // أبْرَشِيَّةٌ
seed *n.* (*pl.* **-s** *or* **seed**); *vt.* بِزْرَةٌ. حَبَّةُ قَمْحٍ

مَنيٌّ. نَسْلٌ. أصْلٌ // يَزْرَعُ. يَبْزِرُ. يَنْثُرُ الحُبوبَ
seed bed *n.* حَقْلٌ مَزْروعٌ حَبًّا؛ مَشْكَبَةٌ
seedling *n.* نَبْتَةٌ صَغيرَةٌ
seed-time *n.* مَوْسِمُ البَزْرِ. فَصْلُ البِذارِ
seedy *adj.* كَثيرُ البُزورِ. بالٍ. مُتَوَعِّكُ الصِحَّةِ
seek *vt.irr.* يَنْشُدُ. يَلْتَمِسُ. يَقْصِدُ. يُحاوِلُ
seem *vi.* يَبْدو؛ يَظْهَرُ. يَتَراءى لِـ
seeming *adj.* ظاهِريٌّ (حَماسٌ)
seemingly *adv.* عَلى ما يَبْدو. عَلى ما يَظْهَرُ
seemliness *n.* إحْتِشامٌ. لِياقَةٌ
seemly *adj.* مُحْتَشِمٌ. مُلائِمٌ. لائِقٌ
seep *vi.* يَنِزُّ. يَتَسَيَّلُ
seer *n.* الناظِرُ؛ الرائي. المُتَنَبِّئُ. العَرّافُ
seesaw *n.; vi.; t.* أرْجوحَةٌ. تَأَرْجُحٌ // يَتَأَرْجَحُ / يُؤَرْجِحُ
seethe *vt.; i.* يَسْلُقُ. يَغْلي / يَضْطَرِبُ. يُزْبِدُ
segment *n.* قِطْعَةٌ. قِسْمٌ. قِطْعَةُ الدائِرَةِ. فِلْقَةٌ
segmentation *n.* تَقْطيعٌ؛ تَقْسيمٌ. تَشَذُّفٌ
segregate *vt.; i.* يَعْزِلُ؛ يَفْصِلُ / يَنْفَصِلُ
segregation *n.* التَمْييزُ العُنْصُريُّ. عَزْلٌ
seismic(al) *adj.* زَلْزاليٌّ
seize *vt.* يَسْتَولي عَلى. يُصادِرُ. يَعْتَقِلُ. يَنْتَهِزُ
seizure *n.* إسْتيلاءٌ عَلى. مُصادَرَةٌ. إعْتِقالٌ
seldom *adv.* نادِرًا
select *vt.; adj.* يَخْتارُ؛ يَنْتَقي // مُخْتارٌ؛ مُنْتَقًى
selection *n.* إخْتيارٌ؛ إنْتِقاءٌ. شَيْءٌ مُخْتارٌ
selector *n.* المُخْتارُ؛ المُنْتَخِبُ
self *pron.; n.* (*pl.* **selves**) نَفْسي؛ نَفْسُهُ؛ نَفْسُها // النَفْسُ؛ الذاتُ. المَصْلَحَةُ الشَخْصيَّةُ
self-abuse *n.* إنْتِقاصُ المَرْءِ مِنْ قَدْرِ نَفْسِهِ
self-assertion *n.* تَأْكيدُ الذاتِ. زَهْوٌ. تَكَبُّرٌ
self-assertive *adj.* مُتَسَلِّطٌ. مُتَكَبِّرٌ
self-centered *adj.* أنانيٌّ. مُكْتَفٍ بِذاتِهِ
self-confidence *n.* الثِقَةُ بِالنَفْسِ
self-conscious *adj.* واعٍ ذاتَهُ. خَجولٌ
self-contained *adj.* مُسْتَقِلٌّ. تامٌّ في ذاتِهِ
self-control *n.* تَمالُكُ النَفْسِ؛ ضَبْطُ النَفْسِ
self-defense *n.* الدِفاعُ عَنِ النَفْسِ
self-denial *n.* نُكْرانُ الذاتِ
self-educated *adj.* عِصاميٌّ؛ ثَقَّفَ نَفْسَهُ بِنَفْسِهِ
self-esteem *n.* تَقْديرُ الذاتِ. غُرورٌ
self-evident *adj.* بَديهيٌّ
self-governed *adj.* ضابِطٌ نَفْسَهُ. مُسْتَقِلٌّ
self-government *n.* الحُكْمُ الذاتيُّ. ضَبْطُ النَفْسِ
self-help *n.* الإعْتِمادُ عَلى النَفْسِ. مُساعَدَةُ الذاتِ
self-important *adj.* مُعْتَدٌّ بِنَفْسِهِ
selfish *adj.* أنانيٌّ
self-knowledge *n.* مَعْرِفَةُ الذاتِ
self-made *adj.* عِصاميٌّ
self-opinion(at)ed *adj.* مَغْرورٌ. عَنيدٌ
self-possessed *adj.* رابِطُ الجَأْشِ. هادِئٌ
self-preservation *n.* حِفْظُ الذاتِ
self-propelled *adj.* مُسَيَّرٌ آليًّا. مَدْفوعٌ ذاتيًّا
self-registering *adj.* ذاتيُّ التَسْجيلِ (البارومتر)
self-reliance *n.* الإتِّكالُ عَلى النَفْسِ
self-respect *n.* إحْتِرامُ الذاتِ
self-righteous *adj.* مُقْتَنِعٌ بِأَنَّهُ بارٌّ
self-sacrifice *n.* التَضْحيَةُ بِالذاتِ
self-same *adj.* نَفْسٌ؛ عَيْنٌ؛ ذاتٌ
self-satisfied *adj.* راضٍ عَنْ نَفْسِهِ. مَغْرورٌ
self-seeker *n.* الأنانيُّ

self-service *n.* الخِدْمَةُ الذاتِيَّةُ
self-starter *n.* أداةٌ تُديرُ المُحَرِّكَ ذاتيًّا
self-styled *adj.* مُزَيَّفٌ ؛ مُنْتَحِلٌ لَقَبًا
self-sufficient *adj.* مُكْتَفٍ ذاتيًّا. مَغْرورٌ
self-supporting *adj.* مُعيلٌ نَفْسَهُ بِنَفْسِهِ
self-taught *adj.* ذاتِيُّ الثَقافَةِ. مُتَعَلِّمٌ ذاتيًّا
self-willed *adj.* مُتَشَبِّثٌ بِرأيِهِ. عَنيدٌ
sell *vt.; i.irr.* يَبيعُ. يَتَّجِرُ بِـ. يَخْدَعُ. يُرَوِّجُ / يُباعُ بِسِعْرٍ مُعَيَّنٍ (كِتابٌ)
seller *n.* البائِعُ. سِلْعَةٌ رائِجَةٌ. كِتابٌ رائِجٌ
selling *n.* البَيْعُ. التَصْفِيَةُ
seltzer; seltzer water *n.* ماءٌ مَعْدِنيٌّ فَوّارٌ
selves *pron.* (*pl.* of **self**)
semaphore *n.* جِهازٌ لِتَنْظيمِ مُرورِ القاطِراتِ
semblance *n.* المَثيلُ ؛ الشَبيهُ. شَكْلٌ خارِجيٌّ
semester *n.* نِصْفُ سَنَةٍ ؛ سِتَّةُ أَشْهُرٍ
semibreve *n.* المُسْتَديرَةُ (أَطْوَلُ النَغَماتِ)
semicircle *n.* نِصْفُ دائِرَةٍ
semicolon *n.* (;) إحْدى عَلاماتِ الوَقْفِ
semi-detached *adj.* شِبْهُ مُنْفَصِلٍ (مَنْزِلٌ)
semi-final *n.* دَوْرٌ نِصْفُ نِهائِيٍّ
seminary *n.* مَعْهَدٌ لاهوتِيٌّ. مَعْهَدٌ إكْليريكِيٌّ
semi-official *adj.* شِبْهُ رَسْمِيٍّ
semiquaver *n.* ثُنائِيَّةُ الأَسْنانِ (موسيقى)
Semite *n. & adj.* سامِيٌّ
semitone *n.* نِصْفُ نَغْمَةٍ (موسيقى)
sempstress *n.* الخَيّاطَةُ
senate *n.* مَجْلِسُ الشُيوخِ
senator *n.* عُضْوٌ في مَجْلِسِ الشُيوخِ
send *vt.irr.* يُرْسِلُ ؛ يَبْعَثُ. يوفِدُ. يُطْلِقُ
Senegalese *adj. & n.* سِنِغالِيٌّ

senile *adj.* شَيْخوخِيٌّ. هَرِمٌ. خَرِفٌ
senior *adj. & n.* أَرْشَدُ. أَكْبَرُ سِنًّا
seniority *n.* الأَقْدَمِيَّةُ. الأَوْلَوِيَّةُ
senna *n.* السَنا (نَباتٌ)
sensation *n.* إحْساسٌ ؛ شُعورٌ. إهْتِياجٌ
sensational *adj.* حِسِّيٌّ. مُثيرٌ. مُمْتازٌ
sensationalism *n.* المَذْهَبُ الحِسِّيُّ
sense *n.; vt.* إحْساسٌ. حاسَّةٌ. وَعْيٌ. إدْراكٌ. صَوابٌ. مَعْنى // يُحِسُّ ؛ يَشْعُرُ (بِأَلَمٍ)
senseless *adj.* فاقِدُ الوَعْيِ ؛ مُغْمًى عَلَيْهِ. أَحْمَقُ. فارِغٌ ؛ لا مَعْنى لَهُ
sensibility *n.* رِقَّةُ شُعورٍ. حَساسِيَّةٌ. إدْراكٌ
sensible *adj.* مَحْسوسٌ. مَعْقولٌ. سَريعُ التَأَثُّرِ. مُدْرِكٌ
sensitive *adj.* حِسِّيٌّ. رَقيقُ الشُعورِ. بالِغُ الدِقَّةِ
sensitiveness; sensitivity *n.* حَساسِيَّةٌ
sensory *adj.* حِسِّيٌّ ؛ ذو عَلاقَةٍ بِالحَواسِّ. مورِدٌ
sensual *adj.* حِسِّيٌّ. جَسَدِيٌّ. فاسِقٌ ؛ داعِرٌ
sentence *n.; vt.* حُكْمٌ قَضائِيٌّ. عُقوبَةٌ. جُمْلَةٌ // يَحْكُمُ عَلى
sentient *adj.* حَسّاسٌ. رَقيقُ الشُعورِ. واعٍ
sentiment *n.* رِقَّةُ شُعورٍ. وِجْدانٌ. عاطِفَةٌ. رَأْيٌ
sentimental *adj.* وِجْدانِيٌّ. عاطِفِيٌّ
sentinel; sentry *n.* حارِسٌ ؛ خَفيرٌ. حِراسَةٌ
sentry box *n.* كُشْكُ الخَفيرِ أَوِ الحارِسِ
separable *adj.* مُمْكِنٌ فَصْلُهُ ؛ قابِلٌ لِلإنْفِصالِ
separate *vt.; i.; adj.* يَفْصِلُ. يَفْرِزُ. يُفَرِّقُ. يَعْزِلُ / يَفْتَرِقُ. يَنْسَحِبُ. يَنْفَصِلُ // مُنْفَصِلٌ. مُنْعَزِلٌ. مُسْتَقِلٌّ (عَنْ غَيْرِهِ)
separation *n.* إنْفِصالٌ. فَجْوَةٌ. طَلاقٌ
sepia *n.* الصَبِّيدَجُ (حَيَوانٌ بَحْرِيٌّ هُلامِيٌّ)

September *n.* سَبْتَمْبَر؛ أيلولُ (شَهْرٌ شَمْسيٌّ)
septennial *adj.* سَبْعيٌّ؛ يَحْصُلُ كُلَّ سَبْعِ سَنَواتٍ
septic *adj.* عَفِنٌ؛ مُسَبِّبُ العَفَنِ
sepulchral *adj.* قَبْريٌّ. دَفْنيٌّ. كَئيبٌ
sepulchre *or* **sepulcher** *n.* قَبْرٌ. ضَريحٌ
sepulture *n.* دَفْنٌ. قَبْرٌ؛ لَحْدٌ؛ رَمْسٌ
sequel *n.* ذَيْلٌ. تَتِمَّةٌ. عاقِبَةٌ. نَتيجَةٌ
sequence *n.* سِياقٌ؛ تَعاقُبٌ؛ تَسَلْسُلٌ. نَتيجَةٌ
sequester *vt.* يَفْصِلُ؛ يَعْزِلُ. يَحْجُزُ؛ يُصادِرُ
sequestrate *vt.* يَفْصِلُ؛ يَعْزِلُ. يَحْجُزُ؛ يُصادِرُ
sequin *n.* نَقْدٌ ذَهَبيٌّ إيطاليٌّ وَتُركيٌّ قَديمٌ
sequoia *n.* السِكويا: شَجَرٌ بالِغُ الإرْتِفاعِ
seraglio *n.* (*pl.* **-s**) حَريمٌ. سَرايُ السُلْطانِ
seraph *n.* (*pl.* **seraphim** *or* **-s**) الساروفيمُ
Serbian *adj.* & *n.* صِرْبيٌّ
sere *adj.* see **sear**
serenade *n.; vt.* لَحْنٌ يُغَنّى في الهَواءِ الطَلْقِ // يَعْزِفُ ويُغَنّي في الهَواءِ الطَلْقِ
serene *adj.* صَحْوٌ. ساكِنٌ؛ هادئٌ
sereneness; serenity *n.* صَفاءٌ؛ هُدوءٌ؛ سُكونٌ
serf *n.* العَبْدُ؛ القِنُّ
serfdom *n.* العُبوديَّةُ؛ القِنانَةُ
serge *n.* نَسيجٌ صوفيٌّ مَتينٌ
sergeant; serjeant *n.* رَقيبٌ (في الجَيْشِ)
serial *adj.; n.* مُسَلْسَلٌ؛ مُتَسَلْسِلٌ؛ سَرْديٌّ // رِوايَةٌ مُسَلْسَلَةٌ
seriatim *adv.* بالتَسَلْسُلِ. واحِدًا بَعْدَ آخَرَ
series *n.* سِلْسِلَةٌ
serious *adj.* وَقورٌ؛ رَزينٌ؛ جادٌّ. جِدّيٌّ. خَطيرٌ
seriously *adv.* جِدّيًّا؛ بِجِدٍّ. عَلى نَحْوٍ خَطيرٍ
seriousness *n.* جِدّيَّةٌ. خُطورَةٌ

sermon *n.* مَوْعِظَةٌ. خُطْبَةٌ مُمِلَّةٌ. وَعْظٌ
sermonize *vt.* يَعِظُ. يُوَبِّخُ واعِظًا
serpent *n.* حَيَّةٌ؛ أَفْعى. المَكّارُ؛ الخَبيثُ
serpentine *adj.; n.* أُفْعُوانيٌّ. شَيْطانيٌّ. مُلْتَفٌّ // حَجَرٌ أَخْضَرُ اللَوْنِ. شَيْءٌ مُلْتَفٌّ
serried *adj.* مُكْتَظٌّ
serum *n.* (*pl.* **serums** *or* **sera**) مَصْلٌ. مَصْلُ الدَمِ. مُصالَةُ اللَبَنِ
servant *n.* خادِمٌ. مُوَظَّفٌ حُكوميٌّ
serve *vt.; i.; n.* يَخْدُمُ. يَنْفَعُ. يُلائِمُ. يُؤَيِّدُ. يُزَوِّدُ / يُؤَدّي الخِدْمَةَ العَسْكَريَّةَ. يُساعِدُ الكاهِنَ. يَسْتَهِلُّ ضَرْبَ الكُرَةِ // إسْتِهْلالُ اللَعِبِ بالكُرَةِ
service *n.; vt.* خِدْمَةٌ. مُساعَدَةٌ. فائِدَةٌ. مَعْروفٌ. جَميلٌ. إسْتِهْلالُ الكُرَةِ. مَصْلَحَةٌ؛ مَرْفِقٌ عامٌّ // يَقومُ بأَعْمالِ الصِيانَةِ
serviceable *adj.* خَدومٌ. شَغّالٌ. مُفيدٌ؛ نافِعٌ
service station *n.* مَحَطَّةُ بَنْزين. وَرْشَةُ صِيانَةٍ
serviette *n.* فوطَةُ السُفْرَةِ. مِنْديلُ المائِدَةِ
servile *adj.* رِقّيٌّ. ذَليلٌ. لائِقٌ بالعَبيدِ
servility *n.* ذُلٌّ. خُنوعٌ. إسْتِسْلامٌ
servitude *n.* رِقٌّ؛ عُبوديَّةٌ. الأَشْغالُ الشاقَّةُ
sesame *n.* السِمْسِمُ
session *n.* جَلْسَةٌ. سِلْسِلَةُ جَلَساتٍ. دَوْرَةُ تَدْريبٍ
set *vt.; i.irr.; adj.; n.* يُقْعِدُ؛ يُجْلِسُ. يُنَصِّبُ (مَلِكًا). يُرَكِّزُ. يُدَوِّنُ. يُطْلِقُ. يُعَيِّنُ. يَضَعُ. يُرَتِّبُ / يَتَلاءَمُ. يَتَّجِهُ. يَرْقُصُ. يَجْمُدُ. يَنْجَبِرُ العَظْمُ // مُصَمِّمٌ. عَنيفٌ. مُتَلاحِمٌ. مُحَدَّدٌ. عَنيدٌ. جامِدٌ. مُتَواصِلٌ // مَيْلٌ. نُزوعٌ. إتِّجاهٌ. طَقْمٌ. مَجْموعَةٌ. هَيْئَةٌ. وَضْعٌ. شَتْلَةُ نَباتٍ
— about يَشْرَعُ؛ يَبْدأُ
— back يُؤَخِّرُ

— forth يُعْلِنُ ؛ يَنْشُرُ
— free يُحَرِّرُ ؛ يُطْلِقُ (سَراحَ)
— up يُقيمُ ؛ يُؤَسِّسُ
— up a business يَفْتَحُ تِجارَةً
set-back *n.* عَقَبَةٌ ؛ عائِقٌ . هَزيمَةٌ ؛ نَكْسَةٌ
set-square *n.* الكُوسُ ؛ مُثَلَّثٌ لِرَسْمِ الزَوايا القائِمَةِ . زاوِيَةٌ قائِمَةٌ
settee *n.* أَريكَةٌ ؛ مَقْعَدٌ طَويلٌ
setting *n.* وَضْعٌ . إطارٌ . مُحيطٌ . مَكانٌ وَزَمانٌ المَشْهَدِ المَسْرَحِيِّ . موسيقى مَوْضوعَةٌ لِشِعْرٍ
settle *vt.; n.* يُوَطِّدُ ؛ يُرَسِّخُ . يُوَطِّنُ . يُؤْهِلُ بالسُّكّانِ . يُرْسِبُ . يُصَفّي . يُسَوّي . يُسَدِّدُ دَيْنًا . يُنَظِّمُ // مَقْعَدٌ خَشَبِيٌّ طَويلٌ
settled *adj.* مَبْتوتٌ فيهِ . مُقَرَّرٌ . ثابِتٌ . مَدْفوعٌ
settlement; settling *n.* تَرْسيخٌ ؛ تَوْطيدٌ . تَحْديدٌ . تَرْتيبٌ . تَسْديدٌ . مُسْتَعْمَرَةٌ . إسْتيطانٌ
settler *n.* المُسْتَوْطِنُ . المُسْتَعْمِرُ
set-up *n.* قِيافَةٌ . مَشْروعٌ . عُرْفٌ . مُؤَسَّسَةٌ
seven *adj. & n.* سَبْعَةٌ ؛ سَبْعٌ . سُباعِيٌّ
seven-fold *adj. & adv.* سُباعِيٌّ . أَكْبَرُ بِسَبْعِ مَرّاتٍ
seventeen *n. & adj.* سَبْعَةَ عَشَرَ ؛ سَبْعَ عَشْرَةَ
seventeenth *adj. & n.* سابِعَ عَشَرَ
seventh *adj. & n.* سابِعٌ
seventieth *adj. & n.* السَبْعونُ . جُزْءٌ مِنْ سَبْعينَ
seventy *n. & adj.* سَبْعونَ . سَبْعونِيٌّ
sever *vt.; i.* يَفْصِلُ ؛ يَقْطَعُ . يُمَزِّقُ / يَنْفَصِلُ
several *adj.* مُخْتَلِفٌ . مُنْفَصِلٌ . مُسْتَقِلٌّ . خاصٌّ
severally *adv.* إفْرادِيًّا . كُلاًّ بِمُفْرَدِهِ . عَلى التَوالي
severance *n.* إنْقِطاعٌ . فَصْلٌ
severe *adj.* قاسٍ ؛ صارِمٌ . كالِحٌ . عَسيرٌ . خَطيرٌ
severely *adv.* بِقَسْوَةٍ . بِجَسامَةٍ
severity *n.* قَساوَةٌ ؛ صَرامَةٌ . تَجَهُّمٌ . خُطورَةٌ
sew *vt.irr.* يَخيطُ
sewage *n.* مِياهُ المَجاريرِ
sewer *n.* بالوعَةٌ . مَجْرورٌ . الخَيّاطُ
sewerage *n.* شَبَكَةُ المَجاريرِ . مِياهُ المَجاريرِ
sewing *n.* خِياطَةٌ
sex *n.* الجِنْسُ . الغَريزَةُ
sexagenarian *adj. & n.* سِتّونِيٌّ
sex appeal *n.* جاذِبِيَّةٌ جِنْسِيَّةٌ
sexennial *adj.* واقِعٌ كُلَّ سِتِّ سَنَواتٍ
sextant *n.* سُدْسِيَّةٌ : آلَةٌ لِقِياسِ ارْتِفاعِ الأَجْرامِ
sextet *n.* اللَحْنُ السُداسِيُّ
sexton *n.* قَنْدَلَفْتُ
sextuple *adj.* سُداسِيٌّ ؛ أَكْثَرُ بِسِتَّةِ أَضْعافٍ
sexual *adj.* جِنْسِيٌّ . تَناسُلِيٌّ
sexuality *n.* النَشاطُ الجِنْسِيُّ
shabby *adj.* رَثٌّ ؛ بالٍ . دَنِيءٌ ؛ خَسيسٌ . جائِرٌ
shack *n.; vi.* كوخٌ // يَسْكُنُ ؛ يُقيمُ
shackle *vt.* يَغُلُّ ؛ يُصَفِّدُ . يَعوقُ
shad *n.* (*pl.* **shad**) الشابِلُ (نَوْعٌ مِنَ السَمَكِ)
shade *n.; vt.* ظِلٌّ ؛ فَيْءٌ . طَيْفٌ ؛ خَيالٌ ؛ روحٌ . ظَلامٌ // يُظَلِّلُ . يَحْجُبُ . يَسْتُرُ
shading *n.* تَظْليلٌ
shadow *n.; vt.* ظِلٌّ ؛ خَيالٌ . طَيْفٌ . وِقاءٌ . عَتْمَةٌ // يُظَلِّلُ . يُكَدِّرُ . يُحْزِنُ . يَتَعَقَّبُ
shadowy *adj.* ظَليلٌ . وَهْمِيٌّ . مُبْهَمٌ
shady *adj.* ظَليلٌ . غامِضٌ
shaft *n.* رُمْحٌ . عَمودُ الإدارَةِ . سارِيَةُ العَلَمِ . بُرْجٌ . سَهْمٌ . شُعاعٌ
shag *n.* وَبَرٌ خَشِنٌ . تَبْغٌ مَفْرومٌ

shaggy *adj.* خَشِنُ الوَبَرِ. أَشْعَثُ. فَظٌّ. مُشَوَّشٌ

shagreen *adj.; n.* مُبَرْغَلٌ؛ مُحَبْحَبٌ // جِلْدٌ غَيْرُ مَدْبوغٍ. جِلْدٌ خَشِنٌ

shah *n.* الشاهُ

shake *n.; vi.; t.irr.* إِرْتِعاشٌ. زِلْزالٌ. مُصافَحَةٌ // يَرْتَعِشُ؛ يَرْتَعِدُ. يَهْتَزُّ. يَتَساقَطُ / يُزَعْزِعُ. يُصافِحُ. يَهُزُّ. يَرُجُّ

shakedown *n.* سَريرٌ مُرْتَجَلٌ. إِبْتِزازٌ. تَفْتيشٌ دَقيقٌ. تَجْرِبَةٌ نِهائِيَّةٌ (لِطائِرَةٍ)

shaky *adj.* مُرْتَعِشٌ. مُتَقَلْقِلٌ. مُتَوَعِّكٌ

shale *n.* صَخْرٌ صَلْصالِيٌّ

shale oil *n.* الزَيْتُ الحَجَرِيُّ

shall *v. aux.irr.* سَ...؛ سَوْفَ. هَلْ

shallop *n.* قارِبٌ صَغيرٌ

shallow *adj.* ضَحْلٌ؛ ضَحْضاحٌ. قَليلُ العُمْقِ

sham *adj.; vt.; i.* كاذِبٌ؛ خادِعٌ؛ زائِفٌ // يَخْدَعُ. يُزَيِّفُ / يَحْتالُ عَلى

shamble *vi.* يَمْشي مُتَثاقِلاً

shambles *n.pl.* مَسْلَخٌ. خَرائِبُ

shame *n.; vt.* عَيْبٌ؛ خُزْيٌ؛ عارٌ. خَجَلٌ؛ حَياءٌ // يُخَجِّلُ. يُخْزي. يُشْعِرُ بِالذَنْبِ

shamefaced *adj.* خَجولٌ؛ مَخْجولٌ

shameful *adj.* مُخْزٍ. مُخْجِلٌ. فاضِحٌ

shameless *adj.* وَقِحٌ؛ صَفيقٌ. مُخْزٍ

shampoo *vt.; n.* يُدَلِّكُ أَوْ يَغْسِلُ الشَعْرَ بِالشامْبو // شامبو؛ سائِلٌ صابونِيٌّ لِغَسْلِ الشَعْرِ

shamrock *n.* النَفَلُ (نَباتٌ)

shank *n.* ساقٌ؛ رِجْلٌ. القَصَبَةُ

shant(e)y *or* **chant(e)y** *n.* نَشيدُ البَحّارَةِ

shanty *n.* كوخٌ

shanty-town *n.* مَدينَةُ الأَكْواخِ

shape *n.; vt.* شَكْلٌ؛ هَيْئَةٌ؛ مَظْهَرٌ // يُشَكِّلُ. يُصَوِّرُ. يَصوغُ. يُكَيِّفُ

shapeless *adj.* عَديمُ الشَكْلِ. مُشَوَّهٌ. بَشِعٌ

shapely *adj.* جَميلٌ؛ حَسَنُ الشَكْلِ

shard *n.* كِسْرَةٌ (خُبْزٍ)

share *n.; vt.; i.* حِصَّةٌ؛ نَصيبٌ. سَهْمٌ مالِيٌّ // يُقاسِمُ؛ يُشاطِرُ. يُوَزِّعُ الحِصَصَ / يُسْهِمُ

shareholder *n.* المُساهِمُ؛ حامِلُ السَهْمِ المالِيِّ

sharing *n.* مُساهَمَةٌ؛ مُشارَكَةٌ؛ مُقاسَمَةٌ

shark *n.* القِرْشُ (سَمَكٌ مُفْتَرِسٌ). المُحْتالُ

sharp *adj.; adv.* حادٌّ؛ قاطِعٌ. يَقِظٌ؛ حَذِرٌ. شَديدٌ. عَنيفٌ // تَمامًا. فَجْأَةً

sharpen *vt.* يَشْحَذُ (السِكّينَ). يَبْري (القَلَمَ)

sharply *adv.* بِمَضاءٍ؛ بِحِدَّةٍ. بِوُضوحٍ. بِرَشاقَةٍ

sharp-witted *adj.* حادُّ الذَكاءِ؛ مُتَوَقِّدُ الذِهْنِ

shatter *vt.; i.* يُبَعْثِرُ. يُحَطِّمُ. يُرْهِقُ. يُتْلِفُ / يَتَحَطَّمُ؛ يَتَكَسَّرُ

shave *vt.irr.* يَحْلِقُ ذَقْنَهُ. يَكْشِطُ. يَقْشِرُ. يُخَفِّضُ

shaving *n.* حِلاقَةٌ. كَشْطٌ

shawl *n.* شالٌ؛ وِشاحٌ

she *pron.* هِيَ. الأُنْثى

sheaf *n.* (*pl.* **sheaves**); *vt.* حُزْمَةٌ؛ رُزْمَةٌ. إِضْبارَةٌ (مِنَ الوَرَقِ) // يَحْزِمُ؛ يَرْزُمُ

shear *vt.irr.* يَقُصُّ؛ يَجُزُّ (الصوفَ)

shears *n.pl.* مِقَصٌّ كَبيرٌ

she-ass *n.* أَتانٌ؛ أُنْثى الحِمارِ

sheath *n.* (*pl.* **sheaths**) غِمْدٌ؛ قِرابٌ. غِلافٌ

sheathe *vt.* يُغْمِدُ. يُغَلِّفُ

she-cat *n.* القِطَّةُ؛ أُنْثى الهِرِّ

shed *n.; vt.irr.* سَقيفَةٌ. ما يَتَساقَطُ مِنْ ريشٍ وَأَوْراقٍ // يَعْزِلُ. يَفْرِزُ. يُريقُ. يَذْرِفُ. يَصُبُّ

sheen *n.* لَمعانٌ؛ بَريقٌ
sheep *n.* (*pl.* **sheep**) خَروفٌ؛ نَعْجَةٌ. الجَبانُ
sheep-dip *n.* سائِلٌ لِتَطْهيرِ الخِرافِ مِنَ الطُفَيْلِيّاتِ
sheep dog *n.* كَلْبُ الراعي
sheep-fold *n.* زَريبَةٌ؛ حَظيرَةُ الخِرافِ
sheepish *adj.* خَجولٌ. جَبانٌ. أَبْلَهُ. مُرْتَبِكٌ
sheep pen *n.* زَريبَةُ الغَنَمِ
sheep-shearing *n.* جَزُّ صوفِ الخِرافِ
sheepskin *n.* جِلْدُ الخَروفِ. شَهادَةٌ
sheer *adj.; adv.; n.; vi.* صِرْفٌ؛ مَحْضٌ. شَفّافٌ. تامٌّ. مُطْلَقٌ // تمامًا؛ كُلِّيَّةً. عَموديًّا // إنْحِرافُ السَفينَةِ // تَنْحَرِفُ السَفينَةُ
sheet *n.* شَرْشَفٌ. وَرَقَةٌ. صَفْحَةٌ. شِراعٌ
sheet anchor *n.* المِرْساةُ. المَلاذُ الأخيرُ
sheet iron *n.* لَوْحُ حَديدٍ. صاجٌ
sheet lightning *n.* بَرْقٌ؛ خُلَّبٌ
sheikh *n.* الشَيْخُ؛ شَيْخُ القَبيلَةِ. حاكِمٌ عَرَبيٌّ
shelf *n.* (*pl.* **shelves**) رَفٌّ. مُحْتَوَياتُ الرَفِّ. طَبَقَةٌ صَخْرِيَّةٌ مُسَطَّحَةٌ
shell *n.; vt.* صَدَفَةٌ؛ مَحارَةٌ. قِشْرَةٌ. هَيْكَلٌ. قَذيفَةٌ // يَقْشُرُ. يَقْذِفُ (القَنابِلَ). يَجْمَعُ الصَدَفَ
shell-fish *n.* المَحارُ (حَيَوانٌ صَدَفِيٌّ)
shelter *n.; vi.; t.* مَلْجَأٌ؛ مَأْوًى. وِقايَةٌ؛ حِمايَةٌ // يَلْجَأُ إلى. يَسْتَظِلُّ / يَقي. يَسْتُرُ
shelve *vt.; i.* يُزَوِّدُ بِرُفوفٍ. يَضَعُ عَلى الرَفِّ. يَحْمي / يَحْتَمي
shepherd *n.; vt.* الراعي. الكاهِنُ // يَرْعى القَطيعَ. يَهْتَمُّ بِالرَعِيَّةِ
shepherdess *n.* الراعِيَةُ
sherbet *n.* شَرابٌ مُثَلَّجٌ
sheriff *n.* الشَريفُ؛ عُمْدَةُ البَلْدَةِ

sherry *n.* خَمْرٌ إسْبانِيَّةٌ
shield *n.; vt.* تُرْسٌ؛ مِجَنٌّ. وِقاءٌ. حِجابٌ واقٍ // يَقي بِتُرْسٍ. يَسْتُرُ؛ يَحْجُبُ
shift *vt.; i.; n.* يُغَيِّرُ؛ يُبَدِّلُ / يَنْتَقِلُ. يَتَغَيَّرُ // وَسيلَةٌ. حيلَةٌ. مُناوَبَةٌ. فَريقُ مُناوَبَةٍ
shiftless *adj.* عَديمُ الحيلَةِ. كَسولٌ
shifty *adj.* داهِيَةٌ. مُخادِعٌ
shilling *n.* الشِلِنُ (جُزْءٌ مِنَ الجُنَيْهِ الإسْتَرْلينيِّ)
shimmer *n.; vi.* وَميضٌ // يومِضُ. يُضيءُ
shin *n.* القَصَبَةُ؛ مُقَدَّمُ الساقِ. عَظْمُ الساقِ
shin-bone *n.* عَظْمُ الساقِ الأكْبَرُ
shindy *n.* حَفْلَةٌ راقِصَةٌ. شِجارٌ. هِياجٌ
shine *vi.irr.; n.* يَلْمَعُ. يُضيءُ. يَتَأَلَّقُ // لَمعانٌ. ضِياءٌ. صَحْوٌ. تَأَلُّقٌ. حيلَةٌ. وَلَعٌ
shingle *n.* قَصَّةُ شَعَرٍ قَصيرَةٌ. حَصًى. لَوْحٌ خَشَبِيٌّ صَغيرٌ. لافِتَةٌ صَغيرَةٌ
shining *adj.* مُضيءٌ؛ مُشْرِقٌ. لامِعٌ. صَحْوٌ
shiny *adj.* صَحْوٌ؛ صافٍ. لامِعٌ. مُشْرِقٌ
ship *n.; vt.; i.* سَفينَةٌ؛ مَرْكَبٌ؛ زَوْرَقٌ؛ باخِرَةٌ // يَشْحَنُ (في سَفينَةٍ). يُرْسِلُ / يَرْكَبُ السَفينَةَ
shipboard *n.* مَتْنُ السَفينَةِ
shipman *n.* بَحّارٌ؛ مَلّاحٌ. رُبّانُ السَفينَةِ
shipmate *n.* زَميلُ المَلّاحِ. رَفيقُ البَحّارِ
shipment *n.* الشَحْنُ. السِلَعُ المَشْحونَةُ بِالسُفُنِ
shipowner *n.* مالِكُ السَفينَةِ
shipper *n.* الشاحِنُ
shipping *n.* مَجْموعُ سُفُنِ مَدينَةٍ. صِناعَةُ الشَحْنِ
ship's boat *n.* زَوْرَقُ النَجاةِ؛ زَوْرَقُ الإنْقاذِ
shipshape *adj.* مُرَتَّبٌ؛ حَسَنُ النِظامِ
ship's paper *n.* وَثائِقُ السَفينَةِ
shipwreck *n.; vt.* حُطامُ السَفينَةِ // يُحَطِّمُ سَفينَةً

shipwright *n.* نَجّارُ السَفينَةِ أوْ مُرَمِّمُها

shipyard *n.* حَوْضٌ تُبْنى فيهِ السُفُنُ

shire *n.* مُقاطَعَةٌ ؛ قَضاءٌ. ناحيَةٌ

shirk *vt.; i.* يَتَهَرَّبُ ؛ يَتَجَنَّبُ

shirr *vt.* يُثَنّي القُماشَ. يَقْلي (البَيْضَ)

shirt *n.* قَميصٌ

shiver *vi.; t.; n.* يَتَحَطَّمُ. يَرْتَجِفُ ؛ يَرْتَعِشُ / يُحَطِّمُ // رَجْفَةٌ ؛ رَعْشَةٌ. شَظيَّةٌ

shoal *n.; vi.* مياهٌ ضَحْلَةٌ. فَوْجٌ ؛ قَطيعٌ // يَضْحَلُ

shock *n.; vt.* صَدْمَةٌ. رَجَّةٌ. الإنْسِدادُ التاجيُّ. السَكْتَةُ. صَدْمَةٌ كَهْرَبائيَّةٌ // يَصْدِمُ. يُصيبُ بِصَدْمَةٍ

shock absorber *n.* مُمْتَصُّ الصَدَماتِ

shocking *adj.* مُثيرٌ ؛ مُرَوِّعٌ ؛ فَظيعٌ

shod *adj.* مُزَوَّدٌ بِنَعْلَةٍ أوْ حُذْوَةٍ. ذو عَجَلاتٍ

shoddy *adj.; n.* رَديءُ النَوْعِ. زائِفٌ // إدِّعاءٌ ؛ تَفاخُرٌ. نَسيجٌ رَديءٌ. نُفاياتٌ

shoe *n.; vt.irr.* حِذاءٌ. حُذْوَةُ الفَرَسِ // يُنْعِلُ ؛ يُبَيْطِرُ الفَرَسَ. يُلْبِسُ الحِذاءَ

shoe-black *n.* ماسِحُ الأحْذيَةِ

shoeing-smith *n.* البَيْطارُ

shoe-lace *n.* رِباطُ الحِذاءِ ؛ شَريطُ الحِذاءِ

shoe-making *n.* صِناعَةُ الأحْذيَةِ

shoot *vt.; i.irr.; n.* يُطْلِقُ النارَ. يَقْذِفُ الكُرَةَ. يَصْطادُ / يَنْطَلِقُ ؛ يَنْدَفِعُ. يَنْبَعِثُ. يَنْبُتُ ؛ يَنْمو // إطْلاقُ النارِ. طَلْقَةٌ. بُرْعُمٌ

shooting *adj.; n.* واخِزٌ (ألَمٌ) // إطْلاقُ النارِ. طَلْقَةٌ. قَذْفُ الكُرَةِ

shooting gallery *n.* مَرْمى ؛ حَقْلُ الرِمايَةِ

shooting star *n.* شِهابٌ ؛ نَيْزَكٌ

shop *n.; vi.* حانوتٌ ؛ دُكّانٌ ؛ مَتْجَرٌ. مَصْنَعٌ. وَرْشَةٌ // يَتَبَضَّعُ ؛ يَتَسَوَّقُ

shop-assistant *n.* بائِعٌ ؛ بائِعَةٌ. مُوَظَّفٌ

shopkeeper *n.* صاحِبُ الدُكّانِ أوِ المَتْجَرِ

shopper *n.* المُتَبَضِّعُ ؛ المُتَسَوِّقُ

shopping *n.* تَسَوُّقٌ ؛ تَبَضُّعٌ

shopping center *n.* السوقُ التِجاريُّ

shop window *n.* واجِهَةُ العَرْضِ في مَتْجَرٍ

shore *n.; vt.* الشاطِئُ. دِعامَةٌ // يَدْعَمُ

short *adj.; adv.* قَصيرٌ. موجَزٌ. هَزيلٌ. ناقِصٌ. جافٌّ // فَجْأةً. باخْتِصارٍ. بِجَفاءٍ

shortage *n.* نَقْصٌ ؛ عَجْزٌ. تَقْصيرٌ

short-circuit *vt.; n.* يُقَصِّرُ الدارَةَ // إنْقِطاعُ التَيّارِ الكَهْرَبائِيِّ. دارَةٌ قَصيرَةٌ

shortcoming *n.* نَقْصٌ. عَجْزٌ ؛ قُصورٌ

shortcut *n.* طَريقٌ مُخْتَصَرَةٌ

shorten *vt.; i.* يُقَصِّرُ. يَخْتَصِرُ. يُخَفِّضُ / يَقْصُرُ

shortening *n.* تَقْصيرٌ. إخْتِصارٌ. تَخْفيضٌ

shorthand *n.* إخْتِزالٌ

short-handed *adj.* تَنْقُصُهُ اليَدُ العامِلَةُ

short-lived *adj.* قَصيرُ الأجَلِ. قَصيرُ العُمْرِ

shortly *adv.* قَريبًا. باخْتِصارٍ. بِفَظاظَةٍ

shortness *n.* قِصَرٌ. نَقْصٌ. إخْتِصارٌ

short-range *adj.* قَصيرَةُ المَدى (قَذائِفُ)

shorts *n.pl.* سِرْوالٌ قَصيرٌ ؛ بَنْطَلونٌ قَصيرٌ

short-sighted *adj.* أحْسَرُ. قَليلُ التَبَصُّرِ

short-tempered *adj.* حادُّ الطَبْعِ. مُنْدَفِعٌ

short-wave *n.* مَوْجَةٌ قَصيرَةٌ (راديو)

short-winded *adj.* ضَيِّقُ النَفَسِ

shot *adj.; n.* مُوَشَّحٌ. سَكْرانُ. بالٍ ؛ مُسْتَهْلَكٌ // طَلْقَةٌ ناريَّةٌ. رَمْيَةٌ. خُرْدُقٌ. سَهْمٌ

shot-gun *n.* بُنْدُقيَّةُ خُرْدُقٍ

should *v.aux.* see **shall**

shoulder *n.; vt.* كَتِفٌ. مَنْكِبٌ // يَدْفَعُ بِالمَنْكِبِ. يَحْمِلُ على المَنْكِبِ
shoulder blade *n.* عَظْمُ الكَتِفِ
shout *vt.; i.; n.* يَصيحُ. يَصْرُخُ. يَهْتِفُ // صَيْحَةٌ. صِياحٌ. هُتافٌ
shouting *n.* صِياحٌ. هُتافٌ
shove *vt.; i.* يَدْفَعُ / يَنْطَلِقُ
shovel *n.; vt.* مِجْرَفَةٌ؛ رَفْشٌ // يَجْرُفُ؛ يَرْفُشُ
show *vt.; i.irr.; n.* يُظْهِرُ. يَعْرِضُ. يُبَيِّنُ. يُبَرْهِنُ. يَشْرَحُ / يَبْدو. يَظْهَرُ // عَرْضٌ. مَظْهَرٌ. دَلالَةٌ. مَعْرِضٌ. حَفْلَةٌ
— off يَتَباهى؛ يَتَفاخَرُ (بِثَرائِهِ، بِقُدُراتِهِ)
— one's hands *or* cards يُفْصِحُ عَنْ نِيّاتِهِ
— one's teeth يَبدو غاضِبًا
show-case *n.* واجِهَةُ عَرْضِ البَضائِعِ أوِ التُحَفِ
shower *n.; vt.; i.* وابِلٌ مِنَ المَطَرِ. دُشٌّ // يَرُشُّ. يُبَلِّلُ / يَأْخُذُ دُشًّا
shower bath *n.* مِرَشَّةُ الإغْتِسالِ
showery *adj.* ماطِرٌ. مُمْطِرٌ
show-room *n.* صالَةُ العَرْضِ
showy *adj.* مُبْهِرَجٌ. رائِعٌ
shrapnel *n.* قَذيفَةٌ مُشَظّاةٌ
shred *n.; vt.* نُتْفَةٌ. مِزْقَةٌ // يُمَزِّقُ. يُقَطِّعُ
shrew *n.* حَيَوانٌ يُشْبِهُ الفَأْرَ. إمْرَأَةٌ سَليطَةٌ
shrewd *adj.* حاذِقٌ؛ ثاقِبُ الفِكْرِ. داهِيَةٌ
shrewdness *n.* دَهاءٌ. فِطْنَةٌ؛ لَبابَةٌ
shriek *n.; vt.; i.* صَرْخَةٌ؛ زَعْقَةٌ // يَصْرُخُ؛ يَزْعَقُ
shrift *n.* الإعْتِرافُ. غُفْرانٌ. حَلٌّ
shrill *adj.* حادٌّ. عالي النَغْمَةِ. ثاقِبٌ. صاخِبٌ
shrimp *n.* القُرَيْدِسُ (سَمَكٌ صَغيرٌ). قَزَمٌ
shrine *n.* مَقامٌ؛ مَزارٌ. ضَريحٌ

shrink *vi.; t. irr.* يَنْكَمِشُ؛ يَتَقَلَّصُ / يُقَلِّصُ
— from *or* back يَتَراجَعُ عَنْ؛ يَرْتَدُّ. يَنْفُرُ مِنْ
shrinkage *n.* إنْكِماشٌ؛ تَقَلُّصٌ. تَضاؤُلٌ
shrive *vt.irr.* يُحِلُّ مِنَ الخَطايا
shrivel *vt.; i.* يُذْوي. يَتَغَضَّنُ؛ يَتَجَعَّدُ / يُقَطِّبُ
shroud *n.; vt.* كَفَنٌ. غِطاءٌ // يُكَفِّنُ. يَحْجُبُ
shrub *n.* شُجَيْرَةٌ
shrubbery *n.* أرْضٌ مَزْروعَةٌ شُجَيْراتٍ
shrug *n.; vt.* سِتْرَةٌ نِسائِيَّةٌ. هَزُّ الكَتِفَيْنِ // يَهُزُّ كَتِفَيْهِ (لا مُبالاةً)
shuck *vt.; n.* يَنْزَعُ الغِلافَ عَن // قِشْرَةٌ
shudder *vi.; n.* يَرْتَعِدُ؛ يَرْتَجِفُ // رَعْدَةٌ؛ رَعْشَةٌ
shuffle *vt.; i.* يَجُرُّ قَدَمَيْهِ. يُلَخْبِطُ. يَخْلِطُ الوَرَقَ. يُغَيِّرُ مَرْكَزَهُ / يُراوِغُ. يَتَمَلَّصُ
shuffling *adj.; n.* مُراوِغٌ؛ مُتَمَلِّصٌ // خَلْطٌ. مُراوَغَةٌ. تَمَلُّصٌ
shun *vt.* يَتَجَنَّبُ. يَبْتَعِدُ عَنْ
shunt *vt.* يُحَوِّلُ (قِطارًا). يَتَخَلَّصُ مِنْ
shut *vt.; i.irr.; adj.* يُقْفِلُ؛ يُغْلِقُ؛ يوصِدُ. يَلْحُمُ (الحَديدَ). يَحْجُزُ / يَنْغَلِقُ // مُغْلَقٌ؛ مُقْفَلٌ
— down يُقْفِلُ (مَعْمَلاً)
— somebody in يَحْجُزُ
— off يَكُفُّ عَنِ التَمْوينِ (بِالغازِ، الماءِ...)
— out يُبْقي في الخارِجِ. يَمْنَعُ مِنَ الدُخولِ
— something up يُغْلِقُ جَميعَ الأبْوابِ وَالنَوافِذِ. يُسْكِتُ
shutter *n.* مِصْراعُ البابِ أوِ النافِذَةِ
shuttle *n.* مَكّوكٌ
shuttle service *n.* رِحْلاتٌ مَكّوكِيَّةٌ
shy *adj.; vi.; t.* خَجولٌ. مُتَحَفِّظٌ. حَذِرٌ. جَبانٌ (حَيَوانٌ) // يَنْفِرُ. يَجْفِلُ / يَقْذِفُ // قَذْفٌ. مُحاوَلَةٌ

shyness *n.* حَياءٌ؛ خَجَلٌ. حَذَرٌ

Siamese *adj. & n.* سِياميٌّ // اللُّغَةُ السِياميَّةُ

Siberian *adj. & n.* سَيْبيريٌّ

sibyl *n.* عَرّافَةٌ (تَتَنَبَّأُ بالغَيْبِ)

siccative *adj.; n.* مُجَفِّفٌ // مادَّةٌ مُجَفِّفَةٌ لِلْحِبْرِ

Sicilian *n. & adj.* صِقِلّيٌّ

sick *adj.* مَريضٌ؛ عَليلٌ. مُصابٌ بِالغَثَيانِ

sick-bed *n.* فِراشُ المَرَضِ

sicken *vt.; i.* يُمْرِضُ. يُغْثي / يَمْرَضُ. يَسْأَمُ

sickle *n.* مِنْجَلٌ

sick leave *n.* إجازَةٌ مَرَضيَّةٌ

sick list *n.* لائِحَةُ المَرْضى

sickly *adj.* مُتَوَعِّكُ الصِحَّةِ. عَليلٌ. شاحِبٌ

sickness *n.* إعْتِلالٌ. مَرَضٌ. غَثَيانٌ. دُوارٌ

sick-nurse *n.* مُمَرِّضَةٌ

sick-room *n.* غُرْفَةُ المَرْضى

side *adj.; n.; vi.* ثانَويٌّ. جانِبيٌّ // جِهَةٌ؛ جانِبٌ؛ ناحيَةٌ. ضِلْعٌ // يَنْحازُ إلى؛ يَتَحَزَّبُ لِـ

sideboard *n.* خُوانٌ. مائِدَةٌ

sided *adj.* مُنْحازٌ إلى. مُتَعَدِّدُ الجَوانِبِ

side door *n.* بابٌ جانِبيٌّ

side-line *n.* الخَطُّ الجانِبيُّ (في كُرَةِ القَدَمِ)

sidelong *adj.; adv.* مائِلٌ. جانِبيٌّ // جانِبيًّا؛ بِانْحِرافٍ

side show *n.* إسْتِعْراضٌ جانِبيٌّ

sidestep *vt.* يَخْطو خَطْوَةً جانِبيَّةً. يَتَجَنَّبُ المَشاكِلَ

side-track *vt.* يُحَوِّلُ إلى خَطٍّ جانِبيٍّ (قِطارًا)

sidewalk *n.* رَصيفٌ (لِلْمُشاةِ)

sidewards; sideways *adv.* بِانْحِرافٍ. جانِبيًّا. ناحيَةً. شَزْرًا

sidle *vi.* يَسيرُ بِانْحِرافٍ. يَمْشي جانِبيًّا

siege *n.* حِصارٌ. تَواصُلٌ؛ إسْتِمْرارٌ

sienna *n.* مادَّةٌ تُرابيَّةٌ تُسْتَعْمَلُ كَصِباغٍ

sierra *n.* قِمَمٌ مُثَلَّمَةٌ. نَوْعٌ مِنَ السَمَكِ

siesta *n.* الإسْتِراحَةُ. القَيْلولَةُ

sieve *n.* مُنْخُلٌ

sift *vt.* يَنْخُلُ؛ يُغَرْبِلُ

sigh *n.; vi.* تَنَهُّدٌ. تَلَهُّفٌ؛ تَحَسُّرٌ // يَتَنَهَّدُ. يَتَلَهَّفُ. يَشْتاقُ

sight *n.; vt.* مَنْظَرٌ. مَشْهَدٌ. البَصَرُ. إدْراكٌ. نَظَرٌ // يَرى؛ يُشاهِدُ. يُلاحِظُ. يُصَوِّبُ

at — or on — عِنْدَ أو بِمُجَرَّدِ الإطِّلاعِ

at first — مِنَ النَظْرَةِ الأولى

sighted *adj.* ذو نَظَرٍ

sightless *adj.* أعمى؛ كَفيفٌ

sight-reading *n.* قِراءَةُ النوطَةِ الموسيقيَّةِ

sight-seeing *n.* زيارَةُ الأماكِنِ الأثَريَّةِ والسياحيَّةِ. مُشاهَدَةُ المَناظِرِ الجَميلَةِ

sign *n.; vt.; i.* عَلامَةٌ؛ إشارَةٌ. سِمَةٌ. رَمْزٌ // يُوَقِّعُ. يُومِئُ. يُعَلِّمُ؛ يَسِمُ / يُوَقِّعُ

— (something) away يَتَنازَلُ عَنْ (مُمْتَلَكاتٍ) بِتَوْقيعٍ مِنْهُ

— over يُؤَكِّدُ البَيْعَ بِتَوْقيعِهِ الأوْراقَ القانونيَّةَ

— off يُعْلِنُ عَنِ انْتِهاءِ البَرْنامِجِ

signal *adj.; n.; vt.; i.* إشاريٌّ. بارِزٌ؛ رائِعٌ // إشارَةٌ. لافِتَةٌ // يُومِئُ. يُعْطي إشارَةً

signalize *vt.* يُعْلِنُ؛ يَلْفِتُ الإنْتِباهَ إلى (حَدَثٍ)

signatory *n.* المُوَقِّعُ. أحَدُ المُوَقِّعينَ عَلى وَثيقَةٍ

signature *n.* تَوْقيعٌ؛ إمْضاءٌ

sign-board *n.* لَوْحَةٌ؛ يافِطَةٌ

signet *n.* خَتْمٌ

signet ring *n.* خاتَمٌ مَنْقوشٌ (يُسْتَعْمَلُ كَخَتْمٍ)

significance *n.* أهَمّيَّةٌ. مَعْنًى؛ مَغْزًى؛ دَلالَةٌ
significant *adj.* ذو شأنٍ. ذو مَعْنًى
signification *n.* أهَمّيَّةٌ؛ مَعْنًى؛ مَغْزًى
signify *vt.* يُعَبِّرُ عَنْ. يُفيدُ. يَدُلُّ على
sign-post *n.* مَعْلَمٌ. عَلامَةٌ. عَمودُ الدَلالَةِ
silence *n.; vt.* صَمْتٌ؛ سُكوتٌ. سُكونٌ // يُسْكِتُ. يُهَدِّئُ (الطُلاّب)
silent *adj.* صامِتٌ؛ ساكِتٌ. قَليلُ الكَلام
silex *n.* زُجاجٌ مُقاوِمٌ لِلْحَرارَةِ
silhouette *n.* صورَةٌ ظِلّيَّةٌ. خَيالٌ
silica *n.* ثاني أكسيدِ السِليكونِ
silicon *n.* السِليكونُ (عُنْصُرٌ لافِلِزِّيٌّ)
silk *adj.; n.* حَريريٌّ // حَريرٌ
silken; silky *adj.* حَريريٌّ. ناعِمٌ وَصَقيلٌ
silkworm *n.* دودَةُ الحَريرِ أو القَزِّ
sill *n.* عَتَبَةُ البابِ أو النافِذَةِ
silliness *n.* سَذاجَةٌ؛ بَلاهَةٌ. سُخْفٌ
silly *adj. & n.* ساذَجٌ؛ أبْلَهُ. سَخيفٌ. أحْمَقُ
silo *n.* مَخْزَنُ حُبوبِ الدَوابِّ
silt *vt.; i.; n.* يَمْلأُ أوْ يَكْسو بِالطَمْيِ / يَمْتَلِئُ بِالطَمْيِ // الطَمْيُ
silver *n.; adj.* فِضَّةٌ؛ لُجَيْنٌ // فِضّيٌّ
silver-plated *adj.* مُفَضَّضٌ. مَطْليٌّ بِالفِضَّةِ
silversmith *n.* صائِغُ الفِضَّةِ
silverware *n.* آنِيَةُ المائِدَةِ الفِضّيَّةُ
silvery *adj.* فِضّيٌّ. شَبيهٌ بِالفِضَّةِ
similar *adj.* مُشابِهٌ؛ مُماثِلٌ. مُتَشابِهٌ
similarity *n.* تَشابُهٌ؛ تَماثُلٌ
simile *n.* التَشْبيهُ في عِلْمِ البَلاغَةِ
similitude *n.* تَشْبيهٌ. شَبَهٌ. صورَةٌ طِبْقَ الأصْلِ
simmer *vi.* يَغْلي غَلْيًا خَفيفًا. يَهْتاجُ

simper *n.; vi.* إبْتِسامَةٌ مُصْطَنَعَةٌ // يَبْتَسِمُ بِتَكَلُّفٍ
simple *adj. & n.* مُغَفَّلٌ. جاهِلٌ. بَسيطٌ. عاديٌّ. وَضيعٌ. سَهْلٌ. مُجَرَّدٌ
simpleness *n.* البَساطَةُ. السَذاجَةُ
simpleton *n.* الساذَجُ؛ المُغَفَّلُ
simplicity *n.* بَساطَةٌ؛ سَذاجَةٌ. سَلامَةُ نِيَّةٍ
simplification *n.* تَبْسيطٌ. تَيْسيرٌ. إيضاحٌ
simplify *vt.* يُبَسِّطُ. يُيَسِّرُ. يوضِحُ
simply *adv.* بِبَساطَةٍ. فَقَطْ. حَقًّا. لَيْسَ إلاّ
simulate *vt.* يُحاكي. يُقَلِّدُ. يَتَظاهَرُ بِـ
simultaneous *adj.* مُتَزامِنٌ؛ مُتَواقِتٌ مَعْ
simultaneously *adv.* مَعًا. بِتَزامُنٍ
sin *n.; vi.* خَطيئَةٌ؛ إثْمٌ // يَرْتَكِبُ خَطيئَةً. يَأْثَمُ
since *conj.; prep.; adv.* بِما أنَّ. نَظَرًا لِـ // مُنْذُ // قَديمًا. في ما مَضى. بَعْدَ ذَلِكَ
sincere *adj.* صادِقٌ؛ مُخْلِصٌ؛ وَفِيٌّ. صِرْفٌ
sincerely *adv.* بِإخْلاصٍ؛ بِصِدْقٍ
sincerity *n.* إخْلاصٌ؛ صِدْقٌ
sine *n.* الجَيْبُ؛ جَيْبُ الزاوِيَةِ
sinecure *n.* وَظيفَةٌ غَيْرُ مُتَكافِئَةٍ
sinew *n.* وَتَرٌ (عَضَليٌّ). عَصَبٌ. قُوَّةٌ
—s of war المالُ
sinewy *adj.* وَتَريٌّ. عَصَبيٌّ. قَويٌّ. عَضَليٌّ
sinful *adj.* خاطِئٌ. أثيمٌ. شِرّيرٌ
sing *vi.irr.* يُغَنّي. يُغَرِّدُ. يَقُصُّ. يُرَتِّلُ
singe *vt.* يَسْفَعُ. يَحْرُقُ حَرْقًا سَطْحيًّا
singer *n.* المُغَنّي. المُرَتِّلُ. طائِرٌ مُغَرِّدٌ
singing *adj.; n.* مُغَنٍّ. مُغَرِّدٌ // غِناءٌ. تَغْريدٌ
single *adj.; vt.* أعْزَبُ. مُفْرَدٌ. أحاديٌّ. فَريدٌ. فَذٌّ // يَخْتارُ (مِنْ جَماعَةٍ)؛ يَسْتَفْرِدُ
singleness *n.* عُزوبَةٌ. وَحْدانيَّةٌ. إخْلاصٌ

singly *adv.* على انْفِرادٍ. واحِدًا واحِدًا. بِمُفْرَدِهِ

singular *adj.* مُفْرَدٌ. فَرِيدٌ. فَذٌّ. شَخْصِيٌّ

singularity *n.* تَفَرُّدٌ. خُصوصِيَّةٌ. صِفَةٌ مُمَيِّزَةٌ

sinister *adj.* شِرِّيرٌ. فاسِدٌ. مَنْحوسٌ. مَشْؤومٌ

sink *n.; vi.; t.irr.* بالوعَةٌ. مِغْسَلَةٌ. بُؤْرَةُ فَسادٍ // يَغْرَقُ. يَتَرَسَّبُ. يَغوصُ. يَخْتَرِقُ. يَخِرُّ / يُغْرِقُ

sinker *n.* ثَقّالَةٌ رَصاصِيَّةٌ. الغَريقُ

sinking fund *n.* مالُ التَّسْديدِ. رَصيدُ أداءٍ

sinless *adj.* بارٌّ. بِدونِ خَطيئَةٍ

sinner *n.* الخاطِئُ؛ الآثِمُ؛ المُذْنِبُ

sinuous *adj.* مُتَلَوٍّ. مُعَقَّدٌ. مُتَمَوِّجٌ

sinus *n.* فَجْوَةٌ. جَيْبٌ. تَجْويفٌ

sip *n.; vt.; i.* رَشْفٌ. شُرْبٌ. مَصَّةٌ. جُرْعَةٌ خَفيفَةٌ // يَرْشُفُ. يَشْرَبُ عَلى مَهْلٍ. يَمْتَصُّ

siphon *n.; vt.* سيفونٌ؛ مَثْعَبٌ؛ مِمَصٌّ. أُنْبوبٌ أَعْقَفُ // يَثْعَبُ

sir *n.* المَوْلى؛ السَّيِّدُ. لَقَبٌ إنْكِليزِيٌّ. سَيِّدي

sire *n.* أَبٌ. مَوْلايَ. والِدُ الحَيَوانِ

siren *n.* جِنِّيَّةُ البَحْرِ (كائِنٌ أُسْطورِيٌّ)

sirloin *n.* قِطْعَةُ لَحْمٍ (مِنَ الخاصِرَةِ)

sirocco *n.* ريحٌ شَرْقِيَّةٌ

sirup *n.* see **syrup**

sissy *n.* رَجُلٌ مُخَنَّثٌ. الجَبانُ

sister *n.* شَقيقَةٌ؛ أُخْتٌ. مُمَرِّضَةٌ. راهِبَةٌ

sisterhood *n.* رَهْبَنَةٌ نِسائِيَّةٌ. راهِباتٌ

sister-in-law *n.* أُخْتُ الزَّوْجِ. إمْرَأَةُ الأَخِ

sit *vt. irr.* يَجْلِسُ. يَجْثُمُ. يَسْتَقِرُّ. يُقَدِّمُ امْتِحانًا. تَنْعَقِدُ المَحْكَمَةُ. تَحْضُنُ البَيْضَ

— back يَسْتَريحُ. لا يَقومُ بِأَيِّ عَمَلٍ

— in يَعْتَصِمُ (العُمّالُ، الطُّلاّبُ) في المَبْنى

— up يُطيلُ السَّهَرَ

site *n.; vt.* مَوْقِعٌ؛ مَكانٌ // يُعَيِّنُ المَوْقِعَ

sitfast *n.* تَكَلْكُلٌ. مِسْمارٌ (في الرِّجْلِ)

sitter *n.* الجالِسُ. الحاضِنُ. الحاضِنَةُ (دَجاجَةٌ؛ طائِرٌ). المُرَبِّيَةُ. مُوديلٌ

sitting *adj.; n.* جالِسٌ. حاضِنَةٌ. حالِمٌ. جاثِمٌ (طَيْرٌ) // جَلْسَةٌ؛ جُلوسٌ. حَضْنٌ (لِلْبَيْضِ). الجُلوسُ أَمامَ المُصَوِّرِ

situate *vt.* يُعَيِّنُ مَوْقِعًا. يَضَعُهُ في ظُروفٍ مُعَيَّنَةٍ

situated *adj.* قائِمٌ؛ كائِنٌ. واقِعٌ عَلى

situation *n.* وَضْعٌ. مَوْقِعٌ. مَكانٌ. مَنْصِبٌ

six *adj.* سِتَّةٌ؛ سِتٌّ. سادِسٌ. سُداسِيٌّ

sixteen *adj.* سِتَّةَ عَشَرَ؛ سِتَّ عَشْرَةَ

sixteenth *adj. & n.* سادِسَ عَشَرَ

sixth *adj.; n.* سادِسٌ // السُّدْسُ. جُزْءٌ مِنْ سِتَّةٍ

sixthly *adv.* سادِسًا

sixtieth *adj.; n.* السِّتّونَ // جُزْءٌ مِنْ سِتّينَ

sixty *n.* سِتّونَ. العَقْدُ السابِعُ مِنَ العُمْرِ

sizable *adj.* كَبيرٌ. ضَخْمٌ

size *n.; vt.* حَجْمٌ. كِبَرٌ. قِياسٌ. مادَّةٌ غَرَوِيَّةٌ // يُحَجِّمُ. يُرَتِّبُ وِفْقًا لِلْحَجْمِ. يُناسِبُ

sized *adj.* ذو حَجْمٍ مُعَيَّنٍ. مُرَتَّبٌ وِفْقًا لِلْحَجْمِ

sizzle *n.; vi.* أَزيزٌ (الطَّعامِ الَّذي يُقْلى في الدُّهْنِ) // يَئِزُّ (الطَّعامُ المَقْلِيُّ في الدُّهْنِ)

skate *n.; vi.* زَلاّجَةٌ؛ مِزْلَجٌ. الوَرْنَكُ (سَمَكٌ مُفَلْطَحٌ) // يَتَزَلَّجُ

skateboard *n.* لَوْحَةُ التَّزَلُّجِ

skating *n.* تَزَلُّجٌ

skein *n.* شِلَّةُ خُيوطٍ

skeleton *n.* هَيْكَلٌ عَظْمِيٌّ. هَيْكَلٌ

skeleton key *n.* مِفْتاحٌ عُمومِيٌّ

skeptic *n.* النَّزّاعُ إلى الشَّكِّ؛ الشُّكوكِيُّ

skeptical *adj.* see **sceptical**
sketch *n.; vt.* مُخَطَّط. مُسَوَّدَةٌ. مَشْهَدٌ مَسْرَحِيٌّ هَزْلِيٌّ // يَضَعُ مُخَطَّطًا. يُعِدُّ مُسَوَّدَةً. يُخَطِّطُ رَسْمًا
skew *adj.* مُنْحَرِفٌ ؛ مائِلٌ
skewer *n.; vt.* السَفودُ // يُسَفِّدُ (اللَحْمَ)
ski *n.; vi.* زَلّاجَةُ الثَلْجِ // يَتَزَلَّجُ عَلى الثَلْجِ
skid *n.; vi.; t.* إنْزِلاقُ الدَواليبِ. الكابِحَةُ. مِزْلَقَةُ (الطائِرَةِ). لَوْحٌ لِدَحْرَجَةِ الأشْياءِ الثَقيلَةِ // يَنْزَلِقُ / يُدَحْرِجُ. يَكْبَحُ
skiff *n.* مَرْكَبٌ صَغيرٌ ؛ زَوْرَقٌ
skill *n.* مَهارَةٌ ؛ حِذْقٌ ؛ بَراعَةٌ
skilled *adj.* ماهِرٌ ؛ حاذِقٌ ؛ بارِعٌ
skillet *n.* مِقْلاةٌ ؛ طاجِنٌ
skillfull; skilful *adj.* بارِعٌ ؛ حاذِقٌ
skim *vt.* يَقْشِدُ الحَليبَ. يَسْتَخْلِصُ. يَتَصَفَّحُ (كِتابًا)
skimp *vi.* يُقَتِّرُ
skin *n.* قِشْرَةٌ. جِلْدٌ. بَشَرَةٌ. قِرْبَةٌ. سَطْحٌ // يَقْشُرُ ؛ يَسْلُخُ ؛ يَقْشِطُ
— over يُصْبِحُ مَكْسُوًّا بِالجِلْدِ ؛ يَنْدَمِلُ (جُرْحٌ)
skinflint *n.* البَخيلُ ؛ الشَحيحُ ؛ الخَسيسُ
skinny *adj.* جِلْدِيٌّ. نَحيلٌ. بَخيلٌ
skip *vt.; i.; n.* يَحْذِفُ. يَتَخَطّى / يَطْفِرُ. يَقْفِزُ // قَفْزَةٌ ؛ وَثْبَةٌ. حَذْفٌ
skipper *n.* رُبّانُ سَفينَةٍ. قائِدُ فَريقٍ رِياضِيٍّ
skirmish *n.; vi.* مُناوَشَةٌ. مُشادَّةٌ كَلامِيَّةٌ // يُناوِشُ. يُناقِشُ
skirt *n.; vt.* تَنّورَةٌ. حاشِيَةٌ. ضَواحي المَدينَةِ // يُتاخِمُ ؛ يَسيرُ عَلى طَرَفٍ. يَلْتَفُّ حَوْلَ
skit *n.* مَسْرَحِيَّةٌ هَزْلِيَّةٌ قَصيرَةٌ. مُلاحَظَةٌ ساخِرَةٌ
skittish *adj.* لَعوبٌ. مُتَقَلِّبٌ. جَفولٌ (حِصانٌ)
skulk *vi.* يَتَسَلَّلُ. يَتَوارى. يَتَهَرَّبُ مِنْ

skull *n.* جُمْجُمَةٌ ؛ قِحْفٌ
skunk *n.* الظَرِبانُ
sky *n.* السَماءُ
skylark *n.; vi.* القُبَّرَةُ ؛ القُنْبَرَةُ // يَمْزَحُ ؛ يَعْبَثُ
skylight *n.* كُوَّةُ السَقْفِ
sky-line *n.* الأُفُقُ. الصورَةُ الظِلِّيَّةُ
skyrocket *n.; vi.* صاروخٌ // يَرْتَفِعُ فَجْأَةً
sky-scraper *n.* ناطِحَةُ سَحابٍ
slab *n.* لَوْحٌ. بَلاطَةٌ. شَريحَةٌ
slack *adj.; n.; vt.; i.* مُهْمِلٌ ؛ مُتَوانٍ. رَخْوٌ. بَطيءٌ. مُعْتَدِلٌ // الجُزْءُ المُتَدَلّي (حَبْلٌ). دَقيقُ الفَحْمِ // يُرْخي (حَبْلاً). يُطْفِئُ الكِلْسَ / يُبْطِئُ ؛ يَتَراخى. يَنْطَفِئُ (الكِلْسُ)
— away *or* off يُرْخي (حَبْلاً)
— up يُخَفِّفُ السُرْعَةَ
slacken *vt.; i.* يُخَفِّفُ السُرْعَةَ. يُرْخي / يَتَوانى ؛ يَتَكاسَلُ (في عَمَلِهِ). يَتَراخى
slacker *n.* المُتَهَرِّبُ مِنَ العَمَلِ ؛ الخامِلُ
slag *n.* فَضَلاتُ المَعادِنِ ؛ خَبَثٌ ؛ جُفاءٌ
slake *vt.* يُخْمِدُ ؛ يُطْفِئُ. يُرْوي (العَطَشَ)
slam *vt.; i.; n.* يُغْلِقُ بِقُوَّةٍ. يَدْفَعُ / يَنْدَفِعُ // صَفْقَةُ البابِ. ضَجَّةُ صَفْقَةِ البابِ
slander *n.; vt.* تَشْويهٌ لِلسُمْعَةِ. إفْتِراءٌ. قَذْفٌ // يُشَوِّهُ السُمْعَةَ. يَفْتَري عَلى. يَقْذِفُ
slang *n.* اللُغَةُ العامِّيَّةُ أوِ الدارِجَةُ
slangy *adj.* عامِّيٌّ ؛ دارِجٌ
slant *vi.; t.; n.; adj.* يَميلُ ؛ يَنْحَدِرُ / يُحَرِّفُ. يُحَدِّرُ // مَيْلٌ ؛ إنْحِدارٌ. مُنْحَدَرٌ // مائِلٌ ؛ مُنْحَدِرٌ
slap *n.; vt.; adv.* صَفْعَةٌ ؛ لَطْمَةٌ. إهانَةٌ // يَصْفَعُ ؛ يَلْطِمُ. يُهينُ // مُباشَرَةً. فَجْأَةً
slapdash *adv.; adj.* كَيْفَما اتَّفَقَ. بِتَسَرُّعٍ ؛

	بَهُورُ // مُتَسَرِّعٌ؛ مُهَوِّرٌ
slash *vi.; t.; n.*	يَجْرَحُ / يَشْرُطُ . يُخَفِّضُ
	(الأَسْعَارَ) // الجَرْحُ. جُرْحٌ مُسْتَطِيلٌ ؛ شَقٌّ ؛ شَرْطٌ
slat *n.*	شَرِيحَةٌ خَشَبِيَّةٌ
slate *n.; vt.*	الأَرْدُوَازُ . لَوْحُ أَرْدُوَازٍ لِلْكِتَابَةِ // يَكْسو
	سَقْفًا بِالأَلْوَاحِ أَرْدُوَازِيَّةٍ. يَنْتَقِدُ
slattern *n.*	إِمْرَأَةٌ قَذِرَةٌ
slaty *adj.*	أَرْدُوَازِيٌّ. رَمَادِيٌّ
slaughter *n.; vt.*	قَتْلٌ؛ ذَبْحٌ. مَجْزَرَةٌ؛ مَذْبَحَةٌ //
	يَذْبَحُ؛ يَنْحَرُ
slaughter-house *n.*	مَسْلَخٌ؛ مَجْزَرٌ
Slav *n. & adj.*	سِلَافِيٌّ
slave *n.; vi.*	المَمْلُوكُ؛ الرَّقِيقُ؛ العَبْدُ. الأَمَةُ؛
	الجَارِيَةُ // يَكْدَحُ؛ يُرْهِقُ نَفْسَهُ. يَتْجُرُ بِالرَّقِيقِ
slaver *n.; vi.*	المُتَّجِرُ بِالرَّقِيقِ؛ النَّخَّاسُ. سَفِينَةٌ
	النَّخَاسَةِ. اللُّعَابُ // يَسِيلُ لُعَابُهُ؛ يُزِيلُ
slavery *n.*	عُبُودِيَّةٌ؛ رِقٌّ. كَدْحٌ؛ إِرْهَاقٌ
slave-trade *n.*	النَّخَاسَةُ؛ تِجَارَةُ الرَّقِيقِ
slavish *adj.*	ذو عَلَاقَةٍ بِالعَبِيدِ. وَضِيعٌ
slay *vt.irr.*	يَقْتُلُ؛ يَذْبَحُ؛ يَنْحَرُ
sled; sledge *n.; vi.*	مِزْلَجَةٌ // يَرْكَبُ المِزْلَجَةَ
sledge-hammer *n.*	مِطْرَقَةٌ ثَقِيلَةٌ
sleek *adj.; vt.*	أَمْلَسُ؛ صَقِيلٌ. أَنِقٌ // يُمَلِّسُ
sleep *n.; vt.; i.irr.*	نَوْمٌ؛ رُقَادٌ؛ هُجُودٌ. سُبَاتٌ.
	لَيْلَةٌ // يُضَاجِعُ. يَتَخَلَّصُ مِنْ / يَنَامُ؛ يَرْقُدُ
— on	يُتَابِعُ نَوْمَهُ
— on something	يُؤَجِّلُ حَلَّ مَسْأَلَةٍ
— through something	يُتَابِعُ نَوْمَهُ رَغْمَ
	الضَّجَّةِ
sleeper *n.*	النَّائِمُ. الرَّاقِدُ. عَارِضَةٌ خَشَبِيَّةٌ
sleepiness *n.*	نُعَاسٌ؛ وَسَنٌ

sleeping-bag *n.*	كِيسُ النَّوْمِ
sleeping berth *n.*	سَرِيرٌ؛ مَهْدٌ
sleeping-car *n.*	حَافِلَةُ النَّوْمِ (في القِطَارِ)
sleeping-draught; sleeping-pill *n.*	مُنَوِّمٌ
	(دَوَاءٌ). قُرْصٌ لِلنَّوْمِ
sleepless *adj.*	أَرِقٌ؛ قَلِقٌ. يَقِظٌ
sleepy *adj.*	نَعْسَانُ. بَلِيدٌ. هَادِئٌ. مُنَوِّمٌ
sleet *n.*	مَطَرٌ مُتَجَمِّدٌ؛ ثَلْجٌ مَمْزُوجٌ بِمَطَرٍ
sleeve *n.*	كُمٌّ؛ رُدْنٌ
sleigh *n.*	مَرْكَبَةُ الجَلِيدِ
sleight *n.*	مَكْرٌ. حِيلَةٌ؛ خُدْعَةٌ. بَرَاعَةٌ
— of hand	خِفَّةُ يَدٍ
slender *adj.*	نَحِيلٌ. أَعْجَفُ. هَزِيلٌ
sleuth(-hound) *n.*	كَلْبٌ بُولِيسِيٌّ
slice *n.; vt.*	رُقَاقَةٌ؛ شَرِيحَةٌ. جُزْءٌ. حِصَّةٌ //
	يُشَرِّحُ؛ يَقْطَعُ إلى شَرَائِحَ
slick *adj.*	أَمْلَسُ؛ صَقِيلٌ. مَاكِرٌ. مَاهِرٌ
slicker *n.*	رِدَاءٌ مُشَمَّعٌ. المَاكِرُ
slide *n.; vt.; i.irr.*	إِنْزِلَاقٌ. تَزَلُّجٌ // يُزْلِقُ؛
	يُزَلِّجُ / يَنْزَلِقُ. يَتَزَلَّجُ. نَزَلَ قَدَمُهُ
sliding scale *n.*	المُؤَثِّرُ المُتَحَرِّكُ (لِلآجُورِ)
slight *adj.; n.; vt.*	نَحِيلٌ. تَافِهٌ. وَضِيعٌ.
	طَفِيفٌ / تَجَاهُلٌ. إِسْتِخْفَافٌ. إِزْدِرَاءٌ. إِهْمَالٌ //
	يَتَجَاهَلُ. يَسْتَخِفُّ بِـ. يُهْمِلُ
slim *adj.; vi.*	نَحِيلٌ. حَقِيرٌ. تَافِهٌ. ضَعِيفٌ.
	وَاهِنٌ // يَنْحُلُ؛ يَهْزُلُ
slime *n.*	طِينٌ؛ وَحَلٌ. قَذَارَةٌ
slimy *adj.*	لَزِجٌ. غِرَوِيٌّ. قَذِرٌ
sling *n.; vt.irr.*	مِقْلَاعٌ. عَلَاقَةٌ. حَمَّالَةٌ // يَقْذِفُ
	بِالمِقْلَاعِ. يُعَلِّقُ
slink *vi.irr.*	يَنْسَلُّ خِلْسَةً. يَتَسَلَّلُ

slip *vt.; i.; n.* يَخْلَعُ. يَطْرَحُ. يُطْلِقُ. يُحَرِّرُ. يَحُلُّ. يُرْخي. يُهْمِلُ. يُخْفي شَيْئًا / يَنْزَلِقُ؛ يَنْسابُ. يَنْسَلُّ. يَغيبُ. يُفْلِتُ // إنْسِلالٌ. زَلَّةٌ. إنْزِلاقٌ. هُبوطٌ. قَميصٌ تَحْتيٌّ. مَطْعومٌ

slip-knot *n.* العُقْدَةُ المُنْزَلِقَةُ؛ الأُنْشوطَةُ

slipper *n.* خُفٌّ. قَبْقابٌ

slippery *adj.* زَلِقٌ. مُتَقَلْقِلٌ. مُراوِغٌ

slipway *n.* مَكانُ بِناءِ السُفُنِ أَوْ تَصْليحِها

slit *vt. irr.; n.* يَشُقُّ؛ يَقُدُّ. يَقْطَعُ // شَقٌّ طوليٌّ. كُوَّةٌ مُسْتَطيلَةٌ

slither *vi.* يَنْزَلِقُ؛ يَنْسابُ كَالحَيَّةِ

sliver *n.* شَظيَّةٌ. خُصْلَةٌ أَوْ شِلَّةٌ

slobber *vi.* يَسيلُ لُعابُهُ

slogan *n.* شِعارٌ

sloop *n.* مَرْكَبٌ شِراعيٌّ (ذو صارٍ واحِدٍ)

slop *n.; vt.* ثَوْبٌ فَضْفاضٌ. *pl.* فَضَلاتُ الطَعامِ. *pl.* مَلابِسُ رَخيصَةٌ جاهِزَةٌ. ماءٌ قَذِرٌ // يَسْكُبُ. يُريقُ. يُلَطِّخُ

slope *n.; vt.; i.* مُنْحَدَرٌ. إنْحِدارٌ // يُميلُ. يَحْني / يَميلُ؛ يَنْحَدِرُ. يَرْحَلُ

sloppy *adj.* موحِلٌ. قَذِرٌ

slosh *vi.; t.* يَغوصُ (في الماءِ)؛ يَرْتَطِمُ (بِالماءِ) / يُحَرِّكُ في سائِلٍ

slot *n.* شَقٌّ صَغيرٌ. حَيِّزٌ ضَيِّقٌ

sloth *n.* كَسَلٌ؛ خُمولٌ. الكَسْلانُ (دُبٌّ)

slouch *n.; vi.* شَخْصٌ أَخْرَقُ أَوْ كَسْلانٌ. مِشْيَةٌ مُتَرَهِّلَةٌ // يَتَرَهَّلُ؛ يَتَدَلّى

slough *n.; vt.* جِلْدُ الأَفْعى المُنْسَلِخُ // تَسْلَخُ (الحَيَّةُ جِلْدَها). يَطْرَحُ. يَنْبِذُ

Slovak *adj. & n.* سلوڤاكيٌّ // اللُغَةُ السلوڤاكيَّةُ

sloven *n.* قَذِرٌ. مُتَخَلِّفٌ. غَيْرُ مُتَطَوِّرٍ

slovenly *adj.* قَذِرٌ؛ وَسِخٌ. مُهْمِلٌ

slow *adj.; adv.; vt.; i.* بَطيءٌ؛ بَليدٌ؛ مُتَوانٍ. مُتَأَخِّرٌ. مُضْجِرٌ // بِبُطْءٍ // يُبَطِّئُ؛ يُعيقُ / يُبْطِئُ؛ يَتَباطَأُ؛ يَتَمَهَّلُ

in — motion بِالحَرَكَةِ البَطيئَةِ

slow-down *n.* إبْطاءٌ. تَباطُؤٌ

slowly *adv.* بِبُطْءٍ؛ بِتَمَهُّلٍ؛ بِأَناةٍ

slowness *n.* بُطْءٌ؛ تَمَهُّلٌ؛ أَناةٌ

sludge *n.* وَحَلٌ. راسِبٌ طينيٌّ

slug *n.; vt.* الكَسْلانُ. البَزّاقَةُ العَرْيانَةُ. كُتْلَةٌ مَعْدِنيَّةٌ صَغيرَةٌ // يَلْكُمُ

sluggard *n.* الكَسْلانُ؛ الخَمولُ؛ البَليدُ

sluggish *adj.* كَسولٌ. بَطيءٌ؛ راكِدٌ

sluice *n.; vi.; t.* بَوّابَةُ السَدِّ. الصِمامُ. مَسيلٌ // يَتَدَفَّقُ. يَنْهَمِرُ / يَفْتَحُ صِمامَ السَدِّ

slum *n.* حَيُّ الفُقَراءِ. حَيٌّ قَذِرٌ

slumber *n.; vi.* نَوْمٌ خَفيفٌ. هُجوعٌ؛ سُباتٌ // يَنامُ نَوْمًا خَفيفًا؛ يَهْجَعُ

slumberous *adj.* ناعِسٌ. هادِئٌ؛ ساكِنٌ

slump *vi.; n.* يَهْبُطُ؛ يَنْخَفِضُ؛ يَسْقُطُ // سُقوطٌ؛ هُبوطٌ. سَقْطَةٌ؛ هَبْطَةٌ

slur *vt.; i.; n.* يُغْفِلُ. يَتَغاضى عَنْ. يُلَوِّثُ / يَنْزَلِقُ // إغْفالٌ. تَداخُلٌ. طَعْنٌ. إفْتِراءٌ. وَصْمَةٌ

slurred *adj.* مُتَداخِلٌ؛ مُتَرابِطٌ

slush *n.* طِلاءٌ. هُراءٌ. نُفايَةٌ. وَحَلٌ

slut *n.* إمْرَأَةٌ قَذِرَةٌ. الفاسِقَةُ. المومِسُ. أُنْثى الكَلْبِ

sly *adj.* مُحْتالٌ؛ ماكِرٌ. مُتَكَتِّمٌ. خَبيثٌ

on the — سِرًّا؛ خِفْيَةً

slyly *adv.* خُلْسَةً. سِرًّا. بِمَكْرٍ. بِخُبْثٍ

slyness *n.* إحْتِيالٌ؛ مَكْرٌ. خُبْثٌ

smack *n.; adv.; vt.; i.* نَكْهَةٌ. مِقْدارٌ. قُبْلَةٌ.

مَرْكَبٌ شِراعيٌّ. صَفْعَةٌ // مُباشَرَةً؛ تَمامًا // يُقَبِّلُ. يَصْفَعُ / يَكونُ ذا نَكْهَةٍ

small *adj.* صَغيرٌ. فَقيرٌ. ضَئيلٌ. ضَعيفٌ. قَليلٌ. طَفيفٌ؛ زَهيدٌ. وَضيعٌ؛ دَنيءٌ

feel — يَشْعُرُ بِالذلِّ، بِالمَهانَةِ

smallish *adj.* مائِلٌ إلى الصِغَرِ

smallpox *n.* الجُدَريُّ (مَرَضٌ جِلْديٌّ)

smarmy *adj.* عَسَليٌّ. مُعَسْوِسِلٌ. مُداهِنٌ (أديبٌ)

smart *adj.; n.; vi.* ذَكيٌّ. بارِعٌ. أنيقٌ. لاذِعٌ. وَقِحٌ // أَلَمٌ شَديدٌ. حَسْرَةٌ؛ لَوْعَةٌ. مِقْدارٌ // يَتَأَلَّمُ. يَلْقى العِقابَ. يَسْتَنْدِمُ

smarten *vt.* يُهَنْدِمُ. يَجْعَلُهُ أنيقًا

smash *vt.; i.; n.; adv.* يُحَطِّمُ؛ يُهَشِّمُ. يَضْغَطُ عَلى / يَتَحَطَّمُ. يُفْلِسُ // تَحَطُّمٌ. هُجومٌ ساحِقٌ. إخْفاقٌ. إفْلاسٌ // عَلى نَحْوٍ مُحَطِّمٍ. بِشَكْلٍ مُدَوٍّ

smashup *n.* نَكْبَةٌ. تَحَطُّمٌ. إصْطِدامٌ

smattering *n.* مَعْرِفَةٌ سَطْحِيَّةٌ. عَدَدٌ قَليلٌ

smear *vt.; n.* يُلَطِّخُ؛ يُلَوِّثُ. يُشَوِّهُ السُمْعَةَ // لَطْخَةٌ. تَشْويهٌ لِلسُمْعَةِ

smell *n.; vt.; i.irr.* رائِحَةٌ. حاسَّةُ الشَمِّ // يَشُمُّ. يَشْتَمُّ / تَفوحُ رائِحَتُهُ

smelly *adj.* ذو رائِحَةٍ كَريهَةٍ

smelt *n.; vt.* الهَفُّ؛ سَمَكُ البَنَفْسَجِ (سَمَكٌ بَحْريٌّ) // يَصْهَرُ المَعادِنَ. يُنَقّي بِالصَهْرِ

smelter *n.* صاهِرُ المَعادِنِ؛ سَبّاكٌ

smile *n.; vi.* إبْتِسامَةٌ // يَبْسِمُ؛ يَبْتَسِمُ. يَسْخَرُ مِنْ

smiling *adj.* مُبْتَسِمٌ؛ باسِمٌ

smirch *vt.; n.* يُلَطِّخُ؛ يُلَوِّثُ. يُشَوِّهُ السُمْعَةَ // لَطْخَةٌ. وَصْمَةُ عارٍ

smirk *vi.; n.* يَتَكَلَّفُ الإبْتِسامَ // بَسْمَةٌ مُتَكَلَّفَةٌ

smite *vt.irr.* يَضْرِبُ. يُؤْذي. يَسْحَرُ؛ يَفْتِنُ

smith *n.* الحَدّادُ

smithereens *n.pl.* فُتاتٌ؛ شَظايا

smithy *n.* الحَدّادُ. دُكّانُ الحَدّادِ

smitten *adj.* مُصابٌ بِـ؛ مُبْتَلًى بِـ

smock *n.* مَرْيولٌ؛ بِذْلَةُ العَمَلِ

smog *n.* ضَبابٌ مَمْزوجٌ بِدُخانِ المَعامِلِ

smoke *n.; vi.; t.* دُخانٌ. بُخارٌ. سيجارَةٌ. تَدْخينٌ // يَدْخُنُ / يُدَخِّنُ (التَبْغَ. اللَحْمَ)

smoker *n.* المُدَخِّنُ

smoke-stack *n.* مِدْخَنَةٌ (مَصْنَعٍ ، باخِرَةٍ)

smoky *adj.* داخِنٌ. كَثيرُ الدُّخانِ. شَبيهٌ بِالدُخانِ

smooth *adj.; vt.* ناعِمٌ؛ صَقيلٌ؛ أمْلَسُ. مُمَهَّدٌ. سَلِسٌ // يُمَلِّسُ. يَصْقُلُ. يُلَطِّفُ. يُمَهِّدُ

smooth-faced *adj.* أمْرَدُ؛ أجْرَدُ. بِلا لِحْيَةٍ

smooth-tongued *adj.* مَعْسولُ اللِسانِ

smother *vt.* يَكْتُمُ. يُخْمِدُ (النارَ). يَخْنُقُ

smoulder *vi.* يُدَخِّنُ مِنْ غَيْرِ لَهَبٍ. يَسْتَكِنُّ

smudge *vt.; n.* يُلَطِّخُ. يَمْلأُ بِالدُخانِ // لَطْخَةٌ. دُخانٌ خانِقٌ

smug *adj.* أنيقٌ. نَظيفٌ. مُعْجَبٌ بِنَفْسِهِ

smuggle *vt. & i.* يُهَرِّبُ. يَتَعاطى التَهْريبَ

smugness *n.* إعْتِدادٌ بِالنَفْسِ

smut *n.; vt.* سُخامٌ. كَلامٌ بَذيءٌ // يُلَوِّثُ بِالسُخامِ. يُسَوِّدُ

smutty *adj.* قَذِرٌ. مُلَوَّثٌ بِالسُخامِ

snack *n.* وَجْبَةُ طَعامٍ خَفيفَةٌ

snack bar *n.* مَطْعَمٌ يُقَدِّمُ الوَجَباتِ الخَفيفَةَ

snaffle *n.; vt.* شَكيمَةٌ // يَشْكُمُ (الفَرَسَ)

snag *n.* عَقَبَةٌ خَفيَّةٌ. نُتوءٌ

snail *n.* حَلَزونٌ؛ بَزّاقَةٌ

snake *n.; vi.* حَيَّةٌ؛ ثُعْبانٌ؛ أفْعى // يَتَقَدَّمُ خُلْسَةً

وَيَتَلَوّ (كالأفْعى)

snap *vt.; i.; adj.; n.* يَخْتَطِفُ. يَنْهَشُ. يَنْتَزِعُ / يَعَضُّ. يَتَلَقَّفُ. يُهَشِّمُ. يُكَلِّمُ بِلَهْجَةٍ لاذِعَةٍ. يَتَحَرَّكُ بِسُرْعَةٍ // مُفاجِئٌ. فَوْرِيٌّ // عَضٌّ. إطْباقٌ. نَهْشٌ. إنْتِزاعٌ. كَلامٌ حادٌّ. بَسْكَويتُ هَشٌّ. نَشاطٌ

snappish *adj.* نَزِقٌ؛ غَضوبٌ

snappy *adj.* مُفاجِئٌ. سَريعٌ. مُفَرْقِعٌ

snapshot *n.* لَقْطَةٌ فوتوغرافيَّةٌ

snare *n.; vt.* فَخٌّ؛ شَرَكٌ؛ أُحْبولَةٌ // يُوقِعُ في فَخٍّ. يَصيدُ بِشَرَكٍ. يَخْدَعُ

snarl *vi.; t.; n.* يَتَشابَكُ. يَتَعَقَّدُ. يُزَمْجِرُ / يُعَقِّدُ. يُشابِكُ // تَشابُكٌ. عُقْدَةٌ. زَمْجَرَةٌ

snatch *vt.; n.* يَخْتَطِفُ؛ يَنْتَزِعُ بَغْتَةً. يَنْتَهِزُ (الفُرْصَةَ) / إنْتِزاعٌ. خَطْفٌ. نُتْفَةٌ

sneak *vi.; t.; n.* يَنُمُّ. يَتَسَلَّلُ. يَجْبُنُ / يَخْتَلِسُ // النَمّامُ. المُتَسَلِّلُ. الجَبانُ. تَسَلُّلٌ. فِرارٌ. حِذاءٌ خَفيفٌ

sneer *n.; vt.* سُخْرِيَّةٌ // يَسْخَرُ مِنْ. يَهْزَأُ بِـ

sneeze *n.; vi.* عَطْسَةٌ // يَعْطُسُ

sniff *vi.; n.* يَتَنَشَّقُ؛ يَشُمُّ. يَحْتَقِرُ // تَنَشُّقٌ. نَفَسٌ

snigger *vi.; n.* يَضْحَكُ (بِسُخْرِيَّةٍ) // ضَحْكَةٌ

snip *n.; vt.* قَصَّةٌ. قُصاصَةٌ. خَيّاطٌ. مِقْراضٌ. قِطْعَةٌ صَغيرَةٌ // يَقُصُّ؛ يَشْرُطُ. يَقْرِضُ

snipe *n.; vi.* الشُكُبُ (طائِرٌ طَويلُ المِنْقارِ) // يَصْطادُ؛ يَقْنِصُ

snippet *n.* قُصاصَةٌ. نُتَفٌ

snivel *vi.* يَتَباكى. يَسيلُ أَنْفُهُ

snob *n.* النَفّاجُ. المُتَكَبِّرُ

snobbery *n.* النَفْجُ. الإعْجابُ بِالنَفْسِ. الإدِّعاءُ

snobbish *adj.* مُدَّعٍ. مُعْجَبٌ بِنَفْسِهِ. مُقَلِّدٌ

snoop *vi.* يَسْتَطْلِعُ. يَتَطَفَّلُ

snooze *n.; vi.* غَفْوَةٌ. نَوْمٌ خَفيفٌ // يَغْفو

snore *vi.; n.* يَغِطُّ في نَوْمِهِ // غَطيطٌ؛ شَخيرٌ

snorkel *n.* أداةٌ لِلتَنَفُّسِ تَحْتَ الماءِ

snort *vi.; n.* يَشْخِرُ. يَصْهَلُ // شَخيرٌ. صَهيلٌ

snot *n.* مُخاطٌ؛ إفْرازاتُ الأنْفِ

snout *n.* خَطْمٌ. خُرْطومٌ. أَنْفٌ. فِنْطيسَةٌ

snow *n.; vi.* ثَلْجٌ // تُثْلِجُ السَماءُ

snowball *n.* كُرَةُ الثَلْجِ

snowbound *adj.* حَبيسُ الثَلْجِ

snow-capped *adj.* مُكَلَّلٌ بِالثَلْجِ (جَبَلٌ)

snow-drift *n.* كَوْمَةُ ثَلْجٍ ؛ رُكامُ ثَلْجٍ

snowdrop *n.* زَهْرَةُ اللَبَنِ الثَلْجِيَّةُ (نَباتٌ)

snowfall *n.* سُقوطُ الثَلْجِ . نِسْبَةُ تَساقُطِ الثَلْجِ

snowflake *n.* نُدْفَةُ ثَلْجٍ

snow-man *n.* (*pl.* **-men**) رَجُلُ الثَلْجِ

snowplow *n.* جَرّافَةُ الثَلْجِ

snow-shoe *n.* حِذاءٌ لِلثَلْجِ

snow-storm *n.* عاصِفَةٌ ثَلْجِيَّةٌ

snow-white *adj.* أَبْيَضُ كالثَلْجِ

snowy *adj.* ثَلْجِيٌّ؛ مُثْلِجٌ. مَكْسُوٌّ بِالثَلْجِ

snub *n.; vt.* صَدٌّ. زَجْرٌ. تَوْبيخٌ. إهْمالٌ // يَصُدُّ. يَزْجُرُ. يَنْتَهِرُ. يُهْمِلُ

snub-nosed *adj.* أَفْطَسُ

snuff *n.; vt.* نَشوقٌ؛ سَعوطٌ. الطَرَفُ المُحْتَرِقُ مِنَ الفَتيلِ // يَتَنَشَّقُ؛ يَشُمُّ. يَقْطَعُ طَرَفَ الفَتيلِ

snuffle *n.; vi.* تَنَشُّقٌ بِصَوْتٍ مَسْموعٍ. زُكامٌ // يَتَنَشَّقُ؛ يَتَنَفَّسُ (بِصَوْتٍ مَسْموعٍ)

snug *adj.* مُريحٌ. دافِئٌ. مُرَتَّبٌ. كافٍ

snuggle *vt.; i.* يَدْنو مِنْ أَحَدِهِم إلْتِماسًا لِلدِفْءِ / يُدْني جِسْمَهُ إلْتِماسًا لِلدِفْءِ أو تَوَدُّدًا

snugness *n.* راحَةٌ. دِفْءٌ. كَنْكَنَةٌ

so *adv. & conj.* هكذا. كذلكَ. عَلى هَذا النَحْوِ. أيْضًا. جدًّا. هَلُمَّ جَرّا. بِهَذهِ الطَريقَةِ. لِهَذهِ الدَرَجَةِ

soak *vt.; i.* يُبَلِّلُ. يَنْقَعُ بالماءِ. يُشْبِعُ / يَمْتَصُّ. يَنْفُذُ إلى. يَنْتَقِعُ

soap *n.; vt.* صابونٌ // يُصَوْبِنُ. يَتَمَلَّقُ

soap bubble *n.* فُقّاعَةُ الصابونِ

soap flakes *n.* بَرْشُ الصابونِ

soap-suds *n.* رَغْوَةُ الصابونِ

soapy *adj.* صابونيٌّ. بِشَكْلِ الصابونِ. مُتَمَلِّقٌ

soar *vi.* يُحَلِّقُ في الجَوِّ. يَرْتَفِعُ ؛ يَسْمو

sob *vi.; n.* يَنْشِجُ. يَتَنَهَّدُ // نَشيجٌ ؛ بُكاءٌ. تَنَهُّدٌ

sober *adj.; vt.; i.* صاحٍ. رَصينٌ. وَقورٌ. مُتَّزِنٌ // يُصَحّي مِنَ السُكْرِ. يُسَكِّنُ / يَصْحو

soberness; sobriety *n.* إعْتِدالٌ. رَصانَةٌ ؛ وَقارٌ

so-called *adj.* المُسَمّى ؛ المَدْعُوُّ. المَزْعومُ

soccer *n.* لُعْبَةُ كُرَةِ القَدَمِ

sociable *adj.* إجْتِماعيٌّ. أنيسٌ. حُلْوُ المَعْشَرِ

social *adj.* إجْتِماعيٌّ ؛ خاصٌّ بِالمُجْتَمَعِ

socialism *n.* الإشْتِراكيَّةُ

socialist *adj. & n.* إشْتِراكيٌّ

social security *n.* الضَمانُ الإجْتِماعيُّ

social services, the *n.pl.* الخَدَماتُ الإجْتِماعيَّةُ

society *n.* جَمْعيَّةٌ. مُجْتَمَعٌ. شَرِكَةٌ. رِفْقَةٌ

sociology *n.* عِلْمُ الإجْتِماعِ

sock *n.* جَوْرَبٌ قَصيرٌ. لَكْمَةٌ عَنيفَةٌ

pull one's —s up يُحَسِّنُ إنْجازاتِهِ

socket *n.* مَقْبِسٌ. حُقٌّ. تَجْويفٌ. مَحْجِرُ العَيْنِ

sod *n.* مَرْجٌ. مَسْقَطُ الرَأْسِ

soda *n.* الصودا. كَرْبوناتُ الصوديومِ

soda water *n.* مِياهٌ غازيَّةٌ. ماءُ الصودا

sodden *adj.* عَجينيٌّ. خَبَلَتْهُ الخَمْرُ

sodium *n.* الصوديومُ (عُنْصُرٌ مَعْدِنيٌّ)

sodomite *n.* اللوطيُّ ؛ مُضاجِعُ الذُكورِ

sodomy *n.* اللِواطُ ؛ مُضاجَعَةُ الذُكورِ

soever *adv* إطْلاقًا

sofa *n.* أريكَةٌ ؛ مَقْعَدٌ طَويلٌ

soft *adj.* ناعِمٌ ؛ أمْلَسُ. مُعْتَدِلٌ. خَفيفٌ. رائِقٌ. سَهْلٌ. لَيِّنٌ. مُتَساهِلٌ. مَعْسولٌ. غَيْرُ مُسْكِرٍ (شَرابٌ)

have a — spot for somebody يُكِنُّ لَهُ الإعْجابَ

soften *vt.; i.* يُلَيِّنُ. يُلَطِّفُ. يُضْعِفُ. يُطَرّي. يُخَفِّضُ / يَلينُ. يَطْرى

soft goods *n.pl.* أقْمِشَةٌ. مَنْسوجاتٌ

soft-headed *adj.* مُغَفَّلٌ ؛ أحْمَقُ ؛ أبْلَهُ

soft-hearted *adj.* حَنونٌ ؛ رَقيقُ القَلْبِ

softly *adv.* بِرِفْقٍ ؛ بِلينٍ. بِهُدوءٍ

soggy *adj.* رَطِبٌ ؛ نَديٌّ ؛ مُشْبَعٌ بِالماءِ. فَطيرٌ

soil *n.; vt.; i.* أرْضٌ ؛ تُرْبَةٌ. وَطَنٌ. نُفايَةٌ. لَطْخَةٌ // يُلَوِّثُ. يُشَوِّهُ السُمْعَةَ / يَتَلَوَّثُ ؛ يَتَلَطَّخُ

sojourn *n.; vi.* إقامَةٌ // يَنْزِلُ ؛ يُقيمُ

sol *n.* الشَمْسُ. الذَهَبُ ؛ التِبْرُ

solace *n.; vt.* عَزاءٌ ؛ سُلْوانٌ // يُعَزّي. يُلَطِّفُ

solar *adj.* شَمْسيٌّ

solar system *n.* النِظامُ الشَمْسيُّ

solder *n.; vt.* سَبيكَةُ لِحامٍ. رابِطٌ // يَلْحُمُ

soldier *n.; vi.* جُنْديٌّ // يَخْدُمُ في الجُنْديَّةِ

soldierly *adj.* شُجاعٌ ؛ باسِلٌ. بُطوليٌّ

soldiery *n.* جُنْدٌ. الجُنْديَّةُ

sole *adj.; n.; vt.* وَحيدٌ. غَيْرُ مُتَزَوِّجٍ // نَعْلٌ. أخْمَصُ القَدَمِ. سَمَكُ موسى // يُنْعِلُ ؛ يَجْعَلُ لَهُ نَعْلاً

solecism *n.* اللَحْنُ ؛ الخَطَأُ النَحْويُّ. خُروجٌ عَنِ المَأْلوفِ. إنْحِرافٌ

solely *adv.* وَحْدَهُ. لِمُجَرَّدِ. فَحَسْبُ. كُلِّيَّةً
solemn *adj.* جَليلٌ؛ مَهيبٌ. وَقورٌ. رَزينٌ
solemnity *n.* مَهابَةٌ. إجْلالٌ. وَقارٌ. رَزانَةٌ
solenoid *n.* المَلَفُّ اللَّوْلَبِيُّ
solicit *vt.* يَلْتَمِسُ. يَتَوَسَّلُ إلى. يَجْتَذِبُ
solicitor *n.* المُلْتَمِسُ. المُحامي
solicitous *adj.* قَلِقٌ؛ مُوَسْوَسٌ. تائِقٌ
solicitude *n.* قَلَقٌ. إهْتِمامٌ
solid *adj.; n.* صُلْبٌ؛ جامِدٌ. مَتينٌ؛ وَطيدٌ؛ راسِخٌ // جِسْمٌ صُلْبٌ. مادَّةٌ جامِدَةٌ
solidarity *n.* تَضامُنٌ؛ تَكافُلٌ؛ تَماسُكٌ
solidification *n.* تَجْميدٌ؛ تَرْسيخٌ. تَصَلُّبٌ
solidify *vt.; i.* يُجَمِّدُ. يُوَحِّدُ. يُرَسِّخُ. يُمَتِّنُ / يَجْمُدُ. يَتَوَحَّدُ. يَتَرَسَّخُ
solidity; solidness *n.* صَلابَةٌ؛ مَتانَةٌ
soliloquize *vi.* يُناجي نَفْسَهُ
soliloquy *n.* مُناجاةُ النَفْسِ
soling *n.* تَجْديدُ النَعْلِ
solitaire *n.* خاتَمٌ ذو ماسَةٍ واحِدَةٍ
solitary *adj.* مُتَوَحِّدٌ. مُتَنَسِّكٌ. مُنْعَزِلٌ. وَحيدٌ
solitude *n.* إنْعِزالٌ. عُزْلَةٌ. وَحْدَةٌ. قَفْرٌ
solo *n.* طَيَرانٌ مُنْفَرِدٌ. رَقْصٌ أو عَزْفٌ أو غِناءٌ مُنْفَرِدٌ
solstice *n.* إنْقِلابُ الشَمْسِ الصَيْفِيُّ أوِ الشِتائِيُّ
solubility *n.* الذَوَبانِيَّةُ. قابِلِيَّةُ الإنْحِلالِ
soluble *adj.* قابِلٌ لِلذَوَبانِ أوِ الإنْحِلالِ في سائِلٍ. قابِلٌ لِلْحَلِّ (مَسْأَلَةٌ)
solution *n.* المَحْلولُ. الذَّوَبانُ؛ الإنْحِلالُ. الحَلُّ
solvable *adj.* قابِلٌ لِلْحَلِّ أوِ التَفْسيرِ
solve *vt.* يَحُلُّ (مَسْأَلَةً). يُسَدِّدُ دَيْنًا
solvency *n.* اليَسارُ؛ القُدْرَةُ على إيفاءِ الدُيونِ عِنْدَ الإسْتِحْقاقِ. القُدْرَةُ عَلى التَذْويبِ
solvent *adj.* مُذيبٌ. موسِرٌ؛ قادِرٌ على الوَفاءِ
Somali *adj. & n.* صومالِيٌّ // اللُغَةُ الصومالِيَّةُ
somber or **sombre** *adj.* داكِنُ اللَوْنِ. مُعْتِمٌ؛ قَليلُ الضَوْءِ. كَئيبٌ
sombrero *n.* قُبَّعَةٌ عَريضَةُ الحافَّةِ (مِكْسيكِيَّةٌ)
some *adj.; adv.* بَعْضُ. بِضْعُ. هامٌّ. رائِعٌ // حوالى. إلى حَدٍّ ما. بَعْضَ الشَيْءِ
somebody *pron.* شَخْصٌ ما. شَخْصٌ ذو شَأْنٍ
someday *adv.* يومًا ما؛ في أحَدِ الأيّامِ
somehow *adv.* بِطَريقَةٍ ما. بِطَريقَةٍ أوْ بِأُخْرى
someone *pron.* شَخْصٌ ما
somersault *n.* الشَقْلَبَةُ. إنْقِلابٌ؛ تَشَقْلُبٌ
something *n.; adv.* شَيْءٌ ما. شَيْءٌ // إلى حَدٍّ ما. إلى حَدٍّ بَعيدٍ
sometime *adv.; adj.* أحْيانًا. سابِقًا. يومًا ما // سابِقٌ (صَديقٌ)
sometimes *adv.* أحْيانًا. بَيْنَ وَقْتٍ وَآخَرَ. تارَةً
somewhat *adv.; n.* إلى حَدٍّ ما // بَعْضٌ. جُزْءٌ
somewhere *adv.; n.* في مَكانٍ ما. إلى مَكانٍ ما // مَكانٌ ما
somnambulism *n.* الرَوْبَصَةُ؛ السَيْرُ أثْناءَ النَوْمِ
somnambulist *n.* المُرَوْبِصُ؛ السائِرُ وَهُوَ نائِمٌ
somniferous *adj.* مُنَوِّمٌ
somnolence *n.* نُعاسٌ
somnolent *adj.* مُنَوِّمٌ. مُخَدِّرٌ. نَعْسانُ
son *n.* إبْنٌ؛ وَلَدٌ؛ نَجْلٌ
sonata *n.* لَحْنٌ موسيقِيٌّ
song *n.* أُغْنِيَةٌ. فَنُّ الغِناءِ. شِعْرٌ. غِناءٌ
songbird *n.* طائِرٌ غِرِّيدٌ
songster *n.* طائِرٌ غِرِّيدٌ. المُغَنّي؛ المُطْرِبُ
song-writer *n.* مُلَحِّنٌ أو ناظِمُ الأغاني

son-in-law *n.* الصِهْرُ؛ زَوْجُ الإِبْنَةِ

sonnet *n.* قَصيدَةٌ مِنْ ١٤ بَيْتًا

sonorous *adj.* جَهْوَرِيُّ (صَوْتٌ). طَنّانٌ؛ رَنّانٌ

soon *adv.* عاجِلاً. قَريبًا. باكِرًا

sooner *adv.* عاجِلاً. قَبْلَ الوَقْتِ

— or later عاجِلاً أم آجِلاً

soot *n.* سُخامٌ؛ سَوادُ الدُخانِ

soothe *vt.* يُهَدِّئُ. يُلَطِّفُ (الأَلَمَ)

soothsay *vi.* يَتَكَهَّنُ؛ يَتَنَبَّأُ. يَكْشِفُ البَخْتَ

soothsayer *n.* العَرّافُ. المُتَكَهِّنُ

sooty *adj.* سُخامِيٌّ. قاتِمٌ؛ أَسْوَدُ

sop *n.; vt.* الغَميسَةُ. رَشْوَةٌ // يَغْمِسُ (الخُبْزَ)

sophism *n.* السَفْسَطَةُ. المُغالَطَةُ

sophist *n.* السَفْسَطائِيُّ. المُفَكِّرُ. المُغالِطُ

sophisticate *vt.* يُعَقِّدُ. يَغُشُّ. يُحَرِّفُ

sophisticated *adj.* مُعَقَّدٌ. مَغْشوشٌ. مُحَرَّفٌ

sophistication *n.* تَعْقيدٌ. تَحْريفٌ. غِشٌّ

sophistry *n.* سَفْسَطَةٌ. مُغالَطَةٌ

soporific *adj.* مُنَوِّمٌ؛ مُخَدِّرٌ

soppy *adj.* رَطْبٌ جِدًّا

soprano *n.* الصَوْتُ النَدِيُّ؛ اللَحْنُ الأَعْلى في الموسيقى. صَوْتُ النِساءِ وَالأَوْلادِ

sorcerer *n.* المُشَعْوِذُ. الساحِرُ

sorceress *n.* المُشَعْوِذَةُ. الساحِرَةُ

sorcery *n.* شَعْوَذَةٌ. سِحْرٌ

sordid *adj.* قَذِرٌ. دَنِيءٌ. بَخيلٌ

sore *adj.; n.* مُؤْلِمٌ؛ مُوجِعٌ. مُحْزِنٌ. حَسّاسٌ // جُرْحٌ؛ قَرْحٌ. بَلاءٌ. مَصْدَرُ إِزْعاجٍ

sorely *adv.* عَلى نَحْوٍ مُؤْلِمٍ. بِعُنْفٍ. جِدًّا

sorrel *n.; adj.* فَرَسٌ أَسْمَرُ مُحْمَرٌّ. حُمّاضٌ (نَباتٌ) // أَسْمَرُ مُحْمَرٌّ (لَوْنٌ). أَشْقَرُ

sorrow *n.; vi.* حُزْنٌ. أَسًى. بَلِيَّةٌ. أَسَفٌ // يَحْزَنُ؛ يَأْسى؛ يَتَحَسَّرُ

sorrowful *adj.* حَزينٌ. مُؤْسِفٌ. مُحْزِنٌ

sorry *adj.* حَزينٌ. آسِفٌ. فاجِعٌ. تافِهٌ

sort *n.; vt.* مَجْموعَةٌ. نَوْعٌ. أُسْلوبٌ. طَبيعَةٌ // يَفْرِزُ. يُصَنِّفُ. يُوَزِّعُ

sortie *n.* هَجْمَةٌ. غارَةُ المُحاصَرينَ

SOS *n.* نِداءُ اسْتِغاثَةٍ. إِشارَةُ خَطَرٍ

so-so *adj.* بَيْنَ بَيْنَ

sot *n.* السِكّيرُ؛ المُدْمِنُ عَلى الخَمْرِ

sottish *adj.* ثَمِلٌ؛ سَكْرانُ. أَبْلَهُ

sough *vi.* يَئِنُّ. يَغِطُّ. يَشْخِرُ (في نَوْمِهِ)

soul *n.* الروحُ؛ النَفْسُ. الجَوْهَرُ. حَيَوِيَّةٌ

soulful *adj.* عاطِفِيٌّ

soulless *adj.* عَديمُ الحَيَوِيَّةِ. بِدونِ نَفْسٍ

sound *n.; vi.; t.* صَوْتٌ. ضَجَّةٌ. مَغْزًى. مِسْبارٌ. مَضيقٌ // يُصَوِّتُ. يَتَرَدَّدُ (الصَدى). يَغوصُ / يَسْبُرُ (الغَوْرَ). يَلْفِظُ. يُذيعُ // سَليمٌ. صَحيحٌ. راسِخٌ. مُحْكَمٌ. راجِحٌ. عَميقٌ (نَوْمٌ). شَرْعِيٌّ. تامٌّ

sound barrier *n.* جِدارُ الصَوْتِ

sounding *n.; adj.* سَبْرُ الأَعْماقِ. إِسْتِطْلاعُ الرَأْيِ العامِّ. رَنينٌ // مُصَوِّتٌ. مِرْنانٌ. طَنّانٌ

soundless *adj.* لا يُسْبَرُ غَوْرُهُ. صامِتٌ

soundly *adv.* عَلى نَحْوٍ صَحيحٍ. تَمامًا. بِعُنْفٍ

sound-proof *adj.* عازِلٌ لِلصَوْتِ

sound-wave *n.* المَوْجَةُ الصَوْتِيَّةُ

soup *n.* حَساءٌ (شَوْرَبَةٌ). مَأْزِقٌ

soup ladle *n.* مِغْرَفَةُ الحَساءِ

soup tureen *n.* وِعاءُ الحَساءِ. حَسائِيَّةٌ

sour *adj.; vt.; i.* حامِضٌ. رائِبٌ. فاسِدٌ. كَريهٌ. فَظٌّ // يُحَمِّضُ؛ يُخَمِّرُ / يَتَحَمَّضُ؛ يَتَخَمَّرُ

source *n.* يَنْبوعٌ. مَنْبَعٌ. مَصْدَرٌ. سَبَبٌ. أَصْلٌ
souse *vt.; n.* يَنْقَعُ ؛ يُخَلِّلُ // تَخْليلٌ ؛ نَقْعٌ
south *adj.; n.; adv.* جَنوبيٌّ // الجَنوبُ ؛ القِبْلَةُ // جَنوبًا. نَحْوَ الجَنوبِ
southeast *adj.; n.; adv.* جَنوبيٌّ شَرْقيٌّ // الجَنوبُ الشَّرْقيُّ // نَحْوَ الجَنوبِ الشَّرْقيِّ
southeaster *n.* الريحُ الجَنوبيَّةُ الشَّرْقيَّةُ
southeastern *adj.* جَنوبيٌّ شَرقيٌّ
southerly; southern *adj.* قِبْليٌّ ؛ جَنوبيٌّ. مِنْ أو نَحْوَ الجَنوبِ
southerner *n.* الجَنوبيُّ ؛ أَحَدُ أَبْناءِ الجَنوبِ
southernmost *adj.* واقِعٌ في أَقْصى الجَنوبِ
southward *adj.; n.* جَنوبيٌّ // الجَنوبُ
southwards *adv.* جَنوبًا. نَحْوَ الجَنوبِ
southwest *adj.; n.; adv.* جَنوبيٌّ غَرْبيٌّ // الجَنوبُ الغَرْبيُّ. الريحُ الجَنوبيَّةُ الغَرْبيَّةُ // نَحْوَ أَوْ إلى الجَنوبِ الغَرْبيِّ
southwester *n.* الريحُ الجَنوبيَّةُ الغَرْبيَّةُ
southwesterly; southwestern *adj.* جَنوبيٌّ غَرْبيٌّ. في الجَنوبِ الغَرْبيِّ
souvenir *n.* تَذْكارٌ. ذِكْرى
sou'wester *n.* see **southwester**
sovereign *adj.; n.* مُهَيْمِنٌ ؛ مُسَيْطِرٌ. مُطْلَقٌ. مُسْتَقِلٌّ. سائِدٌ. عاهِلٌ ؛ مَلِكٌ ؛ مَلِكَةٌ. سَيِّدٌ
sovereignty *n.* سِيادَةٌ ؛ سُلْطَةٌ. إسْتِقْلالٌ. دَوْلَةٌ ذاتُ سِيادَةٍ
Soviet *n.* مَجْلِسُ السوفْياتِ. البَلاشِفَةُ. شَعْبُ السوفْيات
sow *n.; vi.; t.irr.* أُنْثى الخِنْزيرِ. قَناةُ السَّبْكِ // يَبْذُرُ (الحَبَّ) / يَزْرَعُ. يَنْثُرُ (الحَبَّ)
soy; soya; soy(a)bean *n.* فولُ الصويا

spa *n.* يَنْبوعٌ مَعْدِنيٌّ. مُنْتَجَعٌ مَعْدِنيٌّ
space *n.; vt.* مَساحَةٌ. فُسْحَةٌ. حَيِّزٌ. سَعَةٌ. مَدًى. مَكانٌ // يُباعِدُ. يَفْصِلُ بَيْنَ
space ship *n.* السَّفينَةُ الفَضائيَّةُ
space suit *n.* البِذْلَةُ الفَضائيَّةُ. بِذْلَةُ رُوّادِ الفَضاءِ
space travel *n.* الرِّحلاتُ الفَضائيَّةُ
space traveller *n.* رائِدُ الفَضاءِ
spacious *adj.* رَحْبٌ ؛ فَسيحٌ ؛ واسِعٌ. مُتْرَفٌ
spade *n.* رَفْشٌ. البَسْتونيُّ (وَرَقُ اللَّعِبِ)
spaghetti *n.* مَعْكَرونَةٌ رَفيعَةٌ
span *n.; vt.* شِبْرٌ. إمْتِدادٌ ؛ إتِّساعٌ. باعٌ // يَشْبُرُ. يَقيسُ. يَجْتازُ. يَسْتَغْرِقُ
spangle *n.; vt.* صَفيحَةٌ مَعْدِنيَّةٌ بَرّاقَةٌ ؛ شَذْرَةٌ // يُوَشّي ؛ يُرَصِّعُ (بِصَفائِحَ مَعْدِنيَّةٍ)
Spaniard *n.* الإسْبانيُّ
spaniel *n.* السَّبْنْيَليُّ (كَلْبٌ صَغيرٌ). الذَّليلُ
Spanish *adj. & n.* إسْبانيٌّ // اللُّغَةُ الإسبانيَّةُ
spank *vt.; i.; n.* يَصْفَعُ ؛ يَضْرِبُ عَلى الرِّدْفِ / يَنْطَلِقُ بِسُرْعَةٍ // صَفْعَةٌ مُدَوِّيَةٌ
spanking *adj.; n.* رائِعٌ. رَشيقٌ ؛ نَشيطٌ // صَفْعَةٌ مُدَوِّيَةٌ
spanner *n.* مِفْتاحٌ ميكانيكيٌّ. مِفْتاحُ رَبْطٍ
spar *n.; vi.* الصاري. مُباراةُ مُلاكَمَةٍ. نِزاعٌ // يَتَصارَعُ. يَتَجادَلُ ؛ يَتَشاحَنُ. يَتَناوَشُ
spare *vt.; adj.* يَسْتَغْني عَنْ. يُوَفِّرُ عَلى. يَصْفَحُ عَنْ. يَسْتَبْقي. يَقْتَصِدُ // إحْتِياطيٌّ ؛ إضافيٌّ. فائِضٌ. هَزيلٌ. طَفيفٌ
— part قِطْعَةُ غِيارٍ (سَيّارَةٍ)
sparing *adj.* مُقْتَصِدٌ. مُدَبِّرٌ
spark *n.; vi.* شَرارَةٌ. وَمْضَةٌ. جَوْهَرَةٌ. جُرْثومَةٌ. ذَرَّةٌ. نَشاطٌ ؛ طاقَةٌ. شَخْصٌ مَرِحٌ وَأَنيقٌ // يُحْدِثُ

شَرَرًا. يَسْتَجيبُ. يَتَغازَلُ

— something off يُؤَدّي إلى؛ يَتَسَبَّبُ في

sparkle *vi.; n.* يُطْلِقُ شَرَرًا. يَتَأَلَّقُ. يَتَّقِدُ // شَرارَةٌ. تَأَلُّقٌ. حَيَوِيَّةٌ

spark plug *n.* شَمْعَةُ الإشْعالِ (في المُحَرِّكِ)

sparrow *n.* العُصْفورُ الدوريُّ

sparrow hawk *n.* الباشِقُ (مِنَ الجَوارِحِ)

sparse *adj.* مُتَفَرِّقٌ؛ مُتَناثِرٌ. خَفيفٌ (شَعْرٌ)

Spartan *adj. & n.* إسْبَرْطيٌّ. مُتَّسِمٌ بِالبَساطَةِ

spasm *n.* تَشَنُّجٌ عَضَليٌّ. نَوْبَةٌ. فَوْرَةٌ

spasmodic *adj.* تَشَنُّجيٌّ. إهْتياجيٌّ

spat *n.; vi.* مُشاحَنَةٌ؛ مُشاجَرَةٌ. طِماقٌ. بَيْضُ المَحارِ // يَتَشاجَرُ؛ يَتَشاحَنُ

spate *n.* فَيَضانٌ؛ تَدَفُّقٌ؛ إنْفِجارٌ

spatial *adj.* حَيِّزيٌّ؛ مَكانيٌّ. فَضائيٌّ (رِحْلَةٌ)

spatter *vt.* يُرَشِّشُ. يُلَطِّخُ

spatula *n.* مِسْوَطٌ؛ مِلْعَقَةٌ (لِبَسْطِ المَوادِّ)

spawn *n.; vt.; i.* نِتاجٌ. بِذْرَةٌ؛ جُرْثومَةٌ. بَيْضُ السَمَكِ // يُنْتِجُ. يُفْرِخُ. يَبيضُ (السَمَكُ)

speak *vi.; t.irr.* يَتَكَلَّمُ. يَنْطِقُ. يَخْطُبُ / يَقولُ. يَلْفِظُ. يُخاطِبُ. يُعَبِّرُ عَن. يُصَرِّحُ بِـ

speaker *n.* المُتَكَلِّمُ. الخَطيبُ. رَئيسُ مَجْلِسٍ. مُكَبِّرُ الصَوْتِ

speaking *adj.; n.* ناطِقٌ. بَليغٌ. فَصيحٌ. مُعَبِّرٌ // نُطْقٌ. كَلامٌ. خُطْبَةٌ. قَوْلٌ. لُغَةٌ

spear *n.; vt.* حَرْبَةٌ؛ رُمْحٌ // يَطْعَنُ بِالرُمْحِ

spear-head *n.* السِنانُ؛ رَأْسُ الحَرْبَةِ

spearmint *n.* النَعْناعُ. عِلْكَةٌ بِنَكْهَةِ النَعْناعِ

special *adj.* خاصٌّ. حَميمٌ. إسْتِثْنائيٌّ. خُصوصيٌّ

special delivery *n.* البَريدُ المُسْتَعْجِلُ

specialist *n.* إخْتِصاصيٌّ

speciality or **specialty** *n.* خُصوصيَّةٌ. حَقْلُ اخْتِصاصٍ. عَلامَةٌ مُمَيِّزَةٌ. عَقْدٌ رَسْميٌّ

specialization *n.* تَخَصُّصٌ؛ إخْتِصاصٌ

specialize *vt.; i.* يُخَصِّصُ / يَتَخَصَّصُ

specially *adv.* خِصِّيصًا. خُصوصًا. خاصَّةً

specialty *n.* see **speciality**

specie *n.* نَقْدٌ؛ عُمْلَةٌ (مَسْكوكَةٌ)

species *n.pl.* صِنْفٌ؛ ضَرْبٌ. شَكْلٌ؛ مَظْهَرٌ

specific *adj.* مُعَيَّنٌ؛ مُحَدَّدٌ. خاصٌّ

specification *n.* مُواصَفَةٌ. تَعْيينٌ. تَفْصيلٌ

specific gravity *n.* الثِقْلُ النَوْعيُّ

specify *vt.* يُخَصِّصُ؛ يُعَيِّنُ؛ يُفَصِّلُ. يوضِحُ

specimen *n.* عَيِّنَةٌ؛ نَموذَجٌ. مِثالٌ

specious *adj.* خادِعٌ؛ غَرّارٌ؛ مُمَوَّهٌ

speck *n.; vt.* بُقْعَةٌ؛ لَطْخَةٌ. ذَرَّةٌ // يُبَقِّعُ؛ يُلَطِّخُ

speckle *n.; vt.* بُقْعَةٌ صَغيرَةٌ؛ لُطَيْخَةٌ؛ نُقْطَةٌ // يُنَقِّطُ؛ يُبَقِّعُ؛ يُرَقِّطُ

spectacle *n.* مَشْهَدٌ (مَسْرَحيٌّ)

spectacles *n.pl.* نَظّاراتٌ

spectacular *adj.* مُرَوِّعٌ. مُثيرٌ. مُذْهِلٌ

spectator *n.* الشاهِدُ؛ المُشاهِدُ؛ المُتَفَرِّجُ

specter or **spectre** *n.* شَبَحٌ؛ طَيْفٌ

spectral *adj.* شَبَحيٌّ؛ طَيْفيٌّ (تَحْليلٌ)

spectroscope *n.* مِنْظارُ التَحْليلِ الضَوْئيِّ

spectrum *n.* (*pl.* **-tra**) الطَيْفُ الضَوْئيُّ

speculate *vi.* يَتَفَكَّرُ؛ يَتَأَمَّلُ. يُضارِبُ

speculation *n.* تَفَكُّرٌ؛ تَأَمُّلٌ. مُضارَبَةٌ

speculative *adj.* تَأَمُّليٌّ. نَظَريٌّ. مُضارَبيٌّ

speech *n.* كَلامٌ. حَديثٌ. خُطْبَةٌ. خِطابٌ. لَهْجَةٌ

speechless *adj.* أَبْكَمُ؛ أَخْرَسُ. صامِتٌ

speed *n.; vi.; t.irr.* سُرْعَةٌ. نَجاحٌ. حَظٌّ

سَعيدٌ // يُسْرِعُ / يُساعِدُ. يُطْلِقُ. يُعَجِّلُ

speedily *adv.* بِسُرْعَةٍ؛ بِعَجَلَةٍ

speedometer *n.* عَدّادُ السُّرْعَةِ

speedwell *n.* زَهْرَةُ الحَواشي (نَباتٌ)

speedy *adj.* سَريعٌ؛ عاجِلٌ

spell *n.; vt.; i.irr.* سِحْرٌ. نُفوذٌ. دَوْرٌ. نَوْبَةٌ // يَسْحَرُ. يَتَهَجّى (لَفْظَةً). يُؤَلِّفُ؛ يُشَكِّلُ (رِسالَةً) / يَتَناوَبُ (العَمَلَ)

spell-bound *adj.* مَسْحورٌ (جُمْهورٌ)

speller *n.* المُتَهَجّي

spelling *n.* تَهْجِئَةٌ؛ هِجاءٌ

spelling bee *n.* مُسابَقَةٌ إمْلائِيَّةٌ

spelling book *n.* كِتابُ الهِجاءِ أو الأَلِفْباءِ

spend *vt.; i.irr.* يُنْفِقُ؛ يُبَدِّدُ. يُضَحّي بِـ. يُضْني. يَقْضي (العُطْلَةَ) / يُنْفِقُ

spending *n.* إنْفاقٌ؛ تَبْديدٌ. تَبْذيرٌ

spending money *n.* مَصْروفُ الجَيْبِ

spendthrift *n.* المُبَذِّرُ؛ المُبَدِّدُ

spent *adj.* مُسْتَهْلَكٌ. مَيِّتٌ

sperm *n.* السائِلُ المَنَوِيُّ. زَيْتُ العَنْبَرِ

spermatozoon *n.* (*pl.* **-zoa**) الحُيَيُّ المَنَوِيُّ

spew *vt.; i.; n.* يَتَقَيَّأُ // قَيْءٌ

sphere *n.* كُرَةٌ. نَجْمٌ. كَوْكَبٌ سَيّارٌ. مُحيطٌ؛ نِطاقٌ. مِنْطَقَةٌ. دُنْيا؛ عالَمٌ

spherical *adj.* كُرَوِيٌّ (شَكْلٌ)

spheroid *n.* شِبْهُ كُرَةٍ

sphinx *n.* (*pl.* **-xes**) أبو الهَوْلِ

spice *n.; vt.* تابِلٌ؛ بَهارٌ. طِيبٌ // يُتَبِّلُ؛ يُبَهِّرُ

spicy *adj.* مُتَبَّلٌ؛ لاذِعٌ. بَذيءٌ. مُفْعَمٌ بِالحَيَوِيَّةِ

spider *n.* عَنْكَبوتٌ

spigot *n.* سِدادَةٌ. حَنَفِيَّةٌ

spike *n.; vt.* الرَزَّةُ. مِسْمارٌ كَبيرٌ. قَضيبٌ شائِكٌ في أعْلى السورِ. سُنْبُلٌ // يَرُزُّ. يُحْبِطُ. يُعَطِّلُ

— somebody's guns يُفْسِدُ خِطَطَ أحَدِهِم

spiked *adj.* ذو سَنابِلَ. شائِكٌ

spiky *adj.* شائِكٌ. ذو رَأْسٍ حادٍّ

spill *vt.; i.irr.; n.* يَسْفِكُ؛ يَسْفَحُ. يُريقُ. يُسْقِطُ / يَنْدَلِقُ. يَتَناثَرُ. يَتَدَفَّقُ // سِدادَةٌ؛ سِطامٌ. لِفافَةٌ لإضْرامِ النارِ. سُقوطٌ (عَنِ الجَوادِ)

spin *vi.; t.irr.; n.* يَغْزِلُ؛ يَنْسُجُ. يَدورُ. يَهْبِطُ لَوْلَبِيًّا / يُلَفِّقُ (قِصَّةً). يُديرُ // غَزْلٌ؛ نَسْجٌ. دَوَرانٌ سَريعٌ. هُبوطٌ لَوْلَبِيٌّ

— out يُطيلُ؛ يُمَدِّدُ (الوَقْتَ)

in a flat — بِهَلَعٍ

spinach *n.* السَبانِخُ

spinal *adj.* فَقْرِيٌّ؛ شَوْكِيٌّ

spinal column *n.* العَمودُ الفَقْرِيُّ

spindle *n.* مِغْزَلٌ. مِحْوَرُ دَوَرانٍ

spindleful *n.* سَهْمٌ نارِيٌّ. صاروخٌ

spindle-legs; spindle-shanks *n.* رِجْلانِ طَويلَتانِ هَزيلَتانِ

spindling; spindly *adj.* طَويلٌ وَدَقيقٌ

spindrift *n.* زَبَدُ المَوْجِ

spine *n.* العَمودُ الفَقْرِيُّ. شَوْكَةٌ. ظَهْرُ الكِتابِ

spinner *n.* الغازِلُ؛ الناسِجُ. طُعْمٌ دَوّارٌ لِلسَّمَكِ

spinning *adj.; n.* دَوّارٌ؛ مُدَوِّمٌ // غَزْلٌ. إطالَةٌ

spinning wheel *n.* دولابُ الغَزْلِ؛ المِغْزَلُ

spinous *adj.* شائِكٌ. شَوْكِيٌّ. حادٌّ

spinster *n.* العانِسُ

spinsterhood *n.* العُزوبَةُ

spiny *adj.* شائِكٌ. شَوْكِيٌّ

spiral *adj.; n.; vi.* لَوْلَبِيٌّ؛ حَلَزونِيٌّ // حَلَزونٌ؛

لَوْلَبٌ // يَرْتَفِعُ بِشَكْلٍ لَوْلَبِيٍّ

spirally *adv.* لَوْلَبِيًّا؛ بِشَكْلٍ حَلَزونِيٍّ

spire *n.* عُسْلوجٌ. بُرْجٌ. قِمَّةٌ مُسْتَدِقَّةٌ. ذُرْوَةٌ

spirit *n.; vt.* . رُوحٌ. شَبَحٌ. شَخْصِيَّةٌ؛ شَخْصٌ.
عِفْريتٌ. حَيَوِيَّةٌ. عَزْمٌ. الكُحولُ. المُسْكِرُ. حَياةٌ.
مَغْزًى // يُرَوْحِنُ؛ يَنْفُخُ فيهِ روحًا. يُنَشِّطُ. يَخْطِفُ

spirited *adj.* نَشيطٌ؛ مُفْعَمٌ بِالحَيَوِيَّةِ. شُجاعٌ

spiritless *adj.* جَبانٌ. مَنْهوكٌ. بِدونِ حَيَوِيَّةٍ

spirit level *n.* ميزانُ البَنّاءِ. الشاقولُ الأُفُقِيُّ

spiritual *adj.; n.* روحِيٌّ. دينِيٌّ. كَنَسِيٌّ.
روحانِيٌّ // أُنْشودَةٌ دينِيَّةٌ زِنْجِيَّةٌ

spiritualism *n.* الروحانِيَّةُ. الأَرْواحِيَّةُ؛ إسْتِحْضارُ
الأَرْواحِ؛ مُناجاةُ الأَرْواحِ

spiritualist *n.* الروحانِيُّ؛ مُناجي الأَرْواحِ

spiritualize *vt.* يُرَوْحِنُ؛ يَجْعَلُهُ روحانِيًّا

spirituous *adj.* كُحولِيٌّ

spiry *adj.* مُسْتَدِقُّ الرَّأْسِ. لَوْلَبِيٌّ

spit *n.; vt.; i.irr.* سَفودٌ. لِسانُ أَرْضٍ. لُعابٌ.
بُصاقٌ. رَذاذٌ // يَبْصُقُ. يَسْفِدُ أو يُسَفِّدُ (اللَّحْمَ) /
تُمْطِرُ السَماءُ رَذاذًا

spite; spitefulness *n.; vt.* نِكايَةٌ. حِقْدٌ؛
ضَغينَةٌ // يَنْكي. يُغيظُ

in — of بِالرُّغْمِ مِنْ؛ رُغْمًا عَنْ

spiteful *adj.* حاقِدٌ؛ ضاغِنٌ

spitfire *n.* نافِثُ اللَهَبِ. شَخْصٌ سَريعُ الغَضَبِ

spittle *n.* لُعابٌ؛ رُضابٌ؛ ريقٌ

splash *vt.; i.; n.* يُطَرْطِشُ. يُلَوِّثُ بِرَشاشٍ.
يُبَقِّعُ / يَتَناثَرُ عَلى شَكْلِ رَذاذٍ (سائِلٌ) // رَشاشٌ؛
تَرْشاشٌ. لَطْخَةٌ. تَباهٍ

splay *vt.; i.; n.* يَبْسُطُ؛ يَمُدُّ. يُميلُ / يَنْحَدِرُ.
يَمْتَدُّ // إنْبِساطٌ؛ إمْتِدادٌ. مَيْلٌ. إنْحِدارٌ

splayfoot *n.* قَدَمٌ مَسْحاءُ أو مُسَطَّحَةٌ

spleen *n.* الطِحالُ. كَآبَةٌ. غَضَبٌ. حِقْدٌ. سَوْداءُ

splendid *adj.* مُشْرِقٌ؛ ساطِعٌ. سَنِيٌّ. مُمْتازٌ

splendo(u)r *n.* إشْراقٌ. سَناءٌ. أُبَّهَةٌ. عَظَمَةٌ

splenetic *adj.* طِحالِيٌّ. نَكِدٌ؛ سَوْداوِيٌّ

splice *n.; vt.* الوَصْلُ بِالجَدْلِ. وَصْلَةٌ مَجْدولَةٌ.
زَواجٌ // يَصِلُ (حَبْلاً) بِالجَدْلِ. يَقْرِنُ بِالتَراكُبِ. يُزَوِّجُ

splint *n.; vt.* // شَريحَةٌ. صَفيحَةٌ. شَظِيَّةٌ. جَبيرَةٌ //
يُجَبِّرُ العَظْمَ. يُثَبِّتُ بِجَبيرَةٍ

splinter *n.; vt.; i.* شَظِيَّةٌ. كِسْرَةٌ // يُشَظّي.
يُمَزِّقُ / يَتَشَظّى. يَتَمَزَّقُ

split *adj.; n.; vt.; i.irr.* مَشْقوقٌ. مُجَزَّأٌ.
مُنْقَسِمٌ // شَقٌّ. صَدْعٌ. إنْشِقاقٌ. إنْفِصامٌ // يَشُقُّ؛
يَفْلِقُ. يَشْطُرُ / يَنْفَلِقُ؛ يَنْشَقُّ. يَتَمَزَّقُ. يَنْقَسِمُ

split-second *adj.; n.* فائِقُ السُرْعَةِ // لَحْظَةٌ

splurge *n.* تَباهٍ؛ زَهْوٌ؛ تَعَجْرُفٌ

splutter *vi.; n.* يُغَمْغِمُ. يُدَمْدِمُ // غَمْغَمَةٌ

spoil *vt.; i.irr.; n.* يُتْلِفُ. يُفْسِدُ. يَنْهَبُ /
يَفْسُدُ // نَهْبٌ. تَلَفٌ. غَنيمَةٌ. هَلاكٌ

spoke *n.* شُعاعُ الدولابِ. دَرَجَةُ السُلَّمِ

spoken *adj.* شَفَهِيٌّ. مَلْفوظٌ

spoke-shave *n.* مِسْحَجٌ أَوْ فَأْرَةُ التَدْويرِ

spokesman *n.* (*pl.* **-men**) ناطِقٌ بِلِسانِ

spoliate *vt.* يَسْلُبُ؛ يَنْهَبُ

spoliation *n.* سَلْبٌ؛ نَهْبٌ. إتْلافٌ

sponge *n.; vt.; i.* // إسْفَنْجٌ. مِمْسَحَةُ المِدْفَعِ //
يَمْتَصُّ كالإسْفَنْجِ. يَمْسَحُ المِدْفَعَ / يَعيشُ عَلى نَفَقَةِ
غَيْرِهِ. يَتَطَفَّلُ

pass the — over يُسامِحُ؛ يَغْفِرُ (إساءَةً)

throw up/in the — يَعْتَرِفُ بِالهَزيمَةِ

sponger *n.* صائِدُ الإسْفَنْجِ. الطُفَيْلِيُّ

spongy *adj.* إسْفَنْجيٌّ. كَثيرُ المَسامّ. مُمْتَصٌّ
sponsor *n.; vt.* العَرّابُ. الكَفيلُ. راعي بَرْنامَج // يَرْعى. يَكْفُلُ؛ يَضْمَنُ
spontaneity *n.* العَفَويَّةُ. التِلْقائيَّةُ. عَمَلٌ عَفَويٌّ
spontaneous *adj.* عَفَويٌّ. ذاتيٌّ. طَبيعيٌّ
spontaneously *adv.* عَفَويًّا. تِلْقائيًّا
spook *n.* شَبَحٌ؛ خَيالٌ
spooky *adj.* شَبَحيٌّ. مَسْكونٌ بالأشْباحِ (مَنْزِلٌ)
spool *n.* مِكَبٌّ؛ مَلَفٌّ لِلخُيوطِ
spoon *n.; vt.* مِلْعَقَةٌ // يَغْرِفُ بالمِلْعَقَةِ
spoonful *n.* مِلْءُ مِلْعَقَةٍ
spoor *n.* أثَرُ الحَيَوانِ
sporadic *adj.* مُتَقَطِّعٌ؛ مُتَفَرِّقٌ؛ مُتَشَتِّتٌ
spore *n.* عُبَيْرَةٌ؛ بَوْغٌ
sport *n.; vi.; t.* رِياضَةٌ. لَهْوٌ؛ لَعِبٌ؛ تَسْلِيَةٌ. الرياضيُّ // يَلْعَبُ؛ يَلْهو. يُشارِكُ في لُعْبَةٍ رياضيَّةٍ. يَسْخَرُ مِن / يُبدي بِتَباهٍ (شارِبًا)
sporting *adj.* رياضيٌّ. قِماريٌّ. ذو روحٍ سَمِحَةٍ
sportive *adj.* رياضيٌّ. لَعوبٌ. مَرِحٌ. غَيْرُ جِدّيٍّ
sports-editor *n.* المُعَلِّقُ الرياضيُّ في صَحيفَةٍ
sportsman *n.* الرياضيُّ. ذو الروحِ الرياضيَّةِ
sportsmanship *n.* الروحُ الرياضيَّةُ
spot *n.; vt.* بُقْعَةٌ. لَطْخَةٌ. وَصْمَةٌ. مَكانٌ؛ مَوْضِعٌ // يُلَطِّخُ. يُلَوِّثُ. يُنَقِّطُ. يَسْتَطْلِعُ. يَكْتَشِفُ
  on the — فَوْرًا؛ حالاً؛ عَلى الفَوْرِ
spotless *adj.* طاهِرٌ. نَقيٌّ. لا عَيْبَ فيهِ
spotlight *n.* ضَوْءُ المَسْرَحِ. ضَوْءٌ كاشِفٌ. مِسْلاطٌ
spotty *adj.* مُنَقَّطٌ؛ مُرَقَّطٌ. مُتَقَطِّعٌ
spousal *n.pl.; adj.* زَواجٌ // زَواجيٌّ
spouse *n.* الزَوْجُ؛ القَرينُ. الزَوْجَةُ
spout *n.; vi.; t.* إنْبِثاقٌ. دَفْقٌ. صُنْبورٌ. ميزابٌ // يَنْبَثِقُ؛ يَنْبَجِسُ. يَتَدَفَّقُ / يَبُثُّ. يُطْلِقُ
sprain *n.; vt.* لَيُّ المَفْصِلِ بِعُنْفٍ // يَلْويهِ بِعُنْفٍ
sprat *n.* الإسْبَرْطُ (نَوْعٌ مِنْ سَمَكِ الرَنْكَةِ)
sprawl *vi.* يَدِبُّ. يَتَسَلَّقُ (النَباتُ). يَتَمَدَّدُ
spray *n.; vt.* عُسْلوجٌ؛ غُصْنٌ. رَشاشٌ؛ رَذاذٌ. مِرَشَّةٌ // يَرُشُّ. يَنْثُرُ السائِلَ
spread *vt.; i.irr.; n.* يَنْشُرُ. يَبْسُطُ. يَمُدُّ / يَنْتَشِرُ. يَمْتَدُّ. يَنْفَصِلُ // إنْتِشارٌ؛ إمْتِدادٌ. عَرْضٌ. مَدى. مَأْدُبَةٌ
spree *n.* فَوْرَةٌ. مَرَحٌ
sprig *n.* عُسْلوجٌ؛ غُصَيْنٌ. فَتًى
sprightly *adj.* نَشيطٌ. مَرِحٌ؛ مُفْعَمٌ بِالحَيَويَّةِ
spring *vt.; i.irr.; n.* يَثِبُ؛ يَقْفِزُ / يَنْطَلِقُ. يَنْبَثِقُ. يَتَفَجَّرُ. يَنْبُتُ. يَنْمو. يَنْشَأُ. يَرْتَفِعُ // الرَبيعُ. يَنْبوعٌ. وَثْبٌ. نَشاطٌ. نابِضٌ
spring-board *n.* لَوْحَةٌ أوْ مِنَصَّةُ القَفْزِ
spring tide (*or* **-time**) *n.* الرَبيعُ. الشَبابُ
springy *adj.* كَثيرُ اليَنابيعِ. مَرِنٌ. نابِضيٌّ
sprinkle *vt.; n.* يَنْثُرُ؛ يَذُرُّ. يَرُشُّ // رَذاذٌ
sprinkler *n.* الناثِرُ. مِرَشَّةٌ
sprinkling *n.* نَثْرٌ؛ ذَرٌّ. نُثارٌ؛ ذُرارَةٌ
sprint *n.; vi.* عَدْوٌ سَريعٌ // يَعْدو بِأقْصى سُرْعَةٍ
sprite *n.* طَيْفٌ؛ شَبَحٌ. جِنّيٌّ صَغيرٌ
sproket *n.* ضِرْسُ العَجَلَةِ المُسَنَّنَةِ
sprout *n.; vi.* البُرْعُمُ. الفَرْعُ // يَتَبَرْعَمُ
spruce *adj.; vt.; i.; n.* أنيقٌ // يُهَنْدِمُ. يَجْعَلُهُ أنيقًا / يَتَأَنَّقُ // الراتينَجيَّةُ (شَجَرَةٌ مِنَ الصَنَوْبَريّاتِ)
spry *adj.* نَشيطٌ؛ رَشيقٌ؛ خَفيفُ الحَرَكَةِ
spume *n.* زَبَدٌ؛ رَغْوَةٌ
spunk *n.* جُرْأَةٌ. نَشاطٌ؛ حَيَويَّةٌ
spur *n.; vt.* مِهْمازٌ. حافِزٌ. شَوْكَةٌ في رِجْلِ

الديك // يَهْمِزُ. يَنْخَسُ. يَحُثُّ. يُحَرِّضُ

spurious *adj.* زائفٌ؛ مُزَوَّرٌ

spurn *vt.; n.* يُقاوِمُ. يَرْفُسُ. يَدوسُ. يَزْدَري // رَفْسَةٌ. رَفْضٌ. إزْدِراءٌ

spurred *adj.* ذو مِهْمازٍ. شائِكٌ

spurt *vi.; n.* يَبْذُلُ جُهْدًا. يَتَدَفَّقُ. يَتَعاظَمُ // لَحْظَةٌ. جُهْدٌ؛ نَشاطٌ. تَعاظُمٌ. تَدَفُّقٌ

sputter *vi.; n.* يَبْصُقُ. يُدَمْدِمُ // لُعابٌ؛ ريقٌ

sputum *n.* بُصاقٌ. لُعابٌ

spy *n.; vt.; i.* جاسوسٌ. رَقيبٌ. عَيْنٌ // يَتَجَسَّسُ. يُراقِبُ. يَسْتَكْشِفُ؛ يَتَرَصَّدُ

spy-glass *n.* المِنْظارُ

squab *n.; adj.* زُغْلولٌ // لا ريشَ لَهُ (طائِرٌ)

squabble *n.; vi.* شِجارٌ؛ نِزاعٌ // يَتَشاجَرُ

squad *n.* زُمْرَةٌ؛ جَماعَةٌ. شِرْذِمَةٌ. فِرْقَةٌ

squadron *n.* سَرِيَّةٌ. أُسْطولٌ. سِرْبُ طائِراتٍ

squalid *adj.* قَذِرٌ. حَقيرٌ؛ دَنيءٌ

squall *n.; vi.* شِجارٌ. صُراخٌ؛ زَعيقٌ. ريحٌ شَديدَةٌ // يَصْرُخُ؛ يَزْعَقُ. تَهُبُّ (الريحُ)

squamous *adj.* كَثيرُ الحَراشِفِ

squander *vt.* يُشَتِّتُ (جَيْشًا). يُبَدِّدُ (مالاً)

square *adj.; n.; vt.; i.* مُرَبَّعٌ. قائِمُ الزَوايا. تَرْبيعِيٌّ. مُحْكَمٌ // المُرَبَّعُ. مُرَبَّعُ العَدَدِ. ساحَةٌ. قِطْعَةٌ مُرَبَّعَةٌ // يُرَبِّعُ (عَدَدًا). يُسَوّي. يَخْتَبِرُ. يَرْشو / يَتَّفِقُ؛ يَنْسَجِمُ

squash *vt.; i.; n.* يَسْحَقُ. يَهْرُسُ. يُخْمِدُ / يَنْسَحِقُ // القَرْعُ. حَشْدٌ. الإسكواش (لُعْبَةٌ رياضِيَّةٌ)

squat *adj.; vi.; t.* جاثِمٌ. مُقَرْفِصٌ. قَصيرٌ وَبَدينٌ // يَجْثُمُ؛ يَرْبِضُ. يَجْلِسُ القُرْفُصاءَ / يَحْتَلُّ بِغَيْرِ وَجْهِ حَقٍّ (أرْضًا)

squaw *n.* أميرِكِيَّةٌ مِنَ الهُنودِ الحُمْرِ

squawk *n.; vi.* صَوْتٌ عالٍ. شَكْوى // يُطْلِقُ صَوْتًا حادًّا. يَعْتَرِضُ؛ يَشْكو

squeak *vi.; n.* يَصِرُّ (البابُ). يَصْرِفُ. يَصيءُ // صَريرُ (البابِ). صَريفٌ. صَوْتٌ قَصيرٌ حادٌّ

squeal *vi.; n.* يُطْلِقُ صَرْخَةً حادَّةً. يَشْكو؛ يَحْتَجُّ // صَرْخَةٌ حادَّةٌ. شَكْوى

squeamish *adj.* مُوَسْوَسٌ. سَريعُ الغَثَيانِ

squeeze *vt.; n.* يَضْغَطُ. يَعْصِرُ. يُقْحِمُ. يُرْهِقُ // ضَغْطٌ. كَبْسٌ. عَصْرٌ. عُصارَةٌ

squelch *vt.* يَسْحَقُ. يُخْمِدُ. يُسْكِتُ

squib *n.* مُفَرْقَعَةٌ؛ مُتَفَجِّرَةٌ. نَقْدٌ ساخِرٌ

damp — مُحاوَلَةٌ غَيْرُ مُوَفَّقَةٍ

squint *adj.; n.; vi.* أَحْوَلُ؛ حَوْلاءُ. شَزْراءُ (عَيْنٌ) // الحَوَلُ. نَظْرَةٌ // يَحْوَلُ؛ يَنْظُرُ شَزْرًا

squint-eyed *adj.* أَحْوَلُ. حَقودٌ

squire *n.; vt.* حامِلُ الدُروعِ. المُرافِقُ. القاضي. مالِكُ الأَرْضِ الرَئيسِيُّ // يُرافِقُ سَيِّدَةً

squirm *vi.* يَتَلَوّى. يَرْتَبِكُ

squirrel *n.* السِنْجابُ. القَرْقَذانُ

squirt *n.; vi.; t.* نافورَةٌ. حُقْنَةٌ. إنْبِجاسٌ // يَنْبَجِسُ. يَنْفَجِرُ / يَحْقِنُ

stab *n.; vt.* طَعْنَةٌ. مُحاوَلَةٌ // يَطْعَنُ. يُقْحِمُ

a — in the back هُجومٌ أو تَهَجُّمٌ غادِرٌ

stability *n.* إسْتِقْرارٌ؛ ثَباتٌ؛ رُسوخٌ. إتِّزانٌ

stabilize *vt.* يُرَسِّخُ. يُقِرُّ. يُوازِنُ. يُثَبِّتُ. يُرْسي عَلى قَواعِدَ ثابِتَةٍ؛ يُوَطِّدُ

stable *adj.; n.; vt.* مُسْتَقِرٌّ. وَطيدٌ. راسِخٌ // إسْطَبْلٌ؛ زَريبَةٌ // يَضَعُ في إسْطَبْلٍ

stable-boy; stableman *n.* سائِسُ الخَيْلِ

stack *n.; vt.* كَدْسَةٌ؛ كَوْمَةٌ. رُكامٌ. مَداخِنُ. رُفوفٌ // يُكَوِّمُ؛ يُكَدِّسُ (بِضاعَةً)

stadium *n.* مَدْرَجٌ رِياضيٌّ . مَلْعَبٌ مُدَرَّجٌ

staff *n.; vt.* عَصا؛ عُكّازٌ. دَرَجَةُ السُّلَّمِ . هَيْئَةُ . مُوَظَّفونَ. المَدْرَجُ الموسيقيُّ. أركانُ حَرْبٍ // يُزَوِّدُ بالأساتِذَةِ أو المُوَظَّفين

staff officer *n.* ضابِطُ أرْكانٍ

stag *n.* أيِّلٌ ؛ وَعْلٌ

stage *n.; vt.* المَسْرَحُ. المِنَصَّةُ. سِقالَةٌ. طَوْرٌ. مَرْحَلَةٌ // يُخْرِجُ عَلى المَسْرَحِ . يُقَدِّمُ لِلْجُمْهورِ

stage-coach *n.* مَرْكَبَةٌ تَجُرُّها الجِيادُ

stager *n.* المُحَنَّكُ

stagflation *n.* رُكودٌ تَضَخُّميٌّ

stagger *vi.; t.; n.* يَتَرَنَّحُ ؛ يَتَهادى؛ يَتَمايَلُ / يُذْهِلُ. يَصْعَقُ // تَرَنُّحٌ ؛ تَمايُلٌ ؛ تَهادٍ

stagnancy; stagnation *n.* رُكودٌ؛ جُمودٌ

stagnant *adj.* راكِدٌ؛ جامِدٌ؛ ساكِنٌ

stagnate *vi.* يَرْكُدُ. يُصْبِحُ ساكِنًا

staid *adj.* رَصينٌ؛ رَزينٌ

stain *n.; vt.; i.* لَطْخَةٌ؛ بُقْعَةٌ. وَصْمَةٌ // يُلَطِّخُ. يُلَوِّثُ / يَتَلَطَّخُ ؛ يَتَلَوَّثُ

stainless *adj.* غَيْرُ مُبَقَّعٍ ؛ نَقِيٌّ. لا يَصْدَأُ

stair *n.* سُلَّمٌ ؛ دَرَجٌ

staircase *n.* بَيْتُ الدَرَجِ . سُلَّمٌ

stake *n.; vt.* وَتَدٌ. مَحْرَقَةٌ. سِنادٌ. رِهانٌ. جائِزَةٌ // يُعَلِّمُ الحُدودَ. يُراهِنُ. يَدْعَمُ

go to the — يُعْدَمُ حَرْقًا (بالشَدِّ إلى خازوقٍ). يَتَحَمَّلُ نَتائِجَ تَصَرُّفِهِ الطائِشِ

stake-holder *n.* مُتَسَلِّمُ الرِهانِ

stalactite *n.* الحُلَيْماتُ العُليا (رَواسِبُ كِلْسِيَّةٌ مُتَحَجِّرَةٌ في سُقوفِ المَغاوِرِ)؛ الهَوابِطُ

stalagmite *n.* الحُلَيْماتُ السُفْلى (رَواسِبُ كِلْسِيَّةٌ مُتَحَجِّرَةٌ في أرْضِ المَغاوِرِ)؛ الصَواعِدُ

stale *adj.* قَديمٌ. مُبْتَذَلٌ. بالٍ. مُجْهَدٌ

stalk *n.; vi.* ساقُ (النَباتِ). مِشْيَةٌ مُتَشامِخَةٌ // يُطارِدُ خُلْسَةً. يَمْشي بِتَشامُخٍ . يَتَفَشّى الداءُ

stall *n.; vt.; i.* مَرْبَطُ الحَيوانِ. مَوْقِفُ السَيّارَةِ. مَقْعَدٌ في كَنيسَةٍ أو مَسْرَحٍ . كِشْكٌ. ذَريعَةٌ // يَرْبُطُ الحَيَوانَ. يُوقِفُ السَيّارَةَ / تَنْهارُ الطائِرَةُ. يَتَوَقَّفُ المُحَرِّكُ. يَتَجَنَّبُ الرَدَّ

stallion *n.* حِصانٌ غَيْرُ مَخْصِيٍّ

stalwart *adj.* قَوِيُّ البِنْيَةِ. شُجاعٌ. حازِمٌ

stamen *n.* السَداةُ

stamina *n.* قُدْرَةٌ عَلى الإحْتِمالِ. قُوَّةٌ

stammer *vi.; n.* يُلَجْلِجُ ؛ يَتَلَعْثَمُ // لَجْلَجَةٌ؛ تَمْتَمَةٌ؛ تَلَعْثُمٌ

stamp *vt. & i.; n.* يَمْهُرُ؛ يَخْتِمُ ؛ يَدْمَغُ. يُلْصِقُ طابَعًا بَريدِيًّا. يَدوسُ بِقُوَّةٍ. يَقْمَعُ // خَتْمٌ ؛ دَمْغَةٌ. عَلامَةٌ. طابَعٌ. طِرازٌ. سِمَةٌ. وَطْأَةُ قَدَمٍ

stampede *n.; vi.* فِرارٌ؛ تَشَتُّتٌ // يَفِرُّ مَذْعورًا. يَتَشَتَّتُ (القَطيعُ)

stance *n.* وِقْفَةٌ. مَوْقِفٌ

sta(u)nch *adj.; vt.* مَتينٌ. مُخْلِصٌ ؛ وَفِيٌّ // يُوقِفُ. يَضَعُ حَدًّا لِـ. يوقِفُ نَزْفَ الدَمِ

stanchion *n.* سِنادٌ؛ دِعامَةٌ. نِيرٌ

stand *vi.; t.irr.; n.* يَقِفُ. يَنْتَصِبُ. يَصْمُدُ. يَبْلُغُ. يَقومُ. يَبْقى. يَسْتَمِرُّ / يَتَحَمَّلُ // تَوَقُّفٌ. مَوْقِفٌ. مِنَصَّةٌ. كِشْكٌ. مِنْضَدَةٌ

— aside يَقِفُ جانِبًا. يُفْسِحُ الطَريقَ لِـ

— back يَتَراجَعُ. يَقَعُ بَعيدًا عَنْ

— by يَسْتَعِدُّ لِلْعَمَلِ

— by somebody يَدْعَمُ ؛ يُؤازِرُ

— by something يَفي بِوَعْدِهِ

— for something يُمَثِّلُ. يُؤَيِّدُ. يَرْمُزُ إلى

— in يُشارِكُ (في دَفْعِ المَصاريفِ). يَحِلُّ مَحَلَّ (مُمَثِّلٍ)
— one's ground يُحافِظُ عَلى مَواقِعِهِ (في المَعارِكِ)
— out يَبْرُزُ
— over يُؤَجِّلُ (اجْتِماعٌ). يُراقِبُ بانْتِباهٍ
— trial يُخْضَعُ لِلمُحاكَمَةِ
— up for يُؤَيِّدُ. يُدافِعُ عَنْ
— up to يُدافِعُ عَنْ نَفْسِهِ
— (well) with somebody يَكونُ عَلى عَلاقاتٍ طَيِّبَةٍ مَع . . .
make a — يَسْتَعِدُّ لِلمُقاوَمَةِ أو القِتالِ
take one's — يُعْلِنُ عَن مَوْقِفِهِ أو آرائِهِ

standard *adj.; n.* مِعْيارِيٌّ. قِياسِيٌّ. نَمَطِيٌّ. مُوَحَّدٌ (سِعْرٌ) // لِواءٌ. عَلَمٌ؛ رايَةٌ. مِعْيارٌ؛ قِياسٌ. مُسْتَوى. عَمودٌ. قاعِدَةٌ

standardize *vt.* يُوَحِّدُ المَقاييسَ والمَعاييرَ

stand-by *n.* البَديلُ. النَصيرُ. حالَةُ تَأَهُّبٍ

stand-in *n.* البَديلُ السينَمائِيُّ. البَديلُ

standing *adj.; n.* واقِفٌ؛ مُنْتَصِبٌ. قائِمٌ. راكِدٌ. ساري المَفعولِ // وُقوفٌ. مَكانَةٌ. مَنْزِلَةٌ؛ مَرْتَبَةٌ. سُمْعَةٌ حَسَنَةٌ

standing army *n.* الجَيْشُ المُتَأَهِّبُ

stand-offish *adj.* مُتَحَفِّظٌ؛ فاتِرٌ

stand-point *n.* وِجْهَةُ النَظَرِ (في مَسْأَلَةٍ)

standstill *n.* تَوَقُّفٌ أو انْقِطاعٌ تامٌّ

stand-to *n.* إثارَةُ التَأَهُّبِ. اسْتِنْفارٌ

stanza *n.* مَقْطَعٌ شِعْرِيٌّ

staple *adj.; n.; vt.* قِياسِيٌّ. مُنْتَجٌ بِوَفْرَةٍ. رَئيسِيٌّ // مادَّةٌ أَوَّلِيَّةٌ. سِلْعَةٌ رَئيسِيَّةٌ. خامَةٌ. قِوامٌ. عُنْصُرٌ رَئيسِيٌّ. رَزَّةٌ. سِلْكِيَّةٌ لِضَمِّ الأَوْراقِ // يُزَوِّدُ بِرَزَّةٍ. يُثَبِّتُ بِرَزَّةٍ سِلْكِيَّةٍ

star *n.; vt.; i.* نَجْمَةٌ. نَجْمٌ. نَجْمٌ سينَمائِيٌّ. عَلامَةٌ عَلى شَكْلِ نَجْمَةٍ // يُرَصِّعُ بِنُجومٍ / يَتَأَلَّقُ. يُمَثِّلُ دَوْرَ البُطولَةِ

starboard *n.* المَيْمَنَةُ. الجانِبُ الأَيْمَنُ

starch *n.; vt.* نَشاءٌ. قُوَّةٌ؛ عَزْمٌ // يُنَشِّي

starchy *adj.* نَشَوِيٌّ. مُنَشًّى. رَسْمِيٌّ. جامِدٌ

stare *vi.; t.; n.* يُحَدِّقُ / يَتَفَرَّسُ في // تَحْديقٌ. نَظْرَةٌ مُتَفَرِّسَةٌ

starfish *n.* قِنْديلُ البَحْرِ؛ نَجْمُ البَحْرِ

stark *adv.; adj.* كُلِّيًّا؛ تَمامًا // قَوِيٌّ. مُتَصَلِّبٌ. صارِمٌ. مُقْفِرٌ. صارِخٌ

starling *n.* الزُرْزورُ (طائِرٌ). رَكائِزُ الجِسْرِ

starry *adj.* مُرَصَّعٌ بِالنُجومِ. مُتَأَلِّقٌ

start *vi.; t.; n.* يَبْدَأُ. يَنْطَلِقُ. يَنْشَأُ. يَجْفُلُ. يَثِبُ / يَسْتَهِلُّ. يُؤَسِّسُ. يُديرُ المُحَرِّكَ // بِدايَةٌ. إجْفالٌ. نُقْطَةُ الإنْطِلاقِ. وَثْبَةٌ

starting point *n.* نُقْطَةُ الإنْطِلاقِ. البِدايَةُ

startle *vt.* يُجْفِلُ. يُرَوِّعُ. يُفاجِئُ

startling *adj.* مُرَوِّعٌ. مُجَفِّلٌ

starvation *n.* المَوْتُ جوعًا. مَجاعَةٌ. جوعٌ

starve *vi.; t.* يَجوعُ؛ يَموتُ جوعًا / يُجَوِّعُ

starveling *n.* جائِعٌ. مُعْوِزٌ. مُعْدَمٌ

state *n.; vt.* حالَةٌ. مَنْزِلَةٌ. أُبَّهَةٌ. دَوْلَةٌ. وِلايَةٌ // يَعْرِضُ. يُعْلِنُ. يُصَرِّحُ بِـ. يوضِحُ

statecraft *or* **statesmanship** *n.* فَنُّ الحُكْمِ؛ فَنُّ إدارَةِ شُؤُونِ الدَوْلَةِ

stated *adj.* مُحَدَّدٌ؛ مُقَرَّرٌ. مُعْلَنٌ. نِظامِيٌّ

Statehouse *n.* مَبْنى المَجْلِسِ التَشْريعِيِّ

stately *adj.* جَليلٌ؛ فَخْمٌ

statement *n.* بَيانٌ. إفادَةٌ. تَصْريحٌ. عَرْضٌ

statement of account *n.* كَشْفُ حِسابٍ
statement of facts *n.* تَقْريرُ وَقائِعَ
statesman *n.* رَجُلُ دَوْلَةٍ. سِياسيٌّ
static(al) *adj.* ساكِنٌ؛ مُسْتَقِرٌّ؛ راكِدٌ. جامِدٌ
station *n.; vt.* مَحَطَّةٌ. مَرْكَزٌ. مَوْقِفٌ. مَوْقِعٌ. نُقْطَةٌ (عَسْكَرِيَّةٌ). مَرْكَزُ بَريدٍ // يُقيمُ. يَضَعُ. يُرَكِّزُ
stationary *adj.* ثابِتٌ. ساكِنٌ. مُسْتَقِرٌّ
stationer *n.* القِرطاسيُّ؛ بائِعُ أَدواتِ الكِتابَةِ
stationery *n.* القِرْطاسِيَّةُ
station wagon *n.* سَيّارَةٌ ذاتُ مَقاعِدَ عَديدَةٍ
statistic(al) *adj.* إِحْصائيٌّ
statistician *n.* الإِحْصائيُّ؛ الخَبيرُ في الإِحْصاءِ
statistics *n.pl.* عِلْمُ الإِحْصاءِ. إِحْصائِيّاتٌ
statuary *n.* نَحْتُ التَماثيلِ. النَحّاتُ؛ المَثّالُ
statue *n.* تِمْثالٌ؛ نُصْبٌ (رُخاميٌّ)
statuesque *adj.* شَبيهٌ بِالتَماثيلِ؛ تِمْثاليٌّ
stature *n.* قَوامٌ؛ قامَةٌ. مَنْزِلَةٌ
status *n.* الوَضْعُ الشَرْعيُّ. مَرْتَبَةٌ. حالٌ؛ وَضْعٌ
status quo *n.* حالَةٌ أَو وَضْعٌ راهِنٌ
statute *n.* قانونٌ نِظاميٌّ؛ تَشْريعٌ بَرْلَمانيٌّ. نِظامٌ أَساسيٌّ
statutory *adj.* تَشْريعيٌّ. مُطابِقٌ لِلْقانونِ
staunch *adj.* وَفيٌّ؛ مُخْلِصٌ (صَديقٌ)
stave *n.; vt.irr.* ضِلْعُ بِرْميلٍ. عَصا؛ هِراوَةٌ. دَرَجَةُ السُلَّمِ الموسيقيِّ. مَقْطَعٌ شِعْريٌّ // يُحَطِّمُ؛ يُهَشِّمُ. يَضْرِبُ بِالعَصا
staves *n.* (*pl.* of **staff**)
stay *vi.; t.; n.* يَقِفُ. يَبْقى؛ يَظَلُّ / يُسَكِّنُ (الوَجَعَ). يُعيلُ // بَقاءٌ. إِقامَةٌ. إِرْجاءٌ. إِيقافٌ. وَقْفٌ. مُعيلٌ. دِعامَةٌ. مِشَدٌّ
stay-at-home *adj. & n.* مُلازِمٌ بَيْتَهُ
stead *n.; vt.* بَدَلٌ. فائِدَةٌ // يُفيدُ
steadfast *adj.* ثابِتٌ؛ راسِخٌ. مُخْلِصٌ؛ وَفيٌّ
steady *adj.; adv.; vi.; t.* ثابِتٌ؛ راسِخٌ. وَطيدٌ. مُسْتَقِرٌّ. حازِمٌ // بِثَباتٍ. بِاطِّرادٍ // يَثْبُتُ؛ يَسْتَقِرُّ / يُثَبِّتُ. يُرَسِّخُ
steak *n.* شَريحَةُ لَحْمٍ أَوْ سَمَكٍ
steal *vt.; i.irr.* يَسْرِقُ؛ يَسْلُبُ. يَخْتَلِسُ
stealth *n.* سَرِقَةٌ. تَسَلُّلٌ
stealthily *adv.* خُلْسَةً
stealthy *adj.* مُخْتَلَسٌ. مَسْروقٌ. مُنْجَزٌ خُلْسَةً
steam *n.; vi.; t.* بُخارٌ. قُوَّةٌ دافِعَةٌ // يَتَبَخَّرُ. يَسيرُ بِقُوَّةِ البُخارِ / يُعَرِّضُ لِلْبُخارِ. يُبَخِّرُ. يَطْبُخُ عَلى البُخارِ
steamboat; steamship *n.* سَفينَةٌ بُخارِيَّةٌ
steam engine *n.* مُحَرِّكٌ بُخاريٌّ
steamer *n.* سَفينَةٌ بُخارِيَّةٌ. طَنْجَرَةٌ بُخارِيَّةٌ
steam gauge *n.* مِقْياسُ الضَغْطِ البُخاريِّ
steam-roller *n.* المِحْدَلَةُ البُخارِيَّةُ
steamy *adj.* بُخاريٌّ. مُشْبَعٌ بِالبُخارِ
steed *n.* جَوادٌ مُطَهَّمٌ
steel *adj.; n.; vt.* فولاذيٌّ // فولاذٌ؛ صُلْبٌ // يُفَوْلِذُ. يَمْلأُ بِالعَزْمِ
steely *adj.* فولاذيٌّ. صُلْبٌ أَوْ قَويٌّ كَالْفولاذِ
steelyard *n.* قَبّانٌ
steep *adj.; n.; vt.* شَديدُ الإِنْحِدارِ. حادٌّ. عالٍ. شاهِقٌ // مُنْحَدَرٌ صَعْبٌ. مَسْلَكٌ وَعْرٌ. إِناءُ النَقْعِ // يَنْقَعُ. يَغْمِسُ
steeple *n.* بُرْجُ الكَنيسَةِ. قُبَّةُ الكَنيسَةِ
steeplechase *n.* سِباقُ الخَيْلِ. سِباقُ الحَواجِزِ
steer *n.; vt.; i.* عِجْلٌ. تَعْليماتٌ سِرِّيَّةٌ (في المُراهَناتِ) // يُديرُ دَفَّةَ السَفينَةِ. يُوَجِّهُ / يَنْقادُ
steerage *n.* تَوْجيهٌ. قِيادَةٌ. الأَمْكِنَةُ القَريبَةُ مِنَ الدَفَّةِ

(في سَفينَةٍ) بأُجْرَةٍ مُخَفَّضَةٍ

steering gear *n.* جِهازُ التَّوْجيهِ

steering wheel *n.* عَجَلَةُ القِيادَةِ

steersman *n.* مُديرُ الدَفَّةِ. مُوَجِّهُ السَفينَةِ

stellar *adj.* نَجْميٌّ. كَوْكَبيٌّ

stem *n.; vt.; i.* ساقُ (النَباتِ). جِذْعٌ. عُنُقٌ. قُرْطُ مَوْزٍ. أرومَةٌ. نَسَبٌ. جَذْرٌ. سَدٌّ // يَتَقَدَّمُ. يَصُدُّ. يَكْبَحُ / يَنْشَأُ

stench *n.* رائِحَةٌ نَتِنَةٌ

stencil *n.; vt.* الرَوسَمُ؛ وَرَقٌ مُشَمَّعٌ لِلْطِباعَةِ // يُرَوْسِمُ؛ يَطْبَعُ عَلى وَرَقَةٍ مُشَمَّعَةٍ

Sten gun *n.* رُشَيّشٌ

stenographer *n.* المُخْتَزِلُ. كاتِبُ الإخْتِزالِ

stenography *n.* الإخْتِزالُ. كِتابَةُ الإخْتِزالِ

stentorian *adj.* عالٍ (صَوْتٌ). جَهْوَريٌّ

step *vi.; n.* يَخْطو. يَمْشي. يَدوسُ؛ يَطَأُ // خُطْوَةٌ. دَرَجَةٌ. مِشْيَةٌ. أثَرُ القَدَمِ. وَقْعُ الأقْدامِ. رُتْبَةٌ. مَرْحَلَةٌ. إجْراءٌ

— aside يَتَنَحّى

— down يُذْعِنُ

— in يَتَدَخَّلُ

— out يَمْشي مُسْرِعًا. يَنْهَمِكُ (إجْتِماعيًّا)

— up يَزيدُ (الإنْتاجَ). يَنْدَفِعُ

step brother *n.* أخٌ لِأَبٍ أو لِأُمٍّ (فَقَط)

stepchild *n.* رَبيبٌ؛ رَبيبَةٌ (وَلَدُ الزَوْجِ أوِ الزَوْجَةِ مِنْ زَواجٍ سابِقٍ)

stepdaughter *n.* بِنْتُ الزَوْجِ أوِ الزَوْجَةِ

stepfather *n.* رابٌّ؛ زَوْجُ الأُمِّ (بِالنِسْبَةِ لِلْوَلَدِ)

stepladder *n.* سُلَّمٌ نَقّالٌ قابِلٌ لِلطَيِّ

stepmother *n.* رابَّةٌ؛ زَوْجَةُ الأَبِ (بِالنِسْبَةِ لِلْوَلَدِ)

steppe *n.* سَهْلٌ لا شَجَرَ فيهِ

stepping *n.* سَيْرٌ؛ مَشْيٌ. خَطْوٌ

stepsister *n.* أُخْتٌ مِنْ زَوْجَةِ الأَبِ أوْ زَوْجِ الأُمِّ

stepson *n.* إبْنُ الزَوْجِ أوِ الزَوْجَةِ

stereoscope *n.* المِنْظارُ المُجَسِّمُ

stereoscopic(al) *adj.* مِجْساديٌّ. مِسْماعيٌّ. مُجَسِّمٌ

stereotype *adj.; n.; vt.* مُقَوْلَبٌ. مَطْبوعٌ بِالصَفائِحِ // القَوْلَبَةُ. الطِباعَةُ بِالصَفائِحِ. رَوْشَمٌ // يُرَوْشِمُ. يُقَوْلِبُ. يَطْبَعُ بِالمُصَفَّحاتِ

stereotyped *adj.* مُرَوْشَمٌ. مُقَوْلَبٌ. تافِهٌ

sterile *adj.* عاقِرٌ؛ عَقيمٌ. مُجْدِبٌ. مُعَقَّمٌ

sterility *n.* عُقْرٌ؛ عُقْمٌ. جَدْبٌ؛ مَحْلٌ

sterilize *vt.* يُعَقِّمُ. يُطَهِّرُ. يُمْحِلُ (الأرْضَ)

sterling *adj.; n.* إسْتَرْلينيٌّ. خالِصٌ. صِرْفٌ. أصيلٌ // الإسْتَرلينيُّ (عُمْلَةٌ إنْكليزيَّةٌ)

stern *adj.; n.* صارِمٌ. قاسٍ. قَويٌّ // مُؤَخَّرُ السَفينَةِ. المُؤَخَّرَةُ

sternum *n.* القَصُّ؛ عَظْمُ الصَدْرِ

stethoscope *n.* المِسْماعُ؛ سَمّاعَةُ الطَبيبِ

stevedore *n.* مُحَمِّلُ السُفُنِ ومُفَرِّغُها

stew *n.; vt.; i.* يَخْنَةٌ. خَليطٌ. حَمّامٌ ساخِنٌ. حالَةُ اهتِياجٍ // يَطْهو اليَخْنَةَ / يَهْتاجُ. يَقْلَقُ

steward *n.* المُضيفُ. المُشْرِفُ. ناظِرُ أرْضٍ

stewpan *n.* قِدْرُ الطَهْوِ

stick *n.; vi.; t.irr.* عودٌ. مِضْرَبٌ. إصْبَعٌ. وَخْزَةٌ. عَقَبَةٌ // يَلْتَصِقُ / يَطْعَنُ. يَخِزُ. يَغْرِزُ. يُقْحِمُ. يَمْكُثُ. يُلْصِقُ

— around يَبْقى في الجِوارِ

— at يَتَرَدَّدُ. يُواظِبُ (عَلى عَمَلٍ)

— on يَبْقى عَلى. يُلْصِقُ

— out يَبْرُزُ

— to يُخْلِصُ (لِمَبادِئِهِ)

— up for يُدافِعُ عَنْ (أَصْدِقائِهِ)

sticker *n.* المُثابِرُ. وَرَقَةٌ مُصَمَّغَةٌ

stickiness *n.* لُزوجَةٌ؛ تَدَبُّقٌ

stickle *vi.* يُماحِكُ؛ يُجادِلُ. يَعْتَرِضُ

sticky *adj.* لَزِجٌ؛ دَبِقٌ. صَعْبُ الإرْضاءِ. صَعْبٌ

stiff *adj.* جامِدٌ. مُتَيَبِّسٌ. ثابِتٌ. كَثيفٌ. صُلْبٌ

stiffen *vt.; i.* يُصَلِّبُ؛ يُيَبِّسُ / يَتَصَلَّبُ؛ يَتَيَبَّسُ

stiff neck *n.* تَصَلُّبُ العُنُقِ؛ إجْلٌ

stifle *vt.; i.; n.* يُخْمِدُ (النَفَسَ). يَكْبِتُ / يَخْتَنِقُ // عُرْقوبُ الدابَّةِ

stifling *adj.; n.* خانِقٌ. خامِدُ (الصَوْتِ). كاظِمُ (الغَضَبِ) // إخْمادٌ. خَنْقٌ. كَظْمٌ؛ كَبْتٌ

stigma *n.* وَصْمَةُ عارٍ. عَلامَةٌ. أَثَرُ جُرْحٍ. السِمَةُ؛ الجُزْءُ الأَعْلى مِنْ مِدَقَّةِ الزَهْرَةِ

stigmatic *adj.* مَوْصومٌ (بِالعارِ). كَريهٌ

stigmatize *vt.* يَسِمُ؛ يَصِمُ (بِالعارِ)

stile *n.* مَرْقىً. بابٌ دَوّارٌ. عُضادَةُ البابِ

stiletto *n.* خَنْجَرٌ صَغيرٌ

still *adj.; adv.; vt.; n.* ساكِنٌ. صامِتٌ. هادِئٌ // بِسُكونٍ؛ بِهُدوءٍ. وَمَعَ ذَلِكَ. حَتّى الآنَ. لا يَزالُ // يُسَكِّنُ؛ يُهَدِّئُ. يُخْمِدُ. يَقْمَعُ. يُقَطِّرُ // سُكونٌ. صَمْتٌ. مَعْمَلُ تَقْطيرٍ. إنْبيقٌ

still-born *adj.* مَوْلودٌ مَيْتًا. غَيْرُ فَوّارٍ

still-room *n.* غُرْفَةُ التَقْطيرِ. المُخْتَبَرُ

stilly *adv.; adj.* بِهُدوءٍ؛ بِسُكونٍ // ساكِنٌ

stilt *n.* عُكّازٌ. رَكيزَةٌ

stilted *adj.* قائِمٌ عَلى رَكائِزَ. مُتَكَلِّفٌ. طَنّانٌ

stimulant *n.* المُنَبِّهُ. الحافِزُ. الحاثُّ

stimulate *vt.* يُنَبِّهُ. يَحُثُّ. يُثيرُ

stimulus *n.* (*pl.* **-li**) المُنَبِّهُ. المُثيرُ. الحافِزُ

sting *n.; vt.irr.* لَسْعٌ؛ لَدْغٌ؛ وَخْزٌ. أَلَمٌ حادٌّ // يَخِزُ؛ يَلْسَعُ؛ يَلْدَغُ. يَغُشُّ. يُؤْلِمُ

stinginess *n.* بُخْلٌ؛ شِحٌّ

stinging *adj.; n.* لاسِعٌ؛ لاذِعٌ // وَخْزٌ؛ لَسْعٌ

stingy *adj.* بَخيلٌ؛ شَحيحٌ

stink *n.; vi.irr.* نَتْنٌ. رائِحَةٌ كَريهَةٌ // يُنْتِنُ. يُنافي الأَخْلاقَ. تَسوءُ سُمْعَتُهُ

stinking; stinky *adj.* مُنْتِنٌ (رائِحَةً)

stint *vt.; n.* يُحَدِّدُ. يَحْصُرُ. يُقَتِّرُ // حَدٌّ. قَيْدٌ. مَهَمَّةٌ. عَمَلٌ مُحَدَّدٌ

without — دونَ حَدٍّ. باذِلاً كُلَّ جُهْدٍ مُمْكِنٍ

stipend *n.* راتِبٌ؛ مَعاشٌ (رَجُلِ الدينِ)

stipendiary *adj.* ذو راتِبٍ. راتِبِيٌّ

stipple *vt.* يُنَقِّطُ؛ يُرَقِّطُ

stipulate *vi.* يَشْتَرِطُ. يَتَعَهَّدُ بِـ. يَتَعاقَدُ عَلى

stipulation *n.* تَعاقُدٌ. إشْتِراطٌ. تَعَهُّدٌ

stir *vt.; i.; n.* يُحَرِّكُ. يُثيرُ. يُحَرِّضُ؛ يَحُثُّ. يُسْرِعُ / يَنْشَطُ. يَتَحَرَّكُ. يَحْتَدُّ // إثارَةٌ. إضْطِرابٌ. إهْتِياجٌ. حَرَكَةٌ

stirring *adj.; n.* مُثيرٌ // إضْطِرابٌ؛ إهْتِياجٌ

stirrup *n.* رِكابُ (السَرْجِ). العُظَيْمُ الرِكابِيُّ

stitch *n.; vt.* قُطْبَةٌ. دَرْزَةٌ. أَلَمٌ مُفاجِئٌ // يَدْرُزُ. يَخيطُ. يُطَرِّزُ

stoat *n.* القاقُمُ الأوروبِيُّ: حَيَوانٌ لَهُ فَرْوَةٌ

stock *adj.; n.; vt.* قِياسِيٌّ. مَأْلوفٌ. مُبْتَذَلٌ // أَصْلٌ. أَرومَةٌ. المَخْزونُ. أَسْهُمٌ. مَواشٍ. مَرَقٌ. خامَةٌ. أَداةُ تَعْذيبٍ. لِفاعٌ. نَباتٌ عُشْبِيٌّ // يَخْتَزِنُ. يُمَوِّنُ. يُزَوِّدُ بِالْماشِيَةِ. يَرْعى المَواشي

stockade *n.; vt.* حاجِزٌ. خَطٌّ دِفاعِيٌّ. حَظيرَةٌ. مُعْتَقَلٌ // يُحَصِّنُ أَوْ يُطَوِّقُ بِحاجِزٍ

stock book *n.* دَفْتَرُ مَخْزَنٍ

stockbroker *n.* سِمْسارُ بورْصَةِ أوْراقٍ ماليَّةٍ
stock capital *n.* رَأْسُ مالٍ أساسيٌّ
stock exchange *n.* بورصَةُ الأوْراقِ النَقْديَّةِ
stockholder *n.* مُساهِمٌ. حامِلُ الأسْهُمِ
stocking *n.* جَوْرَبٌ
stock in trade *n.* بِضاعَةٌ مَعْروضَةٌ
stockpile *n.; vt.; i.* المَخْزونُ الإحْتياطيُّ // يُخَزِّنُ إحْتياطيًّا
stock-still *adj.; adv.* ثابِتٌ // بِلا تَحَرُّكٍ
stock-taking *n.* جَرْدَةٌ بِالمُحْتَوَياتِ. تَقْديرٌ. تَقْييمٌ
stocky *adj.* قَصيرٌ قَوِيٌّ وَسَمينٌ
stockyard *n.* فِناءُ الماشيَةِ
stodgy *adj.* ثَقيلٌ. مَحْشُوٌّ. مُمِلٌّ (كِتابٌ)
stoic *n.; adj.* الرِواقيُّ (أحَدُ أتْباعِ مَذْهَبٍ فَلْسَفيٍّ إغْريقيٍّ)
stoic(al) *adj.* رِواقيٌّ. رَزينٌ
Stoicism *n.* الرِواقيَّةُ؛ مَذْهَبُ الرِواقيِّينَ
stoke *vt.* يُذْكي النارَ. يُتْخِمُ
stoker *n.* وَقّادُ (قاطِرَةٍ)
stole *n.* دِثارٌ. ثَوْبٌ فَضْفاضٌ. البَطْرَشيلُ
stolen *adj.* مَسْروقٌ. مَنْهوبٌ. مُخْتَلَسٌ
stolid *adj.* أبْلَهُ. غَبِيٌّ. مُتَبَلِّدُ الحِسِّ
stolidity; stolidness *n.* بَلاهَةٌ. تَبَلُّدُ الحِسِّ
stomach *n.; vt.* مَعِدَةٌ؛ بَطْنٌ. مَيْلٌ؛ رَغْبَةٌ. قابِليَّةٌ // يَتَحَمَّلُ
stomach ache *n.* مَغْصٌ. ألَمُ المَعِدَةِ
stone *adj.; n.; vt.* حَجَريٌّ // حَجَرٌ. جَوْهَرَةٌ. بَلاطَةُ ضَريحٍ. حَجَرُ الرَحى. حَجَرُ السَنِّ // يَرْجُمُ بِالحِجارَةِ. يَنْزَعُ النَوى. يَسُنُّ
Stone Age *n.* العَصْرُ الحَجَريُّ
stone-blind *adj.* أعْمى تَمامًا
stone-cold *adj.; adv.* بارِدٌ تَمامًا (كالحَجَرِ) // كُلِّيًّا. تَمامًا
stonecutter *n.* قاطِعُ الأحْجارِ أو ناحِتُها
stone-dead *adj.* جُثَّةٌ هامِدَةٌ
stone fruit *n.* فاكِهَةٌ ذاتُ نَوًى
stoneless *adj.* دونَ نَواةٍ (فاكِهَةٌ)
stone-mason *n.* بَنّاءٌ؛ مِعْمارٌ (بِالحِجارَةِ)
stone's throw *n.* مَسافَةٌ قَصيرَةٌ
stoneware *n.* الخَزَفُ الحَجَريُّ
stonework *n.* نَحْتُ الحِجارَةِ. بِناءٌ حَجَريٌّ
stony *adj.* حَجَريٌّ. صَخْريٌّ. مُتَحَجِّرٌ. صاعِقٌ
stooge *n.* جاسوسٌ
stook *n.; vt.* كومَةٌ مِنَ الحِزَمِ (قَشٌّ). كُدْسَةٌ // يُكَدِّسُ؛ يُكَوِّمُ
stool *n.* كُرْسيٌّ بِلا ظَهْرٍ أو ذِراعَيْنِ
stoop *vi.; t.; n.* يَنْحَني؛ يَحْدَوْدِبُ. يَخْضَعُ. يَنْحَطُّ / يُطَأْطِئُ الرَأْسَ // إنْحِناءَةٌ؛ إحْديدابٌ. تَنازُلٌ. رِواقٌ. شُرْفَةٌ
stop *vt.; i.; n.* يوقِفُ؛ يَضَعُ حَدًّا لِـ. يَقْطَعُ. يُسْقِطُ. يُرْبِكُ. يُعيقُ. يُعَدِّلُ النَغَمَ / يَتَوَقَّفُ. يَسْكُنُ // حَدٌّ؛ نِهايَةٌ. عَقَبَةٌ. سِدادَةٌ. تَوَقُّفٌ. إنْسِدادٌ. عَلامَةُ وَقْفٍ. مَوْقِفٌ. أداةُ تَعْديلِ النَغَمِ
stopcock *n.* سِكْرُ حَنَفيَّةٍ. المَحْبِسُ
stoppage *n.* وَقْفٌ. تَوَقُّفٌ. إنْسِدادٌ. المُقْتَطَعُ مِنَ الراتِبِ. تَعْويضٌ. مُقاصَّةٌ
stopper *n.; vt.* سِدادَةٌ؛ صِمامٌ // يَسُدُّ بِسِدادَةٍ
stop-watch *n.* ساعَةُ تَوْقيتٍ
storage *n.* خَزْنٌ. مَخْزَنٌ. المَخْزونُ
store *n.; vt.* ذَخيرَةٌ؛ مَخْزونٌ. مُسْتَوْدَعٌ. مَتْجَرٌ // يَخْزُنُ. يَدَّخِرُ. يَسْتَوْعِبُ. يُجَهِّزُ. يُمَوِّنُ
storehouse *n.* مَخْزَنٌ؛ مُسْتَوْدَعٌ؛ عَنْبَرٌ

storekeeper *n.* أمينُ المُسْتَوْدَع . صاحِبُ الدُكّانِ

storeroom *n.* غُرْفَةُ المُؤَنِ. مُسْتَوْدَعٌ ؛ عَنْبَرٌ

storey *n.* دَوْرٌ ؛ طابِقٌ

storied *adj.* مُزَيَّنٌ بالرُسوم . ذو تاريخٍ مُمْتِعٌ . ذو طَوابِقَ

stork *n.* اللَقْلَقُ ؛ اللَقْلاقُ (طائِرٌ)

storm *n.; vi.; t.* عاصِفَةٌ. نَوْبَةٌ. تَدَفُّقٌ. إقْتِحامٌ // تَعْصِفُ الريحُ. يَنْقَضُّ عَلى. يَثورُ. يَغْضَبُ / يَقْتَحِمُ

storm bell *n.* ناقوسُ الخَطَرِ

storm cloud *n.* سُحُبٌ ؛ غَمامٌ

stormy *adj.* عاصِفٌ. ثائِرٌ

story *n.* قِصَّةٌ ؛ حِكايَةٌ. تاريخٌ. طابِقٌ ؛ دورٌ

story-teller *n.* القاصُّ ؛ القَصّاصُ. الكَذّابُ

stout *adj.; n.* جَريءٌ ؛ شُجاعٌ. قَوِيٌّ. مَتينٌ. بَدينٌ // جعَةٌ قَوِيَّةٌ داكِنَةٌ

stove *n.* مَوْقِدٌ. فُرْنٌ. وِجاقٌ

stow *vt.* يُؤْوي ؛ يُسْكِنُ. يَخْزُنُ. يُرَتِّبُ. يُحَمِّلُ

stowage *n.* إيواءٌ ؛ إسْكانٌ. خَزْنٌ. مَخْزَنٌ

stowaway *n.; vi.* المُسافِرُ خِفْيَةً تَهَرُّبًا مِنَ الدَفْعِ // يَتَخَفّى هَرَبًا مِنَ الدَفْعِ

straddle *vt.; i.* يُفَرْشِخُ

strafe *vt.* يَقْصِفُ (بالقَنابِلِ). يُهاجِمُ. يُعاقِبُ

straggle *vi.* يَشْرُدُ ؛ يَتيهُ. يَهيمُ

straight *adj.; adv.* مُسْتَقيمٌ. صَحيحٌ. قَويمٌ. مَوْثوقٌ بِهِ. عَموديٌّ. قائِمٌ. شَريفٌ. أمينٌ // بِاسْتِقامَةٍ. مُباشَرَةً. بِأمانَةٍ. بِشَرَفٍ. عَلى الفَوْرِ. تَوًّا

— away حالاً. تَوًّا

— out دونَ تَرَدُّدٍ

go — يَعيشُ حَياةً مُسْتَقيمَةً وَشَريفَةً

straight-edge *n.* مِسْطَرَةٌ عَدِلَةٌ

straighten *vt.; i.* يُقَوِّمُ ؛ يُسَوّي ؛ يُعَدِّلُ / يَسْتَقيمُ

straight-faced *adj.* ثابِتٌ. رابِطُ الجَأْشِ

straightforward *adj.* مُسْتَقيمٌ. مُباشِرٌ. صَريحٌ

straightway *adv.* مُباشَرَةً. تَوًّا. فَوْرًا. حالاً

strain *vt.; i.; n.* يَشُدُّ. يُجْهِدُ. يَعْصِرُ / يَتَوَتَّرُ. يُقاوِمُ // أرومَةٌ. أصْلٌ. سُلالَةٌ. نَبْرَةٌ. تَوَتُّرٌ. غِناءٌ. إجْهادٌ. إنْفِعالٌ. لَحْنٌ. أسْلوبٌ. مِزاجٌ

strainer *n.* مِصْفاةٌ

straining *n.* تَوَتُّرٌ. إجْهادٌ. إسْرافٌ. تَصْفِيَةٌ

strait *adj.; n.* ضَيِّقٌ. عَسيرٌ // مَضيقٌ ؛ بوغازٌ. عُسْرٌ. ضيقٌ

straiten *vt.* يُضَيِّقُ. يَحْصُرُ. يُقَيِّدُ

strait-laced *adj.* مُتَزَمِّتٌ. مُحْتَشِمٌ

strand *n.; vt.; i.* شاطِئٌ رَمْلِيٌّ. ضَفَّةٌ. جَديلَةٌ. حَبْكٌ // يَسوقُ إلى الشاطِئِ (سَفينَةً). يُجَدِّلُ الحَبْلَ / تَجْنَحُ السَفينَةُ ؛ تُشَطِّطُ

strange *adj.* غَريبٌ. أجْنَبِيٌّ. بارِدٌ. جاهِلٌ

stranger *n.* الغَريبُ. الأجْنَبِيُّ. الدَخيلُ

strangle *vt.* يَشْنُقُ ؛ يَخْنُقُ

strap *n.; vt.* حِزامٌ. طَوْقٌ. رِباطٌ. شَريطٌ. نِطاقٌ // يَحْزِمُ. يَرْبُطُ. يَجْلِدُ

strapper *n.* شَخْصٌ طَويلٌ قَوِيٌّ

strapping *adj.* قَوِيُّ البُنْيَةِ. ضَخْمٌ

strata *n.* (*pl.* of **stratum**)

stratagem *n.* خُدْعَةٌ حَرْبِيَّةٌ. حيلَةٌ

strategic(al) *adj.* اسْتراتيجِيٌّ ؛ مُتَعَلِّقٌ بِفَنِّ الحُروبِ

strategist *n.* الاسْتراتيجِيُّ ؛ البارِعُ في التَخْطيطِ (الحَرْبِيِّ) ؛ الخَبيرُ الاسْتراتيجِيُّ

strategy *n.* الاسْتراتيجِيَّةُ ؛ فَنُّ التَخْطيطِ الحَرْبِيِّ

stratify *vt.* يَرْصُفُ في طَبَقاتٍ. يُقَسِّمُ إلى طَبَقاتٍ

stratosphere *n.* السَتراتوسفيرُ ؛ الجُزْءُ الأعْلى مِنَ

الغِلاف الجَوّيّ

stratum *n.* (*pl.* **-ta**) طَبَقَةٌ. طَوْرٌ

straw *adj.; n.; vt.* قَشّيٌّ. أصْفَرُ // قَشٌّ؛ تِبْنٌ. ذَرَّةٌ. أُنْبوبَةُ شُرْبٍ // يُقَشِّشُ الكَراسي

strawberry *n.* الفِريزُ؛ الفَراوِلَةُ

stray *vi.; n.; adj.* يَتيهُ؛ يَشْرُدُ // التائِهُ؛ الشارِدُ // تائِهٌ؛ ضالٌّ؛ شارِدٌ. مُتَفَرِّقٌ

streak *n.; vt.; i.* خَطٌّ؛ شَريطٌ؛ قَلَمٌ (قُماش). مَسْحَةٌ // يُعَرِّقُ؛ يُقَلِّمُ؛ يُخَطِّطُ / يُصْبِحُ مُخَطَّطًا

stream *n.; vi.* نَهْرٌ؛ جَدْوَلٌ. سَيْلٌ. تَيّارٌ. شُعاعٌ // يَجْري؛ يَتَدَفَّقُ. يَطْفو. يُرْسِلُ شُعاعًا. يَفيضُ (بِالدُّموع). يَتَصَبَّبُ (عَرَقًا)

go with the — يَنْجَرِفُ مَعَ التَيّارِ

streamer *n.* عَلَمٌ خَفّاقٌ. رَأْسِيَّةٌ. قُصاصَةٌ طَويلَةٌ

streamlet *n.* نُهَيْرٌ. جَدْوَلٌ صَغيرٌ

stream-line *n.; vt.* خَطٌّ انْسيابِيٌّ // يَجْعَلُهُ انْسِيابِيًّا. يُنَظِّمُ. يُبَسِّطُ

street *n.* شارِعٌ

streetcar *n.* تراموای

strength *n.* قُوَّةٌ. مَقْدِرَةٌ. سَنَدٌ. شِدَّةٌ

strengthen *vt.; i.* يُقَوّي / يَقْوى

strenuous *adj.* نَشيطٌ. مُتَّقِدٌ. مُتَحَمِّسٌ. شاقٌّ

streptomycin *n.* دَواءٌ مُضادٌّ لِلْجَراثيمِ

stress *n.; vt.* ضَغْطٌ؛ وَطْأَةٌ. تَوْكيدٌ. نَبْرَةٌ. إجْهادٌ // يَضْغَطُ. يُجْهِدُ. يُؤَكِّدُ

stretch *vi.; t.; n.* يَمْتَدُّ. يَتَمَطّى / يَشُدُّ. يَمُدُّ. يَبْسُطُ (جَناحَيْهِ). يَتَوَسَّعُ في التَفْسيرِ // إمْتِدادٌ. تَمَدُّدٌ. مُرونَةٌ. مَدًى. بَسْطٌ

stretcher *n.* نَقّالَةٌ (الجَرْحى). مُوَسِّعَةُ (الحِذاءِ)

stretching *n.* تَمَدُّدٌ. إمْتِدادٌ. بَسْطٌ. مُرونَةٌ

strew *vt.irr.* يَنْثُرُ (الحَبَّ)؛ يَبْذُرُ

strewing *n.* نَثْرٌ؛ بَذْرٌ

striate; striated *adj.* مُخَطَّطٌ. مُقَلَّمٌ

striation *n.* قَلَمٌ. خَطٌّ. ثَلْمٌ

stricken *adj.* مُتْرَعٌ. مَضْروبٌ. مُبْتَلى؛ مُصابٌ

strict *adj.* صارِمٌ. تامٌّ. مُتَزَمِّتٌ. ضَيِّقٌ. دَقيقٌ

strictly *adv.* عَلى نَحْوٍ صارِمٍ أوْ تامٍّ

stricture *n.* نَقْدٌ قاسٍ. قَيْدٌ. تَضَيُّقٌ

stride *vi.irr.; n.* يَخْطو خُطًى واسِعَةً // خُطْوَةٌ واسِعَةٌ. فَشْخَةٌ

strident *adj.* حادٌّ. عالي النَغْمَةِ

strife *n.* كِفاحٌ؛ نِضالٌ. نِزاعٌ

strike *vt.; i.irr.; n.* يَضْرِبُ. يَرْتَطِمُ بِـ. يُنَكِّسُ الرايَةَ. يَخْتَرِقُ. يَذْهَبُ. يَنْطَلِقُ. يُضْرِبُ عَنِ العَمَلِ // إضْرابٌ. ضَرْبٌ. هُجومٌ عَسْكَرِيٌّ

— somebody down — يَصْرَعُ. يُصيبُ (مَرَضٌ)

— something off — يَطْبَعُ (نُسْخَةً مِنْ كِتابٍ). يَقْطَعُ بِضَرْبَةِ (فَأْسٍ). يَشْطُبُ (إسْمًا مِنْ سِجِلٍّ)

— on/upon — يَجِدُ بِشَكْلٍ مُفاجِئٍ أو غَيْرِ مُتَوَقَّعٍ

— out يَنْدَفِعُ بِقُوَّةٍ وَنَشاطٍ. يَسْتَهِلُّ عَمَلاً

— up يَبْدأُ عَزْفَ (لَحْنٍ)

striker *n.* الضارِبُ. المُضْرِبُ. المُرْتَطِمُ

striking *adj.; n.* ضارِبٌ. أخّاذٌ. مُدْهِشٌ؛ لافِتٌ لِلْنَظَرِ. مُضْرِبٌ عَنِ العَمَلِ // ضَرْبٌ. إرْتِطامٌ. إضْرابٌ. قَرْعُ الجَرَسِ

string *n.; vt.irr.* خَيْطٌ؛ سِلْكٌ. رَسَنٌ. وَتَرٌ. وَسيلَةٌ. شَرْطٌ // يُثيرُ؛ يُوَتِّرُ. يَرْبُطُ. يَشْنُقُ. يَمُدُّ. يَخْدَعُ. يُقَوّي. يُرَكِّبُ وَتَرًا

have somebody on a — لَدَيْهِ سُلْطانٌ عَلى أحَدِهِم

pull —s يَسْتَعْمِلُ نُفوذَهُ (كَي يُوَظِّفَ أحَدَهُم)

pull the —s يَتَحَكَّمُ بِالأحْداثِ أو بِتَصَرُّفاتِ

الآخَرِينَ

no —s; without —s دونَ قَيْدٍ أو شَرْطٍ

— along يَخْدَعُ

— up يَشْنِقُ

stringed *adj.* وَتَرِيٌّ ؛ ذو أوْتارٍ

— instruments آلاتٌ موسيقيَّةٌ وَتَرِيَّةٌ

stringer *n.* دِعامَةٌ. رَكيزَةٌ

stringy *adj.* خَيْطيٌّ. ليفيٌّ

strip *vt.; i.; n.* يَنْزِعُ. يُجَرِّدُ؛ يُعَرِّي / يَتَجَرَّدُ. تَخْلَعُ المَلابِسَ // قِطْعَةٌ مُسْتَطيلَةٌ مِنَ الأرْضِ. مَهْبِطُ الطائِراتِ

stripe *n.; vt.* ضَرْبَةٌ. جَلْدَةٌ. خَطٌّ. قَلَمٌ. تَقْليمُ القُماشِ. شارَةٌ // يُخَطِّطُ؛ يُقَلِّمُ

striped; stripy *adj.* مُخَطَّطٌ؛ مُقَلَّمٌ

stripling *n.* فَتًى مُراهِقٌ

strip-tease; strip-show *n.* اسْتِعْراضُ تَخْلَعُ المَرْأَةُ خِلالَهُ ثِيابَها قِطْعَةً قِطْعَةً

strive *vi.irr.* يُكافِحُ؛ يُناضِلُ؛ يُجاهِدُ

stroke *n.; vt.* ضَرْبٌ. خَبْطَةٌ. جُهْدٌ. نَبْضٌ. خَفَقانٌ // يُمَسِّدُ. يُلاطِفُ. يَشْطُبُ. يَضْرِبُ

stroll *vi.; n.* يَتَمَشَّى. يَتَجَوَّلُ. يَجوبُ // تَمَشٍّ. تَجَوُّلٌ. تَطْوافٌ. نُزْهَةٌ

strong *adj.* قَوِيٌّ. شَديدٌ. ضَخْمٌ. هامٌّ. عَسيرٌ. مَنيعٌ. عَنيفٌ. حَصينٌ

stronghold *n.* حِصْنٌ. مَعْقِلٌ. قَلْعَةٌ

strop *n.; vt.* مِشْحَذٌ جِلْدِيٌّ // يَشْحَذُ الموسى

strophe *n.* مَقْطوعَةٌ شِعْرِيَّةٌ

structural *adj.* بِنائِيٌّ. إنْشائِيٌّ. ذو عَلاقَةٍ بِالبِناءِ

structure *n.* بِنْيَةٌ. تَرْكيبٌ. مَبْنًى. تَشْييدٌ

struggle *n.; vi.* كِفاحٌ؛ نِضالٌ؛ صِراعٌ؛ نِزاعٌ // يُكافِحُ؛ يُناضِلُ. يُقاوِمُ. يَبْذُلُ جُهْدًا

strum *vi.* يُداعِبُ الأوْتارَ (دونَ مَهارَةٍ)

strut *n.; vi.* تَبَخْتُرٌ؛ إخْتِيالٌ. عارِضَةٌ لِمُقاوَمَةِ الضَغْطِ // يَتَبَخْتَرُ؛ يَخْتالُ

strychnine *n.* مادَّةٌ سامَّةٌ

stub *n.* أرومَةُ الضِرْسِ. عَقِبُ السيجارَةِ. أرومَةُ الوَصْلِ. جِذْلُ الشَجَرَةِ

stubble *n.* ما يَبْقى مِنَ الزَرْعِ بَعْدَ الحَصْدِ. لِحْيَةٌ

stubborn *adj.* عَنيدٌ؛ حَرونٌ؛ شَموسٌ

stubby *adj.* قَصيرٌ وغَليظٌ (أصابِعُ). كَثٌّ. خَشِنٌ

stucco *n.; vt.* جِصٌّ. زُخْرُفٌ مِنْ جِصٍّ. مِلاطٌ لِتَوْريقِ الحائِطِ // يُمَلِّطُ؛ يُوَرِّقُ (الحائِطَ)

stud *n.; vt.* جَوادٌ لِلإسْتيلادِ. عارِضَةٌ خَشَبِيَّةٌ. إرْتِفاعُ الغُرْفَةِ // يُزَوِّدُ بِعارِضَةٍ. يُرَصِّعُ. يَنْثُرُ

student *n.* تِلْميذٌ؛ طالِبٌ. الدارِسُ. الباحِثُ

studied *adj.* مُطَّلِعٌ. مَدْروسٌ. مُتَعَمَّدٌ

studio *n.* الإسْتُدْيو. المُحْتَرَفُ. مَشْغَلٌ

studious *adj.* دِراسِيٌّ. مُجِدٌّ. حَريصٌ عَلى

study *vt.; i.; n.* يَدْرُسُ؛ يَبْحَثُ. يُفَكِّرُ. يَتَأَمَّلُ. يُحاوِلُ // دَرْسٌ. بَحْثٌ. مَوْضوعٌ. تَأَمُّلٌ

stuff *n.; vt.; i.* أمْتِعَةٌ. قَذائِفُ. مادَّةٌ خامٌ. سَقَطُ المَتاعِ. هُراءٌ // يَحْشو. يُتْخِمُ. يَسُدُّ. يُقْحِمُ

stuffing *n.* حَشْوٌ. حَشْوَةُ (الديكِ)

stuffy *adj.* فاسِدُ الهَواءِ. مَزْكومٌ. مُمِلٌّ

stultify *vt.* يُسَفِّهُ. يُسَخِّفُ. يُفْسِدُ. يُحْبِطُ

stumble *vi.; n.* يَزِلُّ. يُخْطِئُ. يَتَعَثَّرُ. يَتَلَعْثَمُ // زَلَّةٌ. غَلْطَةٌ. عَثْرَةٌ. تَلَعْثُمٌ

stump *n.; vt.* عَقِبُ (السيجارَةِ). شَخْصٌ قَصيرٌ وَبَدينٌ. الجِذْلُ؛ جِذْعُ الشَجَرَةِ (بَعْدَ قَطْعِها) // يُحَيِّرُ

stun *vt.* يُدَوِّخُ. يَصْعَقُ. يُذْهِلُ

stunning *adj.* مُذْهِلٌ. مُدَوِّخٌ. فاتِنٌ؛ ساحِرٌ

stunt *vt.; n.* يَقومُ بِعَمَلٍ مُثيرٍ (بَهْلَوانِيٍّ). يُقَزِّمُ؛

يُوَقِّفُ النُمُوَّ // عَمَلٌ مُثيرٌ أوْ بَهْلَوانيٌّ. تَوَقُّفُ النُمُوِّ
stunted *adj.* غَيْرُ مُكْتَمِلِ النُمُوِّ
stuntman *n.* المُجازِفُ؛ المُخاطِرُ البَديلُ (يَقومُ بالأدْوارِ الخَطِرَةِ مَكانَ المُمَثِّلِ)
stupefaction *n.* تَخْديرٌ. إذْهالٌ. خَبَلٌ. إنْشِداهٌ
stupefy *vt.* يُخَدِّرُ. يَشْدَهُ. يُذْهِلُ. يَصْعَقُ
stupendous *adj.* مُذْهِلٌ. عَجيبٌ. هائِلٌ
stupid *adj.* أحْمَقُ؛ أبْلَهُ؛ غَبِيٌّ
stupidity *n.* حَماقَةٌ؛ بَلاهَةٌ؛ غَباءٌ
stupor *n.* سُباتٌ؛ غَيْبوبَةٌ. ذُهولٌ
sturdy *adj.; n.* قَوِيٌّ. ثابِتٌ. صُلْبٌ
sturgeon *n.* الحَفْشُ (سَمَكٌ ضَخْمٌ)
stutter *vt.; i.* يُتَمْتِمُ؛ يُفَأْفِئُ؛ يَتَأْتِئُ؛ يَتَلَعْثَمُ
sty *n.* زَريبَةُ الخَنازيرِ. مَكانٌ قَذِرٌ
stye *or* **sty** *n.* شَحّاذُ العَيْنِ (مَرَضٌ)
style *n.; vt.* أُسْلوبٌ. لَقَبٌ. نَوْعٌ. شَكْلٌ. تَرَفٌ. أناقَةٌ // يُصَمِّمُ. يُلَقِّبُ؛ يُسَمّي
stylish *adj.* أنيقٌ؛ عَلى الزِيِّ الحَديثِ
stylist *n.* مُصَمِّمُ الأزْياءِ أوِ الديكوراتِ. كاتِبٌ يَتَمَيَّزُ بِبَراعَةِ أُسْلوبِهِ
stylus *n.* إبْرَةُ الفونوغْرافِ. قَلَمٌ. أداةٌ مُسْتَدَقَّةٌ
styptic *adj. & n.* قابِضٌ. قاطِعٌ لِلنَّزْفِ
suave *adj.* رَقيقٌ؛ لَطيفٌ. مُهَذَّبٌ؛ دَمِثٌ
suavity *n.* رِقَّةٌ؛ لُطْفٌ. دَماثَةٌ
subaltern *adj.; n.* ثانَوِيٌّ؛ تابِعٌ. مَرْؤوسٌ // المَرْؤوسُ؛ التابِعُ. مُلازِمٌ أوَّلُ
subcommittee *n.* لَجْنَةٌ فَرْعِيَّةٌ
subconscious *adj. & n.* (ما) دُونَ الوَعيِ
subcutaneous *adj.* تَحْتَ الجِلْدِ
subdivide *vt.* يُجَزِّئُ الجُزْءَ؛ يُقَسِّمُ ثانِيَةً
subdue *vt.* يُخْضِعُ؛ يَقْهَرُ. يَكْبِتُ
subject *adj.; n.; vt.* تابِعٌ؛ خاضِعٌ لِـ. مُطيعٌ. رَهْنٌ بِـ. مُتَوَقِّفٌ عَلى. مُعَرَّضٌ لِـ // المَرْؤوسُ؛ التابِعُ. مَوْضوعٌ. الفاعِلُ // يُخْضِعُ. يُعَرِّضُ لِـ
subjection *n.* إخْضاعٌ. خُضوعٌ
subjective *adj.* وَهْمِيٌّ. غَيْرُ مَوْضوعِيٍّ. فاعِلِيٌّ: مُتَعَلِّقٌ بالفاعِلِ
subject matter *n.* مَوْضوعُ بَحْثٍ أوْ نِزاعٍ
subjoin *vt.* يُلْحِقُ؛ يُذَيِّلُ
subjugate *vt.* يُخْضِعُ. يَسْتَعْبِدُ
subjunctive *adj.; n.* شَرْطِيٌّ // صيغَةُ الشَرْطِ
sublease; sublet *vt.irr.* يُؤَجِّرُ مِنَ الباطِنِ
sublimate *vt.* يُبَخِّرُ الجَوامِدَ. يَجْعَلُهُ يَتَسامى
sublime *adj.; n.* رَفيعٌ؛ سامٍ. مَهيبٌ // الرَفيعُ؛ السامي. العَظَمَةُ؛ السُمُوُّ
submarine *adj.; n.* واقِعٌ تَحْتَ البَحْرِ // غَوّاصَةٌ
submerge *vt.; i.* يُغَطِّسُ. يَغْمُرُ. يَحْجُبُ // يَغوصُ؛ يَغْطِسُ. يَنْغَمِسُ
submission *n.* خُضوعٌ؛ إذْعانٌ؛ طاعَةٌ
submissive *adj.* خاضِعٌ؛ مُذْعِنٌ؛ مُطيعٌ
submit *vt.; i.* يُخْضِعُ لِـ. يُؤَكِّدُ. يَعْرِضُ (مَشْروعًا). يَرْفَعُ / يَخْضَعُ. يَسْتَسْلِمُ لِـ
subordinate *adj.; n.; vt.* ثانَوِيٌّ. تابِعٌ؛ خاضِعٌ // التابِعُ؛ المَرْؤوسُ // يُخْضِعُ. يُتْبِعُ
subordination *n.* إخْضاعٌ. التابِعِيَّةُ. المَرْؤوسِيَّةُ
suborn *vt.* يُحَرِّضُ؛ يُغْري. يُغْوي
subpoena *n.; vt.* وَرَقَةُ جَلْبٍ. أمْرُ حُضورٍ (كِتابِيٌّ) // يَسْتَدْعي إلى المَحْكَمَةِ؛ يَفْرِضُ الحُضورَ
subscribe *vt.; i.* يُوَقِّعُ؛ يَتَعَهَّدُ بِـ. يَكْتَتِبُ. يَتَبَرَّعُ. يَشْهَدُ عَلى (وَصِيَّةٍ) / يَشْتَرِكُ
subscription *n.* تَوْقيعُ سَنَدٍ. إكْتِتابٌ. تَبَرُّعٌ. إشْتِراكٌ

subsection *n.* جُزْءٌ مِنْ قِسْمٍ
subsequent *adj.* لاحِقٌ ؛ تالٍ ؛ تابِعٌ
subsequently *adv.* في ما بَعْدُ. مِنْ ثَمَّ. بِالتالي
subserve *vt.* يَنْفَعُ. يُعاوِنُ. يُسَهِّلُ
subservient *adj.* تابِعٌ. ثانَوِيٌّ. خانِعٌ. مُذْعِنٌ
subside *vi.* تَرْسُبُ (المِياهُ). يَغُورُ. يَهْبُطُ
subsidence *n.* تَرَسُّبٌ. هُبوطٌ. إسْتِقْرارٌ
subsidiary *adj.; n.* فَرْعِيٌّ. ثانَوِيٌّ. تابِعٌ. خاضِعٌ // شَرِكَةٌ تابِعَةٌ أَوْ فَرْعِيَّةٌ
subsidize *vt.* يُقَدِّمُ العَوْنَ (لِشَرِكَةٍ)
subsidy *n.* إعانَةٌ مالِيَّةٌ
subsist *vi.* يَبْقى ؛ يَسْتَمِرُّ. يُطْعِمُ ؛ يُعيلُ
subsistence *n.* وُجودٌ ؛ بَقاءٌ ؛ عَيْشٌ. مَوْرِدُ رِزْقٍ
subsistent *adj.* مُلازِمٌ. مَوْجودٌ ؛ كائِنٌ
subsoil *n.* باطِنُ الأَرْضِ ؛ التَحْتُرْبَةُ
substance *n.* مادَّةٌ. جَوْهَرٌ. ثَرْوَةٌ. مُمْتَلَكاتٌ
substantial *adj.* مادِّيٌّ. جَوْهَرِيٌّ. حَقيقِيٌّ ؛ مَلْموسٌ. غَنِيٌّ. مَتينٌ
substantially *adv.* جَوْهَرِيًّا. فِعْلِيًّا
substantiate *vt.* يُجَسِّدُ. يُقَوِّي. يُثْبِتُ
substantive *adj.; n.* إسْمِيٌّ. واقِعِيٌّ. دائِمٌ. جَوْهَرِيٌّ. أَساسِيٌّ. قائِمٌ بِذاتِهِ // إسْمٌ
substation *n.* مَحَطَّةٌ فَرْعِيَّةٌ
substitute *vt.; n.* يَسْتَبْدِلُ ؛ يَسْتَعيضُ. يَقومُ مَقامَ // البَديلُ ؛ الرَديفُ ؛ العِوَضُ
substitution *n.* إسْتِبْدالٌ ؛ إسْتِعاضَةٌ
substratum *n.* (*pl.* **-ta**) قاعِدَةٌ ؛ أَساسٌ. قِوامٌ. طَبَقَةٌ سُفْلِيَّةٌ
substruction; -ture *n.* أَساسٌ
subterfuge *n.* حيلَةٌ ؛ ذَريعَةٌ ؛ مَهْرَبٌ
subterranean *adj.* واقِعٌ تَحْتَ سَطْحِ الأَرْضِ
subtitle *n.* عُنْوانٌ فَرْعِيٌّ. حاشِيَةٌ سينَمائِيَّةٌ
subtle *adj.* رَقيقٌ. حادُّ الذِهْنِ. ماهِرٌ. ماكِرٌ
subtlety *n.* دِقَّةٌ ؛ رِقَّةٌ. حِدَّةُ الذِهْنِ
subtract *vt.* يَطْرَحُ ؛ يُسْقِطُ مِنْ ؛ يُخْرِجُ
subtraction *n.* عَمَلِيَّةُ الطَرْحِ (في الحِسابِ). مَنْعُ حَقٍّ عَنْ صاحِبِهِ
subtrahend *n.* المَطْروحُ (في الحِسابِ)
suburb *n.* الضاحِيَةُ. الجِوارُ
suburban *adj.* مُتَعَلِّقٌ بِالضاحِيَةِ
subvention *n.* إعانَةٌ مالِيَّةٌ. تَقْديمُ العَوْنِ
subversive *adj.* مُدَمِّرٌ ؛ مُهَدِّمٌ ؛ مُخَرِّبٌ
subvert *vt.* يُدَمِّرُ ؛ يُهَدِّمُ
subway *n.* نَفَقٌ (لِلْمُشاةِ أَوِ القِطاراتِ). قِطارٌ كَهْرَبائِيٌّ تَحْتَ الأَرْضِ
succeed *vt. & i.* يَنْجَحُ. يَخْلُفُ. يَرِثُ العَرْشَ
success *n.* نَجاحٌ. عَمَلٌ أَو شَخْصٌ ناجِحٌ
successful *adj.* ناجِحٌ. فائِزٌ
succession *n.* خِلافَةٌ ؛ وِراثَةٌ. تَعاقُبٌ ؛ تَتابُعٌ
successive *adj.* مُتَعاقِبٌ ؛ مُتَوالٍ ؛ مُتَتابِعٌ
successively *adv.* على التَوالي
successor *n.* وَريثٌ ؛ خَليفَةٌ. خَلَفٌ
succinct *adj.* موجَزٌ ؛ مُخْتَصَرٌ. دَقيقُ التَعْبيرِ
succo(u)r *vt.; n.* يُسْعِفُ. يُنْجِدُ // إسْعافٌ. عَوْنٌ. إغاثَةٌ ؛ نَجْدَةٌ
succulent *adj.* رَيّانٌ ؛ غَضٌّ. مُفْعَمٌ بِالحَيَوِيَّةِ
succumb *vi.* يَخْضَعُ ؛ يَسْتَسْلِمُ. يَموتُ
such *adj.* مِثْلُ. كَبيرٌ ؛ هائِلٌ. شَديدٌ
as — في حَدِّ ذاتِهِ
— as كَـ ؛ مِثْلَ
— as it is كما هُوَ ؛ عَلى عِلاّتِهِ
suchlike *adj.* مُشابِهٌ. مُماثِلٌ. مَثيلٌ. نَظيرٌ

suck *vt. & i.* يَمْتَصُّ . يَرْضَعُ . يَمُصُّ
— up (to) — يَتَملَّقُ ؛ يَعْرِضُ خَدَماتِهِ
sucker *n.* المُمْتَصُّ . الرَضيعُ . المَصّاصَةُ . المُغَفَّلُ . جُذَيْرٌ
suckle *vt.* يُرْضِعُ
suckling *n.* الرَضيعُ
suction *n.* مَصٌّ ؛ إمْتِصاصٌ
Sudanese *adj. & n.* سودانيٌّ
sudden *adj.* فُجائيٌّ ؛ مُفاجِئٌ ؛ غَيْرُ مُتَوَقَّعٍ
suddenly *adv.* بَغْتَةً ؛ فَجْأَةً . عَلى حين غَفْلَةٍ
suds; soap-suds *n.pl.* رَغْوَةُ الصابونِ . جِعَةٌ
sue *vt.; i.* يُغازِلُ . يُقاضي / يَتَوَسَّلُ
suede *or* **suède** *n.* جِلْدُ الأيلِ . جِلْدُ ماعِزٍ مُزَأْبَرٌ
suet *n.* شَحْمُ الحَيَواناتِ
suffer *vt.; i.* يُعاني ؛ يُقاسي ؛ يَتَكَبَّدُ . يَتَحَمَّلُ . يَدَعُ / يَتَأَلَّمُ
sufferance *n.* صَبْرٌ . إحْتِمالٌ . قُبولٌ عَلى مَضَضٍ . موافَقَةٌ سَلْبِيَّةٌ
suffering *adj.; n.* مُتَوَجِّعٌ ؛ مُتَأَلِّمٌ . مُعَذَّبٌ . مَريضٌ // وَجَعٌ ؛ أَلَمٌ . مُعاناةٌ . عَذابٌ
suffice *vt. & i.* يَكْفي . يَفي بِالغَرَضِ
sufficiency *n.* كِفايَةٌ . قُدْرَةٌ . كَفاءَةٌ . غُرورٌ
sufficient *adj.* كافٍ ؛ وافٍ
suffix *n.* اللاحِقَةُ : مَقْطَعٌ يُضافُ إلى آخِرِ الكَلِمَةِ
suffocate *vt.; i.* يَخْنُقُ / يَخْتَنِقُ
suffocation *n.* خَنْقٌ . إخْتِناقٌ ؛ جَرَضٌ
suffrage *n.* صَوْتٌ . تَصْويتٌ ؛ إقْتِراعٌ
suffuse *vt.* يُخَضِّبُ ؛ يُلَوِّنُ . يَغْمُرُ
sugar *n.; vt.* سُكَّرٌ // يُحَلّي بِالسُكَّرِ
sugar beet *n.* شَمَنْدَرُ السُكَّرِ
sugar bowl *n.* السُكَّرِيَّةُ ؛ وِعاءُ السُكَّرِ
sugarcane *n.* قَصَبُ السُكَّرِ
sugary *adj.* سُكَّرِيٌّ . حُلْوُ المَذاقِ . مَعْسولٌ
suggest *vt.* يَقْتَرِحُ . يوحي
suggestion *n.* إقْتِراحٌ . إيحاءٌ
suggestive *adj.* موحٍ . مُثيرٌ لِلذِكْرَياتِ . مَكْشوفٌ ؛ غَيْرُ مُحْتَشِمٍ
suicidal *adj.* إنْتِحاريٌّ
suicide *n.* إنْتِحارٌ ؛ قَتْلُ النَفْسِ . المُنْتَحِرُ
suit *n.; vt.; i.* دَعْوى . طَلَبُ اليَدِ لِلزَّواجِ . بِذْلَةٌ . مَجْموعَةٌ // يُلائِمُ ؛ يُناسِبُ . يُرْضي . يَكْسو (بِالمَلابِسِ) . يُكَيِّفُ / يَتَلاءَمُ مَعْ
— oneself — يَعْمَلُ عَلى هَواهُ
— something to — يَجْعَلُهُ يَتَناسَبُ مَعَ
— the action to the word — يَقْرِنُ القَوْلَ بِالفِعْلِ
suitability *n.* مُلاءَمَةٌ ؛ تَناسُبٌ
suitable *adj.* مُلائِمٌ ؛ مُناسِبٌ . صالِحٌ
suitcase *n.* حَقيبَةُ سَفَرٍ
suite *n.* حاشِيَةٌ . شِقَّةٌ ؛ جَناحٌ . مَفْروشاتٌ . لَحْنٌ
suitor *n.* الخَصْمُ . المُلْتَمِسُ . مُقَدِّمُ الشَكْوى ؛ المُدَّعي . طالِبُ اليَدِ لِلزَّواجِ
sulk *vi.* يَعْبِسُ ؛ يُقَطِّبُ جَبينَهُ
sulks *n.pl.* عُبوسٌ . حَرَدٌ . مِزاجٌ مُعَكَّرٌ
sulky *adj.* عابِسٌ ؛ مُقَطِّبُ الجَبينِ . مُتَجَهِّمٌ
sullen *adj.* مُتَجَهِّمٌ . غاضِبٌ . حَرونٌ . كَئيبٌ
sully *vt.; i.; n.* يُلَطِّخُ ؛ يُلَوِّثُ / يَتَلَوَّثُ ؛ يَتَلَطَّخُ // لَطْخَةٌ
sulphate *n.* كَبْريتاتٌ ؛ سُلْفاتٌ
sulphide *n.* كَبْريتيدٌ ؛ سُلْفورُ الكَرْبونِ
sulphite *n.* سُلْفيتٌ (مِلْحٌ مُرَكَّبٌ مِنْ حَمْضِ الكَبْريتِ وَمادَّةٍ أُخْرى)

sulphonamide *n.* مُرَكَّبٌ عُضْويٌّ أزوتيٌّ وَمُكَبْرَتٌ
sulphur *n.* الكِبْريتُ
sulphuric *adj.* كِبْريتيٌّ
sulphuric acid *n.* حَمْضُ الكِبْريتيك
sulphurous *adj.* كِبْريتيٌّ
sultan *n.* سُلْطانٌ
sultana *n.* السُلْطانَةُ ؛ زَوْجَةُ السُلْطانِ. الكِشْمِشُ
sultanate *n.* السَلْطَنَةُ
sultry *adj.* شَديدُ الحَرارَةِ وَالرُطوبَةِ. إنْفِعاليٌّ
sum *n.; vt.* مَبْلَغٌ. مَجْموعٌ. خُلاصَةٌ. حاصِلُ الجَمْعِ // يَجْمَعُ. يُلَخِّصُ
summarily *adv.* باخْتِصارٍ ؛ بإيجازٍ. جُزئيًّا
summarize *vt.* يُلَخِّصُ ؛ يُجْمِلُ
summary *n.; adj.* خُلاصَةٌ. مُوجَزٌ // عاجِلٌ ؛ مُعَجَّلٌ. قَصيرٌ ؛ مُقْتَضَبٌ
summer *adj.; n.* صَيْفيٌّ // فَصْلُ الصَيْفِ
summer resort *n.* مَصْيَفٌ
summertime *n.* فَصْلُ الصَيْفِ
summing-up *n.* تَلْخيصٌ ؛ مُوجَزٌ. عَرْضٌ خِتاميٌّ
summit *n.* ذُرْوَةٌ. قِمَّةٌ
summon *vt.* يَدْعو. يَسْتَدْعي. يَسْتَجْمِعُ
summons *n.* (*pl.* -es); *vt.* تَكْليفٌ. صَحيفَةُ افْتِتاحِ دَعْوى. إعْلانُ دَعْوى. إسْتِدْعاءٌ قَضائيٌّ // يَسْتَدْعي لِلْمُثولِ أمامَ القَضاءِ
sump *n.* حَوْضُ الزَيْتِ (في السَيّارَةِ). بالوعَةٌ
sumpter *n.* بَغْلٌ ؛ دابَّةٌ (لِحَمْلِ الأثْقالِ)
sumptuous *adj.* سَخيٌّ. فَخْمٌ. مُتْرَفٌ
sum total *n.* المَجْموعُ العامُّ
sun *n.; vt.* الشَمْسُ. شَمْسٌ. حَرارَةُ الشَمْسِ. أشِعَّةُ الشَمْسِ // يُشَمِّسُ ؛ يُعَرِّضُ لأشِعَّةِ الشَمْسِ
sun bath *n.* حَمّامُ شَمْسٍ
sunbeam *n.* شُعاعُ الشَمْسِ. أشِعَّةُ الشَمْسِ
sunburn *n.* لَفْحَةٌ ؛ ضَرْبَةُ شَمْسٍ
Sunday *n.* يَوْمُ الأحَدِ
sunder *vt.* يَفْصِلُ ؛ يَقْطَعُ ؛ يَشْطُرُ ؛ يَشُقُّ
sundial *n.* الساعَةُ الشَمْسِيَّةُ ؛ المِزْوَلَةُ
sundown *n.* المَغيبُ
sundries *n.pl.* نَثْرِيّاتٌ. مُتَنَوِّعاتٌ
sundry *adj.* مُتَعَدِّدٌ ؛ مُخْتَلِفٌ ؛ مُتَنَوِّعٌ
sunflower *n.* عَبّادُ الشَمْسِ ؛ دَوّارُ الشَمْسِ
sunken *adj.* غارِقٌ. مَغْمورٌ. غائِرٌ
sunlight *n.* نُورُ الشَمْسِ. ضَوْءُ الشَمْسِ
sunlit *adj.* مُضاءٌ بالشَمْسِ
sunny *adj.* مُشْمِسٌ. مَرِحٌ. مُتَفائِلٌ
sunrise *n.* شُروقُ الشَمْسِ. مَطْلَعٌ. بُزوغٌ
sunset *n.* غُروبُ الشَمْسِ. المَغيبُ. أفولٌ
sunshade *n.* مِظَلَّةٌ تَقي مِنَ الشَمْسِ
sunshine *n.* أشِعَّةُ الشَمْسِ. إشْراقٌ ؛ إبْتِهاجٌ
sunspot *n.* البُقْعَةُ الشَمْسِيَّةُ
sunstroke *n.* ضَرْبَةُ شَمْسٍ
sunup *n.* الشُروقُ ؛ طُلوعُ الشَمْسِ
sup *vt.; i.; n.* يَرْشُفُ. يَتَجَرَّعُ / يَتَعَشّى // رَشْفَةٌ. جَرْعَةٌ (مِنَ المَشْروبِ)
super *adj.* مُمْتازٌ. فائِقٌ. مُفْرِطٌ
superable *adj.* مُمْكِنٌ تَذْليلُهُ أو قَهْرُهُ
superabundance *n.* غَزارَةٌ. وَفْرَةٌ. فائِضٌ
superannuate *vt.* يُحيلُ عَلى التَقاعُدِ
superannuated *adj.* مُتَقاعِدٌ
superb *adj.* رائِعٌ ؛ فاتِنٌ. مُمْتازٌ. فَخْمٌ
superbly *adv.* بِرَوْعَةٍ ؛ بِفَخامَةٍ
supercargo *n.* قَيِّمُ الشَحْنِ
supercilious *adj.* مُتَعَجْرِفٌ ؛ مُتَشامِخٌ ؛ مُتَكَبِّرٌ

superficial *adj.* سَطْحيٌّ. ظاهِريٌّ. خارِجيٌّ
superficiality *n.* سَطْحيَّةٌ
superfine *adj.* رائِعٌ؛ رَقيقٌ جِدًّا
superfluity *n.* فَيْضٌ؛ وَفْرَةٌ
superfluous *adj.* فائِضٌ؛ غَيْرُ ضَروريٍّ
superhuman *adj.* فائِقٌ قُدْرَةَ البَشَرِ. جَبّارٌ
superimpose *vt.* يُرَكِّبُ شَيْئًا فوقَ آخَرَ
superintend *vt.* يُشْرِفُ عَلى؛ يُراقِبُ. يُديرُ
superintendent *n.* المُشْرِفُ؛ المُراقِبُ. المُديرُ
superior *adj.; n.* أعْلى؛ أرْفَعُ. أجْدَرُ. روحيٌّ. أهَمُّ. أعْظَمُ // الأفْضَلُ. الأجْدَرُ. رَئيسُ رَهْبَنَةٍ
superiority *n.* التَفَوُّقُ. التَرَفُّعُ. التَشامُخُ
superlative *adj.; n.* دالٌّ عَلى صيغَةِ التَفْضيلِ. مُتَفَوِّقٌ. مُفْرِطٌ // صيغَةُ التَفْضيلِ. ذُرْوَةٌ. أوْجٌ
superman *n.* الإنْسانُ المُتَفَوِّقُ. الإنْسانُ الأمْثَلُ
supermarket *n.* مَتْجَرٌ كَبيرٌ لِبَيْعِ السِلَعِ
supernatural *adj. & n.* خارِقٌ لِلْطَبيعَةِ
supernumerary *adj.; n.* زائِدٌ. أكْثَرُ عَدَدًا // شَخْصٌ زائِدٌ؛ شَيْءٌ نافِلٌ
superscribe *vt.* يُعَنْوِنُ (الرِسالَةَ)
superscription *n.* عُنْوانٌ
supersede *vt.* يَحُلُّ مَحَلَّ. يُبْطِلُ. يَخْلُفُ
supersonic *adj.* أسْرَعُ مِنَ الصَوْتِ
superstition *n.* تَطَيُّرٌ؛ الإعْتِقادُ بِالخُرافاتِ
superstitious *adj.* خُرافيٌّ؛ وَهْميٌّ. مُتَطَيِّرٌ
superstructure *n.* البِنْيَةُ الفَوْقيَّةُ
supervene *vi.* يَحْصُلُ فَجْأَةً. يَلي؛ يَتْبَعُ
supervention *n.* عارِضٌ مُفاجِئٌ. حَدَثٌ طارِئٌ
supervise *vt.* يُشْرِفُ عَلى. يُراقِبُ
supervision *n.* إشْرافٌ. مُراقَبَةٌ
supervisor *n.* المُشْرِفُ. المُناظِرُ. المُراقِبُ
supervisory *adj.* إشْرافيٌّ؛ رَقابيٌّ
supine *adj.; n.* مُسْتَلْقٍ. كَسولٌ // إسْمُ فِعْلٍ
supper *n.* العَشاءُ؛ طَعامُ العَشاءِ
supplant *vt.* يَحِلُّ مَحَلَّ. يَسْتَأْصِلُ. يَخْلِفُ
supple *adj.* مِطْواعٌ. لَيِّنٌ؛ طَريٌّ
supplement *vt.; n.* يُلْحِقُ؛ يُكَمِّلُ؛ يُضيفُ إلى // عِلاوَةٌ؛ إضافَةٌ؛ مُلْحَقٌ؛ تَكْمِلَةٌ؛ زِيادَةٌ
supplementary *adj.* إضافيٌّ؛ تَكْميليٌّ
— **angles** زاوِيَتانِ مُتَكامِلَتانِ (مَجْموعُهُما ١٨٠°)
suppliant *adj. & n.* مُتَوَسِّلٌ؛ مُتَضَرِّعٌ. مُلْتَمِسٌ
supplicate *vt.* يَتَضَرَّعُ؛ يَتَوَسَّلُ. يَلْتَمِسُ
supplication *n.* تَضَرُّعٌ؛ إبْتِهالٌ؛ تَوَسُّلٌ
supply *vt.; n.* يُزَوِّدُ؛ يُجَهِّزُ؛ يَمُدُّ بِـ. يُعَوِّضُ // مَؤونَةٌ؛ مَخْزونٌ. زادٌ. تَزْويدٌ؛ تَجْهيزٌ
supply and demand *n.* العَرْضُ وَالطَلَبُ
support *vt.; n.* يَدْعَمُ؛ يَسْنُدُ. يُقَوّي. يُؤَيِّدُ. يُعينُ. يُعيلُ // دَعْمٌ؛ تَأْييدٌ. إعالَةٌ. مُساعَدَةٌ. دِعامَةٌ. مَعاشٌ؛ وَسيلَةٌ لِكَسْبِ العَيْشِ
supportable *adj.* مُمْكِنٌ إحْتِمالُهُ. مُحْتَمَلٌ (ألَمٌ)
suppose *vt.* يَفْتَرِضُ؛ يَعْتَقِدُ؛ يَظُنُّ؛ يَتَصَوَّرُ
supposed *adj.* مُفْتَرَضٌ. مَزْعومٌ. مُكَلَّفٌ بِـ
supposing *conj.* هَبْ. إفْتَرِضْ. عَلى آفْتِراضِ
supposition *n.* إفْتِراضٌ. فَرَضيَّةٌ
suppository *n.* تَحْميلَةٌ. فَتيلَةٌ
suppress *vt.* يَقْمَعُ؛ يُخْمِدُ. يَحْظُرُ. يَمْنَعُ. يَكْتُمُ. يَطْمِسُ. يَكْبِتُ
suppression *n.* قَمْعٌ؛ إخْمادٌ. كَبْتٌ
suppurate *vi.* يَتَقَيَّحُ
supremacy *n.* سِيادَةٌ؛ تَفَوُّقٌ
supreme *adj.* الأسْمى. الأبْرَزُ. الأهَمُّ
Supreme Court *n.* المَحْكَمَةُ العُلْيا

supremely *adv.* بِتَفَوُّقٍ؛ بِسُمُوٍّ؛ بِامْتِيازٍ
surcharge *n.* رَسْمٌ إضافِيٌّ. حِمْلٌ زائِدٌ. طَبْعَةٌ فَوْقِيَّةٌ (تُعَدِّلُ قيمَةَ الطابَعِ البَريديِّ)
sure *adj.; adv.* لا رَيْبَ فيهِ. ثابِتٌ. أكيدٌ. واثِقٌ // مِنْ غَيْرِ رَيْبٍ
sure-footed *adj.* راسِخُ القَدَمِ
surely *adv.* بِثَباتٍ؛ بِثِقَةٍ. مِنْ غَيْرِ رَيْبٍ
surety *n.* يَقينٌ. ضَمانَةٌ. العَرّابُ. الكَفيلُ
surf *n.* الأمْواجُ المُتَكَسِّرَةُ على الشاطِئِ
surface *n.* سَطْحٌ. صَفْحَةٌ. المَظْهَرُ الخارِجِيُّ
surfeit *n.* تُخْمَةٌ. إفْراطٌ
surge *vi.; n.* يَمُوجُ. يَنْدَفِعُ // جَيَشانٌ. مَوْجَةٌ
surgeon *n.* الجَرّاحُ؛ الطَّبيبُ الجَرّاحُ
surgery *n.* الجِراحَةُ. غُرْفَةُ العَمَلِيّاتِ
surgical *adj.* جِراحِيٌّ (عَمَلِيَّةٌ)
surly *adj.* فَظٌّ. مُكْفَهِرٌّ
surmise *n.; vt.* تَخْمينٌ؛ ظَنٌّ. حَدْسٌ // يُخَمِّنُ؛ يَظُنُّ. يَحْدُسُ
surmount *vt.* يُذَلِّلُ؛ يَتَغَلَّبُ على (المَصاعِبِ)
surmountable *adj.* مُمْكِنُ التَّغَلُّبُ عَلَيْهِ
surname *n.* كُنْيَةٌ؛ لَقَبٌ. إسْمُ العائِلَةِ
surpass *vt.* يَتَفَوَّقُ على. يَتَجاوَزُ؛ يَتَخَطّى
surplice *n.* رِداءٌ كَهْنوتِيٌّ أبْيَضُ
surplus *adj.; n.* فائِضٌ // الفائِضُ. الفَضْلَةُ
surprise *n.; vt.* مُفاجَأَةٌ؛ مُباغَتَةٌ. إنْدِهاشٌ؛ دَهْشَةٌ // يُفاجِئُ؛ يُباغِتُ. يُدْهِشُ؛ يُذْهِلُ
surprising *adj.* مُدْهِشٌ؛ مُذْهِلٌ
surrealism *n.* السُّرْيالِيَّةُ؛ ما فَوْقَ الواقِعِ
surrender *n.; vi.; t.* إسْتِسْلامٌ. تَنازُلٌ عَنْ. تَسْليمٌ // يَسْتَسْلِمُ / يَتَنازَلُ عَنْ
surreptitious *adj.* سِرِّيٌّ. تَحايُلِيٌّ
surrogate *n.* نائِبٌ؛ وَكيلٌ. بَديلٌ
surround *vt.* يُحيطُ؛ يُطَوِّقُ
surrounding *adj.* مُحيطٌ بِـ
surroundings *n.pl.* مُحيطٌ؛ بيئَةٌ. ضَواحٍ
surtax *n.* ضَريبَةٌ إضافِيَّةٌ. ضَريبَةٌ تَصاعُدِيَّةٌ
surveillance *n.* مُراقَبَةٌ؛ مُناظَرَةٌ؛ مُلاحَظَةٌ
survey *n.; vt.* مَسْحُ الأراضي. نَظْرَةٌ عامَّةٌ. فَحْصٌ // يُقَدِّرُ؛ يُقَيِّمُ. يَمْسَحُ الأراضي. يُعايِنُ
surveying *n.* مَسْحُ الأراضي
surveyor *n.* المَسّاحُ؛ خَبيرُ مَساحَةٍ. المُراقِبُ
survival *n.* البَقاءُ على قَيْدِ الحَياةِ
survive *vt.; i.* يَبْقى على قَيْدِ الحَياةِ. يَظَلُّ حَيًّا (بَعْدَ كارِثَةٍ). يُعَمِّرُ أكْثَرَ مِنْ
surviving *adj.* باقٍ حَيًّا؛ حَيٌّ
susceptibilities *n.pl.* أحاسيسُ؛ مَشاعِرُ
susceptibility *n.* قابِلِيَّةٌ. حَساسِيَّةٌ. شِدَّةُ التَّأَثُّرِ
susceptible *adj.* عُرْضَةٌ لِـ. قابِلٌ لِـ. حَسّاسٌ. سَريعُ التَّأَثُّرِ بِـ. مُرْهَفُ الشُّعورِ
suspect *adj. & n.; vt.; i.* مُريبٌ؛ مَشْبوهٌ؛ مُشْتَبَهٌ بِهِ؛ ظَنينٌ // يَرْتابُ؛ يَشُكُّ في. يَظُنُّ؛ يَتَوَهَّمُ
suspend *vt.; i.* يوقِفُ. يُرْجِئُ. يُدَلّي؛ يُعَلِّقُ / يَتَوَقَّفُ عَنِ العَمَلِ
suspender *n.* المُرْجِئُ. المُعَلِّقُ
suspenders *n.pl.* حَمّالَةُ السِّرْوالِ. رِباطٌ أو مَطّاطُ الجَوارِبِ
suspense *n.* تَعْليقٌ. إرْجاءٌ. قَلَقٌ. حَيْرَةٌ
suspension *n.* تَعْطيلٌ مُؤَقَّتٌ. تَعْليقٌ. إرْجاءٌ. تَدَلٍّ. أداةُ تَعْليقٍ. شَيْءٌ مُعَلَّقٌ
suspicion *n.* شَكٌّ؛ رَيْبٌ. إشْتِباهٌ. شُبْهَةٌ. مَسْحَةٌ
suspicious *adj.* مَشْبوهٌ. مُريبٌ. مُفْعَمٌ بِالشَّكِّ
sustain *vt.* يُسانِدُ؛ يُؤازِرُ. يُغَذّي. يُبْقي. يَدْعَمُ.

swat *vt.; n.* يَضْرِبُ ضَرْبَةً عَنيفَةً // ضَرْبَةٌ عَنيفَةٌ
swath *n.* جَزَّةٌ بِالمِنْجَلِ . ضَرْبَةُ مِنْجَلٍ . حَصْدَةٌ
swathe *vt.* يَلُفُّ ؛ يَرْبُطُ ؛ يَعْصِبُ
sway *vt.; i.; n.* يَتَأَرْجَحُ ؛ يَتَرَنَّحُ ؛ يَتَمايَلُ . يَتَسَلَّطُ / يَهُزُّ . يُميلُ // تَمايُلٌ ؛ تَأَرْجُحٌ . سَيْطَرَةٌ . نُفوذٌ ؛ هَيْمَنَةٌ
swear *vt.; i.irr.* يُقْسِمُ ؛ يَحْلِفُ (يَمينًا) . يُحَلِّفُ (الغَيْرَ) / يَشْتُمُ ؛ يَسُبُّ . يُجَدِّفُ
sweat *n.; vi.; t.* عَرَقٌ ؛ رَشْحٌ . كَدْحٌ . تَعَرُّقٌ . قَلَقٌ // يَعْرَقُ ؛ يَرْشَحُ . يَكْدَحُ . يَقْلَقُ / يُفْرِزُ
sweater *n.* كَنْزَةٌ صوفِيَّةٌ
sweaty *adj.* مُبَلَّلٌ بِالعَرَقِ . مُرْهِقٌ ؛ شاقٌّ
Swede *n.* السُّوَيْدِيُّ
swede *n.* الرُّتْباجُ (لِفْتٌ سُوَيْدِيٌّ)
Swedish *adj. & n.* سُوَيْدِيٌّ // اللُّغَةُ السُّوَيْدِيَّةُ
sweep *vt.; i.irr.; n.* يُكَنِّسُ . يَحْصُدُ . يَمْحو . يَجْرُفُ / يَكْتَسِحُ // كَنْسٌ . إزالَةٌ . مِجْذافٌ . نَصْرٌ ساحِقٌ ؛ ظَفَرٌ عَميمٌ
sweeper *n.* مُنَظِّفُ المَداخِنِ . كَنّاسٌ . مِكْنَسَةٌ
sweeping *adj.; n.* سَريعٌ . جارِفٌ . مُكْتَسِحٌ . لا يُقاوَمُ // الكَنْسُ . تَنْظيفُ المَداخِنِ . الكُناسَةُ
sweepstake *n.* المُراهَنَةُ عَلى الخَيْلِ . يانَصيبٌ
sweet *adj.; n.* حُلْوٌ . عَذْبٌ . جَميلٌ . رَخيمٌ . بارِعٌ . عَزيزٌ // حَلْوى . حَلاوَةٌ . الحَبيبُ
sweetbread *n.* بَنْكِرْياسُ الحَمَلِ أَوِ العِجْلِ
sweeten *vt.* يُحَلّي ؛ يُسَكِّرُ . يَجْعَلُهُ حُلْوًا
sweetheart *n.* الحَبيبُ ؛ الحَبيبَةُ ؛ المَحْبوبُ
sweetish *adj.* حُلْوٌ بَعْضَ الشَّيْءِ
sweetmeat *n.* مُرَبّى . حَلْوى . فاكِهَةٌ مُجَفَّفَةٌ
sweetness *n.* حَلاوَةٌ . عُذوبَةٌ . سِحْرٌ . رَخامَةٌ
sweet pea *n.* البِسِلّى العَطِرَةُ (نَباتٌ)

يُقَوّي . يُقِرُّ ؛ يَقْبَلُ ؛ يُوافِقُ عَلى . يَحْتَمِلُ
sustaining *adj.* مُقَوٍّ ؛ مُغَذٍّ
sustenance *n.* تَغْذِيَةٌ . قوتٌ ؛ طَعامٌ . رِزْقٌ ؛ مَعيشَةٌ . مُسانَدَةٌ . إعالَةٌ
suture *n.* لأْمٌ ؛ إلْحامُ (حافَّتَي جُرْحٍ) . دَرْزٌ
suzerain *n.* دَوْلَةٌ مُهَيْمِنَةٌ . الإقْطاعِيُّ الأَوَّلُ
suzerainty *n.* هَيْمَنَةٌ ؛ سِيادَةٌ . إقْطاعٌ . تَسَلُّطٌ
svelte *adj.* رَشيقٌ ؛ أَهْيَفُ
swab *n.; vt.* مِمْسَحَةٌ . قَطيلَةُ قُطْنٍ // يُنَظِّفُ بِالمِمْسَحَةِ
swaddle *vt.; n.* يُقَمِّطُ . يَلُفُّ . يُقَيِّدُ // قِماطٌ
swag *n.* مَسْروقاتٌ . تَأَرْجُحٌ . تَدَلٍّ . غَوْرٌ . صُرَّةٌ
swage *n.* أداةٌ لِتَطْريقِ المَعْدِنِ
swagger *vi.; n.* يَخْتالُ . يَمْشي بِتيهٍ . يَتَبَجَّحُ // إخْتيالٌ ؛ زَهْوٌ
swain *n.* الريفِيُّ . الفَلّاحُ . الراعي . العاشِقُ
swale *n.* أَرْضٌ مُنْخَفِضَةٌ رَطْبَةٌ
swallow *vt.; n.* يَبْتَلِعُ ؛ يَزْدَرِدُ . يَلْتَهِمُ . يَسْتَوْعِبُ // السُّنونو (طائِرٌ)
swamp *n.; vt.* مُسْتَنْقَعٌ // يَغْمُرُ (بِالماءِ) ؛ يُغْرِقُ
swampy *adj.* مُسْتَنْقَعِيٌّ . سَبِخٌ
swan *n.* التَّمُّ (طائِرٌ مائِيٌّ شَبيهٌ بِالإوَزِّ)
swank *n.; vi.* إخْتيالٌ ؛ تيهٌ . أَناقَةٌ // يَخْتالُ . يَتَأَنَّقُ
swanky *adj.* مُخْتالٌ . أَنيقٌ
swap *or* **swop** *vt.; n.* يُقايِضُ // مُقايَضَةٌ
sward *n.* مَرْجٌ . أَرْضٌ مُعْشَوْشِبَةٌ
swarm *n.; vi.; t* سِرْبٌ . جَماعَةٌ . حَشْدٌ // يَحْتَشِدُ ؛ يَعِجُّ بِـ . يَطيرُ أَسْرابًا (النَّحْلُ) / يَحْشُدُ
swarthy *adj.* داكِنُ اللَّوْنِ ؛ أَسْمَرُ ؛ قاتِمٌ
swashbuckler *n.* المُتَفاخِرُ . القاتِلُ المُسْتَأْجَرُ
swastika *n.* الصَّليبُ المَعْقوفُ . شارَةُ النازِيَّةِ

swell *vi.; t.irr.; adj.; n.* يَنْتَفِخُ. يَتَوَرَّمُ / يُضَخِّمُ // أنيقٌ. بارِزٌ. مُمْتازٌ // إنْتِفاخٌ؛ وَرَمٌ. إزْدِيادٌ. تَضَخُّمٌ. إرْتِفاعٌ. شَخْصٌ أنيقٌ. شَخْصٌ رَفيعُ المَنْزِلَةِ

swelling *adj.; n.* مُنْتَفِخٌ. مُتَوَرِّمٌ. طَنّانٌ. مُتَضَخِّمٌ // إنْتِفاخٌ؛ وَرَمٌ. تَضَخُّمٌ

swelter *vi.* يَتَصَبَّبُ عَرَقًا. يَتَضايَقُ مِنَ الحَرِّ

swerve *vi.; t.* يَنْحَرِفُ / يَجْعَلُهُ يَنْحَرِفُ

swift *adj.; n.* سَريعٌ؛ مُفاجِئٌ. رَشيقٌ. خَفيفُ الحَرَكَةِ // الخُطّافُ (طائِرٌ يُشْبِهُ السُنونو)

swig *vt.; i.; n.* يَتَجَرَّعُ؛ يَشْرَبُ بِشَراهَةٍ // جَرْعَةٌ

swill *vt.; i.; n.* يَغْسِلُ. يَتَجَرَّعُ بِشَراهَةٍ. يُطْعِمُ الخَنازيرَ / يُسْرِفُ في الشَرابِ // نُفايَةٌ. طَعامُ الخَنازيرِ. جَرْعَةٌ

swim *vt.; i.irr.; n.* يَجْتازُ سِباحَةً / يَسْبَحُ. يَطْفو. يَدوخُ // سِباحَةٌ. طَفْوٌ. دُوارٌ

swimmer *n.* السَبّاحُ؛ السابِحُ

swimming *n.* سِباحَةٌ. دُوارٌ

swindle *vt.; n.* يَخْدَعُ؛ يَغُشُّ // خِداعٌ؛ غِشٌّ

swine *n.* خِنْزيرٌ. شَخْصٌ سافِلٌ

swing *vt.; i.irr.; n.* يُؤَرْجِحُ. يُدَلّي؛ يُعَلِّقُ / يَتَأَرْجَحُ؛ يَتَمايَلُ // تَأَرْجُحٌ. تَمايُلٌ. لَكْمَةٌ. نَشاطٌ. زَخْمٌ. رَقّاصُ الساعَةِ. أُرْجوحَةٌ

— the lead يَسيرُ في الطَليعَةِ

in full — ناشِطٌ

swing-door *n.* بابٌ صَفّاقٌ

swinging *n.* تَأَرْجُحٌ. تَمايُلٌ

swipe *n.; vt.* ضَرْبَةٌ شَديدَةٌ. سائِسُ خَيْلٍ // يَضْرِبُ بِعُنْفٍ. يَسْرِقُ

swirl *vi.; n.* يَلْتَفُّ؛ يَدورُ بِشَكْلٍ لَوْلَبِيٍّ // دُوّامَةٌ

swish *vt.; i.; n.* يَجْعَلُهُ ذا حَفيفٍ / يَحِفُّ. يُهَسْهِسُ // حَفيفٌ

Swiss *adj. & n.* سويسريٌّ

switch *n.; vt.* مِفْتاحٌ كَهْرَبائِيٌّ. قَضيبٌ. سَوْطٌ // يُغَيِّرُ؛ يُبَدِّلُ؛ يُحَوِّلُ. يَضْرِبُ بِالسَوْطِ. يَقْطَعُ التَيّارَ الكَهْرَبائِيَّ. يَخْتَطِفُ

switchboard *n.* لَوْحَةُ المَفاتيحِ

swivel *n.; vi.; t.* وُصْلَةٌ مُتَراوِحَةٌ // يَدورُ عَلى مِحْوَرٍ / يُديرُ عَلى مِحْوَرٍ

swoon *vi.; n.* يُغْمى عَلَيْهِ // إغْماءٌ؛ غَشَيانٌ

swoop *vi.; n.* يَنْقَضُّ عَلى. يَنْتَزِعُ. يَبْتَلِعُ؛ يَزْدَرِدُ // إنْقِضاضٌ. إنْتِزاعٌ. إبْتِلاعٌ

sword *n.* السَيْفُ؛ الأَبْيَضُ

sword bearer *n.* النِجادُ؛ حَمائِلُ (السَيْفِ)

swordfish *n.* أبو سَيْفٍ (سَمَكٌ طَويلُ المِنْقارِ)

swordsman *n.* (*pl.* **-men**) المُبارِزُ بِالسَيْفِ. جُنْدِيٌّ حامِلٌ سَيْفًا

swordstick *n.* شَفْرَةُ عَصا المَشي

sworn *adj.* مُحَلَّفٌ؛ مُسْتَحْلَفٌ

swot *vt.; i.; n.* يَضْرِبُ بِعُنْفٍ / يَجْهَدُ. يَدْرُسُ باجْتِهادٍ // تِلْميذٌ مُجْتَهِدٌ. كَدٌّ

sycamore *n.* شَجَرُ الجُمَّيْزِ

sycophancy *n.* التَمَلُّقُ؛ الإسْتِرْضاءُ

sycophant *n.* المُتَمَلِّقُ؛ المُسْتَرْضي

syllabic *adj.* مَقْطَعِيٌّ

syllable *n.* مَقْطَعٌ لَفْظِيٌّ

syllabus *n.* مَنْهَجٌ دِراسِيٌّ. نِقاطٌ رَئيسِيَّةٌ

syllogism *n.* القِياسُ المَنْطِقِيُّ. نَتيجَةٌ مَنْطِقِيَّةٌ

syllogistic(al) *adj.* قِياسِيٌّ

sylph *n.* كائِنٌ خُرافِيٌّ. فَتاةٌ هَيْفاءُ

sylvan *adj.* أَجَمِيٌّ؛ حَرَجِيٌّ

symbol *n.* رَمْزٌ

symbolic(al) *adj.* رَمْزِيٌّ

symbolism *n.* الرَمْزِيَّةُ (في الشِعْرِ أوِ الرَسْمِ)
symbolize *vt.; i.* يَرْمُزُ إلى
symmetric(al) *adj.* مُتَناسِقٌ؛ مُتَماثِلٌ؛ مُتَناظِرٌ
symmetry *n.* تناسُقٌ؛ تَماثُلٌ؛ تَناظُرٌ
sympathetic *adj.* وُدّيٌّ. مُؤاسٍ. مُتَجانِسٌ
sympathize *vi.* يَتعاطَفُ. يَعْطِفُ على. يَتَجانَسُ
sympathy *n.* تَعاطُفٌ. تَجانُسٌ؛ إنْسِجامٌ
symphony *n.* لَحْنٌ تَعْزِفُهُ أوركِسْترا. تَآلُفُ الأَصْواتِ؛ تَناغُمٌ
symposium *n.* نَدْوَةٌ. مُناقَشَةٌ. حَفْلَةُ تَبادُلِ آراءٍ
symptom *n.* عَرَضٌ. عَلامَةٌ؛ أَمارَةٌ
symptomatic *adj.* دالٌّ على. أَعْراضيٌّ. عَرَضيٌّ
synagogue *n.* مَعْبَدُ اليَهودِ؛ الكَنيسُ
synchromesh *adj. & n.* مُتَزامِنُ التَعْشيقِ. تَعْشيقٌ مُتَزامِنٌ
synchronize *vi.; t.* يَتَزامَنُ / يُزامِنُ
synchronized *adj.* مُتَواقِتٌ؛ مُتَزامِنٌ
syncopate *vt.* يُرَخِّمُ. يُؤَخِّرُ النَبْرَ
syncope *n.* إغْماءٌ؛ غَشَيانٌ
syndic *n.* النِقابيُّ. مَنْدوبٌ. مُوَظَّفٌ
syndicate *n.; vi.; t.* نِقابَةٌ. مُؤَسَّسَةٌ. مَجْموعَةٌ // يَتَّحِدُ في نِقابَةٍ / يَبيعُ نِتاجَهُ الأَدَبيَّ
synod *n.* مَجْلِسٌ. مَجْمَعٌ كَنَسيٌّ
synonym *n.* المُرادِفُ؛ المُتَرادِفُ
synonymous *adj.* مُرادِفٌ؛ مُتَرادِفٌ
synopsis *n.* (*pl.* **-ses**) خُلاصَةٌ؛ مُوجَزٌ
syntax *n.* تَرْكيبُ الجُمْلَةِ. الإعْرابُ؛ النحو
synthesis *n.* (*pl.* **-ses**) تَرْكيبٌ؛ تَأْليفٌ. إصْطِناعٌ
synthesize *vt.* يُرَكِّبُ؛ يُؤَلِّفُ. يَصْطَنِعُ
synthetic *adj.* تَرْكيبيٌّ؛ تَأْليفيٌّ. إصْطِناعيٌّ
syphilis *n.* السِفْلِسُ؛ الزُهْريُّ (مَرَضٌ)
Syriac *adj. & n.* سُرْيانيٌّ // اللُغَةُ السُريانِيَّةُ
Syrian *adj. & n.* سوريٌّ
syringe *n.; vt.* مِحْقَنَةٌ طِبِّيَّةٌ // يَحْقُنُ الدَواءَ في الجِسْمِ
syrup *n.* عَصيرُ الفاكِهَةِ المُرَكَّزِ. شَرابٌ
syrupy *adj.* شَرابيٌّ. شَديدُ الحَلاوَةِ
system *n.* نِظامٌ. جِهازٌ. شَبَكَةٌ. تَرْتيبٌ
systematic(al) *adj.* نِظاميٌّ. مَنْظومٌ. تَرْتيبيٌّ
systematize *vt.* يُنَظِّمُ؛ يُصَنِّفُ؛ يُرَتِّبُ

T

T; t *n.* الحَرْفُ العِشْرونَ مِنَ الأَبْجَدِيَّةِ الإنْكليزيَّة

tab *n.* بطاقَةٌ ؛ عُرْوَةٌ ؛ لِسانٌ ؛ أُذُنٌ . سِعْرٌ

tabby *adj.; n.* مُخطَّطٌ ؛ مُنقَّطٌ // هِرَّةٌ مُرقَّطة

tabernacle *n.* مَسْكِنٌ ؛ مَثْوى . خَيْمَةٌ . بَيْتُ القُرْبانِ المُقدَّسِ . مَعْبَدٌ

table *n.; vt.* طاوِلَةٌ . مائِدَةٌ . لَوْحٌ . جَدْوَلٌ // يَضَعُ عَلى جَدْوَلِ الأَعْمالِ . يُرَتِّبُ جَدْوَلاً . يُرْجِئُ إلى أَجَلٍ غَيْرِ مُحَدَّدٍ

table-cloth *n.* السِماطُ ؛ شَرْشَفُ الطاوِلَةِ

table-land *n.* النَجْدُ

table linen *n.* شَراشِفُ الطاوِلَةِ وَمَناديلُها

tablespoon *n.* مِلْعَقَةُ المائِدَةِ (لِلْسكْب)

tablespoonful *n.* مِلْءُ مِلْعَقَةٍ

tablet *n.* لَوْحٌ ؛ لَوْحَةٌ . قُرْصُ دَواءٍ

table-ware *n.* أَدَواتُ المائِدَةِ

taboo *adj.; n.; vt.* مَعْزولٌ . مَحْظورٌ ؛ مُحَرَّمٌ // تَحْريمٌ ؛ تَحْظيرٌ . مُقَدَّسٌ . حَرامٌ // يُحَظِّرُ ؛ يُحَرِّمُ

tabor *n.; vi.* دُفٌّ // يَنْقُرُ عَلى الدُفِّ

tabular *adj.* مُرَتَّبٌ ضِمْنَ جَدْوَلٍ

tabulate *vt.* يُرَتِّبُ ضِمْنَ جَداوِلَ

tacit *adj.* صامِتٌ . مُضْمَرٌ . ضِمْنِيٌّ

taciturn *adj.* قَليلُ الكَلامِ ؛ سَكوتٌ

tack *n.; vt.; i.* مِسْمارٌ صَغيرٌ . مِسْمارُ المُنَجِّدِ . مَجْرى سَفينَةٍ . حَبْلُ الشِراعِ // يُثَبِّتُ بِمِسْمارٍ . يُسَرِّجُ يُغَيِّرُ إتِّجاهَ السَفينَةِ / تُغَيِّرُ السَفينَةُ وِجْهَتَها

tackle *vt.; n.* يُعالِجُ . يُحَدِّثُ بِصَراحَةٍ . يَقْبِضُ عَلى . يُحاوِلُ // عُدَّةٌ . حِبالُ الأَشْرِعَةِ . البَكّارَةُ . الإِمْساكُ بِالخَصْمِ

tact *n.* بَراعَةٌ . لَباقَةٌ . ذَوْقٌ

tactful *adj.* لَبِقٌ . بارِعٌ . لَطيفٌ

tactical *adj.* إنْتِهازِيٌّ . لَبِقٌ . تَكْتيكِيٌّ . مُخَطِّطٌ

tactician *n.* التَكْتيكِيُّ . المُخَطِّطُ

tactics *n.pl.* فَنُّ تَنْظيمِ القِوى الحَرْبِيَّةِ

tactile *adj.* مَلْموسٌ ؛ حِسِّيٌّ . لَمْسِيٌّ

tactless *adj.* غَيْرُ لَبِقٍ ؛ تُعْوِزُهُ اللَباقَةُ

tadpole *n.* صَغيرُ الضِفْدَعِ

taenia or **tenia** *n.* (*pl.* **-e** or **-s**) الدودَةُ الشَريطِيَّةُ

taffeta *n.* التَفْتا : نَسيجٌ حَريرِيٌّ

taffrail *n.* أَعْلى مُؤَخَّرِ المَرْكَبِ

tag *n.; vt.* طَرَفُ شَريطِ الحِذاءِ . قَوْلٌ مَأْثورٌ . رُقْعَةٌ ؛ بِطاقَةٌ . لُعْبَةُ «اللُقَيْطَةِ» // يُزَوِّدُ بِرُقْعَةٍ . يَضُمُّ . يُطارِدُ . يَمَسُّ

tail *n.; vt.* ذَيْلٌ ؛ ذَنَبٌ . صَفٌّ طَويلٌ . المُطارِدُ // يُذَيِّلُ . يَتَعَقَّبُ

tailless *adj.* أَبْتَرُ ؛ بِدونِ ذَيْلٍ

tailor *n.; vt.* خَيّاطٌ ؛ خَيّاطَةٌ // يَخيطُ (المَلابِسَ)

taint *vt.; n.* يُلَطِّخُ ؛ يُلَوِّثُ . يُفْسِدُ // لَطْخَةٌ ؛ وَصْمَةٌ . فَسادٌ

taintless *adj.* لا عَيْبَ فيهِ . طاهِرٌ

take *n.; vt.irr.* أَخْذٌ ؛ إسْتيلاءٌ عَلى . دَخْلٌ . حِصَّةٌ // يَأْخُذُ . يُصادِرُ . يَسْتَولي عَلى . يَنالُ . يَقْتَبِسُ . يُدَوِّنُ . يَأْسِرُ . يَتَوَلّى . يَفْهَمُ . يَتَشَرَّبُ . يَخْتارُ . يَعْمَلُ (بِنَصيحَةٍ) . يَتَناوَلُ (دَواءً) . يُصابُ (بِبَرْدٍ) . يَطْرَحُ (عَدَداً) . يُصَوِّرُ

— **after** يُشْبِهُ (والِدَهُ مَثَلاً)

— away يُضْعِفُ. يَنْقُلُ. يَنْشُلُ
— back يَسْحَبُ (كَلامَهُ)
— care يُحاذِرُ
— care of يَعْتَني بِـ؛ يَرْعى
— hold of يُمْسِكُ بِـ؛ يَقْبِضُ عَلى
— in يَسْتَقْبِلُ. يُواكِبُ إلى الداخِلِ. يَخْدَعُ
— off يُقْلِعُ؛ يَطيرُ. يَنْزَعُ؛ يَخْلَعُ. يَنْهَضُ
— on يَقْبَلُ. يَتَقَبَّلُ. يَتَصَرَّفُ باهْتِياجٍ
— out يُخْرِجُ. يُواكِبُ. يَقْتَلِعُ. يُزيلُ
— over يَضْطَلِعُ بِشَأْنٍ. يَتَوَلّى الإشْرافَ عَلَيْهِ
— place يَجْري؛ يَحْصُلُ؛ يَحْدُثُ
— up يَتَبَنّى. يَشْرَعُ؛ يُباشِرُ
— up for يُؤَيِّدُ
— up with يَتَّحِدُ مَعَ. يَتَضامَنُ مَعَ
take-in *n.* خُدْعَةٌ؛ حيلَةٌ
take-off *n.* نُهوضٌ؛ إقْلاعٌ؛ إنْطِلاقٌ. إزالَةٌ. مُحاكاةٌ هَزْلِيَّةٌ
take-over *n.* إضْطِلاعٌ. إقْتِباسٌ
taking *adj.; n.* آسِرٌ؛ ساحِرٌ؛ جَذّابٌ // أخْذٌ؛ إسْتيلاءٌ عَلى. دَخْلٌ؛ إيرادٌ
talc *n.* الطَلْقُ (مَعْدِنٌ طَرِيٌّ)
talcum powder *n.* مَسْحوقُ التَجْميلِ
tale *n.* حِكايَةٌ؛ قِصَّةٌ. كِذْبَةٌ. إشاعَةٌ
talent *n.* مَوْهِبَةٌ؛ مَقْدِرَةٌ. المَوْهوبُ. التالانُ (وِحْدَةُ وَزْنٍ قَديمَةٌ)
talisman *n.* الطِلَّسْمُ
talk *vt.; i.; n.* يَتَكَلَّمُ؛ يَقولُ؛ يُناقِشُ. يَدْرُسُ / يَتَحَدَّثُ // كَلامٌ. لُغَةٌ. حَديثٌ. مُحادَثَةٌ. قيلٌ وَقالٌ. خِطابٌ. مُحاضَرَةٌ
talkative; talky *adj.* ثَرْثارٌ؛ كَثيرُ الكَلامِ
talker *n.* المُتَكَلِّمُ؛ الثَرْثارُ

talking *adj.; n.* ثَرْثارٌ؛ مُتَكَلِّمٌ // حَديثٌ؛ كَلامٌ
tall *adj.* طَويلٌ (القامَةِ). ضَخْمٌ
tallow *n.* شَحْمٌ حَيَوانِيٌّ
tally *n.; vt.; i.* رُقْعَةٌ. سِجِلٌّ. إتِّفاقٌ // يُدَوِّنُ؛ يُسَجِّلُ. يُجَدْوِلُ / يَنْطَبِقُ عَلى
talon *n.* مِخْلَبٌ؛ بُرْثُنٌ
tamable *adj.* قابِلٌ لِلْتَرْويضِ (حَيَوانٌ)
tambour *n.* طارَةُ تَطْريزٍ
tambourine *n.* دُفٌّ
tame *adj.; vt.* داجِنٌ؛ أليفٌ. مُرَوَّضٌ. وَديعٌ. أنيسٌ // يُدَجِّنُ. يُرَوِّضُ. يُلَطِّفُ
tamp *vt.* يَدُكُّ؛ يَرُصُّ (التَبْغَ). يَحْشو
tamper *vi.* يَتَلاعَبُ بِـ. يَعْبَثُ (بِقِفْلٍ)
tan *vt.; n.* يَدْبُغُ الجُلودَ. يُسَمِّرُ. يَجْلِدُ // دِباغٌ. لَوْنٌ أسْمَرُ
tandem *n.* مَرْكَبَةٌ يَجُرُّها جَوادانِ. دَرّاجَةٌ ذاتُ مَقْعَدَيْنِ (أحَدُهُما خَلْفَ الآخَرِ)
tang *n.* نَكْهَةٌ؛ رائِحَةٌ
tangency *n.* مُماسَّةٌ؛ تَماسٌّ (خَطٌّ)
tangent *n.* المُماسُّ (لِلدائِرَةِ)
tangerine *n.* بُرْتُقالٌ يوسُفِيٌّ
tangible *adj.* مَحْسوسٌ؛ مَلْموسٌ. مادِّيٌّ. حَقيقِيٌّ
tangle *n.; vt.* إخْتِلاطٌ. بَلْبَلَةٌ. كُتْلَةٌ مُتَشابِكَةٌ // يَحْبُكُ. يُشَرْبِكُ. يُعَقِّدُ
tango *n.* التانْغو (رَقْصَةٌ أميرِكِيَّةٌ)
tank *n.* صِهْريجٌ. بِرْكَةٌ. دَبّابَةٌ
tankard *n.* إبْريقٌ مَعْدِنِيٌّ
tanker *n.* ناقِلَةُ نِفْطٍ
tanner *n.* الدَبّاغُ؛ دابِغُ الجُلودِ
tannery *n.* مَدْبَغَةٌ؛ دَبّاغَةٌ
tanning *n.* دِباغَةٌ. جَلْدٌ بِالسَوْطِ

tantalize *vt.* يُعذِّبُ. يُنكِّدُ

tantamount *adj.* مُعادِلٌ؛ مُساوٍ

tantrum *n.* نَوْبَةُ غَضَبٍ

tap *n.; vt.; i.* حَنَفِيَّةٌ. سِدادَةٌ. ضَرْبَةٌ؛ لَطْمَةٌ. نِصْفُ نَعْلٍ // يُزَوِّدُ بِحَنَفِيَّةٍ. يُلَوْلِبُ. يَنْقُرُ. يَخْتارُ. يَقْرَعُ. يَثْقُبُ بِرْميلاً. يَضْرِبُ ضَرْبًا خَفيفًا / يَرْقُصُ

tape *n.; vt.* شَريطٌ // يُثَبِّتُ أو يَرْبِطُ بِشَريطٍ. يُسَجِّلُ عَلى شَريطٍ

tape measure *n.* شَريطُ القِياسِ

taper *n.; vi.* فَتيلٌ مَكْسُوٌّ بِالشَّمْعِ. شَمْعَةٌ نَحيلَةٌ. نورٌ ضَئيلٌ // يَسْتَدِقُّ. يَتَناقَصُ

tape recorder *n.* مُسَجِّلَةٌ؛ آلَةُ تَسْجيلٍ

tapestry *n.* جُدْرانِيَّةٌ. قُماشٌ مُزَرْكَشٌ لِلْفَرْشِ

tapeworm *n.* الدودَةُ الوَحيدَةُ؛ الدودَةُ الشَّريطِيَّةُ

tapioca *n.* التَّبْيوكَةُ: نَشاءٌ لِصُنْعِ الحَلْوى

tapir *n.* التابيرُ (حَيَوانٌ يُشْبِهُ الخِنْزيرَ)

tapping *n.* قَرْعٌ؛ نَقْرٌ (عَلى الدُّفِّ)

tapster *n.* الساقي (في حانَةٍ)

tar *n.; vt.* قارٌ؛ قَطْرانٌ؛ زِفْتٌ. مَلاّحٌ // يَكْسو بِالزِّفْتِ أوِ القارِ. يَحُثُّ

tarantula *n.* عَنْكَبوتٌ كَبيرٌ؛ رُتَيْلاءُ

tardily *adv.* بِبُطْءٍ. مُتَأَخِّرًا

tardy *adj.* بَطيءٌ. مُتَأَخِّرٌ

tare *n.* وَزْنُ الفَراغَةِ. وَزْنُ العَرَبَةِ الفارِغَةِ. نَباتٌ عَلَفِيٌّ. زُؤانٌ

target *n.* هَدَفٌ؛ غَرَضٌ. تُرْسٌ

tariff *n.* تَعْرِفَةٌ؛ سِعْرٌ

tarn *n.* بُحَيْرَةٌ جَبَلِيَّةٌ صَغيرَةٌ

tarnish *vt.; i.* يُلَطِّخُ؛ يُلَوِّثُ / يَفْقِدُ بَريقَهُ

tarpaulin *n.* قُماشٌ مُشَمَّعٌ

tarry *adj.; vi.* قارِيٌّ؛ قَطْرانِيٌّ. مُقَطْرَنٌ // يَتَوانى؛ يَتَلَكَّأُ. يَبْقى؛ يَمْكُثُ

tart *n.; adj.* كَعْكَةُ الفاكِهَةِ. حَلْوى مَحْشُوَّةٌ بِالمُرَبّى. المومِسُ // حامِضٌ. لاذِعٌ

tartan *n.* قُماشٌ مُقَلَّمٌ

tartar *n.* الدُّرْدِيُّ (رُسوبُ الكَدَرِ مِنَ الخَمْرِ). صُفْرَةٌ تَكْسو الأَسْنانَ. شَخْصٌ مُزْعِجٌ

task *n.* فَرْضٌ؛ واجِبٌ. مَهَمَّةٌ. عَمَلٌ شاقٌّ

Tasmanian *adj. & n.* تَسْمانِيٌّ

tassel *n.* شُرّابَةٌ

taste *n.; vt.; i.* طَعْمٌ. نَكْهَةٌ. مَذاقٌ. مَيْلٌ. ذَوْقٌ // يَذوقُ؛ يَتَذَوَّقُ / يُصْبِحُ ذا طَعْمٍ

tasteful *adj.* ذَوّاقَةٌ؛ دالٌّ عَلى حُسْنِ الذَّوْقِ

tasteless *adj.* عَديمُ الذَّوْقِ. لا طَعْمَ لَهُ. فاتِرٌ

tasting *n.* تَذَوُّقٌ؛ ذَوْقٌ

tasty *adj.* لَذيذُ الطَّعْمِ أوِ المَذاقِ

tatter *n.* مِزْقَةٌ؛ خِرْقَةٌ. *pl.* أَسْمالٌ بالِيَةٌ

tattered *adj.* رَثُّ الثِّيابِ. مُمَزَّقٌ

tatting *n.* تَخْريمٌ. تَطْريزٌ

tattle *n.; vi.* ثَرْثَرَةٌ؛ قيلٌ وَقالٌ // يُثَرْثِرُ. يَشي؛ يَنُمُّ

tattoo *vt.; n.* يَشِمُ // وَشْمٌ

taunt *n.; vt.* تَوْبيخٌ. سُخْرِيَّةٌ؛ تَعْييرٌ // يُوَبِّخُ. يَسْخَرُ مِنْ

taupe *n.* رَمادِيٌّ داكِنٌ (لَوْنٌ)

Taurus *n.* بُرْجُ الثَّوْرِ

taut *adj.* مَشْدودٌ. مُتَوَتِّرٌ. نَظيفٌ. مُحْكَمٌ. أَنيقٌ

tavern *n.* حانَةٌ. خانٌ؛ فُنْدُقٌ

tawdry *adj.* مُبَهْرَجٌ. مُزَخْرَفٌ

tawny *adj.* أَسْمَرُ نُحاسِيٌّ

tax *n.; vt.* ضَريبَةٌ. رَسْمٌ. عِبْءٌ ثَقيلٌ // يَفْرِضُ ضَريبَةً. يُرْهِقُ. يَتَّهِمُ. يُعَيِّنُ مِقْدارَ شَيْءٍ

taxable *adj.* خاضِعٌ لِلضَّريبَةِ

taxation *n.* فَرْضُ الضَرائِبِ. نِظامُ الضَرائِبِ. الضَريبَةُ
tax-free *adj.* مُعْفًى مِنَ الضَرائِبِ
taxi; taxicab *n.* تاكسي؛ سَيّارَةُ أُجْرَةٍ
taxidermy *n.* تَحْنيطُ (الحَيَواناتِ)
taximeter *n.* عَدّادٌ (في التاكسي)
tax-payer *n.* المُكَلَّفُ؛ دافِعُ الضَرائِبِ
tea *n.* شايٌ. حَفْلَةُ شايٍ
teach *vt.; i.irr.* يُعَلِّمُ؛ يُدَرِّسُ؛ يُلَقِّنُ. يَتَعَلَّمُ / يَمْتَهِنُ التَعْليمَ
teachable *adj.* قابِلٌ لِلتَعْليمِ (تِلْميذٌ)
teacher *n.* المُعَلِّمُ؛ المُدَرِّسُ
teaching *n.* تَعْليمٌ؛ تَدْريسٌ؛ تَلْقينٌ
tea-cup *n.* فِنْجانُ شايٍ
tea-house *n.* قاعَةُ الشايِ
teak *n.* الساجُ (شَجَرٌ صُلْبُ الخَشَبِ)
tea-kettle *n.* إِبْريقٌ لِغَلْيِ الشايِ
teal *n.* الحَذَفُ (بَطٌّ نَهْرِيٌّ)
team *n.* فَريقٌ رِياضِيٌّ. مَجْموعَةٌ. دَوابُّ مَقْرونَةٌ تَجُرُّ عَرَبَةً
teamster *n.* سائِقُ عَرَبَةٍ (تَجُرُّها دَوابُّ مَقْرونَةٌ). سائِقُ عَرَبَةِ نَقْلٍ
teamwork *n.* عَمَلٌ جَماعِيٌّ
tea party *n.* حَفْلَةُ شايٍ
teapot *n.* إِبْريقُ شايٍ
tear *n.; vt.; i.irr.* دَمْعَةٌ. بُكاءٌ. قَطْرَةٌ. تَمَزُّقٌ. ثُقْبٌ. إِنْفِعالٌ // يُمَزِّقُ. يَجْرَحُ / يَتَمَزَّقُ. يَنْدَفِعُ بِسُرْعَةٍ
tear-drop *n.* دَمْعَةٌ؛ عَبْرَةٌ
tearful *adj.* دامِعٌ؛ باكٍ. مُسيلٌ لِلدُّموعِ
tease *vt.; n.* يُضايِقُ؛ يُثيرُ؛ يُعَذِّبُ. يُنَكِّدُ // مُضايَقَةٌ. تَنْكيدٌ
teaspoon *n.* مِلْعَقَةُ شايٍ
teaspoonful *n.* مِلْءُ مِلْعَقَةِ شايٍ
tea strainer *n.* مِصْفاةُ الشايِ
teat *n.* حَلَمَةُ الثَدْيِ
technic *adj.; n.* تِقْنِيٌّ؛ صَنْعِيٌّ // تِقْنِيَّةٌ
technical *adj.* فَنِّيٌّ؛ تِقْنِيٌّ
technicality *n.* الصِفَةُ التِقْنِيَّةُ. شَيْءٌ تِقْنِيٌّ
technician *n.* التِقْنِيُّ؛ الفَنِّيُّ
technicolor *n.* تَصْويرٌ بِالأَلْوانِ
technique *n.* التِقْنِيَّةُ؛ أُسْلوبٌ فَنِّيٌّ. البَراعَةُ الفَنِّيَّةُ
technological *adj.* تِقانِيٌّ؛ تِكْنولوجِيٌّ
technologist *n.* التِكْنولوجِيُّ؛ الخَبيرُ
technology *n.* التِكْنولوجِيا؛ التِقْنِيَّةُ
tedious *adj.* مُضْجِرٌ؛ مُمِلٌّ؛ مُسْئِمٌ
tedium *n.* ضَجَرٌ؛ مَلَلٌ؛ سَأَمٌ
tee *n.* كَوْمَةٌ مِنْ تُرابٍ
teem *vi.* تَحْبَلُ. يَحْتَشِدُ. يَكْثُرُ
teenage(d) *adj.* مُراهِقٌ؛ خاصٌّ بِالمُراهِقينَ
teenager *n.* المُراهِقُ
teens *n.pl.* العُمْرُ أَوِ الأَعْدادُ مِنْ ١٣ إِلى ١٩. المُراهِقونَ
teeter *vi.* يَتَأَرْجَحُ؛ يَتَرَنَّحُ
teeth *n.* (*pl.* of **tooth**)
teethe *vi.* تَنْبُتُ أَسْنانُهُ
teetotal(l)er *n.* المُمْتَنِعُ عَنِ المُسْكِراتِ
tegument *n.* لِحاءٌ؛ غِلافٌ؛ قِشْرٌ
telecast *n.; vt.* البَثُّ بِواسِطَةِ التَلْفَزَةِ // يَبُثُّ بِالتِلِفِزْيونِ
telegram *n.* بَرْقِيَّةٌ
telegraph *n.; vt.* التِلِغْرافُ؛ جِهازُ إِرْسالٍ

بَرْقِيّ // يُبْرِقُ؛ يُرْسِلُ بَرْقِيَّةً

telegraphic *adj.* تِلِغْرافِيٌّ؛ بَرْقِيٌّ

telegraphist *n.* عامِلُ التِلِغْرافِ. المُبْرِقُ

telegraph post *or* **telegraph pole** *n.* عَمودُ التِلِغْراف

telegraph wire *n.* السِلْكُ التِلِغْرافِيُّ

telegraphy *n.* الإِبْراقُ؛ الإِرْسالُ البَرْقِيُّ

wireless — الإِبْراقُ اللاسِلْكِيُّ

telepathy *n.* التَخاطُرُ. تبادُلُ الخَواطِرِ

telephone *n.; vt.; i.* التِلِفونُ؛ الهاتِفُ // يُتَلْفِنُ / يُخاطِبُ هاتِفيًّا

telephonic *adj.* تِلِفونِيٌّ؛ هاتِفِيٌّ

teleprinter *n.* الطابِعَةُ؛ المُبْرِقَةُ الطابِعَةُ

telescope *n.* التِلِسْكوبُ؛ المِقْرابُ

telestar *n.* القَمَرُ الإذاعِيُّ؛ قَمَرُ الإتِّصالاتِ

televise *vt.* يُتَلْفِزُ؛ يَنْقُلُ بِالتِلِفِزْيونِ

television *n.* جِهازُ التَلْفَزَةِ؛ التِلِفِزْيونُ

tell *vt.; i.irr.* يُخْبِرُ. يُذيعُ. يَقُصُّ. يَعُدُّ. يَأْمُرُ. يَقولُ. يُدْرِكُ / يَشي؛ يَنُمُّ. يُؤَثِّرُ

teller *n.* المُخْبِرُ. الرّاوي. العادُّ. أمينُ الصُنْدوقِ

telling *adj.; n.* مُعَبِّرٌ؛ كَشّافٌ. قَوِيٌّ. شَديدُ الأَثَرِ // حِكايَةٌ؛ رِوايَةٌ؛ سَرْدٌ

tell-tale *adj.; n.* نَمّامٌ؛ واشٍ. مُحَذِّرٌ؛ مُنَبِّهٌ // أمارَةٌ؛ دَلالَةٌ. أداةٌ. إشارَةُ خَطَرٍ

temerity *n.* تَهَوُّرٌ؛ طَيْشٌ؛ هَوَجٌ

temper *n.; vt.* مِزاجٌ؛ طَبْعٌ. إنْفِعالٌ. نَزْعَةٌ. إتِّجاهٌ. دَرَجَةُ الصَلابَةِ // يُلَطِّفُ. يُصْلِحُ. يُعالِجُ. يَسْقي الفولاذَ. يُقَوّي. يُعَدِّلُ

temperament *n.* طَبْعٌ؛ مِزاجٌ. حَساسِيَّةٌ. تَلْطيفٌ

temperamental *adj.* مِزاجِيٌّ. حَسّاسٌ. طَبيعِيٌّ. سَريعُ الإهْتِياجِ

temperance *n.* إعْتِدالٌ. ضَبْطُ النَفْسِ؛ إمْساكٌ

temperate *adj.* مُعْتَدِلٌ؛ غَيْرُ مُتَطَرِّفٍ. مُعْتَدِلُ المُناخِ

temperature *n.* دَرَجَةُ الحَرارَةِ. حَرارَةٌ

tempered *adj.* مُعْتَدِلٌ. مُلَطَّفٌ

tempest *n.* عاصِفَةٌ (هَوْجاءُ)

tempestuous *adj.* زَوْبَعِيٌّ؛ عاصِفٌ (ريحٌ)

temple *n.* هَيْكَلٌ. كَنيسةٌ. مَحْفِلٌ

templet *n.* عارِضَةٌ؛ رافِدَةٌ. قالَبٌ

temporal *adj.* مُؤَقَّتٌ. زَمَنِيٌّ. دُنْيَوِيٌّ

temporarily *adv.* مُؤَقَّتًا. إلى حينٍ

temporary *adj.* مُؤَقَّتٌ؛ وَقْتِيٌّ

temporize *vi.* يُؤَخِّرُ؛ يؤَجِّلُ

tempt *vt.* يُجَرِّبُ. يُغْوي. يَحُثُّ. يَرْكَبُ المَخاطِرَ

temptation *n.* تَجْرِبَةٌ. إغْواءٌ. إغْراءٌ

tempter *n.* المُغْري؛ المُغْوي. الشَيْطانُ

tempting *adj.* مُغْرٍ؛ مُغْوٍ. مُجَرِّبٌ. حاثٌّ

ten *adj.; n.* عاشِرٌ // عَشَرَةٌ؛ عَشْرٌ

tenable *adj.* مُمْكِنُ الدِفاعُ عَنْهُ

tenacious *adj.* مُتَماسِكٌ. دَبِقٌ. عَنيدٌ

tenacity *n.* تَماسُكٌ. لُزوجَةٌ. عِنادٌ

tenancy *n.* إجارَةٌ؛ إسْتِئْجارٌ. مُدَّةُ الإيجارِ

tenant *n.* المُسْتَأْجِرُ. النَزيلُ؛ الساكِنُ

tench *n.* سَمَكٌ نَهْرِيٌّ

tend *vi.; t.* يَميلُ إلى. يَتَّجِهُ إلى / يَتَوَلّى. يَرْعى. يَنْهَضُ بِأَعْباءٍ

tendency *n.* نَزْعَةٌ؛ مَيْلٌ. هَدَفٌ؛ غَرَضٌ

tender *n.; adj.; vt.; i.* مَيّالٌ؛ نَزّاعٌ. سَفينَةُ التَموينِ. مَقْطورَةُ الوقودِ. عَطاءٌ. طَلَبُ مُناقَصَةٍ. عَرْضٌ لِمالٍ // طَرِيٌّ. سَريعُ العَطَبِ. حَنونٌ. لَطيفٌ. دَقيقٌ // يَعْرِضُ مالاً (وَفاءً لِدَيْنٍ). يوهِنُ؛

الثالِثَةِ // الذِكْرى المِئويَّةُ الثالثةُ

term *n.; vt.* مُدَّةٌ؛ أجَلٌ. الفَصْلُ الدِراسيُّ. طَرَفٌ. مُصْطَلَحٌ. عِبارَةٌ. شُروطٌ. عَلاقاتٌ. إتِّفاقٌ // يَدْعو؛ يُسَمّي

in —s of عَلى اعْتِبارِ

termagant *n.* سَليطٌ. مُشاكِسٌ

terminal *adj.; n.* نِهائيٌّ. أخيرٌ؛ طَرَفيٌّ. إنْتِهائيٌّ. فَصْليٌّ. خِتاميٌّ // طَرَفٌ؛ نِهايَةٌ. آخِرٌ

terminate *vt.; i.* يُنْهي / يَنْتَهي. يُكْمِلُ

termination *n.* نِهايَةٌ. لاحِقَةٌ. نَتيجَةٌ

terminology *n.* عِلْمُ المُصْطَلَحاتِ الفَنِّيَّةِ

terminus *n.* (*pl.* **-ni** *or* **-es**) نِهايَةٌ؛ حَدٌّ. تَخْمٌ. أحَدُ طَرَفي سِكَّةِ الحَديدِ. آخِرُ مَحَطَّةٍ

termite *n.* الأَرَضَةُ؛ النَمْلُ الأبْيَضُ

tern *n.* خُطّافُ البَحْرِ؛ خَرْشَنَةٌ (طائِرٌ مائيٌّ)

terrace *n.* مِصْطَبَةٌ. سَطيحَةٌ. سَطْحُ بَيْتٍ

terraced *adj.* ذو سَطْحٍ أوْ سَطيحَةٍ

terra cotta *n.* طينٌ نَضيجٌ

terra firma *n.* اليابِسَةُ؛ البَرُّ

terrain *n.* مِنْطَقَةٌ. أرْضٌ. مَجالٌ (لِلْعَمَلِ)

terrestrial *adj.* أرْضيٌّ؛ بَرّيٌّ. دُنْيَويٌّ

terrible *adj.* مُرْعِبٌ؛ رَهيبٌ؛ فَظيعٌ. شاقٌّ. شَديدٌ. بَغيضٌ؛ شَنيعٌ

terrier *n.* كَلْبُ صَيْدٍ صَغيرُ الحَجْمِ

terrific *adj.* رَهيبٌ؛ مُرَوِّعٌ. هائِلٌ. رائِعٌ

terrify *vt.* يُرْهِبُ؛ يُرَوِّعُ؛ يُرْعِبُ

territorial *adj.* إقْليميٌّ (مِياهٌ). مَحَلّيٌّ

territory *n.* إقْليمٌ؛ مُقاطَعَةٌ؛ قُطْرٌ. مِنْطَقَةٌ

terror *n.* رُعْبٌ. ذُعْرٌ. هَوْلٌ. فَظاعَةٌ

terrorism *n.* إرْهابٌ. تَرْويعٌ

terrorist *n.* الإرْهابيُّ

يُضْعِفُ؛ يُرَقِّقُ / يَهِنُ؛ يَضْعُفُ

tenderfoot *n.; adj.* القادِمُ الجَديدُ // طَريٌّ (شَريحَةُ لَحْمٍ)

tender-hearted *adj.* رَقيقُ القَلْبِ. حَنونٌ. شَفوقٌ؛ عَطوفٌ (شَيْخٌ)

tenderness *n.* رِقَّةٌ؛ حَنانٌ. لُطْفٌ

tendon *n.* وَتَرُ العَضَلَةِ

tendril *n.* الحالِقُ؛ لَوْلَبُ الإعْتِراشِ (نَباتٌ)

tenement *n.* مَسْكِنٌ؛ مَنْزِلٌ؛ شِقَّةٌ

tenet *n.* مُعْتَقَدٌ؛ مَذْهَبٌ

tenfold *adj.; adv.* أكْبَرُ بِعَشَرَةِ أضْعافٍ. عُشاريٌّ // عَشَرَةُ أضْعافٍ

tennis *n.* كُرَةُ المَضْرِبِ؛ التِنِسُ

tenon *n.* لِسانٌ خَشَبيٌّ يَدْخُلُ في نُقْرَةِ التَعْشيقِ

tenor *n.* مَغْزًى؛ فَحْوى. أعْلى أصْواتِ الرِجالِ (موسيقى). إتِّجاهٌ؛ نَزْعَةٌ

tense *n.; adj.* صيغَةُ الفِعْلِ // مُتَوَتِّرٌ. مَشْدودٌ

tensile *adj.* قابِلٌ لِلْمَطِّ. تَوَتُّريٌّ. مُشْتَدٌّ

tension *n.* تَوَتُّرٌ. جُهْدٌ. شَدٌّ. ضَغْطٌ

tensity *n.* تَوَتُّرٌ

tent *n.* خَيْمَةٌ

tentacle *n.* مِجَسٌّ؛ عُضْوُ الحَسِّ في الحَشَراتِ

tentative *adj.* تَجْريبيٌّ؛ مُؤَقَّتٌ؛ غَيْرُ نِهائيٍّ

tenth *adj.; n.* عاشِرٌ. عُشْريٌّ // العاشِرُ. العُشْرُ؛ جُزْءٌ مِنْ عَشَرَةٍ

tenuity *n.* دِقَّةٌ (خَيْطٍ)

tenuous *adj.* دَقيقٌ؛ غَيْرُ كَثيفٍ

tenure *n.* إقْطاعَةٌ. حِيازَةٌ. إمْتِلاكٌ. مُدَّةُ الوِلايَةِ

tepid *adj.* فاتِرٌ (ماءٌ، إسْتِقْبالٌ)

tepidity; tepidness *n.* فُتورٌ

tercentenary *adj.; n.* مُتَعَلِّقٌ بِالذِكْرى المِئويَّةِ

terrorize *vt.* يُرْهِبُ؛ يُرَوِّعُ. يُكْرِهُ بالإرْهابِ
terse *adj.* مَصْقولٌ؛ مُهَذَّبٌ. موجَزٌ. مُحْكَمٌ
tertian *adj.* المَلاريا الثِلْثِيَّةُ (تتَكَرَّرُ كُلَّ ثلاثةِ أيّامٍ)
tertiary *adj.* ثالِثٌ. مِنَ الدَرَجَةِ الثالِثَةِ
tessellated *adj.* فُسَيْفِسائيٌّ. ذو مُرَبَّعاتٍ
test *n.; vt.; i.* إخْتِبارٌ؛ فَحْصٌ. مِعْيارٌ؛ مِقْياسٌ. قِشْرَةٌ // يَخْتَبِرُ / يُخْضِعُ لاخْتِبارٍ
Testament *n.* العَهْدُ القَديمُ أوِ الجَديدُ
testament *n.* عَهْدٌ؛ ميثاقٌ. وَصِيَّةٌ
testamentary *adj.* خاصٌّ بِوَصِيَّةٍ؛ إيصائيٌّ
testator *n.* المُوصي؛ تارِكُ الوَصِيَّةِ
tester *n.* مِخْبارٌ
testicle *n.* خُصْيَةٌ
testify *vt.; i.* يَشْهَدُ. يُثْبِتُ. يُظْهِرُ
testimonial *n.* دَليلٌ؛ بَيِّنَةٌ. شَهادَةٌ تَحْريرِيَّةٌ
testimony *n.* شَهادَةٌ. دَليلٌ. بَيِّنَةٌ
testing *n.* تَجْرِبَةٌ؛ إخْتِبارٌ؛ رائِزٌ
test tube *n.* أنْبوبُ اخْتِبارٍ
testy *adj.* غَضوبٌ. نَكِدٌ. نَزِقٌ
tetanus *n.* الكُزازُ (مَرَضُ تَشَنُّجِ العَضَلاتِ)
tetchy *adj.* غَضوبٌ. حَسّاسٌ
tether *n.; vt.* طِوَلٌ؛ حَبْلُ الدابَّةِ. مَجالٌ؛ نِطاقٌ // يُقَيِّدُ بِطِوَلٍ (الدابَّةَ)
text *n.* النَصُّ. المَتْنُ. مَوْضوعٌ
text-book *n.* الكِتابُ المَدْرَسيُّ
textile *n.; adj.* نَسيجٌ. خَيْطُ النَسيجِ // مَنْسوجٌ. يُمْكِنُ نَسْجُهُ
textual *adj.* حَرْفيٌّ. مُتَعَلِّقٌ بِالنَصِّ
texture *n.* قُماشٌ. جَوْهَرُ الشَيْءِ. بِنْيَةٌ؛ تَرْكيبٌ
Thai *adj. & n.* تايلَنْديٌّ // اللُغَةُ التايْلَنْدِيَّةُ
than *conj.* مِنْ. غَيْرُ. إلاَّ. عَلى أنْ. حَتّى
thank *vt.* يَشْكُرُ؛ يَحْمَدُ
thankful *adj.* شاكِرٌ؛ حامِدٌ. سَعيدٌ
thankless *adj.* ناكِرُ الجَميلِ. عاقٌّ
thank offering *n.* ذَبيحَةُ الشُكْرِ
thanks *n.pl.; int.* تَشَكُّراتٌ // شُكْرًا
thanksgiving *n.* شُكْرٌ؛ صَلاةُ الشُكْرِ. يَوْمُ الشُكْرِ
that *adj. & pron.; conj.; adv.* (*pl.* **those**) ألَّذي؛ ألَّتي. ذاكَ؛ تِلْكَ. ذَلِكَ. كَذلِكَ. بِقَدْرِ ما // أنْ. لكي. إلى حَدِّ أنَّهُ // إلى هَذا الحَدِّ
thatch *n.; vt.* قَشُّ السُقوفِ. سَقْفٌ مِنْ قَشٍّ // يَسْقُفُ بِقَشٍّ
thaw *n.; vt.; i.* ذَوَبانٌ؛ سَيَلانُ الثَلْجِ. تَخَلٍّ عَنِ التَحَفُّظِ // يُذيبُ (الثَلْجَ) / يَذوبُ (الثَلْجُ). يَتَخَلّى عَنْ تَحَفُّظِهِ
the *def. art.* أل التَعْريفِ
theater *n.* مَسْرَحٌ. دارُ السينما. مُدَرَّجٌ
theatrical *adj.* تَمْثيليٌّ؛ مَسْرَحيٌّ. مُتَكَلِّفٌ
thee *pron.* ضَميرُ المُخاطَبِ في النَصْبِ وَالجَرِّ
theft *n.* سَرِقَةٌ
their *poss.adj.* ـهُمْ؛ ـهُنَّ
theirs *poss.pron.* خاصَّتُهُمْ؛ مِلْكُهُمْ؛ لَهُمْ
theism *n.* التَأْليهُ. التَوْحيدُ (مَذْهَبٌ)
theist *n.* مُؤَلِّهٌ. مُوَحِّدٌ
theistic *adj.* تَوْحيديٌّ. تَأْليهيٌّ
them *pron.* ـهُمْ؛ ـهُنَّ؛ ـها
theme *n.* الإنْشاءُ. جَذْرُ الكَلِمَةِ. مَوْضوعُ (الكِتابَةِ)
theme song *n.* اللَحْنُ الرَئيسيُّ
themselves *pron.pl.* أنْفُسُهُمْ؛ أنْفُسُهُنَّ
then *adv.* حينَئِذٍ. آنَئِذٍ. آنَذاكَ. بَعْدَئِذٍ. ثُمَّ. بَعْدَ ذَلِكَ الحينِ. إذَنْ؛ إذًا. فَوْقَ ذَلِكَ
thence *adv.* مِنْ ذَلِكَ المَكانِ. مِنْ ثَمَّ

thenceforth; thenceforward(s) *adv.* مُنْذُ ذَلِكَ الحين ؛ بَعْدَ ذَلِكَ الوَقْتِ

theocracy *n.* حُكومَةٌ دينيَّةٌ. الثيوقراطيَّةُ

theocratic(al) *adj.* ثيوقراطيٌّ

theologian *n.* اللاهوتيُّ. عالِمٌ لاهوتيٌّ

theological *adj.* لاهوتيٌّ (جَدَلٌ)

theology *n.* اللاهوتُ. عِلْمُ اللاهوتِ

theorem *n.* نَظَريَّةٌ. قَضيَّةٌ

theoretic(al) *adj.* نَظَريٌّ (قَرارٌ)

theorist; theorizer *n.* المُنَظِّرُ؛ واضِعُ النَظَريَّةِ

theorize *vi.* يُنَظِّرُ؛ يَضَعُ نَظَريّاتٍ

theory *n.* نَظَريَّةٌ. فِكْرَةٌ؛ رَأْيٌ

theosophy *n.* الصوفيَّةُ؛ التَصَوُّفُ (مَذْهَبٌ)

therapeutic(al) *adj.* عِلاجيٌّ؛ طِبّيٌّ

therapeutics *n.pl.* عِلْمُ العِلاجِ ؛ فَنُّ المُداواةِ

therapist *n.* خَبيرٌ أو اخْتِصاصيٌّ بالمُعالَجَةِ

therapy *n.* مُداواةٌ؛ عِلاجٌ

there *adv.* هُناكَ؛ هُنالِكَ. ثَمَّةَ. هُوَذا

thereabout(s) *adv.* قَريبًا. في الجِوارِ. حَوالى. نَحْوَ ذَلِكَ

thereafter *adv.* في ما بَعْدُ. بَعْدَ ذَلِكَ. مِنْ ثَمَّ

thereat *adv.* في ذَلِكَ المَكانِ. بِسَبَبِ ذَلِكَ

thereby *adv.* بِذَلِكَ. بِتِلْكَ الطَريقَةِ. في ما يَتَّصِلُ بِذَلِكَ

therefore *adv.* لِذَلِكَ. إذَنْ. بناءً عَلَيْهِ

therefrom *adv.* مِنْ ذَلِكَ. إبْتِداءً مِنْ هُنالِكَ

therein *adv.* في ذَلِكَ المَكانِ

thereof *adv.* مِنْهُ. مِنْ ذَلِكَ المَصْدَرِ

thereon *adv.* عَلَيْهِ. على ذَلِكَ

thereto; thereunto *adv.* إلى هَذا؛ إلَيْهِ. عِلاوَةً على ذَلِكَ

thereupon *adv.* عَلى ذَلِكَ. عَلَيْهِ. لِذَلِكَ. تَوًّا

therewith *adv.* بِذَلِكَ. بَعْدَ ذَلِكَ مُباشَرَةً

therm *n.* وَحْدَةٌ لِقياسِ الحَرارَةِ

thermal *adj.* حَراريٌّ. حارٌّ (يَنْبوعٌ)

thermodynamics *n.* عِلْمُ الحَرَكَةِ الحَراريَّةِ

thermometer *n.* ميزانُ الحرارَةِ؛ مِحَرٌّ

thermonuclear *adj.* نَوَويٌّ حراريٌّ (سِلاحٌ)

thermos *n.* التَرْمُسُ؛ زُجاجَةٌ حافِظَةٌ للحَرارَةِ

thermostat *n.* مُثَبِّتُ الحَرارَةِ

these *adj.* (*pl.* of **this**) هَؤُلاءِ؛ أولَئِكَ

thesis *n.* (*pl.* **-ses**) أُطْروحَةٌ. فَرَضيَّةٌ. رَأْيٌ عِلْميٌّ

Thespian *adj.; n.* تَمْثيليٌّ؛ مَسْرَحيٌّ // مُمَثِّلٌ مَسْرَحيٌّ

thews *n.pl.* عَضَلاتٌ

they *pron.pl.* هُمْ؛ هُنَّ

thick *adj.; n.* كَثيفٌ. سَميكٌ. غَليظٌ. دامِسٌ // مَعْمَعَةٌ؛ غُمارٌ

thicken *vt.; i.* يُكَثِّفُ. يُعَقِّدُ (مَرَقَةً) / يَتَكاثَفُ. يَغْلُظُ. يَتَعَقَّدُ

thicket *n.* أَيْكَةٌ؛ أَجَمَةٌ؛ دَغَلٌ

thick-headed *adj.* غَبيٌّ؛ مُغَفَّلٌ

thickness *n.* سَماكَةٌ. كَثافَةٌ. غَباءٌ. طَبَقَةٌ

thick-set *adj.* كَثيفٌ. قَصيرٌ وَبَدينٌ

thief *n.* (*pl.* **thieves**) لِصٌّ؛ سارِقٌ؛ مُخْتَلِسٌ

thieve *vi.* يَسْرِقُ؛ يَخْتَلِسُ

thievery; thieving *n.* سَرِقَةٌ؛ نَهْبٌ. إخْتِلاسٌ

thigh *n.* فَخْذٌ

thigh-bone *n.* عَظْمُ الفَخْذِ

thimble *n.* كُشْتُبانٌ

thin *adj.; vt.* رَفيعٌ؛ رَقيقٌ. نَحيلٌ. ضَئيلٌ. واهٍ. خافِتٌ // يُرَقِّقُ. يُضْعِفُ. يُنْحِلُ. يُنْقِصُ. يُخَفِّفُ

thine *pron.* لَكِ ؛ لَكَ ؛ خاصَّتُكَ ؛ خاصَّتُكِ
thing *n.* شَيْءٌ . مَسْأَلَةٌ . فِكْرَةٌ . أمْرٌ ما . عَمَلٌ
think *vi.; t.irr.* يُفَكِّرُ ؛ يَتَأَمَّلُ / يَنْوي . يَعْتَقِدُ . يَعْتَبِرُ . يَحْسَبُ . يَتَصَوَّرُ
thinker *n.* المُفَكِّرُ ؛ المُتَأَمِّلُ
thinking *adj.; n.* مُفَكِّرٌ ؛ مُتَأَمِّلٌ // تَفْكيرٌ . فِكْرَةٌ
thinness *n.* دِقَّةٌ ؛ رِقَّةٌ . نُحولٌ
third *adj.; n.* ثالِثٌ // الثالِثُ
thirdly *adv.* ثالِثًا
thirst *vi.; n.* يَعْطَشُ ؛ يَظْمأُ // عَطَشٌ . تَوْقٌ
thirstiness *n.* عَطَشٌ ؛ ظَمَأٌ . تَوْقٌ ؛ تَعَطُّشٌ
thirsty *adj.* عَطْشانُ ؛ ظامِئٌ
thirteen *adj.; n.* ثَلاثَةَ عَشَرَ ؛ ثَلاثَ عَشْرَةَ
thirteenth *adj.; n.* ثالِثَ عَشَرَ // الثالِثَ عَشَرَ
thirtieth *adj.; n.* الثَلاثونَ
thirty *adj.; n.* ثَلاثونَ
this *adj.* (*pl.* **these**) هَذا ؛ هَذِهِ
thistle *n.* نَباتٌ شائِكٌ
thither *adv.* إلى هُناكَ
thong *n.* سَيْرٌ جِلْديٌّ ؛ حِزامٌ
thoracic *adj.* صَدْريٌّ ؛ مُتَعَلِّقٌ بِالصَدْرِ
thorax *n.* الصَدْرُ
thorn *n.* شَوْكَةٌ . شَجَرٌ شائِكٌ
thorn bush *n.* دَغَلٌ شائِكٌ
thorny *adj.* مُعَقَّدٌ (مَوْضوعٌ)
thorough *adj.* شامِلٌ ؛ كامِلٌ . تامٌّ
thoroughbred *adj.* أصيلٌ . تامُّ التَدْريبِ . حَمِسٌ ؛ مُنْدَفِعٌ
thoroughfare *n.* شارِعٌ ؛ طَريقٌ عامٌّ
thoroughgoing *adj.* كامِلٌ
thoroughly *adv.* تَمامًا . بِكُلِّ ما في الكَلِمَةِ مِنْ مَعْنًى
thoroughness *n.* شُمولٌ . تَمامٌ
thorough-paced *adj.* تامُّ التَدْريبِ . كامِلٌ
those *adj.* (*pl.* of **that**) أُولَئِكَ . الَّذينَ
thou *pron.* أنْتَ ؛ أنْتِ
though *conj.; adv.* وَلَوْ أنَّ . وَكَأَنَّ // مَعْ ذَلِكَ . بِرُغْمِ ذَلِكَ
thought *n.* تَفْكيرٌ . فِكْرٌ ؛ رَأْيٌ . نِيَّةٌ
thoughtful *adj.* عَميقُ التَفْكيرِ . كَثيرُ الإهْتِمامِ
thoughtless *adj.* عَديمُ التَفْكيرِ . أنانيٌّ
thoughtlessness *n.* الأنانيَّةُ . قِلَّةُ الإهْتِمامِ
thousand *adj.; n.* أَلْفٌ
thousandth *adj.; n.* الأَلْفُ . جُزْءٌ مِنْ أَلْفٍ
thraldom *n.* عُبوديَّةٌ . إسْتِعْبادٌ . رِقٌّ
thrall *n.* عَبْدٌ . رَقيقٌ . عُبوديَّةٌ
thrash *vt.; i.* يَدْرُسُ (الحِنْطَةَ) . يَجْلِدُ . يَهْزِمُ (فَريقًا) . يَصوغُ / يَضْرِبُ
thrasher *n.* دارِسُ (الحِنْطَةِ)
thread *n.; vt.* خَيْطٌ . سِنُّ اللَوْلَبِ // يُدْخِلُ الخَيْطَ في ثَقْبِ الإبْرَةِ . يَشُقُّ طَريقَهُ
threadbare *adj.* رَثٌّ ؛ بالٍ
threat *n.* تَهْديدٌ ؛ وَعيدٌ
threaten *vt.* يُهَدِّدُ ؛ يَتَوَعَّدُ . يُنْذِرُ بِـ
three *adj.; n.* ثَلاثَةٌ ؛ ثَلاثٌ
threefold *adj.* مُثَلَّثٌ ؛ ثُلاثيٌّ . ثَلاثَةُ أَضْعافٍ
threescore *adj.; n.* نَحْوَ سِتّينَ // سِتّونَ
thresh *vt.; i.* يَدْرُسُ الحِنْطَةَ / يَضْرِبُ . يَجْلِدُ
threshold *n.* عَتَبَةٌ . بِدايَةٌ . مُسْتَهَلٌّ
thrice *adv.* ثَلاثَ مَرّاتٍ ؛ ثُلاثًا
thrift; thriftiness *n.* إقْتِصادٌ ؛ تَوْفيرٌ
thriftless *adj.* مُسْرِفٌ ؛ مُبَذِّرٌ

thrifty *adj.* مُقْتَصِدٌ. مُزْدَهِرٌ
thrill *vt.; i.; n.* يُحَرِّكُ. يُثيرُ / يَرْتَعِشُ ؛ يَرْتَعِدُ // رَعْشَةٌ ؛ إهْتِزازٌ
thriller *n.* رِوايَةٌ مُثيرَةٌ
thrive *vi.irr.* يَزْدَهِرُ. يَنْجَحُ
thriving *adj.* مُزْدَهِرٌ
throat *n.* حَنْجَرَةٌ ؛ حَلْقٌ ؛ حُلْقومٌ
throb *vi.; n.* يَنْبِضُ ؛ يَخْفُقُ (القَلْبُ، النَبْضُ) // نَبْضٌ ؛ خَفَقانٌ. إخْتِلاجٌ
throes *n.pl.* أَلَمٌ مُفاجِئٌ وَحادٌّ. أَلَمُ المَخاضِ
thrombosis *n.* جُلْطَةٌ دَمَوِيَّةٌ
throne *n.* عَرْشٌ
throng *n.; vt.; i.* حَشْدٌ ؛ إزْدِحامٌ // يَزْحَمُ ؛ يَمْلأُ / يَزْدَحِمُ
throttle *vt.; i.; n.* يَخْنُقُ. يُخَفِّفُ السُرْعَةَ / يَخْتَنِقُ // الحَنْجَرَةُ. صِمامُ المُحَرِّكِ
through *prep.; adj.; adv.* خِلالَ. مِنْ خِلالِ. بِواسِطَةِ ؛ بِسَبَبِ // مُمْتَدٌّ. مُباشَرٌ. مُنْطَلِقٌ. مُنْتَهٍ // مِنْ جانِبٍ إلى جانِبٍ. حَتّى النِهايَةِ. تَمامًا (مُبَلَّلٌ)
throughout *prep.; adv.* في كُلِّ مَكانٍ مِنْ // تَمامًا. كُلُّهُ
throw *vt.; i.irr.; n.* يَرمي ؛ يَقْذِفُ // رَمْيَةٌ. رَمْيٌ ؛ قَذْفٌ
— about يُبَعْثِرُ (الأوْراقَ). يُبَذِّرُ (الأمْوالَ)
— away يُضَيِّعُ (فُرْصَةً)
— in يُعْطي عِلاوَةً عَلى. يُعيدُ الكُرَةَ إلى المَلْعَبِ (كُرَةُ القَدَم). يُبدي (مُلاحَظَةً) عَرَضًا
— off يَتَخَلَّصُ مِنْ
— up يَتَقَيَّأُ. يَسْتَقيلُ
thrower *n.* الرامي ؛ القاذِفُ
thrush *n.* السُمْنَةُ (طائِرٌ). قُلاعٌ (مَرَضٌ)
thrust *vt.; i.irr.; n.* يُقْحِمُ. يَغْرِزُ. يَطْعَنُ. يَدْفَعُ / يَشُقُّ (طَريقَهُ) // طَعْنَةٌ. تَهَجُّمٌ. دَفْعٌ
thud *n.; vi.* صَوْتٌ مَكْتومٌ // يَرْتَطِمُ مُحْدِثًا صَوْتًا خَفيفًا
thug *n.* قاطِعُ الطَريقِ. السَفّاحُ ؛ السَفّاكُ
thumb *n.; vt.* إبْهامُ اليَدِ // يُقَلِّبُ بِإبْهامِهِ (صَفَحاتِ كِتابٍ)
thumb-screw *n.* اللَوْلَبُ الإبْهامِيُّ
thumbstall *n.* رِباطُ الإبْهامِ. حافِظَةُ الإبْهامِ
thump *vt.; n.* يَضْرِبُ بِعُنْفٍ. يَلْكُمُ // ضَرْبَةٌ عَنيفَةٌ. صَوْتُ الضَرْبَةِ
thunder *n.; vi.* رَعْدٌ. دَوِيٌّ // تَرْعُدُ السَماءُ. يَتَوَعَّدُ. يَهْدِرُ. يُدَوّي (الصَوْتُ)
thunderbolt *n.* صاعِقَةٌ. حَدَثٌ مُفاجِئٌ
thunderclap *n.* قَصْفُ الرَعْدِ
thundering *adj.* راعِدٌ. هائِلٌ ؛ ضَخْمٌ
thunderous *adj.* راعِدٌ ؛ مُدَوٍّ (تَصْفيقٌ)
thunderstorm *n.* عاصِفَةٌ رَعْدِيَّةٌ
thunderstruck *adj.* مَصْعوقٌ ؛ مَشْدوهٌ
thundery *adj.* راعِدٌ ؛ قاصِفٌ. مُدَوٍّ
Thursday *n.* يَوْمُ الخَميسِ
thus *adv.* هَكَذا. وبالتالي
— far إلى هَذا الحَدِّ
thwack *vt.; n.* يَضْرِبُ بِشِدَّةٍ // ضَرْبَةٌ قَوِيَّةٌ. صَوْتُ الضَرْبَةِ القَوِيَّةِ
thwart *vt.; n.* يُعارِضُ. يُقاوِمُ. يُحْبِطُ. يَعوقُ // مَقْعَدُ المُجَذِّفِ في المَرْكَبِ
thy *poss.adj.; pron.* خاصَّتُكَ ؛ مِلْكُكَ ؛ لَكَ
thyme *n.* الصَعْتَرُ أوِ السَعْتَرُ (نَباتٌ عَطِرٌ)
thymus *n.* الغُدَّةُ الصَعْتَرِيَّةُ
thyroid *adj.* دَرَقِيٌّ

— gland *n.* الغُدَّةُ الدَرَقِيَّةُ
thyself *pron.* نَفْسُكَ ؛ ذاتُكَ . بِنَفْسِكَ
tiara *n.* تاجٌ صَغيرٌ (لِلْنِساءِ) . عُصابَةٌ لِلرَّأْسِ
tibetan *adj. & n.* تيبِتيٌّ // اللُغَةُ التيبِتيَّةُ
tibia *n. (pl.* **-e** *or* **-s)** الظُنْبوبُ ؛ قَصَبَةُ الساقِ
tic *n.* تَقَلُّصٌ في عَضَلاتِ الوَجْهِ
tick *n.; vi.* تَكْتَكَةٌ . لَحْظَةٌ ؛ تَكَّةٌ . عَلامَةُ (√) . قُرادَةٌ (حَشَرَةٌ) . نَسيجٌ مُحَبَّكٌ (تُغَلَّفُ بِهِ الوَسائِدُ) . قَرْضٌ ؛ دَيْنٌ // يُتَكْتِكُ ؛ يَدُقُّ
— away تُسَجِّلُ (الدَقائِقَ)
— off يَضَعُ عَلامَةً أمامَ . يُوَبِّخُ
— over يَدورُ بِبُطْءٍ (مُحَرِّكٌ)
ticket *n.; vt.* بِطاقَةٌ . تَذْكِرَةٌ // يَضَعُ بِطاقَةً عَلى . يُزَوِّدُ بِتَذْكِرَةٍ
ticking *n.* نَسيجٌ لِتَغْليفِ الوَسائِدِ
tickle *vt.; i.* يُدَغْدِغُ ؛ يُداعِبُ . يُرْضي . يُبْهِجُ . يُسَبِّبُ وَخْزًا خَفيفًا / يَشْعُرُ بِوَخْزٍ خَفيفٍ
ticklish *adj.* يَتَأَثَّرُ بِالدَغْدَغَةِ (شَخْصٌ) . دَقيقٌ (وَضْعٌ)
tidal *adj.* مُتَعَلِّقٌ بِالمَدِّ وَالجَزْرِ
— wave *n.* مَوْجَةٌ مَدِّيَّةٌ . تَلاطُمُ أَمْواجِ البَحْرِ
tide *n.* المَدُّ والجَزْرُ . تَيّارٌ . مَوْسِمٌ
tidings *n.pl.* أَنْباءٌ ؛ أَخْبارٌ
tidy *adj.; vt.* مُرَتَّبٌ ؛ أَنيقٌ . حَسَنٌ . مَنْهَجِيٌّ . مُلائِمٌ // يُرَتِّبُ
tie *vt.; i.; n.* يَرْبُطُ ؛ يَعْقِدُ ؛ يُقَيِّدُ / يَتَعادَلُ (فَريقانِ) . يُرْبَطُ // رِباطٌ . شَريطُ حِذاءٍ . رَبْطَةُ عُنُقٍ . تَعادُلٌ ؛ تَكافُؤٌ (في اللَعِبِ)
tier *n.* صَفٌّ
tierce *n.* ثَلاثُ أَوراقٍ مُتَتالِيَةٍ مِنْ لَوْنٍ واحِدٍ
tiff *n.* مُشاحَنَةٌ ؛ شِجارٌ (بَسيطٌ)
tiffany *n.* شِفٌّ حَريريٌّ
tiffin *n.* غَداءٌ . وَجْبَةُ الغَداءِ
tiger *n.* نَمِرٌ . هِرَّةٌ مُخَطَّطَةٌ
tiger lily *n.* الزَنْبَقُ المُخَطَّطُ ؛ الزَنْبَقُ النَمِريُّ
tight *adj.* مُحْكَمٌ . وَثيقٌ . ضَيِّقٌ . مُتَراصٌّ
tighten *vt.* يَشُدُّ ؛ يُضَيِّقُ
tight-fisted *adj.* بَخيلٌ
tights *n.pl.* ثَوْبٌ ضَيِّقٌ (لِلرّاقِصينَ) . سِرْوالٌ لاصِقٌ بِالجِسْمِ
tigress *n.* النَمِرَةُ ؛ أُنْثى النَمِرِ
tile *n.; vt.* آجُرَّةٌ ؛ قِرْميدَةٌ // يَكْسو بِالآجُرِّ أَوِ القِرْميدِ
till *prep.; conj.; n.; vt.* إلى ؛ حَتّى // إلى أَنْ // خَزْنَةٌ . صُنْدوقٌ . دُرْجُ النُقودِ // يَحْرُثُ ؛ يَفْلَحُ
tillable *adj.* قابِلٌ لِلحِراثَةِ
tillage *n.* حِراثَةٌ ؛ فِلاحَةٌ
tiller *n.* الفَلّاحُ ؛ الحارِثُ
tilt *n.; vt.; i.* مَيْلٌ ؛ إنْحِدارٌ . غِطاءٌ . مُطاعَنَةٌ (بِالرِماحِ) // يُميلُ . يُسَدِّدُ رُمْحًا / يَميلُ . يَنْحَدِرُ
tilth *n.* حِراثَةٌ ؛ فِلاحَةٌ . الأَرْضُ المَحْروثَةُ
timber *n.; vt.* خَشَبٌ لِلْبِناءِ . عَوارِضُ خَشَبِيَّةٌ // يَكْسو بِالخَشَبِ . يَدْعَمُ بِعارِضَةٍ
timber-work *n.* شَيْءٌ مَصْنوعٌ مِنْ خَشَبٍ
timbrel *n.* دُفٌّ صَغيرٌ
time *n.; vt.* وَقْتٌ . أَوانٌ . ميعادٌ . زَمَنٌ . عَصْرٌ . فَصْلٌ . الساعَةُ . تَوْقيتٌ . مَرَّةٌ . ضِعْفٌ // يُوَقِّتُ . يُناغِمُ . يَجْعَلُهُ مُنْسَجِمًا مَع
at one — دُفْعَةً واحِدَةً
once upon a — يُرْوى ؛ يُحْكى
take his — يَتَأَنّى ؛ يَتَمَهَّلُ
time bomb *n.* قُنْبُلَةٌ مَوْقوتَةٌ

time fuse *n.* الصِمامُ الزَمَنيُّ

time-honored *adj.* قَديمُ العَهْدِ. مُحْتَرَمٌ؛ مُوَقَّرٌ

timeless *adj.* لا نِهايَةَ لَهُ

time-limit *n.* فَتْرَةٌ زَمَنِيَّةٌ مُحَدَّدَةٌ. آخِرُ مُهْلَةٍ

timely *adj.* حاصِلٌ في حينِهِ؛ في الوَقْتِ المُناسِبِ

time-piece *n.* ساعَةٌ

timeserver *n.* إنْتِهازِيٌّ

timetable *n.* جَدْوَلُ المَواعيدِ

time-work *n.* عَمَلٌ يُدْفَعُ أَجْرُهُ بِالساعَةِ أو بِاليَوْمِ

time-worn *adj.* بالٍ؛ عَتيقٌ؛ مُبْتَذَلٌ

timid *adj.* جَبانٌ؛ رِعْديدٌ

timidity; timidness *n.* جُبْنٌ؛ جَبانَةٌ

timing *n.* تَوْقيتٌ؛ تَسْجيلُ الوَقْتِ

timorous *adj.* جَبانٌ؛ هَيّابٌ؛ وَجِلٌ؛ فَزِعٌ

tin *n.; vt.* قَصْديرٌ. تَنَكَةٌ. صَفيحَةٌ // يَطْلي بِالقَصْديرِ. يُعَلِّبُ

tincture *n.; vt.* صِبْغٌ. لَوْنٌ. طابَعٌ. مَسْحَةٌ // يَصْبَغُ. يُشْبِعُ

tinder *n.* صوفانٌ. مادَّةٌ سَريعَةُ الإلْتِهابِ

tinder-box *n.* عُلْبَةٌ تَحْتَوي صوفانًا وَحَجَرَ قَدْحٍ

tine *n.* شَوْكَةٌ؛ شَيْءٌ مُسْتَدِقُّ الرَأْسِ

tinfoil *n.* وَرَقٌ مَعْدِنِيٌّ فِضِّيُّ اللَوْنِ

tinge *n.; vt.* مَسْحَةٌ. أَثَرٌ. لَوْنٌ خَفيفٌ // يُلَوِّنُ

tinged *adj.* يَشوبُهُ

tingle *vi.* يَرِنُّ. يَشْعُرُ بِوَخْزٍ. يُنَمِّلُ

tinker *n.; vt.; i.* السَمْكَرِيُّ. المُبَيِّضُ // يُصْلِحُ بِغَيْرِ بَراعَةٍ / يَعْمَلُ بِغَيْرِ بَراعَةٍ

tinkle *vi.; t.; n.* يَرِنُّ / يُعْلِنُ الوَقْتَ (بِالرَنينِ) // رَنينٌ؛ طَنينٌ

tinman; tinner *n.* السَمْكَرِيُّ

tinny *adj.* قَصديرِيٌّ. تَنَكِيٌّ. ضَعيفٌ (صَوْتٌ)

tin plate *n.* تَنَكٌ. صَحيفَةٌ مَطْلِيَّةٌ بِالقَصْديرِ

tinsel *adj.; vt.; n.* مُبَهْرَجٌ // يُزَرْكِشُ بِخُيوطٍ لَمّاعَةٍ // البَهْرَجانُ؛ خُيوطٌ وَأَشْرِطَةٌ لِلزّينَةِ

tinsmith *n.* السَمْكَرِيُّ

tint *n.; vt.* مَسْحَةٌ. أَثَرٌ. لَوْنٌ خَفيفٌ // يُلَوِّنُ تَلْوينًا خَفيفًا

tinware *n.* أَوانٍ مِنْ قَصْديرٍ أَوْ تَنَكٍ

tiny *adj.* نَحيفٌ جِدًّا. صَغيرٌ جِدًّا

tip *n.; vt.; i.* رَأْسٌ. طَرَفٌ مُسْتَدِقٌّ. بَخْشيشٌ. مَعْلومَةٌ سِرِّيَّةٌ. ضَرْبَةٌ خَفيفَةٌ بِالكَفِّ. مَزْبَلَةٌ // يُزَوِّدُ بِطَرَفٍ مُسْتَدِقٍّ. يَمْنَحُ بَخْشيشًا. يُزَوِّدُ بِمَعْلومَةٍ سِرِّيَّةٍ. يَقْلِبُ؛ يُميلُ. يُفَرِّغُ النِفاياتِ / يَنْقَلِبُ؛ يَنْحَرِفُ

tipcart *n.* عَرَبَةٌ قَلّابَةٌ

tippet *n.* لِفاعٌ

tipple *vt.; i.; n.* يَرْتَشِفُ الخَمْرَ / يُدْمِنُ الخَمْرَ // خَمْرٌ

tipster *n.* مُعْطي المَعْلوماتِ السِرِّيَّةِ (في السِباقِ)

tipsy *adj.* سَكْرانٌ (بَعْضَ الشَيْءِ)

tiptoe *n.; vi.* رَأْسُ إِصْبَعِ القَدَمِ // يَمْشي عَلى رُؤوسِ الأَصابِعِ

tip-top *adj.; n.* مُمْتازٌ؛ مِنَ الطِرازِ الأَوَّلِ // قِمَّةٌ؛ ذُرْوَةٌ. أَعْلى دَرَجَةٍ

tirade *n.* خُطْبَةٌ مُسْهَبَةٌ. تَقْريعٌ

tire *n.; vi.; t.* إِطارٌ؛ دولابٌ // يَتْعَبُ؛ يَكِلُّ / يُتْعِبُ؛ يُنْهِكُ

tired *adj.* مُتْعَبٌ

tireless *adj.* لا يَتْعَبُ (عامِلٌ). لا يَتَوَقَّفُ؛ مُسْتَمِرٌّ (نَشاطٌ)

tiresome *adj.* مُتْعِبٌ. مُمِلٌّ. مُزْعِجٌ

tissue *n.* نَسيجٌ. قُماشٌ رَقيقٌ. سِلْسِلَةٌ (أَكاذيبَ)

tissue paper *n.* وَرَقٌ رَقيقٌ

tit *n.* القُرْقُبُ أوِ القُرْقُفُ (طائِرٌ). فَرَسٌ
titanic *adj.* جَبّارٌ؛ هائِلٌ
titbit *n.* طعامٌ شهيٌّ. نَبَأٌ سارٌّ
tithe *n.; vt.* العُشْرُ // يُقَدِّمُ العُشْرَ
titillate *vt.; i.* يُدَغْدِغُ
title *n.; vt.* عُنْوانٌ. لَقَبٌ. سَنَدُ المِلْكِيَّةِ. حَقٌّ // يُعَنْوِنُ. يُلَقِّبُ؛ يُسَمّي
titled *adj.* صاحِبُ لَقَبٍ. مُعَنْوَنٌ
title deed *n.* سَنَدُ المِلْكِيَّةِ؛ حُجَّةٌ
title page *n.* صَفْحَةُ العُنْوانِ
titmouse *n.* القُرْقُفُ (طائِرٌ)
titter *vi.; n.* يَضْحَكُ خِفْيَةً // ضِحْكَةٌ مَكْبوتَةٌ
tittle *n.* نُقْطَةٌ. عَلامَةٌ. ذَرَّةٌ. مِثْقالُ ذَرَّةٍ
tittle-tattle *n.; vi.* قيلٌ وَقالٌ. ثَرْثَرَةٌ // يُثَرْثِرُ
titular *adj.* إسْميٌّ. شَرَفيٌّ. حامِلٌ لَقَبًا
to *prep.* إلى. نَحْوَ. عَلى. قَبْلَ. لِـ. حَتّى. ضِدَّ
toad *n.* ضِفْدَعُ الطينِ
toadstool *n.* فِطْرٌ سامٌّ
toady *n.; vt.; i.* المُتَزَلِّفُ، المُتَمَلِّقُ // يَتَزَلَّفُ؛ يَتَمَلَّقُ
toadyism *n.* التَزَلُّفُ؛ التَمَلُّقُ
toast *n.; vt.; i.* خُبْزٌ مُحَمَّصٌ. نَخْبٌ // يُحَمِّصُ. يُسَخِّنُ. يَشْرَبُ نَخْبَهُ / يَتَحَمَّصُ
toaster *n.* مِحْمَصَةُ خُبْزٍ
tobacco *n.* تَبْغٌ
tobacconist *n.* بائِعُ التَبْغِ
toboggan *n.; vi.* مِزْلَقَةٌ // يَنْزَلِقُ. يَتَزَحْلَقُ بالمِزْلَقَةِ
tocsin *n.* ناقوسُ الخَطَرِ
today *adv.; n.* اليَوْمَ. في هذهِ الأيّامِ // اليَوْمُ
toddle *vi.* يَدْرُجُ؛ يَمْشي بِخُطًى قَصيرَةٍ
to-do *n.* ضَجَّةٌ؛ لَغَطٌ. هَيَجانٌ
toe *n.* إصْبَعُ القَدَمِ. مُقَدَّمُ الجَوْرَبِ
toe-nail *n.* ظِفْرُ إصْبَعِ القَدَمِ
toffee; toffy *n.* حَلْوى قاسِيَةٌ
toga *n.* ثَوْبٌ فَضْفاضٌ. رِداءٌ مِهَنيٌّ فَضْفاضٌ
together *adv.* مَعًا. عَلى نَحْوٍ مُتَّصِلٍ. مِنْ غَيْرِ انْقِطاعٍ
toil *n.; vi.* كَدٌّ؛ كَدْحٌ // يَكْدَحُ؛ يَشْقى؛ يَتْعَبُ
toilet *n.* مِرْحاضٌ. تَبَرُّجٌ
toiling *n.* كَدْحٌ؛ تَعَبٌ؛ كَدٌّ
toilsome *adj.* مُتْعِبٌ؛ شاقٌّ
toilworn *adj.* مُنْهَكٌ؛ مُتْعَبٌ
token *n.* عَلامَةٌ؛ أمارَةٌ؛ دَليلٌ. رَمْزٌ. صِفَةٌ. ميزَةٌ. تَذْكارٌ. نَموذَجٌ
tolerable *adj.* مُحْتَمَلٌ. مَقْبولٌ
tolerance *n.* إحْتِمالٌ. تَسامُحٌ
tolerant *adj.* قادِرٌ عَلى الإحْتِمالِ. مُتَسامِحٌ
tolerate *vt.* يَحْتَمِلُ. يَتَسامَحُ بِـ. يُجيزُ
toleration *n.* إحْتِمالٌ. القُدْرَةُ عَلى الإحْتِمالِ. التَسامُحُ الدينيُّ
toll *n.; vt.; i.* رَسْمُ عُبورٍ. ضَريبَةٌ. جِزْيَةٌ. قَرْعُ الجَرَسِ // يَفْرِضُ رَسْمًا. يَقْرَعُ الناقوسَ / يُقْرَعُ (الجَرَسُ)؛ يَرِنُّ
toll bridge *n.* جِسْرُ العُبورِ
tomahawk *n.* فَأْسٌ صَغيرَةٌ (يَسْتَعْمِلُها الهُنودُ الحُمْرُ)
tomato *n.* (*pl.* -es) بَنَدورَةٌ؛ طَماطِمُ
tomb *n.* قَبْرٌ؛ ضَريحٌ؛ جَدَثٌ
tomboy *n.* فَتاةٌ تُحِبُّ ألعابَ الصِبْيانِ
tombstone *n.* بِلاطَةُ القَبْرِ؛ شاهِدٌ
tom-cat *n.* هِرٌّ أو قِطٌّ ذَكَرٌ

tome *n.* مُجَلَّدٌ. كِتابٌ كَبيرٌ

tomfoolery *n.* تَصَرُّفٌ أحْمَقُ

tommy gun *n.* رَشيشٌ

tomorrow *adv.; n.* غَدًا // الغَدُ

tomtit *n.* القُرْقُفُ الأزْرَقُ (طائِرٌ صَغيرٌ)

tom-tom *n.* طَبْلَةٌ صَغيرَةٌ

ton *n.* الطُنُّ: وَزْنٌ مِقْدارُهُ ألْفُ كيلو

tonal *adj.* نَغْمِيٌّ (مَقْطَعٌ)

tonality *n.* مِفْتاحُ طَبَقَةِ الصَوْتِ

tone *n.; vt.; i.* نَبْرَةٌ؛ نَغْمَةٌ؛ لَهْجَةٌ. دَرَجَةُ اللَوْنِ. أُسْلوبٌ. صِحَّةٌ. نَشاطٌ. روحٌ. طابَعٌ. إتِّجاهٌ. مِزاجٌ // يُعْطي نَبْرَةً أو دَرَجَةَ لَوْنٍ مُعَيَّنَةً / يَتَناغَمُ. يَنْسَجِمُ؛ يَتَلاءَمُ؛ يَتَوافَقُ

tongs *n.pl.* مِلْقَطٌ

tongue *n.* لِسانٌ. لُغَةٌ

tongue-tied *adj.* مَعْقودُ اللِسانِ. صامِتٌ

tonic *adj.; n.* مُنَشِّطٌ؛ مُقَوٍّ // القَرارُ؛ الأساسُ (في الموسيقى). دَواءٌ مُقَوٍّ

tonight *adv.* اللَيْلَةَ؛ في هَذِهِ اللَيْلَةِ

tonnage *n.* الحُمولَةُ بِالطُنِّ

tonsil *n.* لَوْزَةُ الحَلْقِ

tonsil(l)itis *n.* إلْتِهابُ اللَوْزَتَيْنِ

tonsure *n.; vt.* حَلْقُ شَعَرِ الرَأْسِ. الدائِرَةُ المَحْلوقَةُ في قِمَّةِ الرأسِ // يَحْلِقُ شَعَرَ الرَأْسِ

too *adv.* أيْضًا؛ كَذَلِكَ. أكْثَرُ مِمّا يَنْبَغي

tool *n.* أداةٌ. وَسيلَةٌ. آلَةٌ. عُدَّةٌ

tool chest *n.* عُلْبَةُ أو صُنْدوقُ العُدَّةِ

tooth *n.* (*pl.* **teeth**)*; vt.* سِنٌّ؛ ضِرْسٌ. سِنُّ (المِنْشارِ) // يُسَنِّنُ

toothache *n.* وَجَعُ الأسْنانِ

toothbrush *n.* فُرْشاةُ الأسْنانِ

toothed *adj.* ذو أسْنانٍ. مُسَنَّنٌ. مُثَلَّمٌ

toothless *adj.* بِدونِ أسْنانٍ؛ أدْرَدُ

toothpaste *n.* مَعْجونُ الأسْنانِ

toothpick *n.* مِسْواكٌ؛ سِواكٌ (عودٌ لِتَنْظيفِ الأسْنانِ)

tooth-powder *n.* مَسْحوقٌ لِتَنْظيفِ الأسْنانِ

toothsome *adj.* لَذيذٌ

top *n.; vt.* قِمَّةٌ؛ رَأْسٌ. غِطاءٌ. أوْجٌ؛ ذُرْوَةٌ. صَفْوَةٌ؛ خيرَةٌ // يَقْطَعُ الرَأْسَ. يُشَذِّبُ؛ يُقَلِّمُ. يُتَوِّجُ. يَبْلُغُ القِمَّةَ

topaz *n.* ياقوتٌ أصْفَرُ؛ زَبَرْجَدٌ

top-coat *n.* مِعْطَفٌ خَفيفٌ

tope *vi.; n.* يُسْرِفُ في شُرْبِ الخَمْرِ // كَلْبُ البَحْرِ

toper *n.* السِكّيرُ؛ مُعاقِرُ الخَمْرَةِ

top hat *n.* قُبَّعَةٌ رَسْمِيَّةٌ

topic *n.* مَوْضوعٌ؛ مَبْحَثٌ

topical *adj.* مَوْضوعِيٌّ. مُتَعَلِّقٌ بِالأحْداثِ الجارِيَةِ. مَوْضِعِيٌّ (دَواءٌ)

topmost *adj.* الأعلى؛ الأسمى

top-notch *adj.* فاخِرٌ؛ مُمْتازٌ

topographic(al) *adj.* طوبوغرافِيٌّ

topography *n.* الطوبوغرافيا: رَسْمُ الأماكِنِ وَوَصْفُ حالَتِها الطَبيعِيَّةِ

topping *adj.* فائِقٌ؛ بارِعٌ؛ مُمْتازٌ

topple *vi.* يَنْقَلِبُ؛ يَقَعُ. يَتَداعى

top-sail *n.* الشِراعُ الأعْلى أوِ الشِراعُ الثاني

topsy-turvy *adv.* رَأْسًا عَلى عَقِبٍ

torch *n.* مِشْعَلٌ. مِصْباحٌ كَهْرَبائِيٌّ

toreador *n.* مُصارِعُ الثيرانِ

torment *n.; vt.* تَعْذيبٌ. مَصْدَرُ عَذابٍ // يُعَذِّبُ. يُقْلِقُ

tormentor; tormenter *n.* المُعَذِّبُ. المُقْلِقُ
tornado *n.* إعْصارٌ؛ زَوْبَعَةٌ
torpedo *n.; vt.* الطُرْبيدُ؛ قَذيفَةٌ بَحْرِيَّةٌ // يُطْلِقُ طُرْبيدًا. يُفْسِدُ. يَنْسِفُ (خِطَّةً)
torpedo boat *n.* سَفينَةٌ حَرْبِيَّةٌ سِلاحُها الطُرْبيدُ
torpid *adj.* خَدِرٌ. بَليدٌ. مُسْبِتٌ (حَيَوانٌ)
torpor *n.* خَدَرٌ. بَلادَةٌ. سُباتٌ
torrefy *vt.* يُحَمِّصُ
torrent *n.* سَيْلٌ؛ وابِلٌ
torrential *adj.* غَزيرٌ؛ مِدْرارٌ. سَيْلِيٌّ؛ مُتَدَفِّقٌ
torrid *adj.* حارٌّ. إسْتِوائِيٌّ. مُتَّقِدٌ
torsion *n.* إلْتِواءٌ. فَتْلٌ
torso *n.* جِذْعُ التِمْثالِ. جِذْعُ الإنْسانِ
tort *n.* جِنْحَةٌ. أذًى
tortoise *n.* سُلَحْفاةٌ
tortoise-shell *n.; adj.* صَدَفَةُ السُلَحْفاةِ // مَصْنوعٌ مِنْ صَدَفِ السُلَحْفاةِ
tortuous *adj.* مُتَعَرِّجٌ؛ مُلْتَوٍ
torture *n.; vt.* تَعْذيبٌ. عَذابٌ. ألَمٌ شَديدٌ // يُعَذِّبُ (عَذابًا شَديدًا)
toss *vt.; i.; n.* يَقْذِفُ (في الهَواءِ). يَهُزُّ. يَرْفَعُ (الرَأْسَ). يَتَقاذَفُ (المَوْجُ السَفينَةَ) / يَتَمايَلُ. يَهْتَزُّ // هَزَّةٌ. قَذْفٌ؛ دَفْعٌ
tot *n.; vt.; i.* وَلَدٌ صَغيرٌ. جَرْعَةٌ (مِنَ الشَرابِ) // يَعُدُّ؛ يُحْصي / يَبْلُغُ مَجْموعُهُ
total *adj.; n.; vt.* إجْماليٌّ. تامٌّ؛ كامِلٌ. شامِلٌ // مَجْموعٌ. حاصِلٌ // يَجْمَعُ. يَحْسُبُ. يَبْلُغُ
totalitarianism *n.* الحُكْمُ الإسْتِبْداديُّ. الدِكْتاتورِيَّةُ
totality *n.* الكُلُّ؛ المَجْموعُ
totally *adv.* تَمامًا؛ كُلِّيَّةً. بِالكُلِّيَّةِ
totem *n.* رَمْزُ الأُسْرَةِ (حَيَوانٌ). وَثَنٌ (يُمَثِّلُ هذا الحَيَوانَ)
totemism *n.* الطوطَمِيَّةُ
totter *vi.* يَتَرَنَّحُ؛ يَتَمايَلُ. يَتَداعى
touch *vt.; i.; n.* يَلْمِسُ؛ يَجُسُّ. يَتَعَلَّقُ بِـ / يَتَلامَسُ. يُقارِبُ // لَمْسَةٌ. حاسَّةُ اللَمْسِ. تَأْثيرٌ. عِلَّةٌ. طابَعٌ
touched *adj.* مُتَأَثِّرٌ. مُخَبَّلٌ
touching *adj.; prep.* مُؤَثِّرٌ // في ما يَتَعَلَّقُ بِـ
touchstone *n.* مِحَكُّ الذَهَبِ. وَسيلَةُ اخْتِبارٍ
touchy *adj.* سَريعُ الغَضَبِ. شَديدُ الحَساسِيَّةِ
tough *adj.* مَتينٌ. لَزِجٌ. صارِمٌ؛ حازِمٌ. خَشِنٌ؛ قَوِيٌّ. صُلْبٌ. عَنيدٌ. قاسٍ. جِلْفٌ
toughen *vt.; i.* يُمَتِّنُ. يُخَشِّنُ. يُقَسّي / يَمْتُنُ. يَخْشُنُ
tour *n.; vt.; i.* جَوْلَةٌ. رِحْلَةٌ. نَوْبَةُ عَمَلٍ // يَجولُ؛ يَطوفُ في / يَقومُ بِرِحْلَةٍ
tourism *n.* السِياحَةُ
tourist *n.; adj.* السائِحُ // سِياحِيٌّ
tournament *n.* مُباراةٌ. مُبارَزَةٌ
tourniquet *n.* ضاغِطٌ لِوَقْفِ النَزْفِ
tousle *vt.* يُشَعِّثُ الشَعْرَ
tout *vi.; n.* يَجْذِبُ الزَبائِنَ؛ يَجْلُبُ المُؤَيِّدينَ // جالِبُ الزَبائِنِ؛ جاذِبُ المُؤَيِّدينَ
tow *n.; vt.* قَطْرٌ؛ جَرٌّ. مُشاقَةٌ؛ أَلْيافُ القِنَّبِ // يَقْطُرُ؛ يَجُرُّ؛ يَسْحَبُ
toward; towards *prep.* نَحْوَ. مِنْ. عِنْدَ. حَوالى. قُرْبَ. مِنْ أجْلِ
towel *n.* مِنْشَفَةٌ
towelling *n.* قُماشُ المَناشِفِ
tower *n.; vi.* بُرْجٌ. قَلْعَةٌ // يَرْتَفِعُ. يُحَلِّقُ. يَتَفَوَّقُ

towering *adj.* شاهِقٌ. ضَخْمٌ. عَنيفٌ. شَديدٌ (غَضَبٌ)

towing *n.* قَطْرٌ؛ جَرٌّ؛ سَحْبٌ

tow(ing)-line; tow(ing)-rope *n.* حَبْلُ القَطْرِ

town *n.* قَرْيَةٌ. بَلْدَةٌ. مَدينَةٌ

town council *n.* المَجْلِسُ البَلَديُّ

town hall *n.* دارُ البَلَديَّةِ

township *n.* ناحِيَةٌ. دائِرَةٌ إنْتِخابِيَّةٌ

townsman *n.* المَدينيُّ

townspeople *n.pl.* سُكّانُ المُدُنِ

toxemia *n.* تَسَمُّمُ الدَمِ

toxic *adj.* سامٌّ (دَواءٌ)

toxicology *n.* عِلْمُ السُمومِ

toxin *n.* السُمِّينُ؛ الذيفانُ

toy *n.; vi.* لُعْبَةٌ؛ دُمْيَةٌ. أُلْعوبَةٌ // يَلْهو؛ يَعْبَثُ

trace *n.; vt.* أثَرٌ. خَطٌّ. شَكْلٌ. رَسْمٌ. أحَدُ السَيْرَيْنِ اللَذَيْنِ يَجُرُّ بِهِما الحَيَوانُ العَرَبَةَ // يَرْسُمُ. يَسْتَشِفُّ. يَتَتَبَّعُ. يُرْجِعُ؛ يَرُدُّ؛ يَعْزو. يُشَجِّرُ

tracery *n.* الزَخْرَفَةُ الشَجْرِيَّةُ

trachea *n.* (*pl.* -e or -s) قَصَبَةُ الرِئَةِ؛ القَصَبَةُ الهَوائِيَّةُ؛ الرُغامى

tracing *n.* إقْتِفاءٌ؛ تَتَبُّعٌ. رَسْمٌ مَنْسوخٌ

track *n.; vt.* أثَرٌ. مَجازٌ. طَريقٌ؛ دَرْبٌ. حَلْبَةُ سِباقٍ. خَطٌّ حَديديٌّ؛ مَسْلَكٌ. مَسارٌ // يَقْتَفي الأثَرَ. يَتَعَقَّبُ

trackage *n.* خُطوطُ السِكَّةِ الحَديديَّةِ

trackless *adj.* بِدونِ أثَرٍ

tract *n.* مَقالَةٌ. كُرّاسٌ. بُقْعَةٌ. صُقْعٌ

tractable *adj.* طَيِّعٌ؛ سَهْلُ المَراسِ

traction *n.* جَرٌّ؛ سَحْبٌ. قُوَّةُ الجَرِّ

tractor *n.* الجَرّارَةُ؛ التراكتور

trade *n.; vi.* تِجارَةٌ. مِهْنَةٌ؛ حِرْفَةٌ // يُتاجِرُ. يُقايِضُ

trademark *n.* العَلامَةُ التِجارِيَّةُ

trade name *n.* الإسْمُ التِجاريُّ

trader *n.* التاجِرُ

tradesman *n.* التاجِرُ؛ صاحِبُ المَتْجَرِ

trade(s)-union *n.* نِقابَةُ عُمّالٍ

trading *adj.; n.* مُتاجِرٌ. تِجاريٌّ // تِجارَةٌ. إتِّجارٌ

trading post *n.* مَحَطَّةٌ؛ مَتْجَرٌ

tradition *n.* تَقْليدٌ؛ عُرْفٌ (مُتَّبَعٌ)

traditional; traditionary *adj.* تَقْليديٌّ

traditionalism *n.* إحْتِرامٌ شَديدٌ لِلْتَقاليدِ (الدينيَّةِ)

traditionalist *n.* المُتَمَسِّكُ بِالتَقاليدِ

traduce *vt.* يَقْدَحُ في؛ يَنُمُّ

traffic *n.; vi.* تِجارَةٌ غَيْرُ مَشْروعَةٍ. حَرَكَةُ السَيْرِ. النَقْلُ // يُتاجِرُ. يُهَرِّبُ

traffic jam *n.* إزْدِحامٌ؛ عَرْقَلَةُ سَيْرٍ

traffic light(s) *n.* إشارَةُ (أو إشاراتُ) المُرورِ

tragedian *n.* الكاتِبُ المَأساويُّ. مُمَثِّلُ المَآسي

tragedy *n.* المَأساةُ؛ التراجيديا

tragic(al) *adj.* مَأساويٌّ؛ فاجِعٌ

trail *n.; vi.; t.* ذَيْلٌ. قافِلَةٌ. أثَرٌ. رائِحَةٌ. مَمَرٌّ // يَتَجَرْجَرُ. يَزْحَفُ؛ يَدِبُّ. يَتَعَقَّبُ / يَسْحَبُ

trailer *n.* عَرَبَةٌ مَقْطورَةٌ. بَيْتٌ مَقْطورٌ

train *n.; vt.; i.* قِطارٌ. قافِلَةٌ. ذَيْلٌ. حاشِيَةُ (الأميرِ). مَوْكِبٌ // يَسْحَبُ؛ يَجُرُّ. يُدَرِّبُ. يُثَقِّفُ. يُوَجِّهُ / يَتَدَرَّبُ عَلى

trainer *n.* المُدَرِّبُ؛ المُرَوِّضُ. طائِرَةُ تَدْريبٍ

training *n.* تَدْريبٌ؛ تَرْويضٌ

training college *n.* دارُ المُعَلِّمينَ

training ship *n.* سَفينَةُ التَدْريبِ

trait *n.* سِمَةٌ ؛ ميزَةٌ ؛ خاصِّيَّةٌ

traitor *n.* الخائِنُ ؛ الغَدّارُ

traitorous *adj.* خائِنٌ ؛ غادِرٌ

traitress *n.* الخائِنَةُ ؛ الغَدّارَةُ

trajectory *n.* مَسارُ (قَذيفَةٍ أو كَوْكَبٍ)

tram-car *n.* حافِلَةٌ كَهْرَبائِيَّةٌ . شاحِنَةٌ (في مَنْجَمٍ)

trammel *n.; vt.* شَبَكَةٌ مُثَلَّثَةٌ (لِلْصَيْدِ) . قَيْدٌ . عائِقٌ // يَصْطادُ بِشَبَكَةٍ . يوقِعُ في شَرَكٍ . يُقَيِّدُ . يَعوقُ

tramp *vt.; i.; n.* يَجْتازُ سَيْرًا عَلى القَدَمَيْن / يَدوسُ ؛ يَطَأُ . يَتَسَكَّعُ ؛ يَتَشَرَّدُ // المُتَشَرِّدُ . نُزْهَةٌ ؛ رِحْلَةٌ طَويلَةٌ . صَوْتُ وَقْعِ الأقْدامِ

trample *vt.; i.; n.* يَسْحَقُ بِقَدَمَيْهِ . يَطَأُ ؛ يَدوسُ // دَوْسٌ ؛ وَطْءٌ (بِالأقْدامِ)

tramway *or* **tramroad** *n.* خَطُّ الحافِلَةِ الكَهْرَبائِيَّةِ

trance *n.* نَشْوَةٌ . سُباتٌ ؛ جُمْدَةٌ

tranquil *adj.* هادِئٌ ؛ ساكِنٌ

tranquil(l)ity *n.* هُدوءٌ ؛ سُكونٌ . سَكينَةٌ

tranquil(l)ize *vt.* يُهَدِّئُ ؛ يُسَكِّنُ

tranquil(l)izer *n.* المُهَدِّئُ ؛ المُسَكِّنُ . عَقّارٌ مُهَدِّئٌ

transact *vt.* يَقومُ بِـ ؛ يُديرُ

transaction *n.* صَفْقَةٌ . إجْراءٌ . تَعامُلٌ . مَحْضَرُ جَلْسَةٍ . مُعامَلَةٌ (تِجارِيَّةٌ)

transactor *n.* المُفاوِضُ . عاقِدُ الصَفْقَةِ

transatlantic *adj.* عابِرُ الأطْلَسِيِّ . واقِعٌ وَراءَ الأطْلَسِيِّ

transcend *vt.; i.* يَتَجاوَزُ . يَفوقُ . يَتَسامى / يَتَفَوَّقُ عَلى

transcendence; transcendency *n.* تَجاوُزٌ . سُمُوٌّ . تَفَوُّقٌ . تَنَزُّهٌ

transcendent *adj.* فائِقٌ . سامٍ ؛ عَظيمٌ

transcendental *adj.* فائِقٌ . مُبْهَمٌ . يَتَخَطّى المَعْرِفَةَ البَشَرِيَّةَ

transcontinental *adj.* عابِرٌ لِقارَّةٍ (سِكَّةُ حَديدٍ)

transcribe *vt.* يَنْسَخُ . يُدَوِّنُ . يُسَجِّلُ . يُتَرْجِمُ

transcriber *n.* الناسِخُ . المُدَوِّنُ . المُتَرْجِمُ

transcript *n.* نُسْخَةٌ . نُسْخَةٌ طِبْقَ الأصْلِ

transcription *n.* نَسْخٌ . تَدْوينٌ ؛ تَقْييدٌ

transept *n.* الجَناحُ المُسْتَعْرَضُ مِنَ الكَنيسَةِ

transfer *vt.; n.* يُحَوِّلُ ؛ يُغَيِّرُ . يَنْقُلُ // تَحْويلٌ . نَقْلٌ ؛ إنْتِقالٌ . نُقْطَةُ تَحْويلٍ

transferable *adj.* قابِلٌ لِلتَحْويلِ أوِ النَقْلِ

transference *n.* نَقْلٌ . تَحْويلٌ . تَبْديلٌ . إنْتِقالٌ

transfiguration *n.* تَغْييرٌ أو تَغَيُّرُ الهَيْئَةِ أوِ المَظْهَرِ

transfigure *vt.* يُغَيِّرُ المَظْهَرَ أوِ الهَيْئَةَ

transfix *vt.* يَطْعَنُ . يُثَبِّتُ . يُشِلُّ

transform *vt.; i.* يُغَيِّرُ ؛ يُحَوِّلُ / يَتَحَوَّلُ

transformation *n.* تَغْييرٌ ؛ تَحْويلٌ . تَحَوُّلٌ

transformer *n.* المُحَوِّلُ . المُحَوِّلُ الكَهْرَبائِيُّ

transfuse *vt.* يُصْفِقُ ؛ يَنْقُلُ (الدَمَ)

transfusion *n.* صَفْقٌ أو نَقْلُ الدَمِ

transgress *vt.; i.* يَنْتَهِكُ (قانونًا) . يَتَخَطّى (حاجِزًا) ؛ يَتَجاوَزُ ؛ يَتَعَدّى

transgression *n.* إنْتِهاكٌ . تَخَطّي الحُدودِ

transgressor *n.* المُخالِفُ ؛ المُنْتَهِكُ ؛ المُخالِفُ . الخاطِئُ

tranship *vt.* يَنْقُلُ مِنْ سَفينَةٍ إلى أُخْرى (بَضائِعَ أو رُكّابًا)

transient *adj.* زائِلٌ ؛ عابِرٌ . سَريعُ الزَوالِ

transistor *n.* الترانْزِستور: أداةٌ إلِكْترونِيَّةٌ صَغيرَةٌ (تَحُلُّ مَحَلَّ الصِمامِ الترميوني في أجْهِزَةِ الراديو)

transistor radio *n.* راديو ترانْزستور
transit *n.* عُبورٌ؛ مُرورٌ؛ إجْتِيازٌ. إنْتِقالٌ
transition *n.* إنْتِقالٌ. تَحَوُّلٌ. طَوْرٌ إنْتِقاليٌّ
transitional; -ary *adj.* إنْتِقاليٌّ (عَهْدٌ)
transitive *adj.* مُتَعَدٍّ (فِعْلٌ)
transitory *adj.* عابِرٌ؛ زائِلٌ. وَقْتِيٌّ
translate *vt.* يُتَرْجِمُ (نَصًّا). يَنْقُلُ
translation *n.* تَرْجَمَةٌ. نَقْلٌ
translator *n.* المُتَرْجِمُ. الناقِلُ. التُرْجُمانُ
translucent *adj.* نِصْفُ شَفّافٍ
transmigrate *vi.* يَتَقَمَّصُ. يُهاجِرُ؛ يَرْتَحِلُ
transmigration *n.* تَقَمُّصٌ. هِجْرَةٌ؛ تَرْحالٌ
transmissible *adj.* قابِلٌ لِلنَقْلِ (مَرَضٌ)
transmission *n.* إرْسالٌ (راديو). نَقْلٌ. إنْفاذٌ. رِسالَةٌ. جِهازُ نَقْلِ الحَرَكَةِ (سَيّارَةٌ)
transmit *vt.* يُرْسِلُ؛ يَبُثُّ. يَنْقُلُ. يُنْفِذُ (الضَوْءَ)
transmitter *n.* جِهازُ الإرْسالِ (راديو). ناقِلٌ
transmute *vt.; i.* يُحَوِّلُ / يَتَحَوَّلُ
transom *n.* عارِضَةُ النافِذَةِ. رافِدَةُ البابِ
transparency *n.* شَفافِيَّةٌ؛ شُفوفٌ
transparent *adj.* شَفّافٌ. جَليٌّ؛ واضِحٌ
transpiration *n.* عَرَقٌ. رَشْحٌ؛ نَضْحٌ
transpire *vi.* يَعْرَقُ. يَرْشَحُ. يَحْدُثُ. يَنْتَشِرُ أو يَتَسَرَّبُ (الخَبَرُ)
transplant *vt.* يَنْقُلُ غَرْسَةً أو عُضْوًا أو شَخْصًا
transport *vt.; n.* يَنْقُلُ. يَنْفي. يُبْعِدُ // نَقْلٌ. وَسيلَةُ نَقْلٍ. نَشْوَةٌ
transportation *n.* نَقْلٌ. نَفْيٌ. إبْعادٌ. وَسيلَةُ نَقْلٍ. نِظامُ النَقْلِ
transpose *vt.* يُحَوِّلُ. يُتَرْجِمُ. يَنْقُلُ
trans-ship *vt.; i.* يَنْقُلُ البِضاعَةَ إلى سفينَةٍ أُخْرى
transubstantiation *n.* إسْتِحالَةُ القُرْبانِ إلى جَسَدِ المَسيحِ. تَحَوُّلٌ
transversal *adj.* عَرْضيٌّ؛ مُسْتَعْرِضٌ
transverse *adj.* مُسْتَعْرِضٌ؛ مُعْتَرِضٌ (مِحْوَرٌ)
trap *n.; vt.* شَرَكٌ؛ فَخٌّ. مَكيدَةٌ. عَرَبَةٌ صَغيرَةٌ ذاتُ عَجَلَتَيْنِ. أداةٌ تَمْنَعُ تَسَرُّبَ الهَواءِ الفاسِدِ // يُوقِعُ في شَرَكٍ. يَعوقُ؛ يَصُدُّ
trap door *n.* بابُ سَقْفٍ؛ بابُ أرْضِيَّةٍ
trapeze *n.* أُرْجوحَةُ البَهْلَوانِ أو الرياضيِّ
trappings *n.pl.* سَرْجٌ مُزَرْكَشٌ. حِلًى؛ زَخارِفُ
traps *n.pl.* أمْتِعَةٌ شَخْصِيَّةٌ
trash *n.* نُفايَةٌ. كَلامٌ فارِغٌ. عَمَلٌ تافِهٌ
trashy *adj.* تافِهٌ؛ فارِغٌ
trauma *n.* (*pl.* **-ta** *or* **-s**) صَدْمَةٌ؛ إنْفِعالٌ عَنيفٌ
travail *n.* عَمَلٌ شاقٌّ. آلامُ المَخاضِ
travel *vi.; t.; n.* يُسافِرُ. يَجولُ. يَسيرُ. يَنْتَقِلُ. يَتَجَوَّلُ / يَقْطَعُ. يَجوبُ // سَفَرٌ. تَرْحالٌ. حَرَكَةُ المُرورِ
travel(l)er *n.* المُسافِرُ. الرَحّالَةُ
traveler's check *n.* شِكٌّ سِياحيٌّ
travelogue *n.* مُحاضَرَةٌ مُصَوَّرَةٌ عَنْ رِحْلَةٍ
traverse *adj.; n.; vt.* مُسْتَعْرِضٌ. جانِبيٌّ // حاجِزٌ. عارِضَةٌ. عَقَبَةٌ؛ عائِقٌ. حَرَكَةٌ جانِبِيَّةٌ // يَعْتَرِضُ. يَتَخَلَّلُ. يَجْتازُ
travesty *n.; vt.* تَقْليدٌ ساخِرٌ. صورَةٌ زائِفَةٌ // يُقَلِّدُ (تَقْليدًا ساخِرًا)
trawl *n.; vi.; t.* شَبَكَةُ صَيْدٍ. صِنّارَةٌ // يَصْطادُ بِشَبَكَةٍ أو بِصِنّارَةٍ
tray *n.* صينِيَّةٌ. طَبَقٌ
treacherous *adj.* خائِنٌ. غادِرٌ. مُضَلِّلٌ (طَقْسٌ)
treacle *n.* دِبْسُ السُكَّرِ؛ ثُفْلُ قَصَبِ السُكَّرِ

tread *vt.; i.irr.; n.* يَطَأُ؛ يَدوسُ. يَسْحَقُ / يَخْطو // وَطْءٌ؛ دَوْسٌ. أَثَرُ الوَطْءِ. صَوْتُ الوَطْءِ
treadle *n.* دَوّاسَةُ (ماكينَةِ الخياطَةِ)
treadmill *n.* طاحونُ الدَوْسِ
treason *n.* غَدْرٌ؛ خيانَةٌ (عُظْمى)
treasure *n.; vt.* ذَخيرَةٌ؛ كَنْزٌ؛ ثَرْوَةٌ // يَدَّخِرُ
treasurer *n.* أَمينُ الصُنْدوقِ
treasure-trove *n.* كَنْزٌ أَرْضِيٌّ؛ دَفينَةٌ
treasury *n.* خَزينَةٌ. مالٌ
Treasury, the *n.* وِزارَةُ المالِ
treat *vt.; i.; n.* يُعامِلُ. يُعالِجُ / يُفاوِضُ // دَعْوَةٌ إلى الطَعامِ. وَليمَةٌ. مُتْعَةٌ
treatise *n.* بَحْثٌ؛ رِسالَةٌ؛ مَقالَةٌ (في الفيزياءِ)
treatment *n.* مُعامَلَةٌ. مُعالَجَةٌ
treaty *n.* مُعاهَدَةٌ. ميثاقٌ. إتِّفاقٌ (دُوَليٌّ)
treble *adj.; n.; vt.; i.* بالِغٌ ثَلاثَةَ أَضْعافٍ. ثُلاثِيٌّ. مُثَلَّثٌ // ثَلاثَةُ أَضْعافٍ. النَدِيُّ (النَغَمُ الأَعْلى في الموسيقى) // يُثَلِّثُ / يَتَثَلَّثُ
tree *n.* شَجَرَةٌ. عَمودٌ. عارِضَةٌ. قالَبُ الأَحْذِيَةِ. هَيْكَلُ السَرْجِ. شَجَرَةُ العائِلَةِ
trefoil *n.* نَفَلٌ: نَباتٌ ثُلاثِيُّ الأَوْراقِ
trek *vi.; n.* يَقومُ بِرِحْلَةٍ شاقَّةٍ وَطَويلَةٍ // رِحْلَةٌ طَويلَةٌ وَشاقَّةٌ
trellis *n.* شَعْرِيَّةٌ. عَريشٌ سِلْكِيٌّ
tremble *vi.* يَرْتَجِفُ؛ يَرْتَعِدُ. يَهْتَزُّ
trembling *adj.; n.* مُرْتَجِفٌ؛ مُرْتَعِشٌ. مُهْتَزٌّ // إرْتِجافٌ. إرْتِعاشٌ. رِعْدَةٌ
tremendous *adj.* مُرَوِّعٌ. ضَخْمٌ؛ هائِلٌ
tremor *n.* إرْتِجافٌ؛ إرْتِعاشٌ. رَجْفَةٌ
tremulous *adj.* مُرْتَجِفٌ؛ مُرْتَعِشٌ. جَبانٌ
trench *n.; vt.* خَنْدَقٌ // يَحْفِرُ خَنْدَقًا
trenchancy *n.* حِدَّةٌ. وُضوحٌ
trenchant *adj.* حادٌّ. لاذِعٌ (لَهْجَةٌ). فَعّالٌ. واضِحُ المَعالِمِ
trench coat *n.* مِعْطَفٌ واقٍ مِنَ المَطَرِ
trencher *n.* صينِيَّةٌ خَشَبِيَّةٌ
trencherman *n.* (*pl.* **-men**) الأَكولُ
trend *n.; vi.* إتِّجاهٌ. نَزْعَةٌ. زِيٌّ شائِعٌ // يَتَّجِهُ؛ يَميلُ إلى
trepan; trephine *n.; vt.* مِثْقَبُ العِظامِ. مِنْشارُ الجُمْجُمَةِ // يَنْشُرُ الجُمْجُمَةَ
trepidation *n.* ذُعْرٌ. إرْتِعاشٌ. إضْطِرابٌ
trespass *n.; vi.* إثْمٌ؛ خَطيئَةٌ. تَجاوُزٌ. إنْتِهاكُ حُرْمَةِ (مَنْزِلٍ) // يَأْثَمُ. يَنْتَهِكُ حُرْمَةً. يَتَجاوَزُ. يَتَعَدّى عَلى. يَتَجاوَزُ (الحُدودَ)
tress *n.* ضَفيرَةٌ؛ جَديلَةٌ (شَعَرٍ)
trestle *n.* حامِلٌ. مِنْصَبَةٌ. جَحْشٌ خَشَبِيٌّ؛ قاعِدَةٌ
trestle-bed *n.* فِراشُ المَيْدانِ
triad *n.* ثالوثٌ؛ مَجْموعَةٌ مِنْ ثَلاثَةِ أَشْخاصٍ
trial *n.* مُحاكَمَةٌ. تَجْرِبَةٌ. مِحْنَةٌ. مُحاوَلَةٌ. جُهْدٌ
triangle *n.* مُثَلَّثٌ. شَكْلٌ مُثَلَّثٌ. آلَةٌ موسيقِيَّةٌ
triangular *adj.* مُثَلَّثِيٌّ. مُثَلَّثُ الشَكْلِ
triangulate *vt.* يُثَلِّثُ (شَكْلاً)
tribal *adj.* قَبَلِيٌّ (سِبْطٌ)
tribe *n.* قَبيلَةٌ. فَصيلَةٌ (حَيَوانِيَّةٌ أو نَباتِيَّةٌ)
tribesman *n.* أَحَدُ أَعْضاءِ القَبيلَةِ
tribulation *n.* بَلِيَّةٌ؛ مِحْنَةٌ. مُسَبِّبُ البَلايا
tribunal *n.* المَحْكَمَةُ. القَضاءُ
tribune *n.* مِنْبَرٌ. المُدافِعُ عَنِ الشَعْبِ
tributary *adj.; n.* رافِدٌ. تابِعٌ لِـ. دافِعُ الجِزْيَةِ // رافِدُ النَهْرِ. دافِعُ الفِدْيَةِ
tribute *n.* جِزْيَةٌ؛ ضَريبَةٌ؛ إتاوَةٌ. إجْلالٌ؛ تَقْديرٌ

trice *vt.; n.* يُثَبِّتُ الشِراعَ // لَحْظَةٌ. بِلَمْحِ البَصَرِ

triceps *n.* (*pl.* **-es** *or* **triceps**) ثُلاثيُّ الرُؤوسِ

trick *n.; vt.* خِدْعَةٌ؛ حيلَةٌ. عَمَلٌ حَقيرٌ. سِمَةٌ. نَوْبَةٌ // يَخْدَعُ؛ يَحْتالُ عَلى. يُجَمِّلُ؛ يُزَخْرِفُ

trickery *n.* خِداعٌ؛ تَحايُلٌ

trickish *adj.* مُخادِعٌ؛ مُتَحايِلٌ

trickle *vi.* يَقْطُرُ؛ يَسيلُ. يَفِدُ؛ يَجيءُ

trickster *n.* المُخادِعُ؛ المُحْتالُ

tricky *adj.* مُخادِعٌ. دَقيقٌ. مُتَطَلِّبٌ بَراعَةً

tricolo(u)r *n.* عَلَمٌ مُثَلَّثُ الأَلْوانِ

tricolo(u)red *adj.* ذو ثَلاثَةِ أَلْوانٍ

tricuspid *adj.; n.* ثُلاثيُّ الأَطْرافِ أَوِ النُتوءاتِ

tricycle *n.* دَرّاجَةٌ ثُلاثيَّةُ العَجَلاتِ

trident *n.* رُمْحٌ ذو ثَلاثِ شُعَبٍ

tried *adj.* مُجَرَّبٌ. مَوْثوقٌ. مُمْتَحَنٌ

triennial *adj.; n.* حاصِلٌ كُلَّ ثَلاثِ سَنَواتٍ. يَدومُ ثَلاثَ سَنَواتٍ // شَيْءٌ يَدومُ ثَلاثَ سَنَواتٍ. شَيْءٌ يَحْصَلُ كُلَّ ثَلاثِ سَنَواتٍ

trifle *n.; vi.* شَيْءٌ تافِهٌ. مِقْدارٌ ضَئيلٌ مِنَ المالِ // يَمْزَحُ. يَعْبَثُ. يُضَيِّعُ الوَقْتَ سُدًى

trifling *adj.; n.* تافِهٌ. لا يُذْكَرُ // تَفاهَةٌ

trifoliate *adj.* ثُلاثيُّ الوُرَيْقاتِ

trig *adj.* أَنيقُ الهِنْدامِ

trigamy *n.* الزَواجُ مِنْ ثَلاثِ نِساءٍ

trigger *n.* زِنادٌ

trigonometry *n.* عِلْمُ المُثَلَّثاتِ

trilateral *adj.* ثُلاثيُّ الأَضْلاعِ

trill *n.; vi.* إِرْتِعاشٌ. تَكْريرُ لَحْنَيْنِ بِسُرْعَةٍ. تَرْديدُ الصَوْتِ // يَلْفِظُ بِتَرَدُّدٍ. يُكَرِّرُ لَحْنَيْنِ بِسُرْعَةٍ

trillion *n.* مَلْيونُ بِلْيونٍ

trilogy *n.* الثُلاثيَّةُ: مَجْموعَةٌ مِنْ ثَلاثِ مَسْرَحيّاتٍ ذاتِ مَوْضوعٍ مُتَتابِعٍ

trim *adj.; n.; vt.* أَنيقٌ. حَسَنُ التَرْتيبِ // وَضْعٌ جَميلٌ. حالَةُ استِعْدادٍ. حالٌ. زينَةٌ. قُلامَةٌ // يُقَلِّمُ؛ يُشَذِّبُ؛ يُهَذِّبُ. يُزَيِّنُ. يُرَتِّبُ. يَضْرِبُ

trimming *n.* زَخْرَفَةٌ؛ زَرْكَشَةٌ

trimness *n.* تَرْتيبٌ. تَزْيينٌ

Trinity *n.* الثالوثُ الأَقْدَسُ

trinity *n.* ثالوثٌ؛ ما رُكِّبَ مِنْ ثَلاثَةٍ

trinket *n.* حِلْيَةٌ زَهيدَةٌ. شَيْءٌ تافِهٌ

trinomial *adj.; n.* ثُلاثيُّ الحُدودِ. ثُلاثيُّ الكَلِماتِ

trio *n.* ثَلاثَةُ أَشْخاصٍ. ثُلاثيَّةٌ (لِلْمِعْزَفِ). عازِفو ثُلاثيَّةٍ

trip *n.; vi.; t.* رِحْلَةٌ. غَلْطَةٌ. زَلَّةٌ. عَثْرَةٌ // يَزِلُّ. يَرْقُصُ أَو يَسيرُ بِخُطًى رَشيقَةٍ. يَقومُ بِرِحْلَةٍ / يوقِعُ. يَعْتَرِضُ

tripartite *adj.* ثُلاثيٌّ (إِتِّفاقٌ). مُكَوَّنٌ مِنْ ثَلاثَةِ أَقْسامٍ

tripe *n.* الكَرِشُ. المَعْيُ. شَيْءٌ تافِهٌ

triple *adj.; vt.; i.* ثُلاثيٌّ. مُثَلَّثٌ. أَكْبَرُ بِثَلاثِ مَرّاتٍ. مُكَرَّرٌ ثَلاثَ مَرّاتٍ // يُضاعِفُ ثَلاثَ مَرّاتٍ / يَتَضاعَفُ ثَلاثَ مَرّاتٍ

triplet *n.* ثَلاثَةُ تَوائِمَ. مَجْموعَةٌ مِنْ ثَلاثَةٍ. ثَلاثُ نَغْماتٍ. ثَلاثَةُ أَبْياتٍ مِنَ الشِعْرِ

triplex *n.* مَسْكَنٌ ثُلاثيُّ الطَوابِقِ

triplicate *adj.; n.; vt.* بِثَلاثِ نُسَخٍ // النُسْخَةُ الثالِثَةُ // يُحَرِّرُ بِثَلاثِ نُسَخٍ

tripod *n.* أُثْفيَّةٌ ثُلاثيَّةُ القَوائِمِ. رَكيزَةٌ ثُلاثيَّةُ القَوائِمِ

tripper *n.* السائِحُ

trireme *n.* ثُلاثيَّةُ المَجاذيفِ (سَفينَةٌ إِغْريقيَّةٌ)

trisect *vt.* يُقَسِّمُ إِلى ثَلاثَةِ أَقْسامٍ مُتَساوِيَةٍ

trite *adj.* مُبْتَذَلٌ. بالٍ (مُلاحَظَةٌ، فِكْرَةٌ، رأيٌ)
triturate *vt.* يَسْحَقُ؛ يَدُقُّ؛ يَسْحَنُ؛ يَهْرُسُ
triumph *n.; vi.* نَصْرٌ؛ فَوْزٌ؛ ظَفَرٌ. إسْتِقْبالٌ إحْتِفاليٌّ (لِقائِدٍ رومانيٍّ مُنْتَصِرٍ). نَجاحٌ باهِرٌ // يَفوزُ؛ يَنْتَصِرُ. يَنْجَحُ. يَزْدَهي (بِنَجاحِهِ)
triumphal *adj.* ظَفَريٌّ؛ فَوْزيٌّ. إنْتِصاريٌّ
triumphant *adj.* ظافِرٌ؛ مُنْتَصِرٌ. مَسْرورٌ بالفَوْزِ
triumvir *n.* عُضْوٌ في حُكومَةٍ ثُلاثيَّةٍ
trivet *n.* مِنْصَبٌ ثُلاثيُّ القَوائِمِ
trivial *adj.* سوقيٌّ؛ مُبْتَذَلٌ. تافِهٌ
triviality *n.* تَفاهَةٌ. بَذاءَةٌ؛ سوقيَّةٌ
troat *n.; vt.* النَزيبُ؛ النُزابُ (صَوْتُ الأيِّلِ) // يُصَوِّتُ الأيِّلُ؛ يَنْزِبُ
Trojan *adj. & n.* طَرْواديٌّ
troll *vt.; i.; n.* يُنْشِدُ. يَصْطادُ بالصِنّارَةِ. يُغْري / يَدورُ. يُغَنّي بِمَرَحٍ // قَزَمٌ أو جَبّارٌ خُرافيٌّ
troll(e)y *n.* عَرَبَةٌ. بَكَرَةُ التْرامِ. بَكَرَةٌ تَجْري على شَريطٍ
trolley-bus; trolley-car *n.* القاطِرَةُ الكَهْرَبائيَّةُ
trollop *n.* إمْرَأَةٌ قَذِرَةٌ. مومِسٌ
trombone *n.* المُتَرَدِّدَةُ؛ بوقٌ نُحاسيٌّ ذو أُنْبوبَيْنِ
troop *n.; vi.* جُنْدٌ. جَماعَةٌ. فِرْقَةٌ // يَحْتَشِدُ؛ يَتَجَمْهَرُ. يَمْضي؛ يَذْهَبُ
trooper *n.* فارِسٌ. شُرْطيٌّ راكِبٌ
trophy *n.* غَنيمَةٌ. نُصْبٌ تَذْكاريٌّ. مِداليَّةٌ. كَأْسٌ
tropic *n.* المَدارُ الإسْتِوائيُّ
tropical *adj.* مَداريٌّ. إسْتِوائيٌّ (مُناخٌ)
trot *n.; vi.; t.* قَفْزٌ. خَبَبٌ. هَرْوَلَةٌ // يَخُبُّ الفَرَسُ. يُهَرْوِلُ. يُسْرِعُ / يَجْعَلُ الفَرَسَ يَخُبُّ
troth *n.* أمانَةٌ؛ إخْلاصٌ. عَهْدٌ. خِطْبَةٌ
troubadour *n.* شاعِرٌ غِنائيٌّ جَوّالٌ
trouble *vt.; i.; n.* يُزْعِجُ. يُقْلِقُ. يوجِعُ. يُعَكِّرُ / يَقْلَقُ // إنْزِعاجٌ. قَلَقٌ. إضْطِرابٌ. حَرَجٌ
troublesome *adj.* عَسيرٌ؛ شاقٌّ. مُزْعِجٌ
trough *n.* حَوْضٌ؛ جُرْنٌ. مَعْلَفٌ. مِزْوَدٌ. وِعاءٌ
trounce *vt.* يَجْلِدُ. يُعاقِبُ. يَهْزِمُ. يُؤَنِّبُ
troupe *n.* فِرْقَةٌ (مِنَ المُغَنّينَ)
trouser-press *n.* مِكْبَسٌ أوْ مِكْواةُ البَنْطَلونِ
trousers *n.pl.* سِرْوالٌ؛ بَنْطَلونٌ
trousseau *n.* (*pl.* **-x** *or* **-s**) جِهازُ العَروسِ
trout *n.* تَروتَةٌ (سَمَكٌ نَهْريٌّ)
trowel *n.* مِسَجَّةٌ؛ مالَجٌ (أداةٌ يُطَيَّنُ بِها)
troy weight *n.* وَحَداتٌ لِوَزْنِ الجَواهِرِ
truant *n.* الكَسْلانُ؛ المُتَواني؛ الخَمولُ. تِلْميذٌ يَتَغَيَّبُ عَنِ المَدْرَسَةِ مِنْ غَيْرِ سَبَبٍ
truce *n.* هُدْنَةٌ
truck *n.; vt.* سَيّارَةُ شَحْنٍ. عَرَبَةُ نَقْلٍ. قاطِرَةٌ. مُقايَضَةٌ // يُقايِضُ
truckage *n.* نَقْلُ (البِضاعَةِ بِشاحِنَةٍ)
truckle *n.; vi.* بَكَرَةٌ. دولابٌ صَغيرٌ // يَخْضَعُ؛ يُذْعِنُ؛ يَسْتَسْلِمُ لِـ
truckle-bed *n.* سَريرٌ مُنْخَفِضٌ ذو عَجَلاتٍ
truculence; -lency *n.* وَحْشيَّةٌ. ضَراوَةٌ
truculent *adj.* وَحْشيٌّ. ضارٍ. لاذِعٌ
trudge *vi.; n.* يَمْشي بِثِقَلٍ // مِشْيَةٌ مُتَثاقِلَةٌ
true *adj.; vt.; adv.* حَقيقيٌّ. مُخْلِصٌ. صادِقٌ. صَحيحٌ. واقِعيٌّ // يُصَحِّحُ؛ يُعَدِّلُ؛ يُسَوّي؛ يُقَوِّمُ // بِصِدْقٍ. بِدِقَّةٍ
true-bred *adj.* أصيلٌ. عَريقُ النَسَبِ. تامٌّ
true-hearted *adj.* مُخْلِصٌ؛ وَفيٌّ؛ صادِقٌ
truffle *n.* الكَمْأةُ؛ الكَمْءُ (فُطْرٌ)
truism *n.* الحَقيقَةُ البَديهيَّةُ

truly *adv.* حقًّا؛ في الواقعِ . بإخْلاصٍ . بِصِدْقٍ
trump *n.; vi.; t.* البوقُ. صَوْتُ البوقِ. وَرَقَةٌ رابحَةٌ. شَخْصٌ مُمْتازٌ // يَفوقُ؛ يَبُزُّ. يَلْعَبُ الوَرَقَةَ الرابحَةَ / يُلَفِّقُ القِصَصَ
trumpery *adj.; n.* تافِهٌ. عَديمُ النَفْعِ . مُبَهْرَجٌ // تَوافِهُ. حِلًى كاذِبَةٌ. هُراءٌ
trumpet *n.; vt.; i.* البوقُ. صَوْتُ البوقِ. صَرْخَةٌ مُدَوِّيَةٌ // يُذيعُ. يُشْهِرُ. يُعْلِنُ / يَنْهِمُ الفيلُ (يُصَوِّتُ)
trumpeter *n.* النافخُ أوِ العازِفُ على البوقِ
truncate *vt.* يُقَلِّمُ؛ يُشَذِّبُ
truncheon *n.* عَصا؛ هِراوَةٌ
trundle *n.; vt.; i.* بَكَرَةٌ؛ دولابٌ. سَريرٌ ذو عَجَلاتٍ // يُدَحْرِجُ / يَتَدَحْرَجُ
trunk *n.* جِذْعٌ؛ ساقٌ. صُنْدوقُ الثيابِ. صُنْدوقُ السَّيَّارَةِ. خُرْطومُ الفيلِ
trunk-call *n.* مُخابَرَةٌ هاتِفيَّةٌ بَعيدَةُ المَدى
truss *n.; vt.* حُزْمَةُ قَشٍّ . رِزْمَةٌ. دِعامَةٌ. حِزامُ الفَتْقِ // يَحْزِمُ القَشَّ. يُكَتِّفُ الدَجاجَةَ. يُقَيِّدُ. يَدْعَمُ
trust *n.; vi.; t.* ثِقَةٌ. أَمَلٌ. دَيْنٌ. أمانَةٌ. إتِّحادٌ إحْتِكاريٌّ. رِعايَةٌ. عِنايَةٌ // يَثِقُ. يَأْمَلُ / يَأْتَمِنُ. يَتَّكِلُ على. يَبيعُ بالدَيْنِ
trustee *n.* الوَصِيُّ؛ الأمينُ. القَيِّمُ. الحارِسُ
trusteeship *n.* وِصايَةٌ
trustful *adj.* يَثِقُ بالآخَرينَ؛ غَيْرُ نَزّاعٍ إلى الشَكِّ
trustworthy *adj.* جَديرٌ بالثِقَةِ
trusty *adj.* موضِعُ ثِقَةٍ. مَوْثوقٌ بِهِ
truth *n.* الحَقيقَةُ. الصِدْقُ. الصِحَّةُ
truthful *adj.* صادِقٌ (شَخْصٌ). صَحيحٌ (تَصْريحٌ)
try *vt.; i.; n.* يُجَرِّبُ؛ يُحاوِلُ. يُحاكِمُ / يَخْتَبِرُ. يَمْتَحِنُ. يَقومُ بِمُحاوَلَةٍ // تَجْرِبَةٌ. مُحاوَلَةٌ
trying *adj.* شاقٌّ؛ مُرْهِقٌ

tryst *n.* مَوْعِدٌ (لِقاءٍ). مَكانُ اللِّقاءِ
tsar *n.* القَيْصَرُ. إمْبَراطورُ روسيا
tsetse *n.* ذُبابَةُ مَرَضِ النَوْمِ
tub *n.; vt.* حَوْضٌ. حَوْضُ اسْتِحْمامٍ // يَغْسِلُ. يَضَعُ في حَوْضٍ
tuba *n.* كَمانٌ أجْهَرُ
tubby *adj.* بَدينٌ
tube *n.* أنْبوبٌ. قَناةٌ. نَفَقٌ. صِمامٌ. إطارٌ داخِليٌّ
tuber *n.* دَرَنَةٌ
tubercle *n.* دَرَنَةٌ؛ حُدَيْبَةٌ؛ عُجْرَةٌ
tubercular *adj.* دَرَنيٌّ. سِلِّيٌّ. مَسْلولٌ
tuberculosis *n.* السُلُّ (مَرَضٌ)
tuberose *adj.; n.* عَسْقَليٌّ؛ دَرَنيٌّ. بَدينٌ؛ سَمينٌ // مِسْكُ الرومِ (نَباتٌ)
tuberous *adj.* دَرَنيٌّ؛ تَدَرُّنيٌّ
tubing *n.* أنْبوبٌ. مَسْرَبٌ. قَناةٌ
tubular *adj.* أنْبوبيٌّ (شَكْلٌ)
tuck *n.; vt.* ثَنْيَةٌ؛ طَيَّةٌ // يُشَمِّرُ. يَزُمُّ. يُثَبِّتُ
tucker *n.* تَخْريمٌ حَوْلَ عُنُقِ الفُسْتانِ
Tuesday *n.* يَوْمُ الثُلاثاءِ
tuft *n.* خُصْلَةٌ. قُنْزُعَةٌ
tug *vt.; n.* يَشُدُّ. يُناضِلُ. يَكْدَحُ. يَسْحَبُ // شَدٌّ. سَحْبٌ؛ قَطْرٌ؛ جَرٌّ. جُهْدٌ جَهيدٌ
tugboat *n.* زَوْرَقُ القَطْرِ
tug of war *n.* لُعْبَةُ شَدِّ الحِبالِ
tuition *n.* تَعْليمٌ. رَسْمُ التَعْليمِ
tulip *n.* التوليبُ؛ الخُزامى (نَباتٌ)
tulle *n.* حَريرٌ رَقيقٌ شَفّافٌ
tumble *n.; vt.; i.* سُقوطٌ. كومَةٌ. رُكامٌ. فَوْضى // يَقْلِبُ. يُسْقِطُ / يَتَشَقْلَبُ. يَتَدَهْوَرُ. يَنْهارُ. يُهَرْوِلُ. يُصادِفُ

tumbledown *adj.* مُتداعٍ . عَلى وَشْكِ السُقوطِ (مَنْزِلٌ)
tumbler *n.* البَهْلَوانُ. القَدَحُ. ريشَةُ القِفْلِ وَنَحْوَها
tumbril; tumbrel *n.* عَرَبَةٌ. عَرَبَةُ نَقْلِ السُجَناءِ نَحْوَ المِقْصَلَةِ
tumefy *vt.; i.* يُوَرِّمُ / يَتَوَرَّمُ
tumescent *adj.* مُتَوَرِّمٌ. مُنْتَفِخٌ
tumid *adj.* مُنْتَفِخٌ (عُضْوٌ مِنَ الجِسْمِ). طَنّانٌ؛ رَنّانٌ (أُسْلوبٌ)
tumo(u)r *n.* وَرَمٌ. وَرَمٌ خَبيثٌ
tumult *n.* شَغَبٌ؛ فِتْنَةٌ؛ إضْطِرابٌ. جَلَبَةٌ. نَوْبَةٌ
tumultuous *adj.* مُشاغِبٌ. مُضْطَرِبٌ
tun *n.* بِرْميلٌ لِلْخَمْرِ. مِقْياسٌ لِلسَوائِلِ (= ٢٥٢ غالونًا)
tuna *n.* سَمَكُ التُنِّ
tunable *adj.* مُتَناغِمٌ. قابِلٌ لِلدَوْزَنَةِ
tundra *n.* التونْدرا: سَهْلٌ أَجْرَدُ في المَناطِقِ القُطْبِيَّةِ
tune *n.; vt.* لَحْنٌ. مَقْطوعَةٌ موسيقِيَّةٌ. تَناغُمٌ. إنْسِجامٌ // يُدَوْزِنُ. يَضْبُطُ (المَوْجَةَ). يؤالِفُ
in — مُوافِقٌ
out of — نَشازٌ
tuneful *adj.* مُتآلِفُ النَغَماتِ. مُتَناغِمٌ. رَخيمٌ
tungsten *n.* التَنْجِسْتينُ: مَعْدِنٌ لِتَقْسِيَةِ الفولاذِ
tunic *n.* رِداءٌ طَويلٌ. سِتْرَةٌ. قَميصٌ. غِلالَةٌ. جِلْبابٌ
tuning fork *n.* الشَوْكَةُ المِرْنانَةُ؛ مِعْيارُ النَغَمِ
Tunisian *adj. & n.* تونُسِيٌّ
tunnel *n.; vt.* نَفَقٌ. سِرْدابٌ // يَشُقُّ نَفَقًا عَبْرَ. . .
tunny *n.* (*pl.* **-nies** *or* **-ny**) سَمَكُ التُنِّ
turban *n.* عِمامَةٌ؛ عَمْرَةٌ. قُبَّعَةٌ (نِسائِيَّةٌ) تُشْبِهُ العِمامَةَ
turbid *adj.* كَدِرٌ (نَهْرٌ). كَثيفٌ (غُيومٌ). مُشَوَّشٌ؛ مُضْطَرِبٌ (تَفْكيرٌ)
turbidity; turbidness *n.* كَدَرٌ. كَثافَةٌ. تَشَوُّشٌ
turbine *n.* التُرْبينَةُ؛ العَنَفَةُ؛ مُحَرِّكٌ يُدارُ بِالماءِ أَوِ البُخارِ
turbojet *n.* مُحَرِّكٌ تُرْبينِيٌّ نَفّاثٌ. طائِرَةٌ مُزَوَّدَةٌ بِمُحَرِّكٍ مُماثِلٍ
turbot *n.* التُرْسُ (سَمَكٌ)
turbulence; turbulency *n.* تَمَرُّدٌ. شَغَبٌ. فِتْنَةٌ. إضْطِرابٌ
turbulent *adj.* مُضْطَرِبٌ. مُشاغِبٌ. عَنيفٌ. هائِجٌ؛ مُهْتاجٌ
tureen *n.* طَبَقٌ أَوْ وِعاءُ الحَساءِ
turf *n.; vt.* طَبَقَةُ التُرابِ العُلْيا. مَرْجٌ. حَلْبَةُ السِباقِ. السِباقُ // يَكْسو بِالأَعْشابِ. يَطْرُدُ
turfy *adj.* خُثِّيٌّ. مُعْشَوْشِبٌ
turgid *adj.* مُتَوَرِّمٌ؛ مُنْتَفِخٌ. طَنّانٌ (أُسْلوبٌ)
turkey *n.* ديكٌ روميٌّ. إخْفاقٌ
turkey hen *n.* دَجاجَةٌ روميَّةٌ أو حَبَشِيَّةٌ
Turkish *adj. & n.* تُرْكِيٌّ // اللُغَةُ التُرْكِيَّةُ
turmoil *n.* إضْطِرابٌ؛ إهْتِياجٌ
turn *vt.; i.; n.* يُديرُ. يُقَلِّبُ. يُحَرِّكُ. يُدَوِّخُ. يُحَوِّلُ. يَدورُ حَوْلَ. يُثيرُ. يُحَرِّضُ عَلى / يَرْتَدُّ. يَنْعَطِفُ. يَتَحَوَّلُ // دَورانٌ. إنْعِطافٌ؛ إنْحِرافٌ. زاوِيَةٌ. جَوْلَةٌ. نَوْبَةُ عَمَلٍ. مُباراةٌ. دَوْرٌ. مَطْلَبٌ. تَحَوُّلٌ. مَيْلٌ؛ إتِّجاهٌ؛ نَزْعَةٌ. صَدْمَةٌ
— aside يُبْعِدُ. يُبَدِّلُ الإتِّجاهَ
— away يَصْرِفُ؛ يَطْرُدُ
— back يَرُدُّ. يُرْجِعُ
— down يَطْوي قَبَّةً. يَرْفُضُ
— from يُحَوِّلُ عَنْ

— in يَأوي إلى الفِراش
— into يَتحوَّلُ إلى . يُحوِّلُ إلى
— off يُقْفِلُ . يوقِفُ (المُحرِّك) . يُغَيِّرُ وُجْهَةَ سَيْرِهِ
— on يَفْتَحُ . يُديرُ (المُحرِّكَ) . يُثيرُ (المَشاعِرَ) . يُؤَثِّرُ في
— out يَطْرُدُ . يَمْنَعُ
— over يَقْلِبُ . يُقَلِّبُ . يَتَقَلَّبُ
— round يَسْتَديرُ
— tail يَهْرُبُ
— to يَنْكَبُّ على العَمَلِ . يَلْتَفِتُ
— up يَظْهَرُ ؛ يَبْرُزُ . يُبْرِزُ
turncoat *n.* المُرْتَدُّ . المُتَخَلّي عَنِ العَقيدَةِ
turner *n.* الخَرّاطُ
turnery *n.* الخِراطَةُ
turning *n.* دَورانٌ . تَحَوُّلٌ . مُنْعَطَفٌ . خِراطَةٌ
turning point *n.* نُقْطَةُ التَحَوُّلِ أو الإنْعِطافِ
turnip *n.* لِفْتٌ
turnkey *n.* السَجّانُ
turn-out *n.* إضْرابُ (العُمّالِ) . إجْتِماعٌ . جِهازٌ . إنْتاجٌ (صافٍ)
turn-over *n.* إنْقِلابٌ . تَحْويلُ (مَبْلَغٍ مِنَ المالِ) . إعادَةُ تَنْظيمٍ . كَعْكَةٌ مُحَلاّةٌ . دَوْرَةُ رَأْسِ المالِ
turnpike *n.* بَوّابَةُ المُكوسِ . طَريقٌ رَئيسِيَّةٌ
turnstile *n.* البابُ الدَوّارُ
turn-table *n.* السَطْحُ الدَوّارُ . قُرْصُ الحاكي
turn-up *n.* ثَنْيَةُ البَنْطَلونِ
turpentine *n.* زَيْتُ التَرْبَنْتينِ
turpitude *n.* فَسادٌ ؛ دَناءَةٌ ؛ خِسَّةٌ
turquoise *n.* فَيْروزٌ . لَوْنٌ أزْرَقُ فَيْروزِيٌّ
turret *n.* بُرْجٌ في مَبْنًى أوْ دَبّابَةٍ . أداةُ تَصْويرٍ
turtle *n.* سُلَحْفاةٌ
turtle-dove *n.* قُمْرِيَّةٌ (طائِرٌ يُشْبِهُ الحَمامَ)
turves *n.* (*pl.* of **turf**)
tusk *n.* نابٌ . عاجٌ
tussle *n.*; *vi.* صِراعٌ . مُشادَّةٌ // يَتعارَكُ
tutelage *n.* وِصايَةٌ ؛ إرْشادٌ . نُفوذٌ . تَأْثيرٌ
tutelary *adj.* الوَصِيُّ ؛ الحارِسُ
tutor *n.*; *vt.* مُعَلِّمٌ ؛ مُرْشِدٌ ؛ مُدَرِّسٌ // يُعَلِّمُ ؛ يُرْشِدُ ؛ يُدَرِّسُ . يُدَرِّبُ . يَضْبُطُ
tutorial *adj.* تَعْليمِيٌّ ؛ تَدْريسِيٌّ ؛ إرْشادِيٌّ
twaddle *n.*; *vi.* ثَرْثَرَةٌ ؛ هَذَرٌ // يُثَرْثِرُ
twain *n.* إثْنانِ ؛ زَوْجٌ
twang *n.*; *vt.*; *i.* رَنينٌ . طَعْمٌ ؛ نَكْهَةٌ . مَسْحَةٌ . أثَرٌ . لَهْجَةٌ // يُرِنُّ . يَنْقُرُ الوَتَرَ / يَتَكَلَّمُ بِخُنَّةٍ مِنَ الأنْفِ
tweak *vt.* يَقْرُصُ الأنْفَ أوِ الأُذُنَ
tweed *n.* نَسيجٌ صوفِيٌّ خَشِنٌ
tweezer(s) *n.* مِلْقَطٌ صَغيرٌ لِنَتْفِ الشَعْرِ
twelfth *adj.*; *n.* ثاني عَشَرَ . مُؤَلَّفٌ جُزْءًا مِنْ ١٢ // الثانِيَ عَشَرَ ؛ جُزْءٌ مِنْ ١٢
twelve *adj.*; *n.* إثْنا عَشَرَ ؛ إثْنَتا عَشْرَةَ
twelvemonth *n.* عامٌ ؛ سَنَةٌ ؛ حَوْلٌ
twentieth *adj.*; *n.* العِشْرونَ
twenty *adj.*; *n.* عِشْرونَ
twice *adv.* مَرَّتَيْنِ ؛ ضِعْفُ (الثَمَنِ)
twiddle *vi.*; *t.* يَتَلَهّى بالتَوافِهِ / يَفْتِلُ
twig *n.* غُصْنٌ صَغيرٌ . زِيٌّ ؛ موضَةٌ
twilight *adj.*; *n.* شَفَقِيٌّ // الشَفَقُ . الغَسَقُ
twill *n.* نَسيجٌ قُطْنِيٌّ
twin *adj.*; *n.* تَوْأَمِيٌّ . مُزْدَوِجٌ // التَوْأَمُ
twine *n.*; *vt.*; *i.* خَيْطٌ قِنَّبٌ . خَيْطٌ مَصيصٌ . فَتْلٌ . جَدْلَةٌ // يُجَدِّلُ . يَلُفُّ / يَلْتَفُّ
twinge *n.*; *vt.*; *i.* وَخْزٌ ؛ ألَمٌ حادٌّ مُفاجِئٌ // يَخِزُ / ...

twinkle 404

يَشْعُرُ بِأَلَمٍ حادٍّ مُفاجِئٍ

twinkle *vi.* يُومِضُ. تَطْرِفُ العَيْنُ. يَتَلأْلأُ

twinkling *adj.; n.* وامِضٌ؛ مُتَلأْلِئٌ // طَرْفَةُ عَيْنٍ. لَحْظَةٌ

twirl *vi.; t.; n.* يَدورُ؛ يَبْرُمُ / يُديرُ؛ يُدَوِّرُ // دَوَرانٌ؛ تَدْويرٌ. لَفَّةٌ

twist *vt.; i.; n.* يَجْدِلُ؛ يَفْتِلُ. يُشَوِّهُ؛ يُحَرِّفُ / يَتَلَوّى. يَدورُ // خَيْطٌ؛ حَبْلٌ. لَفَّةٌ. فَتْلٌ؛ جَدْلٌ. رَقْصَةُ التويستِ

twister *n.* إعْصارٌ

twit *vt.* يُعيبُ؛ يُعَيِّرُ. يَلومُ

twitch *n.; vt.; i.* إنْتِزاعٌ. نَشْلٌ. إنْتِفاضٌ؛ إرْتِعاشٌ // يَنْتَزِعُ؛ يَنْشِلُ / يَنْتَفِضُ. يَرْتَعِشُ

twitter *vi.; t.; n.* يُغَرِّدُ. يُثَرْثِرُ. يَلْغو. يَرْتَجِفُ / يَهُزُّ // تَغْريدٌ؛ ثَرْثَرَةٌ. لَغْوٌ. إرْتِجافٌ. هَذَرٌ

two *adj.; n.* إثْنَتانِ؛ إثْنانِ

two-edged *adj.* ذو حَدَّيْنِ

two-faced *adj.* مُراءٍ؛ مُخادِعٌ

twofold *adj.* مُضاعَفٌ. ثُنائِيٌّ

two-stroke *adj.* ذو مَرْحَلَتَيْنِ

two-way *adj.* ثُنائِيُّ الإتِّجاهِ

tycoon *n.* زَعيمٌ قَوِيٌّ. مَلِكٌ مِنْ مُلوكِ المالِ

tyke *n.* كَلْبٌ

tympanic membrane *n.* غِشاءُ طَبْلَةِ الأُذُنِ

tympanum *n.* (*pl.* **-na** *or* **-nums**) طَبْلَةُ الأُذُنِ

type *n.; vt.* نَموذَجٌ. سِمَةٌ. طِرازٌ؛ نَمَطٌ. ضَرْبٌ؛ نَوْعٌ. رَمْزٌ؛ مِثالٌ. ميزَةٌ // يَرْمُزُ إلى. يُمَثِّلُ. يَطْبَعُ (عَلى الآلَةِ الكاتِبَةِ). يُصَنِّفُ

typesetter *n.* مُنَضِّدُ الحُروفِ المَطْبَعِيَّةِ

typewrite *vt.; i.* يَطْبَعُ عَلى الآلَةِ الكاتِبَةِ

typewriter *n.* الآلَةُ الكاتِبَةُ. الطابِعُ عَلى الآلَةِ الكاتِبَةِ

typewriting *n.* الطَّبْعُ عَلى الآلَةِ الكاتِبَةِ

typhoid *adj.; n.* مُتَعَلِّقٌ بِالتيفوسِ أَوِ التيفوئيدِ // مَرَضُ التيفوئيدِ

typhoon *n.* إعْصارٌ إسْتِوائِيٌّ

typhus *n.* التيفوسُ: حُمّى صَفْراءُ

typic(al) *adj.* نَموذَجِيٌّ

typify *vt.* يُمَثِّلُ؛ يُصَوِّرُ. يَرْمُزُ إلى. يُجَسِّدُ

typing *n.* الضَّرْبُ عَلى الآلَةِ الكاتِبَةِ

typist *n.* الضارِبُ أَوِ الضارِبَةُ عَلى الآلَةِ الكاتِبَةِ

typographer *n.* مُنَضِّدُ الحُروفِ. الطابِعُ

typography *n.* الطِباعَةُ. أُسْلوبُ الطِباعَةِ

tyrannic(al) *adj.* إسْتِبْدادِيٌّ. مُسْتَبِدٌّ؛ طاغٍ

tyrannize *vi.* يَسْتَبِدُّ. يَظْلِمُ؛ يَضْطَهِدُ

tyrannous *adj.* إسْتِبْدادِيٌّ؛ مُضْطَهِدٌ

tyranny *n.* الحُكْمُ الإسْتِبْدادِيُّ. طُغْيانٌ. إسْتِبْدادٌ

tyrant *n.* الطاغِيَةُ. المُسْتَبِدُّ

tyre *n.* إطارٌ؛ دولابٌ؛ عَجَلَةٌ

tyro *n.* المُبْتَدِئُ؛ القَليلُ الخِبْرَةِ

tzar *or* **tsar** *n.* الإمْبَراطورُ؛ القَيْصَرُ. لَقَبُ أباطِرَةِ روسيا

U

U; u *n.* الحَرْفُ الحادي وَالعِشْرونَ مِنَ الأَبْجَدِيَّةِ الإنْكليزيَّةِ

ubiquitous *adj.* كُلِّيُّ الوُجودِ

ubiquity *n.* كُلِّيَّةُ الوُجودِ؛ حُضورٌ في كُلِّ مَكانٍ

udder *n.* ضَرْعٌ؛ ثَدْيٌ (البَقَرَةِ؛ العَنْزِ؛ ...)

ugliness *n.* قُبْحٌ؛ بَشاعَةٌ؛ شَناعَةٌ

ugly *adj.* قَبيحٌ؛ بَشِعٌ. مُرَوِّعٌ. كَريهٌ. شَنيعٌ. نَكِدٌ

ukase *n.* مَرْسومٌ (قَيْصَرِيٌّ)

Ukrainian *adj. & n.* أوكرانيٌّ

ukulele *n.* قيثارَةٌ بُرْتُغاليَّةٌ

ulcer *n.* قَرْحٌ؛ قَرْحَةٌ. تَأْثيرٌ مُفْسِدٌ

ulcerate *vt.; i.* يُقَرِّحُ / يَتَقَرَّحُ (الجُرْحُ)

ulceration *n.* تَقَرُّحٌ؛ تَكَوُّنُ القَرْحِ. قَرْحَةٌ

ulcerous *adj.* مُتَقَرِّحٌ. قَرْحِيٌّ (جُرْحٌ)

ullage *n.* النَّقْصُ في زُجاجَةٍ

ulna *n.* عَظْمُ الزَّنْدِ

ulterior *adj.* لاحِقٌ؛ تالٍ. خَفِيٌّ. أَقْصى؛ أَبْعَدُ

— motive حافِزٌ خَفِيٌّ

ultimate *adj.* أَقْصى. مُطْلَقٌ. نِهائِيٌّ. جَوْهَرِيٌّ

ultimately *adv.* أَخيرًا. في الأَساسِ. جَوْهَرِيًّا

ultimatum *n.* (*pl.* **-s** *or* **-ta**) إِنْذارٌ أَو بَلاغٌ نِهائِيٌّ

ultimo (abbr. **ult**) *adv.* في أَو مِنَ الشَّهْرِ المُنْصَرِمِ

ultra *n.* مُتَطَرِّفٌ

ultra- *pref.* بادِئَةٌ مَعْناها: فَوْقَ. مُغالٍ في

ultramarine *adj.; n.* لازَوَرْدِيٌّ // لَوْنٌ لازَوَرْدِيٌّ

ultramodern *adj.* عَصْرِيٌّ جِدًّا؛ فائِقُ الحَداثَةِ

ultramundane *adj.* واقِعٌ وَراءَ العالَمِ

ultrasonic *adj.* فَوْقَ السَّمْعِيِّ أَوِ الصَّوْتِيِّ

ultraviolet *adj.* فَوْقَ البَنَفْسَجِيِّ (إِشْعاعٌ)

ululate *vi.* يَنْبَحُ؛ يُعْوِلُ. يُوَلْوِلُ

umber *n.; adj.* صِباغٌ بُنِّيٌّ مُصْفَرٌّ // بُنِّيٌّ ضارِبٌ إِلى الصُّفْرَةِ

umbilical *adj.* سُرِّيٌّ؛ مُتَعَلِّقٌ بِالسُّرَّةِ

— cord *n.* الحَبْلُ السُّرِّيُّ

umbrage *n.* إِمْتِعاضٌ؛ إِسْتِياءٌ. رِيْبَةٌ. ظِلٌّ

umbrageous *adj.* ظَليلٌ. مُسْتاءٌ

umbrella *n.* مِظَلَّةٌ. شَمْسِيَّةٌ

umpire *n.; vt.* حَكَمٌ // يَحْكُمُ؛ يَفْصِلُ في نِزاعٍ

unabated *adj.* غَيْرُ خامِدٍ

unable *adj.* عاجِزٌ؛ غَيْرُ قادِرٍ

unabridged *adj.* كامِلٌ؛ غَيْرُ مُخْتَصَرٍ

unacceptable *adj.* غَيْرُ مَقْبولٍ

unaccommodating *adj.* غَيْرُ مُجَهَّزٍ؛ غَيْرُ مُزَوَّدٍ بِأَسْبابِ الراحَةِ. يَصْعُبُ التَّعامُلُ مَعَهُ

unaccompanied *adj.* غَيْرُ مَصْحوبٍ أَو مُرافَقٍ. مُنْفَرِدٌ (عَزْفٌ)

unaccountable *adj.* غامِضٌ؛ غَيْرُ قابِلٍ لِلتَّعْليلِ

unaccustomed *adj.* غَيْرُ مُعْتادٍ. غَريبٌ؛ غَيْرُ مَأْلوفٍ (صَمْتٌ)

unadopted *adj.* غَيْرُ مُتَبَنًّى. غَيْرُ مُعْتَمَدٍ

unadulterated *adj.* نَقِيٌّ؛ صافٍ

unadvised *adj.* قَليلُ الفِطْنَةِ. مُتَهَوِّرٌ. طائِشٌ

unadvisedly *adv.* بِطَيْشٍ؛ بِتَهَوُّرٍ

unaffected *adj.* غَيْرُ مُتَأَثِّرٍ بِـ. صادِقٌ. غَيْرُ

مُتَكَلِّفٍ. بَسيطٌ

unafraid *adj.* غَيْرُ خائِفٍ أَوْ وَجِلٍ

unaided *adj.* وَحيدٌ؛ لا مُعينَ لَهُ

unallowable *adj.* غَيْرُ مَسْموحٍ بِهِ. غَيْرُ مَقْبولٍ

unalloyed *adj.* صِرْفٌ؛ خالِصٌ. غَيْرُ مَشوبٍ

unalterable *adj.* راسِخٌ؛ غَيْرُ قابِلٍ لِلتَغْييرِ

unanimity *n.* إِجْماعٌ؛ إتِّفاقٌ (آراءٍ)

unanimous *adj.* إِجْماعِيٌّ. مُجْمِعٌ. شامِلٌ

unanswerable *adj.* قاطِعٌ (دَليلٌ). مُفْحِمٌ

unappetizing *adj.* غَيْرُ مُثيرٍ لِلْقابِلِيَّةِ

unarmed *adj.* أَعْزَلُ؛ غَيْرُ مُسَلَّحٍ

unasked *adj.* تِلْقائِيٌّ (عَمَلٌ)؛ غَيْرُ مَطْلوبٍ

unassuming *adj.* مُتَواضِعٌ؛ غَيْرُ مُدَّعٍ

unattached *adj.* مُنْفَصِلٌ. مُسْتَقِلٌّ. أَعْزَبُ

unauthorized *adj.* غَيْرُ مُرَخَّصٍ بِهِ

unavailable *adj.* غَيْرُ مُتوافِرٍ

unavailing *adj.* غَيْرُ مُجْدٍ؛ لا طائِلَ تَحْتَهُ

unavoidable *adj.* مَحْتومٌ؛ لا مَفَرَّ مِنْهُ

unaware *adj.* جاهِلٌ؛ غافِلٌ عَنْ

unawares *adv.* لا شُعورِيًّا. عَلى حينِ غِرَّةٍ

unbacked *adj.* غَيْرُ مَدْعومٍ (إِقْتِراحٌ؛ عَرْضٌ). لَمْ يُراهَنْ عَلَيْهِ (جَوادٌ في سِباقٍ)

unbalanced *adj.* غَيْرُ مُتَوازِنٍ. مُضْطَرِبُ العَقْلِ

unbar *vt.* يُزيلُ الحَواجِزَ. يَرْفَعُ المِزْلاجَ؛ يَفْتَحُ

unbearable *adj.* لا يُطاقُ (تَصَرُّفٌ). شاقٌّ

unbeatable *adj.* لا يُقْهَرُ؛ لا يُهْزَمُ

unbeaten *adj.* غَيْرُ مَهْزومٍ. غَيْرُ مَسْحوقٍ. غَيْرُ مَطْروقٍ. غَيْرُ مُحَطَّمٍ (رَقْمٌ قِياسِيٌّ)

unbecoming *adj.* غَيْرُ لائِقٍ (ثَوْبٌ)

unbelief *n.* شَكٌّ. كُفْرٌ

unbelievable *adj.* لا يُصَدَّقُ

unbeliever *n.* الكافِرُ؛ المُتَشَكِّكُ

unbelieving *adj.* شاكٌّ. غَيْرُ مُؤْمِنٍ

unbend *vt.; i.irr.* يُقَوِّمُ. يُرْخي. يَفُكُّ / يَسْتَرْخي. يَسْتَقيمُ

unbending *adj.* لا يَنْثَني؛ صُلْبٌ. مُتَحَفِّظٌ

unbias(s)ed *adj.* عادِلٌ؛ غَيْرُ مُتَحَيِّزٍ

unbidden *adj.* مِنْ تِلْقاءِ نَفْسِهِ. غَيْرُ مَطْلوبٍ

unbind *vt.irr.* يَفُكُّ؛ يَحُلُّ

unblushing *adj.* بِدونِ خَجَلٍ أَو حَياءٍ

unbolt *vt.* يَفْتَحُ؛ يَرْفَعُ المِزْلاجَ

unborn *adj.* لَمْ يولَدْ بَعْدُ. مُقْبِلٌ

unbosom *vt.* يَفْتَحُ قَلْبَهُ. يَكْشِفُ عَنْ. يَبوحُ بِسِرٍّ. يُبْدي لِلْعِيانِ

unbound *adj.* غَيْرُ مُقَيَّدٍ. غَيْرُ مُجَلَّدٍ (كِتابٌ)

unbounded *adj.* غَيْرُ مَحْدودٍ (طُموحٌ). مُطْلَقٌ

unbridle *vt.* يَنْزِعُ اللِجامَ؛ يُطْلِقُ العِنانَ لِـ

unbroken *adj.* غَيْرُ مَكْسورٍ. صَحيحٌ. تامٌّ. مُتَواصِلٌ. مُنَظَّمٌ. غَيْرُ مُرَوَّضٍ (جَوادٌ). غَيْرُ مُحَطَّمٍ (رَقْمٌ قِياسِيٌّ)

unbuckle *vt.* يَفُكُّ الإِبْزيمَ

unburden *vt.* يُزيلُ العِبْءَ. يُفْضي الهُمومَ

unbutton *vt.* يَفُكُّ الأَزْرارَ

uncalled *adj.* غَيْرُ مَدْعُوٍّ

uncalled-for *adj.* غَيْرُ ضَروريٍّ. لا لُزومَ لَهُ

uncanny *adj.* غَريبٌ. خارِقٌ؛ خَفِيٌّ؛ غامِضٌ

uncared-for *adj.* مُهْمَلٌ

unceasing *adj.* مُتَواصِلٌ. غَيْرُ مُنْقَطِعٍ

uncensored *adj.* غَيْرُ مُراقَبٍ

unceremonious *adj.* غَيْرُ رَسْمِيٍّ. جافٌّ. فَظٌّ

uncertain *adj.* غَيْرُ أَكيدٍ. مَشْكوكٌ فيهِ. غامِضٌ

uncertainty *n.* رَيْبٌ. شَيْءٌ مَشْكوكٌ فيهِ

unchain *vt.* يَحُلُّ السَلاسِلَ أو القُيودَ
unchangeable *adj.* ثابتٌ؛ غَيْرُ قابلٍ لِلتَغْيير
unchanged *adj.* ثابتٌ؛ لا يَتَغَيَّرُ
unchanging *adj.* ثابتٌ؛ غَيْرُ مُتَبَدِّلٍ
uncharitable *adj.* قاسٍ . غَيْرُ مُتسامحٍ
uncharted *adj.* غَيْرُ مُكْتَشَفٍ؛ مَجْهولٌ. غَيْرُ مُدَوَّنٍ عَلى خَريطَةٍ
unchaste *adj.* غَيْرُ عَفيفٍ. تَنْقُصُهُ الطَهارَةُ
unchecked *adj.* غَيْرُ مُدَقَّقٍ فيهِ. غَيْرُ مَكْبوتٍ
unchristian *adj.* غَيْرُ مَسيحيّ
uncircumcised *adj.* غَيْرُ مُطَهَّرٍ؛ غَيْرُ مَخْتونٍ
uncivil *adj.* فَظٌّ. قَليلُ الأدَبِ
uncivilized *adj.* غَيْرُ مُتَمَدِّنٍ. هَمَجيٌّ
unclaimed *adj.* غَيْرُ مَطْلوبٍ
unclasp *vt.* يَحُلُّ؛ يَفُكُّ
unclassified *adj.* غَيْرُ مُصَنَّفٍ أو مُرَتَّبٍ
uncle *n.* العَمُّ. الخالُ. زَوْجُ العَمَّةِ. زَوْجُ الخالَةِ
unclean *adj.* قَذِرٌ. نَجِسٌ. غَيْرُ طاهِرٍ
unclench *vt.; i.* يُرْخي قَبْضَتَهُ. يُفْلِتُ / تَرْتَخي
Uncle Sam *n.* صِفَةٌ مُجَسِّدَةٌ لِلْولاياتِ المُتَّحِدَةِ الأميركيَّةِ
uncloak *vt.* يَكْشِفُ. يَنْزَعُ الغِطاءَ
unclose *vt.* يَفْتَحُ. يُفْشي. يَبوحُ (بِسِرّ)
unclothe *vt.* يُعَرّي؛ يُجَرِّدُ مِنَ المَلابِسِ. يَكْشِفُ
unclouded *adj.* وَضّاءٌ؛ صافٍ (بَهْجَةٌ؛ سُرورٌ). بِلا غُيومٍ
uncoil *vt.; i.* يَبْسُطُ. يَحُلُّ؛ يَفُكُّ / يَنْحَلُّ؛ يَنْفَكُّ
uncombed *adj.* أشْعَثُ. غَيْرُ مُمَشَّطٍ (الشَعْرُ)
uncomfortable *adj.* غَيْرُ مُريحٍ. مُتَضايِقٌ
uncommitted *adj.* غَيْرُ مُلْتَزِمٍ. مُسْتَقِلٌّ
uncommon *adj.* غَيْرُ مَألوفٍ. رائِعٌ. إسْتِثْنائيٌّ
uncommunicative *adj.* مُتَحَفِّظٌ. صامِتٌ
uncompleted *adj.* غَيْرُ مُكْتَمِلٍ. ناقِصٌ
uncomplimentary *adj.* إزْدِرائيٌّ. مُنْتَقِصٌ مِنْ قَدْرِ الغَيْرِ
uncompromising *adj.* عَنيدٌ. مُتَصَلِّبٌ
unconcern *n.* لامُبالاةٌ
unconcerned *adj.* غَيْرُ مُبالٍ
unconditional *adj.* تامٌّ. مِنْ دونِ قَيْدٍ أو شَرْطٍ
unconfined *adj.* غَيْرُ مُحَدَّدٍ أوْ مُقَيَّدٍ
unconfirmed *adj.* غَيْرُ مُثَبَّتٍ. غَيْرُ مُصَدَّقٍ عَلَيْهِ
unconnected *adj.* غَيْرُ مَوْصولٍ أو مُرْتَبِطٍ
unconquerable *adj.* لا يُقْهَرُ؛ لا يُغْلَبُ (إرادَةٌ)
unconquered *adj.* عاصٍ . مُتَمَرِّدٌ
unconscionable *adj.* غَيْرُ مَعْقولٍ . مُفْرِطٌ
unconscious *adj.; n.* لاواعٍ . مُغْمًى عَلَيْهِ. غَيْرُ مَقْصودٍ (تَصَرُّفٌ) // اللاوَعْيُ. العَقْلُ الباطِنُ
unconsecrated *adj.* غَيْرَ مُكَرَّسٍ
unconsidered *adj.* غَيْرُ جَديرٍ بالإعْتِبارِ. غَيْرُ مَدْروسٍ (كَلامٌ)
unconstitutional *adj.* غَيْرُ دُسْتوريّ . مُخالِفٌ لِلْدُسْتورِ
uncontrollable *adj.* مُتَعَذِّرٌ ضَبْطُهُ أو مُراقَبَتُهُ
uncontrolled *adj.* بِدونِ مُراقَبَةٍ. غَيْرُ مَضْبوطٍ
unconventional *adj.* غَيْرُ تَقْليديّ أو عاديّ
unconvinced *adj.* غَيْرُ مُقْتَنِعٍ
uncork *vt.* يَنْزَعُ السِدادَةَ. يُحَرِّرُ. يُطْلِقُ
uncorrected *adj.* غَيْرُ مُصَحَّحٍ (تَمْرينٌ؛ مَسْألَةٌ)
uncorrupted *adj.* نَزيهٌ؛ غَيْرُ مُرْتَشٍ
uncounted *adj.* لا يُعَدُّ. غَيْرُ مَعْدودٍ
uncouple *vt.* يَفْصِلُ. يَفُكُّ
uncouth *adj.* فَظٌّ؛ أخْرَقُ (تَصَرُّفٌ)

uncover *vt.* يَكْشِفُ (الغِطاءَ؛ السِرَّ). يُعَرّي. يَجْعَلُهُ عُرْضَةً لِلْهَجَماتِ
unction *n.* مَرْهَمٌ. زَيْتٌ. مَسْحٌ بِالزَيْتِ (تَقْليدٌ دينيٌّ). طَلاوَةٌ (في الحَديثِ)
unctuous *adj.* زَيْتيٌّ. دُهْنيٌّ. مِطْواعٌ. مُتَمَلِّقٌ
uncurl *vt.; i.* يَسْدُلُ / يَنْسَدِلُ الشَعْرُ
uncustomary *adj.* غَيْرُ مَألوفٍ. لا عُرْفيٌّ
uncut *adj.* غَيْرُ مَقْصوصٍ. غَيْرُ مُخْتَصَرٍ
undated *adj.* غَيْرُ مُؤَرَّخٍ
undaunted *adj.* شُجاعٌ؛ باسِلٌ؛ مِقْدامٌ
undeceive *vt.* يُنَوِّرُ. يُحَرِّرُ
undecided *adj.* مُتَرَدِّدٌ؛ غَيْرُ عاقِدِ العَزْمِ؛ مُتَحَيِّرٌ
undeclared *adj.* (بَضائِعُ) غَيْرُ مُصَرَّحٍ بِها (لَدى الجَمارِكِ). غَيْرُ مُعْلَنَةٍ (حَرْبٌ)
undefined *adj.* غَيْرُ مُحَدَّدٍ. غَيْرُ مَحْدودٍ
undeniable *adj.* لا يُنْكَرُ. لا يُجْحَدُ
under *adj.; adv.; prep.* سُفْليٌّ. ثانٍ؛ ثانَويٌّ // فما دونَ. تَحْتَ // تَحْتَ. دونَ. أَقَلُّ
underage *adj.* قاصِرٌ. تَحْتَ السِنِّ القانونيَّةِ
underbid *vt.irr.* يُراهِنُ بِمَبْلَغٍ أَقَلَّ
under-carriage *n.* عَجَلاتُ الهُبوطِ (في الطائِرَةِ)
underclothes *n.pl.* المَلابِسُ الداخِليَّةُ
undercover *adj.* سِرّيٌّ (عَميلٌ)
undercurrent *n.* تَيّارٌ مائيٌّ تَحْتيٌّ. تَأْثيرٌ خَفيٌّ
undercut *n.; vt.irr.* قَطْعُ الجُزْءِ الأَسْفَلِ. فَتيلَةُ بَقَرٍ // يُخَفِّضُ الأَسْعارَ. يَعْرِضُ سِلْعَةً بِسِعْرٍ أَقَلَّ
under-developed *adj.* مُتَخَلِّفٌ (بَلَدٌ). ناقِصُ النُموِّ (عَضَلٌ)
underdo *vt.* يَطْهو اللَحْمَ مِنْ غَيْرِ أَنْ يُنْضِجَهُ
under-dog *n.* الخاسِرُ. ضَحيَّةُ الظُلْمِ
underdone *adj.* غَيْرُ ناضِجٍ (لَحْمٌ)
under-estimate *vt.* يَسْتَخِفُّ بِـ. يَبْخَسُ
underexpose *vt.* يُعَرِّضُ لِلنورِ مُدَّةً أَقَلَّ مِنَ اللُزومِ (فيلْمًا)
underfeed *vt.* يُسيءُ التَغْذيَةَ
underfelt *n.* قُماشٌ غَليظٌ مِنْ وَبَرِ البَقَرِ
underfoot *adv.* تَحْتَ الأَقْدامِ
undergarment *n.* لِباسٌ داخِليٌّ
undergo *vt.irr.* يَتَحَمَّلُ؛ يُقاسي. يَخْضَعُ لِـ
undergraduate *n.* الطالِبُ الجامِعيُّ قَبْلَ تَخَرُّجِهِ
underground *adj.; n.; adv.* سِرّيٌّ. واقِعٌ تَحْتَ الأَرْضِ // قِطارٌ يَسيرُ تَحْتَ الأَرْضِ. حَرَكَةٌ سِرّيَّةٌ // تَحْتَ الأَرْضِ. سِرًّا
undergrowth *n.* دَغَلٌ. شُجَيْراتٌ
underhand *adj.; adv.* سِرّيٌّ. ماكِرٌ؛ مُخادِعٌ // سِرًّا. بِمَكْرٍ
underlie *vt.irr.* يَتَواجَدُ تَحْتَ؛ يَنامُ تَحْتَ. يَضَعُ أُسُسَ (نَظَريَّةٍ؛ تَصَرُّفٍ)
underline; underscore *vt.* يَضَعُ خَطًّا تَحْتَ الكَلِمَةِ. يُؤَكِّدُ
underling *n.* التابِعُ؛ المَرْؤوسُ
underlying *adj.* أَساسيٌّ. تَحْتيٌّ. ضِمْنيٌّ
undermentioned *adj.* المَذْكورُ أَدْناهُ
undermine *vt.* يُخَرِّبُ. يَحْفِرُ مَنْجَمًا أو نَفَقًا. يُنَقِّبُ. يُقَوِّضُ (الأُسُسَ). يُضْعِفُ تَدْريجيًّا (سُلْطَةً)
undermost *adj.* أَسْفَلُ. سُفْلى
underneath *prep.; adv.* تَحْتَ // في الأَسْفَلِ
undernourished *adj.* ناقِصُ التَغْذيَةِ
underpinning *n.* دِعامَةٌ. أَساسُ المَبْنى
underprivileged *adj.* فَقيرٌ. مُعْدِمٌ
underproduction *n.* قِلَّةُ الإِنْتاجِ. إِنْتاجٌ ثانَويٌّ
underrate *vt.* يَسْتَخِفُّ بِـ. يَبْخَسُ

underripe *adj.* فجٌّ ؛ غَيْرُ ناضِجٍ
underscore *vt.* see **underline**
undersecretary *n.* وَكيلُ الوِزارَةِ. السِكْرتيرُ الثاني
undersell *vt.irr.* يَبيعُ (السِلْعَةَ) بِسِعْرٍ أدْنى
undershirt *n.* قَميصٌ تَحْتيٌّ
underside *n.* الجُزْءُ السُفْليُّ
undersigned *adj.; n.* المُوَقِّعُ أدْناهُ
undersized *adj.* أصْغَرُ مِنَ الحَجْمِ العاديِّ ؛ قَزَمٌ
understand *vt.; i.irr.* يَفْهَمُ ؛ يُدْرِكُ. يَسْتَنْتِجُ. يَعْطِفُ عَلى
understanding *n.* فَهْمٌ ؛ إدْراكٌ ؛ تَمْييزٌ
understate *vt.* يُقَصِّرُ في وَصْفِ الحَقيقَةِ
understudy *n.* البَديلُ (في مَسْرَحِيَّةٍ)
undertake *vt.irr.* يَتَوَلّى ؛ يَأْخُذُ عَلى عاتِقِهِ. يَتعَهَّدُ. يَضْطَلِعُ بِـ
undertaker *n.* الحانوتيُّ
undertaking *n.* تَعَهُّدُ دَفْنِ المَوْتى
undertone *n.* صَوْتٌ خافِتٌ. نَبْرَةٌ خَفيفَةٌ. مَسْحَةٌ باطِنَةٌ (مِنَ الحُزْنِ، الكآبَةِ)
undervalue *vt.* يَبْخَسُ القيمَةَ ؛ يُقَدِّرُ بِأقَلَّ مِنَ الحَقيقَةِ
underwear *n.* ثيابٌ داخِلِيَّةٌ
underweight *n.; adj.* مِقْدارُ الوَزْنِ الناقِصُ عنِ الحَدِّ // دونَ الوَزْنِ المَطْلوبِ
underworld *n.* عالَمُ الرَذيلَةِ. الجَحيمُ
underwrite *vt.irr.* يُؤَمِّنُ عَلى يَضْمَنُ تَغْطِيَةَ إصْدارِ إحْدى الشَرِكاتِ
underwriter *n.* الضامِنُ (تَغْطِيَةَ إصْدارٍ). المُؤَمِّنُ لَدَيْهِ. مُؤَمِّنٌ بَحْريٌّ
undeserved *adj.* غَيْرُ عادِلٍ (حُكْمٌ) ؛ غَيْرُ مُسْتَحَقٍّ أوْ مُسْتَأْهَلٍ (جائِزَةٌ)
undesigning *adj.* سَليمُ النِيَّةِ ؛ ساذَجٌ
undesirable *adj.* غَيْرُ مَرْغوبٍ فيهِ
undetermined *adj.* غَيْرُ مُحَدَّدٍ
undeveloped *adj.* غَيْرُ مُتَطَوِّرٍ
undies *n.pl.* مَلابِسُ داخِلِيَّةٌ (نِسائِيَّةٌ)
undigested *adj.* غَيْرُ مَهْضومٍ (طَعامٌ)
undiminished *adj.* غَيْرُ مَنْقوصٍ. تامٌّ
undischarged *adj.* غَيْرُ مُفَرَّغَةٍ (بَضائِعُ). غَيْرُ مُسَدَّدٍ (دَيْنٌ). غَيْرُ مُبْرَإِ الذِمَّةِ
undisciplined *adj.* غَيْرُ مُنْضَبِطٍ. عاصٍ
undiscovered *adj.* غَيْرُ مُكْتَشَفٍ. مَجْهولٌ
undisputed *adj.* لا نِزاعَ عَلَيْهِ (حَقٌّ). غَيْرُ قابِلٍ لِلْجَدَلِ ؛ مُسَلَّمٌ بِهِ
undisturbed *adj.* مُرْتاحٌ ؛ مُطْمَئِنٌّ
undo *vt.irr.* يَحُلُّ ؛ يَفُكُّ. يُبْطِلُ (مَفْعولاً)
undoing *n.* هَلاكٌ. خِسارَةٌ. سَبَبُ الخَرابِ
undone *adj.* غَيْرُ مُنْجَزٍ. مُهْمَلٌ. مَفْكوكٌ
undoubted *adj.* لا شَكَّ فيهِ. لا جِدالَ حَوْلَهُ
undoubtedly *adv.* يَقينًا. مِنْ دونِ رَيْبٍ
undress *vi.; t.; n.* يَخْلَعُ ثِيابَهُ. يَتَعَرّى / يُعَرّي // عُرْيٌ. مَلابِسُ عادِيَّةٌ
undue *adj.* غَيْرُ مُسْتَحَقٍّ (دَيْنٌ). غَيْرُ مُلائِمٍ
undulate *vi.* يَتَمَوَّجُ
undulation *n.* تَمَوُّجٌ. مَوْجَةٌ
unduly *adv.* في غَيْرِ مَحَلِّهِ. عَلى نَحْوٍ غَيْرِ مُلائِمٍ
undying *adj.* خالِدٌ ؛ لا يَموتُ
unearth *vt.* يُخْرِجُ مِنْ باطِنِ الأرْضِ. يَكْتَشِفُ
unearthly *adj.* طاهِرٌ. غَيْرُ أرْضيٍّ. سَماويٌّ. روحيٌّ. خارِقٌ لِلطَّبيعَةِ. غامِضٌ ؛ مُخيفٌ (صُراخٌ)
uneasy *adj.* مُرْتَبِكٌ. قَلِقٌ. غَيْرُ مُسْتَقِرٍّ

uneducated *adj.* غَيْرُ مُثَقَّفٍ
unemotional *adj.* غَيْرُ عاطِفِيّ
unemployed *adj.; n.* عاطِلٌ عَنِ العَمَلِ . غَيْرُ مُوَظَّفٍ (رَأْسُ مالٍ) // العاطِلُ عَنِ العَمَلِ
unemployment *n.* البِطالَةُ
unendurable *adj.* غَيْرُ مُحْتَمَلٍ (أَلَمٌ)
un-English *adj.* غَيْرُ إنْكليزيّ . لا يَليقُ بِالإنْكليزِ
unequal *adj.* غَيْرُ مُتَساوٍ. مُتَفاوِتُ الجودَةِ (نَصٌّ). غَيْرُ كَفوءٍ
unequal(l)ed *adj.* لا يُضاهى . مُنْقَطِعُ النَظيرِ
unequivocal *adj.* بَيِّنٌ ؛ واضِحٌ ؛ لا لُبْسَ فيهِ. قاطِعٌ ؛ حاسِمٌ. غَيْرُ مُريبٍ أَوْ مَشْبوهٍ
unerring *adj.* مَعْصومٌ ؛ لا يُخْطِئُ. صَحيحٌ ؛ دَقيقٌ
uneven *adj.* مُتَفاوِتٌ. وَتْرِيٌّ (عَدَدٌ). غَيْرُ مُسْتَوٍ
uneventful *adj.* هادِئٌ. رَتيبٌ
unexaggerated *adj.* غَيْرُ مُبالَغٍ فيهِ
unexampled *adj.* لا مَثيلَ لَهُ ؛ فَذٌّ
unexceptionable *adj.* فَوْقَ كُلِّ انْتِقادٍ
unexpected *adj.* غَيْرُ مُتَوَقَّعٍ ؛ فُجائِيٌّ
unexpired *adj.* غَيْرُ مُنْقَضٍ أو مُنْتَهٍ
unexplained *adj.* غَيْرُ مُفَسَّرٍ أو مَشْروحٍ
unexploded *adj.* غَيْرُ مُنْفَجِرٍ
unexplored *adj.* غَيْرُ مُكْتَشَفٍ أو مَسْبورٍ
unextinguished *adj.* غَيْرُ مُطْفَأٍ أو خامِدٍ
unfadable *adj.* لا يَبْهَتُ لَوْنُهُ
unfailing *adj.* لا يَفْنى. ثابِتٌ. لا يَكِلُّ
unfair *adj.* جائِرٌ ؛ ظالِمٌ. غَيْرُ مُنْصِفٍ
unfaithful *adj.* غَدّارٌ. غَيْرُ مُخْلِصٍ. خائِنٌ
unfamiliar *adj.* غَيْرُ مَأْلوفٍ. غَريبٌ
— with غَيْرُ مُطَّلِعٍ عَلى. غَيْرُ مُعْتادٍ عَلى
unfasten *vt.* يَفُكُّ ؛ يَحُلُّ
unfathomable *adj.* لا يُدْرَكُ ؛ يَصْعُبُ فَهْمُهُ
unfavorable *adj.* غَيْرُ مُؤاتٍ
unfed *adj.* لَمْ يُغَذَّ ؛ لَمْ يُطْعَمْ
unfeeling *adj.* عَديمُ الشُعورِ. قاسي القَلْبِ
unfeigned *adj.* صادِقٌ. غَيْرُ مُتَكَلَّفٍ
unfetter *vt.* يُحَرِّرُ ؛ يُعْتِقُ
unfinished *adj.* ناقِصٌ ؛ غَيْرُ مُنْجَزٍ. غَيْرُ مَصْقولٍ
unfit *adj.* غَيْرُ مُناسِبٍ. غَيْرُ كَفوءٍ
unfix *vt.* يَفُكُّ ؛ يَحُلُّ. يُزَعْزِعُ
unfixed *adj.* غَيْرُ مُثَبَّتٍ ؛ مُزَعْزَعٌ
unfledged *adj.* بِدونِ ريشٍ ؛ لا يَسْتَطيعُ الطَيَرانَ (عُصْفورٌ). غِرٌّ ؛ قَليلُ الخِبْرَةِ (شَخْصٌ)
unfold *vt.; i.* يَنْشُرُ (صَحيفَةً مَطْوِيَّةً). يَفُضُّ. يَكْشِفُ. يَبْسُطُ / يَتَفَتَّحُ. يَنْمو. يَتَرَعْرَعُ
unforeseen *adj.* غَيْرُ مُتَوَقَّعٍ
unforgettable *adj.* لا يُنْسى ؛ عَميقُ الأَثَرِ
unforgotten *adj.* غَيْرُ مَنْسِيّ
unfortified *adj.* غَيْرُ مُحَصَّنٍ
unfortunate *adj.* قَليلُ الحَظِّ. تاعِسٌ. داعٍ لِلأَسَفِ (تَصَرُّفٌ)
unfounded *adj.* لا أَساسَ لَهُ. غَيْرُ مَبْنِيّ عَلى أَساسٍ. باطِلٌ (إشاعَةٌ)
unframed *adj.* بِدونِ إطارٍ
unfrequented *adj.* غَيْرُ مَطْروقٍ
unfriendly *adj.* عِدائِيٌّ ؛ غَيْرُ وُدِّيّ. فاتِرٌ
unfrock *vt.* يُجَرِّدُ كاهِنًا مِنْ رُتْبَتِهِ
unfruitful *adj.* عَقيمٌ ؛ غَيْرُ مُثْمِرٍ. غَيْرُ مُجْدٍ
unfulfilled *adj.* غَيْرُ مُنْجَزٍ أو مُنَفَّذٍ
unfurl *vt.* يَنْشُرُ (رايَةً ؛ أَشْرِعَةً). يُظْهِرُ ؛ يُبْدي
ungainly *adj.* أَخْرَقُ ؛ تَعوزُهُ البَراعَةُ

ungenerous *adj.* بَخيلٌ. حَقيرٌ. قاسٍ
ungodliness *n.* كُفْرٌ؛ إلْحادٌ
ungodly *adj.* شِرّيرٌ؛ آثِمٌ. غَيْرُ تَقيٍّ. مُلْحِدٌ. غَيْرُ مَعْقولٍ (تَوْقيتٌ)
ungovernable *adj.* صَعْبُ المِراسِ
ungraceful *adj.* يَفْتَقِرُ إلى الجَمالِ أوِ الرَشاقَةِ
ungracious *adj.* خَشِنُ الطِباعِ؛ فَظٌّ. غَليظٌ. كَريهٌ. قَبيحٌ
ungrateful *adj.* ناكِرُ الجَميلِ. بَغيضٌ (واجِبٌ)
unguarded *adj.* غَيْرُ مَحْمِيٍّ أو مُصانٍ. مَكْشوفٌ. غَيْرُ حَذِرٍ؛ طائِشٌ (كَلامٌ؛ شَخْصٌ)
unguent *n.* مَرْهَمٌ
ungulate *adj.* ذو ظِلْفٍ أو حافِرٍ (حَيَوانٌ)
unhallowed *adj.* غَيْرُ مُقَدَّسٍ أو مُكَرَّسٍ (أرْضٌ)
unhand *vt.* يَتْرُكُ. يُخَلّي. يُفْلِتُ
unhappiness *n.* تَعاسَةٌ؛ شَقاءٌ؛ حُزْنٌ؛ بُؤْسٌ
unhappy *adj.* تاعِسٌ؛ شَقيٌّ؛ حَزينٌ. كَريهٌ. كَئيبٌ. غَيْرُ مُلائِمٍ (تَوْقيتٌ)
unharness *vt.* يَنْزِعُ السَرْجَ أوِ العِدَّةَ عَنِ الحِصانِ
unhealthy *adj.* غَيْرُ صِحّيٍّ. ضارٌّ. فاسِدٌ
unheard *adj.* غَيْرُ مَسْموعٍ. غَيْرُ مَعْروفٍ
unheard-of *adj.* رائِعٌ؛ لا مَثيلَ لَهُ
unhinge *vt.* يُقْلِقُ. يُشَوِّشُ. يَرْفَعُ المِفْصَلاتِ
unhitch *vt.* يَفُكُّ؛ يَحُلُّ (الجَوادَ؛ الدابَّةَ)
unholy *adj.* غَيْرُ مُقَدَّسٍ. شِرّيرٌ. مُرَوِّعٌ
unhook *vt.* يَفُكُّ؛ يَحُلُّ (الزِرَّ). يَنْزِعُ مِنَ الشَنْكَلِ
unhoped (for) *adj.* مُفاجِئٌ؛ غَيْرُ مُتَوَقَّعٍ
unhorse *vt.* يَطْرَحُ عَنِ الحِصانِ. يَعْزِلُ مِنْ مَنْصِبٍ. يُطيحُ بِـ
unhurt *adj.* غَيْرُ مُصابٍ بِأذًى؛ سَليمٌ
unhygienic *adj.* غَيْرُ صِحّيٍّ

unicellular *adj.* أُحاديُّ الخَلِيَّةِ
unicorn *n.* أُحاديُّ القَرْنِ (حَيَوانٌ أُسْطوريٌّ)
unidentified *adj.* غَيْرُ مُحَدَّدٍ. مَجْهولُ الهُوِيَّةِ
— flying object (abrr. UFO) *or* flying saucer *n.* صَحْنٌ طائِرٌ
unification *n.* تَوْحيدٌ. إتِّحادٌ
uniform *adj.*; *n.* مُنْتَظِمٌ؛ مُتَّسِقٌ. مُتَماثِلٌ // بَذْلَةٌ؛ بِزَّةٌ
uniformity *n.* إنْتِظامٌ؛ إتِّساقٌ. تَماثُلٌ
unify *vt.* يُوَحِّدُ
unilateral *adj.* أُحاديُّ الجانِبِ
unimaginable *adj.* غَيْرُ مُمْكِنٍ تَخَيُّلُهُ
unimaginative *adj.* واقِعيٌّ؛ مَحْدودُ الخَيالِ
unimpaired *adj.* غَيْرُ فاسِدٍ. لَمْ يَصِلْ إلَيْهِ التَلَفُ
unimpeachable *adj.* مَوْثوقٌ بِهِ
unimportant *adj.* غَيْرُ هامٍّ. غَيْرُ ذي شَأْنٍ؛ تافِهٌ
unimpressed *adj.* غَيْرُ مُتَأَثِّرٍ
uninformed *adj.* غَيْرُ مُبَلَّغٍ
uninhabitable *adj.* غَيْرُ صالِحٍ لِلسَكَنِ
uninhabited *adj.* غَيْرُ مَسْكونٍ. مُقْفِرٌ. غَيْرُ مَأْهولٍ
uninitiated *adj.* غَيْرُ مُطَّلِعٍ. غَيْرُ مُدَرَّبٍ
uninspired *adj.* غَيْرُ مُلْهَمٍ. باهِتٌ
unintelligible *adj.* غامِضٌ. لا يُمْكِنُ فَهْمُهُ
unintentional *adj.* غَيْرُ مَقْصودٍ أو مُتَعَمَّدٍ
uninterested *adj.* غَيْرُ مُهْتَمٍّ بِـ
uninterrupted *adj.* غَيْرُ مُنْقَطِعٍ؛ مُتَواصِلٌ
union *n.* إتِّحادٌ. تَوْحيدٌ. زَواجٌ. وِئامٌ؛ إتِّصالٌ
trade — إتِّحادُ عُمّالٍ
unique *adj.* فَريدٌ. فَذٌّ. إسْتِثْنائيٌّ
unisex *adj.* مُلائِمٌ لِكِلَيْ الجِنْسَيْنِ (مَلابِسُ)

unison *n.* تناغُمٌ. إنْسِجامٌ
unit *n.* وَحْدَةٌ. فَرْدٌ. (الرَقْمُ) واحِدٌ
Unitarian *n. & adj.* مُوَحِّدٌ
unite *vt.; i.* يُوَحِّدُ. يَجْمَعُ / يَتَّحِدُ. يَتعاوَنُ
united *adj.* مُتَّحِدٌ. مُنْسَجِمٌ. مُتآلِفٌ
unity *n.* وَحْدَةٌ. إنْسِجامٌ. إتِّفاقٌ
universal *adj.* عالَميٌّ. عامٌّ. شامِلٌ؛ جامِعٌ. كَوْنيٌّ. كُلِّيٌّ
universality *n.* الكُلِّيَّةُ. الشُموليَّةُ. العالَميَّةُ
universal joint *or* **coupling** *n.* القارِنَةُ
universally *adv.* كَوْنيًّا؛ عالَميًّا. كُلِّيًّا
universe *n.* العالَمُ؛ الكَوْنُ. الأرْضُ وَسُكّانُها
university *n.* جامِعَةٌ. مَباني جامِعَةٍ
unjust *adj.* غَيْرُ عادِلٍ؛ جائِرٌ؛ ظالِمٌ
unkempt *adj.* غَيْرُ مُرَتَّبٍ؛ غَيْرُ مُمَشَّطٍ (شَعَرٌ)
unkind *adj.* فَظٌّ؛ قاسٍ؛ عَديمُ الشَفَقَةِ
unkindly *adj.; adv.* قاسٍ؛ فَظٌّ // بِقَسْوَةٍ؛ بِفَظاظَةٍ؛ بِخُشونَةٍ
unknit *vt.* يَحُلُّ. يَنْقُضُ (حِلْفًا)
unknown *adj.* غَيْرُ مَعْروفٍ. مَجْهولٌ (جُنْديٌّ)
unlace *vt.* يَفُكُّ الرِّباطَ
unlade *vt.; i.* يُفْرِغُ الحُمولَةَ
unlatch *vt.* يَفْتَحُ (المِزْلاجَ)
unlawful *adj.* غَيْرُ مَشْروعٍ؛ لا يُبيحُهُ القانونُ
unlearned *adj.* غَيْرُ مُثَقَّفٍ؛ جاهِلٌ
unleash *vt.* يُحَرِّرُ؛ يُطْلِقُ العِنانَ؛ يُفْلِتُ
unless *conj.* ما لَمْ. إلاّ. إلاّ إذا
unlettered *adj.* أُمّيٌّ؛ غَيْرُ مُثَقَّفٍ
unlike *adj.* مُخْتَلِفٌ عَنْ. غَيْرُ مُتَشابِهٍ. مُغايِرٌ
unlikely *adj.* بَعيدُ الإحْتِمالِ
unlimited *adj.* مُطْلَقٌ. غَيْرُ مَحْدودٍ. تامٌّ
unlined *adj.* غَيْرُ مُبَطَّنٍ
unlink *vt.* يَفْصِلُ؛ يَفُكُّ
unload *vt.* يُفَرِّغُ شِحْنَةَ (السَفينَةِ). يُفَرِّغُ الرَصاصَ مِنَ البُنْدُقيَّةِ. يُحَرِّرُ
unlock *vt.* يَفْتَحُ القُفْلَ. يُحَرِّرُ. يُطْلِقُ. يَحُلُّ الرُموزَ
unlooked-for *adj.* غَيْرُ مُرْتَقَبٍ أو مُتَوَقَّعٍ
unloose *vt.* يُرْخي. يُطْلِقُ. يَحُلُّ. يُحَرِّرُ
unloved *adj.* غَيْرُ مَحْبوبٍ
unlovely *adj.* بَغيضٌ. بَشِعٌ
unluckily *adv.* لِسوءِ الحَظِّ
unlucky *adj.* مَشْؤومٌ؛ مَنْحوسٌ. قَليلُ الحَظِّ
unmade *adj.* غَيْرُ مُرَتَّبٍ. غَيْرُ مَرْصوفٍ (طَريقٌ)
unman *vt.* يُثَبِّطُ العَزْمَ. يُزَعْزِعُ الثِقَةَ بِالنَفْسِ
unmanly *adj.* غَيْرُ مُتَمَتِّعٍ بِصِفاتِ الرُجولَةِ. جَبانٌ
unmannerly *adj.* فَظٌّ؛ خَشِنٌ؛ غَليظٌ
unmask *vi.; t.* يَخْلَعُ قِناعَهُ / يُزيلُ القِناعَ عَنْ. يَفْضَحُ
unmastered *adj.* غَيْرُ مُمْكِنٍ تَرْويضُهُ
unmatched *adj.* لا يُضاهى؛ فَريدٌ
unmeaning *adj.* لا مَعْنى لَهُ
unmeet *adj.* غَيْرُ لائِقٍ أو مُناسِبٍ
unmerciful *adj.* عَديمُ الرَحْمَةِ أو الشَفَقَةِ
unmindful *adj.* غافِلٌ عَنْ. غَيْرُ مُنْتَبِهٍ إلى
unmistakable *adj.* جَليٌّ؛ بَيِّنٌ؛ واضِحٌ. لا جَدَلَ حَوْلَهُ
unmitigated *adj.* غَيْرُ مُلَطَّفٍ. كامِلٌ
unmixed *adj.* خالِصٌ؛ صافٍ؛ صِرْفٌ
unmourned *adj.* غَيْرُ مَأسوفٍ عَلَيْهِ
unmoved *adj.* هادِئٌ. لا مُبالٍ. غَيْرُ مُتَأثِّرٍ. ثابِتٌ. باقٍ في مَحَلِّهِ

unnamed *adj.* غَيْرُ مُسَمّى ؛ مُغْفَلٌ ؛ مَجْهولٌ
unnatural *adj.* غَيْرُ طَبيعيّ . مُتَكَلَّفٌ
unnavigable *adj.* غَيْرُ صالِحٍ لِلْمِلاحَةِ
unnecessary *adj.* غَيْرُ ضَروريّ . غَيْرُ نافِعٍ
unnerve *vt.* يُثَبِّطُ العَزْمَ . يُفْقِدُ الشَجاعَةَ . يُثيرُ الأَعْصابَ
unnumbered *adj.* غَيْرُ مُرَقَّمٍ . لا يُعَدُّ
unobserved *adj.* غَيْرُ مَلْحوظٍ
unobtrusive *adj.* حَذِرٌ . مُتَحَفِّظٌ . رَصينٌ
unoccupied *adj.* غَيْرُ مَسْكونٍ (مَنْزِلٌ) . شاغِرٌ
unofficial *adj.* غَيْرُ قانونيّ . غَيْرُ رَسْميّ
unopened *adj.* مَخْتومٌ . مُغْلَقٌ ؛ مُقْفَلٌ
unorganized *adj.* غَيْرُ مُنَظَّمٍ
unoriginal *adj.* غَيْرُ أَصْليّ . غَيْرُ مُبْتَكَرٍ
unorthodox *adj.* غَيْرُ قَويمِ الرَأْيِ . غَيْرُ تَقْليديّ
unpack *vt.* يُفْرِغُ ؛ يَفُكُّ . يَفُضُّ
unpaid *adj.* لا يَتَقاضى راتِبًا (مُتَطَوِّعٌ) . مَجّانيٌّ . غَيْرُ مَدْفوعٍ
unpalatable *adj.* غَيْرُ لَذيذِ المَذاقِ . بَغيضٌ ؛ كَريهُ (طَعْمٌ) ؛ مَمْجوجٌ
unparalleled *adj.* فَذٌّ . فَريدٌ (إِنْجازٌ)
unpardonable *adj.* لا يُغْتَفَرُ
unpick *vt.* يُفَتِّقُ (القُطَبَ)
unpin *vt.* يَنْتَزِعُ الدَبّوسَ . يَفُكُّ ؛ يَحُلُّ (بِنَزْعِهِ الدَبّوسَ)
unpleasant *adj.* كَريهٌ ؛ بَغيضٌ . غَيْرُ سارٍّ (نَبَأٌ)
unpolluted *adj.* غَيْرُ مُلَوَّثٍ
unpopular *adj.* غَيْرُ شَعْبيّ
unpractical *adj.* غَيْرُ عَمَليّ
unprecedented *adj.* لَمْ يَسْبِقْ لَهُ مَثيلٌ
unprejudiced *adj.* غَيْرُ مُتَغَرِّضٍ أَو مُتَحَيِّزٍ
unpremeditated *adj.* غَيْرُ مُتَعَمَّدٍ
unprepared *adj.* غَيْرُ مُسْتَعِدٍّ ؛ غَيْرُ مُهَيَّأٍ أَو مُتَوَقَّعٍ
unprincipled *adj.* مُجَرَّدٌ مِنَ المَبادِئِ الأَخْلاقيَّةِ ؛ غَيْرُ نَزيهٍ ؛ عَديمُ الضَميرِ
unproductive *adj.* غَيْرُ مُنْتِجٍ ؛ غَيْرُ مُثْمِرٍ
unprofessional *adj.* مُخالِفٌ لِأَنْظِمَةِ مِهْنَةٍ ما
unprofitable *adj.* غَيْرُ مُرْبِحٍ . عَديمُ الجَدْوى
unpromising *adj.* لا يَعِدُ بِالخَيْرِ ؛ لا أَمَلَ مِنْهُ
unpronounceable *adj.* لا يُمْكِنُ لَفْظُهُ
unpunished *adj.* دونَ عِقابٍ أَو قَصاصٍ
unqualified *adj.* غَيْرُ مُؤَهَّلٍ . غَيْرُ باتٍّ أَوْ تامٍّ ؛ غَيْرُ مُحَدَّدٍ
unquestionable *adj.* لا يَرْقى إِلَيْهِ الشَكُّ . لا نِزاعَ عَلَيْهِ
unquestionably *adv.* بِدونِ شَكٍّ
unquiet *adj.* مُضْطَرِبٌ ؛ غَيْرُ مُسْتَقِرٍّ . قَلِقٌ
unravel *vt.; i.* يوضِحُ ؛ يَحُلُّ الأَلْغازَ / يَنْحَلُّ . يَتَفَتَّقُ
unread *adj.* غَيْرُ مَقْروءٍ (كِتابٌ) . غَيْرُ مُطَّلِعٍ كِفايَةً عَلى مَوْضوعٍ مُعَيَّنٍ
unreal *adj.* مُصْطَنَعٌ . زائِفٌ . وَهْميٌّ
unrealizable *adj.* غَيْرُ مُمْكِنٍ تَحْقيقُهُ
unreasonable *adj.* غَيْرُ عَقْلانيّ . مُفْرِطٌ
unrecompensed *adj.* لا يُعَوَّضُ عَنْهُ
unrecorded *adj.* غَيْرُ مُسَجَّلٍ أَو مُدَوَّنٍ
unreflective *adj.* نَزِقٌ ؛ طائِشٌ
unregistered *adj.* غَيْرُ مُسَجَّلٍ أَو مَضْمونٍ (رِسالَةٌ)
unrelated *adj.* لا عَلاقَةَ لَهُ بِـ
unreliable *adj.* غَيْرُ جَديرٍ بِالثِقَةِ
unremitting *adj.* مُتَواصِلٌ . مُطَّرِدٌ

unrepresented *adj.* غَيْرُ مُمَثَّل
unreserved *adj.* غَيْرُ مُتَحَفِّظ. صَريحٌ. تامٌّ
unresolved *adj.* غَيْرُ مُصَمِّم
unresponsive *adj.* غَيْرُ مُسْتَجيب
unrest *n.* قَلَقٌ. إضْطِرابٌ
unrestrained *adj.* مُسْرِفٌ؛ مُفْرِطٌ. عَفَويٌّ
unrestricted *adj.* غَيْرُ مُقَيَّدٍ أو مَحْدودٍ
unrevenged *adj.* غَيْرُ مُنْتَقَمٍ لَهُ
unrevised *adj.* غَيْرُ مُعَدَّلٍ أو مُنَقَّح
unrewarded *adj.* غَيْرُ مُكافَأ؛ غَيْرُ مُجازى
unrig *vt.* يَنْزِعُ عَتادَ السَفينَةِ
unrighteous *adj.* شِرّيرٌ. ظالِمٌ؛ جائِرٌ
unripe *adj.* فِجٌّ؛ غَيْرُ ناضِجٍ. غَيْرُ مُسْتَعِدّ
unrival(l)ed *adj.* فَذّ. مُنْقَطِعُ النَظيرِ. لا يُضاهى
unroll *vt.; i.* يَنْشُرُ؛ يَبْسُطُ / يَنْتَشِرُ؛ يَنْبَسِطُ
unruffled *adj.* هادِئٌ
unruly *adj.* صَعْبُ المِراسِ. جامِحٌ. عاصِفٌ
unsaddle *vt.* يَنْزِعُ السَرْجَ عَنْ (حِصانٍ)
unsafe *adj.* خَطِرٌ؛ غَيْرُ مَأمونٍ. لا يوثَقُ بِهِ
unsalted *adj.* غَيْرُ مُمَلَّحٍ
unsatisfied *adj.* غَيْرُ مُكْتَفٍ. غَيْرُ راضٍ
unsavo(u)ry *adj.* بِدونِ نَكْهَةٍ؛ بِلا طَعْمٍ
unsay *vt.* يَعودُ عَنْ كَلامِهِ
unscathed *adj.* سالِمٌ؛ لَمْ يُصَبْ بِأذًى
unscholarly *adj.* غَيْرُ مُثَقَّفٍ. أُمِّيٌّ. جاهِلٌ
unscientific *adj.* لا يَتَّفِقُ مَعَ الأساليبِ العِلْمِيَّةِ
unscrew *vt.* يَفُكُّ اللَوْلَبَ
unscrupulous *adj.* عَديمُ الضَميرِ
unseal *vt.* يَفْتَحُ. يَفُضُّ الخَتْمَ
unsealed *adj.* غَيْرُ مَخْتومٍ
unseasonable *adj.* في غَيْرِ أوانِهِ (إقْتِراحٌ)
unseat *vt.* يَعْزِلُ. يَطْرَحُ أرْضًا. يُطيحُ بِـ
unsecured *adj.* غَيْرُ آمِنٍ. غَيْرُ مَضْمونٍ
unseeing *adj.* لا يَرى؛ ضَريرٌ. مَكْفوفٌ
unseemly *adj.* غَيْرُ لائِقٍ أو مُلائِمٍ
unseen *adj.* غَيْرُ مَنْظورٍ؛ غَيْرُ مَرْئِيٍّ
—, the *n.* العالَمُ الخَفِيُّ؛ العالَمُ غَيْرُ المَنْظورِ
unselfish *adj.* غَيْرُ أنانِيٍّ
unsettle *vt.* يُثيرُ؛ يُقْلِقُ. يُشَوِّشُ. يُزَعْزِعُ
unsettled *adj.* غَيْرُ مُسْتَقِرٍّ؛ مُضْطَرِبٌ (طَقْسٌ). مُتَنازَعٌ عَلَيْهِ. غَيْرُ مَأهولٍ
unshackle *vt.* يُحَرِّرُ؛ يُعْتِقُ. يَفُكُّ حَلَقاتِ سِلْسِلَةٍ
unshackled *adj.* غَيْرُ مُقَيَّدٍ. طَليقٌ. بِدونِ قُيودٍ
unshaken *adj.* غَيْرُ مُرْتَعِدٍ. غَيْرُ مُهْتَزٍّ. ثابِتٌ
unshapely *adj.* مُشَوَّهٌ. لا شَكْلَ لَهُ
unshaved; unshaven *adj.* غَيْرُ حَليقٍ
unsheathe *vt.* يَسْتَلُّ (السَيْفَ)
unship *vt.* يُنْزِلُ مِنَ السَفينَةِ. يَنْزِعُ المِجْذافَ. يَتَخَلَّصُ مِنْ
unshod *adj.* حافٍ. بِدونِ حِذاءٍ. عاري القَدَمَيْنِ. دونَ نَعْلَةٍ
unshorn *adj.* غَيْرُ مَقْصوصٍ أو مَجْزوزٍ (صوفٌ)
unsightly *adj.* بَشِعٌ؛ قَبيحٌ
unsigned *adj.* غَيْرُ مُوَقَّعٍ. غَيْرُ مُعَلَّمٍ
unskilled; unskillful *adj.* غَيْرُ ماهِرٍ
unsociable *adj.* إنْطِوائِيٌّ. غَيْرُ اجْتِماعِيٍّ
unsold *adj.* غَيْرُ مُباعٍ
unsolved *adj.* غَيْرُ مَحْلولٍ
unsophisticated *adj.* ساذَجٌ؛ بَسيطٌ. غَيْرُ مُعَقَّدٍ. نَقِيٌّ. حَقيقِيٌّ
unsought *adj.* غَيْرُ مُلْتَمَسٍ. غَيْرُ مُكْتَسَبٍ
unsound *adj.* غَيْرُ سَليمٍ (عَقْلٌ). مُعْتَلٌّ. فاسِدٌ

الحِمايَة . مُتعَذِّرٌ إحْتِلالُهُ

unthanked *adj.* غَيْرُ مَشْكورٍ

unthinkable *adj.* غَيْرُ وارِدٍ. لا يُصَدَّقُ

unthinking *adj.* مُتَهَوِّرٌ (شَخْصٌ). طائِشٌ (رَدٌّ)

untidy *adj.* مُهْمَلٌ. غَيْرُ مُرَتَّبٍ (مَكْتَبٌ). قَذِرٌ؛ مُهْمِلٌ (شَخْصٌ)

untie *vt.* يَفُكُّ ؛ يَحُلُّ

until *prep.; conj.* إلى. حَتَّى. قَبْلَ // إلى أنْ. إلى ما بَعْدَ كَذا

untimely *adj.; adv.* مُبَكِّرٌ. في غَيْرِ مَحَلِّهِ. مِنْ غَيْرِ تَوْقيتٍ // قَبْلَ الأوانِ. في غَيْرِ أوانِهِ

untiring *adj.* لا يَكِلُّ ؛ لا يَتْعَبُ. مُتَواصِلٌ

unto *prep.* حَتَّى. إلى. نَحْوَ

untold *adj.* طَيَّ الكِتْمانِ. لا يُعَدُّ وَلا يُحْصى. غَيْرُ مَرْوِيٍّ (قِصَّةٌ)

untouchable *adj.; n.* لا يُمَسُّ // المَنْبوذُ

untoward *adj.* مَشْؤُومٌ. غَيْرُ مُؤاتٍ. غَيْرُ مُنْتَظَرٍ (حادِثٌ). غَيْرُ طَبيعيٍّ. خارِجٌ عَنِ المَأْلوفِ

untried *adj.* غَيْرُ مُخْتَبَرٍ. غَيْرُ مُحاكَمٍ

untrimmed *adj.* غَيْرُ مُزَيَّنٍ. غَيْرُ مُشَذَّبٍ (شَجَرٌ)

untrue *adj.* غَيْرُ مُطابِقٍ لِلْواقِعِ. غَيْرُ حَقيقيٍّ. غَيْرُ وَفِيٍّ. كاذِبٌ. غَيْرُ صَحيحٍ

untruthful *adj.* كاذِبٌ ؛ غَيْرُ صَحيحٍ

untutored *adj.* جاهِلٌ ؛ غَيْرُ مُثَقَّفٍ. ساذِجٌ

untwine; untwist *vt.* يَحُلُّ ؛ يَفُكُّ

unused *adj.* جَديدٌ ؛ غَيْرُ مُسْتَعْمَلٍ. شاغِرٌ

— to غَيْرُ مُعْتادٍ عَلى

unusual *adj.* إسْتِثْنائِيٌّ. نادِرٌ. فَريدٌ

unutterable *adj.* لا يُوصَفُ. فَوْقَ الوَصْفِ

unvanquished *adj.* لا يُقْهَرُ ؛ لا يُغْلَبُ

unvarnished *adj.* غَيْرُ مَصْقولٍ. صَريحٌ. بَسيطٌ

غَيْرُ صَحيحٍ (كَلامٌ)

unsparing *adj.* لا يَرْحَمُ. قاسٍ. سَخِيٌّ. وافِرٌ

unspeakable *adj.* لا يُمْكِنُ التَعْبيرُ عَنْهُ بِالكَلامِ. لا يُوصَفُ

unspecified *adj.* غَيْرُ مُحَدَّدٍ أو مُعَيَّنٍ

unspotted *adj.* خالٍ مِنَ العُيوبِ. صافٍ. غَيْرُ مُلَطَّخةٍ (سُمْعَةٌ)

unstable *adj.* غَيْرُ مُسْتَقِرٍ. مُزَعْزَعٌ. مُتَقَلِّبٌ

unstamped *adj.* غَيْرُ مَخْتومٍ أو مَمْهورٍ

unsteady *adj.* غَيْرُ مُسْتَقِرٍ. مُتَقَلِّبٌ. غَيْرُ مُطَّرِدٍ

unstop *vt.* يَفْتَحُ. يَنْزِعُ السِدادَةَ

unstrap *vt.* يَفُكُّ الحِزامَ

unstressed *adj.* غَيْرُ مُرْهَقٍ أو مُجْهَدٍ

unsubdued *adj.* غَيْرُ خاضِعٍ. لا يُقْهَرُ

unsubstantial *adj.* غَيْرُ مادِّيٍّ ؛ وَهْمِيٌّ. ضَعيفٌ. لا أساسَ لَهُ

unsuccessful *adj.* مُخْفِقٌ ؛ غَيْرُ ناجِحٍ ؛ فاشِلٌ

unsuitable *adj.* غَيْرُ مُناسِبٍ أو لائِقٍ

unsung *adj.* غَيْرُ مُغَنًّى. غَيْرُ مُحْتَفَلٍ بِهِ ؛ لَمْ يَتِمَّ التَغَنّي بِهِ (بَطَلٌ)

unsupported *adj.* غَيْرُ مَدْعومٍ أو مُؤَيَّدٍ

unsure *adj.* غَيْرُ مَوْثوقٍ بِهِ

unsuspected *adj.* غَيْرُ مَشْكوكٍ فيهِ

untainted *adj.* غَيْرُ مُلَطَّخٍ. غَيْرُ فاسِدٍ (لَحْمٌ)

untaught *adj.* غَيْرُ مُتَعَلِّمٍ. أُمِّيٌّ. عَفَوِيٌّ. طَبيعِيٌّ

untaxed *adj.* مُعْفًى مِنَ الضَرائِبِ

unteachable *adj.* لا يُمْكِنُ تَعْليمُهُ

untearable *adj.* لا يُمْكِنُ تَمْزيقُهُ

untempered *adj.* غَيْرُ مَسْقِيٍّ (فولاذٌ)

untenable *adj.* مُتَعَذِّرٌ الدِفاعُ عَنْهُ ؛ مُسْتَحيلٌ

unveil *vt.* يَكْشِفُ النِقابَ عَنْ. يُميطُ اللِثامَ. يَعْرِضُ لِلْمَرَّةِ الأولى (أزْياءً)

unwarrantable *adj.* غَيْرُ مَشْروعٍ

unwarranted *adj.* غَيْرُ مُرَخَّصٍ بِهِ

unwary *adj.* مُتَهَوِّرٌ؛ غَيْرُ حَذِرٍ

unwelcome *adj.* غَيْرُ مُرَحَّبٍ بِهِ

unwell *adj.* مُتَوَعِّكٌ؛ مَريضٌ

unwholesome *adj.* ضارٌ. مُؤْذٍ. فاسِدٌ

unwieldy *adj.* ثَقيلٌ. غَيْرُ عَمَليٍّ

unwilling *adj.* عَنيدٌ. كارِهٌ لِـ. مُعارِضٌ. غَيْرُ مُسْتَعِدٍّ لِـ

unwind *vt.; i.irr.* يَفُكُّ؛ يَحُلُّ. يَبْسُطُ / يَنْحَلُّ. يَسْتَرْخي

unwise *adj.* أحْمَقُ؛ طائِشٌ. غَيْرُ حَكيمٍ

unwitting *adj.* غَيْرُ مُدْرِكٍ. غَيْرُ مُطَّلِعٍ أو دارٍ أوْ واعٍ. غَيْرُ مُتَعَمَّدٍ

unwonted *adj.* نادِرٌ؛ غَيْرُ مَأْلوفٍ

unworked *adj.* غَيْرُ مَشْغولٍ. غَيْرُ مُسْتَغَلٍّ

unworldly *adj.* غَيْرُ اجْتِماعيٍّ. ساذَجٌ

unworn *adj.* جَديدٌ. غَيْرُ بالٍ

unworthy *adj.* غَيْرُ جَديرٍ؛ غَيْرُ أهْلٍ لِـ

unwrap *vt.* يَفْتَحُ؛ يَفُضُّ. يَبْسُطُ

unwritten *adj.* غَيْرُ مَكْتوبٍ (قانونٌ)

unyielding *adj.* قاسٍ. صُلْبٌ. عَنيدٌ

unyoke *vt.* يَرْفَعُ النيرَ

up *adv.; adj.; prep.; n.; vi.; t.* إلى فَوْقٍ. فَوْقَ. عالِيًا // مُسْتَيْقِظٌ. عالٍ نِسْبيًّا. مَرْفوعٌ // فَوْقَ. نَحْوَ. إلى. في داخِلِ كذا. ضِدَّ // إرْتِفاعٌ. فَتْرَةُ ازْدِهارٍ. حَرَكَةٌ صاعِدَةٌ // يَنْهَضُ. يَرْتَفِعُ / يَرْفَعُ

— and down صُعودًا ونُزولاً. ذِهابًا وَإيابًا

—s and downs يُسْرٌ وَعُسْرٌ

be well — in/on sth مُطَّلِعٌ خَيْرَ اطِّلاعٍ عَلى

— to sth مَشْغولٌ بِـ. يُضاهي؛ بِمُسْتَوى. حَتّى؛ إلى...

— to date عَصْريٌّ؛ جَديدٌ. حَتّى الوَقْتِ الحاضِرِ

upbraid *vt.* يَلومُ. يَنْتَقِدُ. يُوَبِّخُ

upbringing *n.* تَنْشِئَةٌ

upcast *n.* مَجْرى هَواءٍ. مَهْوى

upgrowth *n.* نُمُوٌّ

upheaval *n.* جَيَشانٌ. فَوَرانٌ. إرْتِفاعٌ في قِشْرَةِ الأرْضِ

uphill *adj.; adv.* صاعِدٌ. شاقٌّ؛ عَسيرٌ // صُعودًا

uphold *vt.irr.* يَدْعَمُ. يُؤَيِّدُ. يُصَدِّقُ عَلى (قَرارٍ)

upholster *vt.* يُنَجِّدُ (كُرْسيًّا). يُزَوِّدُ بِالسَتائِرِ

upholsterer *n.* المُنَجِّدُ. مُنَجِّدُ الأثاثِ

upholstery *n.* التَنْجيدُ. مَوادُّ التَنْجيدِ

upkeep *n.* صِيانَةٌ. أجْرُ الصِيانَةِ

upland *adj.* نَجْديٌّ. مُرْتَفِعٌ

uplands *n.pl.* نُجودٌ. هِضابٌ

uplift *vt.; n.* يَنْهَضُ بِـ. يَرْفَعُ. يُرَقّي // نُهوضٌ بِـ. تَرْقِيَةٌ. رَفْعٌ. وَحْيٌ

upon *prep.* عَلى. فَوْقَ. عِنْدَ. حينَ. نُزولاً عِنْدَ الطَلَبِ

upper *adj.; n.* عُلْويٌّ. فَوْقِيٌّ. أعْلى // فَرْعَةُ حِذاءٍ

have the — hand (of) السَيْطَرَةُ؛ الهَيْمَنَةُ

uppermost *adj.* الأعْلى؛ الأرْفَعُ؛ الأسْمى

uppish *adj.* فَخورٌ. وَقِحٌ. مَغْرورٌ. مُعْتَدٌّ بِنَفْسِهِ

upraise *vt.* يَرْفَعُ

uprear *vt.* يَرْفَعُ. يُرَبّي

upright *adj.; adv.; n.* عَموديٌّ. مُنْتَصِبٌ.

مُسْتَقيمٌ // رَأْسًا. تَوًّا // وَضْعٌ عَموديٌّ. شَيْءٌ عَموديٌّ
uprising *n.* ثَوْرَةٌ. هياجٌ
uproar *n.* جَلَبَةٌ؛ صَخَبٌ. ضَجيجٌ
uproarious *adj.* صاخِبٌ. ضاجٌّ (جُمْهورٌ)
uproot *vt.* يَسْتَأْصِلُ؛ يَجْتَثُّ
upset *vt.; i.irr.; n.* يَقْلِبُ؛ يُميلُ (السَفينَةَ). يُقْلِقُ؛ يُزْعِجُ. يُفْسِدُ (خِطَطَ العَدوِّ) / يَنْقَلِبُ // قَلَقٌ؛ إنْزِعاجٌ. إضْطِرابٌ. نَتيجَةٌ (رياضيَّةٌ) غَيْرُ مُتَوَقَّعَةٍ
upshot *n.* حاصِلٌ. نَتيجَةٌ
upside-down *adv.* رَأْسًا على عَقِبٍ
upstairs *adj.; adv.* عُلْويٌّ. أعْلى؛ عُلْيا // فَوْقَ. إلى أعْلى. في الطابَقِ الأعْلى
upstanding *adj.* مُنْتَصِبٌ. مُسْتَقيمٌ
upstart *n.* الحَديثُ النِعْمَةِ
upstream *adv.* ضِدَّ التَيّارِ
upsurge *n.* جَيَشانٌ؛ تَدَفُّقٌ (إحساسٍ). زيادَةٌ سَريعَةٌ. إرْتِفاعٌ مُفاجِئٌ
upward(s) *adj.; adv.* صاعِدٌ؛ مُتَّجِهٌ إلى أعْلى. أعْلى // إلى فَوْقَ. نَحْوَ الأعْلى. فَصاعِدًا. فَما فَوْقُ
uranium *n.* اورانيومُ (مادَّةٌ مُشِعَّةٌ)
Uranus *n.* أورانوس: كَوْكَبٌ سَيّارٌ
urban *adj.* مَدينيٌّ؛ مَنْسوبٌ إلى المَدينَةِ
urbane *adj.* مُهَذَّبٌ؛ لَطيفٌ
urbanity *n.* تَهْذيبٌ؛ لُطْفٌ. كياسَةٌ
urbanize *vt.* يُمَدِّنُ؛ يُضفي الصِفَةَ الحَضَريَّةَ عَلى
urchin *n.* قُنْفُذٌ. وَلَدٌ شِرّيرٌ أو مولَعٌ بالأذى
sea — توتياءُ البَحْرِ
urea *n.* بَوْلَةٌ (مادَّةٌ في البَوْلِ)
uremia *n.* تَسَمُّمُ الدَمِ بالبَوْلَةِ
urethra *n.* الإحْليلُ؛ مَجْرى البَوْلِ
urge *vt.; n.* يُلِحُّ عَلى. يَسْتَحِثُّ. يُجادِلُ. يَحْفِزُ // إلحاحٌ. دافِعٌ. حافِزٌ. رَغْبَةٌ قَويَّةٌ
urgency *n.* إلحاحٌ. إسْتِعْجالٌ. إضْطِرارٌ. حالَةٌ مُسْتَعْجَلَةٌ
urgent *adj.* مُلِحٌّ. عاجِلٌ. لَجوجٌ
uric *adj.* بَوْليٌّ؛ ذو عَلاقَةٍ بالبَوْلِ
— acid *n.* الحامِضُ البَوْليُّ
urinal *n.* مَكانُ التَبْويلِ. مِبْوَلَةٌ
urinary *adj.* بَوْليٌّ
urinate *vi.* يَبولُ؛ يُبَوِّلُ
urine *n.* بَوْلٌ
urn *n.* وِعاءٌ مَعْدِنيٌّ (لِلشايِ أوِ القَهْوَةِ). جَرَّةٌ (لِرَمادِ المَوتى)
Uruguayan *adj. & n.* أورُغْوايِيٌّ
us *pron.* نا؛ ضَميرُ المُتَكَلِّمينَ في النَصْبِ والجَرِّ
usable *adj.* صالِحٌ أو قابِلٌ لِلاستِعْمالِ
usage *n.* إسْتِعْمالٌ. مُعامَلَةٌ. عُرْفٌ
use *n.; vt.* طَريقَةُ الاسْتِعْمالِ. عادَةٌ. فائِدَةٌ. حاجَةٌ. وُلوعٌ // يَسْتَعْمِلُ؛ يَسْتَخْدِمُ. يُعَوِّدُ
out of — عَديمُ الاسْتِعمالِ. غَيْرُ نافِعٍ
make — of يَسْتَعْمِلُ؛ يَسْتَخْدِمُ
put to — يَنْتَفِعُ مِنْ؛ يَسْتَفيدُ مِنْ
— up يَسْتَهْلِكُ
used *adj.* مُعْتادٌ. مُسْتَخْدَمٌ؛ عَتيقٌ
useful *adj.* نافِعٌ؛ مُفيدٌ
useless *adj.* عَقيمٌ. عَديمُ الجَدْوى
usher *n.; vt.* حاجِبٌ. بَوّابٌ. دَليلٌ (في مَسْرَحٍ). مُدَرِّسٌ مُساعِدٌ // يَقودُ؛ يُرْشِدُ. يُدْخِلُ؛ يُواكِبُ
usual *adj.* مَألوفٌ. إعْتياديٌّ
as — كالعادَةِ
usually *adv.* عادَةً
usufruct *n.* حَقُّ الانْتِفاعِ (بِمُمْتَلَكاتِ الغَيْرِ)

usurer *n.* المُرابي
usurious *adj.* مُراب. خاصٌ بالرِبا؛ رِبَويٌّ
usurp *vt.* يَغْتَصِبُ (السُلْطَةَ)
usury *n.* فائِدَةُ (المال). الرِبا
utensil *n.* أداةٌ. إناءٌ؛ وِعاءٌ
uterine *adj.* مِنْ ناحيَةِ الأُمّ (قَرابَةٌ). رَحِميٌّ
uterus *n.* الرَحِمُ
utilitarian *adj.* هادِفٌ إلى المَنْفَعَةِ. نَفْعيٌّ
utilitarianism *n.* المَذْهَبُ النَفْعيُّ
utility *n.* مَنْفَعَةٌ؛ فائِدَةٌ. نَفْعٌ
utilizable *adj.* صالِحٌ للإسْتِعْمالِ. مُمْكِنٌ اسْتِعْمالُهُ
utilize *vt.* يَسْتَخْدِمُ. يَنْتَفِعُ بِـ. يَفيدُ مِنْ
utmost *adj.; n.* آخِرُ. أقْصى؛ أبْعَدُ. أعْظَمُ. أكْبَرُ // الحَدُّ الأقْصى
Utopia *n.* الطُوبى. إسْتِحالَةٌ. وَهْمٌ. حُلْمٌ
Utopian *adj.* مُنادٍ بإصْلاحاتٍ إجْتِماعيَّةٍ مِثاليَّةٍ. خَياليٌّ. وَهْميٌّ
utter *adj.; vt.* تامٌّ. كُلّيٌّ. مُطْلَقٌ // يَفوهُ؛ يَنْبِسُ. يُرَوِّجُ عُمْلَةً مُزَيَّفَةً
utterance *n.* تَفَوُّهٌ. نُطْقٌ؛ كَلامٌ؛ قَوْلٌ
utterly *adv.* تَمامًا. كُلّيًا
uttermost *adj.* أقْصى. أعْظَمُ. أعْلى؛ أسْمى
uvula *n.* (*pl.* -**s** *or* -**e**) لَهاةُ الحَلْقِ
uvular *adj.* لَهَويٌّ؛ مَنْسوبٌ إلى اللَهاةِ
uxorious *adj.* مَفْتونٌ بِزَوْجَتِهِ. خاضِعٌ للزَوْجَةِ

V

V; v *n.* الحَرْفُ الثاني والعِشْرونَ مِنَ الأَبْجَدِيَّةِ الإِنْكليزِيَّةِ

vacancy *n.* شُغورٌ. وَظيفَةٌ شاغِرَةٌ. خُلُوٌّ. فَراغٌ

vacant *adj.* شاغِرٌ. فارِغٌ. مَهْجورٌ. خالٍ

vacate *vt.* يُخْلي ؛ يُشْغِرُ. يَتَخَلّى عَنْ

vacation *n.* عُطْلَةٌ. خُلُوُّ وَظيفَةٍ

vacationer *n.* شَخْصٌ في عُطْلَةٍ أو إجازَةٍ

vaccinate *vt.* يُلَقِّحُ (ضِدَّ الحُمّى) ؛ يُطَعِّمُ

vaccination *n.* تَلْقيحٌ ؛ تَطْعيمٌ (وِقائِيٌّ)

vaccine *adj.*; *n.* بَقَرِيٌّ ؛ مُسْتَمَدٌّ مِنَ البَقَرِ. تَلْقيحِيٌّ // لَقاحٌ ضِدَّ الجُدَرِيّ

vacillate (between) *vi.* يَتَذَبْذَبُ ؛ يَتَرَدَّدُ. يَتَرَنَّحُ

vacillating *adj.* مُتَذَبْذِبٌ ؛ مُتَرَدِّدٌ ؛ مُضْطَرِبٌ

vacillation *n.* تَذَبْذُبٌ ؛ تَرَدُّدٌ ؛ إضْطِرابٌ

vacuity *n.* فَراغٌ. فُقْدانٌ. بَلاهَةٌ

vacuous *adj.* فارِغٌ. أَبْلَهُ

vacuum *n.* (*pl.* -s *or* **vacua**) خَواءٌ. فَراغٌ تامٌّ

vacuum cleaner *n.* المِكْنَسَةُ الكَهْرَبائِيَّةُ

vagabond *adj.* & *n.* مُتَسَكِّعٌ ؛ مُتَشَرِّدٌ

vagabondage *n.* تَشَرُّدٌ (عَلى الطُرُقاتِ)

vagary *n.* نَزْوَةٌ. تَقَلُّبٌ ؛ هَوًى

vagina *n.* مَهْبِلٌ

vaginate *adj.* ذو غِمْدٍ

vagrancy *n.* تَشَرُّدٌ ؛ تَطْوافٌ ؛ تَجْوالٌ

vagrant *adj.*; *n.* جَوّالٌ ؛ طَوّافٌ. مُتَشَرِّدٌ. تائِهٌ. شارِدٌ (خَيالٌ) // المُتَشَرِّدُ. الجَوّالُ

vague *adj.* غامِضٌ ؛ مُبْهَمٌ (كَلامٌ)

vaguely *adv.* بِغُموضٍ ؛ بِإِبْهامٍ

vagueness *n.* غُموضٌ ؛ إِبْهامٌ ؛ لُبْسٌ

vain *adj.* عَقيمٌ. فارِغٌ. تافِهٌ. مُخْتالٌ

in — عَبَثًا ؛ سُدًى ؛ بِلا جَدْوى

vainglorious *adj.* مُعْتَدٌّ ؛ مَزْهُوٌّ ؛ مُخْتالٌ ؛ مَغْرورٌ

vainglory *n.* زَهْوٌ ؛ خُيَلاءُ ؛ إعْتِدادٌ

vainly *adv.* عَبَثًا. بِزَهْوٍ ؛ بِخُيَلاءٍ

vainness *n.* زَهْوٌ ؛ خُيَلاءُ ؛ غُرورٌ. تَفاهَةٌ. فَراغٌ

valance; valence *n.* سِتارَةٌ

vale *n.* وادٍ

valediction *n.* كَلِماتُ الوَداعِ. الوَداعُ

valedictory *adj.*; *n.* وَداعِيٌّ // خُطْبَةٌ وَداعِيَّةٌ

valence *n.* تَكافُؤٌ (عُنْصُرٍ)

Valentine *n.* هَدِيَّةٌ أو بِطاقَةٌ تُرْسَلُ يَوْمَ ١٤ شباط. مَحْبوبٌ يُخْتارُ في هذا العيدِ

valerina *n.* النارْدينُ: نَباتٌ يُسْتَعْمَلُ لِتَهْدِئَةِ الأَعْصابِ. حَشيشَةُ الهِرِّ

valet *n.* خادِمٌ. مُسْتَخْدَمٌ

valetudinarian *adj.* & *n.* مَريضٌ ؛ سَقيمٌ

valiant *adj.* & *n.* شُجاعٌ ؛ باسِلٌ

valiantly *adv.* بِشَجاعَةٍ ؛ بِبَسالَةٍ

valid *adj.* ساري المَفْعولِ. قانونِيٌّ. صَحيحٌ

validate *vt.* يُصَحِّحُ. يُؤَيِّدُ ؛ يُثَبِّتُ. يُصادِقُ عَلى

validity *n.* سَرَيانُ المَفْعولِ. صِحَّةٌ. شَرْعِيَّةٌ

valise *n.* حَقيبَةٌ (جِلْدٍ). حَقيبَةُ سَفَرٍ

valley *n.* وادٍ

valo(u)r *n.* شَجاعَةٌ ؛ بَسالَةٌ (في الحُروبِ)

valorous *adj.* شُجاعٌ ؛ باسِلٌ ؛ مِقْدامٌ

valse *n.* الفالْسُ (رَقْصٌ دائِرِيٌّ). موسيقى الفالْسِ

valuable *adj.* نَفيسٌ ؛ قَيِّمٌ. ثَمينٌ. نافِعٌ
valuation *n.* تَقْييمٌ. تَخْمينٌ ؛ تَقْديرٌ
value *n.; vt.* قيمَةٌ. قَدْرٌ؛ أَهَمِّيَّةٌ؛ شأْنٌ. مَدْلولٌ // يُقَيِّمُ ؛ يُقَدِّرُ. يُثَمِّنُ. يُعَظِّمُ
valued *adj.* مَوْضِعُ تَقْديرٍ واحْتِرامٍ
valueless *adj.* تافِهٌ ؛ لا قيمَةَ لَهُ
valve *n.* دِسامٌ ؛ صِمامٌ. مِصْراعٌ
valved *adj.* ذو صِمامٍ أَوْ مِصْراعٍ
valvular *adj.* صِماميٌّ. مِصْراعيٌّ
vamoose *vi.* يَخْرُجُ سَريعًا
vamp *n.; vt.* مُقَدَّمُ فَرْعَةِ الحِذاءِ. فاتِنَةُ الرِجالِ // يُرَقِّعُ (الحِذاءَ). يُلَفِّقُ. يَرْتَجِلُ لَحْنًا موسيقيًّا
vampire *n.* مَصّاصُ الدِماءِ. مُبْتَزُّ الأَمْوالِ. النَزّافَةُ ؛ المَصّاصَةُ (خُفّاشٌ)
van *n.* جَناحٌ. عَرَبَةٌ مُقْفَلَةٌ. طَليعَةُ الجَيْشِ
vandal *n.* مُخَرِّبُ الآثارِ الفَنِّيَّةِ
vandalism *n.* هَدْمُ النَفائِسِ والمُمْتَلَكاتِ العامَّةِ
vane *n.* دَليلُ اتِّجاهِ الريحِ ؛ دَوّارَةُ هَواءٍ
vanguard *n.* طَليعَةُ الجَيْشِ
vanilla *n.* الوَنيلَةُ (نَباتٌ عِطْريٌّ مُطَيِّبٌ)
vanish *vi.* يَتَلاشى. يَغيبُ. يَزولُ
vanity *n.* فَراغٌ. تَفاهَةٌ. خُيَلاءُ؛ زَهْوٌ. غُرورٌ
vanquish *vt.* يَقْهَرُ؛ يَهْزِمُ. يَتَغَلَّبُ على
vantage *n.* أَفْضَلِيَّةٌ. فُرْصَةٌ مُؤاتِيَةٌ
vanward *adj.* في الطَليعَةِ؛ في المُقَدَّمَةِ
vapid *adj.* مُبْتَذَلٌ. مُضْجِرٌ؛ مُمِلٌّ
vapor *n.; vi.* بُخارٌ. ضَبابٌ. وَهْمٌ. كآبَةٌ // يَتَبَخَّرُ (الماءُ). يَتفاخَرُ
vaporing *n.* تَفاخُرٌ؛ تَبَجُّحٌ
vaporization *n.* تَبَخُّرٌ. تَبْخيرُ (سائِلٍ)
vaporize *vt.; i.* يُبَخِّرُ / يَتَبَخَّرُ (سائِلٌ)

vaporous; vapory *adj.* بُخاريٌّ. ضَبابيٌّ. غامِضٌ؛ مُبْهَمٌ. وَهْميٌّ
variable *adj.* مُتَقَلِّبٌ (مِزاجٌ). مُتَغَيِّرٌ
variance *n.* إخْتِلافٌ. نِزاعٌ
at — with عَلى خِلافٍ مَعْ. يَتَعارَضُ مَعْ
variant *adj.; n.* مُخْتَلِفٌ، مُغايِرٌ (تَهْجِئَةُ الكَلِماتِ) // طَريقَةُ (تَهْجِئَةٍ) مُغايِرَةٌ
variation *n.* تَنَوُّعٌ ؛ إخْتِلافٌ. إنْحِرافٌ. تَقَلُّبٌ
varicolored *adj.* مُخْتَلِفُ الأَلْوانِ ؛ مُتَلَوِّنٌ
varicose *adj.* مُتَوَسِّعُ الأَوْرِدَةِ
— veins دَواليٌ ؛ أَوْرِدَةٌ مُتَوَسِّعَةٌ
varied *adj.* مُخْتَلِفٌ. مُتَنَوِّعٌ. مُتَعَدِّدُ الأَلْوانِ
variegate *vt.* يُلَوِّنُ. يُشَكِّلُ؛ يُنَوِّعُ. يُرَقِّشُ
variegated *adj.* مُلَوَّنٌ. مُنَوَّعٌ. مُرَقَّشٌ
variety *n.* تَشْكيلٌ ؛ تَنَوُّعٌ. ضَرْبٌ؛ نَوْعٌ. تَشْكيلَةٌ. مُنَوَّعاتٌ
— show حَفْلَةُ مُنَوَّعاتٍ
variola *n.* الجُدَريُّ (مَرَضٌ)
various *adj.* مُلَوَّنٌ. مُخْتَلِفٌ. كَثيرٌ. مُتَنَوِّعٌ. مُتَبايِنٌ
varlet *n.* فاسِقٌ ؛ وَغْدٌ
varnish *n.; vt.* طِلاءٌ؛ بَرْنيقٌ. مَظْهَرٌ بَرّاقٌ // يُبَرْنِقُ. يَطْلي (بالبَرْنيقِ)
varsity *n.* المُنْتَخَبُ الرياضيُّ (في جامِعَةٍ). جامِعَةٌ
vary *vt.; i.* يُبَدِّلُ؛ يُغَيِّرُ؛ يُنَوِّعُ / يَتَغَيَّرُ. يَتَفاوَتُ. يَتَبايَنُ. يَنْحَرِفُ
varying *adj.* مُتَغَيِّرٌ. مُتَنَوِّعٌ. مُخْتَلِفٌ
vascular *adj.* وِعائيٌّ ؛ مُتَعَلِّقٌ بالأَوْعِيَةِ الدَمَوِيَّةِ
vase *n.* إناءٌ لِلزينَةِ. المَزْهَرِيَّةُ
vaseline *n.* الفازلينُ: مَرْهَمٌ مِنْ دُهْنِ النِفْطِ
vassal *n.; adj.* التابِعُ ؛ الخادِمُ. حائِزٌ إقْطاعيٌّ //

تابعٌ ؛ ذَليلٌ

vassalage *n.* إقْطاعةٌ . خُضوعٌ . عُبوديَّةٌ . تَبعيَّةٌ

vast *adj.; n.* واسِعٌ ؛ فَسيحٌ . ضَخْمٌ // ضَخامَةٌ . إتِّساعٌ

vastness *n.* إتِّساعٌ . ضَخامَةٌ

vasty *adj.* واسِعٌ ؛ فَسيحٌ ؛ رَحْبٌ

vat *n.* الراقودُ . الدَنُّ

vatful *n.* مِلْءُ راقودٍ أو دَنٍّ

Vatican *n.* الڤاتيكانُ : المَقرُّ البابَويُّ في روما

vaudeville *n.* مَسْرَحيَّةٌ هَزْليَّةٌ . مَلْهاةٌ

vault *n.; vt.; i.* عَقْدٌ . قَنْطَرَةٌ . قَبْوٌ . وَثْبَةٌ // يَعْقِدُ ؛ يُقَنْطِرُ / يَقْفِزُ

vaulted *adj.* مَعْقودٌ ؛ مُقَنْطَرٌ

vaulting horse *n.* حِصانُ الوَثْبِ

vaunt *vt.; i.; n.* يَفْتَخِرُ بِـ / يَتَبَجَّحُ ؛ يَتَباهى ؛ يَتَفاخَرُ // تَبَجُّحٌ ؛ تفاخُرٌ ؛ تَباهٍ

veal *n.* لَحْمُ العِجْلِ . عِجْلٌ

vedette *n.* دَيْدَبٌ ؛ خَفيرٌ . زَوْرَقٌ حَرْبيٌّ

veer *vi.; t.* يَنْحَرِفُ . يَميلُ / يُغَيِّرُ اتِّجاهَ

vegetable *adj.; n.* نَباتيٌّ . بَليدٌ . أبْلَهُ // الخُضْرَةُ

vegetable marrow *n.* كوسى

vegetal *adj.* نَباتيٌّ (زَيْتٌ)

vegetarian *adj.; n.* خاصٌّ بِالنَباتِيّينَ // النَباتيُّ ؛ المُغْتَذي بِالنَباتِ دونَ سِواهُ

vegetate *vi.* يَنْمو (نَباتٌ) . يَعيشُ خامِلاً

vegetation *n.* الزَرْعُ ؛ النَباتُ (بِشَكْلٍ عامٍّ) ؛ الحَياةُ النَباتيَّةُ . نُمُوُّ (نَباتٍ) . حَياةٌ خامِلَةٌ

vegetative *adj.* نَباتيٌّ . بَليدٌ . خامِلٌ

vehemence *n.* شِدَّةٌ . عُنْفٌ . سَوْرَةٌ

vehement *adj.* شَديدٌ ؛ عَنيفٌ . مُتَّقِدٌ . مُتَحَمِّسٌ

vehicle *n.* مَرْكَبَةٌ . عَرَبَةٌ . ناقِلٌ (لِلْفِكْرِ)

veil *n.; vt.* حِجابٌ . بُرْقُعٌ . سِتارٌ // يَحْجُبُ . يَضَعُ بُرْقُعًا . يَسْتُرُ

veiled *adj.* مُسْتَتِرٌ ؛ مَحْجوبٌ . ضِمْنيٌّ

veiling *n.* نَسيجٌ لِلْحِجابِ

vein *n.; vt.* عِرْقٌ . ضِلْعُ الوَرَقَةِ . عِرْقٌ مَعْدِنيٌّ . مِزاجٌ // يُعَرِّقُ ؛ يُجَزِّعُ

veined; veiny *adj.* مُعَرَّقٌ ؛ مُجَزَّعٌ

velar *adj.* حَلْقيٌّ (صَوْتٌ) . غِشائيٌّ

vellum *n.* جِلْدٌ رَقيقٌ يُكْتَبُ فيهِ ؛ رَقٌّ

velocity *n.* سُرْعَةٌ . سُرْعَةُ التَنَقُّلِ

velvet *adj.; n.* مُخْمَليٌّ // مُخْمَلٌ

velveteen *n.* مُخْمَلٌ قُطْنيٌّ

velvety *adj.* مُخْمَليٌّ . ناعِمٌ كَالمُخْمَلِ

venal *adj.* مُرْتَشٍ (إنْسانٌ) . قابِلٌ لِلْرَشْوَةِ

venality *n.* فَسادٌ . القابِليَّةُ لِلرَشْوَةِ

vend *vt.* يَبيعُ . يُذيعُ . يُعْلِنُ

vendee *n.* الشاري

vender *n.* البائِعُ

vendetta *n.* الأخْذُ بِالثَأْرِ . الثَأْرُ ؛ الإنْتِقامُ

vendible *adj.* قابِلٌ لِلْبَيْعِ ؛ مُمْكِنٌ بَيْعُهُ

vending machine *or* **solt-machine** *n.* آلَةٌ بَيّاعَةٌ

vendor *n.* البائِعُ

veneer *n.; vt.* قِشْرَةٌ خَشَبيَّةٌ . بَلاطَةٌ أو صَفيحَةٌ خارِجيَّةٌ (لِلْوِقايَةِ) . مَظْهَرٌ خارِجيٌّ (يُخْفي الطبيعَةَ الحَقيقيَّةَ) // يَكْسو بِالخَشَبِ أو بِالبَلاطِ . يُخْفي

venerable *adj.* مُبَجَّلٌ ؛ مُوَقَّرٌ . جَليلٌ ؛ مَهيبٌ

venerate *vt.* يُبَجِّلُ . يُوَقِّرُ ؛ يَحْتَرِمُ

veneration *n.* وَقارٌ . إحْتِرامٌ . إكْرامٌ

venereal (abbr. **VD**) *adj.* تَناسُليٌّ (مَرَضٌ)

venery *n.* صَيْدٌ ؛ إصْطِيادٌ (بِواسِطَةِ الكِلابِ)

Venetian *adj. & n.* بُنْدُقيٌّ
venetian blind *n.* سِتارَةٌ لِلشُّبّاكِ مَعْدِنيَّةٌ أو خَشَبيَّةٌ ذاتُ أضْلاعٍ أُفُقيَّةٍ يُمْكِنُ فَتْحُها أو إغْلاقُها
Venezuelan *adj. & n.* فِنْزويلّيٌّ
vengeance *n.* إنْتِقامٌ. ثَأْرٌ
with a — بِعُنْفٍ؛ بِشَراسَةٍ. بِشِدَّةٍ
vengeful *adj.* إنْتِقاميٌّ. حاقِدٌ
venial *adj.* عَرَضيٌّ. مُمْكِنٌ غُفْرانُهُ
venison *n.* لَحْمُ الطَرائِدِ. لَحْمُ الغَزالِ
venom *n.* سُمٌّ. حِقْدٌ؛ ضَغينَةٌ
venomous *adj.* سامٌّ. حَقودٌ؛ ضِغْنيٌّ
venous *adj.* عِرْقيٌّ. كَثيرُ العُروقِ. وَريديٌّ
vent *vt.; n.* يُنَفِّسُ عَنْ. يَصُبُّ (جامَ غَضَبِهِ). يُزَوِّدُ بِفَتْحَةٍ // مَنْفَسٌ. فَتْحَةٌ. مَنْفَذٌ. مَصْرَفٌ
ventilate *vt.* يُهَوّي (غُرْفَةً). يُناقِشُ
ventilation *n.* تَهْوِيَةٌ. وَسيلَةُ تَهْوِيَةٍ
ventilator *n.* مِهْواةٌ. مِرْوَحَةٌ
ventral *adj.* بَطْنيٌّ؛ جَوْفيٌّ
ventricle *n.* تَجْويفٌ. بُطَيْنٌ (في القَلْبِ)
ventriloquism *n.* فَنُّ التَكَلُّمِ مِنَ البَطْنِ
ventriloquist *n.* المُقامِقُ؛ المُتَكَلِّمُ مِنْ بَطْنِهِ
venture *n.; vt.; i.* مُغامَرَةٌ؛ مُخاطَرَةٌ؛ مُجازَفَةٌ // يُغامِرُ؛ يُجازِفُ؛ يُخاطِرُ. يَتَجَرَّأُ عَلى
venturer *n.* المُغامِرُ؛ المُجازِفُ؛ المُخاطِرُ
venturesome; venturous *adj.* مِقْحامٌ؛ مُغامِرٌ؛ مُتَهَوِّرٌ. مُنْطَوٍ عَلى مُغامَرَةٍ
venue *n.* المُلْتَقى. مَكانُ (المُحاكَمَةِ)
Venus *n.* كَوْكَبُ الزُهَرَةِ. إلَهَةُ الحُبِّ والجَمالِ
veracious *adj.* صادِقٌ. صَحيحٌ. دَقيقٌ
veracity *n.* صِدْقٌ. صِحَّةٌ. دِقَّةٌ
veranda; verandah *n.* شُرْفَةٌ
verb *n.* فِعْلٌ (في الصَرْفِ والنَحْوِ)
verbal *adj.* فِعْليٌّ. لَفْظيٌّ. كَلاميٌّ. شَفَهيٌّ. حَرْفيٌّ
verbally *adv.* حَرْفيًّا. شَفَهيًّا
verbatim *adj.; adv.* حَرْفيٌّ // حَرْفيًّا
verbena *n.* رِعْيُ الحَمامِ (جِنْسُ أزْهارٍ)
verbiage *n.* الحَشْوُ (في الكَلامِ)
verbose *adj.* مُطْنِبٌ؛ مُسْرِفٌ. مُضْجِرٌ
verbosity *n.* إطْنابٌ؛ إسْهابٌ؛ إسْرافٌ
verdancy *n.* إخْضِرارٌ؛ خُضْرَةٌ
verdant *adj.* أخْضَرُ. مُخْضَوْضِرٌ
verdict *n.* حُكْمٌ. قَرارٌ. رَأْيٌ
verdigris *n.* الزِنْجارُ؛ صَدَأُ النُحاسِ
verdure *n.* خُضْرَةٌ. نَضارَةٌ
verge *n.; vi.* حافَّةٌ؛ حَدٌّ. شَفيرٌ. مِحْوَرٌ. صَوْلَجانٌ // يُجاوِرُ؛ يُتاخِمُ. يُشْرِفُ عَلى. يَنْحَدِرُ
verger *n.* حامِلُ الصَوْلَجانِ. قَنْدَلَفْتُ
verifiable *adj.* مُمْكِنُ التَأَكُّدُ مِنْهُ
verification *n.* تَحَقُّقٌ. تَأْكيدٌ. إثْباتٌ
verify *vt.* يُؤَكِّدُ. يُثْبِتُ. يَتَحَقَّقُ مِنْ
verily *adv.* حَقًّا؛ يَقينًا. بِلا رَيْبٍ
verisimilitude *n.* إحْتِمالٌ. شَيْءٌ يَبْدو صَحيحًا
veritable *adj.* حَقيقيٌّ. صَحيحٌ. واقِعيٌّ
verity *n.* حَقيقَةٌ. صِدْقٌ. مُطابَقَةٌ لِلْواقِعِ
vermicelli *n.* الشُعَيْرِيَّةُ
vermicide *n.* دَواءٌ مُبيدٌ لِلْديدانِ
vermicule *n.* دودَةٌ صَغيرَةٌ
vermiform *adj.* دوديُّ الشَكْلِ
vermiform appendix *n.* الزائِدَةُ الدودِيَّةُ
vermilion *adj.; n.* قِرْمِزيٌّ // اللَوْنُ القِرْمِزيُّ
vermin *n.* هامَّةٌ. حَشَرَةٌ طُفَيْلِيَّةٌ. شَخْصٌ مُؤْذٍ

verminous *adj.* هَوامّيٌّ. مُؤْذٍ. قَذِرٌ. دوديٌّ

vernacular *adj.; n.* عامّيٌّ. بَلَديٌّ. وَطَنيٌّ // لُغَةٌ إقْليميَّةٌ أو مَحَلِّيَّةٌ

vernal *adj.* رَبيعيٌّ

— equinox *n.* الإعْتِدالُ الرَبيعيُّ

veronica *n.* زَهْرَةُ الحَواشي (نَبْتَةٌ)

versatile *adj.* مُتَعَدِّدُ الجَوانِبِ أو الإسْتِعْمالِ

verse *n.* بَيْتٌ مِنَ الشِعْرِ. نَظْمُ الشِعْرِ. قَصيدَةٌ. آيَةٌ

versed (in) *adj.* مُتَضَلِّعٌ. مُتَمَكِّنٌ

versification *n.* نَظْمُ الشِعْرِ

versifier *n.* ناظِمُ الشِعْرِ

versify *vi.; t.* يَنْظِمُ شِعْرًا / يُحَوِّلُ إلى شِعْرٍ

version *n.* نَسْخَةٌ مُعَدَّلَةٌ. تَرْجَمَةٌ. رِوايَةٌ

verso *n.* (*opp.* of **recto**) قَفا الصَفْحَةِ

versus *prep.* ضِدَّ. مُقابِلَ. إزاءَ

vertebra; vertebræ *n.* فَقارَةٌ؛ فَقْرَةٌ

vertebral *adj.* فَقاريٌّ؛ فَقْريٌّ

vertebral column *n.* العَمودُ الفَقْريُّ

vertebrate *adj.; n.* فَقاريٌّ // الفَقاريّاتُ؛ الحَيَواناتُ ذاتُ العَمودِ الفَقْريِّ

vertex *n.* (*pl.* **-es** or **-tices**) رَأْسٌ. قِمَّةٌ. ذُرْوَةٌ؛ أَوْجٌ

vertical *adj.; n.* عَموديٌّ؛ رَأْسيٌّ // خَطٌّ عَموديٌّ

vertically *adv.* عَموديًّا؛ رَأْسيًّا

vertiginous *adj.* مُسَبِّبٌ لِلْدُوارِ

vertigo *n.* (*pl.* **-es** or **-gines**) دُوارٌ؛ دَوْخَةٌ

verve *n.* نَشاطٌ؛ حَيَويَّةٌ

very *adj.; adv.* حَقيقيٌّ. فِعْليٌّ. مُطْلَقٌ. بالذاتِ. عَيْنٌ؛ نَفْسٌ // فِعْلاً. تَمامًا. جِدًّا

vespers *n.pl.* صَلاةُ المَساءِ أو العَصْرِ

vespertine *adj.* عَشْويٌّ؛ مَسائيٌّ

vessel *n.* إناءٌ؛ وِعاءٌ. مَرْكَبٌ. طائِرَةٌ. شَرْيانٌ؛ وَريدٌ

vest *n.; vt.* صَدْريَّةٌ. صُدْرَةٌ. ثَوْبٌ. سُتْرَةٌ // يُقَلِّدُ. يُخَوِّلُ. يُلْبِسُ

vestal *adj.; n.* طاهِرٌ؛ بَتوليٌّ // كاهِنَةُ الإلَهَةِ فِسْتا (عِنْدَ الرومانِ). عَذْراءُ

vestibule *n.* رَدْهَةٌ. مَدْخَلٌ مَسْقوفٌ. دِهليزٌ

vestige *n.* أَثَرٌ. ذَرَّةٌ. بَقيَّةٌ

vestment *n.* رِداءٌ كَهْنوتيٌّ

vestry *n.* السَكْرِسْتيّا. مَجْلِسُ الكَنيسَةِ

vesture *n.* ثِيابٌ. رِداءٌ

vetch *n.* البيقيَّةُ (نَباتٌ عَلَفيٌّ)

veteran *n.; adj.* مُحارِبٌ قَديمٌ. جُنْديٌّ مُحَنَّكٌ // مُمَرَّسٌ؛ عَريقٌ

veterinarian *n.* الطَبيبُ البَيْطَريُّ

veterinary *adj.; n.* بَيْطَريٌّ // طَبيبٌ بَيْطَريٌّ

veto *n.; vt.* حَقُّ النَقْضِ. مَنْعٌ. تَحْريمٌ // يَأْبى المُوافَقَةَ على. يَرْفُضُ

vex *vt.* يَغيظُ. يُناكِدُ. يُحَيِّرُ. يَتَقاذَفُ

vexation *n.* إغاظَةٌ. تَنْكيدٌ

vexatious *adj.* مُغيظٌ. مُنَكِّدٌ

vexed *adj.* مُغْتاظٌ

vexing *adj.* مُغيظٌ؛ مُنَكِّدٌ. مُثيرٌ

via *prep.* عَنْ طَريقِ كذا. بِواسِطَةِ كذا

viable *adj.* قابِلٌ لِلْحَياةِ

viaduct *n.* جِسْرُ وادٍ

vial *n.* زُجاجَةٌ صَغيرَةٌ؛ قارورَةٌ

viands *n.pl.* مُؤَنٌ؛ أَطْعِمَةٌ

viaticum *n.* (*pl.* **-cums** or **-ca**) نَفَقاتُ السَفَرِ. زادُ المُسافِرِ. المُناوَلَةُ الأخيرَةُ

vibrant *adj.* مُهْتَزٌّ؛ مُتَذَبْذِبٌ. مُثيرٌ. رَنّانٌ

vibrate *vt.; i.* يَرُجُّ؛ يَهُزُّ؛ يُذَبْذِبُ / يَتَرَجْرَجُ؛ يَهْتَزُّ؛ يَتَذَبْذَبُ. يَسْتَجيبُ لِـ
vibration *n.* إهْتِزازٌ؛ ذَبْذَبَةٌ. تَرَدُّدٌ
vibratory *adj.* إرْتِجاجِيٌّ؛ إهْتِزازِيٌّ. مُهْتَزٌّ
vicar *n.* قَسٌّ. كاهِنٌ. وَكيلٌ؛ نائِبٌ؛ مُمَثِّلٌ
vicarage *n.* مَقَرُّ القَسّ. وَظيفَةُ الكاهِنِ أو راتِبُهُ
vicarious *adj.* مُنْجَزٌ نِيابَةً عَنْ
vice *n.; prep.* نائِبٌ؛ وَكيلٌ. رَذيلَةٌ. عَيْبٌ؛ نَقيصَةٌ. مِلْزَمَةٌ // بَدَلاً مِنْ؛ خَلَفًا لِـ
vice-admiral *n.* نائِبُ أميرالٍ؛ وَكيلُ أميرالٍ
vice-chancellor *n.* نائِبُ مُسْتَشارٍ
vice-consul *n.* نائِبُ قُنْصُلٍ
vice-president *n.* نائِبُ رَئيسٍ
viceroy *n.* نائِبُ مَلِكٍ
vice versa *adv.* العَكْسُ بِالعَكْسِ
vicinity; vicinage *n.* قُرْبٌ؛ جِوارٌ. مِنْطَقَةٌ مُجاوِرَةٌ
vicious *adj.* شِرّيرٌ. باطِلٌ. فاسِدٌ. وَحْشِيٌّ. قاسٍ
vicious circle *n.* حَلَقَةٌ مُفْرَغَةٌ
vicissitude *n.* تَقَلُّبٌ. تَغَيُّرٌ. تَعاقُبٌ
victim *n.* ضَحِيَّةٌ
victimize *vt.* يُضَحّي بِـ. يَحْتالُ عَلى. يَضْطَهِدُ
victor *n.* المُنْتَصِرُ؛ الظافِرُ؛ الفائِزُ
victorious *adj.* مُنْتَصِرٌ؛ ظافِرٌ؛ فائِزٌ
victory *n.* نَصْرٌ؛ ظَفَرٌ؛ فَوْزٌ
victual *vt.* يُزَوِّدُ بِالطَعامِ أَوِ المُؤَنِ
victualler *n.* المُزَوِّدُ بِالطَعامِ أَوِ المُؤَنِ. سَفينَةُ تَمْوينٍ. صاحِبُ مَطْعَمٍ أَو نُزُلٍ
victuals *n.pl.* مُؤَنٌ
video *n.* جِهازُ ڤيديو
vie (with) *vi.* يَتَنافَسُ مَعَ

Viennese *adj.; n.* مِن ڤيينّا // أحَدُ أبْناءِ ڤيينّا
Vietnamese *adj. & n.* ڤييتنامِيٌّ
view *n.; vt.* رُؤْيَةٌ. مَشْهَدٌ؛ مَنْظَرٌ. رَأْيٌ. دِراسَةٌ. مَرْأى // يُشاهِدُ. يَفْحَصُ. يَدْرُسُ
  in — of نَظَرًا لِـ
  on — مَعْروضٌ
  with a — to بِقَصْدِ كَذا؛ لِأَجْلِ كَذا
viewless *adj.* غَيْرُ مَرْئِيٍّ. لَيْسَ لَهُ رَأْيٌ
view-point *n.* وِجْهَةُ نَظَرٍ؛ رَأْيٌ
vigil *n.* سَهَرٌ؛ يَقَظَةٌ. مُراقَبَةٌ. صَلاةُ المَساءِ
vigilance *n.* يَقَظَةٌ؛ حَذَرٌ؛ إحْتِراسٌ؛ إحْتِرازٌ
vigilant *adj.* يَقِظٌ؛ حَذِرٌ؛ مُحْتَرِسٌ
vigo(u)r *n.* نَشاطٌ. شِدَّةٌ. قُوَّةٌ
vigorous *adj.* نَشيطٌ. قَوِيٌّ
vigorously *adv.* بِنَشاطٍ. بِقُوَّةٍ
vile *adj.* تافِهٌ؛ حَقيرٌ. قَذِرٌ. خَسيسٌ؛ وَضيعٌ
vilify *vt.* يُشَوِّهُ السُمْعَةَ. يَذُمُّ
villa *n.* دارَةٌ. ڤيلاّ
village *n.* ضَيْعَةٌ؛ قَرْيَةٌ
villager *n.* القَرَوِيُّ؛ مَنْ يَعيشُ في القَرْيَةِ
villain *n.* النَذْلُ؛ الجِلْفُ؛ الوَغْدُ
villainous *adj.* نَذْلٌ؛ حَقيرٌ؛ خَسيسٌ. رَديءٌ
villainy *n.* نَذالَةٌ؛ خِسَّةٌ. عَمَلٌ خَسيسٌ
villous *adj.* أَزْغَبُ
vim *n.* زَخْمٌ. نَشاطٌ؛ حَيَوِيَّةٌ
vincible *adj.* قابِلٌ لِلْقَهْرِ؛ مُمْكِنُ التَغَلُّبِ عَلَيْهِ
vindicate *vt.* يُثْبِتُ. يُبَرِّئُ. يُبَرِّرُ. يُدافِعُ عَنْ؛ يَصونُ؛ يَحْمي
vindication *n.* تَبْرِئَةٌ. إثْباتٌ. تَبْريرٌ. دِفاعٌ عَنْ
vindictive *adj.* ثَؤورٌ؛ إنْتِقامِيٌّ. حَقودٌ
vine *n.* الكَرْمَةُ؛ الدالِيَةُ

vinegar *n.* خَلٌّ
vinegary *adj.* خَلِّيٌّ
vine harvest *n.* قِطافُ العِنَبِ
vine prop *n.* مِسْماكُ الكَرْمَةِ
vinery *n.* دَفيئَةٌ تُسْتَنْبَتُ فيها الكَرْمَةُ
vineyard *n.* كَرْمٌ
vinous *adj.* غَنِيٌّ بالخَمْرِ. خَمْرِيٌّ
vintage *n.* غَلَّةُ الكَرْمِ. خَمْرٌ. زُمْرَةٌ. قَطْفُ العِنَبِ
vintner *n.* تاجِرُ الخَمْرِ
viny *adj.* شَبيهٌ بالكَرْمِ. مَكْسُوٌّ بالعَرائِشِ
viola *n.* كَمانٌ أَوْسَطُ. عازِفُ الكَمانِ الأَوْسَطِ
violable *adj.* مُمْكِنٌ انْتِهاكُهُ أو اغْتِصابُهُ
violate *vt.* يَنْتَهِكُ. يَعْتَدي عَلى. يَغْتَصِبُ. يُدَنِّسُ. يَخْرُقُ (قانونًا)
violation *n.* إنْتِهاكٌ. إعْتِداءٌ عَلى. إغْتِصابٌ. تَدْنيسٌ. خَرْقٌ
violence *n.* عُنْفٌ. أذى. إغْتِصابٌ. شِدَّةٌ؛ قَسْوَةٌ
violent *adj.* عَنيفٌ. شَديدٌ؛ قاسٍ. مُتَّقِدٌ. مُشَوَّهٌ
violently *adv.* بِعُنْفٍ. بِشِدَّةٍ؛ بِقَسْوَةٍ
violet *n.* البَنَفْسَجُ. اللَّوْنُ البَنَفْسَجِيُّ
violin *n.* الكَمانُ
violinist *n.* عازِفُ الكَمانِ
violoncellist *n.* عازِفُ الفْيولونْسيلِ أوِ الكَمانِ الجَهيرِ
violoncello *n.* الكَمانُ الجَهيرُ؛ الفْيولونْسيلُ
viper *n.* الأَفْعى. الخَبيثُ؛ الغادِرُ
viperish; viperous *adj.* أَفْعَوِيٌّ. سامٌّ
virago *n.* إمْرَأَةٌ سَليطَةٌ؛ إمْرَأَةٌ مُتَرَجِّلَةٌ
virgin *adj.; n.* عُذْرِيٌّ؛ بَتولِيٌّ. طاهِرٌ. بِكْرٌ. أَوَّلُ // العَذْراءُ؛ البَتولُ
virginal *adj.* عُذْرِيٌّ؛ بَتولِيٌّ. بَريءٌ؛ طاهِرٌ

Virginia creeper *n.* كَرْمٌ بَرِّيٌّ
virginity *n.* البُتولِيَّةُ
viridity *n.* إخْضِرارٌ. نَضارَةٌ. بَراءَةٌ
virile *adj.* مُكْتَمِلُ الرُجولَةِ. نَشيطٌ. حاسِمٌ. قَوِيٌّ
virility *n.* رُجولَةٌ. نَشاطٌ. قُوَّةٌ
virtual *adj.* عَمَلِيٌّ؛ فِعْلِيٌّ؛ واقِعِيٌّ
virtually *adv.* عَمَلِيًّا؛ فِعْلِيًّا؛ واقِعِيًّا
virtue *n.* فَضيلَةٌ. مَناقِبِيَّةٌ. فَعّالِيَّةٌ. طَهارَةٌ؛ عِفَّةٌ
by *or* in — of بِموجِبِ؛ بِمُقْتَضى
virtuosity *n.* بَراعَةٌ فَنِّيَّةٌ
virtuoso *n.* الماهِرُ في عَزْفِ الموسيقى
virtuous *adj.* فاضِلٌ. مُسْتَقيمٌ. طاهِرٌ؛ عَفيفٌ
virulence; virulency *n.* خُبْثٌ. حِدَّةٌ
virulent *adj.* خَبيثٌ. سامٌّ. حادٌّ (فيروسٌ)
virus *n.* الفيروسُ؛ عامِلٌ مُحْدِثٌ لِلْمَرَضِ
visa *n.; vt.* تَأْشيرَةٌ؛ سِمَةٌ // يُؤَشِّرُ (عَلى جَوازِ السَفَرِ)؛ يَمْنَحُ تَأْشيرَةً أو سِمَةً
visage *n.* سيماءُ؛ طَلْعَةٌ. مُحَيًّا. مَظْهَرٌ
viscera *n.pl.* أَحْشاءُ؛ أَمْعاءُ
viscid; viscous *adj.* لَزِجٌ؛ دَبِقٌ
viscosity; viscidity *n.* لُزوجَةٌ؛ تَدَبُّقٌ
viscount *n.* الفْيكونْتُ: نَبيلٌ
viscountess *n.* الفْيكونتيسّا (نَبيلَةٌ)
viscous *adj.* لَزِجٌ؛ دَبِقٌ (غِراءٌ)
vise *n.* مِلْزَمَةٌ
visibility *n.* الرُؤْيَةُ. إمْكانِيَّةُ الرُؤْيَةِ
visible *adj.* مَرْئِيٌّ؛ مَنْظورٌ. واضِحٌ. مُدْرَكٌ
vision *n.* رُؤْيا؛ خَيالٌ؛ طَيْفٌ. تَخَيُّلٌ. بَصيرَةٌ
visionary *adj.; n.* حالِمٌ. وَهْمِيٌّ؛ خَيالِيٌّ. كَثيرُ الرُؤى // شَخْصٌ حالِمٌ. شَخْصٌ كَثيرُ الرُؤى
visit *n.; vt.* زِيارَةٌ // يَعودُ؛ يَزورُ. يَتَفَقَّدُ. يُفَتِّشُ

visitant *n.* الزائرُ. الطَيْرُ المُهاجِرُ
visitation *n.* زيارةٌ. تَفَقُّدٌ. تَفْتيشٌ. عِقابٌ
visiting *adj.; n.* زائِرٌ. مُتَفَقِّدٌ // زيارَةٌ. تَفَقُّدٌ
visiting card *n.* بِطاقَةُ الزيارَةِ
visitor *n.* الزائِرُ؛ الضَيْفُ
visor *n.* قِناعٌ. حافَّةُ القُبَّعَةِ. مُقَدَّمُ الخوذَةِ
vista *n.* أُفُقٌ. مَنْظَرٌ. مَشْهَدٌ. صورَةٌ ذِهْنِيَّةٌ
visual *adj.* بَصَرِيٌّ. مَرْئِيٌّ (شُعاعٌ)
visualize *vt.* يَتَصَوَّرُ؛ يَتَخَيَّلُ
vital *adj.* حَيَوِيٌّ. مُحْيٍ. أساسِيٌّ
vitality *n.* حَيَوِيَّةٌ. نَشاطٌ
vitalize *vt.* يُحْيي. يَبُثُّ الحَيَوِيَّةَ في
vitals *n.pl.* مُقَوِّماتٌ. أجْزاءٌ حَيَوِيَّةٌ (مِنَ الجِسْمِ)
vitamin *n.* الڤيتامينُ: تَرْكيبٌ عُضْوِيٌّ مُغَذٍّ
vitiate *vt.* يُفْسِدُ؛ يُبْطِلُ. يُضْعِفُ قُوَّةَ...
vitiation *n.* إفْسادٌ؛ فَسادٌ. إبْطالٌ؛ بُطْلانٌ
vitreous *adj.* زُجاجِيٌّ
vitrify *vt.; i.* يُزَجِّجُ. يُرَكِّبُ ألْواحًا زُجاجِيَّةً / يَتَزَجَّجُ. يَتَحَوَّلُ إلى زُجاجٍ
vitriol *n.* نَقْدٌ لاذِعٌ. حامِضُ الكِبْريتِ المُرَكَّزُ
vituperate *vt.* يَهْجو؛ يَذُمُّ. يُوَبِّخُ؛ يُعَنِّفُ
vituperation *n.* هَجْوٌ؛ ذَمٌّ. تَوبيخٌ؛ تَعْنيفٌ
vituperative *adj.* قَدْحِيٌّ؛ ذَمِّيٌّ
vivacious *adj.* مَرِحٌ؛ نَشيطٌ؛ مُفْعَمٌ بِالحَيَوِيَّةِ
vivacity *n.* مَرَحٌ؛ نَشاطٌ؛ حَيَوِيَّةٌ
vivary *n.* حَوْضُ السَمَكِ
vivid *adj.* حَيٌّ. زاهٍ. مُفْعَمٌ بِالحَيَوِيَّةِ
vivification *n.* إحْياءٌ. تَنْشيطٌ
vivify *vt.* يُحْيي؛ يُنَشِّطُ؛ يُنْعِشُ
viviparous *adj.* وَلودٌ (غَيْرُ بَيوضٍ)
vivisection *n.* تَشْريحُ الأحْياءِ أوِ الحَيَواناتِ الحَيَّةِ
vixen *n.* المُشاكِسَةُ. أُنْثى الثَعْلَبِ
viz *adv.* (usu. read namely) أي؛ يَعْني
vizier *n.* وَزيرٌ
vocable *n.; adj.* كَلِمَةٌ؛ لَفْظَةٌ // يُلْفَظُ
vocabulary *n.* مُفْرَداتُ لُغَةٍ. قاموسٌ
vocal *adj.* صَوْتِيٌّ. مَلْفوظٌ. ذو صوتٍ
vocalist *n.* المُغَنّي؛ المُطْرِبُ؛ المُنْشِدُ
vocalize *vt.* يَلْفِظُ؛ يَنْطِقُ. يُعَبِّرُ عَنْ. يُغَنّي؛ يُنْشِدُ. يَتَدَرَّبُ عَلى الغِناءِ
vocation *n.* دَعْوَةٌ. وَظيفَةٌ. مِهْنَةٌ. مَوْهِبَةٌ
vocational *adj.* مِهَنِيٌّ؛ حِرَفِيٌّ
vocative *n.* صيغَةُ المُنادى (في عِلْمِ النَحْوِ)
vociferate *vt.; i.* يَضِجُّ؛ يَصْخَبُ. يَزْعَقُ؛ يَصيحُ / يَنْطِقُ صائِحًا
vociferation *n.* صَخَبٌ. صِياحٌ؛ زَعيقٌ
vociferous *adj.* صائِحٌ. صَخّابٌ؛ ضاجٌّ
vodka *n.* ڤودْكا: شَرابٌ مُسْكِرٌ روسِيٌّ
vogue *n.* زِيٌّ؛ موضَةٌ. رَواجٌ
voice *n.; vt.* صَوْتٌ. تَعْبيرٌ. صيغَةُ الفِعْلِ // يُعَبِّرُ عَنْ. يَلْفِظُ. يَنْشُرُ
voiceless *adj.* عاجِزٌ عَنِ الكَلامِ. دونَ صَوْتٍ
void *adj.; n.; vt.* خالٍ؛ فارِغٌ. شاغِرٌ. عَقيمٌ. باطِلٌ. لاغٍ // فَراغٌ. الفَضاءُ. فُقْدانٌ // يُبْطِلُ؛ يُلْغي
voidable *adj.* مُمْكِنٌ إلْغاؤُهُ أو إبْطالُهُ
volant *adj.* طَيّارٌ؛ طائِرٌ
volatile *adj.* مُتَبَخِّرٌ. مُتَطايِرٌ. قادِرٌ عَلى الطَيَرانِ. جَذِلٌ. خالٍ مِنَ الهُمومِ
volatility *n.* القابِلِيَّةُ لِلتَبَخُّرِ
volatilize *vt.; i.* يُبَخِّرُ؛ يُصَعِّدُ / يَتَبَخَّرُ؛ يَتَطايَرُ
volcanic *adj.* بُرْكانِيٌّ. عَنيفٌ؛ مُتَفَجِّرٌ
volcano *n.* (*pl.* **-es** *or* **-s**) بُرْكانٌ

vole *n.* فأرُ الحَقْلِ
volition *n.* إخْتيارٌ. إرادَةٌ؛ مَشيئَةٌ
volitional *adj.* إراديٌّ. إخْتياريٌّ؛ طَوْعيٌّ
volley *n.; vt.* رَشْقَةٌ؛ وابِلٌ مِنَ القَذائِفِ. طَيَرانُ كُرَةِ التَنِسِ // يُطْلِقُ رَشَقًا أو وابِلاً مِنَ القَذائِفِ. يَضْرِبُ كُرَةَ التَنِسِ
volleyball *n.* كُرَةُ الطائِرَةِ
volplane *vi.; n.* يَنْسابُ بِالطائِرَةِ ومُحَرِّكاتُها مُتَوَقِّفَةٌ // إنْسيابُ الطائِرَةِ نَحْوَ الأَرْضِ
volt *n.* الفُلْطُ: وَحْدَةُ قُوَّةِ الكَهْرَباءِ
voltage *n.* الفُلْطِيَّةُ: قُوَّةُ التَيّارِ الكَهْرَبائِيّ
voltameter *n.* مِقْياسُ التَحْليلِ الفُلْطِيّ
volte-face *n.* تَغْييرٌ مُفاجِئٌ في وِجْهَةِ النَظَرِ أو الإتِّجاهِ
voltmeter *n.* مِقْياسُ الفُلْطِيَّةِ
voluble *adj.* طَليقُ اللِسانِ
volume *n.* كُتْلَةٌ؛ حَجْمٌ؛ مِقْدارٌ. مُجَلَّدٌ؛ كِتابٌ. قُوَّةُ الصَوْتِ (مَثَلاً)
voluminous *adj.* ضَخْمٌ؛ كَبيرُ الحَجْمِ
voluntarily *adv.* طَوْعيًّا؛ إخْتياريًّا
voluntary *adj.; n.* إخْتياريٌّ؛ إراديٌّ. طَوْعيٌّ. مُتَعَمَّدٌ. مَقْصودٌ. حُرٌّ // المُتَطَوِّعُ
volunteer *n.; vt.; i.* المُتَطَوِّعُ // يُقَدِّمُ مُتَطَوِّعًا / يَتَطَوَّعُ
voluptuary *n.* الشَهْوانيُّ؛ مُحِبُّ اللَذّاتِ
voluptuous *adj.* شَهْوانيٌّ؛ حِسّيٌّ؛ مُغْرٍ
volute *n.; adj.* شَكْلٌ حَلَزونيٌّ // حَلَزونيٌّ
vomit *vi.; t.; n.* يَتَقَيَّأُ؛ يَلْفِظُ؛ يُخْرِجُ / يَجْعَلُهُ يَتَقَيَّأُ // تَقَيُّؤٌ. ما تَمَّ تَقَيُّؤُهُ
voracious *adj.* شَرِهٌ؛ نَهِمٌ
voracity *n.* شَراهَةٌ؛ نَهَمٌ
vortex *n.* (*pl.* **-tices** *or* **-texes**) دُرْدورٌ؛ دُوّامَةٌ
votary *n.* المَنْذورُ. المُعْجَبُ. العابِدُ
vote *n.; vt.; i.* صَوْتٌ (ناخِبٌ). إقْتِراعٌ؛ تَصْويتٌ. حَقُّ الإقْتِراعِ // يُصَوِّتُ؛ يَقْتَرِعُ / يَنْتَخِبُ
voter *n.* الناخِبُ؛ المُقْتَرِعُ؛ المُصَوِّتُ
voting *n.* إقْتِراعٌ؛ تَصْويتٌ. إنْتِخابٌ
votive *adj.* نَذْريٌّ. مُعَبِّرٌ عَنْ رَغْبَةٍ
vouch *vt.; i.* يُؤَكِّدُ. يَشْهَدُ. يُبَرْهِنُ / يَضْمَنُ
voucher *n.* وَصْلٌ؛ إيصالٌ. مُسْتَنَدٌ. الكَفيلُ
vouchsafe *vt.* يَمْنَحُ؛ يُعْطي. يُجيزُ. يَتَلَطَّفُ بِـ
vow *n.; vt.; i.* نَذْرٌ // يَنْذُرُ. يُقْسِمُ. يُعْلِنُ؛ يُصَرِّحُ
vowel *n.* حَرْفُ عِلَّةٍ
voyage *n.* رِحْلَةٌ. سَفْرَةٌ (في البَحْرِ). نُزْهَةٌ
voyageur *n.* الرَحّالَةُ؛ المُسافِرُ
vulcanite *n.* الفُلْكانيتُ: مَطّاطٌ مُقَوّى
vulcanize *vt.* يُقَسّي المَطّاطَ
vulgar *adj.* عاديٌّ؛ سوقيٌّ. مَأْلوفٌ؛ دارِجٌ. شائِعٌ. مُبْتَذَلٌ
vulgarism *n.* كَلامُ السوقَةِ. السوقيَّةُ. فَظاظَةٌ
vulgarity *n.* السوقيَّةُ. كَلامُ السوقَةِ. خُشونَةٌ. قِلَّةُ تَهْذيبٍ
vulgarization *n.* تَبْسيطٌ
vulgarize *vt.* يُبَسِّطُ. يُعَمِّمُ. يَجْعَلُهُ مُبْتَذَلاً
vulnerable *adj.* قابِلٌ لِلْجَرْحِ. مُعَرَّضٌ لِلْهُجومِ. غَيْرُ حَصينٍ (مَوْضِعٌ)
vulpine *adj.* ثَعْلَبيٌّ. ماكِرٌ
vulture *n.* نَسْرٌ
vulturing; vulturous *adj.* نَسْريٌّ. جَشِعٌ
vulva *n.* مَدْخَلُ الفَرْجِ

W

W; w *n.* الحَرْفُ الثالِثُ والعِشْرونَ مِنَ الأَبْجَدِيَّةِ الإِنْكليزِيَّة

wabble *vi.* see **wobble**

wad *n.; vt.* حَشْوَةٌ. سِطامٌ. لَفَّةُ أَوْراقٍ نَقْدِيَّةٍ أو مُسْتَنَداتٍ // يَلُفُّ. يَسْطُمُ. يَحْشو. يُبَطِّنُ (سِتْرَةً)

wadded *adj.* مَحْشُوٌّ؛ مُبَطَّنٌ (بالقُطْنِ أو الصوفِ)

wadding *n.* لِبْدَةٌ؛ حَشْوَةٌ. مَوادُّ لِلْحَشْوِ

waddle *vi.; n.* يَتَهادى في مِشْيَتِهِ؛ يَتمايَلُ في سَيْرِهِ مُتَثاقِلاً // تَرَنُّحٌ؛ تَمايُلٌ (في المِشْيَةِ)

wade *vi.* يَخوضُ. يَتَقَدَّمُ (بِصُعوبَةٍ)

— in يُهاجِمُ

wading bird *n.* الخَوّاضُ: طائِرٌ مائِيٌّ طَويلُ الساقَيْنِ يَخوضُ في الماءِ بَحْثًا عَنِ الطَعامِ

wafer *n.* بَسْكَويتَةٌ رَقيقَةٌ هَشَّةٌ. قُرْبانٌ

waffle *n.* كَعْكَةٌ مُحَمَّصَةٌ؛ رُقاقَةٌ مَقْلِيَّةٌ

waffle iron *n.* مِحْمَصَةٌ؛ أَداةٌ لِلتَحْميصِ مِنْ طَبَقَتَيْنِ

waft *vt.; i.; n.* يَحْمِلُ؛ يَدْفَعُ (الرَوائِحَ)؛ يَنْقُلُ / يَنْبَعِثُ؛ يَنْطَلِقُ // نَسْمَةُ هَواءٍ؛ عِطْرٌ. حَرَكَةُ تَمَوُّجٍ

wag *n.; vi.; t.* هَزٌّ. هَزَّةٌ. المُضْحِكُ؛ شَخْصٌ مَرِحٌ ومِهْزارٌ // يَتَحَرَّكُ. يَهْتَزُّ؛ يَتَأَرْجَحُ. يَتَهادى / يَهُزُّ

wage *vt.; n.* يُقاتِلُ؛ يَشُنُّ (حَمْلَةً). يَسْتَأْجِرُ عامِلاً // أُجْرَةٌ. عاقِبَةٌ؛ جَزاءٌ

minimum — الحَدُّ الأَدْنى مِنَ الأُجورِ

wage earner *n.* الأَجيرُ

wager *n.; vt.* رِهانٌ // يُراهِنُ؛ يُشارِطُ

wages *n.pl.* أُجْرَةٌ. أَجْرٌ

waggery *n.* فَراهَةٌ. مُزاحٌ. مُداعَبَةٌ

waggish *adj.* فَكِهٌ. مازِحٌ. هَزْلِيٌّ

waggle *vt.; i.* يَهُزُّ / يَهْتَزُّ. يَتَهادى

wag(g)on *n.* عَرَبَةٌ. حافِلَةٌ (غَيْرُ مَسْقوفَةٍ)؛ قِطارُ شَحْنٍ

station — سَيّارَةٌ لِلرُّكّابِ وَلِنَقْلِ البَضائِعِ

wagon-lit *n.* عَرَبَةُ نَوْمٍ (في قِطارٍ)

wagtail *n.* الذُعْرَةُ؛ أُمُّ سُكَعْكَعٍ (طائِرٌ)

waif *n.* إِنْسانٌ أو طِفْلٌ مُشَرَّدٌ. حَيَوانٌ شارِدٌ

wail *vi.; t.; n.* يُعْوِلُ. يَشْكو / يَنْدُبُ؛ يَبْكي // عَويلٌ؛ نَحيبٌ. صُراخٌ (وَليدٍ)

wain *n.* عَرَبَةٌ ضَخْمَةٌ

Charles's — الدُبُّ الأَكْبَرُ

wainscot *n.* تَلْبيسَةٌ مِنْ خَشَبٍ (لِلْجُدْرانِ)

waist *n.* خَصْرٌ. وَسَطُ (سَفينَةٍ)

waistband *n.* حِزامٌ؛ نِطاقُ (تَنّورَةٍ)

waistcoat *n.* صُدْرَةٌ؛ صَدْرِيَّةٌ

wait *vt.; i.; n.* يَنْتَظِرُ. يُؤَخِّرُ. يَخْدُمُ // إِنْتِظارٌ. فَتْرَةُ اسْتِراحَةٍ. إِنْقِطاعٌ. تَوَقُّفٌ

lie in — for يَكْمُنُ لِـ

— on *or* upon يَخْدُمُ. يَقومُ عَلى خِدْمَةِ أَحَدِهِمْ

waiter *n.* النادِلُ. الخادِمُ

waiting *n.* إِنْتِظارٌ. خِدْمَةُ المائِدَةِ

waiting-list *n.* لائِحَةُ الإِنْتِظارِ

waiting-maid *n.* الخادِمَةُ. الوَصيفَةُ

waiting room *n.* غُرْفَةُ الإِنْتِظارِ

waitress *n.* النادِلَةُ. الخادِمَةُ عَلى المائِدَةِ

waits *n.pl.* فِرْقَةُ المُغَنّينَ لَيْلَةَ الميلادِ

waive *vt.* يَهْجُرُ. يَتَنازَلُ (عَنْ حَقٍّ). يُرْجِئُ (النَظَرَ)

waiver *n.* تنازُلٌ (خطّيٌّ) (عَنْ حَقّ)

wake *vi.; t.irr.; n.* يَسْهَرُ. يَسْتَيْقِظُ / يُوقِظُ // إحْتِفالٌ بعيدِ شَفيعٍ . سَهَرٌ. عُطْلَةٌ سَنَوِيَّةٌ. أثَرُ سَفينَةٍ

wakeful *adj.* يَقِظٌ؛ سَهْرانُ. مُحْتَرِسٌ

waken *vt.; i.* يُوقِظُ / يَتَنَبَّهُ. يَسْتَيْقِظُ

wale *n.* أثَرُ الضَرْبِ بالسَوْطِ. ضِلْعُ القُماشِ

walk *vi.; t.; n.* يَمْشي؛ يَسيرُ / يَجْتازُ. يَذْرَعُ. يُسَيِّرُ // نُزْهَةٌ. مَشْيٌ؛ سَيْرٌ. طَريقَةُ السَيْرِ. مَمَرٌّ بَيْنَ الأشْجارِ. رَصيفٌ. مَوكِبٌ. سُلوكٌ. دُنيا. عالَمٌ. حَقْلٌ. حِرْفَةٌ. عَمَلٌ

walker *n.* الماشي؛ السائِرُ. البائِعُ المُتَجَوِّلُ

walkie-talkie *n.* المِذْياعُ المَحْمولُ؛ جِهازٌ لاسِلكيٌّ صَغيرٌ لاقِطٌ ومُرْسِلٌ

walking *adj.; n.* قادِرٌ على المَشْيِ . مُتَجَوِّلٌ؛ نَقّالٌ // المَشْيُ؛ السَيْرُ

walkout *n.* إضْرابُ (العُمّالِ)

walk-over *n.* إنْتِصارٌ سَهْلٌ

wall *n.; vt.* حائِطٌ؛ جِدارٌ. سورٌ. جانِبُ الطَريقِ // يُسَوِّرُ؛ يُحيطُ بِجِدارٍ. يُطَوِّقُ. يَحْصُرُ

wallaby *n.* كَنْغَرٌ صَغيرٌ

wall board *n.* لَوْحٌ جِداريٌّ؛ خَشَبٌ مَضْغوطٌ

wallet *n.* حَقيبَةٌ. مِحْفَظَةُ جَيْبٍ

wall-eye *n.* العَيْنُ البَيْضاءُ. عَيْنانِ حَوْلاوانِ

wall-eyed *adj.* ناتِئُ أو جاحِظُ العَيْنَيْنِ

wallflower *n.* المَنْثورُ الخَيْريُّ (أوِ الأصْفَرُ)

wallop *vt.; n.* يَضْرِبُ بِعُنْفٍ. يَهْزِمُ // ضَرْبَةٌ عَنيفَةٌ

wallow *vi.* يَتَمَرَّغُ. يَنْدَفِعُ. يَنْغَمِسُ. يَتَخَبَّطُ

wall-painting *n.* تَصويرٌ جِداريٌّ

wallpaper *n.* وَرَقُ الجُدْرانِ

walnut *n.* جَوْزٌ. خَشَبُ أو شَجَرَةُ الجَوْزِ

walrus *n.* الفَظُّ (حَيَوانٌ بَحْريٌّ كالفُقْمَةِ)

waltz *n.; vi.* الفالْسُ (رَقْصَةٌ) // يَرْقُصُ الفالْسَ

wan *adj.* شاحِبٌ. كامِدٌ. باهِتٌ. سَقيمٌ

wand *n.* صَوْلَجانٌ. عَصا الساحِرِ

wander *vi.* يَتَجَوَّلُ؛ يَطوفُ. يَتَلَوّى. يَضِلُّ. يَنْحَرِفُ

wanderer *n.* المُتَجَوِّلُ. الهائِمُ. التائِهُ؛ الضالُّ

wane *n.; vi.* تَضاؤُلٌ؛ تَناقُصٌ. دُخولُ القَمَرِ في المُحاقِ // يَتَضاءَلُ. يَتَناقَصُ. يَنْحَسِرُ. يَبْهَتُ

wangle *vi.* يَتَدَبَّرُ بِالحيلَةِ. يَتَخَلَّصُ. يَتَلاعَبُ

want *vt.; i.; n.* يُريدُ؛ يَرْغَبُ. يَقْتَضي. يَحْتاجُ إلى. يُطارِدُ / يَنْقُصُهُ؛ يَعوزُهُ (شَيْءٌ) // حاجَةٌ؛ فاقَةٌ؛ عَوَزٌ. نَقيصَةٌ؛ عَيْبٌ

wanting *adj.* غائِبٌ؛ مَفْقودٌ. ناقِصٌ. ضَعيفٌ

wanton *adj.; n.; vi.* بَهيجٌ؛ مُفْعَمٌ بِالمَرَحِ . لَعوبٌ. مُتْرَفٌ. خَليعٌ. وَحْشيٌّ. جائِرٌ. مُفْرِطٌ. مُطْلَقٌ // شَخْصٌ تَعوزُهُ العِفَّةُ. وَلَدٌ مُدَلَّلٌ. المُسْتَهْتِرُ // يَعْبَثُ. يَسْتَهْتِرُ. يُسْرِفُ في الوَحْشِيَّةِ

war *n.; vi.* حَرْبٌ؛ قِتالٌ. عِلْمُ الحَرْبِ. عِداءٌ. خِصامٌ. كِفاحٌ // يُقاتِلُ؛ يُحارِبُ. يَشُنُّ حَرْبًا

warble *vt.; i.* يُغَرِّدُ؛ يَصْدَحُ؛ يَشْدو. يُغَنّي؛ يَنْشُدُ

warbler *n.* المُغَنّي؛ الشّادي. الدُّخَّلَةُ؛ طائِرٌ مُغَرِّدٌ

ward *n.; vi.* حِمايَةٌ. عِنايَةٌ. حِراسَةٌ. إعْتِقالٌ. سَجْنٌ. وِصايَةٌ. قاصِرٌ تَحْتَ الوِصايَةِ // يَحْرُسُ. يَرُدُّ. يَصُدُّ

warden *n.* الحافِظُ. القَيِّمُ. الوَصيُّ. المُراقِبُ

warder *n.* الحارِسُ؛ الخَفيرُ؛ السَجّانُ

wardrobe *n.* خِزانَةُ الثيابِ. غُرْفَةُ المَلابِسِ. مَلابِسُ

wardroom *n.* جَناحُ الضُبّاطِ. غُرْفَةُ طَعامِ الضُبّاطِ

wardship *n.* وِصايَةٌ (عَلى الغَيْرِ)

ware *n.* أدَواتٌ وآنِيَةٌ مُصَنَّعَةٌ

warehouse *n.; vt.* مُسْتَوْدَعٌ ؛ مَخْزَنٌ // يَخْزُنُ في مُسْتَوْدَع

wares *n.pl.* سِلَعٌ ؛ بَضائِعُ (مَعْروضَةٌ لِلْبَيْعِ)

warfare *n.* حَرْبٌ. صِراعٌ ؛ نِضالٌ

warily *adv.* بِحَذَرٍ ؛ بِاحْتِراسٍ

wariness *n.* حَذَرٌ ؛ إحْتِراسٌ

warlike *adj.* عَسْكَرِيٌّ ؛ حَرْبِيٌّ. مُحِبٌّ لِلْحَرْبِ

warlock *n.* الساحِرُ ؛ المُشَعْوِذُ ؛ العَرَّافُ

warm *adj.; vt.; i.* دافِئٌ (طَقْسٌ). حارٌّ (إسْتِقْبالٌ). حَميمٌ (صَديقٌ) // يُدْفِئُ. يُسْعِدُ ؛ يُبْهِجُ. يُلْهِبُ / يَدْفَأُ. يَتَحَمَّسُ. يَسْعَدُ. يَبْتَهِجُ

warm-blooded *adj.* مُتَحَمِّسٌ ؛ مُتَسَرِّعٌ

warm-hearted *adj.* عاطِفٌ وَوِدِّيٌّ

war-monger *n.* الداعي إلى الحَرْبِ

warmth *n.* دِفْءٌ ؛ حَرارَةٌ. نَشاطٌ

warn *vt.* يُحَذِّرُ ؛ يُنْذِرُ. يُنَبِّهُ إلى. يُشْعِرُ. يَأْمُرُ

warning *n.* تَحْذيرٌ ؛ إنْذارٌ. تَنْبيهٌ. إشْعارٌ

War-Office *n.* وِزارَةُ الحَرْبِيَّةِ أوِ الدِفاعِ

warp *n.; vt.; i.* السَداةُ (في النَسيجِ). أساسٌ. قاعِدَةٌ. طَمْيٌ. إلْتِواءٌ. ضَلالٌ // يُسَدّي الخُيوطَ. يَلْوي. يُضِلُّ. يُحَرِّفُ / يَنْحَرِفُ ؛ يَلْتَوي. يَنْعَطِفُ

warplane *n.* طائِرَةٌ حَرْبِيَّةٌ

warrant *n.; vt.* تَرْخيصٌ. ضَمانَةٌ. كَفالَةٌ. مُبَرِّرٌ ؛ مُسَوِّغٌ. بُرْهانٌ. تَفْويضٌ رَسْمِيٌّ // يُؤَكِّدُ. يَضْمَنُ. يَكْفُلُ. يَتَعَهَّدُ بِـ. يُبيحُ

warrantable *adj.* مُبَرَّرٌ

warrant officer *n.* ضابِطُ صَفٍّ

warrantor *n.* الضامِنُ ؛ الكافِلُ ؛ المُتَعَهِّدُ

warranty *n.* ضَمانٌ ؛ كَفالَةٌ. تَفْويضٌ. مُبَرِّرٌ

warren *n.* أرْضٌ تَتَوالَدُ فيها الأرانِبُ. مَبْنًى أو مِنْطَقَةٌ مُكْتَظَّةٌ بِالسُكّانِ

warrior *n.* المُحارِبُ ؛ المُقاتِلُ ؛ الجُنْدِيُّ

warship *n.* سَفينَةٌ حَرْبِيَّةٌ

wart *n.* ثُؤْلولٌ. نُتوءٌ صَغيرٌ

warthog *n.* خِنْزيرٌ وَحْشِيٌّ إفْريقِيٌّ

wartime *n.* زَمَنُ الحَرْبِ ؛ أيّامُ الحَرْبِ

wary *adj.* حَذِرٌ ؛ يَقِظٌ ؛ مُحْتَرِسٌ

wash *vt.; i.; n.* يَغْسِلُ. يَنْقَعُ. يُنَقّي ؛ يُطَهِّرُ / يَغْتَسِلُ // غَسيلٌ. غَسْلٌ. إغْتِسالٌ. ماءُ الغَسيلِ

washable *adj.* قابِلٌ لِلْغَسْلِ. يُغْسَلُ

washbasin; washbowl *n.* مَغْسَلَةٌ

washer *n.* الغاسِلُ. الغَسّالَةُ الآلِيَّةُ. حَلَقَةٌ أو أُسْطوانَةٌ صَغيرَةٌ

washer-woman *n.* غاسِلَةُ المَلابِسِ ؛ الغَسّالَةُ

washing *n.* غَسْلٌ ؛ إغْتِسالٌ. الغَسيلُ

washing machine *n.* الغَسّالَةُ الآلِيَّةُ

wash-out *n.* إنْجِرافُ الأتْرِبَةِ بِواسِطَةِ الأمْطارِ والمِياهِ. شَخْصٌ مُخْفِقٌ. إخْفاقٌ تامٌّ

washroom *n.* حُجْرَةٌ لِغَسْلِ اليَدَيْنِ وَالوَجْهِ

wash-stand *n.* المَغْسَلَةُ التي كانَتْ شائِعَةً قَديمًا (مِنْضَدَةٌ يوضَعُ عَلَيها حَوْضٌ وَإبْريقٌ)

washwoman *n.* الغَسّالَةُ (إمْرَأَةٌ)

washy *adj.* فاتِرٌ (شُعورٌ). كَثيرُ الماءِ. شاحِبٌ. باهِتٌ (لَوْنٌ)

wasp *n.* دَبّورٌ ؛ زُنْبورٌ

waspish *adj.* نَزِقٌ ؛ سَريعُ الغَضَبِ. لاسِعٌ

wastage *n.* تَلَفٌ. فُقْدانٌ. تَبْديدٌ ؛ تَبْذيرٌ

waste *adj.; n.; vt.; i.* قَفْرٌ ؛ خالٍ ؛ قاحِلٌ ؛ مُجْدِبٌ. خاوٍ. بورٌ. مُهْمَلٌ. ضائِعٌ // تَبْديدٌ. ضَياعٌ (لِلْوَقْتِ). فَسادٌ ؛ تَلَفٌ. خَرابٌ. نُفايَةٌ. قُمامَةٌ. خَلاءٌ // يُضَيِّعُ ؛ يُبَدِّدُ ؛ يُبَذِّرُ. يَسْتَهْلِكُ / يَضْعُفُ

waste-book *n.* ضَبابٌ

wasteful *adj.* مُخَرِّبٌ ؛ مُدَمِّرٌ. مُبَذِّرٌ ؛ مُسْرِفٌ
wasteland *n.* أَرْضٌ بورٌ مُهْمَلَةٌ
waste paper *n.* المُهْمَلاتُ. الأَوْراقُ المُهْمَلَةُ
waste-paper basket *n.* سَلَّةُ المُهْمَلاتِ
waste-pipe *n.* مَجْرورٌ
watch *n.; vt.; i.* ساعَةُ يَدٍ. سَهَرٌ. مُراقَبَةٌ ؛ حِراسَةٌ. إِنْتِباهٌ. فَتْرَةُ مُناوَبَةٍ. حارِسٌ. خَفيرٌ // يَحْرُسُ ؛ يَخْفُرُ. يُراقِبُ. يَنْتَظِرُ
watch-dog *n.* كَلْبُ الحِراسَةِ
watcher *n.* الساهِرُ. المُراقِبُ. المُشاهِدُ
watch fire *n.* نارُ الحِراسَةِ ؛ نارُ المُعَسْكَرِ
watchful *adj.* يَقِظٌ ؛ حَذِرٌ. أَرِقٌ
watch-maker *n.* الساعاتيُّ
watchman *n.* الحارِسُ ؛ الخَفيرُ
watch-tower *n.* بُرْجُ المُراقَبَةِ
watchword *n.* كَلِمَةُ السِرِّ
water *adj.; n.; vt.; i.* مائيٌّ // ماءٌ. بَحْرٌ. بُحَيْرَةٌ. نَهْرٌ. مياهٌ مَعْدِنيَّةٌ. دَمْعٌ. بَوْلٌ. لُعابٌ // يُزَوِّدُ بماءِ الشُرْبِ. يَرْوي بالماءِ ؛ يَسْقي ؛ يَرُشُّ. يُضيفُ الماءَ إلى / تَدْمَعُ (العَيْنانِ). يَشْرَبُ الماءَ أو يَتَزَوَّدُ بِهِ
waterbuck *n.* ظَبْيُ الماءِ
water buffalo *n.* جاموسُ الماءِ
water clock *n.* الساعَةُ المائيَّةُ
water closet *n.* مِرْحاضٌ. بَيْتُ خَلاءٍ
watercolo(u)r *n.* *pl.* الأَلْوانُ المائيَّةُ. لَوْحَةٌ مائيَّةٌ. رَسْمٌ مائيٌّ
watercourse *n.* جَدْوَلٌ ؛ غَديرٌ. قَناةُ جَدْوَلٍ
watercress *n.* الجَرْجيرُ (بَقْلَةٌ مائيَّةٌ)
water cure *n.* المُعالَجَةُ بالماءِ
waterfall *n.* شَلاَّلٌ ؛ مَسْقَطُ ماءٍ
water flea *n.* بُرْغوثُ الماءِ
waterfowl *n.* طَيْرُ الماءِ
waterfront *n.* مَرْفَأٌ. رَصيفُ المَرْفَإِ
watering *n.* رِيٌّ. تَزْويدٌ بالماءِ
watering can *or* **— pot** *n.* مِرَشَّةٌ لِلرِيِّ
waterless *adj.* جافٌّ. لا يَحْتَوي عَلى ماءٍ
water level *n.* مَنْسوبُ الماءِ. الميزانُ المائيُّ
water lily *n.* زَنْبَقُ الماءِ ؛ النَيْلوفَرُ
waterline *n.* خَطُّ الغَوْصِ عَلى السَفينَةِ
waterman *n.* مَلاَّحٌ. مُجَذِّفٌ
watermark *n.; vt.* عَلامَةٌ مائيَّةٌ (في الوَرَقِ) // يَدْمُغُ الوَرَقَ بِعَلامَةٍ مائيَّةٍ
watermelon *n.* البَطّيخُ الأَحْمَرُ
water polo *n.* كُرَةُ الماءِ
waterpower *n.* القُوَّةُ المائيَّةُ. طاقَةٌ مُوَلَّدَةٌ مِنَ الماءِ. قُوَّةُ الماءِ في تَسْييرِ الآلاتِ
water pressure *n.* ضَغْطُ الماءِ
waterproof *adj.; n.; vt.* ضِدُّ الماءِ. صامِدٌ لِلماءِ // المُشَمَّعُ ؛ المِمْطَرُ // يَجْعَلُهُ صامِدًا لِلْماءِ
water rat *n.* جُرَذُ الماءِ
watershed *n.* حاجِزٌ مائيٌّ. مُسْتَجْمَعُ الأَمْطارِ
waterspout *n.* مِزْرابٌ ؛ ميزابٌ. فُوَّهَةٌ. مَطَرٌ غَزيرٌ. إِعْصارٌ حَلَزونيٌّ
water tank *n.* خَزّانُ الماءِ. صِهْريجٌ
watertight *adj.* لا يَخْتَرِقُهُ الماءُ. مانِعٌ لِلنَشِّ
waterway *n.* قَناةٌ صالِحَةٌ لِلْمِلاحَةِ
waterwheel *n.* ناعورَةٌ ؛ دولابٌ مائيٌّ
water-works *n.pl.* مَحَطَّةُ المياهِ. دُموعٌ
watery *adj.* مائيٌّ. رَطْبٌ. دامِعٌ. ضَعيفٌ. هَزيلٌ. يُنْبِئُ بِهُطولِ المَطَرِ. باهِتُ (لَوْنٌ)
watt *n.* الواطُ : وَحْدَةُ القُوَّةِ الكَهْرَبائيَّةِ
wattage *n.* الواطيَّةُ : قُوَّةُ التَيّارِ مُقاسَةٌ بالواطِ

wattle *n.; vt.* سياجٌ مِنَ القُضْبانِ المَضْفورَةِ. لَحْمِيَّةُ عُنُقِ الديكِ؛ الغَبَبُ. طَلْحُ (نباتٌ) // يَضْفِرُ. يَجْدُلُ (القُضْبانَ)

wave *n.; vt.; i.* مَوْجَةٌ. ماءٌ. بَحْرٌ. تَمَوُّجٌ. تَلْويحٌ. رَفْرَفَةٌ // يُلَوِّحُ. يُمَوِّجُ / يَتَمَوَّجُ. يُرَفْرِفُ

wave-length *n.* طُولُ المَوْجَةِ

waver *vi.* يَتَرَدَّدُ. يَتَذَبْذَبُ. يَتمايَلُ؛ يَتَأَرْجَحُ. يَرْتَعِشُ. يَضْطَرِبُ

wavy *adj.* مائِجٌ. خافِقٌ. مُتَذَبْذِبٌ

wax *n.; vt.; i.* شَمْعٌ. قارٌ؛ زِفْتٌ. نَوْبَةُ غَضَبٍ // يُشَمِّعُ / يَزْدادُ؛ يَتعاظَمُ. يَطولُ

waxen *adj.* شَمْعِيٌّ. مُشَمَّعٌ. شَبيهٌ بالشَمْعِ. مَرِنٌ

waxwing *n.* شَمْعِيُّ الجَناحِ (طائِرٌ مِنَ الجَواثِمِ)

waxwork *n.* تِمْثالٌ مِنَ الشَمْعِ. مَعْرِضُ الشَمْعِ

waxy *adj.* شَمْعِيٌّ. مُشَمَّعٌ. غاضِبٌ

way *n.* طَريقٌ. طَريقَةٌ. أُسْلوبٌ. مِنْوالٌ. وَضْعٌ. حَيٌّ؛ مَحَلَّةٌ. مِهْنَةٌ. حِرْفَةٌ. سُرْعَةٌ. جِهَةٌ

  by — of بِواسِطَةِ كَذا. عِوَضًا عَن. بِهَدَفِ

  any — في أيٍّ مِنَ الحالاتِ

  by the — بِالمُناسَبَةِ

  lead the — يُعطي المَثَلَ الصالِحَ. يَدُلُّ على الطَريقِ. يَتَقَدَّمُ سِواهُ

  make — يَتَقَدَّمُ

way-bill *n.* بَيانُ الشَحْنِ

wayfarer *n.* عابِرُ سَبيلٍ

waylay *vt.irr.* يَكْمُنُ لِـ. يُهاجِمُ بَغْتَةً

wayside *adj.; n.* قائِمٌ عَلى جانِبِ الطَريقِ // جانِبُ الطَريقِ

wayward *adj.* عَنيدٌ؛ عاصٍ؛ مُتَمَرِّدٌ. مُتَقَلِّبٌ

we *pron.* نَحْنُ

weak *adj.* ضَعيفٌ؛ واهِنٌ. واهٍ. رَكيكٌ (أُسْلوبٌ). سايِطٌ (شايٌ)

weaken *vt.; i.* يُضْعِفُ / يَضْعُفُ

weakening *n.* إِضْعافٌ. ضُعْفٌ

weakling *n.* إِنْسانٌ أو حَيَوانٌ ضَعيفٌ

weakly *adj.; adv.* ضَعيفُ (البُنْيَةِ). واهِنٌ (صِحِّيًّا) // بِضُعْفٍ؛ بِوَهَنٍ

weak-minded *adj.* ضَعيفُ العَقْلِ. أَحْمَقُ

weakness *n.* ضُعْفٌ. نَقيصَةٌ. مَأْخَذٌ

weak-spirited *adj.* جَبانٌ. مائِعٌ. مُتَخاذِلٌ

weal *n.* خَيْرٌ؛ صالِحٌ؛ رَخاءٌ. سَعادَةٌ. أَثَرُ الضَرْبِ

  in — and woe في السَرّاءِ والضَرّاءِ

wealth *n.* غِنًى. ثَرْوَةٌ. غَزارَةٌ. وَفْرَةٌ

wealthy *adj.* غَنِيٌّ؛ مُوسِرٌ؛ ثَرِيٌّ

wean *vt.* يَفْطِمُ؛ يَقْطَعُ عَنِ الرِضاعَةِ. يُحَوِّلُ عَنْ عادَةٍ

weapon *n.* سِلاحٌ؛ أَداةٌ حَرْبِيَّةٌ

weaponless *adj.* مُجَرَّدٌ مِنَ السِلاحِ؛ أَعْزَلُ

wear *vt.; i.irr.; n.* يَلْبَسُ؛ يَرْتَدي. يَحْمِلُ. يَتَقَلَّدُ. تَرْفَعُ عَلَمًا. يُنْهِكُ؛ يُرْهِقُ / يَدومُ. يَبْلى؛ يَتْلَفُ // إِرْتِداءٌ. لِباسٌ. موضَةٌ. قُدْرَةٌ عَلى الإِحْتِمالِ

wear and tear *n.* البِلى. الإِنْهاكُ

wearily *adv.* بِضَجَرٍ. بِمَلَلٍ

weariness *n.* إِرْهاقٌ؛ تَعَبٌ. ضَجَرٌ؛ مَلَلٌ؛ سَأَمٌ

wearisome *adj.* مُرْهِقٌ؛ مُتْعِبٌ. مُضْجِرٌ؛ مُمِلٌّ

weary *adj.; vi.; t.* مُرْهَقٌ (جَسَدِيًّا). ضَجِرٌ. حَزينٌ. شاقٌّ (سَفَرٌ). مُمِلٌّ // يَتْعَبُ. يَمَلُّ؛ يَسْأَمُ / يُرْهِقُ. يُتْعِبُ. يُضْجِرُ

weasel *n.* إِبْنُ عِرْسٍ. شَخْصٌ ماكِرٌ

weather *adj.; n.; vt.* مُواجِهٌ لِلريحِ؛ مُقابِلٌ لِلعاصِفَةِ // الجَوُّ؛ الطَقْسُ. حالَةٌ؛ وَضْعٌ. مَطَرٌ. عاصِفَةٌ // يُبْحِرُ في اتِّجاهِ الريحِ. يَنْجو مِنْ عاصِفَةٍ.

يُقاوِمُ العاصِفَة

weathercock *n.* دَوّارَةُ الهَواءِ؛ أداةٌ لإظْهارِ اتّجاهِ الريحِ

weather-glass *n.* مِقْياسُ الضَغْطِ الجَوّيّ

weather-proof *adj.* صامِدٌ لِلْعَوامِلِ الجَوّيّةِ

weather report *n.* النَشْرَةُ الجَوّيّةُ

weave *n.; vt.; i.irr.* نَسْجٌ؛ حِياكَةٌ // يَنْسُجُ؛ يَحوكُ. يَحْبُكُ / يَتَمايَلُ. يَسْلُكُ سَبيلاً مُلْتَوِيًا

weaver *n.* النَسّاجُ؛ الحائِكُ. الحابِكُ

web *n.* نَسيجٌ. نَسْجُ العَنْكَبوتِ. شَرَكٌ. مُؤامَرَةٌ. غِشاءٌ؛ جُلَيْدَةٌ بَيْنَ الأصابِعِ (لدى الإنْسانِ وَالحَيَوانِ)

wed *vi.; t.* يَتَزَوَّجُ / يُزَوِّجُ. يَقْرِنُ. يَجْمَعُ

wedded *adj.* مُتَزَوِّجٌ

— to مُخْلِصٌ لِـ (آرائِهِ، أفْكارِهِ)

wedding *n.* عُرْسٌ. زِفافٌ. ذِكْرى الزَواجِ

wedge *n.; vt.* إسفينٌ؛ وَتَدٌ // يُسَفِّنُ؛ يَدُقُّ وَتَدًا

wedlock *n.* الزَواجُ؛ الزَوْجِيّةُ

Wednesday *n.* الأرْبِعاءُ؛ يَوْمُ الأرْبِعاءِ

wee *adj.* طَفيفٌ. ضَئيلٌ. صَغيرٌ جِدًّا

weed *n.; vt.* عُشْبٌ ضارٌّ. طُحْلُبٌ. شَخْصٌ أو حَيَوانٌ شَديدُ النُحولِ // يُزيلُ العُشْبَ الضارَّ. يُحَرِّرُ. يُغَرْبِلُ. يَتَخَلَّصُ مِنْ

weeds *n.pl.* ثِيابُ الحِدادِ

weedy *adj.* كَثيرُ الأعْشابِ الضارَّةِ

week *n.* أُسْبوعٌ؛ سَبْعَةُ أيّامٍ

weekday *n.* يَوْمُ عَمَلٍ؛ يَوْمٌ مِنْ أيّامِ الأسْبوعِ ما عَدا الأحَدِ

week-end *n.* نِهايَةُ الأسْبوعِ؛ يَوْمَيِ السَبْتِ وَالأحَدِ

weekly *adj.; n.; adv.* أسْبوعِيٌّ // صَحيفَةٌ أو مَجَلَّةٌ أسْبوعِيّةٌ // أسْبوعِيًّا؛ كُلَّ أسْبوعٍ

weep *vt.; i.irr.* يَبْكي. يَذْرِفُ الدَمْعَ / يَنِزُّ. يَقْطُرُ. يَبْكي

weever *n.* الطَرْخينُ (سَمَكٌ صَغيرٌ)

weevil *n.* السُوسَةُ

weft *n.* اللُحْمَةُ (خِلافُ السَداةِ)

weigh *vt.; i.* يُرَجِّحُ. يَزِنُ (شَيْئًا) / يُثْقِلُ (الحِمْلَ)؛ يُرْهِقُ. يَزِنُ

weighing machine *n.* قَبّانٌ

weight *n.* ثِقْلٌ؛ وَزْنٌ. كُرَةٌ حَديدِيّةٌ. حِمْلٌ. شَأنٌ. نُفوذٌ. سَيْطَرَةٌ

weighty *adj.* ثَقيلٌ. بَدينٌ. وَجيهٌ. خَطيرٌ. ذو نُفوذٍ

weir *n.* سَدٌّ

weird *adj.* عَجيبٌ. غَيْرُ اعْتِيادِيٍّ. سِحْرِيٌّ

welcome *adj.; n.; int.; vt.* مُرَحَّبٌ بِهِ؛ مُحْتَفًى بِهِ. سارٌّ // تَرْحيبٌ. إسْتِقْبالٌ حافِلٌ // أهْلاً وَسَهْلاً؛ مَرْحَبًا بِكُمْ // يُرَحِّبُ بِـ

weld *vi.; t.; n.* يَلْتَحِمُ / يَلْحُمُ. يُوَحِّدُ (الأجْزاءَ بِاللِحامِ) // لِحامٌ. إلْتِحامٌ

welfare *n.* صَلاحٌ. سَعادَةٌ. رَفاهَةٌ. الإنْعاشُ

well *n.; vi.; adj.; adv.* يَنْبوعٌ. بِئْرٌ. حُفْرَةٌ. الأصِحّاءُ. مَقْصورَةُ المُحامينَ // يَتَفَجَّرُ؛ يَنْبَجِسُ. يَنْبَعُ // راضٍ. حَسَنٌ. سارٌّ. مُرْضٍ. جَيِّدٌ. غَنِيٌّ. مَرْغوبٌ فيهِ. مُعافًى // جَيِّدًا؛ خَيْرًا؛ كَثيرًا. تَمامًا. كُلِّيَّةً. بِصِدْقٍ؛ بِحَقٍّ. حَقًّا. في الواقِعِ. حَسَنًا. عَجَبًا!

well-being *n.* خَيْرٌ؛ صالِحٌ. سَعادَةٌ. راحَةٌ؛ هَناءٌ

wellborn *adj.* كَريمُ المَحْتِدِ

well-bred *adj.* مُهَذَّبٌ؛ حَسَنُ الأدَبِ

well-founded *adj.* ذو أساسٍ مِنَ الصِحَّةِ؛ مُمْكِنٌ إثْباتُ صِحَّتِهِ

well-informed *adj.* حَسَنُ الإطِّلاعِ

well-known *adj.* مَعْروفٌ؛ مَشْهورٌ

well-meaning; well-intentioned *adj.* حَسَنُ النِّيَّةِ. صادِرٌ عَنْ حُسْنِ نِيَّةٍ
well-nigh *adv.* تَقْرِيبًا؛ عَلى وَشْكِ
wellspring *n.* يَنْبوعٌ؛ شَيْءٌ لا يَنْضُبُ
well-timed *adj.* حَسَنُ التَّوْقيتِ. في حينِهِ
well-to-do *adj.* غَنِيٌّ؛ مُوسِرٌ؛ ثَرِيٌّ
well-worn *adj.* بالٍ (ثَوْبٌ)
Welsh *adj. & n.* ويلزِيٌّ // لُغَةُ إقْليمِ ويلز
welt *n.* سَيْرٌ مِنْ جِلْدٍ لِلْحِذاءِ. حاشِيَةٌ. أَثَرُ الضَّرْبِ
welter *n.; vi.* فَوْضى؛ إضْطِرابٌ. خَليطٌ // يَتَقَلَّبُ؛ يَتَمَرَّغُ. يَموجُ؛ يَتَلاطَمُ. يَتَرَنَّحُ
wen *n.* الكيسُ الدُّهْنِيُّ (مَرَضٌ)
wench *n.* فَتاةٌ. خادِمَةٌ. مُومِسٌ
wend (one's way home) *vt.* يَمْضي؛ يَنْطَلِقُ. يُتابِعُ طَريقَهُ
were كُنْتَ؛ كُنّا؛ كانوا؛ كُنَّ؛ كانَتْ؛ كُنْتُمْ؛ كُنْتُنَّ. . .
wer(e)wolf *n.* (*pl.* **-wolves**) شَخْصٌ مُسِخَ ذِئْبًا
west *adj.; n.; adv.* غربِيٌّ // الغَرْبُ // غَرْبًا
westerly *adj.; adv.* نَحْوَ أو مِنَ الغَرْبِ؛ غَرْبِيٌّ // غَرْبًا؛ نَحْوَ الغَرْبِ
western *adj. & n.* غَرْبِيٌّ
western hemisphere *n.* نِصْفُ الكُرَةِ الغَرْبِيّ
westward(s) *adv.* غَرْبًا؛ نَحْوَ الغَرْبِ
wet *adj.; n.; vt.* رَطْبٌ؛ نَدِيٌّ. طازَجٌ. مُبْتَلٌّ // ماءٌ. رُطوبَةٌ. نَداوَةٌ. مَطَرٌ // يُبَلِّلُ؛ يُرَطِّبُ؛ يُنَدّي
wetness *n.* تَبَلُّلٌ؛ بَلَلٌ؛ رُطوبَةٌ. نَداوَةٌ
wet nurse *n.* الظِّئْرُ: المُرْضِعَةُ لِوَلَدِ غَيْرِها
whack *n.; vt.* حِصَّةٌ؛ نَصيبٌ. ضَرْبَةٌ شَديدَةٌ. صَوْتُ ضَرْبَةٍ شَديدَةٍ. حالَةٌ. مُحاوَلَةٌ // يَضْرِبُ بِشِدَّةٍ. يَهْزِمُ؛ يَتَغَلَّبُ عَلى

whale *n.; vi.* حوتٌ // يَصيدُ الحيتانَ
whalebone *n.* عَظْمُ فَكِّ الحوتِ
whale oil *n.* زَيْتُ الحيتانِ
whaler *n.* صائِدُ الحيتانِ (سَفينَةٌ أو شَخْصٌ)
whaling *n.* مِهْنَةُ صَيْدِ الحيتانِ
wharf *n.* (*pl.* **wharfs** *or* **wharves**) رَصيفٌ لِتَحْميلِ السُّفُنِ وتَفْريغِها
what *adj.; pron.* ما؛ أيُّ؟ يا لَهُ مِنْ! // كَمْ؟؛ ماذا؟؛ ما؟؛ الذي
whatever; whatsoever *pron.; adj.* مَهْما. مَهْما يَكُنْ. أيًّا كانَ. وما شاكَلَ. وغَيْرُ ذَلِكَ // أيَّما. البَتَّةَ. عَلى الإطْلاقِ
whatnot *n.* رَفٌّ؛ دُرْجٌ
whatsoever *pron.; adj.* see **whatever**
wheal *n.* see **weal**
wheat *n.* قَمْحٌ؛ حِنْطَةٌ
wheaten *adj.* قَمْحِيٌّ؛ حِنْطِيٌّ
wheedle *vt.; i.* يَتَمَلَّقُ
wheel *n.; vt.; i.* عَجَلَةٌ؛ دولابٌ. دَورانٌ. عَجَلَةُ القِيادَةِ // يُدَوِّرُ. يَسوقُ بِسُرْعَةٍ / يَنْعَطِفُ؛ يَدورُ
wheel-barrow *n.* عَرَبَةٌ بِدولابٍ واحِدٍ
wheelwright *n.* صانِعُ العَجَلاتِ ومُصْلِحُها
wheeze *vi.* يَصْفِرُ (أثْناءَ التَّنَفُّسِ). يَئِزُّ
whelk *n.* حَلَزونٌ بَحْرِيٌّ
whelp *n.; vi.* جَرْوٌ. شِبْلٌ. صَغيرُ الحَيَوانِ. صَبِيٌّ. فَتاةٌ // يَلِدُ الحَيَوانُ صَغيرَهُ
when *conj.; adv.* عِنْدَما. مَعَ أنَّ. في حينِ // مَتى؟؛ وإذْ ذاكَ. وَمِنْ ثَمَّ
whence *adv.; conj.* مِنْ أيْنَ // مِنْ حَيْثُ. لِذَلِكَ. مِنْ أجْلِ ذَلِكَ
whenever; whensoever *conj.* كُلَّما؛ مَتى

where *adv.; conj.* أيْنَ؟ إلى أيْنَ؟ // أيْنما. حَيْثُما؛ حَيْثُ؛ أيْنَ

whereabouts *adv.; n.* أيْنَ. قُرْبَ أيِّ مَكانٍ // مَكانٌ. مَكانُ وُجودٍ

whereas *conj.* حَيْثُ أنَّ؛ لَمَّا كانَ؛ نَظَرًا لِـ

whereat *adv.* حَيْثُ. مِنْ أجْلِ ذَلِكَ. عَلامَ. مِمَّ

whereby *adv.* بِسَبَبِ أو بِسَبيلِ (شَيْءٍ)؛ بِهِ؛ بِواسِطَتِهِ

wherefore *adv.* لماذا؟؛ لِذَلِكَ. وهَكَذا

wherein *adv.* أيْنَ. في ماذا. حَيْثُ

whereon; whereupon *adv.* عِنْدَئِذٍ؛ مِنْ ثَمَّ؛ بَعْدَ ذَلِكَ؛ إذ ذاكَ

wheresoever *or* **wherever** *adv.* أيْنَ. مِنْ أيْنَ. حَيْثُما؛ أنَّى. أيْنَما

whereto *adv.* إلامَ؛ إلى أيْنَ

wherry *n.* مَرْكَبٌ صَغيرٌ. زَوْرَقٌ خَفيفٌ

whet *vt.; n.* يَشْحَذُ. يُحَرِّكُ. يُنَبِّهُ؛ يُثيرُ // مَرَّةٌ. فَتْرَةٌ. كُلُّ ما يُشْحِذُ

whether *conj.* ما إذا. سواء. أ... أم...

whetstone *n.* حَجَرُ الشَّحْذِ. مِشْحَذٌ

whey *n.* مَصْلُ اللَّبَنِ أو الحَليبِ

which *adj.; rel. pron.* أيُّ؛ أيَّةُ // أيُّهُما. الذي؛ التي. ما. ذَلِكَ

whichever; whichsoever *pron.* أيُّ؛ أيُّما. أيُّ الإثْنَيْنِ؛ أيُّهُما؛ أيُّهُم، ما؛ مَهما

whiff *n.; vt.* هَبَّةٌ؛ نَفْحَةٌ؛ نَفْخَةٌ. نَشْقَةٌ // يَهُبُّ. يُدَخِّنُ. يَسْتَنْشِقُ. يَنْفُخُ على

while *n.; vt.; conj.* فَتْرَةٌ؛ بُرْهَةٌ. مُدَّةٌ قَصيرَةٌ. هُنَيْهَةٌ // يَتَلَهَّى؛ يُقَطِّعُ الوَقْتَ؛ يَقْتُلُ الوَقْتَ سُدًى // بَيْنَما. ما دامَ. في حينِ. عَلى الرُّغْمِ. حَتَّى

whilst *conj.* see **while**

whim *n.* نَزْوَةٌ؛ هَوًى عابِرٌ

whimper *vi.* يَئِنُّ. يَتَذَمَّرُ. يَشْكو

whimsical *adj.* غَريبُ الأطْوارِ. مُتَقَلِّبٌ

whin *n.* الرَّتَمُ؛ الوَزّالُ (نَباتٌ)

whine *vi.; n.* يَعْوي. يَنْتَحِبُ. يَنوحُ. يَئِنُّ. يَطِنُّ // عُواءٌ. إنْتِحابٌ. أنينٌ. طَنينٌ

whinny *vi.; n.* يَصْهَلُ // صَهيلٌ

whip *n.; vt.* كِرْباجٌ؛ سَوْطٌ. جَلْدَةٌ. خَفَقانٌ. مُرونَةٌ. قائِدُ كِلابِ الصَّيْدِ. سِكرتيرٌ (يُنَظِّمُ أعْمالَ حِزْبٍ سياسيٍّ). حَلْوى تُعَدُّ بالخَفْقِ // يَخْفُقُ البَيْضَ. يُحَرِّكُ. يَهْزِمُ. يَضْرِبُ بالسَّوْطِ. يَسْتَلُّ. يُضَرِّبُ القُماشَ

whipcord *n.* وَتَرٌ. قُماشٌ مُضَلَّعٌ. حَبْلٌ مَجْدولٌ

whip-lash *n.* عَذَبَةُ السَّوْطِ

whipper-snapper *n.* التافِهُ؛ الصَّغيرُ؛ المُدَّعي

whippet *n.* كَلْبٌ سَريعُ العَدْوِ؛ كَلْبٌ سَلوقِيٌّ صَغيرٌ

whipping *n.* جَلْدٌ؛ ضَرْبٌ بالسَّوْطِ. صَيْدٌ بالصِّنّارَةِ

whipping-top *n.* قُبَّقابٌ

whir *vi.; n.* يَئِزُّ؛ يَطِنُّ // أزيزٌ؛ طَنينٌ

whirl *vi.; t.; n.* يَدورُ بِسُرْعَةٍ؛ يَلُفُّ. يَنْعَطِفُ. يَنْدَفِعُ؛ يَنْطَلِقُ بِسُرْعَةٍ / يُدَوِّرُ. يَنْقُلُ بِسُرْعَةٍ // لَفٌّ؛ دَوَرانٌ. إنْدِفاعٌ. إنْعِطافٌ

whirligig *n.* لُعْبَةُ أطْفالٍ دَوّارَةٌ. شَخْصٌ دائِمُ الحَرَكَةِ. دَوَرانٌ

whirlpool *n.* دُرْدورٌ. دُوّامَةٌ

whirlwind *n.* زَوْبَعَةٌ؛ إعْصارٌ. ريحٌ دَوّارَةٌ

whisk *n.; vt.; i.* مِنْفَضَةٌ (غُبارٍ). خَفّاقَةٌ. مِسْحَةٌ خَفيفَةٌ. ضَرْبَةٌ لَطيفَةٌ. حَرَكَةٌ رَشيقَةٌ // يَنْفُضُ الغُبارَ. يُحَرِّكُ بِرَشاقَةٍ. يَخْفُقُ البَيْضَ. يَكْنُسُ / يَتَحَرَّكُ بِرَشاقَةٍ. يَنْطَلِقُ بِخِفَّةٍ

whiskers *n.pl.* الشّارِبانِ. شارِبا الهِرَّةِ. شَعْرُ

اللِحْيَةِ أوِ الشارِبَيْنِ

whisky; whiskey *n.* الويسكي : شَرابٌ مُسْكِرٌ

whisper *vi.; n.* يَهْمِسُ. يُسِرُّ في الأُذُنِ. يُحْدِثُ خَفيفًا // هَمْسٌ

whist *n.* الهويسْتُ: لُعْبَةُ وَرَقٍ

whistle *n.; vi.; t.* صَفّارَةٌ. صَفيرٌ // يَصْفِرُ. يَطْلُبُ فَلا يُسْتَجابُ / يُصَفِّرُ لَحْنًا

whistling *adj.; n.* صافِرٌ // صَفيرٌ

whit *n.* ذَرَّةٌ ؛ مِثْقالُ ذَرَّةٍ. مِقْدارٌ ضَئيلٌ

white *adj.; n.* أبْيَضُ. أشْيَبُ. شاحِبٌ. مَكْسُوٌّ بِالثَّلْجِ . طاهِرٌ. نَقِيٌّ // طَحينٌ ؛ سُكَّرٌ. البَياضُ. اللَوْنُ الأبْيَضُ. زُلالُ البَيْضِ . العِرْقُ الأبْيَضُ. بَياضُ العَيْنِ

whitebait *n.* صَغيرُ السَمَكِ ؛ فَرْخُ السَمَكِ

whiten *vt.; i.* يُبَيِّضُ / يَبْيَضُّ

whiteness *n.* بَياضٌ. شُحوبٌ. نَقاءٌ. صَفاءٌ

whitewash *n.; vt.* مَحْلولٌ مُبَيِّضٌ. ماءُ الكِلْسِ . تَمْويهٌ. هَزيمَةٌ // يَطْلي بالكِلْسِ ؛ يُبَيِّضُ. يُمَوِّهُ. يُبَرِّئُ. يَهْزِمُ

whither *adv.* إلى أيْنَ. حَيْثُ. إلى حَيْثُ

whithersoever *adv.* حَيْثُما ؛ إلى حَيْثُما

whiting *n.* see **whitening**

whiting *n.* سَمَكٌ مِنْ فَصيلَةِ القُدِّ

whitish *adj.* ضارِبٌ إلى البَياضِ

whitlow *n.* داحِسٌ ؛ داحوسٌ (وَرَمٌ في الإصْبَعِ)

whittle *vt.; i.* يَبْري (الخَشَبَةَ). يَنْحَتُ

whiz(z) *vi.; n.* يَئِزُّ ؛ يَطِنُّ // أزيزٌ

who *pron.* مَنْ. الذي ؛ التي ؛ الذينَ ؛ اللَواتي ؛ اللَّذانِ

whoever; whosoever *pron.* مَنْ ؟ . أيًّا كانَ . كُلُّ مَنْ. أيُّ مَنْ

whole *adj.; n.* سالِمٌ. صَحيحٌ. مُعافًى. تامٌّ // مَجْموعٌ ؛ كُلٌّ. وَحْدَةٌ كامِلَةٌ. كُلٌّ تامٌّ

whole-hearted *adj.* صادِقٌ ؛ مُخْلِصٌ. مِنْ صَميمِ القَلْبِ

whole-heartedly *adv.* بِصِدْقٍ ؛ بإخْلاصٍ

wholeness *n.* كَمالٌ

wholesale *adj.; n.; vt.* جُمْلِيٌّ. مُباعٌ بِالجُمْلَةِ // البَيْعُ بِالجُمْلَةِ // يَبيعُ بِالجُمْلَةِ

wholesome *adj.* صِحّيٌّ. مُفيدٌ. حَذِرٌ. حَكيمٌ

wholly *adv.* بِرُمَّتِهِ. تَمامًا. كُلِّيَّةً. كُلُّهُ

whom *pron.* مَنْ ؛ الذي ؛ التي ؛ الذينَ ؛ اللَّواتي

whomsoever; whomever *pron.* أيًّا كانَ

whoop *n.; vi.; t.* هُتافٌ. شَهْقَةٌ. نَعيقٌ. فَتيلٌ // يَهْتِفُ. يَنْعَقُ (البُومُ). يَشْهَقُ / يُرَوِّجُ

whooping cough *n.* السُعالُ الديكِيُّ ؛ الشَهْقَةُ

whopper *n.* شَيْءٌ ضَخْمٌ. كِذْبَةٌ كَبيرَةٌ

whore *n.* مومِسٌ ؛ بَغِيٌّ

whose *pron* لِمَنْ. الذي ؛ التي ؛ الذينَ ؛ مَن

whosoever *pron.* see **whoever**

why *adv.; int.* لماذا؟ // هُتافٌ يُعَبِّرُ عَنِ الدَهْشَةِ أوِ الإعْتِراضِ

wick *n.* فَتيلَةٌ ؛ فَتيلُ (الشَمْعِ)

wicked *adj.* خَبيثٌ ؛ شِرِّيرٌ. مُؤْذٍ. خَطِرٌ. مُزْعِجٌ

wicker *adj.; n.* مَصْنوعٌ مِنْ أغْصانٍ مَجْدولَةٍ // غُصْنٌ صَغيرٌ ؛ أُمْلودٌ. *pl.*أماليدُ مَجْدولَةٌ

wicket *n.* بابٌ صَغيرٌ في بابٍ كَبيرٍ. شُبّاكُ التَذاكِرِ

wide *adj.; adv.* عَريضٌ ؛ واسِعٌ. رَحْبٌ. شامِلٌ. كَبيرٌ // بَعيدًا. تَمامًا. إلى مَدًى بَعيدٍ

wide-awake *adj.* يَقْظانُ. حَذِرٌ

widely *adv.* عَلى نَحْوٍ واسِعٍ . كَثيرًا. جِدًّا. إلى حَدٍّ بَعيدٍ. عَلى امْتِدادٍ واسِعٍ

widen *vt.; i.* يُوَسِّعُ ؛ يُعَرِّضُ / يَتَّسِعُ ؛ يَعْرُضُ
wide-spread *adj.* واسِعُ الإنْتِشارِ. مُمْتَدٌّ
widow *n.* الأرْمَلَةُ؛ التي ماتَ عَنْها زَوْجُها
widowed *adj.* الأرْمَلُ. مَنْ لا أهْلَ لَهُ
widower *n.* الأرْمَلُ. مَنْ ماتَتْ زَوْجَتُهُ
widowhood *n.* التَرَمُّلُ
width *n.* عَرْضٌ. نِطاقٌ. سِعَةٌ. إتِّساعٌ. رَحابَةٌ
wield *vt.* يُدَبِّرُ الأمْرَ. يَسْتَخْدِمُ. يُسَيْطِرُ على
wife *n.* (*pl.* **wives**) زَوْجَةٌ؛ عَقيلَةٌ؛ قَرينَةٌ؛ حَرَمٌ
wig *n.* اللِمَّةُ؛ الشَعْرُ المُسْتَعارُ. تَوْبيخٌ
wiggle *vi.; t.* يَتَذَبْذَبُ. يَتَلَوّى / يُذَبْذِبُ. يُهَزْهِزُ
wild *adj.; n.* بَرِّيٌّ؛ وَحْشِيٌّ. قَفْرٌ. جامِحٌ. حَرونٌ. مُتَهَوِّرٌ. عاصِفٌ. مُتَطَرِّفٌ. شاذٌّ // بَرِّيَّةٌ؛ قَفْرٌ. وَحْشِيَّةٌ
wildcat *n.* السِنَّوْرُ؛ الهِرُّ البَرِّيُّ
wilderness *n.* قَفْرٌ؛ بَرِّيَّةٌ
wildfire *n.* حَريقٌ هائِلٌ
wildfowl *n.* بَطَّةٌ بَرِّيَّةٌ
wile *n.* خِدْعَةٌ. خِداعٌ. حيلَةٌ. إغْواءٌ
wil(l)ful *adj.* عَنيدٌ؛ مُتَصَلِّبٌ. مُتَعَمَّدٌ؛ مَقْصودٌ
will *n.; vt.; v. aux.irr.* مَيْلٌ. رَغْبَةٌ. شَهْوَةٌ. هَوًى. عَزْمٌ. مَشيئَةٌ. الإرادَةُ. الوَصِيَّةُ // يوصي؛ يَمْنَحُ بِوَصِيَّةٍ. يَشاءُ؛ يَرْغَبُ؛ يُريدُ // فِعْلٌ مُساعِدٌ يُفيدُ التَسْويفَ أوِ الرَغْبَةَ
willing *adj.* راغِبٌ؛ مُسْتَعِدٌّ. واعٍ. تِلْقائِيٌّ؛ طَوْعِيٌّ؛ إراديٌّ
willingly *adv.* تِلْقائِيًّا؛ طَوْعًا. بِكُلِّ طيبَةِ خاطِرٍ
will-o'-the-wisp *n.* الوَهَجُ المُسْتَنْقَعِيُّ. سَرابٌ. أمَلٌ خادِعٌ
willow *n.* الصَفْصافُ. مِنْدَفُ لِلْقُطْنِ
willpower *n.* قُوَّةُ الإرادَةِ
willy-nilly *adv.* طَوْعًا أو كُرْهًا. شاءَ المَرْءُ أمْ أبى
wilt *vi.; t.; n.* يَذْبُلُ / يُذْوي // ذُبولٌ
wily *adj.* ماكِرٌ؛ مُخادِعٌ؛ مُراوِغٌ
wimble *n.* مِثْقَبٌ
wimple *n.; vt.; i.* وِشاحُ الراهِباتِ // يُغَطّي بِخِمارٍ. يُمَوِّجُ / يَتَمَوَّجُ
win *vi.; t.irr.; n.* يَفوزُ؛ يَظْفَرُ / يَكْسِبُ؛ يَرْبَحُ؛ يَنالُ. يَسْتَميلُ. يَجْمَعُ؛ يَحْصُدُ // ظَفَرٌ؛ فَوْزٌ
wince *vi.; n.* يُجْفِلُ // إجْفالٌ
winch *n.* وِنْشٌ؛ رافِعَةٌ. مِرْفاعٌ
wind *n.; vt.; i.irr.* ريحٌ. نَزْعَةٌ؛ إتِّجاهٌ. نَفَسٌ. هُراءٌ. غُرورٌ. تَعْبِئَةُ الساعَةِ. لَفَّةٌ؛ دَوْرَةٌ // يَسْتَرْوِحُ. يُهَوّي. يَنْفُخُ في بوقٍ. يُوَرِّطُ. يُدَوِّرُ الساعَةَ / يَلْتَفُّ؛ يَلْتَوي. يَنْعَطِفُ. يَتَمَهَّلُ
wind-bag *n.* المُدَّعي؛ المُتَبَجِّحُ
winded *adj.* ضَيِّقُ النَفَسِ. لاهِثٌ
windfall *n.* سَقيطُ الثَمَرِ. رِبْحٌ غَيْرُ مُتَوَقَّعٍ
wind gauge *n.* آلَةٌ لِقِياسِ سُرْعَةِ الريحِ وَاتِّجاهِها
winding *adj.; n.* لَوْلَبِيٌّ. مُلْتَوٍ // تَدْويرُ الساعَةِ. لَفٌّ. رَفْعٌ
winding sheet *n.* كَفَنٌ
wind instrument *n.* آلَةُ نَفْخٍ (كَالمِزْمارِ)
windlass *n.* مِرْفاعٌ. وِنْشٌ. مِلْفافٌ
windmill *n.* طاحونَةُ هَواءٍ
window *n.* نافِذَةٌ؛ شُبّاكٌ. مِصْراعٌ
window-dresser *n.* مُزَخْرِفُ الواجِهاتِ
window frame *n.* إطارُ النافِذَةِ
window pane *n.* لَوْحُ زُجاجٍ (لِلنافِذَةِ)
window shutter *n.* مِصْراعُ النافِذَةِ
windpipe *n.* القَصَبَةُ الهَوائِيَّةُ. أُنْبوبُ التَنَفُّسِ
windshield *n.* زُجاجُ السَيّارَةِ الأمامِيُّ

wind-sock *n.* كُمُّ الريحِ ؛ مَخْروطُ الريحِ

wind tunnel *n.* النَفَقُ الهوائيُّ

windward *adv.; n.* نَحْوَ الريحِ ؛ بِاتِّجاهِ الريحِ // مَهَبُّ الريحِ ؛ جِهَةُ الريحِ

windy *adj.* عاصِفٌ. ذو رِياحٍ . مِهْذارٌ

wine *n.; vt.* خَمْرٌ؛ نَبيذٌ // يُقَدِّمُ الخَمْرَ

wineglass *n.* كَأْسُ الخَمْرِ. قَدَحُ النَبيذِ

wine-press *n.* مَعْصَرَةُ العِنَبِ

wine-tasting *n.* تَذَوُّقُ الخَمْرِ

wing *n.; vt.; i.* جَناحٌ (عُصْفورٍ ـ مُسْتَشفى ـ حِزْبٍ ـ مِنَ المَسْرَحِ)؛ الجَناحُ الأَيْمَنُ أو الأَيْسَرُ (في كُرَةِ القَدَمِ ـ مِنَ الجَيْشِ)؛ وَحْدَةٌ مِنْ سِلاحِ الطَيَرانِ. ذِراعُ الإنْسانِ // يَزيدُ مِنَ السُرْعَةِ. يُزَوِّدُ بِجَناحٍ . يُصيبُ العُصْفورَ وَهْوَ طائِرٌ / يَطيرُ

wink *n.; vi.* طَرْفَةُ عَيْنٍ. غَمْزَةٌ. لَحْظَةٌ // تَطْرِفُ العَيْنُ. يَغْمِزُ. يومِضُ (نَجْمٌ)

winkle *n.* حَلَزونٌ بَحْرِيٌّ

winner *n.* الرابِحُ ؛ الفائِزُ؛ الظافِرُ

winning *adj.; n.* رابِحٌ ؛ فائِزٌ؛ ظافِرٌ. ساحِرٌ؛ فاتِنٌ // كَسْبٌ؛ فَوزٌ؛ ظَفَرٌ؛ رِبْحٌ

winning post *n.* الهَدَفُ. نِهايَةُ الشَوْطِ. عَمودُ الوصولِ

winnow *vt.* يُذَرّي ؛ يُغَرْبِلُ (الحِنْطَةَ)

winsome *adj.* جَذّابٌ؛ فاتِنٌ؛ وَسيمٌ

winter *adj.; n.; vi.* شَتَويٌّ // الشِتاءُ؛ فَصْلُ الشِتاءِ // يُشَتّي ؛ يَقْضي فَصْلَ الشِتاءِ

wintry *adj.* شَتَويٌّ. بارِدٌ. عاصِفٌ. عَجوزٌ. أَبْيَضُ. كَئيبٌ

wipe *vt.* يَمْحو. يَمْسَحُ ؛ يُنَظِّفُ. يَطْمِسُ. يُزيلُ. يُبيدُ

— away يُزيلُ بِالمَسْحِ ؛ يُجَفِّفُ (الدُموعَ)

— off يُنَظِّفُ؛ يَمْحو (اللَوْحَ). يُزيلُ؛ يَمحو (الخِزْيَ)

— out يُبيدُ. يَنْسى (إهانَةً)

wiper *n.* خِرْقَةٌ؛ مِمْسَحَةٌ. مَسّاحَةُ الزُجاجِ . الماسِحُ

wire *n.; vt.* سِلْكٌ مَعْدِنيٌّ؛ سِلْكٌ. ساقٌ. الهاتِفُ. التِلِغْرافُ؛ البَرْقُ. بَرْقِيَّةٌ // يُزَوِّدُ بِسِلْكٍ. يُبْرِقُ؛ يُرْسِلُ تِلِغْرافًا

wireless *adj.; n.* لاسِلْكيٌّ // اللاسِلْكيُّ. الراديو

wire rope *n.* الحَبْلُ السِلْكيُّ

wiring *n.* شَبَكَةُ أَسْلاكٍ. التَزْويدُ بالأَسْلاكِ

wiry *adj.* سِلْكيٌّ. شَبيهٌ بالسِلْكِ. وَتَريٌّ؛ عَصَبيٌّ

wisdom *n.* حِكْمَةٌ؛ فِطْنَةٌ. مَعْرِفَةٌ. عَقْلٌ. تَعَقُّلٌ

wisdom tooth *n.* ضِرْسُ العَقْلِ

wise *adj.; n.* حَكيمٌ؛ عاقِلٌ. واعٍ . ذَكيٌّ // طَريقَةٌ؛ أُسْلوبٌ

wiseacre *n.* مَغْرورٌ. مُدَّعي الحِكْمَةِ

wise-crack *n.* مُلاحَظَةٌ بارِعَةٌ. رَدٌّ ذَكيٌّ وَسَريعٌ

wisely *adv.* بِحِكْمَةٍ؛ بِمَعْرِفَةٍ. بِتَعَقُّلٍ

wish *vt.; i.; n.* يَتَمَنّى. يَرومُ. يَبْتَغي. يُريدُ. يَرْغَبُ في / يَشْتَهي. يَتوقُ إلى // أُمْنِيَةٌ. رَغْبَةٌ. مَرامٌ. إرادَةٌ. تَمَنٍّ

wish-bone *n.* عَظْمُ التَرْقُوَةِ (لَدى الطُيورِ)

wishful *adj.* مُتَمَنٍّ. تَوّاقٌ. راغِبٌ

wishy-washy *adj.* واهِنُ العَزْمِ . رَقيقُ القِوامِ . ضَعيفُ الشَخْصيَّةِ. غَيْرُ مُرَكَّزٍ؛ سايِطٌ

wisp *n.* حَفْنَةٌ. حُزْمَةٌ. خُصْلَةٌ (مِنَ الشَعَرِ)

wisteria *n.* الحُلْوَةُ: نَباتٌ مُعْتَرِشٌ

wistful *adj.* حَزينٌ؛ كَئيبٌ. راغِبٌ؛ تائِقٌ إلى

wit *n.; vt.* فِطْنَةٌ؛ ذَكاءٌ. عَقْلٌ. سُرْعَةُ خاطِرٍ. خِفَّةُ دَمٍ . الظَريفُ // يَعْلَمُ؛ يُدْرِكُ

to — أي ؛ بِعِبارَةٍ أُخْرى

witch *n.* الساحِرَةُ؛ العَرّافَةُ

witchcraft *n.* سِحْرٌ؛ عِرافَةٌ. فِتْنَةٌ

witch-doctor *n.* الساحِرُ؛ عَرّافُ القَبيلَةِ

with *prep.* ضِدَّ. مَعْ. عَنْ. عَلى. بِـ. في. بِواسِطَةِ. رَغْمَ. بَعْدَ (إذْنِكَ). بِرِفْقَةِ

withal *adv.* كَذلِكَ. أيْضًا. مَعَ ذَلِكَ

withdraw *vt.; i.irr.* يَسْحَبُ. يَسْتَرِدُّ؛ يَسْتَرْجِعُ. يُحَوِّلُ / يَنْسَحِبُ. يَتَراجَعُ. يَرْتَدُّ

withdrawal *n.* إنْسِحابٌ. إرْتِدادٌ. سَحْبٌ. إسْتِرْدادٌ. إنْقِطاعٌ

wither *vi.; t.* يَذْبُلُ؛ يَذْوي // يُذْبِلُ. يَشُلُّ

withers *n.pl.* الحارِكُ: أعْلى كاهِلِ الفَرَسِ

withhold (from) *vt.irr.* يَكْبَحُ. يُبْقي لِنَفْسِهِ. يَحْتَفِظُ لِنَفْسِهِ بِـ. يَمْتَنِعُ عَنْ

within *prep.; adv.* ضِمْنَ. مِنَ الداخِلِ // داخِلاً. داخِلَ الجِسْمِ. باطِنًا

without *prep.; conj.; adv.* بِدونِ. خارِجَ كذا. وَراءَ // ما لَمْ. إلاَّ // مِنَ الخارِجِ. خارِجَ المَنْزِلِ. خارِجِيًّا. مِنْ غَيْرِ. بِدونِ

withstand *vt.irr.* يُقاوِمُ؛ يَصْمُدُ

withy; withe *adj.; n.* لَدِنٌ؛ مَرِنٌ (كالغُصْنِ الطَرِيِّ) // صَفْصافُ السَلاّلينَ. غُصْنٌ طَرِيٌّ

witless *adj.* أحْمَقُ؛ مُغَفَّلٌ؛ مَعْتوهٌ

witness *n.; vt.* شَهادَةٌ. الشاهِدُ. عَلامَةٌ // يُشاهِدُ. يُعايِنُ. يَشْهَدُ

eye — شاهِدُ عَيانٍ

witticism *n.* نُكْتَةٌ؛ طُرْفَةٌ. ذَكاءٌ. ظُرْفٌ

witting *adj.* عالِمٌ؛ مُطَّلِعٌ

witty *adj.* بارِعٌ. ذَكِيٌّ. ظَريفٌ. سَريعُ الخاطِرِ

wive *vi.; t.* يَقْتَرِنُ؛ يَتَزَوَّجُ / يُزَوِّجُ

wives *n.* (*pl.* of **wife**)

wizard *n.* ساحِرٌ؛ عَرّافٌ

wizened *adj.* ذابِلٌ؛ ذاوٍ؛ مُتَجَعِّدٌ

woad *n.* نَباتٌ يُسْتَخْرَجُ مِنْهُ صِبْغٌ أزْرَقُ

wobble *vi.* يَتَهادى. يَتَذَبْذَبُ. يَرْتَعِشُ؛ يَرْتَجِفُ

woe *n.* وَيْلٌ؛ بَلاءٌ. كَرْبٌ. كارِثَةٌ. مِحْنَةٌ

woebegone *adj.* مُغِمٌّ؛ كَئيبٌ

woeful *adj.* مُحْزِنٌ؛ مُثيرٌ لِلشَفَقَةِ

wolf *n.* (*pl.* **wolves**) ذِئْبٌ

she- — ذِئْبَةٌ

wolf cub *n.* جُرْموزٌ: جَرْوُ الذِئْبِ

wolf dog *n.* كَلْبٌ يُشْبِهُ الذِئْبَ

wolfish *adj.* ذِئْبِيٌّ؛ ضارٍ؛ مُفْتَرِسٌ

wolfsbane *n.* خانِقُ الذِئْبِ: عُشْبٌ سامٌّ

wolves *n.* (*pl.* of **wolf**)

woman *n.* (*pl.* **women**) إمْرَأَةٌ. الجِنْسُ اللَطيفُ

woman hater *n.* مُبْغِضُ النِساءِ

womanhood *n.* الأُنوثَةُ. النِسْوِيَّةُ. النِساءُ

womankind *n.* النِساءُ؛ الجِنْسُ اللَطيفُ

womanliness *n.* أُنوثَةٌ

womanly *adj.* أُنْثَوِيٌّ. لائِقٌ بِامْرَأَةٍ

womb *n.* الرَحِمُ

women *n.* (*pl.* of **woman**)

wonder *n.; vi.* عَجَبٌ. دَهْشَةٌ. مُعْجِزَةٌ. تَعَجُّبٌ. إنْشِداهٌ. شَكٌّ. حَيْرَةٌ // يَعْجَبُ. يَنْدَهِشُ. يَشُكُّ. يَنْشَدِهُ. يَتَساءَلُ

wonderful *adj.* عَجيبٌ. مُدْهِشٌ؛ رائِعٌ

wonderland *n.* أرْضُ العَجائِبِ

wonderment *n.* دَهْشَةٌ. رَوْعَةٌ. تَساؤُلٌ

wondrous *adj.* رائِعٌ؛ مُدْهِشٌ. عَجيبٌ

wont *adj.; n.* مُعْتادٌ. مَيّالٌ // عادَةٌ

wonted *adj.* مَألوفٌ ؛ مُعْتادٌ
woo *vt.* يَتَوَدَّدُ. يَلْتَمِسُ. يَتَوَسَّلُ. يَسْعى وراءَ
wood *n.* غابَةٌ. خَشَبٌ. حَطَبٌ
woodbine *n.* صَريمَةُ الجَدْيِ (نَباتٌ)
woodcock *n.* دَجاجَةُ الأَرْضِ (طائِرٌ)
woodcut *n.* الرَّوْسَمُ الخَشَبِيُّ. الكليشيه الخَشَبِيَّةُ
wood-cutter *n.* الحَطّابُ
wooded *adj.* مُشَجَّرٌ ؛ مُحَرَّجٌ
wooden *adj.* خَشَبِيٌّ. مُتَيَبِّسٌ. جافٌّ. أَخْرَقُ
woodland *adj.; n.* غابِيٌّ. نامٍ في غابَةٍ. عائِشٌ في غابَةٍ // غابَةٌ
wood louse *n.* (*pl.* **-lice**) حِمارُ قَبّانَ (حَشَرَةٌ)
woodman *n.* الحَطّابُ. حارِسُ الغاباتِ
wood nymph *n.* حورِيَّةُ الغابَةِ
woodpecker *n.* نَقّارُ الخَشَبِ (طائِرٌ)
wood pigeon *n.* الوَرَشانُ ؛ الحَمامَةُ المُطَوَّقَةُ
wood pulp *n.* لُبابُ الخَشَبِ (لِصِناعَةِ الوَرَقِ)
woodsman *n.* ساكِنُ الغاباتِ. الحَطّابُ
wood-winds *n.pl.* آلاتُ النَفْخِ الموسيقِيَّةُ
woodwork *n.* مَصْنوعاتٌ خَشَبِيَّةٌ. النِجارَةُ
wood-worm *n.* الأَرَضَةُ ؛ دودَةُ الخَشَبِ
woody *adj.* خَشَبِيٌّ. مُدْغِلٌ ؛ كَثيرُ الغاباتِ
wooer *n.* المُتَوَدِّدُ ؛ المُتَوَسِّلُ
woof *n.* لُحْمَةٌ. نَسيجٌ. صَوْتٌ خَفيضٌ
wool *n.* صوفٌ. وَبَرٌ. زَغَبٌ. شَعَرٌ جَعْدٌ قَصيرٌ
wool(l)en *adj.; n.* صوفِيٌّ // نَسيجٌ صوفِيٌّ. *pl.* مَلابِسُ صوفِيَّةٌ
wool(l)y *adj.* صوفِيٌّ. شَبيهٌ بِالصوفِ. غامِضٌ
woolsack *n.* كيسُ صوفٍ
word *n.; vt.* كَلِمَةٌ. لَفْظَةٌ. لُغَةٌ. حَديثٌ قَصيرٌ. وَعْدٌ ؛ عَهْدٌ. مَثَلٌ ؛ قَوْلٌ مَأْثورٌ. إِشاعَةٌ. نَبَأٌ. كَلِمَةُ السِرِّ. أَمْرٌ. إِشارَةٌ // يُعَبِّرُ. يَصوغُ. يَنُصُّ
wording *n.* التَعْبيرُ. الصِياغَةُ. إِختيارُ الكَلِماتِ
wordless *adj.* صامِتٌ
wordy *adj.* كَلامِيٌّ. مُطْنِبٌ. كَثيرُ الكَلامِ
work *vt.; i.irr.; n.* يَجْتَرِحُ (المُعْجِزاتِ). يُشَكِّلُ (المَعْدِنَ). يُطَرِّزُ. يُديرُ. يُشَغِّلُ (آلَةً)/ يَشْتَغِلُ ؛ يَعْمَلُ. يَنْجَحُ. يَشُقُّ طَريقَهُ // عَمَلٌ ؛ شُغْلٌ. أَثَرٌ. *pl.* مَصْنَعٌ
— off يَتَخَلَّصُ مِنْ
— on / upon — يُؤَثِّرُ في
— out — يَحُلُّ (مَسْأَلَةً). يَتَمَرَّنُ
workable *adj.* عَمَلِيٌّ. مُمْكِنٌ شُغْلُهُ. يُمْكِنُ اسْتِثْمارُهُ (مَنْجَمٌ)
workaday *adj.* يَوْمِيٌّ ؛ عادِيٌّ. مُبْتَذَلٌ
work-bench *n.* مِنْضَدَةٌ أَو طاوِلَةُ العَمَلِ
work-box *n.* صُنْدوقُ العُدَّةِ. عُلْبَةُ الشُغْلِ
worker *n.* العامِلُ. النَحْلَةُ العامِلَةُ
workhouse *n.* إِصْلاحِيَّةُ الأَحْداثِ. مَلْجَأٌ. مَأْوى
working *adj.; n.* عامِلٌ. مُساعِدٌ عَلى العَمَلِ // عَمَلٌ ؛ شُغْلٌ. تَشْكيلٌ. حَلٌّ
working class *n.* الطَبَقَةُ العامِلَةُ. طَبَقَةُ العُمّالِ
working day *n.* يَوْمُ عَمَلٍ
workman *n.* (*pl.* **-men**) العامِلُ. الصانِعُ ؛ الحِرَفِيُّ
workmanship *n.* مَهارَةٌ أَو بَراعَةٌ في العَمَلِ. صَنْعَةٌ. عَمَلٌ
work-room; work-shop *n.* غُرْفَةُ العَمَلِ. مَشْغَلٌ. وَرْشَةٌ. مُحْتَرَفٌ
world *n.* العالَمُ. الدُنيا. الناسُ ؛ البَشَرُ. الكَوْنُ. الشُؤونُ الدُنْيَوِيَّةُ. المُجْتَمَعُ البَشَرِيُّ
worldliness *n.* الدُنْيَوِيَّةُ. كَوْنُ الشَيْءِ دُنْيَوِيًّا
worldly *adj.* دُنْيَوِيٌّ

world power *n.* دَوْلَةٌ عُظْمى ؛ قُوَّةٌ عالَمِيَّةٌ

world war *n.* حَرْبٌ عالَمِيَّةٌ

worldwide *adj.* عالَمِيُّ الإنْتِشارِ. عالَمِيُّ النِطاقِ

worm *n.; vt.* دودَةٌ. شَخْصٌ تافِهٌ أو جَديرٌ بالإزْدِراءِ. سِنُّ لَوْلَبٍ // يَمْشي كالديدانِ. يَتَسَلَّلُ. يَتَملَّصُ

worm-eaten *adj.* مُسَوَّسٌ ؛ نَخِرٌ. بالٍ

worm gear *n.* عَجَلَةٌ وَتُرْسٌ دوديٌّ

worm screw *n.* آلَةٌ لِرَفْعِ الحَشْوَةِ (في الخَرْطوشَةِ)

worm wheel *n.* عَجَلَةٌ مُعَشَّقَةٌ مَعَ تُرْسٍ دوديٍّ

wormwood *n.* الإفَسِنْتينُ (نَباتٌ). مَرارَةٌ

wormy *adj.* مُدَوَّدٌ. كَثيرُ الدودِ

worn *adj.* بالٍ ؛ رَثٌّ. مُرْهَقٌ

worn-out *adj.* بالٍ مِنْ كَثْرَةِ الإسْتِعْمالِ. مُرْهَقٌ

worried *adj.* قَلِقٌ ؛ مُضْطَرِبٌ ؛ مَهْمومٌ

worry *n.; vi.; t.* قَلَقٌ. بَلاءٌ. مُشْكِلَةٌ. هَمٌّ // يَقْلَقُ / يُزْعِجُ. يُجْهِدُ ؛ يُرْهِقُ. يَخْنُقُ. يَعَضُّ

worse *adj.; n.; adv.* أسْوَأُ ؛ أرْدَأُ // الأسْوَأُ ؛ الأرْدَأُ // عَلى نَحْوٍ أرْدَأَ أوْ أسْوَأَ

worsen *vt.; i.* يَجْعَلُهُ أسْوَأَ / يُصْبِحُ أرْدَأَ

worship *n.; vt.; i.* عِبادَةٌ. تَأْليهٌ. إحْتِرامٌ. فَضيلَةٌ أو سِيادَةُ (القاضي) // يَعْبُدُ. يُبَجِّلُ. يُؤَلِّهُ / يَتَعَبَّدُ

worshipful *adj.* جَديرٌ بالإحْتِرامِ

worst *adj. & n.; adv.; vt.* الأسْوَأُ ؛ الأرْدَأُ // إلى أسْوَإِ حَدٍّ أو دَرَجَةٍ. عَلى النَحْوِ الأسْوَإِ // يَهْزِمُ ؛ يَقْهَرُ ؛ يَتَغَلَّبُ عَلى

worsted *adj.; n.* صوفيٌّ // الغَزْلُ الصوفيُّ. نَسيجٌ مِنَ الغَزْلِ الصوفيِّ

wort *n.* نَبْتَةٌ ؛ عُشْبَةٌ

worth *adj.; n.* ذو قيمَةٍ. جَديرٌ بالإحْتِرامِ. ذو دَخْلٍ (قَدْرُهُ) // قيمَةٌ. كَفاءَةٌ ؛ إسْتِحْقاقٌ. ثَرْوَةٌ

worthily *adv.* بِجَدارَةٍ ؛ بِكَفاءَةٍ ؛ بِاسْتِحْقاقٍ

worthiness *n.* جَدارَةٌ ؛ كَفاءَةٌ ؛ إسْتِحْقاقٌ

worthless *adj.* عَديمُ القيمَةِ. باطِلٌ. عَقيمٌ ؛ تافِهٌ. عَديمُ الجَدْوى

worth-while *adj.* ذو شَأْنٍ. جَديرٌ بالإهْتِمامِ. يَسْتَحِقُّ الجُهْدَ والعَناءَ

worthy *adj.; n.* حَسَنٌ ؛ وَجيهٌ. هامٌّ. فاضِلٌ ؛ شَريفٌ. جَديرٌ ؛ مُسْتَحِقٌّ. كَفوءٌ. بارِزٌ. مَشْهورٌ // شَخْصٌ كَفوءٌ أو بارِزٌ. شَخْصٌ مَشْهورٌ

would-be *adj.* مُدَّعٍ

wound *n.; vt.* جُرْحٌ // يَجْرَحُ

wounded *adj.* مَجْروحٌ ؛ جَريحٌ

woven *adj.* مَنْسوجٌ ؛ مُحاكٌ

wrack *n.* نَباتٌ أخْضَرُ يَقْذِفُهُ البَحْرُ. خَرابٌ ؛ دَمارٌ. حُطامٌ. إخْفاقٌ. إنْهيارٌ

wraith *n.* شَبَحٌ ؛ خَيالٌ

wrangle *n.; vi.* مُشاحَنَةٌ ؛ خِصامٌ ؛ نِزاعٌ. جَدَلٌ // يَتَشاحَنُ ؛ يَتَخاصَمُ ؛ يَتَجادَلُ

wrap *vt.; n.* يَلُفُّ ؛ يُغَلِّفُ. يَرْزُمُ. يُطَوِّقُ. يُحيطُ بِـ. يُخْفي // دِثارٌ. غِلافٌ. قَيْدٌ. كِتْمانٌ

wrapper *n.* الغِلافُ. المُغَلِّفُ. دِثارٌ ؛ إزارٌ

wrapping *n.* كُلُّ ما يُسْتَعْمَلُ لِلتَغْليفِ

wrath *n.* حَنَقٌ ؛ غَيْظٌ ؛ غَضَبٌ

wrathful *adj.* حانِقٌ ؛ مُغْتاظٌ. غاضِبٌ

wreak *vt.* يَنْتَقِمُ لِـ. يُنْزِلُ بِهِ عُقوبَةً. يَشْفي غَليلَهُ

wreath *n.* إكْليلٌ

wreathe *vt.; i.* يُجَعِّدُ ؛ يُجَدِّلُ ؛ يَضْفِرُ. يَلُفُّ / يَلْتَفُّ. يَنْجَدِلُ

wreck *n.; vt.* حُطامُ (السَفينَةِ). تَدْميرٌ. تَحَطُّمُ (السَفينَةِ). خَرابٌ // يُحَطِّمُ. يُتْلِفُ. يُحْبِطُ

wreckage *n.* حُطامُ (السَفينَةِ)
wrecked *adj.* مُحطَّمٌ (مَرْكَبٌ). مُدمَّرٌ. مُهدَّمٌ
wrecker *n.* الهادِمُ؛ المُحطِّمُ. مَرْكَبُ القَطْرِ. الباحِثُ عَنْ حُطامِ السُفُنِ
wren *n.* المُلَيْكُ؛ الصَعْوُ (طائِرٌ صَغيرٌ)
wrench *n.; vt.* لَيٌّ. خَلْعٌ. تَشْويهٌ؛ تَحْريفٌ. مِفتاحُ رَبْطٍ // يَلْوي. يُشَوِّهُ؛ يُحَرِّفُ. يَنْتزِعُ. يُوجِعُ
wrest *vt.* يَسْحَبُ. يَلْوي. يَنْتزِعُ. يَغْتَصِبُ. يُحَرِّفُ
wrestle *vi.* يُصارِعُ. يُكافِحُ. يُناضِلُ
wrestling *n.* مُصارَعَةٌ. كِفاحٌ
wretch *n.* البائِسُ؛ التَعيسُ. الحَقيرُ؛ الخَسيسُ
wretched *adj.* بائِسٌ. حَقيرٌ. هَزيلٌ. بالٍ. مُرْهِقٌ. رَهيبٌ. رَديءٌ. تافِهٌ
wriggle *vi.* يَتَلوّى. يَتَملَّصُ. يَتَسلَّلُ. يَشُقُّ طَريقَهُ
wring *vt.irr.* يَعْصِرُ. يَنْتزِعُ. يَغْتَصِبُ. يَبْتَزُّ. يُعَذِّبُ. يَلُفُّ
wringer *n.* العَصّارَةُ؛ آلَةٌ لِعَصْرِ المَلابِسِ
wrinkle *n.; vi.; t.* تَجْعيدٌ. تَغَضُّنٌ. تَجَعُّدٌ (في البَشَرَةِ). تَجْديدٌ. شائِبَةٌ؛ نَقيصَةٌ // يَتجَعَّدُ. يَتَغَضَّنُ / يُجَعِّدُ؛ يُغَضِّنُ
wrist *n.* المِعْصَمُ؛ الرُسْغُ
wristband *n.* عِصابَةُ المِعْصَمِ. رُدْنُ الكُمِّ
wristlet *n.* سِوارٌ؛ عِصابَةٌ لِلمِعْصَمِ
wrist watch *n.* ساعَةُ يَدٍ. ساعَةُ مِعْصَمٍ
writ *n.* كِتابَةٌ. كِتابٌ. وَثيقَةٌ رَسْمِيَّةٌ. أمْرٌ مَلَكيٌّ. أمْرٌ قَضائيٌّ
write *vt.irr.* يَكْتُبُ؛ يُسَطِّرُ؛ يُدَوِّنُ؛ يُسَجِّلُ. يُخَفِّضُ قيمَةَ المَوْجوداتِ
write-off *n.* حَذْفٌ. خَفْضُ قيمَةِ المَوْجوداتِ
writhe *vi.* يَلُفُّ؛ يَطْوي. يَلْوي. يَضْفِرُ؛ يَجْدُلُ. يَتَضَوَّرُ (جوعًا، ألَمًا)
writing *n.* كِتابَةٌ؛ خَطٌّ. رِسالَةٌ. مُذَكِّرَةٌ. مُؤَلَّفٌ. صَكٌّ. عَقْدٌ. صِناعَةُ الكِتابَةِ أوِ التأليفِ
writing case *n.* صِناعَةُ الوَرَقِ. تِجارَةُ الوَرَقِ
writing desk *n.* طاوِلَةُ الكِتابَةِ. المَكْتَبُ
writing paper *n.* وَرَقُ الكِتابَةِ
written *adj.* مَكْتوبٌ. مُسَجَّلٌ. مَخْطوطٌ. مُؤَلَّفٌ
wrong *adj.; adv.; n.; vt.* طالِحٌ. خاطِئٌ. مَغْلوطٌ. لا أخْلاقيٌّ. غَيْرُ مُرْضٍ // عَلى نَحْوٍ خاطِئٍ. خَطَأً. عَلى نَحْوٍ غَيْرِ مُناسِبٍ أوْ لائِقٍ // غَلَطٌ. حَيْفٌ. جَوْرٌ. ضَيْمٌ. خَطَأٌ. باطِلٌ. ضَلالٌ. أذًى // يُخَطِّئُ. يَظْلِمُ. يُؤْذي. يُسيءُ إلى
wrongdoer *n.* الآثِمُ؛ المُعْتَدي. المُخْطِئُ
wrongdoing *n.* عَمَلُ الإثْمِ. إعْتِداءٌ. إيذاءٌ. شَرٌّ
wronged *adj.* مَظْلومٌ
wrongful *adj.* ظالِمٌ؛ جائِرٌ. غَيْرُ شَرْعيٍّ
wrongfully *adv.* ظُلْمًا وَعُدْوانًا
wrongly *adv.* خَطَأً. ظُلْمًا. بِطَريقَةٍ خاطِئَةٍ
wroth *adj.* مُغيظٌ. غاضِبٌ
wrought *adj.* مُنَمَّقٌ. مَشْغولٌ. مَصْنوعٌ. غَيْرُ خامٍ. مُشَكَّلٌ. مُزَخْرَفٌ. مَخْلوقٌ. مَعْمولٌ
wry *adj.* مُصَعَّرٌ؛ مُلْتَوٍ. ساخِرٌ. ظَريفٌ. عَنيدٌ. مُتَشَبِّثٌ بِرَأْيِهِ
wryneck *n.* اللَوّاءُ (طائِرٌ)

X

X; x *n.* الحَرْفُ الرابعُ والعِشْرونَ مِنَ الأَبْجَدِيَّةِ الإِنْكليزيَّةِ

xenophobe *n.* كارِهُ الأجانِبِ

xenophobia *n.* بُغْضُ الغُرَباءِ أوِ الأجانِبِ

xerophilous *adj.* نامٍ في المُناخاتِ الجافَّةِ

xerophyte *n.* نَباتٌ صَحْراويٌّ

xerox *n.; vt.* نُسْخَةٌ فوتوغْرافيَّةٌ // يَسْتَخْرِجُ نُسْخَةً فوتوغْرافيَّةً

Xmas *n.* (abbr. of **Christmas**) عيدُ الميلادِ (عِنْدَ المَسيحيِّينَ)

X-ray *n.; vt.* الشُّعاعُ السينيُّ؛ أَشِعَّةُ إكس. صورَةٌ بالأَشِعَّةِ السينيَّةِ // يَفْحَصُ أو يُعالِجُ أو يُصَوِّرُ بالأَشِعَّةِ السينيَّةِ

X-ray photograph *n.* صورَةٌ بالأَشِعَّةِ السينيَّةِ

xylography *n.* [فَنُّ] النَّقْشِ عَلى الخَشَبِ

xylophone *n.* خَشَبيَّةٌ: آلَةٌ موسيقيَّةٌ ذاتُ قُضْبانٍ خَشَبيَّةٍ يُضْرَبُ عَلَيْها بالمَطارِقِ

xylose *n.* سُكَّرُ الخَشَبِ

Y

Y; y *n.* الحَرْفُ الخامِسُ والعِشْرونَ مِنَ الأَبْجَدِيَّةِ الإِنْكليزيَّةِ

yacht *n.* يَخْتٌ؛ قارِبٌ لِلنُّزْهَةِ

yacht club *n.* نادي يُخوتٍ

yachting *n.* يَخْتِيَّةٌ؛ رِياضَةُ اليُخوتِ

yachtsman *n.* (*pl.* **-men**) يَخْتِيٌّ؛ مُمارِسُ رِياضَةِ اليُخوتِ

yam *n.* نَوْعٌ مِنَ البَطاطا الحُلْوَةِ

yank *vt.* يَجْذِبُ؛ يَشُدُّ. يَلْوي بِعُنْفٍ

yankee *n.* يانْكي: أميركِيٌّ مِنَ الوِلاياتِ الشِماليَّةِ (أيّامَ الحَرْبِ الأَهْلِيَّةِ الأميركِيَّةِ). المواطِنُ الأميركِيُّ (بِالنِسْبَةِ إلى بَريطانيا وأوروبا)

yap *vi.; n.* يُوَقْوِقُ؛ يَنْبَحُ؛ يُوَعْوِعُ (الكَلْبُ) // وَقْوَقَةٌ؛ نُباحٌ؛ وَعْوَعَةٌ

yard *n.* اليارْدُ أوِ اليارْدَةُ (وَحْدَةُ قِياسِ طولٍ قَدْرُها ٠,٩١٤ م). ساحَةٌ. حَظيرَةٌ. عارِضَةُ الصاري

yard-arm *n.* طَرَفُ عارِضَةِ الشِراعِ ؛ الراجِعُ

yarn *n.* غَزْلٌ. خَيْطٌ مَبْرومٌ. قِصَّةٌ مُلَفَّقَةٌ

yawl *n.* زَوْرَقٌ. قارِبٌ لَهُ سارِيَتانِ

yawn *n.; vi.* تَثاؤُبٌ // يَتَثاءَبُ (مِنَ النُعاسِ)؛ يَفْغَرُ (فَمَهُ). يَنْشَقُّ

yawning *adj.* مُتَثائِبٌ. فاغِرٌ

ye *pron.* أنْتُم. أنْتُنَّ. أنْتُما. أنْتَ

yea *adv.; n.* نَعَم. حَقًّا؛ في الواقِعِ // الصَوْتُ الإيجابِيُّ. الموافِقُ؛ المؤَيِّدُ

yean *vi.; t.* تُنْتِجُ (النَعْجَةُ)

year *n.* سَنَةٌ؛ عامٌ؛ حَوْلٌ

 new — العامُ الجَديدُ

 leap — سَنَةٌ كَبيسَةٌ (٣٦٦ يَوْمًا)

year-book *n.* كِتابٌ سَنَوِيٌّ. حَوْلِيَّةٌ. دَليلٌ سَنَوِيٌّ

yearling *adj.; n.* حَوْلِيٌّ؛ سَنَوِيٌّ // حَيَوانٌ إبْنُ سَنَةٍ أو سَنَتَيْنِ

yearly *adj.; adv.* سَنَوِيٌّ؛ حَوْلِيٌّ (نَباتٌ) // كُلَّ سَنَةٍ؛ سَنَوِيًّا

yearn *vi.* يَشْتاقُ؛ يَتوقُ؛ يَحِنُّ؛ يَصْبو

yearning *n.* تَعَطُّشٌ، شَوْقٌ؛ غَليلٌ؛ حَنينٌ

yeast *n.* خَميرٌ؛ خَميرَةٌ؛ حَزازٌ

yell *n.; vi.* عُواءٌ؛ هَريرُ (الذِئْبِ). زَعيقٌ. صُراخٌ // يَعْوي؛ يَهُرُّ. يَضِجُّ. يَزْعَقُ

yellow *adj.; n.; vt.; i.* أَصْفَرُ. جَبانٌ // اللَوْنُ الأَصْفَرُ. مُحُّ البَيْضِ // يُصَفِّرُ / يَصْفَرُّ

yellow fever *or* **jack** *n.* الحُمّى الصَفْراءُ

yellowish; yellowy *adj.* ضارِبٌ إلى الصُفْرَةِ (وَجْهٌ). مُصْفَرٌّ

yellowness *n.* إصْفِرارٌ؛ صُفْرَةٌ

yelp *vi.; n.* يُوَعْوِعُ؛ يُصَوِّتُ (الأَرْنَبُ). يَنْبَحُ // عُواءٌ؛ نُباحٌ

yelping *n.* وَعْوَعَةٌ. نُباحٌ. ضُباحُ (الثَعْلَبِ)

Yemeni *adj. & n.* يَمَنِيٌّ

yen *n.* اليَنُّ (العُمْلَةُ المُتَداوَلَةُ في اليابانِ)

yeoman *n.* (*pl.* **-men**) مُزارِعٌ مَلّاكٌ

yeomanry *n.* أَتْباعُ المَلِكِ أوِ الأَميرِ. مَجْموعَةٌ مِنَ الفُرْسانِ (أُنْشِئَتْ مِنَ المُزارِعينَ)

yes *adv.* نَعَم؛ أَجَل. بَلى

yes man *n.* (*pl.* **-men**) شَخْصٌ مُطيعٌ

yesterday *adv.; n.* البارِحَةُ؛ أَمْسِ // الأَمْسُ

the day before — أمسِ الأوَّل ؛ أوَّلُ أمْسِ
— evening مَساءُ البارِحَةِ
yesternight *adv.; n.* اللَيْلَةُ البارِحَةُ
yet *adv.; conj.* أيْضًا. بَعْدُ. حَتَّى الآنَ. لا يَزالُ // ولَكِنْ؛ مَعْ ذَلِكَ؛ غَيْرَ أنَّ
as — حَتَّى الآنَ
not — لَمْ... بَعْدُ
yew *n.* شَجَرَةُ الطَقْسُوسِ (مِنَ الصَنَوْبَرِيّاتِ)
yield *vt.; i.* يُقَدِّمُ. يُثْمِرُ؛ يُنْتِجُ. يُسَلِّمُ. يُجَهِّزُ / يُذْعِنُ؛ يَخْضَعُ؛ يَنْقادُ
yielding *adj.; n.* مُطاوِعٌ؛ مِذْعانٌ؛ راضِخٌ // طاعَةٌ؛ إذْعانٌ. تَسْليمٌ
yoga *n.* اليوغا: تَمْريناتٌ رياضيَّةٌ. فَلْسَفَةٌ هِنْديَّةٌ تَقومُ عَلى التَأمُّلِ وَضَبْطِ النَفْسِ
yoke *n.; vt.* نيرٌ. مِقْرَنٌ. طَوْقٌ // يَقْرِنُ. يَرْبِطُ. يَشُدُّ إلى
yokel *n.* الريفيُّ. الفَلاّحُ. الجِلْفُ
yolk *n.* مُحُّ البَيْضَةِ أوْ صُفْرَتُها
yonder *adv.; adj.* هُناكَ؛ عَلى بُعْدٍ ما. بَعيدًا
yore *adv.* قَديمًا؛ فيما مَضى
you *pron.* أنْتَ. أنْتِ. أنْتُما. أنْتُمْ. أنْتُنَّ
young *adj.* صَغيرٌ. حَدَثٌ. فَتيٌّ
younger *adj.* أصْغَرُ؛ أحْدَثُ؛ أفْتى
youngest *adj.* الأصْغَرُ؛ الأحْدَثُ؛ الأفْتى
youngling *n.; adj.* حَيوانٌ صَغيرٌ // صَغيرٌ؛ ناشئٌ
youngster *n.* فَتيٌّ؛ يافِعٌ؛ وَلَدٌ
your *adj.* كَ. كِ. كُما. كُم. كُنَّ (بَيْتُكُمْ)
yours *pron.* لكَ. لكِ. لَكُما. لَكُمْ. لَكُنَّ
yourself *pron.* أنْتَ نَفْسُكَ
yourselves *pron.* (*pl.* of **yourself**)
youth *n.* فَتًى؛ شابٌّ. شَبيبَةٌ؛ حَداثَةٌ. الشَبابُ
youthful *adj.* حَديثُ السِنِّ؛ فَتيٌّ؛ غَضٌّ
youthfulness *n.* حَداثَةٌ؛ فُتُوَّةٌ؛ شَبابٌ
yowl *vi.; n.* يُعْوِلُ // عَويلٌ
yucca *n.* اليُكَّةُ: جِنْسُ أعْشابٍ مِنَ الفَصيلَةِ الزَنْبَقيَّةِ
Yugoslav *adj. & n.* يوغوسلافيٌّ
yule; yule-tide *n.* الميلادُ؛ عيدُ الميلادِ
yule log *n.* حَطَبَةٌ ضَخْمَةٌ توضَعُ عَلى المَوْقِدِ في عيدِ الميلادِ

Z

Z; z *n.* الحَرْفُ السادِسُ والعِشْرونَ مِنَ الأَبْجدِيَّةِ الإنْكليزيَّة

zany *n.* المُهَرِّجُ. إنْسانٌ نِصْفُ عاقِلٍ

zeal *n.* نَخْوَةٌ؛ حَمِيَّةٌ؛ مُروءَةٌ؛ غَيْرَةٌ

zealot *n.* غَيورٌ؛ هُمامٌ؛ ذو نَخْوَةٍ. مُتَحَمِّسٌ

zealous *adj.* غَيورٌ؛ حَريصٌ. مُنْدَفِعٌ؛ مُتَحَمِّسٌ

zebra *n.* حِمارُ الزَّرَدِ؛ حِمارُ الوَحْشِ

zebu *n.* الدَرْبانيُّ: حَيوانٌ ثَدْيِيٌّ ذو سَنامٍ

zenith *n.* نُقْطَةُ سَمْتِ الرأسِ. الأَوْجُ

zephyr *n.* ريحُ الدَبورِ. النَسيمُ العَليلُ. قُماشٌ قُطْنِيٌّ رَقيقٌ

zeppelin *n.* مُنْطادٌ (إسْتَعْمَلَهُ الأَلْمانُ في الحَرْبِ العالَمِيَّةِ الأولى)

zero *n.* صِفْرٌ. لا شَيْءَ. نَكِرَةٌ (شَخْصٌ)

zero hour *n.* ساعَةُ الصِفْرِ. الساعَةُ الحاسِمَةُ

zest *n.* طَعْمٌ. تابِلٌ. تَلَذُّذٌ. وَلَعٌ. نَكْهَةٌ. اسْتِمْتاعٌ شَديدٌ

zigzag *adj.; n.; vi.* مُتَعَرِّجٌ // طَريقٌ مُتَعَرِّجٌ // يَسيرُ في خَطٍّ مُتَعَرِّجٍ

zinc *n.; vt.* زِنْكٌ؛ خارِصينٌ؛ توتِياءُ // يُغَشّي أو يُغَطّي بالخارِصينِ

Zionism *n.* الصَهْيونِيَّةُ (حَرَكَةٌ سِياسِيَّةٌ)

Zionist *n.* الصَهْيونِيُّ

zip *n.; vt.* أزيزٌ. حَيَوِيَّةٌ؛ نَشاطٌ // يَفْتَحُ زِمامًا مُنْزَلِقًا أوْ يُغْلِقُهُ

zip code *n.* رَقْمُ المِنْطَقَةِ

zip fastener *or* **zipper** *n.* زِمامٌ مُنْزَلِقٌ

zither *n.* القانونُ: قيثارَةٌ إغْريقِيَّةٌ

zloty *n.* وَحْدَةُ النَقْدِ في بولونيا

zodiac *n.* مِنْطَقَةُ أوْ فَلَكُ البُروجِ

signs of the — البُروجُ الإثْنا عَشَرَ

zodiacal *adj.* بُروجِيٌّ

zonal *adj.* مِنْطَقِيٌّ

zone *n.* مِنْطَقَةٌ. نِطاقٌ. حِزامٌ

zoo *n.* حَديقَةُ الحَيَواناتِ

zoolatry *n.* عِبادَةُ الحَيَواناتِ

zoological *adj.* حَيَوانِيٌّ؛ مُتَعَلِّقٌ بِعِلْمِ الحَيَوانِ

zoological garden *n.* حَديقَةُ الحَيَواناتِ

zoologist *n.* عالِمٌ بِعِلْمِ الحَيَوانِ

zoology *n.* عِلْمُ الحَيَوانِ

zoom *n.* هَزيمٌ. إرْتِفاعٌ مُفاجِئٌ (للطائِرَةِ)

— lens عَدَسَةٌ في الكاميرا تُقَرِّبُ الصورَةَ

zoophagous *adj.* آكِلُ لَحْمِ الحَيَواناتِ

zooplasty *n.* نَقْلُ أنْسِجَةِ الحَيَواناتِ إلى جِسْمِ الإنْسانِ

zoot suit *n.* بَذْلَةٌ رِجالِيَّةٌ

Zoroastrian *adj. & n.* زَرادَشْتِيٌّ (نِسْبَةً إلى الحَكيمِ الفارِسِيِّ زَرادَشْت)

Zoroastrianism *n.* الزَرادَشْتِيَّةُ (دِيانَةٌ تُؤْمِنُ بِوُجودِ إلٰهِ الخَيْرِ وإلٰهِ الشَرِّ وَبِصِراعِهِما المُسْتَمِرِّ)

Zulu *n.* أحَدُ أفْرادِ قَبيلَةِ الزولو في إفريقيا

zygote *n.* اللاقِحَةُ: خَلِيَّةٌ تَنْشَأُ مِن اتِّحادِ مَشيجَيْنِ

zymology *n.* عِلْمُ الخَمائِرِ

zymosis *n.* تَخَمُّرٌ؛ إخْتِمارٌ

zymotic *adj.* خَميرِيٌّ؛ مُتَعَلِّقٌ بِالخَمائِرِ

zymurgy *n.* كيمياءُ التَّخَمُّرِ

IRREGULAR VERBS

	Infinitive	Past Tense	Past Participle
A -	abide	abode, abided	abode, abided
	arise	arose	arisen
	awake	awoke	awaked, awoken
B	be	was	been
	bear	bore	borne
	beat	beat	beaten
	become	became	become
	befall	befell	befallen
	beget	begot	begotten
	begin	began	begun
	behold	beheld	beheld
	bend	bent	bent
	bereave	bereaved, bereft	bereaved, bereft
	beseech	besought	besought
	beset	beset	beset
	bet	bet, betted	bet, betted
	betake	betook	betaken
	bethink	bethought	bethought
	bid	bade, bid	bidden, bid
	bind	bound	bound
	bite	bit	bitten, bit
	bleed	bled	bled
	blend	blended, blent	blended, blent
	bless	blessed, blest	blessed, blest
	blow	blew	blown
	break	broke	broken
	breed	bred	bred
	bring	brought	brought
	broadcast	broadcast, broadcasted	broadcast, broadcasted
	build	built	built
	burn	burnt, burned	burnt, burned
	burst	burst	burst
	buy	bought	bought
C -	cast	cast	cast
	catch	caught	caught
	chide	chided, chid	chided, chidden
	choose	chose	chosen
	cleave	clove, cleft	cloven, cleft
	cling	clung	clung
	clothe	clothed, clad	clothed, clad
	come	came	come
	cost	cost	cost
	creep	crept	crept
	crow	crowed, crew	crowed
	cut	cut	cut

	Infinitive	Past Tense	Past Participle
D -	**dare**	dared, durst	dared
	deal	dealt	dealt
	dig	dug	dug
	dive	dived; dove	dived
	do	did	done
	draw	drew	drawn
	dream	dreamt, dreamed	dreamt, dreamed
	drink	drank	drunk
	drive	drove	driven
	dwell	dwelt	dwelt
E -	**eat**	ate	eaten
F -	**fall**	fell	fallen
	feed	fed	fed
	feel	felt	felt
	fight	fought	fought
	find	found	found
	flee	fled	fled
	fling	flung	flung
	fly	flew	flown
	forbear	forbore	forborne
	forbid	forbade, forbad	forbidden
	forecast	forecast, forecasted	forecast, forecasted
	foresee	foresaw	foreseen
	foretell	foretold	foretold
	forget	forgot	forgotten
	forgive	forgave	forgiven
	forsake	forsook	forsaken
	forswear	forswore	forsworn
	freeze	froze	frozen
G -	**gainsay**	gainsaid	gainsaid
	get	got	got; gotten
	gild	gilded, gilt	gilded
	gird	girded, girt	girded, girt
	give	gave	given
	go	went	gone
	grave	graved	graven, graved
	grind	ground	ground
	grow	grew	grown
H -	**hang**	hung, hanged	hung, hanged
	have	had	had
	hear	heard	heard
	heave	heaved, hove	heaved, hove
	hew	hewed	hewed, hewn
	hide	hid	hidden
	hit	hit	hit
	hold	held	held
	hurt	hurt	hurt

	Infinitive	Past Tense	Past Participle
I -	inlay	inlaid	inlaid
K -	keep	kept	kept
	kneel	knelt	knelt
	knit	knitted, knit	knitted, knit
	know	knew	known
L -	lade	laded	laden
	lay	laid	laid
	lead	led	led
	lean	leant, leaned	leant, leaned
	leap	leapt, leaped	leapt, leaped
	learn	learnt, learned	learnt, learned
	leave	left	left
	lend	lent	lent
	let	let	let
	lie	lay	lain
	light	lit, lighted	lit, lighted
	lose	lost	lost
M -	make	made	made
	mean	meant	meant
	meet	met	met
	melt	melted	melted, molten
	misdeal	misdealt	misdealt
	mislay	mislaid	mislaid
	mislead	misled	misled
	misspell	misspelt	misspelt
	misspend	misspent	misspent
	mistake	mistook	mistaken
	misunderstand	misunderstood	misunderstood
	mow	mowed	mown; mowed
O -	outbid	outbid	outbid
	outdo	outdid	outdone
	outgrow	outgrew	outgrown
	outrun	outran	outrun
	outshine	outshone	outshone
	overcome	overcame	overcome
	overhang	overhung	overhung
	overhear	overheard	overheard
	overlay	overlaid	overlaid
	override	overrode	overridden
	overrun	overran	overrun
	oversee	oversaw	overseen
	overshoot	overshot	overshot
	oversleep	overslept	overslept
	overtake	overtook	overtaken
	overthrow	overthrew	overthrown
P -	partake	partook	partaken
	pay	paid	paid

Infinitive	Past Tense	Past Participle
prove	proved	proved, proven
put	put	put
Q - quit	quitted, quit	quitted, quit
R - read	read	read
rebuild	rebuilt	rebuilt
recast	recast	recast
relay	relaid	relaid
rend	rent	rent
repay	repaid	repaid
reset	reset	reset
rewrite	rewrote	rewritten
rid	rid, ridded	rid, ridded
ride	rode	ridden
ring	rang	rung
rise	rose	risen
rive	rived	riven, rived
run	ran	run
S - saw	sawed	sawn, sawed
say	said	said
see	saw	seen
seek	sought	sought
sell	sold	sold
send	sent	sent
set	set	set
sew	sewed	sewn, sewed
shake	shook	shaken
shave	shaved	shaved, shaven
shear	sheared	sheared, shorn
shed	shed	shed
shine	shone	shone
shoe	shod	shod
shoot	shot	shot
show	showed	shown, showed
shrink	shrank, shrunk	shrunk, shrunken
shrive	shrove, shrived	shriven, shrived
shut	shut	shut
sing	sang	sung
sink	sank	sunk, sunken
sit	sat	sat
slay	slew	slain
sleep	slept	slept
slide	slid	slid
sling	slung	slung
slink	slunk	slunk
slit	slit	slit
smell	smelt, smelled	smelt, smelled
smite	smote	smitten

	Infinitive	Past Tense	Past Participle
	sow	sowed	sown, sowed
	speak	spoke	spoken
	speed	sped, speeded	sped, speeded
	spell	spelt, spelled	spelt, spelled
	spend	spent	spent
	spill	spilt, spilled	spilt, spilled
	spin	spun, span	spun
	spit	spat	spat
	split	split	split
	spoil	spoilt, spoiled	spoilt, spoiled
	spread	spread	spread
	spring	sprang	sprung
	stand	stood	stood
	stave	staved, stove	staved, stove
	steal	stole	stolen
	stick	stuck	stuck
	sting	stung	stung
	stink	stank, stunk	stunk
	strew	strewed	strewn, strewed
	stride	strode	stridden
	strike	struck	struck, stricken
	string	strung	strung
	strive	strove	striven
	swear	swore	sworn
	sweep	swept	swept
	swell	swelled	swollen, swelled
	swim	swam	swum
	swing	swung	swung
T -	take	took	taken
	teach	taught	taught
	tear	tore	torn
	tell	told	told
	think	thought	thought
	thrive	throve, thrived	thriven, thrived
	throw	threw	thrown
	thrust	thrust	thrust
U -	unbend	unbent	unbent
	unbind	unbound	unbound
	underbid	underbid	underbid
	undergo	underwent	undergone
	understand	understood	understood
	undertake	undertook	undertaken
	undo	undid	undone
	upset	upset	upset
W -	wake	woke, waked	woken, waked
	waylay	waylaid	waylaid
	wear	wore	worn

Infinitive	Past Tense	Past Participle
weave	wove	woven
weep	wept	wept
win	won	won
wind	wound	wound
withdraw	withdrew	withdrawn
withhold	withheld	withheld
withstand	withstood	withstood
work	worked, wrought	worked, wrought
wring	wrung	wrung
write	wrote	written

مجاني الجيب

معجم عَرَبي - إنكليزي

al-
maja
ni

دار المجاني

لَمَّا عَزَمَتْ دار المجاني على وضع قاموس للجيب في اللغتين العربيَّة والإنكليزيّة يواكبُ في مفرداته العصرَ وتطوّراته، طرَحَتْ على ذاتها هذا السؤال: «إلى أيٍّ من المعاجم نحنُ اليومَ أَحْوَج؟». فكان أنِ اتّضح لديها أنَّ معاجم الجيب هي أكثر المعاجمِ تداولاً بين السواد الأَعظم من الناس لِيُسرٍ في اقتنائها وسهولةٍ في تداولها، ولِما تتضمَّنه مِن تعريفٍ مقتضبٍ للكلمة المطلوبة، في زمنٍ تميّزَ بالسرعة والتطوّر.

إلاَّ أنّ معظم هذه المعاجم قد اختيرت مفرداتُه او اجتُزأت من معاجم مطوّلة لم تكن موضوعةً - أصْلاً - لتختصرَ، لِذا ارتأت دارُ المجاني عندما أقدمت على وضع معجمها هذا، أن يكون مختصراً «منذ نشأتِه» وليس اختصاراً لقاموسٍ، ومعجماً حديثاً يفي بحاجات الجميع طلاّباً وأساتذةً ومثقَّفينَ، وانطلاقةً لسلسلةٍ من المعاجم تكونُ أعمَّ وأَشْملَ في هذا المضمار.

وعلى الرغم من كونِ هذا المعجم قاموساً للجيب، فهو يضمُّ بين دفّتيه أكثر من عشرين ألف كلمة اختارها مصنّفوها بدقَّةٍ ومهارةٍ معوِّلين على ما هو شائع ومتداول، معتمدين في ترجمتها على المعنى الأصليّ للكلمة أولاً ثمَّ لِما يتفرَّع عن هذا المعنى ثانياً، إضافةً إلى تشكيلٍ أساسيّ للنصّ العربيّ يُزيلُ اللِّبس والإِعجام، ويحولُ دون لجوءِ الباحث إلى المعاجم العربية لتوضيحه واستدراكه. والله وليُّ التوفيق.

الناشر

اصطلاحات ومختصرات

. النقطة تشير الى الفصل بين المعاني المختلفة في المادة الواحدة.

، الفاصلة تشير الى الفصل بين المترادفات ذات المعنى الواحد.

( ) القوسان يُحيطان بشرح للكلمة إنْ بالعربّية أو بالانكليزيّة.

مـ مؤنّث

مث مثنًّى

جـ جَمْع

جج جَمْع الجَمْع

ه ضمير الإنسان والحيوان

هـ ضمير لغير الانسان والحيوان

أ

A (*1st letter of the Arabic alphabet*)	ا – أ
Particle of interrogation (?)	أ (للإسْتِفْهام)
August	**اب** – آب (شَهْر)
Alphabet	**ابجد** – أَبْجَدِيَّة
Alphabetic(al)	أَبْجَديّ مـ أَبْجَدِيَّة
To eternize, perpetuate	**ابد** – أَبَّدَ هـ و ه
Eternity, perpetuity	أَبَد جـ آباد
Never. Ever, always	أَبَدًا
Forever and ever	أَبَدَ الآبِدين
Eternal, perpetual	أَبَديّ ومُؤَبَّد
Eternity, perpetuity	أَبَديَّة
Needle. Sting	**ابر** – إبْرَة جـ إبَر
Injection, shot	إبْرَة طِبِّيَّة
Indicator, hand (*of a watch*)	إبْرَةُ السّاعَة
Bishopric. Diocese. Parish	**ابرش** – أبْرَشيَّة
Jug, pitcher	**ابرق** – إبْريق جـ أَباريق
To cable, wire	أَبْرَقَ
Pure gold	**ابريز** – ذَهَبٌ خالِص
Buckle, clasp	**ابزم** – إبْزيم جـ أَبازيم
Hollow of the knee	**ابض** – أبض
Armpit	**ابط** – إبْط جـ آباط
To carry under one's arm	تَأَبَّطَ هـ
Camels	**ابل** – إبِل جـ آبال
Devil.Satan	**ابلس** – إبْليس جـ أَبالِسَة
To praise a dead person. To blame, reprimand	**ابن** – أَبَّنَ ه
Eulogy, commemoration of a dead person	تأْبين
Time	إبّان
At the time of, during	في إبّان وإبّان كذا
	إبْن جـ أَبْناء وبَنون: أُطْلُب بنى
	إبْنُ آوى جـ بَناتُ آوى: أُطْلُب آوى
Ebony	**ابنس** – أَبْنوس وآبَنوس
To pay attention to, take notice of	**ابه** – أَبَهَ ـَ بِـ أو لِـ
Insignificant	لا يُؤْبَهُ لَهُ
Splendor. Pomp, grandeur	الأُبَّهَة
Father	**ابا** – أَبُ (أبو) جـ آباء
Ancestors, forefathers	الآباء
Parents (*father and mother*)	الأَبَوان
Paternity, fatherhood	أُبُوَّة
Paternal, fatherly	أَبَويّ
Sphynx	أَبو الهَوْل
Robin (-redbreast)	أَبو الحِنّ
To refuse, decline. To disdain	**ابى** – أَبى ـِ وتَأَبّى هـ أو عَن
Pride. Dislike, disdain	إباء
Disdainful. Proud	أَبِيّ
Funeral, obsequies	**اتم** – مأْتَم جـ مآتِم
She-ass	**اتن** – أَتان جـ أُتُن

أَتّون جـ أُتُن — Furnace, oven
اتى - أتى ـِ ه و هـ — To come, arrive. To do, perform
أَتى عَلى — To execute, accomplish. To finish. To ruin
أَتى بِـ — To bring. To fetch
آتى على — To be in favor of
آتى ه — To admit, agree
إتاوَة — Tax, royalty
تَأَتّى مِنْ أو عَنْ — To result in, derive from
آتٍ مـ آتيَة — Coming
الآتي — The future. The following
مُؤاتٍ — Propitious, favorable
اث - أَثَّثَ هـ — To furnish *(a house)*
أَثاثُ المَنْزِل — Furniture
اثر - أَثَرَ ـُـِ هـ — To quote
أَثَّرَ في — To influence, impress
آثَرَ ه — To honor, respect. To choose, prefer. To be fond of
تَأَثَّرَ — To track. To feel
تَأَثَّرَ مِنْهُ أو بِهِ — To be influenced by
إستأْثَرَ بِـ — To monopolize. To appropriate
إسْتأْثَرَ اللهُ بِفُلانٍ — To call to Him *(God)*
الأَثَر — Track, trace, mark. Influence. Impression
الآثارُ القَديمَة — Antiquities. Remnants, vestiges
عِلْمُ الآثار — Archæology
إثْر جـ آثار — Trace, track, mark, print. Footstep. Tradition
في إثْرِهِ — After him
على آثارِهِ — On his track
عالِمُ آثار (أَثريّ) — Archæologist
الأَثَرَة — Egoism, selfishness
أَثير — Ether
تأْثير — Influence. Impression
مَأْثَرَة جـ مَآثِر — Exploit, glorious deed. Benefit
مَأْثور — Transmitted by tradition
قَولٌ مَأْثور — Proverb, saying
مُؤَثِّر — Impressive
اثم - أَثِمَ ـَ — To sin
إثْم جـ آثام — Sin. Error. Crime, felony
أثيم جـ أُثَماء — Sinner. Sinful, guilty
اج - أَجَّ ـُ وتأَجَّجَ — To burn, blaze, flame
أَجَّجَ (النّار) — To light, inflame
أَجّاج — Burning, blazing
أُجاج (ماء) — Bitter, salty
مُتَأَجِّج — Incandescent
اجر - أَجَرَ ـُـِ — To remunerate, recompense
أَجَّرَ هـ — To hire, let, rent
آجَرَ ه عَلى أو في — To employ, hire
إستأْجَرَ ه و هـ بـ — To rent, hire
أَجْر جـ أُجور وآجار — Salary, wages. Remuneration, recompense

الحَدُّ الأَدْنى لِلأَجْرِ Minimum wage
أُجْرَة Salary. Hire. Fee(s)
أُجْرَة الرُّكوب أو السَّفَر Fare
إيجار Lease
أجير جـ أُجَراء Hireling. Employee
مأْجور Labourer. Employee
مُستأْجِر Tenant, lessee
مُستأْجَر Hired, rented, let
مُؤَجِّر Lessor
آجُرَّة جـ آجُرّ Tiles, baked bricks
اجص - إجّاص Pear
اجل - أَجَّلَ ه To defer, delay, postpone
أَجَل جـ آجال Appointed time, term, date, deadline. Maturity. Death
أَجَلْ Yes! Indeed! Certainly!
لِأَجَلٍ For a time
الآجِلَة Hereafter. The life to come
آجِلاً أو عاجِلاً Sooner or later
مِنْ أَجْلِ ولأَجْلِ For the sake of
تَأَجَّلَ To be delayed, postponed, deferred
تَأْجيل Deferment, delaying, postponement
مُؤَجَّل Delayed, postponed, deferred
اجم - أَجَمَة جـ أُجُم وجج آجام Thicket, jungle
اح - أَحَّ ـُ To cough
آح Albumen, white of egg
احد - أَحَّدَ ووحَّدَ هـ و ه To unify, unite
إتَّحَدَ بـِ To be united. To agree
إتِّحاد Union. Oneness, unity
تَوْحيد: أُطْلُب وَحَّدَ
أَحَدٌ مـ إحْدى One. Somebody, someone
الأَحَد جـ آحاد Sunday
أَحَدَ عَشَرَ، إحدى عَشْرَة Eleven
حادي عَشَرَ Eleventh
اخبوط - اخطُبوط Octopus
اخذ - أَخَذَ ـُـِ هـ أو بـ من To take, receive, obtain
أَخَذَ بـِ To get, take hold of, grab
أَخَذَ في To begin, start
أَخَذَ عِلْمًا بـِ To take note of
أَخَذَ بيَدِهِ To help, assist
أَخَذَهُ بِذَنْبِهِ To punish
آخَذَ ه بـ أو عَلى To blame, reproach. To punish
لا تُؤاخِذْني ولا مُؤاخَذَة Excuse me! Pardon me!
إتَّخَذَ هـ و ه To take up, adopt
أَخْذ Taking, receiving
أَخْذٌ وَرَدّ Discussion, dispute
الأَخْذ والعَطاء Give-and-take, exchange. Trade. Dealings
مَأْخَذ جـ مَآخِذ Source, spring. Defect, fault. Way. Approach
أَخّاذ Captivating, fascinating
مَأْخوذ Taken. Surprised. Fascinated

اخر – أَخَّرَ — To delay, retard. To postpone

تأخير — Delay, postponement, deferment

تَأَخَّرَ — To delay, linger, tarry. To remain. To be late

آخَر جـ آخَرون مـ أُخرى جـ أُخَر — Another, one more

آخِر جـ آخِرون — Last

عَن آخِرِهم — To the last, completely

إلى آخِرِهِ (أَلَخ . . .) — Et cetera (etc), and so forth

آخِر الأمر — Finally, in the end

آخِرَة جـ أواخِر — Extremity. End

الآخِرَة والأُخرى — Hereafter, the life to come

أخير مـ أخيرة جـ أخيرون — Last

أخيرًا — At last, in the end

مُؤَخَّر — Rear part, end

مُؤَخَّرًا — Lately, recently

مُؤَخَّرُ سَفينَة — Stern (of ship)

مُؤَخَّرَة الجَيش — Rear, rear-guard

مُتأخِّر — Late. Behindhand

مُتأخِّرات — Arrears

اخر – أخور — Stable, barn

اخا – آخى وتآخى — To fraternize with, be as a brother to

تَوَخّى وآخى هـ — To look for, seek

إخاء ومؤاخاة وأُخُوّة — Fraternity, brotherhood

أخٌ جـ إخوَة وإخوان — Brother. Fellow man. Friend

أُخت جـ أخَوات — Sister

أخَويّ — Fraternal, brotherly

أخَويَّة — Brotherhood, fraternity

أخط – أُخطُبوط : أُطلُب أخبوط

ادب – أَدُبَ ـُـ — To be polite, well-mannered

أدَبَ ـِ — To give a banquet

أدَّبَ ه — To educate. To discipline, punish

تأدَّبَ — To be polite, well-mannered, educated

أدَب جـ آداب — Good manners, politeness. Culture

قَليلُ الأدَب — Ill-mannered, impolite

عِلمُ الأدَب — Literature, letters

مأدُبَة جـ مآدِب — Banquet

تأديب — Education. Punishment

تأديبيّ — Disciplinary. Punitive

أدَبيّ — Moral. Literary (research)

أديب جـ أُدَباء — Literary man, man of letters. Writer

مُؤَدِّب — Disciplinarian. Educator, teacher

مُؤَدَّب وأديب — Polite, refined, well-bred

ادم – أدَمَ ـِ — To season

أُدم وإدام — Seasoning, condiment, shortening

آدَم Adam

آدَميّ جـ أَوادِم Human. Human being

أَدَمَة Skin, integument, derm

أَديم Tanned leather

أَديم الأرض Surface of the earth

ادا - أداة جـ أَدَوات Tool, instrument, utensil. Materials

أَدَواتُ مَطْبَخ Kitchen utensils

أَدَواتُ مَكْتَب Stationery

أداة تَعْريف Definite article

أَداة تَنْكير Indefinite article

ادى - أَدّى هـ إلى To lead to. To contribute to. To result in

أَدّى السَّلام To greet, salute

أَدّى المُهِمَّةَ To accomplish a task

أَدّى الشَّهادَةَ To testify

أَدّى الدَّوْر To play or perform a role

أَدّى اليَمينَ To take an oath

أَدّى دَيْنًا To pay, discharge

تأْدِيَة Payment, discharge

أَداء Performance, accomplishment. Fulfillment, payment

اذ - إذ Then. (And) Suddenly. As, when, while

إذْ ذاكَ Therefore, consequently. At that time

إذا If

إذا ما When, whenever, in case of

إلاّ إذا Unless, if not

إذا بِـ (And) All of the sudden

إذًا وإذَن Therefore, then, in that case, hence

اذر - آذار وأذار (شَهْر) March

اذن - أَذِنَ ـَ لـ في To permit, allow. To license, authorize

أَذَّنَ To call to prayer

آذَنَ (الوقتُ) The time has come, it is time

آذَنَ (الرّبيع) To show signs, to be about to (come)

إستأْذَنَ ه To ask permission

إستأْذَنَ بالإنصراف To say goodbye to, take leave of

إذْن Permission, leave. License

إذْن إقامة Permission to reside

أُذْن وأُذُن جـ آذان Ear. Handle

أَذان Call to prayer

مُؤَذِّن Muezzin, announcer of the hours of prayer

مأْذَنَة ومِئْذَنَة جـ مآذِن Minaret

مأْذونٌ Authorized, licensed. Permitted

مأْذونٌ شَرعيٌّ Marriage official

مأْذونيَّة Leave of absence, furlough

اذي - أَذِيَ ـَ بـ وتأَذّى مِن To suffer damage or injury, be harmed

آذى ه To injure, harm, wrong

إيذاء Harming, damaging, injuring

أَذًى وأَذيَّة Injury, harm, damage, evil

مُؤْذٍ Injurious, harmful, pernicious

غَيْر مُؤْذٍ — Harmless, safe
ارب - أَرَب جـ آراب — Purpose, aim. Need
إِرْب — Need. Limb, organ. Cunning
إِرْبًا إِرْبًا — In pieces
مأْرَب جـ مآرِب — Desire, end, wish, object
أُرْبَة — Knot, tie
أَرِيب — Skillful, clever
ارث - إِرْث وتُراث: أُطْلُب ورث
ارج - أَرِجَ ـَ وتأَرَّجَ — To be fragrant
أَرِيج — Fragrance, scent, sweet smell
ارجن - أُرْجوان وأُرْجوانيّ — Purple
ارخ - أَرَّخَ هـ — To date *(a letter)*. To write the history of
تأْريخ وتاريخ جـ تواريخ — Date. History. Chronicle
تاريخيّ — Historic(al)
مُؤَرِّخ — Historian. Chronicler
مُؤَرَّخ — Dated
ارخبل - أَرْخَبيل — Archipelago
ارز - أَرْزَة جـ أَرْز — Cedar
أَرُز وآرُز وأَرُزّ ورُزّ — Rice
ارس - أَرِسْتُقْراطيّ — Aristocratic. Aristocrat
أَرِسْتُقْراطيَّة — Aristocracy
ارض - أَرْض — (The) Earth. Land, country. Ground, soil. Floor
تَحْت الأرض — Underground
الأَرْضُ المُقَدَّسَة — (The) Holy Land
أَرْضُ الميعاد — Promised Land
أَرْضُ الوَطَن — Homeland
أَرَضَة جـ أَرَض — Termite, white ant. Woodworm
أَرْضيّ — Earthly. Terrestrial. Ground
طابَقٌ أو دَوْرٌ أَرْضيّ — Ground-floor
أَرْضيَّة — Floor, ground
أَرْضيّ شَوْكيّ — Artichoke
ارغن - أُرْغُن جـ أَراغِن — Organ
ارق - أَرِقَ ـَ — To find no sleep, suffer insomnia
أَرِق — Sleepless, insomniac
الأَرَق — Insomnia, sleeplessness
أَرَّقَ — To prevent from sleeping, keep awake
ارك - أَرْكيلَة وأَرْجيلَة — Narghile, water pipe
أَريكَة جـ أَرائِك — Couch, sofa
ارم - الأُرَّم — Molar teeth
الأُرومة جـ أُروم — Stump of a tree. Root
ارنب - أَرْنَب جـ أَرانِب — Rabbit
أَرْنَبٌ وَحْشيّ — Hare
أَرْنَبَة — Female hare or rabbit
أَرْنَبٌ صَغير (خِرْنِق) — Young hare
از - أَزَّ ـُ — To simmer. To hum. To whiz, hiss, wheeze
أَزيزُ (رَصاص) — Whistle, whizzing *(of bullets)*
ازب - مِئْزاب جـ مآزيب — Gutter, drain
ازر - أَزَرَ ـِ وأَزَّرَ — To surround,

encircle, wrap. To cover
آزَرَ ه To help, aid, support
تأزَّرَ وائتزَرَ واتَّزَرَ To wrap oneself in a loincloth
أزْر Strength, power
شَدَّ أزْرَه To back up, help, support
إزار Loincloth. Wrap. Veil. Cover
مِئْزَر Apron
مؤازَرَة Support, aid, assistance
ازف - أزِفَ ـَ (الوَقْت) To come, approach
ازق - مأْزِق جـ مآزِق Impasse, critical situation, dilemma
ازل - أزَل وأزَليَّة Eternity
أزَليّ Eternal
ازم - أزْمَة جـ أزْمات Crisis. Emergency
تأزَّمَ To become critical, worse. To reach a crisis
أزْمَةٌ إقْتِصاديّة Economic crisis
أزْمَةٌ وِزاريَّة Cabinet crisis
ازى - إزاء وبإزاء Opposite to, in front of
اس - أسَّسَ هـ To found, establish, lay the foundation for
إسّ وأُسّ وأساس جـ أُسُس Basis, foundation. Exponent, index
أَسَس جـ آساس وأساسات Foundation, basis, groundwork
أساسيّ Fundamental, basic. Essential. Principal
تأسيس Foundation, institution, establishment
تأْسيسيّ Founding. Fundamental
مُؤَسِّس Founder
مُؤَسَّسَة Foundation, establishment. Firm
اس - آس Myrtle
اسبدج - إسْبيداج White lead
اسبنخ - إسْباناخ، سَبانِخ Spinach
استذ - أُسْتاذ جـ أساتِذة Teacher. Professor
دَفْتَر الأُستاذ Ledger
اسد - أَسَد جـ أُسود وآساد Lion
استأْسَدَ To take courage, become strong, tough. To display the courage of a lion
عَرينُ الأَسَد Lair, den
اسر - أَسَرَ ـِ ه To capture. To bind, chain. To fascinate
أسْر وإسار Captivity. Strap
آسِر Captor. Fascinating
بأَسْرِهم All of them
أُسْرَة جـ أُسَر Family
أَسير جـ أُسَراء وأَسْرى Captive. Prisoner
مأسور Fascinated, captivated
اسطبل - إسْطَبْل جـ إسْطَبْلات Stable, barn
اسطر - أُسْطورَة جـ أساطير Legend, fable, myth

أُسْطوريّ Legendary, mythical
اسطل - أُسْطول جـ أَساطيل Fleet
اسطن - أُسْطوانَة جـ أَساطين Pillar, column. Cylinder. Disc, record
أُسطوانيّ Cylindrical
أَساطين العِلم Supporters of knowledge
أساطين Experts. Distinguished personalitics
اسف - أَسِفَ على وتأَسَّفَ على To regret, be sorry for
أَسَف Regret, sorrow, grief
للأَسَف، مع الأَسَف Unfortunately
المأسوف عليه The late, the deceased
مُتَأَسِّف! Sorry!
واأَسفاه! Alas! What a pity!
آسِف Sorry, sad
اسفنج - إسْفَنْجَة جـ إسْفَنْج Sponge
إسْفَنْجيّ Spongy
اسكف - إسْكاف Cobbler
اسم - إسْم، إسْم العائلة، إسْم مُسْتَعار، إسْم تِجاريّ، إسْم جِنْس، إسْم إشارة، إسْم عَلَم، إسْم تَصغير، إسْم معنى، باسم: أُطلُب سمى
اسمنت - الأَسْمَنْت Cement
اسن - آسِن (ماء) Stagnant
اسا - آسى ه To comfort, console, condole
مؤاساة Consolation
أُسْوَة Example, model
اسى - أَسًى Grief, sorrow

مأْساة Tragedy
مُؤْسٍ Tragic, sad
اص - أصيص Flowerpot
اصطبل - إصْطَبْل: أُطْلُب إسْطَبْل
اصل - أَصَّلَ ه و هـ To consolidate. To give a firm foundation to. To establish the origin of
تأَصَّلَ في To take root in
تأَصَّلَ مِن To derive one's origin trom
إسْتَأْصَلَ هـ To uproot. To extirpate
أَصْل جـ أُصول Origin. Root. Basis. Descent, lineage
أصليّ Original. Primary. Fundamental. True, authentic
أَصْلاً Originally, primarily
أَصالَة Good judgement. Nobility of descent. Firmness
إسْتِئصال Uprooting. Extirpation
الأُصول Principles. Rules. Assets
أُصوليّ In accordance with the rules. Legist
أَصيل جـ أُصَلاء Of noble origin. Genuine, authentic
أَصيل جـ آصال Time before sunset
مُتأَصِّل Deep-seated or rooted
اطر - أَطَرَ ـُـِ هـ To curve. To frame
إطار جـ أُطُر Frame. Tire *(of a wheel)*
اف - أُفّ Ugh! *(expresses anger or displeasure)*

أَفَّ ـُ وتأَفَّفَ To grumble, mutter, complain
تأَفُّف Grumbling, complaint, discontent
آفة جـ آفات Epidemic, plague. Disease
افق - أُفْق وأُفُق جـ آفاق Horizon
افك - أَفَكَ ـِ To lie, tell a lie
أفّاك Liar
افل - أَفَلَ ـُ ـِ (النَّجْم) To set, sink
افن - أَفيون Opium
مُدْمِنُ أفيون Opium-addict
اقح - أُقْحوان Daizy
اكد - أَكَّدَ ووكَّدَ هـ To confirm. To assure
تأَكَّدَ To be or become certain, sure. To be confirmed
أكيد، مُؤَكَّد Certain, sure. Definite
تأْكيد جـ تأْكيدات Confirmation. Assurance
تأَكُّد Making sure, verification
أكيدًا، بالتّأكيد Certainly, of course, surely
مُتأَكِّد Convinced *(of)*
اكسجين - أُكْسِجين Oxygen
اكس - أُكْسيد Oxide
اكل - أَكَلَ ـُ هـ To eat. To destroy. To gnaw, nibble. To itch
آكَلَ ه To eat with
تأَكَّلَ To be corroded, abraded. To feel an itching
تآكُل Corrosion. Erosion
أَكْل Food. Eating
أَكْلَة Meal, repast
آكِلَة Canker, gangrenous sore
مأْكَل جـ مَآكِل Food
مأْكول جـ مأْكولات Food, foodstuffs, edibles
أُكال، أَكَلان (حُكاك) Itch, prurigo
أَكّال، أكول، أكيل Voracious. Gourmand
اكم - أَكَمَة جـ أَكَم وأَكَمات وجج آكام Hill, hillock, mound
الا - أَلا Don't you...?
أَلاّ Will you not?. Not to, lest, so as not to, that... not
لِئَلاّ Lest, for fear that. In order not to
إلاّ Except, save, but. Unless
وإلاّ Otherwise
الذي - أَلَّذي مث أَللَّذانِ جـ أَلَّذينَ وأَلَّتي مث أَللَّتانِ جـ أَللَّواتي Who, whom. Which, that, what. He or she who
الف - أَلِفَ ـَ ه و هـ To get used to. To be familiar with
آلَفَ ه To frequent
أَلَّفَ To unite, combine
أَلَّفَ بَيْن To harmonize, accord
أَلَّفَ (الكتابَ) To write, compose
أَلْف جـ أُلوف وآلاف Thousand
إلْف وأُلْفَة Familiarity. Friendship,

love. Harmony, concord
إلْف جـ آلاف وأليف جـ أَلائِف Close
friend, companion, comrade, pal
أليف Familiar, intimate. Friendly
(حَيَوان) أَليف Tame, domesticated
أَلْفيَّة Magnum
الأَلوف Familiar, intimate. Tame
إئتِلاف Concord, agreement. Union
تأليف Formation. Composition,
writing
مألوف Familiar. Common, usual
مُؤَلَّف جـ مُؤَلَّفات Compilation, book,
publication
مُؤَلِّف Compiler, writer, author
الق - أَلَقَ ـِ وتَأَلَّقَ To shine, radiate,
glitter, flash
تَأَلُّق Glitter, shine
مُتَأَلِّق Glittering, beaming, shining,
radiant
الم - أَلِمَ ـَ To feel pain, suffer, be
in pain
آلَمَ ه To hurt, pain
تَأَلَّمَ To suffer, feel pain
مُتأَلِّم Aching. In pain. Tormented
أَلَم جـ آلام Pain, ache, suffering.
Torment
أَلَم الأَسْنان Toothache
أَلَم الرَّأْس Headache
أَليم ومؤْلِم Painful
المس - أَلْماس Diamond

اله - أَلَّهَ ه To deify
تأَلَّه To deify oneself. To be deified
إله جـ آلِهَة Deity, a god
إلٰهَة وإلاهَة Deity, goddess
الله God
أَللَّهُمَّ O God!, Good God!, O Lord!
تأْليه Deification, apotheosis
أُلوهَة وأُلوهيَّة Divinity
إلٰهيّ Divine, godlike
اللاّهوت Theology
الى - إلى To, toward. Until
إلَيْكَ To you
إلَيْكَ عَنّي Get away from me
إلى متى؟ Until when? How long?
إلى أن Until, till
الي - أَلْيَة جـ أَلَيات Tail of sheep.
Rump
ام - أَمَّ ـُ هـ To go to, travel to
أَمَّمَ To nationalize
أُمّ جـ أُمّات وأُمّهات Mother. Source
أُمّ أَربَع وأَرْبَعين Centipede
أُمُّ (قِمَّةُ) الرَّأْس Skull, brain
بأُمِّ العَين With one's own eyes
الوَطَنُ الأُمّ Homeland
اللُّغَةُ الأُمّ Mother tongue
أُمَّة جـ أُمَم Nation. People
أُمومَة Motherhood, maternity
أُمّيّ Illiterate, uneducated
أَمام In front of, before
إلى الأَمام Forward

إمام جـ أئِمَّة Imam. Leader

أُمَمِيّ International

تأْميم Nationalization

اما - أَمْ Or

أَما Verily, truly, indeed

أَمّا As to, as far as... is concerned. However, but, on the other hand

إمّا . . . إمّا Either... or, whether... or

امد - أَمَد جـ آماد Limit, extent, scope

مُنْذُ أَمَدٍ بَعيد For a long time

امر - أَمَرَ ـُ ه بـ To order, command

تآمَرَ وائْتَمَرَ To plot, conspire *(against)*. To consult, hold talks

إئتَمَرَ الأَمْرَ أو بالأَمْرِ To obey

لأَمْرِ To the order of

أَمْر جـ أُمور Matter, affair. Order, command

أَمارَة جـ أَمارات Sign, indication, token

آمِر Commander. Chief. Master

إمارَة Princedom. Principality

أَمير جـ أُمَراء Prince, emir, chief

أميرَة Princess

أَمير المُؤْمِنين Caliph

أَمير البَحْر Admiral

أَميريّ (طابَعٌ) Government(al), fiscal *(stamp)*

تآمُر Plotting, conspiring. Conspiracy. Deliberation, consultation

مأْمور Commissioner. Civil officer

مأْموريَّة Mission, commission, task

مُؤْتَمَر Conference. Congress

مؤامَرَة Conspiracy, plot

امس - أَمْسِ والأَمْس Yesterday

أُمسيَّة Evening

امل - أَمَلَ ـُ وأَمَّلَ هـ To hope. To expect

تأَمَّلَ في أو هـ To look attentively at. To meditate

أَمَل جـ آمال Hope, expectation

تأَمُّل جـ تأَمُّلات Contemplation, meditation

امن - أَمُنَ ـُ To be trustworthy, loyal

أَمِنَ ـَ To be safe

أَمِنَ To trust, have confidence in

أَمَّنَ وائتَمَنَ ه على To entrust someone with

أَمَّنَ على To insure *(life, against fire)*

أَمِنَ شَرَّهُ ومن شَرِّه To be safe from one's wickedness

آمَنَ بـ To believe in, have faith in

آمِن Safe, secure

تأْمين Insurance, assurance. Guarantee, warranty

تأمين على الحياة Life insurance

إئْتِمان Trust, confidence, faith

أَمْن وأَمان Safety, security. Peace

الأَمْن العامّ Public security or safety

أَمانَة Trustworthiness. Faithfulness.

	Honesty, integrity
أَمانَة جـ أمانات	Deposit. Charge
إيمان	Faith. Belief
أَمين جـ أُمَناء	Faithful. Honest. Secure
أَمين السِّرّ	Secretary
أَمين الصُّنْدوق	Treasurer. Cashier
أمين عامّ	Secretary-general
آمين وأَمين	Amen!
مأْمون	Trustworthy, safe, secure
مأْمَن جـ مَآمِن	Safe place. Refuge, shelter
مُؤَمَّن	Insured, guaranteed. Available
مُؤَمِّن	Insurer. Insurance company
مُؤْمِن	Faithful. Believer
مُؤْتَمَن	Trusty, trustable. Trusted person
اما - أَمَة جـ إماء	Bondmaid, female servant
ان - أَنْ	That, to
إِنْ	If
إِنْ لَمْ	Unless, except when
إِنَّ وأَنَّ	That
إِنَّما	But, only, however
ان - أَنَّ ـِ	To moan, groan
أَنين وأَنَّة	Moan(ing), groan(ing)
انا - أَنا جـ نَحْنُ	I, me, myself
أَنانيّ	Selfish, egoistic
أَنانيَّة	Selfishness, egoism
أَناناس	Pineapple, ananas
انب - أَنَّبَ ه	To reprimand, blame
أَنَّبَهُ ضَميرُه	To feel remorse
تأْنيب	Reprimand, blame
انبق - إِنْبيق جـ أَنابيق	Alembic
انت - أَنْتَ جـ أَنْتُم مـ أَنْتِ جـ أَنْتُنَّ	You, thee, thou
انث - أَنُثَ ـُ	To be or become feminine, effeminate
أَنَّثَ هـ و ه	To make feminine, to effeminate. To put in the feminine form *(gram.)*
تَأَنَّثَ	To be or become effeminate. To become of the feminine gender *(gram.)*
أُنْثى جـ إناث	Female, woman
أُنْثَويّ	Womanly, feminine. Effeminate
أُنوثَة	Femininity
أُنْثى جـ إناث	Female, woman
مُؤَنَّث	Feminine *(gram.)*
انجل - إِنْجيل جـ أَناجيل	Gospel
انس - أَنِسَ ـَ وأَنُسَ ـُ	To be sociable, friendly
أَنِسَ بـ، إسْتَأْنَسَ بـ أو إلى	To like someone's company, feel at ease with
أَنِسَ إلى	To get used *(to)*, be accustomed *(to)*
آنَسَ ه	To entertain, amuse. To be intimate with
تأَنَّسَ	To become incarnate
تأَنُّس	Incarnation

إسْتأْنَسَ بـ	To get accustomed to. To have confidence in
آنِسَة جـ آنِسات	Miss, young lady, demoiselle
أُنْس	Sociability. Good-fellowship
ناس وأُناس	People
إنْس جـ أُناس وأَناسيّ	Man, mankind, human race
إنْسيّ	Human being, human
إنْسان جـ أُناس وأُناسيّ	Man
إنْسان العَيْن	Pupil of the eye
إنسان آليّ	Robot
إنسانيّ	Human. Humane
إنْسانيَّة	Humanity
أَنيس ومؤْنِس ومؤانِس	Sociable, friendly, kind, gentle
انف - أَنِفَ ـَ مِن	To disdain, reject haughtily
إسْتأْنَفَ هـ	To renew, recommence
إسْتأْنَفَ الدَّعوى	To appeal
آنِفُ الذِّكْر	Above-mentioned, aforesaid
آنِفًا	Previously, earlier. Above
أَنْف جـ آناف وأُنوف	Nose
أَنَفَة	Pride, disdain. Self-esteem
أَنوف	Proud, disdainful
مَحْكَمَة الإسْتِئناف	Court of appeal
انق - أَنِقَ ـَ	To be elegant
تأَنَّقَ بـ او في	To do carefully. To be meticulous
أَناقَة	Elegance
أَنِق وأَنيق ومُؤَنَّق	Elegant, neat, chic
مُتأَنِّق	Elegant. Meticulous
انم - الأَنام والآنام	Creatures. Mankind
انمذج - أُنْموذَج، نَموذَج	Sample, specimen. Model, type, example
نَموذَجيّ مـ نَموذَجيَّة	Typical, exemplary
انى - تَأَنّى واسْتأَنّى في أو بـ	To take one's time. To act slowly
أناة	Patience. Endurance
أَناء	Time. Point of maternity
آناء اللَّيْل وأَطْراف النَّهار	By day and by night, day and night
إناء جـ آنِيَة وأوانٍ	Vessel, container
أواني المائدة	Tableware, table utensils
تأَنٍّ	Slowness
انى - أَنّى	Where? Why? How? Wherever
اهب - أَهَّبَ وتَأَهَّبَ لـ	To get ready, prepare to
أُهْبَة جـ أُهَب	Preparation. Equipment, outfit
على أُهْبَة	Prepared for
تأَهُّب	Preparation, readiness
مُتأَهِّب	Prepared, ready
اهل - أَهَلَ ـُ ـِ	To marry
أُهِلَ	To be or become inhabited
أَهَّلَ بـ وتأَهَّلَ بِـ	To welcome

أَهَّلَ ه لـ To qualify, make fit
تأَهَّلَ To get married
إِسْتأْهَلَ ه و هـ To deserve, be worthy of
أَهْل جـ أَهْلون Relatives. Family. Household. Wife. Inhabitants, residents. Followers
أَهْلُ الفَنّ Artists
أَهْلُ السّياسَة Politicians
أَهْلاً وسَهْلاً Welcome!
أَهْل لـ Worthy of. Suitable for
أهليّ Domestic, family. Native
أَهْليّ (حَيَوان) Domestic(ated), tame(d)
أَهْليّ (بَنك) National
أَهْليَّة (حَرْب) Civil
أَهْليَّة Qualification. Aptitude
مأْهول Populated, inhabited
مُؤَهِّلات Qualifications
مُسْتأْهِل Worthy, deserving
او - أَوْ Or
اوب - إياب Return
ذَهابًا وإيابًا Back and forth
آبَ - To return, come back
اوج - أَوْج Highest point, acme, apogee, peak
بَلَغَ الأَوْج To culminate
اوز - إِوَزَّة جـ إِوَزّ Goose *(pl. geese)*
ال - آلَ ـُ إلى To revert to. To lead to. To result in

أَوَّلَ وتأَوَّلَ هـ To interpret
آلَة جـ آلات Instrument. Tool. Apparatus. Machine
آلَة طَرَب Musical instrument
آلاتيّ Musician. Instrumental
آليّ Mechanic(al). Automatic. Mechanized. Organic
أَوَّل جـ أوائِل Principal
أَوَّلاً وفي الأَوَّل First, firstly. In the first place. In the beginning
أَوَّلاً فَأَوَّلاً Gradually, one after the other
أَوَّل جـ أَوَّلون وأَوائِل مـ أُولى جـ أُوَل
First. Old. Preceding
أَوّل Start, beginning
الأَوَّلون (الأَقْدَمون) Forefathers, ancestors, grandfathers
أَوَّل البارِحَة وأَوَّل أَمس The day before yesterday
الأَوَّلونَ والآخِرونَ The ancients and the moderns
أَوَّليّ Primary, first. Fundamental, basic. Elementary. Primitive
أَوَّليَّة وأولَويّة Priority, precedence. Primacy
تأْويل Interpretation, explanation
اولاء - أُولاء وأُولئِك These, those
ان - آن وأَوان جـ آوِنَة Time, season
آنَ الأَوان It is high time
في آنٍ واحِد At the same time

قَبْلَ الآن Before, previously
بَعْدَ الآن From now on
الآن Now, at present
اه – آهَ ـُ وأَوَّهَ وتأَوَّهَ To moan, groan
آه وآهًا Ah! Alas!
تأَوُّه Moaning, groaning
اوى – أوى ـِ To lodge at, stay at
آوى فلانًا البَيْتَ To give hospitality to
مأْوى جـ مآوٍ Shelter, refuge
مأْوى العَجَزَة Old age hospital
إبْنُ آوى جـ بَناتُ آوى Jackal
آية جـ آيات وآيٌ Sign, mark, token. Miracle. Marvel, wonder. Verse
اي – أَيْ That is to say
أيّ مـ أيَّة Who? Which? What? What kind of? Any
على أيّ حال Anyhow, in any case
أيُّ مَن Whosoever, whoever it may be
إيّاكَ مِن، إيّاك أن Be careful not to. Don't. Beware of
ايار – أَيّار (شَهْر) May
ايد – أَيَّدَ ـِ ه و هـ To support, back up. To confirm, sustain. To agree to
تأْييد Confirmation. Backing, support
مُؤَيِّد جـ مؤَيِّدون Supporter, backer, partisan
ايض – أَيْضًا Also, in addition. Too, as well. Besides
ايقن – أيْقونَة جـ أَيْقونات Icon
ايك – أَيْكَة Bush, a dense tree
ايل – أَيِّل جـ أَيائِل Deer, stag
أَيْلول (شَهْر) September
ايم – أَيِّم Widower. Widow
أين – أَيْنَ Where? In what place?
أَيْنَما Wherever
أيّان When? At what time?
إيهِ Tell me. Go on!
ايوان – إيوان جـ إيوانات Large sitting room. Palace

ب

B (*2nd letter of the Arabic alphabet*) **ب** - ب

By. With. In. Of. On بِـ

By God! باللهِ

By reason of, inasmuch, since بِما أَنَّ

Pupil of the eye **بؤبؤ** - بُؤْبُؤ العَيْن

Well, cistern, pit **بئر** - بِئر جـ آبار

Oil-well بِئْرُ نَفْط

Artesian well بِئْرٌ أَرْتُوازِيَّة (مُنْفَجِرَة، نابِعَة)

Pit, hollow. Focus بُؤْرَة

To be miserable, wretched **بأس** - بَئِسَ ـَ

To be brave, strong بَؤُسَ ـُ

To be sad of إبْتَأَسَ بِـ

Courage, intrepidity. Power بأْس

Courageous, brave شَديد البأْس

Never mind! It's all right! لا بأْس

There is no objection to it لا بأْسَ في ذَلِك

Don't worry! It won't do you any harm لا بأْسَ عَلَيْكَ

Misery, distress, wretchedness بُؤْس وبأْساء وبُؤْسَى

Miserable, wretched بائِس جـ بائِسون وبُؤَساء

What a bad! How evil! بِئْسَ كذا!

Pope. Father, dad **بابا** - بابا جـ باباوات

Papal بابويّ

Papacy بابويَّة

Slipper **بابوج** - بابوج جـ بَوابيج

Camomile **بابونج** - بابونِج

Eggplant, aubergine **باذنجان** - باذِنْجان

Gunpowder **بارود** - بارود

Rifle, gun بارودَة جـ بَوارِيد (بُنْدُقيّة)

Falcon **باز** - باز وبازيّ وبَأْز جـ بُزاة

Sparrow hawk **باشق** - باشِق جـ بَواشِق

Bus, autobus **باص** - باص جـ باصات

Bundle, bale **بالة** - بالَة جـ بالات

Ballon **بالون** - بالون (كُرَة، مِنطاد)

Okra, gumbo **باميا** - باميا وبامِيَة

Parrot **ببغاء** - بَبْغاء وبَبَّغاء جـ بَبْغاوات

To settle, resolve *(a matter)* **بت** - بَتَّ ـُ ـِ وأَبَتَّ هـ

Settlement بَتٌّ

Not at all, absolutely not, definitely not البَتَّةَ وبَتَّةً وبَتاتًا

To cut off, amputate, mutilate **بتر** - بَتَرَ ـُ هـ

To be cut off, amputated بَتِرَ ـَ وانْبَتَرَ

Sharp-edged sword باتِر وبَتّار

Mutilated. Tailless أَبْتَر

Petroleum, oil بترول

بتل - بَتَّلَ وتَبَتَّلَ To devote one's life to God. To live in chastity. To live in celibacy

بَتول Virgin

بُتوليَّة Virginity

بث - بَثَّ ـُ وبَثَّثَ هـ و ه To spread, propagate *(the news)*. To disperse

بَثَّ الإضطرابَ في To spread disorder

بَثَّ بِالرّاديو To broadcast

بثر - بَثَرَ ـِ وبَثِرَ ـَ وتَبَثَّرَ To break out with pimples or pustules

بَثْرَة جـ بُثور Pimple, blister, pustule

بثق - بَثَقَ ـُ To break through. To overflow

إنْبَثَقَ To burst forth, emanate

إنْبَثَقَ من To proceed from

بجح - تَبَجَّحَ To boast, vaunt

بجس - تَبَجَّسَ وانْبَجَسَ (ماء) To flow, break forth, gush out

بجع - بَجَعَة Pelican

بجل - بَجَّلَ ه To honor, revere

مُبَجَّل Honored, revered

بح - بَحَّ ـَ To be or become hoarse, rough and harsh

بُحاح وبُحَّة Hoarseness, raucousness

أَبَحُّ مـ بَحّاء ومَبْحوح Hoarse, raucous

بحبح - بُحْبوحَة Middle, center

بُحْبوحَةُ العَيْش Ease, comfort

بحت - بَحْت Pure, unmixed, mere

بحث - بَحَثَ ـَ (عن) To look for

باحِث وبَحّاث وبَحّاثَة Researcher, scholar

باحَثَ ه وتَباحَثَ To discuss a question with

بَحث جـ أَبْحاث Research. Search. Investigation. Study. Research work

مَبْحَث جـ مَباحِث Theme, subject. Study. Research work

قِسْمُ المَباحِث Investigation department

مُباحَثَة جـ مُباحثات Negociation. Discussion

بحر - أَبْحَرَ To sail, travel by sea. To depart *(ship)*

تَبَحَّرَ في To study thoroughly, delve into

بَحْر جـ أَبْحُر وبُحور وبِحار Sea. Meter, measure *(poetry)*

في بَحْر السَنَة In the course of the year

عُرْضُ البَحْر High seas

بِالبَحْر، بَحْرًا By sea

البَحْر المُحيط The ocean

بَحْرٌ هادِئ Calm sea

بَحْرٌ مُتَمَوِّج Rough sea

دُوارُ البَحْر Seasickness

عِجلُ البَحْر Seal

فيلُ البَحْر أو الفَظّ Walrus

بُحَيْرَة جـ بُحَيْرات Lake

Sea *(adj.)*. Marine, maritime, naval بَحْرِيّ
Navy بَحْرِيَّة
Sailor, seaman بَحّار جـ بَحّارَة
Crew *(of a ship)* بَحّارَة
Pebble, gravel **بحص** - بَحْصَة جـ بَحْص
Luck, fortune **بخت** - بَخْت
To tell fortunes كَشَفَ البَخْت
Bad luck, misfortune سوءُ البَخْت
To strut, prance **بختر** - بَخْتَرَ وتَبَخْتَرَ
To steam, evaporate **بخر** - بَخَرَ ـَ (القِدْر)
To have a bad breath بَخِرَ ـَ (الفَم)
To steam. To perfume with incense. To fumigate بَخَّرَ
To evaporate, volatilize تَبَخَّرَ
Evaporation تَبَخُّر
Vapor, steam بُخار جـ أبْخِرَة
Incense بَخور
Cyclamen بَخور مَرْيَم
Steamer, steam boat باخِرَة جـ بَواخِر
Vaporization, evaporation. Incensing تَبْخير
Censer مِبْخَرَة جـ مَباخِر
To diminish. To belittle, underestimate. To wrong **بخس** - بَخَسَ ـَ (الثَّمَن، القيمة)
Low, too little, cheap بَخْس
Tip, gratuity, baksheesh **بخش** - بَخْشيش جـ بَخاشيش
To be avaricious, niggardly **بخل** - بَخِلَ ـَ وبَخُلَ ـُ بـ
Parsimony, niggardliness بُخْل
Niggard, miser, avaricious بَخيل جـ بُخَلاء
To scatter, disperse. To waste *(money)* **بد** - بَدَّدَ هـ
To be despotic. To tyrannize over إسْتَبَدَّ
To possess alone, monopolize إستَبَدَّ بـ
To be opinionated, obstinate إسْتَبَدَّ بِرأْيه
To be overwhelmed with desire إسْتَبَدَّ بِهِ الشَّوْق
Despot, tyrant. Despotic مُسْتَبِدّ
To be seized with fear إسْتَبَدَّ بِه الخَوْف
To be scattered, dispersed تبدَّدَ
Escape, way out. Alternative بُدّ
Definitely, surely, by all means مِن كُلِّ بُدّ
It is inevitable. It is necessary لا بُدَّ من
To begin, start, commence **بدا** - بَدَأَ ـَ
Beginning, start, commencement بَدْءٌ
In the beginning, at first في البَدْء أو بادئ الأمر أو في بادئ الأمر
From the beginning مُنْذُ البَدْء

مَحْكَمَة البداية والمَحْكَمَة البِدائيَّة Court of first instance

إبتِداء، بداءة Beginning, start

إبتِداءً مِن Starting..., beginning..., from..., as of...

دارُ الإبْتِداء Novitiate

إبْتِدائيّ Initial. Primary

مَدْرَسَة إبْتِدائيَّة Elementary school, primary school

تَعْليم إبْتِدائيّ Elementary education

مَبْدأ جـ مَبادِئ Beginning. Principle

مُبْتَدأ Subject of a nominal clause. Beginning, start

مُبْتَدئ Beginner. Novice

بَدائيّ Primitive, original

مَبدئيًّا In principle

بدر - بَدَرَ ـُ ه To surprise, take by surprise. To hurry to

بادَرَ ه و هـ أو الى To hurry to, rush to

بادَرَ إلى أو في To hasten to

بادَرَ وابْتَدَرَ ه To forestall, outrun

بادَرَ بـ To take the initiative

بادَرَ إلى الذِّهن To occur to

بَدْر جـ بدور Full moon

بادِرَة جـ بَوادِر Sign, indication. Gesture

مُبادَرَة Initiative, enterprise

بَيْدَر جـ بَيادِر Threshing floor

بدع - بَدَعَ ـَ هـ To invent, create. To be the first to do *(something)*

بَدُعَ ـُ To be unique, unprecedented

إبْداع Creation, innovation. Creativity

أبْدَعَ وابْتَدَعَ هـ To contrive, invent

أبْدَعَ To excel *(in)*, do well

بِدْعَة جـ بِدَع Innovation, novelty. Heresy

بَديع جـ بُدْع Unprecedented, unique

عِلْمُ البَديع Rhetoric

مُبْدِع ومُبْتَدِع Creator, maker

بدل - بَدَلَ ـُ وأَبْدَلَ هـ بـ To change. To substitute for

بَدَّلَ وأَبْدَلَ هـ مِن To exchange, to receive in exchange

بادَلَ ه بـ To give in exchange for, to exchange

تبدَّلَ To become different, vary. To be changed

تَبَدُّل Change, transformation, conversion

تَبادَلَ هـ بِـ To exchange. To swap

تَبادُل Exchange. Swap, trade

إستَبْدَلَ هـ و بِـ To exchange *(for)*, replace *(by)*, substitute *(for)*

بَدَل وبَديل Substitute, replacement, reserve. Double

بَدْل Changing. Exchanging. Substitution

بَدَلُ الإشتراك Subscription rate

بَدَلَ أنْ Instead of

بَدَلاً مِن In exchange for
بَدْلَة Costume, uniform, suit
تَبْديل وتَبَدُّل Change, modification
مُتَبادَل Mutual, reciprocal
بدن - بَدَنَ ـُ وبَدُنَ ـُ To be or become fat
بَدانَة Fatness, obesity, corpulence
بَدَن جـ أَبْدان Body, trunk
بَدين Fat, obese, corpulent
بَدَنيّ مـ بَدَنيَّة Physical. Corporal
التَّربيَةُ البَدَنيَّة Physical education
بده - بَدَهَ ـَ وبادَهَ To surprise, take by surprise
بَداهَة وبُداهة Surprise. Intuition
بَديهًا وعلى البَديهة Intuitively. Spontaneously
بَديهَة Intuition. Spontaneity. Improvisation
بَديهيّ Self-evident, taken for granted. Spontaneous. Intuitive. Evident
بدا - بَدا ـُ To appear, come out, show, manifest itself. To seem, look like
بَدا ـُ وتَبَدّى To live in the desert, lead a nomadic life
يبدو أَنَّ، على ما يبدو It seems, it looks. Apparently
بادى ه بِـ (العَداوَة) To show open hostility

أَبْدى (الأمر) To show, demonstrate, manifest. To make clear
بادٍ Apparent, obvious, evident
بادِيَة Desert
بَدو Nomads, Bedouins
بَدَويّ وَبَدْويّ Bedouin, nomadic
بَداوَة Nomadism, Bedouinism. Desert life, Bedouin life
بذا - بَذَأَ وبَذِئَ ـَ وبَذُؤَ ـُ To be obscene. To use repulsive language
بَذيء مـ بَذيئَة Obscene, disgusting, vulgar, indecent
بَذاءَة Obscenity, disgust, vulgarity, indecency
بذخ - بَذِخَ وبَذَخَ ـَ وبَذُخَ ـُ وتبَذَّخَ To live in great luxury. To be haughty
بَذْخ وَبَذَخ Luxury. Lavish expenditure. Pomp. Haughtiness
بذر - بَذَرَ ـُ هـ To sow, plant. To spread
بَذَرَ وبَذَّرَ هـ (المال) To waste, dissipate, squander
بَذر جـ بِذار وبُذور Seed(s). Sowing, seeding
أَوان البَذْر Seedtime
تَبْذير Waste, squandering
مُبَذِّر Waster, squanderer, spendthrift
بذل - بَذَلَ ـُِ To give generously. To offer
بَذَلَ جُهْدَهُ To do one's best

To sacrifice oneself for someone بَذَلَ نَفْسَه دون أو عن
To make efforts بَذَلَ المَساعي
Giving. Spending, expenditure. Sacrifice. Effort بَذْل
To be indecent. To use vulgar language إبْتَذَلَ
Vulgarity. Abuse, misuse إبْتِذال
Common, commonplace, trite مُبْتَذَل
To obey, be obedient. To treat with reverence. To be pious **بر** - بَرَّ ـُ
To be truthful بَرَّ ـَ
To do good. To be charitable بَرَّ ـِ
To keep one's promise بَرَّ بِوَعْدِه
To justify, warrant بَرَّرَ ه
To be justified تَبَرَّرَ
Charity, benevolence. Reverence, piety. Devoutness. Kindness بِرّ
Charity man رَجُل بِرّ
Wheat بُرّ
Land, mainland بَرّ
By land and by sea بَرًّا وبَحْرًا
Amphibian, amphibious بَرْمائيّ مـ بَرْمائيَّة
Pious, devoted. Charitable. Righteous بَرّ وبارّ جـ أبرار وبَرَرَة
Wild *(animal, land)*. Terrestrial بَرّيّ
Desert, wilderness, wild بَرّيَّة جـ بَراريّ
Excuse, good reason مُبَرِّر

Act of charity مَبَرَّة جـ مَبَرّات
To create **برا** - بَرَأَ ـَ هـ
To be cleared from guilt بَرِئَ من
To recover from an illness. To heal up *(wound)* بَرِئَ ـَ مِن
To declare innocent or not guilty. To exonerate بَرّأ ه مِن
To clear oneself from suspicion تَبَرَّأ مِن
The creator *(God)* البارئ
Innocent. Healed. Free, exempt *(from)* بَريء جـ أَبْرياء
Creation, creature, mankind بَريَّة جـ بَرايا
Innocence. License, permit بَراءَة
Patent of invention بَراءَة إخْتِراع
Discharge, quittance بَراءَة ذِمَّة
بربر - بَرْبَريّ جـ بَرْبَر وبَرابِرَة
Barbarian, uncivilized
برتقان - بُرْتُقان وبُرْتُقال وَبُرْتُقالة
Orange(s)
Orange (-coloured) بُرْتُقاليّ
Claw(s), talon, clutches **برثن** - بُرْثُن جـ بَراثِن
To augur by the course of the stars **برج** - بَرَّجَ
To put on makeup. To adorn oneself تَبَرَّجَ
Tower. Constellation بُرْج جـ بُروج وأَبْراج

Ivory tower بُرْج عاجيّ

Lookout بُرْجُ رَصْد

Control tower, watchtower بُرْجُ مُراقَبَة

Dovecot(e), pigeon house بُرْجُ حَمام

Zodiac دائرة البُروج

Horoscope خريطة البُروج

Signs of the zodiac بُروج الأَفْلاك

Battleship, warship بارِجَة جـ بَوارِج

To leave *(a place)* **برح** - بَرِحَ ـَ

To continue to be ما بَرِحَ

To tire out, harass. To torment بَرَّحَ بـ

Violent, intense, sharp مُبَرِّح (أَلَم)

Torments, agonies *(of passion)* تَباريحُ الهَوى

Yesterday البارح والبارِحَة

The day before yesterday أَوَّل البارِحَة

To be or become cold. To cool, chill. To feel cold **برد** - بَرَدَ ـُ وبَرُدَ ـُ

To mail بَرَدَ وأَبْرَدَ (أَرْسَلَ بالبَريد)

To file, rasp بَرَدَ ـُ هـ

To make cold, cool. To calm, ease *(the pain)*. To refrigerate. To discourage بَرَدَ ـُ وبَرَّدَ هـ

To act with coolness تَبارَدَ

Cooling, chilling. Refrigeration. Air conditioning تَبْريد

Cold. Cool, chilly. Dull. Frigid بارِد

Cold. Coolness, chilliness. Filing بَرْد

Hailstone, hail بَرَد

Raspings, filings بُرادَة

Striped coat بُرْدة جـ أَبراد وبُرُد

Papyrus بَرْديّ، وَرَق البَرْديّ

Malaria. Ague, chill بُرَداء، بَرْديَّة

Refrigerator, fridge بَرّاد وبَرّادَة

Coldness. Coolness, chilliness. Frigidity بُرودَة

Mail, post بَريد جـ بُرُد

The Mail and Telegraph Service البَريد والبَرْق

Mailbox, post office box, P.O.Box صُندوق البَريد

Stamp, postage stamp طابَع البَريد

Air mail بَريد جَوّيّ

Post office مَكتَب البَريد

Postman, mailman مُوَزِّعُ البَريد

Postal بَريديّ

File مِبْرَد جـ مَبارِد

Saddle **برذعة** - بَرْذَعَة جـ بَراذِع

To appear, come out, emerge. To project, become eminent. To become famous **برز** - بَرَزَ ـُ

To surpass, excel بَرُزَ ـُ على

To meet in a duel. To compete in a contest with بارَزَ

Duellist. Competitor مُبارِز

Prominence, projection. Appearance بُروز

Duel. Competition, بِراز ومُبارَزَة

match. Combat

براز Excrement

أَبْرَزَ To present, exhibit

بارِز Prominent. Projecting, salient

برزخ - بَرْزَخ جـ بَرازِخ Isthmus

برش - بَرَش ـَ To grate *(cheese)*, rasp

مِبْرَشَة Grater *(for cheese)*, rasp

بِرِشْت (بَيْض) Soft-boiled *(eggs)*

برشم - بَرْشَمَ To rivet, clinch

بُرْشامة (بُرْشانة) Capsule. Host

برص - بَرِصَ ـَ To be or become leprous

بَرَص Leprosy

أَبْرَص مـ بَرْصاء جـ بُرْص Leprous, leper

برط - بَرْطاش Doorstep, threshold

برطل - بَرْطَلَ ه To bribe, corrupt

تَبرطَلَ To take bribes

بَرْطيل Bribe, bribery

برع - بَرُعَ ـُ To excel, be skillful

تَبَرَّعَ بِـ To donate, give. To contribute

بَراعَة Skill, merit, know-how. Efficiency. Perfection

بارِع Skilled. Brilliant

تَبَرُّع جـ تَبَرُّعات Donation, charity. Contribution

برعم - بَرْعَمَ To bud, burgeon

بُرْعُم وبُرْعُمَة جـ بَراعِم Bud, burgeon

برغث - بُرْغوث جـ بَراغيث Flea

برغش - بَرْغَش، بَرْغَشَة Mosquito, gnat, midge

برغل - بُرْغُل Bulgur, crushed wheat

بَرْغَلَة Granulation

برغي - بُرْغِيّ جـ بَراغيّ Screw

برق - بَرَق ـُ To flash, shine, glitter, radiate

أَبْرَقَ To be struck by lightning. To threaten. To cable, wire, send a telegram

أَبرَقَ وأَرْعَدَ To burst into threatening words

بارِق وبَرّاق Shining, sparkling, twinkling

بارِقَة أَمَل Glimpse of hope

بَرْق جـ بُروق Lightning. Telegraph

بَرْقِيَّة Cable, wire, telegram

برقش - بَرقَشَ To variegate

بِرْقِش Finch

برقع - بَرْقَعَ ه بِـ To veil

بُرْقُع جـ بَراقِع Veil

برقوق - بُرْقوق (خَوْخ) Plum

برك - بَرَكَ ـُ To kneel down *(camels)*

بَرَكَ ـُ فيه أو بارَكَ في أو على To bless, invoke a blessing on

تَبَرَّك بـ To ask someone's blessing. To see a good omen in

بِرْكَة جـ بِرَك Pond. Pool

بِرْكَة السِّباحة Swimming pool

بَرَكَة جـ بَرَكات Blessing, benediction. Felicity, happiness. Prosperity.

Good fortune

مُبارَك Blessed, lucky, fortunate

تَبارَكَ To be blessed

بركر - بِرْكار وبيكار Compass

بركن - بُرْكان Volcano

برلم - بَرْلَمان Parliament

بَرْلَمانيّ Parliamentary

برم - بَرَمَ ـُ To twist, wind *(a rope)*. To roll up *(sleeves)*

بَرَمَ الأَمْر To confirm, settle

بَرَمَ ـُ وبَرِمَ ـَ وتَبَرَّمَ بـ To be or become bored *(with)*, weary *(of)*, annoyed *(by)*, sick and tired *(of)*

أَبْرَمَ (مُعاهَدة) To conclude *(a treaty)*

أَبْرَمَ ه To weary, bore, annoy

إبْرام Confirmation, ratification. Conclusion *(of a pact)*

بَريمَة Corkscrew. Drill, borer

مُبْرَم Irrevocable, final. Confirmed, ratified

مَبْروم Twisted

بِرْميل جـ بَراميل Barrel, cask, keg

برمج - بَرْمَجَ To program

برنز - بُرُنْز Bronze

برنس - بُرْنُس جـ بَرانِس Burnouse

بُرْنُس الحَمّام Bath robe

برنم - بَرْنامَج جـ بَرامج

Program(me). Plan, schedule. Index, list. Curriculum

بره - بَرْهَة وبُرْهَة A while. A short time. Instant, moment, minute

برهن - بَرْهَن ـِ هـ أو على أو عن

To prove, demonstrate, verify

بُرْهان جـ بَراهين Proof, demonstration

بروز - بَرْوَزَ هـ To frame

بِرْواز جـ بَراويز (إطار) Frame

مُبَرْوَز Framed

برى - بَرى ـِ هـ To trim, shape, sharpen. To scratch off

باري ه To compete *(with)*, rival

البُرايَة Shaving(s), chip(s)

البَرّاية أو البَرّاءَة أو المِبراة Pencil sharpener

تَباري To compete with

مُباراة Competition, race, match. Contest. Examination

مُتَبارٍ Competitor. Contestant, racer

بَرِيَّة: أُطْلُب بَرَأَ

بز - بَزَّ ـُ هـ To defeat, beat. To take away, steal

إبْتَزَّ To extort. To take away by force, ravish

إبْتِزاز Extortion

بَزَّة جـ بَزّات Attire, dress, clothes

بزر - بَزَرَ ـِ To sow

بِزْر جـ بُزور Seed(s)

بِزْرَة الثَّمَرَة Pip, seed

بزغ - بَزَغَ ـُ To rise *(sun)*, dawn *(day)*

بُزوغ Rise *(of the sun)*, dawn. Appearance

بزق - بَزَقَ ـُ وبُزاق: أُطْلُب بصق

بَزّاقَة — Snail

بزل - بِزال — Drill, perforator. Corkscrew

بستن - بُسْتان جـ بَساتين — Garden

بَسْتَنَة — Gardening, horticulture

بُستانيّ — Gardener

بسط - بَسَطَ ـُ هـ و ه — To please. To stretch, spread out. To open *(the hand)*. To lay *(the table)*. To unfold

بَسَّطَ هـ — To simplify

تَبَسَّطَ وانْبَسَطَ — To be delighted. To talk freely. To spread out. To be spread out

بَسْط — Delight, pleasure. Stretching

بِساط جـ بُسُط — Carpet, rug

بِساط الرَّحْمة — Funeral cloth, pall

بَساطَة — Simplicity

بَسيطَة جـ بَسائِط — Earth. World

بَسيط جـ بُسَطاء — Simple, plain. Naive

بسق - بَسَقَ ـُ — To be high, tall, lofty

باسِق مـ باسِقَة (شجرة) — High, tall, lofty *(tree)*

بسك - بَسْكوت وَبَسْكَويت — Biscuit

بسل - بَسُلَ ـُ — To be brave, fearless, intrepid

إسْتَبْسَلَ — To defy death

بَسالَة — Intrepidity, courage

باسِل جـ بُسَلاء وبَواسِل — Intrepid, brave, temerous, doughty

بِسِلّى — Peas

بسم - بَسَمَ ـِ تَبَسَّمَ وابْتَسَمَ — To smile

بَسْمَة وتَبَسُّم وابْتِسام — Smile, smiling

باسِم ومُبْتَسِم وبَسّام — Smiling

مَبْسِم جـ مَباسِم (ثَغْر) — Mouth

بسمل - بَسْمَلَ — To say «In the name of God»

بش - بَشَّ ـَ — To have a smiling face. To be cheerful

بَشَّ بِـ (أَحَدِهِم) — To receive with delight

بَشَّ للشيء — To undertake with joy

بَشاشَة — Happy mien. Cheerfulness

باشّ وبَشوش — Smiling, cheerful

بشر - بَشَرَ ـُ — To grate *(cheese)*, rasp. To skin, peel

بَشَرَ ـُ وأَبْشَرَ — To rejoice at, be delighted at

بَشْر — Rasping, grating

مِبْشَرَة (مبرشة) — Grater, rasp, scraper

بَشَّرَ بـ — To bring the good news. To preach

باشَرَ ه او بـ — To undertake, carry out. To begin, start

إسْتَبْشَرَ بِـ — To be happy at. To rejoice in hearing *(good news)*

إسْتَبْشَرَ بشيء خيرًا — To see a good omen in

بِشْر — Cheerfulness, joy

بُشْر وبُشْرى — Good news

البَشَر — Mankind, human being

بَشَريّ — Human

البَشَرِيَّة — Humanity

بَشَرَة — Skin, complexion. Epidermis

بِشارَة جـ بِشارات وبَشائر — Good news. Good omen. Gospel

بَشير جـ بُشَراء — Bringer of good news. Omen. Forerunner

تَبْشير — Announcement or bringing of good news. Evangelization

تَباشير — Foretokens. Beginnings

تَباشيرُ الفَجْر — The first glimpse of dawn

تَباشيرُ الرَّبيع — The beginning of spring

مُباشِر — Direct, immediate

مُباشَرَة — Directly, immediately

مُبَشِّر — Preacher, missionary. Announcer

بشع - بَشِعَ ـَ — To be ugly, repulsive

بَشَّعَ ه و هـ — To make ugly

بَشاعَة — Ugliness

بَشِع وبَشيع — Ugly, hideous, unpleasant

بشق - باشِق جـ بَواشِق — Sparrow hawk

بص - بَصَّ ـِ — To glow, glitter, shine

بَصيص — Glow, shine. Ray *(of hope)*

بصر - بَصُرَ ـُ وبَصِرَ ـَ بـ — To see. To understand, comprehend

بَصَّرَ — To tell fortunes

بَصَّرَ ه و هـ — To make see. To make realize

أَبْصَرَ هـ و بـ — To see. To realize, notice

تَبَصَّرَ في — To consider

بَصَر جـ أَبْصار — Sight, eyesight, vision. Discernment, perspicacity

في لَمْح البَصَر — In the twinkling of an eye

قِصَرُ البَصَر (حَسَر) — Myopia, short-sightedness

قَصيرُ البَصَر (حَسور) — Myopic, short-sighted

مَدُّ البَصَر (قُصُوّ) — Farsightedness

مَديدُ البَصَر (قاصٍ) — Farsighted

بَصَريّ — Optic(al). Visual. Ocular

سَمْعيٌّ بَصَريٌّ — Audio-visual

بَصير جـ بُصَراء — Perspicacious, discerning

مُبَصِّر وبَصّار — Fortune-teller, diviner

بَصيرَة — Perspicacity, clairvoyance, discernment

بصق - بَصَقَ ـُ — To spit

بُصاق — Spit, saliva

بصل - بَصَلَة — Onion, bulb

بصم - بَصَمَ ـُ — To print *(a cloth)*. To stamp

بَصْمَة — Print. Stamp

بَصْمَة الأَصابع — Fingerprint

بضع - بَضَعَ ـَ وبَضَّعَ هـ — To cut, amputate. To incise. To dissect

تَبَضَّعَ واسْتَبْضَعَ — To do shopping, make purchases

A few, some, several بِضْع وبِضْعَة
Merchandise, goods, wares بِضاعَة جـ بَضائِع
Lancet, scalpel مِبْضَع جـ مَباضِع
Duck **بط** - بَطّ مـ بَطَّة
Calf *(of the leg)* بَطَّة السّاق
Potato بَطاطا أو بَطاطِس
To be slow. To delay, linger **بطو** - بَطؤَ ـُ وأَبْطأَ
To be slow. To go slowly تَباطأَ في
To find *(someone)* slow إسْتَبْطأَ ه
To delay. To slow down بَطّأَ وأَبطأَ
Slowing down. Delay. Slowness إبطاء
Slowness, tardiness بُطء وبُطوء
Slow. Slow-going, tardy بَطيء
Acting slowly مُتَباطئ
To prostrate, throw down. To flatten **بطح** - بَطَحَ ـَ
Prostration, lying down إنْبِطاح
To prostrate oneself, lie face down إنْبَطَحَ
Wide bed of a torrent, basin-shaped valley بَطْحاء جـ بِطاح وبَطْحاوات
Small flat bottle بَطْحَة
Melon **بطخ** - بِطّيخ أَصْفَر
Watermelon بِطّيخ أَحْمَر
To be ungrateful. To disdain a grace. To be proud, arrogant **بطر** - بَطِرَ ـَ
To stupefy. To spoil with good treatment أَبْطَرَ ه
Ungratefulness. Carelessness. Arrogance بَطَر
Ungrateful. Careless. Arrogant بَطِر وبَطْران
Battery بَطّارِيَّة
بطرك - بَطْرَك وبَطْرِيَرْك جـ بَطارِكَة
Patriarch
Patriarchate بَطْرِيَرْكِيَّة
Penguin بِطْريق جـ بَطاريق وبَطارِقَة
To attack with violence. To knock down **بطش** - بَطَشَ ـُـِ بِـ
Violence. Strength, power بَطْش
Card. Letter. Ticket. Label **بطق** - بِطاقَة جـ بِطاقات
Postcard بِطاقَةٌ بَريدِيَّة
To be or become null, void. To cease to be valid. To be or become out of work, unemployed. To be out of use **بطل** - بَطَلَ ـُ
To be or become brave. To be or become a hero بَطُلَ ـُ
To annul, cancel. To invalidate. To thwart *(plans)* أَبْطَلَ وبَطَّلَ هـ
To dismiss *(from one's employment)*. To stop working بَطَّلَ
Nullity. Vanity بُطْل وبُطْلان
Unemployment. Idleness. Holidays بِطالَة
Heroism. Championship. بُطولَة

Starring role *(in a movie, a play)*

إبْطال — Cancellation, abolition

باطِل مـ باطِلَة — Vain. Null and void. False. Worthless

باطِل جـ أباطِيل — Vanity. Falsehood, untruth

مَيَّزَ بَينَ الحَقِّ والباطِل — To know right from wrong

باطِلاً، بِالباطِل — Falsely, wrongfully. In vain

بَطّال — Unemployed. Idle, unoccupied

بطن - بَطَنَ ـُ — To be hidden, concealed

بَطَّنَ وأَبْطَنَ هـ و ه — To line *(clothes)*. To hide, conceal

بَطْن جـ بُطون وأَبْطُن — Belly, abdomen. Womb. Interior, inside

بَطِن وبَطِين — Big-bellied. Gourmand

بِطانَة الثَّوْب — Lining of the dress

بِطانَة الرَّجُل — His companions. His family

بَطّانِيَّة — Blanket

باطِن جـ بَواطِن — Innerself, inward thoughts

باطِن مـ باطِنَة — Interior, inner. Hidden

باطِن القَدَم — Sole of the foot

باطِنًا وباطِنَةً — Inwardly, secretly

باطِنيّ — Internal. Secret, esoteric

مُبَطَّن — Lined

بُطَيْن — Ventricle *(of the heart)*

باطون (خَرَسانَة) — Concrete

باطون مُسَلَّح — Reinforced concrete

بعث - بَعَثَ ـَ ه أو بـ إلى — To send out

بَعَثَ ـَ ه — To resuscitate

بَعَثَ ه على — To incite, induce, instigate

إنْبَعَثَ — To be resurrected

بَعْث — Resurrection

الإنْبعاث (عَصْر) — Renaissance

بَعْثَة — Mission

باعِث وباعِثَة جـ بَواعِث — Motive, incentive

بعثر - بَعْثَرَ هـ — To scatter, disperse

بَعثَرَة — Scatter. Scattering, dispersion

بعج - بَعَجَ ـَ هـ — To dent

تَبَعَّجَ وانْبَعَجَ — To be dented

بعد - بَعُدَ ـُ عن — To be far away, go away

بَعَّدَ وأَبْعَدَ ه و هـ — To keep away. To banish, exile

باعَدَ ه — To set apart, space out. To separate

تَباعَدَ وابْتَعَدَ عن — To keep at a distance from

إسْتَبْعَدَ هـ — To consider as unlikely, impossible. To disqualify

بُعْد — Distance, remoteness

بُعْد النَّظَر — Foresight

عَن بُعْد، مِنْ بُعْد — From afar, from a distance

تَحَكُّم مِنْ بُعْد Remote control
بُعْد جـ أَبْعاد Dimension
بَعْدُ Still, yet. So far, up to now
في ما بَعْد Later on, afterwards
بَعْدَ After, following
بَعْدَ ذَلِك، بَعْدَئِذٍ Afterwards, after all
بُعَيْدَ Shortly after, soon after
بَعيد جـ بُعَداء Far, distant, remote
بَعيدُ الأَثَر، بَعيد المَدى Far-reaching
بَعيد النَّظَر Farsighted
إِبْعاد Removal. Banishment
بعر - بَعْرَة جـ بَعَرات Dung, droppings
بَعير جـ بُعْران وأَبْعِرَة Camel
بعض - بَعْض جـ أَبْعاض Part, some, a few. Certain
بَعْض الشَيْء Somewhat, to some extent, rather
بَعْضُهُم بَعْضًا One another, each other
بَعوض، بَعوضَة Mosquito
بعل - بَعْل جـ بُعول وبِعال Husband, spouse
بَعْل وَبَعْلَة Wife, spouse
بَعْل Unwatered, unirrigated *(land)*
بغت - بَغَتَ ـَ وباغَتَ ه To surprise. To come unexpectedly
بَغْتَة Surprise, unexpected event
بَغْتَةً وعلى بَغْتَة Suddenly, by surprise, all of a sudden

بغض - بَغُضَ ـُ To be odious, hated
بَغَضَ ـُ To hate, detest
بَغَّضَ هـ إلى To make hateful *(to someone)*
أَبْغَضَ ه و هـ To hate, detest
تَباغَضَ To hate each other
تَباغُض Mutual hatred
بُغْض وبَغْضاء Hatred
بَغيض Hateful, odious. Loathsome
بغل - بَغْل جـ بِغال وأَبْغال Mule
بَغْلَة جـ بَغْلات She-mule
بَغّال (مُكارٍ) Muleteer
بغى - بَغى ـِ هـ To seek, desire. To commit adultery
بَغى على To oppress. To treat unjustly
إِبْتَغى هـ To wish, desire. To seek
يَنْبَغي على He must, he should, he ought to
يَنْبَغي أَن It is desirable. It is appropriate
بَغْي Injustice. Offense. Aggression
بُغاء وابْتِغاء Object of desire. Wish, desire
بُغْيَة For the purpose of
بَغاء Prostitution, whoredom
بَغِيّ جـ بَغايا Prostitute, hore
باغٍ جـ بُغاة Tyrant, oppressor
مُبْتَغًى جـ مُبْتَغَيات Aspiration, desire. Sought after, desired

بق - بَقّ Bedbug

بقدس - بَقْدونَس Parsley

بقر - بَقَرَ ـَ هـ To cut open, split open

بَقَر Cattle, bovines

بَقَرَة جـ بَقَرات Cow

بقع - بَقَّعَ هـ To spot, stain

تَبَقَّعَ To be stained or spotted

بُقْعَة جـ بِقاع وبُقَع Spot, stain. Place, locality

بقل - بَقْل جـ بُقول Herbs. Legumes. Vegetables

بَقّال Greengrocer

بقي - بَقِيَ ـَ To stay, remain. To last, continue, go on

أبقى هـ و ه To retain, maintain, reserve, keep back

أبقى على To spare the life *(of)*

تَبَقّى To remain, stay

إسْتَبْقى هـ و ه To retain, keep. To spare, allow to live

بَقاء Remaining. Survival. Eternity. Duration, continuance

تَنازُع البقاء Struggle for existence

دارُ البَقاء The hereafter, the afterlife

غريزَةُ البَقاء Instinct of conservation

بَقيَّة جـ بَقايا Rest, remainder

الحَيُّ الباقي The Everlasting *(God)*

بكل - بَكالوريا Baccalaureate

بكت - بَكَتَ ـُ وبَكَّتَ ه To reproach, blame

تَبْكيت الضَّمير Remorse

تَبْكيت Reproach, blame

بكر - بَكَرَ ـُ وبَكَّرَ وتَبَكَّرَ To get up early

بَكَّرَ في To do something early or prematurely

بَكَّرَ وأَبْكَرَ إلى To be ahead. To hurry. To be early *(at)*

إبْتَكَرَ هـ To invent, create

إبْتِكار Invention, creation. Innovation. Creativity

مُبْتَكَر Original, unique, unprecedented

مُبْتَكِر Creator. Inventor. Inventive. Original

بِكْر جـ أَبْكار First-born. New. Virgin. Inviolate

بُكْرَةً وباكِرًا Early in the morning

بَكَرَة جـ بَكَر وبكرات Pulley. Tackle. Bobbin

على، عن بَكْرَة أَبيهم All of them, all without exception

بَكارَة Virginity

بِكْرِيَّة وبُكوريَّة Primogeniture

باكِر Early. Premature. Precocious

باكورَة جـ بَواكير First fruits. First results

بكل - بَكَّلَ هـ To buckle, clasp, button up

بُكْلَة جـ بُكَل Buckle, clasp, clip

بكم - بَكِمَ ـَ	To be dumb, mute
بَكُمَ ـُ	To be silent
أبْكَمَ ه	To reduce to silence. To dumb
أبْكَم جـ بُكْم	Dumb, mute
بَكَم	Dumbness, muteness
بكى - بَكى ـِ	To cry, weep
بَكّى وأَبْكى واسْتَبْكى ه	To make cry, make burst into tears
بَكى على	To bewail, mourn *(for)*
تَباكى	To pretend to be crying
بُكاءٌ وبُكًى	Crying, weeping. Tears
أَجْهَشَ بالبُكاء	To burst into tears
بل - بَلْ	But, however. Even. Rather
بل - بَلَّ ـُ هـ	To wet, moisten
بَلّ	Moistening, wetting
بَلَّ ـِ من	To recover *(from an illness)*
بَلَّلَ هـ	To wet, moisten
أَبَلَّ	To recover *(from an illness)*
تَبَلَّلَ وابْتَلَّ	To be or become wet
بَلَل	Moisture, wetness
بَليل مـ بَليلَة (هواء)	Moist, cold
بلبل - بَلْبَلَ هـ و ه	To confuse, disturb, trouble. To mix up *(languages)*
تَبَلْبَلَ	To be or become confused. To get all mixed up
بَلْبَلَة جـ بَلابِل	Confusion, chaos. Uneasiness. Mess, mix-up
بُلْبُل جـ بَلابِل	Nightingale
بلح - بَلَح	Dates. Date palm
بَلَحَة	Date
بلد - بَلُدَ ـُ	To be or become dull, stupid
بَلَّدَ ه	To acclimatize. To accustom to a country
تَبَلَّدَ	To become dull. To settle in a country
بَلْدَة وبَلَد جـ بِلاد وبُلْدان	Country Town. City. Land. Village. Homeland
بَلَديّ	Native, indigenous. Compatriot. Municipal
بَلَدِيَّة	Municipality
مَجْلِسُ البَلَدِيَّة	Municipal council
بَلادَة	Dullness, stupidity. Slowness
بَليد	Dull, stupid. Slow
بلر - بَلّور وبِلَّوْر	Crystal
بَلّوريّ	Crystalline
بلسم - بَلْسَم جـ بَلاسِم	Balsam, balm
بلص - بَلَصَ ـَ ه	To extort *(money... from)*. To rob *(of)*
بلط - بَلَّطَ هـ	To pave
بَلاط	Pavement, flagstones. Palace
بَلاطَة	Flagstone. Paving-stone. Floor-tile
تَبْليط جـ تَباليط	Paving
بَلّوطَة	Oak. Acorn
بلع - بَلَعَ ـَ وابْتَلَعَ هـ	To swallow,

absorb

بَلَّعَ وأَبْلَع ه هـ To make swallow

بَلْع Swallowing, gulping, absorption

بَلْعَة Gulp, swallow, draught

بالوعَة جـ بَواليع وبَلاليع Drain, sink, sewer

بُلعُم وبُلعوم جـ بَلاعِم Pharynx

بلغ - بَلَغَ ـُ ه و هـ To reach, arrive *(at)*. To ripen, mature *(fruits)*. To become an adult, attain puberty

بَلُغَ ـُ To be eloquent

بَلَّغَ ه هـ To inform. To transmit, communicate. To let know

بَلَّغَ عن To report, denounce

تَبْليغ Denunciation. Information, notification

بالَغَ في To exaggerate, overdo

أَبْلَغَ ه و هـ إلى To communicate, announce. To inform of

أَبلَغَ عن To report, denounce

بُلوغ Maturity, puberty. Legal majority. Arrival at

بَلاغ Communication. Information. Notification

بَلاغ أخير Ultimatum

بَلاغَة Eloquence

إِبْلاغ Notification, communication

بالِغ Adult. Major. Mature

بَليغ Eloquent. Intense. Serious

مَبْلَغ جـ مَبالِغ Amount, sum of money. Extent, limit

مُبالَغَة Exaggeration

بله - بَلِهَ ـَ To be or become stupid, simpleminded

بَلَه وبَلاهَة Stupidity, simplemindedness

أَبْلَه مـ بَلْهاء جـ بُلْه Stupid, simpleminded

بلا - بَلا ـُ ه بِـ To test, try, experiment

بَلِيَ ـَ To be or become worn out *(clothes)*

ابتُلِيَ وبُلِيَ بـ To be afflicted with. To suffer, undergo

بالى To care about *(or for)*

أَبْلى بَلاءً حَسَنًا To fight courageously

ابْتَلى ه To try, test, experiment

مُبالاة Care, attention

اللاَّمُبالاة Carelessness, indifference

بَلْوى وبِلْوى وبَلاء وبَلِيَّة جـ بَلايا Calamity, misfortune

بَلى Yes, indeed, surely, certainly, no doubt

بالٍ Worn out. Deteriorated. Decayed

بن - البُنّ Coffee. Coffee beans

بُنّيّ Brown

البَنان Fingertips

بنج - بَنَّجَ ه To an(a)esthetize

تَبْنيج An(a)esthesia

بَنْج An(a)esthetic
مُبَنَّج An(a)esthetized
مُبَنِّج An(a)esthetic. An(a)esthetist
بند - بَنْد جـ بُنود Article, clause, paragraph, section
بندر - بَندورَة Tomato
بندق - بُنْدُقَة جـ بُنْدُق وبَنادِق Hazelnut. Hazel. Bullet
بُنْدقيَّة Rifle, gun
بنز - بِنْزين Benzine, gazoline
بنصر - بِنْصِر جـ بَناصِر Ring finger
بنط - بنطلون Trousers, pants
بنفسج - بَنَفْسَج Violet
بَنَفْسَجيّ Violet *(color)*
بَنَفْسَج الثّالوث Pansy
بنك - بَنْك جـ بُنوك (مَصْرِف) Bank
بنى - بَنى ـِ هـ To build, construct. To base *(on)*, found *(on)*, establish
تَبَنّى ه To adopt
تَبَنٍّ Adoption, adopting
مُتَبَنٍّ (أب) Foster father, adoptive father
مُتَبَنّى (وَلَد) Adopted *(son)*
إبْتَنى هـ To build *(a house)*
بِناء وبِنايَة وبُنْيان Structure, construction
بَنّاء جـ بَنّاؤون Builder, mason
بِناء جـ أَبْنِيَة Building, construction
إعادة البِناء Reconstruction
بناءً على According to, based on, by virtue of

بناءً عَليه Accordingly, thus, therefore
بِنْيَة وبُنْيَة Structure. Frame, physique. Construction
إبن جـ بَنون وأَبْناء Son, child, descendant
إبْنُ العَمّ أو العَمَّة، إبْنَة العَمّ أو العَمَّة، إبْن الخال أو الخالة، إبْنَة الخال أو الخالة Cousin
إبْنُ الإبْن (حَفيد) Grandchild, grandson
إبْنَة العِنَب Wine
إبْنُ السَّبيل Passer-by, wanderer, vagabond
إبْنَة وبِنْت جـ بَنات Daughter. Girl
بِنْت الشَّفَة Word
إبْنُ الأَخ، إبْنُ الأُخْت Nephew
إبْنَة الأَخ، إبْنَة الأُخْت Niece
إبْنُ آدَم Man, human being
إبْنُ الزَّوْج أو الزَّوْجَة Stepson, stepchild
إبْنَة الزَّوْج أو الزَّوجَة Stepdaughter, stepchild
إبْنَة الإبْن (حفيدة) Grandchild, granddaughter
بهت - بَهِتَ ـَ وبَهُتَ ـُ وبُهِتَ To be astonished, startled, surprised
بَهِتَ ـَ To be or become pale, fade *(color)*
بَهَتَ ـَ ه To tell lies. To accuse falsely of

Ambiguous, obscure, vague مُبْهَم
Ambiguity, obscurity, vagueness إِبْهام
Beast, animal بَهيمَة جـ بَهائِم
Livestock, cattle بَهائِم
Thumb. Big toe, great toe إِبْهام جـ أَباهِم وأَباهيم
To boast, pride oneself **بها** - باهى
To vie with *(someone)* in beauty باهَى ه
To show off. To boast, be proud of oneself تَباهى
Hall, lobby, reception room بَهْو جـ أَبْهاء (صالون)
To be or become beautiful, pretty بَهِيَ ـَ
Beauty, splendor. Brilliancy بَهاء
Beautiful, splendid. Brilliant, radiant, shining بَهِيّ مـ بَهِيَّة
To admit, confess *(one's guilt, fault)* **بوء** - باءَ بِذَنْبِه
To fail باءَ بالفَشَل
To establish oneself, take up one's residence. To settle down تَبَوَّأَ هـ او بـ
To take over power تَبَوّأَ الحُكم
To ascend *(the throne)* تَبَوّأَ العَرْش
Environment, surroundings بيئَة
To divide into chapters *(a book)*. To classify, sort out **بوب** - بَوَّبَ هـ

Pale, faded *(color)* باهِت
Lie. False accusation بُهْت وبُهْتان
To make happy, cheer up, fill with joy **بهج** - بَهَجَ ـَ وأَبْهَجَ ه
To be happy, glad ابْتَهَجَ
Happiness, joy, delight بَهْجَة وإِبْتِهاج
Delightful بَهِج وبَهيج
Delighted مُبْتَهِج
To shine, dazzle. To overwhelm, overcome **بهر** - بَهَرَ ـَ
To be or become dazzled بَهِرَ وانبَهَرَ
To be out of breath بُهِرَ وانبَهَرَ
Dazzling, brilliant باهِر
Spice, pepper بَهار جـ بَهارات
To pepper, spice بَهَّرَ
To adorn, ornament **بهرج** - بَهْرَجَ
To adorn oneself, dress up تَبَهْرَجَ (ت المرأة)
False. Vain. Vanity بَهْرَج وبَهْرَجَة
Elegance, coquettishness تَبَهْرُج
To overwhelm, oppress, overburden **بهظ** - بَهَظَ ـَ وأَبْهَظَ ه
Expensive. Exorbitant باهِظ (ثَمَن)
To supplicate, implore *(God)* **بهل** - إِبْتَهَلَ إلى
Supplication, prayer إِبْتِهال
Fool, buffoon, clown بُهْلول جـ بَهاليل
Acrobat, equilibrist بَهْلَوان جـ بَهالين
To make obscure. To speak ambiguously **بهم** - أَبْهَمَ

تَبْويب Division into chapters. Classification
باب جـ أبواب Door, gate. Opening, entrance. Chapter. Article. Class, category
مِن باب Out of, as
بَوّاب جـ بَوّابون Doorkeeper, gatekeeper
بَوّابة (Main) Gate, portal
بوتق - بَوْتَقَ To melt in a crucible
بَوتَقَة Melting-pot, crucible
بوح - باحَ ـُ الى To reveal, divulge, disclose *(a secret)*
أباحَ ه و هـ To permit, allow. To justify
أباحَ سِرًّا To reveal a secret
إسْتَباحَ هـ To deem permissible
إباحَة Revelation *(of a secret)*. Permission, allowance
إباحيّ جـ إباحيّون Licentious, lewd
إباحيّة Licentiousness
باحَة Courtyard. Hall. Open space
مُباح Permitted, allowed. Legitimate. Free *(port)*
بور - بارَ ـُ To remain unsold *(merchandise)*. To remain uncultivated *(land)*
بَوَّرَ هـ To fallow, leave a land uncultivated
بُور (أَرْض) Uncultivated, fallow
بُورَة Fallow land, uncultivated land
بَوار Ruin, perdition
دارُ البَوار (الجَحيم) Hell
بورص - بُورْصَة Stock exchange
بوري - بُوريّ جـ بَواريّ Mullet
بُوصَة Inch
بوصل - بُوصَلَة Compass
بوع - باع جـ أبْواع Length of the outstretched arms, fathom
طويل الباع Powerful. Competent. Generous
ضَيّق او قَصير الباع Powerless. Weak, incompetent
عَمِلَ بِالباع والذِّراع To work with might and main
بوق - بَوَّقَ To blow the trumpet
بُوق جـ أَبْواق Trumpet, bugle. Horn
باقَة جـ باقات Bunch of flowers, bouquet
بول - بالَ ـُ وبَوَّلَ To urinate
بَوْل Urine
بول - بال Mind, thought. Heart. Attention. Whale
هُدوءُ البال Tranquillity, piece of mind
أَمْرٌ ذو بال Serious, important *(matter)*
خَطَرَ بالبال It occured to *(him)*, it crossed *(his)* mind
غابَ عَن البال To split the mind
بالَة Bundle, bale

بولد - بولاد (فولاذ) Steel
بوم - بومَة Owl
بون - بَوْن Distance, interval. Difference
بيت - باتَ ـَـِ في To spend the night
باتَ عند To stay overnight
بَيَّتَ ه To lodge, put up for the night
بَيْت جـ بُيوت وأَبْيات House, apartment. Verse, linc *(of poetry)*
أَهْلُ البَيْت Family
رَبُّ البَيْت Master of the house. Father of the family
رَبَّةُ، سَيِّدَةُ البَيْت Lady of the house, mistress of the house
بَيْتُ الخلاء Water closet, toilet
بَيْتُ العَنْكَبوت Cobweb
بَيْتُ المال Treasury
بائِت Stale *(bread)*, from overnight
بيد - بادَ ـِ To perish, die, be destroyed
أَبادَ ه و هـ To destroy, annihilate, exterminate
بَيْدَ أَن Although, whereas. However, but, still, on the other hand
بائِد Perishable, ephemeral. Transitory, temporal
بَيْداء جـ بِيد Desert. Wilderness
مُبيد Destructive
مُبيد الحشرات جـ مُبيدات Insecticide
بيدر - بَيْدَر جـ بَيادِر Threshing floor

بيذ - بَيْذَق الشِّطْرَنج Pawn
بير - بَيْرَق Banner, standard, flag
بيرة - بيرَة (جِعَة) Beer
بيض - باضَ ـِ To lay eggs. To be white
بَيَّض هـ To make white or whiter. To bleach *(laundry)*. To make a fair copy of
بَيَّضَ (قَصْدَرَ) To tin, tinplate
إِبْيَضَّ To be or become white
بَياض White, whiteness
بَياض جـ بياضات *(pl.)* Linens
بَياض Milk, butter and eggs
بَياضُ العَين White of the eye
بَياض النَّهار Daylight
بَياضُ البَيْض (زُلال، آح) White of egg, albumen
خَتْم على بياض Carte blanche
بَيْض Eggs
بَيْضَة جـ بَيْضات Egg. Testicle. Helmet. Main part
بيضة الدّيك An impossible thing
البِيض The white *(race)*
بَيْضيّ، بَيْضَويّ Oval, ovoid, elliptical
أَبْيَض مـ بَيْضاء جـ بيض White
تَبْييض Washing. Whitening, bleaching. Tinning. Making a fair copy
مُبَيِّض Bleacher. Tinner. Copier
بيطر - بَيْطَرَ To horseshoe

بَيْطار جـ بَياطِرَة Horseshoer, farrier
طَبيب بَيْطَريّ Veterinarian, veterinary
بيع - باعَ ـِ ه هـ او هـ مِن To sell
باعَ بالمُفَرَّق To retail
باعَ نَقْدًا To sell for cash
باعَ بالتَّقْسيط To sell in installments
باعَ بالجُمْلَة To wholesale
بائِع Seller, vendor. Dealer, merchant. Salesman
بائِعٌ مُتَجَوِّل Hawker, peddler or pedlar
بايَعَ ه بـ To acknowledge as leader
بَيْع بِالمُفَرَّق Retail
بَيْع بِالجُمْلَة Wholesale
بَيْع نَقديّ Cash sale
بُويِعَ لَه بالخِلافَة He was recognized as caliph
بِرَسْم البَيْع For sale, on sale
بَيْعَة وبَيْع Sale, selling
بيعَة جـ بِيَع وبيعات *(Christian)* Church. *(Jews)* Synagogue
إِبْتِياع Buying, purchasing

بيكر - بيكار Compass
بين - بَيَّنَ وأَبانَ هـ To show, demonstrate, explain. To clarify, make clear
أَبانَ هـ To explain. To elucidate
تَبَيَّنَ هـ To be clear, evident
بَيْن Between, among, through
أَلْبَيْن Separation
بَيْنَ ذلك Meanwhile
بَيْنَ بَيْن So-so, tolerable, middling
بَيْنَما وبَيْنا While, whilst, as
بَيْنَ وَقْتٍ وآخَر From time to time
بَيان Declaration, statement. Report. Communiqué. Definition
بَيِّنَة جـ بَيِّنات Clear proof, evidence
بائِن وبَيِّن Clear, evident, obvious
البائِنة Dowry, dot
تَبايُن Difference, dissimilarity. Contradiction
تِبْيان Demonstration. Explanation
بيانو Piano

ت

ت - ت — T (*3rd letter of the Arabic alphabet*)

تأتأ - تأتأ — To stutter

تأتأة — Stutter

تأتاء — Stutterer

تأم - تَوْأم وتَوْأمَة جـ تَوائِم، تَوْأمان — Twin. Twins

تابوت - تابوت جـ توابيت — Chest. Coffin

تابوت العَهْد — Ark of the Covenant

تار - تارَةً — Once

تارَةً. . . وطَوْرًا — Now and then

تب - تَبًّا لك — May you perish

إسْتَتَبَّ الأَمرُ — To be stable, settled

إسْتِتْباب — Establishment, settlement

تبر - تِبر — Ore

تبع - تَبِعَ ـَ واتَّبَعَ ه — To follow, go after

تابَعَ ه على — To conform to. To follow up

أَتْبَعَ — To follow. To put next to

تَتَبَّعَ هـ — To go after. To observe

تَتَبُّع — Pursuance, chasing

تَتابَعَ — To come successively, one after the other

تَتابُع — Succession

مُتَتابِع — Successive, consecutive

إستَتْبَعَ ه — To ask to follow

تَبَع جـ أتباع — Follower. Succession

تَبِعَة جـ تَبِعات — Consequence. Responsibility

تابع جـ تَوابع — Following, next

تَوابع — Satellites

تابع مـ تابِعَة — Servant, attendant

تابِعَة جـ تَوابع — Consequence, result

تابعيَّة — Nationality, citizenship

بالتَّتابُع، تِباعًا — Successively

تبغ - تِبْغ وتَبْغ — Tobacco

تبل - تَبَّلَ هـ — To spice, season

تَتبيل — Seasoning

تابِل جـ تَوابِل — Spice, condiment

تبن - تِبْن — Straw

تتر - تَتَر — Tartars

تجر - تَجَرَ ـُ وتاجَرَ وأتْجَرَ واتَّجَرَ — To trade, carry on commerce

تاجِر جـ تُجّار — Merchant, trader, tradesman

تِجارَة — Commerce, trade

تِجاريّ — Commercial, mercantile

مَتْجَر — Store, shop

مُتاجَرَة — Trade, commerce. Exploitation

تجاه - تِجاه — In front of, facing, opposite

تحت - تَحْت — Under. Down. Downstairs. Below

تَحْتانيّ — Lower, placed below

تحف - أَتْحَفَ ه بِـ To present *(with)*
مُتْحَف جـ مَتاحِف Museum
تُحْفَة وتُحَفَة جـ تُحَف وتَحائِف Rarity, objet d'art. Gem. Gift
تخت - تَخْت جـ تُخوت Bedstead. Bed
تخم - تَخَمَ ـِ هـ To confine, limit
تَخِمَ ـَ To feel heavy with food, to suffer from indigestion
تُخمَة Indigestion
تاخَمَ هـ To border upon
تَخْم وتُخْم جـ تُخوم Border, confines, boundary, limit
تدر - تَدْرُج Pheasant
ترب - تِرْب جـ أَتْراب Comrade, colleague. Match, equal. Contemporary
تُراب جـ أَتْرِبَة Dust, earth
تُرابَة Cement
تُرْبَة جـ تُرَب Soil, ground. Dust. Tomb. Cemetary
ترث - تُراث: أُطْلُب ورث
ترجم - تَرْجَمَ To translate. To interpret. To explain. To write someone's biography
تَرجَمَة جـ تَراجِم Translation. Interpretation. Explanation. Biography
تُرجُمان جـ تَراجِمَة Translator. Interpreter. Biographer
ترح - تَرَح جـ أَتْراح Sadness, grief, sorrow
ترس - تَرَّسَ ه To provide with a shield
تُرْس جـ أَتْراس Shield
تُرْسُ سُلَحْفاة Scute
مِتْراس جـ مَتاريس Rampart, barricade
تَرسانَة Arsenal
ترع - تُرْعَة جـ تُرَع Canal, waterway
أَتْرَعَ To fill *(a vessel)*
مُترَع Brimful
ترغل - تِرْغَلَّة Turtledove
ترف - تَرِفَ ـَ To live in luxury
تَرَف Luxury, opulence
مُتْرَف Living in ease and luxury. Luxurious
ترك - تَرَكَ ـُ To leave. To abandon
مَتْروك Abandoned. Left
تَرْكَة Heritage, legacy
ترمس - تُرْمُس Lupine
تِرمُس Thermos
ترنج - تُرُنْج وأُتْرُج Citron
تره - تُرَّهَة جـ تُرَّهات Trifle. Lie
ترق - تِرْياق Antidote
تسع - تِسْعَة مـ تِسْع Nine
تاسِع Ninth
تِسْعون Ninety
تُساعيَّة Novena
تِسْعَةَ عَشَرَ، تِسْعَ عَشْرَةَ Nineteen
تشرين - تِشْرين الأَوَّل (شَهْر) October
تِشْرين الثّاني (شَهْر) November

تعب - تَعِبَ ـَ To be or become tired
أتْعَبَ To fatigue, weary
تَعَب جـ أتعاب Fatigue, weariness
بَدَل أتْعاب Fees
تَعِب Tired, exhausted
مُتْعِب Tiring, wearisome. Troublesome
مَتاعِب Troubles, problems, difficulties
تعتع - تَعْتَعَ To stammer
تعس - تَعِسَ ـَ To be or become miserable
تَعَسَ وأتْعَسَ ه To make miserable, unhappy. To destroy
تَعاسَة Misery, unhappiness
تَعِس وتَعيس جـ تُعَساء Miserable, unhappy. Wretched. Unfortunate
تف - تَفَّ ـُ To spit
تفح - تُفّاح وتُفّاحَة Apple(s)
تفل - تَفَلَ ـُـِ To spit
تُفْل Spit, spittle
تفه - تَفِهَ ـَ To be small, insignificant. To be tasteless *(food)*. To be silly, stupid
تافِه Silly, stupid. Little, insignificant. Tasteless
تَفاهَة Silliness, stupidity. Tastelessness. Insignificance
تافِهَة جـ تَوافِه Trifle, triviality
تقن - أتْقَنَ هـ To bring to perfection. To master
تِقَنِيّ Technical. Technological. Technician
مُتْقَن Perfect. Exact
تكن - تَكَنة The wooden framework of a roof
تل - تَلّ جـ تِلال وتُلول Hill. Elevation
تلسكوب - تِلِسكوب (مِرْقَب) Telescope
تلغرف - تِلِغراف (البَرق) Telegraph
تِلِغراف لاسِلْكِيّ Telegram, wire, cable
تلف - تَلِفَ ـَ To be damaged, destroyed
تَلَف Damage, harm. Deterioration
أتْلَفَ ه و هـ To damage, destroy. To ruin, corrupt
إتْلاف Damaging, spoiling. Destruction
تلفز - تَلْفَزَ To televise
تَلْفَزَة Television
تِلْفاز وتِلِفِزيون Television set. Television. T.V.
تلفن - تَلفَنَ (تَكَلَّمَ بِالهاتِف) To telephone, call, ring up, phone
تِلِفون (هاتِف) Telephone, phone
تَلْفَنَة (اتِّصالٌ هاتِفيّ) Phone call
تلك - تِلْكَ That, that one
تلم - تَلَم جـ أتْلام Furrow
تَلَّمَ أرضًا To furrow
تلمذ - تَلْمَذَ To take or have for a pupil or student
تَتَلْمَذَ لِـ To become the disciple or

the pupil of
Pupil, تِلْميذ جـ تَلاميذ وتلامِذَة
student. Apprentice. Disciple
To follow, succeed **تلا** - تَلا ـُ ه
To read. To recite تَلا ـُ هـ
Successive, consecutive مُتتالٍ
The next day, the اليَوم التّالي
following day
Then, consequently, بالتّالي
therefore, accordingly
Reading. Recital تِلاوَة
Successively, in a row عَلى التَّوالي
To be accomplished, **تم** - تَمَّ ـِ هـ
done, finished
To finish, complete. To تَمَّمَ وأَتَمَّ
accomplish
Perfection. Entire, complete تَمام
Full moon بَدْرٌ تَمام
Exactly. Completely تَمامًا
Complete, full. Completed تامّ
Swan تَمّ
Supplement, complement. End, تَتِمَّة
conclusion
Amulet تَميمَة جـ تَمائِم
To mumble, stammer. **تمتم** - تَمْتَمَ
To murmur
Mumble. Murmur تَمْتَمَة
Dates, dry dates **تمر** - تَمْر جـ تُمُور
A date تَمْرَة
Tamarind تَمْرٌ هِنْدِيّ
July **تمز** - تَموز وتَمّوز (شَهْر)
تمسح - تِمْساح جـ تَماسيح
Crocodile
Alligator تِمساح أميركيّ
Crocodile جِلْد تِمْساح
Crocodile tears, false دُموعُ تَماسيح
tears. Hypocritical sorrow
Stamp *(mark)*, **تمغ** - تَمْغَة (دَمْغَة)
imprint. Hallmark
Dragon **تن** - تِنّين جـ تَنانين
Tunny fish تُنّ
Persian tobacco **تنبك** - تَنْبَك وتُنْباك
Lazy, **تنبل** - تَنْبَل جـ تَنابِلَة وتَنابِل
idle, dull
Fir **تنوب** - تَنّوب
Oven, furnace **تنور** - تَنّور جـ تَنانير
Skirt تَنّورَة
Tinplate **تنك** - تَنَك
Tincan, can تَنَكَة
Suspicion. **تهمة** - تُهْمَة (راجع وَهَمَ)
Accusation
To repent **توب** - تابَ ـُ إلى الله
Repentance, penitence, تَوْبَة
contrition
Repentant, penitent, contrite تائِب
Mulberry **توت** - تُوت وَتوتَة
Raspberry توتُ العُلَّيْق
Strawberry تُوتُ أَرض
Sea **توتيا** - تُوتيا أو توتياء البَحْر
urchin
Zinc توتيا مَعْدِنيَّة
To crown **توج** - تَوَّجَ ه

تتويج Crowning, coronation
تاج جـ تيجان Crown
تاجُ أُسْقُف Miter
تاجُ عَمود Capital
تُوَيْجُ الزَّهْرَة Corolla
تور - تَوْراة Torah. The Old Testament
توق - تاقَ ـُ إلى To desire. To long or yearn *(for)*
تَوْق Longing, yearning, desire
تائق Longing, eager, desirous
توم - توم Garlic
توه - تاهَ ـِ To wander, lose one's way
توا - تَوًّا Directly. Immediately
تيح - أتاحَ لَه To permit, allow
تير - تَيّار Current, stream, tide

تَيّار كَهربائيّ Electric current
تَيّارٌ مُتَناوِب Alternating current
تَيّارٌ مُتَواصِل Direct current
تَيّار بَحريّ Water current
تيس - تَيْس جـ تُيُوس He-goat, billy-goat
تين - تين، تينَة Fig
تيه - تاهَ ـِ To be proud, haughty
تاهَ ـِ To go astray, wander. To be or become perplexed
تيه أو مَتاهَة Labyrinth, maze
تيه جـ أَتْياه Desert, wilderness. Haughtiness, pride. Maze. Deviation. Error
تائه Straying, wandering. Lost. Haughty

ث

ث - ث — Th (*4th letter of the Arabic alphabet*)

ثئب - تَثاءَبَ — To yawn

ثأر - ثأَرَ ـَ وثأَرَ ه — To revenge, avenge, retaliate

ثأْر — Revenge, vengeance, retaliation

تدابير ثأْرِيَّة — Vindictive measures

ثأل - ثُؤلول — Wart

ثبت - ثَبُتَ ـُ — To be firm, steady

ثَبَتَ ـُ في — To remain at, settle down at. To resist, stand up against

ثَبَتَ ـُ على — To persevere in

ثَبَّتَ هـ و ه — To fix, fasten. To consolidate. To confirm. To prove, establish

ثَبَّتَ (مُوَظَّفًا) — To appoint permanently

ثَبَّتَ (وَلَدًا) — To confirm

أَثْبَتَ هـ و ه — To confirm. To prove. To bear witness to. To record. To identify

تثبيت — Strengthening. Fixing. Confirmation

ثابت مـ ثابِتَة — Fixed, firm, steady. Immovable. Permanent. Established, proved

ثابِتَة جـ ثوابت — Constant

فِكْرَةٌ ثابِتَة — Obsession

ثَبات — Firmness. Steadiness. Stability, constancy. Permanence. Immobility

إِثْبات — Confirmation. Affirmation. Proof, evidence

ثبر - ثابَرَ على — To persevere, persist, be assiduous in

مُثابَرَة — Perseverance, assiduousness, assiduity, application

مُثابِر — Persevering, assiduous, persistent

ثبط - ثَبَّطَ (العَزِيمَةَ) — To discourage, frustrate, demoralize

مُثَبِّطٌ لِلعَزِيمَة — Discouraging, frustrating

ثخن - ثَخُنَ ـُ — To be or become thick

أَثْخَنَ ه ضَرْبًا — To beat severely, wallop

أَثْخَنَ ه جُروحًا — To weaken by inflicting wounds

أَثْخَنَ (في الأمر) — To exaggerate, overdo

ثِخَن — Thickness. Density

ثَخين مـ ثَخينَة — Thick. Dense

ثدي - ثَدْي جـ أَثْداء — Breast

ثرثر - ثَرْثَرَ — To prattle, prate, chatter

ثَرْثَرَة — Prattle, cha•tering, chatter

ثَرثار Chatterer, prattler, talkative, loquacious
ثرا - ثَرا ـُ وثَرِيَ ـَ وأثرى To become rich, wealthy
ثَراء وثَرْوَة Wealth, fortune, riches
ثُرَيّا Lustre, chandelier
ثَرى جـ أثْراء Rich soil, humus, mould
ثَرِيّ مـ ثَرِيَّة جـ أَثْرِياء Wealthy, rich
وارى الثَّرى To inhume, bury
ثعبن - ثُعْبان جـ ثَعابين Serpent, snake
ثُعْبان الماء Eel, conger
ثعلب - ثَعْلَب جـ ثَعالِب Fox
ثَعْلَبَة Vixen
ثغر - ثَغْر جـ ثُغور Mouth. Seaport
ثُغْرَة جـ ثُغَر Opening, breach, gap
سَدَّ ثُغْرَةً To fill *(a gap, a breach)*
ثغا - ثَغا ـُ (شاة) To bleat
ثُغاء Bleat
ثفل - ثُفْل Residues. Sediment, dregs
ثقب - ثَقَبَ ـُ هـ To hole, perforate, pierce
ثَقْب وَثُقْب جـ ثُقوب وَأَثْقاب Boring, piercing, perforating. Hole, perforation, puncture
ثُقب الإبرة Eye
ثِقاب (عُود) Match, lucifer
ثاقِب مـ ثاقِبَة Piercing, penetrating, sharp
نَظَر ثاقِب Piercing look
عَقْلٌ ثاقِب Acute mind
مِثْقَب وثَقّابَة جـ مَثاقِب Wimble, drill, brace, perforator
ثقف - ثَقَّفَ To culture, educate. To teach, instruct
مُثَقَّف Cultured, educated, refined
ثَقافَة Culture, education
تَثقيف Education, instruction
ثَقافِيّ Cultural, educational
ثقل - ثَقُلَ ـُ ـِ To be or become heavy
ثَقُلَت أُذُنُه أو ثَقُلَ سَمْعُهُ To be hard of hearing
ثَقَّلَ ه و هـ To make heavy
ثَقَّلَ وأَثْقَلَ على To trouble. To overburden. To bother
ثِقَل Heaviness. Gravitation
ثِقْل جـ أَثْقال Weight. Heaviness. Burden, load. Gravity
الأَثْقال Weights
رَفْعُ الأَثْقال Weight lifting
رافِعُ الأَثْقال Weight lifter
ثَقيل مـ ثَقيلة Heavy
ثَقيلُ السَّمْع Hard of hearing
ثَقيل الدَّمّ أو الظِّلّ Antipathetic
ثَقيل جـ ثُقَلاء وثِقال Burdensome. Heavy. Weighty, serious. Unpleasant
مِثْقال جـ مَثاقيل Weight
مِثْقال ذَرَّة A tiny amount, a little bit

ثكل - ثَكِلَ ـَ To lose a child
ثَكْلى Bereaved of a child
ثكنة - ثُكْنَة Barracks
ثل - ثُلَّة جـ ثُلَل Group of people
ثلب - ثَلَبَ ـِ ه To blame. To criticize. To defame. To expel
ثَلْب Criticism. Defamation, slander
ثلث - ثَلَثَ ـُ ه و هـ To take the third part of
ثَلَّثَ هـ To triple
ثُلْث وثُلُث جـ أَثْلاث One third, third part
ثالِث Third
الثّالوث (The Holy) Trinity
ثَلاثَة مـ ثلاث Three
الثَّلاثاء والثُّلاثاء Tuesday
ثَلاثون Thirty
ثَلاثَةَ عَشَرَ، ثَلاثَ عَشْرَةَ Thirteen
مُثَلَّث Threefold, triple. Triangular. Triangle
ثلج - ثَلَجَ ـُ To snow
ثَلِجَ صَدْرُه To be or become delighted
ثَلْج جـ ثُلوج Snow. Ice
ثَلاّج Iceman, ice dealer
مَثْلَجَة جـ مَثالِج Refrigerator
ثَلاّجَة Ice-box, refrigerator
ثَلَّجَ To be benumbed with cold. To freeze. To ice. To refrigerate
كُرَة الثَّلْج Snowball
رَجُل الثَّلْج Snowman
نُدْفَةُ الثَّلْج Snowflake
ثلم - ثَلَمَ ـِ وثَلَّمَ هـ To make a breach. To notch
ثَلِمَ ـَ وتَثَلَّمَ وانْثَلَمَ (سِكّين) To be or become blunt
ثُلْمَة جـ ثُلَم، ثَلْم جـ أَثْلام Notch. Breach, opening, gap. Crack, fissure
ثم - ثَمَّ There, yonder
مِن ثَمَّ Therefore, consequently, for that reason
ثُمَّ Then, thereupon. Besides, moreover. Afterwards, later on
ثمر - ثَمَرَ ـُ وأَثْمَرَ To bear, produce *(fruit)*. To succeed, turn out well
إسْتَثْمَرَ هـ To invest in. To exploit
ثَمَر جـ ثِمار جج أَثْمار Fruit. Progeny. Profit. Product. Result
إسْتِثمار Usufruct. Investment
مُثْمِر Fruitful, productive, lucrative
مُسْتَثْمِر Exploiter
شَجَرَة مُثْمِرَة Fruit-tree
إثْمار، ثُمور Fruitage, fructification
ثمل - ثَمِلَ ـَ To become drunk or intoxicated
أَثمَلَ To make drunk or intoxicated
ثُمالَة Residue, dregs. Froth of milk
ثَمَل Drunkenness, intoxication
ثَمِل Drunk, intoxicated
ثمن - ثَمُنَ ـُ To be or become

precious, valuable	
To estimate, evaluate, determine the price. To render octangular	ثَمَّنَ هـ
Priceless, inestimable	لا يُثَمَّن
To give the price of	أَثْمَنَ
Price, cost, value	ثَمَن جـ أَثْمان
One-eighth	ثُمْن جـ أَثْمان
Eight	ثَمانِيَة مـ ثَمانٍ
Eighteen	ثَمانِيَةَ عَشَرَ، ثمانيَ عَشْرَةَ
Eighty	ثَمانون
Precious, valuable	ثَمين
Evaluation, estimation	تَثْمين
Estimator, valuer, assessor	مُثَمِّن
Estimated, evaluated, prized. Octogonal	مُثَمَّن
ثنى - ثَنى ـِ هـ	To fold, double. To bend
To dissuade, prevent, turn away *(from)*	ثَنى ه عن
To double, duplicate. To provide *(a letter)* with two points. To form the dual of a word	ثَنّى هـ
To praise, compliment	أَثْنى على
Praise, compliment	ثَناء جـ أَثْنِيَة
To deviate *(from)*	إِنْثَنى عن
To except, exclude	إِسْتَثْنى هـ
During, while	أَثْناء
Meanwhile	في أثناء ذلك
Two	إِثْنان مـ إِثْنَتان
Twelve	إثنا عَشَرَ، إِثْنَتا عَشْرَةَ
Monday	الإِثْنَين
The second, the next	الثّاني
Second	ثانية
Minor, secondary, of secondary importance	ثانَويّ
Secondary school	ثانَوِيَّة (مدرسة)
Exceptional	إستثنائيّ
Excluded, excepted	مُسْتَثنى
Bending. Folding. Dissuasion	ثَني
By twos. Two at a time	ثُناءً ومَثْنًى
Double, twofold, dual. Duo	ثُنائيّ
Fold. Pleat *(in cloth)*	ثَنيَة جـ ثَنايا
Front tooth. Mountain pass	ثَنِيَّة جـ ثَنايا
Inside, in, within, among, between	في ثنايا، بين ثنايا
Dualism	ثَنَوِيَّة
Dual number	مُثَنّى
To return, come back	**ثوب** - ثابَ ـُ وثوَّب إلى
To reward, recompense	أَثابَ ه
Dress, garment, garb. Suit	ثوب جـ أَثْواب
Swimsuit, swimming suit	ثَوْب السّباحة
Reward, recompense	ثَواب
Meeting place, resort	مَثاب
Equal to, like	بمثابة
To be or become excited. To revolt *(people)*. To rise	**ثور** - ثارَ ـُ

(*dust*). To erupt (*volcano*)

أثارَ واسْتَثارَ هـ و ه To excite. To stimulate. To bring up (*a question*)

ثَوْرَة Revolution, revolt. Eruption (*of volcano*)

ثَوَران Agitation, eruption, outbreak

ثائِر جـ ثائِرون وثُوّار Agitated, furious. Revolutionist, rebel, mutineer

إثارة Stirring up. Excitement, agitation

مُثير Exciting, provocative. Stimulant

ثَوْر جـ ثِيران Bull, ox, bullock

ثوم - ثُوم Garlic

ثوى - ثوى ـِ هـ و بـ وفي To dwell, abide (*in a place*). To die

ثُوِيَ To be buried

مَثْوى جـ مَثاوٍ Abode, dwelling-place

ثيب - ثَيِّب Matron, not virgin. Widow. Divorcée

ج

J, G *(5th letter of the Arabic alphabet)* — **ج** - ج

Prow, stem — **جأجأ** - جُؤْجؤ

Emotion, agitation of mind. Heart — **جأش** - جأش

Collected, cool, undismayed — رابِطُ الجأْش

Green plum — جانِرك

Well, cistern. Pit — **جب** - جُبّ جـ جِباب

Oriental robe — جُبَّة جـ جُبَب

To splint, set *(broken bones)* — **جبر** - جَبَرَ ـُ وجَبَّرَ هـ و ه

Bonesetting — جَبارَة جـ جَبائِر وَتَجْبير

Bonesetter — مُجَبِّر

To force to, oblige to — أَجْبَرَ وَجَبَرَ ه على

To be haughty, arrogant — تَجَبَّرَ

Compulsion, coercion — إجْبار

Obligatory, compulsory, forced — إجْباريّ

Setting of broken bones. Power, might. Predestination. Algebra — جَبْر

Omnipotence. Power, mightiness — جَبَروت

Giant. Tyrant. Powerful — جَبّار جـ جَبابِرَة

The Almighty *(God)* — الجَبّار

Fatalism — جَبْرِيَّة

Gypsum. Plaster — **جبس** - الجِبْس

To mold, shape — **جبل** - جَبَلَ ـُـِ ه و هـ

To knead — جَبَل التُّرابَ

To be naturally disposed to — جُبِلَ على

Molding. Kneading — جَبْل

Nature, natural disposition — جِبْلَة وجَبَلَة

Moutain — جَبَل جـ جِبال

Moutainous. Moutaineer, highlander — جَبَليّ

To be a coward, to chicken out — **جبن** - جَبُنَ ـُ

To make into cheese — جَبَّنَ هـ

Cowardice — جُبْن وجَبانَة

Cheese — جُبْن وجُبُن جـ أَجْبان

Coward, poltroon — جَبان مـ جَبانَة

Forehead, brow, front — جَبين جـ أَجْبِنَة

To strike on the forehead. To surprise — **جبه** - جَبَهَ ـَ ه

To face, confront — جابَهَ

Forehead, brow, front. Frontline — جَبْهَة جـ جَبَهات وجِباه

To collect, levy — **جبا** - جَبا ـُ وجَبى ـِ هـ

جِبايَة جـ جِبايات Collecting, levying.
Tax, duty, levy
جابٍ (الجابي) جـ جُباة Tax collector
جث - جَثَّ ـُ واجتَثَّ هـ To extract, uproot
جُثَّة جـ جُثَث Body, corpse, cadaver
عَظيم الجُثَّة Corpulent, stout
جثم - جَثَمَ ـُ To alight, perch. To crouch, cower. To lie face down
جُثْمان Body, corpse
مَجْثَم جـ مَجاثِم Roost, perch
جثا - جَثا ـُ To kneel
جاثٍ Kneeling
جُثُوّ Kneeling position
جحد - جَحَدَ ـَ هـ وبـ To deny. To reject, repudiate. To abjure
جاحِد Denier. Unbeliever. Ungrateful
جُحود وجَحْد Denial. Ingratitude
جحر - جُحْر جـ أجْحار Hole, burrow, den, lair
جحش - جَحْش جـ جِحاش Young ass or donkey
جَحْش جـ جُحوش Trestle, horse
جحظ- جَحَظَ ـَ (ت العَيْن) To pop out, bulge
جحف - أجْحَفَ بـ To wrong, injure. To prejudice
إجْحاف Injustice, wrong. Prejudice
مُجْحِف Unjust, unfair. Prejudicial
جحفل - جَحْفَل جـ جَحافِل Large army. Multitude
جحم - جَحيم Hell, hellfire. Fire
جُحام Swelling of the eye
جد - جَدَّ ـِ To be great or important. To hurry. To be serious
جَدَّ ـُ ـِ في To work hard, endeavour
جَدَّ ـِ To be or become new
جَدَّدَ هـ To restore. To renew
جَدَّدَ (الشَّباب) To rejuvenate
إسْتَجَدَّ هـ To become new. To renew
مُسْتَجِدّ New, recent
مُسْتَجِدّات Latest news, latest developments
مُجَدِّد Renewer. Innovator. Modernizer
تَجْديد وتَجَدُّد Renewal. Innovation. Renovation. Modernization
جديد New, up-to-date
جَدّ جـ جُدود وأجْداد Grandfather. Ancestor
جادّ Serious. Earnest. Hardworker
جَدَّة جـ جَدّات Grandmother
جِدّ Serious endeavour. Painstaking
جِدًّا Much, extremely, exceedingly
جِدّيّ Serious, earnest, grave
جادَّة جـ جادّات Street, avenue
جدب - أجْدَبَ وتَجَدَّبَ To be or become arid *(soil)*
أجْدَبَ To suffer from poverty *(people)*

جَدْب Aridity, drought, barrenness

أَجْدَب مـ جَدْباء Barren, bare, arid

جدث - جَدَث جـ أَجْداث Grave, tomb

جدجد - جُدْجُد جـ جَداجِد Cricket

جدر - جَدَرَ ـُ To have smallpox

جَدُرَ ـُ بـ To be worthy of. To be suitable for

جَدارَة Worthiness. Compctence

جَدير جـ جَديرون وجُدَراء بـ أو لـ Worthy of. Suitable. Competent, qualified

جِدار جـ جُدْران Wall

جَدَريّ وجُدَريّ Smallpox

جِدْريُّ الماء Varicella, chicken-pox

جدع - جَدَعَ ـَ ه To cut off, amputate

أَجْدَع مـ جَدْعاء Mangled, mutilated

جدف - جَدَّفَ هـ To row

جَدَّفَ To blaspheme, curse

تَجْديف Blasphemy, profanity. Rowing

مِجْداف جـ مَجاديف Oar

جدل - جَدَلَ ـِ وَجَدَّلَ هـ و ه To twist, entwine. To braid

جادَلَ ه To argue with

تجادَلَ To quarrel, argue, dispute

جَدَل وجِدال ومُجادَلَة Quarrel, argument. Dispute. Discussion, controversy

جَدْوَل جـ جَداوِل Small stream, brook. Index. Schedule, table. List

جَديلة Braid, tress

جدا - جَدا ـُ To ask for a gift, a thing wanted

أَجْدى ه To be useful. To be of use

اسْتَجْدى الأكفّ To beg for alms

جَدْوى Use, benefit. Gift, present

بدون جَدْوى Useless, vain, of no avail

جَدْي جـ جداء وجِدْيان Kid, young goat

جذ - جَذَّ ـُ هـ To cut off, clip

جذب - جَذَبَ ـِ واجْتَذَبَ To attract. To pull, draw

جاذَبَ ه To contend at pulling

جاذَبَهُ الكَلام To converse, talk *(with)*

تَجاذَبَ هـ To pull back and forth. To engage in a conversation

إنْجَذَبَ To be attracted to. To be fascinated by

تَجاذُب Attraction. Gravitation. Affinity

جَذْب واجْتِذاب Attraction, lure. Drawing

جَذْب وجَذَبَة جـ جَذَبات Ecstasy

جاذِبِيَّة Gravity. Gravitation. Attraction, charm

عِنده جاذِبِيَّة He has charm

جَذّاب Attractive

جذر - جَذَرَ ـُ هـ To uproot, pull-out

جَذْر وجَذَر جـ جُذور Root. Origin, basis
جَذْرٌ مُرَبَّع Square root
جِذْريّ Radical. Fundamental
جذع - جِذْع جـ جُذوع Trunk. Stem. Torso
جذف - جَذَفَ ـِ To row
تَجْذيف Rowing
مِجْذاف جـ مَجاذيف Oar
جذل - جَذِلَ ـَ To rejoice, be happy
أَجْذَلَ ه To make happy, cheer up
جَذَل Exultation. Happiness, hilarity
جَذِل وجَذِلَة Exultant. Happy, hilarious
جذم - جَذَمَ ـِ هـ To chop off. To mutilate
أَجْذَم Mutilated, maimed
جُذام Leprosy
جذا - جِذْوَة جـ جِذاء وجِذًى Firebrand
جر - جَرَّ ـُ هـ و ه To draw, pull, drag. To put in the genitive form
جَرَّ ـُ على نفسه To bring upon oneself, draw on oneself. To commit a crime
إجْتَرَّ To ruminate
مُجْتَرّ Ruminant
جَرّ Drawing, pulling. Genitive
حَرْف جَرّ Preposition
هَلُمَّ جَرّا And so on
جَرَّة جـ جِرار Jar
جارور (دُرْج) Drawer
جَرّار Tractor, bulldozer. Potter
جَيْش جَرّار Huge or great army
مَجَرَّة Galaxy
مَجْرور Drawn, pulled. Word in the genitive form
مَجْرور جـ مَجارير Sewer, drain
جرو - جَرُؤَ ـُ واجْتَرأ To dare, risk, venture. To be bold, courageous
جَرّأ To encourage
جُرْأة وجَراءَة Courage, boldness, guts
جريء Courageous, bold
جرب - جَرِبَ ـَ To be scabby, mangy
جَرَّبَ ه و هـ To try. To experiment. To tempt. To attempt
تَجَرَّبَ To be tempted
جَرَب Mange. Scabies
جَرِب وجَرْبان Mangy. Scabby
تَجْرِبَة جـ تَجارب Experiment. Trial, test. Experience. Attempt. Ordeal. Rehearsal
تَجْريب Trying. Experimenting
تَجْريبيّ Experimental
مُجَرَّب Tested. Examined. Experienced
مُجَرِّب Tester. Examiner. Experimenter
جِراب جـ أَجْرِبَة وجُرُب Sheath. Bag. Case
جرثم - جُرْثومة جـ جَراثيم
Bacterium *(pl. bacteria)*, microbe. Germ, root

جُرْثوميّ Bacterial, microbial, microbic

مُبيدُ الجَراثيم Bactericide. Desinfectant

عِلْمُ الجَراثيم Bacteriology

جرح- جَرَحَ ـَ ه To wound, injure. To hurt *(the feelings)*, offend

جَرَّحَ ه To inflict many wounds. To defame

جَرَّحَ شَهادَة To invalidate, refute

إجْتَرَحَ هـ، إجْتَرَحَ العَجائِب To perform *(miracles)*

إجْتَرَحَ جَريمَة To commit *(a crime)*

جُرْح جـ جُروح وجِراحات وجِراح Wound, injury

عِلم الجِراحة Surgery

جَرّاح Surgeon

جارِح وجارِحَة Injuring, wounding, painful. Offensive

جوارِح (مفردها جارِحَة) Birds of prey

جَريح جـ جَرْحى ومَجْروح Wounded, injured

جِراحيّ مـ جِراحيَّة Surgical

عَمَليَّةٌ جِراحيَّة Surgery, surgical operation

مِن كل جوارحي With all my strength

جرد - جَرِدَ ـَ To lose one's hair. To become barren, without vegetation. To become ragged *(dress)*

جَرَدَ وجَرَّدَ ه مِن To peel, skin, bark

جَرَّدَ To deprive of. To free from. To disrobe. To denude

جَرَّدَ جَيْشًا To raise an army

جَرَّدَ مِنَ السّلاح To disarm

جَرَّدَ مِنَ المُعَدّات الحَربيّة To demilitarize

جَرِد Barren, without vegetation

جَرْد وجَرْدَة Inventory

جُرْد High and barren mountains

جَرادَة Locust

جَريدَة جـ جَرائِد Paper, newspaper, journal

تَجْريد Dispossession. Abstraction

تَجَرُّد Impartiality, objectivity

أَجْرَد مـ جَرْداء جـ جُرْد Hairless. Barren, without vegetation *(land)*

جرذ - جُرَذ جـ جِرْذان Rat

جرس - جَرَسَ ـِ To ring, sound, make a noise

جَرَس جـ أجراس Bell

قُبَّةُ جَرَس Steeple

جرش - جَرَشَ ـُـِ هـ To grind, crush

جاروش وجاروشَة جـ جَواريش Quern, hand-mill

جرع - جَرَعَ ـَ To gulp, swallow

جَرَّعَ ه To make swallow

جَرْعَة Gulp, swallow

جرف - جَرَفَ ـُ واجْتَرَفَ هـ To sweep *(away)*. To shovel. To drift, carry away. To plough

Undercut bank or shore جُرُفُ نَهْر، بَحْر
Cliff جُرْف
Bulldozer. Harrow جَرّافَة
Shovel, spade, scoop مِجْرَفَة
جرم - جَرُمَ ـُ وجَرَمَ ـِ وأَجْرَمَ واجْتَرَمَ على وإلى
To commit a crime, an offense. To sin
To incriminate جَرَمَ ه
To bone جَرَمَ ـِ اللَّحْم
Offense, crime, felony جُرْم جـ أَجْرام
Body. Volume جِرْم جـ أَجْرام وجُرُم
Crime, offense جَريمَة جـ جَرائِم
Criminal مُجْرِم
War criminal مُجرِمُ حَرْب
Incrimination, inculpation تَجْريم
Crime, criminality إجْرام
Juvenile delinquency إجْرامُ الأَحْداث
Undoubtedly, certainly, of course لا جَرَم ولا جُرْمَ
Basin **جرن** - جُرْن جـ أَجْران
Puppy, whelp **جرو** - جَرْو جـ جِراء
To flow, stream **جرى** - جَرى ـِ *(water)*. To happen, take place. To head for. To run
To perform, carry out أَجْرى أمرًا
To settle an account أَجْرى حِسابًا
To introduce a custom أَجْرى العادَة
To agree with جارى وتَجارى في
To compete with جارى فلانًا
Flowing, running جارٍ مـ جارِيَة
The present or current month الشَّهرُ الجاري
Current account حِسابٌ جارٍ
Slave جارِيَة جـ جارِيات وجَوارٍ
Because of, due to مِن جَرّاء
Running, flowing جَرْي وجَرَيان
Executive power سُلْطَة إجْرائيَّة
Course. Watercourse. Channel مَجْرى
Events, incidents, happenings الماجَرَيّات
To fleece, cut off, shear off. To mow *(grass)* **جز** - جَزَّ ـُ وجَزَّزَ واجْتَزَّ هـ
Fleecing, cutting, shearing جَزُّ الغَنَم
To divide, partition. To split **جزا** - جَزأَ ـَ هـ
To content oneself with اجْتَزأَ بـ
To divide, separate, partition جَزَّأَ هـ
Part, portion. Division. Piece جُزْء جـ أَجْزاء
Partial. Minor, trivial جُزْئيّ
Molecule جُزَيْء
Details. Trivialities جُزْئيّات
To slaughter, butcher. To flow back, ebb *(sea)* **جزر** - جَزَرَ ـُـِ
Ebb. Slaughter جَزْر
Butcher جَزّار

جَزيرَة جـ جَزائِر وجُزُر Island

مَجْزَرَة Slaughter, butchery, massacre

جزع - جَزِعَ ـَ To worry. To be or become anxious. To be sad, unhappy

جَزِعَ على To be anxious about

جَزَع Worry, anxiety. Fear. Sadness

جزف - جازَفَ To risk, venture

مُجازَفَه Risk, venture. Adventure

جزل - جَزُلَ ـُ To become considerable, abundant

أَجْزَلَ لَه هـ في أو هـ على To give generously

جَزْل وجَزيل جـ جِزال Abundant, ample. Eloquent

شُكْرًا جَزيلاً Many thanks

جَزالَة Abundance. Eloquence

جزم - جَزَمَ ـِ هـ To cut off. To decide. To assert authoritatively

جَزْم Assertion, decision. Absence of a vowel, apocopate form

جَزْمَة جـ جَزْمات Boot

جزى - جَزى ـِ ه بـ او على To reward, recompense

جازى ه بـ To reward, recompense. To punish

جَزاء ومُجازاة Reward, recompense. Punishment. Requital

قانون الجَزاء Penal code

جِزْيَة جـ جِزًى Tax. Tribute

جس - جَسَّ ـُ هـ To touch. To palpate

جَسَّ النَّبْض To feel the pulse of

جَسّ Touching. Palpation

تَجَسَّسَ هـ To spy

جاسوس جـ جَواسيس Spy

جاسوسِيَّة Spying, espionage

مُكافَحَةُ الجاسوسِيَّة Counterespionage

جسد - تَجَسَّدَ To become incarnate. To materialize. To take shape

تَجَسُّد Incarnation. Materialization

مُتَجَسِّد Incarnate. Personified. Shaped

جَسَد جـ أَجْساد Body

جَسَديّ وجَسَدانيّ Bodily, corporal. Material. Sensual

جسر - جَسَرَ ـُ وتَجاسَرَ To dare, venture

جَسارَة Boldness, courage

جِسْر جـ أَجْسُر وجُسور Bridge

جسم - جَسُمَ ـُ To be or become big, large, great

جَسَّمَ هـ To enlarge. To exaggerate. To embody, materialize

تَجَسَّمَ To take form, take shape. To increase in volume, grow in size

جِسْم جـ أَجْسام Body. Substance

جَسامَة Largeness, bigness. Corpulence

جَسامَةُ ذَنْب Gravity, seriousness

Bodily, corporal جِسْميّ وجِسْمانيّ
Big, large. Corpulent. Grave, serious جَسيم
To be agitated. To nauseate **جشا** - جَشَأَ ـَ (نفس)
To belch, burp جَشَّأَ وتَجَشَّأَ
Belching, burping جَشأة
To be greedy **جشع** - جَشِعَ ـَ هـ
Greedy, covetous جَشِع جـ جَشِعون
Greed, covetousness, avidity جَشَع
To undergo, suffer **جشم** - تَجَشَّمَ هـ
To plaster **جصص** - جَصَّصَ
Plaster. Gypsum جصّ
Quiver **جعب** - جَعْبَة جـ جعاب
To become curly. To wrinkle, become crisped **جعد** - جَعُدَ ـُ وتَجَعَّدَ
To curl, wave. To wrinkle جَعَّدَ هـ
Curled, curly, wavy. Wrinkled أَجْعَد وجَعْديّ ومُجَعَّد ومُتَجَعِّد
Wrinkles, lines تَجَعُّدات وتَجاعيد
To make, cause to be. To create, form. To appoint. To put, place. To fix, set **جعل** - جَعَلَ ـَ ه و هـ
Bribe جُعالَة
Scarab جُعَل
Beer **جعة** - جِعَة
Geography **جغرافيا** - جِغرافيا
Geographical. Geographer جِغرافيّ
To dry, become dry **جف** - جَفَّ ـِ
Dry جافّ مـ جافَّة
To dry, make dry جَفَّفَ هـ
Dryness, aridity جَفاف
Dried. Dehydrated *(food)* مُجَفَّف
Drying. Draining تَجْفيف
To start, jump with fright **جفل** - جَفَلَ ـُـِ
To startle, scare away جَفَّلَ ه وأَجْفَلَ (حِصانًا)
Eyelid **جفن** - جَفَن جـ جُفون وأَجْفان
Bowl جَفْنَة جـ جِفان وجَفَنات
To be rude to, treat roughly **جفا** - جَفا ـُ ه وعلى
To avoid. To behave rudely towards جافى ه
Roughness, rudeness. Aversion, repulsion جَفاء وجِفْوَة
Out of sight, out of mind البُعْدُ جَفاء
To be great, lofty. To grow old **جل** - جَلَّ ـِ
God, the Great and Almighty الله عَزَّ وجَلَّ
To honor, dignify. To revere. To cover جَلَّلَ ه
To wrap oneself in تَجَلَّلَ بِـ
Important, significant. Great جَلَل
Majesty جَلالَةُ (المَلِك - المَلِكَة)
Important. Great. Honorable جَليل
Magazine, periodical مَجَلَّة
To bring, fetch **جلب** - جَلَبَ ـُـِ هـ و ه واجْتَلَبَ

إسْتَجْلَبَ هـ To call for, send for. To import
جَلَبَة Noise, uproar, clamour
جلبب - تَجَلْبَبَ To clothe with
جِلْباب جـ جَلابيب A loose garment
جلجل - جُلْجُل جـ جَلاجِل Small bell, cowbell
جلح - جَلِحَ ـَ To be or become bald
أَجْلَح مـ جَلْحاء جـ جُلْح Bald
جلخ - جَلَخَ ـَ هـ وجَلَّخَ To sharpen, whet, hone
مُجَلِّخ Sharpener, whetter, honer
جلد - جَلَدَ ـِ ه To whip, lash. To force to
جَلُدَ ـُ To be patient, tough
جَلِدَ ـَ To freeze, frost. To become frozen
جَلَّدَ هـ To bind *(a book)*
مُجَلِّد Binder, bookbinder
مُجَلَّد Frozen, congealed. Bound *(book)*. Volume, tome
تجليد Freezing. Bookbinding
جِلْد جـ جُلود Skin. Leather. Hide
جَلْد Whipping, lashing
جَلَد Endurance, patience. Firmament
جِلْدَة الرّأْس Scalp
جَلادَة Endurance, patience
جَلْدَة Lash, whip, stroke
جَلود Patient
جَلاّد Executioner, hangman
جَليد Ice
جَبَلُ جَليد Iceberg
جلس - جَلَسَ ـِ To sit. To sit down
جَلَّسَ To seat, ask to sit down. To straighten
جالَسَ ه To sit with, keep someone company
جَلْسَة Sitting, session. Meeting. Hearing
جَليس جـ جُلَساء Companion, associate
جالِس جـ جُلوس وجُلاّس Sitting
مَجْلِس جـ مَجالِس Council. Board. Assembly. Court, tribunal. Seat
مَجْلِس الوزراء Cabinet
مَجْلِس الشُّيوخ Senate
مَجْلِس النّوّاب Parliament
مَجْلِس عَسْكَريّ أو عُرْفيّ Court-martial
جلط - جَلَطَ ـِ (الجِلْد) To abrade, chafe, graze
جَلَطَ الرأْس To shave
جَلْط Scratch, graze
جَلْطَةُ دَم Clot, thrombus
تَجَلُّط Thrombosis
جلف - جَلَفَ ـُ To scratch
جَلِفَ ـَ To be rude, rough
جِلْف جـ أجْلاف Rude, ill-mannered

جَلا - جَلا ـُ هـ To become clear, evident. To clear up. To polish
جَلا عن To evacuate, leave. To remove, drive away
جَلاء Clarity, clearness. Clarification. Evacuation, withdrawal, departure
تَجلّى (لـ) To become clear, evident. To be revealed. To manifest itself
إنْجَلى To become clear, visible. To be polished
إنجلى عن To result in
جالِيَة جـ جاليات Colony, community
جَليّ Clear, evident, obvious
تَجَلٍّ (التَّجَلّي) Revelation, manifestation. Transfiguration *(of Christ)*
مَجْلى جـ مَجالٍ Sink
جلي - جَلى ـِ هـ To polish
مُجَلٍّ (المُجَلّي) Winner *(in a race)*
جمجم - جُمْجُمَة جـ جَماجِم Skull
جمح - جَمَحَ ـَ To insubordinate. To run away from home *(wife)*
جَمَحَ (الحصان) To bolt, run away
جامِح وجَموح Headstrong, stubborn. Recalcitrant. Unruly
جمد - جَمَدَ ـُ To freeze. To become hard or solid. To become immobile
جَمَّدَ وأَجْمَدَ هـ To solidify, stiffen. To freeze. To coagulate
جَماد جـ جَمادات A solid. Inorganic body
جامِد مـ جامِدَة Hard, solid. Stiff, rigid. Inanimate
جمر - جَمْرَة جـ جَمْر Ember, firebrand
مِجْمَرَة جـ مَجامِر Brazier
جمرك - جُمْرُك Customs. Customhouse
رُسوم جُمْرُكيَّة Customs
جمز - جُمَّيْز وجُمَّيْزة Sycamore
جمس - جاموس جـ جَواميس Buffalo
جمع - جَمَعَ ـَ هـ To gather, collect. To join, unite. To assemble. To comprise. To add up *(numbers)*. To put *(a word)* in the plural
جَمَعَ بَيْن To bring together
جامِعَة University. League, union
جَمَّعَ هـ To accumulate. To gather. To assemble
أَجْمَعَ على To agree upon
تَجَمَّعَ واجْتَمَعَ To come together. To be gathered
إجْتَمَعَ To assemble. To meet
جامِع Collector. Compilor
جامِع جـ جوامِع Mosque
جَمْع جـ جُموع Crowd, troop. Plural. Addition *(of numbers)*. Reunion. Collecting, gathering
جُمْعَة جـ جُمَع Friday. Week

جَماعَة جـ جَماعات Group of people. Community
جَمْعِيَّة Club, association, society. Institution. Organization. Assembly
إجْماع Unanimity, agreement
بالإجماع Unanimously
إجْتِماع Meeting. Assembly. Reunion. Convention
عِلم الإجْتِماع Sociology
إجْتِماعيّ Social. Sociological. Public
عالِمٌ إجْتِماعيّ Sociologist
جَميع All, all of
أَجْمَع جـ أَجْمَعون Entire, whole, all
جميعًا Altogether, without exception
مَجْمَع جـ مَجامِع Convention, assembly. Box, can
مَجْمَعٌ عِلْميّ Academy, institute
مَجْمَعيّ Academic
مَجْموع جـ مَجاميع Total, sum. Collection
المُجْتَمَع Meetingplace. Society
المُجْتَمَع البَشَريّ Mankind
مَجْموعَة Collection. Group. Compilation
جمل - جَمَلَ ـُ هـ To combine, add *(up)*. To gather
جَمُلَ ـُ To be or become beautiful
جَمَّلَ ه و هـ To beautify, embellish
جامَلَ ه To be courteous to, polite
مُجامَلَة Courtesy. Civility. Flattery
أَجْمَلَ هـ To gather, add. To summarize
تَجَمَّلَ To adorn oneself. To apply or use cosmetics. To have patience. To affect courtesy
جَمال Beauty, grace
جَمَل جـ جِمال Camel
جَمَل عَرَبيّ Dromedary
جَمّال Cameleer, camel driver
جُمْلَة جـ جُمَل Sentence, clause. Several, many. Total. Whole
بالجُمْلَة وفي الجُمْلَة Wholly, altogether, in general
إجْمال Summing up. Summarization
إجْمالاً، بالإجْمال، على الإجْمال On the whole, in general, generally speaking
جَميل Favor, service. Beautiful
جمهر - جَمْهَرَ هـ To gather. To assemble
تَجَمْهَرَ To gather, crowd together
جُمْهور جـ جَماهير The public. The people. Audience. Crowd. Multitude
جُمْهوريَّة Republic
جُمْهوريّ Republican
جن - جَنَّ ـُ To cover, veil. To hide
جُنَّ To become insane, crazy. To go mad
جُنَّ جُنونه To lose one's head or

mind

جَنَّ اللَّيْلُ To become dark

جِنّ وجانّ وجِنَّة Jinn, demons, fairies

جِنِّيَّة Fairy

جَنَّة جـ جَنّات وجِنان Paradise. Garden

مِجَنّ ومِجَنَّة جـ مَجانّ Shield

جَنان جـ أَجْنان Heart, soul

ثابِتُ الجَنان Firm, undismayed

جُنون Lunacy, madness. Folly

جَنين جـ أَجِنَّة Fœtus, embryo

جُنَيْنَة Garden

مَجْنون جـ مَجانين Insane, crazy, mad. Fool

جنب - جَنَّبَ وتَجَنَّبَ واجْتَنَبَ ه او هـ To keep away from. To avoid, shun

جانِب جـ جَوانِب Side. Aspect

بِجانِب، إلى جانِب Beside, next to

لَيِّن الجانِب Docile, obedient, tractable

جَنْب جـ جُنوب وأَجْناب Side, flank, wing

ذات الجَنْب Pleurisy

جَنْبًا إلى جَنْب Side by side

جَنوب South

أَجْنَبِيّ جـ أَجانِب Foreigner, stranger

جنح - جَنَحَ ـَ To tend to, lean to

جَنَحَت سَفينَة To strand

جَنَّحَ ه To wing

جانِح جـ جَوانِح (جانِب) Side, flank, wing

جِنْح وجُنْح Part of the night

جَناح جـ أَجْنِحَة وأَجْنُح Wing. Suite. Stand, stall. Flank *(of an army)*. Division, section

على جَناحِ السُّرْعَة At full speed. Quickly

جُنْحَة Misdemeanor

جند - جَنَّد ه To enlist, recruit. To mobilize *(an army)*

تَجَنَّدَ To be enlisted, recruited

تَجَنَّدَ لِعَمَل الخَيْر To devote oneself

تَجْنيد Recruiting, recruitment, enlistment. Mobilization

تَجْنيد إِجْبارِيّ Conscription

جُنْد جـ جُنود وأَجْناد Soldiers, army, troops

جُنْدِيّ Soldier, private

الجُنْدِيَّة Military service

جندب - جُنْدُب جـ جَنادِب Grasshopper

جندل - جَنْدَلَ ه To fell, knock down

جنز - جَنَّزَ ه To say the burial prayers, to conduct a funeral

جَنازَة وجِنازَة جـ جَنائِز Funeral procession. Bier

جَنّاز جـ جَنانيز Requiem, obsequies, funeral

جنزر - جِنْزِير جـ جَنازير Chain
جنس - جَنَّسَ ه و هـ To naturalize
جانَسَ To resemble. To be of the same kind or nature as
تَجَنَّسَ To be or become naturalized
جِنْس جـ أَجْناس Kind, sort, variety. Class, genus. Category. Race. Sex. Gender
الجِنْس البَشَريّ Human race, mankind
الجِنْس اللَّطيف The fair sex
الجِنْس الخَشِن The strong sex
إِسْم جِنْس Generic noun
جِنْسِيَّة Nationality, citizenship
تَجَنُّس Naturalization, acquisition of citizenship
مُتَجَنِّس Naturalized
جِنْسِيّ Sexual. Sexy. Generic
جاذبيّة جنسيّة Sex appeal
مُجانَسَة وجناس Kinship, affinity. Similarity
مُتَجانِس Homogeneous
جنق - مَنْجَنيق Catapult
جنى - جَنى ـِ هـ واجتنى مِن To pick, gather, harvest *(fruits)*
جَنى To commit, perpetrate *(a crime)*
تَجَنّى عَلى To accuse falsely of
جِناية Felony
جِنائيّ Criminal
قانون جِنائيّ Criminal or penal law
جانٍ جـ جُناة Perpetrator. Criminal, culprit
جَنًى Fruits, harvest
جهد - جَهَدَ ـُ في واجْتَهَدَ في To try hard, endeavour. To work hard
جَهَدَ وأَجْهَدَ ه To strain, exert. To wear out, fatigue
جاهَدَ ه To struggle. To strive against
جَهْد Effort, endeavour. Trouble. Exertion
بَذَلَ جَهْدَهُ To do one's best
جُهْد Power. Ability. Voltage, potential
جِهاد ومُجاهَدَة Jihad, holy war *(by Moslems)*. Struggle. Fighting
جهر - جَهَرَ ـَ To declare publicly. To raise the voice
جَهَرَ ـَ (ت العَيْن) To be dazzled by the sun
جَهُرَ ـُ (صوت) To be or become loud
جاهَرَ ه بِـ To declare openly, profess
جَهرًا Publicly, in public
أَجْهَر مـ جَهْراء Day-blind
جَهير وجَهْوَريّ (صوت) Loud
مِجْهَر جـ مَجاهِر Microscope
جهز - جَهَزَ ـَ وأَجْهَزَ على To finish off *(a wounded man)*
جَهَّزَ ه و هـ To prepare, make ready

To equip with, supply with جَهَّزَ بـ
To get ready, prepare oneself تَجَهَّزَ (للسَّفر)
Equipment, appliance. Instrument. Apparatus. Set. System. Trousseau. Body, organization, corps جِهاز وجَهاز جـ أَجْهِزَة
To burst into tears **جهش** - جَهَشَ ـَ وأَجْهَشَ بالبُكاء
To have a miscarriage, to miscarry **جهض** - أَجْهَضَت المرأة
Abortion, miscarriage إجْهاض
Not to know. To be ignorant. To be uneducated **جهل** - جَهِلَ ـَ
To ignore. To affect ignorance تَجاهَلَ
To deem ignorant إسْتَجْهَلَ
Ignoring, disregarding تَجاهُل
Ignorant. Uneducated جاهِل جـ جُهّال وجَهَلَة
State of ignorance. Pre-Islamic times جاهِلِيَّة
Ignorance. Stupidity, foolishness جَهْل وجَهالَة
Unexplored territory مَجْهَل جـ مَجاهِل
Unknown. Anonymous مَجْهول
To frown, glower. To look gloomy and threatening **جهم** - جَهَمَ ـَ هـ وتَجَهَّمَ لـ
Frowning. Gloominess تَجَهُّم
Morose, gloomy. Frowning مُتَجَهِّم
Hell, hellfire **جهنم** - جَهَنَّم
To travel, wander *(through)*, explore **جوب** - جابَ ـُ هـ
To answer, reply جاوَبَ ه و هـ وأجابَ
To plead أجابَ ه أو عن (تُهْمَة)
To grant, fulfill أجابَ ه إلى (حاجة)
To respond to. To answer *(a prayer)*. To grant *(a request)* إسْتَجابَ ه او لـ
To question, interrogate إسْتَجْوَبَ
Questioning, interrogation إسْتِجْواب
Answer, reply جَواب جـ أَجْوِبَة
Answering, replying. Fulfillment, response. Granting *(a request)*. Consent جَواب وإجابة
To invade. To devastate **جوح** - إجْتاحَ ه
Calamity, disaster جائِحَة جـ جَوائِح
Broadcloth **جوخ** - جوخ جـ أَجْواخ
To improve, become better **جود** - جادَ ـُ
To be swift *(horse in a race)* جادَ وجَوَّدَ وأَجْوَدَ
To give generously. To be generous جادَ على فُلان
To sacrifice oneself جادَ بنفسه
To recite the Koran جَوَّدَ القُرآن

جَوَّدَ To improve, make better

أَجادَ To do well

جود Generosity

جودَة Goodness, excellence, quality

جَوّاد جـ أَجْواد وأَجاويد Generous

جَواد جـ جِياد وأَجْياد Horse, steed

جَيِّد Good, well, fine. Perfect

جَيِّد جِدًّا Very well or very good

جَيِّدًا Well. Excellently. Thoroughly

جور - جارَ ـُ على To wrong, oppress, tyrannize

جاوَرَ To neighbour, live next door to. To border on or upon

جائر Unjust. Tyrannical. Tyrant, oppressor

أَجارَ ه To protect, defend

إِسْتَجارَ هـ و بـ To seek protection or refuge with

جار جـ جيران Neighbour

جَوْر Injustice. Oppression. Tyranny

جوار Neighbourhood

جورب - جَوْرَب جـ جَوارِب Sock. Stocking

جوز - جازَ ـُ بِـ او في To pass, come through, cross

جازَ To be or become permitted. To be or become probable, possible

جَوَّزَ هـ To marry. To allow. To authorize

جاوَزَ To surpass, exceed, go beyond. To be past *(a certain age)*

جاوَزَ عن To overlook, pardon

أَجازَ هـ To allow, permit. To authorize. To license

إِجْتازَ To cross, traverse, pass through

تَجاوَزَ في To exceed, go beyond

جَوْز وجَوْزَة جـ جَوْزات Walnut, nut

جَوْز هِنْديّ Coconut

جَوْزَة الطِّيب Nutmeg

جائز Permitted, legal. Thinkable

جَواز جـ أَجْوِزَة Permit, license. Permissibility. Possibility

جواز السَّفَر Passport

إِجازَة Leave of absence. Holidays, vacation. License. Permit. Permission

إِجازة سَوْق Driving license

جائِزَة جـ جَوائِز Prize, reward

مَجاز ومَجازَة Path, passage

مُجاز في Licentiate

جوع - جاعَ ـُ To feel hungry. To starve

جوع Hunger. Starvation

مَجاعَة Famine. Starvation

جائِع، جوعان جـ جياع Hungry, starving, famished

جوف - جَوِفَ ـَ To be or become hollow

جَوَّفَ هـ To hollow out, cave,

excavate
Interior, inside. جَوْف جـ أَجْواف
Heart. Abdomen
أَجْوَف مـ جَوْفاء جـ جُوَف ومُجَوَّف
Hollow. Empty
Troop, **جوق** - جَوْقَة جـ جَوْقات
group. Choir. Orchestra, band
To roam, wander **جول** - جالَ ـُ في
about, perambulate. To circulate
Round. Tour. Trip, journey جَوْلَة
Field, domain, scope. Room, مَجال
space. Opportunity
Traveler, wanderer. Ranger جَوّال
جَوَلان وتَجَوُّل وجَوّال ومُتَجَوِّل
Roaming, wandering
Cup, **جوم** - جام جـ جامات
drinking-glass
To vent oneself, صَبَّ جام غَضَبه على
wreak vengeance upon
Inlet, gulf, **جون** - جُون جـ أَجْوان
bay
High rank. **جوه** - جاه، وجاهَة
Honor, fame, dignity. Power
Notable, leading وَجيه جـ وُجَهاء
personality. Distinguished
Good, valid, sound سَبَب وَجيه
(reason)
The notables وُجَهاءُ القَوم
Essence. **جوهر** - جَوْهَر جـ جَواهِر
Element, substance. Jewel, gem

Jewel, gem جَوْهَرَة
Essential. Substantial. جَوْهَرِيّ
Material. Jeweler
To weather **جوى** - جَوّى وتَجَوّى
Air, atmosphere. جَوّ جـ جِواء
Weather. Environment. Ambiance
By air جَوًّا
Air, aerial جَوِّيّ
Atmospheric conditions أَحْوال جَوِّيَّة
Ardent love, passion **جوي** - جَوًى
To come, arrive. To **جيء** - جاءَ ـِ
get to
To bring, fetch. To جاءَ بِـ إِلى
introduce
Coming, arrival, advent مَجيء
Pocket. **جيب** - جَيْب جـ جُيوب
Heart
Neck **جيد** - جيد جـ أَجْياد وَجُيود
To endorse, back **جير** - جَيَّرَ شِكًّا
Endorsement تَجْيير
Lime جير
To be or get **جيش** - جاشَ ـِ
agitated. To rage, storm. To boil.
To surge, swell up, heave
To feel sick جاشَت نَفْسُه
Surge. Excitement جَيَشان
To mobilize, levy troops جَيَّشَ
Army, troops جَيْش جـ جُيوش
Occupation forces جَيْشُ احْتِلال
Corpse, **جيف** - جيفَة جـ جِيَف
cadaver

جيل - جيل جـ أَجيال Generation. People, nation. Century. Era, epoch

مِن جيلٍ الى جيلٍ From generation to generation

ح

ح - ح — H (*6th letter of the Arabic alphabet)*

حب - حَبَّ ـِ وأَحَبَّ ه و هـ — To love. To like

حَبَّبَ هـ الى — To endear. To make beloved

تَحَبَّبَ إلى — To show love or affection to

حَبَّبَ وَتَحَبَّبَ — To granulate

حُبّ ومَحَبَّة — Love. Affection. Passion

حَبيب جـ أَحِبّاء وأَحْباب — Lover. Beloved, sweetheart. Darling

تَحَبُّب — Endearment. Granulation

مُحِبّ — Loving. Lover. Fond *(of)*

مَحْبوب ومُحَبّ — Beloved. Lovable. Lover

مُسْتَحَبّ — Recommendable, desirable

مُحَبَّب — Lovable, agreeable. Granulated

حَبّ وحَبَّة جـ حُبوب — Grain. Seed, corn. Pimple, pustule. Pill, pastille, tablet

حُبُوب — Cereals

حَبُّ الشَّباب، حَبُّ الصِّبا — Acne

حبذ - حَبَّذَ ه — To approve, think well of. To applaud

حَبَّذا ويا حَبَّذا — How nice! How lovely is! How excellent

يا حَبَّذا لو (تأتي) — How nice it would be if! If only! I wish...

حبر - حَبِرَ ـَ — To rejoice, be glad

حَبَرَ ـُ — To gladden, make happy

حَبَّرَ هـ — To ink, fill with ink

حِبْر — Ink

قَلَمُ حِبْر — Pen, foutain pen

مِحْبَرَة جـ مَحابر — Inkwell

حَبْر وحِبْر جـ أَحْبار — Pontiff, bishop. Rabbi

الحَبْر الأَعْظَم — The Pope

حُبور — Joy, delight. Pleasure

حبس - حَبَسَ ـِ — To imprison. To withhold

حَبْس جـ حُبوس — Imprisonment. Prison, jail

حَبيس جـ حُبَساء — Hermit. Prisoner, convict

مَحْبِس جـ مَحابِس — Jail, prison

مَحْبَس — Wedding-ring

مَحبوس — Prisoner. Imprisoned. Isolated

مَحْبَسَة جـ مَحابِس — Hermitage

حبط - أَحْبَطَ هـ — To frustrate, defeat

حبوط — Failure

إحباط — Frustration

حبق - حَبَق Basil

حبك - حَبَكَ ـُـِ هـ To weave. To knit. To twine

حَبَّكَ هـ To tighten, fasten. To twist

حبل - حَبِلَ ـَ (ـت المرأة) To be or become pregnant, to conceive

حَبَّلَ To make pregnant. To impregnate

حَبْل جـ حِبال Rope, cable. Cord, string

أُحْبولَة Snare, net

الحَبْلُ السُّرّيّ Umbilical cord

حَبَل Pregnancy, conception

إنْخَلَطَ الحابِل بالنّابِل Everything became confused

حُبْلى جـ حَبالى Pregnant

حبا - حَبا ـُ ه هـ أو بِـ To crawl. To go on all fours. To give to, award

حابى ه في To take sides with. To favor

مُحاباة Favoritism, partiality

حت - حُتات Scraps, crumbs. Detritus

حَتّى Until, till. So that, in order to. Even, including

حَتّى مَتى وحتّام Till when? How long?

حتد - مَحْتِد Origin, lineage, descent

حتف - حَتْف جـ حُتوف Death

لَقِيَ حَتْفَهُ To die

حتم - حَتَمَ ـِ هـ على وحَتَّمَ To make necessary, indispensable. To impose, enjoin

تَحَتَّمَ على To be someone's duty

حَتْم جـ حُتوم Final decision, resolution

حَتْمًا Decidedly, without fail

حث - حَثَّ ـُ ه على وإسْتَحَثَّ ه على To urge, incite, stimulate, motivate

حَثَّ خُطاه To hurry, speed

حَثيث مـ حَثيثَة Fast, rapid, quick

حثل - حُثالَة Dregs, lees, sediment

حثا - حَثا ـُ التُّرابَ على To poor dust upon

حج - حَجَّ ـُ هـ To go on pilgrimage. To overcome by argument or proof

حاجَّ To argue with, debate with

إحْتَجَّ بِـ To advance as an excuse

إحْتِجاج Protest, objection

إحْتَجَّ على To protest against

حُجَّة جـ حُجَج Excuse, plea. Argument. Proof, evidence. Deed, record, writ. Authority

حاجّ جـ حُجّاج وحَجيج Pilgrim

مَحَجَّة Middle of road. Aim

مُحاجَّة Argument. Dispute

حجب - حَجَبَ ـُ وحَجَّبَ ه و هـ To cover, veil. To hide. To make invisible

تَحَجَّبَ To be veiled

To disappear. To veil oneself إِحْتَجَبَ
Veil, cover. حِجاب جـ حُجُب
Amulet, talisman. Partition. Diaphragm
Doorkeeper, gatekeeper حاجِب جـ حُجّاب
Eyebrow, brow حاجِب جـ حَواجِب
To prohibit (from), interdict **حجر** - حَجَرَ ـُ ه عن
To quarantine حَجَرَ عليه صحّيًّا
To petrify. To solidify, harden حَجَّرَ
To petrify, be petrified تَحَجَّرَ
Interdiction. Embargo حَجْر
Quarantine حَجْرٌ صِحّيّ
Forbidden, prohibited. Lap حِجْر وحُجْر
Mare حِجْر جـ حجور
Stone حَجَر جـ أَحْجار وحِجارَة وحِجار
Stumbling block. Obstacle حَجَر عَثْرَة
Room, cell, chamber حُجْرَة جـ حُجَر
Bedroom حُجْرَة النَّوْم
Dining room حُجْرَة الطَّعام
Sitting room, living room حُجْرَة جُلوس
Orbit of the eye مِحْجَر جـ مَحاجِر
Petrified مُتَحَجِّر
Quarantine (station) مَحْجَر صحّيّ
To hold back. To retain. To sequester **حجز** - حَجَزَ ـِ ه
To reserve, book حَجَزَ مَكانًا
To seize, impound حَجَزَ هـ على
Prevention. Detention. Seizure حَجْز
Partition, screen. Obstacle. Barricade حاجِز جـ حَواجِز
To hop, leap. To gambol **حجل** - حَجَلَ ـِ
Partridge حَجَل وحَجلَة جـ حِجْلان
To abstain, refrain from **حجم** - حَجَمَ ـُ وَأَحْجَمَ عن
To cup. To muzzle حَجَمَ
Volume, size, bulk, dimensions, magnitude حَجْم جـ أحجام
Understanding, wit **حجى** - حِجًى
Riddle, puzzle, enigma أُحْجِيَّة جـ أَحاجِيّ
To set bounds. To restrict, limit. To mourn, wear mourning. To sharpen **حد** - حَدَّ ـُ هـ
To delimit, demarcate. To define. To fix *(prices)* حَدَّدَ هـ
To look sharply at حَدَّدَ النَّظَرَ إلى
To be furious at إِحْتَدَّ على
Sharp, cutting, keen. Intense, extreme. High-pitched *(tone)*. Vehement, impetuous. Vivid حادّ مـ حادَّة
Sharp-sighted حادّ النَّظَر
Sharp-witted حادّ الذِّهْن
Quick- or short-tempered حادّ الطَّبع
Boundary, border. حَدّ جـ حُدود

Edge. Limit. Extent, degree. Definition. Term

مُحدَّد Fixed. Clearly defined

الحَدّ الأدنى Minimum

الحَدّ الأقصى Maximum

محدود Bounded, limited. Fixed

حِدَّة Sharpness, keenness. Intensity. Violence, vehemence. Fury, rage. Pitch

حِدَّة الذِّهن Discernment, perspicacity

حَدّاد Blacksmith, smith

حِداد Mourning

حِدادَة Smithery

حَديد Iron

حَديدة جـ حَدائِد وحَديدات Piece of iron

تَحْديد Definition. Limitation. Demarcation

مُحْتَدّ Angry, furious, upset

حدب - حَدِبَ ـَ To be hunchbacked, humpbacked. To be convex

حَدِبَ على To be nice, friendly *(to)*. To sympathize with

إحْدَوْدَبَ To be or become convex. To bend

حَدَبَة Hump, hunch. Convexity

أَحْدَب مـ حَدْباء Humpback, hunchback

حدث - حَدَثَ ـُ To happen, take place, occur

حَدُثَ ـُ To be new, recent

حَدَّثَ ه هـ و بـ To tell, report, narrate. To modernize, update

حادَثَ ه To converse with. To hold talks with

أَحْدَثَ هـ To produce, create. To cause

تَحَدَّثَ بـ او عَن To talk, speak about

تَحادَثَ To converse, talk to one another

إسْتَحْدَثَ هـ To invent, create

حادِث مـ حادِثَة جـ حَوادِث Event, incident. Accident. Misfortune, mishap

حَدَث جـ أَحْداث Event. Novelty, innovation. Juvenile, youth

حَداثَة Newness. Youthfulness

حُدوث Occurrence, happening

حَديث جـ أَحاديث وحِدْثان Speech. Talk. Conversation. Report. Interview

حَديث مـ حَديثة New, recent. Modern, up-to-date. Young

أُحْدوثة جـ أَحاديث Story, tale. Topic, subject. Gossip

مُحْدَث New, recent. Modern

مُحادَثَة Parley, talk, conversation

مُسْتَحْدَث New, novel

anger. To glow, flame. To erupt, break out (fight)

Flame, glow. Fervor اِحْتِدام

Furious, raging مُحْتَدِم غَيْظًا

To urge (camels) حَدا - حَدا ـُـ ه forward by singing

To stimulate, urge on, incite حَدا بـ

حادي عَشَر: أُطْلُب أحد

Singing of the حُداء أو حِداء cameleer

Horseshoe حَدْوَة

To challenge, defy. حَدي - تَحَدّى ه To compete with

Challenge تَحَدٍّ

To be حَذِر - حَذِرَ ـَ ه وحاذَرَ cautious or wary of, on one's guard

To warn, caution حَذَّرَ ه

Warning, cautioning تَحْذير

Caution, wariness. حِذْر وحَذَر Precaution

Cautious, wary, careful حَذِر

Cautiously, warily, carefully بِحَذَر

Beware of! Watch out for! حَذارِ

Danger, peril. Misfortune مَحْذور

To take away حذف - حَذَفَ ـِ هـ from. To shorten, clip. To drop. To deduct, subtract. To delete

Taking away, clipping off. حَذْف Dropping. Deduction, subtraction.

Spokesman, speaker مُتَحَدِّث

To glare, gaze حدج - حَدَجَ ه بِعَيْنِه at

To descend. To حدر - حَدَرَ ـُ bring down. To shed tears

To descend. To تَحَدَّرَ وانْحَدَرَ مِن glide or roll down. To slope

Slope, descent مُنْحَدَر

Sloping, inclined (سَطْحٌ) مُنْحَدِر

Slant, inclination. اِنحدار Descending, going down. Descent

To surmise, حدس - حَدَسَ ـُ في guess

Intuition. Guess, surmise حَدْس

Intuitive حَدْسِيّ

Conjecture حَدَسِيَّة جـ حَدَسِيّات

To حدق - حَدَقَ ـِ وأَحْدَقَ بـ surround, encircle

To gaze at, stare at حَدَّقَ إلى

Iris, pupil حَدَقَة جـ حَدَقات وأَحْداق of the eye

Imminent danger مُحْدِق (خَطَر)

Garden حَديقَة جـ حَدائِق

Public garden, park حَديقَة عامّة

Zoo, zoological حَديقَةُ حَيَوانات garden

Kindergarten حَديقَةُ أطفال

To level, flatten, roll حدل - حَدَلَ ـِ

Roller مِحْدَلَة جـ مَحادِل

To rage, burn with حدم - اِحْتَدَمَ

Deletion, canceling

حذفار - حِذفار جـ حَذافير، أَخَذَهُ بِحَذافيرِه He took all of it, he took it altogether

حذق - حَذَقَ ـِ هـ و في To be skilled, clever

حِذْق وحَذاقَة Skill, dexterity. Cleverness

حاذِق جـ حُذّاق Skilled, skillful, clever

حاذِق (خَلّ) Sour, tart

حذلق - مُتَحَذْلِق Pedant

حَذْلَقَة وتَحَذْلُق Pedantry

حذا - حَذا ه وحَذا حَذْوَ فُلان وإحْتَذى مِثالَ فُلان To imitate. To follow someone's example

حاذى To be opposite to. To parallel

إحْتَذى To put on shoes

حِذاء جـ أَحْذِيَة Shoe. Boot. Sandal

حَذّاء أو صانع الأَحْذِيَة Shoemaker

حَذْوَ Opposite, face to

حر - حَرَّ ـَـُـ To be hot

مُحَرِّر Liberator. Emancipator. Writer. Editor

مُتَحَرِّر Emancipated

حَرَّرَ ه و هـ To liberate, free. To emancipate. To edit. To write, compose

حُرّ جـ أَحْرار Free. Freeman. Emancipated. Independent. Genuine, pure

تَحَرَّرَ To become free, be liberated

حَرّ Warmth, heat

حُرِّيَّة Freedom, liberty

حُرَّة جـ حَرائِر Free, well-born *(woman)*

حارّ Hot, warm. Ardent

حُرَيْرَة أو وَحْدَة حَرارِيَّة Calory

حَرارَة Heat, warmth. Fever. Ardor, fervor, enthusiasm

حَرارة الجَوّ أو دَرَجَة الحرارة Temperature

ميزان الحرارة Thermometer

حَرير Silk

تَحْرير جـ تَحارير Liberation. Emancipation. Letter. Editing. Writing. Editorship

مَحْرور Feverish

حرب - حارَبَ To fight. To enter into a war against

حَرْب جـ حُروب War. Fight. Combat

حَرْبَة جـ حِراب Bayonet. Spear. Lance

حَرْبِيّ Military, martial

حِرْباء مـ حِرْباءَة جـ حَرابيّ Chameleon

مُحارِب Fighter, warrior, combatant

مِحْراب (المَسْجِد) جـ مَحاريب Prayer niche, mihrab

حرث - حَرَثَ ـُـِ هـ To plow or plough. To cultivate, till

٧٥ حرج - حرف

Plowing, tilling حَرْث وحِراثة
Plow or plough مِحْراث جـ مَحاريث
Tiller, plowman حارِث جـ حُرّاث
To be or become narrow. To be critical *(situation)* **حرج** - حَرِجَ ـَ
To forbid حَرَّجَ على وأَحْرَجَ
To afforest, forest حَرَّجَ (شَجَّرَ)
To persist in, to insist on حَرَّجَ في
To put in a critical situation أَحْرَجَ ه
Narrow space. Sin. Crime. Woodland حَرَج
Nobody would blame you لا حَرَجَ عليك
You can say what you like حَدِّث ولا حَرَج
Sin حِرْج جـ أَحْراج
Seriousness, gravity حَراجَة
Critical. Narrow حَرِج مـ حَرِجَة
Afforestation, forestation تَحْريج
Embarrassing مُحْرِج
To sulk, pout **حرد** - حَرِدَ ـَ على
Pouting, sulkiness حَرَد
Sulky, sullen حَرِدَ وحَرْدان وحارِد
Lizard **حرذن** - حِرْذَوْن جـ حَراذين
To keep, preserve **حرز** - حَرَزَ ـُ
To be pious, devout حَرِزَ ـَ
To acquire, obtain. To win. To achieve *(success)* أَحْرَزَ هـ
To be on one's guard against, be wary of تَحَرَّزَ واحْتَرَزَ مِن
Fortified place. Refuge حِرز جـ أَحْراز
To guard, watch **حرس** - حَرَسَ ـُ هـ
Guardian. Guard, sentry. Custodian. Trustee حارِس
Night watch حارِس اللَّيل
Goalkeeper حارِس المَرمى
Guard, bodyguard حَرَس
To beware of, guard against إحتَرَسَ
Caution, wariness, prudence إحْتِراس
Cautious, wary, careful مُحْتَرِس
To molest. To provoke. To meddle with **حرش** - تَحَرَّشَ بِـ
Provocation. Meddling تَحَرُّش
To desire, wish. To covet eagerly **حرص** - حَرَصَ ـِ وحَرِصَ ـَ على
Covetousness, greed, avarice حِرْص
Greedy, covetous حَريص جـ حُرَصاء وحِراص
To instigate, incite. To stimulate **حرض** - حَرَّضَ ه على
Instigation. Provocation. Stimulation تَحْريض
Provocative. Inciting تَحْريضيّ
Instigator مُحَرِّض
To distort, corrupt, change, misinterpret **حرف** - حَرَّفَ هـ
Change, alteration تَحْريف
To slant, slope. To إنْحَرَفَ عن

deviate from. To go astray
إحْترفَ هـ To practice or adopt as profession
حَرْف جـ حِرَف Edge. Border, rim, verge
حَرْف جـ حُروف وأَحْرُف Letter. Type. Particle
حَرْف ساكِن أو صامِت Consonant
حَرْف صَوْتيّ أو مُتَحَرِّك Vowel
حَرْف نِداء Interjection
حَرْفِيّ Literal
حِرْفَة جـ حِرَف Profession, career. Craft
مُنْحَرِف Oblique. Perverted. Delinquant
شِبْهُ مُنْحَرِف Trapezoid
مُحتَرِف Professional, pro
حَرْف جَرّ Preposition
الحَرْف الأوَّل مِن إسم أو كلمة Initial
إحتراف Adoption of a profession
إنحراف Deviation. Obliquity
مُحْتَرَف Studio, atelier
حِرَفيّ Artisan, craftsman
حِرّيف Pungent, hot
حرق - حَرَقَ ـُ ه وحَرَّقَ وأَحْرَقَ ه و ه To burn, destroy by fire
تَحَرَّقَ شوقًا إلى To long desperately for
حَرْق وإحْتِراق Burn(ing). Combustion
حُرْقَة وحَرْقَة Inflammation
حَرْقَة في المَعِدَة Heartburn
حَريق جـ حَرائِق Fire. Conflagration
حَرّاقَة جـ حَرّاقات Torpedo
مُحْرَقَة جـ مُحْرَقات Holocaust
إحْتَرَقَ To burn, catch fire
إحراق Burning, destruction by fire
مَحْروق Burned
مَحْروقات Fuel
حرك - حَرُكَ ـُ وتَحَرَّكَ To move, stir
حَرَّكَ ه و هـ To stir, shake, move. To stimulate. To vowelize *(a word)*
حَرِك Lively, active, brisk
حَرَكَة المُرور أو السَّيْر Traffic
حَرَكَة جـ حَرَكات Movement. Gesture. Move. Vowel point
مُحَرِّك Motor, engine
مُحَرِّكٌ ذو إحْتِراقٍ داخِليّ Internal combustion engine
مُحَرِّكٌ نَفّاثٌ Jet engine
مُتَحَرِّك Moving, movable, mobile
رُسوم مُتَحَرِّكة، صُوَر مُتَحَرِّكَة Cartoon
حرم - حَرَمَ ـِ ه هـ To deprive of. To disinherit. To excommunicate
حَرَّمَ To forbid. To taboo. To declare sacred
حِرْمان Deprivation. Privation. Disinheritance
إحترام Deference, respect, esteem
إحْتَرَمَ ه To respect, esteem, honor
حِرْم وحِرمان كَنَسيّ Excommunication

حَرَم جـ أَحْرام — Sanctuary, sacred place
حَرَم جـ حُرُم — Wife, spouse. Sacred object
حَرَم الجامِعَة — Campus
حُرْمَة جـ حُرَم وَحُرُمات — Holiness, sacredness
حَريم — Harem. Women
حِرام (بَطّانِيَّة) — Blanket, cover
حَرام — Offense, sin. Taboo. Sacred
حَراميّ — Thief, burglar
مُحَرَّم مـ مُحَرَّمَة — Forbidden, taboo
مَحْرَمَة — Handkerchief
مُحَرَّمات — Forbidden things
مَحْروم — Destitute. Excommunicated
مُحْتَرَم — Respectable. Honorable
مُحْتَرِم — Respectful, deferential
حرن – حَرَنَ وحَرُنَ ـُ — To balk, jib
حَرون جـ حُرُن — Balky, restive
حرى – تَحَرّى عَن — To investigate, inquire into
حَرِيّ جـ أَحْرِياء بـ — Suitable, proper for
بالحَرِيّ او بالأحرى — Rather, more likely
ما أَحْراهُ به — How worthy of it he is
حز – حَزَّ ـُ وحَزَّزَ واحتَزَّ هـ — To notch, incise, indent
حَزاز وحَزازَة — Lichen. Dandruff. Hatred, rancor
حَزَّ في نَفْسِهِ أَو في قَلْبِهِ — To hurt. To torment
حَزّ وحَزَّة — Notch, incision
حزب – تَحَزَّبَ لـ — To side with
تَحَزَّبَ — To form a party. To join forces
حِزْب جـ أَحْزاب — Party, faction. Group
حِزْبِيّ ومحازِب — Party. Factional
حِزْبِيَّة — Partisanship. Party life
حزر – حَزَرَ ـُـِ — To guess, estimate
حَزْر — Guess(ing). Estimation
حَزِيران (شَهْر) — June
حزق – حَزوقَة وحازوقة — Hiccups
حزم – حَزَمَ ـِ وحَزَّمَ هـ — To pack up, tie up, bundle up. To girth
حَزُمَ ـُ — To be or become resolute
حَزْم — Packing, binding. Firmness, resolution. Prudence
حِزام جـ حَزائِم ومِحْزَم جـ مَحازِم — Saddle girth. Belt. Girdle
حُزمَة جـ حُزَم — Bundle, bale. Bunch. Package, parcel
حازِم جـ حُزَماء — Resolute. Prudent
حزن – حَزَنَ ـُ ه — To sadden, grieve
حَزِنَ ـَ على او لـ — To be sad, grieved. To feel sorry for
حُزْن وحَزَن جـ أَحْزان — Sadness, grief, sorrow
حَزين — Sad, unhappy

Saddening. Sad, sorrowful	مُحْزِن
Heron	مالك الحزين
To feel, sense. To perceive	حس - حَسَّ ـِ
To sympathize with	حَسَّ لِـ
To seek information about. To find by touching	تَحَسَّسَ هـ
To feel, sense. To notice	أَحَسَّ بِـ
Faint sound. Feeling, sense. Presentiment	حِسّ
Sense	حاسَّة جـ حَواسّ
Feeling. Sensation. Sensitivity	إحْساس
Sensitive. Sensible. Susceptible	حَسّاس
Sensitivity. Sensibility. Susceptibility. Allergy	حَساسيّة
Sensory. Sensuous. Tangible	حِسّيّ ومَحْسوس
To calculate, count. To consider, reckon	حسب - حَسَبَ ـُ هـ
To think, suppose, assume	حَسِبَ ـَ ه و هـ
It was not expected that	لم يَكُن بالحِسْبان
To settle an account with. To hold responsible	حاسَبَ ه
To seek to know	تَحَسَّبَ
To lose a son	إحْتَسَبَ وَلَدًا
According to	حَسْبَ وحَسْبَما

You need only	حَسْبُكَ
Ancestry, noble descent	حَسَب جـ أحْساب
Arithmetic. Calculation, counting, enumeration. Account	حِساب
Judgement day	يَوْم الحِساب
Account	حِسْبة جـ حِسَب
Calculation. Conjecture	حُسْبان
Protégé, favorite	مَحْسوب جـ مَحاسيب
Favoritism	مَحْسوبيّة
Accountant, bookkeeper. Auditor	مُحاسِب
Arithmetician. Counter, calculator	حاسِب
Computer	حاسِب إلكْترونيّ أو آليّ
Accounting, bookkeeping. Accountancy	مُحاسَبَة
To envy, grudge for	حسد - حَسَدَ ـُ
Envy, jealousy	حَسَد
Envious, grudging, jealous. Envier, grudger	حَسود
To become dim (sight). To be or become tired	حسر - حَسَرَ ـُ
To regret	حَسِرَ ـَ وتَحَسَّرَ على
To uncover, unveil	حَسَرَ ـُ عن
Regret, grief	حَسْرَة جـ حَسَرات
Alas! What a pity!	يا حَسْرتي او واحَسْرتاه

Bared, denuded حاسِر جـ حَواسِر
Myopia, shortsightedness or nearsightedness حُسور وحَسَر
Myopic, short-sighted or nearsighted حاسِر أو حَسير البَصَر
Sighing. Regret تَحَسُّر
حسك - حَسَك السَّمَك Fishbones
حسم - حَسَمَ ـِ هـ To cut off. To end, terminate. To discount
Discount حَسْم
Sword حُسام
حسن - حَسُنَ وحَسَنَ ـُ To be or become beautiful. To be or become nice
Well, all right, good, OK حَسَنًا
To ameliorate حَسَّنَ ه و هـ
To treat with kindness حاسَنَ ه
To improve, ameliorate تَحَسَّنَ
Improvement, amelioration تَحْسين وَتَحَسُّن
To do well, behave well أَحْسَنَ هـ
To do good, give charity to أَحْسَنَ إلى و بِـ
To approve. To appreciate إسْتَحْسَنَ هـ
Beauty. Good quality حُسْن جـ مَحاسِن
Handsome, pretty. Fine حَسَن
Improver. Beautifier مُحَسِّن
Agreeable. مُسْتَحْسَن
Recommandable
Charity, alms. حَسَنَة جـ حَسَنات
Good deed
Kindness حُسنى
Amicably, in a friendly manner حُسْنى وبالحُسْنى
The 99 attributes of God الأسْماء الحُسْنى
Charity, benefaction إحْسان
Goldfinch حَسّون
Good-looking woman حَسْناء
Charitable, beneficent مُحْسِن
حسا - حَسا ـُ واحْتَسى هـ To drink, sip
Soup, broth حَساء
حش - حَشَّ ـُ To mow, cut
To smoke hashish حَشَّشَ
Grass, herb. Hay. Hashish حَشيش
Hashish addict حَشّاش
Last breath, last spark of life حُشاشة
حشد - حَشَدَ ـُـِ To gather, assemble. To mobilize *(an army)*. To mass
To assemble, gather إحْتَشَدَ
Gathering, assembling. Assembly, crowd حَشْد وحَشَد جـ حُشود
حشر - حَشَرَ ـُـِ ه و هـ To pack, jam *(together)*. To squeeze. To stuff. To compress, press. To assemble

حَشَرَ أَنْفَهُ في — To poke one's nose into
تَحَشَّرَ في — To intrude, interfere in
الحَشْر — Day of the resurrection
حَشَرَة جـ حَشَرات — Insect
الحَشَرِيّات — Entomology
حشرج - حَشْرَجَ — To rattle in the throat
حَشْرَجَة — Rattle, rattling
حَشْرَجَة المَوْت — Death-rattle
حشم - إحْتَشَمَ عن ومِن و ه — To be or become decent, modest, chaste
حَشَم — Servants, attendants
حِشْمَة وإحْتِشام — Decency. Modesty. Chastity
مُحْتَشِم — Decent. Modest
حشا - حَشا ـُ هـ بِـ — To stuff, fill. To load, charge *(a gun)*. To pad
حَشا ـُ ضِرْسًا — To fill
تَحاشى عن — To keep far from. To avoid
حَشًا جـ أَحْشاء — Bowels, entrails, guts
حَشْوٌ — Stuffing, filling. Padding. Insertion
حَشْوَة — Load. Charge. Inlay. Padding. Filling
حاشا — Except, save, but
حاشا الله — God forbid
حاشِيَة جـ حَواشٍ — Edge. Border. Hem. Margin. Footnote. Annotation. Postscript, PS, NB. Servants
مَحشيّ ومَحْشوّ — Stuffed. Loaded
حصب - حَصِبَ ـَ — To have the measles
حَصْبَة وحَصَبَة — Measles
حَصَبَ ـِ — To cover or pave with pebbles
حَصْباء — Pebbles. Gravel
حصد - حَصَدَ ـُـِ واحْتَصَدَ هـ — To harvest, reap. To mow. To kill
حَصاد وحِصاد — Harvesting. Harvest season
حصيدة جـ حَصائِد — Crop, harvest
حَصّاد — Harvester, reaper
حاصِدَة وحَصّادَة — Reaping machine
حصر - حَصَرَ ـُـِ ه — To limit. To confine. To surround. To parenthesize
حَصِرَ ـَ — To be avaricious. To be unable to express oneself
حاصَرَ ه و هـ — To besiege. To blockade
إنْحَصَرَ — To be limited. To be besieged
حَصَر — Aphasia. Anxiety. Avarice
عَلامات الحَصْر — Parentheses. Brackets
حَصْر — Surrounding. Besieging. Limitation. Retention
لا حَصْرَ لَهُ — Unlimited, infinite
حِصار ومُحاصَرَة — Blockade, siege

حَصيرَة جـ حَصائِر وحُصُر Mat
حَصْريّ (معنى) Strict
حصرم - حِصْرِم Unripe and sour grapes
حصف - حَصُفَ ـُ To have sound judgement
حَصافة Sound judgement
حَصيف Judicious. Of sound judgement
حصل - حَصَلَ ـُ To happen, take place, occur. To result from
حَصَلَ وحَصَّلَ على To obtain, get, acquire. To reach. To recover *(money)*. To attain *(an aim)*
حاصِل جـ حَواصِل Result, consequence. Total, sum. Product, rest
حَصيلَة ومَحْصول جـ مَحاصيل Yield, produce, crop. Result, outcome
حصن - حَصُنَ ـُ (مكان) To be well fortified
حَصَّنَ وأحْصَنَ هـ To fortify, reinforce. To immunize
تَحْصين Entrenchment. Strengthening. Immunization
حِصْن جـ حُصون Fort, fortress
حَصين Fortified. Immune
حِصان جـ أحْصِنَة Horse
حِصانٌ بُخاريّ Horsepower
حِصان البَحْر Hippopotamus

حَصانة Invulnerability. Immunity
حصى - أحْصى هـ To count, enumerate, calculate
حِصَّة جـ حصص Share, portion, part. Class, lesson
الإحصائيّات Statistics
حَصاة جـ حَصًى Pebble, small stone
حَصاةٌ في الكُلْيَة أو المَثانَة Calculus, stone
حض - حَضَّ ـُ ه على To incite, urge
حَضّ Urging, incitation
حَضيض Bottom, lowest level
على الحَضيض Ruined
حضر - حَضَرَ ـُ To be present. To come, show up
حَضَّرَ وأحْضَرَ ه و هـ To prepare, ready. To bring, fetch
إسْتَحْضَرَ To send for. To recall. To conjure *(a spirit)*
إسْتِحْضار Bringing, fetching. Spiritualism
تَحْضير Preparing. Preparation. Production
حَضَّرَ To civilize
حاضَرَ To lecture
أُحْتُضِرَ To be at the point of death
إحْتِضار Death, agony of death
حَضَر Civilization. Urbanity
حَضَريّ Civilized. Urban

حاضِر Present. Ready
حاضِرَة جـ حَواضِر Capital city
حُضور Coming, arrival. Attendance. Audience
حَضْرَة Presence
في حَضرَة وفي حُضور In the presence of
حَضارَة Civilization. Culture
مُحاضِر Lecturer
مُحاضَرَة Lecture
مُسْتَحْضَر Preparation
مُسْتَحْضَرات تجميل Cosmetics
مَحْضَر جـ مَحاضِر Minutes. Procès-verbal. Report
مُحْتَضَر Dying
مُتَحَضِّر Civilized
حضن - حَضَنَ ـُ واحْتَضَنَ ه To embrace, hug
حَضَنَ الطَّيْر بَيْضَه To sit on eggs
حِضْن جـ أَحْضان Lap. Bosom, breast
حِضانَة Nursing, raising. Incubation
دار الحِضانة Nursery, crèche
حاضِنَة جـ حَواضِن Nursemaid. Nanny. Baby-sitter
حط - حَطَّ ـُ To descend, come down. To put down, place
حَطَّ ـُ (السِّعْر) To decrease, drop
حَطَّ من قدره أو من قيمته To depreciate
حَطَّ الرِّحالَ To halt, stop, encamp
حَطَّتِ الطّائرةُ To land
إنْحَطَّ To sink *(strength)*. To be or become ignoble
إنْحِطاط Decline, decadence. Inferiority
مَحَطّ ومَحَطَّة Station, terminus
مُنْحَطّ Low, base. Degraded
حطب - حَطَبَ ـِ واحْتَطَبَ To log, gather firewood
حَطَب جـ أحْطاب Log, firewood
حَطّاب وحاطِب Woodcutter, woodman
حطم - حَطَمَ ـِ وحَطَّمَ هـ To break, smash, wreck, demolish
تَحَطَّمَ To go to pieces. To be broken, smashed. To crash *(airplane)*
تَحَطُّم Breaking, destruction. Collapse, breakdown. Crash *(of an airplane)*
حُطام Fragments, broken pieces
حُطام سَفينَة Wreck, wreckage
تَحْطيم Breaking, smashing, destruction, demolition, wrecking
حظر - حَظَرَ ـُ هـ على To forbid interdict
حَظيرَة جـ حَظائِر Enclosure, yard. Pen, pound. Barn. Hangar *(of airplanes)*

حَظْر Forbiddance, interdiction. Embargo
في حَظيرَة Inside of, within
مَحْظور Forbidden, prohibited
مَحْظورات Restrictions. Forbidden things
حظي - حَظيَ ـَ بـ To acquire, obtain, gain. To be privileged
حُظْوَة Favor. Privilege. Esteem
نالَ حُظْوَةً To find favor with
حَظّ جـ حظوظ Luck, fortune, chance. Prosperity, wealth
حَظيظ ومَحظوظ Lucky, fortunate
حَظيَّة ومَحْظيَّة Concubine, mistress
حف - حَفَّ ـُـِ به To surround, encompass
حَفَّ ـِ To rustle
خُبْز حاف Plain bread
حافَّة Edge. Border. Margin. Rim
حَفيف Rustle, rustling
حفد - حَفيد جـ حَفَدَة Grandchild, grandson
حَفيدَة Granddaughter
الأحْفاد Grandchildren
حفر - حَفَرَ ـِ واحْتَفَرَ هـ To dig. To excavate. To engrave, inscribe
حَفْر Digging. Excavation. Engraving
حافِر جـ حوافِر Hoof
حُفْرَة جـ حَفائِر Pit. Hole. Cavity. Hollow

حَفّار Digger. Excavator. Driller
حَفْرِيّات Excavations
حَفَر وحَفْر جـ أحفار Scurvy. Tartar
حفز - حَفَزَ ـِ To drive, impel. To incite
تَحَفَّزَ To prepare for action. To get ready. To jump
حافِز جـ حَوافِز Incentive, motive. Spur
حفظ - حَفِظَ ـَ ه و هـ To keep, preserve. To memorize, learn by heart
حافَظَ على To observe, comply with. To take care of. To protect
تَحَفَّظَ To have reservations. To take precautions
إحْتَفَظَ بـ To keep *(for oneself)*
حَفيظَة جـ حَفائِظ Anger, rage. Rancor
حافِظَة Memory
تَحَفُّظ Precaution. Caution
مع التَّحَفُّظ With full reservation
تَحَفُّظات Reservations
حِفْظ Keeping, preservation. Conservation. Protection. Memorizing. Observance
حِفاظ وحِفاض Diaper, napkin
إحتفاظ Keeping, safeguarding. Conservation
مُحافِظ Governor, mayor

مَحفوظ Preserved, kept. Memorized
مَحفوظات Archives
مُحافَظة جـ مُحافَظات Governorate. Province
مُحافَظة على وحِفاظ Keeping, safeguarding. Observance of
المُحافِظون The conservatives
مِحْفَظَة Wallet, purse. Briefcase. Portfolio. Bag
مُتَحَفِّظ Reserved, aloof. Cautious
حفل - حَفَلَ ـِ (مكان) To be crowded with
إحْتَفَلَ بـ To celebrate. To honor. To commemorate
حَفْل Crowd. Audience. Assembly
حَفْلَة Party. Assembly. Ceremony. Entertainment, show
إحْتِفال Celebration, ceremony, festival, festivity
حافِل Full. Abundant
مَحْفِل جـ مَحافِل Board. Assembly. Circle
حافِلَة Bus, autobus. Wagon
حفن - حَفْنَة جـ حَفْنات Handful
حفي - حَفِيَ To walk barefooted
إحْتَفى بـ To welcome, receive kindly. To honor
حَفاوَة واحْتِفاء Welcome, friendly reception
حافٍ جـ حُفاة Barefooted

حق - حَقَّ ـُـِ على To be incumbent on
حَقَّ له أن To have the right to
حَقَّقَ هـ To realize, carry out, accomplish. To confirm. To investigate, question. To grant *(a wish)*
تَحَقَّقَ من To ascertain, make sure of
إسْتَحَقَّ هـ To deserve, merit. To fall due
مُحِقّ Right, rightful
مَحْقوق Wrong, at fault
تحقيق Investigation. Inquiry, inquest. Realization
تَحَقُّق Verification, ascertainment
حَقّ جـ حُقوق Right. Truth. True, real, authentic
بِحَقّ Justly, rightly, by rights
حَقًّا أو بالحَقّ Truly, in reality
الحَقُّ بيَدِه He is right
مِن حَقّه أن To be entitled to
حُقّ جـ حِقاق Small pot. Container. Hollow
حَقيق جـ أَحِقّاء بـ Worthy of, deserving
حَقيقَة جـ حقائِق Truth, reality. Fact
حقيقيّ Real, true. Actual. Genuine
إسْتِحْقاق جـ إسْتِحْقاقات Merit. Maturity, falling due
مُحَقِّق Investigator
حُقوقيّ Juristic, legal. Jurist

حقب - حِقْبَة جـ حِقَب Epoch, era. Period
حَقيبَة جـ حَقائِب Suitcase. Bag. Valise. Handbag. Portfolio
حقد - حَقَدَ ـِ على To bear spite against
حِقْد جـ أحْقاد وحَقيدَة جـ حَقائد Hatred, rancor, spite
حَقود وحاقِد Spiteful, rancorous
حقر - حَقَرَ ـِ ه و هـ وإحْتَقَرَ To despise, disdain, scorn
حَقِرَ ـَ وحَقُرَ ـُ To be or become mean, vile. To be or become insignificant
حَقَّرَ ه و هـ To abase, humble. To belittle. To insult
حَقارَة Lowness, meanness. Despicability
حقير Mean, low, base. Poor, miserable. Despicable
تَحْقير Degradation, humiliation
حقل - حَقل جـ حُقول Field. Domain. Column
حَقْل ألْغام Mine field
حقن - حَقَنَ ـُـِ هـ To inject, syringe. To withhold, retain
حَقْن الدّماء To prevent bloodshed
حَقْن Retention. Injection. Injecting. Sparing *(the blood or life of)*
إحْتَقَنَ To be or become congested. To suffer from retention of urine
حُقْنَة جـ حُقَن Injection
حقو - حَقْو جـ حِقاء وأَحْقاء Loin, groin
حك - حَكَّ ـُ هـ بـ To scratch. To rub. To scrape. To itch
حُكاك وحِكَّة Itch. Prurigo
مِحَكّ Touchstone
إحْتِكاك Friction. Rubbing
حَكّ Rubbing. Scratching. Friction
حُكّ وحُكَّة Compass
حكر - حَكِرَ ـِ وإحْتَكَرَ To monopolize
إحْتِكار وحُكرَة Monopoly
مُحْتَكِر Monopolist, monopolizer
حكم - حَكَمَ ـُ To rule. To govern
حَكَمَ ـُ بـ To judge. To sentence. To inflict *(a penalty)*
حَكَمَ على To condemn
حَكَمَ بَيْن To judge between
حَكَمَ بالبَراءَة To acquit
حَكَمَ بالإعْدام To sentence to death
مُحاكَمَة Trial
إحكام Precision, exactness
تَحَكُّم Arbitrariness. Despotism. Control. Domination
حَكَّمَ ه في To choose as arbitrator
حاكَمَ ه To prosecute
أحْكَمَ هـ To do well, master *(a work)*

أحكَمَ الطّوق To strengthen, make firm
احْتَكَمَ في وتَحَكَّمَ في To have one's way in. To control, command. To rule, govern
تَحاكَمَ To sue one another
إحْتَكَمَ إلى To go to court. To seek a decision from
إسْتَحْكَمَ To be thoroughly made. To be consolidated
حُكْم جـ أحْكام Rule. Government. Reign. Judgement. Sentence, verdict. Decision. Condemnation
حُكْم غيابيّ Judgement by default
حُكْم وَجاهيّ أو حُضوريّ Judgement in the presence of the parties
حُكْم ذاتيّ Autonomy, self-government
حُكْمُ الشَّعْب Democracy
حَكَم Arbiter, arbitrator. Umpire
حِكْمَة جـ حِكَم Wisdom. Philosophy. Proverb, maxim
حُكومَة Government
حكوميّ Governmental. Public, official
حاكِم جـ حُكّام وحاكِمون Ruler. Governor. Judge
حَكيم جـ حُكَماء Wise, judicious. Wiseman, sage. Physician
إسْتِحكام جـ إسْتِحْكامات Fortification, stronghold

تحْكيم Arbitration
مَحْكوم Convicted, condemned
مُحْكَم Exact, precise. Perfect. Firm, solid. Compact. Tightly shut, hermetically sealed
مَحْكَمَة جـ مَحاكِم Court, tribunal
مَحْكَمَة الصُّلْح Magistrate's court. District court
مَحْكَمَة البِدايَة Court of first instance
مَحْكَمَة الإسْتِئناف Court of appeals
مَحْكَمَة التَّمْييز أو النَّقْض والإبرام Supreme Court, Court of Cassation
حكى - حكى ـِ هـ To tell, narrate. To relate. To speak
حكى هـ على To backbite
حكى وحاكى ه و هـ To imitate, copy. To resemble, be alike to
حِكايَة Story, tale
حل - حَلَّ ـُ هـ To untie, unfasten. To solve *(a problem)*. To descend. To decipher, decode. To dissolve. To set in *(a season)*
حَلَّ ـُـِ هـ أو بـ To stay at, settle down at. To befall
حَلَّ مَحَلَّ To replace
حَلَّ على To afflict, strike, occur to
حَلَّ ـِ To be lawful. To become due *(debt)*
حَلَّلَ To analyze. To decompose. To legalize, legitimize. To permit

District, quarter	مَحَلَّة
To milk	حلب - حَلَبَ - ُ هـ
To ooze, percolate. To run.	تَحَلَّبَ
To water (mouth)	
Milking	حَلْب
Milk	حَلِيب
Powdered milk	حَلِيب مُجَفَّف
Milch (cow)	حَلُوب وحَلُوبَة
Milking. Arena. Racecourse	حَلْبَة
Milkman	بائع الحَلِيب
To gin (cotton)	حلج - حَلَجَ - ُ هـ
Ginning (of cotton)	حِلاجَة
To move, shake.	حلحل - حَلْحَلَ هـ
To remove, displace. To get loose	
Loosening. Shaking	حَلْحَلَة
Snail	حلزن - حَلَزُون
Spiral	حَلَزُونَة (مِثْقَب)
To swear (by God).	حلف - حَلَفَ - ِ
To take an oath	
To make swear. To put to oath	حَلَّفَ
To implore, conjure	اسْتَحْلَفَ ه وحَلَّفَ
Oath. Swearing	حَلْف وحَلِف
To ally with	حالَفَ ه
To be lucky	حالَفَهُ الحَظُّ
To perjure	حَلَفَ كَذِبًا
Perjury	حَلْف وحَلِف كاذب
To ally with	تَحالَفَ مَعَ
Alliance, confederation	حِلْف جـ أَحْلاف

To place, set, settle	أَحَلَّ ه هـ بـ
To discharge from	أَحَلَّ مِن وَحَلَّ مِن
To be undone, loosen. To be solved (a problem). To be dissolved. To relax	إنْحَلَّ
To occupy	إحْتَلَّ هـ
To regard as lawful	إسْتَحَلَّ هـ
Untying, unfastening. Solution. Dissolution	حَلّ
Solved. Dissolved. Free. Solution	محلول
Legitimate, legal, permissible	حِلّ وحَلال
To be free from	كانَ في حِلٍّ مِن
Respectable man	إبن حَلال
Cooking pot	حَلَّة
Absolution. Dispensation. Station. Shopping place	حِلَّة
Garment, clothing. Suit. Uniform	حُلَّة جـ حُلَل
Arrival, advent (of time). Stopping. Descending	حلول
Occupation. Occupying	إحْتِلال
Decomposition. Dissolution. Decay. Feebleness. Looseness	إنْحِلال وتَحَلُّل
Analysis. Dissolving	تَحْلِيل
Place, locality. Store, shop	مَحَلّ جـ مَحالّ ومَحَلّات
Local	مَحَلِّيّ

حَليف جـ حُلَفاء Ally, confederate
تَحالُف ومُحالَفَة Alliance, league
مُحَلَّف Juror, juryman. Sworn
مَجْلِسُ المُحَلَّفين Jury
حلق - حَلَقَ ـِ هـ To shave. To have a haircut
حَلَّقَ To fly, soar, hover *(bird)*. To rise, ascend. To make round
حَلْق جـ حُلوق وأَحْلاق Throat, gullet. Pharynx
تَحَلَّقَ To sit or gather in a circle
حَلْقَة جـ حَلَق وحَلَقات Ring. Circle. Link. Episode. Earring
تَحْليق Flying, flight. Take-off
حِلاقَة Shaving
حَلاّق Barber. Hairdresser
حلقم - حُلْقوم جـ حَلاقيم (بُلْعوم، حَلْق) Throat, gullet. Pharynx
حلك - حَلِكَ ـَ واحْلَوْلَكَ To be or become deep black
حُلْكَة وحَلَك Intense blackness
حالِك مـ حَالِكَة Deep black, pitch-black
حلم - حَلَمَ ـُ بِـ To dream of
حَلُمَ ـُ To be or become clement
إحْتَلَمَ وحَلَمَ To attain puberty
حِلْم جـ حُلوم وأَحْلام Clemency. Patience
حُلْم جـ أحْلام Dream
حُلُم Puberty, sexual maturity
حَلَمَة Nipple, teat, mammilla
حَليم جـ حُلَماء Patient. Clement
حالِم Dreamer
حلا - حَلا ـُ To be sweet. To be ripe *(fruits)*. To be delicious. To be pleasant
إسْتَحْلى To find sweet. To find delicious
حَلا ـُ وحَلّى هـ To sweeten
تَحْلِيَة Sweetening
حَلا له أن He was delighted that
إحْلَوْلى To sweeten, become sweet. To become pleasant
حُلْوان Tip, gratuity
حَلْوى وحَلْواء جـ حَلاوى وحِلويات Candy, confection. Sweetmeat. Dessert
حَلْوَيات وحُلْويّات Sweets
حَلْوانيّ Confectioner
حُلو مـ حُلْوَة Sweet. Pleasant. Beautiful. Fresh *(water)*
مُحَلّى Sweetened, sugared. Embellished
حلى - حَلّى ه و هـ To adorn, ornament
حَلْي جـ حُليّ وحِليّ وحِلْيَة جـ حِلى وحُلًى Jewelry. Trinkets. Ornament
حم - حَمَّ ـُ To heat, make hot
حَمَّ ـَ To blacken
حُمَّ ـُ To have fever

حَمَّمَ To bathe, give a hot bath
إسْتَحَمَّ To bathe, take a bath
إسْتِحْمام Bathing. Bath
حُمّى جـ حُمّيات Fever, temperature
حَمّ Heat, hotness. Warmth
حَمَّة Geyser. Hot spring
حُمَّة Blackness
حُمَم جـ حُمَمَة Lava
حَمامَة جـ حَمامات وحَمائم Pigeon, dove
حمام زاجِل Carrier pigeon
حِمام Death
حَمّام جـ حَمّامات Bath. Bathroom
مَحموم Feverish, fevered. Hectic
حَمّام شَمْس Sunbath
حَميم Close, intimate. Close friend
حمد - حَمِدَ ـَ ه على To praise, commend
حَمْد Praise, commendation
مَحْمود Praised, commendable
حَميد، حَميد السُّمْعَة Praiseworthy. Reputable
حمر - حَمَّرَ ه و هـ To redden. To roast. To fry
إحْمَرَّ To redden, turn red, blush
حُمْرَة وإحْمِرار Redness. Red color
حُمْرَة وأَحْمَر الشِّفاه Rouge, lipstick
حِمار جـ حَمير وحُمُر Donkey, ass
حِمار وَحْشِيّ أو حِمار الوَحش Wild ass
حِمار الزَّرَد Zebra
حِمارَة جـ حَمائر She-ass, female donkey
حَمّار جـ حَمّارَة Donkey driver
حُمَيْرَة (حَصْبَة) Measles
حُمَيْراء Redstart
أحْمَر مـ حَمْراء جـ حُمْر Red
مُحْمَرّ Reddish, red
مُحَمَّر Roasted. Fried
حمس - حَمَّسَ ه To excite, stir up, make enthusiastic
تَحَمَّسَ في To be or become enthusiastic. To get excited
حَماسَة وحَماس Enthusiasm, zeal, ardor
مُتَحَمِّس Enthusiastic, ardent, zealous
حمص - حَمَّصَ هـ To roast
حِمِّص وحِمَّص Chickpea
مِحْمَصَة Roaster. Toaster
مَحْمَصَة Roastery
حمض - حَمَضَ ـُ وحَمُضَ ـُ To sour
حَمْض Acid
تَحْميض Souring. Acidification. Development or developing *(of films)*
حَمَّضَ To make sour, acidify. To develop *(a film)*
حُموضَة Acidity. Sourness
حُمّاض Sorrel
حامِض وحامُض Sour. Acid.

Acidulous. Lemon. Lime

حَمْضِيّات Citrus fruits

حمق - حَمِقَ ـَ وحَمُقَ ـُ To be silly, stupid, foolish

حَماقَة وَحُمْق Stupidity, silliness, foolishness

أَحْمَق مـ حَمْقاء Stupid, silly, foolish

حمل - حَمَلَ ـِ هـ To carry, bear. To lift, pick up. To support

حَمَلَ على To charge, assault. To take upon one's shoulder

حَمَلَ ه على To induce. To incite

حَمَلَ (ـتِ المرأة) To be or become pregnant

حَمَّلَ هـ To charge, load. To burden

إِحْتَمَلَ To assume, suppose. To be possible, likely, probable

تَحَمَّلَ هـ وَإِحْتَمَلَ To bear, endure. To support

تَحامَلَ في أمرٍ أو به أو عليه To discriminate, be unfair or unjust to. To illtreat

حَمْل Delivery, transportation. Carrying. Lifting, picking-up. Pregnancy, gestation. Fruits

حِمْل جـ أحْمال Cargo, load, burden. Weight

حَمَل جـ حُمْلان Lamb

حَمْلَة Campaign. Military expedition

إِحْتِمال Possibility, probability, potential

حَمّال Porter, carrier

تَحامُل Discrimination. Prejudice

حامِل Pregnant *(woman)*. Holder

حَمّالَة Beam, support, base. Suspenders

مَحْمِل جـ مَحامِل Litter

مَحْمول Carried

مُحْتَمَل Bearable, tolerable. Possible, probable

حُمولَة Cargo, load

حم - حَمٌ وحَمْوٌ جـ أَحْماء Father-in-law

حَماة جـ حَمَوات Mother-in-law

حمى - حَمى ـِ ه و هـ To defend, protect, safeguard. To shelter

حَمى ه To put on diet, deny harmful food

حَمِيَ ـَ To be or become hot. To be angered with, furious at

حَمّى هـ وأحمى To heat. To excite

حامى عن To defend, protect

إِحْتَمى مِن To seek protection, take shelter from

تحامى هـ To avoid, keep away from

حامٍ جـ حُماة Protector, defender. Hot, warm

حامِيَة Garrison

حِمايَة Protection, defense. Sponsorship

حِمًى	Refuge, shelter
حُمَة	Sting. Dart. Virus
حَمِيَّة	Zeal, ardor, enthusiasm. Disdain, scorn
حُمَيّا	Rage, fury. Emotion, heat, excitement. Violence, vehemence
حِمْيَة	Diet
مُحامٍ	Lawyer, solicitor, attorney, attorney-at-law, advocate, barrister
مُحاماة	Practicing of law
مَحْمِيَّة وحِمايَة	Protectorate
مَحْمِيّ مـ مَحْمِيَّة	Protected, safeguarded
حن - حَنَّ ـِ إلى	To long for, yearn for, carve for, miss
حَنَّ على وتَحَنَّنَ على	To feel compassion or pity for
حَنَّنَ	To excite pity
حَنين	Longing, yearning. Desire
حَنان وتَحَنُّن وَحُنُوّ	Compassion, affection, tenderness, care, pity
حَنون وحَنّان	Affectionate, loving, compassionate, tender, kindhearted
حَنين إلى الوَطَن	Homesickness, nostalgia
حنا - تَحَنّى	To be dyed with henna
حِنّاء	Henna, camphire
حنت - حانوت جـ حَوانيت	Store, shop
حانوتيّ	Storekeeper. Undertaker
حنث - حَنِثَ ـَ في (يمينه)	To break one's oath
حِنْث جـ أحْناث	Oath breaking. Sin
حنجر - حَنْجَرَة جـ حَناجِر	Larynx, throat
حنش - حَنَش جـ أحْناش	Snake, viper
حنط - حَنَّطَ ه	To embalm. To stuff
مُحَنَّط	Embalmed. Stuffed
حِنْطَة جـ حِنَط	Wheat
حِناط وحَنوط	Aromatics used for embalming
حَنّاط	Wheat dealer
حَنّاط ومُحَنِّط	Embalmer. Stuffer, taxidermist
تَحْنيط	Taxidermy. Embalming
حنظل - حَنْظَل	Colocynth
حنف - حَنَفِيَّة	Tap, cock
حنق - حَنِقَ ـَ مِن وعلى	To be or become furious at, angry with
حانِق	Furious, angry, mad
حَنَق	Fury, rage, anger, ire
حنك - تحنَّكَ	To become experienced
حُنْكَة	Worldly experience
مُحَنَّك	Experienced, veteran
حَنَك جـ أحْناك	Palate. Lower jaw
حنو - حَنا ـُ هـ	To bend, curve, incline
أحنى على وحنا على: أُطْلُب حَنَّ على	
إنْحَنى	To bend, curve. To bow. To

stoop

إنحناء Bending, curving, curvature

حانَة Tavern, bar, pub

حُنُوّ Compassion, tenderness, affection

حَنيَّة جـ حَنايا Bend, curve, twist

حوت - حوت جـ حيتان Whale

حوج - إحْتاجَ إلى To need, want. To be in need of

أحْوَجَ ه To impoverish, make poor

أحْوَجَ إلى To compel to, force to

تَحَوَّجَ To shop, purchase *(goods)*

حاجَة جـ حاجات وحَوائج Need. Necessity, requirement. Desire, wish. Thing, object

حاجِيّات Commodities, utensils, necessities

إحْتياج Need. Necessity. Want. Poverty

مُحْتاج Needy, necessitous

حوذ - إسْتَحْوَذَ على To seize, take possession of

حوذيّ Cabman, cabdriver, coachman

حور - حَوَّرَ هـ To modify, alter, change

تَحْوير Modification, alteration, change

حاوَرَ To dialogue with, hold talks with. To debate with

حِوار ومُحاوَرَة Dialogue, conversation. Argument, dispute. Script, scenario

حَوْر Poplar

حُوّارى Chalk

حوريَّة Nymph

حوريَّة الماء Mermaid

مَحارَة جـ مَحار Oyster. Oyster-shell, mussel

مِحْوَر جـ مَحاوِر Rolling pin. Axis. Axle. Pivot. Center

حوز - حازَ ـُ هـ To possess, own. To acquire, obtain, get, receive

إنْحازَ عن To draw aside from

إنحازَ إلى وتَحَيَّزَ لِـ To side with, take someone's part

إنحياز وتَحَيُّز Partiality, siding with. Bias

عدم الإنحياز Nonalignement

حائز Possessor, holder

حائز شهادة بكالوريوس Bachelor

حيازَة وحَوْزَة Possession, holding

حَيِّز Space, room. Scope, range. Sphere, field, domain. Spot. Circle

حوش - حاشَ ـُ To drive into a trap *(game)*

حَوَّشَ ه و هـ To collect, amass. To save, spare *(money)*

تَحْويش Saving

حَوْش جـ أحْواش Enclosure.

Courtyard

حُوْشيّ Wild. Strange, odd, unusual *(words)*

حوص - أحْوَص مـ حَوْصاء Having narrow eyes

حوصل - حوصلة Craw, crop

حوض - حَوْض جـ أحْواض Basin. Tank, cistern, reservoir, container. Pool. Pond

حَوْضُ النَّهر Basin

حَوْض السَّمَك Aquarium, fish-pond

حَوْضُ مَرْفَأ Dock

في حِياض ه Under the protection of

حوط - حاطَ ـُ هـ To guard, protect. To take care of

حَوَّطَ وأحاطَ To wall in. To enclose, immure

إحْتاطَ To take precautions. To be cautious of, wary of. To be careful

حائط جـ حيطان Wall

حَيْطَة وحيطَة Precaution

إحاطَة وإحْتياط Encirclement. Precaution, provision. Caution

الإحْتياطيّ Reserve. Reservist

إحْتياطيّ مـ إحْتياطيَّة Precautionary, preventive

مُحيط Surrounding. Environment. Ocean. Circumference, periphery

حوف - حافة جـ حافات Edge, border, rim. Verge

حوق - حاقَ ـُ بـ وأحاقَ بـ To surround, embrace, encompass, encircle

حوك - حاكَ ـُ هـ وحَيَّكَ To weave. To knit

حائك جـ حاكَة Weaver. Knitter

حياكة Weaving. Knitting

حول - حالَ ـُ إلى وتَحَوَّلَ إلى To change, convert

حالَ بَين To intervene, come between. To keep apart

حَوِلَ ـَ To squint

حَوَّلَ هـ إلى To change, alter, transmute, transform

حَوَّلَ عن To deviate, divert *(from)*. To turn away *(the eyes)* from

حَوَّلَ مِن خَطّ إلى آخر To shunt, switch

حاوَلَ To try, attempt

أحالَ دَيْنَه على ه وحَوَّلَه على ه To transfer a debt to

أحالَ هـ على To refer to. To transmit *(an affair)* to

أحالَ على المعاش أو على التّقاعُد To pension off

إحالَة Referring. Transmission. Transference, conveyance

إحتيال وتَحايُل Tricks, trickery. Fraud. Cunning

إحْتالَ وتحايَلَ To employ tricks or stratagems

إحتالَ على To trick, dupe. To deceive, bluff

إسْتَحالَ To change. To be or become impossible

حال جـ أحْوال State, condition. Circumstance. Case

الحال The present time. This moment

حالاً وفي الحال Immediately, at once, right away, on the spot

حالما As soon as

حالَة جـ حالات Condition, state. Situation. Circumstance. Case

حَوالَة جـ حَوالات Assignment, transfer. Draft, order, bill of exchange

حاليّ Present, actual. Instant, immediate

تَحَوُّل Change, alteration

حَوالَةٌ بَريديَّة Money order

حَوْل جـ أحْوال Year. Power. Ability

حَوْل وحَوالى Around, about

حَوَل Squinting

حَيْل Strength, power, vitality

حَيَوان حَوْليّ، حَواليّ One year old animal, yearling

نَباتٌ حَوْليّ Annual plant

حَوْليّات Annals, yearbooks

حِيال With regard to. Towards. In front of, opposite

حيلَة جـ حِيَل Trick, ruse, stratagem. Expedient. Cunning

أحْول مـ حَوْلاء جـ حُول Cross-eyed, squinting

مُحتال Impostor. Crook

إسْتِحالَة Change. Impossibility

تحويل وإحالة Change, transformation, transmutation. Transfer. Endorsement

مُحال Unthinkable, impossible

لا مَحالة By all means, without fail

مُسْتَحيل Impossible. Absurd

حوم - حامَ ـُ على أو حَوْلَ To hover about

حامَ To circle in the air

حَوْمَة جـ حَوْمات Main part, bulk

حَوْمَة الوَغى Field of battle

حوّامة Helicopter

حوى - حَوى ـِ هـ To gather, collect. To unite. To possess, own

حَوى واحْتَوى هـ To contain, include. To possess, have

حاوٍ جـ حُواة Snake charmer

مُحْتَوَيات Contents

حيث - حَيْث Where. Whereas. Wherever. Since, as

حَيْثُما Wherever. Whenever

بِحَيْثُ ومِن حَيْثُ So that, in order to. Since, as

حَيْثُ إنَّ، بِحَيْثُ إنَّ Whereas, since,

due to the fact that

حَيْثِيَّة Respect, regard. Point of view

حَيْثِيّاتُ الحُكم Legal reasons, grounds of a judgement

حيد - حادَ ـِ To deviate from. To alter one's course

حَيَّدَ To neutralize. To keep or put aside

حايَدَ To avoid, keep away from. To neutralize

حَيْد وحَيَدان Deviation, turning aside

حِياد Neutrality

مُحايِد وعلى الحِياد وحِياديّ Neutral

حير - حارَ ـَ وتَحَيَّرَ واحتارَ To be or become perplexed, confused. To hesitate

حارَ في To be at loss, know nothing *(of, about)*

حَيَّرَ ه To confuse, puzzle, bewilder

حارَة جـ حارات Quarter, district, part *(of a city)*

حَيْرَة وتحَيُّر Confusion, puzzlement, bewilderment

حَيْران وحائر مـ حَيْرى جـ حَيارى

Confused, puzzled, perplexed, bewildered

حيض - حاضَ To menstruate

حيض Menstruation, monthly period

حيف - حافَ ـِ على To wrong, do injustice to, oppress

حَيْف Wrong, injustice

حَيْفٌ عَلَيك What a pity! too bad!

حين - حانَ ـِ To come, approach, arrive *(time)*

حانَ لِـ أن It is time for *(you)* to

تحَيَّنَ To wait for an opportunity

حِين جـ أحْيان جج أحايين Time. Period. Epoch. Opportunity, good time

إلى حين For some time. Temporarily

لِلْحين Right away, immediately, at once

حينًا For some time. Once, one day

أحيانًا Sometimes, occasionally

حينما When. While, during

حينَئِذٍ Then, at that time

حيى - حَيِيَ ـَ To live

حَيِيَ To be ashamed of

حَيّا ه To greet, salute, hail

أحْيا ه To enliven, animate. To revive, resuscitate. To give *(a party)*. To commemorate. To celebrate *(a festival)*

أحْيا ه To raise from the dead

أحْيا اللَّيْلَ To stay awake at night

إسْتَحْيا واستَحى من To blush. To be or become ashamed. To feel embarrassed by

حَياة Life

حَيّ جـ أحْياء Alive, living. Active.

Quarter, district	
Snake, viper	حيَّة جـ حيّات
Shy, modest, timid	حَيِيّ
Animal. Beast	حَيَوان جـ حَيَوانات
Animal.	حَيَوانيّ مـ حَيَوانيّة
Zoologic(al)	
Animality. Bestiality	حَيَوانيّة
Vital, essential	حَيَويّ

Vitality, vigor	حَيَويّة
Animation, vivification.	إحْياء
Reanimation. Resurrection	
Greeting, salutation	تحيَّة جـ تحيّات
Compliments, best wishes	تَحيّات
Commemoration	إحْياءُ ذِكْرى
Face, countenance	مُحيّا

خ

خ - خ Kh *(7th letter of the Arabic alphabet)*

خب - خَبَّ ـُ To amble *(animal)*. To trot *(horse)*

خَبَب Amble. Trot

خبأ - خَبَّأَ هـ To hide, conceal

إخْتَبَأَ وتَخَبَّأَ To hide, conceal oneself. To be concealed

خابِيَة جـ خواب Vat, large vessel

مَخْبَأ جـ مَخابِئ Hiding place. Shelter

مُخَبَّأ Hidden, concealed

مُخْتَبِئ Hiding

خبث - خَبُثَ ـُ To be wicked, evil, malicious. To be bad. To be malignant *(tumor)*

خَبَث Refuse, scum. Scoria

خُبْث وخَباثَة Badness, wickedness. Malignancy. Malice

خبيث جـ خُبَثاء Bad, wicked. Malicious. Malignant. Harmful. Disgusting *(odor)*

خبر - خَبَرَ ـُ هـ To experience. To have full knowledge of

خَبَّرَ وأخْبَرَ ه هـ او بـ To inform of or about, tell about. To announce

خابَرَ To communicate with, contact

إخْتَبَرَ هـ To experience. To try, test. To experiment

إسْتَخْبَرَ ه To ask about, inquire about

إسْتِخْبار Inquiry. Investigation

مُخابَرَة Correspondence. Communication

مُخابَرَة تلفونيَّة Telephone call

وَكالَة مُخابَرات وإسْتِخْبارات Intelligence. Secret service. Investigation bureau

خَبَر Information. Report. News

الأخبار، نشرة إخباريّة News, news bulletin

خِبْرَة Experience. Knowledge

إخْتِبار جـ إخْتِبارات Experiment, test. Examination. Experience, knowledge. Trying, testing, experimenting

خَبير جـ خُبَراء Expert. Experienced

مُخْبِر Reporter. Detective

مُخْتَبَر Laboratory

إخْتِباريّ Experimental

خبز - خَبَزَ ـِ هـ To make bread. To bake

خُبْز جـ أخْباز Bread

خُبْز مُحَمَّص Toast

خُبْز أسْمَر Brown bread

خَبّاز مـ خَبّازَة Baker

خَبْزَة Batch, baking

خُبّيْزَة Mallow
مَخْبَز جـ مَخابِز Bakery
خبص - خَبَصَ ـِ هـ بـ To mix, mingle
خبط - خَبَطَ ـِ وخَبَّطَ ه و هـ To hit, strike. To knock *(at or on a door)*
يَخْبُطُ خَبْطَ عَشْواء To proceed rashly or at random
تَخَبَّطَ في To struggle. To fumble about
خَبْطَة Blow. Knock
مِخْبَط جـ مَخابِط Beetle, bat
خبل - خَبَلَ ـُ وخَبَّلَ واخْتَبَلَ ه To confound, confuse. To make crazy
خَبِلَ ـَ To get confused. To be or become crazy
خَبَل وخَبْل جـ خُبول Confusion. Madness, insanity
أَخْبَل وخَبِل ومَخْبول Mad, crazy
خبا - خَبا ـُ To be extinguished *(fire)*. To subside *(anger)*
خِباء جـ أَخْبِيَة Tent
ختل - خَتَلَ ـُـِ وخاتَلَ ه To dupe, deceive, double-cross
خَتْل ومُخاتَلَة Duping, double-deeling, deception
ختم - خَتَمَ ـِ To seal, stamp. To terminate, finish. To cicatrize
خَتَمَ هـ وعلى To seal up
خَتَمَ على بَياض To give full power

إِخْتَتَمَ To end, finish, conclude
خاتِمَة جـ خَواتيم End, conclusion. Result
خِتام جـ خُتُم End, conclusion. Epilogue. Sealing wax
خَتْم Sealing. Stamping
خَتْم جـ أَخْتام Seal. Stamp
خَتْم أو خاتَم البَريد Postmark
خاتِم وخاتَم جـ خَواتِم Seal. Stamp. Ring
خِتاميّ Final, concluding
ختن - خَتَنَ ـُـِ ه To circumcise
خَتْن وخِتان وخِتانَة Circumcision
خَتين ومَخْتون Circumcized
خَتَن Son-in-law. Any relative of the wife
خثر - خَثَرَ ـُ وخَثِرَ ـَ وخَثَّرَ وأَخْثَرَ هـ وتَخَثَّرَ To curdle *(milk)*. To thicken, solidify. To coagulate
خاثِر مـ خاثِرَة Thickened. Curdled. Coagulated
خَثَر وخُثور وخَثارَة Curd. Dregs *(of a liquid)*. Sediment
تَخَثُّر Coagulation
خجل - خَجِلَ ـَ To be ashamed *(of)*. To blush
خَجَّلَ وَأَخْجَلَ ه To embarrass, put to shame, abash
إِنْخَجَلَ To be ashamed
خَجَل Shame. Shyness, bashfulness

خَجِل وخجلان وخَجول Ashamed. Bashful, shy, timid

خد - خَدَّ ـُ هـ وخَدَّدَ وتَخَدَّدَ To furrow *(the ground)*. To wrinkle *(skin)*

خَدّ جـ خُدود Cheek

أُخْدود جـ أخاديد Furrow, groove

أخاديد Wrinkles

مِخَدَّة Cushion, pillow

خدر - خَدِرَ ـَ To be or become numb, benumbed

خَدَّرَ وأخْدَرَ هـ To anesthetize. To benumb. To stupefy

خِدْر جـ خُدور وأخْدار Curtain, drape. Boudoir

خَدَر Numbness, torpor

خَدِر Benumbed

تَخْدير Anesthetization, drugging. Anesthesia

مُخَدِّر Anesthetic

المَوادّ المُخَدِّرَة Narcotics, drugs

طَبيبٌ مُخَدِّر Anesthetist

خدش - خَدَشَ ـِ وخَدَّشَ هـ To scratch. To tear to pieces. To scarify

خَدَّشَ سُمْعَتَهُ To ruin someone's reputation

خَدْش جـ خُدوش Scratch

خدع - خَدَعَ ـَ ه وخادَعَ ه To deceive, fool, mislead

خُدْعَة Trick, ruse, stratagem

خِداع وخَديعَة ومُخادَعَة Deceit, imposture. Duplicity. Deception

خادِع ومُخادِع وخَدّاع مـ خَدّاعة Impostor, deceiver, crook. Deceptive

مَخدَع ومِخْدَع جـ مَخادِع Room, chamber

مَخْدوع Deceived, deluded

خدم - خَدَمَ ـُـِ ه To serve. To work for. To do someone a favor

إسْتَخْدَمَ ه To employ, hire. To use

إسْتِخْدام Using, employing. Employment

خِدْمَة جـ خِدَم وخَدَمات Service. Favor. Attendance. Employment. Work

خِدْمَة عَسْكَرِيَّة Military service

مُسْتَخْدِم ومَخْدوم Employer

مُسْتَخْدَم Employee

خادِم جـ خَدَم وخُدّام Servant, domestic. Attendant. Waiter

خادِمَة Maid, female servant

خذل - خَذَلَ ـُ ه وعن To abandon, forsake. To disappoint

تَخاذَلَ To weaken, lose strength

خِذْلان وخَذْل Disappointment. Abandonment

خر - خَرَّ ـُـِ To murmur *(water)*. To snore. To fall down

خَرَّ ساجِدًا To prostrate oneself
خَرير Murmur *(of water)*
خرب - خَرِبَ ـَ وتَخَرَّبَ To be or become destroyed, ruined, to fall apart
خَرَبَ ـِ هـ وخَرَّبَ وأخْرَبَ هـ To ruin, destroy, wreck. To sabotage
خُرْب وَخُرْبَة Hole. Eye of a needle
خِرْبَة جـ خِرَب وخَرِبَة جـ خَرائِب
Ruins, site of ruins
خَراب جـ أخْرِبَة وخِراب Ruins. Ruination, destruction
خَرِب مـ خَرِبَة Ruined, destroyed, wrecked. Broken, out of order
تَخْريب Ruination, destruction. Sabotage
خُرنوب وخَرّوبَة أو خُرْنوبَة Carob
خربش - خَرْبَشَ هـ To scrawl, scribble
خَرْبَشَة Scrawl, scribble
خرت - خَرَتَ ـُ To pierce, perforate
خَرْت وخُرْت جـ أخرات وخُروت
Hole. Bore. Perforation
خَرْتُ الإبْرَة Eye of the needle
خرج - خَرَجَ ـُ من To get out. To come out *(of)*. To emerge
خَرَجَ على To go for, attack. To revolt against. To violate, infringe *(the law)*
خَرَّجَ في (الأدَب) To train in *(literature)*
خُروج Going or coming out. Exit, departure
تَخَرُّج Graduation
مُخْرِج Director, producer
إخراج Taking out. Production, producing, staging, directing. Expulsion
تَخَرَّجَ في To graduate *(from)*. To be trained *(in)*
إسْتَخْرَجَ هـ To extract, pull out. To deduce, figure out
إستخراج Extraction. Pulling out
خِرّيج Graduate
خَراج وخِراج جـ أخْراج Tax, tribute
خُراج وخُرّاج جـ خُرّاجات Abscess
خارِجيّ External, exterior, outer
الخارِجيَّة (وزارة) Ministry of Foreign Affairs. Foreign Ministry
مَخْرَج Exit, way out. Issue
خرخر - خَرْخَرَ To snore
خرد - خُرْدَة Scrap iron
خُرْدُق Small shot, buckshot
خردل - خَرْدَل Mustard
خرز - خَرَزَ ـُـِ هـ To pierce, perforate
خَرَز (مُفْرَدُها خَرَزَة) Beads
خَرَزَة الظَّهْر Vertebra
مِخْرَز جـ مَخارِز Awl

خرس - خَرِسَ ـَ To be or become mute, dumb
خَرَس Muteness, dumbness
أَخْرَس مـ خَرْساء جـ خُرْس Mute, dumb
خرشف - خُرشوف جـ خَراشيف Artichoke
خرط - خَرَطَ ـُ ـِ هـ To turn, lathe
خَرَطَ شَجَرَة To take off the leaves of a tree
إنْخَرَطَ في To join, enter
خِراطَة Turner's trade, turnery
خِراطَةُ مَعْدِن Turnery
خَرّاط Turner, lather
خارِطَة جـ خارِطات وخَريطة جـ خَرائِط Map. Chart
مِخْرَطَة جـ مَخارِط Lathe
مَخْروط Cone. Conic(al)
خرطش - خَرْطوشَة جـ خَرْطوش Cartridge. Cartouche
خرطم - خُرْطوم جـ خَراطيم Trunk *(of the elephant)*
خُرْطوم رَشّ Hose, garden-hose
خُرْطوم حريق Fireplug, fire-hose
خرع - إخْتَرَعَ هـ To invent, create
خِرْوَع Castor-oil plant
إخْتِراع جـ إخْتِراعات Invention, creation
مُخْتَرِع Inventor, creator
خرف - خَرِفَ ـَ وخَرُفَ ـُ To dote, become senile
خَرَف Dotage, senility
خَرِف وخَرِفان Dotard. Senile
خُرافَة جـ خُرافات Superstition. Fable, legend
خُرافيّ Superstitious. Fabulous
خَروف جـ خِراف Lamb, young sheep
خَريف Autumn, fall
خرفش - خَرْفَشَ هـ To shuffle, mix *(confusedly)*
خرق - خَرَقَ ـُ ـِ هـ To rip *(apart)*. To pierce, perforate. To transpierce. To violate, infringe
خَرَقَ حُرْمَة الـ... To desecrate. To be wanting in respect
خَرَّقَ To tear to shreds
إخْتَرَقَ هـ To penetrate, pass through
إخْتَرَقَ جِدار الصّوت To break the sound barrier
إخْتِراق Penetration
خَرْق جـ خُروق Tearing. Piercing. Breach, violation. Breaking through. Hole, opening. Fissure
خِرْقَة جـ خِرَق Rag, shred, tatter
خارِق مـ خارِقَة Piercing. Extraordinary. Supernatural, wonderful
خارِق قانون Transgressor *(of a law)*
خارِقة جـ خَوارِق Miracle. Preternatural phenomena

أخْرَق مـ خَرْقاء جـ خُرْق Clumsy, awkward. Stupid
خرم - خَرَمَ ـِ وَخَرَّمَ To pierce. To rip, tear
خَرَّمَ ثَوْبًا To embroider
إنْخَرَمَ To be pierced. To be torn
خُرْم Hole. Eye of the needle
تَخْريم جـ تَخاريم وتَخْريمات Lacework
أخْرَم مـ خَرْماء Having the nose perforated
مُخَرَّم (نَسيج) Perforated. In holes
المُخَرّمات Lace trade
خز - خَزّ جـ خُزوز Silk
خزر - خَيْزُران جـ خَيازِر Bamboo. Stick, cane
خزعبل - خُزَعْبَلَة Joke. Idle talk. Superstition
خزف - خَزَف (فَخّار) Pottery, earthenware
خَزَفٌ صينيّ Porcelain, china
خَزَفٌ مَطْليٌّ مُلَوَّن Faience
صِناعَةُ الخَزَف والخَزَفيّات Ceramics. Pottery
خَزّاف وخَزَفيّ Potter. Ceramist
خزق - خَوْزَقَ ه To impale
خازوق جـ خَوازيق Stake, pole
خزل - إخْتَزَلَ To stenograph. To write in shorthand
إخْتِزال Shorthand, stenography
كاتِبُ إخْتِزال Stenographer
آلَةُ إخْتِزال Shorthand typewriter
خزم - خُزامى Tulip. Lavender
خزن - خَزَنَ ـُ هـ وَخَزَّنَ، واخْتَزَنَ To store, stock. To keep *(a secret)*. To amass, hoard, stockpile
خازِن جـ خَزَنَة وخُزّان Treasurer
خَزْنَة وخَزينَة Treasure. Safe. Coffer
خِزانَة وخَزينَة جـ خَزائِن Treasury. Treasure
خِزانَة Wardrobe, closet, cupboard. Safe. Coffer. Bookcase
خَزّان Reservoir, dam. Tank
مَخْزَن جـ مَخازِن Store, shop. Warehouse, depot
خزي - خَزِيَ ـَ To fall into disgrace. To be ashamed of. To feel embarrassed by
خَزى ـِ وخازى وأخْزى ه To disgrace, discredit. To abash. To humiliate
خِزْي وخَزى وخَزايَة Disgrace, shame. Confusion. Humiliation
خس - خَسَّ ـَـِ To be or become mean, base. To diminish, decrease
خَسّ Lettuce
خَساسَة وخِسَّة Meanness, baseness, vileness
خَسيس Mean, base, vile
خسر - خَسِرَ ـَ To lose. To suffer damage

خَسَّرَ To cause a loss to
خُسْر وخِسارَة وخُسْران Loss, damage
خاسِر وخَسْران Loser
خاسِر مـ خاسِرَة (مَعْرَكة) Lost, hopeless
خسف - خَسَفَ ـِ To sink down, collapse. To cause to sink
إنْخَسَفَ (القَمَر) To be eclipsed
خُسوف Eclipse
خَسوف مـ خَسوفَة (أرض) Moving
خشب - خَشَّبَ To become woody. To stiffen. To case with wood
تَخَشَّبَ To stiffen, become rigid
تَخَشُّب Rigidity, stiffness
خَشَب جـ أخشاب Wood, timber
خَشَبٌ مُعاكَس Laminated wood
لَوْح خَشَب Plank, board
خَشَبَة Piece of wood
خشخش - خَشْخَشَ To clink, tinkle. To rattle. To rustle
خَشْخَشَة Clink. Rattle. Rustle
خَشْخاش Poppy. Corn poppy
خشع - خَشَعَ ـَ To be humble. To be submissive
خَشَعَ بِبَصَرِه To lower one's eyes
خَشَعَ لـ To humble oneself before
تَخَشَّعَ To show reverence. To humble oneself
تَخَشُّع وخُشوع Submissiveness. Solemnity. Devoutness, piety. Humility

خاشِع جـ خاشِعون وخُشَّع Submissive. Humble. Pious
خشم - خَيْشوم جـ خَياشيم Gills *(of a fish)*. Nose
خشن - خَشُنَ ـُ To be coarse. To be rough. To be rude, uncivil
خَشَّنَ هـ To coarsen. To roughen
خُشونَة Coarseness. Roughness. Rudeness
خَشِن Coarse. Rough. Rude. Raucous *(voice)*
خشي - خَشِيَ ـَ ه و هـ To fear, be afraid of, dread
خَشِيَ على To fear for
خَشْيَة Fear, apprehension, dread
خص - خَصَّ ـُ ه وإخْتَصَّ ه بـ To pertain to, belong to. To concern. To attribute exclusively to. To single out
خَصَّ هـ لِنَفْسِه To keep for oneself. To appropriate
خَصَّصَ هـ بـ و ه بـ To reserve. To assign. To attribute to
تَخَصَّصَ في To specialize in
تَخْصيص Specification. Specialization
تَخَصُّص Specialization
خاصَّة جـ خَواصّ Characteristic, particularity. Property
خاصَّةً وَخُصوصًا وخِصّيصًا Especially, particularly

الخاصّة والخَواصّ Upper class
خاصّيَّة جـ خاصّيّات وخصائِص
Virtue, property
بِخُصوص، في خُصوص ومِن خُصوص
As to, concerning, regarding
خُصوصيّ وخاصّ .Special, particular
Private
خُصّ جـ خِصاص Hut, shack, shanty
خُصوصًا وإنّ Especially, the more
(because)
إخْتِصاص .Specialization
Jurisdiction, competence. Domain
إخْتِصاصيّ وإخْصائيّ Specialist
تَخْصيصات وَمُخَصَّصات .Allocations
Allowances
خصب - خَصَبَ ـِ وخَصِبَ ـَ وأخْصَبَ
To be fertile *(soil)*
أَخْصَبَ To fertilize
خِصْب جـ أخْصاب .Fertility
Abundance
خَصِب وخَصيب Fertile
خصر - خاصَرَ ه To walk hand in
hand with. To walk by the side of
إخْتَصَرَ هـ .To shorten, abbreviate
To summarize
إخْتِصار .Abbreviation, shortening
Summarization
خَصْر جـ خُصور Waist
خاصِرَة جـ خَواصِر Waist. Side, flank
مُخْتَصَر Abridged. Brief, short

خَصَرٌ Coldness. Chilblain. Frostbite
خصل - خَصْلَة جـ خِصال .Habit
Natural disposition
خَصْلَة وخُصْلَة جـ خُصَل .Tuft
Cluster, bunch. Lock *(of hair)*
خصم - خَصَمَ ـِ To discount. To
deduct, subtract
خاصَمَ ه .To quarrel with, dispute
To sue, litigate
خِصام وخُصومَة ومُخاصَمة ,Quarrel
dispute. Litigation. Lawsuit
خَصْم جـ خُصوم وخِصام ,Adversary
antagonist. Litigant
خَصْم Discount. Rebate. Deduction
خصي - خَصى ـِ ,To castrate
emasculate
خَصيّ جـ خِصْيان Eunuch, castrate
خَصْي وخِصاء ,Castration
emasculation
خُصْيَة، خِصْيَة Testicle
خض - خَضَّ ـُ .To jolt. To shake
To frighten
خَضَّ (اللَّبَن) To churn *(milk)*
خَضَّة Jolt, shock. Stirring, trouble
خضب - خَضَبَ ـِ وخَضَّبَ ,To dye
color, paint
خَضْب (يَخْضُور) Chlorophyll
خَضِب (خَضِر) Green, verdant
تَخَضَّبَ واخْتَضَبَ بـ ,To be dyed
colored

خِضاب Dye, color, paint. Pigment

خِضابُ الدّم Hemoglobin

خضخض - خَضْخَضَ To shake, set in motion

خضر - خَضِرَ ـَ وإخْضَرَّ وإخْضَوْضَرَ To be or become green, verdant

خَضَر وإخْضِرار Verdure, greenness

خَضِر Green, verdant

خُضْرَة جـ خُضَر Verdure, greenness. Vegetables. Green color

خَضار Green, green color. Verdure

خَضّار وَخُضَريّ Greengrocer

أخْضَر مـ خَضْراء جـ خُضْر Green

الخَضْراوات Vegetables

خضع - خَضَعَ ـَ لِـ To submit to. To obey

خَضَعَ وأخْضَعَ To subjugate, subdue. To submit

خُضوع Submission. Obedience

خضل - خَضِلَ ـَ وإخْضَلَّ To be or become wet, moist

خَضِل وخاضِل Moist, wet

خَضَّلَ To moisten, wet

خضم - خِضَمّ Sea. Ocean. Crowd

خط - خَطَّ ـُ على To write. To draw or trace a line. To inscribe, grave

إخْتَطَّ To plan, project

خَطَّطَ To rule, draw lines. To stripe, streak. To trace the bounderies of, to demarcate

خَطّ جـ خُطوط Line. Stripe. Handwriting, writing. Calligraphy. Ridge, furrow

خَطّ أنابيب Pipeline

خَطُّ الإسْتِواء Equator

خَطُّ العَرْض Latitude

خَطُّ الطّول Longitude

خَطُّ الإعْتِدال Equinoctial line

خَطُّ نِصْف النَّهار Meridian

خَطّ حَديديّ Railroad line or track

خُطَّة جـ خُطَط Plan, project, design. Line of action

خَطّيّ مـ خَطّيَّة (إمْتِحان) Written, in writing. Handwritten. Linear

خَطّاط Calligrapher

تَخْطيط Planning. Plan, design

مُخَطَّط جـ مُخَطَّطات Sketch, design, plan

ثَوْب مُخَطَّط Striped, streaked

خُطوط جَوّيَّة Airlines, airways

مَخْطوط جـ مَخْطوطات Manuscript. Handwritten

خطأ - خَطِئَ ـَ To err. To make a mistake, commit an error. To sin. To do wrong, be at fault

خَطَّأَ ه To accuse of an error or mistake

أخْطَأَ هـ To miss *(a target)*, fail to hit

خَطَأ وخَطاء جـ أخْطاء Error, mistake, fault. Wrong

كانَ على خَطَأ To be in the wrong

إعْتَرَفَ بِخَطَئِه To admit one's mistake

خطيئَة وخَطيئات وخَطايا Sin

خاطِئ جـ خَطَأة Sinner

مُخْطِئ Mistaken, wrong

خطب - خَطَبَ ـُ To make or deliver a speech. To propose to. To get engaged to

خاطَبَ ه To address. To talk with. To write to

تَخاطَبَ To converse, talk to one another. To write to one another

خَطْب جـ خُطوب Matter, concern. Misfortune, mishap

خِطاب Address, speech. Oration. Letter, message

فَصْل الخِطاب Final decision, conclusion. Unmistakable judgement

خِطابيّ Oratorical

خُطْبَة جـ خُطَب Address, speech. Oration. Sermon

خِطْبَة Engagement

خَطيب جـ خُطَباء Speaker. Orator. Fiancé, suitor

مُخاطَب Spoken to. Second person *(gram.)*

مُخاطَبَة Conversation

خطر - خَطَرَ ـِ وتَخَطَّرَ في To prance, strut. To swing, oscillate

خَطَرَ ـُ بِبالِه أو على أو في بالِه To occur to, strike, cross someone's mind

خَطُرَ ـُ To be grave, serious, important

خاطَرَ بِنَفْسِه To risk one's life

أخْطَرَ ه To notify, inform, advise

خَطَر جـ أخْطار Danger, peril

مُخاطَرَة Risk, hazard

خُطورة Seriousness. Importance

خَطير Grave, serious. Important. Critical

خَطِر مـ خَطِرَة ومُخْطِر Dangerous, perilous, risky. Critical

خاطِر جـ خواطِر Idea, thought. Will. Desire

إخْطار Notification. Warning

مَخاطِر Dangers, perils

خطف - خَطِفَ ـَ هـ وخَطَفَ ـِ To snatch. To take away. To kidnap. To dazzle *(the eyes)*. To hijack *(a plane)*. To ravish *(the mind)*

إنْخَطَفَ بالرّوح To be rapt in ecstasy

خَطْف وإخْتِطاف Snatching. Kidnapping. Hijacking

خاطِف Rapid. Quick. Sudden. Brief

خُطّاف Swallow

إنْخِطاف Ecstasy

خطل - خَطَل (الرّأي) Nonsense, idle talk, prattle
خطم - خِطام جـ خُطُم Noseband. Halter
خَطْم جـ خُطوم وأخْطام Muzzle, snout, nose
خَطْميّ وخِطْميَّة وخَتْميَّة Marshmallow
خطو - خَطا ـُ واخْتَطى To step. To walk
تخَطّى ه و هـ To exceed, transgress. To go beyond
خُطْوَة جـ خُطّى وخُطوات، خَطْوَة جـ خَطَوات وخِطاء Step. Pace
خف - خَفَّ ـِ To be light. To decrease in weight. To be agile
خَفَّ إلى To hasten to, hurry to
خَفَّفَ وأخَفَّ هـ To lighten, reduce the weight. To ease, alleviate *(the pain)*. To commute *(a penalty)*. To thin, delute
إسْتَخَفَّ بـ To make little account of. To disdain. To underestimate
خُفّ جـ أخْفاف Hoof *(camel)*. Sole *(of the foot)*
خُفّ جـ خِفاف Slipper
خِفَّة Lightness. Levity, frivolity. Agility
تَكَلَّمَ بِخِفَّة To speak carelessly
خَفيف جـ خِفاف Light. Agile, nimble. Trivial, insignificant
خَفيف الرّوح Charming, nice. Gay
خَفيف اليد Nimble-fingered. Light-fingered
خَفيف العَقْل Feebleminded, foolish
خُفّان Pumice
إسْتِخْفاف Disdain
خفت - خَفَتَ ـُ To die down, become still or silent *(voice)*
خافِت Faint, inaudible *(voice)*
خفر - خَفَرَ ـُ ه و بـ وعَلى To guard, watch over. To protect. To escort
خَفِرَ ـَ To be shy, bashful
خَفَر وخَفير Guard, watchman. Escort
خَفَر Shyness, bashfulness
سَفينَةُ خَفَرِ السَّواحِل Coast guard's ship
مَخْفَر شُرْطَة Police station
مَخْفور Escorted. Guarded
خافِرَة Escort ship
خفش - خَفِشَ ـَ To see only by night
خُفّاش جـ خَفافيش Bat
خفض - خَفَضَ ـِ هـ To lower
خَفَّضَ هـ To reduce, decrease, lessen
إنْخَفَضَ To drop, decrease, diminish. To be decreased
خَفْض Ease, comfort
خَفْض وتَخْفيض Reduction, lowering, decrease, diminution

خلل - خَلَّ ـُ To pierce, perforate
خَلَّلَ To acetify
خَلَّلَ هـ To pickle. To pick the teeth
أَخَلَّ بـ To fail to fulfill *(an agreement)*. To disturb *(peace)*. To break *(a promise)*
مُخِلّ Disturber
إِخْتَلَّ To acetify. To be or become disordered. To be mentally disordered. To lose one's balance
إِخْتِلال Disorder. Deficiency. Disequilibrium
إِخْتِلال عَقْلِيّ Mental disorder
خَلَّلَ سَلَطَةً To season with vinegar
خَلّ جـ أَخُلّ وخِلال Vinegar
خِلّ جـ أخلال Close friend
خَلَل جـ خِلال Gap. Interval. Trouble, disorder. Defect. Mental disorder
خَلَّة جـ خَلَل وخِلال Natural disposition. Property, quality, characteristic
خَليل جـ أخِلاَّء وَخُلاّن Intimate or bosom friend. Lover
خَليلَة Girlfriend. Mistress, concubine
مُخَلَّل Pikled, salted. Pickles
تَخَلَّلَ To intervene. To penetrate. To acetify
خِلال جـ أَخِلَّة وخِلالات Toothpick
إخلال Breach, violation *(of a law)*

خفق - خَفَقَ ـُـِ To beat, throb *(heart)*. To flutter, wave *(flag)*. To flash *(lightning)*
إِخْفاق Failure, fiasco
أَخْفَقَ في To fail, be unsuccessful
خَفَقان (القَلْب) Palpitation, beating, throb
خَفّاق وخافِق Palpitating. Fluttering, waving *(flag)*
الخافِقان East and west
الخَوافِق The cardinal points
مَخْفوق Beaten, whipped
خفي - خَفى ـِ هـ وأخفى To hide, conceal
تَخَفّى To hide oneself. To disguise oneself
خَفِيَ ـَ To disappear. To hide. To be concealed
خَفاء جـ أَخْفيَة Secrecy. Veil, cover
خافٍ مـ خافيَة، وخَفيّ جـ خَفايا
Hidden, concealed. Secret. Invisible. Mysterious
أَنْوارٌ خَفيَّة Indirect lighting
خَفيَّة جـ خَفيّات وخَفايا Secret, mystery
تَخَفٍّ Disguise
إخفاء Hiding. Concealment
خِفْيَةً وخُفْيَةً Secretly, in secret, privately
إِخْتِفاء Disappearance

خِلال During, in the course of. Within

في خِلال ذلك Meanwhile, meantime

مُخْتَلّ Disordered, confused. Insane, lunatic. Out of balance

خلب - خَلَبَ ـُ ه To beguile, deceive. To clutch, seize with the claws

خَلَبَ الأَلْباب To captivate, charm

خَلاّب مـ خَلاّبَة Captivating, charming. Fallacious, deceptive

مِخْلَب جـ مَخالِب Claw, talon

خلج - خالَجَ ه To be on someone's mind. To preoccupy. To worry

إخْتَلَجَ (عُضو) To quiver, tremble. To twitch *(eye)*

إخْتَلَجَ في صَدْرِهِ To worry, trouble

خَليج جـ خُلُج وخُلْجان Gulf, bay

إخْتِلاج Convulsion. Quiver

خلخل - خَلْخَلَ (سِنًّا) To loosen by shaking

تَخَلْخَلَ To be dislocated. To be shaken, rocked. To become loose *(tooth)*. To rarefy *(air)*

خَلْخال جـ خَلاخيل Anklet

خلد - خَلَدَ ـُ To last forever. To be immortal. To be eternal

خَلَدَ إلى الرّاحة To rest, relax

خَلَّدَ وأَخْلَدَ ه و هـ To immortalize, perpetuate, eternize

أَخْلَدَ بـ وإلى To stay at. To incline to, tend to

خُلْد وخُلود Immortality. Eternity, perpetuity

خُلْد جـ خُلْدان Mole

خَلَد Mind, spirit, heart

خالِد ومُخَلَّد Everlasting, eternal. Immortal

خلس - خَلَسَ ـِ وخالَسَ واخْتَلَسَ هـ To embezzle. To steal, pilfer

إخْتِلاس Embezzlement, defalcation. Stealing, pilferage

خُلْسَة Something embezzled. Opportunity

خُلْسَةً Stealthily. Secretly, furtively

مُخْتَلِس Embezzler, defalcator

خلص - خَلَصَ ـُ To be pure, unmixed

خَلَصَ ـُ وتَخَلَّصَ مِن To escape. To get rid of. To be saved from

خَلَصَ ـُ إلى وبـ To arrive at, reach

خَلَّصَ ه و هـ To rescue, deliver, save. To redeem

خالَصَ ه To deal honestly with

أَخْلَصَ لَه To be loyal, faithful to

إسْتَخْلَصَ To extract. To deduce, conclude. To choose, select

خَلاص Salvation. Redemption. Rescue. Placenta

خُلاصَة وخِلاصَة Essence.

Quintessence. Summary, résumé

خُلاصَة القَوْل In short, briefly, to sum up

إخْلاص وخُلوص Sincerity. Loyalty. Devotion

خالِص Pure, unmixed

خالِص الأُجْرَة Prepaid. Free of charge

تَخَلُّص Liberation from. Escape from

مُخْلِص Sincere *(friend)*

مُخَلِّص Rescuer. Liberator

خلط - خَلَطَ ـِ وخَلَّطَ هـ بـ To mix, mingle. To confuse with. To shuffle *(the cards)*

خَلَّطَ في كلامه To be delirious

خالَطَ ه و هـ To mix or associate with

مُخالَطَة Association, intercourse

خولِطَ في عَقْلِهِ وإخْتَلَطَ عَقْلُهُ To be or become mentally disordered

إخْتَلَطَ To mingle, be mixed

خَلْط وإخْتِلاط Mixing. Confusion

أخْلاطُ النّاس Mob, rabble, common people

أخْلاطُ الجَسَد Humor

خَليط Mixture. Medley

مُخْتَلَط Mixed

خلع - خَلَعَ ـَ ه هـ To take off. To dethrone. To depose

خَلَعَ ثيابَهُ To undress, strip

خَلَعَ كَتِفَهُ To dislocate, luxate

خَلَعَ عِذْراه To throw off one's restraint

خَلَعَ هـ على To grant *(to)*, award *(to)*

خَلَّعَ هـ To dislocate *(a limb)*. To take to pieces

خِلْعَة جـ خِلَع Robe of honor

خَلُعَ ـُ To be dissolute, libertine

خَلاعَة Dissoluteness. Debauchery

خالِع وخَليع جـ خُلَعاء Libertine, debauchee

مُخَلَّع Luxated. Paralytic

خَلْع Taking off. Deposition. Dislocation

خلف - خَلَفَ ـُ ه To succeed. To come after. To replace, substitute for

خَلَّفَ ه و هـ To leave behind. To appoint as successor. To beget

خالَفَ ه To disagree with. To contradict. To disobey. To violate, transgress. To be different from

أخْلَفَ وَعدَه To break one's promise

أخْلَفَ ه To leave behind *(someone)*

تَخَلَّفَ عن To be absent. To be late. To remain behind

تَخالَفَ وإخْتَلَفَ To disagree

خَلَف جـ أخْلاف Successor. Substitute. Descendant, offspring

Character, خُلْق وخُلُق جـ أخلاق
nature, natural disposition
Good manners. Ethics. أخْلاق
Morality
Ethics. Morals عِلْمُ الأخلاق
Constitution, physique. خِلْقَة جـ خِلَق
Shape, appearance. Physiognomy
Fit, خَليق جـ خُلَقاء وخُلُق بـ
suitable, appropriate *(for)*
The creation. خَليقَة جـ خَلائق
Creatures. Nature, natural disposition
Creative, inventive. خالِق وخَلاّق
Creator, inventor
Created مَخْلوق
Creatures مَخْلوقات
Factitious, false مُخْتَلَق
Caldron, **خلقن** - خِلْقين جـ خَلاقين
boiler
To be empty, vacant. **خلو** - خلا ـُ
To be free from. To elapse, pass away *(time)*
To be alone with. To خَلا ـُ بـ وإلى
hold a close meeting with
To retire. To isolate خَلا إلى نَفْسِهِ
oneself
To be or become tranquil, خَلا بالُهُ
free from worry
To leave. To abandon خَلّى هـ وعن
To release, discharge خَلّى سَبيلَهُ

From father to son خَلَفًا عن سَلَف
Back, rear, hind خَلْفيّ
Behind. Back. Rear خَلْف
Difference. Diversity. إخْتِلاف
Disagreement
Disagreement. Difference. خِلاف
Contradiction, conflict. Dispute
Contravention. Contradiction. مُخالَفَة
Disagreement. Opposition
Unlike خِلافًا عن
Beyond a doubt مِن غير خِلاف
Contrary to that. بِخِلاف ذلك
Besides
Succession. Caliphate خِلافة
Successor. خَليفَة جـ خُلَفاء وخَلائِف
Caliph
Staying away. Absence. تَخَلُّف
Nonattendance. Retardation. Underdevelopment
Underdeveloped *(country)*. مُتَخَلِّف
Retarded *(mentally)*. Left over. Absent
Different مُخْتَلِف
To create **خلق** - خَلَقَ ـُ ه و هـ
To be or become خَلِقَ ـَ وخَلُقَ ـُ
shabby *(clothes)*
To adopt the manners of تَخَلَّقَ بـ
another
To invent, make up إخْتَلَقَ هـ
Creation. Creatures. People خَلْق

أَخْلى هـ To vacate. To empty
إِخْلاء Emptying. Vacating. Evacuation
إِخْلاء سَبيل Release, discharge
تَخَلّى عن ومن To abandon, give up. To get rid of. To desert
إِخْتَلى To isolate oneself. To retire
إِخْتَلى بـ To hold a closed meeting with
خَلاء Empty space. Emptiness. Solitude
خَلا وما خَلا Except, save
خُلُوّ Emptiness, vacuity. Vacancy
خُلُوًّا مِن Devoid of, free from
خَلْوَة جـ خَلَوات Retreat, recess. Closed meeting. Seclusion. Privacy
على خَلْوَة Alone, apart
خَلِيَّة جـ خَلايا Beehive. Cell
خَلِيّ Free. Carefree
إِخْتِلاء Privacy, solitude. Being alone
مِخْلاة Nose bag
خالٍ Empty, void. Unoccupied. Free. Past, bygone *(time)*. Devoid of. Single, unmarried
خم - خَمَّ ـُـ To stink. To rot, putrefy
مُخِمّ (لَحم) وخامّ Putrefied, decomposed, rotten. Stinking, foul-smelling
خُمامَة (قُمامَة) Rubbish
خُمّ Coop
خمخم - خَمْخَمَ To snuffle, twang
خمد - خَمَدَ ـُـ وخَمِدَ ـَـ To die, be extinguished *(fire)*. To calm down. To abate *(fever)*
أَخْمَدَ هـ To extinguish, put out *(a fire)*
أَخْمَدَ أنفاسَهُ To deprive of life
إِخْماد Extinction
خُمود Stillness, silence
خامِد Still, quiet, calm
خمر - خَمَرَ ـُـِ هـ وخَمَّرَ To ferment. To leaven *(dough)*. To brew *(beer)*. To veil, cover
خَمَرَ ـُـ ه To give wine to
خامَرَهُ الشَّك To suspect, doubt
إِخْتَمَرَ To ferment, rise *(dough)*
خَمْر وخَمْرَة Wine
خِمار جـ خُمُر Veil
خَمير وخَميرَة Leaven. Ferment. Yeast
خَمْرِيّ Wine-colored, reddish-brown
خَمّار Wine merchant, wineshop keeper
خَمّارَة Wineshop, tavern. Bar, pub
مَخْمور Drunk
تَخْمير Leavening. Fermenting, fermentation. Brewing
خمس - خَمْسَة مـ خَمْس Five
خُمْس وخُمُس جـ أَخْماس One fifth,

Approximately, nearly تَخْمينًا وعلى التَّخْمين
Assessor, appraisor مُخَمِّن
To twang, speak through the nose. To nasalize **خن** - خَنَّ ـِ وخَنْخَنَ
Nasal twang, snuffle خُنَّة ومَخَنَّة وخَنين
Snuffler. Twanging أخَنّ مـ خَنّاء جـ خُنّ
To be or become effeminate **خنث** - خَنِثَ ـَ وتَخَنَّثَ
To effeminate خَنَّثَ هـ و ه
Effeminate خَنِث ومُخَنَّث جـ مَخانيث
Hermaphrodite خُنْثى جـ خِناث
خنجر - خَنْجَر وخِنْجَر جـ خَناجِر
Dagger
Stab طَعْنَة خَنْجَر
Trench. Ditch **خندق** - خَنْدَق جـ خَنادِق
Pig, swine, hog **خنزر** - خِنْزير جـ خَنازير
Porpoise خِنْزير البَحْر
Wild boar خِنْزير بَرّيّ
Guinea pig خِنْزير هِنْديّ
Sow خِنْزيرَة
Pork لَحْمُ الخِنْزير
Bacon لَحْمُ الخِنْزير المُقَدَّد
Fern **خنشر** - خِنْشار
Piglet, piggy **خنص** - خِنَّوص جـ خَنانيص

fifth part
To use deceit ضَرَبَ أخْماسًا بأسداس
Fifth خامِس مـ خامِسَة
Five at a time. By fives خُماس ومَخْمَس
Fivefold. Quintuple خُماسيّ
Fifty خَمسون
Thursday خَميس جـ أخْمِسَة
Pentagon مُخَمَّس
Fifteen خَمْسَةَ عَشَر، خَمْسَ عَشْرَةَ
To scratch **خمش** - خَمَشَ ـُـِ هـ
Scratch خَمْش
خمص - أخمَص جـ أخْماص
Hollow of the sole of the foot
From head to foot, from top to toe مِنَ الرّأس إلى أخْمَص القَدَمَيْن
To be obscure, unknown. To be faint *(voice)*. To be or become lazy, indolent **خمل** - خَمَلَ ـُ
Indolence, sluggishness. Apathy خُمول
Sluggish, indolent, inactive خامِلٌ جـ خَمَل
Thicket خَميلة جـ خمائل
Velvet مُخْمَل
Velvety مُخْمَليّ مـ مُخْمَليَّة
To conjecture, guess, surmise. To assess, evaluate, estimate **خمن** - خَمَنَ ـُـِ وخَمَّنَ هـ
Conjecture. Estimation تَخْمين

خنصر - خِنْصِر وخُنْصُر جـ خَناصِر
Little finger
خنع - خَنَعَ ـَ لِـ To yield *(to)*, surrender *(to)*, cringe *(before)*
خَنَعٌ وخُنوعٌ Servility, submissiveness, yielding
خَنوع جـ خُنَّع Servile, submissive
خنفس - خُنْفُس وخُنْفَساء جـ خَنافِس
Beetle
خنق - خَنَقَ ـُ وخَنَّقَ ه To strangle, choke to death. To asphyxiate. To suffocate
خَنَقَ العَلَم To fly the flag at half mast
خَنْق Strangling, strangulation. Suffocation. Asphyxiation
خُناق Angina
خِناق Neck. Throat. Strangling cord or rope. Quarrel, fight
خانوق جـ خَوانيق Diphteria
إخْتِناق Suffocation, asphyxiation. Asphyxia
خَنّاق وخانِق Strangling. Asphyxiating *(gas)*
خانَقَ وتَخانَقَ مع To quarrel, dispute with
خوخ - خَوْخ وخَوْخَة Plum
خوذ - خوذَة جـ خُوَذ Helmet, casque
خور - خارَ ـُ To low, moo *(cattle)*
خَوِرَ ـَ وخارَ ـُ وخَوَّرَ To weaken, decline in force or vigor, slacken. To faint away
خَوْر جـ أَخْوار Inlet, bay. Valley. Ravine
خَوَر Weakness. Lack of vigor
خوريّ جـ خَوارِنَة Priest, curate
خورُس وخورُص Choir *(of a church)*
خوار Lowing, mooing
خوض - خاضَ ـُ (الماءَ) To wade into, sink into
خاضَ المَنايا To face death
خاضَ في الحَديث To engage in the conversation
خاضَ في مَوْضوع To go into a subject
خاضَ المَعْرَكَة To enter the war. To engage in a battle
مَخاضَة ومَخاض جـ مَخاوِض ومَخاضات Ford
خوف - خافَ ـَ وتَخَوَّفَ هـ ومِن
To be afraid of. To be frightened. To fear, dread
خَوَّفَ وأخافَ ه To frighten, scare. To intimidate
خَوْف ومَخافَة وخيفَة Fear, fright, dread
خَوْفًا مِن For fear of
تَخْويف Intimidation, frightening
خائف جـ خائفون Afraid, scared, frightened. Fearful, shy

Fearful, timid. خَوّاف وخَوّيف
Coward

Dangerous. Feared مَخوف

Frightening, dreadful, terrible مُخيف

Fear, dread مَخافَة جـ مَخاوِف

Fears, anxieties. Dangers مَخاوِف

To grant, give. **خول** - خَوَّلَ هـ و ه

To entitle *(to)*. To authorize, empower. To commission *(to do)*

To award خوَّلَ جائزةً

To appoint as one's intendant خَوَّلَ على مالِهِ

Maternal uncle خال جـ أخْوال

Maternal aunt. Stepmother خالَة جـ خالات

Mole, beauty spot خال جـ خيلان

Supervisor. Steward خَوْليّ جـ خَوَل

Authorized مُخَوَّل

Raw, crude *(oil)*, unworked. Cotton cloth. Raw material. Ore **خوم** - خام جـ أخْوام

To betray. To be unfaithful *(to)*. To cheat **خون** - خانَ ـُـ ه

To violate, break *(a promise, an agreement)* خانَ هـ

Disloyal, treacherous. Traitor خائن جـ خَوَنَة

To accuse of betrayal. To charge with treason خَوَّنَ ه

Khan, caravansary. Inn خان جـ خانات

Column. Square *(on a chessboard)* خانَة جـ خانات

Treason. Treachery, betrayal. Dishonesty. Cheating خيانَة

خوي - خَوى ـِ وأخْوى وخَوِيَ ـَ
To be empty

To be empty-bellied, to feel hungry خَوى ـِ الرَّجُلُ

Emptiness. Hunger خَوًى وخَواء

Empty. Unhabited خاوٍ مـ خاوِيَة

To fail, be unsuccessful. To be disappointed **خيب** - خابَ ـِ وتَخَيَّبَ

To frustrate. To disappoint خَيَّبَ وأخابَ

Failure. Disappointment خَيْبَة

Disappointed خائِب مـ خائِبَة

To make choose *(between or from)*, give the option **خير** - خَيَّرَ وخايَرَ ه في أو بَيْن

To prefer *(to)*, favor خَيَّرَ على

To choose. To select تَخَيَّرَ واخْتارَ ه و هـ

To ask God for proper guidance in إسْتَخارَ الله

Good. Excellent. Better. Best خَيْر جـ خِيار وأخيار

Good, benefit. Charity. Welfare. Wealth, fortune. Blessing خَيْر

He's a good-for-nothing لا خَيْرَ فيه

خَيْرات Good deeds
خَيْراتُ الأرض Resources
خَيِّر مـ خَيِّرَة Charitable. Benefactor. Generous
خِيرَة Choice. Elite, top. The best
على خِيرَةِ الله As it pleases God
جَمْعِيَّة خَيْرِيَّة Charitable organization
خِيار Choice. Option. Freedom of choice
خِيار وخِيارَة Cucumber
إخْتيار Choice. Selection. Option
إخْتياريّ Facultative, optional
مُخْتار Chosen, selected. Mayor, chief *(of a village)*
خيط - خاطَ ـِ وخَيَّطَ To sew, stitch
خَيْط جـ خُيوط وأخياط وخيطان Thread
خِياطَة Sewing. Tailoring, dressmaking
خَيّاط Tailor
خَيّاطَة Dressmaker. Seamstress
خيل - خالَ ـَ To think, imagine, believe, suppose
خُيِّلَ إلى To imagine, fancy. To seem to, appear to
تَخايَلَ واخْتالَ To strut about
خال Suspicion. Opinion. Lightning. Cloud. Haughtiness
خَيْل جـ خُيول Horses
خَيال جـ أخْيِلَة Shadow. Reflection. Ghost, spirit. Phantasm. Imagination, fancy
خَيال الصَّحْراء Scarecrow
أخيِلَةُ الظِّلّ Shadow play
خَيّال Horseman, rider
خَيّالَة Cavalry
خُيَلاء وخِيلاء Vanity. Arrogance
خَياليّ Imaginary
تَخَيُّل Imagination. Fancy
مُخَيِّلَة Imagination
خيم - خَيَّمَ To camp, encamp. To stay in, reside in. To lie down. To reign *(calm, peace)*
خَيْمَة جـ خِيام وخَيْمات Tent
مُخَيَّم Camp, encampment
مُخَيِّم Camper

د

D (*8th letter of the Arabic Alphabet*) د - د

To persevere in. To work hard **دأب** - دأَبَ ـَ في

Perseverance. Habit دأْب

Persevering. Hard worker دائِب ودَؤوب

To creep, crawl **دب** - دَبَّ ـِ

To creep into, spread through دبَّ في

To go on all fours دَبَّ على الأرْبَع

Bear دُبّ جـ أدباب ودِبَبَة

Creeping, crawling. Reptant. Reptile دَبّاب مـ دَبّابَة جـ دَبّابات

Tank دَبّابَة جـ دَبّابات

Creeping, crawling دَبيب

Riding animal, mule دابَّة جـ دَوابّ

Animalcule. Insect دُوَيْبَة

To embellish, adorn **دبج** - دَبَجَ ـُ

To pen, compose. To write in an elegant or good style دَبَّجَ (مَقالَةً)

Silk brocade. Silk garment ديباج

Face, visage ديباجَة

Preamble, preface ديباجَة الكِتاب

To turn the back. To pass away **دبر** - دَبَرَ ـُ

To arrange. To plan. To plot. To work up. To organize. To manage دَبَّرَ هـ

To turn the back on. To run away أدْبَرَ

To consider, deliberate on تَدَبَّرَ هـ

Rear part. Back. Posteriors, buttocks دُبْر ودُبُر جـ أدْبار

To run away وَلّوا الأدْبار

Wasp. Hornet دَبّور جـ دَبابير

Arrangement, disposal. Measure تَدْبير جـ تَدابير

Housekeeping تَدْبير المَنْزِل

To eradicate. To suppress قَطَعَ دابِر هـ

Spur دابِرَة (الدّيك) جـ دَوابِر

Fugitive مُدْبِر

Disposer, arranger مُدَبِّر

Intriguer, plotter مُدَبِّر المكائد

Arranged, prepared مُدَبَّر

Turning the back on. Running away إدْبار

Treacle, molasses **دبس** - دِبْس

Pin. Safety pin. Club دَبّوس جـ دَبابيس

To tan **دبغ** - دَبَغَ ـُـِـ هـ

Tanning دِباغَة

Tanner دَبّاغ

دَبّاغَة ومَدْبَغَة جـ مَدابغ Tannery
دبق - دَبِقَ ـِ بـ To stick to. To cling to
دَبَقَ ودَبَّقَ وأدْبَقَ ه و هـ To catch a bird with birdlime
دِبْق جـ أدْباق Birdlime. Glue
قَضيبُ دِبْق Lime-twig
دَبِق مـ دَبِقَة Sticky, gluey, limy
دبك - دَبْكَة A kind of cadenced dance
دبل - دِبْلوماسيّ Diplomatic. Diplomat(ist)
دِبْلوماسيَّة Diplomacy
دثر - دَثَرَ ـُ وانْدَثَرَ To be wiped out. To be forgotten. To be obliterated *(trace)*
تَدَثَّرَ وادَّثَرَ بـ To cover or wrap oneself in
دِثار جـ دُثُر Cover. Upper garment
داثِر مـ داثِرَة ومُنْدَثِر Effaced, wiped out. Forgotten
دجج - دَجَّجَ بالسِّلاح To arm to the teeth
دَجاج ودُجاج Chickens. Poultry. Fowls
دَجاجَة Hen. Fowl. Chicken
دَجاجَةُ الأرض Woodcock
دَجاجَةُ الماء Moorhen, water hen
دَجاجَةُ الحَبَش Guinea fowl. Turkey
مُدَجَّج بالسِّلاح Heavily armed, armed to the teeth
دجر - دَيْجور جـ دَياجير Dark(ness), gloom(iness)
دجل - دَجَّلَ To lie. To quack. To deceive, dupe
دَجّال Quack, charlatan
تَدْجيل ودَجَل Imposture. Charlatanry
دجن - دَجَنَ ـُ To be dusky, gloomy *(day)*. To darken *(night)*
دَجَنَ ـُ (حَيَوان) To be domesticated, tamed
دَجَّنَ حَيَوانًا To tame, domesticate
دُجْنَة جـ دُجَن ودُجُنات Darkness, gloomy weather
داجِن مـ داجِنَة Tamed, domesticated
الدَّواجِن Poultry, fowls
دجو - دَجا ـُ To darken. To become tenebrous
دُجْيَة جـ دُجًى Darkness, obscurity
داجٍ مـ داجِيَة Dark, gloomy
دحر - دَحَرَ ـَ To drive away. To defeat
دَحْر Driving away. Defeating *(the enemy)*
مَدْحور Defeated
دحرج - دَحْرَجَ هـ To roll
دَحْرَجَة وتَدَحْرُج Rolling
تَدَحْرَجَ To roll down. To roll
دحض - دَحَضَ ـَ ودَحَّضَ وأدْحَضَ To refute
دَحْض Refutation

دخر - ادَّخَرَ To save. To keep in reserve. To treasure up

لا يَدَّخِر وُسْعًا أو جُهْدًا To spare no effort, to do one's best

إدِّخار Saving. Treasuring up

مَصْرِفُ الإدِّخار Savings bank

طاقَة مُدَّخَرَة Potential

دخل - دَخَلَ ـُ هـ أو في To enter, come into

دَخَلَ بـ وأدْخَلَ To introduce

دَخَلَ عَلى To visit

دَخَلَ بَيْن To intervene between *(two persons)*

دَخَّلَ وأدْخَلَ To bring in, make enter. To introduce, insert

تَدَخَّلَ To intervene. To interfere in

تَدَخُّل Intervention. Intrusion

مَدْخول جـ مَداخيل وَدَخْل Income, revenue

دُخول Entry, entrance. Entering, getting in. Penetration

دُخوليَّة Entrance fee. Toll. Octroi

داخِل Inside, interior. Entering, going into

داخِليّ Inner, inward. Internal, interior. Domestic, private

مَدْرَسَة داخِليَّة Boarding school

مَلابِس داخِليَّة Underwear

حَرْب داخِليَّة Civil war

وِزارَةُ الدّاخِليَّة Ministry of Interior

دَخيل جـ دُخَلاء Foreigner, stranger. Intruder. Foreign, alien

دَخيلَة Interior, inner self, inward thoughts. Heart, soul. Intention

مَدْخَل جـ مَداخِل Entrance, entry. Door. Introduction

دخن - دَخِنَ ـَ ودَخَّنَ To be or become smoky. To taste or smell of smoke. To emit smoke

دَخَّنَ هـ To smoke. To emit smoke. To fume

دُخان ودُخّان جـ أدْخِنَة Smoke. Fume

دُخّان (تَبْغ) Tobacco

مَدْخَنَة جـ مَداخِن Chimney

مِدْخَنَة جـ مَداخِن Brazier

مُدَخِّن Smoker

مُدَخَّن Smoked. Fumed

تَدْخين Smoking

در - دَرَّ ـُـِ To flow abundantly

دَرَّت النّاقَةُ بِلَبَنِها To yield much milk

لله دَرُّه How good he is!

دُرَّة جـ دُرَر ودُرّات Pearl

مِدْرار Abundant. Flowing copiously

درب - دَرِبَ ـَ بـ To be accustomed to

دَرَّبَ ه بـ وعلى وفي To exercise, train. To habituate to, accustom to

تَدَرَّبَ To practice, train, rehearse. To be or become trained

دَرْب جـ دُروب Path, track, road

مُدَرَّب Trained. Experienced, practiced
مُدَرِّب Trainer, coach. Instructor
مُتَدَرِّب Trainee. Apprentice
تَدْريب Training, exercise
دَوْرَة تَدْريب Training course
تَدْريبٌ عَسْكَريّ Military training
درج - دَرَجَ ـُ ـِ To walk. To be in fashion. To be current. To die. To fold up
دَرَجَ على To be accustomed to. To develop a habit. To follow a course
دَرَجَ ـُ To rise or advance step by step
دَرَّجَ To graduate, scale
دَرَّجَ ه إلى To move gradually closer
تَدَرَّجَ To advance step by step. To make gradual progress
تَدَرُّج Graduation. Gradation. Training. Progression. Gradual advance
مُتَدَرِّج Trainee, apprentice
أَدْرَجَ هـ في To include, insert
إِسْتَدْرَجَ ه إلى To bring gradually to
دُرْج ودَرْج جـ أَدْراج Drawer
دَرَج جـ أَدْراج Stairs, staircase
ذَهَبَ أَدْراج الرِّياح To be futile. To come to nothing. Gone with the wind
عادَ أَدْراجَهُ To turn back

دَرَجَة جـ دَرَج Step. Stair. Degree. Grade, rank. Stage. Class. Rate, ratio. Mark. Point
مِنَ الدَّرَجَة الأولى First-class, first-rate
دارِج Current. In fashion. Common, widespread. Colloquial *(language)*
دَرّاج Cyclist
دَرّاجَة جـ دَرّاجات Bicycle, bike
دَرّاجة ناريَّة Motorcycle, motorbike
تَدْريج وَتَدَرُّج Graduation, gradual advance, progression
مَدْرَج جـ مَدارِج Way, path, road
مَدْرَجُ مَطار Flying ground, air-field
مَدْرَجُ الإقْلاع Runway
مَدْرَجُ الهُبوط Landing field
مُدَرَّج جـ مُدَرَّجات Amphitheater
تَدْريجيًّا وبالتَّدْريج Gradually
درد - أَدْرَد Toothless
دَرْدار Elm
درز - دَرَزَ ـُ هـ To sew, stitch
دَرْز Sewing. Seam. Suture
دُرْزيّ جـ دُروز Druze
درس - دَرَسَ ـُ To efface, wipe out
دَرَسَ ـُ To study, learn
دَرَسَ ـُ الحِنْطَة To thresh
إنْدَرَسَ To be effaced, wiped out
دَرَّسَ To teach
دَرْس جـ دُروس Lesson. Study. Class, period

Study. Research	دِراسَة
Threshing	دَرْس وِدِراس
Scholastic, school (adj.). Educational	دِراسِيّ وَمَدْرَسِيّ
School. College	مَدْرَسَة جـ مَدارِس
Teacher, instructor	مُدَرِّس
Teaching, instruction	تَدْرِيس
To armor, cuirass. To mail	درع - دَرَّعَ ه
To put on armor	تَدَرَّعَ
Armor, mail, cuirass. Shield	دِرْع جـ دُروع وأدْرُع
Armored vehicle or car. Armored cruiser	مُدَرَّعَة
Dolphin	درفل - دَرْفِيل جـ دَرافِيل
Peach	درق - دَرّاق وَدُرّاق ودُرّاقِن
To attain puberty	درك - أدْرَكَ
To reach, attain. To catch, overtake. To get, obtain. To perceive, understand. To ripen (fruits)	أدْرَكَ ه و هـ
Maturity, puberty. Perception. Understanding. Intelligence. Reaching. Obtaining	إدْراك
To correct. To repair, make good. To prevent. To take precautions against	تَدارَكَ هـ
To rectify (a mistake). To retract. To prevent	إسْتَدْرَكَ
Policeman, gendarme	دَرَكِيّ

Gendarmes, police	رِجالُ الدَّرَك
Bottom, lowest level	دَرَك جـ أدْراك
Descending step. Lowest level	دَرَكَة جـ دَرَك وَدَرَكات
Prevention	تَدارُك
Correction. Restriction	إسْتِدْراك
Rational. Mature. Legally major	مُدْرِك
To be or become dirty	درن - دَرِنَ ـَ (ثوب)
Dirt, filth	دَرَن جـ أدْران
Dirty, filthy	دَرِن
Tubercle. Small tumor	دَرَنَة
Tubercular, tuberculous	دَرَنِيّ وَمُتَدَرِّن
Dirham. Drachma. Money	درهم - دِرْهَم وَدِرْهِم جـ دَراهِم
Dervish	دروش - دَرْوِيش جـ دَراوِيش
To know of, be aware of, be acquainted with	دري - دَرى ـِ هـ و بـ
To humor, be willing to please	دارى ه
Acquaintance, knowledge. Know-how	دِرايَة
Dozen	دز - دَزِّينَة
To slip into, foist into. To hide in. To interpolate	دس - دَسَّ ـُ هـ في
To intrigue, conspire against. To betray, denounce	دَسَّ عَلى

إنْدَسَّ To slip into or among. To infiltrate
دَسيسَة جـ دَسائِس Intrigue, plot
دَسّاس Intriguer, plotter
دستر - دُستور جـ دَساتير
Constitution. Rule. Regulation. Leave, permission
دُسْتوريّ مـ دُسْتوريّة Constitutional
نِظامٌ دُسْتوريّ Constitutional form of government
دسم - دَسِمَ ـَ To be or become fatty, greasy
دَسَم Fat, grease. Greasiness, fatness *(of meat)*
دَسِم Fatty, greasy
دشن - دَشَّنَ هـ To inaugurate. To put on new clothes
تَدْشين Inauguration
دعب - دَعَبَ ـَ ه To joke with, make fun with
داعَبَ ه To joke with. To play with. To flirt with
دُعابَة ومُداعَبَة Joking, jesting. Joke. Pleasantry. Humor
دَعِب Sportive, playful, jocular
دعر - دَعَر ودَعارَة Debauchery, immorality. Prostitution
بَيْتُ الدَّعارَة Brothel
دَعِرٌ وداعِر Lewd, libertine. Immoral. Debauchee

دعس - دَعَسَ ـَ هـ ودَعَّسَ ه بـ To tread upon. To stamp. To run over
دَعْسَة Pedal
دعك - دَعَكَ ـَ هـ و ه To rub. To scrub. To crumple, rumple
دَعْك Rumpling, crumpling
دعم - دَعَمَ ـَ هـ بـ To support, prop up. To consolidate, strengthen
دَعْم Supporting. Support. Consolidation, strengthening
دِعامَة جـ دَعائم Support, prop
دِعامَة القَوْم Pillar, chief
دعو - دَعا ـُ ه To call, send for
دَعا ه إلى To invite. To induce, urge to. To cause
دَعا ه فُلانًا أو بِفُلانٍ To name, call
دَعا To propagandize. To publicize
دَعا الله To invoke God, pray to God
دَعا لِـ To bless, wish someone well
دَعا عَلى To curse, wish evil to
دَعا إلى To demand, request
إدَّعى بـ To claim, demand
إدَّعى كَذا أو أنّ To pretend, simulate
إدَّعى على To accuse of. To sue
تَداعى To threaten to fall. To sue one another
إسْتَدْعى ه و هـ To send for. To require, demand. To summon
دُعاء جـ أدْعِيَة Call. Prayer, invocation. Wish. Imprecation

دَعْوَة Call. Convocation. Invitation
دَعاوَة ودِعاوَة Pretension
دَعْوى جـ دَعاوى Lawsuit, case, suit, action
دَعِيّ جـ أدْعياء وَمُدَّعٍ Self-conceited, pretender
داعٍ وداعيَة Propagandist. Motive, reason
إدِّعاء Pretence. Accusation. Claim
مُداعاة Accusation. Pursuit
إسْتِدعاء Convocation. Summons. Petition, request
مَدْعاة Motive, incentive, cause
مُدَّعٍ Pretender. Arrogant, presumptuous. Plaintiff. Claimant
المُدَّعي العامّ Attorney general. Prosecutor
مُدَّعى عَلَيْه Defendant. Accused
دِعايَة ودَعاوَة ودِعاوَة Propaganda. Publicity, advertisement
مُتَداعٍ Threatening to fall. Shaky
مَدْعُوّ Guest. Invited. Called
مُسْتَدْعٍ Applicant, petitioner
دغدغ - دَغْدَغَ ه To tickle, titillate
دَغْدَغَة Tickling, titillation
دغش - دَغَشَ ـَ وأدْغَشَ في To be overtaken by darkness
دَغَشَت الدُّنيا It became dark
دَغَش وَدُغْشَة ودَغيشة Darkness. Dusk, twilight

دغل - أدْغَلَ To be bushy *(land)*
دَغَل جـ أدْغال Thicket, jungle, bush
دَغِل Bushy *(place)*. Secret
دغم - أدغَمَ وادَّغَمَ هـ في To contract *(two letters into one)*
إدْغام Contraction
دف - دَفّ ودُفّ جـ دُفوف Tambourine
دَفَّة Side. Cover *(of a book)*. Leaf *(of a door or window)*. Board, plank. Rudder
جَمَعَ بَيْنَ دَفَّتَيْه To comprise, include
دَفَّةُ الحُكْم The reins of government
دفأ - دَفِئَ To be warm. To feel warm
دَفَّأ وأدْفأَ ه To warm up. To heat. To keep warm
دِفْء جـ أدْفاء Warmth. Heat
دَفِئ (يَوْم) Warm *(day)*
دَفآن ودَفْيان مـ دَفْأى Warm. Warmly clothed
تَدْفِئَة Heating
تَدْفِئَةٌ مَرْكَزِيَّةٌ Central heating
مِدْفأة Fireplace. Stove
دَفيئَة Greenhouse
دفتر - دَفْتَر جـ دفاتِر Notebook, copybook, writing book. Booklet. Register
دَفْتَر صُوَر Album
دَفْتَر المُحاسَبَة Account book

دَفْتَر شيكات — Checkbook
مَسْكُ الدَّفاتِر — Bookkeeping
دَفْتَرُ اليَوْمِيَّة — Daybook, journal
دفع - دَفَعَ ـَ — To push. To push away. To refute
دَفَعَ هـ عن — To keep away from
دَفَعَ هـ إلى ولِـ — To hand over to. To pay
دَفَعَ إلى — To drive, incite. To force to. To send to
دَفْع — Pushing. Rejection. Payment
دافَعَ ه عَن فُلان — To defend, plead for
إنْدَفَعَ وَتَدَفَّعَ — To flow, stream. To dash, rush
تَدافَعَ — To push one another
إنْدِفاع — Zeal, enthusiasm. Élan, dash. Impetuosity, temerity, rashness. Rushing. Outburst, eruption
دِفاع — Defense. Protection. Pleading
الدِّفاعُ المَدَنيّ — Civil defense
وزارة الدِّفاع — Ministry of Defense
دِفاعٌ عَن النَّفْس — Self-defense
دَفْعَة جـ دَفَعات — Push. Payment. Once
دُفْعَة — Group. Class. Sudden and heavy shower of rain
مَدْفوعات — Payments
قوَّة دافِعَة — Propulsive force
مِدْفَع وَمَدْفَع — Gun, cannon
مَدْفَعِيَّة — Artillery
مُدافِع — Defender
دفق - دَفَقَ ـُـِ — To pour out
دَفَقَ ـُ وتَدَفَّقَ — To flow out, stream
دَفْقٌ واندِفاق وَتَدَفُّق — Pouring. Effusion. Influx
سَيْلٌ دافِق ودُفاق وَمُتَدَفِّق — Outflowing, gushing forth, torrential
دفل - دِفْل ودِفلى — Oleander
دفن - دَفَنَ ـِ هـ — To hide, conceal
دَفَنَ ه — To bury, inhume
دَفْن — Burial, inhumation, interment
دَفين جـ دُفَناء — Hidden. Secret. Buried
دَفينَة جـ دَفائن — Treasure trove
مَدْفِن جـ مَدافِن — Burial ground, cemetery
مَدْفِن العُظَماء — Pantheon
مَدْفون — Buried, inhumed
دق - دَقَّ ـِ — To be or become thin. To be or become small, minute
دَقَّ ـُ هـ — To pound, crush, grind. To hammer. To knock *(at a door)*
دَقَّ الجَرَس — To ring, sound *(a bell)*
دَقَّتِ السّاعة — To strike, toll
دَقَّق في — To be strict
دَقَّقَ النَّظَرَ في — To examine carefully, scrutinize
إسْتَدَقَّ — To be thin. To be or become pointed, peaked
دَقّ — Grinding, crushing. Hammering. Striking. Knock(ing). Ring(ing)

Darkness	دُكْنَة
Dark	داكِن
Shop, store	دُكّان جـ دَكاكِين
To show, indicate, point out. To direct, show the way. To prove, be evidence of	دلّ – دَلَّ ـُ ه على وإلى
To be coquettish. To flirt	دَلَّ ـِ وتَدَلَّلَ على
To spoil, pamper. To caress	دَلَّلَ ه
To put up or sell at auction	دَلَّلَ على
To seek guidance or information about. To deduce	إسْتَدَلَّ على
Coquetry. Familiarity	دالّة ودَلال وتَدَلُّل
Auction, public sale. Brokerage, commission	دِلالَة
Guidance. Indication. Meaning, sense	دَلالَة
Auctioneer. Broker	دَلّال جـ دَلالَة ودَلّالون
Indication, sign, mark. Evidence, proof. Guide. Pilot. Guidebook. Index	دَليل جـ أدِلّاء وأدِلّة
Telephone directory	دَليل الهاتِف
Reasoning, argumentation. Conclusion. Proof, evidence	إسْتِدْلال
Spoiled (child)	مُدَلَّل
Sycamore, plane-tree	دلب – دُلْب
Gladiolus	دلبث – دَلَبوث ودَلْبوث
To cheat, defraud. To	دلس – دَلَّسَ

Knock. Bang. Beat	دَقَّة
Heartbeats	دَقّات القَلْب
Bell-ringer. Grinder. Flour-dealer	دَقّاق
Striking clock	ساعَةٌ دَقّاقَة
Thinness. Smallness. Subtlety. Exactitude	دِقَّة
Flour. Thin. Small, minute. Critical. Accurate, exact	دَقيق جـ أدِقَّة وأدِقّاء
Crumbs. Powder. Minute	دُقاق
Minute	دَقيقَة
Close examination. Accuracy, exactitude	تَدْقيق
Mallet. Pounder. Beetle	مِدَقَّة جـ مَداقّ
Exact, strict, meticulous. Examiner, scrutinizer	مُدَقِّق
Auditor	مُدَقِّق حِسابات
To demolish, tear down. To ram a gun. To level the ground	دك – دَكَّ ـُ هـ
Tearing down, demolition. Leveling. Loading	دَكّ
To be demolished. To be leveled, flatten	إنْدَكَّ
Ramrod. Rammer	مِدَكّ
Dictator	دكت – دِكْتاتور
Blackish. Dark	دكن – أدْكَن مـ دَكْناء جـ دُكْن

deceive. To falsify, counterfeit

تَدْليس — Fraud. Deceit. Cheating

دلع - دَلَعَ ـَـُ — To stick out one's tongue

دَلَّعَ ه — To pamper, spoil. To caress

إنْدَلَعَ (النّار) — To break out *(fire)*

دلف - دَلَفَ ـِ — To toddle. To walk slowly

دَلَفَ وأَدْلَفَ — To leak, ooze through *(water)*

دَلَفَ نَحْوَ وإلى — To advance *(toward)*

دُلْفين جـ دَلافين — Dolphin

دلق - دَلَقَ ـُ وأَدْلَقَ هـ سائلاً — To spill, pour out (a liquid)

دلك - دَلَكَ ـُ هـ بـ وَدَلَّكَ — To massage. To rub. To scrub. To knead *(dough)*

دَلْك وَتَدْليك — Rubbing. Massage

مِدْلَك وَمِدْلَكَة — Rubbing-stone. Polisher

مُدَلِّك — Masseur

مُدَلِّكَة — Masseuse

دلو - دَلّى هـ بـ — To hang down, suspend, dangle

أَدْلى بِرأْيِه — To express one's opinion

أَدْلى بِحُجَّتِهِ — To adduce an argument

أَدْلى بِتَصْريحات — To make statements

أَدْلى بِحَديث — To give an interview

تَدَلّى — To hang down, suspend

دَلْو جـ دِلاء — Bucket, pail

داليَة جـ دَوالٍ — Vine, grapevine. Waterwheel

مُتَدَلٍّ — Hanging, suspended

دم - دَميم جـ دِمام — Ugly, hideous

دَمامَة — Ugliness. Ugly appearance

دمث - دَمُثَ ـُ — To be mild *(character)*

دَماثَة — Mildncss, gentleness *(of character)*

دَمَّثَ — To soften, mellow

دَمِث جـ دِماث (الأخْلاق) — Gentle, mild-tempered, good-natured

دمج - دَمَجَ ـُ وأدْمَجَ وَدَمَّجَ — To murge, join, fuse, incorporate. To insert

إنْدَمَجَ — To be murged, joined, incorporated. To be inserted. To merge

إنْدِماج — Merger, merging, union, fusion, incorporation, assimilation

إدْماج وانْدِماج وَدَمْج — Insertion, incorporation. Inclusion. Assimilation

دمدم - دَمْدَمَ على — To murmur, mutter. To grumble

دَمْدَمَة — Murmur, mutter. Grumble

دمر - دَمَّرَ ه وعلى — To destroy, ruin, demolish, wreck

دَمار — Ruin, destruction, ravage, devastation

تَدْمير Destruction, demolition
مُدَمِّر Destroyer. Destructive
مُدَمَّر Destroyed
مُدَمِّرَة Destroyer
دمس - دَمَسَ ـُـِ (اللّيل) To be obscure *(night)*
دامِس Dark, gloomy. Pitch-dark
دَيْماس وديماس جـ دَياميس
Dungeon. Catacombs
دمع - دَمَعَ ـَ وَدَمِعَ ـَ (ـتِ العَيْن) To shed tears, water *(eye)*
دَمْع جـ دُموع وأَدْمُع Tears
دَمْعَة Tear, teardrop
دامِع Tearful. Weeping, in tears
دمغ - دَمَغَ ـُـَ ه و هـ To stamp. To hallmark *(gold)*. To brand *(an animal)*. To refute, invalidate *(an error)*
دَمْغَة Stamp. Hallmark. Imprint
دِماغ جـ أدمِغَة Brain
دامِغَة (حُجَّة) Irrefutable argument
دمك - مِدْماك جـ مَداميك Course of stones or bricks in a wall
دمل - دَمَلَ ـُ هـ (الدُّمَّل) To heal
دَمَلَ الأرض To fertilize, manure
دَمِلَ ـَ واندَمَلَ (جُرْح) To heal *(up)*, cicatrize
دُمَّلَة وَدُمَل وَدُمَّل جـ دَمامِل وَدَماميل
Furuncle, boil. Abscess. Pimple, pustule

دمن - أَدْمَنَ هـ To be or become addicted to. To be given up to
إدْمان Addition
إدْمان المُسْكِرات Alcoholism
مُدْمِن Addicted, given up to. Addict
مُدْمِنُ مُخَدِّرات Drug addict
مُدْمِنُ مُسْكِرات Alcoholic
دمي - دَمِيَ ـَ To bleed
دَمَّمَ وَدَمَّى وأدْمى هـ To cause to bleed
دَم جـ دِماء Blood
فَقْرُ الدَّم Anemia
نَزْفُ الدَّم Bleeding
نَزيفُ الدَّم Hemorrhage
دام مـ دامِيَة Bloody. Bleeding
دَمِّيّ وَدَمَوِيّ Bloody, sanguinary
مُدْمًى ومُدَمًّى Stained with blood, red with blood
دُمْيَة جـ دُمًى Doll. Dummy. Toy
دن - دَنّ Cask, tun, large jug
دندن - دَنْدَنَ To buzz, hum *(insect)*. To croon *(singer)*
دَنْدَنَة Buzz(ing), hum(ming). Croon(ing)
دنر - دينار جـ دَنانير Dinar
دنس - دَنِسَ ـَ وَتَدَنَّسَ To be stained, soiled, dirty, unclean, pollute
دَنَّسَ ه To stain, soil, dirty, pollute. To profane. To dishonor
دَنَس جـ أدْناس Impurity,

uncleanness. Stain
دَنِس مـ دَنِسَة Impure, unclean, dirty, stained
تَدْنيس Pollution. Dishonoring. Desecration
دنق - دَنِقَ ـَ مِنَ البَرْد To die of cold
دَنِقَ مِنَ الغَمّ، مِنَ المَرَض To wane from grief or illness
دنو - دَنا ـُ إلى أو مِن أو لـ To approach, to be or to come near or close to
دُنُوّ Proximity, nearness. Approach
دَنِيَ To be vile, mean
دَنّى وأدنى To bring near or close. To approach
تَدانى To approach gradually. To come near each other
دَناوَة Proximity, nearness
دَنِيّ جـ أدنياء Vile, mean, low
دَنِيَّة جـ دَنايا Infamy, vile action
دُنيا جـ دُنًى World. Earth
أدْنى Lower, inferior. Nearer, closer
حَدّ أدنى Minimum
دُنْيَوِيّ Worldly, earthly, material
تَدَنّى To drop, decrease. To be or become low
تَدَنٍّ Decline
مُتَدَنٍّ Low. Dropped. Dropping, declining
دنى - دَنأَ ـَ To be low, base, vile. To be of a low quality
دَناءَة Lowness, meanness
دَنيء Low, base, vile, mean
دَنيئة جـ دَنايا Vice, defect
دهر - دَهْر جـ أدْهُر ودُهور Age, epoch, era. Long time
صُروفُ الدَّهْر Vicissitudes of fate
إلى دَهْر الدّاهِرين Forever and ever
دَهْرِيّ Very old
دهس - دَهَسَ ـُ To run over. To tread upon
دهش - دَهِشَ ـَ ودُهِشَ واندَهَشَ To be astonished, surprised. To be puzzled, perplexed
أدْهَشَ To astonish, surprise, amaze
دَهْشَة وانْدِهاش Astonishment, amazement
مُدْهِش Amazing, surprising, marvellous
مَدْهوش Surprised, amazed, astonished
دهلز - دِهليز جـ دَهاليز Vestibule, corridor. Gallery
دهم - دَهَمَ ـَ وَدَهِمَ ـَ ه وداهَمَ To break into. To come suddenly, take by surprise. To raid
دهن - دَهَنَ ـُ هـ وداهَنَ ه To paint. To anoint. To grease. To flatter, cajole. To dupe
دَهَّنَ ه و هـ To anoint. To varnish

دُهْن جـ أدهان	Oil. Fat, grease
دُهْنيّ وَمُدْهِن	Fatty, greasy. Oily
دِهان	Paint. Varnish. Ointment
دَهّان	Painter, house painter
مُداهِن	Flatterer. Hypocrite
مُداهَنَة	Flattery. Hypocrisy
دَهْن	Painting. Varnishing. Greasing. Anointing
دهور - دَهْوَرَ هـ	To hurl down
تَدَهْوَرَ	To tumble down. To crash. To deteriorate
تَدَهْوُر	Fall, downfall. Crash. Deterioration
دهي - دَهى ـَ ه	To strike, trouble *(misfortune)*
دَهِيَ ـَ	To be sly, cunning. To act subtly
دَهاء	Slyness, cunning, subtlety
داهِيَة جـ دَواهٍ	Misfortune, calamity. Cunning man
داهٍ جـ دُهاة	Subtle, cunning
دوء - داء جـ أدواء	Disease, illness
دوح - دَوْحَة جـ دَوْح	Large and lofty tree
دوخ - داخَ ـُ	To feel dizzy. To feel nausea
دَوَّخَ	To make dizzy. To stun
دَوْخَة	Vertigo, dizziness
دود - دَوَّدَ	To be or become worm-eaten
دودَة جـ ديدان ودود	Worm
دودَة القَزّ	Silkworm
دُوَيْدَة	Small worm, grub
دور - دارَ ـُ	To turn, revolve, rotate
دارَ حَوْلَ وبـ وعلى	To turn round. To circle
دارَ بـ	To go about. To pass around, circulate
دَوَّرَ	To make round. To wind up *(a watch)*. To start *(an engine)*
دَوَّرَ على	To look for
داوَرَ ه	To circumvent by flattery or deception
أدارَ ه	To manage, govern. To revolve. To operate, start. To turn
دار جـ دور وديار	House. Habitation, dwelling. Locality, seat. Area, region. Land, country. Firm. Institution
دارَة جـ دور ودارات	Villa. Circuit. Halo *(of the moon)*
دائر ودَوّار	Turning, rotating
دائِرَة جـ دَوائِر	Circle. Ring. Sphere. Department, division, service. Field, domain. Misfortune
الدَّوْرَة الدَّمَويَّة	Blood circulation
دائرة المَعارِف	Encyclopedia
دَوْر جـ أدْوار	Role, part. Turn. Period. Composition, piece of music. Floor, story. Fit, paroxysm

بالدَّور وَمُداوَرَةً Alternately, by turns
دَوْرَة Turn, revolution. Circulation. Round. Cycle. Circuit
دارَة كَهْرَبائيَّة Electric circuit
دَوَران Rotation, revolution. Circulation
دَوْريَّة Patrol. Periodical, journal
دَوْريّ مـ دَوريَّة Periodical. Regular
دُوريّ Sparrow
دُوار ودَوار Vertigo, dizziness
دُوار البَحْر Seasickness
دُوار الهَواء Airsickness
دَوّار الشَّمْس Sunflower, turnsole
دَوّارَة Compass. Weathercock. Whirlpool
دَيْر جـ ديورَة وأديار Convent, abbey, monastery
إدارَة Administration
مَدار Axis, pivot. Orbit. Subject, topic. Tropic
مُدير Director, manager, administrator
مُديريَّة Directorate. Department, division, office. Province, county
إداريّ Administrative
إسْتَدارَ To turn around. To be or become round
مُدَوَّر وَمُسْتَدير Round. Circular
دوزن - دَوْزَنَ هـ To tune *(a musical instrument)*
دوزان ودَوْزَنَة Tuning
دوزان Diapason. Tuning fork
دولب - دولاب جـ دَواليب Wheel. Tire
دوس - داسَ ـُ To tread, step *(on)*. To run over. To trample down
داسَ وأداسَ هـ To thresh *(grain)*
مَداس Boot, shoe
دَوّاسَة Pedal
دول - دالَ ـُ To change, turn
داوَلَ هـ To alternate
تَداوَلَ To deliberate, hold talks *(with)*. To negociate. To circulate
تَداوَلَتْهُ الألْسُن It was on everybody's lips
تَداوُل وَمُداوَلَة Deliberation, discussion, talk. Negotiation
دَوْلَة جـ دُوَل State. Country
دَوْليّ State *(adj.)*. National
دُوَليّ International
مُتَداوَل Current. Common
دَوالَيْكَ Alternately, by turns
دوم - دامَ ـُ To last, persist
دوَّمَ To whirl, spin, rotate
داوَمَ عَلى To persevere in. To pursue with diligence
دائم وَمُسْتَديم Continual
دائمًا Always
دَوْم Continuance. Permanence. Duration

دَوام وَدَيْمومَة	Continuance, duration
ساعات الدَّوام وَدَوام	Working hours
مُداوَمَة	Perseverance. Continuation
مُدام ومُدامَة	Wine
دون - دوَّنَ هـ	To record, write down, register
دونَ	Below, beneath, under. Before, in front of. Lower, inferior
دونَ أن	Without
دونَكَ	Here you are! Take!
دون	Mean, low, base
ديوان جـ دَواوين	Office, bureau. Collection of poems. Divan, sofa
مُدَوَّن	Recorded, written down
مُدَوِّن	Registrar
دوي - داوى ه	To treat *(a patient, a disease)*
دَوى وَدَوّى	To sound. To echo
دَواء جـ أدْوِيَة	Medicine, drug, medication
دَواة ودَوايَة	Inkwell
دَوِيّ	Sound, echo. Thunder, roar
مُداواة	Treatment, therapy
مُداوٍ	Physician
ديك - ديك جـ دُيوك وأدْياك وَدِيَكَة	Cock, rooster
ديك بَرّيّ	Pheasant
ديك روميّ وديكُ الحَبَش	Turkey-cock
ديك البُنْدُقيَّة	Cock, hammer
ديم - ديمُقْراطيَّة	Democracy
ديمُقْراطيّ	Democrat. Democratic
دين - دانَ ـِ	To owe, be indebted to
دانَ ودايَنَ	To lend, give a loan
دانَ ه وأدانَ	To condemn, convict
دانَ لـ	To submit to
دانَ وَتَدَيَّنَ بـ	To profess, adopt *(a religion)*
إسْتَدانَ وَتَدَيَّنَ مِن	To borrow, contract a loan
دائن	Creditor
دَيْن جـ دُيون	Debt. Liability. Obligation
بِالدَّيْن	On credit
دِين جـ أدْيان	Religion, faith
ديانَة جـ دِيانات	Religion. Communion, confession
دَيْنونَة	Doom. Final judgement
مُتَدَيِّن وَدَيِّن	Pious, devout, religious
الدَّيّان	The Judge *(God)*
مَدين وَمَدْيون جـ مَدْيونون	Indebted. Debtor
مَدينَة جـ مُدُن وَمَدائِن	City, town
مَدَنيّ	Citizen. Urban. Civil, civilized. Civilian
مَدَنيَّة	Civilization
دِينيّ	Religious
إدانة	Conviction
دينامو	Dynamo
ديناميت	Dynamite

Dh (9th letter of the Arabic alphabet)   ذ - ذ

This, this one (pl. these)   ذا - ذا جـ أولاء وَهَذا وَهَذِهِ

That, that one (pl. those)   ذاك جـ أُلَئِكَ وذَلِكَ جـ أُولائِكَ

What?   ماذا؟

Why?   لماذا؟

So, in this manner   كَذا وَهَكَذا

So-and-so   كَذا وَكَذا

Then, at that time   إذ ذاك

Wolf   ذئب - ذِئب جـ ذِئاب

She-wolf   ذِئْبَة

Lock of hair. Tuft   ذُؤابَة جـ ذَوائِب

To drive away. To defend, protect   ذب - ذَبَّ ـُ

Fly, housefly   ذُباب جـ أذِبَّة وذُبّان وَذُبابَة

Tsetse   ذُبابَةُ النُّعاس

Fly-whisk   مِذَبَّة

To slaughter, butcher. To kill, murder. To massacre. To immolate   ذبح - ذَبَحَ ـَ ه و هـ

To kill one another   تَذابَحَ

Slaughtering. Killing. Massacring. Slaughter   ذَبْح

Offering, sacrifice. Slaughtered animal   ذَبيحَة جـ ذَبائِح

Angina pectoris   ذُبْحَة صَدريَّة

Altar. Slaughter-house   مَذْبَح جـ مَذابِح

Massacre, carnage, butchery   مَذْبَحَة جـ مَذابِح

To oscillate, swing, vibrate   ذبذب - ذَبْذَبَ وَتَذَبْذَبَ

To swing, set in a swinging motion   ذَبْذَبَ شَيْئًا

Unsteady, wavering   مُذَبْذَب

Oscillation, vibration. Vacillation. Swinging   ذَبْذَبَة وَتَذَبْذُب

To wither, fade   ذبل - ذَبَلَ وَذَبُلَ ـُ

Wick   ذُبالَة جـ ذُبال

Withering   ذُبول

Withered, dried up   ذابِل مـ ذابِلَة

He has languid eyes   ذابِل العَيْنَين

To save, put by. To treasure up. To preserve   ذخر - ذَخَرَ ـَ وإذَّخَرَ واذَّخَرَ هـ

Stores, supply. Reserve   ذُخْر جـ أذْخار

Treasure. Supply. Ammunition. Holy relic   ذَخيرَة جـ ذَخائِر

To sprinkle. To strew   ذر - ذَرَّ ـُ هـ

To throw dust in the eyes. To deceive   ذَرَّ الرَّمادَ في العَيْنَين

ذَرّ Sprinkling. Small ants
ذَرَّة Atom. Particle
ذَرّيّ مـ ذَرّيَّة Atomic
قُنْبُلَةٌ ذَرّيَّة Atom(ic) bomb, A-bomb
طاقةٌ ذَرّيَّة Atomic energy
أبْحاث ذَرّيَّة Atomic researches
ذُرّيَّة وَذَرّيَّة جـ ذراريّ وَذُرّيّات
Progeny, offspring, children, descendants
ذَرور وَذَريرَة جـ أذِرَّة Powder
مِذَرَّة Seed-drill
مِقْدار ذَرَّة Iota
مِثْقال ذَرَّة A tiny amount, a little bit
ذرع - ذَرَعَ ـَ هـ To measure *(by the cubit)*. To cover a distance. To cross, traverse *(a country)*. To travel through
ذَرَعَ المَكانَ جيئةً وَذَهابًا To pace, walk back and forth
تَذَرَّعَ هـ أو بـ To use as a means. To advance as an excuse
ذِراع جـ أذْرُع Arm. Cubit. Ell
ذَرْع Power, ability, capability
ضاقَ بالأمْرِ ذَرْعُه وذِراعُه وضاقَ به ذَرْعًا
To be unable to do or accomplish something. To be fed up with, tired of
ذَريعَة جـ ذَرائع Excuse, pretext. Means, medium
ذَريع Quick, rapid. Devastating

ذرف - ذَرَفَ ـِ (الدَّمْع) To shed tears, cry. To flow, drop
ذرا - ذرا ـُ وذَرى ـِ وذَرّى هـ To blow away *(dust)*. To scatter, disperse. To winnow *(grain)*
تَذَرّى (الحَبّ) To be winnowed
ذَهَبَ ذُرًى Blown by the wind
ذُرَة صَفراء Maize
ذُرَة بَيْضاء Millet
ذُرْوَة وذِرْوَة جـ ذُرًى وذِرًى Summit, top, peak. Apex, apogee, culmination
مِذْرًى ومِذْراة جـ مَذارٍ Winnowing fork, pitchfork
ذعر - ذَعَرَ ـَ To frighten, scare
ذُعِرَ To be frightened, scared. To panic
ذُعْر Panic. Terror, fright
ذَعَر Astonishment
مَذْعور Frightened, panic-stricken
ذعف - ذُعاف جـ ذُعُف (سُمّ)
Deadly *(poison)*
ذعن - ذَعِنَ ـَ وأذْعَنَ لـ To obey, to submit to
إذْعان Obedience, submission
مُذْعِن Obedient, submissive
ذفر - ذَفِرَ ـَ To smell, stink
ذَفَر Stink, malodor
ذقن - ذَقَن وذِقَن جـ أذْقان وذُقون
Chin. Beard
ذكر - ذَكَرَ ـُ هـ To mention, cite,

name, make reference to

ذَكَرَ الله To praise, glorify *(God)*

ذَكَّرَ هـ To put in the masculine form

ذَكَّرَ ه هـ To remind of

ذاكَرَ ه في To hold talks with. To negotiate with

تَذَكَّرَ هـ واسْتَذْكَرَ هـ To remember

ذِكْر Remembrance. Renown. Mention

ذِكْر الله Invocation of God. Glorification of God

ذَكَر جـ ذُكور Male

ذِكْرى جـ ذُكور Mention. Memory, remembrance. Anniversary

ذاكِرَة Memory

تَذْكار واسْتِذْكار Souvenir, token. Commemoration. Reminder

تَذْكاريّ Commemorative, memorial

تَذْكِرَة جـ تَذاكِر Ticket. Reminder

تَذْكِرَة هُويَّة Identity card

تَذْكِرَة مُرور Laissez-passer. Passport

مَذْكور Mentioned

مُذَكَّر Masculine

مُذَكِّرَة Memorandum, reminder. Notebook. Warrant

تَذْكير Reminding

تَذَكُّر Remembrance, recall

ذكو - ذَكا ـُ (نار) To blaze, flame

ذَكى ـِ وذَكِيَ ـَ To be or become intelligent

ذَكا ـُ To exude a strong odor. To be fragrant

ذَكّى وأذْكى هـ To stir *(the fire)*. To kindle *(the war, a fire)*

ذَكاء Intelligence, smartness

ذَكيّ مـ ذَكيَّة (عِطر) Fragrant, sweet-smelling

ذَكيّ جـ أذْكياء Intelligent, smart

ذل - ذَلَّ ـِ To be or become low. To humble or lower oneself

ذَلَّلَ وأذَلَّ واسْتَذَلَّ هـ و ه To humiliate, abase. To subjugate, subdue

ذَلَّلَ الصُّعوبات To overcome, surmount

ذِلّ وذُلّ Lowness. Humbleness. Humiliation. Submissiveness

تَذَلَّلَ لِفُلان To humble or lower oneself before

ذَليل جـ أذِلاّء وأذِلَّة Low, humble. Despised. Submissive. Docile

تَذليل وإذْلال Humiliation

تَذْليل Surmounting, triumphing over *(difficulties)*

ذلق - ذَلَقَ ـُ وَذَلُقَ ـُ (لِسان) To be sharp. To be eloquent

ذَلِق وَذَليق Voluble, glib

ذَلاقَة اللِّسان Volubility, glibness

ذلك - ذَلِكَ That

بَعْدَ ذَلِكَ Afterwards

مع ذَلِكَ	Still. Nevertheless
ذم - ذَمَّ ـُ	To blame. To criticize
ذَمّ	Blame, censure. Defamation
ذِمام جـ أذِمَّة	Protection. Right, claim
ذِمَّة جـ ذِمَم	Protection. Guarantee. Agreement. Conscience. Obligation, liability
في ذِمَّة الله	Under the protection of God
ذَميم	Blameworthy. Censured. Ugly
ذمر - تَذَمَّرَ	To complain, grumble
تَذَمُّر	Complaint, grumbling
ذِمار	Sacred or cherished things. Honor
ذنب - أذْنَبَ	To commit a crime, a sin. To be guilty
ذَنْب جـ ذُنوب	Offense, sin. Crime
مُذْنِب	Guilty. Sinner
ذَنَب جـ أذْناب	Tail. End
مُذَنَّب	Comet. Tailed
ذه - ذِهْ وذِهِ وهَذِهِ وَهَذِه	This, this one
ذهب - ذَهَبَ ـَ	To go *(away)*, depart, leave
ذَهَبَ إلى	To go to, head for. To be of the opinion that
ذَهَبَ بـ	To take away. To accompany
ذَهَّبَ هـ	To gild
ذَهاب	Departure, going
ذَهَب	Gold
مُذَهَّب	Gilt
مَذْهَب جـ مَذاهِب	Doctrine. Creed, belief
ذَهَبِيّ	Golden
ذهل - ذَهَلَ ـَ هـ وعن	To forget, omit
ذَهِلَ ـَ وانْذَهَلَ	To be or become astonished. To be or become distracted
ذُهول وإنْذِهال	Astonishment. Distraction
أذْهَلَ ه	To astonish. To make forget
مُذْهِل	Amazing, startling
مَذْهول وَمُنْذَهِل	Astonished, stunned
ذهن - ذِهن جـ أذْهان	Mind. Intellect
ذِهْنِيّ	Mental. Intellectual
ذِهْنِيَّة	Mentality
ذو - (ذو - ذي - ذا) ذو جـ ذَوُو، مـ ذات	Possessor of. Endowed with
مِنْ ذي نَفْسِه	Spontaneously
ذات جـ ذَوات	Self, person. Essence, nature
الذّات	Ego
ذاتُ (كَذا)، ذاتُهُ، بِذاتِهِ	The same, the very same
ذات اليَمين أو الشِّمال	To the right or to the left
ذات يَوْمٍ	One day, once

ذات لَيْلَةٍ One night
ذاتيّ Personal. Spontaneous
ذاتيَّة Personality. Identity
ذوب - ذابَ ـُ وَذَوَّبَ وأذابَ هـ To melt. To dissolve. To liquefy
ذائب Dissolved. Melted. Soluble
مُذَوَّب Dissolved, melted
ذَوَبان وَذَوْب Dissolution, melting
سَريعُ الذَّوَبان Instant
ذود - ذادَ ـُ عن To defend, protect
مِذْوَد جـ مَذاوِد Manger, crib
ذَوْد Defense, protection
ذوق - ذاقَ ـُ هـ To taste. To test, try. To experience
تَذَوَّقَ To taste. To savor
ذَوْق Taste. Sense of taste. Tact
ذَوّاق وذَوّاقَة Gourmet, connoisseur
مَذاق Taste, savor
ذوي - ذَوى ـِ وَذَوِيَ ـَ To wither, fade
ذاوٍ مـ ذاوِيَة (زَهْرَة) Withered, faded
ذي - ذي وهَذي وهَذِه This, this one
ذيع - ذاعَ ـِ To spread, circulate. To become widespread

أذاعَ هـ و بـ To spread, diffuse, publish. To propagate. To reveal *(a secret)*. To broadcast
مِذْياع جـ مَذاييع Microphone. Radio set
إذاعَة Diffusion. Promulgation. Broadcasting
الإذاعَة Broadcasting station, radio station
مُذيع مـ مُذيعَة Promulgator. Propagator. Announcer
مُذيع الأخبار Reporter, news broadcaster
ذائع Widespread, common. Widely known
ذائع الصِّيت Famous, renowned
ذيل - ذَيَّلَ هـ To add an appendix to
ذَيْل جـ ذُيول وأذْيال وأذْيُل Tail. End, extremity. Bottom. Appendix, supplement. Train *(of a skirt)*
ذُيول القَضيَّة Consequences

ر

R *(10th letter of the Arabic alphabet)* ر - ر

To repair, mend. To put in order رأب - رَأَبَ ـَ

Garage. Repair shop. Parking lot. Hangar مِرآب جـ مَرائِب

To be a chief, a president, a leader رأس - رَؤُسَ ـُ

To be the chief. To head. To preside over رَأَسَ ـَ وَتَرأَّسَ وارْتَأَسَ

To appoint as chief or leader رأَّسَ وَرَيَّسَ ه

To sharpen the point of رَوَّسَ

Head. Tip, point. Extremity. Top, summit. Cape, headland. Start, beginning. Chief رأْس جـ أَرْؤُس وَرُؤُوس

Directly, straightway رأْسًا

With pleasure عَلى الرّأْسِ والعَيْن

Capital. Fund رأْس المال ورأْسْمال

Capitalist رأْسْماليّ

Capitalism رأْسْماليَّة

Chief, head. President. Principal, superior رَئيس وَرَيِّس جـ رُؤَساء

Presidential رئاسيّ

President رَئيس الجُمْهوريَّة

Prime minister, premier رَئيس الحُكومة

Speaker, president of parliament رَئيس المَجْلِس

Head of a mission رَئيس بَعْثَة

Head of department رَئيس مَصْلَحَة

Superior رَئيس دَيْر

General superior رَئيس عامّ

Chief of staff رَئيس أركان

Editor-in-chief رَئيس التَّحرير

Chairman, president رَئيس جَلْسَةٍ أو لَجْنَة

The vital parts of the body الأعْضاء الرَّئيسيَّة

Presidency, leadership. Direction رئاسَة

Subordinate, subject مَرؤوس

Main, chief, principal رَئيسيّ

To have mercy upon, have pity or compassion for رأف - رأفَ ـَ ورَؤُفَ ـُ وَتَرأَّفَ به

Mercy, pity, compassion رأْفَة

Merciful, compassionate رَؤُوف ورَئِف

Tender, affectionate رؤم - رَؤُوم (أُمّ)

To see. To perceive, discern. To observe, رأي - رأى يَرى هـ

Flag, banner, standard **راية** - رايَة جـ رايات

Master, lord. Owner, proprietor **رب** - رَبّ جـ أرباب

Mistress. Goddess رَبَّة

The Lord. God الرَّبّ

Of God, from God. Divine رَبّانيّ مـ رَبّانيَّة

Rebec, rebeck رَباب وَرَبابَة

Divinity, deity رُبوبيَّة

Stepson. Foster son رَبيب جـ أربَّة

War-orphan adopted by the State رَبيبُ الأُمَّة

Stepdaughter. Foster daughter رَبيبَة

Thickened juice *(of fruit or vegetables)*, rob رُبّ جـ رِباب وَرُبوب

Many a *(time, man)*. Often رُبَّ

Perhaps, maybe رُبَّما

To pat, stroke gently or lovingly *(on the shoulder)* **ربت** - رَبَّتَ

To win, gain, profit **ربح** - رَبِحَ ـَ

Gain, profit, benefit رِبْح جـ أرباح

To make gain or win رَبَّحَ

Winner, gainer رابح

Lucrative, profitable مُرْبِح ورابح

To lurk, lie in wait for. To await, wait for **ربص** - تَرَبَّصَ بـ

To bind, tie up, fasten. To connect, join. To bandage **ربط** - رَبَطَ ـُـِ هـ و ه

notice

To consider, regard as. To judge. To believe, think *(that)*. To feel *(that)* رأى ه وهـ وأن

To have a dream, see a vision رأى

To play the hypocrite راءى ه

To appear to. To manifest or reveal itself to تراءى لِـ

To look at oneself in a mirror تَراءى في مِرآة

To imagine, vision, fancy. To think, suppose تَراءى لَهُ

To consider. To deem appropriate. To suggest إرتأى هـ

Opinion, view. Advice. Suggestion رَأْي جـ آراء

Vision. Dream. Sight. Seeing, viewing رُؤْيا ورُؤْيَة جـ رُؤًى

Visibility حالَة الرُؤْيَة

Hypocrisy رِئاء ورِياء ومُراءاة

Lung رِئَة جـ رِئات ورَوايا

Pneumonia ذات الرِّئَة

Mirror, looking glass مِرآة ومِرايَة جـ مَرايا

Sight, view. Look, aspect مَرْأى

I wonder if, would you say that? يا تُرى وهل يا تُرى

Hypocrite مُراءٍ جـ مُراؤُون

Visible, seen مَرْئيّ

Pulmonary رِئَويّ

رَبَطَ جَأْشَهُ	To be undismayed, heartened
رابَطَ هـ	To be stationed *(on)*
رابِطُ الجأْش	Cool, undismayed, calm
تَرابَطَ مع	To bind oneself with
إِرْتَبَطَ بـ	To be bound or tied. To be connected with
رابِط	Binding. Tie, bond
رابِطَة	Tie, bond. Relationship. League. Connection, link
رَبْطَة السّاق	Garter
رِباط جـ رُبُط	Tie, bond. Bandage. Ligature. Ribbon, band
إِرْتِباط	Connection. Contact, liaison
مَرْبِط جـ مَرابِط	Stall. Stable
رَبْطَة العُنُق أو الرَّقَبَة	Necktie, tie
رَبْطَة	Bundle. Parcel, package
ربع - رَبَّعَ هـ و ه	To (make) square. To quadruple
تَرَبَّعَ في الجُلوس	To sit cross-legged
تَرَبَّعَ على العَرْش	To mount on the throne
تَرْبيع	Squaring. Square
رُبْع جـ أرْباع	Quarter, fourth part
رابع مـ رابِعَة	Fourth
رُباعيّ	Quadratic. Quadriliteral. Quadrilateral. Quadruple. Quartet
رَبيع	Spring, springtime
رَبيع الحَياة	Youthfulness
أرْبَع مـ أربَعَة	Four
ذوات الأرْبَع	Quadrupeds
أُمّ أَرْبَع وَأَرْبَعين	Centipede
أَرْبِعاء	Wednesday
أَرْبَعون	Fourty
مُرَبَّع	Square, four-sided
أَرْبَعَةَ عَشَرَ وأَرْبَعَ عَشْرَةَ	Fourteen
ربك - إرْتَبَكَ	To be confused. To be entangled
إرْتِباك	Entanglement. Confusion. Embarrassment
مُرْتَبِك	Confused. Embarrassed
ربن - رُبّان جـ رَبابِنَة	Captain, skipper. Pilot
ربو - رَبا ـُ	To increase *(wealth)*. To exceed
رَبّى ه و هـ	To raise, bring up, nurture. To educate
رابى	To practice usury
أَرْبى عَلى	To exceed, surpass
رِبا	Usury. Interest
رَبْوَة جـ رُبًى، رابيَة جـ رَوابٍ	Hill, hillock
تَرْبيَة	Education, pedagogy. Upbringing
تَرْبيَة مَدَنيَّة	Physical education
تَرْبَويّ	Educational, pedagogic(al)
مُرَبٍّ	Educator, pedagogue, tutor
مُراب	Usurer
مُرَبّى جـ مُرَبَّيات	Jam. Marmalade
رَبْو	Asthma

مُرَبِّيَة Governess, tutoress. Nursemaid

رتب - رَتَّبَ To arrange, put in order. To classify. To prepare, ready

تَرَتَّبَ To be arranged, set in order

تَرَتَّبَ عَلى To result from. To be incumbent upon

مُرَتَّب جـ مُرَتَّبات، راتِب جـ رواتِب Salary, pay, wages

رُتْبَة جـ رُتَب Degree, grade. Rank. Class, order. Religious ceremony

رَتابَة Monotony

رَتيب مـ رَتيبَة Monotonous

رَتيب جـ رُتَباء Noncommissioned officer

تَرْتيب Order. Arrangement. Preparation

مَرْتَبَة جـ مَراتِب Grade, rank, class. Mattress. High rank

رتج - رِتاج Gate, portal

رتع - رَتَعَ ـَ To live in luxury or comfort

مَرْتَع جـ مَراتِع Hotbed, breeding ground *(of vice, of evil)*

رتق - رَتَقَ ـُـِ To mend, patch

رَتْق Mending, patching. Darn

رتل - رَتَّلَ هـ To psalmodize. To sing, chant *(spiritual songs, hymns)*

تَرْتيل جـ تَراتيل Chanting, singing. Hymn. Psalmody

رُتَيْلاء جـ رُتَيْلاوات Tarantula. Daddy longlegs

مُرَتِّل (في جَوْقَة) Chorister, choirboy. Singer, chanter

رث - رَثَّ ـِ To be or become ragged, tattered, worn out

رَثّ جـ رِثاث Ragged, shabby

رثو - رَثا ـُ، ورَثى ـِ To bewail, lament *(a dead person)*. To elegize

رَثى لِـ To pity, feel compassion for

رِثاء Bewailing, lamentation. Elegizing

مَرْثِيَة جـ مَراثٍ Elegy, funeral oration

رج - رَجَّ ـُ To shake, agitate

رَجّ وارْتِجاج Shaking. Trembling

إرْتَجَّ To shake, tremble, be shaken

رَجَّة Convulsion, shock. Shake

رجأ - أَرْجأَ To postpone, adjourn

إرْجاء Postponement, adjournment

رجح - رَجَحَ ـَـُـِ To incline *(balance)*

رَجَحَ ه أو هـ To outweigh. To preponderate

رَجاحَة Composure, equanimity

رَجَّحَ ه على To give preference to *(over)*. To consider more probable

رُجْحان Preponderance. Preference

أُرْجوحَة وَمَرْجوحَة Seesaw

تَرْجيح Preponderance. Probability. Preference *(to)*. Considering some-

Return, coming back	رُجوع
Taking back	إرْتِجاع
Place to return to.	مَرْجِع جـ مَراجِع
Authority. Reference book. Resort	
To shake, tremble, quiver	**رجف** - رَجَفَ ـُ وارْتَجَفَ
To spread lies or false rumors	أرْجَفَ وَرَجَّفَ
Shiver. Quiver, shake	رَجْفَة
Tremolo	رَجَفان (في الصَّوْت)
To go on foot	**رجل** - رَجِلَ ـَ
To dismount. To assume the manners of men	تَرَجَّلَ
To improvise	إرْتَجَلَ هـ
Foot. Leg	رِجْل جـ أرْجُل
Man	رَجُل جـ رِجال
Pedestrian. Going on foot	راجِل جـ رَجْل وَرَجّالة
Manhood, virility	رُجولِيَّة وَرُجولة
Improvisation	إرْتِجال
Improvised, extemporary	إرْتِجالِيّ وَمُرْتَجَل
Improviser, extemporizer	مُرْتَجِل
Boiler, caldron	مِرْجَل جـ مَراجِل
To stone to death. To curse	**رجم** - رَجَمَ ـُ ه
To divine. To surmise	رَجَمَ بالغَيْب
Tombstone	رُجْمَة جـ رُجَم
The accursed one. Satan	الرَّجيم
To hope. To	**رجو** - رَجا ـُ هـ و ه

thing more probable	
Preponderant.	راجِح وَمُرَجَّح
Probable, likely. Preferred	
To quiver, vibrate	**رجرج** - رَجْرَجَ
Wavering. Oscillation	رَجْرَجَة
Quivering. Trembling	رَجْراج
To be filthy. To commit a shameful act	**رجس** - رَجِسَ ـَ وَرَجُسَ ـُ
Dirty, filthy	رَجِس
Dirt, filth, squalor	رَجَس
To return, come back	**رجع** - رَجَعَ ـِ
To desist from, leave off	رَجَعَ عن
To go back on one's word	رَجَعَ في كلامِهِ
Return	رَجْعَة
To give or send back. To repeat	رَجَّعَ هـ وأرْجَعَ
To consult, refer to. To look up (in a book). To revise. To check. To repeat	راجَعَ هـ
Repetition. Revision. Study, inspection. Consultation. Checking	مُراجَعَة
To retreat, withdraw	تَراجَعَ عن
To recover, recuperate, take back	إسْتَرْجَعَ هـ
Recovery, regaining	إسْتِرْجاع
Reaction	رَجْعِيَّة
Retrograde. Retroactive.	رَجْعِيّ
Reactionary. Out of season (fruits)	

expect, look forward to
رَجا مِن To ask *(for)*, request
رَجّى وَتَرَجّى وارتَجى هـ To expect, look forward to. To raise hopes in
رَجاء Hope. Expectation. Request
رَجا وَرَجاء جـ أَرْجاء Side. Region
مَرْجوّ Expected, hoped for
راجٍ Full of hope, hopeful
رحب - رَحِبَ ـَ وَرَحُبَ ـُ To be wide, spacious, roomy
رَحْب (مكان) Spacious, roomy
رَحَّبَ وَتَرَحَّبَ بـ To welcome, greet
رُحْب وَرَحابَة Wideness, spaciousness
رَحابَة صَدْر Magnanimity, generosity
رَحَبَة وَرَحْبَة جـ رِحاب وَرَحَبات Open space
مَرْحَبًا (بِك) Welcome! hello!
تَرْحاب وَتَرحيب Welcome, greeting
رحض - مِرْحاض جـ مَراحيض Water closet or W.C., lavatory, toilet
رحق - رَحيق Nectar
رحل - رَحَلَ ـَ وَتَرَحَّلَ وارْتَحَلَ عن إلى To depart, leave, go away
رَحَّلَ To evacuate, expel, send away. To deport. To expatriate
حَطَّ رَحْلَهُ To halt, stop
رَحْل جـ أَرْحُل ورِحال Saddle, saddlebag. Luggage, baggage
رَحيل ورِحْلَة وارْتِحال Departure
رِحْلَة Travel, journey, trip. Cruise
رَحّال جـ رَحّالَة Explorer, traveler. Nomad
مَرْحَلَة جـ مَراحِل Stage, phase
راحِل Departing, leaving
الفَقيد الرّاحِل The deceased
تَرْحيل Transfer, transport. Deportation
رحم - رَحِمَ ـَ ه To have mercy upon or compassion for. To pity
تَرَحَّمَ على To ask God to have mercy upon
إِسْتَرْحَمَ ه To ask for mercy
رَحِم وَرِحْم جـ أَرْحام Uterus, womb. Kinship
رَحْمَة Mercy, pity, compassion. Sympathy. Kindness
الرَّحْمان والرَّحيم The All-merciful *(God)*
مَرْحَمَة جـ مَراحِم Mercy, pity. Favor
المَرْحوم Deceased, late
رحي - رَحًى جـ أَرْحاء Quern, hand mill
رخص - رَخُصَ ـُ To be or become cheap. To be or become supple, tender
رَخَّصَ الأَسْعار To cheapen, reduce the price of
رَخَّصَ له بـ To authorize, license
إِسْتَرْخَصَ هـ To find or consider cheap

رُخْص	Cheapness
رَخْص	Supple, tender
رُخْصَة	License, permit. Leave, permission
تَرْخيص	Permission, authorization
رَخيص	Cheap, low-priced. Supple, tender
رخم - رَخَمَ ـُ ورَخُمَ ـُ	To be or become soft, melodious *(voice)*
رَخَمَ ـُ وأرْخَمَ على	To hatch, incubate, sit on eggs *(hen)*
رَخَّمَ هـ	To soften, mellow *(the voice)*. To contract *(a word)*. To tile with marble *(the floor)*
رُخام	Marble
رُخام مُجَزَّع أو سُمّاقيّ	Porphyry
رَخيم مـ رَخيمَة (صوت)	Soft, melodious, mellow
تَرْخيم	Elision
رخو - رَخيَ ـَ وَرَخُوَ ـُ	To slacken, relax
رَخيَ العَيْش	To be easy, comfortable
رَخْو مـ رَخْوَة	Loose, slack. Limp. Languid. Soft
أرْخى	To loosen, slacken. To drop *(a curtain)*
أرْخى ه و لـ	To give rein to *(a horse)*
أرْخى لِحْيَتَهُ	To grow a beard
تَراخى	To slacken
تَراخى عن	To give up, abandon
تَراخ	Slackness. Relaxation
إرْتَخى	To be lax, soft, flaccid
إسْتَرْخى	To relax. To languish
رَخاء	Abundance, opulence *(of living)*. Comfort. Well-being. Welfare
رَخْويّات	Mollusca
رَخاوَة وَرُخْوَة	Softness. Flaccidity
رَخيّ مـ رَخيَّة (عَيْش)	Comfortable
رَخيّ البال	Free from cares
إرْتِخاء واسْتِرْخاء	Slackness. Laxity. Relaxation. Languor
رد - رَدَّ ـُ ه و هـ عن	To return, send back. To turn away from, discourage from. To drive away. To refute
رَدَّ على	To answer, reply
رَدَّ السَّلام	To return the greeting
رَدَّ ه إلى	To convert to. To reinstate
رَدَّ دعْوَةً	To decline, turn down
رَدَّ إلى	To attribute to, refer to
رَدَّ الزّيارَة	To repay or return a visit
رَدَّ الدَّيْن	To pay back
رَدَّ الباب	To close or shut the door
رَدَّ الإعْتِبار أو الأهليَّة	To rehabilitate
رَدَّدَ	To repeat
تَرَدَّدَ إلى	To frequent
تَرَدَّدَ في	To hesitate
إرْتَدَّ على عَقِبِه	To retrace one's steps,

refrain from
Discouragement, restraint رَدْع
To **ردف** - رَدَفَ ـُ ه ورَدِفَ ـَ ه ولـ follow, come after, succeed. To ride behind someone
To be synonymous with رادَفَ هـ
To follow. To mount behind أَرْدَفَ ه هـ
To add, say further أَرْدَفَ قائلاً
To be synonymous ترادَفَ
Rear man, one riding behind another. One who follows رِدْف جـ أَرْداف
Croup رِدْف وَرِداف (حِصان)
Reserve, reservist رَديف جـ رِداف
Synonymous. Synonym مُتَرادِف جـ مُتَرادِفات
Synonymy, synonymity تَرادُف
To fill up with earth **ردم** - رَدَمَ ـِ حُفْرَةً
Filling up with earth. Rubble, debris رَدْم
Hall. Lobby. Large room. Vestibule **رده** - رَدْهَة جـ رَدْه
To kill **ردي** - أَرْدى ه قَتيلاً
Death. Ruin, destruction رَدًى
To wear, put on تَرَدّى وارتَدى هـ
Cloak. Dress, garment, robe. Gown رِداء
Drizzle **رذ** - رَذاذ

turn back
To be converted to God إرْتَدَّ إلى رَبِّهِ
To retire, retreat, withdraw إرْتَدَّ
To turn against إرْتَدَّ عَلَيْه
To apostatize. To leave. To abandon إرْتَدَّ عن
To recover, get back. To demand the return of إسْتَرَدَّ ه هـ
Recovery, regaining إسْتِرْداد
Restitution, returning. Repulsion. Rejection, turndown. Refutation. Reply, answer رَدّ
Reaction رَدُّ فِعْل
Retaliation, reprisal رَدّ بالمِثْل
Reaction. Bran رَدَّة
Echo رِدَّة
Repetition. Frequentation تَرْداد
Hesitation تَرَدُّد
Apostate, renegade مُرْتَدّ
Refutable مَرْدود مـ مَرْدودَة
To be bad *(weather)*. To be spoiled *(person)* **ردؤ** - رَدُؤَ ـُ
Badness. Wickedness رَداءَة
Bad. Evil, wicked رَديء جـ أَرْدِياء
Long period of time **ردح** - رَدَح
For a long period of time رَدَحًا مِنَ الدَّهْرِ
To hold back. To keep, prevent from **ردع** - رَدَعَ ـَ ه عن
To be restrained from. To إرْتَدَعَ عن

رذل - رَذُلَ ـُ وَرَذِلَ ـَ To be or become mean, vile, despicable

رَذَلَ ـُ ه و هـ To reject. To despise, disdain

رَذالَة Meanness, vileness

رَذيل جـ رُذَلاء وأرْذال Low, base, mean

رَذيلَة جـ رَذائل Vice. Depravity

مَرْذول Rejected. Low, base, depraved

رز - رَزَّ ـُـِ في To insert, drive into

رُزّ (أَرُزّ) Rice

رَزَّة جـ رَزّات Staple. Screw eye

رزأ - رَزأَ ـَ ه (مالَهُ) To prejudice. To cause a loss to. To deprive of

رُزْء جـ أرْزاء Misfortune, calamity

رزح - رَزَحَ ـَ To succumb, collapse *(under a burden)*

رزق - رَزَقَ ـُ ه هـ To support, provide with the means of subsistence

إرْتَزَقَ To make a living

رِزْق جـ أرْزاق Means of living, subsistence. Daily bread. Property, possessions. Real estate. Fortune. Salary

رازِق Provider with the means of subsistence

مُرْتَزِقَة Mercenaries

إسْتَرْزَقَ To seek one's livelihood

رزم - رَزَمَ ـُ هـ To pack, bundle, wrap up

رَزْم Packing, wrapping up

رِزْمَة جـ رِزَم Parcel, package. Bale. Bundle

رزن - رَزُنَ ـُ To be or become grave, serious

رَزانَة Seriousness, sedateness, gravity

رَزين Sedate, grave, serious

رسب - رَسَبَ ـُ في To precipitate, sink to the bottom

رَسَبَ في الإمْتِحان To fail, flunk

رُسوب وَتَرْسيب Precipitation. Sedimentation

راسِب جـ رَواسِب وَرُسوب Sediment, deposit. Dregs, lees. Residue

راسِب Failing. Failure

رُسوب Failure

رسخ - رَسَخَ ـُ To be firmly fixed, established. To be deeply rooted

رَسَّخَ وأرْسَخَ هـ To establish, settle. To fix. To strengthen

رَسَّخَ في الذِّهن To impress on the mind

رُسوخ Firmness, fixedness, stability

راسِخ جـ راسِخون Stable, fixed. Deep-rooted. Deeply versed in *(a filed)*

رسل - راسَلَ ه في أو على أو بـ To correspond with

أرْسَلَ ه To send, forward

إسْتَرْسَلَ في الكَلام To talk at great length about

إرْسال Sending, dispatching. Expedition. Transmission

رِسالَة ورَسالَة جـ رِسالات وَرَسائل
Letter, note, message. Mission. Thesis. Epistle

رَسول ج رُسُل وَرُسْل، وَمِرْسال ج مَراسيل
Messenger. Envoy, emissary. Apostle

رَسوليّ Apostolic

مُراسِل Correspondent, reporter

مُراسَلَة Correspondence, exchange of letters

مُرْسَل مـ مُرْسَلَة Sent out, dispatched. Transmitted

مُرْسَل (مُبَشِّر) Missionary

مُرْسَل إليه Consignee. Receiver

مُرْسِل Consignor. Sender

شَعْر مُرْسَل وَمُسْتَرْسِل Loose, long and flowing

رسم - رَسَمَ ـُ هـ To draw, sketch. To make a picture of. To ordain, consecrate. To describe

رَسَمَ هـ لـ To prescribe. To enjoin

رَسْم جـ رُسوم وَأَرْسُم Drawing, illustration. Sketch. Description. Trace, mark. Ceremony. Formality. Fee, charge. Tax

رِسامَة Ordination *(of a priest)*

إرْتِسام Visible expression

بِرَسْم فُلان Intended for. c/o, care of

رَسْميّ Official, formal

رَسْمِيًّا Officially, formally

رَسّام Draftsman

مَرْسوم جـ مَراسيم Decree, edict

مَراسِم Protocol. Ceremonies, ritual

مُدير المَراسِم Chief of protocol

رسن - رَسَن جـ أَرْسُن وأَرْسان
Halter

رسو - رَسا ـُ To anchor. To be firm, stable, steady

أَرْسى To anchor, place at anchor. To fix firmly

مَرْسى جـ مَراسٍ Anchorage

مِرْساة جـ مَراسٍ Anchor

راسٍ At anchor. Firm, stable

رشّ - رَشَّ ـُ To sprinkle, spray. To water. To splash

رَشّ جـ رِشاش Sprinkling. Watering

مِرَشَّة جـ مَراشّ Watering can

رَشّاش Machine gun

رَشاش Splash. Spray

رَشّاشة Atomizer, perfume spray

رشح - رَشَحَ ـَ وارتَشَحَ To ooze, filter. To sweat. To leak

رَشَّحَ ه To nominate, put up as a candidate

تَرَشَّحَ To ooze. To be nominated as a candidate. To catch a cold

تَرْشيح وَتَرَشُّح للإنْتِخابات
Candidature, candidacy

Nomination تَرْشيح

Leakage. Filtration, sweat رَشْح

Cold رَشْح (زُكام)

Candidate, nominee مُرَشَّح

To be on the right way. To attain one's majority **رشد** - رَشَدَ ـُ وَرَشِدَ ـَ

To guide, direct. To lead the right way رَشَدَ وأرْشَدَ

Reason, rationality. Consciousness رُشْد وَرَشاد

Age of reason. Majority, full legal age سِنُّ الرُّشْد

Guidance, direction. Instruction. Advice, counsel. Spiritual guidance إرْشاد

Guide, leader. Adviser. Spiritual guide مُرْشِد

Girl scout, girl guide مُرْشِدَة كَشْفيَّة

Social welfare worker مُرْشِدَة إجْتِماعيَّة

Major, of full age. Adult راشِد

Rational, intelligent. Following the right path راشِد وَرَشيد

To sip, suck. To drink up **رشف** - رَشَفَ ـِ

Sip رَشْفَة

To throw at. To strike with **رشق** - رَشَقَ ـُ ه بـ

To be graceful. To be of graceful stature. To be swift رَشُقَ ـُ

Graceful, svelte, slender. Swift, agile رَشيق مـ رَشيقة

Agility. Grace. Slenderness رَشاقَة

To seal, stamp **رشم** - رَشَمَ ـُ

To make the sign of the cross over رَشَمَ بالصَّليب

To bribe. To corrupt **رشو** - رَشا ـُ ه

To receive or accept a bribe إرْتَشى

Bribe. Bribery رَشْوَة

Bribee مُرْتَشٍ

To press together, compress, make compact **رص** - رَصَّ ـُ هـ

To cover or coat with lead رَصَّصَ هـ

To stop, fill with lead رَصَّصَ سِنًّا

To press together, crowd together تَراصَّ

Lead رَصاص

Pencil قَلَمُ رَصاص

Bullet رَصاصَة

To observe, watch **رصد** - رَصَدَ ـُ هـ

To appropriate, earmark, set aside *(funds)* رَصَدَ وأرْصَدَ أمْوالاً

To observe, watch تَرَصَّدَ ه

To lie in wait for تَرَصَّدَ لـ

Observation, watch رَصْد وَرَصَد

Meteorological observation رَصَد جـ أرْصاد جَوّيَّة

Balance. Available funds. Stock on hand	رَصيد
Uncovered check, check without provision	شيك بِلا رَصيد
Observatory	مَرْصَد جـ مَراصِد
Ambush, ambuscade	مِرْصاد
To lie in wait	وَقَفَ بِالمِرْصاد
To set *(gems)*. To inlay with jewels	**رصع** - رَصَّعَ هـ
To pave. To macadamize	**رصف** - رَصَفَ ـُ هـ
Paving *(of streets)*	رَصْفُ (شارِع)
Paving-stone	حَجَرُ رَصْف
Pavement. Sidewalk. Quay, pier. Platform	رَصيف
Colleague	رَصيف مـ رَصيفَة
To be staid, sedate	**رصن** - رَصُنَ ـُ
Sedateness	رَصانة
Sedate, grave	رَصين
To bruise, contuse	**رض** - رَضَّ ـُ وَرَضَّضَ
Bruise, contusion	رَضّ وَرَضَّة
To submit, yield, obey *(to)*	**رضخ** - رَضَخَ ـَ لـ
To recognize the truth of	رَضَخَ لِلْواقِع
Submission, yielding	رُضوخ
To crush, bruise	**رضرض** - رَضْرَضَ هـ و ه
To suck *(at the breast)*	**رضع** - رَضِعَ ـَ وَرَضَعَ ـِ ه
Suckling	إِرْضاع
To suckle a child	أَرْضَعَ ه
Suckling, infant, newborn. Foster brother	رَضيع
Wet nurse. Foster mother	مُرْضِع جـ مُرْضِعات
To be pleased with. To approve of	**رضي** - رَضِيَ ـَ على وعن وإرْتَضى ه وهـ
To content oneself with. To consent to	رَضِيَ هـ أو بـ أو في
To seek to satisfy, try to please. To conciliate	راضى وَتَرَضّى ه واسْتَرْضى
To come to an agreement	تَراضى
To satisfy, please, content	أَرْضى
Contentment. Pleasure, delight. Consent, approval	رِضى وَرِضْوان وَمَرْضاة
Satisfied. Consenting. Willing, ready	راضٍ جـ رُضاة
Pleasant or agreeable life	عيشَة راضيَة
Consolation prize	جائِزَة تَرْضيَة
By mutual consent or agreement	بالتَّراضي
Satisfactory	مُرْضٍ
Compensation. Satisfaction	تَرْضيَة
To dampen. To be moist, humid, wet	**رطب** - رَطِبَ ـَ

رَطْب Humid, moist, damp. Fresh, cool

رَطَّبَ وأرْطَبَ هـ To moisten, humidify. To refresh. To cool down

رُطوبَة Humidity. Moisture. Wetness

مُرَطِّبات Soft drinks

رطل - رَطْل جـ أرْطال Rotl *(=2.566 kg)*

رطم - إرْتَطَمَ بـ To bump, bang *(against)*, run *(into)*, collide *(with)*

رعاع - رَعاع Rabble, mob

رعب - رَعَبَ ـَ وارْتَعَبَ To be afraid, frightened, scared

رَعَّبَ وأرْعَبَ ورَعَبَ To frighten, scare, alarm

رُعْب ورَعْبَة Fright, fear, alarm

مُرْعِب Frightening, dreadful

مَرْعوب Frightened, scared

رعد - رَعَدَ ـُ To thunder

إرْتَعَدَ To tremble

رَعْد جـ رُعود Thunder

رَعْدَة ورِعْدَة Tremor, a shaking, shiver, shudder

رِعْديد Coward. Cowardly

رعش - رَعِشَ ـَ وارتَعَشَ To tremble, shake

رِعْشَة Tremor

إرْتِعاش Tremor, trembling, shaking

رعف - رَعِفَ ـَ To have a nosebleed

رُعاف Nosebleed

رعي - رَعى ـَ ه To pasture, graze. To govern, rule. To sponsor. To take care of

راعى ه To take into consideration. To observe, comply with. To respect

راعٍ جـ رُعاة ورُعيان Shepherd. Pastor

رِعايَة Care. Attention. Patronage, auspices

تَحْتَ رِعايَة Sponsored by. Under the auspices of

رَعِيَّة جـ رَعايا Subject, citizen. Parish

مُراعاة Consideration, respect. Observance

مَرْعًى جـ مَراعٍ Pasture

رَعَويّ Pastoral

رغب - رَغِبَ ـَ To desire, wish

رَغِبَ عَن To shun, avoid

رَغِبَ إلى To implore, ask someone to do something

رَغِبَ بـ عن To prefer to

رَغَّبَ ه في To awaken one's desire in

رَغْبَة Desire, wish

رغد - رَغِدَ ـَ ورَغُدَ ـُ To be easy, comfortable

رَغْدُ ورَغيدُ العَيْش Easy, comfortable

رغف - رَغيف جـ أرغِفَة Loaf of bread

رغم - رَغَمَ ـَ وأرْغَمَ To compel, force

رَغْمًا عَنْكَ أو عن أنْفِك In spite of you, against your will

عَلى الرَّغْم من، رَغْمًا عن Despite, in spite of

رغو - رَغا ـُ وأرغى To foam, spume

أرْغى وأزْبَدَ To fume with rage

رَغْوَة Foam, spume. Lather

رف - رَفَّ ـِ To twitch *(eye)*. To flutter, flip the wings *(bird)*

رَفّ جـ رُفوف وَرِفاف Shelf. Bookshelf. Flight of birds

رفأ - رَفأَ ـَ هـ To darn, mend

رَفّاء Darner, mender

بالرِّفاء والبَنين Be united and have many children

مَرْفأ جـ مَرافِئ Port, harbor

رفت - رُفات Mortal remains

رفد - رافِد Affluent

رافِدَة جـ رَوافِد Support, prop, rafter

رفرف - رَفْرَفَ To flap the wings *(bird)*. To flutter *(flag)*

رفس - رَفَسَ ـِ To kick

رَفْسَة Kick

رفش - رَفْش جـ رُفوش Shovel, spade

رفض - رَفَضَ ـُ ـِ هـ To refuse, reject

رَفْض Refusal, rejection

رفع - رَفَعَ ـَ هـ To lift up, raise. To remove, take away. To increase *(the price)*

رَفَعَ الدَّعوى To bring legal action against

رَفَعَ يَدَهُ To withdraw from *(an affair)*

رَفَعَ الجَلْسَة To adjourn

رَفُعَ ـُ To be or become high-ranking

رَفَّعَ To make thin. To make fine. To promote, upgrade

رافَعَ ه إلى To summon before

تَرَفَّعَ To rise in rank

تَرَفَّعَ عن To look down upon, disdain. To be proud

تَرْفيع Promotion, advancement

تَرافَعَ To plead. To appeal to the law

رِفْعَة High rank. Dignity. Elevation

رافِعَة Lever. Crane, winch

رَفيع Thin, slender. High-ranking. Loud *(voice)*

إرْتِفاع Elevation, height. Rise. Altitude. Loudness

تَرَفُّع Haughtiness, disdain

مُرافَعة Pleading

مَرْفَع جـ مَرافِع Carnival

مُتَرَفِّع Haughty, disdainful

حالَة الرَّفع Nominative case

مَرْفوع In the nominative or indicative

رفق - رَفَقَ ـُ ه To be useful to

رَفَقَ بـ وعلى To be kind to. To treat with kindness

رافَقَ	To accompany
مُرافَقَة	Accompaniement
مُرْفَق به	Enclosed, attached
تَرَفَّقَ بـ	To treat with kindness
رِفْق	Kindness, gentleness
رِفْقَة	Company, society. Group, troop. Comrades
رَفيق جـ رُفَقاء ورِفاق	Companion, comrade, friend
مُرافِق	Companion. Escort. Bodyguard
مِرْفَق ومَرْفِق جـ مَرافِق	Elbow
مَرافِقُ الحَياة	Conveniences
المَرافِقُ العامَّة	Public utilities
رفه - رَفَهَ ـَ وتَرَفَّهَ	To enjoy a delicate life. To live in luxury
رَفَّهَ عن	To entertain, amuse
رَفاهَة ورَفاهيَّة	Welfare, well-being. Luxury. Comfort
تَرْفيه	Entertainment
رق - رَقَّ ـِ	To be or become thin. To soften
رَقَّ وتَرَقَّقَ لـ	To pity, feel compassion for
رَقَّ ـِ	To be or become a slave
رَقَّقَ وأرَقَّ هـ	To thin. To flatten *(metals)*
أَرَقَّ القَلْبَ واستَرَقَّ	To move the heart
رِقّ	Slavery, bondage. Tambourine
رَقّ جـ رُقوق	Parchment. Scroll
رِقَّة	Thinness. Tenderness, gentleness. Tenderheartedness. Slenderness
رِقَّة الجانب	Kindness
رَقيق الحال	Poor, needy
مَرقوق	Bread in thin sheets
رَقيق	Slave. Thin, slender. Tender, soft
رقيق الشُّعور	Sensitive
رقيق القلب	Tenderhearted
رقب - رَقَبَ ـُ وراقَبَ	To observe, watch. To control, watch over
تَرَقَّبَ	To expect. To wait for. To lie in wait for
رَقْبَة جـ رِقاب	Neck
رَقيب جـ رُقَباء	Observer. Watchman. Supervisor. Sergeant
مَرْقَب جـ مَراقِب	Observation post, observatory. Watchtower
مِرْقَب جـ مَراقِب	Telescope
مُراقِب	Observer. Controller
مُراقَبَة ورَقابَة	Control. Censorship
إرْتِقاب وتَرَقُّب	Expectation, anticipation
رقد - رَقَدَ ـُ	To sleep. To go to bed. To lie down
رُقاد	Sleep
راقِد جـ رُقود	Asleep, sleeping. Lying down
مَرْقَد جـ مَراقِد	Bed, couch. Dormitory

رقرق - تَرَقْرَقَ To glitter, glisten. To flow, stream. To overflow with tears

رقص - رَقَصَ ـُ To dance

راقِص مـ راقِصَة Dancer

رَقْص Dancing, dance

رَقْص إيقاعيّ Eurythmics

رَقّاص Dancer. Pendulum

مَرْقَص Dance hall, dancing place

حَفْلَة راقِصَة Ball

رقع - رَقَعَ ـَ هـ وَرَقَّعَ To patch *(a garment)*

رَقْع وَتَرْقيع Patching

رُقْعَة جـ رِقاع وَرُقَع Patch. Spot, piece of land. Label. Coupon

رُقْعَة الشِّطْرَنج Chessboard, checkerboard

مُرَقَّع Patched

رقم - رَقَمَ ـُ وَرَقَّمَ To write. To number. To punctuate. To paginate

رَقْم جـ أَرْقام ورُقوم Number. Numeral

الأَرْقام الهِنْدِيَّة Arabic numerals

عَلامات تَرْقيم Punctuation marks

رقي - رَقِيَ ـَ في وإلى وارتقى To ascend, climb

رَقِيَ وارتقى وتَرَقّى في To rise in rank, be promoted. To progress

رَقى ـِ ه أو على To use magic and incantations

رَقّى هـ To promote. To advance

رُقْيَة وَرَقْوَة جـ رُقى وَرُقْيات وَرُقَيات Spell, charm, incantation. Amulet

تَرَقٍّ وإرتقاء وَتَرْقِيَة Advancement, promotion. Progress. Ascension

مَرْقًى وَمَرْقاة جـ مَراقٍ Ladder. Stair, staircase. Step

مُرْتَقى Ascent, rise

رُقيّ Progress. Development

راقٍ High. Superior, high-ranking. Refined. Advanced, developed *(country)*. Educated, cultured

راقٍ ورَقّاء Charmer, enchanter

رك - رَكَّ ـِ To be or become weak, poor

رَكاكَة (أُسلوب) Weakness, poorness

رَكيك Weak, poor

ركب - رَكِبَ ـَ To ride, mount

رَكِبَ البَحْر أو السَّفينة To sail. To embark

رَكِبَ رأسَهُ أو هَواه To be obstinate. To follow one's fancy

رَكَّبَ هـ وأرْكَبَ To make one ride

رَكَّبَ To assemble, put together

رَكَّبَ الدَّواء To compose

تَرَكَّبَ من To be composed of

إرْتَكَبَ هـ To commit, perpetrate *(a crime)*

رُكْبَة جـ رُكَب Knee

رِكاب جـ رُكُب Stirrup
رُكوب Riding, mounting
راكِب جـ رُكّاب ورُكْبان Rider. Passenger
تَرْكيب Construction. Composition. Structure. Phrase, idiom
مَرْكَب جـ مَراكِب Boat, ship
مَرْكَبَة Vehicle. Carriage
مُرَكَّب Compound. Composed of
مُرَكَّب النَّقْص Inferiority complex
مَرْكوب Mount, riding animal
إرْتِكاب Perpetration, committing
مُرْتَكِب Perpetrator *(of a crime)*
ركد - رَكَدَ ـُ To stagnate. To be still *(wind)*. To settle *(dregs)*
رُكود Stagnation, standstill
راكِد Stagnant, still
ركز - رَكَزَ ـِ هـ في ورَكَّزَ To fix, fasten. To plant
رَكَّزَ هـ To concentrate, condense
رَكَّزَ على To concentrate, focus *(on)*
إرتَكَزَ To be fixed
إرتَكَزَ على To lean on. To rely on. To be based on
تَمَرْكَزَ To center. To station oneself
رَكيزَة جـ ركائز Support, prop, pole
مَرْكَز جـ مَراكِز Center, middle point. Station. Stand. Post. Standing. Headquarters
مَرْكَزُ الثِّقْل Center of gravity
مَرْكَزِيّ Central
مَرْكَزِيَّة Centralism. Centrality
إرْتِكاز Support
تركيز Setting up. Installation. Concentration on, focusing
ركض - رَكَضَ ـُ To run
رَكْض Running
ركع - رَكَعَ ـَ To kneel down. To bow down
رَكْعَة جـ رَكْعات Prostration. Kneeling
راكِع جـ رُكَّع وراكِعون Kneeling. Bowing. Prostrate
مَرْكَع Hassock
ركل - رَكَلَ ـُ To kick
رَكْلَة Kick
ركم - تَراكَمَ To be accumulated. To accumulate, pile up
تَراكُم Accumulation
رُكام ورَكَم Pile, heap
ركن - رَكَنَ ـُ ورَكِنَ ـَ إلى وأرْكَنَ To lean on. To rely on. To have confidence in
رُكْن جـ أرْكان Corner. Support. Basis
أرْكان حَرْب General staff
أرْكان الدَّولَة State ministers
ركو - رَكْوَة جـ رَكَوات Coffeepot
رم - رَمَّمَ هـ To repair, restore
تَرْميم Repair, restoration
رُمَّة Whole, totality

بِرُمَّتِهِ Wholly, entirely, completely

رمح - رُمْح جـ رِماح وأرماح Spear, javelin. Lance

رامِح Spearman. Lancer

رمد - رَمِدَ ـَ To have sore eyes. To be sore, inflamed

رَمَّدَ ه To incinerate

رَمَد Ophthalmia

رَماد Ashes

رَماديّ Ash-coloured, grey

رمز - رَمَزَ ـُـِ إلى To symbolize. To indicate, point to

رَمْز جـ رُموز Symbol. Sign, mark. Emblem

رَمْزِيّ Symbolic(al)

رمش - رَمَشَ ـُـِ هـ To blink

رَمْش جـ رُموش Eyelash(es)

رَمْشَة عَيْن Blink

رمق - رَمَقَ ـُ هـ و ه To gaze long at, stare

رَمَق جـ أرْماق Last spark of life

رمل - تَرَمَّلَ To be or become a widow or a widower

أرْمَل مـ أرْمَلَة جـ أرامِل وأرامِلَة Widow. Widower

رَمْل Sand

عِلْم الرَّمْل وَضَرْب الرَّمْل Geomancy

ساعَة رَمْلِيَّة Sandglass, hourglass

رِمال مُتَحَرِّكَة Quicksand

تَرَمُّل Widowhood

رمن - رُمّان وَرُمّانَة Pomegranate

رُمّانَة يَدَوِيَّة Hand grenade, grenade

رمي - رَمَى ـِ هـ و بـ To throw, cast, strike with

رَمى ه بـ To accuse of

رَمى هـ عن أو على القَوْس To dart *(arrows)*

رَمى إلى To aim at, have in view. To allude to

إرْتَمى على قَدَمَيْه To throw oneself at someone's feet, supplicate

رَمْيَة Throw, cast. Shot

رامٍ جـ رُماة Thrower. Rifleman. Archer

رِمايَة وَرَمْي Shooting, firing, fire

مَرْمى Target, range, reach, goal

مَرْمى مَدْفَع Range, reach

رن - رَنَّ ـِ To ring. To resound

رَنين وَرَنَّة Ring(ing). Resonance

رَنّان Ringing, sounding, resonant

رنح - تَرَنَّحَ To stagger, reel

مُتَرَنِّح Staggering, reeling

رنق - رَوْنَق Splendor, beauty. Glamor

رنم - رَنَّمَ To intone. To sing

تَرْنيمَة Song, hymn

رنو - رَنا ـُ To gaze at, look at

رهب - رَهِبَ ـَ To fear, dread

أرْهَبَ ه To terrorize. To frighten

تَرَهَّبَ ه To become a monk

راهِب جـ رُهْبان Monk

راهِبَة Nun

Dread, fright, fear رَهْبَة

Monasticism. Monastic order رَهْبانِيَّة وَرُهْبانِيَّة وَرَهْبَنَة

Terrible, dreadful, awful رَهيب

Terrorism إرْهاب

Intimidation إرْهاب وَتَرْهيب

Terrorist إرْهابيّ

To thin out. To sharpen **رهف** - رَهَفَ ـَ هـ وأرْهَفَ

To be thin رَهُفَ ـُ

To be quick of hearing رَهُفَ سَمْعُه

To make thin. To sharpen أرْهَفَ هـ

To listen closely to, give one's ear to أرْهَفَ السَّمْع

Whetted مُرْهَف (سَيْف)

Sharp مُرْهَف (سَمْع)

Sensitive مُرْهَف الحِسّ

To become adolescent or teenager **رهق** – راهَقَ

To oppress أرْهَقَ

Adolescent. Teenager مُراهِق

Puberty, adolescence مُراهَقَة

Oppressive مُرْهِق

Exhaustion, fatigue. Oppression إرْهاق

To be flabby **رهل** - رَهِلَ ـَ وَتَرَهَّلَ

Ointment **رهم** - مَرْهَم جـ مَراهِم

To pledge, mortgage, hypothecate, deposit as security **رهن** – رَهَنَ ـَ ه و هـ عِند

To bet, wager راهَنَ ه على وَتَراهَنَ

To ask as a pledge إسْتَرْهَنَ هـ

Present, actual, current راهِن

The status quo الوَضْع الرّاهِن

Pledge, security. Mortgage رَهْن جـ رِهان

Mortgaged. Pledged رَهين وَمُرْتَهَن وَمَرْهون

Hostage. Security, pledge رَهينَة جـ رَهائِن

Bet, wager رِهان وَمُراهَنَة

To curdle, curd **روب** - رابَ ـُ وَرَوَّبَ وأرابَ هـ

Rennet. Curd رَوْبَة

Curdled رائب

To circulate, be current. To become widespread. To be in vogue. To sell well *(merchandise)* **روج** - راجَ ـُ

To propagate. To promote رَوَّجَ هـ

Circulation. Marketability, salability رَواج

Current. In vogue. Salable رائج

Circulation, propagation. Sale. Promotion تَرْويج

To go *(away)*, leave **روح** - راحَ ـُ

To begin, set out to do راحَ يَعْمَل

To relax, amuse oneself رَوَّحَ عن نَفْسِهِ

To give rest أراحَ

رائحة طَيِّبة Perfume
تَراوَحَ بَيْنَ To alternate, fluctuate *(between)*
إرْتاحَ واسْتَراحَ To rest, relax
إرْتاحَ للأمر To be satisfied with
إسْتِراحة Rest, repose. Break
إسْتَرْوَحَ هـ To scent, smell
راحة Rest, relaxation. Ease. Comfort. Vacation
راحَة جـ راحات Palm of the hand
مِرْوَحَة Fan. Vantilator. Propeller
إرْتياح Satisfaction, pleasure. Relief
روح جـ أرْواح Soul. Spirit. Essence, extraction. Ghost
طَويل الرّوح Very patient. Long-suffering
روح مَعْنَوِيَّة Morale, spirit
روحانيّ جـ روحانيّون وروحيّ Spiritual. Immaterial. Holy, divine
مَشْروبات روحيَّة Spirits, alcoholic drinks
إسْتِحْضار الأرواح Spiritism
روحانيَّة Spirituality
الرّوحُ القُدُس The Holy Spirit, Holy Ghost
عالِم روحانيّ Spiritualist, spiritist
ريح جـ رياح وأرياح Wind. Flatulence. Smell, scent
رائحة جـ رَوائِح Odor, smell. Perfume

ريحان جـ رَياحين Sweet basil
مُرْتاح Relaxed. At ease, comfortable. Pleased
مُريح Comfortable
مُسْتَراح Water closet
رَيِّح Windy
رود - رادَ ـُ To explore. To search for
راوَدَ ہ عن نفسه أو على نفسه To seduce, tempt
أرادَ هـ To wish, desire
إرْتادَ هـ To frequent, visit often
رُوَيْدًا Slowly, gently
رائد جـ روّاد Scout. Explorer. Pioneer. Leader. Major
إرادة Will. Wish, desire
إراديّ Intentional, voluntary
مُراد Wanted, desired. Purpose
إرْتياد وريادة Exploration
روز - روزنامة Calendar, almanac
روس - رَوَّسَ ہ To point, sharpen
روض - راضَ ـُ ورَوَّضَ ہ To tame, domesticate. To break *(in)*
تَرَيَّضَ To exercise. To promenade
رَوْضَة جـ رَوْضات ورياض Garden. Meadow
رَوْضَة الأطفال Kindergarten
رياضَة Exercise, physical training. Sport
رياضَة روحيَّة Retreat

الرِّياضيّات Mathematics
رياضيّ Sportive. Sportsman. Mathematic(al)
روع - راعَ ـُ وريعَ من To be afraid of
راعَ وروَّعَ ه To frighten, scare
تَروَّع وارتاعَ من To be frightened at
رَوْع Fear, fright
رَوْعَة Splendor, charm, beauty
رائع جـ رائعون Admirable, magnificent, charming, wonderful
رائعَة جـ روائع Masterpiece, chef-d'œuvre
في رائعَة النّهار In broad daylight
مُريع Dreadful, terrible
مُرَوَّع ومُرْتاع Frightened, terrified
روغ - راغَ ـُ To dodge, shift about
راوَغَ ه To dodge. To equivocate. To mislead
رَوّاغ ومُراوِغ Dodgy, sly, deceitful. Dodger, equivocator
مُراوَغَة Dodgery, slyness. Equivocation
روق - راقَ ـُ To be or become clear or pure
راقَ ه To please, appeal to
رَوَّقَ هـ To clarify
أراقَ هـ To pour out, spill, shed
رائق Clear, pure
رُواق ورِواق جـ أرْوِقَة Portico. Porch. Open gallery
رِواقيّ Stoic(al)
إراقَة Shedding, pouring out
إراقَة الدِّماء Bloodshed
روم - رامَ ـُ هـ To desire eagerly, wish
على ما يُرام Well, fine, O.K.
روم جـ أرْوام Romans or Greeks
رَوْم Wish, desire
مَرام Wish, desire. Craving. Aspiration
روي - رَوى ـِ هـ To relate, narrate, tell. To irrigate, water
رَوى عن To quote, cite *(from)*
رَوِيَ ـَ To be irrigated. To quench one's thirst
رَوّى وتَرَوّى في To consider carefully. To reflect upon
أرْوى ه To water. To quench the thirst of
رَيّ Irrigation
رَيّان مـ رَيّا جـ رِواء Well-watered. Succulent, juicy. Fleshy, plump. Beautiful
رَوِيَّة Deliberation, consideration, reflection, meditation. Carefulness
رِوايَة Story, narrative, novel, tale. Report, account
رِوايَة مُحْزِنَة Tragedy
رِوايَة مُضْحِكَة أو هَزْلِيَّة Comedy

رِوايَة غَرامِيَّة Romance, love story
رِوائيّ Novelist, storywriter
راوِيَة جـ رُواة وَراوٍ Storyteller, narrator
بِرَوِيَّة Deliberately, carefully
عَنْ غَيْر رَوِيَّة Offhand, casually
ريب - رابَ ـِ وأرابَ ه To fill with doubt
إرْتابَ واسْتَرابَ بـ أو في To doubt, suspect
مُرْتاب Doubtful, suspicious
رَيْب وإرتياب وريبَة Doubt, suspicion. Skepticism. Uncertainty
بِلا رَيْب Undoubtedly
مُريب Suspicious, arousing suspicion
ريث - تَرَيَّثَ هـ To take one's time. To slow, delay. To wait
تَرَيُّث Delay, slowness
رَيْثَما While, as long as. Until
رش - راشَ ـِ وَرَيَّشَ To feather. To fledge
رياش البَيْت Furniture
ريشَة Feather, quill. Pen. Nib, pen point. Brush *(of a painter)*. Blade, vane. Plectrum
ريع - راعَ ـِ To fear, be afraid of. To grow, increase
رَيْع Product. Revenue, income
رَيْع وَرَيْعان Prime, best portion
في رَيْعان النَّهار In broad daylight
في رَيْعان الشَّباب In the prime of youth
ريف - ريف جـ أرياف Country, countryside, rural area
ريفيّ Rural, rustic
ريق - راقَ ـِ To pour out, shed. To be or become clear
أراقَ هـ To spill, pour out
رائق Clear
ريق جـ أرياق Saliva, spittle
على الرِّيق Before breakfast
تَرْياق Antidote. Antitoxin
ريم - ريم Addax, white antelope

ز

Z (*11th letter of the Arabic alphabet*) **ز** - ز

Mercury, quicksilver **زئبق** - زِئْبَق وَزَيْبَق

To roar **زأر** - زأرَ ـَ

Roaring زَئير الأسَد

Sudden or violent death **زأم** - المَوْتُ الزؤام

Darnel **زؤن** - زِوان وزَوَان وزؤان

Raisins, dried grapes **زبب** - زَبيب

To foam, froth **زبد** - أزْبَدَ

To fume with rage, foam. To threaten أرغى وأزْبَدَ

Butter. Cream زُبْد وزُبْدَة جـ زُبَد

Essence, substance. The best part, cream, flower زُبْدَة الشَّيْء

Foam, froth زَبَد جـ أزْباد

زبرجد - زَبَرْجَد جـ زَبارِج

Chrysolite. Aquamarine

Whirlwind, hurricane, cyclone **زبع** - زَوْبَعَة جـ زَوابع

To dung, manure *(a field)* **زبل** - زَبَلَ ـِ وَزَبَّلَ هـ

Dung, manure زِبْل

Garbage, refuse, rubbish زُبالَة

Dunghill. Dump مَزْبَلَة جـ مَزابِل

Garbage collector. Street sweeper زَبّال

Client, customer **زبن** - زَبون جـ زُبُن وَزَبائن

Clientele زَبائن

Antenna, feeler. Sting. Dart زُبانى

To throw, hurl **زج** - زَجَّ ـُ

To become entangled, involve oneself زَجَّ نَفْسَه

Glass زَجاج وزِجاج وزُجاج

Pane of glass لَوْح زُجاج

Glazier. Glassmaker, glassman زَجّاج

Bottle, flask. Piece of glass زَجاجَة وَزُجاجة

Glassy, vitreous زُجاجيّ

To reprimand, rebuke. To drive away **زجر** - زَجَرَ ـُ ه وازدَجَرَ

To restrain, hold back زَجَرَ وازْدَجَرَ ه عن

Restraining. Driving away. Rebuke, reprimand زَجْر

Conscience زاجِر جـ زَواجِر

Repressive زَجْريّ وزاجِر

Carrier pigeon **زجل** - الحَمام الزّاجِل

Popular Arabic poem زَجَل

Reciter of the popular Arabic poem زَجّال

To groan, moan. To **زحر** - زَحَرَ ـَ

have dysentery

زُحار — Dysentery

زحزح - زَحْزَحَ هـ عن — To remove, displace

زحف - زَحَفَ ـَ — To crawl, creep

زَحَفَ الجَيْش — To march, proceed

زَحْفُ جَيْش — March, advance

زَحّاف وزاحِف — Crawling, creeping

زَحّافة وزاحِفَة — Reptile. Leveler. Ski

زَحّافات وَزَواحِف — Reptiles, reptilians

زحل - زَحَلَ ـَ وتَزَحَّلَ عن — To move, shift. To slide

زحلق - تَزَحْلَقَ — To slide, glide. To skate. To ski

تَزَحْلُق — Skating. Sliding. Skiing

زحم - زَحَمَ ـَ — To press, squeeze. To crowd

زاحَمَ ه — To compete with

تَزاحَمَ — To compete with one another. To press or crowd together

إزْدَحَمَ — To crowd. To be or become crowded

زَحْم وَزَحْمَة وإزْدِحام — Crowd, throng

مُزاحَمَة — Competition. Rivalry

مُزْدَحِم — Crowded

زخر - زَخَرَ ـَ — To swell, rise. To be full of. To overflow with

زاخِر — Full of. Generous

زخرف - زَخْرَفَ هـ — To ornament, adorn, decorate, embellish

زُخْرُف جـ زَخارِف — Ornament, decoration

زَخْرَفَة — Ornamentation. Decoration

زُخْرُفيّ — Ornamental, decorative

زَخْرَفَة عَرَبِيَّة — Arabesque

زخم - زَخْم — Impulsion, impulse

زر - زَرَّ ـُ هـ وَزَرَّرَ — To button (up)

زِرّ جـ أَزْرار — Button. Link

زِرُّ زَهْرَة — Bud

زرب - زَرَبَ ـُ ه في — To pen (up), corral, shut up *(livestock)*

زَرِبَ ـَ — To flow. To leak

زَرِيبَة جـ زَرائب وزِراب — Pen, fold. Barn

مِزْراب جـ مَزاريب — Drain. Gutter. Spout

زرد - زَرَدَ ـُ هـ — To make a network, a mail. To strangle

زَرِدَ ـَ وازْدَرَدَ هـ — To swallow, gulp

زَرَد جـ زُرود — Coat of mail, armor

زَرَدَة — Link, ring *(of a chain)*

زرزر - زُرْزور جـ زَرازير — Starling

زرع - زَرَعَ ـَ — To sow. To plant. To cultivate

زَرْع — Sowing. Planting. Cultivation

زَرْع جـ زُروع — Seed. Green crop. Plantation

زِراعَة — Agriculture

زَرّاع جـ زَرّاعون، وزارِع — Sower. Planter. Cultivator, farmer

مُزارِع — Agriculturist, husbandman

مَزْرَعَة جـ مَزارِع Farm. Plantation
زِراعيّ Agricultural
خَبير زِراعيّ Agronomist
زرف - زَرافَة جـ زَرافيّ Giraffe
زرق - إزْرَقَّ To turn or become blue
زُرْقَة Blue, blueness, blue color
أزْرَق مـ زَرْقاء جـ زُرْق Blue
الزَّرْقاء The sky, the firmament
زركش - زَرْكَشَ هـ To brocade, embroider. To ornament, decorate
زَرْكَش Brocade, embroidery
مُزَرْكَش Brocaded, embroidered
زرنخ - زِرْنيخ Arsenic
زري - زرى ـِ To reproach, rebuke. To blame
أزْرى بـ To derogate from. To belittle. To degrade
إزْدَرى ه To despise, disdain
إزْدِراء وزِرايَة Contempt, disdain
زِرايَة Reproach. Blame
زعتر - زَعْتَر Thyme
زعج - زَعَجَ ـَ وأزْعَجَ ه وهـ To disturb, trouble
إنْزَعَجَ To be disturbed, annoyed
إنْزِعاج وزَعَج وإزْعاج Disturbance. Trouble, inconvenience, discomfort
مُزْعِج Troublesome, inconvenient
زعر - زَعِر وأزْعَر جـ زُعْران Rascal, scoundrel
زُعْرور جـ زَعارير Azarole. May, hawthorn
زعزع - زَعْزَعَ هـ To shake
زَعْزَعَة جـ زَعازِع Shaking, convulsion, shock
مُتَزَعْزِع مـ مُتَزَعْزِعَة Shaky, unsteady
زعفر - زَعْفَران جـ زَعافِر Saffron
زعق - زَعَقَ ـَ To cry, yell, shout, scream
زَعْقَة Cry, yell, scream
زَعيق وَزَعْق Screaming, shouting, crying
زعل - زَعِلَ ـَ To be annoyed. To be offended
زَعَّلَ وأزْعَلَ ه To annoy, disturb, vex
زَعَل Annoyance, vexation
زَعِل وَزَعْلان Annoyed, angry, vexed
زعم - زَعَمَ ـُ أنَّ To allege, claim. To pretend
زَعْم جـ مَزاعِم Allegation, claim. Pretension
زَعامَة Leadership
زَعيم جـ زُعَماء Leader, chief. Ringleader
تَزَعَّمَ To lead. To be or become the leader
مَزْعوم Pretended. Claimed, alleged
زعن - زِعْنِفَة وَزَعْنَفَة Fin. Flipper
زغب - زَغِبَ ـَ To be downy, fluffy
زَغَب Down, fluff, nap
زَغِب Downy, fluffy, nappy
زغرد - زَغْرَدَ To utter shrill, trilling

cries of joy
زَغْرودَة جـ زَغاريد Shrill, trilling cries of joy
زغل - زَغَلَ ـَ To adulterate, debase
زُغْلول جـ زَغاليل Squab, young pigeon
زف - زَفَّ ـُ وأزَفَّ ه To give away the bride
أَزِفَ To approach, draw near
زِفاف Wedding, wedding ceremony, marriage
زفت - زَفَّتَ هـ To smear with pitch. To asphalt
زِفْت Pitch. Asphalt
مُزَفَّت (طَريق) Smeared with pitch
تَزْفيت Asphalting
زفر - زَفَرَ ـِ To exhale, breathe out. To sigh
زَفير وزَفْرَة جـ زَفَرات Exhalation. Sigh(ing)
زق - زَقَّ ـُ وَزَقْزَقَ الطّائِرُ فَرْخَهُ To feed its young
زَقْزَقَ To peep, tweet, chirp
زَقُّ الدَّواجِن Cramming of poultry
زِقّ جـ زَقاق (قِرْبَة) Water skin. Bottle
زُقاق جـ أزِقَّة Lane, alley
زَقْزَقَة Chirping, twittering
زكم - زَكَمَ ـُ ه To cause to catch a cold
زُكِمَ To catch or take a cold
زُكام Cold, coryza
زكي - زَكا ـُ To grow *(plant)*. To be righteous *(man)*
زَكّى هـ و ه ماله To tithe. To pay the alms tax
زَكاة Alms tax. Charity, alms. Tithe. Purity
رائحة زَكِيَّة Fragrant, sweet-smelling
تَزْكِيَة Purification. Recommendation
فازَ بالتَّزْكِيَة To be chosen unanimously, by common consent
زَكِيّ Pure, chaste. Innocent. Righteous
زل - زَلَّ ـَِ To slip. To commit a mistake
زَلَل Lapse, error. Slipping
زَلَّة جـ زَلّات Slip, lapse. Fault
زَلَّة لِسان Slip of the tongue
زُلال البَيْض Albumen, white of egg
ماء زُلال Cold water, fresh pure water
زلج - زَلَجَ ـُ وأزْلَجَ الباب To bolt a door
زَلَجَ وَزَلِجَ ـَ وَتَزَلَّجَ To slide, glide. To slip
تَزَلَّجَ (على الثَّلج) To ski. To skate
زَلّاجَة Ski. Skate. Roller skate
مَزْلَج جـ مَزالِج Sled, sledge. Sleigh. Luge

تَزَلُّج Skiing. Skating. Sleighing
تَزَلُّج مائيّ Waterskiing
مُتَزَلِّج Skier. Skater
مِزْلاج Bolt, latch
زلزل - زَلْزَلَ هـ To shake, cause to tremble
تَزَلْزَلَ To quake (earth)
زَلْزال وَزَلْزَلَة جـ زَلازِل Earthquake, seism
زلق - زَلِقَ ـَ وانزَلَقَ To slip
إنْزِلاق Sliding. Skating
تَزَلَّقَ To glide. To skate. To ski
مَزْلَق Slippery place
مِزْلَقَة Sledge, sleigh. Toboggan
مِزْلَق Skate
زم - زَمَّ ـُ هـ و ه To tighten
زَمَّ شَفَتَيْه To purse one's lips
زِمام جـ أزِمَّة Rein, bridle. Halter
تَوَلّى زِمام الحُكْم To hold the reins of government, assume power
زمجر - زَمْجَرَ To storm. To snarl. To roar *(lion)*
زَمْجَرَة Roar(ing). Snarl(ing)
زمر - زَمَرَ ـِ وزَمَّرَ To blow, play *(a wind instrument)*. To sound one's horn
زُمْرَة جـ زُمَر Group, gang, band
زَمْر وَمِزْمار جـ مَزامير، زَمّارَة Pipe, flute, fife
زَمّارَة Siren

زُمُرُّد Emerald
مَزْمور جـ مَزامير Psalm
زمزم - زَمْزَمَ To rumble, roll *(thunder)*. To mutter
زَمْزَمَة Roll of thunder. Roar of a lion
زمع - أَزْمَعَ هـ وعلى وبـ To decide, resolve, make up one's mind to
مُزْمِع Resolved, determined *(on or to)*
زمل - زامَلَ هـ To be or become a colleague or associate of
زَميل جـ زُمَلاء Colleague. Associate, companion. Schoolmate
زَمالَة Colleagueship. Fellowship. Companionship
إزْميل جـ أزاميل Chisel
زمن - زَمِن Chronically ill
زَمَن جـ أزْمان وزَمان جـ أزْمُن وأزمِنَة
Time. Period. Epoch, era
زَمَنيّ Temporal, earthly
مُزْمِن Chronic. Old. Lasting
زمه - زَمْهَرير Bitter or severe cold
زنبر - زُنْبُرُك جـ زَنابِك Spring
زُنْبور جـ زَنابير Hornet. Wasp
زنبق - زَنْبَق جـ زَنابِق، زَنْبَقَة Lily
زَنْبَقُ الوادي Lily of the valley
زنبل - زِنْبيل جـ زَنابيل Basket, frail
زنج - زِنْجيّ Negro, black
زَنْجَبيل Ginger
زنخ - زَنِخَ ـَ To be or become rancid

زَنِخ Rancid

زند - زَنْد جـ زِناد وأزْناد Wrist. Forearm

زِناد وَزَنْد Firelock. Cock, hammer. Trigger

حَجَر الزِّناد Flint

زندق - زَنْدَقَ وَتَزَنْدَقَ To be an atheist

زَنْدَقَة Atheism. Sanctimony

زِنْديق جـ زَنادِقَة وزَناديق Atheist, unbeliever

زنر - زَنَّرَ ه To belt, gird

تَزَنَّرَ To put on a belt

زُنّار جـ زَنانير Belt, girdle. Waistband

زنزن - زَنزانة Prison cell

زني - زَنى ـِ To commit adultery

زِنى Adultery, fornication

زانٍ جـ زُناة Adulterer, fornicator

زانيَة Adulteress. Whore, prostitute

زهد - زَهِدَ ـَ وزَهُدَ ـُ وزَهَدَ في وعن To abstain from, renounce, forsake

زَهِدَ في الدُّنيا To forsake worldly pleasure. To become an ascetic

زُهد Asceticism. Renunciation. Indifference, apathy

زاهِد جـ زُهّاد Ascetic. Indifferent

زَهيد Insignificant, little, moderate, small, trivial

زهر - زَهَرَ ـَ To shine, radiate. To be glossy *(face)*

أزْهَرَ To blossom. To flower

إزْدَهَرَ To flourish, prosper, bloom

إزْدِهار Prosperity, bloom

زَهْر جـ أزْهار وزُهور جج أزاهِر Flowers

ماء زَهْر Orange-flower water

زَهْرَة وَزَهَرَة Flower, blossom, bloom

زَهْرُ النَّرْد Dice

زُهَرَة The planet Venus

مَزْهَرِيَّة Flower vase

زاهِر Florid, bright. Radiant

زاهِر وَمُزْهِر In blossom, flowering

زهق - زَهَقَ ـَ To vanish, disappear. To perish, die

زَهَقَت روحُه To die, give up the ghost

أزْهَقَ هـ To destroy, suppress

أزْهَقَ الرّوح To kill

زهو - زَها ـُ To prosper, flourish. To shine, radiate

إزْدَهى ه و هـ To be self-conceited, proud

زُهاء About, around

زَهْو Vanity. Pride. Haughtiness

زَهْو ألوان Splendor, brilliance

زاهٍ مـ زاهيَة Bright, brilliant, radiant, bloomy, gay

زوج - زَوَّج ه أو بـ To marry, give in marriage

تَزَوَّجَ ه أو بـ To marry, get married

(to or with)

To couple زاوَجَ

To be or become double. To form a pair or couple إزْدَوَجَ

Coupling. Doubleness, duality إزْدِواج

Husband, spouse. Mate. Pair, couple زَوْج جـ أزْواج

Wife, spouse زَوْج وَزَوْجَة

Marriage. Wedding زَواج وَزيجَة

Double, twofold مُزْدَوِج

Married مُتَزَوِّج

Monogamy زَواج أُحاديّ

Polygamy تَعَدُّد الأَزْواج أو الزَّوجات

Son-in-law زَوْجُ الإِبْنَة

Brother-in-law زَوْجُ الأُخْت

Stepfather زَوْجُ الأُمّ

Uncle زَوْجُ العَمَّةِ أوِ الخالَةِ

Daughter-in-law زَوْجَةُ الإبْن

Sister-in-law زَوْجَةُ الأخ

Stepmother زَوْجَةُ الأب

Aunt زَوْجَةُ العَمِّ أو الخال

To step aside. To depart, go away **زوح** - زاحَ ـُ

To displace, remove أزاحَ هـ

To supply oneself with provisions **زود** - زادَ ـُ وَتَزَوَّدَ

To supply, provide with. To provision زَوَّدَ

Provisions, supplies زاد وزَوّادة

Provision bag. Manger, crib مِزْوَد

To visit, call on **زور** - زارَ ـُ هـ

To counterfeit, falsify زَوَّرَ هـ

Visitor. Guest زائر جـ زائرون وزُوّار

Falsehood, lie. False , untrue زُور

False testimony شَهادَةُ زُور

Visit. Call زيارَة

Pilgrimage زيارَة الأماكِن المُقَدَّسَة

Forgery. Fraud تَزْوير

Shrine, sanctuary مَزار

Small boat **زورق** - زَوْرَق جـ زَوارِق

To deviate from, divert from. To stray, wander **زوغ** - زاغَ ـُ وزاغَ ـِ عن

To blur. To become weak زاغَ البَصَر

Deviation, divergence زَيْغ وَزَيَغان

To embellish, adorn **زوق** - زَوَّقَ

To disappear, vanish. To cease to exist. To perish. To end **زول** - زالَ ـُ

To practice, pursue زاوَلَ مِهْنَةً

To remove, eliminate أزالَ هـ

Transitory, ephemeral زائل

Cessation, disappearance, extinction. Noon زَوال

In the afternoon, afternoon بَعْدَ الزَّوال

Before noon قَبْلَ الزَّوال

Practice *(of a profession)* مُزاوَلَة

Elimination, removal إزالَة

To **زوي** - زَوى ـِ هـ وزَوى شَفَتَيْه

purse the lips
زَوى ما بَيْنَ عَيْنَيْه To frown, knit the brows
إنزَوى To retire.To live in seclusion
زاويَة جـ زَوايا Corner. Angle
زيت - زَيَّتَ To oil, grease, lubricate
زَيْت جـ زُيوت Oil. Petroleum
زَيْتونَة وَزَيْتون Olive. Olive tree
زَيْتونيّ Olive, olivaceous
زَيّات Oil dealer, oilman
مِزْيَتَة Oil can, oiler
زيح - زاحَ ـِ وانزاحَ To depart, go away
زاحَ عَن To step aside
زَيَّحَ To carry (or go) in procession
أزاحَ ه To remove, take away
زِيّاح Religious procession
زيد - زادَ ـِ To increase, augment
زايَدَ ه To outbid
زيادَة جـ زيادات Increase. Excess. Addition
زائد Excess, surplus. Additional. Excessive. Superfluous
زائِدَة دوديَّة Appendix
إلتِهاب الزّائدة الدّوديَّة Appendicitis
باعَ بالمَزاد To sell by auction
مَزاد ومُزايَدَة Auction, public sale
إزْدياد Increase, growth
مُزايَدَة Bidding, outbidding
زيز - زيز Cicada, cicala
زَيْزَفون Linden, lime
زيف - زافَ ـِ To be false
زَيَّفَ To counterfeit, falsify
زائف ومُزَيَّف False, counterfeit, spurious
زيل - زالَ ـَـِ To cease, end
لم يَزَل وما زالَ Still, yet. To keep going. To continue to do
زين - زانَ ـِ هـ To adorn, embellish
زَيَّنَ ه و هـ To adorn. To decorate. To shave. To dress the hair of
تَزَيَّنَ To dress up. To get a shave. To adorn oneself
زينَة Embellishment, ornament, decoration
مُزَيِّن Barber, hairdresser
زيي - تَزَيّا بـ To dress in, wear, put on
زِيّ جـ أزْياء Fashion, style. Form, shape. Clothing, dress. Costume

س

س - س — S (*12th letter of the Arabic alphabet*)

سأر - سائر — The remaining, the rest of. All, the whole of

سأل - سألَ ـَ هـ عن أو بـ — To ask, inquire *(about)*

سألَ ه هـ — To ask for, request. To beg, ask for alms

سائل — Questioner. Beggar. Liquid

تَساءَلَ عن — To ask oneself *(whether)*. To wonder. To inquire *(about)*

سؤال — Question. Demand, request

سُؤْل — Request, petition

تَساؤل — Question. Questioning

مَسْأَلَة جـ مَسائل — Matter. Case. Issue, problem. Question. Theorem

مَسْؤول — Responsible. Accountable for

مَسْؤوليَّة — Responsibility

تَسَوُّل — Begging, beggary

تَسَوَّلَ — To beg

مُتَسَوِّل — Beggar

سأم - سَئِمَ ـَ هـ ومن — To be tired of, bored with, fed up with

سَأْم — Boredom, ennui

سَئِم — Bored, weary

سب - سَبَّ ـُ — To insult, call names. To curse. To blaspheme

سَبَّبَ هـ — To cause, occasion

تَسَبَّبَ — To be the cause of

تَسَبَّبَ عن — To result from

سَبّ وسِباب ومَسَبَّة جـ مَسَبّات — Blaspheming. Insult. Abuse

سَبّابَة — Forefinger, index finger

سَبَب جـ أسْباب — Cause, reason, motive. Means

سَبَبِيَّة — Causality

سبانخ - سَبانِخ — Spinach

سبت - سَبْت جـ سُبوت — Saturday. Sabbath

سُبات — Lethargy. Sleep, slumber. Coma

سُباتُ الشِّتاء — Hibernation

سبح - سَبَحَ ـَ — To swim, bathe

سَبَّحَ ه ولـ — To praise, glorify

سِباحَة — Swimming, natation

سَبّاح — Swimmer

مَسْبَح — Swimming pool

سُبْحان الله — Glory to God! Praise the Lord!

سُبْحَة جـ سُبَح وسُبُحات — Moslem beads. Prayer, invocation

سُبْحَة وَمِسْبَحَة — Rosary, chaplet

تَسْبيح — Glorification, praise

تَسْبِحَة Hymn, anthem
سبر - سَبَرَ ـُـِ To probe, sound
سَبْر Probing, sounding
مِسْبَر جـ مَسابِر، مِسْبار جـ مَسابير Probe
سَبّورَة Blackboard. Slate
سبع - سَبَّعَ To make sevenfold, septuple
سابع Seventh
سُباعيّ Consisting of seven parts
سَبْع جـ سِباع Beast of prey
سَبْعَة مـ سَبْع Seven
سَبْعون Seventy
سَبْعونيّ Septuagenarian
سُبْع جـ أسْباع One seventh
سَبْعَةَ عَشَرَ وَسَبْعَ عَشْرَة Seventeen
أُسْبوع جـ أسابيع Week
أُسْبوعيَّة Weekly
أُسْبوعان A fortnight
سبق - سَبَقَ ـُـِ To precede, come before
سابَقَ To race with. To compete with
سَبَّقَ هـ To get ahead of. To set forward *(a clock)*
تَسابَقَ واسْتَبَقَ To contend together in a race
سابِق Antecedent, precedent. Previous, former
سابِقٌ لأوانه Premature
مُسْبَقًا In advance, prematurely

سابِقَة جـ سَوابِق Precedent. Previous conviction
سابِقًا Formerly, previously
سِباق Race. Contest. Competition
سِباقُ سَيّارات Rally
سَبّاق Forerunner. Winner *(in a contest)*
سَبَق Stake *(in a race)*
حَلْبَة السِّباق Racecourse
مُسابَقَة Competition. Contest
سَبْق Antecedence. Precedence
سَبْق صُحُفيّ Scoop
سبك - سَبَكَ ـُـِ To found, cast, mould *(a metal)*. To shape
سَبْك Founding, casting. Cast
سَبيكَة جـ سَبائك Ingot, bar
مَسْبَك جـ مَسابِك Foundry
سَبّاك Founder. Plumber
سبل - أسْبَلَ الزَّرْع To ear *(up)*, form ears
أسْبَلَ هـ To draw, drop *(a curtain)*. To close *(the eyes)*. To shed *(tears)*
سَبَلَة جـ سِبال Ear, spike
سَبيل جـ سُبُل Way, road. Means. Drinking fountain. Access
إبْن السَّبيل: أُطْلُب بنى
أخلى السَّبيل: أُطْلُب خلو
سبى - سَبى ـِ ه To capture, take prisoner
سَبْي Capture. Captivity

سَبيّ مـ سَبيَّة جـ سَبايا Captive, prisoner

ست - سِتَّة مـ سِتّ Six

سِتّ جـ سِتّات Lady

سِتّون Sixty

سِتَّةَ عَشَرَ وَسِتَّ عَشْرَةَ Sixteen

سِتّونيّ Sexagenarian

سِتَّة أضْعاف Six fold

ستر - سَتَرَ ـُ وسَتَّرَ ه وهـ To hide, conceal. To cover, veil. To shelter

تَسَتَّرَ وانسَتَرَ واسْتَتَرَ To cover oneself. To hide oneself. To disguise oneself

سِتار جـ سُتُر Curtain. Veil

سِتْر جـ سُتور وأسْتار Veil. Screen. Curtain. Shelter, protection

سُتْرَة وسِتارَة جـ سَتائِر Curtain, drape. Blind

سِتْرَة Jacket

مُسْتَتِر Understood, implied. Hidden

ساتِر Rampart, barricade. Barrier. Screen. Covering, concealing

سجد - سَجَدَ ـُ To prostrate oneself in worship, bow down. To worship

ساجِد Prostrate in worship

سَجْدَة Genuflection, prostration

سُجود Prostration, bowing. Worship

سَجّادَة Rug, carpet

مَسْجِد جـ مَساجِد Mosque. Temple

سجع - سَجَعَ ـَ وسَجَّعَ To rhyme. To coo *(pigeon)*

سَجْع جـ أسْجاع Rhymed prose. Cooing

سجل - سَجَّلَ هـ To register, record

ساجَلَ ه وتَساجَلَ To compete with

سِجِلّ جـ سِجِلاّت Register, record

سِجِلاّت Archives, records

مُسَجِّل Registrar. Recorder. Notary public

مُسَجَّل Registered. Recorded

مُسَجِّلَة Tape recorder

تَسجيل Recording. Registration

سجم - إنْسَجَمَ مع To harmonize with, agree with

إنْسِجام Harmony, agreement

مُنْسَجِم Harmonious

سجن - سَجَنَ ـُ ه وهـ To imprison, jail

سَجْن Detention, imprisonment

سِجْن جـ سُجون Prison, jail, gaol

سَجّان Jailer, warden

مَسْجون، سَجين جـ سُجَناء Captive, imprisoned. Prisoner, convict

سجو - سَجا ـُ اللّيل To be or become quiet, calm

سَجّى المَيْتَ To shroud, cover with a winding-sheet

سَجيَّة Natural disposition, temper

سحب - سَحَبَ ـَ هـ To pull, drag. To withdraw, take back

سَحْب	Drawing, pulling. Withdrawal
سَحْب (يانَصيب)	Drawing *(in a lottery)*
إنْسِحاب	Withdrawal, retreat
إنْسَحَبَ	To walk out, leave. To withdraw. To evacuate. To retire
سَحاب جـ سُحُب	Clouds
سَحابَة	Cloud
سَحابَة اليوم	All day long
سحر - سَحَرَ ـَ	To bewitch. To enchant, fascinate
سَحِرَ ـَ	To rise at daybreak
سِحْر	Magic, sorcery, witchcraft. Charm. Bewitchment, fascination
سَحَر جـ أسْحار	Dawn, early morning. Lung
سَحّارَة جـ سَحاحير	Box, chest, coffer
سَحّار وساحِر جـ سَحَرَة	Sorcerer, magician, wizard, charmer
سَحّارة وساحِرَة	Sorceress, witch
سِحْريّ	Magic (al)
سحق - سَحَقَ ـَ	To crush, bruise, pulverize. To wipe out, annihilate *(an army)*
سَحْق	Crushing, pulverization. Annihilation. Suppression
سَحِقَ ـَ	To be distant or remote
سَحيق	Remote, distant, far
وادٍ سَحيق	Deep, bottomless
إنْسِحاق القَلْب	Contrition, repentance
مَسْحوق جـ مَساحيق	Ground. Powder
ساحِق	Crushing. Overwhelming
سحل - سَحَلَ ـَ هـ	To file. To peel. To plane
ساحِل جـ سَواحِل	Littoral, coast, seashore
ساحِليّ	Littoral, coastal
مِسْحَل	Plane, file
سِحْلِيَّة جـ سَحالٍ	Lizard
سخر - سَخِرَ ـَ بـ	To ridicule, mock at, laugh at, make fun of
سَخَّرَ ه	To exploit. To utilize. To make subservient
ساخِر	Sarcastic, ironical
مُسَخَّر	Exploited. Utilized
سُخْرَة	Corvée, forced labor. Joke, laughingstock
سُخْرِيَة وَسُخْرِيَّة	Mockery, irony, sarcasm
مَسْخَرَة جـ مَساخِر	Masquerade. Ridiculous. Laughingstock
سخط - سَخِطَ ـَ ه أو على	To be angry with. To be displeased with
سُخْط	Anger, indignation
ساخِط	Angry, exasperated. Displeased with
سخف - سَخُفَ ـُ	To be or become

silly, stupid, weak-minded

سُخْف وسَخافَة Weak-mindedness. Silliness

سَخيف Weak-minded, stupid. Silly

سخن – سَخُنَ ـُ To be or become hot, warm. To have fever

سُخْن Hot. Warm. Feverish

سَخَّنَ ه وهـ To heat. To warm up

سُخونَة Heat. Warmth. Fever

سَخين Hot. Painful

بَكى بِدَمْعٍ سَخين To shed bitter tears

سخى – سَخا ـُ وسَخِيَ ـَ To be generous, liberal

سَخاء وسَخاوَة Generosity, liberality

سَخيّ جـ أسْخِياء Generous, liberal

سد – سَدَّ ـُ To close up, stop

سَدَّ قِنّينَةً To cork

سَدَّ ثَغْرَةً To fill *(a gap)*, close *(a breach)*

سَدَّ الطَّريق To block, barricade

سَدَّ بابًا To block up

سَدَّ حاجَةً To fulfill, meet. To provide with

سَدَّدَ سِلاحًا To aim at

سَدَّدَ الدَّيْن To pay, settle *(a debt)*

سَدّ جـ سُدود Obstacle. Barrier. Dam. Dike

سَداد الرّأي Soundness, rightness

سِداد وسِدادَة Plug, cork

تَسْديد الدَّيْن Payment, discharge

سُدَّة Door, gate. Threshold. Seat. Pulpit

سدس – سُدْس جـ أسْداس One sixth

سادِس مـ سادِسَة The sixth

سُداسيّ Sixfold, consisting of six parts

سُداسيّ أو مُسَدَّس الأضلاع Hexagon

مُسَدَّس Revolver

سدل – سَدَلَ ـُـِ وأسْدَلَ هـ To let hang down or fall down *(hair)*

أسْدَلَ (السِّتار) على To let down or lower

سدن – سَدّان (سَنْدان) Anvil

سذج – سَذاجَة Naiveté. Simplicity, plainness

ساذِج وساذَج Naive. Simple, plain

سر – سَرَّ ـُ ه To cheer up, delight. To please

سُرَّ To be pleased with

سارَّ في أُذْنِه To confide a secret to. To whisper in another's ear

أسَرَّ ه To delight, rejoice

أسَرَّ السِّرَّ To keep a secret

أسَرَّ إلى To confide a secret to, to tell secretly

سارّ Delightful, pleasant

سِرّ جـ أسرار Secret. Mystery. Sacrament

أمينُ السِّرِّ، كاتِبُ السِّرِّ، كاتِمُ السِّرِّ Secretary

سِرِّيّ Secret. Private, confidential. Mysterious. Sacramental
سُرَّة جـ سُرَر Navel, umbilicus
سِرِّيَّة Secrecy
سُرِّيَّة جـ سَراريّ Concubine, mistress
أسارير Features of the face
سُرور Delight, pleasure, joy
في السَّرّاءِ والضَرّاءِ For better or for worse
مَسرور Happy, delighted, pleased
سَرير جـ أسِرَّة وَسُرُر Bedstead. Bed
سَرّاء Prosperity, happiness
سرب - سَرَبَ ـُ وتَسَرَّبَ وانْسَرَبَ في To flow, leak *(water)*. To enter, infiltrate. To sneak or slip *(among, into)*. To spread *(news)*
سَرْب وسِرْب جـ أسْراب Flock, herd. Squadron. Group. Swarm *(of bees)*
سَراب Mirage
سرج - سَرَّجَ ثَوْبًا To tack, baste
أسْرَجَ ه To saddle *(a horse)*
سَرْج جـ سُروج Saddle
سِراج جـ سُرُج Lamp. Light
سِراج اللَّيْل Firefly, glowworm
سيرَج Sesame oil
سرح - سَرَحَ ـَ (الماشية) To go out to pasture
سَرَحَ ـَ وسَرَّحَ To dismiss, send away. To release, set free. To demobilize
سَرَّحَ الشَعْر To comb *(the hair)*
سَرَّحَ زوجَتَهُ To divorce, dismiss
تَسْريح Dismissal. Demobilization
تَسْريحَة Coiffure, hairdo
أطْلَقَ سَراحَهُ To release, set free
مَسْرَح جـ مَسارِح Theater. Stage
مَسْرَحيَّة Play, drama
مُؤَلِّف مَسْرَحيّ Dramatist
سرد - سَرَدَ ـُ To enumerate. To narrate
سَرَدَ قَميصًا To knit
سَرْد Enumeration. Citation. Narration
سرداب - سِرْداب جـ سَراديب Vault. Tunnel
سرط - سِراط Way, path, road
سَرَطان Crab. Cancer
سرع - سَرِعَ ـَ وأسْرَعَ To be quick. To hurry
سَرَّعَ To speed up, accelerate
سارَعَ إلى To hasten to
تَسَرَّعَ To be hasty
تَسَرُّع Hurry, haste. Rashness
سُرْعَة Speed. Haste, rapidity
إسْراع Hurry. Acceleration
سُرْعانَ ما How quickly! Soon, before long
سَريع Fast, quick, rapid, swift
مُسْرِع Hurried, in a hurry
مُتَسَرِّع Hasty, rash. Quick
تَسَرُّع Hastiness, rashness. Hurry
سرف - أسْرَفَ هـ To waste, spend

lavishly *(money)*
Waste, prodigality, extravagance إسْراف
Prodigal, extravagant مُسْرِف
To be extravagant, exceed all bounds أسْرَفَ في
To steal, rob **سرق** - سَرَقَ ـِ ه
To glance furtively at سارَقَ وَتَسَرَّقَ النَّظَرَ إلى
To eavesdrop تَسَرَّقَ واسْتَرَقَ السَّمْعَ إلى
Stealing, theft, robbery سَرِقَة
Thief, robber سارِق
Stolen, robbed مَسْروق
Eternal **سرم** - سَرْمَديّ
Cypress **سرو** - سَرْو
Trousers, pants **سروال** - سِروال
To travel by night **سري** - سَرى ـِ
To circulate, spread. To flow, run سَرى
Contagion of a disease سَرَيانُ داءٍ
Circulation of blood سَرَيان دَمٍ
To spread into, penetrate سَرى في
Shipmast, mast. Pole سارِيَة
Detachment سَرِيَّة جـ سَرايا
To take effect سرى مَفعوله
In force, effective, valid سارٍ
To spread out. To level, flatten. To stretch **سطح** - سَطَحَ ـَ وسَطَّحَ هـ
Surface. Plane. Roof, terrace, housetop. Deck سَطْح جـ سُطوح
Superficial. External سَطْحيّ
Even, level, flat مُسَطَّح
To write **سطر** - سَطَرَ ـُ هـ
To rule, draw lines سَطَّرَ خَطًّا
Cleaver, chopper ساطور جـ سَواطير
Line. Row سَطْر جـ سُطور وأسْطُر
Legend, fable, myth أُسطورَة جـ أساطير
Legendary, fabulous أُسْطوريّ
Ruler. Sample, pattern مِسْطَرَة ومَسْطَرَة جـ مَساطِر
To glare, shine **سطع** - سَطَعَ ـَ
Radiant, glaring ساطِع (نور)
Clear, evident ساطِعَة (حقيقة)
Radiance, luminosity سُطوع الشَّمْس
To startle, stupefy **سطل** - سَطَلَ ـُـِ
Bucket, pail سَطْل جـ سُطول
Fleet أُسطول جـ أساطيل
To assault, attack. To overpower. To break into *(a place)* **سطو** - سَطا ـُ على وبـ
To burglarize, housebreak سَطا على بَيْت
Influence, authority. Power. Domination سَطْوَة
Assault. Burglary سَطو
Thyme **سعتر** - سَعْتَر
To be fortunate, lucky **سعد** - سَعَدَ ـَ
To be happy سَعِدَ وسُعِدَ ـَ
To help, assist ساعَدَ ه على

ساعِد جـ سَواعِد Forearm
ساعِدَة جـ سواعِد Affluent, tributary
سَعْد جـ سُعود Good luck, good fortune
سَعادَة Happiness, felicity. Welfare
صاحِب السَّعادَة His Excellency, His Honor
سَعيد جـ سُعَداء، ومَسْعود Happy. Lucky, fortunate
سَعْدان جـ سَعادين Ape, monkey
مُساعِد Assistant
مُساعَدَة Assistance, help, aid
سعر - سَعَرَ ـَ وأسْعَرَ هـ To kindle, start *(a fire)*
إسْتَعَرَ To blaze, flame *(fire)*. To rage *(war)*
سَعَّرَ هـ To price, value
سِعْر جـ أسْعار Price, rate
بَيان الأسْعار Tariff
سَعير Blaze, flame. Fire
تَسْعير Pricing, price fixing
مَسْعور (كلب) Mad, rabid
سعف - سَعَفَ ـَ وأسْعَفَ ه To help, aid, succour
سَعَف جـ سُعوف Palm leaf
إسْعاف Aid, relief, assistance
إسْعاف أوَّليّ First aid
سَيّارَة الإسْعاف Ambulance
سعل - سَعَلَ ـُ To cough
سُعال Cough. Coughing

سعى - سَعى ـَ To act. To go about
سَعى إلى مكان To head to, go towards
سَعى لِعَمَل To look out for a job
سَعى بـ عِنْدَ To calumniate, slander
سَعى وراء To chase, go after
سِعايَة Calumny, slander
سَعي Effort, endeavor
ساعٍ جـ سُعاة Messenger
ساعِي البَريد Postman, mailman
مَسْعى جـ مَساعٍ Effort, endeavor
سفح - سَفَحَ ـَ هـ To shed, spill
سَفْح جـ سُفوح Foot, versant *(of a mountain)*
سَفّاح Sanguinary. Killer, butcher
سفر - سَفَرَ ـُ وأسْفَرَ To remove the veil, uncover one's face
سَفَّرَ ه To send on a journey
سافَرَ To travel, make a trip
سَفَر جـ أسْفار Travel. Voyage. Trip. Departure
شَرِكَة سَفْرِيّات Forwarding company
سِفْر جـ أسْفار Book
سُفْرَة جـ سُفَر Dining table
سَفير جـ سُفَراء Ambassador. Mediator
سِفارَة وسَفارَة Embassy. Mediation
مُسافِر Traveler. Passenger
سفرجل - سَفَرْجَل Quince
سفك - سَفَكَ ـِ الدَّمَ To shed, spill

(blood)

Shedder of blood سَفّاك

Bloodshed سَفْك الدِّماء

سفل - سَفَلَ ـُ To be or become low, despicable. To be low

سافِل جـ سَفَلَة Low, mean, despicable

سَفالَة Meanness, lowness, baseness

الأَسْفَل مـ سُفْلى Bottom, lowest part

سافِلَةُ الإنسان Buttocks, posterior

سفن - سَفين Wedge

سَفينَة جـ سُفُن Ship, boat, vessel

سَفينَةٌ حَرْبِيَّةٌ Warship, battleship

سَفينَةٌ بُخارِيَّةٌ Steamer

سَفينَةُ شَحْنٍ Cargo boat

سَفينَةٌ فضائِيَّة Spaceship, spacecraft

سفه - سَفُهَ ـُ وسَفِهَ ـَ To be impudent, insolent. To be foolish

سَفَه وسَفاهَة Stupidity, foolishness. Impudence, insolence

سَفيه Foolish. Impudent, insolent

سقط - سَقَطَ ـُ To fall *(down)*. To slip, err. To fail, flunk *(an examination)*

أَسْقَطَ ه وهـ To drop, let fall

سَقْطَة Fall, tumble. Slip. Error

سُقوط Fall, falling down. Collapse, ruin. Decline, downfall. Slip. Crash *(of an airplane)*. Loss *(of hair)*

ساقِط مـ ساقِطَة Fallen. Base, mean

مَسْقَط وَمَسْقِط جـ مَساقِط Place where a thing falls

مَسْقَطُ الرّأس Birthplace

إسقاط Miscarriage. Dropping. Deduction

تساقُط الشَّعْر Loss *(of hair)*

تَساقُط الثَّلْج Snowfall

تَساقَطَ To fall in succession

سقف - سَقَفَ ـُ وسَقَّفَ هـ. To roof. To ceil

سَقْف جـ سُقوف Roof. Ceiling

سَقيفَة Shed, shelter. Roofed passage

سقم - سَقِمَ ـَ وسَقُمَ ـُ To be or become sick, ill. To become emaciated

سُقْم وسَقَم جـ أسْقام Illness, sickness

سَقيم Ill, sick

سقى - سَقى ـِ وأسقى ه To give to drink. To water *(animals or plants)*. To irrigate. To temper steel

سَقْي Watering. Irrigation

ساقٍ جـ سُقاة Cupbearer, butler. Bartender

ساقِيَة جـ سَواقٍ Rivulet, streamlet. Waterwheel

سك - سَكَّ ـُ (النُّقود) To coin or strike *(money)*

سِكَّة جـ سِكَك المِحْراث Colter, plowshare

سِكَّة الحَديد، سِكَّة حَديدِيَّة Railroad,

railway
Road, way سِكَّة
To pour out (water). To cast (metals) **سكب** - سَكَبَ ـُ هـ
To pour forth, be poured out إنْسَكَبَ
Pouring out (of water) سَكْبُ ماء
Casting (of metals) سَكْبُ مَعْدِن
Pourer ساكِب
Poured out مُنْسَكِب
Bed مَسْكَبَة جـ مَساكِب
To be silent. To be or become quiet, calm **سكت** - سَكَتَ ـُ
To silence, hush أسْكَتَ وسَكَّتَ ه
Taciturn سَكوت
Apoplexy, stroke داء السَّكْتَة
Heart failure سَكْتَةٌ قَلْبِيَّة
Silence سُكوت
Silent. Still, quiet. Taciturn ساكِت
To be drunk. To get drunk, become intoxicated **سكر** - سَكِرَ ـَ
To close, shut. To lock سَكَّرَ
To intoxicate, make drunk أسْكَرَ ه
Intoxication, drunkenness سُكْر
Sluice سِكْر جـ سُكور
Agony of death سَكْرَة المَوْت
Sugar سُكَّر
Piece of sugar سُكَّرَة
Sugar bowl سُكَّرِيَّة
Candies, sweetmeats, confectionery. Sweets سَكاكِر
Drunk, intoxicated سَكْران مـ سَكْرى جـ سَكارى
Drunkard سِكِّير
سكف - إسْكاف وسَكّاف
Shoemaker, cobbler
Monk's hood **سكم** - إسكيم
To be or become still, calm. To calm down **سكن** - سَكَنَ ـُ
To reside, live in, dwell سَكَنَ هـ وفي
To trust, have confidence in سَكَنَ إلى
To calm, quiet. To ease, soothe (the pain). To appease (the anger) سَكَّنَ ه وهـ
To lodge سَكَّنَهُ وأسْكَنَهُ بَيْتًا
Stay, sojourn. Dwelling سُكْنى
Calm. Silence سُكون
Tranquillity, peace, calm سَكينَة جـ سكائِن
Knife سِكِّين جـ سَكاكين
Calm, still. Inhabitant, resident ساكِن جـ ساكِنون
Dwelling, habitation. Domicile, house, home مَسْكِن ومَسْكَن جـ مَساكِن
Indigence, poverty مَسْكَنَة
Poor, indigent. Miserable مِسْكين جـ مَساكين
Inhabited مَسْكون

بَيْتٌ مَسْكون — Haunted
المَسْكونة — The world
سَكَنيّ — Residential
إسْكان — Housing, lodging
مُسَكِّن — Sedative, tranquillizer
سل - سَلَّ ـُ واسْتَلَّ هـ — To draw, unsheathe *(a sword)*
انْسَلَّ وتَسَلَّلَ — To slip away, sneak away, escape. To sneak into
سُلّ وسِلّ — Tuberculosis, consumption
سَلَّة جـ سِلال — Basket
تَسَلُّل — Infiltration. Sneaking. Offside
سُلالَة — Offspring. Descendants. Family, race
سُلالَة مَلَكيَّة — Dynasty
سَليل — Descendant, son
مِسَلَّة جـ مِسَلاَّت — Obelisk. Large needle
مَسْلول — Consumptive
سلب - سَلَبَ ـُ هـ — To take away, steal, rob. To deprive of
سَلْب — Robbery, theft. Negation
سَلَب جـ أسلاب — Loot, booty, plunder
سَلَب (الذَّبيحَة) — Offal
سالِب — Bereaved of a child. Negative
سَلاّب — Robber, spoiler
سَلْبيّ — Negative
أُسلوب جـ أساليب — Style. Method, way. Manner, mode, fashion
سَلْبِيَّة — Negativism
إسْتِلاب — Spoliation, pillage
سلح - سَلَّحَ ه وهـ — To arm, weapon
مُسَلَّح — Armed
تَسَلَّحَ — To take up arms
سِلاح جـ أسْلِحَة — Arm, weapon
سِلاحٌ جَوّيّ — Air force
سِلاحُ هُجوم — Offensive weapon
سِلاحُ دِفاع — Defensive weapon
بالسِّلاح الأبيض — With cold steel, with swords
نَزْع السِّلاح — Disarmament
تَسْليح — Arming. Armament
سلحف - سُلَحْفاة جـ سَلاحِف — Turtle, tortoise
سلخ - سَلَخَ ـَـُ — To skin *(a sheep)*. To cast off its slough *(snake)*. To pull off, strip off
سَلْخُ حَيَوان — Skinning, flaying. Slough
مَسْلَخ جـ مَسالِخ — Abattoir, slaughterhouse
سلس - سَلُسَ ـُ — To be smooth. To be docile
سَلَس وَسَلاسَة — Smoothness. Docility
سَلِس — Smooth, mild. Easy
سَلِسُ القِياد — Docile, obedient
سلسل - سَلْسَلَ هـ بـ — To chain. To form a chain. To connect with
سَلْسَلَ ه إلى — To trace someone's lineage back to

سِلْسِلَة جـ سَلاسِل — Chain. Series
سِلْسِلَةُ جبال — Range or chain of mountains
سِلْسِلَة فِقَرِيَّة — Vertebral column, back-bone
تَسَلْسُل — Succession, sequence
رِوايَة مُتَسَلْسِلَة — Serial story
سلط - سَلَّطَ ه على — To empower. To set up as absolute master over
تَسَلَّطَ على — To control, rule. To overcome, prevail over
سُلْطَة وَتَسَلُّط وسُلْطان — Authority, power
سَلَطَة — Salad
سُلْطان جـ سَلاطين — Sultan
مُتَسَلِّط — Ruling, dominating
سلطع - سَلْطَعون جـ سَلاطعين — Crab
سلع - سِلْعَة جـ سِلَع — Commodity
سلف - سَلَفَ ـُ ه — To be past, be bygone. To precede
سَلَّفَ ه هـ — To advance, lend *(money)*. To pay money in advance
أَسْلَفَ ه هـ — To advance money to
تَسَلَّفَ واسْتَلَفَ هـ من — To borrow from. To take in advance
سَلَف جـ أَسْلاف — Predecessor. Ancestor
سِلْف — Brother-in-law
سِلْفَة — Sister-in-law
سُلْفَة على الأُجور — Advance, loan
سَلَفًا — In advance
تَسْليف — Credit
سالِف — Preceding. Previous, former
سلق - سَلَقَ ـُ هـ — To boil, cook in boiling water
سَلْق — Boiling
سِلْق — Chard, white beet
تَسَلَّقَ هـ — To climb. To scale *(a ladder)*
سَلوقِيّ — Greyhound
بَيْض مَسْلوق — Boiled eggs
نَبات مُتَسَلِّق — Climbing plant, creeper
سلك - سَلَكَ ـُ هـ — To follow
سِلْك جـ سُلوك وأَسْلاك — Career. Body, corps
سِلْك — Wire, cable. String, thread. Line
أَسْلاك شائكَة — Barbed wire
لاسِلْكِيّ — Wireless, radio
سُلوك — Behavior, conduct, manners
سالِك — Practicable *(road)*. Clear, open, unobstructed
مَسْلَك جـ مَسالِك — Way, path
مَسْلَكِيّ — Professional
سلم - سَلِمَ ـَ — To be safe. To be sound. To be free from *(fault)*
سَلِمَ مِن الخَطَر — To escape danger
سَلَّم هـ إلى — To hand over. To deliver
سَلَّمَ بـ — To accept, consent *(to)*. To admit

سَلَّمَ على To greet, salute
أَسْلَمَ ه To betray
أَسْلَمَ To embrace or profess Islam
إِسْتَسْلَمَ To surrender. To submit, yield *(to)*. To capitulate
تَسَلَّمَ هـ To receive
سِلْم Peace
سُلَّم جـ سَلالِم Ladder. Stairs
سَلام Peace. Greeting
سَليم Sound, safe
إِسْلام The religion of Islam. Submission
تَسليم Handing over, delivery. Surrender. Admission. Acceptance
مُسْلِم جـ مُسْلِمون Moslem
مُسالِم Peaceful, pacific
مُسالَمَة Making peace with. Peacefulness
إِسْتِسلام Surrender, capitulation
سالِم Sound, safe
سالِم (جَمْع) Sound plural
سلميّ Peaceful. Pacifist
سَلامَة Safety. Soundness
سَلامَة النيَّة Sincerity
سلو - سَلا هـ وعن To console oneself on or for. To forget
سَلّى وأَسْلى To amuse. To distract. To console, comfort
تَسَلّى To amuse oneself, have a good time
سَلْوى وسُلْوان Consolation. Forgetfulness
تَسْلِيَة وَمُسَلِّيات Amusement, distraction. Pastime
مُسَلٍّ Amusing, entertaining
سم - سَمَّ ـُ هـ وَسَمَّمَ هـ To poison. To envenom
تَسَمَّمَ To be poisoned
تَسَمُّم Poisoning, toxication
سُمّ جـ سُموم Poison, toxin. Venom. Eye *(of a needle)*
سامّ Poisonous. Toxic. Venomous
سُمّ جـ مَسامّ Pores *(of the skin)*
سمح - سَمُحَ ـُ To be tolerant
سَمَحَ ـَ بـ To permit, allow. To grant generously
سَمَحَ لِـ To authorize, empower
سامَحَ ه في أو بـ To forgive. To treat kindly
سَماح Indulgence. Permission
تَسامُح Tolerance, indulgence
سَماحَة Generosity. Magnanimity
سَميح Generous. Magnanimous
مُسامَحة Forgiveness, pardon
سمد - سَمَّدَ هـ To dung, manure
سَماد Dung, manure, fertilizer
سَماد كيماويّ Chemical fertilizer
سمر - سَمَرَ ـُ To chat in the evening or at night
سَمَّرَ هـ To nail. To tan
سَمِرَ ـَ وَسَمُرَ ـُ واسْمَرَّ To be or

become brown. To tan

سُمْرَة Brownness, brown color

مُسْمَرّ Brownish, tannish

سامَرَ ه وَتَسامَروا To spend the evening in pleasant chat

تَسَمَّرَ في مكان To stand as if pinned to the ground

سَمير ومُسامِر Conversation partner. Entertainer

مِسمار جـ مَسامير Nail. Peg. Pin

مُسامَرَة Nightly or evening chat. Conversation

أَسْمَر Brown

سمسر - سَمْسَرَ To act as broker

سِمْسار جـ سَماسِرَة Broker, middleman

سَمْسَرَة Brokerage

سمسم - سِمْسِم Sesame

سمع - سَمِعَ ـَ To hear

سَمِعَ واسْتَمَعَ إلى To listen to

سَمِعَ مِن فُلان وله To obey. To listen to. To respond to, answer

سَمِعَ (الكَلام) To understand, comprehend

سَمَّعَ هـ To recite

سَمْع جـ أَسْماع Hearing, audition

سَمْع، مِسْمَع جـ مَسامِع Ear

سَمّاعَة هاتِف Telephone receiver

سَمّاعَة طبيب Stethoscope

سَمْعًا وطاعَةً I hear and obey! At your service!

السّامِعون والمُسْتَمِعون Audience, listeners

سَماعيّ Usual. Traditional, unwritten

سُمْعَة Reputation. Renown, fame

سَمْعيّ Auditive. Acoustic (al). Traditional

على مَسْمَعٍ من In the hearing of

مَسْموع Audible, perceptible

سمك - سَمَّكَ هـ To thicken

سُمْك وسَماكَة Thickness

سَمَك جـ أَسْماك، وسَمَكَة Fish

سَميك Thick

سمكر - سَمْكَريّ Tinman. Tinker, plumber

سمن - سَمِنَ ـَ To put on weight. To become fat

سَمَّنَ دجاجةً To fatten, make plump or fat

سَمْن Butter, cooking butter

سَمين جـ سِمان Fat. Obese, corpulent

سِمَن وسِمْنَة Fatness, obesity

سَمّان Butter merchant

سُمانى وسُماناة Quail

سُمْنَة Thrush, fieldfare

سمو - سَما ـُ To rise. To be high, elevated

سَما بـ To raise, lift up

سُمُوّ Elevation, height. Highness

سُمُوّ الأمير His Highness, the Prince
سَماء جـ سَماوات Sky. Heaven
سَماويّ Heavenly, celestial. Divine. Spiritual
سام High, lofty. Sublime, grand
سمى - سَمّى وأسمى ه أو بـ To name, call
إسْم جـ أسْماء Name, appellation. Reputation. Noun
إسْميّ Nominal
سَميّ Homonym
إسْمُ العائِلَة Family name, surname
إسْم مُسْتَعار Pseudonym. Pen-name
إسْم تِجاريّ Trade name
إسم جِنْس Generic noun
إسْم إشارة Demonstrative pronoun
إسْمُ عَلَم Proper noun, proper name
إسْم تَصغير Diminutive
إسْم مَعْنى Abstract noun
باسْمِ In the name of
سن - سَنَّ ـُ وسَنَّنَ To whet, sharpen
سَنَّ قانونًا To introduce, establish *(a law)*
أسَنَّ To age, grow old
مُسِنّ Aged, old
سِنّ جـ أسْنان Age. Tooth. Point, tip. Notch. Clove *(of garlic)*. Tusk. Fang *(of a snake)*
سُنَّة جـ سُنَن Law. Rule. Tradition, custom

سِنان جـ أسِنَّة Arrowhead
مِسَنّ جـ مَسانّ Grindstone, whetstone
سنبل - سُنْبُلَة جـ سُنْبُل وسَنابِل Spide, ear
سنجب - سُنْجاب جـ سَناجيب Squirrel
سند - سَنَدَ ـُ واسْتَنَدَ إلى To lean upon. To rely upon
أسْنَدَ إلى To lean on. To attribute to. To entrust to
سَنَد جـ أسْناد Support, prop
سَنَد جـ سَنَدات Document, deed. Security. Bond
سَنْدان Anvil
سِنْدِيان Oak
مَسْنَد جـ مَسانِد Support. Cushion. Rest
مُسْتَنَد Document
إسْناد Leaning. Dependence
سنر - سِنَّوْر جـ سَنانير Cat
سنو وسنى - سَنَة جـ سِنون وسَنَوات Year
سَنَةٌ دِراسيَّة School year. Academic year
سَنَةٌ كَبيس Leap year, bissextile
رأسُ السَّنَة New year
سَنَويّ Yearly, annual
سُنونو Swallow
سنى - سَنِيَ ـَ To be brilliant. To be

sublime

سَناء وسَنًى Brilliance, splendor

سَنيّ Sublime, high, splendid

سهد - سَهِدَ ـَ To suffer insomnia, find no sleep

سُهْد وسُهاد وسَهْدَة Insomnia, sleeplessness

سهر - سَهِرَ ـَ To stay awake at night

سَهَر Staying awake at night. Vigilance, watchfulness

سَهْران وساهِر Awake. Watchful

سَهْرَة Soirée. Evening. Evening party or gathering

سهل - سَهُلَ ـُ To be or become easy. To be or become smooth, level

سَهَّلَ To facilitate

تَساهَلَ To be lenient, tolerant with

تَسَهَّلَ To become easy

إسْتَسْهَلَ هـ وه To deem easy

سَهْل جـ سُهول Plain

سَهْل Level, smooth. Easy, facile

سُهولَة Easiness, facility

إسْهال Diarrhea

مُسْهِل Purgative, laxative

أَهْلاً وسَهْلاً Welcome!

تَساهُل Indulgence, leniency

مُتَساهِل Tolerant, lenient

سهم - ساهَمَ To contribute to, take part in

سَهْم جـ سِهام وأسْهُم Arrow. Dart. Share, lot, portion

مُساهَمَة Participation, contribution

شَرِكَة مُساهَمَة Joint-stock company

مُساهِم Shareholder

سهو - سَها ـُ To forget, omit. To be inattentive, absent-minded

سَهْوَة وسَهْو Inattention, absent-mindedness. Forgetfulness

سَهْوان وساهٍ Inattentive. Neglectful. Distracted

سوء - ساءَ ـُ To be or become bad, evil

ساءَهُ الخَبَر To sadden. To displease, pain

ساءَتِ الحالَة To deteriorate, become worse

أساءَ هـ To spoil, damage

أساءَ إلى To wrong. To offend

إسْتاءَ To be displeased or offended with

سوء Evil, ill. Injury, harm

سوء حَظّ Bad luck, misfortune

لِسوءِ الحَظّ Unfortunately

سَيِّئ مـ سَيِّئَة Bad, evil. Wicked

سَيِّئَة جـ سَيِّئات Evil. Sin, offense

سَوْءَة جـ سَوْءات Shame, disgrace

إساءَة Offense. Misdeed. Harm

سَيِّئ الحَظّ Unlucky, unfortunate

Displeasure إشْتياء
Offended, vexed, displeased مُستاء
To travel, voyage **سوح** - ساحَ ـُ
Courtyard. Open space. Square ساحَة جـ ساحات
To acquit برّأ ساحَة ه
Tourist. Traveler سائح جـ سُيّاح وسُوّاح
Tourism سياحة
To become the head or chief of. To command. To prevail **ساد** - سادَ ـُ
To blacken, become black سَوِدَ ـَ واسْوَدَّ
To blacken, make black سَوَّدَ هـ
Sovereignty, supreme power سُؤْدُد وسيادة
Blackness. Majority سَواد
Chief, master, lord. Gentlemen. Sir. Mr سَيِّد مـ سَيِّدَة جـ سادَة وأسياد
Lady, mistress. Madam(e). Mrs سَيِّدَة
The Virgin Mary السَيِّدَة
His Excellency. His Eminence. His Lordship سيادَة (لَقَب احترام)
Melancholy, gloom سُوَيْداء وسَوْداء
Draft, rough copy مُسَوَّدَة
Black أسْوَد
To wall in, enclose **سور** - سَوَّرَ ه
To rush upon. To preoccupy. To trouble ساوَرَ ه
To scale, climb تَسَوَّرَ
Wall. Fence سُور جـ أسْوار
Violence, intensity سَوْرَة
Sura, chapter of the Holy Koran سُوْرَة جـ سُوَر
Bracelet سِوار جـ أساوِر
Fenced. Walled مُسَوَّر
To rule **سوس** - ساسَ ـُ ه
To be or become worm-eaten. To decay *(tooth)* سَوَّسَ وتَسَوَّسَ
Moth, mite. Woodworm سوسَة
Policy. Politics. Administration سياسَة
Political. Diplomatic. Politician. Diplomat سياسيّ
Groom, stableman سائس جـ سُوّاس
Iris. Lily **سوسن** - سُوْسَن وسَوْسَن
To whip, lash **سوط** - ساطَ ـُ ه
Whip, lash سَوْط جـ سِياط
Hour. Time, while. Watch. Clock **سوع** - ساعَة جـ ساعات
Sundial ساعَة شَمْسيَّة
Watchmaker ساعاتيّ
Wristwatch ساعَةُ يَد
Now, at present. Immediately, at once السّاعَة
To be easy to swallow. To be savory. To be permissible **سوغ** - ساغَ ـُ
Justification, good reason مُسَوِّغ
Easy to swallow. Tasty. سائغ

Permissible

سوف - سَوَّفَ ه وهـ To postpone, delay

سَوْفَ Will, shall

تَسْويف Postponement, delay

مَسافَة Distance

سوق - ساقَ ـُ ه To drive. To urge on

تَسَوَّقَ To shop, purchase

ساق جـ سيقان Leg. Trunk. Stem, stalk

سائق وسَوّاق Driver

سُوق جـ أسْواق Market

سوقَة Rabble, populace

سوقيّ Common, vulgar

سِياق Course, succession. Context

تَسويق Marketing, sale

سول - سوَّلَ له To seduce, tempt

سَوَّلَتْ له نَفْسُهُ He let himself be seduced

تَسَوَّلَ To beg

مُتَسَوِّل Beggar

تَسَوُّل Begging, beggary

سوم - سامَ ـُ To ordain, consecrate *(a priest, a bishop)*

ساوَمَ بـ To bargain, haggle

مُساوَمَة Bargaining, haggling

مُساوِم Bargainer, haggler

سيماء Look, mien, aspect. Mark

سوى - سَوِيَ ـَ To be worth. To be or become sound, normal

سوّى هـ To level. To smooth

سوّى وساوى هـ بـ أو بين To make equal, equalize

ساوى هـ To be equivalent to, be worth

إسْتَوى To ripen, mature. To be well cooked, well done. To straighten up. To become even, level

إسْتَوى على To sit firmly on

سِوى Except, save, but

سَويّ جـ أسْوياء Straight. Even, level. Right, correct. Sound. Normal

سَوِيَّةً وسَواءً Equally. Together, jointly

مُسْتَوى Level

سِيّان Similar, alike, the same

لا سِيَّما Especially, particularly

خَطُّ الإسْتِواء Equator

تَسْوِيَة Compromise. Arrangement. Settlement. Leveling

مُساواة Equality

تَساوٍ Equality. Sameness

مُساوٍ ومُتَساوٍ Equal, similar

سيب - سابَ وانسابَ To run, flow *(water)*. To glide along

ماءٌ سائب Running *(water)*

مالٌ سائب Left, abandoned *(goods)*

سيج - سَيَّجَ هـ To fence in, hedge

in

سياج جـ سياجات — Fence, hedge

مُسَيَّج — Fenced, hedged

سيح - ساحَ ـِ — To flow, run. To melt

سَيَّحَ — To make flow. To liquefy, melt

سيخ - سيخ جـ أسْياخ — Skewer, spit

سير - سارَ ـِ — To walk. To move on. To circulate, be current

سارَ على — To follow. To adopt, take up

سَيَّرَ ه — To drive, direct

سايَرَ ه — To keep pace with. To humor, comply with. To adapt oneself to. To get on with

سَيْر — Walking. Proceeding. Course, progress. Traffic

سَيْر جـ سُيور — Thong, belt, strap

سيرَة جـ سِيَر — Conduct, behavior. Biography

سَيّار — Traveling frequently. Mobile

سَيّار وسَيّارة — Planet

سيّارَة جـ سَيّارات — Automobile, car

سَيْرًا على القَدَمَيْن — On foot, walking

مَسيرَة — Distance. Journey

سائِر — Going, moving. Advancing. Walking. Current *(proverb)*

مُسَيَّر — Guided. Having no free will. Directed, controlled

سيطر - سَيْطَرَ وتَسَيْطَرَ على — To dominate, control, rule over

سَيْطَرَة — Domination. Dominion, control

سيف - سَيْف جـ سُيوف وأسياف — Sword. Saber

سَيْفُ التَّدْريب — Foil

سَيّاف — Swordsman. Executioner

مُسايَفَة — Fencing

مُسايِف — Fencer

سيف البَحْر — Shore, coast, seashore

سيكر - سيكارة — Cigarette

سيكار — Cigar

سيل - سالَ ـِ — To flow, run

سَيْل جـ سُيول — Flood. Torrent

سائل جـ سوائل — Fluid, liquid

مَسيل جـ مَسايِل — Rivulet, river bed

سُيولَة — Liquidity. Fluidity

ش

Ch *(13th letter of the Arabic alphabet)* **ش** - ش

To bring bad luck upon **شأم** - شأمَ ـَ ه وعلى

To be inauspicious for شَؤُمَ ـُ

To be pessimistic. To regard as an evil omen تَشاءَمَ واشْتَأَمَ بـ

Bad luck, misfortune. Evil omen شُؤْم وتشاؤم

Beauty spot, mole شامة

Nature, natural disposition. Habit. Characteristic شيمَة

Pessimism تَشاؤم

Pessimist مُتَشائم

Ill-omened, unlucky مَشؤوم

Matter, concern, affair. Condition, state. Importance. Standing, rank **شأن** - شأن جـ شُؤون

Like, as it is in كما هو الشأن في

Important رَجُلٌ ذو شأن

About, regarding بشأن

Tea **شاي** - شاي

To grow up, become a young man **شب**- شَبَّ ـِ

To break out *(fire)* شَبَّ ـُ هـ

To rear, prance *(horse)* شَبَّ ـُ ـِ

Alum شَبَّة وشَبّ

Youth, youthfulness شَباب وشَبيبَة

Flute شَبّابَة

شابّ جـ شُبّان وشَباب مـ شابَّة

Youth, young man

Young woman, girl شابَّة

February **شباط** - شُباط (شَهْر)

To be tenacious, obstinate **شبث** - تَشَبَّثَ بـ

Tenacious. Obstinate مُتَشَبِّث

To stretch out the arms **شبح** - شَبَحَ ـَ

Ghost, specter, spirit. Indistinct shape. Apparition شَبَح جـ أشْباح

To span **شبر** - شَبَرَ ـُ

To gesticulate شَبَّرَ

Span of the hand شِبْر جـ أشْبار

To eat one's fill. To be or become sated **شبع** - شَبِعَ ـَ هـ ومن

To be fed up with. To have enough of شَبِعَ مِن

Satiety, fullness شِبَع

To satiate. To satisfy أشْبَعَ ه وشَبَّعَ

To treat elaborately. To write or speak at great length about أشْبَعَ البَحْثَ أو الموضوع

Full, sated شَبْعان مـ شَبْعى

To eat one's fill أكَلَ شُبْعَتَهُ

شبك – شَبَكَ ـِ وشَبَّكَ وشابَكَ To interlace, entwine. To attach, clasp. To complicate

تَشابَكَ واشْتَبَكَ To be or become interlaced. To be or become complicated. To engage in hand-to-hand fighting, come to grips

شَبْك خيطان Interlacing of threads

شَبَكَة جـ شَبَك وشِباك Net. Reseau

شُبّاك جـ شَبابيك Window

مُشَبَّك ومُتَشابِك Interlaced. Complicated, entangled

إشْتِباك Clash, fighting

مِشْبَك Clasp, fastener, pin

شبل – شِبْل جـ أشْبال Lion cub

شبن – شَبين وإشْبين Best man, groomsman

شَبينَة وإشْبينَة Bridesmaid

شبه – شَبَّهَ ه هـ أو بـ To compare to. To assimilate to

شابَهَ وأشْبَهَ ه أو هـ To resemble, look like

تَشابَهَ To be alike, resemble each other

إشْتَبَهَ في ه To suspect

شِبْه وشَبَه جـ أشْباه، وتَشابُه Resemblance

شُبْهَة وإشْتِباه Suspicion, doubt

تَشْبيه Comparison

مَشْبوه ومُشْتَبَهٌ فيه Suspicious, suspect

مُشابِه Similar

تَشَبُّه بـ Imitation of

شَبيه Like, similar to, resembling

شِبْه جَزيرة Peninsula

شتت – شَتَّ ـِ وتَشَتَّتَ To be scattered, dispersed

شَتات Scattered, dispersed

تَشْتيت Scattering, dispersion

شَتَّانَ بينَهُما What a difference between them

شَتّى Various, different

شتل – شَتْلَة جـ شَتْل Seedling, transplant

شَتَلَ ـُ To transplant. To plant

مَشْتَل جـ مَشاتِل Nursery. Arboretum

شتم – شَتَمَ ـُـِ ه To insult, call names

شَتيمَة جـ شَتائم Insult

شتا – شَتا ـُ بـ To winter at, pass the winter at

شِتاء جـ أشْتِيَة Winter. Rain

شَتَويّ مـ شَتَوِيَّة Wintery, hibernal

رياضَةٌ شَتَوِيَّة Winter game

مَشْتّى Winter residence. Winter resort

شج – شَجَّ ـُـِ هـ To fracture. To cleave

شَجَّة Skull fracture. Head wound

شجب – شَجَبَ ـُ ه To condemn.

To afflict

Condemnation, disapproval شَجْب

Affliction, sorrow شَجَب

To afforest, plant with trees **شجر** - شَجَّرَ

Woody, abounding in trees شَجِر ومُشَجَّر (مكان)

Tree شَجَرَة وشَجَر جـ أشْجار

Fruit-tree شَجَرَةٌ مُثْمِرَة

Genealogical tree شَجَرَةُ العائلَة أو النَّسَب

To fight, quarrel with تَشاجَرَ مع

Quarrel, fight. Dispute مُشاجَرَة وشِجار

To be or become courageous, brave **شجع** - شَجُعَ ـُ

To encourage شَجَّعَ ه

Courage, bravery شَجاعَة

Courageous, brave شُجاع جـ شُجْعان

Encouragement تَشْجيع

To sadden, grieve **شجن** - شَجَنَ ـُ

To be sad, grieved شَجِنَ ـَ

Sadness, grief, sorrow شَجَن

To grieve, sadden, trouble **شجو** - شجا ـُ هـ وأشْجى

Sorrow, grief. Anxiety شَجْو

Sad, grieved. Anxious شَجِيّ

To be stingy. To run short, decrease *(source)* **شح** - شَحَّ ـُـِ بـ وعلى

Stinginess, avarice. Scarcity شِحّ

Stingy. Scarce شَحيح

To be pale, turn pale. To fade, wane **شحب** - شَحَبَ ـُ

Paleness, pallor, wanness شُحوب

Pale, wan. Dull, faded شاحِب

To whet, sharpen. To beg **شحذ** - شَحَذَ ـَ

Whetting, sharpening شَحْذ

Beggar, mendicant شَحّاذ

Beggary, begging شِحاذَة

Whetstone مِشْحَذ

Blackbird **شحر** - شُحْرور جـ شَحارير

To soot, blacken with soot شَحَّرَ هـ

Charcoal kiln مِشْحَرَة جـ مَشاحِر

Dash. Hyphen **شحط** - شَحْطَة

Chip. Slice **شحف** - شِحْفَة جـ شِحَف

To be or become fat, obese **شحم** - شَحُمَ ـُ

To grease, lubricate شَحَّمَ ه

Fat, grease شَحْم جـ شُحوم

Pulp of fruit شَحْمُ ثَمَرَة

Pulpy, pappy شَحِم

Eyeball شَحْمَة العَيْن

Earlobe شَحْمَة الأُذُن

Greasing, lubrication تَشحيم

To ship, freight *(goods)*. To load **شحن** - شَحَنَ ـَ (بضاعَةً)

To quarrel تَشاحَنَ

مُشاحَنَة Quarrel
شَحْن Shipping, freighting
سَيّارَة شَحْن Truck, lorry
شِحْنَة جـ شِحَن Cargo, load, freight
وثيقَةُ شَحْن Bill of lading
شختور - شَخْتور وشَخْتورَة جـ شَخاتير Boat, barge
شخر - شَخَرَ ـِ To snore. To snort
شَخير Snoring. Snorting
شخص - شَخَصَ ـَ إلى To leave, depart to
شَخَصَ بَصَرَهُ وبِبَصَرِهِ إلى To stare at, fix one's eyes on
شَخَصَ To rise. To appear *(star)*
شَخَّصَ هـ To personify. To act *(a play)*. To designate
شَخَّصَ مَرَضًا To diagnose
تَشْخيص Personification. Diagnosis
شَخْص جـ أشْخاص Individual, person
شَخْص ما Someone, somebody
شاخِص Fixed, staring
شَخْصيّ Personal. Private
شَخْصيّة Personality. Personage. Identity
شد - شَدَّ ـُـِ هـ To tighten, draw. To pull, drag. To tie
شَدَّ الرِّحالَ إلى To pack up, set off
شَدَّدَ ه وهـ To strengthen, consolidate
شَدَّدَ على To stress, focus on. To press, be severe with. To insist upon
تَشَدَّدَ To be or become intransigent. To be or become strict, severe
إشْتَدَّ To become strong. To become intense. To increase
شِدَّة وشديدة جـ شدائد Strength. Violence. Intensity. Distress, misfortune
بَلَغَ أَشُدَّهُ To attain full majority
شَديد جـ أشِدّاء Strong. Violent. Intense
مُشادَّة Controversy, altercation, argument
مَشْدود Tight, taut
شدق - شَدَقَ ـَ To be wide in the sides of the mouth
شِدْق جـ أشْداق Corner of the mouth
شده - شَدَهَ ـَ ه To amaze, astonish, confuse
شَدَه Astonishment, perplexity
مَشْدوه Perplexed, confused, astonished
شدو - شدا ـُ هـ To sing, chant, warble
شَدْو الطُّيور Singing, warbling
شَدْو Song, chant
شادٍ، الشّادي Singer. Warbler

شذ - شَذَّ ـُ To be an exception to. To deviate from. To be or become abnormal
شُذوذ Abnormality, anomaly. Irregularity. Exception
شاذّ Irregular. Abnormal. Uncommon. Exceptional. Strange
شُذّاذ الآفاق Strangers
شذب - شَذَبَ ـِ وشَذَّبَ شَجَرَةً هـ To trim, clip. To prune *(a tree)*
شذر - شَذْرَة جـ شَذَرات وَشُذور Particle, speck, fragment
شذو - شَذا ـُ To scent, perfume
شَذْو Musk. Odor of musk
شر - شَرّ جـ شُرور Evil, ill. Wickedness
شَرارَة جـ شَرَر Spark
شِرّير جـ أشْرار Evil, wicked, malicious
شرأب - إشْرَأَبَّ إلى To stretch one's neck in order to see
شرب - شَرِبَ ـَ To drink. To sip
شَرِبَ الدُّخان To smoke
شَرَّبَ وأشْرَبَ ه To give someone to drink. To water
أشْرَبَ هـ To imbue. To impregnate, soak
شَرْبَة Drink. Sip. Purgative
شَراب وشَرابات Drink, beverage. Syrup, juice
شَرّابَة جـ شَراريب Tassel, tuft
شارِب جـ شَوارِب Mustache
مَشْرَب جـ مَشارِب Drink. Drinking-place. Taste, inclination
مَشْروب جـ مَشْروبات Drink, beverage. Potable, drinkable
تَشَرُّب Absorption, soaking up
تَشَرَّبَ To absorb, soak up
شُرْب Drinking
شربن - شَرْبين Evergreen cypress
شرح - شَرَحَ ـَ هـ To explain. To comment
شَرَحَ الصَّدْر To delight. To comfort
شَرْح جـ شُروح Explanation, illustration. Commentation. Commentary
شَرَّحَ هـ To dissect. To slice
إنْشَرَحَ To be pleased, delighted. To feel at ease
إنْشِراح Joy, delight, well-being
عِلْم التَّشْريح Anatomy
تَشْريح Slicing. Dissection. Autopsy
شَريحَة Slice
شرخ - شَرَخَ ـُ To grow up *(boy)*
شَرْخ الشَّباب Spring of life, prime of youth
شرد - شَرَدَ ـُ To stray, wander. To bolt, start *(horse)*. To run away. To be distracted *(thoughts)*
شَرَّدَ To frighten away. To scatter *(people)*. To make homeless

To vagabond, roam *(about)*. To be displaced تَشَرَّدَ
Fugitive, runaway. Absent-minded شارِد جـ شُرّاد
Vagabond مُتَشَرِّد وشَرِيد
Absent-mindedness, distractedness شُرود الفِكر
Waif, homeless مُتَشَرِّد ومُشَرَّد
To be ill-natured **شرس** - شَرِسَ ـَ
Ill-natured, unsociable شَرِس مـ شَرِسَة
Fierce looks نَظَراتٌ شَرِسَة
Ferocity. Ill-temperedness شَراسَة
Small group, gang, troop **شرذم** - شِرْذَمَة جـ شَراذِم
شرشف - شَرْشَف جـ شَراشِف
Sheet, bedsheet. Tablecloth
To impose conditions upon **شرط** - شَرَطَ ـُـِ واشْتَرَطَ على
To incise, cut open شَرَّطَ الجِلْد
To bet, lay a wager with تَشارَطَ
Condition, stipulation, clause شَرْط جـ شُروط
Conditioned. Incised مَشروط
Police شُرْطَة جـ شُرَط
Policeman, officer شُرْطِيّ
Band, ribbon. Film, motion picture. String. Wire. Lace شَرِيط جـ شُرُط
Condition. Band, ribbon شريطة جـ شَرائط

To begin, start **شرع** - شَرَعَ ـَ
To open أَشْرَعَ
To legislate, make laws إِشْتَرَعَ
Law شَرْع، شَرِيعَة جـ شَرائع
Street شارِع جـ شوارِع
Sail شِراع جـ أَشْرِعَة
Legitimate, legal شَرْعِيّ مـ شَرْعِيَّة
Plan, project. Legitimate مَشْروع جـ مَشارِيع
Legislator مُشْتَرِع
Beginning, start شُروع
Legitimacy, legality شَرْعِيَّة
To be honorable, noble **شرف** - شَرُفَ ـُ
To dominate, overlook شارَفَ هـ وأَشْرَفَ على
To be at the point of death أَشْرَفَ على المَوْت
To honor. To ennoble شَرَّفَ ه
To have the honor of. To be honored with تَشَرَّفَ
Honor. Dignity. Nobility شَرَف
Balcony شُرْفَة جـ شُرَف
Overlooking, dominating. Superintendent مُشْرِف
Noble, illustrious. Honorable شَرِيف جـ شُرَفاء وأَشْراف
Protocol, etiquette تَشْرِيفات
Supervision إِشْراف ومُشارَفَة
Elevations, heights, hills مَشارِف

شرق - شَرَقَ ـُ وأشْرَقَ .To rise *(sun)*.
To shine, radiate
شَرِقَ ـَ To choke, become choked
شَرَّقَ To go eastward
شَرْق East, sunrise
الشَّرْق الأدنى The Near East
الشَّرْق الأوسط The Middle East
الشَّرْق الأقصى The Far East
شَرْقِيّ Eastern. Oriental
مُشْرِق Radiant, shining
مَشْرِق جـ مَشارِق Place of sunrise, east. The Orient, the East
إسْتِشْراق Orientalism
شُروق Rise of the sun
إشْراق Radiance, brightness
شرك - شَرِكَ ـَ وشارَكَ ه To become the partner of
أشْرَكَ ه في To take into partnership, give a share to
أشْرَكَ بـ To be a polytheist
إشْتَرَكَ في To participate in. To subscribe to. To associate with
شِرْك Polytheism
شَرَك Net, trap, snare
شِرْكَة وشَرِكَة Company, firm. Association. Partnership
شَريك جـ شُرَكاء Partner, associate
إشْتِراكيّ Socialist
شراكَة واشْتِراك Partnership, association

مُشْتَرَك Common, joint
مُشْتَرِك Participant. Subscriber
إشْتِراك Subscription
مُشارَكَة Participation. Cooperation
مُشْرِك Polytheist
شرم - شَرَمَ ـِ To split, cleave. To slash
شره - شَرِهَ ـَ على أو إلى To be or become gluttonous, greedy
شَرَه وشَراهَة Gluttony, gourmandism
شَرِه Gluttonous, greedy. Glutton, gourmand
شرول - شِروال Trousers, pants
شرى - شَرى ـِ واشْتَرى هـ To buy, purchase
شِراء Buying, purchasing, purchase
مُشْتَرى جـ مُشْتَرَيات Purchased goods
شَرْيان جـ شَرايين Artery
مُشْتَرٍ جـ مُشْتَرون Buyer, purchaser
شسع - شَسَعَ ـَ To be remote. To be wide
شاسِع Vast, wide. Remote, far
شص - شَصّ جـ شُصوص Fishhook
شط - شَطَّ ـُـِ To exceed the proper bounds, go to extremes. To drift. To deviate from
شَطّ جـ شُطوط، وشاطئ جـ شواطئ وشُطآن Shore, coast, beach, seashore. Bank
شَطَّطَتِ السَّفينة To follow the bank of a river. To run on a sand-bank

شَطَط Excess. Exceeding the limits
شطب - شَطَبَ ـُ هـ To strike off, cross out. To erase. To scarify
شَطَّبَ To slice
شَطَّبَ الوَجْه To scarify, scratch
شَطْب Cut, incision. Scratch
شطح - شَطَحَ ـَ To daydream. To rove, stray
شطر - شَطَرَ ـُ وشَطَّرَ هـ To halve, divide into two. To split. To be cunning, artful. To be smart, clever
شاطَرَ ه (المال) To share equally with
شاطَرَ ه الحُزْن To sympathize with, share the sorrow or distress of
شَطارَة Craft, cunning. Cleverness
شَطْر جـ أشْطُر Half. Hemistich. Halving, dividing. Division, part
إنْشِطار Fission, division, splitting
شاطِر Crafty, cunning. Clever
شَطيرَة Sandwich
شطرنج - شِطْرَنج Chess
رُقْعَة الشِّطْرَنْج Chessboard
شطف - شَطَفَ ـُ To rinse, wash
شظف - شَظَف جـ شظاف Hardship discomfort
شَظَف العَيْش Ruggedness of life
شظي - شَظِيَّة جـ شَظايا Splinter. Shrapnel. Shell
شع - شَعَّ ـِ وتَشَعَّعَ To radiate
أشَعَّ To diffuse, spread. To radiate, emit rays

شُعاع جـ أشِعَّة Ray, beam
فاعِلِيَّة الأشِعَّة Radioactivity
مُشِعّ Radiant. Radioactive
إشْعاع Radiation
أشِعَّةُ إكس، الأشِعَّة السّينيَّة X-ray
أشِعَّةٌ فَوْقَ البَنَفْسَجِيَّة Ultraviolet rays
أشِعَّةٌ دون الحَمْراء Infrared rays
تَصوير بالأشِعَّة Radiography
شعب - شَعَبَ ـَ هـ To disperse
تَشَعَّبَ To ramify
شَعْب جـ شُعوب People. Nation. Public
شِعْب جـ شِعاب Mountain pass
شَعْبيّ Popular
شَعْبيَّة Popularity
شُعْبَة جـ شُعَب Branch, ramification. Section, division. Shoot. Bronchus
إلْتِهاب الشُّعَب Bronchitis
تَشَعُّب Ramification
شُعَبيّ Bronchial
شعث - شَعِثَ ـَ وتَشَعَّثَ To be dishevelled, disordered *(hair)*
شَعَّثَ هـ To dishevel *(the hair)*. To scatter, disperse
أشْعَث جـ شُعْث Dishevelled *(hair)*. Having unkempt hair
شعر - شَعَرَ ـُ وشَعُرَ ـُ To feel, sense. To perceive
شَعَرَ مع To sympathize with
شَعَرَ ـُ To versify, compose poetry

أشْعَرَ هـ أو بـ To notify, inform *(of or about)*
شَعَر Hair
شِعْر جـ أشْعار Poetry, verse
لَيْتَ شِعْري I wish I knew!
شَعْرِيَّة Lattice, wire grille, trellis
شِعار جـ شعائر Slogan. Password. Emblem. Mark, token
الشَّعائر الدّينيَّة Religious ceremony, rite
شُعور Perception, discernment. Feeling, sensation. Consciousness
شُعور مُسَبَّق Presentiment, hunch
لا شُعوريّ Unconscious
شَعير Barley
شَعيريَّة Vermicelli
شاعِر جـ شُعَراء Poet
إشْعار Notification, notice
إلى إشْعار آخر Until further notice
إشْعار بالوصول Delivery note
مَشْعَر جـ مَشاعِر Sense
شِعْريّ Poetical, poetic
أشْعَر Hairy, hirsute
مَشْعور Cracked, split
شعشع - شَعْشَعَ To radiate, shine
مُشَعْشَع Brilliant
شعل - شَعَلَ ـَ وشَعَّلَ وأشْعَلَ هـ To light, kindle, inflame
إشْتَعَلَ To flame, blaze
إشْتَعَلَ شَيْبًا His hair turned white
شُعْلَة جـ شُعَل Fire, flame. Torch
مَشْعَل ومَشْعَلَة جـ مَشاعِل Torch
مُشْتَعِل Burning, on fire
شعو - حَرْب شَعْواء Devastating, violent *(war)*
شعوذ - شَعْوَذَ To juggle, conjure
شَعْوَذَة Jugglery. Magic. Charlatanism
مُشَعْوِذ Juggler. Magician. Charlatan
شغب - شَغَبَ ـَ ه وشاغَبَ ه To stir trouble, disturb the peace
شَغْب وشَغَب Trouble, disturbance. Riot, uproar
مُشاغِب Troublemaker, rioter
شغر - شَغَرَ ـُ To be vacant, unoccupied
شاغِر Vacant, open, unoccupied
شُغور Vacancy
شغف - شَغَفَ ـَ ه وانْشَغَفَ To wound in the heart
شُغِفَ وانشَغَفَ بـ To love passionately, be extremely fond of
شَغَف وانْشِغاف Passion, passionate love
مَشْغوف Passionately fond of, madly in love
شغل - شَغَلَ ـَ هـ To occupy
شَغَلَ وأشْغَلَ ه بـ To occupy, keep busy. To be on someone's mind
شَغَّلَ ه To employ, hire. To give

Compassionate, sympathetic شَفوق
Pitiless, merciless عَديمُ الشَّفَقَة
To speak mouth to mouth to **شفه** - شافَهَ ه
Lip. Edge, border شَفَة جـ شِفاه
Oral, verbal, spoken شِفاهيّ وشَفَهيّ
To cure, heal **شفى** - شَفى ـِ ه من
To avenge oneself. To quench one's thirst شَفى غَليلَهُ
Recovery, healing, cure شِفاء
To take revenge upon تَشَفّى مِن
To seek a cure. To seek medical treatment. To be hospitalized إسْتَشفى
Hospitalization. Seeking of a cure. Receiving of medical treatment إسْتِشفاء
Hospital مُسْتَشفى
To hospitalize أَدْخَلَ مُسْتَشْفى
Mental hospital, lunatic asylum مُسْتَشفى المَجانين
Curative, medicinal. Satisfactory *(answer)* شافٍ
To split, cleave **شق** - شَقَّ ـُ
To rebel, revolt شَقَّ عَصا الطّاعَة
To be hard, difficult شَقَّ الأمر
To split, crack. To separate oneself from إنْشَقَّ
To derive from إنْشَقَّ من
Split, fissure. Crack شَقّ جـ شُقوق

work to. To run. To use
To be preoccupied with شُغِلَ بـ وانْشَغَلَ بـ
To occupy, busy oneself with تَشاغَلَ بـ
To be diverted from تَشاغَل عن
To work إشْتَغَلَ
To be anxious, uneasy إنْشَغَلَ بالُهُ
Work. Occupation. Business, profession شُغْل جـ أشْغال
Occupation, employment إشْتِغال
Preoccupation. Being busy or occupied إنْشِغال
Busy, occupied مَشْغول
Workshop مَشْغَل
To be transparent **شف** - شَفَّ ـِ
Transparent شَفّاف وشَفيف
Transparency شَفافيَّة
Blade **شفر** - شَفْرَة جـ شِفار وشَفَرات
Edge, border, rim, margin شَفير
To intercede for, mediate for **شفع** - شَفَعَ ـَ وتَشَفَّعَ لفلان إلى
Intercessor, mediator شَفيع
Intercession, mediation شَفاعَة
To pity, feel compassion for. To be anxious about **شفق** - شَفِقَ ـَ وأشْفَقَ على
To beware of. To be afraid of أشْفَقَ مِن
Twilight شَفَق جـ أشْفاق
Pity, compassion, sympathy شَفَقَة

شِقَّة جـ شِقَق Half. Apartment, flat
شاقّ Hard, difficult. Exhausting
أشغال شاقَّة Hard labor
شقيق جـ أشِقّاء Brother, full brother
شِقاق وانشِقاق Dissension. Separation
شَقائق النُّعْمان Anemone
مَشَقَّة جـ مَشاقّ Hardship, difficulty, trouble
إشْتِقاق Derivation. Etymology *(of a word)*
شِقّ Half
شَقيقَة Sister, full sister. Migraine
شقر - شَقِرَ ـَ وشَقُرَ ـُ واشْقَرَّ To be or become blond, of fair complexion
شُقْرَة Blondness, fairness
أشْقَر Blond. Fair-complexioned
شقف - شَقَفَ ـُ هـ To cut, split
شَقَفَة جـ شَقَف Piece, bit. Potsherd
شاقوف Large hammer
شقل - شاقول Plumbline, plummet. Level
شقى - شَقِيَ ـَ To be or become unhappy, miserable
شَقِيّ جـ أشقياء Unhappy, miserable. Outlaw. Scoundrel
شَقاء Misery. Misfortune
شك - شَكَّ ـُ وتَشَكَّكَ في To doubt
شَكَّ هـ To pierce, prick
شَكَّكَ ه To make doubt, misgive
شَكّ جـ شُكوك Doubt, suspicion
مَشْكوك فيه Uncertain, doubtful
مَشْكوك في أمره Suspect(ed)
شكر - شَكَرَ ـُ ه ولـ To thank, show gratitude to
شُكْر جـ شُكور وشُكْران Thanks. Gratitude
شاكِر Thankful, grateful
شكس - شَكُسَ ـُ وشَكِسَ ـَ To be peevish, ill-tempered
شَكِس Peevish, ill-tempered
شَكاسَة Ill-temper
شاكَسَ ه To pick a quarrel with
شكل - شَكَلَ ـُ وأشْكَلَ الأمْرُ To be doubtful, ambiguous
شَكَّلَ هـ To diversify, variegate
شَكَّلَ نَصًّا To vowelize, provide with vowel points *(a text)*
شَكَّلَ (شَمْعًا) To form, shape
شَكَّلَ حُكومَةً To form a government
شاكَلَ ه To resemble
شَكْل جـ أشْكال Form, shape. Appearance. Mode, fashion. Figure. Type, pattern. Vowel point
تَشْكيل Forming, shaping. Variegation. Vowelization
تَشْكيلَة Assortment, variety. Formation
مُشْكِل ومُشْكِلَة جـ مَشاكِل Problem. Difficulty

إشْكال Ambiguity
شَكْليّات Formalities
مُشَكَّل Diverse, variegated. Vowelized
شكو - شَكا ـُ ه إلى To complain *(of or about...to)*
تَشَكّى واشْتَكى To lodge a complaint
شِكايَة وشَكاوَة وشَكْوَى Complaint, grievance
شاكٍ أو شاكي السِّلاح Up in arms, fully armed
شاكٍ ومُشْتَكٍ Complainant
شل - شَلَّ ـَ To paralyze
شُلَّ To be or become paralyzed
شَلَل Paralysis
شَلَلُ الأطفال Poliomyelitis, polio
أشَلّ مـ شَلاّء جـ شُلّ، ومَشْلول Paralyzed, paralytic
شَلاّل جـ شَلاّلات Waterfall, cataract, cascade
شلح - شَلَحَ ـَ To undress, take off one's clothes
شَلِحَ هـ To reject, throw off
شَلَّحَ ه To undress, disrobe. To rob
تَشْليح Robbing, robbery
مَشْلَح Dressing-gown
شلو - شِلْو جـ أشْلاء Torn-off limb, severed member
شم - شَمَّ ـُ هـ To smell, sniff
شَمَّ ـَ To be proud, haughty
شَمّ Smelling. Sense of smell, olfaction
شَمَم Pride, haughtiness
شَمّام وشَمّامَة جـ شَمّامات Sweet melon
أشَمّ مـ شَمّاء جـ شُمّ Proud
شمت - شَمِتَ ـَ بـ To rejoice at the misfortune of
شَماتَة وشَمات Rejoicing at another's misfortune
شمخ - شَمَخَ ـَ To be high, tower up
شَمَخَ وشَمَّخَ أنفه أو بأنفه To turn up one's nose at, disdain. To be arrogant, haughty
تَشامَخ To be proud
شُموخ Highness. Height. Pride
شامِخ (جَبَل) High, lofty
شامِخ (رَجُل) Proud, arrogant, haughty
شمر - شَمَّرَ هـ To tuck up, roll up. To get ready for
شمز - إشمأزَّ To be disgusted by, to loathe
إشْمِئزاز Disgust, repugnance
مُشْمَئِزّ Disgusted
شمس - شَمَسَ ـِ وشَمِسَ ـَ وأشْمَسَ To be sunny
شَمَسَ ـُ To bulk. To be restive *(a horse)*

شَمَّسَ هـ To expose to the sun's rays
مُشْمِس وشَمِس Sunny *(day)*
شَمْس جـ شُموس Sun
ضَرْبَةُ شَمْس Sunstroke
حَمّامُ شَمْس Sunbath
شَمْسيّ Solar
شَمْسيَّة Umbrella. Parasol
شَمّاس جـ شَمامِسَة Deacon
شَموس Balky, restive *(horse)*
شمع - شَمَّعَ هـ To wax, smear with wax
شَمْع جـ شُموع Wax
شَمْعٌ أحْمَر Sealing wax
شَمْعَة جـ شَمَعات وشَمَع Candle, bougie
شَمْعَدان جـ شَمْعَدانات Candlestick, candelabrum
مُشَمَّع Waterproof, trench coat. Oilcloth. Waxed
شمل - شَمَلَ ـُ ه وشَمِلَ ـَ واشْتَمَلَ على
To include, contain, comprehend. To imply
شَمْل Union. Meeting
جَمَعَ الشَّمْلَ To reunite. To bring together
شَميلَة جـ شَمائل Character. Good qualities
شَماليّ Northern
شامِل مـ شامِلَة General, universal. Comprehensive
مُشْتَمِل على Comprising, including
شِمال North. Left, left side
شمندر - شَمَنْدَر Beet, beetroot
شن - شَنَّ ـُ حَرْبًا To carry on war *(against)*
شَنَّ مَعْرَكَةً To give battle
شَنَّ هُجومًا To make or launch an attack
شَنَّ غارَةً على To make a raid on
شنج - شَنِجَ ـَ وتَشَنَّجَ To suffer from a spasm or convulsion. To contract, shrink
شَنَّجَ هـ To convulse. To contract
تَشَنُّج Shriveling, contraction. Cramp, convulsion
شنع - شَنُعَ ـُ To be or become ugly, hideous
شَنَّعَ ه To uglify, disfigure
شَنَّعَ بـ أو على To calumniate, revile
شَناعَة Ugliness. Atrocity. Outrage
شَنيع مـ شَنْعاء Ugly, repulsive, hideous
شنف - شَنَّفَ الآذان To delight the ears
شنق - شَنَقَ ه ـِ مُجْرِمًا To hang
مَشْنَقَة جـ مَشانِق Gallows, gibbet. Scaffold
شَنْق Hanging
شنكل - شَنْكَل Hook
شهد - شَهِدَ ـَ هـ To witness. To

attend, be present at. To testify, give evidence

شَهِدَ ـَ بـ To certify, confirm

شَهِدَ على To give evidence against. To give testimony against

شَهِدَ لـ To give evidence in favor of

شاهَدَ هـ To see, witness. To attend. To observe

إسْتَشْهَدَ ه على To call to witness

إسْتَشْهَدَ بـ To quote, cite

أُسْتُشْهِدَ To die as a martyr

شُهْد وشَهْد Honeycomb. Honey

شَهادَة جـ شَهادات Testimony. Evidence. Certificate. Attestation. Affidavit. Statement

شَهادَة واسْتِشْهاد Martyrdom

شاهِد جـ شُهود Witness. Evidence, proof. Example, illustration. Quotation

شاهِدُ عِيان Eyewitness

شَهيد جـ شُهَداء Martyr. Witness

مُشاهَدَة Vision. View, sight

مَشْهَد جـ مَشاهِد Spectacle, scene

مُشاهِد Spectator

مُشاهَد Perceptible, visible

مَشْهود (يَوْم) Memorable

شهر - شَهَرَ ـَ To make famous. To announce, proclaim

شَهَرَ سَيْفًا To draw, pull-out

شَهَرَ وأشْهَرَ الحَرْبَ على To declare war on

شَهَّرَ بـ To defame

إشْتَهَرَ To become famous, well-known

شَهْر جـ شُهور وأشْهُر Month

شَهْرِيّ Monthly

شَهير ومَشْهور جـ مَشاهير Famous, well-known. Notorious

مُشاهَرَة Monthly salary

إشْهار Declaration, proclamation

شُهْرَة Reputation, renown. Notoriety. Surname

شهق - شَهَقَ ـِ وشَهِقَ ـَ To bray. To inhale, breathe in. To whoop. To sob. To be lofty. To hiccough

شَهيق Inhalation. Braying. Sighing

شاهوق Whooping cough

شَهْقَة Whoop

شاهِق Lofty, high

شهم - شَهُمَ ـُ To be sharp-minded. To be gallant. To be full of vigor *(horse)*

شَهْم Brave, gallant. Sagacious. Gentleman

شَهامَة Gallantry. Sagacity

شهن - شاهين جـ شَواهين Falcon

شهو - شَها ـُ وشَهِيَ ـَ وتَشَهّى واشتهى

هـ To desire. Crave for

شَهّى ه To arouse one's desire for

شَهْوَة جـ شَهَوات واشْتِهاء Appetite,

desire. Passion
شَهْوانيّ Covetous, greedy. Lustful
شَهِيّ Appetizing. Desirable
شَهِيَّة Appetite
شوب - شائبَة جـ شوائب Defect, imperfection. Stain
سَعادَة لا تَشوبُها شائبة Unblemished happiness
شوح - شُوْح Fir
شُوْحَة Kite. Egyptian vulture
شور - شاوَرَ واسْتَشارَ ه To consult, seek the advice of
أشارَ إلى To indicate, point out to. To allude to. To mention. To advise
تَشاوَرَ To deliberate, hold talks
شارَة جـ شارات Badge, sign
شورًى Consultation. Counsel. Advice
أهل الشّورى Counsellors
مَجْلِس الشّورى ومَجْلِس شورى الدَّوْلَة State council
شوار Ridge, slope
إشارَة Indication, sign. Signal. Allusion. Motion
إسْتِشارة Consultation
مُشير Field-marshal. Indicator. Adviser
مَشْوَرَة ومَشورَة جـ مَشورات Advice, suggestion
مُسْتَشار Counsellor, adviser

المُشار إليه The stated, cited
شوش - شَوَّشَ هـ To confuse, jumble up. To jam
تَشَوَّشَ مِزاجُه To be ill, feel indisposed
تَشَوَّشَت أفكارُه To be confused
شاش Muslin. Gauze
شاوِش (رَقيب) Sergeant
تَشويش Disturbance, confusion. Jam(ming). Interference
شاشَة Screen
مُشَوَّش Confused. Perplexed
شوط - شَوْط جـ أشْواط Round, half. Stage, phase. Race on horse-back. Object, aim
شوق - شاقَ ـُ وشَوَّقَ ه إلى To fill with longing, with desire
شَوْق Longing, strong desire
تَشَوَّقَ هـ وإلى واشتاقَ هـ وإلى To long for, crave, desire ardently
إشْتياق Longing, desire
مُشْتاق وشَيِّق Longing, desirous
شَيِّق ومُشَوِّق Arousing desire. Interesting
شوك - شَوَّكَ الشَّجَرُ To be thorny
تَشَوَّكَ To be pricked by thorns
شَوْك جـ أشْواك Thorns, prickles
شَوْكَة Thorn, spike, sting. Fork. Power, might
شائِكُ السِّلاح Bristling with arms

شائك Thorny. Delicate, critical
شَوِك Thorny
شول - شالَ ـُـ ـِـ To rise. To raise. To carry
شَيّال Porter, carrier
شوه - شَوَّهَ ه To disfigure. To distort, pervert. To defame
شَوَه وتَشْويه وتَشَوُّه Deformity, ugliness
شاة جـ شاء وشياه Ewe. Sheep
شاه Shah. King *(chess)*
شاه مات Checkmate *(chess)*
شاهانيّ Royal, imperial
مُشَوَّه Deformed, disfigured. Mutilated
مُشَوَّهو حَرْب Disabled
شوى - شوى وشوّى وأشوى ه To grill, roast
شِواء وشُواء Grill, roast
مِشْواة جـ مَشاوٍ Grill, gridiron
شاء - شاءَ ـَ هـ To want, wish, desire
شَيْء جـ أشْياء Thing. Object. Something
مَشيئَة Will. Wish, desire
شيب - شابَ ـِ To become white-haired, gray-haired
شَيْب وشَيْبَة Gray or white hair
شائب وأشْيَب Gray, white, hoary *(hair)*. Gray-haired person
شَيَّبَ To cause someone's hair to turn white
شيخ - شاخَ ـِ To age, grow old
شَيْخ جـ شُيوخ ومَشايخ Old man. Elder. Sheikh. Chief. Leader. Senator
مَجْلِس الشُّيوخ Senate
شَيْخوخَة Old age, senility
شيد - شادَ ـِ وشَيَّدَ To build, construct
أشادَ بِذِكْرِه To praise, speak in glowing terms of
مُشَيَّد Built, constructed
تَشييد Construction, erection
إشادة Praise, eulogy
شيش - شيش Foil, saber, épée. Skewer, brochette
لُعْبَة الشِّيش Fencing, swordplay
شيطن - شَيْطَنَ وتَشَيْطَنَ To behave like a devil
شَيْطَنَة Devilry, dirty trick
شَيْطان جـ شَياطين Devil, demon, fiend
شَيْطانيّ Devilish, satanic. Infernal, demoniac
شيط - شاطَ ـِ الطَّعامُ To be slightly burned
إسْتَشاطَ على To burn with anger against
شيع - شاعَ ـِ To spread, be spread

abroad *(news)*

أشاعَ هـ وبـ To spread, divulge *(news)*

شَيَّعَ ه To bid farewell to, see off

تَشَيَّعَ وشايَعَ ه وتَشايَعَ To follow. To be the partisan of. To take one's part

إشاعَة Rumor. News. Circulation of news

شيعَة جـ شِيَع وأشْياع Sect. Faction. Party

شائع Widespread. Common, universal. Public

مُلْكٌ شائع Joint property

مَشاع ومُشاع Public *(property)*. Common, undivided *(inheritance)*

شُيوع Spreading, circulation *(of news)*. Joint ownership

شُيوعيَّة Communism

شُيوعيّ Communist

تشييع Funeral, burial

مُشايَعَة وتَشَيُّع Partisanship

شيم – شيمَة جـ شِيَم Nature, disposition. Habit, custom

شامَة Mole, beauty spot

شين – شانَ To disgrace, dishonor

شائن ومُشين Scandalous, disgraceful, dishonorable

ص

S *(14th letter of the Arabic alphabet)* **ص** - ص

To pour *(water)* **صب** - صَبَّ ـُ هـ

To cast, mould صَبَّ تِمثالاً

To apply oneself to. To be bent on إنْصَبَّ على

To flow or pour out *(into)* صَبَّ في

To perspire profusely تَصَبَّبَ العَرَقُ على جَبينِهِ

Cast iron حَديدُ صَبّ

Mouth *(of a river)* مَصَبّ جـ مَصابّ

Ardent love, passion صَبابَة

Rest, remainder صُبابَة

To be handsome. To radiate, beam *(face)* **صبح** - صَبُحَ ـُ

To wish a good morning to صَبَّحَ ه

To become. To enter upon morning أصْبَحَ

To meet in the morning تَصَبَّحَ بـ

Morning صُبْح جـ أصْباح، صَباح

Good morning صَباحُ الخَيْر

Beauty, gracefulness صَباحَة

Morning *(adj.)* صَباحيّ

Morning-hour صَبيحَة

Lamp. Light مِصْباح جـ مَصابيح

To be patient. To have patience. To endure, tolerate **صبر** - صَبَرَ ـِ على

To refrain, abstain from صَبَرَ عَن

To ask to have patience صَبَّرَ ه

To embalm, mummify. To stuff. To comfort, console صَبَّرَ ه أو هـ

To be patient تَصَبَّرَ واصْطَبَرَ على

Patience. Endurance صَبْر

Aloe صَبِر

Frost صَبَر

Severe cold صَبْرَة

Patient صَبور وصابِر

Cactus. Indian fig صُبَيْر وصُبّار

Finger. Toe **صبع** - إصْبَع جـ أصابع

To dye, color **صبغ** - صَبَغَ ـُـِ هـ

Dye, dyestuff, color صِبْغ وصِبْغَة وصِباغ

Dyeing, coloring صَبْغ

Characteristic, tincture. Mode, style صِبْغَة وصَبْغَة

Dyeing, tinting صِباغَة

Dyer صَبّاغ

Dyehouse مَصْبَغَة

Soap **صبن** - صابون

Soap works مَصْبَنَة

To yearn for, long for. To aspire to. To incline to **صبا** - صَبا ـُ إلى

Youthful passion صَبْوَة

East wind, sirocco الصَّبا

صِبا Youth. Youthfulness. Boyhood
صَبيّ جـ صُبْيا وصِبْيَة Boy, youth, lad
صِبْيانيّ Childish
صَبيَّة جـ صَبايا Girl, young girl
صح - صَحَّ ـِ To recover, get well.
To be healthy. To be sound. To be right, correct. To be real. To turn out to be true
صَحَّحَ ه To cure, heal
صَحَّحَ هـ To correct, rectify. To verify *(an account)*. To make valid
صِحَّة Health. Good health. Truth, authenticity. Validity. Correctness
مَصَحّ Sanatorium
الصِّحَّة العامَّة Public health
صِحّيّ مـ صِحّيَّة Healthy. Sanitary. Hygienic
حَجْرٌ صِحّيّ Quarantine
عِنايَة صِحّيَّة Hygienic care
صَحيح جـ أصِحّاء Healthy, well. Sound, intact. Right, correct. Valid. Authentic, true
إصْحاح Chapter
تَصْحيح Correction, rectification
صحب - صَحِبَ ـَ ه وصاحَبَ واصْطَحَبَ To accompany. To become friends with. To keep company with
أصْحَبَ ه To accompany with
تَصاحَبَ مع To be or become friends with
صُحْبَة Companionship, friendship, comradeship. Companions
مُصاحَبَة Companionship. Accompanying. Escort
صاحِب جـ أصْحاب Companion, comrade. Owner, proprietor
يا صاحِ My friend!
صحر - صَحْراء جـ صَحارى Desert
صَحْراويّ مـ صَحْراويَّة (مِنْطَقَة) Desert
صحف - صَحَّفَ To misread, misspell, mispronounce
صَحَّفَ خَبَرًا To distort, misrepresent
صَحْفَة جـ صِحاف Bowl, dish
صَحيفَة جـ صُحُف وصَحائف Leaf, page. Newspaper, journal
صِحافَة Journalism. The press
صُحُفيّ وصِحافيّ Journalist, newspaperman
مِصْحَف جـ مَصاحِف Volume. Book
مُصْحَف شَريف The Koran, copy of the Koran
مُؤْتَمَر صُحُفيّ Press conference
صحن - صَحْن جـ صُحون Bowl, dish
صَحْن الدّار Courtyard
صَحْنٌ صَغير Saucer
صَحْنٌ طائر Flying saucer, UFO
صَحْنُ سَجاير Ashtray
صحو - صَحا ـُ To clear up, become

Singer. Singing صَدّاح وصادِح
To happen. To be صدر - صَدَرَ ـُ
published. To appear
To emanate from, صَدَرَ عن ومن
proceed from
To seat in the front صَدَّرَ
To preface, introduce صَدَّرَ كِتابًا
To export صَدَّرَ بِضاعَةً
To head, lead. To take the تَصَدَّرَ
first place or have the front seat
To confiscate, seize صادَرَ (أمْوالاً)
To give an order أصْدَرَ أوامِرَ
To publish, issue *(a book)* أصْدَرَ هـ كِتابًا
To pronounce *(a sentence)* أصْدَرَ حُكْمًا
Exports and imports الصّادرات والواردات
Chest, breast, bust. صَدْر جـ صُدور
Bosom, heart. Front part. Start, beginning
Bronchitis نَزْلَة صَدْرِيَّة
Vest, waistcoat صُدْرَة وصُدْرِيَّة
Precedence. First place صَدارَة
Origin, source. مَصْدَر جـ مَصادِر
Infinitive, verbal noun *(gram.)*
Consumptive, tubercular مَصْدور
Publication, issue. Emanation صُدور
Exportation تَصْدير
Confiscation مُصادَرَة

cloudless. To recover consciousness. To wake up, awaken
Clearness. Consciousness. Wakefulness صَحْو
Awakening. State of consciousness صَحْوَة
Awake. Vigilant. Sober. Conscious صاحٍ
To clamor, shout, cry **صخب** - صَخِبَ ـَ
Clamor, noise, uproar صَخَب
Noisy, clamorous صاخِب
Rock **صخر** - صَخْر جـ صُخور
Rocky صَخْرِيّ
To drive back or away. To hinder, prevent. To oppose **صد** - صَدَّ ـُ هُجومًا
To keep from. To turn one's back on صَدَّ عَن
Respect, regard. Intention, purpose. Side, direction. Topic *(of a discussion)*. Opposite to صَدَد
In this respect في هَذا الصَّدَد
Pus, matter صَديد
To be or become rusty **صدئ** - صَدِئَ ـَ وصَدُؤَ ـُ
Rust صَدَأ
Rusty صَدِئ ومُصَدّأ
To sing, chant. To play *(music)* **صدح** - صَدَحَ ـَ

إصْدار Issuance. Release. Publication
مُصَدِّر Exporter
صدع - صَدَعَ ـَ وصَدَّعَ هـ وه To split, break, crack
صُدِعَ To have a headache
تَصَدَّعَ To break, crack
صَدْع جـ صُدوع Crack, break
صُداع Headache
صُداع نِصْفيّ Migraine
صدغ - صُدْغ مث صُدْغان جـ أصْداغ Temple
صدف - صَدَفَ ـُـِ عن To turn away from, avoid. To discourage from
صَدَفَ ـُـِ وصادَفَ To take place by chance. To come across, meet by chance. To coincide with
صَدَف جـ أصْداف Shell, oyster. Mother-of-pearl
مُصادَفَة وصُدْفَة جـ صُدَف Chance, coincidence
مُصادِف Corresponding *(to)*, falling *(on a given date)*
صدق - صَدَقَ ـُ ه To say the truth. To be sincere
صَدَقَ في وعده To keep one's promise
صَدَّقَ ه To believe
صادَقَ ه To make friends with
صادَقَ على وصَدَّقَ على To certify. To confirm. To approve of
تَصَدَّقَ على بـ To give alms or charity to
صِدْق Truth, veracity. Sincerity
صَدَقَة جـ صَدَقات Alms, charity
صَديق جـ أصْدِقاء Friend
صِدّيق جـ صِدّيقُون Righteous, upright
صادِق مـ صادِقَة True. Sincere
صَداقَة Friendship
تَصديق Believing. Confirmation
مُصَدَّق Credible. Reliable. Authenticated
صدم - صَدَمَ ـِ وصادَمَ ه وهـ To shock
صَدَمَ وصادَمَ واصْطَدَمَ (بـ) وتَصادَمَ To collide with, strike against
صَدْمَة Shock. Blow, stroke
إصْطِدام Collision, impact. Clash
مَصْدوم Shocked
صدى - صَدًى جـ أصْداء Echo
تَصَدّى لـ To oppose, resist. To set out to
صر - صَرَّ ـُ على أسْنانِه To gnash one's teeth
صَرَّتِ ـِ الرِّيح To roar *(wind)*
أصَرَّ على To insist on. To persist in
صُرَّة جـ صُرَر Bundle, bale, packet
صَرّار اللَّيْل Cricket

صَرير — Creaking. Gnashing. Stridulation

إصرار — Insistence. Persistence

مُصِرّ — Persistent

صرح - صَرَّحَ هـ — To declare. To be clear, frank

صَرَّحَ وصارَحَ بما في نفسه — To avow, confess

تَصْريح — Declaration

تَصْريح بالمُرور — Permit, license

صَرْح جـ صُروح — Edifice. Palace. Castle

صَراحَة — Frankness, openness

صَريح — Frank, open

صرخ - صَرَخَ ـُ — To cry, yell, shout

صَرَخَ لـ — To call

صارِخ — Shouter. Glaring, flashy *(color).* Noisy, loud

صُراخ وصَريخ — Shouting, crying. Screaming

صَرْخَة — Cry, shout, yell

صاروخ جـ صَواريخ — Rocket, missile

صرصر - صَرْصَرَ — To stridulate, squeak

صُرْصور جـ صَراصير — Cockroach. Cricket

صرط - صِراط جـ صُرُط — Way, path

الصِّراط المُسْتَقيم — The righteous path

صرع - صَرَعَ ـَ — To knock down, strike down

صُرِعَ — To have an epileptic fit

صَرْع — Epilepsy

صارَعَ ه وتَصارَعَ — To wrestle with. To fight with

صَريع جـ صُرْع — Thrown to the ground. Victim

مَصْرَع — Death

مِصْراع جـ مَصاريع — Shutter. Leaf. Hemistich

مُصارِع — Wrestler. Gladiator

صِراع ومُصارَعَة — Wrestling

مَصْروع وصَريع — Epileptic

صرف - صَرَفَ ـِ — To dismiss

صَرَفَهُ عن — To turn away. To dissuade

صَرَّفَ النَّقد — To change, exchange

صَرَفَ مالاً — To spend

صَرَفَ الأنْظار عن — To disregard, pay no attention to

صَرَفَ ـُ (الأسنان) — To grate, creak

تَصَرَّفَ في — To dispose of. To act freely

تَصَرَّفَ — To behave, act

إنْصَرَفَ عَن — To go away, depart from

صَرْف — Dismissal, sending away. Firing. Spending

عِلْمُ الصَّرْف — Morphology

صَرْفُ الدَّهْرِ جـ صُروف — Changes of time or fortune, ups and downs

صِرْف — Pure, unmixed

صَرْف وصِرافَة — Money changing.

Exchange

صَرّاف وصَيْرَفيّ جـ صَيارِفَة Money-changer

تَصَرُّف جـ تَصَرُّفات Behavior, comportment

مَصْرِف جـ مَصارِف Bank. Drain. Vent. Way out

مَصْروف جـ مَصاريف Expenditure. Expenses

تَصْريف الأفعال Conjugation *(of verbs)*

إنْصِراف Departure

صرم - صَرُمَ ـُ To be or become severe, stern

صَرامَة Severity. Sharpness

صارِم Severe, strict. Sharp

مُنْصَرِم Past, elapsed

صري - صارٍ جـ صَوارٍ Mast

صطب - مِصْطَبَة جـ مَصاطِب Stone-bench. Terrace

صعب - صَعُبَ ـُ To be or become difficult

صَعَّبَ To make difficult, complicate

إسْتَصْعَبَ هـ To find difficult

صَعْب جـ صِعاب Difficult, hard

صُعوبَة ومَصاعِب Difficulty

صعتر - صَعْتَر Thyme

صعد - صَعِدَ ـَ To ascend, climb. To go up

أصْعَدَ بـ To cause to ascend, raise, lift *(up)*

تَنَفَّسَ الصُّعَداء To have a deep sigh. To breathe again

مِنَ الآن فَصاعِدًا From now on

صُعود Ascent. Rising

عَلى صَعيدٍ واحد Agreed

مِصْعَد Elevator, lift

صعق - صَعَقَ ـَ ه To strike. To thunderstrike, stupefy

صُعِقَ وصَعِقَ ـَ To faint at the sound of thunder. To be astounded, astonished. To be struck

صاعِقَة جـ صَواعِق Thunderbolt

واقِيَة صَواعِق Lightning rod

صغر - صَغِرَ ـَ وصَغُرَ ـُ To be or become small, little. To diminish, decrease

صَغُرَ ـُ To be vile, despised

صَغَّرَ To diminish, make smaller

تَصاغَرَ To lower oneself, cringe

إسْتَصْغَرَ هـ To find small. To underestimate. To despise

صِغَر وصَغارَة Smallness. Youthfulness

صَغير جـ صِغار Small, little. Minute. Young

تَصْغير Diminution. Diminutive *(gram.)*

صَغيرَة Minor sin. Triviality

صغو وصغى - أصغى إلى To listen to. To pay attention

مُصْغٍ Listener. Attentive
إصْغاء Attention. Listening
صف - صَفَّ ـُ هـ وه To line up, align
صَفَّ الحُروف To set, compose
إصْطَفَّ To line up
صَفّ جـ صُفوف Line, row. Class, grade. Lining up
صفح - صَفَحَ ـَ عن To forgive
صَفْح Forgiveness, pardon
صَفَّحَ هـ To plate. To foliate. To armor
صافَحَ To shake hands with
تَصَفَّحَ هـ أو ه To examine carefully. To leaf through *(a book)*
ضَرَبَ عَنْهُ صَفْحًا To shut one's eyes to, disregard
صَفيحَة جـ صَفائح Plate, sheet *(of metal),* leaf. Can, container
مُصَفَّح Plated. Armored
مُصَفَّحَة جـ مُصَفَّحات Armored car
صَفْحَة Page. Sheet. Face
صفر - صَفَرَ ـِ To whistle. To hiss. To wheeze
إصْفَرَّ To turn yellow. To become pale
صِفْرُ اليَدَين Empty-handed
صِفْر جـ أصْفار Zero, naught, cipher
صَفْراء Bile, gall
صُفَيْراء Jaundice
صُفْرَة وإصفِرار Yellow color. Paleness
صَفار البَيْض Egg yolk
صَفّارَة Whistle. Siren
صَفير Whistling. Wheezing
أصْفَر Yellow. Pale
صفصف - صَفْصاف Willow
صفع - صَفَعَ ـَ ه To slap
صَفْعَة Slap
صفق - صَفَقَ ـُ ـِ الباب To slam, bang
صَفَّقَ To applaud. To flap *(the wings)*
صَفْقَة Deal, transaction. Bargain
تَصْفيق Applause. Hand clapping
صَفاقَة Impudence, insolence
صفو - صَفا ـُ To be pure, limpid *(water).* To be clear *(sky)*
صَفّى وأصفى هـ To clarify, refine. To filter. To drain liquid from
صافى ه وأصفى ه ولـ الوُدَّ To have sincere affection for. To be sincere with
تَصافى To be sincere toward one another. To reconcile
صَفْو وصَفاء Clearness. Sincerity. Felicity
صَفْوَة Elite, choice. The best
صافٍ Clear. Pure, unmixed. Serene. Net

صَفيّ جـ أصفياء Sincere friend
تَصْفِيَة Clarification. Filtration. Liquidation. Elimination
مِصْفاة جـ مَصافٍ Strainer. Filter. Refinery
مُصْطَفى Chosen, selected
صقر - صَقْر جـ صُقور Falcon, hawk
صقع - صُقِعَ To be covered with hoarfrost
صَقَّعَ To freeze. To be icy, frozen
صُقْع جـ أصْقاع Region, area, district
صَقيع Frost, hoarfrost
صقل - صَقَلَ ـُ هـ To polish. To gloss
صَقِلَ ـَ To be polished, glossy
صَقْل Polishing
صِقالَة جـ صَقائل Scaffold
مَصْقول Polished. Glossy, shiny. Refined
صلب - صَلَبَ ـُـِ ه To crucify
صَلُبَ ـُ وصَلِبَ ـَ To be or become hard, solid
صَلَّبَ To harden, solidify. To make the sign of the cross
صَلْب Crucifixion
صُلْب جـ أصْلاب Steel. Spinal column. Heart, innermost. Essential point. Hard, solid
صَلابَة Solidity, firmness
صَلابَة وتَصَلُّب Hardness, callousness
صَليب جـ صُلْبان Cross
صَليبيّ جـ صَليبيّون Crusader
الحُروب الصَّليبيّة The crusades
مُصَلَّب Crossing, interjunction of roads
مَصْلوب Crucified. Crucifix
مُتَصَلِّب Inflexible, unyielding
صلج - صَوْلَجان جـ صَوالِجَة Scepter, mace, verge
صلح - صَلُحَ ـُ وصَلَحَ ـَـُ To be good, righteous. To be sound
صَلُحَ لِـ To suit, fit
صالَحَ ه To make peace with
أصْلَحَ هـ To repair, reform. To set aright
أصْلَحَ بين To reconcile
إصْطَلَحَ To be improved
صُلْح ومُصالَحَة Peace. Reconciliation
صَلاح Goodness. Rightness. Fitness. Righteousness, honesty
صالِح مـ صالِحَة Good. Virtuous. Fit, suitable
إصْطِلاح جـ إصْطِلاحات Technical term. Idiom
مَصْلَحَة جـ مَصالِح Interest, advantage. Service, department
صَلاحيَّة Competence, jurisdiction. Authority

تَصْليح Restoration, mending
إصْلاح Restoration. Improvement. Reformation. Correction
مُصْلِح Reformer. Peacemaker
مُصْطَلَح عَلَيه Conventional, generally accepted
إصْلاحيَّة House of correction
صلصل - صَلْصال Clay, argil
صلع - صَلِعَ ـَ To be or become bald
صَلَع Baldness
صَلْعَة وصَلَعَة Bald pate, bald head
أصْلَع مـ صَلْعاء جـ صُلْع وصُلْعان Bald, bald-headed
صلف - صَلِفَ ـَ وتَصَلَّفَ To boast, swagger
صَلَف Swaggering. Arrogance
صَلِف Boastful, swaggerer
صلو - صَلّى To pray
صَلّى على To bless
صَلاة جـ صَلَوات Prayer. Blessing
مُصَلّى Oratory, place of prayer
مُصَلٍّ Prayer
صلى - صَلى ـِ هـ أو في أو على To roast, broil
صَلى لـ To lay a snare for
أصْلاه نارًا To put into fire
إصْطَلى To warm oneself
صم - صَمَّ ـَ وأصَمَّ To be or become deaf

صَمَّمَ على أو في To resolve to, decide to
تَصامَّ To give a deaf ear to
صَمَم Deafness
صِمام جـ أصِمَّة، وصِمامَة Valve. Cork, plug
مِن صَميم القَلْب From the bottom of the heart
أصَمّ مـ صَمّاء جـ صُمّ Deaf
تَصْميم Determination. Plan, project
صَميم Innermost. Real, true
صمت - صَمَتَ ـُ To be or keep silent
صَمْت Silence
صامِت مـ صامِتَة Silent
صمد - صَمَدَ ـُـِ To resist. To remain firm
صامِد Firm. Resistant
صُمود Firmness. Resistance, opposition
صمع - صَوْمَعَة جـ صَوامِع Hermitage
صمغ - صَمَّغَ هـ To gum. To glue
صَمْغ جـ صُموغ Gum
صَمْغُ الصَّنَوْبَر Gum-resin
صَمْغٌ عَرَبيّ Gum arabic
صنج - صَنْج جـ صُنوج Cymbal(s). Castanet(s)
صَنّاج Cymbal-player
صندق - صُنْدوق جـ صَناديق Case, box. Chest. Trunk
صنر - صِنّارة جـ صَنانير Hook.

Fishing rod. Needle
صنع - صَنَعَ ـَ هـ To make, perform. To fabricate. To create
صانَعَ ه To flatter, cajole
تَصَنَّعَ واصْطَنَعَ To feign, affect
صُنْع وصَنْع Manufacturing, fabrication. Benefit
صَنْعَة Workmanship. Work. Profession, trade
صِناعَة جـ صِناعات وصَنائع Industry. Trade, occupation. Craft. Art, skill
أصْحاب الصَّنائع Artisans
صِناعيّ Industrial
صَنيع وصَنيعَة Action, deed
صانِع جـ صُنّاع Workman. Artisan. Maker, producer
إصْطِناعيّ ومُصْطَنَع Artificial
تَصْنيع Industrialization
مَصْنَع ومَصْنَعَة جـ مَصانِع Factory, plant, mill
تَصَنُّع Affectation. Hypocrisy
مُتَصَنِّع Affected, mannered
صنف - صَنَّفَ هـ To classify. To compose, write *(a book)*
صِنْف جـ أصْناف وصُنوف Category, class. Kind, sort, variety. Brand
تَصْنيف جـ تَصانيف، ومُصَنَّف جـ مُصَنَّفات Classification. Composition. Literary work
مُصَنِّف Author, writer

صنم - صَنَم جـ أصْنام Idol, image
عِبادَة الأصْنام Idolatry
صنوبر - صَنَوْبَر Pine
صَنَوبَريّ Piny. Pineal. Coniferous
كوز صَنَوْبَر Pinecone, cone
صه - صَه Hush! quiet!
صهب - صَهِبَ ـَ To be or become reddish
أصْهَب مـ صَهْباء جـ صُهْب Reddish
أصْهَب (جَواد) Chestnut
صهر - صَهَرَ ـَ مَعْدِنًا وانْصَهَرَ To fuse, melt
صاهَرَ ه To become related by marriage to
صِهْر جـ أصْهار وصُهَراء Son-in-law. Brother-in-law
صهرج - صِهريج ج صَهاريج Cistern, reservoir. (Water) Tank
صهل - صَهَلَ ـَـِ To neigh, whinny
صَهيل Neighing
صهو - صَهْوَة جـ صَهَوات Back of a horse
صوب - صابَ ـُـِ وأصابَ To hit the target
صائب مـ صائِبَة Correct, right. Appropriate. Advisable
صَوَّبَ ه To aim at, point at. To correct. To approve of
أصابَ هـ To obtain, get
أصابَ في قَوْلِهِ أو رأيِهِ To be right
مُصيب Right, correct

أصابَ ه To befall, smite *(misfortune)*
إسْتَصوَبَ هـ To approve of
صَوْب Direction. Side. Towards
صَواب Right, correct. Rightness. Consciousness
خَطَأً أو صَوابًا Rightly or wrongly
إصابَة Hit. Goal, score. Injury. Illness. Accident
إصابَةُ عَمَل Accident of labor, industrial accident
مُصاب ومُصيبَة جـ مَصائب Misfortune, calamity
تَصْويب Correction, rectification
مُصاب Injured, wounded
صوت - صاتَ ـُ وصَوَّتَ To sound, utter a cry
صَوَّتَ To vote
صَوْت جـ أصْوات Sound. Voice. Vote
صيت Reputation, fame
ذائِعُ الصّيت Famous, well-known
تَصْويت Voting, vote
صور - صَوَّرَ هـ To draw, paint. To photograph. To describe. To form, shape
تَصَوَّرَ هـ To imagine, fancy
صُور Horn, bugle
صورَة جـ صُوَر Picture. Image. Portrait. Photograph. Copy. Form, shape
صُوَر مُتَحَرِّكَة Animated cartoon, cartoon
تَصَوُّر Thought, idea. Imagination
التَّصوير Drawing, painting
تَصوير فوتوغرافيّ Photography
تَصوير سينَمائيّ Filming, shooting
صُوَريّ Formal. Superficial. Fictitious
مُصَوِّر Photographer. Painter. Cameraman
مُصَوَّر Illustrated
صوص - صوص جـ صيصان Chick, young chicken
صوغ - صاغَ ـُ هـ To shape, mould
صاغَ الذَّهَبَ أو الفِضَّة To work in gold and silver
صائغ جـ صاغَة Goldsmith, jeweler
صيغَة جـ صِيَغ Form, shape. Tense. Formula. Jewelry. Mood, form
صياغَة Goldsmithery. Composition. Forming, shaping
مَصاغ جـ مَصاغات Jewelry
صوف - تَصَوَّفَ To become a mystic
صوف جـ أصْواف Wool. Fleece
صوفيّ Woolen. Mystic, Sufi
صوفِيَّة وتَصَوُّف Sufism, mysticism
صول - صالَ ـُ على To jump on. To attack, assault
صَوْلَة Attack, assault. Power, influence

صوم - صامَ ـُ To fast
صَوْم وصِيام Fasting, fast
صائم Faster. Fasting
صون - صانَ ـُ To preserve, conserve, protect. To maintain
صَوْن Preservation, conservation
صَوّانَة جـ صَوّان Flint, firestone
صيانَة Maintenance. Servicing. Preservation, protection
مَصون Well protected
صيح - صاحَ ـِ وصَيَّحَ To shout, yell, cry
صاحَ بـ To call out to, shout to
صائح وصَيّاح Crier, shouter. Crying, shouting
صِياح Crying, yelling, shouting
صَيْحَة Cry, shout
صِياحُ الدّيك Crowing
صيد - صادَ ـِ وتَصَيَّدَ واصطادَ هـ To hunt, shoot. To fish
صَيْد Hunting. Fishing. Game, kill
صائد وصَيّاد جـ صَيّادون Hunter. Fisherman
مِصْيَد ومِصْيَدَة جـ مَصايد Trap, snare. Net
صيدل - صَيْدَليّ جـ صَيادِلَة Pharmacist, druggist
صَيْدَلِيَّة Pharmacy, drugstore
صير - صارَ ـِ To become. To be. To happen, occur
مَصير Destiny. Result, outcome
صَيْرورَة Becoming, turning into
صيف - إصْطافَ وصَيَّفَ To estivate in, spend the summer in
صَيْف جـ أصياف Summer
مَصْيَف Summer residence, summer resort
مُصْطاف Summer visitor or vacationist
إصْطياف Summering, estivation
صَيْفيّ Summery, estival
صين - صينيّ Porcelain, china
صينيَّة جـ صَوانٍ Tray
صِيوان Tent, pavilion, marquee

ض

ض - ض D *(15th letter of the Arabic alphabet)*

ضؤل - ضَؤلَ ـُ وتَضاءَلَ To be or become small, little. To dwindle, decline, diminish

ضآلة وتَضاؤل Smallness. Dwindling, diminution

ضَئيل Small, tiny. Weak

ضبط - ضَبَطَ ـُـِ هـ To seize, take hold of. To confiscate. To arrest. To correct. To vowelize. To adjust, regulate. To control, restrain

ضَبْط Seizure, seizing. Controlling. Accuracy, precision. Adjustment. Correction. Minutes, procès-verbal

ضابط جـ ضُبّاط Officer. General rule

مَضْبَطَة جـ مَضابِط Procès-verbal

مَضْبوط Correct, exact, precise

إنضِباط Discipline

ضبع - ضَبْع جـ ضِباع Hyena

ضج - ضَجَّ ـِ To clamor. To be noisy

ضَجَّة وضَجيج Noise, clamor, uproar

ضجر - ضَجِرَ ـَ منه To be bored, fed up *(with)*. To be annoyed by

ضَجَر وضُجْرَة Boredom. Impatience, annoyance. Discontent

ضَجِر Bored. Impatient, restless

مُضْجِر Boring. Annoying

ضجع - ضَجَعَ ـَ واضْطَجَعَ To lie down. To sleep

ضاجَعَ ه To have sexual intercourse with, sleep with

ضَجْعَة Slumber. Lying position

مَضْجَع جـ مَضاجِع Bed. Bedroom. Dormitory

ضحك - ضَحِكَ ـَ To laugh

ضَحِكَ على ومن وبـ To laugh at, make fun of

ضَحِكَ على To fool, make a fool of

ضاحِك وضَحوك Laughing. Laugher

أضْحَكَ To make one laugh

أُضْحوكَة جـ أضاحيك Joke. Laughingstock

مُضْحِك Funny, comic (al). Ridiculous

ضَحْك وضِحْك Laughter, laughing

ضَحْكَة وضِحْكَة Laugh

ضحى - ضَحّى بـ To sacrifice. To immolate

أضْحى To become. To bring to light

أضحى يَفْعَل To begin to do

ضُحًى Forenoon. Morning

ضَحيَّة جـ ضَحايا Victim
ضاحيَة جـ ضَواحٍ Suburb(s). Surroundings, vicinity
يَوْم الأضْحى Immolation Day
تضحية Sacrificing, immolation. Sacrifice
ضخ - ضَخَّ ـُ الماء To pump
مِضَخَّة Pump. Squirt, sprayer
مِضَخَّة جاذِبَة Suction-pump
مِضَخَّة دافِعَة Force-pump
ضخم - ضَخُمَ ـُ To be or become big, large, bulky
ضَخامَة Bigness, largeness. Corpulence
ضَخَّمَ To make big, large. To expand. To exaggerate
ضَخْم مـ ضَخْمَة Bulky, huge, big
تَضَخَّمَ To expand. To become inflated
تَضْخيم وتَضَخُّم Inflation, expansion. Exaggeration
تَضَخُّم إقْتِصاديّ Inflation
مُضَخِّم الصَّوْت Loud-speaker
ضد - ضادَّ ه To contradict. To be contrary to
ضِدّ Opposite, contrary
ضِدّ جـ أضْداد Adversary, opponent. Antonym
تَضادّ Contradiction. Opposition
مُضادّ Contrary, opposite

ضر - ضَرَّ ـُ ه وأضَرَّ بـ وه To harm, injure
تَضَرَّرَ وانْضَرَّ من To sustain damage from. To be harmed
اضطَرَّ ه إلى To compel, force *(to)*
إضْطُرَّ إلى To be compelled, obliged *(to)*
ضَرَر جـ أضْرار Damage, harm, injury
ضَرورَة جـ ضَرورات Necessity. Emergency
ضَروريّ Necessary, indispensable
ضَرير جـ أضِرّاء Blind
إضْطِرار Compulsion. Necessity
إضْطِراريّ Compulsory
عِنْدَ الإضْطِرار In emergency
مُضِرّ وضارّ Harmful, injurious
ضَرَّة Fellow wife
ضَرّاء Distress, adversity
مُضْطَرّ Compelled, obliged
ضرب - ضَرَبَ ـِ ه بـ To hit, beat
ضَرَبَ الرَّقْم القياسيّ To set a record
ضَرَبَ ه To smite
ضَرَبَ السِكَّة To coin money
ضَرَبَ مَثَلاً To give an example. To give a proverb
ضَرَبَ آلات الطَّرَب To play on a musical instrument
ضَرَبَ عَنْه صَفْحًا To avoid. To disregard

To pitch a tent ضَرَبَ خَيْمَةً
To fix a time or term to ضَرَبَ أَجَلاً لِـ
To interdict ضَرَبَ على يَدَي فُلان
To multiply by ضَرَبَ كَذا في كَذا
To roam. To travel ضَرَبَ في الأرضِ ضَرْبًا
To go on strike أَضْرَبَ
To be agitated, troubled إِضْطَرَبَ
Beating. Knock. Multiplication ضَرْب
Kind, sort, specimen, variety ضَرْب جـ ضُروب
Opposition, incompatibility *(of thoughts)* تَضارُب الأفكار
Confusion. Trouble. Agitation. Disorder *(mental)* إضْطراب
Stroke. Plague. Punishment ضَرْبَة جـ ضَرَبات
Tax, duty ضَريبَة جـ ضَرائب
Strike إضْراب
Large tent. Bat. Racket. Whisk مِضْرَب جـ مَضارِب
Clapper of a bell مِضْرَبَة الجَرَس
Striker. Striking مُضْرِب
Beaten, hit. Fixed, appointed *(time)*. Multiplicand مَضْروب
Multiplier مَضْروبٌ فيه
Disturbed, confused. Agitated مُضْطَرِب

Contradictory مُتَضارِب
Speculator مُضارِب
To dye red **ضرج** - ضَرَّجَ نَسيجًا
To stain with blood ضَرَّجَ هـ بالدَّم
Tomb, grave **ضرح** - ضَريح جـ ضَرائح
Molar tooth **ضرس** - ضِرْس جـ أضْراس
To be set on edge ضَرِسَ ـَ (تِ الأسنان)
Reliefs, elevations تَضاريس الأرض
To break wind **ضرط** - ضَرَطَ ـِ
Wind, fart ضَرْط وضُراط
To match, be similar to **ضرع** - ضارَعَ ه وهـ
To pray humbly *(to God)*, to implore تَضَرَّعَ إلى
Udder, dug ضَرْع جـ ضُروع
Similar, alike مُضارِع
Present tense صيغَة المُضارِع
Resemblance مُضارَعَة
Supplication, prayer. Imploring تَضَرُّع
To burn, catch fire **ضرم** - ضَرِمَ ـَ واضْطَرَمَ
To kindle, ignite. To set on fire ضَرَّمَ وأضْرَمَ هـ
Burning. Blaze, flame إضْطِرام
Burning مُضْطَرِم
Savage. Fierce. Predatory. Beast of prey **ضرو** - ضارٍ مـ ضارِيَة

ضعضع - ضَعْضَعَ هـ To undermine. To dilapidate. To demolish, ruin
تَضَعْضَعَ To be or become dilapidated. To decline. To grow weak
ضَعْضَعَة Undermining. Dilapidation. Pulling down
ضعف - ضَعَفَ ـُ وضَعُفَ ـُ To weaken, lose power or strength. To be or become weak, feeble
ضاعَفَ وأضْعَفَ هـ To double. To multiply
أضْعَفَ ه وضَعَّفَ To weaken
تَضاعَفَ To be doubled. To double. To multiply
إسْتَضْعَفَ ه وهـ To find someone weak. To underestimate
ضُعْف Weakness, feebleness
ضِعْف جـ أضْعاف Double
ضَعيف جـ ضُعَفاء وضِعاف Weak, feeble. Ill. Frail
مُضاعَف ومُضَعَّف Twofold, double. Multiplied
مُضاعَفَة Doubling, multiplying
مُضاعَفات Complications of a disease
إضْعاف Weakening
تَضاعيف Contents. Folds
ضغط - ضَغَطَ ـَ ه To press. To squeeze
ضَغَطَ على To exert pressure on. To force, compel
ضَغْط Pressure. Squeezing. Oppression
ضَغْط جَوّيّ Atmospheric pressure
ضَغْط شِريانيّ أو ضَغْط الدَّم Blood pressure
ميزان الضَّغْط الجَوّيّ Barometer
آلة ضاغطة Compressor, roller
ضف - ضَفَّة وضِفَّة جـ ضِفاف Bank, shore, riverside
ضفدع - ضِفْدَعَة جـ ضَفادِع Frog
ضفر - ضَفَرَ ـِ وضَفَّرَ هـ To braid. To interweave, twist
ضَفيرَة Braid, plait
ضفو - ضفا ـُ To be abundant
ضَفْوَة العيش A comfortable life
ضل - ضَلَّ ـَ To lose one's way. To stray
ضَلَّ سَعْيُهُ To fail, come to nothing
ضالّ Straying, wandering. Astray, lost
ضَلال وضَلالَة Error. Going astray
تَضْليل وإضْلال Misleading. Deceiving
مُضِلّ ومُضَلِّل Misleading. Delusive
ضلع - ضَلُعَ ـُ To be or become strong, robust
تَضَلَّعَ مِن عِلْم To be versed in. To master, know well

اضْطَلَعَ بـ To assume, undertake
ضِلْع جـ ضُلوع وأضْلاع وأضلُع Rib. Side of a triangle
كانَ لَهُ ضِلْعٌ في To play an active part or role in
ضالِعٌ مع Accomplice in
ضَليعٌ (في عِلْم) Versed in. Learned. Experienced, skilled
مُضَلَّع Ribbed. Polygon. Polygonal
ضم - ضَمَّ ـُ هـ To gather, collect. To join. To assemble. To contain, comprise
ضَمَّ إلى To add to. To annex, join
ضَمَّ ه (إلى صَدْرِه) To embrace, hug
إنْضَمَّ إلى To join
ضَمٌّ Gathering. Joining. Addition
مَضْموم Joined, united
إنضِمام Joining, entering. Union, uniting
ضَمَّة Embrace, hug. The vowel point «u»
ضمد - ضَمَدَ ـِ وضَمَّدَ جُرْحًا To bandage, dress *(a wound)*
ضِماد وضِمادَة Dressing, bandage
ضمر - ضَمَرَ ـُ وضَمُرَ ـُ To be or become lean, skinny, thin
ضَمَّرَ وأضْمَرَ To emaciate, atrophy
أضْمَرَ ه وهـ To hide, conceal
أضْمَرَ حِقْدًا To harbor, entertain
ضامِر جـ ضُمَّر وضَوامِر Thin, slim. Emaciated, atrophied
ضَمير جـ ضمائر Conscience. Heart. Pronoun
مُضْمَر Tacit, implied. Secret
مِضْمار Race-course. Field of activity, domain
ضمن - ضَمِنَ ـَ هـ أو بـ To guarantee, warrant
ضَمَّنَ هـ To include, enclose
تَضَمَّنَ هـ To include, contain, comprise
تَضامَنَ مع To unite, join forces
ضِمْن Within, inside of. Among
ضَمان Guarantee, warrant(y). Responsibility. Insurance
ضَمان إجْتِماعيّ Social security
ضَمانَة Guarantee
ضامِن Guarantor. Responsible
تَضامُن Solidarity
مَضْمون جـ مَضامين Content, meaning
مَضْمون Guaranteed. Insured
رِسالة مَضْمونَة Registered letter
ضن - ضَنَّ ـَـِ بـ To withhold, keep back
ضَنين Avaricious. Economical
ضَنًّا بـ In order to spare
ضنك - ضَنُكَ ـُ To be feeble, weak. To be badly off. To be or become narrow

ضَنْك وضَناكَة Poverty, straits
عَيْشٌ ضَنْك Hard or miserable life
ضنى - ضَنِيَ ـَ To pine away. To be or become lean, worn out
ضَنًى Exhaustion. Weakness. Emaciation. Grief
مُضْنًى Exhausted. Emaciated
ضهد - إضْطَهَدَ ه To persecute
إضْطِهاد جـ إضْطِهادات Persecution, oppression
مُضْطَهَد Persecuted
مُضْطَهِد Persecutor
ضهى - ضاهى ه To match, equal, resemble
مُضاهاة Resemblance, similarity. Comparison
مُضاهٍ Similar
ضوء - ضاءَ ـُ To shine, gleam
أضاءَ هـ To shine. To illuminate
إسْتَضاءَ بـ To obtain light from. To use for lighting
ضياء وضَوْء جـ أضْواء Light. Brightness, glow
إضاءَة Lighting. Illumination
مُضيء مـ مُضيئَة Shining. Luminous
ضور - ضارَ ـُ ه To cause harm to
تَضَوَّرَ To starve to death
ضور Starvation
ضوضى - ضَوْضاء Noise, uproar
ضوع - ضاعَ ـُ هـ وتَضَوَّعَ To emanate, diffuse *(fragrance)*

ضوى - ضَوِيَ ـَ وأضوى To weaken
إنْضَوى إلى To join, follow
ضير - ضارَ ـِ To harm, damage, injure
ضَيْر Harm, damage, prejudice
ضيع - ضاعَ ـِ To get lost, be lost
ضائع Lost, missing
أضاعَ وضَيَّعَ هـ To lose, miss
أضاعَ (مالَهُ) To waste, squander
ضَياع Loss. Perdition
ضَيْعَة جـ ضِيَع Small village
إضاعَة Waste, squandering
ضيف - ضافَ ـِ ه To stay with as a guest
أضافَ هـ إلى To add, annex
إسْتَضافَ To receive as a guest
إسْتَضافَ بـ To ask hospitality from
ضَيْف جـ ضُيوف وأضْياف Guest. Visitor
ضِيافَة Hospitality. Entertainment
إضافَة Annexation, addition
مُضاف Added, annexed. Adjunct
مِضياف Hospitable
مُضيف Host. Entertainer. Steward
مُضيفَة Hostess. Air hostess, stewardess
إضافيّ Additional, supplementary
ضيق - ضاقَ ـِ To be or become narrow
ضَيَّقَ هـ To make narrow, tighten, contract

ضَيَّقَ على To confine. To constrain.
To besiege. To oppress
ضايَقَ ه To oppress
ضِيق وضيقَة جـ ضَيْق Poverty.
Distress, difficulty
ضَيِّق مـ ضَيِّقَة Narrow. Tight. Limited
ضَيِّق الخُلُق Impatient
ضيق Narrowness
مَضيق جـ مَضايق Narrow passage.
Channel. Defile, pass

ضائقة Crisis, critical situation.
Difficulty
مُضايَقَة Annoyance, disturbance,
harassment. Inconvenience
مُتَضايِق Annoyed, irritated
ضيم - ضامَ ـِ ه To do wrong to,
oppress
ضَيْم جـ ضُيوم Wrong, injustice.
Oppression

ط

T *(16th letter of the Arabic alphabet)* **ط** - ط

To bow, incline *(one's head)* **طأطأ** - طَأْطَأَ الرّأس

To practise medicine **طب** - طَبَّبَ

To treat medically, doctor, medicate طَبَّبَ هـ

Medicine. Medical treatment طِبّ وطُبّ وطَبابَة

Doctor, physician طَبيب جـ أطِبّاء

Dentist طَبيبُ أسنان

Pediatrician, pediatrist طَبيبُ أطْفال

Surgeon طَبيبٌ جَرّاح

Medical. Medicinal طِبّيّ

To cook **طبخ** - طَبَخَ ـُـ

Cooking, cookery طَبْخ

Cooked food, cuisine طَبْخٌ وطَبيخ

Cookery, culinary art طِباخَة

Cook. Chef طَبّاخ

Kitchen مَطْبَخ جـ مَطابخ

Battalion. Line, queue **طبر** - طابور

Chalk **طبشر** - طَبْشورَة جـ طَباشير

To print. To typewrite. To stamp, imprint. To coin *(money)* **طبع** - طَبَعَ ـَ

To train طَبَّعَ حَيَوانًا

To get an habit تَطَبَّعَ بـ

Impression. Printing طَبْع

Nature, disposition, character, temper طَبْع جـ طِباع

Edition, impression. Printing طَبْعَة

Character. Printer. Typist طابِع

Seal. Stamp. Imprint. Postage stamp طابَع جـ طَوابع

Printing, press طِباعَة

Printer, typographer طَبّاع

Nature. Natural disposition. Character طَبيعَة جـ طَبائع

Natural. Physical طَبيعيّ

Natural science. Physics عِلْم الطَّبيعيّات

Press, printing establishment مَطْبَعَة جـ مَطابع

Printing-machine مِطْبَعَة جـ مَطابع

To apply. To pervade. To cover up **طبق** - طَبَّقَ هـ

To correspond, agree *(with)*. To identify with. To fit, suit, match. To bring to coincidence طابَقَ ه وهـ

To close, shut. To cover up أَطْبَقَ هـ

To close in on. To assault, attack أَطْبَقَ على

Floor, story طابِق جـ طَوابِق

Identical. Conformable. طِبْق ومُطابِق

In agreement, in harmony
According to طِبْقًا لِـ
Plate, dish. Bowl. Tray طَبَق جـ أطْباق
Layer. Category, order. Stratum. Pitch, tone. Class, rank طَبَقَة جـ طَبَقات
Agreement, conformity مُطابَقَة وتَطابُق
Application. Adaptation تَطْبيق
Applied. Practical تَطْبيقيّ
Applied sciences عُلوم تَطْبيقيَّة
Absolute, complete مُطْبِق
Corresponding. Identical مُطابِق
To drum **طبل** - طَبَلَ ـُ وطَبَّلَ
Drum طَبْل جـ طُبول
Drummer طَبّال
Eardrum, tympanum طَبْلَةُ الأُذُن
طحل - طِحال جـ أطحِلة وطِحالات
Spleen, milt
Moss, alga **طحلب** - طِحْلِب وطُحْلُب
To grind, mill **طحن** - طَحَنَ ـَ هـ
Grinding, milling طَحْن
Flour, meal طَحين
Molar tooth طاحِنَة جـ طَواحِن
طاحون وطاحونة جـ طَواحين، مِطْحَنَة جـ مَطاحِن
Mill, grinder
Miller طَحّان وطاحِن
Coffee-mill مِطْحَنَة بُنّ

To happen, come upon unexpectedly **طرأ** - طَرَأَ ـَ
To praise highly أطْرَأَ ه
Fresh, new طَريء مـ طَريئة
Accidental, unexpected. Foreign طارئ مـ طارئة
Accident, misfortune. Unexpected event طارئة جـ طوارئ
Praise. Compliment. Flattery إطْراء
To be moved with joy, to be delighted **طرب** - طَرِبَ ـَ
To sing, chant طَرَّبَ
To enrapture, delight طَرَّبَ وأطْرَبَ ه
Joy, delight طَرَب
Musical instrument آلَةُ طَرَب
Singer. Musician. Delightful. Melodious *(tune)* مُطْرِب
طربش - طَرْبوش جـ طَرابيش
Tarboosh, fez
To throw, cast. To subtract **طرح** - طَرَحَ ـَ هـ
To put a question to طَرَحَ سؤالاً على
To miscarry طَرَحَت المرأة وطَرَّحَت
To raise a cry of alarm طَرَحَ الصَّوْت
Subtraction طَرْح
Abortion طِرْح
Veil, head veil طَرْحَة
Thrown down. Lying prostrate on the ground طَريح

أُطْروحَة Thesis, dissertation
طَريح الفِراش Confined to bed
طرد - طَرَدَ ـُـ ه وهـ To drive away. To dismiss. To expel
طارَدَ ه وهـ To chase, pursue, hunt
مُطارَدَة Pursuit, chase
إسْتَطْرَدَ To digress. To continue one's speech
إسْتِطْراد Digression
طَرْد Expulsion. Driving away. Dismissal
طَرْدًا وَعَكْسًا Forward and backward
طَرْد جـ طُرود Parcel, package
طَرّاد جـ طَرّادات Cruiser
طَريدَة جـ طَرائد Game, quarry
مُطَّرِد مـ مُطَّرِدَة Continuous, incessant. General *(rule)*
مُطارِد Pursuer. Hunter
طرز - طَرَّزَ To embroider
تَطْريز Embroidery. Embroidering
طِراز جـ طُرُز Fashion, style. Type, model
مُطَرَّز Embroidered
طرش - طَرِشَ ـَـ To be or become deaf
طَرَشَ ـُـ هـ To whitewash *(a wall)*
طَرْشُ حائط Whitewashing
طَرّاش Whitewasher
طَرَش Deafness
أطْرَش مـ طَرْشاء جـ طُرْش Deaf

طرف - طَرَفَ ـِـ بَصَرَهُ أو بِعَيْنِهِ To blink
طَرُفَ ـُـ To be newly acquired. To be original, uncommon
طَرَّفَ To walk at the edge of
تَطَرَّفَ To be on the extreme side. To exaggerate
تَطَرُّف Extremism. Extravagance
طَرَف جـ أطْراف Edge. Extremity. Party
مُتَطَرِّف Extreme. Extremist
في طَرْفَةِ عَيْن In the twinkling of an eye, instantly
طُرْفَة Anecdote
طَريف Original, singular. Odd, curious
طرق - طَرَقَ ـُـ هـ To knock *(at a door)*. To strike, hammer
طَرْقَة Knock
أطْرَقَ To keep silent. To bow one's head
تَطَرَّقَ إلى To treat, bring up. To reach, arrive at. To penetrate
طَريق جـ طُرُق وطُرُقات Way, road, path
طَريقٌ سالِك Passable road
طَريقَة جـ طَرائق Manner, means. Method. System
طارِقَة جـ طَوارِق Misfortune, calamity

مِطْرَقَة جـ مَطارِق Hammer. Mallet

مَطْروق Much-frequented, trodden *(way, path)*. Frequented *(place)*. Previously treated *(subject)*

طرو - طَرِيَ ـَ To be or become soft, tender

طَرّى هـ To soften, make tender

طَراوَة Softness, tenderness. Freshness

أطْرى ه To praise highly

طَرِيّ مـ طَرِيّة Soft, tender. Fresh, new. Moist

طس - طَسْت جـ طُسوت Washtub. Washbasin, basin

طعم - طَعِمَ ـَ هـ To taste. To eat

طَعِمَ ـَ To be grafted *(a tree)*

طَعَّمَ هـ وه To graft *(a tree)*. To vaccinate. To inoculate. To inlay *(with gold...)*. To bait *(a fish-hook)*

إسْتَطْعَمَ هـ To taste

طَعْم جـ طُعوم Taste, flavor, savor

طُعْم Bait. Graft. Vaccine

طَعام جـ أطْعِمَة Food, aliment, nourishment

مَطْعَم جـ مَطاعِم Restaurant. Eating house

مُطَعَّم Grafted. Vaccinated. Inlaid

مَطْعوم جـ مَطاعيم Graft

إطْعام Feeding

تَطْعيم Vaccination, inoculation

طعن - طَعَنَ ـَـُ ه بـ To stab. To thrust, pierce

طَعَنَ في أو على بالقَوْل To defame. To speak evil of

طَعَنَ في حُكم To appeal

طَعَنَ في صِحَّة شيء To contest, call into question

طَعَنَ في السِّنّ To grow old. To be old

طَعْن Stabbing. Defamation

طاعِنٌ في السِّنّ Advanced in years, old

طَعْنَة Stab, thrust

طاعون جـ طَواعين Plague, pestilence

طغا - طَغا ـُ To exceed the proper bounds. To overflow

طَغى وطَغيَ ـَ To tyrannize. To dominate

طاغٍ وطاغيَة Tyrant, oppressor

طُغيان Tyranny, oppression

طفأ - طَفِئَ ـَ وانطفأ To go out, die *(fire)*

أطفأ وطَفَأَ هـ To put out, extinguish

مِطْفَأَة Fire extinguisher

إطفائيَّة Fire department

إطفائيّ Fireman

طفح - طَفَحَ ـَ To brim. To overflow, spill over

طَفَحَ الكَيْل To be or become unbearable. To reach a crisis

طافِح Overflowing, brimful
طفر - طَفَرَ ـِ To jump, leap
طَفْر وطَفْرَة Jump, leap. Eruption *(of pustules)*
طفق - طَفِقَ ـَ To begin, start, set out *(to do)*
طفل - تَطَفَّلَ To intrude. To sponge, live on others
طِفْل مـ طِفْلَة جـ أَطْفال Infant, baby, child
رَوْضَةُ الأَطْفال Kindergarten
طُفولَة وطُفوليَّة Childhood
طُفَيْليّ Parasite. Intruder
طُفَيْليّات Parasites
مُتَطَفِّل Parasitic(al). Intruder, uninvited guest
طفو - طَفا ـُ To float
طافئ، طافٍ Floating
طُفُوّ Floating, flotation
طافِيَة Buoy
طق - طَقَّ ـُ (غُصْنٌ) To crack
طقس - طَقْس Weather. Climate
طَقْس جـ طُقوس Rite, ritual. Ceremony
طقم - طَقْم وطاقِم Set. Suit
طَقْمُ أسنان Denture, set of teeth
طَقْمُ سُفْرَة Service, set
طل- أَطَلَّ على To overlook, dominate
طَلّ Drizzle. Dew
طَلَل جـ طُلول وأَطْلال Ruins, remains

مَطَلّ ومُطَلّ View, outlook
مُطِلّ Overlooking, dominating
طلب - طَلَبَ ـُ وتَطَلَّبَ هـ To ask for, request. To demand. To wish, desire
طالَبَ هـ To claim. To reclaim
تَطَلَّبَ هـ To demand, need, require
طَلَب Demand, request
طَلْبَة Litany, prayer
طالِب جـ طُلاّب وَطَلَبَة Student
مُطالَبَة Claim. Demand
مَطْلَب جـ مَطالب Demand, request. Search, quest. Claim. Problem, issue
مَطْلوب Desired. Wanted. Required. Due *(money)*
مُتَطَلِّبات Requirements
طَلَبِيَّة Order, commission
طلح - طَلْحِيَّة جـ طَلاحِيّ Sheet of paper
طالِح Bad, wicked
طلع - طَلَعَ ـُ To rise *(sun)*
طَلَعَ النَّبات To sprout, break forth
طَلَعَ ـَـُ وطَلِعَ ـَ To go up. To rise, ascend. To climb *(a hill)*, mount *(a ladder)*
طالَعَ هـ To read, peruse. To examine carefully
أَطْلَعَ ه على To acquaint with, inform of. To show to

إِطَّلَعَ على To become aware of. To learn about. To see. To find out
طَلْعَة Aspect, look(s). Rise, ascent
طَليعَة جـ طَلائع Vanguard. Front. Front place
إِسْتِطْلاع Investigation, research. Exploration. Reconnoitering
طالِع جـ طَوالِع Horoscope. Luck, fortune
مَطْلَع جـ مَطالِع Introduction. Prelude. Beginning, start. Ladder
مُطَّلِع Informed *(about)*, acquainted *(with)*. Observer
مُطالَعَة Reading. Report. Study, survey
طَلْع Pollen
مُطالِع Reader
طلق - طَلَّقَ (إمرَأَتَهُ) To divorce
مُطَلَّق مـ مُطَلَّقَة Divorced. Divorcé
أَطْلَقَ ه وهـ To release. To free
أَطْلَقَ عيارَ مُسَدَّسِهِ على To fire at, shoot
أَطْلَقَ عَلَيْهِ لَقَب أو إسم To name, call, designate as
إِنْطَلَقَ To go away, depart
إِنْطَلَقَ لِسانُه To be or become fluent
طَلِق وطَليق Free
طَلِق المُحَيّا Cheerful, bright-faced
طَلْقَة ناريَّة Shot, gunshot
لِسان طَلِق وطَليق Facile, fluent tongue
طَلاق Divorce
طَلاق بالثَّلاثة Definitive divorce
طلاقَةُ الوَجْه Cheerfulness, gaiety
طَلاقَة اللِّسان Fluency, volubility
على الإطْلاق ومُطْلَقًا Absolutely, generally
مُطْلَق Free. General. Absolute
إطْلاق Freeing, releasing
إنْطلاق Departure, take off
طلى - طَلى ـِ To paint. To coat, plate. To gild, overlay with gold
طِلاء Paint. Coating
طم - طَمَّ ـُ هـ To overflow, flood. To fill to the brim
طامَّة Calamity, disaster
طمح - طَمَحَ ـَ إلى To aspire to. To long for
طَمَحَ بِبَصَرِهِ إلى To look up to, to rise to see
طَموح Ambitious
طُموح Ambition
مَطْمَح Goal, aim, ambition
طمر - طَمَرَ ـُـِ هـ To bury
طَمَرَ حُفْرَةً To fill up with earth
طِمر جـ أطْمار Rags, tatters
مَطْمور Buried
طمس - طَمَسَ ـُـِ To efface, obliterate
إِنْطَمَسَ To be effaced, obliterated

طمع - طَمِعَ ـَ To covet, desire
طَمَع جـ أطماع Covetousness, avidity
طَمّاع Covetous, avid, greedy
مَطْمَع جـ مَطامِع Coveted object. Wish, desire
طمن - طَمْأَنَ ه To reassure. To calm, appease
إطْمَأَنَّ إلى To feel reassured. To have confidence in. To make sure of
إطْمِئنان وطُمَأْنينَة Tranquillity, peacefulness. Security, safety. Confidence
مُطْمَئِنّ Tranquil, at ease
طن - طَنَّ ـِ To buzz, hum. To whiz. To ring *(ears)*
طَنين Buzz(ing), hum(ming). Ringing
طُنّ جـ أطْنان Ton
طَنّان Ringing, resounding. Famous
طنب - أَطْنَبَ To exaggerate
إطْناب Exaggeration
طنفس - طِنْفِسَة جـ طَنافِس Carpet
طهر - طَهَرَ ـُ وطَهُرَ ـُ To be or become clean, pure
طَهَّرَ هـ وه To disinfect, sterilize. To circumcise. To clean
طُهْر وطَهارَة Cleanness, purity. Chastity
تَطْهير Cleaning, purification
طُهور، تَطْهير Circumcision
مَطْهَر Purgatory
مُطَهِّر Purifier. Disinfectant. Detergent
طاهِر Pure, clean. Chaste, modest
طهو - طَها ـُ To cook
طاهٍ جـ طُهاة Cook. Chef
طَهْوٌ وطَهْيٌ Cooking
طوب - طوب Brick(s)
طود - طَوْد جـ أطْواد Mountain
مُنْطاد جـ مَناطيد Balloon, aerostat
طور - تَطَوَّرَ To evolve, develop
طَوَّرَ To develop, promote
طَوْر جـ أطْوار Phase, stage. State, condition. Limit. Time
طُور Mountain
طَوْرًا وَطَوْرًا Sometimes... sometimes, now... then
تَطَوُّر Evolution. Development
طوس - طاس جـ طاسات Bowl. Cup. Drinking glass
طاووس جـ طَواويس Peacock
طوع - طاعَ ـُ وأطاعَ ه To obey, submit to
طاوَعَ ه على أو في To agree with, consent to
تَطَوَّعَ To volunteer. To enlist
تَطَوُّع Volunteering. Enlistment, voluntary service
إسْتَطاعَ هـ To be able, can
طاعَة وإطاعَة ومُطاوَعَة Obedience, submission
مُطاوِع ومُطيع Obedient, submissive

طول - طالَ ـُ To be or become long. To lengthen. To last long
طالَما As long as. Often, frequently
أطالَ هـ To lengthen. To prolong
تَطاوَلَ To grow longer
تَطاوَلَ على To attack. To trespass. To be insolent. To lift a hand against
طول Length. Size, height
خَطّ الطّول Longitude
طيلة وطَوال During, throughout
طائل وطائلة جـ طَوائِل Use, benefit. Might, power
إطالَة Lengthening, prolongation
مُسْتَطيل Oblong. Rectangle
تَحْتَ طائلة Under penalty of
طاوِلَة Table
طَويل جـ طِوال Long
طَويل الأناة Patient
طَويل الأمَد أو الأَجَل Long-term
طوى - طَوى ـِ هـ To fold, roll-up
طوى البلاد To traverse, cross
طَوِيَ ـَ To suffer hunger, starve
إنْطوى على To involve, comprise
طَوى (جوع) Hunger, starvation
طَيّ Folding
في طَيِّه Enclosed, herewith
طَوِيَّة Interior. Intention, purpose. Conscience
مَطوى ومِطواة Pocketknife

مُطاوِع ومِطْواع Pliant, malleable
مُطاوَعَة ومِطواعيَّة Plasticity, malleability
مُتَطَوِّع Volunteer
طَواعيَّة Obedience
مُسْتَطاع Possible
طوف - طافَ ـُ حَوْل وبـ To go around, circle
طافَ في البلاد To travel, ramble in a country
طافَ (النَّهْر) To overflow. To flood
طوفان Inundation, deluge, flood
طائفة جـ طَوائف Sect. Confession. Party. Part, portion. Religious minority
تَطْواف Traveling, wandering. Procession
طَوّافَة Helicopter
طائفيّ Denominational, confessional
طوق - طاقَ ـُ وأطاقَ هـ على To bear, tolerate, endure
طَوَّقَ ه هـ To encircle. To put a collar on
طاقَة Energy. Power. Capacity. Faculty
طاقَة كَهْرَبائيَّة Electrical energy. Electricity
طاقَة ذَرِّيَّة Atomic energy
طَوْق جـ أطْواق Collar. Necklace
تَطْويق Encirclement

إنطواء Introversion
طَيَّة Fold, ply, pleat
طيب - طابَ ـِ To be or become good. To be or become delicious
طابَ لـ To please, delight
طيبة Goodness
بطيبَة خاطِر With pleasure. Willingly
طَيَّبَ هـ To make good, pleasant. To perfume. To spice
طَيَّبَ خاطِرَهُ To appease, pacify
إسْتَطابَ واسْتَطْيَبَ هـ To find good, agreeable
طابَة Ball
طوبى جـ طوبَيات Beatitude
طوبى لـ Blessed is, blessed be
طوباويّ Beatified, canonized
طِيب جـ أطياب وطُيوب Perfume, scent
تَطْويب Beatification
طَيِّب Good. Agreeable. Delicious. Good-hearted, kind. Well
طير - طارَ ـِ To fly
طارَ إلى To hurry to, run to
طارَ صيتُهُ To be or become famous, well-known
تَطَيَّرَ بـ ومِن To see an evil omen in. To be pessimistic

تَطايَرَ To be scattered, dispersed
طَيْر وطائر جـ طَيْر وطُيور وأطْيار Bird. Fowl
كَأَنَّ على رَأْسِهِ الطَّيْر Motionless with awe
طَيَران Flying, flight. Aviation
طَيَرانٌ مَدَنيّ Civil aviation
خُطوطُ الطَّيَران Airlines, airways
سِلاحُ الطَّيَران Air force
طائرة وطيّارَة Airplane, plane, aircraft
طائرة شَحْن Transport plane
طَيّار Pilot, aviator
مَطار Airport
تَطَيُّر Pessimism
طيش - طاشَ ـِ To be or become reckless, frivolous. To miss *(the mark of an arrow)*. To stray
طائش جـ طُيّاش Reckless, careless
طَيْش Recklessness. Frivolity
طيف - طَيْف جـ أطْياف Vision, apparition, specter. Spectrum
طين - طَيَّنَ جِدارًا To plaster *(a wall)*
طين وطينَة Mud. Argil, clay. Mortar, plaster
طينَة Argil. Nature, disposition

ظ - ظ   Z (17th letter of the Arabic alphabet)

ظبا - ظَبْي جـ ظِباء وظَبَيات   Antelope. Gazelle, deer

ظَبْيُ الجِبال   Chamois

ظَبْيَة جـ ظِباء وظَبَيات   Doe, roe

وَلَدُ الظَّبْيَة   Fawn

ظر - ظِرّ جـ ظِرّان   Flint, firestone

ظرف - ظَرُفَ -ُ   To be charming, graceful. To be witty

ظَرْف جـ ظُروف   Circumstance. Adverb. Envelope

ظَرْف وظَرافة   Wit, wittiness. Charm, gracefulness

ظَريف جـ ظُرَفاء   Witty, full of esprit. Graceful, charming

ظَرْفِيّ   Adverbial. Circumstantial

ظفر - ظَفِرَ -َ هـ وبـ   To obtain, gain, win

ظَفِرَ بـ وعلى   To triumph over

ظَفَر   Victory, triumph

ظِفْر وظُفْر وظُفُر جـ أظْفار وأظافِر   Nail, fingernail. Talon, claw

قَلَّم أظافِرَهُ   To manicure oneself

ظافِر   Victorious. Victor, conqueror

ظل - ظَلَّ -َ   To remain, last

ظَلَّ يَفْعَلُ   To continue doing

ظَلَّلَ وأَظَلَّ ه وهـ   To overshadow, shade

تَظَلَّلَ واسْتَظَلَّ بـ   To sit in the shade of

ظِلّ جـ أظْلال   Shadow, shade. Protection

مِظَلَّة جـ مَظالّ   Umbrella. Parasol, sunshade. Parachute

ظلف - ظِلْف جـ ظُلوف وأظْلاف   Cloven hoof

ظلم - ظَلَمَ -ِ ه   To wrong. To oppress

ظَلَمَ ه حَقَّهُ   To deprive of a right

ظَلِمَ -َ وأَظْلَمَ   To darken, grow dark

ظُلْم   Injustice. Wrong. Oppression

ظُلْمَة جـ ظُلُمات، ظَلام وظَلْماء   Obscurity, darkness

مُظْلِم   Dark, tenebrous

مَظْلوم   Wronged, unjustly treated

مَظْلِمَة جـ مَظالِم، ظُلامَة   Complaint. Injustice

ظالِم   Unjust, unfair. Oppressor

ظمئ - ظَمِئَ -َ   To be thirsty

ظَمَأ وظِمْء   Thirst

أَرْوى ظَمَأَه   To quench one's thirst

ظَمْآن   Thirsty

ظن - ظَنَّ -ُ هـ وه   To think,

suppose, believe. To suspect

ظَنّ جـ ظُنون Opinion, idea. Doubt, suspicion. Assumption

أساءَ الظَنّ To mistrust. To think ill of

أحْسَنَ الظَنَّ To have a good opinion of

ظَنين Suspect. Suspected

ظهر - ظَهَرَ ـَ To appear. To come to light. To become apparent, visible. To seem

ظَهَرَ بـ وعلى To overpower, vanquish

تَظاهَرَ To demonstrate

تَظاهَرَ بـ To pretend, simulate

إسْتَظْهَرَ ه وهـ To memorize

ظَهْر جـ ظُهور Back. Rear. Reverse. Verso. Surface, top. Deck *(of a ship)*

عَن ظَهْرِ قَلْب By heart

ظُهْر وظَهيرَة Noon, midday

ظُهور Appearance, manifestation

ظاهِر Apparent, visible. External, exterior. Evident, obvious

مَظْهَر جـ مَظاهِر External appearance, aspect. Form, shape

ظاهِرَة جـ ظَواهِر Phenomenon

تَظاهُرَة ومُظاهَرَة Demonstration, manifestation

أظْهَرَ To show. To bring to light. To reveal. To declare, make known. To explain

تَظاهُر Pretension. Hypocrisy. Pretending

ع

c *(18th letter of the Arabic alphabet)* ع – ع

To drink in large draughts, quaff **عب** – عَبَّ ـُ الماء

Sleeve. Breast pocket عُبّ جـ عِباب

Torrent. Flood. Waves عُباب

To prepare. To mobilize *(an army)*. To fill up. To pack. To bottle **عبأ** – عَبَّأَ

Not to care for لا يَعْبَأ بـ

Burden, load عِبْء جـ أعباء

Aba, cloak عَباء وعَباءَة جـ عُبي

Mobilization تَعْبِئَة

To fool around **عبث** – عَبِثَ ـَ

To play, toy *(with)* عَبِثَ ـَ بـ

Play. Futility, uselessness عَبَث

In vain, uselessly عَبَثًا

To worship, adore *(God)* **عبد** – عَبَدَ ـُ ه

To pave عَبَّدَ الطَّريق

To worship, devote oneself to worship or to the service of God تَعَبَّدَ لِـ

To enslave إسْتَعْبَدَ ه

Slave. Servant. Negro, black عَبْد جـ عَبيد

Worshiper, adorer عابِد جـ عَبَدَة وعُبّاد

People, mankind العِباد

Slavery. Bondage عُبودِيَّة

Worship, adoration. Cult عِبادَة

Enslavement إسْتِعْباد

Temple, place of worship مَعْبَد جـ مَعابِد

Worshiped, adored. Idol. Deity مَعْبود

Sunflower, turnsole عَبّاد الشَّمْس

Paving تَعْبيد الطُّرُق

To traverse, cross. To pass. To shed tears **عبر** – عَبَرَ ـُ هـ

To express, utter *(an opinion)* عَبَرَ وعَبَّرَ هـ عن رأيه

Passing. Bygone, past. Passer-by عابِر

To consider, deem. To esteem إعْتَبَرَ ه وهـ

To take into consideration أَخَذَ هـ بِعَيْن الإعْتِبار

Respectable. Considerable مُعْتَبَر

Across. Through. By means of عَبْر وعِبْر

Tear, teardrop عَبْرَة جـ عَبَرات

Example, lesson. Consideration. Warning عِبْرَة جـ عِبَر

Hebrew عِبْرانيّ وعِبْريّ

Expression. Phrase, sentence. Explanation عِبارَة

عُبور Crossing, traversing. Passage
عَبير Fragrance, perfume, scent
تَعْبير Explanation. Expression
إذا جازَ أو صَحَّ التَّعْبير So to speak
مَعْبَر جـ مَعابِر Passage
عبس - عَبَسَ ـِ To frown
عابِس Frowning. Morose. Austere
عبق - عَبِقَ ـَ To be redolent of. To be fragrant
عَبِقَ الطّيبُ بـ To cling *(perfume)* to
عَبَّقَ هـ To spread out *(a perfume)*
عابِق Fragrant. Redolent of
عَبْقَة Feeling of suffocation
عبقر - عَبْقَريّ Genius. Genial
عَبْقَرِيَّة Genius, ingenuity
عتب - عَتَبَ ـُـِ على وعاتَبَ على To blame, admonish, reproach gently
عَتَبَة جـ عَتْبات Threshold, doorstep
عِتاب Reproach, admonition, blame
مُعاتِب One who makes reproaches
عتد - عَتاد جـ أعْتِدَة Equipment(s), material
عَتاد حَرْبيّ War material, ammunition
عَتيد Future, forthcoming. Ready
عتق - عَتُقَ ـُ To be or become old
عَتَّقَ الخَمْر To mature wine
عاتِق جـ عَواتِق وعُتْق Shoulder
عَتيق جـ عُتَقاء Old, ancient
أعْتَقَ To emancipate, free
إعْتاق Emancipation, liberation

عتل - عَتَلَ ـُـِ حِملاً To carry
عَتَّل To exercise the craft of a porter
عَتّال جـ عَتّالَة Porter, carrier
عتم - عَتَّمَ (الأنوار) To darken, obscure
عَتَمَة Dark, darkness, gloom
مُعْتِم Dark
تَعْتيم Darkening, obscuring
عثر - عَثَرَ ـُـِ وعَثِرَ ـَ وعَثُرَ ـُ وتَعَثَّرَ To stumble, trip
عَثَرَ ـُ على To find, come across, discover
عَثْرَة Stumble, false step
حَجَرُ عَثْرَة Stumbling block, obstacle
عُثور Finding, coming across
عج - عَجَّ ـِ To vociferate, shout
عَجَّ المكان بـ To be overcrowded with *(people)*. To swarm with
عَجيج Clamor, vociferation, shouting
عجب - عَجِبَ ـَ من أو لـ وتَعَجَّبَ من To wonder at. To be surprised at
أعْجَبَ To please
أُعْجِبَ To admire, have a high opinion of
عُجْب جـ أعجاب Vanity, pride
عَجَبٌ عُجاب Wonder of wonders
عَجَب Astonishment. Wonder
أُعْجوبَة جـ أعاجيب، عَجيبَة جـ عَجائب Miracle, wonder
تَعَجُّب Astonishment, surprise

مُعْجَب بنفسه — Conceited, vain
مُعْجَب — Admirer
عَجيب — Wonderful. Miraculous. Bizarre
عجرف - تَعَجْرَفَ — To be haughty, presumptuous, arrogant
عَجْرَفَة — Arrogance
عجز - عَجُزَ ـُ وعَجَّزَ — To age
عَجَزَ ـِ وعَجِزَ ـَ — To fail to, be incapable of
عَجْز — Weakness, incapacity. Disability. Failure. Deficit
عاجِز — Weak. Disabled, crippled
عَجْز وعُجْز جـ أعجاز — Buttocks, posterior
عَجوز جـ عَجائز — Old woman, old man
مُعْجِزَة جـ مُعْجِزات — Miracle
عجل - عَجِلَ ـَ وعَجَّلَ — To hurry, hasten
عَجَّلَ وأعْجَلَ واسْتَعْجَلَ ه وهـ — To urge, press, rush
تَعَجَّلَ واسْتَعْجَلَ في — To accelerate
عِجْل جـ عُجول — Calf
عِجْل البَحْر — Seal, sea calf
عَجَلَة — Hurry, haste. Precipitation. Wheel. Bicycle. Vehicle
مُسْتَعْجِل — In a hurry
عاجِل — Immediate. Quick
عاجِلاً أو آجِلاً — Sooner or later

عجن - عَجَنَ ـُـِ هـ — To knead *(flour)*
عَجْن — Kneading
عَجين جـ عُجُن — Dough, paste
مِعْجَن ومِعْجَنَة جـ مَعاجِن — Kneading trough
مَعْجون جـ مَعاجين — Kneaded. Paste. Putty
عد - عَدَّ ـُ وعَدَّدَ هـ — To count, number, enumerate, calculate
عَدَّهُ مَجْنونًا — To consider, deem crazy
أعَدَّ هـ لـ — To prepare, make ready for
إعْتَدَّ بـ — To be self-conceited, proud
إسْتَعَدَّ لـ — To get ready for. To stand by
عَدَد جـ أعداد — Number. Figure. Quantity
عِداد — Number. Equal, match
في عِداد — Among, one of
عَدّاد — Counter, meter
عُدَّة جـ عُدَد، مُعَدّات — Equipment(s), material(s), tool(s)
مُتَعَدِّد — Multiple, numerous, varied
مُسْتَعِدّ — Prepared, ready
عَديد — Numerous
إعْداد — Preparation
إعْداديّ — Preparatory
تَعَدُّد — Variety, diversity, plurality
إسْتِعْداد — Readiness. Predisposition

عَدّ — Enumeration. Deeming
عدس - عَدَس — Lentil(s)
عَدَسَة — Lens
عَدَسَةٌ مُكَبِّرة — Magnifying glass
عَدَسَةٌ لاصِقَة — Contact lens
عدل - عَدَلَ ـِ — To be just, act justly. To treat with justice
عادِل — Just, fair. Upright, honest
عَدَلَ ه بِغَيْرِه — To treat equally with
عَدَلَ عن — To deviate from. To abstain from
عَدَّلَ وأعْدَلَ هـ — To equilibrate. to straighten. To modify
عَدَّلَ الأسْعار — To adjust, fix
عادَلَ ه وهـ — To equal, be equal to. To counterbalance
عادَلَ بين — To make equal, treat equally
إعْتَدَلَ — To be moderate. To be straight
عَدْل وعَدالَة — Justice, fairness
وزارة العَدْل — Ministry of Justice
إعْتِدال — Moderation. Straightness
تَعْديل — Modification, amendment. Adjustment, regulation
العَديلان — The two husbands of two sisters
مُعَدَّل — Average. Rate, proportion. Modified, altered
مُعادَلَة — Equation. Equality. Equilibrium
عُدولٌ عن — Refraining, abstention *(from)*. Renunciation of
تَعادُل — Equality. Balance, equilibrium
مُعْتَدِل — Straight. Moderate, temperate
عدم - عَدِمَ ـَ (مالَهُ) — To lose, be deprived of
أعْدَمَ ه — To put to death
عَدَم — Nonexistence. Lack, absence. Deprivation
عَديم جـ عُدَماء ومُعْدِم — Lacking of. Deprived of
عَدَمِيَّة — Nihilism
إعْدام — Execution, killing. Annihilation
إنْعِدام — Absence, lack
عدن - مَعْدِن جـ مَعادِن — Mineral. Metal
مَعْدِنٌ خامّ — Ore
مَعْدِنٌ ثَمين — Precious metal
مَعْدِنيّ مـ مَعْدِنيَّة — Metallic. Mineral
ماءٌ مَعْدِنيّ — Mineral water
تَعْدين — Mining
عدو - عَدا ـُ — To run. To jog
عَدا وعَدّى عن أمْرٍ — To pass over. To turn away from, abandon
عَدّى هـ — To cause to cross
عادى ه — To be or become hostile to. To contract the enmity of
تَعَدّى — To exceed the limits

تَعَدّى القانون	To transgress, infringe
تَعَدّى على واعْتَدى على	To assault, violate. To encroach upon
عَدا وما عَدا	Except, save
عَدْو وعَداء	Running, race. Jogging
عَدُوّ جـ أعْداء	Enemy
عَداوَة وعِداء	Enmity, hostility
عُدْوان واعْتِداء	Aggression. Assault
عَدْوى	Contagion. Infection
مُعْدٍ	Contagious
عَدّاء	Runner, racer
مُعْتَدٍ	Aggressor
عذب - عَذُبَ ـُ	To be or become sweet
عَذَّبَ	To torture, torment
إسْتَعْذَبَ هـ	To find sweet, pleasant
عَذْب جـ عِذاب	Sweet. Pleasant, nice
عَذاب جـ أعْذِبَة	Torture, pain, agony
تَعْذيب	Torturing, tormenting
عُذوبَة	Sweetness
عذر - عَذَرَ ـِ	To excuse, forgive
إعْتَذَرَ عن ومن	To apologize for
تَعَذَّرَ على	To be impossible. To be difficult
عُذْر جـ أعْذار	Excuse. Pretext
مَعْذور	Excused. Excusable
عَذْراء جـ عَذارى	Virgin, maiden
مَريم العَذْراء	The Virgin Mary
تَعَذُّر	Impossibility
إعْتِذار	Apology
عرب - عَرُبَ ـُ	To be a true Arab
عَرَّبَ هـ	To translate into Arabic. To make Arabic
أعْرَبَ عن	To express
تَعَرَّبَ واسْتَعْرَبَ	To adopt the customs of the Arabs
عُرْب وعَرَب جـ أعْرُب	Arabs
عَرَبيّ جـ عَرَب	Arab, Arabian, Arabic
العَرَبيَّة	Arabic, the Arabic language
أعْرابيّ جـ أعْراب وجج أعاريب	Bedouin, nomad, an Arab of the desert
إعْراب	Syntax. Analysis
عَرَبَة جـ عَرَبات	Vehicle, carriage. Car
عَرّاب	Godfather, sponsor
عُروبَة وعُروبيَّة	Arabism
تَعْريب	Arabization. Translation *(into Arabic)*
مُعَرِّب	Translator *(into Arabic)*
مُعَرَّب	Translated into Arabic
عربد - عَرْبَدَ	To be noisy. To make an orgy. To be quarrelsome
عِربيد	Quarrelsome. Riotous
عربن - عُرْبون	Earnest money. Pledge. Deposit
عرج - عَرَجَ ـُـِ وعَرِجَ ـَ	To limp, be lame
عَرَّجَ على	To halt or stop at. To pay

a visit to

أعْرَج مـ عَرْجاء جـ عُرْج Limping, lame

عَرَج Lameness, limp

تَعاريج Sinuosities

مُتَعَرِّج Sinuous. Zigzag

عرس - عُرْس جـ أعراس Wedding, marriage

إبن عِرْس جـ بَنات عِرس Weasel

عَروس وعَريس جـ عَرائس وعرسان
Bride. Bridegroom, groom

عرش - عَرْش جـ عُروش Throne

جَلَسَ على العَرْش To ascend the throne

تَنازَلَ عن العَرْش To abdicate

عَريش جـ عُرُش كَرْم Trellis

عَريش عَرَبَة Shaft, pole

عرض - عَرَضَ ـِ لَهُ عارِضٌ To hit, strike, happen to

عَرَضَ هـ لـ To offer, present

عَرَضَ لوحات To exhibit *(paintings)*

عَرُضَ ـُ وَعَرَّضَ هـ To broaden, widen

عَرَّضَ بـ أو لـ To insinuate, allude to

عَرَّضَ لِـ To expose to

عارَضَ ه To oppose. To contradict

عارَضَ هـ بـ To contrast with

أعْرَضَ عن To avoid, shun. To abandon. To discard

تَعَرَّضَ لِفُلان To defy, resist

تَعَرَّضَ للأمر To be exposed to. To interfere with

إعْتَرَضَ لـ To stand in the way of. To pretend

إسْتَعْرَضَ To review. To survey. To discuss

عَرْض جـ عُروض Breadth, width. Offer. Presentation. Merchandise, goods

عَرْض حال جـ عَرْضُ حالات
Petition

عِرْض جـ أعراض Honor

عَرَضًا By chance, casually

عُرْضَةٌ لـ Exposed to, subject to

عَرَضيّ Accidental. Nonessential

عَروض جـ أعاريض Prosody. Foot of a verse

مَعْروض وعَريضَة جـ عَرائض Petition

عارِض مـ عارِضَة جـ عَوارِض Attack, fit. Accident. Exhibitor. Obstacle

عارِضَة جـ عَوارِض Beam, girder

إعْتِراض Objection

مَعْرِض جـ مَعارِض Exposition, exhibition

مُعارِض Opponent, objector, opposer

مُعارَضَة Opposition

مُعْتَرِض Protester

جُمْلَة مُعْتَرِضَة Parenthetical clause

إسْتِعْراض Parade, review. Musical show

عَريض Broad, wide

عرف - عَرَفَ ـِ هـ To know. To perceive. To be acquainted with

عَرَّفَ ه To introduce someone to another. To inform of. To define

إعْتَرَفَ بـ To confess, acknowledge. To recognize. To make a confession

عَرْف Fragrance, sweet smell

عُرْف جـ أعْراف Custom, usage. Comb. Mane

عِرافَة Fortune-telling, divination

عَرّاف جـ عَرّافون Fortune-teller, diviner

مَعْرِفَة وعِرفان Knowledge

عِرْفانُ الجَميل Gratitude

عَريف جـ عُرَفاء Corporal. Sergeant. Monitor

إعْتِراف Recognition. Acknowledgment. Confession

تَعْريف جـ تَعْريفات Definition. Introducing. Informing

تَعْريفَة Tariff

مُعَرِّف Confessor

مَعْروف Known. Famous. Favor

مُعْتَرِف Confessor, penitent

مُعْتَرَف به Recognized. Acknowledged

عُرْفيّ Customary, traditional

مَحْكَمَة عُرْفيَّة Court-martial

عرق - عَرِقَ ـَ To sweat. To transpire

عَرَق Sweat. Transpiration. Arrack

عِرْق جـ عُروق Vein. Blood vessel. Root. Reef, lode

العِرْق Race

عِرْقيَّة Racism, racialism

عَريقُ الأصْلِ Highborn

عَراقَة النَّسَب Noble descent

عرقب - عُرْقوب Hamstring

عرقل - عَرْقَلَ To hinder, obstruct, stand in the way of

عَرْقَلَة جـ عَراقيل Hindrance. Obstacle

عرك - عَرَكَ ـُ هـ To rub. To knead

عارَكَ ه To fight with. To quarrel with

تَعارَكَ To fight one another

عَرْكَة وعِراك Fight, combat, quarrel

عَريكَة جـ عَرائك Disposition, nature

مَعْرَكَة جـ مَعارِك Fight, battle

مُعْتَرَك Battle ground

عرو - إعْتَرى ه To befall, happen to

عُرْوَة جـ عُرًى Buttonhole. Loop. Handle, ear

عُرى الصَّداقَة Bonds of friendship

عرى - عَرِيَ ـَ To be naked

عَرّى وأعرى ه هـ أو من To disrobe, undress. To denude

تَعَرّى من To take off one's clothes

عَراء جـ أعراء The open, open air

عُرْيٌ وعُرْيَة Nakedness, nudity
عارٍ وعُريان جـ عُراة Naked, bare
عارٍ من Deprived of. Devoid of
عز - عَزَّ ـِ To be or become strong. To be or become rare. To be or become precious. To be or become dearly beloved
الله عَزَّ وَجَلَّ God, the Great and Almighty
عَزَّ عليه To be difficult for
عِزَّة وعِزّ Glory, honor. Power
عِزَّةُ النَّفْس Sense of honor, pride
عَزَّزَ ه To strengthen. To confirm. To support, maintain. To respect
أعَزَّ ه To render strong. To cherish. To love
تَعَزَّزَ To become strong
عَزيز Dear, beloved. Rare. Mighty
عزب - عَزَبَ ـُ To be single, unmarried
عَزَب وعازِب وأعْزَب مـ عَزْباء جـ عُزْب Single, unmarried. Bachelor
عُزوبَة Celibacy
عزف - عَزَفَ ـُـِ To play *(on a musical instrument)*
عَزْف Playing *(on a musical instrument)*
عازِف Player, musical performer
مِعْزَف جـ مَعازِف Piano
مَعْزوفَة Piece of music

عزق - عَزَقَ ـِ هـ To hoe, dig *(the soil)*
عَزْق Hoeing
مِعْزَق ومِعْزَقَة جـ مَعازِق Hoe, mattock
عزل - عَزَلَ ـِ ه وهـ To remove, separate, isolate
عَزَلَ ه عن To depose. To dismiss
عَزْل Separation. Deposition. Insulation
إعْتَزَلَ هـ To retire. To withdraw from
عُزْلَة Retirement. Isolation, solitude
أعْزَل جـ عُزَّل Unarmed
عازِل Insulator. Insulating
إعْتِزال Retirement
عزم - عَزَمَ ـِ To resolve, decide *(to)*
عَزَمَ ه على (دَعاهُ) To invite to
عَزْم جـ عُزوم Resolution, determination, firm will
عَزيمَة جـ عَزائم Strong will. Might. Incantation
عزو وعزى - عَزى ـُـِ ه وهـ إلى To attribute to, refer to
عِزْوَة Relationship. Kindred
تَعَزّى To be consoled. To console oneself
عَزّى ه To console. To condole
تَعْزِيَة Consolation. Condolence
عَزاء Consolation, comfort.

Ceremony of mourning
Consoler, comforter مُعَزٍّ، المُعَزّي
To be or become difficult **عسر** - عَسُرَ ـُ وعَسِرَ ـَ
To be left-handed عَسِرَ ـَ
Difficulty. Straits. Bad circumstances عُسْر
Difficult, tough عَسِر وعَسير
Left-handed أعْسَر مـ عَسْراء جـ عُسْر
Arbitrariness. Tyranny. Abusiveness **عسف** - تَعَسُّف
Arbitrary. Tyrannical. Abusive تَعَسُّفيّ
To encamp **عسكر** - عَسْكَرَ الجُنود
Troops, army عَسْكَر جـ عَساكِر
Soldier. Military عَسْكَريّ
Military service خِدْمَةٌ عَسْكَرِيَّة
Camp مُعَسْكَر
Concentration camp مُعَسْكَرُ اعْتِقال
To sweeten with honey **عسل** - عَسَلَ ـُـِ وعَسَّلَ هـ
Honey عَسَل جـ عُسُل
Honeycomb قُرْص عَسَل
Honeymoon شَهْرُ العَسَلِ
To nest **عش** - عَشَّشَ
Nest عُشّ جـ أعْشاش
To be grassy, covered with grass **عشب** - عَشِبَ ـَ وعَشُبَ ـُ وأعْشَبَ واعشَوْشَبَ
To herborize عَشَّبَ
Grass. Herb. عُشْب جـ أعْشاب
Pasture
To take or collect the tithe **عشر** - عَشَّرَ ه وهـ
To associate with. To keep company with عاشَرَ ه
Association, companionship مُعاشَرَة وعِشْرَة
One tenth. Tithe عُشْر جـ أعْشار
Ten عَشْر مـ عَشَرَة جـ عَشَرات
Twenty عِشْرون
Sociable عَشور
Clan. Tribe عَشيرَة جـ عَشائر
Society, community. Kinsfolk مَعْشَر
To love passionately, be enamored of **عشق** - عَشِقَ ـَ
To stick to. To cleave to عَشِقَ بـ
To show love to تَعَشَّقَ ه
Ardent love, passion عِشْق
Lover, sweetheart عَشيق جـ عُشّاق
Lover عاشِق
To be night-blind. To be dim-sighted **عشو وعشى** - عَشا ـُ وعَشِيَ ـَ
To dine, have dinner تَعَشّى
Dinner عَشاء
Evening, eve عَشيَّة
Night-blind. Dim-sighted أعشى مـ عشواء
To fold, tie. To bandage **عصب** - عَصَبَ ـِ وعَصَّبَ
To be a fanatic تَعَصَّبَ في دينِهِ

مُتَعَصِّب Fanatic, enthusiast
عُصْبَة جـ عُصَب League, union. Troop, band
عُصْبَةُ الأُمَم League of Nations
عَصَب Nerve
عَصَبِيَّة Fanaticism. Party spirit. Nervosity
عَصَبِيّ Nervous
تَعَصُّب Fanaticism, intolerance. Partiality. Party spirit
عَصيب Critical
عِصابَة Gang. Band, troop
عصر - عَصَرَ ـِ To press *(out)*, squeeze *(out)* *(grapes)*. To wring *(wet clothes)*
عَصَّرَ هـ To express the juice of
عاصَرَ ه To be contemporary with. To be a contemporary of
عَصْر جـ عُصور Afternoon
عَصْر جـ أعْصُر وعُصور Age, time, epoch, era
عَصْر Expressing, squeezing
عَصْرٌ ذَهَبِيٌّ Golden age
عَصْرِيّ Modern, up-to-date, new
عَصير وعُصار وعُصارَة Juice, syrup
إعصار جـ أعاصير Whirlwind, cyclone, hurricane
مَعْصَرَة Mill, pressing place
مِعْصَرَة وعَصّارَة Press, juicer, squeezer

مُعاصِر Contemporary
عُصارَة Juice. Extract, essence
عصف - عَصَفَ ـِ وأعْصَفَ To storm, blow violently
عاصِف Stormy, windy
عاصِفَة جـ عَواصِف Storm, violent wind
عصفر - عَصْفَرَ نَسيجًا To dye yellow
عُصْفُر Safflower *(yellow dye)*
عُصْفور جـ عَصافير Bird. Sparrow
عصم - عَصَمَ ـِ ه (من الخَطأ) To preserve, protect. To hold back, prevent
إعْتَصَمَ واسْتَعْصَمَ بـ To seek protection with. To adhere to
إعْتَصَمَ مِنَ (الشَّرّ) To abstain from
عِصامِيّ Self-made
عِصْمَة Protection. Prevention. Infallibility
عاصِمَة جـ عَواصِم Capital, metropolis
مِعْصَم جـ مَعاصِم Wrist
مُعْتَصَم Shelter
مَعْصوم Protected
مَعْصوم مِن الغَلَط Infallible
إعْتِصام Sit-in
عصو - عَصا جـ عُصِيّ Stick, rod, cane. Scepter, mace
عصى - عَصى ـِ To disobey. To

revolt against

إسْتَعصى على To be difficult

إسْتَعْصى (مَرَض) To be incurable

عاصٍ وعَصيّ جـ عَصيّون Disobedient. Rebel, mutineer. Insurgent

عِصيان ومَعْصية Rebellion. Disobedience

مَعْصِيَة Sin. Offense

مُسْتَعْصٍ Difficult, hard

عض - عَضَّ ـَ بـ وعلى To bite

عَضَّة Bite

عضد - عَضَدَ ـُ ه To support, help, aid

عَضْد جـ أعْضاد، مُعاضَدَة Aid, assistance

عَضُد جـ أعضاد Upper arm

تَعاضُد Mutual aid

عضل - عَضِلَ ـَ To be or become muscular

عَضَلَة جـ عَضَلات Muscle

عَضِل Muscular

عُضال Chronic, incurable *(disease)*

مُعْضِلَة جـ مُعْضِلات Problem, difficulty, enigma

عضو - عُضو جـ أعْضاء Member. Organ, limb

عُضْوٌ عامِلٌ Active member

عُضْويَّة Membership. Organism

عطب - عَطِبَ ـَ To be damaged, destroyed

أعْطَبَ ه To damage, spoil, destroy

عَطَب Damage, injury. Destruction

سَريعُ العَطَب Fragile, delicate. Perishable

عطر - عِطْر جـ عُطور Perfume, scent. Essence

عَطِر وعاطِر وعِطْريّ Sweet-smelling, aromatic, fragrant

عَطّار Perfumer. Druggist

عطس - عَطَسَ ـُ ـِ To sneeze

عَطْسَة Sneeze

عطش - عَطِشَ ـَ To be or feel thirsty

عَطَّشَ To cause thirst

تَعَطَّشَ إلى To thirst for, long for, aspire to

عَطَش Thirst

عَطِش وعَطْشان Thirsty. Desirous *(of)*. Craving *(for)*

عطف - عَطَفَ ـِ إلى To incline to

عَطَفَ هـ To incline, bend

عَطَفَ عن وانعَطَفَ عن To turn away from

عَطَفَ كَلِمَةً على أُخرى To join one word to another

عَطَفَ على وتَعَطَّفَ على To feel sympathy for. To be favorably disposed to

إنْعَطَفَ نحو To be inclined, bent

إسْتَعْطَفَ ه To implore, supplicate

عَطْف Sympathy, affection. Inclination

حَرْف عَطْف Conjunction

عَطوف Sympathetic, affectionate

عاطِفَة جـ عَواطِف Feeling, sentiment

عاطِفيّ Sentimental

مِعْطَف جـ مَعاطِف Coat, overcoat

مُنْعَطَف الطَّريق Road turn

عطل - عَطَلَ ـَ وتَعَطَّلَ To be or become unemployed. To be or become idle

عَطَّلَ ه وهـ To break down. To delay. To interrupt. To disable

عُطْل Failure, breakdown. Damage

عُطْلَة Holiday(s), vacation

عاطِل Unemployed, idle

تَعْطيل Unemployment. Delaying. Breaking down

مُعَطَّل Out of order, broken

عطن - عَطِنَ ـَ To rot, decay, putrefy

عَطِن Putrid, rotten. Stinking

عطو - أعطى ه هـ To give

تَعاطى هـ To take. To engage in

إسْتَعْطى To beg, ask for alms

عَطاء جـ أعْطِيَة وعَطِيَّة جـ عَطايا Gift, present. Donation

تَعاطٍ Taking. Practice *(of an activity)*

عظم - عَظُمَ ـُ To be or become great, big. To be or become grievous

عَظُمَ على To be hard, difficult *(for)*

عَظَّمَ To glorify, honor. To magnify

تَعَظَّمَ وتَعاظَمَ To be or become proud. To intensify

إسْتَعْظَمَ الأمر To regard as great or important

عَظْم جـ أعْظُم وعِظام Bone

عَظَمَة Grandeur, majesty. Pride

عَظيم جـ عُظَماء وعِظام Great, big. Important. Magnificent

مُعْظَم Most of

عف - عَفَّ ـِ To abstain from what is forbidden or indecent. To be chaste

عَفيف جـ أعِفّاء Chaste, pure, virtuous

عِفَّة وعَفاف Chastity, abstinence, purity

عفر - عِفريت Devil, demon. Malicious. Sly, cunning

عفص - عَفْص Gall oak

عفن - عَفِنَ ـَ وتَعَفَّنَ To rot, decay. To mold. To mildew

عَفَن وعُفونَة Rottenness, decay. Mildew, mold

عَفِن وَمُعَفَّن Rotten, putrid, moldy

عفو - عَفا ـُ وعَفّى هـ To efface

عَفا عن To forgive, pardon

عافى هـ من To heal, cure

مُعافى Healthy
عافاك أو عَفاكَ الله Bravo! well done!
أعفى ه من To exempt from
إعفاء Exemption. Discharge
إسْتَعْفى من To resign
إسْتِعْفاء Resignation
عَفو Pardon, forgiveness. Favor. Obliteration
عَفْوًا Spontaneously. I beg your pardon!
عافِيَة جـ عَوافٍ Good health
عق - عَقَّ ـُ (والِدَهُ) To be disobedient
عَقوق وعَقّ وعاقّ جـ أعِقَّة Disobedient
عقب - عَقَبَ ـُ ـِ وأعْقَبَ To succeed, follow
عاقَبَ ه To punish
تَعَقَّبَ ه To pursue. To chase
تَعاقَبَ To succeed one another
عَقْب جـ أعْقاب، عَقِب Heel. Stump, stub. Progeny, offspring. Following, coming after. End, last part
عُقُب وعُقْب جـ أعْقاب End. Result
رَدَّهُ على أعْقابِهِ To drive back to where he came from
عَقَبَة جـ عِقاب Obstacle. Difficulty. Mountain road
عُقْبى وعاقِبَة Issue, result. End
عِقاب ومُعاقَبَة وعُقوبَة جـ عُقوبات Punishment, penalty

عُقاب جـ عِقْبان Eagle
عقد - عَقَدَ ـِ وعَقَّدَ هـ To knot, tie. To fasten. To join. To conclude *(a contract)*. To hold *(a meeting)*
عَقِدَ وانْعَقَدَ لِسانُهُ To be or become tongue-tied
عَقَّدَ هـ To thicken *(by boiling)*. To complicate
تَعَقَّدَ To be or become complicated
عاقَدَ ه وتَعاقَدَ مع To make a contract with
إعْتَقَدَ To believe. To be convinced
عَقْد Contract. Agreement. Deed, document. Arch. Decade. Knotting. Fastening
عِقْد جـ عُقود Necklace, collar
عُقْدَة جـ عُقَد Knot. Problem. Joint, articulation
عَقيد Colonel
عَقيدَة جـ عَقائد، مُعْتَقَد Belief, faith. Conviction. Dogma
إعْتِقاد Belief
مُعْتَقَد Believed
مُعَقَّد Complicated. Knotted
تَعاقُد Conclusion of a contract
تَعْقيد Complication. Complexity
عُنقود جـ عَناقيد Cluster, bunch of grapes
عقر - عَقَرَ ـِ ه To wound
عقَرَ ـِ وعَقُرَ ـُ To be barren, sterile

عاقِر Barren, sterile
عُقْر وعُقُر Barrenness, sterility
في عُقْرِ دارِهِ In his own house
عَقار جـ عَقارات Real estate. Immovable property
عَقّار جـ عَقاقير Drug, medicine
عقرب - عَقْرَب جـ عَقارِب
Scorpion. Hand *(of a watch)*
عقعق - عَقْعَق جـ عَقاعِق Magpie
عقف - مَعْقوف Crooked, bent
أَنْفٌ مَعْقوف Aquiline nose
صَليبٌ مَعْقوف Swastika
عقل - عَقَلَ ـُ حَيَوانًا To hobble. To tie
عَقَلَ ـِ وتَعَقَّلَ To understand, comprehend
تَعَقَّلَ To reason. To show intelligence
إِعْتَقَلَ ه To arrest
عَقْل جـ عُقول Mind, intelligence, reason, sense, understanding
عِقال جـ عُقُل Headband, headcord
عاقِل جـ عُقّال وعُقَلاء وعاقِلون Wise, rational, reasonable, sane
عقيلة جـ عقائل Wife, spouse
مَعْقِل جـ مَعاقِل Stronghold. Refuge
مَعْقول Reasonable. Intelligible
إِعْتِقال Arrest, detention
مُعْتَقَل جـ مُعْتَقَلات Concentration camp

عَقْلِيَّة Mentality, mind
عقم - عَقَمَ ـُ To be sterile, barren
عَقَّمَ To sterilize. To disinfect
عُقْم Sterility, barrenness
مُعَقَّم Sterilized, disinfected
عَقيم Sterile. Unproductive. Useless
تَعْقيم Sterilization
عكر - عَكِرَ ـَ وتَعَكَّرَ To be or become turbid
عَكَر Turbidity. Sediment, dregs
عَكِر ومُعَكَّر Turbid. Troubled
عَكَّرَ To render turbid. To disturb, trouble
عكز - عَكَزَ ـُ وتَعَكَّزَ على To lean on
عُكّاز وعُكّازَة جـ عَكاكيز وعُكّازات
Crutch. Staff, stick. Cane
عكس - عَكَسَ ـِ هـ To reverse. To reflect, mirror
إِنْعَكَسَ To be reversed. To be reflected
عاكَسَ ه To contradict, oppose. To tease. To make improper advances to
عَكْس وانْعِكاس Reversion. Reflection
عَكْس Contrary, opposite, inverse
بِالعَكْس On the contrary
والعَكْسُ بالعَكْسِ Vice versa
عكف - عَكَفَ ـُـِ هـ وانْعَكَفَ على
To apply oneself to. To adhere to

إعْتَكَفَ في مكان To seclude oneself in

عل - عُلَّ To be or become sick

عَلَّلَ هـ To justify, give reasons for

تَعَلَّلَ بـ To offer as an excuse. To busy oneself with

إعْتَلَّ To be or become ill, sick

عَلَّ ولَعَلَّ Perhaps, maybe

عِلَّة جـ عِلَل وعِلاّت Disease, illness, sickness. Defect. Cause, reason. Excuse

العِلَّة والمَعْلول Cause and effect

إعْتِلال Illness. Defectiveness

عَليل ومُعْتَلّ Ill, sick

عَليل Soft, mild

مُعْتَلّ Defective

تَعْليل Explanation, justification

علب - عُلْبَة جـ عُلَب Box, case. Can. Packet

عَلَّبَ To can. To case

مُعَلَّبات Canned food(s), tinned food(s)

علج - عالَجَ ه وهـ To treat, medicate. To handle, tackle *(a subject)*. To process, work *(an object)*

عِلاج Remedy. Medical treatment

مُعالَجَة Treatment *(of a patient, a subject)*, doctoring

طَبيبٌ مُعالِج Physician, doctor

عِلاجيّ Therapeutic, curative

علف - عَلَفَ ـِ وأعْلَفَ To feed, fodder

عَلَف جـ أعْلاف Fodder, forage, provender

مَعْلَف جـ مَعالِف Manger, trough, crib

علق - عَلِقَ ـَ بـ To get caught in

عَلِقَ بـ وتَعَلَّقَ بـ To cling. To hang on to

عَلِقَ ه وبـ وتَعَلَّقَ بـ To be attached to, fond of

عَلَّقَ هـ على To suspend, hang down

عَلَّقَ بـ To attach to, fix to

عَلَّقَ على To comment on

عَلَّقَ أهمّيَّةً على To attach importance to

عَلَّقَ الآمال على To set one's hopes on

عَلَقَة جـ عَلَقات وعَلَق Leech

عَلاقَة جـ عَلاقات Relation (ship). Tie, link

عُلَّيْق Bramble, blackberry

بدون تَعْليق No comment

تَعْليقَة جـ تَعاليق Marginal note. Hanger

مُعَلَّق Suspended, hanging

مُعَلِّق Commentator

تَعَلُّق Attachment. Connection

مُتَعَلِّق بـ Related to. Attached to

علك - عَلَكَ ـُـِ هـ To chew, masticate
عَلْك Mastication, chewing
عِلْك جـ عُلوك وأعلاك، عِلْكَة Chewing-gum
علم - عَلِمَ ـَ To know, have knowledge. To learn about. To perceive
عَلَّمَ To teach. To mark, label
تَعَلَّمَ To learn. To study
عَلَم جـ أعلام Flag, standard
إسْمُ عَلَم Proper noun, proper name
عِلْم جـ عُلوم Science. Knowledge. Acquaintance. Perception
تَعْليم Teaching, instruction. Education
عَلامَ Why? What for?
عَلامَة جـ عَلامات Mark, sign, indication. Grade. Emblem
عالَم جـ عَوالِم World, universe
عالِم جـ عُلَماء Scientist, savant. Erudite, learned. Acquainted with
عِلْمانيّ Secular. Layman, laic
إعلام Information. Notification. Notice
مَعْلَم جـ مَعالِم Road sign, signpost. Landmark
مُعَلَّم ومُتَعَلِّم Educated
مُعَلِّم Teacher, instructor. Master
مَعْلوم Known. Fixed, determined
المَعْلوم والمَجهول Active voice and passive voice
مَعْلومات Information, data
عِلْميّ Scientific
عالَميّ Universal. International
إسْتِعْلام Inquiry. Information
علن - عَلَنَ ـُـِ وعَلُنَ ـُ وعَلِنَ ـَ To become known, public
عَلَنًا وعَلانيَةً Openly, publicly
أعْلَنَ هـ To announce, declare. To publish. To notify
عَلَنيّ Public, open
إعْلان Declaration. Announcement. Promulgation, publication. Manifestation. Advertising. Advertisement
شَرِكَة إعلانات Advertising agency
علو وعلى - عَلا ـُ وعَليَ ـَ واعْتَلى To rise. To be or become high. To surpass. To overtop. To mount up
عَلا بـ To raise, take up
عالٍ مـ عالِيَة High, elevated. Loud
عَلّى وعالى وأعلى ه وهـ To raise, elevate
الله تعالى God, may He be exalted!
عَلُ From above
عَلاء وعُلّى Highness. Superiority, high rank
عِلاوَة جـ عَلاوى Increase. Bonus
عُلوّ Height, altitude. Highness,

superiority. Loudness

عُلِّيَّة جـ عَلاليّ Attic, upstairs room

عُلِّيَّة أو عِلْيَة القَوْم Upper class, notables, elite

مَعالي الوزير His excellency the Minister

أعلى Upper, top. Higher

مُتَعالٍ High, elevated

عُلْويّ Upper. Heavenly, celestial

على On, upon, on top of, above

عَلَيْكَ أن You have to, must, should. It is incumbent upon you

عَلَيهِ دَيْنٌ He is indebted

(عَمِلَهُ) على (كِبرَ سِنِّه) Against, in spite of

على عَهْدِه In the time of

دَخَلَ عَليه He entered upon him

خَرَجَ عَليه He went out against him

على يد فُلان Through, by the means of

عم - عَمَّ ـُ To prevail in. To be or become general, universal. To become a paternal uncle

عَمَّمَ ه To attire with a turban

عَمَّمَ هـ To generalize. To make accessible to all. To popularize

عَمّ جـ عُمومَة وأعمام Paternal uncle. Uncle. Father-in-law

عَمَّة جـ عَمّات Paternal aunt. Aunt

إبن العَمّ Cousin. Brother-in-law

إبْنَةُ العَمّ Cousin. Sister-in-law

زَوْجَة العَمّ Aunt

عِمامَة جـ عَمائم Turban

العُموم The public

عُموميّ وعامّ Public. General, universal

عامّيّ Common, popular. Vulgar

عامَّةً وعُمومًا Generally, in general

تَعْميم Generalization

عمد - عَمَدَ ـِ إلى To resort to. To betake oneself

عَمَّدَ ه To baptize, christen

تَعَمَّدَ هـ To intend, do on purpose

عَمْدًا On purpose, intentionally

عِماد جـ عَمَد Support, pillar

عِماد واعتِماد ومَعْموديَّة Baptism

عَمود جـ أعْمِدَة Column, pillar, post

خَطّ عَموديّ Vertical, perpendicular line

عَميد Dean. Brigadier general. Chief, head, master

تَعَمُّد Intention, purpose, resolution

إعْتِماد Reliance, dependence. Accreditation *(of diplomats)*. Credit

إعْتَمَدَ على To rely on, depend on

مُعْتَمَد Reliable. Accredited. Representative, envoy. Ambassador

مُتَعَمَّد Deliberate, intentional

عمر - عَمَرَ ـُ وعَمَّرَ To live long. To build

عَمَرَ ـُ وعَمُرَ ـُ To increase. To prosper
عَمَّرَ وأعْمَرَ هـ To keep in a prosperous state. To populate
إسْتَعْمَرَ To colonize
عُمْر وعُمُر جـ أعمار Age. Life
عُمْران Civilization. Prosperity. Building, construction
عامِر مـ عامِرَة Inhabited. Prosperous. Full *(of)*
عَمارَة Fleet, squadron
عِمارَة Building, edifice
فَنُّ العِمارَة Architecture
إسْتِعْمار Colonialism. Colonization
إسْتِعْماريّ Colonial
مُسْتَعْمِر Colonist. Colonial(ist)
مُسْتَعْمَرَة جـ مُسْتَعْمَرات Colony
مُهَنْدِس مِعْماريّ Architect
المَعْمورَة The world
مُعَمِّر Long-lived
عمق - عَمُقَ ـُ To be deep
عَمَّقَ النَّظَرَ في وتَعَمَّقَ في To delve into. To study thoroughly
عُمْق جـ أعْماق Depth. Bottom
عَميق Deep, profound
عمل - عَمِلَ ـَ To do, make. To work. To act. To carry out, perform. To operate, function
عَمِلَ في ه To influence, act upon
عَمَّلَ To suppurate
عامَلَ ه To treat. To deal with
تَعامَلَ مع To do business with
عَمَل جـ أعمال Work. Job. Occupation. Deed, act
عُمْلَة وعِمْلَة Currency, money
عَمَليّ Practical
عَمَليَّة Operation. Procedure
عَمَليَّةٌ جِراحيَّة Surgery
عامِل جـ عُمّال Workman
عامِل جـ عَوامِل Factor, agent
عَمالَة Brokerage, commission
عَميل جـ عُمَلاء Agent. Client
مَعْمَل جـ مَعامِل Factory, plant
مُعامَلَة جـ مُعامَلات Treatment. Transaction
إسْتِعْمال Use, usage, utilization
تَعامُل Dealings, transactions
مُسْتَعْمَل Used. Second-hand
عمي - عَمِيَ ـَ وتَعَمّى To be or become blind
عَمّى To make blind. To obscure, make mysterious. To camouflage
تَعامى To simulate blindness. To shut one eyes on or to. To feign ignorance
عَمًى Blindness
أعمى مـ عَمْياء جـ عُمْي وعُمْيان Blind
مُعَمّى Riddle, enigma
عن - عَنْ From. Off, away from. On behalf of. About, regarding

He left us ذَهَبَ عَنّا

Shortly, after a while عَن قَليل وعَمّا قَليل

He died leaving a child ماتَ عَن وَلَدٍ

He died at the age of sixty ماتَ عن سِتّين سنة

Impotent, unable to عاجز عن

Willingly, with pleasure عن رِضى

They were killed to the last قُتِلوا عن آخرهم

Day after day, from day to day يَومًا عن يوم

To groan, moan **عن** - عَنَّ ـُـِ

To occur to, appear to عَنَّ لـ

Firmament, heavens عَنانُ السَّماء

Rein(s) عِنان جـ عُنُن وأعِنَّة

To give free rein to أطْلَقَ العِنان

Grape(s) **عنب** - عِنَب

Bunch of grapes عُنْقود عِنَب

Jujube عُنّاب

Ambergris. **عنبر** - عَنْبَر جـ عَنابِر

Warehouse. Cargo deck, hold *(of a ship)*. Hangar, shed

To constrain, force **عنت** - عَنَّتَ ه

To insist stubbornly تَعَنَّتَ

Obstinacy, stubbornness تَعَنُّت

To oppose, resist **عند** - عانَدَ ه

To be or become obstinate, stubborn عَنَدَ ـُ

Stubborn, obstinate عَنيد

Stubbornness عِناد

At, by, near. On, upon. When عِنْد

From. Of مِن عِنْد

I have عِنْدي

He came at sunrise جاءَ عِنْدَ طُلوعِ الشَّمس

From his own mind مِن عِنْدِيّاتِهِ

Then, at that time عندئذٍ

When, as. Whenever عندما

عندل - عَنْدَليب جـ عَنادِل

Nightingale

She-goat **عنز** - عَنْز وعَنْزَة

Old maid, spinster **عنس** - عانِس

Element. **عنصر** - عُنْصُر جـ عَناصِر

Component. Factor. Origin. Race, stock

Racial. Racist عُنْصُريّ

Racism العُنْصُريَّة

To treat rudely, to reprimand **عنف** - عَنُفَ ـُ بـ وعلى وعَنَّفَ ه

To intensify. To become more violent عَنُفَ ـُ

Violence. Severity. Use of force. Vehemence عُنْف وعَنْف وعِنْف

Violent, rough, vehement عَنيف

Prime of youth عُنْفوان الشَّباب

Reprimand تَعْنيف

To hug, embrace **عنق** - عانَقَ ه

To adopt, embrace *(a religion)*. To join *(a party)* إعْتَنَقَ هـ

Neck عُنْق وعُنُق جـ أعناق

عِناق ومُعانَقَة Embrace, embracing

عنقد - عُنْقود: أُطْلُب عقد

عنكب - عَنْكَبوت جـ عَناكِب Spider

خُيوط العَنْكَبوت Cobweb, spiderweb

عنون - عَنْوَنَ To entitle. To address. To label

عُنْوان جـ عَناوين Title. Address

عُنْوان جَريدة Headline

عنى - عَنى بالقَوْل كذا To mean. To imply

عَناهُ الأمر To concern, interest. To worry, preoccupy

يَعْني That is to say, namely

عُنِيَ بـ To take care of

عانى هـ To undergo, suffer

إعْتَنى بـ To take care of. To pay attention to

عَناء Pains, trouble, effort

عِنايَة واعتِناء Care. Attention. Concern. Interest

مَعْنًى جـ مَعانٍ Meaning, sense

مَعْنَويّ Abstract. Moral. Immaterial

الرّوح المَعْنَويَّة The morale, spirit

رَفَعَ المَعْنَويّات To raise the spirits of, encourage

عهد - عَهِدَ ـَ ه بـ To be familiar with, acquainted with

عَهِدَ إلى بـ أو في To entrust to, commit to. To charge with. To authorize

عاهَدَ ه وتَعاهَدَ To promise. To make a covenant with

تَعَهَّدَ هـ To take care of. To undertake. To guarantee

مُتَعَهِّد Contractor, entrepreneur

عَهْد جـ عُهود Pledge, promise. Covenant, pact. Epoch, era. Knowledge. Fulfillment. Oath. Friendship. Order, decree. Reign

العَهْدُ القديم The Old Testament

العَهْدُ الجَديد The New Testament

وَليّ العَهْد Heir apparent

على عَهْدِ فُلان At, in, during the time of

عَهْدي به أنّه . . . What I know about him is that he is...

عُهْدَة Responsibility. Guarantee

مُعاهَدَة Treaty, convention. Agreement, accord. Alliance

المُتَعاهِدون The contracting parties

مَعْهَد جـ مَعاهِد Institute. Institution

تَعَهُّد Undertaking. Agreement. Obligation

عهر - عَهَرَ ـَ To commit adultery

عاهِر Adulterer, fornicator

عاهِرَة جـ عَواهِر Adulteress. Whore, prostitute

عَهْر وعِهْر وعَهارَة Adultery. Prostitution

عهل - عاهِل King, monarch,

sovereign

عوج - عَوِجَ ـَ واعْوَجَّ To be crooked, bent

عِوَج واعْوِجاج Crookedness. Deviation

أعْوَج جـ عُوج، مُعْوَجّ Crooked, sinuous, curved, twisted

عاج Ivory

عود - عادَ ـُ إلى ولـ To return, come back to

عادَ عليه بـ To entail, bring about. To claim of. To do good to

عادَ (مَريضًا) To visit, pay a visit to

عَوَّدَ ه هـ To accustom to

عَيَّدَ هـ To celebrate a feast. To wish a merry feast to

عاوَدَ ه To befall again, seize again

أعادَ To give back. To repeat

تَعَوَّدَ واعتادَ هـ To get used to, be accustomed to

إسْتَعادَ ه هـ وهـ من To take back again. To recall, recollect. To ask someone to repeat

عادَة جـ عادات وعَوائد Custom, habit. Manners

عاديّ Ordinary, common, normal

عاديّات Antiquities

عائدة جـ عَوائد Benefit, advantage. Revenu

عائدات Revenues. Taxes, dues

عَوْد وعَوْدَة Return. Repetition

عُود جـ أعواد وعيدان Stick. Lute

عَوّاد Lutist, lutanist

عيد جـ أعياد Feast. Anniversary

عيد ميلاد شَخْص Birthday

مَعاد Destination. The hereafter

عيادَة Clinic, office. Visit, call

إعادَة Returning. Repeating. Repetition

إسْتِعادة Recovery, recuperation

مُتَعَوِّد ومُعْتاد Used to, accustomed to

عوذ - عاذَ ـُ من To take refuge with... from

إسْتَعاذَ بـ To seek the protection of

عَوَّذَ ه To protect with an amulet

إسْتَعاذَ بالله من To seek refuge with God from

عَوْذ وعياذ ومَعاذ Refuge, shelter

تَعْويذَة جـ تَعاويذ Charm, amulet, talisman

مَعاذَ الله وأعوذُ بالله God forbid!

عور - عَوِرَ ـَ To lose an eye

أعارَ ه هـ To lend, loan

إسْتَعارَ هـ To borrow

عَوَر Loss of one eye

عَوْرَة جـ عَوْرات Private parts, genitals. Defect, fault

إعارة Lending. Loan

أعْوَر مـ عَوْراء جـ عور One-eyed

إسْتِعارَة Borrowing. Metaphor

مُسْتَعار Borrowed. False *(hair)*
إسْم مُسْتَعار Pseudonym
عوز - عازَ ـُ وأعْوَزَ ه To need, require. To be in need of, lacking
عَوَز Need, want. Poverty, indigence
عائز ومُعْوِز Needy, poor, destitute
عوض - عاضَ ـُ وأعاضَ وعَوَّضَ To compensate, indemnify. To give in exchange for
إعْتاضَ هـ عن أو من واسْتَعاضَ ه To ask for something as compensation
إسْتَعاضَ عنه بـ To replace *(by, with)*, exchange *(with, for)*
عِوَض وتَعْويض Replacement. Compensation. Indemnity
عِوَضًا عن Instead of, in lieu of
عوق - عاقَ ـُ وعَوَّقَ وأعاقَ ه To delay, retard. To hinder
مُعاق Handicapped. Disabled, infirm. Retarded
تَعَوَّقَ To be delayed. To be hindered
عاقَة جـ عاقات وعَوائق، عائق جـ
عَوائق Obstacle, hindrance
إعاقَة Hindering. Delay(ing), retardation
عول - عالَ ـُ وأعالَ ه To provide for, support *(one's family)*
عالَ وعيلَ صَبْرُهُ To lose patience
عَوَّلَ على وبـ To rely on. To trust *(in)*

عالَة Burden, charge
عائلة جـ عائلات وعيال Family
عَويل Wail(ing), lament(ation)
مِعْوَل جـ مَعاوِل Pickax. Hoe
إعالَة Sustenance, support
عوم - عامَ ـُ To float. To swim
عَوْم Floating. Swimming
عَوَّمَ هـ To launch *(a ship)*, float
عائم Floating, swimming
عَوّامَة Buoy. Raft
عام جـ أعوام Year
عاميّ Annual, yearly
عون - عاوَنَ ه وأعانَ ه على To help, aid, assist against
إسْتَعانَ ه وبـ To ask for the help of. To make use of
عَوْن جـ أعوان Help, aid. Assistant
تَعاوُن Cooperation
تَعاوُنيّة (جَمْعيَّة) Cooperative
مُعاوِن Assistant
إعانَة Help, aid. Subsidy, contribution
إسْتِعانَة Seeking help
عوه - عاهَة جـ عاهات Handicap. Infirmity. Disease
عوى - عَوى ـِ To howl, yelp
عُواء وعَويّ Howl(ing), yelp(ing)
عيب - عابَ ـِ To be or become defective. To spoil
عابَ وعَيَّبَ ه To criticize, find fault with

عائب ومَعيب Defective, faulty.
Shameful, disgraceful *(manners)*
عَيْب جـ عُيوب Defect, fault, vice
عيث - عاثَ فَسادًا أو خَرابًا (في)
To ravage, devastate
عير - عَيَّرَ ه To taunt, scoff at. To reproach, blame. To insult
عَيَّرَ وعايَرَ To gauge *(a weight)*. To calibrate. To test. To modulate
عار Shame, disgrace, dishonor
عِيار جـ عِيارات Standard. Measure. Caliber. Gauge
عِيار النَّقد Standard of coins
عِيارٌ ناريٌّ Shot, gunshot
مِعيار Criterion, standard. Norm
عيش - عاشَ ـِ To live
عائش Alive, living
تَعَيَّشَ To make one's living
عَيْش وعيشَة Life, way of living. Subsistence
أَسْبابُ العَيْش Means of subsistence
غَلاءُ المَعيشَة High cost of living
إعاشة Ration(s)
مَعاش ومَعيشَة Livelihood
مَعاش Wages, salary. Pension
مُعايَشَة Coexistence
عين - عَيَّنَ هـ To name, designate
عَيَّنَ مُوَظَّفًا To appoint
عايَنَ هـ To view. To survey
عايَنَ مَريضًا To examine
عَيْن جـ أعْيُن وعُيون Eye. Hole. Source. Spy
رأيْتُهُ بِعَيْنِهِ I saw him in person
هو بِعَيْنِهِ None other than he
على الرّأس والعَيْن Very gladly! with pleasure
عَيِّنَة Sample, specimen
شاهِدُ عِيان أو عِيانيّ Eyewitness
لَقيتُهُ عِيانًا I saw him personally
الأعيان The notables
مُعايَنَة Inspection. Observation. Examination
تَعيين Specification. Designation
مُعَيَّن Fixed, appointed
عي - عَيَّ وعَيِيَ ـَ بـ أو عن To be unable to do
عَيِيَ في النُّطْقِ أو الكلام To falter, be unable to express oneself
أعيا ه To fatigue
عَياء وإعياء Fatigue, weakness
عَيّ جـ أعياء وعَييّ Incapable, impotent. Faltering, inarticulate
عَيّان Tired, fatigued. Ill, sick

غ

غ - غ Gh *(19th letter of the Arabic alphabet)*

غاز - غاز جـ غازات Gas

غازٌ مُسيلٌ للدُّموع Tear gas, lacrimator

غازيّ Gaseous

مياه غازيّة Carbonated water, soda water

غب - غَبَّ ـُ To gulp *(water)*. To visit at intervals

غبر - غَبَرَ ـُ وأغْبَرَ واغْبَرَّ To be or become dust-colored

غَبَّرَ هـ To cover with dust. To raise dust

الغَبْراء The Earth

غُبار Dust

غابِر الزَّمان The past

أغْبَر Dust-colored

غبط - إغْتَبَطَ To rejoice. To be happy

غِبْطَة Felicity, happiness. Beatitude

إغْتِباط Rejoicing, jubilation, joy

غبن - غَبَنَ ـُ ه في To cheat. To wrong. To prejudice

غَبَنَ ـُ هـ To tuck, take in *(a dress)*

غَبْن وغُبْن وغَبَن جـ غُبون Wrong, injustice. Prejudice. Fraud

غَبْنَة A tuck

مَغْبون Defrauded. Wronged

غبو - غَباوَة وغَباء Stupidity, ignorance

غَبيّ جـ أغْبياء Stupid. Ignorant

غثي - غَثَيان Nausea, sickness. Indisposition

غجر - غَجَرِيّ Gipsy

غد - غُدَّة وغُدَدَة جـ غُدَد Gland

غدر - غَدَرَ ـِ ه و بـ To betray. To double-cross

غادَرَ To leave, go away from

غَدْر جـ غَدَرات Betrayal

غَدير جـ غُدْران Brook, creek, small stream

غَديرَة جـ غَدائر Braid, tress of hair

غادِر وغَدّار Treacherous, traitorous

غدق - غَدِقَ ـَ To be abundant

أغْدَقَ To give abundantly

غدو - غدا ـُ واغْتَدى على To go or leave early in the morning

غَدا To depart. To become

تَغَدّى To have lunch

غَد Tomorrow. The following day

غَدًا، في الغَدِ Tomorrow

غَداة جـ غَدَوات، غُدْوَة Early morning

غَداء Lunch. Breakfast

To nourish, aliment, feed	**غذو** - غَذَى ه
Aliment, food, nourishment	غِذاء جـ أغْذِيَة
To be nourished	إغْتَذى وتَغَذّى
Nourishing, nutritive	مُغَذٍّ
Alimentation, nutrition	تَغْذِيَة وتَغَذٍّ
To deceive, fool. To seduce	**غر** - غَرَّ ـُ ه
To seduce, tempt	أغرى
To deceive. To endanger	غَرَّرَ
To risk one's life	غَرَّرَ بنفسه
To be deceived by. To be lured by	إغْتَرَّ
Inexperienced	غِرّ جـ أغرار
Self-conceit, vanity. Illusion	غُرور
Conceited. Deceived	مَغْرور
Seduction	إغراء
Beginning of the month	غُرَّة الشَّهر
Unexpectedly, by surprise	على حين غِرَّة
In the manner of. Like, similar to	على غِرار كذا
To go away. To go down, sink *(sun)*	**غرب** - غَرَبَ ـُ
To forget, lose sight of	غَرَبَ عن باله
To be or become strange	غَرُبَ ـُ
To emigrate	تَغَرَّبَ واغْتَرَبَ
To find strange	إسْتَغْرَبَ هـ
West. Occident	غَرْب جـ غُروب
Western. Occidental	غَربيّ جـ غَرْبيّون
Crow	غُراب جـ غِرْبان
Sunset	غُروب الشَّمس
Stranger, foreigner	غَريب جـ غُرَباء
Strange, odd	غَريب
Emigration	إغْتِراب وتَغَرُّب
Place or time of sunset	المَغْرِب
All over the world	في المَغارِب والمَشارِق
Wonder, surprise	إسْتِغْراب
To sift, sieve	**غربل** - غَرْبَلَ هـ
Sieving, sifting	غَرْبَلَة
Sieve	غِرْبال جـ غَرابيل
Sifter	مُغَرْبِل
To sing, warble	**غرد** - غَرِدَ ـَ وغَرَّدَ وتَغَرَّدَ
Singing, warbling	تَغْريد
Song *(of birds)*	أُغْرودَة جـ أغاريد
Songbird	طائرٌ مُغَرِّد
To prick with a needle. To plant *(a tree)*	**غرز** - غَرَزَ ـِ هـ بـ
To stick into, plunge into	غَرَزَ وغَرَّزَ هـ في
Stitch	غُرْزَة
Instinct. Impulse	غَريزَة جـ غَرائز
To plant. To insert	**غرس** - غَرَسَ ـِ وأغْرَسَ ه
Planting	غَرْس
Plant	غَرْسَة وغَرْس جـ أغراس
Nursery *(of trees)*	مَغْرَس ومَغْرِس

غرش - غِرْش جـ غُروش Piaster
غرض - غَرَض جـ أغراض Purpose, aim, object. Inclination. Wish. Selfish interest
مُغْرِض Partial, biased
غرغر - غَرْغَرَ وتَغَرْغَرَ To gargle
غَرْغَرَة Gargling. Gargle
غرف - غَرَفَ ـِ واغْتَرَفَ هـ To ladle, dip out
غَرْفُ الماء Ladling, dipping out
غُرْفَة جـ غُرَف وغُرْفات Room. Chamber. Compartment
مِغْرَفَة جـ مَغارِف Ladle, scoop
غرق - غَرِقَ ـَ To sink. To founder. To drown
أغْرَقَ في أمر To exaggerate
أغْرَقَ سَفينَةً To sink *(a ship)*
إسْتَغْرَقَ في To be absorbed in, preoccupied with. To sink into
إسْتَغْرَقَ في الضَّحِك To roar with laughter
إغْرَوْرَقَ (عَيْن) To be bathed in tears
غَريق جـ غَرْقى Drowned, sink
إغْراق واسْتِغْراق Exaggeration
غرم - غَرِمَ ـَ هـ To pay a fine
أُغْرِمَ بـ To be in love with
غَرَّمَ ه هـ To impose a fine on
غُرْم وغَرامَة جـ غَرامات Fine. Amends, penalty. Indemnity
غَرام Love. Passion
غَريم جـ غُرَماء Opponent, adversary. Creditor. Debtor
مُغْرَم ومَغْروم In love
غرو - غَرّى هـ To glue
أغرى ه بـ To seduce, tempt. To incite
غِراء Glue
لا غَرْوَ، لا غَرْوى No wonder
إغراء Incitement, instigation. Temptation
مُغْرٍ Seducer. Instigator. Seducing
مِغْراة ومِغْرايَة Glue pot
غز - غَزَّ ـُ إبْرَةً في To prick a needle into
غزر - غَزُرَ ـُ To abound
غَزير Abundant
غَزارَة Abundance
غزل - غَزَلَ ـِ الصّوف To spin
غَزِلَ ـَ بـ وغازَلَ ه وتَغَزَّلَ بـ To speak words of love to. To flirt with
تَغازَلَ To court one another. To flirt with one another
غَزَل وتَغَزُّل Flirt. Words of love
غَزَل وغَزَلِيّات Love poetry
غَزْل (الصّوف) Spinning
خَيْط غَزْل Yarn, spun thread
غَزال جـ غِزْلان Gazelle
غَزالَة Doe, female gazelle
مِغْزَل جـ مَغازِل Spindle
مُغازَلَة Flirt, flirtation
غزو - غَزا ـُ To invade, raid
غَزْوَة جـ غَزَوات Invasion, raid.

Military expedition

غازٍ جـ غُزاة Invader, raider. Conqueror

مَغْزى جـ مَغازٍ Sense. Moral

غسق - غَسَق Dusk. Twilight

غسل - غَسَلَ ـِ وغَسَّلَ هـ To wash, clean(se)

غَسْل Washing

غَسول Lotion. Wash water

غَسول شَعْر Shampoo

غَسيل Washing. Dirty or washed clothes

غَسّالَة Washing machine

غَسّالَة صُحون Dishwasher

مَغْسَل ومَغْسِل جـ مَغاسِل Washhouse

مَغْسَلَة جـ مغاسِل Lavatory, toilet, washroom

غش - غَشَّ ـُ To cheat. To double-cross

إنْغَشَّ To be deceived, cheated

غِشّ Cheat(ing), fraud

غاشّ جـ غُشّاش Cheater, deceiver, frauder, double-crosser

مَغْشوش Adulterated. Cheated

غشى - غَشّى To obscure. To cover, overspread. To coat

غَشِيَ ه To frequent. To visit. To cover, overspread

غُشِيَ عليه To faint

غِشاء جـ أغْشِيَة Membrane. Covering. Film

غَشاوَة Veil, covering

غص - غَصَّ ـَـُ بـ To be choked *(by food)*

غَصَّ المكان To be overcrowded

غُصَّة جـ غُصَص That which chokes or causes choking

غصب - غَصَبَ ـِ ه على To force to, compel to

غَصَبَ ه هـ أو هـ من واغْتَصَبَ هـ من

To take by violence, extort *(from)*. To rape, violate. To usurp

غَصْب واغْتِصاب Usurpation. Violation

غَصْبًا By force

غاصِب ومُغْتَصِب Usurper

غصن - غُصْن جـ غُصون وأغْصان

Branch, twig

غض - غَضَّ ـُ هـ و من To lower, cast down *(the eyes, the voice)*

غَضَّ النَّظَرَ أو الطَّرْفَ عن To overlook, ignore

غَضَّ من فلان To lessen the value of. To derogate from

غَضّ جـ غِضاض، غَضيض Tender, fresh, juicy

غَضاضة Decrease. Defect, vice. Tenderness

غضب - غَضِبَ ـَ على To be angry with

غَضَب Anger, rage
غَضْبَة Fit of rage, angry outburst
غَضْبان جـ غُضابى، غَضِب، غاضِب Angry, furious
غَضوب Irascible, irritable
إغْضاب Exasperation. Provocation
غضرف - غُضْروف جـ غَضاريف Cartilage
غضن - غَضَّنَ To wrinkle
غَضْن وغَضَن جـ غُضون Wrinkle
في غُضون ذلك Meanwhile, meantime
مُغَضَّن (وَجْه) Wrinkled
غضو - تَغاضى عنه To overlook, shut one's eyes to. To pardon
غط - غَطَّ ـُـِ ه To immerse, plunge
غَطَّ ـِ النّائم To snore
غَطَّ الطّائر To perch
غَطيط Snoring, snore
غطرس - غَطْرَسَة Arrogance, haughtiness
غطس - غَطَسَ ـِ ه وهـ في To dive, plunge
غَطَّسَ To dip, immerse, plunge
غَطّاس Diver, plunger
تَغْطيس وغَطْس Plunging, immersion
مِغْطَس جـ مَغاطِس Bathtub
غطو - غَطّى هـ To cover, cover up
تَغَطّى To be covered. To cover oneself with
غِطاء جـ أغْطِيَة Cover, envelope
تَغْطِيَة Covering, cover
مُغَطّى Covered, wrapped
غفر - غَفَرَ ـِ هـ لـ To forgive, pardon. To absolve
غُفْران Pardon, forgiveness. Absolution
جَمْعٌ غَفير Crowd, large gathering
غَفور Forgiving. Merciful. Pardoner
غفل - غَفَلَ ـُ To be careless
غَفَلَ ـُ عن وأغْفَلَ To omit, neglect, disregard
غافَل وتَغَفَّلَ واسْتَغْفَلَ ه To take by surprise. To take advantage of someone's inadvertence
غافِل Inattentive, inadvertent
غُفْل جـ أغْفال Anonymous. Unmarked. Blank
غَفْلَة وعَلى الغَفْلَة Unexpectedly, all of a sudden, by surprise
مُغَفَّل Stupid. Inattentive. Simpleton
إغْفال Omission, inadvertence
تَغافُل Neglect
غفو - غَفا ـُ وغَفيَ وأغفى To fall asleep. To slumber, nap
غَفْوَة Slumber, nap
غل - غَلَّ ـُ يَدَيه To handcuff, enchain
غَلَّ وأغَلَّ (أرض) To yield, produce
إسْتَغَلَّ هـ To exploit. To invest *(money)*

إسْتِغْلال Exploitation. Investment

غُلّ جـ أغْلال Handcuff(s)

غَلَّة جـ غَلاّت وغِلال Yield, produce, crop

غَليل Burning thirst

أروى غَليلَهُ To quench one's thirst

مَغْلول اليَد Inactive, idle

غِلّ Rancor, hatred

غلب - غَلَبَ ـِ ه To defeat, conquer, beat

لا غالِب ولا مَغْلوب Neither victor nor loser

غالَبَ ه To fight. To wrestle with

تَغَلَّبَ على To surmount, overcome. To vanquish, defeat

غَلَبَة Victory. Superiority

غالِبًا وفي الغالِب وفي الأغْلَب In most cases, generally

أغْلَبِيّة Majority

غلط - غَلِطَ ـَ To make or commit a mistake, err

غَلَّطَ ه To accuse of an error or mistake

غالَطَ ه To cause to err. To mislead

غَلْطَة وغَلَط Mistake, error. Wrong

مَغْلوط Wrong, incorrect

غلظ - غَلَظَ ـُ وغَلُظَ ـُ To thicken. To be or become rough, gross

أغْلَظَ له الكَلام To speak rudely to

غِلَظ وغِلْظَة Thickness. Roughness.

Rudeness, uncivility, impoliteness

غِلْظَة وغِلاظَة Thickness. Roughness

غَليظ مـ غَليظَة جـ غِلاظ Thick. Rough. Rude. Antipathetic

غلغل - تَغَلْغَلَ في To penetrate deeply into

تَغَلْغُل Penetration, infiltration

غلف - غَلَفَ ـُ هـ وغَلَّفَ كِتابًا To cover, envelop, wrap

مُغَلَّف جـ مُغَلَّفات Envelope

مُغَلَّف مـ مُغَلَّفَة Enveloped. Bound *(book)*

غِلاف Envelope. Cover(ing), sheath. Case

غلق - أغْلَقَ هـ To close, shut

إغْلاقُ باب Closing, shutting

مِغْلَق جـ مَغالِق، مِغْلاق جـ مَغاليق Lock. Padlock

مُغْلَق Closed, shut. Ambiguous

غلم - غُلام جـ غِلْمان Boy, lad, youth

غلو - غَلا ـُ To be or become high-priced. To exceed the proper bounds. To exaggerate

غَلاء High cost, rise in prices

غَلّى الأسْعار To raise the prices

غُلُوّ وغُلْواء Excessiveness. Exaggeration

غُلْواء وغُلْوان الشَّباب Vigor, ardor *(of youth)*

غالٍ مـ غالِيَة جـ غوالٍ Expensive
غلى - غَلى ـِ To boil, bubble up
غالى To exaggerate
غَلْي وغَلَيان Boiling, ebullition
غَلاّيَة Boiler
غَليون جـ غَلايين Pipe
غم - غَمَّ ـُ وأَغَمَّ ه To grieve, sadden
غَمّ جـ غُموم Grief, sorrow, sadness
غَمام وغَمامَة جـ غَمائم Clouds
مُغِمّ Grievous, depressing
مُغْتَمّ Grieved, sad, distressed
غمد - غَمَدَ ـُـِ وأَغْمَدَ هـ To sheathe. To plunge into
تَغَمَّدَ ه بـ To cover, shelter
غِمْد جـ أغْماد وغُمود Sheath, scabbard. Case. Condom
غمر - غَمَرَ ـُ ه و هـ To flood, inundate, overflow. To embrace
غَمَرَ ه بـ To overwhelm *(with)*
إنْغَمَرَ في الماء To plunge. To be plunged into water
غَمْرَة جـ غِمار Flood, inundation. Abundance. Crowd. Distress
غَمَرات المَوْت Pangs of death
في غَمْرَةِ كذا In the midst of. During
مُغامَرَة Adventure
مُغامِر Adventurer
مَغْمور Unknown, obscure
غمز - غَمَزَ ـِ ه بـ To wink at

غَمَزَ بـ وعلى To calumniate, speak evil of
غَمَزَ To feel, palpate
غَمْزَة Eyewink, wink
غَمّازَة Dimple
غمس - غَمَسَ ـِ هـ في To immerse, plunge, dip
غمض - غَمُضَ ـُ To become obscure, mysterious
غَمَّضَ وأَغْمَضَ عَيْنَيْه To close one's eyes
غَمَّضَ وأَغْمَضَ على To put up with, tolerate
غَمَّضَ وأَغْمَضَ عن To shut one's eyes to, disregard
غامِض جـ غَوامِض Obscure. Mysterious
غُموض Obscurity, ambiguity
غُمَّيْضَة Blindman's buff
في غَمْضَة عَيْن In the twinkling of an eye
غمق - غامِق (لَوْنٌ) Dark
غمي - أُغْمِيَ عليه To faint, lose consciousness
إغماء Faint, swoon
مُغْمًى عليه Unconscious, swoon
غنم - غَنِمَ ـَ To take as booty. To gain booty. To plunder
إغْتَنَمَ واسْتَغْنَمَ الفُرْصَة To seize the opportunity

غَنَم جـ أغنام وغُنوم Sheep
غُنْم وغَنيمَة جـ غَنائم Spoils, booty, loot. Gain, profit. Prey
غنى - غَنّى هـ وتَغَنّى بـ To sing, chant. To praise, eulogize
غِناء وأُغْنيَة جـ أغانيّ وأغانٍ Song, singing
مُغَنٍّ Singer, chanter
مُغَنّيَة Singer, cantatrice
غَنيَ ـَ To be or become rich
أغنى ه To enrich
إسْتَغنى عن To dispense with
غِنًى وغَناء Wealth, opulence
غوث - غاثَ ـُ وأغاثَ To help
غَوْث وغَياث وإغاثَة Help, aid, succor
إسْتِغاثَة Call for help
مُغيث Helper
غور - غارَ ـُ وغَوَّرَ وتَغَوَّرَ في To penetrate into. To plunge into
غارَ وغَوَّرَ وتَغَوَّرَ To sink *(down)*
أغارَ على To raid, invade, attack
غار جـ أغوار، مَغارَة جـ مَغاوِر Cavern, cave, grotto
غار Laurel, bay
غارَة جـ غارات Raid, invasion
غارَة جَوّيّة Air raid
غَوْر Bottom. Depth. Hollow. Depression
مِغْوار جـ مَغاوير Invader, raider. Audacious. Militant
مَغاوير Commandos
غوص - غاصَ ـُ على To dive, plunge *(into)*. To examine minutely
غَوّاص Diver, plunger. Pearl diver
غَوّاصَة Submarine
غوغ - غَوْغاء Mob, rabble. Noise, tumult
غول - إغْتالَ ه To assassinate
إغْتيال Assassination
مُغْتال Assassin, murderer
غول جـ غيلان Ghoul, ogre, goblin
غائلة جـ غَوائل Calamity, catastrophe
غال جـ غالات Padlock. Lock
غوى - غَوى ـِ وأغوى ه واستغوى ه To mislead. To seduce
غَوِيَ ـَ وغَوى To go astray. To be seduced
غَيّ وغَوايَة Error, sin. Seduction
غاوٍ (هاوٍ) Amateur, fan
غي - غايَة جـ غايات Aim, purpose. Limit, extreme limit
غيب - غابَ ـِ To be or remain absent. To disappear
غابَ عن To be absent, hidden from
غابَت الشَّمس To set, go down *(sun)*
غابَ واغْتابَ ه To slander, calumniate
غَيَّبَ هـ To cause to disappear. To hide. To learn by heart

تَغَيَّبَ عن — To be absent from
عالَم الغَيْب — The invisible world
غابَة جـ غاب وغابات — Forest, wood
غائب جـ غَيَب وغُيَّب وغُيّاب وغائبون، مُتَغَيِّب — Absent
غَيْبًا وعلى الغائب — By heart
غَيْبَة، غِياب، تَغَيُّب — Absence
غِيبَة واغْتِياب — Calumniation, slander
غِيابيًّا — By or in default
غَيْبوبَة — Faint, unconsciousness. Trance
غيث - غَيْث جـ غُيوث وأغياث — Rain
غير - غارَ ـَ من — To be jealous of
غارَ على — To protect jealously, be jealous of
غَيَّرَ هـ — To change, alter, make different
تَغَيَّرَ — To change, become different
غَيْر — Other than. Except, save, but
غَيْرَ أنّ — Yet, however, but, still, on the other hand
مِن غَيْر أن — Without
غَيْرَة — Jealousy. Zeal, enthusiasm.
Sense of honor
غَيْران — Jealous
غِيار (قِطَع) — Spare parts
غَيور — Jealous. Zealous. Enthusiast
تَغْيير — Change, modification, transformation
مُغاير للآداب — Indecent, immoral
تَغَيُّر — Alteration, change
غيض - غَيْضَة جـ غياض وأغياض — Thicket, jungle
غيظ - غاظَ ـِ وغَيَّظَ وأغاظَ ه — To enrage, anger, exasperate
تَغَيَّظَ واغْتاظَ — To become angry with. To lose one's temper
مُغْتاظ — Angry, furious
مُغيظ — Angering, irritating
غَيْظ — Rage, anger
غيل - غيلَة (إغتيال) — Assassination
غيم - غامَ ـِ وغَيَّمَ — To become cloudy
غَيْم جـ غُيوم — Clouds. Mist, fog
مُغَيِّم وغائم مـ غائمة — Cloudy

ف

ف - ف F *(20th letter of the Arabic alphabet)*. Then. And so, thus

جاءَ الزَّوج فالزَّوجة The husband came first, then the wife

يَوْمًا فَيَوْمًا Day after day, day by day

شَيْئًا فَشَيْئًا Gradually, step by step

أمّا المَوْتى فَيَقومون As to the dead, they shall rise

فاتورة - فاتورَة جـ فَواتير Bill, invoice

فئة - فِئَة جـ فِئات Group, troop. Faction. Class, category

فِئَة الدَّم Blood group or type

فئد - فؤاد جـ أفْئِدَة Heart

فأر - فَأرَة جـ فِئْران Mouse

فأرَةُ النَجّار Plane, jointer

فأس - فَأْس جـ فُؤوس Ax(e), hatchet. Hoe

فأل - تَفاءَلَ To be optimistic

تَفاؤُل Optimism

مُتَفائل Optimistic

فَأْل جـ فُؤول Good omen, auspice

فت - فَتَّ ـُ وفَتَّتَ (الخُبْزَ) To break into small pieces, crumble

فَتَّ في ساعده To weaken, discourage

فَتّ وتَفْتيت (الخُبْز) Crumbling

فُتات وفَتيتَة جـ فَتائت Crumbs, fragments

فتئ - ما فَتِئَ يَفْعَل To continue to do

فتح - فَتَحَ ـَ وفَتَّحَ (بابًا) To open

فَتْحَة (ـَ) Opening. The vowel point «a»

فَتَحَ وافْتَتَحَ بَلَدًا To conquer, occupy

فَتَحَ النّارَ على To open fire

فَتَحَ طَريقًا To build *(a road)*

فاتَحَ ه بـ To open a talk or subject with

تَفَتَّحَ وانْفَتَحَ To open. To be or become opened *(mind)*. To blossom *(flower)*

إفْتَتَحَ مَعْرِضًا To inaugurate an exposition

فَتْح جـ فُتوح وفُتوحات Conquest. Occupation. Victory

فاتِح Conqueror. Beginner

فاتِحَة جـ فَواتِح Introduction. Beginning, commencement

إفْتِتاح Inauguration. Opening

إفْتِتاحِيَّة Editorial

مِفْتاح جـ مَفاتيح Key. Switch

فُتْحَة Opening, gap. Sluice

فتر - فَتَرَ ـُ وتَفَتَّرَ To become tepid. To cool down. To languish, slacken

فَتَّرَ الماء To tepefy, make tepid

فَتَر وفُتور Tepidity. Coolness. Languor
فِتْر Small span
فَتْرَة جـ فَتَرات Period, time, while. Pause. Stage, phase
فاتِر Tepid, lukewarm
فتش - فَتَّشَ هـ وعن To search. To investigate. To inspect. To look for
تَفْتيش Search. Inspection
مُفَتِّش Inspector
فتق - فَتَقَ ـُـِ وفَتَّقَ (ثَوْبًا) To unsew, rip open
فَتْق وفِتاق Hernia
فَتْق (ثوب) Rip, tear, rupture
فتك - فَتَكَ ـُـِ بـ To assault, attack with violence. To murder, assassinate
فَتْك Destruction. Attack. Assassination
فَتّاك (وَباء) Deadly, murderous, fatal
فاتِك Assassin, murderer
فتل - فَتَلَ ـِ وفَتَّلَ هـ To twist, twine, entwine
فَتَلَ عَقْلَهُ To turn the head of
فَتْل (حَبْل) Twisting
تَفَتَّلَ وانفَتَلَ To be twisted
فَتيل وفَتيلَة جـ فَتائل (قِنْديل) Wick
فَتيل المُفَرْقَعَة Fuse, match cord
لا يُجْدي أو لا يُغْني فَتيلاً It is of no use at all

مَفْتول وفَتيل Twisted
فتن - فَتَنَ ـِ To charm, fascinate. To seduce
فِتْنَة جـ فِتَن Charm. Seduction. Trial. Sedition, riot, turmoil. Fascination
فَتّان وفَتّانَة Fascinating, captivating
فاتِن مـ فاتِنَة Seductive, tempting, fascinating. Seducer
مَفاتِن Charms
مَفْتون Fascinated
فتى - فَتِيَ ـَ To be youthful, adolescent
أفتى في To give a legal opinion
إسْتَفْتى ه To ask for a formal legal opinion. To consult about
فَتوى جـ فَتاوى Formal legal opinion
فَتًى مث فَتَيان جـ فِتْيان وفِتْيَة Youth, adolescent. Boy
فَتِيّ Youthful, young, adolescent
فَتاة مث فَتاتان جـ فَتَيات Young woman. Girl
فُتُوَّة Youthfulness. Magnanimity
إسْتِفْتاء Consultation. Referendum, plebiscite
المُفْتي His Eminence the Mufti
فج - فِجّ Unripe, green *(fruit)*. Rude
من كُلِّ فِجٍّ عميق From all directions
فجأ - فاجَأَ To surprise, take by surprise
فُجْأَةً وفَجأَةً Suddenly, all of a sudden

Surprise مُفاجأة
Sudden, unexpected مُفاجئ وفُجائيّ
فجر - فَجَرَ ـُ وفَجَّرَ الماء To cause to overflow, give exit to
To blow up فَجَّرَ قُنْبُلَةً
To explode, detonate. To gush out, burst out تَفَجَّرَ وانْفَجَرَ
Dawn, daybreak فَجْر
Debauchery, immorality فُجور وفَجار
Dissolute, debauched فاجر جـ فُجّار
Explosion. Eruption إنْفِجار
Explosive, blasting مُتَفَجِّر
فجع - فَجَعَ ـَ وفَجَّعَ ه To distress, pain, grieve
To be afflicted with. To suffer the loss of فُجِعَ بـ وفي
فَجيعَة جـ فَجائع، فاجِعَة جـ فَواجِع
Calamity. Tragedy
Painful, distressing فاجِع
Tragic accident حادِث فاجِع
Affliction, distress. Lamentation تَفَجُّع
فجل - فُجْل وفُجُل Radish
فجو - فَجْوَة جـ فَجَوات Gap, opening, breach
فح - فَحيح الأفعى Hissing, sibilation
فحش - فَحُشَ ـُ وتَفاحَشَ To be or become obscene. To be or become excessive. To be monstrous

أفْحَشَ وتَفاحَشَ To commit atrocities. To use obscene language
Obscenity, indecency. Atrocity فُحْش
Obscene. Exorbitant فاحِش مـ فاحِشَة
Adultery. Atrocity, monstrosity فَحْشاء وفاحِشَة جـ فَواحِش
فحص - فَحَصَ ـَ To examine, test
To investigate, examine minutely. To search into تَفَحَّصَ
Examination, test فَحْص
Medical checkup, physical examination فَحْص طِبّيّ
Written, oral examination فَحْصٌ خَطّيّ، شَفَهيّ
Examiner فاحِص جـ فاحِصون
فحل - إسْتَفْحَلَ داءٌ To become serious, grave
Aggravation of a disease إسْتِفْحال مَرَض
Stallion. Male, bull. Virile فَحْل جـ فُحول
Serious, grave. Terrible. Difficult مُسْتَفْحِل
فحم - فَحُمَ ـُ To be or become black
To carbonize فَحَّمَ الحَطَب
To silence with arguments أفْحَمَ ه
To carbonize. To blacken تَفَحَّمَ
Coal. Charcoal. Carbon فَحْم
Carbonic فَحْميّ مـ فَحْميَّة

فحوى - فَحْوًى جـ فَحاوٍ Meaning, sense, signification. Tenor
فخ - فَخّ جـ فِخاخ وفُخوخ Trap, snare
فَخَّخ (سَيّارَةً) To booby-trap
فخت - فَخَتَ ـَ هـ To perforate, make a hole
فخذ - فِخْذ وفَخْذ جـ أفخاذ Thigh. Leg *(of mutton)*
فخر - فَخَرَ ـَ وافْتَخَرَ To be proud of. To boast of, glory in
فاخِر مـ فاخِرَة Excellent, superior, superb. Sumptuous. Proud
فَخْر Glory. Pride. Honor
فَخور Boastful, vainglorious. Proud of
فَخّار Pottery, earthenware
فَخّاريّ وفاخوريّ Potter
فاخورَة Pottery
إفْتِخار وتَفاخُر Pride, vainglory
مَفْخَرَة جـ مَفاخِر Object of pride. Exploit, glorious deed
فَخْريّ Honorary
فخم - فَخُمَ ـُ To be or become magnificent, splendid, grandiose
فَخَّمَ To magnify, glorify
فَخامَة Grandeur, sumptuousness
صاحِبُ الفَخامَة His Excellency
فدح - فَدَحَ ـَ ه To burden, oppress
فادِح Flagrant. Oppressive. Serious *(mistake)*. Exorbitant
فادِحَة جـ فَوادِح Misfortune, disaster
فَداحَة Enormity. Gravity, seriousness
فدن - فَدّان جـ فَدادين Acre. Yoke
فدى - فَدى ـِ وفادى ه To redeem, ransom. To sacrifice oneself for
إفْتَدى أسيرًا To ransom
فِديَة Ransom
فادٍ ومُفْتَدٍ Redeemer. Ransomer
فِداء وفِدًى Redemption, ransoming. Ransom
فِدائيّ جـ فِدائيّون Commando, fedayee
فذ - فَذّ جـ أفْذاذ Unique, incomparable
شَخْصيَّة فَذَّة Eminent personality
فر - فَرَّ ـِ To escape, run away. To desert *(the army)*
فارّ Fugitive, runaway. Deserter
فِرار Escape, flight
مَفَرّ جـ مَفارّ Escape, way out
فرج - فَرَجَ ـِ وفَرَّجَ هـ To open. To widen
فَرَّجَ الغَمَّ عن To dispel, drive away *(the worries)*. To comfort, relieve
إنْفَرَجَ To release. To be dispelled *(grief, sorrow)*
تَفَرَّجَ على To look at
فَرَج وانْفِراج Relief, comfort. Relaxation
فُرْجَة جـ فُرَج Opening, gap, aperture

فَرّوج وفُرّوج جـ فَراريج — Chicken

مُنْفَرِج — Wide-open *(door)*. Relaxed

زاوية مُنْفَرِجَة — Obtuse angle

فرح - فَرِحَ ـَ — To be glad, happy

فَرِحَ بـ — To rejoice at

فَرَح — Joy, happiness, gaiety

فَرَّحَ وأفْرَحَ — To make glad

فَرِح وفَرْحان — Glad, happy

فَرْحَة — Joy

مُفْرِح — Gladdening, delightful

فرخ - فَرَّخَ وأفْرَخَ الطَّيْرُ — To have young ones

فَرَّخَتِ البَيْضَة — To hatch, incubate

فَرَّخَ النَّبات — To germinate, sprout

فَرْخ جـ فِراخ — Young bird, chick

آلة تَفْريخ — Incubator

فرد - فَرَدَ وفَرُدَ ـُ وفَرِدَ ـَ وانْفَرَدَ — To be single, sole. To isolate oneself from

أفْرَدَ واسْتَفْرَدَ هـ — To separate, isolate

تَفَرَّدَ وانْفَرَدَ بـ — To do alone. To possess alone

تَفَرَّدَ — To be unique, matchless

إسْتَفْرَدَ ه — To meet separately with. To find a person by himself

فَرْد جـ أفْراد — One, single, sole. Individual

فَرْد جـ فُرودَة وفُرود — Pistol

فَرْدًا فَرْدًا — One by one, one at a time, separately

فَرْدَة جـ فُرَد — One part, one of a pair

فَرْديّ — Single, solitary. Individual

فَرْدِيَّة — Individualism. Individuality

فَريد مـ فَريدَة — Unique, unprecedented

فَريدَة جـ فَرائد — Precious gem

مُفْرَد — Single. Singular

على انفراد — Apart, isolatedly

مُنْفَرِد — Isolated. Alone, by himself

فردس - فِرْدَوس جـ فَراديس — Paradise, heaven

فرز - فَرَزَ ـِ وأفْرَزَ هـ — To separate, isolate

فَرَزَ البَريد — To sort out, classify

فَرْز — Separation. Sorting, selecting

أفْرَزَ — To secrete

إفْراز — Secretion

مُفْرَزَة — Group, party, detachment

فرس - إفْتَرَسَ فَريسَتَهُ — To raven, devour

حيوان مُفْتَرِس — Beast of prey

تَفَرَّسَ في — To gaze at, look fixedly at

فَرَس (مُؤنّث ومُذكَّر) جـ أفراس — Horse. Mare. Knight *(chess)*

فَرَس الرِّهان — Racehorse

فَرَس البَحْر — Hippopotamus

فِراسَة — Physiognomy. Insight, perspicacity

فُروسِيَّة — Horsemanship, equitation

روح الفُروسِيَّة — Knighthood spirit

فارِس جـ فُرْسان وفَوارِس Horseman. Knight
الفارِسيَّة Persian
فَريسَة جـ فَرائس Prey. Victim
مُفْتَرِس Rapacious, ferocious
فرش - فَرَشَ ـُـِ وافْتَرَشَ هـ To spread out
فَرَشَ مَنْزِلاً To furnish
فَرْش بَيْت ومَفْروشات Furniture
فَراشَة جـ فَراش Butterfly
فُرْشاة Brush
فِراش جـ فُرُش وأفْرِشَة، فَرْشَة Mattress. Bed
فرص - فُرْصَة جـ فُرَص Opportunity, chance
إنْتَهَزَ الفُرْصَة To seize the opportunity
فَريصَة جـ فَرائص Flesh or muscle below the shoulder blade(s)
إرْتَعَدَت فَرائِصُه To tremble, shake
فرض - فَرَضَ ـِ هـ على To impose upon
فَرَضَ لِـ هـ To appoint, assign
إفْتَرَضَ هـ To suppose, assume
فَرْض جـ فُروض Duty, obligation. Task
فَرْض مَدْرَسيّ Homework, assignment
على فَرْض وعلى افْتِراض أنّ Assuming that, supposing that
إفْتِراض Supposition, hypothesis
فَريضَة جـ فَرائض Religious duty
فرط - فَرَطَ ـُ في وفَرَّطَ هـ وفي To neglect, omit
فَرَطَ منه قَوْل To slip someone's tongue
أفْرَطَ وفَرَّطَ في To exceed the proper bounds or limits
إنْفَرَطَ To break up, disperse
تَفْريط وإفْراط Excess, exaggeration
تَفْريط Negligence, neglect
فَرْط وفُراطَة Small change, coins
فرع - فَرَّعَ هـ من To derive. To branch, divide
تَفَرَّعَ من To ramify. To derive from
فَرْع جـ فُروع Branch. Section, subdivision. Offshoot
الفُروع والأُصول The consequences and the principles
فَرّاعَة Ax(e), hatchet
مُتَفَرِّعات Secondary things
فَرعيّ Secondary, subsidiary
فرغ - فَرَغَ ـُ وفَرِغَ ـَ To be or become empty
فَرَغَ من الشيء To finish, end
تَفَرَّغَ لِـ To devote oneself to
تَفَرَّغَ To be free from work
فَرَّغَ هـ To empty. To drain, dry out. To unload
أفْرَغَ هـ على To empty upon

أفْرَغَ جَهْدَهُ ومَجْهودَهُ لِـ To do one's best or utmost
إسْتَفْرَغَ To vomit, puke, throw up
فارِغ مـ فارِغَة Empty, void. Vacant
فَراغ Emptiness. Vacancy, empty space, void. Gap
فُروغ الصَّبْر Impatience
تَفْريغ وإفراغ Emptying. Unloading. Discharge
مَفْروغ منه Settled *(problem)*
إسْتِفْراغ Vomiting, throwing up
فرق - فَرَقَ ـُـِ وفَرَّقَ To separate. To scatter, disperse
فَرَقَ وفَرَّقَ بَيْنَ To distinguish between
فَرِقَ ـَ To be or become afraid of
فَرَّقَ To distribute, deal out
فارَقَ ه To leave. To part with
فارَقَ الحياة To die, pass away
تَفَرَّقَ To be separated. To be divided. To be scattered
مُفارَقَة Separation. Paradox
فَرْق وفارِق Difference
فِرْقَة جـ فِرَق Party, company, troop, group
فَريق جـ أفْرِقَة Party. Team
مُفْتَرَق الطُّرُق Crossroads, crossing, bifurcation
تَفْريق Separation. Dispersion, scattering. Distribution. Differentiation

تَفْرِقَة عُنْصُرِيَّة Racial segregation or discrimination, apartheid
فِراق Separation. Departure
فارِق جـ فوارِق Distinguishing feature, distinctive characteristic
فرقع - فَرْقَعَ هـ To crack, pop. To crackle. To explode
فَرْقَعَة Crack(ing). Crackling. Explosion
مُفَرْقَعات Explosion. Fireworks
فرك - فَرَكَ ـُ وفَرَّكَ هـ To rub, scrub. To chafe. To brush
فَرْك Rubbing. Chafing
فرم - فَرَمَ ـُ وفَرَّمَ هـ To mince, chop up
فَرْمُ (لَحم) Mincing
مَفْروم Minced *(meat)*, chopped
فَرامِل، فَران (مَكابح) Brakes
فرن - فُرْن جـ أفْران Oven, baking oven. Stove, cooker. Bakery
فَرّان Baker
فرو - فَرْو وَفَرْوَة جـ فِراء Fur(s)
فَرْوَةُ الرّأس Scalp
فَرّاء Furrier
فرى - فِرْيَة جـ فِرًى، وإفْتِراء Lie. Calumny
إفْتَرى عليه To calumniate. To accuse falsely of
مُفْتَرٍ Calumniator
فز - إسْتَفَزَّ ه To provoke
إسْتِفْزاز Provocation

فزع - فَزَعَ ـَ وفَزِعَ ـَ من To fear. To be or become afraid of

فَزِعَ إلى ومن To resort to, turn to

فَزَّعَ وأفْزَعَ ه To frighten, scare

فَزَع Fear, fright

فَزِع Frightened, scared, afraid

فَزّاعَة Scarecrow

مُفْزِع Dreadful, alarming

فستق - فُسْتُق Pistachio

فُسْتُقِيّ Pistachio, light green

فستن - فُسْتان جـ فَساتين Dress, gown

فسح - فَسَحَ ـَ وفَسَّحَ وأَفْسَحَ To widen. To give room or space. To make room for

فَسُحَ المكان To be or become wide, spacious

فُسْحَة Space. Interval. Open space. Plenty of time. Wideness. Promenade, excursion

فُسْحَة الصَّوْم Dispensation *(from fasting)*

فَسيح Wide, spacious, roomy

فسخ - فَسَخَ ـَ وفَسَّخَ هـ To tear to pieces, split. To dislocate. To separate

فَسَخَ To annul *(a wedding)*, revoke *(a decree)*, invalidate, cancel

فَسَّخَ وتَفَسَّخَ To disintegrate, fall to pieces

فَسْخ Disconnection, disjunction. Annulment, nullification, invalidation

فسد - فَسَدَ ـُ ـِ وفَسُدَ ـُ To be or become corrupted, vicious

فَسَّدَ وأفْسَدَ ه هـ To corrupt, spoil. To pervert

فَساد Corruption. Decay

فاسِد Corrupt(ed). Decayed

مُفْسِد Corrupter

مَفْسَدَة Cause of corruption

إفْساد Corrupting, spoiling

فسر - فَسَّرَ هـ To explain, explicate

تَفْسير جـ تَفاسير Explanation. Commentary

مُفَسِّر Commentator

إسْتِفْسار Inquiry, question *(about)*

فسفس - فُسَيْفُساء Mosaic

فسق - فَسَقَ ـُ ـِ وفَسُقَ ـُ To live in debauchery, act immorally. To go astray

فاسِق Debauched, dissolute. Libertine, debauchee

فِسْق وفُسوق Debauchery, dissoluteness, libertinism

فسل - فَسيلَة جـ فَسائل Palm seedling, palm shoot

فشر - فَشَرَ ـُ وفَشَّرَ To boast, brag

فَشّار Braggart, vain boaster

فشل - فَشِلَ ـَ To fail, be unsuccessful

فَشَل — Failure, unsuccess

فاشِل — Unsuccessful *(man, project)*

فشو - فَشا ـُ — To be revealed, divulged. To spread, circulate

تَفَشّى — To break out, spread *(disease)*

تَفَشّي مَرَض — Outbreak, raging

أفشى هـ — To divulge *(a secret)*. To spread *(news)*

إفْشاء سِرّ — Divulgence of a secret

فص - فَصّ وفُصّ جـ فُصوص — Stone *(of a ring)*. Clove *(of garlic)*

فصح - فَصُحَ ـُ — To be or become eloquent

أفْصَحَ عن رأيه — To be clear, speak frankly

فَصاحَة — Eloquence

فَصيح — Eloquent

فِصح — Easter. Passover

الفُصْحى والعَرَبيَّة الفُصحى — Classical Arabic

فصد - فَصَدَ ـِ (المَريض) — To bleed

فَصْد وفُصاد وفِصادَة جـ فَصائد — Bloodletting, bleeding

فصل - فَصَلَ ـِ هـ — To separate, disunite. To cut, sever

فَصَلَ الخُصومات — To settle, resolve *(disputes)*

فَصَلَ البِضاعَة — To determine the price of goods

فَصَّلَ هـ — To detail. To cut out *(a garment)*

فاصَلَ ه على — To bargain

فَصْل — Separation. Decision, judgement. Discharge, firing

يَوْم الفَصْل — Judgement Day

فَصْل جـ فُصول — Season. Chapter. Semester. Class, grade

فَصيلَة جـ فَصائل — Family, species. Detachment, platoon. Faction, group

فَصيلَة الدَّم — Blood group or type

تَفْصيل — Detailing. Cutting out

بالتَّفْصيل — In detail

تَفاصيل — Details, particulars

فاصِل — Separative, separating. Divider. Separator. Screen, partition

مَفْصِل جـ مَفاصِل — Joint, articulation

داءُ المَفاصِل — Arthritis, gout, rheumatism

إنْفِصال — Separation

فاصِلَة — Comma

حُكْم فاصِل — Peremptory, final *(judgement)*

مُنْفَصِل — Separated, detached

فصم - إنْفِصام الشَّخْصيَّة — Schizophrenia

فض - فَضَّ ـُ هـ — To open, unfold. To remove the seal of. To pierce. To settle, resolve *(a conflict)*

فَضَّضَ هـ — To silver-plate

إنْفَضَّ الجَمْع To scatter, break up. To be scattered
فِضَّة Silver
إنفِضاض End, conclusion, closure
فِضّيّ Silver, silvery
فضح - فَضَحَ ـَ ه To compromise, uncover the faults of
إنْفَضَحَ وافْتَضَحَ To be exposed, disclosed. To be disgraced
فَضيحَة جـ فَضائح Scandal. Infamy. Exposure
فضل - فَضَلَ ـُ وفَضِلَ ـَ To be left over, be in excess, remain
فَضَلَ عليه To surpass, excel
فَضَّلَ ه وهـ To prefer to
فاضَلَ وتَفاضَلَ To contend for precedence
فَضْل جـ أفْضال Merit, credit. Favor, grace. Advantage. Excellence. Left-over, rest
تَفَضَّلَ على To do a favor for
تَفَضَّلْ Here you are! help yourself! Come in, please! After you! please!
تَفَضَّلوا بِقُبول فائق الإحترام Yours truly
فَضْل جـ فُضول Surplus, excess
فَضْلاً عن Besides, aside from
فُضول وفُضوليَّة Curiosity
فُضوليّ Curious
فَضيلَة جـ فَضائل Virtue. Advantage
تَفْضيل Preference
أفْضَل Better
أفْضَليَّة Preference, choice
فَضْلَة Leftover, remains, residue
فضى وفضو - فَضيَ ـَ To be empty
تَفَضّى لـ To give all one's time to
أفْضى إلى To lead to. To cause. To arrive at
أفْضى بـ إلى To reveal to. To inform of or about
فاضٍ مـ فاضيَة Empty, vacant
فَوْضى Anarchy. Chaos, disorder
فَضاء Space. Empty space, open space. Emptiness
الفَضاءُ الخارجيّ Outer space
رائِدُ الفَضاء Astronaut, cosmonaut
سَفينَةُ أو مَرْكَبَة الفضاء Spaceship, spacecraft
فَضائيّ مـ فَضائيَّة Spatial
مِلاحَةٌ فَضائيَّة Astronautics
فطر - فَطَرَ ـُـِ To create
فَطَرَ ـُـِ العَجينَ To bake unleavened bread
فَطَرَ ـُـِ To have breakfast. To break the fast
تَفَطَّرَ وانْفَطَرَ To be split, broken
فُطْر وفُطُر Mushroom
فِطْرَة جـ فِطَر Nature, natural disposition
فَطور وفُطور Breakfast

فَطير Unleavened, unbaked
خُبْز فَطير Fresh or newly made bread
فِطْرِيّ Natural, innate, instinctive
فَطيرَة Pancake. Pastry. Pie
فطس - فَطَسَ ـِ To die
فطم - فَطَمَ ـِ طِفْلاً To wean
فَطيم Weaned. Weanling
فِطامُ طِفْل Weaning, ablactation
فطن - فَطَنَ وفَطُنَ ـُ بـ وإلى ولـ To realize, understand
فَطَّنَ ه بـ أو إلى أو لـ To make realize. To draw someone's attention to
فَطين جـ فُطَناء وفَطِن جـ فُطْن Perspicacious, intelligent, smart
فِطْنَة جـ فِطَن Intelligence, perspicacity, sagacity
فظ - فَظاظَة Rudeness, roughness
فَظّ جـ أفْظاظ Rude, rough, harsh
فظع - فَظُعَ ـُ وأفْظَعَ أمْرٌ To be or become horrible, terrible, repulsive
إسْتَفْظَعَ هـ To find horrible, terrible
فَظاعَة Atrocity, horribleness
فَظيع Horrible, horrid, hideous
فعل - فَعَلَ ـَ To do. To act. To perform
فَعَلَ بِفُلان هـ To do to. To have an influence on
إنْفَعَلَ To be affected, influenced. To get excited, agitated
إفْتَعَلَ هـ To invent, make up. To do on purpose
فِعْل جـ فِعال وأفْعال وجج أفاعيل Act, action. Performance. Effect. Verb
فَعْلَة Deed, act, action
فاعِل مـ فاعِلَة جـ فاعِلون وفَعَلَة Doer, author. Worker. Subject. Perpetrator, committer. Active, efficacious
فاعِلِيَّة وفَعّالِيَّة Efficiency, efficacy
فَعّال Efficacious, efficient
إنْفِعال Emotion. Agitation
مَفْعول Effect. Action. Effectiveness. Done
مَفْعول به Object
مُفْتَعَل Artificial, fabricated
فِعْلِيّ Practical. Actual, effective
تَفاعُل Interaction. Chemical reaction
فعو - أفْعى جـ أفاعٍ Viper
فغر - فَغَرَ ـَـُ فَمَهُ To open the mouth wide
فقأ - فَقَأَ ـَ وفَقّأَ هـ To open *(an abscess)*. To knock out, gouge out *(an eye)*
فقد - فَقَدَ ـِ هـ وه To lose. To miss
تَفَقَّدَ وافْتَقَدَ هـ To search for. To examine, inspect
إفْتَقَدَ واسْتَفْقَدَ ه To miss. To visit a sick person
فَقْد وفُقْدان Loss. Bereavement
مَفْقود Lost, missing

فَقيد The late, the deceased
فاقِد الشَّخْصيَّة Anonymous
تَفَقُّد Visit, inspection
فقر - فَقُرَ ـُ وافْتَقَرَ To become poor
أفْقَرَ ه To impoverish
إفْتَقَرَ إلى To need
فَقْر وفُقْر Poverty. Need
فَقْرَة وفِقْرَة جـ فِقَر وفِقْرات وفِقَرات Vertebra. Paragraph, section
فَقاريّ وفَقْريّ Vertebrate
فَقير جـ فُقَراء Poor, needy
فقس - فَقَسَ ـِ هـ To hatch, incubate *(an egg)*
فَقْسَة Sitting of eggs
فقط - فَقَط Only, just
فقع - فَقَعَ ـَـُ To burst, explode. To die from heat. To be bright yellow *(color)*
فاقِع Bright, vivid *(color)*
فُقّاعَة جـ فَقاقيع Bubble
فقم - فَقِمَ ـَ وتفاقَمَ الأمر To be or become aggravated
تَفاقُم (مَرَض) Aggravation
فُقْمَة Seal
فقه - فَقِهَ ـَ وفَقُهَ ـُ To have legal knowledge
فَقِهَ ـَ وتَفَقَّهَ هـ To understand
فِقْه Jurisprudence. Understanding. Knowledge
فَقيه جـ فُقَهاء Jurist, legist
فك - فَكَّ ـُ هـ To disassemble. To separate, disconnect. To untie. To break open *(a seal)*
فَكَّكَ آلَةً To disassemble, take to pieces
ما انْفَكَّ Not to cease doing, to continue to do
فَكّ Jaw, jawbone
الفَكّ الأعلى Upper jaw, maxilla
الفَكّ الأسْفَل Lower jaw, mandible
فَكّ وتَفْكيك Dismantlement
مِفَكّ Screw driver
فكر - فَكَرَ ـِ وفَكَّرَ وتَفَكَّرَ وافْتَكَرَ في To think of. To reflect, meditate *(on)*
فَكَّرَ ه هـ To remind of
فِكْر جـ أفْكار Thought, idea. Opinion
فِكْرَة جـ فِكَر Thought, idea
مُفَكِّر جـ مُفَكِّرون Thinker. Intellectual
مُفَكِّرَة Notebook
مُفَكِّرَة يوميَّة Diary, journal
تَفْكير Thinking, meditation. Thought
فكش - فَكَشَ ـُ To sprain
فَكْش Sprain
فكه - فَكِهَ ـَ وتَفَكَّهَ To be or become humorous, cheerful
فَكَّهَ هـ To amuse with jokes
تَفَكَّهَ بـ To joke, make fun. To amuse oneself

فُكاهَة Humor. Joking, funmaking. Joke
فاكِهَة جـ فَواكِه Fruit(s)
فُكاهِيّ Humorous. Humorist
فلت - فَلَتَ ـِ وأفْلَتَ ه To set free, release
فَلَتَ وأفْلَتَ وتَفَلَّتَ وانْفَلَتَ To escape, run away
فَلْتَةُ لِسان Slip of the tongue
إفْلات Escape
فلج - فَلِجَ ـَ وانْفَلَجَ To be or become hemiplegic
فالِج جـ فَوالِج Hemiplegia
مَفْلوج جـ مَفاليج Hemiplegic, paralyzed
فلح - فَلَحَ ـَ هـ To till, cultivate
أفْلَحَ To succeed, be successful
فِلاحَة وفَلاحَة Cultivation, tillage. Agriculture, farming
فَلاّح جـ فَلاّحون Peasant. Farmer. Cultivator
فلذ - فِلْذَة جـ فِلَذ وأفلاذ Piece, portion
أفْلاذُ الكَبِد The children
فولاذ Steel
فلس - أفْلَسَ To declare bankrupt. To be ruined
فَلْس جـ فُلوس Money
فُلوس السَّمَك Scales of fish
إفْلاس Bankruptcy
مُفْلِس جـ مَفاليس Bankrupt, broke
فلسف - تَفَلْسَفَ To philosophize
فَلْسَفَة Philosophy
فَيْلَسوف جـ فَلاسِفَة Philosopher
فلع - فَلْع جـ فُلوع Crack, split, fissure
فَلَعَ ـَ وفَلَّعَ To split, fissure
فلفل - فَلْفَلَ الطَّعام To pepper
فُلْفُل وفِلْفِل Pepper
فلق - فَلَقَ ـِ وفَلَّقَ هـ To split, cleave
فَلَق جـ أفْلاق Bastinado
فِلْقَة جـ فِلَق One half
فَيْلَق جـ فَيالِق Army corps. Legion
فَلْق Crack, split, fissure
فلك - فَلَك جـ أفْلاك وفُلُك وفُلْك Orbit. Celestial sphere
فَلَكِيّ Astronomic(al). Astronomer
عِلْم الفَلَك Astronomy
فُلْك وفُلوكَة جـ فَلائك Ship
فُلْكُ نُوح Noah's Ark
فلن - فُلان مـ فُلانَة So-and-so
فلو - فِلْو جـ أفلاء وفَلُوّ جـ فَلاوى Colt, foal
فِلْوَة وفِلُوَّة وفُلُوَّة Filly
فَلاة جـ فَلَوات Desert, wilderness
فم - فَم وفُم وفِم جـ أفواه Mouth. Orifice, aperture
فَمُ نَهْرٍ Embouchure *(of a river)*
فَمُ (الحَيوان) Muzzle
فن - تَفَنَّنَ في To employ all one's wits. To be a specialist in

تَفَنَّنَ وافْتَنَّ في الحديث To speak on various topics
فَنّ جـ فُنون Art. Technique
فُنون جَميلَة Fine arts, beaux arts
فَنَن جـ أفْنان Branch, twig
فَنّان جـ فَنّانون Artist
فنج - فِنْجان جـ فَناجين Cup
صَحْنُ فِنْجان Saucer
فندق - فُنْدُق جـ فَنادِق Hotel
فنر - فَنار جـ فَنارات Lighthouse
فنس - فانوس جـ فَوانيس Lantern
فنى - فَنِيَ وفَنى ـَ To perish, cease to exist
أفنى هـ To destroy, annihilate
تَفانى في To dedicate oneself entirely
تَفانٍ Self-denial
فَناء Extinction. Annihilation. Nonexistence
فِناء جـ أفْنِيَة Courtyard
فهد - فَهْد جـ فُهود Hunting leopard
فهرس - فَهْرَسَ هـ To index. To catalog(ue)
فِهْرِس وفِهْرِسْت جـ فَهارِس Index, table of contents. Catalogue. List
فهم - فَهِمَ ـَ To understand, comprehend, realize, see
إسْتَفْهَمَ ه هـ To inquire about, question about
إسْتِفْهام Inquiry. Question. Interrogation
فَهْم Understanding, comprehension. Intelligence, sagacity
فَهيم جـ فُهَماء Intelligent, perspicacious
تَفاهُم Mutual understanding
مَفْهوم جـ مَفاهيم Notion, concept
فوت - فاتَ ـُ To pass, go by, run out
فاتَ ه في To exceed, surpass. To outstrip
بَعْدَ فَواتِ الأوان Too late
فَوَّتَ فُرْصَةً To miss an opportunity
تَفاوَتَ To differ. To be dissimilar
تَفاوُت Difference. Dissimilarity
مُتَفاوِت Different
فائت Past, elapsed
فوج - فَوْج جـ أفْواج Battalion. Regiment. Group, troop
فوح - فاحَ ـُ (المِسْكُ) To exhale a pleasant odor
فَوْح وفَوَحان Emanation, exhalation of an odor
فور - فارَ ـُ To boil over. To bubble up. To gush forth, spurt, jet *(water)*
فَوَران Ebullition, boiling. Effervescence
فَوْرَة Outburst. Intensity, violence
فَوّار Effervescent. Ebullient. Bubbling *(spring)*
فَوّارَة Fountain, jet d'eau. Geyser

Immediately, at once, right away فَوْرًا
Instant, immediate فَوْرِيّ
To win, gain, obtain. To triumph. To succeed **فوز** - فازَ ـُ بـ
To escape فازَ بنفسه
Victory, triumph. Success فَوْز
Victor, winner. Victorious, triumphant فائز
Desert مَفازَة جـ مَفاوِز ومَفازات
To entrust, charge *(with)* **فوض** - فَوَّضَ أمْرًا إلى
To empower, authorize, delegate فَوَّضَ إلى
To negotiate with, confer with فاوَضَ ه في
Disorder, chaos. Anarchy فَوْضى
Anarchic. Chaotic فَوْضَوِيّ
Authorization. Mandate, warrant, proxy, power of attorney تَفْويض
Negotiation, parley مُفاوَضَة
Delegate. Commissioner مُفَوَّض
Minister plenipotentiary وَزيرٌ مَفَوَّض
Towel. Apron. Napkin, serviette **فوط** - فوطَة جـ فُوَط
To surpass, excel. To exceed **فوق** - فاقَ ـُ ه
To awaken. To recover consciousness أفاقَ واسْتَفَاقَ من
Poverty, indigence فاقَة

Up, above. On, on top of. Upstairs. More than, beyond. Superior to فَوْق
Higher, located higher or above فَوْقانيّ
Superiority. Excellence, predominance تَفَوُّق
Superior, excellent فائق
Superior. Outstanding, excellent. Skilled مُتَفَوِّق
Bean(s) **فول** - فُول
Bean seller فَوّال
To pronounce **فوه** - فاهَ ـُ وتَفَوَّهَ بـ
Mouth فو، فا، في، فوه، فاه، فيه
Mouth, opening, orifice فُوَّهَة جـ فُوَّهات
Crater فُوَّهَةُ بُرْكان
Aromatics, spices أفاويه
At. In. On **في** - في
Among people في النّاس
In the year... في سَنَة كَذا
During few years في بِضْع سِنين
He came with his retinue جاءَ في مَوْكِبِه
For, for the sake of في سَبيلِ
Five multiplied by three خَمْسَة في ثَلاثَة
While, during, as فيما
In the past, formerly, before فيما مَضى

In the following, below فيما بَعْد، فيما يَلي

He smiled maliciously تَبَسَّمَ في خُبْثٍ

فيأ - تَفَيَّأَ To shade oneself under

Shadow, shade فَيْء جـ أفياء وفُيوء

فيد - أفادَ ه هـ To help, benefit. To be useful to. To inform of or about. To signify

Benefit, utility. Utilization. إفادَة

Notice, information. Deposition

To benefit from فادَ واسْتَفادَ من

Benefit, usefulness, advantage. Gain, profit. Interest فائدة جـ فوائد

Useful, beneficial. Profitable. Instructive مُفيد

فيرز - فَيْروز وفِيروز وفَيْروزَج

Turquoise

فيض - فاضَ ـِ To overflow, run over. To abound. To inundate, flood

To be filled up فاضَ الإناء

To give up the ghost, die فاضَت نَفْسُهُ

Superabundance, surplus. Abundance, plenty فَيْض

Flood, inundation, deluge فَيَضان

Abundant. Surplus, excess فائض

فيل - فيل جـ أفيال وفِيَلَة Elephant

Ivory سِنّ الفيل

Elephant-driver فَيّال جـ فَيّالَة

فيلج - فَيْلَجَة جـ فَيالِج Cocoon

فيلم - فيلم جـ أفْلام Film

Film, movie, motion picture فيلم سينَمائيّ

Documentary فيلم وَثائقيّ

فين - فَيْنَة Time, period. Instant, moment

ق

ق - ق Q *(21st letter of the Arabic alphabet)*

قاموس - قاموس جـ قواميس Dictionary, lexicon

قانون - قانون جـ قَوانين Law. Code. Statute. Rule, regulation. Canon

قانونٌ جَزائيّ Penal or criminal code (or law)

قانون الأحْوالِ الشَخْصيَّة Personal law (or statute)

قانونٌ عُرْفيٌّ Martial law

قانونٌ كَنائسيٌّ Canon or ecclesiastical law

قانونيّ Jurist, legist. Legal. Juristic. Lawful, legitimate, valid

قب - قَبَّبَ To build a dome. To form into a dome. To make convex

قُبَّة جـ قُبَب وقِباب Dome, cupola

قُبَّةُ جَرَس Belfry, bell tower

القُبَّةُ الزَّرْقاء The firmament, the sky

قَبَّةُ الثَّوْب Collar

مُقَبَّب Domed, cupolaed. Convex

قبح - قَبُحَ ـُ To be or become ugly. To be or become ignominious, disgraceful

قَبَّحَ ه وهـ To uglify, disfigure

قُبْح Ugliness

قَبيح جـ قِباح Ugly, repulsive. Shameful, infamous

قَبيحَة جـ قَبائح وقِباح Shameful deed

قَباحَة Ugliness. Abomination

قبر - قَبَرَ ـِ ه To bury, inhume, entomb

قَبْر جـ قُبور Tomb, grave

قُبَّرَة وقُنْبَرَة جـ قَنابِر Lark, skylark

مَقْبَرَة جـ مَقابِر Cemetery, graveyard. Tomb, burial ground

قبس - إقْتَبَسَ To quote, cite. To borrow passages from a book. To adapt a literary work

إقْتِباس Adaptation *(of a literary work)*. Quotation

قبض - قَبَضَ ـِ هـ بـ أو على بـ To grasp, take hold of

قَبَضَ مالاً To collect, receive *(money)*

قَبَضَ وانْقَبَضَ To contract. To shrink

قَبَضَ على سارِق To arrest, capture

إنْقَبَضت نَفْسُهُ To be depressed. To be gloomy

قَبْض Grasping. Arresting, seizure. Cashing, receipt *(of money)*. Contraction

قَبْضَة Grip, grasp. Handful
قَبْضَةُ اليَد Fist
قَبْضَة ومِقْبَض Handle
إنْقِباض Contraction. Constipation
إنْقِباضُ الصَّدْر Depression, blues, gloom (iness)
مُنْقَبِض الصَّدْر Depressed
قبع - قُبَّعَة Hat
قبل - قَبِلَ ـ ه وهـ To accept. To approve *(of)*. To admit
قَبَلَ ـُ وأقْبَلَ To approach
قَبَّلَ ه وهـ To kiss
قابَلَ ه To meet with. To face. To be opposite to
قابَلَ هـ وبـ To compare with. To oppose to
أقْبَلَ إلى وعلى To come to. To undertake, embark upon. To proceed to
تَقَبَّلَ هـ To accept. To admit. To receive
إسْتَقْبَلَ ه وهـ To receive. To meet
قَبْلُ وقَبْلاً ومن قَبْل Before, previously, earlier
مِن قِبَلِهِ On the part of, from, by
قِبْلَة Direction to which Moslems turn in prayer
قِبْليّ South. Southern
قُبْلَة جـ قُبَل Kiss
تَقْبيل Kissing
قُبالَة وقِبال In front of, opposite to. Before
قَبول وقُبول Acceptance. Consent. Admission
قابِلَة جـ قوابِل Midwife
قابِليَّة Appetite. Disposition. Aptitude, capacity
مُقابِل Facing, opposite to. Contrary. Price. Charge. Return, consideration. In exchange for
مُقابِل لـ Equivalent to
مِن هذا القَبيل Of this kind. In this respect
قُبَيْلَ Shortly before, prior to
قَبيلَة جـ قَبائل Tribe
إقْبال Arrival, advent. Good demand. Approach
إسْتِقْبال Reception. Receiving
مُقابَلَة Meeting. Interview. Comparison
مُقْتَبَل الشَّباب Prime of youth
مُسْتَقْبَل Future
مَقْبول Acceptable, reasonable
مُقْبِل Next, coming
قبن - قَبَّنَ هـ To weigh *(with a steelyard)*
قَبّان Steelyard
قبو - قَبْو جـ أقْبِيَة Vault, cave
قتر - قَتَرَ ـُـِ وقَتَّرَ وأقْتَرَ على To be stingy toward

Stinginess, parsimony تَقْتير
Stingy, parsimonious مُقَتِّر
To kill, murder **قتل** - قَتَلَ ـُ ه
To fight, combat قاتَلَ ه
To fight one another تَقاتَلَ
To strive desperately for. To defy death إسْتَقْتَلَ
Killing. Homicide. Murder قَتْل
Fight(ing). Combat قِتال ومُقاتَلَة
Killer. Murdurer قاتِل جـ قَتَلَة
Killed. Murdered مَقْتول، قَتيل
Murder, death مَقْتَل
Combatant, fighter, warrior مُقاتِل
To darken **قتم** - قَتَمَ ـِ
Dark, tenebrous. Black قاتِم
To be withheld *(rain)*. To be rainless *(year)* **قحط** - قَحَطَ ـَ
Dryness, rainlessness قَحْط
To dry up. To be arid **قحل** - قَحِلَ ـَ
Dry, arid قاحِل
Dryness, aridity قُحولَة
To break into a place. To rush into **قحم** - إقْتَحَمَ هـ
Breaking in. Invasion إقْتِحام
To intrude. To push into, involve in أقْحَمَ نَفْسَه
To cut lengthwise **قد** - قَدَّ ـُ هـ
To cure meat قَدَّدَ اللَّحْم
Stature, figure, physique, constitution قَدّ جـ قُدود
Jerked or cured meat قَديد، مُقَدَّدات
To strike fire *(with a flint)* **قدح** - قَدَحَ ـَ بـ
To speak evil of قَدَحَ في فُلان
Cup, drinking glass قَدَح جـ أقْداح
Flint قَدّاحَة
Defamation, calumny قَدْح
To be able, can, could. To have the ability to do **قدر** - قَدَرَ ـُـِ وقَدِرَ ـَ على
To estimate, evaluate. To appreciate. To suppose, assume. To expect, foresee قَدَّرَ هـ
Amount, quantity. Worth, value. Rank قَدْر جـ أقْدار
Cooking pot, kettle قِدْر وقِدْرَة جـ قُدور
Fate, destiny. Predestination قَدَر جـ أقْدار
Capable of, able to قادِر وقَدير على
Power. Capability قُدْرَة ومَقْدَرَة واقْتِدار
Estimation. Appreciation. Supposition. Prospect. Expectation. Understanding تَقْدير جـ تَقْديرات
Quantity. Amount مِقْدار
As much as بِمِقْدار ما
Predestined مُقَدَّر
Estimator, valuer مُقَدِّر
To be holy, sacred **قدس** - قَدُسَ ـُ

قَدَّسَ ه To sanctify. To glorify. To dedicate, consecrate
قَدَّسَ To say the Mass. To hear Mass
تَقَدَّسَ To be sanctified. To be consecrated
قُدْس وقَداسَة Holiness, sanctity
قُدّاس جـ قَداديس Mass
قِدّيس جـ قِدّيسون Saint
تَقْديس Sanctification. Consecration
مُقَدَّس Sanctified. Holy
الكِتابُ المُقَدَّس The Holy Bible
قدم - أقْدَمَ على To venture, risk. To undertake, engage courageously in. To be daring
قَدِمَ ـَ من To come, arrive. To return
قَدِمَ مَكانًا To reach, get to
قادِم Following, next. Coming. Newcomer
قَدُمَ ـُ وتَقادَمَ To be old, ancient
قَدَّمَ ه هـ To let precede. To advance. To offer
قَدَّمَ على To give priority to. To prefer
قَدَّمَ هـ لـ To present, offer
تَقَدَّمَ To advance. To proceed. To progress. To improve
تَقَدَّمَ بَيْنَ يَدَيْهِ To come before
قِدَم Oldness. Old times. Preexistence
قَديم مـ قَديمَة جـ قُدَماء وقُدامى Old, ancient. Antique
قَدَم جـ أقْدام Foot. Step
قُدوم ومَقْدَم Arrival, advent
قُدّام Front, front part. In front of
الأقْدَمون The ancients
تَقَدُّم Priority. Advance. Progress
مُقَدَّم Front part, face. Lieutenant colonel. Presented, offered. Advanced
مُقَدِّمَة ومُقَدَّمَة Front part. Vanguard. Introduction, preface. Prelude
إقْدام Courage, intrepidity
تَقْدِمَة Offer. Dedication. Offering
أقْدَمِيَّة Seniority
قادِم Coming, next. Arriving. Arriver
قدى - إقْتَدى بـ To imitate, follow the example of
قَدْوَة وقُدْوَة Example, model, pattern
إقْتِداء Imitation
مُقْتَدٍ Imitator
قذر - قَذِرَ ـَ وقَذُرَ ـُ To be or become dirty, filthy
قَذَرَ ـُ وقَذِرَ ـَ وقَذَّرَ ه وهـ To dirty, soil
قَذِرَ ـَ هـ وتَقَذَّرَ هـ ومن To be disgusted by
قَذَر جـ أقْذار، قَذارَة Dirt, filth. Dirtiness
أقْذار Dirt
قذف - قَذَفَ ـِ To throw, cast. To

eject. To vomit

قَذَفَ بـ To strike with. To accuse of

تَقاذَفَ بـ To throw at one another. To exchange insults

قَذيفَة جـ قَذائف Missile. Projectile. Bomb

قاذِفَة جـ قاذِفات Bomber

قَذْف Throwing. Defamation

قَذْفٌ بالقَنابِل Bombing, bombardment

قذى - قَذًى جـ قَذي وأقْذاء Speck, mote. Particle of dust

قر - قَرَّ ـِ واسْتَقَرَّ في To settle down. To establish oneself

قَرَّ على To decide, make up one's mind

قَرَّ وأقَرَّ بـ أو في To confess

قَرَّرَ ه بـ وعلى To make confess

قَرَّرَ هـ To decide

أقَرَّ ه في To establish, settle

تَقَرَّرَ To be established, fixed

إسْتَقَرَّ To be firmly established. To be stable

قَرار Decision, resolution. Stability. Bottom. Refrain. Rest. Residence

قارَّة Continent

قارورَة جـ قَوارير Flask

إقرار Confession, acknowledgment. Recognition, admission

تَقْرير Report

مُقَرَّر Established. Fixed, decided

إسْتِقْرار Stability

تَقْرير المَصير Self-determination

مَقَرّ ومُسْتَقَرّ Abode, residence. Location. Site. Center

مُسْتَقِرّ Stable, settled

قُرّ Coldness, cold, chilliness

قَرَّ ـُـَ To be cold, chilly

قرأ - قَرَأَ ـَـ واقْتَرأَ هـ To read

قَرَأَ على فُلان To study under someone

قارئ جـ قُرّاء Reader. Reciter

قِراءَة Reading. Recital

القُرآن The Koran

قرب - قَرِبَ ـَ ه وقَرُبَ ـُ من وإلى To be near to. To approach. To be imminent

قُرْب Nearness, proximity. In the vicinity of, near

قَرَّبَ ه وهـ To bring nearer. To advance toward

قَرَّبَ قُرْبانًا To make an offering

تَقَرَّبَ إلى To approach. To make advances to

إقْتَرَبَ من To come near to

قِرْبَة جـ قِرَب Waterskin

قِراب جـ قُرُب وأقْرِبَة Sheath, scabbard

قَرابَة وقُرْبى Relationship, kinship

قُرْبان جـ قَرابين Sacrifice, offering. Host. Communion

قَرِيب جـ أَقْرِباء Relative, relation
قَرِيب Near, nearby, close. Imminent
قارِب جـ قَوارِب Boat, skiff
تَقْرِيبًا وبالتَّقْرِيب Approximately, almost
على مَقْرُبَة مِن وقُرْبَ Near, close to
إقْتِراب Approach
تَقارُب Rapprochment, mutual approach
قرح - إقْتَرَحَ ه أو هـ To suggest
قَرْح جـ قُروح Wound. Ulcer
قَرْحَة، قُرْحَة Ulcer, sore
قَرِيحَة جـ قَرائح Talent. Natural disposition
إقْتِراح Proposition
قرد - قِرْد جـ قُرود وقِرَدَة Ape, monkey
قِرْدَة جـ قِرَد She-monkey
قرس - قَرَسَ ـِ وقَرِسَ ـَ To be or become severe, bitter *(cold)*
قارِس Severe, biting *(cold)*
قرش - قِرْش جـ قُروش Piaster. Shark
قرص - قَرَصَ ـُ ه وهـ To pinch, tweak. To sting
قَرَّصَ (العَجين) To shape into flat loaves
قارِص Biting. Stinging. Painful
قُرْص جـ أقْراص Disc. Disk. Round flat loaf *(of bread)*. Tablet, pill
قُرْص الرّاديو أو الهاتِف Dial
قُرّاص وقُرَّيص Nettle
قَراصيا Prune(s). Sour cherry
قرصن - قُرْصان جـ قَراصِنَة Pirate, corsair
قَرْصَنَة Piracy
قرض - قَرَضَ ـِ وقَرَّضَ هـ To gnaw, eat into. To clip, cut off
قَرَضَ وأقْرَضَ ه هـ To lend money to
إقْتَرَضَ هـ من To borrow from
إنْقَرَضَ To become extinct. To die out, perish
إنْقِراض Extinction
قَرْض جـ قُروض Loan, advance
قرط - قُرْط جـ أقراط Earring, eardrop
قِرْطُ مَوْز Bunch, cluster *(of bananas)*
قيراط Carat, karat
قرطس - قِرْطاس وقُرْطاس جـ قَراطيس Paper, sheet of paper
قِرْطاسِيَّة Stationery
قرظ - قَرَّظَ To praise, eulogize
قرع - قَرَعَ ـَ هـ To knock, bang *(at a door)*. To ring *(a bell)*. To beat *(a drum)*
قَرِعَ ـَ To be or become bald
قارَعَ To fight with
إقْتَرَعَ في وعلى To cast lots. To vote
قَرْع Gourd, pumpkin
قُرْعَة جـ قُرَع Lot

Middle of the road	قارِعَة الطَّريق
Bald.	أقْرَع مـ قَرْعاء جـ قُرْع وقُرْعان
Baldhead	
Knocker *(of a door).*	مِقْرَعَة جـ مَقارِع
Whip, lash	
Voting, vote	إقْتِراع
To be disgusted of	**قرف** - قَرِفَ ـَ
To disgust	قَرَّفَ وأقْرَفَ
Disgusting, loathsome	مُقْرِف مـ مُقْرِفَة
To commit *(a crime)*	إقْتَرَفَ هـ
Disgust, nausea	قَرَف
Canella, cinnamon	قِرْفَة جـ قِرَف
To squat	**قرفص** - قَرْفَصَ
Squat, squatting	قُرْفُصاء
To squat on one's heels	قَعَدَ القُرْفُصاء
Squirrel	**قرقذ** - قَرْقَذان وقَرْقَذون
Baked brick. Tile	**قرمد** - قِرميد جـ قَراميد
Crimson	**قرمز** - قِرْمِز
Crimson. Scarlet	قِرْمِزِيّ
To join, connect	**قرن** - قَرَنَ ـِ هـ بـ
To couple, yoke together	قَرَنَ ه
To compare with	قارَنَ بَيْن
To be joined with. To marry	إقْتَرَنَ بـ
Horn. Peak, summit.	قَرْن جـ قُرون
Century. Age, generation	
Antenna, feeler	قَرْنُ حَشَرَة
Equal, match	قِرْن جـ أقران
Marriage, wedding	قِران
Husband, spouse.	قَرين جـ قُرَناء
Companion, associate	
Connected, joined	قَرين ومَقْرون بـ
Wife, spouse.	قَرينَة جـ قَرائن
Indication	
Comparison	مُقارَنَة
Connection, union. Marriage	إقْتِران
Cornea	قَرْنِيَّة
Corner	قُرْنَة
Cauliflower	**قرنب** - قَرْنَبيط
Carnation, pink	**قرنفل** - قَرَنْفُل
Clove	كَبْش القَرَنْفُل
To give hospitality to, entertain	**قرى** - قَرى ـِ ه
Hospitality, entertainment	قِرًى
Village	قَرية جـ قُرًى
Villager, countryman	قَرَوِيّ
Silkworm	**قز** - دود القَزّ
To be disgusted of	قَزَّ ـُ وتَقَزَّزَ
Rainbow	**قزح** - قَوْس قُزَح
Iris *(of the eye)*	قُزَحِيَّة
Dwarf, pygmy	**قزم** - قَزَم جـ أقْزام
Priest, clergyman, minister, curate, pastor	**قس** - قَسّ جـ قُسوس، قِسّيس جـ قِسّيسون
To coerce to, force to	**قسر** - قَسَرَ ـِ
Coercively	قَسْرًا
To pay in installments	**قسط** - قَسَّطَ هـ
Share, part, lot.	قِسْط جـ أقْساط
Installment. Quantity, amount	
Payment in installments	تَقْسيطُ الدَّفْع

بالتَّقْسيط — In installments, gradually
قسطل - قَسْطَل جـ قَساطِل — Water pipe
قسم - قَسَمَ ـِ وقَسَّمَ هـ وه — To divide. To distribute. To halve
قاسَمَ ه هـ — To share equally with. To participate
أقْسَمَ بالله — To swear by God
قِسْم جـ أقْسام — Part, portion, division
قَسَم جـ أقْسام — Oath
قِسْمَة جـ قِسَم — Dividing, division. Part, share. Fate, destiny
تَقْسيم — Dividing. Distribution
تَقْسيم العَمَل — Division of labor
قَسيمَة جـ قَسائم — Coupon
قاسِم — Divider. Denominator, divisor
قاسِم مُشْتَرَك — Common denominator
قَسَمات الوَجْه — Features, lineaments
إنْقِسام — Division. Schism
قسو - قَسا ـُ — To be or become hard, solid. To be or become severe *(toward)*
قاسى هـ — To endure, suffer
قاسٍ جـ قُساة — Hard, solid. Severe
قَسْوَة وقَساوَة — Severity. Cruelty
قش - قَشَّ ـُـِ هـ — To collect, gather up. To broom
قَشَّشَ كُرْسيًّا — To cane
قَشّ — Straw, hay
مُقَشِّش — Caner

مِقَشَّة — Broom
قشب - قَشَّبَ ـِ وتَقَشَّبَ — To chap, crack open
قَشَب جـ أقْشاب — Chap, crack
قشد - قَشَدَ ـُ — To skim, cream
قِشْدَة — Cream
قشر - قَشَرَ ـُـِ وقَشَّرَ هـ — To peel, skin
قِشْر جـ قُشور — Peel, skin. Husk. Epicarp. Scales. Bark. Shell. Crust
قِشْرَة — Bark, shell, crust. Skin
مَقْشور ومُقَشَّر — Peeled, skinned
قشط - قَشَطَ ـُـِ هـ — To scrape off. To take off, remove
قَشْط — Taking off. Scraping off
قَشْطَة — Cream
قِشاط — Bell. Strap
قشع - قَشَعَ ـَ هـ — To scatter, disperse, dispel
إنْقَشَعَ (الجَوّ) — To clear up
قشعر - إقْشَعَرَّ — To shudder, shiver, tremble
قُشَعْريرَة — Shudder, shiver. Gooseflesh. Shill
مُقْشَعِرّ — Shuddering, shivering
قشف - تَقَشَّفَ — To lead an ascetic life. To live in austerity
تَقَشُّف — Asceticism. Austerity
مُتَقَشِّف — Ascetic, ascetical
قص - قَصَّ ـُ وقَصَّصَ هـ — To cut, clip. To scissor
قَصَّة — Cut, haircut

قَصَّ ـُ هـ على To narrate, relate
إقْتَصَّ من To punish. To take vengeance. To retaliate
قِصَّة جـ قِصَص وأقاصيص Story, tale. Novel
قَصّاص وقِصَصيّ Novelist, storyteller
قِصاص Punishment, punition. Requital
قُصاصَة Cutting, clipping. Scrap of paper
مِقَصّ جـ مَقاصّ Scissors
أُقْصوصَة Short story. Novel
قصب - قَصَبَ ـِ To cut to pieces
قَصَّبَ نَسيجًا To brocade, embroider
قَصَب Cane, reed. Gold and silver thread
قَصَبُ السُّكَّر Sugarcane
قَصَبَة Cane. Rod. Pipe, flute. Liver
قَصّاب Butcher
مُقَصَّب Embroidered, brocaded
قصد - قَصَدَ ـِ هـ أو لـ أو إلى To go to, head for. To intend, aim at. To seek to
إقْتَصَدَ في To be economical. To economize. To save
قَصْد Goal, intention. Resolution
قَصيدَة جـ قَصائد Poem
مَقْصِد ومَقْصود Destination
مُقْتَصِد Economical, thrifty
إقْتِصاد Saving, husbandry. Economy
إقْتِصاديّ Economic. Economist
قاصِد رَسوليّ Apostolic delegate
مَقْصود وقَصْديّ Intentional, intended
قصدر - قَصْدير Tin
قصر - قَصَرَ ـُ To be or become insufficient
قَصَرَ وقَصَّرَ عن To be unable to do, miss, fail. To malfunction
قَصُرَ ـُ To be or become short
قَصَّرَ To shorten, reduce
قَصير جـ قِصار مـ قَصيرَة Short
قَصير النَّظَر Shortsighted. Myope
إقْتَصَرَ على To be limited to
قَصْر جـ قُصور Palace, castle
قُصارى Utmost, highest degree
قُصارى القَوْل In short, in brief
قاصِر مـ قاصِرَة Minor. Underage. Limited
قَيْصَر جـ قَياصِرَة Czar, tzar, emperor
تَقْصير Shortening. Neglect, negligence. Defect, fault
مَقْصور Limited to. Bleached
مَقْصور ومُقَصَّر Shortened
مَقْصورَة جـ مَقاصير Compartment. Cabin. Cabinet. Booth
قُصور Failure to, incapacity. Laziness. Legal minority
قصع - قَصْعَة جـ قَصَعات وقِصاع Bowl

قَضْعين Sage, clary
قصف - قَصَفَ ـِ وقَصَّفَ هـ To break, smash
قَصَفَ ـُ To feast
قَصَفَ ـُـِ To shell, bomb, fire guns at. To roll, rumble *(thunder)*
قَصْف Shelling, bombardment. Roar, rumble. Brcaking off. Feasting
مَقْصِف جـ مَقاصِف Refreshment room. Buffet
قصم - قَصَمَ ـِ To snap, break
قَصَمَ ظَهْرَهُ To annihilate. To kill, destroy
قَصِم Fragile, brittle
قصو - أقصى ه وهـ To send away. To set aside. To eliminate. To bring to its utmost limit
تَقَصّى واسْتَقْصى هـ وفي To examine thoroughly, explore, investigate
إقصاء Sending away
أقاصي الأرض The remotest parts of the earth
إسْتِقْصاء Thorough examination, investigation. Inquiry
أقصى More distant. Extreme, utmost. Limit, end
قض - قَضَّ ـُ To demolish
إنْقَضَّ على To rush-upon, attack, assail. To swoop down
قضب - قَضَّبَ واقْتَضَبَ هـ To prune. To cut off. To abridge
قَضيب جـ قُضْبان Stick, rod. Bar
مِقْضَب ومِقْضاب Pruning knife
مُقْتَضَب Short, brief
إقْتِضاب Abridgment. Improvisation
قضم - قَضَمَ ـِ هـ To gnaw, nibble at
قضى - قَضى ـِ هـ To carry out, execute. To fulfill *(a request)*. To satisfy *(a want)*. To decide. To impose, make incumbent
قَضى الدَّيْنَ To pay, settle *(a debt)*
قَضى الوَقْتَ To spend the time
قَضى ـِ بين To judge between
قَضى بـ To sentence, condemn *(to)*. To impose, inflict *(upon)*
قَضى على To exterminate. To kill, destroy. To eliminate
قاضى ه To summon before a judge. To prosecute
تَقاضى واقتضى ه (الدَّيْن) To demand
قَضاء Judgement, sentence. Judicial authorities. Fate, destiny
قَضاء جـ أقضِيَة District, province
قَضِيَّة جـ قَضايا Affair, case. Issue, question. Lawsuit, action. Proposition, theorem
مُقْتَضى Required, necessary
مُقاضاة Litigation
إنْقِضاء Termination, expiration

Judge, magistrate قاضٍ جـ قُضاة
Litigant مُتَقاضٍ
قط - قَطْ Only, just, merely
قَطُّ Never, not at all, not ever
قِطّ مـ قِطَّة جـ قِطاط وقِطَطَة Cat
قطب - قَطَبَ ـِ وقَطَّبَ To frown
قَطَبَ وقَطَّبَ هـ To sew, stitch
قُطْب جـ أقْطاب Pole. Axis. Pivot. Leader, chief
نَجْمَةُ القُطْب The polar star
قُطْبَة Stitch
قاطِبَةً All together, all without exception
قُطْبيّ Polar
قطر - قَطَرَ ـُ وتَقَطَّرَ الماءُ To drip, fall in drops
قَطَرَ هـ To tow, trail
قَطَّرَ وأقْطَرَ هـ To distill
تَقاطَرَ To come in successive groups. To crowd
قَطْر Dripping. Drops. Rain. Syrup
قُطْر جـ أقطار Country. Region
قُطْرُ الدّائِرَة Diameter
قَطْرَة جـ قَطَرات Drop
قَطْران وقِطْران Tar
قِطار جـ قُطُر Train. Convoy. Procession. File
قِطارٌ حَديديّ Railroad train
قِطارٌ كَهْرَبائيّ Electric train
قاطِرَة Locomotive

مُقَطَّر Distilled
مَقْطور Towed, trailed
قطع - قَطَعَ ـَ هـ To cut. To amputate. To stop, suspend. To cross, traverse *(a river)*. To engage in highway robbery. To abstain from. To be positive about
قَطَعَ بين To settle a difference between
قَطَعَ النَّظَرَ عن To make abstraction of
قَطَّعَ هـ To cut into pieces. To divide
قاطَعَ ه وهـ To interrupt. To boycott
إنْقَطَعَ إلى To devote oneself to, give one's entire attention to
قِطْعَة جـ قِطَع Piece, fragment. Part, division
قِطاعَة Abstinence from
قَطيع جـ قُطعان Flock, herd, group
قَطيعَة جـ قَطائع Rupture of relations. Separation
إقْطاع جـ إقْطاعات Fief
إقْطاعيّ Feudal
إقْطاعيَّة Feudality
تَقْطيع Cutting. Segmentation. Scansion
تَقْطيع جـ تَقاطيع الوَجْه Features
قاطِع Cutting, sharp. Decisive, irrefutable. Convincing. Sour *(milk)*. Secant. Partition, screen.

Migratory *(bird)*. Lenten *(food)*
قاطِعُ الطَّريق جـ قُطّاع الطُّرُق
Highway robber, brigand
مَقْطَع جـ مَقاطِع Crossing point. Ford. Syllable
مُقاطَعَة جـ مُقاطَعات District, province. Boycotting. Interruption
مَقْطوع Cut. Amputated. Disconnected
تَقاطُع Intersection. Crossing
إنْقِطاع Disjunction. Interruption. Cessation, stoppage
قِطاع Section. Sector
مُنْقَطِع لـ أو إلى Devoted to
قطف - قَطَفَ ـِ وقَطَّفَ واقْتَطَفَ هـ
To pick, gather, harvest, pull off
إقْتَطَفَ To select, choose. To extract, quote
قَطْف وقِطاف وقَطاف Picking, gathering, harvesting, harvest
قِطْف جـ قُطوف وقِطاف Picked fruits
مُقْتَطَف جـ مُقْتَطَفات Selection
قطن - قَطَنَ ـُ في وبـ To live in, reside in. To inhabit
قُطْن وقُطُن جـ أقطان Cotton
قُطْنِيَّة وقِطنيَّة Cotton clothes
قعد - قَعَدَ ـُ To sit down, take a seat
قَعَدَ عَن To refrain from
أقْعَدَ ه عن To keep, prevent *(from)*
تَقاعَدَ عن To neglect, omit
تَقاعَدَ To retire
قاعِدَة جـ قَواعِد وقاعِدات Base, basis, foundation. Rule, principle. Model. Method
قاعِدَة المُلْك Seat of government
قاعِدَة البِلاد Capital
تَقاعُد Retirement
مَقْعَد جـ مَقاعِد Seat. Chair
مُقْعَد Crippled, infirm, disabled
مُتَقاعِد Retired
قعر - قَعْر جـ قُعور Bottom. Depth. Hollow, cavity
مُقَعَّر Concave. Deep
قعس - تَقاعَسَ عن To slacken. To neglect. To fail to
تَقاعُس Negligence
مُتَقاعِس Negligent, careless. Reluctant
قعقع - قَعْقَعَ السِّلاحُ To clatter, rattle, clink
قَعْقَعَةُ السِّلاح Clatter, rattle
قف - قَفَّ ـُ الشَّعْرُ To stand on end
قُفَّة جـ قُفَف Basket
قفر - أقْفَرَ To be or become empty, uninhabited, desolate
قَفْر جـ قِفار Desert, wilderness
قَفير جـ قُفْران Beehive, hive
مُقْفِر Desolate, deserted
قفز - قَفَزَ ـِ To jump, leap, spring
قَفْزَة جـ قَفَزات Jump, leap, spring

قُفّاز مث قُفّازان جـ قَفافيز Glove
قَفْز Leaping, jumping
القَفْزُ الطَّويل Broad jump
القَفْزُ بالعَصا Pole vaulting
القَفْزُ العالي High jump
قفص - قَفَص جـ أقْفاص Cage. Coop
قَفَصٌ صَدْرِيّ Thorax, chest
قفقف - قَفْقَفَ وتَقَفقَفَ To shiver from cold
قفل - قَفَلَ ـُـِ To return, come home
قَفَلَ وأقْفَلَ بابًا To shut, close
قَفَّلَ بابًا To fasten with a lock
قُفْل جـ أقفال Padlock. Lock. Bolt
قافِلة جـ قَوافِل Caravan
إقْفال Closing, shutting. Locking
قفو - قَفا ـُ واقْتَفى أثَرَهُ To follow the tracks of, trail
تَقَفّى واقْتَفى ه To imitate, follow someone's example
قَفا وقَفاء جـ أقْفِيَة Back. Reverse. Verso. Nape, back of the neck
قافِيَة جـ قَوافٍ Rhyme
إقْتِفاء Tracking. Imitation
قل - قَلَّ ـِ To be or become little, small, few *(in quantity or in number)*. To diminish. To be or become scarce
أقَلَّ واسْتَقَلَّ هـ To carry, transport
قَلَّلَ To decrease, lessen, diminish
إسْتَقَلَّ To be independent
إسْتَقَلَّ هـ وه To belittle. To underestimate. To find small or little
إسْتَقَلَّ (الطّائِرَة) To travel by *(plane)*. To embark, go on board
قِلَّة جـ قِلَل Littleness. Smallness. Scarcity, rarity. Few
قِلِّيَّة جـ قَلاليّ Cell of a monk
قَليل جـ قَليلون وأقِلاّء Few, little. Insignificant. Slight, scarce, rare
إسْتِقْلال Independence
تَقْليل Lessening, decreasing, reduction, diminution
أقَلِّيَّة Minority
قَلَّما Seldom, rarely
مُسْتَقِلّ Independent
قلب - قَلَبَ ـِ وقَلَّبَ هـ To turn. To turn around. To turn over. To reverse
تَقَلَّبَ To toss about, move restlessly. To be unsteady, inconstant. To change. To fluctuate *(prices)*
قَلْب Turning. Reversing, reversion. Overthrowing
قَلْب جـ قُلوب Heart. Essence, innermost. Middle, center
قالَب جـ قَوالِب Mold. Model. Form
إنْقِلاب Overthrow, revolution. Change, alteration

إنْقِلاب الشَّمس Solstice
تَقَلُّب Turning over. Alteration, change. Inconstancy
بالمَقْلوب Upside down. Wrong side out
مُنْقَلَب Resort. Tropic
قلد - قَلَّدَ ه السَّيْف To gird with a sword
قَلَّدَ ه هـ (وظيفَةً) To invest with an office. To appoint to an office
قَلَّدَهُ رُتْبَةً To confer a rank upon
قَلَّدَ To imitate, copy, mimic
مُقَلِّد Imitator. Mimic
قِلادَة جـ قَلائد Necklace
تَقْليد جـ تَقاليد Imitation. Copying
التَّقاليد Tradition
تَقْليديّ Traditional, conventional
قلز - قُلُزّ وَقِلِزّ Bronze
قلص - قَلَصَ ـِ وتَقَلَّصَ To shrink, contract. To diminish, decrease
تَقَلُّص Contraction, shrinking
قلع - قَلَعَ ـَ واقْتَلَعَ هـ To uproot, pluck out
قَلَعَ ثيابَهُ To take off one's clothes
أقْلَعَ To sail, depart *(ship)*
أَقْلَعَ عن To abstain, refrain *(from)*
قِلْع جـ قُلوع وقِلاع Sail
قَلْعَة جـ قِلاع Fortress, stronghold
مَقْلَع جـ مَقالِع Stone quarry
مِقْلاع جـ مَقاليع Sling. Catapult

إقْلاع Abstention, refrainment. Takeoff *(of an airplane)*. Departure, sailing *(of a ship)*
قلق - قَلِقَ ـَ To worry. To be upset, ill at ease
قَلَق Worry, anxiety. Restlessness. Uneasiness. Agitation
قَلِق Worried, anxious
أقْلَقَ To disturb
إقْلاق Disturbance. Troubling
قلقس - قُلْقاس Taro, elephant's ear
قلقل - قَلْقَلَة جـ قَلاقِل Unrest, disturbance. Agitation
قلم - قَلَمَ ـِ وقَلَّمَ To clip, cut *(nails)*. To prune, trim *(trees)*
قَلَم جـ أقْلام Pen
قَلَم حِبْر Fountain pen, stylograph
قَلَمُ رَصاص Pencil
قَلَمُ حِبْرٍ جافّ Ball-point *(pen)*
إقْليم جـ أقاليم Region. Province. District
إقْليميّ Regional. Climatic
المياهُ الإقْليميَّة Territorial or coastal waters
مُقَلَّم Pruned. Cut. Striped
قلى - قَلا ـُ وقَلى ـِ هـ To fry
قَلْي Frying
مِقْلى ومِقْلاة Frying pan
قم - قِمَّة جـ قِمَم Top, summit, peak, apex
قمح - قَمْح Wheat

قَمْحَة A grain of wheat
قمر - قَمَرَ ـِ وقامَرَ To gamble. To bet *(on)*
قَمَر جـ أقْمار Moon. Satellite
قَمَرِيّ Lunar, moonlike
لَيْلَةٌ قَمْراء وقَمِرَة Moonlit night
قَمْراء Moonlight
قِمار Gambling. Gamble
مُقامِر Gambler
قمش - قُماش جـ أقْمِشَة Fabric, cloth
قمص - قَميص جـ قُمصان Shirt
قَميصُ النَّوْم Nightgown
تَقَمَّصَ To transmigrate
تَقَمُّص وتَقْميص Reincarnation, transmigration *(of souls)*
قمط - قَمَطَ ـُـِ وقَمَّطَ ه وهـ To swaddle
قِماط جـ قُمُط Swaddle
قمع - قَمَعَ ـَ وأقْمَعَ ه وهـ To repress, restrain. To crush, put down, extinguish
قَمْع Repression. Crushing
قِمْع جـ أقْماع Funnel
قمل - قَمِلَ ـَ وقَمَّلَ To be lice-infested
قَمْل Lice
قَمْلَة Louse
قن - قُنّ الدَّجاج Coop
قُنَّة جـ قُنَن وقِنان Summit, top
قِنّينَة جـ قَنانيّ Bottle. Flask

قَنَّنَ To ration
تَقْنين Rationing
قنب - قُنَّب وقِنَّب Hemp
قُنَّبيط وقَرْنَبيط Cauliflower
قنبر - قُنْبُرَة جـ قَنابِر Lark, skylark. Tuft. Crest
قنبل - قُنْبُلَة جـ قَنابِل Bomb, shell
قُنْبُلَة يَدَويَّة Hand grenade, grenade
قندل - قَنْدَلَفْت Sacristan
قِنْديل جـ قَناديل Lamp
قنص - قَنَصَ ـِ هـ واقْتَنَصَ هـ To hunt, shoot. To snipe
قَنْص Hunt, hunting. Sniping
قَنّاص Hunter. Sniper
قَنَص Game, quarry
قنصل - قُنْصُل جـ قَناصِل Consul
قُنْصُليَّة Consulate
قنط - قَنِطَ ـُ To despair, lose hope, become discouraged
قُنوط وقَنَط Despair
قانِط Despondent, discouraged
قنطر - قَنْطَرَ هـ To arch, vault
قَنْطَرَة جـ قَناطِر Arch, vault. Bridge
قِنْطار جـ قَناطير Hundredweight, quintal
قنع - قَنِعَ ـَ بـ To be or become content with. To become convinced of
تَقَنَّعَ To disguise oneself, be masked. To veil one's face
إقْتَنَعَ بـ To be convinced of

إقْتِناع وَقَناعَة Conviction. Satisfaction
قانِع وقَنِع Satisfied, content
قِناع Mask. Veil
مُقَنَّع Masked. Veiled
رَقْصٌ مُقَنَّع Masked ball
مُقْتَنِع Convinced
قنفذ - قُنْفُذ جـ قَنافِذ Hedgehog
قُنْفُذ بَحْرِيّ Sea urchin
قنم - أُقْنوم جـ أقانيم Person, hypostasis
قنو - إقْتَنى هـ To possess, own. To acquire
إقْتِناء Acquisition
أقْنى مـ قَنْواء Aquiline, bent, hooked
قَناة جـ قِنًى وقَنَوات Canal, channel. Tube, pipe. Ditch. Spear
مُقْتَنَيات Things acquired
قهر - قَهَرَ ـَ ه وهـ To compel, force. To vanquish, defeat. To subdue, overwhelm
قَهْر Vanquishing. Grief, affliction
قَهْرًا By force, forcibly
قاهِر Vanquisher, conqueror
قُوَّة قاهِرَة Force majeure
القاهِر والقَهّار The Subduer, the Almighty *(God)*
قهقر - قَهْقَرَ وتَقَهْقَرَ To retreat, withdraw, move backward
رَجَعَ القَهْقَرى To return backward
تَقَهْقُر Retreat

قهقه - قَهْقَهَ To guffaw, laugh loudly
قَهْقَهَة Guffaw, loud burst of laughter
قهو - قَهْوَة Coffee
قَهْوَة جـ قَهاوٍ، مَقْهى Café, coffeehouse
رَكْوَةُ القَهْوَة Coffeepot
قَهْوَجي Coffee-house keeper
قاب - على قابِ قَوْسَيْن Quite near, very close
قوت - قاتَ ـُ ه To feed, nourish. To support, maintain
إقْتاتَ بـ To feed on, live on
قوت جـ أقْوات Food, foodstuff, aliment
مُقيت Nourishing
قوح - قاحَ ـِ وقَيَّحَ وتَقَيَّحَ (الجُرْحُ) To suppurate, swell *(wound)*
قَيْح جـ قُيوح Pus, matter
مُتَقَيِّح Purulent
قود - قادَ ـُ To lead *(an army)*. To guide, conduct. To drive *(a car)*. To pilot *(an airplane)*
إنْقادَ واقْتادَ To be led by. To follow, obey, submit to
مُنْقاد Led. Guided. Obedient
قِياد ومِقْوَد جـ مَقاوِد Halter. Leading rope
مِقْوَد Steering wheel
قائد جـ قادَة Leader. Chief.

Commander

قيادَة Leadership. Driving, piloting. Command

إنْقياد Submission

قوس - قَوَّسَ To bend, curve, crook

تَقَوَّسَ To be bent, crooked

قَوْس جـ أقواس Bow. Arc. Arch, vault

قَوْسُ النَّصْر Triumphal arch

قَوْسُ قُزَح Rainbow

مُقَوَّس Bent, curved, arched

قوض - قَوَّضَ هـ To demolish, tear down

تَقَوَّضَ وانْقاضَ To collapse, fall down

قوع - قاع جـ قيعان Lowland, plain. Bottom. Bed *(of a river)*

قاعَة جـ قاعات Hall. Room

قاعَة الإسْتِقْبال Reception room

قاعَة المُحاضَرات Auditorium

قوق - قاق جـ قيقان Raven, crow

قول - قالَ ـُ هـ To say. To speak

قالَ بـ To teach, profess

قالَ عن To relate *(the words of)*

قالَ على To speak against. To tell lies about

قالَ في To emit an opinion on. To say about

قوَّلَ ه To put words in someone's mouth. To attribute false reports to

قاوَلَ ه To negotiate with. To bargain with. To dispute with

القيل والقال Gossip, idle talk

قَوْل جـ أقْوال وجج أقاويل Saying, declaration, word. Proverb

مَقال ومَقالَة Article. Treatise

مُقاوِل Contractor

مُقاوَلَة Agreement. Bargain, deal

مُقاوَلات Contracting works

قوم - قامَ ـُ To rise, stand up. To be resurrected

قامَ بِوَعْدِهِ To keep one's promise

قَوَّمَ ه وهـ To straighten. To rectify

قاوَمَ ه To oppose, resist

إسْتَقامَ To straighten up. To stand erect. To be or become honest, righteous

قائم Standing up, erect. Vertical

قامَة جـ قامات Stature, figure

قائمَة جـ قوائم Leg, foot *(of a quadruped)*. List, roster. Post, pillar

قائمة الأسْعار Price list

قائمة الحِساب Invoice, bill

قائِمَّقام District commissioner. Caimacam, governor

قَوْم جـ أقْوام People, nation. Kinsfolk

قَوام Stature. Straightness. Consistency

Support. Basis. Sustenance قِوام
Resurrection قيامَة
Value. Price قيمَة جـ قِيَم
Valuable, precious. Guardian, curator قَيِّم
Stay, sojourn. Dwelling, residence. Erecting, establishing إقامَة
Straightness. Uprightness إسْتِقامَة
Erecting. Correction, reformation. Valuation, estimation تَقْويم جـ تَقاويم
Survey of land. Geographical dictionary تَقْويم البِلاد
Calendar, almanac تَقْويم السَّنَة
Standing, rank. Site, location. Denominator مَقام
Raised, erected. Dwelling مُقام
Session. Meeting مَقامَة جـ مَقامات
Straight. Honest. Rectum مُسْتَقيم
Resisting, opposing. Opponent مُقاوِم
Resident, inhabitant. Staying, residing. Permanent, lasting مُقيم
To be or become strong, acquire strength **قوي** - قَوِيَ ـَ وتَقَوّى واسْتَقْوى
Strength, force. Faculty. Power. Vigor قُوَّة جـ قُوّات وقُوًى
Ground, sea and air forces قُوّات بَرِّيَّة وبَحْرِيَّة وجوِّيَّة
Strong. Powerful قَوِيّ جـ أقْوِياء
Strengthening. Stimulant مُقَوٍّ

Strengthening. Reinforcement تَقْوِيَة
To vomit, puke **قيء** - قاءَ وتَقَيَّأَ
To make one vomit قَيَّأَ
Vomit قَيْء وقُياء
Guitar. Lyre **قيثر** - قيثارَة جـ قَياثير
To bind, tie **قيد** - قَيَّدَ ه
To register, bind down. To limit, restrict قَيَّدَ هـ
Tie, bond. Chain. Fetters. Handcuffs. Restriction قَيْد جـ قُيود وأقْياد
Chained. Tied. Restricted. Registered مُقَيَّد
Alive, living على قَيْدِ الحياة
Tar. Asphalt. Pitch **قير** - قير وقار
To measure. To compare with. To try on *(a garment)* **قيس** - قاسَ ـِ واقتاسَ هـ بـ وعلى
To compare between two things قايَسَ بَيْن وهـ وبـ وإلى
Measure, measurement. Dimension. Format. Syllogism. Comparison قياس جـ أقْيِسَة
Comparison مُقايَسَة
Measure. Measuring instrument. Standard. Gauge. Criterion مِقْياس جـ مَقاييس
Chronometer مِقْياسُ الوَقْت
Record رَقْمٌ قياسيّ
To exchange with, give in exchange *(for)* **قيض** - قايَضَ ه
To trade, make an exchange *(of)* تَقايَضَ

مُقايَضَة Exchange, barter

قيظ - قاظَ ـِ النَّهارُ To be or become very hot

قَيْظ Oppressive heat

قيل - قالَ ـِ To take a nap

أقالَ ه هـ To dismiss, discharge *(from his office)*

إسْتَقالَ ه هـ To resign

قَيْلولَة Siesta. Nap

إقالَة Dismissal, discharge, firing

إسْتِقالَة Resignation

مُسْتَقيل Resigned

ك

ك - ك K (*22nd letter of the Arabic alphabet)*
كـ Like, as, similar to
ـكَ، ـكِ Affixed pronoun of the 2nd person: you, thee, thou. Your, thine
كاز - كاز (نَفْط) Petroleum, mineral oil
كئب - كَئِبَ واكتأَبَ To be or become sad, grieved, gloomy
كآبَة واكْتِئاب Grief, sorrow, gloominess, melancholy
كَئيب ومُكْتَئب Gloomy, depressed
كَئيب Depressing, sad
كأس - كَأْس جـ كؤوس Glass. Cup. Calyx
كأن - كَأَنْ وكَأَنَّ As if, as though. Like
كب - كَبَّ ـُ ه (على وَجْهِهِ) To overturn, turn upside down
كَبَّ الماءَ To pour out, pour away
كَبَّ الغَزْلَ To roll into a ball
أَكَبَّ على وانْكَبَّ To bend down toward. To apply oneself to
كُبَّة جـ كُبَب Ball of thread
كَباب Grilled or roasted meat
مِكَبّ جـ مِكَبّات Ball of thread. Bobbin, reel
مُنْكَبٌّ على Devoted to, busy with
كبح - كَبَحَ ـَ To bridle, pull up. To brake
كَبَحَ ه عن To hold back, restrain
كَبْح Restraint, control. Repression. Prevention
كابِح وكابِحَة جـ كَوابح، مِكْبَح Brake
كبد - كابَدَ وتَكَبَّدَ To suffer, endure, undergo
كَبْد وكِبْد وكَبِد جـ أكْباد Liver. Heart, interior. Middle, center
في كَبِدِ السَّماء In the middle of the sky
كبر - كَبِرَ ـَ To be advanced in years, to grow old. To grow up
كَبُرَ ـُ To be or become large, big. To grow, increase
كَبَّرَ To enlarge, magnify. To exaggerate
كابَرَ ه To stickle. To treat with disdain
أَكْبَرَ واسْتَكْبَرَ ه وهـ To deem great or important
تَكَبَّرَ وتكابَرَ واسْتَكْبَرَ To be or become proud, haughty
كِبْرِياء Pride, haughtiness. Grandeur,

glory
Greatness. Nobility كِبْر وكُبْر
Old age, oldness كِبَر وكَبْرَة
Greatness, largeness, bigness. كِبَر
Magnitude, extent
Big, large, great. كَبير جـ كِبار وكُبَراء
Important. Old. Senior
Haughty, proud, arrogant مُتَكَبِّر
Pride, haughtiness تَكَبُّر
Amplifier مُكَبِّر
Loudspeaker مُكَبِّر الصَّوْت
كبرت - كَبْرَتَ هـ To sulfurize,
sulfurate. To coat with sulphur
Sulfur. Matches كِبْريت
كبس - كَبَسَ ـِ (مَكانًا) To attack
suddenly, fall upon
To marinate. To كَبَسَ في الخَلّ
pickle, preserve in vinegar
To press, squeeze كَبَسَ على
Nightmare كابوس جـ كَوابيس
Pickles كَبيس
Leap year, bissextile سَنَة كَبيس
Press. مِكْبَس ومِكْباس جـ مَكابِس
Piston
Pressed, compressed. مَكْبوس
Pickled. Preserved
كبش - كَبْش جـ كِباش Ram, male
sheep
Cloves كَبْش القَرَنْفُل
Scapegoat كَبْشُ المَحْرَقَة

Hook and eye. Clasp, كَبْشَة وكُبْشَة
clip, brace
كبل - كَبَلَ ـِ وكَبَّلَ To chain, tie up,
bind, fetter
كبو - كَبا ـُ To stumble, trip
Stumble, trip, slip كَبْوَة
كتب - كَتَبَ ـُ To write, write down.
To compose, compile
To bequeath to كَتَبَ لـ هـ
To correspond with كاتَبَ
To subscribe. To underwrite. إكتَتَبَ
To copy
Subscription إكْتِتاب
Book. Writing. كِتاب جـ كُتُب وكُتْب
Volume. Message, letter
The people of the Book, أهْلُ الكِتاب
Christians and Jews
Bookseller. Librarian كُتُبِيّ
Writing. Inscription. كِتابَة
Handwriting
Battalion كَتيبَة جـ كَتائب
Writer. Author, كاتِب جـ كُتّاب وكَتَبَة
man of letters. Clerk. Copyist
Office. Bureau. مَكْتَب جـ مَكاتِب
Study
Library. Bookshop مَكْتَبَة جـ مَكاتِب
Correspondent. Reporter مُكاتِب
Written. Letter مَكْتوب جـ مَكاتيب
Subscriber مُكْتَتِب
كتع - أكْتَع جـ كُتْع Having crippled

fingers. One-armed

كتف - كَتَّفَ ه To tie the hands behind the back. To bind

تَكَتَّفَ To cross one's arms

كَتِف وكِتْف جـ أكْتاف Shoulder. Shoulder-blade

مَكْتوف اليَدَيْن Tied up

كتل - كَتَّلَ هـ To agglomerate, gather into a mass

تَكَتَّلَ To agglomerate, form into a mass

كُتْلَة جـ كُتَل Lump. Mass. Block. Agglomeration. Bloc, front

تَكَتُّل Formation of blocs

كتم - كَتَمَ ـُ واكْتَتَمَ To hide, keep secret, conceal

كَتَمَ To suppress, restrain *(one's anger)*. To hold *(one's breath)*

كِتْمان وتَكَتُّم Secrecy, discretion

كِتام Constipation

كَتوم Discreet

كاتِم الأسْرار Secretary

كَتيم Impermeable, hermetically sealed

كتن - كَتّان Linen. Flax

كثب - كَثَب Proximity, nearness

من كَثَب وعن كَثَب From a short distance

كُثبان الرَّمْل Sandhills, dunes

كثر - كَثُرَ ـُ To increase, augment. To become numerous. To happen often *(event)*

كَثَّرَ وتَكَثَّرَ وتَكاثَرَ To increase, multiply

كَثيرًا Much, very much. Often

مِكْثار Talkative

أكْثَرِيَّة Majority

كَثْرَة Large number, abundance

تَكاثُر Multiplication, proliferation

كَثير Abundant

كثف - كَثُفَ ـُ وتَكاثَفَ واسْتَكْثَفَ To thicken. To intensify

كَثافَة Thickness. Density

كَثيف Thick. Dense

مُكَثَّف Condensed

كثلك - كاثوليكيّ جـ كاثوليك Catholic

كَثْلَكَة Catholicism

كحل - كَحَلَ ـُ وكَحَّلَ هـ To paint or darken the eyelids with kohl

كَحِلَ ـَ To have black eyelids

كُحْل Kohl. Eyeliner

كاحِل جـ كَواحِل Ankle

لَوْنٌ كُحْليّ Navy blue, dark blue

كُحول Alcohol, spirit

كُحوليّ Alcoholic, spirituous

كد - كَدَّ ـُ To work hard, labor

كَدَّ ه To exhaust, fatigue

كَدّ Hard work, labor

كَدود Hardworking, laborious. Hard

worker

كدح - كَدَحَ ـَ To work hard, exert oneself

كَدْح Exertion

كدر - كَدَرَ ـُ (السّائل) To become turbid

كَدَرَ اللَّوْنُ To fade, tarnish

كَدَّرَ ه وهـ To make turbid. To trouble, disturb. To distress

كَدَر Turbidity. Trouble, grief

كَدِر Turbid, muddy. Troubled, disturbed. Tarnished, dull *(color)*

مُكَدِّر Troublesome, displeasing

مُكَدَّر Troubled

كدس - كَدَسَ ـِ وكَدَّسَ هـ To accumulate, heap up, pile up

تَكَدَّسَ To be heaped up

كُدْس جـ أكْداس Heap, pile

تَكْديس Accumulation. Stacking

كدم - كَدْمَة Bruise, contusion

كذا - كَذا وكَذَلِكَ وهكذا So, thus. Like this

كَذا وكَذا So and so, such and such

بِمَكان كَذا وكَذا In such a place

كَذب - كَذَبَ ـِ To lie. To tell a lie

كَذَّبَ To deny, refute. To accuse of lying

تَكْذيب Denial

كِذْب وكَذِب وأُكْذوبَة جـ أكاذيب Lie, falsehood, untruth

كِذْبَة Lie

كَذوب وكَذّاب Liar

كر - كَرَّ ـُ على To attack, assault

كَرَّ To retreat, withdraw. To come back. To follow one another

كَرَّرَ هـ To repeat, reiterate. To refine. To purify

تَكْرير Refining. Refinement, purification

تَكْرار وتَكْرير Repetition

مُكَرَّر Repeated. Refined

كَرّ وكَرَّة Attack, charge

كَرَّة جـ كَرّات Time, turn. Once

كُرَة: أُطْلُب كرو

كرب - كُرْبَة وكَرْب Anguish. Grief

كِرْباج Whip, lash

كرتن - كَرْتون Cardboard. Carton

كرث - إكْتَرَثَ لـ To care for, pay attention to

كُرّاث وكَرّاث Leek

كارِثَة جـ كَوارِث Disaster, catastrophe

إكْتِراث Attention, care

قِلَّةُ الإكْتِراث Indifference

كرخن - كَرْخانة جـ كَراخين Factory

كرز - كَرَزَ ـِ To preach

كِرازَة Preaching

كارِز Preacher

كَرَز Cherry

كَرّاز جـ كَراريز Bellwhether

كرس - كَرَّسَ To consecrate,

dedicate. To sanctify

كُرْسيّ جـ كَراسيّ وكَراسٍ Chair. Seat

كُرّاس وكُرّاسَة جـ كَراريس Quire. Booklet. Brochure. Notebook

مُكَرَّس Consecrated. Dedicated

تَكْريس Consecration

كرش - كَرَّشَ To frown

كِرْش وكَرِش جـ كُروش Potbelly, paunch. Stomach

كرفس - كَرَفْس Celery

كرك - كُرْكيّ جـ كَراكيّ Crane

كَرْكَة جـ كَرَكات Alembic. Distilling flask

كركد - كَرْكَدَنّ وكَرْكَدَّن Rhinoceros

كركر - كَرْكَرَ في الضَّحِك To burst into loud laughter

كَرْكَرَ البَطْنُ To rumble

كَرْكَرَة البَطْن Rumbling *(of the stomach)*

كرم - كَرُمَ ـُ وأَكْرَمَ ه To be generous. To be precious

كَرَّمَ ه To honor. To revere, treat with deference

كَرَم Generosity. Noble descent

كَرْم جـ كُروم، وكَرْمَة Vine, grapevine

كَرامَة Dignity. Honor. Respect

كَريم جـ كِرام وكُرَماء Generous. Noble. Kind, good-natured. Hospitable

تَكْريم Honoring, tribute

مَكْرُمَة جـ مَكارِم Noble deed. Noble quality

مُكَرَّم Honored. Honorable

كَريمَة Daughter

إكْرامِيَّة Honorarium. Bonus. Tip

كرنب - كَرَنْب وكُرُنْب Cabbage

كره - كَرِهَ ـَ هـ To hate, detest. To be disgusted *(by)*

كُرْه وكَراهَة وكَراهِيَة Hate, hatred. Dislike. Disgust, repugnance

كارِه Reluctant, averse

مَكْروه وكَرِه وكَريه Repulsive, hateful, unpleasant, detestable

بالإكْراه By force

كرو - كُرَة جـ كُرات Ball. Sphere. Globe

الكُرَة الأَرْضيَّة Terrestrial globe, earth

كُرَةُ القَدَم Football, soccer

كُرَةُ السَّلَّة Basketball

كُرَةُ الطّاوِلَة Ping-pong

كُرَةُ المَضْرِب Tennis

كُرَةُ الماء Water polo

الكُرَة الطّائِرة Volleyball

كُرَويّ Spherical, globular

كرى - كَرى Sleep, slumber

كِراء وكَرْوَة Rent, rental

مُكارٍ جـ مُكارون Muleteer

كز - كَزَّ ـُ على أَسْنانِه To gnash one's teeth

كَزَّ هـ To contract, shrink
كُزاز Tetanus
كزبر - كُزبَرَة وكُزْبُرَة Coriander
كسب - كَسَبَ ـِ وتَكَسَّبَ واكْتَسَبَ هـ To gain, win. To acquire *(knowledge)*. To obtain, get
إكْتِساب Gaining, earning. Acquisition
إكْتِسابيّ ومُكْتَسَب Gained, acquired
مَكْسَب جـ مَكاسِب Gain, profit
مُكْسِب Lucrative, profitable
كستن - كَسْتَناء وكَسْتَنَة Chestnut. Marron
كَسْتَنائيّ Marron, chestnut-colored
كسح - كَسَحَ ـَ واكْتَسَحَ هـ To sweep. To clean out. To overwhelm
كاسِحَةُ جَليد Ice-breaker
كاسِحَةُ ألغام Minesweeper
إكْتِساح Sweeping away, sweep. Invasion. Overwhelming
كُساح Rachitis, rickets
كَسيح وأكْسَح جـ كُسحاء Paralyzed. Crippled
مُكْتَسِح Devastator
مُكْتَسَح Invaded
كسد - كَسَدَ ـُ وكَسُدَ ـُ To remain unsold. To be stagnant *(market)*
كَساد Depression, recession, stagnation of commerce, dullness of the market
فَصْلُ كَساد Slack-season, off season
كاسِد Unsold *(merchandise)*. Dull *(market)*. Dead stock
كسر - كَسَرَ ـِ هـ To break, fracture. To defeat, vanquish *(an army)*. To fold. To refract *(light)*
كَسَّرَ هـ To smash, break into pieces
إنْكَسَرَ To be broken. To be defeated
تَكَسَّرَ To be broken to pieces
كَسْر Breaking, fracturing
كَسْر جـ كُسور Fracture. Break. Fraction
كَسْرَة The vowel point «i»
كاسِر جـ كواسِر Bird of prey
كِسْرَة Fragment. A small piece. Crumb
تَكْسير Breaking. Fragmentation
جَمْعُ تَكْسير Broken plural
إنْكِسار Breaking. Defeat. Refraction
مَكْسور Broken
إكسير Elixir
كسف - كَسَفَ ـِ To eclipse. To put to the blush
كُسوف وإنْكِساف Eclipse
مَكْسوف Eclipsed. Ashamed
كسل - كَسِلَ ـَ وتكاسَلَ To be lazy. To be idle
كَسَل وتكاسُل Laziness, idleness
كَسْلان وكَسول جـ كَسالى Lazy

كسو - كَسا ـُ وأكْسى ه هـ To clothe, dress. To drape. To cover
كَسِيَ ـَ وكُسِيَ واكتسى بـ To clothe oneself. To be dressed
كِساء جـ أكْسِيَة Garment. Dress
كِسْوَة جـ كُسًى Clothing, apparel, attire

كشتب - كُشْتُبان جـ كَشاتبين
Thimble

كشر - كَشَرَ ـِ وكَشَّرَ To grin. To grimace
كَشَّرَ عن أسْنانِهِ To show one's teeth
تَكْشيرَة Grin
أكْشَرَ له عن أنيابه To threaten

كشف - كَشَفَ ـِ وكَشَّفَ هـ To uncover, reveal. To expose, lay bare. To discover. To shed light on
كَشَفَ على مَريض To examine medically
كاشَفَ ه بـ To reveal to, inform of
إكْتَشَفَ To discover, find out
كَشْف Uncovering. Inspection, examination. List, statement
كَشْف واكْتِشاف Discovery
كَشْفِيَّة Boy scout mouvement. Boy scout organization
كَشّاف جـ كَشّافون Boy scout, scout
كَشّاف ومُسْتَكْشِف Discoverer. Explorer, reconnoiterer
مَكْشوف الرّأس Bareheaded

كاشِفُ الغَيْب Fortune-teller. Diviner
إسْتِكْشاف Exploration, reconnoitering. Discovery
مَكْشوف Uncovered. Exposed
مُكْتَشِف Discoverer

كشك - كِشْك وكُشْك Kiosk. Booth

كظ - كَظَّ ـُ واكْتَظَّ بـ To be over-filled with. To be overcrowded with. To be or become surfeited with
كِظَّة Surfeit
إكْتِظاظ Overcrowdedness
مُكْتَظّ Overcrowded

كظم - كَظَمَ ـِ غَيْظَهُ To suppress *(one's anger)*

كعب - كَعَّبَ هـ To cube
كَعْب جـ كِعاب Heel. Foot, bottom, end. Knot, knob. Anklebone
مُكَعَّب Cube. Cubic
أبو كُعَيْب، أبو كَعْب Mumps

كعك - كَعْكَة وكَعْك Cake

كف - كَفَّ ـُ عن To refrain from, abstain from
كَفَّهُ عن To prevent from
كَفَّ يَدَهُ To withdraw
كُفَّ بَصَرُهُ To become blind
كَفّ جـ كُفوف وأكُفّ وكُفّ Hand. Palm of the hand. Paw. Glove
كَفَّة وكِفَّة Scale or pan *(of a balance)*
كَفِّيَّة: أُطْلُب كوف
كافَّةً All without exception

infidel. Ungrateful
كافور Camphor
تَكْفير Expiation, penance
كُفْر Unbelief, infidelity
كفكف - كَفْكَفَ الدَّمْعَ To wipe off one's tears
كفل - كَفَلَ ـُ هـ بـ To guarantee, warrant
تَكَفَّلَ بـ To guarantee. To undertake
كَفَل جـ أكْفال Rump, buttocks. Croup
كَفالَة Bail. Guarantee, warrant(y), security. Surety
كَفيل وكافِل جـ كُفَّل Bailsman. Guarantor. Responsible
مَكْفول Guaranteed
كفن - كَفَنَ ـِ هـ وكَفَّنَ To shroud
كَفَن جـ أكْفان Shroud, winding-sheet
كفهر - إكْفَهَرَّ To darken, become gloomy
مُكْفَهِرّ Dark, gloomy. Clouded *(sky)*. Sullen
كفى - كَفى ـِ To suffice. To be enough
كَفى! Enough! That's enough!
إكْتَفى بـ To be content with
كِفايَة وإكْتِفاء Sufficiency, sufficient amount. Enough
كافٍ Sufficient, enough
مُكْتَفٍ Satisfied, content

كَفاف Sufficiency, sufficient means for a living
عاشَ كَفافَ يَوْمِه To live from hand to mouth
مَكْفوف وكَفيف Blind
كفأ - كافأ هـ To reward, recompense. To match, equal
تَكافأ مع To be equal, equivalent. To match
تَكافُؤ Equality, equivalence
كَفاءَة Competence. Fitness, aptitude. Capability
كُفْء وكَفوء Qualified, competent. Fit, adequate. Equal, match
مُكافأة Reward, recompense
إنْكَفَأ To turn back. To retreat, withdraw
إنْكِفاء Withdrawal, retreat
كفح - كافَحَ To struggle, fight *(against)*
كافَحَ عن To fight for
كِفاح ومُكافَحَة Fight. Struggle
مُكافِح Struggler. Combatant
كفر - كَفَرَ ـُ To deny God. To be or become an unbeliever
كَفَرَ بالنِّعْمَة To be ungrateful
كَفَّرَ وأكْفَرَ ه To make an unbeliever
كَفَّرَ عن ذُنوبه To expiate *(one's sins)*
كَفّارَة Expiation
كافِر جـ كُفّار وكافِرون Unbeliever,

إكْتِفاء	Satisfaction, content
كل - كَلَّ ـِ	To be or become tired
كَلَّلَ ه	To crown. To marry, wed
تَكَلَّلَ بالنَّجاح	To be crowned by success. To succeed
كَلال وكَلالَة وكَلَل وكَلّ	Fatigue, exhaustion, lassitude
كُلَّة جـ كُلَل	Marble
كُلِّيَّة	Faculty. College. Academy
إكْليل جـ أكاليل	Crown. Diadem. Wedding
كُلّ	All, all of, the whole of
الكُلّ	The whole of. All without exception. Everybody. Altogether
كُلَّما	Whenever
كَلاّ	Not at all. No! never!
كُلُّ شَخْص	Everybody, everyone
كُلُّ شَيْء	Everything
في كُلِّ مَكانٍ	Everywhere
كُلِّيّ مـ كُلِّيَّة	Total, entire. Universal, general
الكُلِّيَّة	Universality, generality
كلأ - كَلأ جـ أكْلاء	Grass, pasture
كلب - كَلِبَ ـَ	To run mad, be or become rabid or hydrophobic
كَلْب جـ كِلاب	Dog
كَلْبَة	Bitch
كَلَب	Rabies, hydrophobia, madness
كَلِب	Rabid, hydrophobic, mad
كُلاّبَة جـ كُلاّبات	Hook. Cramp
تَكالُب	Sordid struggle
كلح - كَلَحَ ـَ الوَجْهُ	To frown, look gloomy
كَلَّح وَجْهَهُ	To frown
كالِح	Gloomy. Austere, stern
كلس - كَلَّسَ هـ	To whitewash. To calcify
تَكَلَّسَ	To calcify
كِلْس	Lime
كلف - كَلِفَ ـَ الوَجْهُ	To be or become freckled
كَلِفَ بـ	To be fond of. To fall in love with
كَلِفٌ بـ	Very fond of, very much in love with
كَلَّفَ هـ	To charge with
كَلَّفَ غالِيًا	To cost dearly
كَلَّفَ خاطِرَهُ	To take the trouble
مَهْما كَلَّفَ الأمر	Whatever it may cost
تَكَلَّفَ	To undertake. To affect, simulate
تَكَلُّف	Affectation
مُتَكَلِّف	Affected, artificial. Formal, ceremonious
كَلَف	Freckles
كُلْفَة وتَكْليف جـ تَكاليف	Cost, expense
تَكْليف	Charging, entrustment. Assignment. Ceremony

مُكَلَّف Charged with. Taxpayer
مُكَلِّف ومُكْلِف Expensive, high-priced
كلم - كَلَّمَ وتَكَلَّمَ إلى To speak to
تَكَلَّمَ عن To speak of or about
كَلِمَة جـ كَلِمات وكَلِم Word. Expression, term. Speech
كَلام Speech, talk. Language. Conversation
مُتَكَلِّم Speaker. Interlocutor. First person *(gram.)*
مُكالَمَة Talk, conversation
كلي - كُلْيَة وكُلْوَة مث كُلْيَتان وكُلْوَتان جـ كُلًى Kidney
كِلا مـ كِلْتا Both of, the two
كم - كَمْ How many? how much?
بِكَمْ For how much? how much *(is it)?*
كَمِّيَّة Amount, quantity
كَما As, like
كم - كَمَّ ـُ هـ To cover. To muzzle
كُمّ جـ أكمام وكِمَمَة Sleeve
كِمّ جـ أكمام Perianth. Calyx
كِمامَة وكِمام Muzzle. Mask
كمأ - كَمْأَة Truffle
كمد - كَمِدَ ـَ To be or become sad, depressed. To fade *(color)*
مَكْمود، كامِد وكَمِد Sad, depressed, gloomy
كامِد وأكْمَد Dark-colored
كمش - إنْكَمَشَ To contract, shrunk
إنْكَمَشَ على نَفْسِهِ To introvert. To be shy
إنْكِماش Contraction, shrinking. Retraction. Introversion
كَمّاشَة Pincers
كمل - كَمَلَ وكَمُلَ ـُ وكَمِلَ ـَ وتَكَمَّلَ وتَكامَلَ واكْتَمَلَ To be or become full, complete, entire, perfect. To be or become completed, finished
كامِل Complete, entire, total. Perfect. Finished
أكْمَلَ واسْتَكْمَلَ وكَمَّلَ هـ To finish, complete
كَمال Perfection. Completeness
تَكْمِلَة Supplement, complement. Continuation. End, conclusion
تَكامُل Integration
كَماليّات Luxuries
تَكْميليّ Complementary, supplementary
إكْتِمال Completion
كمن - كَمَنَ ـُ في To hide. To be latent, concealed. To lie in
كَمَنَ لـ To ambush, lie in wait for
كَمان وكَمَنْجَة Violin
كَمّون Cumen
كَمين Ambush, ambuscade
كامِن Hidden, concealed, latent. Secret
كن - كَنَّ ـُ وأكَنَّ To hide, conceal. To keep secret. To cherish

مَكْنون Hidden, concealed
كَنَّة جـ كَنائن Daughter-in-law
كُنَّة Shelter, cover
كانون Stove
كانون الأوَّل (شَهْر) December
كانون الثَّاني (شَهْر) January
كنر - كَنار Border, edge, hem
كَناريّ Canary
كِنّارَة وكَنّارَة جـ كَنّارات Kind of guitar
كنز - كَنَزَ ـِ هـ To treasure up
كَنْز جـ كُنوز Treasure
كنس - كَنَسَ ـُ وكَنَّسَ هـ To sweep, broom. To vacuum
كُناسَة Sweepings, garbage
مِكْنَسَة جـ مَكانِس Broom. Sweeper
مِكْنَسَة كَهْرَبائيَّة Vacuum cleaner
كَنيسَة Church. Chapel
كَنَسيّ Ecclesiastic(al)
كنف - كَنَفَ ـُ To guard, protect
إكْتَنَفَ To surround, enclose
يَكْتَنِفُهُ الغُموض Beset with ambiguity
كَنَف جـ أكْناف Side. Wing. Shadow. Bosom
كَنيف جـ كُنُف Water closet, toilet
كنكن - كَنْكَنَ To stay at home. To nestle, snuggle
كنه - كُنْه Essence, substance
كني - كَنى ـِ عن بـ To allude to. To mention metaphorically
كَنى بـ وكَنّى بـ To surname. To denominate
تَكَنّى بـ To be known by the surname of
كُنْيَة جـ كُنًى Surname
كِنايَةً عن Instead of, in place of. Equivalent to, consisting in
كهرب - كَهْرَبَ هـ To electrify
كَهْرَبا Amber
كَهْرَباء Electricity
كَهْرَبائيّ Electric(al). Electrician
مُكَهْرَب Electrified
مُكَهْرِب Electrifying
كُهَيْرِب Electron
كهف - كَهْف جـ كُهوف Cave, cavern, grotto
كهل - كَهَلَ ـَ وكَهُلَ ـُ To be middle-aged
كَهْل جـ كُهول Middle-aged
كُهولَة وكُهوليَّة Middle-age. Elderliness
كاهِل جـ كَواهِل Upper part of the back. Withers
كهن - كَهَنَ ـَـُ وتَكَهَّنَ لِـ To predict, foretell, prophesy
كَهُنَ ـُ To become a priest
كَهْنوت Priesthood
كاهِن جـ كَهَنَة Priest. Diviner
تَكَهُّن Prediction. Conjecture, surmise
كوب - كوب جـ أكْواب Glass, cup

كوة - كُوَّة جـ كُوّات — Small window, skylight. Opening, hole

كوخ - كوخ جـ أكواخ — Hut

كود - كادَ ـَ — To be about to, on the point of

كوز - كُوز جـ أكواز — Mug. Jug

كوز الصَّنَوْبَر — Pinecone, cone

كوس - كوسى — Zucchini, vegetable marrow

كوع - كوع جـ أكواع — Elbow. Curve, turn *(of a road)*

كوف - كوفيّ (خَطّ) — Kufic *(writing)*

كوفيَّة وكَفِّيَّة — Kaffieh

كوكب - كَوْكَب جـ كَواكِب — Star

كَوْكَبٌ سَيّار — Planet

كَوْكَبٌ تابِع — Satellite

كَوْكَبٌ مُذَنَّب — Comet

كوم - كَوَّمَ هـ — To heap up, pile up, accumulate

كَوْمَة جـ كُوَم وأكْوام — Heap, pile

كون - كانَ ـُ — To be, to exist. To happen

كائن — Being. Existing, existent. Located

الكائنات — Creatures, created beings

كَوَّنَ ه وهـ — To form, shape. To create

مُكَوَّن — Made, created. Composed of

الكَوْن — The universe

كِيان — Entity. Being. Essence. Existence

مَكان جـ أمْكِنَة وأماكِن — Place

مَكانَة جـ مَكانات — Place. Position. Rank, standing

تَكْوين — Forming, creation

كوى - كَوى ـِ ه وهـ — To burn. To cauterize. To iron

كَيّ — Burning. Cauterization. Ironing

مَكْوِيّ ومُكْتَوٍ — Burnt. Cauterized. Ironed

مِكْواة — Hot iron. Iron, flatiron

كي - كَيْ ولِكَيْ وكَيْما — So that, in order that

كيد - كادَ ـِ — To plot against. To deceive, double-cross

مَكيدَة وكَيْد — Intrigue, plot

كَيْد — Cunning, deceit

كيس - كاسَ ـِ — To be smart, intelligent

كَيَّسَ هـ — To put into a bag. To refine, make elegant

كَيْس وكياسَة — Courtesy, politeness. Smartness. Elegance. Wittiness

كِيس جـ أكياس — Bag. Sack

كيف - كَيَّفَ هـ — To adapt, accommodate, modify. To shape

كَيَّفَ غُرْفَةً — To air-condition

كَيَّفَ ه — To amuse, delight

كَيْف — How? in what way?

كَيْف — Condition. Mood, humor. Pleasure, delight

على كَيْفِهِ — As he likes

كَيْفَما كان However it may turn out.
At any rate. Whatever the case may be

كَيْفِيَّة جـ كَيْفِيَّات Manner, mode.
Way, method. Quality

كَيْفِيّ Arbitrary. Qualitative

تَكَيُّف Adaptation

تَكْييف Conditioning, accommodation

تَكْييف الهَواء Air conditioning

كيل - كالَ ـِ وكَيَّلَ هـ To measure.
To weigh

كَيْل جـ أكْيال ومِكْيال جـ مَكاييل A measure. Dry measure

كَيْلَة جـ كَيْلات Vessel, can. Bucket

كيلو - كيلوغرام Kilogram, kilo

كيلومتر Kilometer

كيم - كيمياء Chemistry

كيميّ وكيماويّ Chemical. Chemist

كين كينا Cinchona

to

لألأ - لألأَ وتَلألأَ To shine, glitter, sparkle, twinkle

لؤلؤة جـ لآلئ Pearl

لؤلُئيّ Pearly, pearl

مُتلألِئ Shining, glittering, sparkling

لأم - لَؤُمَ ـُ To be vile, mean, base

لاءَمَ ه To suit, fit. To agree with

التَأَمَ To meet, gather *(people)*. To heal *(up)*, cicatrize *(wound)*. To be repaired

إلْتِئام Meeting, gathering, assembly. Cicatrization

لُؤْم Meanness, baseness. Stinginess

لَئيم جـ لِئام Mean, vile. Avaricious

مُلاءَمَة Convenience. Concord, agreement

مُلائم Convenient, suitable

لب - لُبّ جـ ألْباب Heart. Core, kernels, pulp *(of fruits)*. Crump *(of bread)*. Mind, intellect. Essence

لُبّ ولُباب Marrow, quintessence, best part

لَبيب جـ ألِبّاء Intelligent

لبأ - لَبوءَة جـ لَبوءَات Lioness

لبث - لَبِثَ ـَ بِمَكان To remain, stay *(in a place)*

ما لَبِثَ أن It did not take long before he

لبخ - لَبْخَة جـ لَبَخات Cataplasm,

ل

ل - ل L *(23rd letter of the Arabic alphabet)*

لـ (أجل) For. To. Because of

لـ (كي) So that, in order that

لِـ By, written by

لِيَكْتُبْ Let him write

لَـ Truly. Certainly, surely

لَكَ، لَهُ، لَهُم، لي... Yours, his, theirs, mine...

المَجْدُ لِـ لله Glory be to God

لا - لا No! not!

جاءَ الإبْنُ لا الإبْنَةُ The son came, not the daughter

لا خَيْرَ فيه There is no good in him

لا تَفْعَل ذلك Don't do that

جاءَ لا يَتَكَلَّمُ He came without speaking

وَلا Nor..., ... either. Not even

لا هذا ولا ذاك Neither this, nor that

لا أَحَد Nobody, no one. Not a single one

لا شَيْء Nothing. None

لئلا - لِئَلاّ In order not to, so as not

poultice

لبد - لَبَدَ ـُ وأَلْبَدَ بِمَكان To stay, remain *(in a place)*

لَبَدَ ـِ ولَبَّدَ هـ To felt. To mat. To compress, compact

تَلَبَّدَت السَّماءُ بالغُيوم To become clouded, overcast

لِبْد جـ لُبود وأَلْباد Felt. Pad

لَبَد Matted wool

لُبْدَة جـ لِبَد Mane *(of a lion)*. Matted hair or wool

مُلَبَّد بالغُيوم Heavily clouded, overcast

لبس - لَبَسَ ـِ ولَبَّسَ هـ على To confuse, make obscure for

لَبِسَ ـَ هـ To wear, put on *(a garment)*. To get dressed

إلْتَبَسَ على To be ambiguous to

إلْتِباس Ambiguity, confusion

لِبْس جـ لُبوس، ولِباس جـ أَلْبِسَة

Clothes, clothing, attire, garment

مُلَبَّس Candy. Dragée. Sugar-coated. Coated, inlaid with

مُلْتَبِس Ambiguous, equivocal

مُتَلَبِّس بالجريمة Redhanded, in the act

لبط - لَبَطَ ـُـِ ولَبَّطَ To kick

لَبْطَة Kick

لبق - لَبِقَ ـَ ثَوْبٌ بـ To fit, suit

لَبَّقَ ثَوْبًا لـ To fit, adjust

لَبِقَ ـَ ولَبُقَ ـُ To be tactful, diplomatic. To be skilled

لَبَق ولَباقَة Tact, tactfulness, diplomacy. Cleverness. Elegance

لَبِق Clever. Adroit, skillful. Elegant, of refined manners

لبك - لَبَكَ ـُ ولَبَّكَ هـ To mix. To confuse. To perplex, disconcert

لَبْكَة Confusion. Mixture

لَبِك (أمر) Ambiguous

لبلب - لَبْلاب Ivy. Hyacinth bean. Convolvulus

لبن - لَبِنَ ـَ وأَلْبَنَ (الشّاةُ) To have much milk

لَبَن جـ أَلبان Milk. Yogurt

أَلبان Dairy or milk products

لَبِن ولِبْن ولِبِن Brick(s)

لَبِنَة Abode, brick

لبى - لَبّى To respond to, accede to. To answer *(a call)*. To accept *(an invitation)*

تَلْبِيَة Response, answer

لت - لَتَّ ـُ To pulverize. To mix with water

لتر - اللِّتْر واللِّيتْر Liter

لثغ - لَثِغَ ـَ To lisp

لُثْغَة Lisp, lisping

لثم - لَثَمَ ـِ ولَثِمَ ـَ To kiss

لَثْمَة Kiss

تَلَثَّمَ والتَثَمَ To veil one's face

لِثام Veil. Cover

مُلَثَّم Veiled

لثي - لِثَة جـ لِثّى ولِثاث ولُثِيّ Gums

لج - لَجَّ ـِ على To insist on. To urge, press

لَجَّ في To persist in

لَجَّ To be obstinate

لُجّ ولُجَّة جـ لُجَج ولُجاج Depth of the sea

لَجاجَة Importunity, insistence

لَجوج Importunate, insisting

لجأ - لَجأَ ـَ ولَجِئَ والتَجأَ إلى To resort to, have recourse to. To take refuge in

ألجَأَ ه إلى To force, oblige

ألجَأَ ه To shelter, protect

مَلْجأ جـ مَلاجئ Refuge, shelter. Sanctuary, asylum. Home

لاجئ Refugee

لجلج - لَجْلَجَ وتَلَجْلَجَ لِسانُهُ بالكَلام To stammer, stutter

لَجْلَجَة Stammer(ing), stutter(ing)

لَجْلاج Stammerer, stutterer

لجم - لَجَمَ ـُ To sew, stitch

ألْجَمَ (جَوادًا) To bridle, rein in

لِجام جـ ألْجِمَة ولُجُم Bridle, rein

لجن - لَجْنَة جـ لِجان Committee, commission, board, council

لح ألَحَّ في To insist on. To press, urge *(to do)*

إلْحاح Urging, pressing, insistence

مُلِحّ Pressing, urgent. Persistent.

مُلِحّ Importunate

لحد - لَحَدَ ـَ وألْحَدَ المَيْتَ To bury, inter

لَحَدَ وألْحَدَ في الدّين To become an atheist, to apostatize

مُلْحِد Heretical, atheist, unbeliever

لَحْد Grave, tomb

إلْحاد Atheism. Apostasy

لحس - لَحِسَ ـَ هـ To lick. To lick up, lap up

لَحَّسَهُ شَيْئًا To make lick

لحظ - لَحَظَ ـَ ه أو إلى To regard, glance at. To observe, remark

لاحَظَ ه وهـ To observe, pay attention to. To notice

لَحْظَة جـ لَحَظات Moment, instant. Glance

مُلاحَظة ومَلْحوظَة Remark, observation. Note

مَلْحوظ Noteworthy, remarkable

لحف - لَحَفَ ـَ ه To cover, wrap

إلْتَحَفَ بـ To wrap oneself in

لِحْفُ جَبَل Foot of a mountain

لِحاف جـ لُحُف Cover, blanket. Bedcover, quilt

لحق - لَحِقَ ـَ ه وبـ To catch up with. To reach. To follow. To afflict, strike

لاحَقَ ه To pursue. To follow

ألْحَقَ هـ بـ To annex, join

إلْحاق Annexation, subjunction
إلْتَحَقَ بـ To join, affiliate with
مُلْحَق Annexed. Supplement. Appendix. Annex
مُلْحَق في سِفارَة Attaché
مُلْحَق تِجاريّ Commercial attaché
مُلْحَق إخْباريّ Flash, news flash
لاحِق Following, next, subsequent
مُتَلاحِق Successive, uninterrupted
مُلاحَقَة Pursuit, chase
لحم - لَحَمَ ـُ هـ To solder. To fuse. To mend
تَلاحَمَ والتَحَمَ To adhere to. To cicatrize. To engage in battle
لَحْم جـ لُحوم Flesh. Meat
لُحْمَة جـ لُحَم نَسيج Weft, woof
لَحِم Fleshy, plump, corpulent
لِحام Soldering. Solder
لَحّام Butcher. Solderer
إلْتِحام Adhesion, cohesion. Healing of wounds
مَلْحَمَة Butchery. Massacre, slaughter. Epopee, heroic poem
اللَّواحِم Carnivora
لحن - لَحَّنَ To compose. To set to melody. To intone
لَحْن جـ ألْحان Air, tone, melody
مُلَحِّن Composer
تَلْحين Musical composition. Intonation

لحي - لِحْيَة جـ لِحًى ولُحًى Beard
لِحاء Bark, bast
مُلْتَح Bearded
لخص - لَخَّصَ هـ To summarize. To abridge. To recapitulate
خُلاصَة ومُلَخَّص Extract, summary
تَلْخيص Summarization, abridgement. Summary, résumé
لد - لَدَّ ـُ To quarrel with
لَدود Fierce, tough
عَدوّ لَدود Mortal enemy
لدغ - لَدَغَ ـَ To sting, bite
لَدْغَة Sting, bite
لدن - لَدُنَ ـُ To be or become soft, flexible, elastic
لَدانَة ولُدونَة Softness, flexibility
لَدُن ولَدْن ولُدُن ولُدْن At, by, near
مِنْ لَدُن From
لدى - لَدى At, near. With. In the presence of, in front of
لذ - لَذَّ ـَ To be or become delicious
لَذَّ وتَلَذَّذَ والتَذَّ هـ وبـ واسْتَلَذَّ هـ To enjoy. To find pleasure in. To find delicious, delightful
لَذَّة جـ لَذّات، ومَلَذَّة جـ مَلاذّ ومَلَذّات Pleasure, delight
لَذيذ Delicious, tasty. Delightful, pleasant. Sweet
لذع - لاذِع Burning. Sharp, sarcastic. Hot, peppery
لز - لَزَّ ـُ To join firmly with, make

stick to

لزج - لَزِج Sticky, gluey, viscous

لُزوجَة Viscosity, glueyness

لزر - لازَوَرْديّ Azure, sky-blue

لزق - لَزِقَ ـَ والتَزَقَ بـ To stick to, adhere to

لَزَّقَ وأَلْزَقَ هـ To stick, attach, glue, paste

لِزاق Adhesive, glue

لَزْقَة Plaster

لَزِق Sticky, adhesive, gluey

لزم - لَزِمَ ـَ To be necessary, indispensable

لَزِمَ المَكان To stay at, remain at

لَزِمَهُ كَذا To require, want, be in need of

لازَمَ ه وهـ To accompany. To adhere to. To be inseparable from. To persevere in. To stay *(at home)*

أَلْزَمَ ه هـ وبـ To oblige

إلْتَزَمَ To undertake, take upon oneself

لُزوم Necessity, need, requirement

لازِم Necessary, indispensable. Needed. Inevitable

لازِمَة Refrain, chorus

إلْزام Coercion, compulsion

إلْزاميّ Compulsory, obligatory

إلْتِزام جـ إلْتِزامات Obligation, commitment, engagement. Enterprise

مُلازِم Inseparable. Follower. Adherent *(to)*. Lieutenant

مُلازِم أوَّل First lieutenant

مُلْتَزِم Engaged, committed. Contractor

مِلْزَمَة جـ مَلازِم Vise. Clamp

مَلْزَمَة Section, fascicle

لَوازِم Necessaries, equipments

لسع - لَسَعَ ـَ ه To sting, bite. To hurt *(with words)*

لَسْعَة Sting, bite

لاسِع Stinging. Sharp, bitter

لسن - لَسِنَ ـَ To be eloquent

لَسِن Eloquent

لَسَن Eloquence

لِسان جـ أَلْسُن وأَلْسِنَة ولُسْن Tongue. Language. Headland. Tenon. Bit *(of a key)*

لِسانُ النّار Flame

ذو لِسانَيْن Double-tongued, deceitful

لشى - لاشى هـ To scatter. To eliminate. To destroy, annihilate

تَلاشى To vanish, disappear

مُلاشاة وتَلاشٍ Vanishing, disappearance. Annihilation

لص - لَصَّ ـُ To rob. To steal

تَلَصَّصَ على To spy on

لِصّ ولُصّ جـ لُصوص Thief, robber, burglar

لُصوصيَّة Robbery, theft

لصق - لَصِقَ ـَ والتَصَقَ بـ To adhere, stick *(to)*
لاصَقَ To adjoin, be contiguous to
مُلْصَق Glued, pasted
مُلْصَق جـ مُلْصَقات Poster. Sticker. Label
مُلاصِق Adjacent, contiguous, neighboring
لطخ - لَطَخَ ـَ ولَطَّخ ه بـ To stain, spot, smear
لَطْخَة جـ لَطخات Stain, spot, smear
لطف - لَطَفَ ـُ بـ ولـ To be kind to
لَطُفَ ـُ To be thin, delicate
لَطَّفَ هـ To soften, mitigate, temper, moderate
لاطَفَ ه To treat with kindness. To flatter. To caress
لُطْف ولَطافَة Kindness. Civility. Gentleness. Friendliness
لَطيف Kind, gentle, friendly
مُلاطَفَة Kind treatment
لطم - لَطَمَ ـِ ولَطَّمَ ه To slap
تَلاطَمَ والتَطَمَ To clash, collide. To exchange blows
لَطْمَة جـ لَطَمات Slap, blow
لظي - لَظَى Fire. Flame
لعب - لَعِبَ ـَ وَتَلاعَبَ To play. To joke
لاعَبَ ه To play with. To joke with. To tease, play around with
لاعِب Player
تَلاعَبَ (بـ) To act fraudulently. To cheat. To manipulate
لُعْبَة جـ لُعَب Game. Toy. Doll
لُعاب Saliva, spittle. Slaver
لُعاب النَّحْل Honey
أُلْعوبَة Plaything, toy
مَلْعَب جـ مَلاعِب Playground. Stadium. Theatre. Circus
لعثم - مُتَلَعْثِم Stammering, hesitating
لعق - لَعِقَ ـَ هـ To lick. To lap
لَعْق Licking. Lapping
مِلْعَقَة جـ مَلاعِق Spoon
مِلْعَقَةُ شاي Teaspoon
مِلْعَقَة حَساء Tablespoon
لعل - لَعَلَّ Perhaps, maybe
لعلع - لَعْلَعَ وتَلَعْلَعَ To resound. To roar, boom, peal
لعن - لَعَنَ ـَ ه To curse, damn
لَعْنَة جـ لَعَنات Curse, malediction
لاعِن Curser
مَلْعون جـ مَلاعين، ولَعين Cursed, evil. Detestable
اللَّعين The Evil One, Satan
لغز - لَغَزَ ـُ وألْغَزَ في الكَلام To riddle, speak enigmatically
لُغْز جـ ألْغاز Riddle. Enigma. Mystery
لغط - لَغَط Noise, clamor, uproar
لغم - لَغَمَ ـَ هـ To mine
لُغْم جـ لُغوم وألْغام Mine

نَزَعَ ألغامًا To clear of mines
مَلْغوم Mined
لغو - لَغا ـُ ولَغِيَ ـَ To speak. To talk nonsense. To make mistakes in speaking
لَغى وألغى هـ To cancel, annul
إلْغاء Cancellation, abolition, annulment
لُغَة جـ لُغات Language, tongue
لُغَة مَحَلِّيَّة Dialect
لُغَة عامّيَّة Spoken or popular language
لُغَة فُصحى Classical Arabic
لاغٍ Null, void
لفّ - لَفَّ ـُ ولَفَّفَ هـ To wrap up. To envelop. To go round *(a place)*
تَلَفَّفَ والتَفَّ في ثَوْبِهِ To wrap oneself in
لَفَّة جـ لَفّات Coil. Packet. Turban. Winding, turn
لِفافَة جـ لَفائف Wrapper, envelope. Bandage. Cigarette
لَفيف Group of people
مِلَفّ ومَلَفّ File, dossier
مَلْفوف Wrapped up. Enveloped. Cabbage
مُلْتَفّ Wrapped up
لفت - لَفَتَ ـِ واسْتَلْفَتَ الأنظار To draw someone's attention to
لَفَتَ هـ عن To turn away from
إلْتَفَتَ إلى To turn the eyes to. To pay attention to. To take care of
لِفْت Turnip, rape
لَفْتَة جـ لَفْتات، وإلتِفاتَة Sideglance. Gesture. Turn
إلتِفات Turning round. Attention. Care. Consideration
مُلْفِت للنَّظَر Attracting attention
لفح - لَفَحَ ـَ To scorch, burn
لافِح Burning, scorching
لفظ - لَفَظَ ـِ ولَفِظَ ـَ هـ وبـ To eject, throw out. To reject. To spit out
لَفَظَ النَّفَسَ الأخيرَ To emit the last breath, die
لَفَظَ وتَلَفَّظَ بالكَلام To pronounce *(clearly)*, utter
لَفْظ Ejection. Pronunciation, articulation
لَفْظ جـ ألفاظ Expression, term, word
لَفْظيّ Verbal. Literal
لَفْظَة جـ لَفَظات Word. Utterance, saying
لفق - لَفَقَ ـِ ثَوْبًا To seam. To whip
لَفَّقَ To make up, invent. To embellish with lies *(a narration)*
مُلَفَّق Invented, made up. Embellished with lies
لفو - ألفى To find
تَلافى هـ To avoid. To make right

لقب - لَقَّبَ ه بـ To surname. To nickname
تَلَقَّبَ بـ To be surnamed by
لَقَب جـ ألقاب Surname. Nickname. Appellation. Title
مُلَقَّب Surnamed, nicknamed
لقح - لَقَحَ ـَ ولَقَّحَ وألْقَحَ هـ To pollinate. To vaccinate. To fecundate
لَقْح وتَلْقيح Pollination. Fecundation
تَلْقيح Vaccination
لَقاح Vaccine. Pollen
لقط - لَقَطَ ـُ والتَقَطَ هـ To pick up, gather. To catch
إلْتَقَطَ صورَةً To take a picture
إلْتَقَطَ إذاعَةً To receive *(radio waves)*
لَقيط جـ لُقَطاء Foundling
مِلْقَط جـ مَلاقِط Tweezers. Tongs. Clip, pin. Pincers
جهازٌ لاقِط Receiver, receiving set
لقف - لَقِفَ ـَ وتَلَقَّفَ والتَقَفَ هـ To seize quickly, snatch, catch
لَقَّفَ وتَلَقَّفَ الطَّعام To swallow
لقلق - لَقْلَق جـ لَقالِق Stork
لقم - لَقَمَ ـُ To swallow up
لَقَّمَ وألقَمَ ه هـ To feed *(bit by bit)*. To load *(a weapon)*
أَلْقَمَهُ الحَجَرَ To silence
لُقْمَة جـ لُقَم Bite, mouthful
لقن - لَقِنَ ـَ وتَلَقَّنَ هـ To understand, grasp
لَقَّنَ ه هـ To teach. To dictate. To prompt
لَقَّنَ دَرْسًا To teach someone a lesson
مُلَقِّن Prompter
لقي - لَقِيَ هـ To meet. To find
لاقى ه To encounter. To receive
لَقِيَ حَتْفَهُ To die
ألقى To throw, cast
ألقى السِّلاح To lay down one's arms, to surrender
أَلْقى سؤالاً To pose a question to
ألقى خِطابًا أو كَلِمَةً To deliver a speech
إلتَقى وتَلاقى To meet. To get together
تَلَقّى To receive. To take. To get, obtain
تَلَقّى العِلْمَ To learn, take lessons
إسْتَلْقى To lie down
لَقْوَة Facial paralysis
لِقاء Meeting
لَقيَّة ولَقْيَة A find, something found
تِلْقائيّ Spontaneous
مِنْ تِلْقاءِ نَفْسِهِ Of one's own accord, spontaneously
مَلْقًى ومُلْتَقًى Meeting place. Crossroads. Confluence
إلقاء Throwing. Diction. Recitation
لكأ - تَلَكَّأَ في To loiter, hang about. To be tardy

لكم - لَكَمَ ـُ ه To punch, box
مُلاكِم Boxer
مُلاكَمَة Boxing. Boxing match
لَكْمَة Punch, box
لكن - لَكِنَ ـَ To speak incorrectly. To stammer
لَكْنَة Stammer. Incorrect pronunciation
لَكِن ولَكِنَّ But, however, still, yet, nevertheless
لم - لَمْ Not
لَمْ يَأْكُلْ He did not eat
لِمَ ولِماذا Why, for what reason
أَلَمْ وأفَلَمْ وأَوَلَمْ (أَقُلْ لك) Didn't I *(tell you)?* haven't I *(told you)?*
لَمّا When, at the time when. Not, not yet
لم - لَمَّ ـُ هـ To collect, gather
أَلَمَّ بـ To know. To be acquainted with. To befall, afflict *(fatigue)*
أَلَمَّ بالمَعْنى To catch the meaning of
إلْتَمَّ To visit
إلْمام Knowledge, acquaintance
مُلِمَّة جـ مُلِمّات Misfortune, calamity
لِماما Occasionally, seldom, from time to time
مُلِمّ Expert. Versed in, familiar with
لمح - لَمَحَ ـَ ه وهـ وإلى To catch sight of. To glance at
لَمَّحَ إلى To insinuate, allude to
لَمْحَة Glance, glimpse. General view. Summary. Feature
فيه لَمْحَة من أبيه He looks like his father
تَلْميح Allusion, insinuation
مَلامِح Features, lineaments
لمس - لَمَسَ ـِ ولامَسَ هـ To be in touch with, contiguous with. To touch, feel with the hand
حاسَّةُ اللَّمْس Sense of touch
لَمْسَة Touch
إلْتَمَسَ هـ من To request from, ask for, beg for
إلْتِماس Request. Petition
مَلْموس Palpable, tangible
مُلامَسَة Touching, contact
لمع - لَمَعَ ـَ والتَمَعَ To shine, glitter, sparkle
أَلْمَعَ بيَدِهِ To wave one's hand
أَلْمَعَ إلى To allude to
لَمْع ولَمَعان Luster, gloss, shine. Shining, glittering
لامِعْ ولَمّاع Brilliant, lustrous, shining
تَلْميع Polishing, polish
لملم - لَمْلَمَ To gather up
لن - لَنْ Not. Never
لَنْ تَراني You shall not see me
لهب - لَهَبَ ـَ والتَهَبَ To flame, blaze, catch fire

ألْهَبَ هـ To kindle. To inflame
لَهَب ولَهيب Flame, blaze
إلْتِهاب جـ إلْتِهابات Inflammation
مُلْتَهِب Flaming, burning. Affected with inflammation
لهث - لَهَثَ ـَ To pant, be out of breath
لُهاث Panting, pant
لاهِث Out of breath, panting
لهج - لَهِجَ ـَ وأُلْهِجَ بـ To be attached to. To persevere in. To speak constantly about
لَهْجَة Dialect. Language. Tone. Manner of speaking
لهف - لَهِفَ ـَ وتَلَهَّفَ على To sigh for, grieve at, regret
لَهْف ولَهْفَة Regret. Grief, sorrow
يا لَهْفي عَلَيك Alas! what a pity!
مُتَلَهِّف Yearning, longing. Sad, sorrowful
لهم - لَهِمَ ـَ والتَهَمَ هـ To devour, ingurgitate
ألْهَمَ ہ هـ To inspire *(with or to)*
إسْتَلْهَمَ هـ To ask for inspiration
إلْهام جـ إلْهامات Inspiration
مُلْهَم Inspired
لهو - لَها ـُ بـ To play. To amuse oneself, have fun. To love
ألْهى ہ بـ To divert with
ألهى ہ عن To divert from
تَلَهّى والتَهى بـ To amuse oneself with. To seek distraction *(in)*
لاهٍ جـ لاهون Heedless, inattentive
مَلْهًى جـ مَلاهٍ Nightclub. Place of entertainment. Amusement center
لَهاة جـ لَهَوات ولِهِيّ ولِهاء Uvula
لو - لَوْ ولَوْ أن If
لَوْلا ولَوْ لَمْ وَلَوْ ما If not, unless. Had it not been for
وَلَوْ، ولَوْ أنَّ Although, even though. Even if
تَصَدَّقوا ولو بِقَليلٍ Give alms, were it but little
لوب - لوبياء French beans, kidney beans
لوث - لاثَ ـُ ولَوَّثَ هـ بـ To soil, stain. To pollute
تَلَوَّثَ بـ To be soiled with. To be polluted
تَلَوُّث Pollution
لَوْثَة Fatigue. Stupidity
مُلَوَّث Polluted
لوح - لاحَ ـُ وألاحَ To loom, appear. To break *(dawn)*. To shine *(star)*. To flash *(lightning)*
لَوَّحَ (بالعَصا، بِسِلاحٍ) To brandish, wave
لَوَّحَتْهُ الشَّمْس To tan. To burn
لَوْحَة ولَوْح جـ ألْواح Board. Tablet. Panel. Pane. Bar *(of chocolate)*.

Color. Tint. Kind, sort. Category لَوْن جـ ألْوان
Multicolored مُتَعَدِّدُ الألْوان
Colorant. Colorist مُلَوِّن
Coloring تَلْوين
To curve, bend. To twist **لوى** - لَوى ـِ هـ
To twist, turn. To be twisted, crooked تَلَوّى والتوى
To be careless. To pay no attention to لا يَلْوي على شيء
Flag, banner. Brigade. Major general لِواء جـ ألْوِيَة
Twisting. Curvature, twist, torsion إلْتِواء
Would that! I wish! if only! would God! **ليت** - لَيْتَ
Lion **ليث** - لَيْث جـ لُيوث
Not **ليس** - لَيْسَ
Only, nothing but لَيْسَ إلاّ
Isn't it so? Right? ألَيْسَ كذلك؟
Except, save *(you)* لَيْسَ إيّاك
Fiber. Sponge **ليف** - ليفَة
Fiber(s) ليف جـ ألياف
Fibrous ليفيّ
To befit. To be suitable to **ليق** - لاقَ ـِ بـ
Good manners, courtesy. Fitness لِياقَة
Suitable, appropriate, fit لائِق
Night, nighttime **ليل** - لَيْل

Blackboard
Painting, tableau لَوْحَة
Program. List, table. Bill. Regulation, rule لائِحَة جـ لَوائح
To seek shelter with, have recourse to **لوذ** - لاذَ ـُ بـ
To run away لاذَ بالفِرار
Refuge, shelter مَلاذ جـ مَلاوِذ
Almond(s) **لوز** - لَوْز، لَوْزَة
Tonsils اللَّوْزَتان
Homosexual, sodomite **لوط** - لوطيّ
Homosexuality, sodomy لِواط، لِواطَة
To torment, torture **لوع** - لاعَ ـُ ولَوَّعَ ه الحُبّ
Anguish, torture. Lovesickness لَوْعَة
To chew, masticate **لوك** - لاكَ ـُ
He is on everybody's lips الألْسُنُ تَلوكُهُ
Screw. Spiral. Loop **لولب** - لَوْلَب جـ لَوالِب
Spiral لَوْلَبيّ
Spiral stairs سُلَّمٌ لَوْلَبيّ
To blame, reproach **لوم** - لامَ ـُ
Blamer, critic, censurer لائم
Blame, reproach لَوْم ومَلامَة
To color, tint. To variegate **لون** - لَوَّنَ هـ
To be colored. To take on color. To be inconstant, capricious تَلَوَّنَ
Inconstant, changeable مُتَلَوِّن
Colored مُلَوَّن ومُتَلَوِّن

لَيْلَة جـ لَيْلات ولَيالٍ Night, evening, soirée

اللَّيْلَة، هذه اللَّيْلَة Tonight

لَيْلَةٌ لَيْلاء Long dark night

بَيْنَ لَيْلَةٍ وضُحاها Overnight, very suddenly

ليمون - لَيْمون Lemon. Citrus

لَيْمون بُرْتُقال Orange

لَيْمُونٌ حامِض Lemon. Limc

لَيْمون أفَنْديّ Tangerine, manderin

شَرابُ اللَّيْمون Lemonade

لين - لانَ ـِ To be or become soft, tender. To become milder, friendlier. To relent

لين ولينَة ولَيان ولُيونَة Softness, suppleness. Looseness. Gentleness

لَيِّن Soft, tender. Supple. Yielding, pliable

مُلَيِّن Laxative. Softening

م

م - م M *(24th letter of the Arabic alphabet)*

ما - ما؟ ماذا؟ What?

بِمَ With what? wherewith?

عَمَّ About what? of what?

ما دُمْتُ حَيًّا As long as I live

ما أعْذَبُهُ! How sweet he is!

ما قَرَأْتُ I did not read

جاءَ لأمْرٍ ما He came for a certain reason

شيْءٌ ما Something

ما لَمْ Unless, except if, if not

مائة - مِئَة جـ مِئات Hundred

بالمِئَة، في المِئَة Percent, %

تَذْكارٌ مِئَويّ Centenary, centennial, 100th anniversary

مِئَويّ Centesimal. Centigrade

نِسْبَة مِئَوِيَّة Percentage

مت - مَتَّ ـُ To stretch, extend

مَتَّ إليه بِصِلَةٍ To be related to, have to do with

متر - مِتْر جـ أمْتار Meter (m)

مِتْر مُرَبَّع Square meter

مِتْر مُكَعَّب Cubic meter

متع - مَتَّعَ وأمْتَعَ ه بـ To make enjoy

تَمَتَّعَ بـ واسْتَمْتَعَ بـ To enjoy. To take pleasure in

مُتْعَة جـ مُتَع Enjoyment, pleasure

مَتاع جـ أمْتِعَة Luggage, baggage. Effects, goods

مُمْتِع Pleasant, delightful

تَمَتُّع واسْتِمْتاع Enjoyment

متن - مَتُنَ ـُ To be or become strong, firm, solid

مَتْن جـ مُتون طَريق Middle of the road

مَتْنُ كِتاب Text, body

على مَتْنِ (طائرة) Aboard, on board *(an airplane)*

مَتْن Back

مَتانَة Solidity, firmness. Enduringness

مَتين مـ مَتينَة Solid, strong, firm

تَمْتين Consolidation

متى - مَتى When? at what time?. When, whenever

حَتّى مَتى Till when? how long?

مثل - مَثَلَ ـُ ه وماثَلَ To look like, resemble

مَثَلَ ـُ ومَثُلَ ـُ بَيْن يَدَيْهِ To appear *(before)*, stand *(before)*

مَثَّلَ To represent

مَثَّلَ دَوْرًا To act, play *(a role)*

ماثَلَ ه بـ To compare to

تَمَثَّلَ ه وبـ To imitate, follow someone's example

تَمَثَّلَ هـ To imagine, fancy
إمْتَثَلَ هـ To follow, imitate
إمْتَثَلَ (أمْرَ فُلان) To obey
مِثْل جـ أمْثال Similar, like, equal. Resemblance
مِثْل وكَمِثْلِ Like, as, similar to
مِثْلَما As. Like. The way
مَثَل جـ أمْثال Example. Proverb. Saying, adage. Lesson
مَثَلٌ أعلى Ideal
ضَرَبَ مَثَلاً To give an example
مِثال جـ أمْثِلَة Type, model. Ideal. Example
مِثالُ ذلك For instance
مَثيل جـ مُثُل Like, similar. Equal, match
مَثيلَة وأُمثولَة Lesson. Example. Proverb
إمْتِثال Obedience
تَماثُل ومُماثَلَة Resemblance
تِمثال جـ تَماثيل Statue
مَثّال Sculptor
مُمَثِّل Representative. Actor. Comedian
مُمَثِّلَة Actress
مِثاليّ Ideal. Idealistic. Exemplary
مثن - مَثانَة جـ مَثانات Bladder
مج - مَجَّ ـُ هـ من فيه To throw out of the mouth, spit out
مجد - مَجَدَ ـُ To be glorious, illustrious
مَجَّدَ وأمْجَدَ ه To glorify, praise
مَجْد جـ أمْجاد Glory. Honor. Distinction
أمْجَد ومَجيد Glorious, illustrious. Praiseworthy
تَمْجيد Glorification
مُمَجَّد Glorified
مجس - مَجوسيّ جـ مَجوس Magian. Magus
مجن - مَجَنَ ـُ وتَمَجَّنَ To be impudent. To joke in a shameless manner. To be dissolute
ماجِن جـ مُجّان Impudent. Dissolute
مَجانَة ومُجون Impudence. Buffoonery
مَجّانًا Gratis, for nothing
مَجّانيّ Free of charge, gratuitous
مح - مُحّ Egg yolk, yellow. Essence
محص - مَحَّصَ To examine closely. To clarify
محض - مَحَضَ ـَ وأمْحَضَ وماحَضَ ه الوُدَّ To be sincere toward
مَحُضَ ـُ To be pure, unmixed
مَحْض Pure, unmixed
بِمَحْضِ اختياره Voluntarily, of one's own free will
محق - مَحَقَ ـَ To efface, erase. To eradicate, destroy
مَحْق Effacement. Annihilation, destruction

Waning of the moon مُحاق
To quarrel, bicker (with) محك - ماحَكَ ه
Quarrelsome مُماحِك
Altercation, dispute مُماحَكَة
To be sterile محل - مَحَلَ ـَ
Sterility, aridity. Cunning, deceit مَحْل
Sterile (year), barren ماحِل مـ ماحِلَة
To try, examine, test محن - مَحَنَ ـَ وامْتَحَنَ ه
Examiner. Tester مُمْتَحِن
Ordeal, trial. Misfortune مِحْنَة جـ مِحَن
Examination. Test, experiment إمْتِحان جـ إمْتِحانات
Examined. Tested. Examinee مُمْتَحَن
محو - مَحا ـُ وتَمَحّى وامَّحى وامْتَحى
To be or become erased
To erase. To efface. To wipe out. To eliminate مَحا ومَحّى هـ
Effacement. Erasure. Elimination, abolition مَحْو
Eraser مِمْحاة جـ مَماحٍ
Erased, effaced مَمْحوّ
Brain. Marrow مخ - مُخ جـ مِخاخ
To plow (the sea), move (through water) مخر - مَخَرَ ـَ
To churn. To shake violently مخض - مَخَضَ ـُ
To be in labor مَخِضَ ـَ (تِ الحامِل)

Labor (pains), childbirth مَخاض
Ford (of a river) مَخاضَة
To blow one's nose مخط - مَخَطَ ـُ هـ وتَمَخَّطَ
Nasal mucus, snot مُخاط
Mucous مُخاطيّ
To extend, stretch مد - مَدَّ ـُ ومَدَّدَ وماد هـ
To prolong مَدَّ ومَدَّدَ
To assist, help. To provide with (supplies). To suppurate (wound) مَدَّ وأمَدَّ ه بـ
To flow, rise مَدَّ النَّهْرُ
To lay مَدَّ (مائدَةً، أنابيب)
To stretch, extend. To dilate. To be stretched out. To lie down تَمَدَّدَ
Dilatation (of a metal). Extension. Lying down تَمَدُّد
To extend, spread out. To be extended. To lengthen إمْتَدَّ
To ask someone for help إسْتَمَدَّ هـ
To take from, get from إسْتَمَدَّ من
Extension. Prolongation مَدّ
Flood tide. Rising (of water) مَدّ جـ مُدود
Half bushel (a dry measure) مُدّ جـ أمداد
Period, space of time. Term, limited time. While. Duration مُدَّة جـ مُدَد

مَدَد وإمداد — Help, aid
مِداد — Ink
مَديد — Long
مَمْدود ومُمْتَدّ — Spread, extended. Elongated
مادَّة جـ مَوادّ — Matter. Substance. Ingredient. Material. Article, item, clause. Commodity. Course, subject
مادّيّة — Materialism
مادّيّ — Material. Concrete. Materialist
إمْتَداد — Extension. Dilatation. Expanse. Length. Extent. Dimension
مدح - مَدَحَ ـَ وامْتَدَحَ ه — To praise, eulogize
مَدْح، مَديح جـ مَدائح — Praise. Eulogy. Compliment
مَدّاح ومادِح — Praiser. Eulogist
مدن - مَدَّنَ — To civilize. To urbanize
تَمَدَّنَ — To be or become civilized
مُتَمَدِّن — Civilized
مَدينَة جـ مُدُن — City, town
مَدَنيّ — Civil, civilized. Urban. Civilian. Citizen
مَدَنيَّة، تَمَدُّن — Civilization
مدى - تَمادى في — To persist in, persevere in. To go too far in
تَمادى — To continue, last
مَدى — Extent, range, compass. Distance. Limit
مَدى وعلى مَدى — During, throughout, in the course of
مِديَة جـ مُدًى ومُدْيات — Knife. Pocketknife
مَع التَّمادي — In the long run
مذ - مُذ (مُنْذُ) — Since
مر - مَرَّ ـُ — To pass, pass by. To go by, elapse *(time)*. To pass through, cross. To undergo *(a state)*
مُرور — Passing. Passage
حَرَكَة المُرور — Traffic
مَرَّ ـَـُ وأَمَرَّ — To be or become bitter
إسْتَمَرَّ — To continue, last
مُرّ — Bitter. Severe, painful
على مَرِّ الزَّمان — In the course of time
مَرَّة جـ مَرّات — Time. One time
مَرَّةً — Once
مِرَّة جـ مِرَر — Bile, gall
مِرارًا — Quite often, many times
مَرارَة جـ مَرائر — Bitterness
إسْتِمرار — Duration, continuity
مَمَرّ — Passage, way
مُسْتَمِرّ — Continuous, uninterrupted, continual, lasting
باسْتِمرار — Constantly, continually
مارّ — Passing. Passer-by
مَرير — Bitter. Strong, firm
مرأ - مَرَأَ ـَ ومَرِئَ ـَـُ — To be wholesome, palatable *(food)*
إسْتَمْرَأَ الطَّعامَ — To savor, enjoy, find

wholesome and tasty *(food)*
Man. Person مَرْء وامرؤ
Woman مَرأة وامرأة
Chivalry. Sense of honor. Manhood مُروءَة ومُروَّة
Wholesome, salubrious. Tasty, delicious مَرِيء مـ مَرِيئَة
Esophagus مَرِيء
مرج - مَرْج جـ مُروج Pasture. Prairie
Coral مَرْجان
مرح - مَرِحَ ـَ To be merry, cheerful. To rejoice
Gaiety, joy مَرَح
Merry, gay, joyful مَرِح مـ مَرِحَة، مِرِّيح
Bravo! well done! مَرْحى
مرد - مَرُدَ ـُ وتَمَرَّدَ To revolt, rebel
To be a giant مَرُدَ
Rebellion, insurrection تَمَرُّد
Giant مارِد جـ مَرَدَة
Beardless. Bald أَمْرَد جـ مُرْد
Rebellious, insubordinate مُتَمَرِّد
مرس -مارَسَ هـ To practice, exercise
Cord, rope. Cable مَرَسَة جـ مَرَس
Strength, power مِراس
Tractable, docile سَهْلُ المِراس
Intractable, unruly صَعْبُ المِراس
Praticing. Practitioner مُمارِس

Exercise, practice مُمارَسَة
مرض - مَرِضَ ـَ To be or become sick. To fall ill
To nurse, tend مَرَّضَ ه
To make ill or sick تَمارَضَ ومَرَّضَ
To feign sickness تَمارَضَ واسْتَمْرَضَ
Disease. Illness, sickness مَرَض جـ أَمْراض
Nurse. Doctor's assistant مُمَرِّض، مُمَرِّضَة
Sick, ill. Diseased. Patient مَرِيض
مرغ - مَرَّغَ To roll in the dust. To grease *(food)*. To soil, stain
To roll, wallow *(in)*. To hesitate تَمَرَّغَ في
مرق - مَرَقَ ـُ To pierce, penetrate
To renege, renounce مَرَقَ من الدِّينِ
Broth. Bouillon مَرَق ومَرَقَة
Renegade, apostate مارِق جـ مارِقون
مرمر - مَرْمَر Marble
مرن - مَرَنَ ـُ To be or become flexible
To train. To accustom to مَرَّنَ ه على
To exercise oneself in تَمَرَّنَ على
Trained, experienced مُمَرَّن
Trained. Trainee. Apprentice مُتَمَرِّن
Trainer. Coach مُمَرِّن
Flexible. Elastic مَرِن
Flexibility. Elasticity مُرونَة
Exercise, training, تَمْرين جـ تَمارين

rehearsal. Apprenticeship
تَمْرينات رياضيَّة Gymnastic exercises
تَمَرُّن Training, rehearsal
مره - مَرْهَم جـ مَراهِم Pomade. Ointment
مز - مَزَّ ـَ To be acidulous
مَزَّ ـُ To sip, suck
مُزّ مـ مُزَّة Acidulous
مزج - مَزَجَ ـُ هـ بـ To mix, mingle
مَمْزوج Mixed
مازَجَ ه To mix with, be associated with
مِزاج جـ أمْزِجَة Temperament, mood, state of mind
إمْتَزَجَ بـ To be mixed with
إمْتِزاج Mixing, mixture
مَزيج Mixture. Medley. Alloy
مزح - مَزَحَ ـَ To joke, jest
مَزْح ومُزاح Joking. Joke, jest
مازَحَ ه To joke with
مزق - مَزَقَ ـِ هـ ومَزَّقَ ه To rip apart, tear off, lacerate
مُمَزَّق مـ مُمَزَّقَة Torn, lacerated
مزي - مَزِيَّة جـ مَزايا Advantage. Privilege. Merit, virtue
مسس - مَسَّ ـُ ه وهـ To touch, feel, palpate. To befall, hit *(damage)*
مَسَّت الحاجَة إلى To necessitate. To become extremely necessary
مَسَّهُ بأذى To hurt, harm
مُسَّ To go crazy
مَمْسوس Mad, crazy, possessed
ماسّ مـ ماسَّة Urgent. Touching. Contiguous
مَسّ Touching, touch. Contact. Madness, insanity
مَسٌّ شَيْطانيّ Possession
مُماسّ Tangent
مُماسَّة Tangency. Contiguity
مَسّاس Touching much
تَماسّ Contact, tangency
خَطُّ تَماسّ Demarcation line
مسح - مَسَحَ ـَ هـ To wipe. To clean. To wash. To erase
مَسَحَ بالزَّيْت To anoint
مَسَحَ حِذاءً To shine, clean
مَسَحَ الأرْضَ To survey
مَسَّحَ هـ To wipe
مَسّاحُ أحْذِيَة Shoeblack, bootblack
دائرَة المِساحَة Survey department
تِمساح جـ تَماسيح Crocodile
مِمْسَح ومِمْسَحَة Mop. Wiper. Doormat
مَسْح Wiping. Mopping up. Cleaning
مَسْحٌ بالزَّيْت Anointment, unction
مِسْح جـ مُسوح Sackcloth
مَسْحَة Trace, touch
مَسْحَةُ المَرْضى Extreme unction
مَسيحيّ Christian
المَسيحيَّة Christianity

مسخ - مَسَخَ ـَ ه وهـ To transform, metamorphose. To disfigure

مَسْخ، مِسخ جـ مُسوخ Monster. Disfigured. Metamorphosed

مَسْخ Metamorphosis. Disfigurement

مَمْسوخ Disfigured, ugly

مسد - مَسَّدَ ه To massage. To rub

مُمَسَّد Rubbed

مُمَسِّد Masseur

تَمْسيد Massage

مسك - مَسَكَ ـُ ـِ وأمْسَكَ بـ To hold, grasp

تَمَسَّكَ بـ واسْتَمْسَكَ بـ To cling to, adhere to

أمْسَكَ ه وهـ To withhold, keep back

أمْسَكَ عن To refrain, abstain *(from)*

تَماسَكَ To adhere, stick together

ما تَماسَكَ أن He could not keep from

مِسْك Musk

مَسْكَة (باب) Doorknob. Handle

إمْساك Holding. Abstention. Abstinence. Constipation

تَماسُك Cohesion. Solidarity

تَمَسُّك Adherence. Attachment

مُتَماسِك Coherent, tenacious. Firm, solid

مسو - مَسَّى ه To wish someone a good evening

مَسّاكَ الله بالخَيْر Good evening!

أمْسَى To enter into evening. To be, become

مَساء وأُمْسيَة Evening, eve

مَساء أمس Last night, yesterday evening

مشح - مَشَحَ ـَ To administer extreme unction to

مَشْحَة Extreme unction

مشط - مَشَطَ ـُ ـِ ومَشَّطَ شَعْرَهُ To comb *(the hair)*

مُمَشَّط Combed *(hair)*

مُشْط جـ أمْشاط Comb. Bridge *(of stringed instruments)*

مُشْطُ القَدَم Instep

ماشِطَة Hairdresser. Lady's maid

مشق - إمْتَشَقَ السَّيف To draw the sword

مَشيق ومَمْشوق Slender, svelte

مشمش - مِشْمِش ومِشْمِشَة Apricot

مشى - مَشَى ـِ وتَمَشَّى To walk, go on foot. To take a walk

مَشْيٌ Walking, walk

مَشْيًا On foot

مِشْيَة Gait, step, manner of walking

ماشٍ جـ مُشاة Pedestrian, walker. Foot soldier

المُشاة The infantry

ماشى وتَمَشَّى مع To go along with. To proceed in accordance with

ماشِيَة جـ مَواشٍ Livestock, cattle

مَمْشى جـ مَماشٍ Hallway, corridor. Footpath

مص - مَصَّ ـُ وامْتَصَّ هـ To absorb, suck. To sip

مَصّ Sucking, suction, absorption

قَصَب المَصّ Sugarcane

مَصّاص Absorbant. Sucker

مَصّاص الدِّماء Bloodsucker, usurer

مَصّاصَة Lollipop. Rubber nipple. Vampire

إمْتِصاص Absorption. Suction

مصر - مِصر جـ أمْصار Country. Region. Capital. City

مَصير جـ أمْصِرَة ومُصْران وجج مَصارين Intestines, guts

مصل - مَصَلَ ـُ To curdle. To strain, filter

مَصَلَ الجُرْحُ To run, suppurate

مَصْل Serum. Plasma

مض - مَضَّ ـُ وأمَضَّ ه To pain, hurt

مَضَض Pain, affliction

مَضْمَضَ To rinse *(out the mouth)*

مضر - مَضَرَ ـُ ومَضُرَ ـُ ومَضِرَ ـَ To be or become sour

مضغ - مَضَغَ ـُ هـ To chew, masticate

مَضْغ Chewing, mastication

مضى - مَضى ـِ To go, leave. To pass, run out, be over. To be sharp *(sword)*

مَضى بـ To take away

مَضى في To continue to do

مَضى على To execute, carry out

فيما مَضى Formerly, previously

أمضى أمرًا To carry out, execute

أمْضى عَقْدًا To sign

الماضي The past

إمضاء Signature

مُضيّ Departure. Passing, expiration. Proceeding *(with)*

ماضٍ Sharp. Going, departing. Previous

مط - مَطَّ ـُ ومَطَّطَ هـ To stretch, prolong

مَطّاط Rubber, caoutchouc. Elastic, stretchy

مطر - مَطَرَ ـُ وأمْطَرَ To rain

أمْطَرَ بِوابِلٍ من To shower with

مَطَر جـ أمطار Rain

مَطْرَة Rain shower

مُمْطِر وماطِر Rainy

مِمْطَر جـ مَماطِر Raincoat

مَطْران جـ مَطارين ومَطارِنَة Metropolitan, archbishop

مطل - مَطَلَ ـُ وماطَلَ هـ To delay, postpone

مُماطَلَة Postponement, delay

مُماطِل Procrastinator

مطو - امْتَطى هـ To mount, ride *(an animal)*

مَطِيَّة جـ مَطايا Mount, riding animal

مع - مَعَ With. Plus. Despite
مَعَ العَشيَّة In the evening
مَعَ ذلك Nevertheless, in spite of this
مَعَ أنَّ Although, even though
مَعًا Together. Jointly. Simultaneously
مَعيَّة Simultaneity. Accompaniment. Company
معد - مَعِدَة ومِعْدَة جـ مِعَد Stomach
معز - مَعْز جـ مِعْزًى، ماعِز جـ أمْعُز Goat
مَعّاز Goatherd
معض - إمْتَعَضَ من To resent, be angry at
إمْتِعاض Resentment, anger
مُمْتَعِض Angry
معك - مَعَكَ ـَ هـ To rub
معمع - مَعْمَعَة جـ مَعامِع Tumult, uproar
المَعامِع Wars, battles
معن - أمْعَنَ وتَمَعَّنَ في أمرٍ To apply oneself assiduously. To go too far in
أمْعَنَ النَّظَرَ في To examine closely
إمْعان Assiduity. Close examination
ماعون جـ مَواعين Ream of paper. Utensil
معو - مَعا ـُ الهِرُّ To mew
معي - مَعْي ومِعًى ومِعاء جـ أمْعاء Intestine, gut
المَعي الغَليظ Large intestine
المَعي الدَّقيق Small intestine

مِعَويّ Intestinal
مغص - مُغِصَ وتَمَغَّصَ بَطْنُه To have or suffer from colic
مَغْص Colic. Gripes
مغط - مَغَطَ ـَ ومَغَّطَ هـ To stretch, draw out
مغمغ - مَغْمَغَ To speak or write indistinctly
مغنس - مَغْنيسيا Magnesia
مغنط - مَغْنَطَ To magnetize
مَغْناطيس ومَغْنَطيس Magnet. Magnetism
مَغْنَطَة، تَمَغْنُط Magnetization
مَغْناطيسيّ Magnetic
تَنْويم مَغْناطيسيّ Hypnosis
مَغْناطيسيَّة Magnetism
مُمَغْنَط Magnetized
مقت - مَقَتَ ـُ To detest, abhor
مَقْت Detestation, hatred, aversion
مَمْقوت مـ مَمْقوتَة، مَقيت Detestable. Hateful
مقع - أُمْتُقِعَ To turn pale *(face)*
مُمْتَقِع Pale, pallid
مقل - مُقْلَة Eyeball. Eye
مك - مَكّوك جـ مَكاكيك Shuttle. Drinking cup
مَكّوكٌ فَضائيّ Space shuttle
مكث - مَكَثَ ـُ To stay in, dwell, reside *(in)*
مَكْث ومُكوث Stay, sojourn. Staying, residing

مكر - مَكَرَ ـُ ه وبـ — To dupe, deceive, double-cross
مَكْر — Cunning, craftiness
ماكِر ومَكّار — Cunning, sly, deceitful
مكن - مَكُنَ ـُ وتَمَكَّنَ — To be or become strong, firm, firmly established
مَكُنَ وتَمَكَّنَ عند — To have or gain influence with
مَكَّنَ هـ — To strengthen, consolidate
مَكَّنَ وأمْكَنَ ه من — To enable to. To empower
تَمَكَّنَ من — To be able to. To master *(a science)*. To be versed in
مَكان جـ أمْكِنَة وأماكِن — Place, spot. Rank, degree. Room, space
مَكانَة — Standing, rank, position
ذو مَكانَة — Influential
إمْكانيَّة جـ إمْكانيّات — Possibility
مُمْكِن — Possible. Probable
مُتَمَكِّن — Firmly established. Versed in
مَكين — Firm, solid
مل - مَلَّ ـَ هـ ومن — To be or become bored with, weary of
مِلَّة جـ مِلَل — Sect, confession. Religious community
مَلَل — Boredom, weariness
مُمِلّ — Boring, wearisome
مَلول — Weary of, bored with, fed-up with

ملأ - مَلأَ ه هـ ومن وبـ — To fill, fill up
مَلِئَ ـَ وتَمَلأَ وامْتَلأَ من — To be filled with
مَلأَ السّاعَة — To wind, wind up
ألمَلْء — Filling, filling up
مِلْء الحُرّيَّة — Full, complete, unlimited *(freedom)*
مَلأ جـ أمْلاء — Crowd, multitude
على المَلأ — Publicly, openly
مَليء ومَلآن جـ مَلأى، مُمْتَلِئ — Full, replete
ملح - مَلَحَ ـَ هـ ومَلَّحَ — To salt
مَلُحَ ـُ — To be or become salty. To be or become handsome
إسْتَمْلَحَ هـ — To find beautiful
مِلْح جـ أمْلاح — Salt
مالِح — Salty
مُمَلَّح — Salted. Cured
مَلاحَة — Beauty. Elegance
مِلاحَة — Navigation
مَلاّح جـ مَلاّحون — Sailor, seaman
مَلاّحَة ومَمْلَحَة — Salina
مِمْلَحَة ومَمْلَحَة جـ مَمالِح — Saltcellar. Saltshaker
مَليح جـ مِلاح — Pretty, handsome
مُلوحَة — Saltiness, saltness
ملس - مَلِسَ ـَ ومَلُسَ ـُ — To be or become smooth, level
مَلَّسَ هـ — To smoothen. To make

slippery
أمْلَس مـ مَلْساء Smooth. Slippery
ملص - تَمَلَّصَ من To shirk, escape. To slip away
تَمَلُّص Escape. Escaping
ملط - مِلاط Mortar. Cement
ملق - مَلِقَ ـَ ه ولـ ومالَقَ ه وتَمَلَّقَ ه ولـ To flatter, cajole, adulate
مَلَق وتَمَلُّق Adulation, flattery
مَلاّق ومُتَمَلِّق Adulator, flatterer
ملك - مَلَكَ ـِ وتَمَلَّكَ وامْتَلَكَ هـ To possess, own
مَلَكَ على To rule, reign *(over)*
مَلَّكَ وأمْلَكَ ه هـ To make the owner of, put in possession of
مَلَّكَ على To make king over
تَمَلَّكَ على To become king over
تَمَلُّك Possession. Domination. Acquisition
تَمالَكَ To control oneself. To refrain from, keep from
إسْتَمْلَكَ هـ To take possession of. To expropriate
مُلْك Reign, rule. Power. Sovereignty
مَلَك ومَلاك جـ مَلائكة Angel
مَلائكيّ Angelic(al)
مَلِك جـ مُلوك King, sovereign
مَلِكَة Queen
مَلَكيّ Royal. Sovereign, monarchal
مِلاك Cadre
مِلاك الموظَّفين Staff, personnel
مالِكُ الحَزين Heron
مُلوكيّ Royal. Imperial, majestic
مَلَكِيَّة Royalty, monarchy
مِلْكِيَّة Ownership. Property
مَلَكوت Kingdom. Royalty, sovereignty
مَلاّك جـ مَلاّكون، مالِك Owner, proprietor. Landowner
مَليك جـ مُلَكاء Sovereign. Owner
إسْتِملاك Appropriation
مُمْتَلَكات Possessions. Property
مَمْلَكَة جـ مَمالِك Kingdom, empire
مَمْلوك جـ مَماليك Slave
ململ - تَمَلْمَلَ (في فِراشه) To fidget, move restlessly
ملو - أملى هـ على To dictate to
إمْلاء Dictation
مَلِيًّا Thoroughly, deeply. For a long time
ملي - مِليار Billion, milliard
مَلْيون جـ مَلايين Million
مَلْيونير Millionaire
مم - مِمّ، مِمّا؟ Of what, of which?
من - مَنْ؟ Who? whom? whoever?
مَنْ He who
مِنْ From. Of. Some, some of. Made up of. From. Since, for. Than. Through, by
خَرَجَ مِنَ الدّار He went out of the

house

مُرَكَّب مِن نَفْسٍ وجَسَد Composed of body aud soul

مِنَ النّاسِ مَن قال Some man say

ماتَ مِن ساعَتِهِ He died on the same hour

هو أفْضَلُ مِنّي He is better than I

أفْلَتَ من He escaped from

ما جاءَني مِن أحَد No one came to me

مَرَّ مِنَ الباب He passed through the door

من - مَنَّ ـُ وامْتَنَّ عليه بـ To bestow upon, grant a favor. To be kind toward

مَنَّ وامْتَنَّ على ومَنَّنَ ه To remind someone of a favor

مَنّ Gift. Favor, benefit. Manna

مِنَّة جـ مِنَن Favor, kindness. Reproachful of benefits

مَنّان مـ مَنّانَة Benevolent. Generous

مَنون Death. Decease

مُمْتَنّ ومَمْنون لـ Very grateful, very thankful

إمْتِنان Gratitude, gratefulness

منح - مَنَحَ ـَ ه هـ To grant, give

مِنْحَة جـ مِنَح Grant. Donation. Bonus

مِنْحَة مَدْرَسِيَّة Scholarship

منذ - مُنْذُ ومُذْ Since, for. Ago

منع - مَنَعَ ـَ ه عن ومِن وهـ To prevent, keep from. To forbid. To deprive of. To refuse a person something. To defend, protect

مَنُعَ ـُ To be inaccessible, well-fortified

إمْتَنَعَ عن To abstain from

مَنْع ومُمانَعَة Prohibition, forbiddance. Prevention

مانِع جـ مَوانِع Obstacle. Objection. Preventive. Prohibitive

مَنْعَة، مِنْعَة Resistance. Power, strength

مَناعَة Invincibility. Immunity

مَنيع جـ مُنَعاء Invincible. Immune. Strong, powerful. Well-fortified

مَمْنوع Forbidden, prohibited

مُمانَعَة Opposition. Objection

إمْتِناع Abstention *(from)*. Refusal. Impossibility

مُمْتَنِع Refusing. Abstaining from. Impossible

منى - مَنى ه بـ To afflict with, try with

تَمَنّى هـ To wish *(for something)*. To desire. To look forward to

مَنِيَّة جـ مَنايا Death. Decease

مُنْيَة جـ مُنًى وأُمْنِيَّة جـ أمانِيّ وأمانٍ Wish, desire

مَنِيّ Sperm, semen

مهج - مُهْجَة جـ مُهَج ومُهَجات
Heart. Soul. Blood

مهد - مَهَدَ ـَ ومَهَّدَ To arrange, prepare *(a bed)*. To level, even, flatten *(a road)*. To pave

مَهَّدَ السَّبيلَ لـ To pave the way for

مَهَّدَ أمْرًا To facilitate

مَهْد جـ مُهود Cradle. Bed

تَمْهيد Leveling, planing. Paving. Facilitating. Preface, introduction

تَمْهيديّ Preliminary, introductory

مهر - مَهَرَ ـُـَ هـ وفي وبـ To be or become skilled. To excel in

مَهَرَ ـَـُ وأمْهَرَ امرأةً To give a dower to

مَهْر جـ مُهور Dower, dowry

مُهْر جـ مِهار Foal, colt

ماهِر Skillful, adroit

مَهارَة Skill

مهرج - مِهْرَجان Festival, carnival, gala

مهل - مَهَلَ ـَ وتَمَهَّلَ في To act slowly. To take one's time

أمْهَلَ ه To give someone time

مُهْلَة Time limit. Delay

مَهْلاً وعلى مَهْل Slowly, leisurely

إمْهال Concession of a delay

تَمَهُّل Slowness

مهما - مَهْما Whatever, whatsoever

مَهْما كانَ مِن أمْرٍ Whatever the case may be

مَهْما كَلَّفَ الأمْرُ At any cost, whatever the price may be

مهن - إمْتَهَنَ هـ To practice *(a profession)*

مِهْنَة جـ مِهَن Profession, occupation, work, trade

مِهَنيّ Professional

موء - ماءَ ـُ To mew, miaow

مُواء Mew, miaow

موت - ماتَ ـُ To die, pass away. To perish

أماتَ نَفْسَهُ To mortify one's flesh

تَماوَتَ To feign to be dead

إسْتَماتَ To risk one's life. To make desperate efforts to

مَوْت ومَوْتَة ومَمات Death. Decease

أرْضٌ مَوات Wasteland, barren land

مَيْت جـ أمْوات ومَوْتى Dead, deceased

إماتَة Killing. Mortification

مُميت Deadly, mortal

ميتَة Manner of death

موج - ماجَ ـُ وتَمَوَّجَ To heave, surge *(sea)*. To be or get agitated

مَوْج جـ أمْواج Waves, seas

مَوْجَة جـ مَوْجات Wave, swell, surge

مَوْجَة وتَمَوُّج Undulation, vibration

مائج ومُتَمَوِّج Undulating. Wavy, curly

موز - مَوْز، مَوْزَة Banana(s)

موس - ماس وماسَة Diamond
موس وموسى جـ مَواسٍ Razor
موسيقى Music
موسيقيّ Musical
موسيقيّ، موسيقار Musician
مول - مالَ ـُ وتَمَوَّلَ To be or become rich
مَوَّلَ هـ To finance. To enrich
مال جـ أموال Money. Property, estate. Goods. Riches
رأس مال Capital
ماليّ Financial, monetary
ماليَّة Finances
مَوّال جـ مَواويل Roundelay, folk song
تَمْويل Financing, finance
مُمَوِّل Financer
مُتَمَوِّل Financier, capitalist. Wealthy
موم - مومياء Mummy
مون - مانَ ـُ ومَوَّنَ ه To provision, supply with provisions. To victual
تَمَوَّنَ To store up provisions
مُؤَن ومَؤونَة Provisions, supplies
تَمْوين Provisioning. Provisions
موه - ماء جـ مياه Water
ماء الوَجْه Honor, self-respect
مائيّ Aquatic. Watery, aqueous. Fluid. Hydraulic
ماهيَّة Essence, substance
ماويَّة ومائيَّة Juice. Juiciness
ماءٌ مَعْدِنيٌّ Mineral water
ماءٌ للشُّرْب Drinking water
نَباتٌ مائيّ Water plant
مَوَّهَ To camouflage. To dilute, water down. To misrepresent. To coat
تَمْويه Coating. Camouflage
ميد - مادَ ـِ To swing. To become dizzy. To be shaken
مائدَة جـ موائد Table. Dining table
مَيْدان وميدان جـ مَيادين Field, domain. Square. Park. Racecourse. Battlefield
ميز - مَيَّزَ To distinguish between. To prefer to. To bring before a court of cassation
تَمَيَّزَ وامتازَ To be distinguished
مُمْتاز Excellent, outstanding
تَمْييز Distinction. Discernment. Preference
مَحْكَمَةُ التَّمْييز Court of Cassation
سِنُّ التَّمييز Age of discretion
إمْتياز جـ إمْتيازات Privilege. Distinction, superiority. Honor(s). Prerogative. Concession
ميزَة Characteristic, peculiarity
مُمَيَّز Distinguished. Distinct
ميع - ماعَ ـِ To flow, spread
ماعَ وتَمَيَّعَ To melt
مائع Fluid, liquid
مُيوعَة Liquidity, fluidity

ميل - مالَ ـِ	To lean, incline to
مالَ إلى	To sympathize with
مالَت الشَّمْس	To decline, be about to set
تمايَلَ	To sway, swing. To reel
إسْتَمالَ	To attract, win over
مَيْل جـ أمْيال	Tendency. Inclination
مِيل جـ أمْيال	Mile
إمالَة	Inclination, inclining
مَيّال إلى	Inclined to. In favor of
تَمايُل	Swinging. Reeling

ن

ن - ن N *(25th letter of the Arabic alphabet)*

نأى - نأى ـَ ه أو عن وتَناءى To be or go far from. To stay away from. To leave

كان بِمَنأى عن To keep away from, not to get involved in

ناي - ناي جـ نايات Flute, pipe

نب - أُنْبوب أو أُنْبوبَة جـ أنابيب Pipe, tube. Joint. Hose

خَطُّ أنابيب Pipeline

أُنْبوبٌ هَضْميّ Alimentary canal

أُنْبوب إخْتِبار Test tube

نبأ - نَبَأَ ـَ ونَبّأَ وأنْبَأَ ه هـ أو بـ To inform of or about. To announce

تَنَبَّأَ To predict, foretell, prophesy

نَبَأ جـ أنْباء News. Information

نَشْرَةُ الأنباء Newscast, news bulletin

نُبوءَة ونُبوَّة Prophecy

تَنَبُّؤ Prediction, foretelling

نَبِيّ جـ أنْبياء Prophet

نَبَويّ Prophetic

نبت - نَبَتَ ـُ وأنْبَتَ To grow. To sprout, germinate

نَبات جـ نَباتات Plant(s), vegetable(s)

نَباتيّ Vegetable. Botanical. Botanist. Herbivore. Vegetarian

عِلْمُ النَّبات Botany

نبح - نَبَحَ ـَ To bark at

نُباح، نِباح Bark(ing)

نَبّاح Barker

نبذ - نَبَذَ ـِ هـ To discard, reject. To abandon. To neglect

نَبْذَة ونُبْذَة جـ نُبَذ Brief extract, section, part. Article. Treatise, pamphlet

نَبيذ جـ أَنْبِذَة Wine

مَنْبوذ جـ مَنْبوذون Discarded, castaway. Outcast. Pariah, untouchable

نبر - نَبَرَ ـِ (الصَّوْت) To raise *(the voice)*

نَبْرَة Tone. Intonation. Accent

مِنْبَر جـ مَنابِر Platform, tribune, pulpit

نبراس - نِبْراس جـ نَباريس Lamp, light

نبس - نَبَسَ ـِ To speak, utter

ما نَبَس بِكَلِمَةٍ He did not say a word

نبش - نَبَشَ ـُ To disinter, unearth, excavate. To bring to light

نبض - نَبَضَ ـِ القَلْبُ To beat, palpitate, pulsate

نَبْض جـ أنْباض Pulse. Palpitation

نَبْضَة Pulsation, pulse beat

نابِض Pulsating, beating. Spring
نبط - إسْتَنْبَطَ To discover. To invent. To extract
إسْتِنْباط Discovery, invention
نبع - نَبَعَ ـُ To well, flow, gush forth. To spring
نَبْع ومَنْبَع جـ مَنابع Spring, well. Source
يَنْبوع جـ يَنابيع Spring, source. Stream, creek
نبغ - نَبَغَ ـَـُـِ To excel in. To be a genius. To appear, emerge
نُبوغ Genius. Distinction
نابِغَة جـ نَوابِغ Genius. Distinguished person
نبل - نَبُلَ ـُ To be noble
نُبْل ونَبالَة Nobleness, nobility
نَبْلَه Arrow. Dart
نابِل جـ نُبَّل Archer, bowman
نَبيل جـ نُبَلاء Noble
نبه - نَبِهَ ـَ وانْتَبَهَ لـ وإلى وتَنَبَّه على أو لـ To pay attention to, notice, perceive
نَبَهَ ـُ ونَبِهَ ـَ ونَبُهَ ـُ To be famous
نَبَّهَ ه على أو إلى To draw the attention to. To inform of
نَبَّهَ إلى To remind of. To warn
تَنَبَّهَ وانْتَبَهَ من النَّوْم To wake up
إنْتَبَهَ To be cautious, careful
نابِه ونَبيه Famous, renowned
نَبيه ونَبِه Discerning, intelligent
نَباهَة Fame, celebrity. Nobility. Intelligence
إنْتِباه Attention. Vigilance. Caution
تَنْبيه Warning, caution. Awakening. Stimulation
مُنَبِّه جـ مُنَبِّهات Stimulant, excitant. Alarm clock
تَنَبُّه Wakefulness, alertness
مُنْتَبِه ومُتَنَبِّه Awake, vigilant
نبو - نَبا ـُ To be distant, remote. To miss *(the target)*. To be repugnant to
نابٍ Repugnant, repulsive
نَبِيّ ونبوِيّ: أُطْلُب نبأ
نتأ - نَتَأَ ـَ To protrude, be prominent
ناتِئ مـ ناتِئة Protruding, prominent
نُتوء جـ نُتوءات Protrusion. Hill, elevation. Swelling
نتج - نَتَجَ ـِ من To result from
ناتِج Resulting *(from)*. Result
أَنْتَجَ To produce, yield
إسْتَنْتَجَ من To deduce, infer
نِتاج ومَنْتوج Product
نَتيجَة جـ نَتائج Result, outcome, consequence, issue. Score
بالنَّتيجَة After all. Finally. Consequently
إنْتاج Production
إسْتِنْتاج Deduction
مُنْتِج Productive. Producer

مُنْتَجات زِراعيَّة Agricultural products
نتف - نَتَفَ ـِ ونَتَّفَ هـ To pluck out, tear out *(hair, feathers)*
نُتْفَة ونُتَف A small amount
نتن - نَتَنَ ـِ وأَنْتَنَ To stink
نَتْن ونَتانَة Putrid odor, stink, stench. Decay
نَتِن ومُنْتِن Stinking. Putrid, decayed
نثر - نَثَرَ ـُـِ ونَثَّرَ هـ To scatter, disperse
نَثَرَ في كلامِهِ To prose
تَناثَرَ وانْتَثَرَ To be scattered, dispersed. To fall off *(leaves)*
نَثْر Scattering. Prose
ناثِر Prose writer
مَنْثور Scattered. In prose. Wallflower
نجب - نَجُبَ ـُ وأَنْجَبَ To be highborn, of noble birth
أَنْجَبَ To give birth to a child
نَجيب جـ نُجَباء وأَنْجاب Of noble descent. Excellent, superior
نَجابَة Noble descent. Excellence
نجح - نَجَحَ ـَ To succeed. To turn out well. To prosper
ناجِح Successful. Prosperous
نَجاح Success. Prosperity. Passing *(of an examination)*
نجد - نَجَدَ ـُ وأَنْجَدَ ه To help, aid
نَجَّدَ فِراشًا To upholster
إِسْتَنْجَدَ ه وبـ To appeal for the help of. To have recourse to
نَجْد جـ أنجاد Highland, plateau
نَجْدَة جـ نَجَدات Help, aid. Rescue
نَجّاد ومُنَجِّد Upholsterer
مُنْجِد Rescuer. Reliever
نِجادَة وتَنْجيد Upholstery, upholstering
نجر - نَجَرَ ـُ To hew out, carve, plane
نَجْر Planing
مِنْجَر جـ مَناجِر Plane
نِجارَة Wood working, carpentry
نُجارَة Wood shavings
نَجّار جـ نَجّارون Carpenter, woodworker
مَنْجور Woodwork *(of a building)*
مِنْجيرَة Flute, pan-pipe
نجز - نَجَزَ ـُ وأَنْجَزَ هـ To achieve, accomplish, carry out, execute
ناجِز مـ ناجِزَة Complete, entire. Completed
إِنْجاز Accomplishment, achievement
نجس - نَجِسَ ـَ ونَجُسَ ـُ وتَنَجَّسَ To be impure
نَجَّسَ To pollute, soil, tarnish
نَجاسَة Impurity, uncleanliness
نَجِس جـ أَنْجاس Impure, unclean. Incurable *(disease)*
نجع - نَجَعَ ـَ To be efficacious. To be beneficial, useful

ناجِع	Beneficial. Efficacious. Healthful
مُنْتَجَع	Health resort. Retreat
نجل - نَجْل جـ أنْجال	Son. Progeny, offspring
مِنْجَل جـ مَناجِل	Scythe, sickle
نجم - نَجَمَ ـُ عن	To result from
نَجَّمَ وتَنَجَّمَ	To predict the future *(from the stars)*
نَجْم جـ أنْجُم ونُجوم	Star. Planet
عِلْمُ النُّجوم	Astronomy
عِلْمُ التَّنْجيم	Astrology
مُنَجِّم	Astrologer
مَنْجَم جـ مَناجِم	Mine, pit
عامِلُ مَنْجَم	Miner, pitman
نَجْمَة	Star. Asterisk
نجو - نَجا ـُ من	To be saved from. To escape *(danger)*
ناجٍ من	Rescued, saved *(from)*
نَجَّى وأنجى ه من	To rescue, save *(from)*
نَجاة ونَجْوَة	Rescue, deliverance. Escape
مَنْجاة جـ مَناجٍ	Means of salvation
مُناجاة	Confidential talk
مُنَجٍّ	Rescuer, savior
نحب - نَحَبَ ـِ وانْتَحَبَ	To wail, weep
قَضى نَحْبَه	To die, pass away
نَحيب	Loud weeping, wail(ing)
مُنْتَحِب	Lamenting. Moaning
نحت - نَحَتَ ـُ تِمْثالاً	To hew, carve, sculpture, grave
نَحْت	Sculpturing, sculpture
نَحّات	Sculptor
مِنْحَت جـ مَناحِت	Chisel
مَنْحوت	Hewn, cut, carved
نحر - نَحَرَ ـَ (خَروفًا)	To slaughter, kill
تَناحَرَ	To fight, kill each other
تَناحُر	Fight(ing). Quarrel
إنْتَحَرَ	To commit suicide
إنْتِحار	Suicide
نَحْر جـ نُحور	Upper portion of the chest
نَحْر	Killing, slaughter(ing)
مُنْتَحِر	One that commits suicide
نحس - نَحِسَ ـَ	To be unlucky
نَحَسَ ـَ	To bring bad luck to
نَحَّسَ	To copper. To braze
نَحْس جـ نُحوس	Bad luck, misfortune
نَحْس ونَحِس	Unlucky, unfortunate
مَنْحوس مـ مَنْحوسَة	Unlucky. Ill-omened, inauspicious
نُحاس ونِحاس	Copper
نَحّاس	Coppersmith
نحف - نَحِفَ ـَ ونَحُفَ ـُ	To be or become thin, slender. To lose weight

نَحافَة Thinness, slimness

نَحيف جـ نُحَفاء Thin, slim, slender

نحل - نَحِلَ ـَ ونَحَلَ ـَ ونَحُلَ ـُ To lose weight. To become slender

إنْتَحَلَ هـ To plagiarize

إنْتِحال Plagiarism, literary theft

مُنْتَحِل Plagiarist

نَحْلَة جـ نَحْل Bee

نَحيل Thin, slim, slender

نحن - نَحْنُ We

نحنح - نَحْنَحَ وتَنَحْنَحَ To clear one's throat, hem

نحو - نَحا ـُ وانْتَحى هـ وه To go to. To follow someone's example

نَحّى To put aside. To displace, remove

أنْحى عَلَيه باللَّوْم أو اللاّئِمَة To blame, reproach

تَنَحّى To give up one's place. To step aside. To retreat

نَحْوَ In the direction of, toward. About, around. As, such as

نَحْو جـ أنْحاء Manner, mode. Way, method. Direction, side

النَّحْو Syntax. Grammar

نَحْويّ ونَحَويّ Syntactic(al). Grammatical

ناحِيَة جـ نَواحٍ وناحيات Side. Direction. County. Region. Aspect, viewpoint. Phase

ناحيَةَ Towards, in the direction of

مِن ناحيَة كذا Concerning, as regards

مِن ناحيَةٍ أُخرى On the other hand

نخب - نَخَبَ ـُ وانْتَخَبَ To choose. To vote. To elect

نَخْب Toast

نُخْبَة ونُخَبَة جـ نُخَب Choice. Elite

ناخِب ومُنْتَخِب Elector, voter

إنْتِخاب Choice. Selection

مُنْتَخَب Chosen, elected

مُنْتَخَب (رياضيّ) Team

نخر - نَخَرَ ـُ هـ To snort. To gnaw, eat into

نَخِرَ ـَ To decay. To be decayed. To be carious

نَخير Snorting, snort

مِنْخَر ومِنْخار جـ مَناخير Nose. Nostril

نَخَر Decay. Caries. Necrosis

نَخِر Decayed. Carious

نخع - نَخاع ونُخاع جـ نُخُع Brain. Spinal cord. Bone marrow

نخل - نَخَلَ ـُ هـ To sift, sieve out

نُخالَة Bran

نَخْل، نَخْلَة، نَخيل، نَخيلَة Palm, palm tree, date palm

مُنْخُل ومُنْخَل جـ مَناخِل Sieve

نخو - نَخْوَة Generosity, chivalry. Sense of honor. Arrogance

ند - نِدّ جـ أنْداد Peer, equal, match

تَنْديد Criticism

ندب - نَدَبَ ـُ ه To mourn for,

bewail, weep *(for or over)*
To delegate نَدَبَ ه لـ وإلى وانْتَدَبَ ه لـ
Delegate, representative مَنْدوب
High commissioner مَنْدوب سامٍ
Delegation. Mandate إنْتِداب
Delegated. Commissioned. Mandatory مُنْتَدَب
Elegy, lament. Lamentation نُدْبَة
Scar, cicatrix نَدَبَة ونَدْبَة
To cicatrize, scar over نَدِبَ ـَ (الجُرْح)
To be rare. To be unusual, extraordinary **ندر** - نَدُرَ ـُ
Rare. Unusual, uncommon نادِر
Rarely, seldom نادِرًا
Anecdote, droll story نادِرَه جـ نَوادِر
To tease, card *(cotton or wool)* **ندف** - نَدَفَ ـِ
Carder, teaser نَدّاف
Teasing bow مِنْدَف جـ مَنادِف
ندل - مَنْديل جـ مَنادِل ومَناديل
Handkerchief
To repent of, regret **ندم** - نَدِمَ ـَ وتَنَدَّمَ على
To drink with نادَمَ ه
Repentance, regret, remorse نَدَم ونَدامَة
Drinking companion. Friend, intimate نَديم جـ نُدَماء

Repentant, regretful نادِم ونَدْمان
To be or become wet, moist **ندو** - نَدِيَ ـَ
To call out to. To call for, summon. To cry, shout نادى ه بـ
To proclaim. To profess نادى بـ
Dew. Moistness, moisture. Generosity نَدى جـ أنْداء وأنْدِيَة
Call. Calling, shouting. Proclamation نِداء ومُناداة
Assembly of people. Council. Club. Symposium نَدْوَة
Club نادٍ جـ أنْدِيَة ونَوادٍ
Crier, public caller مُنادٍ
Called. Noun in the vocative *(gram.)* مُنادى
Gathering place. Club مُنْتَدًى
Moist, damp. Delicate نَدِيّ
To vow to God. To dedicate to God **نذر** - نَذَرَ ـُـِ هـ لله
To warn, caution. To notify أنْذَرَ ه بـ
Vow نَذْر جـ نُذور
Warning. Herald. Presage نَذير جـ نُذْر
Warning. Notice, notification. Ultimatum إنْذار
To be low, base **نذل** - نَذُلَ ـُ
Low, base نَذْل جـ أنْذال
Baseness, meanness نَذالَة
نربج - نَرْبيج جـ نَرابيج ونَرْبيش جـ

نَرابيش Tube of a narghile
نرجس - نَرْجِس ونِرْجِس Narcissus
نرجل - نارْجيل Coconut
نارجيلة جـ نارجيلات Narghile, water pipe
نرد - نَرْد Dice
لُعْبَة النَّرْد Backgammon, trictrac
نردين - نارَدين ونَرْدين Valerian. Spikenard
نز - نَزَّ ـِ To ooze, sweat
نَزّ Oozing, sweating
نزح - نَزَحَ ـَـِ عن To emigrate. To leave, depart. To immigrate. To be distant
نازِح Emigrant. Far away, remote
نُزوح Emigration
نزع - نَزَعَ ـِ وانْتَزَعَ هـ من To remove, take away
نَزَعَ To pull out, extract. To take off *(one's clothes)*
نَزَعَ إلى To tend to. To long for. To resemble
نَزَعَ ونازَعَ To agonize, be at the point of death
نازَعَ ه هـ To pull in a different direction
مُنازِع Dying, at the point of death. Opponent. Litigant
تَنازَعَ في To dispute, quarrel
إنْتَزَعَ To pull out. To snatch. To take by force
نِزاع ومُنازَعَة Dispute. Struggle. Agony of death. Litigation
نَزْعَة Tendency, inclination
إنْتِزاع Pulling out. Snatching. Extortion
نزف - نَزَفَ ـِ دَمُه To bleed
نَزْف ونَزيف Bleeding. Hemorrhage
نزق - نَزَق Rashness. Recklessness, frivolity
نَزِق Rash, impetuous, frivolous
نزك - نَيْزَك جـ نَيازِك Meteor, shooting star
نزل - نَزَلَ ـِ To descend, go down. To decrease. To fall down. To disembark, step out *(of)*. To land *(plane)*
نَزَلَ في To stop at. To stay at
نَزَلَ عِنْدَ رَغْبَتِهِ To fulfill someone's wish. To consent to
نازَلَ (العَدوّ) To engage in conflict with *(the enemy)*. To challenge
تَنازَلَ عَن (حَقِّه) To give up, abandon. To assign, transfer
تَنازَلَ عن العَرْش To abdicate
أَنْزَلَ عِنْدَهُ To receive as a guest
أَنْزَلَ ونَزَّلَ To bring down. To lower, reduce. To unload
نَزَّلَ هـ To inlay, set
تَنازَلَ إلى To condescend to
نُزُل جـ أَنْزال Hotel, inn

نَزْلَة Cold. Catarrh

نَزْلَةٌ صَدْرِيَّة Bronchitis

نُزول Descent. Falling. Sojourn, temporary stay

نازِلَة جـ نَوازِل ونازِلات Calamity

نَزيل جـ نُزَلاء Guest. Lodger. Tenant

إنْزال (الجيوش) Disembarkation

تَنازُل Renunciation. Abdication. Condescension. Concession

مَنْزِل جـ مَنازِل House, home, domicile

مَنْزِلَة Rank, position. Standing

نزه - نَزِهَ ـَ ونَزُهَ ـُ To be honest. To be virtuous

نَزُهَ عن وتَنَزَّهَ عن To keep away from

نَزَّهَ ه عن To deem or declare above

نَزَّهَ ه To entertain

تَنَزَّهَ To take a walk, promenade

نُزْهَة جـ نُزَه Walk, promenade

نَزاهَة Honesty, uprightness. Impartiality. Chastity, virtue

نَزيه جـ نُزَهاء Impartial, just. Honest. Virtuous

تَنَزُّه Going for a walk. Honesty. Disdain. Infallibility

مُنتَزَه جـ مُنْتَزَهات Park. Recreation ground

نزو - نَزْوَة جـ نَزَوات Caprice

نسب - نَسَبَ ـُ إلى ه To attribute to. To accuse of

ناسَبَ ه وهـ To match. To be suitable for. To be or become related by marriage to

إنْتَسَبَ إلى To be related to, derive one's origin from. To join, become a member of

إسْتَنْسَبَ ه وهـ To deem suitable. To approve of. To trace back the ancestry of

تَناسَبَ To agree with. To be adequate to. To be or become relatives

مُتَناسِب Proportionate. Proportional

نَسَب جـ أنْساب Descent, lineage. Origin. Relationship, kinship

نِسْبَة ونُسْبَة جـ نِسَب Proportion. Ratio, rate. Relation. Relationship. Relative adjective

بالنِّسْبَة إلى Concerning, as to. Compared with

نِسبيَّة Relativity, relativism

نِسبيّ Proportional. Comparative

نَسيب جـ أنْسِباء Relative, kinsman

مُناسِب Suitable, adequate, convenient

مُناسَبَة وتَناسُب Suitability. Proportion. Occasion, opportunity

إنْتِساب Affiliation

مُنْتَسِب (عضو) Affiliate, associate

مَنْسوب Level

مَنْسوب إلى Attributed to. Related to

نسج - نَسَجَ ـُـِ هـ To weave. To knit

نَسْج Weaving

نَسيج جـ نُسُج Tissue. Textile, woven fabric

مَنْسوجات Textiles, woven goods

نسخ - نَسَخَ ـَ To copy, transcribe

نَسَخَ قانونًا To abrogate, nullify

نَسْخ Copying. Duplication. Abrogation

ناسِخ ونَسّاخ Copyist, transcriber

مَنْسوخ Copied. Abrogated

نُسْخَة جـ نُسَخ Copy. Transcript

نُسْخَة أصليّة Original

نَسّاخَة Duplicator

تَناسُخ Succession. Metempsychosis

نسر - نَسْر جـ نُسور Vulture. Eagle

مِنْسَر ومَنْسِر جـ مَناسِر Beak *(of a predatory bird)*

نِسْرين (الكِلاب) Eglantine

نسف - نَسَفَ ـِ هـ To blow up. To dynamite. To torpedo

نَسّافَة Torpedo boat

نَسيفَة جـ نَسائف Torpedo

مِنْسَف جـ مَناسِف Winnow

نسق - نَسَقَ ـُ هـ ونَسَّقَ To arrange, put in order. To coordinate. To classify, put together

مُنَسَّق Coordinated. Well-arranged, methodical

نَسَق Order. Symmetry. Method

تَنْسيق Arrangement, ordering. Assorting. Coordination

تَناسُق Order. Symmetry

مُتَناسِق Symmetrical. Harmonious

نسك - نَسَكَ ـُ وتَنَسَّكَ To lead an ascetic life

نَسْك ونُسْك Asceticism. Devoutness

ناسِك جـ نُسّاك Hermit. Ascetic

مَنْسَك جـ مَناسِك Hermitage, cell

نسل - نَسَلَ ـُ ه وبـ وأَنْسَلَ To beget, procreate

نَسَلَ ونَسَّلَ هـ To ravel out, fray

نَسْل جـ أنْسال Progeny, offspring, posterity

تَناسُل Procreation

نسم - نَسَمَ ـِ To blow gently

تَنَسَّمَ To breathe, respire

تَنَسَّمَ الخَبَرَ To nose about for news

نَسَم جـ أنْسام Breath *(of life)*

نَسَمَة جـ نَسَم ونَسَمات Breath *(of air, of life)*. Person, human being

نَسيم Breeze, gentle wind

نسو - عِرق النَّسا Sciatic nerve

نِسْوَة ونِساء Women

نِسْويّ وَنُسْويّ ونِسائيّ Female, feminine, womanly

نسى - نَسيَ هـ To forget

تَناسى To pretend to have forgotten

نَسْي ونِسْي جـ أنساء Something one

has forgotten

نَسِيّ مـ نَسِيَّة ومَنْسِيّ Forgetful

نِسيان Forgetfulness, oblivion

نش - نشأ ـَ ونَشؤَ ـُ To arise. To originate from. To grow up

أنْشأَ هـ To create. To begin, commence. To construct. To establish

نُشوء ونشأة Growth, development. Beginning, start. Arising

نَشأة وناشئة Youth

ناشئ (مذكّر ومؤنّث) جـ نَشْء ونَشَأ Youth, youngster. Junior

إنْشاء Creation. Construction. Composition, writing. Essay. Style, phraseology

إنشاءات ومُنْشآت Installations

مَنْشأ Origin. Native country

مُنْشِئ Author, writer. Founder

تَنْشِئَة Upbringing, education

نشب - نَشِبَ ـَ To break up, erupt

أنْشَبَ هـ في To insert, fix *(into)*

نُشّاب جـ نَشاشيب Arrows

قَوْسٌ ونُشّاب Crossbow

نُشوب Outbreak, eruption

نشد - نَشَدَ ـُ ـِ (ضالَّةً) To seek for

ناشَدَ ه الله To adjure, implore

أنْشَدَ ه هـ To recite poetry to. To sing

مُنْشِد Singer

نَشيد، أُنْشودَة جـ أناشيد Hymn. Song

نَشيدٌ وَطَنيّ National anthem

نُشادِر Ammonia

مُناشَدَة Adjuration, imploration

نشر - نَشَرَ ـُ ـِ To spread, outstretch. To diffuse. To propagate. To publish, release. To saw. To hang *(washing)*. To promulgate

نَشَرَ ـُ To resurrect

دار نَشْر Publishing house

نَشْرَة جـ نَشَرات Publication. Bulletin. Brochure. Report. Announcement

نَشْرَةُ أخبار News bulletin, newscast

نُشارَة Sawdust

ناشِر Publisher

مَنْشور جـ مَناشير Leaflet, pamphlet. Circular. Prospectus. Prism

مَنْشورات Publications

مِنْشار جـ مَناشير Saw

نُشور Resurrection

مُنْتَشِر Spread out. Widespread

نشز - نَشَزَ ـُ ـِ To protrude. To be elevated

صَوْتٌ ناشِز Discordant, dissonant

نَشاز جـ نُشوز Dissonance, cacophony. Elevated place

نشط - نَشِطَ ـَ وتَنَشَّطَ To be or become active, brisk, vigorous

نَشَّطَ To activate, stimulate, animate

تَنْشيط Stimulation, activation

مُنَشِّط Stimulant, tonic. Stimulating

مُنَشَّط Stimulated, animated
نَشيط Active, energetic. Brisk, agile
نَشاط Liveliness, energy, activity
نشف - نَشَفَ ـِ ونَشَّفَ هـ To wipe dry, towel. To dry
تَنْشيف Drying. Wiping
نَشِفَ ـَ To dry *(out)*, become dry
نَشّاف Blotting paper
نَشّافَة Blotter. Towel
ناشِف Dry. Dried up
مِنْشَفَة جـ مَناشِف Towel
نشق - نَشِقَ ـَ وتَنَشَّقَ واسْتَنْشَقَ هـ To inhale, inspire, breathe in
نَشِقَ سُعوطًا To sniff, smell, snuff
نُشوق Snuff
تَنَشُّق Inhaling. Snuff(ing)
نشل - نَشَلَ ـُ هـ To steal, rob
نَشَلَ وانْتَشَلَ هـ To snatch away
نَشّال Pickpocket
نشي - نَشِيَ ـَ وانْتَشى To be or become intoxicated or drunk
نَشاء Starch
نَشْوَة Drunkenness. Ecstasy
نَشْوان مـ نَشْوى جـ نَشاوى Drunk, intoxicated. Exultant
إنْتِشاء Intoxication
نص - نَصَّ ـُ هـ لـ وعلى To dictate *(to)*
نَصّ جـ نُصوص Text
مِنَصَّة جـ مَناصّ Platform, tribune. Podium
نصب - نَصَبَ ـُ ـِ To raise, erect. To pitch *(a tent)*. To hoist *(a flag)*. To set *(a trap)*
نَصَبَ ونَصَّبَ ه To install *(in an office)*. To nominate
نَصَبَ وناصَبَ العَداء ه To be hostile to. To oppose
نَصَبَ له أو ناصَبَهُ الحَرْب To declare war on
نَصَبَ على To swindle, dupe
إنْتَصَبَ To stand up, stand erect
نَصْب Swindle, fraud
نَصْبُ (الإسْم) Accusative *(case)*
نَصْبُ (الفِعْل) Subjunctive *(mood)*
نُصْب ونُصُب جـ أنْصاب Something erected. Statue. Monument
نُصْبَ عَيْنَيَّ Before my eyes
نِصاب Quorum
نَصّاب Swindler, impostor
نَصيب جـ أنْصِبَة ونُصُب Share, portion. Quota. Luck, fortune. Chance. Destiny, fate
يانَصيب Lottery
تَنْصيب Nomination. Induction, investiture
مَنْصِب جـ مَناصِب Standing, rank. Office, position
مَنْصوب Erected, set up
مُنْتَصِب Erect, upright

نصت - نَصَتَ ـِ وأنْصَتَ لـ To listen to. To pay attention to

أنْصَتَ ه To silence

تَنَصَّتَ To eavesdrop

نصح - نَصَحَ ـَ ه ولـ To advise, counsel

نَصَحَ ـَ To be sincere to

إنْتَصَحَ To accept an advice

نَصْح ونُصْح، نَصيحَة جـ نَصائح Advice, counsel

ناصِح مـ ناصِحَة Adviser, counselor

نَصوح وناصِح Sincere, honest

نصر - نَصَرَ ـُ ه To help, aid

نَصَرَ ه على ومن To let triumph over

تَنَصَّرَ To become Christian

تناصَرَ To help one another

إنْتَصَرَ (على) To triumph *(over)*

نَصْر ونُصْرَة وانْتِصار Victory, triumph

نَصْر ومُناصَرَة Help, aid, support

نَصْرانيّ جـ نَصارى Christian

النَّصْرانيّة Christianity

نَصير وناصِر جـ أنْصار Helper. Supporter. Partisan

مُنْتَصِر Victorious. Victor, conqueror

نصع - نَصَعَ ـَ To be or become clear, pure. To be or become evident

ناصِع Clear, pure. Evident. White

ناصِع البَياض Snow-white

نصف - نَصَفَ ـُ ـِ To reach the middle of

ناصَفَ ه هـ To share equally with

أنْصَفَ ه To treat with justice

أنْصَفَ To be just, fair

إنْتَصَفَ To be in the middle, reach its midst

نِصْف ونُصْف جـ أنْصاف Half, moiety. Middle

إنْصاف Justice, equity

مُنْصِف Just, fair, equitable

مُنْتَصَف Middle

مُناصَفَة Half-and-half, fifty-fifty

نصل - نَصَلَ ـَـُ الثَّوْب To fade

نَصَلَ من وتَنَصَّلَ من To free oneself from. To get rid of

نَصْل جـ نِصال، نَصْلَة Arrowhead. Blade

نصو - ناصيَة جـ نَواصٍ وناصيات Forelock. Forepart of the head

نضب - نَضَبَ ـُـِ To run out. To drain away. To run dry

لا يَنْضُبُ Inexhaustible

نضج - نَضِجَ ـَ To ripen, mature

نَضِجَ الطَّعامُ To be well-cooked

ناضِج Ripe, mature. Well-cooked

أنْضَجَ هـ To cause to mature. To cook completely

نُضْج ونُضوج Ripeness, maturity

نضح - نَضَحَ ـِ To exude, ooze, filter

نَضَحَ الجِسْمُ To sweat, perspire
نَضَحَ بالماء To sprinkle, shower. To wet
نَضْح Sprinkling. Exudation
نضد - نَضَدَ ـِ ونَضَّدَ هـ To put in order
نَضَّدَ كُتُبًا To pile up, stack
نَضَّدَ To compose, typeset
مُنَضِّد الحُروف Typesetter
مِنْضَدَة جـ مَناضِد Table. Desk. Stand
تَنْضيد Typesetting, composition
نضر - نَضَرَ ـُ ونَضُرَ ـُ وأَنْضَرَ To be radiant. To be flourishing, blooming. To be fresh, tender
نَضِر مـ نَضِرَة، ناضِر Radiant. Flourishing. Fresh, tender
نَضارَة Bloom. Freshness. Beauty
نضل - ناضَلَ ه To compete with
ناضَلَ To struggle, strive
نِضال Struggle, fight
مُناضِل Fighter
نط - نَطَّ ـِ To jump, leap
نَطّ Leaping, jumping
نَطّة ونَطّ Leap, jump
نَطّاط Leaper, jumper
نطح - نَطَحَ ـَـِ ه To butt
نَطْحَة Butt
تَناطَحَ وانتَطَحَ To butt one another
ناطِحَةُ سَحاب Skyscraper, high-rise building
نطر - نَطَرَ ـُ هـ To guard, watch
نَطَرَ ه To wait for
ناطور جـ نَواطير Guard, keeper. Doorkeeper, concierge
نطف - نُطْفَة جـ نُطَف Sperm
نطق - نَطَقَ ـِ To pronounce, utter. To articulate. To speak, talk
تَمَنْطَقَ To gird oneself
إِسْتَنْطَقَ ه To interrogate
نُطْق Pronunciation, articulation. Speech. Saying
نِطاق جـ نُطُق Range, scope. Domain, field. Belt, girdle
واسِع النِّطاق Far-reaching. Wide-range
ناطِق Endowed with the faculty of speech. Speaking
ناطِق (بِلِسان فُلان) Spokesman, mouthpiece
مَنْطِق Speech. Logic
مَنْطِقيّ Logical. Rational
مِنْطَقَة جـ مَناطِق Area, region. Zone. District. Section
مَنْطوق Pronounced, said. Spoken
إِسْتِنْطاق Interrogation
مُسْتَنْطِق Examiner, investigating officer
نطنط - نَطْنَطَ To hop up and down, skip
نظر - نَظَرَ ـُ To look at. To see, perceive

نَظَرَ في To think over, consider
نَظَرَ لـ To take care of. To help
نَظَرَ بين To judge between
تَناظَرَ To face each other. To debate, argue. To be symmetrical
إنْتَظَرَ واسْتَنْظَرَ ه وهـ To await for. To expect
نَظَر جـ أنْظار Sight, eyesight. Insight, discernment. Consideration
في هذا الأمر نَظَر This is to be examined
تَحْتَ النَّظَر Under consideration
نَظَرًا إلى وبالنَّظَر إلى With regard to, concerning
نَظَريّ Theoretical. Optic(al)
نَظَرِيَّة Theory
نِظارَة Supervision. Administration
ناظِر جـ نُظّار Spectator. Supervisor. Manager. Headmaster
ناظِرَة جـ نواظِر Eye
نَظّارَة جـ نَظّارات Eyeglasses, spectacles
نَظير جـ نُظَراء Like, similar
مَنْظَر جـ مَناظِر View, sight. Scene. Panorama. Appearance
مُناظِر Rival, competitor. Supervisor
نَظْرَة Look, glance. Sight, view. Mercy
مِنْظار Telescope. Mirror. Spyglass
إنْتِظار واسْتِنْظار Expectation. Waiting
نظف - نَظُفَ ـُ To be or become clean
نَظَّفَ هـ To clean. To deterge
نَظيف جـ نُظَفاء Clean, tidy
نَظافَة Cleanness, tidiness
تَنْظيف Cleaning
عامِلُ التَّنْظيف Sweeper
نظم - نَظَمَ ـِ ونَظَّمَ هـ To put in order, organize, arrange
نَظَمَ قَصيدَةً To compose poetry
تَنَظَّمَ وانْتَظَمَ To be put in order
نَظْم Versification. Composition
نِظام System. Order. Method. Rule. Discipline. Regime. Regulation
جُنْديٌّ نِظاميٌّ Regular
ناظِم Versifier, poet
مَنْظوم جـ مَنْظومات Poetry
مُنَظِّم Arranger, organizer
مُنَظَّمَة Organization
تَنْظيم Organization, arrangement
مُنْتَظِم Regular, steady
إنْتِظام Order, regularity
نعب - نَعَبَ ـَ الغُرابُ To caw, croak
نَعَبَ البومُ To whoop
نُعاب ونَعيب Caw(ing). Whoop(ing)
نعت - نَعَتَ ـَ To qualify, describe
نَعْت جـ نُعوت Description, qualification. Adjective, attribute
مَنْعوت Substantive accompanied by an attribute

نعج - نَعْجَة جـ نِعاج ونَعَجات Ewe, female sheep

نعر - نَعْرَة قوميَّة Chauvinism

ناعورَة جـ نَواعير Noria, waterwheel

نعس - نَعَسَ ـَـ ـُـ To be or feel sleepy. To doze

نُعاس Sleepiness, drowsiness

نَعْسان Sleepy, drowsy, somnolent

نعش - نَعَشَ ـَ ونَعَّشَ وأَنْعَشَ ه To reanimate. To enliven

إنْتَعَشَ To freshen up. To revive

نَعْش Coffin. Bier

إنْعاش Reanimation, reviving

إنْتِعاش Revival, reanimation

مُنْعِش Refreshing. Invigorating

نعق - نَعَقَ ـِـ الغُرابُ To caw, croak

نَعيقُ الغُراب Croak(ing), caw(ing)

نعل - نَعِلَ ـَ وانْتَعَلَ To wear shoes

نَعْل جـ نِعال وأَنْعُل Sole. Shoe

نعم - نَعَمَ ـُـ ونَعِمَ ـَ To live in comfort and luxury

نَعَمَ بـ To enjoy. To take pleasure in

نَعُمَ ـُ To be or become soft, tender

نَعَّمَ وناعَمَ To procure well-being to

نَعَّمَ هـ To smooth. To powder, pulverize

أَنْعَمَ هـ على أو ه بـ To bestow upon

أَنْعَمَ النَّظَرَ في To examine carefully, scrutinize

تَنَعَّمَ To live in comfort and luxury

تَنَعُّم Luxury. Comfort. Enjoyment

نِعْمَ ونِعِمَّا How excellent is...

نَعَم Yes! indeed! certainly!

نِعْمَ ما فَعَلْتَ Well done! bravo! excellent!

نِعْمَة جـ نِعَم وأَنْعُم Blessing, boon

نَعامَة Ostrich

نُعومَة Softness, smoothness

شَقائِقُ النُّعمان Anemone

ناعِم مـ ناعِمَة Soft, smooth. Delicate. Powdery

نَعيم Ease. Felicity. Paradise

إنْعام جـ إنعامات Favor. Gift, donation

نعنع - نَعْنَع ونَعْناع Mint. Peppermint

نعى - نَعى ـَ ه لـ To announce the death of

ناعٍ، النّاعي One who announces a death

نَعْي ونَعْوَة Death announcement. Obituary

نغص - نَغَّصَ وأَنْغَصَ عَيْشَهُ To embitter, trouble one's life

نغم - نَغَمَ ـُـ ونَغِمَ ـَ ونَغَّمَ وتَنَغَّمَ (في الغِناء) To hum. To sing, intone

نَغَم جـ أَنْغام ونَغْمَة جـ نَغَمات Note, tone. Sound

تَناغُم الأَصْوات Harmony, concord

نغو - ناغى العُصْفورُ To twitter

ناغى وَلَدًا To talk gently to a child

مُناغ ومُناغاة	Twittering
نفث - نَفَثَ ـِ في وعلى	To expectorate, spit out. To let out, throw off
نَفّاثَة (طائرة)	Jet plane
نفح - نَفَحَ ـَ	To exhale a pleasant smell. To blow *(wind)*
نَفْحَة جـ نَفَحات	Breath of wind. Scent, fragrance. Gift. Donation
نفخ - نَفَخَ ـُ ونَفَّخَ بفمه في وهـ وه	To blow. To fill with air
نَفْخ	Blowing. Filling with air
نَفْخَة	Blow, puff. Gust
إنْتِفاخ	Swelling, inflation. Flatulence
نفد - نَفِدَ ـَ	To be or become exhausted
نَفاد	Exhaustion
نَفاد الصَّبْر	Impatience
نفذ - نَفَذَ ـُ هـ وفي	To penetrate, transpierce
نَفَذَ الأمر	To be executed. To be effective. To take effect
نَفَذَ إلى (الطَّريق)	To lead to. To communicate with
نَفَّذَ	To carry out, execute
نَفاذ ونُفوذ	Influence. Penetration
نافِذ	Penetrating. Valid, effective
نافِذَة جـ نَوافِذ	Window
مَنْفَذ جـ مَنافِذ	Opening, hole. Passage. Outlet
(أمْرٌ) مُنَفَّذ	Executed. Accomplished
مُنَفِّذ	Executor
تَنْفيذ	Execution, carrying out
نفر - نَفَرَ ـُـِ من	To bolt, startle. To have an aversion to
نَفَرَ عن	To avoid, turn away from
نَفَرَ إلى	To hurry to
نَفَّرَ	To scare away
إسْتَنْفَرَ	To put on the alert. To mobilize
نَفَر جـ أنْفار	Party, band. Individual
نَفير	Trumpet, horn. Group
نافِر	In relief. Protruding. Scared away *(beast)*
تَنافَرَ	To quarrel. To have mutual aversion
تَنافُر	Mutual aversion. Discordance, disharmony
نُفور	Aversion
نَفور	Shy, timid. Reluctant
نافور جـ نَوافير	Fountain
مُنَفِّر	Repulsive
نفس - نَفُسَ ـُ	To be precious
نافَسَ ه في	To compete with
تَنَفَّسَ	To breathe
تَنَفَّسَ الصُّعَداء	To sigh deeply. To breathe again
نَفْس جـ نُفوس وأنْفُس	Soul. Spirit. Person, human being
هو نَفْسُهُ، بِنَفْسِهِ	He himself.

Personally, in person	
The (very) same	الشَّيْءُ نَفْسُهُ
Breath. Puff *(of smoke)*	نَفَس جـ أَنْفاس
To let air out	نَفَّسَ المَنْفوخ
To relieve the sorrow of. To comfort	نَفَّسَ الهَمَّ
To amuse, entertain	نَفَّسَ عنه
Confinement, childbirth	نِفاس
Precious	نَفِيس مـ نَفيسَة جـ نَفائس
Respiration	تَنَفُّس
Deflation. Giving vent to	تَنْفيس
Outlet. Breathing hole. Way out	مَنْفَس جـ مَنافِس
Spiritual. Psychic(al). Psychologic(al)	نَفْسيّ
Mentality. State of mind	نَفْسيَّة
Psychiatrist	طَبيب نَفْسانيّ
Competitor, rival	مُنافِس
Competition, rivalry	مُنافَسَة
To tease *(wool)*. To make fluffy. To ruffle its feathers	**نفش** - نَفَشَ ـُ ونَفَّشَ هـ
To ruffle the feathers *(bird)*. To bristle the hair *(cat)*	تَنَفَّشَ وانْتَفَشَ
To dust off, shake *(off)*	**نفض** - نَفَضَ ـُ ونَفَّضَ ثَوْبًا
To fade, lose color	نَفَضَ
To shake, shiver	إنْتَفَضَ
To rebel	إنْتَفَضَ الشَّعْبُ
Ashtray	مِنْفَضَة جـ مَنافِض
Petroleum, oil	**نفط** - نَفْط ونِفْط
To be useful	**نفع** - نَفَعَ ـَ ه بـ
To profit by, take advantage of	إنْتَفَعَ بـ ومن
To make use of	إسْتَنْفَعَ ه
Use, utility. Benefit, profit. Welfare	نَفْع
Useful, advantageous. Salutary	نافِع مـ نافِعَة
Use. Profit. Utility	مَنْفَعَة جـ مَنافِع
Offices	مَنافِعُ الدّار
To run out. To sell well. To be active *(market)*	**نفق** - نَفَقَ ـُ
To push the sale of. To market	نَفَّقَ هـ
To spend	أنْفَقَ هـ
To play the hypocrite	نافَقَ
Tunnel	نَفَق جـ أنْفاق
Expense. Expenditure	نَفَقَة جـ نَفَقات
Hypocrisy	نِفاق ومُنافَقَة
Hypocrite	مُنافِق
Spending, expenditure	إنْفاق
To banish, exile	**نفى** - نَفى ـِ ونَفيَ ه وهـ عن
To deny. To refute	نَفى هـ
Denial. Banishment. Negation	نَفْيٌ
Garbage, rubbish	نُفايَة ونَفايَة
Contradictory to	مُنافٍ
Absence, lack	إنْتِفاء

مَنْفيّ Banished, exiled. Negative
مَنْفى Place of exile
نق - نَقَّ ـِ To croak *(frog)*. To cackle *(hen)*
نَقيق الضِّفْدَع Croak, croaking
نَقيق الدَّجاجة Cackle, cackling
نقب - نَقَبَ ـُ هـ To pierce. To dig out
نَقَبَ ونَقَّبَ عن وتَنَقَّبَ عن To search for. To explore, examine
نَقْبُ الأرض Drilling, piercing. Digging
تَنْقيب (عن، في) Search, quest. Exploration. Drilling
نِقاب جـ نُقُب Veil
نِقابَة Syndicate, union
نِقابيّ Unionist, syndicate member
نَقيب جـ نُقَباء Head, chief. President. Captain
مِنْقَب ومَنْقِب جـ مَناقِب Mountain pass
مَنْقَبَة جـ مَناقِب Virtue. Good traits
مُنَقِّب Explorer. Researcher
نقح - نَقَّحَ وأنْقَحَ هـ To revise, correct, rectify
تَنْقيح Revision, rectification
مُنَقَّح Revised, rectified
نقد - نَقَدَ ـُ ه هـ ولـ To pay in cash to
نَقَدَ الطّائر To peck
نَقَدَ وانْتَقَدَ هـ وه To critique
نَقْد Cash. Money, currency
نَقْدًا In cash
نَقْدٌ أدَبيٌّ Criticism
نَقْدِيَّة Cash, ready money
نَقّاد ونَقّادَة، ناقِد جـ نُقّاد ونَقَدَة Critic
مِنْقاد جـ مَناقيد Beak
إنْتِقاد Disapprobation. Criticism
نقذ - أنْقَذَ To save, rescue
إنْقاذ Rescue, saving
مُنْقِذ Rescuer, savior
نقر - نَقَرَ ـُ هـ To peck. To dig. To pierce, drill. To engrave. To knock. To play, pluck *(a musical instrument)*. To fillip, snap
ناقَرَ ه To quarrel with
مِنْقار جـ مَناقير Beak
نَقْر Engraving. Digging. Knocking. Snapping
نَقّار الخَشَب Woodpecker
نقرس - نِقْرِس Gout
نقز - نَقَزَ ـُ To leap, skip
نَقَّزَ الطِّفل To rock
نقس - ناقوس جـ نَواقيس Bell. Gong
ناقوسُ الخَطَر Tocsin, alarm bell
نقش - نَقَشَ ـُ ونَقَّشَ هـ To engrave. To carve out
ناقَشَ ه To argue with
نَقْش جـ نُقوش Engraving. Sculpture. Inscription. Picture
نِقاش ومُناقَشَة Argument, discussion, debate

نَقّاش Engraver. Carver, sculptor
مَنْقوش Engraved
نقص - نَقَصَ ـُ To diminish, decrease, become less
نَقَصَ ونَقَّصَ وأَنْقَصَ وانْتَقَصَ هـ To decrease, reduce
نَقَصَ وانْتَقَصَ ه حَقَّه To lessen the right of
تَنَقَّصَ وانْتَقَصَ ه To belittle. To debase, dishonor
نَقْص ونُقْصان Decrease, diminution. Shortage
نَقيصَة جـ نَقائص Defect, imperfection
ناقِص جـ نُقَّص Imperfect, incomplete
مُناقَصَة Bid, tender
نقض - نَقَضَ ـُ بَيْتًا To tear down
نَقَضَ عَقْدًا To cancel, annul
نَقَضَ عَهْدًا To break a vow
ناقَضَ هـ To contradict. To be opposite to
إنْقَضَّ على To make a sudden attack upon
تَناقَضَ To contradict each other. To be contradictory
إنْتَقَضَ على To rebel against
نَقْض Demolition. Refutation. Violation. Revocation, annulment
نُقْض جـ أنقاض Debris. Rubble

نَقيض Opposite, contrary. Antithesis
تَناقُض Contrariety. Contradiction
مُتَناقِض Contradictory
نقط - نَقَطَ ـُ ونَقَّطَ هـ To point, dot. To punctuate
نَقَّطَ هـ To spot, speckle
نَقَّطَ الماءُ To drip, fall in drops
نَقَّطَ العَروس To give a wedding present *(to the bride)*
نُقْطَة جـ نُقَط ونِقاط Point, dot. Period, full stop. Spot. Drop
داءُ النُّقْطَة Apoplexy
مُنَقَّط Spotted
نقع - نَقَعَ ـَ وأَنْقَعَ هـ في To soak. To macerate *(a medicine)*. To infuse
نَقَعَ ـَ واسْتَنْقَعَ To stagnate
نَقْع Soaking. Maceration. Infusion
نَقوع Dried apricots
مَنْقوع Soaked. Macerated
مُسْتَنْقَع Swamp, marsh, moor
نَقيع Infusion
نقف - نَقَفَ ـُ هـ To hit lightly. To fillip, snap
نَقَفَ (الفَرْخُ البَيْضَةَ) To break open
نَقْفَة Flick
نقل - نَقَلَ ـُ ونَقَّلَ هـ To transport, carry. To move. To transfer. To transcribe. To translate
نَقَلَ هـ عن To quote, cite *(from)*

تَنَقَّلَ وانْتَقَلَ	To be transferred. To go from a place to another
تَناقَلَ هـ	To relate. To transmit
تَناقَلَتْهُ الألْسُنُ	To pass from mouth to mouth
إنْتَقَلَ إلى رَحْمَتِهِ تَعالى	To pass away
نَقْل	Transport (ation). Transfer. Transcription. Translation
نَقْل وانْتِقال	Moving. Change of residence
نَقْلاً عن	Based on, according to
نَقّال	Portable
بائِعٌ نَقّال	Traveling salesman
تَنَقُّل	Change of residence
مَنْقَل جـ مَناقِل	Brazier
مَنْقول	Transported. Transferred. Copied. Movable. Quoted. Translated
أمْوال مَنْقولَة	Movables
نَقْلِيّات	Transportation services
نَقّالَة	Stretcher. Ambulance
مُتَنَقِّل	Mobile. Itinerant
نقم - نَقَمَ ـِ ونَقِمَ ـَ على	To bear a grudge against
ناقِم	Ill-disposed towards, resentful. Rancorous
نَقِمَ وانْتَقَمَ من	To take revenge on
نَقْمَة ونَقِمَة جـ نِقَم ونَقَمات	Grudge, rancor. Indignation
إنْتِقام	Vengeance, revenge
مُنْتَقِم	Revenger. Vindictive
نقنق - نَقْنَقَ (الضِّفْدَع)	To croak
نَقْنَقَ (دَجاجَة)	To cackle
نقه - نَقِهَ ـَ وانْتَقَهَ من	To convalesce
نَقَه ونَقاهَة	Convalescence
نَقِه	Convalescent
نقى - نَقِيَ ـَ	To be pure, clean
نَقّى هـ	To purify. To clean
إنْتَقى ونَقّى	To select, pick out
نَقِيّ جـ أنْقِياء	Pure, clean
نَقاء ونَقاوَة	Purity, cleanness
تَنْقِيَة	Cleaning, purifying
نكب - نَكَبَ ـُ ه	To distress
نُكِبَ	To be overtaken by a misfortune
نَكْبَة جـ نَكَبات	Disaster. Misfortune
مَنْكِب جـ مَناكِب	Shoulder
مَنْكوب	Afflicted with a disaster
نكت - نَكَّتَ في كَلامِهِ	To joke
نَكَّتَ على	To poke fun at, to ridicule
نُكْتَة جـ نُكَت	Joke, witticism
تَنْكِيت	Joking. Raillery
نكث - نَكَثَ ـُ ـِ هـ	To break, violate *(a promise, a contract)*
ناكِث	Perfidious, faithless
نكح - نَكَحَ ـَ	To marry, take as spouse
نِكاح	Marriage, matrimony
نكد - نَكَّدَ (عَيْشَهُ)	To embitter *(a person's life)*. To trouble, disturb
نَكْد وتَنْكِيد	Embitterment. Troubling

نَكِد — Peevish. Ill-tempered
مَنْكود الحَظّ — Unlucky, unfortunate
نكر - نَكِرَ ـَ وأَنْكَرَ ه وهـ — Not to know
أَنْكَرَ ه وهـ — To deny. To disprove. To renege
نَكَّرَ — To disguise, mask
تَنَكَّرَ — To be disguised
إِسْتَنْكَرَ هـ — To disapprove of
إِنْكار — Denial, negation. Refusal
إِسْتِنْكار — Disapproval
تَنَكُّر — Disguise
مُنْكَر جـ مُنْكَرات — Abominable action
ناكِرُ الجَميل — Ungrateful
نُكْران — Denial
نُكْران الجَميل — Ingratitude
حَفْلٌ تَنَكُّرِيّ — Masked ball
مُتَنَكِّر — Disguised. Incognito
نكز - نَكَزَ ـُ — To prick. To goad
نكس - نَكَسَ ـُ ه وهـ — To turn upside down, reverse
نَكَسَ رَأْسَهُ — To bow *(one's head)*
نَكَّسَ العَلَمَ — To hang at half-mast
مُنَكَّس — Bowed *(head)*. Hung at half-mast *(flag)*. Upside-down
إِنْتَكَسَ — To relapse
إِنْتِكاس ونَكْسَة — Relapse
نكش - نَكَشَ ـِ الأَرْضَ — To dig up *(the ground)*
مِنْكاش — Hoe. Rake

نكص - نَكَصَ ـِ وانْتَكَصَ على عَقِبَيْه — To recoil, retreat
نكل - نَكَّلَ به — To make an example of
نَكال وتَنْكيل — Exemplary punishment
تَنْكيل — Torture
نكه - نَكْهَة — Flavor, aroma
نكى - نِكايَة جـ نِكايات — Spite. Vexation
نم - نَمَّ ـُ ـِ — To report in a slanderous manner. To denounce
نَمَّ عن — To reveal, indicate
نَمَّ بين — To sow dissension between
نَمّام — Calumniator. Talebearer
نَميمَة جـ نَمائِم — Calumny. Talebearing
نمر - نَمَّرَ هـ — To number
تَنَمَّرَ ونَمَّرَ — To lose one's temper
نَمِر ونِمْر جـ نُمور — Leopard, panther. Tiger
نُمْرَة جـ نُمَر — Number. Spot
نمس - نِمْس جـ نُموس — Mongoose
نَاموس جـ نَواميس — Law. Mosquito
نَاموسِيَّة — Mosquito net
نمش - نَمِشَ ـَ — To be or become freckled
نَمَش — Freckles
نَمِش — Freckled
نمط - نَمَط جـ نِماط وأَنْماط — Mode, manner, way. Form, shape
نمق - نَمَّقَ هـ — To embellish, ornament

نَمَّقَ أُسْلوبَهُ To write in an elegant style
مُنَمَّق Embellished. Elegant *(style)*
مُنَمِّق Decorator
نمل - نَمِلَ ـَ To be or become benumbed. To prickle
نَمْل جـ نِمال، نَمْلَة Ant
أُنْمُلَة جـ أنامِل Fingertip
تَنْميل ونَمَل Prickle. Numbness
نمنم - نَمْنَمَ هـ To adorn. To miniaturize
نَمْنَمَة Miniature. Miniaturization
مُنَمْنَمَة Miniature
مُنَمْنَم Miniature. Adorned
مُنَمْنِم Miniaturist
نمو - نما ـُ To grow. To increase. To prosper, flourish
نُمُوّ Growth. Progress
نموذج - نَموذَج وأُنْموذَج جـ أُنْموذَجات
Sample, specimen. Pattern, model. Example
نَموذَجِيّ Exemplary, model
نمى - نَمى ـِ To grow. To increase. To rise
نَمّى وأنمى To develop. To promote
إنْماء وتَنْمِيَة Development. Promotion. Augmentation
إنْتَمى إلى To belong to. To be related to. To affiliate with
إنْتِماء Belonging. Membership

نهب - نَهَبَ ـَـُ To plunder
نَهَبَ الأرض To go at full speed
نَهْب Plunder(ing)
نهج - نَهَجَ ـَ هـ To follow, pursue. To clarify, make clear
إنْتَهَجَ To follow a road
نَهْج Road. Method
سارَ على نَهْجِهِ To follow someone's example
مِنْهَج ومِنْهاج جـ مَناهِج Method. Way. Manner of action. Program
نهد - تَنَهَّدَ To sigh
نَهْد جـ نُهود Breast, bosom
تَنَهُّد Sigh
نهر - إنْتَهَرَ ونَهَرَ ـَ هـ To rebuke, reprimand. To drive back
نَهْر جـ أنْهُر وأنْهار River
نَهار جـ نَهارات Day, daytime
إنْتِهار Rebuke, reprimand
نهز - ناهَزَ هـ To approach
إنْتَهَزَ الفُرْصَة To seize the opportunity
نهش - نَهَشَ ـَـِ ه To bite
نَهَشَ عِرْضَهُ To defame
نَهْش Bite
نهض - نَهَضَ ـَ عن To rise, get up
نَهَضَ إلى To rush toward
نَهَضَ على To rise against
نَهَضَ لـ To get ready for. To begin
ناهَضَ ه To resist
إسْتَنْهَضَ ه لـ To awaken, stimulate

نَهْضَة Awakening. Renaissance
ناهِض Active, energetic
مُناهَضَة Resistance
نُهوض Rising. Raising
نهق - نَهَقَ ـَـُـ To bray, hee-haw
نَهيقُ الحِمار Bray(ing), hee-haw
نهك - نَهَكَ ـَ وأَنْهَكَ ه To exhaust, fatigue. To wear out. To stress
نَهَكَ عِرْضَهُ To injure someone's honor
إنْتَهَكَ هـ To profane, violate. To infringe. To trespass
مَنْهوك ومُنْهَك Exhausted
إنْتِهاك Violation. Profanation
إنْتِهاك الحُرْمَة Sacrilege
إنْهاك Exhaustion
نهل - نَهِلَ ـَ To drink
مَنْهَل جـ مَناهِل Watering place. Spring
نهم - نَهِمَ ـَ ونُهِمَ في To be or become greedy, gluttonous
نَهَم Gluttony, gourmandism
نَهِم ونَهيم Gluttonous, greedy
نهى - نَهى ـَ ونَهّى ه عن To forbid, prohibit. To prevent
نُهِيَ وأُنْهِيَ وانتَهى إلى To arrive at
تَناهى وانْتَهى To come to an end
أنْهى هـ To finish, complete
أنْهى هـ إلى To notify, inform *(of)*
إنْتَهى بـ إلى To end up in, result in
نَهْي Interdiction, prohibition
نِهايَة جـ نِهايات End. Conclusion. Extremity. Utmost, limit. Fate
نِهائيّ Final, last. Decisive
إنْتِهاء End, termination. Expiration
مُتَناهٍ Utmost, extreme. Limited
غَيْر مُتَناهٍ Unlimited, infinite
مُنْتَهًى End, extremity
ناهٍ Prohibitive, interdictory
نوء - ناءَ ـُ To sink, succumb *(under a burden)*
ناءَ بالحِمْلِ To bear a burden with difficulty
ناوَأَ ه To oppose, resist
نوء جـ أنواء Storm
نوب - نابَ ـُ عن فُلان في To replace, represent, act for
أنابَ ه عن فُلان To appoint as one's representative, to deputize
نابَ ـُ ه وانتابَ To happen to, afflict
إنْتابَ مَكانًا To haunt
إنْتابَ في To act by turns in
تَناوَبَ على وفي To do a thing by turns
نَوْبَة جـ نُوَب Turn. Shift. Attack, fit. Opportunity
بالتَّناوُب ومُناوَبَةً By turns
نيابَة Representation, substitution. Mandate
النِّيابَةُ العامَّة Public prosecution

نيابةً عن In or on behalf of
نائب جـ نوّاب Deputy. Representative, substitute
نائبة جـ نَوائب Misfortune, calamity
مُناوَبة وتَناوُب Alternation, rotation
مُتَناوِب Alternating, alternate
نوت - نوتيّ جـ نَواتيّ Sailor, seaman
نوح - ناحَ ـُ To wail, lament. To coo
نائح ونَوّاح Wailer, mourner
مَناحَة Lamentation, wailing
نوخ - أناخَ هـ To make *(a camel)* kneel down
مُناخ جـ مُناخات Climate
نور - نارَ ـُ وأنارَ ونَوَّرَ To light, illuminate
أنارَ المسألة To shed light upon, elucidate
إسْتَنارَ بـ To get light from
نار جـ نيران Fire
ناريّ Fiery. Burning
سِلاحٌ ناريٌّ Firearm
نور جـ أنوار Light
نوريّ جـ نَوَر Gypsy. Vagabond
نُوّار جـ نَواوير Blossom(s), flower(s)
نَوّار May
نَيِّر مـ نَيِّرَة Luminous, shining, bright
إنارَة وتَنْوير Lighting, illumination
إسْتِنارَة Illumination

مَنارَة جـ مَنائِر Lighthouse. Minaret
مُناوَرَة جـ مُناوَرات Maneuver
مُنير Luminous, radiant
نوس - ناووس وناؤوس جـ نَواويس Sacrophagus
نَوّاسَة Night-light
نوش - ناوَشَ العَدُوَّ To skirmish *(with the enemy)*
مُناوَشَة Skirmish
نوص - مَناص Escape. Alternative. Avoidance
لا مَناصَ منه Inevitable
نوط - ناطَ ـُ وأناطَ بـ To entrust with, charge with
مَنوط بـ Entrusted with. Dependent on
نوع - نَوَّعَ هـ To diversify, vary
تَنَوَّعَ To be diversified
نَوْع جـ أنْواع Kind, sort, variety. Nature, quality
نَوْعيّ Specific
مُتَنَوِّع Diverse, various
نوق - ناقَة جـ نياق ونوق She-camel
لا ناقَةَ له في الأمر ولا جَمَل He has nothing to do with it
نول - نالَ ـُ هـ ه ولَه أو ه بـ To give, donate
نالَ To gain, obtain
نالَ من To affect. To harm
ناوَلَ ه هـ To hand over to. To give
أنالَ ه هـ To give to. To make

obtain
تَناوَلَ To take, receive. To receive communion
نَوْل جـ أنْوال Loom
نَوال Giving. Gift. Right
تَناوُل Taking. Receiving. Communion
مُناوَلَة Handing over. Communion
مِنْوال Way, manner
في مُتَناوَل اليَد Within reach
نوم - نامَ ـَ To sleep. To go to bed. To calm down
نامَ عن To neglect
نَوَّمَ وأنامَ ه To put to sleep. To put to bed. To anesthetize
تَناوَمَ واسْتَنامَ To pretend to be asleep
نامَ إلى، تَناوَمَ إلى، اسْتَنَامَ إلى To have confidence in
تَنويم Putting to sleep. Anesthetization
تَنْويم مَغْنَطيسيّ Hypnotism, hypnosis
نَوْم Sleep, slumber
نَوْم خَفيف Nap, doze
مَنام جـ مَنامات Dream
مَنامَة Dormitory. Nightgown
كيسُ مَنامَة Sleeping-bag
مُنَوِّم Soporific, somnifacient. Narcotic. Hypnotist
نائم Asleep. Sleeping

نوه - نَوَّهَ هـ To raise
نَوَّهَ بـ To praise, speak highly of. To mention
تَنْويه Mentioning, mention
نوى - نَوى ـِ هـ To intend. To resolve
نَوى Remoteness
نَواة جـ نَوًى Stone, kernel. Pit. Core. Nucleus
نِيَّة جـ نِيّات Intention
نَوَويّ Nuclear
نيء - ناءَ ـِ To be raw, uncooked
نِيء ونِيّ Raw, uncooked
نُيوءَة (لَحْم) Rawness
نيب - ناب جـ أنياب ونُيوب Canine tooth
نير - نير جـ أنيار Yoke
نيزك - نَيْزَك جـ نَيازِك Meteor, shooting star
نيس - نيسان (شَهْر) April
أُكْذوبَة نيسان April Fool's joke
نيف - نَيَّفَ وأنافَ على To exceed. To surpass. To dominate
نَيْف ونَيِّف Excess. More than, over
عَشْرَة ونَيِّف Ten odd, more than ten
نيافَة Excellency, Eminence
مُنيف مـ مُنيفَة High, elevated
نيل - نالَ ـَ ـِ هـ To obtain, get. To attain
نالَ من To harm, prejudice. To discredit. To affect

أنالَ ه هـ وهـ لـ To make obtain

نَيْل Obtainment, acquisition. A favor received

نِيْل ونِيْلَة Indigo

مَنال Obtainment, attainment

بَعيدُ المَنال Unattainable

سَهْلُ المَنال Attainable, easy to get

نيلوفر - نيلوفَر ونينوفَر Water lily, nenuphar

هـ

H *(26th letter of the Arabic alphabet)* هـ - هـ
Affixed pronoun of the 3rd person, masculine ـه
Affixed pronoun of the 3rd person, feminine ـها
Here! take! there you are! هاكَ، هاكُما، هاكُم
Here I am! هاءَنَذا
Here ها هُنا، هَهُنا
What a pity! واحَسْرَتاه
Give me! **هات** - هاتِ
To blow *(wind)*. To wake up, get out of bed. To move suddenly **هب** - هَبَّ ـُ
To start, begin *(to do)* هَبَّ يَفْعَلُ
هِبَة : أُطْلُب وهب
Gust, blast of wind هَبَّة
Blowing of the wind هُبوب
Direction from which the wind is blowing. Direction of the wind مَهَبّ جـ مَهابّ
Piece or slice of meat **هبر** - هَبْرَة
To scratch. To scarify. To gather **هبش** - هَبَشَ ـُ وهَبِشَ ـَ وهَبَّشَ
To descend. To fall *(down)*. To land *(airplane)* **هبط** - هَبَطَ ـِ
To lower, reduce. To cause to come down هَبَّطَ وأَهْبَطَ
Fall, descent. Landing هُبوط
Falling, dropping هابِط
Landing place مَهْبَط جـ مَهابِط
To be reckless **هتر** - إسْتَهْتَرَ
To despise, disdain إسْتَهْتَرَ بـ
Recklessness. Disdain إسْتِهْتار
Reckless, irresponsible مُسْتَهْتِر
To acclaim **هتف** - هَتَفَ ـِ لـ
To shout. To exclaim هَتَفَ
Cheer, acclamation. Shouting. Exclamation هُتاف
Telephone, phone هاتِف
Interphone هاتِفٌ داخليٌّ
Telephonic هاتِفِيّ
To reveal, unveil. To rip apart **هتك** - هَتَكَ ـِ هـ
To disgrace, dishonor هَتَكَ سِتْرَه
Disgrace, scandal هَتيكَة
Impudent. Shameless مُتَهَتِّك
Shamelessness, immorality تَهَتُّك
To abandon, desert **هجر** - هَجَرَ ـُ ه وهـ
To emigrate هاجَرَ
Abandonment, forsaking هَجْر
Emigration. Immigration هُجْرَة

الهِجْرَة النَّبويَّة — The Hegira
هاجِرَة وهَجيرَة — Midday, noon. Midday heat
مُهاجِر — Emigrant
مَهْجور — Abandoned, deserted
مَهْجَر — Place of emigration
هجس - هَجَسَ ـُـِ في — To occur to, come to someone's mind
هَجَسَ في نَفْسِهِ — To speak to oneself
هَجْس — Whisper
هَجْس وهاجِس جـ هَواجِس — Idea, thought. Obsession. Presentiment
هجع - هَجَعَ ـَ — To sleep, slumber
هَجْعَة — Slumber
هَجيع مِن اللَّيْل — Part of the night
مَهْجَع — Bedchamber. Dormitory
هجم - هَجَمَ ـُ على وهاجَمَ — To attack, assail, assault, charge
هَجْمَة وهُجوم — Attack, assault
هُجوم مُعاكِس — Counterattack
هُجوم جَوّيّ — Air raid, air attack
هُجوميّ — Offensive, aggressive
مُهاجَمَة — Attacking. Attack
مُهاجِم — Attacker, aggressor. Attacking
هجن - هَجَّنَ واسْتَهْجَنَ هـ — To disapprove of
هَجين جـ هُجَناء — Mean. Hybrid, crossbred. Dromedary
إسْتِهجان — Disapprobation
هُجْنَة — Fault, defect. Loss

هجو - هَجا ـُ ه — To satirize. To defame
هَجا وهَجّى وتَهَجّى — To spell
هِجاء — Satire
هِجاء وتَهْجِيَة وتَهَجّي كَلِمَة — Spelling
حُروف الهِجاء — The letters of the alphabet
هد - هَدَّ ـُ ه وهـ — To demolish, destroy. To undermine, sap
هدَّدَ وتَهَدَّدَ ه — To threaten
إنْهَدَّ — To be demolished
تَهْديد وتَهَدُّد — Threatening. Threat
مُهَدَّد — Threatened
مُهَدِّد — Threatening. Threatener
هدأ - هَدَأَ ـَ — To calm down. To be or become still. To stop
هَدَّأَ ه وهـ — To calm. To appease
هادِئ — Calm, quiet, peaceful
هُدوء — Calm(ness), tranquillity. Rest
هدب - هُدْب جـ أهْداب — Eyelash
هُدْبُ نَسيج — Fringe, hem
هدج - هَوْدَج جـ هَوادِج — Howdah, camel litter
هدر - هَدَرَ ـُـِ — To waste, spend uselessly. To lose
هَدَرَ ـِ — To roar. To rumble. To coo. To grumble, growl
هَدَرَ الدَّم — To shed blood
ذَهَبَ هَدْرًا — To be futile, vain. To come to nothing

هَدير — Roar(ing). Growl(ing). Rumbling, roll

هدف - إسْتَهْدَفَ — To make one's goal or object

هَدَف جـ أهْداف — Target. Goal. Aim, object

مُسْتَهْدَف — Exposed to, subject to

هدل - هَدَلَ ـِ الحَمامُ — To coo

هَديلُ الحَمام — Coo, cooing

هَدَلَ ـِ — To let down, hang down

هدم - هَدَمَ ـِ وهَدَّمَ — To tear down, demolish

هَدْم، تَهْديم، تَهَدُّم — Demolition, destruction

مُهَدَّم ومُتَهَدِّم — Torn down, demolished

مُهَدِّم — Destroyer. Destructive

هَدّام — Destructive. Negative

هدن - هَدَنَ ـِ — To be or become quiet

هادَنَ ه — To conclude a truce with

هُدْنَة ومُهادَنَة — Truce, armistice

هدهد - هَدْهَدَ — To rock, lull

هُدْهُد — Hoopoe

هَدْهَدَة — Rocking, lulling *(a baby).* Cooing *(of pigeons)*

هدى - هَدى ـِ ه — To guide, show the way to, direct

هَدى إلى الإيمان — To lead to the true faith

إهْتَدى (إلى) — To find the right way. To find, discover. To arrive *(at)*

إهْتَدى — To be converted

أهدى هـ لـ وإلى — To give as a present or gift to. To dedicate *(a book)*

إسْتَهْدى — To seek guidance

هُدًى وهِدايَة وهَدْي — Guidance

هُدًى — Right guidance. True religion

هَديَّة جـ هَدايا — Gift, present

هادٍ جـ هُداة — Guide, conductor

إهْداء — Offering, donation. Dedication

هذا - هَذا، هَذِهِ — This, this one

هذب - هَذَبَ ـِ وهَذَّبَ هـ — To trim, prune *(a tree).* To rectify. To discipline, instruct *(a child).* To polish *(the style)*

تَهَذَّبَ — To be well-bred

تَهْذيب — Politeness. Education

مُهَذَّب — Well-mannered, polite. Rectified. Refined

مُهَذِّب — Educator. Discipliner

هذر - هَذَرَ ـُـِ — To prattle, babble

هَذِرَ ـَ الكَلامُ — To be incoherent

هَذَر — Prattle, babble, idle talk

هَذِر ومِهْذار — Prattling. Prattler

هذى - هَذى — To be delirious. To hallucinate. To talk incoherently

هَذَيان — Raving, delirium. Hallucination

هاذٍ — Delirious

هر - هِرّ جـ هِرَرَة، هِرَّة Cat
هَرير الكَلْب Yell, howl
هَرير (الهِرّ) Purr
هُرَيْرَة Kitten
هرأ - هَرِئَ وتَهَرّأَ To be overdone *(meat)*. To be or become lacerated *(a garment)*
هُراء Nonsense, idle talk
مُهْتَرِئ Overdone. Lacerated
هرب - هَرَبَ ـُ To run away, flee, escape
هَرَّبَ ه To help to escape
هَرَّبَ بَضائِع To smuggle
هَرَب وهَرِيبَة Escape
هارِب Fugitive, runaway
تَهْريب Smuggling. Trafficking
مَهْرَب جـ مَهارِب Refuge. Way out
مُهَرِّب Smuggler
هرج - هَرَجَ ـِ في الحَديث To speak confusedly
هَرَّجَ To jest, clown, joke
هَرْج، هَرَج ومَرْج Agitation. Disorder, confusion
مُهَرِّج Clown, buffoon
هرس - هَرَسَ ـُ هـ To bruise, pound, crush
هَرْس Crushing, pounding
هرطق - هَرْطَقَ To become a heretic
هَرْطَقَة Heresy
هَرْطوقيّ Heretic
هرع - هَرَعَ ـَ إلى To hurry to, run to

هرق - هَرَقَ ـَ وأهْرَقَ الماءَ أو الدَّمَ To shed, pour out
هَرْق وإهْراق Shedding, pouring out
إهْراقُ الدِّماء Bloodshed
مُهْرَق Shed, poured out
هرم - هَرِمَ ـَ To age, grow old
هَرَمَ ـِ وهَرَّمَ اللَّحْمَ To mince, chop *(up)*
هَرَم Old age. Decrepitude
هَرَم جـ أهْرام Pyramid
هَرِم Old, aged
هرمن - هُرْمون Hormone
هرول - هَرْوَلَ To hurry. To jog
هَرْوَلَة Jog, jogging
هري - هُرْي جـ أهْراء Granary. Barn
هز - هَزَّ ـُ وهزهَزَ To shake, move. To rock *(a cradle)*
تَهَزَّزَ واهتَزَّ وانْهَزَّ وتَهَزْهَزَ To be shaken. To vibrate
هَزْهَزَة Vibration, oscillation
هَزَّة Shake. Convulsion
هَزَّةٌ أرْضيَّةٌ Earthquake
إهْتِزاز Shaking. Vibration
هزأ - هَزأَ وهَزِئَ ـَ واسْتَهْزَأَ بـ ومن To make fun of, laugh at, mock at
هُزْء واسْتِهْزاء Mockery. Derision
هُزْأة Laughing-stock
هزر - هَزار جـ هَزارات Nightingale
هزع - هَزيع مِن اللَّيْل Part of the night

هزل - هَزَلَ ـِ وهازَلَ في To joke, kid, make fun
هَزَلَ ـُ To lose weight
هَزَّلَ ه وأهْزَلَ ه To emaciate, make thin
هَزْل Joking, jesting
هَزْليّ Comic(al), amusing
هُزال Emaciation. Skinniness
مَهْزَلَة Comedy
هَزِل ومَهْزول Skinny, bony
هزم - هَزَمَ ـِ ه To defeat
إنْهَزَمَ الجَيْش To be defeated, routed
هَزيمَة وانْهِزام Defeat, rout
هَزيمُ الرَّعْد Roll of thunder
هزهز - هَزْهَزَ، تَهَزْهَزَ، هَزْهَزَة: أُطْلُب هز
هش - هَشَّ ـَـِ لـ To smile on, to receive with a smile
هَشّ Crisp, crispy. Fragile
هَشاشة Crispiness. Gaiety
هشم - هَشَّمَ To smash, break into pieces
تَهَشَّمَ وانْهَشَمَ To be smashed
مُهَشَّم Smashed, broken in pieces
هَشيم Dry stalks
هضب - هَضْبَة جـ هِضاب وهَضَبات Knoll, mound, hill
هضم - هَضَمَ ـِ To digest food
هَضْم Digestion
هَضَمَ حَقَّه To wrong
مَهْضوم Digested

هطل - هَطَلَ ـِ المَطَرُ To fall heavily, pour down
هُطول المَطَر Rainfall, heavy rain
هفت - تَهافَتَ على To rush upon
تَهافُت Rush
هفو - هَفا ـُ To slip, err
هَفْوَة جـ هَفَوات Slip, error
هكم - تَهَكَّمَ على To mock at, laugh at
تَهَكُّم Mockery, irony, sarcasm
مُتَهَكِّم Sarcastic, ironic(al)
هل - هَل Is? are? does? do? did? will? have?...
هَلاّ Why don't you? you should
هل - هَلَّ ـُ To appear, come out. To begin
هَلَّلَ To praise God. To acclaim, applaud
تَهَلَّلَ To be radiant. To exult
إسْتَهَلَّ To begin, start
هِلال جـ أهِلَّة وأهاليل New moon. Crescent. Parenthesis
إسْتِهْلال Beginning, introduction
تَهَلُّل Exultation, joy
إسْتِهْلاليّ Introductory
هلع - هَلِعَ ـَ To be or become anxious, impatient. To panic
هَلَع Impatience, anxiety. Panic
هَلِع Impatient. Appalled
هلك - هَلَكَ ـِ To perish. To die. To be damned

أَهْلَكَ ه وهـ To cause to perish. To destroy
تَهالَكَ في To strive in
إسْتَهْلَكَ هـ To consume. To amortize *(a debt)*
هَلاك Perdition. Ruin, destruction
هالِك Perishable. Doomed to perdition. Irredeemable
إسْتِهْلاك Consumption. Amortization *(of a debt)*
مَهْلَكَة جـ مَهالِك Perilous place
مُسْتَهْلِك Consumer
هلم- هَلُمَّ مـ هَلُمّي مث هَلُمّا جـ هَلُمّوا
Come! come on!
هَلُمَّ بِنا Let's go!
هَلُمَّ جَرًّا And so on
هلوس - هَلْوَسَ To hallucinate
هَلْوَسَة Hallucination
هم - هُمْ They
هم - هَمَّ ـُ بـ To begin. To be about to
هَمَّ وأَهَمَّ ه To interest, be of importance to. To worry, make uneasy
إهْتَمَّ بـ To take interest in. To care for. To pay attention to
هَمّ جـ هُموم Worry, concern, anxiety. Grief
هِمَّة جـ هِمَم Energy, vigor. Ardor, zeal. Resolution. Intention
بَعيدُ الهِمَّة Ambitious
هَمّام Energetic, dynamic
هامَّة جـ هَوامّ Vermin. Pest
إهْتِمام Solicitude, concern. Interest. Attention
مُهِمّ وهامّ Important
مُهِمَّة جـ مُهِمّات Mission
مَهْموم Anxious, worried, concerned
مُهْتَمّ Interested
همج - هَمَج Riffraff, rabble, mob
هَمَجِيّ Barbarian, savage
هَمَجِيَّة Barbarism, savagery
همد - هَمَدَ ـُ (النّار) To die out
هَمَدَ الغَضَب To calm down
هَمَدَتِ الهِمَّة To cool down
هامِد Quiet, still, calm
همر - هَمَرَ ـُ ماءً To pour out
إنْهَمَرَ الماء To be poured out
همز - هَمَزَ ـُـِ حِصانًا To spur, goad
هَمَزَ To backbite, calumniate
هَمْز Spurring, goading
هَمْزَة Hamza
مِهْماز جـ مَهامِيز Spur, goad
همس - هَمَسَ ـِ To whisper. To murmur, mumble
تَهامَسا To whisper together
هَمْس Whisper(ing). Mumble
هَمْسًا In whisper
همش - هامِش جـ هَوامِش Margin. Footnote
على هامِش On the periphery of, apropos of

هامِشيّ Marginal
همك - هَمَكَ ـُ، إنْهَمَكَ في To be absorbed, engrossed in. To engage wholly in
إنْهِماك Engrossment, absorption. Engagement
مُنْهَمِك Engrossed in. Preoccupied with
همل - هَمَلَ ـِ وأهْمَلَ هـ To neglect. To omit
إهْمال Negligence. Neglect
تَهامَلَ في To be negligent
مُهْمَل Neglected. Omitted. Abandoned
مُهْمِل Negligent, neglectful. Careless
همهم - هَمْهَمَ To hum. To mumble, murmur
هَمْهَمَة Hum(ming). Murmur(ing)
هن - هُنَّ They
هن - هُنَيَّة وهُنَيْهَة A little while, instant, minute
هُنا وهَهُنا Here, in this place
هُناكَ وهُنالِكَ There. There is
هنأ - هَنَّأَ ه بـ To congratulate
هَنيء مـ هَنيئَة (طعام) Healthy, salubrious
عَيْشٌ هَنيء Easy, comfortable life
تَهْنِئَة Congratulation
هَناء Happiness, felicity
هانِئ Happy, glad, delighted
هند - هِنْديّ جـ هُنود Indian
هندس - هَنْدَسَ هـ To engineer
عِلْمُ الهَنْدَسَة Geometry
الهَنْدَسَة Engineering
هَنْدَسَةٌ مِعْمارِيَّة Architecture
هَنْدَسيٌّ Geometric(al). Engineering
مُهَنْدِس مِعْماريّ Architect
مُهَنْدِس Engineer
هَنْدَسَةُ ديكور Interior design
هَنْدَسَةٌ زِراعِيَّة Agronomy
هندم - هَنْدَمَ To order. To dress up
هِنْدام Orderliness, neatness. Attire, dress
هو - هُوَ He. It
أنا هُوَ It is I
هُوَ هُوَ It is he
هُوِيَّة Identity. Personality
هود - هَوَّدَ To make Jewish
هاوَدَ هـ وه في البَيْع To charge a moderate price
هاوَدَ To be or become indulgent toward
هَوادَة Clemency. Indulgence
مُتَهاوِد Moderate *(price)*
يَهوديّ جـ يَهود Jew. Jewish
هوذا - هُوَذا وها هُوَذا There he is
هور - هَوَّرَ ه وهـ To crash. To jeopardize, imperil. To precipitate
تَهَوَّرَ To act rashly. To be or become lightheaded, imprudent
تَهَوَّرَت سَيّارَة To crash down
مُتَهَوِّر Rash. Frivolous, imprudent

إنْهارَ	To collapse. To fall down
تَهَوُّر	Rashness. Temerity. Carelessness
إنْهيار	Collapse, breakdown. Crash
هوس - هَوَّسَ ه	To drive crazy. To bewilder
تَهَوَّسَ	To be or become crazy
مَهْووس ومُهَوَّس	Crazy, obsessed. Maniac
هَوَس	Mania, craze. Madness
هول - هالَ ـُ وهَوَّلَ ه	To dismay, frighten
هال، حَبُّ الهال	Cardamom
هَوْل جـ أهْوال	Terror, fright
أبو الهَوْل	Sphinx
هالَة جـ هالات	Halo. Aura of glory. Aureole
هائل مـ هائِلة ومَهول	Terrifying, frightful. Huge, big. Extraordinary
هوم - هامَة جـ هامات	Head. Top
هون - هانَ ـُ على	To be or become easy for
هَوَّنَ هـ على	To make *(it)* easy *(for)*, to facilitate
هَوِّن عَلَيْك	Take it easy! never mind
أهانَ ه	To insult, offend
إنْهانَ	To be despised, insulted
إسْتَهانَ بـ	To make little of. To underestimate. To consider easy
هَوان	Shame, disgrace
هاوُن	Mortar
إهانَة جـ إهانات	Insult. Affront
تَهاوُن	Carelessness, negligence
مُهان	Insulted, humiliated
مُهين	Insulting, humiliating
مُتَهاوِن	Negligent, indifferent
هوي - هوى ـِ (على)	To fall. To pounce down *(bird)*
هَوِيَ ـَ ه وهـ	To love. To like
هَوّى هـ	To ventilate. To fan. To aerate
إسْتَهْوى ه	To attract. To impress. To seduce, tempt. To fancy
هَوًى جـ أهْواء	Love. Passion. Affection. Fondness. Fancy
هَواء جـ أَهْوِيَة	Air. Atmosphere. Breeze. Wind. Weather
هَوائيّ	Aerial. Atmospheric(al)
تَهْوِيَة	Ventilation. Aeration
مَهْوًى ومَهْواة جـ مَهاوٍ	Shaft. Atmosphere
مِهْواة	Ventilator. Fan
هاوِيَة وهُوَّة	Abyss, pit
هِوايَة	Hobby, favorite pastime
هاوٍ	Hobbyist. Fan. Amateur
هيء - هَيَّأَ	To prepare, make ready. To arrange, dispose
تَهَيَّأَ لـ	To be or become ready, prepared *(for)*. To stand by
هَيْئَة جـ هَيْئات	Form, shape. Aspect.

Body, organization. Manner. State, condition
Preparation. Adaptation تَهْيِئَة
Prepared. Ready مُهَيَّأ
To fear, dread. To revere. To have a reverential awe of **هيب** - هابَ ـِ
Suppose *(that)* هَبْ
To call out to أهابَ بـ
To incite to أهابَ بِفُلان إلى
To fear. To frighten تَهَيَّبَ ه
Awe. Dignity. Fear هَيْبَة
Solemn, majestic. Venerable مَهيب
Dignity مَهابَة
To be or become excited, agitated **هيج** - هاجَ ـِ
To excite هاجَ بـ وهَيَّجَ هـ
Excited, agitated هائج
Agitator, troublemaker مُهَيِّج
Agitation. Excitement. Turmoil. Eruption هِياج وهَيَجان
Excitation. Stirring-up تَهْييج
To be slim, svelte, slender **هيف** - هَيِفَ وهافَ ـَ
Slim, slender أهْيَف مـ هَيْفاء جـ هيف
Slimness, slenderness هَيَف
Temple. Altar. Frame **هيكل** - هَيْكَل جـ هَياكِل
Skeleton هَيْكَلٌ عَظْمِيٌّ
To assail with **هيل** - إنْهالَ على (فُلان)
To fall in love with, be fond of **هيم** - هامَ ـِ بـ
To wander, roam هامَ
Passion, passionate love هُيام وهِيام
Wanderer, roamer هائم جـ هُيّام
To dominate **هيمن** - هَيْمَنَ على
Hegemony. Supervision هَيْمَنَة
Dominating, dominant مُهَيْمِن
How far! how impossible! **هيه** - هَيْهات
Come on! let's go! **هيي** - هَيّا

و

و - و W *(27th letter of the Arabic alphabet)*

و *(Conjunction)* And, also, too. With

و (الحاليَّة) While, as. When

لا تَأْكُلِ السَّمَكَ وتَشْرَبِ اللَّبَنَ Do not eat fish while drinking milk

و (القَسَم) By

واللهِ By God!

وأم - واءَمَ To agree with. To be suitable. To harmonize with

وِئام Agreement. Harmony

وبأ - وَبِئَ ـَ To be or become infected, infested

وَباء جـ أوبِئَة Pestilence. Epidemic

مَوْبوء Infected. Infested

وَبائيّ Epidemic(al)

وبخ - وَبَّخَ ه To reprimand, rebuke

تَوْبيخ Reprimand. Reproach

وبر - وَبَر جـ أوبار Hair *(of camels)*

أهْلُ الوَبَر Bedouins, nomads

وَبِر Hairy, covered with hair

وبش - وَبَش جـ أوباش Rabble, mob, scum

وبل - وابِل Downpour, heavy rain. Shower, torrent

أمْطَرَ وابِلاً من To shower with

وَبال Harm, evil. Bad consequences. Unhealthiness

وَبيل Unhealthy. Evil. Harmful

وبه - وَبَهَ، وَبِهَ لـ أو بـ To pay attention to, care about

وتد - وَتَدَ يَتِدُ، وَتَّدَ وأَوْتَدَ هـ To fix. To drive or ram in firmly *(a peg or stake)*

وَتَد جـ أوْتاد Peg. Stake

وتر - تَوَتَّرَ To be or become strained, tense

تَواتَرَ To come in succession

وَتَر جـ أوْتار String. Chord. Tendon

الوَتَرُ الحَسّاس A sensitive spot

وَتيرَة Manner. Way, method. Tone

على وَتيرَةٍ واحدة Uniformly

تَواتُر Succession. Recurrence. Frequency

على تواتُر، تَتْرى Successively

تَوَتُّر Tension

مُتَواتِر Successive. Frequent. Recurrent

مُتَوَتِّر Strained. Tense. Tight

وثب - وَثَبَ يَثِبُ To jump, leap. To skip

وَثْبَة Jump, leap

وثر - وِثْر، وَثير (فِراش) Soft, cozy. Smooth

وثق - وَثِقَ يَثِقُ بـ To trust, have confidence in
وَثُقَ يوثَقُ To be firm. To be tight
وَثُقَ مِن To be sure of
وَثَّقَ هـ To strengthen, consolidate
أَوْثَقَ هـ To bind, tie
إِسْتَوْثَقَ مِن فُلان To make sure of. To be confident of
إِسْتَوْثَقَ مِن أموالِهِ To secure one's property by
ثِقَة Confidence, trust
رَجُلٌ ثِقَة Trustworthy
وَثيق جـ وِثاق Firm, solid. Safe
وَثيقَة جـ وَثائِق Document, deed, act
ميثاق جـ مَواثيق Agreement, pact, treaty. Charter
تَوْثيق Consolidation. Documentation
مَوْثوق Trustworthy, reliable
مُوَثِّق Notary public
وثن - وَثَن جـ أوثان Idol
وَثَنِيّ جـ وَثَنِيّون Idolater, pagan
وَثَنِيَّة Idolatry, paganism
وجب - وَجَبَ يَجِبُ To be or become necessary. To be inevitable
وَجَبَ على To be incumbent upon
وَجَّبَ هـ على، وأوجَبَ هـ لـ وَعلى
To impose an obligation upon
أَوْجَبَ لِفُلانٍ حَقَّهُ To take into consideration
إِسْتَوْجَبَ هـ To deem necessary. To deserve, be worthy of
وَجْبَة جـ وَجَبات Meal, repast. Set of false teeth
وُجوب Necessity
واجِب مـ واجِبَة Necessary. Due. Inevitable
واجِب جـ واجِبات Duty, obligation. Task
إيجاب Affirmation. Obligation
إيجابِيّ Positive. Affirmative
موجِب Cause, reason. Need
موجَب Positive. Affirmative
وجد - وَجَدَ يَجِدُ To find. To come across. To discover
أَوْجَدَ هـ To create. To invent
وَجْد Passion. Love. Strong emotion. Ecstasy
وِجْدان Conscience. Feeling
وجود Existence. Presence
وِجْدانِيّ Sentimental. Conscientious
وُجودِيّ Existential. Existentialist
وُجودِيَّة Existentialism
المَوْجودات Existing beings
مَوْجود Found. Present. Existing
إيجاد Creation. Invention
وجر - وَجْر جـ أَوْجار Cave, cavern
وِجار ووَجار جـ أَوجِرَة Den, lair. Burrow
وجز - وَجَزَ يَجِزُ وَوَجُزَ يَوْجُزُ To be concise, short

وَجَزَ وأوجَزَ هـ To brief, abridge, summarize
وَجيز وموجَز Short, brief, concise
إيجاز Conciseness. Shortness
موجَز Summary, résumé
وجع - وَجِعَ ـَ وتَوَجَّعَ To suffer, feel pain
أوْجَعَ ه To pain, hurt
وَجَع جـ أوجاع Pain, ache. Ailment
وَجيع ومُوجِع Painful
مَوْجوع In pain. Suffering
جِعَة Beer
وجل - وَجِلَ يَجِلُ To be or become afraid. To apprehend
وَجَل جـ أوْجال Fear, apprehension
وَجِل Afraid. Fearful. Apprehensive
وجم - وَجَمَ يَجِمُ To be or become silent, speechless. To be or become gloomy
وَجِم وواجِم Silent, speechless. Gloomy, depressed
وُجوم Gloom, sullenness
وجن - وَجْنَة جـ وَجَنات Cheek
وجه - وَجُهَ ـُ To be a person of distinction
وَجَّهَ ه وهـ إلى To send. To direct. To orient. To guide. To instruct
وَجَّهَ إلى وتَوَجَّهَ إلى واتَّجَهَ إلى To go to. To turn to
واجَهَ ه To face, confront. To meet with
تَواجَهَ مع To meet face to face with
وَجْه جـ أوْجُه ووجوه Face. Facade. Outside. Appearance. Aspect. Page. Side, direction. Meaning. Reason
وَجْهًا لِوَجْه Face to face
لِوَجْهِ الله For the sake of God. For nothing
مَضى أو هامَ على وَجْهِهِ To go one's way
ذو وَجْهَيْن Double-faced
على الوَجْهَيْن In both cases
بِوَجْهَيْن ولِسانَيْن Hypocritical
وَجْه جـ وُجوه Prominent personality
وُجْهَة Direction. Way. Destination
وَجاهَة Notability, standing
وِجاهَ وتِجاهَ In front of, opposite
وَجيه جـ وُجَهاء Notable
سَبَبٌ وَجيه Sound reason
واجِهَة Front *(part)*. Façade. Show window
تَوْجيه Guidance. Orientation. Directing
تَوْجيهات Directions, instructions
جِهَة جـ جِهات Side. Direction. Area, region. District
الجِهات الأصْلِيّة Cardinal points
مِن كُلّ جِهَة From all sides
إتِّجاه Direction. Course. Tendency

مُوَجَّه Directed. Guided. Aimed. Sent
مُوَجَّه مِن بُعْد Remote-controlled
مُوَجِّه Guide. Pilot
وحد - وَحَّدَ هـ وه To unite, unify. To combine. To standardize
وَحَّدَ الله To believe that there is only one God
تَوَحَّدَ واسْتَوْحَدَ To be by oneself. To live in solitude
إتَّحَدَ وتَوَحَّدَ To unite. To be united. To merge. To agree. To act jointly
على حِدَة Alone. Separately. Aside
هو نَسيجُ وَحْدِه He is unique, unrivalled
وَحْدَة Unity. Union. Loneliness, solitude
واحِد مـ واحِدَة One. Individual. Someone
واحِد جـ وُحْدان وأُحْدان Unique, matchless
الواحِد The One *(God)*
وَحيد مـ وَحيدَة Sole, single. Lonely. Unique
إتِّحاد Union. Unity
تَوْحيد Unification. Monotheism
مُتَوَحِّد Solitary, recluse
مُتَّحِد United. Uniform
مُوَحَّد Unified, consolidated
وحش - أَوْحَشَ وتَوَحَّشَ المكان To be desolate, deserted
تَوَحَّشَ To be or become wild
وَحْش جـ وحوش Wild animal
حِمار وَحْشيّ Wild ass, onager
وَحْشَة Loneliness. Gloom(iness)
وَحْشيّ مـ وَحْشيَّة Wild, savage. Brutal
تَوَحُّش، وَحْشيَّة Savagery
موحِش Desolate, deserted. Gloomy
وحل - وَحِلَ يَوْحَلُ، تَوَحَّلَ To sink in mire, get stuck in the mud
وَحْل جـ وُحول وأَوْحال Mud, mire
وَحِل ومُوحِل Muddy, miry
وحم - وَحام Craving for some food during pregnancy
وحى - وَحى يَحي وأَوْحى إلى بـ To inspire with. To suggest
إسْتَوْحى To be inspired by. To seek inspiration from
وَحْيٌ Inspiration. Revelation
مُوْحًى به Inspired. Revealed
موحٍ Inspirer
إيحاء Suggestion. Inspiration
مُسْتَوْحى من Inspired by. Derived from
وخم - وَخُمَ ـُ المكان To be insalubrious
إتَّخَمَ من وعن وتَخِمَ To suffer from indigestion. To be overstuffed
تُخْمَة جـ تُخَم Indigestion. Surfeit
وَخِم وَوَخيم Unhealthy. Bad, evil.

Unfavorable
To have an aim in mind وخى - تَوَخّى غايَةً
To aspire to تَوَخّى رِضى فُلان
To fraternize with واخى ه وآخى
Fraternization مؤاخاة
To like. To love ود - وَدَّ يَوَدُّ ه وهـ
To like or wish *(to)* وَدَّ أنّ، وَدَّ لو
To show affection to تَوَدَّدَ إلى
To seek someone's friendship تَوَدَّدَ ه
Cordiality. Love, affection. Friendship وَدّ، وُدّ، وِداد
Friendly, amicable وُدّيّ
Showing love or affection to. Courtship تَوَدُّد
Amicably وُدّيًا
Friendship مَوَدَّة
Affectionate. Friendly وَدود
To be mild, gentle ودع - وَدُعَ يَوْدُعُ
Let or allow me to do دَعْني أفْعَل
To deposit وَدَعَ يَدَعُ، أوْدَعَ ه هـ وإسْتَوْدَعَ هـ ه
To say farewell to وَدَّعَ ه
Goodbye, farewell أسْتَوْدِعُكَ الله
Warehouse, storehouse مُسْتَوْدَع
Farewell وَداع
Gentleness, meekness وَداعَة
Meekness. Calm دَعَة
Depositor وادِع، مودِع
Meek, gentle. وَديع جـ وُدَعاء
Peaceable. Docile
Depositing, deposition. Consignment إيداع واستيداع
Consignment. Trust. Deposit وَديعَة جـ وَدائع
To perish ودي - أودى
To destroy, kill أودى به
Blood money دِيَة جـ دِيات
Valley وادٍ جـ أودِيَة وَوِديان
To double-cross. To equivocate ورب - وارَبَ ه
Obliquely بالوَرْب
Double-crosser مُوارِب
Equivocation مُوارَبَة
To inherit ورث - وَرِثَ يَرِثُ ه
To appoint as heir وَرَّثَ وأوْرَثَ ه
To bequeath وَرَّثَ وأوْرَثَ هـ ه
To inherit. To be transmitted by inheritance تَوارَثَ هـ
Heir, inheritor وارِث وَوَريث
Heredity. Inheritance إرْث ووِراثة
Legacy, tradition تُراث
Inheritance ميراث جـ مَواريث
Hereditary وِراثيّ
Inherited مُتوارَث وَمَوْروث
To come. To arrive at ورد - وَرَدَ يَرِدُ هـ
To receive وَرَدَ عَلَيْهِ كَذا
To be mentioned in وَرَدَ في
To flower, blossom out وَرَدَ ووَرَّدَ

وَرَّدَ بِضاعَةً To export
أَوْرَدَ هـ To quote
أَوْرَدَ واسْتَوْرَدَ To import
أَوْرَدَ إلى To lead to
تَوارَدَ هـ إلى To arrive successively
وَرْدَة جـ ورود Rose
وَرْدِيّ Rosy. Pink
وَرْدِيَّة Rosary
وَريد وحَبْل الوَريد Jugular vein
وَريد Vein
وارِد مِن Imported
وارِدات وصادِرات Imports and exports
تَوارُد Successive arrival
تَوارُد الخَواطِر Telepathy. Accidental identity of ideas
مَوْرِد جـ مَوارِد Resource. Watering place. Revenue
مَوْرِدُ رِزْق Means of subsistence
إسْتيراد Importation
مُسْتَوْرِد Importer
ورش - وَرْشَة Workshop
ورط - وَرَّطَ وأَوْرَطَ ه To involve *(in difficulties)*
تَوَرَّطَ To be involved *(in a difficulty)*
وَرْطَة جـ وَرَطات Critical situation, predicament
ورع - وَرَعَ يَرَعُ To be pious
تَوَرَّعَ من وعن To refrain from
وَرَع Piety, piousness
وَرِع جـ أَوْراع Pious, devout
ورف - وارِف Verdant, blooming. Shady
ورق - وَرَقَ يَرِقُ وأَوْرَقَ وَوَرَّقَ To leaf
وَرَّقَ هـ To wallpaper. To whitewash
وَرَق جـ أَوْراق Leaves *(of a tree)*. Paper. Playing cards
وَرَقَة جـ وَرَقات Sheet of paper. Leaf. Document
تَوْريق Foliation. Wallpapering. Whitewashing
وَرّاق Stationer. Papermaker
مُوَرِّق Stationer
ورك - وَرِك ووِرْك جـ أوراك Hip, haunch
ورم - وَرِمَ يَرِمُ وتَوَرَّمَ To swell
وارِم ومُتَوَرِّم Swollen
وَرَّمَ هـ To swell, cause to swell
وَرَم جـ أَوْرام Swelling, tumor
وَرَم خَبيث Malignant tumor
ورو - وَرْوار Bee eater
وري - وارى هـ To hide, conceal
واراهُ التُّراب To bury
تَوارى عن الأَنْظار To disappear from the sight
الوَرى Mankind
وَراء Behind
تَوْرِيَة Hiding, concealment
وز - وَزّ: أُطْلُب إوَزّ
وزب - ميزاب جـ مَيازيب Drain

pipe. Gutter
وزر - إتَّزَرَ To wear an apron
وِزْر جـ أوْزار Burden. Sin. Offense
وِزْرَة جـ وِزْرات Loincloth
مِئزَر Apron
وِزارَة، وَزارَة Ministry
وَزير جـ وُزَراء Minister
وزع - وَزَّعَ هـ To distribute
مُوَزِّع Distributor
تَوْزيع Distribution
وازِع Restraint
وزن - وَزَنَ يَزِنُ هـ To weigh
وَزُنَ يَوْزُنُ To be weighty, heavy
وازَنَ هـ To counterbalance. To equal in weight
وازَنَ بَيْنَ To compare with
إتَّزَنَ To be of sound judgement. To be sober
وَزْن جـ أوْزان، زِنَة Weight
لَيْسَ لَهُ وَزْن Insignificant
وَزْنَة جـ وَزَنات Weight
مُوازِن Equal, equivalent *(to)*
مُوازَنَة Equilibration. Balance
مُوازَنَة وميزانيَّة Budget
مَوْزون Weighed. Metrical
مَوْزون ومُتَّزِن Of sound judgement
ميزان جـ مَوازين Balance, scales
ميزانُ الجَوّ Barometer
ميزانُ الحَرِّ أو البَرْد Thermometer
ميزانُ الرُّطوبَة واليُبوسَة Hygrometer

تَوازُن Balance, equilibrium. Stability
إتِّزان Poise, balance. Sound judgement
وزي - وازى هـ To parallel. To correspond to. To be equal to
موازاة Parallelism. Equivalence
مُوازٍ Parallel *(to)*. Corresponding*(to)*
مُتَوازٍ Parallel *(to)*
المُتَوازيان Parallel bars
وسخ - وَسِخَ يَوْسَخُ، تَوَسَّخَ، اتَّسَخَ To be or become dirty
وَسَّخَ وأَوْسَخَ To dirty
وَسَخ جـ أوْساخ Dirt
وَسِخ Dirty, unclean
وَساخَة Dirtiness, filthiness
وسد - تَوَسَّدَ هـ To pillow, lay one's head on a pillow
وِسادَة جـ وسائد ووِسادات Pillow. Cushion
وسط - وَسَطَ يَسِطُ ه وهـ To be in the middle of
وَسَّطَ ه بَيْن To appoint as mediator. To put in the middle of
تَوَسَّطَ To be in the middle of. To mediate *(between parties)*
تَوَسَّطَ لـ To intercede for
وَسَط جـ أوساط Middle. Center. Medium. Average
واسِطَة جـ وَسائط Means, medium. Mediator

بِواسِطَة By means of
وَسيط جـ وُسَطاء Mediator. Medium. Agent
وُسطى Middle finger
وَساطَة وتَوَسُّط Mediation, intervention
أوْسَط جـ أواسِط Medium
مُتَوَسِّط Middle, average
وسع - وَسِعَ يَسَعُ (المكان) To be wide, spacious
وَسِعَ ـَ هـ To contain
لا يَسَعُكَ أن تَفْعَلَ كَذا You cannot do it! You are not permitted to do that
وَسَّعَ وأوْسَعَ To widen, enlarge
تَوَسَّعَ To expand. To spread out
إتَّسَعَ To widen. To be or become ample
وِسْع، وُسْع، سَعَة Capacity, capability. Power
وَسيع، واسِع، مُتَّسِع Wide, spacious
سَعَة، وُسْعَة، اتِّساع Wideness, spaciousness. Extent. Amplitude
مَوْسوعة Encyclopedia. Thesaurus
إتِّساع وتَوَسُّع Extension, expansion
وسق - وَسَقَ يَسِقُ هـ To heap up
وَسَقَ سَفينَةً To load, freight *(with)*
وَسْق جـ أوساق Loading, freight(ing)
مُتَّسِق In order. Harmonious, proportional

إتِّساق Harmony
وسل - وَسَلَ يَسِلُ وَوَسَّلَ وتَوَسَّلَ إلى To implore, plead with
تَوَسُّل Supplication, request
مُتَوَسِّل Imploring
وَسيلَة جـ وَسائل Means
وسم - وَسَمَ يَسِمُ ه وهـ To brand. To stamp. To label
وَسُمَ يَوْسُمُ الوَجْهُ To be good-looking, beautiful
تَوَسَّمَ هـ To scrutinize. To stare at
تَوَسَّمَ فيه الخَيْرَ To see promising signs in
إتَّسَمَ To be branded
إتَّسَمَ بـ To be characterized by
وَسْم جـ وُسوم، سِمَة جـ سِمات Mark
وِسام جـ أوسِمَة Decoration
وَسيم جـ وِسام Handsome, goodlooking
مَوْسِم جـ مَواسِم Season. Time
مَوْسِمُ الحَصاد Harvest time or season
مَوْسوم Branded, marked
سِمَة Stamp. Visa
وسوس - وَسْوَسَ لـ وإلى To whisper evil to. To arouse scruples
تَوَسْوَسَ To have scruples
الوَسْواس The Tempter, Satan
وَسْواس جـ وَساوِس Suggestion.

Scruple. Suspicion. Obsession
Satanic temptation وَسْوَسَةُ الشَّيْطان
Scrupulous. Suspicious مُوَسْوَس
To dress with a sash **وشح** - وَشَّحَ ه
To don, wear *(a sash)* إتَّشَحَ بـ وتَوَشَّحَ بـ
Sash. Scarf, foulard وِشاح جـ أوشِحَة
Terza rima مَوَشَّح، مُوَشَّحَة
Prism **وشر** - مَوْشور
To be on the point of **وشك** - أوشَكَ أن
Imminent وَشيك
To tattoo **وشم** - وَشَمَ يَشِمُ، وَشَّمَ هـ
Tattoo وَشْم جـ وِشام ووُشوم
To whisper in someone's ear.To whisper to **وشوش** - وَشْوَشَ
To whisper together تَوَشْوَشَ
Whisper(ing) وَشْوَشَة
To denounce **وشى** - وَشى يَشي بفُلان إلى
Denouncer. Calumniator واشٍ جـ وُشاة
Denunciation وِشايَة
Embroidered. Ornamented مُوَشّى ومَوْشيّ
To describe **وصف** - وَصَفَ يَصِفُ
To prescribe وَصَفَ (عِلاجًا)
To be known by, characterized by إتَّصَفَ بـ
Quality. Attribute, adjective. Capacity صِفَة جـ صِفات

Description وَصْف جـ أوْصاف
Prescription. Recipe وَصْفَة
Page. Valet. Servant وَصيف جـ وُصَفاء
Maid, maid-servant. Runner-up. Maid of honor وَصيفَة جـ وَصائف
Dispensary مُسْتَوْصَف
Described. Prescribed مَوْصوف
Substantive, noun إسْمٌ مَوْصوف
To join, link, unite **وصل** - وَصَلَ يَصِلُ هـ بـ
To reach, attain وَصَلَ هـ وإلى
To amount to وَصَلَ إلى
To maintain close relations with وَصَلَ وواصَلَ ه
To transfer. To deliver. To hand over وَصَّلَ وأوْصَلَ إلى
To continue, keep on doing واصَلَ العَمَلَ
To reach, arrive at إتَّصَلَ وتَوَصَّلَ إلى
To be continuous إتَّصَلَ
To be in contact with. To communicate with إتَّصَلَ بـ
Relation. Connection, tie صِلَة جـ صِلات
Relationship, kinship صِلَةُ قَرابَة
Connecting, connection, linking, uniting وَصْل
Receipt وَصْل وإيصال
Joint. Link. وَصْلَة، وُصْلَة جـ وُصَل

Connection

وِصال Reunion *(of lovers)*. Sexual intercourse

وُصول Arrival

وُصوليّ Opportunist

وُصوليَّة Opportunism

مُواصَلَة وتَواصُل Continuity

مُوَصِّل الحرارة Heat conductor

مَوْصول Connected, joined, united

إسْمٌ مَوْصول Relative pronoun

إتِّصال Connection, junction. Communication. Contact. Continuity

مُتَّصِل Uninterrupted. Contiguous. Continual

وصى - وَصّى وأوصى لِفُلان بـ To bequeath *(to)*

وَصّى ه وإلى فُلان بـ To recommend

أوصى إلى فُلان To appoint as guardian

أوصى ه بـ To order

وَصيَّة جـ وَصايا Will, testament. Bequest. Recommendation. Commandment

وِصايَة Guardianship. Trusteeship

تَوْصيَة Recommendation. Order

وَصيّ Guardian. Trustee. Executor

موصًّى له Legatee

موصًّى عليه Made to order

وضأ - تَوَضّأَ To perform the rite of ablution

وُضوء Ablution

وضح - وَضَحَ يَضِحُ، اتَّضَحَ To become obvious, evident, clear

وَضَّحَ وأوضَحَ هـ To clarify. To clear up. To explain

إسْتَوْضَحَ ه هـ To inquire about

إسْتَوْضَحَ هـ وعن To ask for an explanation *(of)*

وُضوح Clarity, obviousness

واضِح Clear, obvious. Evident

وَضّاح Bright, shining

إيضاح وتَوْضيح Explanation. Clarification

وضع - وَضَعَ يَضَعُ هـ To put, place. To write, compose *(a book)*. To create. To establish

وَضَعَتِ الحُبْلى To give birth to

وَضُعَ يَوْضُعُ To be mean, base

تَواضَعَ واتَّضَعَ To behave humbly

وَضْع جـ أوضاع Situation, state

وَضْع، وِضْعَة Posture. Attitude

وَضاعَة، ضَعَة Humbleness

وَضيع جـ وُضَعاء Humble. Mean, base

تَواضُع واتِّضاع Humility, modesty

مَوْضِع جـ مَواضِع Place, locality. Location. Station

مَوْضوع Put, placed. Written. Made-up, created

مَوْضوع جـ مَواضيع Subject, topic,

theme. Question. Matter
Local مَوْضِعِيّ
To step on, tread on **وطئ** - وَطِئَ هـ
To agree with upon تَواطأ ه على
Violence. Pressure وَطأة
Introduction تَوْطِئَة
Foothold, footing مَوْطأ ومَوْطئ جـ مَواطئ
Agreement. Connivance مُواطأة
To strengthen. To establish **وطد** - وَطَّدَ هـ
Firm, stable, well-established وَطيد
To be firmly established. To be consolidated تَوَطَّدَ
Firmly established. Strengthened مُوَطَّد
Strengthening. Establishment تَوْطيد
To settle down in, establish home in. To dwell, reside *(in)* **وطن** - تَوَطَّنَ، اسْتَوْطَنَ
To make up one's mind to وَطَّنَ نَفْسَهُ على
Homeland, native country وَطَن جـ أَوْطان
Domicile, residence. Native country مَوْطِن جـ مَواطِن
Patriotism. Nationalism وَطَنيَّة
Immigration. Colonization. Settling down إسْتيطان
Compatriot مُواطِن
Bat **وطوط** - وَطْواط جـ وَطاويط
To persevere in **وظب** - وَظَبَ وواظَبَ على
Persevering, assiduous مُواظِب
Perseverance, assiduity مُواظَبَة
To employ, hire **وظف** - وَظَّفَ ه
To invest وَظَّفَ مالَهُ
To be appointed تَوَظَّف
Job, post. Work. Function وظيفَة جـ وظائف
Functions of the organs وظائفُ الأعضاء
Physiology عِلْم وظائف الأعضاء
Employee مُوَظَّف
Employment. Investment *(of money)* تَوظيف
To contain, comprise. To assimilate **وعب** - إسْتَوْعَبَ هـ
To promise **وعد** - وَعَدَ يَعِدُ ه
To promise one another واعَدَ ه وتَواعَدَ
To threaten تَوَعَّدَ ه بـ
Promise وَعْد جـ وُعود
Threat. Threatening وَعيد
مَوْعِد جـ مَواعِد وميعاد جـ مواعيد
Appointment, rendezvous
Promised مَوْعود
To be rugged **وعر** - وَعَرَ يَعِرُ المكان
Rugged, uneaven. Difficult وَعْر

وُعورَة أرض Unevenness, ruggedness

وعز - أوْعَزَ إليه في To insinuate to. To recommend to. To order

إيعاز Recommendation, insinuation

وعظ - وَعَظَ يَعِظُ To preach. To advise, admonish

إتَّعَظَ To accept advice

إتَّعَظَ بـ To learn a lesson from

وَعْظَة، عِظَة جـ عِظات، مَوْعِظَة جـ مَواعِظ Sermon

واعِظ وَوَعّاظ Preacher

وعك - وَعَكَ يَعِكُ فُلانًا الحُمّى To be enfeebled *(by the fever)*

تَوَعَّكَ To be or become indisposed

وَعْكَة وتَوَعُّك Indisposition

مُتَوَعِّك Indisposed. Ill

وعل - وَعْل جـ أوْعال Ibex, wild goat

وعم - عِمْ صَباحًا Good morning

عِمْ مَساءً Good evening

وعي - وَعَى يَعي To contain, comprise. To know by heart

وَعى لـ To be or become conscious of. To perceive

وَعْي Consciousness. Awareness. Attention. Alertness

وِعاء، وُعاء جـ أوْعيَة جج أواعٍ Vessel, container

واعٍ Conscious. Attentive. Watchful

وغر - وَغِرَ يَوْغَرُ على To boil with anger at

وَغَرَ ووَغِرَ صَدْرُهُ على To harbor hatred against

وَغَّرَ وأوغَرَ صَدْرَهُ To embitter, inflame with rage against

وَغَر، وَغْر Rancor, hatred, spite

وغل - أوْغَلَ وتَوَغَّلَ في (البِلاد) To penetrate deeply into

تَوَغُّل Penetration

وغي - ساحَة الوَغى Battle field

وَغى Battle, war. Din, clamor

وفد - وَفَدَ يَفِدُ على أو إلى To come to, arrive at

أوْفَدَ إلى To send. To delegate

تَوافَدَ To arrive together

وَفْد جـ وُفود Delegation, deputation

وُفود Arrival

موفَد Delegate

وفر - وَفُرَ يَوْفُرُ، تَوافَرَ To be abundant

وَفَّرَ To save. To economize. To furnish. To make obtainable

تَوَفَّرَ To be abundant. To be fulfilled *(conditions)*

وَفْرَة Abundance

وافِر وَوَفير Abundant

تَوْفير Saving. Economizing. Providing, furnishing. Increase

مُتَوَفِّر Available, obtainable

وفق - وَفِقَ يَفِقُ To be suitable

وَفَّقَ To adapt, fit
وَفَّقَ ووافَقَ بَيْنَ To reconcile, conciliate
وافَقَ على To agree to, approve of
تَوَفَّقَ وَوُفِّقَ To be successful. To make it
إتَّفَقَ لـ To happen accidentally
إتَّفَقَ على أو في، توافَقَ في To agree upon
موافَقَة Suitability. Approval, consent
وِفاق وتَوافُق Concord, agreement
إتِّفاق Coincidence. Chance, hazard. Contract. Entente
إتِّفاقيَّة Agreement. Contract. Treaty, convention. Deal, transaction
إتِّفاقيّ Conventional. Accidental
مُوَفَّق Successful, lucky. Appropriate
مُوَفِّق Conciliator
تَوْفيق Success. Prosperity. Good luck
مُوافِق Suitable. Consenting
وَفْق، وَفقًا لـ According to. By virtue of
مُتَّفَق عليه Agreed upon
وفى - وَفى يَفي وأوفى هـ وبـ To honor, keep, fulfill *(a promise)*
وَفى دَيْنًا To pay, settle *(a debt)*
وَفّى ه حَقَّهُ To give someone his due in full
تَوَفّاه الله، تُوُفِّيَ To die
وافى ه To come to. To surprise
إسْتَوْفى حَقَّهُ To take one's due in full
وَفاء Fidelity, faithfulness. Honoring *(of a promise)*. Payment *(of a debt)*
وَفاة جـ وَفيّات Death. Decease
وَفِيّ جـ أوفياء Faithful, loyal
وافٍ Complete. Quite sufficient. Abundant
مُتَوَفًّى Dead, deceased
وقت - وَقَتَ يَقِتُ وَوَقَّتَ هـ To fix a time *(for)*
وَقْت جـ أوْقات Time. Moment. Period
وَقْتَئِذٍ Then, at that time
لِلْوَقْتِ ولِوَقْتِهِ Immediately, at once
في الوَقْتِ نَفْسِهِ Simultaneously
وَقْتيّ، مُوَقَّت، مَوْقوت Temporary. Momentary
مَوْقِت، ميقات جـ مَواقيت Appointed time. Rendezvous
تَوْقيت Timing
وقح - وَقَحَ يَقِحُ To be impudent, insolent
تَواقَحَ To behave in an insolent manner
قِحَة، وَقاحَة Insolence, impudence
وَقِح جـ وُقُح Impudent, insolent, impertinent
وقد - وَقَدَ يَقِدُ، تَوَقَّدَ واتَّقَدَ To blaze, flame, take fire
إتَّقَدَ غَيْظًا To flare up

وَقود Fuel
إيقاد Setting on fire, kindling
إتِّقاد Glow. Burning. Vehemence
مَوْقِد جـ مَواقِد Fireplace. Stove. Burner
مُتَّقِد Burning, aflame
وقر - وَقُرَ يَوْقُرُ To be grave, sedate
وَقَّرَ ه To honor, respect, revere
وَقار Gravity, sedateness. Dignity. Reverence
وَقور Grave. Dignified. Venerable
مُوَقَّر Respected. Reverend
وقع - وَقَعَ يَقَعُ To fall *(down)*. To happen, take place
وَقَعَ (الكَلامُ) في (نَفْسِهِ) To impress. To influence
وَقَعَ عِنْدَهُ مَوْقِعَ الرِّضى It met his approval
وَقَعَ وأَوْقَعَ بـ To attack, assault
وَقَّعَ هـ To sign. To initial
وَقَعَ على To come across. To find
تَوَقَّعَ هـ To expect
وَقْع Impact. Effect. Fall. Happening
وَقْعَة جـ وَقَعات Fall. Shock. Impact. Fight(ing). Meal
في الواقِع In fact, actually, as a matter of fact
واقِعَة جـ وَقائع Fact. Event. Mishap, accident. Battle, fight
وَقيعَة جـ وَقائِع Encounter, combat
إيقاع Harmony. Rhythm
تَوَقُّع Expectation. Anticipation
تَوْقيع جـ تَواقيع Signature. Signing
مَوْقِع جـ مَواقِع Place, spot, locality. Location. Post
مُوَقِّع Signer
وُقوع Falling, fall. Occurrence
واقِعيّ Actual, real. Realistic
واقِعيَّة Reality
مُتَوَقَّع Expected. Foreseen
وقف - وَقَفَ يَقِفُ To stand up. To stop, halt
وَقَفَ على To understand. To know *(of)*. To inquire about. To examine
وَقَفَ وأَوْقَفَ ه على To acquaint with
وَقَفَ ه عن To prevent from
وَقَّفَ وأَوْقَفَ ه To make stand. To stop. To arrest
تَوَقَّفَ عن To abstain from
تَوَقَّفَ في To hesitate. To pause, halt
إسْتَوْقَفَ ه To ask one to stop
إسْتَوْقَفَ النَّظَرَ To catch the eye
وَقْف جـ أوقاف Religious endowment. Unalienable property
تَوْقيف Arrest, detention. Raising
مَوْقِف جـ مَواقِف Stopping place. Parking lot. Attitude. Situation
مَوْقوف Prisoner. Arrested. Stopped
وَقْفَة Pause
وُقوف Standing up. Stopping

إيقاف Raising. Stoppage. Suspension
وقي - وَقى يَقي، وَقّى To preserve, guard, protect
تَوَقّى واتَّقى ه وهـ To fear *(God)*. To beware of, guard against. To avoid
وِقاية، وَقاية Protection, preservation. Prevention. Precaution
واقٍ، وِقائيّ Preventive, preservative
واقٍ Protector, guardian
أوقيَّة جـ أواقيّ وأواقٍ Ounce
تُقًى وتَقْوى Piety, godliness
تَقيّ جـ أَتْقياء Pious, devout. Godfearing
وكأ - تَوَكَّأَ على To lean on
مُتَّكَأ Couch. Sofa. Support
وكب - واكَبَ هـ To accompany. To convoy
مَوْكِب جـ مَواكِب Procession. Cortege
مُواكَبَة Escort. Escorting
وكد - أكَّدَ To confirm, affirm
تَأَكَّدَ الخَبَر To be confirmed
تَأَكَّدَ من To make sure of
أكيد، مُؤَكَّد ومُوَكَّد Sure, certain, positive. Confirmed
تَوْكيد وتَأْكيد Confirmation. Affirmation
وكر - وَكْر جـ أوكار ووكور Nest
وكل - وَكَلَ يَكِلُ هـ إلى To entrust, charge, commission... with
وَكَّلَ بـ To empower, deputize. To give someone power of attorney
تَوَكَّلَ بـ To guarantee
تَوَكَّلَ واتَّكَلَ على To rely on, depend on
وَكالَة جـ وَكالات Power of attorney, proxy. Agency. Mandate
بالوَكالَة By proxy. Provisionally
وَكيل جـ وُكَلاء Agent, representative. Mandatory
إتِّكال Reliance, trust
تَوْكيل Power of attorney
ولج - وَلَجَ يَلِجُ، تَوَلَّجَ في To enter into, penetrate into
تَوَلَّجَ أمْرًا To undertake
وُلوج Penetration, entering
ولد - وَلَدَ يَلِدُ To give birth to. To beget
وَلَّدَ To deliver, assist in childbirth
وَلَّدَ هـ من To generate, produce
تَوَلَّدَ من To result from. To be generated
وَلَد، وُلْد، وَلْد، جـ أولاد Child, kid. Baby, infant. Son
وِلادَة Birth, childbirth
وَليد Newborn child
والِد جـ والِدون Father
والِدَة جـ والِدات Mother
الوالِدان The parents, father and mother
مَوْلِد جـ مَوالِد، ميلاد جـ مَواليد Birth, nativity

وَلْدَنَة Childishness
عيد مَوْلِد أو ميلاد Birthday
مُوَلَّدَة (كَلِمَة) Neologism
مُوَلِّد Generating. Obstetrician, accoucheur
مُوَلِّدَة Midwife, accoucheuse
عيدُ الميلاد Christmas, Xmas
وَلود Fertile, fruitful
ولع - وَلِعَ يَلَعُ بـ، أولِعَ بـ، تَوَلَّعَ بـ To be fond, enamored of
وَلَّعَ ه بـ وأَوْلَعَ ه بـ To make very fond of. To arouse someone's interest
وَلَع، ولوع Passionate love. Passion. Fondness. Craving
وَلوع، مولَع بـ Fond *(of)*. Madly in love *(with)*. Enthusiastic *(about)*
ولم - وَليمَة جـ ولائم Banquet
أَوْلَمَ To give a banquet
وله - وَلَهَ يَلِهُ وتَوَلَّهَ To lose one's head *(with love, grief)*. To be sad. To be distracted
وَلَّهَ ه To make crazy. To fascinate
وَلَه Fascination. Passionate love. Distraction
وَلْهان Distracted, confused. Passionately in love
ولول - وَلْوَلَ To howl, wail, ululate
وَلْوَلَة Howl(ing), wail(ing), ululation
ولي - وَلى يَلي ه وهـ To follow
وَلِيَ هـ وعلى To govern, manage
وَلّى وأولى ه هـ To appoint *(to an office)*. To entrust with. To put in charge of
وَلّى عن To turn away from, avoid
وَلّى هارِبًا To run away
وَلّى To pass, go by, expire
تَوَلّى هـ To take charge of. To undertake
تَوَلّى الحُكْمَ To take over government
والى ه To support. To be friend with. To keep doing
أولى ه مَعْروفًا To do someone a favor
تَوالى To follow in succession
إسْتَولى على To take possession of
وَلاء، مُوالاة Loyalty, allegiance, fidelity. Friendship
وِلايَة Rule, reign. Guardianship. State. Province
وَليّ جـ أَوْلياء Guardian, custodian. Patron. Saint. Friend. Master, lord
وَليُّ العَهْد Crown prince
وَليُّ النِّعْمَة Benefactor
والٍ جـ وُلاة Governor
تَوالٍ Continuous succession
تَوْلِيَة Investiture. Appointment
مَوْلى جـ مَوالٍ Master, lord
أَوْلَوِيَّة Priority. Precedence

إسْتيلاء — Appropriation. Taking possession

مُتوالٍ — Successive. Uninterrupted

وماً - وَمَأَ، أَوْمَأَ إلى — To make sign to

إيماء — Sign, signal. Gesture

إيمائيَّة — Pantomime

موماً إليه — Mentioned, referred to

ومض - وَمَضَ يَمِضُ وأَوْمَضَ — To flash *(lightning)*

وَميض، وَمَضان، وَمْضَة — Flash, twinkle

وني - تَوانى في — To slacken. To linger. To be slow. To languish

تَوانٍ — Lingering. Slackening. Slowness. Languor. Negligence

مُتَوانٍ — Slack. Slow, negligent

ميناء جـ مَوانِئ وَمَوانٍ — Port

وهب - وَهَبَ يَهِبُ هـ لـ — To donate, grant, give

هَبْني فَعَلْتُ كذا — Supposing that I've done so

هِبَة جـ هِبات — Gift, present. Donation

مَوْهِبَة جـ مَواهِب — Talent. Gift

واهِب — Donor, giver

مَوْهوب — Talented, gifted

مَوْهوبٌ له — Recipient of a donation

وهج - وَهَجَ يَهِجُ، تَوَهَّجَ — To flame, blaze. To be or become incandescent. To gleam, glisten

وَهَج، وَهيج، تَوَهُّج — Incandescence. Blaze, fire

وَهّاج — Incandescent. Blazing. Radiant

وهد - وَهْدَة جـ وِهاد — Depression. Abyss, pit

وهق - وَهَق جـ أوْهاق — Lasso

وهل - وَهِلَ يَوْهَلُ — To be frightened, scared

وَهَل، وَهْلَة — Fright, terror

لأَوَّلِ وَهْلَة — At first sight

وهم - وَهَمَ يَهِمُ هـ، تَوَهَّمَ هـ — To imagine, suppose. To misunderstand, misconceive

وَهِمَ يَوْهَمُ في — To make a mistake in

وَهَّمَ وأوْهَمَ ه هـ — To mislead. To make someone think or believe that

إتَّهَمَ ه بـ — To accuse of

وَهْم جـ أوْهام — Illusion. Imagination, phantasm. Fiction

وَهْميّ — Illusive. Imaginary

إيهام — Misleading

تُهْمَة جـ تُهَم وتُهَمات — Accusation. Suspicion

مُتَّهَم — Accused. Suspected

إتِّهام — Accusation. Suspecting

مُتَّهِم — Accuser

وهن - وَهَنَ يَهِنُ، أوْهَنَ، وَهَّنَ — To weaken, enfeeble

وَهُنَ يَوْهُنُ — To be or become weak

وَهْن ، وَهَن	Weakness, feebleness	**ويل** - وَيْلٌ ، وَيْلَة	Calamity, misfortune. Ordeal
واهِن	Weak, feeble		

ي

ي - ي   I (*28th letter of the Arabic alphabet)*

ـي   Affixed pronoun of the 1st person: my

كِتابي   My book

يا   Vocative and exclamatory particle: oh

يا لَهُ مِن رَجُل   (Oh,) what a man!

يئس - يَئِسَ مِن   To despair of, give up hope of

يأْس   Despair, hopelessness

يائس   Desperate, discouraged

مَيْؤوس منه   Hopeless

ياقة - ياقَة   Collar

يبس - يَبِسَ يَيْبَسُ   To dry, become dry

يَبَّسَ وأيْبَسَ هـ   To dry, make dry

يَبْس، يُبْس، يُبوسَة   Dryness

يابِس، يَبوس   Dry

اليابِسَة   Land, terra firma

يتم - يَتِمَ يَيْتَمُ مِن أبيه، تَيَتَّمَ   To be or become an orphan

يَتَّمَ وأيْتَمَ   To orphan, deprive of one's parents

يَتيم جـ يَتامى وأَيْتام   Orphan

يَتيم مـ يَتيمَة   Unique, matchless. Single, solitary

دُرَّة يَتيمَة   A rare pearl

مَيْتَم جـ مَياتِم   Orphanage

يخت - يَخْت   Yacht

يد - يَد مث يَدان جـ أيْدٍ وجج أيادٍ   Hand. Handle. Possession, control. Part, role. Power, influence. Arm

يَدُ الحَيَوان   Foreleg

يَدٌ بَيْضاء   Good deed

بَيْنَ يَدَيْهِ   In his presence

لَهُ اليَدُ الطولى في   To be powerful in, have decisive influence on

ذَهَبوا أيْدي أو أيادي سَبا   To scatter, disperse

يَدَوِيّ   Manual. Handmade

صِفْرُ اليَدَيْن   Empty-handed

اليَدُ العامِلَة   Workers, labor force

يرع - يَراع، يَراعَة   Pen. Firefly

يرق - يَرَقان   Jaundice

يسر - يَسَرَ يَيْسِرُ، يَسُرَ يَيْسُرُ، يَسِرَ يَيْسَرُ   To be or become easy

يَسَّرَ هـ لـ   To facilitate

تَيَسَّرَ له أن   To be possible for

تَيَسَّرَت أُمورُه   To prosper

تَيَسَّرَ   To be simplified. To be or become available

يُسْر   Ease, easiness, facility

يَسار   Left, left side

يُسْرى Left hand

يَسير Easy. Small, little. Simple

تَيْسير Facilitation

مَيْسِر Gambling. Gamble

مَيْسَرَة جـ مَياسِر Left side. Left wing *(of an army)*

موسِر Rich, wealthy

أيْسَر Left handed

يسم - ياسَمين Jasmine

يشب - يَشْب Jasper

يشم - يَشْم Jade

يفخ - يافوخ، يأفوخ جـ يوافيخ Fontanel. Crown of the head

يفع - يَفَعَ يَيْفَعُ، أيْفَعَ To reach adolescence

يافِع Adolescent. Teenager

يقت - ياقوت Corundum

ياقوت أحْمَر Ruby

ياقوت أزْرَق Sapphire

ياقوت أصْفَر Topaz

يقط - يَقْطين Pumpkin

يقظ - يَقِظَ يَيْقَظُ، يَقُظ يَيْقُظُ، تَيَقَّظَ To be watchful, vigilant. To look out, be on one's guard

أيْقَظَ To wake *(up)*, rouse from sleep. To alert

تَيَقَّظَ واسْتَيْقَظَ To wake up, be awakened

يَقْظَة Wakefulness, awakening. Vigilance. Attention

يَقْظان، يَقِظ Awake. Watchful, vigilant, cautious

يقن - يَقِنَ يَيْقَنُ وتَيَقَّنَ هـ To be certain, sure

يَقِنَ، أيْقَنَ، اسْتَيْقَنَ هـ وبـ To be convinced of. To know for certain

يَقين Certainty, conviction

يَقينًا Certainly, surely

يمم - يَمَّمَ وتَيَمَّمَ هـ To go to, head for

يَمّ Sea. Ocean

يَمامَة Stock dove

يمن - يَمَّنَ ويامَنَ وأيْمَنَ وتيامَنَ To go to the right

تَيَمَّنَ بـ To see a good omen in

يُمْن Good fortune. Felicity

يُمْنى Right hand. Right side

يَمين Right. Right side. Right hand. Oath

مَيْمَنَة جـ مَيامِن Right side. Right wing *(of an army)*

مَيْمون جـ مَيامين Fortunate, lucky. Blessed. Favorable

على الطّائِرِ المَيْمون Bon voyage! Have a good trip!

أيْمَن Right handed

ينس - يانْسون أو أنيسون Aniseed, anise

ينع - يَنَعَ يَيْنَعُ وأيْنَعَ To ripen, mellow

يانِع (ثَمَر) Ripe, mellow

يوم - ياوَمَ ه	To hire by the day
يَوْم جـ أيّام	Day
اليَوْم	Today
يَوْميّ	Daily. Quotidian
في يَوْمِنا هذا	Nowadays, these days
إبْنُ يَوْمِهِ	Short-lived, ephemeral
يَوْميَّة	Diary, journal. Daily wages.
	Daybook
يَوْميّات	Daily news. Daily events.
	Diary
يَومَئِذٍ	That day, then
مُياوَمَة	Work by the day, day labor

تصميم الغلاف: جان قرطباوي

التنضيد: «شركة الطبع والنشر اللبنانية»

الطباعة: مطبعة تيبوبرس

cover designed by JEAN KARTBAOUI
TYPESET by SHI
Printed in Lebanon by Typopress

cover designed by JEAN KARTBAOUI
TYPESET by SIEL
Printed in Lebanon by Typopress